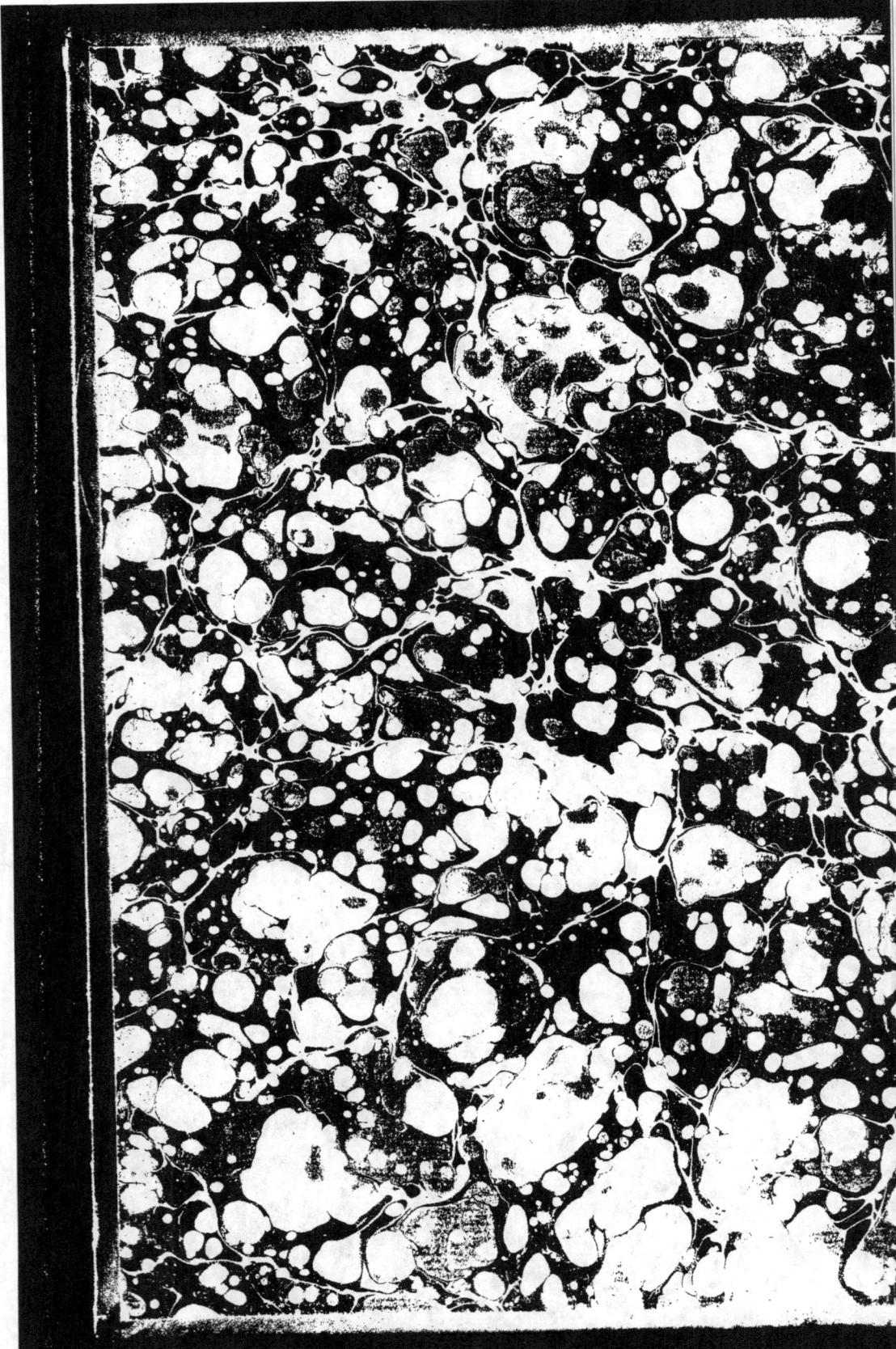

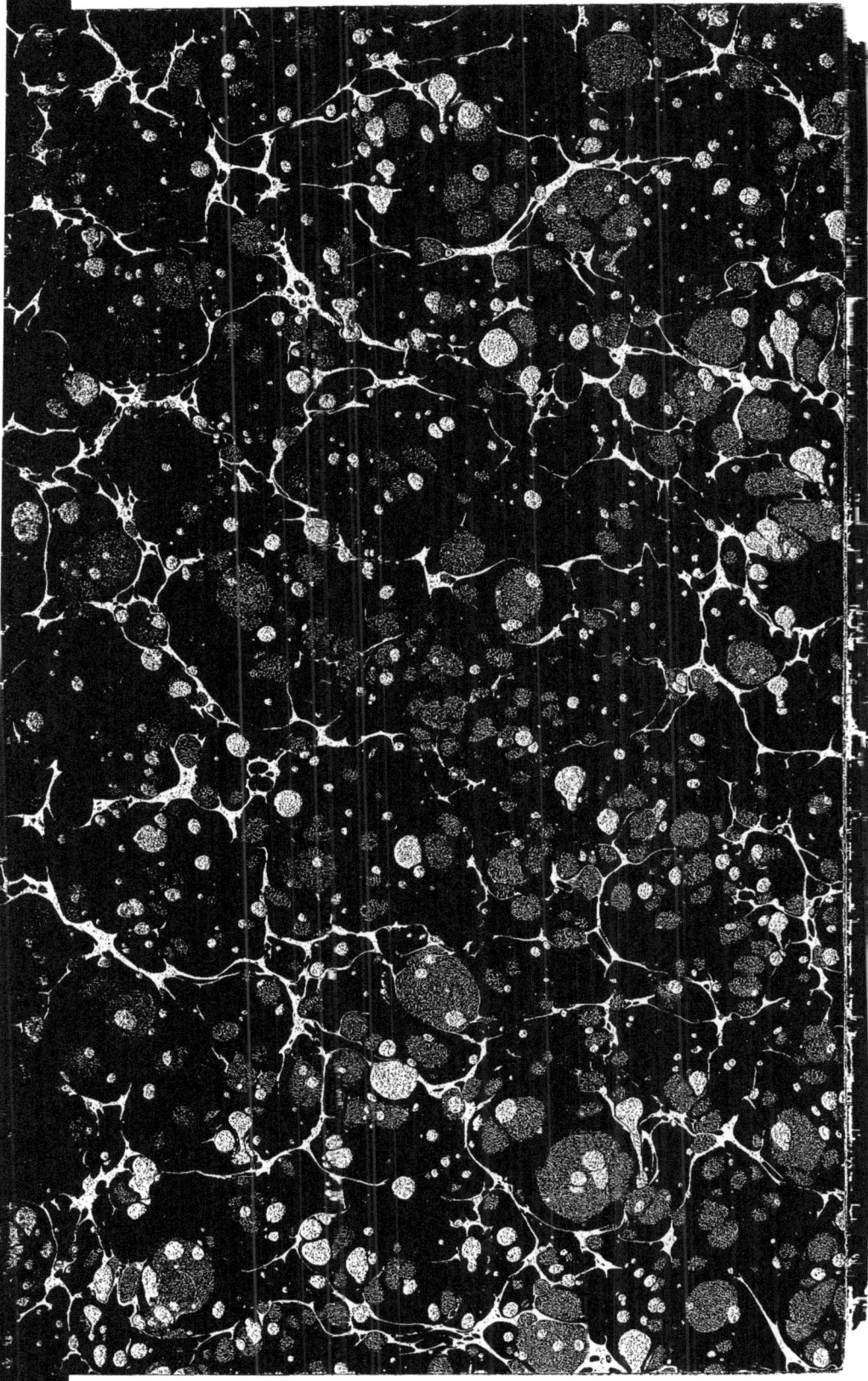

FAVRE-PETIT-MERMET

Z.+2285
cta.

A conserver

Ⓒ

5566

OEUVRES

DE M. LE VICOMTE

DE CHATEAUBRIAND.

IMPRIMERIE DE A. ÉVERAT ET C*ᵉ*
rue du Cadran, 14 et 16.

OEUVRES

DE M. LE VICOMTE

DE CHATEAUBRIAND.

ÉDITION ILLUSTRÉE PAR TH. FRAGONARD.

ESSAI SUR LES RÉVOLUTIONS. — ESQUISSES HISTORIQUES.
HISTOIRE DE FRANCE.

Paris,

CHARLES HINGRAY, ÉDITEUR,   POURRAT FRÈRES, ÉDITEURS,
10, RUE DE SEINE.   5, RUE DES PETITS-AUGUSTINS.

1858.

PRÉFACE GÉNÉRALE.

(EDITION DE 1826.)

SI j'avois été le maître de la Fortune, je n'aurois jamais publié le recueil de mes ouvrages. L'avenir (supposé que l'avenir entende parler de moi) eût fait ce qu'il auroit voulu. Plus d'un quart de siècle passé sur mes premiers écrits sans les avoir étouffés ne m'a pas fait présumer une immortalité que j'ambitionne peut-être moins qu'on ne le pense. C'est donc contre mon penchant naturel, et aux dépens de ce repos, dernier besoin de l'homme, que je donne aujourd'hui l'édition de mes OEuvres. Peu importe au public les motifs de ma détermination, il suffit qu'il sache (ce qui est la vérité) que ces motifs sont honorables.

J'ai entrepris les *Mémoires* de ma vie : cette vie a été fort agitée. J'ai traversé plusieurs fois les mers; j'ai vécu dans la hutte des sauvages et dans le palais des rois, dans les camps et dans les cités. Voyageur aux champs de la Grèce, pèlerin à Jérusalem, je me suis assis sur toutes sortes de ruines. J'ai vu passer le royaume de Louis XVI et l'empire de Buonaparte; j'ai partagé l'exil des Bourbons, et j'ai annoncé leur retour. Deux poids qui semblent attachés à ma fortune la font successivement monter et descendre dans une proportion égale : on me prend, on me laisse; on me reprend dépouillé un jour. le lendemain on me jette un manteau, pour m'en dépouiller encore. Accoutumé à ces bourrasques, dans quelque port que j'arrive, je me regarde toujours comme un navigateur qui va bientôt remonter sur son vaisseau, et je ne fais à terre aucun établissement solide. Deux heures m'ont suffi pour quitter le ministère, et pour remettre les clefs de l'hôtellerie à celui qui devoit l'occuper.

Qu'il faille en gémir ou s'en féliciter, mes écrits ont teint de leur couleur grand nombre des écrits de mon temps. Mon nom, depuis vingt-cinq années, se trouve mêlé aux mouvements de l'ordre social : il s'attache au règne de Buonaparte, au rétablissement des autels, à celui de la monarchie légitime, à la fondation de la monarchie constitutionnelle. Les uns repoussent ma personne, mais prêchent mes doctrines, et s'emparent de ma politique en la dénaturant; les autres s'arrangeroient de ma personne si je consentois à la séparer de mes principes. Les plus grandes affaires ont passé par mes mains. J'ai connu presque tous les rois, presque tous les hommes, ministres

I.

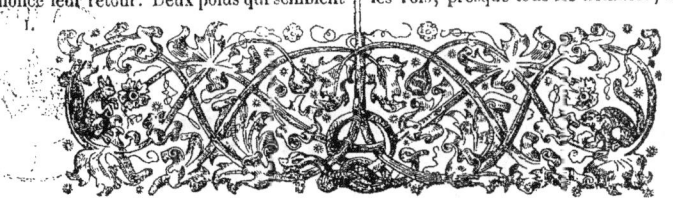

ou autres, qui ont joué un rôle de mon temps. Présenté à Louis XVI, j'ai vu Washington au début de ma carrière, et je suis retombé à la fin sur ce que je vois aujourd'hui. Plusieurs fois Buonaparte me menaça de sa colère et de sa puissance, et cependant il étoit entraîné par un secret penchant vers moi, comme je ressentois une involontaire admiration de ce qu'il y avoit de grand en lui. J'aurois tout été dans son gouvernement si je l'avois voulu ; mais il m'a toujours manqué pour réussir une passion et un vice : l'ambition et l'hypocrisie.

De pareilles vicissitudes, qui me travaillèrent presque au sortir d'une enfance malheureuse, répandront peut-être quelque intérêt dans mes Mémoires. Les ouvrages que je publie seront comme les preuves et les pièces justificatives de ces Mémoires. On y pourra lire d'avance ce que j'ai été, car ils embrassent ma vie entière. Les lecteurs qui aiment ce genre d'études rapprocheront les productions de ma jeunesse de celles de l'âge où je suis parvenu : il y a toujours quelque chose à gagner à ces analyses de l'esprit humain.

Je crois ne me faire aucune illusion, et me juger avec impartialité. Il m'a paru, en relisant mes ouvrages pour les corriger, que deux sentiments y dominoient : l'amour d'une religion charitable, et un attachement sincère aux libertés publiques. Dans l'*Essai historique* même, au milieu d'innombrables erreurs, on distingue ces deux sentiments. Si cette remarque est juste, si j'ai lutté, partout et en tout temps, en faveur de l'indépendance des hommes et des principes religieux, qu'ai-je à craindre de la postérité ? Elle pourra m'oublier, mais elle ne maudira pas ma mémoire.

Mes ouvrages, qui sont une histoire fidèle des trente prodigieuses années qui viennent de s'écouler, offrent encore auprès du passé des vues assez claires de l'avenir. J'ai beaucoup prédit, et il restera après moi des preuves irrécusables de ce que j'ai inutilement annoncé. Je n'ai point été aveugle sur les destinées futures de l'Europe ; je n'ai cessé de répéter à de vieux gouvernements, qui furent bons dans leur temps et qui eurent leur renommée, que force étoit pour eux de s'arrêter dans des monarchies constitutionnelles, ou d'aller se perdre dans la république. Le despotisme militaire, qu'ils pourroient secrètement désirer, n'auroit pas même aujourd'hui une existence de quelque durée.

L'Europe, pressée entre un nouveau monde tout républicain et un ancien empire tout militaire, lequel a tressailli subitement au milieu du repos des armes, cette Europe a plus que jamais besoin de comprendre sa position pour se sauver. Qu'aux fautes politiques intérieures on mêle les fautes politiques extérieures, et la décomposition s'achèvera plus vite : le coup de canon dont on refuse quelquefois d'appuyer une cause juste, tôt ou tard on est obligé de le tirer dans une cause déplorable.

Vingt-cinq années se sont écoulées depuis le commencement du siècle. Les hommes de vingt-cinq ans qui vont prendre nos places n'ont point connu le siècle dernier, n'ont point recueilli ses traditions, n'ont point sucé ses doctrines avec le lait, n'ont point été nourris sous l'ordre politique qui l'a régi ; en un mot, ne sont point sortis des entrailles de l'ancienne monarchie, et n'attachent au passé que l'intérêt que l'on prend à l'histoire d'un peuple qui n'est plus. Les premiers regards de ces générations cherchèrent en vain la légitimité sur le trône, emportée qu'elle étoit déjà depuis sept années par la révolution. Le géant qui remplissoit le vide immense que cette légitimité avoit laissé après elle, d'une main touchoit le bonnet de la liberté, de l'autre la couronne : il alloit bientôt les mettre à la fois sur sa tête, et seul il étoit capable de porter ce double fardeau.

Ces enfants qui n'entendirent que le bruit des armes, qui ne virent que des palmes au tour de leurs berceaux, échappèrent par leur âge à l'oppression de l'empire : ils n'eurent que les jeux de la victoire dont leurs pères portoient les chaînes. Race innocente et libre, ces enfants n'étoient pas nés quand la révolution commit ses forfaits ; ils n'étoient pas hommes quand la restauration multiplia ses fautes ; ils n'ont pris aucun engagement avec nos crimes ou avec nos erreurs.

Combien il eût été facile de s'emparer de l'esprit d'une jeunesse sur laquelle des malheurs qu'elle n'a pas connus ont néanmoins répandu une ombre et quelque chose de grave ! La restauration s'est contentée de donner à

cette jeunesse sérieuse des représentations théâtrales des anciens jours, des imitations du passé qui ne sont plus le passé. Qu'a-t-on fait pour la race sur qui reposent aujourd'hui les destinées de la France ? Rien. S'est-on même aperçu qu'elle existoit ? Non ; dans une lutte misérable d'ambitions vulgaires, on a laissé le monde s'arranger sans guide. Les débris du dix-huitième siècle, qui flottent épars dans le dix-neuvième, sont au moment de s'abîmer ; encore quelques années, et la société religieuse, philosophique et politique appartiendra à des fils étrangers aux mœurs de leurs aïeux. Les semences des idées nouvelles ont levé partout ; ce seroit en vain qu'on les voudroit détruire : on pouvoit cultiver la plante naissante, la dégager de son venin, lui faire porter un fruit salutaire ; il n'est donné à personne de l'arracher.

Une déplorable illusion est de supposer nos temps épuisés, parce qu'il ne semble plus possible qu'ils produisent encore, après avoir enfanté tant de choses. La foiblesse s'endort dans cette illusion ; la folie croit qu'elle peut surprendre le genre humain dans un moment de lassitude, et le contraindre à rétrograder. Voyez pourtant ce qui arrive.

Quand on a vu la révolution françoise dites-vous, que peut-il survenir qui soit digne d'occuper les yeux ? La plus vieille monarchie du monde renversée, l'Europe tour à tour conquise et conquérante, des crimes inouïs, des malheurs affreux recouverts d'une gloire sans exemple : qu'y a-t-il après de pareils événements ? Ce qu'il y a ? Portez vos regards au-delà des mers. L'Amérique entière sort républicaine de cette révolution que vous prétendiez finie, et remplace un étonnant spectacle par un spectacle plus étonnant encore.

Et l'on croiroit que le monde a pu changer ainsi, sans que rien ait changé dans les idées des hommes ! on croiroit que les trente dernières années peuvent être regardées comme non avenues, que la société peut être rétablie telle qu'elle existoit autrefois ! Des souvenirs non partagés, de vains regrets, une génération expirante que le passé appelle, que le présent dévore, ne parviendront point à faire renaître ce qui est sans vie. Il y a des opinions qui périssent comme il y a des races qui s'éteignent, et les unes et les autres restent tout au plus un objet de curiosité et de recherche dans les champs de la mort. Que, loin d'être arrivée au but, la société marche à des destinées nouvelles ; c'est ce qui me paroît incontestable. Mais laissons cet avenir plus ou moins éloigné à ses jeunes héritiers : le mien est trop rapproché de moi pour étendre mes regards au-delà de l'horizon de ma tombe.

O France, *mon cher pays et mon premier amour !* un de vos fils, au bout de sa carrière, rassemble sous vos yeux les titres qu'il peut avoir à votre bienveillance maternelle. S'il ne peut plus rien pour vous, vous pouvez tout pour lui, en déclarant que son attachement à votre religion, à votre roi, à vos libertés, vous fut agréable. Illustre et belle patrie, je n'aurois désiré un peu de gloire que pour augmenter la tienne.

ESSAI HISTORIQUE,

POLITIQUE ET MORAL

SUR LES RÉVOLUTIONS

ANCIENNES ET MODERNES,

CONSIDÉRÉES DANS LEURS RAPPORTS AVEC LA RÉVOLUTION FRANÇOISE.

DÉDIÉ A TOUS LES PARTIS.

> Experti invicem sumus ego ac fortuna.
> TACITE.

M DCC XVII'.

' Voyez page 7.

PRÉFACE.

(ÉDITION DE 1826.)

AVERTISSEMENT

DE L'AUTEUR

POUR L'ÉDITION DE 1826.

'ai promis de réimprimer l'*Essai* sans y changer un seul mot : à cet égard j'ai poussé le scrupule si loin, que je n'ai voulu ni corriger les fautes de langue, ni faire disparoître les hellénismes, latinismes et anglicismes qui fourmillent dans l'*Essai*. On a demandé cet ouvrage; on l'aura avec tous ses défauts. Il y a une omission dans le chiffre romain du millésime de l'édition de Londres : je l'ai maintenue, me contentant de la faire remarquer.

L'*Essai historique* n'a jamais été publié par moi qu'une seule fois : il fut imprimé à Londres en 1796, par Baylis, et vendu chez de Boffe en 1797. Le titre et l'épigraphe étoient exactement ceux qu'il porte dans la présente édition. L'*Essai* formoit un seul volume de 681 pages grand in-8°, sans compter l'avis, la notice, la table des chapitres et l'errata; mais, comme je le faisois observer dans l'ancien *Avis*, c'étoit réellement deux volumes réunis en un. J'ai été obligé de diviser en deux cette énorme production dans la présente édition, parce que, avec les notes critiques ¹ et la préface nouvelle, l'*Essai*, en un seul volume, auroit dépassé huit cents pages.

Dans l'intérêt de mon amour-propre, j'aurois mieux aimé donner l'*Essai* en un seul tome, et subir à la fois ma sentence, que me faire attacher deux fois au char de triomphe de ceux qui n'ont jamais failli; mais je ne saurois trop souffrir pour avoir écrit l'*Essai*.

On a réimprimé cet ouvrage en Allemagne et en Angleterre. La contrefaçon angloise n'est qu'un abrégé fait sans doute dans une intention bienveillante, puisqu'on a supprimé ce qu'il y a de plus blâmable dans l'*Essai* : la contrefaçon allemande est calquée sur la contrefaçon angloise. Ces omissions ne tournent jamais au profit d'un auteur : on pourroit dire, en faisant allusion au passage de Tacite, qu'à ces funérailles d'un mauvais livre, les morceaux retranchés paroissent d'autant plus qu'on ne les y voit pas. L'*Essai* complet n'existe donc que dans l'édition de Londres faite par moi, en 1797, et dans l'édition que je donne aujourd'hui d'après cette première édition.

¹ Ces notes se distingueront des anciennes notes par ces lettres initiales N. ÉD., NOUVELLE ÉDITION ; les anciennes notes sont indiquées par des *chiffres*, les nouvelles par des *lettres* ; les notes sur les notes ont pour renvoi un *astérisque*.

PRÉFACE.

oici l'ouvrage que, depuis longtemps, j'avois promis de réimprimer ; promesse que des âmes charitables avoient regardée comme un moyen de gagner du temps et d'imposer silence à mes ennemis, bien résolu que j'étois intérieurement, disoit-on, de ne jamais tenir ma parole. Avant de porter un jugement sur l'*Essai*, commençons par faire l'histoire de cet ouvrage.

J'avois traversé l'Atlantique avec le dessein d'entreprendre un voyage dans l'intérieur du Canada, pour découvrir, s'il étoit possible, le passage au nord-ouest du continent américain[a]. Par le plus grand hasard j'appris, au milieu de mes courses, la fuite de Louis XVI, l'arrestation de ce monarque à Varennes, et la retraite au-delà de la Meuse, de la Moselle et du Rhin, de presque tout le corps des officiers françois d'infanterie et de cavalerie.

Louis XVI n'étoit plus qu'un prisonnier entre les mains d'une faction ; le drapeau de la monarchie avoit été transporté par les princes de l'autre côté de la frontière : je n'approuvois point l'émigration en principe, mais je crus qu'il étoit de mon honneur d'en partager l'imprudence, puisque cette imprudence avoit des dangers. Je pensai que, portant l'uniforme françois, je ne devois pas me promener dans les forêts du Nouveau-Monde quand mes camarades alloient se battre[b].

J'abandonnai donc, quoiqu'à regret, mes projets, qui n'étoient pas eux-mêmes sans périls. Je revins en France ; j'émigrai avec mon frère, et je fis la campagne de 1792.

Atteint, dans la retraite, de cette dyssenterie qu'on appeloit *la maladie des Prussiens*, une affreuse petite vérole vint compliquer mes maux.

On me crut mort ; on m'abandonna dans un fossé, où, donnant encore quelques signes de vie, je fus secouru par la compassion des gens du prince de Ligne, qui me jetèrent dans un fourgon. Ils me mirent à terre sous les remparts de Namur, et je traversai la ville en me traînant sur les mains de porte en porte. Repris par d'autres fourgons, je retrouvai à Bruxelles mon frère, qui rentroit en France pour monter sur l'échafaud. On osoit à peine panser ma blessure que j'avois à la cuisse, à cause de la contagion de ma double maladie.

Je voulois cependant, dans cet état, me rendre à Jersey, afin de rejoindre les royalistes de la Bretagne. Au prix d'un peu d'argent que j'empruntai, je me fis porter à Ostende : j'y rencontrai plusieurs Bretons, mes compatriotes et mes compagnons d'armes, qui avoient formé le même projet que moi. Nous nolisâmes une petite barque pour Jersey, et l'on nous entassa dans la cale de cette barque. Le gros temps, le défaut d'air et d'espace, le mouvement de la mer, achevèrent d'épuiser mes forces ; le vent et la marée nous obligèrent de relâcher à Guernesey.

Comme j'étois près d'expirer, on me descendit à terre, et on m'assit contre un mur, le visage tourné vers le soleil, pour rendre le dernier soupir. La femme d'un marinier vint à passer ; elle eut pitié de moi ; elle appela son mari, qui, aidé de deux ou trois autres matelots anglois, me transporta dans une maison de pêcheur où je fus mis dans un bon lit ; c'est vraisemblablement à cet acte de charité que je dois la vie. Le lendemain on me rembarqua sur le sloop d'Ostende. Quand nous ancrâmes à Jersey, j'étois dans un complet délire. Je fus recueilli par mon oncle maternel, le comte de Bédée, et je demeurai plusieurs mois entre la vie et la mort.

Au printemps de 1793, me croyant assez fort pour reprendre les armes, je passai en Angleterre, où j'espérois trouver une direction des princes ; mais ma santé, au lieu de se rétablir, continua de décliner : ma poitrine s'entreprit ; je respirois avec peine. D'habiles médecins consultés me déclarèrent que je traînerois ainsi quelques mois, peut-être même une ou deux années, mais que je devois renoncer à toute fatigue, et ne pas compter sur une longue carrière.

Que faire de ce temps de grâce qu'on m'accordoit ? Hors d'état de tenir l'épée pour le roi, je pris la plume. C'est donc sous le coup d'un arrêt de mort, et, pour ainsi dire, entre la sentence et l'exécution, que j'ai écrit l'*Essai historique*. Ce n'étoit pas tout de connoître la borne rapprochée de ma vie, j'avois de plus à supporter la détresse de l'émigration. Je travaillois le jour à des traductions, mais ce travail ne suffisoit pas à mon existence ; et l'on peut voir, dans la première préface

---

[a] J'ai dit cela cent fois dans mes ouvrages, et notamment dans l'*Essai*.

[b] Je servois dans le régiment de Navarre, infanterie, avec rang de capitaine de cavalerie : c'étoit un abus de ce temps ; j'avois obtenu les honneurs de la cour ; or, comme on ne pouvoit monter dans les carrosses du roi que l'on n'eût au moins le grade de capitaine, il avoit fallu, par une fiction, qu'un sous-lieutenant d'infanterie devînt un capitaine de cavalerie.

PRÉFACE.

d'*Atala*, à quel point j'ai souffert, même sous ce rapport. Ces sacrifices, au reste, portoient en eux leur récompense : j'accomplissois les devoirs de la fidélité envers mes princes; d'autant plus heureux dans l'accomplissement de ces devoirs, que je ne me faisois aucune illusion, comme on le remarquera dans l'*Essai*, sur les fautes du parti auquel je m'étois dévoué.

Ces détails étoient nécessaires pour expliquer un passage de la *Notice* placée à la tête de l'*Essai*, et cet autre passage de l'*Essai* même : « Attaqué « d'une maladie qui me laisse peu d'espoir, je vois « les objets d'un œil tranquille. L'air calme de la « tombe se fait sentir au voyageur qui n'en est « plus qu'à quelques journées. » J'étois encore obligé de raconter ces faits personnels, pour qu'ils servissent d'excuse au ton de misanthropie répandu dans l'*Essai* : l'amertume de certaines réflexions n'étonnera plus. Un écrivain qui croyoit toucher au terme de la vie, et qui, dans le dénûment de son exil, n'avoit pour table que la pierre de son tombeau, ne pouvoit guère promener des regards riants sur le monde. Il faut lui pardonner de s'être abandonné quelquefois aux préjugés du malheur, car le malheur a ses injustices, comme le bonheur a sa dureté et ses ingratitudes. En se plaçant donc dans la position où j'étois lorsque je composai l'*Essai*, un lecteur impartial me passera bien des choses.

Cet ouvrage, si peu répandu en France, ne fut pas cependant tout à fait ignoré en Angleterre et en Allemagne; il fut même question de le traduire dans ces deux pays, ainsi qu'on l'apprend par la *Notice*. Ces traductions commencées n'ont point paru. Le libraire de Boffe, éditeur de l'*Essai*, en Angleterre, avoit aussi résolu d'en donner une édition en France : les circonstances du temps firent avorter ce projet. Quelques exemplaires de l'édition de Londres parvinrent à Paris. Je les avois adressés à MM. de La Harpe, Ginguené et de Sales, que j'avois connus avant mon émigration. Voici ce que m'écrivoit à ce sujet un neveu du poète Lemierre :

Paris, ce 15 juillet 1797.

« ....
« D'après vos instructions, j'ai fait remettre, par
« M. Say, directeur de la *Décade philosophique, littéraire*, à M. Ginguené, propriétaire lui-même de ce
« journal, la lettre et l'exemplaire qui lui étoient destinés. .... J'ai été moi-même chez
« M. de La Harpe : il m'a parfaitement reçu, a été
« vivement affecté à la lecture de votre lettre, et m'a
« promis de rendre compte de l'ouvrage avec tout l'intérêt et toute l'attention dont l'auteur lui-même paroissoit digne; mais, sur la demande que je lui ai
« faite d'une lettre pour vous, il m'a répondu que,
« pour des raisons particulières, il ne pouvoit écrire
« dans l'étranger.
« M. de Sales a été enchanté de votre ouvrage; il
« me charge de toutes ses civilités pour vous. *Le Républicain françois*[a] n'a pas été moins satisfait du livre,
« et il en a fait un éloge complet. Plusieurs gens de lettres ont dit que c'étoit un très-bon supplément à
« l'*Anacharsis*; enfin, à quelques critiques près qui
« tombent sur quelques citations peut-être oiseuses, et
« sur un ou deux rapprochements qui ont paru forcés,
« votre *Essai a eu le plus grand succès.* »

Malgré ce *grand succès* dont on flattoit ma vanité d'auteur, il est certain que si l'*Essai* fut un moment connu en France, il fut presque aussitôt oublié.

La mort de ma mère fixa mes opinions religieuses. Je commençai à écrire, en expiation de l'*Essai*, le *Génie du Christianisme*. Rentré en France en 1800, je publiai ce dernier ouvrage, et je plaçai dans la préface la confession suivante : « Mes sentiments religieux n'ont pas toujours été
« ce qu'ils sont aujourd'hui. Tout en avouant la
« nécessité d'une religion, et en admirant le christianisme, j'en ai cependant méconnu plusieurs
« rapports. Frappé des abus de quelques institutions et des vices de quelques hommes, je suis
« tombé jadis dans les déclamations et les sophismes. Je pourrois en rejeter la faute sur ma jeunesse, sur le délire des temps, sur les sociétés
« que je fréquentois; mais j'aime mieux me condamner : je ne sais point excuser ce qui n'est
« point excusable. Je dirai seulement les moyens
« dont la Providence s'est servie pour me rappeler
« à mes devoirs.
« Ma mère, après avoir été jetée à soixante-
« douze ans dans les cachots, où elle vit périr une
« partie de ses enfants, expira sur un grabat, où
« ses malheurs l'avoient reléguée. Le souvenir de
« mes égarements répandit sur ses derniers jours
« une grande amertume. Elle chargea, en mourant,
« une de mes sœurs de me rappeler à cette religion
« dans laquelle j'avois été élevé. Ma sœur me
« manda les derniers vœux de ma mère. Quand la
« lettre me parvint au-delà des mers, ma sœur
« elle-même n'existoit plus; elle étoit morte aussi
« des suites de son emprisonnement. Ces deux
« voix sorties du tombeau, cette mort qui servoit d'interprète à la mort, m'ont frappé; je
« suis devenu chrétien : je n'ai point cédé, j'en conviens, à de grandes lumières surnaturelles; ma
« conviction est sortie du cœur : j'ai pleuré et j'ai
« cru. »

[a] Journal du temps.

Ce n'étoit point là une histoire inventée pour me mettre à l'abri du reproche de variation quand l'*Essai* parviendroit à la connoissance du public. J'ai conservé la lettre de ma sœur.

Madame de Farcy, après avoir été connue à Paris par son talent pour la poésie, avoit renoncé aux muses; devenue une véritable sainte, ses austérités l'ont conduite au tombeau. J'en puis parler ainsi, car le philanthrope abbé Carron a écrit et publié la vie de ma sœur. Voici ce qu'elle me mandoit dans la lettre que la préface du *Génie du Christianisme* a mentionnée.

Saint-Servan, 1ᵉʳ juillet 1798.

« Mon ami, nous venons de perdre la meilleure des
« mères : je t'annonce à regret ce coup funeste (ici
« quelques détails de famille).
« quand tu cesseras d'être l'objet de nos sollicitudes,
« nous aurons cessé de vivre. *Si tu savois combien de*
« *pleurs les erreurs ont fait répandre à notre res-*
« *pectable mère*, combien elles paroissent déplorables
« à tout ce qui pense et fait profession non-seulement
« de piété, mais de raison; si tu le savois, peut-être
« cela contribueroit-il à t'ouvrir les yeux, à te faire
« renoncer à écrire; et si le ciel touché de nos vœux
« permettoit notre réunion, tu trouverois au milieu
« de nous tout le bonheur qu'on peut goûter sur la
« terre; tu nous donnerois ce bonheur, car il n'en est
« point pour nous tandis que tu nous manques, et que
« nous avons lieu d'être inquiètes de ton sort. »

Voilà la lettre qui me ramena à la foi par la piété filiale.

Tout alla bien pendant quelques années : mon second ouvrage avoit réussi au-delà de mes espérances. N'ayant jamais manqué de sincérité, n'ayant jamais parlé que d'après ma conscience, n'ayant jamais raconté de moi que des choses vraies, je me croyois en sûreté par les aveux mêmes de la préface du *Génie du Christianisme*; et l'*Essai* étoit également oublié de moi et du public.

Mais Buonaparte, qui s'étoit brouillé avec la cour de Rome, ne favorisoit plus les idées religieuses : le *Génie du Christianisme* avoit fait trop de bruit, et commençoit à l'importuner. L'affaire de l'Institut survint; une querelle littéraire s'alluma, et l'on déterra l'*Essai*. La police de ce temps-là fut charmée de la découverte; et, comme elle n'étoit pas arrivée à la perfection de la police de ce temps-ci, comme elle se piquoit sottement d'une espèce d'impartialité, elle permit à des gens de lettres de me prêter leur secours. Toutefois, elle ne vouloit pas, comme je le dirai à l'instant, que ma défense se changeât en triomphe; ce qui étoit bien naturel de sa part.

Je ne nommerai point l'adversaire qui me jeta le gant le premier, parce qu'au moment de la restauration, lorsqu'on exhuma de nouveau l'*Essai*, il me prévint loyalement des libelles qui alloient paroître, afin que j'avisasse au moyen de les faire supprimer. N'ayant rien à cacher, et ami sincère de la liberté de la presse, je ne fis aucune démarche; je trouvai très-bon qu'on écrivît contre moi tout ce qu'on croyoit devoir écrire.

Un jeune homme, appelé *Damaze de Raymond*, qui fut tué en duel quelque temps après, se fit mon champion sous l'empire, et la censure laissa paroître son écrit; mais le gouvernement fut moins facile, quand, pour toute réponse à des *Extraits de l'Essai*, je lui demandai la permission de réimprimer l'ouvrage *entier*.

Voici ma lettre au général baron de Pommereul, conseiller d'état, directeur général de l'imprimerie et de la librairie :

« MONSIEUR LE BARON,

« On s'est permis de publier des morceaux d'un ou-
« vrage dont je suis l'auteur. Je juge d'après cela que
« vous ne verrez aucun inconvénient à laisser paroître
« l'ouvrage tout entier.
« Je vous demande donc, monsieur le baron, l'auto-
« risation nécessaire pour mettre sous presse, chez Le
« Normant, mon ouvrage intitulé : *Essai historique,
« politique et moral sur les Révolutions anciennes et
« modernes, considérées dans leurs rapports avec la
« Révolution françoise*. Je n'y changerai pas un seul
« mot ; j'y ajouterai pour toute préface celle du *Génie
« du Christianisme*.
« J'ai l'honneur d'être, etc.

« Paris, ce 17 novembre 1812. »

Dès le lendemain, M. de Pommereul me répondit la lettre suivante, écrite tout entière de sa main. En ce temps d'usurpation, on se piquoit de politesse, même avec un homme en disgrâce, même avec un émigré. M. de Pommereul refuse la permission que je lui demande; mais comparez le ton de sa lettre avec celui des lettres qui sortent aujourd'hui des bureaux d'un directeur général, ou même d'un ministre.

« Paris, ce 18 novembre 1812.

« A MONSIEUR DE CHATEAUBRIAND.

« Je mettrai mardi prochain, monsieur, votre de-
« mande sous les yeux du ministre de l'intérieur ; mais
« votre ouvrage, fait en 1797, est bien peu convenable
« au temps présent, et s'il devoit paroître aujourd'hui
« pour la première fois, je doute que ce pût être avec
« l'assentiment de l'autorité. On vous attaque sur cette
« production : nous ne ressemblons point aux journa-
« listes qui admettent l'attaque et repoussent la défense,

PRÉFACE

« et la vôtre ne trouvera, pour paroître, aucun obstacle
« à la direction de la librairie. J'aurai soin, monsieur,
« de vous informer de la décision du ministre sur votre
« demande de réimpression. Agréez, je vous prie, mon-
« sieur, la haute considération avec laquelle j'ai l'hon-
« neur d'être, etc.

« *Signé* baron DE POMMEREUL. »

Le 24 novembre, je reçus de M. de Pommereul cette autre lettre :

« Paris, le 21 novembre 1815.

« A MONSIEUR DE CHATEAUBRIAND.

« J'ai mis aujourd'hui, monsieur, sous les yeux du
« ministre de l'intérieur la lettre que vous m'avez fait
« l'honneur de m'écrire le 17 courant, et la réponse que
« je vous ai faite le 18. Son excellence a décidé que l'ou-
« vrage que vous demandez à réimprimer, puisqu'il n'a
« point été publié en France, doit être assujetti aux
« formalités prescrites par les décrets impériaux con-
« cernant la librairie. En conséquence, monsieur, vous
« devez, vous ou votre imprimeur, faire à la direction
« générale de l'imprimerie la déclaration de vouloir
« l'imprimer, et y déposer en même temps l'édition
« dont vous demandez la réimpression, afin qu'elle
« puisse passer à la censure.

« Agréez, monsieur, etc.

« *Signé* baron DE POMMEREUL. »

M. de Pommereul reconnoît, dans sa première lettre, que mon ouvrage, *fait en 1797, est bien peu convenable au temps présent* (l'empire), *et que, s'il devoit paroître aujourd'hui* (sous Buonaparte) *pour la première fois, il doute que ce pût être avec l'assentiment de l'autorité.* Quelle justification de l'*Essai* !

Dans sa seconde lettre, M. le directeur de la librairie m'ordonne de me soumettre à la *censure* si je veux réimprimer mon ouvrage. Il étoit clair que la censure m'auroit enlevé ce que je disois en éloge de Louis XVI, des Bourbons, de la vieille monarchie, et toutes mes réclamations en faveur de la liberté ; il étoit clair que l'*Essai*, ainsi dépouillé de ce qui servoit de contrepoids à ses erreurs, se seroit réduit à un extrait à peu près semblable à ceux dont je me plaignois. Force étoit donc à moi de renoncer à le réimprimer, puisqu'il auroit fallu le livrer aux mutilations de la censure.

Après tout, le gouvernement impérial avoit grandement raison : l'*Essai* n'étoit, ni sous le rapport des libertés publiques, ni sous celui de la monarchie légitime, un livre qu'on pût publier sous le despotisme et l'usurpation. La police se donnoit un air d'impartialité, en laissant dire quelque chose en ma faveur, et rioit secrètement de m'empêcher de faire la seule chose qui pût réellement me défendre.

Enfin, le roi fut rendu à ses peuples : je parus jouir d'abord de la faveur que l'on croit, mal à propos, devoir suivre des services qui souvent ne méritent pas la peine qu'on y pense ; mais enfin, en proclamant le retour de la légitimité, j'avois contribué à entraîner l'opinion publique, par conséquent j'avois choqué des passions et blessé des intérêts : je devois donc avoir des ennemis. Pour m'enlever l'influence qu'on craignoit de me voir prendre sur un gouvernement religieux, on crut expédient de réchauffer la vieille querelle de l'*Essai*. On annonça avec bruit un *Chateaubriantana*, une brochure du *Sacerdoce*, etc. C'étoient toujours des compilations de l'*Essai* [a]. Il y avoit dans ces nouvelles poursuites quelque chose qui n'étoit guère plus généreux que dans les premières ; j'étois en disgrâce sous le roi, comme je l'étois sous Buonaparte, au moment où ces courageux critiques se déchaînoient contre moi. Pourquoi m'ont-ils laissé tranquille lorsque j'étois ministre ? C'étoit là une belle occasion de montrer leur indépendance.

Je n'ai répondu à ces personnes bienveillantes que par cette note de la préface de mes *Mélanges de politique* :

« Si je n'ai jamais varié dans mes principes po-
« litiques, je n'ai pas toujours embrassé le christia-
« nisme dans tous ses rapports, d'une manière aussi
« complète que je le fais aujourd'hui. Dans ma pre-
« mière jeunesse, à une époque où la génération
« étoit nourrie de la lecture de Voltaire et de
« J. J. Rousseau, je me suis cru un petit philoso-
« phe, et j'ai fait un mauvais livre. Ce livre, je l'ai
« condamné aussi durement que personne dans la
« préface du *Génie du Christianisme*. Il est bizarre
« qu'on ait voulu me faire un crime d'avoir été un
« esprit fort à vingt ans et un chrétien à quarante.
« A-t-on jamais reproché à un homme de s'être
« corrigé ? L'écrivain vraiment coupable est celui
« qui, ayant bien commencé, finit mal, et non pas
« celui qui, ayant mal commencé, finit bien. Quoi
« qu'il en soit, si je pouvois anéantir l'*Essai histo-
« rique*, je le ferois, parce qu'il renferme, sous le
« rapport de la religion, des pages qui peuvent bles-
« ser quelques points de discipline ; mais, puisque

---

[a] Je ne sais ni les titres, ni le nombre de toutes ces brochures ; je n'en ai jamais lu que ce que j'en ai vu par hasard dans les journaux ; mais il y avoit encore : *Esprit, maximes et principes* de M. de Chateaubriand *Itinéraire de Pantin au Mont-Calvaire*, *M. de la Maison-Terne, les Persécuteurs*, etc., et deux ou trois journaux ministériels pour la presse périodique.

« je ne puis l'anéantir, puisqu'on en extrait tous
« les jours un peu de poison, sans donner le con-
« tre-poison qui se trouve à grandes doses dans le
« même ouvrage; puisqu'on l'a réimprimé par
« fragments, je suis bien aise d'annoncer à mes
« ennemis que je vais le faire réimprimer tout
« entier. Je n'y changerai pas un mot; j'ajouterai
« seulement des notes en marge.

« Je prédis à ceux qui ont voulu transformer l'*Es-
« sai historique* en quelque chose d'épouvantable,
« qu'ils seront très-fâchés de cette publication; elle
« sera tout entière en ma faveur (car je n'attache
« de véritable importance qu'à mon caractère); mon
« amour-propre seul en souffrira. Littérairement
« parlant, ce livre est détestable et parfaitement
« ridicule ; c'est un chaos où se rencontrent les
« Jacobins et les Spartiates, la Marseillaise et les
« Chants de Tyrtée, un Voyage aux Açores et le
« Périple d'Hannon, l'Éloge de Jésus-Christ et la
« Critique des Moines, les Vers Dorés de Pytha-
« gore et les Fables de M. de Nivernois, Louis XVI,
« Agis, Charles Ier, des Promenades solitaires,
« des Vues de la nature, du Malheur, de la Mélan-
« colie, du Suicide, de la Politique, un petit com-
« mencement d'*Atala*, Robespierre, la Conven-
« tion, et des discussions sur Zénon, Épicure et
« Aristote; le tout en style sauvage et boursouflé [a],
« plein de fautes de langue, d'idiotismes étrangers
« et de barbarismes. Mais on y trouvera aussi un
« jeune homme exalté plutôt qu'abattu par le mal-
« heur, et dont le cœur est tout à son roi, à l'hon-
« neur et à la patrie. »

C'est cet engagement solennel de publier moi-
même l'*Essai* que je viens remplir aujourd'hui.

Telle est l'histoire complète de cet ouvrage, de
son origine, de la position où j'étois en l'écrivant,
et des tracasseries qu'il m'a suscitées. Il faut maintenant examiner l'ouvrage en lui-même et les critiques de mes Aristarques.

Qu'ai-je prétendu prouver dans l'*Essai*? Qu'il
n'y a rien de *nouveau sous le soleil*, et qu'on retrouve dans les révolutions anciennes et modernes
les personnages et les principaux traits de la révolution françoise.

On sent combien cette idée, poussée trop loin,
a dû produire de rapprochements forcés, ridicules
ou bizarres.

Je commençai à écrire l'*Essai* en 1794, et il
parut en 1797. Souvent il falloit effacer la nuit le
tableau que j'avois esquissé le jour : les événements
couroient plus vite que ma plume : il survenoit
une révolution qui mettoit toutes mes comparaisons
en défaut : j'écrivois sur un vaisseau pendant une
tempête, et je prétendois peindre comme des objets fixes les rives fugitives qui passoient et s'abîmoient le long du bord! Jeune et malheureux, mes
opinions n'étoient arrêtées sur rien, je ne savois
que penser en littérature, en philosophie, en morale, en religion. Je n'étois décidé qu'en matière
politique : sur ce seul point je n'ai jamais varié.

L'éducation chrétienne que j'avois reçue avoit
laissé des traces profondes dans mon cœur, mais
ma tête étoit troublée par les livres que j'avois lus,
les sociétés que j'avois fréquentées. Je ressemblois
à presque tous les hommes de cette époque : j'étois
né de mon siècle.

Si l'on m'a trouvé une imagination vive dans
un âge plus mûr, qu'on juge de ce qu'elle devoit
être dans ma première jeunesse, lorsque demi-
sauvage, sans patrie, sans famille, sans fortune,
sans amis, je ne connoissois la société que par les
maux dont elle m'avoit frappé.

Avant d'imprimer des extraits de l'*Essai*, on col-
porta l'ouvrage entier mystérieusement, en répandant des bruits étranges. Pourquoi se donnoit-
on tant de peine? Loin d'enfouir l'*Essai*, je l'ex-
posois au grand jour, et je le prêtois à quiconque
le vouloit lire. On prétendoit que j'en rachetois
partout les exemplaires au plus haut prix [a]. Et où
aurois-je trouvé les trésors que ces rachats m'auroient supposés? J'avois voulu réimprimer l'*Essai*
sous Buonaparte, comme on vient de le voir : je
n'en faisois donc pas un secret.

Quoi qu'il en soit, les mains officieuses qui firent
d'abord circuler l'*Essai historique* perdirent leur
travail : on s'aperçut que l'ouvrage lu de suite
produisoit un effet contraire à celui qu'on en espéroit. Il fallut en venir au parti moins loyal, mais
plus sûr, de ne le donner que par lambeaux, c'est-
à-dire d'en montrer le mal, et d'en cacher le bien.

On résolut d'ouvrir l'attaque du côté religieux,
d'opposer quelques pages de l'*Essai* à quelques
pages du *Génie du Christianisme*; mais une chose
déconcertoit ce plan : c'étoit la préface du dernier
ouvrage. Que pouvoit-on opposer à un homme
qui s'étoit condamné lui-même avec tant de franchise?

Arrêté par cette préface, il vint alors en pensée
de détruire l'autorité de mes aveux au moyen
d'une calomnie : on sema le bruit que ma mère

---

[a] Qu'il me soit permis d'être juste envers moi comme envers tout le monde : cette critique du style de l'*Essai* est outrée. C'est un jugement que j'avois prononcé, *ab irato*, sur l'ouvrage avant de l'avoir relu. On va voir bientôt que j'ai modifié ce jugement, et que je l'ai rendu, je crois, plus impartial.

[a] On vint un jour me proposer de racheter à une vente un exemplaire de l'*Essai* pour 300 francs. Je répondis que j'en avois deux exemplaires que je donnerois pour cent sous.

PRÉFACE.

étoit morte avant la publication de l'*Essai*, et qu'ainsi la préface du *Génie du Christianisme* reposoit sur une fable.

Ceux qui disoient ces choses étoient-ils mes amis, mes proches? avoient-ils vécu avec moi à Londres, reçu mes lettres, pénétré mes secrets? pouvoient-ils, par leur témoignage, déterminer l'instant où j'avois répandu des pleurs? S'ils étoient étrangers à toute ma vie; s'ils avoient ignoré mon existence jusqu'au jour où le public la leur avoit révélée; s'ils étoient en France, lorsque je languissois dans la terre de l'exil, comment osoient-ils fonder une lâche accusation sur un fait qu'ils ne pouvoient ni savoir ni prouver? Ah! loin de moi la pensée que des hommes qui prétendoient fixer l'époque de mes malheurs, avoient des raisons particulières de la connoitre!

J'ai cité le texte même de la lettre de ma sœur que j'ai entre les mains. Cette lettre est du 1ᵉʳ juillet 1798. Voici un autre document dont on ne niera pas l'authenticité :

« Extrait du registre des décès de la ville de Saint-Servan, 1ᵉʳ arrondissement du département d'Ille-et-Vilaine, pour l'an vi de la république, f° 53, r°, où est écrit ce qui suit :

« Le douze prairial an vi de la république françoise, devant moi Jacques Bourdasse, officier municipal de la commune de Saint-Servan, élu officier public le 4 floréal dernier, sont comparus Jean Baslé, jardinier, et Joseph Boulin, journalier, majeurs d'âge, et demeurant séparément en cette commune; lesquels m'ont déclaré que Apolline-Jeanne-Suzane de Bédée, née en la commune de Bourseuil, le 7 avril mil sept cent vingt-six, fille de feu Ange-Annibal de Bédée, et de Benigne-Jeanne-Marie de Ravenel, veuve de René-Auguste de Chateaubriand, est décédée au domicile de la citoyenne Gouyon, situé à la Ballue, en cette commune, ce jour, à une heure après midi : d'après cette déclaration, dont je me suis assuré de la vérité, j'ai rédigé le présent acte, que Jean Baslé a seul signé avec moi, Joseph Boulin ayant déclaré ne le savoir faire, de ce interpellé.

« Fait en la maison commune, lesdits jour et an.
« *Signé* Jean Baslé et Bourdasse.

« Certifié conforme au registre, par nous maire de Saint-Servan, ce 31 octobre 1812. *Signé* Tresvaux-Reselaye, adjoint.

« Vu pour légalisation de la signature du sieur Tresvaux-Reselaye, adjoint, par nous juge du tribunal civil séant à Saint-Malo (le président empêché). A Saint-Malo, le trente-un octobre 1812. *Signé* Robiou [a]. »

La date de la mort de madame de Chateaubriand est du 12 prairial an vi de la république, c'est-à-dire du 31 mai 1798. La publication de l'*Essai* est des premiers mois de 1797; elle avoit dû même avoir lieu plus tôt, comme on le voit par le *Prospectus*, qui l'annonçoit pour la fin de 1796 [a]. Quelle critique que celle qui force un honnête homme à entrer dans de pareils détails, qui oblige un fils à produire l'extrait mortuaire de sa mère!

Battu par les faits, repoussé par les dates, on n'eut plus que la ressource banale de tronquer des passages pour dénaturer un texte. C'étoit avec des brochures d'une quarantaine de pages que l'on prétendoit faire connoître un livre de près de 700 pages grand in-8°. Des fragments qui ne tenoient à rien de ce qui les précédoit ou de ce qui les suivoit dans le corps de l'ouvrage pouvoient-ils donner une idée juste de cet ouvrage? On transcrivoit quelques phrases hasardées sur le culte, mais on ne disoit pas que, dans un chapitre adressé aux infortunés, on trouvoit cet éloge de l'Évangile : « Un livre vraiment utile au misérable, parce « qu'on y trouve la pitié, la tolérance, la douce « indulgence, l'espérance plus douce encore, qui « composent le seul baume des blessures de l'âme, « ce sont les Évangiles. Leur divin auteur ne s'ar-« rête point à prêcher vainement les infortunés : « il fait plus, il bénit leurs larmes et boit avec eux « le calice jusqu'à la lie. »

Cela, ce me semble, n'étoit pourtant pas trop incrédule.

Encore un passage de ce livre qui scandalisoit si fort ces chrétiens de circonstance, lesquels ne croient peut-être pas en Dieu, et ces hypocrites qui font de la haine, de l'or et des places avec la charité, la pauvreté et l'humilité de la religion : « Si la morale la plus pure et le cœur le plus ten-« dre, si une vie passée à combattre l'erreur et à « soulager les maux des hommes, sont les attributs « de la Divinité, qui peut nier celle de Jésus-« Christ? Modèle de toutes les vertus, l'amitié le « voit endormi dans le sein de Jean, ou léguant sa « mère à son disciple chéri; la tolérance l'admire « avec attendrissement dans le jugement de la « femme adultère : partout la pitié le trouve bé-« nissant les pleurs de l'infortuné; dans son amour « pour les enfants, son innocence et sa candeur

---

[a] Je prie le lecteur de remarquer mon exactitude. J'a-vois dit dans la préface du *Génie du Christianisme*, en 1802, que ma mère, après avoir été jetée dans les cachots et vu périr une partie de ses enfants, expira sur un grabat où ses malheurs l'avoient reléguée. La voici qui meurt dans une campagne isolée où deux ouvriers, dont l'un ne sait pas écrire, témoignent seuls de sa mort.

[a] Voyez ce *Prospectus*, à la suite de cette préface.

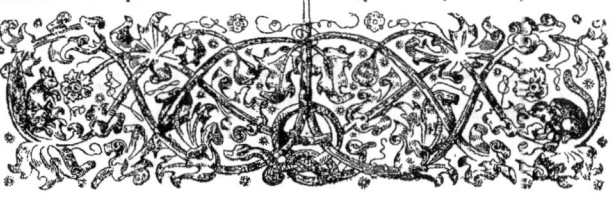

« se décèlent; la force de son âme brille au milieu
« des tourments de la croix, et son dernier soupir
« dans les angoisses de la mort est un soupir de
« miséricorde. » *Essai historique*, p. 378 de l'édition de Londres.

Quoi! c'est là ce que je disois quand je n'étois pas *chrétien!* Cet *Essai* doit être un livre bien étrange! Il ne sera pas inutile de faire remarquer que j'ai transporté ce portrait de Jésus-Christ dans le *Génie du Christianisme*, ainsi que quelques autres chapitres de l'*Essai*, et qu'ils n'y forment aucune disparate.

Telle phrase amphigourique pouvoit faire croire que dans l'*Essai* l'existence de Dieu est mise en doute; on la saisissoit; mais on taisoit le chapitre sur l'*Histoire du polythéisme*, qui commence ainsi :
« Il est un Dieu : les herbes de la vallée et les cè-
« dres du Liban le bénissent, etc. L'homme seul
« a dit : il n'y a point de Dieu. Il n'a donc jamais,
« celui-là, dans ses infortunes, levé les yeux vers
« le ciel, etc. »

Je rassemble ailleurs, dans l'*Essai*, les objections que l'on a faites en tout temps contre le christianisme [a]; on croit que je vais conclure comme les esprits forts, et tout à coup on lit ce passage :
« Moi, qui suis très-peu versé dans ces matières,
« je répéterai seulement aux incrédules, en ne me
« servant que de ma foible raison, ce que je leur
« ai déjà dit. Vous renversez la religion de votre
« pays, vous plongez le peuple dans l'impiété, et
« vous ne proposez aucun autre palladium de la
« morale. Cessez cette cruelle philosophie : ne ra-
« vissez point à l'infortuné sa dernière espérance :
« qu'importe qu'elle soit une illusion, si cette illu-
« sion le soulage d'une partie du fardeau de l'exis-
« tence, si elle veille dans les longues nuits à son
« chevet solitaire et trempé de larmes; si enfin elle
« lui rend le dernier service de l'amitié en fermant
« elle-même sa paupière, lorsque seul et abandonné
« sur la couche du misérable, il s'évanouit dans la
« mort. » *Essai*, p. 621, même édition.

Retranchez ce paragraphe, et donnez le chapitre sans sa conclusion, je serai un véritable philosophe. Imprimez ces dernières lignes, et il faudra reconnoître ici l'auteur futur du *Génie du Christianisme*, l'esprit incertain qui n'attend qu'une leçon pour revenir à la vérité. En lisant attentivement l'*Essai*, on sent partout que la nature religieuse est au fond, et que l'incrédulité n'est qu'à la surface.

Au reste, cet ouvrage est un véritable chaos : chaque mot y contredit le mot qui le suit. On

[a] J'ai pourtant soin de dire, en rassemblant ces objections, qu'elles ont été victorieusement réfutées par les meilleurs esprits, et qu'elles ne sont pas de moi.

pourroit faire de l'*Essai* deux analyses différentes : on prouveroit par l'une que je suis un sceptique décidé, un disciple de Zénon et d'Épicure; par l'autre, on me feroit connoître comme un chrétien bigot, un esprit superstitieux, un ennemi de la raison et des lumières. On trouve dans cette rêverie de jeune homme une profonde vénération pour Jésus-Christ et pour l'Évangile, l'éloge des évêques, des curés, et des déclamations contre la cour de Rome et contre les moines : on y rencontre des passages qui sembleroient favoriser toutes les extravagances de l'esprit humain, le suicide, le matérialisme, l'anarchie; et tout auprès de ces passages, on lit des chapitres entiers sur l'existence de Dieu, la beauté de l'ordre, l'excellence des principes monarchiques. C'est le combat d'Oromaze et d'Arimane : les larmes maternelles et l'autorité de la raison croissante ont décidé la victoire en faveur du bon génie.

La position de ceux qui m'attaquoient sous l'empire étoit extrêmement fausse. Que me reprochoient-ils? Des principes qui étoient les leurs! ils ne s'apercevoient pas qu'ils faisoient mon éloge en essayant de me calomnier; car s'il étoit vrai que l'*Essai* renfermât les opinions dont on prétendoit me faire un crime, que prouvoient-elles ces opinions? que j'avois conservé dans toutes les positions de ma vie une indépendance honorable; que moi-même, banni et persécuté, j'avois prêché la monarchie modérée à des gentilshommes bannis, et la tolérance à des prêtres persécutés; que j'avois dit à tous la vérité; que, partageant les souffrances sans partager entièrement les opinions de mes compagnons d'infortune, j'avois eu le courage, assez rare, de leur déclarer que nous avions donné quelque prétexte à nos malheurs.

Ces principes, en contradiction avec le parti même que j'avois embrassé, prouvoient que j'étois le martyr de l'honneur, plutôt que l'aveugle soldat d'une cause dont je connoissois le côté foible; que je m'étois battu comme Falkland dans les camps de Charles Ier, bien que je n'eusse pas été aussi heureux que lui.

Ces principes prouvoient encore que ces bannis que l'on représentoit comme de vils *esclaves attachés à la tyrannie par amour de leurs privilèges*, étoient pourtant des hommes qui reconnoissoient ce qu'il peut y avoir de noble dans toutes les opinions; qui ne rejetoient aucune idée généreuse; qui ne condamnoient dans la liberté que l'anarchie; qui confessoient loyalement leurs propres erreurs, en sachant supporter leurs infortunes; qui, éclairés sur les abus de l'ancien gouvernement, n'en servoient pas moins leur souverain au péril de leur vie; et qui participoient enfin aux lumières de leur siècle, sans manquer à leurs devoirs de sujets.

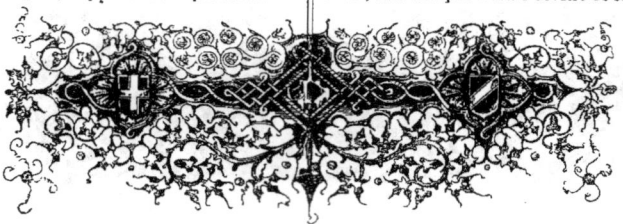

Ne pouvois-je pas encore dire à mes adversaires du temps de l'empire : Ou les principes philosophiques que vous me reprochez sont dans l'*Essai*, ou ils n'y sont pas. S'ils n'y sont pas, vous parlez contre la vérité; s'ils y sont, ces principes sont les vôtres : j'étois le disciple de vos erreurs; mes égaremens sont de vous; mon retour à la vérité est de moi.

On a supposé des motifs d'intérêt à mes opinions. J'aurois dans ce cas été bien malhabile, car j'allois toujours enseignant des doctrines contraires à celles qui menoient à la faveur dans les lieux que j'habitois.

Dans l'étranger, je n'avois, de l'émigration pour la cause de la monarchie, que l'exil et tous les genres de misère, m'obstinant à parler des fautes qui avoient contribué à la chute du trône, et prônant les libertés publiques.

Dans ma patrie, lorsque j'y revins, je trouvai les temples détruits, la religion persécutée, la puissance et les honneurs du côté de la philosophie; aussitôt je me range du côté du foible, et j'arbore l'étendard religieux. Si je faisois tout cela dans des vues intéressées, ma méprise étoit grossière : quoi de plus insensé que de dire dans deux positions contraires précisément ce qui devoit choquer les hommes dont je pouvois attendre la fortune?

J'avois annoncé dans ce que j'appelois, je ne sais pourquoi, la *Notice* au lieu de la *Préface de l'Essai*, l'espèce de persécution que me susciteroit cet ouvrage.

« Que ce livre m'attire beaucoup d'ennemis, dis-
« je dans cette *Notice*, j'en suis convaincu. Si je
« l'avois cru dangereux, je l'eusse supprimé; je le
« crois utile, je le publie. Renonçant à tous les par-
« tis, je ne me suis attaché qu'à celui de la vérité :
« l'ai-je trouvée? Je n'ai pas l'orgueil de le préten-
« dre. Tout ce que j'ai pu faire a été de marcher
« en tremblant, de me tenir sans cesse en garde
« contre moi-même, de ne jamais énoncer une
« opinion sans avoir auparavant descendu dans
« mon propre sein pour y découvrir le sentiment
« qui me l'avoit dictée. J'ai tâché d'opposer philo-
« sophie à philosophie, raison à raison, principe à
« principe : ou plutôt je n'ai rien fait de tout cela,
« j'ai seulement exposé les doutes d'un honnête
« homme [a]. »

Cette prophétie d'*un honnête homme* date de trente ans.

Enfin d'autres censeurs de l'*Essai* vouloient bien me croire dégagé de tout intérêt matériel, mais ils m'accusoient de chercher le bruit.

Si dans l'espoir d'immortaliser mon nom j'avois embrassé la cause du crime et défendu des per-

[a] Voyez cette *Notice*, en tête de l'*Essai*.

vers, je me reconnoîtrois épris d'une coupable renommée. Mais si au contraire j'ai combattu en faveur des sentimens généreux partout où j'ai cru les apercevoir; si j'ai parlé avec enthousiasme de tout ce qui me paroit beau et touchant sur la terre, la religion, la vertu, l'honneur, la liberté, l'infortune, il faudra convenir que ma passion supposée pour la célébrité sort du moins d'un principe excusable : on pourra me plaindre; il sera difficile de me condamner. D'ailleurs, ne suis-je pas François? quand j'aimerois un peu la gloire, ne pourrois-je pas dire à mes compatriotes : « Qui de vous « me jettera la première pierre? »

Ainsi donc, sous les rapports religieux, l'*Essai* paroîtra beaucoup moins condamnable qu'on ne l'a supposé, et sous les rapports politiques il sera tout en ma faveur. Loin de prêcher le républicanisme, comme d'officieux censeurs l'ont voulu faire entendre, l'*Essai* cherche à démontrer au contraire que, dans l'état des mœurs du siècle, la république est impossible. Malheureusement je n'ai plus la même conviction. J'ai toujours raisonné dans l'*Essai* d'après le système de la liberté républicaine des anciens, de la liberté, fille des mœurs; je n'avois pas assez réfléchi sur cette autre espèce de liberté, produite par les lumières et la civilisation perfectionnée : la découverte de la république représentative a changé toute la question. Chez les anciens l'esprit humain étoit jeune, bien que les nations fussent déjà vieilles; la société étoit dans l'enfance, bien que l'homme fût déjà courbé par le temps. C'est faute d'avoir fait cette distinction, que l'on a voulu, mal à propos, juger les peuples modernes d'après les peuples anciens; que l'on a confondu deux sociétés essentiellement différentes; que l'on a raisonné dans un ordre de choses tout nouveau, d'après des vérités historiques qui n'étoient plus applicables. La monarchie représentative est mille fois préférable à la république représentative : elle en a tous les avantages sans en avoir les inconvéniens; mais, si l'on étoit assez insensé pour croire qu'on peut renverser cette monarchie et retourner à la monarchie absolue, on tomberoit dans la république représentative, quel que soit l'état actuel des mœurs. Ces mœurs sont d'ailleurs loin d'être aussi corrompues qu'elles l'étoient au commencement de la révolution; les scandales domestiques sont aujourd'hui presque inconnus, la France est devenue plus sérieuse, et la jeunesse même a quelque chose d'austère.

Les personnages historiques sont en général jugés impartialement dans l'*Essai*. Il y a pourtant quelques hommes que j'ai traités avec trop de rigueur. Je les prie de pardonner à des opinions sans autorité, nées du malheur et de l'inexpérience. La jeunesse est tranchante et présomptueuse; ses

PRÉFACE.

arrêts sont presque toujours sévères. En vieillissant, on apprend à excuser dans les autres les choses dont on s'est soi-même rendu coupable; on ne transforme plus les foiblesses en crimes, et l'on aime moins à compter les fautes que les vertus. C'est surtout pour ces jugements irréfléchis que je regrette de n'avoir pu corriger l'*Essai*; mais je me suis trouvé dans la dure nécessité de reproduire mes erreurs, et de me montrer au public avec toutes mes infirmités.

Je sais parfaitement que cette préface et les *notes critiques* de l'*Essai* ne changeront point l'opinion de la génération présente. Ceux qui aiment l'*Essai* tel qu'il est seront peut-être contrariés par les *notes*; ceux qui trouvent l'ouvrage mauvais ne seront point désarmés. Ces derniers regarderont mes aveux comme non avenus, et reproduiront leurs accusations avec une bonne foi digne de leur charité.

Au fond, ces prétendus chrétiens ne disent pas ce qui leur déplaît. Ne croyez pas que ce soit le philosophisme de l'*Essai* qui les blesse : ce qu'ils ne peuvent me pardonner, c'est l'amour de la liberté qui respire dans cet ouvrage. Sous ce rapport, les *notes* ne feront qu'aggraver mes torts. Loin d'être rentré dans le giron de l'*absolutisme*, je me suis endurci dans ma faute constitutionnelle. Qu'importe alors que je me sois amendé comme chrétien? Soyez athée, mais prêchez l'arbitraire, la police, la censure, la sage indépendance de l'antichambre, les charmes de la domesticité, l'humiliation de la patrie, le goût du petit, l'admiration du médiocre, tous vos péchés vous seront remis.

Aussi, en écrivant les *notes*, je n'ai point espéré réformer le sentiment de mes contemporains; mais la postérité viendra, et si j'existe pour elle, elle prononcera avec impartialité sur le livre et sur le commentaire. J'ose espérer qu'elle jugera l'*Essai* comme ma tête grise l'a jugé; car, en avançant dans la vie, on prend naturellement de l'équité de cet avenir dont on approche.

Cependant des personnes prétendent qu'il ne seroit pas impossible que l'*Essai* fût reçu du public avec une faveur à laquelle je ne devrois pas m'attendre : j'avoue que les raisons présumées de cette faveur, si elle a lieu, m'attristent autant qu'elles m'effraient. Il me paroît certain à moi-même que, si je publiois le *Génie du Christianisme* aujourd'hui pour la première fois, il n'obtiendroit pas le succès populaire qu'il obtint au commencement de ce siècle; il est certain encore que, si j'avois donné en 1801 l'*Essai historique* au lieu du *Génie du Christianisme*, il eût été reçu avec un murmure d'improbation générale. Comment se fait-il maintenant que ce même *Essai* soit plus près des idées du jour sous la légitimité qu'il ne l'eût été sous l'usurpation? Et comment arrive-t-il que le *Génie du Christianisme* est moins dans l'esprit de ce moment qu'il ne l'étoit à l'époque où je l'ai fait paroître?

Quelles causes menaçantes ont pu produire dans l'opinion un effet si contraire à l'ordre naturel des temps et des événements? Par quelle fatalité l'*Essai* seroit-il devenu le livre du présent, et le *Génie du Christianisme* le livre du passé? Les oppresseurs et les opprimés auroient-ils changé de place? Quelles fautes ont été commises, quelle route de perdition a-t-on suivie pour arriver à un pareil résultat? Se seroit-on trompé sur les moyens de rendre à la religion son éclat et sa véritable puissance? Auroit-on cru que cette religion éclairée et généreuse ne pouvoit prospérer que par l'extinction des lumières et la destruction des libertés publiques? Seroit-on parvenu à inquiéter les hommes les plus paisibles, les esprits les plus calmes, les plus modérés, en nous menaçant d'un retour à des choses impossibles, en livrant le pouvoir à une petite coterie hypocrite qui amèneroit une seconde fois, et pour toujours, la ruine du trône et de l'autel?

Qu'on y prenne garde: s'il y a encore une cause de destruction pour la monarchie, elle se trouve là où je l'indique. Ce n'est pas avec des doctrines de calomnie et d'intolérance que la religion trouvera des hommes capables de la défendre. De foibles mains, qui ne sentent pas même le poids du fardeau qu'elles ont à soulever, le laissent à terre sans pouvoir le déranger d'une seule ligne. Où sont les talents qui jadis venoient au secours des principes religieux et monarchiques quand ils étoient attaqués? Repoussés, ils se retirent, et laissent le combat à l'intrigue et à l'incapacité.

La France vouloit l'union dans la religion, la monarchie légitime, les libertés publiques, et l'on s'est plu à la désunir, à l'alarmer sur les objets de ses vœux. Le discrédit total du pouvoir administratif, la lassitude de tout, le mépris ou l'indifférence de l'opinion sur les choses les plus graves, voilà ce qui reste aujourd'hui de tant d'espérances. Derrière nous, une jeunesse ardente attend ce que nous lui laisserons pour le modifier ou le briser selon sa force, car elle ne continuera pas nos destinées.

Dans cette position, tout homme sage doit songer à lui; il doit se séparer de ce qui nous perd, pour trouver un abri au moment de l'orage.

C'est une triste chose que d'en être aux professions de foi, aux controverses religieuses, à ces querelles déplorables que l'on n'auroit jamais dû tirer de l'oubli; mais, enfin, puisqu'on nous a menés là, il faut prendre son parti. Placé entre l'*Essai* et le *Génie du Christianisme*, pour éviter toute fausse interprétation, je dois dire à quelles limites

PRÉFACE.

je me suis arrêté, afin qu'on ne me cherche ni en dedans ni en dehors de ces limites. Cette confession publique aura du moins l'avantage de montrer ce qui me paroissoit utile à faire pour le triomphe de la religion, sous le règne du fils de saint Louis.

Je crois très-sincèrement : j'irois demain pour ma foi d'un pas ferme à l'échafaud.

Je ne démens pas une syllabe de ce que j'ai écrit dans le *Génie du Christianisme* ; jamais un mot n'échappera à ma bouche, une ligne à ma plume, qui soit en opposition avec les opinions religieuses que j'ai professées depuis vingt-cinq ans.

Voilà ce que je suis.

Voici ce que je ne suis pas.

Je ne suis point chrétien par patentes de trafiquant en religion : mon brevet n'est que mon extrait de baptême. J'appartiens à la communion générale, naturelle et publique de tous les hommes qui, depuis la création, se sont entendus d'un bout de la terre à l'autre pour prier Dieu.

Je ne fais point métier et marchandise de mes opinions. Indépendant de tout, fors de Dieu, je suis chrétien sans ignorer mes foiblesses, sans me donner pour modèle, sans être persécuteur, inquisiteur, délateur, sans espionner mes frères, sans calomnier mes voisins.

Je ne suis point un incrédule déguisé en chrétien, qui propose la religion comme un frein utile aux peuples. Je n'explique point l'Évangile au profit du despotisme, mais au profit du malheur.

Si je n'étois pas chrétien, je ne me donnerois pas la peine de le paroître : toute contrainte me pèse, tout masque m'étouffe ; à la seconde phrase, mon caractère l'emporteroit et je me trahirois. J'attache trop peu d'importance à la vie pour m'ennuyer à la parer d'un mensonge.

Se conformer en tout à l'esprit d'élévation et de douceur de l'Évangile, marcher avec le temps, soutenir la liberté par l'autorité de la religion, prêcher l'obéissance à la Charte comme la soumission au roi, faire entendre du haut de la chaire des paroles de compassion pour ceux qui souffrent, quels que soient leur pays et leur culte, réchauffer la foi par l'ardeur de la charité, voilà, selon moi, ce qui pouvoit rendre au clergé la puissance légitime qu'il doit obtenir : par le chemin opposé, sa ruine est certaine. La société ne peut se soutenir qu'en s'appuyant sur l'autel ; mais les ornements de l'autel doivent changer selon les siècles, et en raison des progrès de l'esprit humain. Si le sanctuaire de la divinité est beau à l'ombre, il est encore plus beau à la lumière : la croix est l'étendard de la civilisation.

Je ne redeviendrai incrédule que quand on m'aura démontré que le christianisme est incompatible avec la liberté ; alors je cesserai de regarder comme véritable une religion opposée à la dignité de l'homme. Comment pourrois-je le croire émané du ciel, un culte qui étoufferoit les sentiments nobles et généreux, qui rapetisseroit les âmes, qui couperoit les ailes du génie, qui maudiroit les lumières au lieu d'en faire un moyen de plus pour s'élever à l'amour et à la contemplation des œuvres de Dieu ? Quelle que fût ma douleur, il faudroit bien reconnoître malgré moi que je me repaissois de chimères : j'approcherois avec horreur de cette tombe où j'avois espéré trouver le repos, et non le néant.

Mais tel n'est point le caractère de la vraie religion ; le christianisme porte pour moi deux preuves manifestes de sa céleste origine : par sa morale, il tend à nous délivrer des passions ; par sa politique, il a aboli l'esclavage. C'est donc une religion de liberté : c'est la mienne.

En vain les hommes qui combattent la monarchie constitutionnelle nous disent qu'elle nous mènera au protestantisme, que le protestantisme, à son tour, nous conduira à la république, parce que le protestantisme, qui est l'indépendance en matière de religion, produit le républicanisme, qui est l'indépendance en matière de politique : cette assertion est repoussée par les faits. L'Allemagne est-elle républicaine parce qu'elle est en partie protestante ? Les gouvernements les plus absolus ne se rencontrent-ils pas en Allemagne, tandis que plusieurs cantons de la Suisse sont catholiques ? Venise et Gênes n'étoient-elles pas catholiques ? La population catholique des États-Unis n'augmente-t-elle pas d'une manière incroyable sans troubler l'ordre établi ? Toutes les nouvelles républiques espagnoles ne sont-elles pas catholiques, et le clergé de ces républiques, à quelques exceptions près, ne s'est-il pas montré plein de zèle dans la cause de l'indépendance ?

Il n'est donc pas vrai que la religion protestante soit plus favorable à la cause de la liberté que la religion catholique. Croire que notre liberté ne sera assurée que quand nous serons protestants, espérer que la monarchie absolue reviendroit si l'on rendoit au clergé catholique son ancien pouvoir politique, c'est une égale erreur. Les uns, à leur grand étonnement, pourroient voir la France protestante sous telle constitution despotique empruntée de telle principauté d'Allemagne, et les autres pourroient se réveiller républicains avec un clergé catholique, des moines mendiants, et des ordres religieux de toutes les sortes.

Laissons donc là les théories pour ce qu'elles valent : en histoire comme en physique, ne prononçons pas d'après les faits. Ne calomnions ni les protestants ni les catholiques ; n'allons pas supposer que les premiers sont animés d'un esprit révo-

lutionnaire, les seconds abrutis par un esprit de servitude. Renfermons-nous dans cet axiome : Il n'y a point de véritable religion sans liberté, ni de véritable liberté sans religion.

La querelle n'est point, après tout, entre les protestants et les catholiques, comme les habiles d'un parti voudroient le faire supposer; elle est entre le philosophisme et le fanatisme.

Deux espèces d'hommes sont aujourd'hui le fléau de la société : d'une part, ce sont ces vieux écoliers de Diderot et de d'Alembert, qui se plaisent encore aux moqueries sur la *Bible*, aux déclamations de l'athéisme, aux insultes au clergé; de l'autre, ce sont ces esprits bornés et violents, qui disent la religion en péril, parce que nous avons une Charte, parce que les divers cultes chrétiens sont reconnus par l'état, et surtout parce que nous jouissons de la liberté de la presse. Les premiers nous ramèneroient les misérables mœurs du siècle de Louis XV, ou les persécutions irréligieuses de la fin de ce siècle; les seconds nous replongeroient dans la crasse et dans l'ignorance du bon vieux temps; ceux-là extermineroient philosophiquement les prêtres; ceux-ci brûleroient charitablement les philosophes. Ces impies et ces fanatiques acharnés à se détruire, s'ils étoient les maîtres, ne s'arrêteroient qu'au dernier bourreau et à la dernière victime, faute de pouvoir occuper à la fois le dernier échafaud et le dernier auto-da-fé.

Je termine ici cette trop longue préface. Les *Notes critiques*, dont j'ai accompagné le texte de l'*Essai*, achèveront de montrer ce que je pense de cet ouvrage. Je me suis loué quelquefois; on voudra bien me pardonner cette impartialité, dont je n'ai pas, d'ailleurs, abusé : la brutalité de ma censure expiera la modération de ma louange. J'ose dire que je me suis traité avec une rigueur qui défiera la sévérité de la plus rude critique. Ce ne sont point de ces concessions auxquelles un auteur se résigne pour mettre à l'abri son amour-propre, pour se donner un air de franchise et de bonhomie, pour se glorifier en se rabaissant : ce sont des aveux que la vanité ne fait jamais, et qui coûtent à la nature humaine.

Si je ne parle point du style de l'*Essai*, c'est qu'il ne m'appartient pas de le juger : je dirai seulement qu'il est plus incorrect que celui de mes autres ouvrages, qu'il rend avec moins de précision ce qu'il veut exprimer, mais qu'il a la verve de la jeunesse, et qu'il renferme tous les germes de ce qu'on a bien voulu traiter avec quelque indulgence dans mes écrits d'un âge plus mûr. Il y a même un progrès sensible des premières pages de l'*Essai* aux dernières : les trois ans que je mis à élever cette tour de Babel m'avoient profité comme écrivain.

Un dernier mot. Si les préfaces de cette édition complète de mes Œuvres tiennent de la nature des mémoires, c'est que je n'ai pu les faire autrement. J'écris vers la fin de ma vie : le voyageur prêt à descendre de la montagne jette malgré lui un regard sur le pays qu'il a traversé et le chemin qu'il a parcouru. D'ailleurs mes ouvrages, comme je l'ai déjà fait observer, sont les matériaux et les pièces justificatives de mes *Mémoires* : leur histoire est liée à la mienne de manière qu'il est presque impossible de l'en séparer. Qu'aurois-je dit dans des préfaces ordinaires? que je donnois des éditions revues et corrigées? On s'en apercevra bien. Aurois-je pris occasion de ces réimpressions particulières pour traiter quelque sujet général? Mais de tels sujets entrent plus naturellement dans des espèces de mémoires qui peuvent parler de tout, que dans un morceau d'apparat amené de loin, et fait exprès. C'est au lecteur à décider : si ces préfaces l'ennuient, elles sont mauvaises; si elles l'intéressent, j'ai bien fait de laisser aller ma plume et mes idées.

NOTICE.

Lorsque je quittai la France j'étois jeune : quatre ans de malheur m'ont vieilli. Depuis quatre ans, retiré à la campagne, sans un ami à consulter, sans personne qui pût m'entendre, le jour travaillant pour vivre, la nuit écrivant ce que le chagrin et la pensée me dictoient, je suis parvenu à crayonner cet *Essai*. Je n'en ignore pas les défauts; si le *moi* y revient souvent, c'est que cet ouvrage a d'abord été entrepris pour *moi*, et pour *moi* seul. On y voit presque partout un malheureux qui cause avec lui-même; dont l'esprit erre de sujets en sujets, de souvenirs en souvenirs; qui n'a point l'intention de faire un livre, mais tient une espèce de journal régulier de ses excursions mentales, un registre de ses sentiments, de ses idées. Le *moi* se fait remarquer chez tous les auteurs qui, persécutés des hommes, ont passé leur vie loin d'eux. Les solitaires vivent de leur cœur, comme ces sortes d'animaux qui, faute d'aliments extérieurs, se nourrissent de leur propre substance.

Hors quelques articles, que j'ai insérés selon les

circonstances, j'ai laissé cet *Essai*, avec la brièveté des chapitres et la variété des notes, tel qu'il est originairement sorti de dessous ma plume, sans chercher à y mettre plus de régularité. Il m'a semblé que le désordre apparent qui y règne en montrant tout l'intérieur d'un homme (chose qu'on voit si rarement), n'étoit peut-être pas sans une espèce de charme. Je ne sais cependant si on peut dire que cet ouvrage manque de méthode.

Ce premier volume, ou plutôt ces deux premiers volumes contiennent les révolutions de la Grèce, et forment en eux-mêmes un tout absolument indépendant des parties qui suivront. L'empressement avec lequel on a bien voulu demander cet ouvrage me flatte moins qu'il ne m'effraie : ce qu'on commence par exalter sans raison on finit souvent par le déprécier sans justice. D'ailleurs ma santé, dérangée[a] par de longs voyages, beaucoup de soucis, de veilles et d'études, est si déplorable, que je crains de ne pouvoir remplir immédiatement la promesse que j'ai faite concernant les autres volumes de l'*Essai historique*.

Que ce livre m'attire beaucoup d'ennemis, j'en suis convaincu. Si je l'avois cru dangereux, je l'eusse supprimé; je le crois utile, je le publie. Renonçant à tous les partis, je ne me suis attaché qu'à celui de la vérité : l'ai-je trouvé ? je n'ai pas l'orgueil de le prétendre. Tout ce que j'ai pu faire a été de marcher en tremblant, de me tenir sans cesse en garde contre moi-même, de ne jamais énoncer une opinion sans avoir auparavant descendu dans mon propre sein pour y découvrir le sentiment qui me l'avoit dictée. J'ai tâché d'opposer philosophie à philosophie, raison à raison, principe à principe : ou plutôt je n'ai rien fait de tout cela, j'ai seulement exposé les doutes d'un honnête homme.

N'ayant aucune cabale pour moi, aucune coterie qui me porte, aucun moyen d'argent ou d'intrigues pour faire circuler ou prôner mon livre, je dois m'attendre à rencontrer tous les obstacles des préjugés et des opinions. Je ne mendie d'éloges ni ne cours après des lecteurs. Si l'ouvrage vaut quelque chose, il sera connu assez tôt : s'il est mauvais, il restera dans l'oubli avec tant d'autres.

Une circonstance particulière m'oblige de toucher ici un article dont autrement il m'auroit peu convenu de parler. Quelques étrangers ayant, sur le prospectus, jugé trop favorablement de l'*Essai historique*, m'ont fait l'honneur de me le demander à traduire. L'homme de lettres allemand qui veut bien embellir mon ouvrage de son style ne m'a rien objecté particulièrement; mais la dame angloise qui traduit l'*Essai historique* m'a critiqué avec autant de grâce que de politesse. Elle me mandoit, par exemple, qu'elle ne pourroit jamais *se résoudre à traduire le passage qui se rapporte à M. de La Fayette*. Je fus étonné : je m'aperçus alors combien il est difficile d'entendre parfaitement tous les tours d'une langue qui n'est pas la nôtre. Cette dame avoit pris au sens littéral ces mots : *La Fayette est un scélérat !* Aucun François ne se méprendra à la vraie signification de cette phrase; mais puisque cette dame a pu s'y tromper, il est possible que d'autres étrangers tombent dans la même erreur. J'invite donc ceux d'entre eux qui parcourront cet *Essai* à faire attention au passage indiqué; ils verront sans doute aisément que l'expression est bien loin de dire en effet ce qu'elle semble dire à la lettre. J'ose me flatter d'avoir mis assez de mesure dans cet écrit pour qu'on ne m'accuse pas d'insulter grossièrement un homme qui n'est pas un grand génie sans doute, mais qu'on doit respecter par cela seul qu'il est malheureux[a].

---

[a] Voyez la Préface.

[a] Il étoit à cette époque dans les prisons d'Olmutz.
(N. Éd.)

ESSAI HISTORIQUE,
POLITIQUE ET MORAL
SUR LES RÉVOLUTIONS.

LIVRE PREMIER.

PREMIÈRE PARTIE.
RÉVOLUTIONS ANCIENNES.

INTRODUCTION.

Qui suis-je? et que viens-je annoncer de nouveau aux hommes? On peut parler de choses passées ; mais quiconque n'est pas spectateur désintéressé des événements actuels doit se taire. Et où trouver un tel spectateur en Europe? Tous les individus, depuis le paysan jusqu'au monarque, ont été enveloppés dans cette étonnante tragédie. « Non-seulement, dira-t-on, vous n'êtes pas spectateur, mais vous êtes acteur, et acteur souffrant, François malheureux, qui avez vu disparoître votre fortune et vos amis dans le gouffre de la révolution ; enfin vous êtes un émigré. » A ce mot, je vois les gens sages, et tous ceux dont les opinions sont modérées ou républicaines, jeter là le volume sans chercher à en savoir davantage. Lecteurs, un moment. Je ne vous demande que de parcourir quelques lignes de plus. Sans doute je ne serai pas intelligible

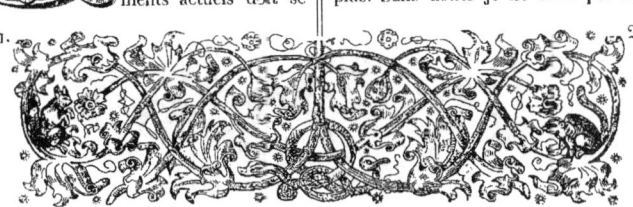

pour tout le monde; mais quiconque m'entendra poursuivra la lecture de cet *Essai*. Quant à ceux qui ne m'entendront pas, ils feront mieux de fermer le livre; ce n'est pas pour eux que j'écris [a].

Celui qui dit dans son cœur, « Je veux être utile à mes semblables, » doit commencer par se juger soi-même : il faut qu'il étudie ses passions, les préjugés et les intérêts qui peuvent le diriger sans qu'il s'en aperçoive. Si malgré tout cela il se sent assez de force pour dire la vérité, qu'il la dise; mais, s'il se sent foible, qu'il se taise. Si celui qui écrit sur les affaires présentes ne peut être lu également au directoire et aux conseils des rois, il a fait un livre inutile; s'il a du talent, il a fait pis, il a fait un livre pernicieux. Le mal, le grand mal, c'est que nous ne sommes point de notre siècle. Chaque âge est un fleuve qui nous entraîne selon le penchant des destinées quand nous nous y abandonnons. Mais il me semble que nous sommes tous hors de son cours. Les uns (les républicains) l'ont traversé avec impétuosité, et se sont élancés sur le bord opposé. Les autres sont demeurés de ce côté-ci sans vouloir s'embarquer. Les deux partis crient et s'insultent, selon qu'ils sont sur l'une ou sur l'autre rive. Ainsi, les premiers nous transportent loin de nous dans des perfections imaginaires, en nous faisant devancer notre âge; les seconds nous retiennent en arrière, refusent de s'éclairer, et veulent rester les hommes du quatorzième siècle dans l'année 1796 [b].

L'impartialité de ce langage doit me réconcilier avec ceux qui, de la prévention contre l'auteur, auroient pu passer au dégoût de l'ouvrage. Je dirai plus : si celui qui, né avec une passion ardente pour les sciences, y a consacré les veilles de la jeunesse; si celui qui, dévoré de la soif de connoître, s'est arraché aux jouissances de la fortune pour aller au-delà des mers contempler le plus grand spectacle qui puisse s'offrir à l'œil du philosophe, méditer sur l'homme libre de la nature et sur l'homme libre de la société, placés l'un près de l'autre sur le même sol; enfin, si celui qui, dans la pratique journalière de l'adversité, a appris de bonne heure à évaluer les préjugés de la vie; si un tel homme, dis-je, mérite quelque confiance, lecteurs, vous le trouvez en moi.

plaintes, de toutes les prévisions que l'on retrouve dans les *Réflexions politiques*, dans *la Monarchie selon la Charte*, dans *le Conservateur*, dans mes *Opinions* à la chambre des Pairs, etc.? Il y a cependant trente années que cela est écrit. Mais où écrivois-je de la sorte? à Londres, dans l'exil, au milieu des victimes de la révolution. Il y avoit peut-être quelque courage à parler ainsi à un parti dans les rangs duquel j'étois, et dont je partageois les souffrances. Cette fureur de dire la vérité à tout le monde explique assez bien les accidents de ma vie politique.

Je remarquerai une fois pour toutes, et pour n'y plus revenir, car je serois obligé de faire des notes à chaque page, je remarquerai que les doctrines politiques professées dans l'*Essai*, sur la liberté et sur les gouvernements constitutionnels, sont parfaitement conformes à celles que je prêche maintenant et que j'ai manifestées jusque sous le despotisme de l'usurpation, soit dans le *Génie du Christianisme*, soit dans quelques autres écrits. Je me tiens pour honoré de cette constance dans mes opinions politiques, qui ne s'est démentie ni dans l'exil sous l'impatience du malheur, ni pendant le règne de Buonaparte sous la menace de la force, ni à l'époque de la restauration sous l'influence de la prospérité. Quand on ne retrouveroit dans l'*Essai* que ce sentiment d'indépendance, il effaceroit à des yeux non prévenus beaucoup d'erreurs. Une main trop jeune, qui n'avoit encore été serrée par aucune main amie, n'a-t-elle pas pu s'égarer un peu en traçant une première ébauche?

Ainsi ceux qui ont pu croire, par la vive expression de mon horreur pour les crimes révolutionnaires, que j'étois un ennemi des libertés publiques, et ceux qui ont pensé, d'après mon amour pour ces libertés, que j'approuvois les doctrines révolutionnaires, se sont également trompés. Ils vont relire de suite mes ouvrages : pour peu qu'ils veuillent faire la part de l'âge, des temps et des circonstances, je ne crains pas de m'en rapporter à leur bonne foi. (N. Éd.)

---

[a] Ce ton solennel, la morgue de ce début, dans un auteur dont le nom étoit inconnu et qui écrivoit pour la première fois, ce ton et cette morgue seroient comiques s'ils n'étoient l'imitation d'un jeune homme nourri de la lecture de J. J. Rousseau, et reproduisant les défauts de son modèle. Le *moi* que l'on retrouve partout dans l'*Essai* m'est d'autant plus odieux aujourd'hui que rien n'est plus antipathique à mon esprit; que ma disposition habituelle sur mes ouvrages n'est pas de l'orgueil, mais de l'indifférence que je pousse peut-être trop loin. Au reste, j'avois été averti par mon instinct que cette manière n'étoit pas la mienne : on trouve dans la Notice ou Préface de l'ancienne édition des excuses peut-être assez touchantes de l'emploi que j'avois fait du *moi*. (N. Éd.)

[b] Dis-je aujourd'hui autre chose que cela? n'est-ce pas le fond de toutes les vérités politiques, de toutes les

La position où je me trouve est d'ailleurs favorable à la vérité. Attaqué d'une maladie qui me laisse peu d'espoir, je vois les objets d'un œil tranquille [a]. L'air calme de la tombe se fait sentir au voyageur qui n'en est plus qu'à quelques journées.

Sans désirs et sans crainte, je ne nourris plus les chimères du bonheur, et les hommes ne sauroient me faire plus de mal que je n'en éprouve. « Le malheur [1], » dit l'auteur des *Études de la Nature*, « le malheur ressemble à la montagne noire de Bember, aux extrémités du royaume brûlant de Lahor : tant que vous la montez, vous ne voyez devant vous que de stériles rochers; mais, quand vous êtes au sommet, vous apercevez le ciel sur votre tête, et le royaume de Cachemire à vos pieds [2]. »

Le lecteur pardonnera aisément cette digression, qui ne sert après tout ici que de préface, et sans laquelle, plein de cette malheureuse défiance qui nous met en garde contre les opinions de l'auteur, il lui eût été impossible de continuer avec intérêt la lecture de cet ouvrage. Mais, si j'ai pris tant de soin de lui aplanir l'entrée de la carrière, il doit à son tour me faire quelque sacrifice. O vous tous qui me lisez, dépouillez un moment vos passions en parcourant cet écrit sur les plus grandes questions qui puissent, dans ce moment de crise, occuper les hommes. Méditez attentivement le sujet avec moi. Si vous sentez quelquefois votre sang s'allumer, fermez le livre, attendez que votre cœur batte à son aise avant de recommencer votre lecture. En récompense je ne me flatte pas de vous apporter du génie, mais un cœur aussi dégagé de préjugés qu'un cœur d'homme puisse l'être. Comme vous, si mon sang s'échauffe, je le laisserai se calmer avant de reprendre la plume : je causerai toujours simplement avec vous; je raisonnerai toujours d'après des principes. Je puis me tromper sans doute; mais, si je ne suis pas toujours juste, je serai toujours de bonne foi. Ne vous hâtez pas de mépriser l'ouvrage d'un inconnu qui n'écrit que pour être utile. Enfin, si par des souvenirs trop tendres je laissois dans le cours de cet écrit tomber une larme involontaire, songez qu'on doit passer quelque chose à un infortuné laissé sans amis sur la terre, et dites : Pardonnons-lui en faveur du courage qu'il a eu d'écouter la voix de la vérité, malgré les préjugés si excusables du malheur.

---

[a] Voyez la Préface. (N. ÉD.)
[1] *Chaumière Indienne.*
[2] Je crains d'avoir altéré quelque chose dans cette belle comparaison. J'en préviendrai ici, une fois pour toutes : n'ayant rien sauvé de la révolution (excepté un petit nombre de notes), sans bibliothèque et sans ressources, je n'ai eu pour m'aider, dans l'obscurité de ma retraite, qu'une mémoire assez heureuse autrefois, mais aujourd'hui presque usée par le chagrin. On verra, à la conclusion de cet *Essai*, les difficultés innombrables qu'il m'a fallu surmonter. J'ai été souvent sur le point d'abandonner l'ouvrage, et de livrer le tout aux flammes [b]. Cependant je puis assurer les lecteurs que les inexactitudes qui ont pu se glisser dans mes citations sont de peu de conséquence, et que, partout où le sujet l'a absolument exigé, j'ai suspendu mon travail jusqu'à ce que je me fusse procuré les livres originaux. En cela, j'ai trouvé de grands secours chez les gentilshommes anglois, qui m'ont ouvert leurs bibliothèques avec une générosité qui fait honneur à leur philosophie. J'ai été pareillement redevable au révérend B. S., homme d'autant d'esprit que d'humanité, et auquel j'aime à rendre ici l'hommage public de ma reconnoissance.

[b] J'aurois bien fait de céder à la tentation. (N. ÉD.)

EXPOSITION.

QUELLES sont les révolutions arrivées autrefois dans les gouvernements des hommes? Quel étoit alors l'état de la société, et quelle a été l'influence de ces révolutions sur l'âge où elles éclatèrent et les siècles qui les suivirent?

II. Parmi ces révolutions en est-il quelques-unes qui, par l'esprit, les mœurs et les lu-

mières des temps, puissent se comparer à la révolution actuelle de France?

III. Quelles sont les causes primitives de cette dernière révolution, et celles qui en ont opéré le développement soudain?

IV. Quel est maintenant le gouvernement de France? Est-il fondé sur de vrais principes, et peut-il subsister?

V. S'il subsiste, quel en sera l'effet sur les nations et autres gouvernements de l'Europe?

VI. S'il est détruit, quelles en seront les conséquences pour les peuples contemporains et pour la postérité [a]?

Telles sont les questions que je me propose d'examiner. Quoiqu'on ait beaucoup écrit sur la révolution françoise, chaque faction se contentant de décrier sa rivale, le sujet est aussi neuf que s'il n'eût jamais été traité.

Républicains, constitutionnels, monarchistes, girondistes, royalistes, émigrés, enfin politiques de toutes les sectes [1], de ces questions bien ou mal entendues dépend votre bonheur ou votre malheur à venir. Il n'est point d'homme qui ne forme des projets de gloire, de fortune, de plaisir ou de repos; et nul, cependant, dans ce moment de crise, ne peut se dire : « Je ferai telle chose demain, » s'il n'a prévu quel sera ce demain. Il est passé le temps des félicités individuelles : les petites ambitions, les étroits intérêts d'un homme, s'anéantissent devant l'ambition générale des nations et l'intérêt du genre humain [a]. En vain vous espérez échapper aux calamités de votre siècle par des mœurs solitaires et l'obscurité de votre vie; l'ami est maintenant arraché à l'ami, et la retraite du sage retentit de la chute des trônes. Nul ne peut se promettre un moment de paix : nous naviguons sur une côte inconnue, au milieu des ténèbres et de la tempête. Chacun a donc un intérêt personnel à considérer ces questions avec moi, parce que son existence y est attachée. C'est une carte qu'il faut étudier dans le péril pour reconnoître en pilote sage le point d'où l'on part, le lieu où l'on est et celui où l'on va, afin qu'en cas de naufrage on se sauve sur quelque île où la tempête ne puisse nous atteindre. Cette île-là est une conscience sans reproche.

VUE DE MON OUVRAGE.

E défaut de méthode se fait ordinairement sentir dans les ouvrages politiques, bien qu'il n'y ait point de sujet qui demandât plus d'ordre et de clarté. Je tâcherai de donner une idée distincte de cet *Essai*, en disant un mot de ma manière.

1º J'examinerai les causes éloignées et immédiates de chaque révolution;

2º Leurs parties historiques et politiques;

3º L'état des mœurs et des sciences de ce peuple en particulier, et du genre humain en général au moment de cette révolution;

---

[a] Ces questions me semblent clairement posées. Si elles embrassent des sujets qui occupent rarement la jeunesse, elles se ressentent aussi du caractère de la jeunesse : elles vont trop loin; elles veulent ramener tous les événements de l'histoire à un centre de convergence impossible; non-seulement elles interrogent le passé, mais elles prétendent révéler l'avenir, elles sont toutes de théorie, et n'ont aucune utilité pratique; on y reconnoît à la fois l'audace et l'inexpérience d'un esprit que l'âge n'a point éclairé, et qui est prêt à faire abus de sa force. (N. Éd.)

[1] Je serai souvent obligé, pour me faire entendre, d'employer les divers noms de partis de notre révolution. J'avertis que ces noms ne signifieront, sous ma plume, que des appellations nécessaires à l'intelligence de mon sujet, et non une injure personnelle. Je ne suis l'écrivain d'aucune secte, et je conçois fort bien qu'il peut exister de très-honnêtes gens, avec des notions des choses différentes des miennes. Peut-être la vraie sagesse consiste-t-elle à être, non pas sans principes, mais sans opinions déterminées [*].

[*] On peut avouer les sentiments modérés exprimés dans cette note, mais le scepticisme de la dernière phrase est risible. (N. Éd.)

[a] Cette réflexion est aujourd'hui plus vraie que jamais. (N. Éd.)

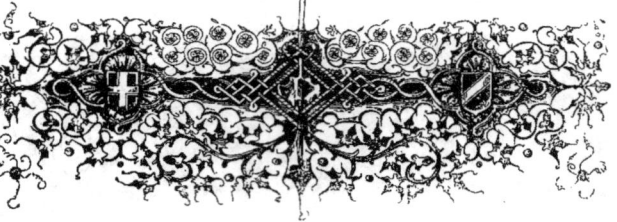

4° Les causes qui en étendirent ou en bornèrent l'influence;

5° Enfin, tenant toujours en vue l'objet principal du tableau, je ferai incessamment remarquer les rapports ou les différences entre la révolution alors décrite et la révolution françoise de nos jours. De sorte que celle-ci servira de foyer commun, où viendront converger tous les traits épars de la morale, de l'histoire et de la politique [a].

Cette intéressante peinture occupera la majeure partie des quatre premiers livres, et servira de réponse à la première question.

L'examen de la troisième et celui de la seconde (déjà à moitié résolue) rempliront la troisième partie du quatrième livre.

Le cinquième livre, écrit en dialogue, sera consacré aux recherches sur la quatrième question.

Quelques sujets détachés se trouveront dans la première partie du livre sixième; et la seconde du même livre contiendra les probabilités sur les deux dernières questions.

Ainsi l'ouvrage entier sera composé de six livres, les uns de deux, les autres de trois parties, formant en totalité quinze parties, subdivisées en chapitres [b].

De cette esquisse générale passons maintenant aux divisions particulières, et fixons d'abord la valeur que je donne au mot *révolution*, puisque ce mot reviendra sans cesse dans le cours de cet ouvrage.

Par le mot révolution je n'entendrai donc, dans la suite, qu'une conversion totale du gouvernement d'un peuple, soit du monarchique au républicain, ou du républicain au monarchique. Ainsi, tout état qui tombe par des armes étrangères, tout changement de dynastie, toute guerre civile qui n'a pas produit des altérations remarquables dans une société, tout mouvement partiel d'une nation momentanément insurgée, ne sont point pour moi des révolutions. En effet, si l'esprit des peuples ne change, qu'importe qu'ils se soient agités quelques instants dans leurs misères, et que leur nom ou celui de leur maître ait changé [a]?

Considérées sous ce point de vue, je ne reconnoîtrai que cinq révolutions dans toute l'antiquité, et sept dans l'Europe moderne. Les cinq révolutions anciennes seront l'établissement des républiques en Grèce; leur sujétion sous Philippe et Alexandre, avec les conquêtes de ce héros; la chute des rois à Rome; la subversion du gouvernement populaire par les Césars; enfin le renversement de leur empire par les Barbares [1].

La république de Florence, celle de la Suisse, les troubles sous le roi Jean, la ligue sous Henri IV, l'union des Provinces Belgiques, les malheurs de l'Angleterre durant le règne de Charles Ier, et l'érection des État-Unis de l'Amérique en nation libre, formeront le sujet des sept révolutions modernes.

Au reste, je crayonnerai rapidement la partie de cet ouvrage consacrée à l'histoire ancienne, réservant les grands détails lorsque je parlerai des nations actuelles de l'Europe. Le génie des Grecs et des Romains diffère tellement du génie des peuples d'aujourd'hui, qu'on y trouve à peine quelques traits de ressemblance. J'aurois pu m'étendre sur les révolutions de Thèbes, d'Argos et de Mycènes; les annales de la Suède et de la Pologne, celles des villes impériales, les insurrections de quelques cités d'Espagne et du royaume de Na-

---

[a] Mêmes défauts que dans l'exposition; système de convergence qui ne pouvoit produire que des rapprochements historiques quelquefois curieux, mais presque toujours forcés. (N. Éd.)

[b] Ces prétentions à la méthode et à la clarté sont très-mal fondées : il n'y a rien de plus embrouillé que ces divisions et ces subdivisions. (N. Éd.)

[a] Raisonnable. (N. Éd.)

[1] L'irruption des Barbares dans l'empire n'est pas proprement une révolution dans le sens que j'ai donné à ce mot. On en peut dire autant des guerres sous le roi Jean, et de la Ligue sous Henri IV, dont j'ai cependant fait des révolutions *. Quant aux Barbares, il est aisé d'apercevoir que, formant le point de contact où s'unit l'histoire des anciens et des modernes, il m'étoit indispensable d'en parler. Quant aux deux autres époques, les troubles de la France dans ces temps-là sont trop fameux, offrent des caractères trop grands et des analogies trop frappantes pour ne pas les avoir considérées comme de véritables révolutions.

* On voit qu'à l'époque où j'écrivois l'*Essai* je songeois déjà à l'*Histoire de France*.

ples, me présentoient des matériaux suffisants pour multiplier les volumes. Mais, en portant un œil attentif sur l'histoire, j'ai vu qu'une multitude de rapports qui m'avoient d'abord frappé se réduisoient, après un mûr examen, à quelques faits isolés totalement étrangers dans leurs causes et dans leurs effets à ceux de la révolution françoise. En m'arrêtant incessamment à chaque petite ville de la Grèce et de l'Allemagne, je serois tombé dans un cercle de répétitions, aussi ennuyeuses que peu utiles. Je n'ai donc saisi que les grands traits, ceux qui offrent des leçons à suivre, ou des exemples à imiter. Je n'ai pas prétendu écrire un roman, dans lequel, pliant de force les événements à mon système [a], je n'eusse laissé après moi qu'un de ces monuments déplorables, où nos neveux contempleront avec un serrement de cœur l'esprit qui anima leurs pères, et béniront le ciel de ne les avoir pas fait naître dans ces jours de calamité. Je me suis proposé une fin plus noble, en écrivant ces pages, je l'avouerai ; l'espoir d'être utile aux hommes a exalté mon âme et conduit ma plume. Que si le plus grand sujet est celui dont on peut faire sortir le plus grand nombre de vérités naturelles ; que si, fixant en outre la somme des vérités historiques, ce sujet mène à la solution du problème de l'homme, fut-il jamais d'objet plus digne de la philosophie que le plan qu'on s'est tracé dans cet ouvrage [b] ? Malheureusement l'exécution en est confiée à des mains trop inhabiles [c]. J'ai fait, par mon titre d'*Essai*, l'aveu public de ma foiblesse. Ce sera assez de gloire pour moi d'avoir montré la route à de plus beaux génies.

[a] Voilà la critique la plus juste qu'on puisse faire de l'*Essai* : j'avois le sentiment de la foiblesse de mon plan, et je faisois des efforts pour la cacher aux yeux du public et aux miens. (N. Éd.)
[b] Et pourtant c'est un roman où les événements sont obligés, bon gré, mal gré, de se plier à un système. (N. Éd.)
[c] Me voilà rendu à ma propre nature : Rousseau n'est plus pour rien dans cette manière d'écrire. (N. Éd.)

CHAPITRE PREMIER.

PREMIÈRE QUESTION.

Ancienneté des hommes.

« UELLES sont les révolutions arrivées autrefois dans le gouvernement des hommes ? quel étoit alors l'état de la société ? et quelle a été l'influence de ces révolutions sur l'âge où elles éclatèrent et les siècles qui les suivirent ? »

Le seul énoncé de cette question suffit pour en démontrer l'importance. Le vaste sujet qu'elle embrasse remplira la majeure partie de cet ouvrage, et, servant de clef à nos derniers problèmes, en fera naître une foule de vérités inconnues. Le flambeau des révolutions passées, à la main, nous entrerons hardiment dans la nuit des révolutions futures. Nous saisirons l'homme d'autrefois malgré ses déguisements, et nous forcerons le Protée à nous dévoiler l'homme à venir. Ici s'ouvre une perspective immense ; ici j'ose me flatter de conduire le lecteur par un sentier encore tout inculte de la philosophie, où je lui promets des découvertes et de nouvelles vues des hommes [a]. Du tableau des troubles de l'antiquité passant à celui des nations modernes, je remonterai, par une série de malheurs, depuis les premiers âges du monde jusqu'à notre siècle.

[a] Quelle assurance ! l'excuse ici est la jeunesse. *De nouvelles vues des hommes !* mais il auroit fallu commencer par savoir ce que j'étois moi-même. (N. Éd.)

L'histoire des peuples est une échelle de misère dont les révolutions forment les différents degrés.

Si l'on considère que depuis le jour mémorable où Christophe Colomb aborda sur les rives américaines, pas une des hordes qui vaguent dans les forêts du Nouveau-Monde n'a fait un pas vers la civilisation, que cependant ces peuples étoient déjà loin de l'état de nature [1] à l'époque où on les a trouvés, on ne pourra s'empêcher de convenir que la forme la plus grossière de gouvernement n'ait dû coûter à l'homme des siècles de barbarie.

Qu'apercevons-nous donc au moment où l'histoire s'ouvre? De grandes nations déjà sur leur déclin, des mœurs corrompues, un luxe effroyable, des sciences abstraites [2], telles que l'astronomie, l'écriture et la métaphysique des langues, arts dont l'achèvement semble demander la durée d'un monde! Si on ajoute à cela les traditions des peuples : les Pasteurs de l'antique Égypte, paissant leurs gazelles dans les villes abandonnées et sur les monuments en ruine d'une nation inconnue, jadis florissante dans ces déserts [3] ; cette même Égypte, comptant plus de cinq mille ans [1], depuis la fin de l'âge bucolique et l'érection de la monarchie sous son premier roi Ménès jusqu'à Alexandre ; la Chine fondant son histoire sur un calcul d'éclipses qui remonte jusqu'au déluge [2], au-delà duquel ses annales se perdent dans des siècles innombrables ; l'Inde enfin, offrant le phénomène d'une langue primitive, source de toutes celles de l'Orient, langue qui n'est plus entendue que des Bramins [3], et qui fut jadis parlée d'un grand peuple, dont le nom même a disparu de la terre ; il est certain que le premier coup d'œil qu'on jette sur l'histoire des hommes suffiroit pour nous convaincre que notre courte chronologie en remplit à peine la dernière feuille, si les monuments de la nature ne démontroient cette vérité au-delà de toute contradiction [4].

---

[1] Une observation importante à faire sur la lenteur avec laquelle les Américains se civilisent, c'est que la nature leur a refusé les troupeaux, ces premiers législateurs des hommes. Il est même très-remarquable qu'on a trouvé ces sauvages policés là précisément où il y avoit une espèce d'animal domestique [*].

[2] HÉROD., l. I et II ; DIOD., l. I et II.

[3] *Voyage aux Sources du Nil*, par J. BRUCE, tom. III, liv. II, chap. II, page 117, etc.

En admettant, avec Bruce, que les Pasteurs remplacèrent les anciens peuples de l'Égypte, je rejette le reste de son système, qui fait sortir ces Pasteurs de l'Éthiopie. Il vous dit que les descendants de Cush, petit-fils de Noé, peuplèrent ces contrées alors désertes ; et quelques pages après il ajoute que les Cushites trouvèrent auprès d'eux une nation puissante, les Pasteurs. Outre que les anciens historiens paroissent faire entendre que les Pasteurs entrèrent en Égypte par l'isthme de Suez, Bruce a ignoré un passage d'Eusèbe qui dit : *Æthiopes ab Indo flumine consurgentes juxta Ægyptum consederunt*. Et il fixe leur arrivée au règne d'Aménophis, avant la dix-neuvième dynastie, et vers le temps de la fondation de Sparte, environ 1500 ans avant l'ère vulgaire. Ainsi les Pasteurs auroient été les habitants primitifs de l'Éthiopie. D'ailleurs, selon Ussérius, Sésostris étoit fils d'Aménophis. Celui-ci avoit régné glorieusement, et Sésostris, loin d'avoir à arracher son royaume des mains des Pasteurs victorieux, entreprit la conquête du monde, si nous en croyons Diodore de Sicile. Il faut donc placer le règne des Pasteurs dans une antiquité bien plus réculée que ne le fait le voyageur Bruce, et rejeter l'opinion, très-invraisemblable, que ces peuples venoient originairement de l'Éthiopie. Manethon, dans sa seizième dynastie, les appelle expressément Φοίνικες ξένοι, Phéniciens étrangers. Au reste, Josèphe rapporte que Tethmosis contraignit ceux-ci par un traité d'abandonner son empire, ce qui en feroit remonter l'époque vers l'an 2389 de la période Julienne. Mais ceci ne doit s'entendre que des derniers Pasteurs. Il est certain que ces peuples ravagèrent plusieurs fois l'Égypte. (MANETHO *apud Joseph. et Afric.*; HÉROD., lib. II, cap. C; DIOD., l. I, pag. 48, etc. ; EUSÈB., *Chron.*, l. I, pag. 45.)

[1] Suivant le calcul modéré de Manethon si on admettoit le règne des dieux et des demi-dieux, il faudroit compter plus de vingt mille ans. (DIOD., l. I, pag. 41.)

[2] DUHALDE, *Hist. de la Chine*, tome II, page 2.

La première éclipse a été observée deux mille cent cinquante-cinq ans avant Jésus-Christ.

[3] *Hist. of Ind. from the Earliest. Acc.* ROBERTSON, *Appendix to his Disquis.*

La langue sanscrite ou sacrée vient enfin d'être révélée au monde. Nous possédons déjà la traduction de plusieurs poëmes écrits dans cet idiome. La puissance et la philosophie des Anglois aux Indes ont fait à la république des lettres ce présent inestimable. (Voyez les auteurs cités ci-dessus.)

[4] BUFFON, *Théor. de la Terre*.

J'avois recueilli moi-même un grand nombre d'observations botaniques et minéralogiques sur l'antiquité de la terre. J'ai compté sur des montagnes d'une hauteur médiocre, qui courent du sud-est au nord-ouest, par le 42e degré de latitude septentrionale en Amérique, jusqu'à treize générations de chênes, évidemment successives sur le même sol. On m'a montré en Allemagne

---

[*] Observation assez curieuse. (N. ÉD.)

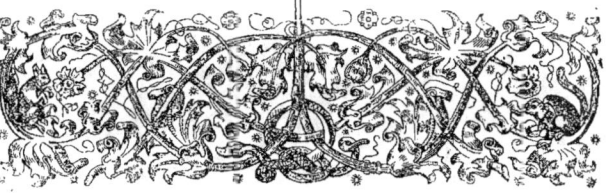

La destruction et le renouvellement d'une partie du genre humain est une autre conjecture également fondée. Les corps marins transportés au sommet des montagnes, ou enfouis dans les entrailles de la terre; les lits de pierres calcaires; les couches parallèles et horizontales des sols [1], se réunissent avec les traditions des Juifs [2], des Indiens [3], des Chinois [4], des Égyptiens [5], des Celtes [6], des Nègres [7] de l'Afrique, et des Sauvages [1] même du Canada, pour prouver la submersion du globe [2].

[1] LAF., *Mœurs des Sauv.*, art. *Relig.*

Le docteur Robertson, dans son excellente *Histoire de l'Amérique* (tome II, liv. IV, p. 25, etc.), adopte le système des premières émigrations à ce continent, par le nord-est de l'Asie et le nord-ouest de l'Europe. D'après les voyages de Cook, et ceux encore plus récents des autres navigateurs, il paroît maintenant prouvé que l'Amérique méridionale a pu recevoir ses habitants des îles de la mer du Sud, de même que ces dernières reçurent les leurs des côtes de l'Inde qui en sont les plus voisines. Cette chaîne d'îles enchantées semble être jetée comme un pont sur l'Océan, entre les deux mondes, pour inviter les hommes à parcourir leurs domaines. Les rapports de langage et de religion entre les anciens Péruviens, les insulaires des Sandwich, d'Otahiti, etc, et les Malais, donnent quelque solidité à cette conjecture. Il est alors plus que probable que la tradition du déluge se répandit en Amérique avec les peuples de l'Inde, de la Tartarie et de la Norwége.

(Voyez les tables comparées des langues à la fin des *Voyages de Cook*, et les extraits d'un dernier *Voyage à la recherche de M. de la Peyrouse. Journal de M. Peltier*, n°s 64-65.)

[2] Il ne faut pas, au reste, se dissimuler une grande objection historique. Sanchoniathon le Phénicien, contemporain de Sémiramis, ne dit pas un seul mot du déluge. Il n'y a peut-être pas de monument plus curieux dans toute la littérature que les passages de cet auteur, échappés aux ravages du temps dans les écrits de Porphyre et d'Eusèbe. Non-seulement on doit s'étonner du profond silence de ces fragments sur les deux fameuses traditions du déluge et de la chute de l'homme, ainsi que de l'explication que ces mêmes fragments nous donnent de l'origine du culte chez les Grecs; mais d'y trouver le plus ancien historien du monde athée par principes, c'est sans doute une circonstance de la nature la plus extraordinaire. Ces précieuses reliques de l'antiquité n'étant guère connues que des savants, les lecteurs me sauront peut-être gré de les leur produire ici.

une pierre calcaire seconde, formée des débris d'une pierre calcaire première : ce qui nous jette dans une immensité de siècles. M. M., célèbre minéralogiste de Paris, m'avoit assuré avoir trouvé auparavant cette même pierre dans les environs de Montmartre. A Graciosa, l'une des Açores, j'ai ramassé des laves si antiques, qu'elles étoient revêtues d'une croûte de mousse pétrifiée de plus d'un demi-pouce d'épaisseur. Enfin, à l'île de Saint-Pierre, sur la côte désolée qui regarde l'île de Terre-Neuve, dont elle est séparée par une mer bruyante et dangereuse, toujours couverte d'épais brouillards, j'ai examiné un rocher formé de couches alternatives de lichen rouge qui avoit acquis la dureté du granit. Le manuscrit de ces voyages, dont on trouvera quelques extraits dans l'ouvrage que je donne ici au public, a péri, avec le reste de ma fortune, dans la révolution [*].

[1] BUFFON, *Théor. de la Terre*, *Hist. des Hommes*, tome I; CARL, *Lettres sur l'Amérique*.
[2] *Genèse*.
[3] *Hist. of Ind. from the Earliest*, etc.
[4] DUHALD., *Hist. de la Chine*, tome II.
[5] LUCIAN, *de Dea Syria*.

Lucien rapporte l'histoire de la colombe de Noé.

[6] EDDA, *Mythol.*; KEYZL, *Ant. Sept.*, c. II; SCHED., *de Diis Germ.*
[7] KOBEN'S *Acc. of the C. of Good Hope*; SPARRM. *Voy. among the Hott.*, VI, ch. V.

Ce dernier auteur raconte que les Hottentots ont une si grande horreur de la pluie, qu'il est impossible de leur faire convenir qu'elle soit quelquefois nécessaire. Le voyageur suédois attribue la cause de cette singularité à des opinions religieuses; il est plus naturel de croire que cette antipathie tient à un sentiment confus des malheurs occasionnés par le déluge. Il est vrai que cette tradition a pu être portée en Afrique, soit par les mahométans qui y pénétrèrent dans le huitième siècle (voy. *Geogr. Nubiens.*, trad. de l'arabe, et LÉON, *Description de l'Afr.*), ou longtemps auparavant par les Carthaginois, dont quelques voyageurs modernes ont retrouvé des monuments jusque sur les bords du Sénégal et du Tigre. Cependant, si les Carthaginois ont suivi les opinions de leurs ancêtres les Phéniciens, ils ne croyoient pas au déluge.

« La source de l'univers, dit Sanchoniathon, étoit un air sombre et agité, un chaos infini et sans forme. Cet air devint amoureux de ses propres principes, et il en sortit une substance mixte appelée Πόθος ou le désir.

« Cette substance mixte fut la matrice générale des choses; mais l'air ignoroit ce qu'il produit. Avec celle-ci il engendra Môt (une vase fermentée), et de cet embryon germèrent toutes les plantes et le système de l'univers. »

L'auteur phénicien raconte ensuite que le soleil, la lune, les étoiles, sont des animaux intelligents qui se formèrent dans Môt, ou le limon; et que, la lumière ayant produit les tonnerres, les animaux, éveillés au bruit de la foudre, s'enfuirent dans les forêts, ou se précipitèrent dans les eaux. Ici Sanchoniathon cite les écrits de Taautus, dont il a tiré sa cosmogonie, et il fait Taautus même inventeur des lettres : ainsi, on ne peut

[*] Oui le manuscrit *tout à fait* primitif de ces voyages, mais non pas le manuscrit des *Natchez*, écrit à Londres, dans lequel une grande partie du manuscrit primitif a été conservée. [N. ÉD.]

Posons donc pour base de l'histoire ces deux vérités : l'antiquité des hommes, et leur renouvellement après la destruction presque totale de la race humaine.

Mais en ne commençant l'Histoire qu'à l'époque très-incertaine du déluge, vous êtes loin d'avoir vaincu toutes les difficultés. Sanchoniathon ne vous apprend d'abord que la fondation des villes et des états. Cronus, fils du roi Ouranus, saisit son père auprès d'une fontaine, le fait cruellement mutiler, entreprend de longs voyages, dispense à son gré les empires, donnant à sa fille Athéna l'Attique et au dieu Taautus, l'Égypte[1]. Hérodote et Diodore vous introduisent ensuite dans le pays des merveilles. Ce sont des villes de vingt lieues de circuit, élevées comme par enchantement[2], des jardins suspendus dans les airs[3], des lacs entiers creusés de la main des hommes[4]. L'Orient se présente soudainement à nous dans toute sa corruption et dans toute sa gloire. Déjà trois puissantes monarchies se sont assises sur les ruines les unes des autres[5]; partout des conquêtes démesurées, désastreuses aux vaincus, inutiles ou funestes aux vainqueurs[6]. En Perse une nation avilie[7] et des satrapes exaltés[8]; en Égypte un peuple ignorant, et superstitieux[9], des prêtres savants et despotiques[10]. Dans ce monde où le palais de Sardanapale s'élève auprès de la hutte de l'esclave, où le temple de la Divinité ne rassemble que des misérables sous ses dômes de porphyre; dans ce chaos de luxe et d'indigence, de souffrances et de voluptés, de fanatisme et de lumières, d'oppression et de servitude, laissons dormir inconnus les crimes des tyrans et les malheurs des esclaves. Un rayon émane de l'Égypte, après avoir lutté quelque temps contre les ténèbres de la Grèce, couvrit enfin de splendeur ces régions prédestinées. Les hordes errantes qu'Inachus, Cécrops, Cad-

imaginer une plus grande antiquité. L'historien passe à la génération des hommes, et dit :

« Du vent Colpias et de sa femme Baau furent engendrés deux mortels (mâle et femelle) appelés *Protogonus* et *Æon*. De ce premier couple naquirent Génus et Genea, qui dans une grande sécheresse étendirent leurs mains vers le soleil, s'écriant : *Beelsamin !* (en phénicien, Seigneur du ciel; en grec, Ζεύς). » De la l'origine du grand nom de la Divinité chez les Grecs. L'historien se moque de ceux-ci, pour n'avoir pas entendu l'expression phénicienne.

Sanchoniathon rapporte ainsi douze générations : Protogonus, Genus, Phos, Libanus, Memrumus, Agreus, Chrysor, Technites, Agrus, Amynus, Misor, Taautus, donnant aux uns l'invention de l'agriculture, aux autres celle des arts mécaniques, etc., montrant comment les divisions géographiques prirent leur nom de ceux de ces premiers hommes, telle que de Libanus, le Liban, et enfin la source de la plupart des divinités des Grecs qui déifièrent ces mortels par ignorance.

On remarque qu'à la dixième génération (Amynus), qui correspond à Noé dans la Genèse, Sanchoniathon passe immédiatement à Misor, sans qu'il paroisse même se douter du mémorable événement qui dut avoir lieu alors. « D'Agrus, dit-il, naquit Amynus, qui enseigna aux hommes à bâtir des villes; d'Amynus, Misor le juste, etc. »

Concluons cette note par une remarque importante. On place [Sanchoniathon (Porphyre) vers le temps de Sémiramis. Or, la reine assyrienne régnoit environ deux mille cent quatre-vingt-dix ans avant notre ère. Selon l'opinion commune, la première colonie égyptienne qui émigra aux côtes de la Grèce n'y parvint que dans l'année 1856 de la même chronologie; et le système religieux n'y prit des formes permanentes que sous la législation de Cécrops, un peu plus de trois siècles après. Cependant l'auteur phénicien relève les méprises des Grecs sur les dieux, en parlant des premiers comme d'une nation déjà ancienne. Il y a plus : il nous apprend qu'Athéna, fille de Cronus, régna en Attique à une époque qu'il est difficile de déterminer, et qui renverseroit le système entier de notre chronologie. Je laisse à penser au lecteur ce qu'il faut croire maintenant de l'histoire et de l'origine moderne des Grecs,

sans parler que(*) Diodore dans *Eusèbe*, Hérodote, Apollodore, Pausanias, confirment le récit de l'auteur phénicien par plusieurs passages. Au reste si l'on suppose que Sanchoniathon vivoit deux ou trois siècles après Moïse, comme quelques savants le prétendent, on pallie toutes les difficultés. (SANCH., *apud.* EUS. *Præpar. Evang.*, lib. I, cap. x.)

[1] SANCHON., *ibid.*
[2] DIOD., lib. II, pag. 95.
[3] DIOD., pag. 98-99.
[4] HEROD., lib. I, c. CLXXXV.
[5] Les Assyriens, les Mèdes et les Perses.
[6] DIODOR., lib. II, pag. 90, etc.; JOSEPH., *Ant.*, lib. X, etc.
[7] PLUT., *in Apophthegm.*; SENEC., lib. III, c. XII, *de Benef.*
[8] PLAT., lib. III. *de Leg.*, pag. 697; XEN., *Cyrop.*, lib. IV; SENEC., lib. V, *de Ira* c. XX.
[9] CIC., lib. I, *de Nat. Deor.*; HEROD., lib. I, c. LXV; DIOD., lib. I, pag. 74, etc.; JUVEN., *Satir.* XV.
[10] DIOD., lib. I, pag. 88; PLUT., *de Isid. et Osir.*

(*) Sans parler que n'est pas françois. Il y a dans tout cela quelque lecture, mais de la lecture mal digérée et empreinte d'un mauvais esprit. (N. ÉD.)

mus, avoient d'abord réunies, dépouillèrent peu à peu leurs mœurs sauvages, et se formant à différentes époques, en républiques, nous appellent maintenant à la *première révolution*[a].

CHAPITRE II.

Première révolution. Les républiques grecques. Si le contrat social des publicistes est la convention primitive des gouvernements.

ES républiques de la Grèce, considérées comme les premiers gouvernements populaires parmi les hommes[1], offrent un objet bien intéressant à la philosophie. Si les causes de leur établissement nous avoient été transmises par l'histoire, nous eussions pu obtenir la solution de ce fameux problème en politique, savoir : quelle est la convention originale de la société?

Jean-Jacques prononce et rapporte l'acte ainsi : « Chacun de nous met en commun sa « personne et toute sa puissance sous la su- « prême direction de la volonté générale; et « nous recevons en corps chaque membre, « comme partie indivisible du tout[1]. »

Pour faire un tel raisonnement ne faut-il pas supposer une société déjà préexistante? Sera-ce le sauvage, vagabond dans ses déserts, à qui le *mien* et le *tien* sont inconnus, qui passera tout à coup de la liberté naturelle à la liberté civile, sorte de liberté purement abstraite, et qui suppose, de nécessité, toutes les idées antérieures de propriété, de justice conventionnelle, de force comparée du tout à la partie, etc.? Il se trouve donc un état civil intermédiaire entre l'état de nature et celui dont parle Jean-Jacques. Le contrat qu'il suppose n'est donc pas l'original.

Mais quel est, dira-t-on, ce contrat primitif? C'est ici la grande difficulté.

Que si on reçoit, pour un moment, celui de Rousseau comme authentique, du moins est-il certain que ce pacte fondamental remonte au-delà des sociétés dont nous nous formions quelque idée, puisque pas une des hordes sauvages qu'on a rencontrées sur le globe n'existoit sous un gouvernement populaire. Or, de ces deux choses l'une :

Ou il faut admettre, avec Platon[2], que le gouvernement monarchique, établi sur l'image d'une famille, est le seul qui soit naturel; que conséquemment le contrat social ne peut être que d'une date subséquente;

Ou que, s'il est original,

Les peuples, presque aussitôt fatigués de leur souveraineté, s'en sont déchargés sur un citoyen courageux ou sage.

---

[a] je n'ai point voulu interrompre par des *notes* ce débordement d'observations et de *notes*. Qu'est-ce que cette confusion d'observations sur l'histoire des hommes et sur l'histoire naturelle veut dire? Que je doutois de la nouveauté du monde et de la chronologie de Moïse. Hé bien, dans ce même *Essai*, vingt passages prouveront que je croyois à l'authenticité historique des livres saints : je ne savois donc ce que je *croyois* et ce que je *ne croyois pas*.

Quant aux antiquités égyptiennes et chinoises, il est démontré aujourd'hui que ces prétendues antiquités sont extrêmement modernes. Le chinois, le sanscrit, les hiéroglyphes égyptiens, tout est pénétré, et tout se renferme dans la chronologie de Moïse. Le zodiaque de Denderah est venu se faire expliquer à Paris, et l'on a été obligé de reconnoître que des monuments réputés anté-diluviens souvent ne remontoient pas au-delà du second siècle de l'ère chrétienne. Depuis que l'esprit philosophique a cessé d'être l'esprit d'irréligion, on a cessé d'attacher de l'importance à l'âge du monde.

Quant aux monuments de l'histoire naturelle, les études géologiques de M. Cuvier n'ont laissé aucun doute et sur les races qui ont péri, et sur le déluge universel. J'en étois encore, dans l'*Essai*, à l'histoire naturelle de Voltaire, aux coquilles des pèlerins et à toutes ces *savantes incrédulités*. Y a-t-il rien de plus puéril que ces générations de chênes que j'ai vues, de mes yeux vues, sur des montagnes de l'Amérique! L'écolier mériteroit de recevoir ici une rude leçon. Si je ne la pousse pas plus loin, on voudra bien pardonner quelque chose à la commisération fraternelle. (N. ÉD.)

[1] Ceci n'est pas d'une exactitude rigoureuse. La république des Juifs commence à la sortie de ce peuple d'Egypte, l'an 1491 avant notre ère, et Tyr fut fondée l'an 1252 de la même chronologie. (*Genes.*; JOSEPH., *Antiq.*, lib. VIII, c. II.)

[1] *Contrat Soc.*, liv. I, ch. VI.

[2] PLAT., lib. III. *de Leg.*, pag. 680.

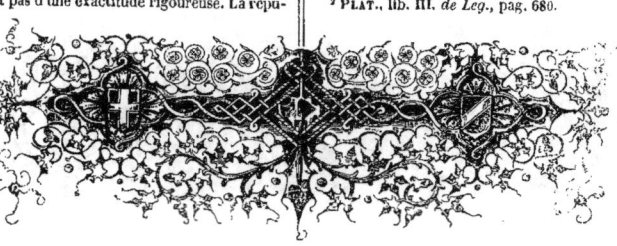

D'ici cette immense question :

Comment du gouvernement primitif, en le supposant monarchique, les hommes sont-ils parvenus à concevoir le phénomène d'une liberté autre que celle de la nature ?

Ou si l'on veut dire que la constitution primitive ait été républicaine :

Par quels degrés l'esprit humain, après des siècles d'observation, après l'expérience des maux qui résultent de tout gouvernement [a], a-t-il retrouvé la constitution naturelle, depuis si longtemps mise en oubli [b] ?

J'invite les lecteurs à méditer ce grand sujet. Le traiter ici seroit faire un ouvrage sur un ouvrage, et je n'écris que des essais. Dans les causes du renversement de la monarchie en Grèce, peu de choses conduisent à l'éclaircissement de ces vérités.

---

[a] On a fait grand bruit de cette phrase, qui, si elle signifie quelque chose, veut dire seulement qu'il y a des vices dans toutes les institutions humaines. Ce n'est d'ailleurs qu'une boutade empruntée au doute de Montaigne ou à l'humeur de Rousseau.   (N. Éd.)

[b] Ce chapitre suffiroit seul pour prouver ce que j'ai avancé dans une des préfaces de cette édition complète de mes œuvres, savoir : que j'ai écrit sur la politique dans ma première jeunesse avec un goût aussi vif que sur des sujets d'imagination. Ce n'est donc pas, comme on a feint de le croire, la restauration qui m'a fait passer de la littérature à la politique.

On reconnoît encore ici les deux caractères qui distinguent ma politique : elle est toujours de bonne foi, et toujours monarchique, bien que favorable à la liberté. Malgré l'admiration que je professois alors pour J. J. Rousseau, je combats vigoureusement le système de son *Contrat social*, et l'on va voir bientôt que cela me mène à conclure contre les républiques en faveur de la monarchie constitutionnelle. Il est plaisant qu'on ait voulu faire de moi, dans ces derniers temps, un républicain, parce que j'ai dit que si l'on n'adoptoit pas franchement la monarchie représentative, on iroit se perdre dans la république ; vérité qui me paroît démontrée jusqu'à l'évidence. Le despotisme militaire pourroit peut-être subsister un moment, mais sa durée est impossible dans l'état actuel de nos mœurs. Si l'armée est nombreuse, elle a tous les sentiments de la nation ; si elle est foible, la population la domine et l'entraîne. N'est pas d'ailleurs despote militaire qui veut ; on ne le devient qu'à force de combats et de conquêtes : pour établir l'esclavage chez un peuple, il faut à ce peuple de la gloire ou des malheurs. Encore une fois, abandonnez la monarchie constitutionnelle, et vous tombez de force dans la république.   (N. Éd.)

CHAPITRE II.

L'âge de la monarchie en Grèce.

On ne peut jeter les yeux sur les premiers temps de la Grèce sans frémir. Si l'âge d'or coula dans l'Argolide, sous les pasteurs Inachus et Phoronée ; si Cécrops donna des lois pures à l'Attique ; si Cadmus introduisit les lettres dans la Béotie ; ces jours de bonheur furent avec tant de rapidité, qu'ils ont passé pour un songe chez la postérité malheureuse.

Les muses ont souvent fait retentir la scène des noms tragiques des Agamemnon, des OEdipe et des Thésée [1]. Qui de nous ne s'est attendri aux chefs-d'œuvre des Crébillon [a] et des Racine ? A la peinture de ces fameux malheurs des rois, nous versions des larmes jadis, comme à des fables : témoins de la catastrophe de Louis XVI et de sa famille, nous pourrons maintenant y pleurer comme à des vérités [b].

Des massacres [2], des enlèvements [3], des incendies [4] ; des peuples entiers forcés à l'émigration par leur misère [5] ; d'autres se levant en masse pour envahir leurs voisins [6] ; des rois sans autorité [7], des grands factieux [8], des nations barbares [9] : tel est le tableau que nous présente la Grèce monarchie. Tout à coup,

---

[1] Eschyle, Sophocle, Euripide.

[a] Crébillon est ici singulièrement associé à Racine : ce sont jugements de collège.   (N. Éd.)

[b] Dans cet *Essai*, où je devois être *athée et républicain*, on me trouve presque à chaque page religieux, monarchique et fidèle à mes princes légitimes.   (N. Éd.)

[2] Plut., *in Thes.*

[3] Hom., *Iliad.*

[4] *Ibid.*, lib. IX.

[5] Herod., lib. I, cap. cxlv ; Strab., lib. XIII, pag. 582 ; Pausan., lib. VII, cap. ii, pag. 524.

[6] Pausan., lib. II, cap. xiii ; Thucyd., l. I, pag. 2.

[7] Plut., *in Thes.*; Diod., lib. IV, pag. 266.

[8] Pausan., cap. ii, pag. 7.

[9] Ælian., *Var. Hist.*, lib. III, cap. xxxviii.

sans qu'on en voie de raisons apparentes, des républiques se forment de toutes parts. D'où vient cette transition soudaine? Est-ce l'opinion qui, comme un torrent, renverse subitement le trône? Sont-ce des tyrans qui ont mérité leur sort à force de crimes? Non. Ici on abolit la royauté par estime pour cette royauté même, « nul homme, disent les Athéniens, n'étant digne de succéder à Codrus [1] » : là c'est un prince héritier de la couronne, qui établit lui-même la constitution populaire [2].

Cette révolution singulière, différente dans ses principes de toutes celles que nous connoissons, a été l'écueil de la plupart des écrivains qui ont voulu en rechercher les causes [a]. Mably, effleurant rapidement le sujet, se jette aussitôt dans les constitutions républicaines [3], sans nous apprendre le secret qui fit trouver ces constitutions. Tâchons, malgré l'obscurité de l'histoire, de faire quelques découvertes dans ce champ nouveau de politique.

CHAPITRE IV.

Causes de la subversion du gouvernement royal chez les Grecs. Elles diffèrent totalement de celles de la révolution françoise.

La première raison qu'on entrevoit de la chute de la monarchie en Grèce se tire des révolutions qui désolèrent si long-temps ce beau pays. Depuis la prise de Troie jusqu'à l'extinction de la royauté à Athènes, et même long-temps après, un bouleversement général changea la face de la contrée. Dans ce chaos de choses nouvelles, l'ordre des successions au trône fut violé [1]; les rois perdirent peu à peu leur puissance, et les peuples l'idée d'un gouvernement légal. Toutes les humeurs du corps politique, allumées par la fièvre des révolutions, se trouvoient à ce plus haut point d'énergie, d'où sortent les formes premières et les grandes pensées : le moindre choc dans l'état étoit alors plus que suffisant pour renverser de frêles monarchies qui pouvoient à peine porter ce nom.

Nous trouvons dans l'esprit des riches une autre cause non moins frappante de la subversion du gouvernement royal en Grèce. Ceux-ci, profitant de la confusion générale pour usurper l'autorité, semoient les factions autour des trônes où ils aspiroient [2]. C'est un trait commun à toutes les révolutions dans le sens républicain, qu'elles ont rarement commencé par le peuple [a]. Ce sont toujours les nobles qui, en proportion de leur force et de leurs richesses, ont attaqué les premiers la puissance souveraine : soit que le cœur humain s'ouvre plus aisément à l'envie dans les grands que dans les petits, ou qu'il soit plus corrompu dans la première classe que dans la dernière, ou que le partage du pouvoir ne serve qu'à en irriter la soif ; soit enfin que le sort se plaise à aveugler les victimes qu'il a une fois marquées. Qu'arrive-t-il lorsque l'ambition des grands est parvenue à renverser le trône ? Que le

---

[1] Meurs., *de Regib. Athen.*, lib. III, cap. XI. Ils reconnurent pour roi Jupiter.
[2] Plut., *in Lyc.*
[a] Je soulève certainement une question nouvelle; mais je promets avec témérité une solution que je ne donnerai pas. (N. Éd.)
[3] *Observat. sur l'Hist. de la Grèce*, page 120.

[1] Pausan., lib. II, cap. XIII et XVIII; Vell. Paterc., lib. I, cap. II.
[2] Diod., lib. IV; Pausan., lib. IX, cap. v.
[a] Observation digne de l'histoire ; mais pour être logique, après m'être servi de l'adverbe *rarement*, il ne falloit pas dire ce sont *toujours* les nobles; il falloit dire ce sont *presque toujours* les nobles. Je fais d'ailleurs le procès de l'aristocratie avec trop de rigueur. Pourquoi l'aristocratie est-elle disposée à mettre des obstacles au pouvoir d'un seul? C'est que son principe naturel est la liberté, comme le principe naturel de la démocratie est l'égalité. Aussi voyons-nous que les rois qui aspirent au despotisme détestent l'aristocratie, et qu'ils recherchent la faveur populaire, laquelle ils sont sûrs d'obtenir en sacrifiant les riches et les nobles au principe de l'égalité. Si l'aristocratie a souvent attaqué la puissance souveraine, c'est encore plus souvent la démocratie qui a livré la liberté à cette puissance. Mais remarquez qu'aussitôt que le monarque est parvenu au despotisme par le peuple, il ne veut plus du peuple et retourne à l'aristocratie qu'il a proscrite ; car, si le peuple est bon pour faire usurper la tyrannie, il ne vaut rien pour la maintenir. (N. Éd.)

peuple, opprimé par ces nouveaux maîtres, se repent bientôt d'avoir assis une multitude de tyrans à la place d'un roi légitime. Sans égard au prétendu patriotisme dont ces hommes s'étoient couverts, il finit par chasser la faction honteuse; et l'état, selon sa position morale, se change en république ou retourne à la monarchie [a].

Une troisième source de la constitution populaire chez les Grecs mérite surtout d'être connue, parce qu'elle découle essentiellement de la politique, et qu'elle n'a pas encore, du moins que je sache, été découverte par les publicistes; je veux dire, l'accroissement du pouvoir des amphictyons. Cette assemblée fédérative, instituée par le troisième roi d'Athènes [1], étendit peu à peu son autorité sur toute la Grèce [2]. Or, par le principe, il ne peut y avoir deux souverains dans un état. Une monarchie n'est plus, là où il y a une convention souveraine en unité. Que si l'on dit que le conseil amphictyonique n'avoit que le droit de proposition, et ressembloit, dans ses rapports, aux diètes d'Allemagne, c'est faute d'avoir remarqué que,

Ce n'étoient pas les envoyés des princes qui composoient l'assemblée, mais les députés des peuples [3];

Qu'une telle convention étoit propre à faire naître aux nations qu'elle représentoit l'idée des formes républicaines;

Enfin, que les amphictyons, favorisés de l'opinion publique, devoient, tôt ou tard, par cet ambitieux esprit de corps, naturel à toute société particulière, s'arroger des droits hors de leur institution; et que conséquemment les monarchies devoient aussi cesser tôt ou tard [4].

Mais la grande et générale raison de l'établissement des républiques en Grèce, est qu'en effet ces républiques ne furent jamais de vraies monarchies [a]; je m'expliquerai par la suite sur cet important sujet [1].

Telles furent les causes éloignées et immédiates qui contribuèrent au développement de cette grande révolution. Mais puisque l'histoire nous a laissé ignorer par quelle étonnante suite d'idées les hommes, vivant de tout temps sous des monarchies, trouvèrent les principes républicains, disons que quelques oppressions réelles, beaucoup d'imaginaires, la lassitude des choses anciennes et l'amour des nouvelles, des chances et des hasards, par qui tout arrive [b], enfin cette nécessité qu'on appelle la force des choses, produisirent les républiques, sans qu'on sût d'abord distinctement ce que c'étoit, et l'effet ayant dans la suite fait analyser la cause, les philosophes se hâtèrent d'écrire des principes.

Au reste, il seroit superflu de faire remarquer aux lecteurs que les sources d'où coula la révolution républicaine en Grèce n'ont rien, ou presque rien de commun avec celles de la dernière révolution en France. Nous allons passer maintenant aux conséquences de la première. Je ne m'attacherai, comme tous les autres écrivains, qu'à l'histoire de Sparte et d'Athènes. Les annales des autres petites villes sont trop peu connues pour intéresser.

séparer le peuple condamné de la communion du temple. Comment une foible monarchie auroit-elle pu résister à ce colosse de puissance populaire, secondé du fanatisme religieux [1]? (Diod. lib XVI; Plut., in Themist.)

[a] Cette phrase est obscure. Qu'est-ce que des républiques qui ne furent jamais de vraies monarchies? Le fond de la pensée est ceci: les monarchies primitives de Rome et de la Grèce ne furent point de véritables monarchies dans le sens absolu du mot: pour se transformer en républiques, ces monarchies n'eurent pas besoin de changer leurs institutions: il leur suffit d'abolir le pouvoir royal. (N. Éd.)

[1] A la révolution de Brutus.

[b] Me voilà bien matérialiste: attendons quelques pages. (N. Éd.)

[a] Ceci est imprimé en 1797: la prédiction s'est vérifiée pour la France. (N. Éd.)

[1] On ignore le temps précis de l'institution de cette assemblée, et l'on varie également sur le nom de son auteur: les uns, tels que Pausanias, le nommant *Amphictyon*, les autres, tels que Strabon, *Acrisius*. En suivant l'opinion commune, l'époque en remonteroit vers le quinzième siècle avant notre ère.

[2] Æschin. *de fals. Leg.*

[3] Idem, ibid.; Strab., pag. 413.

[4] Dans les jugements que le corps amphictyonique prononçoit contre tel ou tel peuple, il avoit le droit d'armer toute la Grèce au soutien de son décret, et de

[1] J'attribue trop de pouvoir au conseil amphictyonique; mais j'aurois dû remarquer qu'il renfermoit dans sa constitution fédérale le premier germe de la république représentative. (N. Éd.)

CHAPITRE V.

Effet de la révolution républicaine sur la Grèce. Athènes depuis Codrus jusqu'à Solon, comparée au nouvel état de la France.

CETTE révolution fut bien loin de donner le bonheur à la Grèce. La preuve que le principe n'étoit pas trouvé, c'est que toutes les petites républiques se virent immédiatement plongées dans l'anarchie après l'extinction de la royauté. Sparte seule, qui fut assez heureuse pour posséder dans le même homme le révolutionnaire [a] et le législateur, jouit tout à coup du fruit de sa nouvelle constitution. Partout ailleurs les riches, sous le nom captieux de magistrats, s'emparèrent de l'autorité souveraine qu'ils avoient anéantie [1]; et les pauvres languirent dans les factions et la misère [2].

Depuis le dévouement de Codrus à Athènes jusqu'au siècle de Solon, l'histoire est presque muette sur l'état de cette république. Nous savons seulement que l'archontat à vie, que les citoyens substituèrent d'abord à la royauté, fut dans la suite réduit à dix ans, et qu'ils finirent par le diviser entre neuf magistrats annuels [3].

Ainsi les Athéniens s'habituèrent par degrés au gouvernement populaire. Ils passèrent lentement de la monarchie à la république. Le statut nouveau étoit toujours formé en partie du statut antique. Par ce moyen on évitoit ces transitions brusques, si dangereuses dans les états, et les mœurs avoient le temps de sympathiser avec la politique. Mais il en résulta aussi que les lois ne furent jamais très-pures, et que le plan de la constitution offrit un mélange continuel de vérités et d'erreurs, comme ces tableaux où le peintre a passé par une gradation insensible des ténèbres à la clarté; chaque nuance s'y succède doucement; mais elle se compose sans cesse de l'ombre qui la précède et de la lumière qui la suit [a].

Cependant cette mobilité de principes devoit produire de grands maux. Les Athéniens, semblables aux François sous tant de rapports, en changeant incessamment l'économie du gouvernement, comme ces derniers l'ont fait de nos jours, vivoient dans un état perpétuel de troubles [1]: car dans toute révolution il se trouve toujours de chauds partisans des institutions nouvelles, et des hommes attachés aux antiques lois de la patrie par les souvenirs d'une vie passée sous leurs auspices.

Comme en France encore, l'antipathie des pauvres et des riches étoit à son comble [2]. A Dieu ne plaise que je veuille fermer les oreilles à la voix du nécessiteux. Je sais m'attendrir sur le malheur des autres; mais, dans ce siècle de philanthropie, nous avons trop déclamé contre la fortune. Les pauvres, dans les états, sont infiniment plus dangereux que les riches, et souvent ils valent moins qu'eux [b].

Le besoin d'une constitution déterminée se faisoit sentir de plus en plus. Dracon, philosophe inexorable, fut choisi pour donner des lois à l'humanité. Cet homme méconnut le cœur de ses semblables; il prit les passions pour des crimes, et, punissant également du dernier supplice et le foible et le vicieux [3], il

---

[a] Expression hardie, mais peut-être juste. (N. Éd.)
[1] Arist., de Rep., tom. II, lib. II, cap. xii.
[2] Plut., in Solon.
[3] Meurs., de Archont., lib. I cap. i, etc.

[a] Ces morceaux-là, et il y en a quelques-uns de semblables dans l'*Essai*, demandent peut-être grâce pour l'ouvrage et pour le jeune homme. (N. Éd.)
[1] Herod., lib. I, cap. lix; Plut., in Solon.
[2] Idem, ibid., id., ibid.
[b] Comment a-t-on pu confondre dans mes écrits l'amour d'une liberté raisonnable avec le sentiment révolutionnaire, quand je montre partout la haine des crimes et des principes démagogiques? Si j'ai fait quelques reproches aux rois, j'en ai fait également aux nobles et aux plébéiens. Je me défie de ces Brutus à la besace, qui commencent par changer leur poignard en une médaille de la police, et qui finissent par attacher des plaques et des rubans à leurs haillons républicains. Dans les *Martyrs* j'ai mis un pauvre aux enfers avec un riche : il faut faire justice à tout le monde. (N. Éd.)
[3] Herod., lib. I, pag. 87.

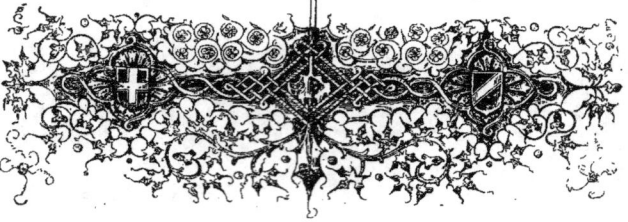

sembla prononcer un arrêt de mort contre le genre humain.

Ces lois de sang, telles que les décrets funèbres de Robespierre, favorisèrent les insurrections. Cylon, profitant des troubles de sa patrie, voulut s'emparer de la souveraineté. On l'assiége aussitôt dans la citadelle, d'où il parvient à s'échapper. Ses partisans, réfugiés dans le temple de Minerve, en sortent sous promesse de la vie, et on les sacrifie aussitôt sur l'autel des Euménides [1]. La France n'est pas la première république qui ait eu des lois sauvages et de barbares citoyens.

Ce régime de terreur passe, mais il ne reste à la place que relâchement et foiblesse. Les Athéniens, comme les François, abhorrèrent ces atrocités, et, comme eux aussi, ils se contentèrent de verser des pleurs stériles. Cependant le peuple, effrayé de son crime, s'imaginoit voir les vengeances de Minerve suspendues sur sa tête. Les dieux, secondant les cris de l'humanité, remplissoient les consciences de troubles ; et tel qui n'eût été qu'un pitoyable anthropophage dans la France incrédule, fut touché de repentir à Athènes : tant la religion est nécessaire aux hommes [a].

Pour apaiser ces tourments de l'âme plus insupportables que ceux du corps, on eut recours à un sage nommé *Épiménide* [2]. Si celui-ci ne ferma pas les plaies réelles de l'état, il fit plus encore en guérissant les maux imaginaires. Il bâtit des temples aux dieux, leur offrit des sacrifices [3], et versa le baume de la religion dans le secret des cœurs. Il ne traitoit point de superstition ce qui tend à diminuer le nombre de nos misères ; il savoit que la statue populaire, que le pénate obscur qui console le malheureux, est plus utile à l'humanité que le livre du philosophe qui ne sauroit essuyer une larme [b].

Mais ces remèdes, en engourdissant un moment les maux de l'état, ne furent pas assez puissants pour les dissiper. Peu après le départ d'Épiménide les factions se rallumèrent. Enfin les partis fatigués résolurent de se jeter dans les bras d'un seul homme. Heureusement pour la république cet homme étoit Solon [1].

Je n'entrerai point dans le détail des institutions de ce législateur célèbre, non plus que dans celui des lois de Lycurgue : de trop grands maîtres en ont parlé. Je dirai seulement ce qui tend au but de mon ouvrage. Pour ne pas couper le sujet, nous allons continuer l'histoire d'Athènes jusqu'au bannissement des Pisistratides : nous reviendrons ensuite à Lacédémone.

CHAPITRE VI.

Quelques réflexions sur la législation de Solon. Comparaisons. Différences.

ES gouvernements mixtes sont vraisemblablement les meilleurs, parce que l'homme de la société est lui-même un être complexe, et qu'à la multitude de ses passions il faut donner une multitude d'entraves. Sparte, Carthage, Rome et l'Angleterre, ont été, par cette raison, regardées comme des modèles en politique [a]. Quant à Athènes, nous remarquerons ici qu'elle a réellement possédé ce que la France prétend avoir de nos jours : la constitution la plus démocratique qui ait jamais existé chez aucun peuple. Au mot *démocratie* on se figure une nation assemblée en corps délibérant sur ses lois? Non. Cela signifie maintenant deux conseils, un directoire, et des citoyens à qui l'on permet de rester chez eux jusqu'à la première réquisition [b].

---

[1] Thucyd., lib. I. c. CXXVI ; Plut., *in Solon*.

[a] Qu'est devenu mon matérialisme précédent ? (N. Éd.)

[2] Plat., *de Leg.*, lib. I, tom. II.

[3] Strab., lib. X, pag. 479.

[b] Voilà un singulier athée ! Trouve-t-on dans le *Génie du Christianisme* une page où l'accent religieux soit plus sincère et plus tendre ? (N. Éd.)

[1] Plut, *in Solon*.

[a] C'est tout mon système politique clairement énoncé, franchement avoué, et tel que je le professe aujourd'hui. (N. Éd.)

[b] Cette moquerie de la constitution du Directoire

Le législateur athénien et les réformateurs françois se trouvoient à peu près placés entre les mêmes dangers au commencement de leurs ouvrages. Une foule de voix demandoient la répartition égale des fortunes. Pour éviter le naufrage de la chose publique, Solon fut forcé de commettre une injustice. Il remit les dettes, et refusa le partage des terres [1]. Les assemblées nationales de France ont pensé différemment : elles ont garanti la créance à l'usurier, et divisé les biens des riches. Cela seul suffit pour caractériser la différence des deux siècles [a].

Dans les institutions morales nous trouvons les mêmes contrastes. Des femmes pures parurent indispensables à Athènes pour donner des citoyens vertueux à l'état [2], et le divorce n'étoit permis qu'à des conditions rigoureuses [3]. La France républicaine a cru que la Messaline qui va offrant sa lubricité d'époux en époux n'en sera pas moins une excellente mère.

« Qu'il soit chassé des tribunaux, de l'assemblée générale, du sacerdoce, disoit la loi à Athènes, qu'il soit rigoureusement puni, celui qui, noté d'infamie par la dépravation de ses mœurs, ose remplir les fonctions saintes de législateur ou de juge [4]; que le magistrat qui se montre en état d'ivresse aux yeux du peuple soit à l'instant mis à mort [5]. »

Ces décrets-là, sans doute, n'étoient pas faits pour la France. Que fût devenue, sous un pareil arrêt, toute l'Assemblée constituante dans la nuit du 4 août 1789 [a] ?

Ceci mène à une triste réflexion. Fanatiques admirateurs de l'antiquité, les François [b] semblent en avoir emprunté les vices, et presque jamais les vertus. En naturalisant chez eux les dévastations et les assassinats de Rome et d'Athènes, sans en atteindre la grandeur, ils ont imité ces tyrans qui, pour embellir leur patrie, y faisoient transporter les ruines et les tombeaux de la Grèce.

Au reste nous entrons ici sur un sol consacré, où chaque pouce de terrain nous offrira un nouveau sujet d'étonnement. Peut-être même pourrois-je déjà beaucoup dire; mais il n'est pas encore temps. Lecteurs, je le répète, veillez, je vous en supplie, plus que jamais sur vos préjugés. C'est au moment où un coin du rideau commence à se lever que l'on est le plus sensible, surtout si ce que nous apercevons n'est pas dans le sens de nos idées.

On m'a souvent reproché de voir les objets différemment des autres [c] : cela peut être. Mais si on se hâte de me juger sans me laisser le temps de me développer à ma manière, si on se blesse de certaines choses avant de connoître la place que ces choses occupent dans l'harmonie générale des parties, j'ai fini pour ces gens-là. Je n'ai ni l'envie ni le talent de tout penser et de tout dire à la fois.

Je reviens.

étoit assez bonne alors; mais c'est pourtant le principe de la division des pouvoirs, posé dans cette constitution, qui a sauvé la France. (N. Éd.)

[1] Plut., in Solon., pag. 87.

[a] Tous les créanciers n'étoient pas des usuriers, mais la remarque ne m'en semble pas moins importante. Jusqu'à présent la comparaison entre les anciennes révolutions et la révolution françoise peut se soutenir, et ne produit que ces rapprochements politiques plus ou moins vrais, plus ou moins ingénieux, auxquels Montesquieu lui-même s'est plu dans l'Esprit des Lois; mais, en avançant, cette comparaison perpétuelle, surtout quand il s'agira des hommes et des ouvrages littéraires, deviendra le comble du ridicule. (N. Éd.)

[2] Plut., in Solon, pag. 90-91.

[3] Pet., in Leg. Attic.

[4] Æsch., in Tim.

[5] Laert., in Solon.

Apparemment que le parti de Drouet, en s'insurgeant contre le Directoire, se rappelle cette autre loi de Solon, par laquelle il étoit permis de tuer le magistrat qui conservoit sa place après la destruction de la démocratie.

[a] Ce jugement est dur, mais il ne porte évidemment que sur l'état d'ivresse où l'on prétend que se trouvoient les membres de l'Assemblée constituante dans la nuit du 4 août 1789. J'examinerois aujourd'hui avec plus d'impartialité un fait historique avant d'en faire la base d'un raisonnement.

[b] Il faut entendre ici non pas les François en général, mais les François de cette époque. (N. Éd.)

[c] J'ai déjà fait une note sur ce ton suffisant, sur cette bouffissure de l'auteur de l'Essai. A peine aujourd'hui aurois-je assez d'autorité pour parler de moi avec tant d'importance. Pour dire avec quelque convenance, *on m'a souvent reproché de voir*, etc., il faudroit être depuis longtemps connu du public; cela fait pitié quand c'est un écolier, dont on ne sait pas même le nom, qui, dans son premier barbouillage, affecte ces airs de docteur. (N. Éd.)

CHAPITRE VII.

Origine des noms des factions : la Montagne et la Plaine.

SOLON voulut couronner ses travaux par un sacrifice. Voyant que sa présence faisoit naître des troubles à Athènes, il résolut de s'en bannir par un exil volontaire. Il s'arracha donc pour dix ans[1] au séjour si doux de la patrie, après avoir fait promettre à ses concitoyens qu'ils vivroient en paix jusqu'à son retour. On s'aperçut bientôt qu'on n'ajourne point les passions des hommes.

Depuis longtemps l'état nourrissoit dans son sein trois factions qui ne cessoient de le déchirer. Quelquefois, réunies par intérêt ou tranquilles par lassitude, elles sembloient s'éteindre un moment; mais bientôt elles éclatoient avec une nouvelle furie.

La première, appelée *le parti de la Montagne*, étoit composée, ainsi que le fameux parti du même nom en France, des citoyens les plus pauvres de la république, qui vouloient une pure démocratie[2]. Par l'établissement d'un sénat[3], et l'admission exclusive des riches aux charges de la magistrature[4], Solon avoit opposé une digue puissante à la fougue populaire; et la Montagne, trompée dans ses espérances, n'attendoit que l'occasion favorable de s'insurger contre les dernières institutions. C'étoient les Jacobins d'Athènes.

Le second parti, connu sous le nom de *la Plaine*, réunissoit les riches possesseurs de terres qui, trouvant que le législateur avoit trop étendu le pouvoir du petit peuple, demandoient la constitution oligarchique, plus favorable à leurs intérêts[1]. C'étoient les Aristocrates.

Enfin, sous un troisième parti, distingué par l'appellation de *la Côte*, se rangeoient tous les négocians de l'Attique. Ceux-ci, également effrayés de la licence des pauvres et de la tyrannie des grands, inclinoient à un gouvernement mixte, propre à réprimer l'un et l'autre[2]: ils jouoient le rôle des Modérés.

Athènes se trouvoit ainsi, à peu près, dans la même position que la France républicaine : nul ne goûtoit la nouvelle constitution; tous en demandoient une autre; et chacun vouloit celle-ci d'après ses vues particulières. On voit encore ici la source d'où les François ont tiré les noms de partis qui les divisoient[a]: comme si mes malheureux compatriotes n'avoient déjà pas trop de leurs haines nationales, sans aller remuer les cendres des factions étrangères parmi les ruines des états qu'elles ont dévorés!

CHAPITRE VIII.

Portraits des chefs.

LES mêmes causes les mêmes effets. Il devoit s'élever alors des tyrans à Athènes, comme il s'en est élevé de nos jours à Paris. Mais autant le siècle de Solon surpasse le nôtre en morale, autant les factieux de l'Attique furent supérieurs en talents à ceux de la France.

---

[1] PLUT., *in Solon*.
[2] HEROD., lib. I, cap. LIX ; PLUT, *in Solon*
[3] *Idem*, lib. I, pag. 88.
[4] ARIST., *de Rep.*, lib. II, cap. XII, pag. 55.

[1] PLUT., *in Solon*, pag. 85.
[2] *Id.*, *ibid*.
[a] Voici le commencement des rapprochemens outrés. Comment a-t-il pu me tomber dans la tête que les trois partis athéniens, la *Montagne*, la *Plaine* et la *Côte*, dont les noms ne désignoient que les opinions politiques de trois espèces de citoyens; comment, disje, a-t-il pu me tomber dans la tête que ces trois partis se retrouvoient dans trois sections de la Convention nationale? Lorsqu'une fois on s'est laissé dominer par une idée, et qu'on veut tout plier à cette idée, on avance niaisement les imaginations les plus creuses comme des faits indubitables. (N. Ér.)

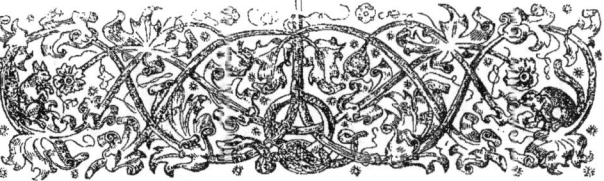

A la tête des Montagnards on distinguoit Pisistrate [1] : brave [2], éloquent [3], généreux [4], d'une figure aimable [5] et d'un esprit cultivé [6], il n'avoit de Robespierre que la dissimulation profonde [7], et de l'infâme d'Orléans [a] que les richesses [8] et la naissance illustre [9]. Il prit la route que ce dernier conspirateur a tâché de suivre après lui. Il fit retentir le mot *égalité* [10] aux oreilles du peuple ; et tandis que la liberté respiroit sur ses lèvres, il cachoit la tyrannie au fond de son cœur.

Lycurgue avoit la confiance de la Plaine [11]. Nous ne savons presque rien de lui. C'étoit apparemment un de ces intrigants obscurs que le tourbillon révolutionnaire jette quelquefois au plus haut point du système, sans qu'ils sachent eux-mêmes comment ils y sont parvenus. Les Aristocrates d'Athènes ne furent pas plus heureux dans le choix et le génie de leurs chefs que les Aristocrates de France.

Il semble qu'il y ait des hommes qui renaissent à des siècles d'intervalle pour jouer, chez différents peuples, et sous différents noms, les mêmes rôles dans les mêmes circonstances : Mégaclès et Tallien en offrent un exemple extraordinaire. Tous deux redevables à un mariage opulent de la considération attachée à la fortune [1], tous deux placés à la tête du parti modéré [2] dans leurs nations respectives, ils se font tous deux remarquer par la versatilité de leurs principes et la ressemblance de leurs destinées. Flottant, ainsi que le révolutionnaire françois, au gré d'une humeur capricieuse, l'Athénien fut d'abord subjugué par le génie de Pisistrate [3], parvint ensuite à renverser le tyran [4], s'en repentit bientôt après ; rappela les Montagnards [5], se brouilla de nouveau avec eux ; fut chassé d'Athènes, reparut encore [6], et finit par s'éclipser tout à coup dans l'histoire ; sort commun des hommes sans caractère : ils luttent un moment contre l'oubli qui les submerge, et soudain s'engloutissent tout vivants dans leur nullité.

Tel étoit l'état des factions à Athènes lorsque Solon, après dix ans d'absence, revint dans sa malheureuse patrie [a].

CHAPITRE IX.

Pisistrate.

APRÈS avoir erré sur le globe, l'homme, par un instinct touchant, aime à revenir mourir aux lieux qui l'ont vu naître, et à s'asseoir un moment au bord de sa tombe, sous les mêmes arbres qui ombragèrent son berceau. La vue

---

[1] Plut., *in Solon.*
[2] Herod., lib. I, cap. LIX.
[3] Plut., *in Solon.*
[4] *Id., ibid.*
[5] Athen., lib. XII, cap. VIII.
[6] Cicer., *de Orat.*, lib. III, cap XXXIV.
[7] Plut., *in Solon.*
[a] Pour tout commentaire à cette expression violente je citerai ici en note un autre passage de l'*Essai*, qui se trouvera dans le chapitre XII de la seconde partie de cet *Essai*, et qui tombe à la page 457 de l'édition de Londres.

« Déjà un Bourbon, qui devoit être le plus riche « particulier de l'Europe, a été obligé, pour vivre, d'a« voir recours en Suisse au moyen employé par Denys « à Corinthe. Sans doute le duc d'Orléans aura enseigné « à ses pupilles les dangers d'une ambition coupable, « et surtout les périls d'une mauvaise éducation. Il se « sera fait une loi de leur répéter que le premier devoir « de l'homme n'est pas d'être roi, mais d'être probe. Si « ce mot paroît sévère, j'en appelle à ce prince lui« même, qu'on dit d'ailleurs plein de courage et de « vertus naturelles. Qu'il jette les regards autour de lui « en Europe, qu'il contemple les milliers de victimes « sacrifiées chaque jour à l'ambition de sa famille. J'au« rois voulu éviter de nommer son père. » (N. Éd.)

[8] Herod., lib. I, cap. LIX.
[9] *Id.*, lib. V, cap. LXV.
[10] Plut., *in Solon.*
[11] *Id., ibid.*

---

[1] Herod., lib. VI, cap. CXXV-CXXXI.
Tous les papiers publiés sur les affaires de France. Mégaclès étoit riche, mais sa fortune fut considérablement augmentée par son mariage avec la fille de Clisthène, tyran de Sicyone.
[2] Plut., *in Solon.*; *Pap. publ.*, etc.
[3] *Id., ibid.*, page 96.
[4] Herod., lib. I, cap. LXIV.
[5] *Id., ibid.*
[6] *Id., ibid.*
[a] Pisistrate et Rosbespierre, Mégaclès et Tallien ! Je demande pardon au lecteur de tout cela. J'ai plus souffert que lui en relisant ces pages. Il y a peut-être quelque chose dans ces portraits, mais à coup sûr ce n'est pas la ressemblance. (N. Éd.)

de ces objets, changés sans doute, qui lui rappellent à la fois les jours heureux de son innocence, les malheurs dont ils furent suivis, les vicissitudes et la rapidité de la vie, ranime dans son cœur ce mélange de tendresse et de mélancolie, qu'on nomme *l'amour de son pays*.

Quelle doit être sa tristesse profonde, s'il a quitté sa patrie florissante, et qu'il la retrouve déserte ou livrée aux convulsions politiques! Ceux qui vivent au milieu des factions vieillissant pour ainsi dire avec elles, s'aperçoivent à peine de la différence du passé au présent; mais le voyageur qui retourne aux champs paternels, bouleversés pendant son absence, est tout à coup frappé des changements qui l'environnent : ses yeux parcourent amèrement l'enclos désolé, de même qu'en revoyant un ami malheureux après de longues années, on remarque avec douleur sur son visage les ravages du chagrin et du temps. Telles furent sans doute les sensations du sage Athénien, lorsque après les premières joies du retour il vint à jeter les regards sur sa patrie [a].

Il ne vit autour de lui qu'un chaos d'anarchie et de misères. Ce n'étoient que troubles, divisions, opinions diverses. Les citoyens sembloient transformés en autant de conspirateurs. Pas deux têtes qui pensassent de même; pas deux bras qui eussent agi de concert. Chaque homme étoit lui tout seul une faction; et quoique tous s'harmoniassent de haine contre la dernière constitution, tous se divisoient d'amour sur le mode d'un régime nouveau [1].

Dans cette extrémité, Solon cherchoit un honnête homme qui, en sacrifiant ses intérêts, pût rendre le calme à la république. Il s'imagina le trouver à la tête du parti populaire; mais s'il se laissa tromper un moment par les dehors patriotiques de Pisistrate, il ne fut pas longtemps dans l'erreur. Il sentit que,

[a] A des taches près, que je n'ai pas voulu effacer parce que je ne veux pas changer un seul mot à l'*Essai*, ce morceau rappellera peut-être au lecteur des sentiments et même des phrases que j'ai répandus transportés dans mes autres ouvrages. Il y a quelque chose d'inattendu dans la manière dont ce morceau est amené, comme un délassement à la politique. L'exilé reparoît malgré lui, et entraîne un moment le lecteur dans un autre ordre d'images et d'idées. (N. ÉD.)

[1] PLUT., *in Solon*.

de deux motifs d'une action humaine, il faut s'efforcer de croire à la bonne et agir comme si on n'y croyoit pas. Le sage, qui connoissoit les cœurs, sut bientôt ce qu'il devoit penser d'un homme riche et de haute naissance attaché à la cause du peuple. Malheureusement il le sut trop tard.

Sur le point de dénoncer la conspiration, il n'attendoit plus que de nouvelles lumières, lorsque Pisistrate se présente tout à coup sur la place publique, couvert de blessures qu'il s'étoit adroitement faites [1]. Le peuple ému s'assemble en tumulte. Solon veut en vain faire entendre sa voix [2]. On insulte le vieillard, on frémit de rage, on décrète par acclamation une garde formidable à cette illustre victime de la démocratie, que les nobles avoient voulu faire assassiner [3]. *O homines ad servitutem paratos!* Nous avons vu un tyran de la Convention employer la même machine.

Quiconque a une légère teinture de politique n'a pas besoin qu'on lui apprenne la conséquence de ce décret. Une démocratie n'existe plus là où il y a une force militaire en activité dans l'intérieur de l'état. Que penserons-nous donc des cohortes du Directoire? Pisistrate s'empara peu après de la citadelle [4], et ayant désarmé les citoyens, comme la Convention les sections de Paris, il régna sur Athènes avec toutes les vertus, hors celles du républicain.

CHAPITRE X.

Règne et mort de Pisistrate.

La victoire s'attachera au parti populaire toutes les fois qu'il sera dirigé par un homme de génie, parce que cette faction possède au-dessus des autres l'énergie brutale d'une multitude

[1] HÉROD., lib. I, cap. LIX et LXIV.
[2] PLUT., *in Solon*.
[3] JUSTIN., lib. II, cap. VIII.
[4] PLUT., *in Solon*.

pour laquelle la vertu n'a point de charmes, ni le crime de remords.

Après tout, le succès ne fait pas le bonheur : Pisistrate en est un exemple. Chassé de l'Attique par Mégaclès réuni à Lycurgue, il y fut bientôt rappelé par ce même Mégaclès, qui, changeant une troisième fois de parti, se vit à son tour obligé de prendre la fuite. Deux fois les orages qui grondent autour des tyrans renversèrent Pisistrate de son trône, et deux fois le peuple l'y replaça de sa main [1]. La fin de sa carrière fut plus heureuse. Il termina tranquillement ses jours à Athènes, laissant à ses deux fils, Hipparque et Hippias, la couronne qu'il avoit usurpée [2].

Au reste ces différentes factions avoient tour à tour, selon les chances de la fortune, rempli la terre de l'étranger d'Athéniens fugitifs. A la mort de Pisistrate, les Modérés et les Aristocrates se trouvoient émigrés dans plusieurs villes de la Grèce [3] : là nous allons bientôt les voir remplir avec succès le même rôle que, de nos jours, les constitutionnels et les aristocrates de France ont joué si malheureusement en Europe.

CHAPITRE XI.

Hipparque et Hippias. Assassinat du premier. Rapports.

IPPIAS et Hipparque montèrent sur le trône aux applaudissements de la multitude. Sages dans leur gouvernement [4] et faciles dans leurs mœurs [5], ils avoient ces vertus obscures que l'envie pardonne, et ces vices aimables qui échappent à la haine. Peut-être eussent-ils transmis le sceptre à leur postérité; peut-être un seul anneau changé dans la chaîne des peuples auroit-il altéré la face du monde ancien et moderne, si la fatalité qui règle les empires n'avoit décidé autrement de l'ordre des choses [a].

Hipparque insulté par Harmodius, jeune Athénien plein de courage, voulut s'en venger par un affront public qu'il fit souffrir à la sœur de ce dernier [1]. Harmodius, la rage dans le cœur, résolut, avec Aristogiton, son ami, d'arracher le jour aux tyrans de sa patrie [2]. Il ne s'en ouvrit qu'à quelques personnes fidèles, comptant, au moment de l'entreprise, sur les principes des uns, les passions des autres, ou du moins sur ce plaisir secret qu'éprouvent les hommes à voir souffrir ceux qu'ils ont crus heureux. Par amour de l'humanité, il faut se donner de garde de remarquer que le vice et la vertu conduisent souvent aux mêmes résultats [b].

Le jour de l'exécution étant fixé à la fête des Panathénées, les assassins se rendirent au lieu désigné. Hipparque tomba sous leurs coups, mais son frère leur échappa. Heureux cependant s'il eût partagé la même destinée ! Aristogiton, présenté à la torture, accusa faussement les plus chers amis d'Hippias [3], qui les livra sur-le-champ aux bourreaux. L'amitié offrit ce sacrifice, aussi ingénieux que terrible, aux mânes d'Harmodius massacré par les gardes du tyran.

Depuis ce moment, Hippias, désabusé du pouvoir des bienfaits sur les hommes, ne voulut plus devoir sa sûreté qu'à sa barbarie [4]. Athènes se remplit de proscriptions : les tour-

---

[1] HEROD., lib. I, cap. LXIV; ARIST., lib. V, de Rep., cap. XII.
[2] Id., ibid., Id., ibid.
[3] HEROD., lib. V, cap. LXII-XCVI.
[4] THUCYD., lib. VI, cap. LIV.
[5] ATHEN., lib XII, cap. VIII.

[a] Encore la *fatalité*, bientôt nous reverrons la religion : j'en étois au *que sais-je*? (N. ÉD.)
[1] THUCYD., lib. VI, cap. LVI.
[2] Id., ibid.; PLAT., in *Hipparch*., pag. 229.
[b] Cela est affreux et n'a pu être arraché qu'à la misanthropie d'un jeune homme qui se croit près de mourir, et qui n'a éprouvé que des malheurs sans avoir rien fait pour les mériter. De pareils traits sont bien autrement condamnables que les sottes impiétés de l'*Essai*, qui n'étoient après tout que le sot esprit de mon siècle. (N. ÉD.)
[3] SEN., *de Ira*, lib. II, cap. XXIII.
[4] THUCYD., lib. VI, cap. IIX.

ments les plus cruels furent mis en usage; et les femmes, comme de nos jours, s'y distinguèrent par leur constance héroïque [1]. Les citoyens, poursuivis par la mort, se hâtèrent de quitter en foule une patrie dévouée; mais, plus heureux que les émigrés françois, ils emportèrent avec eux leurs richesses [2], et conséquemment leur vertu [a]. C'est ainsi que nous avons vu en France les massacres se multiplier, et de nouvelles troupes de fugitifs joindre leurs infortunés compatriotes sur des terres étrangères, lorsque après le prétendu assassinat d'un des satellites de Robespierre, le monstre se crut obligé de redoubler de furie.

CHAPITRE XII.

Guerre des émigrés. Fin de la révolution républicaine en Grèce.

EPENDANT les bannis sollicitoient au dehors les puissances voisines de les rétablir dans leurs propriétés. Ils firent parler l'intérêt de la religion [3] et celui d'un peuple qu'ils représentoient opprimé par des tyrans. Les Lacédémoniens prirent enfin les armes en leur faveur [4]. D'abord repoussés par les Athéniens, un hasard leur donna ensuite la victoire; les enfants d'Hippias étant tombés entre leurs mains, celui-ci, père avant d'être roi, consentit pour les racheter à abdiquer sa puissance et à quitter en cinq jours l'Attique. Cette chute tire des larmes : on est fâché de voir un tyran finir par un trait dont bien peu d'honnêtes gens seroient capables.

On peut fixer à la retraite d'Hippias l'époque des beaux jours de la Grèce, et la fin de la révolution républicaine : car, quoiqu'il s'élevât encore quelques factieux à Athènes [1], de même qu'après une longue tempête il se forme encore des écumes sur la mer, ils s'évanouirent bientôt dans le calme. N'oublions pas cependant que les Lacédémoniens, qui, en s'armant pour les émigrés, n'avoient eu d'autres vues que de s'emparer de l'Attique, voyant leurs espérances déçues, voulurent rétablir sur le trône celui qu'ils en avoient chassé [2] : tant ces grands mots de justice générale et de philanthropie veulent dire peu de chose! La soif de la liberté et celle de la tyrannie ont été mêlées ensemble dans le cœur de l'homme par la main de la nature : indépendance pour soi seul, esclavage pour tous les autres, est la devise du genre humain [a].

La réinstallation du tyran d'Athènes, proposée par les Spartiates au conseil amphictyonique, en fut rejetée avec indignation. Le malheureux Hippias se retira alors à la cour du satrape Artapherne, où bientôt, en attirant les armes du grand roi contre sa patrie, il ne fit que consolider la république qu'il prétendoit renverser.

C'est un des premiers princes qui, descendu du rang des monarques à l'humble condition de particulier, traîna de contrée en contrée ses malheurs, à charge à la terre, ayant partout à dévorer l'insolence ou la pitié des hommes [b].

Ici finit, comme je l'ai remarqué plus haut, la révolution populaire en Grèce. Mais, avant de passer aux caractères généraux et à l'influence de cette révolution sur les autres nations, il est nécessaire de revenir à Sparte.

---

[1] THUCYD., lib. VI, cap LIX; PLIN., lib. VII, cap XXIII.
[2] HERODOT., lib. V.
[a] Terrible ironie. (N. Éd.)
[3] HEROD., lib. V.
[4] *Id., ibid.*

[1] HEROD., lib. V, cap LXVI.
[2] *Id., ibid.*
[a] Je ne voudrois pas avoir dit ici la vérité : j'espère que j'ai calomnié l'espèce humaine; du moins je sais qu'en réclamant l'indépendance pour moi, je la souhaite également aux autres. (N. Éd.)
[b] Si l'on retranchoit de cette histoire des Pisistratides quelques phrases relatives à la révolution françoise et à ses agents, elle ne seroit peut-être pas sans intérêt et sans vues : elle est grave et triste. (N. Éd.)

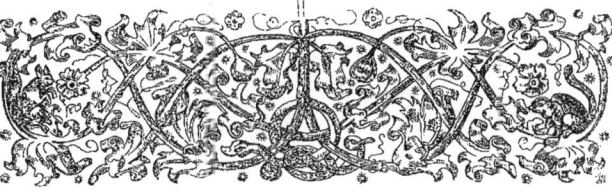

CHAPITRE XIII.

Sparte. Les Jacobins.

SPARTE se présente comme un phénomène au milieu du monde politique. Là nous trouvons la cause du gouvernement républicain, non dans les choses, mais dans le plus grand génie qui ait existé. La force intellectuelle d'un seul homme enfanta ces nouvelles institutions d'où est sorti un autre univers. Il n'entre pas dans mon plan de répéter ici ce que mille publicistes ont écrit de Lacédémone. Voici seulement quelques réflexions qui se lient à mon sujet.

Le bouleversement total que les François, et surtout les Jacobins, ont voulu opérer dans les mœurs de leur nation, en assassinant les propriétaires, transportant les fortunes, changeant les costumes, les usages et le Dieu même, n'a été qu'une imitation de ce que Lycurgue fit dans sa patrie. Mais ce qui fut possible chez un petit peuple encore tout près de la nature, et qu'on peut comparer à une pauvre et nombreuse famille, l'étoit-il dans un antique royaume de vingt-cinq millions d'habitants ? Dira-t-on que le législateur grec transforma des hommes plongés dans le vice en des citoyens vertueux, et qu'on eût pu réussir également en France ? Certes, les deux cas sont loin d'être les mêmes. Les Lacédémoniens avoient l'immoralité d'une nation qui existe sans formes civiles; immoralité qu'il faut plutôt appeler un désordre qu'une véritable corruption : une telle société, lorsqu'elle vient à se ranger sous une constitution, se métamorphose soudainement, parce qu'elle a toute la force primitive, toute la rudesse vigoureuse d'une matière qui n'a pas encore été mise sur le métier. Les François avoient l'incurable corruption des lois; ils étoient légalement immoraux, comme tous les anciens peuples soumis depuis longtemps à un gouvernement régulier. Alors la trame est usée, et lorsque vous venez à tendre la toile, elle se déchire de toutes parts.

Il y a plus, les grands changements que Lycurgue opéra à Lacédémone furent plutôt dans les règlements moraux et civils, que dans les choses politiques. Il institua les repas publics et les leschès [1], bannit l'or et les sciences [2], ordonna des réquisitions d'hommes et de propriétés [3], fit le partage des terres, établit la communauté des enfants [4], et presque celle des femmes [5]. Les Jacobins, le suivant pas à pas dans ces réformes violentes, prétendirent à leur tour anéantir le commerce, extirper les lettres [6], avoir des gymnases [7], des philities [8], des clubs; ils voulurent forcer la vierge, ou la jeune épouse, à recevoir malgré elle un époux [9]; ils

---

[1] PLUT., *in Lyc.*; PAUSANIAS, lib. III, cap. XIV, pag. 240. Cette institution, unique dans l'antiquité (si l'on en excepte cette société d'Athènes à laquelle Philippe envoyoit de l'or pour l'encourager dans son insouciance des affaires de la patrie), est l'origine de nos clubs modernes. Les réquisitions forcées d'esclaves, de chevaux, etc., sont aussi de Lycurgue. Il semble que cet homme extraordinaire n'ait rien ignoré de ce qui peut toucher les hommes, qu'il ait embrassé à la fois tous les genres d'institutions les plus capables d'agir sur le cœur humain, d'élever leur génie, de développer les facultés de leurs âmes, et de lâcher ou de tendre le ressort des passions. Plus on étudie les lois de Lycurgue, plus on est convaincu que depuis on n'a rien trouvé de nouveau en politique. Lycurgue et Newton ont été deux divinités dans l'espèce humaine. Par l'affreuse imitation des Jacobins, on a vu comment la vertu peut se tourner en vice dans des vases impurs : tant il est vrai encore que chaque âge, chaque nation a ses institutions qui lui sont propres, et que la constitution la plus sublime chez un peuple pourroit être exécrable chez un autre. Au reste, les leschès avoient toutes les qualités des clubs ; on s'y assembloit pour y parler de politique.

[2] PLUT., *in Lyc.*; ISOCR., *Panath.*, t. II.

[3] XENOPH., *de Rep. Laced.*, pag. 681.

[4] PLUT., *in Lyc.*

[5] *Id., ibid.*

[6] Le lecteur doit se rappeler les projets de Marat et de Robespierre, qui se trouvent dans tous les papiers et les brochures du temps. Sans doute il les sait tout aussi bien que moi, sans que je sois obligé de citer une foule de journaux et de feuilles publiques. Quant à ceux qui ne connoissent pas la révolution, tant pis ou tant mieux pour eux, mais qu'ils ne me lisent pas.

[7] Les écoles républicaines.

[8] Les repas publics de Sparte.

[9] Ceci est bien connu par les décrets proposés dans la Convention, pour obliger les femmes des émigrés, ou les jeunes filles au-dessous d'un certain âge, d'épouser ce qu'on appeloit des CITOYENS. Je raconterai à ce sujet ce que je tiens d'un témoin oculaire, dont je n'ai aucune raison de soupçonner la véracité. Dans le moment le plus violent de la persécution de Robes-

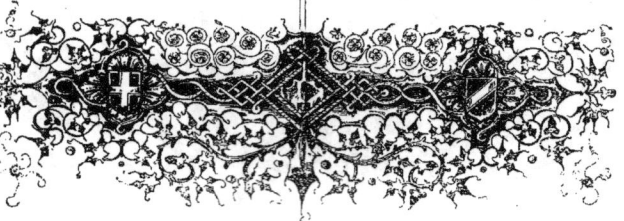

mirent surtout en usage les réquisitions, et se préparoient à promulguer les lois agraires.

Ici finit la ressemblance. Le sage Lacédémonien laissa à ses compatriotes leurs dieux, leurs rois et leurs assemblées du peuple[1], qu'ils possédoient de temps immémorial avec le reste de la Grèce. Il ne fit pas vibrer toutes les cordes du cœur humain en brisant à la fois imprudemment tous les préjugés; il sut respecter ce qui étoit respectable; il se donna de garde d'entreprendre son ouvrage au milieu des troubles, des guerres qui engendrent toutes les sortes d'immoralités. Il eut à surmonter de grandes difficultés sans doute : il fut même obligé d'employer une espèce de violence[2], mais il n'égorgea point les citoyens pour les convaincre de l'efficacité des lois nouvelles; il chérissoit ceux-là même qui poussoient la haine de ses innovations jusqu'à le frapper[3]. C'est peut-être ici un des plus curieux, de même qu'un des plus grands sujets commémorés dans les annales des nations. Qu'y a-t-il en effet de plus intéressant que de retrouver dans ce passage le plan original de cet étonnant édifice sur lequel les Jacobins ont calqué la fatale copie qu'ils viennent de nous en donner? Il mérite bien la peine qu'on s'y arrête pour en méditer les leçons. J'opposerai dans les chapitres suivants le tableau des réformations des Jacobins à celui de ces réformations de Lycurgue qui ont servi de modèle aux premières, et que j'ai brièvement exposées ci-dessus. Sans cette comparaison il seroit impossible de se former une idée juste des rapports et des différences des deux systèmes, considérés dans le génie, les temps, les lieux et les circonstances : ce sera alors au lecteur à prononcer sur les causes qui consolidèrent la révolution à Sparte, et sur celles qui pourront l'établir ou la renverser en France. Celui qui lit l'histoire ressemble à un homme voyageant dans le désert à travers ces bois fabuleux de l'antiquité qui prédisoient l'avenir[a].

CHAPITRE XIV.

Suite.

Quoique les Jacobins se soient indubitablement proposé Lycurgue pour modèle, ils sont cependant partis d'un principe totalement opposé. La grande base de leur doctrine étoit le fameux système de perfection[4] que je développerai

---

pierre, lorsque les sœurs et les épouses des émigrés étoient jetées dans des cachots en attendant la mort, on leur envoyoit des brigands, soldats dans l'armée intérieure, qui leur disoient : « Citoyennes, nous sommes fâchés de vous l'apprendre, votre sort est décidé : demain la guillotine ;… mais il y a un moyen de vous sauver, épousez-nous, etc. ; » et ils les accabloient des propos les plus grossiers. Si on considère que ces exécrables monstres étoient peut-être les hommes qui avoient assassiné les frères et les maris de ces infortunées, l'atrocité et l'immoralité d'insulter des femmes couchées sur la terre, sans pain, sans vêtements, et plongées dans toutes les douleurs de l'âme et du corps, on ne pourra s'empêcher de frémir à la pensée des crimes dont l'espèce humaine est capable.

[1] Plut., in Lyc.
[2] Id., ibid.
[3] Id., ibid.

" Sparte et les Jacobins ! Cependant ce premier chapitre peut, à la rigueur, se soutenir. Il est certain que les demi-lettrés qui furent les premiers chefs des Jacobins affectèrent des imitations de Rome et de Sparte, témoin les noms d'hommes et les diverses nomenclatures de choses qu'ils empruntèrent des Grecs et des Latins. Les chapitres qui suivent, et qui, sortant des comparaisons générales, entrent dans les rapprochements particuliers, tombent dans ces ressemblances déraisonnables que j'ai tant de fois critiquées dans ces notes; mais ils sont écrits avec une verve d'indignation, avec une jeunesse de haine contre le crime, qui doit faire pardonner ce qu'ils ont d'absurde dans le système de leur composition. Le style aussi me paroit s'élever dans ces chapitres, et il soutient la comparaison avec ce que j'ai fait de moins mal en politique et en histoire dans ces derniers temps de ma vie. Les personnes qui déterrèrent l'*Essai* pour me l'opposer ne l'avoient pas lu sans doute tout entier. Il est probable que ceux qui m'ont obligé de fournir contre moi au procès la pièce de conviction seront assez peu satisfaits de son contenu. (N. Éd.)

[4] Ce système (plus ou moins reçu par le reste des révolutionnaires, mais qui appartient particulièrement aux Jacobins), sur lequel toute notre révolution est suspendue, n'est presque point connu du public. Les initiés à ce grand mystère en dérobent religieusement la connoissance aux profanes. J'espère être le premier écrivain sur les affaires présentes qui aura démasqué l'idole. Je tiens le secret de la bouche même du célèbre

dans la suite, savoir que les hommes parviendront un jour à une pureté inconnue de gouvernement et de mœurs [a].

Le premier pas à faire vers le système étoit l'établissement d'une république. Les Jacobins, à qui on ne peut refuser l'affreuse louange d'avoir été conséquents dans leurs principes, avoient aperçu avec génie que le vice radical existoit dans les mœurs, et que dans l'état actuel de la nation françoise, l'inégalité des fortunes, les différences d'opinion, les sentiments religieux et mille autres obstacles, il étoit absurde de songer à une démocratie sans une révolution complète du côté de la morale [b]. Où trouver le talisman pour faire disparoître tant d'insurmontables difficultés? à Sparte. Quelles mœurs substituera-t-on aux anciennes? celles que Lycurgue mit à la place des antiques désordres de sa patrie. Le plan étoit donc tracé depuis long-temps, et il ne restoit plus aux Jacobins qu'à le suivre. Mais comment l'exécuter? Au moment de la promulgation de ses lois nouvelles la Laconie étoit dans une paix profonde. Il étoit aisé à Lycurgue, moitié de gré, moitié de force, de faire consentir les propriétaires d'un petit pays au partage des terres et à l'égalité des rangs; il étoit aisé d'ordonner des armées en masse et des réquisitions forcées pour des guerres à venir, quand tout étoit tranquille autour de soi; il étoit aisé de transformer une monarchie en un gouvernement populaire chez une nation qui possédoit déjà les principes de ce dernier. Quelle différence de temps, de circonstances, entre l'époque de la réforme lacédémonienne et celle où les Jacobins prétendoient l'introduire chez eux! Attaquée par l'Europe entière, déchirée par des guerres civiles, agitée de mille factions, ses places frontières ou prises ou assiégées, sans soldats, sans finances, hors un papier discrédité qui tomboit de jour en jour, le découragement dans tous les états, et la famine presque assurée; telle étoit la France, tel le tableau qu'elle présentoit à l'instant même qu'on méditoit de la livrer à une révolution générale. Il falloit remédier à cette complication de maux; il falloit établir à la fois par un miracle la république de Lycurgue chez un vieux peuple nourri sous une monarchie, immense dans sa population et corrompu dans ses mœurs; et sauver un grand pays sans armées, amolli dans la paix et expirant dans les convulsions politiques, de l'invasion de cinq cent mille hommes des meilleures troupes de l'Europe.

Ces forcenés seuls pouvoient en imaginer les moyens, et, ce qui est encore plus incroyable, parvenir en partie à les exécuter : moyens exécrables sans doute, mais, il faut l'avouer, d'une conception gigantesque. Ces esprits rarefiés au feu de l'enthousiasme républicain, et pour ainsi dire réduits, par leurs scrutins épuratoires [1], à la quintessence du crime, déployèrent à la fois une énergie dont il n'y a jamais eu d'exemple, et des forfaits que tous ceux de l'histoire mis ensemble pourroient à peine égaler.

Ils virent que, pour obtenir le résultat qu'ils se proposoient, les systèmes reçus de justice, les axiomes communs d'humanité, tout le cercle des principes adoptés par Lycurgue, ne pouvoient être utiles, et qu'il falloit parvenir au même but par un chemin différent. Attendre que la mort vînt saisir les grands propriétaires, ou que ceux-ci consentissent à se dépouiller, que les années déracinassent le fanatisme et

---

Chamfort, qui le laissa échapper devant moi un matin que j'étois allé le voir. Ce système de perfection a obtenu un grand crédit en Angleterre, parmi les membres de la SOCIÉTÉ CORRESPONDANTE. MM. T. et H. paroissent en avoir adopté les principes, de même que l'auteur du GENERAL JUSTICE, livre (quelle que soit d'ailleurs la différence entre mes opinions et celles de l'auteur) qui annonce des vues peu communes en politique. On trouvera tout ce qui a rapport à cet intéressant sujet dans la seconde partie du cinquième livre de cet *Essai*.

[a] Le système de perfection n'est faux que pour ce qui regarde les mœurs : il est vrai pour tout ce qui est relatif à l'intelligence.   (N. Éd.)

[b] Les Jacobins n'avoient point aperçu tout cela, et ils n'avoient point de génie : je leur prête des idées quand je ne devrois leur accorder que des crimes; mais les crimes ont quelquefois d'immenses résultats. Je mets aussi à tort sur le compte d'une poignée d'hommes sanguinaires ce qu'il faut attribuer à la nation : la défense de la patrie. Je fais trop d'honneur à des scélérats en les associant à une gloire qui suffit à peine pour noyer dans son éclat leur abominable souvenir.   (N. Éd.)

[1] On sait que les Jacobins expulsoient à certaines époques périodiques tous ceux de leurs membres soupçonnés de modérantisme ou d'humanité, et on appeloit cela un scrutin épuratoire.

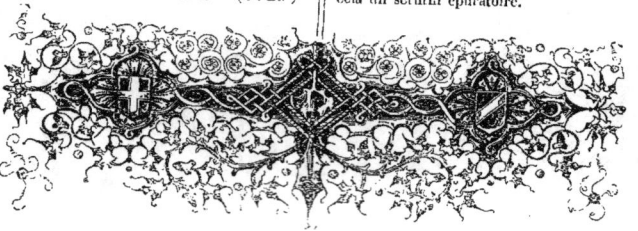

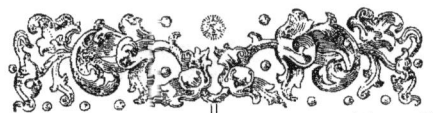

vinssent changer les costumes et les mœurs, que des recrues ordinaires fussent envoyées aux armées, attendre tout cela leur parut douteux et trop long; et, comme si l'établissement de la république et la défense de la France, pris séparément, eussent été trop peu pour leur génie, ils résolurent de tenter les deux à la fois.

Les gardes nationales étant achetées, des agents placés à leurs postes dans tous les coins de la république, le mot communiqué aux sociétés affiliées, les monstres se bouchant les oreilles, ou s'arrachant pour ainsi dire les entrailles de peur d'être attendris, donnèrent l'affreux signal qui devoit rappeler Sparte de ses ruines. Il retentit dans la France comme la trompette de l'ange exterminateur : les monuments des fils des hommes s'écroulèrent et les tombes s'ouvrirent.

CHAPITRE XV.

Suite.

Au même instant mille guillotines sanglantes s'élèvent à la fois dans toutes les cités et dans tous les villages de la France. Au bruit du canon et des tambours le citoyen est réveillé en sursaut au milieu de la nuit, et reçoit l'ordre de partir pour l'armée. Frappé comme de la foudre, il ne sait s'il veille : il hésite, il regarde autour de lui, il aperçoit les têtes pâles et les troncs hideux des malheureux qui n'avoient peut-être refusé de marcher à la première sommation que pour dire un dernier adieu à leur famille! Que fera-t-il? où sont les chefs auxquels il puisse se réunir pour éviter la réquisition[1]? Chacun pris séparément se voit privé de toute défense. D'un côté la mort assurée; de l'autre des troupes de volontaires qui, fuyant la famine, la persécution et l'intolérance de l'intérieur, vont chercher dans les armées, ivres de vin, de chansons[1] et de jeunesse, du pain et de la liberté. Ce citoyen, la guillotine sous les yeux, et ne trouvant qu'un seul asile, part le désespoir dans le cœur. Bientôt rendu aux frontières, la nécessité de défendre sa vie, le courage naturel aux François, l'inconstance et l'enthousiasme dont son caractère est susceptible, la paie considérable[a], la nourriture abondante, le tumulte, les dangers de la vie militaire, les femmes, le vin, et sa gaieté native, lui font oublier qu'il a été conduit là malgré lui; il devient un héros. Ainsi la persécution d'un côté et les récompenses de l'autre créent par enchantement des armées. Car une fois les premiers exemples faits et les réquisitions obéies, les hommes, par une pente imitative naturelle à leur cœur, s'empressent, quelles que soient leurs opinions, de marcher sur les traces des autres.

Voilà bien les rudiments d'une force militaire; mais il falloit l'organiser. Un comité, dont on a dit que les talents ne pouvoient être surpassés que par les crimes, s'occupe à lier ces corps déjoints. Et ne croyez pas que les tactiques anciennes des César et des Turenne soient recherchées : non. Tout doit être nouveau dans ce monde d'une ordonnance nouvelle. Il ne s'agit plus de sauver la vie d'un homme et de ne livrer bataille que quand la perte peut être au moins réciproque; l'art se réduit à un calcul de masse, de vitesse et de temps. Les armées se précipitent en nombre double ou triple pour les masses : les soldats et l'artillerie voyagent en poste de Nice à Lille, quant aux vitesses; et les temps sont toujours uns et généraux dans les attaques. On perdra dix mille hommes pour prendre ce bourg; on sera obligé de l'attaquer vingt fois[2] et vingt

---

[1] J'ai déjà dit que l'idée des réquisitions vient de Sparte. Tous les citoyens étoient obligés de servir depuis l'âge de vingt ans jusqu'à soixante. Dans le cas d'urgence, les rois et les éphores pouvoient mettre les chevaux, les esclaves, les chariots, etc., en réquisition. (Voyez Plutarque et Xénophon.)

[1] Les hymnes de Tyrtée à Sparte; ceux de Lebrun et de Chénier en France.

[a] La paie est de trop : souvent les soldats républicains étoient sans paie et sans vêtements. Les fortunes militaires n'ont commencé que sous l'empire. (N. Éd.)

[2] A Sparte, lorsqu'un premier combat avoit été désavantageux, le général étoit obligé d'en livrer un autre. (Xénophon, Hist. de la Grèce.)

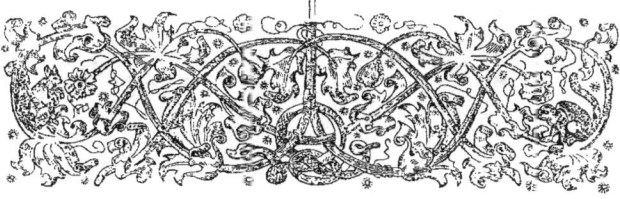

jours de suite; mais on le prendra. Quand le sang des hommes est compté pour rien, il est aisé de faire des conquêtes. Les déserteurs et les espions ne sont pas sûrs? c'est au milieu des airs que les ingénieurs vont étudier les parties foibles des armées, et assurer la victoire en dépit du secret et du génie. Le télégraphe fait voler les ordres, la terre cède son salpêtre, et la France vomit ses innombrables légions.

CHAPITRE XVI.

Suite.

ANDIS que les armées se composent; les prisons se remplissent de tous les propriétaires de la France. Ici, on les noie par milliers [1]; là, on ouvre les portes des cachots pleins de victimes, et l'on y décharge du canon à mitraille [2]. Le coutelas des guillotines tombe jour et nuit. Ces machines de destruction sont trop lentes au gré des bourreaux ; des artistes de mort en inventent qui peuvent trancher plusieurs têtes d'un seul coup [3]. Les places publiques inondées de sang deviennent impraticables; il faut changer le lieu des exécutions : en vain d'immenses carrières ont été ouvertes pour recevoir les cadavres, elles sont comblées; on demande à en creuser de nouvelles [4]. Vieillards de quatre-vingts ans, jeunes filles de seize, pères et mères, sœurs et frères, enfants, maris, épouses, meurent couverts du sang les uns des autres. Ainsi les Jacobins atteignent à la fois quatre fins principales vers l'établissement de leur république : ils détruisent l'inégalité des rangs, nivellent les fortunes, relèvent les finances par la confiscation des biens des condamnés, et s'attachent l'armée en la berçant de l'espoir de posséder un jour ces propriétés.

[1] A Nantes. (Voy. le *procès de Carrier*.)
[2] A Lyon.
[3] A Arras.
[4] Voyez les *Messages à la Convention*.

Cependant le peuple, qui n'est plus entretenu que de conspirations, d'invasion, de trahisons, effrayé de ses amis même et se croyant sur une mine toujours prête à sauter, tombe dans une terreur stupide. Les Jacobins l'avoient prévu [a]. Alors on lui demande son pain et il le donne, son vêtement et il s'en dépouille, sa vie et il la livre sans regret [1]. Il voit au même moment se fermer tous ses temples, ses ministres sacrifiés et son ancien culte banni sous peine de mort [2]. On lui apprend qu'il n'y a point de vengeance céleste [3], mais une guillotine ; tandis que par un jargon contradictoire et inexplicable, on lui dit d'adorer les vertus, pour lesquelles on institue des fêtes où de jeunes filles vêtues de blanc et couronnées de roses entretiennent sa curiosité imbécile, en chantant des hymnes en l'honneur des dieux [4]. Ce malheureux peuple, confondu, ne sait plus où il est, ni s'il existe. En vain il se cherche dans ses antiques usages, et il ne se retrouve plus. Il voit, dans un costume bizarre [5], une nation étrangère errer sur les places publiques. S'il demande ses jours de fêtes ou de devoirs accoutumés, d'autres appellations frappent son oreille. Le jour de repos a disparu. Il compte au moins que le retour fixe de l'année ramènera l'état naturel des choses, et apportera quelque soulagement à ses maux : espérances déçues! Comme s'il étoit condamné pour jamais à ce nouvel ordre de misère, des mois ignorés semblent lui dire que la révolution s'étend jusqu'au cours des astres; et dans cette terre de prodiges, il craint de s'égarer au milieu des

[a] Les Jacobins n'avoient rien prévu ; ils tuoient pour tuer. La révolution étoit un combat entre le passé et l'avenir : le champ de carnage étoit partout ; on ne songeoit qu'à triompher sans s'inquiéter de ce que l'on feroit après la victoire.   (N. Éd.)
[1] Réquisitions de Sparte.
[2] Pour y substituer le culte de la Grèce.
[3] L'athéisme de la Convention est bien connu.
[4] Imités de Lacédémone et de toute la Grèce. A Sparte, on plaçoit la statue de la Mort à côté de celle du Sommeil ; ce qui a pu inspirer aux Jacobins l'idée de l'inscription qu'ils vouloient graver sur les tombeaux : *La mort est l'éternel sommeil.* (Pausan., lib. III, cap. XVIII.)
[5] Le bonnet des hommes et la presque nudité des femmes sont encore originairement de Sparte, quoique j'en donnerai d'autres exemples. (Meurs., *Miscell. Lacon.*, lib. I, cap. XVII.)

rues de la capitale, dont il ne reconnoît plus les noms[1].

En même temps que tous ces changements dérangent la tête du peuple, les notions les plus étranges viennent bouleverser son cœur. La fidélité dans le secret, la constance dans l'amitié, l'amour de ses enfants, le respect pour la religion, toutes les choses que depuis son enfance il *souloit* tenir bonnes et vertueuses, ne sont, lui dit-on, que de vains noms dont les tyrans se servent pour enchaîner leurs esclaves. Un républicain ne doit avoir ni amour, ni fidélité, ni respect que pour la patrie[2]. Résolus d'altérer la nation jusque dans sa source, les Jacobins, sachant que l'éducation fait les hommes, obligent les citoyens à envoyer leurs enfants à des écoles militaires, où on va les abreuver de fiel et de haine contre tous les autres gouvernements. Là, préparés par les jeux de Lacédémone à la conquête du monde[3], on leur apprend à se dépouiller des plus doux sentiments de la nature pour des vertus de tigres, qui ne leur nourrissent que des cœurs d'airain.

Tel étoit, ballotté entre les mains puissantes de cette faction, ce peuple infortuné, transporté tout à coup dans un autre univers, étonné des cris des victimes et des acclamations de la victoire retentissant de toutes les frontières, lorsque Dieu, laissant tomber un regard sur la France, fit rentrer ces monstres dans le néant[4].

---

[1] Les changements des noms des rues, des mois, etc., sont trop connus pour avoir besoin de notes.

[2] Ici évidemment toute la morale de Lycurgue pervertie et pliée à leur vue. (PLUT., *in Lycurg.*)

[3] Les gymnases. On sait que le caractère dominant de Sparte étoit la haine des autres peuples et l'esprit d'ambition. « Où fixerez-vous vos frontières ? » disoit-on à Agésilas. « Au bout de nos piques, » répondoit-il. Les François diront : « A la pointe de nos baïonnettes. »

[4] J'ai vu rire de la minutie avec laquelle les François ont essayé de changer leur costume, leurs manières, leur langage; mais le dessein est vaste et inédit. Ceux qui savent l'influence qu'ont sur les hommes des mots en apparence frivoles, lorsqu'ils nous rappellent d'anciennes mœurs, des plaisirs ou des peines, sentiront la profondeur du projet.

Que si d'ailleurs on considère que ce sont les Jacobins qui ont donné à la France des armées nombreuses, braves et disciplinées; que ce sont eux qui ont trouvé moyen de les payer, d'approvisionner un grand pays sans ressources et entouré d'ennemis; que ce furent

CHAPITRE XVII.

Fin du sujet.

TELS furent les Jacobins. On a beaucoup parlé d'eux et peu de gens les ont connus. La plupart se jettent dans les déclamations, publient les crimes de cette société, sans vous apprendre le principe général qui en dirigeoit les vues. Il consistoit ce principe dans le système de perfection vers lequel le premier pas à faire étoit la restauration des lois de Lycurgue. Nous eux qui créèrent une marine comme par miracle, et conservèrent par intrigue et argent la neutralité de quelques puissances; que c'est sous leur règne que les grandes découvertes en histoire naturelle se sont faites, et les grands généraux se sont formés; qu'enfin ils avoient donné la vigueur à un corps épuisé, et organisé, pour ainsi dire, l'anarchie : il faut nécessairement convenir que ces monstres échappés de l'enfer en avoient apporté tous les talents.

Je n'ignore pas que, depuis leur chute, le parti régnant s'est efforcé de les représenter comme ineptes et ignorants; les *Campagnes de Pichegru*, dernièrement publiées à Paris, tendent à prouver qu'ils ne faisoient que détruire sans organiser. Ce livre, par sa modération, fait honneur à son auteur; mais je n'ai pas présenté des conjectures, j'ai rassemblé des faits. Au reste, on peut juger de la vigueur de ce parti par les secousses qu'il donne encore au gouvernement. Les Jacobins sont évidemment la seule faction républicaine qui ait existé en France : toutes celles qui l'ont précédée ou suivie (excepté les Brissotins) ne l'ont point été.

Après tout je n'ai pas la folie d'avancer que les Jacobins prétendissent ramener expressément le siècle de Lycurgue en France. La plupart ne surent même jamais qu'il eût existé un homme de ce nom. J'ai seulement voulu dire que les chefs de ce parti visoient à une réforme sévère, dont ils auroient sans doute après fait leur profit, et que Sparte leur en fournissoit un plan tout tracé. J'écris sans esprit de système[*]. Je ne cherche point de ressemblance où il n'y en a point, ni ne donne à de certains rapports des événements plus d'importance qu'ils n'en méritent. La foule des leçons devant moi est trop grande pour avoir besoin de recourir à des remarques frivoles. J'ai souvent regretté qu'un sujet si magnifique ne soit pas tombé en des mains plus habiles que les miennes.

---

[*] Tous les hommes qui ont embrassé un système ont la prétention de n'en pas avoir; je sentois si bien la foiblesse du mien que je le désavoue ici formellement. (N. ÉD.)

avons trop donné aux passions et aux circonstances. Un trait distinctif de notre révolution, c'est qu'il faut admettre la voie spéculative et les doctrines abstraites pour infiniment dans ses causes. Elle a été produite en partie par des gens de lettres qui, plus habitants de Rome et d'Athènes que de leur pays, ont cherché à ramener dans l'Europe les mœurs antiques[1]. Par cette légère esquisse, j'ai essayé de donner un fil aux écrivains qui viendront après moi. Que de choses me resteroient encore à dire! mais le temps, ma santé, ma manière, tout me précipite vers la fin de cet ouvrage.

[1] Que ceci soit dit sans prétendre insulter aux gens de lettres de France. La différence d'opinion ne m'empêchera jamais de respecter les talents. Quand il n'y auroit que les rapports que j'ai entretenus autrefois avec plusieurs de ces hommes célèbres, c'en seroit assez pour me commander la décence. Je me souviendrai toujours avec reconnoissance que quelques-uns d'entre eux, qui jouissent à juste titre d'une grande réputation, tels que M. De La Harpe, ont bien voulu, en des jours plus heureux, encourager les foibles essais d'un jeune homme qui n'avoit d'autre mérite qu'un peu de sensibilité. Le malheur rend injuste. Nous autres émigrés avons tort de déprécier la littérature de France. Outre l'auteur que je viens de nommer, on y compte encore Bernardin de Saint-Pierre, Marmontel, Fontanes, Parny, Lebrun, Ginguené, Flins, Lemierre, Collin d'Harleville, etc., etc. J'avoue que ce n'est pas sans émotion que je rappelle ici ces noms, dont la plupart reportent à ma mémoire d'anciennes liaisons et des temps de bonheur qui ne reviendront plus. Je remarque avec plaisir que MM. Fontanes, Lebrun et plusieurs autres, semblent avoir redoublé de talents en proportion des maux qui affligent leurs compatriotes. On diroit que ce seroit le sort de la poésie que de briller avec un nouvel éclat parmi les débris des empires, comme ces espèces de fleurs qui se plaisent à couvrir les ruines.

D'un autre côté, les gens de lettres restés en France ont mis trop d'aigreur dans leurs jugements des gens de lettres émigrés. Je n'ai pas le bonheur de connoître ceux-ci autant que les premiers; mais MM. Peltier, Rivarol, etc., occupent une place distinguée dans notre littérature. MM. d'Ivernois et Mallet-du-Pan ne sont pas à la vérité François; cependant comme ils écrivent dans cette langue, ainsi que le fit leur illustre compatriote Jean-Jacques, les émigrés peuvent s'honorer de leurs grands talents. La plupart des membres de l'Assemblée constituante, les Lally, les Mounier, les Montlosier, ont écrit d'une manière qui fait autant d'honneur à leur esprit qu'à leur cœur. Je voudrois qu'on fût juste; comment l'être avec des passions[*]?

[*] Je ne renie point les sentiments de bienveillance et de modération exprimés dans cette note : je réformerois seulement quelques jugements. N. ÉD.)

Ainsi, dès notre premier début dans la carrière, tout fourmille autour de nous de leçons et d'exemples. Déjà Athènes nous a montré nos factions dans le règne de Pisistrate et la catastrophe de ses fils; Sparte vient de nous offrir dans ses lois des origines étonnantes. Plus nous avancerons dans ce vaste sujet, plus il deviendra intéressant. Nous avons vu l'établissement des gouvernements populaires chez les Grecs; nous allons parler maintenant du génie comparé de ces peuples et des François, de l'état des lumières, de l'influence de la révolution républicaine sur la Grèce, sur les nations étrangères, enfin de la position politique et morale des mêmes nations à cette époque.

CHAPITRE XVIII.

Caractère des Athéniens et des François.

Quels peuples furent jamais plus aimables dans le monde ancien et moderne, que les nations brillantes de l'Attique et de la France? L'étranger, charmé à Paris et à Athènes, ne rencontre que des cœurs compatissants et des bouches toujours prêtes à lui sourire. Les légers habitants de ces deux capitales du goût et des beaux-arts semblent formés pour couler leurs jours au sein des plaisirs. C'est là qu'assis à des banquets[1] vous les entendrez se lancer de fines railleries[2], rire avec grâce de leurs maîtres[3]; parler à la fois de politique et d'amour, de l'existence de Dieu et du succès de la comédie nouvelle[4], et répandre profusément les bons mots et le sel attique, au bruit des chansons d'Anacréon et de Voltaire, au milieu des vins, des femmes et des fleurs[5].

[1] ÆSCHIN., in Ctes.; VOLT., Contes et Mél.
[2] PLUT., de Præcept. reip. ger.; Caract. de La Bruy.
[3] PLUT., in Pericl.; Satir. Ménipp.; Noëls de la Cour, etc.
[4] PLUT., Conviv.; XÉNOPH., Hist. de la Grèce; PLUT., Sept. Sapient. Conv.; J.-J., Confess. et N. Hél.
[5] ANACR., Od.; VOLT., Corresp. gén.

Mais où court tout ce peuple furieux? d'où viennent ces cris de rage dans les uns et de désespoir dans les autres? Quelles sont ces victimes égorgées sur l'autel des Euménides[1]? Quel cœur ces monstres à la bouche teinte de sang ont-ils dévoré[2]!... Ce n'est rien : ce sont ces épicuriens que vous avez vus danser à la fête[3], et qui, ce soir, assisteront tranquillement aux farces de Thespis[4], ou aux ballets de l'Opéra.

A la fois orateurs, peintres, architectes, sculpteurs, amateurs de l'existence[5], pleins de douceur et d'humanité[1], du commerce le plus enchanteur dans la vie[2], la nature a créé ces peuples pour sommeiller dans les délices de la société et de la paix. Tout à coup la trompette guerrière se fait entendre; soudain toute cette nation de femmes lève la tête. Se précipitant du milieu de leurs jeux, échappés aux voluptés et aux bras des courtisanes[3], voyez ces jeunes gens, sans tentes, sans lits, sans nourriture, s'avancer en riant[4] contre ces innombrables armées de vieux soldats, et les chasser devant eux comme des troupeaux de brebis obéissantes[5].

Les cours qui gouvernent sont pleines de

---

[1] THUCYD.
[2] M. de Belzunce et plusieurs autres. J'ai vu moi-même un de ces cannibales assez proprement vêtu, ayant pendu à sa boutonnière un morceau de cœur de l'infortuné Flesselles. Deux traits que j'ai entendu citer à un témoin oculaire méritent d'être connus pour effrayer les hommes. Ce citoyen passoit dans les rues de Paris dans les journées des 2 et 3 septembre; il vit une petite fille pleurant auprès d'un chariot plein de corps, où celui de son père, qui venoit d'être massacré, avoit été jeté. Un monstre, portant l'uniforme national, qui escortoit cette digne pompe des factions, passe aussitôt sa baïonnette dans la poitrine de cette enfant; et pour me servir de l'expression énergique du narrateur, *la place aussi tranquillement qu'on auroit fait d'une botte de paille* sur une pile de morts, à côté de son père.

Le second trait, peut-être encore plus horrible, développe le caractère de ce peuple à qui l'on prétend donner un gouvernement républicain. Le même citoyen rencontra d'autres tombereaux, je crois à la porte Saint-Martin; une troupe de femmes étoient montées parmi ces lambeaux de chair, et, *à cheval sur les cadavres des hommes* (je me sers encore des mots du rapporteur), cherchoient avec des rires affreux à assouvir la plus monstrueuse des lubricités. Les réflexions ne serviroient de rien ici. Je dirai seulement que le témoin de cette exécrable dépravation de la nature humaine est un ancien militaire, connu par ses lumières, son courage et son intégrité[*].

Hérodote raconte que les Grecs auxiliaires à la solde du roi d'Égypte contre Cambyse, ayant été trahis par leur général qui déserta à l'ennemi, saisirent ses enfants, les égorgèrent, et en burent le sang à la vue des deux armées. Je dirai dans la suite les raisons pour lesquelles je semble m'appesantir sur ces détails.

[3] THEOPHR., *Charact.*, cap. XV.
[4] Thespis est l'inventeur de la tragédie ; mais la grossièreté de ces premiers essais du drame peut être justement qualifiée de farce.
[5] On sait l'attachement des Grecs à la vie. Homère n'a point craint de la faire regretter à Achille même. Avant la révolution je ne connoissois point de peuple qui mourût plus gaiement sur le champ de bataille que

les François, ni de plus mauvaise grâce dans leur lit. La cause en étoit dans leur religion.

[1] PLUT., *in Pelop.*; *id.*, *in Demosth.*; Siècle de Louis XIV; DUCLOS. *Consid. sur les mœurs*.
[2] PLUT., *de Præcept. reip. ger.*; LAVATER, *Physion.*; SMOLL., *Voyage en France*.
[3] HEROD., lib. VIII, cap XXVIII; VOLT., *Henr.* et *Zaïre*.
[4] DIOD., lib. IX; VOLT., *Henr.* et *Zaïre*; *Mémoires du général Dumouriez*.
[5] HEROD., lib. IX, cap. LXX; *Mémoires du général Dumouriez*; *Campagnes de Pichegru*.

Léonidas, prêt à attaquer les Perses aux Thermopyles, disoit à ses soldats : « Nous souperons ce soir chez Pluton. » Et ils poussoient des cris de joie. Dans les dernières campagnes, un soldat françois, étant en sentinelle perdue, a l'avant-bras gauche emporté d'un coup de canon ; il continue de charger sous son moignon, criant aux Autrichiens, en prenant des cartouches dans sa giberne : « Citoyens, j'en ai encore. »

Voltaire a peint admirablement ce caractère des François :

> C'est ici que l'on dort sans lit,
> Que l'on prend ses repas par terre.
> Je vois, et j'entends l'atmosphère
> Qui s'embrase et qui retentit
> De cent décharges de tonnerre :
> Et dans ces horreurs de la guerre
> Le François chante, boit et rit.
> Bellone va réduire en cendres
> Les courtines de Philipsbourg,
> Par quatre-vingt mille Alexandres
> Payés à quatre sous par jour.
> Je les vois, prodiguant leur vie,
> Chercher ces combats meurtriers,
> Couverts de fange et de lauriers,
> Et pleins d'honneur et de folie.
> . . . .
> O nation brillante et vaine !
> Illustres fous ! peuple charmant,
> Que la gloire à son char entraîne,
> Il est beau d'affronter gaîment
> Le trépas et le prince Eugène !

Le prince Eugène étoit de moins dans cette guerre-ci.

---

[*] J'espère pourtant qu'il a été trompé. (N. ED.)

gaieté et de pompe[1]. Qu'importent leurs vices? Qu'ils dissipent leurs jours au milieu des orages, ceux-là qui aspirent à de plus hautes destinées ; pour nous, chantons[2], rions aujourd'hui. Passagers inconnus, embarqués sur le fleuve du temps, glissons sans bruit dans la vie. La meilleure constitution n'est pas la plus libre, mais celle qui nous laisse de plus doux loisirs[3]... O ciel! pourquoi tous ces citoyens condamnés à la ciguë ou à la guillotine? ces trônes déserts et ensanglantés[4]? ces troupes de bannis, fuyant sur tous les chemins de la patrie[5]? — Comment! ne savez-vous pas que ce sont des tyrans qui vouloient retenir un peuple fier et indépendant dans la servitude?

Inquiets et volages dans le bonheur, constants et invincibles dans l'adversité, nés pour tous les arts, civilisés jusqu'à l'excès durant le calme de l'état, grossiers et sauvages dans leurs troubles politiques, flottants comme un vaisseau sans lest au gré de leurs passions impétueuses, à présent dans les cieux, le moment d'après dans l'abîme, enthousiastes et du bien et du mal, faisant le premier sans en exiger de reconnoissance, le second sans en sentir de remords, ne se rappelant ni leurs crimes ni leurs vertus, amants pusillanimes de la vie durant la paix, prodigues de leurs jours dans les batailles, vains, railleurs, ambitieux, novateurs, méprisant tout ce qui n'est pas eux, individuellement les plus aimables des hommes, en corps les plus détestables de tous, charmants dans leur propre pays, insupportables chez l'étranger[6], tour à tour plus doux, plus innocents que la brebis qu'on égorge, et plus féroces que le tigre qui déchire les entrailles de sa victime : tels furent les Athéniens haine de la Grèce, la guerre du Péloponèse, et mille troubles; et c'est ce qui a valu aux seconds la même haine du reste de l'Europe, et les a fait chasser plus d'une fois de leurs conquêtes. Il est assez curieux de remarquer, sur les anciennes médailles d'Athènes, ce caractère général de la nation imprimé sur des fronts particuliers. On retrouve aussi le même trait parmi mes compatriotes. Il n'y a personne qui n'ait rencontré en France, dans la société, de ces hommes dont les yeux pétillent d'ironie, qui vous répondent à peine en souriant, et affectent les airs de la plus haute supériorité. Combien ils doivent paroître haïssables au modeste étranger qu'ils insultent ainsi de leurs regards! Ce qu'il y a de déplorable, c'est que ces mêmes hommes ne portent que trop souvent sur leur figure la marque indélébile de la médiocrité. Ils seroient bien punis s'ils se doutoient seulement de la pitié qu'ils vous font, ou s'ils pouvoient lire dans le fond de votre âme l'humiliant « Comme je te vois! comme je te mesure! »

L'art de la physionomie offre d'excellentes études à qui voudroit s'y livrer. Notre siècle raisonneur a trop dédaigné cette source inépuisable d'instructions. Toute l'antiquité a cru à la vérité de cette science, et Lavater l'a portée de nos jours à une perfection inconnue. La vérité est, que la plupart des hommes la rejettent parce qu'ils s'en trouveroient mal. Nous pourrions du moins porter son flambeau dans l'histoire. Je m'en suis servi souvent avec succès dans cette partie. Quelquefois aussi je me suis plu à descendre dans le cœur de mes contemporains. J'aime à aller m'asseoir, pour ces espèces d'observations, dans quelque coin obscur d'une promenade publique, d'où je considère furtivement les personnes qui passent autour de moi. Ici, sur un front à demi ridé, dans ces yeux couverts d'un nuage, sur cette bouche un peu entr'ouverte, je lis les chagrins cachés de cet homme qui essaie de sourire à la société; là, je vois sur la lèvre inférieure de cet autre, aux rides descendantes des narines, le mépris et la connoissance des hommes percer à travers le masque de la politesse; un troisième me montre les restes d'une sensibilité native étouffée à force d'avoir été déçue, et maintenant recouverte par une indifférence systématique. Dans la classe la plus basse du peuple on rencontre quelquefois des figures étonnantes. Il y a quelque temps qu'au bas du Hay-Market, vis-à-vis le café d'Orange, je m'arrêtai à écouter un de ces Allemands qui tournent des orgues à cylindre. Je n'eus pas plus tôt jeté les yeux sur cet étranger que je fus frappé de son air grand et énergique, en même temps que le vice se montroit de toutes parts sur sa physionomie. Il joua un air devant notre groupe, puis se détourna froidement, en nous jetant un regard du plus souverain mépris, comme s'il nous avoit dit : « Je vous connois, race d'hommes ; vous me prenez pour votre dupe, je n'attendois rien de vous. » Il est possible que ce malheureux fût né avec des qualités supérieures ; jeté par la destinée dans un rang au-dessous de son génie, il peut avoir souffert de longues infortunes, être devenu vicieux par misère ;

[1] ATHEN., lib. XII, cap. VI ; *Louis XIV, sa Cour et le Régent.*
[2] ANACR., Od.; *Vie privée de Louis XV et du duc de Richelieu.*
[3] ATHEN., lib. IV; HEROD., lib. I, cap. LXII; *Recueil de poésies, romans, etc.*
[4] PLAT., *in Hipparch.*; HEROD., lib. V; *Conspirations de L. P. d'Orléans et de Max. Robespierre.*
[5] HEROD., lib. V.
[6] Voyez tous les auteurs cités aux pages précédentes. Les seuls traits nouveaux que j'ai ajoutés ici sont ceux qui commencent au mot *vains* et finissent au mot *étranger*. Ce malheureux esprit de raillerie, et cette excellente opinion de nous-mêmes, qui nous font tourner les coutumes des autres nations en ridicule, en même temps que nous prétendons ramener tout à nos usages, ont été bien funestes aux Athéniens et aux François. Les premiers s'attirèrent, par ce défaut, la

d'autre fois, et tels sont les François d'aujourd'hui.

Au reste, loin de moi la pensée de chercher à diffamer le caractère des François. Chaque peuple a son vice national, et si mes compatriotes sont cruels, ils rachètent ce grand défaut par mille qualités estimables. Ils sont généreux, braves, pères indulgents, amis fidèles ; je leur donne d'autant plus volontiers ces éloges, qu'ils m'ont plus persécuté[a].

CHAPITRE XIX.

De l'état des lumières en Grèce au moment de la Révolution républicaine. Siècle de Lycurgue.

onsque je parlerai des lumières dans cet *Essai*, je ne m'attacherai principalement qu'à la partie morale et politique. Ce qui regarde les arts n'est pas, à proprement parler, de mon sujet : cependant j'en toucherai quelque chose, selon l'influence qu'ils auront eue sur les hommes dont j'écrirai alors l'histoire.

En commençant nos recherches au siècle de Lycurgue et les finissant à celui de Solon,

et la même vigueur d'âme qui l'auroit conduit aux premières vertus en a peut-être fait un scélérat :

<small>Some mute inglorious Milton here may rest.
Some village Hampden, etc.</small>

<small>Où seroient les Pichegru, les Jourdan, les Buonaparte, sans la révolution ? Mais je crains d'en avoir trop dit[1].</small>

<small>[a] J'ai transporté quelque chose de ce portrait des François dans le *Génie du Christianisme*, en parlant de la manière d'écrire l'histoire. Il y a dans tous ces chapitres des incorrections que les hommes qui savent leur langue apercevront, et qu'il m'a semblé inutile de relever : je n'en finirois pas. (N. ÉD.)</small>

<small>[1] Voici maintenant du Lavater et des promenades romanesques. Heureusement elles ne sont qu'en notes. Mais il est curieux de rencontrer le nom de Buonaparte jeté en passant, dans une note, avec ceux de quelques autres généraux. Tout émigré que j'étois, j'avois une admiration involontaire pour cette même gloire qui me fermoit les portes de ma patrie. (N. ÉD.)</small>

nous voyons d'abord paroître Homère et Hésiode. Je n'entretiendrai point le lecteur de ces deux fameux poëtes. Qui n'a lu l'*Iliade* et l'*Odyssée* ? qui ne connoît les *Travaux et les Jours*, la *Théogonie*, le *Bouclier d'Hercule* ? Homère a donné Virgile à l'antique Italie, et le Tasse à la nouvelle, le Camoëns au Portugal, Ercilla à l'Espagne, Milton à l'Angleterre, Voltaire à la France, Klopstock à l'Allemagne : il n'a pas besoin de mes éloges.

Pour nous, le côté intéressant des poëmes de ce sublime génie est leur action sur la liberté de la Grèce. Lycurgue les apporta à Sparte[1] et voulut que ses compatriotes y puisassent cet enthousiasme guerrier qui met les peuples à l'abri de la servitude étrangère. Solon fit des lois expresses en faveur de ce même Homère[2] qui, comme historien, ne s'offre pas sous des rapports moins précieux. Aux seuls Athéniens il donne le nom de peuple, aux Scythes l'appellation des plus justes des hommes[3], et souvent caractérise ainsi par un seul trait la politique et la morale de l'antiquité.

Les ouvrages d'Hésiode sont pleins des plus excellentes maximes. Le poëte ne voyoit pas les hommes sous des couleurs riantes. Il respire cette mélancolie antique qui semble être le partage des grands génies. On sait que Virgile a puisé dans les *Travaux et les Jours* l'idée de ses *Géorgiques*[4]. C'est de la belle description de l'âge d'or[5] qu'il a tiré ce morceau ravissant :

<small>O fortunatos nimium, sua si bona norint.
Agricolas!</small>

L'influence d'Hésiode sur son siècle dut être considérable, dans un temps où l'art d'écrire en prose étoit à peine connu. Ses poésies tendoient à ramener les hommes à la nature ; et la morale, revêtue du charme des vers, a toujours un effet certain.

Thalès de Crète, poëte et législateur, dont nous ne connoissons plus que le nom, fut le précurseur des lois à Lacédémone[6]. Il consen-

<small>[1] PLUT., *in Lyc.*
[2] LAERT., *in Solon.*
[3] *Il.*, lib. IV.
[4] *Georg.*, lib. II, v 176.
[5] HESIOD., *Oper. et Dies.*
[6] STRAB., lib. X, pag. 482.</small>

tit par amitié pour Lycurgue à se rendre à Sparte et à préparer, par la douceur de ses chants et la pureté de ses dogmes, les esprits à la révolution. Ces grands hommes savoient qu'il ne faut pas précipiter tout à coup les peuples dans les extrêmes, si l'on veut que les réformes soient durables. Il n'est point de révolution là où elle n'est pas opérée dans le cœur : on peut détourner un moment par force le cours des idées ; mais si la source dont elles découlent n'est changée, elles reprendront bientôt leur pente ordinaire [a].

Ainsi les philosophes de l'antiquité adoucissoient les traits de la sagesse en lui prêtant les grâces des muses. Parmi les modernes, les Anglois ont eu l'honneur d'avoir appliqué les premiers la poésie à des sujets utiles aux hommes. Quant à nous, nous avons été préparés aux bonnes mœurs par la *Pucelle* et d'autres ouvrages que je n'ose nommer [b].

CHAPITRE XX.

Siècles moyens.

E siècle qui suivit immédiatement celui de Lycurgue fournit les noms de quelques législateurs : mais leurs écrits ne nous sont pas parvenus.

Dans l'âge subséquent parut Tyrtée [1], dont les chants firent triompher l'injustice ; Archiloque, plein de crimes et de génie, qui donna le premier exemple d'un homme qui osa publier l'histoire intérieure de sa conscience à la face de l'univers [2] ; Hipponax [3], exhalant le fiel et la haine. L'esprit des temps perce à chaque vers de ces poëtes. La véhémence et l'enthousiasme dominent dans les passions qu'ils ont peintes. Ce fut le siècle de l'énergie, quoique ce ne fût pas celui de la plus grande liberté. La remarque n'est pas frivole : elle décèle cette fermentation qui devance et annonce le retour périodique des révolutions des peuples.

Dracon florissoit aussi à la même époque. Il avoit composé un ouvrage que J.-J. Rousseau nous a donné dans son sublime *Émile* [a]. C'étoit un traité de l'éducation [4], où prenant l'homme à sa naissance, il le conduisoit à travers les misères de la vie jusqu'à son tombeau. Le destin des deux révolutions grecque et françoise fut d'être précédées à peu près par les mêmes écrits.

Épiménide chercha, comme Fénelon, à ramener les hommes au bonheur par l'amour et le respect des dieux [5]. Si je ne craignois de mêler les petites choses aux grandes, je dirois encore qu'il a payé son tribut à notre révolution, en fournissant à M. Flins [b] le sujet de son ingénieuse comédie [6].

Malheureusement nous n'avons ici que des différences. Quelle comparaison pourrions-nous découvrir entre les livres d'un âge moral et ceux des temps du Régent et de Louis XV ?

---

[a] Observation fort juste ; et par la même raison, lorsqu'une révolution est opérée dans le *cœur*, c'est-à-dire dans les *mœurs* des hommes, rien ne peut empêcher ce fleuve de répandre ses eaux telles qu'elles sont à leur source.   (N. ÉD.)

[b] Cela est vrai ; aussi ne jouirons-nous pas de cette liberté, fille des mœurs, qui appartient à l'enfance des peuples ; mais nous pouvons avoir cette liberté, fille des lumières, qui naît dans l'âge mûr des nations. Quand j'écrivois l'*Essai*, je n'entendois encore bien que le système des républiques anciennes ; je n'avois pas fait assez d'attention à la découverte de la république représentative, qui, n'étant qu'une monarchie constitutionnelle sans roi, peut exister avec les arts, les richesses, et la civilisation la plus avancée. La monarchie constitutionnelle avec un monarque est, selon moi, très-préférable à cette monarchie sans monarque ; mais il faut savoir adopter franchement la première si l'on ne veut être entraîné dans la seconde.   (N. ÉD.)

[1] PLUT., *in Agid.*; HORAT., *in Art. poet.*
Pour offrir sous un seul point de vue au lecteur le tableau des lumières et de l'esprit des temps, j'ai renvoyé au siècle de Solon la citation des poëtes nommés dans ce chapitre.

[2] QUINTIL., lib. X, cap. 1; ÆLIAN., *Var. Hist.*, lib. X, cap. XIII.

[3] *Anthol.*, lib. III; HORAT., *Epod. VI.*

[a] Je parlerai plus loin de Rousseau et de son *sublime* Émile.   (N. ÉD.)

[4] ÆSCHIN., *in Timarc.*, pag. 261.

[5] STRAB., lib. X; LAERT., *in Epim.*

[b] Le nom de *Flins* est ici inattendu ; mais c'est un tribut qu'un jeune auteur payoit à une première liaison littéraire. J'avois beaucoup connu M. Flins, homme de mœurs douces, d'un esprit distingué, d'un talent agréable, et ami particulier de M. de Fontanes.   (N. ÉD.)

[6] *Réveil d'Épiménide.*

C'est en vain que nous nous abusons ; si malgré Condorcet et la troupe des philosophes modernes, nous jugeons du présent par le passé ; si un siècle renferme toujours l'histoire de celui qui le suit, je sais ce qui nous attend[a].

CHAPITRE XXI.

Siècle de Solon.

'EST ici l'époque d'une des plus grandes révolutions de l'esprit humain, de même qu'elle le fut d'un des plus grands changements en politique. Toutes les semences des sciences, fermentées depuis longtemps dans la Grèce, y éclatèrent à la fois. Les lumières ne parvinrent pas, comme de nos jours, au zénith de leur gloire; mais elles atteignirent cette hauteur médiocre, d'où elles éclairent les hommes sans les éblouir. Ils y voient alors assez pour tenir le chemin de la liberté, et non pas trop pour s'égarer dans les routes inconnues des systèmes. Ils ont cette juste quantité de connoissances qui nous montrent les principes, sans avoir cet excès de savoir qui nous porte à douter de leur vérité. La tragédie prit naissance sous Thespis[1], la comédie sous Susarion[2], la fable sous Ésope[3], l'histoire sous Cadmus[4], l'astronomie sous Thalès[5], la grammaire sous Simonide[6]. L'architecture fut perfectionnée par Memnon, Antimachide; la sculpture par une multitude de statuaires: mais surtout la philosophie et la politique prirent un essor inconnu. Une foule de publicistes et de législateurs parurent tout à coup dans la Grèce et donnèrent le signal d'une révolution générale. Ainsi les Locke, les Montesquieu, les J.-J. Rousseau, en se levant en Europe, appelèrent les peuples modernes à la liberté.

Jetons d'abord un coup d'œil sur les beaux-arts[1].

CHAPITRE XXII.

Poésie à Athènes. Anacréon, Voltaire, Simonide, Fontanes, Sapho, Parny, Alcée, Ésope, Nivernois, Solon, les deux Rousseau.

ISISTRATE, en usurpant l'autorité souveraine, avoit senti que, pour la conserver chez un peuple volage, il falloit l'amuser par des fêtes : on retient plus facilement les hommes avec des fleurs qu'avec des chaînes. Il remplit sa patrie des monuments du génie et des arts[2]. Ses fils, imitant son exemple, firent de leur cour le rendez-vous des beaux esprits de la Grèce[3]. La capitale de l'Attique retentissoit, comme celle de la France, du bruit des vers et des orgies. Écoutons le chantre octogénaire de Téos, et le vieillard de Ferney, au milieu des cercles brillants de Paris et d'Athènes :

« Que m'importent les vains discours de la rhétorique? Qu'ai-je besoin de tant de paroles inutiles? Apprenez-moi plutôt à boire du jus vermeil de Bacchus, à folâtrer avec l'amoureuse Vénus aux cheveux d'or. Garçon, couronne ma tête blanchie par les ans. Verse du vin pour assoupir mon âme. Bientôt tu me déposeras dans la tombe, et les morts n'ont plus de désirs[4]. »

Si vous voulez que j'aime encore,
Rendez-moi l'âge des amours
Au crépuscule de mes jours
Rejoignez, s'il se peut, l'aurore.

Des beaux lieux où le dieu du vin
Avec l'Amour tient son empire,

---
[a] Ce qui attendoit la république étoit le despotisme militaire, et je le prévoyois. (N. Éd.)
[1] HORAT., in Art. port.
[2] ARIST., de Poet., cap. IV.
[3] PHÆD., lib. I.
[4] SUID., in Cadm.
[5] HEROD., lib. I, cap. LXXIV.
[6] CICER., de Orat., lib. II, cap. LXXXVI.

[1] Je daterai désormais, jusqu'à la fin de cette révolution, du bannissement d'Hippias, olympiade 67.
[2] MEURS., in Pisistr., cap. IX.
[3] PLAT., in Hipparch.
[4] ANACR., Od. XXXVI.

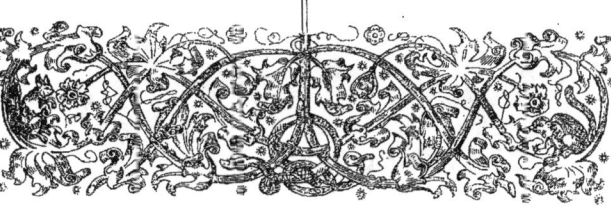

Le temps qui me prend par la main
M'avertit que je me retire.
De son inflexible rigueur
Tirons du moins quelque avantage :
Qui n'a pas l'esprit de son âge,
De son âge a tout le malheur.
....
Ainsi je déplorois la perte
Des plaisirs de mes premiers ans ;
....
Lorsque, du ciel daignant descendre,
L'amitié vint à mon secours :
Elle étoit peut-être aussi tendre,
Mais moins belle que les amours.

Touché de sa grâce nouvelle,
Et de sa lumière éclairé,
Je la suivis, mais je pleurai
De ne pouvoir plus suivre qu'elle [1].

Si ces deux petits chefs-d'œuvre du goût et des grâces prouvent que la bonne compagnie est partout une et la même, et qu'on s'exprimoit à la cour d'Hipparque comme à celle de Louis XV et de Louis XVI, ils montrent aussi qu'un peuple qui pense avec tant de délicatesse s'éloigne à grands pas de la simplicité primitive, et, par conséquent, approche des temps de révolutions [a]. Auprès d'Anacréon on voyoit briller Simonide, dont le cœur épanchoit sans cesse la plus douce philosophie : il excelloit à chanter les dieux. Mais lorsqu'il venoit à toucher sur sa lyre les notes plaintives de l'élégie, la tristesse et la volupté de ses accents [2] jetoient l'âme en un trouble inexprimable. Sa morale étoit vraie, quoiqu'elle tendît un peu à éteindre l'enthousiasme du grand. Il disoit que la vertu habite des rochers escarpés, où l'homme ne sauroit atteindre sans être entraîné dans l'abîme [3]; qu'il n'y a point de perfection [4], qu'il faut plaindre, et non censurer nos foiblesses; que nous ne vivons qu'un moment, mourons pour toujours, et que ce moment appartient aux plaisirs [5].

Si quelque chose peut nous donner une idée de ce mélange ineffable de religion et de mélancolie, répandu dans les vers du poëte de Céos, ce sont les fragments qu'on va lire. M. de Fontanes peut être appelé, avec justice, le Simonide françois. Tout mon regret est de ne pouvoir insérer le morceau dans son entier. Malheureusement le plan de cet *Essai* ne le permet pas.

Le poëme est intitulé *Jour des Morts*, et retrace une fête de l'église romaine, qui se célèbre le second jour de novembre de chaque année.

Déjà du haut des cieux le cruel Sagittaire
Avoit tendu son arc et ravageoit la terre :
Les coteaux et les champs, et les prés défleuris,
N'offroient de toutes parts que de vastes débris ;
Novembre avoit compté sa première journée.
Seul alors, et témoin du déclin de l'année,
Heureux de mon repos, je vivois dans les champs.
Eh ! quel poëte épris de leurs tableaux touchants,
Quel sensible mortel, des scènes de l'automne
N'a chéri quelquefois la beauté monotone ?
Oh ! comme avec plaisir la rêveuse douleur,
Le soir, foule à pas lents ces vallons sans couleur,
Cherche les bois jaunis, et se plaît au murmure
Du vent qui fait tomber la dernière verdure !
Ce bruit sourd a pour moi je ne sais quel attrait.
Tout à coup si j'entends s'agiter la forêt,
D'un ami qui n'est plus la voix longtemps chérie
Me semble murmurer dans la feuille flétrie.
Aussi c'est dans ces temps où tout marche au cercueil,
Que la religion prend un habit de deuil ;
Elle en est plus auguste, et sa grandeur divine
Croit encor à l'aspect de ce monde en ruine.

Ici se trouve la peinture du prêtre, pasteur vénérable, qui console le vieillard mourant et soulage le pauvre affligé. L'homme juste se rend ensuite au temple. Après un discours analogue à la cérémonie,

Il dit, et prépara l'auguste sacrifice.
Tantôt ses bras tendus montroient le ciel propice ;
Tantôt il adoroit, humblement incliné.
O moment solennel ! Ce peuple prosterné,
Ce temple dont la mousse a couvert les portiques,
Ses vieux murs, son jour sombre et ses vitraux gothiques,
Cette lampe d'airain qui, dans l'antiquité,

[1] VOLT. *Mélanges de poésie; Stances sur la vieillesse.*
[a] C'est voir beaucoup de grandes choses dans deux petits poëmes, que j'ai d'ailleurs raison d'appeler deux chefs-d'œuvre. (N. ÉD.)
[2] QUINTIL., lib. X, cap. I, pag. 631.
[3] PLAT., *in Protag.*
[4] *Id., ibid.*
[5] STOB., *Serm.* XCVI.
J'ai entre les mains quelques poésies de Simonide qui ne valent pas la peine d'être connues, ou n'ont aucun rapport avec mon sujet. J'apprends à l'instant qu'une traduction françoise de ce poëte vient d'arriver en Angleterre. J'ignore ce qu'elle contient, et si le traducteur a trouvé de nouveaux fragments.

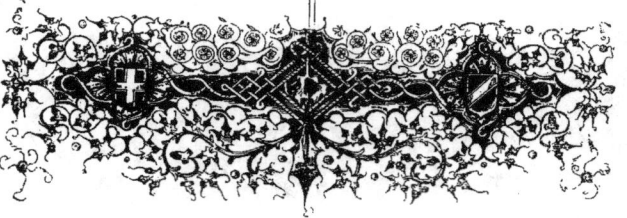

Symbole du soleil et de l'éternité,
Luit devant le Très-Haut, jour et nuit suspendue,
La majesté d'un Dieu parmi nous descendue,
Les pleurs, les vœux, l'encens, qui montent vers l'autel,
Et de jeunes beautés qui, sous l'œil maternel,
Adoucissent encor, par leur voix innocente,
De la religion la pompe attendrissante;
Cet orgue qui se tait, ce silence pieux,
L'invisible union de la terre et des cieux,
Tout enflamme, agrandit, émeut l'homme sensible ;
Il croit avoir franchi ce monde inaccessible
Où sur des harpes d'or l'immortel Séraphin,
Aux pieds de Jéhovah, chante l'hymne sans fin.
C'est alors que sans peine un Dieu se fait entendre :
Il se cache au savant, se révèle au cœur tendre ;
Il doit moins se prouver qu'il ne doit se sentir [1].

La foule, précédée de la croix, et mêlant ses chants sacrés au murmure lointain des tempêtes, marche vers l'asile des morts. Là, la veuve pleure un époux, la jeune fille un amant, la mère un fils à la mamelle. Trois fois l'assemblée fait le tour des tombes; trois fois l'eau lustrale est jetée. Alors le peuple saint se sépare, les brouillards de l'automne s'entr'ouvrent, et le soleil reparoît dans les cieux [2].

Simonide eut une destinée à peu près semblable à celle des poëtes françois de nos jours. Il vit les deux régimes à Athènes : la monarchie sous les Pisistratides, et la république après leur expulsion. Témoin des victoires des Grecs sur les Perses, il les célébra dans des hymnes triomphales. Comblé des faveurs d'Hipparque, il l'avoit chanté; et il loua sans mesure les assassins de ce prince [2]. Les monarques tombés doivent s'attendre à plus d'ingratitude que les autres hommes, parce qu'ils ont conféré plus de bienfaits [3].

Cependant Anacréon et Simonide n'étoient pas les seuls poëtes qui eussent acquis l'immortalité. Toute la Grèce répétoit alors les vers de cette Sapho, si célèbre par ses vices et son génie. Il étoit encore donné à notre siècle de nous rappeler l'immoralité des goûts de la dixième muse. Je veux croire que ces mœurs ne se rencontroient pas parmi nous dans les rangs élevés, où la calomnie qui s'attache au malheur s'est plu à les peindre. Sapho eut encore une influence plus directe sur son siècle, en inspirant aux Lesbiennes l'amour des lettres [1]. C'est ce qui fait naître les soupçons, que l'ode suivante n'est pas propre à dissiper.

A SON AMIE.

Heureux qui, près de toi, pour toi seule soupire,
Qui jouit du plaisir de t'entendre parler,
Qui te voit quelquefois doucement te lui sourire !
Les dieux, dans son bonheur, peuvent-ils l'égaler?

Je sens de veine en veine une subtile flamme
Courir par tout mon corps, sitôt que je te vois;
Et, dans les doux transports où s'égare mon âme,
Je ne saurois trouver de langue ni de voix.

Un nuage confus se répand sur ma vue,
Je n'entends plus, je tombe en ce douces langueurs ;
Et pâle, sans haleine, interdite, éperdue,
Un frisson me saisit, je tremble, je me meurs [2].

Opposons à ce fragment de la muse de Mitylène, un passage du seul poëte élégiaque que la France ait encore produit [3]. Les mœurs des peuples se peignent souvent aussi bien dans des sonnets d'amour que dans des livres de philosophie.

---

[1] *Journal de Peltier*, vol. III, n° XXI, page 273.
[2] C'est un grand bonheur pour moi de retrouver jusque dans mon premier ouvrage et la mémoire et le nom d'un homme qui devoit me devenir cher. (N. Éd.)
[3] Ælian., *Var. hist.*, lib. VIII, cap. II.
[4] Je déplorois, avec un bien bon ami, homme de toutes sortes de mérite, cette malheureuse flexibilité d'opinion qui a quelquefois obscurci les plus grandes qualités. Il me fit cette réflexion, qui prouve autant sa sensibilité que l'excellence de sa raison. « Ceux qui s'occupent de littérature, me dit-il, sont jugés trop rigoureusement du reste de la société. Nés avec une âme plus tendre, ils doivent être plus vivement affectés. De là la rapide changement de leurs idées, de leurs amours, de leurs haines, si surtout l'objet nouveau a quelque apparence de grandeur. D'ailleurs, la plupart sont pauvres, *et la première loi est de vivre*. » Encore une

fois, j'ai professé mon respect pour les gens de lettres. Si j'avois eu l'intention de faire quelque application particulière (ce qui est bien loin de ma pensée), je n'eusse pas choisi l'article de M. de Fontanes, qui, dans les courts instants où j'ai eu le bonheur de le connoître, m'a paru avoir un caractère aussi pur que ses talents.
[1] Suid., *in Sappho*.
[2] Despr. *traduct. de Longin*.
[3] Je ne parle ni du chevalier de Bertin, ni de M. Lebrun, les élégies de ce dernier poëte n'étant pas encore publiées lorsque je quittai la France [*]. Je ne sais si elles l'ont été depuis.

[*] Lebrun est mort, et ses *Élégies* ont été publiées par M. Ginguené. (N. Éd.)

DÉLIE.

Il est passé ce moment des plaisirs
Dont la vitesse a trompé mes désirs :
Il est passé ! Ma jeune et tendre amie,
Ta jouissance a doublé mon bonheur.
Ouvre tes yeux noyés dans la langueur,
Et qu'un baiser te rappelle à la vie.
....
Éléonore, amante fortunée,
Reste à jamais dans mes bras enchaînée.
....
Pardonne tout, et ne refuse rien,
Éléonore, Amour est mon complice.
Mon corps frissonne en s'approchant du tien.
Plus près encor, je sens avec délice
Ton sein brûlant palpiter sous le mien.
Ah ! laisse-moi, dans mes transports avides,
Boire l'amour sur tes lèvres humides.
Oui, ton haleine a coulé dans mon cœur,
Des voluptés elle y porte la flamme ;
Objet charmant de ma tendre fureur,
Dans ce baiser reçois toute mon âme [1].

Je laisse à décider au lecteur, qui, du Tibulle de la France, ou de l'amante de Phaon, a peint la passion avec plus d'ivresse. Les deux poëtes semblent avoir fait couler dans leurs vers la flamme de ces soleils sous lesquels ils prirent naissance [2].

Il eût été curieux de voir comment Alcée, chassé de Mitylène par une révolution, chantoit les malheurs de l'exil et de la tyrannie [3]. Malheureusement il ne nous reste rien de ce poëte.

Le fabuliste Ésope florissoit aussi dans cet âge célèbre. Passant un jour à Athènes et trouvant les citoyens impatients sous le joug de Pisistrate, il leur dit :

« Les grenouilles, s'ennuyant de leur liberté, demandèrent un roi à Jupiter. Celui-ci se moqua de leur folle prière. Elles redoublèrent d'importunité, et le maître de l'Olympe se vit contraint de céder à leurs clameurs. Il leur jeta donc une poutre qui fit trembler tout le marais dans sa chute. Les grenouilles, muettes de terreur, gardèrent d'abord un profond silence ; ensuite elles osèrent saluer le nouveau prince et s'approcher de lui toutes tremblantes. Bientôt elles passèrent de la crainte à la plus indécente familiarité. Elles sautèrent sur le monarque, insultant à son peu d'esprit et à sa vertu tranquille. Nouvelles demandes à Jupiter. Cette fois-ci il leur envoya une cigogne, qui, se promenant dans ses domaines, se mit à croquer tous ceux de ses sujets qui se présentèrent. Alors ce furent les plaintes les plus lamentables. Le souverain des dieux refusa de les entendre :... il voulut que les grenouilles gémissent sous un tyran, puisqu'elles n'avoient pu souffrir un bon roi [1]. »

Oh ! comme toute la vérité de cette fable tombe sur le cœur d'un François ! comme c'est là notre histoire !

Outre son immortel fabuliste, la France en compte un autre, qui a vu de près les malheurs de la révolution. M. de Nivernois n'a ni la simplicité d'Ésope, ni la naïveté de La Fontaine ; mais son style est plein de raison et d'élégance ; on y retrouve le vieillard et l'homme de bonne compagnie.

LE PAPILLON ET L'AMOUR.

FABLE.

Le papillon se plaignoit à l'Amour :
Voyez, lui disoit-il un jour :
Voyez quel caprice est le vôtre !
Si jamais le destin a fait
Deux êtres vraiment l'un pour l'autre,
C'est vous et moi : le rapport est complet
Entre nous deux ; même allure est la nôtre,
Convenez-en de bonne foi.
Qui devroit donc, si ce n'est moi,
Guider de votre char la course vagabonde ?
Mais vous prenez pour cet emploi
Le seul oiseau constant qui soit au monde.
Laissez le pigeon roucouler
Avec l'Hymen, et daignez m'atteler
A votre char ; et qu'au gré du caprice,
On nous voie ensemble voler ;
Car ainsi le veut la justice.
Ami, répond l'Amour, tu raisonnes fort bien ;
Je t'aime, et, je le sais, notre humeur se ressemble :
Mais gardons-nous de nous montrer ensemble ;
Alors nous ne ferions plus rien.
Le vrai bonheur n'est que dans la constance ;
Et mes pigeons l'annoncent aux mortels :
Je les séduis par l'apparence ;
Si je ne les trompois, je n'aurois plus d'autels [2] [3]

---

[1] OEuvres du chevalier de Parny, tome I, Poésies érot., liv. III, page 86.
[2] M. de Parny est né à l'île Bourbon.
[3] HORAT., lib. II, Od. XIII.

[1] ÉSOPE, Fab. XIX.
[2] Journal de Peltier, n° LXXIII.
[3] Ces vers ont une sorte d'élégance, mais il ne va-

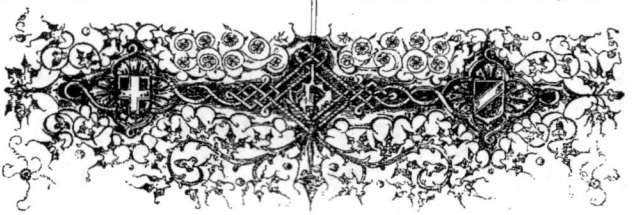

Il est temps de donner au lecteur une relique précieuse de littérature. Comme législateur, Solon [1] est connu du monde entier; comme poëte, il ne l'est que d'un petit nombre de gens de lettres. Il nous reste plusieurs fragments de ses élégies. Je vais les traduire ou les extraire, selon leur mérite ou leur médiocrité.

« Illustres filles de Mnémosyne et de Jupiter Olympien ! Muses habitantes du mont Piérus ! écoutez ma prière. Faites que les dieux immortels m'envoient le bonheur; que je possède l'estime de l'honnête homme. Pour mes amis toujours aimable et enjoué, que pour mes ennemis mon caractère soit triste et sévère : qu'aux uns je paroisse respectable; aux autres, terrible.

« Un peu d'or satisferoit mes désirs; mais je ne voudrois pas qu'il fût le prix de l'injustice : tôt ou tard elle est punie. Les richesses que les dieux dispensent sont durables; celles que les hommes amassent... les suivent, pour ainsi dire, à regret, et se perdent bientôt dans les malheurs... Le triomphe du crime s'évanouit : Dieu est la fin de tout.

« Semblable au vent qui trouble, jusque dans les profondeurs de l'abîme, les vastes ondes de la mer; au vent qui, après avoir ravagé les campagnes, s'élève tout à coup dans les cieux, séjour des immortels, et fait renaître une sérénité inattendue : le soleil, dans sa mâle beauté, sourit amoureusement à la terre virginale, et les nuages brisés se dissipent : telle est la vengeance de Jupiter...

« Toi qui caches le crime dans ton cœur, ne crois pas demeurer toujours inconnu. Immédiat ou suspendu, le châtiment marche à sa suite. Si la justice céleste ne peut t'atteindre, un jour viendra que tes enfants innocents porteront la peine des forfaits de leur père coupable. Hélas ! nous tant que nous sommes, vertueux ou méchants, notre propre opinion nous semble toujours la meilleure, jusqu'à ce qu'elle nous soit fatale. Alors nous nous plaignons des dieux parce que nous avions nourri de folles espérances ! »

. . . .

loient pas la peine d'être rappelés. Et à propos de quoi toutes ces citations de poëtes élégiaques, ce cours de littérature anacréontique? A propos de la révolution françoise. (N. Éd.)

[1] J'aurois dû avertir plus tôt que l'ordre des dates n'a pas été strictement suivi dans ce chapitre. La succession naturelle des poëtes étoit : Alcée, Sapho, Ésope, Solon, Anacréon, Simonide. Des convenances de style m'ont obligé à faire ce léger changement qui, au reste, doit être indifférent au lecteur.

Le poëte continue à peindre l'imbécillité humaine : le malade incurable croit guérir, le pauvre attend des richesses; les uns s'exposent sur les flots, d'autres déchirent le sein de la terre, etc.

« La destinée dispense et les biens et les maux; nous ne pouvons nous soustraire à ce qu'elle nous réserve. Il y a du danger dans les meilleures actions. Souvent les projets du sage échouent, et ceux de l'insensé réussissent. »

. . . .

Le passage suivant est extrêmement intéressant, en ce qu'il peint l'état moral d'Athènes au moment de sa révolution.

« La ville de Minerve ne périra jamais par l'ordre des destinées; mais elle sera renversée par ses propres citoyens. Peuple et chefs insensés, qui ne pouvez ni rassasier vos désirs ni jouir en paix de vos richesses, méritez vos malheurs à force de crimes !... Sans respect pour le droit sacré des propriétés, ou pour les trésors publics, chacun s'empresse de spolier le bien de l'état, insouciant des saintes lois de la justice. Celle-ci, cependant, dans le silence, compte les événements passés, observe le présent, et arrive à l'heure marquée pour la punition du crime. Voilà la première cause des maux de l'état : c'est là ce qui le fait tomber dans l'esclavage; ce qui allume le feu de la sédition et réveille la guerre qui dévore la jeunesse. Hélas ! la chère patrie est soudain accablée d'ennemis; des batailles, sources de pleurs, se livrent et sont perdues; le peuple indigent est vendu dans la terre de l'étranger, et indignement chargé de fers. »

. . . .

Solon finit par exhorter ses concitoyens à changer de mœurs, et recommande surtout la justice : « Cette mère des bonnes actions, qui tempère les choses violentes, prévient l'exaltation, corrige les lois, réprime l'enthousiasme, et retient le torrent de la sédition dans des bornes [1]. »

Ces élégies politiques (qu'on me passe l'expression) sont accompagnées de quelques autres pièces de poésie d'une teinte différente. Le morceau sur l'homme, rapproché des stan-

[1] *Poet. minor. Græc.*, pag 427.

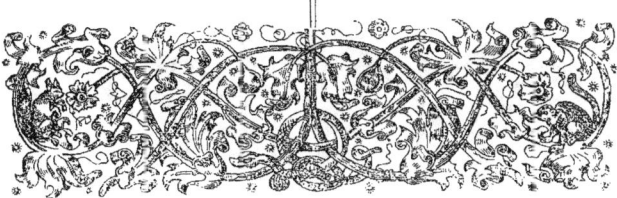

ces de Jean-Baptiste Rousseau, offrira une comparaison piquante.

Jupiter donne les dents à l'homme dans les sept premières années de sa vie. Avant qu'il ait parcouru sept autres années il annonce sa virilité. Durant la période suivante, ses membres se développent et un duvet changeant ombrage son menton. La quatrième époque le voit dans toute sa vigueur et fait éclater son courage. La cinquième l'engage à solenniser la pompe nuptiale et à se créer une postérité. Dans la sixième, son génie se plie à tout et ne se refuse qu'aux ouvrages grossiers du manœuvre. Dans la septième, il acquiert le plus haut degré de sagesse et d'éloquence. La huitième y ajoute la pratique des hommes. A la neuvième commence son déclin. Que si quelqu'un parcourt les sept derniers ans de sa carrière, qu'il reçoive la mort sans l'accuser de l'avoir surpris [1].

ODE SUR L'HOMME.

Que l'homme est bien pendant sa vie
Un parfait miroir de douleurs !
Dès qu'il respire, il pleure, il crie,
Et semble prévoir ses malheurs.

Dans l'enfance, toujours des pleurs :
Un pédant, porteur de tristesse,
Des livres de toutes couleurs,
Des châtiments de toute espèce.

L'ardente et fougueuse jeunesse
Le met encore en pire état :
Des créanciers, une maîtresse,
Le tourmentent comme un forçat.

Dans l'âge mûr, autre combat :
L'ambition le sollicite ;
Richesses, honneurs, faux éclat,
Soin de famille, tout l'agite.

Vieux, on le méprise, on l'évite,
Mauvaise humeur, infirmité,
Toux, gravelle, goutte et pituite,
Assiègent sa caducité.

Pour comble de calamité,
Un directeur s'en rend le maître.
Il meurt enfin peu regretté.
C'étoit bien la peine de naître [2] !

[1] *Poet. minor. Græc.*, pag. 451.
[2] J.-B. Rousseau, tome I, *Od.*, liv. I.
Si je cite quelquefois des morceaux qui semblent trop connus, on doit se rappeler qu'il s'agit moins de poésies nouvelles que de saisir ce qui peut mener à la comparaison des temps, et jeter du jour sur la révolution : que, par ailleurs, j'écris dans un pays étranger.

Solon et Jean-Baptiste n'ont pas dû représenter le même homme : ils se servoient de différents modèles. L'un travailloit sur le beau antique ; l'autre, d'après les formes gothiques de son siècle. Leurs pinceaux se sont remplis de leurs souvenirs.

Il me reste une chose pénible à dire. Le sévère auteur des lois contre les mauvaises mœurs, le restaurateur de la vertu dans sa patrie, Solon enfin, avoit pollué la sainteté du législateur par la licence de sa muse. Le temps a dévoré ces écrits, mais la mémoire s'en est conservée avec soin. Quelques lignes, qui, bien qu'innocentes, décèlent le goût des plaisirs, ont été avidement recueillies.

« Pour toi, commande longtemps dans ces lieux.

Mais que Vénus, au sein parfumé de violettes, me fasse monter sur un vaisseau léger et me renvoie de cette île célèbre. Qu'en faveur du culte que je lui ai rendu elle m'accorde un prompt retour dans ma patrie.

« Les présents de Vénus et de Bacchus me sont chers, de même que ceux des muses qui inspirent d'aimables folies [a]. »

C'est ainsi que l'auteur du *Contrat Social* et de l'*Émile* a pu écrire :

« O mourons, ma douce amie ! mourons, la bien-aimée de mon cœur ! Que faire désormais d'une jeunesse insipide dont nous avons épuisé toutes les délices ?

. . . .

Non, ce ne sont point ces transports que je regrette le plus. . . . .

[1] *Poet. minor. Græc.*, pag. 451-53.
[a] Ces fragments des poésies de Solon bien qu'ils soient assurément très-étrangers à la matière, ont un certain intérêt. Cette imbécile opinion moderne, née de l'envie pour consoler la médiocrité, que les talents littéraires sont séparés des talents politiques, se trouve encore repoussée par l'exemple de Solon. Le poëte n'a rien ôté au grand législateur, pas plus qu'il n'a ôté à Xénophon la science politique, à Cicéron l'éloquence, à César la vertu guerrière Qui fut plus homme de lettres que le cardinal de Richelieu ? L'auteur de l'*Esprit des Lois* est aussi l'auteur du *Temple de Gnide* ; le grand Frédéric employoit plus de temps à faire des vers qu'à gagner des batailles, et le principal ministre d'Angleterre aujourd'hui, M. Canning, est un poëte. (N. Éd.)

Rends-moi cette étroite union des âmes que tu m'avois annoncée, et que tu m'as si bien fait goûter; rends-moi cet abattement si doux, rempli par les effusions de nos cœurs; rends-moi ce sommeil enchanteur trouvé sur ton sein; rends-moi ce réveil plus délicieux encore, et ces soupirs entrecoupés, et ces douces larmes, et ces baisers qu'une voluptueuse langueur nous faisoit lentement savourer, et ces gémissements si tendres durant lesquels tu pressois sur ton cœur ce cœur fait pour s'unir à lui [1]! »

Bon jeune homme, qui lis ceci, et dont les yeux brillent de larmes à cet exemple de la fragilité humaine, cultive cette précieuse sensibilité, la marque la plus certaine du génie. Pour toi, homme parfait, que je vois dédaigneusement sourire, descends dans ton intérieur, applaudis-toi seul, si tu peux, de ta supériorité : je ne veux de toi ni pour ami, ni pour lecteur [2].

CHAPITRE XXIII.

Poésie à Sparte. Premier chant de Tyrtée; Lebrun. Second chant de Tyrtée; Hymne des Marseillois. Chœur spartiate; Strophe des Enfants. Chanson en l'honneur d'Harmodius; Épitaphe de Marat.

ANDIS que Pisistrate et ses fils cherchoient, par les beaux-arts, à corrompre les Athéniens, pour les asservir, les mêmes talents servoient à maintenir les mœurs de Lacédémone. C'est ainsi que le vice et la vertu savent faire un différent usage des présents du ciel.

Les vers de Tyrtée, qui commandoient autrefois la victoire, étoient encore redits par les Spartiates. Ils méritent toute la réputation dont ils jouissent. Rien de plus beau, de plus noble, que les fragments qui nous en restent. Je m'empresse de les donner au lecteur.

PREMIER CHANT GUERRIER.

« Celui-là est peu propre à la guerre qui ne peut d'un œil serein voir le sang couler, et ne brûle d'approcher l'ennemi. La vertu guerrière reçoit la couronne la plus éclatante; c'est celle qui illustre un héros. Vraiment utile à son pays est le jeune homme qui s'avance fièrement au premier rang, y reste sans s'étonner, bannit toute idée d'une fuite honteuse, se précipite au-devant du danger, et, prêt à mourir, fait face à l'ennemi le plus proche de lui : vraiment excellent, vraiment utile est ce jeune homme. Les phalanges redoutables s'évanouissent devant lui : il détermine par sa valeur le torrent de la victoire. Mais si, le bouclier percé de mille traits, si, la poitrine couverte de mille blessures, il tombe sur le champ de bataille, quel honneur pour sa patrie! ses concitoyens! son père! Jeunes et vieux, tous le pleurent. Il emporte avec lui l'amour d'un peuple entier. Sa tombe, ses enfants, sa postérité même la plus reculée, attirent le respect des hommes. Non, il ne meurt point, le héros sacrifié à la patrie : il est immortel [1]!.....

Ce morceau est sublime. Il n'y a là ni fausse chaleur, ni torture de mots, ni toute cette enflure moderne dont Voltaire commençoit déjà à se plaindre [2], et que les La Harpe, et après lui plusieurs littérateurs distingués [3], cherchèrent en vain à contenir. Les François ont aussi célébré leurs combats. Voici comment M. Lebrun a chanté les victoires de la république.

CHANT DU BANQUET RÉPUBLICAIN.

POUR LA FÊTE DE LA VICTOIRE.

O jour d'éternelle mémoire,
Embellis-toi de nos lauriers!
Siècles! vous aurez peine à croire
Les prodiges de nos guerriers.

---

[1] *Nouv. Hél.*, tome II, 1re partie, page 117.
[2] Ne croiroit-on pas lire une de ces apostrophes grotesques que Diderot introduisit dans l'*Histoire des deux Indes*, sous le nom de l'abbé Raynal? « O rivage d'Adjinga, tu n'es rien! mais tu as donné naissance à Élisa, etc. »

[1] *Poet. minor. Græc.*, pag. 434.
[2] VOLTAIRE, *Lettres à l'abbé d'Olivet, sur sa Prosodie*.
[3] MM. Flins et Fontanes, dans le *Modérateur*; M. Ginguené, dans le *Moniteur*; et maintenant les rédacteurs de plusieurs feuilles périodiques qui paroissent rédigées avec élégance et pureté.

L'ennemi disparu fuit ou boit l'onde noire.
Sous des lauriers que Bacchus a d'attraits !
Environs, mes amis, la coupe de la gloire
D'un nectar pétillant et frais :
Buvons, buvons à la Victoire,
Fidèle amante du François.
Buvons, buvons à la Victoire.

Liberté, préside à nos fêtes,
Jouis de nos brillants exploits.
Les Alpes ont courbé leurs têtes,
Et n'ont pu défendre les rois :
L'Éridan conte aux mers nos rapides conquêtes.
Sous des lauriers que Bacchus a d'attraits ! etc.

L'Adda, sur ses gouffres avides,
Offre un pont de foudres armé :
Mars s'étonne ! Mais nos Alcides
Dévorent l'obstacle enflammé.
La Victoire a pâli pour ces cœurs intrépides.
Sous des lauriers que Bacchus a d'attraits ! etc.

Tout cède au bras d'un peuple libre,
Les rochers, les torrents, le sort :
De ces coups dont gémit le Tibre,
Le Sud épouvante le Nord ;
Des balances de Pitt nous rompons l'équilibre.
Sous des lauriers que Bacchus a d'attraits ! etc.

Sa gaîté, fille du courage,
Par un sourire belliqueux,
Déconcerte la sombre rage
De l'Anglois morne et ténébreux ;
Le François chante encore en volant au carnage.
Sous des lauriers que Bacchus a d'attraits ! etc.

Rival de la flamme et d'Éole,
Le François triomphe en courant :
Pareil à la foudre qui vole,
Il renverse l'aigle expirant ;
Le despote sacré tombe du Capitole.
Sous des lauriers que Bacchus a d'attraits ! etc.

. . . .

Sous la main de nos Praxitèles,
Respirez, marbres de Paros !
Muses, vos lyres immortelles
Nous doivent l'hymne des héros :
Il faut de nouveaux chants pour des palmes nouvelles.
Sous des lauriers que Bacchus a d'attraits ! etc. [1] [2].

Dans le second chant de Tyrtée qu'on va lire, ce poëte a déployé toutes les ressources de son génie. A la fois pathétique et élevé, son vers gémit avec la patrie, ou brûle de tous les feux de la guerre. Pour exciter le jeune héros à la défense de son pays, il appelle toutes les passions, touche toutes les cordes du cœur. Ce fut sans doute un pareil chant qui ramena une troisième fois à la charge les Lacédémoniens vaincus, et leur fit conquérir la victoire, en dépit de la destinée.

SECOND CHANT GUERRIER.

« Qu'il est beau de tomber au premier rang en combattant pour la patrie ! Il n'est point de calamité pareille à celle du citoyen forcé d'abandonner son pays. Loin des doux lieux qui l'ont vu naître, avec une mère chérie, un père accablé sous le poids des ans, une jeune épouse et de petits enfants entre ses bras, il erre en mendiant un pain amer dans la terre de l'étranger. Objet du mépris des hommes, une odieuse pauvreté le ronge. Son nom s'avilit ; ses formes, jadis si belles, s'altèrent ; une anxiété intolérable, un mal intérieur s'attache à sa poitrine. Bientôt il perd toute pudeur, et son front ne sait plus rougir. Ah ! mourons s'il le faut pour notre terre natale, pour notre famille, pour la liberté ! Héros de Sparte, combattons étroitement serrés. Qu'aucun de vous ne se livre ni à la crainte ou à la fuite. Prodigues de vos jours, dans une fureur généreuse précipitez-vous sur l'ennemi. Gardez-vous d'abandonner ces vieillards, ces vétérans, dont l'âge a roidi les genoux. Quelle honte si le père périssoit plus avant que le fils dans la mêlée, de le voir, avec sa tête chenue, sa barbe blanche, se débattant dans la poussière, et lorsque l'ennemi le dépouille, couvrir encore de ses foibles mains sa nudité sanglante ! Ce vieillard est en tout semblable aux jeunes guerriers ; il brille des fleurs de l'adolescence. Vivant, il est adoré des femmes et des hommes ; mort, on lui décerne une couronne. O Spartiates ! marchons donc à l'ennemi. Marchons le pas assuré, chaque héros ferme à son poste et se mordant les lèvres [1]. »

L'hymne des Marseillois [2] n'est pas vide de

---

[1] PELT., *Journ.*, n° LX, page 484.
[2] Ce chant est véritablement un lieu commun. Sa médiocrité est d'autant plus frappante, qu'il est placé entre deux admirables chants de Tyrtée. (N. ÉD.)

[1] *Poet. minor. Græc*, pag. 441.
[2] Je crois que l'auteur de cet hymne s'appelle M. de Lisle. Ce n'est pas le traducteur des *Géorgiques*.

* On voit par cette note combien les choses les plus connues en France étoient ignorées en Angleterre pendant les guerres de la révolution. Ce n'est pas la poésie, c'est la musique qui fera vivre l'hymne révolutionnaire. Pour couronner tant de parallèles extravagants, il ne restoit plus qu'à comparer le chant en l'honneur des libérateurs de la Grèce à l'épitaphe de Marat. (N. ÉD.)

tout mérite. Le lyrique a eu le grand talent d'y mettre de l'enthousiasme sans paroître ampoulé. D'ailleurs cette ode républicaine vivra, parce qu'elle fait époque dans notre révolution. Enfin elle mena tant de fois les François à la victoire, qu'on ne sauroit mieux la placer qu'auprès des chants du poëte qui fit triompher Lacédémone. Nous en tirerons cette leçon affligeante : que, dans tous les âges, les hommes ont été des machines qu'on a fait s'égorger avec des mots.

HYMNE DES MARSEILLOIS.

Allons, enfants de la patrie,
Le jour de gloire est arrivé.
Contre nous de la tyrannie
L'étendard sanglant est levé.
Entendez-vous dans les campagnes
Mugir ces féroces soldats?
Ils viennent jusque dans nos bras
Égorger nos fils, nos compagnes.

Aux armes, citoyens! formez vos bataillons.
Marchez, qu'un sang impur abreuve nos sillons!

CHOEUR.

Marchons, qu'un sang impur abreuve nos sillons!

Que veut cette horde d'esclaves,
De traîtres, de rois conjurés?
Pour qui ces ignobles entraves,
Ces fers dès longtemps préparés?
François, pour nous, ah, quel outrage!
Quels transports il doit exciter!
C'est nous qu'on ose méditer
De rendre à l'antique esclavage!

Aux armes, citoyens! etc.

Quoi! des cohortes étrangères
Feroient la loi dans nos foyers!
Quoi! ces phalanges mercenaires
Terrasseroient nos fiers guerriers!
Grand Dieu! par des mains enchaînées
Nos fronts sous le joug se ploieroient!
De vils despotes deviendroient
Les maîtres de nos destinées!

Aux armes, citoyens! etc.

Tremblez, tyrans, et vous, perfides,
L'opprobre de tous les partis!
Tremblez! vos projets parricides
Vont enfin recevoir leur prix.
Tout est soldat pour vous combattre.

S'ils tombent nos jeunes héros,
La terre en produit de nouveaux,
Contre vous tout prêts à se battre.

Aux armes, citoyens! etc.

. . . .

Amour sacré de la patrie,
Conduis, soutiens nos bras vengeurs.
Liberté! Liberté chérie!
Combats avec tes défenseurs!
Sous nos drapeaux que la victoire
Accoure à tes mâles accents;
Que tes ennemis expirants
Voient ton triomphe et notre gloire.

Aux armes, citoyens! formez vos bataillons.
Marchez, qu'un sang impur abreuve nos sillons!

CHOEUR.

Marchons, qu'un sang impur abreuve nos sillons!

Aux fêtes de Lacédémone, les citoyens chantoient en chœur :

LES VIEILLARDS.

Nous avons été jadis
Jeunes, vaillants et hardis.

LES HOMMES FAITS.

Nous le sommes maintenant,
A l'épreuve à tout venant.

LES ENFANTS.

Et nous un jour le serons,
Qui bien vous surpasserons [1].

C'est de là que les François ont pu emprunter l'idée de la strophe des enfants, ajoutée à l'hymne des Marseillois.

Nous entrerons dans la carrière
Quand nos aînés ne seront plus
Nous y trouverons leur poussière,
Et la trace de leurs vertus.
Bien moins jaloux de leur survivre
Que de partager leur cercueil,
Nous aurons le sublime orgueil
De les venger ou de les suivre [2].

[1] PLUT., in Lyc., traduct. d'Amyot.
[2] Dr MOORE'S Journ.
A la fête de l'Être-Suprême on ajouta encore plusieurs autres strophes pour les vieillards, les femmes, etc. On peut voir le Moniteur du 20 prairial (8 juin) 1793.

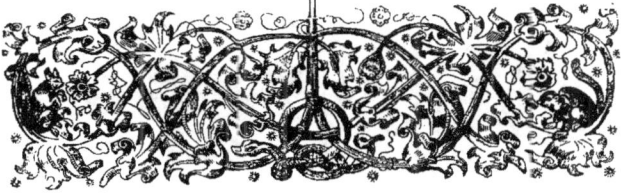

Si les François paroissent l'emporter ici, à Sparte on voit les citoyens ; à Paris, le poëte.

Nous finirons cet article par les vers qu'on chantoit en l'honneur des assassins d'Hipparque, en Grèce ; et par l'épitaphe que les François ont écrite à la louange de Marat. La misère et la méchanceté des hommes se plaisent à répéter les noms qui rappellent les malheurs des princes : la première y trouve une espèce de consolation ; la seconde se repait des calamités étrangères : il n'y a qu'un petit nombre d'êtres obscurs qui pleurent et se taisent.

CHANSON

EN L'HONNEUR D'HARMODIUS ET D'ARISTOGITON.

Je porterai mon épée couverte de feuilles de myrte, comme firent Harmodius et Aristogiton quand ils tuèrent le tyran, et qu'ils établirent dans Athènes l'égalité des lois.

Cher Harmodius, vous n'êtes point encore mort : on dit que vous êtes dans les îles des bienheureux, où sont Achille aux pieds légers, et Diomède, ce vaillant fils de Tydée.

Je porterai mon épée couverte de feuilles de myrte, comme firent Harmodius et Aristogiton quand ils tuèrent le tyran Hipparque dans le temps des Panathénées.

Que votre gloire soit immortelle, cher Harmodius, cher Aristogiton, parce que vous avez tué le tyran, et établi dans Athènes l'égalité des lois¹.

ÉPITAPHE DE MARAT.

Marat, l'ami du peuple et de l'égalité,
Échappant aux fureurs de l'aristocratie,
Du fond d'un souterrain, par son mâle génie,
Foudroya l'ennemi de notre liberté.
Une main parricide osa trancher la vie
De ce républicain toujours persécuté.
Pour prix de sa vertu constante,
La nation reconnoissante
Transmit sa renommée à la postérité².

Je demande pardon au lecteur de lui rappeler l'idée d'un pareil monstre, par des vers aussi misérables ; mais il faut connoître l'esprit des temps.

---

¹ *Voyage d'Anacharsis*, tome I, page 362, note IV.
² *Moniteur* du 18 novembre 1793.

CHAPITRE XXIV.

Philosophie et politique. Les Sages ; les Encyclopédistes ª. Opinions sur le meilleur gouvernement : Thalès, Solon, Périandre, etc.; J. J. Rousseau, Montesquieu. Morale : Solon, Thalès ; Larochefoucauld, Chamfort. Parallèle de J. J. Rousseau et d'Héraclite. Lettre à Darius ; Lettre au roi de Prusse.

TANDIS que les beaux-arts commençoient à briller de toutes parts dans la Grèce, la politique et la morale marchoient de concert avec eux. Il s'étoit formé une espèce de compagnie connue sous le nom *des Sages*, de même que de nos jours, en France, nous avons vu l'association des Encyclopédistes. Mais les Sages de l'antiquité méritoient cette appellation ; ils s'occupoient sérieusement du bonheur des peuples, non de vains systèmes : bien différents des sophistes qui les suivirent, et qui ressemblèrent si parfaitement à nos philosophes.

A la tête des Sages paroissoit Thalès, de Milet, astronome et fondateur de la secte ionique¹. Il enseignoit que l'eau est le principe matériel de l'univers, sur lequel Dieu a agi². Ce fut lui qui jeta en Grèce les premières semences de cet esprit métaphysique, si inutile aux hommes, qui fit tant de mal à son pays dans la suite, et qui a, depuis, perdu notre siècle.

Chilon, Bias, Cléobule, sont à peine connus. Pittacus et Périandre, malgré leurs vertus, consentirent à devenir les tyrans de leur patrie : le premier régna à Mitylène, le second à Corinthe. Peut-être pensoient-ils, comme Cicéron, que la souveraineté préexiste non

---

ª Les Sages de la Grèce et les Encyclopédistes ! Ah, bon Dieu ! (N. Éd.)
¹ Diog. Laert, *in Thal.*
² Cicer., lib. I. *de Nat. Deor.*, n. xxv.

dans le peuple, mais dans les grands génies.

Voici les opinions de ces philosophes sur le meilleur des gouvernements.

Selon Solon, c'est celui où la masse collective des citoyens prend part à l'injure offerte à l'individu.

Selon Bias, celui où la loi est le tyran.

Selon Thalès, celui où règne l'égalité des fortunes.

Selon Pittacus, celui où l'honnête homme gouverne, et jamais le méchant.

Selon Cléobule, celui où la crainte du reproche est plus forte que la loi.

Selon Chilon, celui où la loi parle au lieu de l'orateur.

Selon Périandre, celui où le pouvoir est entre les mains du petit nombre [1].

Montesquieu laisse cette grande question indécise. Il assigne les divers principes des gouvernements, et se contente de faire entendre qu'il donne la préférence à la monarchie limitée. « Comment prononcerois-je, dit-il quelque part, sur l'excellence des institutions, moi qui crois que l'excès de la raison est nuisible, et que les hommes s'accommodent mieux des parties moyennes que des extrémités [2] ? »

« Quand on demande, dit J. J. Rousseau, quel est le meilleur gouvernement, on fait une question insoluble, comme indéterminée ; ou si l'on veut, elle a autant de bonnes solutions qu'il y a de combinaisons possibles dans les positions absolues ou relatives des peuples [3]. »

Posons la morale des Sages :

« Qu'en tout la raison soit votre guide. Contemplez le beau. Dans ce que vous entreprenez, considérez la fin [4]. Il y a trois choses difficiles : garder un secret, souffrir une injure, employer son loisir. Visite ton ami dans l'infortune plutôt que dans la prospérité. N'insulte jamais le malheureux. L'or est connu par la pierre de touche ; et la pierre de touche de l'homme est l'or. Connois-toi [5]. Ne faites pas aux autres ce que vous ne voudriez pas qu'on vous fît. Sachez saisir l'occasion [6]. Le plus grand des malheurs est de ne pouvoir supporter patiemment l'infortune. Rapporte aux dieux tout le bien que tu fais. N'oublie pas le miserable [4]. Lorsque tu quittes ta maison, considère ce que tu as à faire ; quand tu y rentres, ce que tu as fait [2]. Le plaisir est de courte durée ; la vertu est immortelle. Cachez vos chagrins [5]. »

Montrons notre philosophie :

« Il n'est pas si dangereux de faire du mal à la plupart des hommes que de leur faire du bien [4]. Les rois font des hommes comme des pièces de monnoie, ils les font valoir ce qu'ils veulent ; et l'on est forcé de les recevoir selon leur cours et non pas selon leur véritable prix [5]. On aime mieux dire du mal de soi, que de n'en point parler [6]. Il y a à parier que toute idée publique, toute convention reçue, est une sottise, car elle a convenu au plus grand nombre [7]. Les gens foibles sont les troupes légères des méchants ; ils font plus de mal que l'armée même, ils infestent, ils ravagent [8]. Il faut convenir que, pour être homme en vivant dans le monde, il y a des côtés de son âme qu'il faut entièrement *paralyser* [9]. C'est une belle allégorie dans la *Bible* que cet arbre de la science du bien et du mal qui produit la mort. Cet emblème ne veut-il pas dire que, lorsqu'on a pénétré le fond des choses, la perte des illusions amène la mort de l'âme, c'est-à-dire un désintéressement complet sur tout ce qui touche les autres hommes [10] ? »

---

[1] Laert., lib. I, § LXXXII ; Val. Max., lib. III, cap. III.
[2] Laert., lib I, § LXXXII.
[3] *Id. ibid.*, § LXXXIX ; Plut, *Conviv.* ; Herod., lib I, pag 3.
[4] La Rochefoucauld, *Max.*
[5] *Id., Max.* CLXV.
[6] *Id., Max.* CXL.
[7] Chamfort, *Maximes*, etc., pag. 57.
[8] *Id., ibid.*
[9] *Id.*, pag. 56.
[10] *Id.*, pag. 43.

J'invite le lecteur à lire le volume des *Maximes* de Chamfort (formant le quatrième volume des Œuvres complètes), publié à Paris par M. Ginguené, homme de lettres lui-même, et ami du malheureux académicien. La sensibilité, le tour original, la profondeur des pensées, en font un des plus intéressants, comme un des meilleurs ouvrages de notre siècle. Ceux qui ont approché M. Chamfort savent qu'il avoit dans la conversation tout le mérite qu'on retrouve dans ses écrits. Je l'ai souvent vu chez M Ginguené et plus d'une fois il m'a fait passer d'heureux moments, lorsqu'il consentoit, avec une petite société choisie, à accepter un souper dans ma famille. Nous l'écoutions avec ce plaisir respectueux qu'on sent à entendre un homme de lettres supérieur,

---

[1] Plat., *in Conv. sept. Sap.*
[2] *Esprit des Lois.*
[3] *Contrat Soc.*, liv. III, chap. IX.
[4] Plut., *in Solon* ; Laert., lib. 1, § XLVI ; Demosth., *de Fals. Leg.*
[5] Laert., lib. II, § LXVIII-LXXV ; Herod., lib 1 p. 44.
[6] Plut., *Conviv. Sap.* ; Strabo., lib. XIII, pag 599.

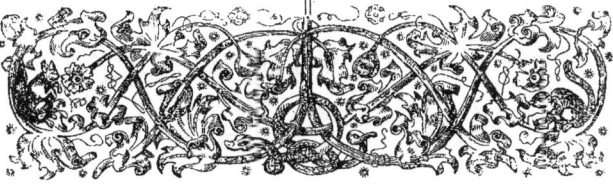

Solon, prévoyant le danger des spectacles pour les mœurs, disoit à Thespis : « Si nous souffrons vos mensonges, nous les retrouverons bientôt dans les plus saints engagemens. »

Jean-Jacques écrivoit à d'Alembert :

Sa tête étoit remplie d'anecdotes les plus curieuses, qu'il aimoit peut-être un peu trop à raconter. Comme je n'en retrouve aucune de celles que je lui ai entendu citer, dans la dernière publication de ses ouvrages, il est à croire qu'elles ont été perdues par l'accident dont parle M. Ginguené. Une entre autres, qui peint les mœurs du siècle avant la révolution, m'a laissé un long souvenir : « Un homme de la cour (heureusement j'ai oublié son nom) s'amusoit sur les boulevards à nommer à sa belle-fille, jeune et pleine d'innocence, les courtisans qui passoient dans leurs voitures, en l'invitant à en prendre un pour amant, lui racontant leurs intrigues avec telle ou telle femme de la société. Et vous croyez, ajouta Chamfort, qu'un pareil ordre moral pouvoit long-temps exister ? »

Chamfort étoit d'une taille au-dessus de la médiocre, un peu courbé, d'une figure pâle, d'un teint maladif. Son œil bleu, souvent froid et couvert dans le repos, lançoit l'éclair quand il venoit à s'animer. Des narines un peu ouvertes donnoient à sa physionomie l'expression de la sensibilité et de l'énergie. Sa voix étoit flexible, ses modulations suivoient les mouvemens de son âme ; mais, dans les derniers temps de mon séjour à Paris, elle avoit pris de l'aspérité, et on y démêloit l'accent agité et impérieux des factions. Je me suis toujours étonné qu'un homme qui avoit tant de connoissance des hommes eût pu épouser si chaudement une cause quelconque. Ignoroit-il que tous les gouvernemens se ressemblent ; que RÉPUBLICAIN ET ROYALISTE ne sont que deux mots pour la même chose ? Hélas ! l'infortuné philosophe ne l'a que trop appris.

J'ai cru qu'un mot sur un homme aussi célèbre dans la révolution ne déplairoit pas au lecteur. La Notice que M. Ginguené a préfixée à l'édition des œuvres de son ami doit d'ailleurs satisfaire tous ceux qui aiment le correct, l'élégant, le chaste. Mais pour ceux qui, comme moi, connurent la liaison intime qui exista entre M. Ginguené et M. Chamfort, qu'ils logeoient dans la même maison et vivoient pour ainsi dire ensemble, cette Notice a plus que de la pureté. En n'écrivant qu'à la troisième personne M. Ginguené a été au cœur, et la douleur de l'ami, luttant contre le calme du narrateur, n'échappe pas aux âmes sensibles. Au reste, je dois dire qu'en parlant de plusieurs gens de lettres que je fréquentai autrefois, je remplis pour eux ma tâche d'historien, sans avoir l'orgueil de chercher à m'appuyer sur leur renommée. Lorsque j'ai vécu parmi eux, je n'ai pu m'associer à leur gloire : je n'ai partagé que leur indulgence [*].

[*] Outre l'impertinence de la comparaison de qu lques maximes spirituelles de Chamfort avec les maximes des Sages de

« Je crois qu'on peut conclure de ces considérations que l'effet moral des théâtres et des spectacles ne sauroit jamais être bon ni salutaire en lui-même, puisqu'à ne compter que leurs avantages, on n'y trouve aucune sorte d'utilité réelle sans inconvéniens qui ne la surpassent. Or, par une suite de son inutilité même, le théâtre, qui ne peut rien pour corriger les mœurs, peut beaucoup pour les altérer. En favorisant tous nos penchans, il donne un nouvel ascendant à ceux qui nous dominent. Les continuelles émotions qu'on y ressent nous énervent, nous affoiblissent, nous rendent plus incapables de résister à nos passions ; et le stérile intérêt qu'on prend à la vertu ne sert qu'à contenter notre amour-propre sans nous contraindre à la pratiquer [1]. »

Après ces premiers Sages nous trouvons Héraclite d'Éphèse, qui semble avoir été la forme originale sur laquelle la nature moula, parmi nous, le grand Rousseau. De même que l'illustre citoyen de Genève, le philosophe grec fut élevé sans maître [2], et dut tout à la vigueur de son génie. Comme lui il connut la méchanceté de nos institutions, et pleura sur ses semblables [3] ; comme lui il crut les lumières inutiles au bonheur de la société [4] ; comme lui encore, invité à donner des lois à un peuple, il jugea que ses contemporains étoient trop corrompus [5] pour en admettre de bonnes ; comme lui enfin, accusé d'orgueil et de misanthropie, il fut obligé de se cacher dans les déserts [6] pour éviter la haine des hommes.

Il sera utile de rapprocher les lettres que ces génies extraordinaires écrivoient aux princes de leur temps.

Darius, fils d'Hystaspe, avoit invité Héraclite à sa cour. Le philosophe lui répondit :

[1] Œuv. compl. de Rousseau, Lettre à d'Alemb., tome XII.
[2] Heracl. ap. Diog. Laert., lib. IX.
[3] Id., ibid.
[4] Id., ibid.
[5] Id., ibid.
[6] Id., ibid.

la Grèce, il y a complète erreur dans le jugement que je porte ici de Chamfort lui-même. Je rétracte, dans toute la maturité de mon âge, ce que j'ai dit de cet homme dans ma jeunesse. Il me seroit même impossible aujourd'hui de concevoir mon premier jugement, si je ne me souvenois de l'espèce d'empire qu'exerçoit sur moi toute renommée littéraire. (N. Éd.)

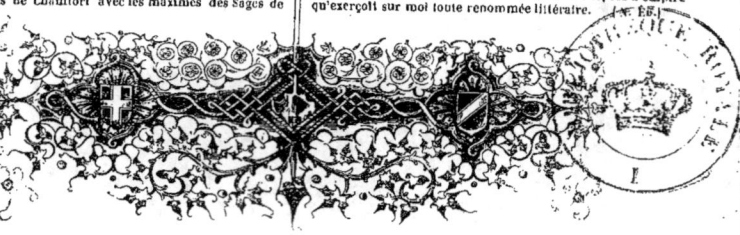

HÉRACLITE, AU ROI DARIUS, FILS D'HYSTASPE, SALUT.

Les hommes foulent aux pieds la vérité et la justice. Un désir insatiable de richesses et de gloire les poursuit sans cesse. Pour moi, qui fuis l'ambition, l'envie, la vaine émulation attachée à la grandeur, je n'irai point à la cour de Suze, sachant me contenter de peu, et dépensant ce peu selon mon cœur [1].

AU ROI DE PRUSSE.

A Motiers-Travers, ce 30 octobre 1762.

Sire, Vous êtes mon protecteur, mon bienfaiteur, et je porte un cœur fait pour la reconnoissance; je veux m'acquitter avec vous si je puis.
Vous voulez me donner du pain: n'y a-t-il aucun de vos sujets qui en manque?
Otez de devant mes yeux cette épée qui m'éblouit et me blesse; elle n'a que trop bien fait son service, et le sceptre est abandonné. La carrière des rois de votre étoffe est grande, et vous êtes encore loin du terme. Cependant le temps presse, et il ne vous reste pas un moment à perdre pour y arriver. Sondez bien votre cœur, ô Frédéric ! Pourrez-vous vous résoudre à mourir sans avoir été le plus grand des hommes?
Puissé-je voir Frédéric, le juste et le redouté, couvrir enfin ses états d'un peuple heureux dont il soit le père! et J. J. Rousseau, l'ennemi des rois, ira mourir au pied de son trône.
Que votre majesté daigne agréer mon profond respect [2].

La noble franchise de ces deux lettres est digne des philosophes qui les ont écrites. Mais l'humeur perce dans celle d'Héraclite; celle de Jean-Jacques, au contraire, est pleine de mesure [a].

On se sent attendrir par la conformité des destinées de ces deux grands hommes, tous deux nés à peu près dans les mêmes circonstances, et à la veille d'une révolution, et tous deux persécutés pour leurs opinions. Tel est l'esprit qui nous gouverne nous ne pouvons souffrir ce qui s'écarte de nos vues étroites, de nos petites habitudes. De la mesure de nos idées, nous faisons la borne de celles des autres. Tout ce qui va au-delà nous blesse. « Ceci est bien, ceci est mal, » sont les mots qui sortent sans cesse de notre bouche. De quel droit osons-nous prononcer ainsi? avons-nous compris le motif secret de telle ou telle action? Misérables que nous sommes, savons-nous ce qui est bien, ce qui est mal? Tendres et sublimes génies d'Héraclite et de Jean-Jacques! que sert-il que la postérité vous ait payé un tribut de stériles honneurs?... Lorsque, sur cette terre ingrate, vous pleuriez les malheurs de vos semblables vous n'aviez pas un ami [a].

---

[1] *Héracl. Ap.* Diog. Laert., liv. IX.
[2] *Œuv. compl. de Rousseau*, tome XXVII, pag. 206.
[a] Non, la lettre de Rousseau n'est point pleine de mesure; elle cache autant d'orgueil que celle d'Héraclite. Dire à un roi : « Faites du bien aux hommes, et à ce prix vous me verrez, » c'est s'estimer un peu trop. Frédéric, en donnant de la gloire à ses peuples, pouvoit trouver en lui-même une récompense pour le moins aussi belle que celle que lui offroit le citoyen de Genève. Que Rousseau ait la conscience de sa dignité, de son utilité, rien de plus juste; mais s'il s'expose à se faire

méconnoître quand il se croit le droit de morigéner les peuples, ou de traiter avec familiarité les rois. (N. Éd.)
[a] J'ai relu les ouvrages de Rousseau, afin de voir s'ils justifieroient, au tribunal de ma raison mûrie et de mon goût formé, l'enthousiasme qu'ils m'inspiroient dans ma jeunesse.
Je n'ai point retrouvé le sublime dans l'*Émile*, ouvrage d'ailleurs supérieurement écrit quant aux formes du style, non quant à la langue proprement dite; ouvrage où l'on rencontre quelques pages d'une rare éloquence, mais ouvrage de pure théorie, et de tout point inapplicable.
On sent plus dans l'*Émile* l'humeur du misanthrope que la sévérité du sage : la société y est jugée par l'amour-propre blessé; les systèmes du temps se reproduisent dans les pages mêmes dirigées contre ces systèmes, et l'auteur déclame contre les mœurs de son siècle, tout en participant à ces mœurs. L'ouvrage n'est ni grave par la pensée, ni calme par le style; il est sophistique sans être nouveau; les idées visent à l'extraordinaire, et sont pourtant d'une nature assez commune. En un mot, la vérité manque à ce traité d'éducation, ce qui fait qu'il est inutile et qu'il n'en reste presque rien dans la mémoire.
La *Profession de foi du vicaire savoyard*, qui fit tant de bruit, a perdu l'intérêt des circonstances : ce n'est aujourd'hui qu'un sermon socinien assez ennuyeux, qui n'a d'admirable que l'exposition de la scène. Les preuves de la spiritualité de l'âme sont bonnes, mais elles sont au-dessous de celles produites par Clarke.
Dans ses ouvrages politiques, Rousseau est clair, concis, ferme, logique, pressant en enchaînant les co-

Cherchons le résultat de ce tableau comparé des lumières. Voyons d'abord quelle différence se fait remarquer entre les définitions du meilleur gouvernement.

rollaires, qu'il déduit souvent d'une proposition erronée. Mais, tout attaché qu'il est au droit social de l'ancienne école, il le trouble par le mélange du droit de nature. D'ailleurs, les gouvernements ont marché, et la politique de Rousseau a vieilli.

Rousseau n'est définitivement au-dessus des autres écrivains que dans une soixantaine de lettres de la *Nouvelle Héloïse* (qu'il faut relire, comme je le fais à présent même, à la vue des rochers de Meillerie, dans ses *Rêveries* et dans ses *Confessions*. Là, placé dans la véritable nature de son talent, il arrive à une éloquence de passion inconnue avant lui. Voltaire et Montesquieu ont trouvé des modèles de style chez les écrivains du siècle de Louis XIV ; Rousseau, et même un peu Buffon, dans un autre genre, ont créé une langue qui fut ignorée du grand siècle.

Il faut dire toutefois que Rousseau n'est pas aussi noble qu'il est brûlant, aussi délicat qu'il est passionné : le travail se fait sentir partout, et l'auteur s'aperçoit jusque dans l'amant. Rousseau est plus poétique dans les images que dans les affections ; son inspiration vient plus des sens que de l'âme ; il a peu de la flamme divine de Fénelon ; il exprime les sentiments profonds, rarement les sentiments élevés : son génie est d'une grande beauté, mais il tient plus de la terre que du ciel.

Il y a aussi une espèce de monde qui échappe au peintre de Julie et de Saint-Preux : il est douteux qu'il eût pu composer la première et la plus grande partie de sa vie ne se décèlent. Il prend souvent aussi la familiarité pour la simplicité : si Voltaire n'avoit parlé de ses déjeuners, il l'auroit fait d'une tout autre façon que le mari de Thérèse.

Je ne me reproche point mon enthousiasme pour les ouvrages de Rousseau ; je conserve en partie ma première admiration, et je sais à présent sur quoi elle est fondée. Mais si j'ai dû admirer l'*écrivain*, comment ai-je pu excuser l'*homme* ? comment n'étois-je pas révolté des *Confessions* sous le rapport des faits ? Eh quoi ! Rousseau a cru pouvoir disposer de la réputation de sa bienfaitrice ! Rousseau n'a pas craint de rendre immortel le déshonneur de madame de Warens ! Que dans l'exaltation de sa vanité le citoyen de Genève se soit considéré comme assez au-dessus du vulgaire pour publier ses propres fautes (je modère mes expressions), libre à lui de préférer le bruit à l'estime. Mais révéler les foiblesses de la femme qui l'avoit nourri dans sa misère, de la femme qui s'étoit donnée à lui ! mais croire qu'il couvrira cette odieuse ingratitude par quelques pages d'un talent inimitable, croire qu'en se prosternant aux pieds de l'idole qu'il venoit de mutiler, il lui rendra ses droits aux hommages des hommes, c'est

Les Sages de la Grèce aperçurent les hommes sous des rapports moraux ; nos philosophes, d'après les relations politiques. Les premiers vouloient que le gouvernement découlât des mœurs, les seconds que les mœurs fluassent du gouvernement. Les légistes athéniens, subséquents au temps des Lycurgue et des Solon, s'énoncèrent dans le sens des modernes : la raison s'en trouve dans le siècle. Platon, Aristote, Montesquieu, Jean-Jacques, vécurent dans un âge corrompu ; il fallait alors refaire les hommes par les lois : sous Thalès, il falloit refaire les lois par les hommes. J'ai peur de n'être pas entendu. Je m'explique : les mœurs, prises absolument, sont l'obéissance ou la désobéissance à ce sens intérieur qui nous montre l'honnête et le déshonnête, pour faire celui-là et éviter celui-ci. La politique est cet art prodigieux par lequel on parvient à faire vivre en corps les mœurs antipathiques de plusieurs individus. Il faudroit savoir à présent ce que ce sens intérieur commande ou défend rigoureusement. Qui sait jusqu'à quel point la société l'a altéré ? Qui sait si des préjugés, si inhérents à notre constitution que nous les prenons souvent pour la nature même, ne nous montrent pas des vices et des vertus là où il n'en existe pas ? Quel nom, par exemple, donnerons-nous à la pudeur, la lâcheté, le courage, le vol ? si cette voix de la conscience n'étoit elle-même [a]...? Mais gardons-nous de creu-

joindre le délire de l'orgueil à une dureté, à une stérilité de cœur dont il y a peu d'exemples. J'aime mieux supposer, afin de l'excuser, que Rousseau n'étoit pas toujours maître de sa tête : mais alors se maniaque ne me touche point ; je ne saurois m'attendrir sur les maux imaginaires d'un homme qui se regarde comme persécuté, lorsque toute la terre est à ses pieds, d'un homme à qui l'on rend peut-être plus qu'il ne mérite. Pour que la perte de la raison puisse inspirer une vive pitié, il faut qu'elle ait été produite par un grand malheur, ou qu'elle soit le résultat d'une idée fixe, généreuse dans son principe. Qu'un auteur devienne insensé par les vertiges de l'amour-propre ; que toujours en présence de lui-même, il ne se perdant jamais de vue, sa vanité finisse par faire une plaie incurable à son cerveau, c'est de toutes les causes de folie celle que je comprends le moins, et à laquelle je puis le moins compatir.

(N. Éd.)

[a] Qu'est-ce que j'ai voulu dire ? En vérité, je n'en

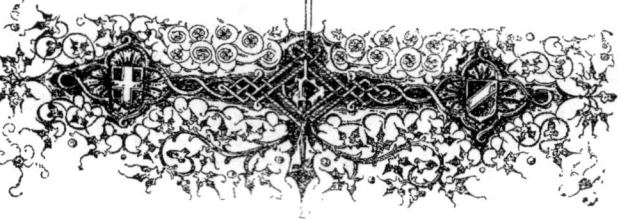

ser plus avant dans cet épouvantable abîme. J'en ai dit assez pour montrer en quoi les publicistes des temps d'innocence de la Grèce, et les publicistes de nos jours diffèrent; il est inutile d'en dire trop.

En morale nous trouvons les mêmes dissonances. Les Sages considérèrent l'homme sous les relations qu'il a avec lui-même; ils voulurent qu'il tirât son bonheur du fond de son âme. Nos philosophes l'ont vu sous les connexions civiles, et ont prétendu lui faire prélever ses plaisirs, comme une taxe, sur le reste de la communauté. De là ces résultats de leurs sortes de maximes : « Respectez les dieux, » connoissez-vous; achetez au minimum de la » société, et vendez-lui au plus haut prix. »

Voici, en quelques mots, la somme totale des deux philosophies : celle des beaux jours de la Grèce s'appuyoit tout entière sur l'existence du grand Être : la nôtre sur l'athéisme. Celle-là considéroit les mœurs, celle-ci a politique. La première disoit aux peuples : « Soyez vertueux, vous serez libres. » La seconde leur crie : « Soyez libres, vous serez vertueux. » La Grèce, avec de tels principes, parvint à la république et au bonheur : qu'obtiendrons-nous avec une philosophie opposée? Deux angles de différents degrés ne peuvent donner deux arcs de la même mesure [a].

---

[a] sais rien : je me croyois sans doute profond, en faisant entendre, d'après les bouffonneries de Voltaire, que, les peuples n'ayant pas les mêmes idées de la pudeur, du vol, etc., on ne savoit pas trop dans ce bas monde ce qui étoit vice et vertu ; ensuite je renfermois ce grand secret dans mon sein, tout fier de m'élever jusqu'à la philosophie holbachique. Il est bien juste que je me donne une part des sifflets qui ont fait justice de cette philosophie. Pourtant, chose assez étrange, moi même, dans ce chapitre, j'attaque les philosophes du dix-huitième siècle, et je ne vois pas qu'on les attaquant je suis tout empoisonné de leurs maximes! (N. Éd.)

[a] On voit partout dans l'*Essai* que ma raison, ma conscience et mes penchants démentoient mon philosophisme, et que je retombe avec autant de joie que d'amour dans les vérités religieuses. On voit aussi que l'esprit de liberté ne m'abandonne pas davantage que l'esprit monarchique. La singulière comparaison tirée de la géométrie, que l'on trouve ici, me rappelle que, destiné d'abord à la marine (comme je le fus ensuite à l'église, et enfin au service de terre), mes premières études furent consacrées aux mathématiques, et j'avois fait des progrès rapides. J'étois servi dans ces études, comme dans celle des langues, par une de ces mémoires

---

Nous examinerons l'état des lumières chez les nations contemporaines, lorsque nous parlerons de l'influence de la révolution républicaine de la Grèce sur les autres peuples. Nous allons considérer maintenant cette influence sur la Grèce elle-même.

CHAPITRE XXV.

Influence de la révolution républicaine sur les Grecs. Les biens.

ES Grecs et les François, dans une tranquillité profonde, vivoient soumis à des rois qu'une longue suite d'années leur avoit appris à respecter. Soudain un vertige de liberté les saisit.
Ces monarques hier encore l'objet de leur amour, ils les précipitent à coups de poignard de leurs trônes. La fièvre se communique. On dénonce guerre éternelle contre les tyrans. Quel que soit le peuple qui veuille se défaire de ses maîtres, il peut compter sur les régicides. La propagande se répand de proche en proche. Bientôt il ne reste pas un seul prince dans la Grèce [1] : et les François de notre âge jurent de briser tous les sceptres [2].

L'Asie prend les armes en faveur d'un tyran banni [2] : l'Europe entière se lève pour replacer un roi légitime sur le trône : des provinces de la Grèce [3], de la France [4] se joignent aux armes étrangères : et l'Asie, et l'Europe, et les provinces soulevées viennent se briser

---

dont on partage souvent les avantages avec les hommes les plus communs. (N. Éd.)

[1] Excepté chez les Macédoniens, que le reste des Grecs regardoit comme barbares. Alexandre (non le grand) fut obligé de prouver qu'il étoit originaire d'Argos, pour être admis aux jeux olympiques.

[a] Voilà encore un de ces passages qui prouvent combien ceux qui prétendoient m'opposer cet ouvrage avoient raison de ne pas vouloir qu'on l'imprimât tout entier. (N. Éd.)

[2] Herodot., lib. V, cap. xcvii.
[3] *Id*, lib. VI, cap. cxii.
[4] Turreau, *Guerre de la Vendée*.

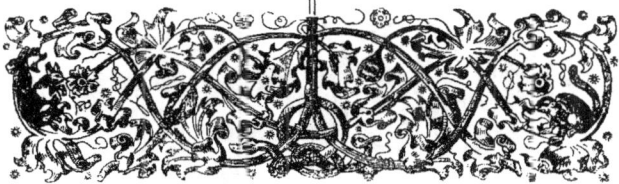

contre une masse d'enthousiastes, qu'elles sembloient devoir écraser. A l'hymne de Castor [1], à celui des Marseillois, les républicains s'avancent à la mort. Des prodiges s'achèvent au cri de *vive la liberté!* et la Grèce et la France comptent Marathon, Salamine, Platée, Fleurus, Weissembourg, Lodi [2].

Alors ce fut le siècle des merveilles. Également ingrats et capricieux, les Athéniens jettent dans les fers, bannissent ou empoisonnent leurs généraux [3] : les François forcent les leurs à l'émigration ou les massacrent [4]. Et ne croyez pas que les succès s'en affoiblissent : le premier homme, pris au hasard, se trouve un génie. Les talents sortent de la terre. Les Thémistocle succèdent aux Miltiade, les Aristide aux Thémistocle, les Cimon aux Aristide [5] : les Dumouriez remplacent les Luckner, les Custine les Dumouriez, les Jourdan les Custine, les Pichegru les Jourdan, etc.

Ainsi, l'effet immédiat de la révolution sur les Grecs et sur les François fut : haine implacable à la royauté, valeur indomptable dans les combats, constance à toute épreuve dans l'adversité. Mais ceux-là, encore pleins de morale, n'ayant passé de la monarchie à la république que par de longues années d'épreuves, durent recevoir de leur révolution des avantages que ceux-ci ne peuvent espérer de la leur [a]. Les âmes des premiers s'ouvrirent délicieusement aux attraits de la vertu. Là, l'esprit de liberté épura l'âge qui lui donna naissance et éleva les générations suivantes à des hauteurs que les autres peuples n'ont pu atteindre. Là, on combattoit pour une couronne de laurier [1]; là, on mouroit pour obéir aux saintes lois de la patrie [2]; là, l'illustre candidat rejeté se réjouissoit que son pays eût trois cents citoyens meilleurs que lui [3]; là, le grand homme injustement condamné écrivoit son nom sur la coquille [4], ou buvoit la ciguë [5]; là enfin, la vertu étoit adorée ; mais malheureusement les mystères de son culte furent dérobés avec soin au reste des hommes.

CHAPITRE XXVI.

Suite.

Les maux.

Si telle fut l'influence de la révolution républicaine sur la Grèce considérée du côté du bonheur, sous le rapport de l'adversité elle n'est pas moins remarquable. L'ambition, qui forme le caractère des gouvernements populaires, s'empara bientôt des républiques, comme il en arrive à présent à la France. Les Athéniens, non contents d'avoir délivré leur patrie, se laissèrent bientôt emporter à la fureur des conquêtes. Les armées des Grecs se multiplièrent sur tous les rivages. Nul pays ne fut en sûreté contre leurs soldats. On les vit courir comme un feu dévorant dans les îles de la mer Égée [6], en Égypte [7], en Asie [8]. Les peuples, d'abord éblouis de leurs succès gigantesques, revin-

---

[1] Plut., *in Lyc.*
[2] On verra tout ceci en détail à la guerre Médique.
[3] Herod., lib. VI, cap. cxxxvi ; Plut., *in Themist.*
[4] Dumouriez, Custine.
[5] Plusieurs auteurs donnent le nombre aux noms propres ; je préfère de les laisser indéclinables.
[a] Ce ton est trop affirmatif ; j'étois trop près des événements pour les bien juger : toutes les plaies de la révolution étoient saignantes ; on n'apercevoit pas encore dans un amas de ruines ce qui étoit détruit pour toujours, et ce qui pouvoit se rééditier. Je ne faisois pas assez d'attention à la révolution complète qui s'étoit opérée dans les esprits ; et, ne voyant toujours que l'espèce de liberté républicaine des anciens, je trouvois dans les mœurs de mon temps un obstacle insurmontable à cette liberté. Trente années d'observation et d'expérience m'ont fait découvrir et énoncer cette autre vérité, qui, j'ose le dire, deviendra fondamentale en politique, savoir : qu'il y a une liberté, fille des lumières, c'est aux rois à décider s'ils veulent que cette liberté soit monarchique ou républicaine : cela dépend de la sagesse ou de l'imprudence de leurs conseils. (N. Éd.)

[1] Plut., *in Cim.*, pag. 483.
[2] Ὦ ξεῖν ἀγγείλον Λακεδαιμονίοις, ὅτι τῇδε κείμεθα, τοῖς κείνων πειθόμενοι νομίμοις.
[3] Plut., *in Lyc.*
[4] Plut., *in Aristid.*
[5] Plut., *in Phæd.*
[6] Plut., *in Them.*, pag. 122 ; *Id., in Cim.*
[7] Thucyd., lib. I, cap. cx.
[8] Diod. Sic., lib. II, pag. 47.

rent peu à peu de leur étonnement, lorsqu'ils virent que de si grands exploits ne tendoient pas tant à l'indépendance qu'aux conquêtes[1], et que les Grecs, en devenant libres, prétendoient enchaîner le reste du monde[2]. Par degrés il se fit contre eux une masse collective de haine[3], comme ces balles de neige qui, d'abord échappées à la main d'un enfant, parviennent, en se roulant sur elles-mêmes, à une grosseur monstrueuse. D'un autre côté, les Athéniens, enrichis de la dépouille des autres nations[4], commencèrent à perdre le principe du gouvernement populaire, la vertu[5]. Bientôt les places publiques ne retentirent plus que des cris des démagogues et des factieux[6]. Les dissensions les plus funestes éclatèrent. Ces petites républiques, d'abord unies par le malheur, se divisèrent dans la prospérité : chacune voulut dominer la Grèce. Des guerres cruelles entretenues par l'or de la Perse, plus puissant que ses armes, s'allumèrent de toutes parts[7]. Pour mettre le comble aux désordres, l'esprit humain, libre de toute loi par l'influence de la révolution, enfanta à la fois tous les chefs-d'œuvre des arts et tous les systèmes destructeurs de la morale et de la société. Une foule de beaux esprits arrachèrent Dieu de son trône et se mirent à prouver l'athéisme[8]. Des multitudes de légistes publièrent de nouveaux plans de république ; tout étoit inondé d'écrits sur les vrais principes de la liberté[9] : Philippe et Alexandre parurent.

[1] Plut., *in Cim.* pag. 489.
[2] *Id., ibid.*
[3] Thucyd., lib. I, cap. ci.
[4] *Id. ibid.*
[5] Plat., *de Leg.*, lib. IV, pag. 706.
[6] Aristot., *de Rep.*, lib. V, cap. III.
[7] Il est impossible de multiplier les citations à l'infini. J'engage le lecteur à lire quelque histoire générale de la Grèce. Il y verra, à l'époque dont je parle dans ce chapitre, une ressemblance avec la France qui l'étonnera. Des villes prises et pillées sans pitié ; des peuples forcés à des contributions ; la neutralité des puissances violée ; d'autres obligées par les Athéniens à se joindre à eux contre des états avec lesquels elles n'avoient aucun sujet de guerre. Enfin, l'insolence et l'injustice portées à leur comble : les Athéniens traitant avec le dernier mépris les ambassadeurs des nations, et disant ouvertement qu'ils ne connoissoient d'autre droit que la force. (Voy. Thucyd., lib. V ; etc., etc.)
[8] Cic., *de Nat. Deor.*; Laert., *in Vit. Philosoph.*
[9] Plat., *de Rep.*; Arist., *de Rep.*, etc.

CHAPITRE XXVII.

État politique et moral des nations contemporaines au moment de la révolution républicaine en Grèce. Cette révolution considérée dans ses rapports avec les autres peuples. Causes qui en ralentirent ou en accélérèrent l'influence.

Il est difficile de tracer un tableau des nations connues au moment de la révolution républicaine en Grèce, l'histoire à cette époque n'étant pleine que d'obscurités et de fables. J'essaierai cependant d'en donner une idée générale au lecteur.

D'abord, nous considérerons ces peuples séparément ; ensuite, nous les verrons agir en masse, à l'article de la Perse, au temps de la guerre Médique. Prenant notre point de départ en Égypte, de là tournant au midi, et décrivant un cercle par l'ouest et le nord, nous reviendrons à la Perse, finir en Orient où nous aurons commencé. Placés à Athènes comme au centre, nous suivrons les rayons de la révolution qui en partent, et qui vont aboutir aux nations placées sur les différents degrés de cette vaste circonférence.

CHAPITRE XXVIII.

L'Égypte.

Au moment du renversement de la tyrannie à Athènes, l'Égypte n'étoit plus qu'une province de la Perse. Ainsi elle fut exposée, comme le reste de l'état dont elle formoit un des membres, à toute l'influence de la révolution grecque. Elle se trouvera donc comprise en géné-

ral dans ce que je dirai de l'empire de Cyrus. Nous examinerons seulement ici quelques circonstances qui lui sont particulières.

De temps immémorial les Égyptiens avoient été soumis à un gouvernement théocratique [1]. Ainsi que les nations de l'Inde, dont ils tiroient vraisemblablement leur origine [a], ils étoient divisés en trois classes inférieures, de laboureurs, de pasteurs et d'artisans [2]. Chaque homme étoit obligé de suivre, dans l'ordre où le sort l'avoit jeté, la profession de ses pères, sans pouvoir changer d'études selon son génie ou les temps. Que dis-je! ce n'eût pas été assez. Dans ce pays d'esclavage, l'esprit humain devoit gémir sous des chaînes encore plus pesantes : l'artiste ne pouvoit suivre qu'une ligne de ses études, et le médecin qu'une branche de son art [3].

Mais, en redoublant les liens de l'ignorance autour du peuple, ses chefs avoient aussi multiplié ceux de la morale. Ils savoient qu'il est inutile de donner des entraves au génie pour éviter les révolutions, si on ne gourmande en même temps les vices qui conduisent au même but par un autre chemin. Le respect des rois et de la religion [4], l'amour de la justice [5], la vertu de la reconnoissance [6], formoient le code de la société chez les Égyptiens ; et s'ils étoient les plus superstitieux des hommes, ils en étoient aussi les plus innocents.

L'Égypte, de tous les temps, avoit fait un commerce considérable avec les Indes. Ses vaisseaux alloient, par les mers de l'Arabie et de la Perse, chercher les épices, l'ivoire et les soies de ces régions lointaines. Ils s'avançoient jusqu'à la Taprobane, la Ceylan des modernes. Sur cette côte les Chinois et les nations situées au-delà du cap Comaria [1] apportoient les marchandises, à l'époque du retour périodique des flottes égyptiennes, et recevoient en échange l'or de l'Occident [2].

Mais tandis que le peuple étoit livré, par système, aux plus affreuses ténèbres, les lumières se trouvoient réunies dans la classe des prêtres. Ils reconnoissoient les deux principes de l'univers [a] : la matière [3] et l'esprit [4]. Ils appeloient la première *Athor*, et le second, *Cneph* [5]. Celui-ci, par l'énergie de sa volonté, avoit séparé les éléments confondus, produit tous les corps, tous les effets, en agissant sur la masse inerte [6]. Le mouvement, la chaleur, la vie répandue sur la nature leur fit imaginer une infinité de moyens où ils voyoient une multitude d'actions. Ils crurent que des émanations du grand Être flottoient dans les espaces, et animoient les diverses parties de l'univers [7]. Ils tenoient l'âme immortelle ; et Hérodote prétend que ce furent eux qui enseignèrent les premiers ce dogme fondamental de toute moralité [8] [b]. Ils adressoient cette prière au ciel dans leurs pompes funèbres : « Soleil, et vous, puissances qui dispensez la vie aux hommes, recevez-moi, et accordez-moi une demeure parmi les dieux immortels [9]. » D'autres sectes des prêtres enseignoient la doctrine de la transmigration des âmes [10].

La physique, considérée dans tous les rapports de l'astronomie, la géométrie, la médecine, la chimie, etc., étoient cultivées par les prêtres égyptiens [11] avec un succès inconnu

---

[1] Diod., lib. I. pag. 65.
[a] Cela n'est pas clair. (N. Éd.)
[2] Diod., lib. I, pag. 67.
[3] Herod., lib. II, cap. LXXXIV.
[4] Id., lib. II, cap. XXXVII.
[5] Diod., lib. I, pag. 70.
On connoît la coutume des Égyptiens du jugement après la mort, qui s'étendoit jusque sur les rois. Un autre usage non moins extraordinaire étoit celui par lequel un débiteur engageoit le corps de son père à son créancier. Ces lois sublimes sont trop fortes pour nos petites nations modernes : elles nous étonnent, elles nous confondent ; nous les admirons ; mais nous ne les entendons plus, parce qu'il nous manque la vertu qui en faisoit le secret.
[b] Herod., lib. II.

[1] Comoria.
[2] Robertson's *Disquisition, etc., concern. Ancient India*, sect. I.
[a] Il n'y a point deux principes dans l'univers, ou il faudroit admettre l'éternité de la matière, ce qui détruiroit toute véritable idée de Dieu. (N. Éd.)
[3] Jablonsk., *Panth. Ægypt.*, lib. I, cap. I.
[4] Plut., *Isis, Osiris*.
[5] Jablonsk., *Panth. Ægypt.*, lib. I, cap. I; Euseb., lib. III. cap. XI.
[6] Plut., *Isis, Osiris*.
[7] Jablonsk., lib. II, cap. I, II.
[8] Lib. II, cap. CXXIII.
[b] Me voilà bien éloigné du matérialisme. (N. Éd.)
[9] Porphyr., *de Abstinent.*, lib. IV.
[10] Herod., lib II, cap. CXXIII.
[11] *Id. ibid.*; Diod, lib. I; Strab., lib. XVII; Jablonsk., *Panth. Ægyptiorum*.

aux autres peuples, et surtout aux Grecs au moment de leur révolution. La science sublime des gouvernements leur étoit aussi révélée. Pythagore, Thalès, Lycurgue, Solon, sortis de leur école, prouvent également cette vérité.

Les Égyptiens comptèrent des auteurs célèbres : les deux Hermès, le premier, inventeur [1], le second, restaurateur des arts [2]; Sérapis, qui enseigna à guérir les maux de ses semblables [3]. Leurs livres ont péri dans les révolutions des empires, mais leurs noms sont conservés parmi ceux des bienfaiteurs des hommes. Si l'on en croit les alchimistes, la transmutation des métaux fut connue des savants d'Égypte [4].

Au reste, c'est dans ce pays, dont tout amant des lettres ne doit prononcer le nom qu'avec respect, que nous trouvons les premières bibliothèques. Comme si la nature eût destiné cette contrée à devenir la source des lumières, elle y avoit fait croître exprès le papyrus [5] pour y fixer les découvertes fugitives du génie. Malheureusement les signes mystérieux dans lesquels les prêtres enveloppoient leurs études ont privé l'univers d'une foule de connoissances précieuses. J'ai un doute à proposer aux savants. Les Égyptiens étoient vraisemblablement Indiens d'origine : la langue philosophique du premier peuple n'étoit-elle point la même que la langue hanscrite des derniers [6]? Celle-ci est maintenant entendue, ne seroit-il point possible d'expliquer l'autre par son moyen [a]?

En rangeant sous sa puissance les diverses nations disséminées sur les bords du Nil, Cambyse favorisa la propagation des arts. Jusqu'alors les Égyptiens, jaloux des étrangers [7], ne les admettoient qu'avec la plus grande répugnance à leurs mystères [1]. Lorsqu'ils furent devenus sujets de la Perse, l'entrée de leur pays s'ouvrit alors aux amants de la philosophie. C'est de ce coin du monde que l'aurore des sciences commença à poindre sur notre horizon; et l'on vit bientôt les lumières s'avancer de l'Égypte vers l'Occident, comme l'astre radieux qui nous vient des mêmes rivages.

CHAPITRE XXIX.

Obstacles qui s'opposèrent à l'effet de la révolution grecque sur l'Égypte. Ressemblance de ce dernier pays avec l'Italie moderne.

n considérant attentivement ce tableau, on aperçoit deux grandes causes qui durent amortir l'action de la révolution grecque sur l'Égypte. La première se tire de la subdivision régulière des classes de la société. Cette institution donne un tel empire à l'habitude chez les peuples où elle règne, que leurs mœurs semblent éternelles comme leurs états. En vain de telles nations sont subjuguées; elles changent de maître sans changer de caractère [2]. Elles ne sont pas, il est vrai, totalement à l'abri des mouvements internes : le génie des hommes, tout affaissé qu'il soit du poids des chaînes, les secoue par intervalles avec violence, comme ces Titans de la fable qui, bien qu'ensevelis dans les abîmes de l'Etna, se retournent encore quelquefois sous la masse énorme, et ébranlent les fondements de la terre.

Auprès de ce premier obstacle s'en élevoit un second, d'autant plus insurmontable à l'esprit de liberté, qu'il tient à un ressort puissant de notre âme : la superstition. Les prêtres avoient trop d'intérêt à dérober la vérité au

[1] ÉLIAN., *Hist.*, lib. XIV, cap. XXXIV.
[2] HÉROD., lib. II, cap. LXXXII.
[3] PLIN., lib II, cap XIII.
[4] *L'Égypte dévoilée.*
[5] PLIN., lib. XIII, cap. XI.
[6] On devroit écrire *sanscrit*, qui est la vraie prononciation.
[a] J'adoptois trop absolument l'opinion des savants, qui font les Égyptiens originaires de l'Inde. Les progrès étonnants que M. Champollion a faits dans l'explication des hiéroglyphes n'ont point jusqu'à présent établi qu'il existât de rapport entre le sanscrit et la langue savante des Égyptiens, (N. ÉD.)
[7] DIOD., lib. I, pag. 78; STRAB., *Geog.*, lib. XVII, p. 1142.

[1] JAMBLICH., *in Vit. Pyth.*
[2] Comme à la Chine et aux Indes.

peuple [1], pour ne pas opposer toutes les ressources de leur art à l'influence d'une révolution qui eût démasqué leur artifice. L'homme n'a qu'un mal réel, la crainte de la mort. Délivrez-le de cette crainte, et vous le rendez libre. Aussi, toutes les religions d'esclaves sont-elles calculées pour augmenter cette frayeur. La caste sacerdotale égyptienne avoit eu soin de s'entourer de mystères redoutables, et de jeter la terreur dans les esprits crédules de la multitude, par les images les plus monstrueuses [2]. C'est ainsi, encore, qu'ils appuyoient le trône de toute la force de leur magie, afin de gouverner et le prince, dont ils commandoient le respect au peuple, et le peuple, qu'ils faisoient obéir au prince. Si l'Égypte eût été une puissance indépendante au moment de la révolution grecque, elle auroit peut-être échappé à son influence; mais elle ne formoit plus qu'une province de la Perse, et elle se trouva enveloppée dans les malheurs de l'empire auquel le sort l'avoit asservie.

L'antique royaume de Sésostris offroit alors des rapports frappants avec l'Italie moderne : gouverné en apparence par des monarques, en réalité par un pontife maître de l'opinion, il se composoit de magnificence et de foiblesse [3]; on y voyoit de même de superbes ruines [4] et un peuple esclave, les sciences parmi quelques-uns, l'ignorance chez tous. C'est sur les bords du Nil que les philosophes de l'antiquité alloient puiser les lumières; c'est sous le beau ciel de Florence que l'Europe barbare a rallumé le flambeau des lettres [5]; dans les deux pays elles s'étoient conservées sous le voile mystérieux d'une langue savante, inconnue au vulgaire [6]. Ce fut encore le lot de ces contrées d'être, dans leur âge respectif, les seuls canaux d'où les richesses des Indes couloient pour le reste des peuples [7]. Avec tant de conformité de mœurs, de circonstances, l'Égypte et l'Italie durent éprouver à peu près le même sort, l'une au temps des troubles de la Grèce, l'autre dans la révolution présente. Entraînées, malgré elles, dans une guerre désastreuse, par l'impulsion coercitive d'une autre puissance, la première, province du grand empire des Perses, la seconde, soumise en partie à celui d'Allemagne, il leur fallut livrer des batailles pour la cause d'une nation étrangère, et s'épuiser dans des querelles qui n'étoient pas les leurs [1]. Bientôt les ennemis victorieux tournèrent leurs armes et leurs intrigues, encore plus dangereuses, contre elles [2]. Ils soulevèrent l'ambition de quelques particuliers [3]; et l'on vit la terre sacrée des talents ravagée par des Barbares. Les Perses cependant parvinrent à arracher l'Égypte [4] des mains des Athéniens et de leurs alliés, mais ce ne fut qu'après six ans de calamités. Elle finit par passer sous le joug de ces mêmes Grecs, au temps des conquêtes d'Alexandre, conquêtes qu'on peut regarder elles-mêmes comme l'action éloignée de la révolution républicaine de Sparte et d'Athènes.

CHAPITRE XXX.

Carthage.

Nous trouvons sur la côte d'Afrique les célèbres Carthaginois, qui, de tous les peuples de l'antiquité, présentent les plus grands rapports avec les nations modernes. Aristote a fait un

---

[1] Outre la grande influence qu'ils avoient dans le gouvernement, leurs terres étoient exemptes d'impôts.
[2] JABLONSK., Panth. Ægypt.
[3] l'Égypte fut presque toujours conquise par ceux qui voulurent l'attaquer.
[4] Dans sa plus haute prospérité, elle étoit couverte des monuments en ruine d'un peuple ancien qui florissoit avant l'invasion des Pasteurs.
[5] Les Lycurgue, les Pythagore. — Sous les Médicis.
[6] La langue hiéroglyphique. — Le latin.
[7] Tyr avoit quelques ports sur le golfe Arabique, mais elle les perdit bientôt. — Commerce de Florence, de Venise, de Livourne avec l'Égypte, avant la découverte du passage par le cap de Bonne-Espérance.
[2] THUCYD., lib. I, cap. CII.
[3] Inarus, qui insurgea l'Égypte contre Artaxerxès, roi des Perses. Les François n'ont envahi l'Italie qu'en semant la corruption autour d'eux, et en fomentant des insurrections à Gênes, à Rome, à Turin, etc.
[4] Les Grecs y furent presque anéantis, étant obligés

magnifique éloge de leurs institutions politiques[1]. Le corps du gouvernement étoit composé : de deux suffètes ou consuls annuels ; d'un sénat ; d'un tribunal des cent, qui servoit de contre-poids aux deux premières branches de la constitution ; d'un conseil des cinq, dont les pouvoirs s'étendoient à une espèce de censure générale sur toute la législature ; enfin, de l'assemblée du peuple, sans laquelle il n'y a point de république[2][a].

Carthage adopta en morale les principes de Lacédémone. Elle bannit les sciences et défendit même qu'on enseignât le grec aux enfants[3]. Elle se mit ainsi à l'abri des sophismes et de la faconde de l'Attique. Il seroit inutile de rechercher l'état des lumières chez un pareil peuple. Je parlerai incessamment de la partie des arts, dans laquelle il avoit fait des progrès considérables.

Atroces dans leur religion, les Carthaginois jetoient, en l'honneur de leurs dieux, des enfants dans des fours embrasés[4] ; soit qu'ils crussent que la candeur de la victime étoit plus agréable à la divinité, soit qu'ils pensassent faire un acte d'humanité en délivrant ces êtres innocents de la vie avant qu'ils en connussent l'amertume.

Leurs principes militaires différoient aussi de ceux du reste de leur siècle. Ces marchands africains, renfermés dans leurs comptoirs, laissoient à des mercenaires, de même que les peuples modernes, le soin de défendre la patrie[5]. Ils achetoient le sang des hommes au prix de l'or acquis à la sueur du front de leurs esclaves, et tournoient ainsi au profit de leur

bonheur la fureur et l'imbécillité de la race humaine.

Mais les habitants des terres puniques se distinguoient surtout par leur génie commerçant. Déjà ils avoient jeté des colonies en Espagne, en Sardaigne, en Sicile, le long des côtes du continent de l'Afrique, dont ils osèrent mesurer la vaste circonférence ; déjà ils s'étoient aventurés jusqu'au fond des mers dangereuses des Gaules et des îles Cassitérides[1]. Malgré l'état imparfait de la navigation, l'avarice, plus puissante que les inventions humaines, leur avoit servi de boussole sur les déserts de l'Océan[a].

CHAPITRE XXXI.

Parallèle de Carthage et de l'Angleterre. Leurs constitutions.

J'AI souvent considéré avec étonnement les similitudes de mœurs et de génie qui se trouvent entre les anciens souverains des mers et les maîtres de l'Océan d'aujourd'hui. Ils se ressemblent et par leurs constitutions politiques, et par leur esprit à la fois commerçant et guerrier[2]. Examinons le premier de ces deux rapports.

Que leurs gouvernements étoient les mêmes, c'est ce qui se prouve évidemment par les principes. La chose publique se composoit à Carthage, ainsi qu'en Angleterre, d'un roi[3] et de deux chambres : la première appe-

---

de se rendre à discrétion. Trop loin de leur pays, ils ne pouvoient en recevoir les secours nécessaires : la même position attirera, tôt ou tard, les mêmes désastres aux François en Italie, si la paix ne prévient l'effusion du sang.

[1] Arist., de Rep., lib. II, cap. xi.
[2] Arist., de Rep.; Polyb., lib. VI, p. 493; Just., lib. XIX, cap. ii; Corn. Nep., in Annib., cap. iii.
[a] Le jeune auteur se plaît évidemment au détail de ces combinaisons politiques, qui rentrent dans son système favori. Il est vrai qu'il n'y avoit point de république sans assemblée du peuple, avant que la république représentative eût été trouvée. (N. Éd.)
[3] Justin., lib. II, cap. v.
[4] Plut., de Superst., pag. 171.
[5] Corn. Nep., in Annib.

[1] Strab., lib. V; Diod., ibid. Just., lib. XLIV, cap. v; Polyb., lib. II; Han., Peripl.; Herod., lib. III, cap. cxxv.
Probablement les îles Britanniques.
[a] Je ne renie point ces derniers chapitres ; à quelques anglicismes près, je les écrirois aujourd'hui tels qu'ils sont. (N. Éd.)
[2] Là finit la ressemblance. On ne peut comparer l'humanité et les lumières des Anglois avec l'ignorance et la cruauté des Carthaginois.
[3] Les Grecs ont quelquefois appelé du nom de roi ce

lée *le sénat*, et représentant les communes ; la seconde connue sous le nom du *conseil des cent*. Cette puissance, en s'ajoutant ou se retranchant, selon les temps, aux deux autres membres de la législature, devenoit, de même que les pairs de la Grande-Bretagne, le poids régulateur de la balance de l'état. Mais comment arrivoit-il que la constitution punique fût républicaine, et la constitution angloise monarchique ? Par une de ces opérations merveilleuses de politique que je vais tâcher d'expliquer.

Supposons une proportion politique, dont les moyens soient P, S, R. Si vous intervertissez l'ordre de ces lettres, vous aurez des rapports différents, mais les termes resteront les mêmes. Le gouvernement de Carthage étoit composé de trois parties : le peuple, le sénat et les rois, P, S, R. Elle étoit une république, parce que le peuple en corps étoit législateur et formoit le premier terme de la proportion. Pour rendre cette constitution monarchique, sans en altérer les principes, c'est-à-dire sans la rendre despotique, qu'auroit-il fallu faire ? Changer notre proportion, P, S, R, en cette autre, R, S, P, c'est-à-dire transposant les moyens extrêmes P et R : le pouvoir législatif se trouvant alors dévolu aux rois et au sénat, en même temps que le peuple en retient encore une troisième partie. Mais si le peuple, n'étant plus qu'un tiers du législateur, continue d'exercer en corps ses fonctions, la proportion est illusoire, car là où la nation s'assemble en masse, là existe une république. Le peuple, dans ce cas, ne peut donc qu'être représenté[1]. De là, la constitution angloise.

Et l'un et l'autre gouvernement seront excellents : le premier à Carthage, chez un petit peuple simple et pauvre[1]; le second en Angleterre, chez une grande nation, cultivée et riche.

A présent, si dans notre proportion politique, après avoir changé les deux termes extrêmes, toujours en conservant les trois moyens primitifs P, S, R, nous voulions trouver la pire des combinaisons, que ferions-nous ? Ce seroit de n'admettre ni de roi ni de peuple, mais d'avoir je ne sais quoi qui en tiendroit lieu ; et c'est précisément ce que nous avons vu faire en France. En laissant dehors les deux termes P et R, la Convention a rejeté les deux principes sans lesquels il n'y a point de gouvernement. Les François ne sont point sujets, puisqu'ils n'ont point de roi ; ni républicains, parce que le peuple est représenté. Qu'est-ce donc que leur constitution ? Je n'en sais rien : un chaos qui a toutes les formes sans en avoir aucune, une masse indigeste où les principes sont tous confondus. Ou plutôt c'est le terme moyen de notre proportion S, multiplié par les deux extrêmes P et R ; c'est le sénat enflé de tout le pouvoir du roi et du peuple. Que sortira-t-il de ce corps gros de puissance et de passions ? Une foule de sales tyrans qui, nés et nourris dans ses entrailles, en sortiront tout à coup pour dévorer le peuple et le monstre politique qui les aura enfantés[a].

Quant aux autres colonnes de la législation punique, simples appendices à l'édifice, elles ne servoient qu'à en obstruer la beauté, sans ajouter à la solidité de l'architecture.

---

que nous connoissons sous celui de *suffète* : ceux-ci, comme nous l'avons vu, étoient au nombre de deux et changeoient tous les ans. Carthage eût-elle été gouvernée par un seul, conservant sa place à vie, sa constitution n'en auroit pas moins été républicaine, parce que tout découle du principe de l'assemblée ou de la non assemblée générale du peuple. Je m'étonne que les publicistes n'aient pas établi solidement ce grand axiome, qui simplifie la politique et donne l'explication d'une multitude de problèmes, sans cela insolubles. (Voy. les auteurs cités à la note 1 de la 2ᵉ colonne de la page 73, sur la forme du gouvernement.)

[1] Cet important sujet sur la représentation du peuple sera traité à fond dans la seconde partie de cet ouvrage. J'y montrerai en quoi J.-J. Rousseau s'est mépris, et en quoi il a approché de la vérité sur cette matière, la base de la politique. Je ne demande que du temps. Il m'est impossible de tout mettre hors de sa place, de mêler tout.

[1] L'état étoit opulent; mais le citoyen, quoique riche d'argent, étoit pauvre de costumes et de goût.

[a] N'est-il pas assez singulier de trouver cette algèbre politique dans la tête d'un auteur qui avoit déjà ébauché dans ses manuscrits les premiers tableaux de *René* et d'*Atala* ? Puisque l'on aime le *positif* dans ce siècle, j'espère que ce chapitre en renferme assez, et que cette précision mathématique, transportée dans la science des gouvernements, plaira aux esprits les plus sérieux. Ma politique, comme on le voit, n'est pas une politique de circonstance; elle date de loin, elle est l'étude et le penchant de toute ma vie, et l'on pourroit croire que

Au reste, les gouvernements de Carthage et d'Angleterre, qui ont joui des mêmes applaudissements, ont aussi partagé les mêmes censures. Les peuples contemporains leur reprochèrent la vénalité et la corruption dans les places de sénateurs[1]. Polybe[2] remarque que ce peuple africain, si jaloux de ses droits, ne regardoit pas un pareil usage comme un crime. Peut-être avoit-il senti que de toutes les aristocraties, celle des richesses, lorsqu'elle n'est pas portée à un trop grand excès, est la moins dangereuse en elle-même, le propriétaire ayant un intérêt personnel au maintien des lois, tandis que l'homme sans propriétés tend sans cesse, par sa nature, à bouleverser et à détruire[a].

CHAPITRE XXXII.

Les deux partis dans le sénat de Carthage. Hannon. Barca.

MÊMES institutions, mêmes choses, mêmes hommes, comme de moules pareils il ne peut sortir que des formes égales. Le sénat de Carthage, tel que le parlement d'Angleterre, se trouvoit divisé en deux partis, sans cesse opposés d'opinions et de principes[1]. Dirigées par les plus grands génies et par les premières familles de l'état, ces factions éclatoient surtout en temps de guerres et de calamités nationales[2]. Il en résultoit pour la nation cet avantage, que les rivaux, se surveillant afin de se surprendre, avoient un intérêt personnel à aimer la vertu, en tant qu'elle leur étoit personnellement utile, et à haïr le vice dans les autres.

L'histoire de ces dissensions politiques, au moment de la révolution républicaine en Grèce, ne nous étant pas parvenue, nous la considérerons dans un âge postérieur à ce siècle, en concluant, par induction, l'état passé de la métropole africaine.

C'est à l'époque de la seconde guerre punique que nous trouvons la flamme de la discorde brûlant de toutes parts dans le sénat de Carthage. Hannon, distingué par sa modération, son amour du bien public et de la justice, brilloit à la tête du parti qui, avant la déclaration de la guerre, opinoit aux mesures pacifiques[3]. Il représentoit les avantages d'une paix durable sur les hasards d'une entreprise dont les succès incertains coûteroient des sommes immenses, et finiroient peut-être par la ruine de la patrie[4].

Amilcar, surnommé *Barca*, père d'Annibal, d'une famille chère au peuple, soutenu de beaucoup de crédit et d'un grand génie, entraînoit après lui la majorité du sénat. Après sa mort la faction Barcine continua de se prononcer en faveur des armes. Sans doute elle

---

[a] ce chapitre est extrait de *la Monarchie selon la Charte* ou du *Conservateur*. (N. ÉD.)

[1] POLYB., lib. VI, pag. 494.
[2] *Id., ibid.*

Pour pouvoir être élu membre du sénat, il falloit à Carthage, comme en Angleterre, posséder un certain revenu. Aristote blâme cette loi, en quoi il a certainement très tort. Si la France avoit été protégée par un pareil statut, elle n'auroit pas souffert la moitié des maux qu'elle a éprouvés. On dit : Un J.-J. Rousseau n'auroit pu être député! C'est un malheur, mais infiniment moindre que l'admission des non propriétaires dans un corps législatif. Heureusement les François reviennent à ce principe.

J'aime à me voir défendre ainsi les principes conservateurs de la société, je me suis assez franchement critiqué pour avoir le droit de remarquer le bien quand je le rencontre dans cet ouvrage. Je dirai donc que je n'aperçois pas dans l'*Essai* une seule erreur politique un peu grave, un seul principe qui dévie de ceux que je professe aujourd'hui; partout c'est la liberté, l'égalité devant la loi, la propriété, la monarchie, le roi légitime que je réclame, tandis que les erreurs religieuses et morales sont malheureusement trop nombreuses. Mais dans ces erreurs mêmes il n'y a rien qui ne soit racheté par quelque sentiment de charité, de bienveillance, d'humanité. J'en appelle au lecteur de bonne foi : qu'il dise si je porte de l'*Essai*, sous ce rapport, un jugement trop favorable. (N. ÉD.)

[1] LIV., lib. XXI.
[2] Comme au temps de la guerre d'Agathocle et de celle des Mercenaires.
[3] LIV., lib. XXI.
[4] *Id., ibid.*

faisoit valoir l'injustice des Romains, qui, sans respecter la foi des traités, s'étoient emparés de la Sardaigne [1]. Ainsi la Hollande a amené de nos jours la rupture entre la France et l'Angleterre.

Durant le cours des hostilités, la minorité ne cessa de combattre les résolutions adoptées : tantôt elle s'efforçoit de diminuer les victoires d'Annibal, tantôt d'exagérer ses revers. Elle jetoit mille entraves dans la marche du gouvernement ; et, sans le génie du général carthaginois, son armée, faute de secours, périssoit totalement en Italie [2]. Vers la fin de la guerre, les partis changèrent d'opinions. Annibal, bien que de la majorité, après la bataille de Zama, parla avec chaleur en faveur de la paix [3]. Un seul sénateur eut le courage de s'y opposer ; Gisgon représenta que ses concitoyens devoient plutôt périr généreusement les armes à la main, que se soumettre à des conditions honteuses [4]. L'homme illustre répliqua qu'on devoit remercier les dieux, qu'en des circonstances si alarmantes, les Romains se montrassent encore disposés à des négociations [5]. Son avis prévalut. L'on dépêcha en Italie des ambassadeurs du parti d'Hannon, qui, amusant leurs vainqueurs du récit de leurs querelles domestiques, se vantoient que, si l'on eût d'abord suivi leurs conseils, ils n'auroient pas été obligés de venir mendier la paix à Rome [6] [a].

---

[1] Liv., lib. XXI ; Polyb., lib. III, pag. 162.

[2] Liv., lib. XXIII, nos 11, 14, 23.

[a] Lorsqu'au récit de la bataille de Cannes, un membre de la faction Barcine demandoit à Hannon s'il étoit encore mécontent de la guerre, celui-ci répondit « qu'il étoit toujours dans les mêmes sentiments, et que (supposé que ces victoires fussent vraies) il ne s'en réjouissoit qu'autant qu'elles mèneroient à une paix avantageuse. » Ne croit-on pas entendre parler un membre de l'opposition ? n'est-il pas étonnant qu'on doutât à Carthage, comme en Angleterre, des succès mêmes des armées ? Ou plutôt cela n'est pas étonnant.

[3] Polyb., lib. XV.

[4] Polyb., ib.; Liv., lib. XXX.

[5] Id., ibid.; id., ibid.

[6] Liv., ibid.

[a] Quoiqu'il y ait toujours quelque chose de forcé dans ce parallèle de l'Angleterre et de Carthage, il me semble moins étrange que les autres, et les faits historiques sont curieux. (N. Éd.)

CHAPITRE XXXIII.

Suite.

Minorité et majorité dans le Parlement d'Angleterre.

LES troubles qui commencèrent à agiter l'Angleterre vers la fin du règne de Jacques Ier donnèrent naissance aux deux divisions qui sont, depuis cette époque, restées distinctes dans le parlement de la Grande-Bretagne. L'opposition, d'abord connue sous le nom du *Parti de la campagne* [1] (*country Party*), traîna peu après le malheureux Charles Ier à l'échafaud. Sous le règne de son successeur, la minorité prit la célèbre appellation de *whig* [2] ; et, sous un homme dévoré de l'esprit de faction, lord Shaftesbury, fut sur le point de replonger l'état dans les malheurs d'une révolution nouvelle [3]. Jacques II, par son imprudence, fit triompher le parti des whigs, et Guillaume III s'empara d'une des plus belles couronnes de l'Europe [4]. La reine Anne, longtemps gouvernée par les whigs, retourna ensuite aux torys. Le rappel du duc de Marlborough sauva la France d'une ruine presque inévitable [5]. Georges Ier, électeur de Hanovre, soutenu de toute la puissance des premiers qui le portoient au trône, se livra à leurs conseils [6]. Ce fut sous le règne de Georges II que la minorité commença à se faire connoître sous le nom de *parti de l'opposition*, qu'elle retient encore de nos jours. Elle obtint alors plusieurs victoires célèbres. Elle renversa sir Robert

---

[1] Hume's *Hist. of Engl.*, vol. VII.

[2] *Id.*, vol. VIII, cap. LXVIII, pag. 126.

[3] *Id.*, cap. LXIX, pag. 166.

[4] *Id.*, cap. LXXI, pag. 294.

[5] Smoll., *Contin. to Hume's Hist. of Engl.*; Volt., *Siècle de Louis XIV*.

[6] *Id.*; Smoll., *Contin.*, etc.

Walpole, ministre qui, par son système pacifique, s'étoit rendu cher au commerce [1] [a]. Bientôt elle parvint à mettre à la tête du cabinet le grand lord Chatham, qui éleva la gloire de sa patrie à son comble, dans la guerre de 1754, si malheureuse à la France [2]. Lord Bute ayant succédé à lord Chatham, peu après l'avénement de sa majesté régnante au trône d'Angleterre, l'opposition perdit son crédit. Elle tâcha de le recouvrer dans l'affaire de M. Wilkes, membre du parlement, décrété pour avoir écrit un pamphlet contre l'administration [3]. Mais le fatal impôt du timbre, qui rappelle à la fois la révolution américaine et celle de la France, lui donna bientôt une nouvelle vigueur [4]. Telle est la chaîne des destinées : personne ne se doutoit alors qu'un bill de finance, passé dans le parlement d'Angleterre en 1765, élèveroit un nouvel empire sur la terre, en 1782, et feroit disparoître du monde un des plus antiques royaumes de l'Europe, en 1789 [5].

L'opposition crut avoir remporté un avantage signalé sur le ministre lorsqu'elle eut obtenu le rappel de ce trop fameux impôt; et il n'est pas moins certain que ce fut ce rappel même, encore plus que le bill, qui a causé la révolution des colonies [1].

---

[1] *Id., Hist. of the House of Brunswick-Lune*b.
[a] Il falloit ajouter, « et odieux à la nation par son système de corruption. » (N. Éd.)
[2] SMOLL., *Cont.*, etc. *Hist. of the House of Bruns.-Lun.*
[3] GUTH., *Geogr. Gram.*, pag. 542.
[4] *Id.*, pag. 545; RAMSAY's *Hist. of the Am. Revol.*
[5] Une étincelle de l'incendie allumé sous Charles Ier tombe en Amérique en 1656 (émigration des puritains). l'embrase en 1765, repasse l'Océan en 1789 pour ravager de nouveau l'Europe. Il y a quelque chose d'incompréhensible dans ces générations de malheurs.

En songeant à l'empire américain d'aujourd'hui on ne peut s'empêcher de jeter les yeux en arrière sur son origine. C'est une chose désolante et amusante à la fois, que de contempler les pauvres humains jouets de leurs propres folies, et conduits aux mêmes résultats par les préjugés les plus opposés. Les puritains avoient demandé à Dieu, avec prières, qu'il les dirigeât dans leur pieuse émigration, et Dieu les conduisit au cap Cod, où ils périrent presque tous de faim et de misère. Bientôt après leurs ennemis mortels, les catholiques, viennent débarquer auprès d'eux sur les mêmes rivages. Une cargaison de graves fous, avec de grands chapeaux et des habits sans boutons, descendent ensuite sur les bords de la Delaware, etc. Que devoit penser un Indien regardant tour à tour les étranges histrions de cette grande farce tragi-comique que joue sans cesse la société? En voyant des hommes brûler leurs frères dans la Nouvelle-Angleterre, pour l'amour du ciel ; une autre race, en Pensylvanie, faisant profession de se laisser couper la gorge sans se défendre; une troisième, dans le Maryland, accompagnée de prêtres bigarrés, couverts de croix, de grimoires, et professant la tolérance universelle; une quatrième, en Virginie, avec des esclaves noirs et des docteurs persécuteurs en grandes robes : cet Indien, sans doute, ne pouvoit s'imaginer que ces gens-là venoient d'un même pays? Cependant, tous sortoient de la petite île d'Angleterre, tous ne formoient qu'une seule et même nation. Quand on songe à la variété et à la complication des maladies qui fermentent dans un corps politique, on comprend à peine son existence.

Sur la foi des livres et des intéressés, au seul nom des Américains, nous nous enthousiasmons de côté-ci de l'Atlantique. Nos gazettes ne nous parlent que des Romains de Boston et des tyrans de Londres. Moi-même, épris de la même ardeur lorsque j'arrivai à Philadelphie, plein de mon Raynal, je demandai en grâce qu'on me montrât un de ces fameux quakers, vertueux descendants de Guillaume Penn. Quelle fut ma surprise quand on me dit que, si je voulois me faire duper, je n'avois qu'à entrer dans la boutique d'un frère; et que si j'étois curieux d'apprendre jusqu'où peut aller l'esprit d'intérêt et d'immoralité mercantile, on me donneroit le spectacle de deux quakers, désirant acheter quelque chose l'un de l'autre, et cherchant à se leurrer mutuellement. Je vis que cette société si vantée n'étoit, pour la plupart, qu'une compagnie de marchands avides, sans chaleur et sans sensibilité, qui ne sont faits une réputation d'honnêteté parce qu'ils portent des habits différents de ceux des autres, ne répondent jamais ni oui, ni non, n'ont jamais deux prix, parce que le monopole de certaines marchandises vous force d'acheter avec eux au prix qu'ils veulent; en un mot, de froids comédiens qui jouent sans cesse une farce de probité, calculée à un immense intérêt, et chez qui la vertu est une affaire d'agiotage.

Chaque voyoit ainsi, l'une après l'autre, se dissiper mes chimères, et cela me faisoit grand mal. Lorsque par la suite je connus davantage les Américains, j'ai parfois dit à quelques-uns d'entre eux, devant qui je pouvois ouvrir mon âme : « J'aime votre pays et votre gouvernement, mais je ne vous aime point, » et ils m'ont entendu.

[1] Les lords qui protestèrent contre ce rappel peuvent se vanter d'en avoir prédit les conséquences : « Because, the appearance of weakness and timidity in the government... has a manifest tendency to draw on further insults, and, by lessening the respect of all his Majesty's subjects to the dignity of his crown... throw the whole

---

* Cette note a paru dans le temps assez piquante, mais le ton en est peu convenable : c'est de la philosophie impie et de l'histoire à la manière de Voltaire. Les États-Unis et les Américains ont pris entre les gouvernements et les nations un rang qui ne permet plus de parler d'eux avec cette légèreté. (N. Éd.)

Trois ministres se succédèrent rapidement, après cette première irruption du volcan américain. Les rênes du gouvernement s'arrêtèrent enfin entre les mains de lord North, qui, de même que ses prédécesseurs, avoit adopté le système des taxes d'outre-mer [1]. L'insurrection des Bostoniens, lors de l'envoi du thé de la compagnie des Indes, ne fut pas plus tôt connue en Angleterre, que l'opposition redoubla de zèle et d'activité. Lord Chatham reparut dans la Chambre des pairs, et parla avec chaleur contre les mesures du cabinet. Sa motion étant rejetée par une majorité de cinquante-huit voix, les moyens coercitifs restèrent adoptés dans toute leur étendue.

Bientôt après le sang coula en Amérique. J'ai vu les champs de Lexington; je m'y suis arrêté en silence, comme le voyageur aux Thermopyles, à contempler la tombe de ces guerriers des deux mondes qui moururent les premiers, pour obéir aux lois de la patrie. En foulant cette terre philosophique, qui me disoit, dans sa muette éloquence, comment les empires se perdent et s'élèvent, j'ai confessé mon néant devant les voies de la Providence, et baissé mon front dans la poussière.

Grand exemple des malheurs qui suivent tôt ou tard une action immorale en elle-même, quels que soient d'ailleurs les brillants prétextes dont nous cherchions à nous fasciner les yeux, et la politique fallacieuse qui nous éblouit! La France, séduite par le jargon philosophique, par l'intérêt qu'elle crut en retirer, par l'étroite passion d'humilier son ancienne rivale, sans provocation de l'Angleterre, viola, au nom du genre humain, le droit sacré des nations. Elle fournit d'abord des armes aux Américains, contre leur souverain légitime, et bientôt se déclara ouvertement en leur faveur. Je sais qu'en subtile logique, on peut argumenter de l'intérêt général des hommes dans la cause de la liberté; mais je sais que, toutes les fois qu'on appliquera la loi du tout à la partie, il n'y a point de vice qu'on ne parvienne à justifier. La révolution américaine est la cause immédiate de la révolution françoise. La France déserte, noyée de sang, couverte de ruines, son roi conduit à l'échafaud, ses ministres proscrits ou assassinés, prouvent que la justice éternelle, sans laquelle tout périroit en dépit des sophismes de nos passions, a des vengeances formidables.

C'est une tâche pénible et douloureuse pour un François, dans l'état actuel de l'Europe, que la lecture de cette période de l'histoire américaine. Souvent ai-je été obligé de fermer le volume, oppressé par les comparaisons les plus déchirantes, par un profond et muet étonnement, à la vue de l'enchaînement des choses humaines. Chaque syllabe de Ramsay retentit amèrement dans votre cœur, lorsqu'on voit l'honnête citoyen vanter, contre sa propre conviction, la duplicité de la conduite de la France envers l'Angleterre. Mais, lorsque avec un cœur brûlant de reconnoissance il vient à verser les bénédictions sur la tête de l'excellent Louis XVI; lorsqu'il arrive à cet endroit où M. de La Fayette, recevant la première nouvelle du traité d'alliance, se jette avec des larmes de joie dans les bras de Washington; qu'au même instant, la nouvelle volant dans l'armée au milieu des transports, le cri de « longue vie au roi de France! » s'échappe involontairement à la fois de mille bouches et de mille cœurs; le livre tombe des mains, le coup de poignard pénètre jusqu'au fond des entrailles. Américains! La Fayette, votre idole, n'est qu'un scélérat! Ces gentilshommes françois, jadis le sujet de vos éloges, qui ont versé leur sang dans vos batailles, ne sont que des misérables couverts de votre mépris, et à qui peut-être vous refuserez un asile! et le père auguste de votre liberté.... un de vous ne l'a-t-il pas jugé [1]? N'avez-vous pas juré amour et alliance à ses assassins sur sa tombe [2]!

---

[1] British empire into a miserable state of confusion, etc.» (*Copies of the two protests against the bill to repeal the Am. St-p. Act.* 8, pag. 40. Printed at Paris, 1766.)

[1] Rams., ib.

[1] Un étranger, non! un Américain, séant juge dans le procès de mort de Louis XVI! O hommes! ô Providence!

[2] Je ne sais que dire des pages qui commencent à cette phrase, *j'ai vu les champs de Lexington*, et finissent à celle-ci, *n'avez-vous pas juré amour et alliance à ses assassins sur sa tombe?* Mais, quelles que soient maintenant les hautes destinées de l'Amérique, je ne changerois pas un mot à ces pages, si je pouvois retrouver pour les écrire la chaleur d'âme qui

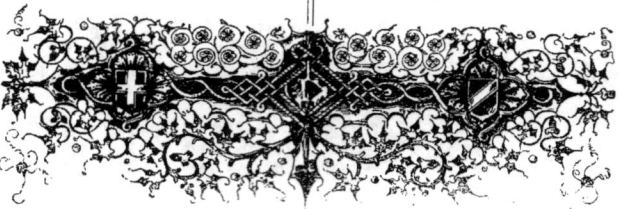

Durant tout le reste de la guerre, l'opposition ne cessa de harceler les ministres, et devint de plus en plus puissante, en proport on des calamités nationales. C'étoit alors que M. Burke lançoit, comme la foudre, son éloquence sur la tête des ministres. Ce grand orateur, qui possède un des plus beaux talents dont l'homme ait été jamais dignifié, se surpassa lui-même dans ces circonstances. Il remonta jusqu'à la source des troubles des colonies, en traça fièrement les progrès, et, avec ce génie inspiré qui lui a fait tant de fois prévoir l'avenir, plaida la cause de la liberté américaine dans le langage sublime et pathétique de Démosthène.

Enfin, le 27 mars 1782, l'opposition remporta une victoire complète : le cabinet fut changé, et le marquis de Rockingham placé à la tête du gouvernement.

La paix étant rétablie entre les puissances belligérantes, l'opposition se joignit au parti du ministre disgracié. M. Fox et lord North formèrent ce qu'on appela la *coalition des chefs*, qui entraînoit après elle la majorité du parlement. Lord Shelburne, successeur du marquis de Rockingham, mort le 1er juillet 1782, fut obligé de se retirer, et M. Fox, lord North et le duc de Portland, se saisirent du timon de l'état.

M. Fox n'occupa que quelques instants le ministère. Son fameux bill de la compagnie des Indes ayant été rejeté dans la Chambre des pairs, il remit peu après [1] les sceaux de son emploi, et M. Pitt remplaça le duc de Portland, comme premier lord de la trésorerie.

Les principales opérations du gouvernement depuis l'ascension de M. Pitt aux affaires ont été : 1° le bill de ce ministre concernant la compagnie des Indes, du 5 juillet 1784;

2° celui du 18 avril 1785, en faveur d'une réforme parlementaire, rejeté par une majorité de soixante-quatorze voix ; 3° le plan de liquidation de la dette nationale, par l'établissement d'un fonds d'amortissement, 1786 [1a] ; 4° l'acte de la traite des Nègres et de l'amélioration du sort de ces esclaves, 21 mai 1788. La nation étoit au faîte de la prospérité, et M. Pitt, qui n'avoit pas encore atteint sa trentième année, avoit montré ce que peut un seul homme pour la prospérité d'un état.

La maladie du roi, qui suivit peu de temps après, arracha la faveur du public à l'opposition, et couvrit le ministre de gloire. Sa Majesté, rendue aux vœux de tout un peuple, qui lui témoigna par des marques de joie (d'autant plus touchantes qu'elles couloient naturellement du cœur) à quel point elle étoit adorée, reprit bientôt les rênes de son empire, et elle continue à faire le bonheur de ceux qu'une fortune amie a rangés au nombre des sujets britanniques.

A la fin de cette courte histoire de l'opposition, nous placerons les portraits des deux hommes célèbres, depuis si long-temps l'objet des regards de l'Europe, et qui ont eu une si grande influence sur la révolution françoise.

CHAPITRE XXXIV.

M. Fox. M. Pitt.

TELS que nous avons vu paroître à la tête de la minorité et de la majorité, dans le sénat de Carthage, les plus beaux talents et les premiers hommes de leur siècle; tels, différens de

---

n'appartient qu'à la jeunesse. Ainsi dans aucun temps mes systèmes politiques n'ont étouffé le cri de ma conscience : les succès, la gloire, l'admiration même, lorsque je l'éprouve, ne m'empêchent point de sentir ce qu'il y a d'injuste ou d'ingrat dans la conduite des hommes.

A l'époque où . de La Fayette étoit émigré, les Américains, partisans de notre révolution, blâmoient sa conduite ; ils ont depuis récompensé magnifiquement ses services. N. Éd.

[1] Dans la nuit du 19 décembre 1783.

[1a] Un million annuel.

[a] Je n'ai pas attendu à être membre de la Chambre des pairs pour m'occuper de l'économie politique : on voit que je savois ce que c'étoit que la liquidation d'une dette, et un fonds d'amortissement, quelque trentaine d'années avant que ceux qui parlent aujourd'hui de finances sussent peut-être faire correctement les quatre premières règles de l'arithmétique. (N. Éd.)

mœurs, d'opinions et d'éloquence, brillent, dans le parlement d'Angleterre, les deux grands orateurs dont nous essayons d'ébaucher une foible peinture.

M. Fox, plein de sensibilité et de génie, écoute son cœur lorsqu'il discourt, et se fait entendre ainsi aux cœurs sympathiques. Savant dans les lois de son pays, modéré dans ses sentiments politiques, connoissant la fragilité humaine, et réclamant pour les autres la même indulgence dont il peut avoir besoin pour lui, on le trouve rarement dans les extrêmes, ou, s'il s'y laisse entraîner quelquefois, ce n'est que par cette chaleur des temps, dont il est presque impossible de se défendre. Mais quand il vient à élever une voix touchante en faveur de l'infortuné, il règne, il triomphe. Toujours du parti de celui qui souffre, son éloquence est une richesse gratuite, qu'il prête sans intérêt au misérable; alors il remue les entrailles, alors il pénètre les âmes; alors une altération sensible dans les accents de l'orateur décèle tout l'homme; alors l'étranger dans la tribune résiste en vain, il se détourne et pleure. Haine d'un parti, idole de l'autre, ceux-là reprochent à M. Fox des erreurs, ceux-ci exaltent ses vertus; il ne nous appartient pas de prononcer. Lorsque le fracas des opinions et les fatigues d'une vie publique auront cessé pour cet homme célèbre, le moment de la justice sera venu; mais, quel que soit le jugement de la postérité, les malheureux des temps à venir, qui forment la majorité dans tous les siècles, diront : « Il aima nos frères d'autrefois, il parla pour eux. »

Lorsque M. Pitt prend la parole dans la Chambre des communes, on se rappelle la comparaison qu'Homère fait de l'éloquence d'Ulysse à des flocons de neige, descendant silencieusement du ciel. Émue, échauffée à la voix du représentant opposé, l'assemblée, pleine d'agitation, flotte dans l'incertitude et le doute : le chancelier de l'échiquier se lève, et sa logique, qui tombe avec grâce et abondance, vient éteindre une chaleur inutile, toujours dangereuse aux législateurs; chacun, étonné, sent ses passions se refroidir; le prestige du sentiment se dissipe; il ne reste que la vérité.

Placé à la tête d'une grande nation, M. Pitt doit avoir pour ennemis et les hommes dont son rang élevé attire l'envie, et ceux dont il combat les opinions. Le texte des déclamations contre le ministre britannique est la guerre funeste dans laquelle l'Europe se trouve maintenant enveloppée. Les principes en ont été souvent discutés; quant à la manière dont elle a été conduite, l'injustice des reproches qu'on a faits là-dessus au chancelier de l'échiquier doit frapper les esprits les plus prévenus. Veut-on prendre pour exemple des hostilités présentes les combats réguliers d'autrefois? Où sont ces petits esprits qui calculent pertinemment ce qu'on auroit dû faire, par ce qu'on a fait jadis, qui ne voient dans la lutte actuelle que des batailles perdues ou gagnées, et non le Génie de la France dans les convulsions d'une crise amenée par la force des choses, déchirant, comme l'Hercule d'OEta, ceux qui osent l'approcher, lançant leurs membres ensanglantés sur les plaines cadavéreuses de l'Italie et de la Flandre, et s'apprêtant à tourner sur lui-même des mains forcenées? On pourroit soupçonner qu'il existe des époques inconnues, mais régulières, auxquelles la face du monde se renouvelle. Nous avons le malheur d'être nés au moment d'une de ces grandes révolutions : quel qu'en soit le résultat, heureux ou malheureux pour les hommes à naître, la génération présente est perdue : ainsi le furent celles du cinquième et du sixième siècle, lorsque tous les peuples de l'Europe, comme des fleuves, sortirent soudainement de leur cours. Qui seroit assez absurde pour exiger que M. Pitt pût vaincre, par des mesures ordinaires, la fatalité des événements? Il y a des circonstances où les talents sont entièrement inutiles : qu'on me donne le plus grand ministre, un Ximenès, un Richelieu, un J. de Witt, un Chatham, un Kaunitz, et vous le verrez se rapetisser, et pour ainsi dire disparoître sous la pondération des choses et des temps actuels. Il ne s'agit plus de cabales obscures ou coupables de quelques cabinets intrigants, d'un champ disputé dans les déserts de l'Amérique : ce sont maintenant les masses irrésistibles des nations qui se heurtent et se choquent au gré du sort. Guerres au dehors, factions au dedans, mésintelligence de toutes parts; des ennemis dont

les opinions ne font pas moins de ravages que leurs armes, des peuples corrompus, des cours vicieuses, des finances épuisées, des gouvernements chancelants; pour moi, je l'avouerai, ce n'est pas sans étonnement que je vois M. Pitt portant seul, comme Atlas, la voûte d'un monde en ruine [1] [a].

[1] Ce langage m'oblige à déclarer que je ne suis ni l'apologiste de la guerre, ni celui de M. Pitt. Je ne connois ni ne connoîtrai vraisemblablement ce dernier; je n'attends ni ne demande rien de lui. Je n'aime point les grands, non que les petits vaillent mieux, mais parce que je ne sais point honorer l'habit d'un homme, et que mon opinion surtout n'en dépendra jamais. Né avec un cœur indépendant, j'exprimerai toujours hardiment ma pensée, en dépit de la fortune et des factions. J'ai donc parlé du chancelier de l'échiquier avec la même franchise que je l'aurois fait d'un autre homme. Est-ce d'après les déclamations des gazettes que je dois le juger? d'après les grossièretés que les François vomissent contre lui? Qu'on prouve, et je croirai; mais, en attendant, qu'il me soit permis de penser pour moi. Parce que les Jacobins ont commis des crimes, cela ne m'empêche pas de croire qu'une république est le meilleur de tous les gouvernements, lorsque le peuple a des mœurs; le pire de tous, lorsque le peuple est corrompu. Parce que tel démagogue insulte un homme, une nation, cela ne m'empêche pas d'estimer cet homme, cette nation, tandis que l'un et l'autre me paroissent estimables. Si j'avois eu de M. Pitt une opinion différente de celle que j'ai énoncée, je l'eusse exprimée avec le même courage; je n'aurois pas mis un moment en balance ma sûreté personnelle, et ce qui m'eût semblé la vérité. Que si ce langage paroit extraordinaire, je le crois fait pour honorer et moi et l'homme d'état dont je parle: que s'il s'offensoit de ce passage, je me suis trompé.

[a] Les éloges sont fort exagérés dans ce chapitre; mais c'est un tribut très-naturel de reconnoissance que je payois à l'hospitalité. Il y a d'ailleurs des choses vraies sur la différence qui existoit entre la guerre et la révolution et les guerres qui l'avoient précédée. Je me reconnois à peu près tel que je suis aujourd'hui dans la note qui termine ce chapitre: je n'aime point les grands, souvent je n'estime point les petits, et mon opinion ne dépendra jamais de personne. Ma franchise avec M. Pitt est sincère; mais elle est risible. Étoit-il probable que le premier ministre d'Angleterre liroit jamais l'ouvrage obscur d'un obscur émigré? (N. Éd.)

CHAPITRE XXXV.

Suite du parallèle entre Carthage et l'Angleterre. La guerre et le commerce. Annibal, Marlborough. Hannon, Cook; traduction du voyage du premier, extrait de celui du second.

Il ne nous reste plus qu'à considérer Carthage et l'Angleterre dans leur esprit guerrier et commerçant.

J'ai déjà touché quelque chose de cet intéressant sujet. Ajoutons que, par un jeu singulier de la fortune, la rivale de Rome et celle de la France ne comptèrent chacune qu'un grand général: la première, Annibal; la seconde, Marlborough [1]. Un parallèle suivi entre ces hommes illustres nous écarteroit trop de notre sujet; il suffira de remarquer que, tous les deux employés contre l'antique ennemi de leur patrie, ils le réduisirent également à la dernière extrémité [2], et furent sur le point d'entrer en triomphe dans la capitale de son empire; qu'on leur reprocha le même défaut, l'avarice; enfin, que tous deux rappelés dans leur pays, ils n'y trouvèrent que l'ingratitude.

Quant au commerce, en ayant déjà décrit l'étendue, je me contenterai de citer un fait peu connu. Carthage est la seule puissance ma-

[1] Il y eut sans doute quelques grands généraux à Carthage et en Angleterre, mais aucun aussi célèbre qu'Annibal et Marlborough.

[2] A présent le siècle impartial convient qu'on ne doit pas juger Marlborough avec autant d'enthousiasme que nos pères; il auroit fallu le voir aux prises avec les Condé et les Turenne pour bien juger de ses talents. Il n'eut jamais en tête que de mauvais généraux, et il agit presque toujours en conjonction avec le prince Eugène. La seule fois qu'il combattit contre un grand capitaine, je crois, à Malplaquet, il perdit vingt-deux mille hommes, encore Villars n'avoit-il que des recrues qui n'avoient jamais vu le feu, et manquoient de tout, même de pain. A la prise de Lille, Vendôme étoit subordonné au duc de Bourgogne. Annibal combattit les Fabius, les Scipion, etc.

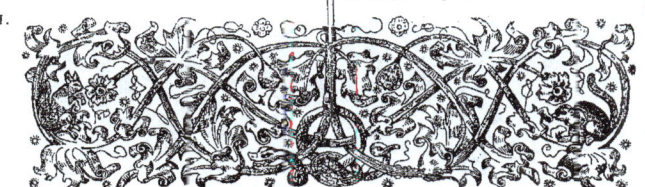

ritime de l'antiquité qui, de même que l'Angleterre, ait imaginé les lois prohibitives pour ses colonies. Celles-ci étoient obligées d'acheter aux marchés de la mère-patrie les divers objets dont elles se faisoient besoin, et ne pouvoient s'adonner à la culture de telle ou telle denrée [1]. On juge par ce trait jusqu'à quel degré la vraie nature du commerce et les calculs du fisc étoient entendus de ce peuple africain; peut-être aussi y trouveroit-on la cause des troubles qui ne cessoient d'agiter les colonies puniques.

Que si encore deux gouvernements se livrent aux mêmes entreprises suggérées par des motifs semblables, on doit en conclure que ces gouvernements sont animés d'une portion considérable du même génie; or, nous voyons que ceux de Carthage et d'Angleterre furent souvent mus d'après de semblables principes, vers des objets de prospérité nationale. Nous allons rapporter les deux voyages entrepris pour l'agrandissement du commerce dans l'ancien monde et dans le monde moderne: le premier, fait par ordre du sénat de Carthage, à une époque qui n'est pas exactement connue [2]; le second, exécuté de nos jours par la munificence du roi de la Grande-Bretagne. Hannon, qui commandoit l'expédition carthaginoise, devoit, en entrant dans l'Océan par le détroit de Gades ou de Gadir [3], découvrir les terres inconnues en faisant le tour de l'Afrique, et jetant çà et là des colonies sur ses rivages. Sans l'usage de la boussole, avec une imparfaite connoissance du ciel et de frêles barques souvent conduites à la rame, lorsqu'on se représente qu'il auroit fallu affronter les tempêtes du cap de Bonne-Espérance, si longtemps la borne redoutable des navigateurs modernes, on ne peut que s'étonner du génie hardi qui poussoit les Carthaginois à ces entreprises périlleuses. Le dessein échoua en partie : de retour dans sa patrie, Hannon publia une relation de son voyage, et son journal, étant traduit en grec par la suite, nous a, par ce moyen, été conservé. La brièveté et l'intérêt de l'unique monument de littérature punique qui soit échappé aux ravages du temps [1], m'engagent à le donner ici dans son entier; nous placerons, selon notre méthode, un des morceaux les plus piquants du voyage de Cook auprès de celui de l'amiral carthaginois : on sait que le premier de ces deux navigateurs fut employé à la découverte d'un passage de la mer du Sud dans l'Atlantique, par les mers septentrionales de l'Amérique et de l'Asie [2].

VOYAGE PAR MER ET PAR TERRE, AU-DELÀ DES COLONNES D'HERCULE, FAIT PAR HANNON, ROI DES CARTHAGINOIS, QUI, A SON RETOUR, VOUA DANS LE TEMPLE DE SATURNE LA RELATION SUIVANTE :

Le peuple de Carthage m'ayant ordonné de faire un voyage au-delà des *Colonnes d'Hercule*, pour y fonder des villes liby-phéniciennes, je mis en mer avec une flotte de 60 vaisseaux à 50 rames, ayant à bord une grande quantité de vivres, d'habits, et environ trente mille personnes, tant hommes que femmes.

Deux jours après que nous eûmes fait voile, nous passâmes le détroit de *Gades*, et jetames le lendemain sur la côte d'Afrique, dans un lieu où s'étend une plaine considérable, une colonie que nous appelâmes *Thymiaterium*. De là, cinglant à l'ouest, nous fimes le cap Soloent sur la côte de Libye, promontoire couvert d'arbres, où nous élevâmes un temple à Neptune.

Dirigeant notre course à l'Orient, après un demi-jour de navigation nous atteignîmes, à peu de distance de la mer, la hauteur d'un lac [3] plein de grands roseaux, où nous vîmes des éléphants et

---

[1] ARIST., *de Mirab. auscult.*, tom. I, pag. 1159.
[2] Il est reconnu que ce voyage n'est pas de l'Hannon auquel on l'attribue, et qui devoit vivre vers le temps de l'expédition d'Agathoclès en Afrique. Les uns font l'auteur de ce journal contemporain d'Annibal; d'autres le rejettent à un siècle qui approcheroit de la révolution de la Grèce dont nous parlons : peu importe au lecteur.
[3] Cadix.

[1] Il nous reste une scène en punique dans Plaute, et des fragments d'un ouvrage sur l'agriculture, traduit en latin, où l'on apprend le secret d'engraisser les rats.
[2] Je demande bien pardon de ce chapitre à la mémoire d'Annibal; les citations servent du moins ici à couvrir le vice du sujet. Je ne sais trop pourquoi le Périple d'Hannon et les Voyages de Cook se trouvent compromis dans la révolution françoise, mais enfin ils sont amusants; il faut les prendre pour ce qu'ils sont, et oublier l'*Essai historique*. (N. ÉD.)
[3] Il se trouve ici une difficulté dans le grec. On croiroit d'abord qu'Hannon a remonté une rivière, ensuite on le trouve fondant des villes maritimes. J'ai suivi le sens qui m'a paru le plus probable.

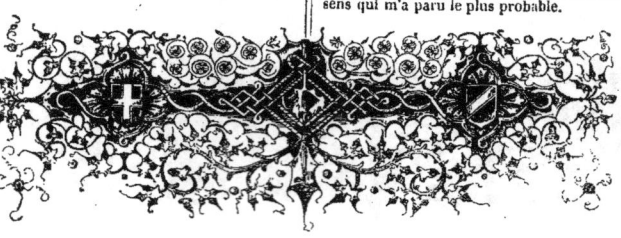

plusieurs autres animaux sauvage paissant çà et là. A un jour de navigation de ce lac nous fondâmes plusieurs villes maritimes : Cytte, Acra, Mélisse, etc.

Durant notre relâche nous avançâmes jusqu'au grand fleuve Lixa, qui sort de la Libye, non loin des Nomades; nous y trouvâmes les Lixiens qui s'occupent de l'éducation des troupeaux. Je demeurai quelque temps parmi eux et conclus un traité d'alliance.

Au-dessus de ces peuples habitent les Æthiopiens, nation inhospitalière, dont le pays est rempli de bêtes féroces et entrecoupé de hautes montagnes, où l'on dit que le Lixa prend sa source. Les Lixiens nous racontoient que ces montagnes sont fréquentées par les Troglodytes, hommes d'une forme étrange, et plus légers que les chevaux à la course. Je fis ensuite, avec des interprètes, deux journées au midi dans le désert.

A mon retour j'ordonnai qu'on levât l'ancre[1], et nous courûmes pendant vingt-quatre heures à l'est. Au fond d'une baie nous trouvâmes une petite île de cinq stades de tour, à laquelle nous donnâmes le nom de Cernes, et y laissâmes quelques habitants. J'examinai mon journal, et je trouvai que Cernes devoit être située sur la côte opposée à Carthage : la distance de cette île aux Colonnes d'Hercule étant la même que celle de ces mêmes Colonnes à Carthage.

Nous reprîmes notre navigation, et, après avoir traversé une rivière appelée Chrètes, nous entrâmes dans un lac où se formoient trois îles plus considérables que Cernes. Nous mîmes un jour à parvenir de ces îles jusqu'au fond du lac. De hautes montagnes en bordoient l'enceinte; nous y rencontrâmes des hommes couverts de peaux et habitants des bois, qui nous assaillirent à coups de pierres. Longeant les rives de ce lac, nous touchâmes à un autre fleuve large, couvert de crocodiles et de chevaux-marins. De là nous revirâmes et gagnâmes l'île de Cernes.

De Cernes, portant le cap au sud, nous rangeâmes pendant douze jours une côte habitée par des Æthiopiens qui paroissoient extrêmement effrayés, et se servoient d'un langage inconnu même à nos interprètes.

Le douzième jour nous découvrîmes de hautes montagnes chargées de forêts, dont les arbres de différentes espèces sont parfumés. Après avoir doublé ces montagnes, en deux jours de navigation, nous entrâmes dans une mer immense. Dans les parages avoisinant au continent s'élevoit une espèce de champ d'où nous voyions, durant la nuit, sortir, par intervalles, des flammes, les unes plus petites, les autres plus grandes. Les équipages ayant fait de l'eau, nous serrâmes le rivage pendant quatre jours, et le cinquième nous louvoyâmes dans un grand golfe que nos interprètes appeloient Esperum Ceras (la Corne du soir). Nous nous trouvâmes par le gisement d'une île d'une latitude considérable. Un lac salin, dans lequel se formoit un îlot, occupoit l'intérieur de cette grande île. Nous mouillâmes par le travers de la terre et nous n'aperçûmes qu'une forêt. Mais pendant la nuit nous voyions des feux, et nous entendions le son des fifres, le bruit des timbales, et les clameurs d'un peuple innombrable.

Saisis de frayeur, et recevant de nos devins l'ordre d'abandonner cette île, nous appareillâmes sur-le-champ, et côtoyâmes la terre de feu de Thymiaterium, dont les torrents enflammés se déchargent dans la mer. Le sol étoit si brûlant qu'on ne pouvoit y arrêter le pied. Nous tournâmes promptement le cap au large, et dans quatre jours nous fûmes portés de nuit à la hauteur d'un pays couvert de flammes, du milieu desquelles s'élevoit un cône de feu qui sembloit se perdre dans les nues. Au jour nous reconnûmes que c'étoit une haute montagne nommée Theon Ochema.

Ayant doublé les régions ignées, nous ouvrîmes, trois jours après, le golfe Notu Ceras (la Corne de l'Orient) au fond duquel gisoit[1] une île, avec un lac, un îlot, semblable à celle que nous avions déjà découverte. Ayant touché à cette île, nous la trouvâmes habitée par des Sauvages. Le nombre des femmes dominoit infiniment celui des hommes. Celles-ci étoient toutes velues, et nos interprètes les appeloient Gorilles. Nous les poursuivîmes, mais sans pouvoir les atteindre. Ils fuyoient par des précipices avec une étonnante agilité, en nous jetant des pierres. Nous réussîmes cependant à prendre trois femmes. Nous fûmes obligés de les tuer pour éviter d'en être déchirés; nous en avons conservé les peaux. — Ici nous tournâmes nos voiles vers Carthage, les vivres commençant à nous manquer[2].

Cook n'est plus. Ce grand navigateur a péri aux îles Sandwich, qu'il venoit de découvrir. Ses vaisseaux, maintenant commandés par les capitaines Clerke et Gore, prêts à appareiller, attendent en rade un vent favorable, tandis

[1] Cette phrase n'est pas du texte, mais elle y est impliquée.
[1] On croit que cette île, le terme de la navigation d'Hannon, est Sainte-Anne.
[2] Geogr. Vet. Script. Græc. Minor., vol. I, pag. 1-6.

que le lieutenant de *la Résolution* fait, à la vue de la terre, la description suivante :

Les habitants des îles *Sandwich* sont certainement de la même race que ceux de la *Nouvelle-Zélande*, des îles de la *Société* et des *Amis*, de l'île de *Pâques* et des *Marquises*, race qui occupe, sans aucun mélange, toutes les terres qu'on connoît entre le quarante-septième degré de latitude nord et le vingtième degré de latitude sud, et le cent quatre-vingt-quatrième degré et le deux cent soixantième degré de longitude orientale. Ce fait, quelque extraordinaire qu'il paroisse, est assez prouvé par l'analogie frappante qu'on remarque dans les mœurs, les usages des diverses peuplades, et la ressemblance générale de leurs traits, et il est démontré d'une manière incontestable par l'identité absolue des idiomes.

La taille des naturels des îles *Sandwich* est, en général, au-dessous de la moyenne, et ils sont bien faits ; leur démarche est gracieuse ; ils courent avec agilité, et ils peuvent supporter de grandes fatigues. Les hommes cependant sont un peu inférieurs du côté de la force et de l'activité aux habitants des îles des *Amis*, et les femmes ont les membres moins délicats que celles d'*O-Tahiti*. Leur teint est un peu plus brun que celui des O-Tahitiens ; leur figure n'est pas si belle. Un grand nombre d'individus des deux sexes ont cependant la physionomie agréable et ouverte : les femmes surtout ont de beaux yeux, de belles dents, et une douceur et une sensibilité dans le regard qui préviennent beaucoup en leur faveur. Leur chevelure est d'un noir brunâtre ; elle n'est pas universellement lisse comme celle des Sauvages de l'*Amérique*, ni universellement bouclée comme celle des nègres de l'*Afrique* : elle varie à cet égard ainsi que celle des Européens.

On a parlé souvent dans ce Journal de l'hospitalité et de l'amitié avec lesquelles nous fûmes reçus des insulaires : ils nous accueillirent presque toujours de la manière la plus aimable. Lorsque nous descendions à terre ils se disputoient le bonheur de nous offrir les premiers présents, de nous apprêter des vivres et de nous donner d'autres marques de respect. Les vieillards ne manquoient jamais de verser des larmes de joie ; ils paroissoient très-satisfaits quand ils obtenoient la permission de nous toucher, et ils ne cessoient de faire entre eux et nous des comparaisons qui annonçoient bien de l'humilité et de la modestie. Les jeunes femmes ne furent pas moins caressantes, et elles s'attachèrent à nous sans aucune réserve, jusqu'au moment où elles s'aperçurent qu'elles avoient lieu de se repentir de notre intimité.

Les habitants des îles *Sandwich* diffèrent de ceux des îles des *Amis* en ce qu'ils laissent presque tous croître leur barbe ; nous en remarquâmes un très-petit nombre il est vrai, notamment le roi, qui l'avoit coupée, et d'autres qui ne la portoient que sur la lèvre supérieure. Ils arrangent leur chevelure d'une manière aussi variée que les autres insulaires de la mer du Sud ; mais ils suivent d'ailleurs une mode qui, autant que nous avons pu en juger, leur est particulière. Ils se rasent chaque côté de la tête jusqu'aux oreilles, en laissant une ligne de la largeur de la moitié de la main, qui se prolonge du haut du front jusqu'au cou : lorsque les cheveux sont épais et bouclés, cette ligne ressemble à la crête de nos anciens casques. Quelques-uns se parent d'une quantité considérable de cheveux faux qui flottent sur leurs épaules en longues boucles, tels qu'on en voit aux habitants de l'île de *Horn*, dont on trouve la figure dans la collection de M. Dalrymple : d'autres en font une seule touffe arrondie qu'ils nouent au sommet de la tête, et qui est à peu près de la grosseur de la tête elle-même : plusieurs en font cinq à six touffes séparées. Ils les barbouillent avec une argile grise mêlée de coquilles réduites en poudre, qu'ils conservent en boules, et qu'ils mâchent jusqu'à ce qu'elle devienne une pâte molle quand ils veulent s'en servir. Cette composition entretient le lustre de leur chevelure, et la rend quelquefois d'un jaune pâle.

Une seule pièce d'une étoffe épaisse, d'environ dix à douze pouces de largeur, qu'ils passent entre les cuisses, qu'ils nouent autour des reins, et qu'ils appellent *Maro*, forme en général l'habit des hommes. C'est le vêtement ordinaire des insulaires de tous les rangs. La grandeur de leurs nattes, dont quelques-unes sont très-belles, varie ; elles ont communément cinq pieds de long et quatre de large. Ils les jettent sur leurs épaules et ils les ramènent en avant, mais ils s'en servent peu, à moins qu'ils ne se trouvent en état de guerre : comme elles sont épaisses et lourdes et capables d'amortir le coup d'une pierre et d'une arme émoussée, elles semblent surtout propres à l'usage que je viens d'indiquer. En général ils ont les pieds nus, excepté lorsqu'ils doivent marcher sur des pierres brûlées ; ils portent alors une espèce de sandales de fibres de noix de cocos tressées.

Le vêtement commun des femmes ressemble beaucoup à celui des hommes. Elles enveloppent leurs reins d'une pièce d'étoffe qui tombe jusqu'au milieu des cuisses, et quelquefois, durant la fraîcheur

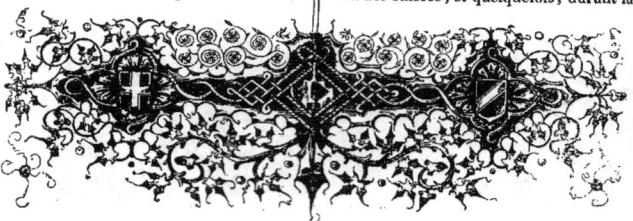

des soirées, elles se montrèrent avec de belles étoffes qui flottoient sur leurs épaules, selon l'usage des O-Tahitiennes. Le *Pau* est un autre habit qu'on voit souvent aux jeunes filles; c'est une pièce de l'étoffe la plus légère et la plus fine, qui fait plusieurs tours sur les reins, et qui tombe jusqu'à la jambe, de manière qu'elle ressemble exactement à un jupon court. Leurs cheveux sont coupés par derrière et ébouriffés sur le devant de la tête comme ceux des O-Tahitiens et des habitants de la Nouvelle-Zélande; elles diffèrent à cet égard des femmes des îles des *Amis*, qui laissent croître leur chevelure dans toute sa longueur. Nous vîmes à la baie de *Karakakooa*, une femme dont les cheveux se trouvoient arrangés d'une manière singulière: ils étoient relevés par derrière et ramenés sur le front, et ensuite repliés sur eux-mêmes, de façon qu'ils formoient une espèce de petit bonnet.

Il y a lieu de croire qu'ils passent leur temps d'une manière très-simple et peu variée. Ils se lèvent avec le soleil, et après avoir joui de la fraîcheur du matin, ils vont se reposer quelques heures. La construction des pirogues et des nattes occupe les *Erees*; les femmes fabriquent les étoffes, les *Towtows* sont chargés surtout du soin des plantations et de la pêche. Divers amusements remplissent leurs heures de loisir. Les jeunes garçons et les femmes aiment passionnément la danse; et les jours d'appareil ils ont des combats de lutte et de pugilat bien inférieurs à ceux des îles des *Amis*, comme on l'a observé plus haut.

Il est évident que les naturels de ces îles sont divisés en trois classes. Les *Erees*, ou les chefs de chaque district, forment la première: l'un d'eux est supérieur aux autres, et on l'appelle à *Owhyhee*, *Eree-Taboo* et *Eree-Moee*: le premier de ces noms annonce son autorité absolue, et le second indique que tout le monde est obligé de se prosterner devant lui, ou, selon la signification de ce terme, de se coucher pour dormir en sa présence. La seconde classe est composée de ceux qui paroissent avoir des propriétés sans aucun pouvoir. Les *Towtows*, ou les domestiques, qui n'ont ni rang ni propriété, forment la troisième.

Il paroît incontestable que le gouvernement (monarchique) est héréditaire.

Le pouvoir des *Erees* sur les classes inférieures nous a paru très-absolu. Des faits que j'ai déjà racontés nous montrèrent cette vérité presque tous les jours de notre relâche. Le peuple, d'un autre côté, a pour eux la soumission la plus entière, et cet état d'esclavage contribue d'une manière sensible à dégrader l'esprit et le corps des sujets. Il faut remarquer néanmoins que les chefs ne se rendirent jamais devant nous coupables de cruauté, d'injustice ou même d'insolence à l'égard de leurs vassaux; mais qu'ils exercent leur autorité les uns sur les autres de la manière la plus arrogante et la plus oppressive. J'en citerai deux exemples:

Un chef subalterne avoit accueilli avec beaucoup de politesse le *Master* de notre vaisseau, qui étoit allé examiner la baie de *Karakakooa*, la veille de l'arrivée de *la Résolution*; voulant lui témoigner de la reconnoissance, je le conduisis à bord quelque temps après, et je le présentai au capitaine Cook, qui l'invita à dîner avec nous. Pareea entra tandis que nous étions à table: sa physionomie annonça combien il étoit indigné de le voir dans une position si honorable; il le prit à l'instant même par les cheveux, et il alloit le traîner hors de la chambre; notre commandant interposa son autorité, et après beaucoup d'altercations, tout ce que nous pûmes obtenir, sans en venir à une véritable querelle avec Pareea, fut que notre convive demeureroit dans la chambre, qu'il s'y assiéroit par terre, et que Pareea le remplaceroit à table. Pareea ne tarda pas à être traité aussi durement: lorsque Tereeoboo arriva pour la première fois à bord de *la Résolution*, Maiha-Maiha qui l'accompagnoit, trouvant Pareea sur le tillac, le chassa de la façon la plus ignominieuse: nous étions sûrs néanmoins que Pareea étoit un personnage d'importance.

La religion des îles *Sandwich* ressemble beaucoup à celle des îles de la *Société*, et des îles des *Amis*. Les *Moraïs*, les *Wattas*, les idoles, les sacrifices et les hymnes sacrés, sont les mêmes dans les trois groupes, et il paroît clair que les trois tribus ont tiré leurs notions religieuses de la même source. Les cérémonies des îles *Sandwich* sont, il est vrai, plus longues et plus multipliées; et quoiqu'il se trouve dans chacune des terres de la mer du Sud une certaine classe d'hommes chargée des rites religieux, nous n'avions jamais rencontré de sociétés réunies de prêtres, lorsque nous découvrîmes les cloîtres de *Kakooa* dans la baie de *Karakakoon*. Le chef de cet ordre s'appeloit *Orano*, dénomination qui nous parut signifier quelque chose de très-sacré, et qui entraînoit pour la personne d'Omeeah des hommages qui alloient presque jusqu'à l'adoration. Il est vraisemblable que certaines familles jouissent seules du privilège d'entrer dans le sacerdoce, ou du moins de celui d'en exercer les principales fonctions. Omeeah étoit fils de Kaoo et oncle de Kaireekeea; ce dernier présidoit, en l'absence de son grand-père, à toutes les cérémonies religieuses du *Moraï*. Nous remarquâmes aussi qu'on ne laissoit jamais paroître le fils unique d'Omeeah, enfant d'environ cinq ans, sans l'envi-

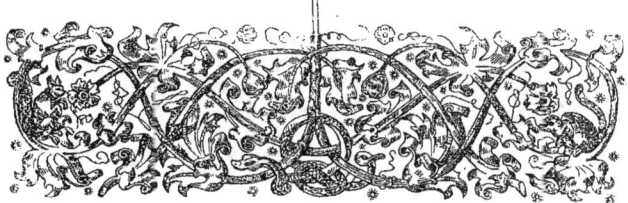

ronner d'une suite nombreuse, et sans lui prodiguer des soins tels que nous n'en avions jamais vu de pareils. Il nous sembla qu'on mettoit un prix extrême à la conservation de ses jours, et qu'il devoit succéder à la dignité de son père [1].

J'aurois en vain multiplié les mots pour faire sentir la disparité des siècles, aussi bien qu'on l'aperçoit par le rapprochement de ces deux voyages. Rien ne montre mieux l'esprit, les lumières de l'âge, le caractère des anciens, et surtout celui des Carthaginois, que le journal du suffète Hannon. L'ignorance de la nature et de la géographie, la superstition, la crédulité, s'y décèlent à chaque ligne. On ne sauroit encore s'empêcher de remarquer la barbarie des marins puniques. Bien que les femmes velues dont ils parlent ne fussent vraisemblablement qu'une espèce de singes, il suffisoit que l'amiral africain les crût de nature humaine pour rendre son action atroce. Quelle différence entre ce mélange grossier de cruautés et de fables et le bon Cook cherchant des terres inconnues, non pour tromper les hommes, mais pour les éclairer, portant à de pauvres Sauvages les besoins de la vie, jurant tranquillité et bonheur sur leurs rives charmantes à ces enfants de la nature, semant parmi les glaces australes les fruits d'un plus doux climat, soigneux du misérable que la tempête peut jeter sur ces bords désolés, et imitant ainsi, par ordre de son souverain, la Providence, qui prévoit et soulage les maux des hommes [2]; enfin, cet illustre navigateur res- serré de toutes parts par les rivages de ce globe, qui n'offre plus de mers à ses vaisseaux, et connoissant désormais la mesure de notre planète, comme le Dieu qui l'a arrondie entre ses mains.

Cependant, il faut l'avouer, ce que nous gagnons du côté des sciences, nous le perdons en sentiment. L'âme des anciens aimoit à se plonger dans le vague infini; la nôtre est circonscrite par nos connoissances. Quel est l'homme sensible qui ne s'est trouvé souvent à l'étroit dans une petite circonférence de quelques millions de lieues? Lorsque, dans l'intérieur du Canada, je gravissois une montagne, mes regards se portoient toujours à l'ouest, sur les déserts infréquentés qui s'étendent dans cette longitude. A l'orient, mon imagination rencontroit aussitôt l'Atlantique, des pays parcourus, et je perdois mes plaisirs. Mais, à l'aspect opposé, il m'en prenoit presque aussi mal. J'arrivois incessamment à la mer du Sud, de là en Asie, de là en Europe, de là... J'eusse voulu pouvoir dire, comme les Grecs : « Et là-bas! là-bas! la terre inconnue, la terre immense [a]! » Tout se balance dans la nature : s'il falloit choisir entre les lumières de Cook et l'ignorance d'Hannon, j'aurois, je crois, la foiblesse de me décider pour la dernière.

CHAPITRE XXXVI.

Influence de la révolution grecque sur Carthage.

CARTHAGE, au moment de la fondation des républiques en Grèce, se trouvoit, par rapport à celle-ci, dans la même position que l'Angleterre vis-à-vis de la France actuelle. Possédant à peu près la même constitution, les mê-

---

[1] *Troisième Voyage de Cook*, tome IV, chap. VII-VIII, page 6?-112.
[2] Si la philosophie a jamais rien présenté de grand, c'est sans doute lorsqu'elle nous montre les Anglois semant des graines nutritives sur les inhabités de la mer du Sud. On se plaît à se figurer ces colonies de végétaux européens, avec leur port, leur costume étranger, leurs mœurs policées, contrastant au milieu des plantes natives et sauvages des terres australes. On aime à se les peindre émigrant le long des côtes, grimpant les collines, ou se répandant à travers les bois, selon les habitudes et les amours qu'elles ont apportées de leur sol natal : comme des familles exilées qui choisissent de préférence, dans le désert, les sites qui leur rappellent la patrie. Qu'un malheureux François, Anglois, Espagnol, se sauve seul sur un rivage peuplé de ces herbes co-citoyennes de son village; que, prêt à mourir de faim, il trouve soudain, tout au fond d'un désert, à quatre mille lieues de l'Europe, le légume familier de son potager, le compagnon de son enfance, qui semble se réjouir de son arrivée, ce pauvre marin ne croira-t-il pas qu'un dieu est descendu du ciel?

[a] Je serois moins naïf aujourd'hui, et peut-être aurois-je tort. Quelque chose de la note sur les végétaux

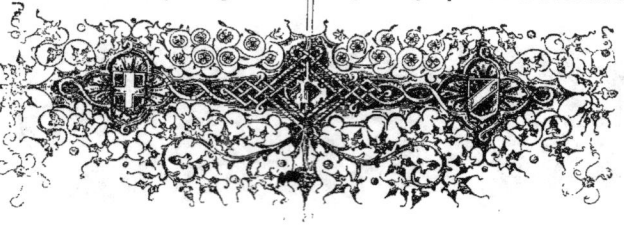

mes richesses, le même esprit guerrier et commerçant que la Grande-Bretagne ; séparée comme elle du pays en révolution par des mers ; aussi libre, ou plus libre, que ce pays même ; elle étoit garantie de l'influence militaire de Sparte et d'Athènes par la supériorité de ses vaisseaux, et du danger de leurs opinions politiques par l'excellence de son propre gouvernement. Les peuples maritimes ont cet avantage inestimable, d'être moins exposés que les nations agricoles à l'action des mouvements étrangers. Outre la barrière naturelle qui les protége contre une force invasive, s'ils sont insulaires, ou placés sur un continent éloigné, la superfluité de leur population trouve sans cesse un écoulement au dehors, sans demeurer en un état croupissant de stagnation dans l'intérieur. Le reste des citoyens, occupé du commerce de la patrie, a peu le temps de s'embarrasser de rêveries politiques. Là où les bras travaillent, l'esprit est en repos.

Carthage encore, lors de la chute des Pisistratides, élevée à l'empire des mers et à la traite du monde entier sur les débris du commerce de Tyr [1], comme l'Angleterre de nos jours sur les ruines de celui de la Hollande, approchoit du faîte de la prospérité. Par une autre ressemblance de fortune, non moins singulière, elle crut devoir prendre une part active contre la révolution républicaine d'Athènes, en faveur de la monarchie. Xerxès, qui en prétendant rétablir Hippias sur le trône, méditoit la conquête de l'Attique et du Péloponèse, engagea les Carthaginois à attaquer en même temps les colonies grecques en Sicile [2]. Amilcar, à la tête de plus de trois cent mille hommes et d'une flotte nombreuse, aborde à Panorme, et met le siège devant Himère [3]. Gélon accourt de Syracuse avec cinquante mille citoyens au secours de la place, tombe sur le général africain, détruit son armée, et le force de se jeter lui-même dans un bûcher allumé pour un sacrifice [1]. C'est ainsi qu'une fort me ennemie voulut nommer ensemble Himère et Dunkerque.

L'enthousiasme dans la victoire, le découragement dans la défaite, est un trait de caractère que les souverains des mers d'autrefois [2] ont possédé avec les maîtres de l'Océan de nos jours [3] : que de fois durant le cours des hostilités présentes, sans la mâle fermeté des ministres, l'Angleterre ne se seroit-elle pas jetée aux pieds de sa rivale!

La nouvelle de la destruction de l'armée n'arriva pas plus tôt en Afrique, que le peuple tomba dans le désespoir. Il voulut la paix à quelque prix que ce fût. On députa humblement vers Gélon, qui mérita sa victoire par la modération dont il en usa envers ses ennemis : il exigea seulement qu'ils payassent les frais de la campagne, qui ne s'élevoient pas au-dessus de deux mille talents [4].

Ainsi se termina pour les Carthaginois cette guerre si funeste à tous les alliés, qui eut encore cela de remarquable, qu'elle cessa peu à peu, telle que la guerre actuelle a déjà fini en partie, par les paix forcées et partielles des différents [5] coalisés. Depuis le traité entre l'Afrique et la Grèce, les deux pays vécurent longtemps en intelligence, et l'influence de la révolution républicaine du dernier, se trouvant arrêtée par les causes que j'ai ci-dessus assignées, se borna, quant à Carthage, au malheur passager que je viens de décrire [*].

---

européens semés dans les îles étrangères se retrouve dans les *Mélanges littéraires*, article MACKENZIE.
(N. ÉD.)

[1] L'explication de ceci se trouve à l'article de TYR.
[2] DIOD., lib. XI, pag. 1.
[3] *Id., ibid.*, pag. 16 et 22.

[1] HEROD., lib. VII, pag. 167.
[2] PLUT., *de Ger. Rep.*, pag. 799.
[3] RAMSAY'S *Revol. of Amer.*; D'ORLÉANS, *Rév. d'Angl.*; HUME'S *Hist. of Engl., etc., etc.*
[4] HEROD., lib. VII; DIOD., lib. XI.
10,800,000 liv. de notre monnoie, en les supposant talents attiques ; et 12,600,000 liv., en les comptant sur la valeur du talent d'Orient, ce qui est plus probable. Si nous avions le déchet exact des talents carthaginois que l'on fit refondre à Rome à la fin de la seconde guerre Punique, nous saurions au juste la vérité. (Voyez LIV., lib. XXXII, n° 2.)
[5] On verra ceci au tableau général de la guerre Médique.
[*] Le vice radical de tous ces parallèles, sans parler des bizarreries qu'ils produisent, est de supposer que la société, à l'époque de la révolution républicaine de la Grèce, étoit semblable à la société telle qu'elle existe aujourd'hui ; or, rien n'étoit plus différent. Les hommes avoient peu ou point de relations entre

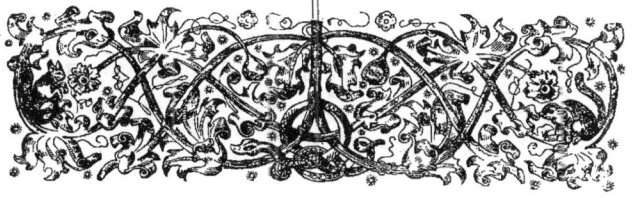

CHAPITRE XXXVII.

L'Ibérie.

Sur le bord opposé du détroit de Gades, qui séparoit les possessions africaines de Carthage de ses colonies européennes, on trouvoit l'Ibérie, pays sauvage, et à peine connu des anciens à l'époque dont nous retraçons l'histoire. Il étoit habité par plusieurs peuples, Celtes d'origine, dont les uns se distinguoient par leur courage et leur mépris de la mort[1]; les autres, pleins d'innocence, passoient pour les plus justes des hommes[2]. Malheureusement leurs fleuves rouloient un métal qui les décela à l'avarice. Les Tyriens, pour l'obtenir, trompèrent d'abord leur simplicité[3]. Les Carthaginois bientôt les asservirent, et les forçant à ouvrir les mines, les y plongèrent tout vivants[4]. Si ce livre traversoit les mers, s'il parvenoit jusqu'à l'Indien enseveli sous les montagnes du Potose, il apprendroit que ses cruels maîtres ont autrefois, comme lui, péri esclaves sous leur terre natale, qu'ils y ont fouillé ce même or pour une nation étrangère apportée chez eux par les flots. Cet Indien adoreroit en secret la Providence et reprendroit son hoyau moins pesant.

Au reste, il est probable que les troubles de la Grèce réagirent sur les malheureux habitants de l'Ibérie. Carthage, pour payer les frais de la guerre contre la Sicile, multiplia sans doute les sueurs de ses esclaves[5]. A cha-

eux ; les chemins manquoient, la mer étoit inconnue ; on voyageoit rarement et difficilement ; la presse, ce moyen extraordinaire d'échange et de communication d'idées, n'étoit point inventée ; chaque peuple, vivant isolé, ignoroit ce qui se passoit chez le peuple voisin. Comparer la chute des Pisistratides à Athènes (qui d'ailleurs n'étoient que des usurpateurs de l'autorité populaire) à la chute des Bourbons en France; rechercher laborieusement quelle fut l'influence républicaine de la Grèce sur l'Égypte, sur Carthage, sur l'Ibérie, sur la Scythie, sur la Grande Grèce ; trouver des rapports entre cette influence et l'influence de notre révolution sur les divers gouvernements de l'Europe, c'est un complet oubli, ou plutôt une falsification manifeste de l'histoire. Il est très-douteux que la Scythie, l'Égypte, et même Carthage, aient jamais entendu parler d'Hippias; et si Carthage attaqua les colonies grecques à l'instigation du roi de Perse, on ne peut voir là qu'un de ces faits isolés, qu'un résultat de cette ambition particulière qui, dans tous les temps, a excité un peuple à profiter des divisions d'un autre peuple.

L'état de la société n'étoit point assez avancé chez les anciens pour que les idées politiques devinssent la cause d'un mouvement général. On vit quelques guerres religieuses, mais encore furent-elles rares et renfermées dans d'étroites limites. L'antiquité ne fit de grandes révolutions que par la conquête ; les Perses, les Grecs, les Romains n'étendirent leur empire que par les armes: c'étoit la force physique et non la force morale qui régnoit. Quand cette force fut passée, il resta des dominateurs, quelques monuments des arts, quelques lois civiles, quelques ordonnances municipales, quelques règles d'administration, mais pas une idée politique.

Rome étoit déjà formidable, elle étoit prête à étendre sa main sur l'Orient, que les Grecs connoissoient à peine son existence, qu'ils ignoroient et les révolutions et les lois du peuple qui alloit envahir leur patrie; et je prétendrois qu'une petite révolution domestique, advenue dans la petite ville de bois de Thémistocle, lorsque l'antiquité tout entière étoit encore à demi barbare, je prétendrois que cette petite révolution communiqua son mouvement à l'univers connu!

Dans les temps modernes même, le contre-coup des révolutions a été plus ou moins fort, selon le degré de civilisation à l'époque où ces révolutions ont éclaté. La catastrophe de Charles Ier ne put avoir sur l'Europe, par mille raisons faciles à déduire, l'influence qu'a dû exercer l'assassinat juridique de Louis XVI. En remontant plus haut, le pape qui, au milieu de la France barbare, vint mettre la couronne sur la tête d'un roi de la seconde race, ne fit pas un acte aussi décisif pour certains principes, que celui du pontife qui couronna Buonaparte au commencement du dix-neuvième siècle.

Tout est donc faux dans les parallèles que j'ai prétendu établir. Il ne reste de ces rapprochements que quelques vérités de détails, indépendantes du fond et de la forme. (N. Éd.)

[1] STRAB., lib. III, p. 158; LIV., lib. XXVIII; MARIAN., SIL. ITAL., lib. I.

[2] La Bétique, dont Fénelon fait une peinture si touchante. Le tableau n'est pas entièrement d'imagination ; il est fondé sur la vérité de l'histoire. Je ne sais où j'ai lu que Mariana a omis quelque chose sur l'origine des nations ibériennes, dans sa traduction en langue vulgaire de son *Histoire latine* originale. Malheureusement je ne possède que l'édition espagnole de cet excellent ouvrage.

[3] DIOD., lib. V, pag 312.

[4] *Id.*, lib. IV, cap. CCCXII; POLYB., lib. III.

[5] L'Ibérie fournit aussi des soldats, ainsi que les

que écu dépensé par le vice en Europe, des larmes de sang coulent dans les abimes de la terre en Amérique. C'est ainsi que tout se lie, et qu'une révolution, comme le coup électrique, se fait sentir au même instant à toute la chaîne des peuples.

CHAPITRE XXXVIII.

Les Celtes.

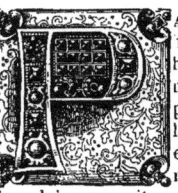Par-dela les Pyrénées habitoit un peuple nombreux, connu sous le nom de Celte, dont la puissance s'étendoit sur la Bretagne, les Gaules et la Germanie. Uni de mœurs et de langage, il ne lui manquoit que de se gouverner en unité, pour enchaîner le reste du monde.

Le tableau des nations barbares offre je ne sais quoi de romantique qui nous attire. Nous aimons qu'on nous retrace des usages différents des nôtres, surtout si les siècles y ont imprimé cette grandeur qui règne dans les choses antiques, comme ces colonnes qui paroissent plus belles lorsque la mousse des temps s'y est attachée. Plein d'une horreur religieuse, avec le Gaulois à la chevelure bouclée, aux larges bracca, à la tunique courte et serrée par la ceinture de cuir, on se plait à assister dans un bois de vieux chênes, autour d'une grande pierre, aux mystères redoutables de Teutatès. La jeune fille, à l'air sauvage et aux yeux bleus est auprès: ses pieds sont nus, une longue robe la dessine; le manteau de canevas se suspend à ses épaules; sa tête s'enveloppe du kerchef dont les extrémités, ramenées autour de son sein et passant sous ses bras, flottent au loin derrière elle. Le Druide, sur le Cromleach, se tient au milieu, en blanc sagum, un couteau d'or à la main, portant au cou une chaîne et aux bras des bracelets de même métal: il brûle avec des mots magiques quelques feuilles du gui sacré, cueilli le sixième jour du mois, tandis que les Eubages préparent dans la claie d'osier la victime humaine, et que les Bardes, touchant foiblement leurs harpes, chantent à demi-voix dans l'éloignement Odin, Thor, Tuisco et Hela [1a].

Le grand corps des Celtes se divisoit en une multitude de petits états, gouvernés par des Jarles, ou chefs militaires. La partie politique et civile étoit abandonnée aux Druides [2].

Cet ordre célèbre semble avoir existé de toute antiquité, et quelques auteurs même en ont fait la source d'où découlèrent les sectes sacerdotales de l'Orient [3]. Il se partageoit en trois branches: les Druides, dépositaires de la sagesse et de l'autorité, les Bardes, rémunérateurs des actions des héros, les Eubages, veillant à l'ordre des sacrifices [4]. Ces prêtres enseignoient l'immortalité de l'âme [5], la récompense des vertus, le châtiment des vices [6], et un terme de la nature fixé pour un général bonheur [7]. Plusieurs nations ont cru dans ce dernier dogme, qui tire sa source de nos misères. L'espérance peut nous faire oublier nos maux, mais comme une liqueur enivrante qui nous tue.

Ce n'est pas ici le lieu de nous étendre sur les mœurs, les lumières, les coutumes des nations barbares, elles fourniront ailleurs un chapitre intéressant. A présent notre description formeroit un anachronisme, ce que nous savons d'elles étant postérieur au règne de Xerxès. Nous devons seulement montrer que les révolutions de la Grèce étendirent leur influence jusque sur ces peuples sauvages.

---

[1] Vid. Cæs., *de Bell. Gall.*; Tacit., *de Mor. Germ.*; Lucan.; Strab.; Henry's *Hist. of Engl.*; *View of the dress of the People of Engl.*; Puffend., *de Druid.*; Pelloutier, *Lettre sur les Celtes*; Ossian's *Poem.*; les deux *Edda*.

[a] Voyez le livre des Gaules; et Velléda, dans les *Martyrs*; mais à quoi bon tout cela dans l'*Essai*? (N. Éd.)

[2] Cæs., *de Bell. Gall.*, lib. VI, cap. X.II; Tacit., *de Mor. Germ.*, cap. VII.

[3] Laert., lib. I.

[4] Diod. Sic., lib. V, pag. 308; Strab., lib. IV.

[5] Cæs., *de Bell. Gall.*, cap. XIV; Val. Max., lib. II, cap. VI.

[6] Les deux *Edda*; Sæmundus, *Snorro*, trad. lat.

[7] Sæmundus, *Snorro*, trad. lat.; Strab., lib. IV, p. 392.

Gaules et l'Italie, à Carthage, pour l'expédition contre Syracuse.

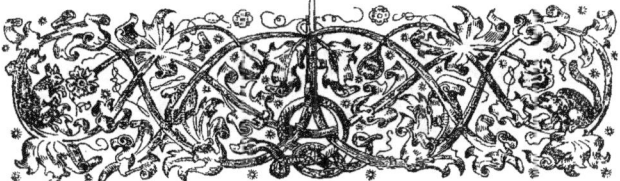

Une colonie phocéenne, pleine de l'amour de la liberté qu'elle ne pouvoit conserver sur les rivages de l'Asie, chercha l'indépendance sous un ciel plus propice, et fonda dans les Gaules [1] l'antique Marseille. Bientôt les lumières et le langage de ces étrangers se répandirent parmi les Druides [2]. Il seroit impossible de suivre dans l'obscurité de l'histoire les conséquences de ces innovations, mais elles durent être considérables; nous savons que souvent la moindre altération dans le costume d'un peuple suffit seule pour le dénaturer.

Sans recourir aux conjectures, l'établissement des Phocéens dans les Gaules devint une des causes secondaires de l'esclavage de ces derniers. Fidèles alliés des Romains, les Marseillois ouvroient une porte aux armées des Césars, et une retraite assurée en cas de revers [3]. Leur connoissance du pays, leur courage, leurs lumières, tout tournoit au désavantage des peuples Galliques [4]. C'est ainsi que les hommes sont ordonnés les uns aux autres. Les fils de leur destinée viennent aboutir dans la main de Dieu; l'un ne sauroit être tiré sans que tous les autres soient mus. Je finirai cet article par une remarque.

Les Marseillois, différents d'origine des autres peuples de la France, ont aussi un caractère à eux. Ils semblent avoir conservé le génie factieux de leurs fondateurs, leur courage bouillant et éphémère, leur enthousiasme de liberté. On nie maintenant le pouvoir du sang, parce que les principes du jour s'y opposent; mais il est certain que les races d'hommes se perpétuent comme les races d'animaux [a]. C'est pourquoi les anciens législateurs vouloient qu'on n'élevât que les enfants forts et robustes, comme on prend soin de ne nourrir que des coursiers belliqueux.

CHAPITRE XXXIX.

L'Italie.

L'Italie, à l'époque de la révolution républicaine en Grèce, étoit ainsi que de nos jours divisée en plusieurs petits états à peu près semblables de mœurs et de langage. Nous les considérerons à la fois, pour éviter les détails inutiles.

La constitution monarchique régnoit généralement chez tous ces peuples [1].

Leur religion ressembloit à celle des Grecs; ils y ajoutèrent l'art des augures [2].

Leurs costumes n'étoient pas sans luxe, leurs usages sans corruption [3]; l'un et l'autre y avoient été introduits par les cités de la Grande-Grèce.

Déjà ces nations comptoient quelques philosophes:

Tagès, le plus ancien d'entre eux, fut un imposteur, ou un insensé, qui inventa la science des présages [4].

Un autre auteur inconnu écrivit sur le système de la nature. Il disoit que le monde visible mit soixante siècles à éclore avant d'être habité, qu'il en dureroit encore soixante avant de se dissoudre, fixant à douze mille ans la période complète de son existence [5].

---

[1] L'an de Rome 165.
[2] Strab., lib. IV, pag. 181.
L'auteur cité prétend que les Gaulois furent instruits dans les lettres par les Marseillois. Du temps de Jules César, les premiers se servoient des caractères grecs dans leurs écrits. (*Bell. Gall.*, lib. VI, cap. XIII.)
[3] Liv., lib. XXI.
[4] Comme au passage d'Annibal dans les Gaules. (Voy. Tite-Live, à l'endroit cité.) L'attachement de la république de Marseille pour les Romains, les différents services qu'elle leur rendit, tout cela est trop connu pour exiger plus de détails. (Voy. Liv., Cæs., Polyb., etc.)
[a] Cela est vrai; mais aussi ces races s'appauvrissent, s'usent, et dégénèrent comme les races d'animaux.
(N. Éd.)

[1] Liv. lib. I, n° 15; Vellei, lib. V, n° 1; Paterc., lib. I. c. IX; Maccb., *Istor. Fior.*, lib. II; Denina, *Istor. del. Ital.*
[2] Ovid., *Metam.*; lib. XV, v. 558.
[3] Au siècle le plus vertueux de Rome, le fils du grand Cincinnatus fut accusé de fréquenter le quartier des courtisanes. On connoît le luxe du dernier Tarquin. (Voy. Tite-Live.)
[4] Ovid., *loc. cit.*
[5] Suid.; *verb Tyrrhen.*, pag. 519.
A la longueur des périodes près, ce système rappelle celui de Buffon. (Voy. *Théor. de la Terre*.)

En politique, Romulus et Numa avoient brillé. Plutarque a comparé celui-là à Thésée, et celui-ci à Lycurgue [1]. Le premier parallèle est aussi heureux que le second semble intolérable. Qu'avoient de commun les lois théocratiques du roi de Rome avec les institutions sublimes du législateur de Sparte [2 a]? Plusieurs philosophes se sont enthousiasmés de Numa sur la seule idée qu'il étudia sous Pythagore. La chronologie a prouvé un intervalle de plus d'un siècle entre l'existence de ces deux sages. Que devient le mérite du premier? Il y a beaucoup d'hommes qu'on cesseroit d'estimer, si on pouvoit ainsi relever toutes les erreurs de compte.

CHAPITRE XL.

Influence de la Révolution grecque sur Rome.

L'ÉPOQUE de l'établissement des républiques en Grèce, une grande révolution s'étoit pareillement opérée en Italie. L'année qui vit bannir le tyran de l'Attique vit aussi tomber celui du Latium [3]. Que si l'on considère les conséquences de ces deux événements, cette année passera pour la plus fameuse de l'histoire.

La réaction du renversement de la monarchie à Athènes fut vivement sentie à Rome. Brutus avoit été envoyé par Tarquin vers l'oracle de Delphes à l'époque de la chute d'Hippias [4]. Je ne puis croire que le cœur du patriote ne battit pas avec plus d'énergie lorsqu'en sortant de son pays esclave, il mit le pied sur cette terre d'indépendance. Le spectacle d'un peuple en fermentation et prêt à briser ses fers dut porter la flamme dans le sang du magnanime étranger. Peut-être au récit de la mort d'Harmodius, racontée par quelque prêtre du temple, le front rougissant de Brutus dévoila-t-il toute la gloire future de Rome. Il retourna au bord du Tibre, non vainement inspiré de cet esprit qui agite une foible Pythie, mais plein de ce dieu qui donne la liberté aux empires, et ne se révèle qu'aux grands hommes [a].

Rome dans la suite eut encore recours à la Grèce, et les Athéniens devinrent les législateurs du premier peuple de la terre [1]. Ceci tient à l'influence éloignée de la révolution dont je parlerai ailleurs.

Mais la politique verbeuse de l'Attique, qui entroit en Italie par le canal de la Grande-Grèce, trouva une barrière insurmontable dans l'heureuse ignorance des peuples de l'intérieur. Le citoyen, accoutumé aux exercices du champ de Mars, à l'obéissance des lois et à la crainte des dieux [2], n'alloit point dans des écoles de démagogie apprendre à vociférer sur les droits de l'homme et à bouleverser son pays. Les magistrats veilloient à ce que ces lumières inutiles ne corrompissent pas la jeunesse. Rome enfin opposa à la Grèce, république à république, liberté à liberté, et se défendit des vertus étrangères avec ses propres vertus [b].

Que si l'on s'étonne de ceci : je n'ai pas dit

---

[1] *In Vit. Romul., Thes.*, etc.
[2] La preuve du vice de ces lois c'est qu'elles furent renversées cent années après, et que le sénat, dans la suite, fit brûler les livres de Numa retrouvés dans son tombeau.
[a] J'ai considérablement rabattu de mon admiration pour les lois de Lycurgue : tout ce qui blesse les lois naturelles a quelque chose de faux. Quant à Numa, mon philosophisme ne me permettoit pas alors de le traiter mieux. (N. Éd.)
[3] PLIN., lib. XXXIV, cap. IV.
[4] Tite-Live, qui rapporte ce voyage, n'en marque pas la durée; mais il dit que Brutus trouva à son retour les Romains se préparant à aller assiéger Ardée. Or, Tarquin fut chassé de Rome dans les premiers mois de cette entreprise. Hippias ayant quitté l'Attique l'année même de la mort de Lucrèce, il résulte que Brutus avoit fait le voyage de Delphes entre l'assassinat d'Hipparque et la retraite d'Hippias, c'est-à-dire entre la soixante-sixième et la soixante-septième olympiade [*].

[a] Ces sentiments prouvent que ce n'est pas l'esprit d'opposition qui les fait manifester aujourd'hui. (N. Éd.)

[1] Liv., lib. III, cap. XXXI.
[2] PLUT., *in F. Cam., in Num.*, lib. I.
[b] Je distinguois partout, comme je fais encore aujourd'hui, l'esprit démagogique de l'esprit de liberté, les fausses lumières de la lumière véritable. (N. Éd.)

[*] Je n'ai vu cette observation nulle part : elle valoit la peine d'être faite; ses développements seroient féconds. (N. Éd.)

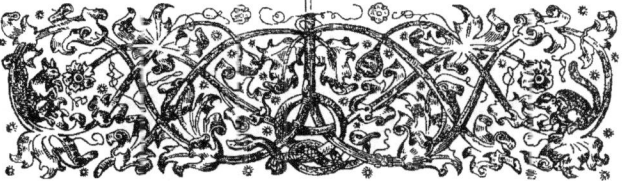

vertu, mais *vertus*, choses totalement différentes, et que nous confondons sans cesse. La première est immuable, de tous les temps, de toutes les choses, les secondes sont locales, conventionnelles, vices ici, vertus ailleurs. Distinction peu juste, répliquera-t-on, puisqu'alors vous faites de la vertu un sentiment inné, et que cependant les enfants semblent n'en avoir aucune. Et pourquoi demander du cœur ses fonctions les plus sublimes, lorsque le merveilleux ouvrage est entre les mains de l'ouvrier?

Qu'on ne dise pas qu'il soit futile de s'attacher à montrer le peu d'influence que l'établissement des gouvernements populaires, parmi les Grecs, dut avoir à Rome, objectant que celle-ci étant républicaine, des républiques ne pouvoient agir sur elle. La France n'a-t-elle pas détruit Genève et la Hollande, ébranlé Gènes, Venise et la Suisse? N'a-t-elle pas été sur le point de bouleverser l'Amérique même? Sans vous, grand homme[a] qui avez daigné me recevoir et dont j'ai visité la demeure avec le respect qu'on porte dans un temple, que seroit devenu tout votre beau pays?

CHAPITRE XLI.

La grande Grèce.

SUR les côtes de l'Italie, les Athéniens, les Achéens, les Lacédémoniens, à différentes époques, avoient fondé plusieurs colonies, et c'est ce qu'on appeloit *la Grande-Grèce*. Entre ces cités, Sybaris, Crotone, Tarente, devinrent bientôt célèbres par leurs dissensions politiques, leurs mauvaises mœurs et leurs lumières. De même que les peuples dont elles tiroient leur origine, elles chérissoient la liberté, qu'elles ne savoient retenir. Tour à tour républiques, ou soumises à des tyrans, elles passoient, par un cercle de révolutions continuelles, de la licence la plus effrénée au plus honteux esclavage[1].

Vers le temps de la révolution des Pisistratides à Athènes. Pythagore de Samos, après de longs voyages, s'étoit enfin fixé à Crotone. Ce philosophe, un des plus beaux génies de l'antiquité, et le fondateur de la secte qui porte son nom, avoit puisé ses lumières parmi les prêtres de l'Égypte, de la Perse et des Indes[2]. Ses notions de la divinité étoient sublimes : il regardoit Dieu comme une unité, d'où le sujet qu'il employa pour création s'étoit écoulé[3]. De son action sur ce sujet sortit ensuite l'univers[4]. De ceci il résultoit : que tout émanant de Dieu, tout en formoit nécessairement partie; et cette doctrine tomboit ainsi dans les absurdités du spinosisme[5], avec cette différence, que Pythagore admettoit le principe comme esprit, Spinosa comme matière[a].

Le dogme de la transmigration des âmes, que le sage Samien emprunta des brachmanes et des gymnosophistes de l'Orient[6], est trop connu pour m'y arrêter. Quelque absurde qu'il nous paroisse cependant, puisqu'il est impossible de concevoir comment la mémoire, qui n'est qu'une image déposée par les sens, peut appartenir à l'esprit dégagé des premiers, on ne sauroit pas plus nier ce système que mille autres. Outre que la métempsycose réelle des corps le favorise, il donne en même temps la solution des difficultés concernant une autre vie[b], l'univers n'étant plus qu'un grand tout

---

[1] STRAB, lib. VI; DIOD., lib. XII; VAL. MAX.. lib. VIII cap. VII.
[2] JAMBLIC., *in Vit. Pyth.*
[3] LAERT. *in Pythag.* lib. VIII.
[4] STOB., *Ecl. Phys.*, lib. I, cap. XXV.
[5] *Legal. pro. Christ.*
[a] J'avois un grand penchant à l'étude de cette métaphysique religieuse; on peut s'en convaincre par les preuves métaphysiques de l'existence de Dieu placées dans les notes du *Génie du Christianisme*. (N. ÉD.)
[6] Cependant il n'est pas certain que Pythagore ait parcouru la Perse et les Indes, cette opinion n'ayant été soutenue que par des écrivains d'un siècle très-postérieur à celui du philosophe samien. Jamblicus est rempli de fables.
[b] Il faut sous-entendre *pour les Pythagoriciens*, car il est clair que je n'adopte pas ici ce système. (N. ÉD.)

[a] Washington. La révolution françoise, sans la fermeté de Washington, auroit détruit le pacte fédéral. (N. ÉD.)

éternel, où rien ne s'anéantit, ni ne se crée. Ainsi la doctrine de Pythagore formoit un cercle ramenant de nécessité au même point, car des principes de la transmigration, on se retrouvait à l'idée primitive que ce philosophe avait du τὸν ὄν, ou *ce qui est*.

Si Pythagore s'étoit contenté de sonder l'abîme de la tombe, il auroit peu mérité la reconnoissance des hommes; mais il s'occupa d'autres études plus utiles à la société. Son système de la nature étoit celui des *Harmonies*[1] développé de nos jours par Bernardin de Saint-Pierre, qui a revêtu du style le plus enchanteur la morale la plus pure[2].

Le sage samien, de même que l'ami de Jean-Jacques, représentait l'univers comme un grand corps parfait dans sa symétrie, mû d'après des lois musicales et éternelles[3]. Des nombres harmoniques, dont le plus parfait étoit le quatre, selon Pythagore[4], et le cinq, d'après Saint-Pierre,[5] formoient dans les choses une arithmétique mystérieuse, d'où découloient les secrets et les grâces de la nature[6]. L'éther étoit plein de la mélodie des sphères roulantes[7], et des dieux bienfaisants daignoient quelquefois se communiquer aux mortels dans leurs songes[8].

Le sage de la Grande-Grèce voulut joindre à la gloire du physicien la gloire plus dangereuse du législateur. Ainsi que celle des Bernardin, sa politique étoit douce et religieuse. Il ne recommandoit pas tant la forme du gouvernement que la simplicité du cœur[1], sûr qu'une bonne constitution découle toujours des mœurs pures. Avec une barbe vénérable descendant à sa ceinture, une couronne d'or dans ses cheveux blancs, une longue robe de lin d'Égypte, le vieillard Pythagore, délivrant, au son des instruments[2], la plus aimable des morales aux peuples assemblés, offre un tout autre tableau que celui des législateurs de notre âge. Les succès du sage furent d'abord prodigieux. Une révolution générale s'opéra dans Crotone; mais bientôt fatigués de leurs réformes, les citoyens dont il censuroit la vie l'accusèrent de conspirer contre l'état, ou plutôt contre leurs vices[3]. Ils brûlèrent vivants ses disciples dans leur collége, et le forcèrent lui-même à s'enfuir dans les bois, où il fit une fin malheureuse[4].

Les savants doutent que Pythagore ait laissé quelques ouvrages. Je vais donner au lecteur les *Vers dorés* qu'on lui attribue[5], ou du moins qui renferment sa doctrine. Ils sont au nombre de soixante-douze. Voici les plus remarquables :

---

[1] JAMBL., *Vit. Pyth.*, cap. XII; LAERT., *in Pyth.*, lib. VIII. Selon le dernier auteur cité, Pythagore disoit que la vertu, la santé, Dieu même, et tout l'univers, n'étoient que des harmonies.
[2] Le génie mathématique de M. de Saint-Pierre offre encore d'autres ressemblances avec celui de Pythagore. La théorie des marées, par la fonte des glaces polaires, est une opinion, sinon une vérité prouvée, qui mérite la plus grande attention des savants et de tout amant de la philosophie de la nature*.
[3] JAMB., *Vit. Pyth.*, cap. XIV; *Études de la Nature*.
[4] HIEROCL., *in Aur. Carm.*; *Aur. Carm.*; ap. *Poet. Minor. Græc.*
[5] *Études de la Nature*, tom. I-II.
[6] *Ibid.*
[7] JAMBL. *Vit. Pyth.*, cap. XIV.
[8] LAERT., *ib.*, lib. VIII; *Paul et Virginie*. Ce que Pythagore disoit de l'homme, qu'il est un microscome ou un abrégé de l'univers, est sublime.

* Cette opinion ne mérite point l'attention des savants; si toutes les lois astronomiques et physiques ne détruisoient pas cette opinion, les derniers voyages du capitaine Parry dans les mers polaires suffiroient pour renverser la théorie des marées par la fonte des glaces. On peut se consoler de s'être trompé quelquefois quand on a foi: *Paul et Virginie*. (N. Éd.)

[1] LAERT., *in Pyth.*, lib. VIII.
[2] *Id., ib.*; JAMBL., cap. XXI, n° 100; ÆLIAN., lib. XII. cap. XXXII, PORPHYR.
[3] PORPHYR., n° 20; JAMBL., cap. XXXI, n° 214.
[4] La mort de Pythagore est diversement racontée. Diogène Laërce seul rapporte quatre opinions différentes.
[5] Quelques-uns les croient d'Empédocle. Tandis que je préparois ceci pour la presse, M. Peltier m'a fait le plaisir de me communiquer un livre qui m'auroit épargné bien du travail si j'en avois connu plus tôt l'existence. Ce sont les *Soirées littéraires*, qui s'étendent depuis le mois d'octobre 1795 jusqu'au mois de juin ou juillet 1796. Les traductions élégantes qu'on y trouve eussent servi d'ornement à ces Essais, en même temps qu'elles m'eussent sauvé la fatigue de traduire moi-même. Ceci n'est qu'un des plus petits inconvénients où l'on tombe à écrire loin des capitales et dans un pays étranger. Si dans les morceaux que mon sujet m'a forcé de choisir j'ai quelquefois donné à mes versions un sens autre que celui adopté par les auteurs des *Soirées littéraires*, sans doute la faute est de mon côté. D'ailleurs on sent que je n'ai pas dû travailler sur le même plan, ni sur une échelle aussi développée.

Honore les dieux immortels tels qu'ils sont établis ou ordonnés par la loi. Respecte le serment avec toute sorte de religion. Il faut mourir, c'est le décret de ta destinée. La puissance habite auprès de la nécessité. Les gens de bien n'ont pas la plus grande part des souffrances. Les hommes raisonnent bien, les hommes raisonnent mal; n'admire les uns, ni ne méprise les autres. Ne te laisse jamais éblouir. Fais au présent ce qui ne t'affligera pas au passé. Commence le jour par la prière, tu connoîtras alors la constitution de Dieu et des hommes, la chaîne des êtres, ce qui les contient, ce qui les lie; tu connoîtras, selon la justice, que l'univers est le même dans tous les lieux; tu n'espéreras point alors ce qui n'est point, car tu sauras ce qui est; tu sauras que nos maux sont volontaires; que nous ignorons que le bonheur soit près de nous; qu'un bien petit nombre sait se délivrer de ses peines; que nous roulons au gré du sort comme des cylindres mus par la discorde.

Si l'on médite attentivement les *Vers dorés*, l'on trouvera qu'ils renferment tous les principes des vérités morales, souvent enveloppés d'un voile de mystère qui leur prête un nouvel attrait. On trouve dans Bernardin de Saint-Pierre une multitude de pensées vraies, de réflexions attendrissantes toujours revêtues du langage du cœur.

La mort est un bien pour tous les hommes; elle est la nuit de ce jour inquiet qu'on appelle la vie. Le meilleur des livres, qui ne prêche que l'égalité, l'amitié, l'humanité et la concorde, l'Évangile, a servi pendant des siècles de prétexte aux fureurs des Européens..... Après cela, qui se flattera d'être utile aux hommes par un livre? Qui voudroit vivre s'il connoissoit l'avenir? un seul malheur prévu nous donne tant de vaines inquiétudes! *La solitude est si nécessaire au bonheur dans le monde même*, qu'il me paroit impossible d'y goûter un plaisir durable de quelque sentiment que ce soit, ou de régler sa conduite sur quelque principe stable, si l'on ne se fait une solitude intérieure, d'où notre opinion sorte bien rarement, et où celle d'autrui n'entre jamais. Dans cette île, située sur la route des Indes... quel Européen voudroit vivre heureux, mais pauvre et ignoré? Les hommes ne veulent connoître que l'histoire des grands et des rois, qui ne sert à personne. Il n'y a jamais qu'un côté agréable à connoître dans la vie humaine :

[1] *Poet. Minor. Græc.*

semblable au globe sur lequel nous tournons, notre révolution rapide n'est que d'un jour, et une partie de ce jour ne peut recevoir la lumière que l'autre ne soit livrée aux ténèbres. La vie de l'homme, avec tous ses projets, s'élève comme une petite tour, dont la mort est le couronnement. Il y a des maux si terribles et si peu mérités, que l'espérance même du sage en est ébranlée. La patience est le courage de la vertu. C'est un instinct commun à tous les êtres sensibles et souffrants de se réfugier dans les lieux les plus sauvages et les plus déserts, comme si des rochers étoient des remparts contre l'infortune, et comme si le calme de la nature pouvoit apaiser les troubles malheureux de l'âme [1].

CHAPITRE XLII.

Suite. Zaleucus. Charondas.

PYTHAGORE fut suivi de deux autres législateurs, Zaleucus et Charondas, qui brillèrent dans la Grande-Grèce, au moment de la gloire de la mère patrie [2].

Charondas s'appliqua moins à la politique qu'à la réforme de la morale : car telles mœurs, tel gouvernement. Voici ses principes :

« Frappez le calomniateur de verges. Livrez le méchant à son propre cœur dans une profonde solitude : que quiconque se lie d'amitié avec lui soit puni. Que le novateur, proposant un changement dans les lois antiques, se présente la corde au cou, afin d'être étranglé si son statut est rejeté [3]. »

Zaleucus fondoit sa législation sur le principe du théisme : « Dieu, excellent, demande des âmes pures, charitables et aimant les hommes [4]. » Les lois somptuaires de ce philosophe

[1] *Paul et Virginie.*
[2] Il y a ici un schisme entre les chronologistes. Plusieurs rejettent Charondas à deux siècles avant l'époque où je le place, et, je crois, même avec raison. Cependant les difficultés étant très-grandes, et des historiens célèbres ayant adopté l'ère que j'assigne, je me suis cru autorisé à la suivre.
[3] STRAB., lib. XIV; *Charond.*, ap. STOB., *Serm.* 42.
[4] STOB., *Serm.* 42.

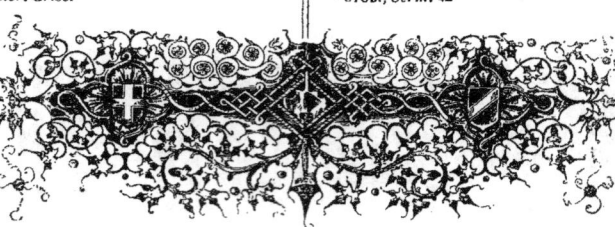

montrent son peu de connoissance de l'humanité Il crut bannir le luxe et dévoiler la corruption, en laissant aux gens de mauvaises mœurs l'usage exclusif des riches parures [1]. Il ne vit pas qu'il n'en coûtoit au citoyen diffamé qu'un masque de plus, l'hypocrisie, pour paroître honnête homme. Ce n'étoit pas la peine de lui laisser ses vices, et d'en faire de plus un comédien.

CHAPITRE XLIII.

Influence de la Révolution d'Athènes sur la Grande-Grèce.

L'INFLUENCE de la révolution de la Grèce sur ses colonies d'Italie fut considérable et dans un sens excellent. Crotone et Sybaris, au moment du renversement de la monarchie à Athènes, étoient, de même que les colonies actuelles de la France, plongées dans les horreurs de guerres civiles [2], et ravagées par des brigands [3]. C'est une chose remarquable, que les rameaux d'un état surpassent bientôt le tronc paternel en luxe et en beauté vicieuse. Des hommes laissés sur une côte déserte se croient tout à coup délivrés du frein des lois; et, loin de l'œil du magistrat, s'abandonnent aux désordres de la société, sans avoir les vertus de la nature. La fertilité d'un sol nouveau les élève bientôt à la prospérité : et de ces deux causes combinées résulte ce mélange de richesses et de mauvaises mœurs, qu'on trouve dans les colonies.

Quoi qu'il en soit, la révolution républicaine de France a précipité la destruction des îles de l'Amérique, tandis que l'établissement du gouvernement populaire à Athènes retarda au contraire celle des villes grecques d'Italie. Athènes, plaignant le sort de ces malheureuses cités, fit partir une nouvelle association de ses citoyens qui rétablit le calme et bâtit une ville [1] à laquelle Charondas donna des lois [2]. Mais ces réformes ne furent que passagères. La corruption avoit jeté des racines trop profondes, pour être désormais extirpée, et la maladie du corps politique ne pouvoit finir que par sa mort.

CHAPITRE XLIV.

La Sicile.

L'EXTRÉMITÉ de la Grande-Grèce se trouve l'île de Sicile [3], où l'on comptoit déjà plusieurs villes célèbres Nous ne nous arrêterons qu'à Syracuse, qui occupe une place si considérable dans l'histoire des hommes.

Archias, Corinthien, avoit jeté les fondements de cette colonie, vers la quatrième année de la dix-septième Olympiade [4]. Depuis cette époque, jusqu'aux beaux jours de la liberté en Grèce, on ignore presque sa destinée. Si l'obscurité fait le bonheur, Syracuse fut heureuse.

Il lui en coûta cher pour ces instants de calme : on ne jouit point impunément de la félicité ; ce n'est qu'une avance que la nature vous a faite sur la petite somme des joies humaines. On n'est heureux que par exception et par injustice ; si vous avez eu beaucoup de prospérités, d'autres ont dû beaucoup souffrir, parce que, la quantité des biens étant mesurée, il a fallu prendre sur eux pour vous donner; mais tôt ou tard vous serez tenu à rembourser à gros inté-

---

[1] Diod., lib. XII.
[2] Strab., lib. XIV. Diod., lib. XII.
[3] C'est ce qui se prouve par la mort de Charondas. On sait qu'il se perça de son épée, pour être entré en armes, contre ses propres lois, dans l'assemblée du peuple, en revenant de poursuivre des brigands.

[1] Turium.
[2] Strab., lb. XIV.
[3] Elle porta tour à tour le nom de *Trinacrie, Sicanie* et *Sicile*, et avant tout celui de *pays des Lestrigons*. (Voy. Hom. et Virg.)
[4] Dionys. Halicarn. *Antiq. Rom.*, lib. II, pag. 128.

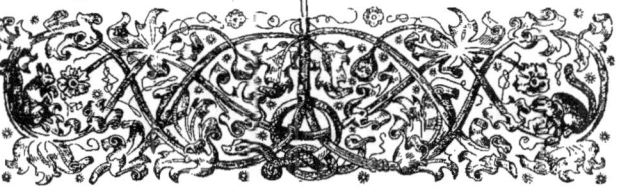

rêts: quiconque a été très-fortuné doit s'attendre à de très-grands revers. De ceci les Syracusains sont un exemple. Depuis le moment de l'invasion de Xerxès en Grèce, jamais peuple n'offrit un plus étonnant spectacle; une révolution étrange et continuelle commença son cours, et ne finit qu'à la prise de la métropole par les Romains. Ce fut une chose commune que de voir les rois tombés du faîte des grandeurs au plus bas degré de fortune : monarques aujourd'hui, pédagogues demain. N'anticipons pas ce grand sujet.

La forme du gouvernement en Sicile avoit été républicaine jusque vers le temps de la chute des Pisistratides à Athènes. Les mœurs, la politique, la religion, étoient celles de la mère-patrie. Un historien, nommé *Antiochus*, plusieurs sophistes, quelques poëtes[1], avoient déjà paru. Bientôt cette île célèbre devint le rendez-vous des beaux-esprits de la Grèce. Ils y accoururent de toutes parts, alléchés par l'or des tyrans qui s'amusoient de leur bavardage politique et de leurs dissensions littéraires[2].

CHAPITRE XLV.
Suite.

QUE la réaction du renversement de la monarchie en Grèce fut grande, prompte et durable sur la Sicile, c'est ce que nous avons déjà entrevu ailleurs[3]. Syracuse, par le contre-coup de la chute d'Hippias, se vit attaquée des Carthaginois. Elle obtint la victoire en même temps qu'elle se forgea des chaînes. Les Syracusains, par reconnoissance, élevèrent Gélon, leur général, à la royauté[1]. Ainsi, au gré de ces chances, mères des vertus et des vices, de la réputation et de l'obscurité, du bonheur et de l'infortune, la même révolution qui donna la liberté à la Grèce produisit l'esclavage en Sicile[a].

Un sujet plus aimable nous appelle. Il est doux de ramener ses yeux, fatigués du spectacle des vices, sur les scènes tranquilles de l'innocence. En traversant la mer Adriatique, nous allons chercher au bord de l'Ister[2] les vertus que nous n'avons su trouver sur les rivages d'Italie. On peut s'arrêter quelques instants avec une sorte d'intérêt dans une société corrompue, mais le cœur ne s'épanouit qu'au milieu des hommes justes.

CHAPITRE XLVI.

Les trois Ages de la Scythie et de la Suisse[3]. Premier Age : la Scythie heureuse et sauvage.

LES heureux Scythes, que les Grecs appeloient *Barbares*, habitoient ces régions septentrionales qui s'étendent à l'est de l'Europe et à l'ouest de l'Asie. Un roi, ou plutôt un père, guidoit la

---

[1] Stésichore, Parménide, etc.
[2] Pindare appeloit, à la cour d'Hiéron, ses rivaux Simonide et Bacchylide, des corbeaux croassants, et ceux-ci le rendoient en aussi bonne plaisanterie au lyrique. D'une autre part, le poëte Simonide débitoit gravement des maximes politiques au tyran cacochyme et de mauvaise humeur, qui, sans doute, se rappeloit que le flatteur d'Hipparque avoit aussi élevé les assassins de ce même prince aux nues. Pindare, de son côté, harassoit les muses pour célébrer les chevaux d'Hiéron, etc. Quand donc est-ce que les gens de lettres sauront se tenir dans la dignité qui convient à leur caractère? quand ne chanteront-ils que la vertu? quand cesseront-ils d'encenser les tyrans, de quelque nom que ceux-ci se revêtissent? (Vid. ÆLIAN., lib IV, c. XVI; CIC., lib. I, *de Nat. Deor.*, 60; PIND, *Nem.* III, etc.)
[3] A l'article *Carthage*.

---

[1] PLUT., *in Timol.*
[2] Je ne fais plus de notes sur ces rapprochements, parce que j'en ai assez prouvé ailleurs la futilité. J'en dis autant de mes aberrations philosophiques: je reviens, dans le paragraphe ci-dessus, aux chances de l'aveugle fortune; quelques lignes après, je rentrerai dans les convictions intellectuelles. Rien ne montre mieux ma bonne foi : je n'étois fixé sur rien en morale et en religion. Plongé dans les ténèbres, je cherchois la lumière que mon esprit et mon instinct me reproduisoient par intervalles. (N. ÉD.)
[2] Le Danube.
[3] Je vais présenter au lecteur l'âge sauvage, pastoral-

peuplade errante. Ses enfants le suivoient plutôt par amour que par devoir. N'ayant que leur simplicité pour justice, pour lois que leurs bonnes mœurs, ils trouvoient en lui un arbitre pendant la paix, et un chef durant la guerre [1]. Et qu'auroient gagné les monarques voisins à attaquer une nation qui méprisoit l'or et la vie [2]? Darius fut assez insensé pour le faire. Il reçut de ses ennemis le symbole énergique, présage de sa ruine [3]. Il les envoya défier au combat par une vaine forfanterie : — « Viens attaquer les tombeaux de nos pères, » lui répondirent ces hommes pauvres et vertueux [4]. C'eût été une digne proie pour un tyran.

Libre comme l'oiseau de ses déserts, le Scythe, reposé à l'ombrage de la vallée, voyoit se jouer autour de lui sa jeune famille et ses nombreux troupeaux. Le miel des rochers, le lait de ses chèvres, suffisoient aux nécessités de sa vie [5]; l'amitié aux besoins de son cœur [6]. Lorsque les collines prochaines avoient donné toutes leurs herbes à ses brebis, monté sur son chariot couvert de peaux, avec son épouse et ses enfants, il émigroit à travers les bois [7] au rivage de quelque fleuve ignoré, où la fraîcheur des gazons et la beauté des solitudes l'invitoient à se fixer de nouveau.

Quelle félicité devoit goûter ce peuple aimé du ciel! A l'homme primitif sont réservées mille délices. Le dôme des forêts, le vallon écarté qui remplit l'âme de silence et de méditation, la mer se brisant au soir sur des grèves lointaines, les derniers rayons du soleil couchant sur la cime des rochers, tout est pour lui spectacle et jouissance. Ainsi je l'ai vu sous les érables de l'Érié [1], ce favori de la nature [2], qui sent beaucoup et pense peu, qui n'a d'autre raison que ses besoins, et qui arrive au résultat de la philosophie, comme l'enfant, entre les jeux et le sommeil. Assis insouciant, les jambes croisées à la porte de sa hutte, il laisse s'écouler ses jours sans les compter. L'arrivée des oiseaux passagers de l'automne, qui s'abattent à l'entrée de la nuit sur le lac, ne lui annonce point la fuite des années, et la chute des feuilles de la forêt ne l'avertit que du retour des frimas. Heureux jusqu'au fond de l'âme, on ne découvre point sur le front de l'Indien, comme sur le nôtre, une expression inquiète et agitée. Il porte seulement avec lui cette légère affection de mélancolie qui s'engendre de l'excès du bonheur, et qui n'est peut-être que le pressentiment de son incertitude. Quelquefois, par cet instinct de tristesse particulier à son cœur, vous le surprendrez plongé dans la rêverie, les yeux attachés sur le courant d'une onde, sur une touffe de gazon agitée par le vent, ou sur les nuages qui volent fugitifs par-dessus sa tête, et qu'on a comparés quelque part aux illusions de la vie : au sortir de ces absences de lui-même, je l'ai souvent observé jetant un regard attendri et reconnoissant vers le ciel, comme s'il eût cherché ce je ne sais quoi inconnu qui prend pitié du pauvre Sauvage.

Bons Scythes, que n'existâtes-vous de nos jours! J'aurois été chercher parmi vous un abri contre la tempête. Loin des querelles insensées des hommes, ma vie se fût écoulée dans tout le calme de vos déserts; et mes cendres, peut-être honorées de vos larmes, eussent trouvé sous vos ombrages solitaires le paisible tombeau que leur refusera la terre de la patrie [3].

---

agricole, philosophique et corrompu, et lui donner ainsi, sans sortir du sujet, l'index de toutes les sociétés, et le tableau raccourci, mais complet, de l'histoire de l'homme.

[1] Just., lib. XI, cap. II; Herod., lib. IV; Strab., lib. VII; Arrian., lib. IV.
[2] Just., ib.
[3] Herod., lib. IV, cap. CXXXII.
[4] Une souris, une grenouille et cinq flèches. Herod., lib. IV, cap. CXXVI-CXXVII.
[5] Just., lib. II, cap. II.
[6] Lucian., in Toxari, pag. 51.
[7] Horat., lib. III, Od. XXIV.

[1] Un des grands lacs du Canada.
[2] Je supplée ici par la peinture du Sauvage mental de l'Amérique ce qui manque dans Justin, Hérodote, Strabon, Horace, etc., à l'histoire des Scythes. Les peuples naturels, à quelques différences près, se ressemblent; qui en a vu un a vu tous les autres.
[3] Ce chapitre est presque tout entier dans René, dans Atala et dans quelques paragraphes du Génie du Christianisme. (N. Éd.)

[4] Qu'est-ce que cela veut dire? (N. Éd.)

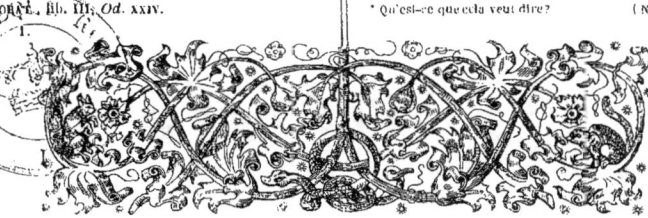

CHAPITRE XLVII.

Suite du premier Age. La Suisse pauvre et vertueuse.

LE voyageur qui, pour la première fois, entre sur le territoire des Suisses, gravit péniblement quelque montée creuse et obscure. Tout à coup, au détour d'un bois, s'ouvre devant lui un vaste bassin illuminé par le soleil. Les cônes blancs des Alpes, couverts de neige, percent à l'horizon l'azur du ciel. Les fleuves et les torrents descendent de la cime des monts glacés, des plantes saxatiles pendent échevelées du front des grands blocs de granit, des chamois sautent une cataracte, de vieux hêtres sur la corniche d'une roche se groupent dans les airs, des capillaires lèchent les flancs d'un marbre éboulé, des forêts de pins s'élancent du fond des abîmes, et la cabane du Suisse agricole et guerrier se montre entre des aulnes dans la vallée.

Lorsque les mœurs d'un peuple s'allient avec le paysage qu'il vivifie, alors nos jouissances redoublent. L'ancien laboureur de l'Helvétie auprès de ses plantes alpines, d'autant plus robustes qu'elles sont plus battues des vents, végéta vigoureusement sur ses montagnes, toujours plus libre en proportion des efforts des tyrans pour courber sa tête. Adorer Dieu, défendre la patrie, cultiver son champ, chérir et l'épouse et les enfants que le ciel lui a donnés, telle étoit la profession religieuse et morale du Suisse[1]. Ignorant le prix de l'or[2], de même que le Scythe, il ne connoissoit que celui de l'indépendance. S'il paroissoit quelquefois au milieu des cours, c'étoit dans le costume simple et naïf du villageois, et avec toute la franchise de l'homme sans maître[1]. « Et j'en ay veu, dit Philippe de Comines, de ce village (Suitz) un estant ambassadeur, avec autres, en bien humble habillement, et néantmoins disoit son avis comme les autres. »

Les Scythes dans le monde ancien, les Suisses dans le monde moderne, attirèrent les yeux

---

[1] *De Republ. Helvetior.*, lib. I, pag. 50-58, etc.

[2] Après avoir fait le récit de la bataille où Charles-le-Téméraire, duc de Bourgogne, fut tué par les Suisses, Philippe de Comines ajoute : « Les dépouilles de son host enrichirent fort ces pauvres gens de Suisses, qui, de prime face, ne connurent les biens qu'ils eurent en leur main, et par espécial les plus ignorants. Un des plus beaux et riches pavillons du monde fut départi en plusieurs pièces. Il y en eut qui vendirent une grande quantité de plats et d'écuelles d'argent, pour deux grands blancs la pièce, cuidant que ce fust estaing. Son gros diamant (qui estoit un des plus gros de la chrestienté), où pendoit une grosse perle, fut levé par un Suisse; et puis remis dans son estuy; puis rejeté sous un chariot; puis le revint quérir et l'offrir à un prestre pour un florin. Cestui-là l'envoya à leurs seigneurs, qui lui donnèrent trois francs, etc... »

[1] On se trompe généralement sur les auteurs de l'indépendance des Suisses. Les trois grands patriotes qui donnèrent la liberté à leur pays furent Stauffacher, Melchtal et Gautier-Furst. Les scènes tragiques qui préludèrent au soulèvement de l'Helvétie sont décrites au long dans l'*Helvetiorum Respublica*, je crois de Simler. Elles sont du plus extrême intérêt. L'aventure du vieux Henri auquel le gouverneur de Landeberg fit arracher les yeux, celle du gentilhomme Wolffenschiesz avec la femme du paysan Conrad, la surprise des divers châteaux des ducs d'Autriche par les paysans, portent avec elles un air romantique qui, se mariant aux grandes scènes naturelles des Alpes, cause un plaisir bien vif au lecteur. Quant à l'anecdote de la pomme de Guillaume Tell, elle est très-douteuse. L'historien de la Suède, Grammaticus, rapporte exactement le même fait d'un paysan et d'un gouverneur suédois[1]. J'aurois cité les deux passages s'ils n'étoient trop longs. On peut voir le premier dans Simler (*Helvet. Resp.*, lib. I, pag. 58); et l'on trouve l'autre cité tout entier à la fin de Coxe's *Letters on Switzerland*. A la page 62 du recueil intitulé *Codex Juris Gentium*, publié par Guillaume Leibnitz, en 1693, on trouve le traité original d'alliance entre les trois premiers cantons, Uri, Schwitz et Underwalden; on y lit : « 1er mardi d'après la Saint-Nicolas, 1315. Au nom de Dieu. Amen... Nous les paysans d'Hury, de Schuitz, et d'Underwalden... sommes résolus, par les dessus dicts serments, que nul de nous des dicts pays ne permettra ni n'endurera être gouverné par seigneurs, ni recevoir aucun prince et seigneur.— Si aucun de nous (les dicts alliez) témérairement et par méchanceté, endommageroit un autre *par fou*, un tel ne sera jamais reçu pour paysan... » La vertu des bons Suisses se peint ici dans toute sa naïveté. C'est une chose singulière que l'orthographe du treizième siècle est plus aisée à lire que celle du quinzième. J'ai aussi remarqué la même chose dans les vieilles ballades écossoises, qui se déchiffrent plus facilement que l'anglois de la même période.

[1] Ce fait est assez peu connu. (N. ÉD.)

de leurs contemporains par la célébrité de leur innocence. Cependant la diverse aptitude de leur vie dut introduire quelques différences dans leurs vertus. Les premiers, pasteurs, chérissoient la liberté pour elle; les seconds, cultivateurs, l'aimoient pour leurs propriétés. Ceux-là touchoient à la pureté primitive; ceux-ci étoient plus avancés d'un pas vers les vices civils. Les uns possédoient le contentement du sauvage; les autres y substituoient peu à peu des joies conventionnelles. Peut-être cette félicité, qui se trouve sur les confins où la nature finit et où la société commence, seroit-elle a meilleure si elle étoit durable. Au-delà des barrières sociales les peuples restent longtemps à la même distance de nos institutions; mais ils n'ont pas plus tôt franchi la ligne de marque, qu'ils sont entraînés vers la corruption sans pouvoir se retenir.

C'est ainsi que, malgré soi, on s'arrête à contempler le tableau d'un peuple satisfait. Il semble qu'en s'occupant du bien-être des autres on s'en approprie quelque petite partie. Nous vivons bien moins en nous que hors de nous. Nous nous attachons à tout ce qui nous environne. C'est à quoi il faut attribuer la passion que des misérables ont montrée pour des meubles, des arbres, des animaux. L'homme avide de bonheur, et souvent infortuné, lutte sans cesse contre les maux qui le submergent. Comme le matelot qui se noie, il tâche de saisir son voisin heureux, pour se sauver avec lui. Si cette ressource lui manque, il s'accroche au souvenir même de ses plaisirs passés, et s'en sert comme d'un débris avec lequel il surnage sur une mer de chagrins.

CHAPITRE XLVII.

Second Age : la Scythie et la Suisse philosophiques.

'EUSSE voulu m'arrêter ici; j'eusse désiré laisser au lecteur l'illusion entière. Mais en retraçant la félicité des hommes, à peine a-t-on le temps de sourire que les yeux sont déjà pleins de larmes.

Il n'est point d'asile contre le danger des opinions. Elles traversent les mers, pénètrent dans les déserts, et remuent les nations d'un bout de la terre à l'autre. Celles de la Grèce républicaine parvinrent dans les forêts de la Scythie; elles en chassèrent le bonheur.

L'innocence d'un peuple ressemble à la sensitive, on ne peut la toucher sans la flétrir. Le malheur des Scythes fut de donner naissance à des philosophes qui ignorèrent cette vérité. Zamolxis, à une époque inconnue, introduisit parmi eux un système de théologie, dont les principales teneurs étoient : l'existence d'un Être suprême, l'immortalité de l'âme, et la doctrine de la prédestination pour les héros moissonnés sur le champ de bataille [1].

Ce père de la sagesse des Scythes fut suivi d'Abaris, député de sa nation à Athènes. Il pratiqua la médecine, et prétendoit voyager dans les airs sur une flèche qu'Apollon lui avoit donnée [2]. Il devint célèbre dans les premiers siècles de l'Église pour avoir été opposé à Jésus-Christ par les Platonistes.

Toxaris succéda en réputation à Abaris. Il abandonna sa femme et ses enfants pour aller étudier à Athènes, où il mourut honoré pour sa probité et ses vertus [3].

Mais le corrupteur de la simplicité antique des Scythes fut le célèbre Anacharsis. Il s'imagina que ses compatriotes étoient barbares parce qu'ils vivoient selon la nature. Sa philosophie étoit de cette espèce qui ne voit rien au delà du cercle de nos conventions. Enthousiaste de la Grèce, il déserta sa patrie, et vint s'instruire auprès de Solon [4] dans l'art de donner des lois à ceux qui n'en avoient pas besoin. Il ne tarda pas à s'acquérir le nom de sage, qui convient si peu aux hommes, et se fit connoître par ses maximes. Il disoit que la vigne porte trois espèces de fruits : le premier, le plaisir; le second, l'ivresse; le troisième, le remords. A un Athénien d'une réputation flétrie qui lui reprochoit son extraction barbare,

---

[1] JULIAN., in Cæsaribus; SUID., Zamolx.
Quelques-uns croient que Zamolxis étoit Thrace d'origine. Il n'est pas vrai qu'il fût disciple de Pythagore.
[2] JAMBL., in Vit. Pyth., pag. 446-48; BAYLE, à la lettre A. ABARIS.
[3] LUCIAN., in Toxar.
[4] PLUT., in Solon.

il répondit : Mon pays fait ma honte ; vous faites la honte de votre pays [1]. L'orgueil et la bassesse de ce mot sont également intolérables ; celui qui peut être assez lâche pour renier sa patrie est indigne d'être écouté d'un honnête homme. Ce philosophe disoit encore que les lois sont semblables aux toiles d'araignées, qui ne prennent que les petites mouches et sont rompues par les grosses. Au reste, il écrivit en vers de l'art de la guerre, et dressa un code des institutions scythiques. Les épîtres qui portent son nom sont controuvées.

Ainsi la philosophie fut le premier degré de la corruption des Scythes. Lorsque les Suisses étoient vertueux ils ignoroient les lettres et les arts. Lorsqu'ils commencèrent à perdre leurs mœurs, les Haller, les Tissot, les Gessner, les Lavater, parurent [2].

CHAPITRE XLIX.

Suite.

Troisième Age : la Scythie et la Suisse corrompues. Influence de la Révolution grecque sur la première, de la Révolution françoise sur la seconde.

Ainsi la Scythie vit naître dans son sein des hommes qui, se croyant meilleurs que le reste de leurs semblables, se mirent à moraliser aux dépens du bonheur de leurs compatriotes. La révolution républicaine de la Grèce, en déter-

minant le penchant de ces génies inquiets, agit puissamment, par leur ressort, sur la destinée des nations nomades. Enflés du vain savoir puisé dans les écoles d'Athènes, les Abaris, les Anacharsis, rapportèrent dans leur pays une foule d'opinions et d'institutions étrangères, avec lesquelles ils corrompirent les coutumes nationales. Il n'est point de petit changement, même en bien, chez un peuple : pour dénaturer tels sauvages, il suffit d'introduire chez eux la roue du potier [1].

Anacharsis paya ses innovations de sa vie [2] ; mais le levain qu'il avoit jeté continua de fermenter après lui. Les Scythes, dégoûtés de leur innocence, burent le poison de la vie civile [3]. Longtemps celle-ci paroît amère à l'homme libre des bois ; mais l'habitude ne la lui a pas plus tôt rendue supportable, qu'elle se tourne pour lui en une passion enivrante ; le venin coule jusqu'à ses os ; un univers étrange, peuplé de fantômes, s'offre à sa tête troublée : simplicité, justice, vérité, bonheur, tout disparoît [4].

Le torrent des maux de la société ne se précipita pas chez les Scythes par une seule issue. Ces nations guerrières et pastorales trafiquoient de leur sang avec les puissances voisines [5], trop lâches ou trop foibles pour défendre elles-mêmes leur territoire. Athènes entretenoit une garde scythe [6], de même que les rois de France se sont longtemps entourés de braves

---

[1] LAERT., in *Anach*.
[2] J'ai connu deux Suisses très-originaux. L'un ne faisoit que de sortir de ses montagnes, et me racontoit que, dans son enfance, il étoit commun qu'une jeune fille et un jeune homme destinés l'un à l'autre couchassent ensemble avant le mariage dans le même lit, sans que la chasteté des mœurs en reçût la moindre atteinte ; mais que, dans les derniers temps, on avoit été obligé, pour plusieurs raisons, de réformer cet usage. L'autre Suisse étoit un excellent horloger, depuis longtemps à Paris, et qui s'étoit rempli la tête de tous les sophismes d'Hel-

vétius sur la vertu et le vice. Le mode d'éducation que cet homme avoit embrassé pour sa fille prouve à quel point on peut se laisser égarer par l'esprit de système. Il avoit suivi Lycurgue. Je voudrois bien en rapporter quelques traits, mais cela ne seroit possible qu'en les mettant en latin, et alors trop de lecteurs les perdroient. Il prétendoit, par sa méthode, avoir donné des sens de marbre à son enfant, et que la vue d'un homme ne lui inspiroit pas le moindre désir. Je ne sais à quel point ceci étoit vrai ; et je ne sais encore jusqu'à quel point un pareil avantage, en le supposant obtenu, eût été recommandable. J'ai vu sa fille ; elle étoit jeune et jolie.

[1] LAERT.; SUIDAS, *Anach.*; STRAB., lib. VII.
[2] Il fut tué par son frère d'un coup de flèche à la chasse.
[3] STRAB., lib. VII, pag. 334.
[4] *Id., ibid.*
[5] On trouve souvent, dans les anciens historiens, les Scythes servant à la solde des Perses. (Vid. HÉROD. et XÉNOPH.) Louis XI fut le premier souverain à stipendier les cantons. Voy. *Mémoires de Phil. de Com.*)
[6] SUIDAS, *Toxar*.

paysans de la Suisse[1]. Ce fut le sort des anciens habitants du Danube et de ceux de l'Helvétie de se distinguer au temps de l'innocence par les mêmes qualités, la fidélité et la simplesse[2]; et par les mêmes vices au jour de la corruption, l'amour du vin et la soif de l'or[3]. Ces deux peuples combattirent à la solde des monarques pour des querelles autres que celles de la patrie. Neutres dans les grandes révolutions des états qui les environnoient, ils s'enrichirent des malheurs d'autrui, et fondèrent une banque sur les calamités humaines. Soumis en tout à la même fatalité, ils durent la perte de leurs mœurs aux peuples, anciens et modernes, qui ont eu le plus de ressemblance, les Athéniens et les François. A la fois objet de l'estime et des railleries de ces nations satiriques[4], le montagnard des Alpes et le pasteur de l'Ister apprirent à rougir de leur simplicité dans Paris et dans Athènes. Bientôt il ne resta plus rien de leur antique vertu brisée sur l'écueil des révolutions. La tradition seule s'en

élève encore dans l'histoire, comme on aperçoit les mâts d'un vaisseau qui a fait naufrage[a].

CHAPITRE L.

La Thrace. Fragments d'Orphée.

'ISTER divisoit la Scythie de ces régions qui descendent en amphithéâtre jusqu'aux rivages du Bosphore. Ce pays, connu sous le nom général de *Thrace*, et conquis dernièrement par Darius, fils d'Hystaspe[1], se partageoit en plusieurs petits royaumes, les uns barbares, les autres civilisés. Plusieurs colonies grecques y avoient transporté les arts[2], et Miltiade l'avoit longtemps honoré de sa présence[3].

Nous savons peu de chose de ses premiers habitants, sinon qu'ils étoient cruels et guerriers[4]. Un de leurs usages mérite cependant d'être rapporté: à la naissance d'un enfant, les parents s'assembloient et versoient abondamment des larmes[5]. Cet usage est aussi philosophique qu'il est touchant.

Au reste, c'est à la Thrace que la Grèce doit le plus ancien et peut-être le meilleur de ses poëtes[6]. Ce que la fable ingénieuse a ra-

---

[1] Les Suisses ont été égorgés deux fois, et à peu près dans les mêmes circonstances, en défendant les rois de France contre ce peuple qui, disoit-on, chérissoit tant ses maîtres: la première, à la journée des Barricades, du temps de la Ligue; la seconde, de notre propre temps.
Davila (*Istor. del. Guer. civil. di Franc.*, tom III, pag. 282) rapporte ainsi le premier meurtre des Suisses. « Poichè fu sbarrata e fortificata la città — passando per ogni parte parola, con altissime e ferocissime voci, che si taglia a pezzi la soldatesca straniera, furono assaliti gli Svizzeri, nel cimiterio degl' Innocenti, ove serrati, e quasi per così dire imprigionati, non poterono far difesa di sorte alcuna, ma essendo nel primo impeto restati trentasei morti; gli altri si arreserc senza contesa. Furono dal popolo con jattanza, e con violenza grandissima svaligiati. Furono espugnate, nel medesimo tempo, tutte le altre guardie del Castelletto, etc.»
On s'imagine voir la journée du 10 août.
[2] JUSTIN., lib. XI, cap. XI; PHILIP. DE COM., &., de Rep. Helv., lib. I.
[3] STRAB., *ib.*; ATHEN., lib. XI, cap. VII, pag. 427; *Dict. de la Suisse*.
On connoit les proverbes populaires d'Athènes et de Paris: *Boire comme un Scythe, boire comme un Suisse*.
[4] On jouoit les Scythes sur le théâtre d'Athènes, comme on joue les Suisses sur ceux de Paris, pour leur prononciation étrangère du grec, du françois. Le grec n'étoit plus une langue vivante, le sel des plaisanteries d'Aristophane est perdu pour nous. Je doute que ce misérable genre de comique fût d'un meilleur goût que la scène du Suisse dans *Pourceaugnac*.

---

[a] Ces trois chapitres, sur les trois âges de la Scythie et de la Suisse, sont la surabondance d'un esprit qui se plaît au tableau de la nature: ils ne sont pas plus dans le sujet de l'*Essai* que les trois quarts de l'ouvrage. J'étois alors, comme Rousseau, grand partisan de l'état sauvage, et j'en voulois à l'état social. Je me suis raccommodé avec les hommes, et je pense aujourd'hui, avec un autre philosophe du dix-huitième siècle, que le superflu est une chose assez nécessaire.
Il y a encore dans ces chapitres des pensées, des images, des expressions même, que j'ai transportées depuis dans mes autres ouvrages. (N. ÉD.)
[1] HEROD., lib. IV, cap. CXLIV.
[2] *Id.*, lib. VI.
[3] *Id.*, *ibid.*. cap. XL; LACT., lib. VIII.
[4] *Id.*, lib. VI; JULIAN., *in Cæsaribus*.
[5] *Id.*, lib. V.
[6] DIOD. SIC., lib. IV, cap. XXV; PLINE, *Hist. nat.*, lib. XXV, cap. I.

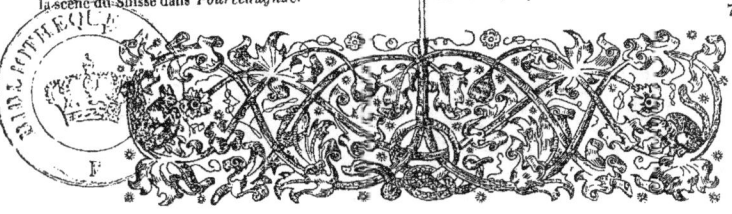

conté de la douceur des chants d'Orphée [1] est connu de tous les lecteurs. Sans doute la magie des prodiges attribués à sa muse consistoit en une vraie peinture de la nature. Ce poëte vivoit dans un siècle à demi sauvage [2], au milieu des premiers défrichements des terres. Les regards étoient sans cesse frappés du grand spectacle des déserts, où quelques arbres abattus, un bout de sillon mal formé à la lisière d'un bois, annonçoient les premiers efforts de l'industrie humaine. Ce mélange de l'antique nature et de l'agriculture naissante, d'un champ de blé nouveau au milieu d'une vieille forêt, d'une cabane couverte de chaume auprès de la hutte native d'écorce de bouleaux [3], devoit offrir à Orphée des images consonnantes à la tendresse de son génie; et lorsqu'un amour malheureux eut prêté à sa voix les accents de la mélancolie [3], alors les chênes s'attendrirent, et l'enfer même parut touché.

De plusieurs ouvrages qu'on attribue à ce poëte, il n'y a que les fragments que je vais donner qui soient vraiment de lui [4]. *Les Argonautes* n'en sont pas.

Tout ce qui appartient à l'univers : l'arche hardie de l'immense voûte des cieux, la vaste étendue des flots indomptés, l'incommensurable Océan, le profond Tartare, les fleuves et les fontaines, les Immortels même, dieux et déesses, sont engendrés dans Jupiter.

Jupiter tonnant est le commencement, le milieu et la fin; Jupiter immortel est mâle et femelle; Jupiter est la terre immense et le ciel étoilé; Jupiter est la dimension de tout corps, l'énergie du feu et la source de la mer; Jupiter est roi, et l'ancêtre général de ce qui est. Il est un et tout, car tout est contenu dans l'être immense de Jupiter [1].

Il seroit difficile d'exprimer avec plus de grandeur un sujet plus sublime.

Comme province de l'empire des Perses, la Thrace eut sa part des malheurs que l'influence de la révolution grecque causa au genre humain. Les troupes marchèrent à travers ses campagnes [2] : et l'on peut juger des ravages que dut y commettre une armée de trois millions d'hommes indisciplinés. Mais ces calamités ne furent que passagères; et les Thraces, abrités de leurs forêts et de leurs mœurs sauvages, échappèrent à l'action prolongée de la chute de la monarchie à Athènes [3].

CHAPITRE LI.

La Macédoine. La Prusse.

RÈS de la Thrace se trouvoit le petit royaume de Macédoine, dont la destinée a porté des ressemblances singulières avec la Prusse. D'abord, aussi obscur que la patrie des chevaliers teutoniques, il n'étoit connu des Grecs que par la protection qu'ils vouloient bien lui accorder. Peu à peu, agrandi par des conquêtes, sa considération augmenta dans la proportion de celle de l'électorat de Brandebourg. Enfin, sous Philippe, il devint maître de la

---

[1] HOR., *Carm.* lib. I, *Od.* XII; VIRG., *Georg.*, lib. IV.
[2] DIOD., lib. IV, cap. XXV.
[3] C'est en partie la peinture de la mission du père Aubry. (N. ÉD.)
[3] VIRGILE, *Georg.*, l. IV.
Le *Qualis populea* de Virgile a été traduit ainsi par l'abbé Delille :

Telle sur un rameau, durant la nuit obscure,
Philomèle plaintive attendrit la nature,
Accuse en gémissant l'oiseleur inhumain
Qui, glissant dans son lit une furtive main,
Ravit ces tendres fruits que l'amour fit éclore,
Et qu'un léger duvet ne couvroit pas encore!

[4] Il n'est pas même certain qu'ils en soient, mais cela est très-probable. Cicéron a nié qu'il eût jamais existé un Orphée.

[1] *De poës. Orphic.;* APUL., *de Mundo.*
On peut voir quelques autres fragments dans les *Poetæ Minores Græci*, pag. 459.
[2] HÉROD., lib. VII, cap. LIX.
[3] Un roi de Thrace se rendit célèbre pour avoir pris le parti des Grecs, et fait crever les yeux à ses fils, qui avoient suivi Xerxès.

Grèce, et sous Alexandre, de l'univers. On ne sauroit conjecturer jusqu'à quel degré de puissance la Prusse, en suivant son système actuel, peut atteindre [a].

Le même génie semble avoir animé les souverains de ces deux états. La guerre, et surtout la politique, furent le trait qui les caractérisa. L'histoire nous peint les rois de Macédoine changeant de parti selon les temps et les circonstances [1]; endormant leurs voisins par des traités et envahissant leur pays le moment d'après [2]. Je parlerai ailleurs du monarque régnant lors de l'expédition de Xerxès.

A l'époque dont nous retraçons l'histoire, les mœurs, la religion, les usages des Macédoniens, ressembloient à ceux du reste des Grecs. Seulement plus reculés que ces derniers vers la barbarie, et par conséquent moins près de la corruption, ils n'avoient produit aucun philosophe dont le nom mérite d'être rapporté.

Que la chute d'Hippias à Athènes eut des conséquences sérieuses pour la Macédoine, c'est ce dont on ne sauroit douter. Le politique Alexandre, profitant des calamités des temps, sut se ménager adroitement entre les Perses et les Grecs; et tandis qu'ils se déchiroient mutuellement, il recevoit l'or de Xerxès [3], et protestoit amitié à ses ennemis. Maintenant ainsi son pays tranquille, il l'enrichissoit de la dépouille de tous les partis, et durant que ceux-ci s'épuisoient dans une guerre funeste, il jeta les fondements de la grandeur future d'Alexandre. Destinée incompréhensible! Xerxès fuit à Salamine devant le génie de la liberté; et son or, resté dans un petit coin de la Grèce, va anéantir cette même liberté, et renverser l'empire de Cyrus!

[a] Le soldat héritier de la révolution a brisé bien des destinées. (N. Éd.)
[1] Hérod., lib. V, cap. xvii-xxi; Id., lib. VIII, c. cxl; Plut., in Aristid., pag. 527.
Amyntas, qui eut la bassesse de livrer ses femmes aux députés de Darius, permit à son fils Alexandre de faire égorger ces mêmes députés, et ce même Alexandre eut l'adresse de se conserver malgré cet outrage, dans les bonnes grâces de Xerxès, successeur de Darius. (Hérod., lib. V, cap. xvii-xxi.)
[2] Diod., lib. XVI; Justin., lib. VII; Polléen, Stratag., lib. IV, cap. xvii.
[3] Je ne cite point, parce que je citerai ailleurs.

CHAPITRE LII.

Îles de la Grèce. L'Ionie.

ENTRE les côtes de l'Europe et de l'Asie se trouvent une multitude d'îles qui, au temps dont nous parlons, avoient reçu leurs habitants des différents peuples de la Grèce. Je n'entreprendrai point de les décrire, puisqu'elles forment elles-mêmes partie de l'empire des Grecs, et sont conséquemment comprises dans ce que je dis de la révolution générale de ces derniers.

Cependant il est nécessaire de faire quelques remarques sur les différences morales et politiques qui pouvoient se trouver entre ces insulaires et leurs compatriotes sur les deux continents d'Europe et d'Asie au moment de l'invasion des Perses.

La Crète étoit la plus considérable, comme la plus renommée de toutes ces îles. On sait que Lycurgue y avoit calqué ses institutions sur celles de Minos; mais les lois de ce monarque, par diverses causes de décadence, étoient tombées en désuétude [1]. Une démocratie turbulente avoit pris la place du gouvernement royal mixte [2], et les Crétois passoient, au temps de l'expédition de Xerxès, pour le peuple le plus faux et le plus injuste de la Grèce. Ils refusèrent de secourir les Athéniens contres les Mèdes [3].

Les autres îles, tour à tour soumises à de petits tyrans ou plongées dans la démocratie, flottoient dans un état perpétuel de troubles. Rhodes se distinguoit par son commerce [4], Lesbos par sa corruption [5], Samos par ses riches-

[1] Arist., de Rep., lib. II, cap. x.
[2] Id., ibid.
[3] Hérod., lib. VII, cap. clxix.
[4] Strab., lib. XIV, pag. 654; Diod., lib. V, pag. 329.
[5] Athen., lib. X.

Le savant abbé Barthélemy a appliqué la comparai-

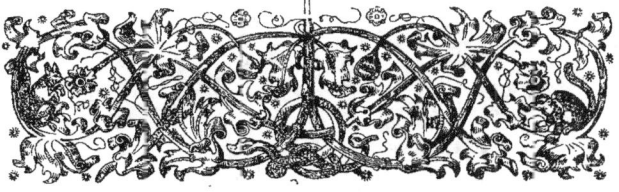

ses [1]. Quelques-unes joignirent les Perses [2] ; d'autres furent subjuguées [3] ; un petit nombre adhéra au parti de la liberté [4]. Enfin, on peut regarder les insulaires de la Grèce comme tenant le milieu entre la vertu de Sparte et d'Athènes et les vices des villes ioniennes, formant la demi-teinte par où l'on passoit des bonnes mœurs des Lacédémoniens à la corruption des Grecs asiatiques.

Quant à ces derniers, nous verrons bientôt comment ils devinrent les causes de la guerre Médique. En ne les considérant ici que du côté moral, la vertu n'étoit plus parmi les peuples de l'Ionie : voluptueux, riches, énervés par les délices du climat [5], on les eût pris pour ces esclaves que Xerxès traînoit à sa suite, si leur langage n'avoit décelé leur origine.

CHAPITRE LIII.

Tyr. La Hollande.

AINSI après avoir fait le tour de l'Europe nous rentrons enfin en Asie. Avant de décrire les grandes scènes que la Perse va nous offrir, il ne nous reste plus qu'à dire un mot d'une puissance maritime qui, bien que soumise à l'empire de Cyrus, a joué un rôle trop fameux dans l'antiquité pour ne pas mériter un article séparé dans cet ouvrage.

En quittant les villes de l'Ionie et s'avançant le long des côtes de l'Asie-Mineure vers le nord, on trouve Tyr, cité célèbre dans tout l'Orient par son commerce et ses richesses.

Hypsuranius, dans les siècles les plus reculés, avoit jeté les fondements de cette capitale de la Phœnicie [1]. Elle se trouva déterminée vers le commerce par la même position qui y entraîne ordinairement les peuples, l'âpreté de son sol. Rarement les pays très-favorisés de la nature ont eu le génie mercantile [2].

Bientôt ce village formé, comme les premières cités de la Hollande, de méchantes huttes de pêcheurs couvertes de roseaux [3], devint une métropole superbe. Ses vaisseaux alloient lui chercher le produit cru des terres plus fécondes, et ses industrieux habitants le convertissoient, par leurs manufactures, aux voluptés ou aux nécessités de la vie. Le Batavia des Phœniciens étoit la Bétique, d'où l'or couloit dans leurs états [4]. Ils recevoient de l'Égypte le lin, le blé, et les richesses de l'Inde et de l'Arabie [5] ; les côtes occidentales de l'Europe leur fournissoient l'étain [6], le fer et le plomb [6]. Ils achetoient aux marchés d'Athènes l'huile, le bois de construction et les balles de livres [7] ; à ceux de Corinthe, les vases, les ouvrages en bronze [8]. Les îles de la mer Égée leur don-

---

son ingénieuse (d'Aristote) de la règle de plomb aux mœurs lesbiennes. Quelque erreur s'étant glissée dans l'impression, je prends la liberté de rétablir la citation avec tout le respect qu'on doit à la profonde érudition et au grand mérite. La citation, dans *Anacharsis*, est ainsi : Arist., *de Mor*., lib. V, cap. xiv ; lisez lib. V, cap. x. Le cinquième livre *des Mœurs* n'a que onze chapitres. Voici le passage original : « Rei enim non definitæ infinita quoque regula est, ut et structuræ Lesbiæ regula plumbea. Nam ad lapidis figuram torquetur et inflectitur, neque regula eadem manet, sic et populi scitum ad res accommodatur. » (*Voyage d'Anach*., vol. II, pag. 52, cit. u.)

[1] Plat., *in Pericl*.
[2] Cypre, Paros, Andros, etc.
[3] Eubée.
[4] Salamine, Égine. Celle-ci s'étoit d'abord déclarée pour les Perses sous le règne de Darius ; elle retourna ensuite à la cause de la patrie.
[5] Plut., *de Leg*., lib. III, tom. II, pag. 680 ; Herod., lib. VI.

[1] Sanchoniat., apud Euseb., *Præpar. Evangel*., lib. I, cap. x.
Si je ne suis pas ici l'opinion commune, qui fait de Tyr une colonie de Sidon, c'est qu'il me paroît qu'on doit plutôt s'en croire un historien phœnicien que des auteurs étrangers. (Voy. Just., lib. XVIII, cap. iii.)
[2] Il faut en excepter Carthage chez les anciens, et Florence chez les modernes.
[3] Sanchoniat., apud Euseb., *Præpar. Evangel*.
[4] Diod., lib. V, pag. 512.
[5] Les Tyriens faisoient eux-mêmes le commerce de l'Inde, s'étant emparés de plusieurs ports dans le golfe Arabique. De là les marchandises étoient portées par terre à Rhinocolure, sur la Méditerranée, et frétées de nouveau pour Tyr. (Robertson's *Disquis. on the Anc. Ind*., sect. I, p. 9.)
[6] Herod., lib. III, cap. cxxiv.
[7] Plut., *in Solon*.; Xenoph., *Exped. Cyr*., lib. VII, pag. 412.
[8] Cicer., *Tuscul*., lib. IV, cap. xiv.

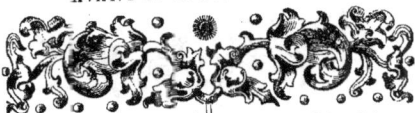

noient les vins et les fruits[1] ; la Sicile, le fromage[2] ; la Phrygie, les tapis[3] ; le Pont-Euxin, les esclaves, le miel, la cire, les cuirs[4], la Thrace et la Macédoine, les bois et les poissons secs[5]. Ces marchands avides reportoient ensuite ces denrées chez les différents peuples ; et Tyr, ainsi qu'Amsterdam, étoit devenu l'entrepôt général des nations.

La constitution de Phœnicie paroît avoir été monarchique[6] ; mais il est probable que l'oligarchie dominoit dans le gouvernement. La richesse des Tyriens, que les Écritures comparent aux princes de la terre[7], donne lieu à cette conjecture.

Dans les contrées où les hommes s'occupent exclusivement du commerce, les belles-lettres sont ordinairement négligées ; l'esprit mercantile rétrécit l'âme ; le commis qui sait tenir un livre de compte ouvre rarement celui du philosophe. Cependant la Phœnicie fournit quelques noms célèbres. On y trouve Moschus et Sanchoniathon. Le premier est l'auteur du système des atomes, qui, d'abord reçu par Pythagore, fut ensuite adopté et étendu par Épicure[8]. Le second écrivit l'histoire de Phœnicie, dont j'ai déjà cité plusieurs fragments, et de laquelle je vais extraire encore quelques nouveaux passages.

Et alors Hypsuranius habita à Tyr, et il inventa la manière de bâtir des huttes de roseaux. Et une grande inimitié s'éleva entre lui et son frère Usoüs, qui, le premier, avoit couvert sa nudité de la peau des bêtes sauvages. Et une violente tempête de vent et de pluie ayant frotté les branches les unes contre les autres, elles s'enflammèrent. Et la forêt fut consumée à Tyr. Et Usoüs prenant un arbre, après en avoir rompu les branches, fut le premier assez hardi pour s'aventurer sur les flots. . . .

[1] ATHEN., lib. I, cap. XXI, LII ; id., lib. III.
[2] ARISTOPH., in Vesp.
[3] Id., in Av.
[4] POLYB., lib. IV, pag. 306 ; DEMOSTH., in Leptin., pag. 545.
[5] THUCYD., lib. IV, cap. CVIII.
[6] Nous trouvons des princes de Tyr et de Sidon dans l'histoire. Les Écritures sont notre guide à ce sujet. Mais les anciens entendoient les mots *princes* et *rois* si différemment des peuples modernes, qu'il ne faut pas se hâter d'en conclure la forme d'un gouvernement.
[7] ISAÏE, XXIII, 8.
[8] STOBOEI *Ecl. Phys.*, lib. I, cap. XIII.

Ils engendrèrent Agrus (un champ) et Agrotes (laboureur). La statue de celui-ci étoit particulièrement honorée ; une ou plusieurs couples de bœufs promenoient son temple par toute la Phœnicie. Et il est nommé dans les livres le plus grand des dieux[1].

Indépendamment des origines curieuses de la navigation et de l'agriculture que l'on trouve dans ce passage, la simplicité antique du récit, si bien en harmonie avec les mœurs qu'il rappelle, a quelque chose d'aimable. La Hollande se glorifie d'avoir produit Érasme, Grotius et une foule de savants, connus par leurs recherches laborieuses.

CHAPITRE LIV.

Suite.

LA Phœnicie avoit éprouvé de grandes révolutions. De même que la Hollande elle eut à soutenir des guerres mémorables, et les différents sièges de sa capitale reportent à la mémoire ceux de Harlem[a] et d'Anvers[2] au temps de Philippe II. Vers le milieu du sixième siècle avant notre ère, Tyr, après une résistance de

[1] SANCHONIAT., apud EUSEB., *Præpar. Evang.*, lib. I, cap. X.
[a] Tyr et Harlem ! Le lecteur ne remarqueroit peut-être pas que je daigne à peine citer les livres saints en parlant de Tyr, mais que je fais un grand cas de Sanchoniathon. Quel esprit fort ! Il y a pourtant des recherches dans ces divers chapitres, et c'est ce qui en rend la lecture supportable. (N. ÉD.)
[2] BENTIVOGL., *Istor. del. Guer. di Fiand.*
Bentivoglio a raconté au long, avec toute son afféterie ordinaire, les travaux de ces deux sièges. Le premier fut levé miraculeusement, les Hollandois ayant envahi le camp des Espagnols en bateau, à la marée de l'équinoxe d'automne. Le second passa pour le chef-d'œuvre du grand Farnèse ; il ressembla en quelque sorte à celui de Tyr par Alexandre. Anvers fut prise par la jetée d'une digue.

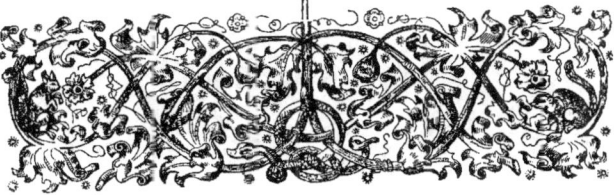

treize années, fut prise et détruite de fond en comble par un roi d'Assyrie [1]. Les habitants échappés à la ruine de leur patrie bâtirent une nouvelle Tyr sur une île, non loin du continent où la première avoit fleuri. Cette cité passa tour à tour sous le joug des Mèdes et des Perses [2], et resta débile et obscure jusqu'au temps de Darius qui la rétablit dans ses anciens priviléges. Ce fut durant cette époque de calamité que Carthage s'étoit élevée sur ses débris.

A l'époque de la guerre Médique la Phœnicie fut contrainte par ses maîtres à entrer dans la ligue générale contre la Grèce. Sans opinion à elle, elle prêta ses vaisseaux au grand roi [3], comme elle les auroit joints aux républiques si celles-ci eussent été d'abord les plus fortes. Vaincue à la bataille de Salamine [4], le commerce ferma bientôt cette plaie, et l'influence immédiate de la révolution grecque se borna pour les Tyriens à ce malheur passager, quoiqu'elle s'étendît sur eux par la suite, et que Tyr tombât comme le reste de l'Orient devant Alexandre. Les froids négociants continuèrent à importer et à exporter de pays en pays le superflu des nations, sans s'embarrasser des vains systèmes qui tourmentoient ces peuples. Tout leur génie étoit dans leurs balles d'étoffes, et on les voyoit, comme les Bataves, colporter les livres des beaux esprits du temps sans en avoir jamais ouvert un seul. Peut-être aussi l'habitant de Tyr trafiquoit-il de ses principes politiques; car dans les temps de révolutions les opinions sont les seules marchandises dont on trouve la défaite [5].

[1] Joseph., *Antiq.*, lib. XVIII, cap. xi.
[2] Elle suivit les révolutions des royaumes d'Orient auxquels elle étoit désormais sujette.
[3] Ce furent les Phœniciens et les Égyptiens qui construisirent le pont de bateaux sur lequel Xerxès passa son armée. (Vid. Herodot.)
[4] Les galères phœniciennes formoient l'aile gauche de l'escadre persane à la bataille de Salamine. Elles avoient en tête les Athéniens, et étoient commandées par un frère de Xerxès. Elles combattirent avec beaucoup de valeur. (Vid. Herod., lib. VIII, cap. lxxxix.)
[5] Si je n'avois fait cette remarque il y a une trentaine d'années, ne la prendroit-on pas pour une allusion aux choses du jour? (N. Éd.)

CHAPITRE LV.

La Perse.

ous montons enfin sur le grand théâtre. Après avoir considéré en détail les états par rapport à l'établissement des républiques en Grèce, et réciproquement, cet établissement par rapport à ces divers états, nous allons maintenant contempler tous ces peuples se mouvant en masse sous l'influence générale de cette même révolution et ne faisant plus qu'un seul corps. Nous allons les voir se lever ensemble pour renverser des principes et un gouvernement qu'ils ne feront que consolider; et les efforts de ces alliés viendront, mal dirigés, tièdes et partiels, se perdre contre une communauté peu nombreuse, mais unie; peu riche, mais libre.

Je passe sous silence les Éthiopiens, les Juifs, les Chaldéens, les Indiens, quoiqu'à l'époque de la révolution grecque ils eussent déjà fait des progrès considérables dans les sciences. La somme de leur philosophie et de leurs lumières se réduisoit généralement à la foi dans un Être suprême, à la connoissance des astres et des secrets de la nature. Ils étoient, comme le reste du monde oriental, gouvernés par des rois et des sectes de prêtres qui, de même que leurs frères d'Égypte, se conduisoient d'après le système de mystère, afin de dompter les peuples, par l'ignorance, au joug de la tyrannie civile et religieuse. En Éthiopie, les membres de cette caste sacrée portoient le nom de *Gymnosophistes* [1]; en Judée, celui de *Lévites* [2]; dans la Chaldée, celui de *Prêtres* [3]; en Arabie, celui de *Zabiens* [4]; aux Indes, celui de

[1] Diod., lib. XI.
[2] La Bible.
[3] Diod., *ib.*
[4] Hyde, *Rel. Pers.*, cap. iii.

Brachmanes[1]. Chaque pays comptoit aussi ses grands hommes : les Éthiopiens reconnoissoient *Atlas*[2] ; les Arabes, *Lokman*[3] ; les Juifs, *Moïse*[4] ; les Chaldéens, *Zoroastre*[5] ; l'Inde, *Buddas*[6]. Les uns avoient écrit de la nature, les autres de l'histoire, plusieurs de la morale[7]. De tous ces ouvrages, les fables de Lokman et l'histoire de Moïse sont les seuls qui nous soient parvenus. Les livres qu'on attribue à Zoroastre[8] ne sont pas originaux.

La plupart de ces différentes contrées étant ou soumises à la cour de Suze ou ignorées des Grecs, il seroit inutile de nous y arrêter : revenons aux vastes états de Cyrus.

L'empire des Perses et des Mèdes, au moment de la chute d'Hippias, s'étendoit depuis le fleuve Indus, à l'est, jusqu'à la Méditerranée à l'occident ; et depuis les frontières de l'Éthiopie et de Carthage, au midi, jusqu'à celles des Scythes au nord ; comprenant un espace de 40 degrés en latitude et de plus de seize en longitude[9].

Formé par degrés des débris de plusieurs états, peu d'années s'étoient écoulées depuis que cet énorme colosse pesoit sur la terre. L'empire des Assyriens, qui en composoit d'abord la plus grande partie, fut conquis par les Mèdes vers le sixième siècle avant notre ère[10]. Le célèbre Cyrus, ayant réuni sur sa tête les couronnes de Perse et de Médie, renversa le trône de Lydie, qui florissoit sous Crésus dans l'Asie-Mineure, vers le règne de Pisistrate à Athènes[1]. Cambyse, successeur de Cyrus, ajouta l'Égypte à ses possessions[2] ; et Darius fils d'Hystaspe, sous lequel commence la guerre mémorable des Perses et des Grecs, réunit à ses immenses domaines quelques régions de la Thrace et des Indes[3].

CHAPITRE LVI.

Tableau de la Perse au moment de l'abolition de la monarchie en Grèce. Gouvernement. Finances. Armées. Religion.

Principem dat Deus[2], maxime qui conduisit Charles Ier à l'échafaud, formoit tout le droit politique de la Perse[4]. De là nous pouvons concevoir le gouvernement.

Cependant l'autorité du grand roi n'étoit pas aussi absolue que celle des sultans de Constantinople de nos jours ; il la partageoit avec un conseil qui composoit une partie du souverain[5].

Au civil, les lois étoient pures, et la justice scrupuleusement administrée par des juges tirés de la classe des vieillards[6]. Dans les cas graves, la cause étoit portée devant le roi[7].

Au criminel, la procédure se faisoit publiquement. On confrontoit l'accusateur à l'accusé, et celui-ci obtenoit tous les moyens de défense qu'il pouvoit croire favorables à son

---

[1] STRAB., lib. XV, pag. 822. Aussi gymnosophistes.
[2] VIRG., Æn., lib. IV, v. 480 ; lib. I, v. 743.
[3] LOKM., *Fab.*, Epern. Édit.
[4] *Genèse.*
[5] JUSTIN., lib. I, cap. II.
[6] Ce que nous savons de Buddas est très-incertain. Les partisans de l'ancienne religion, au moment de l'établissement du christianisme, opposoient Buddas à Jésus-Christ, disant que le premier avoit aussi été tiré du sein d'une vierge. (Vid. S. Hieron., *Contra Jovin.*)
  Me voilà mêlant *très-philosophiquement* les Juifs aux autres peuples, les lévites aux brachmanes, Moïse à Buddas ! (N. ÉD.)
[7] Vid. loc. cit.
[8] Zoroastre l'Ancien, ou le Chaldéen. Je parlerai de ceux du second Zoroastre.
[9] Huit cents lieues en latitude, et trois cents en longitude, estimant les degrés de longitude à environ dix-huit lieues les uns dans les autres sous ces parallèles.
[10] HÉROD., lib. I, cap. XCV.

[1] XÉNOPH., *Cyrop.*, lib. I, pag. 2 ; lib. VII, pag. 180, etc.
[2] HÉROD., lib. III, cap. VII.
[3] *Id.*, lib. IV, cap. XLIV-CXXVII.
[a] Le principe du droit divin pour les princes, et celui de la souveraineté du peuple pour les nations, ne doivent jamais être conservés par les esprits sages. Il faut jouir du pouvoir et de la liberté sans en rechercher la source ; c'est de leur mélange que se compose la société, et leur origine est à la fois mystérieuse et sacrée.
  (N. ÉD.)
[4] PLUT., *in Themist.*, pag. 125.
[5] HÉROD., lib. III, cap. LXXXVIII.
[6] XÉNOPH., *Cyrop.*
[7] HÉROD., lib. I, cap. CXXXVII ; lib. VII, cap. DCXCIV.

innocence, ou à l'excuse de son crime[1]. Cette admirable coutume, que nous retrouvons en Angleterre, étoit remplacée en France par l'exécrable loi des interrogations secrètes[a].

Au moment de l'abolition de la monarchie en Grèce, la société avoit peut-être fait plus de progrès en Perse vers la civilisation qu'en aucune autre partie du globe. Un cours régulier d'administration mouvoit en harmonie tous les ressorts de l'empire. Les provinces se gouvernoient par des satrapes ou commandants délégués de la couronne[2]. Les armées et les finances étoient réduites en système[3]; et, ce qui n'existoit alors chez aucun peuple, des postes, établies par Cyrus sur le principe de celles des nations modernes, lioient les membres épars de ce vaste corps[4].

Cet institut, après la découverte de l'imprimerie, tient le second rang parmi les inventions qui ont changé pour ainsi dire la race humaine; et il n'entre pas pour peu dans les causes de l'influence rapide que la révolution grecque eut sur la Perse. Il ne faudroit que l'usage des courriers employés aux relations communes de la vie, pour renverser tous les trônes d'Orient d'aujourd'hui[b]. Chez les Mèdes, ils étoient réservés aux affaires d'état.

---

[1] Diod., lib. XV.

[a] Toujours la haine de l'arbitraire et de l'oppression. Qui me l'inspiroit alors, moi pauvre émigré, moi fidèle serviteur du roi, sorti de la France avec lui pour la cause de la légitimité et de l'ancienne monarchie? Avois-je attendu la violence ou la corruption des systèmes administratifs, sous la restauration, pour m'élever contre l'injustice? en un mot, mon opposition à tout ce qui comprime les sentiments généreux est-elle née de mon ambition politique, ou la porté-je en moi dès les premiers jours de ma jeunesse, sans qu'elle se soit démentie un seul moment? (N. Éd.)

[2] Xenoph., Cyrop., lib. VIII.

[3] Herod., lib. III, cap. LXXXIX-XCI-XCV; lib. I, cap. CXCII; Strab., lib. II-XV; Xenoph., Cyrop., lib. IX; Diod., lib. II, pag. 24.

[4] Le revenu en argent se montoit à peu près à 90 millions de notre monnoie, en le reconnoissant en talents euboïques. Les provinces fournissoient la maison du roi et les armées en nature. Quant aux armées, elles étoient composées, comme les nôtres, de troupes régulières, en garnison dans les provinces, et de milices obligées de marcher au premier ordre.

Xenoph., Cyrop., lib. VIII; Herod., lib. VIII, cap. XCVIII.

[b] Cela est hasardé, mais il y a quelque vérité dans la remarque. (N. Éd.)

Les Perses différoient en religion du reste de la terre alors connue. Ils adoroient l'astre dont la flamme productive semble l'âme de l'univers[1]. Ils n'avoient ni les solennités de la Grèce, ni des monuments élevés à leurs dieux[2]. Le désert étoit leur temple, une montagne[3] leur autel, et la pompe de leurs sacrifices, le soleil levant suspendu aux portes de l'Est, et jetant un premier regard sur les forêts, les cataractes et les vallées[4][a].

CHAPITRE LVII.

Tableau de l'Allemagne au moment de la Révolution françoise.

L'ÉPOQUE de la chute de la royauté en France, l'Allemagne, de même que la Perse d'autrefois, présentoit un corps composé de diverses parties réunies sous un chef commun. Bien que Léopold n'eût pas, de droit, le même pouvoir sur les cercles que Darius sur les satrapies, il l'avoit néanmoins de fait. Le même abus prévaloit à l'égard de la dignité suprême; l'empire germanique, quoique électif, pouvant être regardé comme héréditaire[b].

---

[1] Xenoph., Cyrop., lib. I, cap. CXXXI; Strab., lib. XV.
[2] Herod., lib. VIII, cap. XCVIII.
[3] Ceci n'est vrai que de la religion primitive des Perses. Par la suite ils eurent des temples.
[4] Herod., lib. I, cap. CXXXI.
[5] Id., ibid.

Il est probable que le nom de *Mithra*, sous lequel les Perses adoroient le soleil, étoit dans l'origine celui de quelque héros. On le trouve représenté sur d'anciens monuments, monté sur un taureau, armé d'une épée, la tiare en tête. Quelques-uns de ces attributs conviennent à l'Apollon des Grecs.

[a] Mettez les fleuves au lieu des cataractes, et le tableau sera plus vrai. (N. Éd.)

[b] Je suis tellement choqué de ces comparaisons, que toujours promettant de n'en plus parler, je ne puis m'en taire. Quel insigne parallèle veux-je établir entre l'Allemagne et la Perse antique, entre les Perses et les Allemands, entre Léopold et Darius? Pour m'infliger la

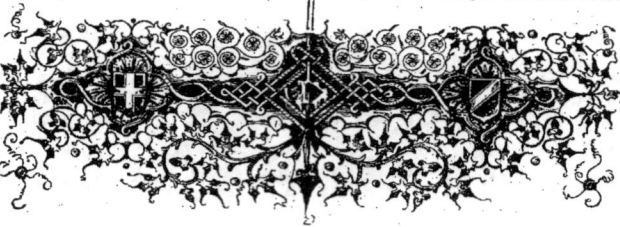

AVANT J.-C. 509. = OL. 67.

Le système militaire de Joseph II jouissoit parmi nous de la même réputation que celui de Cyrus chez les anciens. Ces deux princes firent consister leurs principales forces en cavalerie [1], mais le second mettoit la sûreté de ses états dans les places fortifiées [2]; le premier crut devoir les détruire.

Les anabaptistes, les hernutes, les protestants, les catholiques, se partageoient les opinions religieuses du moderne empire d'Occident, de même que les adorateurs de Mithra [3], de Jéhovah [4], de Jupiter [5], de Bramah [6], d'Apis [7], occupoient l'antique puissance orientale.

Le régime féodal écrasoit le laboureur germanique, à peu près de la même manière que l'esclavage persan abattoit le sujet du grand roi. Cependant une différence considérable se fait sentir entre ces hommes malheureux. Elle consiste dans les mœurs. Celles du premier sont justes et pures, par la grande raison de son indigence. Il ne faut pas en conclure que l'Allemagne manque de lumières. J'ai trouvé plus d'instruction, de bon sens chez les paysans de cette contrée [8] que chez toute autre nation européenne, sans en excepter l'Angleterre, où le peuple est plein de préjugés. Une des principales causes qui sert à maintenir la morale parmi les Allemands vient de la vertu de leur clergé. J'en parlerai ailleurs [a].

CHAPITRE LVIII.

Suite.

Les arts en Perse et en Allemagne. Poésie. Kreeshna Klopstock. Fragment du poëme Mahabarat, tiré du sanscrit. Fragments du Messie. Sacontala. Évandre.

Les jardins suspendus de Babylone, les vastes palais des rois, décorés de peintures et de statues, attestent le règne des beaux-arts dans l'empire de Cyrus. Ses immenses états, formés de mille peuples divers, devoient fournir une mine inépuisable de poésie, différente dans ses coloris, selon les mœurs et la nature dont elle réfléchissoit les teintes. Efféminée dans l'Ionie, superbe dans la pourpre du Mède, simple et agreste sur les montagnes de la Perse, voluptueuse dans les Indes, elle chantoit, avec l'Arabe, le patriarche, au milieu de ses troupeaux et de sa famille, assis sous le palmier du désert [b].

Je vais faire connoître aux lecteurs quelques morceaux précieux de littérature orien-

---

seule peine que ces parallèles méritent, il suffit de rapprocher les noms. (N. Éd.)

[1] Xénoph., *Cyrop.*
[2] *Id., ibid.*
[3] Les Perses.
[4] Les Juifs.
[5] Les Ioniens.
[6] Les peuples de l'Indus.
[7] Les Égyptiens.
[8] En entrant, il y a quelques années, dans un mauvais cabaret, sur la route de Mayence à Francfort, j'aperçus un vieux paysan en guêtres, un bonnet à la tête et un chapeau par-dessus son bonnet, tenant un bâton sous son bras, et déliant le cordon d'une bourse de cuir, pleine d'or, dont il payoit son écot. Je lui marquai mon étonnement qu'il osât voyager avec une somme assez considérable par des chemins remplis de Tyroliens et de Pandours. « C'est l'argent de mes bestiaux et de mes meubles, dit-il; et je vais en Souabe avec ma femme et mes enfants. J'ai vu la guerre : au moins les pauvres laboureurs étoient épargnés; mais ceci n'est pas une guerre, c'est un brigandage : amis, ennemis, tous nous pillent. » Le paysan apercevant l'ancien uniforme de l'infanterie françoise sous ma redingote, ajouta : « Monsieur, excusez. » — « Vous vous trompez, mon ami, repris-je, j'étois du métier, mais je n'en suis plus; je ne suis rien qu'un malheureux réfugié comme vous. » — « Tant pis! » fut sa seule réponse. Alors retroussant sous son chapeau quelques cheveux blancs qui passoient sous son bonnet, prenant d'une main son bâton, et de l'autre un verre à moitié vide de vin du Rhin, il me dit : « Mon officier, Dieu vous bénisse! » Il partit après. Je ne sais pourquoi le TANT PIS et le DIEU VOUS BÉNISSE de ce bon homme me sont restés dans la mémoire.

[a] Je vais donc louer un clergé dans cet ouvrage philosophique! J'avois un terrible besoin d'impartialité. (N. Éd.)

[1] Job.
[b] L'*Essai historique*, comme les *Natchez*, est la mine d'où j'ai tiré la plupart des matériaux employés dans mes autres écrits; mais au moins les lecteurs ne verront les *Natchez* que dégagés de leur alliage. (N. Éd.)

tale, je les tire du sanscrit[1], dont j'ai eu déjà occasion de parler plusieurs fois. J'y suis d'ailleurs autorisé, puisque l'empire persan s'étendoit sur une partie considérable des Indes.

Le premier fragment est extrait du *Mahabarat*, poëme épique, d'environ quatre cent mille vers, composé par le brachmane Kreeshna Dioypayen Veïas, trois mille ans avant notre ère. De ce poëme, l'épisode appelé *Baghvat-Geeta* étoit le seul morceau publié par le traducteur anglois, M. Wilkins, en 1785.

Le sujet de cet ancien monument du génie indien est une guerre civile entre deux branches de la maison royale de Bhaurat.

Les deux armées, rangées en bataille, se disposent à en venir aux mains, lorsque le dieu Kreeshna qui accompagne Arjoon, l'un des deux rois, comme Minerve Télémaque, invite son élève à faire avancer son char entre les combattants. Arjoon regarde : il n'aperçoit de part et d'autre que des pères, des fils, des frères, des amis prêts à s'égorger ; saisi de pitié et de douleur, il s'écrie[2] :

« O Kreeshna! en voyant ainsi mes amis impatients du signal de la bataille, mes membres m'abandonnent, mon teint pâlit, le poil de ma chair se hérisse, tout mon corps tremble d'horreur ; Gandew même, mon arc, échappe à ma main, et ma peau, collée à mes os, se dessèche. Lorsque j'aurai donné la mort à ces chers parents, demanderai-je encore le bonheur ? Je n'ambitionne point la victoire, ô Kreeshna! Qu'ai-je besoin de plaisir ou de puissance ? Qu'importent les empires, les joies, la vie même, lorsque ceux-là ne seront plus, ceux-là qui donnoient seuls quelque prix à ces empires, à ces joies, à cette vie ? Pères, ancêtres, fils, petit-fils, oncles, neveux, cousins, parents et amis, vous voudriez ma mort, et cependant je ne souhaite pas la vôtre; non! pas même pour l'empire des trois régions de l'univers, encore bien moins pour cette petite terre »

[1] Une note sur le sanscrit peut faire plaisir à plusieurs lecteurs[*]. Le sanscrit, mieux le hanscrit, est, comme on le sait, la langue sacrée dans laquelle les livres des Brahmins sont écrits, langue qui n'est plus connue que d'eux seuls. Cette langue étoit autrefois si universelle dans l'Orient, que, selon M. Halhed, le premier Anglois qui soit parvenu à l'entendre, on la parloit depuis le golfe Persique jusqu'aux mers de la Chine. Les preuves qu'il en apporte sont tirées des inscriptions des différents coins de ce pays[**], et de la ressemblance entre les noms collectifs et les noms de nombres des langues vulgaires de ces contrées, et les noms collectifs et les noms de nombre du sanscrit ; il étend même ceci au grec et au latin[***]. Le sanscrit n'étoit parlé que dans les rangs élevés de la société ; il y avoit deux langues vulgaires pour le peuple. Cette singularité est mise hors de doute par les drames écrits dans ces trois dialectes. Les différents ouvrages traduits du sanscrit en anglois sont le *Mahabarat* et *Sacontala* dont je cite des passages : *Hreto-Pades*, ou l'ouvrage original dont sont empruntées les fables d'Ésope et de Pilpay ; les *Cinq Diamants*, ou les stances de cinq poëtes ; une ode traduite de *Wulli*, et une partie du *Shaster*. Outre ces ouvrages d'agrément, le sanscrit en a fourni plusieurs de sciences, entre autres le fameux *Suryo-Siddhonta*. Ce sont des tables astronomiques, de la plus haute antiquité, et calculées sur des théorèmes de trigonométrie d'une vérité rigoureuse. La chronologie des Indiens se divisoit en quatre âges : 1° Le Suttee Jogue,

[*] Cette note sur le sanscrit étoit assez curieuse dans son temps ; aujourd'hui le sanscrit est si connu que mes citations n'ont plus d'intérêt. Comme je triomphois dans ces quatre *jogues* qui renfermoient tant de millions d'années ! Quel bon démenti donné à la chronologie de Moïse ! Hélas ! Il est arrivé qu'une connoissance plus approfondie de la langue savante de l'Inde a fait rentrer ces siècles innombrables dans le cercle étroit des traditions de la Bible. Dieu m'en a pris d'être redevenu croyant, avant d'avoir éprouvé cette mortification. (N. Éd.)

[**] Ceci n'est pas une raison probante, car l'alphabet sanscrit peut être gravé sur des monnoies persanes, indiennes, etc., sans qu'il en résulte qu'on parlât la même langue dans ces divers pays. On sait qu'actuellement les Chinois et les Tartares s'entendent en s'écrivant, quoique leurs idiomes soient aussi différents l'un de l'autre que le turc l'est du françois. Les lettres chinoises ne sont pas des caractères généraux, comme les chiffres arabes. Elles sont les signes de certaines idées, et chacun les traduit ensuite dans sa langue.

[***] Je suis assez tenté de croire qu'il y a eu autrefois une langue universelle. La ressemblance des anciens caractères grecs et romains avec les caractères arabes ; les étymologies multipliées entre le sanscrit, les langues orientales, le grec, le latin, le celte, les dialectes de la mer du Sud et de l'Amérique, et beaucoup d'autres raisons qui ne sont pas de mon sujet, semblent venir à l'appui de cette conjecture. [Vidend., Danet, *Diction. d'Antiquit.* ; Cook's *Voyages* ; Halhed's *Grammar of the Bengal language* ; Savary, *Voyage d'Égypte* ; Brigand, *sur les langues* ; Harris, Hermès.]

ou l'âge de pureté. Sa durée fut de trois millions deux cent mille ans. Les hommes vivoient cent mille ans.

2° Le Tirtah Jogue (le tiers du monde corrompu). Sa période fut de deux millions quatre cent mille ans. La vie de l'homme étoit de dix mille ans.

3° Le Davapar Jogue (la moitié de la race humaine vicieuse) dura un million seize cent mille ans. L'homme ne vécut plus que mille ans.

4° Le Colle Jogue (tous les hommes dépravés) est l'âge actuel, qui durera quatre cent mille ans, dont cinq mille sont déjà écoulés. Il est incroyable que ces traductions, qui nous paroissent si extravagantes, soient supportées par les calculs les plus certains d'astronomie. Mon autorité dans tout ceci est *Robertson's Historical Disquisitions*.

[2] *Baghvat-Geeta*, page 51.

La simplicité et le pathétique de ce fragment sont d'une beauté vraie ; on s'étonne surtout de n'y point trouver cette imagination déréglée, ce luxe de coloris, caractère dominant de la poésie orientale. Tout y est dans le ton d'Homère ; mais, après cette apostrophe d'Arjoon, Kreeshna, pour lui prouver qu'il doit combattre, s'étend sur les devoirs d'un prince, s'engage avec son élève dans une longue controverse théologique et morale. Ici le mauvais goût et le prêtre se décèlent. Nous choisirons pour pendant à l'épique indien l'épique de la Germanie. La muse allemande, nourrie de la méditation des Écritures, a souvent toute la majesté, toute la simple magnificence hébraïque : et l'on retrouve dans les froides régions de l'Empire l'enthousiasme et la chaleur du génie des poëtes d'Israël.

Klopstock, dans son poëme immortel, a peint la conjuration de l'enfer contre le Messie. Le sacrifice est prêt à s'accomplir ; les prêtres triomphent, et le Fils de l'homme est condamné. Suivi de sa mère, de ses disciples, des gardes romaines et de toute la Judée, il s'avance, chargé de sa croix, au lieu du supplice : il arrive sur Golgotha. Alors Éloa, envoyé par l'Éternel, distribue les anges de la terre autour de la montagne. Les uns s'assemblent sur des nuages, les autres planent dans les airs.

Gabriel va chercher les âmes des patriarches, et les place sur la montagne des Oliviers, pour être témoins du grand sacrifice ; Uriel en même temps amène toutes celles des races à naître. Le globe immense qu'elles habitoient reçoit l'ordre de voler vers le soleil et d'intercepter sa lumière. Satan, et tout l'enfer caché dans la mer Morte sous les ruines de Gomorrhe, contemple la Rédemption. Les innombrables esprits célestes qui peuplent les étoiles et les soleils, ceux qui environnent Jéhovah, ont l'œil attaché sur le Sauveur ; et le Saint des saints, retiré dans sa profondeur incompréhensible, compte les heures du grand mystère ; alors

Les bourreaux s'approchent de Jésus. Dans ce moment tous les mondes, avec un bruit qui retentissoit au loin, parvinrent au point de leur course, d'où ils doivent annoncer la réconciliation. Ils s'arrêtent ; insensiblement le mouvement des pôles se ralentit, et cessa tout à coup. Un vaste silence régnoit dans toute l'étendue de la création. La marche de tous les globes suspendue annonçoit dans les cieux les heures du sacrifice..... Les anges, interdits, étoient attentifs à ce qui alloit se passer. Jéhovah jeta un coup d'œil sur la terre, la vit prête à s'abîmer et la retint. Jéhovah, le dieu Jéhovah avoit ses regards fixés sur Jésus-Christ... et les bourreaux le crucifièrent !.... A ce spectacle terrible, les anges et les patriarches restoient dans un morne silence. Le calme effrayant qui régnoit dans toute la nature étoit l'image de la mort. On auroit dit qu'elle venoit d'en détruire tous les habitants, et que rien d'animé n'existoit plus dans aucun monde.....

Bientôt l'obscurité couvrit la terre, où régnoit un profond silence, et ce silence morne augmentoit avec les ténèbres et l'inquiétude. Les oiseaux, devenus muets, s'envolèrent au fond des forêts ; les animaux cherchèrent un asile dans les cavernes et les fentes des rochers ; la nature entière étoit ensevelie dans un calme sinistre. Les hommes, respirant avec peine un air qui n'avoit plus de ressort, levoient les yeux vers le ciel, où ils cherchoient en vain la lumière. L'obscurité augmentoit de plus en plus ; elle devint universelle et effrayante, lorsque l'astre[1] eut entièrement occupé le disque du soleil ; toutes les plaines de la terre furent enveloppées dans les horreurs d'une nuit épouvantable...

Les couleurs de la vie reparurent sur le front du Messie, mais elles s'éteignirent rapidement et ne revinrent plus. Ses joues livides se flétrirent davantage, et sa tête, succombant sous le poids du jugement du monde, se pencha sur sa poitrine. Il fit des efforts pour la relever vers le ciel, mais elle tomba de nouveau. Les nuages suspendus s'étendirent autour de Golgotha, d'une manière lente et pleine d'horreur, comme les voûtes funèbres des tombeaux sur les cadavres que la pourriture dévore. Un nuage plus noir que les autres s'arrêta au haut de la Croix. Le silence, le calme affreux de la mort sembloit distiller de son sein. Les immortels en frissonnèrent. Un bruit inattendu, et qui n'avoit été précédé d'aucun autre bruit, sortit tout à coup des entrailles de la terre : les ossements des morts en tremblèrent, et le temple en fut ébranlé jusqu'au faîte.

Cependant le silence étoit rétabli sur la terre, et les hommes vivants, les morts, et ceux qui devoient naître, avoient les regards fixés sur le Rédempteur. En proie à toutes les douleurs, Ève regardoit son fils, qui succomboit insensiblement sous une mort lente et pénible. Ses yeux ne s'arrachoient

[1] L'astre occupé par les âmes à naître dont j'ai parlé.

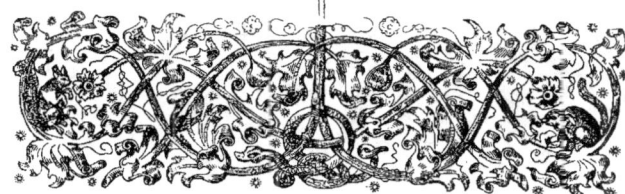

de ce triste spectacle que pour se porter sur une mortelle qui se tenoit chancelante au pied de la croix, la tête penchée, le visage pâle, et dans un silence semblable au silence de la mort. Ses yeux ne pouvoient verser de larmes : elle étoit sans mouvement..... « Ah! dit en elle-même la mère du genre humain, c'est la mère du plus grand des hommes ; l'excès de sa douleur ne l'annonce que trop. Oui, c'est l'auguste Marie ; elle éprouve dans ce moment ce que je sentis moi-même lorsque je vis Abel auprès de l'autel, nageant dans les flots de son sang. Oui, c'est la mère du Sauveur expirant. » Elle fut tirée de ces pensées par l'arrivée de deux anges de la mort, qui venoient du côté de l'Orient. Ils planoient dans les airs d'un vol mesuré et majestueux, et gardoient un profond silence. Leurs vêtements étoient plus sombres que la nuit, leurs yeux plus étincelants que la flamme ; leur air annonçoit la destruction. Ils s'avançoient lentement vers la colline de la Croix, où le Juge suprême les avoit envoyés ; les âmes des patriarches, épouvantées, tombèrent sur la poussière de la terre, et sentirent l'impression de la mort et les horreurs du tombeau, autant que peuvent les sentir les substances indestructibles. Les deux génies redoutables, parvenus à la croix, contemplent le mourant, prennent leur vol, l'un à droite et l'autre à gauche ; et, d'un air morne et présageant la mort, ils volent sept fois autour de la croix. Deux ailes couvroient leurs pieds, deux ailes tremblantes couvroient leur face, et deux autres les soutenoient dans les airs, dont l'agitation produisoit un mugissement semblable aux accents lamentables de la mort. C'est ce bruit qui tonne aux oreilles d'un ami de l'humanité, lorsque des milliers de morts et de mourants nagent dans leur sang sur le champ de bataille, et qu'il fuit en détournant les yeux. Les terreurs de Dieu étoient répandues sur les ailes des deux anges, et retentissoient vers la terre ; ils voloient pour la septième fois, lorsque le Sauveur, accablé, releva sa tête appesantie, et vit ces ministres de la mort. Il tourna ses yeux obscurcis vers le ciel, et s'écria d'une voix qu'il tira du fond de ses entrailles, et qui ne put se faire entendre : « Cessez d'effrayer le Fils de l'homme ; je vous reconnois au bruit de vos ailes..... il m'annonce la mort... Cesse, Juge des mondes... cesse... » En disant ces mots, » son sang sortit à gros bouillons... Alors les anges de la mort tournèrent leur vol bruyant vers le ciel, et laissèrent les spectateurs dans une surprise muette, et des réflexions plus inquiétantes et plus confuses sur ce qui se passoit à leurs yeux... et l'Éternel laissoit toujours sur le mystère un voile impénétrable [1]...

[1] *Messie*. chant VII.

Les enfers, les cieux, les hommes, les générations écoulées et les générations à naître, les globes arrêtés dans leurs révolutions, le cours de l'univers suspendu, la nature couverte d'un voile, un Dieu expirant, quel tableau ! Sa sublimité fera excuser la longueur de la citation.

Le second fragment qui me reste à donner du sanscrit est d'un genre totalement opposé au premier. On a découvert parmi les Indiens une foule de pièces de théâtre écrites dans la langue sacrée ; régulières dans leur marche, et intéressantes dans leurs sujets. S'il étoit possible de douter de la haute civilisation des anciennes Indes, cette particularité seule suffiroit pour le prouver, en même temps qu'elle dépouille les Grecs de l'honneur d'avoir été les inventeurs du genre dramatique.

La scène indienne non-seulement admet le masque et le cothurne, mais elle emprunte encore la houlette. Elle se plaît à représenter les mœurs champêtres, et ne craint point de s'abaisser en peignant les tableaux de la nature. Sacontala, princesse d'une naissance illustre, avoit été élevée par un ermite dans un bocage sacré, où les premières années de sa vie s'étoient écoulées au milieu des soins rustiques et de l'innocence pastorale. Prête à quitter sa retraite chérie pour se rendre à la cour d'un grand monarque auquel elle étoit promise, les compagnes de sa jeunesse déplorent ainsi leur perte et font des vœux pour le bonheur de Sacontala :

Écoutez, ô vous arbres de cette forêt sacrée! écoutez, et pleurez le départ de Sacontala pour le palais de l'époux ! Sacontala! celle qui ne buvoit point l'onde pure avant d'avoir arrosé vos tiges; celle qui, par tendresse pour vous, ne détacha jamais une seule feuille de votre aimable verdure, quoique ses beaux cheveux en demandassent une guirlande ; celle qui mettoit le plus grand de tous ses plaisirs dans cette saison qui entremêle de fleurs vos rameaux flexibles.

CHŒUR DES NYMPHES DES BOIS.

Puissent toutes les prospérités accompagner ses pas, puissent des brises légères disperser, pour ses délices, la poussière odorante des riches fleurs ! Puissent les lacs d'une eau claire, et verdoyante sous les feuilles du lotos, la rafraîchir dans sa mar-

che! Puissent des branches ombreuses la défendre des rayons brûlants du soleil!

Sacontala sortant du bois et demandant à Cana, l'ermite, la permission de dire adieu à la liane Madhavi, *dont les fleurs rouges enflamment le bocage*, après avoir baisé *la plus radieuse de toutes les fleurs*, et l'avoir prière de lui *rendre ses embrassements, avec ses bras amoureux*, s'écrie :

Ah! qui tire ainsi les plis de ma robe?

CANA.

C'est ton fils adoptif, le petit chevreau dont tu as si souvent humecté la bouche avec l'huile balsamique de l'ingoudi, lorsque les pointes du cusa l'avoient déchirée. Lui, que tu as tant de fois nourri dans ta main des graines du synmaka. Il ne veut pas quitter les pas de sa bienfaitrice.

SACONTALA.

Pourquoi pleures-tu, tendre chevreau? Je suis forcée d'abandonner notre commune demeure. Lorsque tu perdis ta mère, peu de temps après ta naissance, je te pris sous ma garde. Mon père Cana veillera sur toi lorsque je ne serai plus ici. Retourne, pauvre chevreau; retourne, il faut nous séparer. (*Elle pleure*.)

CANA.

Les larmes, mon enfant, conviennent peu à ta situation. Nous nous reverrons; rappelle tes forces. Si la grosse larme se montre sous tes belles paupières, que ton courage la retienne lorsqu'elle cherche à s'échapper. Dans notre passage sur cette terre, où la route tantôt plonge dans la vallée, tantôt gravit la montagne, et où le vrai sentier est difficile à distinguer, tes pas doivent être nécessairement inégaux; mais suis ici la vertu, elle te montrera le droit chemin[1].

Si ce dialogue n'est pas dans nos mœurs, du moins il respire le calme et la fraîcheur de l'idylle. La dernière leçon de Cana, dans le style de l'apologue oriental, quoique venant inapropos, est pleine d'une aimable philosophie. Le Théocrite des Alpes va nous fournir pour l'Allemagne le parallèle de ce morceau.

Pyrrhus, prince de Krissa, et Arates, ami de Pyrrhus, ont envoyé, par ordre des dieux, le premier, son fils Évandre, le second, sa fille Alcimne, afin d'être élevés secrètement chez des bergers. L'amour touche le cœur d'Évandre et d'Alcimne, ils s'aiment sans connoître leur rang illustre. Les princes arrivent, révèlent le secret, les amants s'unissent. L'*Évandre* de Gessner n'est pas son meilleur ouvrage, mais il est curieux à cause de sa ressemblance avec *Sacontala*. Il y a quelque chose qui ouvre un vaste champ de pensées philosophiques à trouver l'esprit humain reproduisant les mêmes sujets, à cinq mille ans d'intervalle, d'un bout du globe à l'autre. Lorsque l'auteur de *Sacontala* florissoit sous le beau ciel de l'Inde, qu'étoit la barbare Helvétie?

Alcimne a appris sa naissance, elle est entourée de suivantes qui lui parlent des mœurs de la cour. Elle regrette, comme la princesse indienne, ses bois, ses moutons, sa houlette, et surtout ses amours.

LA DEUXIÈME SUIVANTE.

Permettez-moi de vous dire qu'il faut que vous renonciez aux mœurs de la campagne, pour suivre celles de la cour. Une grande dame doit savoir tenir son rang. Nous avons ordre de ne point vous quitter et de vous donner des leçons.

ALCIMNE.

J'aime mieux nos mœurs; elles sont simples, naturelles, et s'apprennent toutes seules. Parmi nous on ne voit personne en donner des leçons; on s'en moqueroit comme de quelqu'un qui voudroit apprendre à un oiseau un autre chant que le sien. Mais dites-moi quelque chose de la manière dont on vit à la ville. Je crains fort de ne pas la trouver de mon goût.

LA DEUXIÈME SUIVANTE.

Le matin, quand vous vous éveillez, ce qui n'est qu'à midi, car les dames du grand monde ne s'éveillent pas à l'heure des artisans...

ALCIMNE.

A midi! Je n'entendrois donc plus, le matin, le chant des oiseaux; je ne verrois donc plus le lever du soleil? cela ne m'accommoderoit pas.

LA PREMIÈRE SUIVANTE.

Votre beauté ne manquera pas de vous faire beaucoup d'amants. Il faudra vous étudier à plaire à tous, et ne donner à chacun que peu d'espérance.

---

[1] *Sacont.*, acte IV, page 47, etc.

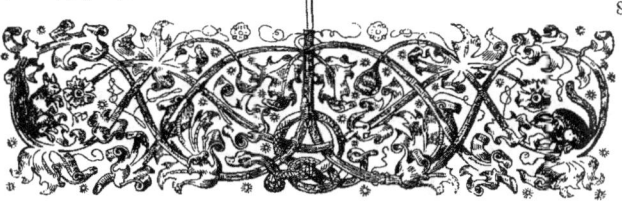

ALCIMNE.

Tous nos seigneurs m'ennuieront en me parlant d'amour, parce que je n'aimerai jamais que celui que j'aime déjà.

LA DEUXIÈME SUIVANTE.

Quoi! vous aimez déjà?

ALCIMNE.

Oui, sans doute; je ne rougis pas d'en convenir. J'aime un berger de tout mon cœur, et lui, il m'aime de tout le sien. Il est beau comme le soleil levant, charmant comme le printemps; le rossignol ne chante peut-être pas si bien que lui... Oui, mon bien-aimé, tu seras le seul que j'aimerai toujours. Ces arbres verts mourront, le soleil cessera d'éclairer ces belles prairies, avant que ton Alcimne te soit infidèle. Oui, mon bien-aimé, je fais le serment...

LA DEUXIÈME SUIVANTE.

Ne le faites pas; votre père ne vous laissera point avilir jusque-là votre illustre naissance.

ALCIMNE, avec colère.

Que voulez-vous dire, mon illustre naissance! Eh quoi! peut-il y en avoir qui ne soit noble et honorable? Oh! je n'entends rien à toutes vos leçons. Il faut y mettre moins d'esprit et plus de naturel. Non, je ne les comprendrai jamais. Mon père est raisonnable; j'en suis sûre. Il ne voudra pas que j'abandonne ce que j'aime le mieux au monde, et que j'aime ce que je hais le plus. Je ne vous quitterai qu'à regret, charmantes retraites, ombrages frais, occupations innocentes: je vous préférerai toujours au fracas de la ville; mais il faut que je vous quitte pour suivre un père que je chéris. Il ne sera pas venu me chercher ici pour me rendre malheureuse: oui, je serois malheureuse, plus que je ne puis dire, s'il vouloit me séparer de celui que j'aime plus que moi-même. Oh! ne me donnez pas ces inquiétudes, mes amies! N'est-il pas vrai que j'aurois tort de les avoir [1 2]?

[1] *Écandre*, acte III, scène v.
[2] La littérature allemande a réellement quelque ressemblance avec la littérature orientale; mais il est évident qu'à l'époque où j'analysois Klopstock, je connoissois peu la première, car comment n'aurois-je pas cité Wiéland, Goëte, etc.? J'ignorois les différentes révolutions que les auteurs et la langue germanique avoient rapidement éprouvées, j'en étois encore à Klopstock et à Gessner.
Je ne puis aujourd'hui trouver sublime ce que je regardois comme tel dans la composition du *Messie*. Toutes les fois que l'on sort de la peinture des passions, et que l'on se jette dans les inventions gigantesques, rien n'est plus facile que de remuer l'univers : il n'est

CHAPITRE LIX.

Philosophie. Les deux Zoroastre. Politique.

Le nom du célèbre Zoroastre [1] rappelle le fondateur de la philosophie persane et celui de l'ordre des mages. De même que sa morale, ses dogmes étoient sublimes. Il enseignoit l'existence des deux principes, l'un bon, l'autre méchant, qui se disputoient l'empire de la nature [2]; la durée du premier embrassoit tous les temps écoulés et à venir. L'existence du second devoit passer avec le monde.

Cet ancien sage fut suivi, vers le temps de Darius fils d'Hystaspes, d'un autre philosophe du même nom qui altéra quelque chose à la doctrine de son prédécesseur. Tel que le premier Zoroastre, il admettoit les deux natures; mais il les dérivoit d'un être primitif, dont les regards immenses ne tomboient jamais sur la race imperceptible des hommes [3]. Il disoit que ces pouvoirs subordonnés régneroient tour à tour sur la terre, chacun durant une période de six mille années; que le méchant génie seroit à la fin subjugué par le bon, et qu'alors

pas besoin d'avoir du génie. Qu'on arrête les globes dans l'espace, qu'on fasse arriver des comètes, qu'on place dans des mondes divers les morts et les vivants, le passé et l'avenir, tout cela n'est qu'une stérile grandeur sans sublimité, une débauche d'imagination qui pourroit être le rêve d'un enfant, un conte de fées. Le morceau de Klopstock que j'ai cité n'offre pas un trait à retenir : l'auteur passe souvent auprès d'une beauté sans l'apercevoir. Quand les deux anges de la mort s'approchent du Christ, qui ne s'attend, par exemple, à quelque chose d'extraordinaire? Tout se réduit à des lieux communs sur la mort, et le poète est si embarrassé de ses anges, qu'il se hâte de les renvoyer on ne sait où.
(N. Éd.)
[1] Ce premier Zoroastre est le Zoroastre chaldéen, dont j'ai déjà parlé. Aristote le place six mille ans avant la prise de Troie.
[2] Hyde raconte quelque chose de curieux au sujet du méchant pouvoir. Les Persans en écrivoient le nom en lettres inverties, il s'appeloit Arimanius, et le bon, Oromasde.
[3] LAERT., lib. § 6-9.

les habitants d'ici-bas, dépouillés de leur enveloppe grossière, sans besoins et dans un parfait état de bonheur, erreroient parmi des bois enchantés comme des ombres légères [1].

Les écrits du premier Zoroastre ont péri dans la révolution des empires; quelques-uns de ceux du second ont été sauvés. Le plus considérable d'entre eux est le *Zend* [2], qui existe encore parmi les anciens Persans dispersés sur les frontières des Indes. Ce livre sacré se divise en deux parties : l'une traite des cérémonies religieuses, l'autre renferme des préceptes moraux.

Nous possedons en outre les fragments d'un autre ouvrage du même philosophe, sous le titre des *Oracles de Zoroastre* [3].

La théorie des gouvernements semble aussi avoir été familière aux sages de la Perse. Quelques auteurs représentent Zoroastre l'ancien sous les traits d'un législateur; et Hérodote introduit ailleurs les seigneurs persans, après l'assassinat du mage, délibérant sur le mode de gouvernement à adopter pour l'empire. Otanès propose la démocratie. Le tyran, dit-il, τὰ μὲν γὰρ ὕβρει κεκορημένος, ἔρδει πολλὰ καὶ ἀθάσθαλα; τὰ δὲ φθόνῳ, tantôt gonflé de laine, tantôt d'orgueil, commet des actions horribles. Mégabyse opine à l'oligarchie, et représente les fureurs du peuple. Darius parle en faveur de la royauté, et l'emporte [4].

Les mages et les autres prêtres soumis aux Perses excelloient dans les études de la nature. On peut juger de leurs connoissances en astronomie par une série d'observations de dix-neuf cent trois années, que Callisthène, philosophe grec attaché à la suite d'Alexandre, trouva à Babylone [5]. N'oublions pas la science mystérieuse appelée du nom de la secte qui la pratiqua [1]. La magie prouve deux choses : l'ignorance des peuples de l'Orient, et les malheurs des hommes d'autrefois. On ne cherche à sonder l'avenir que lorsqu'on souffre au présent.

Il est impossible de supposer que tant de lumières pesassent dans un des bassins de la balance, sans un contre-poids égal de corruption [a]. Aussi trouvons-nous qu'un affreux despotisme s'étendoit sur l'empire de Cyrus; que les satrapes, devenus autant de petits tyrans dans leurs provinces, écrasoient les peuples prosternés à leurs pieds, et qu'un virus de luxe et de misère dévoroit et les grands et les petits [2]. Il résulte de ce tableau moral et politique de l'Orient, considéré au moment de l'établissement des républiques en Grèce, qu'il étoit arrivé à ce point de maturité où les révolutions sont inévitables, ou du moins à ce degré de connoissances et de vices qui rend une nation plus susceptible d'être ébranlée par la commotion des troubles politiques des états qui l'environnent. Favorisée par ces causes internes, l'influence de la révolution républicaine de la Grèce sur la Perse fut directe,

---

[1] Plut., *Isis et Osiris*, tom. II, pag. 455.

[2] Les mages ont formé un Épitome de ce livre, sous le nom de *Sadder*, qu'ils lisent au peuple les jours de fêtes.

[3] Patricius en publia trois cent vingt-trois vers à la suite de sa *Nova Philosophia de Universis*, imprimée à Ferrare en 1591. Je n'ai pu me procurer cet ouvrage assez tôt pour l'impression de cet article. Si je puis le découvrir, je donnerai la traduction de ces vers à la fin du volume.

[4] Herod., lib. III, cap. LXXX.

[5] Simpl., lib. II, *de Cœlo*.

[1] Diod. Sic., lib. XI, pag. 85; Naudæi, *Apol. pro Virg. Mag. Magiæ Suspect.*, cap. VIII.

[a] En lisant avec attention l'*Essai*, on découvre sous le rapport politique que mon dessein est de prouver, sans admettre et sans rejeter le gouvernement républicain en théorie, que la république ne pourroit s'établir en France, parce que les mœurs n'y sont plus assez innocentes. Je faisois même de cette observation un principe général ; en donnant pour contre-poids la corruption aux lumières, je ne supposois pas la république possible chez un vieux peuple civilisé. Ce système, né chez moi de l'étude des républiques anciennes, comme je l'ai déjà dit, étoit faux, et même dangereux, en tant qu'appliqué à la société moderne ; car il suivroit de là qu'aucune liberté ne pourroit exister chez une nation policée, et que la civilisation nous condamneroit à un éternel esclavage. Heureusement il n'en est pas ainsi : les lumières, quand elles sont descendues, comme aujourd'hui, dans toutes les classes sociales, composent une sorte de raison publique qui rend impossible l'établissement du despotisme, et qui produit pour la liberté le même effet que l'innocence des mœurs. Seulement, dans cet âge avancé du monde, la liberté est plus convenable sous la forme monarchique que sous la forme républicaine, parce que le pouvoir exécutif, placé dans une famille souveraine, exclut les ambitions individuelles, toujours plus vives dans l'absence des mœurs.

(N. Éd.)

[2] Plut., in *Apophthegm*. pag. 213; Plat., lib. III *de Leg.*, pag. 697; *Cyrop.*, lib. VIII, pag. 259.

prompte et terrible, parce qu'elle se trouva déterminée vers les armes, en conséquence des événements que je vais décrire.

Remarquons encore que le principal effet de la révolution françoise sur l'Allemagne s'est aussi dirigé par la voie militaire. Mais cet empire, étant dans une autre position morale que celui de Cyrus, ne peut ni n'a à craindre les mêmes maux [a]. Voulez-vous prédire l'avenir, considérez le passé. C'est une donnée sûre qui ne trompera jamais, si vous partez du principe : les mœurs.

Avant d'entrer dans le détail de la guerre Médique et de la guerre présente, il faut dire un mot de la situation politique de la Perse et de l'Allemagne, vues quelques moments avant ces grandes calamités.

CHAPITRE LX.

Situation politique de la Perse à l'instant de la Guerre Médique; — de l'Allemagne à l'instant de la Guerre RÉPUBLICAINE [1]. Darius, Joseph, Léopold.

E fut sous le règne de Darius, fils d'Hystaspes, qu'éclata la fameuse guerre Médique [2] dont nous allons retracer l'histoire. Ce monarque semble avoir réuni dans sa personne les différentes qualités des empereurs d'Allemagne, Joseph et Léopold. Réformateur et guerrier [1] comme le premier, législateur [2] comme le second, il eut à combattre à peu près la même fortune que celle des deux princes germaniques.

Le roi des Perses, en parvenant à la couronne, opéra une grande révolution religieuse. Les mages, jusqu'alors maîtres de l'opinion, et qui s'étaient même emparés du pouvoir suprême [3], reçurent de la main de Darius un coup mortel [4]. Non content de les avoir précipités d'un trône usurpé, il les attaqua à la source de leur puissance, et, substituant superstition à superstition, le culte des étoiles [5] à l'ancienne adoration du soleil, il les supplanta adroitement dans le cœur du peuple.

Ce fait, qui, si l'on considère la circonstance des troubles de la Grèce, devient extrêmement remarquable, et qui par lui-même est un très-grand événement [a], a à peine été recueilli des écrivains. Cependant les conséquences durent en être vivement senties. Si la science des hommes demeure en tout temps la même, et qu'il soit permis de raisonner de l'effet des passions, d'après la connaissance de ces passions, on peut hardiment conjecturer que l'insurrection de la Babylonie [6], peut-être même celle de l'Ionie, par des causes mainte-

---

[a] Ces prédictions sont très-peu certaines : le passage des François en Allemagne, la réunion pendant plusieurs années de diverses provinces de cet empire à l'empire françois, et surtout les principes de la révolution, ont laissé dans les populations germaniques un ébranlement considérable. La révolution françoise n'est pas d'ailleurs un fait isolé : le monde civilisé a marché, et continue de marcher vers un nouvel ordre de choses. La France, qui va toujours plus vite que les autres nations, les a devancées : par le mouvement de ses opinions et de ses armes, elle a sans doute pressé le pas de la foule autour d'elle, mais elle a trouvé partout les chemins préparés. La France n'a pas fait ce qui est, elle a seulement hâté la maturité d'un fruit qui tombera au jour marqué. (N. ÉD.)

[1] Je me servirai désormais de cette expression pour faire entendre la guerre présente, afin d'éviter les périphrases.

[2] Les Grecs ne comptoient la guerre Médique que depuis l'invasion de Xerxès jusqu'à la défaite de Mardonius à Platée. Moi je comprendrai sous ce nom toute la période entre la bataille de Marathon sous Darius, et la paix générale sous Artaxerxès. J'avertis que, parlant désormais de la Perse et de l'Allemagne ensemble, pour sauver les longueurs et les tours traînants, j'indiquerai seulement le changement d'un empire à l'autre par ce signe —.

[1] HEROD., lib. V, cap. LXXXIX; lib. IV, cap. 1; PLAT., de Leg., lib. III.

[2] PLAT., ib.; DIOD., lib. I, pag. 85.

[3] HEROD., lib. III, cap. LXXX.

[4] Id., ibid.

[5] On croit que ce fut le second Zoroastre qui rétablit l'ancien culte du soleil. Or, ce Zoroastre vivoit sous Darius même. Ainsi les innovations de celui-ci n'auroient servi qu'à troubler ses états sans avoir obtenu le but qu'il s'étoit proposé. (HYDE, Rel. Per., pag. 514; BAY., Let., Z. Zor.; PRIDEAUX, pag. 240; SUID., in Zor.)

[a] De tous les rapprochements présentés dans l'Essai, voilà le plus curieux et le fait historique le moins observé. (N. ÉD.)

[6] HEROD., lib. III, cap. CLX-CLXI.

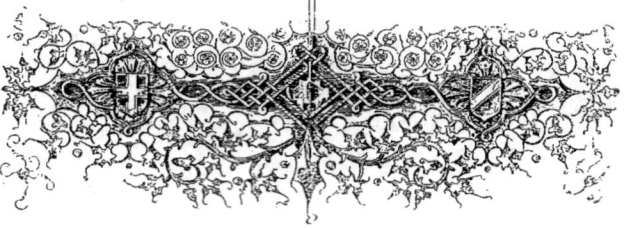

nant impossibles à découvrir, provinrent de ces innovations [1]. Qui sait jusqu'à quel degré elles n'influèrent point sur le sort des armes dans la guerre Médique, et par conséquent sur la destinée des Perses? Ces réformes sacerdotales de Darius et de Joseph dans leurs états, presque au moment de l'abolition de la monarchie en Grèce et en France, présentent un des rapports les plus intéressants de l'histoire.

Ce dernier prince n'eut pas plus tôt touché aux hochets sacrés, que les prêtres, alarmant les villes des Pays-Bas, leur persuadèrent qu'on en vouloit à leur liberté, lorsqu'il ne s'agissoit que de quelques couvents de moines inutiles. La révolte du Brabant a eu les suites les plus funestes. Le peuple, dompté seulement par la force des armes, froid dans la cause de ses maîtres, qu'il regardoit comme ses tyrans, loin d'épouser la querelle des alliés, a présenté aux François une proie facile. Observons encore la réaction de la justice générale : le clergé flamand soulève les Brabançons contre leurs souverains légitimes, pour sauver quelques parties de ses immenses richesses ; les républicains arrivent et s'emparent de tout [2].

Une guerre malheureuse venoit de désoler la Perse, — de ruiner l'Allemagne. Darius, dans son expédition de Scythie, avoit perdu une armée florissante. [2] — Les états de Joseph s'étoient épuisés pour seconder son entreprise contre la Porte. Mais ici se trouve une différence locale essentielle. Les troupes persanes, en se rendant par la Thrace aux bords de l'Ister, se rapprochèrent de la Grèce. — L'armée autrichienne, en se jetant sur la Turquie, s'éloignoit au contraire des frontières de France. Cette chance de position a décidé en partie du succès de la guerre présente ; car, ou les empereurs se fussent déclarés plus tôt contre la république, et l'eussent trouvée moins préparée ; ou les François eux-mêmes n'auroient su pénétrer dans le Brabant. Autres données, autres effets.

Joseph étant mort à Vienne, son frère Léopold, grand-duc de Toscane, lui succéda. Celui-ci, accoutumé, dans une position moins élevée, à un horizon peu étendu, ne put saisir l'immensité de la perspective, lorsqu'il eut atteint à si hautes régions. La nature l'avoit doué de cette vue microscopique qui distingue les parties de l'infiniment petit, et ne sauroit embrasser les dimensions plus nobles du grand. Il porta cependant avec Darius quelques traits de ressemblance : l'amour de la justice et la connoissance des lois. Mais le prince persan considéra ses sujets du regard du monarque qui dirige des hommes [1], et le prince germanique de l'œil du maître qui surveille un troupeau. L'un possédoit la chaleur et la libéralité du chef qui donne [2] ; l'autre la froideur et l'économie du dépositaire qui compte [3].

Tels étoient les monarques et l'état des deux empires, lorsque la révolution républicaine de la Grèce, et celle de la France, firent éclater la guerre Médique dans l'ancien monde, — la guerre présente dans le monde moderne. Nous allons essayer d'en développer les causes [a].

---

[1] Il est impossible qu'un ordre religieux de la plus haute antiquité, et qui gouvernoit le peuple à son gré, se laissât massacrer, proscrire, sans mettre en usage toutes les ressources de sa puissance. Et puisque Lucien nous apprend que de son temps les mages existoient dans tout leur éclat en Perse, il faut en conclure qu'ils obtinrent la victoire sur Darius. D'ailleurs, Pline et Arien parlent des mages tout-puissants sous Xerxès, et de ce prince lui-même comme d'un grand sectaire du second Zoroastre.

[a] Il y a quelque chose d'assez bien jugé dans ces remarques, c'est dommage qu'elles soient gâtées par la manifestation d'un esprit anti-religieux. Qu'il y ait eu des moines inutiles, tout le monde en convient : on peut être encore un très-bon catholique en convenant avec Fleury, et tant d'autres saints prêtres, que des abus s'étoient glissés dans le clergé ; mais je ne veux point avoir recours à cette défense, et j'aime mieux dire ce qui est vrai : c'est que dans le paragraphe qui fait le sujet de cette note, l'écrivain étoit imbu des doctrines de son siècle. (N. Éd.)

[2] Strab., lib. VII, p. 305 ; Herod., lib. IV, c. MCCCXLI.

[1] Plut., *Apopht.*, tom. II, pag. 172.

[2] Herod., lib. III, cap. CXXXII, etc.; lib. VI, cap. CXX.

[3] Je juge ici d'après le livre des *institutions toscanes* de Léopold, imprimé en italien, et que j'ai en quelque temps entre les mains ; en outre, sur ce que j'ai appris en Allemagne touchant cet empereur, et dans plusieurs conversations avec des Florentins ; enfin par l'histoire générale de l'Europe à cette époque. La justice cependant m'oblige de dire que j'ai trouvé des Allemands grands admirateurs des vertus de Léopold.

[a] Me voilà à la fin de ce qui forme dans cette édition

CHAPITRE LXI.

Influence de la Révolution républicaine de la Grèce sur la Perse — et de la Révolution républicaine de la France sur l'Allemagne. Causes immédiates de la Guerre Médique. — de la Guerre Républicaine. L'Ionie [1]. Le Brabant.

ES différentes colonies que les Grecs avoient fondées sur les côtes de l'Asie-Mineure étoient tombées peu à peu sous la puissance des rois de Lydie [2]. Celle-ci ayant été à son tour renversée par Cyrus, les villes d'Ionie passèrent alors sous le joug de la Perse [3].

Elles ne connurent cependant que le nom de l'esclavage. Leurs maîtres leur laissèrent leur ancien gouvernement populaire, et n'exigeoient d'elles qu'un léger tribut [1]; mais les habitants de ces cités, incapables de modération, ne connoissoient pas de plus grand tourment que le repos. Amollis dans le luxe et les voluptés, ils n'avoient conservé de la pureté de leurs mœurs primitives qu'une inquiétude toujours prête à les plonger dans les malheurs des révolutions, sans qu'ils fussent jamais assez vertueux pour en recueillir les fruits [2].

Les colonies grecques-asiatiques formoient un corps de républiques qui se gouvernoient par leurs propres lois, sous la protection de la cour de Suze [3], de même que les états fédératifs des Pays-Bas sous la puissance des empereurs d'Allemagne. Plusieurs fois les premières avoient cherché à se soustraire à la domination de la Perse [4] sans avoir pu y parvenir. Dans la dix-neuvième année du règne de Darius, les peuples de l'Ionie se soulevèrent à la fois [5]. Le motif général de l'insurrection étoit ces plaintes vagues de tyrannie, le grand texte des factieux, et qui ne veut dire autre chose, sinon qu'on a besoin d'expressions figurées pour éviter d'employer au sens propre, haine, envie, vengeance, et tous ces mots qui composent le vrai dictionnaire des révolutions.

— Le Brabant, autrefois partie du duché de Bourgogne, étant passé, après plusieurs successions, à la maison d'Autriche, demeura en possession de ses priviléges politiques, formant une espèce de république soumise à un grand empire.

Le caractère des Flamands, considéré au civil, présentoit encore des analogies frappantes avec celui des Grecs-Asiatiques. Indomptables dans leur humeur, les habitants des Pays-Bas tendoient sans cesse à s'insurger, sans autre raison qu'une impossibilité d'être

---

(celle de 1826) le premier volume de l'*Essai*. Jamais coupable ne s'est imposé pénitence plus rude. Il ne faut pas croire que je n'aie pas souffert en me traitant comme je viens de le faire. Je défie la critique la plus malveillante d'aller au-delà de la mienne, car je n'ai pas plus ménagé mon amour-propre que mes principes; je m'épargnerai encore moins dans les notes du second volume.

Néanmoins qu'il me soit permis à présent de demander au lecteur ce qu'il pense de ce qu'il vient de lire? Est-ce à ce livre qui devoit révéler en moi un homme tout autre que l'homme connu du public? Que voit-on dans l'*Essai*? est-ce un impie, un révolutionnaire, un factieux, ou un jeune homme accessible à tous les sentiments honnêtes, impartial avec ses ennemis, juste contre lui-même, et auquel, dans le cours d'un long ouvrage, il n'échappe pas un seul mot qui décèle une bassesse de cœur? L'*Essai* est certes un très-méchant livre; mais si l'on veut, si l'on ne doit accorder aucune louange à l'auteur, peut-on lui refuser de l'estime?

Littérairement parlant, l'*Essai* touche à tout, attaque tous les sujets, soulève une multitude de questions, remue un monde d'idées, et mêle toutes les formes de style. J'ignore si mon nom parviendra à l'avenir; je ne sais si la postérité entendra parler de mes ouvrages; mais si l'*Essai* échappoit à l'oubli, tel qu'il est en lui-même cet *Essai*, et tel qu'il est surtout avec les *Notes critiques*, ce seroit un des plus singuliers monuments de ma vie. (N. Éd.)

[1] Je comprends sous le nom général de l'*Ionie*, l'Ionie proprement dite, l'Éolide et la Doride.
[2] Herod., lib. I, cap. vi.
[3] Id., ibid., cap. cxli; Thucyd., lib. I, cap. xvi.

[1] Herod., lib. VI, cap. xlii-xliii.
[2] Athen., lib. XII, p. 526; Herod., lib. IX, cap. civ; Thucyd., lib. VI, cap. lxvii-lxxvii; Xenoph., *Instit. Cyr.*, p. 138; Diod., lib. XIV; Pausan., lib. III.
[3] Herod., l. I, c. cxliii; Strab., l. VIII, c. ccclxxxiv.
[4] Herod., lib. I, cap. vi.
[5] Id., lib. V, cap. xcviii.

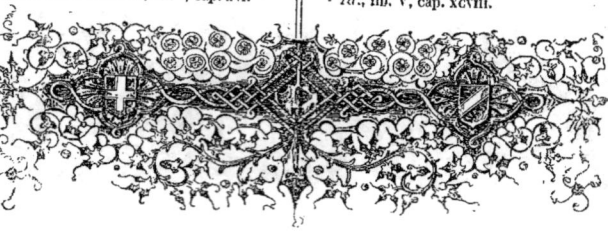

paisibles. La république du brasseur Artevelle [1], le bannissement de plusieurs de leurs comtes [2], les révoltes sous Charles-le-Téméraire [3], les grands troubles sous Philippe II [4], ne prouvent que trop cette vérité. Les innovations de Joseph étoient plus que suffisantes pour soulever un peuple impatient et superstitieux. Dans un instant les Pays-Bas furent en armes; et l'empereur germanique s'aperçut trop tard qu'il avoit méconnu le génie ces hommes [5 a].

CHAPITRE LXII.

Déclaration de la Guerre Médique, l'an premier de la soixante-neuvième Olympiade (505 ans avant J.C.). Déclaration de la Guerre présente, 1792. Premières hostilités.

URANT que ceci se passoit en Ionie et dans le Brabant [b], de grandes scènes s'étoient ouvertes en Grèce et en France. Soulevées au nom de la liberté, ces deux contrées avoient chassé leurs princes et changé la forme de leur gouvernement. Dans le moment le plus chaud de cet enthousiasme, les Athéniens voient tout à coup arriver les ambassadeurs de l'Ionie révoltée, qui les supplient de secourir leurs concitoyens dans la cause commune de l'indépendance [1]. — Les députés du Brabant en insurrection font à Paris la même prière à l'Assemblée nationale.

L'impétuosité attique et françoise auroit bien désiré se précipiter dans la mesure proposée, mais l'heure n'étoit pas venue. On ne comptoit encore que des préparations peu avancées: un reste de crainte retenoit; d'ailleurs il étoit impossible, sans renoncer à toute pudeur, de rompre la paix avec la Perse, — avec l'Allemagne, dont on n'avoit aucun sujet de plainte. On renvoya donc les députés avec des paroles obligeantes, se contentant de fomenter sous main des troubles auxquels on ne pouvoit encore prendre de part ouverte [2 a].

Le prétexte ne tarda pas à se présenter. Hippias, dernier roi d'Athènes, s'étoit retiré à la cour d'Artapherne [3], frère de Darius, et satrape de Lydie. — Les princes frères de Louis XVI avoient cherché un refuge à la cour de Coblentz. — Aussitôt les Athéniens disent que Darius favorise le tyran, que celui-ci intrigue pour susciter des ennemis à sa patrie [4]. On députe vers Artapherne, on lui signifie

---

[1] FROISSARD, chap. XXXIV; DAN., tom. III, p. 418, etc.
[2] *Id., ibid.*; HUME'S *hist. of Engl.*, tome II, pag. 593.
[3] PHILIP. DE COMIN.
[4] BENTIV., *Guer. di Fiand.*, lib. I, p. 10, etc.; lib. II; CAMDEN, *in Elizab.*
[5] *Test. Pol. de Joseph.*

[a] Je n'ai aucune remarque à faire sur ce chapitre: c'est toujours la suite de ces comparaisons dont j'ai montré si souvent l'impertinence dans les notes précédentes. Comparer les voluptueux habitants de la molle Ionie, sous leur ciel enchanté, au milieu des arts dans la patrie d'Homère et d'Aspasie, les comparer, dis-je, aux Brabançons, c'est une singulière débauche d'imagination, une merveilleuse faculté de voir tout ce qu'on veut. (N. ÉD.)

[b] L'Ionie et le Brabant! je parle de tout cela couramment. (N. ÉD.)

[1] HEROD., lib. V, cap. LV.
[2] On est forcé de concevoir ainsi la chose d'après le récit d'Hérodote, qui se contredit avec les faits qu'il rapporte lui-même. Il représente Aristagoras à Athènes vers le commencement de la seconde année de la révolte de l'Ionie, et il ajoute qu'il obtint le but de sa négociation; et cependant les Athéniens ne joignirent leur flotte aux Grecs-Asiatiques que l'année suivante. D'ailleurs, Plutarque, dans plusieurs endroits de ses ouvrages, et Platon, dans le troisième livre des *Lois*, confirment ce que j'avance ici. (HEROD., lib. V, cap. LV-XCVI-XCVII-XCIX-CIII; PLUT., *in Themist.*; *Id.*, *de Glor. Athen.*; PLAT., *de Leg.*, lib. III.)

[a] Ceci est grave; je mets mes conjectures à la place de l'histoire, j'accuse et je n'apporte aucune preuve à l'appui de mon accusation. Le gouvernement françois essaya sans doute de propager les principes révolutionnaires, de soulever les peuples contre les rois; mais ce fut plus tard, sous le règne de la terreur, au milieu du désordre révolutionnaire; et, dans ce passage, il n'est encore question que de l'époque de l'Assemblée constituante. Je calomnie donc, sans m'en apercevoir, par une confusion de temps et par un anachronisme né de la préoccupation de mon système. (N. ÉD.)

[3] HEROD., lib. V, cap. XCVI.
[4] *Id.*, lib. VI, cap. CII.

qu'il ait à cesser de protéger la cause d'Hippias [1]. — Les François exigent de Léopold qu'il défende les rassemblements d'émigrés dans ses états, et abandonne les princes fugitifs. — Artapherne répond ouvertement que, si les Athéniens désirent se concilier la faveur du grand roi, il faut qu'ils rétablissent le fils de Pisistrate sur le trône [2]. — L'empereur germanique semble obéir aux ordres de l'Assemblée nationale, en même temps qu'il tient secrètement une conduite opposée [a].

D'un autre côté, Darius se plaignoit de ce que les Grecs entretenoient la révolte des villes d'Ionie, et s'arrogeoient le droit de se mêler du gouvernement intérieur de ses provinces [3], à peu près de même que les princes allemands réclamoient contre les décrets de l'Assemblée nationale, qui s'étendoient sur leur territoire.

Il étoit impossible qu'au milieu de ces reproches mutuels, les esprits conservassent longtemps la modération dont ils affectoient encore de se parer. Les parties, protestant toujours le désir de la paix, se préparoient secrètement à la guerre [4]. On s'aigrissoit de plus en plus. Hippias, à la cour de Suze, représentoit les Grecs comme des factieux ennemis de l'ordre et des rois [5]. — Les émigrés invoquoient l'Europe contre des régicides qui avoient juré haine éternelle à tous les trônes. — Les Grecs et les François disoient qu'on devoit se lever contre les tyrans qui menaçoient la liberté des peuples [6]. Les uns crient au républicanisme [7], les autres à l'esclavage [8]; on s'insulte; on vole aux armes. Les Athéniens et les patriotes de France, gagnant de vitesse le flegme oriental et allemand, se hâtent d'attaquer la Perse [1], — la Germanie. L'an 1er de la 69e olympiade, et l'année 1792 de notre ère, virent les premières hostilités de ces guerres trop mémorables. Les Athéniens se précipitèrent sur l'Asie-Mineure, où ils brûlèrent Sardes [2]; — les François sur le Brabant, où ils se signalèrent de même par des incendies. Les uns et les autres, bientôt forcés à une fuite honteuse [3], se retirèrent, laissant après eux des flammes que des torrents de sang pouvoient seuls éteindre [a].

CHAPITRE LXIII.

Premières campagnes. An 5 de la soixante-douzième Olympiade [4]. — 1792. Portrait de Miltiade. — Portrait de Dumouriez. Bataille de Marathon. — Bataille de Gemmapes. Accusation de Miltiade; — de Dumouriez.

ES Perses, ainsi que les Autrichiens, se déterminèrent à tirer de leurs ennemis une vengeance éclatante. Les premiers firent partir Datis à la tête de cent dix mille hommes, ayant sous lui le prince athénien Hippias [5]. — Les seconds

---

[1] Hérod., lib. V, cap. xcvi.
[2] Id., ibid.
[a] Ce que je dis des Athéniens est appuyé d'une autorité historique; mais je n'offre, au soutien de ce que je dis de l'Allemagne, que mon propre récit : ce n'est pas assez. Remarquons en passant qu'on ne doit pas dire en bon françois, l'empereur germanique, c'est là du *style de réfugié*. (N. Éd.)
[3] Hérod., lib. IV, cap. cv.
[4] Id., lib. V, cap. lv.
[5] Id., lib. V, cap. xci.
[6] Id., lib. V, cap. cii.
[7] Id., lib. V, cap. xcvi.
[8] Id., ibid.

[1] Je commence la guerre Médique au moment où les Athéniens prirent une part active dans la révolte des Ioniens. Il n'y eut alors aucune déclaration formelle de guerre; elle n'eut lieu que lors de l'invasion de Xerxès.
[2] Hérod., lib. V, cap. cii.
[3] Id., ibid., cap. ciii.
[a] Il faut bien me laisser faire des tableaux, puisque mon système le veut ainsi. Mais je dois remarquer, pour la vérité historique, que je torture ici quelques passages d'Hérodote, et que je ne suis pas même exact dans le récit des premières hostilités des François en 1792. (N. Éd.)
[4] Quatre cent quatre-vingt-dix ans avant J.-C.
[5] Hérod., lib. VI, c. xciv-cii; Plat., de Leg., lib. III; Corn. Nep., in Mill., cap. V.

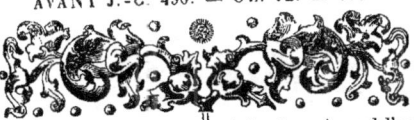

s'avancèrent sous le roi de Prusse conduisant les frères de Louis XVI. L'armée asiatique, après s'être emparée de quelques îles voisines de l'Attique, descendit victorieusement à Marathon [1]. — Les troupes coalisées contre la France, s'étant saisies de plusieurs places frontières, se déployèrent dans les plaines de Champagne.

La plus extrême confusion se répandit alors en Grèce [2], — en France. Les uns, partisans de la royauté, se réjouissoient en secret de l'approche des légions étrangères [3]; d'autres, dont les opinions varient avec les événements, commençoient de s'excuser de leur patriotisme passé [4]; enfin, les amants de la liberté, exaltés par le danger des circonstances, sentoient leur courage s'augmenter en proportion des malheurs de la patrie [5] et je ne sais quoi de sublime qui tourmentoit leurs âmes [a].

Au nom de Miltiade, on frissonne d'un saint respect, non que l'éclat de ses victoires nous éblouisse, mais parce qu'il arracha son pays à la servitude [b]. Les qualités guerrières de cet homme fameux furent l'activité et le jugement [6], Connoissant le caractère de ses compatriotes, il ne balança pas à les précipiter sur les Perses, à Marathon [7], certain que la réflexion étoit dangereuse à ces bouillants courages. Les traits du général athénien brilloient de ses vertus, dirai-je de ses vices? Un front large, un nez un peu aquilin, une bouche ferme et compressée, une vigueur de génie répandue sur tout son visage, montroient le redoutable ennemi des tyrans, mais peut-être l'homme un peu enclin lui-même à la tyran-

nie [1] [a]. Le poignard d'un Brutus peut être aisément forgé dans le sceptre de fer d'un César; et les âmes énergiques, comme les volcans, jettent de grandes lumières et de grandes ténèbres.

De petites formes, de petits traits, un air remuant et pertinent, cachent cependant dans M. Dumouriez des talents peu ordinaires. On lui a fait un crime de la versatilité [b] de ses principes; supposé que ce reproche fût vrai, auroit-il été plus coupable que le reste de son siècle? Nous autres Romains de cet âge de vertu, tous tant que nous sommes, nous tenons en réserve nos costumes politiques pour le moment de la pièce; et, moyennant un demi-écu qu'on donne à la porte, chacun peut se procurer le plaisir de nous faire jouer avec la toge ou la livrée, tour à tour, un Cassius ou un valet [c].

Rassurés par la noble confiance de Miltiade, les Athéniens volèrent au combat. — Les François, conduits par Dumouriez, cherchèrent l'armée combinée. Les Perses et les Prussiens,

---

[1] Hérod., lib. VI, cap. CI; Corn. Nep., in Mill.
[2] Plat., de Leg., lib. III.
[b] Hérod., lib. VI, cap. CCCXLII-CI.
[4] Id., lib. VI, cap. XLIII.
[5] Id., ibid.
[a] Si l'on me demandoit ce que j'ai voulu dire par cette phrase, je ne saurois trop y répondre; mais telle qu'elle est, cette phrase, elle ne me déplaît pas, et je crois, sinon la comprendre, du moins la sentir. (N. Éd.)
[b] C'est un émigré qui écrit cela. (N. Éd.)
[6] Hérod., lib. VI, cap. CXVI-CXX; Corn. Nep. in Mill.; Plut., in Arist.
[7] Hérod., lib. VI, cap. CIX; Plut., ib.; p. 521; Corn. Nep., in Mill., cap. V.

[1] Voyez les différentes têtes de Miltiade en gemme. J'ai dessiné celle dont je me sers d'après une excellente collection d'estampes antiques, gravées à Rome en 1666, sur les originaux, et que le Rév. B. S. a bien voulu me communiquer.

[a] Portrait à la manière d'une mauvaise école. Je me montre plus rigoureux ici que les Athéniens, car à la seule inspection des traits d'un grand homme, plus ou moins bien reproduits par la gravure, je déclare Miltiade un peu enclin à la tyrannie. Cela prouve que j'aurois fait pendre les tyrans sur la mine. (N. Éd.)

[b] Cette facilité de confronter les hommes d'un jour avec les hommes des siècles, de comparer des personnages vivants, dont le nom est à peine connu, à des personnages qui reposent depuis des milliers d'années dans la tombe, et dont le temps a sanctionné la gloire; cette facilité est un prodigieux exemple de la folie de l'esprit de système. Qu'il y a déjà loin du jugement que l'on prononçoit sur Dumouriez en 1794 à celui que l'on porte de ce général aujourd'hui! (N. Éd.)

[c] La satire historique n'est pas l'histoire; la satire historique juge la société générale par les exceptions, ou sacrifie une vérité à une phrase brillante. Il arrive cependant que des hommes remplis d'indulgence et de philanthropie ont quelquefois du penchant à la satire; mais alors elle n'est chez eux qu'une arme défensive, tandis que cette arme est offensive entre les mains des véritables satiriques.

Si je ne m'étois fait une loi de ne rien changer au texte de l'Essai, j'aurois effacé dans ces passages les incorrections d'un écrivain jeune et peu exercé. Par

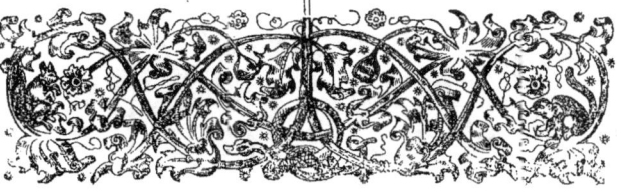

par la plus incroyable des inactions, sembloient paralysés dans leurs camps [1]. Bientôt les derniers furent contraints de se replier, en abandonnant leurs conquêtes, et les républicains marchèrent aussitôt en Flandre. Marathon et Gemmapes [2] ont appris au monde que l'homme qui défend ses foyers, et l'enthousiaste qui se bat au nom de la liberté, sont des ennemis formidables.

Un calme de peu de durée succéda à ces premières tempêtes. Les Athéniens et les François le remplirent de leur ingratitude. Miltiade et Dumouriez, ayant éprouvé quelques revers [3], furent accusés de royalisme [4], et de s'être laissé corrompre par l'or de la Perse [5] et de l'Autriche. Le premier expira dans les fers, des blessures qu'il avoit reçues à la défense de la patrie [6], le second n'échappa à la mort que par la fuite [7].

CHAPITRE LXIV.

Xerxès, — François. Ligue générale contre la Grèce, — contre la France. Révolte des Provinces.

EPENDANT l'empire d'Orient et celui d'Allemagne avoient changé de maîtres. Darius et Léopold [1] n'étoient plus. A ces monarques savants dans la connoissance des hommes et dans l'art de gouverner, succédèrent leurs fils, Xerxès et François [2]. Ces jeunes princes, placés au timon de deux grands états dans des circonstances orageuses, égaux en fortune, se montrèrent différents en génie. Le roi des Perses, élevé dans la mollesse, étoit aussi pusillanime [2] que l'empereur germanique, nourri dans les camps de Joseph, est courageux [3]. Ils semblent seulement avoir partagé en commun l'obstination de caractère [4]. Ils eurent

---

exemple, il falloit écrire ici : « Pour un peu d'argent « qu'on donne à la porte, chacun peut se procurer le « plaisir de nous faire jouer en toge ou en livrée le rôle « d'un Cassius ou celui d'un valet. »   (N. Éd.)

[1] Il y avoit dix généraux dans l'armée athénienne qui dévoient commander chacun à leur tour, mais ils cédèrent cet honneur à Miltiade. Celui-ci cependant attendit que le jour où il commandoit de droit fût arrivé pour donner la bataille. D'ici il résulte que la petite poignée de Grecs, se montant à dix mille Athéniens et mille Platéens, restèrent plusieurs jours en présence des cent dix mille Perses, sans que ceux-ci songeassent à les attaquer. Quant au roi de Prusse, il se donna le plaisir pieux de réinstaller l'évêque de Verdun dans son siége épiscopal, et d'entendre les chanoines chanter la messe, à la grande satisfaction de tous les assistants.

[2] Ces deux batailles, si semblables dans leurs effets pour la Grèce et pour la France, diffèrent totalement quant aux circonstances. Dix mille Athéniens défirent cent dix mille Perses, et cinquante mille François eurent bien de la peine à forcer dix mille Autrichiens. La retraite de Clerfayt, après la bataille, a passé pour un chef-d'œuvre d'art militaire. Les Perses perdirent six mille quatre cents hommes, les Grecs cent quatre-vingt-douze. J'ai vu deux prisonniers patriotes qui s'étoient trouvés à Gemmapes, et qui m'ont assuré que les François y laissèrent de douze à quinze mille tués. — La bataille de Marathon se donna le 29 septembre, 490 avant J.-C. — Celle de Gemmapes, le 8 novembre 1792.

[3] HEROD., lib. VI, cap. CXXXII; C. NEP. in Mill. cap. VII.

[4] C. NEP. in Mill., cap. VIII.

[5] HEROD., lib. VI, cap. CXXXVI.

[6] HEROD., lib. VI, cap. CXXXVI; C. NEP. in Mill., cap. VIII.

[7] Mémoires du général Dumouriez.

---

[1] Léopold ne vit pas la première campagne, puisqu'il mourut à Vienne, le jour même que la guerre fut déclarée à Paris. Mais comme cette déclaration se fit en son nom, j'ai négligé de parler plus tôt de cet événement, qui ne change rien à la vérité des faits, et pouvoit nuire à l'ensemble du tableau.

[2] Le lecteur doit être accoutumé à ces rapprochements. Ne semble-t-il pas que je connoisse Xerxès aussi bien que le respectable empereur d'Autriche, qui vit encore? Je fais le dénombrement des deux armées des Perses et des Allemands, à peu près comme le noble chevalier de la Manche nommoit les généraux des deux grandes armées de moutons : « Ce chevalier, disoit-il, « qui porte trois couronnes en champ d'azur, est le re-« doutable Micocolembo, grand-duc de Quirocie, etc. »   (N. Éd.)

[2] PLAT., de Leg., lib. III, pag. 698.

[3] François a donné les plus grandes marques de bravoure dans la guerre des Turcs, particulièrement un jour que, s'étant emporté fort loin à la poursuite des ennemis, il revint seul au camp, où on étoit dans les plus vives alarmes sur son compte. Je tiens ce fait du colonel des hussards de la garde du roi de Prusse.

[4] PLAT., de Leg., lib. III, pag. 698.

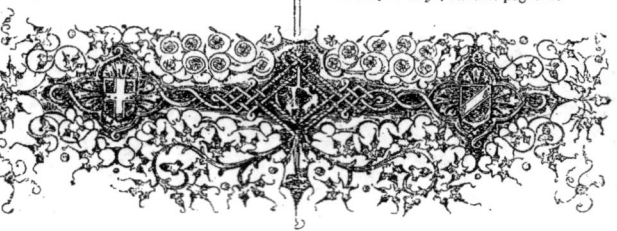

aussi le malheur d'être trompés par leurs ennemis, qui s'introduisirent jusque dans leurs conseils[1].

Résolu de poursuivre vigoureusement la guerre que son père lui avoit laissée avec la couronne[2], Xerxès assemble son conseil, il y montre la nécessité de rétablir dans tout son lustre l'honneur de la Perse, terni aux champs de Marathon. « J'irai, dit-il, je traverserai les mers, je raserai la ville coupable, et j'emmènerai ses citoyens captifs dans les fers[3]. » Les alliés ont aussi tenu à peu près le même langage.

Après un tel discours, on ne songea plus qu'aux immenses préparatifs de l'expédition projetée. Des courriers chargés des ordres de la cour de Suze, se rendent dans les provinces pour hâter la marche des troupes[4]. En même temps une ligue générale de tous les états de l'Asie, de l'Afrique et de l'Europe se forme contre le petit pays de la Grèce. Les Carthaginois, prenant à leur solde des Gaulois, des Italiens, des Ibériens, se déclarent et signent un traité d'alliance offensive avec le grand roi[5]. La Phœnicie et l'Égypte équipent leurs vaisseaux pour la coalition[6]. La Macédoine y joint ses forces[7]. De ses états proprement dits, la Médie et la Perse, Xerxès tire des troupes aguerries[8]. La Babylonie, l'Arabie, la Lydie, la Thrace et les diverses satrapies fournissent leur contingent à la ligue[9], et une armée de trois millions de combattants s'assemble dans la plaine de Doriscus[10].

Au bruit de ces préparatifs formidables, des provinces de la Grèce, soit par lâcheté, soit par opinion, se rangent du parti des étrangers[1]. Et l'on vit bientôt la Béotie, l'Argolide, la Thessalie, et plusieurs îles de la mer Égée[2] joindre leurs efforts à ceux des tyrans.

François, de son côté, faisoit des préparatifs immenses. Ses états de Hongrie, de Bohême, de Lombardie, etc., lui donnent d'excellents soldats; la Prusse le soutient de tout son pouvoir; les Cercles de l'empire mettent sur pied leurs légions; l'Angleterre, la Hollande, l'Espagne, la Sicile, la Sardaigne, la Russie, se combinent dans la ligue générale, et de nombreuses armées s'avancent sur toutes les frontières de la France. Aussitôt la Vendée, le Lyonnois, le Languedoc, s'insurgent; et la république naissante, attaquée au dedans et au dehors, se voit menacée d'une ruine prochaine.

Un très-petit nombre de peuples restèrent tranquilles spectateurs de ces grandes scènes. Dans le monde ancien on ne compta que ceux de la Crète[3], de l'Italie[4], de la Scythie. — Le Danemarck, la Suède, la Suisse, et quelques autres petites républiques, demeurèrent neutres dans le monde moderne. Ni les Grecs, ni les François, n'eurent d'alliés au commencement de la guerre. Leurs armes leur en firent par la suite[5].

Afin que le lecteur puisse parcourir d'un coup d'œil ce tableau intéressant, je vais joindre ici une carte, où l'on a rangé les alliés de la guerre Médique et de la guerre républicaine sur deux colonnes, les peuples qui se correspondent opposés les uns aux autres, les provinces soulevées, les dates des batailles, des paix partielles, etc., etc.[a].

---

[1] Thémistocle fit plusieurs fois donner des avis à Xerxès en particulier, l'un avant, l'autre après la bataille de Salamine. — On dit que le cabinet de l'empereur est composé de gens entièrement vendus à la France.

[2] Entre la première invasion de la Grèce par les Perses sous Darius, et la seconde sous Xerxès, il se trouve un intervalle de dix ans, presque tout employé en préparatifs de guerre.

[3] HEROD., lib. VII, pag. 582.

[4] Id., lib. VII, cap. XX.

[5] DIOD., lib. II, pag. 1-2, etc.

[6] HEROD., lib. VII, cap. LXXXIX-XCIX.

[7] Id., lib. VII, cap. CLXXXV.

[8] Id., lib. VII, cap. LX-LXXXVII.

[9] Id., ibid.

[10] Id., lib. VII; ISOCRAT., Panath., pag. 505; JUST., lib. II, cap. X; PLUT., in Themist.

[1] HEROD., lib. VII; cap. XXXII; DIOD., lib. II.

[2] Id., lib. VII, cap. CLXXXV; lib. VIII, cap. V; lib. IX, cap. XII.

[3] Id., lib. VII, cap. CLXXI.

[4] Encore l'Italie avoit-elle des troupes à la solde de Carthage.

[5] PLUT., in Cim.; THUCYD., lib. I, pag. 66; DIOD., lib. II, pag. 47.

[a] Que de soins, que de recherches perdus! Les faits n'en sont pas moins curieux. (N. ÉD.)

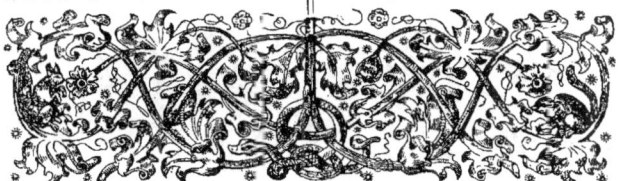

TABLEAU

DES

PEUPLES COALISÉS CONTRE LA GRÈCE

DANS LA GUERRE MÉDIQUE.

PUISSANCES CONTINENTALES.	BATAILLES, PAIX DIVERSES, CONQUÊTES, PAIX GÉNÉRALE.	
		Avant J.-C. Années.
LA PERSE.		
ÉTATS PROPREMENT DITS DU ROI DES PERSES.		
La Perse.		
La Médie.		
La Babylonie.	Les Grecs ravagent la Lydie, et sont repoussés.	504
	Bataille de Marathon, 29 septembre.	490
SATRAPIES DE LA PERSE.	Coalition générale.	483
La Lydie.		et suivantes.
L'Arménie.	Invasion des Perses.	480
La Pamphylie, etc.	Combat des Thermopyles, août.	480
ALLIÉS.	Bataille de Salamine, 20 octobre.	480
Divers peuples arabes.	Carthage fait la paix, même année.	—
Divers rois de Thrace.	Bataille de Platée et de Mycale, 19 septembre.	479
La Macédoine.	La Béotie saccagée par les Grecs, même année.	—
PUISSANCES MARITIMES.	La Macédoine et diverses îles de la mer Égée concluent la paix avec les Grecs.	479
Carthage.		et suivantes.
Tyr.	Conquêtes, déprédations, tyrannie des Grecs, même année.	
L'Égypte.	La Lycie, la Carie, forcées par eux à se déclarer contre les Perses.	470
L'Ionie.	La Thrace subjuguée.	469
PROVINCES RÉVOLTÉES.		et suivantes.
La Béotie.	Invasion de l'Égypte par les Grecs.	461
L'Argolide.	Ils y périssent.	463
Plusieurs îles de la mer Égée.		et suivantes
GRECS ÉMIGRÉS.	Paix générale.	449
Hippias, prince d'Athènes, etc.		
NATIONS NEUTRES.		
Les Scythes.		
Les peuples d'Italie.		
Les Thessaliens.		
Les Crétois.		
Et quelques autres.		

Les Grecs n'eurent aucun allié dans le commencement de la guerre.

Autant qu'on peut en juger par les différents relevés des batailles, il périt environ dix millions d'hommes par les armes dans la guerre des Perses et des Grecs.

TABLEAU

DES

PEUPLES COALISÉS CONTRE LA FRANCE

DANS LA GUERRE *RÉPUBLICAINE*.

PUISSANCES CONTINENTALES.	BATAILLES, PAIX DIVERSES, CONQUÊTES.	
		De notre ère Années
L'ALLEMAGNE.		
ÉTATS PROPREMENT DITS DE L'EMPEREUR.		
La Hongrie.	Les François tentent l'invasion du Brabant, et sont repoussés, 29 avril 1792.	1791
La Bohême.	Bataille de Gemmapes, 7 novembre.	—
L'Autriche.	Coalition générale, février et mars.	1793
Le Brabant.	Invasion des Autrichiens, avril.	—
La Lombardie, etc.	Bataille de Maubeuge, 17 octobre.	—
CERCLES DE L'EMPIRE.	La Vendée ravagée par les François, octobre. .	—
La Bavière.	Bataille de Fleurus, 29 juin.	1794
La Saxe.	Conquêtes, déprédations, tyrannie des François, 7 octobre.	—
Les électorats de Trèves, de Hanovre, etc.	Le roi de Prusse fait la paix, 5 avril. . . .	1795
ALLIÉS.	Le roi d'Espagne et celui de Sardaigne contraints de traiter, 28 juin et suiv.	—
La Russie.	Le premier, environ un an après la pacification, forcé de se déclarer contre les alliés. . .	
Les princes d'Italie.	Invasion de l'Italie par les François. . . .	1796
L'Espagne.	Invasion de l'Allemagne, juin.	—
La Prusse.	Les François y sont détruits, septembre. . .	—
PUISSANCES MARITIMES.	Ouverture de paix générale, décembre. . .	—
L'Angleterre.		
La Hollande.		
PROVINCES RÉVOLTÉES.		
La Vendée.		
Le Morbihan.		
Le Lyonnois.		
La Provence.		
Et quelques autres départements.		
ÉMIGRÉS FRANÇOIS.		
Les Bourbons, etc.		
NATIONS NEUTRES.		
Les Suisses.		
Le Danemarck.		
La Suède.		
Les villes anséatiques.		
Les États-Unis d'Amérique.		
	Environ un million d'hommes ont péri par les armes aux frontières, dans la Vendée et ailleurs. Je fais ce calcul, qui peut paroître modéré, sur l'addition des tués dans les différentes batailles, et d'après les *Mémoires sur la Vendée*, par le général Turreau.	
Les François n'eurent aucun allié dans le commencement de la guerre.		

CHAPITRE LXV.

Campagne de la 4me année de la 74me Olympiade[1] (480 av. J. C.). — Campagne de 1793. Consternation à Athènes et à Paris. Bataille de Salamine. — Bataille de Maubeuge.

Tout étant disposé pour l'invasion préméditée, Xerxès lève son camp et s'avance vers l'Attique, suivi de ses innombrables cohortes[2]. — Cobourg, généralissime des forces combinées, marche de même sur la France. Dans les armées florissantes de la Perse et de l'Autriche on voyoit briller également une foule de princes[a]. Les Alexandre, les Artémise, les rois de Cilicie, de Tyr, de Sidon[3]; — les York, les Orange, les Saxe. Bien différentes étoient les troupes opposées. Des citoyens obscurs, dont les noms même avoient été jusqu'alors ignorés, commandoient d'autres citoyens pauvres et leurs égaux[b]. Je ne ferai point le portrait de Thémistocle et d'Aristide, qui sauvèrent alors la Grèce. Si j'avois eu des hommes à leur opposer dans mon siècle, je n'eusse pas écrit cet *Essai*.

Tout céda à la première impulsion des forces combinées. Les Thermopyles, Thèbes, Platée, Thespies, tombèrent devant les Perses[1]; — Valenciennes, Condé, le Quesnoi, devant les Autrichiens. Pour les premiers, il ne restoit plus qu'à marcher sur l'Attique; — pour les seconds, qu'à se jeter dans l'intérieur de la France.

Le trouble, la consternation, le désespoir qui régnoient alors à Athènes et à Paris ne sauroient se peindre. Les frontières forcées, les étrangers prêts à pénétrer dans le cœur de l'état, des soulèvements dans plusieurs provinces, tout paroissoit inévitablement perdu. Pour comble de maux, une division fatale d'opinions parmi les patriotes achevoit d'éteindre jusqu'au moindre rayon d'espérance. La mort d'Hippias à Marathon[2], — la prise de Valenciennes, au nom de l'empereur, ne laissoit plus aux royalistes de la Grèce et de la France les moyens de douter des intentions des puissances coalisées. Tous les citoyens tomboient donc d'accord de la défense, mais personne ne s'entendoit sur le mode. Les Lacédémoniens opinoient à se renfermer dans le Péloponèse[3]; un parti des Athéniens vouloit qu'on défendît la cité[4], un autre qu'on mît toutes ses forces dans la marine[5]. L'ambition des particuliers venoit à la traverse. Des hommes sans talents prétendoient à des places auxquelles les plus grands génies suffisoient à peine[6]; Thémistocle écarta ses rivaux, détermina les citoyens à se porter sur leurs galères[7], et la patrie fut sauvée. — En France les avis étoient encore plus partagés. Chaque tête enfantoit un projet et s'efforçoit de le faire adopter aux autres. Ceux-ci ne voyoient de salut que dans les places fortifiées; ceux-là parloient de se retirer dans l'intérieur. Un plus grand nombre vouloit que la république se précipitât en masse sur ses alliés. Ce dernier plan parut le meilleur, et son adoption ramena la victoire.

---

[1] Les jeux olympiques se célébrant dans l'été, il en résultoit qu'une campagne occupoit chez les Grecs la fin d'une année civile et le commencement de l'autre; par exemple, les trois derniers mois de la quatrième année de la soixante-quatorzième olympiade et les trois premiers de la soixante-quinzième, ainsi de suite. Je n'en marque qu'une pour abréger.

[2] Il avoit passé l'Hellespont au commencement du printemps de l'an 480 avant J.-C. Il séjourna un peu plus d'un mois à Doriscus. Ainsi il put recommencer sa marche vers la fin de mai.

[a] Je poursuis toujours mon dénombrement avec un sang-froid imperturbable; je découvrirai bientôt l'*invincible Timonel, de Carcassonne*, etc. (N. Éd.)

[3] HEROD. Lib. VIII, cap. LXVI.

[b] Bien: hors de mon système je retrouve la raison. (N. Éd.)

[1] HEROD., lib. VII, cap. CCCXXV; lib. VII, cap. L.
[2] *Id.*, lib. VI, cap. CXIV.
[3] *Id.*, lib. VIII, cap. XL; ISOCRAT., pag. 168.
[4] *Id.*, lib. VII, cap. CLXIII; PLUT., *in Clm.*
[5] *Id.*, lib. VII; PLUT., *in Themist.*
[6] PLUT., *in Themist.*
[7] C'est ce qui arrive dans tous les temps, jusqu'au moment où le génie qui doit tout dominer paroisse. (N. Éd.)
[7] PLUT., *in Themist.*

Cependant les diversités de sentiments, non moins fatales à leur cause, frappoient les armées conquérantes d'imbécillité et de foiblesse. Xerxès, épouvanté du combat des Thermopyles, flottoit incertain de la conduite qu'il devoit tenir[1]. Il apprenoit qu'une partie de la Grèce étoit assise tranquillement aux jeux olympiques[2], tandis qu'il ravageoit leur contrée, et il ne savoit qu'en croire[3]. Dans son conseil, le roi de Sidon se déclaroit en faveur d'une attaque immédiate sur les galères athéniennes[4]. Artémise, au contraire, représentoit qu'en tirant la guerre en longueur, les ennemis étoient infailliblement perdus[5]. — Parmi les Autrichiens et leurs alliés, plusieurs maintenoient qu'il falloit s'emparer des villes frontières ; le duc d'York se rangeoit de l'avis de marcher sur la capitale. Le sentiment de la reine d'Halicarnasse[6], — celui du prince anglois, furent rejetés, et les opinions contraires adoptées. Ainsi, par cette destinée qui dispose des empires, des diverses mesures en délibération, les Grecs et les François choisirent celles qui pouvoient seules les sauver ; les Perses et les Autrichiens, celles qui devoient nécessairement les perdre[a].

Aussitôt Xerxès se prépare à la célèbre action de Salamine. — Cobourg divise ses forces, bloque Maubeuge et envoie les Anglois attaquer Dunkerque. Il se passoit alors sur la flotte réunie des Grecs, de ces grandes choses qui peignent les siècles, et qu'on ne retrouve qu'à des intervalles considérables dans l'histoire. La division s'étoit mise entre les généraux. Les Spartiates, toujours obstinés dans leurs projets, vouloient abandonner le détroit de Salamine, et se retirer sur les côtes du Péloponèse[1]. A cette mesure qui eût perdu la patrie, Thémistocle s'opposoit de tous ses efforts. Le général s'emportant lève la canne sur l'Athénien : « Frappe, mais écoute, » lui crie le grand homme[2], et sa magnanimité ramène Eurybiade à son opinion.

C'étoit la veille de la bataille de Salamine[3].

[1] Hérod., lib. VIII, cap. LVI.
[2] Plut., in Themist.
[3] Je puis dire aujourd'hui de Salamine ce que je disois en 1796 de Lexington : *J'ai vu les champs de Salamine*. Qu'on me pardonne de citer ici un passage de l'*Itinéraire* :

« Vers les cinq heures du soir, nous arrivâmes à une plaine environnée de montagnes au nord, au couchant et au levant. Un bras de mer long et étroit baigne cette plaine au midi, et forme comme la corde de l'arc des montagnes ; l'autre côté de ce bras de mer est bordé par les rivages d'une île élevée ; l'extrémité orientale de cette île s'approche d'un des promontoires du continent : on remarque entre ces deux points un étroit passage. Je résolus de m'arrêter à un village bâti sur une colline qui terminoit au couchant, près de la mer, le cercle des montagnes dont j'ai parlé.

« On distinguoit dans la plaine les restes d'un aqueduc, et beaucoup de débris épars au milieu du chaume d'une moisson nouvellement coupée ; nous descendîmes de cheval au pied du monticule, et nous grimpâmes à la cabane la plus voisine : on nous y donna l'hospitalité.

« Tandis que j'étois à la porte, recommandant je ne sais quoi à Joseph, je vis venir un Grec qui me salua en italien. Il me conta tout de suite son histoire : il étoit d'Athènes, il s'occupoit à faire du goudron avec les pins des monts Géraniens ; il étoit l'ami de M. Fauvel, et certainement je verrois M. Fauvel. Je répondis que je portois des lettres à M. Fauvel. Je fus charmé de rencontrer cet homme, dans l'espoir de tirer de lui quelques renseignements sur les ruines dont j'étois environné, et sur les lieux où je me trouvois. Je savois bien quels étoient ces lieux ; mais un Athénien qui connoissoit M. Fauvel devoit être un excellent cicérone. Je le priai donc de m'expliquer un peu ce que je voyois, et de m'orienter dans le pays. Il mit la main sur son cœur, à la façon des Turcs, et s'inclina humblement : « J'ai entendu souvent, me répondit-il, M. Fauvel expliquer tout cela ; mais moi je ne suis qu'un ignorant, et je ne sais pas si tout cela est bien vrai. Vous voyez d'abord au levant, par-dessus le promontoire, la cime d'une montagne toute jaune ; c'est le Telo-Vouni (le Petit-Hymette) ; l'île de l'autre côté de ce bras de mer, c'est Colouri ; M. Fauvel l'appelle *Salamine*, etc. »

Le Grec aujourd'hui ne fait plus de goudron, à moins que ce ne soit pour les vaisseaux de Miaulis ou de Canaris. Colouri a repris pour lui le nom de Salamine. Il connoît maintenant les monuments de sa race. Devenu antiquaire dans sa patrie, il a fouillé le champ de ses aïeux, déterré leur renommée et retrouvé la statue de

---

[1] Hérod., lib. VII, cap. CCX.
[2] Comme les François aux fêtes de leur capitale, tandis que le prince de Cobourg prenoit Valenciennes. Ceci ne détruit point ce que j'ai dit plus haut, et est fondé sur la vérité de l'histoire. C'étoit le caractère des Grecs (comme c'est celui des François) : plongés le matin dans le plus grand trouble, à six heures du soir dans la gloire, et désespérés de nouveau en en sortant.
[3] Hérod., lib. VIII., cap. XXVI.
[4] Id., lib. VIII, cap. LXVIII.
[5] Id., ibid.
[6] Id., ibid.
[a] Malgré le duc d'York et la reine d'Halicarnasse, la réflexion n'est pas indigne de l'histoire. (N. éd.)

La nuit étoit obscure. Les cœurs, sur la petite flotte des Grecs, agités par tout ce qu'il y a de cher aux hommes, la liberté, l'amour, l'amitié, la patrie, palpitoient sous un poids d'inquiétudes, de désirs, de craintes, d'espérances. Aucun œil ne se ferma dans cette nuit critique, et chacun veilloit en silence les feux des galères ennemies. Tout à coup on entend le sillage d'un vaisseau qui se glisse dans le calme des ténèbres. Il aborde à Salamine; un homme se présente à Thémistocle : « Savez-vous, lui dit-il, que vous êtes enveloppés, et que les Perses font le tour de l'île pour vous fermer le passage? » — « Je le sais, répond le général athénien; cela s'exécute par mon avis [1]. » Aristide admira Thémistocle : celui-ci avoit reconnu le plus juste des Grecs.

— La veille de l'attaque du camp des Autrichiens, par Jourdan, devant Maubeuge, fut un jour de crainte et d'anxiété. Jusque-là, les alliés victorieux n'avoient trouvé aucun obstacle, et les troupes françoises découragées ne rendoient presque plus de combat; cependant le salut de la France tenoit à celui de la forteresse assiégée. Cette place tombée entraînoit la prise de plusieurs autres; et les alliés, réunissant les forces qu'ils avoient eu l'imprudence de diviser, pénétroient sans opposition dans l'intérieur du pays. Il falloit donc saisir le moment, et faire un dernier effort pour arracher la patrie des mains des étrangers, ou s'ensevelir sous ses ruines.

Jourdan, le général françois chargé de cette importante expédition, est un froid militaire dont les talents, moins brillants que solides, n'ont été couronnés de succès que dans cette action importante et à Fleurus. Ayant tout disposé pour l'attaque, le soldat passa la nuit sous les armes, attendant, avec plus de crainte que d'espérance, le résultat de cette grande journée.

Du côté des alliés, tout étoit joie et certitude. — Xerxès, assis sur un trône élevé pour contempler sa gloire, fait placer des soldats dans les îles adjacentes, afin qu'aucun Grec sauvé de la ruine de ses vaisseaux ne puisse échapper à sa vengeance. On comptoit tellement sur la victoire parmi les nations coalisées contre la France, qu'à chaque instant on annonçoit la prise de Dunkerque et de Maubeuge.

— Entre la côte orientale de l'île de Salamine [1] et le rivage occidental de l'Attique, se forme un détroit en spirale, d'environ 40 stades [2] de long, et de 8 [3] de large. L'extrémité du détroit se trouve presque fermée par le promontoire Trophée de l'île, qui se jette à travers les flots dans la forme d'une lance. La première ligne des galères grecques s'étendoit depuis cette pointe au port Phoron, qui lui correspond sur la côte du continent opposé. La seconde ligne, parallèle à la première, se plaçoit immédiatement derrière, et ainsi successivement des autres, en remontant dans l'intérieur du détroit.

La première ligne des galères persanes, faisant face à celle des Grecs, se formoit en demi-lune, depuis la même pointe Trophée jusqu'au port Phoron; et les autres se rangeoient derrière, en dehors du détroit. Non-seulement, par cette disposition, les Perses perdoient l'avantage du nombre [4], mais encore leur ordre de bataille se trouvoit coupé [5] par la petite île Psyttalie, qui gît un peu au-dessous et en avant de l'embouchure du canal.

A l'aile gauche de l'armée navale des Perses étoient les Phœniciens, ayant en tête les Athéniens [6]; à l'aile droite les Ioniens, qui devoient combattre les Lacédémoniens, les Mégariens, les Éginètes [7]. Ariabignès [8] avoit le commande-

---

la Gloire. Pour creuser cette terre féconde, il n'a eu besoin que du fer d'une lance. (N. Éd.)

[1] PLUT., *in Themist.*, *in Aristid.*

Les Grecs étant prêts à se retirer, Thémistocle en fit donner avis à Xerxès, qui s'empressa de bloquer les passages par où la flotte ennemie eût pu s'échapper. Ainsi les Grecs se virent obligés de combattre dans ce lieu favorable, ce qui procura la victoire. Aristide, en passant à Salamine, s'aperçut du mouvement que faisoient les galères persanes pour envelopper celles d'Eurybiade, et, ignorant le stratagème de Thémistocle, il donna avis du danger à celui-ci.

[1] C'est ici que le défaut de cartes se fait particulièrement sentir.
[2] Environ deux lieues.
[3] Un peu plus d'un tiers de lieue.
[4] HEROD., lib. VIII, cap. LXI.
[5] DION., lib. II, pag. 45.
[6] HEROD., lib. II, cap. LXXXIII.
[7] *Id., ibid.*, cap. XV.
[8] Il ne paroît pas, d'après Hérodote et Diodore, que

ment général des galères médiques ; Eurybiade[1], celui des vaisseaux des Grecs.

— Les Autrichiens, après avoir pris Valenciennes, s'avancèrent sur Maubeuge, dont ils formèrent aussitôt le blocus. Le prince de Cobourg, avec une armée d'observation, couvroit les troupes qui se préparoient à assiéger la forteresse.

— Xerxès ayant donné le signal de la bataille, les Athéniens attaquèrent avec impétuosité les Phœniciens qui leur étoient opposés. Le combat fut opiniâtre, et soutenu longtemps avec une égale valeur. Mais enfin l'amiral persan Ariabignès, s'étant élancé sur une galère ennemie, y demeura percé de coups[2]. Alors la confusion, augmentée par la multitude des vaisseaux que la position locale rendoit inutile, devint générale chez les Mèdes[3]. Tout fuit devant les Grecs victorieux ; et la flotte innombrable du grand roi, qui, un moment auparavant, obscurcissoit la mer, disparut devant le génie d'un peuple libre.

— A Maubeuge, les François recouvrèrent ce brillant courage qu'ils avoient perdu depuis Gemmapes. Ils se précipitèrent sur les lignes ennemies, avec cette volubilité[a] qui distingue leur première charge de celles de tous les autres peuples. Fossés, canons, baïonnettes, montagnes, fleuves, marais, rien ne les arrête. Ils se trouvent en mille lieux à la fois. Ils se multiplient comme les soldats de la terre. Ils grimpent, ils sautent, ils courent. Vous les avez vus dans la plaine, et ils sont au haut du retranchement emporté[b].

Les Autrichiens soutinrent le choc avec leur valeur accoutumée. Ces braves soldats, qu'aucun revers ne peut désespérer, qui seroient battus vingt ans de suite, et qui se battroient la vingtième année comme la première, repoussèrent partout leurs nombreux assaillants. Mais le prince de Cobourg, jugeant une plus longue résistance inutile, abandonna sa position, et Maubeuge fut délivré. Bientôt une colonne, commandée par Houchard, obligea les Anglois à lever le siége de Dunkerque ; et les espérances de conquêtes s'évanouirent pour cette année.

C'est ainsi que la flotte persane, composée de diverses nations, — l'armée autrichienne, formée de même de différents peuples ; ces coalisés, les uns traîtres[1], les autres pusillanimes[2], ceux-ci craignant des succès qui reflèteroient trop de gloire sur tel ou tel général[3], telle ou telle nation ; toute cette masse indigeste d'alliés fut brisée à Salamine et à Maubeuge. — Le grand roi repassa dans une petite barque, en fugitif, cette même mer à laquelle il avoit donné des chaînes[4] ; — Cobourg mit ses troupes en quartier d'hiver, et tous les partis, en attendant les événements futurs d'une nouvelle campagne, eurent le temps de méditer sur l'inconstance de la fortune, et de déplorer leur folie.

CHAPITRE LXVI.

Préparation à une nouvelle campagne. Portraits des chefs. — Mardonius, Cobourg ; — Pausanias, Pichegru. Alexandre, roi de Macédoine.

IL s'en falloit beaucoup que le danger fût passé pour la Grèce et pour la France. Xerxès, en laissant après lui une armée de trois cent mille hommes choisis, avoit plus fait pour sa

---

la flotte persane eût un amiral en chef. Mais Ariabignès, frère de Xerxès, semble avoir eu le commandement principal.
[1] Plut., *in Themist.*
[2] Herod., lib. VIII, cap. LXXX.
[3] Diod., lib. II.
[a] Lisez *vivacité*, à moins que je n'aie voulu dire que l'attaque des François est rapide comme la parole. (N. Éd.)
[b] J'ai transporté quelque chose de cette peinture dans le combat des Francs dans les *Martyrs*. (N. Éd.)

[1] Herod., lib. VIII, cap. LXXXIV.
[2] *Id., ibid.*, cap. LXVIII.
[3] *Id.*, lib. IX, cap. LXVI-LXVII-LXVIII.
[4] *Id.*, lib. VIII, cap. CXV.

cause qu'en y traînant trois millions d'esclaves. — L'échec que les alliés avoient reçu devant les places assiégées n'étoit qu'un léger revers, qui pouvoit même tourner à leur profit, en leur enseignant une leçon utile. Ainsi on n'attendoit que le retour de la nouvelle année pour recommencer de toutes parts les hostilités : avant d'entrer dans le détail de cette campagne, nous dirons un mot des chefs qui s'y distinguèrent.

Mardonius, qui commandoit les troupes persanes demeurées en Grèce, étoit un satrape d'un rang élevé, et allié au sang de ses maîtres[1]. Son ambition[2], trop immense pour son génie, en faisoit un de ces êtres disproportionnés qui paroissent grands parce qu'ils sont difformes. Vain, impatient, orgueilleux[3], il ne possédoit que le courage brutal du grenadier qui donne la mort sans pitié, et la reçoit sans crainte[4] [a].

— Placé à la tête des troupes alliées de l'Autriche, le prince de Cobourg, d'une naissance encore plus illustre que Mardonius, le surpassoit de même en qualités personnelles. A la fois brave et prudent, il réunissoit les talents et les vertus militaires, l'art du général et la loyauté du soldat [b].

Pausanias, de la famille royale de Lacédémone, généralissime des armées combinées des Grecs, étoit un homme plein de jactance et de paroles magnifiques; toujours prêt à faire valoir ses grands services et à trahir son pays[5].

Il sauva la patrie aux champs de Platée, et la vendit quelques mois après au tyran de Suze[1].

— Pichegru, dont le nom plébéien, l'humble fortune et la modestie contrastent avec l'éclat de sa renommée, conduisoit les François aux combats. Cet homme extraordinaire, enfanté par la révolution, sut s'élever, de l'obscurité d'une classe inférieure, à la place la plus brillante de son pays, et redescendre, avec non moins de grandeur, à l'ombre de sa condition première [a].

Enfin, dans l'armée des Perses on remarquoit un homme appelé Alexandre, roi de Macédoine, qui, traître aux deux partis qu'il savoit ménager, trafiquoit de son honneur et de sa conscience avec le plus riche ou le plus fort. Avant le combat des Thermopyles, il donna avis aux Grecs du danger de leur position à la vallée de Tempé[2], et marcha avec Xerxès à Salamine. Après la défaite du monarque de l'Orient, il se dit l'ami des Athéniens, et les invita, par humanité, à se soumettre au tyran de l'Asie[3]. Aux champs de Platée, accompagnant Mardonius, il trahit ce général, pour se ménager une ressource en cas de revers; et avertit en personne Pausanias qu'il seroit attaqué le lendemain par les Mèdes[4]. Les Grecs, malgré leur haine des rois, respectèrent Alexandre par mépris [b]. Ils daignèrent peser sur les ressorts du mannequin vénal, tandis qu'il pouvoit leur être bon à quelque chose.

Je ne parlerai point du roi de Prusse.

---

[1] HEROD., lib. XVI, cap. XLI.
[2] Id., ibid., cap. V.
[3] Id., lib. IX, cap. VI.
[4] Id., ibid., cap. LXXI.

[a] En parlant de Mardonius, il falloit dire *du soldat*, et non *du grenadier*. Au reste, cette disproportion entre la capacité et l'ambition est une chose extrêmement commune, et une des plaies de la société; mais elle ne produit pas toujours une sorte de grandeur comme dans Mardonius : l'ambition est souvent placée dans des hommes si inférieurs sous tous les rapports, qu'ils n'ont pas même la force d'en porter le poids, et qu'ils en sont écrasés. (N. ÉD.)

[b] C'est fort bien de faire des portraits; mais encore faut-il qu'ils ressemblent. Les talents du prince de Cobourg étoient au-dessous de ses autres qualités.
(N. ÉD.)

[5] CORN. NEP., *in Pausan.*; THUCYD., lib. I.

[1] THUCYD., lib. I, cap. CXXXIV.
Étant condamné à mort à Sparte, il se retira dans un temple. On en mura les portes, et le roi lacédémonien y périt.

[a] Ce portrait est tracé par un émigré en 1795 et 1796, avant que Pichegru eût embrassé la cause de la monarchie légitime, et plusieurs années avant la mort tragique de ce grand et infortuné général. L'impartialité du royaliste étoit ici une espèce de pressentiment. (N. ÉD.)

[2] HEROD., lib. VII, cap. CLXXII.
[3] Id., lib. VIII, cap. CXL.
[4] PLUT., *in Aristid.*, pag. 528.
[5] Il falloit s'arrêter à ce trait, et supprimer la mauvaise phrase qui termine ce chapitre. (N. ÉD.)

CHAPITRE LXVII.

Campagne de l'an 479 avant notre ère, 1re année de la 75me Olympiade. Campagne de 1794. Bataille de Platée. — Bataille de Fleurus. Succès et vices des Grecs; — des François. Différentes paix. Paix générale.

Tels étoient les généraux qui commandoient dans les campagnes mémorables dont nous retraçons l'histoire. Au retour de la saison favorable aux armes, les Perses et les Autrichiens reprirent le champ avec une nouvelle vigueur. Mardonius ravagea une seconde fois l'Attique[1]; — de son côté, le prince de Cobourg emporta Landrecies et obtint plusieurs avantages. Mais bientôt la fortune changea de face. Pausanias, évitant de combattre dans la plaine, attira enfin les ennemis sur un terrain qui leur étoit défavorable. — Pichegru, en envahissant la Flandre maritime, obligea les alliés à abandonner leurs conquêtes. Après des marches et des actions multipliées, les grandes armées grecques et persanes, — françoises et autrichiennes, se rencontrèrent au lieu marqué par la destinée.

La cause ordinaire des guerres est si méprisable, que le récit d'une bataille, où vingt mille bêtes féroces se déchirent pour les passions d'un homme, dégoûte et fatigue. Mais des citoyens s'ébranlant au moment de la charge, contre une horde de conquérants; d'un côté, des fers, ou un anéantissement politique par un démembrement; de l'autre, la liberté et la patrie : si jamais quelque chose de grand a mérité d'attirer les yeux des hommes, c'est sans doute un pareil spectacle. On le retrouve à Platée et à Fleurus, mais en des degrés d'intérêt fort différents. Les François, sans mœurs, ayant signalé leur révolution par les crimes les plus énormes n'offrent pas le touchant tableau des Grecs innocents et pauvres, d'ailleurs infiniment plus exposés que les premiers. Athènes n'existoit plus; un camp sacré renfermoit tout ce qui restoit des fils, des pères, des dieux, de la patrie; desséchée par le souffle stérile de la servitude, une terre indépendante ne promettoit plus de subsistance en cas de revers. Mais les héros de Platée s'embarrassoient peu de l'avenir : prêts à faire un dernier sacrifice de sang à Jupiter-Libérateur, qu'avoient-ils besoin de s'enquérir s'ils auroient pu vivre demain esclaves, lorsqu'ils étoient sûrs de mourir aujourd'hui libres[1]?

Au midi de la ville de Thèbes, en Béotie, s'étend une grande plaine, traversée dans son extrémité méridionale par l'Asopus, dont le cours se dirige d'occident en orient, déclinant un degré nord. De l'autre côté du fleuve, la plaine continue, et va se terminer au pied du mont Cithéron, formant ainsi, entre la rivière et la montagne, une étroite lisière d'environ douze stades[1] dans sa plus grande largeur.

Les Perses, occupant la rive gauche de l'Asopus avec trois cent cinquante mille hommes, déployoient leur nombreuse cavalerie dans la plaine, ayant des retranchements sur leur front, Thèbes et un pays libre sur leur derrière[2]. Les troupes combinées des Lacédémoniens, des Athéniens et des autres alliés, consistant en cent dix mille hommes d'infanterie, campaient sur le penchant du Cithéron. A peu près sur la même ligne on apercevoit à l'ouest les ruines de la petite ville de Platée, et entre cette ville et le camp des Grecs se trou-

---

[1] On ne dira pas, j'espère, en lisant cette page, que les émigrés détestoient la liberté, qu'ils aimoient les étrangers, et qu'ils désiroient le démembrement de la France. Ici, plus de Don Quichottisme par système ; l'impartialité de l'historien est complète ; le sentiment de la patrie même ne l'aveugle pas ; et, tout en désirant le succès des François, tout en applaudissant à ce succès, il représente leur cause comme moins touchante que celle des Grecs ; ce qui étoit la vérité.

Quand je parle aujourd'hui avec amour des libertés publiques, avec horreur de la servitude, j'en ai acquis le droit par ces pages écrites dans ma première jeunesse : mes doctrines politiques ne se démentent pas un seul moment. (N. Éd.)

[1] Environ onze cents toises.

[2] Herod., lib. IX. cap. XV; Plut., in Aristid.

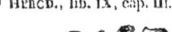

[1] Herod., lib. IX, cap. III.

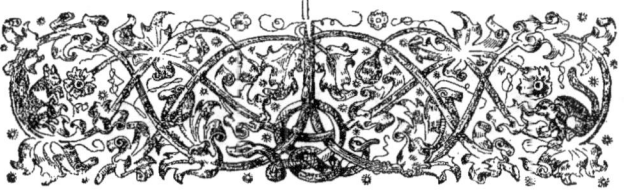

voit à moitié chemin la fontaine Gargaphie : de sorte que l'Asopus divisoit les deux armées ennemies.

Il s'y fit deux mouvements avant l'action générale.

Pausanias, manquant d'eau dans son premier emplacement, fit défiler ses troupes par la lisière dont j'ai parlé, et prit une nouvelle position aux environs de la fontaine Gargaphie [1]. Les Perses exécutèrent une marche parallèle sur le bord opposé du fleuve [2]. Le général lacédémonien, inquiété par l'ennemi, leva une seconde fois son camp, dans le dessein de se saisir d'une île formée à l'occident par deux branches de l'Asopus [3]; mais à peine avoit-il atteint Platée, que Mardonius, ayant traversé la rivière, vint fondre sur lui avec toute sa cavalerie [4]. Il fallut se former à la hâte [5]. Les Lacédémoniens, composant l'aile droite, se trouvèrent opposés aux Perses et aux Saces. Les Athéniens, à l'aile gauche, eurent en tête les Grecs alliés de Xerxès. Le centre de l'armée, se trouvant rompu par des collines, n'avoit pu se développer.

— Charleroi venoit d'être emporté par les François, mais on ignoroit encore cette nouvelle dans le camp autrichien. Le prince de Cobourg, déterminé à secourir la place, et ayant reçu la veille un renfort de vingt mille Prussiens, s'avança le 26 juin (8 messidor) à trois heures du matin sur la Sambre. Son armée se montoit à cent mille hommes. La droite se trouvoit commandée par le prince d'Orange; la gauche, composée de Hollandois et d'émigrés, par Baulieu; le prince de Lambesc étoit à la tête de la cavalerie. L'armée françoise se formoit de la réunion de l'armée de la Moselle, des Ardennes et du Nord. Jourdan avoit le commandement en chef [6].

Enfin, le 3 de boédromion [7], 2e année de la 75e olympiade, et le 12 messidor de l'an III de la république [1] se levèrent : jours destinés par celui qui dispose des empires à renverser les projets de l'ambition et à étonner les hommes.

Les combats muets des anciens, où de longs hurlements [2] s'élevoient par intervalles du milieu du silence de la mort, étoient peut-être aussi formidables que nos batailles rugissantes des détonations de la foudre. Le paysan du Cithéron, et celui des rives de la Sambre, purent en contempler les diverses horreurs, et bénir en même temps le sort qui les fit naître sous le chaume. Platée et Fleurus brillèrent de toutes les vertus guerrières. Là, le Perse, exposé sous un frêle bouclier aux armes des Lacédémoniens, brise de ses mains, avec le courage le plus intrépide, la pique dont il est percé [3]. — Ici le grenadier hongrois assomme avec la crosse de son mousquet les François qui se multiplient autour de lui [4]. — Ailleurs les Athéniens peuvent à peine surmonter leurs compatriotes qui combattent dans les rangs ennemis [5]. — Les émigrés opposent aux soldats de Robespierre une valeur indomptée. La fortune enfin se déclare. Mardonius tombe au premier rang [6]. Ses troupes plient, sont enfoncées, poursuivies dans leur camp, où on les égorge [7]. — Le prince de Cobourg, se reformant sous le feu de l'ennemi, se dispose à retourner à la charge, lorsqu'il apprend que Charleroi a capitulé, et il fait sonner la retraite. Deux cent mille [8] Perses tombèrent à

---

[1] HÉROD., lib. IX, cap. XXIX; DIOD., lib. II.
[2] Id., ibid., cap. XXXII.
[3] Id., ibid., cap. LI.
[4] Id., ibid., cap. LVIII.
[5] Id., ibid., cap. LVII.
[6] Moniteur du 12 messidor (30 juin).
[7] 19 septembre 479 avant J.-C.

[1] 20 juin 1794. Je me sers des formes révolutionnaires pour conserver la vérité des couleurs.
[2] DIOD., lib. II; PLUT., in Arist.; HÉROD., lib. IX, cap. LXII.
[3] PLUT., in Arist., pag. 529.
[4] Ce trait de la bataille de Fleurus, que des officiers présents m'ont conté, s'est renouvelé plusieurs fois dans la guerre présente, entre autres à Gemmapes, où les grenadiers hongrois, manquant de cartouches, assommoient avec une espèce de rage les François qui fourmilloient dans les retranchements.
[5] HÉROD., lib. IX, cap. LXVII.
[6] Id., ibid., cap. LXX.
[7] Id., ibid., cap. LXVII; DIOD., lib. II, pag. 25.
[8] JUSTIN. Lib. II, cap. XIV.

Artabaze emmena quarante mille hommes : des cinquante mille Grecs auxiliaires, qui tinrent peu, excepté les Béotiens, je suppose que quarante mille échappèrent; tout le reste de l'armée, à l'exception de trois mille soldats, périt, disent les historiens. Or, cette ra-

Platée, — une multitude d'Autrichiens et de François à Fleurus ; et les Grecs et les François perdent leurs vertus sur le même champ où ils obtiennent la victoire.

Depuis ce moment, l'ambition des conquêtes et la soif de l'or remplacèrent l'enthousiasme de la liberté. Les Grecs, conduits par d'autres généraux, non moins célèbres que les premiers [1], parcoururent les rivages de l'Asie, de l'Afrique, de l'Europe, brûlant, pillant, détruisant tout sur leur passage, levant des contributions forcées, et faisant vivre leurs armées à discrétion chez les nations vaincues. — Je n'ai pas besoin de rappeler au lecteur l'incendie de l'Italie, les réquisitions, les spoliations des temples ; les ravages des François dans le Brabant, en Allemagne, en Hollande, etc. J'ai dit ailleurs quelle fut la conséquence d'une telle conduite pour la Grèce. Le peuple d'Athènes, volage et cruel, qui s'étoit le plus distingué dans ces coupables excès, s'attira d'abord la guerre des alliés, et finit par succomber dans celle du Péloponèse.

Depuis la bataille de Platée jusqu'à la pacification générale, il s'écoula trente années. Mais, dans cet intervalle, les différents coalisés avoient traité partiellement avec le vainqueur. Les Carthaginois commencèrent [2], la Macédoine suivit ; ensuite [3] les îles voisines, et différents états. Les uns se rachetèrent à force d'argent [4], d'autres furent contraints de se déclarer contre les Perses [5]. Ceci nous retrace la Prusse, l'Espagne, les petits princes d'Italie et d'Allemagne. Enfin, Artaxerxès [6], fatigué d'une guerre inutile, s'abaissa à demander la paix en suppliant. Voici les conditions qu'on daigna lui dicter : 1º Que ses galères armées ne pourroient naviguer dans les mers de la Grèce ; 2º que ses troupes ne s'approcheroient jamais à plus de trois jours de marche des côtes de l'Asie-Mineure ; 3º qu'enfin, les villes ioniennes seroient déclarées indépendantes [1]. Puisque les Perses avoient eu la folie d'entreprendre la guerre, ils devoient la soutenir noblement, n'eût-ce été que pour obtenir des conditions moins honteuses. Ce traité d'Artaxerxès fut le coup mortel qui livra l'empire de Cyrus à Alexandre. Il en arriva au grand roi comme à plusieurs souverains de l'Europe actuelle : il conclut, par lassitude, une paix ignominieuse au moment où il auroit pu en commander une en vainqueur. Les Grecs n'étoient déjà plus les Grecs de Platée. On ne parloit plus à Athènes que de la conquête de l'Égypte, de Carthage, de la Sicile : agrandir la république, amener toutes les puissances enchaînées à ses pieds, étoit la seule idée qui demeurât en possession des esprits [2]. — Ainsi, nous avons vu les François ne savoir plus où fixer les limites de leur empire. Le Rhin, durant un moment, leur offroit une frontière trop resserrée. Lorsque Athènes se flatta de conquérir le monde, le jour qui devoit la livrer à Lysander étoit venu [a].

Ainsi passa ce fléau terrible, né de la révolution républicaine de la Grèce. Depuis la première invasion des Perses [3], sous Darius, l'an 490 avant notre ère, jusqu'à l'époque du traité de paix sous Artaxerxès, l'an 449, même chronologie, il étendit ses ravages dans une période de quarante et une années. Jamais guerre (de même que la présente) ne commença avec de plus flatteuses espérances de succès, et ne finit par de plus grands revers.

---

mée étoit originairement de trois cent cinquante mille hommes, et même de six cent mille hommes, si nous en croyons Diodore. Ainsi mon calcul est modéré. Il est certain que les batailles étoient infiniment plus meurtrières avant l'invention de la poudre.

[1] Ce paragraphe n'étant qu'une espèce de répétition de ce que j'ai dit ailleurs, je le laisse sans citation. Les autres généraux dont il est parlé ici sont Cimon, qui conquit la presqu'île de Thrace ; et Myronidès, qui s'empara de la Phocide et de la Béotie, etc.

[2] An 480 avant J.-C.

[3] Probablement après la bataille de Platée et la défaite complète des Perses, an 479 avant J.-C.

[4] Tels que Thasos, Scyros, etc.

[5] Les villes de Carie et de Lycie. (Vid. PLUT., in Cim.; THUCYD., lib. I ; DIOD., lib. II.)

[6] Il avoit succédé à Xerxès, assassiné.

[1] DIOD., lib. XII, pag. 74.

[2] ISOCR., de Pæ., pag. 402 ; PLUT., in Pericl.

[a] Les tableaux et les rapprochements contenus dans ce chapitre me paroissent moins défectueux et plus intéressants que les autres ; ils finissent par un trait qui sembloit prédire Buonaparte et le résultat final de ses conquêtes. (N. ÉD.)

[3] J'appelle la première invasion ce qui n'étoit effectivement que la seconde, Mardonius en ayant tenté une première sans succès avant Darius.

CHAPITRE LXVIII.

Différence générale entre notre siècle et celui où s'opéra la révolution républicaine de la Grèce.

APRÈS avoir examiné les rapports qui se trouvent entre la révolution républicaine de la Grèce et celle de la France, on ne peut, sans partialité, s'empêcher de considérer aussi leurs différences. Nous ne cherchons point à surprendre la foi de nos lecteurs, et à diriger leur opinion. Notre désir est d'éloigner de cet ouvrage tout esprit de système, en exposant avec candeur la vérité [a]. Non que nous croyions qu'en cas que nous eussions le bonheur d'en approcher elle nous valût autre chose que la haine des partis ; mais il n'y a qu'une règle certaine de conduite : faire, autant qu'il est en nous, du bien aux hommes, et mépriser leurs clameurs.

Il en est des corps politiques comme des corps célestes ; ils agissent et réagissent les uns sur les autres, en raison de leur distance et de leur gravité. Si le moindre accident venoit à déranger le plus petit des satellites, l'harmonie se romproit en même temps partout ; les corps se précipiteroient les uns sur les autres ; un chaos remplaceroit un univers, jusqu'au moment où toutes ces masses, après mille chocs et mille destructions, recommenceroient à décrire des courbes régulières dans un nouveau système.

En Grèce, une petite ville exile un tyran, et la commotion se fait sentir aussitôt aux extrémités de l'Europe et de l'Asie : mille peuples brisent leurs fers ou tombent dans l'esclavage ; le trône de Cyrus est ébranlé, et le germe de tous les événements, de tous les troubles futurs se déploie. Chaque révolution est à la fois la conséquence et le principe d'une autre ; en sorte qu'il seroit vrai à la rigueur de dire que la première révolution du globe a produit de nos jours celle de France.

Veut-on se convaincre de cette fatalité qui règle tout, qui se trouve en raison dernière de tout, et qui fait que si vous retranchiez un pied à l'insecte qui rampe dans la poussière, vous renverseriez des mondes [a] ; supposez, pour un moment, que l'événement le plus frivole se fût passé autrement à Athènes qu'il n'est réellement arrivé ; qu'il y eût existé un homme de moins, ou que cet homme n'eût pas occupé la même place ; par exemple, Épycide l'emportant sur Thémistocle : Xerxès réduisoit la Grèce en servitude ; c'en étoit fait des Socrate, des Platon, des Aristote ; le rusé Philippe vieillissoit sous le fouet de son maître, Alexandre mouroit sur le cothurne, ou brigand sur la croix tyrienne ; d'autres chances se développoient, d'autres états se levoient sur la scène ; les Romains rencontroient d'autres obstacles à combattre ; l'univers étoit changé.

Lorsqu'on vient à jeter les yeux sur l'état des hommes lors de l'établissement des gouvernements populaires à Sparte et à Athènes et sur la position des peuples à l'instant de l'abolition de la royauté en France, on est d'abord frappé d'une différence considérable. Au moment de la révolution de la Grèce, tout, ou presque tout, se trouvoit république ; — tout, ou presque tout, monarchie, à l'époque de la révolution françoise. Dans le premier cas, c'étoient des gouvernements populaires qui devoient agir sur des gouvernements populaires ; dans le second une constitution républicaine heurtoit des constitutions royales. Or, plus les corps en col-

---

[a] J'ai déjà signalé cette prétention de tous les hommes à système de n'avoir pas de système. Au surplus, presque tout ce chapitre est raisonnable : je ne dirois pas autrement et je n'écrirois pas autrement aujourd'hui. (N. ÉD.)

[a] La fatalité vient mal à propos : le pied retranché à l'insecte dérangeroit un ordre de choses physiques pour établir un autre ordre de choses physiques, mais ne roit point sur un événement de l'ordre moral. Quoi qu'il en soit, les idées me semblent avoir trouvé leur juste expression. Le *rusé Philippe*, qui *auroit vieilli sous le fouet de son maître*; Alexandre, qui *auroit été un acteur tragique*, ou *un voleur de grands chemins*, si *Épycide l'eût emporté sur Thémistocle*, sont de ces espèces de remarques dont chaque événement dérangé peut offrir une longue série. (N. ÉD.)

lision sont de matière hétérogène, plus l'inflammation est rapide. Il faut donc s'attendre que l'effet des mouvements actuels de la France surpasse infiniment celui des troubles de la Grèce[a]. N'avançons rien sans preuve.

Où la plus grande secousse se fit-elle sentir à l'époque des troubles de ce dernier pays? En Perse. Pourquoi? Parce que ce fut là que les principes politiques se choquèrent avec le plus de violence. Mais ceci nous découvre une seconde disparité.

Le serf persan devint la proie du citoyen de la Grèce. Comment les républiques anciennes subsistoient-elles? Par des esclaves. Comment nos pères barbares vivoient-ils si libres? Par des esclaves. Il est même impossible de comprendre sur quel principe une vraie démocratie pourroit s'établir sans esclaves. Ainsi nos systèmes modernes excluent de fait toute république parmi nous[b]. Je m'étonne que les François, imitateurs des anciens, n'aient pas réduit les peuples conquis en servitude. C'est le seul moyen de retrouver ce qu'on appelle la liberté civile[c].

Voilà donc deux différences fondamentales dans les siècles : l'une de gouvernement, l'autre de mœurs. N'y a-t-il point, dans le concours fortuit des choses, des circonstances qui déterminent, éloignent, hâtent, ou ralentissent l'effet de tel ou tel événement? C'est ce qu'il faut maintenant examiner.

La plupart des états contemporains des Athéniens et des Spartiates étoient éloignés de ces peuples célèbres. Par quel canal les lumières de ce petit coin du monde se seroient-elles répandues sur le globe? Les Grecs mêmes se soucioient-ils de les communiquer, ces lumières? Les anciens, attachés à la patrie, vivant et mourant sur le sol qu'ils savoient cultiver et défendre avec des mains libres, entretenoient à peine quelques liaisons les uns avec les autres. Parlant divers dialectes, sans le secours des postes, des grands chemins, de l'imprimerie, les nations vivoient comme isolées. De là une découverte en morale, en politique, ou en toute autre science, périssoit aux lieux qui l'avoient vue naître, ou devenoit la proie d'un petit nombre d'hommes, qui n'avoient souvent que trop d'intérêt à la cacher au reste de la foule. Les peuples d'ailleurs, par leurs préjugés nationaux, et par amour de la patrie, renfermoient soigneusement dans leur sein leurs connoissances et leur bonheur. Je doute que cette fraternité universelle des républicains du jour soit du bon coin de la grande antiquité[a].

Ici la dissemblance des temps se fait sentir dans toute sa force. Nos courriers, nos voies publiques, notre imprimerie, ont rendu presque tous les Européens citoyens du même pays. Une idée nouvelle, une découverte intéressante a-t-elle pris naissance à Londres, à Paris; quelques semaines après elle parvient au paysan du Danube, à l'habitant de Rome, au sujet de Pétersbourg, à l'esclave de Constantinople, qui se l'approprient, la commentent, et en font leur profit en bien ou en mal. Les anciens visitèrent rarement les contrées étrangères, parce que les difficultés du déplacement étoient presque insurmontables. De nos jours, un voyage en Russie, en Allemagne, en Italie, en France, en Angleterre, que dis-je! autour du globe, n'est qu'une affaire de quelques semaines, de quelques mois, de quelques années calculées à une minute près. Il en est résulté que la diversité des langues, qui formoit dans l'antiquité un autre obstacle à la propagation des connoissances, n'en est plus un chez les mo-

---

[a] L'expérience a prouvé la justesse de la réflexion; mais en montrant si bien à présent l'énorme différence qui existe entre la révolution françoise et la révolution républicaine de la Grèce, je bats en ruine mon propre système. (N. Éd.)

[b] Oui, toute république à la manière des anciens, toute république fondée sur les mœurs (lesquelles à leur tour produisoient et maintenoient la liberté), mais non pas cette république qui vient des progrès de la civilisation, de l'infiltration des lumières dans tous les esprits, si j'ose m'exprimer de la sorte, et d'où il résulte une autre espèce de liberté. Les peuples éclairés ne veulent plus servilement obéir; et les gouvernements, éclairés à leur tour, ne se soucient plus du despotisme. J'ai déjà remarqué, dans une note de l'*Essai*, qu'à l'époque où j'écrivois cet ouvrage, je ne comprenois bien que la liberté, fille des mœurs; je n'avois pas encore signalé cette autre liberté, résultat d'une civilisation perfectionnée. (N. Éd.)

[c] C'est *politique* qu'il falloit dire. (N. Éd.)

[a] Voilà encore une page qui renverse de fond en comble mon système; et j'ai déjà fait précédemment une note précisément dans le même esprit, en réfutation de ce système. (N. Éd.)

dernes, les idiomes étrangers étant réciproquement entendus de tous les peuples.

Ainsi, lorsqu'une révolution arrivoit dans l'ancien monde, les livres rares, les monuments des arts disparoissoient; la barbarie submergeoit une autre fois la terre, et les hommes qui survivoient à ce déluge étoient obligés, comme les premiers habitants du globe, de recommencer une nouvelle carrière, de repasser lentement par tous les degrés de leurs prédécesseurs. Le flambeau expiré des sciences ne trouvoit plus de dépôt de lumières où reprendre la vie. Il falloit attendre que le génie de quelque grand homme vînt y communiquer le feu de nouveau, comme la lampe sacrée de Vesta, qu'on ne pouvoit rallumer qu'à la flamme du soleil, lorsqu'elle venoit à s'éteindre. Il n'en est pas de même pour nous; il seroit impossible de calculer jusqu'à quelle hauteur la société peut atteindre, à présent que rien ne se perd, que rien ne sauroit se perdre : ceci nous jette dans l'infini.

Je semble donc détruire dans ce chapitre ce que j'ai avancé dans le précédent[a]; car je montre une telle différence de siècle, qu'on ne sauroit conclure de l'un pour l'autre; sans doute, pour plusieurs lecteurs que le système de perfection éblouit. Si c'étoit ici le lieu d'entrer dans cette discussion intéressante, je pourrois prouver aisément que notre position est réellement la même, quant aux résultats, que celle des anciens peuples; que nous avons perdu en mœurs ce que nous avons gagné en lumières. Celles-ci semblent tellement disposées par la nature, que les unes se corrompent toujours, en proportion de l'agrandissement des autres : comme si cette balance étoit destinée à prévenir la perfection parmi les hommes. Or, il est certain que les lumières ne donnent pas la vertu; qu'un grand moraliste peut être un malhonnête homme. La question du bonheur reste donc la même pour les peuples modernes et pour les anciens; puisqu'elle ne peut se trouver que dans la pureté de l'âme. Nous revenons donc à la même donnée, quant aux conséquences heureuses qu'on peut espérer de la révolution présente, quelles que soient d'ailleurs nos lumières, l'esprit n'agissant point sur le cœur. Et qui vous dira le secret de changer par des mots et des sciences la nature de l'âme? de déraciner les chagrins de ce sol défriché pour eux? Si l'homme, en dépit de la philosophie, est condamné à vivre avec ses désirs, il sera à jamais esclave, à jamais l'homme des temps d'adversité qui furent; l'homme de l'heure douloureuse où je vous parle, et des nouveaux siècles de misère qui s'avancent. Lorsque l'Être puissant qui tient dans sa main le cœur des hommes a voulu, dans les voies profondes de sa sagesse, resserrer cet organe de leur félicité, qu'importe que, pour les confondre, il ait élevé leurs têtes gigantesques au-dessus des sphères roulantes? Si le cœur ne peut se perfectionner, si la morale reste corrompue malgré les lumières; république universelle, fraternité des nations, paix générale, fantôme brillant d'un bonheur durable sur la terre, adieu[b]!

Si l'influence immédiate de la révolution républicaine de la Grèce fut retardée par toutes les causes que nous venons d'assigner, il est à croire que la révolution françoise, dégagée de ces obstacles, aura un effet encore plus rapide en cas qu'il ne se trouve point d'autres forces d'amortissement plus puissantes que la vélocité de son action. Ce n'est pas ici le lieu d'entrer dans cet examen. Mais on peut douter que l'extinction de la royauté, en France, produise, pour le genre humain, des effets éloignés plus grands, plus durables que ceux qui résultèrent de l'abolition de la monarchie en Grèce. L'Attique, rendue à la liberté, se couvrit de tous les monuments des

---

[a] Sans doute, et très-bien même. La manière subtile dont je cherche ensuite à me raccrocher à mon système n'est pas admissible. Mon bon sens et mon amour de la vérité l'emportoient sur les rêves de mon esprit.
(N. Éd.)

[b] Il y a du vrai dans tout cela. Les personnes qui ont lu mes ouvrages pourront remarquer que l'*Essai* est la mine brute où j'ai puisé une partie des idées que j'ai répandues dans mes autres écrits. Mais si l'homme est infini par la tête, ce qui est la vérité, rien ne peut empêcher l'ordre intellectuel d'aller toujours en se perfectionnant. La science politique, qui est de l'ordre intellectuel chez les vieux peuples, comme elle est de l'ordre moral chez les jeunes peuples, ne peut donc être arrêtée dans ses progrès par une corruption qui n'a pas de prise sur elle.
(N. Éd.)

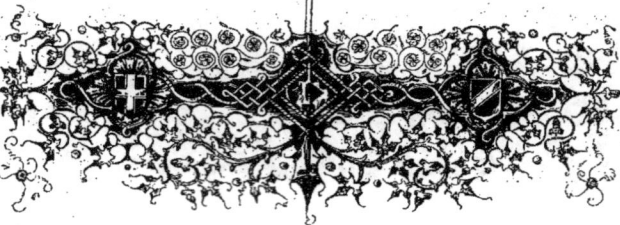

arts. Les Praxitèle, les Phidias, les Zeuxis, les Apelles, unirent les efforts de leur génie à ceux des Sophocle, des Euripide. Les lumières, disséminées dans les différentes parties du monde, vinrent se concentrer dans ce foyer commun, d'où les divers peuples les ont empruntées par la suite. Sans la Grèce, Rome demeuroit barbare : l'éloquence d'un Démosthène contenoit le germe de celle d'un Cicéron; il falloit le sublime d'un Homère, la simplicité d'un Hésiode, et les grâces d'un Théocrite, pour former le triple génie d'un Virgile; les loups de Phèdre n'eussent point parlé comme les hommes, si ceux d'Ésope avoient été muets; enfin, nous autres Celtes grossiers, sortis des forêts, nous ne compterions ni les Racine, ni les Boileau, ni les Montesquieu, ni les Pope, ni les Dryden, ni les Sidney, ni les Bacon, et mille autres; et nous serions encore, comme nos pères, soumis à des druides ou à des tyrans.

Heureux si les Grecs, en acquérant les lumières, n'eussent pas perdu la pureté des mœurs! Heureux s'ils n'eussent échangé les vertus qui les sauvèrent de Xerxès contre les vices qui les livrèrent à Philippe! Nous allons maintenant commencer cette seconde révolution, et nous terminerons ici la première partie du premier livre, après un dernier chapitre de réflexions. Nous passerons souvent ainsi, dans le cours de cet ouvrage, des lumières aux ténèbres, et du bonheur du genre humain à sa misère. Et pourquoi nous en plaindrions-nous? Il est à croire que notre félicité a été calculée sur l'inconstance de nos désirs : la dose du bonheur nous a été mesurée, parce que notre cœur est insatiable. La nature nous traite comme des enfants malades, dont on refuse de satisfaire les appétits, mais dont on apaise les pleurs par des illusions et des espérances. Elle fait danser autour de nous une multitude de fantômes, vers lesquels nous tendons les mains sans pouvoir les atteindre; et elle a poussé si loin l'art de la perspective, qu'elle a peint des Élysées jusque dans le fond de la tombe [a].

[a] C'est toujours l'homme qui croit et qui veut douter. Par une foiblesse toute paternelle, j'ai été au moment de me faire grâce pour ces phrases. (N. Éd.)

CHAPITRE LXIX.

Récapitulation.

INSI j'ai montré l'action immédiate de la révolution républicaine de l'Attique sur la Perse. Elle fit insurger les peuples soumis à cet empire par le ressort des opinions, l'enveloppa dans une guerre funeste qui coûta la vie à des millions d'hommes, sans que les nations y gagnassent beaucoup de bonheur ou beaucoup de liberté. Il est vrai que la cour de Suze fut humiliée; mais la Grèce en fut-elle plus heureuse? Ses succès ne la corrompirent-ils pas? et le résultat de ces actions, si glorieuses en apparence, ne fut-il pas des vices et des fers?

Quant à l'effet éloigné produit sur l'empire de Cyrus par la chute de la royauté à Athènes, il n'est personne qui ignore la conquête de l'Asie et le nom d'Alexandre.

Tâchons de récapituler en peu de mots les différentes influences que l'établissement du gouvernement populaire en Grèce eut sur les nations contemporaines. De la somme de ces données doivent naître les vérités qui forment le but de nos recherches dans cet Essai.

La révolution républicaine de la Grèce agit :

Sur l'Égypte,

par la voie des armes. Elle y causa quelques malheurs passagers. Elle ne put avoir de prise sur les opinions, la subdivision des classes de la société et le système théocratique lui opposant des obstacles insurmontables.

Sur Carthage,

encore au militaire. La position locale, l'excellence du gouvernement punique, sauvèrent celui-ci du danger des innovations et de l'exemple.

Dans l'Ibérie,

la réaction des troubles de l'Attique ne causa

que des malheurs. Vraisemblablement l'esclave au fond de ses mines paya la liberté d'Athènes par des larmes et des sueurs.

Chez les Celtes,

elle apporta des lumières, et partant de la corruption [a]. Elle devint aussi la cause éloignée de la servitude de ces peuples, en facilitant les conquêtes des Romains.

En Italie,

l'influence de l'établissement des républiques grecques se dirigea vers la politique; il n'est pas même impossible qu'elle n'y eût produit la révolution de Brutus, par la circonstance du voyage de ce grand homme à Delphes presque au moment de l'assassinat d'Hipparque par Harmodius. Ceux qui savent comment les grandes conceptions naissent souvent des causes les plus triviales [1] ne mépriseront pas cette conjecture.

Dans la Grande Grèce,

la révolution dont nous recherchons les effets agit au moral. Elle y occasionna quelques réformes utiles, mais passagères.

En Sicile,

elle produisit la guerre et la monarchie: l'une ne fut qu'un fléau d'un moment; l'autre coûta longtemps des pleurs et du sang à Syracuse.

En Scythie,

son influence agit philosophiquement dans le sens vicieux; les pasteurs pauvres et vertueux de l'Ister se laissèrent corrompre par l'attrait des sciences, et finirent par se livrer à celui de l'or.

Dans la Thrace,

elle ne causa que quelques ravages; heureusement la barbarie des peuples les mit à couvert des effets politiques et moraux de la révolution républicaine de la Grèce.

Tyr, enfin,

n'échappa pas aux armes de cette révolution; mais elle en évita la séduction par l'esprit commerçant et occupé de ses citoyens [b].

Nous avons parlé de la Perse au commencement de ce chapitre.

Le lecteur, sans doute, en parcourant cette échelle, a déjà trouvé avec étonnement la vérité qui résulte de ses parties. Cette révolution si vantée, cette révolution qui mérite de l'être, cette révolution toute vertu, toute vraie liberté, n'a donc produit, en exceptant Rome et la Grande-Grèce, que des maux chez tous les autres peuples? Quoi! lorsqu'une nation devient indépendante, n'est-ce qu'aux dépens du reste des hommes? La réaction du bien seroit-elle mal? L'histoire ne s'offre-t-elle pas ici sous une perspective nouvelle? Un rayon de lumière ne pénètre-t-il pas dans le système obscur des choses, et n'entrevoit-on pas comment les nations sont respectivement ordonnées les unes aux autres? Si les Grecs du temps d'Aristide, en brisant leurs chaînes, n'ont apporté que des maux au genre humain, que peut-on raisonnablement espérer (système de perfection à part) de l'influence de la révolution françoise? Croirons-nous que tout va devenir vertueux et libre, parce qu'il a plu aux François corrompus d'échanger un roi contre cinq maîtres [a]? Ici l'avenir s'entr'ouvre. Je laisse le lecteur à l'abîme de réflexions pénibles, de conjectures, de doutes, où ceci conduit.

CHAPITRE LXX.

Sujets et réflexions détachées.

APRÈS avoir parcouru un ouvrage, il nous reste ordinairement une multitude de pensées confuses et de réflexions incohérentes; les unes immédiatement liées au sujet du livre, les autres s'étendant au-delà, et seu-

---

[a] Voilà le disciple de Rousseau. (N. Éd.)
[1] La chute d'une pomme a dévoilé à Newton le système de l'univers.
[b] Cette récapitulation des influences de la révolution populaire de la Grèce paroît assez raisonnable quand on la voit dépouillée du cortège des comparaisons entre les temps et les hommes. (N. Éd.)
[a] Il y a un côté vrai à ces réflexions; mais lorsqu'on place la révolution particulière de la France dans le

ement formées par association. Je vais présenter ici cet effet naturel d'une première lecture, en rapportant mes idées détachées, telles que je les jetai sans ordre sur le papier, après avoir revu moi-même l'esquisse de mon travail. Je n'y ajouterai que ces nuances nécessaires pour diviser des couleurs trop heurtées. Il n'y a point d'ailleurs de perception si brusque dont on ne découvre la connexion intermédiaire avec une précédente, en y réfléchissant un peu; et c'est quelquefois une étude très-instructive, de rechercher les passages secrets par où on arrive tout à coup d'une idée à une autre totalement opposée.

Lorsque, pour la première fois, je conçus le plan de ce livre, je revis les classiques, qui m'introduisoient aux révolutions de la Grèce. A chaque page une mer de réflexions, de rapports nouveaux, s'ouvroit devant moi. Étant parvenu à crayonner l'ébauche de la révolution décrite dans ce premier livre de l'*Essai*, je commençai à voir les objets un peu moins troubles, surtout lorsque j'eus examiné le côté de l'influence de cette révolution : partie toute nouvelle dans l'histoire et à laquelle je ne sache pas que personne ait encore songé. Élaguant une multitude de pensées secondes, je jetai sur le papier les notes suivantes, qui forment une espèce de résultat des vérités générales, qu'on peut tirer de la révolution républicaine de la Grèce.

Est-il une liberté civile? J'en doute. Les Grecs furent-ils plus heureux, furent-ils meilleurs après leur révolution? Non. Leurs maux changèrent de valeur nominale; la valeur intrinsèque resta la même.

Malgré mille efforts pour pénétrer dans les causes des troubles des états, on sent quelque chose qui échappe; un je ne sais quoi, caché je ne sais où, et ce je ne sais quoi paroit être la raison efficiente de toutes les révolutions. Cette raison secrète est d'autant plus inquiétante, qu'on ne peut l'apercevoir dans l'homme de la société. Mais l'homme de la société n'a-t-il pas commencé par être l'homme de la nature? C'est donc celui-ci qu'il faut interroger. Ce principe inconnu ne naît-il point de cette vague inquiétude, particulière à notre cœur, qui nous fait nous dégoûter également du bonheur et du malheur, et nous précipitera de révolution en révolution jusqu'au dernier siècle? Et cette inquiétude, d'où vient-elle à son tour? Je n'en sais rien : peut-être de la conscience d'une autre vie; peut-être d'une aspiration secrète vers la Divinité. Quelle que soit son origine, elle existe chez tous les peuples. On la rencontre chez le sauvage et dans nos sociétés. Elle s'augmente surtout par les mauvaises mœurs, et bouleverse les empires.

J'en trouve une preuve bien frappante dans les causes de notre révolution. Ces causes ont différé totalement de celles des troubles politiques de la Grèce, au siècle de Solon. On ne voit pas que les Athéniens fussent très-malheureux, ou très-corrompus alors. Mais nous, qu'étions-nous au moral dans l'année 1789? Pouvions-nous espérer échapper à une destruction épouvantable? Je ne parlerai point du gouvernement : je remarque seulement que, partout où un petit nombre d'hommes réunit, pendant de longues années, le pouvoir et les richesses, quels que soient d'ailleurs la naissance de ces gouvernants, plébéienne ou patricienne, le manteau dont ils se couvrent, républicain ou monarchique, ils doivent nécessairement se corrompre, dans la même progression qu'ils s'éloignent du premier terme de leur institution. Chaque homme alors a ses vices, plus les vices de ceux qui l'ont précédé : la cour de France avoit treize cents ans d'antiquité.

Un monarque foible et amateur de son peuple étoit aisément trompé par des ministres incapables ou méchants. L'intrigue faisoit et défaisoit chaque jour des hommes d'état; et ces ministres éphémères, qui apportoient dans le gouvernement leur ineptie et leurs cœurs, y apportoient encore la haine de ceux qui les avoient précédés. De là ce changement continuel de systèmes, de projets, de vues; ces nains politiques étoient suivis d'une nuée famélique de commis, de laquais, de flatteurs, de comédiens, de maîtresses. Tous ces êtres

mouvement de l'ordre social, dans la révolution générale qui s'opère visiblement parmi l'espèce humaine, ce n'est voir ni d'assez haut ni d'assez loin que de réduire la révolution françoise au seul fait du sacrifice d'un roi légitime et de l'établissement d'une usurpation. (N. Éd.)

d'un moment se hâtoient de sucer le sang du misérable, et s'abîmoient bientôt devant une autre génération d'insectes, aussi fugitive et dévorante que la première.

Tandis que les folies et les imbécillités du gouvernement exaspéroient l'esprit du peuple, les désordres de l'ordre moral étoient montés à leur comble, et commençoient à attaquer l'ordre social d'une manière effrayante. Les célibataires avoient augmenté dans une proportion démesurée, et étoient devenus communs, même parmi les dernières classes. Ces hommes isolés, et par conséquent égoïstes, cherchoient à remplir le vide de leur vie en troublant les familles des autres. Malheur à un état où les citoyens cherchent leur félicité hors de la morale et des plus doux sentiments de la nature ! Si, d'un côté, les célibataires se multiplioient, de l'autre les gens mariés avoient adopté des idées pour le moins aussi destructives de la société. Le principe du petit nombre d'enfants étoit presque généralement reçu dans les villes en France, chez quelques-uns par misère, chez le plus grand nombre par mauvaises mœurs. Un père et une mère ne vouloient pas sacrifier les aisances de la vie à l'éducation d'une nombreuse famille, et l'on couvroit cet amour de soi des apparences de la philosophie. Pourquoi créer des êtres malheureux ? disoient les uns : pourquoi faire des gueux ? s'écrioient les autres. Je jette un voile sur d'autres motifs secrets de cette dépravation. Je ne dirai rien des femmes : meilleures que nous, elles n'ont que la foiblesse d'être ce que nous voulons qu'elles soient ; la faute est à nous.

Si ces mœurs affectoient la société en général, elles influoient encore davantage sur chacun de ses membres en particulier. L'homme qui ne trouvoit plus son bonheur dans l'union d'une famille, qui souvent se défioit même du doux nom de père, s'accoutumoit à se former une félicité indépendante des autres. Rejeté du sein de la nature par les mœurs de son siècle, il se renfermoit dans un dur égoïsme, qui flétrit jusqu'à la racine de la vertu. Pour comble de maux, en perdant le bonheur sur la terre, des bourreaux philosophes lui avoient enlevé l'espérance d'une meilleure vie. Dans cette situation, se trouvant seul au milieu de l'univers, n'ayant à dévorer qu'un cœur vide et solitaire, qui n'avoit jamais senti un autre cœur battre contre lui, faut-il s'étonner que le François fût prêt à embrasser le premier fantôme qui lui montroit un univers nouveau ?

On s'écriera qu'il est absurde de représenter le peuple de la France comme isolé et malheureux ; qu'il étoit nombreux, florissant, etc. La population qui semble détruire mon assertion est une preuve pour elle, car elle n'étoit réelle que dans les campagnes, parce qu'il y existoit encore des mœurs ; or, on sait assez que ce ne sont pas les paysans qui ont fait la révolution. Quant à la seconde objection, il n'est pas question de ce que la nation sembloit être, mais de ce qu'elle étoit réellement. Ceux qui ne voient dans un état que des voitures, des grandes villes, des troupes, de l'éclat et du bruit, ont raison de penser que la France étoit heureuse. Mais ceux qui croient que la grande question du bonheur est le plus près possible de la nature, que plus on s'en écarte, plus on tombe dans l'infortune ; qu'alors on a beau avoir le sourire sur les lèvres devant les hommes, le cœur, en dépit des plaisirs factices, est agité, triste, consumé dans le secret de la vie : dans ce cas, on ne peut disconvenir que ce mécontentement général de soi-même, qui augmente l'inquiétude secrète dont j'ai parlé ; que ce sentiment de malaise que chaque individu porte avec soi, ne soient, dans un peuple, l'état le plus propre à une révolution.

Eh bien ! c'étoit au moment que le corps politique, tout maculé des taches de la corruption, tomboit en une dissolution générale, qu'une race d'hommes, se levant tout à coup, se met, dans son vertige, à sonner l'heure de Sparte et d'Athènes. Au même moment, un cri de liberté se fait entendre ; le vieux Jupiter, réveillé d'un sommeil de quinze cents ans, dans la poussière d'Olympie, s'étonne de se trouver à Sainte-Geneviève ; on coiffe la tête du badaud de Paris du bonnet du citoyen de la Laconie ; et, tout corrompu, tout vicieux qu'il est, poussant de force le petit François dans les grandes vertus lacédémoniennes, on le contraint à jouer le Pantalon aux yeux de l'Europe, dans cette mascarade d'Arlequin.

O grands politiques, qui, prenant la raison inverse de Lycurgue, prétendez établir la démocratie chez un peuple, à l'époque même où

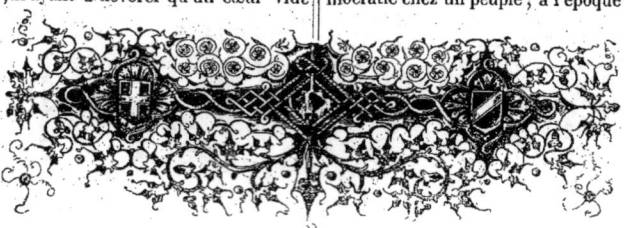

toutes les nations retournent par la nature des choses à la monarchie, je veux dire à l'époque de la corruption ! O fameux philosophes, qui croyez que la liberté existe au civil, qui préférez le nombre cinq à l'unité, et qui pensez qu'on est plus heureux sous la canaille du faubourg Saint-Antoine que sous celle des bureaux de Versailles ! — Mais que falloit-il donc faire ? Je l'ignore. Tout ce que je sais, c'est que, puisque vous aviez la fureur de détruire, il falloit au moins rebâtir un édifice propre à loger des François, et surtout vous garder de l'enthousiasme des institutions étrangères. Le danger de l'imitation est terrible. Ce qui est bon pour un peuple est rarement bon pour un autre. Et moi aussi je voudrois passer mes jours sous une démocratie telle que je l'ai souvent rêvée, comme le plus sublime des gouvernements en théorie ; et moi aussi j'ai vécu citoyen de l'Italie et de la Grèce ; peut-être mes opinions actuelles ne sont-elles que le triomphe de ma raison sur mon penchant. Mais prétendre former des républiques partout, et en dépit de tous les obstacles, c'est une absurdité dans la bouche de plusieurs, une méchanceté dans celle de quelques-uns.

J'ai réfléchi longtemps sur ce sujet : je ne hais point une constitution plus qu'une autre, considérée abstraitement. Prises en ce qui me regarde comme individu, elles me sont toutes parfaitement indifférentes : mes mœurs sont de la solitude et non des hommes. Eh ! malheureux, nous nous tourmentons pour un gouvernement parfait, et nous sommes vicieux ! bon, et nous sommes méchants ! Nous nous agitons aujourd'hui pour un vain système, et nous ne serons plus demain ! Des soixante années que le Ciel peut-être nous destine à traîner sur ce globe, nous en dépenserons vingt à naître, et vingt à mourir, et la moitié des vingt autres s'évanouira dans le sommeil. Craignons-nous que les misères inhérentes à notre nature d'homme ne remplissent pas assez ce court espace, sans y ajouter des maux d'opinion ? Est-ce un instinct indéterminé, un vide intérieur que nous ne saurions remplir, qui nous tourmente ? Je l'ai aussi sentie, cette soif vague de quelque chose. Elle m'a traîné dans les solitudes muettes de l'Amérique, et dans les villes bruyantes de l'Europe ; je me suis enfoncé pour la satisfaire dans l'épaisseur des forêts du Canada, et dans la foule qui inonde nos jardins et nos temples. Que de fois elle m'a contraint de sortir des spectacles de nos cités, pour aller voir le soleil se coucher au loin sur quelque site sauvage ! que de fois, échappé à la société des hommes, je me suis tenu immobile sur une grève solitaire, à contempler durant des heures, avec cette même inquiétude, le tableau philosophique de la mer ! Elle m'a fait suivre autour de leurs palais, dans leurs chasses pompeuses, ces rois qui laissent après eux une longue renommée ; et j'ai aimé, avec elle encore, à m'asseoir en silence à la porte de la hutte hospitalière, près du sauvage qui passe inconnu dans la vie, comme les fleuves sans nom de ses déserts. Homme, si c'est ta destinée de porter partout un cœur miné d'un désir inconnu ; si c'est là ta maladie, une ressource te reste. Que les sciences, ces filles du ciel, viennent remplir le vide fatal qui te conduira tôt ou tard à ta perte. Le calme des nuits t'appelle. Vois ces millions d'astres étincelants, suspendus de toutes parts sur ta tête ; cherche, sur les pas de Newton, les lois cachées qui promènent magnifiquement ces globes de feu à travers l'azur céleste ; ou, si la Divinité touche ton âme, médite en l'adorant sur cet Être incompréhensible qui remplit de son immensité ces espaces sans bornes. Ces études sont-elles trop sublimes pour ton génie, ou serois-tu assez misérable pour ne point espérer dans ce Père des affligés qui consolera ceux qui pleurent ? Il est d'autres occupations aussi aimables et moins profondes. Au lieu de t'entretenir des haines sociales, observe les paisibles générations, les douces sympathies, et les amours du règne le plus charmant de la nature. Alors tu ne connoîtras que des plaisirs. Tu auras du moins cet avantage, que chaque matin tu retrouveras tes plantes chéries, dans le monde, que d'amis ont pressé le soir un ami sur leur cœur, et ne l'ont plus trouvé à leur réveil ! Nous sommes ici-bas comme au spectacle : si nous détournons un moment la tête, le coup de sifflet part, les palais enchantés s'évanouissent ; et lorsque nous ramenons les yeux sur la scène, nous n'apercevons plus que des déserts et des acteurs inconnus.

Mais quelles que puissent être nos occupations, soit que nous vieillissions dans l'atelier du manœuvre, ou dans le cabinet du philosophe, rappelons-nous que c'est en vain que nous prétendons être politiquement libres. Indépendance, indépendance individuelle, voilà le cri intérieur qui nous poursuit. Écoutons la voix de la conscience. Que nous dit-elle, selon la nature? « Sois libre. » Selon la société? « Règne. » Que si on le nie, on ment. Ne rougissons point, parce que j'arrache d'une main hardie le voile dont nous cherchons à nous couvrir à nos propres yeux. La liberté civile n'est qu'un songe, un sentiment factice que nous n'avons point, qui n'habite point dans notre sein : apprenons à nous élever à la hauteur de la vérité, et à mépriser les sentences de l'étroite sagesse des hommes. On nous insultera peut-être, parce qu'on ne nous entendra pas; les gens de bien nous accuseront de principes dangereux, parce que nous aurons été les chercher jusqu'au fond de leur âme, où ils se croyaient en sûreté, et que nous saurons exposer à la vue toute la petite machine de leur cœur. Rions des clameurs de la foule, contents de savoir que, tandis que nous ne retournerons pas à la vie du sauvage, nous dépendrons toujours d'un homme. Et qu'importe alors que nous soyons dévorés par une cour, par un directoire, par une assemblée du peuple?

Nous nous apercevons continuellement que nous nous trompons; que l'heure qui succède accuse presque toujours l'heure passée d'erreur; et nous irions déchirer et nous-mêmes et nos semblables, pour l'opinion fugitive du matin, avec laquelle le soir ne nous retrouvera plus! Tout gouvernement est un mal, tout gouvernement est un joug; mais n'allons pas en conclure qu'il faille le briser. Puisque c'est notre sort que d'être esclaves, supportons notre chaîne sans nous plaindre; sachons en composer les anneaux de rois ou de tribuns selon les temps et surtout selon nos mœurs. Et soyons sûrs, quoi qu'on en publie, qu'il vaut mieux obéir à un de nos compatriotes riche et éclairé, qu'à une multitude ignorante, qui nous accablera de tous les maux.

Et vous, ô mes concitoyens! vous, qui gouvernez cette patrie toujours si chère à mon cœur, réfléchissez; voyez s'il est dans toute l'Europe une nation digne de la démocratie! Rendez le bonheur à la France, en la rendant à la monarchie, où la force des choses vous entraîne. Mais si vous persistez dans vos chimères, ne vous abusez pas. Vous ne réussirez jamais par le modérantisme. Allons, exécrables bourreaux, en horreur à vos compatriotes, en horreur à toute la terre, reprenez le système des Jacobins; tirez de leurs loges vos guillotines sanglantes; et, faisant rouler les têtes autour de vous, essayez d'établir, dans la France déserte, votre affreuse république, comme la Patience de Shakspeare, « assise sur un monument, et souriant à la Douleur [a] ! »

^aVoilà, certes, un des plus étranges chapitres de tout l'ouvrage, et peut-être un des morceaux les plus extraordinaires qui soient jamais échappés à la plume d'un écrivain : c'est une sorte d'orgie noire d'un cœur blessé, d'un esprit malade, d'une imagination qui reproduit les fantômes dont elle est obsédée ; c'est du Rousseau ; c'est du René, c'est du dégoût de tout, de l'ennui de tout. L'auteur s'y montre royaliste par désespoir de ne pouvoir être républicain, jugeant la république impossible; il déduit hardiment les causes d'une révolution devenue, selon lui, *inévitable*; et il attaque en même temps avec la même hardiesse cette révolution. Ne trouvant rien ni dans le passé ni dans le présent qui puisse le satisfaire, il en conclut qu'un gouvernement quelconque est un mal; que la liberté *civile* (il veut dire *politique*) n'existe point; que tout se réduit à l'indépendance individuelle, d'où il part pour vous proposer de vous faire sauvage. Il ne sait comment exprimer ce qu'il sent; il crée une langue nouvelle, il invente les mots les plus barbares, et détourne d'autres mots de leur acception naturelle. Assis sur le trépied, il est tourmenté par un mauvais génie: une seule chose lui reste au milieu de ce délire, le sentiment religieux.

J'avais entrepris de réfuter phrase à phrase ce chapitre, mais la plume m'est bientôt tombée des mains. Il m'a été impossible de me suivre moi-même à travers ce chaos; la folie des idées, la contradiction des sentiments, la fausseté des raisonnements, le néologisme, réduisaient tout mon commentaire à des exclamations de douleur ou de pitié. J'ai donc pensé qu'il valait mieux me condamner tout à la fois à la fin de ce chapitre, et faire, la corde au cou, amende honorable au bon sens. Mais, cette exécution achevée, je dois dire aussi, avec la même impartialité, qu'il y a dans ce chapitre insensé une inspiration, de quelque nature qu'elle soit, qu'on ne retrouve dans aucune autre partie de mes ouvrages.

(N. Éd.)

LIVRE PREMIER.

SECONDE PARTIE.

CHAPITRE PREMIER.

Seconde révolution. Philippe et Alexandre.

E théâtre change : de la ressemblance des événements, nous passons à celle des hommes. Jusqu'ici les tableaux se sont rapprochés par les sites, mais presque toujours les personnages ont différé. Maintenant, au contraire, les similitudes se montreront dans les groupes, les oppositions dans les fonds. Plus nous avancerons vers les temps de corruption, de lumières et de despotisme, plus nous retrouverons nos temps et nos mœurs. Souvent nous nous croirons transportés dans nos sociétés, au milieu des grandes femmes et des petits hommes, des philosophes et des tyrans ; des gens rongés de vices pousseront de grands cris de vertu ; de beaux livres sur la science de la liberté conduiront les peuples à l'esclavage : enfin nous allons nous revoir parmi les deux tiers et demi de sots et le demi-tiers de fripons, dont nous sommes sans cesse entourés[a].

[a] Voilà mon siècle bien arrangé. (N. Éd.)

Périclès avoit pris le vrai sentier pour arriver au bonheur. Traitant le monde selon sa portée, lorsque la nécessité le forçoit d'y paroître, il s'y présentoit avec des idées communes et un cœur de glace. Mais le soir, renfermé secrètement avec Aspasie et un petit nombre d'amis choisis, il leur découvroit ses opinions cachées et un cœur de feu. Les sots s'aperçurent de son mépris pour eux, car les sots ont un tact singulier sur cet article, et rien ne les chagrine tant que l'indifférence du mépris. Ils accusèrent donc la tendre amie de Périclès ; celui-ci parvint à peine à la sauver par ses larmes. Et qui cependant devoit prétendre plus que lui à la gratitude de ses concitoyens ? Il y comptoit peu, ayant étudié les hommes. La reconnoissance est nulle chez le très-nécessiteux, parce que le sentiment du premier besoin absorbe tous les autres ; elle existe quelquefois comme vertu chez le mécanique pauvre, mais non indigent ; elle se change en haine dans l'individu placé immédiatement au rang au-dessous du bienfaiteur ; elle pèse aux philosophes ; les courtisans l'oublient. Il suit de là qu'il faut faire du bien au petit peuple par devoir, obliger l'artiste par satisfaction de cœur, n'avoir qu'une extrême politesse avec les classes mitoyennes, prêter seulement aux gens de lettres ce qu'ils peuvent exactement vous rendre, et ne donner aux grands que ce qu'on compte leur jeter par la fenêtre[a].

A ces petites caricatures de nos sociétés se mêleront aussi nos grandes scènes tragiques : la tyrannie, les proscriptions, les rois jugés et massacrés par les peuples, d'autres tombés du trône et réduits à gagner leur vie du travail de leurs mains : enfin nos hideuses révolutions, entourées du cortège de nos vices.

Expliquons le plan de cette partie.

[a] Singulier train d'idées ! Cette inclination à la satire se manifeste continuellement dans l'*Essai*. Il est visible, dans tous ces passages, que ce n'est qu'avec de grands efforts sur moi-même que je parviens à étouffer ce penchant au dédain et à l'ironie.

On s'aperçoit, au reste, que je commençois déjà à écrire moins mal. Sous le rapport de l'art, l'*Essai* va se trouver à peu près de niveau avec mes ouvrages subséquents ; il y restera cependant, toujours avec des idiotismes étrangers, quelque chose de fougueux et de déclamatoire. (N. Éd.)

On sent qu'il est impossible de suivre maintenant le cours régulier de l'histoire, ni même de s'attacher à de grands détails. Ce qui nous reste à peindre des Grecs consiste en cette partie qui s'étend depuis l'époque que nous avons traitée, jusqu'au règne de Philippe et d'Alexandre, où Athènes et Lacédémone perdirent leur liberté, non de nom, mais de fait.

Dans cette période, qui, à la compter de l'année de la paix avec les Perses jusqu'à la bataille de Chéronée, renferme un espace de cent onze ans, nous saisirons seulement trois traits caractéristiques : le renversement de la constitution et le règne des Trente Tyrans à Athènes, la chute de Denys le jeune à Syracuse, et, par extension, la condamnation d'Agis à Sparte. Nous verrons ainsi l'âge de corruption dans les trois principales villes grecques de l'ancien monde. Quant à la révolution même de Philippe, nous ne ferons que l'indiquer, parce qu'elle ne va pas directement au but de cet ouvrage ; mais, en même temps, nous nous étendrons sur le siècle d'Alexandre, dont les rapports avec le nôtre ont été si grands, considérés sous le jour philosophique. Au reste, nous avons donné, pour abréger, à cette seconde partie le nom général de *révolution de Philippe et d'Alexandre* : elle forme la seconde de cet *Essai*.

CHAPITRE II.

Athènes. Les Quatre-Cents [1].

ÉJA vingt années de guerre ont désolé l'Attique[2] ; une peste, non moins destructive, en a enlevé la plus grande partie des habitants, et plongé le reste dans tous les vices ; Périclès n'est plus ; et Alcibiade, fugitif depuis la malheureuse expédition de Sicile, après avoir dirigé quelque temps la ligue du Péloponèse contre son pays, est maintenant retiré auprès de Tissapherne, satrape de Lydie.

Là, touché des malheurs dont il fut en partie l'instrument, il commence à tourner les yeux vers sa patrie. De leur côté, les citoyens d'Athènes, accablés sous le poids de leurs calamités, ayant à lutter à la fois contre toutes les forces du Péloponèse et de l'Asie, ne voyoient de ressource que dans le génie de leur illustre compatriote. On entama donc des négociations avec Alcibiade ; mais celui-ci, banni par le peuple, refusa de retourner à Athènes, à moins qu'on ne changeât la forme du gouvernement, en substituant l'oligarchie à la constitution démocratique. Le tyran vouloit faire sa couche avant de s'y reposer.

Une prompte réconciliation, à quelque prix que ce fût, étoit devenue d'une nécessité absolue. Agis, avec les forces lacédémoniennes, bloquoit Athènes par terre et occupoit les campagnes voisines, dont les habitants s'étoient réfugiés dans la capitale. D'un autre côté, l'armée athénienne tenoit l'île de Samos, qu'elle venoit d'emporter. De manière que les habitants de l'Attique se trouvoient divisés en deux parties : l'une servant aux expéditions du dehors, l'autre demeurée à la défense de la ville.

La proposition d'Alcibiade, malgré ces circonstances calamiteuses, ne passa pas sans une forte opposition de la part du peuple et des soldats ; mais, comme il ne restoit que ce seul moyen d'échapper à une ruine presque inévitable, il fallut enfin se soumettre, et consentir à l'abolition de la démocratie.

Alors commencèrent à Athènes les scènes tragiques, qui se renouvelèrent bientôt après sous les Trente Tyrans. On ne sauroit se figurer une position plus affreuse que celle de cette malheureuse cité, ni qui ressemblât davantage à l'état de la France durant le règne de la Convention. Attaquée au dehors par mille ennemis, et prête à succomber sous des armes étrangères, une aristocratie dévorante vint consumer au dedans le reste de ses habitants.

---

[1] Je suis ici absolument le VIIIe livre de THUCYDIDE ; j'en préviens, afin de n'être pas obligé de multiplier à chaque ligne les *idem* et les *ibid*.

[2] Il y avoit eu une trève qui devoit durer cinquante ans, et qui fut rompue au bout de six ans et dix mois.

D'abord il fut décrété qu'il n'y auroit plus que les soldats et cinq mille citoyens à prendre part aux affaires de la république ; et, pour faire perdre à jamais l'envie de s'opposer aux mesures des conjurés, on se hâta de dépêcher tous ceux qui passoient pour être attachés à l'ancienne constitution. Le peuple et le sénat s'assembloient encore ; mais si quelqu'un osoit délivrer [a] une opinion contraire à la faction, il étoit immédiatement assassiné. Environnés d'espions et de traîtres, les citoyens craignoient de se communiquer ; le frère redoutoit le frère, l'ami se taisoit devant l'ami, et le silence de la terreur régnoit sur la ville désolée.

Ayant établi cette tyrannie provisoire, les conspirateurs procédèrent à l'achèvement d'une constitution. On nomma un comité des Dix, chargé de faire incessamment un rapport à ce sujet. Celui-ci, à l'époque fixée, donna son plan, qui consistoit à établir un conseil de Quatre-Cents avec un pouvoir absolu, et le droit de convoquer les Cinq-Mille à sa volonté.

On jugea par le premier acte du nouveau gouvernement ce qu'on devoit attendre de sa justice. Les Quatre-Cents, armés de poignards et suivis de leurs satellites, entrèrent au sénat, dont ils chassèrent les membres. Ils renversèrent ensuite les anciens établissements, firent massacrer ou exilèrent les ennemis de leur despotisme ; mais ils ne rappelèrent aucun des anciens bannis, dont ils avoient embrassé la cause, soit dans la crainte d'Alcibiade, soit pour jouir des biens de ces infortunés. Je me figure le monde comme un grand bois, où les hommes s'entr'attendent pour se dévaliser [b].

Cependant l'armée, en apprenant les troubles d'Athènes, se déclara contre la nouvelle constitution. Alcibiade, que les Tyrans avoient négligé, qui ne se soucioit ni de la démocratie ni de l'aristocratie, et n'entretenoit pour les hommes qu'un profond mépris, ne se trouva pas plus disposé à favoriser les conspirateurs. Les soldats, de même que les troupes françoises, fiers de leurs exploits, remarquoient que, loin d'être payés par la république, c'étoit eux au contraire qui les faisoient subsister de leurs conquêtes, et qu'il étoit temps de mettre fin à tant de calamités en marchant à la ville coupable.

Tandis que ces pensées agitoient les esprits, arrive un transfuge d'Athènes. On s'empresse autour de lui, les nouvelles les plus sinistres sortent de sa bouche. Il rapporte que le crime est à son comble ; que les Tyrans ravissent les épouses, égorgent les citoyens, et jettent dans les cachots les familles unies aux soldats par les liens du sang [1]. A ces mots, un cri d'indignation et de fureur s'élève du milieu de l'armée ; elle jure d'exterminer les scélérats, chasse ses officiers, partisans de la faction aristocratique, en nomme de plus populaires, et rappelle à l'instant Alcibiade.

Tout annonçoit la chute des Quatre-Cents. Il se trouvoit parmi eux des hommes d'un talent extraordinaire : Antiphon, parlant peu, mais réviseur des discours de ses collègues ; Phrynique, d'un esprit audacieux et entreprenant ; Théramènes, plein d'éloquence et de génie. La discorde ne tarda pas à se mettre parmi eux. Les hommes ressemblent peu à ces animaux justes, dont parlent les voyageurs, qui, après avoir chassé en commun, divisent également le fruit de leurs fatigues : les factieux s'entendent sur la proie, presque jamais sur la dépouille. Théramènes, sentant que le pouvoir leur échappoit, revenoit peu à peu à l'ancienne constitution et se rangeoit du côté du peuple. Phrynique, par les motifs d'ambition, soutenoit le nouvel ordre de choses ; et, pour se ménager des ressources, il députa secrètement à Sparte, et se mit à bâtir une forteresse au Pirée, afin d'y recevoir les ennemis, et de s'y retirer lui-même en cas d'événement. Sur ces entrefaites, on apprend tout à coup qu'il vient d'être assassiné sur la place publique, comme Marat au milieu de ses triomphes. Théramènes, maintenant à la tête du parti populaire, insurge les citoyens, et se saisit du général de la faction opposée. Les Quatre-Cents courent aux armes pour leur défense. A l'instant même la flotte lacé-

---

[a] Anglicisme.   (N. Éd.)

[b] J'avois là une idée bien peu gracieuse du monde. Cette allure d'un esprit qui se permet tout est assez amusante.   (N. Éd.)

[1] Ce rapport étoit exagéré.

démonienne se montre à l'entrée du Pirée ; le tumulte est à son comble. Thérámènes vole au port ; il parle aux soldats ; il leur représente que le fort a été élevé par les Tyrans non pour la sûreté de la place, mais pour y introduire l'ennemi de la patrie, dont les vaisseaux sont déjà en vue. La rage s'empare des troupes ; le fort, rasé jusqu'aux fondements, disparoît sous la main empressée d'une multitude furieuse, l'abolition du tribunal des Quatre-Cents est prononcée par acclamation ; les conjurés épouvantés s'échappent de la ville ; et la constitution populaire se rétablit au milieu des bénédictions et des cris de joie de la foule.

Tels furent ces troubles passagers, où nous retrouvons si bien le caractère de ceux de la France. On y sent le même fonds d'immoralité et de vice intérieur. Nous apercevons un gouvernement flattant la soldatesque, et s'entourant du militaire, signe certain de ruine et de tyrannie. On y découvre un je ne sais quoi d'étroit en choses et en idées, qui fait qu'on s'imagine lire l'histoire de notre propre temps. Ce ne sont plus les Thémistocle, les Aristide, les Cimon : ce sont les Robespierre, les Couthon, les Barrère. Au reste, cette révolution d'Athènes tient à un principe politique que nous allons examiner avant de passer aux Trente Tyrans*.

CHAPITRE III.

Examen d'un grand principe en politique.

Par un principe généralement adopté des publicistes, les nations ont le droit de se choisir un gouvernement ; et par un autre principe aussi fameux, « que tout pouvoir vient du peuple, » elles peuvent reprendre leurs droits

* Ce ne sont plus des comparaisons directes, mais quelques rapprochements généraux de faits et de personnages : le système devient supportable. (N. Éd.)

et changer leur constitution. C'est ce que firent les Athéniens, qui consentirent à l'abolition de la démocratie, et la rétablirent ensuite. Voyons où ces principes nous mènent.

Des trois partis qui composent la foule, les uns adoptent absolument ces propositions et disent : Une nation a le droit de se choisir un gouvernement, parce que celle-ci étoit avant celui-là ; que la première est un corps réel, existant dans la nature, dont l'autre n'est qu'une modification, qu'une pensée. La loi ne peut être en ascension de l'effet à la cause, mais descendante du principe à la conséquence. Tout pouvoir découle ainsi du peuple, et il ne sauroit aliéner sa liberté, car le contrat est nul entre celui qui donne tout et celui qui n'engage rien, entre tel qui ne sauroit acheter et tel qui n'a pas droit de vendre.

Les autres nient le tout, et les modérateurs jettent un voile religieux sur ces axiomes.

Je ne puis penser de même ; cet air secret fait beaucoup de mal. Le peuple est un enfant ; présentez-lui un hochet dont il sorte des sons, si vous ne lui en expliquez la cause, il le brisera pour voir ce qui les produit. Pour moi, j'avoue hautement ce que je crois, et suis persuadé qu'en toute occasion la vérité, bien expliquée, est bonne à dire. Je reçois donc les deux principes, inattaquables dans leur base, et indisputables dans le raisonnement. mais en adoptant la majeure avec les républicains, voyons si nous admettrons le corollaire.

Conclurai-je que ce qui est rigoureusement vrai en logique soit nécessairement salutaire dans l'application ? Il y a des vérités abstraites qui seroient absurdes si on vouloit les réduire en vérités de pratique. Il y a des vérités négatives et des vérités de maux, que le titre de *vérités* ne rend pas pour cela meilleures. J'ai la fièvre, c'est une vérité : est-ce une bonne chose que d'avoir la fièvre ? Le chaos où les deux propositions nous plongent est évident de soi. Le peuple a le pouvoir de se choisir un gouvernement ; mais il a aussi celui de changer ce gouvernement, puisque toute souveraineté émane de lui. Ainsi, hier une république, aujourd'hui une monarchie, et demain encore une république. Par le premier droit, dira-

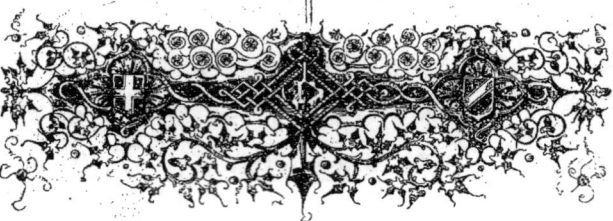

t-on, une nation courroit les risques de tomber dans l'esclavage, comme à Athènes, si elle n'avoit le second pour se sauver. D'accord. Mais cette seconde faculté ne le livre-t-elle pas à la merci des factieux sans nombre, qui ne vivent que dans les orages? des factieux qui, connoissant trop le penchant inquiet de la multitude, lui persuaderont incessamment que sa constitution du moment est la pire de toutes, par cela même qu'elle en jouit; et un éternel carnage et une éternelle révolution régneront parmi les hommes. Est-il d'ailleurs quelque puissance qui puisse rompre le soir les serments solennels que vous avez faits le matin? L'honneur, les engagements les plus sacrés, que dis-je? la morale même, ne sont qu'une folie si j'ai le droit incontestable de les violer, et si par cette violation je crois mériter non des reproches, mais des louanges. Quoi! le manque de foi que vous punissiez dans l'individu, vous le récompenserez dans le corps collectif? Y a-t-il donc deux vertus, l'une de l'homme, et l'autre des nations? O vertu! peux-tu être autre qu'une? Que si tu es double, tu es triple, quadruple? ou plutôt tu n'es rien qu'un être de raison qui nivelle le scélérat et l'honnête homme, qu'un vain fantôme omniforme, modifié selon les cœurs, et variant au souffle de l'opinion. Que deviendra l'univers?

Tel est l'abîme où nous font accourir ceux qui tiennent de loin devant nous ces lumières funestes, comme des phares trompeurs que les brigands allument la nuit sur des écueils pour attirer les vaisseaux aux naufrages. Voulez-vous encore vous convaincre davantage de l'illusion de ces préceptes? Examinez les contradictions où est tombée la Convention, en voulant les faire servir à l'économie politique. C'étoit un crime digne de mort en France, à une certaine époque, d'oser soutenir qu'une nation n'eût pas le droit de se constituer. L'anarchie est venue, et les révolutionnaires n'ont point eu de honte de nier la proposition au soutien de laquelle ils avoient versé tant de sang. Ainsi ils sont réduits à abandonner la base de leur propre édifice, tandis qu'ils continuent d'en suspendre en l'air la coupole. Est-ce supériorité de talent ou de foi menteuse? Pour moi, qui, simple d'esprit et de cœur, tire tout mon génie de ma conscience, j'avoue que je crois en théorie au principe de la souveraineté du peuple; mais j'ajoute aussi que si on le met rigoureusement en pratique, il vaut beaucoup mieux pour le genre humain redevenir sauvage, et s'enfuir tout nu dans les bois [a].

[a] L'audace de ce chapitre est inconcevable : certes, je n'aurois pas aujourd'hui le courage de couper ainsi le nœud gordien. Aurois-je réellement trouvé dans ma jeunesse la manière la plus sûre de toucher à cette question de la souveraineté du peuple? Je me débarrasse de tous les raisonnements en faveur de cette souveraineté en la *reconnoissant*, et j'en évite tous les périls, en la déclarant *impraticable*; je la tiens comme une vérité de la nature de la peste; la peste est aussi une vérité.

Au surplus, et je l'ai déjà dit dans ces *notes*, le droit divin pour le prince, la souveraineté pour le peuple, sont des mystères qu'aucun esprit raisonnable ne doit essayer de sonder. Il est tout aussi aisé, après tout, de nier la souveraineté du peuple que de l'admettre. Ce principe, que le peuple existoit avant le gouvernement, n'a aucune solidité; on répond fort bien que c'est, au contraire, le gouvernement qui, constituant les hommes en société, fait le peuple : supposez le gouvernement absent, il y a des individus, il n'y a point de nation.

Le principe de la souveraineté du peuple n'est d'ailleurs d'aucun intérêt pour la liberté, il y auroit même un danger réel à faire sortir la liberté du droit politique, car le droit politique est toujours contestable, susceptible d'interprétations et de modifications. La liberté a une origine plus assurée, elle sort du droit de nature : l'homme est né libre. Ce n'est point par sa réunion avec les autres hommes qu'il acquiert sa liberté; il la perd plus souvent qu'il ne la trouve dans les agrégations politiques : mais l'homme apporte dans la société son droit imprescriptible à la liberté. Dieu n'a soumis ce droit qu'à l'ordre, et n'a exposé ce droit à périr que par la violence des passions.

Il résulte de là que la liberté ne doit et ne peut supporter que le joug de la règle ou de la loi; qu'aucun souverain n'a d'autorité politique sur elle; que plus cette liberté est éclairée, moins elle est exposée à se perdre par les passions; qu'elle a pour ennemi principal le vice, pour sauvegarde naturelle la vertu. (N. Éd.)

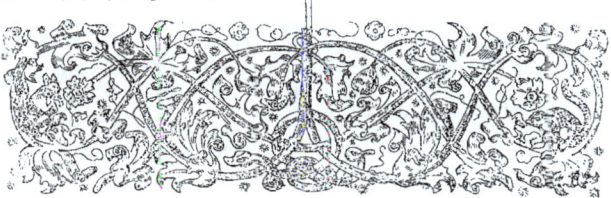

CHAPITRE IV.

Les Trente Tyrans. Critias, Marat, Théramènes, Syeyes [a].

QUELQUES années après la révolution des Quatre-Cents, Athènes fut prise par les Lacédémoniens. Lysander, ayant fait abattre les murailles de la ville, y abolit la démocratie, et y nomma trente citoyens qui devoient s'occuper du soin de faire une nouvelle constitution [1]. Ces hommes pervers s'emparèrent bientôt de l'autorité remise entre leurs mains. Faisons connoître les principaux acteurs de cette scène sanglante.

A la tête des Trente Tyrans paroissoit Critias, philosophe et bel esprit de l'école de Socrate. Ce despote avoit tous les vices de ceux qui désolèrent si longtemps la France. Athée par principes, sanguinaire par plaisir, tyran par inclination [2], il renioit, comme Marat, Dieu et les hommes.

Théramènes, son collègue, avec plus de talents, avoit aussi plus de souplesse. De même que Syeyes, amateur de la démocratie, il consentit cependant à devenir l'un des Quatre-Cents [3], renversa bientôt après leur autorité [4], et fut choisi de nouveau l'un des Trente, après la reddition d'Athènes [5].

La première opération de ces misérables fut de s'associer trois mille brigands et de tirer une garde de Lacédémone, prête à exécuter leurs ordres [6]. Lorsqu'ils se crurent assez forts,

ils désarmèrent la cité, ainsi que la Convention les sections de Paris, excepté les Trois-Mille, qui conservèrent les droits de citoyens [1]. C'est encore de cette manière que les conjurés de France avoient fait des Jacobins les seuls citoyens actifs de la République, tandis que le reste du peuple, plongé dans la nullité et la terreur, trembloit sous un gouvernement révolutionnaire.

Désormais certains de leur empire, les Trente lâchèrent la main au crime. Tous les Athéniens soupçonnés d'attachement à l'ancienne liberté, tous ceux qui possédoient quelque fortune, furent enveloppés dans la proscription générale [2]. Critias disoit, comme Marat, qu'il falloit, à tout hasard, faire tomber les principales têtes de la ville [3]. Les monstres en vinrent au point de choisir tour à tour un riche habitant qu'ils condamnoient à mort, afin de payer de la confiscation de ses biens les satellites de leur tyrannie [4]. Et comme si tout, dans cette tragédie, devoit ressembler à celle de Robespierre et de la Convention en France, les corps des citoyens massacrés étoient privés des honneurs funèbres [5].

Cependant Athènes n'étoit plus qu'un vaste tombeau habité par la terreur et le silence. Le geste, le coup d'œil, la pensée même devenoient funestes aux malheureux citoyens. On étudioit le front des victimes; et sur ce bel organe de vérité, les scélérats cherchoient la candeur et la vertu, comme un juge tâche d'y découvrir le crime caché du coupable. Les moins infortunés des Athéniens furent ceux qui, s'échappant dans les ténèbres de la nuit, alloient, dépouillés de tout, traîner le fardeau de leur vie chez les nations étrangères [7].

---

[a] Oubliez le rapprochement des noms, Critias et Marat, Théramènes et Syeyes, et il y a quelque intérêt historique dans ces chapitres. (N. ÉD.)
[1] XENOPH., *Hist. Græc.*, lib. II; DIOD., SIC., lib. III.
[2] XENOPH., *Hist. Græc.*, lib. II; ISOCR., *Areop.* t. I, p. 550. BAYLE, *Crit.*
[3] THUCYD., lib. VIII.
[4] *Id., ibid.*
[5] XENOPH., *Hist. Græc.*, lib. II.
[6] *Id., ibid.*

[1] XENOPH., *Hist. Græc.*, lib. II.
[2] *Id., ibid.*
[3] *Id., ibid.*
[4] *Id., ibid.*
[5] ISOCRAT., *Areopag.*, tom. I, pag. 445; DEMOSTH. in *Tim.*; ÆSCHIN., in *Ctesiph.*
Selon les derniers auteurs cités, il y eut à peu près de douze à quinze cents citoyens massacrés; mais, d'après Xénophon, le nombre paroîtroit avoir été bien plus considérable, comme j'aurai occasion de le faire remarquer ailleurs.
[6] XENOPH., *Hist. Græc.*, lib. II.
[7] *Id., ibid.*; DIOD., lib. XIV.

L'énormité de cette conduite ouvrit enfin les yeux à quelques-uns des tyrans. Théramènes, quoique facile, avoit au fond du courage et du penchant à bien faire : ces atrocités le firent frémir. Il s'y opposa avec magnanimité, et sa perte fut résolue [1]. Tallien de même, détesté de Robespierre, se vit sur le point de succomber sous une dénonciation ; mais, plus heureux ou plus adroit que l'Athénien, il détourna le poignard contre l'accusateur même. C'est ainsi que les chances disposent de la vie des hommes. Je vais rapporter l'une auprès de l'autre ces deux accusations célèbres ; nous y verrons que les factions ont toujours parlé le même langage, cherché à s'accuser par les mêmes raisons, et à s'excuser sur les mêmes principes. Je ne puis donner une meilleure leçon aux ambitieux, aux partisans des révolutions, que de leur montrer que dans tous les siècles elles n'ont eu qu'une issue pour ceux qui s'y sont engagés, la tombe [a].

CHAPITRE V.

Accusation de Théramènes ; son discours et celui de Critias. Accusation de Robespierre.

En abolissant les autorités constituées à Athènes, les Trente avoient laissé subsister le sénat, qui, subjugué par la terreur, ne pouvoit leur faire d'ombrage. Ce fut devant ce tribunal que Critias dénonça Théramènes. Le peuple, dans un morne silence, assistoit en tremblant au jugement de son dernier défenseur, tandis que les émissaires des Tyrans, cachant des poignards sous leurs robes, occupoient les avenues et entouroient les juges [1].

Les parties étant arrivées, Critias prit ainsi la parole :

« Sénateurs, on accuse notre gouvernement de sévérité, et on ne considère pas que c'est une malheureuse nécessité qui suit la reforme de tout état. Mais Théramènes, lui, membre de ce gouvernement, n'est-il pas, en nous faisant ce reproche, plus coupable qu'un autre ? Ah ! il n'a pas appris d'aujourd'hui à conspirer ! Se disant l'ami du peuple, il établit le pouvoir des Quatre-Cents. Jugeant que ceux-ci finiroient par succomber, il les abandonna bientôt et se rangea du parti contraire, d'où il en acquit le surnom de *Cothurne*. Sénateurs, celui qui trahit sa foi par intérêt seroit-il digne de vivre ? Otez par sa mort un chef aux factieux, dont il entretient les espérances par son audace [2]. »

Alors Théramènes :

« Qui de Critias ou de moi, sénateurs, est réellement votre ennemi ? Je vous en fais juges. J'ai été de son avis lorsqu'il fit punir les délateurs ; mais je me suis opposé à ce qu'on proscrivît les honnêtes gens : un Léon de Salamine, un Nicias, dont la mort épouvante les propriétaires, un Antiphon [3], dont la condamnation fait encore frémir tous ceux qui ont bien mérité de la patrie. J'ai réprouvé la confiscation des biens comme injuste, le désarmement des citoyens comme tendant à affoiblir l'état ; j'ai opiné contre les gardes étrangères comme tyranniques, contre le bannissement des Athéniens comme dangereux à la sûreté de l'état. Ceux qui s'emparent de la fortune des autres, condamnent les innocents au supplice, ne ruinent-ils pas en effet votre autorité, sénateurs ? On m'accuse de versatilité : est-ce à Critias à me faire ce reproche ? Ennemi du peuple dans la démocratie, ennemi des hommes vertueux dans le gouvernement du petit nombre, il ne veut de la constitution populaire qu'avec la canaille, de la constitution aristocratique qu'avec la tyrannie [4]. »

Critias, s'apercevant que ce discours faisoit

---

[1] Xenoph., *Hist. Græc.*, lib. II.
[a] Ami des libertés publiques, ennemi des révolutions, voilà comme je me montre partout à toutes les époques de ma vie. Je suis convaincu qu'avec de la constance et de la raison on peut produire, dans l'ordre politique, les réformes nécessaires, sans bouleverser la société, sans acheter la liberté par des injustices ou des crimes. (N. Éd.)

[1] Xenoph., lib. II.
[2] *Id., ibid.*
[3] Antiphon, proscrit par les Trente, avoit entretenu à ses frais deux galères au service de la patrie durant la guerre du Péloponèse. (Vid. Xenoph., *loc. cit.*)
[4] Xenoph., *Hist. Græc.*, lib. II.

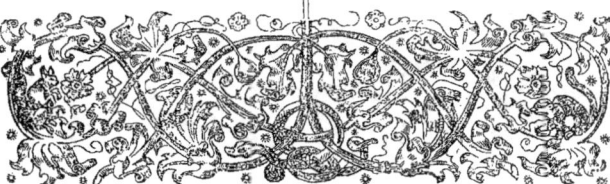

impression sur le sénat, appela ses satellites : « Voilà, dit-il, des patriotes qui ne sont pas disposés à laisser échapper le coupable. En vertu de ma souveraineté, j'efface Théramènes du rôle des citoyens, et le condamne à mort. — Et moi, s'écrie celui-ci, s'élançant sur l'autel, je demande que mon procès me soit fait selon la loi. Ne voyez-vous pas, Athéniens, qu'il est aussi aisé d'effacer votre nom du rôle des citoyens, que celui de Théramènes [1]? » Critias ordonne aux assassins de s'avancer; on arrache Théramènes de l'autel [2]; le sénat, sous le coup de poignard, est obligé de garder le silence [3]; Socrate seul s'oppose courageusement, mais en vain, à l'infâme décret [4]. Le malheureux collègue de Critias, entraîné par les gardes, cherchoit, en passant à travers la foule, à attendrir le peuple [5]; mais le peuple se souvient-il des bienfaits [6]? Arrivé aux cachots des Trente, Théramènes but avec intrépidité la ciguë, et en jetant en l'air les dernières gouttes comme à un festin : « Voilà, dit-il, pour le beau Critias [1]. »

N'est-ce pas là la Convention? N'est-ce pas ainsi que ses membres se sont tant de fois traînés dans la boue, qu'ils se sont couverts d'accusations infâmes, tandis que l'opinion étoit enchaînée par des tribunes pleines d'assassins? Le philosophe y voit plus : il remarque que partout où les révolutions ont été durables, jamais de pareilles scènes ne les déshonorèrent. Que conclut-il de cette observation?

Une des époques les plus mémorables de notre révolution est sans doute celle de la chute de Robespierre. Ce tyran, auquel il ne restoit plus qu'un degré à franchir pour s'asseoir sur le trône, résolut d'abattre la tête du modéré Tallien, de même que Critias s'étoit défait de Théramènes. Il reparut à la Convention après une longue absence. On auroit dit que le froid de la tombe colloit déjà la langue du misérable à son palais; obscur, embarrassé, confus, il sembla parler du fond d'un sépulcre. Une autre circonstance non moins remarquable, c'est que son discours, dont on avoit ordonné l'impression par la plus indigne des flatteries, n'étoit pas encore sorti de la presse, que déjà l'homme tout-puissant qui l'avoit prononcé avoit péri du dernier supplice. *O altitudo!*

Enfin le jour des vengeances arriva. On conçoit à peine comment Robespierre, qui devoit connoître le genre humain, fit dénoncer aux Jacobins les députés qu'il vouloit perdre : c'étoit les réduire au désespoir, et les rendre par cela même formidables. Ils allèrent donc à la Convention, résolus de périr, ou de renverser le despote. Celui-ci exerçoit un tel empire sur ses lâches collègues, qu'ils n'osèrent d'abord l'attaquer en face, mais, s'encourageant peu à peu les uns les autres, l'accusation prit enfin un caractère menaçant. Robespierre veut parler, les cris de *à bas le tyran!* retentissent de toutes parts. Tallien, sautant à la tribune : « Voici, dit-il, un poignard pour enfoncer dans le sein du tyran, si le décret d'accusation est rejeté. » Il ne le fut pas. Barrère, abandonnant son ami

---

[1] Xenoph., *Hist. Græc*, lib. II.
[2] *Id., ibid.*
[3] *Id., ibid.*
[4] Diod. Sic., lib. XI.; Xenoph., *Memor.*
[5] Xenoph., *Hist. Græc.*, lib. II.

[6] Cela me rappelle la réflexion touchante de Velleius Paterculus sur Pompée, qui, croyant trouver un asile chez un roi comblé de ses bienfaits, n'y trouva que la mort. — *Sed quis*, dit l'historien, *beneficiorum servat memoriam? Aut quis ullam calamitosis deberi putat gratiam? Aut quando fortuna non mutat fidem?* Les fastueuses pyramides d'Égypte, bâties par les efforts réunis de tout un peuple; l'humble tombeau de sable du grand Pompée, élevé furtivement sur le même rivage par la piété d'un vieux soldat, durent offrir à César deux monuments bien extraordinaires de la vanité des choses humaines. Les peintres devroient chercher dans l'histoire des sujets de tableaux qui réuniroient à la fois la majesté de la morale et la grandeur de la nature. Le tombeau du rival de César pourroit offrir cette double pompe. Une mer agitée, les ruines de Carthage à moitié ensevelies dans le sable et sous le jonc marin, Marius contemplant l'orage, appuyé dans une attitude pensive sur le tronçon d'une colonne où l'on distingue peut-être, en caractères puniques, les premières lettres brisées du nom d'Annibal; voilà le sujet d'un second tableau non moins sublime que le premier. L'histoire des Suisses en fourniroit un troisième. Le peintre représenteroit les trois grands libérateurs de l'Helvétie, vêtus de leurs simples habits de paysans, assemblés secrètement dans un lieu désert au bord d'un lac solitaire, et délibérant de la liberté de leur patrie au milieu des montagnes, des torrents, des forêts; le silence de la nature les environne, et ils n'ont pour témoin de leur sainte union que le Dieu qui entassa ces Alpes glacées, et déroula ce firmament sur leurs têtes.

---

[1] Xenoph., *Hist. Græc*, lib. II.

et se portant lui-même pour délateur, fit pencher la balance contre le malheureux Robespierre. On l'arrête. Délivré par les Jacobins, il se réfugie à l'Hôtel-de-Ville, où il essaie vainement d'assembler un parti. Mis hors de la loi par un décret de la Convention, déserté de toute la terre, il ne put même échapper à ses ennemis par ce moyen qui nous soustrait à la persécution des hommes, et la fortune le trahit jusqu'à lui refuser un suicide. Arraché par les gardes de derrière une table où il avoit voulu attenter à ses jours, il fut porté, baigné dans son sang, à la guillotine. Robespierre sans doute n'offroit par sa mort qu'une foible expiation de ses forfaits; mais quand un scélérat marche à l'échafaud, la pitié alors compte les souffrances et non les crimes du coupable*.

CHAPITRE VI.

Guerre des émigrés. Exécution à Éleusine. Massacres du 2 septembre.

Après l'exécution de Théramènes, aucun citoyen, hors le seul Socrate, n'osa s'opposer aux mesures des Trente. Cependant les émigrés, chassés au dehors de la tyrannie, n'avoient pu trouver un lieu où reposer leur tête. Lacédémone menaçoit de sa puissance quiconque re-

* Il faut encore que je fasse remarquer pour la centième fois que l'*Essai* est l'ouvrage d'un émigré. On voit que cet émigré ne savoit rien ou presque rien des hommes auxquels la France alors étoit assujettie; il prend pour des personnages de vulgaires factieux déjà rentrés dans leur obscurité naturelle. Mais les comparaisons sont ici moins choquantes, parce que Critias et Théramènes sont eux-mêmes des acteurs communs et sans nom. Ce n'étoient pas pourtant des esprits bien violents que ces exilés qui éprouvoient de la pitié même pour Robespierre. (N. Éd.)

cevroit ces infortunés¹; c'est ainsi que la Convention a poursuivi les François expatriés, et que plusieurs états ont eu la lâcheté d'obéir. Thèbes² et Mégare seules donnèrent le courageux exemple que l'Angleterre a renouvelé de nos jours, et se firent un devoir d'accueillir l'humanité souffrante.

Bientôt les fugitifs se réunirent sous Thrasybule, citoyen distingué par ses vertus. Leur petite troupe, grossie seulement de soixante-dix héros, s'empara du fort Phylé. Les Trente y accoururent avec leur cavalerie, furent repoussés avec perte, et, craignant un soulèvement dans Athènes, se retirèrent à Éleusine³.

La manière dont ils en usèrent avec les habitants de cette ville (apparemment soupçonnés d'attachement au parti contraire) rappelle une des scènes les plus tragiques de la Révolution françoise. Ayant fait ériger leur tribunal sur la place publique, on publia que chaque citoyen eût à venir inscrire son nom, sous prétexte d'un enrôlement. Lorsque la victime s'étoit présentée, on la faisoit passer par une petite porte qui donnoit sur la mer, derrière laquelle la cavalerie se trouvoit rangée sur deux haies. Le malheureux étoit à l'instant saisi, et livré au juge criminel pour être exécuté⁴: à quelques différences près, on croit voir les massacres du 2 septembre.

¹ Elle ordonna même qu'on les livrât aux Trente, et condamna à cinq talents d'amende quiconque leur donneroit un asile.

² Thèbes poussa la générosité jusqu'à faire un édit contre ceux qui refuseroient de prêter main-forte à un émigré athénien.

³ XENOPH., *Hist. Græc.*, lib. II.

⁴ Ceci demande une explication. Xénophon, qui rapporte ce fait dans le second livre de son Histoire, ne dit pas expressément *pour être exécuté*; il dit que le général de la cavalerie livra les citoyens au juge criminel; que le lendemain les Trente assemblèrent les troupes, et leur déclarèrent qu'elles devoient prendre part à la *condamnation* des habitants d'Éleusine, puisqu'elles partageoient avec eux (les Trente) la même fortune. N'est-ce pas là un langage assez clair? Quelques auteurs que j'ai déjà cités ont porté le nombre des suppliciés à Athènes à environ quinze cents; mais Xénophon fait dire à Cléocrite, dans un discours, que les Trente ont fait périr plus de citoyens en quelques mois de paix que la guerre du Péloponèse en vingt-sept années de combats. S'il y a ici de l'exagération, il faut aussi qu'il y

Thrasybule, ayant augmenté son parti, s'avança jusqu'au Pirée, dont il se saisit [1]. L'opinion commençoit à se tourner vers lui, et l'on se sentoit attendrir en voyant cette poignée d'honnêtes citoyens lutter contre une tyrannie puissante. Il n'y eut pas jusqu'à l'orateur Lysias qui n'envoyât cinq cents hommes [2] aux émigrés d'Athènes. Les Trente avec leur armée se hâtèrent de venir déloger Thrasybule. Celui-ci rangea aussitôt en bataille ses soldats, infiniment inférieurs en nombre à ceux de Critias; et posant à terre son bouclier : « Allons, mes amis, s'écria-t-il en se montrant à ses compagnons d'infortune, allons, combattons, pour arracher par la victoire nos biens, notre famille, notre pays, des mains des tyrans. Heureux qui jouira de sa gloire, ou recouvrera la liberté par la mort! Rien de si doux que de mourir pour la patrie [3] ! »

Les fugitifs, à ces mots, se précipitèrent sur les troupes ennemies. Le combat étoit trop inégal pour que le succès fût longtemps douteux. D'un côté la vengeance et la vertu; de l'autre le crime et sa conscience. Les tyrans furent renversés : Critias y perdit la vie, et le reste des Trente, épouvanté, se renferma dans Athènes [4].

Après l'action, les soldats des deux partis se parlèrent; ceux qui combattirent sous Critias étoient du nombre des cinq mille habitants qui, comme je l'ai dit, avoient seuls conservé le droit de citoyens. Cléocrite, attaché au parti de Thrasybule, leur fit sentir la folie de se déchirer pour des maîtres. Les Trois-Mille [a], mécontents de leurs anciens tyrans, en élurent dix autres, qui ne se conduisirent pas moins criminellement que les premiers. Les Trente et leur faction s'enfuirent à Éleusine [5].

ait quelque chose de vrai. D'ailleurs il seroit peut-être possible de montrer que l'expression grecque renferme le sens que je lui donne, si je voulois ennuyer le lecteur par une dissertation grammaticale. Il est donc, après tout, très-raisonnable de conclure qu'il y eut un massacre à Éleusine.

[1] Xenoph., *Hist. Græc.*, lib. II.
[2] Just., lib. V, cap. ix.
[3] Xenoph., *Hist. Græc.*, lib. II.
[4] *Id., ibid.*
[a] Lisez les Cinq-Mille.   (N. Éd.)
[5] Xenoph., *Hist. Græc.*, lib. II.

CHAPITRE VII.

Abolition de la tyrannie. Rétablissement de l'ancienne constitution.

C'ÉTOIT une maxime du peuple libre de Sparte de soutenir partout la tyrannie. Si le principe n'est pas généreux, du moins est-il naturel. Nous cherchons à être heureux, mais nous ne pouvons souffrir le bonheur dans nos voisins. Les hommes ressemblent à ces enfants avides qui, non contents de leurs propres hochets, veulent encore saisir ceux des autres [a]. Les Lacédémoniens volèrent au secours des Trente; Lysander bloqua le Pirée [1]; c'en étoit fait des émigrés athéniens, lorsque les passions humaines vinrent les sauver, et rendre la paix à leur patrie.

Pausanias, roi de Sparte, jaloux de la gloire de Lysander, eut l'adresse de se faire envoyer à Athènes avec une armée. Il livra un combat pour la forme à Thrasybule, et en même temps l'invita sous main à députer à Sparte quelques-uns de ses amis.

Ceux-ci y conclurent un traité, par lequel la tyrannie fut abolie, et l'ancien gouvernement rétabli dans sa première forme. Cette heureuse nouvelle étant apportée à Athènes, les partis se réconcilièrent, et Thrasybule, après avoir offert un sacrifice à Minerve, termina ainsi le discours qu'il adressoit à l'ancienne faction des Trente et des Dix : « Pourquoi voulez-vous nous commander, citoyens? Valez-vous mieux que nous? Avons-nous, quoique pauvres, convoité vos biens? et ne commîtes-vous pas mille crimes pour nous dépouiller des nôtres?... Je ne veux point rappeler le passé; mais appre-

[a] Qui avoit pu me donner une idée aussi abominable de la nature humaine?   (N. Éd.)
[1] Xenoph., *Hist. Græc.*, lib. II.

nez de nous que souvent l'opprimé a plus de foi et de vertu que l'oppresseur. »

Les Trente et les Dix retirés à Éleusine voulurent encore lever des troupes pour se rétablir. Un tyran dans l'impuissance est un tigre muselé qui n'en devient que plus féroce. On marcha à ces misérables : ils furent massacrés dans une entrevue. Ceux qui les avoient suivis firent un accommodement avec les vainqueurs, et une sage amnistie ferma toutes les plaies de l'état [1].

CHAPITRE VIII.

Un mot sur les émigrés.

e me suis fait' une question en écrivant le règne des Trente. Pourquoi élève-t-on Thrasybule aux nues? et pourquoi ravale-t-on les émigrés françois au plus bas degré? Le cas est rigoureusement le même. Les fugitifs des deux pays, forcés à s'exiler par la persécution, prirent les armes sur des terres étrangères en faveur de l'ancienne constitution de leur patrie. Les mots ne sauroient dénaturer les choses : que les premiers se battissent pour la démocratie, les seconds pour la monarchie, le fait reste le même en soi. Ces différences d'opinions sur des objets semblables naissent de nos passions : nous jugeons le passé selon la justice, le présent selon nos intérêts.

Les émigrés françois, comme toute chose en temps de révolution, ont de violents détracteurs et de chauds partisans. Pour les uns, ce sont des scélérats, la honte et le rebut de leur nation : pour les autres, des hommes vertueux et braves, la fleur et l'honneur du peuple françois. Cela rappelle le portrait des Chinois et des Nègres : tout bons, ou tout méchants. Si l'on convient qu'un grand seigneur peut être un fripon, qu'un royaliste peut être un malhonnête homme, cela ne suffit pas actuellement : un ci-devant gentilhomme est de nécessité un scélérat. Et pourquoi? Parce qu'un de ses ancêtres, qui vivoit du temps du roi Dagobert, pouvoit obliger ses vassaux à faire taire les grenouilles de l'étang voisin, lorsque sa femme étoit en couches.

Un bon étranger au coin de son feu, dans un pays bien tranquille, sûr de se lever le matin comme il s'est couché le soir, en possession de sa fortune, la porte bien fermée, des amis au dedans et la sûreté au dehors, prononce, en buvant un verre de vin, que les émigrés françois ont tort, et qu'on ne doit jamais quitter sa patrie : et ce bon étranger raisonne conséquemment. Il est à son aise, personne ne le persécute, il peut se promener où il veut, sans crainte d'être insulté, même assassiné ; on n'incendie point sa demeure, on ne le chasse point comme une bête féroce, le tout parce qu'il s'appelle Jacques et non pas Pierre, et que son grand-père, qui mourut il y a quarante ans, avoit le droit de s'asseoir dans tel banc d'une église avec deux ou trois arlequins en livrée derrière lui [a]. Certes, dis-je, cet étranger pense qu'on a tort de quitter son pays.

C'est au malheur à juger du malheur. Le cœur grossier de la prospérité ne peut comprendre les sentiments délicats de l'infortune. Nous nous croyons forts au jour de la félicité ; nous nous écrions : « Si nous étions dans cette position, nous ferions comme ceci, nous agirions de cette manière. » L'adversité vient-elle, nous sentons bientôt notre foiblesse, et, avec des larmes amères, nous nous rappelons les vaines forfanteries et les paroles frivoles du temps du bonheur.

Si l'on considère sans passion ce que les émigrés ont souffert en France, quel est l'homme, maintenant heureux, qui, mettant la main sur son cœur, ose dire : « Je n'eusse pas fait comme eux? »

La persécution commença en même temps dans toutes les parties de la France : et qu'on

---

[1] XÉNOPH., *Hist. Græc.*, lib. II.

[a] Je ne sais si cette manie de défendre mes compagnons d'infortune leur plaisoit beaucoup. (N. ÉD.)

ne croie pas que l'opinion en fût la cause. Eussiez-vous été le meilleur patriote, le démocrate le plus extravagant; il suffisoit que vous portassiez un nom connu pour être noble, pour être persécuté, brûlé, lanterné : témoin les Lameth et tant d'autres, dont les propriétés furent dévastées, quoique révolutionnaires et de la majorité de l'Assemblée constituante.

Des troupes de sauvages, excitées par d'autres sauvages, sortirent de leur antre. Un malheureux gentilhomme, dans sa maison de campagne, voyoit tour à tour accourir les paysans effrayés : « Monsieur, on sonne le tocsin; monsieur, les voici; monsieur, ils ont résolu de vous tuer; monsieur, fuyez, fuyez, ou vous êtes perdu!... » Au milieu de la nuit, réveillés par des cris de feu et de meurtre, si ces infortunés, échappés à travers mille périls de leurs châteaux réduits en cendres, vouloient, avec leurs épouses et leurs enfants à demi nus, se retirer dans les villes voisines, ils étoient reçus avec les cris de mort : « A la lanterne l'aristocrate! » Aussitôt la municipalité en ruban rouge, et à la tête de la populace, venoit, dans une visite solennelle, examiner s'ils n'avoient point d'armes. Que malheureusement un vieux couteau de chasse rouillé, un pistolet sans batterie, se trouvassent en leur possession, les vociférations de *traîtres*, de *conspirateurs*, de *scélérats*, retentissoient de toutes parts. Ici on les traînoit à la maison commune, pour rendre compte de prétendus discours contre le peuple; là, pour avoir entendu la messe, selon la foi de leurs pères; ailleurs, on les surchargeoit de taxes arbitraires, par d'infâmes décrets qui les obligeoient de payer sur le pied de leurs anciennes rentes, tandis que d'autres décrets, en abolissant ces rentes mêmes, ne leur avoient quelquefois rien laissé; taxes qui souvent surpassoient le revenu de la terre entière[1], tant ils étoient absurdes et méchants!

Dans l'abandon général et la persécution attachée à leurs pas, il restoit aux gentilshommes une ressource ; la capitale. Là, perdus dans la foule, ils espéroient échapper par leur petitesse, contents de dévorer en paix, dans quelque coin obscur, le triste morceau de pain qui leur restoit : il n'en fut pas ainsi.

Il semble que l'on fit tout ce que l'on put pour les forcer à s'expatrier, et plusieurs pensent que c'étoit un plan de l'Assemblée pour s'emparer de leurs biens. Ces victimes dévouées étoient obligées de quitter Paris dans un certain temps donné. Le matin ils voyoient leur hôtel marqué de rouge ou de noir, signe de meurtre ou d'incendie. Ce fut alors qu'ils se trouvèrent dans une position si horrible, que j'essaierois en vain de la peindre. Où aller? où fuir? où se cacher? Réduits à la plus profonde misère, encore pleins de l'amour de la patrie, on les vit à pied, sur les grands chemins, retourner dans les villes de province, où, plus connus, ils éprouvèrent tout ce qu'une haine raffinée peut faire souffrir. D'autres rentrèrent dans les ruines de leurs châteaux dévastés par la flamme. Ils y furent saisis et assassinés; quelques-uns rôtis, comme sous le roi Jean, à la vue de leur famille; plusieurs y virent leurs épouses violées avec la plus inhumaine barbarie. En vain les malheureux gentilshommes qui survécurent crioient : Nous sommes patriotes, nous vous cédons nos biens, notre vêtement, notre demeure; on insultoit à leurs cris, on redoubloit de rage : le désespoir les prit, et ils émigrèrent.

Voilà une partie des raisons sans réplique de l'émigration. Qui seroit assez absurde pour se laisser prendre aux déclamations des révolutionnaires, qui joignent la moquerie à la férocité, en condamnant des misérables sur un principe qu'ils ne leur ont pas permis de suivre? Vous m'assassinez, et vous m'appelez un traître si je crie! Vous mettez le feu à ma maison, et vous me condamnez à mort parce que je me sauve par la fenêtre! Et quel droit avez-vous de me punir comme déserteur! Laissant un moment à part votre barbarie, ne m'avez-vous pas, par des décrets multipliés, rendu incapable de toutes fonctions? Ne m'avez-vous pas condamné à la plus parfaite inactivité, sous les peines les plus sévères? Et vous osez dire que la patrie avoit besoin de moi! Grand Dieu! quand la pudeur est perdue jusqu'à cet excès, tout raisonnement est inutile. Comme

---

[1] Ceci est arrivé à la mère de l'auteur. Pour payer les taxes de 1794, elle fut obligée d'ajouter au revenu de la terre taxée six mille livres de sa poche.

AVANT J.-C. 367. — OL. 103. 1re ANNÉE. 455

le philosophe dont parle Jean-Jacques, nous nous bouchons les oreilles de peur d'entendre le cri de l'humanité, et nous argumentons.

Mais c'est dans cette conduite même que je découvre la vraie raison qui nous force à calomnier les émigrés. Nous avons été cruels envers eux ; ils sont malheureux, et leur misère nous est à charge. Quand les hommes ont commis ou veulent commettre une injustice, ils commencent par accuser la victime : lorsqu'on jetoit les enfants dans le bûcher à Carthage, on faisoit battre les tambours et sonner les trompettes. Lorsqu'on m'a dit : Tel se plaint violemment de vous, j'en ai toujours conclu que ce tel méditoit de me faire quelque mal, ou que je lui avois fait du bien [a].

CHAPITRE IX.

Denys le Jeune.

D'AUTRES scènes nous appellent à Syracuse. Après avoir considéré longtemps des républiques, nous allons examiner des monarchies. Au reste, ce sont les mêmes passions, les mêmes vices, les mêmes vertus, que nous retrouverons sous des appellations différentes. Le bandeau royal, celui de la religion, le bonnet de la liberté, peuvent déformer plus ou moins la tête des hommes, mais leur cœur reste toujours le même.

[a] Ces sentiments de misanthropie sont ici plus excusables. Il faut dire, pour être juste, que toute l'émigration ne fut pas produite par la violence comme je l'avance ici ; qu'une grande partie de cette émigration fut volontaire. La noblesse de province surtout, et les officiers de l'armée, émigrèrent par le plus noble sentiment d'honneur, et pour se réunir sous le drapeau blanc, qu'avoient emporté leurs princes légitimes. Quel François fût resté dans ses foyers lorsqu'on lui envoyoit une quenouille ? En défendant les émigrés, je ne défendois ma cause que sous le rapport de la fidélité et des souffrances, car mes opinions politiques n'étoient point représentées par celles de l'émigration. (N. Éd.)

Tandis que la tyrannie s'étoit glissée à Athènes, elle avoit aussi levé l'étendard en Sicile. Tranquille possesseur d'une autorité usurpée par la ruse, Denys l'Ancien soutint trente-huit années sa puissance par des vices et des vertus ; avec les premiers il extermina ses ennemis ; avec les secondes il rendit son joug supportable [1] : en cela, comme Auguste, il proscrivit et régna.

A sa mort, son fils le remplaça sur le trône. Esprit médiocre, il ne se distinguoit de la foule que par l'habit qu'il portoit, et le rang où le sort l'avoit fait naître. De même que plusieurs autres princes du monde ancien et du monde moderne, c'étoit un bon et aimable jeune homme qui savoit caresser une femme, boire du Chio, rire agréablement, et qui croyoit qu'il suffisoit de s'appeler Denys et de ne faire de mal à personne pour être à la tête d'une nation [2].

Denys eût trouvé très-doux de jouer ainsi le roi à Syracuse, et peut-être les peuples l'auroient-ils souffert : car, après tout, il importe peu qui nous gouverne [b]. Malheureusement le nouveau prince avoit un oncle philosophe [3].

[1] Diod., lib. XI-XV ; Plut., in Moral. ; id., in Dion.
[2] Diod., lib. XVI, pag. 410 ; Plut., in Dion., in Timol. ; Athen., lib. X, pag. 433 ; Plat., Epist. VII.
[b] Je veux dire que tout gouvernement dans ce bas monde est une chose détestable, et que la perfection seroit de vivre pêle-mêle, sans aucune forme de gouvernement. Ces chapitres sont bien plus difficiles à combattre et à réfuter que les chapitres de la première partie, et ils sont bien plus dangereux que toutes les niaiseries anti-religieuses de l'*Essai*. Me croyant près de mourir, ayant pris les hommes en horreur après les crimes révolutionnaires, n'estimant point ce qui avoit précédé la Révolution, n'aimant point ce qui l'avoit suivie, mes opinions intérieures alloient tout droit à l'anarchie et à la destruction de la société. Dans ma verve satirique, je n'épargne pas plus les morts que les vivants, les anciens que les modernes, et je vais troubler les cendres de Pompée et de César, de Cicéron et de Brutus. (N. Éd.)
[3] Il faut bien se donner de garde, en lisant l'histoire ancienne, de tomber dans l'enthousiasme. Il y a toujours beaucoup à rabattre des idées exaltées que nous nous faisons des Grecs et des Romains. Dion étoit sans doute un grand homme ; mais, au rapport de Platon même, il avoit beaucoup de défauts. Voici comme Cicéron parle de Pompée dans ses lettres à Atticus : « Tuus autem ille amicus, nos, ut ostendit, admodum diligit, amplectitur, amat. aperte laudat ; occulte, sed ita ut perspicuum sit, invidet nihil come, nihil simplex, nihil

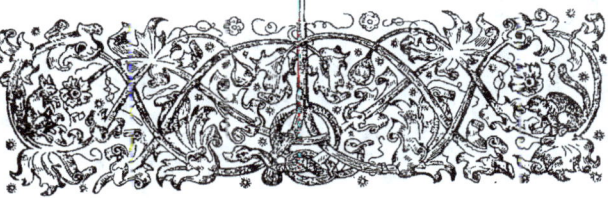

Dion commit une grande erreur : il méconnut le génie de Denys ; amant de la philosophie, il s'imagina que chacun devoit en avoir le goût comme lui. En voulant forcer le tyran de Sicile à s'élever au-dessus des bornes que la nature lui avoit prescrites, il ne fit que lui mettre mille idées indigestes dans la tête, et peut-être lui donner des vices dont les semences n'étoient pas dans son cœur. Savoir bien juger d'un homme, du langage qu'il faut lui parler, est un art extrêmement difficile. Un esprit d'un ordre supérieur est toujours porté à supposer dans les autres les qualités qu'il se trouve, et va se communiquant sans cesse, sans s'apercevoir qu'il n'est pas entendu. C'est une nécessité absolue pour l'homme de génie de sacrifier à la sottise : quelqu'un me disoit qu'il se voyoit prodigieusement recherché de la société, parce qu'il étoit toujours plus nul que son voisin [a].

La réputation de Platon s'étendoit alors dans toute la Grèce. Dion persuada à Denys d'attirer le philosophe en Sicile [1]. Celui-ci, après quelques difficultés, consentit à venir donner des leçons au jeune prince [2]. Bientôt la cour se transforma en une académie ; Denys, du soir au matin, argumentoit du meilleur et du pire des gouvernements [3] ; mais il se lassa enfin de déraisonner sur ce qu'il ne comprenoit pas. Les courtisans murmurèrent, les soldats ne se soucioient pas beaucoup du *Monde d'Idées* [4], et la vertu philosophique étoit trop chaste pour le tyran. Dion fut exilé, et Platon le rejoignit peu de temps après en Grèce [5].

Le moraliste eut à peine quitté Syracuse, que Denys brûla du désir de le revoir. Dans les rois les désirs sont des besoins. Cette fois-ci il fallut que les philosophes de la Grande-Grèce engageassent, pour sûreté, leur parole au vieillard de l'Académie. Il y a je ne sais quoi d'aimable et de touchant dans cet intérêt de tout le corps des sages en un de leurs mem-

ἐν τοῖς πολιτικοῖς honestum (in reb. quæ sunt reip.), nihil illustre, nihil forte, nihil liberum. » Et c'est le même homme pour lequel le même Cicéron a écrit l'oraison *Pro lege Manilia* ! Et ce fameux Brutus, ce vertueux régicide, vraisemblablement assassin de son père, dont Plutarque et tant d'autres nous ont laissé de si magnifiques éloges ? Brutus avoit prêté de l'argent aux habitants de Salamine, et il veut que Cicéron force ces malheureux citoyens de payer l'intérêt de cette somme à quatre pour cent par mois, tandis que les plus grands usuriers, dit l'orateur romain, qui est justement révolté de la proposition, se contentent d'un pour cent ! Brutus met dans ses sollicitations, au sujet de cette affaire, toute la chaleur et l'aigreur d'un malhonnête homme, jusque-là qu'il cherche à faire nommer à la préfecture un misérable qui avoit tenu assiégés pour dettes, avec un parti de cavalerie, les sénateurs de Salamine, dont trois cents étoient morts de faim ; et Brutus espère qu'une seconde exécution militaire lui fera obtenir son argent. « Je suis fâché, ajoute Cicéron, de trouver votre ami (Brutus) si différent de ce que je le croyois. » C'est dans ces mêmes lettres de Cicéron à Atticus qu'on lit cette anecdote, fort peu connue, et qui mérite bien de l'être. Le trait est d'autant plus odieux, que Brutus réclamoit cet argent au nom de deux de ses amis, quoiqu'il lui appartînt réellement.

Quant au bon Cicéron lui-même, ses propres ouvrages, et sa vie écrite par Plutarque, nous font assez connoître ses foiblesses. Il est amusant de voir de quel air César lui écrivoit au sujet des guerres civiles : « Mon cher Cicéron, lui mande le tyran, restez tranquille ; un bon citoyen comme vous ne doit se mêler de rien. » Et le pauvre Cicéron se désole. « Eh ! que deviendrois-je, mon cher Atticus, si j'allois être arrêté avec mes licteurs ? Ah ! grands dieux ! on débite les plus mauvaises nouvelles. Si j'étois à ma maison de Tusculum ! Mais je veux me retirer dans une île de la Grèce. Antoine ne le voudra pas. Que faire ? etc., etc. » Et il écrit une belle lettre à Antoine, qui arrive dans une litière avec trois comédiennes ; ensuite il prononce les *Philippiques*, et Antoine montre la malheureuse lettre. Pour ce qui est de César, il ne se cachoit point de ses vices. La proclamation de son collègue Bibulus : « Bithynicam reginam, cique regem antea fuisse cordi, nunc esse regnum ; » et les vers des soldats :

Gallias Cæsar subegit, Nicomedes Cæsarem ;
Ecce Cæsar nunc triumphat qui subegit Gallias ;
Nicomedes non triumphat, qui subegit Cæsarem.

apprennent assez les désordres de la reine de Bithynie. Auguste, après avoir proscrit ses concitoyens dans sa jeunesse, et obligé le père et le fils à mourir de la main l'un de l'autre, se faisoit amener dans sa vieillesse les jeunes vierges de ses états. Voilà les grands hommes de Rome. Je ne parle ni des Néron, ni des Tibère. Il paroît cependant singulier que Suétone n'ait pas rapporté ce que Tacite nous apprend du commerce incestueux d'Agrippine et de son fils, lui qui étoit si friand et si curieux de pareilles anecdotes.

[a] « Je traite le public comme mon camarade ; je le prends par le bras ; je lui raconte familièrement ce que quelqu'un m'a dit ou ne m'a pas dit. Il est impossible d'être plus à l'aise. (N. Éd.)
[1] PLUT., *in Dion*.
[2] *Id*., *ibid*.
[3] PLAT., tom. III, *Epist.* VII.
[4] PLUT., *in Tim*., pag. 29.
[5] *Id*., *in Dion*. ; PLAT., *Epist.* III.

bres : lorsque Jean-Jacques fuyoit de pays en pays [a], peu importoit aux savants de la France, de l'Angleterre [1] et de l'Italie.

Platon, de retour auprès du tyran, voulut obtenir de lui le rappel de Dion [2]. Non-seulement Denys se montra inexorable, mais, sous un prétexte frivole, confisqua les biens de celui-ci, que jusqu'alors il avoit respectés [3]. Le philosophe, piqué de l'injustice qu'on faisoit à son ami, demanda la permission de se retirer ; il l'obtint avec beaucoup de peine [4]. Le prince, demeuré seul avec ses vices et ses courtisans, se replongea dans les excès du despotisme et de la débauche. La mesure des maux du peuple monta à son comble, et l'heure de la vengeance approchoit.

CHAPITRE X.

Expédition de Dion. Fuite de Denys. Troubles à Syracuse.

ION dépouillé de ses biens, et blessé au cœur par le divorce de son épouse, que Denys avoit donnée en mariage à l'un de ses favoris, résolut d'arracher la Sicile à la tyrannie [5].

[a] Les prétendues persécutions éprouvées par Rousseau étoient, pour la plus grande partie, dans sa tête. Il fut condamné, il est vrai, pour quelques-uns de ses ouvrages, mais plusieurs autres écrivains dans le même cas se moquoient d'une condamnation qui ne faisoit qu'accroître leur renommée, et dont la plus grande rigueur se réduisoit à prononcer quelques jours d'arrêts au château de Vincennes. Je ne veux pas dire qu'on n'avoit pas eu grand tort de décréter Rousseau de prise de corps; j'aime trop la liberté individuelle et la liberté de la pensée pour ne pas en revendiquer les droits : mais je dis qu'il ne faut rien exagérer, et qu'il n'est pas juste de donner le nom de *proscription*, *d'exil*, à ce qui n'avoit dans le fond rien de caractère odieux. (N. ÉD.)

[1] Il y auroit de l'injustice à oublier que Hume donna l'hospitalité à Jean-Jacques; qu'il trouva dans le duc de Portland la protection d'un Mécène et les lumières de la philosophie; enfin que S. M. Britannique elle-même accorda une pension honorable à l'illustre réfugié.
[2] PLAT., *Epist.* VII.
[3] PLUT., *in Dion*.
[4] *Id.*, *ibid.*
[5] PLAT., *Epist.* VII; PLUT., *in Dion*.

Il se mit en mer avec deux vaisseaux et huit cents hommes [1], pour attaquer un prince qui possédoit des escadres et des armées [2] : mais

[1] DIOD., lib. VI, pag. 413.
[2] Mais Denys étoit alors sans finances, grande cause des révolutions [a]. On trouvera dans cet *Essai* trois ou quatre chapitres où il y a quelques recherches sur le système comparé des finances des anciens et des modernes. Ce sujet est obscur et m'a donné beaucoup de travail, ayant suivi pas à pas, autant que le sujet me l'a permis, l'état des impôts, des prêts, des opérations fiscales, depuis les premiers temps de l'histoire jusqu'à nos jours. On verra qu'il n'est pas improbable que les lettres de change ne fussent connues des anciens, et qu'en cela, comme en toute autre chose, notre supériorité n'est pas considérable. Quant au papier-monnoie, nous n'avons guère de quoi nous vanter; son usage a toujours été calamiteux. La France en présente un grand exemple; l'Amérique avoit été désolée auparavant par ce fléau. En 1773, le congrès décréta l'émission de bills de crédit pour la somme de deux millions de dollars, qui devoient être retirés graduellement de la circulation par des taxes, le premier retrait étant fixé au 31 novembre 1779. Plusieurs autres émissions suivirent, et au mois de février 1776 il y avoit déjà pour vingt millions de dollars en bills dans les États-Unis.

L'enthousiasme du peuple les soutint durant quelque temps en paix : mais enfin, l'intérêt l'emportant sur le patriotisme, ils commencèrent à perdre. Le congrès continuant à multiplier le papier, la somme totale s'éleva bientôt à deux cents millions de dollars. Outre cette masse énorme, chaque état avoit encore ses bills particuliers, comme les départements de France leurs petits assignats. En 1779, les bills perdoient vingt-sept et vingt-huit pour un, le congrès voulut avoir recours à un expédient que la Convention a employé depuis dans l'opération de ses mandats : c'étoit de remplacer l'ancien papier par un nouveau. Le premier devoit être brûlé progressivement, tandis que le second auroit été mis dans la proportion de vingt à un avec l'autre, en sorte que les deux cents millions de dollars en bills continentaux se seroient trouvés rachetés par dix millions. L'opération étoit trop fallacieuse pour réussir, et le papier continua de tomber de plus en plus. Alors le con-

[a] On a généralement cru, quand j'ai parlé de finances à la tribune, ou, quand j'ai mieux fait pour mon pays, quand je me suis tu sur des opérations désastreuses, on a généralement cru que je commençois, comme tant d'autres, mon éducation financière; on s'est trompé : cette note de l'*Essai* et plusieurs passages de ce même ouvrage le prouveront. L'étude et la langue des finances me sont familières depuis longtemps; j'en avois pris le goût en Angleterre. En arrivant aux affaires dans mon pays, je n'étois étranger à aucune partie essentielle des devoirs que j'avois à remplir. Je ne sais si j'aurois été un bon ministre des finances, mais j'aurois pu avoir du moins cette ressemblance avec M. Pitt : l'état eût peut-être été obligé de faire les frais de mon enterrement. La maison de ce grand ministre étoit dans un complet désordre; tout le monde le voloit, et il ne pouvoit parvenir à régler les mémoires de sa blanchisseuse : je suis plus fort que cela. (N. ÉD.)

il comptoit sur les vices du roi de Syracuse et sur l'inconstance du peuple : il ne s'étoit pas trompé.

Tout réussit : Denys se trouvoit absent ; les Syracusains se soulevèrent. Dion entra dans la cité, et proclama le rétablissement de la république[1]. Le tyran, accouru au bruit de cette nouvelle, hasarda une action, où il fut défait. Après plusieurs pourparlers, il se retira en Italie laissant la citadelle, dont il avait eu le bonheur de s'emparer, entre les mains de son fils[2].

Cependant la division régnoit dans la ville. Les uns soutenoient Dion, leur libérateur ; les autres s'attachoient à Héraclide, qui proposoit des mesures populaires[3]. Celui-ci l'emporte, et Dion, poursuivi par les plus ingrats de tous les hommes, est obligé de se retirer avec un petit nombre d'amis fidèles, au milieu d'une populace furieuse, prête à le déchirer[4].

Ce grand patriote avoit à peine abandonné

Syracuse, que le parti de Denys, toujours bloqué dans la citadelle, fait une vigoureuse sortie, force les lignes des assiégeants ; et les citoyens épouvantés députent humblement vers Dion, qui a la magnanimité de revenir à leur secours[1].

Il s'avançoit au milieu de la nuit vers la capitale, lorsqu'il reçoit tout à coup des courriers qui lui apportent l'ordre de se retirer de nouveau. Les soldats de Denys étoient rentrés dans la citadelle ; le peuple, toujours lâche, avoit repris son audace ; et le parti d'Héraclide, s'étant saisi des portes de la ville, comptoit en disputer l'entrée à la troupe de Dion[2].

Cependant un bruit sourd vient, roulant de proche en proche. Bientôt des cris affreux se font entendre. Des hurlements confus, des sons aigus entrecoupés de grands silences, durant lesquels on distingue quelque voix lamentable et solitaire, comme d'un homme égorgé dans une rue écartée ; enfin, tout l'effroyable murmure d'une ville en insurrection et en proie à l'ennemi monte à la fois dans les airs[3].

Un incendie général vient éclairer les horreurs de cette nuit, que le pinceau seul de Virgile[4] pourroit rendre. Les teintes scarlatines et mouvantes annoncent à Dion, encore loin dans la campagne[5], l'embrasement de la patrie. Un messager arrive à la hâte ; il apprend aux soldats du philosophe guerrier que la garnison de la citadelle a fait une seconde sortie ; qu'elle égorge femmes, enfants, vieillards ; qu'elle a mis le feu à la ville ; que le parti même d'Héraclide sollicite Dion de précipiter sa marche, et d'étouffer, dans le

---

grès mit en usage, pour soutenir ses bills, tous les moyens dont se sont servis les révolutionnaires françois pour soutenir leurs assignats. Il fixa un maximum au prix des denrées, à celui des journées d'ouvriers. Les dettes contractées en argent furent déclarées payables en papier ; d'autres lois forçoient le marchand à recevoir les bills à leur valeur nominale, de vendre au même taux pour du papier que pour de l'argent ; les biens des royalistes furent mis à l'encan. L'effet de ces mesures coercitives fut de créer la disette, de ruiner les propriétaires, et de répandre l'immoralité. Il fallut bientôt rappeler ces décrets ; et les bills, perdant quatre cents pour un en 1781, cessèrent enfin de circuler.

Ainsi s'opéra la banqueroute. C'est une chose extraordinaire, mais prouvée, que la chute d'un papier-monnoie n'a jamais opéré de grands mouvements dans un état : on en voit plusieurs raisons. A la première émission d'un papier il a ordinairement toute sa valeur. Celui qui le reçoit alors, loin d'éprouver une perte assez souvent y fait un gain. Lorsque le discrédit commence, le billet a changé de main ; le capitaliste qui l'a reçu à perte le passe à un autre avec cette même perte ; et le papier continue ainsi de circuler, pris et rendu au prix du change lors de la négociation, en sorte que la diminution est insensible d'un individu à l'autre. Il n'y a à souffrir considérablement que pour le créancier, et celui entre les mains duquel le papier expire. Quant à l'état, les fortunes ayant seulement changé de mains, il s'y trouve la même quantité de propriétaires qu'auparavant, et l'équilibre est conservé.

[1] PLUT., *in Dion*.
[2] *Id., ibid.*
[3] *Id., ibid.*
[4] *Id., ibid.*

[1] PLUT., *in Dion*. DIOD. SIC., lib. XVI.
[2] *Id., ibid.*
[3] *Id., ibid.*
[4] La description que les historiens nous ont laissé de l'embrasement de Syracuse a tant de traits de ressemblance avec celui de Troie décrit par Virgile, qu'il ne me paroit pas impossible que ce poëte, dont on connoît d'ailleurs la vérité, et qui, ayant passé une partie de sa vie à la vue de la Sicile, devoit s'en rappeler sans cesse l'histoire, n'ait emprunté plusieurs choses de cet événement pour le second chant de son *Énéide* ; à moins qu'on ne suppose que les historiens qui ont écrit après lui n'aient eux-mêmes imité l'épique latin.
[5] A environ deux lieues.

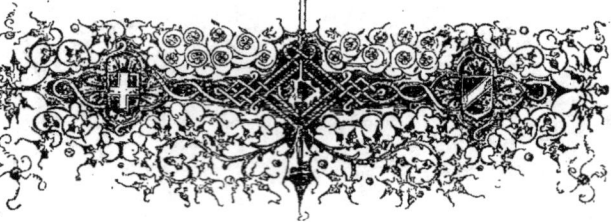

danger commun, tout ressentiment des injures passées[1].

Dion ne balance plus. Il entre dans Syracuse avec sa petite troupe de héros, aux acclamations des citoyens prosternés à ses pieds, qui le regardoient non comme un homme, mais comme un dieu, après leur ingratitude. Le philosophe patriote s'avançoit dans les rues à travers mille dangers, sur les cadavres des habitants massacrés, à la réverbération des flammes, entre des murs rouges et crevassés, tantôt plongé dans des tourbillons de fumée et de cendres brûlantes, tantôt exposé à la chute des toits et des charpentes embrasées qui crouloient de toutes parts autour de lui[2].

Il parvint enfin à la citadelle, où les troupes du tyran s'étoient rangées en bataille. Il les attaque, les force de se renfermer dans leur repaire, d'où elles ne sortirent plus que pour remettre la place, par capitulation, entre les mains des citoyens de Syracuse[3].

Dion, ayant rétabli le calme dans sa patrie, ne jouit pas longtemps du fruit de ses travaux[4]. Il périt assassiné[5], après s'être lui-même rendu coupable d'un assassinat. Calippe, le meurtrier, fut à son tour chassé par le frère de Denys ; et Denys lui-même, sortant de sa retraite après dix ans d'interrègne, remonta sur le trône[6].

Platon connut mieux que Dion les hommes de son siècle. Il lui prédit qu'il ne causeroit que des maux, sans réussir[7]. C'est une grande folie que de vouloir donner la liberté républicaine à un peuple qui n'a plus de vertu. Vous le traînez de malheur en malheur, de tyran en tyran, sans lui procurer l'indépendance. Il me semble qu'il existe un gouvernement particulier, pour ainsi dire naturel à chaque âge d'une nation : la liberté entière aux sauvages, la république royale aux pasteurs, la démocratie dans l'âge des vertus sociales, l'aristocratie dans le relâchement des mœurs la monarchie dans l'âge du luxe, le despotisme dans la corruption. Il suit de là que, lorsque vous voulez donner à un peuple la constitution qui ne lui est pas propre, vous l'agitez sans parvenir à votre but, et il retourne tôt ou tard au régime qui lui convient, par la seule force des choses[a]. Voilà pourquoi tant de prétendues républiques se transforment tout à coup en monarchies sans qu'on en sache bien la raison : de tel principe, telle conséquence ; de telles mœurs, tels gouvernements. Si des hommes vicieux bouleversent un état, quelsque soient d'ailleurs leurs prétextes, il en résulte le despotisme. Les tyrans sont les remords des révolutions des méchants.

CHAPITRE XI.

Nouveaux troubles à Syracuse. Timoléon. Retraite de Denys.

Denys ne resta que deux années en possession de son trône. Les intraitables Syracusains se soulevèrent de nouveau. Ils appelèrent à leur secours un tyran voisin nommé Icé-

---

[1] Plut., in Dion.
[2] Id., ibid.
[3] Id., ibid.
[4] Dion avoit entrepris avec les philosophes platoniciens d'établir en Sicile une de ces républiques idéales qui font tant de mal aux hommes. C'est peut-être la seule fois qu'on ait tenté de former le gouvernement d'un peuple sur des principes purement abstraits. Les François ont voulu faire la même chose de notre temps. Ni Dion, ni les théoristes de France, n'ont réussi, parce que le vice étoit dans les mœurs des nations. Il est presque incroyable combien l'âge philosophique d'Alexandre ressemble au nôtre.
[5] Plut., in Dion.
[6] Diod., lib. XVI, pag. 552.
[7] Plat., Epist. VII.

[a] Je combats ici avec avantage cette fureur de donner à des peuples des constitutions uniformes, sans s'embarrasser du degré de civilisation où ces peuples sont parvenus. J'ai tenu le même langage à la tribune depuis dix ans, soit comme membre de l'opposition, soit comme ministre, souhaitant à toutes les nations une liberté mesurée sur l'étendue de leurs lumières. C'est le seul moyen d'élever les hommes à la liberté complète : autrement on échoue dans tout ce que l'on prétend faire pour cette liberté. Ma vieille raison approuve donc aujourd'hui ce que ma jeune raison disoit dans cette page il y a trente années : je ferai seulement observer que, raison-

tas¹. Celui-ci, loin de combattre pour la liberté de la Sicile, ne cherchant qu'à se substituer à Denys, traita sous main avec les Carthaginois. Bientôt la flotte punique parut à la vue du port. L'autre tyran étoit alors enfermé dans la citadelle, où il se défendoit contre le nouveau maître de la ville. Dans cette conjoncture, les citoyens opprimés envoyèrent demander du secours à Corinthe, leur mère-patrie, et contre Denys, et contre Icétas et ses alliés². Les Corinthiens, touchés des malheurs de leur ancienne colonie, firent partir Timoléon avec dix vaisseaux³. Le grand homme aborda en Sicile, et remporta un avantage sur Icétas. Denys, voyant s'évanouir ses espérances, se rendit au général corinthien, qui fit passer en Grèce, sur une seule galère, sans suite, avec une petite somme d'argent, celui qui avoit possédé des flottes, des trésors, des palais, des esclaves, et un des plus beaux royaumes de l'antiquité⁴.

Peu de temps après, Timoléon se trouva maître de Syracuse, battit les Carthaginois, et, appelant le peuple à la liberté, fit publier qu'on eût à démolir les citadelles des tyrans. Les Syracusains se précipitent sur ces monuments de servitude : ils les nivellent à la terre ; et, fouillant jusque dans les sépulcres des despotes, dispersent leurs os dans les campagnes, comme on suspend dans les moissons les carcasses des bêtes de proie pour épouvanter leurs semblables ᵃ. On érigea des tribunaux de justice nationale, sur l'emplacement même de cette forteresse d'où émanoient les ordres arbitraires des rois. Leurs statues furent publiquement jugées, et condamnées à être vendues. Une seule, celle de Gélon, fut acquittée par le peuple⁵. Le bon, le patriote Henri IV, qui n'étoit pas comme Gélon un usurpateur, n'a pas échappé aux républicains de la France. Les anciens respectoient la vertu, même dans leurs ennemis ; et ceux qui accordèrent les honneurs de la sépulture à l'étranger Mardonius n'auroient pas laissé les cendres d'un Turenne, leur compatriote, au milieu d'une ostéologie de singes. Nous avons beau nous élever sur la pointe des pieds pour imiter les géants de la Grèce, nous ne serons jamais que de petits hommes ᵃ.

CHAPITRE XII.

Denys à Corinthe. Les Bourbons.

EPENDANT Denys étoit arrivé à Corinthe. On s'empressa de venir repaître ses regards du spectacle d'un monarque dans l'adversité. Nous chérissons moins la liberté que nous ne haïssons les grands, parce que nous ne pouvons souffrir le bonheur dans les autres, et que nous nous imaginons que les grands sont heureux. Comme les rois semblent d'une autre espèce que le reste de la foule, au jour de l'affliction ils ne trouvent pas une larme de pitié. Voilà donc, dit chacun en soi-même, cet homme qui commandoit aux hommes, et qui d'un coup d'œil auroit pu me ravir la liberté et la vie ! Toujours bas, nous rampons sous les princes dans leur gloire, et nous leur crachons au visage lorsqu'ils sont tombés ᵇ.

---

naît toujours ici d'après le système des républiques anciennes, et fondant la liberté uniquement sur les mœurs, j'oublie cette autre liberté qu'amènent les progrès de la civilisation. (N. Éd.)

¹ Diod., lib. XVI, pag. 457-470 ; Plut., *in Timol.*
² Diod., lib. XVI, pag. 467-470 ; Plut., *in Timol.*
³ Plut., *in Timol.*; Diod., lib. XVI, pag. 462.
⁴ Plut., *in Timol.*
ᵃ L'image n'est que trop juste ; mais il ne faut pas pousser la haine de la tyrannie jusqu'à approuver la violation des tombeaux. (N. Éd.)
⁵ Diod., lib. XVI, pag. 462 ; Plut., *in Timol.*

ᵃ C'est beaucoup d'humeur avec quelque vérité. Le sentiment d'indépendance qui respire dans toutes ces pages ne nuisoit point, comme on le voit, à mon attachement pour la famille de mes rois légitimes. On ne peut condamner plus sincèrement les excès révolutionnaires, et aimer plus franchement la liberté.
(N. Éd.)

ᵇ Si l'espèce humaine étoit telle que je la voyois alors, il faudroit aller se noyer. Il est vrai que l'on crache au visage des princes quand ils sont tombés : reste à savoir si les princes, lorsqu'ils ont retrouvé leur pouvoir, ne crachent pas au visage de ceux qui les ont servis.
(N. Éd.)

Qu'eût dû faire Denys dans ses revers? Il eût dû savoir que les tigres et les déserts sont moins à craindre pour les misérables que la société. Il eût dû se retirer dans quelque lieu sauvage pour gémir sur ses fautes passées, et surtout pour cacher ses pleurs; ou plutôt il pouvoit, comme les anciens, se coucher et mourir. Un homme n'est jamais très à plaindre lorsqu'il a le droguiste ou le marchand de poignards à sa porte, et qu'il lui reste quelques mines [a].

L'âme de Denys n'étoit pas de cette trempe. Le tyran abandonné tenoit, on ne sait pourquoi, à l'existence. Peut-être quelque lien caché qu'il n'osoit découvrir, quelque sentiment secret... Denys n'étoit-il pas père? et les foiblesses du cœur n'attachent-elles pas à la vie? C'est un effet cruel de l'adversité, qu'elle redouble notre sensibilité, en même temps qu'elle l'éteint pour nous dans le cœur des autres, et qu'elle nous rend plus susceptibles d'amitié lorsque l'heure des amis est passée.

Le prince de Syracuse offroit une grande leçon à Corinthe, où les étrangers s'empressoient de venir méditer ce spectacle extraordinaire. Le malheureux roi, couvert de haillons, passoit ses jours sur les places publiques ou à la porte des cabarets, où on lui distribuoit, par pitié, quelque reste de vin et de viande. La populace s'assembloit autour de lui, et Denys avoit la lâcheté de l'amuser de ses bons mots [1]. Il se rendoit ensuite dans les boutiques de parfumeurs, ou chez des chanteuses, auxquelles il faisoit répéter leurs rôles, s'occupant à disputer avec elles sur les règles de la musique [2]. Bientôt, pour ne pas mourir de faim, il fut obligé de donner des leçons de grammaire dans les faubourgs aux enfants du petit peuple [1], et ce ne fut pas le dernier degré d'avilissement où le réduisit la fortune.

Une conduite aussi indigne a porté les hommes à en rechercher les causes. Cicéron fait là-dessus une remarque cruelle [2]. Denys, dit-il, voulut dominer sur des enfants, par habitude de tyrannie. Justin [3], au contraire, croit qu'il n'agissoit ainsi que dans la crainte que les Corinthiens ne prissent de lui quelque ombrage. Ne seroit-ce point plutôt le désespoir qui jeta le roi de Syracuse dans cet excès de bassesse? A force de l'insulter, on le rendit digne d'insultes. Le malheur est une maladie de l'âme qui ôte l'énergie nécessaire pour se défaire de la vie; et lorsqu'un misérable sent que son caractère s'avilit, que la pitié des hommes ne s'étend plus sur lui, alors il se plonge tout entier dans le mépris, comme dans une espèce de mort.

Malgré le masque d'insensibilité que le monarque de Sicile portoit sur son visage, je doute que la borne de la place publique qui lui servoit d'oreiller durant la nuit, et qu'il partageoit peut-être avec quelque mendiant de Corinthe [4], fût entièrement sèche le matin. Plusieurs mots échappés à ce prince justifient cette conjecture.

Diogène, le rencontrant un jour, lui dit : « Tu ne méritois pas un pareil sort! » Denys, se trompant sur le motif de cette exclamation, et étonné de trouver de la pitié parmi les hommes, ne put se défendre d'un mouvement de sensibilité. Il repartit : « Tu me plains donc? je t'en remercie. » La simplicité de ce mot, qui devoit briser l'âme de Diogène, ne fit qu'irriter le féroce cynique. « Te plaindre! s'écria-t-il, tu te trompes, esclave. Je suis indigné de te voir dans une ville où tu puisses jouir encore de quelques plaisirs [5]. » A Dieu ne plaise qu'une pareille philosophie soit jamais la mienne!

---

[a] Il ne me restoit plus, pour couronner l'œuvre, qu'à recommander le suicide. Si cent passages de l'*Essai* n'étoient en contradiction directe avec de tels principes, n'exploient ces incartades d'un esprit blessé, il n'y a point de reproche que l'on ne dût adresser à l'auteur d'un pareil livre. Si je pouvois chercher une excuse à des doctrines aussi pernicieuses, je ferois remarquer que c'est encore un sentiment généreux et même monarchique qui me les fait énoncer ici; j'aurois voulu que Denys se fût tué, plutôt que d'avilir à la fois sa personne et son sceptre, l'homme et le roi. Le conseil est criminel, mais le motif de ce conseil est noble. (N. Éd.)

[1] Plut., *in Timol.*
[2] Id., *ibid.*

[1] Plut., *in Timol.*; Cic., *Tusc.*, lib. III, n° 27; Just. lib. XXI; Lucian., *Somn.*, cap. xxiii; Val. Max., lib. VI, cap. ix.
[2] Cic., *Tusc.*, *ibid.*
[3] Just., lib. XXI, cap. v.
[4] Val. Max., lib. VI, cap. ix.
[5] Plut., *in Timol.*

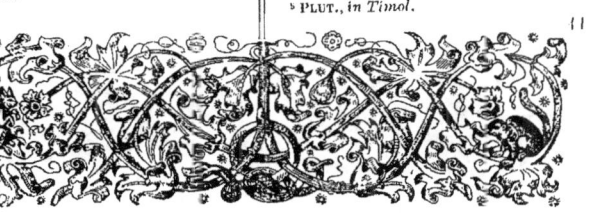

Dans une autre occasion le même prince, importuné par un homme qui l'accabloit de familiarités indécentes, dit tranquillement : « Heureux ceux qui ont appris à souffrir[1] ! »

Quelquefois il savoit repousser une injure grossière par une raillerie piquante. Un Corinthien soupçonné de filouterie s'approche de lui en secouant sa tunique, pour montrer qu'il ne cachoit point de poignard (manière dont on en usoit en abordant les tyrans) : « Fais-le en sortant, » lui dit Denys[2].

La fortune voulut mêler quelques douceurs à l'amertume de ses breuvages, pour en rendre le déboire plus affreux. Denys obtint la permission de voyager, et Philippe le reçut dans son royaume avec tous les honneurs dus à son rang. Pédagogue à Corinthe, roi encore à la table de celui de Macédoine, réduit de nouveau à la mendicité, ces étranges vicissitudes dévoient bien apprendre au prince de Sicile la folie de la vie, et la vanité des rôles qu'on y remplit. Du moins le père d'Alexandre s'honora-t-il en respectant l'infortune. Il ne put s'empêcher de dire à son hôte en le voyant, avec une espèce de chaleur : « Comment avez-vous perdu un empire que votre père sut conserver si longtemps ? » — « J'héritai de sa puissance, répondit Denys, et non de sa fortune[3]. » Ce mot-là explique l'histoire du genre humain. Un soir que les deux tyrans s'entretenoient familièrement dans une orgie, celui de la Grèce demanda à celui de Sicile quel temps son père, Denys l'Ancien, prenoit pour composer un si grand nombre de poëmes. « Le temps que vous et moi mettons ici à boire, » répliqua gaiement le roi détrôné[4]ª.

Le sort voulut enfin terminer ce grand drame de l'école des rois par un dénoûment non moins extraordinaire que les autres scènes. Denys, réduit au dernier degré de misère, ou rendu fou de chagrin, s'engagea dans une troupe de prêtres de Cybèle ; et l'on vit le monarque de Syracuse, avec sa grosse taille[1] et ses yeux à moitié fermés[2], parcourant les villes et les bourgs de la Grèce, sautant et dansant en frappant sur un tympanon, et allant après tendre la main à la ronde, pour recevoir les chétives aumônes de la populace[3].

Si je me suis arrêté longtemps aux infortunes de Denys, on en sent assez la raison. Outre la grande leçon qu'elles présentent, l'Europe a devant les yeux, au moment où j'écris ceci, un exemple frappant, non des mêmes vices, mais presque des mêmes malheurs. Déjà un Bourbon, qui devoit être le plus riche particulier de l'Europe, a été obligé, pour vivre, d'avoir recours en Suisse au moyen employé par Denys à Corinthe. Sans doute le duc d'Orléans aura enseigné à ses pupilles les dangers d'une ambition coupable, et surtout les périls d'une mauvaise éducation. Il se sera fait une loi de leur répéter que le premier devoir de l'homme n'est pas d'être roi, mais d'être probe. Si ce mot paroit sévère, j'en appelle à ce prince lui-même, qu'on dit d'ailleurs plein de courage et de vertus naturelles ª. Qu'il jette les regards autour de lui en Europe, qu'il contemple les milliers de victimes sacrifiées chaque jour à l'ambition de sa famille. J'aurois voulu éviter de nommer son père.

Le reste de la famille des Bourbons a éprouvé diverses calamités. L'héritier des rois, le souverain légitime de la France, erre maintenant en Europe à la merci des hommes[b] ; et le mai-

---

[1] STOB., *Serm.* 110.
[2] PLUT., *in Timol.*; ÆLIAN., *Var. histor.*, lib. IV, cap. XVIII.
[3] *Id., Var. hist.*, lib. XII, cap. LX.
[4] PLUT., *in Timol.*

ª Je n'ai pas tiré tout le parti que je pouvois tirer de cette entrevue de Denys et de Philippe. Denys l'Ancien étoit un tyran assez remarquable ; il eut un misérable fils. Philippe étoit un prince habile qui eut pour héritier un des plus grands hommes dont l'histoire ait conservé le souvenir. Ce petit despote qui finissoit le royaume de Sicile, dînant avec le jeune Alexandre en qui alloit commencer un des trois grands empires du monde, formoit un contraste qui n'auroit pas dû m'échapper. (N. ÉD.)

[1] JUST., lib. XXI, cap. 1ª.
[2] ATHEN., lib. X, p. 439 ; JUST., *ibid.*; PLUT., *de Adul.*, t. II.
[3] ÆLIAN., *Var. hist.*, lib. IX, cap. VIII; ATHEN., lib. XII, cap. XI.

ª Voyez la note ², page 58, 1ʳᵉ colonne. (N. ÉD.)
[b] Mes sentiments pour la monarchie de saint Louis et pour mes rois légitimes sont nettement exprimés ici ; mais le parallèle entre Denys et les héritiers de tant de monarques offre la même impertinence qu'une foule d'autres rapprochements de l'*Essai*. Le petit tyran de quelques villes de la Sicile, fils d'un autre tyran, premier-né de sa race, a-t-il avec la dynastie des Bourbons

tre de tant de palais seroit trop heureux de posséder dans quelque coin de la terre la moindre des cabanes de ses sujets.

Cependant si un royaume florissant, un peuple nombreux, une naissance illustre, se réunissent pour augmenter l'amertume des regrets de Louis, il ne sauroit craindre, comme les rois de l'antiquité, l'excès de l'indigence. Cette différence tient à l'état relatif des constitutions. Chez les anciens, un prince fugitif ne rencontroit que des républiques qui insultoient à sa misère ; dans le monde moderne, il trouve du moins d'autres princes qui lui procurent les nécessités de la vie[a]. S'il arrivoit que l'Europe se formât en démocraties, le dernier des monarques détrônés seroit aussi malheureux que Denys.

Depuis les premiers âges du monde jusqu'à la catastrophe des Bourbons en France, l'histoire nous offre un grand nombre de princes fugitifs et en proie aux douleurs, le partage commun des hommes. On remarque particulièrement, chez les anciens, le monarque aveugle qui parcouroit la Grèce appuyé sur son Antigone ; Thésée le législateur, le défenseur de sa patrie, et banni par un peuple ingrat ; Oreste, suivi d'un seul ami ; Idoménée, chassé de Crète ; Démarate, roi de Sparte, retiré auprès de Darius ; Hippias, mort au champ de Marathon, en cherchant à recouvrer sa couronne ; Pausanias II, roi de Sparte, condamné à mort, et sauvé par la fuite ; Denys à Corinthe ; Darius, fuyant seul devant Alexandre, et assassiné par ses courtisans ; Cléomène, digne successeur d'Agis, crucifié en Égypte, où il s'étoit retiré ; Antiochus Hiérax, réfugié chez Ptolémée, qui le jette dans les cachots ; Antiochus X, errant chez les Parthes et en Cilicie ; Mithridate, cherchant en vain un asile auprès de Tigrane, son gendre, et réduit à s'empoisonner ; à Rome, Tarquin chassé par Brutus, et soulevant en vain l'Italie en sa faveur ; une foule d'empereurs des deux empires qu'il seroit trop long d'énumérer[a]. Parmi les peuples modernes, on reconnoît en Afrique Gélimer[1], chassé du trône des Vandales, et réduit à cultiver un champ de ses propres mains ; en Italie, Lamberg, premier prince fugitif de l'Europe moderne ; Pierre de Médicis, qui, sans Philippe de Commines, n'eût pu trouver une retraite à Venise ; l'empereur Henri IV, fuyant devant son fils ; le comte de Flandre, chassé par Artevelle ; Charles V de France, dépouillé par la faction de Charles de Navarre ; Charles VII, réduit à sa ville d'Orléans ; Henri VI d'Angleterre, détrôné, puis rétabli, puis détrôné encore ; Édouard IV, errant dans les Pays-Bas, privé de tout secours ; Henri IV de France, chassé par la Li-

[a] J'aurois dû au moins, dans ce catalogue de rois détrônés, nommer Persée, ne fût-ce que pour rappeler le trône d'Alexandre. (N. Éd.)

[1] Son histoire est touchante, et présente un des jeux les plus extraordinaires de la fortune. Le lendemain du jour que Gélimer sortit secrètement de Carthage, Bélisaire, dans le palais de ce prince des Vandales, servi par ses propres esclaves, dîna sur la table, dans les plats, et des viandes mêmes préparées pour le repas du malheureux monarque. Le roi fugitif s'étant ensuite remis entre les mains du général romain, il fut conduit à Constantinople, où, après s'être prosterné devant Justinien, on lui donna quelque terre dans un coin de l'empire. (Procop., *de Bell. Vandal.*, lib. I, cap. xxi, etc.)[1] Ce bon Procope, qui raconte si naïvement ses songes, l'amour d'Honorius pour une poule nommée *Rome*, et les chansons des petits enfants, qui disoient : « G. chassera B., et B. chassera G. » me fait ressouvenir qu'on trouve, dans son Histoire de la guerre des Perses, un chapitre intéressant sur la mer Rouge et le commerce des Indes, qui a, je crois, échappé au savant Robertson dans sa *Disquisition*. On y apprend que l'on construisoit les vaisseaux sans clous pour cette navigation, en attachant seulement les planches avec des cordes, non à cause des rochers d'aimant, dit Procope, qui se pique alors d'incrédulité, mais pour les rendre plus légers[*]. (*De Bell. Pers.*, lib. I, cap. xviii.)

quelque rapport d'influence, de caractère et de grandeur ? L'histrion royal, descendu du trône pour danser dans une troupe de prêtres de Cybèle, peut-il être nommé sans honte auprès du prince magnanime qui repoussa si noblement les propositions de l'usurpateur de sa couronne ? Mais il me falloit bon gré mal gré des comparaisons, afin d'arriver à des réflexions plus ou moins justes, à des pages plus ou moins dans le sujet. (N. Éd.)

[a] Il y a quelque chose d'étroit, de sec et de vulgaire dans cette remarque. Je l'ai dit ailleurs, et plus noblement : Un roi de France qui manque de tout est encore roi quand il peut dormir sur la terre enveloppé dans sa casaque fleurdelisée ; ayant pour bâton le sceptre de saint Louis, et pour épée celle de Henri IV. (N. Éd.)

[*] Cette note est écrite à la diable, bien qu'elle soit assez curieuse. Mais à quoi bon tout cela, et les petits enfants qui chantent, et Honorius, et Robertson, et le commerce des Indes, et les rochers d'aimant, etc., etc.? Érudition tout à fait digne du *Chef-d'œuvre d'un Inconnu* ! (N. Éd.)

gue; Charles II d'Angleterre, obligé de dormir sur un chêne dans ses états, tandis que sa famille sur le continent étoit forcée de se tenir au lit, faute de feu; Gustave Wasa, retiré dans les mines; Stanislas, roi de Pologne, s'échappant déguisé de son palais; Jacques II trouvant une cour en France, mais dont les descendants n'avoient pas un lieu où reposer leur tête [a]; Marie, portant son fils dans les rangs hongrois; enfin les Bourbons, terminant cette liste d'illustres infortunés. Dans ce catalogue de misères, chacun pourra satisfaire le penchant de son cœur : l'envie y verra des rois, la pitié des malheureux, et la philosophie des hommes.

CHAPITRE XIII.

Aux Infortunés.

*Thrice happy you, who look as from the shore
And have no venture in the wreck you see !*

Ce chapitre n'est pas écrit pour tous les lecteurs : plusieurs peuvent le passer sans interrompre le fil [b] de cet ouvrage : il est adressé à la classe des malheureux ; j'ai tâché de l'écrire dans leur langue, qu'il y a longtemps que j'étudie [c].

Celui-là n'étoit pas un favori de la prospérité qui répétoit les deux vers qu'on voit à la tête de ce chapitre. C'étoit un monarque, le malheureux Richard II, qui, le matin du jour où il fut assassiné, jetant à travers les soupiraux de sa prison un regard sur la campagne, envioit le pâtre qu'il voyoit assis tranquillement dans la vallée auprès de ses chèvres.

Quelles qu'aient été tes terreurs, innocent ou coupable, né sur un trône ou dans une chaumière, qui que tu sois, enfant du malheur, je te salue : *Experti invicem sumus, ego ac fortuna.*

On a beaucoup disputé sur l'infortune comme sur toute autre chose. Voici quelques réflexions que je crois nouvelles [a].

Comment le malheur agit-il sur les hommes? Augmente-t-il la force de leur âme? la diminue-t-il?

S'il l'augmente, pourquoi Denys fut-il si lâche?

S'il la diminue, pourquoi la reine de France déploya-t-elle tant de fortitude?

Prend-il le caractère de la victime? Mais s'il le prend, pourquoi Louis, si timide au jour du bonheur, se montra-t-il si courageux au jour de l'adversité [b]? Et pourquoi ce Jacques II, si brave dans la prospérité, fuyoit-il sur les bords de la Boyne lorsqu'il n'avoit plus rien à perdre?

Seroit-ce que le malheur transforme [c] les hommes? sommes-nous forts parce que nous étions foibles, foibles parce que nous étions forts? Mais le pusillanime empereur romain qui se cachoit dans les latrines de son palais au moment de sa mort avoit toujours été le même; et le Breton Caractacus fut aussi noble dans la capitale du monde que dans ses forêts.

Il paroît donc impossible de raisonner d'après une donnée certaine sur la nature de l'infortune. Il est vraisemblable qu'elle agit sur nous par des causes secrètes qui tiennent à nos habitudes et à nos préjugés, et par la position où nous nous trouvons relativement aux objets environnants. Denys, si vil à Corinthe, eût peut-être été très-grand entre les mains de ses sujets à Syracuse.

---

[a] La France les repoussa; mais Rome, cette mère commune des infortunés, les accueillit. (N. Éd.)

[b] On n'interrompt point le fil d'un ouvrage, on le rompt. Langue à part, cette phrase condamne tout le chapitre. C'est au lecteur à dire s'il veut qu'on le supprime. (N. Éd.)

[c] On va voir en effet que j'ai examiné la question dans tous ses rapports, que je suis savant dans la science des infortunés. Je me délectais à parler du malheur: j'étois là comme un poisson dans l'eau. (N. Éd.)

[a] J'ai un grand penchant à m'applaudir. (N. Éd.)

[b] Je louois et j'admirois ces grandes victimes, lorsque je ne demandois rien et n'avois rien à attendre de leurs héritiers. (N. Éd.)

[c] Le verbe *transformer* ne s'emploie guère absolument ; mais si je m'étois mis à relever les hardiesses de langue dans l'*Essai*, je n'en aurois pas fini. (N. Éd.)

Autre recherche. Voilà le malheur considéré en lui-même ; examinons-le dans ses relations extérieures.

La vue de la misère cause différentes sensations chez les hommes. Les grands, c'est-à-dire les riches, ne la voient qu'avec un dégoût extrême ; il ne faut attendre d'eux qu'une pitié insolente, que des dons, des politesses, mille fois pires que des insultes.

Le marchand, si vous entrez dans son comptoir, ramassera précipitamment l'argent qui se trouve atteint : cette âme de boue confond le malheureux et le malhonnête homme.

Quant au peuple, il vous traite selon son génie. L'infortuné rencontre en Allemagne la vraie hospitalité ; en Italie, la bassesse, mais quelquefois des éclairs de sensibilité et de délicatesse ; en Espagne, la morgue et la lâcheté, parfois aussi de la noblesse : le peuple françois, malgré sa barbarie, lorsqu'il s'assemble en masse, est le plus charitable, le plus sensible de tous envers le misérable, parce qu'il est sans contredit le moins avide d'or. Le désintéressement est une qualité que mes compatriotes possèdent éminemment au-dessus des autres nations de l'Europe. L'argent n'est rien pour eux, pourvu qu'ils aient exactement la vie. En Hollande, le malheureux ne trouve que brutalité ; en Angleterre, le peuple méprise souverainement l'infortune : il ne rêve que guinées ; il sent, il frotte, il mord, il examine, il fait sonner son schelling, il ne voit partout que du cuivre ou de l'argent. Au reste, il est précisément le contraire du François. Autant les individus qui le composent feroient de bassesses pour quelques demi-couronnes, autant ils sont généreux pris en corps. Au fait, je ne connois point deux nations plus antipathiques de génie, de mœurs, de vices et de vertus, que les Anglois et les François : avec cette différence que les premiers reconnoissent généreusement plusieurs qualités dans les derniers, tandis que ceux-ci refusent toute vertu aux autres [a].

Examinons maintenant si de ces diverses remarques on ne peut tirer quelques règles de conduite dans le malheur. J'en sais trois :

Un misérable est un objet de curiosité pour les hommes. On l'examine, on aime à toucher la corde des angoisses, pour jouir du plaisir d'étudier son cœur au moment de la convulsion de la douleur, comme ces chirurgiens qui suspendent des animaux dans des tourments, afin d'épier la circulation du sang et le jeu des organes [b]. La première règle est donc de cacher ses pleurs. Qui peut s'intéresser au récit de nos maux ? Les uns les écoutent sans les entendre, les autres avec ennui, tous avec malignité. La prospérité est une statue d'or dont les oreilles ressemblent à ces cavernes sonores décrites par quelques voyageurs : le plus léger soupir s'y grossit en un son épouvantable.

La seconde règle, qui découle de la première, consiste à s'isoler entièrement. Il faut éviter la société lorsqu'on souffre, parce qu'elle est l'ennemie naturelle du malheureux ; sa maxime est : infortuné — coupable. Je suis si convaincu de cette vérité sociale, que je ne passe guère dans les rues sans baisser la tête.

Troisième règle : Fierté intraitable. L'orgueil est la vertu du malheur. Plus la fortune nous abaisse, plus il faut nous élever, si nous voulons sauver notre caractère. Il faut se ressouvenir que partout on honore l'habit et non l'homme. Peu importe que vous soyez un fripon, si vous êtes riche ; un honnête homme, si vous êtes pauvre. Les positions relatives font dans la société l'estime, la considération, la vertu. Comme il n'y a rien d'intrinsèque dans la naissance, vous fûtes roi à Syracuse, et vous devenez particulier malheureux à Corinthe. Dans la première position, vous devez mépriser ce que vous êtes ; dans la seconde, vous enorgueillir de ce que vous avez été, non qu'au fond vous ne sachiez à quoi vous en tenir sur ce frivole avantage, mais pour vous en servir comme d'un bouclier contre le mépris attaché à l'infortune. On se familiarise aisément avec

---

[a] Il y avoit peut-être quelque courage à écrire ainsi en Angleterre ; mais il y a une transposition évidente dans le texte. Au lieu de lire : « Je ne connois point deux nations plus antipathiques... que les Anglois et les François...» il faut lire : *que les François et les Anglois*. (N. Éd.)

[b] Cette idée abominable que j'ai des hommes me poursuit. Il y a incohérence dans les images. (N. Éd.)

le malheureux ; et il se trouve sans cesse dans la dure nécessité de se rappeler sa dignité d'homme, s'il ne veut que les autres l'oublient.

Enfin vient une grande question sur le sujet de ce chapitre : que faut-il faire pour soulager ses chagrins? Voici la pierre philosophale.

D'abord, la nature du malheur n'étant pas parfaitement connue, cette question reste pour ainsi dire insoluble. Lorsqu'on ne sait où gît le siége du mal, où peut-on appliquer le remède?

Plusieurs philosophes anciens et modernes ont écrit sur ce sujet. Les uns nous proposent la lecture, les autres la vertu, le courage. C'est le médecin qui dit au patient : Portez-vous bien.

Un livre vraiment utile au misérable, parce qu'on y trouve la pitié, la tolérance, la douce indulgence, l'espérance plus douce encore, qui compose le seul baume des blessures de l'âme, ce sont les Évangiles. Leur divin auteur ne s'arrête point à prêcher vainement les infortunés, il fait plus : il bénit leurs larmes, et boit avec eux le calice jusqu'à la lie [a].

Il n'y a point de panacée universelle pour le chagrin ; il en faudroit autant que d'individus. D'ailleurs la raison trop dure ne fait qu'aigrir celui qui souffre, comme la garde maladroite qui, en tournant l'agonisant dans son lit pour le mettre plus à son aise, ne fait que le torturer. Il ne faut rien moins que la main d'un ami pour panser les plaies du cœur, et pour vous aider à soulever doucement la pierre de la tombe.

Mais si nous ignorons comment le malheur agit, nous savons du moins en quoi il consiste : en une privation ; que celle-ci varie à l'infini ; que l'un regrette un trône, l'autre une fortune, un troisième une place, un quatrième un abus, n'importe, l'effet reste le même pour tous. M*** me disoit : « Je ne vois qu'une infortune réelle : celle de manquer de pain. Quand un homme a la vie, l'habit, une chambre et du feu, les autres maux s'évanouissent. Le manque du nécessaire absolu est une chose affreuse, parce que l'inquiétude du lendemain empoisonne le présent. » M*** avoit raison, mais cela ne tranche pas la question [a].

Car que faudroit-il faire pour se procurer ce premier besoin? Travailler, répondent ceux qui n'entendent rien au cœur de l'homme. Nous supportons l'adversité non d'après tel ou tel principe, mais selon notre éducation, nos goûts, notre caractère, et surtout notre génie. Celui-ci, s'il peut gagner passablement sa vie par une occupation quelconque, s'apercevra à peine qu'il a changé de condition ; tandis que celui-là, d'un ordre supérieur, regardera comme le plus grand des maux de se voir obligé de renoncer aux facultés de son âme, de faire sa compagnie de manœuvres, dont les idées sont confinées autour du bloc qu'ils scient, ou de passer ses jours, dans l'âge de la raison et de la pensée, à faire répéter des mots aux stupides enfants de son voisin. Un pareil homme aimera mieux mourir de faim que de se procurer à un tel prix les besoins de la vie. Ce n'est donc pas chose si aisée que d'associer le nécessaire et le bonheur : tout le monde n'entendra pas ceci [b].

Ainsi nous ne sommes pas juges compétents du bon et du mauvais pour les autres : il ne s'agit pas de l'apparence, mais de la réalité.

Je m'imagine que les malheureux qui lisent ce chapitre le parcourent avec cette avidité inquiète que j'ai souvent portée moi-même dans la lecture des moralistes, à l'article des misères humaines, croyant y trouver quelque

---

[a] J'ai déjà cité ce passage dans ma préface, comme une preuve de mon *incrédulité*. (N. Éd.)

[a] N'est-il pas étrange que je ne fasse aucune mention des peines morales, des douleurs paternelles, maternelles et filiales, de celles de l'amitié? Le secret de cet oubli, c'est que je vivois au milieu de l'émigration, où j'étois sans cesse frappé de la vue des maux physiques et des chagrins politiques. Aussi mettois-je au nombre des infortunes l'*indigence* et les *abus*. (N. Éd.)

[b] Il faut me passer cet éternel *moi*, et ce ton de confidence que je prends avec les lecteurs. L'amour du raisonner que j'avois dans ma jeunesse, cette manière de faire une thèse de tout, ces argumentations en formes sur le malheur, ces aphorismes à l'usage des infortunés, s'éloignent tout à fait de la manière que j'emploierois aujourd'hui dans un pareil sujet : les traits pourroient être semblables, mais la chaîne des idées ne seroit pas la même. (N. Éd.)

soulagement. Je m'imagine encore que, rompés comme moi, ils me disent : Vous ne nous apprenez rien ; vous ne nous donnez aucun moyen d'adoucir nos peines ; au contraire, vous prouvez trop qu'il n'en existe point. O mes compagnons d'infortune ! votre reproche est juste : je voudrois pouvoir sécher vos larmes, mais il vous faut implorer le secours d'une main plus puissante que celle des hommes [a]. Cependant ne vous laissez point abattre ; on trouve encore quelques douceurs parmi beaucoup de calamités. Essaierai-je de montrer le parti qu'on peut tirer de la condition la plus misérable ? Peut-être en recueillerez-vous plus de profit que de toute l'enflure d'un discours stoïque.

Un infortuné parmi les enfants de la prospérité ressemble à un gueux qui se promène en guenilles au milieu d'une société brillante : chacun le regarde et le fuit. Il doit donc éviter les jardins publics, le fracas, le grand jour, le plus souvent même il ne sortira que la nuit. Lorsque la brune commence à confondre les objets, notre infortuné s'aventure hors de sa retraite, et, traversant en hâte les lieux fréquentés, il gagne quelque chemin solitaire, où il puisse errer en liberté. Un jour il va s'asseoir au sommet d'une colline qui domine la ville et commande une vaste contrée ; il contemple les feux qui brillent dans l'étendue du paysage obscur, sous tous ces toits habités. Ici, il voit éclater le réverbère à la porte de cet hôtel, dont les habitants, plongés dans les plaisirs, ignorent qu'il est un misérable occupé seul à regarder de loin la lumière de leurs fêtes, lui qui eut aussi des fêtes et des amis ! Il ramène ensuite ses regards sur quelque petit rayon tremblant dans une pauvre maison écartée du faubourg, et il se dit : Là, j'ai des frères [b].

Une autre fois, par un clair de lune, il se place en embuscade sur un grand chemin pour jouir encore à la dérobée de la vue des hommes, sans être distingué d'eux ; de peur qu'en apercevant un malheureux, ils ne s'écrient, comme les gardes du docteur anglois, dans *la Chaumière Indienne* : Un paria ! un paria !

Mais le but favori de ses courses sera peut-être un bois de sapins, planté à quelque deux milles de la ville. Là il a trouvé une société paisible, qui comme lui cherche le silence et l'obscurité. Ces sylvains solitaires veulent bien le souffrir dans leur république, à laquelle il paie un léger tribut ; tâchant ainsi de reconnoître, autant qu'il est en lui, l'hospitalité qu'on lui a donnée [a].

Lorsque les chances de la destinée nous jettent hors de la société, la surabondance de notre âme, faute d'objet réel, se répand jusque sur l'ordre muet de la création, et nous y trouvons une sorte de plaisir que nous n'aurions jamais soupçonnée. La vie est douce avec la nature. Pour moi, je me suis sauvé dans la solitude, et j'ai résolu d'y mourir sans me rembarquer sur la mer du monde [b]. J'en contemple encore quelquefois les tempêtes, comme un homme jeté seul sur une île déserte, qui se plaît, par une secrète mélancolie, à voir les flots se briser au loin sur les côtes où il fit naufrage. Après la perte de nos amis [c], si nous ne succombons à la douleur, le cœur se replie sur lui-même ; il forme le projet de se détacher de tout autre sentiment, et de vivre uniquement avec ses souvenirs. S'il devient moins propre à la société, sa sensibilité se développe aussi davantage. Le malheur nous est utile ; sans lui les facultés aimantes de notre âme resteroient inactives : il la rend un instrument tout harmonie, dont, au moindre souffle, il sort des murmures inexprimables. Que celui que le chagrin mine s'enfonce dans les forêts ; qu'il erre sous leur voûte mobile ; qu'il gravisse la colline, d'où l'on découvre, d'un côté, de riches campagnes, de l'autre, le soleil le-

---

[a] Ces cris religieux, échappés tout à coup et comme involontairement du fond de l'âme, prouvent mieux nos sentiments intérieurs que tous les raisonnements de la terre. (N. Éd.)

[b] On retrouve quelque chose de ce passage dans *René*. (N. Éd.)

[a] Qu'est-ce que ces sylvains ?... — Des oiseaux ! En vérité, je l'ignore. Jeannot Lapin pourroit bien être là-dedans. Qui sait ? (N. Éd.)

[b] C'étoit vrai, et je n'aurois pas eu le temps de me lasser de cette solitude, puisque je me croyois au moment d'en trouver une autre plus profonde. (N. Éd.

[c] Voilà enfin les douleurs morales. (N. Éd.)

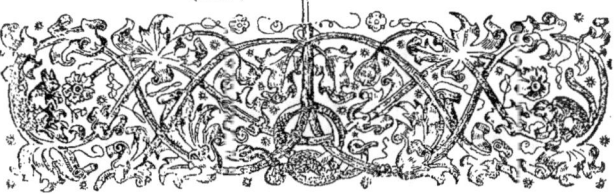

vant sur des mers étincelantes, dont le vert changeant se glace de cramoisi et de feu ; sa douleur ne tiendra point contre un pareil spectacle : non qu'il oublie ceux qu'il aima, car alors ses maux seroient préférables, mais leur souvenir se fondra avec le calme des bois et des cieux : il gardera sa douleur, et ne perdra que son amertume. Heureux ceux qui aiment la nature! ils la trouveront, et trouveront seulement elle, au jour de l'adversité.

Telle est la première sorte de plaisir qu'on peut tirer du malheur : mais on en compte plusieurs autres. Je recommanderois particulièrement l'étude de la botanique, comme propre à calmer l'âme en détournant les yeux des passions des hommes, pour les porter sur le peuple innocent des fleurs. Armé de ses ciseaux, de son style, de sa lunette, on s'en va tout courbé, longeant les fossés d'un vieux chemin ; s'arrêtant au massif d'une tour en ruine, aux mousses d'une antique fontaine, à l'orée septentrionale d'un bois ; ou peut-être on parcourt des grèves que les algues festonnent de leurs grands falbalas frisés et couleur d'écaille fondue. Notre botanophile se plaît à rencontrer la *tulipa silvestris*, qui se retire comme lui sous les ombrages solitaires ; il s'attache à ces *lis* mélancoliques, dont le front penché semble rêver sur le courant des eaux. A l'aspect attendrissant du *convolvulus*, qui entoure de ses fleurs pâles quelque aune décrépit, il croit voir une jeune fille presser de ses bras d'albâtre son vieux père mourant ; l'*ulex* épineux, couvert de ses papillons d'or, qui présente un asile assuré aux petits des oiseaux, lui montre une puissance protectrice du foible ; dans les *thyms* et les *calumens*, qui embellissent généreusement un sol ingrat de leur verdure parfumée, il reconnoît le symbole de l'amour de la patrie. Parmi les végétaux supérieurs, il s'égare volontiers sous ces arbres dont les sourds mugissements imitent la triste voix des mers lointaines ; il affecte cette famille américaine, qui laisse pendre ses branches négligées comme dans la douleur ; il aime le saule au port languissant, qui ressemble, avec sa tête blonde et sa chevelure en désordre, à une bergère pleurant au bord d'une onde. Enfin, il recherche de préférence, dans ce règne aimable, les plantes qui, par leurs accidents, leurs goûts, leurs mœurs, entretiennent des intelligences secrètes avec son âme [a][1].

Oh! qu'avec délices, après cette course laborieuse, on rentre dans sa misérable demeure, chargé de la dépouille des champs! Comme si l'on craignoit que quelqu'un ne vînt ravir ce trésor, fermant mystérieusement la porte sur soi, on se met à faire l'analyse de sa récolte, blâmant ou approuvant Tournefort, Linné, Vaillant, Jussieu, Solander, Du Bourg. Cependant la nuit approche, le bruit commence à cesser au dehors, et le cœur palpite d'avance du plaisir qu'on s'est préparé. Un livre qu'on a eu bien de la peine à se procurer, un livre qu'on tire précieusement du lieu obscur où on le tenoit caché, va remplir ces heures de silence. Auprès d'un humble feu et d'une lumière vacillante, certain de n'être point entendu, on s'attendrit sur les maux imaginaires des Clarisse, des Clémentine, des Héloïse, des Cécilia. Les romans sont les livres des malheureux : ils nous nourrissent d'illusions, il est vrai ; mais en sont-ils plus remplis que la vie?

Eh bien, si vous le voulez, ce sera un grand crime, une grande vérité, dont notre solitaire s'occupera : Agrippine assassinée par son fils. Il veillera au bord du lit de l'ambitieuse Romaine, maintenant retirée dans une chambre obscure, à peine éclairée d'une petite lampe ! il voit l'impératrice tombée faire un reproche touchant à la seule suivante qui lui reste ; et qui elle-même l'abandonne ; il observe l'anxiété augmentant à chaque minute sur le visage de cette malheureuse princesse, qui, dans une vaste solitude, écoute attentivement le silence. Bientôt on entend le bruit sourd des assassins qui brisent les portes extérieures ; Agrippine tressaille, s'assied sur son lit, prête l'oreille. Le bruit approche, la troupe entre, entoure la couche ; le centurion tire son épée, et en frappe la reine aux tempes ; alors :

---

[a] On retrouve quelques-unes de ces idées et de ces études dans le *Génie du Christianisme*. (N. Éd.)

[1] Je suis fâché que ce ne soit pas le botaniste de la duchesse de Portland (J.-J.) qui ait appelé *Porlandia* l'arbuste de la famille des rubiacées, connu sous ce nom. La protectrice, le protégé et la plante se fussent prêté mutuellement des charmes, et la reconnaissance d'un grand homme eût vécu éternellement dans le parfum d'une fleur.

ventrem feri! s'écrie la mère de Néron : mot dont la sublimité fait hocher la tête.

Peut-être aussi, lorsque tout repose, entre deux ou trois heures du matin, au murmure des vents et de la pluie qui battent contre vos fenêtres, écrivez-vous ce que vous savez des hommes. L'infortuné occupe une place avantageuse pour les bien étudier, parce qu'étant hors de leur route, il les voit passer devant lui.

Mais, après tout, il faut toujours en revenir à ceci : sans les premières nécessités de la vie, point de remèdes à nos maux. Otway, en mendiant le morceau de pain qui l'étouffa ; Gilbert, la tête troublée par le chagrin, avalant une clef à l'hôpital, sentirent bien amèrement à cet égard, quoique hommes de lettres, toute la vanité de la philosophie [a].

CHAPITRE XIV.

Agis à Sparte [b].

La révolution des Trente Tyrans à Athènes eut des conséquences funestes pour la république imprudente qui l'avoit favorisée. Lysander, en faisant porter à Lacédémone l'or et l'argent de l'Attique, introduisit les vices de ce dernier pays dans sa patrie. Bientôt la simplicité des mœurs y passa pour grossièreté, la frugalité pour sottise, l'honnêteté pour duperie, et l'éphore Épitadès ayant publié une loi par laquelle on pouvait aliéner le patrimoine de ses pères, toutes les propriétés passèrent entre les mains des riches ; et les Spartiates, jadis si égaux en rang et en fortune, se trouvèrent divisés en un vil troupeau d'esclaves et de maîtres.

Tel étoit l'état de la république de Lycurgue, lorsqu'il s'éleva à Lacédémone un roi digne des grands siècles de la Grèce. Agis, épris des charmes de la vertu, entreprit, dans l'âge où la plupart des hommes sentent à peine leur existence, de rétablir les lois et les mœurs de l'antique Laconie. Il s'ouvrit de ses desseins à la jeunesse lacédémonienne, qu'il trouva, contre son attente, plus disposée que les vieillards à favoriser son entreprise. On a remarqué la même chose en France au commencement de la Révolution : il y a dans le bel âge une chaleur généreuse qui nous porte vers le bien, tant que la société n'a point encore dissipé la douce illusion de la vertu [a]. Cependant le roi de Lacédémone parvint à gagner trois hommes d'une grande influence, Lysander, Mandroclides et Agésilas ; il réussit de même auprès de sa mère Agésistrata.

Tout sembloit favoriser l'entreprise. Lysander avoit été nommé éphore, les dettes publiquement abolies ; le roi Léonidas s'étoit vu forcé à la fuite, après une vaine opposition aux projets de son collègue Agis, et l'on avoit élu son gendre Cléombrotus à sa place. Enfin, il ne restoit plus qu'à procéder au partage des terres, lorsque Agésilas, qui jusqu'alors avoit secondé la révolution, trahit la cause de son parti, et fit changer la fortune.

Ce Spartiate possédoit de grandes propriétés, et se trouvoit en même temps écrasé de dettes. Il embrassa donc avidement l'occasion de se décharger de celles-ci ; mais il ne voulut plus de la réforme aussitôt qu'elle atteignit ses biens. Ayant eu l'adresse de se faire nommer éphore, et Agis se trouvant absent, il exerça mille tyrannies. Les citoyens, se voyant joués par Agésilas, et croyant que le jeune roi s'entendoit avec lui, se liguèrent ensemble, et rappelèrent sous main Léonidas, ce roi exilé dont Cléombrotus occupoit la place.

Cependant Agis étoit de retour à Lacédémone ; bientôt Léonidas y rentra lui-même en

---

[a] Dans un ouvrage bien composé, ce chapitre seroit un véritable hors-d'œuvre ; mais dans un ouvrage aussi incohérent que l'*Essai*, il importe peu que j'aie parlé des infortunés ou de toute autre chose. (N. Éd.)
[b] Voy. Plutarque.

[a] A présent que je suis vieux, on pourroit me prendre pour un flatteur de la jeunesse, lorsque je donne à cette jeunesse les louanges qu'elle mérite ; mais on voit que je m'exprimois avec le même attachement et la même admiration pour elle lorsque j'étois dans ses rangs. (N. Éd.)

triomphe, et il ne resta plus pour Agis et Cléombrotus qu'à éviter sa vengeance et celle de la faction des riches, maintenant toute-puissante. Le dernier se rendit suppliant dans le temple de Neptune; et, sauvé peu après par la vertu de son épouse, il fut seulement condamné à l'exil. Il n'en arriva pas ainsi du jeune et malheureux prince Agis, réfugié dans le temple de Minerve. Je laisse parler le bon Amyot.

CHAPITRE XV.

Condamnation et exécution d'Agis et de sa famille.

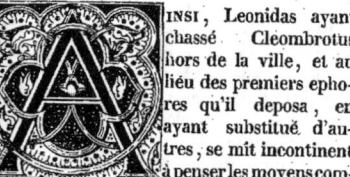INSI, Leonidas ayant chassé Cléombrotus hors de la ville, et au lieu des premiers ephores qu'il deposa, en ayant substitué d'autres, se mit incontinent à penser les moyens comment il pourroit avoir Agis : si tascha de luy persuader premierement qu'il sortist de la franchise du temple, et qu'il s'en allast avec luy à seureté exercer sa royauté, luy donnant à entendre que ses citoyens lui avoient pardonné tout le passé, à cause qu'ils cognoissoient bien qu'il avoit esté deceu et circonvenu par Agesilaus, comme jeune homme desireux d'honneur qu'il estoit. Toutesfois pour cela Agis ne bougeoit point de sa franchise, ains avoit pour suspect tout ce que l'autre lui alleguoit : au moyen de quoi Leonidas se desporta de tascher de l'attirer et l'abuser par belles paroles : mais Amphares, Demochares et Arcesilaus alloient souvent le visiter et deviser avec luy, tant quelquefois ils le menoient jusques aux estuves, puis quand il s'y estoit estuvé et lavé, ils le ramenoient dedans la franchise du temple, car ils estoient ses familiers. Mais Amphares ayant de nagueres emprunté d'Agesistrata quelques precieux meubles, comme tapisseries et vaisselle d'argent, entreprint de le trahir, luy, sa mère, et son ayeule, sous esperances que ses meubles qu'il avoit emprun- tés lui demoureroient. Et dit-on que ce fut luy qui, plus que nul autre, presta l'oreille à Leonidas, et incita et irrita les ephores, du nombre desquels il estoit, à l'encontre de luy. Comme doncques Agis eust accoustumé de se tenir tousiours le reste du temps dedans le temple, excepté que quelquefois il alloit jusques aux estuves, ils proposerent de le surprendre quand il seroit hors de la franchise. Si espièrent un jour qu'il s'estoit estuvé, ainsi qu'ils avoient accoustumé, lui allerent au devant, et le saluerent, faisant semblant de le vouloir reconvoyer, en devisant et raillant avec lui comme avec un jeune homme duquel ils se tenoient fort familiers; mais quand ils furent à l'endroit du destour d'une ruë tournante qui alloit à la prison, Amphares mettant la main sur luy pource qu'il estoit magistrat, luy dit : Je te fais prisonnier, Agis, et te mène devant les ephores, pour rendre compte et raison de ce que tu as innové en l'état de la chose publique. Et lors Demochares, qui estoit grand et puissant homme, luy jeta aussitost sa robe à l'entour du col, et le tira par devant; les autres le poussoient par derrière, comme ils avoient conspiré entre eux. Ainsi n'y ayant personne auprès d'eux qui peust secourir Agis, ils firent tant qu'ils le traisnerent en prison, et incontinent y arriva Leonidas avec bon nombre de soldats estrangers, qui environnèrent la prison par le dehors. Les ephores entrerent dedans et envoyerent querir ceux du senat, qu'ils sçavoient bien estre de mesme volonté qu'eux : puis ils commanderent à Agis, comme par forme de procez, de dire pour quelle cause il avoit fait ce qu'il avoit remué en l'administration de la chose publique. Le jeune homme se prit à rire de leur simulation : et adonc Amphares luy dit qu'il n'estoit pas temps de rire, et qu'il falloit qu'il payast la peine de sa folle temerité. Un autre ephore faisant semblant de luy favoriser, et de luy monstrer un expédient pour echapper de cette criminelle procedure, luy demanda s'il n'avoit pas esté seduit et contraint à ce faire par Agesilaus et par Lysander. Agis respondit qu'il n'avoit esté enduit ne forcé de personne; mais qu'il l'avoit fait seulement pour ensuivre l'ancien Lycurgus, ayant voulu remettre la chose publique en mesme estat que luy jadis l'avoit ordonnée.

Le mesme ephore luy demanda s'il se repentoit pas de ce qu'il avoit fait. Le jeune homme respondit franchement qu'il ne se repentiroit jamais de chose si sagement et si vertueusement entreprinse, encore qu'il vist la mort toute certaine devant ses yeux. Alors ils le condamnerent à mourir, et commanderent aux sergents de le mener dans la Decade, qui est un certain lieu de la prison, là où on estrangle ceux qui sont condamnez à mourir par justice. Et Demochares voyant que les sergents n'osoient mettre la main sur luy, et que semblablement les soldats estrangers refuyoient, et avoient en horreur une telle exécution, comme chose contraire à tout droit divin et humain, de mettre la main sur la personne d'un roi, en les menaçant et leur disant injures, traisna luy-mesme Agis dedans ceste chartre : car plusieurs avoient desia entendu sa prinse, et y avoit ja grand tumulte à la porte de la prison, et force lumieres, torches ; et y accouraurent aussitôt la mere et l'ayeule d'Agis, qui crioyent et requeroient que le roy de Sparte peust avoir justice, et que son procez lui soit faict par ses citoyens. Cela fut cause de faire haster et precipiter son execution, pour que ses ennemis eurent peur qu'on ne le recourust par force la nuict d'entre leurs mains, s'il arrivoit encore plus de gens. Ainsi estant Agis mené à la fourche, aperceut en allant l'un des sergents qui ploroit et se tourmentoit, auquel il dit : « Mon ami, ne te tourmente point pour pitié de moi, car je suis plus homme de bien que ceulx qui me font mourir si meschamment et si malheureusement. » Et en disant ces paroles, il bailla volontairement son col au cordeau. Cependant Amphares sortit à la porte de la prison, là où il trouva Agesistrata, mère d'Agis, qui se jeta à ses pieds ; et luy la relevant, comme pour la familiarité et l'amitié qu'il avoit euë avec elle, lui dit qu'on ne feroit force ny violence à Agis, et qu'elle le pouvoit aller voir si bon lui sembloit ; elle pria qu'on laissast entrer sa mere quand et elle. Amphares respondit que rien ne l'empeschoit, et ainsi les met dedans toutes deux, faisant refermer les portes de la prison après elles. Mais entrées qu'elles furent, il bailla au sergent Archidamia la premiere à executer, laquelle estoit fort ancienne, et avoit vescu jusqu'à son extresme vieillesse en plus grand honneur et plus de dignité qu'aucune autre dame de la ville. Celle-là exécutée, il commanda à Agesistrata d'entrer après ; et elle voyant le corps de son fils mort et estendu et sa mere encore pendue au gibet, aida elle-mesme aux bourreaux à la despendre ; et l'estendit au long du corps de son fils ; et après l'avoir accoustrée et couverte, se jetta par terre auprès du corps de son fils en le baisant au visage : « Helas ! dit-elle, ta trop grande bonté, douceur et clemence, mon fils, sont cause de ta mort et de la nostre. » Adonc Amphares, qui regardoit de la porte ce qui se passoit au dedans, oyant ce qu'elle disoit, entra sur ce point, et lui dict en colere : Puisque tu as esté consentante du faict de ton fils, tu souffriras aussi mesme peine que luy. Lors Agesistrata se relevant pour estre estranglée : « Au moins, dit-elle, puisse cecy profiter à Sparte ! » Ce cas estant divulgué par la ville et les trois corps portés hors de la prison, la crainte des magistrats ne peut estre si grande que les citoyens de Sparte ne montrassent évidemment qu'ils en estoient fort desplaisants, et qu'ils ne haïssent de mort Leonidas et Amphares, estimants qu'il n'avoit oncques esté commis un si cruel, si malheureux ni si damnable forfaict en Sparte, depuis que les Doriens estoient venus habiter le Peloponnese : car la sienne mesme en bataille ne mettoient pas volontiers les mains sur les rois lacédémoniens, ains s'en destournoient s'il leur estoit possible pour la crainte et reverence qu'ils portoient à leur majesté..... Il est certain que cet Agis fut le premier des rois que les ephores firent mourir, pour avoir voulu faire de tres belles choses et tres convenables à la gloire et dignité de Sparte, estant en l'aage en laquelle, quand les hommes faillent, encore leur pardonne-t-on, et ayant eu ses amis plus juste occasion de se plaindre de lui que non pas ses ennemis, pour ce qu'il sauva la vie à Leonidas, et se fia aux autres comme la plus douce et la plus humaine créature du monde qu'il estoit [1]. »

On a pu remarquer dans cette histoire touchante plusieurs circonstances semblables à cel-

[1] Page 529, t. II ; Paris, 1619.

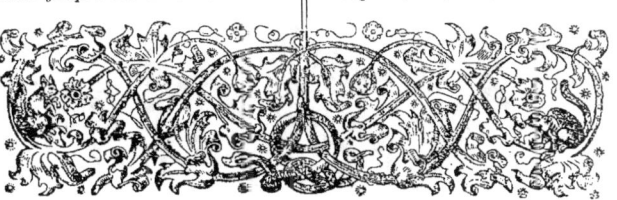

les qui ont accompagné la mort de Louis : l'appel au peuple refusé, l'injustice et l'incompétence des juges, etc. Je vais donner l'esquisse rapide de la condamnation de Charles Ier, roi d'Angleterre, et de celle de Louis XVI, roi de France, afin que le lecteur trouve ici rassemblés sous un seul point de vue les trois plus grands événements de l'histoire.

CHAPITRE XVI.

Jugement et condamnation de Charles Ier, roi d'Angleterre.

E grand projet de juger Charles avoit depuis longtemps été développé dans le conseil secret de Cromwell[1] ; mais soit que celui-ci ne pût faire tremper le parlement dans son crime, tandis que ce corps étoit encore intègre, soit par tout autre motif, l'exécution du dessein s'étoit trouvée suspendue. Aussitôt que les communes furent réduites à un petit nombre de scélérats dévoués aux ordres du tyran, il lui fut aisé de faire jouer l'étonnante tragédie.

On chargea un comité d'enquérir dans la conduite de Sa Majesté Britannique, et, sur le

---

[1] On connoît les farces religieuses que ce grand homme employa pour se faire autoriser dans son crime. J'ai entre les mains une collection de pamphlets du temps de Cromwell, en trois gros volumes large in-8°. Il est presque impossible de les parcourir, tant ils sont dégoûtants et vides de faits ; mais en même temps ils peignent d'une manière frappante l'esprit et les malheurs du siècle où ils furent écrits. Ce sont, pour la plupart, des espèces de sermons politiques d'une absurdité et d'un ridicule qui passent toute croyance. Je rapporterai l'inscription de quelques-uns de ces étranges monuments des révolutions, pour amuser le lecteur : « A tender visitation of the Father's love to all the elect-children, or an Epistle unto the righteous congregation who in the light are gathered and are worshippers of the Father in spirit and truth. » Tendre visitation de l'amour du Père à tous les enfants élus, ou une Épitre aux très-justes congrégations qui sont assemblées dans la lumière, et sont les adorateurs du Père en esprit et en vérité. « A few words of tender counsel unto the Pope, with all that wakl that way. » Quelques tendres avis au Pape, et à tous ceux qui suivent ce chemin. « An alarm to all flesh, with an invitation to the true seeker. » Alarme à la chair, avec une invitation au vrai chercheur. En voilà bien assez. Il faut faire connoître maintenant le style de ces productions littéraires.

« An alarm to all flesh, etc.

« Howle, howle, shriek, bawl and roar, ye lustfull, cursing, swearing, drunken, lewd, superstitious, devilish, sensual, earthly inhabitants of the whole earth; how, bow, you most surly trees and lofty oaks; ye tall cedars and low shrubs, cry out aloud; hear, hear ye, proud waves, and boistrous seas, also listen, ye uncircumcised, stiff neked and mad-raging bubbles, who even hate to be reformed.

« In the name of the Lord God of gods, King of kings, hear, hear, repent, repent forthwith repent ; for be as sure as the Lord liveth you shall feel... the irresistible and the mighty hand of the All-Mighty.... for behold, his invincible, glittering, invisible sword is on his thigh.... then shall the Bashan Oaks, Ismael and Divesses, of this generation, roar and reel, yea shake and quake, look upward and downward, and curse their leaders and their God which now is their lust, bellyes, superstitions and pleasures. Horror shall lay hold on their right ; and terror shall seize upon their left ; and every man's hands shall be upon his loyns, and the cry shall be « who will shew us any good ? » And an unparalleled dart of amazement shall pierce quite through the liver of the Champion, etc.

« Hurlez, hurlez, criez, beuglez, rugissez, ô vous libidineux, maudits, jureurs, ivrognes, impurs, superstitieux, diaboliques, sensuels, habitants terrestres de la terre ! Courbez-vous, courbez-vous, ô vous, arbres très-dédaigneux ! et vous, chênes élevés, vous, hauts cèdres et petits buissons, criez de toutes vos forces ; écoutez, écoutez, vagues orgueilleuses, et vous, mers indomptables ; écoutez aussi, vous, écume roide, nue, incirconcise et enragée qui haïssez la réforme.

« Au nom du Seigneur Dieu des dieux et Roi des rois, écoutez, écoutez, repentez-vous, repentez-vous, oui, repentez-vous ; car, soyez-en aussi sûrs que de l'existence du Seigneur, vous sentirez la main puissante et irrésistible du Tout-Puissant... O voyez ! son épée invincible, brillante, invisible, est sur sa cuisse.... Alors les chênes de Basham, d'Ismaël et de Divesses, de cette génération, rugiront et râleront ; ils trembleront même, et craqueront ; ils regarderont en haut et en bas, et maudiront leurs chefs et leur Dieu, qui sont maintenant leurs jouissances, leur ventre, leurs superstitions et leurs plaisirs. L'horreur saisira leur main droite, la terreur la main gauche ; chaque homme mettra le poing sur sa hanche, et s'écriera : « Qui veut nous montrer le bien ?..... » Et un incroyable dard de surprise percera d'outre en outre le foie du champion, etc. »

Le reste est de la même force. Je suis fâché que l'auteur d'un pareil écrit ait eu la modestie de cacher son nom, car il n'est pas d'un certain George Fox, qui joue un grand rôle dans mon recueil.

Je finirai cette note par quelques vers d'un jeune

rapport qui en fut fait, la chambre basse nomma une haute cour de justice, composée de cent trente-trois membres, pour juger Charles Stuart, roi d'Angleterre, comme coupable de trahison envers la nation. Cromwel et Ireton étoient du nombre des juges, Cook, accusateur pour le peuple, Bradshaw président.

Le bill fut rejeté par les pairs, mais les communes passèrent outre; et le colonel Harrison, fils d'un boucher, et le plus furieux démagogue d'Angleterre, reçut ordre d'amener son souverain à Londres.

La cour étoit séante à Westminster. Charles parut dans cet antre de mort, au milieu de ses assassins, avec les cheveux blancs de l'infortune et la sérénité de l'innocence[1]. Depuis dix-huit mois accoutumé à contempler les scènes trompeuses de la vie du fond d'une prison solitaire, il n'esperoit plus rien des hommes, et il parut devant ses juges dans toute la splendeur du malheur. Il seroit difficile d'imaginer une conduite plus noble et plus touchante. De prince ordinaire devenu monarque magnanime, il refusa avec dignité de reconnoître l'autorité de la cour. Trois fois il fut conduit devant ses bourreaux, et trois fois il déploya les talents d'un homme supérieur, la majesté d'un roi et le calme d'un héros. Il eut à y souffrir des peines de plusieurs espèces. Des soldats demandoient sa mort à grands cris et lui crachoient au visage, tandis que le peuple fondoit en larmes et l'accabloit de bénédictions. Charles étoit trop grand pour être ému de ces injures atroces, mais trop tendre pour n'être pas touché de ces témoignages d'amour : ce ne sont pas les outrages, ce sont les marques de bienveillance, qui brisent le cœur des infortunés[1].

---

quaker qui se trouvent dans cette même collection : les beaux-arts y figurent auprès de la saine logique.

> Dear friend J.-C., with true unfeigned love
> I thee salute. . . . .
> . . . .
> Feel me, dear friend : a member joyntly knit
> To all, in Christ, in heavenly places sit;
> And there, to friends no stranger would I be.
> Though they my face, outward, ne'er did see.
> For truly, friend, I dearly love and own
> All travelling souls who truly sigh and groan
> For the adoption which sets free from sin, etc.

« Mon cher ami Jésus-Christ, je te baise avec un amour sans réserve... Touche-moi, cher ami, moi membre conjointement uni à tous en Christ, qui est assis aux lieux célestes. Là, je ne serois point étranger parmi les amis; j'aime tendrement, et je l'avoue, les âmes voyageuses qui soupirent et gémissent véritablement pour l'adoption qui rachète les péchés. »

Ce sont de tels hommes que Butler a peints si admirablement, surtout dans le second chant de la troisième partie d'*Hudibras*, où il trace de main de maître le tableau raccourci de la révolution de Cromwel. Les amateurs ne doivent pas négliger ce morceau friand, trop long pour être cité.

« Charles n'étoit pas innocent sans doute, mais il l'étoit de ce dont on l'accusoit, il étoit par l'incompétence des juges qui osoient le condamner, de l'aveu même de l'auteur de la *Détection of the Court*, de celui de l'histoire *of Independency*. Des lecteurs qui se sont arrêtés aux citations de cet *Essai* auront pu remarquer que j'ai poussé l'impartialité jusqu'à coter toujours ensemble, autant que cela étoit possible, deux auteurs d'un parti contraire[1].

[1] On ne peut nier cependant que le parlement d'Angleterre, ou une commission nommée par le parlement, pouvoit faire valoir, en essayant d'excuser son crime, des précédents que la

[1] O lord, let the voice of his Blood (Christ) be heard for my murderers, louder than the cry of mine against them.
O deal not with them as blood-thirsty and deceitful men; but overcome their cruelty with thy compassion and my charity. *Icon Basilike*, pag. 269. Tels étoient les souhaits du malheureux Charles pour ses cruels ennemis. L'*Icon* et le *Testament* de Louis ont fait plus de royalistes que n'auroient pu faire les édits de ces princes dans toute leur prospérité. Les écrits posthumes nous intéressent; il semble que ce soit une voix qui s'élève du fond de la tombe : l'effet surtout en est prodigieux, s'ils nous découvrent les vertus cachées d'un homme que nous avons persécuté, et nous font sentir le poids de notre ingratitude. Malgré les plaisanteries de Milton

Convention nationale n'avoit pas. Les limites qui ont séparé de tout temps dans la Grande-Bretagne l'aristocratie de la monarchie sont excessivement confuses. L'omnipotence parlementaire est aujourd'hui un dogme politique chez nos voisins : le parlement s'est cru plus d'une fois le droit de déposer et de juger ses rois, témoin l'histoire de Richard II. Que le parlement ait été l'instrument de l'ambition du duc de Lancastre en 1399, ou de Cromwell en 1649, ou de Guillaume en 1688, peu importe; il paroît toujours du principe que le parlement avoit le droit de faire ce qu'il faisoit.
Mais dans la monarchie françoise il n'y avoit rien d'équivoque : si le parlement de Paris commença en 1589 le procès de Henri III, ce ne fut qu'une monstrueuse usurpation, laquelle ne pouvoit pas créer un droit. Le parlement sous Cromwell pouvoit se dire héritier de la puissance du parlement sous Richard II; mais quand la Convention auroit eu la prétention de descendre des états généraux, elle n'auroit pu en faire dériver son autorité régicide, car les états généraux ne s'étoient jamais arrogé le droit de juger leur souverain. (N. Éd.)

A la quatrième confrontation, les juges condamnèrent à mort Charles Stuart, roi d'Angleterre, comme traître, assassin, tyran, et ennemi de la république. Trois jours lui furent accordés pour se préparer.

De toute la famille royale il ne restoit en Angleterre que la princesse Élisabeth et le duc de Glocester. Charles obtint la permission de dire un dernier adieu à cet aimable enfant, qui, sous les traits naïfs de l'innocence, sembloit déjà porter le cœur sympathique d'un homme. Durant les trois jours de grâce, l'intrépide monarque dormit d'un profond sommeil, au bruit des ouvriers qui dressoient l'appareil de son supplice.

Le 30 de janvier 1649, le roi d'Angleterre fut conduit à l'échafaud élevé à la vue de son palais, raffinement de barbarie qui n'a pas été oublié par les régicides de France. On avoit eu soin d'entourer le lieu du sacrifice d'une foule de soldats, de peur que la voix de la victime ne parvînt jusqu'au peuple, rangé au loin dans une morne épouvante. Charles, voyant qu'il ne pouvoit se faire entendre, voulut du moins laisser en mourant une grande leçon à la postérité : il reconnut que le sang de l'innocent, qu'il avoit autrefois permis de répandre, rejaillissoit justement sur lui. Après cet aveu, il présenta hardiment la tête au bourreau, qui la fit voler d'un seul coup [1].

CHAPITRE XVII.

M. de Malesherbes. Exécution de Louis XVI.

A monarchie françoise n'existoit plus. Le descendant de Henri IV attendoit à chaque instant que les régicides consommassent le crime, et le crime fut résolu.

De tous les serviteurs de Louis XVI, un seul étoit resté à Paris. Ce digne vieillard, le plus honnête homme de la France, de l'aveu même des révolutionnaires, s'étoit tenu éloigné de la cour durant la prospérité du monarque. Ce fut sans doute un beau spectacle que de voir M. de Malesherbes, honoré de soixante-douze années de probité, se rendre, non au palais de Versailles, mais dans les prisons du Temple, pour défendre seul son souverain infortuné, lorsque les flatteurs et les gardes avoient disparu. De quel front les prétendus républicains osoient-ils regarder à leur barre l'ami de Jean-Jacques, celui qui, dans tout le cours d'une longue vie, s'étoit fait

---

et le silence de Burnet, quoique les preuves externes soient contre l'authenticité de l'*Icon*, les preuves internes sont si fortes, que je suis persuadé, comme Hume, qu'il est écrit de la main de Charles.

[1] Les temps dans lesquels nous vivons et la nature de mes études m'ont fait désirer de voir l'endroit où Charles I*er* fut exécuté. Je demeurois alors dans le Strand. J'arrivai, après bien des passages déserts, par des derrières de maisons et des allées obscures, jusqu'au lieu où l'on a érigé très-impolitiquement la statue de Charles II montrant du doigt le pavé arrosé du sang de son père. A la vue des fenêtres murées de Whitehall, de cet emplacement qui n'est plus une rue, mais qui forme avec les bâtiments environnants une espèce de cour, je me sentis le cœur serré et oppressé de mille sentiments. Je me figurois un échafaud occupant le terrain de la statue, les gardes angloises formant un bataillon carré, et la foule se pressant au loin derrière. Il me sembloit voir tous ces visages, les uns agités par une joie féroce ; les autres par le sourire de l'ambition, le plus grand nombre par la terreur et la pitié, et maintenant ce lieu si calme, si solitaire, où il n'y avoit que moi et quelques manœuvres qui équarrissoient des pierres en sifflant avec insouciance ! Que sont devenus ces hommes célèbres, ces hommes qui remplirent la terre du bruit de leurs noms et de leurs crimes, qui se tourmentoient comme s'ils eussent dû exister toujours ? J'étois sur le lieu même où s'étoit passée une des scènes les plus mémorables de l'histoire : quelles traces en restoit-il * ? C'est ainsi que l'étranger, dans quelques années, demandera le lieu où périt Louis XVI, et à peine des générations indifférentes pourront le lui dire**. Je regagnai mon appartement plein de philosophie et de tristesse, et plus que jamais convaincu par mon pèlerinage de la vanité de la vie, et du peu, du très-peu d'importance de ses plus grands événements.

* Quelque chose de ces sentiments a passé dans le récit de René. Voyez cet épisode. (N. Éd.)
** Non pas, car le lieu où a péri Louis XVI est consacré aux fêtes publiques : la joie perpétuera la mémoire de la douleur ; et quand on ira danser aux Champs-Élysées, quand on tirera des pétards sur la place arrosée du sang de Louis, il faudra bien se souvenir de l'échafaud du roi-martyr. (N. Éd.)

un devoir de prendre la défense de l'opprimé contre l'oppresseur, et qui, de même qu'il avoit protégé le dernier individu du peuple contre la tyrannie des grands, venoit à présent plaider la cause d'un roi innocent contre les despotes plébéiens du faubourg Saint-Antoine? Ah! il étoit donné à notre siècle de contempler le vénérable magistrat revêtu de la chemise rouge, monté sur un tombereau sanglant, et mené à la guillotine entre sa fille, sa petite-fille et son petit-fils, aux acclamations d'un peuple ingrat, dont il avoit tant de fois pleuré la misère. Qu'on me pardonne ce moment de foiblesse : Vertueux Malesherbes! s'il est vrai qu'il existe quelque part une demeure préparée pour les bienfaiteurs des hommes, vos mânes illustres, réunis à ceux de l'auteur de l'*Émile* [a], habitent maintenant ce séjour de paix. D'autres [b], plus heureux que moi, ont mêlé leur sang au vôtre [c] : c'étoit ma destinée de traîner après vous sur la terre une vie désormais sans illusions et pleine de regrets.

Mais pourquoi parlerois-je du jugement de Louis XVI? Qui en ignore les circonstances? qui ne sait que tout fut inutile contre un torrent de crimes et de factions? Agis, Charles et Louis périrent avec tout l'appareil et toute quittant me sembla dès lors un pressentiment que je ne le reverrois jamais.

M. de Malesherbes auroit été grand, si sa taille épaisse ne l'avoit empêché de paroître. Ce qu'il y avoit de très-étonnant en lui, c'étoit l'énergie avec laquelle il s'exprimoit dans une vieillesse avancée. Si vous le voyiez assis sans parler, avec ses yeux un peu enfoncés, ses gros sourcils grisonnants et son air de bonté, vous l'eussiez pris pour un de ces augustes personnages peints de la main de Le Sueur. Mais si on venoit à toucher la corde sensible, il se levoit comme l'éclair, ses yeux à l'instant s'ouvroient et s'agrandissoient : aux paroles chaudes qui sortoient de sa bouche, à son air expressif et animé, il vous auroit semblé voir un jeune homme dans toute l'effervescence de l'âge; mais à sa tête chenue, à ces mots un peu confus, faute de dents pour les prononcer, vous reconnoissiez le septuagénaire. Ce contraste redoubloit les charmes que l'on trouvoit dans sa conversation, comme on aime ces feux qui brûlent au milieu des neiges et des glaces de l'hiver.

M. de Malesherbes a rempli l'Europe du bruit de son nom, mais le défenseur de Louis XVI n'a pas été moins admirable aux autres époques de sa vie que dans les derniers instants qui l'ont si glorieusement couronnée. Patron des gens de lettres, le monde lui doit l'*Émile*, et l'on sait que c'est le seul homme de cour, le maréchal de Luxembourg excepté, que Jean-Jacques ait sincèrement aimé. Plus d'une fois il brisa les portes des bastilles; lui seul refusa de plier son caractère aux vices des grands, et sortit par des places où tant d'autres avoient laissé leur vertu. Quelques-uns lui ont reproché de donner dans ce qu'on appelle *les principes du jour*. Si par principes du jour on entend haine des abus, M. de Malesherbes fut certainement coupable. Quant à moi, j'avouerai que s'il n'eût été qu'un bon et franc gentilhomme, prêt à se sacrifier pour le roi son maître, et à en appeler à son épée plutôt qu'à sa raison, je l'eusse sincèrement estimé, mais j'aurois laissé à d'autres le soin de faire son éloge.

Je me propose d'écrire la vie de M. de Malesherbes, pour laquelle je rassemble depuis longtemps des matériaux. Cet ouvrage embrassera ce qu'il y a de plus intéressant dans le règne de Louis XV et de Louis XVI. Je montrerai l'illustre magistrat mêlé dans toutes les affaires des temps. On le verra patriote à la cour, naturaliste à Malesherbes, philosophe à Paris. On le suivra au conseil des rois et dans la retraite du sage. On le verra écrivant d'un côté aux ministres sur des matières d'état, de l'autre entretenant une correspondance de cœur avec Rousseau sur la botanique. Enfin je le ferai voir disgracié par la cour pour son intégrité, et voulant porter sa tête sur l'échafaud avec son souverain.

---

[a] Je ne veux point déshériter Rousseau du ciel que je lui ai donné dans ma jeunesse; mais je dois dire que l'âme de M. Malesherbes ne ressembloit en rien à celle du citoyen de Genève. Le doute misérable exprimé dans cette phrase n'est qu'une contradiction de plus dans cet amas de contradictions que j'ai appelé *Essai historique*. (N. Éd.)

[b] Mon frère. (N. Éd.)

[c] Ce que l'on sent trop n'est pas toujours ce qu'on exprime le mieux, et je ne puis parler aussi dignement que je l'aurois désiré du défenseur de Louis XVI. L'alliance qui unissoit ma famille à la sienne me procuroit souvent le bonheur d'approcher de lui. Il me sembloit que je devenois plus fort et plus libre en présence de cet homme vertueux, qui, au milieu de la corruption des cours, avoit su conserver dans un rang élevé l'intégrité du cœur et le courage du patriote. Je me rappellerai longtemps la dernière entrevue que j'eus avec lui. C'étoit un matin, je le trouvai par hasard seul chez sa petite-fille. Il se mit à me parler de Rousseau avec une émotion que je ne partageois que trop. Je n'oublierai jamais le vénérable vieillard voulant bien condescendre à me donner des conseils, et me disant : « J'ai tort de vous entretenir de ces choses-là; je devrois plutôt vous engager à modérer cette chaleur d'âme qui a fait tant de mal à votre ami (J.-J.). J'ai été comme vous. L'injustice me révoltoit; j'ai fait autant de bien que j'ai pu, sans compter sur la reconnoissance des hommes. Vous êtes jeune, vous verrez bien des choses : moi, j'ai peu de temps à vivre. » Je supprime ce que l'épanchement d'une conversation intime et l'indulgence de son caractère lui faisoient alors ajouter. De toutes ces prédictions une seule s'est accomplie : je ne suis rien, et il n'est plus. Le déchirement de cœur que j'éprouvai en le

la moquerie de la justice. Laissons d'Orléans observer son roi et son parent, la lorgnette à la main, et prononçant *la mort*, à l'effroi même des scélérats. Fions-nous-en à la postérité, dont la voix tonnante gronde déjà dans l'avenir; à la postérité, qui, juge incorruptible des âges écoulés, s'apprête à traîner au supplice la mémoire pâlissante des hommes de mon siècle [a].

Le fatal 21 de janvier 1793 se leva pour le deuil éternel de la France. Le monarque, averti qu'il falloit mourir, se prépara avec sérénité à ce grand acte de la vie : sa conscience étoit pure, et la religion lui ouvroit les cieux. Mais que de liens il avoit eus auparavant à rompre sur la terre! Louis avoit vu son épouse, il avoit vu aussi sa fille et son jeune fils, qui couroit parmi les gardes en demandant la grâce de son père : tant d'angoisses ne déchirèrent jamais le cœur d'un autre homme.

L'heure étoit venue; le carrosse attendoit à la porte. Louis descendit avec son confesseur. Il ne put s'empêcher, dans la cour, de jeter un regard vers les fenêtres de la reine, où il ne vit personne : ce regard-là dut peindre bien de la douleur. Cependant le roi étoit monté dans la voiture, qui rouloit lentement au milieu d'un morne silence; Louis, répétant avec son confesseur les prières des agonisants, savouroit à longs traits la mort. Il arrive enfin à la place où l'instrument de destruction étoit élevé à la vue du palais de Henri IV. Louis, descendu de la voiture, voulut au moins protester de son innocence : « Vous n'êtes pas ici pour parler, mais pour mourir, » lui dit un barbare. Ce fut alors que l'on vit un des meilleurs rois qui aient jamais régné sur la France, lié sur une planche ensanglantée, comme le plus vil des scélérats, la tête passée de force dans un croissant de fer, et attendant le coup qui devoit le délivrer de la vie; et comme s'il ne fût pas resté un seul François attaché à son souverain, ce fut un étranger qui assista le monarque à sa dernière heure, au milieu de tout son peuple. Il se fait un grand silence : « Fils de saint Louis, vous montez aux cieux, »

[a] Qu'en disent les accusateurs de l'*Essai*? est-ce là le *révolutionnaire*? (N. ÉD.)

s'écrie le pieux ecclésiastique en se penchant à l'oreille du monarque. On entend le bruit du coutelas qui se précipite [a].

CHAPITRE XVIII.

Triple parallèle : Agis, Charles et Louis.

INSI les Grecs virent tomber Agis, roi de Sparte; ainsi nos aïeux furent témoins de la catastrophe de Charles Stuart, roi d'Angleterre, ainsi a péri sous nos yeux Louis de Bourbon, roi de France. Je n'ai rapporté en détail l'exé-

[a] Ceux qui aiment les libertés publiques en sont-ils moins attachés à leurs princes et moins fidèles au malheur?

Il reste un étrange monument du courage de Louis XVI, monument, pour ainsi dire, aussi infernal que le testament de ce monarque est divin : le ciel et l'enfer se sont entendus pour louer la victime. Je veux parler de la lettre de Sanson, bourreau de Paris. L'original même de cette lettre m'a été confié par mon digne et honorable ami M. le baron Hyde de Neuville, l'homme des sacrifices à la royauté, si bien traité par les ministres du roi. J'ai tenu, je tiens encore dans ce moment même, ce papier sur lequel s'est traînée la main sanglante de Sanson, cette main qui a osé toucher à la tête de mon roi, qui a fait tomber cette tête sacrée, et l'a présentée au peuple épouvanté.

La lettre de Sanson a été donnée par celui qui en étoit propriétaire à M. Tastu, imprimeur, qui a très-noblement refusé de la vendre à des étrangers, quelque prix qu'ils en aient offert. C'est un monument de remords, de douleur, de gloire et de vertu, qui appartient à la France; c'est un papier de famille, qui doit rester au trésor des chartes dans les archives de la maison de Bourbon. Peu de jours avant la clôture de la dernière session, M. Aimé-Martin, secrétaire-rédacteur de la chambre des députés, homme aussi connu par ses talents comme écrivain que par ses sentiments comme royaliste, parla de la lettre de Sanson à M. le baron Hyde de Neuville. Celui-ci fut d'abord saisi d'horreur; mais bientôt, en lisant la lettre, il n'y vit plus que le dernier rayon mis à la couronne du roi-martyr.

M. Hyde de Neuville avoit plus qu'un autre des droits à devenir l'un des instruments de la Providence pour la plus grande manifestation de cette lettre. On sait à

RÉVOLUTIONS ANCIENNES.

cution du second que pour montrer jusqu'à quel point les jacobins ont porté l'imitation dans l'assassinat du dernier. J'ose dire plus : si Charles n'avoit pas été décapité à Londres,

quels dangers il fut exposé pendant le procès du roi. Ce fut appuyé sur le bras de ce fidèle sujet que M. de Malesherbes quitta la barre de la Convention, après être venu pour la dernière fois implorer les bourreaux de Louis XVI. Vingt années de péril ont succédé à cet acte de courage. Et où étoient ceux qui frappent aujourd'hui mon honorable ami ?

Aucun doute ne peut s'élever sur l'authenticité de la lettre de Sanson : l'écriture et la signature de cet homme sont trop connus ; il a certifié conforme la plupart de nos crimes et de nos malheurs. D'ailleurs cette lettre a été imprimée dans un journal révolutionnaire du temps, appelé *le Thermomètre du jour* ; et, autant qu'il m'en souvient, elle fut répétée dans le journal de Peltier à Londres.

Voici l'article du *Thermomètre* ; il est du 15 février 1793 ; n° 410, page 556. Cette dernière partie de l'historique de la lettre de Sanson a été fournie par M. Aimé-Martin.

L'article du *Thermomètre* a pour titre : *Anecdote très-exacte sur l'exécution de Louis Capet*, et on lit ce qui suit :

« Au moment où le *condamné* monta sur l'échafaud « (c'est Sanson, l'exécuteur des hautes œuvres crimi- « nelles, qui a raconté cette circonstance, et qu s'est « servi du mot *condamné*,) je fus surpris de son assu- « rance et de sa fermeté ; mais au roulement des tam- « bours qui interrompit sa harangue, et au mouvement « simultané que firent mes garçons pour saisir le con- « damné, sur-le-champ sa figure se décomposa ; il s'écria « trois fois de suite très-précipitamment : *Je suis perdu !* « Cette circonstance, réunie à une autre que Sanson a « également raconté, savoir, que le condamné avoit « copieusement soupé la veille et fortement déjeuné le « matin, nous apprend que Louis Capet avoit été dans « l'illusion jusqu'à l'instant précis de sa mort, et qu'il « avoit compté sur sa grâce. Ceux qui l'avoient mainte- « nu dans cette illusion avoient eu sans doute pour objet « de lui donner une contenance assurée qui pouvoit en « imposer aux spectateurs et à la postérité ; mais le rou- « lement des tambours a dissipé le charme de cette fausse « fermeté, et les contemporains, ainsi que la postérité, « sauront actuellement à quoi s'en tenir sur les derniers « moments du tyran condamné. »

« Le bourreau, ayant lu cette note (c'est M. Aimé-Martin qui parle), crut devoir réclamer contre tous les faits qu'elle renferme ; et le lundi 18 février 1793, *le Thermomètre du jour* contenait un article ainsi conçu :

« Le citoyen Sanson, exécuteur des jugements crimi- « nels, m'a écrit (disoit cette rédacteur du *Thermomètre*) « pour réclamer contre un article inséré dans le n° 410 « du *Thermomètre*, dans lequel on lui fait raconter les « dernières paroles de Louis Capet. *Il déclare que ce* « *récit est de toute fausseté.*

« Je ne suis pas l'auteur de cet article (continue le ré- « dacteur) il a été tiré des *Annales patriotiques* par « Carra, qui en annonce le contenu comme certain. Je « l'invite à se rétracter. J'invite aussi le citoyen Sanson

« à me faire parvenir, comme il me le promet, le récit « exact de ce qu'il sait sur un événement qui doit occu- « per une grande place dans l'histoire. Il est inté- « ressant pour le philosophe d'apprendre comment les « rois savent mourir. »

« Cette leçon terrible (c'est encore M. Aimé-Martin qui parle), que des assassins osoient demander au nom de la philosophie, ne leur fut point refusée. Au milieu de la multitude frappée d'épouvante, un seul témoignage étoit possible, un seul étoit irrécusable ! La Providence permit que celui qui avoit versé le sang devînt l'historien de la victime ; et la main du bourreau, puisqu'il faut le nommer, traça cette page sanglante, qui pénètre à la fois d'horreur et de respect [1]. » Le jeudi 21 février 1793, un mois juste après la mort de la victime, *le Thermomètre* publia la lettre suivante. On la donne avec toutes ses fautes d'orthographe : c'est un *original* auquel il n'est pas permis de toucher.

« CITOYEN,

« Un voyage d'un instant a été la cause que je n'ais « pas eu l'honneur de répondre à l'invitation que vous « me faite dans votre Journal au sujet de Louis Capet. « Voici suivant ma promesse l'exacte vérité de ce qui « c'est passée. Descendant de la voiture pour l'exécution, « on lui a dit qu'il faloit ôter son habit. Il fit quelques « difficultés en disant qu'on pouvoit l'exécuter comme « il étoit. Sur la représentation que la chose étoit impos- « sible, il a lui-même aidé à ôter son habit. Il fit encore « la même difficultée lorsqu'il c'est agit de lui lier les « mains, qu'il donna lui-même lorsque la personne « qui laccompagnoit lui eût dit (que c'étoit un dernier « sacrifice. Alors ? il s'informa sy les tembours batteroit « toujour. Il lui fut répondu que l'on n'en savoit rien, « et c'étoit la vérité. Il monta l'échafaud et voulut « foncer sur le devant comme voulant parler. Mais ? on « lui représanta que la chose étoit impossible encore, « il se laissa alors conduire à l'endroit où on l'attachat « et ou il s'est écrié très-haut : Peuple je meurs innocent. « Ensuitte se retournant vers nous, il nous dit : Mes- « sieurs, je suis innocent de tout ce dont on m'inculpe. « Je souhaite que mon sang puisse cimenter le bonheur « des François. Voilà citoyen ses dernières et ses vérita- « bles paroles.

« L'espèce de petit débat qui se fit au pied de l'écha- « faud rouilloit sur ce qu'il ne croyoit pas nécessaire « qu'il otat son habit et qu'on lui liat les mains. Il fit « aussi la proposition de se couper lui même les che- « veux.

« Et pour rendre homage à la vérité, il a soutenu « tout cela avec un sang-froid et une fermeté qui nous « a tous étonnés. Je reste très-convaincu qu'il avoit « puisé cette fermeté dans les principes de la religion « dont personne plus que lui ne paroissoit pénétrée ny « persuadé.

[1] Ici finit le récit de M. Aimé-Martin.

Louis n'eût vraisemblablement pas été guillotiné à Paris [a].

« Vous pouvez être assuré, citoyen, que voilà la vérité dans son plus grand jour.

« J'ay l'honneur destre, citoyen,

« Votre concitoyen,

« Signé SANSON.

« Paris ce 20 février 1793, l'an 2e de la république françoise. »

On est presque également étonné, en lisant cette lettre, de l'angélique douceur de la victime et de la naïveté de cet homme de sang, qui parle de ce qui s'est passé comme un ouvrier parleroit de son ouvrage.

Louis XVI déclare *qu'on pouvoit l'exécuter comme il étoit.* Sur la représentation que la chose étoit impossible, *il aide lui-même à ôter son habit.* Même difficulté quand il s'agit de lier les mains à cet autre Christ, qui donne ensuite lui-même ses mains royales, *lorsque la personne* (le confesseur que le bourreau n'ose nommer) *qui l'accompagnoit lui eut dit que c'étoit un dernier sacrifice.* Louis XVI déclare qu'il meurt innocent, et souhaite que *son sang puisse cimenter le bonheur des François.* C'est le bourreau qui a entendu ces paroles testamentaires, et qui les redit à la France ! *Voilà, citoyen,* dit-il, *ses dernières et ses véritables paroles !*

Le bourreau rend compte *du petit débat qui se fit au pied de l'échafaud* entre lui et la victime : il ne s'agissoit que d'ôter l'habit au roi, de lui lier les mains et de lui couper les cheveux ! Tel étoit *le petit débat* entre Sanson et le fils de saint Louis !

Mais que dire des dernières paroles du bourreau lui-même, paroles qui diffèrent tellement du reste de la lettre, qu'on hésiteroit à croire qu'elles sont de l'auteur de cette lettre, s'il ne s'y trouvoit la faute de langue la plus grossière ; et si ce document n'étoit tout entier de la main de Sanson ? *Je reste très-convaincu qu'il avoit puisé cette fermeté* (Louis XVI) *dans les principes de la religion dont personne plus que lui ne paroissoit pénétré, ni persuadé.*

Ne croit-on pas entendre le centenier chargé de garder Jésus glorifier Dieu malgré lui au moment où le Juste expire, en disant : *Certe hic homo justus erat !* Cet aveu de Sanson est peut-être un des plus grands triomphes que jamais la religion ait obtenus.

S'il étoit permis de mêler des réflexions étrangères à un sujet aussi sacré, je ferois remarquer qu'à l'époque de la mort de Louis XVI la presse étoit libre : on massacroit, il est vrai, les écrivains royalistes, mais cela ne les dégoûtoit pas ; et ils auroient enfin ramené le roi légitime, si Robespierre et ensuite le Directoire n'avoient eu recours à la censure des geôliers et des bourreaux. C'est donc à la liberté de la presse, le 21 janvier 1793, que nous devons le Testament de Louis XVI et la lettre de Sanson. Il y a pourtant aujourd'hui de prétendus hommes d'état qui pensent, comme le pensoit Robespierre, qu'on ne peut gouverner sans la censure. (N. Éd.)

[a] Je le crois encore aujourd'hui. (N. Éd.)

Si nous comparons ces trois princes, la balance, quant à l'innocence, penche évidemment en faveur d'Agis et de Louis. L'un et l'autre furent pleins d'amour pour leurs peuples ; l'un et l'autre succombèrent en voulant ramener leurs sujets à la liberté et à la vertu ; tous les deux méconnurent les mœurs de leur siècle. Le premier dit aux Spartiates corrompus : Redevenez les citoyens de Lycurgue ; et les Spartiates le sacrifièrent. Le second donna aux François à goûter le fruit défendu : « Tout ou rien » fut le cri.

Charles, dans une monarchie limitée, avoit envahi les droits d'une nation libre : Louis, dans une monarchie absolue, s'étoit continuellement dépouillé des siens en faveur de son peuple.

Les trois monarques, bons, compatissants, moraux, religieux, eurent toutes les vertus sociales. Le premier étoit plus philosophe, le second plus roi, le troisième plus homme privé. La destinée se servit de défauts diamétralement opposés dans leurs caractères, pour leur faire commettre les mêmes erreurs et les conduire à la même catastrophe : l'esprit de système dans Agis, l'obstination dans Charles, et le manque de vouloir dans Louis. Tous les trois, modérés et sincères, se firent accuser tous les trois de despotisme et de duplicité : le roi de Lacédémone en s'attachant avec trop d'ardeur à ses notions exaltées, le roi d'Angleterre en n'écoutant que sa volonté, le roi de France en ne suivant que celle des autres [b].

Quant aux souffrances, Louis, au premier coup d'œil, semble avoir laissé loin derrière lui Agis et Charles [c]. Mais qui nous transpor-

[b] Cela me semble écrit avec impartialité. (N. Éd.)
[c] Il ne faut pas oublier qu'Agis, Charles et Louis furent tous les trois condamnés au mépris des lois de la plus commune justice, et d'après une manifeste violation de toutes les formes légales *. En sorte que s'il étoit possible d'admettre le principe que le peuple a le droit de juger ses chefs, principe qui détruiroit toute société humaine, il n'en resteroit pas moins certain encore qu'Agis, Charles et Louis furent assassinés. Néron, tout justement condamné qu'on puisse le penser, ne le fut cependant que par contumace. Conrad fut indignement massacré à Naples. Élisabeth n'avoit pas plus de droit sur Marie Stuart que Charles d'Anjou sur Conrad. La reine de France ne fut pas même écoutée. Ces observations sont

* Très-juste. (N. Éd.)

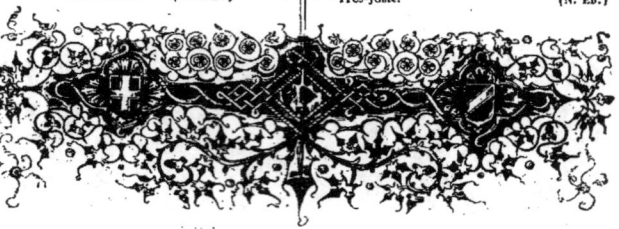

tera à Lacédémone? Qui nous fera voir le digne imitateur de Lycurgue obligé de se tenir caché dans un temple pour prix de sa vertu, et, en attendant la mort, méditant au pied des autels sur l'ingratitude des hommes? Qui nous introduira auprès du malheureux Charles, abandonné de l'univers entier? Qui nous le montrera à Carisbrook avec sa barbe négligée, sa tête vénérable blanchie par les chagrins, aidant le matin un pauvre vieillard, sa seule compagnie, à allumer son feu; le reste du jour livré à une vaste solitude, et veillant dans les longues nuits sur sa triste couche, pour entendre retentir les pas des assassins dans les corridors de sa prison[1]? Enfin qui nous ouvrira les portes du Temple? Qui nous introduira auprès du roi de France, à peine vêtu, livré à des barbares qui l'obsédoient sans cesse, et le cœur fendu de douleur au spectacle des misères de son épouse et de ses enfants, incessamment sous ses yeux? Voyons Agis trahi par ses amis, traîné, à travers les rues de Sparte, au tribunal du crime; le tendre Charles dans Whitehall, tenant son fils sur ses genoux, et donnant à l'enfant attentif un dernier conseil et un dernier baiser; Louis dans le Temple, disant le fatal adieu à sa famille: le roi de Lacédémone étranglé ignominieusement dans le cachot des scélérats, et bientôt suivi au tombeau par sa mère et son aïeule auguste; le roi d'Angleterre sur l'échafaud, se dépouillant à la vue de son peuple, et se préparant à la mort; le roi de France au pied de la guillotine, les cheveux coupés, la chemise ouverte, et les mains liées derrière le dos. Terminons ce parallèle affligeant pour l'humanité. Monarque ou esclave, guerrier ou philosophe, riche ou pauvre, souffrir et mourir, c'est toute la vie. Entre les malheurs du roi et ceux du sujet, il n'y a, pour la postérité, que cette différence qui se trouve entre deux tombeaux, dont l'un, chargé d'un marbre douloureux, se fait voir durant quelques années, tandis que l'autre, couvert d'un peu d'herbe, ne forme qu'un petit sillon que les enfants du voisinage, en se jouant, ont bientôt effacé sous leurs pas [?].

CHAPITRE XIX.

Quelques pensées.

JE ne ferai que quelques courtes réflexions sur ces événements fameux. Les grands crimes comme les grandes vertus nous étonnent. Tout ce qui fait événement plaît à la multitude. On aime à être remué, à s'empresser, à faire foule; et

---

de la plus haute importance, et prouvent beaucoup dans l'histoire des peuples et des hommes.

[1] Charles s'attendoit à être secrètement assassiné.

---

* Voici de la philosophie fort mal à propos. Certainement pour l'homme *qui meurt*, qu'il soit roi ou sujet, la mort est absolument la même chose; mais, pour les hommes qui vivent, la mort d'un roi puissant est d'une tout autre importance que la mort d'un sujet obscur. La tête de Louis XVI en tombant a fait tomber la tête de plusieurs millions d'hommes. Et qu'importe à la France que la tête de mon frère ait roulé sur l'échafaud, ou que celle de mon cousin, Armand de Chateaubriand, ait été percée d'une balle dans la plaine de Grenelle? (N. Éd.)

[1] Je n'aime point à écrire l'histoire de mon temps. On a beau tâcher de faire justice, on doit toujours craindre que quelque passion cachée ne conduise votre plume. Lorsque je me trouve donc obligé de parler d'un homme de mon siècle, je me fais ces questions : L'ai-je connu? m'a-t-il fait du bien? m'a-t-il fait du mal? ne m'a-t-on point prévenu pour ou contre lui? ai-je entendu discuter les deux côtés de la question? quelle est ma passion favorite? ne suis-je point sujet à l'enthousiasme, à la trop grande pitié, à la haine, etc., etc.? Et malgré tout cela, j'écris encore en tremblant. J'avouerai donc que j'ai approché de Louis XVI, qu'il avoit accordé des grâces à ma famille et à moi-même, quoique leur objet n'ait jamais été rempli. Cependant mon caractère étoit si antipathique avec la cour, j'avois un tel mépris pour certaines gens, et je le cachois si peu; je me soucieois si peu encore de ce qu'on appeloit *parvenir*, que j'étois comme les confidents dans les tragédies, qui entrent, sortent, regardent et se taisent *. Aussi S. M. ne m'a-t-elle jamais parlé que deux fois dans ma vie, la première lorsque j'eus l'honneur de lui être présenté, la seconde à la chasse. Il me semble donc que je n'ai eu

* Je me peignois il y a trente ans comme je me suis peint dans la préface générale de cette édition. On trouvera peut-être qu'il y a de l'ingénuité dans ces aveux. (N. Éd.)

tel honnête homme qui plaint son souverain légitime massacré par une faction, seroit cependant bien fâché de manquer sa part du spectacle, peut-être même trompé s'il n'alloit pas avoir lieu [a]. Voilà la raison pour laquelle les révolutions où il a péri des rois éblouissent tant les hommes, et pour laquelle les générations suivantes sont si fort tentées de les imiter : lorsqu'on mène des enfants à une tragédie, ils ne peuvent dormir à leur retour, si l'on ne couche auprès d'eux l'épée ou le poignard des conspirateurs qu'ils ont vus. D'ailleurs il y a toujours quelque chose de bon dans une révolution, et quelque chose survit à la révolution même. Ceux qui sont placés près d'un événement tragique sont beaucoup plus frappés des maux que des avantages qui en résultent ; mais pour ceux qui s'en trouvent à une grande distance, l'effet est précisément inverse ; pour les premiers le dénoûment est en action, pour les seconds en récit. Voilà pourquoi la révolution de Cromwel n'eut presque point d'influence sur son siècle, et pourquoi aussi elle a été copiée avec tant d'ardeur de nos jours. Il en sera de même de la révolution françoise, qui, quoi qu'on en dise, n'aura pas un effet très-considérable sur les générations contemporaines, et peut-être bouleversera l'Europe future [a].

Mais la grande différence qui se fait sentir entre les troubles de Sparte sous Agis, ceux de l'Angleterre sous Charles Ier, et ceux de la France sous Louis, vient surtout des hommes. A qui peut-on comparer parmi nous un Lysander, patriote ferme, intègre, et vrai modèle des vertus antiques ? un Cromwel, cachant, sous une apparence vulgaire, tout ce qu'il y a de grand dans la nature humaine ; profond, vaste et secret comme un abîme, roulant une ambition de César dans une âme immense, trop supérieur pour être connu de ses collègues, hors du seul Hampden, qui l'avoit su pénétrer ?

Lui opposerons-nous le sombre Robespierre, méditant des crimes dans la cavernosité de son cœur, et grand de cela même qu'il n'avoit pas de vertu ?

Rapprocherons-nous du vertueux Hampden, qui l'eût été même dans la Rome du premier Brutus, ce Mirabeau à la fois législateur, chef de parti, orateur, nouvelliste, historien,

aucun motif d'intérêt secret dans ce que j'ai dit plus haut du roi de France, et je crois que c'est avec candeur et impartialité que j'ai rendu justice à ses vertus. Quant à son innocence, elle est même avouée des jacobins.

Louis étoit d'une taille avantageuse ; il avoit les épaules larges, le ventre prédominant ; il marchoit en roulant d'une jambe sur l'autre. Sa vue étoit courte, ses yeux à demi fermés, sa bouche grande, sa voix creuse et vulgaire. Il rioit volontiers aux éclats ; son air annonçoit la gaieté, non peut-être cette gaieté qui vient d'un esprit supérieur, mais cette joie cordiale de l'honnête homme, qui naît d'une conscience sans reproche. Il n'étoit pas sans connoissances, surtout en géographie ; au reste, il avoit ses foibles comme les autres hommes. Il aimoit, par exemple, à jouer des tours à ses pages, à guetter, à cinq heures du matin, au travers des fenêtres du palais, les seigneurs de sa cour qui sortoient des appartements. Si à la chasse vous passiez entre le cerf et lui, il étoit sujet à des emportements, comme je l'ai éprouvé moi-même. Un jour qu'il faisoit une chaleur étouffante, un vieux gentilhomme de ses écuries qui l'avoit suivi à la chasse, se trouvant fatigué, descendit de cheval, et, se couchant sur le dos, s'endormit à l'ombre. Louis vint à passer par là, et, apercevant le bon homme, trouva plaisant de le réveiller. Il descend donc lui-même de cheval, et, sans avoir intention de blesser cet ancien serviteur, lui laisse tomber une pierre assez lourde sur la poitrine. Celui-ci se réveille, et, dans le premier mouvement de la douleur et de la colère, s'écrie : « Ah, je vous reconnois bien là ! voilà comme vous étiez dans votre enfance ; vous êtes un tyran, un homme cruel, une bête féroce. » Et il se met à accabler le roi d'injures. S. M. regagne vite son cheval, moitié riant, moitié fâché d'avoir fait mal à cet homme qu'il aimoit beaucoup, et disant en s'en allant : « Oh, il se fâche ! il se fâche ! il se fâche ! »

Ces petits traits, tout misérables qu'ils puissent paroître, peignent le caractère mieux que les grandes actions, qui ne sont, pour la plupart du temps, que des vertus de parade ; et d'ailleurs n'ôtent rien du respect qu'on doit avoir pour Louis. L'innocence de ses mœurs, sa haine de la tyrannie, son amour pour son peuple, en feront toujours, aux yeux d'un homme impartial, un monarque estimable et digne d'éloges. Louis n'a que trop prouvé que parmi les hommes il vaut mieux, pour notre intérêt, être méchant que foible.

[a] C'est abominable. (N Éd.)

[a] Oserai-je dire que tout ce paragraphe étoit digne d'un meilleur ouvrage que l'*Essai* ? Quand je l'écrivois, ce paragraphe, la France élevoit partout des républiques : je prévoyois que ces républiques ne seroient pas de longue durée ; mais je prévoyois aussi les conséquences éloignées de la révolution, et j'avois raison de les prévoir ; j'avois le courage d'écrire *qu'il y a toujours quelque chose de bon dans une révolution*. (N. Éd.)

d'une politique incommensurable, savant dans la connoissance des hommes, à la fois le plus grand génie et le cœur le plus corrompu de la Révolution[a] ?

Lorsqu'il se trouve de telles disproportions entre les hommes, il doit en exister de très-grandes entre les temps où ces hommes ont vécu. Mais nous verrons ceci ailleurs ; et il faut maintenant revenir sur nos pas au siècle d'Alexandre.

CHAPITRE XX.

Philippe et Alexandre.

Tandis que Denis tomboit à Syracuse, qu'Athènes étoit en proie aux factions, un tyran s'étoit élevé en Macédoine. Le caractère de Philippe est trop connu, et n'entre pas assez dans le plan de cet *Essai*, pour que je m'y arrête. Il me suffira de remarquer que Philippe est le père de cette politique moderne qui consiste à troubler pour recueillir, à corrompre pour régner. En vain Démosthènes le foudroya de son éloquence : le roi de Macédoine, avançant dans l'ombre tant qu'il se sentit foible, leva le masque aussitôt qu'il se trouva fort. Les Grecs alors se réveillèrent, mais trop tard; et leur bel édifice à la liberté, élevé avec tant de périls au milieu de mille tempêtes, s'écroula dans les plaines de Chéronée, devant le génie de deux hommes, qui vinrent encore changer la face de l'univers.

[a] J'ai déjà fait remarquer que le nom de *Buonaparte* ne se rencontre dans l'*Essai* qu'une seule fois, et dans une note où ce nom fameux est jeté comme par hasard avec quelques autres noms. Mirabeau avoit du *génie*, mais ce n'étoit pas un *grand génie* : il y a exagération. (N. É.)

CHAPITRE XXI.

Siècle d'Alexandre.

Si l'âge d'Alexandre diffère du nôtre par la partie historique, il s'en rapproche du côté moral. Ce fut alors que s'éleva, comme de nos jours, une foule de philosophes, qui se mirent à douter de Dieu, de l'univers et d'eux-mêmes. Jamais on ne poussa plus loin l'esprit de recherches. On écrivoit sur tout, on analysoit tout, on disséquoit tout. Point de petit sentier de politique, point de subtilité métaphysique, qu'on n'eût soigneusement examinés. Les peuples, instruits de leurs droits, connoissant toutes les espèces de gouvernement, possédoient bien plus que des livres qui leur apprenoient à être libres ; ils avoient les traditions de leurs ancêtres, et leurs tombeaux aux champs de Marathon. Ils jouissoient même des formes républicaines, ainsi jouets que leurs tyrans leur laissèrent, comme on permet aux enfants de toucher des armes dont ils n'ont pas la force de faire usage : grand exemple qui renverse nos systèmes sur l'effet des lumières[a]. Il prouve qu'il ne suffit pas de raisonner sciemment sur la vertu pour parvenir à l'indépendance; qu'il faut l'aimer, cette vertu, et que tous les moralistes de l'univers ne sauroient en donner le goût, lorsqu'on l'a une fois perdu. Les siècles de lumières, dans tous les temps, ont été ceux de la servitude; par quel enchantement le nôtre sortiroit-il de la règle commune? Les rapprochements des philosophes

[a] Pas du tout. Dans l'antiquité l'esprit humain étoit jeune, bien que les peuples fussent déjà vieux ; c'est faute d'avoir fait cette distinction, que l'on a voulu mal à propos juger les nations modernes d'après l'histoire des nations anciennes ; que l'on a confondu deux sociétés essentiellement différentes. J'ai déjà dit cela dans ma Préface, et montré vingt fois dans ces *Notes critiques* d'où provenoit mon erreur. (N. Éd.)

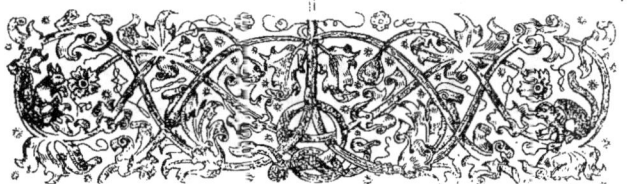

anciens et modernes qui vont suivre, mettront le lecteur à même de juger jusqu'à quel point l'âge d'Alexandre ressembla au nôtre. On verra que, loin d'avoir rien imaginé de nouveau, nous sommes demeurés, excepté en histoire naturelle, fort au-dessous de la Grèce. On remarquera qu'à l'instant où les sophistes commencèrent à attaquer la religion et les idées reçues du peuple, celui-ci se trouva lié des chaînes de Philippe.

D'après les données de l'histoire, je ne puis m'empêcher de trembler sur la destinée future de la France [a].

CHAPITRE XXII.

Philosophes grecs.

Deux beaux génies, vivant à peu près dans le même temps, devinrent les fondateurs des diverses classes philosophiques de la Grèce.

Thalès fut le père de l'école ionique, Pythagore celui de l'école italique; j'ai parlé ailleurs de leurs systèmes [b]. Traçons rapidement la philosophie des fondateurs des principales sectes de ces deux écoles, nous bornant à Platon, Aristote, Zénon, Épicure et Pyrrhon.

Platon [1]. La sagesse prise dans toute l'étendue platonique du mot, est la connoissance de ce qui est [2].

Philosophie, selon Platon, veut dire désir de science divine [3]. Elle se divise en trois classes : philosophie de dialectique, philosophie de théorie, philosophie de pratique [4]. Je passe la première.

Philosophie de théorie. Rien ne se fait de rien. De là deux principes de toute éternité : Dieu et la matière. Le premier imprima le mouvement et l'ordre à la seconde. Dieu ne peut rien créer, il a tout arrangé [5].

Dieu, le principe opposé à la matière, est un Être entièrement spirituel, bon par excellence, intelligent dans le degré le plus supérieur [6], mais non omnipuissant, car il ne peut subjuguer la propension au mal de la matière [7].

Dieu a arrangé le monde d'après le modèle existant de toute éternité en lui-même [8], d'après cette raison de la Divinité, qui contient les moules incréés des choses passées, présentes et à venir. Les idées de l'Essence spirituelle vivent d'elles-mêmes, comme êtres distincts et réels [9]. Les objets visibles de cet univers ne sont que les ombres des idées de Dieu, qui forment seules les vraies substances [10].

Enfin, outre ces idées préexistantes, la Divinité fit couler un souffle de sa vie dans l'univers, et en composa un troisième principe

---

[a] Le despotisme a suivi la République en France, et j'avois raison de trembler; mais je me trompe dans le reste de ce passage, et toujours par la préoccupation où je suis de cette liberté des anciens fondée sur les mœurs. On verra bientôt une note de l'*Essai* où je combats moi-même le système qui me domine ici. (N. Éd.)

[b] Thalès : l'eau, principe de création. Pythagore : système des harmonies. J'ajouterai que Thalès trouva en mathématiques les théorèmes suivants : les angles opposés aux sommets sont égaux; les angles faits à la base du triangle isocèle sont égaux. Si deux angles et un côté d'un triangle sont égaux à deux angles et un côté d'un autre triangle, les deux triangles son égaux. Pythagore découvrit ces belles vérités : dans un triangle rectangle le carré de l'hypothénuse est égal à la somme des carrés faits sur les deux autres côtés; les seuls polygones qui puissent remplir un espace autour d'un point donné sont le triangle équilatéral, le quadrilatère et l'hexagone : le premier pris six fois, le second quatre, le troisième trois. De toutes les manières de démontrer le carré de l'hypothénuse, celle de Bezout me semble la plus claire [*].

[1] Platon, né avant J.-C. 429, ol. 87, 3e année; mort avant J.-C. 347, ol. 408.
[2] *In Phæd.*, pag. 278.
[3] *Protag.*, pag. 313.
[4] *Resp.*, lib. VI, pag. 495.
[5] *Tim.*, pag. 28; Diog. Laert., lib. III; Plut., *de Gen. Anim.*, pag. 78.
[6] *De Leg.*, pag. 885; *Tim.*, pag. 30.
[7] *Polit.*, pag. 474.
[8] *Tim.*, pag. 29.
[9] *Id., ib.*
[10] *Respub.*, lib. VII, pag. 513.

[*] J'ai parlé ailleurs de mon premier penchant pour les mathématiques; il faut pardonner cette note à un jeune homme élevé d'abord pour le service de la marine. (N. Éd.)

VOICI LES ARBRES DE CES DEUX ÉCOLES.

ARBRE IONIQUE.

THALÈS.

SES DISCIPLES SUCCESSIFS :

ANAXIMÈNES, ANAXAGORE, ARCHÉLAÜS, SOCRATE.

De l'école de Socrate sortirent cinq principaux rameaux subdivisés en d'autres branches, telles qu'on les voit tracées ci-dessous.

SOCRATE.

SECTE MÉGARIQ.	SECTE ÉLIQUE.	SECTE ACADÉMIQUE.	SECTE CYRÉNAIQ.	SECTE CYNIQUE.
EUCLIDE,	PHOEDON.	PLATON.	ARISTIPPE.	ANTISTHÈNES.
Système de dialectique, ou l'art de tout prouver, et de ne prouver rien. *(Bientôt éteinte.)*	Pure doctrine de Socrate : la raison et la morale pratique. *(Bientôt éteinte.)*	*Speusippe, Polémo, Cratès.* Moyenne Académie, *Archélaüs,* N. Ac., *Carnéades.* Système de la chaîne des êtres : dialectique. *Arcésilas.* Secte immense des péripatéticiens. *(Branche des académiques.)* Système de spiritualité. Moyenne académie, le doute. Nouv. Acad., un doute moins fort. *Aristote. (Bientôt éteinte.)*	Système du plaisir des sens. Toute action naturelle est bonne de soi. Mépris des sciences.	*Zénon.* Grande secte des stoïques. *(Branche des cyniques.)* Fortitude d'âme. Fatalité. Cynique.

ARBRE ITALIQUE.

PYTHAGORE.

Ses disciples sont peu connus jusqu'à Empédocle; sous celui-ci l'école se divisa en trois sectes.

EMPÉDOCLE.

SECTE ÉLÉATIQUE.	SECTE ÉPICURIENNE.	SECTE PYRRHONIENNE.
LEUCIPPE, DÉMOCRITE, ET QUELQUES AUTRES.	ÉPICURE.	PYRRHON.
Système des atomes. Athéisme.	*Ses disciples.* Système des atomes perfectionné. Doctrine du bonheur.	*Ses disciples.* Système du doute universel.

mixte, à la fois esprit et matière, appelé l'âme du monde [1].

Tel est le système théologique de Platon, d'où l'on prétend que les chrétiens ont emprunté le mystère de la Trinité.

Au reste, Platon admettoit l'immortalité de l'âme [2], qui devoit retourner, après la mort du corps, à Dieu, dont elle étoit émanée [3]. Quant à la politique, j'en parlerai ailleurs; j'observe seulement ici que Platon admettoit la monarchie comme le meilleur gouvernement.

Aristote [4] divisoit la philosophie en trois sortes, de même que Platon : sans parler de sa malheureuse dialectique, qui a si long-temps servi de retraite à l'ignorance, je ne m'arrête qu'à sa métaphysique.

La doctrine des péripatéticiens est le système célèbre de la chaîne des êtres. Aristote remonte d'action en action, et prouve qu'il faut qu'il existe quelque part un premier agent du mouvement. Or ce premier mobile de toute chose incréé et mue est la seule substance en repos. Elle n'a, de nécessité, ni quantité, ni matière. Quant au problème insoluble, savoir : Comment l'âme agit sur le corps, le Stagirite croyoit avoir répondu en attribuant le phénomène à un acte immédiat de la volonté du moteur universel [5].

Il n'en savoit pas davantage sur la nature de l'âme, qu'il appeloit une parfaite énergie; non le premier mouvement, mais un principe de mouvement, etc. [6] : il la tenoit immortelle.

Zénon [7], *père de la secte stoïcienne.* La philosophie est un effort de l'âme vers la sagesse, et dans cet effort consiste la vertu [8].

Le monde s'arrangea par sa propre énergie. La nature est ce Tout, qui comprend tout, et dont tout ne peut être que membre ou partie.

Ce tout se compose de deux principes, l'un actif, l'autre passif, non existant séparé, mais unis ensemble. Le premier s'appelle Dieu, le second matière. Dieu est un pur éther, un feu qui enveloppe la surface extérieure et convexe du ciel : la matière est une masse inerte et à repos.

Outre les deux principes, il en existe un troisième, auquel Dieu et la matière sont également soumis. Ce principe est la chaîne nécessaire des choses : c'est cet effet qui résulte des événements, et en est en même temps la cause inévitable : c'est la fatalité [2].

Dieu, la matière, la fatalité ne font qu'un. Ils composent à la fois les roues, le mouvement, les lois de la machine, et obéissent, comme parties, aux lois qu'ils dictent comme tout [3].

Les stoïciens affirmoient encore que le monde périra alternativement par l'eau et le feu, pour renaître ensuite sous la même forme [4]; que l'homme a une âme immortelle; et ils admettoient comme l'Église romaine, les trois états de récompense, de purification et de punition dans une autre vie, ainsi que la résurrection des corps après l'embrasement général du monde [5].

Épicure [6]. La philosophie est la recherche du bonheur. Le bonheur consiste dans la santé et la paix de l'âme. Deux espèces d'études y conduisent : celle de la physique et celle de la morale.

L'univers subsiste de toute éternité. Il n'y a que deux choses dans la nature : le corps et le vide [7].

Les corps se composent de l'agrégation de parties de matière infiniment petites, ou d'atomes.

---

[1] *Tim.*, pag. 34.
[2] Tout singulier que cela puisse paroître, il y a eu des auteurs qui ont prétendu que Platon ne croyoit point à l'immortalité de l'âme, et ce n'est pas sans raison.
[3] *Tim.*, pag. 298.
[4] Aristote, né avant J.-C. 384, ol. 99, 1re année; mort avant J.-C. 332, ol. 114, 4e année.
[5] *De Gen. Anim.*, lib. II, cap. III; *Met.*, lib. II, cap. II, etc.; *De Cœlo*, lib. XI, cap. III, etc.
[6] *De Gen. Anim.*, lib. II, cap. IV; lib. III, cap. XI.
[7] Zénon, né avant J.-C. 359, ol. 195, 2e année; mort avant J.-C. 264, ol. 129, 4re année.
[8] PLUT., *de Plac. phil.*, lib. IV; SEN., *Ep.* LXIX.

[1] LAERT., lib. V; STOB., *Ecl. Phys.*, cap. XIV; SEN., *Consol.*, cap. XXIX.
[2] CIC., *de Nat. Deor.*, lib. I; ANTON., lib. VII.
[3] Loc. cit.
[4] CIC., *de Nat. Deor.*, lib. III, cap. XLVI; LAERT., lib. VII; SENEC., *Ep.* IX, XXXVI, etc.
[5] SENEC., *Ep.* XC; PLUT., *Resign. Stoic.*, pag. 31; LAERT., lib. VII; SEN., *ad Marc.*; PLUT., *de Fac. lun.*, pag. 585.
[6] Épicure, né avant J.-C. 343, ol. 109, 3e année; mort avant J.-C. 270, ol. 127, 2e année.
[7] LUCRET., lib. II; LAERT., lib. X.

Les atomes ont un mouvement interne : la gravité. Leur motion se feroit dans le plan vertical [1], si, par une loi particulière, ils ne décrivoient une ellipse dans le vide [2].

La terre, le ciel, les planètes, les étoiles, les animaux, l'homme compris, naquirent du concours fortuit de ces atomes ; et lorsque la vertu séminale du globe se fut évaporée, les races vivantes se perpétuèrent par la génération [3].

Les membres des animaux, formés au hasard, n'avoient aucune destination particulière. L'oreille concave n'étoit point creusée pour entendre, l'œil convexe poli pour voir ; mais ces organes se trouvant propres à ces différents usages, les animaux s'en servirent machinalement, et de préférence à un autre sens [4].

Il y a des dieux, non que la raison nous les montre ; l'instinct seul nous le dit. Mais ces dieux extrêmement heureux, ne se mêlent ni ne peuvent se mêler des choses humaines. Ils résident au séjour inconnu de la pureté, des délices et de la paix [5].

Morale. Deux espèces de plaisirs : le premier consiste en un parfait repos d'esprit et de corps ; l'autre, en une douce émotion des sens qui se communique à l'âme. Par plaisir il ne faut pas entendre cette ivresse de passions qui nous subjugue, mais une tranquille absence de maux. Cet état de calme à son tour ne doit pas être une profonde apathie, un marasme de l'âme, mais cette position où l'on se sent lorsque toutes les fonctions mentales et corporelles s'accomplissent avec une paisible harmonie. Une vie heureuse n'est ni un torrent rapide, ni une eau léthargique, mais un ruisseau qui passe lentement et en silence, répétant dans son onde limpide les fleurs et la verdure de ses rivages [1].

Tel étoit le système charmant d'Épicure, si longtemps calomnié. Quant à Pyrrhon, le vrai scepticisme antique n'étoit pas tant une négative universelle, qu'une indifférence de tout. Le pyrrhonien ne rejetoit pas l'existence des corps, les accidents du chaud et du froid, etc. ; mais il disoit qu'il croyoit apercevoir et sentir telle ou telle chose, sans savoir si cette chose étoit réellement, et sans qu'il importât qu'elle fût ou qu'elle ne fût pas. Dieu est ou n'est pas ; tel corps paroit rond, carré, ovale ; il semble qu'il neige, que le soleil brille : voilà le langage du sceptique [2].

Nous devons moins considérer ce qu'il y a de vrai ou de faux dans ces systèmes, que l'influence qu'ils ont eue sur le bonheur des peuples où ils furent enseignés. Nous examinerons ailleurs cette influence. Nous remarque-

---

[1] Épicure imagina ce mouvement de déclinaison, pour éviter de tomber dans le système des fatalistes, qui exclut de droit toute recherche du bonheur. Mais l'hypothèse est absurde ; car si ce mouvement est une loi, il est de nécessité ; et comment une cause obligée produira-t-elle un effet libre ?

[2] LUCRET., lib. II ; LAERT., lib. X.

[3] LUCRET., lib. V-X ; CIC., *de Nat. Deor.*, lib. I, cap. VII-IX.

[4] LUCRET., lib. IV-V.

[5] *Id.*, lib. X ; CIC., *de Nat. Deor.*

[1] LAERT., lib. X ; CIC., *Tuscul.*, lib. III, cap. XVII ; *de Finib.*, lib. I. cap. XI-XVII.

[a] L'explication de ces systèmes a paru aux critiques du temps prouver quelque lecture. J'aimois passionnément la métaphysique ; mais que n'aimai-je pas ? Je me plaisois à l'algèbre comme à la poésie, et j'avois pour l'érudition historique le goût d'un véritable bénédictin. (N. ÉD.)

[2] Il reste toujours contre le pyrrhonisme une objection insurmontable dans les vérités mathématiques. Que les corps ne soient que la modification de mes sens, à la bonne heure ; mais les choses géométriques existent d'elles-mêmes. Les propriétés du cylindre, du polygone, de la tangente, de la sécante, etc., me sont démontrées à l'évidence, soit que je me considère comme corps ou comme esprit. Il y a donc quelque chose qui ne m'appartient pas, qui ne sauroit être une combinaison de mes pensées, parce que toute vérité qui peut se démontrer (il n'y a que les vérités mathématiques de cette espèce) est d'elle-même. D'ailleurs si je suis esprit, ou partie du tout, Dieu ou matière, comment la quantité mesurée de la ligne deviendroit-elle l'effet d'une cause incommensurable ? Dès lors qu'il se trouve quelque chose hors de moi, indépendant de moi, le système des sceptiens s'écroule : car quoique je ne puisse prouver la réalité de tel objet, j'ai lieu de croire à son identité, à moins qu'on n'admit les vérités mathématiques comme les *Nombres de Pythagore* ou le *Monde d'idées de Platon*. Dans ce cas, elles seroient le vrai Dieu tant cherché des philosophes [1].

[1] On voit par cette note même, où je combats de si bonne foi le pyrrhonisme, combien j'étois loin au fond de l'athéisme et du matérialisme. (N. ÉD.)

rons seulement ici que, par leur teneur, ils s'élevoient directement contre les institutions morales, religieuses et politiques de la Grèce. Aussi les prêtres et les magistrats de la patrie s'y opposèrent-ils avec vigueur; ils sentoient qu'ils attaquoient l'édifice jusqu'à la base; que des livres qui prêchoient monarchie dans une république, athéisme ou déisme chez des nations pleines de foi, devoient amener tôt ou tard la destruction de l'ordre social. Ainsi les philosophes grecs, de même que les nôtres, se trouvoient en guerre ouverte avec leur siècle. Mais ils disoient la vérité ! Et qu'importe? La vérité simple et abstraite ne fait pas toujours la vérité complexe et relative. Ne précipitons point le cours des choses par nos opinions. Un gouvernement est-il mauvais, une religion superstitieuse? laissons agir le temps, il y remédiera mieux que nous. Les corps politiques, quand on les abandonne à eux-mêmes, ont leurs métamorphoses naturelles, comme les chrysalides. Longtemps l'animal, entouré des chaines qu'il s'est lui-même forgées, languit dans le sommeil de l'abjection, sous l'apparence la plus vile, lorsqu'un matin, aux regards surpris, il perce les murs de sa prison, et, déployant deux ailes brillantes, s'envole dans les champs de la liberté; mais si, par une chaleur factice, vous cherchez à hâter le phénomène, souvent le ver meurt dans l'opération délicate; et, au lieu de reproduire la vie et la beauté, il ne vous reste qu'un cadavre et des formes hideuses [a].

Avant de passer à ce grand sujet, de l'influence des opinions sur les mœurs et les gouvernements des peuples [b], rapprochons nos philosophes de ceux de la Grèce.

---

[a] L'image est peut-être trop prolongée, mais elle renferme une grande vérité : il n'y a de révolution durable que celle que le temps amène graduellement et sans efforts. (N. Éd.)

[b] Ici mon système devient raisonnable; il est impossible de nier l'influence de l'opinion sur les mœurs. (N. Éd.)

CHAPITRE XXIII.

Philosophes modernes. Depuis l'invasion des Barbares jusqu'à la renaissance des lettres.

ITALIE, la France, la Grande-Bretagne, étant tombées sous le joug des peuples du Nord, une philosophie barbare s'étendit sur l'Occident, en même temps que la haine des sciences régnoit dans ceux qui auroient pu les protéger. C'étoit alors que des empereurs faisoient des lois pour bannir les *mathématiciens* et les *sorciers* [1]; que les papes incendioient les bibliothèques de Rome [2] [a]. On étudioit avec ardeur dans les cloîtres le *Trivium* et le *Quadrivium* [3]. Un moine [4] inventoit les notes de musique sur l'*Ut queant laxis* [5]; et, pour com-

---

[1] *Cod. Just.*, lib. X, tit. XVIII; *Cod. Theod. de Pagon.*, pag. 57.

[2] Sarisbériens. POLICRAT, lib. II-VIII, cap. II-VI. Grégoire fit brûler la belle bibliothèque du temple d'Apollon, formée par les empereurs romains.

[a] C'est fort bien de ne pas vouloir qu'on brûle les livres; mais pourquoi vouloir mettre au nombre des *calamités* du temps le nom donné aux notes de musique par Guido Aretin ? Quelle est la transition entre l'étude du *Trivium* et les premières syllabes d'une strophe de l'*Ut queant laxis* ? Et comment les ouvrages d'Aristote ont-ils comblé les maux commencés par *ut, re, mi, fa, sol, la* ? Je savois tout cela il y a trente ans. (N. ÉD.)

[3] ALCUIN., *Op. Fab. Bibl. Lat. Med.*, tom. I, pag. 134. La science du Trivium et Quadrivium étoit toute renfermée dans ces deux vers fameux :

Gramm. loquitur, *Dia.* vera docet, Rhet. verba colorat.
Mus. canit, Ar. numerat, Geo. ponderat, Ast. colit astra.

[4] Guido Aretin. Il trouva l'expression des six notes sur l'hymne de Paul Diacon :

Ut queant laxis   Re sonare fibris
Mi ra gestorum   Fa muli tuorum,
Sol ve polluti   La bii reatum,
        Sancte Joannes.

[5] WEIZIUS in *Heortologio.*, pag. 263.

ble de maux, vers le douzième siècle reparurent les ouvrages d'Aristote. Alors on vit se former cette malheureuse philosophie scolastique, qui se composoit des subtilités de la dialectique péripatéticienne et du jargon mystique de Platon.

Bientôt la nouvelle secte se divisa en *nominalistes*, *albertistes*, *occamistes*, *réalistes*. Souvent les champions en vinrent aux mains, et les papes et les rois prenoient parti pour et contre. Entre les nouveaux philosophes brillèrent Thomas d'Aquin, Albert, Roger Bacon; et avant eux, Abailard, qu'il ne faut pas oublier. Il y a des morts dont le simple nom nous dit plus qu'on ne sauroit exprimer [a] [1].

[a] Il faut convenir que c'est accrocher subtilement une note à un mot. Voici, à propos d'Abailard, un assez long morceau de mes *Voyages en Amérique*. On y retrouve la description de la cataracte de Niagara, description que j'ai transportée dans *Atala*. J'entre dans un récit assez circonstancié sur mes projets de découverte dans l'Amérique septentrionale. Ce ne sont point les voyages de Mackenzie, ni les dernières expéditions des Anglois qui m'ont fait dire que j'avois voulu autrefois tenter la découverte du passage dans les mers polaires, au nord-ouest du Canada, découverte que poursuit dans ce moment même le capitaine Francklin. Mon projet avoit précédé toutes ces entreprises; en voilà la preuve consignée dans l'*Essai* publié à Londres en 1797, il y a vingt-neuf ans. C'est ainsi que la Providence m'a placé plusieurs fois à l'entrée de diverses carrières où j'ai toujours eu en perspective le but le plus difficile et le plus éloigné; elle m'a mis tour à tour à la main le bâton du voyageur, l'épée du soldat, la plume de l'écrivain et le portefeuille du ministre. (N. Éd.)

[1] J'ai bien éprouvé une fois dans ma vie cet effet d'un nom. C'étoit en Amérique. Je partois alors pour le pays des Sauvages, et je me trouvois embarqué sur le paquebot qui remonte de New-York à Albany par la rivière d'Hudson. La société des passagers étoit nombreuse et aimable, consistant en plusieurs femmes et quelques officiers américains. Un vent frais nous conduisoit mollement à notre destination. Vers le soir de la première journée, nous nous assemblâmes sur le pont, pour prendre une collation de fruits et de lait. Les femmes s'assirent sur le banc du gaillard, et les hommes se mirent à leurs pieds. La conversation ne fut pas longtemps bruyante : j'ai toujours remarqué qu'à l'aspect d'un beau tableau de la nature on tombe involontairement dans le silence. Tout à coup je ne sais qui dit de la compagnie s'écria : « C'est auprès de ce lieu que le major André fut exécuté. » Aussitôt voilà mes idées bouleversées; on pria une Américaine très-jolie de chanter la romance de l'infortuné jeune homme; elle céda à nos instances, et commença à faire entendre une voix timide pleine de volupté et d'émotion. Le soleil se couchoit, nous

Cependant Constantinople venoit de passer sous le joug des Turcs, et le reste des philo-

étions alors entre de hautes montagnes. On apercevoit çà et là, suspendues sur des abîmes, des cabanes rares qui disparoissoient et reparoissoient tour à tour entre des nuages, mi-partis blancs et roses, qui filoient horizontalement le long de ces habitations. Lorsqu'au-dessus de ces mêmes nuages on découvroit la cime des rochers et les sommets chevelus des sapins, on eût cru voir de petites îles flottantes dans les airs. La rivière majestueuse, tantôt coulant nord et sud, s'étendoit en ligne droite devant nous, encaissée entre deux rives parallèles comme une table de plomb; puis tout à coup, tournant à l'aspect du couchant, elle courboit ses flots d'or autour de quelque mont qui, s'avançant dans le fleuve avec toutes ses plantes, ressembloit à un gros bouquet de verdure noué au pied d'une zone bleue et aurore. Nous gardions un profond silence; pour moi, j'osois à peine respirer. Rien n'interrompoit le chant plaintif de la jeune passagère, hors le bruit insensible que le vaisseau, poussé par une légère brise, faisoit en glissant sur l'onde. Quelquefois la voix se renfloit un peu davantage lorsque nous rasions de plus près la rive; dans deux ou trois endroits elle fut répétée par un foible écho : les anciens se seroient imaginé que l'âme d'André, attirée par cette mélodie touchante, se plaisoit à en murmurer les derniers sons dans les montagnes. L'idée de ce jeune homme, amant, poète, brave et infortuné, qui, regretté de ses concitoyens et honoré ces larmes de Washington, mourut dans la fleur de l'âge pour son pays, répandoit sur cette scène romantique une teinte encore plus attendrissante. Les officiers américains et moi nous avions les larmes aux yeux; moi, par l'effet du recueillement délicieux où j'étois plongé; eux, sans doute par le souvenir des troubles passés de la patrie, qui redoubloit le calme du moment présent. Ils ne pouvoient contempler, sans une sorte d'extase de cœur, ces lieux naguère chargés de bataillons étincelants et retentissant du bruit des armes, maintenant ensevelis dans une paix profonde, éclairés des derniers feux du jour, décorés de la pompe de la nature, animés du doux sifflement des cardinaux et du roucoulement des ramiers sauvages, et que de simples habitants, assis sur la pointe d'un roc, à quelque distance de leurs chaumières, regardoient tranquillement notre vaisseau passer sur le fleuve au-dessous d'eux.

Au reste, ce voyage que j'entreprenois alors n'étoit que le prélude d'un autre bien plus important, dont à mon retour j'avois communiqué les plans à M. de Malesherbes, qui devoit les présenter au gouvernement. Je ne me proposois rien moins que de déterminer par terre la grande question du passage de la mer du Sud dans l'Atlantique par le nord. On sait que, malgré les efforts du capitaine Cook, et des navigateurs subséquents, il est toujours resté un doute. Un vaisseau marchand, en 1786, prétendit avoir entré, par les 48° lat. N., dans une mer intérieure de l'Amérique septentrionale, et que tout ce qu'on avoit pris pour la côte au nord de la Californie n'étoit qu'une longue chaîne d'îles extrêmement serrées. D'une autre part, un voyageur, parti de la baie

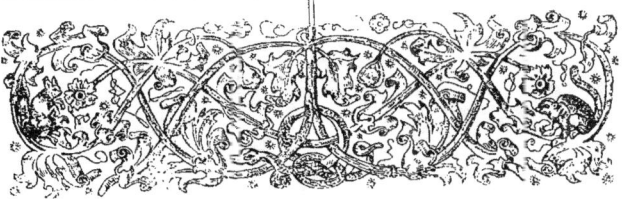

sophes grecs fugitifs trouvèrent un asile en Italie. Les lettres commencèrent à revivre de toutes parts. Dante et Pétrarque avoient paru. Celui-ci est plus connu par ses *Canzones* que

d'Hudson, a vu la mer par les 72° de lat. N. à l'embouchure de la rivière du *Cuivre*. On dit qu'il est arrivé l'été dernier une frégate, que l'amirauté d'Angleterre avoit chargée de vérifier la découverte du vaisseau marchand dont j'ai parlé, et que cette frégate confirme la vérité des rapports de Cook : quoi qu'il en soit, voici sommairement le plan que je m'étois tracé :

Si le gouvernement avoit favorisé mon projet, je me serois embarqué pour New-York. Là, j'eusse fait construire deux immenses chariots couverts, traînés par quatre couples de bœufs. Je me serois procuré en outre six petits chevaux, pareils à ceux dont je me suis servi dans mon premier voyage. Trois domestiques européens et trois Sauvages des Cinq-Nations m'eussent accompagné. Quelques raisons m'empêchent de m'étendre davantage sur les plans que je comptois suivre : le tout forme un petit volume en ma possession, qui ne seroit pas inutile à ceux qui exploreront des régions inconnues. Il me suffira de dire que j'eusse renoncé à parcourir les déserts de l'Amérique, s'il en eût dû coûter une larme à leurs simples habitants. J'aurois désiré que, parmi ces nations sauvages, *l'homme à longue barbe*, longtemps après mon départ, eût voulu dire l'ami, le bienfaiteur des hommes.

Enfin tout étant préparé, je me serois mis en route, marchant directement à l'ouest, en longeant les lacs du Canada jusqu'à la source du Mississipi, que j'aurois reconnue. De là, descendant par les plaines de la haute Louisiane, jusqu'au 40e degré de latitude N., j'eusse repris ma route à l'ouest, de manière à attaquer la côte de la mer du Sud un peu au-dessus de la tête du golfe de Californie. Suivant ici le contour des côtes, toujours en vue de la mer, j'aurois remonté droit au nord, tournant le dos au Nouveau-Mexique. Si aucune découverte n'eût altéré ma marche, je me fusse avancé jusqu'à l'embouchure de la grande rivière de Cook, et de là jusqu'à celle de la rivière du *Cuivre*, par les 72 degrés de latitude septentrionale. Enfin, si nulle part je n'eusse trouvé un passage, et que je n'eusse pu doubler le cap le plus nord de l'Amérique, je serois rentré dans les États-Unis par la baie d'Hudson, le Labrador et le Canada.

Tel étoit l'immense et périlleux voyage que je me proposois d'entreprendre pour le service de ma patrie et de l'Europe. Je calculois qu'il m'eût retenu (tout accident à part) de cinq à six ans. On ne sauroit mettre en doute son utilité. J'aurois donné l'histoire des trois règnes de la nature, celle des peuples et de leurs mœurs, dessiné les principales vues, etc., etc.

Quant à ce qui est des risques du voyage, ils sont grands sans doute; mais je suppose que ceux qui calculent tous les dangers ne vont guère voyager chez les Sauvages. Cependant on s'effraie trop sur cet article. Lorsque je me suis trouvé exposé en Amérique, le péril venoit toujours du local et de ma propre imprudence, mais presque jamais des hommes. Par exemple, à la cataracte de Niagara, l'échelle indienne qui s'y trouvoit jadis étant rompue, je voulus, en dépit des représentations de mon guide, me rendre au bas de la chute par un rocher à pic d'environ deux cents pieds de hauteur. Je m'aventurai dans la descente. Malgré les rugissements de la cataracte et l'abîme effrayant qui bouillonnoit au-dessous de moi, je conservai ma tête, et parvins à une quarantaine de pieds du fond. Mais ici le rocher lisse et vertical n'offroit plus ni racines ni fentes où pouvoir reposer mes pieds. Je demeurai suspendu par la main à toute ma longueur, ne pouvant ni remonter, ni descendre, sentant mes doigts s'ouvrir peu à peu de lassitude sous le poids de mon corps, et voyant la mort inévitable : il y a peu d'hommes qui aient passé dans leur vie deux minutes comme je les comptois alors, suspendu sur le gouffre de Niagara. Enfin mes mains s'ouvrirent et je tombai. Par le bonheur le plus inouï, je me trouvai sur le roc vif, où j'aurois dû me briser cent fois, et cependant je ne me sentois pas grand mal : j'étois à un demi-pouce de l'abîme, et je n'y avois pas roulé : mais lorsque le froid de l'eau commença à me pénétrer, je m'aperçus que je n'en étois pas quitte à aussi bon marché que je l'avois cru d'abord. Je sentis une douleur insupportable au bras gauche ; je l'avois cassé au-dessus du coude. Mon guide, qui me regardoit d'en haut, et auquel je fis signe, courut chercher quelques Sauvages qui, avec beaucoup de peine, me remontèrent avec des cordes de bouleau, et me transportèrent chez eux.

Ce ne fut pas le seul risque que je courus à Niagara : en arrivant, je m'étois rendu à la chute, tenant la bride de mon cheval entortillée à mon bras. Tandis que je me penchois pour regarder en bas, un serpent à sonnettes remua dans les buissons voisins ; le cheval s'effraie, recule en se cabrant et en s'approchant du gouffre ; je ne puis dégager mon bras des rênes, et le cheval, toujours plus effarouché, m'entraîne après lui. Déjà ses pieds de devant quittoient la terre, et, accroupi sur le bord de l'abîme, il ne s'y tenoit plus que par force de reins. C'en étoit fait de moi, lorsque l'animal, étonné lui-même du nouveau péril, fait un dernier effort, s'abat en dedans par une pirouette, et s'élance à dix pieds loin du bord.

Lorsque j'ai commencé cette note, je ne comptois la faire que de quelques lignes ; le sujet m'a entraîné Puisque la faute est commise, une demi-page de plus ne m'exposera pas davantage à la critique, et le lecteur sera peut-être bien aise qu'on lui dise un mot de cette fameuse cataracte du Canada, la plus belle du monde connu.

Elle est formée par la rivière Niagara, qui sort du lac Érié et se jette dans l'Ontario. A environ neuf milles de ce dernier lac se trouve la chute : sa hauteur perpendiculaire peut être d'environ deux cents pieds. Mais ce qui contribue à la rendre si violente, c'est que, depuis le lac Érié jusqu'à la cataracte, le fleuve arrive toujours en déclinant par une pente rapide, dans un cours de près de six lieues ; en sorte qu'au moment même du saut, c'est moins une rivière qu'une mer impétueuse, dont les cent mille torrents se pressent à la bouche béante d'un gouffre. La cataracte se divise en deux branches, et se

par ses traités *De contemptu mundi*; *De sua ipsius et aliorum ignorantia*, quoique ce dernier ouvrage vaille mieux que la plupart de ses sonnets. Mais Laure, Vaucluse, sont de doux noms, et les hommes se prennent plus aisément par le cœur que par la tête. Pic de la Mirandole, Politien, Ficinus et mille autres furent des prodiges d'érudition [1]. Érasme suivit : ses *Lettres* et son *Éloge de la Folie* sont pleins d'esprit et d'élégance. Bientôt les réformateurs de l'Église romaine attaquèrent plus vigoureusement encore la secte scolastique [2]. On commença à faire revivre les autres philosophies de la Grèce. Gassendi renouvela peu après la secte d'Épicure [3], et se rendit célèbre par son génie astronomique. Trois hommes enfin, Jordan Bruno, Jérôme Cardan et François Bacon, s'élevèrent en Europe, et, dédaignant de marcher sur les pas des Grecs, se frayèrent une route nouvelle : en eux commence la *philosophie moderne*.

CHAPITRE XXIV.

Suite.

Depuis Bacon jusqu'aux encyclopédistes.

LE chancelier lord Bacon [1], un de ces hommes dont le genre humain s'honore, a laissé plusieurs ouvrages. C'est à son traité *On the Advancement of learning*, et à celui du *Novum Organon Scientiarum*, qu'il doit particulièrement son immortalité.

Dans le premier, il examine en son entier le cercle des sciences, classant chaque chose sous sa faculté, facultés dont il reconnoît quatre : l'âme, la mémoire, l'imagination, l'entendement. Les sciences s'y trouvent réduites à trois : la poésie, l'histoire, la philosophie. Dans le second ouvrage, il rejette la méthode de raisonner par syllogisme ; il propose seulement la physique expérimentale pour seul guide dans la nature. C'est ainsi que ce grand homme ouvrit à ceux qui l'ont suivi le vrai chemin de la philosophie ; et que chacun, écoutant son génie, sut désormais où se placer [2].

Tandis que Bacon brilloit en Angleterre, Campanella [3] florissoit en Italie. Cet homme extraordinaire attaqua vigoureusement les préjugés de son siècle, et tomba lui-même dans le vague des systèmes. Plongé vingt-sept ans dans les cachots [4], il y vécut, comme une salamandre, au milieu du feu de son génie, n'ayant ni plume ni papier pour lui ouvrir une

courbé en un fer à cheval d'environ un demi-mille de circuit. Entre les deux chutes s'avance un énorme rocher creusé en dessous, qui pend avec tous ses sapins sur le chaos des ondes. La masse du fleuve qui se précipite au midi se bombe et s'arrondit comme un vaste cylindre au moment qu'elle quitte le bord, puis se déroule en nappe de neige, et brille au soleil de toutes les couleurs du prisme : celle qui tombe au nord descend dans une ombre effrayante comme une colonne d'eau du déluge. Des arcs-en-ciel sans nombre se courbent et se croisent sur l'abîme, dont les terribles mugissements se font entendre à soixante milles à la ronde. L'onde, frappant le roc ébranlé, rejaillit en tourbillons d'écume, qui, s'élevant au-dessus des forêts, ressemblent aux fumées épaisses d'un vaste embrasement. Des rochers démesurés et gigantesques, taillés en forme de fantômes, décorent la scène sublime ; des noyers sauvages, d'un aubier rougeâtre et écailleux, croissent chétivement sur ces squelettes fossiles. On ne voit auprès animal vivant, hors des aigles qui, en planant au-dessus de la cataracte où ils viennent chercher leur proie, sont entraînés par le courant d'air, et forcés de descendre en tournoyant au fond de l'abîme. Quelque carcajou tigré, se suspendant par sa longue queue à l'extrémité d'une branche abaissée, essaie d'attraper les débris des corps noyés des élans et des ours que le remous jette à bord ; et les serpents à sonnettes font entendre de toutes parts leurs bruits sinistres.

[1] FABR. *Bibl. Gr.*, v. 10, pag. 278 ; SHELHORN, *Amœnitat. Leter.*, tom. 1, pag. 18 ; *Vita a J. Fr. Pico in Bates Vet. Select.*

[2] *Declarationes ad Heidelbergenses*, apud Werensdorf.

[3] SORBIÈRE, *de Vit. Gass. Præf. Synt. Phil. Epic.* ; BAYLE.

[1] Né en 1560, mort en 1626.
[2] Voyez les ouvrages cités.
[3] Né en 1568, mort en 1639.
[4] Pour une prétendue conspiration contre le roi d'Espagne.

issue au dehors. Ses écrits étincellent[1], mais on y remarque une tête déréglée. Au reste, il admettoit l'âme du monde de Platon, etc.

Hobbes[2], contemporain de Bacon, publia plusieurs ouvrages : son livre *de la Nature humaine*, son traité *De corpore politico*, son *Leviathan* et sa *Dissertation sur l'Homme*, sont les plus considérables. En politique, il trouva à peu près les principes du *Contrat Social* de J.-J. Rousseau ; mais il soutient les opinions les plus destructives de la société. Il avance que l'autorité, non la vérité, doit faire le principe de la loi ; que le magistrat suprême, qui punit l'innocent, pèche contre Dieu, mais non contre la justice ; qu'il n'y a point de propriétés, etc. En morale, il dit que l'état de nature est un état de guerre ; que la félicité consiste en un continuel passage de désir en désir[3].

Descartes[4] fit revivre le pyrrhonisme, et ouvrit les sources du déluge de la philosophie moderne. La seule vérité, selon lui, consistoit en son fameux argument, *Je pense, donc j'existe*. Il admettoit les idées innées, l'existence de la matière. Il expliquoit l'action de l'âme sur le corps d'après les principes de Platon[5]. On connoît ses tourbillons en physique.

Leibnitz publia son système des *Monades*, par lesquelles il entendoit une simple substance sans parties. Mais cette substance varie en propriétés et relations, et c'est de ces diverses modifications apparentes que résultent plusieurs dans l'unité. Cela rentre dans les *Nombres* de Pythagore et les *Idées* de Platon. Leibnitz[6] est l'auteur du *Calcul différentiel*[7].

Spinosa[8] rappelle l'athée par excellence. Il admettoit une substance universelle, laquelle substance a en elle-même tous les principes de modification : elle est Dieu. Tout vient ainsi de Dieu : le mort et le mourant, le riche et le pauvre, l'homme qui sourit et celui qui pleure, la terre, les astres, tout cela se passe et est en Dieu[1].

Locke[2] a laissé, dans son traité *On human understanding*, un des plus beaux monuments du génie de l'homme. On sait qu'il y détruit la doctrine des idées innées ; qu'il explique la nature de ces idées, les dérivant de deux sources : la sensation et la réflexion[3].

Grotius[4], après Machiavel, Mariana, Bodin[5], fut un des premiers à faire revivre en Europe la politique. Son livre *de Jure Belli et Pacis* manque de méthode, et s'étend au-delà de son titre. Il part d'ailleurs d'une majeure douteuse : la sociabilité de l'homme[a]. Au reste, on y trouve du génie et de l'érudition.

Puffendorf[6] a déployé moins de génie que Grotius dans son traité *de Jure naturæ et gentium*, mais on y apprend davantage, par l'excellent plan de l'ouvrage. Il y part de la morale pour remonter à la politique (le seul chemin par où on puisse arriver à la vérité), considérant l'homme dans ses rapports avec Dieu lui-même et ses semblables[b].

L'universel scepticisme de Bayle[7] se fait apercevoir dans ses écrits. Il y détruit tous les systèmes des autres sans en élever un lui-même[8]. Il passe avec raison pour le plus grand dialecticien qui ait existé.

Malebranche[9] a laissé un nom célèbre. Les deux opinions les plus extraordinaires qui aient

---

[1] Entre autres les ouvrages intitulés : *Philosophia Rationalis* ; *de Libris Propriis* ; *Civitas Solis*.
[2] Né en 1588, mort en 1679.
[3] Voyez les ouvrages cités, particulièrement le *Leviathan*.
[4] Né en 1596, mort en 1650.
[5] Vid. *Princip. Phil. Medit. Phil. de Prima Phil.*
[6] Né en 1646, mort en 1701.
[7] Vid. THEODICEA, *Calculus Differentialis*, etc. — Un monument littéraire bien plus précieux que la correspondance des encyclopédistes est celle de Newton, Clarke et Leibnitz : par exemple, Leibnitz faisant part à Newton de sa découverte de son *Calcul différentiel*, et Newton lui demandant son avis sur sa *Théorie des marées*.
[8] Né en 1632, mort en 1677.

[1] *Tractat. Theolog. Politic.*, Or. pro Chr., BAYL. SPIN.
[2] Né en 1632, mort en 1704.
[3] *Essay on hum. underst.*
[4] Né en 1583, mort en 1645.
[5] Sidney écrivit quelque temps après. Il ne faut pas confondre ce Sidney, écrivain d'un excellent *Traité sur le gouvernement*, avec le Sidney auteur de l'*Arcadie*.
[a] Eh bien ! vais-je nier aussi la sociabilité de l'homme ? (N. ÉD.)
[6] Né en 1631, mort en 1694.
[b] J'avois du moins étudié quelque chose de mon métier avant d'être ambassadeur. (N. ÉD.)
[7] Né en 1647, mort en 1706.
[8] *Dict. Respons. ad Provincial. Quend.*
[9] Né en 1638, mort en 1715.

peut-être jamais été avancées par aucun philosophe, se trouvent dans sa *Recherche de la Vérité*. Il y affirme que la pensée ne se produit pas de l'entendement, mais découle immédiatement de Dieu; et que l'esprit humain communique directement avec la Divinité, et voit tout en elle [1].

Rappeler ces grands hommes, qui travailloient en même temps à l'histoire naturelle, seroit trop long, et hors du sujet de cet ouvrage. Copernic, qui rendit à l'univers son vrai système [2], perdu depuis Pythagore; Galilée, qui inventa le télescope, découvrit les satellites de Jupiter, l'anneau de Saturne, etc. [3]; enfin l'immortel Newton, qui traça le chemin aux comètes, vit se mouvoir tous les mondes, pénétra dans le principe des couleurs, et vola pour ainsi dire à Dieu le secret de la nature [4]; tous ces hommes illustres précédèrent les encyclopédistes, dont il me reste à parler.

CHAPITRE XXV.

Les Encyclopédistes [5].

Il seroit impossible d'entrer dans le détail de la philosophie des encyclopédistes; la plupart sont déjà oubliés, et il ne reste d'eux que la Révolution françoise [6]. Traiter de leurs livres n'est pas plus facile; ils n'y ont point exposé de systèmes complets. Nous voyons seulement, par plusieurs ouvrages de Diderot, qu'il admettoit le pur athéisme, sans en apporter que de mauvaises raisons [1 a]. Voltaire n'entendoit rien en métaphysique: il rit, fait de beaux vers, et distille l'immoralité. Ceux qui se rapprochent encore plus de nous ne sont guère plus forts en raisonnement. Helvétius a écrit des livres d'enfants, remplis de sophismes que le moindre grimaud de collége pourroit réfuter. J'évite de parler de Condillac et de Mably, je ne dis pas de Jean-Jacques et de Montesquieu, deux hommes d'une trempe supérieure aux encyclopédistes.

Quel fut donc l'esprit de cette secte? La destruction. Détruire, voilà leur but; détruire, leur argument. Que vouloient-ils mettre à la place des choses présentes? Rien. C'étoit une rage contre les institutions de leur pays, qui, à la vérité, n'étoient pas excellentes; mais enfin quiconque renverse doit rétablir [b], et c'est la chose difficile, la chose qui doit nous mettre en garde contre les innovations. C'est un effet de notre foiblesse que les vérités négatives sont à la portée de tout le monde, tandis que les raisons positives ne se découvrent qu'aux grands hommes. Un sot vous dira aisément une bonne raison contre, presque jamais une bonne raison pour.

Ayant à parler ailleurs des encyclopédistes [2], seule cause, mais une grande cause. La révolution françoise ne vient point de tel ou tel homme, de tel ou tel livre, elle vient des choses. Elle étoit inévitable; c'est ce que nulle gens ne veulent pas se persuader. Elle provient surtout du progrès de la société à la fois vers les lumières et vers la corruption: c'est pourquoi on remarque dans la révolution françoise tant d'excellents principes et de conséquences funestes. Les premiers dérivent d'une théorie éclairée; les secondes de la corruption des mœurs. Voilà le véritable motif de ce mélange incompréhensible des crimes entés sur un tronc philosophique; voilà ce que j'ai cherché à démontrer dans tout le cours de cet *Essai* [*].

---

[1] *Recherches de la Vérité.*
[2] *De Orbium cœlest. Revol.*
[3] VIVIANI, *Vit. Gal.*; *Act. Phil.*; *Systema Cosmicum*.
[4] *Philosophiæ Naturalis Principia mathematica.*
On ne sait lequel admirer le plus des trois grands hommes que je viens de nommer, lorsqu'on les voit s'élever les uns après les autres de merveilles en merveilles. Je ne puis m'empêcher d'observer qu'on doit à Galilée les vérités importantes: que l'espace parcouru dans la chute des corps est en raison du carré des temps; que le mouvement des projectiles se fait dans la courbe parabolique [*].
[5] Je comprends sous ce nom non-seulement les vrais encyclopédistes, mais encore les philosophes qui les ont suivis jusqu'à notre temps.
[6] Qu'il soit bien entendu qu'ils n'en sont pas la

[*] Toujours mes chères mathématiques: cela prouve du moins

[4] Cela n'est pas vrai de tous ses ouvrages, mais résulte de leur ensemble; il est même déiste en plusieurs endroits de ses écrits: il est difficile d'être conséquent.
[a] *Sans en apporter que de mauvaises raisons.* Comme j'arrangeois la langue! Quel barbare! (N. ÉD.)
[b] C'est du bon sens. (N. ÉD.)
[2] A l'article du Christianisme.

que je n'avois pas la mauvaise habitude d'écrire avant d'avoir lu, habitude trop commune dans ce siècle. (N. ÉD.)
[*] Si j'ai écrit quelque chose de bon dans ma vie, il faut y comprendre cette note. (N. ÉD.)

je finirai ici leur article, après avoir remarqué que, si l'on trouve que je parle trop durement de ces savants, estimables à beaucoup d'autres égards, et moi aussi je leur rends justice de ce côté-là [a]. Mais j'en appelle à tout homme impartial : qu'ont-ils produit? Dois-je me passionner pour leur athéisme? Newton, Locke, Bacon, Grotius, étoient-ils des esprits foibles, inférieurs à l'auteur de *Jacques le Fataliste*, à celui des *Contes de mon Cousin Vadé*? N'entendoient-ils rien en morale, en physique, en métaphysique, en politique? J.-J. Rousseau étoit-il une petite âme? Eh bien, tous croyoient au Dieu de leur patrie, tous prêchoient religion et vertu. D'ailleurs, il y a une réflexion désolante : étoit-ce bien l'opinion intime de leur conscience que les encyclopédistes publioient? Les hommes sont si vains, si foibles, que souvent l'envie de faire du bruit les fait avancer des choses dont ils ne possèdent pas la conviction [b] ; et après tout je ne sais si un homme est parfaitement sûr de ce qu'il pense réellement [c].

Avant de parler de l'influence que les beaux esprits du siècle d'Alexandre et ceux du nôtre eurent sur leur âge respectif, nous allons les présenter au lecteur rassemblés. Nous choisirons les plus aimables, pour donner une idée de leurs ouvrages et de leur style : de là nous passerons au tableau de leurs mœurs ; et nous aurons ainsi une petite histoire complète de la philosophie et des philosophes.

CHAPITRE XXVI.

Platon, Fénelon, J.-J. Rousseau. La *République* de Platon, le *Télémaque*, l'*Émile*.

Si les grâces de la diction, la chaleur de l'imagination, un je ne sais quoi dans l'expression de mystique et d'intellectuel, qui ressemble au langage des anges, font le grand, le sublime écrivain, Platon en mérite le titre. Peut être sa manière ressemble-t-elle davantage à celle du vertueux archevêque de Cambrai qu'au style de Jean-Jacques ; mais celui-ci, d'une autre part, s'en est rapproché davantage par son sujet. Nous allons offrir le beau groupe de ces trois génies, qui renferme tout ce qu'il y a d'aimable dans la vertu, de grand dans les talents, de sensible dans le caractère des hommes.

Platon dans sa *République*, Fénelon dans *Télémaque*, Jean-Jacques dans son *Émile*, ont cherché l'homme moral et politique.

Le premier divise sa *République* en trois classes [1] : le peuple, ou les mécaniques ; les guerriers qui défendent la patrie, et les magistrats qui la dirigent. L'éducation du citoyen commence à sa naissance. Sans doute de tendres parents s'empressent autour de son berceau? Non : porté dans un lieu commun [2], il attend qu'un lait inconnu vienne satisfaire à ses besoins ; et sa propre mère, qui ne le reconnoît plus, nourrit auprès de lui le fils de l'étrangère.

Lorsque le citoyen commence à entrer dans l'âge de l'adolescence, le gymnase occupe ses instants. La première chose qui y frappe sa vue, c'est la pudeur sans voile, et les formes [a] de la jeune fille souillées, comme une rose dans la poussière de l'arène [3]. Son œil s'accoutume à parcourir les grâces nues, et son imagination perd les traits du beau idéal. Privé d'une famille, il ne pourra avoir une amante ; et lorsque la patrie aura choisi pour lui une compagne [4], il sera peu après obligé de rompre ses premiers liens pour recevoir dans la couche nuptiale non une vierge timide et rougissante, mais une épouse banale [5], pour qui les baisers n'ont plus de chasteté, ni l'amour de mystères.

Si, parmi ces enfants communs de la patrie, il s'en trouve un qui, par la beauté de ses traits, les indices de son génie, décèle le grand homme

---

[a] De quel côté? (N. Éd.)
[b] Suis-je un athée? Réflexion très-juste ; on a un million d'exemples de cette déplorable vanité. (N. Éd.)
[c] Naïveté comique. (N. Éd.)

[1] Plat., *de Rep.*, lib. II, pag. 375, etc.
[2] *Id.*, *de Rep.*, lib. V, pag. 460.
[a] *Les formes.* Mauvais jargon du temps, emprunté des arts.
[3] Plat., *de Rep.*, lib. V, pag. 452.
[4] *Id., ibid.*, pag. 459.
[5] *Id., ibid.*, pag. 447.

futur, on l'enlève à la foule [1], on l'instruit dans les sciences ; il va ensuite combattre avec les autres à la défense de la patrie. A mesure qu'il avance en âge, on lui confie les plus importants emplois, et bientôt on lui découvre les causes secrètes de la nature. Un philosophe lui dévoile le grand Être. Il apprend à se détacher des choses humaines : voyageur dans le monde intellectuel, il se dépouille pour ainsi dire de son corps, il s'associe à la sagesse divine, dont la nôtre n'est que l'ombre ; et lorsque cinquante années d'études et de méditations l'ont rendu d'une nature supérieure à ses semblables, alors il redescend sur la terre, et devient un des magistrats de la patrie [2].

Tel est l'homme politique de Platon. Le divin disciple de Socrate, dans le délire de sa vertu, vouloit spiritualiser les hommes terrestres ; et pour les rendre pareils à Dieu, il commençoit par opprimer le peuple en établissant un corps de janissaires, par faire des législateurs métaphysiciens, et par enlever à tous la piété maternelle, l'amour conjugal, que la nature donne aux tigres mêmes dans leurs déserts. Des enfants communs ! O blasphème philosophique ! Plus heureuse cent fois la femme indigente de nos cités, qui mendie ses premiers besoins en portant son fils dans ses bras ! La société l'abandonne, mais la nature lui reste ; elle ne sentira point l'inclémence des hivers, si, dans ses haillons, elle peut trouver un coin de manteau pour envelopper son tendre fruit. La faim même qui la dévore, elle l'oublie, si sa mamelle donne encore la nourriture accoutumée au cher enfant qui sourit à ses larmes, et presse le sein maternel de ses petites mains [a].

Fénelon vit mieux que Platon l'état de la société. Son jeune homme moral quitte le lieu de sa naissance pour aller chercher son père. La Sagesse, sous la figure de Mentor, l'accompagne. Le premier pas qu'il fait dans la carrière est, comme dans la vie, vers le malheur. La mort le menace en Sicile ; échappé à ce danger, l'esclavage et la pauvreté l'attendent en Égypte : les dieux et les lettres viennent à son secours. Prêt à retourner dans sa patrie, la main du sort le saisit de nouveau, et le replonge dans les cachots. Là, du haut d'une tour, il passe ses jours à contempler les flots qui se brisent au loin sur les rivages, et les mortels agités par la tempête. Tout à coup un grand combat attire ses regards ; il voit tomber un roi despotique, dont la tête sanglante, secouée par les cheveux, est montrée en spectacle au peuple qu'il opprimoit.

Télémaque quitte l'Égypte, et la tyrannie la plus affreuse se montre à lui en Phœnicie. Il abandonne cette terre d'esclavage, et arrive à celle des plaisirs. Le jeune homme va succomber ; tout à coup la Sagesse se présente à lui ; il fuit avec elle cette île empoisonnée, et, durant une navigation tranquille, il écoute des discours divins sur Dieu et la vertu, qui rouvrent son cœur aux voluptés morales.

Bientôt à l'horizon on découvre des montagnes dont le sommet se colore des premières réfractions de la lumière. Peu à peu la Crète s'avance au-devant du vaisseau. Des moissons verdoyantes, des champs d'oliviers, des villages champêtres, des cabanes riantes, entrecoupées de bouquets de bois, toute l'île enfin se déploie en amphithéâtre sur l'azur calme et brillant de la mer.

Quelle baguette magique a créé cette terre enchantée ? Un bon gouvernement. Ici le spectacle d'un peuple heureux développe au jeune homme le secret des lois et de la politique. Il y apprend que le gouverné n'est pas fait pour le gouvernant ; mais celui-ci pour le premier. Toujours croissant en sagesse, Télémaque refuse, par amour de la patrie, la royauté qu'on lui offre. Il s'embarque, après avoir mis un philosophe à la tête des Crétois ; et Vénus, irritée de ses mépris, l'attend avec l'Amour à l'île de Calypso.

Ici il ne sent point cette volupté grossière qui subjuguoit son corps à Cypre. Ce qu'il éprouve est d'une nature céleste, et règne à la fois dans son âme et dans ses sens. Ce ne sont plus des beautés hardies, dont les grâces faciles n'offrent rien à deviner au désir ; ce sont les tresses flottantes d'Eucharis qui voilent des charmes inconnus ; c'est la modestie, c'est

---

[1] PLAT., *de Rep.*, lib. VI, pag. 486.
[2] *Id., ibid.*, 503 ; lib. VII, pag. 517.
[a] J'ai transporté quelque chose de ceci dans le *Génie du Christianisme*, mais le morceau entier est mieux dans l'*Essai*. (N. ÉD.)

la pudeur de la vierge qui aime, et n'ose avouer son amour, mais l'exhale comme un parfum autour d'elle.

D'une autre part, une passion dévorante consume la malheureuse Calypso. La jalousie, plus dévorante encore, marbre ses yeux de taches livides. Ses joues se creusent; elle rugit comme une lionne. Télémaque effrayé ne trouve d'abri qu'auprès d'Eucharis, que la déesse est prête à déchirer, tandis que l'enfant Cupidon, au milieu de cette troupe de nymphes, s'applaudit en riant des maux qu'il a faits.

C'en est fait; le jeune homme succombe, il va périr : la Sagesse se présente à lui, l'entraîne vers le rivage. Insensible à la vertu, Télémaque ne voit qu'Eucharis, il voudroit baiser la trace de ses pas, et il demande à lui dire au moins un dernier adieu. Mais des flammes frappent soudain sa vue; elles s'élèvent du vaisseau que Minerve avoit bâti, et que l'Amour vient de consumer. Une secrète joie pénètre dans le cœur du fils d'Ulysse; la Sagesse prévoit le retour de sa foiblesse, saisit l'instant favorable, et, poussant son élève du haut d'un roc dans les flots, s'y précipite avec lui.

Télémaque aborde à la nage un vaisseau arrêté à la vue de l'île. Là il retrouve un ancien ami. Celui-ci lui raconte la mort d'un tyran, et lui fait la peinture d'un peuple heureux selon la nature. Le jeune homme, au milieu de ces doux entretiens, croyant arriver dans sa patrie, touche à des rives étrangères. Des tours à moitié élevées, des colonnes entourées d'échafauds, des temples sans combles, annoncent une ville qui s'élève. Là règne Idoménée, chassé de Crète par ses sujets.

Ici Télémaque reçoit les dernières leçons. Le tableau des cours et de leurs vices passe devant ses yeux; l'homme vertueux banni, le fripon en place, les ambitions, les préjugés, les passions des rois, les guerres injustes, les plans faux de législation, enfin, non l'excès de la tyrannie, mais ce mal général, peut-être pire encore, qui règne dans les gouvernements corrompus, est développé aux yeux de l'élève de Minerve. Après être descendu aux enfers, après y avoir vu les tourments réservés aux despotes, et les récompenses accordées aux bons rois; après avoir supporté les fatigues de la guerre, et chéri une flamme licite pour l'épouse qu'il se choisit, Télémaque retourne dans sa patrie, instruit par la sagesse et l'adversité; également fait désormais pour commander ou obéir aux hommes, puisqu'il a vaincu ses passions.

Le défaut de cet immortel ouvrage vient de la hauteur de ses leçons, qui ne sont pas calculées pour tous les hommes. On y trouve des longueurs, surtout dans les derniers livres. Mais ceux qui aiment la vertu, et chérissent en même temps le beau antique, ne doivent jamais s'endormir sans avoir lu le second livre du *Télémaque*. L'influence de cet ouvrage de Fénelon a été considérable; il renferme tous les principes du jour; il respire la liberté, et la Révolution même s'y trouve prédite. Que l'on considère l'âge où il a paru, et l'on verra qu'il est un des premiers écrits qui ont changé le cours des idées nationales en France [a].

« Tout est bien sortant des mains de l'Auteur des choses, tout dégénère entre les mains de l'homme. » C'est ainsi que commence l'*Émile*, et cette phrase explique tout l'ouvrage. Jean-Jacques prend, comme Platon, l'homme dans ses premiers langes, il recommande le sein maternel. Il veut qu'aussitôt que l'enfant ouvre ses yeux à la lumière, il soit soumis sur-le-champ à la nécessité, la seule loi de la vie : s'il pleure, on ne l'apaise point; s'il demande un objet, on l'y porte. La louange, le blâme, la frayeur, le courage, sont des ressorts de l'âme, dont il ignore même le nom. Dieu demande toute la force de la raison pour le comprendre, on n'en parle donc point à l'*Émile* de Jean-Jacques.

Aussitôt qu'il sort des mains des femmes, on le remet entre les mains de son ami, non de son maître, il n'en a point. L'étude difficile de celui-ci est de ne rien lui apprendre. Émile ne sait ni lire ni écrire, mais il connoît sa foiblesse; et tous les jours, dans ses jeux, quelques accidents lui font désirer de s'instruire des lettres, des mathématiques et des autres arts. Il en est ainsi pour lui des idées morales et civiles. On a bien pris garde de lui enseigner ce que c'est que la justice, la propriété [b]; mais

---

[a] Il me semble par ces pages que j'avois appris à écrire. (N. Éd.)

[b] Phrase inintelligible qui veut dire : *On ne lui a pas enseigné.* (N. Éd.)

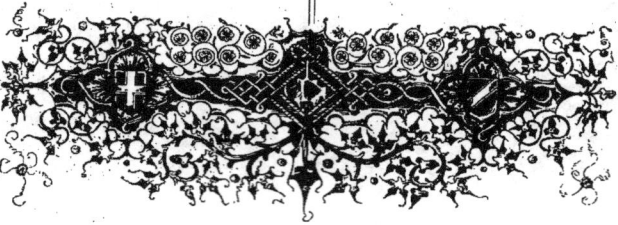

un joueur de gobelets, un jardinier, et mille autres hasards, développent graduellement dans son cerveau le système des choses relatives.

Émile ne sait point rester où il s'ennuie, veiller lorsqu'il veut dormir. S'il a faim, il mange; s'il ne peut satisfaire ses besoins ou ses désirs, il ne murmure point : ne connoît-il pas la nécessité?

Courageux, il ne l'est point parce qu'il faut l'être, mais parce qu'il ignore le danger. La mort, il ne sait ce que c'est. Il a vu mourir, et cela lui semble bon, parce que c'est une chose naturelle, et surtout une nécessité.

Cependant Émile a appris une question. A quoi cela est-il bon? demande-t-il lorsqu'il voit faire quelque chose qu'il ne connoît pas. Souvent on ne répond point à cette question; et Émile, par hasard, ne manque pas de trouver tôt ou tard lui-même la raison dont il s'enquéroit.

Mais l'âge des passions s'avance, et l'on commence à entendre gronder l'orage. L'élève de Jean-Jacques a appris dans ses jeux, non-seulement les principes des sciences abstraites, mais ceux des arts mécaniques, tels que la menuiserie : car quoique Émile soit riche, il peut être exposé aux révolutions des états. « Vous vous fiez, dit Jean-Jacques, à l'ordre actuel de la société, sans songer que cet ordre est sujet à des révolutions inévitables, et qu'il vous est impossible de prévoir ni de prévenir celle qui peut regarder vos enfants. Le grand devient petit, le riche devient pauvre, le monarque devient sujet. Les coups du sort sont-ils si rares que vous puissiez compter d'en être exempts ? Nous approcons de l'état de crise, et du siècle des révolutions. *Je tiens pour impossible que les grandes monarchies de l'Europe aient encore longtemps à durer; toutes ont brillé, et tout état qui brille est sur son déclin. J'ai de mon opinion des raisons plus particulières que cette maxime; mais il n'est pas à propos de les dire, et chacun ne les voit que trop* ª. »

ª Je n'ai rien à rétracter des éloges que je donne ici à Rousseau dans le *texte* et dans la *note*. Quant à mon jugement général sur ses ouvrages, je renvoie le lecteur à la note ᵇ, page 65, 1ʳᵉ colonne. (N. Éd.)

ᵇ Tom. XI, page 85, éd. de Londres, 1781.

Voilà le fameux passage de l'*Émile*. Il y a plusieurs choses à remarquer ici. La première est la clarté avec laquelle Jean-Jacques a prédit la révolution présente. La seconde a rapport à sa célèbre idée de faire apprendre un métier à chaque enfant. Comme on s'en moqua à l'époque de la publication de l'*Émile!* comme on trouvoit le philosophe ridicule! Je n'ai pas besoin de demander si nous en sentons maintenant la vérité. Il y a beaucoup de nos seigneurs françois qui seroient trop heureux maintenant de savoir faire le métier d'Émile. Ils recevroient par jour leur demi-couronne ou leur quatre schellings, et seroient citoyens utiles du pays où le sort les auroit jetés.

La troisième remarque, et la plus importante, tient à la nature du passage même. Il est clair que non-seulement Jean-Jacques avoit prévu la révolution, mais encore les horreurs dont elle seroit accompagnée. Il annonce que le dessein d'Émile est d'émigrer. Comment le républicain Jean-Jacques auroit-il pu avoir une telle pensée, s'il n'avoit entrevu l'espèce de gens qui feroient une révolution en France, s'il n'avoit jugé, par l'état des mœurs du peuple, qu'une révolution vertueuse étoit impossible? Sans doute le sensible philosophe, qui disoit qu'une révolution qui coûte la vie à un homme est une mauvaise révolution, n'auroit pas célébré celle de la France. J'ai entendu une discussion très-intéressante au sujet de Voltaire et de Rousseau, dans une société de gens de lettres qui les avoient connus, par ailleurs grands partisans de la révolution. On examinoit quelle auroit été vraisemblablement la conduite du poëte et du philosophe s'ils avoient vécu jusqu'à la Révolution. Il fut conclu à l'unanimité qu'ils auroient été des aristocrates. Voltaire, disoit-on, n'auroit jamais oublié sa qualité de gentilhomme du roi, ni pardonné l'apothéose de Jean-Jacques. Quant à celui-ci, l'horreur du sang répandu en auroit fait un contre-révolutionnaire décidé. Ces remarques sont très-justes, et peignent les deux hommes; mais quelle force de génie dans Rousseau, d'avoir à la fois prédit la Révolution et ses crimes! et quelle incroyable circonstance, que ses écrits mêmes aient servi à les amener!

Il paroit encore que Rousseau prévoyoit plusieurs autres catastrophes. Je ne sais, mais s'il m'étoit permis de m'expliquer, j'aurois peut-être quelque chose d'intéressant à dire à ce sujet. *Si l'Angleterre doit éprouver une révolution, elle sera totalement différente de celle de France* *, parce que d'après mille raisons trop longues

* Sans doute, parce qu'il y a une aristocratie puissante dans la Grande-Bretagne, et que l'aristocratie n'étoit plus rien en France. Non-seulement les hautes classes de la société en Angleterre se sauveront par la prudence et la justice que je leur recommande, mais elles se sauveront encore mieux en dirigeant les idées nouvelles, et se mettant, comme elles l'ont fait toujours, à la tête des siècles à mesure qu'ils se succèdent. Ainsi ces hautes classes, n'étant jamais dépassées par les classes qui les suivent, conservent tous leurs droits à une supériorité naturelle.

Il faut aussi se souvenir qu'il n'y a point de peuple proprement dit en Angleterre, excepté dans les grandes villes; tout

sible se rend un matin au sommet d'une haute colline, au bas de laquelle coule le Pô, tandis que le soleil levant projette l'ombre des arbres dans la vallée. Après quelques instants de silence et de recueillement, inspirés par ce beau spectacle, et par les idées qu'il fait naître de la Divinité, le vicaire savoyard prouve l'existence du grand Être, non d'après des raisonnements métaphysiques, mais sur le sentiment qu'il en trouve dans son cœur. Un Dieu juste, bienfaisant et aimant les humains, est le seul que reconnoisse Émile. Il confesse dans les Évangiles une morale tendre et sublime, mais il n'y voit qu'un homme [a].

L'amour a ses droits sur le cœur de l'élève de Jean-Jacques, mais il veut une femme telle que son imagination éprise de la vertu se plaît à la lui peindre. Il la rencontre enfin dans une retraite. La modestie, la grâce, la beauté règnent sur le front de Sophie. Émile brûle, et ne peut l'obtenir. Son ami l'arrache à son ivresse pour le mener parcourir l'Europe. La passion du jeune homme amoureux survit au temps et à l'absence; il revient, épouse sa maîtresse, et trouve le bonheur [b].

Quoi! c'est à cela que se réduit l'*Émile*? Sans doute; et Émile est autant au-dessus des hommes de son siècle, qu'il y a de différence entre nous et les premiers Romains. Que dis-je! Émile est l'homme par excellence; car il est l'homme de la nature. Son cœur ne connoît point les préjugés. Libre, courageux, bienfaisant, ayant toutes les vertus sans y prétendre, s'il a un défaut, c'est d'être isolé dans le monde, et de vivre comme un géant dans nos petites sociétés.

Tel est le fameux ouvrage qui a précipité notre Révolution. Son principal défaut est de n'être écrit que pour peu de lecteurs. Je l'ai quelquefois vu entre les mains de certaines femmes qui y cherchoient des règles pour l'éducation de leurs enfants, et j'ai souri. Ce livre n'est point un livre pratique; il seroit de toute impossibilité d'élever un jeune homme sur un système qui demande un concours d'êtres environnants qu'on ne sauroit trouver; mais le sage doit regarder cet écrit de Jean-Jacques comme un trésor. Peut-être n'y a-t-il dans le monde entier que cinq ouvrages à lire : l'*Émile* en est un [a].

Je commettrois un péché d'omission impardonnable si je finissois cet article sans parler de l'influence que l'*Émile* a eue sur ce siècle. J'avance hardiment qu'il a opéré une révolution complète dans l'Europe moderne, et qu'il forme époque dans l'histoire des peuples. L'éducation, depuis la publication de cet ouvrage, s'altéra totalement en France; et qui change l'éducation change les hommes. Quel dut être l'étonnement des nations lorsque Rousseau, sortant du cercle obscur des opinions reçues, aperçut au-delà de la lumière de la vérité; que, brisant l'édifice de nos idées sociales, il montra que nos principes, nos sentiments même, tenoient à des habitudes conventionnelles sucées avec le lait de nos mères; que par conséquent nos meilleurs livres, nos plus justes institutions, n'avoient point encore montré la créature de Dieu; que nous existions comme dans une espèce de monde factice : l'étonnement, dis-je, dut être grand lorsque Rousseau vint à jeter parmi ses contemporains abâtardis l'homme vierge de la nature [b].

à détailler, les partis en viendroient à une guerre civile ouverte, et non à un carnage sourd, comme dans ma patrie. Si l'Angleterre évite le sort dont elle est menacée, ce ne sera que par beaucoup de prudence et de justice dans le gouvernement. Au reste, l'idée de Jean-Jacques de faire apprendre un métier à Émile n'est que ce que disoit Néron : lorsqu'on lui reprochoit l'ardeur avec laquelle il se livroit à l'étude de la musique, il répondoit par une fameuse phrase grecque : « Un artiste vit partout. » Il est singulier que la pensée d'un philosophe ne soit que le mot d'un tyran.

[a] Voilà ce que j'ai appelé dans mon jugement général un sermon socinien. (N. Éd.)

[b] Rousseau a peint avec moins de charme l'épouse dans Sophie que l'amante dans Julie : le caractère de son talent s'arrangeoit mieux de l'ardeur d'une couche illégitime que de la chasteté du lit conjugal. (N. Éd.)

est client et patron comme dans l'ancienne Rome. Cela rend une révolution populaire presque impossible. Quand les prolétaires ou les ouvriers se soulèvent, les propriétaires s'arment; on tue quelques-uns des mutins, et tout est fini. (N. Éd.)

[a] Cela est risible à force d'être exagéré. Qu'il me soit permis de renvoyer encore le lecteur à ma note [a] de la page 63, 1re colonne. (N. Éd.)

[b] Il ne jeta point parmi ses contemporains un homme *vierge*, mais un homme factice qui n'étoit en rapport avec rien de ce qui existoit; son Émile n'est que le songe

Je ne fais point ces réflexions sur l'immortel *Émile* sans un sentiment douloureux. La Profession de foi du vicaire savoyard, les principes politiques et moraux de cet ouvrage, sont devenus les machines qui ont battu l'édifice des gouvernements actuels de l'Europe, et surtout celui de la France [a], maintenant en ruine. Il s'ensuit que la vérité n'est pas bonne aux hommes méchants; qu'elle doit demeurer ensevelie dans le sein du sage, comme l'espérance au fond de la boîte de Pandore. Si j'eusse vécu du temps de Jean-Jacques, j'aurois voulu devenir son disciple; mais j'eusse conseillé le secret à mon maître. Il y a plus de philosophie qu'on ne pense au système de mystère adopté par Pythagore et par les anciens prêtres de l'Orient.

CHAPITRE XXVII.

Mœurs comparées des philosophes anciens et des philosophes modernes.

Si les philosophes anciens et modernes ont eu, par leurs opinions, la même influence sur leur siècle, ils n'eurent cependant ni les mêmes passions, ni les mêmes mœurs.

Tout le monde a entendu parler du tonneau de Diogène. Ménédème de Lampsaque paroissoit en public revêtu d'une robe noire, un chapeau d'écorce sur la tête, où l'on voyoit gravés les douze signes du zodiaque; une longue barbe descendoit à sa ceinture; et, monté sur le cothurne tragique, il tenoit un bâton de frêne à la main. Il se prétendoit un esprit revenu des enfers pour prêcher la sagesse aux hommes [1].

Anaxarque, maître de Pyrrhon, étant tombé dans une ravine, celui-ci refusa gravement de l'en retirer, parce que toute chose est indifférente de soi, et qu'autant valoit demeurer dans un trou que sur la terre [2].

Lorsque Zénon marchoit dans les villes, ses amis l'accompagnoient, dans la crainte qu'il ne fût écrasé par les voitures : il ne se donnoit pas la peine d'échapper à la Fatalité [3].

Démocrite s'enfermoit, pour étudier, dans les tombeaux [4]; et Héraclite broutoit l'herbe de la montagne [5].

Empédocle, voulant passer pour une divinité, se précipita dans l'Etna; mais le volcan ayant rejeté les sandales d'airain de cet impie, sa fourbe fut découverte [6]. Cette fable des Grecs est ingénieuse. Ne veut-elle pas dire que les dieux savent punir l'orgueil du philosophe superbe, en le dénonçant à l'humanité, par quelques parties viles et honteuses de son caractère [a] ?

Nos philosophes modernes gardèrent au moins plus de mesure. Spinosa, il est vrai, vivoit avec ses chiens, ses oiseaux, ses chats; et J.-J. Rousseau portoit l'habit arménien [7]; mais aucun ne s'en est allé dans les faubourgs prêchant la sagesse à la canaille assemblée, et je doute que celui qui auroit voulu se loger dans un tonneau eût été laissé tranquille par la populace de nos villes : tant nos mœurs diffèrent de celles des anciens !

Mais si les sophistes de la Grèce affectèrent l'originalité de conduite, ils ne se distinguè-

---

d'un système, la création d'un sophiste, l'être imaginaire qui n'a de réel que le rabot dont il est armé. (N. Éd.)

[a] Je n'ai pu m'empêcher de faire, dans ce passage, la part aux faits; mais je suis si épris de Rousseau, que je ne puis me résoudre à le trouver coupable; j'aime mieux soutenir qu'on a abusé de ses principes, que je m'obstine à trouver bons, même en avouant qu'ils ont fait un mal affreux; j'aime mieux condamner le genre humain tout entier, que le citoyen de Genève. Quelle infatuation ! (N. Éd.)

[1] Suid.; Athen., lib. IV, pag. 162.
[2] Laert., lib. in *Pyrrhon.*
[3] *Id.*, lib. VII.
[4] *Id.*, lib. IX, *in Dem.*
[5] *Id.*, ibid., *in Heracl.*
[6] *Id.*, lib. VIII; Lucian.; Strab., lib. VI; Hor., *de Art. poet.*
[a] Décidément j'aime beaucoup la liberté dans l'*Essai*, et fort peu les philosophes, dont je me moque ici peut-être pas trop mal. (N. Éd.)
[7] Rousseau portoit cet habit par nécessité. Il me semble pourtant qu'il auroit pu en choisir un un peu moins remarquable.

rent pas moins par la chasteté et la pureté de leurs mœurs [a]. Ils s'occupoient tous des autres exercices des citoyens, et supportoient comme eux les travaux de la patrie: Solon, Socrate, Charondas, et mille autres, furent non-seulement de grands philosophes, mais de grands guerriers. La frugalité, le mépris des plaisirs, toutes les vertus morales brilloient dans leur caractère.

Nos philosophes, bien différents, enfermés dans leur cabinet, brochoient le matin des livres sur la guerre, où ils n'avoient jamais été; sur le gouvernement, où ils n'avoient jamais eu de part; sur l'homme naturel, qu'ils n'avoient jamais étudié que dans les sociétés de la capitale; et, après avoir écrit un chapitre rigide contre le luxe, la corruption du siècle, le despotisme des grands, ils s'en alloient le soir flatter ceux-ci dans nos cercles, corrompre la femme de leur voisin, et partager tous les vices du monde.

« Vieux fou, vieux gueux ! » se disoit Diderot, âgé de soixante-deux ans, et amoureux de toutes les femmes, « quand cesseras-tu donc de t'exposer à l'affront d'un refus ou d'un ridicule [1]? »

« Voici de quoi composer votre paradis, » disoit madame de Rochefort à Duclos : « du pain, du vin, du fromage, et la première venue [2]. »

Helvétius, par ailleurs honnête homme et bon homme (mot dont on a trop mésusé, et qu'il faut faire revenir à sa première valeur), Helvétius marié se faisoit amener chaque nuit une nouvelle maîtresse par son valet de chambre, qui les cherchoit, autant qu'il pouvoit, dans la classe honnête du peuple. Madame de... n'a pas, dit-on, été à l'abri des caresses du vieillard de Ferney, dont l'immoralité est d'ailleurs bien connue [3] [b]?

J'ai entendu Chamfort conter une anecdote curieuse sur Jean-Jacques. Il avoit vu (Chamfort) des lettres du philosophe genevois à une femme, dans lesquelles celui-ci employoit toute la séduction de son éloquence pour prouver à cette même femme que l'adultère n'est pas un crime. « Voulez-vous savoir le secret de ces lettres? ajoutoit Chamfort; l'ami des mœurs étoit amoureux. »

Enfin personne n'ignore que les mains du grand chancelier Bacon n'étoient pas pures; que Hobbes, ce philosophe si hardi dans ses écrits, ne put se résoudre à mourir [1]; et, qu'excepté Fénelon et Catinat, les mœurs des philosophes [a] de notre âge diffèrent totalement de celles des anciens sages de la Grèce.

A Dieu ne plaise que je relève la turpitude de ces grands hommes [b] par une malignité que je ne trouve point dans mon cœur! Malgré leurs foiblesses, je les crois les plus honnêtes gens de notre siècle, et il n'y a pas un de nous, qui les blâmons, qui les valions au fond du cœur : mais j'ai été contraint, contre mon goût, de faire apercevoir ces différences, parce qu'elles mènent à des vérités essentielles au but de cet *Essai*.

Il doit résulter de ce tableau que nos philosophes modernes, vivant plus dans le monde et selon le monde que les anciens, ont dû mieux peindre la société, et connoître davantage les passions et leurs ressorts. De là il résulte que leurs ouvrages, plus calculés pour

---

[a] Pas Diogène au moins. (N. Éd.)
[1] Champ., *Pens., Max.*
[2] *Id., ibid.*
[a] Je ne parle point des sales romans sortis de la plume de la plupart de nos philosophes.
[b] Puisque j'ai eu le courage d'écrire une pareille page, je suis obligé d'avouer que les faits qu'elle contient sont au-dessous de la vérité. Tous les Mémoires publiés depuis l'apparition de l'*Essai* nous montrent les philosophes du dix-huitième siècle bien misérables par les mœurs.

On peut voir ces détails scandaleux dans les écrits de Grimm, de madame d'Épinay, des secrétaires de Voltaire, etc., etc. Les mœurs de nos réformateurs littéraires ne valoient pas mieux que les mœurs de la cour, contre lesquelles ils jetoient de si hauts cris; et les Mémoires de M. de Besenval et de Lauzun n'offrent rien de plus immoral que ceux que je viens de citer. La société tout entière étoit en décomposition; les philosophes, qui appeloient de leurs vœux la Révolution, comme les courtisans qui la redoutoient, ne valoient pas mieux les uns que les autres. (N. Éd.)

[1] Hume's *Hist. of England*, vol. VII, pag. 346; Bayle, *Art. Hob.*

[a] Par quelle étrange aberration d'esprit remontai-je jusqu'à Bacon, Fénelon et Catinat, en parlant des philosophes de notre âge? (N. Éd.)

[b] *Ces grands hommes!* Je ne veux pas parler sans doute de Diderot et de d'Alembert. Je réclame ici contre mon humilité, et je crois valoir tout autant *que les plus honnêtes gens de notre siècle*. (N. Éd.)

leur siècle, ont dû avoir une influence plus rapide sur leurs contemporains que les livres des Platon et des Aristote. Aussi voyons-nous qu'il s'est écoulé moins d'années entre la subversion des principes en France et le règne des encyclopédistes [a], qu'entre la même subversion des principes en Grèce et le triomphe des sophistes. Cependant, et les premiers et les seconds parvinrent à renverser les lois et les opinions de leur pays. La recherche de l'influence des philosophes de l'âge d'Alexandre sur leur siècle et de celle des philosophes modernes sur notre propre temps, demande à présent toute l'attention du lecteur.

CHAPITRE XXVIII.

De l'influence des philosophes grecs de l'âge d'Alexandre sur leur siècle, et de l'influence des philosophes modernes sur le nôtre.

C'EST une grande question que celle-là : savoir comment la philosophie agit sur les hommes ; si elle produit plus de bien que de mal, plus de mal que de bien ; comment elle détermine les révolutions, et dans quel sens elle les détermine ; et jusqu'à quel point un peuple qui ne se conduiroit que d'après des systèmes philosophiques seroit heureux ?

Nous n'embrasserons pas cette question générale, qui nous mèneroit trop loin, et nous considérerons seulement a philosophie par l'influence qu'elle a eue sur la Grèce et sur la France, en nous bornant à la politique et à la religion. Un essai est un livre pour faire des livres ; il ne peut passer pour bon qu'en raison du nombre de fétus d'ouvrages qu'il renferme. D'ailleurs, le sujet que je traite s'étend si loin, et mes talents sont si foibles, que je tâche de me circonscrire ; d'une autre part, le temps se précipite, et je me fatigue.

CHAPITRE XXIX.

Influence politique.

ON aperçoit une différence considérable entre l'âge philosophique d'Alexandre et le nôtre, considérés du côté de leur influence politique. Les divers écrits sur le gouvernement, qui parurent en Grèce à cette époque, devinrent le signal d'une révolution générale dans les constitutions des peuples. L'Orient commua ses institutions despotiques en des monarchies plus modérées, tandis que les républiques grecques rentrèrent sous le joug des tyrans.

Les livres de nos publicistes modernes ont développé au contraire une révolution totalement opposée. Des états populaires se érigés sur les débris des trônes ; ceci naît d'une position relative différente dans les siècles.

Lorsque les Platon, les Aristote, publièrent leurs *Républiques*, la Grèce possédoit encore les formes de ce gouvernement. Le disciple de Socrate et le Stagirite n'apprenoient donc rien de nouveau aux peuples ; et n'avoient-ils pas

---

[a] Je ne me suis point réconcilié avec les philosophes du dix-huitième siècle ; j'ai très bien fait de les traiter comme je l'ai fait dans l'*Essai*. Je ne puis souffrir des hommes qui croyoient qu'on peut rendre un peuple libre en étranglant le dernier roi avec le boyau du dernier prêtre, et qui vouloient substituer, pour le triomphe des lumières, la lecture d'un roman obscène à celle de l'Évangile. Je vois avec joie qu'ils tombent tous les jours en discrédit parmi notre raisonnable jeunesse, et j'en augure bien pour l'avenir. L'incrédulité n'est pas plus une preuve de la force de l'esprit, qu'une marque de l'indépendance du caractère. La superstition déplaît aujourd'hui, l'hypocrisie est en horreur, mais le siècle rejette également les turpitudes irréligieuses et le fanatisme philosophique. On traite gravement la liberté, et l'on a cessé de vouloir en faire une impie et une prostituée. (N. Éd.)

les lois des Solon et des Lycurgue? Nous pénétrons ici dans les replis du cœur de l'homme. Quel gouvernement les philosophes légistes d'Athènes exaltèrent-ils dans leurs écrits comme le meilleur? Le monarchique [1]. Pourquoi? parce qu'ils avoient senti les inconvénients du populaire, mais non, disons plutôt parce qu'ils ne possédoient pas le monarchique. L'état où nous vivons nous semble toujours le pire de tous; et mille petites passions honteuses, que nous n'osons nous avouer, nous font continuellement haïr et blâmer les institutions de notre patrie. Si nous descendions plus souvent dans notre conscience pour examiner les grandes passions du patriotisme et de la liberté, qui nous éblouissent, peut-être découvririons-nous la fourbe. En les touchant avec l'anneau de la vérité, nous verrions ces magiciennes, comme celle de l'Arioste, perdre tout à coup leurs charmes empruntés, et reparoître sous les formes naturelles et dégoûtantes de l'intérêt, de l'orgueil et de l'envie [a]. Voilà le secret des révolutions.

Du moins les philosophes grecs, en vantant la monarchie, suivoient-ils en cela les mœurs du peuple, désormais trop corrompues pour admettre la constitution démocratique [b]. Les livres de ces hommes célèbres durent avoir une très grande influence sur les opinions de ceux qui, se trouvant à la tête de l'état, pouvoient beaucoup pour en altérer les formes. Démosthènes eut beau crier contre Philippe, plusieurs pensoient à Athènes que son gouvernement n'étoit pourtant pas si mauvais. Leurs préjugés contre les rois s'étoient adoucis par la lecture des ouvrages politiques, et bientôt la Grèce passa sans murmurer sous l'autorité royale.

Jean-Jacques, Mably, Raynal, en embouchant la trompette républicaine, trouvèrent l'Europe endormie dans la monarchie. Le peuple réveillé ouvrit les yeux sur des livres qui ne prêchoient qu'innovations et changements; un torrent de nouvelles idées se précipita dans les têtes. Le relâchement des mœurs, l'enthousiasme des choses nouvelles, l'envie des petits et la corruption des grands, le souvenir des oppressions monarchiques, et plus que cela la fureur des systèmes, qui s'étoit glissée parmi les courtisans mêmes, tout seconda l'influence de l'esprit philosophique, et jeta la France dans une révolution républicaine. Car, par la même raison que les publicistes grecs vantèrent le gouvernement royal, les publicistes françois célébrèrent la constitution populaire [a].

Ainsi l'influence politique des philosophes de l'âge d'Alexandre et de ceux de notre siècle agit dans le sens le plus contraire. En Grèce elle produisit la monarchie, en France la république; mais il ne faut pas admettre trop promptement ces vérités. La France affecte maintenant des formes qu'on appelle démocratiques; les conservera-t-elle? Voilà la question [b]. Si nous partons des mœurs, nous trouvons que celles des peuples de la Grèce, au moment de la révolution d'Alexandre, étoient à peu près au même degré de corruption que les mœurs des François à l'instant de l'institution de leur république; or, ces mœurs produisirent l'esclavage à Athènes: sera-ce un livre de plus ou de moins qui les rendra mères de la liberté à Paris [c]?

Passons à l'influence religieuse des philosophes. Je n'ai pas besoin de faire remarquer que religion et politique se tiennent de si près, que beaucoup de choses que j'ai supprimées dans ce chapitre, et qu'on trouvera dans les suivants, auroient pu tomber également sous l'article que je viens de traiter.

---

[1] Je ne cite point; j'ai cité dans mille endroits.
[a] Cela est vrai pour les individus, cela n'est pas vrai pour les nations. (N. Éd.)
[b] L'observation est très vraie en ce qui regarde les anciens, elle est fausse pour nous. (N. Éd.)

[a] C'est chercher une trop petite cause à de trop grands effets; c'est attribuer des révolutions qui ont changé la face du monde à un mouvement d'humeur et à un esprit de contradiction, tandis que les causes réelles de ces révolutions venoient du changement graduellement opéré dans les croyances religieuses et politiques. (N. Éd.)
[b] Cette question a été promptement résolue; le despotisme militaire est sorti de la démocratie françoise, et de ce despotisme est née à son tour la monarchie constitutionnelle, sorte de monarchie qui est l'heureuse alliance de l'ordre qu'apporte le pouvoir royal, et de la liberté que donne le pouvoir populaire. (N. Éd.)
[c] Raisonnement dont le vice est toujours dans la comparaison insoutenable entre l'ordre politique et moral des peuples anciens, et l'ordre politique et moral des peuples modernes. (N. Éd.)

CHAPITRE XXX.

Influence religieuse.

'EST ici que les philosophes de la Grèce et ceux de la France ont eu, par leurs écrits, une influence absolument la même sur leur âge respectif. Ils renversèrent le culte de leur pays, et, en introduisant le doute et l'athéisme, amenèrent les deux plus grandes révolutions dont il soit resté des traces dans l'histoire. Ce fut l'altération des opinions religieuses qui produisit en partie la chute du colosse romain, altération commencée par les sectes dogmatiques d'Athènes : et c'est le même changement d'idées religieuses dans le peuple qui a causé de nos jours le bouleversement de la France, et renouvellera dans peu la face de l'Europe. Je vais essayer de rappeler toutes mes forces pour terminer ce volume par ce grand sujet. Il faut, pour bien l'entendre, donner l'histoire du polythéisme et du christianisme. Loin d'ici celui qui chérit ses préjugés ! que nul qui n'a un cœur vrai et simple ne lise ces pages. Nous allons toucher au voile qui couvre le Saint des saints, et nos recherches demandent à la fois le recueillement de la religion, l'élévation de la philosophie et la pureté de la vertu [a].

---

[a] N'ai-je pas l'air d'un homme qui se sent au moment de commettre une grande faute, et qui cherche à la justifier d'avance, en voulant la faire passer pour une action méritoire? Quel droit avois-je d'invoquer la religion, la philosophie, la vertu, lorsque j'allois, de la main la plus téméraire, essayer d'ébranler les bases de l'ordre social? Et pourtant il est vrai que, dans ces mêmes pages, je repousse avec horreur l'athéisme, et, dans mes raisonnements, non sans vue, s'ils sont sans prudence, j'annonce le renouvellement de la *face de l'Europe*.
(N. Éd.)

CHAPITRE XXXI.

Histoire du polythéisme, depuis son origine jusqu'à son plus haut point de grandeur.

L es.. un Dieu. Les herbes de la vallée et les cèdres du Liban le bénissent, l'insecte bruit ses louanges, et l'éléphant le salue au lever du soleil ; les oiseaux le chantent dans le feuillage, le vent le murmure dans les forêts, la foudre tonne sa puissance, et l'Océan déclare son immensité ; l'homme seul a dit : Il n'y a point de Dieu.

Il n'a donc jamais, celui-là, dans ses infortunes, levé les yeux vers le ciel? Ses regards n'ont donc jamais erré dans ces régions étoilées, où les mondes furent semés comme des sables? Pour moi, j'ai vu, et c'en est assez, j'ai vu le soleil suspendu aux portes du couchant dans des draperies de pourpre et d'or. La lune, à l'horizon opposé, montoit comme une lampe d'argent dans l'orient d'azur. Les deux astres mêloient au zénith leurs teintes de céruse et de carmin. La mer multiplioit la scène orientale en girandoles de diamants et rouloit la pompe de l'occident en vagues de roses. Les flots calmés, mollement enchaînés l'un à l'autre, expiroient tour à tour à mes pieds sur la rive, et les premiers silences de la nuit et les derniers murmures du jour luttoient sur les coteaux, au bord des fleuves, dans les bois et dans les vallées [a].

O Toi, que je ne connois point ! Toi, dont j'ignore et le nom et la demeure, invisible Architecte de cet univers, qui m'as donné un instinct pour te sentir, et refusé une raison pour te comprendre, ne serois-tu qu'un être imagi-

---

[a] J'ai repris ces images et ces descriptions pour le *Génie du Christianisme*, où on les retrouve plus pures et plus correctes. (N. Éd.)

naire, que le songe doré de l'infortune? Mon âme se dissoudra-t-elle avec le reste de ma poussière? Le tombeau est-il un abîme sans issue, ou le portique d'un autre monde? N'est-ce que par une cruelle pitié que la nature a placé dans le cœur de l'homme l'espérance d'une meilleure vie à côté des misères humaines? Pardonne à ma foiblesse, Père des miséricordes! Non, je ne doute point de ton existence; et soit que tu m'aies destiné une carrière immortelle, soit que je doive seulement passer et mourir, j'adore tes décrets en silence, et ton insecte confesse ta divinité [a].

Lorsque l'homme sauvage, errant au milieu des déserts, eut satisfait aux premiers besoins de la vie, il sentit je ne sais quel autre besoin dans son cœur. La chute d'une onde, la susuration du vent solitaire, toute cette musique qui s'exhale de la nature, et qui fait qu'on s'imagine entendre les germes sourdre dans la terre, et les feuilles croître et se développer, lui parut tenir à cette cause cachée. Le hasard lia ces effets locaux à quelques circonstances heureuses ou malheureuses de ses chasses; des positions relatives d'un objet ou d'une couleur le frappèrent aussi en même temps: de là le manitou du Canadien, et la fétiche du Nègre, la première de toutes les religions.

Cet élément du culte, une fois développé, ouvrit la vaste carrière des superstitions humaines. Les affections du cœur se changèrent bientôt dans les plus aimables des dieux; et le Sauvage en élevant le *mont* du tombeau à son ami, la mère, en rendant à la terre son petit enfant, vinrent chaque année, à la chute des feuilles de l'automne, le premier répandre des larmes, la seconde épancher son lait sur le gazon sacré. Tous les deux crurent que ce qu'ils avoient tant aimé ne pouvoit être insensible à leur souvenir; ils ne purent concevoir que ces absents si regrettés, toujours vivants dans leurs pensées, eussent entièrement cessé d'être; qu'ils ne se réuniroient jamais à cette autre moitié d'eux-mêmes. Ce fut sans doute l'Amitié en pleurs sur un monument qui imagina le dogme de l'immortalité de l'âme et la religion des tombeaux [a].

Cependant l'homme, sorti de ses forêts, s'étoit associé à ses semblables. Des citoyens laborieux, secondés par des chances particulières, trouvèrent les premiers rudiments des arts, et la reconnoissance des peuples les plaça au rang des divinités. Leurs noms, prononcés par différentes nations, s'altérèrent dans des idiomes étrangers. De là le Thot des Phœniciens, l'Hermès des Égyptiens, et le Mercure des Grecs [1]. Des législateurs fameux par leur sagesse, des guerriers redoutés par leur valeur, Jupiter, Minos, Mars, montèrent dans l'Olympe. Les passions des hommes se multipliant avec les arts sociaux, chacun défia sa foiblesse, ses vertus ou ses vices: le voluptueux sacrifia à Vénus, le philosophe à Minerve, le tyran aux déités infernales [2]. D'une autre part, quelques génies favorisés du ciel, quelques âmes sensibles aux attraits de la nature, un Orphée, un Homère, augmentèrent les habitants de l'immortel séjour. Sous leurs pinceaux, les accidents de la nature se transformèrent en esprits célestes: la Dryade se joua dans le cristal des fontaines, les Heures, au vol rapide, ouvrirent les portes du jour; l'Aurore rougit ses doigts et cueillit ses pleurs sur les feuilles de roses humectées de la fraîcheur du matin; Apollon monta sur son char de flam-

---

[a] Au commencement de ce paragraphe, je doute de l'existence de Dieu; quelques lignes plus bas je n'en doute plus, et j'arrive enfin à m'arranger d'avoir une âme ou de n'en point avoir, tout cela par soumission aux décrets de la Divinité. Mon respect pour Dieu est si grand que je consens à me faire matérialiste: quel excellent déiste! et comme tout est logique et concluant dans cette philosophie de collège!
Ici ma besogne s'abrége, et ma réfutation est faite par moi-même depuis longtemps: c'est surtout contre cette dernière partie de l'*Essai* que j'ai écrit le *Génie du Christianisme*. (N. Éd.)

[a] Voici à peu près le même texte purgé du philosophisme: « Les derniers devoirs qu'on rend aux hommes » seroient bien tristes s'ils étoient dépouillés des signes » de la religion. La religion a pris naissance aux tombeaux; et les tombeaux ne peuvent se passer d'elle: il » est beau que le cri de l'espérance s'élève du fond du » cercueil, et que le prêtre du Dieu vivant escorte du » monument la cendre de l'homme: c'est en quelque » sorte l'immortalité qui marche à la tête de la mort. » (*Gén. du Christ.*, 4e partie, liv. II, chap. 1er.) (N. Éd.)

[1] Sanchon., apud Euseb.
[2] Appoll., etc.

mes; Zéphyre, à son aspect, se réfugia dans les bois, Téthys rentra dans ses palais humides[1]; et Vénus, qui cherche l'ombre et le mystère, enlaçant de sa ceinture le beau chasseur Adonis[2], se retira, avec lui et les Grâces, dans l'épaisseur des forêts.

Des hommes adroits, s'apercevant de ce penchant de la nature humaine à la superstition, en profitèrent. Il s'eleva des sectes sacerdotales, dont l'intérêt fut d'épaissir le voile de l'erreur. Les philosophes se servirent de ces idées des peuples pour sanctifier de bonnes lois par le sceau de la religion[3]; et le polythéisme, rendu sacré par le temps, embelli du charme de la poésie et de la pompe des fêtes, favorisé par les passions du cœur et l'adresse des prêtres, atteignit, vers le siècle de Thémistocle et d'Aristide, à son plus haut point d'influence et de solidité.

CHAPITRE XXXII.

Décadence du polythéisme chez les Grecs, occasionnée par les sectes philosophiques et plusieurs autres causes.

Mais tandis que le polythéisme voyoit se multiplier ses temples, une cause de destruction avoit germé dans son sein. Les écoles de Thalès et de Pythagore voyoient chaque jour s'augmenter leurs disciples. Les ravages de la peste, les malheurs de la guerre du Péloponnèse, la corruption des mœurs, toujours croissante, avoient relâché graduellement les liens sociaux. Bientôt la philosophie, qui s'étoit longtemps traînée dans l'ombre, se montra à découvert. Platon, Aristote, Zénon, Épicure et mille autres, levèrent l'étendard contre la religion de leur pays, et érigèrent l'autel du matérialisme du théisme, de l'athéisme. Le lecteur se rappelle leurs systèmes. Qu'y avoit-il de plus opposé aux opinions reçues sur la nature des dieux? N'ébranloient-ils pas les idées religieuses de la Grèce jusqu'à la base? Et pourquoi ce déchaînement contre le culte national? Des atomes, des mondes d'idées, des chaînes d'êtres, valoient-ils mieux qu'un Jupiter vengeur du crime et protecteur de l'innocence? il y avoit bien peu de philosophie dans cette philosophie-là.

Les poètes, imitant les sophistes de leur âge, osèrent mettre sur le théâtre des principes métaphysiques[1]. Les prêtres et les magistrats firent quelques efforts pour arrêter le torrent : on obligea les dramatistes à se rétracter; plusieurs philosophes furent condamnés à l'exil, d'autres mêmes à la mort[2]. Mais ils trouvèrent le moyen d'échapper, et bientôt ils devinrent trop nombreux pour avoir rien à craindre. La même chose est exactement arrivée parmi nous, et dans les deux cas une grande révolution a eu lieu : toutes les fois que la religion d'un état change, la constitution politique s'altère de nécessité[a]. Nous voyons, par l'exemple de la Grèce, à quel point l'esprit systématique peut nuire aux hommes : les sectaires ne pouvoient pas, comme les nôtres, avoir le prétexte des mauvaises institutions de leur pays, puisqu'ils vivoient sous les lois des Solon et des Lycurgue, et cependant ils ne purent s'empêcher d'en saper les fondements. C'est qu'il faut que les hommes fassent du bruit, à quelque prix que ce soit. Peu importe le danger d'une opinion,

---

[1] HOM., *Iliad.*; HESIOD., *Theog. Poes.*; ORPH., etc.
[2] BION., *apud Poet. Minor. Græc.*
[3] THUCYD., PLUT., HEROD., etc.

---

[1] EURIPID., ARISTOPH.
[2] XENOPH., *Hist. Græc.*; PLUT., *Mor.*; PLAT., in *Phæd.*; LAERT., PLUT., etc.
[a] Cela est vrai, et j'énonçois cela, comme on le voit longtemps avant les écrivains qui ont cherché à faire de la liaison de la religion et de la politique un argument pour attaquer ce que nous avons. Ces écrivains ont interverti l'axiome, et ils ont dit : Lorsque la constitution d'un état change, la religion de cet état change nécessairement; ainsi nous deviendrons protestants, parce que nous avons une monarchie constitutionnelle : principe aussi absurde en logique que faux en histoire. (N. ÉD.)

si elle rend son auteur célèbre; et l'on aime mieux passer pour un fripon que pour un sot [a].

Les changements moraux et politiques des états vinrent à leur tour attaquer les principes du polythéisme. Les peuples, désormais soumis à des maîtres, n'avoient plus les grands intérêts de la patrie à consulter à Delphes. Que leur faisoit d'apprendre de l'oracle si ce seroit Alexandre, Antipater, Démétrius ou d'autres tyrans qui les gouverneroient? Ceux-ci, de leur coté, sûrs de leur puissance, en voyant la corruption des nations, s'embarrassoient peu d'envoyer de riches présents à la pythie; et, la superstition ne leur étant plus nécessaire, ils se firent eux-mêmes philosophes. Ainsi l'ancien culte tomboit de jour en jour : il ne se soutenoit désormais que par la machine extérieure des fêtes. Plus on devenoit tiède en matière de religion, plus on en apercevoit l'absurdité. Le double sens de l'oracle n'étoit plus la majesté d'un dieu, mais la fourberie d'un prêtre; on s'amusoit à le surprendre en défaut; les phénomènes de la nature, expliqués par la physique, perdirent leur divinité, et les lumières arrachèrent du Panthéon les dieux que l'ignorance y avoit placés. Telle étoit la décadence du polythéisme en Grèce, lorsque les Romains soumirent la terre à leur joug. Les religions naissent de nos craintes et de nos foiblesses, s'agrandissent dans le fanatisme, et meurent dans l'indifférence [b].

[a] Rien n'est plus étrange que la disposition de mon esprit dans tout cela. Je partage en partie les opinions de ces mêmes philosophes contre lesquels je m'élève; j'adopte intérieurement leurs principes, et je repousse extérieurement l'application qu'ils en ont faite. Que voulois-je donc? que les philosophes joignissent l'hypocrisie à l'impiété? Non, sans doute; et pourtant telle seroit la conclusion qu'il faudroit nécessairement tirer de mon amour pour leurs doctrines et de ma haine pour leurs personnes. Le fait est que je n'étois qu'un blanc-bec de sophiste, dont les idées et les sentiments en opposition produisoient ces misérables incohérences.
(N. Éd.)

[b] Toute cette page est bonne, appliquée au polythéisme. (N. Éd.)

CHAPITRE XXXIII.

Le polythéisme à Rome jusqu'au christianisme.

LA réduction de la Grèce en province romaine fut l'époque de la décadence de la religion en Italie. L'esprit philosophique émigra à la capitale du monde. Bientôt tout ce qu'il y eut de grand à Rome en fut attaqué [1]. Les Caton, les Brutus en pratiquèrent les vertus; les Lucrèce, les Cicéron en développèrent les principes; et les Tibère et les Néron, les vices.

Une autre cause, particulière aux Romains, contribua à la chute du polythéisme : l'admission des dieux étrangers au Panthéon national. En répandant la confusion dans les objets de foi, on affoiblit la religion dans les cœurs. Bientôt les Romains, encore républicains, mais corrompus, tombèrent dans l'apathie du culte. Il n'y a que les peuples très libres ou très esclaves qui soient essentiellement religieux. Les premiers, par leurs vertus, se rapprochent de la Divinité; les seconds se réfugient au pied de son trône, par l'instinct de leurs malheurs. L'honnête homme et l'infortuné sont rarement incrédules : le vice l'est presque toujours [a].

Mais un homme extraordinaire [b] avoit paru dans l'Orient. Le commencement du christianisme étant la fin du polythéisme, l'histoire de celui-ci va désormais se trouver réunie à celle du premier.

[1] Dès avant cette époque la philosophie avoit été connue à Rome, comme le montre Cicéron au commencement du quatrième livre des *Tusculanes*. Il y parle d'un Amafanius qui écrivit de la philosophie, et forma une secte nombreuse. Mais je ne sais où on a pris que cet Amafanius enseignoit la doctrine d'Épicure. Cicéron garde là-dessus un profond silence

[a] Voilà mon bon génie revenu au milieu de toutes mes folies. (N. Éd.)

[b] Ce bon génie ne m'a pas conduit bien loin. (N. Éd.)

CHAPITRE XXXIV.

Histoire du christianisme, depuis la naissance du Christ jusqu'à sa résurrection [1].

IL existoit un peuple haï des autres peuples; nation esclave et cruelle, qui, hors un législateur, un roi et quelques poëtes d'un beau génie, n'avoit jamais produit un seul grand homme. Le Dieu de Sanaï étoit son Dieu. Ce n'étoit point, comme le Jupiter des Grecs, une divinité revêtue des passions humaines; mais un Dieu tonnant, un Dieu sublime, qui, entre toutes les cités de la terre, choisit la ville de Jacob pour y être adoré.

Parmi ce peuple juif, l'Éternel avoit dit qu'une vierge, de la maison de David, écraseroit la tête du serpent, et enfanteroit un Homme-Dieu. Et cependant les siècles s'étoient écoulés, et Jérusalem gémissoit sous le joug d'Auguste; et le grand monarque tant attendu n'avoit point encore paru.

Tout à coup le bruit se répand que le Sauveur a vu le jour dans la Judée. Il n'est point né dans la pourpre, mais dans l'humble asile de l'indigence; il n'a point été annoncé aux grands et aux superbes, mais les anges l'ont révélé aux petits et aux simples; il n'a point réuni autour de son berceau les heureux du monde, mais les infortunés; et, par ce premier acte de sa vie, il s'est déclaré de préférence le Dieu du misérable.

Si la morale la plus pure et le cœur le plus tendre, si une vie passée à combattre l'erreur et à soulager les maux des hommes, sont les attributs de la Divinité, qui peut nier celle de Jésus-Christ? Modèle de toutes les vertus, l'amitié le voit endormi sur le sein de Jean, ou léguant sa mère à ce disciple chéri; la tolérance l'admire avec attendrissement dans le jugement de la femme adultère; partout la pitié le trouve bénissant les pleurs de l'infortuné; dans son amour pour les enfants, son innocence et sa candeur se décèlent; la force de son âme brille au milieu des tourments de la croix; et son dernier soupir, dans les angoisses de la mort, est un soupir de miséricorde.

CHAPITRE XXXV.

Accroissement du christianisme jusqu'à Constantin.

LE Christ, dans sa glorieuse ascension, ayant disparu aux yeux des hommes, ses disciples, doués de son esprit, se disséminèrent dans les contrées voisines : bientôt ils passèrent en Grèce et en Italie. Nous avons vu les diverses raisons qui tendoient alors à affoiblir le culte de Jupiter : quelle fut la surprise des peuples lorsque les apôtres sortis de l'Orient, vinrent étonner leur esprit par des récits de prodiges, et consoler leur cœur par la plus aimable des morales ! Ils étoient esclaves, et la nouvelle religion ne prêchoit qu'égalité; souffrants, et le Dieu de paix ne chérissoit que ceux qui répandent des larmes; ils gémissoient écrasés par des tyrans, et le prêtre leur chantoit : *Deposuit potentes de sede, et exaltavit humiles*. Enfin Jésus avoit été pauvre comme eux, et il promettoit un asile aux misérables dans le royaume de son père. Quelle divinité du paganisme pouvoit, dans le cœur du foible et du malheureux, balancer le nouveau Dieu qu'on offroit à ses adorations ? Qu'avoit le plébéien à espérer d'un Élysée où l'on ne comptoit que des princes et des rois ?

Voilà les grands moyens qui favorisèrent la propagation du christianisme. Aussi est-il remarquable qu'il se glissa d'abord dans les classes indigentes de la société. Les disciples furent bientôt assez nombreux pour former une secte.

---

[1] Je ne marque point les dates, parce qu'elles se trouvent aux chapitres des philosophes modernes.

On la persécuta, et conséquemment on l'accrut. Les premiers chrétiens, trompant les bourreaux, se déroboient au supplice, et s'affermissoient dans leur culte. Une religion a bien des charmes, lorsque, prosterné au pied des autels, dans le silence redoutable des catacombes, on dérobe aux regards des humains un Dieu persécuté : tandis qu'un prêtre saint, échappé à mille dangers, et nourri dans quelque souterrain par des mains pieuses, célèbre peut-être à la lueur des flambeaux, devant un petit nombre de fidèles, des mystères que le péril et la mort environnent.

Des martyrs, des miracles populaires, les vices des Néron[1] et des Caligula, tout concourut à multiplier la nouvelle doctrine. Après avoir essayé de la détruire, les empereurs songèrent à s'en servir. Constantin arbora l'étendard de la Croix, et les dieux du paganisme tombèrent du Capitole [a].

CHAPITRE XXXVI.

Suite.

Depuis Constantin jusqu'aux Barbares.

A religion chrétienne ne fut pas plus tôt solidement établie, qu'elle se divisa en plusieurs sectes[2]. On vit alors ce qu'on avoit ignoré jusqu'à ce temps, je veux dire un caractère nouveau de culte. On vit des hommes se jeter dans tous les écarts de l'imagination, et se persécuter les uns les autres pour des mots qu'ils n'entendoient pas. Les prêtres, durant ces troubles, commencèrent à acquérir une influence que ceux du polythéisme n'avoient jamais eue, et à jeter les fondements de la grandeur des papes.

Julien voulut faire un dernier effort en faveur des dieux de l'Olympe. Il abjura le christianisme ; et, en qualité de guerrier, de politique et de philosophe, il avoit une triple raison de s'opposer aux progrès du christianisme. Il sentoit que, partout où une nouvelle religion s'établit, l'état court à une révolution inévitable [a] ; mais il étoit trop tard pour y remédier, et en cela Julien se trompa.

Il ne se contenta pas d'attaquer le christianisme par la force civile, il le fit encore par le sel de ses écrits [b]. Plusieurs philosophes s'exercèrent aussi sur le même sujet : on opposoit aux miracles de Jésus ceux de divers imposteurs. Les poètes, d'un autre côté, trouvant que Belzébuth et Astaroth entroient mal dans le mètre de Virgile, regrettoient Pluton et l'ancien Tartare.

---

[1] Suétone nous apprend comment l'impie Néron en usoit avec les dieux : *Religionum usquequaque contemptor, præter unius deæ Syriæ. Hanc mox ita sprevit, ut urina contaminaret.*

[a] Ces deux derniers chapitres ont été transportés presque tout entiers dans le *Génie du Christianisme*, et ils méritoient cet honneur : c'est l'excuse et l'expiation de tout ce qui va suivre. Quand je suis chrétien ainsi sans vouloir l'être, il y a un accent de vérité dans ce que j'écris qui ne se trouve point au fond de mes radotages philosophiques. Pour tout homme de bonne foi, la question est jugée par ces deux chapitres. J'étois chrétien et très-chrétien avant d'être chrétien. (N. Éd.)

[2] Les ariens, etc.

[a] Bien qu'il soit plus question, dans cette partie, des révolutions modernes que des RÉVOLUTIONS ANCIENNES, ce dernier titre a dû rester en tête de toutes les pages, en conformité de l'édition de Londres, qui porte les mots RÉVOLUTIONS ANCIENNES en marge jusqu'à la fin.

[b] « L'Église, sous l'empereur Julien, fut exposée à une « persécution du caractère le plus dangereux. On n'em- « ploya pas la violence contre les chrétiens, mais on « leur prodigua le mépris. On commença par dépouiller « les autels : on défendit ensuite aux fidèles d'enseigner « et d'étudier les lettres. Mais l'empereur, sentant l'a- « vantage des institutions chrétiennes, voulut, en les « abolissant, les imiter ; il fonda des hôpitaux et des mo- « nastères ; et, à l'instar du culte évangélique, il essaya « d'unir la morale à la religion, en faisant prononcer « des espèces de sermons dans les temples.

« Les sophistes dont Julien étoit environné se dé- « chaînèrent contre le christianisme ; Julien même ne « dédaigna pas de se mesurer avec les Galiléens. L'ou- « vrage qu'il écrivit contre eux ne nous est pas parvenu ; « mais saint Cyrille, patriarche d'Alexandrie, en cite « des fragments dans la réfutation qu'il en a faite, et que « nous avons encore. Lorsque Julien est sérieux, saint « Cyrille triomphe du philosophe ; mais lorsque l'em- « pereur a recours à l'ironie, le patriarche perd ses « avantages. » (*Gén. du Chr.*, 1re part., liv. I, chap. I.)

(N. Éd.)

Les chrétiens ne manquoient pas de champions qui réussissent à railler les dieux du Panthéon, que Lucien avoit déjà traînés dans la boue. Julien ayant péri dans son expédition contre les Perses, la Croix sortit triomphante.

Mais le moment critique étoit arrivé. Constantin, en divisant l'empire et réformant les légions, lui avoit porté un coup mortel. Les malheurs de la famille de ce prince ébranlèrent le système romain; les opinions religieuses vinrent augmenter le désordre; des myriades de Barbares se précipitèrent sur toutes les frontières. Théodose soutint un moment le choc; le calme avoit reparu, quand tout à coup le destructeur de l'empire, le Génie des Huns, qui du mur de la Chine s'étoit, durant trois siècles, avancé en silence à travers les forêts, jeta un cri formidable dans le désert. A la voix du fantôme, les Goths épouvantés se précipitèrent dans l'empire. Valens tomba du trône de l'Orient, et peu après un roi d'Italie régna sur le patrimoine des Brutus [1].

CHAPITRE XXXVII.

Suite.

Conversion des Barbares.

Si le christianisme avoit trouvé dans les malheurs des hommes une cause de ses premiers succès, cette cause agit dans sa plus grande force au moment de l'invasion des Barbares. Un bouleversement général de propriétés et de libertés eut lieu en même temps dans tout le monde connu. On écrasoit les hommes comme des insectes : lorsque les Vandales ne pouvoient prendre une ville, ils massacroient leurs prisonniers ; et, abandonnant leurs cadavres à l'ardeur du soleil autour de la cité assiégée, ils y communiquoient la peste [1].

Toute autorité étant donc dissoute au civil, les prêtres seuls pouvoient protéger les peuples. Ce qui restoit encore d'habitants attachés à l'ancien culte se rangea sous la bannière du christianisme. Si jamais la religion a paru grande, c'est lorsque, sans autre force que la vertu, elle opposa son front auguste à la fureur des Barbares, et, les subjuguant d'un regard, les contraignit de dépouiller à ses pieds leur férocité native [a].

On conçoit aisément comment des sauvages sortis de leurs forêts, n'ayant aucun préjugé religieux antérieur à déraciner, se soumirent à la première théologie que le hasard leur offrit. L'imagination est une faculté active, à la fois écho et miroir de la nature qui l'environne : celle de l'homme des bois, frappée du spectacle des déserts, des cavernes, des torrents, des montagnes, se remplit de murmures, de fantômes, de grandeur. Présentez-lui alors des objets intellectuels, elle les saisira avidement, surtout s'ils sont incompréhensibles ; car la mort de l'imagination, c'est la connoissance de la vérité.

D'autres raisons facilitoient encore la conversion des Barbares au christianisme. A mesure qu'ils émigroient vers le sud, en quittant les régions sombres et tempétueuses du septentrion, ils perdoient l'idée de leur culte paternel, inhérent aux climats qu'ils habitoient. Un ciel rasséréné ne leur montroit plus dans les nuages les âmes des héros décédés; ils ne traversoient plus, à la pâle lueur de la lune, des bruyères désertes, des vallées solitaires, où l'on entendoit derrière soi les pas légers des fantômes ; des ombres irritées ne saisissoient plus la cime des pins dans leur course ; le météore ne reposoit plus entre les rameaux du cerf, au bord du torrent bleuâtre ; le brouillard du soir avoit cessé d'envelopper les tours ; la

---

[1] *Vidend.* FLEURY, *Hist. Ecclesias.; Hist. August.;* GIBB., *Rise and fall of the roman empire* ; DE GUIGNES, *Hist. des Huns et des Tartares* ; MONTESQUIEU, *Causes de la grandeur et de la décadence des Romains.*

[1] ROBERTSON. *Hist of Charles V*, vol. I.
[a] Mais, en vérité, n'est-ce pas là le *Génie du Christianisme* tout pur, et ne suis-je pas, dans ces paragraphes, l'apologiste plutôt que le détracteur de la religion ? (N. ÉD.)

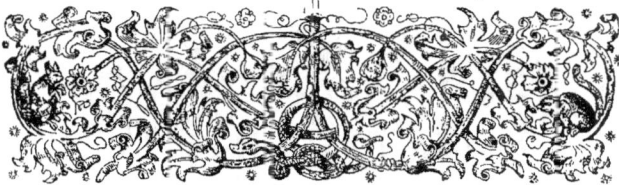

bouffée de la nuit, de siffler dans les salles abandonnées du guerrier ; le vent du désert de soupirer dans l'herbe flétrie, et autour des quatre pierres moussues de la tombe [1] : enfin la religion de ces peuples s'étoit dissipée avec les orages, les nues et les vapeurs du Nord [2].

D'ailleurs le nouveau culte qu'on leur offroit n'étoit pas si étranger aux dogmes de leurs pères qu'on l'a généralement cru. Si Jéhovah créa Adam et Ève, Odin aussi avoit formé de limon le brave Askus et la belle Emla ; Henœrus leur donna la raison ; et Lœdur, versant dans leurs veines les flots d'un sang pur, ouvrit leurs yeux à la vie [3].

Enfin les rois barbares, déjà politiques, embrassèrent le christianisme pour obtenir des empires ; et les hommes, ayant changé de mœurs, de langage, de religion, ayant perdu jusqu'au souvenir du passé, crurent être nouvellement créés sur la terre [4].

[1] *Les deux Edda ;* MALLET, *Introd. à l'Hist. du Dan. ;* OSSIAN.

[2] Si je cite Ossian avec d'autres auteurs, c'est que je suis, avec le docteur Blair en Angleterre, M. Goëthe en Allemagne, et plusieurs autres, un de ces esprits crédules auxquels les plaisanteries de Johnson n'ont pu persuader qu'il n'y eût pas quelque chose de vrai dans les ouvrages du barde écossois. Que Johnson, lorsqu'on lui demandoit s'il connoissoit beaucoup d'hommes capables d'écrire de pareils poëmes, ait répondu : « Oui, plusieurs hommes, plusieurs femmes, plusieurs enfants, » le mot est gai, mais ne prouve rien. Il me paroit singulier que, dans cette dispute célèbre, on ait oublié de citer la collection du ministre Smith, qui cote le celte continuellement au bas des pages, et propose une édition de l'original des poëmes d'Ossian, par souscription. On trouve dans cette collection de Smith un chant sur la mort de Gaul, où il y a des choses extrêmement touchantes : particulièrement Gaul expirant de besoin sur un rivage désert, et nourri du lait de son épouse *.

[3] BARTHOLIN, *Antiq. Dan.*

> Askum et Emlam, omni conatu destitutos,
> Animam nec possidebant, rationem nec habebant,
> Nec sanguinem, nec sermonem, nec faciem venustam
> Animam dedit Odinus ; rationem dedit Henœrus ;
> Lœdur sanguinem addidit et faciem venustam.

[4] DANIEL, *Hist. de France ;* GREG. DE TOUR., lib. 1 ; HUME'S *Hist. of Engl. ;* HENRY'S *ibid.*, etc.

* Je ne suis plus convaincu de l'authenticité des poëmes d'Ossian : au lieu de croire aujourd'hui que le celte d'Ossian a été traduit en anglois par Macpherson, je crois, au contraire, que l'anglois de Macpherson a été traduit en celte par les bons Écossois amoureux de la gloire de leur pays. (N. ÉD.)

CHAPITRE XXXVIII.

Depuis la conversion des Barbares jusqu'à la renaissance des lettres. Le christianisme atteint à son plus haut point de grandeur.

u milieu de ces orages, les prêtres, croissant de plus en plus en puissance, étoient parvenus à s'organiser dans un système presque inébranlable. Des sectes de solitaires, vivant à l'abri des cloîtres, formoient les colonnes de l'édifice ; le clergé régulier, classé de même en ordres distincts et séparés, exécutoit les décrets du pontife romain, qui, sous le nom modeste de pape, s'étoit placé par degrés à la tête du gouvernement ecclésiastique. L'ignorance, redoublant alors ses voiles, servoit à donner à la superstition une apparence plus formidable, et l'Église, environnée de ténèbres qui agrandissoient ses formes, marchoit comme un géant au despotisme.

Ce fut après le règne de Charlemagne et la division de son empire, que le christianisme atteignit à son plus haut point de grandeur. Les guerres civiles d'Italie, connues sous le nom des guerres des Guelfes et des Gibelins, offrent un caractère neuf à quiconque n'a pas étudié les hommes. Les papes, attaqués par les empereurs, avoient contre eux la moitié des peuples d'Italie, qui les regardoient comme des tyrans et des scélérats ; et cependant un édit de la cour de Rome détrônoit tel ou tel souverain, l'obligeoit à venir, pieds et tête nus, se morfondre en hiver sous les fenêtres du pontife, qui daignoit enfin lui accorder une absolution, humblement demandée à genoux [1]. Rome religieuse se trouvoit alors mêlée dans toutes les affaires civiles, et disposoit des cou-

[1] DENIN., *Ist. d'It. ;* MACCHIAV., *Ist. Fior. ;* ABR. *Chron. d'Allem. ;* HAIN., *chron ;* GIAN., *Ist. di Nap.*

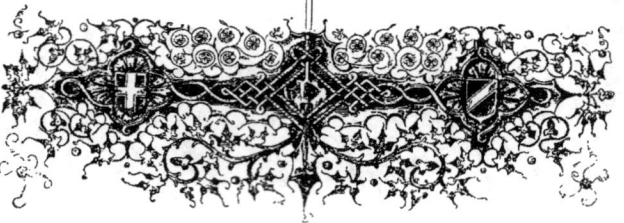

ronnes, comme des hochets de sa puissance.

Les croisades, qui suivirent bientôt après, forment époque dans l'histoire du christianisme [1], parce qu'en adoucissant les mœurs par l'esprit de chevalerie, elles préparèrent la voie au retour des lettres. C'étoit alors que les sires de Créqui, embrassant leur écu, abandonnoient leur manoir pour aller en quête de royaumes et d'aventures. Ces bons chevaliers se trouvoient-ils sans armes dans un péril imminent, ils se jetoient tous aux pieds les uns des autres, comme le rapporte le sire de Joinvile, en s'entre-demandant naïvement l'absolution. Avoient-ils la lance au poing au milieu des dangers, ils se disoient en riant : « Biaux sires, et en fairons moult recits à les damselles. »

CHAPITRE XXXIX.

Décadence du christianisme occasionnée par trois causes : les vices de la cour de Rome, la renaissance des lettres, et la réformation.

'EST de l'époque des croisades qu'il faut dater la décadence de la religion chrétienne. Les papes, expulsés d'Italie, s'étaient retirés pendant quelque temps à Avignon; et la création des anti-papes, en faisant naître des schismes, affoiblissoit l'autorité de l'Église. D'une autre part, les pontifes, subjugués par le luxe et l'ivresse de la puissance, s'étoient plongés dans tous les vices. L'athéisme public de quelques-uns, l'effronterie et le scandale de leur vie privée, ne devoient pas beaucoup servir au maintien du culte chez les peuples. Le clergé, aussi dépravé que son chef, se livroit à tous les excès; et les couvents servoient de repaire à la crapule et à la débauche [2].

Dans ces circonstances, un grand événement vint porter un coup mortel au christianisme. L'empire d'Orient étant tombé sous le joug des Turcs, le reste des savants grecs se réfugia auprès des Médicis en Italie. Par un concours singulier de choses, l'imprimerie avoit été découverte en Occident quelque temps avant l'arrivée de ces philosophes, comme si elle eût été préparée pour la réception des illustres fugitifs. J'ai parlé ailleurs de la renaissance des lettres et de ses effets. Elle fut bientôt suivie de la réformation ; de sorte que le christianisme eut à soutenir coup sur coup des attaques dont il ne s'est jamais relevé [a].

CHAPITRE XL.

La réformation.

EST une grande époque dans l'Europe moderne que celle de la réformation. Dès que les hommes commencent à douter en religion, ils doutent en politique. Quiconque ose rechercher les fondements de son culte ne tarde pas à s'enquérir des principes de son gouvernement. Quand l'esprit demande à être libre, le corps aussi veut l'être : c'est une conséquence naturelle [b].

---

[a] Il y a quelque chose de vrai, historiquement parlant, dans ce que je viens de dire du christianisme, depuis la conversion des Barbares jusqu'à la réformation ; mais on sent un ennemi dans l'historien ; l'esprit de satire perce de toutes parts. Quant au christianisme qui *ne s'est jamais relevé des attaques qu'il a eu à soutenir*, c'est une erreur capitale que d'en avoir jugé ainsi. La religion chrétienne n'a point péri dans la révolution ; elle ne périra point chez les hommes, parce qu'elle a ses racines dans la nature divine et dans la nature humaine. La foi pourra changer de pays ; mais elle subsistera toujours, selon la parole de Dieu. (N. ÉD.)

[b] J'expose ici dans quatre lignes deux ou trois vérités sur lesquelles on a élevé depuis de gros ouvrages remplis de déclamations contre les libertés publiques. Il n'y a point de mal à s'enquérir des principes de son gouvernement pour s'y attacher quand ils sont bons, pour les

---

[1] VERT., *Hist. des Crois.*; *Mém. de Joinv.*
[2] DANTE, *Inferno*; PETR., *Lett.*; MACCH., *Ist. Fiorent.*

Érasme avoit préparé le chemin à Luther; Luther ouvrit la voie à Calvin; celui-ci, à mille autres. L'influence politique de la réformation se trouvera dans les révolutions qui me restent à décrire. En la considérant seulement ici sous le rapport religieux, on peut remarquer que les diverses sectes qu'elle engendra produisirent sur le christianisme le même effet que les écoles philosophiques de la Grèce sur le polythéisme: elles affoiblirent tout le système sacerdotal. L'arbre, partagé en rameaux, ne poussa plus vigoureusement sa tige unique, et devint ainsi plus aisé à couper branche à branche.

Je ne puis quitter l'article de la réformation sans faire une réflexion de plus. Pourquoi toutes ces scènes de carnage? La Ligue [1], où l'on vit, comme de nos jours, les François traîner les entrailles fumantes de leurs victimes,

réformer quand ils sont mauvais; je ne vois aucune raison de mettre un bandeau sur les yeux des hommes afin de les faire marcher droit. Je sais bien, il est vrai, que celui qui prétend guider les hommes a un grand intérêt à leur laisser ce bandeau, parce qu'il peut alors les conduire où il veut et comme il veut. Le christianisme, de son côté, ne craint pas plus la lumière que la liberté ne la craint: plus on l'examinera, plus on le trouvera digne d'admiration et d'amour. Il n'est pas bien d'ailleurs de vouloir faire de la religion et de la politique une cause commune; il s'ensuivroit que quand un peuple est esclave il faudroit qu'il le restât éternellement, dans la peur de toucher aux choses saintes. Ce serait faire un tort immense à la foi que de l'associer aux injustices du despotisme. (N. Éd.)

[1] *Esprit de la ligue.*

On trouve dans les *Lettres de Pasquier* deux passages intéressants sur les malheurs que les révolutions ont causés à la France, et surtout à la capitale de ce royaume. Je les citerai tous les deux.

Le premier a rapport aux guerres civiles du temps de Charles VI. Pasquier, après avoir parlé de la population et de la richesse de Paris sous Charles V, ajoute:

« Pendant que furieusement nostre ville s'amusa de soustenir le party bourguignon, elle deuint sans y penser toute deserte, et commencerent ces grands hostels de Flandres, Artois, Bourbon, Bourgogne, Nesles, et plusieurs autres, seruir de nids à corneilles, au lieu où au precedent c'estoient receptacles de princes, ducs, marquis et comtes. J'ay leu dans vn liure escrit à la main, en forme de papier iournal, que de ce temps-là il y auoit vn loup qui tous les mois passoit au trauers de la ville, lequel ils appelloyent *le Courtaut*, estant le peuple tant accoustumé de le voir, qu'il n'en faisoit que rire. Chose qui se faisoit, ou pour les massacres qui se commettoient dans Paris, et pour les cadaures qui y pouuoient estre (n'y ayant animal qui ait le flair si subtil comme le loup), ou parce que la ville estoit lors grandement déshabitée. Quoy que soit, s'estant sur les troubles du Bourguignon et Orleannois entre la guerre de l'Anglois et du François, il faut tenir pour chose très-certaine que la ville de Paris vint en grande souffrette, veu qu'en l'histoire mesdisante du roy Louis xj, nous trouuons que pour la repeupler, il voulut faire comme Romulus auoit fait autrefois dans Rome, et donner toute impunité de mesfaits precedents, et rappel de ban à tous ceux qui s'y voudroient habituer. Mais plus grande demonstration ne pouuez-vous auoir de ceste pauureté et solitude, que de l'ordonnance qui se trouue aux vieux registres du Chastelet, par laquelle il estoit permis de mettre en criees les lieux vagues de la ville; et si pendant les six sepmaines il ne se trouuoit nul proprietaire qui s'y opposast, le lieu demouroit à celui qui se faisoit adiuger. Aussi quand nous lisons, dans nos vieux tiltres et enseignements, quelques maisons et heritages tant en la ville qu'ès champs, vendus à son prix, tant s'en faut que ce soit vn argument de la felicité de ce temps-là, qu'au contraire c'est une demonstration très-certaine du malheur qui estoit lors en regne, par la longue suite des troubles.» (Tom. I, l. X, pag. 633.)

Si, dans une histoire de la révolution actuelle, on traduisoit mot à mot en françois le morceau suivant du même auteur, personne ne se douteroit qu'il s'agit de la Ligue. « Il y a longtemps que ie ronge ie ne scay quelle humeur melancholique dans moi, qu'il faut maintenant que ie vomisse en vostre sein. Ie crain, ie croy, ie voi presentement la fin de nostre republique. Ne pouuons denier que n'ayons un grand roy: toutes fois si Dieu ne l'aduise d'un œil de pitié, il est sur le poinct ou de perdre sa couronne, ou de voir son royaume tout renuersé. — Le vray subside dont le prince doit faire fonds est de la bienueillance de ses subiects. La plus grande partie de ceux qui ont esté près du roy ont estimé n'auoir plus beau magazin pour s'accroistre, qu'en lui fournissant memoires à la ruine du pauure peuple, c'est-à-dire à la ruine de lui-mesme: dignes certes, ces malheureux ministres, d'vne punition plus horrible que celui qu'on tire à quatre cheuaux, pour auoir voulu attenter contre la maiesté de son prince. D'autant qu'en conseruant leur grandeur par ces damnables inuentions, ils ont mis leur maistre en tel desarroy que nous le voyons maintenant....

« Dieu doua nostre roy de plusieurs grandes benedictions, qui luy sont particulieres : mais comme il est né homme, aussi ne peut-il estre accomply de tant de bonnes parties, qu'il n'ait des imperfections. Y a-t-il aucun seigneur (ie n'en excepteray vn) de ceux qui ont eu part en ses bonnes graces, qui ait, ie ne diray point resisté (ce mot seroit mal mis en œuure contre vn roy), mais qui ne se soit estudié de fauoriser en toutes choses ses opinions, ores qu'elles se fouruoyassent à l'œil, du chemin de la raison? On le voyoit naturellement enclin à une liberalité. C'estoit vne inclination qu'il tenoit de la royne sa mere; vertu vrayment royale, quand elle ne se desborde à la foule et oppression des subjects: qui est celuy qui par ses importunitez extraordinaires

dévorer leurs cœurs encore palpitants, leurs chairs encore tièdes, et fouillant dans les sé‑ pulcres, couvrir le sol de la pa rie des carcasses à moitié consumées de leurs pères? Pourquoi ces troubles des Pays-Bas, où le duc d'Albe joua le premier acte de la tragédie de Robespierre [1]? les massacres des pays d'Allemagne, les guerres civiles d'Écosse [2], la révolution de Cromwell, durant laquelle ces malheureux, entassés dans les cales humides des vaisseaux, périssoient empoisonnés les uns par les autres [3]? Pourquoi, dis-je, ces abominables spectacles? Parce qu'un moine s'avisa de trouver mauvais que le pape n'eût pas donné à son ordre, plutôt qu'à un autre, la commission de vendre des indulgences en Allemagne. Pleurons sur le genre humain [4].

n'en ait abuzé?... Le malheur veut que nul de ses principaux officiers, qui estoient près de luy, ne la contrerolle. Voilà comment un grand et beau prince se laissant en premier lieu emporter par ses volontez, puis vaincu pour les importunitez des siens, enfin non secouru de ceux qui pour la nécessité de leurs charges y deuoient auoir l'œil, il n'a pas esté malaisé de voir toutes nos affaires tomber au desordre et confusion telle que nous voyons auiourd'hui.

« Sur ce pied a été bastie la ruine de nostre France : premièrement par je ne scay quelle malheureuse inuention de contents (qui ont rendu tous les gens de bien malcontents), lesquels ne pouuant à la longue fournir aux libéralitez extraordinaires du roy, ont eu recours à une infinité de meschants edicts, non pour subuenir aux nécessitez publiques, ains pour en faire dons, voire au milieu des troubles, à vns et autres. Et pour leur faire sortir effect, on a forcé les seigneurs des cours souueraines de les passer, tan tost par la présence du roy, tan tost des princes du sang : libéralité qui ne s'estoit jamais pratiquée en autre république que la nostre. Et si l'argent n'y estoit prompt, pour suppleer à ce deffaut, la malignité du temps produisit vne vermine de gens que nous appellasmes par un nouueau mot *partisans*, qui auancecient la moitié ou tiers du der ier, pour avoir le tout. Race vrayement de viperes, qui ont fait mourir la France, leur mère, aussi tost qu'ils furent esclos.

« On adiousta à tout cela pour chef-d'œuvre de nostre malheur, un éloignement des princes et des grands seigneurs, et auancement des moindres près du roy. Je vous racompte tout cecy en gros. Car si j'auoy entrepris de vous particularizer en détail et par le menu comme toutes ces choses se sont passées, l'encre me deffaudroit plustost que la matière. Mais quel fruit a produit tout ce mesnage? Vne oppression de tous les subiects, vne pauureté par tout le royaume, vn mescontentement général des grands, vne haine presque de tout le peuple encontre son roy. Et puis, au bout de tout cela, que pouuions-nous attendre autre chose que ce meschef qui nous est ces iours passez advenu?... Tant de nouuelitez mises sus à la foule des pauures subiects sans subiect, estoient autant de malignes humeurs ramassées au corps de nostre republique; lesquelles ne nous promettoient autre chose, que ce grand esclat de scandale que nous auons veu dans Paris. C'estoit un pus, c'estoit une boue qui couuoit dans tous, à laquelle le médecin supernaturel a voulu donner vent, lorsque nul de nous n'y pensoit. Le roy mesme l'a fort bien recognen, quand soudain, après estre arriué à Chartres pour donner quelque ordre à ce mal, il a reuoqué trente malheureux edicts, et encores promis par autres lettres patentes de n'user plus de contents. Pleust à Dieu que deux mois auparauant il les eust renonquez de son seul instinct, affin que ceux que je voy contre luy viuerez eussent estimé luy deuoir totallement cette grace, et non au scandale aduenu! Mais c'est vn mal commun à tous roys, de ne recognoistre jamais leurs fautes

CHAPITRE XLI.

Depuis la réformation jusqu'au Régent.

ORSQUE les tempêtes élevées par la réformation se furent apaisées, le Vatican reparut, mais à moitié en ruines. Il avoit perdu l'orgueil de ses murs, et ses combles entr'ouverts étoient

quand ils sont visitez de Dieu... De ma part, je ne pense point que jamais roy ait receu vn plus grand affront de son peuple (il faut que ceste parole à nostre très grande honte m'eschape), que celuy qu'a receu le nostre. Que luy, qui à son retour de la Beauce auoit esté receu auec tant de congratulations et applaudissements du Parisien, six ou sept mois après ait esté caressé de telle façon qu'auons veu en la journée des barricades, mesmes dans vne ville qu'il auoit aimée et chérie pardessus toutes les autres. Que le ieudy et vendredy qu'il demeura dans la ville, on ne veit jamais plus grand chaos et emotion populaire; et le samedy soudain que l'on fust aduerty de son partement, nous veimes un raquoisement inopiné de toutes choses : signe malheureux et trop expres de la haine qu'on lui porte. » *Id.*, l. XII, page 796, etc.).

[1] BENTIVOG., GROTIUS, STRADA, etc.
[2] ROBERTSON's *Hist. of Scotland*.
[3] HUME, WHITELOCK, WALKER, etc.
[4] Ce chapitre avoit bien commencé pour la réforma

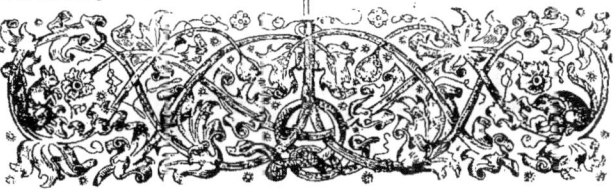

sillonnés de ses propres foudres, que la fureur de l'orage avoit repoussées contre lui. Les rois et les papes, en s'opposant par des mesures violentes aux innovations religieuses, n'avoient fait qu'irriter les esprits. Petite et foible dans le calme, la liberté devient un géant dans la tempête.

Entre les conséquences funestes qui résultèrent de ces troubles pour la religion, une ne doit pas être omise. Les révolutions ravagent les mœurs dans leurs cours, comme ces sources empoisonnées qui font mourir les fleurs sur leur passage. L'œil de la loi, fermé pendant les convulsions d'un état, ne veille plus sur le citoyen qui lâche les rênes à ses passions et se plonge dans l'immoralité; il faut ensuite des années, quelquefois des siècles, pour épurer un tel peuple. Ce fut évidemment le cas en Europe après les troubles dont je viens de parler; et la religion, qui se calcule toujours sur les mœurs, dut, en proportion de la relaxation de celles-ci, perdre beaucoup de son influence.

Cependant l'harmonie s'étant rétablie, les hommes reportèrent les yeux en arrière, et commencèrent à rougir de leur folie. Les lumières, toujours croissantes, secondoient ce penchant à haïr ce qui sembloit la cause de tant de maux. En matière de foi, il n'est point de bornes : aussitôt qu'on cesse de croire quelque chose, on cessera bientôt de croire le tout. Rabelais, Montaigne, Mariana, étonnèrent les esprits par la nouveauté et la hardiesse de leurs opinions politiques et religieuses. Hobbes et Spinosa, levant ensuite le masque, se montrèrent à découvert; et bientôt après Louis XIV donna à l'Europe le dernier exemple de fanatisme national, par la révocation de l'édit de Nantes [1].

CHAPITRE XLII.

Le Régent. La chute du christianisme s'accélère.

NFIN le Régent parut, et de cette époque il faut dater la chute presque totale du christianisme [a]. Le duc d'Orléans brilloit de génie, de grâces, d'urbanité; mais il étoit l'homme le plus immoral de son siècle, et le moins fait pour gouverner une nation volage, sur laquelle les vices de ses chefs avoient tant d'influence lorsqu'ils étoient aimables. Ce fut alors qu'on vit naître la secte philosophique, cause première [b] et finale de la révolution présente. Lorsque les nations se corrompent, il s'élève des hommes qui leur apprennent qu'il n'y a point de vengeance céleste.

Le bouleversement que Law [c] opéra dans l'état par son papier ne contribua pas peu à ébranler la morale du peuple. Intérêt et cœur humain sont deux mots semblables [c]. Changer les mœurs d'un état, ce n'est qu'en changer les fortunes. Dans les accès du désespoir et dans le délire des succès, tout sentiment de l'honnête s'éteint, avec cette différence que le parvenu conserve ses vices, et l'homme tombé perd ses vertus.

La presse, cette invention céleste et diabolique [d], commençoit à vomir les chansons, les

---

tion; c'est dommage, pour le philosophisme, qu'il ait fini aussi mal. Il paroît que je n'étois dans l'*Essai* ni pour *Genève* ni pour *Rome*. (N. ÉD.)

[1] Je ne parle pas des scènes scandaleuses de la populace de Londres contre les catholiques, en 1780.

[a] Toujours la *chute du christianisme!* Le christianisme ne tomboit point; les mœurs seulement se corrompoient. Et quand la religion chrétienne se seroit affoiblie en France, cela voudroit-il dire qu'elle s'éteint également dans le reste du monde? (N. ÉD.)

[b] Il falloit mettre, au lieu de *cause première*, cause seconde. (N. ÉD.)

[c] Dans les projets de cet étranger, on retrouve le plan littéral exécuté de nos jours par Mirabeau l'aîné : le paiement de la dette nationale en papier, la vente des biens du clergé, etc.

[c] Cela n'est pas vrai en France. (N. ÉD.)

[d] La presse n'est diabolique que lorsqu'elle n'est pas réglée par des lois. Si vous l'enchaînez par l'arbitraire,

pamphlets, les livres philosophiques. Chaque poste annonçoit au citoyen, tantôt l'inceste d'un père, l'exécrable mort d'un cardinal, les débauches que la plume d'un Suétone rougiroit de décrire; et, en payant les taxes, il soldoit à la fois et les vils courtisans, et les troupes qui le forçoient à leur obéir. Le mépris, puis la rage, étoient les sentiments qui devoient s'emparer du cœur de ce citoyen[a]. Que le peuple alors apprenne le secret de sa force, et l'état n'est plus.

Ce fut sous le règne suivant qu'éclata la secte encyclopédique, dont j'ai déjà touché quelque chose. Je vais, comme je l'ai promis, la considérer à présent dans ses rapports religieux et politiques avec les institutions de la France.

CHAPITRE XLIII.

La secte philosophique sous Louis XV.

ET esprit d'innovation et de doute qui prit naissance sous le Régent fit en peu de temps des progrès rapides. On vit enfin sous Louis XV se former une société des plus beaux génies que la France ait produits : les Diderot, les d'Alembert, les Voltaire[b]. Deux grands hommes seulement, et les deux plus grands, refusèrent d'en être, Jean-Jacques Rousseau et Montesquieu[c] : de là la haine de Voltaire contre eux, et surtout contre le premier, l'apôtre de Dieu et de la morale. Cette société disoit avoir pour fin la diffusion des lumières et le renversement de la tyrannie. Rien de plus noble, sans doute; mais le vrai esprit des encyclopédistes étoit une fureur persécutante de systèmes, une intolérance d'opinions, qui vouloit détruire dans les autres jusqu'à la liberté de penser; enfin, une rage contre ce qu'ils appeloient l'*infâme*, ou la religion chrétienne, qu'ils avoient résolu d'exterminer[a].

Ce qu'il y a de bien étonnant dans l'histoire du cœur humain, c'est que le despote Frédéric étoit de cette coalition qui sapoit la base du pouvoir des princes. Le monument le plus extraordinaire de littérature qui existe est peut-être la correspondance entre Diderot, Voltaire, d'Alembert et le roi de Prusse. C'est là qu'à chaque page on s'étonne de voir les philosophes jetant le manteau dont ils se revêtoient pour la foule; le monarque, déposant le masque royal, traiter de fable la morale de la terre; parler hardiment de liberté entre eux, en réservant l'esclavage pour le peuple stupide; se jouer de ce qu'il y a de plus sacré, et se jeter les uns aux autres, ballotter d'une main criminelle et puissante, les hommes et leurs opinions, comme de vains jouets.

Telle étoit cette fameuse secte, qui sous Louis XV commença à s'étendre et à détruire la morale en France; ses progrès furent étonnants. L'infatigable Voltaire ne cessoit de répéter : « Frappons, écrasons l'infâme; » une foule de petits auteurs, pour être regardés du grand homme, se mirent à écrivailler à l'exemple de leur maître. Le bon ton fut bientôt d'être incrédule. Jean-Jacques avoit beau crier, d'une voix sainte : « Peuple, on vous égare; il est un

---

[a] c'est-à-dire par la censure, elle perd ce qu'elle a de céleste, et ne conserve que ce qu'elle a de diabolique. Personne n'approuve les abus de la presse; mais c'est aux lois seules à prévenir et à punir les abus. (N. Éd.)

[a] J'ai raison dans mon indignation contre la Régence. La Régence et le règne de Louis XV sont deux époques de notre histoire qu'on ne sauroit assez maltraiter. (N. Éd.)

[b] Diderot et d'Alembert placés au nombre des plus beaux génies que la France ait produits est une chose parfaitement ridicule. (N. Éd.)

[c] Non, Voltaire les vaut, et Buffon se place, comme écrivain, auprès de ces trois grands hommes. (N. Éd.)

[a] Bien jugé, très-bien jugé, selon mon âge mûr : les encyclopédistes étoient les plus intolérants des hommes, et c'est pour cela que je ne les puis souffrir. Je les regarde comme des hypocrites de la liberté, comme de faux apôtres de philosophie, qui prenoient l'honneur de leur vanité blessée pour un sentiment d'indépendance, leurs mauvaises mœurs pour un retour au droit naturel, et leur fureur irréligieuse pour de la sagesse. Ce ne sont point leurs doctrines qui ont produit ce qu'il y a de bon au fond de notre Révolution; nous ne leur devons dans cette Révolution que le massacre des prêtres, les déportations à la Guiane et les échafauds. (N. Éd.)

Dieu vengeur des crimes et rémunérateur des vertus; » les efforts du sublime athlète furent vains contre le torrent des philosophies et des prêtres, ennemis mortels réunis pour persécuter le grand homme [a].

Tandis que les principes religieux étoient combattus par une troupe de philosophes, d'autres attaquoient la politique; car il est remarquable que la secte athée déraisonnoit pitoyablement en matière d'état [b]. Montesquieu, J.-J. Rousseau, Mably, Raynal [c], vinrent, malheureusement, éclairer des hommes qui avoient perdu cette force et cette pureté d'âme nécessaires pour faire un bon usage de la vérité. Depuis la Révolution, chaque faction a déchiré ces illustres citoyens, les jacobins Montesquieu, les royalistes Jean-Jacques : cela n'empêchera pas que l'immortel *Esprit des Lois*, et le sublime *Émile* si peu entendu, ne passent à la dernière postérité. Quant au *Contrat Social*, comme on en retrouve une partie dans l'*Émile*, que ce n'est d'ailleurs qu'un extrait d'un grand ouvrage, qu'il rejette tout et ne conclut rien, je crois que, dans son état actuel d'imperfection, il a fait peu de bien et beaucoup de mal [d] : je suis seulement étonné que les républicains du jour l'aient pris pour leur règle : il n'y a pas de livre qui les condamne davantage.

Ainsi, au moment que le peuple commença à lire, il ouvrit les yeux sur des écrits qui ne prêchoient que politique et religion : l'effet en fut prodigieux. Tandis qu'il perdoit rapidement ses mœurs et son ignorance, la cour, sourde au bruit d'une vaste monarchie qui commençoit à rouler en bas vers l'abîme où nous venons de la voir disparoître, se plongeoit plus que jamais dans les vices et le despotisme. Au lieu d'élar-

gir ses plans, d'élever ses pensées, d'épurer sa morale, en progression relative à l'accroissement des lumières, elle rétrécissoit ses petits préjugés, ne savoit ni se soumettre à la force des choses, ni s'y opposer avec vigueur. Cette misérable politique, qui fait qu'un gouvernement se resserre quand l'esprit public s'étend, est remarquable dans toutes les révolutions : c'est vouloir inscrire un grand cercle dans une petite circonférence; le résultat en est certain. La tolérance s'accroit, et les prêtres font juger à mort un jeune homme qui, dans une orgie, avoit insulté un crucifix; le peuple se montre incliné à la résistance, et tantôt on lui cède mal à propos, tantôt on le contraint imprudemment ; l'esprit de liberté commence à paroître, et on multiplie les lettres de cachet. Je sais que ces lettres ont fait plus de bruit que de mal ; mais, après tout, une pareille institution détruit radicalement les principes. Ce qui n'est pas loi est hors de l'essence du gouvernement, est criminel. Qui voudroit se tenir sous un glaive suspendu par un cheveu sur sa tête, sous prétexte qu'il ne tombera pas? A voir ainsi le monarque endormi dans la volupté, des courtisans corrompus, des ministres méchants ou imbéciles, le peuple perdant ses mœurs; les philosophes, les uns sapant la religion, les autres l'état; des nobles, ou ignorants ou atteints des vices du jour; des ecclésiastiques, à Paris la honte de leur ordre, dans les provinces pleins de préjugés, on eût dit d'une foule de manœuvres s'empressant à l'envi à démolir un grand édifice [a].

Depuis le règne de Louis XV, la religion ne fit plus que décliner en France; et elle s'est enfin évanouie [b] avec la monarchie dans le gouffre de la Révolution.

Pour compléter l'histoire du christianisme, je vais maintenant montrer les armes avec lesquelles les philosophes modernes sont parvenus à le renverser, de même que j'ai expliqué les systèmes par lesquels les philosophes grecs ébranlèrent le polythéisme. Il y a cependant

---

[a] Ai-je dans le *Génie du Christianisme* rien de plus fort, rien de plus énergique contre le philosophisme anti-religieux? J'oppose ici très-bien Rousseau aux autres philosophes. (N. Éd.)

[b] Cela est vrai : l'athéisme n'est bon à rien ; il n'est qu'une preuve de la foiblesse de l'esprit et de la médiocrité des talents. (N. Éd.)

[c] Mably et Raynal, avec Montesquieu et Rousseau, ce sont de ces associations que l'on fait dans la jeunesse, lorsque le jugement n'est pas formé, et que le goût est encore incertain. (N. Éd.)

[d] Je juge bien le *Contrat Social*, et très-mal l'*Émile*. (N. Éd.)

[a] Courageusement jugé, et aussi bien écrit que je puisse écrire. (N. Éd.)

[b] La religion, encore une fois, ne s'est pas évanouie. Quand la monarchie passeroit, la religion resteroit. (N. Éd.)

entre eux cette différence, que les Platon et les Aristote se contentèrent de publier des dogmes nouveaux, sans attaquer directement la religion de leur pays ; tandis que les Voltaire et les d'Alembert, sans énoncer d'autres opinions, se déchaînèrent contre le culte de leur patrie : en cela, bien plus immoraux que les sectaires d'Athènes [a].

J'avertis que, dans les chapitres qui vont suivre, je n'y suis plus pour rien. Simple narrateur des faits, je rapporte, comme mon sujet m'y oblige, les raisonnements des autres, sans les admettre [b]. Il est nécessaire de faire connoître les causes qui nous ont plongés dans la révolution actuelle ; or, celles-ci sont d'entre les plus considérables.

CHAPITRE XLV.

Objections des philosophes contre le christianisme. Objections philosophiques.

N peut diviser les différentes objections des philosophes contre le christianisme en quatre sortes : 1° objections philosophiques proprement dites ; 2° objections historiques et critiques ; 3° objections contre le dogme ; 4° objections contre la discipline. Voyons les premières.

Objections philosophiques [1]. La création est absurde. Quelle volonté peut tirer une parcelle de matière du néant ? Toutes les raisons imaginables ne renverseront jamais cet axiome commun : Rien ne se fait de rien. Mais les Écritures mêmes ne l'admettent pas, le néant : *Et l'Esprit de Dieu reposoit sur les eaux*. Voilà donc la matière coexistante avec l'Esprit, voilà donc un chaos.

Dieu, dites-vous, a été l'architecte ? Ce n'est plus le système chrétien. Mais voyons si cela même peut être admis.

Si Dieu a arrangé la matière, c'est un être impuissant et borné. Le chaos étant la première forme est de nécessité la meilleure, puisqu'elle est la forme naturelle, puisque les vices, les souffrances, les chagrins y dorment passifs. Qu'a fait Dieu ? il a tout séparé, tout divisé, et, en classant les maux, il n'a fait qu'un monde vulnérable dans toutes ses parties, d'un univers engourdi et tranquille ; il a donné une âme à la douleur, et rendu les peines sensibles [a]. Il s'est donc mépris ; et son prétendu ordre est un affreux désordre.

Mais nous vous abandonnons la majeure. Nous supposons, pour un moment, que tout est émané de Dieu. Ce Dieu, en créant l'homme, lui a dit : Tu ne pécheras point, ou tu mourras ; et il avoit prévu qu'il pécheroit et qu'il mour-

---

[a] On ne peut être ni plus impartial ni plus sévère. Si je suis un philosophe dans l'*Essai* il faut convenir que les philosophes n'ont jamais eu un confrère d'une humeur plus aigre et plus désagréable. (N. ÉD.)

[b] Passage bien remarquable dans l'*Essai* ! Il suffiroit seul pour me laver des reproches que l'on a voulu me faire comme antichrétien. On ne peut prétendre que ces paroles soient une précaution de l'écrivain ; car il n'y a pas trace d'hypocrisie ou de frayeur dans l'*Essai* : rien n'y est caché ; je ne capitule ni avec les choses ni avec les hommes, j'écris tout avec l'outrecuidance d'un jeune homme. Je ne cherchois donc point par ces paroles à me mettre à l'abri de l'avenir. Je disois simplement la vérité ; je disois que j'allois rapporter les raisonnements des autres *sans les admettre* ; que je n'étois pour rien dans les chapitres qui alloient suivre : ce sont pourtant ces chapitres qui ont servi principalement d'acte d'accusation contre moi. En vérité, plus on lit l'*Essai*, plus on l'examine, et moins on le trouve coupable. Cependant je ne prétends point me faire un bouclier du passage qui donne lieu à cette note ; j'ai eu tort, très-grand tort, de rapporter les objections des philosophes contre le christianisme ; d'autant plus tort qu'il est évident que je m'y complais, que tout en disant qu'elles ne sont pas de moi, ce qui est vrai, j'ai pourtant l'air d'y applaudir. (N. ÉD.)

[1] Il seroit impossible de citer à chaque ligne les auteurs dont ces raisonnements sont empruntés, parce qu'ils se trouvent répétés d'un bout à l'autre de leurs livres. Je les rassemblerai donc en commun à la fin de chaque chapitre.

[a] Voyez, pour la réfutation de toutes ces belles choses, les *Notes et Éclaircissements* du *Génie du Christianisme*. (N. ÉD.)

roit : tu seras bon, vertueux, ou je te condamnerai aux peines de l'enfer; et Dieu savoit qu'il ne seroit ni bon ni vertueux; et c'étoit lui qui l'avoit créé ! Dieu, répondez-vous, vous a fait libre ? Ce n'est pas là la question. A-t-il prévu que je tomberois, que je serois à jamais malheureux ? Oui, indubitablement. Eh bien, votre Dieu n'est plus qu'un tyran horrible et absurde. Il donne aux hommes des passions plus fortes que leur raison, et il s'écrie : Je t'ai donné la raison ! — Sans doute, et les passions aussi; et tu savois que celles-ci l'emporteroient; et tu prévis des millions de siècles avant ma naissance, que je serois vicieux, que je serois condamné à ton tribunal aux éternelles douleurs. Qui t'obligeoit à me tirer du néant ? qui te forçoit, Être tout-puissant, à faire un misérable ? Ne pouvois-tu me rendre fort et vertueux au degré nécessaire pour me rendre heureux ? tu te crées des victimes, et tu les insultes au milieu des tourments, en leur parlant d'un franc arbitre, sur des choses que ta prescience t'avoit fait connoître de toute éternité, et qui, par la raison même que tu les avois prévues, devoient nécessairement arriver !

Dieu ne pouvoit vous empêcher de naître dans la chaîne des êtres, où votre place se trouvoit marquée : — d'accord; mais ceci n'est plus le Dieu des Juifs, c'est la destinée, autre système qui a ses inconvénients. Vous vous retranchez dans le grand argument, et vous dites que nous ne pouvons pas plus comprendre le grand Être, qu'un ciron ne sauroit comprendre un homme : cette raison, excellente en elle-même, ne prouve rien pour les Écritures. Je m'en tiens à ce que je ne puis comprendre Dieu; et là-dessus je n'ai pas plus de motifs d'en croire Moïse que Platon, excepté que celui-ci raisonne mieux que celui-là.

Je passe une multitude d'autres raisons philosophiques, telles que celles tirées des diverses espèces de l'homme, de l'ancienneté du globe, etc., et je viens aux raisons historiques et critiques[1].

[1] BAYLE : *Lettres de Diderot au Roi de Prusse*; TOLAND; VOLT., *Dictionn. Philosoph.*; HUME'S *Philosoph. Essai*; LE BOUCHER, BUFFON, etc.

CHAPITRE XLV.

Objections historiques et critiques.

Les prophètes d'Israël avoient depuis longtemps annoncé la mission du Fils de Dieu. Et il est venu ce Fils de Dieu, et la lettre des prophéties a été accomplie. Une chose n'est pas prédite parce qu'elle arrivera, mais elle arrive parce qu'elle est prédite. De cela les Évangiles mêmes font preuve; ils ont la naïveté de nous dire à chaque ligne : « Et Jésus fit cette chose, *afin que la parole du prophète fût accomplie.* » Mais, sans nous arrêter à combattre votre futile argument, nous vous montrerons que cette annonce du Christ ne vient que de la honteuse ignorance des Juifs : ils convertirent en prédictions le calendrier céleste des Égyptiens, qu'ils n'entendoient pas. Là, on voyoit tout le mystère de la Vierge et de son Fils, qui ne signifioit autre chose que le lever et le coucher de diverses constellations. Les Hébreux, en sortant d'Égypte, emportèrent ces signes, et les transformèrent bientôt en des fables les plus absurdes.

Il y a bien plus : c'est qu'il n'est pas du tout démontré qu'il exista jamais un homme appelé Jésus, qui se fit crucifier à Jérusalem. Quelles sont vos preuves de ce fait ? Les Évangiles. Admettriez-vous, dans un procès, comme valides, des papiers visiblement écrits par une des parties? Nous raisonnons ici comme si nous croyions à l'authenticité du Nouveau-Testament (ce que nous sommes bien loin de faire, comme on le verra par la suite). Loin de rien trouver dans l'histoire qui admette la vérité de l'existence du Christ, nous voyons d'après les auteurs latins, qui parlent avec le dernier

mépris de la secte naissante [1], que les Évangiles n'étoient pas même entendus à la lettre par les premiers chrétiens. C'étoient des espèces d'allégories, des mystères auxquels on se faisoit initier comme à ceux d'Éleusis.

Mais encore il vous a plu de supprimer une multitude d'Évangiles que vous appelez apocryphes, qui cependant ne le sont pas plus que les autres. Là, on remarque tant de contradictions (contradictions que vous n'avez pu même faire disparoître des Évangiles que vous nous avez laissés), qu'il faut nécessairement en conclure que, dans le principe, l'histoire du Christ étoit un conte qu'on brodoit selon son bon plaisir.

Les premiers schismes de l'Église viennent à l'appui de cette opinion. Les Pères ne s'entendoient pas plus sur le fond que sur la forme. Comment se peut-il qu'étant si près de l'événement, ils ignorassent la vérité? Il es. trop clair, par ce choc de sentiments opposés, que le système chrétien n'étant pas encore formé, chacun le modifioit à sa manière. Rien ne paroît donc moins prouvé que l'existence du Christ.

Allons plus loin. Admettons la réalité de sa vie et l'authenticité des Évangiles. De la simple lecture de ceux-ci résulte le renversement de la divinité de Jésus. Nous voyons que tout ce qu'il y avoit d'honnêtes gens à Jérusalem, les prêtres, les magistrats, enfin cette classe d'hommes que, dans tous les temps, on croit de préférence à la populace, regardoit le Christ comme un imposteur qui cherchoit à se faire un parti. On lui demanda des miracles publics, et il ne put en faire; mais il ressuscitoit, il est vrai, des morts parmi la canaille. Dans ses réponses il ne s'explique jamais clairement, il parle obscurément, comme l'oracle de Delphes. Quant à sa résurrection, un peu de vin et d'argent aux gardes en explique tout le mystère. A qui apparut-il après sa sortie triomphante du tombeau? A ses disciples, à des femmes crédules, à des gens qui avoient intérêt à prolonger l'imposture. Il ne se montra pas aux prêtres, au peuple, aux magistrats qui le virent expirer, et qui étoient bien sûrs qu'il n'étoit plus. Passons aux dogmes [1].

CHAPITRE XLVI.

Objections contre le dogme.

Il paroît, par les preuves internes et externes, que les Évangiles ne furent jamais prêchés par Jésus, ni écrits par ses disciples. Ils furent, en toute probabilité, composés à Alexandrie, dans les premiers siècles de l'Église.

Après les conquêtes d'Alexandrie et l'érection du royaume égyptien par les Ptolémée, les écoles de la Grèce furent transférées à Alexandrie, où elles prirent un nouvel éclat. De la situation de cette cité, qui formoit le passage entre l'Orient et l'Occident, il en résulta que les opinions des brachmanes des Indes, des mages de la Perse, des anciens prêtres de l'Égypte et des philosophes de l'Ouest, vinrent se concentrer dans ce foyer commun d'erreurs et de lumières. C'est au milieu de la bibliothèque d'Alexandrie et de cette foule de sectes, que les Évangiles furent visiblement compilés. Ils sont un mélange de diverses doctrines recueillies dans un corps, et revêtues du langage figuré de l'Orient. Leur auteur, ou leurs auteurs, furent sans doute doués d'un beau génie et d'une âme sensible. En rassemblant la morale de tous les sages, la simplicité et la pureté des leçons de Socrate, l'élévation des principes de Confucius, de Zoroastre, de Moïse, ils y mêlèrent une tendresse de cœur qui leur étoit propre; et en y faisant entrer le roman touchant et allégorique du Christ, ils parvinrent à répandre le plus grand charme sur leur ouvrage. Telle est l'histoire de la partie morale des Évangiles; quant aux dogmes, les voici :

[1] « Afflicti suppliciis christiani, genus hominum superstitionis novæ ac maleficæ. » (SUET., *in Neron.*) Tacite n'en parle guère mieux.

[1] Voyez les auteurs cités aux chapitres précédents.

Le mystère de la Trinité est emprunté de l'école de Platon : Dieu, l'Esprit, ou les Idées, l'Ame du Monde, ou le Fils incorporé à la matière [1]. Du Wishnou des brachmanes vient le mystère de l'Incarnation [2], qui correspond d'ailleurs à l'âme du monde des académiques.

La Vierge, comme nous l'avons déjà dit, renferme un emblème astronomique. La persécution, le martyre et la résurrection du Christ, ne sont que le dogme allégorique persan concernant le bon et le mauvais principe, dans lequel le méchant triomphe et détruit d'abord le bon ; ensuite le bon renait, et subjugue à son tour le méchant. La doctrine de la rénovation des choses et de la résurrection des corps, après l'incendie général du globe, se tire de la secte de Zénon, ou des fatalistes. Il seroit aisé, disoient les philosophes, de morceler ainsi tous vos Évangiles et d'en montrer les pièces de rapport ; mais tenons-nous-en ici : il suffit d'avoir fait voir où vos dogmes fondamentaux ont été puisés. Nous allons maintenant parler de la discipline de votre Église [1].

[1] Voyez les différents systèmes aux articles des philosophes grecs et persans. Il y a eu des modernes qui ont avancé que Jésus-Christ n'étoit autre chose que Platon, qu'on disoit aussi sorti du sein d'une vierge. Les Indiens avoient de même une trinité : Sree Mun Narrain, Mhab Letchimy, une belle femme (comme le fils, emblème de l'amour), et le Serpent, ou l'esprit. (*Sketches on the Mythology and Customs of the Hindoos*. pag. 11.) « These persons, » dit l'auteur du livre cité, « are supposed by the Hindoos to be wholly indivisible. The one is three, and the three are one. » (Pag. 12.)

[2] Wishnou n'étoit pas le seul dieu des Indiens qui se fût incarné. Voici l'histoire d'une des incarnations de Sree Mun Narrain : « Sree Mun Narrain, la grande divinité des Indiens, avec ses inséparables associés Mhab Letchimy et le Serpent, résolut de s'incarner, pour corriger d'énormes abus qui s'étoient glissés parmi les hommes. Narrain prit la figure du guerrier Ram ; Letchimy devint sa femme, sous le nom de Seetah Devee ; et le Serpent métamorphosé joua le personnage de Letchimum, frère et compagnon de Ram. Un jour qu'ils voyageoient dans un désert, Ram, se trouvant obligé de quitter Seetah, la confia, jusqu'à son retour, à la garde de son frère Letchimum. Celui-ci demeura quelque temps avec sa belle-sœur sans qu'il lui arrivât aucun accident ; mais un fameux magicien ayant enfin aperçu Seetah, en devint éperdument amoureux. Pour la séparer de son fidèle gardien, il se transforma en un oiseau du plus brillant plumage. La foible épouse de Ram n'eut pas plutôt remarqué le perfide oiseau, qu'elle supplia Letchimum de l'attraper. C'est en vain que celui-ci représente le danger : désir de femme est irrésistible. Seetah, sourde à toutes les raisons, dans un moment de dépit accuse son beau-frère d'avoir des vues criminelles sur elle. A cette horrible accusation , Letchimum ne balance plus ; mais, avant de quitter l'ingrate beauté pour courir après l'oiseau, il trace un cercle autour d'elle, en lui apprenant que, tandis qu'elle se tiendra dans cet espace, elle n'a rien à craindre. A peine est-il parti, que le magicien, prenant la forme d'un vieillard décrépit, s'approche de Seetah, et la supplie de lui procurer un peu d'eau pour apaiser une soif ardente. La malheureuse et compatissante épouse de Ram franchit le cercle fatal, et devient la proie du cruel enchanteur. »

L'auteur dont je tire cette historiette se tait sur la suite de l'aventure. Il paroît seulement que le magicien n'obtint pas le but de sa perfidie ; car lorsque Ram eut retrouvé Seetah, ne se fiant pas trop aux protestations de sa femme, il ordonna l'épreuve par le feu. Seetah marcha sur ses fers rouges ; « mais ses pieds, dit l'auteur, bronzés par l'innocence, les foulèrent comme un lit de fleurs. » (*Sketches of the Mythology of the Hindoos*, pag. 74-81.)

CHAPITRE XLVII.

Objections contre la discipline.

Vous dites que c'est Dieu lui-même qui a établi votre Église, où tout respire une origine divine. En vérité, il faut que vous supposiez les hommes bien sots ou bien ignorants. Votre hiérarchie de cardinaux, d'archevêques, d'évêques, de prêtres, de diacres, de sous-diacres, sont des institutions égyptiennes. Là se trouvoit un hiérophante, d'où découloit une suite de prêtres, qui diminuoient d'ordres et de pouvoir en raison de leur plus ou moins d'éloignement du chef suprême. L'Occident, et l'Orient surtout, vous fournirent le modèle de vos cérémonies et de vos costumes. Vous imitâtes les chœurs d'enfants, la marche sur deux colonnes, les oscillations de l'encensoir, la génuflexion et le chant à de certains signaux ré-

[1] *Les Ruines* de Volney et les auteurs précédents.

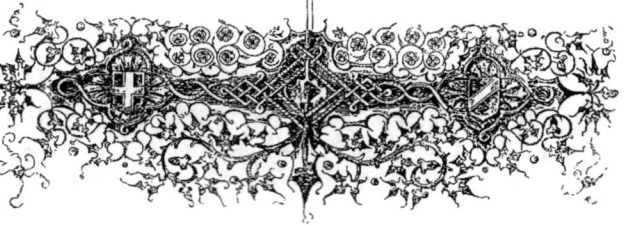

guliers, d'après les pompes antiques et romaines. Vous retenez, de nos jours, dans vos cérémonies funèbres, l'air qu'on chantoit à Athènes, dans des occasions semblables, au siècle de Périclès; et plusieurs de vos sectes marchent encore dans la sandale grecque.

La tenture, l'exposition des tableaux, la suspension des lampes, le dais, les vases d'or et d'argent vous viennent de l'Orient. Mais que disons-nous? vous portez sur vous-mêmes les marques du paganisme, sans vous en apercevoir. La tonsure sur votre tête, l'étole à votre cou, l'hostie et le sacrement rayonnant dans vos mains ne sont-ils pas les mêmes symboles qui, parmi les prêtres de la Perse, représentoient le disque et les rayons de l'astre qu'on y adoroit? Si les mages revenoient parmi nous, ne croiroient-ils pas, en voyant vos mitres, vos robes, vos surplis, vos chapes, que vous êtes des membres de leurs sectes, disséminés chez des peuples barbares?

Les détails de vos cérémonies offrent les mêmes rapports. On sait que la communion est une institution judaïque. L'époque de vos fêtes correspond exactement à celle des fêtes chez les anciens. Vous avez conservé même dans vos prières les formes latines. La messe des rameaux, dans le onzième siècle, où le peuple répétoit trois fois en chorus le cri d'un âne après l'*Ite missa est*, cachoit une des allégories les plus obscènes de l'antiquité. Le carnaval, avant le jour des Cendres, n'étoit qu'un reste de bacchanales. Enfin il est clair que vous dérivez votre discipline des prêtres du polythéisme [1].

Nous ne condamnons pas ceci absolument, ajoutoient les philosophes; nous vous en voulons seulement de n'être pas de bonne foi, et de vouloir faire passer tout cela comme provenant d'une origine céleste [2]. Nous sentons fort bien que vous n'auriez jamais converti les peuples au christianisme sans la solennité du culte. C'est en quoi nous préférons la secte romaine. Il est ridicule d'être luthérien, calviniste, quaker, etc., de recevoir, à quelques différences près, l'absurdité du dogme, et de rejeter la religion des sens, la seule qui convienne au peuple. Il n'est pas plus difficile de croire le tout qu'une partie; et lorsqu'on admet l'incarnation, il n'en coûte pas davantage d'adopter la présence réelle.

Telles étoient les objections des philosophes modernes contre le christianisme, objections dont je n'ai extrait qu'une très-petite partie. Je suis bien fâché que mon sujet ne me permette pas de rapporter les raisons victorieuses avec lesquelles les Abadie, les Houteville, les Bergier, les Warburton, ont combattu leurs antagonistes, et d'être obligé de renvoyer à leurs ouvrages [a].

Moi, qui suis très-peu versé dans ces matières, je répéterai seulement aux incrédules, en ne me servant que de ma foible raison, ce que je leur ai déjà dit : « Vous renversez la religion de votre pays, vous plongez le peuple dans l'impiété, et vous ne proposez aucun autre palladium de la morale. Cessez cette cruelle philosophie ; ne ravissez point à l'infortuné sa dernière espérance : qu'importe qu'elle soit une illusion, si cette illusion le soulage d'une partie du fardeau de l'existence ; si elle veille dans les longues nuits à son chevet solitaire et trempé de larmes ; si enfin elle lui rend le dernier service de l'amitié, en fermant elle-même sa paupière, lorsque, seul, abandonné sur la couche du misérable, il s'évanouit dans la mort [b]? »

---

[1] SAINT-FOIX, *Essai sur Paris*; les *Ruines* de Volney et les auteurs cités.

[2] Jamais l'Église n'a prétendu que les vêtements de ses prêtres, que les ornements de ses autels, etc., eussent une origine céleste. J'ai mieux raisonné dans le *Génie du Christianisme*, lorsque, pour faire aimer la majesté de notre culte, j'ai montré qu'il se rattachoit aux plus nobles coutumes de l'antiquité, et aux traditions historiques les plus vénérables. (N. ÉD.)

[a] Puisque j'avois cité contre la religion d'aussi misérables autorités que celles de Diderot, de Toland, de Saint-Foix, etc., je pouvois bien citer pour la religion les Abadie, les Warburton, les Clarke, etc. (N. ÉD.)

[b] J'ai cité ce paragraphe dans la Préface de l'*Essai*: réuni à celui où je déclare que *je rapporte les objections des autres sans les admettre*, il détruit, en grande partie, l'effet de ces misérables et odieux chapitres. (N. ÉD.)

CHAPITRE XLVIII

De l'esprit des prêtres chez les anciens et chez les modernes, considéré dans un gouvernement populaire.

Nous avons consacré la fin de ce premier livre à des recherches sur les religions. Les prêtres tiennent de si près à ce sujet, et leur influence a été si grande dans tous les siècles, qu'on ne peut s'empêcher d'en dire un mot, en parlant du culte. Au reste, ceci demanderoit un volume, et je n'ai que quelques chapitres à y consacrer.

J'entends par prêtres des ministres dévoués au service de l'autel ; qui ont souvent des vertus, quelquefois des vices ; vivent des préjugés du peuple, comme mille autres états ; ne sont ni moins ni plus fripons que le reste de leur siècle, ni meilleurs ni pires que les autres hommes [a].

Ceux de l'antiquité nous offrent un esprit un peu différent de ceux de notre âge : ceci tient aux positions politiques des nations. Distinguons donc entre les prêtres dans un état monarchique, et les prêtres dans une république. Commençons par les derniers.

Chez les Grecs et les Romains, l'influence du sacerdoce étoit considérable ; mais l'état se trouvant administré sous une forme populaire, l'intérêt des prêtres penchoit du côté de la liberté. Lorsqu'on alloit consulter l'oracle de Delphes, les réponses du dieu se faisoient généralement dans le sens de l'indépendance ; cependant il se ménageoit toujours adroitement une porte de retraite, et les trépieds des tyrans étoient suspendus aux voûtes du temple comme ceux des patriotes. En cela les prêtres anciens et les prêtres modernes se ressembloient parfaitement.

Autre ressemblance. La caste religieuse d'Athènes n'étoit guère moins persécutante que les ministres du christianisme [a]. Les sophistes s'en trouvaient aussi mal en Grèce que les encyclopédistes en France ; mais comme la loi, dans le premier pays, protégeoit le citoyen, lorsque la charge d'*impiété* n'étoit pas prouvée, le magistrat renvoyoit l'accusé. Pour claquemurer parmi nous un philosophe à la Bastille, il ne falloit pas tant de cérémonies [b]. Venons maintenant aux différences.

D'abord une très-importante se présente. Les prêtres des Grecs avoient un pouvoir considérable sur la masse du peuple, mais ils n'en exerçoient aucun sur les particuliers : les nôtres, au contraire, nous environnoient, nous assiégeoient. Ils nous prenoient au sortir du sein de nos mères, et ne nous quittoient plus qu'après nous avoir déposés dans la tombe. Il y a des hommes qui font le métier de vampires, qui vous sucent de l'argent, le sang et jusqu'à la pensée [c].

Seconde différence. Chez les anciens, surtout à Rome, les prêtres ignoroient ce système d'association, qui communique tant de force aux choses religieuses. Les ministres des dieux, dispersés dans l'état, ne s'appuyoient point les uns les autres, et par conséquent ne pouvoient, comme individus, devenir dangereux à la liberté. La constitution hiérarchique de l'Église romaine, chez les peuples modernes, infusoit dans tout le clergé un esprit de corps trop formidable. Au reste, les gardiens du culte en Grèce, graves, posés, vertueux, se tenoient

---

[a] Quoique dur, le jugement est impartial. Mais le mot de *fripon*, qui vient sans cesse sous ma plume en parlant du siècle, est très-peu poli. (N. ÉD.)

[a] Les ministres de la *philosophie* ont-ils été moins *persécutants* que les ministres du christianisme ? (N. ÉD.)

[b] Ici je suis extrêmement injuste, même historiquement parlant. On condamnoit très-bien à l'exil ou à la mort à Athènes pour cause d'impiété, et cela sur un simple écrit, quelquefois sur un seul vers. Il ne faut ni tuer ni emprisonner personne pour cause de religion ; mais quand on écrit l'histoire, il ne faut pas dénaturer les faits. Il n'est pas bien de représenter les philosophes persécutés par les prêtres, à l'époque même où les philosophes triomphoient des prêtres. J'aurois dû être averti, quand j'écrivois ces choses-là : n'avois-je pas sous les yeux, dans les rues de Londres, ces prélats vénérables, ces milliers de prêtres déportés, exilés par les disciples des encyclopédistes ? (N. ÉD.)

[c] Toutes ces injures sont ignobles, et j'en ai fait justice dans le *Génie du Christianisme*. (N. ÉD.)

dans la mesure de leur profession ª. Nos abbés en manteau court exhiboient à Paris le vice, le ridicule et la sottise ᵇ ; et l'on concevroit à peine comment des hommes pouvoient ainsi se donner en spectacle, si l'on ne connoissoit la bêtise et la friponnerie du monde. Lorsque je vois les différents personnages de la société, je me figure ces escrocs qui se rendent exprès sur les promenades publiques bizarrement vêtus. Tandis que la foule hébétée se rassemble à considérer le bout du ruban rouge, bleu, noir, dont le pasquin est bariolé, celui-ci lui vide adroitement ses poches; et c'est toujours le plus chargé de décorations qui fait fortune ᶜ.

Tout considéré, les prêtres sont nécessaires aux mœurs, et excellents dans une république; ils ne sauroient y causer de mal, et peuvent y faire beaucoup de bien.

CHAPITRE XLIX.

De l'esprit des prêtres chez les anciens et chez les modernes, considéré dans un gouvernement monarchique.

AIS si l'esprit du sacerdoce peut être salutaire dans une république ᵈ, il devient terrible dans un état despotique, parce que, servant d'arrière-garde au tyran, il rend l'esclavage légitime et saint aux yeux du peuple ᵉ.

Les prêtres de la Perse et de l'Égypte ressemblèrent parfaitement aux nôtres. Leur esprit se composoit également de fanatisme et d'intolérance ᵇ. Les mages firent brûler et ravager les temples de la Grèce lors de l'expédition de Xerxès. Ils gouvernoient le trône et avoient exclusivement l'oreille des rois : deux traits cependant les distinguent des ministres du culte chez les chrétiens.

Ils ne croyoient pas à la religion qu'ils enseignoient; ils professoient secrètement une autre doctrine, et adressoient leurs prières au vrai Dieu qui gouverne le monde. Nos prêtres, pour la plupart, admettent les dogmes qu'ils publient ᶠ.

La seconde différence se trouve dans les lumières. Les mages étudioient particulière-

---

ª Cela n'est pas vrai; il y avoit en Grèce des prêtres de tous les dieux, de tous les vices, de toutes les folies. Les ministres de Bacchus, de Mercure, de Cybèle, de Priape, de Cupidon, n'étoient ni graves ni posés. *La mesure de leur profession* étoit de se prostituer, de s'enivrer, de courir les champs comme des forcenés, ou de faire les saltimbanques dans les villages et aux carrefours des cités. (N. Éd.)

ᵇ Vulgairement écrit et injuste : le vice de quelques individus dans un ordre ne peut jamais être considéré comme le caractère d'un ordre entier. (N. Éd.)

ᶜ J'en voulois furieusement à la société. Je ne lui pardonnois pas, quand j'étois jeune, le mal qu'elle m'avoit fait. Aujourd'hui je suis sans rancune; nous allons bientôt nous quitter. Je reconnois que mes observations n'étoient pas toutes également justes : par exemple, j'ai été à mon tour chargé de rubans, je ne vois pas qu'ils m'aient servi à enchaîner la fortune. (N. Éd.)

ᵈ Je ne sais pas pourquoi les prêtres seroient plus utiles dans une république que dans une monarchie; je dirois même tout le contraire aujourd'hui, et je crois dire plus vrai. D'ailleurs, est-ce là une grande vue du sujet ? Politiquement et philosophiquement parlant, il falloit montrer ce qu'étoient les prêtres en Grèce et à Rome dans l'ordre social, quelle part ils avoient à la politique, quelle portion du pouvoir ils retenoient, et comment ils influoient sur les destinées de l'état, soit qu'ils fussent placés en dedans, soit qu'ils fussent laissés en dehors des institutions. On ne peut pas dire que des hommes qui, dans de certain cas, pouvoient éloigner ou dissoudre les assemblées du peuple, empêcher ou ordonner de livrer une bataille, étoient des hommes sans autorité politique, surtout lorsqu'il y avoit des charges pontificales souvent occupées par des citoyens ambitieux et puissants. Je n'ai donc su absolument ce que je disois dans ce passage de l'*Essai*, qui me paroît, sous tous les rapports, pitoyable. (N. Éd.)

ª Si je n'avois dit que de ces choses-là, j'aurois eu moins de corrections fraternelles à m'administrer. (N. Éd.)

ᵇ J'ai toujours la même horreur du fanatisme et de l'intolérance ; mais l'esprit des prêtres chrétiens n'étoit point l'intolérance et le fanatisme. Ces prêtres ont été quelquefois fanatiques et intolérants, selon les siècles; et même dans ces siècles où ils subissoient les mœurs de leur temps, ils se sont souvent montrés plus éclairés et plus charitables que leurs contemporains. Des évêques se sont opposés aux massacres de la Saint-Barthélemy. Que Rome ait applaudi à ces massacres; que quelques prêtres indignes de ce nom se soient fait remarquer par leur fureur à différentes époques de notre histoire, encore une fois il n'est pas juste de conclure du particulier au général. Des citations du *Génie du Christianisme* vont bientôt répondre à mes accusations philosophiques. (N. Éd.)

ᶜ Cet aveu du moins est honorable au clergé. (N. Éd.)

ment les sciences ; notre clergé, au contraire, faisoit vœu d'y renoncer [a]. Les deux chemins conduisent au même but : l'on domine également du fond du tonneau de Diogène et du haut de l'observatoire babylonien.

Mais une institution particulière a contribué à donner à nos ministres un esprit différent de celui des prêtres de l'antiquité, je veux dire la confession auriculaire. Cet usage a été un des grands textes des déclamations des philosophes. Comment, disoient-ils, l'innocence allant peut-être déposer ses secrets dans le sein du crime, la pudeur dans celui de l'immoralité, l'homme libre révélant sa pensée au tyran, les intimités entre deux amis, entre l'époux et l'épouse, enfin, tout ce qui ne doit être connu que du ciel et de nous, le confier à un homme sujet à nos passions ! Prêtre, je m'agenouille à ton tribunal : j'ai péché, j'ai trahi l'amitié, la beauté, la jeunesse, l'innocence... Mais je te vois pâlir ! et toi aussi serois-tu coupable ? et n'es-tu pas homme ? Sois donc mon ami, et ne sois pas mon juge ; console-moi, laisse-moi te consoler ; prions ce Dieu qui nous créa foibles, afin que nous nous appuyions l'un sur l'autre, ce Dieu qui, pour toute pénitence, nous a donné le remords [b]. Ainsi raisonnoient les philosophes.

Finissons par quelques remarques générales.

L'esprit dominant du sacerdoce doit être l'égoïsme [a]. Le prêtre n'a que lui seul dans le monde ; repoussé de la société, il se concentre ; et voyant que tous les hommes s'occupent de leurs intérêts, il cherche le sien. Sans femme et sans enfants, il peut rarement être bon citoyen, parce qu'il prend peu d'intérêt à l'état. Pour aimer la patrie, il faut avoir fait le tour de la chambre sur ses mains, comme Henri IV [b].

Autre trait général du caractère des prêtres : le fanatisme. En cela ils ressemblent au reste du monde : chacun fait valoir le chaland dont il vit. Nous sommes assis dans la société comme des marchands dans leurs boutiques : l'un vend des lois, l'autre des abus, un troisième du mensonge, un quatrième de l'esclavage ; le plus honnête homme est celui qui ne falsifie point sa drogue et qui la débite toute pure, sans en déguiser l'amertume avec de la liberté, du patriotisme, de la religion [c].

Enfin, la haine doit dominer chez les prêtres, parce qu'ils forment un corps. Il n'est point de la nature du cœur humain de s'associer pour faire du bien : c'est le grand danger des clubs et des confréries. Les hommes met-

---

[a] Mais étois-je devenu fou ? Quand donc le clergé a-t-il renoncé aux sciences ? Les plus beaux génies, les hommes les plus savants, ne sont-ils pas sortis de l'ordre du clergé ? N'est-ce pas le clergé qui a sauvé les lettres du naufrage de la barbarie, etc., etc. ? Le clergé faire vœu de renoncer aux sciences ! Une telle assertion suffiroit seule pour décréditer tout un livre. Voyez, au reste, le *Génie du Christianisme* sur les services rendus aux lettres et aux arts par le clergé. (N. Éd.)

[b] « La confession suit le baptême, et l'Église, avec une prudence qu'elle seule possède, a fixé l'époque de la confession à l'âge où l'idée du crime peut être conçue : il est certain qu'à sept ans l'enfant a les notions du bien et du mal. Tous les hommes, les philosophes mêmes, quelles qu'aient été d'ailleurs leurs opinions, ont regardé le sacrement de pénitence comme une des plus fortes barrières contre le vice, et comme le chef-d'œuvre de la sagesse. « Que de restitutions, de réparations, dit « Rousseau, la confession ne fait-elle point faire chez les « catholiques ! » Selon Voltaire, « la confession est une « chose très-excellente, un frein au crime, inventé dans « l'antiquité la plus reculée : on se confessoit dans la « célébration de tous les anciens mystères. Nous avons « imité et sanctifié cette sage coutume : elle est très-

« bonne pour engager les cœurs ulcérés de haine à « pardonner. »

« Sans cette institution salutaire, le coupable tomberoit dans le désespoir. Dans quel sein déchargeroit-il le poids de son cœur ? Seroit-ce dans celui d'un ami ? Eh ! qui peut compter sur l'amitié des hommes ? Prendra-t-il les déserts pour confidents ? Les déserts retentissent toujours pour le crime du bruit de ces trompettes que le parricide Néron croyoit ouïr autour du tombeau de sa mère. Quand la nature et les hommes sont impitoyables, il est bien touchant de trouver un Dieu prêt à pardonner : et n'appartient qu'à la religion chrétienne d'avoir fait deux sœurs, de l'innocence et du repentir. » (*Génie du Christianisme*, 1re part., liv. 1er, chap. VI.) (N. Éd.)

[a] Cela seroit vrai pour tout autre prêtre qu'un prêtre chrétien. Mais la charité évangélique est là pour lui donner toutes les saintes tendresses de l'ame ; par elle, le prêtre devient un père compatissant, un frère dévoué, un ami fidèle : comme son divin Maître, *il va faisant le bien*. (N. Éd.)

[b] Nos révolutionnaires les plus atroces, ces tigres qui s'enivroient de sang françois, adoroient les petits enfants ; on n'a jamais vu de meilleurs pères : aussi *comme ils aimoient la patrie !* (N. Éd.)

[c] Je serois bien fâché de mépriser autant la race humaine aujourd'hui. (N. Éd.)

tent en commun leurs haines et presque jamais leur amour [a].

CHAPITRE L.

DU CLERGÉ ACTUEL EN EUROPE.

Du Clergé en France.

 ous allons maintenant examiner l'état du clergé en Europe. Commençons par la France. Le clergé gallican peut se diviser en trois classes : les évêques, les abbés et les curés.

Les évêques conservoient peut-être encore trop de l'ancien esprit de leur ordre, mais ils étoient généralement instruits et charitables; ils connoissoient mieux l'état de l'opinion que les grands, parce qu'ils vivoient davantage avec le peuple; et si tous avoient imité quelques-uns d'entre eux, si éminents pour la pureté des mœurs, ils seroient encore à la tête de leur troupeau. Mais, malgré leur connoissance du génie national, ils ne furent pas assez au niveau de leur siècle; en cela pourtant moins ignorants que la cour, dont l'ineptie étoit révoltante sur cet article [a]. J'ai vu des hommes me dire, en 1789 : La Révolution ! on en parlera, dans deux ou trois ans d'ici, comme du mesmérisme et de l'affaire du collier ! Dès lors je prévis de grands malheurs.

Les abbés, qui forment la seconde classe, ont été en partie la cause de ce déluge de haines qui a fondu sur la tête du clergé. N'oublions pas cependant que les Raynal, les Mably, les Condillac, les Barthélemy et mille autres, se trouvoient dans l'ordre des abbés [c].

Quant aux curés, ils étoient pleins de préjugés et d'ignorance : mais la simplicité du cœur, la sainteté de la vie, la pauvreté évangélique, la charité céleste, en faisoient la partie la plus respectable de la nation. J'en ai connu quelques-uns qui sembloient moins des hommes que des esprits bienfaisants descendus sur la terre pour soulager les maux de l'humanité. Souvent ils se dépouillèrent de leurs vêtements pour en couvrir la nudité de leurs semblables; souvent ils se refusèrent la vie même pour nourrir le nécessiteux. Qui oseroit reprocher à de tels hommes quelque sévérité d'opinion ? Qui de nous, superbes philanthropes, voudroit, durant la rigueur des hivers, dans l'épaisseur des ténèbres, se voir réveillé au milieu de la nuit, pour aller porter au loin dans la campagne un Dieu de vie à l'indigent expirant sur un peu de paille ? Qui de nous voudroit avoir sans cesse le cœur brisé du spectacle d'une misère qu'on ne peut secourir ? se voir environné d'une famille à moitié nue, dont les joues creuses, les yeux hâves, annoncent l'ardeur de la faim et de tous les besoins ? Consentirions-nous à suivre le curé de la ville dans le séjour du crime et de la douleur, pour consoler le vice et l'impureté, sous ses formes les plus dégoûtantes, pour verser l'espérance dans un cœur désespéré ? Qui de nous enfin voudroit se séquestrer du monde des heureux, pour vivre éternellement parmi les souffrances; et ne recevoir en mourant, pour tant de bienfaits, que l'ingratitude des pauvres et la calomnie des riches [a] ?

On peut conjecturer, de cet état du clergé en France, que le christianisme y subsistera encore longtemps [b]. Le prêtre, vivant au milieu du petit peuple, étant presque aussi indigent que lui, est un compagnon d'infortune que le misérable se résoudra difficilement à

---

[a] Si ces réflexions étoient vraies, il faudroit mettre le feu aux quatre coins des cités. (N. Éd.)

[b] Ce jugement n'est pas trop partial pour un petit philosophe en jaquette. (N. Éd.)

[c] C'est encore juste pour les abbés. (N. Éd.)

[a] J'ai transporté cet éloge des curés dans le *Génie du Christianisme*. Il ne falloit pas dire dans le précédent chapitre que l'esprit dominant du sacerdoce est l'égoïsme, le fanatisme, la haine, pour dire dans celui-ci tout le contraire, à propos des évêques et des curés. (N. Éd.)

[b] Très-juste; mais pourquoi ai-je dit dans les chapitres précédents que la religion chrétienne avoit reçu un coup mortel, qu'elle n'en reviendroit pas; que c'étoit une affaire finie ? (N. Éd.)

perdre. Le protestantisme seroit mal calculé pour mes compatriotes [a]; ils détesteroient un ministre distant, qu'ils n'apercevroient qu'un moment chaque dimanche : ils demandent un curé populaire, qu'ils puissent adorer et couvrir d'injures. Le François est la plus aimante des créatures; il lui faut des gestes, des expressions chaudes, de l'intimité. Au reste, cette communication du pasteur avec l'indigent est un des liens les plus respectables qui se soient jamais formés entre des hommes [b]. Le christianisme a repris une nouvelle vigueur en France, par la persécution du bas clergé; et il est à présumer qu'il durera quelques années de plus qu'il n'auroit fait dans le calme [c].

CHAPITRE LI.

Du Clergé en Italie.

A multiplicité des sectes monastiques en Italie sert à y nourrir la superstition. Qui croiroit qu'à la fin du dix-huitième siècle, les nobles de Rome font encore des pèlerinages, pieds nus et la hart au cou, pour racheter le pardon d'un assassinat? Mais comme les contraires existent toujours l'un près de l'autre, il suit de cette crédulité que les liens de la religion sont aussi plus près de se rompre.

De tous les temps les Italiens furent divisés en deux sectes, l'une athée, l'autre superstitieuse : voisins des abus et des vices de la cour de Rome, c'est nécessairement le résultat de leur position locale [a]. La dégénération du caractère moral, plus avancée en Italie que dans le reste de l'Europe, y accélérera aussi la chute du christianisme [b].

CHAPITRE LII.

Du Clergé en Allemagne.

'EST en Allemagne que la religion trouvera son dernier refuge. Elle s'y soutient par la force morale du peuple, et par les vertus et les lumières du clergé. J'y ai souvent vu quelque vénérable pasteur, à la porte de son presbytère champêtre, faire un prône naïf à de bonnes gens qui sembloient tout attendris, et je me suis cru transporté à ces temps où le Dieu de Jacob se communiquoit aux patriarches au bord des fontaines.

CHAPITRE LIII.

Du Clergé en Angleterre.

E christianisme expirera en Angleterre dans une profonde indifférence. La raison de cette tiédeur en matière religieuse, si remarquable dans la Grande-Bretagne, se

---

[a] Bien observé : la France pourroit être impie, ou indifférente en matière religieuse; elle ne sera jamais protestante.   (N. Éd.)

[b] Encore très-bien : mais pourquoi disois-je tout à l'heure le contraire? Pourquoi parlois-je de l'égoïsme des prêtres?   (N. Éd.)

[c] *Quelques années de plus* : je me suis souvenu tout à coup (on le voit par cette phrase) de ce que j'avois écrit plus haut; et, pour ne pas me mettre trop en contradiction avec moi-même, je me fais une petite concession de *quelques années*.   (N. Éd.)

[a] Il y a quelque vérité dans ces observations; mais je prononce trop en général. Il auroit fallu distinguer les divers états de l'Italie; ne pas prendre Rome pour toute la péninsule, ne pas parler de la cour de Rome sous Pie VI, Pie VII et Léon XII, comme de cette même cour sous les Borgia. Il y a confusion de temps, d'hommes et de choses.   (N. Éd.)

[b] Voyez pour la réfutation de tous ces chapitres, re-

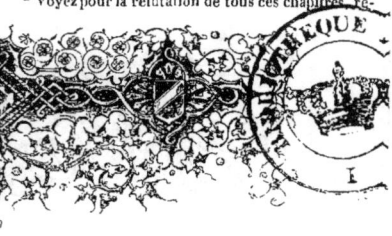

tire de deux causes [1] : du culte et du clergé.

Du culte. La religion n'y a pas assez d'extérieur : défaut de toutes les religions réformées ; les exercices de piété n'y sont pas assez multipliés : dans les campagnes, les temples restent fermés pendant la semaine, et tout s'y borne à quelques courtes prières le dimanche. Johnson se plaint souvent de cet usage, et en prédit la chute du christianisme.

Du clergé. Le ministre anglois, riche et homme du monde, ne se rapproche pas assez du peuple ; à peine ses paroissiens le connoissent-ils. L'abus de non-résidence est aussi au grand détriment de la religion : un ministre va desservir en hâte deux ou trois églises le dimanche dans la campagne, ensuite se retire dans la ville voisine où il disparoît pour huit jours. Vu sous le jour philosophique, on ne sauroit blâmer le mode de vie qu'a choisi le clergé britannique : considéré sous le jour religieux, il accélère certainement la chute du christianisme. On ne peut se figurer l'étonnement des étrangers lorsqu'on leur apprend que les ministres anglois dansent au bal, donnent des fêtes, font des parties de vin et de femmes ; que rien, en un mot, ne distingue leurs mœurs de celles de leurs compatriotes [2]. Les lumières, l'érudition, la philosophie, la générosité que

latifs au clergé catholique, une note à la fin de cet ouvrage, contenant quelques extraits du *Génie du Christianisme* ; note que, par son étendue, je n'ai pu placer ici. Il m'a paru important de mettre ces extraits immédiatement sous les yeux du lecteur, sans le renvoyer au *Génie du Christianisme*. (N. Éd.)

[1] Je ne parle que des causes religieuses, et non politiques. On sent que, le commerce obligeant chacun de songer à ses affaires, on a peu le temps de passer ses jours à l'église.

[2] Ceci a encore un autre effet dangereux, en tendant à augmenter la secte presbytérienne, qui profite de cette facilité de mœurs pour calomnier les ministres anglois. Aussi les presbytériens augmentent-ils en une proportion effrayante, parce que la politique vient en outre à l'appui de la religion. Il est vrai que l'Église d'Angleterre subsistera aussi longtemps que la constitution de l'état ; mais il faut bien prendre garde que, par un relâchement de mœurs, on ne donne lieu à saper une partie de l'édifice qui amèneroit bientôt la chute du tout. Craignons surtout les révolutions. S'il en arrivoit une maintenant en Angleterre, celle de Cromwell ne seroit qu'un jeu auprès : j'en sais bien la raison.

j'ai rencontrées parmi quelques membres de l'Église anglicane, me font déplorer du fond du cœur la ruine où je vois que la force des choses et le train du siècle les précipitent. Il me semble impossible que leur manière de vivre s'accorde longtemps avec leurs grands revenus, parce que la première est d'eux et que les seconds sont du peuple. Si je parle sévèrement, qu'on m'excuse : j'ai fait profession de vérité : c'est par reconnoissance même que j'ose m'expliquer avec cette franchise, afin que le clergé cherche dans sa sagesse les moyens les plus propres à éloigner la catastrophe que je lui prédis [a].

CHAPITRE LIV.

Du Clergé en Espagne et en Portugal. Voyage aux Açores. Anecdote.

e considère les prêtres espagnols et portugais comme ne formant qu'un seul corps, et je vais raconter un fait dont j'ai été témoin, qui servira plus à faire connoître leurs mœurs que tout ce que je pourrois en dire.

Manquant d'eau et de provisions fraîches, et nous trouvant au printemps de 1791 par la hauteur des Açores, il fut résolu que nous y relâcherions. Dans le vaisseau sur lequel je passois alors en Amérique, il y avoit plusieurs prêtres françois qui émigroient à Baltimore, sous la conduite du supérieur de St...., M. N. Parmi ces prêtres se trouvoient quelques étrangers, en particulier M. T., jeune Anglois d'une excellente famille, qui s'étoit nouvellement converti à la religion romaine [1].

[a] Ce qu'il y a de trop positif dans ce texte est corrigé dans la note, où je dis que l'Église subsistera aussi longtemps que la constitution de l'état. Dans ce cas elle subsistera longtemps. (N. Éd.)

[1] L'histoire de ce jeune homme est trop singulière pour n'être pas racontée, surtout écrivant en An-

Le 6 mai, vers huit heures du matin, nous découvrîmes le pic de l'île du même nom, qui, dit-on, surpasse en hauteur celui de Ténériffe; bientôt nous aperçûmes une terre plus basse,

gleterre, où elle peut intéresser plusieurs personnes. J'invite le lecteur à la parcourir avant de continuer la lecture du chapitre.

M. T. étoit né d'une mère écossoise et d'un père anglois, ministre, je crois, de W. (quoique j'aie fait en vain des démarches pour trouver celui-ci, et que je puisse d'ailleurs avoir oublié les vrais noms). Il servoit dans l'artillerie, où son mérite l'eût sans doute bientôt fait distinguer. Peintre, musicien, mathématicien, parlant plusieurs langues, il réunissoit aux avantages d'une taille élevée et d'une figure charmante, les talents utiles et ceux qui nous font rechercher de la société.

M. N., supérieur de Saint..., étant venu à Londres, je crois en 1790, pour ses affaires, fit la connoissance de T. A l'esprit rusé d'un vieux prêtre, M. N. joignoit cette chaleur d'âme qui fait aisément des prosélytes parmi les hommes d'une imagination aussi vive que celle de T. Il fut donc résolu que celui-ci passeroit à Paris, renverroit de là sa commission au duc de Richmond, embrasseroit la religion romaine, et, entrant dans les ordres, suivroit M. N. en Amérique. La chose fut exécutée, et T, en dépit des lettres de sa mère, qui lui tiroient des larmes, s'embarqua pour le Nouveau-Monde.

Un de ces hasards qui décident de notre destinée m'amena sur le même vaisseau où se trouvoit ce jeune homme. Je ne fus pas longtemps sans découvrir cette âme, si mal assortie avec celles qui l'environnoient; et j'avoue que je ne pouvois cesser de m'étonner de la chance singulière qui jetoit un Anglois, riche et bien né, parmi une troupe de prêtres catholiques. T., de son côté, s'aperçut que je l'entendois : il me recherchoit, mais il craignoit M. N., qui marquoit de moi une juste défiance, et redoutoit une trop grande intimité entre moi et son disciple.

Cependant notre voyage se prolongeoit, et nous n'avions pu encore nous ouvrir l'un à l'autre. Une nuit enfin nous restâmes seuls sur le gaillard, et T. me conta son histoire. Je lui représentai que, s'il croyoit la religion romaine meilleure que la protestante, je n'avois rien à dire à cet égard ; mais que d'abandonner sa patrie, sa fortune, pour aller courir à l'autre bout du monde avec un séminaire de prêtres, me paroissoit une insigne folie dont il se repentiroit amèrement. Je l'engageai à rompre avec M. N. : comme il lui avoit confié son argent, et qu'il craignoit de ne pouvoir le ravoir, je lui dis que nous partagerions ma bourse, que mon dessein étoit de voyager chez les sauvages aussitôt que j'aurois remis mes lettres de recommandation au général Washington; que, s'il vouloit m'accompagner dans cette intéressante caravane, nous reviendrions ensemble en Europe; que je passerois, par amitié pour lui, en Angleterre, et que j'aurois le plaisir de le remettre moi-même à sa famille. Je me chargeai en même temps d'écrire à sa mère, et de lui annoncer cette heureuse nouvelle. T. me promit tout, et nous nous liâmes d'une tendre amitié.

T. étoit, comme moi, épris de la nature. Nous passions les nuits entières à causer sur le pont, lorsque tout dormoit dans le vaisseau, qu'il ne restoit plus que quelques matelots de quart; que, toutes les voiles étant pliées, nous roulions au gré d'une lame sourde et lente, tandis qu'une mer immense s'étendoit autour de nous dans les ombres, et répétoit l'illumination magnifique d'un ciel chargé d'étoiles. Nos conversations alors n'étoient peut-être pas tout à fait indignes du grand spectacle que nous avions sous les yeux, et il nous échappoit de ces pensées qu'on auroit honte d'énoncer dans la société, mais qu'on seroit trop heureux de pouvoir saisir et écrire. Ce fut dans une de ces belles nuits, qu'étant à environ cinquante lieues des côtes de la Virginie, et cinglant sous une légère brise de l'ouest, qui nous apportoit l'odeur aromatique de la terre, il composa, pour une romance françoise, un air qui exhaloit le sentiment entier de la scène qui l'inspira. J'ai conservé ce morceau précieux; et lorsqu'il m'arrive de le répéter dans les circonstances présentes, il fait naître en moi des émotions que peu de gens pourroient comprendre.

Avant cette époque, le vent nous ayant forcés de nous élever considérablement dans le nord, nous nous étions trouvés dans la nécessité de faire une seconde relâche à l'île de Saint-Pierre*. Durant les quinze jours que nous passâmes à terre, T. et moi nous allions courir dans les montagnes de cette île affreuse ; nous nous perdions au milieu des brouillards dont elle est sans cesse couverte. L'imagination sensible de mon ami se plaisoit à ces scènes sombres et romantiques : quelquefois, errant au milieu des nuages et des bouffées de vent, en entendant les mugissements d'une mer que nous ne pouvions découvrir, égarés sur une bruyère laineuse et morte, au bord d'un torrent rouge qui rouloit entre des rochers, T. s'imaginoit être le barde de Cona ; et, en sa qualité de demi-Écossois, il se mettoit à déclamer des passages d'Ossian, pour lesquels il improvisoit des airs sauvages, qui m'ont plus d'une fois rappelé le « 't was like the memory of joys that are past, pleasing and mournful to the soul. » Je suis bien fâché de n'avoir pas noté quelques-uns de ces chants extraordinaires, qui auroient étonné les amateurs et les artistes. Je me souviens que nous passâmes toute une après-dînée à élever quatre grosses pierres en mémoire d'un malheureux célébré dans une petite épisode à la manière d'Ossian**. Nous nous rappelions alors Rousseau s'amusant à lever des rochers dans son île, pour regarder ce qui étoit dessous : si nous n'avions pas le génie de l'auteur de l'*Émile*, nous avions du moins sa simplicité. D'autres fois nous herborisions.

Mais je prévis dès lors que T. m'échapperoit. Nos prêtres se mirent à faire des processions, et voilà mon ami qui se monte la tête, court se placer dans les rangs,

---

* Sur la côte de Terre-Neuve.

** Il étoit tiré de mes *Tableaux de la Nature*, que quelques gens de lettres ont connus, et qui ont péri comme je le rapporte ci-après.

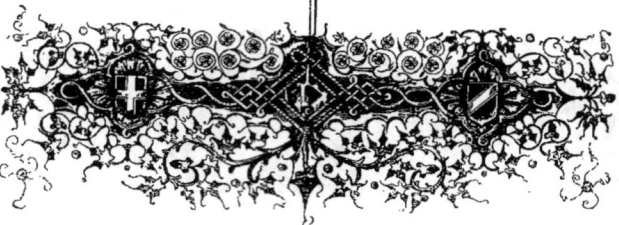

et, entre onze heures et midi, nous jetâmes l'ancre dans une mauvaise rade, sur un fond de roches, par quarante-cinq brasses d'eau.

L'île *Gracioza*, sur laquelle nous étions mouillés, se forme de petites collines un peu renflées au sommet, comme les belles courbes des vases corinthiens. Elles étoient alors couvertes de la verdure naissante des blés, d'où s'exhaloit une odeur suave, particulière aux moissons des Açores. On voyoit paroître, au milieu de ces tapis onduleux, les divisions symétriques des champs, formées de pierres volcaniques mi-parties blanches et noires, et entassées les unes sur les autres, comme des murs à hauteur d'appui bâtis à froid. Des figuiers sauvages avec leurs feuilles violettes et leurs petites figures pourprées arrangées comme des nœuds de chapelet sur les branches, étoient semés çà et là dans la campagne. Une abbaye se montroit au haut d'un mont; au pied de ce mont, dans une anse caillouteuse, apparoissoient les toits rouges de la petite ville de Santa-Cruz. Toute l'île avec ses découpures de baies, de caps, de criques, de promontoires, répétoit son paysage interverti dans ses flots. De grands rochers nus, verticaux au plan des vagues, lui servoient de ceinture extérieure, et contrastoient, par leurs couleurs enfumées, avec les festons d'écume qui s'y appendoient au soleil comme une dentelle d'argent. Le pic de l'île du même nom, par-delà Gracioza, s'élevoit majestueusement dans le fond du tableau au-dessus d'une coupole de nuages. Une mer couleur d'émeraude et un ciel du bleu le plus pur formoient la tenture de la scène, tandis que des goëlands, des mauves blanches, des corneilles marbrées des Açores planoient pesamment en criant au-dessus du vaisseau à l'ancre, coupoient la surface des vagues avec leurs grandes ailes recourbées en manière de faux, et augmentoient autour de nous le bruit, le mouvement et la vie.

Il fut décidé que j'irois à terre comme interprète avec T., un autre jeune homme et le second capitaine; on mit la chaloupe en mer, et nos matelots ramèrent vers le rivage, dont nous étions à environ deux milles. Bientôt nous aperçûmes du mouvement sur la côte, et un large canot s'avança vers nous. Aussitôt qu'il parvint à la portée de la voix, nous distinguâmes une quantité de moines. Ils nous hélèrent en portugais, en italien, en anglois, et nous répondîmes, dans ces trois langues, que nous étions François. L'alarme régnoit dans l'île : notre vaisseau étoit le premier bâtiment d'un grand port qui y eût jamais abordé, et qui eût osé mouiller dans la rade dangereuse où nous nous trouvions; d'une autre part, notre pavillon tricolore n'avoit point encore flotté dans ces parages, et l'on ne savoit si nous sortions d'Alger ou de Tunis. Quand on vit que nous portions figures humaines, que nous entendions ce qu'on nous disoit, la joie fut universelle : les moines nous firent passer dans leur bateau, et nous arrivâmes à Santa-Cruz, où nous débarquâmes avec difficulté, à cause d'un ressac assez violent qui se forme à terre.

---

et se met à chanter avec les autres. J'écrivis aussi de Saint-Pierre à la mère de T. Je ne sais si ma lettre lui aura été remise, comme le gouverneur me l'avoit promis; je désire qu'elle se soit perdue, puisque j'y donnois des espérances qui n'ont pas été réalisées.

Arrivé à Baltimore, sans me dire adieu, sans paroître sensible à notre ancienne liaison, à ce que j'avois fait pour lui (m'étant attiré la haine des prêtres), T. me quitta un matin, et je ne l'ai jamais revu depuis. J'essayai, mais en vain, de lui parler; le malheureux étoit circonvenu, et se laissa aller. J'ai été moins touché de l'ingratitude de ce jeune homme que de son sort depuis ma retraite en Angleterre, j'ai fait de vaines recherches pour découvrir sa famille. Je n'avois d'autre envie que d'apprendre qu'il étoit heureux, et de me retirer; car, quand je le connus, je n'étois pas ce que je suis : je rendois alors des services, et ce n'est pas ma manière de rappeler des liaisons passées avec les riches, lorsque je suis tombé dans l'infortune. Je me suis présenté chez l'évêque de Londres, et sur les registres qu'on m'a permis de feuilleter, je n'ai pu trouver le nom du ministre T. Il faut que je l'orthographie mal. Tout ce que je sais, c'est que T. avoit un frère, et que deux de ses sœurs étoient placées à la cour. J'ai peu trouvé d'hommes dont le cœur fût mieux en harmonie avec le mien que celui de T.; cependant mon ami avoit dans les yeux une arrière-pensée que je ne lui aurois pas voulue[a].

[a] Il n'y a de passable dans cette note que mes descriptions comme voyageur. Il falloit bien, au reste, puisque j'étois philosophe, que j'eusse tous les caractères de ma secte : la fureur du propagandisme et le penchant à calomnier les prêtres. J'ai été plus heureux comme ambassadeur que je ne l'avois été comme émigré. J'ai retrouvé à Londres, en 1822, M. T.; il ne s'est point fait prêtre: il est resté dans le monde; il s'est marié; il est devenu vieux comme moi; il n'a plus d'*arrière-pensée dans les yeux* : son roman, ainsi que le mien, est fini. (N. ÉD.)

Toute l'île accourut pour nous voir. Quatre ou cinq malheureux, qu'on avoit armés de vieilles piques à la hâte, s'emparèrent de nous. L'uniforme de sa majesté m'attirant particulièrement les honneurs, je passai pour l'homme important de la députation. On nous conduisit chez le gouverneur, dans une misérable maison où son éminence [a], vêtue d'un méchant habit vert autrefois galonné d'or, nous donna notre audience de réception. Il nous permit d'acheter les différents articles dont nous nous faisions besoin.

On nous relâcha après cette cérémonie, et nos fidèles religieux nous menèrent à un hôtel large, commode et éclairé, qui ressembloit bien plus à celui du gouverneur que le véritable.

T..... avoit trouvé un compatriote. Le principal frère, qui se donnoit tous les mouvements pour nous, étoit un matelot de Jersey, dont le vaisseau avoit péri sur Gracioza plusieurs années auparavant. Lorsqu'il se fut sauvé seul à terre, ne manquant pas d'intelligence, il s'aperçut qu'il n'y avoit qu'un métier dans l'île, celui de moine. Il se résolut de le devenir : il se montra extrêmement docile aux leçons des bons pères, apprit le portugais, et à lire quelques mots de latin ; enfin, sa qualité d'Anglois parlant pour lui, on sacra cette brebis ramenée au bercail. Le matelot jerseyois, nourri, logé, chauffé à ne rien faire et à boire du *fayal*, trouvoit cela beaucoup plus doux que d'aller ferler la misaine sur le bout de la vergue.

Il se ressouvenoit encore de son ancien métier. Ayant été longtemps sans parler sa langue, il étoit enchanté de trouver enfin quelqu'un qui l'entendît ; il rioit, juroit, racontoit en vrai marin l'histoire scandaleuse du père tel, qui se trouvoit présent, et qui ne se doutoit guère du genre de conversation dont le frère anglois nous régaloit. Il nous promena ensuite dans l'île et à son couvent.

La moitié de Gracioza, sans beaucoup d'exagération, me sembla peuplée de moines, et le reste des habitants doit aussi leur appartenir par de tendres liens. De cela j'ai non-seulement l'aveu de plusieurs femmes, mais ce que j'ai vu de mes yeux ne peut me laisser là-dessus aucun doute. Je passe plusieurs anecdotes plaisantes [1], et je m'en tiens à ce qui regarde le clergé.

Le soir étant venu, on nous servit un excellent souper. Nous eûmes pour échansons de très-jolies filles ; il fallut avaler du *fayal* à grands flots. On prévoit assez ce qui nous arriva : à une heure du matin pas un convive ne pouvoit se tenir dans sa chaise. A six heures, notre moine de Jersey nous déclara en balbutiant, et avec un serment anglois très-connu, qu'il prétendoit dire sur-le-champ la messe : nous

---

[a] Cet habit vert auroit dû m'avertir que le gouverneur n'étoit pas cardinal, et que je ne devois pas l'appeler son *Éminence*. La faute est peut-être au prote anglois, qui aura pris une *excellence* pour une *éminence*. On ne sait pas trop distinguer ces choses-là en Angleterre. (N. Éd.)

[1] Deux traits peuvent servir à donner aux lecteurs une idée de l'ignorance, de l'oisiveté, de l'espèce d'enfance dans laquelle ces bons moines sont restés à la fin du dix-huitième siècle.
On nous avoit menés mystérieusement à un petit buffet d'orgue de la paroisse, pensant que nous n'avions jamais vu un si rare instrument. L'organiste, d'un air triomphant, se mit à toucher une misérable kyrielle de plain-chant, cherchant à voir dans nos yeux notre admiration. Nous parûmes extrêmement surpris ; T. s'approcha modestement, et fit semblant de peser sur les touches avec le plus grand respect ; l'organiste lui faisoit des signes, avec l'air de lui dire : « Prenez garde ! » Tout à coup T. déploya l'harmonie d'un célèbre passage de Pleyel. Il seroit difficile d'imaginer une scène plus plaisante : l'organiste en étoit à moitié tombé par terre ; les moines, la figure pâle et allongée, ouvroient une bouche béante, tandis que les frères servants faisoient des gestes d'étonnement les plus ridicules autour de nous.
La seconde anecdote n'est pas aussi gaie, mais elle montre le moine. On nous présenta un père, dont l'air réservé et important annonçoit le savantasse de son cloître. Il tira de sa manche un *Cœur de Jésus*, tout barbouillé de grimoires : mes voisins n'y entendoient rien ; la *curiosité* me parvint à mon tour. Je ne sais pourquoi, un jour, en France, que je n'avois rien à faire, il m'étoit tombé dans la tête qu'il seroit bon que j'apprisse l'hébreu ; je savois donc un peu le lire. Le bon père avoit copié un verset de la Bible ; mais n'en sachant pas davantage, il avoit omis les points qui, dans certains cas, forment, par leurs positions relatives, les voyelles ; de sorte que c'étoit un assemblage de consonnes parfaitement indéchiffrables. Je m'en aperçus, et je souris, mais je ne dis rien : pouvoir lire le *Cœur de Jésus* eût été trop fort, et je ne me souciois pas que l'inquisition se fût mêlée d'une sorcellerie si manifeste. Il en fut ensuite de même du Camoëns, et de quelques livres espagnols que nous expliquâmes.

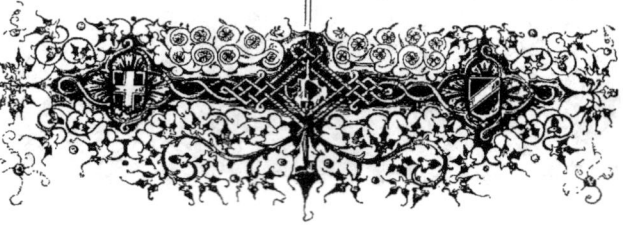

l'accompagnâmes à l'église, où dans moins de cinq minutes il eut expédié le tout. Plusieurs Portugais assistèrent très-dévotement au saint sacrifice ; et, en nous en retournant, nous rencontrâmes beaucoup de peuple qui baisoit religieusement la manche du père. L'impudence avec laquelle ce matelot, encore épris de vin et de débauche, présentoit son bras à la foule, me divertissoit, en même temps que je ne pouvois m'empêcher de déplorer du fond du cœur la stupidité humaine.

Ayant embarqué nos provisions vers le midi, nous retournâmes nous-mêmes à bord, accompagnés de nos inséparables religieux qui nous présentèrent un compte énorme, qu'il fallut payer ; ils se chargèrent ensuite de nos lettres pour l'Europe, et nous quittèrent avec de grandes protestations d'amitié. Le vaisseau s'étant trouvé en danger la nuit précédente, par la levée d'une forte brise de l'est, on voulut lever l'ancre ; mais comme on s'y attendoit, on la perdit. Telle fut la fin de notre expédition.

Je veux croire que ces mœurs du clergé espagnol et portugais ne soient pas générales ; mais on sait qu'elles ne sont pas pures. On en pourroit prédire la chute de la religion, si en même temps le peuple n'étoit si avili, si superstitieux, qu'on conçoit à peine où il pourroit trouver assez d'énergie pour se soustraire aux abus qui le rongent. Le christianisme subsistera donc encore longtemps en Espagne, à moins que quelques raisons étrangères ne viennent en hâter la chute. Il est curieux qu'à Gracioza les moines parlassent aussi de réformes qui devoient avoir lieu dans leurs couvents : ils avoient ouï dire quelque chose des affaires de France. Quant à la conduite du matelot de Jersey, elle ne manquoit ni d'esprit, ni d'une espèce de philosophie ; il possédoit du moins celle qui consiste à se ranger du côté des fripons plutôt que du parti des dupes. En cela, il étoit toujours sûr d'avoir pour lui la voix d'une majorité respectable de la société [a].

[a] Qu'est-ce que prouve cette anecdote du matelot devenu moine aux Açores ? Rien du tout. Qu'est-ce que prouve la licence d'un couvent de moines, placé dans une petite île, loin des regards des supérieurs ecclésiastiques ? Rien du tout. Ce récit de mauvais ton, et qui sent son sous-lieutenant d'infanterie, étoit un très-mé-

CHAPITRE LV.

Quelle sera la religion qui remplacera le christianisme.

A la fin de cette histoire abrégée du polythéisme et du christianisme, une question se présente : Quelle sera la religion qui remplacera le christianisme [a] ?

Tout intéressante que soit cette question, elle demeure presque inchant argument dans mon système ; mais je voulois absolument raconter, je voulois parler de mes voyages : si je m'en étois tenu à la description de l'île Graciosa, cela auroit suffi.

Une seule phrase est sérieuse dans ce récit, c'est celle où je dis que le christianisme subsistera encore longtemps en Espagne, à moins que quelques causes étrangères ne viennent en hâter la chute. Je dis encore que l'on conçoit à peine où le peuple espagnol pourroit trouver assez d'énergie pour se soustraire aux abus qui le rongent. La guerre de l'indépendance d'Espagne a prouvé du moins que ce peuple avoit assez d'énergie pour se soustraire au joug étranger. J'ai été meilleur prophète dans le *Génie du Christianisme*, lorsque j'ai dit : « L'Espagne, séparée des autres nations, présente encore à l'historien un caractère plus original : l'espèce de stagnation de mœurs dans laquelle elle repose lui sera peut-être utile un jour ; et, lorsque les peuples européens seront usés par la corruption, elle seule pourra reparoître avec éclat sur la scène du monde, parce que le fonds des mœurs subsiste chez elle. » (*Génie du Christ.*, II⁰ part., liv. III, ch. V.) Au surplus, je ne sais pas pourquoi je veux absolument confondre les Espagnols et les Portugais dans ce chapitre de l'*Essai* : ces peuples sont fort différents l'un de l'autre ; depuis l'époque de l'alliance de la maison de Lancastre avec la maison souveraine de Portugal, sous Richard II, les Anglois ont eu avec les Portugais des rapports multipliés, qui ont beaucoup influé sur les mœurs de ce dernier peuple.
(N. ÉD.)

[a] Ce chapitre a quelque rapport avec le dernier et peut-être le meilleur chapitre du *Génie du Christianisme*, ayant pour titre : *Quel seroit aujourd'hui l'état de la société si le christianisme n'eût point paru sur la terre ?* Mais dans l'*Essai* je suppose (très-mal à propos) quel e christianisme va s'éteindre, et dans le *Génie du Christianisme* je suppose que le christianisme n'a point existé. Or, la position de la société ne seroit pas la même dans les deux cas ; car si le christia-

soluble d'après les données communes. Le christianisme tombe de jour en jour, et cependant nous ne voyons pas qu'aucune secte cachée circule sourdement en Europe, et envahisse l'ancienne religion : Jupiter ne sauroit revivre; la doctrine de Swedenborg ou des illuminés ne deviendra point un culte dominant ; un petit nombre peut prétendre aux inspirations, mais non la masse des individus; un culte moral, où l'on personnifieroit seulement les vertus, comme la sagesse, la valeur, est absurde à supposer.

La religion naturelle n'offre pas plus de probabilité; le sage peut la suivre, mais elle est trop au-dessus de la foule : un Dieu, une âme immortelle, des peines et des récompenses, ramènent le peuple de nécessité à un culte composé; d'ailleurs cette métaphysique ne sera jamais à sa portée.

Peut-on supposer que quelque imposteur, quelque nouveau Mahomet, sorti d'Orient s'avance la flamme et le fer à la main, et vienne forcer les chrétiens à fléchir le genou devant son idole? la poudre à canon nous a mis à l'abri de ce malheur[a].

S'élèvera-t-il parmi nous, lorsque le christianisme sera tombé en un discrédit absolu, un homme qui se mette à prêcher un culte nouveau? Mais alors les nations seront trop indifférentes en matières religieuses, et trop corrompues pour s'embarrasser des rêveries du nouvel envoyé, et sa doctrine mourroit dans le mépris, comme celle des illuminés de notre siècle. Cependant il faut une religion, ou la société périt : en vérité, plus on envisage la question, plus on s'effraie; il semble que l'Europe touche au moment d'une révolution, ou plutôt d'une dissolution, dont celle de la France n'est que l'avant-coureur.

Autre hypothèse. Ne seroit-il pas possible que les peuples atteignissent à un degré de lumières et de connoissances morales, suffisant pour n'avoir plus besoin de culte? La découverte de l'imprimerie ne change-t-elle pas à cet égard toutes les anciennes données? Ceci tombe dans le système de perfection que j'examinerai ailleurs ; je n'ai qu'un mot à en dire ici.

Lorsqu'on réfléchit que la grande cause qui renouvela si souvent la face du monde ancien a entièrement cessé, que l'irruption des peuples sauvages n'est plus à craindre pour l'Europe, on voit s'ouvrir devant soi un abîme immense de conjectures.

Que deviendront les hommes?

Deux solutions :

Ou les nations, après un amas énorme de lumières, deviendront toutes éclairées et s'uniront sous un même gouvernement, dans un état de bonheur inaltérable;

Ou, déchirées intérieurement par des révolutions partielles, après de longues guerres civiles et une anarchie affreuse, elles retourneront tour à tour à la barbarie. Durant ces troubles, quelques-unes d'entre elles, moins avancées dans la corruption et les lumières, s'élèveront sur les débris des premières, pour devenir à leur tour la proie de leurs dissensions et de leurs mauvaises mœurs : alors les premières nations tombées dans la barbarie, en émergeront de nouveau, et reprendront leurs places

nisme pouvoit être détruit, il resteroit toujours des traces de son passage parmi les hommes, sa morale survivroit à ses dogmes. Il faut pourtant conclure de ce chapitre de l'*Essai* une chose grave, c'est que j'admets que la société ne peut exister sans la religion, et que je m'effraie de la perte de la religion sur la terre. Il y a dans cette idée un principe d'ordre qui fait compensation pour toutes les divagations de mon esprit. (N. ÉD.)

[a] Non pas si les gouvernements chrétiens ont la folie de discipliner les sectateurs du Coran. Ce seroit un crime de lèse-civilisation que notre postérité, enchaînée peut-être, reprocheroit avec des larmes de sang à quelques misérables hommes d'état de notre siècle. Ces prétendus politiques auroient appelé au secours de leurs petits systèmes les soldats fanatiques de Mahomet, et leur auroient donné les moyens de vaincre en permettant qu'on leur enseignât l'art militaire. Or, la discipline n'est pas la civilisation : avec des renégats chrétiens pour officiers, les brutes du Coran peuvent apprendre à vaincre dans les règles les soldats chrétiens.

Le monde mahométan *barbare* a été au moment de subjuguer le monde chrétien *barbare*; sans la vaillance de Charles-Martel nous porterions aujourd'hui le turban, le monde mahométan *discipliné* pourroit mettre dans le même péril le monde chrétien *discipliné*. Il ne faut pas pour cela autant de temps que l'on se l'imagine : dix ans suffisent pour former une bonne armée ; et puisque les cosaques, sujets du czar, sont bien venus des murailles de la Chine se baigner dans la Seine, les nègres de l'Abyssinie, esclaves du grand-turc, pourroient très-bien venir aussi se réjouir dans la cour du Louvre. (N. ÉD.)

sur le globe; ainsi de suite dans une révolution sans terme.

Si nous jugeons du futur par le passé, il faut avouer que cette solution convient mieux que l'autre à notre foiblesse[a] : si l'on demandoit à présent quels sont les peuples qui se détruiront les premiers, je répondrois, ceux qui sont les plus corrompus. Cependant, il y a des chances et des événements incalculables qui peuvent précipiter une nation à sa ruine avant l'époque marquée par la nature. Mais ces visions politiques sont trop incertaines; elles servent tout au plus à satisfaire ce penchant de notre âme, qui la porte à s'arrêter à des perspectives infinies : puisqu'on ne sauroit rien apprendre d'utile, cessons d'interroger des siècles à naître, trop loin pour que nous puissions les entendre, et dont la foible voix expire en remontant jusqu'à nous, à travers l'immensité de l'avenir.

Ici j'ai rempli la première partie de ma tâche. On a maintenant sous les yeux une histoire à peu près complète des révolutions de la Grèce, considérées dans leurs rapports avec la Révolution françoise. Nous allons maintenant quitter, pour n'y plus revenir, la terre sacrée des talents; si j'ai fait voyager le lecteur avec un peu d'intérêt, peut-être consentira-t-il à me suivre dans mes nouvelles courses en Italie et chez les peuples modernes; mais avant de les commencer, ces courses, il faut dire un dernier adieu à Sparte et à Athènes, et tâcher de résumer ce que nous avons appris.

---

[a] Non, le progrès des lumières est certain ; et comme ces lumières ne peuvent plus périr, grâce à la découverte de l'imprimerie, quelque révolution que vous supposiez, le dépôt des lumières ira toujours s'accroissant. Il est impossible de supposer que ces lumières, descendues plus ou moins dans tous les esprits, soient sans effet sur la société en général. Poserez-vous l'hypothèse d'une extermination presque complète du monde civilisé par la peste ou par la guerre? Mais l'Amérique s'est civilisée à son tour loin de la vieille Europe; il faudroit donc admettre la destruction des nations du nouveau continent en même temps que l'anéantissement de celles de l'ancien. L'espace que la civilisation occupe aujourd'hui sur le globe est encore un moyen de salut pour elle. Autrefois, renfermée dans la Grèce, elle pouvoit succomber sous une invasion de Barbares; mais ces Barbares iroient-ils la chercher maintenant dans les quatre parties du monde, et jusque dans les îles de l'océan Pacifique? (N. Éd.)

CHAPITRE LVI.

Résumé

ANS la première partie de ce premier livre, nous avons étudié la *Révolution républicaine* de la Grèce, recherché son influence sur les nations contemporaines, et suivi ses ramifications aussi loin que nous avons pu les découvrir.

Dans la seconde partie de ce même livre, comprise sous le titre de *Révolution de Philippe et d'Alexandre*, nous venons de passer en revue les tyrans d'Athènes, Denys à Syracuse, Agis à Sparte, les philosophes grecs, leur influence politique et religieuse, l'histoire de la naissance, de l'accroissement et de la chute du polythéisme; et pour parallèle nous avons eu la Convention en France, les Bourbons fugitifs, Louis XVI à Paris, les philosophes modernes et leur influence sur leur siècle, enfin l'histoire du christianisme et du clergé. La première partie forme un tout compact qui se lie; la seconde un assemblage de pièces de rapport, non moins instructif. Ce qui nous reste à faire ici est de reconnoître le point où nous sommes parvenus, et jusqu'à quel degré nous nous trouvons avancés vers le but général de cet *Essai*.

Nous sommes toujours occupés à la recherche de ces questions (et nous le serons encore longtemps); savoir :

1° Quelles sont les révolutions arrivées autrefois dans les gouvernements des hommes? quel étoit alors l'état de la société, et quelle a été l'influence de ces révolutions sur l'âge où elles éclatèrent, et les siècles qui les suivirent?

2° Parmi ces révolutions en est-il quelques-unes qui, par l'esprit, les mœurs et les lumières des temps, puissent se comparer à la Révolution françoise?

Il s'agit maintenant de savoir si nous avons

fait quelques pas vers la solution de ces questions.

Certainement un pas considérable : quoique ce volume ne forme qu'une très-petite partie de l'immense sujet de cet ouvrage, on peut prononcer hardiment que déjà la majorité des choses qu'on vouloit faire passer pour nouvelles dans la Révolution françoise se trouve presque à la lettre dans l'histoire des Grecs d'autrefois. Déjà nous possédons cette importante vérité, que l'homme, foible dans ses moyens et dans son génie, ne fait que se répéter sans cesse; qu'il circule dans un cercle, dont il tâche en vain de sortir [a] : que les faits mêmes qui ne dépendent pas de lui, qui semblent tenir au jeu de la fortune, sont incessamment reproduits : en sorte qu'il deviendroit impossible de dresser une table dans laquelle tous les événements imaginables de l'histoire d'un peuple donné se trouveroient réduits à une exactitude mathématique; et je doute que les caractères primitifs en fussent extrêmement nombreux, quoique de leur composition résulteroit une immense variété de calculs [1].

Mais quel fruit tirer de cette observation pour la Révolution françoise ? Un très-grand.

Premièrement, il s'ensuit qu'un homme bien persuadé qu'il n'y a rien de nouveau en histoire perd le goût des innovations, goût que je regarde comme un des plus grands fléaux qui affligent l'Europe dans ce moment. L'enthousiasme vient de l'ignorance ; guérissez celle-ci, l'autre s'éteindra : la connoissance des choses est un opium qui ne calme que trop l'exaltation.

Mais, outre ce grand avantage, qui ne voit que ce tableau général des causes, des effets, des fins des révolutions, mène par degrés à la solution de la question dernière, proposée pour but de cet ouvrage, savoir : « Si la Révolution françoise se consolidera ? » En effet, si nous trouvons des peuples qui, dans la même position que celle des François, aient tenté les mêmes choses ; si nous voyons les raisons qui firent réussir, ou renversèrent leurs projets, n'est-ce pas un motif d'en conjecturer l'établissement ou la chute de la république en France ? On a déjà pu entrevoir mon opinion [a] à ce sujet, mais il n'est pas temps de la développer : elle doit résulter de l'ensemble des révolutions, et non d'une partie. Quelle qu'elle puisse être, il demeure certain que j'ai pris la seule route qui mène à la découverte de cette vérité qui intéresse non-seulement l'Europe, mais encore le reste du monde.

Mais je dois faire observer que, pour juger sainement, le lecteur ne sauroit trop se donner de garde de se méprendre : il faut considérer les objets sous leur vrai jour. Il est bien moins question de la ressemblance de position en politique et de la similitude d'événements que de la situation morale du peuple : les mœurs, voilà le point où il faut se tenir, la clef qui ouvre le livre secret du sort [b]. Que si je me prends à ré-

---

[a] Le génie de l'homme ne circule point dans un cercle dont il ne peut sortir. Au contraire (et pour continuer l'image), il trace des cercles concentriques qui vont en s'élargissant, et dont la circonférence s'accroîtra sans cesse dans un espace infini. M'obstinant dans l'*Essai* à juger le présent où à juger le passé, je déduis bien les conséquences, mais je pars d'un mauvais principe ; je nie aujourd'hui la *majeure* de mes raisonnements, et tous ces raisonnements tombent à terre. (N. ÉD.)

[1] Cette table seroit aisée à faire, et ne seroit pas un jeu frivole. On y poseroit, par exemple, pour principes, deux sortes de gouvernements : le monarchique et le républicain, l'homme politique et l'homme civil se trouveroient rangés par deux colonnes ; sur une troisième seroient marqués les degrés de lumière et d'ignorance ; sur une quatrième, les chances et les hasards. On multiplieroit alors tous ces nombres par les différentes passions, comme l'envie, l'ambition, la haine, l'amour, etc., qu'on verroit écrites sur une cinquième colonne [*] : tout cela tomberoit en fractions composées, par les nuances des caractères, etc. Mais donnons-nous de garde de tracer une pareille table : les résultats en seroient si terribles que je ne voudrois pas même les faire soupçonner ici.

[*] Ingénieux, mais sans résultat. Du temps de La Calprenède et de mademoiselle de Scudéri, on faisoit des cartes *du Tendre* qui ne ressemblent pas mal à ma carte *du politique*. (N. ÉD.)

[a] Cette opinion étoit apparemment que la Révolution françoise ne se consolideroit pas. Il y avoit du vrai et du faux dans cette opinion : du vrai, parce que la république devoit se transformer en despotisme militaire ou en monarchie tempérée ; du faux, parce qu'il étoit impossible que la Révolution ne laissât pas de traces après elle. Enfin, ce qu'il y avoit surtout de faux dans cette opinion, c'étoit de vouloir conclure de la société ancienne à la société moderne ; de juger, les uns par les autres, des temps et des hommes qui n'avoient aucun rapport. (N. ÉD.)

[b] Tout cela étoit vrai pour les peuples anciens, nulle-

péter souvent *les mœurs*, c'est qu'elles sont le centre autour duquel tournent les mondes politiques : en vain ceux-ci prétendent s'en éloigner, il faut, malgré eux, décrire autour de ce point leur courbe obligée, ou, détachés de ce foyer commun d'attraction, tomber dans un vide incommensurable.

Le second volume de cet *Essai* va s'ouvrir avec les Révolutions romaines [a], sujet peut-être encore plus magnifique que celui que nous venons de quitter ; on a pu s'apercevoir que je cherche, autant qu'il est en moi, à varier la marche de cet ouvrage : tout sujet a son vice ; le défaut de celui-ci, malgré sa grandeur, est de tomber dans les répétitions ; je tâcherai donc d'écrire chaque révolution sur un plan différent des autres, comme je l'ai déjà fait à l'égard des deux parties de ce premier livre.

Après avoir montré ce qui résulte de la lecture de ce volume pour la vérité générale de l'ouvrage, voici quelques vérités particulières qu'on peut en tirer sur la nature de l'homme considéré dans ses rapports moraux et politiques ; je vais les donner comme je les trouve dans mon manuscrit, en pensées détachées, indiquant seulement le sujet qui me les a fournies.

L'homme est composé de deux organes différents dans leur essence, sans relations dans leur pouvoir : la tête et le cœur.

Le cœur sent, la tête compare.

Le cœur juge du bon et du méchant, la tête des rapports et des effets.

La vertu découle donc du cœur, les sciences fluent de la tête.

La vertu est la science écoutée et obéie, la science la nature éclairée.

Le vice et la vertu, d'après l'histoire, paroissent une somme donnée qui n'augmente ni ne diminue ; les sciences, au contraire, des inconnues qui se dégagent sans cesse. Que devient le système de perfection [a] ? (*Pensées résultantes de la considération de l'âge philosophique d'Alexandre, plein de lumières et de corruption* [b].)

Il n'y a que deux principes de gouvernement : l'assemblée générale du peuple, la non-assemblée générale du peuple.

Dans le premier cas, l'état est une république ; dans le second, une monarchie.

Si le peuple s'assemble partiellement, la constitution demeure monarchique ou un assemblage de petites républiques.

La réunion des suffrages n'est pas alors la voix du peuple, mais un nombre collectif de voix.

Chacune de ces assemblées, ayant en elle-même toutes les propriétés du corps politique, devient une petite république parfaite et vivante dans son tout ; et cette petite république n'a pas plus le droit de soumettre son opinion à celle de la section voisine, qu'elle n'est tenue elle-même à adopter celle de cette autre section. D'ici la France, avec ses assemblées primaires, n'est point une république.

Et comment ces assemblées primaires representeroient-elles le peuple [a] ? N'est-ce pas la lie des villes qui se réunit, et qui, écartant les honnêtes gens, nomme tel ou tel député pour une quantité donnée d'assignats ? N'est-ce pas de cela même que les représentants prennent le prétexte de se prolonger dans leurs fonctions ? En livrant leur république à ces hommes sans mœurs, les gouvernants de France semblent ne chercher qu'une raison légale de la détruire [c] :

---

ment pour les peuples modernes. Je répète cette vérité pour la millième fois. (N. Éd.)

[a] L'*Essai* ne formoit dans l'édition de Londres qu'un gros volume de six cent quatre-vingt-une pages Dans l'édition actuelle ce seroit aussi le second volume, s'il pouvoit jamais me tomber dans la tête de continuer un pareil ouvrage : il est pourtant vrai que j'en ai la suite ; mais le feu m'en fera raison, à quelques pages près qui me serviront pour un autre travail. Je suis saisi d'une espèce d'épouvante à la vue de mon énorme fécondité. Il faut que dans ma jeunesse les jours aient eu pour moi plus de vingt-quatre heures : quelque démon alloigeoit sans doute le temps que j'employois à ma diabolique besogne. (N. Éd.)

[a] Précisément ma distinction entre la partie morale et la partie intellectuelle de l'homme ne détruit pas ce système. (N. Éd.)

[b] Cette parenthèse en *italique*, ainsi que les parenthèses qui suivent, se trouvent imprimées de même dans l'édition de Londres : cela veut-dire que les réflexions répandues dans ce chapitre sont suggérées par les différents passages de l'*Essai* auxquels les parenthèses en *italique* renvoient le lecteur. (N. Éd.)

[c] Ces réflexions seroient raisonnables, en général, si je n'oubliois la forme représentative soit de la république, soit de la monarchie. (N. Éd.)

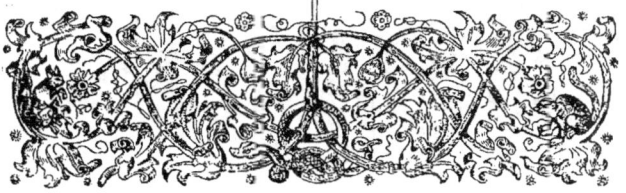

cela me rappelle ce tyran de Rome qui, pour sauver la lettre de la loi qui défendoit de mettre une vierge à mort, la faisoit violer auparavant par le bourreau. (*Réflexions tirées de l'examen des gouvernements de la Grèce, où la représentation étoit inconnue.*)

N'êtes-vous pas étonné des prodiges de la Révolution françoise, l'Europe vaincue, etc., etc.? Sans doute : j'assiste à ses tours de force, comme devoient le faire les Romains à la danse des éléphants sur la corde, bien moins surpris de la merveille qu'effrayé de voir un colosse suspendu en l'air sur une base élastique de quelques pouces, et menaçant d'écraser les spectateurs dans sa chute [a]. (*Tiré du parallèle de la guerre médique et de la guerre républicaine.*)

De quoi s'agissoit-il entre Harmodius et Hipparque? D'une affaire, comme nous dirions, d'étiquette. Hipparque avoit forcé la sœur d'Harmodius de se retirer d'une procession publique : voilà la guerre médique. La politique est au moral ce que le feu est au physique, un élément universel qui se tire de tous les chocs, naît de toutes les collisions. (*On voit d'où cela est tiré.*)

Comme ces enfants qu'on est forcé d'enlever à leur mère vicieuse, pour les confier à un lait plus pur, la liberté, fille de la vertu guerrière, ne sauroit vivre qu'elle ne soit nourrie au sein des bonnes mœurs. (*De la considération de l'état d'Athènes après la guerre médique.*)

Pourquoi Agis périt-il à Sparte? pourquoi Denys fut-il chassé de Syracuse? pourquoi Thrasybule erra-t-il loin d'Athènes sa patrie? pourquoi, etc.? Parce qu'à Sparte, à Syracuse et à Athènes il y avoit des hommes, et qu'avec le cœur de cet incompréhensible bipède on explique tout. (*Sparte, Athènes, Syracuse.*)

Liberté! le grand mot, et qu'est-ce que la liberté politique? je vais vous l'expliquer. Un homme libre, à Sparte, veut dire un homme dont les heures sont réglées comme celles de l'écolier sous la férule; qui se lève, dîne, se promène, lutte sous les yeux d'un maître en cheveux blancs qui lui raconte qu'*il a été jadis jeune, vaillant et hardi* : si les besoins de la nature, si les droits d'un chaste hymen parlent à son cœur, il faut qu'il les couvre du voile dont on se sert pour le crime; il doit sourire lorsqu'il apprend la mort de son ami ; et si la douce pitié se fait entendre à son âme, on l'oblige d'aller égorger un ilote innocent, un ilote son esclave, dans le champ que cet infortuné labouroit péniblement pour son maître.

Vous vous trompez, ce n'est pas là la liberté politique; les Athéniens ne l'entendoient pas ainsi. — Et comment? — Chez eux il falloit avoir un certain revenu pour être admis aux charges de l'état ; et lorsqu'un citoyen avoit fait des dettes, on le vendoit comme un esclave. Un orateur à la tribune, pourvu qu'il sût enfiler des phrases, faisoit aujourd'hui empoisonner Socrate, demain bannir Phocion, et le peuple libre avoit toujours à sa tête, et seulement pour la forme, Pisistrate, Hippias, Thémistocle, Périclès, Alcibiade, Philippe, Antigonus ou quelque autre.

Je voudrois bien savoir enfin combien il y a de libertés politiques; car toutes les autres petites villes grecques possédoient aussi leurs libertés, et n'expliquoient pas le mot dans le même sens que les Athéniens et les Spartiates. C'est un singulier gouvernement qu'une république où il faut que tous les membres de la communauté soient des Caton et des Catilina : si parmi les premiers il se trouve un seul coquin, ou parmi les derniers un seul honnête homme, la république n'existe plus [a]. (*Liberté.*)

On s'écrie : Les citoyens sont esclaves, mais esclaves de la loi. Pure duperie de mots. Que

---

[a] Louange et critique motivées, puisque les succès de la France n'avoient pas pour base la liberté, et qu'ils n'étoient enfantés que par le despotisme républicain ou militaire; mais ils produisoient la gloire qui servoit de contre-poids au crime, et qui devoit ramener à son tour la liberté. (N. ÉD.)

[a] Me louerai-je? J'en ai bien envie. La colère de ces pages m'a amusé; je les avois complètement oubliées. Parlons sérieusement : ce qu'il y a de faux dans mes raisonnements, c'est que je confonds les formes de la liberté avec la liberté elle-même. Je ne suis point républicain, je ne le serai jamais; j'ai toujours préféré par raison, et je préférerai toujours la liberté dans le mode de la monarchie représentative : je pense que cette liberté est tout aussi pleine, tout aussi entière sous ce mode que dans la forme républicaine; mais je crois que les monarchies ne sont pas à l'abri des républiques si elles repoussent la liberté. (N. ÉD.)

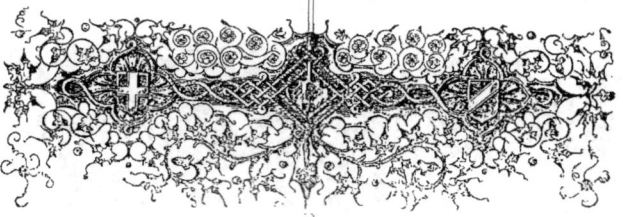

m'importe que ce soit la loi ou le roi qui me traîne à la guillotine? On a beau se torturer, faire des phrases et du bel esprit, le plus grand malheur des hommes c'est d'avoir des lois et un gouvernement [a].

L'état de société est si opposé à celui de nature, que dans le premier les êtres foibles tendent toujours au gouvernement : l'enfant hait les domestiques; l'écolier veut en montrer à son maître; le sot aspire aux emplois et les obtient presque toujours; l'hypocondriaque sacrifie son cercle à sa goutte; le vieillard réclame la première place, et la femme domine le tout.

Dans l'état de nature, l'enfant se tait et attend; la femme est soumise, le fort et le guerrier commandent, le vieillard s'assied au pied de l'arbre et meurt [1]. (*Pensées relatives proven antes du même sujet.*)

Soyons hommes, c'est-à-dire libres; apprenons à mépriser les préjugés de la naissance et des richesses, à nous élever au-dessus des grands et des rois, à honorer l'indigence et la vertu; donnons de l'énergie à notre âme, de l'élévation à notre pensée; portons partout la dignité de notre caractère, dans le bonheur et dans l'infortune; sachons braver la pauvreté et sourire à la mort : mais, pour faire tout cela, il faut commencer par cesser de nous passionner pour les institutions humaines, de quelque genre qu'elles soient. Nous n'apercevons presque jamais la réalité des choses, mais leurs images réfléchies faussement par nos désirs; et nous passons nos jours à peu près comme celui qui, sous notre zone nuageuse, ne verroit le ciel qu'à travers ces vitrages coloriés qui trompent l'œil en lui présentant la sérénité d'une plus douce latitude. Tandis que nous nous berçons ainsi de chimères, le temps vole, et la tombe se ferme tout à coup sur nous. Les hommes sortent du néant et y retournent : la mort est un grand lac creusé au milieu de la nature; les vies humaines, comme autant de fleuves, vont s'y engloutir; et c'est de ce même lac que s'élèvent ensuite d'autres générations qui, répandues sur la terre, viennent également après un cours plus ou moins long, se perdre à leur source. Profitons donc du peu d'instants que nous avons à passer sur ce globe, pour connoître au moins la vérité. Si c'est la vérité politique que nous cherchons, elle est facile à trouver. Ici un mi-

---

[a] Miséricorde! j'ai déjà dit cela ailleurs dans l'*Essai*; c'est une si belle chose que je ne pouvois trop le répéter. Il paroît que ces Sauvages, que M. Violet faisoit danser dans une grange auprès d'Albany, m'avoient tourné la tête. (Voyez l'*Itinéraire*.) (N ÉD.)

[1] Philippe Le Coq, d'une petite ville de Poitou, passa au Canada dans son enfance, y servit comme soldat, à l'âge de vingt ans, dans la guerre de 1754, et, après la prise de Québec, se retira chez les Cinq Nations, où ayant épousé une Indienne, il renonça aux coutumes de son pays, pour prendre les mœurs des Sauvages. Lorsque je voyageois chez ces peuples, je ne fus pas peu surpris en entendant dire que j'avois un compatriote établi à quelque distance dans les bois. Je courus chez lui; je le trouvai occupé à faire la pointe à des jalons, à l'ouverture de sa hutte. Il me jeta un regard assez froid, et continua son ouvrage : mais aussitôt que je lui adressai la parole en françois il tressaillit au souvenir de la patrie, et la grosse larme roula dans ses yeux. Ces accents connus avoient reporté soudainement dans le cœur du vieillard toutes les sensations de son enfance : dans la jeunesse nous regrettons peu nos premiers ans; mais plus nous enfonçons dans la vie, plus leur souvenir devient aimable : c'est qu'alors chacune de nos journées est un triste terme de comparaison. Philippe me pria d'entrer; je le suivis. Il avoit de la peine à s'exprimer : je le voyois travailler à rassembler les anciennes idées de l'homme civil; et j'étudiois avidement cette leçon. Par exemple, j'eus lieu de remarquer qu'il y avoit deux espèces de choses relatives, absolument effacées de sa tête : celle de la propriété du superflu, et celle de la nuisance envers autrui sans nécessité. Je ne voulus lui faire ma grande question qu'après que quelques heures de conversation lui eurent redonné une assez grande quantité de mots et de pensées. A la fin je lui dis : « Philippe, êtes-vous heureux? » Il ne sut d'abord que répondre. — « Heureux? dit-il en réfléchissant; heureux, oui;... oui, heureux depuis que je suis sauvage. — Et comment passez-vous votre vie? repris-je. Il se mit à rire. « J'entends, dis-je; vous pensez que cela ne vaut pas une réponse. Mais est-ce que vous ne voudriez pas reprendre votre ancienne vie, retourner dans votre pays? — Mon pays! la France? Si je n'étois pas si vieux, j'aimerois à le revoir... — Et vous ne voudriez pas y rester? ajoutai-je. Le mouvement de tête de Philippe m'en dit assez. « Et qu'est-ce qui vous a déterminé à vous faire, comme vous le dites, sauvage? — Je n'en sais rien, l'instinct. » Ce mot du vieillard mit fin à mes doutes et à mes questions. Je restai deux jours chez Philippe pour l'observer, et je ne le vis jamais se démentir un seul instant : son âme, libre du combat des passions sociales, me sembla, pour m'exprimer dans le style des Sauvages, « calme comme le champ de bataille, après que les guerriers ont fumé ensemble le calumet de paix. »

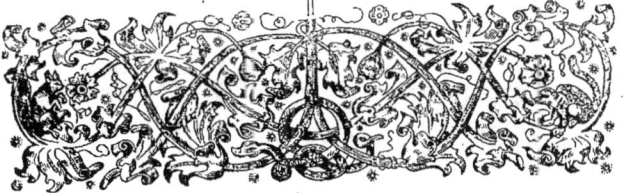

nistre despote me bâillonne, me plonge au fond des cachots, où je reste vingt ans[1] sans savoir pourquoi : échappé de la Bastille, plein d'indignation, je me précipite dans la démocratie ; un anthropophage m'y attend à la guillotine. Le républicain, sans cesse exposé à être pillé, volé, déchiré par une populace furieuse, s'applaudit de son bonheur[2] ; le sujet, tranquille esclave, vante les bons repas et les caresses de son maître. O homme de la nature, c'est toi seul qui me fais me glorifier d'être homme ! Ton cœur ne connoît point la dépendance ; tu ne sais ce que c'est que de ramper dans une cour ou de caresser un tigre populaire. Que t'importent nos arts, notre luxe, nos villes ? As-tu besoin de spectacle, tu te rends au temple de la nature, à la religieuse forêt ; les colonnes moussues des chênes en supportent le dôme antique ; un jour sombre pénètre la sainte obscurité du sanctuaire, et de foibles bruits, de légers soupirs, de doux murmures, des chants plaintifs ou mélodieux circulent sous les voûtes sonores. On dit que le Sauvage ignore la douceur de la vie. Est-ce l'ignorer que de n'obéir à personne, que d'être à l'abri des révolutions, que de n'avoir ni à avilir ses mains par un travail mercenaire, ni son âme par un métier encore plus vil, celui de flatteur ? N'est-ce rien que de pouvoir se montrer impunément toujours grand, toujours fier, toujours libre ? de ne point connoître les odieuses distinctions de l'état civil ? enfin, de n'être point obligé, lorsqu'on se sent né avec l'orgueil et la noble franchise d'un homme, de passer une partie de sa vie à cacher ses sentiments, et l'autre à être témoin des vices et des absurdités sociales ?

Je sens qu'on va dire : Vous êtes donc de ces sophistes qui vantent sans cesse le bonheur du Sauvage aux dépens de celui de l'homme policé ? Sans doute, si c'est là ce que vous appelez être un sophiste, j'en suis un ; j'ai du moins de mon côté quelques beaux génies. Quoi ! il faudra que je tolère la perversité de la société, parce qu'on prétend ici se gouverner en république plutôt qu'en monarchie ; là, en monarchie plutôt qu'en république ? Il faudra que j'approuve l'orgueil et la stupidité des grands et des riches ; la bassesse et l'envie du pauvre et des petits ? Les corps politiques, quels qu'ils soient, ne sont que des amas de passions putréfiées et décomposées ensemble ; les moins mauvais sont ceux dont les dehors gardent encore de la décence, et blessent moins ouvertement la vue ; comme ces masses impures destinées à fertiliser les champs, sur lesquelles on découvre quelquefois un peu de verdure[a].

Mais il n'y a donc point de gouvernement, point de liberté ? De liberté ? si : une délicieuse, une céleste, celle de la nature[b]. Et quelle est-elle cette liberté que vous vantez comme le suprême bonheur ? Il me seroit impossible de la peindre ; tout ce que je puis faire est de montrer comment elle agit sur nous. Qu'on vienne passer une nuit avec moi chez les Sauvages du Canada, peut-être alors parviendrai-je à donner quelque idée de cette espèce de liberté. Cette nuit aussi pourra délasser le lecteur de la scène de misères à travers laquelle je l'ai conduit dans ce volume : elle en sera la conclusion. On fermera alors le livre dans une disposition d'âme plus calme et plus propre à distinguer les vérités des erreurs contenues dans cet ouvrage, mélange inévitable à la nature humaine, et dont la foiblesse de mes lumières me rend plus susceptible qu'un autre.

---

[1] Tel que ce malheureux que M. de Malesherbes délivra.

[2] On dit que les orages de la démocratie valent mieux que le calme du despotisme. Cette phrase est harmonieuse, et voilà tout. On ne me persuadera jamais que le repos n'est pas la partie essentielle du bonheur. Je remarque même que c'est le but vers lequel nous tendons sans cesse : on travaille pour se reposer ; on marche, pour goûter un sommeil plus doux ; on pense, pour délasser ensuite sa pensée ; un ami repose son cœur dans le cœur d'un ami ; l'amour a placé de même le comble de ses voluptés dans le repos : enfin, le malheureux qui a perdu la tranquillité sur la terre aspire encore à celle de la tombe, et la nature a élevé l'idée de la mort à l'extrémité des chagrins, comme Hercule ses colonnes au bout du monde.

[a] Il faut pardonner à un exilé, à un malheureux, à un jeune homme qui se croit prêt à mourir, cette boutade contre la société : elle est sans conséquence, et les sentiments exprimés ici par ce jeune homme ne sont cependant ni sans élévation, ni sans générosité. (N. Éd.)

[b] M'y voilà ! faisons-nous Sauvages ! (N. Éd.)

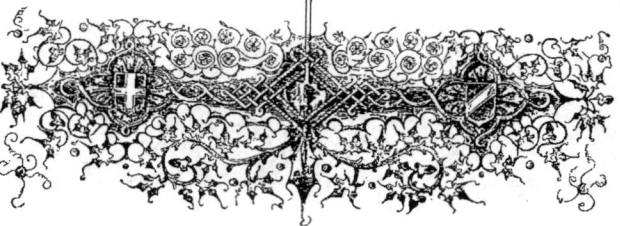

CHAPITRE LVII ET DERNIER.

Nuit chez les sauvages de l'Amérique.

'EST un sentiment naturel aux malheureux de chercher à rappeler les illusions du bonheur par le souvenir de leurs plaisirs passés. Lorsque j'éprouve l'ennui d'être, que je me sens le cœur flétri par le commerce des hommes, je détourne involontairement la tête, et je jette en arrière un œil de regret. Méditations enchantées! charmes secrets et ineffables d'une âme jouissant d'elle-même, c'est au sein des immenses déserts de l'Amérique que je vous ai goûtés à longs traits! On se vante d'aimer la liberté, et presque personne n'en a une juste idée. Lorsque, dans mes voyages parmi les nations indiennes du Canada, je quittai les habitations européennes, et me trouvai, pour la première fois, seul au milieu d'un océan de forêts, ayant pour ainsi dire la nature entière prosternée à mes pieds, une étrange révolution s'opéra dans mon intérieur. Dans l'espèce de délire qui me saisit, je ne suivois aucune route; j'allois d'arbre en arbre, à droite et à gauche indifféremment, me disant en moi-même : « Ici, plus de chemins à suivre, plus de villes, plus d'étroites maisons, plus de présidents, de républiques, de rois, surtout plus de lois, et plus d'hommes. Des hommes? si : quelques bons Sauvages[a] qui ne s'embarrassent de moi, ni moi d'eux; qui, comme moi encore, errent libres où la pensée les mène, mangent quand ils veulent, dorment où et quand il leur plaît. » Et pour essayer si j'étois enfin rétabli dans mes droits originels, je me livrois à mille actes de volonté, qui faisoient enrager le grand Hollandois qui me servoit de guide, et qui, dans son âme, me croyoit fou.

Délivré du joug tyrannique de la société, je compris alors les charmes de cette indépendance de la nature, qui surpassent de bien loin tous les plaisirs dont l'homme civil peut avoir l'idée. Je compris pourquoi pas un Sauvage ne s'est fait Européen, et pourquoi plusieurs Européens se sont faits Sauvages : pourquoi le sublime *Discours sur l'Inégalité des Conditions* est si peu entendu de la plupart de nos philosophes. Il est incroyable combien les nations et leurs institutions les plus vantées paroissoient petites et diminuées à mes regards; il me sembloit que je voyois les royaumes de la terre avec une lunette invertie; ou plutôt, moi-même agrandi et exalté, je contemplois d'un œil de géant le reste de ma race dégénérée.

Vous, qui voulez écrire des hommes, transportez-vous dans les déserts; redevenez un instant enfant de la nature, alors et seulement alors, prenez la plume.

Parmi les innombrables jouissances que j'éprouvai dans ces voyages, une surtout a fait une vive impression sur mon cœur[1].

J'allois alors voir la fameuse cataracte de Niagara, et j'avois pris ma route à travers les nations indiennes qui habitent les déserts à

---

[a] De *bons* Sauvages qui mangent leurs voisins. (N. Éd.)

[1] Tout ce qui suit, à quelques additions près, est tiré du manuscrit de ces voyages, qui a péri avec plusieurs autres ouvrages commencés, tels que les *Tableaux de la Nature*, l'histoire d'une nation sauvage du Canada, sorte de roman, dont le cadre totalement neuf, et les peintures naturelles étrangères à notre climat, auroient pu mériter l'indulgence du lecteur[*]. On a bien voulu donner quelque louange à ma manière de peindre la nature; mais si l'on avoit vu ces divers morceaux écrits sur mes genoux, parmi les sauvages même, dans les forêts et au bord des lacs de l'Amérique, j'ose présumer qu'on y eût peut-être trouvé des choses plus dignes du public. De tout cela il ne m'est resté que quelques feuilles détachées, entre autres *la Nuit*, qu'on donne ici. J'étois destiné à perdre dans la révolution, fortune, parents, amis, et ce qu'on ne recouvre jamais lorsqu'on l'a perdu, le fruit des travaux de la pensée, seul bien peut-être qui soit réellement à nous.

[*] Il s'agit ici des *Natchez*. J'ai déjà dit quelques premières ébauches des *Natchez* avoient péri, mais que j'avois retrouvé le manuscrit de cet ouvrage écrit à Londres sur le souvenir récent de ces ébauches. J'ai publié sous le nom de *Natchez* ce manuscrit, dont j'avois déjà tiré *Atala* et *René*. (N. Éd.)

l'ouest des plantations américaines. Mes guides étoient le soleil, une boussole de poche et le Hollandois dont j'ai déjà parlé; celui-ci entendoit parfaitement cinq dialectes de la langue huronne. Notre équipage consistoit en deux chevaux auxquels nous attachions le soir une sonnette au cou, et que nous lâchions ensuite dans la forêt : je craignois d'abord un peu de les perdre, mais mon guide me rassura en me faisant remarquer que, par un instinct admirable, ces bons animaux ne s'écartoient jamais hors de la vue de notre feu.

Un soir que, par approximation, ne nous estimant plus qu'à environ huit ou neuf lieues de la cataracte, nous nous préparions à descendre de cheval avant le coucher du soleil, pour bâtir notre hutte et allumer notre bûcher de nuit à la manière indienne, nous aperçûmes dans le bois les feux de quelques Sauvages qui étoient campés un peu plus bas, au bord du même ruisseau où nous nous trouvions. Nous allâmes à eux. Le Hollandois leur ayant demandé par mon ordre la permission de passer la nuit avec eux, ce qui fut accordé sur-le-champ, nous nous mîmes alors à l'ouvrage avec nos hôtes. Après avoir coupé des branches, planté des jalons, arraché des écorces pour couvrir notre palais, et rempli quelques autres travaux publics, chacun de nous vaqua à ses affaires particulières. J'apportai ma selle, qui me servit de fidèle oreiller durant tout le voyage, le guide pansa mes chevaux; et, quant à son appareil de nuit, comme il n'étoit pas si délicat que moi, il se servoit ordinairement de quelque tronçon d'arbre sec. L'ouvrage étant fini, nous nous assîmes tous en rond, les jambes croisées à la manière des tailleurs, autour d'un feu immense, afin de rôtir nos quenouilles de maïs, et de préparer le souper. J'avais encore un flacon d'eau-de-vie, qui ne servit pas peu à égayer nos Sauvages; eux se trouvoient avoir des jambons d'oursins, et nous commençâmes un festin royal.

La famille étoit composée de deux femmes avec deux petits enfants à la mamelle, et de trois guerriers : deux d'entre eux pouvoient avoir de quarante à quarante-cinq ans, quoiqu'ils parussent beaucoup plus vieux; le troisième étoit un jeune homme.

La conversation devint bientôt générale : c'est-à-dire par quelques mots entrecoupés de ma part, et par beaucoup de gestes : langage expressif que ces nations entendent à merveille, et que j'avois appris parmi elles. Le jeune homme seul gardoit un silence obstiné; il tenoit constamment les yeux attachés sur moi. Malgré les raies noires, rouges, bleues, les oreilles découpées, la perle pendante au nez dont il étoit défiguré, on distinguoit aisément la noblesse et la sensibilité qui animoient son visage. Combien je lui savois gré de ne pas m'aimer! il me sembloit lire dans son cœur l'histoire de tous les maux dont les Européens ont accablé sa patrie.

Les deux petits enfants, tout nus, s'étoient endormis à nos pieds devant le feu : les femmes les prirent doucement dans leurs bras, et les couchèrent sur des peaux, avec ces soins de mère, si délicieux à voir chez ces prétendus Sauvages : la conversation mourut ensuite par degrés, et chacun s'endormit dans la place où il se trouvoit.

Moi seul je ne pus fermer l'œil : entendant de toutes parts les aspirations profondes de mes hôtes, je levai la tête, et, m'appuyant sur le coude, contemplai à la lueur rougeâtre du feu mourant les Indiens étendus autour de moi et plongés dans le sommeil. J'avoue que j'eus peine à retenir des larmes. Bon jeune homme, que ton repos me parut touchant! toi, qui sembloit si sensible aux maux de ta patrie, tu étois trop grand, trop supérieur, pour te défier de l'étranger. Européens, quelle leçon pour nous! Ces mêmes Sauvages que nous avons poursuivis avec le fer et la flamme; à qui notre avarice ne laisseroit pas même une pelletée de terre, pour couvrir leurs cadavres, dans tout cet univers jadis leur vaste patrimoine; ces mêmes Sauvages, recevant leur ennemi sous leurs huttes hospitalières, partageant avec lui leur misérable repas, leur couche infréquentée du remords, et dormant auprès de lui du sommeil profond du juste! ces vertus-là sont autant au-dessus de nos vertus conventionnelles, que l'âme de ces hommes de la nature est au-dessus de celle de l'homme de la société.

Il faisoit clair de lune. Échauffé de mes idées, je me levai et fus m'asseoir, à quelque distance, sur une racine qui traçoit au bord du ruisseau : c'étoit une de ces nuits américaines

que le pinceau des hommes ne rendra jamais, et dont je me suis rappelé cent fois le souvenir avec délices.

« La lune étoit au plus haut point du ciel : on voyoit çà et là, dans de grands intervalles épurés, scintiller mille étoiles. Tantôt la lune reposoit sur un groupe de nuages, qui ressembloit à la cime de hautes montagnes couronnées de neiges ; peu à peu ces nues s'alongeoient, se dérouloient en zones diaphanes et onduleuses de satin blanc, ou se transformoient en légers flocons d'écume, en innombrables troupeaux errants dans les plaines bleues du firmament. Une autre fois, la voûte aérienne paroissoit changée en une grève où l'on distinguoit les couches horizontales, les rides parallèles tracées comme par le flux et le reflux régulier de la mer : une bouffée de vent venoit encore déchirer le voile, et partout se formoient dans les cieux de grands bancs d'une ouate éblouissante de blancheur, si doux à l'œil qu'on croyoit ressentir leur mollesse et leur élasticité. La scène sur la terre n'étoit pas moins ravissante : le jour céruléen et velouté de la lune flottoit silencieusement sur la cime des forêts, et, descendant dans les intervalles des arbres, poussoit des gerbes de lumière jusque dans l'épaisseur des plus profondes ténèbres. L'étroit ruisseau qui couloit à mes pieds, s'enfonçant tour à tour sous des fourrés de chênes-saules et d'arbres à sucre, et reparoissant un peu plus loin dans des clairières tout brillant des constellations de la nuit, ressembloit à un ruban de moire et d'azur, semé de crachats de diamants, et coupé transversalement de bandes noires. De l'autre côté de la rivière, dans une vaste prairie naturelle, la clarté de la lune dormoit sans mouvement sur les gazons où elle étoit étendue comme des toiles. Des bouleaux dispersés çà et là dans la savane, tantôt, selon le caprice des brises, se confondoient avec le sol en s'enveloppant de gazes pâles, tantôt se détachoient du fond de craie en se couvrant d'obscurité, et formant comme des îles d'ombres flottantes sur une mer immobile de lumière. Auprès, tout étoit silence et repos, hors la chute de quelques feuilles, le passage brusque d'un vent subit, les gémissements rares et interrompus de la hulotte ; mais au loin, par intervalle, on entendoit les roulements solennels de la cataracte de Niagara, qui, dans le calme de la nuit, se prolongeoient de désert en désert, et expiroient à travers les forêts solitaires.

La grandeur, l'étonnante mélancolie de ce tableau, ne sauroient s'exprimer dans les langues humaines ; les plus belles nuits en Europe ne peuvent en donner une idée. Au milieu de nos champs cultivés, en vain l'imagination cherche à s'étendre, elle rencontre de toutes parts les habitations des hommes ; mais, dans ces pays déserts, l'âme se plaît à s'enfoncer, à se perdre dans un océan d'éternelles forêts ; elle aime à errer, à la clarté des étoiles, aux bords des lacs immenses, à planer sur le gouffre mugissant des terribles cataractes, à tomber avec la masse des ondes, et pour ainsi dire à se mêler, à se fondre avec toute une nature sauvage et sublime.

Ces jouissances sont trop poignantes : telle est notre foiblesse, que les plaisirs exquis deviennent des douleurs, comme si la nature avoit peur que nous oubliassions que nous sommes hommes. Absorbé dans mon existence, ou plutôt répandu tout entier hors de moi, n'ayant ni sentiment, ni pensée distincte, mais un ineffable je ne sais quoi qui ressembloit à ce bonheur mental dont on prétend que nous jouirons dans l'autre vie, je fus tout à coup rappelé à celle-ci. Je me sentis mal, et je vis qu'il falloit finir. Je retournai à notre ajoupa, où, me couchant auprès des Sauvages, je tombai bientôt dans un profond sommeil.

Le lendemain, à mon réveil, j'aperçus la troupe déjà prête pour le départ. Mon guide avoit sellé les chevaux ; les guerriers étoient armés, et les femmes s'occupoient à rassembler les bagages, consistant en peaux, en maïs, en ours fumés. Je me levai, et tirant de mon porte-manteau un peu de poudre et de balles, du tabac et une boîte de gros rouge, je distribuai ces présents parmi nos hôtes, qui parurent bien contents de ma générosité. Nous

---

* Ici commence la description d'une nuit, que l'on retrouve dans le *Génie du Christianisme*, liv. V chapitre XII, intitulé : *Deux Perspectives de la nature*. On peut, en comparant les deux descriptions, voir ce que le goût m'a fait changer ou retrancher dans mon second travail. (N. Éd.)

nous séparâmes ensuite, non sans des marques d'attendrissement et de regret, touchant nos fronts et notre poitrine, à la manière de ces hommes de la nature, ce qui me paroissoit bien valoir nos cérémonies. Jusqu'au jeune Indien, qui prit cordialement la main que je lui tendois, nous nous quittâmes tous le cœur plein les uns des autres. Nos amis prirent leur route au nord en se dirigeant par les mousses ; et nous à l'ouest, par ma boussole. Les guerriers partirent devant, poussant le cri de marche ; les femmes cheminoient derrière, chargées des bagages et des petits enfants, qui, suspendus dans des fourrures aux épaules de leurs mères, se détournaient en souriant pour nous regarder. Je suivis longtemps des yeux cette marche touchante et maternelle, jusqu'à ce que la troupe entière eût disparu lentement entre les arbres de la forêt.

Bienfaisants Sauvages ! vous qui m'avez donné l'hospitalité, vous que je ne reverrai sans doute jamais, qu'il me soit permis de vous payer ici un tribut de reconnoissance. Puissiez-vous jouir longtemps de votre précieuse indépendance, dans vos belles solitudes, où mes vœux pour votre bonheur ne cessent de vous suivre ! Inséparables amis, dans quel coin de vos immenses déserts habitez-vous à présent ? Êtes-vous toujours ensemble, toujours heureux ? Parlez-vous quelquefois de l'étranger de la forêt ? Vous dépeignez-vous les lieux qu'il habite ? Faites-vous des souhaits pour son bonheur au bord de vos fleuves solitaires ? Généreuse famille, son sort est bien changé depuis la nuit qu'il passa avec vous : mais du moins est-ce une consolation pour lui, si, tandis qu'il existe au-delà des mers, persécuté des hommes de son pays, son nom, à l'autre bout de l'univers, au fond de quelque solitude ignorée, est encore prononcé avec attendrissement par de pauvres Indiens [a].

[a] C'est à peu près l'apostrophe aux Sauvages qui termine *Atala*.

Et moi je termine ici le pénible travail que m'ont imposé mon devoir et ma conscience. Me voilà tout entier devant les hommes tel que j'ai été au début de ma carrière, tel que je suis au terme de cette carrière ; qu'ils me jugent, si je vaux la peine qu'ils s'occupent de moi : puis viendra sur nous tous l'arrêt suprême qui nous placera comme nous demeurerons. (N. ÉD.)

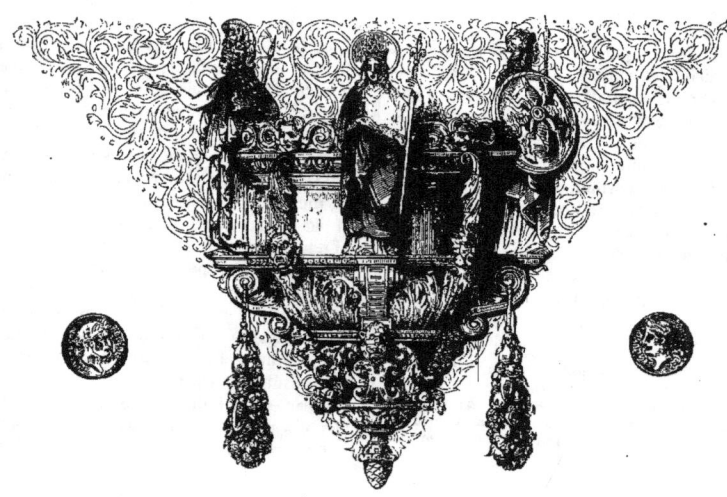

NOTE.

(PAGE 225.)

RÉFUTATION

DE TOUS LES CHAPITRES PRÉCÉDENTS,

RELATIFS AU CLERGÉ CATHOLIQUE.

(Extrait du *Génie du Christianisme*.)

Aucune autre religion sur la terre n'a offert un pareil système de bienfaits, de prudence et de prévoyance, de force et de douceur, de lois morales et de lois religieuses. Rien n'est plus sagement ordonné que ces cercles qui, partant du dernier chapitre de village, s'élèvent jusqu'au trône pontifical qu'ils supportent, et qui les couronne. L'Église ainsi par ses différents degrés, touchoit à nos divers besoins : arts, lettres, sciences législation, politique, institutions littéraires, civiles et religieuses, fondations pour l'humanité, tous ces magnifiques bienfaits nous arrivoient par les rangs supérieurs de la hiérarchie, tandis que les détails de la charité et de la morale étoient répandus, par les degrés inférieurs, chez les dernières classes du peuple. Si jadis l'Église fut pauvre, depuis le dernier échelon jusqu'au premier, c'est que la chrétienté étoit indigente comme elle. Mais on ne sauroit exiger que le clergé fût demeuré pauvre, quand l'opulence croissoit autour de lui. Il auroit alors perdu toute considération, et certaines classes de la société, avec lesquelles il n'auroit pu vivre, se fussent soustraites à son autorité morale. Le chef de l'Église étoit prince pour pouvoir parler aux princes; les évêques, marchant de pair avec les grands, osoient les instruire de leurs devoirs; les prêtres séculiers et réguliers, au-dessus des nécessités de la vie, se mêloient aux riches dont ils épuroient les mœurs, et le simple curé se rapprochoit des pauvres, qu'il étoit destiné à soulager par ses bienfaits, et à consoler par son exemple.

« Ce n'est pas que le plus indigent des prêtres ne pût aussi instruire les grands du monde, et les rappeler à la vertu; mais il ne pouvoit ni les suivre dans les habitudes de la vie, comme le haut clergé, ni leur tenir un langage qu'ils eussent parfaitement entendu. La considération même dont ils jouissoient venoit en partie des ordres supérieurs de l'Église. Il convient d'ailleurs à de grands peuples

d'avoir un culte honorable et des autels où l'infortune puisse trouver des secours. . . . .

« Que de choses admirables l'Occident ne nous montre-t-il pas à son tour dans les fondations des communautés, monuments de nos antiquités gauloises, lieux consacrés par d'intéressantes aventures, ou par des actes d'humanité! . . . .

« Voyez ces retraites de la *charité*, des *pèlerins*, du *bien-mourir*, des *enterreurs de morts*, des *insensés*, des *orphelins*; tâchez, si vous le pouvez, de trouver, dans le long catalogue des misères humaines, une seule infirmité de l'âme ou du corps pour qui la religion n'ait pas fondé son lieu de soulagement ou son hospice!

« Au reste, les persécutions des Romains contribuèrent d'abord à peupler les solitudes; ensuite, les Barbares s'étant précipités sur l'Empire et ayant brisé tous les liens de la société, il ne resta aux hommes que Dieu pour espérance. . . . .

. . . .

« On dira peut-être que, les causes qui donnèrent naissance à la vie monastique n'existant plus parmi nous, les couvents étoient devenus des retraites inutiles. Et quand donc ces causes ont-elles cessé? N'y a-t-il plus d'orphelins, d'infirmes, de voyageurs, de pauvres, d'infortunés? Ah! lorsque les maux des siècles barbares se sont évanouis, la société, si habile à tourmenter les âmes, et si ingénieuse en douleur, a bien su faire naître mille autres raisons d'adversité qui nous jettent dans la solitude! Que de passions trompées, que de sentiments trahis, que de dégoûts amers nous entraînent chaque jour hors du monde! C'étoit une chose fort belle que ces maisons religieuses, où l'on trouvoit une retraite assurée contre les coups de la fortune et les orages de son propre cœur. . . . .

« Dieu des chrétiens, quelles choses n'as-tu point faites! Partout où l'on tourne les yeux, on ne voit que les monuments de tes bienfaits. Dans les quatre parties du monde la religion a distribué ses milices et placé ses vedettes pour l'humanité. Le moine maronite appelle, par le claquement de deux planches suspendues à la cime d'un arbre, l'étranger que la nuit a surpris dans les précipices du Liban : ce pauvre et ignorant artiste n'a pas de plus riche moyen de se faire entendre; le moine abyssinien vous attend dans ce bois, au milieu des tigres : le missionnaire américain veille à votre conservation dans ses immenses forêts. Jeté par un naufrage sur des côtes inconnues, tout à coup vous apercevez une croix sur un rocher. Malheur à vous si ce signe de salut ne fait pas couler vos larmes! vous êtes en pays d'amis; ici sont des chrétiens. Vous êtes François, il est vrai, et ils sont Espagnols, Allemands, Anglois peut-être! Eh! qu'importe? n'êtes-vous pas de la grande famille de Jésus-Christ? Ces étrangers vous reconnoîtront pour frère, c'est vous qu'ils invitent par cette croix; ils ne vous ont jamais vu, et cependant ils pleurent de joie en vous voyant sauvé du désert. . . . .

« Immense et sublime idée qui fait du chrétien de la Chine un ami du chrétien de la France, du Sauvage néophyte un frère du moine égyptien! Nous ne sommes plus étrangers sur la terre, nous ne pouvons plus nous y égarer. Jésus-Christ nous a rendu l'héritage que le péché d'Adam nous avoit ravi. Chrétien! il n'est plus d'océan ou de désert inconnu pour toi; tu trouveras partout la langue de tes aïeux et la cabane de ton père!

. . . .

« La religion, laissant à notre cœur le soin de nos joies, ne s'est occupée, comme une tendre mère, que du soulagement de nos douleurs; mais, dans cette œuvre immense et difficile, elle a appelé tous ses fils et toutes ses filles à son secours. Aux uns elle a confié le soin de nos maladies, comme à cette multitude de religieux et de religieuses dévoués au service des hôpitaux; aux autres elle a délégué les pauvres, comme aux sœurs de la Charité. Le père de la Rédemption s'embarque à Marseille : où va-t-il seul ainsi avec son bréviaire et son bâton? Ce conquérant marche à la délivrance de l'humanité, et les armées qui l'accompagnent sont invisibles. La bourse de la charité à la main, il court affronter la peste, le martyre et l'esclavage. Il aborde le dey d'Alger, il lui parle au nom de ce roi céleste dont il est l'ambassadeur. Le barbare s'étonne à la vue de cet Européen qui ose, seul, à travers les mers et les orages, venir lui redemander des captifs : dompté par une force inconnue, il accepte l'or qu'on lui présente; et l'héroïque libérateur, satisfait d'avoir rendu des malheureux à leur patrie, obscur et ignoré, reprend humblement à pied le chemin de son monastère.

« Partout c'est le même spectacle : le missionnaire qui part pour la Chine rencontre au port le missionnaire qui revient glorieux et mutilé du Canada; la sœur grise court administrer l'indigent dans sa chaumière, le père capucin vole à l'incendie, le frère hospitalier lave les pieds du voyageur, le frère *bien-mourir* console l'agonisant sur sa couche, le frère *enterreur* porte le corps du pauvre décédé, la sœur de la Charité monte au septième étage pour prodiguer l'or, le vêtement et l'espérance; ces filles si justement appelées *Filles-Dieu*, portent et reportent çà et là les bouillons, la charpie,

les remèdes ; la fille du Bon-Pasteur tend les bras à la fille prostituée, et lui crie : *Je ne suis point venue pour appeler les justes, mais les pécheurs!* L'orphelin trouve un père, l'insensé un médecin, l'ignorant un instructeur. Tous ces ouvriers en œuvres célestes se précipitent, s'animent les uns les autres. Cependant la Religion attentive, et tenant une couronne immortelle, leur crie : Courage! mes enfants! courage! Hâtez-vous, soyez plus prompts que les maux dans la carrière de la vie! Méritez cette couronne que je vous prépare; elle vous met tra vous-mêmes à l'abri de tous maux et de tous besoins............

.... Étoit-il quelque chose qui pût briser l'âme, quelque commission dont les hommes ennemis des larmes n'osassent se charger, de peur de compromettre leurs plaisirs, c'étoit aux enfants du cloître qu'elle étoit aussitôt dévolue, et surtout aux pères de l'ordre de Saint-François ; on supposoit que des hommes qui s'étoient voués à la misère devoient être naturellement les hérauts du malheur. L'un étoit obligé d'aller porter à une famille la nouvelle de la perte de sa fortune; l'autre, ce lui apprendre le trépas d'un fils unique; le grand Bourdaloue remplit lui-même ce triste devoir : il se présentoit en silence à la porte du père, croisoit les mains sur sa poitrine, s'inclinoit profondément, et se retiroit muet comme la Mort dont il étoit l'interprète.

« Croit-on qu'il y eût beaucoup de plaisirs (nous entendons de ces plaisirs à la façon du monde), croit-on qu'il fût fort doux pour un cordelier, un carme, un franciscain, d'aller au milieu des prisons, annoncer la sentence au criminel, l'écouter, le consoler, et d'avoir, pendant des journées entières, l'âme transpercée des scènes les plus déchirantes? On a vu, dans ces actes de dévouement, la sueur tomber à grosses gouttes du front de ces compatissants religieux, et mouiller ce froc qu'elle a pour toujours rendu sacré, en dépit des sarcasmes de la philosophie; et pourtant quel honneur, quel profit revenoit-il à ces moines, de tant de sacrifices, sinon la dérision du monde, et les injures mêmes des prisonniers qu'ils consoloient! Mais, du moins, les hommes, tout ingrats qu'ils sont, avoient confessé leur nullité dans ces grandes rencontres de la vie, puisqu'ils les avoient abandonnées à la religion, seul véritable secours au dernier degré du malheur. O apôtre de Jésus-Christ, de quelles catastrophes n'étiez-vous point témoin, vous qui, près du bourreau, ne craigniez point de vous couvrir du sang des misérables, et qui étiez leur dernier appui! Voici un des plus hauts spectacles de la terre : aux deux coins de cet échafaud les deux Justices sont en présence, la Justice humaine et la Justice divine :

l'une, implacable et appuyée sur un glaive, est accompagnée du Désespoir ; l'autre, tenant un voile trempé de pleurs, se montre entre la Pitié et l'Espérance : l'une a pour ministre un homme de sang, l'autre un homme de paix : l'une condamne, l'autre absout : innocente ou coupable, la première dit à la victime : « Meurs! » la seconde lui crie : « Fils de l'innocence ou du repentir, *montez au ciel!* ».

« Voici encore une de ces grandes et nouvelles idées qui n'appartiennent qu'à la religion chrétienne. Les cultes idolâtres ont ignoré l'enthousiasme divin qui anime l'apôtre de l'Évangile. Les anciens philosophes eux-mêmes n'ont jamais quitté les avenues d'Académus et les délices d'Athènes pour aller, au gré d'une impulsion sublime, humaniser le Sauvage, instruire l'ignorant, guérir le malade, vêtir le pauvre, et semer la concorde et la paix parmi des nations ennemies : c'est ce que les religieux chrétiens ont fait et font encore tous les jours. Les mers, les orages, les glaces du pôle, les feux du tropique, rien ne les arrête : ils vivent avec l'Esquimau dans son outre de peau de vache marine ; ils se nourrissent d'huile de baleine avec le Groenlandois ; avec le Tartare ou l'Iroquois, ils parcourent la solitude ; ils montent sur le dromadaire de l'Arabe, ou suivent le Cafre errant dans ses déserts embrasés ; le Chinois, le Japonois, l'Indien, sont devenus leurs néophytes ; il n'est point d'îlot ou d'écueil dans l'Océan qui ait pu échapper à leur zèle ; et, comme autrefois les royaumes manquaient à l'ambition d'Alexandre, la terre manque à leur charité. . . . .

« Ce ne seroit rien connoître que de connoître vaguement les bienfaits du christianisme; c'est le détail de ces bienfaits, c'est l'art avec lequel la religion a varié ses dons, répandu ses secours, distribué ses trésors, ses remèdes, ses lumières, c'est ce détail, c'est cet art qu'il faut pénétrer. Jusqu'aux délicatesses des sentiments, jusqu'aux amours-propres, jusqu'aux foiblesses, la religion a tout ménagé, en soulageant tout. Pour nous, qui depuis quelques années nous occupons de ces recherches, tant de traits de charité, tant de fondations admirables, tant d'inconcevables sacrifices, sont passés sous nos yeux, que nous croyons qu'il y a dans ce seul mérite du christianisme de quoi expier tous les crimes des hommes : culte céleste, qui nous force d'aimer cette triste humanité qui le calomnie!.

. . . .
Pour se faire d'abord une idée de l'immensité des bienfaits de la religion, il faut se représenter la chrétienté comme une vaste république, où tout ce que nous rapportons d'une partie se passe en

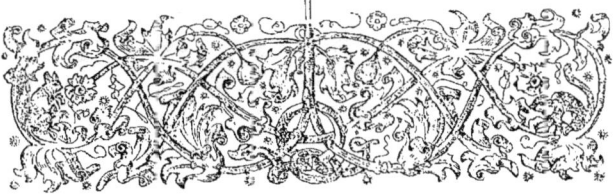

même temps dans une autre. . . . .
. . . .

« Il faut voir deux cents millions d'hommes au moins, chez qui se pratiquent les mêmes vertus et se font les mêmes sacrifices; il faut se ressouvenir qu'il y a dix-huit cents ans que ces vertus existent, et que les mêmes actes de charité se répètent : calculez maintenant, si votre esprit ne s'y perd, le nombre d'individus soulagés et éclairés par le christianisme chez tant de nations, et pendant une aussi longue suite de siècles ! . . . .

« Avant de passer aux services que l'Église a rendus à l'agriculture, rappelons ce que les papes ont fait pour les sciences et pour les beaux-arts. Tandis que les ordres religieux travailloient dans toute l'Europe à l'éducation de la jeunesse, à la découverte des manuscrits, à l'explication de l'antiquité, les pontifes romains, prodiguant aux savants les récompenses et jusqu'aux honneurs du sacerdoce, étoient le principe de ce mouvement général vers les lumières. Certes, c'est une grande gloire pour l'Église qu'un pape ait donné son nom au siècle qui commence l'ère de l'Europe civilisée, et qui, s'élevant du milieu des ruines de la Grèce, emprunta ses clartés du siècle d'Alexandre pour les réfléchir sur le siècle de Louis.

« Ceux qui représentent le christianisme comme arrêtant le progrès des lumières contredisent manifestement les témoignages historiques. Partout la civilisation a marché sur les pas de l'Évangile, au contraire des religions de Mahomet, de Brama et de Confucius, qui ont borné les progrès de la société, et forcé l'homme à vieillir dans son enfance.

« Rome chrétienne étoit comme un grand port, qui recueilloit tous les débris des naufrages des arts. Constantinople tombe sous le joug des Turcs; aussitôt l'Église ouvre mille retraites honorables aux illustres fugitifs de Byzance et d'Athènes. L'imprimerie, proscrite en France, trouve une retraite en Italie. Des cardinaux épuisent leur fortune à fouiller les ruines de la Grèce et à acquérir des manuscrits. Le siècle de Léon X avoit paru si beau au savant abbé Barthélemy, qu'il l'avoit d'abord préféré à celui de Périclès, pour sujet de son grand ouvrage : c'étoit dans l'Italie chrétienne qu'il prétendoit conduire un moderne Anacharsis. . . .
. . . .

Les successeurs de Léon X ne laissèrent point s'éteindre cette noble ardeur pour les travaux du génie. Les évêques pacifiques de Rome rassembloient dans leur *villa* les précieux débris des âges. Dans les palais des Borghèse et des Farnèse, le voyageur admiroit les chefs-d'œuvre de Praxitèle et de Phidias ; c'étoient des papes qui achetoient au poids de l'or les statues de l'Hercule et de l'Apollon; c'étoient des papes qui, pour conserver les ruines trop insultées de l'antiquité, les couvroient du manteau de la religion. Qui n'admirera la pieuse industrie de ce pontife qui plaça des images chrétiennes sur les beaux débris des Thermes de Dioclétien? Le Panthéon n'existeroit plus s'il n'eût été consacré par le culte des apôtres, et la colonne Trajane ne seroit pas debout si la statue de saint Pierre ne l'eût couronnée.

« Cet esprit conservateur se faisoit remarquer dans tous les ordres de l'Église. Tandis que les dépouilles qui ornoient le Vatican surpassoient les richesses des anciens temples, de pauvres religieux protégeoient dans l'enceinte de leurs monastères les ruines des maisons de Tibur et de Tusculum, et promenoient l'étranger dans les jardins de Cicéron et d'Horace. Un chartreux vous montroit le laurier qui croît sur la tombe de Virgile, et un pape couronnoit le Tasse au Capitole.

« Ainsi, depuis quinze cents ans, l'Église protégeoit les sciences et les arts; son zèle ne s'étoit ralenti à aucune époque. Si dans le huitième siècle le moine Alcuin enseigne la grammaire à Charlemagne, dans le dix-huitième *un autre moine industrieux et patient* trouve un moyen de dérouler les manuscrits d'Herculanum : si en 740 Grégoire de Tours décrit les antiquités des Gaules, en 1754 le chanoine Mazzochi explique les tables législatives d'Héraclée. La plupart des découvertes qui ont changé le système du monde civilisé ont été faites par des membres de l'Église. L'invention de la poudre à canon, et peut-être celle du télescope, sont dues au moine Roger Bacon; d'autres attribuent la découverte de la poudre au moine allemand Berthold Schwartz ; les bombes ont été inventées par Galen, évêque de Munster ; le diacre Flavio de Givia, Napolitain, a trouvé la boussole ; le moine Despina, les lunettes ; et Pacificus, archidiacre de Vérone, ou le pape Sylvestre II, l'horloge à roues. Que de savants, dont nous avons déjà nommé un grand nombre dans le cours de cet ouvrage, ont illustré les cloîtres, ont ajouté de la considération aux chaires éminentes de l'Église ! que d'écrivains célèbres ! que d'hommes de lettres distingués ! Que d'illustres voyageurs, que de mathématiciens, de naturalistes, de chimistes, d'astronomes, d'antiquaires ! Que d'orateurs fameux ! que d'hommes d'état renommés ! Parler de Suger, de Ximenès, d'Alberoni, de Richelieu, de Mazarin, de Fleury, n'est-ce pas rappeler à la fois les plus grands ministres et les plus grandes choses de l'Europe moderne ? . . . .
. . . .

« Rome chrétienne a été pour le monde moderne

NOTE.

ce que Rome païenne fut pour le monde antique le lien universel; cette capitale des nations remplit toutes les conditions de sa destinée, et semble véritablement la Ville Éternelle. Il viendra peut-être un temps où l'on trouvera que c'étoit pourtant une grande idée, une magnifique institution, que celle du trône pontifical. Le père spirituel, placé au milieu des peuples, unissoit ensemble les diverses parties de la chrétienté. Quel beau rôle que celui d'un pape vraiment animé de l'esprit apostolique! Pasteur général du troupeau, il peut en contenir les fidèles dans le devoir, ou les défendre de l'oppression. Ses états, assez grands pour lui donner l'indépendance, trop petits pour qu'on ait rien à craindre de ses efforts, ne lui ssent que la puissance de l'opinion, puissance admirable quand elle n'embrasse dans son empire que des œuvres de paix, de bienfaisance et de charité!

« Le mal passager que quelques mauvais papes ont fait a disparu avec eux; mais nous ressentons encore tous les jours l'influence des biens immenses et inestimables que le monde entier doit à la cour de Rome. Cette cour s'est presque toujours montrée supérieure à son siècle. Elle avoit des idées de législation, de droit public; elle connoissoit les beaux-arts, les sciences, la politesse, lorsque tout étoit plongé dans les ténèbres des institutions gothiques; elle ne se réservoit pas exclusivement la lumière, elle la répandoit sur tous; elle faisoit tomber les barrières que les préjugés élèvent entre les nations; elle cherchoit à adoucir nos mœurs, à nous tirer de notre ignorance, à nous arracher à nos coutumes grossières ou féroces. Les papes, parmi nos ancêtres, furent des missionnaires des arts envoyés à des barbares, des législateurs chez des Sauvages. « Le règne seul de Charlemagne, dit Voltaire, » eut une lueur de politesse, qui fut probablement » le fruit du voyage de Rome. » (*Génie du Christianisme*, 4me partie, liv. III, ch. II, ch. III, ch. V, ch. VI; liv. IV, ch. I; liv. VI, ch. I, ch. VI.)

ÉTUDES

ou

DISCOURS HISTORIQUES

SUR

LA CHUTE DE L'EMPIRE ROMAIN,

LA NAISSANCE ET LES PROGRÈS DU CHRISTIANISME,

ET L'INVASION DES BARBARES.

PRÉFACE.

AVANT-PROPOS.

MARS 1831.

« Souvenez-vous, pour ne pas perdre de
« vue le train du monde, qu'à cette époque
« (la chute de l'empire romain)........
....
« il y avoit des historiens qui fouilloient
« comme moi les archives du passé au mi-
« lieu des ruines du présent, qui écrivoient
« les annales des anciennes révolutions au
« bruit des révolutions nouvelles; eux et
« moi prenant pour table, dans l'édifice
« croulant, la pierre tombée à nos pieds,
« en attendant celle qui devoit écraser nos
« têtes. » (Étude sixième, seconde partie.)

Je ne voudrois pas, pour ce qui me reste à vivre, recommencer les dix-huit mois qui viennent de s'écouler. On n'aura jamais une idée de la violence que je me suis faite ; j'ai été forcé d'abstraire mon esprit dix, douze et quinze heures par jour, de ce qui se passoit autour de moi, pour me livrer puérilement à la composition d'un ouvrage dont personne ne parcourra une ligne. Qui liroit quatre gros volumes, lorsqu'on a bien de la peine à lire le feuilleton d'une gazette ? J'écrivois l'histoire ancienne, et l'histoire moderne frappoit à ma porte ; en vain je lui criois : « Attendez, je vais à vous ; » elle passoit au bruit du canon, en emportant trois générations de rois.

Et que le temps concorde heureusement avec la nature même de ces Études! On abat les croix, on poursuit les prêtres, et il est question de croix et de prêtres à toutes les pages de mon récit; on bannit les Capets, et je publie une histoire dont les Capets occupent huit siècles. Le plus long et le dernier travail de ma vie, celui qui m'a coûté le plus de recherches, de soins et d'années, celui où j'ai peut-être remué le plus d'idées et de faits, paroit lorsqu'il ne peut trouver de lecteurs : c'est comme si je le jetois dans un puits, où il va s'enfoncer sous l'amas des décombres qui le suivront. Quand une société se compose et se décompose; quand il y va de l'existence de chacun et de tous; quand on n'est pas sûr d'un avenir d'une heure, qui se soucie de ce que fait, dit et pense son voisin ? Il s'agit bien de Néron, de Constantin, de Julien, des apôtres, des martyrs, des pères de l'Église, des Goths, des Huns, des Vandales, des Francs, de Clovis, de Charlemagne, de Hugues Capet et de Henri IV ! Il s'agit bien du naufrage de l'ancien monde, lorsque nous nous trouvons engagés dans le naufrage du monde moderne ! N'est-ce pas une sorte de radotage, une espèce de foiblesse d'esprit, que de s'occuper de lettres dans ce moment ? Il est vrai ; mais ce radotage ne tient pas à mon cerveau, il vient des antécédents de ma méchante fortune. Si je n'avois pas tant fait de sacrifices aux libertés de mon pays, je n'aurois pas été obligé de contracter des engagements qui s'achèvent de remplir dans des circon-

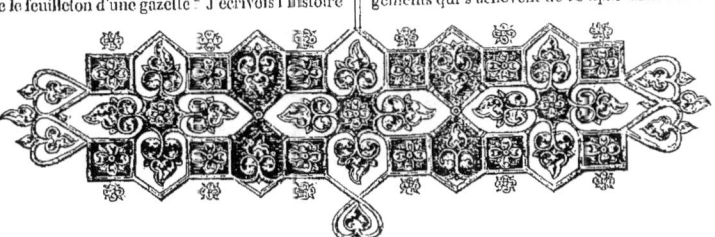

stances doublement déplorables pour moi. Je ne puis suspendre une publication [1] dont je ne suis pas le maître. Il faut donc couronner par un dernier sacrifice tous mes sacrifices. Aucun auteur n'a été mis à une pareille épreuve ; grâce à Dieu, elle est à son terme : je n'ai plus qu'à m'asseoir sur des ruines, et à mépriser cette vie que je dédaignois dans ma jeunesse.

Après ces plaintes bien naturelles, et qui me sont involontairement échappées, une pensée me vient consoler. J'ai commencé ma carrière littéraire par un ouvrage où j'envisageois le christianisme sous les rapports poétiques et moraux ; je la finis par un ouvrage où je considère la même religion sous ses rapports philosophiques et historiques ; j'ai commencé ma carrière politique avec la Restauration, je la finis avec la Restauration. Ce n'est pas sans une secrète satisfaction que je me trouve ainsi conséquent avec moi-même. Les grandes lignes de mon existence n'ont point fléchi : si, comme tous les hommes, je n'ai pas été semblable à moi-même dans les détails, qu'on le pardonne à la fragilité humaine. Les principes sur lesquels se fonde la société m'ont été chers et sacrés ; on me rendra cette justice de reconnoître qu'un amour sincère de la liberté respire dans mes ouvrages, que j'ai été passionné pour l'honneur et la gloire de ma patrie ; que, sans envie, je n'ai jamais refusé mon admiration aux talents dans quelque parti qu'ils se soient trouvés. Me serois-je laissé trop emporter à l'ardeur de la polémique ? Je m'en repens, et je rends justice aux qualités que je pourrois avoir méconnues : je veux quitter le monde en ami.

la gloire de ma patrie, et parce que j'ai vu les maux des hommes. Plus libre que Tacite, je n'aime ni ne crains les tyrans. Désormais isolé sur la terre, n'attendant rien de mes travaux, je me trouve dans la position la plus favorable à l'indépendance de l'écrivain, puisque j'habite déjà avec les générations dont j'ai évoqué les ombres.

Les sociétés anciennes périssent ; de leurs ruines sortent des sociétés nouvelles : lois, mœurs, usages, coutumes, opinions, principes même, tout est changé. Une grande révolution est accomplie, une plus grande révolution se prépare : la France doit recomposer ses annales, pour les mettre en rapport avec les progrès de l'intelligence. Dans cette nécessité d'une reconstruction sur un nouveau plan, où faut-il chercher des matériaux ? Quels sont les travaux exécutés avant notre temps ? Qu'y a-t-il à louer ou à blâmer dans les écrivains de l'ancienne école historique ? La nouvelle école doit-elle être entièrement suivie, et quels sont les auteurs les plus remarquables de cette école ? Tout est-il vrai dans les théories religieuses, philosophiques et politiques du moment ? Voilà ce que je me propose d'examiner dans cette préface. Je travaillois depuis bien des années à une Histoire de France dont ces Études ne présenteront que l'exposition, les vues générales et les débris. Ma vie manque à mon ouvrage : sur la route où le temps m'arrête, je montre de la main aux jeunes voyageurs les pierres que j'avois entassées, le sol et le site où je voulois bâtir mon édifice.

Origine commune des peuples de l'Europe. Documents et historiens étrangers à consulter pour l'histoire de France.

PRÉFACE.

ÉRODOTE commence son histoire par déclarer les motifs qui la lui ont fait entreprendre ; Tacite explique les raisons qui lui ont mis la plume à la main. Sans avoir les talents de ces historiens, je puis imiter leur exemple ; je puis dire, comme Hérodote, que j'écris pour

[1] Celle de la dernière livraison de la première édition des Œuvres complètes (L. ÉD...).

es anciens avoient conçu l'Histoire autrement que nous ; ils la regardoient comme un simple enseignement, et, sous ce rapport, Aristote la place dans un rang inférieur à la poésie : ils attachoient peu d'importance à la vérité matérielle ; pourvu qu'il y eût un fait vrai ou faux à raconter, que ce fait offrît un grand spectacle ou une leçon de morale et de politique, cela leur suffisoit. Délivrés de ces immenses lectures sous lesquelles l'imagination et la mémoire sont également écrasées, ils avoient peu de documents

à consulter; leurs citations ne sont presque rien; et quand ils renvoient à une autorité, c'est presque toujours sans indication précise. Hérodote se contente de dire dans son premier livre, *Clio*, qu'il écrit d'après les historiens de Perse et de Phénicie; dans son second livre, *Euterpe*, il parle d'après les prêtres égyptiens qui lui ont lu leurs annales. Il reproduit un vers de l'*Iliade*, un passage de l'*Odyssée*, un fragment d'Eschyle : il ne faut pas plus d'autorités à Hérodote, ni à ses auditeurs des jeux olympiques. Thucydide n'a pas une seule citation : il mentionne seulement quelques chants populaires.

Tite-Live ne s'appuie jamais d'un texte : *des auteurs, des historiens rapportent* : c'est sa manière de procéder. Dans sa troisième Décade, il rappelle les dires de Cintius Alimentus, prisonnier d'Annibal, et de Cœlius et Valérius sur la guerre Punique.

Dans Tacite les autorités sont moins rares, quoique encore bien peu nombreuses; on n'en compte que treize de nominales; ce sont : dans le premier livre des *Annales*, Pline, historien des guerres de Germanie; dans le quatrième livre, les *Mémoires* d'Agrippine, mère de Néron, ouvrage dont on ne saurait trop déplorer la perte; dans le treizième livre, Fabius Rusticus, Pline l'historien, et Cluvius; dans le quatorzième, Cluvius; dans le quinzième, Pline. Dans le troisième livre des *Histoires*, Tacite nomme Messala et Pline, et renvoie à des *Mémoires* qu'il avoit entre les mains; dans le quatrième livre, il s'en réfère aux prêtres égyptiens; dans les *Mœurs des Germains*, il écrit un vers de Virgile en l'altérant. Souvent il dit : « Les historiens de ces temps racontent. » *Temporum illorum scriptores prodiderint*; il explique son système en déclarant qu'il ne rapporte le nom des auteurs que lorsqu'ils diffèrent entre eux. Ainsi deux citations vagues dans Hérodote, pas une dans Thucydide, deux ou trois dans Tite-Live, et treize dans Tacite, forment tout le corps des autorités de ces historiens. Quelques biographes, comme Suétone et Plutarque surtout, ont lu un peu plus de *Mémoires*; mais les nombreuses citations sont laissées aux compilateurs comme Pline le naturaliste, Athénée, Macrobe, et saint Clément d'Alexandrie, dans ses *Stromates*.

Les annalistes de l'antiquité ne faisoient point entrer dans leurs récits le tableau des différentes branches de l'administration : les sciences, les arts, l'éducation publique, étoient rejetés du domaine de l'histoire; Clio marchoit légèrement, débarrassée du pesant bagage qu'elle traîne aujourd'hui après elle. Souvent l'historien n'étoit qu'un voyageur racontant ce qu'il avoit vu. Maintenant l'histoire est une encyclopédie; il y faut tout faire entrer, depuis l'astronomie jusqu'à la chimie; depuis l'art du financier jusqu'à celui du manufacturier; depuis la connoissance du peintre, du sculpteur et de l'architecte, jusqu'à la science de l'économiste; depuis l'étude des lois ecclésiastiques, civiles et criminelles jusqu'à celle des lois politiques. L'historien moderne se laisse-t-il aller au récit d'une scène de mœurs et de passions, la gabelle survient au beau milieu; un autre impôt réclame; la guerre, la navigation, le commerce, accourent. Comment les armes étoient-elles faites alors? D'où tiroit-on les bois de construction? Combien valoit la livre de poivre? Tout est perdu si l'auteur n'a pas remarqué que l'année commençoit à Pâques et qu'il l'ait datée du 1er janvier. Comment voulez-vous qu'on s'assure en sa parole, s'il s'est trompé de page dans une citation, ou s'il a mal coté l'édition? La société demeure inconnue, si l'on ignore la couleur du haut-de-chausses du roi et le prix du marc d'argent. Cet historien doit savoir non-seulement ce qui se passe dans sa patrie, mais encore dans les contrées voisines; et parmi ces détails, il faut qu'une idée philosophique soit présente à sa pensée et lui serve de guide. Voilà les inconvénients de l'histoire moderne; ils sont tels qu'ils nous empêcheront peut-être d'avoir jamais des historiens comme Thucydide, Tite-Live et Tacite; mais on ne peut éviter ces inconvénients, et force est de s'y soumettre.

L'écrivain appelé à nous peindre un jour le grand tableau de notre histoire ne se bornera pas à la recherche des sources d'où sortent immédiatement les Francs et les François; il étudiera les premiers siècles des sociétés qui environnent la France, parce que les jeunes peuples de diverses contrées, comme les enfants de divers pays, ont entre eux la ressemblance commune que leur donne la nature, et parce que ces peuples, nés d'un petit nombre de familles alliées, conservent dans leur adolescence l'empreinte des traits maternels.

Quatre espèces de documents renferment l'histoire entière des nations dans l'ordre successif de leur âge : les Poésies, les Lois, les Chroniques contenant les faits généraux, les Mémoires peignant les mœurs et la vie privée. Les hommes chantent d'abord; ils écrivent ensuite.

Nous n'avons plus les bardits que fit recueillir Charlemagne; il ne nous reste qu'une ode en l'honneur de la victoire que Louis, fils de Louis le Bègue, remporta en 881 sur les Normands; mais le moine de Saint-Gall et Ermold le Noir ont tout à fait écrit dans le goût de la chanson germanique.

La mythologie et les poésies scandinaves; les Edda et les Sagas, les chants des Scaldes, que nous ont conservés Snorron, Saxon le Grammairien, Adam de Brême et les chroniques anglo-saxonnes; les Nibelungs, quoique d'une date plus

récente, suppléent à nos pertes : on verra l'usage que j'en ai fait en essayant de tracer l'histoire des mœurs barbares. Quant à ce qui concerne les langues, les Évangélistes goths d'Ulphilas sont un trésor. Pour le midi de la France, M. Raynouard a réhabilité l'ancienne langue romane, et, en publiant les poésies écrites ou chantées dans cette langue, il a rendu un service important.

M. Fauriel, à qui nous devons la belle traduction des chants populaires de la Grèce, doit montrer dans la formation de la langue romane les traces des trois plus anciennes langues de la Gaule encore parlées aujourd'hui, l'une en Écosse, l'autre dans le pays de Galles et la Basse-Bretagne, la troisième chez les Basques. Il a remarqué un poème sur les guerres des Arabes d'Espagne et des chrétiens de l'Occitanie, dont le héros est un prince aquitain nommé Walther : ne seroit-ce point Waiffre? Plusieurs chants remémorent les rébellions de divers chefs du midi de la France contre les monarques carlovingiens ; cela sert de plus en plus à prouver que les hostilités de Charles le Martel, de Pépin et de Charlemagne, contre les princes d'Aquitaine, eurent pour cause une inimitié de race, les descendants des Mérovingiens régnant au-delà de la Loire. On nous fait espérer que M. Fauriel s'occupe d'une Histoire des Barbares dans les provinces méridionales de la France : le sujet seroit digne de son rare savoir et de ses talents.

Il ne faut pas s'en tenir aux lois Salique, Ripuaire et Gombette pour l'étude des lois barbares ; on doit considérer, comme chapitres d'un même code national, les lois lombardes, allemandes, bavaroises, russes (celles-ci ne sont que le droit suédois), anglo-saxonnes et galliques : avec les dernières on peut reconstruire plusieurs parties du primitif édifice gaulois. Toutes ces lois ont été imprimées ou séparément, ou dans les différents recueils des historiens de la France, de l'Italie, de l'Allemagne et de l'Angleterre. Le père Canciani recueillit à Venise, en 1781, *Barbarum leges antiquæ*, en cinq volumes in-fol. ; excellente collection qui devroit être dans nos bibliothèques : on y trouve la traduction italienne des *Assises du royaume de Jérusalem* et divers morceaux inédits. On assure que nous aurons bientôt les *Assises* entières publiées sur le manuscrit retrouvé, avec les traductions grecque-barbare, et italienne, de 1490. L'Académie des Inscriptions s'en occupe.

La collation des deux textes de la loi Salique, dont il existe dix-huit ou vingt manuscrits connus, collation faite par M. Wiarda, est estimable ; il sera bon d'y avoir égard. Mais Bignon reste toujours docteur en cette matière, comme Baluze est à jamais l'homme des *Capitulaires* et des *Formules*.

Après les Poésies et les Lois, on ne consultera pas sans fruit, pour les six premiers siècles des temps barbares, les historiens de la Russie, de la Pologne, de la Suède et de l'Allemagne, quoiqu'en général ils aient écrit après les nôtres.

Le plus ancien annaliste russe est un moine de Kioff, Nestor. La monarchie russe fut fondée vers le milieu du neuvième siècle : Kioff, depuis l'an 882, en devint la première capitale. A la fin du dixième siècle, Kioff et toute la vieille Russie embrassèrent le christianisme. Nestor rédigea en slavon son ouvrage vers l'an 1073. Cet ouvrage a été traduit en allemand par Scherer, et commenté par Schlœzer : il n'en existe aucune traduction françoise ou latine. Quelques notes tirées de Nestor se trouvent seulement dans la traduction françoise de l'Histoire de Karomsine. Nestor a imité Constantin, Cedren, Zonare et autres écrivains de la *Byzantine*; il a transporté dans son texte plusieurs passages de ces écrivains ; il nous a conservé *in extenso* deux documents précieux de l'histoire de la Russie, les traités de paix d'Olez et d'Igor avec la cour de Constantinople. Les Grecs eux-mêmes ne connoissoient pas l'existence de ces deux pièces, car elles sont de l'époque la plus stérile de leurs annales, de l'an 813 à l'an 959.

La chronique de Nestor finit à l'année 1096. Nestor reste, d'après l'opinion de Schlœzer, la première, l'unique source, au moins la source principale pour l'histoire du Nord scandinave et finois ; jusqu'à lui ces contrées étoient, pour les historiens, *terra incognita*. Dans un des continuateurs de Nestor, on remarque le plus ancien code des lois russes, nommé *la Vérité russe* ou *le Droit russe* ; il est tiré des lois scandinaves. Les premiers souverains de la Russie vinrent de la Scandinavie, appelés qu'ils furent par la volonté des peuplades russes. Pour se convaincre que *le Droit russe* est d'origine scandinave, il suffit de le comparer avec la législation suédoise, dont les fragments les plus authentiques ont été conservés. Un ouvrage assez rare aujourd'hui, imprimé à Abo ou à Upsal (*De Jure Sveonum Gothorumque vetusto*), offre le texte original du droit russe, et souvent on ne peut comprendre le texte russe qu'à l'aide du texte suédois.

Un travail à consulter sur les historiens et la littérature slavo-russe est celui de Kol, *Introductio ad histor. litterar. Slav.*

Les historiens des autres peuples d'origine slave sont venus plus tard que Nestor, et même plus tard que son premier continuateur ; car Nestor a écrit entre l'an 1056 et l'an 1116, et l'historien de Prague, Cosme, est mort l'an 1125.

Martin Gallus, annaliste de Pologne, doit être

placé de 1109 à 1156. Helmold, dont l'ouvrage sert de source à l'histoire des peuples du moyen âge de l'Allemagne, et surtout à celle des Slaves, a écrit à Lubeck, vers l'an 1170, *Chronica Slavorum*.

Adam de Bremen est presque contemporain de Nestor; il est utile pour l'histoire de Danemarck. Un autre annaliste aussi consciencieux que Nestor, et de quelques années plus ancien que lui (mort l'année 1018), est Difmar, évêque de Mersebourg; il a écrit touchant l'Allemagne.

Tous les documents de l'histoire de la Germanie se trouveront réunis dans le Recueil des historiens allemands, que publie en Hanovre le savant Paertz sous les auspices du baron de Stein. M. Paertz a visité le cabinet de nos chartres, et il a fouillé dans les archives du Vatican pour l'histoire du moyen âge de l'Allemagne.

Le premier volume in-folio de ce recueil a été publié, le second et le troisième doivent bientôt paroître. Ce recueil rendra inutiles ceux connus jusqu'à présent sous la dénomination de *Scriptores rerum germanicarum*. Reste à savoir pourtant si l'on se pourra passer de la collection de *Leibnitz*, de *Scriptores rerum brunsvicensium*. Leibnitz, génie universel, a pressenti l'importance de son travail pour la mythologie des Slaves et des Germains, et même pour la langue de ces peuples : dans une de ses préfaces on trouve, sur l'histoire du moyen âge, des idées que les appréciateurs modernes de ces temps n'ont fait que reproduire sous d'autres formes.

L'*Histoire de Suède*, de Dalen, est une compilation assez complète, mais peu critique; celle de Ruhs est la plus estimée. Le nouveau Recueil, dont deux volumes ont déjà paru, est de Geyer. On a deux forts in-folios de Lagerbring, composés de matériaux historiques et législatifs sur la Suède.

L'*Histoire de Danemarck*, de Mallet, n'est pas à négliger. L'introduction relative à la mythologie et aux poésies du Nord est intéressante, quoique depuis on ait fait des progrès dans la langue et des découvertes dans les fables scandinaves.

Saxo-Grammaticus est le Nestor du Danemarck, comme Snorron est l'Hérodote du Nord : ce pays possède aussi un recueil de *Scriptores*.

Quant à l'*Histoire de Pologne*, outre Martin Gallus, on trouve Vincent Kadlubech, évêque de Cracovie, mort en 1225. L'évêque Dlugosh compila les Annales de son pays vers le milieu et la fin du quinzième siècle, empruntant ses récits, comme il l'avoue lui-même, aux traditions populaires.

Par ordre de Nicolas 1er on procède en Russie à la réunion des documents slaves et autres titres de ce vaste empire. La Lusace et la Bavière commencent des collections. La Société formée à Francfort s'occupe sans relâche de la découverte et de la publication des diplômes et papiers nationaux de l'Allemagne.

Telles sont les richesses que nous offre le nord de l'Europe. Toutefois n'abusons pas, comme on est trop enclin à le faire, des origines scandinaves, slaves et tudesques. Il semble aujourd'hui que toute notre histoire soit en Allemagne, qu'on ne trouve que là nos antiquités et les hommes qui les ont connues. Les quarante ans de notre révolution ont interrompu les études en France tandis qu'elles ont continué dans les universités germaniques; les Allemands ont regagné sur nous une partie du temps que nous avions gagné sur eux; mais si, pour le droit, la philologie et la philosophie, ils nous devancent à l'heure qu'il est, ils sont encore loin d'être arrivés en histoire au point où nous nous trouvions lorsque nos troubles ont éclaté.

Rendons justice aux savants de l'Allemagne, mais sachons que les peuples septentrionaux sont, comme *peuples*, plus jeunes que nous de plusieurs siècles; que nos chartes remontent beaucoup plus haut que les leurs; que les immenses travaux des Bénédictins de Saint-Maur et de Saint-Vannes ont commencé bien avant les travaux historiques des professeurs de Gœttingue, d'Iéna, de Bonn, de Dresde, de Weimar, de Brunswick, de Berlin, de Vienne, de Presbourg, etc.; que les érudits françois, supérieurs par la clarté et la précision aux érudits d'outre-Rhin, les surpassent encore par la solidité et l'universalité des recherches. Les Allemands ne l'emportent véritablement sur nous que dans la *codification* : encore es grands légistes, Cujas, Domat, Dumoulin, Pothier, sont-ils François. Nos voisins ont sur les origines des nations barbares quelques notions particulières qu'ils doivent aux langues parlées en Dalmatie, en Hongrie, en Servie, en Bohême, en Pologne, etc.; mais un esprit sain ne doit pas attacher trop d'importance à ces études qui finissent par dégénérer dans une métaphysique de grammaire, laquelle paroit d'autant plus merveilleuse qu'elle est plus noyée dans les brouillards.

Que, par l'étude du sanscrit et des différents dialectes indien, thibétain, chinois, tartare, on parvienne à dresser des formules au moyen desquelles on découvre le mécanisme général du langage humain, *philosophiquement* parlant, ce sera un progrès considérable de la science; mais, historiquement parlant, il est douteux qu'il en résulte beaucoup de lumières. Au système des origines communes par les racines du *logos*, on opposera toujours avec succès le synchronisme ou la spontanéité du verbe comme de la pensée, dans divers temps et dans divers pays.

Si nous passons de l'Allemagne à l'Angleterre, il n'est pas sans profit de parcourir les poésies anglo-saxonnes, galliques, écossoises, irlandoises, afin de prendre un sentiment général de l'enfance d'une société barbare; mais il ne les faudroit pas convertir en preuves, car la vanité cantonale a tellement mêlé les chants faits après coup aux chants originaux, qu'on les peut à peine distinguer.

Quant aux Lois, j'ai déjà dit qu'il étoit bon de consulter les lois anglo-saxonnes et galliques. Les *Actes* de Rymer, continués par Robert Sanderson, sont un bon recueil; mais ils ne commencent qu'à l'an 1101, sautent tout à coup de l'an 1103 à l'an 1157, et continuent de la sorte, avec des lacunes de dix, quinze et vingt ans, jusqu'au treizième siècle, où les chartes se multiplient. Ce recueil, tout important qu'il soit, est fort inférieur à celui des ordonnances de nos rois et autres collections qui doivent faire suite à ces ordonnances; les matières y sont mêlées et incohérentes; elles ne sont point précédées de ces admirables préfaces dont les De Laurière, les Secousse, les Vilevault, les Bréquigny, ont enrichi leur travail, et qui sont des traités complets du Droit françois. Le Clerc et Rapin ont pourtant donné, dans le dixième volume des *Actes* de Rymer, un abrégé historique sec, mais utile, des vingt volumes de l'édition de Londres de 1745.

Dans les historiens primitifs de l'Angleterre, l'annaliste françois peut glaner avec succès les trois *Gildas*, l'*Histoire ecclésiastique* de Bède, et, dans les bas siècles, les chroniqueurs, poëtes ou prosateurs de la race normande. Les traductions anglo-saxonnes faites du latin, par Alfred-le-Grand, les lois de ce prince publiées par Guillaume Lombard, son Testament avec les notes de Manning, apprennent quelques faits curieux. Dans sa traduction anglo-saxonne d'Orose, Alfred a inséré deux périples scandinaves de la Baltique, du Norwégien Other et du Danois Wulfstan : c'est ce qu'il y a de plus authentique touchant cette mer intérieure, au bord de laquelle étoient cantonnés ces Barbares qui devoient aller conquérir les habitants civilisés des rivages de la Méditerranée.

Il existe plusieurs recueils des historiens anglois, mais sans ordre; ils se répètent aussi, parce que, dans ce pays de liberté, le gouvernement ne fait rien et les particuliers font tout. Il faut joindre à la collection d'Heidelberg (1587) la collection de Francfort (1601), et les dix auteurs du Recueil de Selden (Londres 1652) : on aura alors à peu près tout ce qui est relatif aux mœurs communes de l'Angleterre et de la France. La réunion des anciens historiens anglois, écossois, irlandois et normands de Camden ne vaut pas sa *Britanniæ Descriptio*; c'est celle-là qu'il faut étudier pour les origines romaines et barbares. Le génie des Normands, lié si intimement au nôtre, se décèle surtout dans le *Doomsdaybook* : ce document, d'un prix inestimable, a été imprimé en 1783, par ordre du parlement d'Angleterre. On le compléteroit en consultant le pouillé général du clergé d'Angleterre et du pays de Galles, auquel Édouard II fit travailler en 1291; le manuscrit de ce pouillé est aux bibliothèques d'Oxford. La principauté de Galles, les comtés de Northumberland, de Cumberland, de Westmoreland et de Durham manquent au *Doomsdaybook* : cette statistique offre le détail des terres cultivées, habitées ou désertes de l'Angleterre, le nombre des habitants libres ou serfs, et jusqu'à celui des troupeaux et des ruches d'abeilles. Dans le *Doomsdaybook*, sont grossièrement dessinées les villes et les abbayes.

Il ne faut pas négliger de consulter les cartes du moyen âge; elles sont utiles non-seulement pour la géographie historique, mais encore parce qu'à l'aide des noms propres de lieu on retrouve des origines de peuple. Dans le périple de Wulfstan, par exemple, l'île de Bornholm est appelée *Burgenda-Land*, et dans l'ouvrage historique de Snorron, *Heims-Kringla*, on voit que les Scandinaves disoient *Bordungarholm* : voilà la patrie des Burgundes ou Bourguignons. En ne pressant pas trop ces indications, on en tire un bon parti; mais il ne faudroit pas, comme plusieurs auteurs allemands, se figurer qu'une tribu de Franks prit le nom de *Salii*, parce qu'elle campoit sur les bords de la Saale en Franconie. Le gouvernement anglois a employé à Rome le savant Marini à la Collection des lettres des papes et des autres pièces relatives à l'histoire de la Grande-Bretagne, depuis l'an 1216.

Le Portugal et l'Espagne fournissent d'autres espèces de documents. Les langues qu'on parloit dans le midi de la Gaule, avant que ces langues eussent été envahies par le picard ou le françois wallon, étoient parlées dans la Catalogne, le long du cours de l'Èbre, et se répandoient derrière les Basques par les vallées des Asturies, jusque dans les Lusitanies. Les poëmes primitifs du Cid et les romances de la même époque, les anciennes lois maritimes de Barcelone, le récit de l'expédition de la grande compagnie catalane en Morée, doivent être lus la plume à la main par l'historien françois; il trouvera aujourd'hui de nouveaux éclaircissements dans les *Antiquités du Droit maritime*, savant ouvrage de M. Pardessus, et dans la *Chronique en grec barbare des guerres des François en Romanie et en Morée*, publiée par M. Buchon, à qui l'on doit de si utiles éditions.

Alphonse Ier, roi de Castille, surnommé le Sage, a laissé en vieux espagnol un corps de législation

PRÉFACE.

bon à consulter. Alphonse remonte souvent aux lois premières; il y a un ton de candeur et de vertu dans l'exposé de ses institutions, qui rend ce roi de Castille un digne contemporain de saint Louis.

Parmi les chroniqueurs espagnols Idace doit être recherché pour la peinture des mœurs des Suèves et des Goths, et pour celle des ravages de ces peuples dans les Espagnes et les Gaules; mais il y a plus à prendre dans Isidore de Séville, postérieur à Idace d'environ cent cinquante ans. Il faut lire particulièrement dans Isidore la fin de sa *Chronique*, depuis l'an 500 de Jésus-Christ, son *Histoire des rois goths, vandales et suèves*, son livre des *Étymologies*, sa *Règle pour les moines de l'Andalousie*, et ses ouvrages de grammaire. Dans la collection des historiens espagnols en quatre volumes in-folio, l'ordre chronologique des auteurs n'a point été suivi. Parmi les bruts matériaux de l'histoire d'Espagne, gît le travail des écrivains modernes, et en particulier l'*Historia de rebus hispanicis* de Mariana. Les premiers livres de cette histoire sont excellents, surtout dans la traduction espagnole. Il y a deux cents pages à parcourir dans les *Antiquités lusitaniennes* de Resend.

En descendant de l'Espagne à l'Italie, on retrouve la civilisation qui ne périt jamais sur la terre natale des Romains. Néanmoins, le royaume d'Odoacre, celui des Goths, celui des Lombards, ont laissé des documents où l'on reconnoît la trace des Barbares. Les collections de Muratori offrent seules une large moisson. Mais nous avons négligé d'ouvrir, lorsque nous le pouvions, deux sources, l'Escurial et le Vatican, dont l'abondance auroit renouvelé une partie de l'histoire moderne. Qu'on en juge par un fait presque entièrement ignoré: il est d'usage de tenir un registre secret sur lequel est inscrit, heure par heure, tout ce que dit, fait et ordonne un pape pendant la durée de son pontificat. Quel trésor qu'un pareil journal!

Archives françoises.

GARLONS de ce qui nous appartient et indiquons nos propres richesses. Rendons d'abord un éclatant hommage à cette école des Bénédictins que rien ne remplacera jamais. Si je n'étois maintenant un étranger sur le sol qui m'a vu naître, si j'avois le droit de proposer quelque chose, j'oserois solliciter le rétablissement d'un ordre qui a si bien mérité des lettres. Je voudrois voir revivre la congrégation de Saint-Maur et de Saint-Vannes dans l'abbatial de Saint-Denis, à l'ombre de l'église de Dagobert, auprès de ces tombeaux dont les cendres ont été jetées au vent au moment où l'on dispersoit la poussière du trésor des chartes: il ne falloit aux enfants d'une liberté sans loi, et conséquemment sans mère, que des bibliothèques et des sépulcres vides.

Des entreprises littéraires qui doivent durer des siècles demandoient une société d'hommes consacrés à la solitude, dégagés des embarras matériels de l'existence, nourrissant au milieu d'eux les jeunes élèves héritiers de leur robe et de leur savoir. Ces doctes générations, enchaînées au pied des autels, abdiquoient à ces autels les passions du monde, renfermoient avec candeur toute leur vie dans leurs études, semblables à ces ouvriers ensevelis au fond des mines d'or, qui envoient à la terre des richesses dont ils ne jouiront pas. Gloire à ces Mabillon, à ces Montfaucon, à ces Martène, à ces Ruinart, à ces Bouquet, à ces d'Achery, à ces Vaisette, à ces Lobineau, à ces Calmet, à ces Sellier, à ces Labat, à ces Clémencet, et à leurs révérends confrères, dont les œuvres sont encore l'intarissable fontaine où nous puisons tous tant que nous sommes, nous qui affectons de les dédaigner: il n'y a pas de frère lai, déterrant dans un obituaire le diplôme poudreux que lui indiquoit dom Bouquet ou dom Mabillon, qui ne fût mille fois plus instruit que la plupart de ceux qui s'avisent aujourd'hui, comme moi, d'écrire sur l'histoire, de mesurer du haut de leur ignorance ces larges cervelles qui embrassoient tout, ces espèces de contemporains des Pères de l'Église, ces hommes du passé gothique et des vieilles abbayes, qui sembloient avoir écrit eux-mêmes les chartes qu'ils déchiffroient. Où en est la collection des historiens de France? Que sont devenus tant d'autres travaux gigantesques? Qui achèvera ces monuments autour desquels on n'aperçoit plus que les restes vermoulus des échafauds où les ouvriers ont disparu?

Les Bénédictins n'étoient pas le seul corps savant qui s'occupât de nos antiquités; dans les autres sociétés religieuses ils avoient des émules et des rivaux. On doit aux Jésuites la collection des Hagiographes, laquelle a pris son nom de l'érudit qui l'a commencée. Le père Hardouin, mon compatriote, ignoroit-il quelque chose? esprit un peu singulier toutefois. Le père Labbe doit être noté pour avoir fourni le plan et la liste des auteurs de la collection de la Byzantine, et pour avoir publié les huit premiers volumes de l'édition des conciles. Le père Peteau est devenu l'oracle de la chronologie. Le père Sirmond a mis au jour la notice des digni-

PRÉFACE.

tés des Gaules et les ouvrages de Sidoine Apollinaire, etc., etc.

Les prêtres de l'Oratoire comptent dans leur ordre Charles Le Cointe, auteur des *Annales ecclesiastici Francorum*, continuées par Gérard Dubois et par Julien Loriot, ses confrères. Nous devons à Jacques Le Long la *Bibliothèque historique de la France*, corrigée et augmentée par Fevret de Fontette, etc., etc.

La magistrature parlementaire, le chancelier à sa tête, étoit elle-même un corps lettré qui commandoit des travaux, et ne dédaignoit pas d'y porter la main. On le verra quand j'indiquerai les manuscrits à consulter, et les entreprises arrêtées par l'action révolutionnaire.

L'Académie des Inscriptions travailloit de son côté aux fouilles de nos anciens monuments : je n'ai pas compté dans ses Mémoires moins de deux cent cinquante-sept articles sur tous les points litigieux de notre archéologie. On trouve les membres de cette illustre académie chargés de la direction de plusieurs grands travaux qui s'exécutoient avec le concours des lumières de diverses sociétés, sous le patronage du gouvernement. Plus heureuse que la congrégation de Saint-Maur, l'Académie des Inscriptions existe encore; elle voit encore à sa tête des chefs vénérables, les Dacier, les Sacy, les Quatremère de Quincy, savants de race, comme les Bignon, les Valois, les Sainte-Marthe, et dont les confrères continuent d'être parmi nous les fidèles interprètes de l'antiquité.

Auprès de ces trois grands corps des Bénédictins, des magistrats et des académiciens, se trouvoient des hommes isolés, comme les Du Cange, les Bergier, les Lebœuf, les Bullet, les Decamps et tant d'autres : leurs dissertations consciencieuses ont jeté la plus vive lumière sur les points obscurs de nos origines. Il est inutile d'indiquer ce qu'il faut choisir dans ces auteurs. Quel puits de science que Du Cange ! on en est presque épouvanté.

Je recommande surtout à nos historiens futurs une lecture sérieuse des conciles, des annales particulières des provinces, et des coutumes de ces provinces, tant latines que gauloises; c'est là qu'avec les vies des saints pour les huit premiers siècles de notre monarchie, se trouve la véritable histoire de France.

Et néanmoins, ces matériaux imprimés, dont le nombre écrase l'imagination, ne sont qu'une partie des documents à consulter. Les archives, le cabinet ou le trésor des chartes, les rôles et les registres du parlement, les manuscrits de la bibliothèque publique et des autres bibliothèques, doivent appeler l'attention. Ce n'est pas tout que de chercher les faits dans des éditions commodes, il faut voir, de ses propres yeux, ce qu'on peut nommer la physionomie des temps, les diplômes que la main de Charlemagne et celle de saint Louis ont touchés; la forme extérieure des chartes, le papyrus, le parchemin, l'encre, l'écriture, les sceaux, les vignettes; il faut enfin manier les siècles et respirer leur poussière. Alors, comme un voyageur à des régions inconnues, on revient avec son journal écrit sur les lieux, et un portefeuille rempli de dessins d'après nature.

Dans une note substantielle M. Champollion-Figeac a donné des renseignements que je me fais un devoir de reproduire.

« On se proposa, il y a déjà longtemps, de réunir en une seule collection générale tous les documents authentiques relatifs à l'histoire de France. Colbert et d'Aguesseau jetèrent les premiers fondements de cette collection. L'établissement, en 1759, du *Dépôt de législation*, assemblage méthodique de toutes les lois du royaume, qui fut porté à plus de trois cent mille pièces, et qui doit exister encore, soit à la chancellerie, soit aux archives royales, amenoit, comme une de ses dépendances naturelles, la réunion de tous les monuments historiques qu'il étoit possible de découvrir, et Louis XV ordonna cette réunion en 1762, sous le ministère de M. Bertin. Des arrêts du conseil, 8 octobre 1763 et 18 janvier 1764, réglèrent l'ordre du travail, celui des dépenses, appelèrent le zèle et le concours de tous les savants vers ce grand but d'utilité publique; établirent, en 1779, des conférences très-propres à régulariser tant d'honorables efforts, les excitèrent de plus en plus par de nouvelles dispositions ajoutées aux précédentes, en 1781, sous le ministère de M. de Maurepas, et augmentèrent, en 1785, par l'influence de M. d'Ormesson, les fonds destinés aux dépenses du cabinet. M. de Calonne proposa, en 1785, de nouveaux moyens d'émulation qui furent généralement utiles, et le clergé s'y associa en 1786, en ajoutant aux fonds accordés par le roi un supplément pris sur les dépenses qu'il affectoit à l'histoire de l'Église. Les états des provinces imitèrent ce généreux exemple; les ordres de M. de Calonne procurèrent, en 1787, le concours de tous les intendants; et l'organisation du travail, sagement centralisée dans les mains de l'historiographe de France, Moreau, sous l'autorité du ministère, rendit tous ces efforts propices et fructueux. Les hommes instruits de tous les pays recherchoient l'honneur d'y concourir; le roi honoroit leur empressement, et récompensoit leurs plus notables services par des grâces de tout genre. La congrégation de Saint-Maur et celle de Saint-Vannes avoient

« échelonné leurs plus habiles ouvriers sur tous les points de la France où quelque recherche étoit à faire. Les documents arrivoient en abondance, tout sembloit assurer la prochaine publication du Rymer françois, mieux conçu, plus utile que celui d'Angleterre ; un arrêt du conseil, du 10 octobre 1788, assuroit de plus en plus ce précieux résultat à l'histoire de France, et l'impression du premier volume, contenant les instruments de la première race, avançoit rapidement, quand la révolution survint. Un décret du 14 août 1790 ordonna le transport de tous les documents historiques à la Bibliothèque royale ; bientôt on querella, et on supprima ensuite les fonds spéciaux qui leur étoient affectés, et il fallut oublier, durant trente-six ans, ces vénérables archives de la monarchie françoise.

« Les travaux des Baluze, Du Cange, Dupuy, d'Achéry, Martène et Mabillon, avoient assez prouvé qu'il existoit, hors du trésor des chartes de la couronne, une foule de documents d'un grand intérêt, quelquefois d'une grande importance, pour l'histoire et le droit public du royaume. On comprit dès lors l'insuffisance relative des deux grands ouvrages entrepris par ordre du roi, le recueil des ordonnances et celui des historiens de France. Ce dernier, d'après son plan sagement conçu, étoit purement historique, n'admettoit pas les actes d'administration générale émanés de l'autorité royale, et le premier n'embrassoit que les ordonnances des rois de la troisième race. Il y avoit donc, malgré les Capitulaires de Baluze, des lacunes immenses pour les temps écoulés depuis l'origine de la monarchie jusqu'à l'avénement des Capétiens. Elles ne pouvoient être comblées que par cette foule de chartes et d'actes de toute espèce déposés, ou plus généralement oubliés, dans les nombreux chartriers des villes, des églises, des monastères, des compagnies judiciaires et des grandes maisons. Il s'agissoit de reconstruire par leur témoignage les annales véridiques et complètes de la France, et par leur réunion en un dépôt commun, de créer un centre perpétuel pour toutes les recherches ordonnées par le gouvernement ou entreprises par des particuliers.

« Ce plan n'effraya point, par son étendue, ceux qui l'avoient conçu, ni l'autorité qui devoit en assurer l'accomplissement. Mais le travail sur les chartes et diplômes de l'histoire de France comprenoit deux parties distinctes, quoique étroitement liées entre elles : 1o la table générale des chartes imprimées ; M. de Bréquigny fut chargé de la rédiger, et il en publia trois volumes in-folio, commençant par une lettre du pape Pie Ier à l'évêque de Vienne, qu'on croit de l'année 142 ou bien 166, et finissant avec le règne de Louis VII en 1179 : l'impression du quatrième volume fut interrompue à la page 568, arrivant à l'année 1215 ; quelques recueils des bonnes feuilles ont été conservés. 2o La réunion la plus nombreuse possible, soit de chartes originales, publiées ou inédites, soit de copies fidèles de toutes les chartes et autres instruments historiques et non publiés ; on y joignit les inventaires d'un grand nombre de chartriers ou d'archives, plusieurs cartulaires et le dépouillement de ceux de la Bibliothèque du roi, des terriers, des collections de pièces formées par des particuliers, des portefeuilles laissés par des savants, dont les travaux étoient analogues à la nature du dépôt ; enfin quelques ouvrages manuscrits intéressant l'histoire de France, et qu'on ne négligea jamais de sauver de la dispersion : tel est le magnifique manuscrit sur vélin, contenant le procès de Jeanne d'Arc, et connu sous le nom de *Manuscrit de d'Urfé*.

« Le but final de l'entreprise étoit arrêté, dès son origine même, dans la pensée de ceux qui la dirigeoient ; mais, pour atteindre ce but, outre tout leur zèle et toutes leurs lumières, il leur falloit le secours du temps, et ce secours leur manqua. On avoit fait pressentir que la collection générale de ces diplômes pourroit un jour être publiée en entier ; le roi en avoit donné l'espérance au monde savant en 1782, et quelques années après, le premier volume de la collection des chartes et les deux volumes des lettres du pape Innocent III (le plus habile jurisconsulte de son siècle, et qui n'eut pas moins d'influence sur les affaires de la France que sur celles des autres états de la chrétienté) étoient déjà sous presse, le premier par les soins de M. de Bréquigny, et les deux autres par ceux de M. Du Theil, qui en avoit recueilli à Rome tous les matériaux. Le dépôt lui-même prenoit une consistance qui accroissoit son utilité ; il devenoit le centre de ces grands travaux historiques qui seront un éternel honneur pour les lettres françoises, et de précieux modèles pour tous les peuples jaloux de leur propre renommée. On y venoit puiser à la fois pour le recueil des ordonnances, le recueil des historiens de France, l'art de vérifier les dates, et la nouvelle collection des conciles ; époque à jamais mémorable de notre histoire littéraire, où, sous la même protection, et par le seul effet de la munificence royale, les presses françoises produisoient à la fois ces quatre grandes collections, dont le mérite égaloit l'étendue, et en même temps la *Gallia christiana*, la collection des chartes, les lettres historiques des papes, la table chronolo-

« gique des chartes imprimées, l'histoire litté-
« raire de la France et les histoires particulières des
« provinces par les Bénédictins, le glossaire fran-
« çois de Sainte-Palaye et Mouchet, le Froissard
« complet de M. Dacier, les notices et extraits des
« manuscrits, et les mémoires de l'Académie des
« Belles-Lettres, qui ont fondé et propagé dans le
« monde savant les plus solides principes de l'é-
« rudition classique. Ces prospérités littéraires
« étoient dans tout leur éclat en 1789, et en 1791 il
« ne restoit que le douloureux souvenir de tant de
« glorieuses entreprises. »

M. Champollion parle de l'interruption de ces travaux, mais il ne dit pas quelle en fut la cause immédiate ; je le vais dire :

Le 19 juin 1792, Condorcet monta à la tribune de l'Assemblée nationale, et prononça ce discours :

« C'est aujourd'hui l'anniversaire de ce jour mé-
« morable où l'Assemblée constituante, en détrui-
« sant la noblesse, a mis la dernière main à l'édifice
« de l'égalité politique. Attentifs à imiter un si bel
« exemple, vous l'avez poursuivie jusque dans les
« dépôts qui servent de refuge à son incorrigible
« vanité. C'est aujourd'hui que, dans la capitale,
« la Raison brûle au pied de la statue de Louis XIV
« ces immenses volumes qui attestoient la vanité de
« cette caste. D'autres vestiges en subsistent encore
« dans les bibliothèques publiques, dans les cham-
« bres des comptes, dans les chapitres à preuve et
« dans les maisons des généalogistes. Il faut enve-
« lopper ces dépôts dans une destruction commune.
« Vous ne ferez point garder aux dépens de la nation
« ce ridicule espoir qui semble menacer l'égalité.
« Il s'agit de combattre la plus ridicule, mais la plus
« incurable de toutes les passions. En ce moment
« même elle médite encore le projet de deux cham-
« bres ou d'une distinction de grands propriétaires,
« si favorable à ces hommes qui ne cachent plus
« combien l'égalité pèse à leur nullité personnelle.

« Je propose, en conséquence, de décréter que
« tous les départements sont autorisés à brûler les
« titres qui se trouvent dans les divers dépôts. »

L'Assemblée, après avoir décrété l'urgence, adopte à l'unanimité le projet de Condorcet, qui venoit de dire, dans les dernières phrases de son discours tout ce qu'on répète aujourd'hui : nous en sommes à la parodie.

Le 22 février 1793, il fut ordonné de *brûler sur la place des Piques trois cent quarante-sept volumes et trente-neuf boîtes.*

Condorcet, malgré tous ses soins, ne se tint pas si fort assuré de l'égalité qu'il ne s'en précautionnât d'une bonne dose dans le poison qu'il portoit habituellement sur lui.

En 1795, le ministre Rolland écrivit aux conservateurs de la Bibliothèque pour leur enjoindre de livrer les manuscrits : ils répondirent qu'ils étoient prêts à obéir, mais ils prirent la liberté de faire observer humblement qu'il falloit aussi détruire l'*Art de vérifier les dates*, et le *Dictionnaire de Moréri*, comme empoisonnés d'un grand nombre d'articles pareils à ceux dont on vouloit, avec tant de raison, purger la terre. Plus tard, le comité de salut public décréta que les armes de France seroient enlevées de dessus les livres de la Bibliothèque; on passa un marché avec un vandale pour cette entreprise, qui devoit coûter un million cinq cent trente mille francs. L'écu de France étoit taillé à l'aide d'un emporte-pièce, et remplacé par un morceau de maroquin. Quand les armes se trouvoient appliquées sur une feuille du volume, on coupoit cette feuille. Ne pourroit-on pas aujourd'hui reprendre cette belle opération ?

Le cabinet des médailles fut dénoncé : les médailles d'or et d'argent devoient être portées à la Monnoie pour y être fondues. L'abbé Barthélemy s'adressa à Aumont, ami de Danton, qui fit casser le décret. Danton ne faisoit fondre que les hommes. Un comédien ambulant, ensuite garde-magasin, sollicita la place de conservateur des manuscrits ; interrogé s'il pourroit les lire, il répondit : « Sans doute ; j'en ai fait. » De précieux manuscrits furent vendus à la livre aux épiciers ; d'autres, envoyés à Metz, servirent à faire des gargousses. On chargea nos canons avec notre vieille gloire : tous les coups portèrent, et elle fit éclater notre gloire nouvelle.

La république aristocratique du Directoire procéda d'une autre manière que la république démocratique de la Convention; elle ordonna de corriger dans Racine, Bossuet et Massillon, tout ce qui sentoit la religion et la royauté. Des hommes de mérite se consacrèrent à ces élucubrations philosophiques : le travail sur Racine fut achevé, je ne sais par qui.

Il se peut que nous n'ayons pas aujourd'hui la stupide fureur d'un sage de la Convention, ni la naïve animosité d'un citoyen du Directoire ; mais aimons-nous mieux ce qui fut? Irions-nous même jusqu'à prendre la peine de corriger ce pauvre Racine, qui auroit pu faire quelque chose, si Boileau ne lui eût gâté le goût, et s'il fût né de notre temps ? Il avoit des dispositions.

Et pourtant, puisque nous ne sommes plus touchés que des seuls faits, nous devrions reconnoître que le passé est un fait, un fait que rien ne peut détruire, tandis que l'avenir, à nous si cher, n'existe pas. Il est pour un peuple des millions de d'avenirs possibles ; de tous ces avenirs un seul sera, et peut-être le moins prévu. Si le passé n'est rien, qu'est-ce que l'avenir, sinon une ombre au

bord du Léthé, qui n'apparoîtra peut-être jamais dans ce monde? Nous vivons entre un néant et une chimère.

De l'édition commencée des catalogues des chartes et de l'impression de ces chartes, épîtres et documents, il n'est échappé, comme on vient de le lire dans la notice de M. Champollion, que quelques exemplaires; le reste a été mis au pilon. Les volumes imprimés, publiés par Bréquigny et de La Porte du Theil, *Diplomata, Chartæ, Epistolæ et alia Documenta ad res francicas spectantia*, sont précédés de prolégomènes où l'histoire de l'entreprise est racontée, et où l'on trouve ce qu'il est nécessaire de savoir sur les documents contenus dans ces volumes.

Les preuves matérielles de la fausseté d'un acte sont assez faciles à distinguer, quand on a un peu étudié la calligraphie; les Bénédictins ont donné sur cela de bonnes règles; mais il y a des évidences internes d'après lesquelles les jeunes annalistes se doivent aussi décider. Par exemple, il ne nous reste que six diplômes royaux de Khlovigh; et, sur ces six diplômes, un seul est intégralement authentique. Comparez le style et la manière dont ces pièces sont souscrites : vous lisez au bas de l'acte de la fondation du monastère de Saint-Pierre-le-Vif, à Sens : *Ego Chlodoveus, in Dei nomine, rex Francorum, manu propria signavi et subscripsi*; comme si Khlovigh parloit latin, écrivoit en latin, signoît en latin, en défigurant son nom par l'orthographe latine! Après cette prétendue signature, viennent les signatures aussi incroyables de Chlotilde des quatre fils du roi, de sa fille, de l'archevêque de Reims, etc.

Le diplôme authentique est une lettre dictée, adressée à Euspice et à Maximin : Khlovigh leur donne le lieu appelé Micy, et tout ce qui est du domaine royal entre la Loire et le Loiret. Cette lettre commence ainsi : *Chlodoveus, Francorum rex, vix iluster*, et finit par ces mots : *ita fiat ut ego Chlodoveus volui*. Au-dessous on lit seulement : *Eusebius episcopus confirmavi*. Voilà le maître, un évêque truchement traduit ses ordres. Voilà le Frank dans toute la simplicité salique : *fiat : ego volui*.

Le *Glossaire* de Sainte-Palaye et Bréquigny, continué par Mouchet, se compose de cinquante-six volumes in-folio, dont deux seuls sont imprimés; on n'a sauvé de l'édition que trois exemplaires; le reste est en manuscrit. Chaque volume contient de quatre à cinq cents colonnes, et depuis quatre cents jusqu'à huit cents articles : c'est un répertoire composé sur le plan du *Glossaire latin* de Du Cange, et du *Glossaire du Droit françois* de De Laurières; il traduit souvent les articles du premier, en y ajoutant. Le moyen âge tout entier est par ordre alphabétique dans cet immense recueil.

Ces rois de France, qui nous maintenoient dans une ignorance crasse afin de nous mieux opprimer, ces rois qui auroient dû naître tous à la fois de nos jours, pour apprendre à mépriser eux et leurs siècles, avoient cependant la manie de favoriser les lettres. L'idée de ces grandes collections de diplômes leur étoit venue de bonne heure, on ne sait trop pourquoi. Montagu, secrétaire et trésorier des chartes sous Charles V, avoit commencé, ou plutôt continué le catalogue général des documents historiques; il nous apprend que ses prédécesseurs avoient été obligés d'abandonner leurs investigations, faute d'argent pour les suivre. Henri II ordonna d'ouvrir le trésor des chartes à Jean Du Tillet. Ce greffier du parlement, l'homme le plus versé dans nos antiquités qui ait jamais paru, avoit conçu dans presque toutes ses parties le vaste plan accompli sous les rois Louis XIV, Louis XV et Louis XVI, avec l'appui du gouvernement, l'encouragement du clergé, et les veilles des grands corps lettrés de la France.

« Ayant à très grand labeur et dépense, dit Du « Tillet au roi, compulsé l'infinité des registres « de votre parlement, recherché les librairies et « titres de plusieurs églises, j'entrepris dresser par « forme d'histoires et ordre des règnes, toutes les « querelles de cette troisième lignée régnante avec « ses voisins, les domaines de la couronne par pro- « vinces, les lois et ordonnances depuis la salique « par volumes et règnes et par recueils séparés, ce « qui concerne les personnes et maisons royales et « la forme ancienne du gouvernement des trois états, « et ordre de justice dudit royaume, avec les chan- « gements y survenus. »

Du Tillet met à la suite de ses recueils des *inventaires* des chartes, comme preuves et éclaircissements. Un exemple montrera son exactitude : « Promesse d'Eléonor, royne d'Angleterre, de faire « hommage au roy Philippe des duchés de Guyenne « et comté de Poitou, en juillet 1154. Au trésor, « layette anglia C, et sac non coté. »

Ces *inventaires* de Du Tillet sont le modèle des catalogues modernes des chartes.

Après Du Tillet, Pierre Pithou et Marquard Freher formèrent le plan d'une collection des historiens de France, plan que commença à exécuter André Duchesne, justement surnommé *le père de notre histoire*; son fils François continua son ouvrage, qui devoit avoir quatorze volumes, et dont cinq sont imprimés. Colbert confia à une assemblée de savants le soin de poursuivre cette entreprise. Ces savants n'étoient rien moins que Lecointe, Du Cange, Wion d'Herouval, Adrien de Valois,

Jean Gallois et Baluze. Du Cange proposa une autre distribution que celle de Duchesne, avec l'insertion des pièces nouvellement découvertes.

L'archevêque de Reims, Charles-Maurice Le Tellier, reprit le projet sous le patronage de Louvois, son frère, et voulut charger dom Mabillon de la direction des travaux. Le chancelier d'Aguesseau, en 1717, forma deux sociétés de gens de lettres, pour s'occuper du recueil de Duchesne. On a un plan de Du Cange, des remarques de l'abbé Gallois, un mémoire de l'abbé des Thuileries, des observations de l'abbé Grand : lesquels plan, remarques, mémoires et observations, ont puissamment contribué à la confection des *Rerum gallicarum et francicarum Scriptores* de dom Bouquet. Lancelot, Lebœuf, Secousse, Gilbert, Foncemagne, Sainte-Palaye, conféroient de ces recherches chez M. d'Argenson, chez le chancelier de Lamoignon, ou chez M. de Malesherbes, son fils; suite de noms, à compter depuis André Duchesne, que nous pouvons opposer aux noms les plus illustres de l'Europe.

Désirons qu'un temps vienne, et que ce temps soit prochain, où ces grands desseins, étouffés par la barbarie révolutionnaire, seront repris, où l'on achèvera de cataloguer ces manuscrits de la Bibliothèque (je ne sais plus si je dois dire royale ou nationale), qui gisent misérablement inconnus. On y pourroit rencontrer non-seulement des documents de l'antiquité franke, mais des ouvrages de l'antiquité grecque et latine. Des auteurs que nous n'avons plus, ou que nous avons mutilés, se voyoient encore aux dixième, onzième et douzième siècles : un Tacite, un Tite-Live, un Ménandre, un Sophocle, ont peut-être échappé aux Condorcet du moyen âge. Désirons qu'on améliore le sort des hommes honorables qui veillent aux dépôts de la science, qui succombent sous le poids d'un travail qu'accroissent chaque jour, en se multipliant, et les livres et les lecteurs. Désirons qu'on augmente le nombre des élèves de l'École des Chartes. Quand les Dacier et les Vanpraët, quand les autres vénérables savants qui nous restent auront passé de ces tombeaux des temps appelés bibliothèques, à leur propre tombeau, qui déchiffrera nos annales? La patrie des Mabillon subira-t-elle la honte d'aller chercher en Allemagne des interprètes de nos diplômes? Faudra-t-il qu'un Champollion germanique vienne lire sur nos monuments la langue de nos pères, morte pour nous? Désirons enfin qu'on ne s'obstine pas à agrandir le bâtiment de la Bibliothèque sur le terrain où elle existe aujourd'hui, et qu'on adopte le beau plan d'un habile architecte pour réunir le temple de la science au palais du Louvre; ce sont là les derniers vœux d'un François.

Écrivains de l'histoire générale et de l'histoire critique de France, avant la révolution.

Ces jugements sont trop durs aujourd'hui à l'égard des écrivains qui ont travaillé à nos Annales avant la Révolution. Supposons que notre histoire générale fût à composer; qu'il la fallût tirer des manuscrits ou même des documents imprimés; qu'il en fallût débrouiller la chronologie, discuter les faits, établir les règnes; je soutiens que, malgré notre science innée et tout notre savoir acquis, nous n'en mettrions pas trois volumes debout. Combien d'entre nous pourroient déchiffrer une ligne des chartes originales, combien les pourroient lire, même à l'aide des *alphabets*, des *specimen* et des *fac-simile* insérés dans la *Re diplomatica* de Mabillon et ailleurs? Nous sommes trop impatients d'étaler nos pensées; nous dédaignons trop nos devanciers pour nous abaisser au modeste rôle de bouquineurs de cartulaires. Si nous lisions, nous aurions moins de temps pour écrire, et quel larcin fait à la postérité! Quel que soit notre juste orgueil, oserai-je supplier notre supériorité de ne pas briser trop vite les béquilles sur lesquelles elle se traîne notre ailes ployées? Quand avec des dates bien correctes, des faits bien exacts, imprimés en beau françois dans un caractère bien lisible, nous composons à notre aise des histoires nouvelles, sachons quelque gré à ces esprits obscurs, aux travaux desquels il nous suffit de coudre les lambeaux de notre génie, pour ébahir l'admirant univers.

Du Haillan, Belleforest, de Serres et Dupleix ont travaillé sur l'histoire générale de France. Du Haillant sait beaucoup et des choses curieuses; il a de la fougue; son indépendance nobiliaire est amusante. Dans sa dédicace à Henri IV il dit : « Je n'ai « point voulu faire le flatteur ni le courtisan, mais « l'historien véritable; j'ai voulu peindre les traits « les plus difformes ainsi que les plus beaux, et « parler hardiment et librement de tout...... « J'ai impugné plusieurs points qui sont de la com- « mune opinion des hommes, comme la venue de « Pharamond ès Gaules, l'institution de la loi sa- « lique, etc. »

Belleforest est diffus, mais sa compilation des anciennes chroniques met sur la voie de plusieurs raretés. Du Haillan le critiqua dans une de ses pré-

faces. « Je ne suis pas de ces hardis et ignorants « écrivains qui enfantent tous les jours des livres et « qui en font de *grosses forêts*. » (Allusion au nom de Belleforest.)

Jean de Serres étoit protestant. Il est infidèle dans ses citations, fautif dans sa chronologie ; son style est chargé de figures outrées et de métaphores. De Serres étoit savant néanmoins : Pasquier et d'Aubigné l'ont repris avec aigreur.

Dupleix procède avec méthode : c'est le premier historien françois, avec Viguier, qui ait coté en marge ses autorités. Avant le chef-d'œuvre d'Adrien de Valois, Dupleix n'avoit été surpassé dans l'histoire des deux premières races que par Fauchet.

Je ne parle pas de d'Aubigné, bien qu'il en valût la peine, parce qu'il s'est renfermé, ainsi que de Thou, dans une période particulière : la même raison me fait omettre Jean Le Laboureur ; personne n'a élevé plus haut le style historique que ce dernier écrivain.

Après ces quatre premiers auteurs de notre histoire générale, nous trouvons Mézeray, Vatilas, Cordemoy, Le Gendre, Daniel, Velly, Villaret et Garnier.

On n'écrira jamais mieux quelques parties de notre histoire que Mézeray n'en a écrit quelques règnes. Son abrégé est supérieur à sa grande histoire, quoiqu'on n'y retrouve pas quelques-uns de ses discours débités à la manière de Corneille. Les vies des reines sont quelquefois des modèles de simplicité. Quant au défaut de éculure reproché à Mézeray, la plupart de ses erreurs ont été redressées par l'abbé Le Laboureur, Launoy, Diros et le père Griffet. Mézeray avoit été frondeur : rien de plus libre que ses jugements : c'est dommage que son exécuteur testamentaire ait jeté au feu son *Histoire de la Maltôte*. Amelot de La Houssaye dit que Mézeray a laissé dans ses écrits une *assez vive image de l'ancienne liberté*. Ménage reproche à cet auteur de n'avoir pas de phrases. C'est Mézeray qui a dit : *Sous la fin de la deuxième race le royaume étoit tenu selon les lois des fiefs, se gouvernant comme un grand fief plutôt que comme une monarchie.* Tout ce qu'on a rabâché depuis sur les temps féodaux n'est que le commentaire de cet aperçu de génie.

Louis de Cordemoy publia, et acheva, l'*Histoire de France* qu'avoit écrite Gérard de Cordemoy, son père. Cordemoy étoit, comme Bossuet, grand cartésien ; son travail exact est le premier où l'on sente la présence de méthode philosophique.

L'abbé Le Gendre fit entrer dans l'histoire générale la peinture des mœurs et des coutumes ; heureuse innovation qui ouvroit une nouvelle route à l'histoire. Le Gendre, flatteur de Louis-le-Grand dans ses *Essais* sur le règne de ce roi, juge franchement tout le reste.

Varillas est fort décrié pour son romanesque ; il n'est pas cependant aussi menteur qu'on l'a dit. Versé dans la lecture des originaux, il avoit même perdu la vue à cette lecture ; mais il a la plus singulière manie qu'on puisse imaginer : il transporte les actes d'un personnage à un autre, quand ce personnage a des homonymes dans des siècles différents ; j'en pourrois citer des exemples curieux.

Après le père Daniel, l'histoire militaire de la France n'est plus à faire. Enfin, sans parler de l'*Abrégé chronologique* trop vanté du président Hénault, et des *Essais historiques* trop décriés de Voltaire, le long travail de Velly, de Villaret et Garnier est d'un grand prix. Ce n'étoit pas sans doute des hommes de génie que ces trois derniers écrivains ; mais le génie, qui en a ? si ce n'est dans notre siècle où il court les rues en sortant du maillot, comme un poussin qui brise sa coquille. Au défaut de ce premier don du ciel, qui nous étoit exclusivement réservé, on trouve dans les historiens que je viens de nommer une consciencieuse lecture, des pages nettement écrites, des jugements sains. Ces historiens se trompent, il est vrai, sur la physionomie des siècles, encore pas toujours.

Quant aux deux premières races, il faut avouer, Velly est quelquefois ridicule ; mais il peignoit à la manière de son temps. Khlovigh, dans nos annales anté-révolutionnaires, ressemble à Louis XIV, et Louis XIV à Hugues Capet. On avoit dans la tête le type d'une grave monarchie, toujours la même, marchant carrément avec trois ordres et un parlement en robe longue ; de là cette monotonie de récits, cette uniformité de mœurs qui rend la lecture de notre histoire générale insipide. Les historiens étoient alors des hommes de cabinet, qui n'avoient jamais vu et manié les affaires.

Mais si nous apercevons les faits sous un autre jour, ne nous figurons pas que cela tienne à la seule force de notre intelligence. Nous venons après la monarchie tombée ; nous toisons à terre le colosse brisé, nous lui trouvons des proportions différentes de celles qu'il paroissoit avoir lorsqu'il étoit debout. Placés à un autre point de la perspective, nous prenons pour un progrès de l'esprit humain le simple résultat des événements, le dérangement ou la disparition des objets. Le voyageur qui foule aux pieds les ruines de Thèbes est-il l'Égyptien qui demeuroit sous une des cent portes de la cité de Pharaon ?

Ce qui nous blesse aujourd'hui surtout, en lisant notre histoire passée, c'est de ne pas nous y rencontrer. La France est devenue républicaine

et plébéienne, de royale et aristocratique qu'elle étoit. Avec l'esprit d'égalité qui nous maîtrise, la présence exclusive de quelques nobles dans nos fastes nous irrite; nous nous demandons si nous ne valons pas mieux que ces gens-là, si nos pères n'ont point compté dans les destinées de notre patrie. Une réflexion devroit nous calmer. Qui d'entre nous survivra à son temps? Savons-nous comment s'appeloient ces milliers de soldats qui ont gagné les grandes batailles de l'armée populaire? Ils sont tombés aux yeux de leurs camarades, morts un moment après à leur côté. Des généraux, qui peut-être n'eurent aucune part au succès, sont devenus les illégitimes héritiers de ces obscurs enfants de l'honneur et de la gloire. Une nation n'a qu'un nom; les individus, plébéiens ou patriciens, ne sont eux-mêmes connus que par quelques-uns d'entre eux, jouets ou favoris de la fortune.

Sous le rapport des libertés, une observation analogue se présente. Les historiens du dix-septième siècle ne les pouvoient pas comprendre comme nous; ils ne manquoient ni d'impartialité, ni d'indépendance, ni de courage, mais ils n'avoient pas ces notions générales des choses que le temps et la révolution ont développées. L'histoire fait des progrès dont sont privées quelques autres parties de l'intelligence lettrée. La langue, quand elle a atteint sa maturité, demeure en cet état, ou se gâte. On peut faire des vers autrement que Racine, jamais mieux; la poésie a ses bornes dans les limites de l'idiome où elle est écrite et chantée. Mais l'histoire, sans se corrompre, change de caractère avec les âges, parce qu'elle se compose des faits acquis et des vérités trouvées, parce qu'elle réforme ses jugements par ses expériences, parce qu'étant le reflet des mœurs et des opinions de l'homme, elle est susceptible du perfectionnement même de l'espèce humaine. Au physique, la société, avec les découvertes modernes, n'est plus la société sans ses découvertes; au moral, cette société, avec les idées agrandies telles qu'elles le sont de nos jours, n'est plus la société sans ces idées : le Nil à sa source n'est pas le Nil à son embouchure. En un mot, les historiens du dix-neuvième siècle n'ont rien créé; seulement ils ont un monde nouveau sous les yeux, et ce monde nouveau leur sert d'échelle rectifiée pour mesurer l'ancien monde.

Toute justice ainsi rendue aux hommes de mérite qui ont traité de notre histoire générale avant la révolution, je dirai avec la même impartialité qu'il ne les faut pas prendre pour guides. On ne se peut dispenser de recourir aux originaux, car ces écrivains les lisoient autrement que nous et dans un autre esprit : ils n'y cherchoient pas les choses que nous y cherchons, ils ne les voyoient même pas; ils rejetoient précisément ce que nous recueillons. Ils ne choisissoient, par exemple, dans les ouvrages des Pères de l'Église que ce qui concerne le dogme et la doctrine du christianisme : les mœurs, les usages, les idées ne leur paroissoient d'aucune importance. Une histoire nouvelle tout entière est cachée dans les écrits des Pères; ces *Études* en indiqueront la route. Nous ne savons rien sur la civilisation grecque et romaine des cinquième, sixième et septième siècles, ni sur la barbarie des destructeurs du monde romain, que par les écrivains ecclésiastiques de cette époque.

À l'égard de nos propres monuments, des découvertes de même nature sont à faire. Avant la révolution, on n'interrogeoit les manuscrits que relativement aux prêtres, aux nobles et aux rois. Nous, nous ne nous enquérons que de ce qui regarde les peuples et les transformations sociales : or ceci est resté enseveli dans les chartes.

Les écrivains anté-révolutionnaires de l'histoire critique de France sont si nombreux qu'il est impossible de les indiquer tous; quelques-uns seulement doivent être signalés comme chefs d'école.

L'*Histoire de l'établissement de la Monarchie françoise dans les Gaules* est un ouvrage solide, souvent attaqué, jamais renversé, pas même par Montesquieu, qui d'ailleurs a su peu de choses sur les Franks. On vole l'abbé Dubos sans avouer le larcin : il seroit plus loyal d'en convenir.

Il en arrive de même à l'abbé de Gourcy : sa petite *Dissertation sur l'état des personnes en France sous la première et la seconde race*, dissertation couronnée par l'Académie des Inscriptions, est d'une méthode, d'une clarté et d'un savoir rares. Ce qu'on écrit aujourd'hui sur le même sujet est en partie dérobé à l'excellent travail de Gourcy : on a raison de ne pas refaire une besogne si bien faite, mais il faudroit en avertir, pour laisser la louange à qui de droit. Il y a des hommes qui sont ainsi en possession de servir de moniteurs aux autres : Pagi sera l'éternel flambeau des fastes consulaires; Tillemont est le guide le plus sûr des faits et des dates pour l'histoire des empereurs; Gibbon se colle à lui; il se fourvoie et tombe quand l'ouvrage de Tillemont finit; Saint-Marc a débrouillé le chaos des affaires italiennes du cinquième au douzième siècle. On ne mentionne point son *Abrégé chronologique* quand on s'occupe de cette période de l'histoire : ce seroit justice cependant; d'autant mieux que l'on commet beaucoup de fautes lorsqu'on ne suit plus Saint-Marc, qui lui-même a suivi Sigonius et Muratori.

Les *Observations* de l'abbé de Mably sont écrites d'un ton d'arrogance et de fatuité qui les feroit prendre pour l'ouvrage de quelques capa-

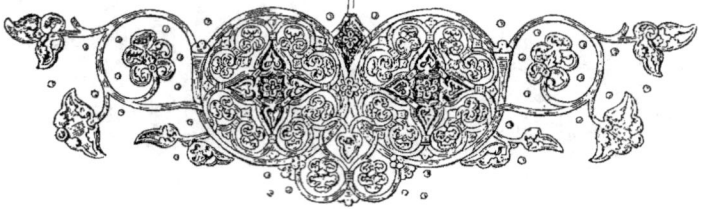

cités du jour, si la maigreur n'y remplaçoit l'enflure. Sous cette superbe, on ne trouve pourtant dans Mably que des idées écourtées, une grande prétention à la force de tête, le désir de dire des choses immenses en quelques mots brefs : il y a peu de mots en effet et encore moins de choses. Lisez dans cet auteur gourmé quelques passages sur la transfusion des propriétés; ils sont bons.

Boulainvilliers a bien senti la nature aristocratique de l'ancienne constitution françoise ; mais il est absurde sur la noblesse : il n'a pas d'ailleurs assez de lecture pour que son instruction dédommage du vice de son système.

De ces détails, il résulte que deux écoles historiques sont à distinguer avant l'époque de la révolution ; l'école du dix-septième siècle et l'école du dix-huitième siècle ; l'une érudite et religieuse, l'autre critique et philosophique : dans la première, les Bénédictins rassembloient les faits et Bossuet les proclamoit à la terre; dans la seconde, les encyclopédistes critiquoient les faits, et Voltaire les livroit aux disputes du monde. L'Angleterre fondoit auprès de nous son école exacte, plus dégagée que la nôtre des préjugés anti-religieux. Notre école moderne du dix-neuvième siècle peut être appelée l'école politique ; elle est philosophique aussi, mais autrement que celle du dix-huitième siècle : parlons-en.

L'École historique moderne de la France.

L'École moderne se divise en deux systèmes principaux : dans le premier, l'histoire doit être écrite sans réflexions ; elle doit consister dans le simple narré des événements, et dans la peinture des mœurs ; elle doit présenter un tableau naïf, varié, rempli d'épisodes, laissant chaque lecteur, selon la nature de son esprit, libre de tirer les conséquences des principes, et de dégager les vérités générales des vérités particulières. C'est ce qu'on appelle l'histoire *descriptive*, par opposition à l'histoire *philosophique* du dernier siècle.

Dans le second système, il faut raconter les faits généraux, en supprimant une partie des détails, substituer l'histoire de l'espèce à celle de l'individu, rester impassible devant le vice et la vertu comme devant les catastrophes les plus tragiques. C'est l'histoire *fataliste* ou le *fatalisme* appliqué à l'histoire.

Je vais exposer mes doutes sur ces deux systèmes.

L'histoire descriptive, poussée à ses dernières limites, ne rentre-t-elle pas trop dans la nature du mémoire? La pensée philosophique, employée avec sobriété, n'est-elle pas nécessaire pour donner à l'histoire sa gravité, pour lui faire prononcer les arrêts qui sont du ressort de son dernier et suprême tribunal? Au degré de civilisation où nous sommes arrivés, l'histoire de l'*espèce* peut-elle disparoître entièrement de l'histoire de l'*individu*? Les vérités éternelles, bases de la société humaine, doivent-elles se perdre dans des tableaux qui ne représentent que des mœurs privées?

Il y a dans l'homme deux hommes ; l'homme de son siècle, l'homme de tous les siècles : le grand peintre doit surtout s'attacher à la ressemblance de ce dernier. Peut-être aujourd'hui met-on trop de prix à la ressemblance et, pour ainsi dire, à la calque de la physionomie de chaque époque. Il est possible que, dans l'histoire comme dans les arts, nous représentions mieux qu'on ne le faisoit jadis les costumes, les *intérieurs*, tout le matériel de la société ; mais une figure de Raphaël, avec des fonds négligés et de flagrants anachronismes, n'efface-t-elle pas ces perfections du second ordre? Lorsqu'on jouoit les personnages de Racine avec des perruques à la Louis XIV, les spectateurs n'étoient ni moins ravis ni moins touchés. Pourquoi? parce qu'on voyoit *l'homme* au lieu des *hommes*.

> Jamais Iphigénie, en Aulide immolée,
> N'a coûté tant de pleurs à la Grèce assemblée,
> Que, dans l'heureux spectacle à nos yeux étalé,
> N'en a fait sous son nom verser la Champmeslé.

M. de Barante s'est élevé au-dessus de ces difficultés par la supériorité de son talent, et parce qu'il n'a pas tout à fait caché l'*espèce* ; mais je crains qu'il n'ait égaré ses imitateurs.

Voici ce qui me semble vrai dans le système de l'histoire descriptive : l'histoire n'est point un ouvrage de philosophie, c'est un tableau ; il faut joindre à la narration la représentation de l'objet, c'est-à-dire qu'il faut à la fois dessiner et peindre ; il faut donner aux personnages le langage et les sentiments de leur temps, ne pas les regarder à travers nos propres opinions, principale cause de l'altération des faits. Si, prenant pour règle ce que nous croyons de la liberté, de l'égalité, de la religion,

de tous les principes politiques, nous appliquons cette règle à l'ancien ordre de choses, nous faussons la vérité, nous exigeons des hommes vivant dans cet ordre de choses, ce dont ils n'avoient pas même l'idée. Rien n'étoit si mal que nous le pensons; le prêtre, le noble, le bourgeois, le vassal avoient d'autres notions du juste et de l'injuste que les nôtres : c'étoit un autre monde, un monde sans doute moins rapproché des principes généraux naturels que le monde présent, mais qui ne manquoit ni de grandeur ni de force, témoin ses actes et sa durée. Ne nous hâtons pas de prononcer trop dédaigneusement sur le passé : qui sait si la société de ce moment, qui nous semble supérieure (et qui l'est en effet sur beaucoup de points) à l'ancienne société, ne paroîtra pas à nos neveux, dans deux ou trois siècles, ce que nous paroît la société deux ou trois siècles avant nous? Nous réjouirions-nous dans le tombeau d'être jugés par les générations futures avec la même rigueur que nous jugeons nos aïeux? Ce qu'il y a de bon, de sincère dans l'histoire descriptive, c'est qu'elle dit les temps tels qu'ils sont.

L'autre système historique moderne, le système fataliste, a, selon moi, de bien plus graves inconvéniens, parce qu'il sépare la morale de l'action humaine : sous ce rapport, j'aurai dans un moment l'occasion de le combattre, en parlant des écrivains de talent qui l'ont adopté. Je dirai seulement ici que le système qui bannit l'*individu* pour ne s'occuper que de l'*espèce*, tombe dans l'excès opposé au système de l'histoire descriptive. Annuler totalement l'*individu*, ne lui donner que la position d'un chiffre, lequel vient dans la série d'un nombre, c'est lui contester la valeur *absolue* qu'il possède, indépendamment de sa valeur *relative*. De même qu'un siècle influe sur un homme, un homme influe sur un siècle; si un homme est le représentant des idées du temps, plus souvent aussi le temps est le représentant des idées d'un homme.

Le second système de l'histoire moderne a son côté vrai comme le premier. Il est certain qu'on ne peut omettre aujourd'hui l'histoire de l'*espèce*; qu'il y a réellement des révolutions inévitables parce qu'elles sont accomplies dans les esprits avant d'être réalisées au dehors; que l'histoire de l'*humanité*, de la société *générale*, de la civilisation *universelle*, ne doit pas être masquée par l'histoire de l'*individualité sociale*, par les événemens *particuliers* à un siècle et un pays. La perfection seroit de marier les trois systèmes : l'histoire philosophique, l'histoire particulière, l'histoire générale; d'admettre les réflexions, les tableaux, les grands résultats de la civilisation, en rejetant des trois systèmes ce qu'ils ont d'exclusif et de sophistique.

Au surplus, s'il est bon d'avoir quelques principes arrêtés en prenant la plume, c'est, selon moi, une question oiseuse de demander comment l'histoire doit être écrite : chaque historien l'écrit d'après son propre génie; l'un raconte bien, l'autre peint mieux; celui-ci est sentencieux, celui-là indifférent ou pathétique, incrédule ou religieux : toute manière est bonne, pourvu qu'elle soit vraie. Réunir la gravité de l'histoire à l'intérêt du mémoire, être à la fois Thucydide et Plutarque, Tacite et Suétone, Bossuet et Froissard, et asseoir les fondemens de son travail sur les principes généraux de l'école moderne, quelle merveille! Mais à qui le ciel a-t-il jamais départi cet ensemble de talens dont un seul suffiroit à la gloire de plusieurs hommes? Chacun écrira donc comme il voit, comme il sent; vous ne pouvez exiger de l'historien que la connoissance des faits, l'impartialité des jugemens et le style, s'il peut.

École historique de l'Allemagne. Philosophie de l'histoire. L'histoire en Angleterre et en Italie.

Auprès de nous, tandis que nous fondions notre école politique, l'Allemagne établissoit ses nouvelles doctrines et nous devançoit dans les hautes régions de l'intelligence : elle faisoit entrer la philosophie dans l'histoire, non cette philosophie du dix-huitième siècle, qui consistoit à rendre des arrêts moraux ou anti-religieux, mais cette philosophie qui tient à l'essence des êtres, qui, pénétrant l'enveloppe du monde sensible, cherche s'il n'y a point sous cette enveloppe quelque chose de plus réel, de plus vivant, cause des phénomènes sociaux.

Découvrir les lois qui régissent l'espèce humaine; prendre pour base d'opérations les trois ou quatre grandes traditions répandues chez tous les peuples de la terre : reconstruire la société sur ces traditions, de la même manière qu'on restaure un monument d'après ses ruines; suivre le développement des idées et des institutions chez cette société; signaler ses transformations; s'enquérir de l'histoire s'il n'existe pas dans l'humanité quelque mouvement naturel, lequel, se manifestant à des époques fixes, dans des positions données, peut faire

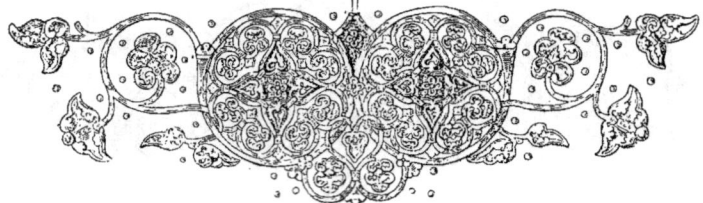

PRÉFACE.

prédire le retour de telle ou telle révolution, comme on annonce la réapparition des comètes dont les courbes ont été calculées : ce sont là d'immenses intérêts. Qu'est-ce que l'homme ? d'où vient-il ? où va-t-il ? qu'est-il venu faire ici-bas ? quel es sont ses destinées ? Les archives du monde fournissent-elles des réponses à ces questions ? Trouve-t-on à chaque origine nationale un âge religieux ? de cet âge passe-t-on à un âge héroïque ? de cet âge héroïque à un âge social ? de cet âge social à un âge proprement dit humain ? de cet âge humain à un âge philosophique ? Y a-t-il un Homère qui chante en tous pays, dans différentes langues, au berceau de tous les peuples ? L'Allemagne se divise sur ces questions en deux partis : le parti philosophique-historique, et le parti historique.

Le parti philosophique-historique, à la tête duquel se trouve M. Hegel, prétend que l'âme universelle se manifeste dans l'humanité par quatre modes : l'un substantiel, identique, immobile ; on le trouve dans l'Orient : l'autre individuel, varié, actif ; on le voit dans la Grèce : le troisième se composant des deux premiers dans une lutte perpétuelle ; il étoit à Rome : le quatrième sortant de la lutte du troisième pour harmonier ce qui étoit divers ; il existe dans les nations d'origine germanique.

Ainsi l'Orient, la Grèce, Rome, la Germanie, offrent les quatre formes et les quatre principes historiques de la société. Chaque grande masse de peuples, placée dans ces catégories géographiques, tire de ses positions diverses la nature de son génie, le caractère de ses lois, le genre des événements de sa vie sociale.

Le parti historique s'en tient aux seuls faits et rejette toute formule philosophique. M. Niebuhr, son illustre chef, dont le monde lettré déplore la perte récente, a composé l'histoire romaine qui précéda Rome ; mais il n'a point reconstruit son monument cyclopéen autour d'une idée. M. de Savigny, qui suit l'histoire du droit romain depuis son âge poétique jusqu'à l'âge philosophique où nous sommes parvenus, ne recherche point le principe abstrait qui semble avoir donné à ce droit une sorte d'éternité.

L'école philosophique-historique de nos voisins procède, comme on le voit, par la *synthèse*, et l'école purement historique par l'*analyse*. Ce sont les deux méthodes naturellement applicables à l'idée et à la forme. L'école philosophique soutient que l'esprit humain crée le fait : l'école historique dit que le fait met en mouvement l'esprit humain : cette dernière école reconnoît encore un enchaînement providentiel dans l'ordre des événements. Ces deux écoles prennent en Allemagne le nom de système rationnel et de système supernaturel.

De concert avec les deux écoles historiques, marchent deux écoles théologiques qui s'unissent aux deux premières selon leurs diverses affinités. Ces écoles théologiques sont chrétiennes ; mais l'une fait sortir le christianisme de la raison pure, l'autre de la révélation. Dans ce pays où les hautes études sont poussées si loin, il ne vient à la pensée de personne que l'absence de l'idée chrétienne dans la société soit une preuve des progrès de la civilisation.

Les *Idées sur la philosophie de l'histoire de l'humanité*, par Herder, sont trop célèbres pour ne les pas rappeler ici. Un passage de l'introduction de M. Quinet suffira pour les faire connoître.

« L'histoire, dans son commencement comme
« dans sa fin, est le spectacle de la liberté, la protes-
« tation du genre humain contre le monde qui l'en-
« chaîne, le triomphe de l'infini sur le fini, l'af-
« franchissement de l'esprit, le règne de l'âme : le
« jour où la liberté manqueroit au monde seroit
« celui où l'histoire s'arrêteroit. Poussé par une
« main invisible, non-seulement le genre humain a
« brisé le sceau de l'univers et tenté une carrière
« inconnue jusque-là, mais il triomphe de lui-
« même, se dérobe à ses propres voies, et, chan-
« geant incessamment de formes et d'idoles, cha-
« que effort atteste que l'univers l'embarrasse et le
« gêne. En vain l'Orient, qui s'endort sur la foi de
« ses symboles, croit-il l'avoir enchaîné de tant de
« mystérieuses entraves ; sur le rivage opposé s'é-
« lève un peuple enfant qui se fera un jouet de ses
« énigmes et l'étouffera à son réveil. En vain la
« personnalité romaine a-t-elle tout absorbé pour
« tout dévorer : au milieu de ce silence de l'empire,
« est-ce une illusion décevante, un leurre poétique,
« que ce bruit sorti des forêts du Nord, et qui
« n'est ni le frémissement des feuilles, ni le cri de
« l'aigle, ni le mugissement des bêtes sauvages ?
« Ainsi, captif dans les bornes du monde, l'infini
« s'agite pour en sortir ; et l'humanité qui l'a re-
« cueilli, saisie comme d'un vertige, s'en va, en
« présence de l'univers nue, cheminant de ruines
« en ruines sans trouver où s'arrêter. C'est un
« voyageur pressé, plein d'ennui, loin de ses
« foyers ; parti de l'Inde avant le jour, à peine a
« t-il reposé dans l'enceinte de Babylone, qu'il
« brise Babylone ; et, resté sans abri, il s'en-
« fuit chez les Perses, chez les Mèdes, dans la terre
« d'Égypte. Un siècle, une heure, et il brise Pal-
« myre, Ecbatane et Memphis, et, toujours ren-
« versant l'enceinte qui l'a recueilli, il quitte les
« Lydiens pour les Hellènes, les Hellènes pour les
« Étrusques, les Étrusques pour les Romains, les
« Romains pour les Gètes, les Gètes..... Mais que
« sais-je qui va suivre ! Quelle aveugle précipi-

PRÉFACE

« tation ! Qui le presse ? Comment ne craint-il pas
« de défaillir avant l'arrivée ? Ah ! si dans l'antique
« épopée nous suivons de mers en mers les desti-
« nées errantes d'Ulysse jusqu'à son île chérie, qui
« nous dira quand finiront les aventures de cet
« étrange voyageur, et quand il verra de loin fumer
« les toits de son Ithaque ?

« Ainsi, nous touchons aux premières limites de
« l'histoire. Nous quittons les phénomènes physi-
« ques pour entrer dans le dédale des révolutions
« qui marquent la vie de l'humanité. Adieu ces
« douces et paisibles retraites, ce repos immuable,
« cette fraîcheur et cette innocence dans les ta-
« bleaux ; l'air que nous allons respirer est dévo-
« rant, le terrain que nous foulons aux pieds est
« souillé de sang, les objets y vacillent dans une
« éternelle instabilité : où reposer mes yeux ? Le
« moindre grain de sable battu des vents a en lui
« plus d'éléments de durée que la fortune de Rome
« ou de Sparte. Dans tel réduit solitaire je connois
« tel petit ruisseau dont les doux murmures, le cours
« sinueux et les vivantes harmonies surpassent en
« antiquité les souvenirs de Nestor et les annales
« de Babylone. Aujourd'hui, comme au jour de
« Pline et de Columelle, la jacinthe se plaît dans les
« Gaules, la pervenche en Illyrie, la marguerite sur
« les ruines de Numance, et pendant qu'autour
« d'elles les villes ont changé de maîtres et de nom,
« que plusieurs sont rentrées dans le néant, que
« les civilisations se sont choquées et brisées, leurs
« paisibles générations ont traversé les âges, et se
« sont succédé l'une à l'autre jusqu'à nous, fraî-
« ches et riantes comme aux jours des batailles.

« Cette permanence du monde matériel ne doit-
« elle donc ici qu'exciter de vains regrets, et cette
« masse imposante n'est-elle là que pour mieux
« faire sentir ce qu'il y a d'éphémère et de tumul-
« tueux dans la succession des civilisations ! A Dieu
« ne plaise ! Tout au contraire, elle se réfléchit dans
« le système entier des actions humaines, et les
« marques d'un profond caractère de paix et de sé-
« rénité. Quand il a été établi que les vicissitudes
« de l'histoire ne naissent pas d'un vain caprice des
« volontés, mais qu'elles ont leurs fondements dans
« les entrailles mêmes de l'univers, qu'elles en sont
« le résultat le plus élevé, et que c'étoit une con-
« dition du monde que nous voyons de faire naître
« à telle époque telle forme de civilisation, tel mou-
« vement de progression ; que ces divers phéno-
« mènes entrent en rapport avec le domaine entier
« de la nature et participent de son caractère,
« ainsi que toute autre espèce de production terres-
« tre ; les actions humaines se présentent alors
« comme un nouveau règne, qui a ses harmonies,
« ses contrastes et sa sphère déterminée. »

Ainsi s'exprime Herder par la voix de son éloquent interprète.

Au surplus, ces nobles systèmes appliqués à
l'histoire ne sont pas aussi nouveaux qu'ils le paroissent. Un homme, patiemment endormi pendant
un siècle et demi dans sa poussière, vient de ressusciter pour réclamer sa gloire ajournée ; il avoit
devancé son temps ; quand l'ère des idées qu'il
représentoit est arrivée, elles ont été frapper à sa
tombe et le réveiller : je veux parler de Vico.

Dans son ouvrage de la *Science nouvelle*, Vico,
laissant de côté l'histoire particulière des peuples,
posa les fondements de l'histoire générale de l'espèce humaine.

« Tracer l'histoire universelle éternelle, » dit
M. Michelet dans sa traduction abrégée et son
analyse précise et bien sentie du système de Vico,
« tracer l'histoire universelle éternelle qui se produit
« dans le temps sous la forme des histoires parti-
« culières ; décrire le cercle idéal dans lequel tourne
« le monde réel, voilà l'objet de la *Science nou-
« velle*, elle est tout à la fois la philosophie et
« l'histoire de l'humanité.

« Elle tire son unité de la religion, principe pro-
« ducteur et conservateur de la société. Jusqu'ici
« on n'a parlé que de théologie naturelle, *la Science
« nouvelle* est une théologie sociale, une démons-
« tration historique de la Providence, une histoire
« des décrets par lesquels, à l'insu des hommes et
« souvent malgré eux, elle a gouverné la grande cité
« du genre humain. Qui ne ressentira un divin
« plaisir en ce corps mortel, lorsque nous contem-
« plerons ce monde des nations, si varié de carac-
« tères, de temps et de lieux, dans l'uniformité des
« idées divines ? »

Selon Vico, les fondateurs de la société furent
les géants ou les cyclopes. Les géants étoient sans
lois et sans Dieu ; le tonnerre gronda ; ils s'effrayè-
rent ; ils reconnurent une puissance supérieure à la
leur, origine de l'idolâtrie née de la crédulité et
non de l'imposture. L'idolâtrie fut nécessaire au
monde, dit Vico, elle dompta, par les terreurs de
la religion, l'orgueil de la force ; elle prépara, par
la religion des sens, la religion de la raison et ensuite celle de la foi. Ce fut là le premier âge, âge
poétique de la société ; à cette époque toutes les lois
étoient religieuses. Vico, pour se débarrasser des
questions théologiques, met à part le peuple de
Dieu comme seul dépositaire de la vraie tradition,
et raisonne librement sur tout le reste.

Avec la religion commence la société ; les premiers pères de famille deviennent les premiers
prêtres, les premiers rois, les *patriarches* (pères
et princes.)

Ce gouvernement de famille est cruel, absolu ;

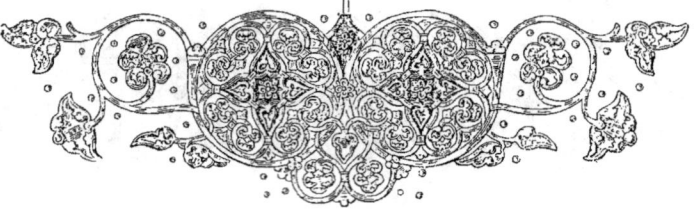

le père a le droit de vie et de mort sur ses enfants, de même que sa vie et sa mort sont soumises au Dieu qui l'a créé, et qu'il a entendu dans le bruit de la foudre. De là les sacrifices humains, les rites, les cérémonies religieuses; loi primitive de l'espèce humaine, loi qui se prolongea jusque dans le droit civil, successeur de cette première loi.

Bientôt des Sauvages, qui étoient restés dans la promiscuité des biens et des femmes et dans l'anarchie qui en étoit la suite, se réfugièrent aux autels des forts, sur les hauteurs où les premières familles s'étoient rassemblées sous le gouvernement des pères de famille ou des héros.

Ces réfugiés devinrent les esclaves de leurs défenseurs; ils ne jouirent d'aucune prérogative des héros, et particulièrement du mariage religieux ou solennel qui fonda la société domestique; mais les réfugiés se multiplièrent, et voulurent une part des terres qu'ils cultivoient. Partout où les héros ne furent pas assez puissants pour conserver la totalité des biens, ils cédèrent, à certaines conditions, des terres à leurs anciens esclaves. Telle fut la première loi agraire, l'origine des clientèles et des fiefs.

Alors commença la cité. Les pères de famille devinrent la classe des nobles, des patriciens; les réfugiés composèrent la classe des plébéiens, compagnons, clients, vassaux: ils n'avoient aucuns droits politiques, ils ne possédoient que la jouissance des terres concédées par les nobles.

Les cités héroïques furent toutes gouvernées aristocratiquement; elles étoient guerrières dans leur essence. Les habitants de ces cités, brigands ou pirates au dehors, étoient éternellement divisés au dedans.

Peu à peu ces sociétés aristocratiques se transforment, par l'accroissement de la partie démocratique, en républiques populaires. Les états populaires se corrompent; le peuple, qui d'abord n'avoit réclamé que l'égalité, veut dominer à son tour. L'anarchie survient, et force le peuple à s'abriter dans la domination d'un seul. Le besoin de l'ordre fonde la monarchie comme le besoin de liberté avoit fondé l'aristocratie et le besoin d'égalité la démocratie.

« Si la monarchie n'arrête pas la corruption du « peuple, ce peuple, dit Vico, devient esclave « d'une nation meilleure qui le soumet par les ar- « mes et sauve en le soumettant, car ce sont « deux lois naturelles : Qui ne peut se gouverner « obéira, et aux meilleurs l'empire du monde. » Maxime contestable.

La partie vraiment neuve du système de Vico est celle où il fait entrer l'histoire du droit civil dans l'histoire du droit politique. Il avoit dirigé ses études de ce côté; ses premiers essais de jurisprudence et d'étymologie latine sont, à tout prendre, ses meilleurs ouvrages. Il démontre que la jurisprudence varie selon la forme des gouvernements, lesquels eux-mêmes sont nés des mœurs; il observe que la première loi de la société, loi d'abord toute religieuse, pénétra et se prolongea dans l'ordre civil à travers les révolutions et les transformations politiques. Nul n'avoit vu avant lui que si la jurisprudence des Romains étoit entourée de solennités et de mystères, c'est qu'elle découloit de l'antique droit religieux, et que ces mystères n'étoient point une imposture, un moyen de pouvoir inventé par les prêtres et par les nobles. A Rome, les actes appelés par excellence actes légitimes étoient accompagnés de rites sacrés : pour que les mariages et les testaments fussent dits justes, c'est-à-dire supposant les droits de l'ordre politique le plus élevé, il falloit qu'ils eussent été légalisés par les cérémonies saintes.

Cette belle remarque de Vico se peut appliquer à notre société même : le christianisme qui la fonda à part, au milieu de la société païenne de Rome et de la Grèce ou chez les peuples barbares, la soumit à la loi religieuse. Le mariage et la sépulture ne furent solennels et légitimes parmi les fidèles, qu'autant qu'ils furent chrétiennement autorisés; le baptême fit de plus une chose solennelle et légitime de la naissance, comme l'extrême-onction consacra la mort. Les sept sacrements de l'Église furent des actes civils de la première société chrétienne.

Tel est le système de Vico, système où il faut reconnoître un homme d'un grand entendement, mais un homme dominé par l'imagination, et qui mêle à des vérités nouvelles des jeux d'esprit que ne peuvent approuver l'histoire, la raison et la saine logique. Ses idées sur l'idolâtrie, utile selon lui aux hommes, sont insoutenables : quand il fait d'Hercule, d'Hermès, d'Homère, d'Ésope, de Romulus, non des individus, mais un type idéal des mœurs et des idées d'une époque, il raisonne visiblement contre les opérations naturelles de l'esprit humain. Le Sauvage personnifie les arbres, les fleurs, les rochers, mais il n'allégorise pas le temps. Lorsque Vico dit que les hommes reprirent la taille anté-diluvienne en redevenant sauvages après le déluge, il va contre à bonne physique : l'homme dans l'état bestial, comme tous les animaux, est chétif : c'est la société pour les hommes, et la domesticité pour les animaux capables d'éducation qui développe la plus grande nature.

Vico tranche encore trop légèrement la question sur la parole humaine; il suppose qu'elle se perdit après le déluge, et qu'il y eut une époque de mu-

tisme pour le genre humain, qui, ce cas arrivé, n'auroit plus été qu'une espèce de famille de singes. Le verbe a-t-il été donné à l'homme avec la pensée? Est-il né d'elle comme le fruit sort de la fleur? La parole, au contraire, est-elle révélée? Immense question que Vico a résolue d'un trait de plume, et que la rigueur de l'histoire ne permet pas d'adopter comme un fait incontestable.

De nos jours un écrivain françois a renouvelé, en l'améliorant, une partie du système de Vico. La philosophie de M. Ballanche est une théosophie chrétienne. Selon cette philosophie, une loi providentielle générale gouverne l'ensemble des destinées humaines, depuis le commencement jusqu'à la fin. Cette loi générale n'est autre chose que le développement de deux dogmes générateurs, la déchéance et la réhabilitation, dogmes qui se retrouvent dans toutes les traditions générales de l'humanité, et qui sont le christianisme même. Le vif sentiment de ces deux dogmes produit une psychologie qui explique les facultés humaines en rendant compte de la nature intime de l'homme, et qui se révèle dans la contexture des langues anciennes. L'homme, durant sa laborieuse carrière, cherche sans repos sa route de la déchéance à la réhabilitation, pour arriver à l'unité perdue.

M. Ballanche a voulu faire pénétrer le génie historique dans la région qui a précédé l'histoire. Son Orphée résume les quinze siècles de l'humanité antérieurs aux temps historiques.

Il a réduit ensuite les cinq premiers siècles de l'histoire romaine à une synthèse, laquelle est en même temps une trilogie poétique et une psychologie de l'humanité.

Je ne puis mieux achever de faire connoître la *Palingénésie sociale* qu'en empruntant ce passage d'un excellent extrait de M. Desmousseaux de Givré, homme dont l'esprit est marqué d'un de ces caractères distincts qui se font reconnoître à l'instant dans l'ordre littéraire ou politique [1].

[1] Cet extrait a paru dans le *Journal des Débats*, du 27 juin 1830. M. Desmousseaux de Givré, attaché à mon ambassade à Londres, étoit mon second secrétaire d'ambassade à Rome. De tous les jeunes diplomates, c'est le seul qui ait donné sa démission lorsque M. de Polignac fut chargé du portefeuille des affaires étrangères; il se retira avec moi et malgré moi. Il désiroit reprendre du service après les journées de juillet; on lui a préféré des hommes tout-à-fait nouveaux dans la carrière, ou qui n'avoient d'autre mérite que d'avoir été placés sous des ambassadeurs les plus opposés aux libertés constitutionnelles de la France. Notre corps diplomatique n'étoit vraiment pas assez riche (et je le connois à fond) pour se passer des services d'un homme comme M. de Givré, quand il vouloit bien faire

« Interrogeant tour à tour les livres saints, les poésies primitives, l'histoire, M. Ballanche a déduit de leurs réponses concordantes une analogie parfaite entre le principe révélé et le principe rationnel; et c'est là toute la pensée *palingénésique*. Il croit que la loi qui préside aux progrès de l'humanité, soit qu'on la contemple dans la sphère religieuse, soit qu'on l'étudie dans la sphère philosophique, est *une*. Le titre à inscrire sur le frontispice de ses Œuvres complètes pour en annoncer l'idée fondamentale, pourroit donc être celui-ci: *Identité du dogme de la déchéance et de la réhabilitation du genre humain avec la loi philosophique de la perfectibilité*.

« Les Écritures nous montrent un *homme* succombant dans l'épreuve de l'obéissance, puis initié, par sa chute même, à la connoissance du bien et du mal, et, plus tard, rachetant sa faute par le sang d'une victime innocente et volontaire. Cet homme des Écritures, c'est à la fois Adam, le peuple juif et le genre humain. Le Fils de Dieu, venant sur la terre pour y mourir, offre une triple expiation. Par Marie, sa mère, il est le fils d'Adam, le fils de David, *le Fils de l'Homme*, c'est-à-dire l'enfant du premier pécheur, l'enfant du peuple choisi, l'enfant du genre humain. Il y a donc, en un sens mystique, identité entre un homme, une nation, et l'humanité tout entière. Pour ces trois unités vivantes, d'une nature semblable, quoique d'un ordre différent, il y a trois degrés nécessaires avant d'arriver à la perfection dont le salut dépend, à savoir : l'épreuve, l'initiation, l'expiation.

« Eh bien! partout dans les croyances des peuples, partout dans les chants des poètes, partout dans les souvenirs de l'histoire le mythe chrétien se reproduit.

« Aux temps fabuleux, Prométhée ravit la flamme du ciel : initié au secret des dieux, il expie sa témérité dans les tourments. Aux temps héroïques, Orphée, initiateur des peuples, perd une seconde fois Eurydice, parce qu'il a voulu surprendre le secret des enfers. Aux temps historiques, Brutus, après avoir consulté l'oracle, affranchit le patriciat de l'autorité des rois, et le sang généreux de Lucrèce coule pour l'expiation. Plus tard, c'est Virginie sacrifiée par son père, pure victime, dont la mort consacre l'émancipation de la plèbe, c'est-à-dire l'initiation d'un peuple à la liberté. Dans ces faits, choisis au hasard entre mille autres faits analogues, l'épreuve à subir, l'énigme à deviner, et le sacrifice d'une vie

le sacrifice de s'attacher à un ministère aussi déplorable.

« innocente, ces trois grands traits du *mythe chré-*
« *tien* sont partout reconnoissables.

« Rechercher, restaurer, rapprocher ces lam-
« beaux défigurés d'une idée à la fois une et tri-
« ple, n'a été que la partie matérielle d'un grand
« travail, la tâche de l'érudition et de la science ;
« mais avoir appliqué aux phénomènes de la vie
« des nations le dogme chrétien, avoir retrouvé
« dans chaque peuple *l'homme* dont parle l'Écri-
« ture, voilà l'inspiration religieuse, et en même
« temps la pensée philosophique. »

L'histoire vue de si haut ne convient peut-être pas à toutes les intelligences ; mais celles mêmes qui se plaisent aux lectures faciles trouveront un charme particulier dans la *Palingénésie sociale* de M. Ballanche. Un style élégant et harmonieux revêt des pensées consolantes et pures : il semble qu'on voie tous les secrets de la conscience calme et sereine de l'auteur, comme à la tranquille et mystérieuse lumière de son imagination. Ce génie théosophique ne nous laisse rien à envier à l'Allemagne et à l'Italie. Je ne sais si Vico, Herder et M. Ballanche, en appliquant leurs formules à l'histoire, ne confondent pas un peu des sujets et des genres divers ; mais certainement ils agrandissent l'homme : il est bon que l'historien ait une haute idée de l'espèce humaine, afin d'écrire avec plus de noblesse de ses droits et de ses libertés.

Tandis que le mouvement des esprits dans la France et l'Allemagne s'accroissoit, la Grande-Bretagne demeuroit stationnaire. L'école d'Édinbourg a fait avancer les études philosophiques : les *Esquisses de philosophie morale* de Dugald Stewart ont été traduites par M. Jouffroy, jeune professeur qui commence à battre en ruine avec une logique claire et puissante des systèmes dont l'esprit du jour est infatué. Mais sous les rapports historiques, comme l'Angleterre jouit depuis longtemps de franchises considérables ; comme elle s'est bien trouvée de ces franchises pour sa prospérité, sa paix et sa gloire, ses écrivains n'ont point été conduits à considérer les faits dans le but d'un meilleur avenir. La liberté aristocratique, qui jusqu'ici a dominé les libertés royales et populaires à Westminster, a jeté les idées dans un moule uniforme dont elles n'ont point cherché à se dégager ; cela se remarque jusque dans les écrivains économistes de la Grande-Bretagne ; ils envisagent l'impôt, le crédit, la propriété, de tous genres, dans le sens des institutions actuelles de leur pays.

Mais, par l'influence croissante de l'industrie, par l'importation des principes du continent, il se forme actuellement dans les trois royaumes-unis une classe d'hommes dont les idées ne sont plus *angloises* où les distingue très-bien, ces idées,

à leur *couleur*, dans les livres, dans les discours à la chambre des lords, à la chambre des communes, tôt ou tard elles renverseront la constitution de 1688. Le premier pas dans cette route a été l'émancipation de l'Irlande catholique, le second sera la réforme parlementaire : alors la vieille Angleterre aura ses révolutions et son his oire se renouvellera.

En ces derniers temps l'*Histoire d'Angleterre* par le docteur Lingard s'est fait remarquer ; elle ne dispense point de lire les historiens des deux anciennes écoles whig et tory. Il y a eu grand scandale lorsqu'on a vu un prêtre catholique anglois trouver Charles Ier coupable, et ne blâmer que la forme dans l'exécution de ce prince.

L'Angleterre n'étoit pas riche en mémoires ; ils commencent à s'y multiplier. M. Hallam me semble avoir mieux réussi dans son *Histoire constitutionnelle d'Angleterre* que dans son *Europe au moyen âge*.

Le génie de l'Italie étoit sorti de son vieux temple au bruit de la commotion européenne. Maintenant ce génie est retourné à ses ruines ; lieux de franchise pour les grandeurs tombées, la gloire persécutée et les talents malheureux. L'*Histoire des États-Unis* par Botta ne peut être répudiée par la patrie des Villani, des Bentivoglio, des Giannone, des Davila, de Guicciardini et des Machiavel. Pour l'histoire ancienne, les Italiens seront toujours nos maîtres, parce qu'ils en sont eux-mêmes la suite, et qu'ils sont familiarisés avec sa langue et ses monuments.

J'écrivois que le génie de l'Italie étoit retourné à ses ruines ; il me saisit la main et me force à me rétracter.

Auteurs françois qui ont écrit l'histoire depuis la révolution. Mémoires, traductions et publications. Théâtre. Roman historique. Poésie. Écrivains fondateurs de notre nouvelle école historique.

E l'examen des principes de l'école moderne historique considérée dans ses systèmes, en France, en Allemagne, en Angleterre, en Italie, je passe à l'examen des historiens de cette école parmi nous.

Les écrivains françois qui se sont occupés de l'histoire depuis la révolu-

tion ont pris des routes opposées ; les uns sont restés fidèles aux traditions de l'ancienne école, les autres se sont attachés à l'école nouvelle descriptive et fataliste.

M. Villemain, qui tient par le bon goût du style à l'ancienne école et par les idées à la nouvelle, nous a donné une histoire complète de Cromwell. Se cachant derrière les événements et les laissant parler, il a su avec beaucoup d'art les mettre à l'aise et dans la place convenable à leur plus grand effet. Un sujet d'un immense intérêt occupe maintenant l'auteur. A en juger par les fragments de la *Vie de Grégoire VII*, dont j'ai eu le bonheur d'entendre la lecture, le public peut espérer un des meilleurs ouvrages historiques qui aient paru depuis long-temps. Au surplus je cite souvent les travaux de M. Villemain dans ces *Études*, et, pour ne point me répéter, j'abrége ici des éloges que l'on trouvera ailleurs.

M. Daunou appartenoit à cette congrégation religieuse d'où sont sortis les Lecointe et les Lelong ; il n'a point démenti sa docte origine : c'est un des plus savants continuateurs de l'*Histoire littéraire de la France*. Dans ses divers mémoires on trouve à s'instruire. Il faut être en garde contre ce qu'il dit des souverains pontifes, lorsqu'il juge un pape du dixième siècle d'après les idées du dix-huitième. M. Daunou paroît peu favorable à la moderne école.

M. de Saint-Martin, qui suit aussi les vieilles traces, a jeté par sa connoissance de la langue arménienne une vive lumière sur l'histoire des Perses.

Dans la *Théorie du pouvoir civil et religieux*, de M. de Bonald, il y a eu du génie ; mais c'est une chose qui fait peine de reconnoître combien les idées de cette théorie sont déjà loin de nous. Avec quelle rapidité le temps nous entraîne ! L'ouvrage de M. de Bonald est comme ces pyramides, palais de la mort, qui ne servent au navigateur sur le Nil qu'à mesurer le chemin qu'il a fait avec les flots.

Je ne sais comment classer M. Dulaure ; il fut connu avant, pendant et après la révolution. Ses *Descriptions des curiosités et des environs de Paris*, ses *Singularités historiques*, son *Histoire critique de la noblesse*, sont remplis de faits curieusement choisis.

Toutefois c'est de la satire historique et non de l'histoire : où peut toujours montrer l'envers d'une société. Il faut lire de M. Dulaure un *Supplément aux crimes de l'ancien comité du gouvernement*, imprimé en 1795.

Malte-Brun, dans sa *Géographie*, a touché avec une grande sagacité et beaucoup d'instruction quelques origines barbares.

Le travail de M. Montlosier sur la féodalité est rempli d'idées neuves, exprimées dans un style indépendant qui sent son moyen âge. Si les anciens seigneurs des donjons avoient su faire avec une plume autre chose qu'une croix, ils auroient écrit comme cela, mais ils n'auroient pas vu si loin.

M. Lacretelle a tracé l'histoire de nos jours avec raison, clarté, énergie. Il a pris le noble parti de la vertu contre le crime ; il déteste de la révolution tout ce qui n'est pas la liberté. Lui-même, acteur dans les scènes révolutionnaires, il a bravé dans les rues de Paris les mitraillades d'un pouvoir plus heureux que celui qui vient d'expirer. On trouve aujourd'hui beaucoup d'hommes qui savent écrire une cinquantaine de pages, et quelquefois un tome (pas trop gros), d'une manière fort distinguée ; mais des hommes capables de composer et de coordonner un ouvrage étendu, d'embrasser un système, de le soutenir avec art et intérêt pendant le cours de plusieurs volumes, il y en a très-peu : cela demande une force de judiciaire, une longueur d'haleine, une abondance de diction, une faculté d'application, qui diminuent tous les jours. La brochure et l'article du journal semblent être devenus la mesure et la borne de notre esprit.

L'ouvrage de M. Lemontey sur Louis XIV présente le règne de ce prince sous un jour tout nouveau. Je crois cependant avoir fait à propos de cet ouvrage une observation nécessaire en parlant du règne du grand roi.

M. Mazure a laissé une histoire écrite avec négligence, mais elle a changé sous plusieurs rapports, ce que nous savions de Jacques II, et du rôle que joua Louis XIV dans la catastrophe du prince anglois. On n'a pas rendu assez de justice à M. Mazure. On puise dans son travail des renseignements qu'on ne trouve que là, et dont on cache ou l'on tait la source.

Une femme qui n'a point de rivale nous a donné, dans les *Considérations sur les principaux événements de la révolution françoise*, une idée de ce qu'elle auroit pu faire si elle eût appliqué son esprit à l'histoire. Les *Considérations* sont empreintes d'un vif sentiment de gloire et de liberté. Quand l'auteur, parlant de l'abaissement du tiers-état sous l'ancienne monarchie, le montre au moment de l'ouverture des états-généraux, et s'écrie avec Corneille : « Nous nous levons alors ! » jamais citation ne fut plus éloquente. Mais Mme de Staël abhorre les tyrans, et tout oppresseur de la liberté, si grand qu'il soit, ne trouve en elle aucune sympathie.

Il faut lire dans les *Considérations* ce qu'elle raconte de Mirabeau : « Tribun par calcul, aristo-
« crate par goût, qui, en parlant de Coligny,

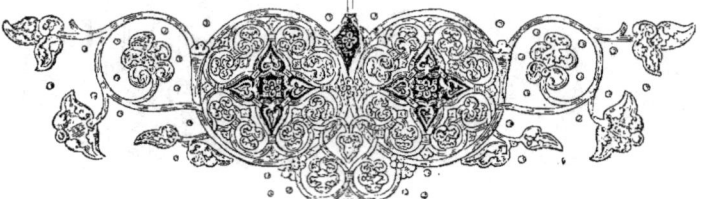

PRÉFACE

« ajoutoit : *Qui, par parenthèse étoit mon cousin,*
« tant il cherchoit l'occasion de rappeler qu'il l'étoit
« bon gentilhomme. — Après ma mort, disoit-il
« encore, les factieux se partageront les lambeaux
« de la monarchie. » Mme de Staël termine de la
sorte ces intéressants récits de Mirabeau : « Je
« me reproche d'exprimer ainsi des regrets pour
« un caractère peu digne d'estime; mais tant
« d'esprit est si rare, et il est malheureusement si
« probable qu'on ne verra rien de pareil dans
« le cours de sa vie, qu'on ne peut s'empêcher
« de soupirer lorsque la mort ferme ses portes
« d'airain sur un homme naguère si éloquent, si
« animé, enfin si fortement en possession de la
« vie. »

Ces réflexions s'appliquent à Mme de Staël
elle-même en changeant les premiers mots, ce qui
les rend encore plus douloureuses. On ne se reprochera jamais d'*exprimer des regrets pour le caractère*
de cette femme illustre; il n'y eut rien de plus
digne que ce caractère. La noble indépendance de
Mme de Staël lui valut l'exil et les persécutions
qui ont avancé sa mort. Buonaparte apprit et
Buonaparte auroit dû le savoir, que le génie est le
seul roi qu'on n'enchaîne pas à un char de triomphe.

Je ne puis me refuser, comme dernière preuve
du talent éminent de Mme de Staël, à transcrire ce
paragraphe sur la catastrophe de Robespierre :
« On vit cet homme, qui avoit signé pendant plus
« d'une année un nombre inouï d'arrêts de mort,
« couché tout sanglant sur la table même où il apposoit son nom à ses sentences funestes. Se mâchoire étoit brisée d'un coup de pistolet; il ne
« pouvoit pas même parler pour se défendre, lui
« qui avoit tant parlé pour proscrire ! »

On ne sauroit trop déplorer la fin prématurée de
Mme de Staël : son talent croissoit; son style s'épuroit; à mesure que sa jeunesse pesoit moins sur sa
vie, sa pensée se dégageoit de son enveloppe et
prenoit plus d'immortalité.

Sous le titre modeste : *Du Sacre des rois de
France et des rapports de cette cérémonie avec la
constitution de l'état, aux différents âges de la
monarchie*, M. Clausel de Coussergues a écrit un
volume qui restera : les amateurs de la clarté et
des faits bien classés sans prétention et sans verbiage y trouveront à se satisfaire.

M. Fiévée a renfermé dans le cadre étroit de
sa brochure intitulée : *Des Opinions et des Intérêts*, beaucoup d'idées neuves et d'aperçus ingénieux sur notre histoire.

J'ai parlé ailleurs de l'*Histoire des Croisades*; je
me contenterai de dire ici que les traductions et
les extraits des annalistes des Croisades, tant orientaux qu'occidentaux, ajoutés comme preuves aux
nouvelles éditions, sont un recueil extrêmement
recommandable. M. Michaud s'est placé dans son
Histoire; il est allé, dernier croisé, à ce tombeau
où je croyois avoir déposé pour toujours mon bâton
de pèlerin.

L'*Histoire de Pologne, avant et sous le roi Jean
Sobieski*, de M. Salvandy, est un ouvrage grave
bien composé. « Ce fut Sobieski, dit l'historien,
« dont le bras redoutable posa la borne que la
« domination des Osmanlis ne devoit plus franchir.
« Ce fut devant ses victoires que cette dernière invasion des Barbares, jusque-là toujours indomptable et menaçante, vint briser sa furie : elle n'a
« fait depuis lors que retirer ses flots. . . . . . .
« Soldat et prince, tous ses jours s'écoulèrent dans
« le perpétuel sacrifice de ses penchants, de ses
« affections, de sa fortune, de sa vie, aux intérêts
« de la Pologne. Lui seul sembloit, champion infatigable, occupé à la défendre; ses efforts pour lui
« conserver des lois et des frontières tiennent du
« prodige. Cette passion domina le cours entier de
« son existence. Il réussit à dompter les ennemis
« qui tenoient la république des Jagellons pressée
« et envahie de toutes parts, plus facilement qu'à
« vaincre ceux qu'elle portoit dans son sein. Ensuite
« il expira; et, ce puissant soutien abattu, la Pologne mit en quelque sorte aussi le pied dans la
« tombe. Elle ne devoit plus, sous les successeurs
« de Jean III, qu'achever de mourir. »

Ce noble style se soutient pendant tout l'ouvrage;
l'auteur a soin de remarquer l'influence que la
France du dix-septième siècle exerçoit sur les destinées de l'Europe : comme si tous les grands hommes devoient alors venir de la cour du grand roi,
Sobieski avoit été mousquetaire de la maison militaire de Louis XIV. L'*Histoire de l'Anarchie de Pologne*, par Rulhières, fait pour ainsi dire suite à
l'histoire de M. Salvandy : il ne faut ajouter à ces deux
monuments que l'appendice de M. Ferrand, ou celui
que M. Daunou a substitué au travail de M. Ferrand, mais il faut y joindre de curieuses et piquantes
brochures de M. de Pradt.

L'*Histoire des François des divers états*, par
M. Monteil, suppose de grandes recherches. M. Monteil est, avec M. Capefigue, du petit nombre de ces
jeunes savants qui n'écrivent aujourd'hui qu'après
avoir lu : ils eussent été de dignes disciples de l'école
bénédictine. Mais M. Monteil a été égaré par le
goût du siècle, et par le funeste exemple qu'a
donné l'abbé Barthélemy : la forme romanesque
dans laquelle l'auteur de l'*Histoire des François* a
enveloppé ses études leur porte dommage : on doit
l'engager, au nom de son propre savoir et de son
véritable mérite, à la faire disparoître dans les futures éditions de son ouvrage

Le succès qu'a obtenu l'*Histoire de la campagne de Russie* est une preuve que l'on n'a pas besoin, pour intéresser le lecteur, de se placer dans un système. Des récits animés, un coloris brillant, des scènes mises sous les yeux dans tout leur mouvement et dans toute leur vie, voilà ce qui est de toutes les écoles, et ce qui fera vivre l'ouvrage de M. de Ségur.

Les *Vies des capitaines françois au moyen âge*, par M. Mazas, ne peuvent être passées sous silence. L'auteur n'a voulu raconter que l'exacte vérité; il a visité le théâtre où brillèrent les guerriers dont il peint les exploits : il a cherché sur les bruyères de ma pauvre patrie les traces de Du Guesclin. Je me souviens avoir commencé mes premières études dans le collége obscur de l'obscure petite ville où reposoit le cœur du bon connétable; j'étudiois un peu de latin, de grec et d'hébreu auprès de ce cœur qui n'avoit jamais parlé que françois : c'est une langue que le mien n'a pas oubliée. M. Mazas croit avoir retrouvé le point du passage d'Édouard III à Blanque-Taque sur la Somme. J'aurois désiré qu'il eût dit si le gué est encore praticable, ou s'il se trouve perdu dans la mer, vis-à-vis le Crotoy, comme on le pense généralement.

J'oublie sans doute, et à mon grand déplaisir, beaucoup d'écrivains qui mériteroient que je rappelasse leurs ouvrages; mais les bornes d'une préface ne me permettent pas de m'étendre. Le public reproduira les noms qui échappent à ma mémoire et à la justice que je désirerois leur rendre.

Le temps où nous vivons a dû nécessairement fournir de nombreux matériaux aux mémoires. Il n'y a personne qui ne soit devenu, au moins pendant vingt-quatre heures, un personnage, et qui ne se croie obligé de rendre compte au monde de l'influence qu'il a exercée sur l'univers. Tous ceux qui ont sauté de la loge du portier dans l'antichambre, qui se sont glissés de l'antichambre dans le salon, qui ont rampé du salon dans le cabinet du ministre; tous ceux qui ont écouté aux portes, ont à dire comment ils ont reçu dans l'estomac l'outrage qui avoit un autre but. Les admirations à la suite, les mendicités dorées, les vertueuses trahisons, les égalités portant plaque, ordre ou couleurs de laquais, les libertés attachées au cordon de la sonnette, ont à faire resplendir leur loyauté, leur honneur, leur indépendance. Celui-ci se croit obligé de raconter comment, tout pénétré des dernières marques de la confiance de son maître, tout chaud de ses embrassements, il a juré obéissance à un autre maître; il vous fera entendre qu'il n'a trahi que pour trahir mieux; celui-là vous expliquera comment il approuvoit tout haut ce qu'il détestoit tout bas, ou comment il poussoit aux ruines sous lesquelles il n'a pas eu le courage de se faire écraser. A ces mémoires tristement véritables viennent se joindre les mémoires plus tristement faux; fabrique où la vie d'un homme est vendue à l'aune, où l'ouvrier, pour prix d'un dîner frugal, jette de la boue au visage de la renommée qu'on a livrée à sa faim.

On se console pourtant en trouvant dans ce chaos de bassesse et d'ignominie quelques écrits consciencieux, dont les auteurs s'attachent à reproduire sincèrement ce qu'ils ont vu et ce qu'ils ont éprouvé. Le travail de ces auteurs doit être considéré comme de précieux renseignements historiques; MM. de Las Cases et Gourgaud doivent être crus quand ils parlent du prisonnier de Sainte-Hélène.

Non seulement M. Carrel a publié l'*Histoire de la contre-révolution en Angleterre sous Charles II, et Jacques II*, histoire écrite avec cette mâle simplicité qui plait avant tout; mais, en rendant compte de divers ouvrages sur l'Espagne, il a donné lui-même une notice hors de pair. On y trouve une manière ferme, une allure décidée, quelque chose de franc et de courageux dans le style, des observations écrites à la lueur du feu du bivouac, et des étoiles d'un ciel ennemi, entre le combat du soir et celui qui recommencera à la diane. « *La narration d'un brave expérimenté*, dit Gaspar de « Tavannes, *est différente des contes de celui qui* « *n'a jamais eu les mains ensanglantées de ses* « *fiers ennemis sur les plaines armées.* » On sent dans M. Carrel une opinion fixe qui ne l'empêche pas de comprendre l'opinion qu'il n'a pas, et d'être juste envers tous. Si le simple soldat, sans instruction, sans moyen de fixer ses pensées, est intéressant dans les récits des assauts qu'il a livrés, des pays qu'il a battus, l'homme d'éducation et de mérite, devenu soldat volontaire pour une cause dont il s'est passionné, a bien d'autres moyens de faire passer ses sentiments dans les âmes auxquelles il s'adresse. Qu'on se figure un François errant sur les montagnes d'Espagne, allant demander aux pasteurs dont il croit défendre la liberté une hospitalité guerrière; dans cette intimité d'une vie d'aventures et de périls, il surprendra le secret des mœurs, et mettra sous vos yeux une société qu'aucun autre historien ne vous auroit pu montrer. J'ai traversé l'Espagne, j'ai rencontré ces Arabes chrétiens, auxquels la liberté politique est si indifférente, parce qu'ils jouissent de l'indépendance individuelle, et je n'ai retrouvé le peuple que j'ai vu que dans le récit de M. Carrel.

L'auteur trace rapidement le tableau de la guerre de Catalogue en 1823; il représente le courage de Mina, et la marche de cet habile chef dans les montagnes. Nous tous qui, dispersés par les orages de

PRÉFACE.

notre patrie, avons porté le havresac et le mousquet en défense de notre propre opinion pour des causes étrangères, nous éprouvons un attendrissement de soldat et de malheur à la lecture de cette histoire si bien contée, et qui semble être la nôtre.

« Les passions qui ont fait la guerre d'Espagne, « dit M. Carrel, sont maintenant assez effacées « pour qu'on puisse se promettre d'inspirer quelque « intérêt en montrant, au milieu des montagnes de « la Catalogne, sous l'ancien uniforme français, « des soldats de toutes les nations ralliés à l'ascen- « dant d'un grand caractère, marchant où il les « menoit, souffrant et se battant sans espoir d'être « loués ni de rien changer, quoi qu'ils fissent, à « l'état désespéré de leur cause, n'ayant d'autre « perspective qu'une fin misérable, au milieu d'un « pays soulevé contre eux, ou la mort des esplanades s'ils échappoient à celle du champ de ba- « taille. Telle fut pendant de longs jours la situation « de ceux qui, partis de Barcelone peu de temps « avant la capitulation de cette place, allèrent suc- « comber avec Pachiarotti devant Figuières, après « quarante-huit heures d'un combat dont l'achar- « nement prouva que c'étoient des François qui « combattoient de part et d'autre. Ce combat devoit « finir par l'extermination du dernier de ceux qui, « au milieu de l'Europe de 1825, avoient osé mettre « la flamme tricolore au bout de leur lance, et rat- « tacher à leur schako la cocarde de Fleurus et de « Zurich..... Ce n'est rien que la destinée de quel- « ques hommes dans de tels événements ; mais « combien d'autres événements il avoit fallu pour « que ces hommes de toutes les parties de l'Europe « se rencontrassent, anciens soldats du même ca- « pitaine, venus dans un pays qu'ils ne connois- « soient pas, défendre une cause qui se trouvoit « être la leur !.... Les choses, dans leurs conti- « nuelles et fatales transformations, n'entraînent « point avec elles toutes les intelligences : elles ne « domptent point tous les caractères avec une égale « facilité, elles ne prennent pas même soin de « tous les intérêts : c'est ce qu'il faut comprendre, « et pardonner quelque chose aux protestations qui « s'élèvent en faveur du passé. Quand une époque « est finie, le moule est brisé, et il suffit à la Pro- « vidence qu'il ne se puisse refaire ; mais des débris « restés à terre, il en est quelquefois de beaux à « contempler. »

J'ai souligné ces dernières lignes : l'homme qui a pu les écrire a de quoi sympathiser avec ceux qui ont foi en la Providence, qui respectent la religion du passé, et qui ont aussi les yeux attachés sur des débris.

Au surplus les temps où nous vivons sont si fort des temps historiques, qu'ils impriment leur sceau sur tous les genres de travail. On traduit les anciennes chroniques, on publie les vieux manuscrits. On doit à M. Guizot la *Collection des mémoires relatifs à l'histoire de France, depuis la fondation de la monarchie françoise jusqu'au treizième siècle*. Je ne sais si des traductions de nos annales latines, tout en favorisant l'histoire, ne nuiront pas à l'historien ; il est à craindre qu'en ouvrant le sanctuaire des faits aux ignorants et aux incapables nous ne nous trouvions inondés de Tite-Lives et de Thucydides aux gages de quelque libraire. Il n'en est pas ainsi de la mise en lumière des originaux : on ne sauroit trop louer M. le marquis de Fortia de nous avoir donné le texte des *Annales du Hainaut*, par Jacques de Guise. Il faut remercier M. Buchon de l'édition de son *Froissard* et de celles de ses autres chroniques. M. Crapelet, M. Pluquet, M. Méon, M. Barrière, ont montré leur dévouement à la science : le premier a publié l'*Histoire* du châtelain de Coucy, le second le roman de *Rou*, le troisième le roman de *Renart*, le quatrième les *Mémoires* de Loménie. Ces mémoires contiennent des anecdotes sur les derniers moments de Mazarin ; ils achèvent de faire connoître les personnages que M. le marquis de Sainte-Aulaire a remis en scène avec tant de bonheur dans son *Histoire de la Fronde*.

Tout prend aujourd'hui la forme de l'histoire polémique, théâtre, roman, poésie. Si nous avons le *Richelieu* de M. Victor Hugo, nous saurons ce qu'un génie à part peut trouver dans une route inconnue aux Corneille et aux Racine. L'Écosse voit renaître le moyen âge dans les célèbres inventions de Walter Scott. Le Nouveau-Monde, qui n'a d'autres antiquités que ses forêts, ses Sauvages, et sa liberté vieille comme la terre, a trouvé dans M. Cooper le peintre de ces antiquités. Nous n'avons point failli en ce nouveau genre de littérature : une foule d'hommes de talent nous ont donné des tableaux empreints des couleurs de l'histoire. Je ne puis rappeler tous ces tableaux, mais deux s'offrent en ce moment même à ma mémoire : l'un, de M. Mérimée, représente les mœurs à l'époque de la Saint-Barthélemy ; l'autre, de M. Latouche, met sous nos yeux une des réactions sanglantes de la contre-révolution napolitaine. Ces vives peintures rendront de plus en plus difficile la tâche de l'historien. Au treizième siècle la chevalerie historique produisit la chevalerie romanesque, qui marcha de pair avec elle ; de notre temps la véritable histoire aura son histoire fictive, qui la fera disparoître dans son éclat, ou la suivra comme son ombre.

Sous le simple titre de *chansonnier*, un homme est devenu un des plus grands poëtes que la France ait produits : avec un génie qui tient de La Fon-

taine et d'Horace, il a chanté, lorsqu'il l'a voulu, comme Tacite écrivoit :

>   Vous avez vu tomber la gloire
>   D'un Ilion trop insulté,
>   Qui prit l'autel de la Victoire
>   Pour l'autel de la Liberté.
>   Vingt nations ont poussé de Thersite
>   Jusqu'en nos murs le char injurieux.
>   Ah! sans regrets, mon âme, partez vite;
>   En souriant, remontez dans les cieux.

>   Cherchez au-dessus des orages
>   Tant de François morts à propos
>   Qui, se dérobant aux outrages,
>   Ont au ciel porté leurs drapeaux.
>   Pour conjurer la foudre qu'on irrite,
>   Unissez-vous à tous ces demi-dieux :
>   Ah! sans regrets, mon âme, partez vite, etc.

>   Un conquérant, dans sa fortune altière,
>   Se fit un jeu des sceptres et des lois,
>   Et de ses pieds on peut voir la poussière
>   Empreinte encor sur le bandeau des rois.

Le poëte n'est peut-être pas tout à fait aussi heureux quand il chante les rois sur leur trône, à moins que ce ne soit le roi d'Yvetot. En général M. de Béranger a pour démon familier une de ces muses qui pleurent en riant, et dont le malheur fait grandir les ailes.

Les fondateurs de notre école moderne historique réclament à présent toute notre attention.

J'ai déjà dit que M. de Barante avoit créé l'école descriptive. J'ai rendu compte au public de l'*Histoire des Ducs de Bourgogne*; on trouvera mon opinion consignée dans le dix-huitième volume de ces *OEuvres complètes*. Aujourd'hui, en parcourant sa carrière nouvelle, peu importent sans doute à M. de Barante des éloges littéraires : qu'il me soit permis de regretter cette *Histoire du Parlement* qu'il nous promettoit. Peut-être la continuera-t-il, si jamais il est enlevé aux affaires : les lettres sont l'espérance pour entrer dans la vie, le repos pour en sortir.

MM. Thiers et Mignet sont les chefs de l'école fataliste, MM. Thierry, Guizot et Sismondi, les grands réformateurs de notre histoire générale : je m'arrête d'abord à ces derniers.

En joignant, pour les faits, l'histoire d'Adrien de Valois aux observations de MM. Thierry, Guizot et Sismondi, il n'y a presque plus rien à dire touchant la première et la seconde race de nos rois.

Les *Lettres* de M. Thierry *sur l'Histoire de France*, ouvrage excellent, rendent à un temps défiguré par notre ancienne école son véritable caractère. M. Thierry, comme tous les hommes doués de conscience, d'un talent vrai et progressif, a corrigé ce qui lui a paru douteux dans les premières éditions de sa belle et savante *Histoire de la conquête de l'Angleterre*, et dans ses *Lettres sur l'Histoire de France*. Quelques-unes de ses opinions se sont modifiées, l'expérience est venue réviser des jugements un peu absolus. On ne sauroit trop déplorer l'excès de travail qui a privé M. Thierry de la vue. Espérons qu'il dictera longtemps à ses amis, pour ses admirateurs (au nombre desquels je demande la première place), les pages de nos annales : l'histoire aura son Homère comme la poésie. Je retrouverai encore l'occasion de parler de M. Thierry dans cette préface, de même que j'ai été heureux de le citer et de m'appuyer de son autorité dans ces *Études historiques*.

Le cours d'histoire de M. Guizot, en ce qui concerne la seconde race, est d'un haut mérite. On peut ne pas convenir, avec le docte professeur, de quelques détails; mais il a aperçu, avec une raison éclairée, les causes générales de la décomposition et de la recomposition de l'ordre social aux huitième et neuvième siècles. Il a aussi de curieuses leçons sur la littérature civile et religieuse, et une foule de choses justes, bien observées, et écrites avec impartialité. M. Guizot est remplacé dans sa chaire par un des jeunes écrivains de notre époque, qui s'annonce avec le plus d'éclat à la France, M. Saint-Marc Girardin : tant cette France est inépuisable en talents!

M. Sismondi, connu par son *Histoire des républiques italiennes*, est un étranger de mérite qui s'est consacré avec un dévouement honorable pour nous à notre histoire. Trop préoccupé, peut-être, des idées modernes, il a trop jugé le passé d'après le présent : un peu d'humeur philosophique, bien naturelle sans doute, lui a fait traiter sévèrement quelques hommes et quelques règnes; mais il a vu, un des premiers, le parti que les peuples pouvoient tirer même de leurs crimes. Les élucubrations de ce savant annaliste doivent être lues avec précaution, mais étudiées avec fruit.

D'accord avec les écrivains que je viens de nommer, sur presque tous les faits qu'ils ont redressés dans nos historiens de l'ancienne école, tels que la ressemblance que ces historiens établissoient entre les Franks et les François, le prétendu affranchissement des communes par Louis-le-Gros, etc., il y a pourtant quelques points où je suis forcé de différer de ces maîtres.

L'inexorable histoire repousse les systèmes les

PRÉFACE.

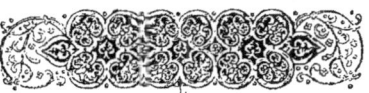

plus ingénieux, lorsqu'ils ne sont pas appuyés sur des documents authentiques.

On parle comme de la plus grande découverte de l'école moderne d'une *seconde invasion des Franks*, c'est-à-dire d'une invasion des Franks d'Austrasie dans le royaume des Franks de Neustrie; invasion qui seroit devenue la cause de l'élévation de la seconde race.

Pour avancer une pareille nouveauté, il faut, ce me semble, autre chose que des conjectures. Produit-on des passages inédits, des chartes, des diplômes inconnus jusqu'ici? Non; rien de positif n'est cité au soutien d'une assertion dont les preuves changeroient les trois premiers siècles de notre histoire. On est réduit à chercher sur quelle apparence de vérité est appuyé un fait dont toutes les chroniques devroient retentir. Quoi! une seconde invasion des Franks auroit été tout à coup découverte au dix-neuvième siècle, sans que personne en eût entendu parler auparavant? Ni les Bénédictins, ni les savants de l'Académie des Inscriptions, ni des hommes comme Du Tillet, Duchesne, Baluze, Bignon, Adrien de Valois, ni tous les historiens de France, quelle qu'ait été la diversité de leurs opinions et de leurs doctrines, ni des critiques tels que Scaliger, Du Plessis, Bullet, Bayle, Secousse, Gilbert, Fréret, Lebœuf, ni des publicistes tels que Bodin, Mably, Montesquieu, n'auroient rien vu? Cela seul me feroit douter, moi qui ne puis avoir aucune assurance en mes lumières. Il y a cependant trente ans que je lis, la plume à la main, les documents de notre histoire, et je n'ai aperçu aucune trace de l'événement qui auroit produit une si grande révolution.

Toujours prêt à reconnoître la supériorité des autres et ma propre foiblesse, cédant peut-être trop vite aux conseils et aux critiques, je me suis débattu contre moi-même, afin de me convaincre d'une chose que les faits me démentoient. Pepp.n de Héristal, duc d'Austrasie, conduisant l'armée austrasienne, défait Thierry III, roi de Neustrie, et s'empare de toute l'autorité sous le nom de Maire du Palais, vers l'an 690. Est-ce cela qu'on auroit qualifié de seconde invasion des Franks?

Mais depuis l'établissement des Franks dans les Gaules, depuis Khlovigh jusqu'à Peppin, et cf de la seconde race, les royaumes des Franks avoient été sans cesse en hostilité les uns contre les autres; effet inévitable du partage de la succession royale, qui se reproduisit sous les descendants de Charlemagne. Ainsi s'étoient formés et avoient disparu tour à tour les royaumes de Metz, de Soissons, d'Orléans, de Paris, de Bourgogne, d'Aquitaine. J'ai bien peur qu'on n'ait pris pour une nouvelle invasion des Franks une guerre civile de plus entre les tribus frankes.

Il ne me paroit pas démontré davantage que les Franks d'Austrasie fussent plus nombreux, et eussent mieux conservé le caractère salique que les Franks neustriens. Les Franks de la Neustrie ne s'étendoient guère outre-Loire; le pays au-delà de ce fleuve reconnoissoit à peine leur autorité, et ils étoient obligés d'y porter leurs armes : M. Thierry lui-même cite un exemple des ravages passagers qu'ils y commettoient. Qu'avoient, pour le courage et les mœurs des Franks, les cités gallo-romaines situées entre la Somme, la Seine et la Loire, de plus amollissant que celles qui couvroient les rives de la Meuse, de la Moselle et du Rhin? Paris étoit un misérable village, tandis que Cologne, Trèves, Mayence, Spire, Strasbourg, Worms, étoient des cités fameuses par les monuments dont leurs anciens maîtres les avoient ornées. D'après M. Guizot, les Franks devinrent propriétaires plus promptement dans l'Austrasie que dans la Neustrie : c'est là que l'on trouve, selon lui, les plus considérables de ces habitations qui devinrent des châteaux. La remarque est juste; mais ces châteaux n'étoient pas l'ouvrage des Franks. Les derniers empereurs avoient permis aux sujets et aux citoyens romains de fortifier leurs demeures particulières; les habitations fortifiées de l'Austrasie n'étoient que des propriétés anciennement données aux vétérans légionnaires chargés de la défense des rives du Rhin, de la Meuse et de la Moselle, d'où leur étoit venu le nom de *Ripuaires*. Les Franks neustriens n'étoient ni plus énervés ni moins braves que leurs compatriotes; on n'aperçoit en histoire aucune différence entre un Frank de Soissons, de Paris et d'Orléans, et un Frank de Metz, de Mayence et de Cologne. Ce furent des Franks neustriens comme des Franks austrasiens qui vainquirent les Arabes à Tours et les Saxons en Germanie, sous les Peppin et sous Charles-le-Martel. Les rois ou chefs de la Neustrie parloient le langage germanique, comme les rois ou chefs de l'Austrasie; leurs peuples seuls différoient de langage.

Remarquez enfin que Charles, duc de la Basse-Lorraine, oncle de Louis V, ayant fait hommage à l'empereur Othon de son duché, fut déclaré indigne de régner sur les Franks; et Charles étoit de la race de Charlemagne. Ce seroit donc les Franks austrasiens qui auroient renié la race qu'ils avoient élevée sur le pavois; ils auroient choisi un roi parmi les Franks neustriens vaincus, pour le mettre à la place d'un chef sorti des Franks austrasiens vainqueurs.

Tels sont mes doutes; ils expliqueront pourquoi, en admettant, relativement aux deux premières races, la plupart des opinions de l'école moderne, j'ai rejeté la seconde invasion des Franks. Je suis

persuadé que les hommes habiles, dont je ne partage pas sur ce point le sentiment, examineront eux-mêmes de plus près un fait d'une nature si grave. Peut-être à leur tour me reprocheront-ils mes hardiesses quand ils me verront hésiter sur la signification que l'on donne au mot *frank*, ne me tenir pas bien assuré qu'il y ait eu jamais une *ligue* de peuples germaniques connue sous le nom de *franks*, à cause même de leur *confédération*.

Passons aux écrivains de l'école moderne du système fataliste.

Deux de ces écrivains attirent particulièrement l'attention : unis entre eux du triple lien de l'amitié, de l'opinion et du talent, ils se sont partagé le récit des fastes révolutionnaires. M. Mignet a resserré dans un ouvrage court et substantiel le récit que M. Thiers a étendu dans de plus larges limites. On trouve dans le premier une foule de traits tels que ceux-ci : « Les révolutions qui emploient beaucoup de « chefs ne se donnent qu'à un seul. » — « En ré« volution tout dépend d'un premier refus et d'une « première lutte. Pour qu'une innovation soit paci« fique, il faut qu'elle ne soit pas contestée; car « alors, au lieu de réformateurs sages et modérés, « on n'a plus que des réformateurs extrêmes et in« flexibles... D'une main ils combattent pour défen« dre leur domination; de l'autre ils fondent leur « système pour la consolider. »

Le portrait de Danton est supérieurement tracé : « Danton, dit l'auteur, étoit un révolutionnaire gi« gantesque... Danton, qu'on a nommé le Mira« beau de la populace, avoit de la ressemblance « avec ce tribun des hautes classes... Ce puissant « démagogue offroit un mélange de vices et de quali« tés contraires. Quoiqu'il se fût vendu à la cour, « il n'étoit pourtant pas vil, car il est des caractè« res qui relèvent jusqu'à la bassesse... Une révo« lution à ses yeux étoit un jeu où le vainqueur, « s'il en avoit besoin, gagnoit la vie du vaincu. » La lutte de Robespierre contre Camille Desmoulins et Danton est représentée avec un grand intérêt, et l'historien entremêle son récit des discours et des paroles de ces hommes de sang. Danton, au moment de périr, pesoit ainsi ses destins : « J'aime « mieux être guillotiné que guillotineur; ma vie « n'en vaut pas la peine, et l'humanité m'ennuie. » On lui conseilloit de partir : « Partir! est-ce qu'on « emporte sa patrie à la semelle de son soulier? » Enfermé dans le cachot qu'avoit occupé Hébert, il disoit : « C'est à pareille époque que j'ai fait insti« tuer le tribunal révolutionnaire; j'en demande « pardon à Dieu et aux hommes; mais ce n'étoit pas « pour qu'il fût le fléau de l'humanité. » Interrogé par le président Dumas, il répondit : « Je suis « Danton; j'ai trente-cinq ans; ma demeure sera « bientôt le néant. » Condamné, il s'écria : « J'en« traîne Robespierre; Robespierre me suit. » Ici la terreur a passé dans le récit de l'historien.

L'auteur, parlant de la mort de Robespierre, dit : « Il faut, homme de faction, qu'on périsse par « les échafauds, comme les conquérants par la « guerre. » C'est l'éloquence appliquée à la raison.

M. Mignet a tracé une esquisse vigoureuse; M. Thiers a peint le tableau. Je mettrai particulièrement sous les yeux de mes lecteurs la mort de Mirabeau et celle de Louis XVI, d'autant plus que l'auteur, n'ayant pas à représenter des personnages plébéiens, objets de ses prédilections, admire pourtant : la vérité de sa conscience et de son talent l'emporte en lui sur la séduction de son système. Je sens moi-même que, si j'avois à parler comme historien de Mirabeau et de Louis XVI, je serois plus sévère que M. Thiers : je demanderois si tous les vices du premier étoient ceux d'un grand politique, si toutes les vertus du second étoient celles d'un grand roi. « Mirabeau, dit l'auteur, et l'on ne « sauroit mieux dire, Mirabeau, dans cette occasion, « frappa surtout par son audace; jamais peut-être il « n'avoit plus impérieusement subjugué l'assemblée. « Mais sa fin approchoit, et c'étoient là ses derniers « triomphes...

« La philosophie et la gaieté se partagèrent ses « derniers instants. Pâle, et les yeux profondément « creusés, il paroissoit tout différent à la tribune, « et souvent il étoit saisi de défaillances subites. « Les excès de plaisir et de travail, les émotions de « la tribune, avoient usé en peu de temps cette exi« stence si forte... Une dernière fois il prit la parole « à cinq reprises différentes, il sortit épuisé, et ne « reparut plus. Le lit de mort le reçut et ne le rendit « qu'au Panthéon. Il avoit exigé de Cabanis qu'on « n'appelât pas de médecins; néanmoins on lui dés« obéit; ils trouvèrent la mort qui s'approchoit, « et qui déjà s'étoit emparée des pieds : la tête fut la « dernière atteinte, comme si la nature avoit voulu « laisser briller son génie jusqu'au dernier instant. « Un peuple immense se pressoit autour de sa de« meure, et encombroit toutes les issues dans le « plus profond silence.

« Mirabeau fit ouvrir ses fenêtres : Mon ami, dit-il « à Cabanis, je mourrai aujourd'hui : il ne reste « plus qu'à s'envelopper de parfums, qu'à se cou« ronner de fleurs, qu'à s'environner de musique, « afin d'entrer paisiblement dans le sommeil éter« nel. Des douleurs poignantes interrompoient de « temps en temps ces discours si nobles et si cal« mes. Vous aviez promis, dit-il à ses amis, de m'é« pargner des souffrances inutiles. En disant cela il « demande de l'opium avec instance. Comme on le « lui refusoit, il l'exige avec sa violence accoutu-

« mée. Pour le satisfaire, on le trompe, et on lui
« présente une coupe, en lui persuadant qu'elle
« contient de l'opium. Il la saisit, avale le breu-
« vage qu'il croit mortel, et paroît satisfait. Un
« instant après il expire. C'étoit le 20 avril 1791.
« L'Assemblée interrompt ses travaux, un deuil
« général est ordonné, des funérailles magnifiques
« sont préparées. On demande quelques députés.
« Nous irons tous, s'écrièrent-ils. L'église de
« Sainte-Geneviève est érigée en Panthéon, avec
« cette inscription qui n'est plus à l'instant où je
« raconte ces faits :

« AUX GRANDS HOMMES LA PATRIE RECONNOISSANTE. »

L'inscription est replacée : y restera-t-elle ? Qui sait ce que renferme l'avenir? Qui connoît les grands hommes et qui les juge? Je ne veux rien poursuivre sous le couvercle d'un cercueil ; quand la mort a appliqué sa main sur le visage d'un homme, il ne reste plus d'espace à l'insulte ; mais les passions politiques sont moins scrupuleuses, et pourvu qu'une révolution dure quelques années, il est peu de gloires qui soient en sûreté dans la tombe. En comparant le récit de M. Thiers à celui de Mme de Staël, on pourra saisir quelques-uns des secrets du talent.

Passons à la mort de Louis XVI. L'innocence de la victime s'emparant du génie de l'auteur, le subjugue et se reproduit tout entière dans ces éloquentes paroles:

« Dans Paris régnoit une stupeur profonde;
« l'audace du nouveau gouvernement avoit pro-
« duit l'effet ordinaire que la force produit sur les
« masses; elle les avoit paralysées, et réduites au
« silence. Le conseil exécutif étoit chargé de la dou-
« loureuse mission de faire exécuter la sentence.
« Tous les ministres étoient réunis dans la salle de
« leur séance et comme frappés de consternation.
« Le tambour battoit dans la capitale; tous ceux
« qu'aucune obligation n'appeloit à figurer dans
« cette terrible journée se cachoient chez eux. Les
« portes et les fenêtres étoient fermées, et chacun
« attendoit chez soi le triste événement. A huit
« heures, le roi partit du Temple. Des officiers de
« gendarmerie étoient placés sur le devant de la
« voiture. Ils étoient confondus de la piété et de
« la résignation de la victime. Une multitude armée formoit la haie. La voiture s'avançoit lentement au milieu du silence universel. On avoit
« laissé un espace vide autour de l'échafaud. Des canons environnoient cet espace, et la vile populace,
« toujours prête à outrager le génie, la vertu, et
« le malheur, se pressoit derrière les rangs des fé-

« dérés, et donnoit seule quelques signes extérieurs
« de satisfaction. »

Les campagnes d'Italie forment dans l'ouvrage de M. Thiers un épisode à part, qui suffiroit seul pour assigner à l'auteur un rang élevé parmi les historiens.

Après cet hommage sans réserve rendu aux chefs de l'école politique fataliste, il me sera peut-être loisible de hasarder des réflexions sur leur système, parce qu'on en a étrangement abusé.

Les écoliers, comme il arrive toujours, n'ayant point le talent des maîtres, croient les surpasser en exagérant leurs principes. Il s'est formé une petite secte de théoristes de terreur, qui n'a d'autre but que la justification des excès révolutionnaires; espèces d'architectes en ossements et en têtes de morts, comme ceux qu'on trouve à Rome dans les catacombes. Tantôt les égorgements sont des conceptions pleines de génie, tantôt ces drames terribles dont la grandeur couvre la sanglante turpitude. On transforme les événements en personnages; on ne vous dit pas : « Admirez Marat, » mais, « admirez ses œuvres; » le meurtrier n'est pas beau, c'est le meurtre qui est divin. Les membres des comités révolutionnaires pouvoient être des assassins publics, mais leurs assassinats sont sublimes, car voyez les grandes choses qu'ils ont produites. Les hommes ne sont rien; les choses sont tout, a-t-on dit. Les hommes ne sont point coupables. On disoit autrefois : « Détestez le crime et pardonnez au criminel ; » si l'on en croyoit les parodistes de MM. Thiers et Mignet, la maxime seroit renversée, et il faudroit dire : « Détestez le criminel et pardonnez.... que « dis-je, pardonnez ! aimez, révérez le crime ! »

Il faut que l'historien dans ce système raconte les plus grandes atrocités sans indignation, et parle des plus hautes vertus sans amour; que d'un œil glacé il regarde la société comme soumise à certaines lois irrésistibles, de manière que chaque chose arrive comme elle devoit inévitablement arriver. L'innocent ou l'homme de génie doit mourir, non pas parce qu'il est innocent ou homme de génie, mais parce que sa mort est nécessaire et que sa vie mettroit obstacle à un fait général placé dans la série des événements. La mort ici n'est rien; c'est l'accident plus ou moins pathétique : besoin étoit que tel individu disparût pour l'avancement de telle chose, pour l'accomplissement de telle vérité.

Il y a mille erreurs détestables dans ce système.

La fatalité, introduite dans les affaires humaines, n'auroit pas même l'avantage de transporter à l'histoire l'intérêt de la fatalité tragique. Qu'un personnage sur la scène soit victime de l'inexorable destin; que, malgré ses vertus, il périsse : quelque chose de terrible résulte de ce ressort mis en mou-

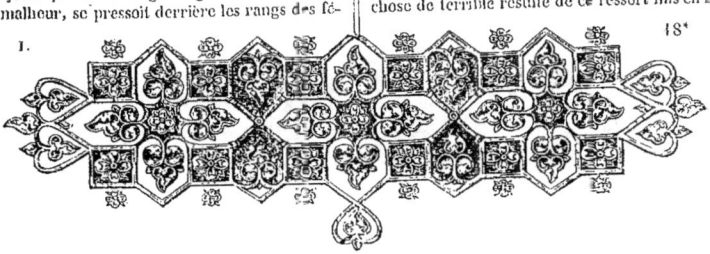

PRÉFACE.

vement par le poëte. Mais que la société soit représentée comme une espèce de machine qui se meut aveuglément par des lois physiques latentes; qu'une révolution arrive par cela seul qu'elle doit arriver; que, sous les roues de son char, comme sous celles du char de l'idole indienne, soient écrasés au hasard innocents et coupables; que l'indifférence ou la pitié soit la même à l'égard du vice ou de la vertu : cette fatalité de la chose, cette impartialité de l'homme sont hébétées et non tragiques. Ce niveau historique, loin de déceler la vigueur, ne trahit que l'impuissance de celui qui le promène sur les faits. J'ose dire que les deux historiens qui ont produit de si déplorables imitateurs étoient très-supérieurs à l'opinion dont on a cru trouver le germe dans leurs ouvrages.

Non, si l'on sépare la vérité morale des actions humaines, il n'est plus de règle pour juger ces actions; si l'on retranche la vérité morale de la vérité politique, celle-ci reste sans base; alors il n'y a plus aucune raison de préférer la liberté à l'esclavage, l'ordre à l'anarchie. Mon *intérêt!* direz-vous. Qui vous a dit que mon *intérêt* est l'ordre et la liberté? Si j'aime le pouvoir, moi, comme tant de révolutionnaires? Si je veux bien abaisser ce que j'envie, mais si je ne me contente pas d'être un citoyen pauvre et obscur, au nom de quelle loi m'obligerez-vous à me courber sous le joug de vos idées? — Par la force? — Mais si je suis le plus fort? — En détruisant la vérité morale, vous me rendez à l'état de nature; tout m'est permis, et vous êtes en contradiction avec vous-même quand vous venez, afin de me retenir, me parler de certaines nécessités que je ne reconnois pas. Ma règle est mon bras : vous l'avez déchaîné, je l'étendrai pour prendre ou frapper au gré de ma cupidité ou de ma haine.

Grâce au ciel il n'est pas vrai qu'un crime soit jamais utile, qu'une injustice soit jamais nécessaire. Ne disons pas que si dans les révolutions tel homme innocent ou illustre, opposé d'esprit à ces révolutions, n'avoit péri, il en eût arrêté le cours, que le tout ne doit pas être sacrifié à la partie. Sans doute cet homme de vertu ou de génie eût pu ralentir le mouvement, mais l'injustice ou le crime accomplis sur sa personne retardent mille fois plus ce même mouvement. Les souvenirs des excès révolutionnaires ont été et sont encore parmi nous les plus grands obstacles à l'établissement de la liberté.

Si, taisant ce que la révolution a fait de bien, ce qu'elle a détruit de préjugés, établi de libertés dans la France, on retraçoit l'histoire de cette révolution par ses crimes, sans ajouter un seul mot, une seule réflexion au texte, mettant seulement tout à tout toutes les horreurs qui se sont dites

et perpétrées dans Paris et les provinces pendant quatre ans, cette tête de Méduse feroit reculer pour des siècles le genre humain jusqu'aux dernières bornes de la servitude; l'imagination épouvantée se refuseroit à croire qu'il y ait eu quelque chose de bon caché sous ces attentats. C'est donc une étrange méprise que de glorifier ces attentats pour faire aimer la révolution. Ce n'est point l'année 1793 et ses énormités qui ont produit la liberté : ce temps d'anarchie n'a enfanté que le despotisme militaire; ce despotisme dureroit encore si celui qui avoit rendu à la Gloire sa complice avoit su mettre quelque modération dans les jouissances de la victoire. Le régime constitutionnel est sorti des entrailles de l'année 1789; nous sommes revenus, après de longs égarements, au point du départ : mais combien de voyageurs sont restés sur la route!

Tout ce qu'on peut faire par la violence, on peut l'exécuter par la loi : le peuple qui a la force de proscrire a la force de contraindre à l'obéissance sans proscription. S'il est jamais permis de transgresser la justice sous le prétexte du bien public, voyez où cela vous conduit : vous êtes aujourd'hui le plus fort, vous tuez pour la liberté, l'égalité, la tolérance; demain vous serez le plus foible, et l'on vous tuera pour la servitude, l'inégalité, le fanatisme. Qu'aurez-vous à dire? Vous étiez un obstacle à la chose qu'on vouloit; il a fallu vous faire disparoître; fâcheuse nécessité sans doute, mais enfin nécessité : ce sont là vos principes; subissez-en la conséquence. Marius répandoit le sang au nom de la démocratie, Sylla au nom de l'aristocratie; Antoine, Lépide et Auguste trouvèrent utile de décimer les têtes qui révoient encore la liberté romaine. Ne blâmons plus les égorgeurs de la Saint-Barthélemy; ils étoient obligés (bien malgré eux sans doute) d'ainsi faire pour arriver à leur but.

Il n'a péri, dit-on, que six mille victimes par les tribunaux révolutionnaires. C'est peu! Reprenons les choses à leur origine.

Le premier numéro du *Bulletin des Lois* contient le décret qui institue le *tribunal révolutionnaire* : on maintient ce décret à la tête de ce recueil, non pas, je suppose, pour en faire usage en temps et lieu, mais comme une inscription redoutable gravée au fronton du temple des lois, pour épouvanter le législateur et lui inspirer l'horreur de l'injustice. Ce décret prononce que la seule peine portée par le *tribunal révolutionnaire* est la peine de mort. L'article 9 autorise tout citoyen à saisir et à conduire devant les *magistrats* les *conspirateurs* et les *contre-révolutionnaires* : l'article 15 dispense de la preuve testimoniale; et l'art. 16 prive de défenseur les *conspirateurs*. Ce tribunal étoit sans appel.

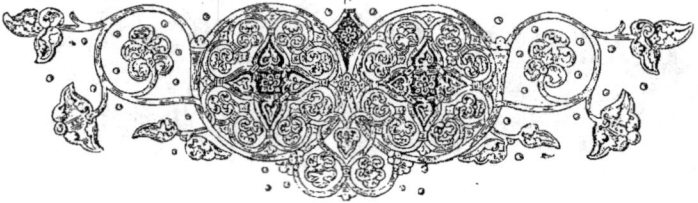

Voilà d'abord la grande base sur laquelle il nous faut asseoir notre admiration : honneur à l'équité révolutionnaire ! honneur à la justice de la caverne ! Maintenant, compulsons les actes émanés de cette justice. Le républicain Prudhomme, qui ne haïssoit pas la révolution, et qui a écrit lorsque le sang étoit tout chaud, nous a laissé six volumes de détails. Deux de ces six volumes sont consacrés à un dictionnaire où chaque criminel se trouve inscrit à sa lettre alphabétique, avec ses *nom, prénoms, âge, lieu de naissance, qualité, domicile, profession, date et motif de la condamnation, jour et lieu de l'exécution.* On y trouve parmi les guillotinés dix-huit mille six cent treize victimes ainsi réparties :

Ci-devant nobles	1,278
Femmes *idem*	750
Femmes de laboureurs et d'artisans	1,467
Religieuses	350
Prêtres	1,135
Hommes non nobles de divers états	13,633
TOTAL	18,613

Femmes mortes par suites de couches prématurées	3,400
Femmes enceintes et en couches	548
Femmes tuées dans la Vendée	12,000
Enfants id. id.	22,000
Morts dans la Vendée	900,000
Victimes sous le proconsulat de Carrier, à Nantes	32,000

Dont :
Enfants fusillés	500
Id. noyés	1,500
Femmes fusillées	264
Id. noyées	500
Prêtres fusillés	500
Id. noyés	460
Nobles noyés	1,400
Artisans *idem*	5,300
Victimes à Lyon	31,000

Dans ces nombres ne sont point compris les massacres à Versailles, aux Carmes, à l'Abbaye, à la glacière d'Avignon, les fusillés de Toulon et de Marseille après les sièges de ces deux villes, et les égorgés de la petite ville provençale de Bédoin, dont la population périt tout entière.

Pour l'exécution de la loi des suspects, du 21 septembre 1793, plus de cinquante mille comités révolutionnaires furent installés sur la surface de la France. D'après les calculs du conventionnel Cambon, ils coûtoient annuellement cinq cent quatre-vingt-onze millions (assignats). Chaque membre de ces comités recevoit trois francs par jour, et ils étoient cinq cent quarante mille : c'étoient cinq cent quarante mille accusateurs ayant droit de désigner à la mort. A Paris seulement, on comptoit soixante comités révolutionnaires ; chacun d'eux avoit sa prison pour la détention des suspects.

Vous remarquerez que ce ne sont pas seulement des *nobles*, des *prêtres*, des *religieux*, qui figurent ici dans le registre mortuaire ; s'il ne s'agissoit que de ces gens-là, la terreur seroit véritablement la vertu : *canaille ! sotte espèce !* Mais voilà dix-huit mille neuf cent vingt-trois hommes non nobles, de divers états, et deux mille deux cent trente et une femmes de laboureurs ou d'artisans, deux mille enfants guillotinés, noyés et fusillés : à Bordeaux, on exécutoit pour crime de *négociantisme*. Des femmes ! mais savez-vous que dans aucun pays, dans aucun temps, chez aucune nation de la terre, dans aucune proscription politique les femmes n'ont été livrées au bourreau, si ce n'est quelques têtes isolées à Rome sous les empereurs, en Angleterre sous Henri VIII, la reine Marie et Jacques II ? La terreur a seule donné au monde le lâche et impitoyable spectacle de l'assassinat juridique des femmes et des enfants en masse.

Le Girondin Riouffe, prisonnier avec Vergniaux, madame Roland et leurs amis à la Conciergerie, rapporte ce qui suit dans ses *Mémoires d'un détenu* : « Les femmes les plus belles, les plus jeunes, « les plus intéressantes, tomboient pêle-mêle dans « ce gouffre (l'Abbaye), dont elles sortoient pour « aller par douzaines inonder l'échafaud de leur « sang.

« On eût dit que le gouvernement étoit dans les « mains de ces hommes dépravés qui, non contents « d'insulter au sexe par des goûts monstrueux, lui « vouent encore une haine implacable. De jeunes « femmes enceintes, d'autres qui venoient d'accou-« cher et qui étoient encore dans cet état de foiblesse « et de pâleur qui sont ce grand travail de la nature « qui seroit respecté par les peuples les plus sau-« vages ; d'autres dont le lait s'étoit arrêté tout « à coup, ou par frayeur, ou parce qu'on avoit ar-« raché leurs enfants de leur sein, étoient jour et « nuit précipitées dans cet abîme. Elles arrivoient « traînées de cachots en cachots, ayant foibles mains « comprimées dans d'indignes fers : on en a vu qui « avoient un collier au cou. Elles entroient, les « unes évanouies et portées dans les bras des gui-« chetiers qui en rioient, d'autres en état de stupé-« faction qui les rendoit comme imbéciles : vers les « derniers mois surtout (avant le 9 thermidor), c'é-« toit l'activité des enfers : jour et nuit les verrous « s'agitoient ; soixante personnes arrivoient le soir « pour aller à l'échafaud le lendemain ; elles étoient « remplacées par cent autres, que le même sort « attendoit le jour suivant.

« Quatorze jeunes filles de Verdun, d'une can-

PRÉFACE

« deur sans exemple, et qui avoient l'air de jeunes
« vierges préparées pour une fête publique, furent
« menées ensemble à l'échafaud. Elles disparurent
« tout à coup et furent moissonnées dans leur prin-
« temps: la cour des femmes avoit l'air, le lende-
« main de leur mort, d'un parterre dégarni de
« ses fleurs par un orage. Je n'ai jamais vu parmi
« nous de désespoir pareil à celui qu'excita cette
« barbarie.

« Vingt femmes du Poitou, pauvres paysannes
« pour la plupart, furent également assassinées en-
« semble. Je les vois encore, ces malheureuses
« victimes, je les vois étendues dans la cour de la
« Conciergerie, accablées de la fatigue d'une
« longue route et dormant sur le pavé... Au mo-
« ment d'aller au supplice, on arracha du sein d'une
« de ces infortunées un enfant qu'elle nourrissoit,
« et qui, au moment même, s'abreuvoit d'un lait
« dont le bourreau alloit tarir la source: ô cris de
« la douleur maternelle, que vous fûtes aigus,
« mais sans effet....... Quelques femmes sont mor-
« tes dans la charrette, et on a guillotiné leurs ca-
« davres. N'ai-je pas vu, peu de jours avant le
« 9 thermidor, d'autres femmes traînées à la mort?
« elles s'étoient déclarées enceintes.... Et ce sont
« des hommes, des François, à qui leurs philoso-
« phes les plus éloquents prêchent depuis soixante
« années l'humanité et la tolérance. . . . .
. . . .
« . . . Déjà un aqueduc immense qui devoit voitu-
« rer du sang avoit été creusé à la place Saint-
« Antoine. Disons-le, quelque horrible qu'il soit
« de le dire, tous les jours le sang humain se pui-
« soit par seaux, et quatre hommes étoient occu-
« pés, au moment de l'exécution, à les vider dans
« cet aqueduc.

« C'étoit vers trois heures après midi que ces
« longues processions de victimes descendoient au
« tribunal, et traversoient lentement sous de lon-
« gues voûtes, au milieu des prisonniers qui se ran-
« geoient en haie pour les voir passer avec une
« avidité sans pareille. J'ai vu quarante-cinq ma-
« gistrats du parlement de Paris, trente-trois du
« parlement de Toulouse, allant à la mort du
« même air qu'ils marchoient autrefois aux céré-
« monies publiques; j'ai vu trente fermiers géné-
« raux passer d'un pas calme et ferme; les vingt-
« cinq premiers négociants de *Sedan* plaignant en
« allant à la mort dix mille ouvriers qu'ils lais-
« soient sans pain. J'ai vu ce *Baysser, l'effroi des
« rebelles de la Vendée*, et le plus bel homme de
« guerre qu'eût la France; j'ai vu tous ces géné-
« raux que la victoire venoit de couvrir de lauriers
« qu'on changeoit soudain en cyprès; enfin tous
« ces jeunes militaires si forts, si vigoureux. . . . .

« ils marchoient silencieusement. . . . . ils ne sa-
« voient que mourir. »

Prudhomme va compléter ce tableau:

« La mission de Le Bon dans les départements
« frontières du nord peut être comparée à l'appari-
« tion de ces noires furies si redoutées dans les
« temps du paganisme. . . . .

Dans les jours de fêtes l'orchestre étoit placé à
côté de l'échafaud; Le Bon disoit aux jeunes filles
qui s'y trouvoient : « Suivez la voix de la nature,
« livrez-vous, abandonnez-vous dans les bras de
« vos amants. . . »

« Des enfants qu'il avoit corrompus lui formoient
« une garde et étoient les espions de leurs parents.
« Quelques-uns avoient de petites guillotines avec
« lesquelles ils s'amusoient à donner la mort à des
« oiseaux et à des souris. » On sait que Le Bon,
après avoir abusé d'une femme qui s'étoit livrée à
lui pour sauver son mari, fit mourir cet homme
sous les yeux de cette femme, à laquelle il ne resta
que l'horreur de son sacrifice; genre d'atrocités si
répétées d'ailleurs, que Prudhomme dit qu'on ne
les sauroit compter.

Carrier se distingua à Nantes : « Environ quatre-
« vingts femmes extraites de l'entrepôt, traduites à
« ce champ de carnage, y furent fusillées; ensuite
« on les dépouilla et leurs corps restèrent ainsi
« épars pendant trois jours.

« Cinq cents enfants des deux sexes, dont les
« plus âgés avoient quatorze ans, sont conduits au
« même endroit pour y être fusillés. Jamais spec-
« tacle ne fut plus attendrissant et plus effroyable,
« la petitesse de leur taille en mit plusieurs à l'abri
« des coups de feu; ils délient leurs liens, s'éparpil-
« lent jusque dans les bataillons de leurs bourreaux,
« cherchent un refuge entre leurs jambes, qu'ils
« embrassent fortement, en levant vers eux leur
« visage où se peignent à la fois l'innocence et l'ef-
« froi. Rien ne fait impression sur ces extermina-
« teurs, ils les égorgent à leurs pieds. »

Noyades à Nantes :

« Une quantité de femmes, la plupart encein-
« tes, et d'autres pressant leur nourrisson sur
« leur sein, sont menées à bord des gabares. . .
« Les innocentes caresses, le sourire de ces tendres
« victimes versent dans l'âme de ces mères éplo-
« rées un sentiment qui achève de déchirer leurs
« entrailles; elles répondent avec vivacité à leurs
« tendres caresses, en songeant que c'est pour la
« dernière fois!!! Une d'elles venoit d'accoucher
« sur la grève, les bourreaux lui donnent à peine
« le temps de terminer ce grand travail; ils avan-
« cent; toutes sont amoncelées dans la gabare, et,
« après les avoir dépouillées à nu, on leur attache
« les mains derrière le dos. Les cris les plus aigus,

« les reproches les plus amers de ces malheureuses
« mères se font entendre de toutes parts contre les
« bourreaux; Fouquet, Robin et Lamberty y répondoient à coups de sabre, et la timide beauté,
« déjà assez occupée à cacher sa nudité aux monstres qui l'outragent, détourne en frémissant ses
« regards de sa compagne défigurée par le sang,
« et qui déjà chancelante vient rendre le dernier
« soupir à ses pieds. Mais le signal est donné; les
« charpentiers d'un coup de hache lèvent les sabords,
« et l'onde les ensevelit pour jamais. »

Et voilà l'objet de vos hymnes! Des milliers d'exécutions en moins de trois années, en vertu d'une loi qui privoit les accusés de témoins, de défenseurs et d'appel! Songez-vous que le souvenir d'une seule condamnation inique, celle de Socrate, a traversé vingt siècles pour flétrir les juges et les bourreaux? Pour entonner le chant de triomphe, il faudroit du moins attendre que les pères et les mères, les femmes et les enfans, les frères et les sœurs des victimes fussent morts, et ils courent encore la France. Femmes, bourgeois, négocians, magistrats, paysans, soldats, généraux, immense majorité plébéicienne, sur laquelle est tombée la terreur, vous plaît-il de fournir de nouveaux alimens à ce merveilleux spectacle?

On dit: Une révolution est une bataille; comparaison défectueuse. Sur un champ de bataille si on reçoit la mort on la donne; les deux partis ont les armes à la main. L'exécuteur des hautes œuvres combat sans péril; lui seul tient la corde ou le glaive; on lui amène l'ennemi garrotté. Je ne sache pas qu'on ait jamais appelé duel ce qui se passoit entre Louis XVI, la jeune fille de Verdun, Bailly, André Chénier, le vieillard Malesherbes et le bourreau. Le voleur qui m'attend au coin d'un bois joue du moins sa vie contre la mienne; mais le révolutionnaire qui, du sein de la débauche, après s'être vendu tantôt à la cour, tantôt au parti républicain, envoyoit à la place du supplice des tombereaux remplis de femmes, quels risques couroit-il avec ces foibles adversaires?

Les prodiges de nos soldats ne furent point l'œuvre de la terreur; ils tinrent à l'esprit militaire des François, qui se réveillera toujours au son de la trompette. Ce ne furent point les commissaires de la Convention et les guillotines à la suite des victoires, qui rétablirent la discipline dans les armées, ce furent les armées qui rapportèrent l'ordre dans la France.

La preuve que ce temps mauvais n'avoit rien de supérieur propre à être reproduit, c'est qu'il seroit impossible de le faire renaître. Les émeutes, les massacres populaires sont de tous les siècles, de tous les pays? mais une organisation complète de meurtres appelés légaux, des tribunaux jugeant à mort dans toutes les villes, des assassins affiliés dépouillant leurs victimes et les conduisant presque sans gardes au supplice, c'est ce qu'on n'a vu qu'une fois, c'est ce qu'on ne reverra jamais. Aujourd'hui les individus résisteroient un à un; chacun se défendroit dans sa maison, sur son champ, dans la prison, au supplice même. La terreur ne fut point une invention de quelques géants; ce fut tout simplement une maladie morale, une peste. Un médecin, dans son amour de l'art, s'écrioit plein de joie: « On a retrouvé la lèpre. » On ne retrouvera pas la terreur. N'apprenons point au peuple à choyer les crimes; ne nous donnons point pour une nation d'ogres, qui lèche comme le lion avec délices ses mâchoires ensanglantées. Le système de la terreur, poussé à l'extrême, n'est autre que la conquête accomplie par l'extermination; or, on ne peut jamais consumer assez vite tous les holocaustes, pour que l'horreur qu'ils inspirent ne soulève pas jusqu'aux allumeurs de bûchers.

La même admiration que l'on accorde à la terreur, ou la prodigue aux terroristes avec aussi peu de raison: ceux qui les ont vus de près savent que la plupart d'entre eux n'étoient que des misérables dont la capacité ne s'élevoit pas au-dessus de l'esprit le plus vulgaire; héros de la peur, ils étoient dans la crainte d'être tués. Loin d'avoir ces desseins profonds qu'on leur suppose aujourd'hui, ils marchoient sans savoir où ils alloient, jouets de leur ivresse et des événements. On a prêté de l'intelligence à des instincts matériels; on a forgé la théorie d'après la pratique; on a tiré la poétique du poème. Si même quelques-uns de ces stupides démons ont par hasard mêlé quelques qualités à leurs vices, ces dons stériles ressembloient aux fruits qui se détachent de la branche et pourrissent au pied de l'arbre qui les a portés. Un vrai terroriste n'est qu'un homme mutilé, privé comme l'eunuque de la faculté d'aimer et de renaître: c'est son impuissance dont on a voulu faire du génie.

Que, dans la fièvre révolutionnaire, il se soit trouvé d'atroces sycophantes engraissés de sang comme ces vermines immondes qui pullulent dans les voiries; que des sorcières plus sales que celles de Macbeth aient dansé en rond autour du chaudron où l'on faisoit bouillir les membres déchirés de la France, soit; mais que l'on rencontre aujourd'hui des hommes qui, dans une société paisible et bien ordonnée, se constituent les meilleurs apologistes de ces brutales orgies; des hommes qui parfument et couronnent de fleurs le baquet où tomboient les têtes à couronne ou à bonnet rouge; des hommes qui enseignent la logique du meurtre, qui se font maîtres ès-arts de massacre, comme il

y a des professeurs d'escrime, voilà ce qui ne se comprend pas.

Défions-nous de ce mouvement d'amour-propre qui nous fait croire à la supériorité de notre esprit, à la fortitude de notre âme, parce que nous envisageons de sang-froid les plus épouvantables catastrophes : le bourreau manie des troncs palpitants sans en être ému : cela prouve-t-il la fermeté de son caractère et la grandeur de son intelligence ? Quand le plus vil des peuples, quand les Romains du temps de l'empire couroient au spectacle des gladiateurs ; quand vingt mille prisonniers s'égorgeoient pour amuser un Néron entouré de prostituées toutes nues, n'étoit-ce pas là de la terreur sur une grande échelle ? Le mot changera-t-il le fait ? Faudra-t-il trouver horrible, au nom de la tyrannie, ce qu'on trouveroit admirable au nom de la liberté ?

Placer la fatalité dans l'histoire, c'est se débarrasser de la peine de penser, s'épargner l'embarras de rechercher la cause des événements. Il y a bien autrement de puissance à montrer comment la déviation des principes de la morale et de la justice a produit des malheurs, comment ces malheurs ont enfanté des libertés par le retour à la morale et à la justice ; il y a certes en cela bien plus de puissance qu'à mettre la société sous de gros pilons qui réduisent en pâte ou en poudre les choses et les hommes : il ne faut que lâcher l'écluse des passions, et les pilons vont se levant et retombant. Quant à moi, je ne me sens aucun enthousiasme pour une hache. J'ai vu porter des têtes au bout d'une pique, et j'affirme que c'étoit fort laid. J'ai rencontré quelques-unes de ces vastes capacités qui faisoient promener ces têtes ; je déclare qu'il n'y avoit rien de moins vaste : le monde les menoit, et elles croyoient mener le monde. Un des plus fameux révolutionnaires, à moi connu, étoit un homme léger, bavard, d'un esprit court, et qui, privé de cœur de toute façon, en manquoit dans le péril. Les équarrisseurs de chair humaine ne m'imposent point : en vain ils me diront que, dans leurs fabriques de pourritures et de sang, ils tirent d'excellents ingrédients des carcasses industriellement pilées : manufacturiers de cadavres, vous aurez beau broyer la mort, vous n'en ferez jamais sortir un germe de liberté, un grain de vertu, une étincelle de génie.

Que les théoriciens de terreur gardent donc s'ils le veulent leur fanatisme à la glace, lequel leur fournit deux ou trois phrases inexplicables de *nécessité, de mouvement, de force progressive*, sous lesquelles ils cachent le vide de leurs pensées, je ne les lirai plus ; mais je relirai les deux historiens qu'ils ont pris si mal à propos pour guides, et dont le talent me fera oublier leurs infirmes et sauvages imitateurs.

Au surplus, un auteur à qui la liberté doit beaucoup, le dernier orateur de ces générations constitutionnelles qui finissent, un homme dont la tombe récente doit augmenter l'autorité, M. Benjamin Constant, a combattu avant moi ces dogmatiques de terreur. Il faut lire tout entier, dans ses *Mélanges de littérature et de politique*, l'article dont je ne citerai que ce passage : « La terreur n'a produit « aucun bien. A côté d'elle a existé ce qui étoit indis-« pensable à tout gouvernement, mais ce qui auroit « existé sans elle, et ce qu'elle a corrompu et empoi-« sonné en s'y mêlant . . . .

« Ce régime abominable n'a point, comme on l'a « dit, préparé le peuple à la liberté, il l'a préparé « à subir un joug quelconque ; il a courbé les têtes, « mais en dégradant les esprits, en flétrissant les « cœurs ; il a servi pendant sa durée les amis de l'an-« archie, et son souvenir sert maintenant les amis « de l'esclavage et de l'avilissement de l'espèce hu-« maine.

« Je n'aurois pas rappelé de tristes souvenirs, « si je n'avois pensé qu'il importoit à la France, quel-« les que soient désormais ses destinées, de ne pas « voir confondre ce qui est digne d'admiration et « ce qui n'est digne que d'horreur. Justifier le régime « de 1793, peindre les forfaits et du délire comme « une nécessité qui pèse sur les peuples, toutes les « fois qu'ils essaient d'être libres, c'est nuire à une « cause sacrée, plus que ne lui nuiroient les atta-« ques de ses ennemis les plus déclarés. . . . . .

« Séparez donc soigneusement les époques et les « actes ; flétrissez ce qui est éternellement coupable ; « ne recourez pas à une métaphysique abstraite et « subtile pour prêter à des attentats l'excuse d'une « fatalité irrésistible qui n'existe pas, n'ôtez pas à « vos jugements toute autorité, à vos hommages « toute valeur. »

Une pensée doit nous consoler, c'est que le régime de la terreur ne peut renaître, non-seulement, comme je l'ai dit, parce que personne ne s'y soumettroit, mais encore parce que les causes et les circonstances qui l'ont produite ont disparu. En 1793, il y avoit à jeter à terre l'immense édifice du passé, à faire la conquête des idées, des institutions, des propriétés. On conçoit comment un système de meurtre, appliqué ainsi qu'un levier à la démolition d'un monument colossal, pouvoit sembler une force nécessaire à des esprits pervers ; mais tout est renversé aujourd'hui, tout est conquis, idées, institutions, propriétés. De quoi s'agit-il maintenant ? D'une forme politique un peu plus ou un peu moins

républicaine, de quelques lois à abolir ou à publier, de quelques hommes à remplacer par quelques autres. Or, pour d'aussi minces résultats qui ne rencontrent aucune résistance collective, qui ne blessent aucune classe particulière de la société, il n'est pas besoin de mettre une nation en coupe réglée. On ne fait point de la terreur *à priori* : la terreur ne fut point un plan combiné et annoncé d'avance ; elle vint peu à peu avec les événemens ; elle commença par les assassinats privés et désordonnés de 1789, 1790, 1791, 1792, pour arriver aux assassinats publics et réguliers de 1793. Les terroristes ne savoient pas d'avance qu'ils étoient des terroristes. Nos terroristes de théorie nous crient : « Oyez, nous sommes des terroristes barbus ou « imberbes, nous ! Nous allons établir une superbe « terreur. Venez, que nous vous coupions le cou. « Nous sommes des hommes énergiques, nous ! Le « génie est notre fort. » Ces parodistes de terreur, ces terroristes de mélodrame, bien capables sans doute de vous tuer, si vous les en défiez, par la preuve et l'honneur de la chose, seroient incapables de maintenir trois jours en permanence l'instrument de mort qui retomberoit sur eux.

De ces Études historiques.

Il est temps de rendre compte de mes propres *Études*. J'ai déduit dans mon *Avant-Propos* les raisons pour lesquelles on ne me lira point, les causes pour lesquelles je perds le dernier grand travail de ma vie ; mais enfin si dans quelque moment dérobé à l'importance des catastrophes du jour, si dans ces courts intervalles de repos qui séparent les événemens dans les révolutions, quelques hommes singuliers s'enquéroient de mes recherches, je leur vais épargner la peine d'aller plus avant. Quand on aura jeté un coup d'œil sur cette fin de préface, on sera à même de dire, si l'on veut, qu'on a lu mon ouvrage, de l'approuver et de le combattre sans l'avoir lu, si par hasard on avoit le loisir ou la fantaisie de s'occuper d'une controverse littéraire.

J'ai donné à la première partie de mon travail le titre d'*Études historiques*, en lui laissant toutefois celui de *Discours* que j'avois d'abord choisi. J'ai pensé que ce titre d'*Études* convenoit mieux à la modestie de mon travail, qu'il me donnoit plus de liberté pour parler des diverses choses convergentes à mon sujet, et ne m'obligeoit pas de tenir incessamment mon style à la hauteur du *discours*.

Dans l'introduction, j'expose mon système ; je définis les trois vérités qui sont le fondement de l'ordre social ; la vérité religieuse, la vérité philosophique ou l'indépendance de l'esprit de l'homme, la vérité politique ou la liberté. Je dis que tous les faits historiques naissent du choc, de la division ou de l'alliance de ces trois vérités. J'adopte pour vérité religieuse la vérité chrétienne, non pas comme Bossuet en faisant du christianisme un cercle inflexible, mais un cercle qui s'étend à mesure que les lumières et la liberté se développent. Le christianisme a eu plusieurs ères : son ère morale ou évangélique, son ère des martyrs, son ère métaphysique ou théologique, son ère politique : il est arrivé à son ère ou à son âge philosophique.

Le monde moderne prend naissance au pied de la croix. Les nations modernes sont composées des trois peuples, païen, chrétien et barbare ; de là la nécessité, pour les bien connoître, de remonter à leurs origines ; de là l'obligation pour l'historien de reprendre les faits au temps d'Auguste, où commencent à la fois l'empire romain, le christianisme et les premiers mouvements des Barbares.

Ainsi, l'histoire de l'empire romain mêlée à l'histoire du christianisme, lequel attaque au dedans la société païenne, tandis que les Barbares l'assaillent au dehors : histoire des invasions successives des Barbares ; il en faut distinguer deux principales ; l'une quand les Barbares n'avoient point encore reçu la foi, l'autre lorsqu'ils étoient devenus chrétiens.

Principaux vices de l'ancienne société ; elle étoit fondée sur deux abominations : le polythéisme et l'esclavage. Le polythéisme, en faussant la vérité religieuse, l'unité d'un Dieu, faussoit toutes les vérités morales ; l'esclavage corrompoit toutes les vérités politiques.

Philosophie des païens : ce qu'elle donna au christianisme et ce que le christianisme reçut d'elle. Les philosophes grecs firent sortir la philosophie des temples et la renfermèrent dans les écoles ; les prêtres chrétiens firent sortir la philosophie des écoles et la livrèrent à tous les hommes.

Le polythéisme se trouva sous Julien dans la position où le christianisme se trouve de nos jours, avec cette différence qu'il n'y auroit rien aujourd'hui à substituer au christianisme, et que sous Julien le christianisme étoit là, tout prêt à remplacer

PRÉFACE.

l'ancienne religion. Inutiles efforts de Julien pour faire rétrograder son siècle : le temps ne recule point, et le plus fier champion ne pourroit le faire rompre d'une semelle. Conversion de Constantin, destruction des temples. La vérité politique commence à rentrer dans la société par la morale chrétienne et par les institutions des Barbares. Entre les grands changements opérés dans l'ordre social par le christianisme, il faut remarquer principalement l'*émancipation des femmes*, qui néanmoins n'est pas encore complète par la loi, et le *principe de l'égalité humaine*, inconnu de l'antiquité polythéiste.

Toutes les origines de notre société ont été placées deux siècles trop bas : Constantin, qui remplaça le grand patriciat par une noblesse titrée, et qui changea avec d'autres institutions la nature de la société latine, est le véritable fondateur de la royauté moderne, dans ce qu'elle conserva de romain.

Entre les monarchies barbares et l'empire purement latin-romain, il y a eu un empire romain-barbare qui a duré près d'un siècle avant la déposition d'Augustule. C'est ce qu'on n'a pas remarqué, et ce qui explique pourquoi, au moment de la fondation des royaumes barbares, rien ne parut changé dans le monde : aux malheurs près, c'étoient toujours les mêmes hommes et les mêmes mœurs.

Arrivé à travers les faits jusqu'à l'érection du royaume d'Italie par Odoacre, et à celle du royaume des Franks par Clovigh, je m'arrête, et je présente séparément les trois grands tableaux des mœurs, des lois, de la religion des païens, des chrétiens et des Barbares.

Concentration de toutes les philosophies et de toutes les religions dans l'Asie hébraïque, persane et grecque. Grande école des prophètes. Systèmes philosophiques. Hérésies juives et grecques : affinités des systèmes philosophiques et des hérésies. L'hérésie maintint l'indépendance de l'esprit humain, et fut favorable à la vérité philosophique.

Là se terminent les *Études historiques*, et j'y substitue un nouveau titre pour continuer ma marche.

On sait que mon premier plan avoit été de faire des *Discours Historiques* depuis l'établissement du christianisme (en passant par l'empire romain, les races mérovingienne et carlovingienne, et la race capétienne) jusqu'au règne de Philippe VI dit de Valois. A ce règne, je me proposois d'écrire l'histoire de France proprement dite, et de la conduire jusqu'à la révolution. Je ne m'étois engagé à publier, dans la collection de mes *Œuvres*, que les *Discours historiques*. La vie qui m'échappe, ne me permettant pas d'accomplir mes projets, je me suis déterminé à satisfaire ceux de mes lecteurs qui

témoignoient le désir de connoître mon système entier sur l'histoire de notre patrie. En conséquence, je trace une *Analyse raisonnée* de cette histoire sous les deux premières races et sous une partie de la troisième. Quand j'arrive à l'époque où devoit commencer mon histoire proprement dite, je donne des fragments des règnes de Philippe de Valois et du roi Jean, notamment les batailles de Crécy et de Poitiers, ayant soin de remplir les lacunes par des sommaires. Après ces deux règnes, je reprends l'*analyse raisonnée*, et je la continue jusqu'à la mort de Louis XVI.

Les *Études* ou *Discours historiques* très-étendus, qui vont d'Auguste à Augustule, montrent par la profondeur des fondements l'intention où j'étois d'élever un grand édifice : le temps m'a manqué ; je n'ai pu bâtir sur les masses que j'avois enfoncées dans la terre qu'une espèce de baraque en planches, ou en toile, peinte à la grosse brosse, représentant tant bien que mal le monument projeté, et entremêlée de quelques membres d'architecture sculptés à part sur mes premiers dessins. Quoi qu'il en soit, voici ce que l'on trouve dans le tracé de mon plan, autrement dans mon *Analyse raisonnée*.

Pour les deux premières races, j'adopte généralement les idées de l'*École moderne*; je ne transforme point les Franks en François ; je vois la société romaine subsister presque tout entière, dominée par quelques Barbares, jusque vers la fin de la seconde race. Je suis le système de M. Thierry quant aux noms propres de la première et de la seconde race. Rien en effet ne fixe mieux le moment de la métamorphose des Franks en François que les altérations survenues dans les noms. Mais je n'ai pas tout à fait orthographié les noms franks comme l'auteur *des Lettres sur l'Histoire de France*, je n'écris pas *Khlodowig* ou *Chlodowig* pour *Clovis* ; j'écris *Khlodovigh* ; je blesse moins ainsi, ce me semble, les habitudes de notre œil et de notre oreille. La première syllabe de Clovis reste *Klo* ; en l'écrivant *Chlo*, la prononciation françoise obligeroit à dire *Chelo* ; j'ajoute un *h* au *g*, comme dans l'allemand, ce qui, adoucissant ou mouillant le *g*, fait comprendre comment le *gh* a pu se changer en *s*. Je n'insiste pas sur l'orthographe des autres noms, on la verra.

Au surplus, elle est justifiée par les chroniqueurs latins, germaniques et vieux françois ; Du Tillet et surtout Chantereau Lefebvre l'ont essayée dans quelques noms : il me semble utile que cette réforme passe enfin dans notre histoire. J'avoue cependant que j'ai été foible à l'égard de Charlemagne ; il m'a été impossible de le changer en Karle-le-Grand, excepté en citant le moine de Saint-Gall. Que voulez-vous ! on ne peut rien contre la gloire ; quand

PRÉFACE.

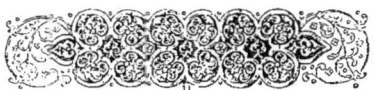

elle a fait un nom, force est de l'adopter, l'eût-elle mal prononcé. Les Grecs étoient grands corrupteurs de la vérité syllabique ; leur oreille poétique et dédaigneuse, sans s'embarrasser de la vérité historique, ramenoit de force les noms barbares à l'euphonie. J'écris aussi Karle-le-Martel au lieu de Karle-Marteau : c'est absolument la même chose dans la vieille langue, et j'espère que l'habitude du *Martel* fera pardonner au *Karle.*

J'avois commencé des recherches assez considérables sur les Gaulois ; l'ouvrage de M. Amédée Thierry a paru, et j'ai abandonné mon travail : il étoit dans la destinée des deux frères de m'instruire et de me décourager.

Mais si je me suis soumis aux heureuses innovations de l'école moderne, je combats aussi quelques-uns de ses sentiments : je ne puis admettre, par exemple, que les Franks fussent des espèces de sauvages tels que ceux chez lesquels j'ai vécu en Amérique ; les faits repoussent cette supposition. Je rejette également la seconde invasion des Franks, laquelle auroit mis les Carlovingiens sur le trône : j'ai dit plus haut les motifs de mon incrédulité. Quant à l'ancienne école, je lui nie sa doctrine de l'hérédité des rois de la première et de la seconde race ; je soutiens que l'élection étoit partout ; qu'il ne pouvoit y avoir usurpation là où il y avoit élection. Il y a plus : j'avance que l'*hérédité* est une chose nouvelle dans les successions souveraines ; que l'antiquité européenne tout entière l'a ignorée ; que cette hérédité n'a commencé qu'à Hugues Capet au dixième siècle, par une raison que j'indiquerai dans un moment.

L'antiquité romaine barbare finit vers la fin de la seconde race, et alors s'opère une des grandes transformations de l'espèce humaine par l'établissement de la féodalité. Le moyen âge fut l'ouvrage du christianisme mêlé au tempérament des Barbares et aux institutions germaniques.

Avant d'entrer dans l'analyse raisonnée des règnes de la troisième race, je montre quelle étoit la communauté chrétienne et quelle étoit la constitution de l'église chrétienne, deux choses différentes l'une de l'autre. Je prouve que l'Église chrétienne étoit une monarchie élective, représentative, républicaine, fondée sur le principe de la plus complète égalité ; que l'immense majorité des biens de l'Église appartenoit à la partie plébéienne des nations ; qu'une abbaye n'étoit qu'une maison romaine ; que le pape, souvent tiré des dernières classes sociales, étoit le tribun et le mandataire des libertés des hommes ; que c'étoit en cette qualité d'unique représentant d'une vérité politique opprimée, qu'il avoit mission et qualité de juger et de déposer les rois. Je dis qu'à cette époque où le peuple disparut, le peuple se fit prêtre et conserva sous ce déguisement l'usage et la souveraineté de ses droits : c'est l'ère politique du christianisme. Le christianisme dut entrer dans l'état et s'emparer du pouvoir temporel, lorsque toutes les lumières furent concentrées dans le clergé. La liberté est chrétienne.

On voit par cet exposé comment mes idées sur le christianisme diffèrent de celles de M. le comte de Maistre, et de celles de M. l'abbé de La Mennais : le premier veut réduire les peuples à une commune servitude, elle-même dominée par une théocratie ; le second me semble appeler les peuples (sauf erreur de ma part) à une indépendance générale sous la même domination théocratique. Ainsi que mon illustre compatriote, je demande l'affranchissement des hommes ; je demande encore, ainsi qu'il le fait, l'émancipation du clergé ; on le verra dans ces *Études*; mais je ne crois pas que la papauté doive être une espèce de pouvoir dictatorial planant sur de futures républiques. Selon moi, le christianisme devint politique au moyen âge par une nécessité rigoureuse : quand les nations eurent perdu leurs droits, la religion, qui seule alors étoit éclairée et puissante, en devint la dépositaire. Aujourd'hui que les peuples les reprennent, ces droits, la papauté abdiquera naturellement les fonctions temporelles, résignera la tutelle de son grand pupille arrivé à l'âge de majorité. Déposant l'autorité politique dont il fut justement investi dans les jours d'oppression et de barbarie, le clergé rentrera dans les voies de la primitive Église, alors qu'il avoit à combattre la fausse religion, la fausse morale et les fausses doctrines philosophiques. Je pense que l'âge politique du christianisme finit ; que son âge philosophique commence ; que la papauté ne sera plus que la source pure où se conservera le principe de la foi prise dans le sens le plus rationnel et le plus étendu. L'unité catholique sera personnifiée dans un chef vénérable représentant lui-même le Christ, c'est-à-dire les vérités de la nature de Dieu et de la nature de l'homme. Que le souverain pontife soit à jamais le conservateur de ces vérités auprès des reliques de saint Pierre et de saint Paul ! Laissons dans la Rome chrétienne tout un peuple tomber à genoux sous la main d'un vieillard. Y a-t-il rien qui aille mieux à l'air de tant de ruines ? En quoi cela pourroit-il blesser à notre philosophie ? Le pape est le seul prince qui bénisse ses sujets.

La vérité religieuse ne s'anéantira point, parce qu'aucune vérité ne se perd ; mais elle peut être défigurée, abandonnée, niée dans certains moments de sophisme et d'orgueil par ceux qui, ne croyant plus au Fils de l'homme, sont les enfants ingrats de la nouvelle synagogue. Or, je ne sache rien de plus beau qu'une institution consacrée à la garde

de cette vérité d'espérance où les âmes se peuvent venir désaltérer comme à la fontaine d'eau vive dont parle Isaïe. Les antipathies entre les diverses communions n'existent plus ; les enfants du Christ, de quelque lignée qu'ils proviennent, se sont serrés au pied du Calvaire, souche naturelle de la famille. Les désordres et l'ambition de la cour romaine ont cessé ; il n'est plus resté au Vatican que la vertu des premiers évêques, la protection des arts et la majesté des souvenirs. Tout tend à recomposer l'unité catholique ; avec quelques concessions de part et d'autre, l'accord seroit bientôt fait. Je répéterai ce que j'ai déjà dit dans cet ouvrage : pour jeter un nouvel éclat, le christianisme n'attend qu'un génie supérieur venu à son heure et dans sa place [1]. La religion chrétienne entre dans une ère nouvelle ; comme les institutions et les mœurs, elle subit la troisième transformation. Elle cesse d'être politique, elle devient philosophique sans cesser d'être divine : son cercle flexible s'étend avec les lumières et les libertés, tandis que la croix marque à jamais son centre immobile.

Avec la troisième race se constitue la féodalité, et sous le règne de Philippe Ier paroit le moyen âge dans l'énergie de sa jeunesse, l'âme toute religieuse, le corps tout barbare, l'esprit aussi vigoureux que le bras. L'hérédité et le droit de primogéniture s'établirent dans la personne de Hugues Capet par la cérémonie du sacre. Le sacre, ou l'élection religieuse, a usurpé l'élection politique : j'apporte les preuves de ce fait qu'aucun historien, du moins que je sache, n'avoit jusqu'ici remarqué.

Les Franks deviennent des François sous les premiers rois de la troisième race.

Il y a eu quatre monarchies, à compter de Hugues Capet à Louis XVI : la monarchie purement féodale et de la grande pairie, la monarchie des états (appelés dans la suite états-généraux), la monarchie parlementaire dans les intermissions des états, la monarchie absolue qui se perd dans la monarchie constitutionnelle.

Incidence de ces diverses monarchies ou grands événements qui s'y rattachent : affranchissement des communes, croisades, etc., etc.

La monarchie féodale étoit une véritable république aristocratique fédérative, ou plutôt une démocratie noble, car il n'y avoit point de peuple dans cette aristocratie ; il n'y avoit point de sujets ;

[1] Depuis que ces lignes ont été écrites, le cardinal Capellari a été nommé pape. C'est un homme d'une vaste science, d'une éminente vertu, et qui comprend son siècle ; mais n'est-il pas arrivé trop tard ? J'avois appelé ce choix de tous mes vœux dans le précédent conclave.

il n'y avoit que des serfs. Le nom de *peuple* ne se trouve point à cette époque dans les chroniques, parce qu'en effet le peuple n'existoit point. Le peuple commence à renaître sous Louis-le-Gros, dans les villes par les *bourgeois*, dans les campagnes par les *serfs affranchis*, et par la recomposition successive de la petite et de la moyenne propriété.

Exposé de la féodalité. Quel étoit le fief ? Le fief étoit le mélange de la propriété et de la souveraineté. La propriété prit le caractère du propriétaire ; elle devint conquérante. Le pouvoir, la justice et la noblesse, furent attachés à la terre, cause principale de la longue durée du règne féodal. Preuves et explication à ce sujet.

Le fief et l'aleu étoient le combat et la coexistence de la propriété selon l'ancienne société, et la propriété selon la société nouvelle. Le monde féodal ne fut qu'un monde militaire où tout reposa, comme dans un camp entre des chefs et des soldats, sur la subordination et des engagements d'honneur.

Sous la féodalité, la servitude germanique remplaça la servitude romaine. Le servage prit la place de l'esclavage : c'est le premier pas de l'affranchissement de la race humaine ; et, chose étrange ! on le doit à la féodalité. Le serf devenu vassal ne fut plus qu'un soldat armé, et les armes délivrent ceux qui les portent. Du servage on a passé au salaire, et le salaire se modifiera encore, parce qu'il n'est pas une entière liberté.

Louis-le-Gros n'a point affranchi les communes, comme l'a si longtemps assuré l'ancienne école historique ; mais le mouvement insurrectionnel général des communes dans le onzième siècle, qu'a remarqué l'école moderne, ne doit être admis qu'avec restriction : cette école s'est laissé entraîner sur ce point à l'esprit de système.

Les Croisades ont recomposé les grandes armées modernes, décomposées par les cantonnements de la féodalité.

La chevalerie n'a point son origine dans les Croisades ; les romanciers, qui la reportent au temps de Charlemagne, n'ont point menti à l'histoire comme on l'a cru. La chevalerie a commencé à la fois chez les Maures et chez les chrétiens, sur la fin du huitième siècle. L'auteur du poème d'Antar et le moine de Saint-Gall (qui l'un et l'autre écrivoient les exploits des paladins maures et chrétiens), Charlemagne et Aron al Rachild, étoient contemporains. Preuves de cette antiquité de la chevalerie par les mœurs, les combats, les armes, les arts, les monuments et l'architecture.

Il n'y a point eu de chevalerie collective, mais une chevalerie individuelle. La chevalerie historique a fait naître une chevalerie romanesque. Cette chevalerie romanesque, qui marche avec la cheva-

lerie historique, donne aux temps moyens un caractère d'imagination et de fiction qu'il est essentiel de distinguer.

La monarchie des états, dont l'origine remonte au règne de saint Louis, quoiqu'on n'en fixe la date qu'à celui de Philippe-le-Bel, n'est jamais bien entrée dans les mœurs de la France ; elle a toujours été foible, parce que les deux premiers ordres, le clergé et la noblesse, avoient des constitutions particulières, et faisoient peu de cas d'une constitution commune. Le tiers-état, appelé uniquement pour voter des impôts, n'étoit attentif qu'à se coller à la couronne, afin de se défendre contre les deux autres ordres. La monarchie parlementaire affoiblissoit encore les états, en usurpant leurs fonctions et leurs pouvoirs. Enfin le royaume ne formoit pas alors un corps homogène ; il avoit les états de provinces, et l'autorité des états de la langue d'Oyl étoit méconnue à trente lieues de Paris.

Tableau général du moyen âge au moment où la branche des Valois monte sur le trône. Vie prodigieuse de cet âge : éducation, mœurs privées, arts, etc. ; manière indépendante et vigoureuse d'imiter et de s'approprier les classiques. Population et aspect de la France dans le moyen âge. Le sol étoit couvert de plus de dix-huit cent mille monuments.

Admirable architecture gothique ; son histoire. Elle a peut-être sa source première dans la Perse. Elle est née du néo-grec asiatique apporté à la fois par deux religions et par trois chemins en Europe : en Espagne, par les Maures ; en Italie, par les Grecs ; en France, en Angleterre et en Allemagne, par les Croisés.

Ici je quitte l'*analyse raisonnée* pour l'*histoire* même. — Règnes des Valois. Changements soudains arrivés sous ces règnes. Les peuples se nationalisent. L'Angleterre se sépare de la France, dont elle devient la rivale et l'ennemie ; elle forme sa constitution et établit ses libertés.

Fragments des règnes de Philippe VI et de Jean son fils. Guerre de Bretagne. La France est envahie et désolée. Bataille de Crécy et de Poitiers. La haute et première noblesse perd les trois grandes batailles de Crécy, de Poitiers et d'Azincourt, et périt presque tout entière. Une seconde noblesse paroît. Cette seconde aristocratie délivre la France des Anglois, et se montre pour la dernière fois à Ivry. L'armée plébéienne ou nationale, commencée sous Charles VII, s'augmente. La poudre, en changeant la nature des armes, sert à détruire l'importance militaire de la noblesse, qui finit par donner des officiers à l'armée dont jadis elle composoit les soldats. Si le système des gardes nationales se généralise, il détruira l'armée permanente ; on retournera aux levées en masse du moyen âge ; le ban et l'arrière-ban plébéiens remplaceront le ban et l'arrière-ban nobles.

A l'époque des guerres d'Édouard III, la couleur nationale françoise étoit le rouge, et la couleur nationale angloise le blanc. Édouard prit le rouge comme roi de France, et nous quittâmes cette couleur devenue ennemie. Le traité de Brétigny ne mutila pas la France, comme on l'a cru. Philippe ne céda presque rien des provinces de la couronne ; il n'y eut que des seigneurs particuliers qui changèrent de suzerain. Cela ne se pourroit comparer en aucune sorte au démembrement de la France homogène d'aujourd'hui.

Pourquoi ne trouve-t-on dans notre histoire qu'une centaine de noms historiques ? Parce que les chroniqueurs, sous la monarchie féodale, n'ont fait que l'histoire du duché de Paris, et que les écrivains, sous la monarchie absolue, n'ont donné que l'histoire de la cour.

Après le règne de Philippe de Valois, je quitte l'*histoire* et je rentre dans l'*analyse raisonnée*.

Tableau des malheurs de la France pendant la captivité du roi Jean. Charles V et Duguesclin viennent ensemble et l'un pour l'autre ; intimité de leurs destinées. Paris se transforme, en 1357, en une espèce de démocratie ancienne, au milieu de la féodalité. Fameux états de cette époque. Charles-le-Mauvais, roi de Navarre ; ses desseins contre le roi Jean. Mettre un souverain en jugement n'est point une idée qui appartienne au temps où nous vivons : preuves historiques que l'aristocratie et la théocratie ont jugé et condamné des rois longtemps avant que la démocratie ait suivi cet exemple. Article remarquable, et généralement ignoré, du testament de Charlemagne, lequel article suppose que les fils et petits-fils de ce grand prince et de ce grand homme, tout rois qu'ils étoient, peuvent être judiciairement tondus, mutilés et condamnés à mort.

Le soulèvement des paysans, les fureurs de la Jacquerie, l'existence des grandes-compagnies, furent des malheurs qui pourtant engendrèrent l'armée nationale. Les mouvements des hommes rustiques dans le moyen âge n'indiquoient que l'indépendance de l'individu, cherchant à se faire jour au défaut de la liberté et de l'espèce.

Charles-le-Sage, médecin patient, la main appuyée sur le cœur de la France et sentant la vie revenir, parloit en maître : il sommoit le prince Noir de comparoître en son tribunal, envoyoit un

huissier appréhender au corps le vainqueur de Poitiers et signifier un exploit à la gloire.

Calamités du règne de Charles VI, règne qui s'écoula entre l'apparition d'un fantôme et celle d'une bergère. Quelle fut la Pucelle. Trois grands poëtes l'ont chantée, et comment : Shakspeare, Voltaire et Schiller.

Charles VII. La monarchie féodale se décompose sous le règne de ce roi ; il n'en reste plus que les habitudes. Changements capitaux : armée permanente et impôt non voté, les deux pivots de la monarchie absolue. Formation du conseil d'état ; séparation de ce conseil du parlement et des états-généraux. Du point où la société étoit parvenue sous Charles VII, il étoit loisible d'arriver à la monarchie libre ou à la monarchie absolue : on voit clairement le point d'intersection et d'embranchement des deux routes ; mais la liberté s'arrêta et laissa marcher le pouvoir. La cause en est qu'après la confusion des guerres civiles et étrangères, qu'après les désordres de la féodalité, le penchant des choses étoit vers l'unité du principe gouvernemental. La monarchie en ascension devoit monter au plus haut point de sa puissance ; il falloit qu'en écrasant la tyrannie de l'aristocratie, elle eût commencé à faire sortir la sienne, avant que la liberté pût régner à son tour. Ainsi se sont succédé en France, dans un ordre régulier, l'aristocratie, la monarchie et la république : la noblesse, la royauté et le peuple, ayant abusé de la puissance, ont enfin consenti à vivre en paix dans un gouvernement composé de leurs trois éléments.

Louis XI vint faire l'essai de la monarchie absolue sur le cadavre palpitant de la féodalité. Ce personnage, placé sur les confins du moyen âge et des temps modernes, né à une époque sociale où rien n'étoit achevé et où tout étoit commencé, eut une forme monstrueuse, indéterminée, particulière à lui, et qui tenoit des deux tyrannies entre lesquelles il se montroit. Ses mœurs, ses idées, sa politique : justification de la dernière.

Quand Louis XI disparoît, les ruines de l'Europe féodale achèvent de s'écrouler. Constantinople est pris ; les lettres renaissent ; l'imprimerie est inventée, l'Amérique au moment d'être découverte ; la grandeur de la maison d'Autriche se fait pressentir par le mariage de l'héritière de Bourgogne dans la famille impériale ; Henri VIII, Léon X, Charles-Quint, Luther avec la réformation, ne sont pas loin : vous êtes au bord d'un nouvel univers.

Le point le plus élevé de la monarchie des trois états se trouve sous le règne de Charles VIII et de Louis XII. Charles VIII épouse Anne, héritière du duché de Bretagne. Guerres d'Italie. Dès que les rois de France eurent brisé le dernier anneau de la chaîne aristocratique, ils purent marcher hors de leur pays à la tête de la nation.

Louis XII épouse la veuve de Charles VIII. La Bretagne fut le dernier grand fief qui revint à la couronne. La monarchie féodale, commencée par le démembrement successif des provinces du royaume, finit par la réunion successive de ces provinces au royaume, comme les fleuves sortis de la mer retournent à la mer.

Événements du règne de François Ier. On ne retrouve plus l'original du billet, *tout est perdu fors l'honneur*; mais la France, qui l'auroit écrit, le tient pour authentique. Transformation sociale de l'Europe.

La découverte de l'Amérique, arrivée sous Charles VIII, en 1492, produisit une révolution dans le commerce, la propriété et les finances de l'ancien monde. L'introduction de l'or du Mexique et du Pérou baissa le prix des métaux, éleva celui des denrées et de la main-d'œuvre, fit changer de main la propriété foncière, et créa une propriété inconnue jusqu'alors, celle des capitalistes, dont les Lombards et les Juifs avoient donné la première idée. Avec les capitalistes naquit la population industrielle et la constitution artificielle des fonds publics. Une fois entrée dans cette route, la société se renouvela sous le rapport des finances, comme elle s'étoit renouvelée sous les rapports moraux et politiques.

Aux aventures des Croisades succédèrent des aventures d'outre-mer d'une tout autre importance : le globe s'agrandit, le système des colonies modernes commença, la marine militaire et marchande s'accrut de toute l'étendue d'un océan sans rivages. La petite mer intérieure de l'ancien monde ne resta plus qu'un bassin de peu d'importance, lorsque les richesses des Indes arrivèrent en Europe par le cap des Tempêtes. A quatre années de distance, Charles-Quint triomphoit de Montesume à Mexico, et de François Ier à Pavie.

Il y a des époques où la société se renouvelle, où des catastrophes imprévues, des hasards heureux ou malheureux, des découvertes inattendues, déterminent un changement préparé de longue main dans le gouvernement, les lois et les mœurs.

Les guerres de François Ier, de Charles-Quint et de Henri VIII mêlèrent les peuples, et les idées se multiplièrent.

Quand Bayard acquéroit le haut renom de prouesse, c'étoit au milieu de l'Italie moderne, de l'Italie dans toute la fraîcheur de la civilisation renouvelée ; c'étoit au milieu des palais bâtis par Bramante et Michel-Ange, de ces palais dont les murs étoient couverts des tableaux récemment sortis des mains des plus grands maîtres ; c'étoit

à l'époque où l'on déterroit les statues et les monuments de l'antiquité. Des armées régulières, connues en Europe depuis la fin du règne de Charles VII, firent disparoître le reste des milices féodales. Les braves de tous les pays se rencontrèrent dans ces troupes disciplinées. Ces infidèles, que les chevaliers alloient avec saint Louis chercher au fond de la Palestine, maîtres de Constantinople et devenus nos alliés, intervenoient dans notre politique.

Tout changea dans la France; les vêtements même s'altérèrent; il se fit des anciennes et des nouvelles mœurs un mélange unique. La langue naissante fut écrite avec esprit, finesse et naïveté par la sœur de François Ier, par François Ier lui-même, qui faisoit des vers aussi bien que Marot; par Rabelais, Amyot, les deux Marot, et les auteurs de Mémoires. L'étude des classiques, celle des lois romaines, l'érudition générale, furent poussées avec ardeur. Les arts acquirent un degré de perfection qu'ils n'ont jamais surpassé depuis. La peinture, éclatante en Italie, fut transplantée dans nos forêts et dans nos châteaux gothiques : ceux-ci virent leurs tourelles et leurs créneaux se couronner des ordres de la Grèce. Anne de Montmorency, qui disoit ses patenôtres, ornoit Écouen de chefs-d'œuvre; le Primatice embellissoit Fontainebleau; François Ier, qui se faisoit armer chevalier comme au temps de Richard Cœur-de-Lion, assistoit à la mort de Léonard de Vinci, et recevoit le dernier soupir de ce grand peintre. Auprès de cela, le connétable de Bourbon, dont les soldats, comme ceux d'Alaric, se préparoient à saccager Rome, ce connétable qui devoit mourir d'un coup de canon tiré peut-être par le graveur Benvenuto Cellini, représentoit dans ses terres de France la puissance et la vie d'un ancien grand vassal de la couronne.

La réformation est l'événement majeur de cette époque ; elle réveilla les idées de l'antique égalité, porta l'homme à s'enquérir, à chercher, à apprendre. Ce fut, à proprement parler, la vérité philosophique qui, revêtue d'une forme chrétienne, attaqua la vérité religieuse. La réformation servit puissamment à transformer une société toute militaire en une société civile et industrielle : ce bien est immense, mais a été mêlé de beaucoup de mal, et l'impartialité historique ne permet pas de le taire.

Le christianisme commença chez les hommes par les classes plébéiennes, pauvres et ignorantes. Jésus-Christ appela les petits, et ils allèrent à leur maître. La foi monta peu à peu dans les hauts rangs, et s'assit enfin sur le trône impérial. Le christianisme étoit alors catholique ou universel ; la religion dite catholique partit d'en bas pour arriver aux sommités sociales : nous avons vu que la papauté n'étoit que le tribunal des peuples dans l'âge politique du christianisme.

Le protestantisme suivit une route opposée : il s'introduisit par la tête de l'état, par les princes et les nobles, par les prêtres et les magistrats, par les savants et les gens de lettres, et il descendit lentement dans les conditions inférieures ; les deux empreintes de ces deux origines sont restées distinctes dans les deux communions.

La communion réformée n'a jamais été aussi populaire que la communion catholique : de race princière et patricienne, elle ne sympathise pas avec la foule. Équitable et moral, le protestantisme est exact dans ses devoirs, mais sa bonté tient plus de la raison que de la tendresse ; il vêt celui qui est nu, mais il ne le réchauffe pas dans son sein ; il ouvre des asiles à la misère, mais il ne vit pas et ne pleure pas avec elle dans ses réduits les plus abjects ; il soulage l'infortune, mais il n'y compatit pas.

Comparaison du prêtre catholique et du ministre protestant. La réformation ressuscita le fanatisme qui s'éteignoit. En retranchant l'imagination des facultés de l'homme, elle coupa les ailes au génie et le mit à pied. Gœthe et Schiller n'ont paru que quand le protestantisme, abjurant son esprit sec et chagrin, s'est rapproché des arts et des sujets de la religion catholique. Celle-ci a couvert le monde de ses monuments ; on lui doit cette architecture gothique qui rivalise par les détails et qui efface par la grandeur les monuments de la Grèce. Il y a trois siècles que le protestantisme est né ; il est puissant en Angleterre, en Allemagne, en Amérique ; il est pratiqué par des millions d'hommes : qu'a-t-il élevé ? Il vous montrera les ruines qu'il a faites, parmi lesquelles il a planté quelques jardins, ou établi quelques manufactures.

Rebelle à l'autorité des traditions, à l'expérience des âges, à l'antique sagesse des vieillards, le protestantisme se détacha du passé pour planter une société sans racines. Avouant pour père un moine allemand du seizième siècle, le réformé renonça à la magnifique généalogie qui fait remonter le catholique, par une suite de saints et de grands hommes, jusqu'à Jésus-Christ, de là jusqu'aux patriarches et au berceau de l'univers. Le siècle protestant dénia à sa première heure toute parenté avec le siècle de ce Léon protecteur du monde civilisé contre Attila, et avec le siècle de cet autre Léon qui, mettant fin au monde barbare, embellit la société lorsqu'il n'étoit plus nécessaire de la défendre.

Si la réformation rétrécissoit le génie dans l'éloquence, la poésie et les arts, elle comprimoit les grands cœurs à la guerre : l'héroïsme est l'ima-

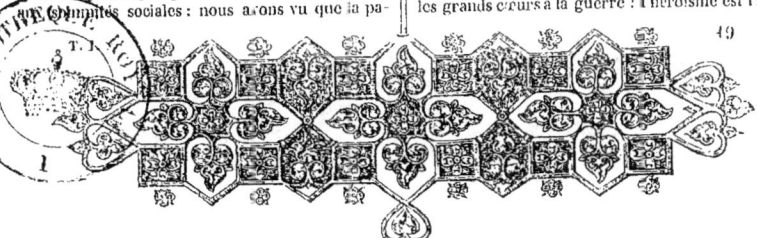

giuation dans l'ordre militaire. Le catholicisme avoit produit les chevaliers ; le protestantisme fit des capitaines braves et vertueux, mais sans élan : il n'auroit pas fait Du Guesclin, La Hire et Bayard.

On a dit que le protestantisme avoit été favorable à la liberté politique et avoit émancipé les nations : les faits parlent-ils comme les personnes?

Jetez les yeux sur le nord de l'Europe, dans les pays où la réformation est née, où elle s'est maintenue, vous verrez partout l'unique volonté d'un maître : la Suède, la Prusse, la Saxe, sont restées sous la monarchie absolue ; le Danemarck est devenu un despotisme légal. Le protestantisme échoua dans les pays républicains ; il ne put envahir Gênes, et à peine obtint-il à Venise et à Ferrare une petite église secrète qui tomba : les arts et le beau soleil du midi lui étoient mortels. En Suisse, il ne réussit que dans les cantons aristocratiques analogues à sa nature, et encore avec une grande effusion de sang. Les cantons populaires ou démocratiques, Schwitz, Ury et Unterwald, berceau de la liberté helvétique, le repoussèrent. En Angleterre, il n'a point été le véhicule de la constitution formée avant le seizième siècle, dans le giron de la foi catholique. Quand la Grande-Bretagne se sépara de la cour de Rome, le parlement avoit déjà jugé et déposé des rois ; les trois pouvoirs étoient distincts ; l'impôt et l'armée ne se levoient que du consentement des lords et des communes ; la monarchie représentative étoit trouvée et marchoit : le temps, la civilisation, les lumières croissantes, y auroient ajouté les ressorts qui lui manquoient encore, tout aussi bien sous l'influence du culte catholique que sous l'empire du culte protestant. Le peuple anglois fut si loin d'obtenir une extension de ses libertés par le renversement de la religion de ses pères, que jamais le sénat de Tibère ne fut plus vil que le parlement de Henri VIII : ce parlement alla jusqu'à décréter que la seule volonté du tyran fondateur de l'Église anglicane avoit force de loi. L'Angleterre fut-elle plus libre sous le sceptre d'Élisabeth que sous celui de Marie? La vérité est que le protestantisme n'a rien changé aux institutions : là où il a rencontré une monarchie représentative ou des républiques aristocratiques, comme en Angleterre et en Suisse, il les a adoptées ; là où il a rencontré des gouvernements militaires, comme dans le nord de l'Europe, il s'en est accommodé et les a même rendus plus absolus.

Si les colonies angloises ont formé la république plébéienne des États-Unis, elles n'ont point dû leur émancipation au protestantisme ; ce ne sont point des guerres religieuses qui les ont délivrées : elles se sont révoltées contre l'oppression de la mère-patrie protestante comme elles. Le Maryland, état catholique, fit cause commune avec les autres états, et aujourd'hui la plupart des états de l'Ouest sont catholiques : les progrès de la communion romaine dans ce pays de liberté passent toute croyance, tandis que les autres communions y meurent dans une indifférence profonde. Enfin, auprès de cette grande république de colonies angloises protestantes, viennent de s'élever les grandes républiques des colonies espagnoles catholiques : certes celles-ci, pour arriver à l'indépendance, ont eu bien d'autres obstacles à surmonter que les colonies anglo-américaines nourries au gouvernement représentatif, avant d'avoir rompu le foible lien qui les attachoit au sein maternel.

Une seule république et quelques villes libres se sont formées en Europe à l'aide du protestantisme : la république de la Hollande et les villes anséatiques ; mais il faut remarquer que la Hollande appartenoit à ces communes industrielles des Pays-Bas, qui, pendant plus de quatre siècles, luttèrent pour secouer le joug de leurs princes, et s'administrèrent en forme de républiques municipales, toutes zélées catholiques qu'elles étoient. Philippe II, et les princes de la maison d'Autriche, ne purent étouffer dans la Belgique cet esprit d'indépendance ; et ce sont des prêtres catholiques qui viennent aujourd'hui même de la rendre à l'état républicain.

Preuves et développements de tous ces faits jusqu'ici méconnus ou défigurés. Après ces preuves, je fais observer que dans mes investigations je ne parle des protestants qu'au passé : changés à leur avantage, ils ne sont plus ce qu'ils étoient au temps de Luther, d'Henri VIII et de Calvin : ils ont gagné ce que les catholiques ont perdu.

Le règne des seconds Valois, depuis François I er jusqu'à Henri III, la Saint-Barthélemy, la Ligue, les guerres civiles, sont le temps de terreur aristocratique et religieuse, de laquelle est née la monarchie absolue des Bourbons, comme le despotisme militaire de Buonaparte est sorti du règne de la terreur populaire et politique. La liberté succomba après la Ligue, parce que le passé, qui mit les Guises à sa tête, arrêta l'avenir.

Faits et personnages de cette époque. La Saint-Barthélemy. Charles IX. Mort de ce prince. Son repentir. Charles IX avoit dit à Ronsard, dans des vers dont Ronsard auroit dû imiter le naturel et l'élégance :

> Tous deux également nous portons des couronnes ;
> Mais, roi, je la reçois ; poète, tu la donnes.

Heureux si ce prince n'avoit jamais reçu une cou-

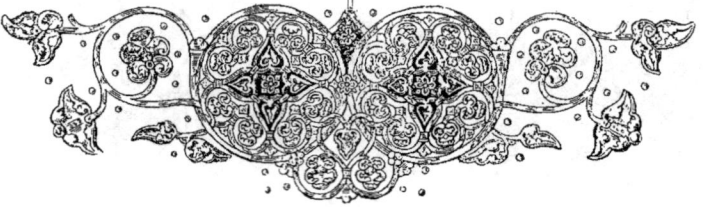

PRÉFACE.

ronne doublement souillée de son propre sang et de celui des François! ornement de tête incommode pour s'endormir sur l'oreiller de la mort.

Le corps de Charles IX fut porté sans pompe à Saint-Denis, accompagné par quelques archers de la garde, par quatre gentilshommes de la chambre et par Brantôme, raconteur cynique, qui mouloit les vices des grands comme on prend l'empreinte du visage des morts.

Henri III. La Ligue. Sous la Ligue le peuple ne marchoit point devant ses affaires; il étoit à la queue des grands. Il n'avoit point formé un gouvernement à part, il avoit pris ce qui étoit; seulement il se faisoit servir par le parlement, et avoit transformé ses curés en tribuns. Quand Mayenne le jugeoit à propos, il ordonnoit de pendre qui de droit parmi le peuple et les Seize.

Les Pays-Bas se veulent donner à Henri III, qui les refuse; la France, par une destinée constante, manque encore l'occasion de porter ses frontières aux rives du Rhin.

Journée des Barricades. L'histoire vivante a rapetissé ces faits de l'histoire morte, si fameux autrefois. Qu'est-ce en effet que la journée des Barricades, que la Saint-Barthélemy même, auprès de ces grandes insurrections du 7 octobre 1789, du 10 août 1792, des massacres du 2, du 3 et du 4 septembre de la même année, de l'assassinat de Louis XVI, de sa sœur et de sa femme, et enfin de tout le règne de la terreur? Et, comme je m'occupois de ces Barricades qui chassèrent un roi de Paris, d'autres Barricades faisoient disparoître en quelques heures trois générations de rois. L'histoire n'attend plus l'historien : il trace une ligne, elle emporte un monde.

La journée des Barricades ne produisit rien, parce qu'elle ne fut point le mouvement d'un peuple cherchant à conquérir sa liberté; l'indépendance politique n'étoit point encore un besoin commun. Le duc de Guise n'essayoit point une subversion pour le bien de tous; il convoitoit une couronne; il méprisoit les Parisiens tout en les caressant, et n'osoit trop s'y fier. Il agissoit si peu dans un cercle d'idées nouvelles, que sa famille avoit répandu des pamphlets qui la faisoient descendre de Lother, duc de Lorraine : il en résultoit que les Capets étoient des usurpateurs, et les Lorrains les légitimes héritiers du trône, comme derniers rejetons de la lignée carlovingienne. Cette fable venoit un peu tard. Les Guise représentoient le passé; ils luttoient dans un intérêt personnel contre les huguenots, révolutionnaires de l'époque, qui représentoient l'avenir; or, on ne fait point de révolutions avec le passé, on ne fait que des contre-révolutions.

Ainsi tout s'opéroit sans une de ces grandes convictions de doctrine politique, sans cette foi à l'indépendance, qui renverse tout. Il y avoit matière à trouble; il n'y avoit pas matière à transformation, parce que rien n'étoit assez édifié, rien assez détruit. L'instinct de liberté ne s'étoit pas encore changé en raison; les éléments d'un ordre social fermentoient encore dans les ténèbres du chaos; la création commençoit, mais la lumière n'étoit pas faite.

Même insuffisance dans les hommes; ils n'étoient assez complets ni en défauts, ni en qualités, ni en vices, ni en vertus, pour produire un changement radical dans l'état. A la journée des Barricades, Henri III et le duc de Guise restèrent au-dessous de leur position; l'un faillit de cœur, l'autre de crime.

Plus d'orgueil que d'audace, plus de présomption que de génie, plus de mépris pour le roi que d'ardeur pour la royauté : voilà ce qui apparoit dans la conduite du duc de Guise. Il intriguoit à cheval comme Catherine dans son lit : libertin sans amour, ainsi que la plupart des hommes de son temps, il ne rapportoit du commerce des femmes qu'un corps affoibli et des passions rapetissées. Il avoit toute une religion et toute une nation derrière lui, et des coups de poignard firent le dénoûment d'une tragédie qui sembloit devoir finir par des batailles, la chute d'un trône et le changement d'une race.

La journée des Barricades, si infructueuse, lui resta cependant à grand honneur dans son parti. « Mais quels miracles avons-nous vu depuis dix-« huit mois qu'il a faits à l'aide de Dieu? Qui est-ce « qui peut parler de la journée des Barricades sans « grande admiration, voyant un si grand peuple, « qui jamais n'a sorti des portes de sa ville pour « porter armes, ayant vu à l'ouverture de sa bou-« tique les escadrons royaux, tous armez, dressez « par toutes les grandes et forées places de la ville, « se barricader en si grande diligence, qu'il rem-« barra tous ces escadrons jusque dans le Louvre « sans effusion de sang? » (*Oreison funèbre des duc et cardinal de Guise.*)

La ressemblance des éloges et des mots avec ce que nous lisons tous les jours donne seule quelque prix à ce passage oublié dans un pamphlet de la Ligue.

On a tant de fois peint le caractère de Catherine de Médicis, qu'il ne présente plus qu'un lieu commun usé. Une seule remarque reste à faire : Catherine étoit Italienne, fille d'une famille marchande élevée à la principauté dans une république; elle étoit accoutumée aux orages populaires, aux factions, aux intrigues, aux empoisonnements, aux coups de poignard; elle n'avoit et ne pouvoit avoir

aucun des préjugés de l'aristocratie et de la monarchie françoise, cette morgue des grands, ce mépris pour les petits, ces prétentions de droit divin, cette soif du pouvoir absolu, en tant qu'il étoit le monopole d'une race. Elle ne connoissoit pas nos lois et s'en soucioit peu ; on la voit s'occuper de faire passer la couronne à sa fille. Incrédule et superstitieuse ainsi que les Italiens de son temps, en sa qualité d'incrédule elle n'avoit aucune aversion contre les protestants, et elle ne les fit massacrer que par politique. Enfin, si on la suit dans toutes ses démarches, on s'aperçoit qu'elle ne vit jamais dans le vaste royaume dont elle étoit souveraine, qu'une Florence agrandie, que les émeutes de sa petite république, que les soulèvements d'un quartier de sa ville natale contre un autre quartier, que la querelle des Pazzi et des Médicis dans la lutte des Guise et des Châtillon.

Détails circonstanciés de l'assassinat du Balafré à Blois. La réunion des protestants aux catholiques, après cet assassinat, fit avorter les libertés. Jacques Clément. Mort de Henri III. Tableau général des hommes et des mœurs sous les derniers Valois, et histoire de ces mœurs par les pamphlets de cette époque. Débauche, cruauté, assassins à gage, femmes, mignons, protestants, magistrats. La presse (ou les idées) joue pour la première fois un rôle important dans les affaires humaines. Ce qu'il y a à dire en faveur des Valois. Leur siècle est le véritable siècle des arts, et non celui de Louis XIV. Henri IV lui-même eut quelque chose de moins royal et de moins noble que les princes dont il reçut la couronne. Tous ensemble sont écrasés par les Guise, véritables rois de ces temps.

Avec les Bourbons commence la monarchie absolue. Henri IV étoit ingrat et gascon, promettant beaucoup et tenant peu ; mais sa bravoure, son esprit, ses mots heureux et quelquefois magnanimes, son talent oratoire, ses lettres pleines d'originalité, de vivacité et de feu ; ses aventures, ses amours même le feront éternellement vivre. Sa fin tragique n'a pas peu contribué à sa renommée : disparoître à propos de la vie est une des conditions de la gloire.

On s'est fait une fausse idée de la manière dont les Bourbons parvinrent au trône : le vainqueur d'Ivry ne monta point sur le trône, botté et éperonné, en sortant de la bataille ; il capitula avec ses ennemis, et ses amis n'eurent souvent pour toute récompense que l'honneur d'avoir partagé sa mauvaise fortune. Détails à ce sujet.

Quels étoient les Seize, comité du salut public de la Ligue. Processions pendant le siège de Paris. Description de la famine. Henri IV abjure ; il ne pouvoit faire autrement pour régner. Croyoit-il?

Henri IV alloit porter la guerre dans les Pays-Bas, lorsqu'il fut arrêté par un de ces envoyés secrets de la mort, qui mettent la main sur les rois. Ces hommes surgissent soudainement et s'abîment aussitôt dans les supplices : rien ne les précède, rien ne les suit ; isolés de tout, ils ne sont suspendus dans ce monde que par leur poignard ; ils ont l'existence même et la propriété d'un glaive ; on ne les entrevoit un moment qu'à la lueur du coup qu'ils frappent. Ravaillac étoit bien près de Jacques Clément : c'est un fait unique dans l'histoire, que le dernier roi d'une famille et le premier roi d'une autre aient été tués de la même façon, chacun d'eux par un seul homme au milieu de leurs gardes et de leur cour, dans l'espace de moins de vingt-un ans. Le même fanatisme anima les deux assassins, mais l'un immola un prince catholique ; l'autre un prince qu'il croyoit protestant. Clément fut l'instrument d'une ambition personnelle ; Ravaillac, comme Louvel, l'aveugle mandataire d'une opinion.

Les guerres civiles religieuses du seizième siècle ont duré trente-neuf ans ; elles ont engendré les massacres de la Saint-Barthélemy, versé le sang de plus de deux millions de François, et dévoré près de trois milliards de notre monnoie actuelle ; elles ont produit la saisie et la vente des biens de l'Église et des particuliers, frappé deux rois d'une mort violente, Henri III et Henri IV, et commencé le procès criminel du premier de ces rois. Qu'a fait de mieux la révolution ? La vérité religieuse, quand elle est faussée, ne se livre pas à moins d'excès que la vérité politique, lorsqu'elle a dépassé le but.

La monarchie des états expire sous Louis XIII, la monarchie parlementaire meurt avec la Fronde. Le premier vote des communes de France, lorsqu'elles furent appelées aux états par Philippe-le-Bel pour s'opposer aux empiétements de Boniface VII, fut ainsi conçu : « Qu'il plaise au seigneur « roi de garder la souveraine franchise de son « royaume, qui est telle que dans le temporel le « roi ne reconnoît souverain en terre, fors que « Dieu. » Le dernier vote des communes aux états de 1614 fut celui-ci :

« Le roi est supplié d'ordonner que les seigneurs « soient tenus d'affranchir dans leurs fiefs tous les « serfs. »

Ainsi le premier vote du tiers-état, en sortant de la longue servitude de la monarchie féodale, est une réclamation pour la liberté du roi ; son dernier vote, au moment où il rentre dans l'esclavage de la monarchie absolue, est une réclamation en faveur de la liberté du peuple : c'est bien naître et bien mourir. J'ai dit pourquoi la monarchie des états ne se put établir en France. Richelieu devient

PRÉFACE

ministre, sa souplesse fit sa fortune, son orgueil sa gloire.

Toutes les libertés meurent à la fois, la liberté politique dans les états, la liberté religieuse par la prise de La Rochelle, car la force huguenote demeura anéantie, et l'édit de Nantes ne fut que la conséquence de la disparition du pouvoir matériel des protestants. La liberté littéraire périt à son tour par la création de l'Académie françoise; haute cour du classique qui fit comparoître devant elle, comme premier accusé, le génie de Corneille. Racine vint ensuite imposer aux lettres le despotisme de ses chefs-d'œuvre, comme Louis XIV le joug de sa grandeur à la politique. Sous l'oppression de l'admiration, Chapelain, Coras Leclerc, Saint-Amand, maintinrent en vain dans leurs ouvrages persécutés l'indépendance de la langue et de la pensée; ils expirèrent pour la liberté de mal dire sous le vers de Boileau, en appelant de la servitude de leur siècle à la postérité délivrée. Ils eurent raison de réclamer contre la règle étroite et la proscription des sujets nationaux; ils eurent tort d'être de méchants poëtes.

Il n'y a qu'une seule chose et qu'un seul homme dans le règne de Louis XIII, Richelieu. Il apparoit comme la monarchie absolue personnifiée, venant mettre à mort la vieille monarchie aristocratique. Ce génie du despotisme s'évanouit et laisse en sa place Louis XIV chargé de ses pleins-pouvoirs.

La monarchie parlementaire, survivant à la monarchie des états, atteignit, sous la minorité de Louis XIV, le faîte de sa puissance: elle eut ses guerres; on se battit en son honneur; ses arrêts servoient de bourre à ses canons: dans son règne d'un moment elle eut pour magistrat Matthieu Molé, pour prélat le cardinal de Retz, pour héroïne la duchesse de Longueville, pour héros populaire le fils d'un bâtard de Henri IV, pour généraux Condé et Turenne. Mais cette monarchie neutre, qui n'étoit ni la monarchie absolue, ni la monarchie pérée des états, qui paroissoit entre l'une et l'autre, qui ne vouloit ni la servitude ni la liberté, qui n'aspiroit qu'au renversement d'un ministre fin et habile, cette monarchie, à la suite de quelques princes brouillons et factieux, passa vite. Louis XIV, devenu majeur, entra au parlement avec un fouet, sceptre et symbole de la monarchie absolue, et les François furent mis à l'attache pour cent cinquante ans.

Auprès de la comédie de Mazarin se jouoit la tragédie de Charles Ier. Les guerres parlementaires de la Grande-Bretagne furent les dernières convulsions de l'arbitraire anglois expirant; les querelles de la Fronde, les derniers efforts de l'indépendance françoise mourante. L'Angleterre passa à la liberté avec un front sévère, la France au despotisme en riant.

Le siècle de Louis XIV fut le superbe catafalque de nos libertés, éclairé par mille flambeaux de la gloire qu'élevoit à l'entour un cortège de grands hommes.

Louis XIV, comme Napoléon, chacun avec la différence de leur temps et de leur génie, substituèrent l'ordre à la liberté.

La monarchie absolue de Louis XIV étoit une nécessité, un fait amené par les faits précédents; elle étoit inévitable. Le peuple disparut de nouveau comme au temps de la féodalité; mais il étoit créé, il existoit, il dormoit et se réveilla à son heure: pendant son sommeil il eut de beaux songes sous Louis-le-Grand. Il ne fut exclu ni de la haute administration ni du commandement des armées.

Quand la lutte de l'aristocratie avec la couronne finit, la lutte de la démocratie avec cette même couronne commença. La royauté, qui avoit favorisé le peuple afin de se débarrasser des grands, s'aperçut qu'elle avoit élevé un autre rival moins tracassier, mais plus formidable. Le combat s'établit alors sur le terrain de l'égalité, principe vital de la démocratie. Il y eut monarchie absolue sous Louis XIV, parce que l'ancienne liberté aristocratique étoit morte, et que l'égalité démocratique vivoit à peine: dans l'absence de la liberté et de l'égalité, l'une moissonnée, l'autre encore en germe, il y eut despotisme, et il ne pouvoit y avoir que cela.

La féodalité ou la monarchie militaire noble perdit ses principales batailles; mais les étrangers ne purent garder les provinces qu'ils avoient occupées dans notre patrie; ils en furent successivement chassés: l'empire, ou la monarchie militaire plébéienne, fit des conquêtes immenses, mais elle fut forcée de les abandonner; et nos soldats, en se retirant, entraînèrent deux fois avec eux les étrangers à Paris: la monarchie royale absolue n'alla pas loin chercher ses combats, mais le fruit de ses victoires nous est resté; notre indépendance vit encore à l'abri dans le cercle de remparts qu'elle a tracé autour de nous. A quoi cela tint-il? A l'esprit positif du grand roi, et à la longueur du règne de ce prince. Louis chercha à donner à notre territoire ses bornes naturelles. On a trouvé dans les papiers de son administration des projets pour reculer la frontière de la France jusqu'au Rhin et pour s'emparer de l'Égypte; on a même un mémoire de Leibnitz à ce sujet. Si Louis eût complètement réussi, il ne nous resteroit aujourd'hui aucune cause de guerre étrangère.

Mauvais côté de Louis XIV. Quand il eut cessé de vivre, on lui en voulut d'avoir usurpé à son profit la dignité de la nation.

Ce prince fit encore un mal irréparable à sa fa-

mille : l'éducation orientale qu'il établit pour ses enfants, cette séparation complète des enfants du trône des enfants de la patrie, rendit étranger à l'esprit du siècle, et aux peuples sur lesquels il devoit régner, l'héritier de la couronne. Henri IV couroit avec les petits paysans, pieds nus et tête nue, sur les montagnes du Béarn; le gouverneur qui montroit au jeune Louis XV la foule assemblée sous les fenêtres de son palais, lui disoit : « Sire, « tout ce peuple est à vous. » Cela explique les temps, les hommes et les destinées.

La vieille monarchie féodale avoit traversé six siècles et demi avec ses libertés aristocratiques pour venir tomber aux pieds du trentième fils de Hugues Capet. Combien l'état formé par Louis XIV a-t-il duré? cent quarante ans. Après le tombeau de ce monarque, on n'aperçoit plus que deux monuments de la monarchie absolue : l'oreiller des débauches de Louis XV et le billot de Louis XVI.

Louis XV respira dans son berceau l'air infecté de la Régence ; il se trouva chargé, avec un caractère indécis et la plus insurmontable des passions, de l'énorme poids d'une monarchie absolue : son esprit ne lui servit qu'à voir ses vices et ses fautes, comme un flambeau dans un abime.

Faits et mœurs de ce temps. Le duc de Choiseul, madame de Pompadour, madame du Barry. Les grandes dames de la cour se scandalisèrent de la faveur de cette dernière : Louis XV leur sembla manquer à ce qu'il devoit à leur naissance, en leur faisant l'injure de ne pas choisir dans leurs rangs ses courtisanes. Cette infortunée du Barry vécut assez pour porter à l'échafaud la foiblesse de sa vie, pour lutter avec le bourreau en face des *Tricoteuses*: parques ivres et basses que pouvoit allécher le sang de Marie-Antoinette, mais qui auroient dû respecter celui de mademoiselle Lange.

Pour la première fois on lit le nom de Washington dans le récit d'un obscur combat donné dans les forêts, vers le fort Duquesne, entre quelques Sauvages, quelques François et quelques Anglois (1754). Quel est le commis à Versailles, et le pourvoyeur du *Parc-aux-Cerfs*; quel est surtout l'homme de cour ou d'académie, qui auroit voulu changer à cette époque son nom contre celui de ce planteur américain ? A cette même époque, l'enfant qui devoit un jour tendre sa main secourable à Washington venoit de naître. Que d'espérances attachées à ce berceau ! C'étoit celui de Louis XVI.

Le règne de Louis XV est l'époque la plus déplorable de notre histoire : quand on en cherche les personnages on est réduit à fouiller les antichambres du duc de Choiseul, les garde-robes des Pompadour et des du Barry, noms qu'on ne sait comment élever à la dignité de l'histoire. La société entière se décomposa : les hommes d'état devinrent des hommes de lettres, les gens de lettres des hommes d'état, les grands seigneurs des banquiers, les fermiers généraux des grands seigneurs. Les modes étoient aussi ridicules que les arts étoient de mauvais goût; on peignoit des bergères en paniers, dans les salons où les colonels brodoient. Tout étoit dérangé dans les esprits et dans les mœurs, signe certain d'une révolution prochaine. La société avoit quelque chose de puéril, comme la société romaine au moment de l'invasion des Barbares : au lieu de faire des vers dans les cloîtres, on en faisoit dans les *boudoirs*; avec un quatrain on devenoit illustre.

Mais ce seroit assigner de trop petites causes à la révolution, que de les chercher dans cette vie d'hommes à bonnes fortunes, dans cette vie de théâtres, d'intrigues galantes et littéraires, unie aux coups d'état sur le parlement et aux colères d'un despotisme en décrépitude. Cet abâtardissement de la nation contribua sans doute à diminuer les obstacles que devoit rencontrer la révolution; mais il n'étoit point la cause efficiente de cette révolution, il n'en étoit que la cause auxiliaire.

La civilisation avoit marché depuis six siècles ; une foule de préjugés étoient détruits, mille institutions oppressives battues en ruine. La France avoit successivement recueilli quelque chose des libertés aristocratiques féodales, du mouvement communal, de l'impulsion des Croisades, de l'établissement des états, de la lutte des juridictions ecclésiastiques et seigneuriales, du long schisme, des découvertes du seizième siècle, de la réformation, de l'indépendance de la pensée pendant les troubles de la Ligue et les brouilleries de la Fronde, des écrits de quelques génies hardis, de l'émancipation des Pays-Bas et de la révolution d'Angleterre. La presse, quoiqu'enchaînée, conserva le dépôt de ces souvenirs sous la monarchie absolue de Louis XIV : la liberté dormit, mais elle ne dérogea pas ; et cette antique liberté, comme l'antique noblesse, a repris ses droits en reprenant son épée. Les générations du corps et celles de l'esprit conservent le caractère de leurs origines diverses : tout ce que produit le corps meurt comme lui; tout ce que produit l'esprit est impérissable comme l'esprit même. Toutes les idées ne sont pas encore engendrées ; mais quand elles naissent, c'est pour vivre sans fin, et elles deviennent le trésor commun de la race humaine.

On touchoit à l'époque où on alloit voir paroître cette liberté moderne, fille de la raison, qui devoit remplacer l'ancienne liberté, fille des mœurs. Il arriva que la corruption même de la régence et du siècle de Louis XV ne détruisit pas les principes de la liberté que nous avons recueillie, parce que

cette liberté n'a point sa source dans l'innocence du cœur, mais dans les lumières de l'esprit.

Au dix-huitième siècle, les affaires firent silence pour laisser libre le champ de bataille aux idées. Soixante ans d'un ignoble repos donnèrent à la pensée le loisir de se développer, de monter et de descendre dans les diverses classes de la société, depuis l'homme du palais jusqu'à l'habitant de la chaumière. Les mœurs affoiblies se trouvèrent ainsi calculées (comme je viens de le remarquer) pour ne plus offrir de résistance à l'esprit, ce qu'elles font souvent quand elles sont jeunes et vigoureuses.

Louis XVI commença l'application des théories inventées sous le règne de son aïeul par les économistes et les encyclopédistes. Ce prince honnête homme rétablit les parlements, supprima les corvées, améliora le sort des protestants. Enfin le secours qu'il prêta à la révolution d'Amérique (secours injuste selon le droit privé des nations, mais utile à l'espèce humaine en général) acheva de développer en France les germes de la liberté. La monarchie parlementaire, réveillée à la fin de la monarchie absolue, rappelle la monarchie des états, qui sort à son tour de la tombe pour transmettre ses droits héréditaires à la monarchie constitutionnelle : le roi-martyr quitte le monde. C'est entre les fonts baptismaux de Clovis et l'échafaud de Louis XVI qu'il faut placer le grand empire chrétien des François. La même religion étoit debout aux deux barrières qui marquent les extrémités de cette longue arène. « Fier Sicambre, « incline le col, adore ce que tu as brûlé, brûle ce « que tu as adoré, » dit le prêtre qui administroit à Clovis le baptême d'eau. « Fils de saint Louis, « montez au ciel, » dit le prêtre qui assistoit Louis XVI au baptême de sang.

Alors le vieux monde fut submergé. Quand les flots de l'anarchie se retirèrent, Napoléon a apparu à l'entrée d'un nouvel univers, comme ces géants que l'histoire profane et sacrée nous a peints au berceau de la société, et qui se montrèrent à la terre après le déluge.

Ainsi j'amène du pied de la croix au pied de l'échafaud de Louis XVI les trois vérités qui sont au fond de l'ordre social : la vérité religieuse, la vérité philosophique ou l'indépendance de l'esprit de l'homme, et la vérité politique ou la liberté. Je cherche à démontrer que l'espèce humaine suit une ligne progressive dans la civilisation, alors même qu'elle semble rétrograder. L'homme tend à une perfection indéfinie ; il est encore loin d'être remonté aux sublimes hauteurs dont les traditions religieuses et primitives de tous les peuples nous apprennent qu'il est descendu ; mais il ne cesse de gravir la pente escarpée de ce Sinaï inconnu, au sommet duquel il reverra Dieu. La société en avançant accomplit certaines transformations générales, et nous sommes arrivés à l'un de ces grands changements de l'espèce humaine.

Les fils d'Adam ne sont qu'une même famille qui marche vers le même but. Les faits advenus chez les nations placées si loin de nous sur le globe et dans les siècles ; ces faits qui jadis ne réveilloient en nous qu'un instinct de curiosité, nous intéressent aujourd'hui comme des choses qui nous sont propres, qui se sont passées chez nos vieux parents. C'étoit pour nous conserver telle liberté, telle vérité, telle idée, telle découverte, qu'un peuple se fait exterminer ; c'étoit pour ajouter un talent d'or ou une obole à la masse commune du trésor humain, qu'un individu a souffert tous les maux. Nous laisserons à notre tour les connoissances que nous pouvons avoir recueillies à ceux qui nous suivront ici-bas. Sur des sociétés qui meurent sans cesse, une société vit sans cesse ; les hommes tombent, l'homme reste debout, enrichi de tout ce que ses devanciers lui ont transmis, couronné de toutes les lumières, orné de tous les présents des âges ; géant qui croît toujours, toujours, toujours, et dont le front, montant dans les cieux, ne s'arrêtera qu'à la hauteur du trône de l'Éternel.

Et voilà comme, sans abandonner la vérité chrétienne, je me trouve d'accord avec la philosophie de mon siècle et l'école moderne historique. On pourra différer avec moi d'opinion ; mais il faudra reconnoître que, loin d'emboîter mon esprit dans les ornières du passé, je trace des sentiers libres : heureux si l'histoire comme la politique me doit le redressement de quelques erreurs.

Au surplus, même dans mon système religieux, je ne me sépare point de mon temps, ainsi que des esprits inattentifs le pourroient croire. Le christianisme est passé, dit-on. Passé ? Oui, dans la rue, où nous abattons une croix, chez nos deux ou trois voisins, dans la coterie où nous déclarons du haut de notre supériorité qu'on ne nous comprend pas, qu'on ne peut pas nous comprendre, que, pour peu qu'une génération ne soit pas au maillot, elle est incapable de suivre le vol de notre génie et d'entrer dans le mouvement de l'univers. Grâce à ce génie, nous devinons ce que nous ne savons pas ; nous plongeons un regard d'aigle au fond des siècles ; sans avoir besoin de flambeau, nous pénétrons dans la nuit du passé ; l'avenir est tout illuminé pour nous des feux qui font clignoter les foibles yeux de nos pères. Soit : mais, nonobstant ce, et sauf le respect dû à notre supériorité,

le christianisme n'est pas passé : il vient d'affranchir la Grèce, et de mettre en liberté les Pays-Bas; il se bat dans la Pologne. Le clergé catholique a brisé sous nos yeux les chaînes de l'Irlande : c'est ce même clergé qui a émancipé les colonies espagnoles et qui les a changées en républiques. Le catholicisme, je l'ai dit, fait des progrès immenses aux États-Unis. Toute l'Europe, ou barbare ou civilisée, s'enveloppe, dans différentes communions, de la forme évangélique. S'il étoit possible que l'univers policé fût encore envahi, par qui le seroit-il? Par des soldats, jeûnant, priant, mourant au nom du Christ. La philosophie de l'Allemagne, si savante, si éclairée, et à laquelle je me rallie, est chrétienne; la philosophie de l'Angleterre est chrétienne. Ne tenir aucun compte, au moins comme un fait, de cette pensée chrétienne qui vit encore parmi tant de millions d'hommes dans les quatre parties du monde, de cette pensée que l'on retrouve au Kamtschatka et dans les sables de la Thébaïde, sur le sommet des Alpes, du Caucase et des Cordilières; nous persuader que cette pensée n'existe plus parce qu'elle a déserté notre petit cerveau, c'est une grande pauvreté.

Il y a deux hommes que le siècle ne reniera pas : sortis de ses entrailles, leurs talents et leurs principes sont loués, encensés, admirés de ce siècle. Ces deux hommes marchent à la tête de toutes les opinions politiques et de toutes les doctrines littéraires nouvelles. Écoutons lord Byron et M. Benjamin Constant sur les idées religieuses.

« Je ne suis pas ennemi de la religion, au contraire; et, pour preuve, j'élève ma fille naturelle à un catholicisme strict dans un couvent de la Romagne; car je pense que l'on ne peut jamais avoir assez de religion quand on en a; je penche de jour en jour davantage vers les doctrines catholiques. » (*Mémoires de lord Byron*, tome v, page 172.)

Pendant son exil en Allemagne, sous le gouvernement impérial, M. Benjamin Constant s'occupa de son ouvrage sur la religion. Il rend compte à l'un de ses amis[1] de son travail dans une lettre autographe que j'ai sous les yeux. Voici un passage, assurément bien remarquable, de cette lettre :

Hardenberg, ce 11 octobre 1811.

« J'ai continué à travailler du mieux que j'ai pu
« au milieu de tant d'idées tristes. Pour la première
« fois je verrai, j'espère, dans peu de jours la totalité de mon *Histoire du polythéisme* rédigée. J'en
« ai refait tout le plan et plus des trois quarts des
« chapitres. Il l'a fallu, pour arriver à l'ordre que
« j'avois dans la tête et que je crois avoir atteint;
« il l'a fallu encore parce que, comme vous savez,
« je ne suis plus ce philosophe intrépide, sûr qu'il
« n'y a rien après ce monde, et tellement content
« de ce monde, qu'il se réjouit qu'il n'y en ait pas
« d'autre. Mon ouvrage est une singulière preuve
« de ce que dit *Bacon*, qu'un peu de science mène
« à l'athéisme, et plus de science à la religion. C'est
« positivement en approfondissant les faits, en en
« recueillant de toutes parts, et en me heurtant
« contre les difficultés sans nombre qu'ils opposent
« à l'incrédulité, que je me suis vu forcé de reculer
« dans les idées religieuses. Je l'ai fait certainement
« de bien bonne foi, car chaque pas rétrograde m'a
« coûté. Encore à présent toutes mes habitudes et
« tous mes souvenirs sont philosophiques, et je dé-
« fends poste après poste tout ce que la religion re-
« conquiert sur moi. Il y a même un sacrifice d'a-
« mour-propre, car il est difficile, je le pense, de
« trouver une logique plus serrée que celle dont je
« m'étois servi pour attaquer toutes les opinions de
« ce genre. Mon livre n'avoit absolument que le dé-
« faut d'aller dans le sens opposé à ce qui, à pré-
« sent, me paroît vrai et bon, et j'aurois eu un succès,
« de parti indubitable. J'aurois pu même avoir en-
« core un autre succès me dit de très-légères incli-
« naisons, j'en aurois fait ce qu'on aimeroit le mieux
« à présent : un système d'athéisme pour les gens
« comme il faut, un manifeste contre les prêtres, et
« le tout combiné avec l'aveu qu'il faut pour le peu-
« ple de certaines fables, aveu qui satisfait à la fois le
« pouvoir et la vanité. »

Je consens à passer pour un esprit rétrograde avec Herder, avec l'école philosophique transcendante de l'Allemagne, enfin avec M. Benjamin Constant et lord Byron.

La société est aujourd'hui tourmentée d'un besoin de croyance qui se manifeste de toutes parts. Vainement on veut contenter l'avidité des esprits en s'efforçant de les rendre fanatiques d'une vérité matérielle qui les trompe encore, puisqu'elle se change en abstraction dans le raisonnement. Ce faux enthousiasme ne mène pas loin la jeunesse; elle ne peut ni se débarrasser de la tristesse qui la surmonte, ni combler le vide qu'a laissé en elle l'absence de toute foi. On n'admire pas longtemps un peu de boue sensitive, dût ce peu de boue être composé d'esprit et de matière, et former cette prétendue unité humaine dont le système, renouvelé des Grecs, est encore une rêverie d'une secte buddhiste. Quelle misère, si cette vie d'un jour n'étoit que la conscience du néant!

[1] M. Hochet, aujourd'hui secrétaire-général du conseil d'état.

Telle est la suite des idées et des faits que l'on trouvera dans ces *Études historiques*. J'ôte à mon travail, je le sais, par cette analyse, le premier attrait de la curiosité. Si j'avois l'espérance d'être lu, je me serois gardé de me priver de mon meilleur moyen de succès; mais je n'ai point cette espérance. Un extrait, quoiqu'il soit déjà bien long, me laisse du moins la chance de faire entrevoir des vérités que j'ai crues utiles, et qui resteroient ensevelies dans les quinze cents pages de mes trois volumes. Comme auteur j'ai tort; j'ai raison comme homme. Lorsqu'on a beaucoup vécu, beaucoup souffert, on a beaucoup appris : à force de veiller la nuit, de travailler le jour, de retourner péniblement leur sillon ou leur voile, les vieux laboureurs, comme les vieux matelots, sont devenus habiles à connoître le ciel et à prédire les orages.

Il ne me reste plus qu'à remercier les personnes qui m'ont éclairé de leurs travaux ou de leurs conseils.

Je dois à la politesse et à l'obligeance de M. le baron de Bunsen, ministre de S. M. le roi de Prusse, à Rome, un excellent extrait des *Nibelungs*, que l'on trouvera à la fin du second volume de ces *Études*. Le savant M. de Bunsen étoit ami du grand historien Niebuhr; plus heureux que moi, il foule encore ces ruines où j'espérois rendre à la terre, image pour image, mon argile en échange de quelque statue exhumée.

M. le comte de Tourguéneff, ancien ministre de l'instruction publique en Russie, homme de toutes sortes de savoir, a bien voulu me communiquer des renseignements sur les historiens de la Pologne, de la Russie et de l'Allemagne.

Pour dissiper des doutes relatifs à quelques points de la philosophie des Pères de l'Église, je me suis adressé à M. Cousin, et j'ai trouvé que la vraie science est toujours accessible.

Des conversations instructives avec M. Dubois, mon compatriote, m'ont éclairé sur les systèmes religieux de l'Orient. En parlant des hommes qui ont honoré ma terre natale, j'ai fait remarquer que la Bretagne comptoit aujourd'hui M. l'abbé de La Mennais : si M. Dubois publie l'ouvrage dont il s'occupe sur les origines du christianisme, j'aurai de nouvelles félicitations à offrir à ma patrie.

M. Pouqueville m'a mis sur la voie d'une foule de recherches nécessaires à mon travail : j'ai suivi, sans crainte de me tromper, celui qui fut mon premier guide aux champs de Sparte. Tous deux nous avons visité les ruines de la Grèce lorsqu'elles n'étoient encore éclairées que de leur gloire passée, tous deux nous avons plaidé la cause de nos anciens hôtes, non peut-être sans quelque succès : du moins quand je retrouve dans le *Chide-Harold* de lord Byron des passages de mon *Itinéraire*, j'ai l'espoir qu'à l'aide de cet immortel interprète mes paroles en faveur d'un peuple infortuné n'auront pas été tout à fait perdues.

On lira avec fruit une dissertation dont M. Lenormant a bien voulu me permettre d'enrichir mon ouvrage. M. Lenormant a parcouru l'Égypte avec M. Champollion, il a lu les inscriptions sur ces monuments muets séculaires qui viennent de reprendre la parole dans leur désert. On ne dira plus des pyramides :

Vingt siècles descendus dans l'éternelle nuit
Y sont sans mouvement, sans lumière et sans bruit.

Les anciens ont constamment attribué à l'Orient l'origine des religions grecques : c'est sur cette base, contestée pourtant de nos jours, que M. Creuzet a appuyé son grand ouvrage des *Religions de l'antiquité*. Depuis la publication de ce livre, l'étude religieuse de l'antiquité a fait des progrès. Les secrets de la Perse et de l'Inde se dévoilent chaque jour. L'*Essai sur la religion arcadienne*, dont M. Lenormant s'occupe, comprendra le passage des traditions orientales en Grèce, dans leur forme la plus pure et la moins altérée. Le savant archéologue Panofka unit son travail à celui de M. Lenormant.

M. Ampère, fils de l'illustre académicien à qui la science doit des découvertes que le monde savant admire, m'a fait part avec une complaisance infinie de quelques-unes de ses traductions et de ses études scandinaves. Ces études sont extraites d'un grand ouvrage auquel M. Ampère a consacré ses loisirs, ouvrage qui sera l'histoire de la poésie chez les divers peuples, de la poésie prise dans l'essence même du mot, et comme étant la portion la plus réelle, et certainement la plus vivante, de l'intelligence humaine. M. Lenormant et M. Ampère appartiennent l'un et l'autre à cette jeunesse sérieuse qui surveille aujourd'hui la fille de nos malheurs et l'esclave de notre gloire, la liberté : qu'elle la garde bien!

J'ai eu communication, sur les écoles de l'Allemagne, des notes instructives de M. Barchou, et je me suis hâté d'en profiter.

J'ai rencontré dans MM. les directeurs de nos bibliothèques et de nos archives nationales cette urbanité, cette complaisance qui ne se lasse jamais et qui les rend si recommandables à leurs compatriotes et aux étrangers.

Enfin, M. Daniello a recherché les manuscrits, les livres, les passages que je lui indiquois dans le

cours de mon travail : je lui dois ce témoignage public, et, en me séparant de lui comme du reste du monde, j'ose le signaler à quiconque auroit besoin de l'aide d'un littérateur instruit et laborieux.

Qu'ai-je encore à dire? Rien, sinon cet adieu que la bonhomie de nos auteurs gaulois disoit autrefois au lecteur dans leurs préfaces. J'imiterai leur exemple ; mes longues liaisons avec le public justifieront cette intimité. Ainsi, m'adressant à la France nouvelle : « Adieu, ami lecteur. Il vous « reste à vous votre jeunesse, un long avenir, et « tout ce qui entoure une existence qui commence; « il me reste à moi des heures flétries et ridées, un « passé au lieu d'un avenir, et la solitude qui se « forme autour d'une existence qui finit. *Tu lector,* « *vale, et jurantem aut certe volentem, ama.* »

ÉTUDES HISTORIQUES.

EXPOSITION.

Trois vérités forment la base de l'édifice social : la vérité religieuse, la vérité philosophique, la vérité politique.

La vérité religieuse est la connoissance d'un Dieu unique, manifestée par un culte.

La vérité philosophique est la triple science des choses intellectuelles, morales et naturelles.

La vérité politique est l'ordre et la liberté : l'ordre est la souveraineté exercée par le pouvoir ; la liberté est le droit des peuples.

Moins la cité est développée, plus ces vérités sont confuses ; elles se combattent dans la cité imparfaite, mais elles ne se détruisent jamais : c'est de leur combinaison avec les esprits, les passions, les erreurs, les événements, que naissent les faits de l'histoire. A travers le bruit ou le silence des nations, dans la profondeur des âges, dans les égarements de la civilisation ou dans les ténèbres de la barbarie, on entend toujours quelque voix solitaire qui proclame les trois vérités fondamentales dont l'usage constant et la connoissance complète produiront le perfectionnement de la société.

Cette société, tout en ayant l'air de rétrograder quelquefois, ne cesse de marcher en avant. La civilisation ne décrit point un cercle

parfait et ne se meut pas en ligne droite; elle est sur la terre comme un vaisseau sur la mer : ce vaisseau, battu de la tempête, louvoie, revient sur sa trace, tombe au-dessous du point d'où il est parti; mais enfin, à force de temps, il rencontre des vents favorables, gagne chaque jour quelque chose dans son véritable chemin, et surgit au port vers lequel il avoit déployé ses voiles.

En examinant les trois vérités sociales dans l'ordre inverse, et commençant par la vérité politique, écartons les vieilles notions du passé.

La liberté n'existe point exclusivement dans la république, où les publicistes des deux derniers siècles l'avoient reléguée d'après les publicistes anciens. Les trois divisions du gouvernement, monarchie, aristocratie, démocratie, sont des puérilités de l'école, en ce qui implique la jouissance de la liberté : la liberté se peut trouver dans une de ces formes, comme elle en peut être exclue. Il n'y a qu'une constitution réelle pour tout état : liberté, n'importe le mode.

La liberté est de droit naturel et non de droit politique, ainsi qu'on l'a dit fort mal à propos : chaque homme l'a reçue en naissant sous le nom d'indépendance individuelle. Conséquemment, et par dérivation de ces principes, cette liberté existe en portions égales dans les trois formes de gouvernement. Aucun prince, aucune assemblée ne sauroit vous donner ce qui ne lui appartient pas, ni vous ravir ce qui est à vous.

D'où il suit encore que la souveraineté n'est ni de droit divin ni de droit populaire : la souveraineté est l'ordre établi par la force, c'est-à-dire par le pouvoir admis dans l'état. Le roi est le souverain dans la monarchie, le corps aristocratique dans l'aristocratie, le peuple dans la démocratie. Ces pouvoirs sont inhabiles à communiquer la souveraineté à quelque chose qui n'est pas eux : il n'y a ni roi, ni aristocrate, ni peuple à détrôner.

Ces bases posées, l'historien n'a plus à se passionner pour la forme monarchique ou pour la forme républicaine; dégagé de tout système politique, il n'a ni haine ni amour ou pour les peuples ou pour les rois; il les juge selon les siècles où ils ont vécu, n'appliquant de force à leurs mœurs aucune théorie, ne leur prêtant pas des idées qu'ils n'avoient et ne pouvoient avoir lorsqu'ils étoient tous et ensemble dans un égal état d'enfance, de simplicité et d'ignorance.

La liberté est un principe qui ne se perd jamais; s'il se perdoit, la société politique seroit dissoute : mais la liberté, bien commun, est souvent usurpée. A Rome elle fut d'abord possédée par les rois; les patriciens en héritèrent; des patriciens elle descendit aux plébéiens; quand elle quitta ceux-ci, elle s'enrôla dans l'armée; lorsque les légions corrompues et battues l'abandonnèrent, elle se réfugia dans les tribunaux et jusque dans le palais du prince, parmi les eunuques; de là elle passa au clergé chrétien.

Les révolutions n'ont qu'un motif et qu'un but : la jouissance de la liberté, ou pour un individu, ou pour quelques individus, ou pour tous.

Quand la liberté est conquise au profit d'un homme, elle devient le despotisme, lequel est la servitude de tous et la liberté d'un seul; quand elle est conquise pour plusieurs, elle devient l'aristocratie; quand elle est conquise pour tous, elle devient la démocratie, qui est l'oppression de tous par tous; car alors il y a confusion du pouvoir et de la liberté, du gouvernant et du gouverné.

Chez les anciens, la liberté étoit une religion; elle avoit ses autels et ses sacrifices. Brutus lui immola ses fils; Codrus lui sacrifia sa vie et son sceptre : elle étoit austère, rude, intolérante, capable des plus grandes vertus, comme toutes les fortes croyances, comme la foi.

Chez les modernes, la liberté est la raison; elle est sans enthousiasme : on la veut parce qu'elle convient à tous, aux rois, dont elle assure la couronne en réglant le pouvoir, aux peuples, qui n'ont plus besoin de se précipiter dans les révolutions pour trouver ce qu'ils possèdent.

Venons à la vérité philosophique.

La vérité philosophique, que la liberté politique protége, lui apporte une nouvelle force ; elle fait monter les idées théoriques à la sommité des rangs sociaux et descendre les idées pratiques dans la classe laborieuse.

La vérité philosophique n'est autre chose que l'indépendance de l'esprit de l'homme : elle tend à découvrir, à perfectionner dans les trois sciences de sa compétence, la science intellectuelle, la science morale, la science naturelle ; celle-ci consiste dans la recherche de la constitution de la nature, depuis l'étude des lois qui régissent les mondes jusqu'à celles qui font végéter le brin d'herbe ou mouvoir l'insecte.

Mais la vérité philosophique, se portant vers l'avenir, s'est trouvée en contradiction avec la vérité religieuse, qui s'attache au passé parce qu'elle participe de l'immobilité de son principe éternel. Je parle ici de la vérité religieuse mal comprise, car je montrerai tout à l'heure que la vérité religieuse du christianisme rendu à sa sincérité n'est point ennemie de la vérité philosophique.

De l'ancienne lutte de la vérité philosophique avec la vérité politique et la vérité religieuse naît une immense série de faits. Chez les Grecs et les Romains, la vérité philosophique mina le culte national, et échoua contre l'ordre moral et l'ordre politique : dans les républiques elle combattit en vain cette liberté servie par des esclaves, liberté privilégiée, égoïste, exclusive, qui ne voyoit que des ennemis hors de la patrie ; dans les empires, la vérité philosophique se laissa corrompre au pouvoir, et elle ignora les premières notions de la morale universelle.

Cette vérité a produit dans le monde moderne des événements et des catastrophes de toutes les espèces : l'indépendance de l'esprit de l'homme, tantôt manifestée par le soulèvement des peuples, tantôt par des hérésies, irrita la vérité religieuse qu'obscurcissoit l'ignorance. De là les guerres civiles, les proscriptions, l'accroissement du pouvoir temporel des prêtres et du despotisme des rois. La vérité religieuse s'endormoit-elle, la vérité philosophique profitoit de ce sommeil : elle racontoit l'histoire, se glissoit dans les lois civiles, intervenoit dans les lois politiques ; elle attaquoit indirectement la vérité religieuse, en reprochant au clergé son avidité, son ambition et ses mœurs ; elle combattoit directement l'ordre établi, en faisant, même à l'ombre des cloîtres, ces découvertes qui devoient produire une révolution générale. L'imprimerie devint l'agent principal des idées, jusqu'alors dépourvues d'organes intelligibles à la foule. Alors la vérité philosophique, se trouvant pour la première fois puissance populaire, se jeta sur la vérité religieuse, qu'elle fut au moment d'étouffer.

Aujourd'hui la vérité philosophique n'est plus en guerre avec la vérité religieuse et la vérité politique : la liberté moderne sans esclaves, sans intolérance, est une liberté qui coïncide à la vérité philosophique ; de sorte que l'indépendance de l'esprit de l'homme, hostile dans les vieux temps à la société religieuse et politique, l'aide et la soutient aujourd'hui. Les lumières propagées composent maintenant, des annales particulières des peuples, les annales générales des hommes ; l'écrivain doit désormais faire marcher de front l'histoire de l'espèce et l'histoire de l'individu.

Passons à la vérité religieuse, à savoir, la connoissance d'un Dieu unique, manifestée par un culte.

Cette vérité a fait jusqu'ici le principal mouvement de l'espèce humaine ; elle se trouve au commencement de toutes les sociétés ; elle en fut la première loi ; elle renferma dans son sein la vérité philosophique et la vérité politique : les hommes l'altérèrent promptement.

La vérité philosophique maintint, par la voie des initiations, des lumières religieuses qu'elle brouilloit par ses doctrines spéculatives. Les platoniciens et les stoïciens créèrent quelques hommes de contemplation, d'intelligence, de morale et de vertu, mais les écoles furent livrées à la dérision ; on se moqua des péripatéticiens, qui s'adonnoient aux sciences naturelles ; on ne se proposa point d'aller habiter la ville demandée à Gallien pour être gouvernée d'après les lois de Platon. Les philosophes, ou supportant le culte de leur siècle, ou voulant conduire les peuples par des idées abstraites, tomboient dans les erreurs communes, ou n'avoient aucune prise sur la foule. Ils ignoroient ce qui rend compte de tout, le christianisme. Ceci nous amène à parler de la vérité religieuse selon les peuples modernes civilisés, de cette vérité qui a engendré la plupart des événements depuis la naissance du

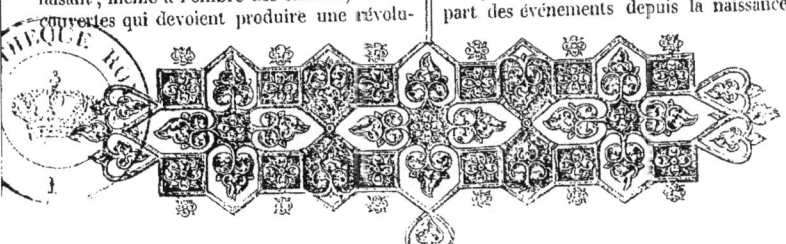

Christ, jusqu'au jour où nous sommes parvenus.

Le christianisme, dont l'ère ne commence qu'au milieu des temps, est né dans le berceau du monde. L'homme nouvellement créé pèche par orgueil, et il est puni ; il a abusé des lumières de la science, et il est condamné aux ténèbres du tombeau. Dieu avoit fait la vie ; l'homme a fait la mort, et la mort devient la seule nécessité de l'homme.

Mais toute faute peut être expiée : un holocauste divin s'offrira en sacrifice ; l'homme racheté retournera à ses fins immortelles.

Tel est le fondement du christianisme. A la clarté de ce système, les mystères de l'homme se dévoilent ; le mal moral et le mal physique s'expliquent ; on n'est plus obligé de nier l'existence de Dieu et celle de l'âme, afin d'éclaircir les difficultés par les lois de la matière, qui n'éclaircissent rien, et qui sont plus incompréhensibles que celles de l'intelligence.

La solidarité de l'espèce pour la faute de l'individu tient à de hautes raisons qui en détruisent l'apparente injustice. C'est une des grandeurs de l'homme d'être enchaîné au bien en punition d'une première rébellion : les fils d'Adam, travaillant ensemble à devenir meilleurs pour échapper à la faute du commun père, ne produiroient-ils pas la réhabilitation de la race? Sans la solidarité de la famille, d'où naîtroient notre sympathie et notre antipathie pour les résolutions généreuses ou contre les mauvaises actions? Que nous importeroient le vice ou la vertu placés à trois mille ans ou trois mille lieues de nous? Et toutefois, y sommes-nous indifférents? ne sentons-nous pas qu'ils nous intéressent, nous touchent, nous affectent en quelque chose de personnel et d'intime?

La postérité d'Adam se divisa en deux branches : la branche cadette, celle d'Abel, conserva l'histoire de la chute et de la rédemption promise ; le reste, avec le premier meurtrier, en perdit le souvenir, et garda néanmoins des usages qui consacroient une vérité oubliée. Le sacrifice humain se rencontre chez tous les peuples, comme s'ils avoient tous senti qu'ils se devoient rédimer ; mais ils étoient eux-mêmes insuffisants à leur rançon. Il s'établit une libation de sang perpétuelle ; la guerre le répandit ainsi que la loi ; l'homme s'arrogea sur la vie de l'homme un droit qu'il n'avoit pas, droit qui prit sa source dans l'idée confuse de l'expiation et du rachat religieux. La rédemption s'étant accomplie dans l'immolation du Christ, la peine de mort auroit dû être abolie ; elle ne s'est perpétuée que par une sorte de crime légal. Le Christ avoit dit dans un sens absolu : *Vous ne tuerez pas.*

Bossuet a fait de la vérité religieuse le fondement de tout ; il a groupé les faits autour de cette vérité unique avec une incomparable majesté. Rien ne s'est passé dans l'univers que pour l'accomplissement de la parole de Dieu ; l'histoire des hommes n'est à l'évêque de Meaux que l'histoire d'un homme, le premier-né des générations, pétri de la main, animé par le souffle du Créateur, homme tombé, homme racheté avec sa race, et capable désormais de remonter à la hauteur du rang dont il est descendu. Bossuet dédaigne les documents de la terre : c'est dans le ciel qu'il va chercher ses chartres. Que lui fait cet empire du monde, *présent de nul prix,* comme il le dit lui-même? S'il est partial, c'est pour le monde éternel : en écrivant au pied de la croix, il écrase les peuples sous le signe du salut, comme il asservit les événements à la domination de son génie.

Entre Adam et le Christ, entre le berceau du monde placé sur la montagne du paradis terrestre et la croix élevée sur le Golgotha, fourmillent des nations abîmées dans l'idolâtrie, frappées de la déchéance du père de la famille. Elles sont peintes en quelques traits avec leurs vices et leurs vertus, leurs arts et leur barbarie, de manière à ce que ces nations mortes deviennent vivantes : le nouvel Ézéchiel souffle sur des ossements arides et ils ressuscitent. Mais au milieu de ces nations est un petit peuple qui perpétue la tradition sacrée, et fait entendre de temps en temps des paroles prophétiques. Le Messie vient ; la race vendue finit, la race rachetée commence ; Pierre porte à Rome les pouvoirs du Christ ; il y a rénovation de l'univers.

On peut adopter le système historique de ce grand homme, mais avec une notable rectification : Bossuet a renfermé les événements dans un cercle rigoureux comme son génie ; tout se trouve emprisonné dans un christia-

nisme inflexible. L'existence de ce cerceau redoutable, où le genre humain tourneroit dans une sorte d'éternité sans progrès et sans perfectionnement, n'est heureusement qu'une imposante erreur.

La société est un dessein de Dieu : c'est par le Christ, selon Bossuet, que Dieu accomplit ce dessein; mais le christianisme n'est point un cercle inextensible, c'est au contraire un cercle qui s'élargit à mesure que la civilisation s'étend ; il ne comprime, il n'étouffe aucune science, aucune liberté.

Le dogme qui nous apprend que l'homme dégradé retrouvera ses fins glorieuses présente un sens spirituel et un sens temporel : par le premier, l'âme paroîtra devant Dieu lavée de la tache originelle; par le second, l'homme est réintégré dans les lumières qu'il avoit perdues en se livrant à ses passions, cause de sa chute. Rien ainsi ne se plie de force à mon système, ou plutôt au système de Bossuet rectifié; c'est ce système qui se plie aux événements et qui enveloppe la société en lui laissant la liberté d'action.

Le christianisme sépare l'histoire du genre humain en deux portions distinctes : depuis la naissance du monde jusqu'à Jésus-Christ, c'est la société avec des esclaves, avec l'inégalité des hommes entre eux, l'inégalité sociale de l'homme et de la femme, depuis Jésus-Christ jusqu'à nous; c'est la société avec l'égalité des hommes entre eux, l'égalité sociale de l'homme et de la femme, c'est la société sans esclaves ou du moins sans le principe de l'esclavage.

L'histoire de la société moderne commence donc véritablement de ce côté-ci de la croix. Pour la bien connoître, il faut voir en quoi cette société différa, dès l'origine, de la société païenne, comment elle la décomposa, quels peuples nouveaux se mêlèrent aux chrétiens pour précipiter la puissance romaine, pour renverser l'ordre religieux et politique de l'ancien monde.

Si l'on envisage le christianisme dans toute la rigueur de l'orthodoxie, en faisant de la religion catholique l'achèvement de toute société, quel plus grand spectacle que le commencement et l'établissement de cette religion ?

Voici tout d'abord ce que l'on aperçoit.

A mesure que le polythéisme tombe, et que la révélation se propage, les devoirs de la famille et les droits de l'homme sont mieux connus ; mais décidément l'empire des Césars est condamné, et il ne reçoit les semences de la vraie religion qu'afin que tout ne périsse pas dans son naufrage. Les disciples du Christ, qui préparent à la société un moyen de salut intérieur, lui en ménagent un autre à l'extérieur : ils vont chercher au loin, pour les désarmer, les héritiers du monde romain.

Ce monde étoit trop corrompu, trop rempli de vices, de cruautés, d'injustices, trop enchanté de ses faux dieux et de ses spectacles, pour qu'il pût être entièrement régénéré par le christianisme. Une religion nouvelle avoit besoin de peuples nouveaux, il falloit à l'innocence de l'Évangile l'innocence des hommes sauvages ; à une foi simple, des cœurs simples comme cette foi.

Dieu ayant arrêté ses conseils, les exécute. Rome, qui n'aperçoit à ses frontières que des solitudes, croit n'avoir rien à craindre ; et nonobstant, c'est dans ces camps vides que le Tout-Puissant rassemble l'armée des nations. Plus de quatre cents ans sont nécessaires pour réunir cette innombrable armée, bien que les Barbares, pressés comme les flots de la mer, se précipitent au pas de course. Un instinct miraculeux les conduit ; s'ils manquent de guides, les bêtes des forêts leur en servent : ils ont entendu quelque chose d'en haut qui les appelle du septentrion et du midi, du couchant et de l'aurore. Qui sont-ils? Dieu seul sait leurs véritables noms. Aussi inconnus que les déserts dont ils sortent, ils ignorent d'où ils viennent, mais ils savent où ils vont : ils marchent au Capitole, convoqués qu'ils se disent à la destruction de l'empire romain, comme à un banquet.

La Scandinavie, surnommée la fabrique des nations, fut d'abord appelée à fournir ses peuples ; les Cimbres traversèrent les premiers la Baltique ; ils parurent dans les Gaules et dans l'Italie, comme l'avant-garde de l'armée d'extermination.

Un peuple qui a donné son nom à la Barbarie elle-même, et qui pourtant fut prompt à se civiliser, les Goths sortirent de la Scandinavie après les Cimbres qu'ils en avoient peut-être chassés. Ces intrépides Barbares s'accrurent en

marchant; ils réunirent par alliance ou par conquête les Bastarnes, les Venèdes, les Sariges, les Roxalans, les Slaves et les Alains : les Slaves s'étendoient derrière les Goths dans les plaines de la Pologne et de la Moscovie, les Alains occupoient les terres vagues entre le Volga et le Tanaïs.

En se rapprochant des frontières romaines, les Allamans (Allemands), qui sont peut-être une partie des Suèves de Tacite, ou une confédération de *toutes sortes d'hommes*, se plaçoient devant les Goths et touchoient aux Germains proprement dits, qui bordoient les rives du Rhin. Parmi ceux-ci se trouvoient sur le Haut-Rhin des nations d'origine gauloise, et sur le Rhin inférieur des tribus germaines, lesquelles, associées pour maintenir leur indépendance, se donnoient le nom de Franks. Or donc cette grande division des soldats du Dieu vivant, formée des quatre lignes des Slaves, des Goths, des Allamans, des Germains avec tous leurs mélanges de noms et de races, appuyoit son aile gauche à la mer Noire, son aile droite à la mer Baltique, et avoit sur son front le Rhin et le Danube, foibles barrières de l'empire romain.

Le même bras qui soulevoit les nations du pôle chassoit des frontières de la Chine les hordes de Tartares appelées au rendez-vous[1]. Tandis que Néron versoit le premier sang chrétien à Rome, les ancêtres d'Attila cheminoient silencieusement dans les bois; ils venoient prendre poste à l'orient de l'Empire, n'étant, d'un côté, séparés des Goths que par les Palus-Méotides, et joignant, de l'autre, les Perses qu'ils avoient à demi subjugués. Les Perses continuoient la chaîne avec les Arabes ou les Sarrasins en Asie : ceux-ci donnoient en Afrique la main aux tribus errantes du Bargah et du Sahara, et celles-là aux Maures de l'Atlas, achevant d'enfermer dans un cercle de peuples vengeurs, et ces dieux qui avoient envahi le ciel, et ces Romains qui avoient opprimé la terre.

Ainsi se présente le christianisme dans les quatre premiers siècles de notre ère, en le contemplant avec la persuasion de sa divine origine; mais si, secouant le joug de la foi, vous vous placez à un autre point de vue, vous changez la perspective sans lui rien ôter de sa grandeur.

Que ce soit un certain produit de la civilisation et de la maturité des temps, un certain travail des siècles, une certaine élaboration de la morale et de l'intelligence, un certain composé de diverses doctrines, de divers systèmes métaphysiques et astronomiques, le tout enveloppé dans un symbole afin de le rendre sensible au vulgaire; que ce soit l'idée religieuse innée, laquelle, après avoir erré d'autels en autels, de prêtres en prêtres, s'est enfin incarnée; mythe le plus pur, éclectisme des grandes civilisations philosophiques de l'Inde, de la Perse, de la Judée, de l'Égypte, de l'Éthiopie, de la Grèce, et des Gaules; sorte de christianisme universel existant avant le christianisme judaïque, et au-delà duquel il n'y a rien que l'essence même de la philosophie; que ce soit ce que l'on voudra pour s'élever au-dessus de la simple foi (apparemment par supériorité de science, de raison et de génie), il n'en est pas moins vrai que le christianisme ainsi dénaturé, interprété, allégorisé, est encore la plus grande révolution advenue chez les hommes.

Le livre de l'histoire moderne vous restera fermé, si vous ne considérez le christianisme ou comme une révélation, laquelle a opéré une transformation sociale, ou comme un progrès naturel de l'esprit humain vers la grande civilisation : système théocratique, système philosophique, ou l'un et l'autre à la fois, lui seul vous peut initier au secret de la société nouvelle.

Admettre, selon l'opinion du dernier siècle, que la religion évangélique est une superstition juive qui se vint mêler aux calamités de l'invasion des Barbares; que cette superstition détruisit le culte poétique, les arts, les vertus de l'antiquité; qu'elle précipita les hommes dans les ténèbres de l'ignorance; qu'elle s'opposa au retour des lumières, et causa tous les maux des nations : c'est appliquer la plus courte échelle à des dimensions colossales,

---

[1] Selon le système de De Guignes, d'après les recherches modernes, les Huns seroient d'origine finnoise. Voyez KLAPROTH, *Tableaux historiques de l'Asie*, et M. SAINT-MARTIN, dans ses savantes notes à l'*Histoire du Bas-Empire*, par LEBEAU.

c'est fermer les yeux au fait dominateur de toute cette époque. Le siècle sérieux où nous sommes parvenus a peine à concevoir cette légèreté de jugement, ces vues superficielles de l'âge qui nous a précédés. Une religion qui a couvert le monde de ses institutions et de ses monuments; une religion qui fut le sein et le moule dans lequel s'est formée et façonnée notre société tout entière, n'auroit-elle eu d'autres fins, d'autres moyens d'action, que la prospérité d'un couvent, les richesses d'un clergé, les cartulaires d'une abbaye, les canons d'un concile, ou l'ambition d'un pape?

Les résultats du christianisme sont tout aussi extraordinaires philosophiquement, que théologiquement parlant. Décidez-vous entre le choix des merveilles.

Et d'abord le christianisme philosophique est la religion intellectuelle substituée à la religion matérielle, le culte de l'idée remplaçant celui de la forme : de là un différent ordre dans le monde des pensées, une différente manière de déduire et d'exercer la vérité religieuse. Aussi, remarquez-le : partout où le christianisme a rencontré une religion matérielle, il en a triomphé promptement : tandis qu'il n'a pénétré qu'avec lenteur dans les pays où régnoient des religions d'une nature spirituelle comme lui : aux Indes il livre de longs combats métaphysiques, pareils à ceux qu'il rendit contre les hérésies ou contre les écoles de la Grèce.

Tout change avec le christianisme (à ne le considérer toujours que comme un fait humain); l'esclavage cesse d'être le droit commun; la femme reprend son rang dans la vie civile et sociale; l'égalité, principe inconnu des Anciens, est proclamée. La prostitution légale, l'exposition des enfants, le meurtre autorisé dans les jeux publics et dans la famille, l'arbitraire dans le supplice des condamnés, sont successivement extirpés des codes et des mœurs. On sort de la civilisation puérile, corruptrice, fausse et privée de la société antique, pour entrer dans la route de la civilisation raisonnable, morale, vraie et générale de la société moderne : on est allé des dieux à Dieu.

Il n'y a qu'un seul exemple dans l'histoire, d'une transformation complète de la religion d'un peuple dominateur et civilisé : cet exemple unique se trouve dans l'établissement du christianisme sur les débris des idolâtries dont l'empire romain étoit infecté. Sous ce seul rapport, quel esprit un peu grave ne s'enquerroit de ce phénomène ? Le christianisme ne vint point pour la société, ainsi que Jésus-Christ vient pour les âmes, comme un voleur; il vint en plein jour, au milieu de toutes les lumières, au plus haut période de la grandeur latine. Ce n'est point une horde des bois qu'il va d'abord attaquer (là, il ira aussi quand il le faudra); c'est aux vainqueurs du monde, c'est à la vieille civilisation de la Judée, de l'Égypte, de la Grèce et de l'Italie, qu'il porte ses coups. En moins de trois siècles la conquête s'achève, et le christianisme dépasse les limites de l'empire romain. La cause efficiente de son succès rapide et général est celle-ci : le christianisme se compose de la plus haute et de la plus abstraite philosophie par rapport à la nature divine, et de la plus parfaite morale relativement à la nature humaine; or ces deux choses ne s'étoient jamais trouvées réunies dans une même religion; de sorte que cette religion convint aux écoles spéculatives et contemplatives dont elle remplaçoit les initiations, à la foule policée dont elle corrigeoit les mœurs, à la population barbare dont elle charmoit la simplicité et tempéroit la fougue.

Si le dogme de l'unité d'un Dieu a pu remplacer les absurdités du polythéisme, c'est-à-dire si une vérité a pris la place d'un mensonge, qui ne voit que, la pierre angulaire de l'édifice social étant changée, les lois, matériaux élevés sur cette pierre, ont dû s'assimiler à la substance élémentaire de leur nouveau fondement ?

Comment cela s'est-il opéré ? quelle a été la lutte des deux religions ? que se sont-elles prêté, que se sont-elles enlevé ? comment le christianisme passé de son âge héroïque à son âge d'intelligence, du temps de ses intrépides martyrs au temps de ses grands génies, comment a-t-il vaincu les bourreaux et les philosophes ? comment a-t-il pénétré à la fois tous les entendements, tous les usages, toutes les mœurs, tous les arts, toutes les sciences, toutes les lois criminelles, civiles et politiques ?

Comment les deux sexes se partagèrent-ils les postes dans l'action générale? Quelle fut l'influence des femmes dans l'établissement du christianisme? N'est-ce pas aux controverses religieuses, à la nécessité où les fidèles se trouvèrent de se défendre, qu'est due la liberté de la parole écrite, l'empire du monde étant le prix offert à la pensée victorieuse?

Quel fut l'effet sous Constantin de l'avénement de la monarchie de l'Église, bien à distinguer de la république chrétienne? Que produisit le mouvement réactionnaire du paganisme sous Julien? Qu'arriva-t-il lors de la transposition complète des deux cultes sous Théodose? Quelle analogie les hérésies du christianisme eurent-elles avec les diverses sectes de la philosophie? A part le mal qu'elles purent faire, les hérésies n'ont-elles pas servi à prévenir la complète barbarie, en tenant éveillée la faculté la plus subtile de l'esprit, au milieu des âges les plus grossiers?

Le principe des institutions modernes ne se rattache-t-il pas au règne de Constantin, cinq siècles plus haut qu'on ne le suppose ordinairement? L'empire d'Occident a-t-il été détruit par une invasion subite des Barbares, ou n'a-t-il succombé que sous des Barbares déjà chrétiens et romains? Quel étoit l'état de la propriété au moment de la chute de l'empire d'Occident? la grande propriété se compose par la conquête et la barbarie, et se décompose par la loi et la civilisation : quel a été le mouvement de cette propriété, et comment a-t-elle changé successivement l'état des personnes? Toutes ces choses et beaucoup d'autres qui se développeront dans le cours de ces *Études*, n'ont point encore été examinées d'assez près.

Il y a dans l'histoire, prise au pied de la croix et conduite jusqu'à nos jours, de grandes erreurs à dissiper, de grandes vérités à établir, de grandes justices à faire. Sous l'empire du christianisme la lutte des intelligences et des légitimités contre les ignorances et les usurpations, cesse par degrés; les vérités politiques se découvrent et se fixent; le gouvernement représentatif, que Tacite regarde comme une belle chimère, devient possible; les sciences, demeurées presque stationnaires, re-çoivent une impulsion rapide de cet esprit d'innovation que favorise l'écroulement du vieux monde. Le christianisme lui-même, s'épurant, après avoir passé à travers les siècles de superstition et de force, devient chez les nations nouvelles le perfectionnement même de la société.

Il fut pourtant calomnié; on le peignit à Marc-Aurèle comme une faction, à ses successeurs comme une école de perversité; dans la suite l'hypocrisie défigura quelquefois l'œuvre de vérité; on voulut rendre fanatique, persécuteur, ennemi des lettres et des arts, ennemi de toute liberté, ce qui est la tolérance, la charité, la liberté, le flambeau du génie. Loin de faire rétrograder la science, le christianisme, débrouillant le chaos de notre être, a montré que la race humaine, qu'on supposoit arrivée à sa virilité chez les Anciens, n'étoit encore qu'au berceau. Le christianisme croît et marche avec le temps; lumière quand il se mêle aux facultés de l'esprit, sentiment quand il s'associe aux mouvements de l'âme; modérateur des peuples et des rois, il ne combat que les excès du pouvoir, de quelque part qu'ils viennent; c'est sur la morale évangélique, raison supérieure, que s'appuie la raison naturelle dans son ascension vers le sommet élevé qu'elle n'a point encore atteint. Grâce à cette morale, nous avons appris que la civilisation ne dépouille pas l'homme de l'indépendance, et qu'il y a une liberté née des lumières, comme il y a une liberté fille des mœurs.

Les Barbares avoient à peine paru aux frontières de l'Empire, que le christianisme se montra dans son sein. La coïncidence de ces deux événements, la combinaison de la force intellectuelle et de la force matérielle, pour la destruction du monde païen, est un fait où se rattache l'origine d'abord inaperçue de l'histoire moderne. Quelques invasions promptement repoussées, une religion inconnue se répandant parmi des esclaves, pouvoient-elles attirer les regards des maîtres de la terre? Les philosophes pouvoient-ils deviner qu'une révolution générale commençoit? Et cependant ils ébranloient aussi les anciennes idées; ils altéroient les croyances, ils les détruisoient dans les classes supérieures de la société à l'époque où le christianisme sapoit les fonde-

ments de ces croyances, de ces idées dans les classes inférieures. La philosophie et le christianisme attaquant le vieil ordre de l'univers par les deux bouts, marchant l'un vers l'autre en dispersant leurs adversaires, se rencontrèrent face à face après leur victoire. Ces deux contendants avoient pris quelque chose l'un de l'autre dans leur assaut contre l'ennemi commun ; ils s'étoient cédé des hommes et des doctrines ; mais quand, vers le milieu du quatrième siècle, il fallut, non partager, mais assumer l'empire de l'opinion, le christianisme, bien qu'arrivé au trône, se trouva en même temps revêtu de la force populaire ; la philosophie n'étoit armée que du pouvoir des tyrans : Julien livra le dernier combat et fut vaincu. Brisant de toutes parts les barrières, les hordes des bois accoururent se faire baptiser aux amphithéâtres, naguère arrosés du sang des martyrs. Le christianisme étoit alors démocratique chez la foule romaine, chez les grands esprits émancipés, et parmi les tribus sauvages : le genre humain revenoit à la liberté par la morale et la barbarie.

Voilà ce qu'il faut retracer avant d'entrer dans l'histoire particulière de nos pères ; je vais essayer de vous peindre ces trois mondes coexistants confusément : le monde païen ou le monde antique, le monde chrétien, le monde barbare ; espèce de trinité sociale dont s'est formée la société unique qui couvre aujourd'hui la terre civilisée.

Résumons l'exposition du système qui m'a paru le plus approprié aux lumières du présent, et qui me semble le mieux concilier nos deux écoles historiques. Je pars du principe de l'ancienne école, pour arriver à la conséquence de l'école moderne : comme on ne peut pas plus détruire le passé que l'avenir, je me place entre eux, n'accordant la prééminence ni au fait sur l'idée, ni à l'idée sur le fait.

J'ai cherché les principes générateurs des faits ; ces principes sont la vérité religieuse, la vérité philosophique avec ses trois branches, la vérité politique.

La vérité politique n'est que l'ordre et la liberté, quelles que soient les formes.

La vérité philosophique est l'indépendance de l'esprit de l'homme, elle a combattu autrefois la vérité politique et surtout la vérité religieuse ; principe de destruction dans l'ancienne société, elle est principe de durée dans la société nouvelle, parce qu'elle se trouve d'accord avec la vérité politique et la vérité religieuse perfectionnées.

La vérité religieuse est la connoissance d'un Dieu unique manifestée par un culte. Le vrai culte est celui qui explique le mieux la nature de la Divinité et de l'homme ; par cette seule raison le christianisme est la religion véritable.

Soit qu'on le regarde avec les yeux de la foi ou avec ceux de la philosophie, le christianisme a renouvelé la face du monde.

Le christianisme n'est point le cercle inflexible de Bossuet ; c'est un cercle qui s'étend à mesure que la société se développe ; il ne comprime rien ; il n'étouffe rien ; il ne s'oppose à aucune lumière, à aucune liberté.

Tel est le squelette qu'il s'agit de couvrir de chair. Pour vous introduire dans le labyrinthe de l'histoire moderne, je vous ai arm é des fils qui doivent vous conduire à la prédication de l'Évangile, ou l'initiation générale des hommes à la vérité intellectuelle et à la vérité morale ; la venue des Barbares.

Deux grandes invasions de ces peuples sont à distinguer : la première commence sous Dèce et s'arrête sous Aurélien ; à cette époque les Barbares, presque tous païens, se jetèrent en ennemis sur l'Empire : la seconde invasion eut lieu pendant le règne de Valentinien et de Valens ; alors convertis en partie au christianisme, les Barbares entrèrent dans le monde civilisé comme suppliants, hôtes ou alliés des Césars. Appelés pendant trois siècles par la foiblesse de l'état et par les factions soutenant les divers prétendants à l'empire, ils se battirent les uns contre les autres au gré des maîtres qui les payoient et qu'ils écrasèrent : tantôt enrôlés dans les légions dont ils devenoient les chefs ou les soldats, tantôt esclaves, tantôt dispersées en colonies militaires, ils prenoient possession de la terre avec l'épée et la charrue. Ce n'étoit toutefois que rarement et à contrecœur qu'ils labouroient : pour engraisser les sillons, ils trouvoient plus court d'y verser le sang d'un Romain que d'y répandre leurs sueurs.

Or, il convient de savoir où en étoit l'empire lorsque arrivèrent les deux invasions générales

de ces peuples, nos ancêtres ; peuples qui n'étoient pas même indiqués dans les géographies : ils habitoient, au-delà des limites du monde connu de Strabon, de Pline, de Ptolémée, un pays ignoré ; force fut de les placer sur la carte, quand Alaric et Genseric eurent écrit leurs noms au Capitole.

PREMIER DISCOURS.

PREMIÈRE PARTIE.

DE JULES CÉSAR A DÈCE, OU DÉCIUS.

Après avoir prêché l'Évangile, Jésus-Christ laisse sa croix sur la terre : c'est le monument de la civilisation moderne. Du pied de cette croix, plantée à Jérusalem, partent douze législateurs, pauvres, nus, un bâton à la main, pour enseigner les nations et renouveler la face des royaumes.

Les lois de Lycurgue n'avoient pu soutenir Sparte ; la religion de Numa n'avoit pu faire durer la vertu de Rome au-delà de quelques centaines d'années ; un pêcheur, envoyé par un faiseur de jougs et de charrues, vient établir au Capitole cet empire qui compte déjà dix-huit siècles, et qui, selon ses prophéties, ne doit point finir.

Depuis longtemps Rome républicaine avoit répudié la liberté, pour devenir la concubine des tyrans : la grandeur de son premier divorce lui a du moins servi d'excuse. César est l'homme le plus complet de l'histoire, parce qu'il réunit le triple génie du politique, de l'écrivain et du guerrier. Malheureusement César fut corrompu comme son siècle : s'il fût né au temps des mœurs, il eût été le rival des Cincinnatus et des Fabricius, car il avoit tous les genres de force. Mais quand il parut à Rome, la vertu étoit passée ; il ne trouva plus que la gloire : il la prit faute de mieux.

*Auguste, héritier de César, n'étoit pas de cette première race d'hommes qui font les révolutions ; il étoit de cette race secondaire qui en profite, et qui pose avec adresse le couronnement de l'édifice dont une main plus forte a creusé les fondements : il avoit à la fois l'habileté et la médiocrité nécessaires au maniement des affaires qui se détruisent également par l'entière sottise ou par la complète supériorité.

La terreur qu'Auguste avoit d'abord inspirée lui servit ; les partis tremblants se turent : quand ils virent l'usurpateur faire légitimer son autorité par le sénat[1], maintenir la paix, ne persécuter personne, se donner pour successeur au consulat un ancien ami de Brutus, ils se réconcilièrent avec leurs chaînes. L'astucieux empereur affectoit les formes républicaines ; il consultoit Agrippa, Mécènes,

* An de Rome, 725. Av. J.-C. 29.
[1] Hæc cum Cæsar ita recitasset, mire senatorum animi affecti sunt. Fuerunt pauci qui ejus animum intelligerent ideoque adstipularentur : reliqui aut suspicabantur quo hæc concilia dicta essent, aut fidem iis habebant. Horum alteri artificium in occultanda callide sua sententia Cæsaris admirabantur ; alteri hoc ejus propositum : alteri ægre ejus versutiam : alteri pœnitentiam captæ reipublicæ procurationis ferebant : jam enim exsiterant qui popularem reipublicæ formam ut turbulentam odissent ac mutationem ejus approbarent, Cæsarisque imperio delectarentur..... proinde, cum frequenter etiam dicenti adhuc acclamassent, ubi peroravit, multis omnes eum verbis precati sunt, ut solus imperii summam gereret ; multisque quibus id ei persuaderent adductis argumentis tandem eo compulerunt ut principatum solus obtineret. (Dionis.: *Hist. rom.*, lib. LIII, ed. Joannis Leunclavii, pag. 502, 503.)

et peut-être Virgile[1], sur le rétablissement de la liberté, en même temps qu'il envahissoit tous les pouvoirs[2], se faisoit investir de la puissance législative[3], et instituoit les gardes prétoriennes[4]. Il chargea les muses de désarmer l'histoire, et le monde a pardonné l'ami d'Horace.

Les limites de l'empire romain furent ainsi fixées par Auguste[5] :

---

[1] Ad quam deliberationem quum Agrippam Mœcenatemque adhibuisset (nam cum his de omnibus arcanis suis communicare solebat), prior in hanc sententiam Agrippa locutus est. (DIONIS.. *Hist. rom.*, lib. LII, pag. 463, edit. Joannis Leunclavii.)

In qua re diversæ sententiæ consultos habuit, Mœcenatem et Agrippam... quare Augusti animus hinc ferebatur et illinc... Rogavit igitur Mœcenem an conferat privato homini se in sua republica tyrannum facere. (Pag. ultim. *vitæ Virgilii* tributæ Donato, edit. 1699, a P. Rumo. Parisiis.)

[2] In hunc modum pugna navalis facta est 4 nonas septembris. Id a me non frustra commemoratum est, dies annotare alioquin non solito; sed quod ab ea die primum Cæsar solus rerum potitus est, imperiique ejus recensio præcise ab ea sumitur. (DIONIS. CASSII, *Hist. rom.*, lib. LI, pag. 442, edit. Joannis Leunclavii.)

Hoc autem anno (ab Urbe condita 755), vere iterum penes unum hominem summa totius reipublicæ esse cœpit. Quamquam armorum deponendorum, resque omnes senatus populique potestati tradendi consilium Cæsar agitaverit. (*Ibid.*, lib. LIII, p. 465; lib. LII, pag. 474, 511, n°2, pag. 40.)

[3] Quod principi placuit, legis habet vigorem : utpote cum lege regia, quæ de imperio ejus lata est, populus ei et in eum omne suum imperium et potestatem conferat. (ULPIAN., lib. 1, *Princ.*, etc., *de Constit. princip.*)

[4] Certum numerum partim in urbis, partim in sui custodiam allegit, dimissa Calaguritanorum manu quam usque ad devictum Antonium, item Germanorum quam usque ad cladem Varianam, inter armigeros circa se habuerat. (SUET., *in vita Aug.*)

[5] Termini igitur finesque imperii romani sub Augusto erant, ab oriente Euphrates; a meridie Nili cataractæ, et deserta Africæ et mons Atlas; ab occidente Oceanus; a septentrione Danubius et Rhenus. (JUST. LIPS., *de Magn. rom.*, lib. I, cap. III. Antuerpiæ, 1637, 6 tom. in-fol.;—tom. III, pag. 579.)

Retenti fines, seu dati imperio romano (sous Claude): Mesopotamia per orientem, Rhenus Danubiusque ad septentrionem, et a meridie Mauri accepere provinciis. (AUR. VICT., *Hist. Abrev.*, part. II, cap. IV ; SUET., *Hist. rom.*, vol. II, pag. 127.)

Hadrianus gloriæ Trajani certum est invidisse, qui ei susceperit in imperio; sponte propria reductis exercitibus, Armeniam, Mesopotamiam et Assyriam concessit; et inter Romanos et Parthos medium Euphratem esse voluit. (SEXT. RUF., *Brev.*; SUET., *Hist. rom.*, vol. II, pag. 166.)

Au nord, le Rhin et le Danube;
A l'orient, l'Euphrate;
Au midi, la Haute-Égypte, les déserts de l'Afrique et le mont Atlas ;
A l'occident, les mers d'Espagne et des Gaules. Trajan subjugua la Dacie au nord du Danube[1], la Mésopotamie et l'Arménie à l'est de l'Euphrate; mais ces dernières conquêtes furent abandonnées par Adrien. Agricola acheva, sous le règne de Domitien, de soumettre la Grande-Bretagne[2] jusqu'aux deux golfes entre Dumbritton et Édimbourg.

Sous Auguste et sous Tibère, l'Empire entretenoit vingt-cinq légions[3]; elles furent por-

---

[1] Romani imperii, quod post Augustum defensum magis fuerat, quam nobiliter ampliatum, fines longe lateque diffudit : urbes trans Rhenum in Germania reparavit : Daciam, Decibalo victo, subegit, provincia trans Danubium facta in his agris quos nunc Teciphali, et Nethophali et Thenbirgi habent. Ea provincia decies centena millia passuum in circuitu tenuit. Armeniam, quam occupaverant Parthi, recepit, Parthamasire occiso, qui eam tenebat. Albanis regem dedit. Iberonem regem; et Sauromatorum, et Bosporanorum, et Arabum, et Osdroenorum et Colchoruin. in fidem accepit. Corduenos, Marcomedos occupavit; et Anthemusium, magnam Persidis regionem; Seleuciam et Ctesiphontem, Babylonem et Messenios vicit ac tenuit; usque ad fines et mare Rubrum accepit : atque ibi tres provincias fecit, Armeniam, Assyriam, Mesopotamiam, cum his gentibus, quæ Madenam attingunt. Arabiam postea in provinciæ formam redegit : in mari Rubro classem instituit, ut per eam Imbriæ fines vastaret. (EUTROP., lib. VIII, cap. II et III. Lugduni Batavorum, 1762, in-8°, pag. 360 et seq.)

Trajanus, qui post Augustum romanæ reipublicæ movit lacertos, Armeniam recept t a Parthis. Sublato diademate; regi Armeniæ majoris regnum ademit. Albanis regem dedit. Iberos, Bosporanos, Colchos, in fidem romanæ ditionis accepit. Saracenorum loca et Arabum occupavit. Corduenos et Marcomedos obtinuit, Anthemusiam, optimam Persidis regionem, Seleuciamque et Ctesiphontem ac Babyloniam accepit et tenuit. Usque ad Indiæ fines post Alexandrum insecutus. In mari Rubro classem instituit.(SEXT. RUF., *Brev.* SUET., *Hist. rom.*, vol. II, pag. 463.)

[2] Quarta æstas obtinendis, quæ percurrerat, insumpta. Ac, si virtus exercituum et romani nominis gloria pateretur, inventus in ipsa Britannia terminus. (TAC., *Agric.*, cap. XXIII, SUET., *Hist. rom.*, vol. III, pag. 366.)

Britanniæ situm populosque in illis scriptoribus numeratos, non in comparationem curæ ingenive referam; sed quia tunc primum perdomita est. (TAC., *Agric.*, cap. X; SUET., *Hist. rom.*, vol. III, pag. 369.)

[3] Sed præcipuum robur Rhenum juxta, commune in

tées à trente sous le règne d'Adrien [1]. Le nombre des soldats qui composoient la légion ne fut pas toujours le même; en le fixant à douze mille cinq cents hommes, on trouvera qu'un si vaste état n'étoit gardé, du temps des premiers empereurs, que par trois cent vingt-deux mille cinq cents, et ensuite par trois cent soixante-quinze mille hommes. Six mille huit cent trente et un Romains proprement dits, et cinq mille six cent soixante-neuf alliés ou étrangers formoient le complet de la légion : sous la tyrannie, ce n'étoit plus Rome, c'étoient les provinces qui fournissoient les Romains. Les Celtibériens furent les premières troupes salariées introduites dans les légions [2]. Rome avoit combattu elle-même pour sa liberté; elle confia à des mercenaires le soin de défendre son esclavage.

Seize légions bordoient le Rhin et le Danube [3]; deux étoient cantonnées dans la Dacie, trois dans la Mœsie, quatre dans la Pannonie, une dans la Norique, une dans la Rhétie,

on peut voir la distribution dans le passage de Tacite; ensuite on en changea le nombre et la destination.

Sed ita sub Augusto : ut tamen tetigi creverunt, et primum Claudius imperator, Britannia domita. legiones in ea tres locavit, mauseruntque. Tum Vespasianus duas etiam in Cappadocia : et Trajanus deinde in Dacia duas. (Just. Lips., *de Magnit. Rom.* lib. I, cap. iv. Antuerpiæ, 1637, in-fol., tom. III, pag. 579.)

Sous le règne d'Alexandre Sévère, il n'en restoit que dix-neuf des vingt-huit d'Auguste, les autres ayant été ou dissoutes ou réunies, ainsi que Dion le dit; mais d'autres y furent ajoutées par les successeurs d'Auguste.

Alebantur eo tempore (Augusti ævo) legiones civium romanorum xxiii, aut, quem alii numerum ponunt, quinque et viginti ; nostro tempore solæ novemdecim ex iis restant: nempe secunda legio Augusta, cujus in Superiori Britannia sunt hyberna : tres Tertiæ, una in Phœnicia, Gallica nomine : altera in Arabia, Cyrenaica dicta legio : tertia Augusta in Numidia, quarta, Scytica, in Syria : quinta Macedonica , in Dacia : sextæ duæ, una in Inferiori Britannia, Victrix ; altera in Judæa, Ferrata : septima in Mysia superiore , Claudiana, præcipue nuncupata : octava, Augusta, in Germania superiore ; decima utraque gemina , cum quæ in Pannonia superiore, tum quæ in Judæa posita est : undecima in Mysia inferiore, Claudiana cognomento (hæ duæ legiones a Claudio sunt nominatæ, quod adversus eum in seditione Camilli non rebellassent): duodecima in Cappadocia , Fulminifera : decima tertia gemina in Dacia : decima quarta gemina in Pannonia superiore : decima quinta Apollinaris, in Cappadocia : vicesima Valeria et Victrix, in Britannia superiore versantes: quam vicesimam, ut mihi videtur, eamdem cum ea legione, cui pariter nomen est Vicesimæ; et cui hiberna in superiore sunt Germania (quamvis non ab omnibus Valeria dicatur, neque hodie id nomen retineat), Augustus acceptam servavit. Hæ itaque legiones Augusti supersunt, reliquis aut omnino dispersatis, aut ab ipso Augusto, et aliis imperatoribus , inter cæteras legiones admixtis, unde Geminarum appellatio tracta putatur. — Ac quoniam quidem semel de legionibus dicere cœpi, lubet reliquas etiam superstites , ab aliis imperatoribus deinceps lectas, hoc loco recitare, ut qui de his cognoscere cupit, uno omnia loco facilius percipiat. Nero legionem primam, Italicam nuncupatam, instituit in inferiori Mysia hyemantem : Galba primam Adjutricem , in inferiori Pannonia, septimam in Hispania : Vespasianus secundam Adjutricem , in Pannonia inferiori, quartam in Syria Harsam : Domitianus primam Minensiam, in Germania inferiori : Trajanus secundam Ægyptiam, et trigesimam Germanicam, quibus a suo nomine nomen imposuit. Marcus Antoninus secundam in Norico, tertiam in Rhætia : quæ etiam Italicæ vocantur : Severus Parthicas primam et tertiam in Mesopotamia, secundamque Mediam in Italia. Nostro itaque tempore tot sunt legiones civium præter urbanos et prætorianos : sub Augusto autem seu xxiii, seu xxv ictæ alebantur, ac multæ etiam aliæ auxiliariæ, equitum peditumque et classiariorum, qua certus

---

Germanos Gallosque subsidium , octo legiones erant. Hispaniæ recens perdomitæ, tribus habebantur. Mauros Juba rex acceperat donum populi romani. Cætera Africæ per duas legiones, parique numero Ægyptus. Dehinc initio ab Syria usque ad flumen Euphratem, quantum ingenti terrarum fines ambitur, quatuor legionibus coerceta : accolis Ibero Albanoque et aliis regibus, qui magnitudine nostra proteguntur adversum externa imperia. Et Thraciam Rhœmetalces ac liberi Cotyis; ripamque Danubii legionum in Pannonia , ducere in Mœsa attinebant : totidem apud Dalmatiam locatis; quæ positu regionis a tergo illis, ac, si repentinum auxilium Italia posceret , haud procul accirentur.(Tac., *Ann.*. lib. IV , cap. v; Suet., *Hist. rom.*, vol. II; pag. 185.)

Alebantur eo tempore legiones civium romanorum XXIII, aut, quem alii numerum ponunt, XXV. (Dion., lib. LV, cap. xxiii. Stamburgi, 1752, in-fol. pag. 794.)

[1] Arguentibus amicis quod (Favonius) male cederet Hadriano, de verbo quod idonei auctores usurpassent, risum jucundissimum movit. Ait enim : « Non recte suadetis, familiares, qui non patimini me illum doctiorem omnibus credere, qui habet triginta legiones. » (Spart., *in Adrian.*, cap. XV; Suet., *Hist. rom.*, vol. II, pag. 281.)

Sub Augusto et Tiberio viginti quinque legiones fuerunt, ex Dione et Tacito ; quin postea tamen auxerint, vix dubito, et sub Trajano atque Hadriano certum fuisse triginta, aut et supra. (Lips., *de Magnit. Rom.*, lib. I, cap. iv. Antuerpiæ, 1637, in-fol., tom. III, pag. 579.)

[2] Id modo ejus anni in Hispania ad memoriam insigne est, quod mercenarium militem in castris neminem ante , quam tum Celtiberos, Romani habuerunt. (Tit. Liv., lib. XXIV, cap. xlix. Lugduni Batavorum et Amstelodami, 1740, in-4°, tom. III, pag. 954.)

[3] Il y avoit vingt-huit légions sous Auguste, dont

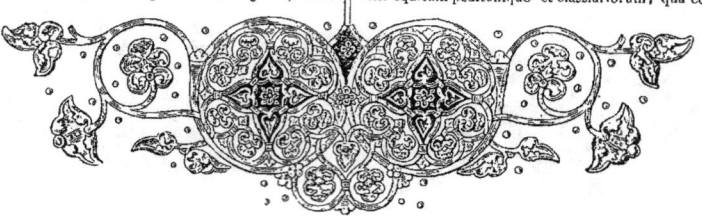

trois dans la Haute et deux dans la Basse-Germanie; la Bretagne étoit occupée par trois légions; huit légions, dont six séjournoient en Syrie et deux en Cappadoce, suffisoient à la tranquillité de l'Orient. L'Égypte, l'Afrique et l'Espagne se maintenoient en paix, chacune sous la police d'une légion. Seize mille hommes de cohortes de la ville et des gardes prétoriennes [1], protégeoient en Italie le double monument de la liberté et de la servitude, le Capitole et le palais des Césars.

Trois flottes, la première à Ravenne, la seconde à Misène, la troisième à Fréjus, veilloient à la sûreté de la Méditerranée orientale et occidentale [2]; une quatrième commandoit l'Océan, entre la Bretagne et les Gaules; une cinquième couvroit le Pont-Euxin, et des barques montées par des soldats stationnoient sur le Rhin et le Danube [1], telle étoit la force régulière de l'Empire. Cette force, accrue graduellement, ne s'élevoit pas toutefois au-delà de quatre cent cinquante mille hommes, au moment où des myriades de Barbares se préparoient à l'attaquer. Il est vrai que tout Romain étoit réputé soldat, et que dans certaines occasions on avoit recours aux levées extraordinaires, connues sous le nom de *conjuration* ou d'*évocation*, et exécutées par les *conquisitores* [2]. On arboroit dans ce cas du tumulte deux pavillons au Capitole, un rouge, pour rassembler les fantassins, l'autre bleu, pour réunir les cavaliers.

Une ligne de postes fortifiés, surtout au bord du Rhin et du Danube; dans certains endroits des murailles; des manufactures d'armes, placées à distance convenable, complétoient le système défensif des Romains. Ce système changea peu depuis le règne d'Auguste jusqu'à celui de Dèce. On ajouta seulement à la défense ce que l'expérience avoit fait juger utile.

Sous Auguste s'alluma cette guerre de la Germanie, où Varus perdit ses légions.

Lorsque Auguste entroit dans son douzième consulat, et que Caius César étoit déclaré prince de la jeunesse, que se passoit-il dans un petit coin de la Judée?

« Vers ce même temps, on publia un édit
« de César Auguste pour faire le dénombre-
« ment des habitants de toute la terre.

« Joseph partit aussi de la ville de Nazareth,
« qui est en Galilée, et vint en Judée à la ville
« de David, appelée Bethléem, parce qu'il
« étoit de la maison et de la famille de David;

---

numerus mihi non constat. (Dion., lib. LV, cap. XXIII et LIV. — Hamburgi, 1752, in-fol., pag. 794 et seq.)

[1] Οἵ τε σωματοφύλακες, μύριοι ὄντες, καὶ δεκαχῇ τεταγμένοι, καὶ οἱ τῆς πόλεως φρουροί ἑξακισχίλιοι τε ὄντες, καὶ τετραχῇ νενεμημένοι.

Decies item mille prætoriani milites in decem divisi cohortes: ultro præsidiant, ad sex millia, in quatuor cohortes distribui. (Dion., lib. LV, cap XXIV. Hamburgi, 1752, in-fol. pag. 797.)

Totidem (legionibus), apud Dalmatiam locatis, quæ positu regionis a tergo illis, ac si repentinum auxilium Italia posceret, haud procul accirentur: quamquam inciderat urbem proprius miles, tres urbanæ, novem prætoriæ cohortes, Etruria ferme Umbriaque lectæ, aut vetere Latio, et coloniis antiquitus romanis. (Tac., *Ann.*, lib. IV, cap. V; Suet., *Hist. rom.*, vol. III, pag. 185.)

Elles furent augmentées sous Vitellius.

Insuper confusos, pravitate vel ambitu, ordo militiæ. Sedecim prætoriæ, quatuor urbanæ cohortes scribebantur, queis singula millia inessent. (Tac., *Hist.*, lib. II cap. XCIII; Suet., *Hist. rom.*, vol, III, pag. 311.)

[2] Ex militaribus copiis legiones et auxilia provinciatim distribuit; classem Miseni, et alteram Ravennæ, ad tutelam superi et inferi maris, collocavit. (Suet., *Aug.*, cap. XLIX; Suet., *Hist. rom.*, vol. III, pag. 30.)

Italiam utroque mari duæ classes, Misenum apud et Ravennam, proximumque Galliæ littus rostratæ naves præsidebant, quas actiaca victoria captas Augustus in oppidum Forojuliense miserat, valido cum remige. (Tac., *Ann.*, lib. IV, cap. V; Suet., *Hist. rom.*, vol. III, pag. 185.)

Apud Misenum ergo et Ravennam singulæ legiones cum classibus stabant, ne longius a tutela urbis abscederent: et cum ratio postulasset, sine mora, sine circuitu ad omnes mundi partes navigio pervenirent. (Veget., lib. IV, cap. XXXI. Vesaliæ Clivorum, 1670, in-8°, pag. 155.)

[1] Igitur digressus castellis Vannius, funditur prælio: quamquam rebus adversis, laudatus quod et pugnam manu capescit, et corpore adverso vulnera excepit. Cæterum ad classem in Danubio opperientem perfugit. (Tac., *Ann.*, lib. XII, cap XXX; Suet., *Hist. rom.*, vol. III, pag. 224.)

Nam per Rheni quidem ripam quinquaginta amplius castella direxit, Rhenum et Geconiam cum pontibus junxit, classibusque firmavit. (Hon., lib. IV, cap. XII; Suet., *Hist. rom.*, vol. II, pag. 51.)

[2] *Qui rempublicam salvam esse vult, me sequatur*, disoit le consul. *Tumultus quasi timor multus, vel a Tumeo.* (Cic. Phil.)

« Pour se faire enregistrer avec Marie, son
« épouse, qui étoit grosse.

« Pendant qu'ils étoient en ce lieu, il arriva
« que le temps auquel elle devoit accoucher
« s'accomplit.

« Et elle enfanta son fils premier-né ; et,
« l'ayant emmailloté, elle le coucha dans une
« crèche, parce qu'il n'y avoit point de place
« pour eux dans l'hôtellerie.

« Or, il y avoit aux environs des bergers qui
« passoient la nuit dans les champs, veillant
« tour à tour à la garde de leur troupeau.

« Et tout à coup un ange du Seigneur se
« présenta à eux, et une lumière divine les en-
« vironna, ce qui les remplit d'une extrême
« crainte.

« Alors l'ange leur dit : Ne craignez point,
« car je vous viens apporter une nouvelle qui
« sera pour tout le peuple le sujet d'une grande
« joie.

« C'est qu'aujourd'hui, dans la ville de Da-
« vid, il vous est né un Sauveur, qui est le
« Christ. »

Ces merveilles furent inconnues à la cour d'Auguste, où Virgile chantoit un autre enfant : les fictions de sa muse n'égaloient pas la pompe des réalités dont quelques bergers étoient témoins. Un enfant de condition servile, de race méprisée, né dans une étable à Bethléem*, voilà un singulier maître du monde, et dont Rome eût été bien étonnée d'apprendre le nom ! Et c'est néanmoins à partir de la naissance de cet enfant qu'il faut changer la chronologie et dater la première année de l'ère moderne [1].

Tibère, successeur d'Auguste**, ne se donna pas comme lui la peine de séduire les Romains ; il les opprima franchement, et les contraignit à se rassasier de servitude. En lui commença cette suite de monstres nés de la corruption romaine.

Le premier dans l'ordre des temps, il fut aussi le plus habile ; tout dégénère, même la tyrannie : des tyrans actifs on arrive aux tyrans fainéants.

Tibère étendit le crime de lèse-majesté qu'avoit inventé Auguste. Ce crime devint une loi de finances, d'où naquit la race des délateurs ; nouvelle espèce de magistrature que Domitien déclara sacrée sous la justice des bourreaux [1].

Tibère sacrifia les droits du peuple aux sénateurs, et les personnes des sénateurs au peuple, parce que le peuple, pauvre et ignorant, n'avoit de force que dans ses droits, et que les sénateurs, riches et instruits, ne tiroient leur puissance que de leur valeur personnelle.

Tibère mêloit à ses autres défauts celui des petites âmes, la haine pour les services qu'on lui avoit rendus, et la jalousie du mérite : le talent inquiète la tyrannie ; foible, elle le redoute comme une puissance ; forte, elle le hait comme une liberté.

Les mœurs de Tibère étoient dignes du reste de sa vie ; mais on se taisoit sur ses mœurs, car il appeloit ses crimes au secours de ses vices : la terreur lui faisoit raison du mépris.

La guerre des Germains continua sous ce prince : elle servit aux victoires de Germanicus, et celles-ci préparèrent le poison qui les devoit expier. Les triomphes de Germanicus lui coûtèrent la vie : il mourut de sa gloire, si j'ose parler ainsi.

L'année où sa veuve, la première Agrippine, après de longues souffrances, alla le rejoindre dans la tombe, le Fils de l'Homme achevoit sa mission : il rapportoit aux peuples la religion, la morale et la liberté au moment où elles expiroient sur la terre.

---

* Auguste, an de Rome, 754 ; an de J.-C., 1ᵉʳ.
[1] La vraie chronologie doit placer la naissance de Jésus-Christ au 25 décembre de l'an de Rome 751, la vingt-septième année du règne d'Auguste ; mais l'ère commune la compte, comme je l'ai remarqué, de l'an 754 de la fondation de Rome.
** An de J.-C. 14.

[1] Legem majestatis reduxerat : cui nomen apud veteres idem, sed alia in judicium veniebant. Si quis proditione exercitum aut plebem seditionibus denique, male gesta republica, majestatem populi romani minuisset. Facta arguebantur. dicta impune erant. Primus Augustus cognitionem de famosis libellis specie legis ejus tractavit, commotus Cassii Severi libidine, qua viros feminasque illustres, procacibus scriptis diffamaverat. Mox Tiberius, consultante Pompeio Macro prætore : *an judicia majestatis redderentur? Exercendas leges esse*, respondit. (Tac., *Ann.*,lib. I, cap. LXXII, pag. 128 et 129. Edit. 1715, a Christ. Hauffio Leipsick. — *Cod.*, lib. IX, tit. VIII, *Ad legem Juliam majestatis*. — *Digest.* eodem.)

« Cependant la mère de Jésus, et la sœur de
« sa mère, Marie, femme de Cléophas, et
« Marie-Madeleine, se tenoient auprès de sa
« croix.

« Jésus ayant donc vu sa mère, et près d'elle
« le disciple qu'il aimoit, dit à sa mère : Fem-
« me, voilà votre Fils.

« Puis il dit au disciple : Voilà votre mère.
« Et depuis cette heure-là, ce disciple la prit
« chez lui.

« Après, Jésus sachant que toutes choses
« étoient accomplies; afin qu'une *parole de*
« *l'Écriture* s'accomplit encore, il dit : J'ai
« soif.

« Et comme il y avoit là un vase plein de vi-
« naigre, les soldats en emplirent une éponge,
« et, l'environnant d'hysope, la lui présentè-
« rent à la bouche.

« Jésus, ayant donc pris le vinaigre, dit :
« Tout est accompli. Et baissant la tête, il ren-
« dit l'esprit. »

A cette narration, on ne sent plus le langage
et les idées des historiens grecs et romains;
on entre dans des régions inconnues. Deux
mondes étrangement divers se présentent ici
à la fois : Jésus-Christ sur la croix, Tibère à
Caprée [*].

La publication de l'Évangile commença le
jour de la Pentecôte de cette même année.
L'Église de Jérusalem prit naissance : les sept
diacres Étienne, Philippe, Prochore, Nicanor,
Timon, Parménas et Nicolas, furent élus [1]. Le
premier martyre eut lieu dans la personne de
saint Étienne [2]; la première hérésie se déclara
par Simon le magicien [3], et fut suivie de celle

[*] Tibère. An de J.-C. 35.
[1] Et elegerunt Stephanum, virum plenum fide et spiritu sancto, et Philippum et Prochorum, et Nicanorem
et Timonem, et Parmenam et Nicolaum advenam An-
tiochenum. (*Act. Apost. V. S.*, pag. 289. Lyon, 1684.)
[2] Et lapidabant Stephanum invocantem et dicentem :
« Domine Jesu, suscipe spiritum meum. »
[3] Simon nimirum quidam Samaritanus, in vico cui
Gitthon nomen est, natus sub Claudio Cæsare... propter
magicas quas exhibuit virtutes de is habitus, et statua
apud eos veluti deus honoratur : quæ statua in amne Tiberi, inter duos pontes est erecta, latinam hanc habens
inscriptionem : *Simoni deo sancto*: et Samaritani prope
omnes, ex aliis nationibus etiam perpauci, illum quasi
primum deum esse confitentes, adorant quoque. RUFF..
Mart. Apol., tom. II, pag. 69.)

d'Apollonius de Tyane. Saul, de persécuteur
qu'il étoit, devint l'apôtre des gentils sous le
grand nom de Paul. Pilate envoya à Rome les
actes du procès du fils de Marie; Tibère proposa au sénat de mettre Jésus-Christ au nombre des dieux [1]. Et l'histoire romaine a ignoré
ces faits.

Après Tibère, un fou et un imbécile, Caligula[*] et Claude, furent suscités pour gouverner
l'Empire, lequel alloit alors tout seul et de lui-
même, comme leur prédécesseur l'avoit monté,
avec la servitude et la tyrannie.

Il faut rendre justice à Claude; il ne vouloit
pas la puissance : caché derrière une porte
pendant le tumulte qui suivit l'assassinat de
Caïus, un soldat le découvrit, et le salua empereur [2]. Claude, consterné, ne demandoit
que la vie; on y ajoutoit l'empire, et il pleuroit du présent.

Sous Claude commença la conquête de la
Grande-Bretagne : né à Lyon, l'empereur introduisit les Gaulois dans le sénat.

Les Juifs persécutés à Alexandrie députèrent
Philon à Caligula. Hérode Antipas [3] et Pilate

[*] Caligula. An de J.-C. 37. Claude. An de J.-C. 41
[1] Pilato de Christianorum dogmate ad Tiberium referente, Tiberius retulit ad senatum, ut inter cætera sacra reciperetur. Verum, cum ex consultu patrum christianos eliminari Urbe placuisset, Tiberius post edictum,
accusatoribus christianorum comminatus est mortem,
scribit Tertullianus in *Apologetico*. (EUSEB., CÆS..
Chron. An. Dom. XXXVIII. — Bâle.)
[2] Neque multo post, rumore cædis exterritus, processit ad solarium proximum, interque prætenta foribus
vela se abdidit : latentem discurrens forte gregarius
miles, animadversis pedibus, e studio sciscitandi quis-
nam esset, agnovit, extractumque, et præ metu ad genua
sibi accidentem, imperatorem salutavit. (*Vita Claudii*,
cap. II, pag. 202; édit. de 1761, par Ophelot de La
Pause. — Paris.)
[3] Anno Domini 38, — regnante Caligula, — Herodes
Lugduunum Galliæ mittitur in exilium. (JOSEPH. 18-14.)
Interea Tiberius duobus et vigenti circiter annis sui
principatus exactis, vivendi finem fecit; postquam Caïus
imperium suscepit, et continuo Judæorum principatum
tradidit. Agrippæ simul et Philippi ac Lysianæ tetrar-
chias, cum quibus et paulo post Herodis eidem pariter
contulit. Ipsum vero Herodem qui vel in Johannis nece
autor extiterat, vel in passione Domini interfuerat,
multis excruciatum modis, æterno damnat exilio : sicut
Josephus in his quæ supra inscripsimus scribit. (EUSEBII
CÆS., *Historia*, lib. II, pag. 482; edit. 1559. Basileæ, per
Henricum Petri, in-4°.)

Voici le passage qu'Eusèbe, d'après Nicéphore et Jo-

furent relégués dans les Gaules. Corneille est le premier soldat romain qui reçut la foi.

Le nombre des disciples de l'Évangile s'accroît, les sept Églises de l'Asie-Mineure se fondent. C'est dans Antioche que les disciples de l'Évangile reçoivent pour la première fois le nom de *chrétiens* [1]. Pierre, emprisonné à Jérusalem par Hérode Agrippa, est délivré miraculeusement. Ce prince d'une espèce nouvelle, dont les successeurs étoient appelés à monter sur le trône des Césars, entra dans Rome [2], le bâton pastoral à la main, la seconde année du règne de Claude[*]. Avant de se disperser pour annoncer le Messie, les apôtres composèrent à Jérusalem le symbole de la foi. Cette charte des chrétiens, qui devoit devenir la loi du monde, ne fut point écrite : Jésus-Christ n'écrivit rien : sept de ses apôtres n'ont laissé que leurs œuvres ; il y en a d'autres, dont on ne sait pas même le nom ; et la doctrine de ces inconnus a parcouru la terre ! Jean enseigna dans l'Asie-Mineure, et retira chez lui Marie, que le Sauveur lui avoit léguée du haut de la croix ; Philippe alla dans la Haute-Asie, André chez les Scythes, Thomas chez les Parthes, et jusqu'aux Indes où Barthélemi porta l'évangile de saint Matthieu, écrit le premier de tous les évangiles. Simon prêcha en Perse, Matthias en Éthiopie, Paul dans la Grèce ; Marc, disciple de Pierre, rédigea son évangile à Rome, et Pierre envoya des missionnaires en Sicile, en Italie, dans les Gaules, et sur les côtes de l'Afrique. Saint Paul arrivoit à Éphèse lorsque Claude mourut, et il catéchisa lui-même dans la Provence et dans les Espagnes.

Nous apprenons par les épîtres de cet apôtre que les premiers chrétiens et les premières chrétiennes à Rome furent Epenitas, Marie, Andronic, Junia, Ampliat, Urbain, Stachys, Appelès. Paul salua encore les fidèles de la maison d'Aristobule et ceux de la maison de Narcisse [1], le fameux favori de Claude. Ces noms sont bien obscurs, et ne se trouvèrent point dans les documents fournis à Tacite ; mais il est assez merveilleux, sans doute, de voir, du point où nous sommes parvenus, le monde chrétien commencer inconnu dans la maison d'un affranchi que l'histoire a cru devoir inscrire dans ses fastes.

De même que tous les conquérants sont devenus des Alexandres, tous les tyrans ont hérité du nom de Néron[*]. On ne sait trop pourquoi ce prince a joui de cet insigne honneur, car il ne fut ni plus cruel que Tibère, ni plus insensé que Caligula, ni plus débauché qu'Éliogabale : c'est peut-être parce qu'il tua sa mère, et qu'il fut le premier persécuteur des chrétiens. Peut-être encore son enthousiasme pour les arts donna-t-il à sa tyrannie un caractère ridicule qui a servi à la faire remarquer. Le beau ciel de Baïa et des fêtes étoient les tableaux où Néron aimoit à placer ses crimes.

Les sénateurs qui le condamnèrent à mort lui prouvèrent qu'un artiste ne vit pas partout, comme il avoit coutume de le dire, en chantant sur le luth [2]. Ces esclaves, qui jugèrent

---

sèphe (*Antiq. jud.*), rapporte dans l'endroit indiqué :
In tantas et tam graves calamitates, ut fertur, incurrit, ut necessitate adductus, sibi propria manu mortem consciscere, suorumque ipse scelerum vindex existeret. (Euseb., *Hist. eccles.*, lib. II, cap. vii.)

[1] Et annum totum conversati sunt ibi in ecclesia, et docuerunt turbam multam, ita ut cognominarentur primum Antiochiæ discipuli christiani. (*Act. Apostolor.*, cap. XI, vers. xxvi, pag. 293. Lugduni, 1684.)

[2] Continuo namque, in ipsis Claudii temporibus, clementia divinæ Providentiæ probatissimum omnium apostolorum et maximum fidei, magnificentiæ et virtutis merito primorum principem Petrum, ad urbem Romam, velut adversum humani generis communem perniciem repugnaturum deducit, ducem quemdam et magistrum militiæ suæ, scientem, divina prælia gerere, et virtutum castra ductare, iste adveniens ex Orientis partibus, ut cœlestis quidam negociator, mercimonia divini luminis, si quis sit comparare paratus, advexit, et salutaris prædicationis verbo primus in urbe Roma Evangelii sui clavibus januam regni cœlestis aperuit. (Euseb. Cæs., *Eccles. Hist.*, lib. II, pag. 487, edit. Basileæ, per Henric. Petri ; 1359, in-4°.)

Petrus apostolus, natione Galilæus, christianorum pontifex, cum primum Antiochenam Ecclesiam fundasset. Romam proficiscitur, ubi Evangelium, prædicans viginti quinque annis ejus urbis episcopus perseverat. (Euseb. *Cæsaris Chronicon*, D. Hieronymo interprete. Anno Dom. 44, pag. 77 edit.; Basileæ, per Henricum Petri, 1551.)

[*] Claude, emp. Pierre, pape. An de J.-C. 42.

[1] Salutate eos qui sunt ex Narcissi domo, qui sunt in Domino. (*Ep. 16*, B. Pauli *ad Romanos*, vers. 11.)

[*] Néron, emp. Saint Pierre. An de J.-C. 54.

[2] Prædictum a mathematicis Neroni olim erat, fore

leur maître tombé, n'avoient pas osé l'attaquer debout : ils laissèrent vivre le tyran ; ils ne tuèrent que l'histrion.

L'incendie de Rome dont on accusa les chrétiens que l'on confondoit avec les Juifs, produisit la première persécution [*] : les martyrs étoient attachés en croix comme leur *Maître*, ou revêtus de peaux de bêtes et dévorés par des chiens, ou enveloppés dans des tuniques imprégnées de poix, auxquelles on mettoit le feu [1] : la matière fondue couloit à terre avec le sang. Ces premiers flambeaux de la foi éclairoient une fête nocturne que Néron donnoit dans ses jardins : à la lueur de ces flambeaux il conduisoit des chars.

Paul, accusé devant Félix et devant Festus, vient à Rome où il prêche l'Évangile avec Pierre [2].

Hérésie des Nicolaïtes, laquelle avoit pris son nom de Nicolas, un des premiers sept diacres. Saint Jacques, évêque de l'Église juive, avoit souffert le martyre. La guerre de Judée commençoit sous Sextus Gallus, et les chrétiens s'étoient retirés de Jérusalem.

Apollonius de Tyane, débarqué dans la capitale du monde pour voir, disoit-il, quel animal c'étoit qu'un tyran [3], s'en fit chasser avec les autres philosophes. Pierre et Paul, enfermés dans la prison Mamertine au pied du Capitole, sont mis à mort [*] : Paul a la tête tranchée, comme citoyen romain, auprès des eaux Salviennes, dans un lieu aujourd'hui désert, où l'on voit trois fontaines, à quelque distance de la basilique appelée Saint-Paul-hors-des-murs, qu'un incendie a détruite au moment même de la mort de Pie VII. Pierre, réputé Juif et de condition vile, fut crucifié la tête en bas sur le mont Janicule, et enterré le long de la voie Aurélia, près du temple d'Apollon [4] : là s'élèvent aujourd'hui le palais du Vatican et cette église de Saint-Pierre qui lutte de grandeur avec les plus imposantes ruines de Rome.

---

ut quandoque destitueretur. Unde vox ejus celeberrima : το τεχνιον πασα γαια τρεφει. (SUET. *in vita Neronis*.)
[*] An de J.-C. 64.

[1] Pone Tigellinum, tæda lucebis in illa
Qua stantes ardent : qui fixo gut ure fumant
Et latum media sulcum deducit arena.
Juv., *Sat.* I, vers. 139.

Afflicti periculis christiani. (SUET., *in vita Neronis*, pag. 250, cap. XVI.)
Nero quæsitissimis pœnis adfecit, quos per flagitia invisos, vulgus *christianos* appellabat.
Et percuntibus addita ludibria : et ferarum tergis contecti, laniatu canum interirent, aut crucibus affixi, aut flammandi, atque ubi defecisset dies, in usum nocturni luminis uterentur. (TACIT., *Annal*, lib. XV, édit. de Barbou.)

[2] Cum autem venissemus Romam, permissum est Paulo manere sibimet cum custodiente se milite. (*Act. Apost.*, cap. XXVIII, vers. 16.)
Mansit autem biennio in suo conducto : et suscipiebat omnes qui ingrediebantur ad eum.
Prædicans regnum Dei, et docens quæ sunt de Domino Jesu-Christo, cum omni fiducia, sine prohibitione.

[3] Præterea tantum qui peragraverim terrarum, quantum antea mortalium nemo, belluasque viderim arabicas, indicasque varii generis ; hæc tamen bellua cuam tyrannum vocant, neque quot capita habeat novi, neque utrum curvis unguibus sceratisque sit dentibus.
Και αλλος επελθων γην, οσην ουπω τις ανθρωπων, θηρια μεν Αραβια τε και Ινδικα παμπολλα ειδον, το δε θηριον τουτο καλουσιν οι πολλοι τυραννον, ουτε οποσαι κεφαλαι αυτω οιδα, ουτε ει γαμψωνυχες τε και καρχαρωδους εστι. (PHILOST., *in vita Ap. Tyan*.)

[*] An de J.-C. 67. 29 juin.

[4] Paulum proinde Romæ, eo regnante, secur percussum, et Petrum etiam suffixum cruci, historiarum monumentis proditum est : quin etiam insignis ac testata Petri ac Pauli inscriptio, quæ in cœmeteriis Romæ ad hoc usque tempus manet, hujus rei gestæ fidem facit : atque hæc ita se habere confirmat itidem vir ecclesiasticus, Caius nomine, qui Zephyrini, pontificis romani temporibus vixit, inque disputatione scriptis prodita !...
Ego, inquit, apostolorum tropæa perspicue possum ostendere : nam, si lubet in Vaticanum proficisci, aut in viam quæ Ostiensis dicitur, reperies tropæa eorum qui istam Ecclesiam suo sermone et virtute stabiliverunt, invenies. Porro Dionysius, Corinthiorum episcopus, illos ambos martyrium eodem tempore pertulisse, sic ad Romanos scribens commemorat : Petrum et Paulum, qui Romanos et Corinthios primum in Ecclesiam Christi inscruerunt prudenti quadam ad monitione impulsi, in unum locum conclusistis... Nam ambo... eodem tempore pariter martyrium subierunt. (EUSEBII *Hist. ecclesiast.*, lib. I, pag. 49.)
Petrus ad extremum cum Romæ versaretur, capite deorsum statuto, sic enim perpeti cupiebat, cruci suffixus est.... Quid attinet de Paulo dicere?... Neroque summam rerum administrante, martyrio occubuit. Ista ab Origene nostro Commentariorum quos scripsit in *Genesim* revera commemorata sunt. (*Ibid.*, lib. III, cap. I, pag. 51.)
Petrus ad terram capite verso cruci affixus est in Vaticano juxta viam Triumphalem sepultus... Paulus vero gladio animadversus et via Ostiensi sepultus. (BARON., *Martyr.*, pag. 289.)

Néron ne savoit pas sans doute le nom des deux malfaiteurs de bas lieu, condamnés par les magistrats : et c'étoient, après Jésus-Christ, les fondateurs d'une religion nouvelle, d'une société nouvelle, d'une puissance qui devoit continuer l'éternité de la ville de Romulus.

* Lin, dont il est question dans les épîtres de saint Paul, succéda à saint Pierre ; saint Clément ou saint Clet, à saint Lin.

Le peuple romain aima Néron, il espéra le retrouver après sa mort dans des imposteurs ; quelques chrétiens pensèrent que Néron étoit l'Ante-Christ, et qu'il reparoîtroit à la fin des temps [1] ; le monde païen l'attendoit pour ses délices, le monde chrétien pour ses épreuves.

Ce fut encore sous le règne de Néron que saint Marc fonda l'Église d'Alexandrie qui commença surtout parmi les thérapeutes, secte juive, livrée à la vie contemplative [2], et qui servit de premier modèle aux ordres monastiques chrétiens. Les thérapeutes différoient des esséniens qui ne se voyoient qu'en Palestine, et qui vivoient en commun du travail de leurs mains. L'école philosophique d'Alexandrie mêla aussi ses doctrines à celles du christianisme, subtilisa la simplicité évangélique, et produisit des hérésies fameuses.

---

* Néron, emp. Lin, pape. An de J.-C. 67-68. Clet ou Anaclet, Clément, papes. An de J.-C. 68-77.

[1] Nero... Dignus exstitit qui persecutionem in christianos primus inciperet, nescio an postremus expleret : si quidem opinione multorum receptum sit, ipsum Ante-Christum venturum. (SULPITII SEVERI, *Sacræ Hist.*, lib. II, pag. 93 ; edit. Elzeviriana ; Lugduni Batavorum, anno 1643.)

Cæterum cum ab eo fine seculi quæreremus, ait nobis (S. Martinus), Neronem et Ante-Christum prius esse venturos : Neronem in occidentali plaga regibus subactis decem, imperatorum, persecutionem autem ab eo hactenus exercendam, ut idola gentium coli cogat. (SULPITII SEVERI *Dialog.* II, pag. 506, edit. ead.)

[2] Aiunt Marcum primum in Ægyptum trajecisse... Atque tanta hominum et mulierum fidem christianam amplexantium ex prima aggresione et conatu, pergrave in primis, sanctum et severum ejus vivendi exemplum ibi cogebatur multitudo, ut Philo ipse eorum studia, exercitationes, mores, frequentes congressus, communem inter ipsos victus rationem, suis scriptis persequi, operæ pretium existimaret,. Apud nos ἀσκηταὶ id est monachi... appellati sunt... Ab Hebræis, ut videtur, ducebant originem. Propterea permulta vetera instituta, propius ad Judæorum consuetudinem accedentia, observabant. (EUSEB.; *Hist. eccles.*, lib. II, pag. 29.)

La mort de Néron causa une révolution dans l'état. L'élection passa aux légions, et la constitution devint militaire. Jusque-là la dignité impériale s'étoit maintenue dans la famille d'Auguste par une espèce de droit de succession : le sénat, il est vrai, et les prétoriens avoient plus ou moins ajouté de la force à ce droit, mais enfin l'élection étoit restée attachée à la ville éternelle et au sang du premier des Césars. Usurpée par les légions, elle amena des choses considérables ; elle multiplia les guerres civiles, et partant les causes de destruction ; l'armée nommant son maître, et ne le recevant plus de la volonté des sénateurs et des dieux, méprisa bientôt son ouvrage. Les Barbares, introduits dans l'armée, s'accoutumèrent à faire des empereurs : quand ils furent las de donner le monde, ils le gardèrent.

Dans le despotisme héréditaire il y a des chances de repos pour les hommes ; il perd de son âpreté en vieillissant. Dans le despotisme électif, chaque chef surgit à la souveraineté avec la force du premier-né de sa race, et se porte à l'oppression de toute l'ardeur d'un parvenu à la puissance : on a toujours le tyran dans sa vigueur élective, tandis que la nation qui ne se renouvelle pas reste dans sa servitude héréditaire. Et comme l'empire romain occupoit le monde connu ; comme l'empereur pouvoit être choisi partout, de là cette diversité de tyrannies, selon que le maître venoit de l'Afrique, de l'Europe ou de l'Asie. Toutes les variétés d'oppression répandues aujourd'hui dans les divers climats s'asseyoient par l'élection sur la pourpre où chaque candidat arrivoit avec son caractère propre et les mœurs de son pays.

Séjan qui, profitant de la jalouse vieillesse de Tibère, avoit empoisonné Drusus, amené la disgrâce, et par suite la mort d'Agrippine et de ses deux fils aînés, n'atteignit point le troisième fils de Germanicus. Celui-ci fut Caïus Caligula : Claude, son oncle, frère de Germanicus, proclamé empereur par les prétoriens, et surtout par les Germains de la garde, eut de Messaline l'infortuné Britannicus. Agrippine, sœur de Caligula et fille de la première Agrippine, femme de Germanicus, épousa en secondes noces son oncle Claude, et ui fit adopter Néron, qu'elle avoit eu de son

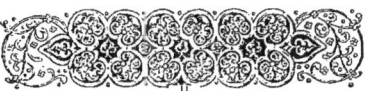

premier mariage avec Domitius Ahénobarbus Néron, parvenu à l'empire, après s'être défait de Britannicus, fut contraint de se tuer. En lui s'éteignit la famille d'Auguste. Malgré les vices et les crimes qui l'ont rendue exécrable, cette famille eut dans ses manières quelque chose d'élevé et de délicat que donnent l'exercide du pouvoir, l'habitude des richesses, les souvenirs d'une lignée historique. La maison de Jules prétendoit remonter d'un côté à Énée par les rois d'Albe, de l'autre à Clausus le Sabin, et à tous les Claudius, ses fiers descendants.

Galba, qui prit un moment la place de Néron, étoit encore de race aristocratique; mais après lui commence une nouvelle sorte de princes. Toutes les fois qu'un grand changement dans la constitution d'un état s'opère, les anciennes familles disparoissent; soit qu'elles s'épuisent et s'éteignent réellement, soit qu'obéissant ou résistant au nouveau pouvoir, elles disparoissent dans le mépris qui s'attache à leur soumission, ou dans l'oubli qui suit leur fierté. Le despotisme étoit aristocratique par l'élection du sénat; il devint démocratique par l'élection de l'armée.

Remarquons, sous la première année du règne de Néron, la naissance de Tacite: il parut derrière les tyrans pour les punir, comme le remords à la suite du crime. Tite-Live étoit mort sous Tibère. Tite-Live et Tacite se partagèrent le tableau des vertus et des vices des Romains; les exemples rappelés par le premier furent aussi inutiles que les leçons données par le second.

Pendant le règne de Néron, la Grande-Bretagne se souleva et fut écrasée; les Parthes remuèrent et furent contenus par Corbulon; les Germains restèrent tranquilles, hors les Frisons et les Ansibares, qui voulurent occuper le long du Rhin le pays que les Romains laissoient inculte. Le vieux chef des Ansibares, repoussé par le général romain, s'écria: «Terre » ne peut nous manquer pour y vivre ou pour » y mourir¹.» Nous devons compter les Ansibares au nombre de nos ancêtres; ils firent

¹ Deesse nobis terra in qua vivamus, in qua moriamur, non potest. (TACIT., Annal., lib. XIII, pag. 236. Apud Barbou, Parisiis, 1779.)

dans la suite partie de la ligue des Francks.

* Galba, Othon et Vitellius passèrent vite; ils eurent à peine le temps de se cacher sous le manteau impérial. Galba avoit dit à Pison, dans le beau discours que lui prête Tacite, que l'élection remplaceroit pour le peuple romain la liberté: cette liberté ne fut que la décision de la force.

Quelques mots de Galba sont dignes de l'ancienne Rome dont il conservoit le sang. Des légionnaires sollicitoient une gratification nouvelle: «Je choisis des soldats, répondit-il, et » ne les achète pas¹.»

Othon venoit de soulever les prétoriens; un soldat se présente à Galba l'épée nue, affirmant avoir tué Othon: «Qui te l'a ordonné?» dit le vieil empereur².

Galba fut massacré sur la place publique. Entouré par les séditieux qu'avoit soulevés Othon, il tendit la gorge aux meurtriers en leur disant: «Frappez si ce a est utile au peuple romain.» Sa tête tomba; elle étoit chauve: un soldat, pour la porter, fut obligé de l'envelopper dans une étoffe³. Cette tête auroit dû mieux conseiller un vieillard de soixante-treize ans: étoit-ce la peine de mettre une couronne sur un front dépouillé?

Othon avoit voulu l'empire; il l'avoit voulu tout de suite, non comme un pouvoir, mais comme un plaisir. Trop voluptueux pour régner, trop foible pour vivre, il se trouva assez fort pour mourir. Ses soldats ayant été battus par les légions de Vitellius, il se couche, dort bien, se perce à son réveil de son poignard⁴,

* Galba, Othon, Vitellius, emp. Clet. Clément, papes. An de J.-C. 68-69.
¹ Legere se militem, non emere consuesse. (SUETON., in vit. Galb.)
² Quo auctore? (Id. ibid.)
³ Suétone ajoute quelques circonstances à ce récit: Jugulatus est ad lacum Curtii, ac relictus ita uti erat, donec gregarius miles, a frumentatione rediens, abjecto onere, caput ei amputavit: et quoniam capillo prae calvitie arripere non poterat, in gremium abdidit: mox inserto per os pollice ad Othonem detulit. (SUET., in vita Galbae, pag. 298 et 299.)
⁴ Posthæc, sedata siti gelidæ aquæ potione, arripuit duos pugiones, et explorata utriusque acie, cum alterum pulvino subdidisset, foribus adopertis, arctissimo somno quievit: et circa lucem demum expergefactus, uno se trajecit ictu infra lævam papillam. (SUET. in vita Othonis, pag. 308.)

et s'en va à petit bruit, sans avoir lu le dialogue de Platon sur l'immortalité de l'âme, sans se déchirer les entrailles. Mais Caton expira avec la liberté; Othon ne quittoit que la puissance.

Vitellius, qui n'est guère connu que par ses excès de table, et dont le premier monument étoit un plat [1], Vitellius, successeur d'Othon, cassa les prétoriens qui s'étoient déclarés contre lui. Bientôt il est attaqué par Primus, vainqueur au nom de Vespasien : on se bat dans Rome ; des Illyriens, des Gaulois, des Germains légionnaires s'égorgent au milieu des festins, des danses et des prostitutions.

Vitellius fuit avec son cuisinier et son boulanger ; rentré dans son palais, il le trouve désert ; saisi de terreur, il court se cacher dans la loge d'un portier, près de laquelle étoient des chiens qui le mordirent [2]. Il bouche la porte de cette loge avec le lit et le matelas du portier ; les soldats arrivent, découvrent l'empereur, l'arrachent de son asile. Les mains liées derrière le dos, la corde au cou, les vêtements déchirés, les cheveux rebroussés, Vitellius, demi-nu, est traîné le long de la voie Sacrée. Son visage rouge de vin, son gros ventre, sa démarche chancelante comme celle d'un Silène [3], sont des sujets d'insulte et de risées.

On l'appelle incendiaire, gourmand, ivrogne ; on lui jette des ordures; on lui attache une épée sur la poitrine, la pointe sous le menton, pour le contraindre à lever la tête qu'il baissoit de honte ; on l'oblige de regarder ses statues renversées, et dont les inscriptions portoient qu'il étoit né pour le bonheur et la concorde des Romains [4]. Enfin, après l'avoir accablé d'outrages et de blessures, on l'achève ; son corps est jeté dans le Tibre, sa tête plantée au bout d'une pique. Vitellius s'assit à l'empire qu'il avoit pris pour un banquet : ses convives le forcèrent d'achever le festin aux Gémonies.

Les Sarmates Rhoxolans furent battus pendant le court règne d'Othon. Tandis que Vespasien attaquoit Vitellius, les Daces attaquoient la Mœsie, et furent repoussés par Mucien. Civilis fit révolter les Bataves, et les Germains, alliés de Civilis, insultèrent les frontières romaines.

La mort de Vitellius suspendit le cours de ces ignominieuses adversités. Quatre-vingts années de bonheur, interrompues seulement par le règne de Domitien, commencèrent à l'élévation de Vespasien. On a regardé cette période comme celle où le genre humain a été le plus heureux ; vrai est-il, si la dignité et l'indépendance des nations n'entrent pour rien dans leurs félicités.

Les premiers tyrans de Rome se distinguèrent chacun par un vice particulier, afin qu'on jugeât ce que la société peut supporter sans se dissoudre ; les bons princes qui succédèrent à ces tyrans brillèrent chacun par une vertu dif-

[1] Hanc (cœnam fratris) quoque superavit dedicatione patriæ, quam ob immensam magnitudinem, *Clypeum Minervæ*, αἰγίδα πολιοῦχον dictitabat. (SUET., *in vita Aul. Vitell.*, pag. 317.)
Hanc patinam, cum fictilis esse non posset propter magnitudinem, argenteam fecit : eaque diu permansit, veluti res diis consecrata, quousque Adrianus eamdem conspicatus, conflari jussit. (DION., *Hist. rom.*, de *Vitell.*, lib. LXV, pag. 755.)

[2] Confugitque in cellulam janitoris, religato pro foribus cane. (SUET., *in vita Aul. Vitell.*, pag. 521.)
Vitellius, sordido attritoque sagalo amictus, se abdit in obscurum locum ubi canes alebantur : sed investigatus inventusque, pannis obsitus et sanguine perfusus, quod eum canes læserant, deprehenditur. (DION., *Hist. rom.*, lib. LXVI.)

[3] Religatis post terga manibus, injecto cervicibus laqueo, veste discissa, seminudus in Forum tractus est inter magna rerum verborumque ludibria, per totum viæ Sacræ spatium, reducto coma capite , ceu noxii solent, atque etiam mento mucrone gladii subjecto ut visendam præberet faciem, neve submitteret ; quibusdam stercore et cœno incessentibus, aliis *incendiarium et patinarium* vociferantibus, parte vulgi etiam corporis vitia exprobrante : erat enim in eo enormis proceritas, facies rubida, plerumque ex vinolentia, venter obesus, alterum femur subdebile. (SUET., *in vita Aul. Vitell.*, pag. 322.)

[4] Vitellium infestis mucronibus coactum, modo erigere os et offerre contumeliis, nunc cadentes statuas suas, plerumque rostra, aut Galbæ occisi locum contueri. (TACIT., *Histor.*, lib. IV, pag. 476 ; édit. de Barbou.)
Statuæ equestres cum plurifariam ei ponerentur... laurea religiosissime circumdederat. (SUET., *in vita Vitell.*)
Solutum a latere pugionem, consuli primum deinde, magistratibus ac mox singulis senatoribus porrigens, nullo recipiente quasi in æde Concordiæ positurus abscessit : sed quibusdam acclamantibus *ipsum esse concordiam*, rediit : nec solum se retinere ferrum affirmavit, verum etiam *Concordiæ* recipere cognomen. (SUET., *ib.*)

férente, afin qu'on sentît l'insuffisance des qualités personnelles pour l'existence des peuples, quand ces qualités sont séparées des institutions.

Tout ce qu'on peut imaginer de mérites divers parut à la tête de l'Empire : ceux qui possédèrent ces mérites pouvoient tout entreprendre : ils n'étoient gênés par aucune entrave; héritiers de la puissance absolue, ils étoient maîtres d'employer pour le bien l'arbitraire dont on avoit usé pour le mal. Que produisit ce despotisme de la vertu? rétablit-il la liberté? préserva-t-il l'empire de sa chute? Non. Le genre humain ne fut ni amélioré ni changé. La fermeté régna avec Vespasien, la douceur avec Titus, la générosité avec Nerva, la grandeur avec Trajan, les arts avec Adrien, la piété avec Antonin, enfin la philosophie monta sur le trône avec Marc-Aurèle, et l'accomplissement de ce rêve des sages n'amena aucun bien solide. C'est qu'il n'y a rien de durable, ni même de possible, quand tout vient des volontés et non des lois ; c'est que le paganisme, survivant à l'âge poétique, n'ayant plus pour lui la jeunesse et l'austérité républicaines, transformoit les hommes en un troupeau de vieux enfants, sans raison et sans innocence.

Il y avoit dans l'empire des chrétiens obscurs, persécutés même par Marc-Aurèle, et ils faisoient avec une religion méprisée ce que ne pouvoit accomplir la philosophie ornée du sceptre : ils corrigeoient les mœurs, et fondoient une société qui dure encore.

*Vespasien mit fin à la guerre de Civilis, et à la révolte d'où sortit la touchante aventure d'Éponine. Cette Gauloise doit être nommée dans une histoire des François.

Du petit nombre de ces hommes que la prospérité rend meilleurs, Titus ne fut point obligé de soutenir au dehors l'honneur de l'Empire; il n'eut à combattre que ses passions : il les vainquit pour devenir les délices du genre humain. On a voulu douter de sa constance dans la vertu, au cas que sa vie se fût prolongée [1] : pourquoi calomnier le néant d'un avenir si vain qu'il n'a pas même été?

*Vespasien, Titus, emp. Clément. pape. An de J.-C. 69-81.
[1] DION., pag. 754.

On appliqua à Titus et à Vespasien les prophéties qui annonçoient des conquérants venus de la Judée [1]. Le Messie devoit être un prince de paix : en conséquence Vespasien fit bâtir à Rome, et consacrer à la Paix éternelle, un temple qui vit toujours la guerre, et dont les fondements mis à nu aujourd'hui ont à peine résisté aux assauts du temps. Le véritable prince de paix étoit le roi de ce nouveau peuple qui croissoit et multiplioit dans les catacombes, sous les pieds du vieux monde passant au-dessus de lui.

Saint Clément écrivit aux Corinthiens pour les inviter à la concorde. Il raconte que saint Pierre avoit souffert plusieurs fois, que saint Paul, battu de verges et lapidé, avoit été jeté dans les fers [2] *à sept reprises différentes*. Il indique l'ordre dans le ministère ecclésiastique, les oblations, les offices, les solennités : Dieu a envoyé Jésus-Christ, Jésus-Christ les apôtres; les apôtres ont établi les évêques et les diacres.

La religion accrut sa force sous les règnes de Vespasien et de Titus, par la consommation d'un des oracles écrits aux livres saints : Jérusalem périt.

La guerre de Judée avoit commencé sous Néron. La multitude des Juifs qui se trouva à Jérusalem, l'an 66 de Jésus-Christ, pour la fête des azymes, fut comptée par le nombre des victimes pascales : il se trouva qu'on en avoit immolé deux cent cinquante-six mille cinq cents [3]. Dix et quelquefois vingt convives s'assembloient pour manger un agneau, ce qui donnoit, pour dix seulement, deux millions cinq cent cinquante-six mille assistants purifiés.

[1] Pluribus persuasio inerat, antiquis sacerdotum litteris contineri, eo ipso tempore fore ut valesceret Oriens, profectique Judæa rerum potirentur : quæ ambages Vespasianum ac Titum prædixerant. (TACIT., *Hist.*, lib. V, cap. XIII.)

[2] Petrus non unum aut alterum, sed plures labores sustulit... Paulus propter æmulationem in vincula septies conjectus, verberibus cæsus, lapidatus, patientiæ præmium reportavit. CLEMENTIS *ad Corinth. epist.*, pag. 8.)

[3] Hostiarum quidem ducenta et quinquaginta sex millia et quingentas numeravere. (JOSEPH., *Bell. Jud.*, lib. VII, cap. XVII, pag. 960.)

Des prodiges annoncèrent la destruction du Temple : une voix avoit été entendue qui disoit : *Sortons d'ici*. Jésus, fils d'Ananus, courant autour des murailles de la ville assiégée, s'étoit écrié : « *Malheur ! malheur sur la ville !* » *malheur sur le temple ! malheur sur le peu-* » *ple ! malheur sur moi*[1] ! » Famine, peste et guerre civile au dedans de la cité ; au dehors les soldats romains crucifioient tout ce qui vouloit s'échapper : les croix manquèrent, et la place pour dresser les croix. On éventroit les fugitifs pour fouiller dans leurs entrailles l'or qu'ils avoient avalé. Six cent mille cadavres de pauvres furent jetés dans les fossés, par-dessus les murailles. On changeoit les maisons en sépulcres, et quand elles étoient pleines on en fermoit les portes. Titus, après avoir pris la forteresse Antonia, attaqua le Temple le 17 juillet 70 de Jésus-Christ, jour où le sacrifice perpétuel avoit cessé, faute de mains consacrées pour l'offrir. Marie, fille d'Éléazar, rôtit son enfant et le mangea[2] dans la ville où une autre Marie avoit enseveli son fils. Jésus-Christ avoit dit aux femmes de Jérusalem après la prophète : « Un jour viendra où l'on « dira : Heureuses les entrailles stériles et les « mamelles qui n'ont point allaité ! »

Le Temple fut brûlé le 8 d'août de cette année 70, ensuite la ville basse incendiée, et la ville haute emportée d'assaut. Titus fit abattre ce qui restoit du Temple et de la ville, excepté trois tours ; on promena la charrue sur les ruines. Telle fut la grandeur du butin, que le prix de l'or baissa de moitié en Syrie. Onze cent mille Juifs moururent pendant le siége, quatre-vingt-dix-sept mille furent vendus[3] ; à peine trouvoit-on des acheteurs pour ce vil troupeau. A la fête de la naissance de Domitien, à celle de l'anniversaire de l'avénement de Vespasien à l'empire (24 octobre 70 et 1er juillet 71), plusieurs milliers de Juifs périrent par le feu et les bêtes, ou par la main les uns des autres, comme gladiateurs. A Rome, Titus et son père triomphèrent de la Judée : Jean et Simon, chefs des Juifs de Jérusalem, marchoient enchaînés derrière le char. Des médailles frappées en mémoire de cet événement représentent une femme enveloppée d'un manteau, assise au pied d'un palmier, la tête appuyée sur sa main, avec cette inscription : *la Judée captive*.

Les chrétiens trouvoient dans cette catastrophe d'autres sujets d'étonnement que la multitude païenne : il n'y avoit pas trois années que saint Pierre étoit enseveli au Vatican ; saint Jean, qui avoit vu pleurer Jésus-Christ sur Jérusalem, vivoit encore, peut-être même, selon quelques traditions, la mère du Fils de l'homme étoit encore sur la terre ; elle n'avoit point encore accompli son assomption en laissant dans sa tombe, au lieu de ses cendres, sa robe virginale ou une manne céleste[1].

Les Juifs furent dispersés : témoins vivants de la parole vivante, ils subsistèrent, miracle perpétuel, au milieu des nations. Étrangers partout, esclaves dans leur propre pays, ils virent tomber ce Temple dont il ne reste pas pierre sur pierre, comme mes yeux ont pu s'en convaincre. Une partie de leur population enchaînée vint élever à Rome cet autre monument où devoient mourir les chrétiens. Le ciseau sculpta sur un arc de triomphe qu'on admire encore les ornements qui brilloient aux pompes de Salomon, et dont, sans ce hasard, nous ignorerions la forme : l'orgueil d'un prince romain et le talent d'un artiste grec ne se doutoient guère qu'ils fournissoient une preuve de plus de la grandeur de la nation vaincue et de ses mystérieuses destinées. Tout devoit servir, gloire

---

[1] Vocem audiere, quæ diceret : *Migremus hinc*. Supra murum enim circumiens iterum : « Væ ! væ civitati, ac fano, ac populo, » voce maxima clamitabat : cum autem ad extremum addidit : *Væ etiam mihi !* lapis tormento missus cum statim peremit, animamque adhuc omnia illa gementem dimisit. (Joseph., *de Bello Jud.*, lib. VII, pag. 96.)

[2] Mulier quædam... Maria nomine, de vico Vetezobra... vi animi ne necessitate compulsa... raptoque filio quem lactentem habebat... occidit, coctumque medium comedi, adoptorumque reliquum servavit. (Joseph., lib. VII, cap. VIII, pag. 934 et 935.)

[3] Et captivorum quidem omnium qui toto bello comprehensi sunt, nonaginta et septem millia comprehensus est numerus, mortuorum vero per omne tempus obsi-

dionis undecies centum millia. (Joseph., *de Bello Jud.*, lib. VII, cap. XVII.)

[1] Plurimi asseverant quia in sepulchro ejus, nonnisi manna invenitur quod scaturire cernitur. (*De Assumpt. B. Mariæ sermo*, tributus divo Hieronymo, tom. IX, pag. 67.)

et ruine, à rendre éternelle la mémoire du peuple que Moïse forma, et qui vit naître Jésus-Christ.

Le Capitole, incendié dans les désordres qui signalèrent la fin de Vitellius, étoit la proie des flammes presque au moment où le temple de Jérusalem brûloit. Domitien fit dans la suite la dédicace du nouveau Capitole : l'autel de la servitude y remplaça celui de la liberté ; on eut encore le malheur de n'y pouvoir rétablir l'image fameuse du chien, dont les gardiens répondoient sur leur vie. Soixante millions furent employés à la seule dorure de cet édifice. Jupiter, en vendant tout l'Olympe, disoit Martial [1], n'auroit pu payer le vingtième de cette somme. Le dieu des Juifs avoit prononcé la destruction de son temple, et Julien essaya vainement de le relever.

La grande peste et l'éruption du Vésuve qui fit périr Pline le naturaliste sont de cette époque [2].

Ébion, Cérinthe, Ménandre, disciple de Simon, alloient prêchant leurs hérésies. Les philosophes furent de nouveau exclus de Rome. C'étoient Euphrate, Tyrien, d'abord ami et ensuite adversaire d'Apollonius de Tyane. Démétrius le cynique, Artémidore, Damis le pythagoricien, Épictète le stoïcien, Lucien l'épicurien, Diogène le jeune cynique, Héras et Dion de Pruse ; Musonius seul trouva grâce auprès de Vespasien.

Le pape Clément acheva de gouverner l'Église la soixante-dix-septième année de Jésus-Christ ; il céda sa chaire à saint Anaclet[*], pour éviter un schisme [3]. On attribue à saint Clément les ouvrages les plus anciens après les livres canoniques.

Jamais frère ne ressembla moins à son frère que Domitien à Titus[*]. Sous Domitien, les peuplades du nord, pressées peut-être par le grand corps des Goths qui s'approchoient, remuèrent aux frontières de l'Empire. Domitien fut battu par les Quades et les Marcomans en Germanie ; il acheta la paix de Décébale, chef des Daces, en lui payant une espèce de redevance annuelle. Ce premier exemple de foiblesse profita aux Barbares : selon les temps et les circonstances, ils continuèrent à vendre aux empereurs une paix dont le prix leur servoit ensuite à recommencer la guerre.

Domitien vaincu ne s'en décerna pas moins les honneurs du triomphe : il prit avec raison le surnom de Dacique. Il donna des jeux, se consacra des statues, et se traîna dans la gloire où d'autres empereurs s'étoient précipités.

Ses armes furent plus heureuses dans la Grande-Bretagne. Agricola battit les Calédoniens, et sa flotte tourna l'île au septentrion.

Un coup funeste fut porté à l'Empire par l'augmentation de la paie des soldats ; leur influence, déjà trop considérable, s'accrut ; le gouvernement dégénéra en république militaire : il faut toujours que la liberté, d'elle-même impérissable, se retrouve quelque part.

Domitien persécuta les philosophes [1] que l'on confondoit avec les chrétiens : ils se retirèrent à l'extrémité des Gaules, dans les déserts de la Libye et chez les Scythes. Apollonius, interrogé par Domitien, montra du courage et une mâle franchise.

On commença à voir de tous côtés la succession des évêques : à Alexandrie, Abilius succéda à saint Marc ; à Rome, saint Évariste à saint Clet ; Alexandre Ier ou Sixte Ier à saint

---

[1] Quantum jam superis, Cæsar, cœloque dedisti,
  Si repetas, et si creditor esse velis,
  Grandis in æthereo licet auctio fiat Olympo,
  Coganturque dei vendere quidquid habent;
  Conturbabit Atlas, et non erit uncia tota,
  Decidat tecum quo pater ipse deum.
  Pro capitolinis, quid enim tibi so vere templis,
  Quid pro Tarpelo frondis honore potero?
  Quid pro culminibus geminis matrona Tonantis?
  Pallida præterea; res agit illa Lins.
  Quid loquar Alcideum, Phœbumque, piosque Lacones,
  Addita quid Latio flavia templa polo?
  Expectes, et sustineas, Auguste, necesse est :
  Nam tibi quod solvat non habet arca Jovis.
  (Mart., lib. IX, Epigr. 4.)

[2] Plin., lib. XXXIV, cap. VII.
[*] Anaclet, pape. An de J.-C. 77.
[3] Accepit impositionem manuum episcopatus, et eo

recusato remoratus est (dicit enim in una epistola sua : Secedo, abeo, erigatur populus Dei...) Cletus constituitur. (Epiphanius contra hæreses, cap. vi.)

[*] Domitien, empereur. Anaclet, Évariste, Sixte, papes. An de J.-C. 82-97.

[1] Philosophia autem adeo perterrita est, ut, habitu mutato, alii in extremam Galliam aufugerent, alii in Libyæ Scythiæque deserta. (Euseb., Chron., ann. 92; Philost., vit. Apoll., lib. VII, cap. IV.)

Évariste. Vers la fin de son règne, Domitien se jeta sur les fidèles. L'apôtre saint Jean, relégué dans l'île de Pathmos, eut sa vision. Flavius Clément, consul et cousin germain de l'empereur qui destinoit les deux enfants de Clément à l'Empire, avoit embrassé la foi, et fut décapité. L'Évangile faisoit des progrès dans les hauts rangs de la société.

*Domitien assassiné, Nerva ne parut après lui que pour abolir le crime de lèse-majesté[1], punir les délateurs, et appeler Trajan à la pourpre : trois bienfaits qui lui ont mérité la reconnoissance des hommes.

Sous le règne de Trajan, l'Empire s'éleva à son plus haut point de prospérité et de puissance. Cet admirable prince n'eut que la foiblesse des grands cœurs : il aima trop la gloire. Vainqueur de Décébale, il réduisit la Dacie en province. Cette conquête, qui fut un sujet de triomphe, devoit être un sujet de deuil, car elle détruisit le dernier peuple qui séparoit les Goths des Romains. Trajan porta la guerre en Orient, donna un roi aux Parthes, prit Suze et Ctésiphon, soumit l'Arménie, la Mésopotamie et l'Assyrie, descendit au golfe Persique, vit la mer des Indes, se saisit d'un port sur les côtes de l'Arabie; après tout cela il mourut, et son successeur, soit sagesse, soit jalousie, abandonna ses conquêtes.

Il faut placer à la dernière année du premier siècle de l'ère chrétienne la mort de saint Jean à Éphèse; il ne se nommoit plus lui-même dans ses dernières lettres que le *vieillard* ou le *prêtre*, du mot grec *presbyteros*. « Mes enfants, aimez-vous les uns les autres. » Telles étoient ses seules instructions. Il avoit assisté à la Passion soixante-six ans auparavant. Saint Jude, saint Barnabé, saint Ignace, saint Polycarpe, se faisoient connoître par leurs doctrines. Les successions des évêques étoient toujours plus abondantes et plus connues : Ignace et Héron à Antioche, Cerdon et Primin à Alexandrie. Après le pape Évariste vinrent Alexandre, Sixte et Télesphore, martyr.

Les chrétiens souffrirent sous Trajan, non précisément comme chrétiens, mais comme faisant partie de sociétés secrètes. Une lettre de Pline le Jeune, gouverneur de Bithynie, fixe l'époque où les chrétiens commencent à paroître dans l'histoire générale. ".....

« On a proposé un libelle[1] sans nom d'auteur,
« contenant les noms de plusieurs qui nient
« d'être chrétiens, ou de l'avoir été. Quand
« j'ai vu qu'ils invoquoient les dieux avec moi,
« et offroient de l'encens et du vin à votre ima-
« ge, que j'avois exprès fait apporter avec les
« statues des dieux, et de plus qu'ils maudis-
« soient le Christ, j'ai cru devoir les renvoyer;
« car on dit qu'il est impossible de contraindre
« à rien de tout cela ceux qui sont véritable-
« ment chrétiens. . . . . Voici à quoi ils di-
« soient se réduisoit leur faute ou leur
« erreur : qu'ils avoient accoutumé de s'assem-
« bler un jour avant le soleil levé, et de dire
« ensemble, à deux chœurs, un cantique en
« l'honneur du Christ comme d'un dieu; qu'ils
« s'obligeoient par serment, non à un crime,
« mais à ne commettre ni larcin, ni vol, ni
« adultère, ne point manquer à leur parole et
« ne point dénier un dépôt; qu'ensuite ils se
« retiroient; puis se rassembloient pour pren-
« dre un repas, mais ordinaire et innocent;
« encore avoient-ils cessé de le faire depuis
« mon ordonnance, par laquelle, suivant vos
« ordres, j'avois défendu les assemblées. . . .
« La chose m'a paru digne de consultation,
« principalement à cause du nombre des accu-
« sés; car on met en péril plusieurs personnes
« de tout âge, de tout sexe et de toute condi-
« tion. Cette superstition a infecté non-seule-
« ment les villes, mais les bourgades et la cam-
« pagne, et il semble que l'on peut l'arrêter et la
« guérir. Du moins il est constant que l'on a
« recommencé à fréquenter les temples presque
« abandonnés, à célébrer les sacrifices solen-
« nels après une grande interruption, et que
« l'on vend partout des victimes, au lieu que
« peu de gens en achetoient. D'où on peut ai-
« sément juger la grande quantité de ceux qui
« se corrigeront, si on donne lieu au repentir. »

L'univers chrétien a depuis longtemps dé-

---

* Nerva, Trajan, emp. Évariste, Alexandre Ier, papes. An. de J.-C. 97-118.
[1] Claude avoit tenté cette abolition.

[1] Pour ne pas refaire moi-même ce qui est très-bien fait, j'emprunte la traduction de Fleury, d'un style plus naturel et plus franc que l'élégante traduction de Sacy.

menti les espérances de Pline. Mais quels rapides et étonnants progrès! Les temples abandonnés! on ne trouve déjà plus à vendre les victimes! et l'évangéliste saint Jean venoit à peine de mourir.

Trajan, dans sa réponse au gouverneur, dit qu'on ne doit pas chercher les chrétiens; mais que, s'ils sont dénoncés et convaincus, il les faut punir : quant aux libelles sans nom d'auteur, ils ne peuvent fournir matière à accusation; les poursuivre seroit d'un très-mauvais exemple, et indigne du siècle de Trajan [1].

L'histoire offre peu de documents plus mémorables que cette correspondance d'un des derniers écrivains classiques de Rome et d'un des plus grands princes qui aient honoré l'Empire, touchant l'état des premiers chrétiens.

Adrien[*] maintint la paix en l'achetant des Barbares, peut-être parce que son prédécesseur avoit trouvé plus honorable et plus sûr d'employer le même argent à leur faire la guerre. Naturellement envieux des succès, il ne pardonna pas plus à Apollodore l'architecte, qu'à Trajan l'empereur. Voyageur couronné, grand administrateur, ami des arts dont il renouveloit le génie, il visita les lieux célèbres de son empire; l'histoire a remarqué qu'il évita de passer à Italica, son obscure patrie. Il persécuta ses amis, quitta le monde en plaisantant sur son âme [2], et laissant aux Romains, dignes du présent, un dieu de plus, Antinoüs.

Ce prince avoit fait une divinité, et pensa lui-même être rejeté de l'Olympe : ce fut avec peine qu'Antonin obtint pour lui cette apothéose, par qui les maîtres du monde prolongeoient l'illusion de leur puissance.

Les hérésies se multiplioient : Saturnin, Basilide, Carpocras, les Gnostiques, avoient paru. La calomnie croissoit contre les chrétiens; ils occupoient fortement le gouvernement et l'opinion publique. Le peuple les accusoit de sacrifier un enfant, d'en boire le sang,

d'en manger la chair, de faire, dans leurs assemblées secrètes, éteindre les flambeaux par des chiens et de s'unir dans l'ombre, au hasard, comme des bêtes.

Les philosophes, de leur côté, attaquoient le judaïsme et le christianisme, regardant le premier comme la source du second. Alors les fidèles commencèrent à écrire et à le défendre : Quadrat, évêque d'Athènes, présenta son apologie à Adrien : et Aristide, autre Athénien, publia une autre apologie. Adrien fit suspendre la persécution. Eusèbe nous a conservé la lettre qu'il écrivit à Minutius Fondatus proconsul d'Asie [1] : « Si quelqu'un accuse les chré« tiens, disoit-il, et prouve qu'ils font quelque « chose contre les lois, jugez-les selon la faute; « s'ils sont calomniés, punissez le calomnia« teur. »

Adrien établit des colons à Jérusalem, et bâtit parmi ses débris une ville nommée Elea Capitolina. Des Juifs, assemblés dans cette cité nouvelle, se révoltèrent encore, et furent exterminés. La Judée se changea en solitude; on défendit aux Israélites dispersés d'entrer à Jérusalem, ni même de la regarder de loin, tant étoit insurmontable leur amour pour Sion! Une idole de Jupiter fut placée au Saint-Sépulcre, une Vénus de marbre élevée sur le Calvaire, un bois planté à Bethléem : la consécration à Adonis de la crèche où Jésus étoit né profana ces lieux d'innocence [2].

L'hérésie de Valentin, le martyre de sainte Symphorose et de ses sept fils à Tibur pour la dédicace des jardins et des palais d'Adrien, terminèrent à l'égard des chrétiens le règne de cet empereur.

Antonin[*] fut de tous les empereurs le plus

---

[1] Eus., lib. III, cap. XXXIII; Plin., lib. X, epist. XCVII, XCVIII. Tertullien a très-bien fait remarquer ce qu'il y avoit de contradictoire et d'injuste dans le raisonnement et la décision de Trajan.

[*] Adrien, empereur, Alexandre 1er, Sixte 1er, Télesphore, papes. An de J.-C. 118-138.

[2] Animula vagula, blandula, etc.

[1] Eus., lib. IV, Hist., cap. VIII et IX.

[2] Ab Adriani temporibus usque ad imperium Constantini, per annos circiter centum octoginta, in loco resurrectionis simulacrum Jovis in crucis rupe, statua ex marmore Veneris a gentibus posita colebatur, existimantibus persecutionis auctoribus quia tollerent nobis fidem resurrectionis et crucis, si loca sancta per idola polluissent...
Bethleem nunc nostram lucus inumbrabat Thamus, id est Adonidis, et in specu ubi quondam Christus parvulus vagiit Veneris amasius plangebatur. (Hier., Ad Paulinum, pag. 102. Bâle, 1537.)

[*] Antonin, emp. Hygin, Pie 1er, Anicet, papes. An de J.-C. 139-161.

aimé et le plus respecté des peuples voisins de l'Empire. Grand justicier, il eut avec Numa quelques traits de ressemblance; son caractère de piété le rendit plus propre au gouvernement que ne l'avoient été les Titus et les Trajan: la science des lois est liée à celle de la religion.

Sous Antonin, les deux hérésiarques Marcion et Apelles parurent; Justin, philosophe chrétien, publia sa première apologie adressée à l'empereur, au sénat et au peuple romain. Il parla des mystères sans déguisement. Sainte Félicité confessa le Christ avec ses fils.

Marc-Aurèle* aimoit la paix par caractère et philosophie, et il eut à soutenir de nombreuses guerres avec les Barbares. Les Quades, qui se perdirent dans la ligue des Franks, menacèrent l'Italie d'une irruption; les Marcomans, ou plutôt une confédération des peuples germains refoulés par les Goths, et d'autres peuples qui pesoient sur eux, cherchèrent des établissements dans l'Empire. Ils avoient profité du moment où les légions romaines étoient occupées à défendre l'Orient contre les Parthes: la grande invasion approchoit, et le monde commençoit à s'agiter. Marc-Aurèle ayant associé à l'Empire son frère adoptif, Marcus Verus, repoussa avec lui les agresseurs: les Marcomans et les Quades furent vaincus. A la suite de ces guerres, cent mille prisonniers furent rendus aux Romains, et des colonies de Barbares formées dans la Dacie, la Pannonie, les deux Germanies, et jusqu'à Ravenne en Italie. Celles-ci se soulevèrent, et apprirent aux Romains ce qu'ils auroient à craindre de pareils laboureurs. Cent mille prisonniers rendus supposent déjà chez les nations septentrionales une puissance et une régularité de gouvernement auxquelles on n'a pas fait assez d'attention.

Les arts et les lettres brillèrent d'un dernier éclat sous les règnes de Trajan, d'Adrien, d'Antonin et de Marc-Aurèle: c'est le second siècle de la littérature latine dans laquelle il faut comprendre ce que fournit le génie expirant de la Grèce soumise aux Romains. Alors parurent Tacite, les deux Pline, Suétone, Florus, Galien, Sextus Empiricus, Plutarque, Ptolémée, Arien, Pausanias, Appien, Marc-Aurèle et Épictète, l'un empereur, l'autre esclave, et enfin Lucien, qui se rit des philosophes et des dieux.

Marc-Aurèle mourut sans avoir pu terminer complètement la guerre des Barbares, et après avoir été obligé d'étouffer la révolte des colonies militaires. Il laissa l'Empire à Commode son fils: faute de la nature que la philosophie auroit dû prévenir.

Si les Romains furent longtemps redevables du succès de leurs armes à la discipline, à l'organisation des légions, à la supériorité de l'art militaire, ils le durent encore à cette nécessité où se trouvoit le légionnaire de combattre dans tous les climats, de se nourrir de tous les aliments, de s'endurcir par de longues et pénibles marches. Les peuples de l'Europe moderne (la nation françoise exceptée, pendant les dernières conquêtes de sa dernière révolution), les peuples de l'Europe moderne, divisés en petits états, ont presque toujours combattu contre leurs voisins, ou sur le sol paternel à peu de distance de leurs foyers. Mais l'Empire romain renfermoit dans son sein le monde connu; ses soldats passoient des rivages du Danube et du Rhin à ceux de l'Euphrate et du Nil, des montagnes de la Calédonie, de l'Helvétie et de la Cantabrie à la chaîne du Caucase, du Taurus et de l'Atlas, des mers de la Grèce aux sables de l'Arabie et aux campagnes des Numides. On entreprend aujourd'hui de longs et périlleux voyages dans les pays que les légions parcouroient pour changer de garnison: ces entreprises d'outre-mer qui rendirent les croisades si célèbres n'étoient pour les Romains que le mouvement d'un corps de troupes qui, parti de la Batavie, alloit relever un poste à Jérusalem. Le général qui se transportoit sur des terrains si divers, qui, forcé d'employer les ressources du lieu, se servoit du chameau et de l'éléphant sous le palmier, du mulet et du cheval sous le chêne, accroissoit son expérience et son génie avec le vol de ses aigles.

Le monde romain n'offroit point un aspect uniforme, les peuples subjugués avoient conservé leurs mœurs, leurs coutumes, leurs langues, leurs dieux indigènes, leurs lois loca-

---

* Marc-Aurèle, emp. Anicet, Sotère, Eleuthère, papes. An de J.-C. 162-181.

les : au dehors on ne s'apercevoit de la domination étrangère que par les voies militaires, les camps fortifiés, les aqueducs, les ponts, les amphithéâtres, les arcs de triomphe, les inscriptions latines gravées aux monuments des républiques et des royaumes incorporés à l'Empire; au-dedans l'administration civile, fiscale et militaire; les préfets et les proconsuls, les municipalités et les sénats, la loi générale qui dominoit les justices particulières, annonçoient un commun maître. Les Romains n'avoient imposé à la terre domptée que leurs armes, leur code, et leurs jeux.

Marc-Aurèle, stoïcien, n'aimoit pas les disciples de la croix, par une sorte de rivalité de secte : « Il faut être toujours prêt à mourir, « dit-il dans une de ses maximes, en vertu « d'un jugement qui nous soit propre, non au « gré d'une pure obstination comme les chré- « tiens. » Il y eut plusieurs martyrs sous son règne : Polycarpe à Smyrne, Justin à Rome, après avoir publié sa seconde apologie; les confesseurs de Vienne et de Lyon, à la tête desquels brilla Pothin, vieillard plus que nonagénaire, remplacé dans la chaire de Lyon par Irénée.

A cette époque les apologistes, tels qu'Athénagore, changèrent de langage, et d'accusés devinrent accusateurs : en défendant le culte du vrai Dieu, ils attaquèrent celui des écoles. D'une autre part, les magistrats ne furent pas les seuls promoteurs des persécutions; les peuples les demandèrent : le soulèvement des masses à Vienne, à Lyon, à Autun, multiplia les victimes dans les Gaules[1]; ce qui prouve que les chrétiens n'étoient plus une petite secte bornée à quelques initiés, mais des hommes nombreux qui menaçoient l'ancien ordre social, qui armoient contre eux les vieux intérêts et les antiques préjugés. La légion Fulminante étoit en partie composée de disciples de la nouvelle religion; elle fut la cause d'une victoire remportée en 174 sur les Sarmates, les Quades et les Marcomans; victoire retracée dans les bas-reliefs de la colonne antonine : selon Eusèbe, Marc-Aurèle reconnut devoir son succès aux prières des soldats du Christ[1].

L'Évangile avoit fait de tels progrès que Méliton, évêque de Sardis en Asie, disoit à Marc-Aurèle, dans une requête : « On persé- « cute à présent les serviteurs de Dieu... Notre « philosophie étoit répandue auparavant chez « les Barbares; vos peuples, sous le règne « d'Auguste, en reçurent la lumière, et elle « porta bonheur à votre Empire[2]. »

Un roi des Bretons, tributaire des Romains, écrivit, l'an 170, au pape Éleuthère, successeur de Soter, pour lui demander des missionnaires : ceux-ci portèrent la foi aux peuplades britanniques, comme le moine Augustin, envoyé par Grégoire-le-Grand, prêcha depuis l'Évangile aux Saxons vainqueurs des Bretons.

Marc-Aurèle avoit toutefois trop de modération pour s'abandonner entièrement à l'esprit de haine dont étoient animées les écoles philosophiques : il écrivit la dixième année de son règne, à la communauté du peuple de l'Asie-Mineure assemblée à Éphèse, une lettre de tolérance. Il alla même plus loin que ses devanciers, car il disoit : « Si un chrétien est « attaqué comme chrétien, que l'accusé soit « renvoyé absous, quand même il seroit con-

---

[1] (Epistolarum verba eorum citabo :) Servi Jesu Christi, qui Viennam et Lugdunum Galliæ incolunt, fratribus in Asia et Phrygia, pax, gloria a Deo patre... Magnitudinem afflictionis quæ hoc loco ingravescit, ingens gentilium odium, contra sanctos incitatum... neque exprimi, neque comprehendi possunt... Ac primum cruciamenta quæ confertim erant, et tanquam cumulo a multitudine in illos coacervata... Vociferationes, plagas, violentos tractus, dilacerationes, lapidum projectiones, carceres et quidquid denique ab agresti et furiosa multitudine contra nos, velut contra hostes et inimicos, fieri solet. (Euseb., Hist. eccles., lib. IV, cap. I, pag. 102.)

[1] Eadem historia apud gentiles scriptores, qui longe a nostra religione dissentiunt... Nostrorum etiam Apollinarius qui affirmat legionem, cujus precibus miraculum edebatur, latino sermone Fulmineam, usu ue ab illo tempore appellatam : illud eue nomen rei eventui scite exprimens, ab Aurelio Cæsare ei tributum. (Euseb., Hist. eccles., lib. V, pag. 85.)

[2] Multo magis te obsecramus, ne tam aperto latrocinio nos spoliari permittas... Divina quam excolimus religio antea inter Barbaros insigniter viguit : quæ cum apud gentes tuas, præclaro et eximio Augusti regno... floreret, ipsi imperio quo potiris, compræcipuis fausto ac felici præsidio fuit. (Euseb., Hist. eccles., lib. V, cap. XXV, pag. 108 et 109.)

« vaincu d'être chrétien, et que l'accusateur « soit poursuivi [1]. » Mais il étoit difficile à la loi de lutter contre la superstition et la philosophie entrées dans une alliance contre nature pour détruire un ennemi commun.

Les Marcionites, les Montanistes, les Marcosiens jetèrent une nouvelle confusion dans la foi.

Avec Marc-Aurèle finit l'ère du bonheur des Romains sous l'autorité impériale, et recommencèrent des temps effroyables, d'où l'on ne sort plus que par la transformation de la société. Un seul fait de cette histoire la peindra. Commode et ses successeurs jusqu'à Constantin périrent presque tous de mort violente. Quand Marc-Aurèle eut disparu, les Romains se replongèrent d'une telle ardeur dans l'abjection, qu'on les eût pris pour des hommes rendus nouvellement à la liberté : ils n'étoient affranchis que des vertus de leurs derniers maîtres.

Deux effets de la puissance absolue sur le cœur humain sont à remarquer.

Il ne vint pas même à la pensée des bons princes qui gouvernèrent le monde romain, de douter de la légalité de leur pouvoir et de restituer au peuple des droits usurpés sur lui.

La même puissance absolue altéra la raison des mauvais princes; les Néron, les Caligula, les Domitien, les Commode, furent de véritables insensés : afin de ne pas trop épouvanter la terre, le Ciel donna la folie à leurs crimes comme une sorte d'innocence.

* Commode, rencontrant un homme d'une corpulence extraordinaire, le coupa en deux pour prouver sa force et jouir du plaisir de voir se répandre les entrailles de la victime [1]. Il se disoit Hercule ; il voulut que Rome changeât de nom et prit le sien ; de honteuses médailles ont perpétué le souvenir de ce caprice. Commode périt par l'indiscrétion d'un enfant, par le poison que lui donna une de ses concubines, et par la main d'un athlète qui acheva en l'étranglant ce que le poison avoit commencé [1].

Sous le règne de Commode paroît une nouvelle race de destructeurs, les Sarrasins, si funestes à l'empire d'Orient.

* Pertinax succède à Commode; il se montra digne du pouvoir : son ambition étoit de celles qu'inspire la conscience des talents qu'on a, et non l'envie des talents qu'on ne peut atteindre. Le nouvel empereur fit redemander à des Barbares le tribut qu'on leur accordoit, et ils le rendirent : démarche vigoureuse ; mais les devanciers de Pertinax, en immolant à leurs foiblesses ou à leurs vices la dignité et l'indépendance romaines, avoient fait un mal irréparable. Pouvoit-on racheter l'honneur d'un état qui alloit être vendu à la criée ?

Pertinax étoit un soldat rigide; les prétoriens le massacrèrent. L'Empire est proposé au plus offrant : il se trouva deux fripiers de tyrannie pour se disputer les haillons de Tibère. Didius Julianus l'emporte sur son compétiteur par une surenchère de douze cents drachmes [2]. Les prétoriens livrent la marchandise de cent vingt millions d'hommes à Didius. Celui-ci ne peut fournir le prix de l'adjudication [3], et il fut menacé d'être exécuté pour dettes. Jadis le sénat avoit proclamé la vente d'un morceau de territoire de la répu-

---

[1] Erat autem Commodo puero quidam... sumpto in manus, qui supra lectulum jacebat, libello, foras processit... incidit in Marcianum... quæ libellum pueri manu aufert... Aguita Commodi manu... ubi se primum peti intellexit... electum accersit... placitum rem veneno agi... cum evomisset... veriti illi... Narcisso cuidam, audaci strenuoque adolescenti, persuaserunt ut Commodum in cubiculo strangularet. (HERODIAN., *Vit. Commodi*, lib. I, pag. 91-92.)

Pertinax, Julianus, empereurs. Victor, pape. An de J.-C. 193.

[2] Sed simul ad superiora vicena sestertia, altera quina adjecisset, eamque summam magno edito clamore in manibus ostendisset. (DION., *Hist. rom.*, lib. LXXIII, pag. 833.)

Sane cum vicena quina millia militibus promisisset, tricena dedit. (*Hist. Aug.*, pag. 61)

Præterea militibus singulis, plus multo argenti daturum quam petere auderent, aut accepturos speraverant, neque in dando moram futuram. (HERODIAN., lib. II, pag. 130 et 131.)

[3] Sed spes militum fefellerat, nec implere fidem promissorum poterat. (HEROD., lib. II, pag. 134.)

blique : c'étoit celle du champ où campoit Annibal.

Le sénat de Didius fut pourtant honteux ; il eut peur surtout quand il apprit le soulèvement des légions ; elles avoient élu trois empereurs. On se hâta de réparer une bassesse par une cruauté ; au bout de soixante-six jours Didius déposé fut condamné à mort : « Quel « crime ai-je commis[1] ? » disoit-il en pleurant. Le malheureux n'avoit pas eu le temps d'apprendre la tyrannie ; il ignoroit qu'avoir acheté l'Empire, et n'avoir ôté la vie à personne, étoit une contradiction qui rendoit son règne impossible : homme commun, il étoit au-dessous de son crime.

On ne sait pourquoi Rome rougit de l'élévation de Didius Julianus, si ce n'est par un de ces mouvements de dignité naturelle qui revient quelquefois au milieu de l'abjection. Denys, à Corinthe, disoit à ceux qui l'insultoient : « J'ai pourtant été roi ! » Un peuple dégénéré qui ne songeoit jamais à se passer de maîtres quand il avoit le pouvoir de s'en donner un, appela à l'empire Pescennius Niger, commandant en Orient ; mais Septime Sévère avoit été choisi par les légions d'Illyrie, et Clodius Albinus, par les légions britanniques. Alors recommencèrent les guerres civiles : Sévère, demeuré vainqueur de Niger, en trois combats en Asie, fut également heureux contre Albinus à la bataille de Lyon[2]. Sous prétexte de punir les partisans de ce dernier, il fit mourir un grand nombre de sénateurs. Les fortunes des familles sénatoriales étoient énormes ; on ne les pouvoit atteindre avec l'impôt mal entendu : le crime de lèse-majesté fut inventé comme une loi de finances ; il entraînoit la confiscation des biens. On voit des princes, en parvenant à l'Empire, annoncer qu'ils ne feront mourir aucun sénateur : c'étoit déclarer qu'ils ne lèveroient aucune nouvelle taxe.

* Sévère étoit né à Leptis sur la côte d'Afrique : il se trouva que le chef des Romains parloit la langue d'Annibal. Il avoit la cruauté et la foi puniques, et ne manquoit pas toutefois d'une certaine grandeur. A l'imitation de Vitellius, il cassa d'abord les gardes prétoriennes ; ensuite il les rétablit et les augmenta, en les composant des plus braves soldats des légions d'Illyrie : jusqu'alors on n'avoit admis dans ce corps que des hommes tirés de l'Italie, de l'Espagne et de la Norique, provinces depuis longtemps réunies à l'Empire. Les Barbares approchoient de plus en plus du trône ; nous les verrons s'élever au rang des favoris et de ministres pour devenir empereurs.

Sévère força les sénateurs à mettre Commode au rang des dieux : « Il leur convient bien, disoit-il, d'être difficiles ! valent-ils mieux que ce tyran ? » Il importoit à Sévère de ne pas laisser dégrader Commode, puisqu'il vouloit livrer le monde à Caracalla. Les empereurs cherchoient, par le biais de l'association, et par les titres d'Auguste et de César, à rendre la pourpre héréditaire ; mais deux corps, l'armée et le sénat, leur opposoient des obstacles : dans l'un de ces corps étoit le fait, dans l'autre le droit ; et le fait et le droit, qui souvent se combattent, s'entendoient pour jouir de ce qu'ils s'étoient approprié en dépouillant le peuple romain.

Après avoir triomphé des Parthes, Sévère, sur la fin de sa vie, passa dans la Grande-Bretagne, battit les Calédoniens et éleva, pour les contenir, la muraille qui porte son nom : c'est l'époque de la fiction de Fingal.

L'empereur avoit épousé Julie Domna, née à Émèse en Syrie, femme de beauté, de grâce, d'instruction et de courage : il en eut deux fils, Caracalla et Géta, qui furent ennemis dès l'enfance. Caracalla, pressé de régner, voulut se débarrasser de son père, lorsque celui-ci étoit engagé dans la guerre de Calédonie. Sévère, rentré dans sa tente, se couche, met une épée à côté de lui et fait appeler son fils : « Si tu « veux me tuer, lui dit-il, prends cette épée, « ou ordonne à Papinien ici présent de m'é-

---

[1] Is imbellem miserumque senem... inter fœdissimas complorationes trucidavit. (HEROD., lib. II, pag. 70.)
Nihilque dixit percussoribus, nisi : Quid ergo peccavi ? Quem interfeci ? (DION., lib. LXXIV, pag. 830.)
Missi tamen a senatu quorum cura per militem gregarium in palatio idem Julianus occisus est, fidem Cæsaris implorans, hoc est Severi. (Hist. Aug., pag. 63.)
[2] DION., l. LXXIV ; HEROD., l. VII ; SPART., Hist., p. 55.

* Septime-Sévère, empereur. Victor 1er, Zéphirin, papes. An de J.-C. 193-212.

« gorger; il t'obéira, car je te fais empe-
« reur [1]. »

Peu de temps après, Sévère, malade à York, et sentant sa fin venir, dit : « J'ai été « tout, et rien ne vaut [2]. » L'officier de garde s'étant approché de sa couche, il lui donna pour mot d'ordre, « Travaillons [3]; » et il tomba dans le repos éternel.

Les règnes de Commode, de Pertinax, de Julianus et de Sévère virent éclater l'éloquence des premiers Pères de l'Église : parmi les Pères grecs, on trouve saint Clément d'Alexandrie (le *Maître* et les *Stromates* sont des ouvrages remplis de faits curieux); parmi les Pères latins, Tertullien est le Bossuet africain. Saint Irénée, bien qu'il écrivit en grec, déclare dans son traité contre les hérésies, qu'habitant parmi les Celtes, obligé de parler et d'entendre une langue barbare, on ne doit point lui demander l'agrément et l'artifice du style. Il nous apprend que l'Évangile étoit déjà répandu par tout le monde; il cite les Églises de Germanie, de Gaule, d'Espagne, d'Orient, d'Égypte, de Libye, éclairées, dit-il, de la même foi comme du même soleil [4]. Il nomme les douze évêques qui se succédèrent à Rome depuis Pierre jusqu'à Éleuthère. Il affirme qu'il avoit connu lui-même Polycarpe établi évêque de Smyrne par les apôtres, lequel Polycarpe avoit conversé avec plusieurs disciples qui avoient vu Jésus-Christ [5]. C'est un des témoignages les plus formels de la tradition.

En ce temps-là Pantenus, chef de l'école chrétienne d'Alexandrie, prêcha la foi aux nations orientales : il pénétra dans les Indes; il y trouva des chrétiens en possession de l'Évangile de saint Matthieu, écrit en langue hébraïque, et que cette Église tenoit de l'apôtre Barthélemi [1].

On voit par les deux livres de Tertullien à sa femme, que les alliances entre les chrétiens et les païens commençoient à devenir fréquentes; mais, selon l'orateur, c'étoient les plus méchants des païens qui épousoient des chrétiennes, et les plus foibles des chrétiennes qui se marioient à des païens [2]. Ce traité répand de grandes lumières sur la vie domestique des familles des deux religions.

Le nombre des disciples de l'Évangile s'augmenta beaucoup à Rome sous le règne de Commode, surtout parmi les familles nobles et riches. Apollonius, sénateur instruit dans les lettres et dans la philosophie, avoit embrassé le culte nouveau : dénoncé par un de ses esclaves, l'esclave subit le supplice de la croix, d'après l'édit de Marc-Aurèle qui défendoit d'accuser les chrétiens comme chrétiens [3]. Mais Apollonius fut condamné à son tour à perdre la tête, parce que tout chrétien qui avoit comparu devant les tribunaux, et qui ne rétractoit pas sa croyance, étoit puni de mort. Apollonius prononça en plein sénat une apologie complète de la religion.

Le Pape Éleuthère mourut, et eut pour successeur Victor, qui gouverna l'Église de Rome pendant douze ans.

L'empereur Sévère aima d'abord les chrétiens, et confia l'éducation de son fils aîné à

---

[1] Si me cupis, inquit Severus, interficere, hic me interfice. Quod si id recusas aut times tua manu facere, adest tibi Papinianus præfectus, cui jubere potes ut me interficiat : nam is tibi quidquid præceperis, propter ea quod sis imperator, efficiet. (DION., *Hist. rom.*, lib. LXXVI, pag. 868.)

[2] Omnia fui, et nihil expedit. (AUREL. VICT.)

[3] Laboremus. *Hist. Aug.*, pag. 564.)

[4] Etenim Ecclesia... per universum orbem usque ad extremos terræ fines dispersa... Ac neque hæ quæ in Germaniis sitæ sunt Ecclesiæ, aliter credunt aut aliter tradunt, nec quæ in Hispaniis aut Galliis, aut in Oriente, aut in Ægypto, aut in Africa, aut in Mediterraneis orbis regionibus sedem habent. Verum ut sol hic a Deo conditus, in universo mundo unus atque idem est. (S. IRÆN., lib. I, cap. X, *contra hæreses*, pag. 49.)

[5] Et Polycarpus autem, non solum ab apostolis edoctus et conversatus cum multis, ex iis qui Dominum nostrum viderunt, sed etiam ab apostolis in Asia, etc. (S. IRÆN., *contra hæreses*, lib. III, cap. III, n° 4.)

[1] Pantenus ille, quem ad Indos devexisse diximus, ubi (ut fertur) Evangelium Matthæi, quod ante ejus adventum ibi fuerat receptum, in manibus quorumdam qui in illis locis Christum profitebantur, reperit : quibus Bartholomæum unum ex apostolis prædicasse, illisque Matthæi Evangelium, litteris hebraicis scriptum, reliquisse. (EUSEB., *Hist. eccles.*, lib. V, pag. 93.)

[2] Igitur cum quasdam istis diebus nuptias de Ecclesia tolleret... (TERT. lib. II, cap. II, pag. 167.)

Solis pejoribus placet nomen christianum... Pleræque genere nobiles... cum mediocribus... ad licentiam conjunguntur. *Id., ibid.*, cap. VIII, pag. 171.)

[3] EUSEB., *in Chron.*, an. 194.

l'un d'eux, nommé Proculus; il protégea les membres du sénat convertis à la foi, mais il changea de conseil dans la suite et provoqua une persécution générale : elle emporta Perpétue, Félicité, et saint Irénée avec une multitude de son peuple. Tertullien écrivit l'éloquente et célèbre apologie où il disoit : « Nous « ne sommes que d'hier, et nous remplissons « vos cités, vos colonies, l'armée, le palais, le « sénat, le forum : nous ne vous laissons que « vos temples [1]. » Il publia son *Exhortation aux martyrs*, ses traités des *Spectacles*, de *l'Idolâtrie*, des *Ornements des femmes*, et son livre *des Prescriptions* : admirable ouvrage qui servit de modèle à Bossuet pour son chef-d'œuvre *des Variations*. Tertullien tomba dans l'hérésie des Montanistes qui convenoit à la sévérité de son génie. Origène commençoit à paroître.

Sous la persécution de Sévère, les chrétiens cherchèrent à se mettre à l'abri à prix d'argent: cet usage fut continué.

Sévère mort, Caracalla[*] régna avec son frère Géta; bientôt il le fit massacrer dans les bras de sa mère. Un mot de Papinien est resté : invité par l'empereur à faire l'apologie du meurtre de Géta, le jurisconsulte, moins complaisant que le philosophe Sénèque, répondit : « Il est plus facile de commettre un parricide « que de le justifier [2]. »

Avec Caracalla reparurent sur le trône la dépravation et la cruauté : des massacres eurent lieu à Rome, dans les Gaules, à Alexandrie. Cet empereur s'appela d'abord Bassianus, du nom de son aïeul, prêtre du Soleil en Phénicie. Il quitta ce nom, par ordre de Sévère, pour celui de Marc-Aurèle-Antonin. Les vices de Caracalla, en contraste avec les vertus sous le patronage desquelles on le vouloit mettre, ne servirent qu'à le rendre plus odieux. Le mépris du peuple fit évanouir des surnoms glorieux dans ce nom de *Caracalla*, emprunté d'un vêtement gaulois que ce fils de Sévère affectoit.

Sévère avoit ébranlé l'état par l'introduction des Barbares dans les gardes prétoriennes; Caracalla acheva le mal en étendant le droit de citoyen à tous ses sujets : le sang romain fut dégradé de noblesse, et par une sorte d'égalité démocratique, tout sujet, Barbare ou Romain, fut admis à concourir à la tyrannie. Peu à peu les distinctions de villes libres, de colonies, de droit latin ou droit italique, s'effacèrent. En théorie c'étoit un bien, en pratique un mal : il n'étoit pas question de liberté, mais d'argent; il s'agissoit, non d'affranchir les masses, mais de faire payer aux individus comme *citoyens* le vingtième sur les legs et héritages dont ils étoient exempts comme *sujets*. Les vieilles habitudes et l'homogénéité de la race se perdirent; on troqua la force des mœurs contre l'uniformité de l'administration [1].

Caracalla eut, comme tant d'autres, la passion d'imiter Alexandre : ces copistes d'un héros oublioient que la pique du Macédonien fit éclore plus de cités qu'elle n'en renversa. Sur les bords du Rhin et du Danube, Caracalla rencontra par hasard deux peuples nouveaux, les *Goths* et les *Allamans*. Il aimoit les Barbares; on prétend même que, dans des conférences particulières, il leur dévoiloit le secret de la foiblesse de l'Empire, secret que leur épée leur avoit déjà révélé.

Passé en Asie, Caracalla visita les ruines de Troie. Pour honorer et rappeler la mémoire d'Achille, dont il se prétendoit la vraie ressemblance, il voulut pleurer la mort d'un ami; en conséquence, un poison fut donné à Festus, affranchi qu'il aimoit tendrement; après quoi il lui éleva un bûcher funèbre. Et comme Achille, le plus beau des Grecs, coupa sa chevelure blonde sur le bûcher de Patrocle, Caracalla, laid, petit et difforme, arracha deux ou trois cheveux que la débauche lui avoit laissés, excitant la risée des soldats qui le voyoient chercher et trouver à peine sur son front la matière du sacrifice à l'ami qu'il avoit fait empoisonner [2].

---

[1] *Sola relinquimus templa.* (TERT., *Apol.*)
[*] Caracalla, emp. Zéphirin, pape. An de J.-C. 212-217.
[2] *Non tam facile parricidium excusari quam passe fieri.* (*Hist. Aug.*, pag. 88.)

[1] L'édit de Caracalla, ou un édit semblable, est attribué par quelques glossateurs à Marc-Aurèle. J'ai suivi l'opinion pour laquelle il y a un plus grand nombre d'autorités.
[2] Quumque esset raro capillo, et crinem quæ erat ut

Caracalla étoit malade de ses excès; son âme souffroit autant que son corps; ses crimes lui apparoissoient; il se croyoit poursuivi par les ombres de son père et de son frère[1]. Il consulta Esculape, Apollon, Sérapis, Jupiter Olympien : il ne fut point soulagé : on ne guérit point des remords.

*Macrin, préfet du prétoire, menacé par Caracalla, le fit assassiner[2]. On croit que l'impératrice, accusée d'inceste avec Caracalla son fils, mourut d'une mort douloureuse, volontaire ou involontaire[3]. Il ne resta rien de la famille de Sévère, dont les malheurs, malgré le dire des historiens, frappèrent peu les hommes. Dans les vieilles races, c'est la chute qui étonne; dans les races nouvelles, c'est l'élévation : les premières, en tombant, sortent de leur position naturelle, les secondes y rentrent.

Caracalla eut des temples et des prêtres. Macrin demanda des autels pour son assassiné. Les Romains débarrassés de leurs tyrans, ils en faisoient des dieux. Ces tyrans jouissoient ainsi de deux immortalités : celle de la haine publique, et celle de la loi religieuse qui consacroit cette haine.

Macrin revêtoit d'un extérieur grave et d'une apparence de courage un caractère frivole et timide : il désira l'empire, l'obtint, et s'en trouva embarrassé. Il avoit l'instinct du mal, il n'en avoit pas le génie; impuissant à féconder ce mal, quand il avoit commis un crime il ne savoit plus qu'en faire : c'est ce qui arrive lorsque l'ambition dépasse la capacité, qu'une haute fortune se trouve resserrée dans un esprit étroit et dans une âme petite, au lieu de s'étendre à l'aise dans une large tête et dans un grand cœur. Après quatorze mois de règne, l'armée ôta l'empire à Macrin aussi facilement qu'elle le lui avoit prêté.

Julie, femme de Septime Sévère et fille de Bassianus, avoit une sœur, Julia Mæsa; celle-ci, mariée à Julius Avitus, en eut deux filles : Sœmis et la célèbre Mamée. Mamée mit au jour Alexandre Sévère, et Sœmis fut mère d'Élagabale, plus connu sous le nom altéré d'Héliogabale. Sœmis avoit épousé Varius Marcellus; mais on ne sait si elle n'eut point un commerce secret avec Caracalla, et si Élagabale ne fut point le fruit de ce commerce.

Après la mort de Caracalla, Mæsa, sœur de l'impératrice Julie, se retira à Émèse avec ses deux filles Sœmis et Mamée, toutes deux veuves, et chacune ayant un fils : Élagabale avoit treize ans, Alexandre neuf. Mæsa fit donner à Élagabale la charge de grand-prêtre du Soleil. Dans ses habits sacerdotaux il étoit d'une rare beauté; on le comparoit aux plus parfaites statues de Bacchus. Une légion le vit, en fut charmée, et, par les intrigues de Mæsa, le proclama empereur. Qu'on juge du caractère de l'armée : elle choisit Élagabale parce qu'il étoit beau, parce qu'elle le crut fils de Caracalla et de Sœmis, c'est-à-dire bâtard d'un monstre et d'une femme adultère !

Macrin dépêcha contre la légion un corps de troupes que commandoit Ulpius Julianus. Celui-ci, abandonné de ses troupes, périt par un assassinat. Un soldat lui coupa la tête, l'enveloppa, en fit un paquet qu'il cacheta avec le sceau de Julianus, et la présenta à Macrin comme la tête d'Élagabale : Macrin déroula le paquet sanglant, et reconnut que cette tête demandoit la sienne. Après avoir perdu une bataille contre son rival qui déploya de la valeur, il s'enfuit, fut arrêté et massacré. Son fils, qu'il envoyoit au roi des Parthes, éprouva le même sort.

Élagabale* régna donc. Il falloit que toutes les

---

imponeret ignibus, deridiculo erat omnibus : cæterum quos habuit capillos tamen totondit. (HERODIAN., lib. IV, pag. 510-511.)

[1] Fuit ægra corporis valetudine... Sed mente imprimis insana quibusdam visis sæpenumero agitari a patre fratreque gladios gestantibus, videbatur. (DIONIS., Hist. rom., lib. LXXVII, pag. 877.)
Pater ei cum gladio astitit in somnis, et : Ut tu, inquit, fratrem tuum interfecisti, ita ego te interficiam. (DION., Hist., lib. LXXVIII, pag. 883.)

* Macrin. emp. Zéphirin, pape. An de J.-C. 217-218.
[2] Macrinus Antoninum occidit. (Hist. Aug., pag. 88.)
[3] Julia, cognita filii cæde, ita affecta est ut se percuteret, ac, mortem sibi consciscere conaretur... Inedia consumpta moritur. Acceleravit ei mortem cancer, quem cum jam multo tempore in mamma habuisset quiescentem, percusso pectore irritavit. (DION., lib. LXXVIII, pag. 886.)

* Élagabale. emp. Zéphirin, Calixte, papes. Au de J.-C. 218-222.

passions et tous les vices passassent sur le trône, afin que les hommes consentissent à y placer la religion qui condamnoit tous les vices et toutes les passions.

Rome vit arriver un jeune Syrien, prêtre du Soleil : le tour des yeux peint, les joues colorées de vermillon, portant une tiare, un collier, des bracelets, une tunique d'étoffe d'or, une robe de soie à la phénicienne, des sandales ornées de pierres gravées : ce jeune Syrien, entouré d'eunuques, de courtisanes, de bouffons, de chanteurs, de nains et de naines dansant et marchant à reculons devant une pierre triangulaire. Élagabale vint régner aux foyers du vieil Horace, rallumer le feu chaste de Vesta, prendre le bouclier sacré de Numa, et toucher les vénérables emblèmes de la sainteté romaine [1].

Au milieu de tant de règnes exécrables, celui d'Élagabale se distingue par quelque chose de particulier. Ce que l'imagination des Arabes a produit de plus merveilleux en fêtes, en pompes, en richesses, ne semble qu'une tradition confuse du règne du prêtre du Soleil : vous verrez ces détails à l'article des mœurs des Romains. Le vice qui gouverna plus particulièrement le monde sous Élagabale fut l'impudicité : ce prince choisissoit les agents du pouvoir d'après les qualités qui les rendoient propres à la débauche [2]; dédaignant les distinctions sociales ou les avantages du génie, il plaçoit la souveraineté politique dans la puissance qui tient le plus de l'instinct de la brute.

Il arriva qu'ayant pris plusieurs maris, il se donna pour maître tantôt un cocher du cirque, tantôt le fils d'un cuisinier [1]. Il se faisoit saluer du titre de *domina* et d'*impératrice* ; il s'habilloit en femme, travailloit à des ouvrages en laine. Homme et femme, prostitué et prostituée, il n'auroit pas été plus pur quand il se fût consacré au culte de Cybèle, comme il en eut la pensée [2]. Il donna un siège à sa mère dans le sénat auprès des consuls, et créa un sénat de femmes qui délibéroient sur la préséance, les honneurs de cour et la forme des vêtements.

Élagabale n'étoit pas cependant dépourvu de courage. Le pressentiment d'une courte vie le poursuivoit : il avoit préparé pour se tuer, à tout événement, des cordons de soie, un poignard d'or, des poisons renfermés dans des vases de cristal et de porphyre, une cour intérieure pavée de pierres précieuses sur lesquelles il comptoit se précipiter du haut d'une tour. Ces ressources lui manquèrent; il vécut dans des lieux infâmes, et fut tué dans des latrines [3] avec sa mère. On lui coupa la tête ; son cadavre, traîné jusqu'à un égout, ne put entrer dans l'ouverture trop étroite [4] ; ce hasard valut à Élagabale les honneurs du Tibre, d'où il reçut le surnom de *Tiberinus*, équivoque qui signifioit *le noyé dans le Tibre* ou *le petit Tibre* : ainsi les Romains jouoient avec leur infamie. Quand le despotisme descend si bas que sa dégradation lui ôte sa force, les esclaves respirent un moment : dans les temps d'opprobre, le mépris tient quelquefois lieu de liberté. N'oublions pas, afin d'être juste,

---

[1] Fuit autem Heliogabali, vel Jovis, vel Solis sacerdos, atque Antonini sibi nomen asciverat..... Vultum præterea eodem quo Venus pingitur, schemate figurabat..... Heliogabalum in Palatino monte, juxta ædes imperatorias, consecravit, eique templum fecit... et Vestæ ignem, et palladium, et ancilia, et omnia Romanis veneranda in illud transtulit. (*Hist. Aug.*, lib. CII.)

In penum Vestæ, quod solæ virgines solique pontifices adeunt, irrupit, pollutus ipse omni contagione morum, cum iis qui se polluerant. (*Ib.*, pag. 105.) Magorum genus aderat. (*Ib.*)

At vero Antoninus, e Syria profectus... cultum patrii numinis celebrare supervacuis saltationibus, vestitum usurpans luxuriosum, purpura intextum atque auro, monilibusque et armillis redimitus, coronas sustinens ad thiaræ modum. (HERODIAN., lib. V, pag. 376-377.)

Amphoras plurimas ante aras profundebat... choros que circum aras agitabat, nullis non organis cos manibus, unaque mulieribus phœnissis cursitantibus in orbem, cymbalaque inter manus habentibus aut tympana, omni circumstante senatu et equestri ordine. (HERODIAN., lib. V, pag. 181.)

[2] Ad honores reliquos promovit commendatos sibi pudibilium enormitate membrorum. (*Hist. Aug.* p 474.)

[1] Nupsit et coit ut et pronuba haberet clamaretque *concide, magire*, et eo quidem tempore quo Zoticus ægrotabat. (*Hist. Aug.*, pag. 472; DIO., lib. LXXIX; HERODIAN., lib. V.)

[2] Jactavit autem caput inter præcisos fanaticos et genitalia sibi devinxit.

[3] Atque in latrina, ad quam confugerat, occisus. *Hist. Aug.*, pag. 478.)

[4] DION., lib. LXXIX ; HERODIAN., lib. V; *Hist. Aug.*, pag. 478.

qu'Élagabale étoit un enfant ; il n'avoit guère que vingt-deux ans quand il fut massacré, et il avoit déjà régné trois ans neuf mois et quatre jours : sa mère, son siècle et la nature du gouvernement dont il devint le chef, le perdirent.

Les mêmes femmes dont l'ambition s'étoit trouvée mêlée au règne de Caracalla, de Macrin et d'Élagabale, contribuèrent à la chute de ce dernier prince, et amenèrent l'inauguration de son successeur. Sœmis avoit déterminé son fils à créer auguste son cousin Alexandre. Élagabale, jaloux de la vertu d'Alexandre, essaya d'abord de le corrompre ; n'y pouvant réussir, il le voulut tuer ; Mamée, pour le sauver, le conduisit au camp des prétoriens. Une réconciliation eut lieu, et dura peu. Élagabale massacré, son cousin reçut la pourpre.

Chaque empereur, en passant au trône, y laissoit quelque chose pour la destruction de l'Empire : le luxe qu'Élagabale avoit exagéré dans les ameublements, les vêtements et les repas, resta. A dater de ce règne, la profusion de la soie et de l'or, les largesses aux légions, allèrent croissant. Le prince syrien avoit fait frapper des pièces d'or, les unes doubles et quadruples des anciennes, les autres ayant dix, cinquante, cent fois cette valeur : il distribuoit cette monnoie aux soldats, à l'exemple de ses prédécesseurs ; mais comme il comptoit par le nombre et non par le poids des pièces, il centuploit quelquefois le prix du présent : or, pour changer les mœurs d'un état, il suffit d'en changer les fortunes.

L'empereur Élagabale n'étant plus, on renvoya en Syrie le *dieu* Élagabale, introduit à Rome avec son grand-prêtre. Un décret interdit à jamais l'entrée du sénat aux femmes. Les essais du despote d'Asie n'en avilirent pas moins les antiques institutions : Jupiter Capitolin avoit cédé sa place au Soleil, et une femme avoit siégé dans des sénatus-consultes. La religion est si nécessaire à la durée des états que, même lorsqu'elle est fausse, elle entraîne en s'écroulant l'édifice politique. L'ancienne société périt avec le polythéisme ; mais dans son sein s'est élevé un autre culte prêt à remplacer le premier, et à devenir le fondement d'une société nouvelle.

Alexandre Sévère[*], prince économe et de bon sens, consacra presque tout son règne à des réformes : dans les vieux gouvernements, l'administration se perfectionne à mesure que les mœurs se détériorent : la civilisation passe de l'âme au corps. Malheureusement Alexandre ne put détruire le mal que le temps avoit fait : les légions, séditieuses et avides, ne pouvoient plus être réformées que par le fer des Barbares. Sous la quatrième année du règne de ce prince on place une révolution en Orient.

Après qu'Alexandre-le-Grand eut passé, et que les Romains, sans les couvrir, se furent répandus sur ses traces, la monarchie des Parthes se forma. Artaban, dernier rejeton de la dynastie des Arsacides, étoit encore sur le trône lorsque Alexandre Sevère fut mis à la tête du monde romain. Artaban avoit été ingrat envers un de ses sujets, qui ne fut pas assez généreux pour pardonner l'ingratitude : il se révolte contre son maître, le renverse, et s'assied dans sa place [1]. Il se nommoit Artaxerxès. Fils adultérin de la femme d'un tanneur et d'un soldat, il prétendit descendre des souverains de Babylone : on ne conteste point la noblesse des vainqueurs ; il fut ce qu'il voulut être. Proclamé l'héritier et le vengeur de Darius, il fit quitter à sa nation le nom des Parthes pour reprendre celui des Perses, établit un empire fatal à Rome, lequel, après avoir duré quatre cent vingt-cinq ans, fut renversé par les Sarrasins.

Non content d'avoir affranchi sa patrie, Artaxerxès redemanda aux Romains les provinces qu'ils occupoient dans l'Orient : vouloit-il se faire légitimer par la gloire? On ne sait si Alexandre Sévère vainquit Artaxerxès, mais il revint à Rome, et triompha [2]. De là il se rendit dans les Gaules. Les mouvements des Goths et des Perses, aux deux extrémités de l'Empire, avoient obligé les Romains à porter

---

[*] Alex. Sévère, emp. Urbain Ier, Pontien, papes. An de J.-C. 222-235.

[1] Dion., lib. LXXX ; Herodian., lib. VII.

[2] *Hist. Aug*. pag. 153 ; Herodian., lib. VI. M. de Saint-Martin, dans ses notes sur l'*Histoire du Bas Empire*, de Lebeau, a jeté un nouveau jour sur l'histoire confuse des rois de Perse et d'Arménie.

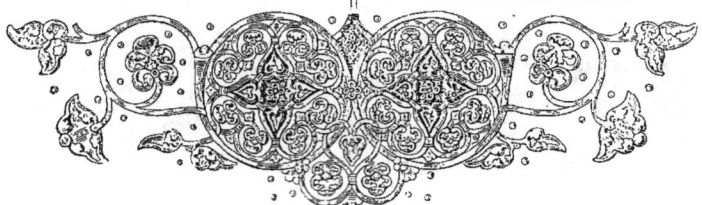

leurs principales forces sur le Danube et sur l'Euphrate, et à retirer cinq des huit légions qui gardoient les bords du Rhin.

L'invasion des chrétiens suivoit parallèlement celle des Barbares. Mamée, mère d'Alexandre, professoit peut-être la religion nouvelle : du moins inspira-t-elle à son fils un grand respect pour cette religion. Il adoroit, dans une chapelle domestique, l'image de Jésus-Christ entre celle d'Apollonius de Tyane, d'Abraham et d'Orphée [1]. A l'exemple de la communauté chrétienne qui publioit les noms des prêtres et des évêques avant leur ordination, il promulguoit les noms des gouverneurs de provinces [2], afin que le peuple pût blâmer ou approuver le choix impérial. Il prenoit pour règle de conduite la maxime : « Ne fais pas à autrui ce que tu ne veux pas qu'on te fasse. » Il avoit ordonné qu'elle fût gravée dans son palais et sur les murs des édifices publics. Quand le crieur châtioit un coupable, il lui répétoit la sentence favorite d'Alexandre [3] : une seule parole de l'Évangile créoit un prince juste au milieu de tant de princes iniques.

Mais les jurisconsultes placés dans les conseils et dans les charges de l'État, Sabin, Ulpien, Paul, Modestin, étoient ennemis des disciples de la croix ; leur culte paroissoit à ces magistrats, amateurs et gardiens du passé, une nouveauté destructive des anciennes lois [1] et des vieux autels. Ulpien avoit formé le septième livre d'un traité sur *le devoir d'un consul*, des édits statuant les délits à punir, et les peines à infliger aux chrétiens.

Ulpien, préfet du prétoire, égorgé de la main de ses soldats, avoit été disciple de Papinien. On compte ensuite Paul et Modestin : à ce dernier s'éteint le flambeau de cette jurisprudence dont les oracles furent recueillis par Théodose-le-Jeune, et par Justinien. Au surplus, si les belles lois attestent le génie d'un peuple, elles accusent aussi ses mœurs, comme le remède dénonce le mal. Au commencement les Romains n'eurent point de lois écrites : sous leurs trois derniers rois, une quarantaine de décisions furent recueillies sous le nom de code Papirien [2]. Les douze Tables composant en tout cent cinquante textes (soit qu'elles aient été ou non empruntées à la Grèce et ex-

---

[1] Primum ut si facultas esset, id est si non cum uxore cubuisset, matutinis horis in lararío suo, in quo et divos principes, sed optimos, electos, et animos sanctiores, in queis Apollonium, et quantum scriptor suorum temporum dicit Christum, Abrahamum et Orpheum, et hujusmodi cæteros habebat. (LAMPRID., *in Vit. Alex. Severi*, pag. 528.)

[2] Denique cum inter militares aliquod ageretur, multorum dicebat nomina. — De promovendis etiam sibi annotabat, et perlegebat cuncta pittacia, et sic accïebat, diebus etiam pariter annotatis, et quis et qualis esset, et quo insinuante promotus. (LAMPRID., *Hist. Aug.*, pag. 520.)

Ubi aliquos voluisset rectores provinciis dare, vel præpositos facere, vel procuratores, id est rationales ordinare, nomina eorum proponebat, hortans populum, ut si quis quid haberet criminis, probaret manifestis rebus : sinon probasset, subiret pœnam capitis : dicebatque grave esse, cum id christiani et judæi facerent in prædicandis sacerdotibus qui ordinandi sunt, non fieri in provinciarum rectoribus, quibus et fortunæ hominum committerentur et capita. (LAMPRID., *Hist. Aug.*, pag. 545.)

[3] Clamabatque sæpius quod a quibusdam sive judæis sive christianis, audierat et tenebat ; idque per præconem, cum aliquem emendaret, dici jubebat : *Quod tibi fieri non vis, alteri ne feceris* : quam sententiam usque adeo dilexit, ut et in palatio et in publicis operibus præscribi juberet. (LAMPRID., *Hist. Aug.*, pag. 530.)

[1] At enim puniendi sunt qui destruunt religiones.... LACT., *Div. Inst.*, lib. V, pag. 417.)

[2] C'est le plus ancien monument de la jurisprudence romaine. Sous Tarquin-le-Superbe, Sextus Papirius rassembla dans un seul volume les lois des rois, *qui leges regias in unum contulit*, dit Pomponius au sujet de la seconde loi du Digeste. Ces lois royales étoient écrites dans la vieille langue latine ou la langue osque, conservée dans l'inscription de la colonne de Duillius, sur la table de Scipion, fils de Barbatus, et dans le sénatus-consulte pour l'abolition des Bacchanales. Les voyelles *a, e, i, o, u*, prenoient un *a* à la fin d'un mot, quand ce mot surtout étoit à l'ablatif *L* et l'*i* se mettoient souvent ensemble, ou l'un pour l'autre. L'*o* remplaçoit l'*e*; l'*u* s'écrivoit *ou*, ou simplement *o*, ou encore *ve*; ou, enfin, *oi*. Le *d* se prononçoit *du* et s'écrivoit *du*. La consonne *g* n'existoit pas, et étoit remplacée par le *c*; *fociunt* ou *fouriont*, on *foiciolnt*, pour *fugiunt*, montre ces transformations. La consonne *m* se retranchoit souvent quand elle se trouvoit à la fin d'un mot, on prenoit une voyelle : *urbe* pour *urbem*, *fama* pour *famam*. L'*r* se changeoit souvent en *s*, ou plutôt elle ne s'employoit qu'à la fin ou au commencement des mots. On a toujours dit *roma* et non pas *soma* ; mais au milieu des mots l'*r* que l'on surnommoit *canina*, pour exprimer sa rudesse, se prononçoit s'écrivoit *s* : *asa pour ara* ; *x, y, z*, étoient des consonnes inconnues dans la langue osque. Les consonnes ne se redoubloient point. A l'exemple de Joseph Scaliger, Antoine Terrasson, dans son *Histoire*

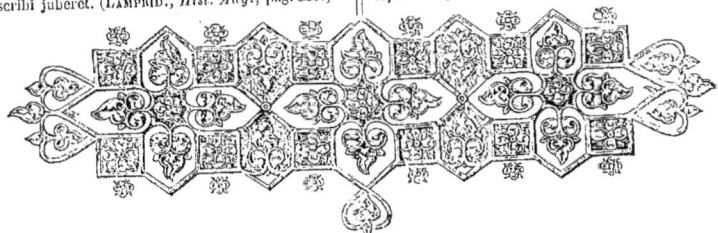

pliquées par l'exilé Hermodore [1], suffirent à la république tant qu'elle conserva la vertu. Vinrent ensuite, toujours sous la république, le droit flavien et le droit œlien. Avec Auguste, commença, sous l'empire, la loi *Regia* qu'on a niée, et successivement s'entassèrent les diverses constitutions des empereurs jusqu'aux codes grégorien et hermogénien. Alors les Romains corrompus n'eurent plus assez des *sénatus-consultes*, des *plébicistes*, des *édits des princes*, des *édits des préteurs*, des *décisions des jurisconsultes* et du *droit coutumier*. La famille en vieillissant multiplioit les cas de jurisprudence : l'esprit des tribunaux se subtilisoit à mesure que s'enchevêtroient les rapports des choses et des individus. Deux mille volumes, compilés par Tribonien, forment le corps du droit romain sous le nom de *Code*, de *Digeste* ou *Pandectes*, d'*Institutes* et de *Novelles*, sans parler du droit grec-romain, ou de la

de la Jurisprudence romaine, a restitué quinze textes du droit papirien. Voici l'exemple du premier.

Jou' papeisianom.

Mensa, Deicatam. Asai. veice. pcasestase. jous. estod. utei. endo Templod Jounonei'. Poploniai. Aucousta. mensa. est.

Lisez :

Jus papirianum.

I.

Mensam dedicatam aræ vicem præstare jus esto, ut in templo Junonis Poploniæ augusta mensa est.

[1] Les anciens glossateurs du droit romain racontent sérieusement que les Grecs, avant de faire part de leurs lois aux députés romains, envoyèrent à Rome un philosophe pour savoir ce que c'étoit que Rome. Ce philosophe, arrivé dans cette ville inconnue, fut mis en rapport avec un fou qui, par certains signes des doigts, lui indiqua la Trinité. Le philosophe rendit compte de sa mission aux Grecs, et les Grecs trouvèrent que les Romains étoient dignes d'obtenir les lois qui ont fait le fond des douze Tables. Quemdam stultum ad disputandum cum Græco posuerunt ; ut si perderet, tantum derisio esset. Græcus sapiens nutu disputare cœpit, et elevavit unum digitum, unum Deum significans. Stultus, credens quod vellet eum uno oculo excæcare, elevavit duos, et cum eis elevavit etiam pollicem, sicut naturaliter evenit, quasi cæcum eum vellet utroque. Græcus autem credidit quod Trinitatem ostenderet.

paraphrase de Théophile, et des sept volumes in-folio des *Basiliques*, ouvrage des empereurs Basile, Léon-le-Philosophe et Constantin Porphyrogénète ; solide masse qui a survécu à Rome, mais qui n'a pu l'arc-bouter assez pour l'empêcher de crouler. La société vit plus par les mœurs que par les lois, et les nations qui se sauvent avec leur innocence périssent souvent avec leur sagesse.

Pendant les règnes de Sévère, de Caracalla, de Macrin, d'Élagabale et d'Alexandre, le pape Zéphirin succéda à Victor martyr, Calixte à Zéphirin, Urbain à Calixte, et Pontien à Urbain. Minutius Félix écrivit son dialogue pour la défense du christianisme. Minutius se promène un matin au bord de la mer à Ostie avec Octavius chrétien, et Cécilius attaché au paganisme : les trois interlocuteurs regardent d'abord des enfants qui s'amusoient à faire glisser des cailloux aplatis sur la surface de l'eau ; ensuite Minutius s'assied entre ses deux amis. Cécilius, qui avoit salué une idole de Sérapis, demande pourquoi les chrétiens se cachent, pourquoi ils n'ont ni temples, ni autels, ni images ? Quel est leur Dieu ? d'où vient-il ? où est-il, ce Dieu unique, solitaire, abandonné, qu'aucune nation libre ne connoît, Dieu de si peu de puissance qu'il est captif des Romains avec ses adorateurs ? Les Romains, sans ce Dieu, règnent et jouissent de l'empire du monde. Vous, chrétiens, vous n'usez d'aucuns parfums ; vous ne vous couronnez point de fleurs ; vous êtes pâles et tremblants ; vous ne ressusciterez point comme vous le croyez, et vous ne vivez pas en attendant cette résurrection vaine.

Octavius répond que le monde est le temple de Dieu, qu'une vie pure et les bonnes œuvres sont le véritable sacrifice. Il réfute l'objection tirée de la grandeur romaine, et tourne à leur avantage le reproche de pauvreté adressé aux disciples de l'Évangile : Cécilius se convertit. Peu de dialogues de Platon offrent une plus belle scène et de plus nobles discours [1].

Origène, fils d'un père martyr, ouvrit à Alexandrie son école chrétienne ; il y enseignoit toutes sortes de sciences. Mamée, mère

[1] Minut., in Octav.

de l'empereur, le voulut voir; les païens et les philosophes assistoient à ses cours, lui dédioient des ouvrages, et le vantoient dans leurs écrits. Il avoit appris l'hébreu; il étudioit encore l'Écriture dans la version des Septante, et dans les trois versions grecques d'Aquila, de Théodotion, et de Symmaque. Il composa un si grand nombre d'ouvrages, que sept sténographes étoient occupés à écrire chaque jour sous sa dictée [1] : on connoît sa faute et sa condamnation. Il eut le génie, l'éloquence et le malheur d'Abailard, sans le devoir à une passion humaine; il n'eut de foiblesse que pour la science et la vertu. C'est dans Origène que s'opéra la transformation du philosophe païen dans le philosophe chrétien : sa méthode étoit d'une clarté infinie, sa parole d'un grand charme. D'autres écrivains ecclésiastiques se firent aussi remarquer alors, en particulier Hippolyte, martyr, et peut-être évêque d'Ostie : il inventa, à l'effet de trouver le jour de Pâques, un cycle de seize ans qui nous est parvenu [2].

Vous avez vu Alexandre partir pour les Gaules, où trois légions seulement étoient restées. Le désordre s'étoit mis dans ces légions; l'empereur s'efforça d'y rétablir la discipline ; elles se soulevèrent à l'instigation de Maximin. Le fils de Mamée avoit déjà régné treize ans, et promettoit de vivre; c'étoit trop : les largesses que les gens de la pourpre faisoient au soldat à leur élection devinrent pour eux une nouvelle cause de ruine. L'empire étoit une ferme que le prince prenoit à bail, moyennant une somme convenue, mais avec une clause tacite, en vertu de laquelle il s'engageoit à mourir promptement.

Des assassins, suscités par Maximin, tuèrent Alexandre avec sa mère dans le bourg de Sécila, près de Mayence.

L'empire perdit le reste d'ordre dans lequel nous l'avons vu se survivre jusqu'ici : guerres civiles, invasion générale des Barbares, territoire démembré, provinces saccagées, plus de cinquante princes élevés et précipités, tel est le spectacle qu'on a sous les yeux pendant un demi-siècle, jusqu'au règne de Dioclétien, où le monde se reposa dans d'autres malheurs. Un état qui renferme dans son sein le germe de sa destruction marche encore si personne n'y porte la main : mais au moindre choc il se brise : la science consiste à le laisser aller sans le toucher.

Maximin * remplaça Alexandre.

Voici un premier Barbare sur le trône, et de cette race même qui produisit le premier vainqueur de Rome. Il étoit né en Thrace; son père se nommoit Micca, et étoit Goth ; sa mère s'appeloit Ababa, et descendoit des Alains. Pâtre d'abord, il devint soldat sous Septime Sévère, centurion sous Caracalla, tribun sous Élagabale qu'il fut au moment de quitter par pudeur [1], et enfin commandant des nouvelles troupes levées par Alexandre : cet ambitieux Barbare sacrifia son bienfaiteur.

Il avoit huit pieds et demi de haut; il trainoit seul un chariot chargé, brisoit d'un coup de poing les dents ou la jambe d'un cheval, réduisoit des pierres en poudre entre ses doigts, fendoit des arbres, terrassoit seize, vingt et trente lutteurs sans prendre haleine, couroit de toute la vitesse d'un cheval au galop, remplissoit plusieurs coupes de ses sueurs, mangeoit quarante livres de viande, et buvoit une amphore de vin dans un jour [2]. Grossier, et

---

[1] Euseb., lib. VI, cap. 21, 25 et seq.
[2] Hier. Script.

* Maximin, emp. Anthère, Fabien, papes. An de J.-C. 235–238.
[1] Tum ille, ubi vidit infamem principem sic exorsum, a militia discessit... Fuit igitur Maximinus, sub homine impurissimo, tantum honore tribunatus, sed nunquam ad manum ejus accessit ; nunquam illum salutavit..... ut de eo in senatu verba faceret Severus Alexander talia : *Maximinus, patres conscripti, tribunus, cui ego latum clavum addidi, ad me confugit qui sub impura illa bellua militare non potuit*. (Hist. Aug., pag. 570.)
[2] Erat præterea (ut refert Codinus) magnitudine tanta, ut octo pedes digito videretur egressus : pollice, ita vasto, ut uxoris dextrocherio uteretur pro annulo. Jam illa prope in aure mihi sunt posita, quod hamaxas manibus attraheret, rhedam onustam solus moveret ; equo si pugnum dedisset, dentes solveret, si calcem, crura frangeret : lapides tophicios friaret, arbores teneriores scinderet : alii denique eum Crotoniatem Milonem, alii Herculem, Antæum alii vocarunt... Cum militibus ipse luctam exercebat quinos, senos, et septenos ad terram prosternens... Sexdecim lixas uno sudore devicit. Volens Severus explorare quantus in currendo esset, equum admisit multis circuitionibus, et cum neque Maximinus, accurrendo permulta spatia

sans lettres, parlant à peine la langue latine, méprisant les hommes, il étoit dur, hautain, féroce, rusé, mais chaste et amateur de la justice; il étoit brave aussi, bien qu'il ne fût pas, comme Alaric, de ces soldats dont l'épée est assez large pour faire une plaie qui marque dans le genre humain. On sent ici une nouvelle race d'hommes, laquelle avoit trop de ce que l'ancienne n'avoit plus assez. Dieu prenoit par la main l'enrôlé dans ses milices pour le montrer à la terre, et annoncer la transmission des empires. Il n'y avoit que treize années entre le règne d'Élagabale et celui de Maximin : l'un étoit la fin, l'autre le commencement d'un monde.

Ainsi une même génération de Romains eut pour maîtres, en moins d'un quart de siècle, un Africain, un Assyrien et un Goth : vous allez bientôt voir passer un Arabe. De ces divers aventuriers, candidats au despotisme, qui affluoient à Rome, aucun ne vint de la Grèce; cette terre de l'indépendance se refusoit à produire des tyrans. En vain les Goths firent périr ses chefs-d'œuvre; la dévastation et l'esclavage ne lui purent ravir ni son génie, ni son nom. On abattoit ses monuments, et leurs ruines n'en devenoient que plus sacrées; on dispersoit ces ruines, et l'on trouvoit au-dessous les tombeaux des grands hommes; on brisoit ces tombeaux, et il en sortoit une mémoire immortelle ! Patrie commune de toutes les renommées ! pays qui ne manqua plus d'habitants ! car partout où naissoit un étranger illustre, là naissoit un enfant adoptif de la Grèce, en attendant la résurrection de ces indigènes de la liberté et de la gloire, qui devoient un jour repeupler les champs de Platée et de Marathon.

Les Romains, revenus de leur surprise, se soulevèrent; ils ne supportèrent pas l'idée d'être gouvernés par un Goth devenu *citoyen* en vertu du décret général de Caracalla : comme s'il étoit séant à ces esclaves de montrer quelque fierté !

Des conspirations éclatèrent, et furent punies : Maximin prétendoit réformer l'empire de la même façon qu'il avoit rétabli la discipline des légions, par des supplices. A la moindre faute, il faisoit jeter aux bêtes, attacher en croix, coudre dans les carcasses d'animaux nouvellement tués, les principaux citoyens. Il détestoit le sénat, et ces patriciens, les plus vils et les plus insolents des hommes; il avoit la foiblesse de rougir de sa naissance devant ces nobles qui oublioient trop lâchement leur origine, pour avoir le droit de se remémorer la sienne. Des amis qui l'avoient secouru lorsqu'il étoit pauvre furent massacrés; il ne leur put pardonner leur souvenir [1] : ce n'étoit pas les témoins de sa misère qu'il devoit tuer, c'étoit ceux de sa fortune. Il inspira une telle frayeur aux sénateurs, qu'on fit des prières publiques afin qu'il plût aux dieux de l'empêcher d'entrer dans Rome.

On l'avoit appelé Hercule, Achille, Ajax, Milon le Crotoniate; on le nomma Cyclope, Phalaris, Busiris, Sciron, Typhon et Gygès; peuple retombé par la corruption dans les fables, comme on retourne à l'enfance par la vieillesse.

Maximin battit les Sarmates et les Germains. Il mandoit au sénat : « Nous ne saurions vous « dire ce que nous avons fait, pères conscrits; « mais nous avons brûlé les bourgs des Ger- « mains, enlevé leurs troupeaux, amassé des « prisonniers, et exterminé ceux qui nous ré- « sistoient. » Une autre fois : « J'ai terminé « plus de guerres qu'aucun capitaine de l'anti- « quité, transporté dans l'empire romain d'im- « menses dépouilles, et fait tant de captifs qu'à « peine les terres de la république pourroient « les contenir [2]. »

Mais l'Afrique se soulevoit, et proclamoit augustes les deux Gordien, le père et le fils.

Gordien le vieux, proconsul d'Afrique, descendoit des Gracques par sa mère, de Trajan par son père, de ce que Rome libre et esclave eut de plus illustre. Son père, son aïeul, son bisaïeul et lui-même avoient été consuls; ses richesses ne se pouvoient compter; on citoit ses jeux, ses palais, ses bains, ses portiques;

---

desisset, ait ei... Bibisse illum sæpe in die vini capitolinam amphoram constat : comedisse et quadraginta libras carnis; ut autem Codrus dicit, etiam sexaginta... Sudores sæpe suos excipiebat, et in calices vel in vasculum mittebat; ita ut duos vel tres sextarios sui sudoris ostenderet. (*Hist. Aug.*, pag. 368, 369, 372.)

[1] *Hist. Aug.*, pag. 141; HERODIAN., lib. VII, pag. 237.
[2] HERODIAN., lib. VII; *Hist. Aug.*

c'étoit bien des prospérités pour mourir : il est vrai que l'empire l'atteignit malgré lui.

Un receveur du fisc ayant été massacré à Thysdrus en Afrique, les auteurs du meurtre, pour échapper à la vengeance de Maximin, revêtirent Gordien le vieux des insignes de la puissance. Il les repoussa, se roula par terre en pleurant; résistance inutile; on le condamna à la pourpre. Gordien le jeune fut salué auguste : ami des lettres, il déploroit les malheurs de sa patrie entre les femmes et les muses.

Le sénat confirma l'élection des deux Gordien, et déclara Maximin ennemi de la république. L'empereur, à cette nouvelle, se heurta la tête contre les murs, déchira ses habits, saisit son épée, voulut arracher les yeux à son fils, but, et oublia tout. Le lendemain, il assemble ses troupes : « Camarades, les Africains ont « trahi leurs serments : c'est leur coutume. Ils « ont élu pour maître un vieillard à qui le « tombeau conviendroit mieux que l'empire. « Le très-vertueux sénat, qui jadis assas-« sina Romulus et César, m'a déclaré enne-« mi de la patrie tandis que je combattois et « triomphois pour lui. Marchons contre le sé-« nat et les Africains ; tous leurs biens sont à « vous[1]. »

Lorsque Maximin tenoit ce discours, il n'avoit déjà plus rien à craindre des Gordien[2] : Capellien, gouverneur de la Numidie, fidèle à Maximin, gagna une bataille où le jeune Gordien perdit la vie. Le vieux Gordien s'étrangla avec sa ceinture pour ne pas survivre à son fils, et pour sortir librement des grandeurs où il étoit entré de force.

Le sénat désigna deux nouveaux empereurs, Maxime Papien, brave soldat, et Claude Balbin, orateur et poëte ; il les choisit parmi les vingt commissaires qu'il avoit chargés de la défense de l'Italie. Petit-fils du vieux Gordien, et neveu ou fils du jeune, un troisième Gordien, âgé de treize ans, fut en même temps proclamé césar. Des messagers courent de toutes parts, ordonnant aux habitants des campagnes de détruire les blés, de chasser les troupeaux, de se retirer dans les villes, et d'en fermer les portes à Maximin.

Cependant un accident avoit fait éclater à Rome la guerre civile; il y eut des assauts, des combats, des incendies. La présence de l'enfant Gordien apaisa le tumulte : les deux partis se calmèrent à la vue de la pourpre ornée de l'innocence et de la jeunesse[1].

L'empereur n'avoit point communiqué son ardeur à ses soldats; sa rigueur à maintenir la discipline lui avoit enlevé l'amour des légions. Il mit le siège devant Aquilée : les habitants se défendirent; les femmes coupèrent leurs cheveux pour en faire des cordes aux machines de guerre. En mémoire de ce sacrifice, un temple fut élevé à Vénus-la-Chauve[2]. La fortune se retira de Maximin : on le massacra lui et son fils.

Le courrier qui transmit à Rome le message de l'armée trouva le peuple au théâtre ; c'étoit là qu'on étoit toujours sûr de le rencontrer. Ce peuple, tourmenté de grandeur et de misère, nourri dans les fêtes et les proscriptions, devina la nouvelle avant de l'avoir entendue. Il s'écria : « Maximin est mort! » Les jeux finissent, on court aux temples remercier les dieux : tradition et moquerie des grands hommes et des hauts faits de la liberté républicaine. La tête de l'auguste et celle du césar furent dépêchées au sénat. Le fils du géant Maximin avoit été instruit dans les lettres; ses goûts, ses manières, sa parure, étoient élégants et recherchés; beaucoup de femmes l'avoient aimé. Au lieu de l'armure de fer de son père, il portoit une cuirasse d'or, un bouclier d'or, une lance dorée, un casque enrichi de pierreries[3]. Après

---

[1] HERODIAN., lib. VII, Hist. Aug.

[2] Tanta fide Aquileienses contra Maximinum pro senatu fuerunt, ut funes de capillis mulierum facerent, cum deessent nervi ad sagittas emittendas : quod aliquando Romae dicitur factum. Unde in honorem matronarum, templum Veneri Calvae senatus dicavit. (Hist. Aug, pag. 598.)

Lactance raconte la même chose des femmes romaines.

Urbe a Gallis occupata, obsessi in Capitolio Romani cum ex mulierum capillis tormenta fecissent, aedem Veneri Calvae consecrarunt. (LACT., Div. Inst. pag. 88, in-4º.)

[3] Usus est autem idem adolescens (Maximin. junior) et aurea lorica, exemplo Ptolemaeorum; usus est argen-

---

[1] HERODIAN., lib. VII, Hist. Aug.

[2] Le vieux Gordien avoit régné trente-six jours.

sa mort son visage meurtri, souillé de sang et de poussière, offroit encore des traits admirables. On avoit jadis appliqué au jeune césar les vers où Virgile compare la beauté du fils d'Évandre à l'étoile du matin, sortant tout humide du sein de l'Océan [1]. Son sort attendrit un moment la populace, qui brûla dans le Champ-de-Mars, avec mille outrages, la tête charmante sur laquelle elle venoit de pleurer. Ainsi finirent ces deux Goths souverains à Rome avant Alaric, mais par la pourpre et non par l'épée.

Il faut fixer au règne de Maximin le commencement de cette succession d'empereurs militaires nés des circonstances, qui, demi-Barbares, soutinrent l'Empire contre les efforts des Barbares. C'est aussi à cette époque qu'éclata la rivalité du sénat et de l'armée pour l'élection du prince : nouvelle cause de destruction ajoutée à toutes celles qui fermentoient dans l'état.

Ce sénat, d'ailleurs si abject, avoit jusque-là conservé par ses traditions de gloire, par son nom, par la richesse de ses membres et les dignités dont ils étoient revêtus, une sorte de puissance inexplicable : c'étoit au sénat que les empereurs rendoient compte de leurs victoires; c'étoit le sénat qui gouvernoit dans les interrègnes. Les années se marquoient par consulats; la religion et l'histoire se rattachoient à l'existence sénatoriale. On lisoit partout S. P. Q. R., lorsqu'il n'y avoit plus ni sénat ni peuple : Rome paroît encore de liberté, comme ces rois modernes qui inscrivent au protocole de leurs titres les souverainetés qu'ils ont perdues.

Jusqu'au règne de Maximin, il y avoit eu sinon intelligence, du moins accord forcé entre les légions et le sénat; mais pendant les troubles de ce règne, les sénateurs ayant élu seuls trois maîtres, furent si satisfaits de ce retour d'autorité qu'ils ne se purent empêcher de témoigner l'envie de la garder. Les légions s'en aperçurent et ne se laissèrent pas dominer. Les empereurs proclamés dans les provinces par les armées s'habituèrent à considérer le sénat comme un ennemi de leur pouvoir, et dont le suffrage ne leur étoit pas nécessaire; ils s'éloignèrent de Rome, où ils ne résidèrent plus que rarement, et malgré eux. La ville éternelle s'isola peu à peu au milieu de l'Empire; et tandis qu'on se battoit autour d'elle, elle s'assit à l'ombre de son nom, en attendant sa ruine.

Maximin persécuta la religion. On trouve dans cette persécution la première mention certaine de basiliques chrétiennes : toutefois, il est question d'un lieu consacré au culte du Christ, sous le règne d'Alexandre-Sévère.

Quelques auteurs ont cru que la persécution avoit eu pour but principal en Orient d'atteindre Origène : le peuple et les philosophes auroient regardé comme un grand triomphe l'apostasie de ce défenseur de l'Église [1], qui, par l'ascendant de son génie, avoit opéré une multitude de conversions.

D'autres écrivains ont pensé que la persécution prit naissance à l'occasion du soldat en faveur duquel Tertullien écrivit le livre de la *Couronne*. Je vous ai souvent dit qu'à l'élection d'un empereur l'usage étoit de faire des largesses aux soldats : ceux-ci, pour les recevoir, se couronnoient de lauriers. Lors de l'avénement de Maximin, un légionnaire s'avança, tenant sa couronne à la main; le tribun lui demanda pourquoi il ne la portoit pas sur la tête comme ses compagnons : « Je ne le puis, répon-« dit-il, je suis chrétien. »

Tertullien approuve le légionnaire [2], le couronnement de lauriers lui paroissant entaché d'idolâtrie.

---

tra, usus et clypeo gemmato inaurato, et hasta in aurata. Fecit et spathas argenteas, fecit etiam aureas..
fecit et galeas gemmatas, fecit et bucculas. Quædam
parens sua libros homericos omnes purpureos dedit,
aureis litteris scriptos. (*Hist. Aug.*, pag. 306.)

[1] Usus est magistro græco litteratore Fabilio, cujus epigrammata multa extant, maxime in imaginibus illius pueri, qui versus græcos fecit ex illis latinis Virgilii, cum ipsum puerum describeret :

Qualis ubi Oceani perfusus Lucifer unda
Extulit os sacrum cœlo, tenebrasque resolvit;
Talis erat juvenis primo sub nomine clarus [1].
(*Hist. Aug.*, pag. 392.)

[1] Dans ce passage du huitième livre de l'*Énéide*, il y a un vers retranché et un vers interpolé.

[1] Oros., lib. VII, cap. XIX.
[2] Tertul., *de Cor.*

Auprès des élections par le glaive se continuoient les élections paisibles de ces autres souverains qui régnoient par le reseau. Le pape Urbain étant mort avoit eu pour successeur Pontien, lequel, exilé dans l'île de Sardaigne, abdiqua. Auteros, qui le remplaça, ne véeut qu'un mois, et Fabien fut proclamé évêque de Rome*.

La science, au milieu des guerres civiles et étrangères, brilloit dans les hautes intelligences chrétiennes. Théodore ou Grégoire de Pons, surnommé *le Thaumaturge*, paroissoit ; Africain écrivoit son *Histoire universelle*, qui, commençant à la création du monde, s'arrêtoit à l'an 221 de notre ère [1]. L'histoire y étoit traitée d'une manière jusqu'alors inconnue ; un chrétien obscur venoit dire à l'Empire éclatant des Césars, qu'il étoit nouveau, que ses faits et ses fables n'avoient qu'un jour, comparés à l'antiquité du peuple de Dieu et de la religion de Moïse. A cette échelle devoit se mesurer désormais la vie des nations. La Chronique d'Africain ne se retrouve plus que dans celle d'Eusèbe.

Origène publia l'ouvrage qui lui avoit coûté vingt-huit ans de recherches [2] : c'étoit une édition de l'Écriture à plusieurs colonnes, et qui prit le nom d'*Hexaple*, d'*Octaple*, et de *Tétraple*, selon le nombre de colonnes. Dans les Hexaples, la première colonne contenoit le texte hébreu en lettres hébraïques ; la seconde, le même texte en lettres grecques ; la troisième, la version grecque d'Aquila ; la quatrième, celle de Symmaque ; la cinquième, celle des Septante ; la sixième, le texte hébreu de Théodotion.

Les Octaples avoient deux colonnes de plus, composées de deux versions grecques, l'une trouvée à Jéricho par Origène lui-même, l'autre à Nicopoli en Épire. L'idiome des maîtres du monde n'étoit pas employé dans cet immense travail. Quelques versions latines, faites sur la version des Septante, suffisoient aux besoins de l'Église de Rome et des autres Églises d'Occident. Les Grecs s'obstinoient à regarder la langue de Cicéron comme une langue barbare.

Les conciles se multiplioient, soit pour les besoins de la communauté chrétienne, soit pour régler la discipline et les mœurs, soit pour combattre l'hérésie. Cyprien, jeune encore, faisoit entendre sa voix à Carthage : homme dont l'éloquence fleurie devoit inspirer l'éloquence de Fénelon, comme la parole de Tertullien animoit la parole de Bossuet.

Tout s'agitoit parmi les Barbares : les uns s'assembloient sur les frontières, les autres s'introduisoient dans l'Empire, ou comme vainqueurs, ou comme prisonniers, ou comme auxiliaires. Les chrétiens augmentoient également en nombre, et étendoient leurs conquêtes parmi les conquérants.

Maxime et Balbin* se trouvèrent empereurs après la mort de Maximin ; le premier étoit environné d'un corps de Germains qui lui étoient attachés comme les Suisses et les gardes écossoises à nos rois. Les prétoriens en prirent ombrage ; ils n'approuvoient point une élection uniquement due au sénat. Ils coururent aux armes dans le temps que la ville étoit occupée des jeux capitolins : les empereurs, arrachés de leurs palais, furent égorgés avec les outrages jadis prodigués à Vitellius. Il y avoit dans les archives de l'état des précédents pour toutes les espèces de meurtres et de vices. Maxime, fils d'un serrurier ou d'un charron, étoit un homme brave, habile dans la guerre, modéré, et si sérieux qu'on l'avoit surnommé le *triste*. Balbin, d'une famille qui passoit pour noble, sans être ancienne, étoit doux et affable : on disoit du premier qu'il faisoit accorder ce qui étoit dû, et du second, qu'il donnoit au-delà. Le troisième Gordien, petit-fils de Gordien le vieux, avoit déjà été nommé césar ; les prétoriens le salüèrent auguste : le sénat et le peuple le reconnurent.

Ce prince régna trop peu : il eut pour beau-père son maître de rhétorique, Mysithée, qui l'arracha aux mains des eunuques [1]. Gordien fit de Mysithée son préfet du prétoire et son ministre. Mysithée avoit été un homme obscur

---

* 11 janvier 236.
[1] Euseb., lib. VI, *Hist.*, cap. xxxii ; Phot., *Bibl*, cod. xxxiv.
[2] Euseb., lib. VI, *Hist.*, cap. xvi ; Epiph., *de Mens.*, n. 18, 19.

* Maxime et Balbin, emp. Fabien, pape. An de J.-C. 238.
[1] *Hist. Aug.*, pag. 161.

avant de prendre les rênes de l'état ; condition nécessaire pour parvenir lorsqu'on est né avec des talents. Dans la carrière politique on ne monte point au pouvoir avec une réputation faite.

La guerre, sous Gordien III, ne fut pas considérable ; mais elle offrit de grands noms. Sapor, fils d'Artaxerxès, attaqua l'empire en Orient, et les Franks se montrèrent dans les Gaules. Aurélien, depuis empereur, commandoit alors une légion ; il battit les Franks près de Mayence, en tua sept cents, et en fit trois cents prisonniers. Cela passa pour une victoire si importante, que les soldats improvisèrent deux méchants vers qui sont restés :

<small>Mille Francos, mille Sarmatas semel occidimus ;
Mille, mille, mille Persas quærimus [1].</small>

Ainsi le nom de nos pères se trouve pour la première fois dans une chanson de soldats, qui exprime à la fois leur valeur et la frayeur des Romains.

Gordien III se prépare à repousser Sapor ; avant de sortir de Rome il ouvre le temple de Janus : c'est la dernière fois qu'il est question de cette cérémonie dans l'histoire. On présume que le temple ne se ferma plus : ce fut comme un présage des destinées de l'empire. Gordien, passant par la Mœsie et par la Thrace, défit les Goths, et fut moins heureux contre les Alains. Il remporta quelques avantages sur Sapor. Il dut son succès à Mysithée, que le sénat honora du nom de tuteur de la république. Gordien eut la candeur d'en convenir en rendant compte de ses victoires au sénat [2] : c'est être digne de la gloire que de la rendre à celui qui nous la donne.

Rome caduque ne portoit qu'en souffrant un grand citoyen : quand par hasard elle en produisoit un, comme une mère épuisée, elle n'avoit plus la force de le nourrir. Mysithée mourut, peut-être empoisonné par Philippe, qui lui succéda dans la charge de préfet du prétoire. Dès ce moment le bonheur abandonna Gordien : il y a des esprits faits pour paroître ensemble, et qui sont leur complément mutuel. Les sociétés, à leur naissance, réparent facilement la perte d'un homme habile ; mais quand elles touchent à leur terme, si des gens de mérite qui leur restent viennent à manquer, tout tombe.

Le nouveau préfet du prétoire étoit Arabe et fils d'un chef de brigands. Philippe, d'abord associé à Gordien, finit par l'immoler. Gordien s'abaissa à demander successivement le partage égal du pouvoir, le rang de césar, la charge de préfet du prétoire, le titre de duc ou de gouverneur de province, enfin la vie : le meurtrier lui refusa tout, excepté de petites funérailles. Le dernier descendant des Gracques comptoit à peine vingt-trois années : l'humble tombeau du jeune empereur romain s'éleva loin du Tibre, au confluent du Chaboras et de l'Euphrate, à quelque distance des ruines de cette Babylone qui vit pleurer Israël auprès des sépulcres des grands rois.

Philippe [*], proclamé auguste, et son fils césar, conclurent la paix avec Sapor, et vinrent à Rome. Jugez de l'état où Rome étoit parvenue : on ne sait si l'on ne doit point placer à l'époque de l'avénement de Philippe l'existence de deux empereurs, un Marcus, philosophe de métier, et un Severus Hostilianus. On ne connoît que les noms de ces deux titulaires du monde ; on ignore même s'ils ont régné.

C'est aussi à compter de cette époque qu'on nomme *tyrans*, pour les distinguer des *empereurs* les prétendants à l'empire, lesquels, élus par les légions, n'étoient pas avoués du sénat. Il n'y avoit pourtant entre ces hommes également oppresseurs que l'inégalité de la fortune : on donnoit au succès le titre que l'on refusoit au malheur.

On est encore dans le doute sur la vérité d'un fait grave : Philippe étoit-il chrétien ? Les preuves sont foibles, et nous aurons dans la suite d'assez méchants princes de la foi, sans revendiquer celui-ci. Mais c'est une marche historique à signaler que la coïncidence de l'élévation à l'empire d'un Goth dans Maximin, et peut-être d'un chrétien dans Philippe.

Philippe célébra les jeux séculaires (248 an.

---

[1] Vopisc., in vit. Aurelian.; Hist. Aug.
[2] Hist. Aug. Aurel. Vict.

[*] Philippe, emp. Fabien, pape. An de J.-C. 244-249

24 avril) : Horace les avoit chantés sous Auguste ; jeux mystérieux solennisés pendant trois nuits à la lueur des flambeaux au bord du Tibre [1], et qu'aucun homme ne voyoit deux fois dans sa vie : ils accomplissoient alors une période de mille ans pour l'ancienne Rome; ils furent interrompus. Plus de mille autres années s'écoulèrent avant qu'un prince de la Rome nouvelle les rétablît sous le nom de *jubilé*, l'an 1300 de l'ère vulgaire. Boniface VIII officia avec les ornements impériaux; deux cent mille pèlerins se trouvèrent réunis à la fête. Clément VI, Urbain VI et Paul II fixèrent successivement le retour du jubilé, le premier à la cinquantième, le second à la trente-troisième, le dernier à la vingt-cinquième année ; Clément, en considération de la brièveté de la vie; Urbain, en mémoire du temps que Jésus-Christ a passé sur la terre ; Paul, pour la rémission plus prompte des fautes. Les esclaves et les étrangers n'assistoient point aux jeux séculaires de Rome idolâtre : les infortunés et les voyageurs étoient appelés au jubilé de Rome chrétienne.

Philippe fit la guerre aux Carpiens, peuples habitants des monts Carpathes, dans le voisinage des Goths. Ces derniers avoient commencé, dès le règne d'Alexandre Sévère, à recevoir un tribut des Romains : les Carpiens voulurent obtenir la même faveur, et furent vaincus [2].

Tout à coup s'élèvent deux nouveaux empereurs, Saturnien en Syrie, Marinus en Mœsie. Dèce, dont le nom rappelle la première grande invasion des Barbares, étoit né de parents obscurs; élevé au consulat ou par ses talents ou par les révolutions qui faisoient surgir indistinctement le mérite et la médiocrité, le vice et la vertu, Dèce se trouva chargé de punir les partisans de Marinus : ils le forcèrent de prendre sa place, de marcher contre Philippe et de lui livrer bataille. Les crimes étoient tombés dans le droit commun, et les guerres civiles formoient le tempérament de l'état. Philippe fut vaincu et tué à Vérone, son fils égorgé à Rome.

On raconte de ce jeune homme que depuis l'âge de cinq ans il n'avoit jamais ri ; il ne monta point au trône, et perdit les joies de l'enfance : il les eût gardées s'il fût resté sous la tente de l'Arabe. Dans ces temps, un prince ne périssoit presque jamais seul; ses enfants étoient massacrés avec lui. Cette leçon répétée ne corrigeoit personne : on trouvoit mille ambitieux, pas un père.

Tel étoit l'état des hommes et des choses à l'avénement de Dèce : tout hâtoit la dissolution de l'état.

Les Barbares n'avoient rien devant eux, sauf le christianisme, qui les attendoit pour les rendre capables de fonder une société, en bénissant leur épée.

SECONDE PARTIE.

DE DÈCE, OU DÉCIUS, A CONSTANTIN.

A véritable histoire des Barbares s'ouvre avec le règne de Dèce. On les va maintenant mieux connoître ; ils vont donner un autre mouvement aux affaires ; ils vont mêler les races, multiplier les malheurs, accomplir les destinées du vieux monde, commencer celles du monde nouveau. Aux courses rapides, aux incursions passagères que les Calédoniens faisoient dans la Grande-Bretagne, les Germains et les Franks dans les Gaules, les Quades et les Marcomans sur le Danube, les Perses et les Sarrasins en Orient, les Maures en Afrique, succéderont des invasions formidables : les Goths paroîtront ; les autres Barbares, campés sur les frontières, les pousseront, les suivront.

[1] ZOSIM., lib. II.
[2] ZOSIM., lib. I ; ZONAR., lib. XII.

* Décius, emp. Fabien. Corneille, papes An de J.-C. 249-251.

Il semble déjà que le bruit des pas et les cris de cette multitude font trembler le Capitole.

Les Goths, peut-être de l'ancienne race des Suèves, et séparés d'elle par Cotualde, les Goths, fils des conquérants de la Scandinavie, dont ils avoient peut-être chassé les Cimbres, avoient étendu leur domination sur une partie des autres Barbares, les Bastarnes, les Venèdes, les Saziges, les Roxolans, les Slaves, ou Vandales, ou Esclavons, les Antes et les Alains, originaires du Caucase [1]. Odin, leur premier législateur, fut aussi leur dieu de la guerre, à moins qu'on ne suppose deux Odin : en le plaçant dans le ciel, ils ne firent qu'une seule et même chose de la loi et de la religion. Odin avoit un temple à Upsal, où l'on immoloit tous les neuf ans deux hommes et deux animaux de chaque espèce, si toutefois Odin, Upsal et son temple existoient dans ces temps reculés [1], ou si même ils ont jamais existé.

Dans le siècle des Antonin, au moment où l'empire romain arrivoit au plus haut point de sa puissance, les Goths firent leur premier pas, et s'établirent à l'embouchure de la Vistule. Les colonies des Vandales, ou sorties de leur sein, ou Slaves enrôlés à leur suite, se répandirent le long des rivages de l'Oder, des côtes du Mecklembourg et de la Poméranie. Les Goths séparés en Ostrogoths et en Visigoths, Goths occidentaux et Goths orientaux, se subdivisèrent encore par bandes ou tribus, sous les noms d'Hérules, de Gépides, de Burgondes ou Bourguignons, de Lombards [2]. Si l'on ne veut pas que ces derniers soient d'origine gothique, il faudra au moins admettre qu'ils étoient devenus Goths par la conquête, et qu'ensuite détachés de la confédération gothique, quand celle-ci vint à se briser, ils fondèrent les monarchies des Burgondes et des Lombards.

Les Goths levèrent leur camp, firent un second pas, se montrèrent sur les confins de la Dacie, et bientôt arrivèrent au Pont-Euxin. Le roi qui gouvernoit alors leur monarchie héréditaire se nommoit Amala : il prétendoit descendre des Anses [3] ou demi-dieux des Goths.

---

[1] Consultez, pour cette histoire embrouillée des Barbares, Bayer, Gatterer, Adelung, Schlœzer, Reineggs, Malte-Brun, etc., etc. Ces savants hommes ont des systèmes contradictoires : l'un ne voit en Germanie que des Suèves et des non Suèves; l'autre veut que les Slaves soient les Vandales; celui-ci fait des Slaves des Venèdes, et reconnoît des Slaves mêlés et des Slaves proprement dits. Les Suèves deviennent des Allamans, les Allemands d'aujourd'hui, etc., etc. Au milieu de tout cela, il faut encore trouver place pour le système par la division des langues, la race finnoise, caucasienne, que sais-je? J'ai présenté ici au lecteur, et dans l'*exposition* de ce discours, ce qui m'a semblé le moins obscur. Je crois avoir été le premier à recueillir les noms et le nombre des hordes de l'Amérique septentrionale (*Voyage en Amérique*) : malgré l'aridité et la confusion des traditions de ces Sauvages, il est moins difficile de s'en faire une idée approximative que de répandre quelque clarté sur l'histoire des peuples germaniques. Les Romains, qui ignoroient les langues de ces peuples, ont tout confondu; et quand ces peuples se sont civilisés, déjà loin de leur origine, ils n'ont plus trouvé que quelques chansons et des traditions orales mélangées de fables et de christianisme Malheureusement la grande *Histoire des Goths* de Cassiodore est perdue, et il ne nous en reste que l'abrégé de Jornandès. Grotius a donné une édition des écrivains goths. Agathias, et surtout Procope, offrent une des grandes sources de l'histoire gothique. Jornandès parle de quelques chroniques des Goths, en vers, cités par Ablavius; et l'on a, dans la traduction des quatre évangiles par Ulphilas, le plus ancien monument de la langue teutonique. Il est du quatrième siècle. Ulphilas avoit été obligé d'inventer des lettres inconnues pour exprimer certains sons de la langue des Goths. Le serment de Charles, en allemand, dans Nithard (842), est postérieur de plus de quatre cent vingt années à la traduction d'Ulphilas, et de plus de cinq siècles au chant teutonique qui célèbre la victoire de Louis, fils de Louis-le-Bègue, sur les Normands, en 881. La chronique de Marius, qui commence à l'an 455 et finit à l'an 581, contient des renseignements sur les Goths et sur les Bourguignons. On a une généalogie des rois goths, publiée d'après un manuscrit du monastère de Moissac.

[1] ADAM DE BRÊME, *Saxo Gram.* Les *Eddas*, les *Saggas*, l'*Histoire de Suède*, etc., etc.

[2] On fait descendre les Burgondes ou Bourguignons des Vandales, Slaves ou Venèdes conquis par les Goths. Ils étoient ennemis des Allamans. (AMMIEN MARCELLIN, liv. XXVIII; PLINE, *Hist. nat.*, 1.) Une tradition les faisoit venir des soldats romains qui gardoient vers les rives de l'Elbe les forteresses de Drusus, (OROSE, liv. VII.) Paul Warnefrid (le diacre) place le berceau des Goths et des Lombards dans la Scandinavie. Entre les règnes d'Auguste et de Trajan, on trouve les Lombards établis sur l'Elbe et l'Oder. (VELLEIUS PATERCULUS, II.)

[3] Proceres suos non puros homines, sed semideos, id est Anses vocavere. — Horum ergo, ut suis fabulis ferunt, primus fuit Gaapt, qui genuit Halmal, Halmal vero genuit Augis, Augis genuit eum qui dictus est Amala, a quo et origo Amalorum decurrit (JORNAND., *de Reb. Getic.*, pag. 607.)

Trajan, en subjuguant les Daces au-delà du Danube, rendit, sans le savoir, l'Empire voisin de ses destructeurs. Les Goths ne furent connus sous leur véritable nom que pendant le règne de Caracalla : quand Rome l'eut appris, elle ne l'oublia plus.

Fiers de leurs conquêtes, grossis de toutes les hordes qu'ils s'étoient incorporées, les Goths, comme un torrent enflé par des torrents, se précipitèrent sur l'Empire vers l'époque de la chute de Philippe et l'élévation de son successeur.

Conduits par leur roi Cniva, ils inondent la Dacie, franchissent le Danube, forcent Martianopolis à se racheter, se retirent, reviennent, assiégent Nicopolis, emportent Philippopolis d'assaut, égorgent cent mille habitants et emmènent une foule de prisonniers illustres [1]. Chemin faisant, ils s'amusent à donner un maître au monde; sauvages, demi-nus, ils accordent la pourpre à Priscus, frère de Philippe, qui la leur avoit demandée. Dèce accourt avec son fils pour s'opposer à leurs ravages; trahi par Gallus, qui veut aussi recevoir l'Empire de la main des Barbares, attiré dans un marais, il y reste avec son fils et son armée [2].

Dèce, prince remarquable d'ailleurs, qui vit commencer la grande invasion des Barbares, s'étoit de même armé contre les chrétiens, impuissant à repousser les uns et les autres, il ne put faire face aux deux peuples à qui Dieu avoit livré l'Empire. Cette persécution amena des chutes que saint Cyprien attribue au relâchement des mœurs des fidèles [3]. Dans l'amphithéâtre de Carthage, le peuple crioit : « Cyprien aux lions! » L'éloquent évêque se retira [4]. Denis d'Alexandrie fut sauvé; ses disciples le cachèrent. Grégoire le Thaumaturge invita ses néophytes à se mettre en sûreté, et se tint lui-même à l'écart sur une colline déserte. L'exécution du prêtre Pionius à Smyrne, de Maxime en Asie, et de Pierre Lampsaque, est restée dans les fastes de la religion. Le pape Fabien confessa d'âme et de corps le 20 de janvier l'an 250. A compter de son martyre, les années de pontificat romain deviennent certaines, comme l'ère du Christ est fixée à la croix. Alexandre, évêque de Jérusalem; Babylas, évêque d'Antioche, qui avoit obligé l'empereur Philippe et sa mère à se mettre au rang des pénitents la nuit de Pâques, périrent dans les cachots : l'un, vieillard, étoit éprouvé pour la seconde fois; l'autre voulut être enterré avec ses fers [1]. Origène, cruellement torturé, résista.

Un jeune homme de la Basse-Thébaïde, nommé Paul, fuyant la persécution, trouva une grotte ombragée d'un palmier, et dans laquelle couloit une fontaine qui donnoit naissance à un ruisseau. Paul s'enferma dans cette grotte, y vécut quatre-vingt-dix ans, et remporta cette gloire de la solitude qui a fait de lui le premier ermite chrétien [2].

Divers évêques fondèrent des églises dans les Gaules : Denis à Paris, Gatien à Tours, Stremoine à Clermont en Auvergne, Trophime à Arles, Paul à Narbonne, Martial à Limoges.

Après le martyre de Fabien, trois évêques proclamèrent pape Novatien, premier antipape, chef du premier schisme. Le clergé avoit élu de son côté Corneille, homme d'une grande fermeté. Il y eut vacance du siége pendant seize mois. On comptoit alors à Rome quarante-six prêtres, sept diacres, sept sous-diacres, quarante-deux acolytes, cinquante-deux exorcistes, lecteurs et portiers, quinze cents veuves et autres pauvres nourris par l'Église [3].

---

[1] AMMIAN. MARCEL., lib. XXXI, cap. V.

[2] AUREL. VICT., cap. XXIX; JORNANDES, cap. XVIII; ZOSIM., lib. I; ZONAR., lib. XII; *Hist. Aug.*, pag. 225.

[3] Epist. XI.

[4] Epist. X, XX, LIX, LX.

[1] ..... vinculis..... cum quibus suum corpus sepeliri mandavit. (*Martyrol.*, 24 jan.)

[2] Prudentissimus adolescens ad montium deserta fugiens tandem reperit saxeum montem. Ad cujus radicem haud procul erat grandis spelunca quæ lapide claudebatur : quo remoto, avidius explorans, animadvertit intus grande vestibulum, quod, aperto desuper cœlo, patulis diffusa ramis vetus palma contexerat, fontem lucidissimum ostendens : cujus rivum tantummodo foras erumpentem statim modico forami ne eadem quæ genuerat aquas terra sorbebat. (HIERON., *in vita Pauli Eremitæ*, pag. 558. Basileæ.)

[3] In qua tamen non ignorabat (Novatus) presbyteros

Seize évêques avoient concouru à l'ordination de Corneille, confirmée par le peuple. Les soldats de Jupiter faisoient des tyrans, les soldats du Christ des saints ; différence des deux empires.

Gallus, proclamé auguste avec Hostilien, second fils de Dèce, s'engage à payer aux Goths un tribut annuel. Ils consentent, à ce prix, à respecter les terres romaines : on tient les conditions qu'on reçoit, non celles qu'on impose ; les Goths manquent à leur parole. Une peste effroyable se déclare. Gallus fait exécuter Hostilien, fils de Dèce, et le remplace par son propre fils. La persécution continue. Deux papes, Corneille et Lucius Ier, y succombèrent.

Émilien bat les Goths en Mœsie * et prend la pourpre. Gallus marche contre lui. Les troupes de Gallus se révoltent, le tuent lui et son fils, et passent sous les aigles d'Émilien. Valérien amenoit au secours de Gallus les légions de la Gaule. Celles-ci, en apprenant la mort de l'empereur, proclament Valérien ; Émilien est assommé à son tour par ses soldats[1]. Valérien partage la puissance avec son fils Gallien. Un tyran s'étoit élevé sous le règne de Dèce, un autre sous celui de Gallus.

** Éprouvé dans les emplois militaires et civils, député des deux premiers Gordien au sénat, Valérien se trouva mêlé à toutes les affaires de son temps. La censure lui fut déférée d'une commune voix, lorsque les deux Décius rétablirent cette magistrature, réunie à la dignité impériale. « La vie de Valérien, disoit-on ; censure perpétuelle, retraçoit les mœurs de la vénérable antiquité. » Pourtant Valérien n'étoit qu'un génie raccourci qui n'avoit pas la taille de sa fortune.

Gallien, que son père avoit fait auguste, alla commander dans les Gaules. Le père et le fils couroient de tous côtés pour s'opposer aux Barbares : ils étoient aidés d'habiles capitaines, Posthume, Claude, Aurélien, Probus, qui se formoient à l'école des armes par des crimes et par la nécessité. Les Germains, peut-être de la ligue des Franks, envahirent la Gaule jusqu'aux Pyrénées, traversèrent ces montagnes, ravagèrent une partie de l'Espagne, et se montrèrent sur les rivages de la Mauritanie, étonnés de cette nouvelle race d'hommes[1]. Ils furent combattus et repoussés par Posthume sous les ordres de Gallien. Les Allamans, autres Germains, au nombre de trois cent mille, s'avancèrent en Italie jusque dans le voisinage de Rome. Gallien les força à la retraite. Les Goths, les Sarmates et les Quades trouvèrent Valérien en Illyrie, qui les contint, assisté de Claude, d'Aurélien et de Probus.

La Scythie vomissoit ses peuples sur l'Asie-Mineure et sur la Grèce. Il est probable que ces Scythes Borans, qui se dérobèrent alors, n'étoient autres qu'une colonne de Goths, vainqueurs du petit royaume du Bosphore. Ils s'embarquent sur le Pont-Euxin, dans des espèces de cabanes flottantes, se confiant à une mer orageuse et à des marins timides. Repoussés en Colchide, ils reviennent à la charge, attaquent le temple de Diane et la ville d'Oéta, qu'immortalisèrent la fable et le génie des poètes, emportent Pythionte, surprennent Trébizonde, ravagent la province du Pont, et, enchaînant les Romains captifs aux rames de leurs vaisseaux, retournent triomphants au désert[2].

D'autres Goths ou d'autres Scythes, qu'encourage cet exemple, font construire une flotte par leurs prisonniers, partent des bouches du Tanaïs, et voguent le long du rivage occidental du Pont-Euxin : une armée de terre marchoit de concert avec la flotte. Ils franchissent le Bosphore, abordent en Asie, pillent Chalcédoine, entrent dans Nicomédie, où les appeloit le tyran Chrysogonas, saccagent les villes de Lius et de Pouse, et se retirent à la lueur des flammes dont ils embrasent Nicée et Nicomédie[3].

---

esse quadraginta sex, diaconos septem, acoluthos quadraginta duos, exorcistas et lectores una cum ostiariis quinquaginta duos, viduas et alios morbo atque egestate afflictos mille et quingentos. (EUSEB., *Hist.*, lib. VI, cap. XXXV, pag. 178.)

* Gallus, Émilien, emp. Corneille, Lucius Ier, papes. An de J.-C. 251-253.

[1] ZONAR., lib. XII ; EUTROP., lib. IX, cap. VI.

** Valérien, Gallien, emp. Étienne, Sixte II, Denis, papes. An de J. C. 253-260.

[1] EUTROP., lib IX, cap. VI ; AURELIUS VICTOR.
[2] ZOSIM., lib. I ; GREG. THAUM., *Epist. op. Masc.*
[3] ZOSIM., lib. I.

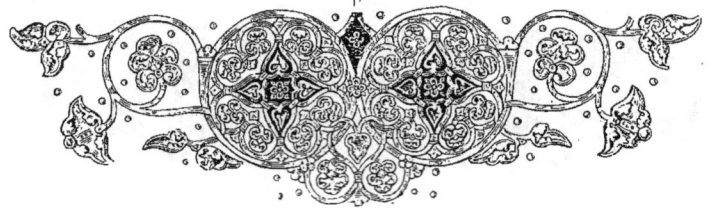

Pendant ces malheurs, Valérien étoit allé à Antioche; il s'occupoit d'une autre guerre à lui fatale. Sapor, invité par Cyriade aspirant à l'empire, étoit entré en Mésopotamie : Nisibe, Carhes et Antioche devinrent sa proie. Valérien arrive, rétablit Antioche, veut secourir Édesse, que pressoient les Perses, perd une bataille, et demande la paix. Sapor lui propose une entrevue; il l'accepte, et demeure prisonnier d'un ennemi sans foi. La simplicité n'est admirable qu'autant qu'elle est unie à la grandeur, autrement c'est l'allure d'un esprit borné. Valérien étoit un homme sincère, de même qu'il étoit un homme nul; ses vertus avoient le caractère de sa médiocrité.

En sa personne furent expiés la honte et le malheur de tant de rois humiliés au Capitole. Enchaîné et revêtu de pourpre, il prêtoit sa tête, son cou ou son dos en guise de marchepied à Sapor, lorsque celui-ci montoit à cheval [1]. Sapor croyoit à tort fouler la puissance : l'empire persan ne s'étoit pas élevé : c'étoit l'empire romain qui s'étoit abaissé.

Valérien mort, sa peau empaillée, tannée et teinte en rouge, resta suspendue pendant plusieurs siècles aux voûtes du principal temple de la Perse* [2]. Qu'est-ce que la vue de ce trophée fit au monde? Rien. Gallien lui-même, regardant le malheur comme une abdication, se contenta de dire : « Je savois que mon père « étoit mortel [1]. » Il prit l'autre moitié de la pourpre que Valérien avoit laissée, comme on dérobe le linceul d'un mort.

Il existe de très-belles médailles de Valérien, représentant une femme couronnant l'empereur avec ces mots : *Restitutori Orientis.* La fortune démentit l'effronterie de cette adulation. Gallien ne songea ni à racheter ni à venger son père, il en fit un dieu [2] : cela coûtoit moins.

L'Empire présente à cette époque un spectacle affreux, mais singulier : c'étoit comme une scène anticipée du moyen âge. Jamais, depuis les beaux jours de la république, on n'avoit vu à la fois tant d'hommes remarquables : ces hommes, nés des événements qui forcent les talents à reprendre leur souveraineté naturelle, ne possédoient pas les vertus des Caton et des Brutus; mais, fils d'un autre siècle, ils étoient habiles et aventureux. Rentrés malgré eux sous la tente, ces Romains de l'Empire avoient repris quelque chose de viril par la fréquentation des mâles générations des Barbares.

Trente ou plus sûrement dix-neuf tyrans parurent pendant les règnes de Valérien et de Gallien : en Orient, Cyriades, Macrien, Baliste, Odénat et Zénobie; en Occident, Posthume, Lollien, Victorin et sa mère Victoria, Marius et Tétricus; en Illyrie et sur les confins du Danube, Ingennus, Régilien et Auréole; dans le Pont, Saturnin; en Isaurie, Trébellien; en Thessalie, Pison; Valens en Grèce; en Égypte, Émilien; Celsus en Afrique. La plupart de ces prétendants qui défendirent l'Empire contre les ennemis du dehors, et qui ce le voulurent approprier, auroient été des princes capables.

Macrien, vieillard rusé, politique et hardi, étoit estropié [3] : il faisoit porter les ornements

---

[1] Rex Persarum Sapores qui eum ceperat, si quando libuerit aut vehiculum ascendere aut equum, inclinare sibi Romanum jubebat ac terga præbere, imposito pede super dorsum ejus. (LACT., *de Mort. persecut.*, cap. v, pag. 60.)

Valerianus scilicet in captivitatem ductus a Sapore, non gladio sed ludibrio, omnibus vitæ suæ diebus merita pro factis percepit, ita ut quotiescumque rex Sapores equum conscenderet vellet, non manibus, sed incurvato dorso et in cervice ejus pede posito, equo membra levaret. (EUTROP., *in Vita Polii manuscripta*; apud LACT., pag. 60.)

* Gallien, emp. Denis, pape. An de J.-C. 260-268.

[2] Tandem a Sapore rege Persarum jussus excoriari, saleque conditus, in sempiternum tui infortunii tropæum ante omnium oculos statuisti. (EUSEB., *Orat. Const.*, pag. 442.)

Direpta est ei cutis, et eruta visceribus pellis, infecta rubro colore, ut in templo barbarorum deorum ad memoriam triumphi clarissimi poneretur. LACT., *de Morte Pers.*, cap. vi, pag. 59.)

Agathias fait entendre que Valérien fut écorché vif. Constantin, écrivant à Sapor II en faveur des chrétiens, lui parle de l'horrible trophée que l'on voit encore, dit-il, dans son pays. (EUSEB., *Vit. Const.*)

[1] Ubi de Valeriano patre comperit quod captus esset, id quod philosophorum optimus de filio amisso dixisse fertur : *Sciebam me genuisse mortalem*, dixit ille, *Sciebam patrem meum esse mortalem* (GALL., in *Hist. Aug.*)

[2] Patrem inultum reliquit. (*Hist. Aug.*, pag. 466.) Nec inter deos quidem, nisi coactus, retulit cum mortuum audisset (*Ibid.*, pag. 468.)

[3] *Hist. Aug.*, pag. 116, *Triginta Tyran.*

impériaux par ses deux fils, jeunes et vigoureux, au lieu de les traîner lui-même[1].

Odénat, qui repoussa Sapor, et vengea Valérien, est encore plus connu par sa femme *Zénobie* et par le rhéteur Longin[2].

Baliste, Ingenuus, étoient d'illustres capitaines.

On donnoit à Calphurnius Pison le nom d'*homme*.

Régilien fut si renommé que le sénat lui décerna les honneurs du triomphe, malgré sa révolte contre Gallien[3].

Posthume, qui étendit sa domination sur les Gaules, l'Espagne et peut-être la Grande-Bretagne, eut du génie.

Son successeur Victorin possédoit de grands talents, mais avec la foiblesse qui souvent les accompagne, l'amour des femmes[4].

Victoria, mère de Victorin, qui se donnoit le titre d'auguste et de mère des armées, fut la Zénobie des Gaules : celle-ci disoit d'elle : « J'aurois voulu partager l'Empire avec Victo« ria, qui me ressemble. » Il n'y eut jusqu'à l'armurier Marius, élevé au rang d'auguste par Victoria, qui ne se trouvât être un partisan de caractère. « Amis, dit-il à ses com« pagnons d'armes devenus mes sujets, on me « reprochera mon premier état ; plaise aux « dieux que je ne sois jamais amolli par le « vin, les fleurs et les femmes ! Qu'on me re« proche mon état d'armurier, pourvu que les « nations étrangères apprennent par leurs dé« faites que j'ai appris à manier le fer ! Je dis « ceci parce que la seule chose que pourra me « reprocher Gallien, cette peste impudique, « c'est que j'ai fabriqué des armes[5]. »

Marius fut tué par un soldat, jadis ouvrier dans sa boutique, qui lui passa son épée au travers du corps, en lui disant : « C'est toi qui « l'as forgée[1]. »

Après la mort de Marius, Victoria ne s'effraya point : cette Gauloise fit encore un empereur, Tétricus, gouverneur de l'Aquitaine, qui prit la pourpre à Bordeaux.

De ces divers tyrans un seul étoit sénateur, et Pison seul étoit noble. Il descendoit de Numa par ses pères ; ses alliances lui donnoient le droit de décorer ses foyers des images de Crassus et de Pompée. Les Calphurniens avoient échappé aux proscriptions : on les retrouve consuls depuis Auguste jusqu'à Alexandre Sévère. Rome se couvroit de plantes nouvelles : quand ses vieilles souches poussoient quelques rejetons, ils se flétrissoient vite, et ne se renouveloient plus.

D'autres hommes de mérite, tels qu'Aurélien, Claude et Probus, servoient Gallien en attendant la souveraine puissance. Lui-même offroit un caractère sinon estimable, du moins peu commun.

Orateur et poëte[2], Gallien étoit indifférent à tout, même à l'Empire. Lui apprenoit-on que l'Égypte s'étoit révoltée : « Eh bien ! disoit-il, « nous nous passerons de lin[3]. » La Gaule et l'Asie sont perdues : « Nous renoncerons à l'a« phronitre, nous ne porterons plus de sagum « d'Arras[4]. » Mais ne touchez pas aux plaisirs de Gallien ! Si le bruit d'une rébellion ou d'une invasion trop voisine menace sa paix,

---

[1] Zonar., pag. 236.

[2] *Hist. Aug.*, pag. 215.

[3] *Ibid.*, pag. 194.

[4] *Ibid.*, pag. 187. Cupiditas voluptatis muliebrariæ sic perdidit.

[5] Scio, commilitones, posse mihi objici artem pristinam, cujus mihi omnes testes estis. Sed dicat quisque quod vult : utinam semper ferrum exerceam ! non vino, non floribus, non mulierculis, non popinis, ut facit Gallienus, indignus patre suo et sui generis nobilitate, deperam. Ars mihi objiciatur ferraria : dum me et exteræ gentes attrectasse suis cladibus recognoscant in Italia. Denique ut omnis Allemannia, omnisque Germania cum cæteris quæ adjacent gentibus Romanum populum ferratam patent gentem, ut specialiter in nobis ferrum timeant. Vos tamen cogitetis velim, fecisse vos principem qui nunquam quidquam sciverit tractare nisi ferrum. Quod idcirco dico, quia scio mihi a luxuriosissima illa peste nihil opponi posse nisi hoc, quod gladiorum armorumque artifex fuerim. (*Hist. Aug.*, *Trig. Tyran.*, pag. 500.)

[1] *Hic est gladius quem ipse fecisti.* (*Hist. Aug.*, *Trig. Tyran.*, pag. 500.)

[2] Fuit enim (quod negari non potest) oratione, poemate atque omnibus artibus clarus. (*Hist. Aug.*, pag. 469.)

[3] Cum nunciatum est ei Ægyptum dissecuisse, dixisse fertur : *Quid ! sine lino ægyptio esse non possumus ?*

[4] Cum autem vastatam Asiam... *Quid !* inquit, *sine aphronitris esse non possumus ?* ..Perdita Gallia... arrisisse et dixisse perhibetur : *Non sine atrebatis sagis tuta respublica est ?* Hist. Aug., pag. 464.)

il court aux armes, déploie de la valeur, écarte le danger, et se replonge avec activité dans sa paresse. Féroce pour conserver son repos, il écrivoit à l'un de ses officiers après la révolte d'Ingennus, en Illyrie : « N'épargnez pas « les mâles, quel que soit leur âge, enfants ou « vieillards. Tuez quiconque s'est permis une « parole, une pensée contre moi [1]. » Il condamnoit à mort quatre ou cinq mille soldats rebelles, tout en bâtissant de petites chambres avec des feuilles de roses, et des modèles de forteresses avec des fruits [2]. Un marchand avoit vendu des perles de verre à l'impératrice pour de vraies perles : Gallien le condamne à être jeté aux bêtes, et fait lâcher sur lui un chapon [3].

A chaque nouvelle désastreuse, Gallien rioit, demandoit quels seroient les festins, les jeux du lendemain et de la journée [4]. Le monde périssoit, et il composoit des vers pour le mariage de ses neveux : « Allez, aimables enfants, sou- « pirez comme la colombe, embrassez-vous « comme le lierre, soyez unis comme la perle « et la nacre [5]. » Il philosophoit aussi ; il ac- cordoit à Plotin une ville ruinée de la Campanie pour y établir une républ que selon les lois de Platon [1]. Au milieu de la société croulante, couché à des banquets parmi des femmes [2], cet Horace impérial ne vouloit de la vie que le plaisir : tout fut troublé sous son règne [3], excepté sa personne ; il ne maintenoit le calme autour de lui et pour lui, qu'à la longueur de son épée.

Représentez-vous l'état en proie aux diverses usurpations, les tyrans se battant entre eux, se défendant contre les troupes du prince légitime, repoussant les Barbares ou les appelant à leur secours : Ingennus avoit un corps de Roxolans à sa solde, Posthume un corps de Franks. On ne savoit plus où étoit l'Empire : Romains et Barbares, tout étoit divisé, les aigles romaines contre les aigles romaines, les enseignes des Goths opposées aux enseignes des Goths. Chaque province reconnoissoit le tyran le plus voisin ; dans l'impossibilité d'être protégé par le droit, on se soumettoit au fait. Un lambeau de pourpre faisoit le matin un empereur, le soir une victime, l'ornement d'un trône ou d'un cercueil. Saturnin, obligé d'accepter la souveraine puissance, s'écria : « Sol- « dats, vous changez un général heureux pour « faire un empereur misérable [4]. »

Et, à travers tout cela, des jeux publics,

---

[1] « Gallienus Veriano.

« Non mihi satisfacies, si tantum armatos occideris, quos et fors belli interimere potuisset. Perimendus est omnis sexus virilis, si et senes atque impuberes, sine reprehensione nostra occidi possent. Occidendus est quicumque male voluit, occidendus est quicumque male dixit contra me, contra Valerianum filium, contra tot principum patrem et fratrem. Ingennus factus est imperator. Lacera, occide, concide ; animum meum intelligere potes ; mea mente irascere, quia hac manu mea scripsi. » (TREBELL. POLL., Trig. Tyran., de Ingenno ; Hist. Aug., pag. 500.)

[2] Terna millia et quaterna militum, singulis diebus occidit (pag. 476); cubicula de rosis fecit, de jeunis castella composuit, uvas triennio servavit, hieme summa melones exhibuit; mustum quemadmodum tot anno haberetur docuit, etc., etc. (Hist. Aug., pag. 475.)

[3] Idem, cum quidam gemmas vitreas pro veris vendidisset ejus uxori, atque illa, re prodita, vindicari vellet, surripi quasi ad leonem venditorem jussit, deinde e cavea caponem emitti ; mirantibusque cunctis rem tam ridiculam, per curionem dici jussit : Imposturam fecit et passus est. (Hist. Aug., pag. 471.)

[4] Sic de partibus mundi cum eas amitteret jocabatur (p. 464), nec ad talia movebatur... Sed ab iis qui circa eum erant requirebat : Ecquid habemus in prædio ? ecquæ voluptates paratæ sunt ? et qualis cras erit scena ? quales circenses ? (Hist. Aug., pag. 467.)

[5] Jocari se dicebat cum orbem terrarum undique perdidisset (pag. 475). Hujus est illud epithalamium... cum ille manus sponsorum teneret, sæpius ita dixisse fertur:

Ite, ait, o pueri, pariter sudate medullis
Omnibus inter vos ; non murmura vestra columbæ,
Brachia non hederæ, non vincant oscula conchæ.
(Hist. Aug., pag. 470.)

[1] Gallienus et uxor ejus Plotinu in honorabant; his igitur eorum benevolentia fretus oravit ut dirutam quamdam olim in Campania civitatem philosophis aptari instauraret, regionemque circumfusam cultæ civitati donaret concederetque, civitatem habitaturis Platonis legibus gubernari, atque ipsam civitatem Platonopolim apellari..... Quod facile impetrasset nisi quidam imperatoris familiares invidia vel indignatione acriter obstitissent. (PLOTINI vita ejus operibus præfixa auctore.)

[2] Concubinæ in ejus triclin is sæpe accubuerunt. (PORPHYR., Hist. Aug., pag. 470.)

[3] Orbem terrarum triginta prope tyrannis vastari fecit, ita ut etiam mulieres melius eo imperarent. (Hist. Aug., pag. 475.)

[4] Commilitones, bonum ducem perdidistis et malum principem fecistis. (Hist. Aug., Trig. Tyran., pag. 522.)

des martyres, des sectes parmi les chrétiens, des écoles chez les philosophes, où l'on s'occupoit de systèmes métaphysiques au milieu des cris des Barbares.

La peste, continuant ses ravages, emportoit dans la seule Rome cinq mille personnes par jour : disette, famine, tremblement de terre, météores, ténèbres surnaturelles, révolte des esclaves en Cilicie, rébellion des Isauriens, qui renouvelèrent la guerre des anciens pirates; tumulte effroyable à Alexandrie : chaque édifice, dans cette immense cité, devint une forteresse, chaque rue un champ de bataille; une partie de la population périt, et le Brachion resta vide. Et, parmi ces calamités, il faut encore trouver place pour la suite de la grande invasion des Goths.

Sapor, rentrant dans l'Asie romaine, reprit Antioche, s'empara de Tarse en Cilicie et de Césarée en Cappadoce. Des Goths se jetèrent sur l'Italie, d'autres Goths ou d'autres Scythes sortirent une troisième fois du Pont-Euxin, assiégèrent Thessalonique, ravagèrent la Grèce[1], pillèrent Corinthe, Sparte, Argos, ville depuis longtemps oubliées, qui apparoissent dans ce siècle comme le fantôme d'un autre temps et d'une autre gloire. En vain Athènes avoit rétabli ses murailles renversées par Lysander et Sylla : Un Goth voulut brûler les bibliothèques, un autre s'y opposa : « Laissons, » dit-il, à nos ennemis ces livres, qui leur ôtent » l'amour des armes[2]. » La patrie de Thémistocle fut cependant délivrée par Dexippe l'historien surnommé le second Thucydide[3], et le dernier des Grecs dans ces âges moyens et dégénérés. Athènes revoyoit les Barbares : du temps des Perses, ses grands hommes la sauvèrent : ses chefs-d'œuvre n'ont point permis aux Goths de faire périr sa mémoire.

Enfin, les Goths allèrent brûler le temple d'Éphèse sept fois sorti de ses ruines et toujours plus beau[1] : il ne se releva plus. Un conseil éternel amenoit des désastres irréparables; il s'agissoit, non de la conservation des monuments, mais de la fondation d'une nouvelle société. Partout où le polythéisme avoit mis des dieux, un destructeur se présenta ; chaque temple païen vit un homme armé à ses portes; la Providence n'arrêta la torche et le levier que quand la race humaine fut changée.

Toutefois l'heure finale n'étant pas sonnée, il y eut repos. Odénat vainquit Sapor et soulagea l'Asie; Posthume contint les nations germaniques; les autres ennemis furent repoussés tantôt par les tyrans, tantôt par les généraux des empereurs. Les tyrans eux-mêmes s'entredétruisirent ; et lorsque Claude parvint au pouvoir, il ne trouva plus à combattre que Tétricus dans les Gaules et Zénobie en Orient. Elle s'étoit déclarée indépendante après qu'Odénat eut été massacré dans un festin.

Auréole ayant pris la pourpre en Italie, le bruit de cette usurpation pénétra jusqu'au fond du palais de Gallien, qui s'en importuna; il quitte ses délices, et assiège Auréole dans Milan ; une flèche, lancée en trahison, le tue, lorsqu'à peine armé il couroit à cheval, l'épée à la main, pour repousser une sortie.

Marcien, qui venoit de battre les Goths en Illyrie, étoit le principal chef de cette conspiration.

Une innovation de Gallien resta : il interdit aux sénateurs le service militaire, soit que l'usurpation de Pison l'eût plus alarmé que les autres, soit que le sénat, en repoussant un parti de Barbares qui s'étoit avancé jusqu'à la vue de Rome, eût agi avec trop de vigueur. Alors s'établit la distinction d'homme de robe et d'homme d'épée. Les sénateurs formèrent un corps de magistrature, dont les membres, ignorés du soldat, perdirent toute influence sur l'armée. Ils murmurèrent d'abord, mais ensuite leur lâcheté regarda comme un honneur le droit qu'elle obtint de se cacher. L'édit de Gallien acheva de rendre militaire la constitution de l'empire, et prépara les grands changements de Dioclétien.

---

[1] Les auteurs varient sur l'époque de cette invasion ; les uns la placent sous Valérien, d'autres sous Gallien, d'autres encore sous Claude, et même jusque sous Aurélien.

[2] Zonar., lib. XII.

[3] Il avoit écrit l'*Histoire des temps* depuis Alexandre Sévère jusqu'à Claude, l'*Histoire des guerres de Scythie*, et quatre livres de l'*Histoire des successeurs d'Alexandre*. Il nous reste deux fragments des *Guerres de Scythie* dans les *Extraits des Ambassades*. (Phot. *Biblioth.*, cap. LXXXII; Voss., de*Hist. græc.*, pag. 243.)

[1] *Hist. Aug.* pag. 178; Jornand., cap. XX.

Claude II[1], désigné à la pourpre par Gallien, le remplaça. Les grandeurs avoient cessé d'imposer ; tout étoit jugé, apprécié, connu ; on tuoit les princes comme d'autres hommes, et cependant chacun vouloit être souverain : jamais on ne fut aussi rampant, aussi prosterné aux pieds du pouvoir qu'au moment où l'on n'y croyoit plus. Le sénat confirma l'élection de Claude, et se porta aux dernières violences contre les amis et les parents de Gallien.

Il ne faut pas croire que ces décisions du sénat fussent le résultat de raisons graves, mûrement examinées ; ce n'étoient que les acclamations d'un troupeau d'esclaves, qui se hâtoient de reconnoître leur servitude, comme si, entre deux règnes, ils eussent craint d'avoir un moment de liberté. Assemblés en tumulte au temple d'Apollon (ils ne se purent réunir assez longtemps au Capitole à cause d'une fête de Cybèle), les sénateurs s'écrièrent[4] : « Auguste Claude, que les dieux vous « conservent pour nous ! » Cette acclamation fut répétée soixante fois. « Claude Auguste, « c'est vous ou votre pareil que nous avions « toujours souhaité (quarante fois). Claude Auguste, la république vous desiroit (quarante « fois). Claude Auguste, vous êtes un père, « un frère, un ami, un excellent sénateur, un « empereur véritable (quatre-vingts fois). « Claude Auguste, délivrez-nous d'Auréole « (cinq fois). Claude Auguste, délivrez-nous « de Zénobie et de Victoria (sept fois). »

Et c'étoient là les héritiers d'un sénat de rois ! Claude[2] extermina, en Macédoine, une armée de Goths, et coula à fond leur flotte, composée de deux mille barques. Parmi les prisonniers, il se trouva des rois et des reines. Les vaincus furent incorporés dans les légions, ou condamnés à cultiver la terre[1].

Claude, surnommé le Gothique, ayant triomphé, mourut. Son frère Quintillius[2] prit la pourpre en Italie, et se tua au bout de dix-sept jours.

Aurélien[4], autre soldat de fortune, reçut l'empire à la recommandation de Claude. Sa mère étoit prêtresse du Soleil dans un village de l'Illyrie où son père étoit colon d'un sénateur romain. Passionné pour les armes, et toujours à cheval, vif, ardent, cherchant querelle et aventure, ses camarades lui avoient donné le nom d'*Aurélien, l'épée à la main*, pour le distinguer d'un autre Aurélien[3]. C'est le premier Romain, comme je vous l'ai dit, qui eut affaire aux Franks.

Aurélien, devenu chef souverain, rencontra deux ennemis redoutables, deux femmes : Victoria la Gauloise, Zénobie la Palmyrienne. Victoria mourut lorsque Aurélien passa dans les Gaules ; il ne trouva plus que son ouvrage, le tyran Tétricus, qui trahit ses soldats et se rendit à Aurélien.

---

[1] Claude II, emp. Félix, pape. An de J.-C. 268-270.

[4] Hæc in Claudium dicta sunt : Auguste Claudi, dii te nobis præstent (dictum sexagies) : Claudi Auguste, principem aut qualis tu es semper optavimus (dictum quadragies) : Claudi Auguste, te respublica requirebat (dictum quadragies) : Claudi Auguste, tu frater, tu pater, tu amicus, tu bonus senator, tu vere princeps (dictum octuagies) : Claudi Auguste, tu nos ab Aureolo vindica (dictum quinquies) : Claudi Auguste, tu nos a Zenobia et a Victoria libera (dictum septies). (*Hist. Aug., in Vit. div. Claud.*, pag. 541.)

[2] Delevimus trecenta viginti millia Gothorum, duo millia navium mersimus ; tecta sunt flumina scutis : spathis et lanceolis omnia littora operiuntur. Campi ossibus latent tecti, nullum iter purum est ; ingens carrago deserta est. Tantum mulierum cepimus, ut binas et ternas mulieres victor sibi miles possit adjungere. (*Hist. Aug., in Vit. div. Claud.*, pag. 543.)]

[1] Plerique capti reges ; captæ diversarum gentium nobiles feminæ impletæ barbaris servis senibusque cultoribus romanæ provinciæ ! factus miles barbarus et colonus ex Gotho. Nec ulla fuit regio quæ Gothum servum triumphali quodam servitio non haberet. (*Ibid.*)

Quotquot autem incolumes evasere vel in ordines romanos recepti sunt, vel terram colendam nancti, totos agriculturæ se dediderunt. (Zosim., *Hist.*, lib. 1, p. 13. Basileæ.)

[2] Quintillius inde Claudii frater dictus est imperator, qui ubi per paucos menses vix sset.... necessarii ejus auctores fuerunt ut mortem sibi consciscerct, ac multo meliori vero sponte sua de imperio cederet. Quod fecisse perhibetur, a medico quodam vena secta continuatoque fluxu sanguinis donec exarуisset. (Zosim., *ibid.*)

Quintillius frater ejusdem debitum sibi omnium judicio suscepit imperium... et septima decima die, quod se gravem et serium erga milites ostenderat... eo genere quo Galba, quo Pertinax interemptus est. (*Hist. Aug.*, pag. 549.)

[4] Aurélien, emp. Félix, Eutichien, papes. An de J.-C. 270-275.

[3] *Manus ad ferrum*. (*Hist. Aug.*, pag. 214.)

Zénobie s'étoit emparée de l'Égypte : Aurélien marcha contre elle, la battit à Émèse, l'assiéga dans Palmyre, et la fit prisonnière lorsqu'elle fuyoit. Palmyre fut livrée au pillage, et le philosophe Longin condamné à mort, pour le courage de ses conseils. Tous les tyrans détruits, l'Égypte soumise, la Gaule pacifiée, l'empereur voulut triompher à Rome. Avant de marcher en Orient, il avoit délivré l'Italie d'une espèce de ligue des Allamans, des Marcomans, des Juthongues et des Vandales.

Ce fut à l'occasion de ces courses de Barbares qu'Aurélien fit relever, ou plutôt bâtir les murailles de Rome. Jadis les sept collines, dans une circonférence de treize milles, avoient été fortifiées, mais Rome, se répandant au dehors avec sa puissance, ajouta, par d'immenses et magnifiques faubourgs, plusieurs villes à l'antique cité [1]. Zosime écrit [2] que, du temps d'Aurélien, l'ancienne clôture étoit tombée : celle de cet empereur ne fut achevée que sous Probus [3], et il paroît qu'on y travailloit encore sous Dioclétien [4]. On voit aujourd'hui mêlés aux constructions subséquentes quelques restes des constructions d'Aurélien. Les murailles de Rome ont elles seules donné lieu à une curieuse histoire [5] où les infortunes de la ville éternelle sont comme tracées par son enceinte ; Rome s'est, pour ainsi dire, remparée de ses calamités. Un siècle et demi devoit encore s'écouler avant qu'elle subît le joug des Barbares, et déjà Aurélien élevoit les inutiles bastions qu'ils devoient franchir.

Aurélien, dans son triomphe, outre une multitude de prisonniers Goths, Alains, Allamans, Vandales, Roxolans, Sarmates, Suèves, Franks, traînoit après lui Tétricus, sénateur romain, revêtu de la pourpre impériale, et Zénobie, reine de Palmyre. Elle étoit si chargée de perles, qu'elle pouvoit à peine marcher ; les grands de sa cour, captifs comme elle, la soulageoient du poids de ses chaînes d'or. Aurélien étoit monté sur un char traîné par quatre cerfs, autre espèce de dépouilles et de richesses d'un roi goth. Ce char alloit attendre Alaric au Capitole [1].

Aurélien donna à Tétricus le gouvernement de la Lucanie en échange de l'empire : Tétricus n'avoit pas le génie de Victoria : il se contenta d'être heureux.

Quant à Zénobie, vous savez qu'elle étoit peut-être juive de naissance ; Longin fut son maître de lettres grecques et de philosophie : elle avoit composé à son usage une histoire abrégée de l'Orient. Elle inclinoit aux sentiments des Hébreux touchant la nature de Jésus-Christ. On l'accuse d'avoir fait mourir le fils qu'Odénat avoit eu d'une autre femme, et peut-être Odénat lui-même. Elle eut trois filles et trois fils, dont l'un, Vaballath, devint roi d'un canton inconnu en Asie [2]. Ses trois filles, captives avec elle, se marièrent, et saint Zénobe, évêque de Florence du temps de saint Ambroise, descendoit de la reine de Palmyre. Le courage de Zénobie se démentit avec la fortune ; elle demanda la vie en pleurant. La belle élève du magnanime Longin ne fut plus à Rome que la délatrice de quelques sénateurs entrés dans une conjuration vraie ou supposée, contre Aurélien. Elle habitoit une maison de campagne à Tibur, non loin des jardins d'Adrien et de la retraite d'Horace, laissant, avec un nom célèbre, des ruines qu'on va voir au désert.

Aurélien étoit naturellement sévère ; la prospérité le rendit cruel. Il ne vouloit pas que le soldat prît une seule poule au laboureur ; il disoit que les guerriers doivent faire couler le sang des ennemis et non les pleurs des citoyens [3] : beau sentiment et noble maxime ! Il eut à soutenir une singulière guerre au sein même de Rome, la guerre des monnoyeurs, qui lui tuèrent sept mille soldats dans un combat sur le mont Cœlius [4]. Les châtiments que l'empereur faisoit infliger étoient affreux. Il méditoit une persécution générale contre les

---

[1] Ex spatiantia tecta multos addere urbes.
[2] Zosim., lib. I, pag. 663.
[3] Id., ibid.
[4] Boll., 20 jan., pag. 278, in Act. S. Sebast., ann. 287.
[5] Nibby.

[1] Aur. Vopisc. in Hist. Aug., p. 220 ; Trig. Tyran., c. XXIII, XXIX.
[2] Le canton des Ucrimes.
[3] Hist. Aug., pag. 222.
[4] Suid., pag. 494.

chrétiens[1]; et, lorsqu'il se rendit en Orient, dans le dessein de porter la guerre chez les Perses, il fut tué par les officiers de son armée, entre Héraclée et Byzance[2].

Le monde demeura sept mois sans maître : le sénat et l'armée se renvoyèrent le choix d'un empereur. L'un refusoit d'user de son droit, l'autre de sa force[3]. Les deux derniers souverains avoient tellement affermi l'état, que rien ne bougea; mais Rome ne reprit pas sa liberté : qu'en eût-elle fait ?

Claudius Tacite*, sénateur, âgé de soixante-quinze ans, fut enfin proclamé par le sénat. Telle est la souveraineté naturelle du génie : il n'y a point d'homme qui ne préférât aujourd'hui avoir été Tacite l'historien à Tacite l'empereur. Celui-ci sembla craindre la marque dont son aïeul avoit flétri les tyrans ; il vécut sur la pourpre comme en présence et dans la frayeur du peintre de Tibère[4].

L'empereur rendit au sénat quelques-unes de ses prérogatives ; et le sénat, dans sa décrépitude corrompue, crut voir renaître la chaste enfance de la république[5]. Tacite, allant se mettre à la tête de l'armée, en Thrace, pour repousser une attaque des Alains, à qui les Romains avoient manqué de foi, mourut de fatigue ou fut tué à Tharse, ou à Tyanes, ou dans le Pont, selon les versions différentes des historiens[6]. Peu de temps avant sa mort, la tombe de son père s'étoit ouverte, et il avoit vu l'ombre de sa mère. Le tombeau de nos pères s'ouvre toujours pour nous, mais il y a ici quelques souvenirs confus du sépulcre d'Agrippine : le génie de l'historien dominoit l'imagination de l'empereur.

*Florien, frère de Tacite, se fit déclarer auguste en Asie, Probus en Orient. Une guerre civile de deux ou trois mois termina la lutte en faveur du dernier. La défaite des Franks, des Bourguignons, des Vandales, des Logions ou Lyges, qui s'étoient emparés des Gaules, signala le commencement du règne de Probus. Il tua quatre cent mille Barbares, délivra et rétablit soixante-dix villes, transporta dans la Grande-Bretagne des colonies de prisonniers, soumit une partie de l'Allemagne, obligea les peuples vaincus à se retirer au-delà du Necker et de l'Elbe, à payer aux Romains un tribut annuel en blé, vaches, brebis, et à prendre les armes pour la défense de l'Empire contre des nations plus éloignées[1] ; enfin il bâtit un mur de deux cents milles de longueur, depuis le Rhin jusqu'au Danube[2]. Probus conçut le plan régulier de défendre l'Empire contre les Barbares avec des Barbares. Quand la république réunissoit des peuples à ses domaines, elle leur apportoit la vertu en échange de la force qu'elle recevoit d'eux. Que pouvoient les Romains du siècle de Probus pour les Barbares ?

Une poignée de Franks auxiliaires, que Probus avoit relégués sur le rivage du Pont-Euxin, s'ennuyèrent ; ils s'emparèrent de quelques barques, franchirent le Bosphore, désolèrent les côtes de la Grèce, de l'Asie et de l'Afrique, prirent et pillèrent Syracuse, entrèrent dans l'Océan, et après avoir côtoyé les Espagnes et les Gaules, vinrent débarquer dans leur patrie aux embouchures du Rhin[3], laissant le monde étonné d'une audace qui annonçoit un grand peuple.

---

[1] Eus., *Chron.*

[2] *Hist. Aug.*, pag. 218.

[3] Vopisc., *Hist. Aug.*, pag. 222.

* Tacite, emp. Eutichien, pape. An de J.-C., 275-276.

[4] Dix copies des *Annales* et des *Histoires* devoient être placées annuellement, par ordre de Claudius Tacite, dans les bibliothèques publiques : si cet ordre avoit été exécuté, il est probable que nous posséderions entiers les chefs-d'œuvre que la main du temps a mutilés. Claudius Tacite étoit de la famille de Cornélius Tacite ; mais il n'est pas certain qu'il descendît en ligne directe de l'historien. (*Hist. Aug., Vit. Tac.*)

[5] *Id., ibid.*

[6] Victor., *jun.*; Aurel. Victor; Euseb., *Chron.*

* Probus, emp. Eutichien, pape. An de J.-C. 276-282.

[1] Prob. *Vit., Hist., Aug.*, pag. 258 et seq.; Zos., lib. I; Buchard, *Hist. Belg.*, lib. III, pag. 4; Hier., *Chron.*

[2] Limes inter Rhenum atque Danubium ab Hadriano imperatore ligneo muro munitus, a Germanis sub Aurelio eversus, a Probo restauratus, et muro lapideo fuit firmatus. (Danielis Schoefflini Alsat. *Illust.*, tom. I, pag. 225.)

[3] Itidem cum Franci ad imperatorem accessissent, et ab eo sedes obtinuissent, pars eorum quædam defectionem molita, magnamque navium copiam nacta, totam Græciam conturbavit. In Sicilia quoque delata, et urbem syracusanam adorta, magnam in ea cædem edidit. Tandem cum et in Africam adpulisset, ac refecta fuis-

Probus passa en Égypte, défit, dans la Thébaïde, les Blemmyes, sauvages d'Éthiopie, dont on ne sait presque rien ; de là, il marcha contre les Perses. Assis à terre, sur l'herbe, au haut d'une montagne d'Arménie, mangeant dans un pot quelques pois chiches, habillé d'une simple casaque de laine teinte en pourpre, la tête couverte d'un chapeau, parce qu'il étoit chauve, sans se lever, sans discontinuer son repas, Probus reçut les ambassadeurs étonnés du grand roi. Il leur dit qu'il étoit l'empereur ; que si leur maître refusoit justice aux Romains, il rendroit la Perse aussi nue d'arbres et d'épis que sa tête l'étoit de cheveux ; et il ôta son couvre-chef. « Avez-vous faim ? » ajouta ce Popilius de l'Empire, « partagez mon repas ; sinon, retirez-vous [1]. »

Probus donna des terres en Thrace à cent mille Bastarnes (nation scythe ou gothique), qui s'attachèrent au sol. Il en avoit partagé d'autres aux Gépides, aux Juthongues, aux Vandales, aux Francks : tous ceux-ci se soulevèrent à divers intervalles.

On peut fixer aux règnes de Probus la fin de la première grande invasion des Barbares, bien que les mouvements s'en fissent encore sentir sous Carus, Carin, Numérien, et qu'ils se prolongeassent sous Dioclétien jusqu'à l'avénement de Constantin à l'empire.

Probus, délivré des guerres étrangères, étouffa les révoltes de Saturnin, de Proculus et de Bonose. Dans le retour d'une si grande paix, il affirmoit qu'on n'auroit bientôt plus besoin d'armée. Il occupa les troupes oisives à planter des vignes dans la Pannonie, la Mœsie et les Gaules ; et, selon Vopiscus, jusque dans la Grande-Bretagne : on croit que la Bourgogne lui est redevable de ses premières richesses. Probus, guerrier si digne du sceptre, n'en fut pas moins tué par ses soldats dans une guérite de fer, d'où il surveilloit les légions employées au dessèchement des marais de Sirmich, sa patrie [1].

*Carus, qui vint après Probus, étoit né à Narbonne, selon les deux Victor. Il se disoit originaire de Rome, et il n'est pas sûr qu'il vit jamais cette capitale du monde, dont il étoit souverain. Il fut foudroyé après des victoires remportées sur les Perses, non loin de Ctésiphon, qu'il avoit pris [2]. Quand la guerre fatiguée discontinuoit, le meurtre de ses princes, le ciel s'en chargeoit.

**Les fils de Carus, Carin et Numérien, reconnus empereurs, célébrèrent à Rome les *jeux romains* [3], que Calpurnius ou Calphurnius, poëte oublié comme ces jeux, a chantés [4].

---

[1] Vict., Ep., Eut.
* Carus emp., et ses deux fils, Carin et Numérien. Eutichien, pape. An de J.-C. 282-283.
[2] Ctesiphontem usque pervenit... ut alii dicunt morbo, ut plures, fulmine interemptus est. Negari non potest eo tempore quo periit, tantum fuisse subito tonitruum, ut multi terrore ipso exanimati esse dicantur : cum igitur aegrotaret atque in tentorio jaceret, ingenti exorta tempestate, immani coruscatione, immaniori, ut diximus, tonitru exanimatus est. (Carus, Hist. Aug., pag. 636.)
**Carin et Numérien Ier, emp. Caius, pape. An de J.-C. 284.
[3] September habet dies 50. — 27. — Ludi romaniani. Ægidii Bucherii.

[4]
    Venimus ad sedes, ubi pulla sordida veste,
    Inter feminas spectabat turba cathedras.
    Nam quæcunque patent sub aperto libera cœlo
    Aut eques aut nivei loca densavere tribuni.
    ..... Stabam defixus...
    Tum mihi senior.... Quid !
    Ad tantas miraris opes ? qui nescius auri
    Sordida tecta, casas et sola mapalia nosti
    En ego..... et ista
    Factus in urbe senex, stupeo tamen.....
    Helleus en geminis, en illita porticus auro
    Certatim radiant. Nec non ubi finis arenæ,
    Proxima marmoreo peragit spectacu'a muro ;
    Sternitur adjunctis ebur mirabile truncis,

---

set, adductis Carthagine copiis, nihilominus domum redire nullum passa detrimentum potuit. (Zosim., lib. I, pag. 20, edit. Basileæ.)
[1] Quo in habitu deprehensum a legatis Carinum aiunt. Purpurea vestis humi per herbam jacebat ; cibus autem erat pridianum ex ipsis elixis pulmentum, in bisque frusta quædam et inveterata porcinarum carnium salsamenta. Eos ergo (Parthorum legatos) cum vidisset, neque surrexisse, neque quidquam mutasse fertur, sed, e vestigio vocatis dixisse : Se quidem illos scire ad sese venire, se enim Carinum esse ; juvenique regi in eadem die renuntiarent jubere, ni saperet, omnem ipsorum saltum, campumque omnem intra lunare spatium Carini capite fore nudiorem, simulque dicentem detracto pileo caput ostendisse nihilo galea adjacente villosius : ac si quidem esurirent, ut manum una in ollam immitterent permissurum ; sin minus, jubere se eadem hora recedere.
Synesii episcopi Cyrenes de regno ad Arcadium imperat., interprete Dionysio Petavio Jesu Presbytero. (Pag. 18. Lutetiæ, 1653.) — On sait qu'il y a erreur dans le texte de Synésius, et qu'il faut rapporter à *Probus* ce qu'il attribue à *Carin*.

Numérien, revenant de la Perse, fut tué par Aper, préfet du prétoire, dont il avoit épousé la fille. Montesquieu remarque que les préfets du prétoire étoient à cette époque auprès des empereurs ce que sont les vizirs auprès des sultans [1]. Le jeune prince avoit versé tant de larmes sur la mort de son père, que sa vue en étoit affoiblie; on le portoit dans une litière au milieu des légions. Aper, qui convoitoit la pourpre, s'étoit trop hâté; son forfait avoit devancé ses brigues; le cadavre de Numérien, assassiné dans la litière fermée, tomba en pourriture avant que le meurtrier eût pu s'assurer du suffrage des soldats La présence du crime et le néant des grandeurs humaines furent dénoncés par l'odeur qui s'en élevoit [1].

L'armée tint un conseil à Chalcédoine, afin d'élire le chef de l'état. Dioclétien, qui commandoit les officiers militaires du palais, fut choisi [2]. Tout aussitôt, descendant de son tribunal, il perce Aper de son épée, et s'écrie : « J'ai tué le sanglier fatal. » Une druidesse de Tongres lui avoit promis l'empire quand il auroit tué un *sanglier*, en latin *aper* [3]. A cette élection, du 17 septembre 284, commença l'ère fameuse dans l'Église, connue sous le nom de l'ère de *Dioclétien* ou des Martyrs [4].

Dioclétien livra divers combats à Carin, dont les mœurs rappeloient celles des princes déréglés, prédécesseurs des empereurs militaires. Carin triompha, mais ses soldats victorieux lui ôtèrent la vie à l'instigation d'un tribun dont il avoit déshonoré la couche. Ils se soumirent à Dioclétien.

Vous aurez à considérer plusieurs choses sous le règne des derniers empereurs, Gallus, Émilien, Valérien, Gallien, Claude, Aurélien, Tacite, Probus, Carus et ses fils, par rapport aux chrétiens.

Bien que tous les évêques portassent le nom de pape, l'unité de l'Église s'établissoit : un traité de saint Cyprien la recommande [5].

Gallus et Valérien excitèrent des persécutions : outre ces persécutions générales, il y en avoit de particulières. Les empereurs ayant publié des édits contradictoires au sujet de la

```
et coit in rotulam, tereti qua lubricus axis
Impositos sublia vertigine falleret ungues,
Excuteretque feras. Auro quoque tela refulgent
Retia, quæ toriis in arenam dentibus extant
Dentibus æqualis......
    ......vidi genus omne ferarum,
Hic niveos lepores, et non sine cornibus apros
Menticoram.....
Vidimus et tauros.....
    .....Æquoreos ego cum certantibus ursis
Spectavi vitulos.....
Ah! trepidi quoties.....                  arenæ
Vidimus in parles, ruptaque voragine terræ,
Emersisse feras : et eisdem sæpe latebris
Aurea cum croceo creverunt arbuta libro.
            ( CALPURNII eclopa septima.)
```

J'ai pris place sur des bancs, au milieu des siéges des femmes, d'où la populace, dans les sales habits de sa misère, regardoit les jeux ; car toute l'enceinte qui se trouve en plein air est occupée par les tribuns aux toges blanches ou par les chevaliers.

..... J'admirois...... Alors un vieillard :

Pourquoi t'étonner de tant de richesses? toi qui ne connois pas l'or et n'as jamais habité que sous un toit au hameau, puisque moi-même, que cette ville a vu vieillir, je suis ébloui....... L'or resplendit au portique, et les pierreries au pourtour. Au bas du mur de marbre qui environnoit l'arène étoit une roue formée de morceaux d'ivoire rapportés avec art qui, par son axe arrondi et par sa surface glissante, fuyoit subitement sous les ongles des bêtes féroces et empêchoit leur approche. Des filets dorés étoient enlacés sur l'arène à des dents d'éléphant toutes égales..... J'ai vu toutes sortes d'animaux, des lièvres blancs, des sangliers armés de cornes, une menticore (un phoque), des taureaux, des veaux marins, combattant contre des ours.

Ah! combien de fois n'ai-je pas été saisi de frayeur, lorsque l'arène s'entr'ouvrant, des bêtes sauvages sortoient du gouffre! souvent aussi du brillant abîme poussoient des arbousiers aux tiges safranées.

[1] *Grandeur et décadence des Romains.*

---

[1] Patre mortuo, cum nimio fletu oculos dolere cœpisset..... dum lectica portaretur, factione Arrii Apri soceri sui, qui invadere conabatur imperium, occisus est. Sed cum per plurimos dies de imperatoris salute quæreretur a milite, cocionareturque Aper idcirco illum videri non posse, quod oculos ei validos a vento et sole subtraheret, felore tamen cadaveris res esset prodita: omnes invaserunt Aprum, cumque ante signa et principia protraxere. (FLAV. VOPISC., *Numerianus. Hist. Aug.*, pag. 669.)

[2] *Domesticus regens.* (CAB. *Aug. Vit.*, pag. 250.)

[3] *Id., ibid.,* pag. 252. Avant le meurtre d'Aper, il avoit coutume de dire qu'il tuoit toujours des sangliers, mais qu'un autre les mangeoit : *utitur pulpamento.*

[4] Elle servit long-temps au comput de la fête de Pâques, et elle est encore employée par les Cophtes et les Abyssins.

[5] De unitate Ecclesiæ catholicæ, vulgo de simplicitate prælatorum. (*Opera Cyp.*, pag. 206.)

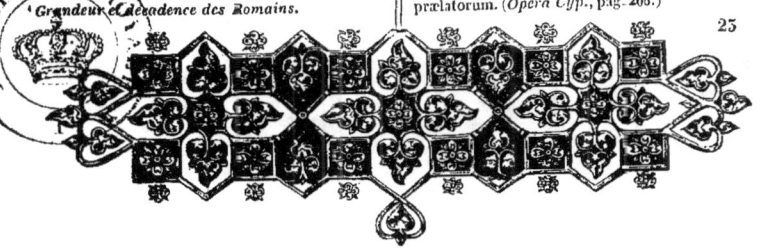

religion nouvelle, et ces édits ne s'abrogeant pas mutuellement, il arrivoit que les délégués du pouvoir, selon leurs caractères, leurs principes et leurs préjugés, usoient de la tolérance ou de l'intolérance de la loi [1].

Les papes Corneille, Étienne, Sixte II, succombèrent. Celui-ci avoit transporté les corps de saint Pierre et de saint Paul dans les catacombes qui servoient de temple et de tombeau aux chrétiens. En parlant des mœurs des fidèles, je vous raconterai quelque chose du martyre de saint Laurent.

Cyprien eut la tête tranchée à Carthage; trois cents chrétiens sans nom égalèrent, à Utique, la fermeté de Caton : ils furent précipités dans une fosse de chaux vive [2]. Théogène, évêque, souffrit à Hippone, Fructueux à Taragone, Paturin à Toulouse, Denis à Lutèce [3]; première illustration de cette bourgade inconnue : comme un arbre dans le clos des morts, le christianisme poussoit vigoureusement dans le champ des martyrs. Grégoire le Thaumaturge, près d'expirer, demande s'il reste encore quelques idolâtres dans sa ville épiscopale; on lui répond qu'il en reste dix-sept. « Je laisse donc a mon successeur autant « d'infidèles que je trouvai de Chrétiens à Néo-« césarée [4]. »

Les Barbares, en entrant dans l'Empire, étoient venus chercher des missionnaires : les envoyés de la miséricorde de Dieu allèrent au-devant des envoyés de sa colère, pour la désarmer. Des évêques, la chaîne au cou, guérissoient les malades en prêchant la sainte parole. Les maîtres prenoient confiance dans ces esclaves médecins; ils se figuroient obtenir par eux la victoire, et demandoient le baptême. Les prisonniers se changeoient en pasteurs; des Églises nomades commençoient au milieu des hordes guerrières rentrées dans leurs forêts comme sous leurs tentes. Ces diverses nations se combattoient les unes les autres, se formoient en confédérations, dissoutes et recomposées selon les succès et les revers; gens féroces qui brisoient tous les jougs, et se soumettoient au frein de quelques prêtres captifs.

De tous les corps de l'état, l'armée romaine étoit celui où le christianisme faisoit le moins de progrès. Les chrétiens répugnoient à l'enrôlement, parce qu'ils regardoient les festins, la *mesure* et la *marque* comme mêlés de paganisme. Maximilien, appelé au service, disoit au proconsul Dion, à Tebeste en Numidie : « Je ne recevrai point la marque; j'ai « déjà reçu celle de Jésus-Christ [1]. » D'une autre part, le légionnaire attaché à ses aigles renonçoit difficilement à l'idolâtrie de la gloire.

Les hérésiarques et les philosophes continuèrent leur succession : Manès, avec sa doctrine des deux principes, Plotin et Porphyre, beaux génies, ennemis du Christ.

* Dioclétien associa Maximien au pouvoir suprême, et nomma deux césars, Galère et Constance : l'Orient et l'Italie tomboient dans le département des augustes; les césars eurent la garde du Danube et du Rhin, en deçà desquels se plaçoient les provinces de l'Occident. La possession romaine se trouva divisée entre quatre despotats, ce qui prépara la séparation finale de deux empires d'Orient et d'Occident.

L'armée, obéissant à quatre maîtres, n'eut plus assez de force pour les créer; il n'y eut plus assez de trésors dans l'une des quatre divisions territoriales pour fournir à un usurpateur le moyen d'acheter de l'élection. Dioclétien diminua le nombre des prétoriens et leur opposa deux nouvelles cohortes, les joviens et les herculiens.

Mais ce qui fit la sûreté du prince causa la ruine de l'état : ces légions, qui choisissoient les empereurs, repoussoient en même temps les Barbares : c'étoit une république militaire qui se donnoit des maîtres nationaux et n'en vouloit point d'étrangers. Lorsque Dioclétien eut opéré ses changements; lorsque Constantin,

---

[1] Pacian., 252; *Catalog.* Bucher.
[2] Prudent. Peristeph., 12.
[3] *Martyr.*, 14 mai.
[4] Gregnyss., pag. 1003. D.

[1] Milita et accipe signaculum. — Non accipio signaculum. Jam habeo signum Christi Dei mei. (*Acta sincera Ruinartii*, pag. 310.)

* Dioclétien et Maximien, emp. Caius et Marcellin, papes. An de J.-C. 284-303.

continuant la même politique, eut cassé les prétoriens; lorsque, au lieu de deux préfets du prétoire, il en eut nommé quatre; lorsqu'il eut rappelé les légions qui gardoient les frontières pour les mettre en garnison dans le cœur de l'Empire, le règne des légions expira, le pouvoir domestique prit naissance. Le droit d'élection fut partagé entre les soldats et les eunuques [1] : la liberté romaine, qui avoit commencé dans le sénat, passé au forum, traversé l'armée, alla s'enfermer dans le palais avec des esclaves à part de la race humaine, geôliers de la liberté qui n'avoient pas même la puissance de perpétuer dans leur famille la servitude héréditaire.

Le sénat partagea l'abaissement des légions. Rome ne vit presque plus ses empereurs; ils résidèrent à Trèves, à Milan, à Nicomédie, et bientôt à Constantinople. Dioclétien modela sa cour sur celle du grand-roi; il se donna le surnom de *Jupiter*; au lieu de la couronne de laurier, il ceignit le diadème, et ajouta au manteau de pourpre la robe d'or et de soie. Des officiers du palais de diverses sortes, et partagés en diverses *écoles*, furent constitués : les eunuques avoient la garde intérieure des appartements. Quiconque étoit introduit devant l'empereur se prosternoit et adoroit. Les successeurs de Dioclétien, et peut-être lui-même, se firent appeler *votre Éternité*, et ils vécurent un jour [2]. Sachez néanmoins que les empereurs s'arrogèrent ce titre par une espèce de droit d'héritage. Rome se surnommoit la ville éternelle; le peuple romain avoit vu dans l'immutabilité du dieu Terme le présage de la durée de sa puissance : en usurpant les pouvoirs politiques, les despotes usurpèrent aussi les forces religieuses. Toutefois cette transmission du sort de l'espèce au destin de l'individu n'étoit qu'une fausseté impie : les nations qui changent de mœurs, de lois, de nom, de sang, ne meurent point, il est vrai; mais est-il rien de plus vite et de plus mortel que l'homme?

Ce ne fut guère que six ans après l'association de Maximien à l'empire que Dioclétien s'adjoignit les deux césars Galérius et Constance. On vit dans les Gaules, sous le nom de Bagaudes [1], une insurrection de paysans, assez semblable à celles qui éclatèrent en France dans le moyen âge. Œlianus et Amandus, chefs de ces paysans, prirent la pourpre. Leurs médailles nous sont parvenues [2] moins comme une preuve historique du pouvoir d'un maître que comme un monument de la liberté : on a cru qu'Œlianus et Amandus étoient chrétiens [3]. Maximien soumit ces hommes rustiques dont le nom reparut au cinquième siècle. Salvien, à cette dernière époque, excuse leur révolte par leurs souffrances : la faction de la misère est enracinée.

Carausius dans la Grande-Bretagne, Aquilée en Égypte, furent vaincus, l'un par Constance, l'autre par Dioclétien, après une usurpation plus ou moins longue. Galérius, d'abord défait par les Perses, les défit à son tour. Dioclétien, grand administrateur, homme fin et habile [4], répara et augmenta les fortifica-

---

[1] Adrien de Valois remarque qu'autre chose étoit *milites* chez les Romains et autre chose *exercitus*; à l'appui de sa remarque il cite le passage d'Idace : *Apud Constantinopolim Marcianus à* MILITIBUS *et ab* EXERCITU, *instante etiam sorore Theodosii Pulcheria regina, efficitur imperator.* Le savant historien entend par *exercitus* la cour et les officiers du palais : il a raison. Grégoire de Tours et d'autres auteurs emploient la même distinction : la suite des faits démontre que l'élection étoit devenue double, c'est-à-dire qu'elle s'opéroit par le concours des officiers du palais et de ceux de l'armée. *Valesiana*, pag. 79.

[2] AUR. VICT., pag. 525; EUTROP., pag. 586; GREG. NAZ., or. 5; ATH., *Apolog. cont. Arian.*; AMMIAN. MARCEL., lib. XV.

[1] AUR. VICT., pag. 524.
[2] EUTROP., pag. 585; GOLTZII *nes. rei. antiq.*, p. 42.
[3] *Vit. S. Babol.* in And. *Du Ch. Hist. Fr. Scrip.*
[4] J'ai tracé dans *les Martyrs* les portraits de Dioclétien, de Galérius et de Constantin, avec la fidélité historique la plus scrupuleuse : au lieu de les refaire, qu'il me soit permis de les rappeler.

« Dioclétien a d'éminentes qualités; son esprit est
« vaste, puissant, hardi; mais son caractère, trop sou-
« vent foible, ne soutient pas le poids de son génie.
« Tout ce qu'il fait de grand et de petit découle de
« l'une ou de l'autre de ces sources. Ainsi l'on remarque
« dans sa vie les actions les plus opposées : tantôt c'est
« un prince plein de fermeté, de lumières et de courage,
« qui brave la mort, qui connoît la dignité de son rang,
« qui force Galérius à suivre à pied le char impérial
« comme le dernier des soldats; tantôt c'est un homme
« timide qui tremble devant ce même Galérius, qui
« flotte irrésolu entre mille projets, qui s'abandonne aux
« superstitions les plus déplorables, et qui ne se sou-

tions des frontières; battit, à l'aide de ses associés et de ses généraux, les Blemmyes en Égypte, les Maures en Afrique, les Francks, les Allamans, les Sarmates en Europe; il

« strait aux frayeurs du tombeau qu'en se faisant don-
« ner les titres impies de Dieu et d'Éternité. Réglé dans
« ses mœurs, patient dans ses entreprises, sans plaisirs
« et sans illusions, ne croyant point aux vertus, n'atten-
« dant rien de la reconnoissance, on verra peut-être ce
« chef de l'empire se dépouiller de la pourpre par mé-
« pris pour les hommes, et afin d'apprendre à la terre
« qu'il étoit aussi facile à Dioclétien de descendre du
« trône que d'y monter.

« Soit foiblesse, soit nécessité, soit calcul, Dioclétien
« a voulu partager sa puissance avec Maximien, Con-
« stance et Galérius. Par une politique dont il se repen-
« tira peut-être, il a pris soin que ces princes fussent in-
« férieurs à lui, et qu'ils servissent seulement à rehausser
« son mérite. Constance seul donnoit quelque om-
« brage, à cause de ses vertus; il l'a relégué loin de la
« cour, au fond des Gaules, et il a gardé près de lui Ga-
« lérius. Je ne vous parlerai point de Maximien, au-
« guste, guerrier assez brave, mais prince ignorant et
« grossier, qui n'a aucune influence. Je passe à Galérius.

« Né dans les huttes des Daces, ce gardeur de trou-
« peaux a nourri dès sa jeunesse, sous la ceinture du
« chevrier, une ambition effrénée. Tel est le malheur
« d'un état où les lois n'ont point fixé la succession au
« pouvoir; tous les cœurs sont enflés des plus vastes dé-
« sirs ; il n'est personne qui ne puisse prétendre à l'em-
« pire; et comme l'ambition ne suppose pas toujours le
« talent, pour un homme de génie qui s'élève, vous avez
« vingt tyrans médiocres qui fatiguent le monde.

« Galérius semble porter sur son front la marque, ou
« plutôt la flétrissure de ses vices : c'est une espèce
« de géant dont la voix est effrayante et le regard hor-
« rible. Les pâles descendants des Romains croient se
« venger des frayeurs que leur inspire ce césar, en lui
« donnant le surnom d'*Armentarius*. Comme un
« homme qui fut affamé la moitié de sa vie, Galérius
« passe les jours à table et prolonge dans les ténèbres de
« la nuit de basses et crapuleuses orgies. Au milieu de
« ces saturnales de la grandeur, il fait tous ses efforts
« pour déguiser sa première nudité sous l'effronterie de
« son luxe ; mais plus il s'enveloppe dans les replis de la
« robe du césar, plus on aperçoit le sayon du berger.

« Outre la soif insatiable du pouvoir et l'esprit de
« cruauté et de violence, Galérius apporte encore à la
« cour une autre disposition bien propre à troubler l'em-
« pire : c'est une fureur aveugle contre les chrétiens.
« La mère de ce césar, paysanne grossière et supersti-
« tieuse, offroit souvent, dans son hameau, des sacrifi-
« ces aux divinités des montagnes. Indignée que les
« disciples de l'Évangile refusassent de partager son ido-
« lâtrie, elle avoit inspiré à son fils l'aversion qu'elle
« sentoit pour les fidèles. Galérius a déjà poussé le foi-
« ble et barbare Maximien à persécuter l'Église; mais
« il n'a pu vaincre encore la sage modération de l'em-
« pereur. »

sema la division parmi les Goths, les Vandales, les Gépides, les Bourguignons, qui se consumèrent en guerres intestines. Ceux des Barbares du Nord que l'on avoit faits prisonniers furent ou distribués comme esclaves aux habitants des territoires de Trèves, de Langres, de Cambrai, de Beauvais et de Troyes, ou adoptés comme colons, nommément quelques tribus de Sarmates, de Bastarnes et de Carpiens.

Au moment de triompher, le christianisme eut à soutenir une persécution générale. Poussé par Galérius, qu'excitoit sa mère, adoratrice des dieux des montagnes, Dioclétien assembla un conseil de magistrats et de gens de guerre. Ce conseil fut d'avis de poursuivre les ennemis du culte public. L'empereur envoya consulter Apollon de Milet : Apollon répondit que les justes répandus sur la terre l'empêchoient de dire la vérité; la pythonisse se plaignoit d'être muette. Les aruspices déclarèrent que les justes dont parloit Apollon étoient les chrétiens. La persécution fut résolue. On en fixa l'époque à la fête des Terminales, dernier jour de l'année romaine [1], jour réputé heureux et qui devoit mettre fin à la religion de Jésus. Dioclétien et Galérius se trouvoient à Nicomédie.

L'attaque commença par la démolition de la basilique bâtie dans cette ville, sur une colline, et environnée de grands édifices [2]. On y chercha l'idole qu'on n'y trouva point.

Le décret d'extermination portoit en substance : Les églises seront renversées et les livres saints brûlés; les chrétiens seront privés de tous honneurs, de toutes dignités, et condamnés au supplice sans distinction d'ordre et de rang; ils pourront être poursuivis devant les tribunaux, et ne pourront poursuivre personne, pas même en réclamation de vol, réparation d'injures ou d'adultère; les affranchis redeviendront esclaves [3].

C'est toujours par l'effet rétroactif des lois ou par leur déni, que les grandes iniquités sociales s'accomplissent : le refus de justice est

---

[1] 23 février 302.
[2] Eusèb., lib. VII, cap. II.
[3] *Id., ibid.*

le point où l'homme se trouve le plus éloigné de Dieu. Un édit particulier frappoit les évêques, ordonnoit de les mettre aux fers, et de les forcer à abjurer.

La persécution, d'abord locale, s'étendit ensuite à toutes les provinces de l'Empire. La maison de l'empereur fut particulièrement tourmentée. Valérie, fille de Dioclétien, et Prisca sa femme, accusées de christianisme, sacrifièrent; Dorothée, le premier des eunuques, Gorgonius, Pierre, Judes, Mygdonius et Mardonius souffrirent. On mit du sel et du vinaigre dans les plaies de Pierre, étendu sur un gril, ses chairs furent rôties comme les viandes d'un festin [1]. On jeta pêle-mêle dans les bûchers femmes, enfants et vieillards; d'autres victimes, entassées dans des barques, furent précipitées au fond de la mer [2].

[1] Lact., de Morte persec. martyr. 26 déc.
[2] Voici le tableau de cette persécution, encore emprunté des *Martyrs* : ce n'est qu'un abrégé exact du long récit d'Eusèbe et de Lactance. (Euseb., cap. VI, VII, VIII, IX, X, XI, lib. IV, Lact.) :

« La persécution s'étend dans un moment des bords
« du Tibre aux extrémités de l'empire. De toutes parts
« on entend les églises s'écrouler sous les mains des sol-
« dats; les magistrats, dispersés dans les temples et dans
« les tribunaux, forcent la multitude à sacrifier : qui-
« conque refuse d'adorer les dieux est jugé et livré aux
« bourreaux; les prisons regorgent de victimes : les che-
« mins sont couverts de troupeaux d'hommes mutilés
« qu'on envoie mourir au fond des mines ou dans les
« travaux publics. Les fouets, les chevalets, les ongles de
« fer, la croix, les bêtes féroces, déchirent les tendres
« enfants avec leurs mères; ici l'on suspend par les pieds
« des femmes nues à des poteaux, et on les laisse expi-
« rer dans ce supplice honteux et cruel; là, on attache
« les membres du martyr à deux arbres rapprochés de
« force : les arbres, en se redressant emportent les lam-
« beaux de la victime. Chaque province a son supplice
« particulier; le feu lent en Mésopotamie, la roue dans
« le Pont, la hache en Arabie, le plomb fondu en Cap-
« padoce. Souvent, au milieu des tourments, on apaise
« la soif du confesseur, et on lui jette de l'eau au vi-
« sage, dans la crainte que l'ardeur de la fièvre ne hâte
« sa mort. Quelquefois, fatigué de brûler séparément
« les fidèles, on les précipite en foule dans le bûcher :
« leurs os sont réduits en poudre, et jetés au vent avec
« leurs cendres. . . . .

« Les villes sont soumises à des juges militaires, sans
« connoissances et sans lettres, qui ne savent que donner
« la mort. Des commissaires font les recherches les plus
« rigoureuses sur les biens et les propriétés des sujets ;
« on mesure les terres, on compte les vignes et les ar-
« bres, on tient registre des troupeaux. Tous les citoyens

La bassesse, comme toujours, se trouva à point nommé pour faire l'apologie du crime : deux philosophes [1] écrivirent à la lueur des bûchers contre les chrétiens.

Le martyre de la légion thébéenne, massacrée par ordre de Maximien, est de cette époque. Nantes, dans l'Armorique, se consacra par le sang des deux frères Donatien et Rogatien [2].

Arnobe et Lactance défendirent le christianisme; le dernier nous a peint la mort des persécuteurs et l'extinction de leur race [3] : Licinius Galérius et Candidien son fils; Maximien avec son fils âgé de huit ans, sa fille âgée de sept, sa femme noyée dans l'Oronte où elle avoit fait noyer des chrétiennes; Dioclétien, Valérie et Prisca fugitives, cachées sous de misérables habits, reconnues, arrêtées, décapitées à Thessalonique, et jetées dans la mer : victimes de la tyrannie de Licinius, elles n'étoient coupables que d'appartenir à un sang maudit.

Dioclétien et Maximien étoient venus triompher en Italie, l'un des Égyptiens, l'autre des peuples du Nord ; c'est le dernier triomphe authentique qu'ait vu Rome. L'empereur ne des-

« de l'empire sont obligés de s'inscrire dans le livre du
« cens, devenu un livre de proscription. De crainte
« qu'on ne dérobe quelque partie de sa fortune à l'avi-
« dité de l'empereur, on force, par la violence des sup-
« plices, les enfants à déposer contre leurs pères, les es-
« claves contre leurs maîtres, les femmes contre leurs ma-
« ris. Souvent les bourreaux contraignent des malheureux
« à s'accuser eux-mêmes et à s'attribuer des richesses
« qu'ils n'ont pas. Ni la caducité, ni la maladie, ne sont
« une excuse pour se dispenser de se rendre aux ordres
« de l'exécuteur ; on fait comparoître la douleur même
« et l'infirmité ; afin d'envelopper tout le monde dans
« des lois tyranniques, on ajoute des années à l'enfance,
« on en retranche à la vieillesse. la mort d'un homme
« n'ôte rien au trésor de Galérius, et l'empereur par-
« tage la proie avec le tombeau. Cet homme, rayé du
« nombre des humains, n'est point effacé du rôle du
« cens, et il continue de payer pour avoir eu le malheur
« de vivre. Les pauvres, de qui on ne pouvoit rien exi-
« ger, sembloient seuls à l'abri des violences par leur
« propre misère ; mais ils ne sont point à l'abri de la
« pitié dérisoire du tyran : Galérius les fait entasser dans
« des barques, et jeter ensuite au fond de la mer, afin
« de les guérir de leurs maux. » (*Martyrs*, liv. XVIII.)

[1] Pagi, an. 302, n° 13; Epiphan. hæres. 68.
[2] *Act. sinc.,* pag. 295.
[3] *De Morte persecut.*

cendit du char de sa victoire que pour monter à Nicomédie sur le tribunal de son abdication. Cette scène eut lieu dans une plaine qu'inondoit la foule des grands, du peuple et des soldats. Dioclétien déclara qu'ayant besoin de repos, il cédoit l'empire à Galérius. En même temps il indiqua le césar qui devoit remplacer Galérius, devenu auguste : c'étoit Daïa ou Daza Maximin, fils de la sœur de Galérius. Il jeta son manteau de pourpre sur les épaules de ce pâtre [1], et Dioclétien, redevenu Dioclès, prit le chemin [2] de Salone, sa patrie.

Cet homme extraordinaire avoit les larmes aux yeux en déposant le pouvoir ; il avoit également pleuré lorsque Galérius, dans un entretien secret, lui signifia qu'il prétendoit être le maître, et que si lui, Dioclétien, ne vouloit pas s'éloigner, lui, Galérius, l'y sauroit contraindre. D'autres ont écrit que Dioclétien renonça au trône par mépris des grandeurs humaines [3]. Soit que ce prince ait quitté l'empire de gré ou de force, avec courage ou foiblesse, sa retraite à Salone a donné à sa vie un caractère de philosophie qui fait aujourd'hui sa principale renommée.

Dioclétien habitoit, au bord de la mer, une maison de campagne [4] que Constantin-le-Grand dit avoir été simple [5], et que Constantin Porphyrogénète [6] a crue magnifique. Maximien Hercule se dépouilla de l'autorité souveraine à Milan en faveur de Constance Chlore, et nomma césar Valérius Sévère, obscur favori de Galérius, le même jour que Dioclétien accomplissoit son sacrifice à Nicomédie. Maximien ayant dans la suite ressaisi la pourpre, fit inviter Dioclétien à suivre son exemple. Dioclétien répondit : « Je voudrois que vous vissiez les « beaux choux que j'ai plantés, vous ne me « parleriez plus de l'empire [7]. » Paroles démenties par des regrets.

Pendant les neuf années que Dioclétien vécut

[1] Eutrop., pag. 56, Vict., Epit.
[2] Rhenæ impositus, dit le texte.
[3] Eutrop., lib. IX, cap. XVIII. Aurel. Vict. Lumen Pan-ggr. vet. VII, 15
[4] Peut-être Spalatro.
[5] Ad cœlum sanct., cap. XXV. Euseb.
[6] De Administ. imp. ad Rom. fil., pag. 72, 85, 86.
[7] Vict., Ep., pag. 223. Eutrop., pag. 589.

à Salone, sa femme et sa fille périrent misérablement, et il ne put les sauver, obligé qu'il fut alors de reconnoître l'impuissance d'un prince auquel il ne reste d'autorité que celle des larmes. Menacé par Constantin et Licinius, peut-être même par le sénat [1], il résolut d'abréger sa vie. On est incertain du genre de sa mort; on parle de poison, d'abstinence, de mélancolie [2]. L'empereur sans empire ne dormoit plus, ne mangeoit plus ; il soupiroit, il gémissoit : saint Jérôme laisse entendre qu'avant d'expirer il vomit sa langue rongée de vers [3].

La philosophie fut aussi inutile à Dioclétien, pour mourir, que la religion à Charles-Quint : tous deux eurent des remords d'avoir abandonné le pouvoir : le premier, sur son lit et sur la terre, où il se rouloit au milieu de ses larmes [4] ; le second, au fond du cercueil, où il se plaça pour assister à la représentation de ses funérailles [5].

[1] Lact., de Morte pers.
[2] Id., ibid. Euseb., lib. VIII, cap. XVII. Vict. Epit.
[3] Nos autem dicemus, omnes persecutores qui afflixerunt Eccl siam Domini, ut taceamus de futuris cruciatibus, etiam in præsenti seculo recepisse quæ fecerint. Legamus ecclesiasticas historias : quid Valerianus, quid Decius, quid Dioclctianus, etc., passi sint, et tunc rebus probabimus etiam juxta litteram prophetiæ veritatem esse completam : quod computruerint carnes eorum, et oculi contabuerint, et lingua in pedorem et saniem dissoluta sit. (Commentarior. D. Hieron., in Zachar., lib. III. p. XIV, pag. 370-h. Romæ, in ædibus populi romani 1571.)
[4] Lact., de Mort. pers.
[5] He resolved to celebrate his own obsequies before his death. He ordered his tomb to be erected in the chapel of the Monastery. His domestiks marched thither in funeral procession, with black tapers in their hands; he himsel followed his shroud, he was laid in his coffin with much solemnity. The service for the dead was chanted, and Charles joined in the prayers which were offered up for the rest of his soul, mingling his tears with those which his attendants shed, as if they had been celebrating a real funeral. The ceremony closed with sparkling holy water on the coffin in the usual form and at the assistants retiring, the doors, of the chapel were shut. Then Charles arose out of the coffin. (Robertson's, Hist. of Charles V, vol. the third, pag. 317, 1760.)

Sibi adhuc viventi suprema officia repræsentari suoque ipse funeri interesse voluit atratus. Itaque monachis immistus mortuale sacrum canentibus, æternam sibimet requiem tanquam deposito inter sedes beatas apprecatus fuit, majori circumstantium luctu quam

Dioclétien multiplia les impôts; il couvrit l'empire de monuments onéreux qu'il faisoit souvent abattre, et recommencer sur un plan nouveau. La Providence a voulu qu'une salle des *Thermes* du persécuteur des chrétiens soit devenue, à Rome, l'église de *Notre-Dame-des-Anges*. Dans le cloître, jadis vaste cimetière de cet édifice, l'espace se trouve aujourd'hui trop grand pour la mort; un petit retranchement, pratiqué au pied de trois ou quatre colonnes, suffit aux tombeaux diminuants de quelques chartreux qui finissent aussi, eux qui, dans leur abdication du monde, ne regrettent rien de la terre.

Les faits sont comme il suit après l'abdication de Dioclétien.

*Constance gouvernoit les Gaules, l'Espagne et la Grande-Bretagne; il étoit doux, juste, tolérant envers les chrétiens, et si dénué de fortune, qu'il étoit obligé d'emprunter de l'argenterie lorsqu'il donnoit un festin[1]. Suidas l'appelle *Constance-le-Pauvre*[2], un des plus beaux surnoms que jamais prince absolu ait portés.

Il eut d'Hélène, fille d'un hôtelier, sa femme ou sa concubine, Constantin-le-Grand; et de Théodora, fille de la femme de Maximien-Hercule, trois filles et trois garçons. On le força de répudier Hélène, comme étant d'une naissance trop inférieure.

Constantin avoit alors dix-huit ans: entraîné dans l'humiliation de sa mère, il fut attaché à Dioclétien, et porta les armes en Égypte et dans la Perse. Galérius, jaloux de la faveur dont le fils de Constance jouissoit auprès des soldats, se voulut défaire de lui en l'excitant à se battre, d'abord contre un Sarmate, ensuite contre un lion[1]. Constantin, sorti heureusement de ces épreuves, se déroba par la fuite aux complots de Galérius; afin de n'être pas poursuivi, il fit couper de poste en poste les jarrets des chevaux dont il s'étoit servi[2]. Il rejoignit son père à Boulogne, au moment où celui-ci, vainqueur de Carausius, s'embarquoit pour la Grande-Bretagne. Constance mourut à York. Les légions, par un dernier essai de leur puissance, sans attendre l'élection du palais, proclamèrent Constantin empereur, au nom des vertus de son père. Galérius n'accorda à Constantin que le titre de césar, conférant à Valère celui d'auguste.

Galérius avoit ordonné un recensement des propriétés, afin d'asseoir une taxe générale sur les terres et sur les personnes; il y voulut soumettre l'Italie: Rome se soulève, appelle à la pourpre Maxence, gendre de Galérius, et fils de Maximien-Hercule. Le vieil empereur abdiqué sort de sa retraite, se joint à son fils. Sévère, réfugié dans Ravenne, qu'il rend par capitulation à Maximien-Hercule, est condamné à mort, et se fait ouvrir les veines.

*Maximien s'allie avec Constantin, lui donne Fausta, sa fille, en mariage, et le nomme auguste. Galérius fond sur l'Italie avec une armée: parvenu jusqu'à Narni, et forcé de retourner en arrière, il élève Licinius, son ancien compagnon d'armes, au rang d'où la mort avoit précipité Sévère. Maximin Daïa, le césar qui gouvernoit l'Égypte et la Syrie, enflammé de jalousie, se décore aussi de la dignité d'auguste. Six empereurs (ce qui ne s'étoit jamais vu, et ce qui ne se revit jamais) règnent à la fois: Constantin, Maxence et Maximien en Occident; Licinius, Maximin et Galérius en Orient.

La discorde éclate entre Maximien-Hercule et Maxence, son fils. Maximien se retire en Illyrie, ensuite dans les Gaules, auprès de Constantin, son gendre. Il conspire contre

---

cantu: et genibus nixus summo rerum conditori animam suam humili precatione commendavit: inde inter gementium famulorum manus in cellam relatus. (MARIANÆ, *Hist. Hisp. continuatio ab Emmanuele Miniana*, lib. V, tom. IV, pag. 216.)

* Galérius, Constance, emp. Marcellin, pape. An de J.-C. 506.

[1] EUT., p. 587. Adeo autem cultus modici, ut feriatis diebus, si cum amicis numerosioribus esset epulandum, privatorum ei argento æstiatim petito triclinia sternerentur. (EUTROP. *Rer. romanar.*, lib. II, p. 133. Basileæ, anno 1532.)

[2] Pauper ita vocabatur Constantius. Πούπερ ίτα εκαλείτο Χωνσταντιος. SUIDÆ *Lexicon*, tom. II, Genevæ, 1690.

[1] PHOTII *Bib.*, cap. LXII, *In Praxag*. ZONAR., *Ann. Vitæ Diocl.*

[2] ZOSIM., lib. II, et les deux VICTOR.

* Constantin, emp. Marcellin, Eusèbe, Melchiade, Sylvestre 1er, papes. An de J.-C. 307-335.

lui, et, sur une fausse nouvelle de la mort de ce prince, s'empare d'un trésor déposé dans la ville d'Arles. Constantin, occupé au bord du Rhin à repousser un corps de Franks, revient, assiége son beau-père dans Marseille, le prend, et condamne à mort un vieillard dont l'ambition étoit tombée en enfance [1].

Galérius meurt à Sardique, d'une maladie dégoûtante [2], attribuée par les chrétiens à la vengeance céleste. Galérius avoit été le véritable auteur de la persécution. Maximin Daïa et Licinius se partagent ses états. Licinius fait alliance avec Constantin, Maximin avec Maxence. Constantin, vainqueur des Franks et des Allamans, livre leur prince aux bêtes dans l'amphithéâtre de Trèves [3].

Maxence, oppresseur de l'Afrique et de l'Italie, invente le don gratuit [4] que les rois et les seigneurs féodaux exigèrent dans la suite pour une victoire, une naissance, un mariage, et pour l'admission de leur fils à l'ordre de chevalerie: sous les Romains, il s'agissoit du consulat du jeune prince. Maxence immole les sénateurs et déshonore leurs femmes. Sophronie, chrétienne et femme du préfet de Rome, se poignarde afin de lui échapper [5].

Maxence médite d'envahir la Gaule. Constantin, décidé à prévenir son ennemi, voit dans les airs le labarum, et commence à s'instruire de la foi. Maxence avoit rétabli les prétoriens; son armée se composoit de cent soixante-dix mille fantassins, et de dix-huit mille cavaliers. Constantin ne craignit pas d'attaquer Maxence avec quarante mille vieux soldats. Il passe les Alpes Cottiennes sur une de ces voies indestructibles qui n'existoient pas du temps d'Annibal; il emporte Suse d'assaut, défait un corps de cavalerie pesante aux environs de Turin, un autre à Bresse. Vérone capitule: la garnison captive est liée de chaînes forgées avec les épées des vaincus [6], Constantin marche à Rome, et gagne la bataille où Maxence perd l'empire et la vie.

Cette bataille est du petit nombre de celles qui, expression matérielle de la lutte des opinions, deviennent, non un simple fait de guerre, mais une véritable révolution. Deux cultes et deux mondes se rencontrèrent au pont Milvius; deux religions se trouvèrent en présence, les armes à la main, au bord du Tibre, à la vue du Capitole. Maxence interrogeoit les livres sibyllins, sacrifioit des lions, faisoit éventrer des femmes grosses, pour fouiller dans le sein des enfants arrachés aux entrailles maternelles: on supposoit que des cœurs qui n'avoient pas encore palpité ne pouvoient receler aucune imposture. Constantin, dans son camp, se contentoit de dire, ce qu'on grava sur son arc de triomphe, qu'il arrivoit par l'impulsion de la divinité et la grandeur de son génie [1]. Les anciens dieux du Janicule rangèrent autour de leurs autels les légions qu'ils avoient envoyées à la conquête de l'univers: en face de ces soldats étoient ceux du Christ. Le labarum domina les aigles, et la terre de Saturne vit régner celui qui prêcha sur la montagne: le temps et le genre humain avoient fait un pas.

Six mois après la victoire de Constantin, Maximin Daïa voulut enlever à Licinius la partie de l'empire qu'il gouvernoit; vaincu auprès d'Héraclée, il alla mourir à Nicomédie. Des six empereurs il ne restoit plus que Constantin et Licinius.

Ceux-ci se brouillèrent. Une première guerre civile, suivie d'une seconde, amenèrent les batailles de Cibalis, de Mardie, d'Andrinople et de Chrysopolis, où Constantin fut heureux. Licinius, resté aux mains du vainqueur, fut exilé à Thessalonique. Quelque temps après, on lui demanda sa tête, sous prétexte d'une conspiration ourdie par lui dans les fers: ce moyen de crime, si souvent reproduit dans l'histoire, accuse de stérilité les inventions de la tyrannie.

---

[1] Il y a divers récits contradictoires de sa mort.
[2] LACT., *de Morte pers.* EUSEB., cap. XVI. AUREL. VICT., *Epit.*
[3] *Paneg. Orat. int. vet. paneg.*
[4] AUREL. VICT., pag. 526.
[5] RUFIN., *Hist. eccl.*, pag. 445.
[6] Tu divino monitus instinctu, de gladiis eorum ge- mina manibus aptari claustra jussisti, ut servarent deditos gladii sui, quos non defenderant repugnantes. (*Incerti panegyricus Constantino Augusto*, tom. II, cap. 11, pag. 498. Trajecti ad Rhenum, 1787.)

[1] *Instinctu divinitatis, mentis magnitudine.*

Constantin, demeuré en possession du monde, résolut, vers la fin de sa vie, de donner une seconde capitale à ses états : Constantinople s'éleva sur l'emplacement de Byzance, au nom de Jésus-Christ, comme Rome s'étoit élevée sur les chaumières d'Evandre, au nom de Jupiter [1]. Le fondateur de l'empire chrétien déclara qu'il bâtissoit la nouvelle cité par l'ordre de Dieu [2] : il racontoit qu'endormi sous les murs de Byzance, il avoit vu dans un songe une femme accablée d'ans et d'infirmités, se changer en une jeune fille brillante de santé et de grâce, laquelle il lui sembloit revêtue des ornements impériaux [3]. Constantin, interprétant ce songe, obéit à l'avertissement du ciel; armé d'une lance, il conduit lui-même les ouvriers qui traçoient l'enceinte de la ville. On lui fait observer que l'espace déjà parcouru étoit immense : « Je suis, répondit-il, le guide invisible qui marche devant moi ; je ne m'arrêterai que quand il s'arrêtera [4]. »

La cité naissante fut embellie de la dépouille de la Grèce et de l'Asie : on y transporta les idoles des dieux morts, et les statues des grands hommes qui ne meurent pas comme les dieux. La vieille métropole paya surtout un tribut à sa jeune rivale, ce qui fait dire à saint Jérôme que Constantinople s'étoit parée de la nudité des autres villes [5]. Les familles sénatoriales et équestres furent appelées des rivages du Tibre à ceux du Bosphore, pour y trouver des palais semblables à ceux qu'elles abandonnoient. Constantin éleva l'église des Apôtres, qui, vingt ans après sa dedicace, étoit tombante, et Constance bâtit Sainte-Sophie, plus célèbre par son nom que par sa beauté. L'Égypte demeura chargée de nourrir la nouvelle Rome aux dépens de l'ancienne.

Il y a des jugements que les historiens répètent sans examen ; vous aurez souvent lu que Constantin avoit hâté la chute de la puissance des césars en détruisant l'unité de leur siège : c'est, au contraire, la fondation de Constantinople qui a prolongé jusque dans les siècles modernes l'existence romaine. Rome, demeurée seule métropole, n'en eût pas été mieux défendue ; l'Empire se seroit écroulé avec elle, lorsqu'elle succomba sous Alaric, si la nouvelle capitale n'eût formé une seconde tête à cet empire, tête qui n'a été abattue que plus de mille ans [1] après la première par le glaive de Mahomet II.

Mais, ce qui fut favorable à la durée du pouvoir temporel tel que le créa Constantin, devint contraire au pouvoir spirituel dont il se déclara le protecteur. Fixés dans l'Occident, sous l'influence de la gravité latine et du bon sens des races germaniques, les empereurs ne seroient point entrés dans les subtilités de l'esprit grec : moins d'hérésies auroient ensanglanté le monde et l'Eglise. Constantinople naquit chrétienne ; elle n'eut point, comme Rome, à renier un ancien culte, mais elle défigura l'autel que Constantin lui avoit donné.

---

[1] Cum muros, arcemque procul, et rara domorum
Tecta vident, quæ nunc romana potentia cœlo
AEquavit.   (VIRG.)

[2] *Cod. Theod.*, lib. V.

[3] SOZOMÈNE, pag. 444, *Conq. de Const.*, liv. I.

[4] PHILOSTORG., *Hist. eccles.*, lib. II, cap. IX.

[5] *Constantinopolis dedicantur pene omnium urbium nuditate.* Chron., pag. 181. *Nuditas*, qui n'est pas de la bonne latinité, ne peut être employé ici que dans le sens de la *Bible*. Les principaux objets d'art transportés à Constantinople furent les trois serpents qui soutenoient, à Delphes, le trépied d'or consacré en mémoire de la défaite de Xerxès, le Pan également consacré par toutes les villes de la Grèce, et les Muses d'Hélicon. La statue de Rhéa fut enlevée au mont de Dyndème ; mais, par une barbarie digne de ce siècle, on changea la position des mains de la déesse, pour lui donner une attitude suppliante, et on la sépara ces lions dont elle étoit accompagnée.

[1] Mille quarante-sept ans.

DEUXIÈME DISCOURS.

PREMIÈRE PARTIE.

DE CONSTANTIN A VALENTINIEN ET VALENS.

N entrant dans cette seconde Étude[*], vous rentrez avec moi dans l'unité du sujet. Je ne me trouve plus obligé de séparer les trois faits des nations païennes, chrétiennes et barbares : ces dernières, ou fixées dans le monde romain, ou préparant au dehors la décisive invasion, se sont déjà inclinées aux mœurs et à la nouvelle religion de l'Empire.

D'un autre côté, le christianisme s'assied sur la pourpre ; ses affaires ne sont plus celles d'une secte en dehors des masses populaires ; son histoire est maintenant l'histoire de l'état. Bien que la majorité des populations soumises à la domination de Rome est et demeure encore long-temps païenne, le pouvoir et la loi deviennent chrétiens.

Des intérêts nouveaux, des personnages d'une nature jusqu'alors inconnue, se révè-

---

[*] Constantin, empereur. Marcellin, Eusèbe, Melchiade, Sylvestre, Marc, Jules Ier, papes. An de J.-C. 307-337.

lent. Depuis le règne de Néron jusqu'à celui de Constantin, les dissentiments religieux n'avoient guère été, parmi les fidèles, que des démêlés domestiques méprisés ou contenus par l'autorité ; mais aussitôt que le fils de sainte Hélène eut levé l'étendard de la croix, les schismes se changèrent en querelles publiques : quand les persécutions du paganisme finirent, celles des hérésies commencèrent. A peine Constantin avoit-il pris les rênes du gouvernement, qu'Arius divisa l'Église.

Avec Arius parurent ces grands évêques nourris aux écoles d'Antioche, d'Alexandrie et d'Athènes, les Alexandre, les Athanase, les Grégoire, les Basile, les Chrysostome, lesquels, renouvelant la philosophie, l'éloquence et les lettres, poussèrent l'esprit humain hors des vieilles règles, le firent sortir des routines où il avoit si longtemps marché sous la domination des anciens génies et d'une religion tombée. Les Pères de l'Église latine, saint Paulin, saint Hilaire, saint Jérôme, saint Ambroise, saint Augustin, conduisirent l'Occident à la même rénovation.

Les discours et les actions de ces prêtres attiroient l'attention principale du gouvernement ; les généraux et les ministres furent relégués dans une classe secondaire d'intérêt et de renommée. Les conciles prirent la place des conseils, ou plutôt furent les véritables conseils du souverain, qui se passionna pour des vérités ou des erreurs que souvent il ne comprenoit pas. Le monde païen essayoit de lutter avec ses fables surannées et les systèmes discrédités de ses sages, contre un siècle qui l'entraînoit.

Le christianisme avoit eu à supporter les persécutions du paganisme : les rôles changent ; le christianisme va proscrire à son tour le paganisme. Mais étudiez la différence des principes et des hommes.

Les païens, comme les chrétiens, ne tinrent point obstinément à leur culte, ne coururent point au martyre : pourquoi ? parce que le polythéisme étoit à la fois l'idée fausse et l'idée décrépite, succombant sous l'idée vraie et rajeunie de l'unité d'un Dieu. L'ancienne société ne trouva donc pas pour se défendre l'énergie que la société nouvelle eut pour attaquer.

Jusqu'alors les mouvements du monde civi-

lisé avoient été produits par les impulsions d'un culte corporel, les réclamations de la liberté, les usurpations du pouvoir, enfin par les passions politiques ou guerrières : un autre ordre de faits commence ; on s'arme pour les vérités ou les erreurs du pur esprit. Ces subtilités métaphysiques, obscures, qui le seront toujours, qui firent couler tant de sang, n'en sont pas moins la preuve d'un immense progrès de l'espèce humaine. Plus l'homme s'éloigne de l'homme matériel pour se concentrer dans l'homme intelligent, plus il se rapproche du but de son existence ; s'il ne perdoit pas quelquefois le courage physique et la vertu morale, en développant sa nature divine, il atteindroit avec moins de lenteur le perfectionnement auquel il est appelé.

Avec Constantin se forme l'*Église* proprement dite. Alors prit naissance cette monarchie religieuse, qui, tendant à se resserrer sous un seul chef, eut ses lois particulières et générales, ses conciles œcuméniques et provinciaux, sa hiérarchie, ses dignités, ses deux grandes divisions du clergé régulier et séculier, ses propriétés régies en vertu d'un droit différent du droit commun, tandis que, honorés des princes et chéris des peuples, les évêques, élevés aux plus hauts emplois politiques, remplaçoient encore les magistrats inférieurs dans les fonctions municipales et administratives, s'emparoient, par les sacrements, des principaux actes de la vie civile, et devenoient les législateurs et les conducteurs des nations.

Remarquez deux choses peu observées, qui vous expliqueront la manière dont le christianisme parvint à dominer la société tout entière, peuples et rois.

L'*Église* se constitua en monarchie (élective et représentative), et la *communauté chrétienne* en république : tout étoit obéissance et distinction de rangs dans l'une, bien que le chef suprême fût presque toujours choisi dans les rangs populaires : tout étoit liberté et égalité dans l'autre. De cette double influence du clergé, qui, d'un côté, convenoit aux grands par ses doctrines de pouvoir et de subordination, et, de l'autre, satisfaisoit les petits par ses principes d'indépendance et de nivellement évangélique ; de là aussi ce langage contradictoire, sans cesser d'être sincère : le prêtre étoit auprès des souverains le tribun de la république chrétienne, leur rappelant les droits égaux des enfants d'Adam, et la préférence que le Rédempteur de tous accorde aux pauvres et aux infortunés sur les riches et les heureux ; et ce même prêtre étoit auprès du peuple le mandataire de la monarchie de l'Église, prêchant la soumission, et ordonnant de rendre à César ce qui appartient à César.

Jamais la société religieuse ne s'altère que la société politique ne change : je vous ai déjà dit comment l'élection de l'empereur passa des camps au palais. Les révolutions se concentrèrent au foyer impérial ; les guerres civiles n'arrivèrent plus que rarement par les insurrections et les ambitions militaires ; elles sortirent des divisions de la famille régnante, comme il advient dans les empires despotiques de l'Orient.

Sous Constantin on voit paroître, avec l'établissement de l'Église, cette espèce d'aristocratie à la façon moderne, qui ne remplaça jamais dans l'Empire le patriciat auquel Rome dut sa première liberté. Constantin multiplia, s'il n'inventa pas, les titres de nobilissime, de clarissime, d'illustre, de duc, le comte (dans le sens honorifique de ces deux derniers mots). Ces titres, avec ceux de *baron* et de *marquis*, d'origine purement barbare, ont passé à la noblesse de nos temps. Ainsi, à l'époque dont nous discourons, une transfusion d'éléments se prépare : au premier autel de Constantinople, autel qui fut chrétien, se rattache un des premiers anneaux de la chaîne de la nouvelle société. Si les créations politiques de Constantin ne furent point l'effet immédiat du christianisme, elles en furent l'effet médiat. Tout tend à se mettre de niveau dans la cité : avancer sur un point, et rester en arrière sur un autre, ne se peut : les idées d'une société sont analogues, ou la société se dissout.

Les institutions de la vieille patrie mouroient donc avec le vieux culte. Le paganisme, depuis la disparition de l'âge religieux et de l'âge héroïque, s'étoit rarement mêlé à la politique ; il sanctifioit quelques actes de la vie du citoyen ; il protégeoit les tombeaux ; il présidoit à la dénonciation du serment ; il consultoit le ciel touchant le succès d'une entreprise ; il honoroit l'empereur vivant, lui offroit des libations, lui

immoloit des victimes, et couronnoit ses statues; il l'admettoit, après sa mort, au rang des dieux : là se bornoit à peu près l'action du paganisme. Les devins, astrologues et magiciens, venus d'Orient, ajoutèrent quelques fourberies aux mensonges des oracles réguliers.

Mais avec le ministre chrétien s'introduisit la sorte de puissance nationale que les brachmanes de l'Inde, les mages de la Perse, les druides des Gaules, les prêtres chaldéens, juifs, égyptiens, tous serviteurs d'une religion plus ou moins allégorique et mystique, avoient jadis exercée. Le sanctuaire réagit sur les idées du pouvoir en raison du plus ou moins d'immatérialité du dieu, et de son plus grand rapprochement de la vérité religieuse. L'idolâtrie auroit mal servi et n'auroit jamais enfanté l'espèce d'aristocratie qu'impatronisa Constantin. Aussi, lorsque Julien essaya de revenir au polythéisme, il dédaigna les titres et le régime nouveau de la cour. Il n'y eut, après le règne de ce prince, que l'aristocratie de fraîche invention qui se pût soutenir, parce que l'ordre ecclésiastique dont elle dérivoit s'établit : ce qui retraçoit l'ancienne aristocratie disparut; les souvenirs ne surmontent point les mœurs; en voici la preuve.

Constantin avoit formé, dans son autre Rome, un patriciat à l'instar du corps fameux qu'immortalisèrent tant de grands citoyens. Cette noblesse ressuscitée acquit si peu de considération, qu'on rougissoit presque d'en faire partie. On proposa vainement de soutenir sa pauvreté par des pensions[1], de masquer par un langage, par des habits, des us et coutumes d'autrefois, une naissance d'hier : les privilèges ne sont pas des ancêtres; l'homme ne se peut ôter les jours qu'il a, ni se donner ceux qu'il n'a pas. Les sénateurs de Constantin demeurèrent écrasés sous le nom antique et éclatant de *Patres conscripti*, dont on outrageoit leur récente obscurité.

En embrassant le christianisme et fondant l'Église, en fixant les Barbares dans l'Empire, en établissant une noblesse titrée et hiérarchique, Constantin a véritablement engendré ce moyen âge[1], dont on place la naissance, je l'ai déjà dit, cinq siècles trop tard.

Ce prince ne monta point au Capitole après sa victoire sur Maxence, et sembla répudier avec les dieux la gloire de la ville éternelle. Il publia un édit favorable aux chrétiens, et plus tard un second édit pour les confesseurs et martyrs. Il accorda des immunités et des revenus aux églises, et des priviléges aux prêtres. Il ne fit point aux papes la donation inventée au huitième siècle par Isidore, mais il leur céda le palais de Latran, palais de l'impératrice Fausta, et il y bâtit l'édifice connu sous le nom de Basilique de Constantin[2].

Le supplice de la croix fut prohibé[3]; la va-

---

[1] Il faut entendre cette expression dans le sens général : le moyen âge proprement dit n'a guère commencé qu'à Robert, fils de Hugues-Capet, et il a fini à Louis XI.

[2] On croit que Constantin fit encore bâtir à Rome six autres églises : Saint-Pierre au Vatican, Saint-Paul hors des murs, Sainte-Croix-de-Jérusalem, Sainte-Agnès, Saint-Laurent hors des murs, Saint-Marcellin et Saint-Pierre, martyrs. Des domaines en Italie, en Afrique et dans la Grèce, formoient à l'église de Latran un revenu de 43,954 sous d'or. D'autres églises, à Ostie, à Albe, à Capoue, à Naples, possédoient un revenu de 17,717 sous d'or. Ces églises avoient encore une redevance en aromates dans l'Égypte et l'Orient. L'église de Saint-Pierre étoit propriétaire de maisons et de terres à Antioche, à Tharse, à Tyr, à Alexandrie et à Cyr, dans la province de l'Euphrate. Ces terres fournissoient du nard, du baume, du storax, de la cannelle et du safran, pour les lampes et les encensoirs. Toutes ces dotations se composoient des immeubles confisqués sur les martyrs, et dont il ne se trouvoit point d'héritiers, du revenu des temples détruits et des jeux abolis. Anastase, le bibliothécaire, des compilations duquel nous tirons ces détails, donne un catalogue des vases d'or et d'argent employés au service de ces églises; le voici :

Hic fecit in urbe Roma ecclesiam in prædio qui cognominabatur Equitius. Patenam argenteam pensantem libras viginti, ex dono Aug. Constantini. Donavit autem scyphos argenteos duos, qui pensaverunt singuli libras denas; calicem aureum pensantem libras duas; calices ministeriales quinque pensantes singuli libras binas; amas argenteas binas pensantes singulæ libras denas; patenam argenteam; chrismatem auro clusum pensantem libras quinque; phara coronata decem pensantia singula libra octonas; phara aurea viginti pensantia singula libras denas; canthara cerostrata duodecim ærea pensantia libras tricenas. (ANAST. *Bibliothec. de Vit. Pontificum roman.*, pag. 13.)

[3] AUREL. VICT., pag. 526.

---

[1] ..... Nec a stultitia ulla re honor iste videretur..... Ac tunc quidem et latifundiorum et pecuniarum auctoramento illecti munera hæc escam quamdam esse putabant, qua ad illuc figendum domicilium attrahebantur. (THEMISTII *Orat.* III, pag. 48. Parisiis, 1684.)

cation du dimanche [1] et peut-être la sanctification du samedi ou du vendredi [2], devinrent coutumières. L'idolâtrie fut condamnée, et toutefois la liberté du culte laissée aux idolâtres; nonobstant quoi divers temples furent dépouillés et quelques-uns démolis [3]. Hélène renversa, à Jérusalem, le simulacre de Vénus, découvrit le Saint-Sépulcre et la vraie croix, bâtit l'église de la Résurrection, celle de l'Ascension sur le mont des Olives, celle de la Crèche, à Bethléem. Eutropia, mère de l'impératrice Fausta, remplaça par un oratoire chrétien, au chêne de Mambré, un autel profane. Constantine, Maïum, échelle ou port de Gaza, d'autres villes ou d'autres villages, embrassèrent la religion du Christ [4]. Ne semble-t-on pas entrer dans le monde moderne, en reconnoissant les lieux et les noms familiers à nos yeux et à notre mémoire?

Des lois de Constantin rendent la liberté à ceux qui étoient retenus contre leur droit en esclavage [5], permettent l'affranchissement dans les églises devant le peuple, sur la simple attestation d'un évêque [6]; les clercs mêmes avoient le pouvoir de donner la liberté à leurs esclaves, par testament ou par concession verbale, ce qui, sans les désordres des temps, auroit affranchi tout d'un coup une nombreuse partie de l'espèce humaine. D'autres lois défendent les concubines aux personnes mariées [7], ordonnent la salubrité des prisons, interdisent les cachots [8], exceptent de la confiscation ce qui a été donné aux femmes et aux enfants avant le délit des maris et des pères, proscrivent les choses infâmes et les combats de gladiateurs [9]. Ces divers règlements n'eurent pas d'abord leur plein effet, mais ils signalent les premiers moments de l'établissement légal du christianisme, par la condamnation de l'idolâtrie, de l'esclavage, de la prostitution et du meurtre.

Constantin eut à s'occuper des hérésies: dans l'Occident, celle des donatistes fut anathématisée à Arles; dans l'Orient, la doctrine d'Arius exigea la convocation du premier concile œcuménique. La question théologique intéresse peu aujourd'hui [1], mais le concile de Nicée est resté un événement considérable dans l'histoire de l'espèce humaine. On eut alors la première idée, et l'on vit le premier exemple d'une société existant en divers climats, parmi les lois locales et privées, et néanmoins indépendante des princes et des sociétés sous lesquels et dans lesquelles elle étoit placée; peuple formant partie des autres peuples, et cependant isolé d'eux, mandant ses députés de tous les coins de l'univers à traiter des affaires qui ne concernoient que sa vie morale et ses relations avec Dieu. Que de droits tacitement reconnus par ce bris des scellés du pouvoir sur la volonté et sur la pensée!

Pour la première fois encore, depuis les jours de Moïse, émancipateur de l'homme au milieu des nations esclaves de l'ignorance et de la force, se renouvela la manifestation divine du Sinaï; comme autour du camp des Hébreux, les idoles étoient debout autour du concile de Nicée; lorsque les interprètes de la nouvelle loi proclamèrent la suprême vérité du monde: l'existence et l'unité de Dieu. Les fables des prêtres, qui avoient caché le principe vivant, les mystères dans lesquels les philosophes l'avoient enveloppé, s'évanouirent: le voile du sanctuaire fut déchiré avec la croix du Christ; l'homme vit Dieu face à face. Alors fut composé ce symbole que les chrétiens répètent, après quinze siècles, sur toute la surface du globe; symbole qui expliquoit celui dont les apôtres et leurs disciples se servoient comme de mot d'ordre pour se reconnoître: en les comparant, on remarque les progrès du temps et l'introduction de la haute métaphysique religieuse dans la simplicité de la foi.

---

[1] *Cod. Just.*, lib. III, *de Fer.*
[2] EUS., *Vit. Const.*, lib. IV, cap. XVIII; SOZOM., lib. I, cap. XVIII.
[3] En particulier, les temples d'Aphaque sur le mont Liban, d'Héliopolis en Phénicie, et les temples d'Esculape et d'Apollon en Cilicie.
[4] SOCRAT., lib. I, cap. XVII; SOZOM., lib. II, cap. I, IV; EUSEB., *Vit. Const.*, lib. IV, cap. XXXVII.
[5] *Cod. Theod.*, tom. I, pag. 447.
[6] *Cod. Just.*, tom. XIII, lib. 1; *Cod. Theod.* tom. I, pag. 554; SOZOM., lib. I, cap. IX.
[7] *Cod. Just.*, tom. XXVI, pag. 464.
[8] *Cod. Theod.*, tom. III, pag. 53.
[9] *Cod. Theod.*, tom. V, pag. 537; EUSEB., *Vit. Const.*, lib. IV, cap. XXV; SOCRAT., lib. I, cap. XVIII.

[1] J'y reviendrai dans le tableau des hérésies.

« Nous croyons en un seul Dieu, père tout-puissant, créateur de toutes choses visibles et invisibles, et en un seul Seigneur Jésus-Christ, fils unique de Dieu, engendré du Père, c'est-à-dire de la substance du Père, Dieu de Dieu, lumière de lumière, vrai Dieu de vrai Dieu, engendré et non fait, consubstantiel au Père, par qui toutes choses ont été faites au ciel et sur la terre... Nous croyons au Saint-Esprit [1]. »

Le concile de Nicée a fait ces choses immenses; il a proclamé l'unité de Dieu et fixé ce qu'il y avoit de probable dans la doctrine de Platon. Constantin, dans une harangue aux Pères du concile, déclare et approuve ce que ce philosophe admet : un premier Dieu suprême, source d'un second; deux essences égales en perfections, mais l'une tirant son existence de l'autre, et la seconde exécutant les ordres de la première. Les deux essences n'en font qu'une; l'une est la raison de l'autre, et cette raison étant Dieu, est aussi fils de Dieu [2].

Et quels étoient les membres de cette convention universelle réunie pour reconnoître le monarque éternel et son éternelle cité? Des héros du martyre, de doctes génies, ou des hommes encore plus savants par l'ignorance du cœur et la simplicité de la vertu. Spyridion, évêque de Trimithonte, gardoit les moutons et avoit le don des miracles [3]; Jacques, évêque de Nisibe, vivoit sur les hautes montagnes, passoit l'hiver dans une caverne, se nourrissoit de fruits sauvages, portoit une tunique de poil de chèvre et prédisoit l'avenir [4]. Parmi ces trois cent dix-huit évêques, accompagnés des prêtres, des diacres et des acolytes, on remarquoit des vétérans mutilés à la dernière persécution : Paphnuce, de la haute Thébaïde,

et disciple de saint Antoine, avoit l'œil droit crevé et le jarret gauche coupé [1]; Paul de Néocésarée, les deux mains brûlées [2]; Léonce de Césarée, Thomas de Cyzique, Marin de Troade, Eutychus de Smyrne, s'efforçoient de cacher leurs blessures, sans en réclamer la gloire. Tous ces soldats d'une immense et même armée ne s'étoient jamais vus; ils avoient combattu sans se connoître, sous tous les points du ciel, dans l'action générale, pour la même foi.

Entre les hérésiarques se distinguoient Eusèbe de Nicomédie, Théognis de Nicée, Maris de Chalcédoine, et Arius lui-même, appelé à rendre compte de sa doctrine devant Athanase, qui n'étoit alors qu'un simple diacre attaché à Alexandre, évêque d'Alexandrie.

Des philosophes païens étoient accourus à ce grand assaut de l'intelligence. Vous venez de voir que Constantin même, dans une harangue, s'expliqua sur la doctrine de Platon. Un vieillard laïque, ignorant et confesseur, attaqua l'un de ces philosophes fastueux, et lui dit tout le christianisme en peu de mots : « Philosophe, au nom de Jésus-Christ, écoute : Il n'y a qu'un Dieu qui a tout fait par son Verbe, tout affermi par son Esprit. Ce Verbe est le fils de Dieu; il a pris pitié de notre vie grossière, il a voulu naître d'une femme, visiter les hommes et mourir pour eux. Il reviendra nous juger selon nos œuvres [3]. »

Constantin ouvrit en personne le concile le 19 juin, l'an 325. Il étoit vêtu d'une pourpre

---

[1] FLEURY, *Hist. eccles.*, liv. II, pag. 122.
[2] CONST. MAG. *in Orat. sanctor. cœt.*, cap. IX.
[3] Hic pastor ovium, etiam in episcopatu positus permansit. Quadam vero nocte cum ad caulas fures venissent, et manus improbas quo aditum educendis ovibus facerent extendissent, invisibilibus quibusdam vinculis restricti, usque ad lucem velut traditi tortoribus permanserunt. (RUFF., lib. I, cap. V.)
[4] JACOBUS enim episcopus Antiochiæ Mygdoniæ, quam Syri vulgo et Assyri Nisibim appellant, plurima fecit miracula. (THEODOR., lib. I, cap. III, pag. 24.)

[1] Paphnutius, homo Dei, episcopus ex Ægypti partibus confessor, ex illis quos Maximianus dexteris oculis effossis et sinistro poplite succiso, per metalla damnaverat. (RUFF., lib. I, cap. IV.)
[2] Paulus vero, episcopus Neocæsareæ, ambabus manibus fuerat debilitatus, candente ferro eis admoto. (THEODOR., lib. I, cap. VII, pag. 25.)
[3] Dialectici quibusdam sermonum prolusionibus... sese exercebant... Laicus quidam, ex confessorum numero, recto ac simplici præditus sensu, cum dialecticis congreditur, hisque illos verbis compellavit. — Christus et apostoli non artem nobis dialecticam, neque inanem versutiam tradiderunt, sed apertam ac simplicem sententiam, quæ fide bonisque actibus custoditur. Quæ cum dixisset, omnes qui aderant, admiratione perculsi, ei assenserunt. (SOCRAT., *Hist. eccles.*, lib. I, cap. VIII, pag. 10.)

ornée de pierreries : il parut sans gardes et seulement accompagné de quelques chrétiens. Il ne s'assit sur un petit trône d'or au fond de la salle qu'après avoir ordonné aux Pères, qui s'étoient levés à son entrée, de reprendre leurs siéges. Il prononça une harangue en latin, sa langue naturelle et celle de l'Empire ; on l'expliquoit en grec. Le concile condamna la doctrine d'Arius malgré une vive opposition, promulgua vingt canons de discipline, et termina sa séance le vingt-cinquième d'août de cette même année 325.

Transportez-vous en pensée dans l'ancien monde pour vous faire une idée de ce qu'il dut éprouver, lorsqu'au milieu des hymnes obscènes, enfantines ou absurdes à Vénus, à Bacchus, à Mercure, à Cybèle, il entendit les voix graves chantant au pied d'un autel nouveau : « O Dieu, nous te louons ! ô Seigneur, « nous te confessons ! ô Père éternel, toute « la terre te révère ! » La prière latine composée pour les soldats n'étoit pas moins explicite que l'hymne de saint Ambroise et de saint Augustin [1].

L'esprit humain se dégagea de ses langes : la haute civilisation, la civilisation intellectuelle sortie du concile de Nicée, n'est plus retombée au-dessous de ce point de lumière. Le simple catéchisme de nos enfants renferme une philosophie plus savante et plus sublime que celle de Platon. L'unité d'un Dieu est devenue une croyance populaire : de cette seule vérité reconnue date une révolution radicale dans la législation européenne, longtemps faussée par le polythéisme, qui posoit un mensonge pour fondement de l'édifice social.

Cependant (telle est la difficulté de se tenir dans les régions de la pure intelligence !) tandis que le polythéisme et la religion corporelle tendoient à sortir des nations, ils y rentroient par une double voie : les philosophes, pour se rendre accessibles au vulgaire, inventoient les *génies* ; et les chrétiens, pour envelopper dans des signes sensibles la haute spiritualité, honoroient les *saints* et les *reliques*.

On a conservé le catalogue des prélats qui portèrent les décrets du concile aux diverses églises [1]. Les Germains et les Goths connoissoient la foi ; Frumence l'avoit semée en Éthiopie, une femme esclave l'avoit donnée aux Ibériens, et des marchands de l'Osroëne à la Perse. Tiridate, roi d'Arménie, professa le christianisme avant les empereurs romains.

Au surplus, Constantin se mêla trop des querelles religieuses où l'entraînèrent quelques femmes de sa famille, et les obsessions des évêques des deux partis. Après avoir exilé Arius, il le rappela, et bannit Athanase, qui remplaça Alexandre sur le siége d'Alexandrie. Arius expira tout à coup à Constantinople en rendant ses entrailles, lorsque Eusèbe de Nicomédie s'efforçoit de le ramener triomphant [2]. Le vieil évêque Alexandre avoit demandé à Dieu sa propre mort ou celle de l'hérésiarque, selon qu'il étoit plus utile à la manifestation de la vérité [3].

Constantin défit successivement les Sarmates et les Goths, et reçut des députations des Blemmyes, des Indiens, des Éthiopiens et des Perses. Il se déclara l'auxiliaire des Sarmates dans une guerre que ceux-ci eurent à soutenir

---

[1] Te solum agnoscimus Deum, te regem profitemur ; te adjutorem invocamus. Tui muneris est quod victorias retulimus, quod hostes superavimus : tibi ob præterita jam bona gratias agimus et futura a te speramus. Tibi omnes supplicamus, utque imperatorem nostrum Constantinum, una cum piissimis ejus liberis incolumem et victorem diutissime nobis serves, rogamus.

Hoc die solis a militibus muneris fieri, et hæc verba interprecandum ab iis proferri præcepit. (EUSEB. PAMPH. *de Vit. Const.*, lib. IV, pag. 443.)

[1] Hosius episcopus Cordulæ, sanctis Dei Ecclesiis quæ Romæ sunt, et in Italia et Hispania tota, et in reliquis ulterius nationibus usque ad Oceanum commorantibus, per eos qui cum ipso erant, romanos presbyteros Vitonem et Vincentium. (*Gelasii Cyziceni*, act. Concil. *Nicæn*., lib. III, pag. 807, *in Concil. gener. Eccles. cath.*, tom. I. Romæ, 1608.)

[2] Eusebianis satellitum instar eum stipantibus per mediam civitatem magnifice incedebat. (SOCRAT., *Histor. eccles.*, lib. I, cap. XXXVIII, pag. 65.)

[3] Cum orasset Alexander ac rogasset Dominum, ut aut ipsum auferret... Votum sane impletum est... nam Arius... crepuit. (EPIPHAN., *episc. Constantiæ, opus contra octoginta hæreses*, lib II, pag. 324. Parisiis, 1564.)

Petitio Alexandri erat hujusmodi : ut si quidem recta esset Arii sententia, ipse diem disceptioni præstitutum nusquam videret; sin vera esset ides quam ipse profiteretur, ut Arius impietatis pœnas lueret. (SOCRAT., lib. I, cap. XXXVII, pag. 64.)

contre les Goths ; puis il contracta une nouvelle alliance avec les derniers, qui s'engagèrent à lui fournir quarante mille soldats appelés *fœderati*, alliés [1]. Les Sarmates avoient armé leurs esclaves ; chassés par ces mêmes esclaves, ils sollicitèrent et obtinrent des terres dans l'Empire [2].

Sapor II, alors assis sur le trône de la Perse, portoit un nom fatal aux empereurs romains. Son père, Hormisdas II, laissa en mourant sa femme enceinte. Les mages déclarèrent qu'elle accoucheroit d'un fils ; ils mirent la tiare sur le ventre de cette reine, et l'embryon roi, Sapor, fut couronné dans les entrailles de sa mère [3]. Ce fut à ce prince que Constantin écrivit une lettre en faveur des chrétiens, lui rappelant la catastrophe de Valérien puni pour les avoir persécutés. Sapor se put souvenir de cette lettre lorsque Julien marcha contre lui. Le monarque des Perses avoit un frère aîné exilé, Hormisdas, que vous retrouverez à Rome.

Constantin, heureux comme monarque, n'échappa pas au malheur comme homme. Les calamités qui désolèrent la famille du premier auguste païen semblèrent se reproduire dans la famille du premier auguste chrétien.

De Minervine, sa première femme, Constantin avoit eu Crispus, prince de valeur et de beauté, élevé par Lactance. Soit que le fils de Minervine inspirât une passion à Fausta, sa marâtre, soit que Fausta fût jalouse pour ses propres enfants des grandes qualités de Crispus, elle l'accusa auprès de son mari [4], et renouvela la tragique aventure de Phèdre. Constantin fit mourir son fils, ainsi que le jeune Licinius son neveu, âgé de onze ans : Crispus eut la tête tranchée à Pôle, en Istrie [1]. Bientôt instruit par sa mère Hélène de l'innocence de Crispus, et des mœurs dépravées de Fausta, Constantin ordonna la mort de cette femme, qui fut étouffée dans un bain chaud [2]. Les chrétiens et les gentils jugèrent diversement ces actions : saint Chrysostome en conclut qu'il ne faut ni désirer la puissance, ni chercher d'autre félicité que celle de la vertu et du ciel [3]; le philosophe Sopâtre, consulté par Constantin, selon Zosime, déclara que la religion des Grecs n'avoit point d'expiation pour de pareils crimes [4]. Cependant l'idolâtrie avoit trouvé des dieux indulgents pour Néron et Tibère.

Est-il vrai que Constantin se repentit, qu'il passa quarante jours dans les larmes, qu'il éleva à Crispus une statue d'argent à tête d'or, avec cette inscription : « A mon fils malheureux, mais innocent [5] ? » L'autorité sur laquelle repose ce fait est suspecte. Dieu ne demandoit point à Constantin une statue de Crispus ; il lui demanda le reste de sa famille.

Constantin ne reçut le baptême que peu d'instants avant sa mort, à Achiron, près de Nicomédie. Il avoit témoigné le désir d'être baptisé dans les eaux du Jourdain, comme le Christ ; le temps lui manqua. Dépouillé de la

---

[1] Nam et dum famosissimam et Romæ æmulam in suo nomine conderet civitatem, Gothorum interfuit operatio, qui, fœdere inito cum imperatore, XL suorum millia illi in solatia contra gentes varias obtulere ; quorum et numerus, et millia usque ad præsens in republica nominantur, id est fœderati. (AMM., pag. 476 ; AUR. V., pag. 527 ; JORN. *de reb. Get.*, p. 640, cap. 221.)

[2] EUS., *Vit. Const.*, pag. 529 ; AMM., pag. 476 ; JORN., pag. 641.

[3] Qui, cum responderent masculam prolem parituram, nihil ultra morati sunt, sed, cidari utero imposita, embryum regem pronuntiarunt. (*Agatiæ scholast.*, lib. IV, pag. 135. Paris, 1670.)

[4] Crispum filium Cæsaris ornatum titulo quod in suspicionem venisset quasi cum Fausta noverca consuesceret, nulla ratione juris naturalis habita sustulit. (ZOSIM., *Hist.*, lib. II, pag. 34. Basileæ.)

[1] HIER., *Chr. Eutr.*, pag. 588 ; AMM., lib. XIV, pag. 29.

[2] Nam cum balneum accendi supra modum jussisset, eique Faustam inclusisset, mortuam inde extraxit. (ZOSIM., *Hist.*, lib. II, pag. 34. Basileæ.)

[3] Αὐτός δὲ ὁ νῦν χρυσῶν οὐχὶ ἐξ οὗ τὸ διάδημα περιέπετο ἐν πόνοις.... Ἀλλά οὐχ' ἡ βασιλεία τοιαύτη τῶν οὐρανῶν.
Aller vero qui nunc rerum potitur, nonne ex quo diadema gestat, perpetuo versatur in laboribus, molestiis, calamitatibus ?... At non hujusmodi cœlorum regnum (S. J. CHRYSOSTOM., *ad Phelip.*, homel. XV, tom. XI, pag. 319.)

[4] Ad flamines accedens, admissorum lustrationes poscebat : illis respondentibus non esse traditum lustrationis modum qui tam fœda piacula posset eluere. (ZOSIM., *Hist.*, lib. II, pag. 34. Basileæ.)

[5] Tandem permotus pœnitentia integros quadraginta dies illum luxit, tanta animi ægritudine, ut nunquam lavaret corpus, nec lecto recumberet. Præterea statuam ei posuit ex argento puro et ex parte inauratam præter caput, quod ex puro auro confectum erat : inscriptis in fronte his versibus : *Filius meus injuria affectus* (ὁ ἡδικημένος υἱὸς μοῦ). GEORG. CODIN., *de Antiquitatibus Constantinopolitanis*, pag. 54. Parisiis, 1650.

robe de pourpre pour quitter les royaumes de la terre, et revêtu de la robe blanche pour solliciter les grandeurs du ciel, le premier empereur chrétien expira à midi, le jour de la Pentecôte. Trois cent trente-sept ans s'étoient écoulés depuis que la religion chrétienne étoit née parmi des bergers dans une étable : Constantin la laissoit sur ce trône du monde dont elle n'avoit pas besoin.

* Constantin avoit eu trois frères de père, par Théodora, belle-fille de Maximien-Hercule; savoir : Dalmatius, Jules Constance, Annibalien.

Dalmatius mourut et laissa un fils de son nom, fait césar, et un autre fils, Claudius Annibalien, nommé roi du Pont et de l'Arménie.

Jules Constance eut de Galla, sa première femme, Gallus, et de Basiline, sa seconde femme, Julien. On ignore la postérité d'Annibalien, ou l'on n'en sait rien de précis.

Les frères, les neveux et les principaux officiers de Constantin furent massacrés après sa mort, à l'exception des deux fils de Jules Constance. Les causes de cette conspiration spontanée de l'armée et du palais, que rien n'avoit semblé présager, ne sont pas clairement expliquées : l'authenticité de l'écrit posthume de Constantin, et dans lequel il déclaroit à ses trois fils avoir été empoisonné par ses deux frères, est à bon droit suspecte. Constance immola-t-il à la seule fureur de son ambition ses deux oncles, sept de ses cousins, le patricien Optatus et le préfet Ablavius ? Mais il restoit à Constance des frères qui n'étoient pas alors en sa puissance. Julien, saint Athanase, saint Jérôme, Zosime, Socrate, autorités si contraires, se réunissent néanmoins pour charger sa mémoire [1]. Il est probable que ces meurtres furent le fruit de diverses passions combinées avec la politique du despote, qui enseigne à chercher le repos dans le crime. Le paganisme, l'hérésie, la turbulence militaire, trouvèrent des satisfactions et des vengeances dans cette extermination de la famille impériale.

L'empire demeura partagé entre les trois fils de Constantin : Constantin, Constance et Constant. Constantin et Constant prirent les armes l'un contre l'autre; Constantin périt auprès d'Aquilée [1], dès la première campagne; Constant, seul maître de l'Occident, fut attaqué par les Franks; et Libanius nous a laissé, à l'occasion de cette guerre, quelques détails sur les mœurs et le caractère de nos ancêtres [2].

Magnence, Barbare d'origine et chef des Joviens et des Herculéens, salué auguste par ses amis, obligea Constant à prendre la fuite, et le fit assassiner au pied des Pyrénées. Ce prince ne trouva qu'un seul homme qui voulût s'associer à sa mauvaise fortune : c'étoit un Frank nommé Laniogaise [3], plus fidèle au malheur des rois qu'à leur autorité.

L'unique fils de Constantin qui restât alors, Constance, après avoir mal combattu les Perses, après avoir dépouillé Véranion, usurpateur de la pourpre en Illyrie, après avoir refusé de traiter avec Magnence, vainquit celui-ci à Murza [4] : bientôt après il le réduisit à se tuer.

Avant d'obtenir ce succès, une faute avoit été commise; elle montre le degré de foiblesse et de misère auquel l'empire étoit déjà descendu : retenu en Orient par des affaires graves, Constance, lorsqu'il apprit la révolte des Gaules, invita les Allamans à passer le Rhin, afin d'arrêter les forces de Magnence. Les Allamans obéirent, et, depuis la source du Rhin jusqu'à son embouchure, ils occupèrent trente lieues de pays en largeur, sans compter celui qu'ils ravageoient.

Les panégyristes affirment que Constance, héritier de tous les états de son père, usa bien de sa victoire; les historiens assurent qu'il ne put porter sa fortune. Durant ces discordes, on

---

* Constance, empereur. Jules Ier. Libérius, papes. An de J.-C. 338-361.

[1] JULIAN., ad Athen., Ath. ad Solit., Vit. Agent., tom. 1, pag. 856; HIER., Chr.; ZOS., Hist., pag. 692; SOCR., Hist. eccl., lib. III, cap. I, pag. 165.

[1] EUTR.; AUREL. VICT., Epit.

[2] LIBAN., Orat. III, pag. 158.

[3] ZOS., lib. II, pag. 695; VICT. Epit.; EUTR., Hieron., Chr.; IDAC., Chr., an. 350; AMM., lib. XV, cap. v. Laniogaiso... solum adfuisse morituro Constanti supra retulimus.

[4] Il resta cinquante mille hommes sur le champ de bataille, selon Victor, et il prétend que les Romains ne se relevèrent jamais de cette perte.

voit des capitaines franks et des corps franks servir différents partis, des évêques aller d'un camp à l'autre en qualité d'ambassadeurs; à la bataille de Murza, l'empereur se retire dans une église pour prier; il eût mieux fait de combattre : ce n'est déjà plus le monde antique.

On fixe au règne de Constance le règne des eunuques, jusqu'alors abîmés sous le poids des édits. Ces hommes (excepté trois ou quatre, doués du génie militaire), en butte au mépris public, se réfugièrent dans les sentines du palais : trop dégradés pour les affaires publiques, ils s'enfoncèrent aux intrigues de la cour, et se dédommagèrent par la virilité de leurs vices de l'impuissance de leurs vertus. Eusèbe, eunuque, chambellan et favori de Constance, dans son triple état de bassesse, fit prononcer la sentence de mort de Gallus.

Gallus et Julien, neveux de Constantin et cousins de Constance, avoient, le premier douze ans, et le second six, quand arriva le massacre de la famille impériale. Marc, évêque d'Aréthuse, avoit sauvé Julien, qui fut caché dans le sanctuaire d'une église [1] : Gallus, épargné comme malade et près de mourir, ne sembla pas valoir la peine d'être tué.

L'enfance de ces deux princes fut environnée de soupçons et de périls; ils demeurèrent six ans enfermés dans la forteresse de Marcellum, ancien palais des rois de Cappadoce. Gallus à vingt-cinq ans, honoré du titre de césar par Constance, épousa la princesse Constantina, fille de Constantin-le-Grand, et veuve d'Annibalien, roi du Pont et de l'Arménie. Il établit sa résidence à Antioche, d'où il gouverna ce qu'on appeloit alors les cinq diocèses de la préfecture orientale.

Passé de la solitude à la puissance, Gallus transporta l'inquiétude et l'âpreté de la première dans la placidité et la modération nécessaires à la seconde : il devint un tyran bas et cruel, livré aux espions, espion lui-même. Il s'en alloit déguisé dans les lieux publics : son travestissement ne l'empêchoit pas d'être reconnu, car Antioche étoit éclairée la nuit d'une si grande quantité de lumières, qu'on y voyoit comme en plein jour [1], ce qui rappelle la police des villes modernes. Constantina, femme de Gallus, étoit encore plus que lui altérée de sang et de rapine : on l'accusoit de prendre en secret le titre d'*augusta* [2], dans l'intention de donner publiquement celui d'auguste à son mari.

Mandé à la cour de Milan après le massacre de deux ministres que lui avoit envoyés l'empereur, Gallus eut l'imprudence d'obéir [3]. La lettre qui l'appeloit étoit pleine de protestations d'amitié et de services. Il fut arrêté à Pettau, conduit à Flone en Istrie, dépouillé de la chaussure des césars, interrogé par l'eunuque Eusèbe, condamné à mort et exécuté non loin de Pôle, où vingt-huit ans auparavant Crispus avoit été décapité [4]. Que de têtes, l'effroi des peuples, furent abattues par le bourreau [5] !

Les Isaures et les Sarrasins désoloient l'Asie [6]; les Franks et les autres Germains continuoient leurs courses transrhénanes; Rome se souleveoit pour du vin au milieu de ses débauches et de ses spectacles [7]. Constantin et Constance singulièrement attachés aux Barbares, et les ayant promus à presque toutes les charges de l'état, il se trouva que Silvain, fils de Bonit, chef frank, commandoit l'infanterie romaine dans les Gaules : c'étoit un homme doux et de mœurs polies, quoique né d'un père bar-

---

[1] NAZ., orat. III, pag. 90; ROLL., XXII; MART. gr., pag. 46.

[1] Ubi pernoctantium luminum claritudo dierum solet imitari fulgorem. (AMM., lib. XIV, cap. 1.) De quelle manière Antioche étoit-elle éclairée? Le texte de l'historien ne l'explique pas. Ammien Marcellin, qui décrit minutieusement les machines de guerre, n'a pas cru devoir entrer dans le détail d'un usage journalier. Comme il est sujet à l'enflure du style, il ne faut pas prendre trop à la lettre la grande clarté dont il fait ici mention. Saint Jérôme (epist. XIV) parle des feux qu'on allumoit sur les places publiques, à la lueur desquels on se rassembloit, et l'on disputoit sur les intérêts du moment. Dum audientiam et circulum lumina jam in plateis accensa solverent, et inconditam disputationem nox interrumperet.

[2] PHILOSTORG., *Hist. eccles.*, lib. III, cap. CCXII.

[3] Constantina mourut en route à Céne, village de Bithynie.

[4] AMM., lib. XIV, cap. XI.

[5] Quot capita, quæ horruere gentes, funesti carnifices absciderunt!

[6] AMM., lib. XIV, pag. 5 et seq.

[7] *Id.*, *ibid.*

bare; *il savoit même souffrir*, dit l'histoire en parlant de lui. On l'accusa d'aspirer à la pourpre, et il étoit fidèle; la calomnie en fit un traître: il prit l'empire comme un abri. Vingt-huit jours après son usurpation, obligé de chercher un plus sûr asile, il n'eut pas le temps d'y entrer: il fut tué par ses compagnons lorsqu'il essayoit de se réfugier dans une église [1].

Alors les Franks, les Allamans, les Saxons, se précipitèrent de nouveau sur les Gaules, dévastèrent quarante villes le long du Rhin, se saisirent de Cologne, et la ruinèrent [2]. Les Quades et les Sarmates pilloient la Pannonie et la Haute-Mœsie [3]; les généraux de Sapor troubloient la Mésopotamie et l'Arménie: ce fut l'époque de l'élévation de Julien.

Jusqu'à l'âge de quinze ans, Julien reçut sa première éducation d'Eusèbe, évêque de Nicomédie, qui menoit à la cour l'intrigue arienne, et de l'eunuque Mardonius, personnage grave, Scythe de nation, grand admirateur d'Hésiode et d'Homère. Le futur apostat fut ensuite réuni à Gallus dans la forteresse de Marcellum: il apprit de bonne heure à se contraindre, et parut se plaire aux vérités de la foi. Lorsque Gallus eut été nommé césar, Julien obtint la permission de suivre ses études à Constantinople, sous la surveillance d'Hérébole, d'abord chrétien, puis infidèle avec son élève, puis chrétien encore après la mort de celui-ci [4]. Julien visita les écoles de l'Ionie: Constance même favorisoit les exercices de son cousin, dans l'espoir que les livres lui feroient oublier l'Empire; mais bientôt la supériorité de l'écolier, même dans les lettres, l'alarma.

Après la mort de Gallus, Julien, conduit à Milan, étroitement gardé pendant sept mois, fut enfin relégué à Athènes. Il y rencontra, avec saint Basile et saint Grégoire de Nazianze, une foule de rhéteurs qui achevèrent de le gagner à leurs doctrines: il prit toutes les allures du philosophe. Universellement instruit, sa mémoire égaloit son intelligence: il pensoit et il écrivoit en grec, mais il se servoit aussi du latin [1]. Les Gaules étant désolées par les Franks et les Allamans, l'impératrice Eusébie décida Constance à créer Julien césar, afin de l'opposer aux Barbares. Le disciple de Platon reçut la lettre qui l'appeloit au rang suprême comme un arrêt de mort: il leva les mains vers ce temple dont les admirables ruines ne semblent avoir été conservées qu'afin d'attester la beauté de l'ancienne liberté grecque à cette liberté renaissante. Julien monte à la citadelle, embrasse les colonnes du Parthénon, les mouille de ses larmes, implore la protection de la déesse. Il s'éloigne ensuite de l'immortelle cité, où des déclamateurs et des sophistes fouloient les cendres de Démosthène et de Socrate, mais où Minerve régnoit encore par le génie de Phidias et de Périclès.

Arrivé à Milan, il traça ces mots pour l'impératrice: « Puisses-tu avoir des enfants! que « Dieu t'accorde ce bonheur et d'autres prospé- « rités! mais, je t'en conjure laisse-moi retour- « ner à mes foyers [2]. » C'étoit ainsi que Julien appeloit la Grèce. Le billet écrit, il n'osa l'envoyer, arrêté qu'il fut, dit-il, par les menaces des dieux: l'apostat prit la voix de l'ambition pour l'ordre du Ciel.

Les officiers du palais s'emparèrent de l'étudiant d'Athènes, le dépouillèrent du manteau et de la barbe du philosophe, et le revêtirent de l'habit du soldat. Il a peint lui-même sa gaucherie dans ce nouvel accoutrement, son embarras à la cour et les railleries des eunuques [3]. La dernière partie de l'éducation de Julien avoit été populaire; il assistoit aux cours des rhéteurs à Constantinople, comme les autres élèves: en se plongeant dans les mœurs publiques, il y puisa des enseignements qui manquent à l'éducation privée des princes.

Constance, le sixième jour de novembre, l'an de Jésus-Christ 355, ayant assemblé à Mi-

---

[1] Amm., lib. XV, cap. v; Aur. Vict., *Epit.*; Eutra., *Hier. Chr.* Selon Ammien, Silvain étoit déjà retiré dans une petite chapelle chrétienne; on l'en arracha tout tremblant pour le massacrer. Silvanum extractum aedicula, quo exanimatus confugerat, ad conventiculum ritus christiani tendentem, densis gladiorum ictibus trucidarunt.
[2] Zosim., lib. III, pag. 702; Amm., lib. XV.
[3] Zosim., lib. III, pag. 702.
[4] Amm., lib. XV, cap. xii.

[1] Epist. IX, LVI, or. III; Eutrop., lib. XV; Eunap., *Vit. Max.*, lib. or. X; Socr., lib III.
[2] Ad Ath.
[3] Julian, ad Ath.

lan les légions, proclama Julien césar. L'orphelin dans la pourpre, au milieu des meurtriers de sa famille, répétoit tout bas un vers d'Homère : « La mort *pourprée* et son invincible destin l'enlevèrent. »

Après avoir épousé Hélène, sœur de l'empereur, Julien partit pour son gouvernement des Gaules, auquel on avoit ajouté la Grande-Bretagne, et peut-être l'Espagne[1]. Eusébie lui donna des livres, ses conseillers; Constance, des valets, ses maîtres[2]. Tenu dans une tutelle jalouse, il ne pouvoit ni prendre seul une résolution, ni intimer un ordre, ni changer un domestique : tout étoit réglé dans son intérieur par les ordres de Constance, jusqu'aux mets de sa table; aucune lettre ne lui parvenoit qu'elle n'eût été lue : il se sevroit de la compagnie de ses amis dans la crainte de les compromettre et de s'exposer lui-même à sa perte. A peine mit-on à sa disposition quelques soldats[3]. Sa seule consolation, en entrant dans le pays ravagé que l'on confioit à son inexpérience, fut de rencontrer une vieille femme aveugle, qui le salua du nom de restaurateur des temples[4].

Durant les cinq années que Julien gouverna les Gaules, il courut d'une ville à l'autre, d'Autun à Auxerre, d'Auxerre à Troyes, de Troyes à Cologne, de Cologne à Trèves, de Trèves à Lyon : on le voit assiégé dans la ville de Sens; on le voit passant le Rhin cinq fois, gagnant la bataille de Strasbourg sur les Allamans, faisant prisonnier Chrodomaire, le plus puissant de leurs rois, rétablissant les cités, punissant les exacteurs, diminuant les impôts, et enfin, ce qui nous intéresse par les liens du sang, soumettant les Camaves et les Franks Saliens : on commence à vivre avec les Franks au milieu de la future France. Julien avoit écrit ses guerres des Gaules : cet ouvrage, que l'on mettoit auprès des *Commentaires de César*, est malheureusement perdu ; il auroit jeté une vive lumière sur l'histoire obscure de nos aïeux au quatrième siècle.

Julien passa au moins à Lutèce les deux hivers de 358 et de 359. Il aimoit cette bourgade, qu'il appeloit sa *chère Lutèce*[1], et où il avoit rassemblé, autant qu'il avoit pu au milieu de ses entreprises militaires, des savants et des philosophes. Oribase le médecin, dont il nous reste quelques travaux, y rédigea son *abrégé* de Galien : c'est le premier ouvrage publié dans une ville qui devoit enrichir les lettres de tant de chefs-d'œuvre.

On se plaît à rechercher l'origine des grandes cités, comme à remonter à la source des grands fleuves : vous serez bien aise de relire le propre texte de Julien :

« Je me trouvois, pendant un hiver, à ma
« chère Lutèce[2] (c'est ainsi qu'on appelle dans
« les Gaules la ville de Parisii). Elle occupe
« une île au milieu d'une rivière; des ponts
« de bois la joignent aux deux bords. Rare-
« ment la rivière croît ou diminue; telle elle
« est en été, telle elle demeure en hiver : on
« en boit volontiers l'eau très-pure et très-
« riante à la vue[3]. Comme les Parisii habitent
« une île, il leur seroit difficile de se procurer
« d'autre eau. La température de l'hiver est
« peu rigoureuse, à cause, disent les gens du
« pays, de la chaleur de l'Océan qui, n'étant
« éloigné que de neuf cents stades, envoie un air

---

[1] Amm., lib. XX; Zosim., lib. III.
[2] Julian., ad Ath., or. III.
[3] Amm., lib. XVII, XX, XXI, XXII; Zosim., lib. III; Liban., or. XII; Julian., ad Ath.
[4] Tunc anus quædam orba luminibus, cum, percontando quinam esset ingressus, Julianum Cæsarem comperisset, exclamavit, hunc deorum templa reparaturum.

---

[1] Φίλην Λευκετίαν. *Caram Luteliam.*
[2] ΜΙΣΟΠΩΓΩΝ Η ΑΝΤΙΟΧΙΚΟΣ. Julian., *Op.*, p. 340, D. Lipsiæ, 1696.
[3] Tout cela s'accorde peu avec ce que nous voyons aujourd'hui, excepté ce qui concerne la salubrité de l'eau. Même à l'époque dont parle Julien, les débordements de la Seine étoient assez fréquents. Si Julien étoit né à Rome, ou même s'il eût jamais vu le Tibre, la Seine auroit pu lui paroître limpide en comparaison de ce fleuve (*flavus Tiberis*). Il est vrai que, dans l'Ionie, Julien n'avoit rencontré que l'Hermus (*turbidus Hermus*); il n'avoit trouvé à Athènes que deux ruisseaux; et l'Éridan, dans la Lombardie, laissoit encore l'avantage à la Seine pour la clarté de l'eau. Mais enfin Julien avoit habité les rives du lac de Cosme; il avoit vu les autres fleuves de la Gaule, les rivières de la Cappadoce; il écrivoit le *Misopogon* aux bords de l'Oronte, et bientôt ses cendres devoient reposer sur ceux du Cydnus : comment donc la Seine lui paroissoit-elle si limpide? La Marne, comme on l'a cru, couloit-elle au-dessous de Paris?

« tiède jusqu'à Lutèce : l'eau de mer est en ef-
« fet moins froide que l'eau douce. Par cette
« raison, ou par une autre que j'ignore, les
« choses sont ainsi [1]. L'hiver est donc fort doux
« aux habitants de cette terre ; le sol porte de
« bonnes vignes ; les Parisii ont même l'art
« d'élever des figuiers [2] en les enveloppant de
« paille de blé comme d'un vêtement, et en
« employant les autres moyens dont on se sert
« pour mettre les arbres à l'abri de l'intempé-
« rie des saisons.

« Or, il arriva que l'hiver que je passois à
« Lutèce fut d'une violence inaccoutumée : la
« rivière charrioit des glaçons comme de car-
« reaux de marbre : vous connoissez les pierres
« de Phrygie ? tels étoient, par leur blancheur,
« ces glaçons bruts, larges, se pressant les uns
« les autres, jusqu'à ce que, venant à s'agglo-
« mérer, ils formassent un pont [3]. Plus dur
« à moi-même, et plus rustique que jamais, je
« ne voulus point souffrir que l'on échauffât, à
« la manière du pays, avec des fourneaux, la
« chambre où je couchois [4]. »

Julien raconte qu'il permit enfin de porter
dans sa chambre quelques charbons dont la
vapeur faillit l'étouffer.

Il y avoit à Lutèce des thermes construits
sur le modèle de ceux de Dioclétien à Rome :
on croit que Julien et Valentinien Ier y demeurèrent ; Ammien en parle assez souvent. Il est
probable que ces thermes étoient bâtis avant
l'arrivée de Julien dans les Gaules, peut-être
du temps de Constantin ou de Constance-
Chlore. D'autres ont pensé, mal à propos, que
Julien occupoit dans l'île un palais élevé sur
le terrain où fut construit depuis le palais de
nos rois. On voyoit encore à Lutèce un champ
de Mars et des arènes : celles-ci devoient se
trouver du côté de la porte Saint-Victor : c'est
ce qui résulte de quelques titres du treizième
siècle [1]. La flotte chargée de garder la Seine
étoit stationnée chez les Parisii ; elle avoit
vraisemblablement pour bassin l'espace que
couvre aujourd'hui la nef gothique de Notre-
Dame [2].

Tandis que Julien habitoit la petite et naissante Lutèce, Constance visitoit la grande et
mourante Rome, qui n'avoit jamais vu cet empereur des Romains.

Il existoit sans doute à Rome quelque vieillard à qui, dans son enfance, son aïeul avoit
raconté l'entrée d'un prêtre de Syrie, Élagabale, sautant avec la pourpre au milieu des eunuques et des danseuses, devant une pierre
triangulaire consacrée au Soleil : voici venir
dans une pompe triomphale pour un succès
obtenu sur des Romains [3], voici venir une espèce d'idole chrétienne, Constance, pareillement environné d'eunuques, mais immobile
sur un haut char éclatant de pierreries, les yeux
fixes, ne se remuant ni pour cracher, ni pour se
moucher, ni pour s'essuyer le front ; baissant
seulement quelquefois sa courte stature afin de
passer sous de hautes portes [4]. Autour de lui

---

[1] L'observation des Gaulois-Romains étoit juste : les
hivers sont plus humides, mais moins froids aux bords
de la mer que dans l'intérieur des terres.

[2] On voit que le climat de Paris n'a guère changé. Il
y a longtemps que l'on cultive la vigne à Suresne. Julien ne se piquoit pas de se connoitre en bon vin ; il
préféroit, dit-il, les Nymphes à Bacchus. Quant aux
figuiers, on les enterre et on les empaille encore à Ar-
genteuil.

[3] Julien peint très-bien ce que nous avons vu ces derniers hivers. Les glaçons que la Seine laisse sur ses
bords, après la débâcle, pourroient être pris pour des
blocs de marbre.

[4] Ces fourneaux étoient apparemment des poêles. Il
faudroit aussi conclure du charbon que Julien fit porter dans sa chambre, que l'on n'échauffoit pas les appartements avec du bois, soit qu'il fût rare dans les environs de Paris, ou qu'on préférât l'usage des fourneaux.
Les Romains, comme on peut s'en assurer par ce qui
nous reste de leurs constructions domestiques, avoient
porté l'art d'échauffer leurs maisons au plus haut degré
de raffinement.

[1] D.-T. DU PLES., *Nouv. Ant. de Paris*; BREUL.,
Ant. de Paris.

[2] *Præfectus classis Andericianorum Parisiis.* Notit.
Imper. — Mézerai, dont la lecture et la critique doivent être suivies avec précaution, conjecture que cette
flotte se tenoit à Andresy, vers le confluent de l'Oise et
de la Seine, parce que les matelots qui montoient cette
flotte sont nommés dans la notice *Andériciens*. On
jugera de la force de l'argument. (*Histoire de France
avant Clovis*, liv. III.) J'ai suivi l'opinion de l'abbé
Dubos.

[3] La défaite de Magnence.

[4] *Corpus perhumile curvabat portas ingrediens cel-
sas et velut collo munito rectam aciem luminum ten-
dens nec dextra vultum. nec læva flectebat tanquam
figmentum hominis: non cum rota concuteret nutans,
nec spuens, aut os aut nasum tergens vel fricans, ma-
numve agitans visus est nunquam.* (AMM., lib. XVI,
cap. x.)

flottoient, au bout de longues piques dorées, des étendards de pourpre découpés en forme de dragons, dont les queues effilées sifiloient dans les vents. Des gardes superbement armés, des cavaliers couverts de fer, ressemblant non à des hommes, mais à des statues polies par la main de Praxitèle[1], l'environnoient. En approchant de Rome, Constance rencontra les patriciens, le sénat, qu'il ne prit pas, comme Cinéas, pour une assemblée de rois, mais pour le conseil du monde[2]; il crut, en voyant les flots de la foule, que le genre humain étoit accouru à Rome[3].

Lorsqu'il eut pénétré jusqu'aux Rostres, il demeura stupéfait au souvenir de l'ancienne puissance du Forum[4]. De là l'auguste oriental alla descendre à l'ancien palais d'Octave, qui n'avoit ni marbre ni colonne, et dans lequel le fondateur de l'Empire, l'ami d'Horace, habita quarante ans la même chambre hiver et été[5].

Ammien Marcellin, dont ces détails sont empruntés, nous peint ensuite deux choses considérables : une partie des édifices de Rome, tels qu'ils existoient de son temps, l'étonnement de Constance à la vue de ces édifices. Que d'événements étoient survenus, que de jours s'étoient écoulés, pour que le maître de l'Empire romain ne fût qu'un étranger dans la capitale de cet Empire ! pour qu'il demeurât muet d'admiration au milieu des ouvrages de tant de génies, de tant de fortunes, de tant de siècles, de tant de liberté et d'esclavage, comme un voyageur qui rencontreroit aujourd'hui Rome tout entière dans un désert ! Mais ces monuments des mœurs vivantes d'un peuple ne vivent point eux-mêmes ; leurs masses insensibles ne purent s'émerveiller de la petitesse de Constance, comme ils s'ébahissoient de leur grandeur.

Il est un certain travail du temps qui donne aux choses humaines le principe d'existence qu'elles n'ont point en soi ; les hommes cessent, et ne sont rien par eux-mêmes, mais leurs vies mises bout à bout, leurs tombeaux rangés à la file, forment une chaîne dont la force augmente en raison de la longueur. De ces néants réunis se compose l'immortalité des empires. Le nom de Rome étoit la seule puissance qui restât à vaincre aux Barbares. Rome, quoique habitée d'une foule innombrable, n'étoit plus réellement défendue que par les souvenirs de quelques vieux morts. Constance visita curieusement cette cité, dont il empruntoit l'autorité qu'on vouloit bien encore passer à sa pourpre. Il harangua le sénat et le peuple. Qu'eût répondu Marius, s'il eût mis la tête hors de sa tombe?

En parcourant les sept collines couvertes de monuments sur leurs pentes et sommets, l'empereur se figuroit à chaque pas que l'objet qu'il venoit de voir étoit inférieur à celui qu'il voyoit[1]. Le temple de Jupiter-Tarpéien, les bains, pareils à des villes de province, la masse de l'amphithéâtre, bâti de pierres tiburtines, et dont les regards se fatiguoient à mesurer la hauteur, la voûte du Panthéon suspendue comme le ciel, les colonnes couronnées des statues des empereurs, et dans lesquelles on montoit par des degrés, la place et le temple de la Paix, le théâtre de Pompée, l'Odéon, le Stade, magnifiques ornements de la ville éternelle[2]. Mais au Forum de Trajan, Constance

---

[1] Limbis ferreis cincti, ut Praxitelis manu polita crederes simulacra, non viros. (AMM. lib. XVI, cap. x.)

[2] Non ut Cineas ille, Pyrrhi legatus, in unum coactam multitudinem regum , sed asylum mundi totius adesse existimabat. (*Id., ibid.*)

[3] Stupebat qua celeritate omne quod ubique est hominum genus confluxerit Romam. (*Id., ibid.*)

[4] Proinde Romam ingressus, imperii virtutumque omnium larem, cum venisset ad Rostra, perspectissimum priscæ potentiæ Forum obstupuit. (*Id., ibid.*)

[5] Ammien a seulement *in palatium receptus*. Je me range à l'opinion de Gibbon, qui veut que ce soit l'ancien palais d'Auguste, dont Suétone dit :
Ædibus modicis neque laxitate neque cultu conspicuis, ut in quibus porticus breves essent, albanarum columnarum, et sine marmore ullo, aut insigni pavimento conclavia, ac per annos amplius quadraginta eodem cubiculo hieme et æstate mansit. (C. SUETON. TRANQ. *Octav.*, pag. 109. Antuerpiæ.)

[1] Deinde intra septem montium culmina, per acclivitates planitiemque posita urbis membra collustrans et suburbana, quidquid viderat primum, id eminere inter alia cuncta sperabat. (AMM.)

[2] Jovis Tarpeii delubra quantum terrenis divina præcellunt : lavacra in modum provinciarum exstructa : amphitheatri molem solidatam lapidis tiburtini compage, ad cujus summitatem ægre visio humana conscendit : Pantheum velut regionem teretem, speciosa celsitudine fornicatam ; elatosque vertices qui scansili suggestu consurgunt, priorum principum imitamenta portantes, et urbis templum, forumque Pacis, et Pom-

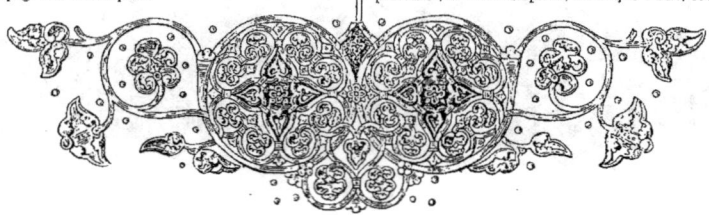

s'arrêta confondu promenant ses regards sur ces constructions gigantesques que, dans leur ineffable beauté, l'historien déclare ne pouvoir décrire[1].

Le grand roi, le monarque légitime de la Perse, le frère aîné de ce Sapor II, si funeste à Julien et à l'Empire romain, Hormisdas étoit réfugié dans cet Empire. Il accompagnoit Constance dans sa visite de Rome. L'empereur, se tournant vers son hôte, lui dit : « Si je ne puis « reproduire en entier ce Forum, j'espère du « moins faire imiter le cheval de la statue « équestre du prince. » — « Tu le peux, dit « Hormisdas; mais bâtis d'abord une sembla- « ble écurie, afin que ton cheval y soit à l'aise « comme celui que nous voyons[2]. »

Ce même exilé, interrogé sur ce qu'il pensoit de Rome : « Ce qui m'y plaît, répondit-il, « c'est que les hommes y meurent comme ail- « leurs[3]. »

Hormisdas suivit Julien dans son expédition contre les Perses, et s'entendit appeler traître par un officier de Sapor, lequel Sapor occupoit, contre le droit, le trône de son frère. Hormisdas vit mourir Julien; il avoit vu passer Constantin et Constance : il laissa un fils, que Théodose Ier chargea de conduire une troupe de Goths en Égypte. Le dernier successeur du héros macédonien qui renversa l'ancien empire de Cyrus, Persée, détrôné, vint mourir greffier parmi ses vainqueurs; l'héritier du nouvel empire des Perses, rétabli sur les ruines de celui d'Alexandre, vint chercher un abri dans les palais croulants des césars. Au lieu d'assister à l'histoire de son propre pays, Hormisdas fut un témoin des Parthes, envoyé pour assister à l'inventaire des monuments romains mis à l'encan des nations, et pour certifier véritable la chute de Rome. Vous ne savez pas tout : Hormisdas, nourri par les mages, étoit chrétien.

Ainsi vont les choses et les hommes dans l'enchaînement des conseils éternels[1].

Constance déclara que la renommée, coutumière de mensonge, de malignité, et toujours d'exagération, étoit restée, dans ce qu'elle racontoit de Rome, fort au-dessous de la vérité[2]. Il y voulut laisser quelques traces de son passage; mais, sentant sa propre impuissance, il emprunta à la terre des tombeaux une parure funèbre pour la reine expirante du monde. L'obélisque du temple d'Héliopolis, que Constantin avoit projeté de transporter à Constantinople, fut envoyé du Nil au Tibre, et élevé à Rome dans le grand cirque. Depuis, Sixte-Quint en décora la place de Saint-Jean-de-Latran. On peut voir encore aujourd'hui debout ce monument d'un Pharaon, d'un empereur et d'un pape également tombés[3].

Constance, auquel il manquoit, selon Libanius, le cœur d'un prince et la tête d'un capitaine; ce souverain, qui passa son règne dans les transes des discordes civiles et d'une guerre peureuse contre Sapor, se donnoit encore l'embarras des querelles ecclésiastiques. Sa cour étoit arienne : dans les conciles de Séleucie et de Rimini, il embrassa lui-même le parti des

---

pei theatrum, et Odeum, et Stadium, aliaque inter hæc decora urbis æternæ. (Amm., lib. XVI, cap. x.)

[1] Ut opinamur... nec relatu ineffabiles, nec rursus mortalibus appetendos. (*Id., ibid.*)

[2] Ante, imperator, stabulum tale condi jubeto, si vales; equus quem fabricare disponis, ita late succedat, ut iste quem videmus. (*Id., ibid.*)

[3] Id tantum sibi placuisse quod didicisset ibi quoque homines mori. (*Id., ibid.*)

J'ai suivi particulièrement Zosime pour l'histoire d'Hormisdas; mais Zonare, Agathias et Albufarage (*ex arabico latine reddita Historia*) diffèrent de Zosime en plusieurs points.

[1] Imperator de fama querebatur ut invalida vel maligna, quod augens omnia semper in majus, erga hæc explicanda quæ Romæ sunt obsolescit. (Amm., lib. XVI, cap. x.)

[2] Constance avoit voulu faire transporter à Constantinople un autre obélisque; Julien reprit ce projet; il en écrivit aux Alexandrins, leur proposant, en échange de l'obélisque, une statue colossale qui venoit d'être achevée, et qui vraisemblablement étoit la sienne. Julien ajoute que des solitaires se tenoient sur la pointe de cet obélisque, que d'autres personnes y dormoient au milieu des immondices, et y commettoient des infamies. Il veut donc, dit-il, détruire à la fois cette superstition et cette honte : il prétend que les Alexandrins auront un grand plaisir à reconnoître de loin, en arrivant à Constantinople, le présent dont ils auront embelli la ville natale de l'apostat. On croit que cet obélisque, transporté à Constantinople par Julien ou par Valens, fut élevé par Théodose dans l'Hippodrome. L'édition allemande dont je me sers n'a point la fin de cette lettre aux Alexandrins sous le n° 58. Cette fin, retrouvée par Muratori, a été transportée des *Anecdotes grecques* dans la *Bibliothèque grecque* de Fabricius.

Ariens. A la sollicitation de Constant, son frère, il avoit d'abord rappelé Athanase de son premier exil; il le maintint encore sur son siége, après la déposition prononcée au concile arien d'Antioche; mais il l'abandonna au troisième concile de Milan. Il y eut des évêques bannis, intrus, catholiques, ariens, semi-ariens. Le premier concile de Paris ou de Lutèce se tint alors[1], et se déclara catholique sous la protection de Julien, qui méditoit au même lieu le rétablissement du paganisme. Saint Hilaire de Poitiers, exilé en Orient, trouva les mêmes désordres en rentrant dans son église. Il écrivit contre l'empereur Constance : « Vous saluez « les évêques du baiser par lequel Jésus-Christ « fut trahi; vous courbez la tête pour recevoir « leur bénédiction, et vous foulez aux pieds « leur foi. » Lucifer de Cagliari, plus hardi encore, menace du glaive de Matathias et de Phinées Constance infidèle. Saint Martin, qui commençoit à paroître, servit d'abord comme soldat dans les troupes de l'apostat, et donna naissance au premier monastère des Gaules, Lugugiacum ou Ligugé, à deux lieues de Poitiers. Pacôme, Hilarion, Macaire, avoient succédé à saint Antoine et à saint Paul, et saint Basile méditoit déjà la règle qui devoit gouverner dans l'Orient un peuple de solitaires.

La turbulence et la légèreté de Constance ruinoient l'empire en convocations de conciles, transports d'évêques par les voitures et les chevaux des postes impériales[2]. Ses profusions augmentoient sa convoitise; il portoit des sentences injustes, et la torture arrachoit des mensonges qu'il transformoit en vérités[3]. Au lieu d'employer son autorité à éteindre les disputes religieuses, il les enflammoit par sa manie d'argumenter et par les rêveries mystiques des femmes et des eunuques.

Les papes Jules et Libère s'étoient déclarés successivement à Rome pour saint Athanase, bien que Libère eût d'abord été foible, et que saint Hilaire l'eût anathématisé. Libère, persécuté, se cacha dans les cimetières autour de la ville, fut enlevé, conduit à Milan, où l'empereur l'interrogea. Il défendit Athanase, et répondit à Constance qui l'accusoit de soutenir seul un impie : « Quand je serois seul, la foi ne « succomberoit pas[1]. » Exilé à Bérée, dans la Thrace, il refusa l'argent que l'empereur, l'impératrice et l'eunuque Eusèbe lui offroient. « Tu as rendu désertes les églises du monde, « dit-il au dernier, et tu m'offres une aumône « comme à un criminel[2]! » Félix, archidiacre de l'Église romaine, devint l'anti-pape arien.

Le séjour de Constance à Rome eut lieu à l'époque de la plus grande chaleur des partis attachés à Félix et à Libère Les matrones romaines catholiques se présentèrent à l'empereur dans la magnificence accoutumée de leur parure, le suppliant de rendre au troupeau le pasteur absent. L'empereur consentit à rappeler Libère, pourvu qu'il gouvernât l'Église en commun avec Félix. Cette résolution fut lue dans le Cirque au peuple assemblé : les deux factions païennes, qui se distinguoient par leurs couleurs, dirent, en se moquant, qu'elles auroient chacune leur pasteur; puis la foule chrétienne fit entendre cette acclamation : Un Dieu! un Christ! un évêque[3]! Naguère cette même foule s'écrioit : Les chrétiens aux bêtes !

Au milieu de cette confusion, Constance, retourné en Orient[4], et devenu jaloux des triomphes de Julien, songea à l'affoiblir en lui demandant la plus grande partie de son armée, sous le prétexte de continuer la guerre contre Sapor. Julien pressa ses troupes, ou feignit de les presser de partir. C'est la première grande scène militaire dont Paris ait été témoin.

Assis sur un tribunal élevé aux portes de

---

[1] Hier., *de Scriptor. eccles.*; Rufin., *pro Orig.*; Hilarii *Fragmenta a Pithœo ed.*
[2] Amm., Marcell., lib. XXI, cap. XVI.
[3] *Id., ibid.*

[1] Imperator Liberio dixit : Quota pars es orbis terrarum, ut tu solus homini impio suffragari velis?... Liberius dixit : Etiamsi solus sim, fidei causa non idcirco minuitur. (Parisiis, 1685 ; Theodor., *Hist. eccles.*, lib. II, cap. XVI, pag. 94.)
[2] Ecclesias orbis terrarum vacuas ac desertas fecisti, et mihi tanquam noxio eleemosynam adfers ! (*Id.*, pag. 95.)
[3] Unus Deus, unus Christus, unus Episcopus. (Theodoret., lib. II, pag. 96.)
[4] Je ne parle point de l'autel de la Victoire que Constance fit ôter du sénat, et qui y fut replacé vraisemblablement par Julien. Il en sera question sous Théodose 1er.

Lutèce, Julien invite les soldats à obéir aux ordres d'Auguste : les soldats gardent un silence morne et se retirent à leur camp. Julien caresse les officiers, leur témoigne le regret de se séparer de ses compagnons d'armes sans les pouvoir récompenser dignement. A minuit les légions se soulèvent, sortent en tumulte du banquet donné pour leur départ, environnent le palais, et, tirant leurs épées à la lueur des flambeaux, s'écrient : Julien auguste [1] !

Il avoit ordonné de barricader les portes, elles furent forcées au point du jour. Les soldats se saisissent du césar, le portent à son tribunal aux cris mille fois répétés de Julien auguste ! Julien prioit, conjuroit, menaçoit ses violents amis, qui, à leur tour, lui déclarèrent qu'il s'agissoit de la mort ou de l'empire : il céda. Une acclamation le salua maître ou compétiteur du monde. Il fut élevé sur un bouclier [2] comme un roi frank, et couronné comme un despote asiatique : le collier militaire d'un hastaire [3] lui servit de diadème, car il refusa d'user à cette fin (étant chose de mauvais augure) d'un collier de femme [4] ou d'un ornement de cheval que lui présentoient les soldats.

Afin qu'il ne manquât rien d'extraordinaire à l'avénement du restaurateur de l'idolâtrie, Julien écrivit au peuple et au sénat athénien (Ad S. P. Q. Ath.) la relation de ce qui s'étoit passé à Lutèce. Il adressa des lettres explicatives à Constance, lui demandant la confirmation du titre d'auguste. Pour trouver un second exemple d'un empereur proclamé à Paris, il faut passer de Julien à Napoléon. Après des négociations inutiles, Constance rejeta les prières de son rival ; il lui enjoignit de quitter la pourpre, non sans le traiter d'ingrat : « Rappelle-toi que je t'ai protégé alors que tu étois « orphelin. » — « Orphelin ! dit Julien dans sa réponse à Constance ; le meurtrier de ma fa-« mille me reproche d'avoir été orphelin [1] ! »

Julien rassemble à Lutèce le peuple et l'armée, leur communique les messages venus d'Orient, et leur demande s'il doit abdiquer le titre d'auguste. Un grand bruit s'élève avec ces paroles : « Sans Julien auguste, la puis-« sance est perdue pour les provinces, les sol-« dats et la république [2]. »

Le questeur Léonas fut chargé de porter la réponse publique à son maître, avec une lettre particulière remplie de la colère et du mépris de Julien.

Décidé à marcher sur l'Orient, Julien part avec trois mille soldats ; il étoit à peine suivi de trente mille autres. Tout s'épouvante : Taurus, préfet d'Italie, s'enfuit ; Florent, préfet de l'Illyrie, s'enfuit ; Nébridius, préfet du prétoire en Occident, demeure seul fidèle à Constance ; il perd une main d'un coup d'épée, et Julien refuse de serrer la noble main qui reste à Nébridius [3].

Le nouvel auguste descend le Danube, tantôt côtoyant ses bords, tantôt s'abandonnant à son cours ; Sirmium, capitale de l'Illyrie occidentale, le reçoit ; il se saisit du pas de Suques, entrée de la Thrace, et s'arrête pour attendre son armée [4].

Il tourne alors le visage au passé et le dos à l'avenir, et, se préparant la triste gloire d'avoir été le premier prince apostat, il abjure publiquement le christianisme ; il déclare qu'il confie sa vie et sa cause aux cieux immortels, fait rouvrir à grand bruit les portes des temples, efface l'eau du baptême par la cérémonie du taurobole : une seule des divinités évoquées apparut un moment à la fumée des sacrifices de Julien, la Victoire.

Les soldats qui l'accompagnoient, brandissant leurs épées au-dessus de leur tête, ou tournant la pointe de ces épées contre leurs poitrines, avoient juré de mourir pour lui : cependant plusieurs d'entre eux étoient chré-

---

[1] Augustum Julianum horrendis clamoribus concrepabant. (Amm., lib. XX, cap. iv.)
[2] Impositusque scuto pedestri. (Id., ibid.) Libanius s'écrie : O felix scutum, in quo solemnis inaugurationis mos peractus est, omni tibi tribunali convenientius !
[3] Il se nommoit Maurus.
[4] Le texte parle aussi en particulier d'une parure de tête de sa femme : Uxoris colli vel capitis.

[1] Julian., Orat. ad S. P. O. Athen ; Liban., Orat. parent.; Zonar., lib. XIII.
[2] Auguste Juliane, ut provincialis, et miles, et reip. decrevit auctoritas. (Amm., lib. XX, cap. xi.)
[3] Amm., lib. XXI ; Liban., Orat. parent.
[4] Mamert., Paneg.; Liban., Orat.

tiens ; mais Julien les avoit trompés. Avant de quitter les Gaules, il étoit entré le jour de l'Épiphanie dans l'église de Vienne, et y avoit fait sa prière. Ammien Marcellin affirme qu'en ce moment même il professoit secrètement le paganisme [1]. Qu'est-ce donc que le parjure avoit dit à Vienne au Dieu des chrétiens?

Constance se préparoit à repousser l'invasion : il meurt à Mopsucrène, en Cilicie, après avoir été baptisé par Euzoïus, de la communion arienne. Le sénat de la nouvelle capitale se range du côté de la fortune ; Julien entre dans sa ville natale [2]; que Constance, dit-il, aimoit comme sa sœur, et que lui Julien aimoit comme sa mère [2]. Constantinople chrétienne reçoit l'idolâtrie ainsi que Rome païenne avoit reçu l'Évangile.

Une commission établie à Calcédoine jugea les ministres de Constance : Paul, Apodème et l'eunuque Eusèbe furent justement punis ; d'autres subirent injustement la mort et l'exil.

La cour éprouva une réforme totale : on congédia des milliers de cuisiniers et de barbiers. Un de ces derniers se présente superbement vêtu pour couper les cheveux au successeur de Constance. « Je n'ai pas demandé un trésorier, dit Julien, mais un barbier [3]. » Les *agents*, au nombre de plus de dix mille, furent réduits à dix-sept, les *curieux* et autres espions abolis.

Maintenant il convient de connoître plus intimement l'homme qui a pris dans l'histoire une place tout à part, en opposant son génie et sa puissance à la transformation sociale dont les peuples modernes sont sortis.

---

[1] Adhærere cultui christiano fingebat a quo jampridem occulte desciverat. (Lib. XX.)
  Julien, emp. Dumas, pape. An de J.-C. 360-363.
[2] Ὁ μὲν γὰρ αὐτὴν ὡς ἀδελφὴν ἐγὼ δὲ ὡς μητέρα φιλῶ. (JULIAN., *Epist.* 58.)
[3] Ego non rationalem jussi, sed tonsorem acciri.

SECONDE PARTIE.

DE JULIEN A THÉODOSE Ier.

ORSQUE Julien fut relégué à Athènes par Constance, saint Basile et saint Grégoire de Nazianze s'y trouvoient. Le dernier nous a laissé un portrait de l'apostat où se reconnoît l'inimitié du peintre. « Il étoit de « médiocre taille, le cou épais, les épaules « larges, qu'il haussoit et remuoit souvent, « aussi bien que la tête. Ses pieds n'étoient « point fermes, ni sa démarche assurée. Ses « yeux étoient vifs, mais égarés et tournoyants : « le regard furieux, le nez dédaigneux et insolent, la bouche grande, la lèvre d'en bas « pendante, la barbe hérissée et pointue : il « faisoit des grimaces ridicules, et des signes « de tête sans sujet ; rioit sans mesure, et « avec de grands éclats ; s'arrêtoit en parlant, « et reprenoit haleine ; faisoit des questions « impertinentes, et des réponses embarrassées « l'une dans l'autre qui n'avoient rien de ferme « et de méthodique [1]. »

---

[1] Cette traduction n'est pas tout à fait exacte, et n'a pas surtout l'âpreté de l'original ; mais il y a quelque chose de si simple, de si naturel, de si grave dans le style de Fleury, que je n'ai pas eu la témérité d'entreprendre de refaire ce qu'il a fait. Fleury et Tillemont sont deux hommes qui ne permettent pas qu'on retouche ce qu'ils ont touché. Le dernier a du génie à force de savoir, de conscience et d'exactitude. Il est en présence des faits et des hommes, comme un chrétien des premiers siècles en présence de la vérité : il aimeroit mieux mourir que de faire un mensonge. Son style incorrect, sauvage et nu, est mêlé de choses qui étonnent. C'est ainsi que, peignant les derniers moments de Julien, il dit, dans le langage des Pères de l'Église : « Il « mourut dans la disgrâce de Dieu et des hommes. »

Ammien Marcellin, qui voyoit Julien en beau, conserve pourtant, dans le portrait de ce prince, quelques traits de celui de Grégoire de Nazianze [1]; et Julien lui-même, dans le *Misopogon*, semble attester la fidélité malveillante du pinceau chrétien.

« La nature, comme je le présume, n'a pas
« donné beaucoup d'agrémens à mon visage,
« et moi, morose et bizarre, je lui ai ajouté
« cette longue barbe pour lui infliger une
« peine, à cause de son air disgracieux. Dans
« cette barbe je laisse errer des insectes [2],
« comme d'autres bêtes dans une forêt. Je ne
« puis boire ni manger à mon aise, car je
« craindrois de brouter imprudemment mes
« poils avec mon pain. Il est heureux que je
« ne me soucie ni de donner ni de recevoir
« des baisers......

« Vous dites qu'on pourroit tresser des cor-
« des avec ma barbe : je consens de tout mon
« cœur que vous en arrachiez les brins; pre-
« nez garde seulement que leur rudesse n'é-
« corche vos mains molles et délicates.

« N'allez pas vous figurer que vos moque-
« ries me désolent; elles me plaisent; car en-
« fin, si mon menton est comme celui d'un
« bouc, je pourrois, en le rasant, le rendre
« semblable à celui d'un beau garçon ou d'une
« jeune fille sur qui la nature a répandu sa
« grâce et sa beauté. Mais vous autres, de vie
« efféminée et de mœurs puériles, vous vou-
« lez, jusque dans la vieillesse, ressembler à
« vos enfants : ce n'est pas comme chez moi,
« aux joues, mais à votre front ridé, que
« l'homme se fait reconnoître.

[1] Mediocris erat staturæ, capillis tanquam pexisset mollibus, hirsuta barba in acutum desinente vestitus. venustate oculorum micantium flagrans, qui mentis ejus angustias indicabant, superciliis decoris et naso rectissimo, ore paulo majore, labro inferiore demisso, opima et incurva cervice, humeris vastis et latis, ab ipso capite usque unguium summitates lineamentorum recta compagine, unde viribus valebat et cursu. (AMM., lib. XXV, cap. IV.) D'après ce portrait, Julien avoit les cheveux doux, les sourcils charmants, le nez tout à fait grec; la beauté de ses yeux étincelants annonçoit que son âme étoit mal à l'aise dans l'étroite prison de son corps. Si on lit *argutias* au lieu d'*angustias*, dans le texte, on retrouveroit les yeux vifs, mais *égarés et tournoyants*, qu'attribue à Julien saint Grégoire de Nazianze.

[2] Discurrentes in ea pediculos.

« Cette barbe démesurée ne me suffit pas;
« ma tête est sale; rarement je la fais tondre;
« je coupe mes ongles rarement, et j'ai les
« doigts noircis par ma plume.

« Voulez-vous connoître mes imperfections
« secrètes? Ma poitrine est horrible et velue
« comme celle du lion, roi des animaux. Je
« n'ai jamais voulu la peler, tant mes habitu-
« des sont brutes et abjectes. Je n'ai jamais
« poli aucune partie de mon corps : franche-
« ment, je vous dirois tout, quand j'aurois
« même un poireau comme Cimon [1]. »

Et c'est le maître du monde qui parle de lui

[1] Spanheim a traduit le *Misopogon*; La Blelterie en a donné une autre traduction avec celle des *Césars* et de quelques lettres choisies ; le marquis d'Argens a traduit, sous le nom de *Défense du paganisme*, ce que saint Cyrille d'Alexandrie nous a conservé de l'ouvrage de Julien contre les chrétiens ; enfin, M. Tourlet a publié une traduction complète des œuvres de cet empereur. Je me suis aidé des excellents travaux de mes devanciers, sans adopter tout à fait leur version. La traduction du *Misopogon* de La Bletterie, que M. Tourlet a conservée en la corrigeant, est élégante, mais elle ne dit pas tout l'original. La Bletterie, d'ailleurs homme d'esprit, de raison, d'instruction et de talent, est resté dans l'ironique ; il n'a pas osé aborder le sardonique ; il a eu peur de l'effronterie des mots : je ne parle pas du collectif *messieurs* adressé aux habitants d'Antioche, petite polite-se de notre bonne compagnie, qu'il étoit aisé de faire disparoître. La Bletterie croit que Julien calomnie sa barbe ; je le pense aussi ; il est probable qu'il répétoit les railleries des Antiochiens, ou qu'enchérissant lui-même sur ces railleries, il exagéroit ses défauts pour tomber de plus haut sur les vices contraires de ses détracteurs. Nous voyons Julien se baigner dans une maison de campagne, se faire couper les cheveux en arrivant à Constantinople ; cela n'annonce pas un homme si indifférent au soin de sa personne. Saint Augustin, dont la philosophie n'étoit pas, il est vrai, celle de Julien, pense que la propreté est une demi-vertu.

M. Tourlet a réuni plusieurs fragments de Julien qui ne se trouvoient pas dans les anciennes éditions de ses œuvres. Il a rendu ainsi un véritable service aux lettres ; mais la grande découverte à faire seroit celle de l'*Histoire des guerres de Julien dans les Gaules*. Cet ouvrage est perdu, tandis que des discours assez insignifiants se sont conservés. Cela vient de l'esprit du siècle où vivoit Julien : on attachoit une extrême importance aux écrits dogmatiques de l'apostat pour les admirer ou les combattre, et l'on se soucioit peu de ce qui étoit en dehors des controverses religieuses. C'est ainsi que Cyrille d'Alexandrie, dans ses dix livres *Pro sancta christianorum religione adversus libros athei Juliani*, nous a transmis une grande partie de

de cette façon! Mais cette brutale humilité est l'orgueil de la puissance.

Julien avoit des vertus, de l'esprit et une grande imagination : on a rarement écrit et porté une couronne comme lui. Il détestoit les jeux, les théâtres, les spectacles; il étoit sobre, laborieux, intrépide, éclairé, juste, grand administrateur, ennemi de la calomnie et des délateurs. Il aimoit la liberté et l'égalité autant que prince le peut ; il dédaignoit le titre de seigneur ou de maître. Il pardonna dans les Gaules à un eunuque chargé de l'assassiner.

Un jour on lui signala un citoyen qui, disoit-on, aspiroit à l'empire, parce qu'il faisoit préparer en secret une chlamyde de pourpre. Julien chargea l'officieux ami du prince légitime de porter à l'usurpateur une paire de brodequins ornés de pourpre, afin qu'il ne manquât rien au vêtement impérial [1]. La loi défendoit, sous peine de mort, de fabriquer pour les particuliers une étoffe de pourpre ; un usurpateur étoit réduit, dans le premier moment de son élection, à voler la pourpre des enseignes militaires et des statues des dieux.

Maris, évêque arien de Calcédoine, insultoit Julien qui sacrifioit dans un temple de la Fortune. Julien lui dit : « Vieillard, le Galiléen ne te rendra pas la vue. » Maris étoit aveugle. — « Je le remercie, répondit l'évêque, de m'épargner la douleur de voir un apostat comme toi [2]. » L'empereur supporta cet accablant reproche.

Delphidius, célèbre avocat de Bordeaux, plaidoit devant Julien contre Numérius, accusé de concussion dans le gouvernement de la Gaule Narbonnoise ; Numérius nioit les faits.

« Qui ne sera innocent, s'écria l'avocat, s'il « suffit de nier?»—« Qui sera innocent, repar- « tit Julien, s'il suffit d'être accusé [1] ? »

D'autres avocats louoient Julien : « Je me « réjouirois de vos éloges, leur dit-il, si vous « aviez le courage de me blâmer [2]. »

Un certain Thalassius étoit dénoncé par le peuple d'Antioche, comme exacteur et comme ancien ennemi de Gallus et de Julien. « Je « reconnois, dit l'empereur, qu'il m'a offensé; « c'est ce qui doit suspendre vos poursuites « jusqu'à ce que j'aie tiré raison de mon en- « nemi. » Il pardonna à l'accusé [3].

Un homme vint se prosterner à ses pieds dans un temple, criant merci pour sa vie. « C'est Théodote, lui dit-on, chef du conseil « d'Hiéraple, qui jadis demandoit votre tête à « Constance. » — « Je savois cela depuis long- « temps, répondit l'empereur. Retourne en « paix à tes foyers, Théodote. J'ai à cœur de « diminuer le nombre de mes ennemis et « d'augmenter celui de mes amis [4]. »

Une femme plaidoit contre un domestique militaire renvoyé du palais, elle n'avoit osé l'assigner tant qu'il avoit été en faveur. Celui-ci se présente à l'audience impériale avec la ceinture de son emploi ; la femme se croit perdue, présumant que son adversaire est rentré en grâce : « Femme, dit Julien, sou- « tiens ton accusation ; le défendeur n'a mis « sa ceinture que pour marcher plus vite dans « la boue; elle ne peut rien contre ton droit [5]. »

La publication du *Misopogon* tient la même élévation de nature : à part l'orgueil cynique de cet ouvrage, un homme investi du

---

l'ouvrage de cet empereur contre la religion chrétienne.

[1] Jubet periculoso garritori pedum tegmina dari purpurea ad adversarium perferenda. (AMM.)

[2] Illum (Julianum) graviter objurgavit, impium et apostatam vocans et religionis expertem. At ille conviciis reddens convicia cæcum cum appellavit : Neque vero, inquit, Deus tuus galilæus te unquam sanaturus est. *Gratias*, inquit Maris, *ago Deo, qui me luminibus orbavit ne viderem vultum tuum, qui in tantam prolapsus es impietatem.* (SOCRAT., *Hist. eccles.*, lib. II, cap. XII, pag. 150.)

[1] Ecquis innocens esse poterit, si accusasse sufficiet ? (AMM.)

[2] Gaudebam plane præ meque ferebam, si ab his laudarer quos et vituperasse posse adverterem, si quid factum sit secus aut dictum. (*Id.*)

[3] Agnosco quem dicitis offendisse me justa de causa; et silere vos interim consentaneum est, dum mihi inimico potiori faciat satis. (*Id.*)

[4] Abi securus ad lares, exutus omni metu, clementia principis, qui ut prudens definivit. inimicorum minuere numerum augereque amicorum sponte sua contendit ac libens. (*Id.*)

[5] Prosequere, mulier, si quid te læsam existimas : hic enim sic cinctus est ut expeditius per lutum incedat : at parum nocere tuis partibus potest. (*Id.*)

pouvoir absolu, environné d'une armée de Barbares dévoués à ses ordres, un prince qui pouvoit d'un seul signe faire exterminer ses insolents détracteurs, et qui se contente de tirer raison d'un libelle par un pamphlet, est un exemple unique dans l'histoire des peuples et des rois. César, dans l'*Anti Caton*, n'eut à se venger que de la vertu, et il ne la put vaincre, même en joignant les armes à la satire.

Les Césars sont encore plus extraordinaires que le *Misopogon*. Quel souverain a jamais jugé ses prédécesseurs avec autant de rigueur et de supériorité ? Jules César entre le premier au banquet des dieux : Silène avertit Jupiter que ce convive pourroit bien songer à le détrôner, et Jupiter trouve que la tête de ce mortel ne ressemble pas mal à la sienne. Vient Auguste, dont les couleurs du visage changent comme celles du caméléon ; Tibère, à la mine fière et terrible, et au dos couvert de lèpre ; Caligula, monstre sur-le-champ précipité dans le Tartare ; Claude, pauvre prince qui n'est rien sans Pallas, Narcisse et Messaline ; Néron, une couronne de laurier sur la tête, une lyre à la main, et qu'Apollon jette dans le Cocyte ; ensuite des gens de toutes sortes, les Galba, les Othon, les Vitellius, Vespasien qui accourt pour éteindre le feu mis aux temples[1] ; Titus qu'on envoie à la Vénus publique ; Domitien qu'on enchaîne auprès du taureau de Phalaris ; Nerva, à propos duquel Silène s'écrie : « Vous autres dieux, vous laissez « quinze années un monstre sur le trône, et « ce vieillard affable et juste n'a pas régné un « an entier ! » Jupiter apaise Silène en lui annonçant que des princes vertueux vont suivre Nerva.

Trajan paroît : aussitôt Silène recommande à Jupiter de veiller sur celui qui verse à boire aux immortels. Que cherche Adrien ? son Antinoüs ? il n'est point dans l'Olympe. Antonin, modéré, excepté en amour, s'arrêteroit à couper en portions égales un grain de cumin. A la vue de Marc-Aurèle, Silène déclare qu'il n'a rien à lui reprocher.

Survient un débat entre Alexandre et César, jouteurs de gloire. César affirme qu'il a effacé

[1] Allusion à l'incendie du temple de Jérusalem et du Capitole.

les grands hommes ses contemporains, et les grands hommes de tous les siècles et de tous les pays. Que prétend Alexandre avec sa conquête de la Perse ? Peut-il opposer quelque chose à la journée de Pharsale ? Quel étoit le capitaine le plus habile de Pompée ou de Darius ? Où étoient les meilleurs soldats ? « Toi, « Alexandre, tu as égorgé les citoyens de « Thèbes, incendié les villes des malheureux « Grecs ; moi, César, j'ai conquis les Gaules, « passé le Rhin, franchi l'Océan, sauté sur le « rivage des Bretons. Tu as vaincu dix mille « Grecs : j'ai défait cent cinquante mille Ro- « mains. »

Alexandre, qui commençoit à entrer en fureur, apostrophe Jupiter et lui demande quand enfin ce babillard romain cessera de se donner des éloges. Il a triomphé de Pompée ! Pompée, pauvre homme qui profita des triomphes de Lucullus ! on lui donna le nom de grand par flatterie ; mais pouvoit-on le comparer à Marius, aux deux Scipion, à Camille ? « Tu as « battu Pompée, César ? Pompée, si amoureux « de sa coiffure qu'il ne s'osoit gratter la tête « que du bout du doigt ! Tu ne soumis les « Gaulois et les Germains que pour asservir « ta patrie : fut-il jamais rien de plus impie et « de plus détestable ! Ne traite pas avec tant « de dédain les dix mille Grecs que je me vis « forcé d'accabler. Vous, Romains, qui à peine « avez pu vous rendre maîtres de la Grèce « dans sa décadence, vous qui vous êtes épui- « sés à soumettre un petit état presque ignoré « aux beaux jours de l'Hellénie, que seriez- « vous devenus s'il vous eût fallu combattre « les Grecs unis et florissants ? Il vous sied bien « de parler avec mépris de ma conquête de la « Perse, fameux conquérans qui, après trois « siècles de guerre, êtes parvenus, à la sueur « de votre front, à vous emparer de quelques « villages au-delà du Tigre ! Moins de dix ans « ont suffi à Alexandre pour dompter la Perse « et les Indes. » La satire continue de cette manière impitoyable, haute et juste, jusqu'à Constantin, outrageusement traité par le restaurateur de l'idolâtrie : il le livre à la déesse de la mollesse qui l'embrasse, le revêt d'une robe de femme de diverses couleurs, et le conduit par la main à la Luxure. Auprès d'elle Constantin trouve un de ses fils (Crispus) qui

croit incessamment : « Corrupteurs de fem-
« mes, homicides, sacriléges, scélérats, vous
« tous qui avez besoin d'expiation, approchez !
« avec un peu d'eau je vous rendrai purs. Si
« vous retombez dans vos fautes, frappez-vous
« la poitrine, battez-vous la tête : tout vous
« sera remis [1]. »

Ici il y a triple calomnie et haine atroce : on ne reconnoît plus le souverain supérieur qui condamne les mauvais princes, et le grand homme qui juge ses pairs.

Julien étoit musicien et poète de talent : nous avons de lui deux épigrammes élégantes, l'une contre la bière, l'autre où l'orgue est décrit à peu près tel que nous le connoissons [2].

Ses lettres sont instructives, quoique d'un style peu naturel [1]; en voici une où il y a trop de Néréides, de Grâces, de Nymphes, de lieux communs de mythologie, et qui ressemble assez à ces épîtres toutes fleuries de lis et de roses, que le grand Frédéric écrivoit à des gens de lettres la veille d'une bataille ; mais le sujet en est touchant et les descriptions agréables ; elle nous apprend quelque chose d'intime de la vie et de la jeunesse de Julien.

L'aïeule maternelle de Julien lui avoit laissé une petite terre en Bithynie : l'empereur écrit à un ami dont on ignore le nom, pour lui en faire présent. Quel est le roi d'une province de l'Empire romain qui ne croiroit aujourd'hui déroger à sa puissance, démembrer le domaine de sa couronne, et compromettre la dignité de son sang, en offrant d'aussi bonne grâce l'héritage de sa grand'mère à un ami ?

« La maison n'est pas à plus de vingt stades
« de la mer, mais on n'y est point étourdi par
« le marchand, ou par le matelot criard ou
« querelleur. Cependant on y jouit des pré-
« sents des Néréides, et l'on peut y avoir le
« poisson frais et palpitant. Si tu montes sur

---

[1] Ὅστις φθορεύς, ὅστις μιαιφόνος, ὅστις ἐναγής καὶ βδελυρός, ἴτω θαρρῶν ἀποφανῶ γὰρ αὐτὸν τουτωὶ τῷ ὕδατι λούσας, συτίκα καθαρόν. Κἂν πάλιν ἔνοχος τοῖς αὐτοῖς γένηται, δώσω τὸ ὀπίσω τὸ στῆθος πλήξαντι, καὶ τὴν κεφαλὴν πατάξαντι καταρρῶ γένεσται. Quisquis mulierum corruptor, quisquis homicida est, quisquis piaculo aut exsecrando scelere se obstrinxit, fidenter huc adito. Etenim simul atque hac aqua ablutus fuerit, illico ego eum purum reddam. Quod si iisdem rursus se flagitiis contaminarit, efficiam uti, tunso pectore et capite percusso expietur. (*In Cœsar.*, pag. 336. B.)

[2] Il existe en manuscrit, dit-on, un poëme de Julien sur le soleil, et quelques harangues non publiées. D'une grande quantité de lettres sorties de la plume féconde de Julien, on n'en connoît guère plus de soixante-quatre. Vossius assure que *les Césars* étoient intitulés, dans les anciens manuscrits, *les Saturnales et le Banquet*; mais Suidas distingue *les Césars* des *Saturnales*, et cite de ce dernier ouvrage des choses qui ne se trouvent point dans *les Césars*. Suidas indique encore deux ouvrages perdus de Julien, l'un sur *les trois figures*, l'autre sur *l'origine du mal contre les ignorants*. Eunape, dans ses Vies des sophistes, parle souvent de Julien ; il en avoit écrit l'histoire ; peut-être faisoit-elle partie de son *Histoire des empereurs depuis Alexandre Sévère*. On croit que celle-ci se retrouve en partie dans les deux livres de Zosime, qui se seroit contenté de retoucher le travail d'Eunape ; Calliste, au rapport de Socrate, avoit mis en vers la vie de Julien. On présumoit, dans le dix-septième siècle, que l'histoire politique d'Eunape étoit dans les bibliothèques d'Italie. Le monde littéraire doit au savant M. Boissonade une édition grecque d'Eunape, dont M. Cousin, juge compétent, parle ainsi ; son suffrage sera d'un tout autre poids que le mien : « Personne, en effet, n'étoit mieux
« préparé à donner une édition critique d'Eunape que
« M. Boissonade, qui a déjà si bien mérité de la philoso-
« phie néoplatonicienne en publiant une nouvelle édition
« de la Vie de Proclus par Marinus, et le commentaire
« inédit de Proclus sur le *Cratyle*. Et comme si ses
« propres ressources ne lui suffisoient point, sa modes-
« tie lui a fait un devoir de se procurer tous les maté-
« riaux amassés par ses devanciers. Le *specimen* de
« Carpzow le mettoit en possession des notes de Fabri-
« cius, et par l'intermédiaire de Schœfer, Erfurt, entre
« les mains duquel étoient tombés les travaux inédits
« de Wagner, lui a obligeamment communiqués à
« M. Boissonade, avec des notes de Reinésius. Pour la
« vie de Libanius, il a eu les notes inédites de Valois ; et
« deux exemplaires d'Eunape qui avoient appartenu
« à Walckenaer, lui ont fourni quelques corrections
« heureuses déposées sur les marges par Walkenaer, ou
« par lui recueillies sur l'exemplaire de Vossius con-
« servé à la bibliothèque de Leyde ; sans compter les
« conjectures de l'illustre évêque d'Avranches, Huet,
« que contient un des exemplaires de la bibliothèque de
« Paris, et d'autres secours qu'il seroit trop long d'é-
« numérer, et qui tous disparoissent devant la vaste
« collection de remarques de toute espèce dont Wyt-
« tenbach a enrichi l'ouvrage de notre savant compa-
« triote : de sorte que les deux volumes dont se compose
« cette édition d'Eunape présentent les travaux des
« maîtres de différents pays et de différents siècles, ha-
« bilement employés par un des maîtres du siècle pré-
« sent. »

[1] Libanius prétend avoir atteint la perfection du style épistolaire, et il accorde la seconde place à Julien. Pline le jeune offre le modèle de ce bel-esprit élégant et recherché, imité par Julien et les Grecs de son temps.

« un tertre peu eloigné de la maison, tu ver-
« ras la Propontide, ses îles et la ville qui
« porte le noble nom d'un empereur. Là tu ne
« seras point au milieu des algues, des mousses
« et des autres plantes désagréables et incon-
« nues que la mer jette sur ses grèves, mais
« au milieu des saules, parmi le thym et les
« herbes parfumées. Couché, un livre à la
« main, après une lecture attentive, tu pour-
« ras reposer tes yeux fatigués; la mer et les
« vaisseaux te seront un charmant spectacle.
« Dans mon enfance, ce lieu me plaisoit, parce
« que j'y trouvois des fontaines qui n'étoient
« pas à mépriser, des bains assez propres, un
« potager et des arbres. Lorsque je devins
« homme, je désirai ardemment de revoir ce
« lieu; j'y suis maintes fois retourné en com-
« pagnie de quelques amis. Je m'y suis même
« assez occupé d'agriculture pour y laisser,
« comme un monument, une petite vigne qui
« donne un vin suave et parfumé. Tu verras
« dans mon clos Bacchus et les Grâces la
« grappe pendante au cep, ou portée au pres-
« soir, exhale l'odeur des roses; la liqueur
« dans le tonneau est déjà du nectar, si nous
« en croyons Homère. Tu me demanderas
« peut-être, puisque les vignes viennent si bien
« dans ce sol, pourquoi je n'en ai pas planté
« davantage? Mais d'abord je ne suis pas un
« cultivateur bien habile; ensuite les Nymphes
« tempèrent pour moi la coupe de Bacchus:
« je ne voulois de vin qu'autant qu'il en fal-
« loit pour moi et mes convives, dont tu sais
« que le nombre n'est pas grand. Accepte donc
« ce présent, ô tête chérie [1]! Il est petit, sans
« doute; mais ce qui va d'un ami à un ami,
« de la maison à la maison, est très-doux,
« comme le dit le sage poëte Pindare [2]. »

Les discours de Julien ont les défauts de
la littérature de son temps; mais celui qu'il
adresse aux Athéniens, en partie purgé de
ces défauts, montre avec quelle gravité il avoit
pu écrire l'histoire des guerres des Gaules et
de la Germanie. Il est fâcheux que l'apostat,
dans deux panégyriques, ait si bien loué Constance, son persécuteur, et qu'il ait été si froid

dans l'éloge d'Eusébie, sa bienfaitrice, et peut-
être quelque chose de plus [1].

Grand admirateur du passé, Julien a voulu
faire remonter le vocabulaire dont il s'est servi
aux jours classiques de la Grèce: assez souvent il habille à l'antique des idées modernes:
on peut se faire une idée de ce contraste par
un exemple en sens opposé. L'auteur des *Vies
des grands hommes* a écrit en grec dans un
idiome complet et vieilli, et il a été traduit en
françois dans un idiome incomplet et naissant,
d'où il est arrivé une chose assez extraordinaire: le génie de Plutarque étoit naïf, et sa
langue ne l'étoit plus; Amyot est venu; il
a donné à Plutarque la langue qui manquoit
à son génie; mais Amyot échoue dans les
morales: le gaulois, qui s'étoit si bien prêté
aux récits du biographe, n'a pu rendre les
idées complexes et les expressions métaphysiques du philosophe.

De grandes imperfections balançoient dans
Julien ses éminentes qualités: il gâtoit son caractère original en copiant d'autres grands
hommes, et sembloit n'avoir de naturel que
sa perpétuelle imitation. Il s'étoit surtout donné
pour modèles Alexandre et Marc-Aurèle; sa
mémoire envahissoit ses actions; il avoit fait
entrer son érudition dans sa vie. Lorsqu'il
renvoya aux évêques le traité de Diodore de
Tarse, en faveur du christianisme, avec ces
trois mots: *anegnón, egnón, categnón*: Ἀνέ-
γνων, ἔγνων, κατέγνων: *J'ai lu, j'ai compris, j'ai
condamné*; il rappeloit mal le *veni, vidi, vici*
de César. Ses actes de clémence étoient peu
méritoires, le dédain y ayant plus de part que

---

[1] Cette princesse, aussi belle qu'humaine, dit Julien
(*Paneg. Eus.*), est représentée comme aimant les lettres, et pleine de compassion pour les malheureux: *in
culmine tam celso humana*. On la voit protéger Julien, le défendre contre ses ennemis, lui fournir des livres, prendre pour lui tous les soins de la puissance et
de la tendresse; ensuite on la voit donner un breuvage
à Hélène pour la faire délivrer de son fruit avant terme.
Comment Eusébie, qui avoit élevé Julien à la pourpre,
et qui conséquemment ne sembloit pas craindre son
ambition, vouloit-elle le priver de postérité? Eusébie
étoit stérile; Hélène n'étoit pas jeune, mais elle étoit
féconde. Ces contradictions s'expliqueroient par la folie
d'une passion. Dans cette hypothèse, Eusébie auroit désiré placer Julien sur le trône du monde, mais elle n'auroit pu souffrir qu'une femme, plus heureuse qu'elle,
fût la mère des enfants de Julien.

---

[1] Φίλη κεφαλή! *O carum caput!* Horace a transporté
ce tour dans le latin, et Racine dans le françois.
[2] Epist. XLVI.

la générosité. Léger, railleur, pétulant, questionneur sans dignité, d'une loquacité intarissable, il eût été cruel s'il se fût laissé aller à son penchant [1]. Dans des emportements involontaires, il s'abaissoit jusqu'à frapper de la main et du pied les gens du peuple qui se présentoient à ses audiences [2]. On pourroit soupçonner sa pudicité : bien que Mamertin assure que son lit étoit plus chaste que celui d'une vestale, il est probable, s'il n'est certain, qu'il eut des enfants naturels [3]. Telle est la puissance d'un mot : le nom d'Apostat, donné à Julien, suffit pour flétrir sa mémoire, même aujourd'hui que nous sommes séparés de ce prince par quatorze siècles, et que tombent les institutions qu'il proscrivoit.

L'antipathie de Julien pour le culte des chrétiens se fortifia de la haine que lui inspira le prince qui massacra son père, livra son frère au bourreau, et menaça longtemps sa vie : les anciens autels étant devenus les autels persécutés, Julien s'y attacha comme un caractère généreux s'attache à la patrie, à la foiblesse et au malheur; il voulut croire à des absurdités que sa raison condamnoit; il employa son génie, comme les philosophes de son temps, à expliquer par des allégories le culte de ces divinités, personnifications des objets de la nature, ou passions matérialisées. La beauté des cérémonies du paganisme enchantoit son imagination poétique nourrie des songes de la Grèce : à la renaissance des lettres, au seizième siècle, quelques écrivains de la France et de l'Italie, ravis des belles fables, devinrent de véritables païens, et firent abjuration entre les mains d'Homère et de Virgile. Julien attribuoit son salut à sa piété envers les dieux qui l'avoient excepté seul de la juste condamnation prononcée contre la maison impie de Constantin.

Son aversion pour le christianisme se put augmenter encore du spectacle qu'offroit la société lorsqu'il parvint à l'empire. L'hérésie d'Arius avoit tout divisé et subdivisé : ce n'étoient qu'anathèmes lancés et reçus; les catholiques mêmes ne s'entendoient plus, les évêques se disputoient des siéges, et le schisme ajoutoit ses désordres à ceux de l'hérésie. Julien avoit remarqué que les chrétiens sont plus cruels entre eux que les bêtes ne le sont aux hommes [1] (c'est un auteur païen qui l'affirme). Athanase fait la même remarque sur les ariens [2]. Ces querelles dans toutes les villes, dans tous les villages, dans tous les hameaux, affoiblissoient l'Empire au dehors, paralysoient le pouvoir au dedans, rendoient l'administration périlleuse et difficile. Les juges et les gouverneurs n'étoient occupés qu'à réprimer les délits et les séditions des chrétiens. Le fameux Georges, évêque arien d'Alexandrie, persécuteur des païens et des catholiques, avoit désolé l'Égypte par ses rapines et ses cruautés. Diodore, un de ses adhérents, coupoit de sa propre autorité la chevelure des enfants; chevelure que l'idolâtrie maternelle laissoit croître en l'honneur de quelque divinité protectrice. Le peuple lassé se souleva, massacra Georges, pilla sa bibliothèque dont Julien recommanda au préfet d'Égypte de rassembler soigneusement les débris. La folie des Galiléens, dit le même prince dans sa lettre à Artabius, a presque tout perdu [3].

Julien, qui n'auroit pu reconnoître la vérité chrétienne parmi des hommes qui ne s'entendoient pas sur la nature du Christ, put donc croire qu'il supprimeroit à la fois tous les maux en étouffant toutes les sectes sous l'ancien culte : erreur d'un juge préoccupé qui prit les effets pour la cause; qui ne vit que l'extérieur des troubles, qui ne fut frappé que du mouvement à la surface, et n'aperçut pas l'idée immobile reposant au fond de ces troubles. Une révolution étoit accomplie, un changement opéré dans l'espèce humaine.

Cependant l'éducation d'enfance du grand ennemi de la croix avoit été toute chrétienne, il avoit disputé la dévotion à Macellum avec

---

[1] Socrat., lib. III, cap. XXI.
[2] Naz., pag. 121.
[3] Julian., epist. XI. *Educator meorum liberorum.*

[1] Nullas infestas hominibus bestias, ut sunt sibi ferales plerique christianorum expertus. (Amm., lib. XII, cap. v.)
[2] Ariani Scythis ipsis crudeliores. (Ath., *Hist. Arian.*)
[3] Etenim Galilæorum amentia propemodum omnia afflixit ac perdidit. (Julian., epist. VII.)

son frère Gallus ; il paroît même qu'après avoir été *lecteur* dans l'Église de Nicomédie, il s'étoit fait tondre pour se faire moine [1] ; intention qu'on a voulu attribuer à l'hypocrisie, et qu'il est plus équitable de regarder comme le mouvement d'une âme exaltée. Julien ne pouvoit être ni chrétien, ni philosophe à demi ; la nature ne lui avoit laissé que le choix du fanatisme.

Quoi qu'il en soit, aussitôt que ce prince fut séparé de Gallus, il s'abandonna à la passion de l'étude, que lui avoit inspirée Mardonius, son premier maître. Il visita à Pergame Édésius, dont l'école jetoit un grand éclat.

Chef du néoplatonisme dont Plotin étoit le fondateur, Édésius, disciple et successeur de Jamblique, étoit un vieillard dont l'esprit vigoureux s'élevoit vers le ciel à mesure que son corps se penchoit vers la terre. Julien vouloit en tirer toute la science, mais le vieillard lui dit : « Aimable poursuivant de la sagesse, mon « corps est un édifice en ruine prêt à tomber : « interrogez mes enfants [2]. »

Ces enfants d'Édésius étoient ses disciples : Maxime, Priscus, Eusèbe et Chrysanthe. Julien s'adressa d'abord aux deux derniers. Eusèbe ne croyoit point à la théurgie, et parloit à Julien contre les opérateurs de prodiges ; il lui raconta que Maxime avoit fait sourire devant lui, au moyen d'un grain d'encens purifié, et d'un hymne chanté à voix basse, la statue de la déesse au temple d'Hécate ; qu'ensuite les flambeaux s'étoient allumés d'eux-mêmes [3]. Aussitôt Julien, transporté de curiosité, ne voulut plus écouter les raisonnements d'Eusèbe, et s'empressa d'aller chercher Maxime à Éphèse.

Maxime, d'un âge approchant de la vieillesse, portoit une longue barbe blanche ; son éloquence étoit entraînante ; le son de sa voix se marioit si bien avec l'expression de ses regards, qu'on ne lui pouvoit résister [4]. Pressé par Julien, il fit venir Chrysanthe, et tous les deux

[note] tonsus monasticam vitam simulavit. (SOCRAT.)
[2] EUNAP., *Vit. Jambl., Vit. Max.*
[3] Id., *ibid.*
[4] EUNAP., *ibid.*; LIBAN., *Paneg.*, 175.

l'instruisirent. Maxime conduisit le jeune prince dans le souterrain d'un temple : après les évocations on entendit un grand bruit, et des spectres de feu apparurent. Julien, saisi de frayeur, fit involontairement et par habitude le signe de la croix : tout s'évanouit. Julien ne se pouvoit empêcher d'admirer la puissance du signe des chrétiens, lorsque le philosophe lui dit d'un voix sévère : « Croyez-vous avoir fait « peur aux dieux ? ils se sont retirés, parce « qu'ils ne veulent pas avoir de relations avec « des profanes tels que vous [1]. »

On ignore le reste de cette initiation ; mais on assure que Maxime prédit l'empire à Julien, s'il juroit d'abolir le christianisme et de rétablir l'ancien culte.

Au surplus, quels que fussent les nuages dont le néoplatonisme environnoit sa doctrine, on sait qu'il admettoit des puissances subordonnées avec lesquelles on commerçoit par la science de la cabale. Comme les philosophes ne pouvoient justifier les folies du polythéisme pris dans le sens absolu, ils composoient un système d'allégories dans lesquelles ils renfermoient les vérités de la physique, de la morale et de la théologie. Ils admettoient un Dieu-Principe dont les attributs devenoient des divinités inférieures. Les astres, la terre, la mer, les royaumes, les villes, les maisons, de même que les vertus et les arts, avoient leurs génies : ceux qui tout à la fois rougissoient et se glorifioient des anciennes superstitions, chargeoient ainsi l'imagination d'inventer, pour les justifier, un système digne d'elles.

Le fond de l'ancienne doctrine platonicienne subsistoit : l'intervalle incommensurable qui sépare l'homme de Dieu, étant rempli par des êtres plus ou moins sublimes à mesure qu'ils sont plus voisins de Dieu ou de l'homme, notre âme, selon le degré de sa vertu, remonte cette longue chaîne de héros, de génies et de dieux, et va s'abîmer dans le sein du grand Être, beauté, vérité, souverain bien, science complète.

Plutôt alléché aux mystères que rassasié de secrets, Julien alla chercher jusqu'au fond de

[1] THEODOR., lib. III, cap. III; GREG. NAZ., or. III, pag. 71.

la Grèce un vieux prêtre d'Éleusis, qui passoit pour ne rien ignorer. Si nous en croyons Eunape, seule autorité pour ce récit, Julien, au moment de rompre avec Constance, appela ce prêtre dans les Gaules et lui fit part du projet qu'il n'avoit révélé qu'à Oribase, son médecin, et à Évhémère, son bibliothécaire.

Julien étoit versé dans la théurgie et les deux divinations : ses croyances se composoient d'un mélange de néoplatonisme et de quelque souvenir de sa première éducation chrétienne, le tout enveloppé dans l'hellénisme, ou les mythes homériques. Le néoplatonisme joignoit à la doctrine de Platon des idées empruntées aux écoles pythagoricienne, stoïcienne et péripatéticienne. En vertu de la loi de la métempsycose, Julien pensoit avoir hérité de l'âme d'Alexandre : superstition naturelle du courage, du génie et de la gloire.

Libanius compare la vérité rentrant dans l'esprit de Julien, purifiée du christianisme, à la statue des dieux replacée dans un temple autrefois profané. Selon le même Libanius, des divinités amies éveilloient le disciple impérial en touchant doucement ses mains et ses cheveux[1] ; il distinguoit la voix de Jupiter de celle de Minerve, et ne se trompoit point sur la forme d'Hercule ou d'Apollon : platonicien par l'esprit, stoïcien par le caractère, cynique par quelques habitudes extérieures, Julien prioit et jeûnoit en l'honneur d'Isis, de Pan ou d'Hécate, comme les Pères du désert, ses contemporains, jeûnoient et prioient aux jours de vigiles et d'abstinence. Si à cette époque la philosophie affectoit des austérités et prétendoit opérer des prodiges, c'est qu'elle avoit été conduite à opposer quelque chose aux vertus et aux merveilles des chrétiens.

En effet, peu de temps après le règne de Julien, une persécution s'éleva contre les hommes accusés de magie : cette magie n'étoit que la réaction et la contre-partie des miracles. Le christianisme avoit forcé l'hellénisme à l'imitation pour maintenir sa puissance. La cérémonie du taurobole ou du criobole, qui se rattachoit dans son principe à la plus haute antiquité, étoit devenue une simple parodie du baptême. Au bord d'une fosse couverte d'une pierre percée, le sacrificateur égorgeoit un taureau ou un bélier ; le sang de la victime couloit au travers des trous, sur le prosélyte placé au fond de la fosse, et les taches de ce pécheur se trouvoient effacées au moins pour vingt ans. Les philosophes étoient les *solitaires* de la religion de Jupiter ; comme les ermites du christianisme, ils s'attribuoient un pouvoir surnaturel. Plotin évoquoit, à l'aide d'un Égyptien, son propre démon ; quand il mourut, un dragon sortit de dessous son lit et traversa une muraille. Jamblique s'élevoit en l'air, et tout son corps paroissoit resplendissant : au son d'une parole il fit un jour sortir les génies de l'amour, Éros et Anteros, du fond d'un bain. Édésius forçoit les dieux à descendre, et il en recevoit des oracles en vers hexamètres[1]. Vous venez de voir les jongleries de Maxime et Chrysanthe. Simon le magicien, Apollonius de Tyane, avoient eu les mêmes prétentions aux vertus théurgiques. Celse avoit opposé aux miracles de Jésus-Christ les prestiges d'Esculape, d'Apollon, d'Aristes et d'Abaris. Les philosophes affectoient un tel air de ressemblance avec les ascètes, que Julien, dans un moment d'humeur contre les cyniques, les compare aux moines galiléens[2] : vous allez bientôt voir ce prince essayant de régler la police des temples d'après la discipline des églises. Enfin, les idolâtres réformés avoient placé une Trinité à la tête de leurs dieux : vaincu de toutes parts, le paganisme étoit, pour ainsi dire, obligé de se faire chrétien.

Toutefois, dans cette transfusion du sang social, dans l'accomplissement de la plus grande révolution de l'intelligence, on doit aussi remarquer, afin d'être juste et sincère, ce que le christianisme pouvoit avoir admis de la philosophie et du paganisme.

Le christianisme a-t-il reçu de la philosophie les dogmes de la Trinité, du Logos ou du Verbe ?

J'ai déjà eu l'occasion de traiter ailleurs cette matière : j'ai fait observer[3] que la Trinité pou-

---

[1] LIBAN., *Paneg.*

[1] EUNAP., *Vit. Soph.*; BRUKER., *Hist. philosoph.*; JULIAN., apud S. Cyril., lib. VI.
[2] JULIAN., contra imperitos canes, or. VI.
[3] *Génie du Christianisme*, tome I, liv. I, chap. III.

voit avoir été connue des Égyptiens, comme le prouvoit l'inscription grecque du grand obélisque du Cirque-Majeur, à Rome ; j'ai cité un oracle de Sérapis, rapporté par Héraclides de Pont et Porphyre [1], lequel oracle exprime nettement le dogme de la Trinité [2].

---

[1] Porphyre appartient au néoplatonisme, postérieur à la prédication de l'Évangile : sous ce rapport, son témoignage est suspect.

[2] La belle découverte de la lecture des hiéroglyphes a pu jeter de nouvelles lumières sur le système religieux des Égyptiens. Je dois à M. Charles Le Normant, qui a suivi M. Champollion en Égypte, la note savante qu'on va lire. L'auteur, en traitant de la triade égyptienne, dit aussi quelques mots du taurobole. (Voyez la Préface de ces *Études historiques*.

« La triade égyptienne, identiquement semblable à « la triade indoue, repose sur une croyance panthéisti-« que : les deux principes fondamentaux (Ammon-Ra « et *Mouth*, la grande mère, dans la forme la plus éle-« vée) représentent l'esprit et la matière; ils ne sont « pas même corrélatifs, car il est dit qu'Ammon est le « *mari de sa mère* [*], ce qui veut dire que l'esprit est « une émanation de la matière préexistante, du chaos. « Dans le *Rituel funéraire* [**], la pièce capitale et le ré-« sumé de la théologie égyptienne, Ammon dit à Mouth : « *Je suis l'esprit, toi, tu es la matière*; plus loin, dans « la prière adressée à *Mouth*, sous sa forme secondaire « de Neith, on lit ces mots : *Ammon est l'esprit divin, « et toi, tu es le grand corps, Neith*, qui préside dans « Saïs. De leur union provient *Chons*, la plus haute « manifestation de l'esprit, la troisième personne de la « triade thébaine. Chons est tellement le même que le « *Logos* de l'Inde, et même de la Perse, de Platon et « de saint Jean, qu'à Thèbes, dans le temple qui lui est « dédié [***], il est nommé *Chons Theth*, c'est-à-dire pa-« role. Cette triple unité de Dieu se retrouve ainsi dans « toutes les dégradations du théisme égyptien, jusqu'à « la triple manifestation corporelle de Dieu dans les « personnes d'Osiris, d'Isis et d'Horus. Puis vient un

---

[*] Sur le Pylône du temple de *Chons* à Karnak, appelé le *grand temple du Sud*, dans le grand ouvrage d'Égypte.

[**] Troisième partie, section III, traduction communiquée par M. Champollion.

[***] Le même que ci-dessus, le dernier signe, qui est l'ibis, est le symbole du dieu *Toth*, et se résout phonétiquement dans le mot. *Tot*, qui commence tous les discours des dieux. *parole d'Ammon-Ra, roi des dieux*, etc. (Renseignement communiqué par M. Champollion.)

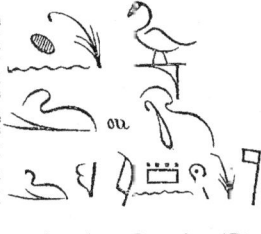

Les mages avoient une espèce de Trinité dans leur Métris, Oromasis, et Arimanis ou

« personnage complémentaire, un résumé des formes « multiples de la Divinité, *Ammon-Horus* ou *Horus-« Ammon*, qui réunit les deux anneaux opposés de « cette chaîne immense, et renferme l'unité panthéisti-« que du monde concentré dans les trois personnes de « l'esprit, de la matière et du verbe. Ammon-Horus est « le *Pan* des Grecs.

« La trinité chrétienne est fondée sur l'existence d'un « Dieu préexistant à la matière, qui a tiré le monde du « néant : ce Dieu se manifeste incessamment dans son « fils; l'esprit est l'intermédiaire de cette manifestation, « qui, dans sa triplicité, constitue l'unité de Dieu. On « voit donc que, pour établir un rapport de cette tri-« nité à la triade égyptienne, il faudroit supposer dans « cette dernière l'abstraction du principe féminin et la « division de l'esprit en principe générateur et en es-« prit proprement dit. La différence fondamentale des « deux doctrines a pour base l'opinion différente que les « panthéistes et les chrétiens professent sur l'origine « du mal : l'optimisme panthéistique le plus exalté ne « peut détruire l'inhérence du mal à la matière éter-« nelle, et par conséquent la nécessité du mal ; Nephtis, « la sœur d'Isis, partage sa couche entre Osiris et Ty-« phon.

« Les premiers apologistes ont aussi attribué au désir « de contre-balancer l'influence des cérémonies chré-« tiennes l'usage fréquent des sacrifices tauroboliques, « à compter de la dernière moitié du second siècle de « notre ère. Mais il est plus que probable que ces sacri-« fices avoient une autre source que l'imitation des ri-« tes du baptême, ou même que l'idée de réhabilitation « d'où la cérémonie baptismale est dérivée. La purifica-« tion expiatoire par le sang est universelle dans les « cultes de l'Orient; on en retrouve la trace jusque « dans le Lévitique : Et sanguinem qui erat in altari as-« persit super Aaron et vestimenta ejus, et super filios « illius ac vestes eorum (VIII, 30). Tous les témoignages « anciens s'accordent à rattacher les tauroboles au culte « phrygien de Cybèle. Or, ce culte, bien qu'introduit à « Rome deux cent sept ans avant Jésus-Christ, ne fut « longtemps que toléré, et ne passa tout à fait dans la « chose publique que sous le règne d'Antonin. M. de « Boze [*] a très-bien rappelé les causes de la vénération « superstitieuse de cet empereur pour les mystères de « Cybèle : il a montré en même temps que Faustine la « mère étoit la première impératrice qui eût pris sur les « médailles le nom de *mère des dieux*. Or, le plus an-« cien taurobole que nous trouvions constaté par une « inscription se rapporte à l'an 160 de Jésus-Christ, et a « été célébré pour la conservation des jours d'Antonin « et de sa famille [**]; la plupart des monuments de ce « genre ont, comme le précédent, une couleur politi-« que. Que les idées de régénération répandues par le « christianisme dans tout le monde aient contribué à

---

[*] Tom. II des *Mém. de l'Acad. des Inscript.*
[**] Mémoires précités.

Mitra, Oromase et Arimane. Platon semble indiquer la trinité dans le *Timée*, l'*Épinomis*; et dans une lettre à Denis-le-Jeune, il énonce le Verbe de la manière la plus claire. Selon lui le Verbe très-divin a arrangé l'univers et l'a rendu visible [1]. Platon avoit emprunté le dogme de la Trinité de Timée de Locres, qui le tenoit de l'école italique. Les pythagoriciens avouoient l'existence du ternaire : le TROIS n'est point engendré et engendre toutes les autres fractions, d'où il prenoit, dans l'école pythagoricienne, la qualification de membre sans *mère*. Les stoïciens professoient la même théologie, ainsi que le témoigne Tertullien qui cite Zénon et Cléanthes [2].

Aux Indes et au Thibet proprement dit, les livres sacrés mentionnent le Verbe et la Trinité. Enfin, les missionnaires anglois croient avoir retrouvé la Trinité jusque dans la religion des sauvages d'Otaïti [3].

Les principaux Pères de l'Église, presque tous sortis de l'école platonicienne, ont avoué que leur ancien maître s'étoit quelquefois approché de la pure doctrine : c'est ce qu'on voit dans Origène, dans Tertullien, dans saint Justin, saint Athanase [4], et dans saint Augustin. Ce dernier raconte qu'ayant lu les traités des platoniciens, il y découvrit les vérités de la foi, relatives au Verbe de Dieu, telles qu'elles sont énoncées dans le premier chapitre de l'Évangile de saint Jean. Il fait observer que plusieurs platoniciens ayant entendu parler du christianisme, convinrent que le Messie étoit l'Homme-Dieu, en qui la Vérité permanente, l'immuable Sagesse s'étoit incarnée [1]. Platon avoit déclaré que, si le Juste venoit sur la terre, il seroit méconnu et crucifié. Une tradition confuse des incarnations du dieu indien s'étoit répandue à travers la Perse jusqu'au fond de l'Occident.

Constantin, dans la harangue que j'ai rappelée, signale Platon comme le premier philosophe qui attira les hommes à la contemplation des choses divines [2].

Qu'un homme du génie de Platon ait approché de la vérité révélée par la force de sa pénétration, rien de plus naturel : les vérités de l'intelligence, comme toutes les autres vérités, nous sont plus ou moins accessibles, selon le plus ou le moins de supériorité de notre esprit. Mais la philosophie de Platon est mêlée de tant d'obscurités, de contradictions et d'erreurs, qu'il est difficile d'en tirer le système des chrétiens. Ensuite Aristobule, Josèphe, saint Justin, Origène, Eusèbe de Césarée [3], ont avancé et prouvé que Platon avoit eu connoissance des livres hébreux, qu'il y avoit puisé cette partie de sa philosophie si peu ressemblante à ce qui lui appartient en propre, ou plutôt à Pythagore : les exemplaires des idées et de l'harmonie des sphères.

Mais aucune induction raisonnable ne peut être tirée des doctrines qui ont eu cours après

---

« étendre l'usage des sacrifices tauroboliques, c'est ce
« qu'il est difficile de nier ; mais les apologistes eux-mê-
« mes montroient la différence de principe, et par con-
« séquent d'origine ; qui existoit entre le baptême et le
« taurobole : le sang du taureau, disoit Firmicus*, ne
« rachète pas, il souille. C'est qu'effectivement l'idée de
« réhabilitation purifiante et celle d'expiation sanglante
« appartiennent à deux systèmes opposés, dont le se-
« cond a été aboli par le sacrifice de la grande victime
« du christianisme. S'il étoit permis d'assigner une ori-
« gine encore plus ancienne que les mystères de Cybèle
« au sacrifice taurobolique, nous en retrouverions la
« trace dans le mythe persan de Mithra et dans l'immo-
« lation du taureau, qui en est le symbole principal;
« or, on sait que la religion de la mère des dieux n'est,
« en grande partie, qu'une émanation des doctrines per-
« sanes. »

[1] PLAT., tom. II, pag. 986, in Epinomid.
[2] TERTULL., Apologet.
[3] Génie du Christianisme, tom. I, liv. 1, chap. III.
[4] S. JUSTIN, Apolog.; ORIGEN. contr. Cels ; TERTULL., Apolog.; ATHAN., de Incarn. Verbi Dei, pag. 85.

* Cité par M. de Roze.

[1] AUG., Confess., lib. VII ; id., epist. CXVIII.
[2] CONSTANT. MAG. in Orat. Sanctor. cœt., cap. IX.
[3] ARISTOBUL., apud Euseb., lib. XIII ; Prœp. Evang., cap. XII; JOSEPH., lib. II, contra Appion.; S. JUST., Apologet.; ORIG., lib. XII, cont. Cels.; EUSEB., lib. XI, Prœp. Evang. in prooemio. La version des Septante est postérieure au voyage de Platon en Égypte : mais il est prouvé par Aristobule (apud Euseb., lib. XIII, prœp. Evang., cap. X 1), et par Démétrius (in epist. ad Ptolorem. Eg. Reg. apud Joseph. Arist. et Euseb., que des parties considérables des livres hébreux étoient traduites en grec longtemps avant la version complète des Septante. (Voyez Défense des SS. Pères accusés de platonisme, liv. IV, pag. 618 et suivantes.) Baltus sur ce point a complètement raison contre Leclerc.

l'avénement du Christ : le néoplatonisme, au lieu d'avoir donné aux chrétiens la trinité, la lui auroit plutôt dérobée : Plotin et Porphyre ont rajusté leur système confus de triade sur le système positif et clair de la nouvelle religion. Alors parut le dogme trinitaire païen plus nettement énoncé, les trois dieux, les trois entendements, les trois rois réunis dans l'unité démiurgique. Les philosophes avoient une grande admiration pour ces premières paroles de l'Évangile selon saint Jean : « *Au commencement étoit le Verbe, et le Verbe étoit en Dieu, et le Verbe étoit Dieu*; ils disoient qu'il falloit les écrire en lettres d'or au frontispice des temples [1]; saint Basile [2] assure qu'ils étoient allés jusqu'à s'emparer de ces paroles et à les insérer, comme leur appartenant, dans leurs ouvrages. Amélius, disciple de Plotin, est atteint et convaincu par Eusèbe de Césarée, Théodoret et saint Cyrille d'Alexandrie, d'être un plagiaire de l'Évangile de saint Jean, de cet apôtre qu'Amélius appelle dédaigneusement un Barbare [3]. Théodoret compare les néoplatoniciens, imitateurs des fidèles (et en particulier Porphyre), à des singes et à la corneille d'Ésope [4].

Je ne puis que vous indiquer, dans ces *Études*, des sujets qui demanderoient un développement considérable. Il conviendroit d'examiner si, avant le christianisme révélé, il n'y a pas eu un christianisme obscur, universel, répandu dans toutes les religions et dans tous les systèmes philosophiques de la terre; si l'on ne retrouve pas partout une idée confuse de la Trinité, du Verbe, de l'Incarnation, de la Rédemption, de la chute primitive de l'homme; si le christianisme ne fit pas sortir du fond du sanctuaire les doctrines mystérieuses qui ne se transmettoient que par l'initiation; si, portant en lui sa propre lumière, il n'a pas recueilli toutes les lumières qui pouvoient s'unir à son essence; s'il n'a pas été une sorte d'éclectisme supérieur; un choix exquis des plus pures vérités.

Il y a longtemps qu'on s'est enquis du degré d'influence que la philosophie a pu exercer sur la doctrine des Pères de l'Église : d'un côté, on a soutenu qu'ils avoient transformé le christianisme moral des apôtres dans le christianisme métaphysique du concile de Nicée; de l'autre, on a combattu cette assertion [1].

Ceux qui vouloient défendre les Pères accusés de platonisme auroient pu faire valoir l'autorité même de Julien, qui prétend prouver la fausseté du système des chrétiens en leur opposant celui du chef de l'Académie : dans un passage d'une grande beauté de style et d'une grande élévation de pensée, il compare la création racontée par Moïse à la création telle que l'a supposée Platon. Le dieu de Moïse, dit-il, n'a créé, ou plutôt n'a *arrangé* que la nature matérielle, le *monde des corps*; il n'avoit aucune puissance pour engendrer la nature spirituelle, le *monde animé*, tandis que le dieu de Platon enfante d'abord les êtres intelligents, les puissances, les anges, les génies, lesquels créent ensuite, par délégation du Dieu suprême, les formes ou la nature visible qui les représente, les cieux, le soleil et les sphères qui sont les vêtements ou les images des puissances, des anges et des génies.

Le principe essentiel de l'âme est un des mystères sur lesquels on s'est fixé le plus tard; les Pères hésitent et présentent différentes opinions : dans les neuvième, dixième et onzième siècles, le champ des discussions étoit encore resté ouvert sur ce point aux écrivains ecclésiastiques.

Tout ceci ne fait rien à la question fondamentale : fût-il possible de prouver que les doctrines du christianisme ont été plus ou moins connues antérieurement à son ère, il n'auroit rien à perdre à cette preuve. Je vous l'ai déjà dit : des esprits puissants ont pu at-

---

[1] Solebamus audire aureis litteris conscribendum... In locis eminentissimis proponendum esse dicebat. (Aug., *de Civit. Dei*, lib. X, cap. XXIX.)
[2] Basil., *Hom.* 16, *in verba illa* : *In principio erat Verbum.*
[3] Euseb., *Præp. Evang.*, lib. XI, cap. XIX; Theod., *Sermo* XI, *ad Græc.*; Cyrill. Alex., lib. VIII, *in Julian.*
[4] Theodor., *Serm.* VII. *ad Græc.*

[1] Les lecteurs qui seroient curieux de connoître à fond cette controverse peuvent lire *la Défense des saints Pères accusés de platonisme*, par Baltus. 1 vol. in-4°, Paris, 1711; Mosheim, *deturbata per Platonicos Ecclesia*, ap. Cudworth, *System. in cli.*, tom. II, Lugd. Batav., 1783.

teindre à des vérités mères, avant que ces vérités eussent été acquises au genre humain par une révélation directe. Loin de détruire la foi, ce seroit un nouvel et merveilleux argument en sa faveur; car alors il seroit démontré qu'elle est conforme à la religion naturelle des plus hautes intelligences.

Telles sont les relations qui existoient entre la philosophie et le christianisme. Quant au paganisme, le christianisme a pris quelques formules applicables à toute religion, quelques rites, quelques prières, quelques pompes qui n'avoient besoin que de changer d'objet pour être véritablement saintes: l'encens, les fleurs, les vases d'or et d'argent, les lampes, les couronnes, les luminaires, le lin, la soie, les chants, les processions, les époques de certaines fêtes, passèrent des autels vaincus à l'autel triomphant. Le paganisme essaya d'emprunter au christianisme ses dogmes et sa morale; le christianisme enleva au paganisme ses ornements: le premier étoit incapable de garder ce qu'il déroboit; le second sanctifioit ce qu'il avoit ravi.

L'apostasie du cousin de Constance, d'abord soigneusement cachée à la foule, fut donc connue d'un petit nombre de philosophes et de prêtres qui attendoient la réhabilitation des anciens jours, comme des hommes, étrangers au monde où ils vivent, rêvent parmi nous l'impossible retour du passé. Cependant, le secret du changement de Julien ne put être si bien gardé, qu'il n'en transpirât quelque chose au dehors. Il nous reste une lettre de Gallus, de l'an 351 ou 352, dans laquelle le césar fait mention des bruits répandus dans Antioche. « On prétendoit, écrit-il à Julien alors en Ionie, que vous aviez abandonné la religion de nos *ancêtres* pour embrasser l'hellénisme, mais j'ai été promptement détrompé. OEtius m'a dit que vous étiez au contraire plein de zèle pour bâtir des oratoires, et que vous vous plaisiez aux tombeaux des martyrs. Gallus appelle le christianisme la religion de ses *ancêtres*: saint Grégoire de Nazianze le nomme l'*ancienne religion*. Que le monde romain étoit changé! combien avoit été rapide la conquête de l'Évangile!

Mais si le christianisme avoit fait de pareils progrès extérieurs, le développement de sa puissance intérieure n'étoit pas moins étonnant. Déjà l'on pouvoit reconnoître son caractère universel, non-seulement dans le sens de sa diffusion parmi les peuples, mais dans le sens de sa convenance avec les diverses facultés de l'homme: le voilà expliquant, à l'aide du plus beau langage, les idées les plus sublimes, ce christianisme qui fut prêché par des esprits obtus, de grossiers compagnons sans éducation et sans lettres. Comment Pierre le pêcheur avoit-il produit Grégoire le poëte, Basile le philosophe, Jean bouche d'or l'orateur? C'est que Jésus le Christ étoit derrière Pierre l'apôtre, et que le Verbe incréé contenoit la vertu de la parole humaine: fils de Dieu, source de toutes lumières et de tous biens, il les distribuoit à ses serviteurs en proportion des besoins successifs de la société, donnant à propos la simplicité ou l'éloquence, la force des mœurs ou les clartés de l'esprit. De cette croix si rude, de ce bois qui ne présenta d'abord à l'adoration de l'univers qu'un gibet et un condamné, découlèrent graduellement les perfections de l'Essence divine.

Julien, parvenu à l'empire, publia un édit de tolérance universelle. Les évêques et les prêtres, à quelque communion qu'ils appartinssent, ariens, donatistes, novatiens, eunomiens, macédoniens, catholiques, furent également protégés par celui qui les méprisoit tous, et qui espéroit les affoiblir en les divisant. Néanmoins, il fait lui-même observer qu'il rappela les évêques exilés à leurs *foyers*, non à leurs *sièges*. Il assembloit les chefs des sectes, et quand ils s'emportoient, il leur crioit: « Écoutez-moi! les Franks et les Allamans « m'ont bien écouté[1]. » Dans ses lettres il recommande la modération envers les chrétiens, mais c'est en grimaçant qu'il conserve l'impartialité philosophique; sa haine perce à travers sa tolérance affectée, et lui arrache des mots sanglants.

Athanase, par une préférence méritée, fut excepté de l'amnistie de Julien. « Il seroit dan- « gereux, » dit l'apostat dans sa lettre aux habitants d'Alexandrie, « de laisser à la tête du « peuple un intrigant, non pas un homme, « mais un petit avorton sans valeur, qui s'estime

---

[1] Audite me, quem Alamani audierunt et Franci. (AMM.)

« d'autant plus grand qu'i appelle plus de
« dangers sur sa tête [1]. » Et dans une lettre à
Ecdicius, préfet d'Égypte, Julien ajoute : « Les
« dieux sont méprisés. Chassez le scélérat
« Athanase ; il a osé, sous mon règne, confé-
« rer le baptême à des femmes grecques d'une
« naissance illustre [2]. »

Eunape ne nous laisse aucun doute sur la
sincérité religieuse de Julien : il suffit d'ailleurs de lire ce qui nous reste des ouvrages de
cet empereur, aussi singulier comme homme,
qu'extraordinaire comme prince, pour se convaincre qu'il étoit païen de bonne foi. Il avoit
pris dans les initiations et les sociétés secrètes
un degré d'enthousiasme qui alloit jusqu'à interpréter les songes et à croire aux apparitions.

Au lever et au coucher du soleil, il immoloit
une victime à Apollon, sa divinité favorite : il
croyoit à la trinité des platoniciens ; le soleil
étoit pour lui le *Logos*, le fils du Père souverain, le Verbe brûlant qui inspire la vie à l'u-
nivers. La nuit, Julien honoroit la lune et les
étoiles auxquelles s'unissent les âmes des héros. Dans les grandes solemnités, il aimoit à
jouer le rôle de sacrificateur et d'aruspice.

« Le beau spectacle que de voir l'empereur
« des Romains fendre le bois, égorger les vic-
« times, consulter leurs entrailles, souffler le
« feu des autels en présence de quelques vieil-
« les femmes, les joues bouffies, excitant la
« risée de ceux-là même dont il désiroit s'atti-
« rer les louanges ! » Aux fêtes de Vénus, il
marchoit entre deux troupes de prostitués de
l'un et de l'autre sexe, affectant la gravité au
milieu des éclats de rire de la débauche, élargissant ses épaules, portant en avant sa barbe
pointue, allongeant de petits pas pour imiter
la marche d'un géant. Saint Chrysostome [3]
doute que la postérité veuille croire à son récit ; il adjure de la vérité de ses paroles les vieillards qui l'écoutoient, et qui pouvoient avoir
été témoins de ces indignités.

L'empereur faisoit toutes ces choses comme
souverain pontife, dignité attachée chez les Romains à la souveraineté politique. Il épuisoit
l'état pour les frais d'un culte que rien ne pouvoit rétablir. Il offroit en holocauste des
oiseaux rares, cent bœufs étoient quelquefois
assommés à un seul autel dans un seul jour. Les
peuples disoient que, s'il revenoit vainqueur des
Perses, il détruiroit la race des taureaux. Il
ressembloit en cela, selon la remarque d'Ammien Marcellin, au césar Marcus à qui les
bœufs blancs avoient écrit ce billet : « Les
« bœufs blancs au césar Marcus, salut : c'est
« fait de nous si vous triomphez [1]. »

De magnifiques présents étoient prodigués
par Julien aux sanctuaires célèbres, à Dodone,
à Delphes, à Délos. En arrivant à Antioche,
son premier soin fut de sacrifier sur la cime du
mont Cassius. Il apprit avec une sainte joie
que le gouverneur de l'Égypte avoit retrouvé
le bœuf Apis. Il fit déboucher, à Daphné, la
fontaine Castalie ; mais, en visitant ce lieu renommé par sa beauté, il eut un grand sujet de
douleur : le bois de lauriers et de cyprès n'étoit
plus qu'un cimetière chrétien ; Gallus y avoit
déposé le corps de saint Babylas « Je me figu-
« rois d'avance, dit Julien, une pompe magni-
« fique : je ne rêvois que victimes, libations,
« parfums, chœurs de beaux enfants, dont
« l'âme étoit aussi pure que leur robe étoit
« blanche. J'entre dans le temple, je n'y trouve
« ni encens, ni gâteaux, ni victimes...... J'in-
« terroge le prêtre, je demande ce que la ville
« sacrifiera aux dieux dans cette fête solen-
« nelle. »—« Voici une oie qu'apporte de ma
« maison, » me répondit-il [2].

Les temples détruits par le temps ou par les
chrétiens furent réparés. Julien fut le Luther
païen de son siècle ; il entreprit la réformation
de l'idolâtrie sur le modèle de la discipline des
chrétiens. Plein d'admiration pour la fraternité
évangélique, il désiroit que les païens se lias-
sent ainsi d'un bout de la terre à l'autre : il vou-

---

[1] Ἀλλ' ἀνθρωπίσκος ἐντελής. Quand si ne ille quidem vir
est, sed contemptus homuncio. (JULIAN., epist. VI.)
[2] Qui ausus est in meo regno feminas Graecorum illustres ad baptismum impellere (JULIAN., epist. VI.)
[3] C'est à Antioche que Chrysostome parloit ainsi. Ammien lui-même dit à peu près la même chose, lib. XXII,
cap. XIV.

[1] Le texte de cette plaisanterie est en grec dans Ammien. (Voir la note des savants éditeurs, AMM., in-fol.
Lugd. Batav., 1693.) On a appliqué cette épigramme à
Marc-Aurèle.
[2] *Misopogon.*

loit que les prêtres de l'hellénisme eussent la vertu des prêtres de la croix, qu'ils fussent comme eux irréprochables, que comme eux ils prêchassent la pitié, la charité, l'hospitalité. Il ordonna des prières graves et régulières à heures fixes, chantées à deux chœurs dans les temples ; enfin il se proposoit de fonder des monastères d'hommes et de femmes, et des hôpitaux. « Ne devons-nous pas rougir que les Galiléens, « ces impies, après avoir nourri leurs pauvres, « nourrissent encore les nôtres laissés dans « un dénûment absolu[1] ? » Saint Grégoire de Nazianze remarque que ces imitateurs de chrétiens ne se pouvoient appuyer de l'exemple de leurs dieux, et qu'il y avoit contradiction entre leur morale et leur foi.

Le zèle que Julien avoit pour le paganisme, il l'avoit pour la philosophie : il aimoit un rhéteur de la même tendresse qu'il chérissoit un augure. Lors de sa rupture avec Constance, il s'étoit flatté que Maxime accourroit dans les Gaules. Il revenoit de sa dernière expédition d'outre-Rhin, il demandoit partout, chemin faisant, si quelque philosophe n'étoit point arrivé : il avise de loin un cynique ; il le prend pour Maxime ; il est ravi de joie : ce n'étoit qu'un autre philosophe, ami de Julien[2]. Ne croit-on pas voir un empereur chrétien humiliant sa pourpre devant un anachorète, ou un chevalier de la croisade baisant la manche de Pierre l'Ermite ?

Mais Julien ne fut pas plus heureux avec les philosophes qu'avec les prêtres : ils se corrompirent à la cour. Maxime et quelques autres sophistes acquirent des fortunes scandaleuses ; ils démentirent par leurs mœurs la rigidité de leurs doctrines : Chrysanthe, Libanius et Aristomène se tinrent seuls dans une louable réserve. Julien avoit eu saint Basile pour compagnon d'études à Athènes ; il essaya de l'attirer auprès de lui : le philosophe chrétien, dans sa solitude, repoussa l'amitié du philosophe païen sur le trône.

« Aussitôt, dit saint Chrysostome (rudement « traduit par Tillemont), aussitôt que Julien « eut publié son édit pour le rétablissement de « l'idolâtrie, on vit accourir, de toutes les « parties du monde, les magiciens, les enchanteurs, les devins, les augures, et tous ceux « qui faisoient métier d'imposture et d'illusion : « de sorte que le palais se trouvoit plein de « gens sans honneur et de vagabonds. Ceux « qui depuis longtemps étoient réduits à la dernière misère, ceux qui pour leurs sorcelleries « et maléfices avoient langui dans les prisons « et dans les minières, ceux qui traînoient à « peine une misérable vie dans les emplois les « plus bas et les plus honteux ; tous ces gens, « érigés en prêtres et en pontifes, se trouvoient « en un instant comblés d'honneurs. L'empereur, laissant là les généraux et les magistrats, et ne daignant pas seulement leur parler, menoit avec lui, par toute la ville, des « jeunes gens perdus de débauche, et des courtisanes qui ne faisoient que sortir des lieux « infâmes de leurs prostitutions. Le cheval de « l'empereur et ses gardes ne le suivoient que « de fort loin ; pendant que cette troupe infâme « environnoit sa personne et paroissoit avec le « premier rang d'honneur, au milieu des places « publiques, disant et faisant tout ce qu'on « peut attendre de gens de cette profession. »

---

[1] Sed quid est causæ, cur in hisce, perinde ac si nihil amplius opus esset, conquiescamus, ac non potius convertamus oculos ad ea, quibus impia christianorum religio creverit, id est, ad benignitatem in peregrinos, ad curam ab illis in mortuis sepeliendis positam, et ad sanctimoniam vitæ quam simulant........ Nam turpe profecto est, cum nemo ex Judæis mendicet et impii Galilæi non suos modo, sed nostros quoque alant, ut nostri auxilio, quod a nobis ferri ipsis debeat, destituti videantur. (JULIAN., epist. XLIX.)

[2] Ce détail se trouve dans une lettre au philosophe Maxime. Julien nous fait connoître Besançon dans cette lettre, comme Paris dans le *Misopogon*.

Ad Gallos revertens, circumspiciebam, et percontabar de omnibus qui illinc venirent, num quis philosophus, num quis scholasticus, aut pallio penulave indutus, eo appulisset. Cum autem Vesontionem (Βεσοντίωνα, Besançon) appropinquarem (est autem oppidulum nunc refectum, magnum olim, et magnificis templis ornatum, mœnibus firmissimis, et loci natura munitum, propterea quod cingitur Dubi (Δουβις, Doubs) ; estque, ut in mari, rupes excelsa, propemodum ipsis avibus inaccessa, nisi qua flumen ambiens tanquam littora quædam habet projecta) ; cum, inquam, prope abessem ab hac urbe, vir quidam cynicus cum pera et baculo mihi occurrit. Eum ego cum eminus aspexissem, ipsum esse putavi : cum accessit propius, a te omnino illum venire suspicatus sum. Est autem mihi quidem ille amicus, multum tamen infra expectationem meam. (JULIAN., epist. XXXVIII.)

L'apostasie conduisit Julien au fanatisme, et du fanatisme à la persécution : quand l'homme a commis une faute qu'il suppose irréparable, l'orgueil lui fait chercher un abri dans cette faute même. Julien essaya deux choses difficiles : réchauffer le zèle des idolâtres pour un culte éteint ; provoquer des chutes parmi les chrétiens. Embaucheur de la cupidité et de la foiblesse, il offroit de l'or et des honneurs à l'apostasie : il échoua contre la foi fervente et contre la foi tiède. Lui-même se plaint de ne trouver presque personne disposé à sacrifier ; il avoue que son discours hellénique au sénat chrétien de Bérée, loué pour la forme, n'eut aucun succès pour le fond ; il gourmande les habitants d'Alexandrie d'abandonner les dieux d'Alexandre pour un Verbe que ni eux, ni leurs pères, n'ont jamais vu[1]. Chrysanthe usa de modération envers les chrétiens, prévoyant que leur culte ne tarderoit pas à triompher. L'ancien monde et le monde nouveau repoussèrent Julien ; l'un dans sa décrépitude, eût vainement essayé de se redresser comme un jeune homme ; l'autre, adolescent vigoureux, ne se put rabougrir en vieillard.

La mission du césar-apôtre auprès des soldats eut le sort qu'elle devoit avoir dans les camps. Il ordonna aux officiers de quitter la foi ou l'épée : Valentinien déposa la dernière qui lui laissa la main libre pour saisir la couronne. Quant aux légions, celles de l'Occident, composées de Gaulois et de Germains, s'accommodèrent fort du vin, des hécatombes et des bœufs gras[2] ; on laissa aux légions de l'Orient le labarum ; mais on effaça le monogramme du Christ : l'idolâtrie se trouva cachée dans une confusion lâche et habile des emblèmes de la guerre et de la royauté.

L'empereur résolut de rebâtir le temple de Jérusalem, afin de confondre une prophétie sur laquelle les chrétiens s'appuyoient. Des globes de feu, s'élançant du sein de la terre, dispersèrent les ouvriers. L'entreprise fut abandonnée[1] ; elle étoit peu digne d'un esprit philosophique. Dernier témoin de l'accomplissement des paroles du maître, j'ai vu Jérusalem : *Non relinquetur lapis super lapidem*.

Enfin Julien défendit aux fidèles d'enseigner les belles-lettres, c'étoit surtout par les enfants que l'Évangile s'emparoit des pères : « Laissez « les petits venir à moi ! — Ou n'expliquez « point, disoit l'empereur dans son édit, les « écrivains profanes, si vous condamnez leurs « doctrines ; ou, si vous les expliquez, approu-

---

[1] Le texte d'Ammien Marcellin que je vais citer a fort embarrassé Gibbon, et avant lui Voltaire : un miracle affirmé par un païen étoit en effet une chose fâcheuse ; il a donc fallu avoir recours à la physique. « Julien, dit judicieusement l'abbé de La Bleterie, et « les philosophes de sa cour mirent sans doute en œuvre « ce qu'ils savoient de physique pour dérober à la Divi-« nité un prodige si éclatant. La nature sert la religion « si à propos qu'on devroit au moins la soupçonner de « collusion. » M. Guizot, dans sa excellente édition françoise de l'ouvrage de Gibbon, indique aussi quelques lois de la physique par lesquelles on pourroit expliquer, jusqu'à un certain point, l'apparition des feux qui chassèrent les ouvriers de Julien. M. Tourlet, par un calcul chronologique, établit que le phénomène arrivé à Jérusalem ne fut que le même tremblement de terre qui menaça Constantinople, et dévasta Nicée et Nicomédie pendant le troisième consulat de Julien, en 362. Je suis trop ignorant pour disputer rien aux faits, et n'ai pas assez d'autorité pour les interpréter ou les combattre ; je les rapporte comme je les trouve. Sozomène, Rufin, Socrate, Théodoret, Philostorge, saint Grégoire de Nazianze, saint Chrysostome et saint Ambroise, confirment le récit d'Ammien Marcellin. Julien lui-même avoue qu'il avoit voulu rétablir le temple : *Templum illud tanto intervallo a ruinis excitare voluerim*. En creusant les fondements du temple nouveau, on acheva de détruire les fondements de l'ancien temple, et l'on confirma les oracles de Daniel et de Jésus-Christ par la chose même qu'on faisoit pour le convaincre d'imposture. Au rapport de Philostorge (liv. VIII, cap. vi), un ouvrier travaillant aux fondements du temple trouva, sous une voûte, au haut d'une colonne environnée d'eau, l'Évangile de saint Jean. Rien de plus positif que le texte d'Ammien ; le voici : *Ambitiosum quondam apud Hierosolymam templum, quod post multa et interneciva certamina, obsidente Vespasiano posteaque Tito, ægre est expugnatum, instaurare sumptibus cogitabat immodicis : negotiumque maturandum Alypio dederat antiochensi, qui olim Britannias curaverat pro præfectis. Cum itaque rei idem fortiter instaret Alypius, juvaretque provinciæ rector, metuendi globi flammarum prope fundamenta crebris assultibus erumpentes, fecere locum, exustis aliquoties operantibus, inaccessum ; hocque modo elemento destinatius repellente, cessavit inceptum.* (AMM., lib XXIII, cap. I.)

---

[1] *Hunc vero quem neque vos, neque patres vestri videre Jesum Deum esse verbum creditis oportet.* (JULIAN., epist. LI.)

[2] *Petulantes ante omnes et Celtæ... Angebantur cerimoniarum ritus immodice cum impensarum amplitudine ante hac inusitata et gravi.* (AMM.)

« vez leurs sentiments. Vous croyez qu'Ho-
« mère, Hésiode et leurs semblables sont dans
« l'erreur : allez expliquer Matthieu et Luc
« dans les églises des Galiléens [1]. »

Les maîtres chrétiens, privés des chaires d'éloquence et de belles-lettres, eurent recours à un moyen ingénieux pour prouver qu'ils n'étoient point des rustres, obligés de se tenir dans la barbarie de leur origine, comme disoit Julien. Ils composèrent (et l'usage en fut continué), sur des thèmes de morale et de théologie, et sur des sujets tirés de l'histoire sainte, des hymnes, des idylles, des élégies, des odes, des tragédies, et même des comédies. Il nous reste bon nombre de ces poëmes qui ouvrent des routes nouvelles au talent, appliquent l'art des vers aux aspérités de la haute métaphysique, et plient la langue des muses aux formes des idées, comme elle l'avoit été de tout temps à celles des images [2].

Ce coup fut pourtant rude aux chrétiens : les beaux génies qui combattoient alors pour la foi auroient mieux aimé subir une persécution sanglante : ils ne s'en peuvent taire, ils reviennent sans cesse sur cette iniquité ; et comme le siècle au milieu des Barbares armés étoit philosophique et littéraire, les païens même n'applaudirent pas à l'ordre de Julien ; Ammien le traite d'injuste [3]

Les controverses religieuses ou politiques commencent ordinairement par les écrits, et finissent par les armes ; il en fut autrement lors de la révolution qui a fait voir le premier et l'unique exemple d'un changement complet dans la religion nationale d'un grand peuple civilisé. On tua d'abord les chrétiens dans dix batailles rangées, les dix persécutions générales, et les chrétiens livrèrent leur tête sans essayer de se défendre par la force ; mais ils sentirent de bonne heure la nécessité d'écrire, pour affirmer leur innocence et assurer leur foi. C'est au christianisme que l'on doit la liberté de la pensée écrite ; elle coûta cher à ceux qui en firent la conquête : on dédaigna d'abord de leur répondre autrement qu'avec des griffes de fer et les ongles des lions. Quand l'Évangile eut gagné la foule, le polythéisme, obligé de renoncer à la guerre de l'épée, accepta celle de la plume : l'idolâtrie se réfugia aux deux extrémités opposées de la société, les ignorants et les gens de lettres. Les philosophes, les rhéteurs, les poëtes, les grammairiens, tinrent ferme au paganisme avec les hommes rustiques, les premiers par orgueil de la science, les autres par la privation de tout savoir. Depuis le troisième siècle de l'ère chrétienne jusqu'à l'abolition complète de l'idolâtrie, vous n'ouvrez pas un livre de philosophie, de religion, de science, d'histoire, d'éloquence et de poésie, où vous ne trouviez le combat de deux religions. Sous Julien vous rencontrez Libanius, Édésius, Priscus, Maxime, Sopâtre, orateurs et sophistes ; Andronic et Delphide, poëtes ; Ammien Marcellin et Aurélius Victor, historiens ; Mamertin, panégyriste ; Oribase, médecin, et Julien lui-même, orateur, poëte et historien ; tous combattant contre Athanase, Basile, les deux Grégoire de Nysse et de Nazianze, Diodore de Tarse, orateurs, philosophes, poëtes, historiens ; Césarius, médecin et frère de Grégoire de Nazianze, Prohérésius, rhéteur, lequel aima mieux abandonner sa chaire à Athènes que d'être excepté de l'édit qui défendoit aux chrétiens d'enseigner.

Julien préluda aux persécutions qu'il méditoit par une espèce d'apologie du paganisme : en innocentant ses dieux et en condamnant le Dieu qu'il avoit quitté, il justifioit indirectement son apostasie. Au milieu des soins qu'exigeoit de lui son empire, il trouva le

---

[1] Sin in Deos sanctissimos putant ab illis auctoribus peccatum esse, eant in Galilæorum ecclesias, ibique Matthæum et Lucam interpretentur. (JULIAN., epist. XLII.)

[2] Saint Grégoire de Nazianze seul a composé plus de trente mille vers. Trois de ses poëmes sont sur la *virginité*, plusieurs sur *sa vie* et sur *les maux qu'il a soufferts* ; quelques-uns accusent les mœurs du clergé et le luxe des femmes ; d'autres font l'éloge des moines. Les poëmes intitulés : *des Calamités de mon Âme, de la Grandeur et de la Misère de l'Homme, les Secrets de saint Grégoire*, sont admirables par la hauteur du sujet et la beauté de l'expression : il y a aussi beaucoup de vers sur le respect dû aux tombeaux. Les deux Apollinaire, le père et le fils, se signalèrent par leur combat poétique contre l'édit de Julien. Le premier mit en vers héroïques l'histoire sainte jusqu'au règne de Saül ; il prit pour modèles des comédies, de ses tragédies et de ses odes pieuses, Ménandre, Euripide et Pindare : le second expliqua, dans des dialogues à la manière de Platon, les évangiles et la doctrine des apôtres.

[3] Lib. XXII, cap. x.

temps de dicter l'ouvrage dont saint Cyrille nous a conservé une partie dans la réfutation qu'il en a faite.

Julien remonte jusqu'à Moïse, compare son système sur la création du monde à celui de Platon, et donne la préférence au dernier.

Dieu, après avoir fait l'homme, dit : « Il n'est » pas bon que l'homme soit seul : » et il crée la femme qui perd l'homme.

Que penser du serpent qui parle? dans quelle langue parloit-il? comment se moquer après cela des fables populaires de la Grèce?

Dieu interdit à nos premiers parents la connoissance du bien et du mal; il leur défend de toucher à l'arbre de vie dans la crainte qu'ils viennent à vivre toujours : blasphèmes contre Dieu, ou allégories. Alors pourquoi rejeter les mythes philosophiques?

Dieu choisit pour son peuple les Hébreux. Comment un Dieu juste a-t-il abandonné toutes les autres nations? Chez les Grecs, le dieu créateur est le roi et le père commun des hommes.

Julien remarque qu'il y a peu de nations dans l'Occident propres à l'étude de la philosophie et de la géométrie : les temps sont bien changés.

Vous voulez que nous croyions à la tour de Babel, et vous ne voulez pas croire aux géants d'Homère, qui entassèrent trois montagnes les unes sur les autres pour escalader le ciel!

Le Décalogue ne contient que des préceptes vulgaires ; le Dieu des Hébreux est un Dieu jaloux qui n'en souffre point d'autre. Galiléens, vous donnez un prétendu fils à ce Dieu qui ne le connut jamais.

Quel est ce Dieu toujours en courroux, qui, voulant punir quelques hommes coupables, fait périr cent mille innocents[1]? Comparez le législateur des Hébreux aux législateurs de la Grèce et de Rome, aux grands hommes de l'Égypte et de la Babylonie.

Qu'est-ce que ce Jésus suborneur des plus vils d'entre les Juifs, et qui n'est connu que depuis trois cents ans, ce Jésus qui n'a rien fait dans le cours de sa vie, si ce n'est de guérir quelques boiteux et quelques démoniaques? Esculape est un tout autre sauveur de l'humanité.

L'inspiration divine envoyée par les dieux n'a qu'un temps ; les oracles fameux cessent dans la révolution des âges.

Les Galiléens n'ont pris des Hébreux que leur fureur et leur haine contre l'espèce humaine : ils ont renoncé au culte d'un seul Dieu pour adorer des hommes misérables; comme la sangsue, ils ont sucé le sang le plus corrompu des Juifs, et leur ont laissé le plus pur.

Jésus et Paul n'ont pu prévoir les chimères que se formeroient un jour les Galiléens; ils ne pouvoient deviner le degré de puissance où ceux-ci parviendroient un jour. Tromper quelques servantes, quelques esclaves ignorants, Paul et Jésus n'avoient pas d'autre prétention.

Peut-on citer sous le règne de Tibère et de Claude des chrétiens distingués par leur naissance ou leur mérite?

L'eau du baptême n'ôte point la lèpre et les dartres, ne guérit ni la goutte, ni la dyssenterie; mais elle efface l'adultère, la rapine, et nettoie l'âme de tous les vices.

Si le Verbe est Dieu, venant de Dieu, comment Marie, femme mortelle, a-t-elle enfanté un Dieu?

Ni Paul, ni Matthieu, ni Luc, ni Marc, n'ont osé dire que Jésus fût un Dieu ; mais quand dans la Grèce et dans l'Italie un grand nombre de personnes l'eurent reconnu pour tel, qu'elles eurent commencé à honorer les tombeaux de Pierre et de Paul, alors Jean déclara que le Verbe s'étoit fait chair, et qu'il avoit habité parmi nous. Cependant quand il nomme Dieu et le Verbe, il ne nomme ni Jésus ni Christ. Jean doit être regardé comme la source de tout le mal.

Viennent après ceci quelques considérations sur le sacrifice d'Abraham.

Plusieurs choses vous auront frappé dans cet ouvrage tronqué de Julien. Le miracles de Jésus-Christ y sont avoués, les hommages rendus aux tombeaux de saint Pierre et de saint Paul reconnus, le silence des oracles attesté. Saint Jean, y est-il dit, *a fait tout le mal*. Cela signifie qu'il a énoncé la doctrine du Verbe et qu'il n'y a pas moyen de soutenir que cette doctrine, établie par le disciple bien-aimé,

---

[1] Il est curieux de trouver dans les arguments de Julien tous les arguments de Voltaire.

a été empruntée deux siècles plus tard à l'école d'Alexandrie : du reste l'attaque est foible. Julien ne veut voir ni ce qu'il y a de sublime dans les livres de Moïse, ni d'ineffable dans l'Évangile ; ses raisonnements tournent à la gloire de ce qu'il prétend ravaler. Comment se fait-il que sous Claude et sous Tibère, à la naissance même de l'ère chrétienne, le christianisme comptât à peine pour néophytes quelques servantes et quelques esclaves, et qu'immédiatement après, l'apôtre Jean voie la Grèce et l'Italie couvertes de chrétiens et honorant les tombeaux de Pierre et de Paul? Julien ne s'aperçoit pas qu'il prête, par ce rapprochement, une nouvelle force au miracle de l'établissement du christianisme. La cause humaine de la propagation étonnante de la foi, c'est que la première de toutes les vérités, la vérité qui enfante toutes les autres, la vérité de l'unité d'un Dieu, étoit venue détrôner le premier de tous les mensonges, le mensonge qui engendre toutes les erreurs, le mensonge de la pluralité des dieux. Une fois cette vérité répandue dans la foule après une absence de plusieurs milliers d'années, elle agit sur les esprits avec son essentielle et négative énergie.

Julien, persécuteur d'une nouvelle sorte, affecta de substituer au nom de chrétien celui de Galiléen, dont s'étoient déjà servis Épictète et quelques hérésiarques. Joignant la moquerie à l'injustice, il dépouilloit les disciples de l'Évangile en disant : « Leur admirable loi leur « enjoint de renoncer aux biens de la terre « afin d'arriver au royaume des cieux ; et nous, « voulant gracieusement leur faciliter le « voyage, ordonnons qu'ils soient soulagés du « poids de tous les biens. » Quand les chrétiens s'osoient plaindre, il répondoit : « La vocation « d'un chrétien n'est-elle pas de souffrir ? »

Beaucoup d'édifices païens avoient été détruits sous le règne de Constance, d'autres changés en églises. Julien força le clergé de rendre les uns et de relever les autres : les intérêts acquis, se trouvant attaqués, produisirent des désordres. Marc, évêque d'Aréthuse, à la tête de son troupeau, avoit renversé un temple : trop pauvre pour en restituer la valeur, on saisit le prélat en vertu de la loi romaine qui livre aux créanciers la personne du débiteur insolvable. Battu de verges, la barbe arrachée, le corps nu et frotté de miel, le vieillard, suspendu dans un filet, fut exposé, sous les rayons d'un soleil ardent, à la piqûre des mouches. Marc avoit dérobé Julien enfant aux fureurs de Constance, comme Joad avoit soustrait Joas aux mains d'Athalie : il fut traité de même que Joad, par le prince ingrat envers le pontife et infidèle à Dieu qui l'avoient sauvé.

Décidé à rendre au temple et au bois de Daphné son ancienne pompe, Julien fit enlever les reliques de saint Babylas du cimetière chrétien ; le peuple se mutina ; le temple d'Apollon fut brûlé. L'empereur, irrité, ordonna à son oncle Julien, comte d'Orient, et apostat comme lui, de fermer la cathédrale d'Antioche, et de confisquer ses revenus. Le comte mit en interdit les autres églises, souilla les vases sacrés, et condamna à mort saint Théodoret. Gaza, Ascalon, Césarée, Héliopolis, la plupart des villes de Syrie, se soulevèrent contre les chrétiens, non par ardeur religieuse, mais par cupidité, haine et envie. Après avoir déterré les morts on les tua vivants ; on traîna dans les rues des corps déchirés : les cuisiniers perçoient les victimes avec leurs broches, les femmes avec leurs quenouilles ; les entrailles des prêtres et des recluses furent dévorées par des cannibales, ou jetées mêlées d'orge aux pourceaux. Quelques serviteurs du Christ périrent égorgés sur les autels des dieux [1]. Mais il est une chose difficile à croire, même sur le témoignage de deux saints et de deux hommes illustres [2] : le lit de l'Oronte, des puits, des caves, des fossés, des étangs demeurèrent encombrés, disent-ils, par les corps des martyrs nuitamment exécutés, ou par ceux des nouveau-nés et des vierges que l'empereur immoloit dans ses opérations magiques. Les premiers chrétiens avoient été accusés de sacrifier des enfants : la calomnie étoit renvoyée à Julien.

Théodoret raconte que Julien, marchant sur la Perse, vint à Carrhes où Diane avoit un temple ; il se renferma dans ce temple avec

---

[1] Sozomen., lib. V; Theodor., lib. IX; Greg. Naz., or. IX.
[2] Chrysost., cont. gent.; Greg. Naz., ibid.; Theod., ibid.

quelques-uns de ses confidents les plus intimes ; lorsqu'il en sortit, il en fit sceller les portes, y mit des gardes, et défendit de laisser pénétrer personne dans l'intérieur de l'édifice jusqu'à son retour : il ne revint point. On rouvrit le temple ; qu'y trouva-t-on ? Une femme pendue par les cheveux, les mains déployées, et le ventre fendu. Julien, en cherchant l'avenir dans le sein de cette victime, y avoit fait entrer la mort : elle y resta pour lui[1].

Le sincère fanatisme de ce prince et la familiarité des Romains avec le meurtre qu'autorisoit l'ancien droit paternel, le droit de l'esclavage, le pouvoir du glaive, et celui du juge souverain dans le chef absolu de l'Empire, donnent de la vraisemblance au récit de Théodoret : Ammien, admirateur de Julien, l'accuse d'avoir été plus superstitieux que religieux. Auguste et Claude avoient défendu les sacrifices humains ; mais, dans la législation du despotisme, ce qui est interdit au peuple est permis au tyran : le prince qui crée le crime, qui fait la loi et l'applique, est au-dessus de l'un et de l'autre.

Julien méditoit contre les chrétiens un plan de persécution digne d'un sophiste ; il en avoit remis l'exécution à son retour de la guerre des Perses : il lui falloit un triomphe pour faire de l'injustice avec de la gloire. Exclusion des Galiléens de tous les emplois, interdiction des tribunaux, nécessité d'offrir de l'encens aux idoles afin de conserver le droit de plaider ou même d'acheter du pain[2] : tel étoit le dessein que la haine philosophique, la jalousie littéraire et l'amour-propre blessé avoient inspiré à l'apostat. Un trait caractéristique de l'histoire du peuple qui nous occupe, est cette privation de la justice toujours ordonnée, comme la plus grande peine qu'on pût infliger à un citoyen. La société, chez cette nation magistrale, étoit pénétrée de la loi, et incorporée avec elle : les fastes de l'Empire étoient un grand recueil de jurisprudence, le monde romain un grand tribunal.

Julien régna vingt mois seize ou vingt-trois jours depuis la mort de Constance. Enflé de ses succès contre les Franks, fier des ambassadeurs qu'il recevoit des peuples les plus éloignés, tels que ceux de la Taprobane, il refusa la paix que lui offroit Sapor. Ce roi des rois que la tiare avoit coiffé jusque dans la nuit du sein maternel, ce frère du soleil et de la lune[4], poursuivoit avec acharnement les chrétiens, peut-être par animosité contre le frère aîné dont il avoit usurpé le trône, Hormisdas l'exilé et le chrétien : on a évalué à deux cent quatre-vingt-dix mille le nombre des victimes immolées dans les états de Sapor. Celui qui vouloit détruire les disciples de l'Évangile par la loi, et celui qui les livroit à l'épée, alloient en venir aux mains : la Providence armoit l'apostat contre le persécuteur. Julien se croyoit si sûr de la victoire qu'il refusa l'alliance des Sarrasins : il traita avec hauteur Arsace, roi d'Arménie, dont il réclamoit néanmoins l'assistance ; Arsace professoit le christianisme. Une grande famine, augmentée encore par une fausse mesure sur les blés, avoit régné à Antioche, le rassemblement d'une nombreuse armée accrut le fléau. Quelque chose sembloit pousser Julien ; et, dans une entreprise militaire d'une si haute importance, on ne reconnoissoit plus ses talents accoutumés. Il avoit dédaigné d'attaquer les Goths : c'étoit la Perse qu'il se flattoit de conquérir comme Alexandre ; il n'eut que la gloire d'y mourir comme Socrate : toujours en présence de ses souvenirs, ses actions les plus nobles ne paroissoient que de hautes imitations. Il lioit de grands projets pour l'Empire, et surtout contre la croix, à cette conquête espérée : l'homme, dans ses desseins, oublie de compter l'heure qu'il ne verra pas.

Julien s'avança dans le pays ennemi, et, comme s'il eût craint que sa philosophie n'eût fait soupçonner son courage, il s'exposoit sans ménagement. Il se laissa tromper par des transfuges, brûla sa flotte sur le Tigre, hésita sur le chemin qu'il avoit à prendre, car il vouloit voir la plaine d'Arbelles : bientôt manquant de vivres, harcelé par la cavalerie des Perses, il est

---

[1] Theod., lib. III, cap. xxi.
[2] Theodor., lib. III, cap. xxiii ; Sozom. lib. IV ; Greg. Naz., or. III.

[4] Frater solis et lunæ.

obligé de commencer la retraite. Près de succomber avec son armée, il donnoit encore à l'étude et à la contemplation les heures les plus silencieuses de la nuit : dans une de ces heures solitaires, comme il lisoit ou écrivoit sous la tente, le génie de l'Empire, qu'il avoit déjà vu à Lutèce avant d'avoir été salué auguste, se montra à lui : il étoit pâle, défiguré, et s'éloigna tristement en couvrant d'un voile sa tête et sa corne d'abondance [1]. Julien se lève, s'empresse d'offrir une libation aux dieux : il aperçoit une étoile qui traverse le ciel et s'évanouit [2]; le pieux serviteur de l'Olympe croit reconnoître dans ce météore l'astre menaçant du dieu Mars. Le lendemain, lorsqu'il combattoit sans cuirasse à la tête de ses soldats, une javeline lui rase le bras, lui perce le côté droit et pénètre dans la partie inférieure du foie : il tombe de cheval, défaille, et quand il rouvre les yeux, il juge, malgré les soins de l'habile Oribase, que sa blessure est mortelle.

Un général atteint au champ de bataille expire sur des drapeaux, noble lit, mais que l'honneur accorde souvent à ses fidèles. Ici se présente un spectacle sans exemple : Julien, étendu sur une natte recouverte d'une peau, sa couche ordinaire, est entouré de soldats et de sophistes; sa mort est la mort d'un héros, ses paroles sont celles d'un sage. « Amis, dit-il, le « temps est venu de quitter la vie : ce que la « nature me redemande, débiteur de bonne « foi, je le lui rends allégrement. Toutes les « maximes des philosophes m'ont appris com« bien l'âme est d'une substance plus fortunée « que le corps. Je sais aussi que les immortels « ont souvent envoyé la mort à ceux qui les « révèrent, comme la plus grande récompense. « Les douleurs insultent aux lâches, et cèdent « aux courageux. J'espère avoir conservé sans « tache la puissance que j'ai reçue du ciel et « qui en découle par émanation. Je remercie « le Dieu éternel de m'enlever du monde au « milieu d'une course glorieuse. Celui qui dé« sire la mort lorsque le temps n'en est pas « venu, ou qui la redoute lorsqu'elle est op« portune, manque également de cœur...

« Je n'ai plus la force de parler. Je m'abs« tiens de désigner un empereur, dans la « crainte de me tromper sur le plus digne, ou « d'exposer celui que j'aurois jugé le plus ca« pable si mon choix n'étoit pas suivi : en fils « tendre et en homme de bien, je souhaite que « la république trouve après moi un chef inté« gre [1]. »

Après avoir ainsi parlé d'une voix tranquille, il disposa de ses biens de famille en faveur de ses intimes, et s'enquit d'Anatolius, maître des offices. Le préfet Salluste répondit qu'Anatolius étoit *heureux* [2] : Julien comprit qu'il avoit été tué, et il déplora la mort d'un ami, lui si indifférent à la sienne ! Ceux qui l'entouroient fondoient en larmes. Julien les réprimanda, disant qu'il ne convenoit pas de pleurer une âme prête à se réunir au ciel et aux astres. On fit silence, et il continua de discourir de l'excellence de l'âme avec les philosophes Maxime et Priscus. Sa blessure se rouvrit; il demanda un peu d'eau froide, et expira sans efforts au milieu de la nuit [3]. Il n'étoit âgé que de trente-trois ans ; il avoit été vingt ans chrétien [4].

S'il est vrai, comme on l'a voulu faire entendre, et comme le caractère de l'homme porteroit à le soupçonner, que Julien, calculant les événements de sa vie, avoit préparé d'avance son discours de mort, on n'a jamais si bien répété un si grand rôle; l'acteur égaloit le personnage qu'il représentoit. Les deux religions, en présence, luttèrent de prodiges dans les versions opposées des derniers moments de l'empereur. Théodoret, Sozomène, le compila-

---

[1] Vidit squalidius, ut confessus est proximis, speciem illam genii publici, quam cum ad augustum surgeret culmen conspexit in Galliis, velata cum capite cornucopia per aulœa tristius discedentem. (Amm., lib. XXV, cap. II.)

[2] Flagrantissimam facem cadenti similem visam, acris parte sulcata evanuisse existimavit : horroreque perfusus est, ne ita aperte minax Martis apparuerit sidus. (*Id., ibid.*)

[1] Amm., lib. XXV, cap. III.

[2] Beatum fuisse... intellexit occisum. (Amm., lib. XXV, cap. III.)

[3] Medio noctis horrore vita facilius est absolutus. (Amm., lib. XXV, cap. III.)

[4] Julian. epist. LI. La Bletterie ne lui en donne que trente et un, et se trompe avec l'historien Socrate.

teur des actes du martyre de saint Théodoret, prêtre d'Antioche, disent que Julien blessé reçut son sang dans ses mains, et le lança vers le ciel en s'écriant : « Tu as vaincu, Galiléen[1] ! » D'autres prétendent qu'il se voulut précipiter dans une rivière, afin de disparoître comme Romulus, et de se faire passer pour un dieu. D'après les actes de Théodoret, ce ne furent point des Perses, mais des anges sous la figure des Perses, qui combattirent Julien[2].

La manière dont il périt devint encore un objet de controverse : les Romains assuroient que la javeline avoit été lancée par un Perse, les Perses par un Romain. Libanius avance, dans un de ses ouvrages, que l'empereur fut tué en trahison comme Achille[3] ; dans un autre il semble accuser le chef des chrétiens, qui, selon Gibbon, ne pouvoit être que saint Athanase[4]. La vie de saint Basile et la Chronique d'Alexandrie contiennent l'histoire d'une vision de ce saint, de laquelle il résulteroit que Mercure, martyr de Cappadoce, avoit frappé Julien par ordre de Jésus-Christ[5]. Didyme,

célèbre aveugle, Julien Sabbas, fameux solitaire, eurent des révélations de la même nature. Didyme aperçut en songe des guerriers montés sur des chevaux blancs courant dans l'air et qui s'écrioient : « Dites à Didyme « qu'aujourd'hui, à cette heure même, Julien « a été tué[1]. » Sabbas entendit une voix qui prononçoit ces mots : « Le sanglier sauvage « qui ravageoit la vigne du Seigneur est « étendu mort[2]. » Libanius, demandant à un chrétien d'Antioche : « Que fait aujourd'hui le « fils du charpentier ? » — « Un cercueil, » répondit le chrétien[3].

La plupart de ces faits sont contestés et très-contestables ; mais il s'agit moins de la critique historique à cette époque, que de la peinture du mouvement des esprits.

Les païens furent consternés en apprenant la fin prématurée du restaurateur de l'idolâtrie. « Je me souviens, dit saint Jérôme, qu'é- « tant encore enfant et étudiant la grammaire, « lorsque toutes les villes fumoient des feux « des sacrifices, la nouvelle de la mort de Ju- « lien se répandit tout à coup. Un philosophe « s'écria : Les chrétiens déclarent que leur « Dieu est patient, et rien n'est plus prompt « que sa colère[4] ! »

Grégoire de Nazianze commence et termine ses invectives contre Julien par une sorte

---

[1] Aiunt illum, vulnere accepto, statim haustum manu sua sanguinem in cœlum jecisse, hæc dicentem : Vicisti, Galilæe ! (Soz., lib. III, cap. xxv, pag. 147.)

[2] Et cum omnia se obtinuisse putasset, subito ei irruit multitudo exercitus angelorum. (Passion. S. Theodor. presbyt.)

[3] Dolo enim mortuus est, sicut Achilles. (Lib. pro Templis, pag. 24, Genevæ, 1634.)

[4] Gibbon suit l'opinion de La Bletterie : le dernier remarque qu'on avoit, d'après une phrase de Libanius, soupçonné saint Basile et saint Grégoire de Nazianze, mais que cette phrase désigneroit plutôt saint Athanase. Seize ans après la mort de Julien, Libanius ne craignit point de renouveler une accusation qui, d'ailleurs, étoit sans preuve, dans un discours adressé à l'empereur Théodose. Sozomène (lib. VI, cap. 2) fait honneur à quelques chrétiens zélés de la mort de Julien, et compare ces héros inconnus à ces Grecs généreux qui se dévouoient autrefois pour la patrie. Libanius est si peu d'accord avec lui-même, qu'il dit positivement, dans un autre discours (orat. 11, pag. 258), que Julien avoit été tué par un Aquemenide, un Perse.

[5] Per nocturnam speciem, Basilius, Cæsareæ episcopus, vidit cœlos apertos et Christum Salvatorem in solio pro tribunali sedentem magnoque clamore vocantem : Mercuri, abi, occide Julianum imperatorem, illum hostem christianorum. » Sanctus ergo Mercurius stans coram Domino, loricam ferream indutus, accepto a Domino mandato evanuit ; rursus visus adstare ad tribunal Domini exclamavit : « Julianus imperator expi-

ravit uti imperasti, Domine ». (Chronicon Alexandrinum, pag. 693-694.)

[1] Equos candidos per aerem discurrentes sibi videre visus est, virosque ipsis insidentes, ita clamantes audire : « Nuntiate Didymo, hodie Julianum hac ipsa hora peremptum esse. »(Sozom., Histor. eccles., lib. VI, cap. II, pag. 518.)

[2] Suem agrestem, vastatorem vineæ Domini..... mortuum jacere. (Theodor., lib. III, cap. xxix, pag. 637. Lutetiæ Parisiorum, 1642.)

[3] Iste fabri filius arcam ei ligneam parat ad tumulum. (Sozomen., Hist. eccles.; Julian., cap. II, pag. 519.) L'histoire de saint Mercure, dont on a fait un chevalier Mercure, est devenue le sujet d'un drame du moyen âge.

[4] Dum adhuc essem puer, et in grammatices ludo exercerer, omnesque urbes victimarum sanguine pollueretur, ac subito in ipso persecutionis ardore Juliani nuntiatus esset interitus, eleganter unus de ethnicis : « Quomodo, inquit, christiani dicunt Deum suum esse patientem... nihil iracundius, nihil hoc furore præsentius ! » (S. Hieron., Comment., lib. II, cap. III, in Habacuc, pag. 243-244.)

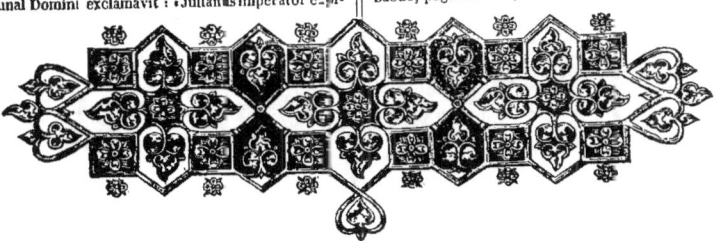

d'hymne où respire une joie aussi féroce qu'éloquente :

« Peuples, écoutez ! soyez attentifs, vous tous qui habitez l'univers ! j'élève de ce lieu, comme du haut d'une montagne, un cri immense. Écoutez, nations ! écoutez, vous qui êtes aujourd'hui, et vous qui viendrez demain ! Anges, puissances, vertus, écoutez ! La destruction du tyran est votre ouvrage. Le dragon, l'apostat, le grand et redoutable génie, l'ennemi du genre humain, qui répandoit partout la terreur, qui vomissoit des blasphèmes contre le ciel, celui dont le cœur étoit encore plus souillé que la bouche n'étoit impure, est tombé ! Cieux et terre, prêtez l'oreille au bruit de la chute du persécuteur.

« Venez aussi, généreux athlètes, défenseurs de la vérité, vous qui avez été donnés en spectacle à Dieu et aux hommes ! approchez, vous qui fûtes dépouillés de vos biens ; accourez, vous qui, injustement bannis de votre patrie terrestre, avez été arrachés des bras de vos femmes et de vos enfants ; enfin, je convoque à ces réjouissances tous ceux qui confessent un seul Dieu, souverain maître de toutes choses. C'est ce Dieu qui a exercé un jugement si éclatant, une vengeance si prompte ; c'est le Seigneur qui a percé la tête de l'impie. Dans les saints transports qui m'animent, il n'est point de paroles qui répondent à la grandeur du bienfait. Nous verrons un jour combien les supplices de Julien damné sont au-dessus de ce que l'esprit humain se peut figurer de tourments. O homme, qui te disois le plus prudent et le plus sage des hommes, voilà l'oraison funèbre que Grégoire et Basile prononcent sur ton cercueil ! O toi, qui nous avois interdit l'usage de la parole, comment es-tu tombé dans le silence éternel [1] ? »

Si Antioche se réjouit par des festins et des danses ; si la victoire de la croix fut non-seulement célébrée dans les églises, mais sur les théâtres ; si l'on s'écrioit : Où sont vos oracles, insensé Maxime [2] ? à Carrhes, le courrier porteur du fatal message fut lapidé [1] ; quelques villes placèrent l'image de Julien parmi celles des dieux, et lui rendirent les honneurs divins [2].

Libanius se voulut percer de son épée [3], et se résolut à vivre pour travailler à l'apologie d'un prince dont Grégoire de Nazianze devoit écrire la satire : la louange est plus à l'aise que le blâme sur un tombeau. Tel est l'emportement du fanatisme, qu'un saint, un Père de l'Église, un homme supérieur par ses talents, n'a pas craint d'avancer que Julien avoit fait empoisonner Constance.

Le corps de Julien, transporté à Tarse, fut enterré en face du monument de Maximin-Daïa : le chemin qui conduit aux défilés du mont Taurus séparoit les sépulcres des deux derniers persécuteurs des chrétiens [4].

Les funérailles eurent lieu selon les rites du paganisme : des bouffons chantoient des airs funèbres ; un personnage représentoit le mort, et les baladins prenoient plaisir, au milieu de leurs danses et de leurs lamentations, à se moquer de la défaite et de l'apostasie de l'ennemi des théâtres [5].

Le chrétien Grégoire de Nazianze plaint la ville de Tarse, condamnée à garder la poussière de l'adorateur des démons ; poussière qui s'agitait, et que la terre rejeta [6].

---

[1] Greg. Naz., *Or. cont. Julian*. Ce beau mouvement, *Venez aussi, généreux athlètes*, a été visiblement imité par Bossuet dans l'admirable apostrophe qui termine l'Oraison funèbre du grand Condé.

[2] Nec in ecclesiis solum ac martyriis, cuncti tripudiabant... sed in ipsis etiam theatris victoriam crucis prædicabant... Omnes siquidem juncti simul clamabant : Ubinam sunt vaticinia tua, Maxime stulte ? (Theodor., lib. III, cap. xxviii, pag. 147-148.)

[1] Et Carrheni tantum percepere dolorem morte Juliani nuntiata, ut eum qui nuntium hoc adtulerat, lapidibus obruerent. (Zosim., lib. III, pag. 59. Basileæ.)

[2] Pleræque urbes illum deorum figuris repræsentarunt, atque ut divos honorant. (Lib., *Orat.* x, tom. 1, p. 530. Lutetiæ, 1637.)

[3] In ensem oculos conjeci, quasi vita acerbior omni jugulatione mihi futura esset. (Lib., *Vit.*, pag. 45.)

[4] Porro cadaver Juliani, cum Merobandes, et qui cum illo erant, in Ciliciam deportassent, non consulto, sed casu quodam e regione sepulchri in quo Maximini ossa erant condita deposuerunt, via publica duntaxat loculos eorum a se invicem separante. (Philostorg., *Hist. ecclesiast.*, lib. VIII, pag. 511. Parisiis, 1673.)

[5] Mimi et histriones eum ducebant prolætis a scena petitis, ac ludibriis incessebant, eique fidei abjurationem et cladem vitæque finem exprobrantes. (S. Gregor., *Theologi. oratio* v, tom. 1, pag. 159. Lutetiæ, 1778.)

[6] Ut mihi quispiam narravit nec ad sepulturam as-

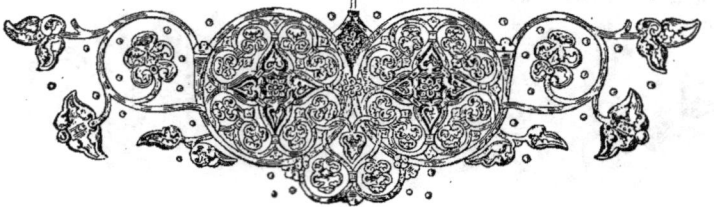

Le philosophe Libanius eût désiré saluer la dépouille mortelle de Julien auprès de celle du divin Platon dans les jardins de l'Académie [1].

Le soldat Ammien Marcellin souhaitait que les cendres de son général fussent baignées non par le Cydnus, mais par le Tibre qui traverse la ville éternelle et embrasse les monuments des anciens Césars [2]. Toutefois la tombe de Julien aux bords du Cydnus, si renommé par la fraîcheur de ses ondes, devint une espèce de temple; une main amie y grava cette épitaphe : *Ici repose Julien, tué au-delà du Tigre. Excellent empereur, vaillant guerrier* [3]. Le polythéisme en étoit à son tour réduit aux reliques, et à pleurer dans ses sanctuaires abandonnés.

En dédaignant le faste de la cour de Constance, en recevant d'une armée mutinée le titre d'auguste, Julien avoit rendu momentanément le droit d'élection aux seuls soldats : ils s'assemblèrent après sa mort; pressés de se donner un chef, ils offrirent la pourpre au préfet Salluste qui rejeta cet honneur. Vous avez pu remarquer que l'on commençoit à refuser assez fréquemment l'autorité suprême : jusqu'au règne de Commode, l'empire étoit la possession de tous les plaisirs dans le repos; mais, après ce règne, le césar ne fut plus qu'un soldat courant les armes à la main du Rhin à l'Euphrate, et du Nil au Danube, combattant ou repoussant l'ennemi, domestique ou étranger. Le pouvoir, qui cessoit d'être une jouissance, devint un fardeau : la médiocrité étoit toujours prompte à le mettre sur ses épaules, le mérite à le secouer.

Au défaut de Salluste, les légions élurent empereur Jovien, primicère des gardes, dont le nom avoit été prononcé par hasard. Il étoit chrétien et catholique comme Valentinien; il avoit préféré comme lui sa foi à son épée; mais Julien, qui le redoutoit peu, consentit à lui laisser l'une et l'autre. Jovien s'étoit trouvé chargé de conduire à Constantinople le corps de Constance, mort à Mopsucrène : assis dans le char funèbre, il avoit partagé les honneurs impériaux rendus à la poussière de son maître; on en augura sa grandeur future : on y auroit pu trouver le présage de son second et prochain voyage sur le même char.

* Jovien signa une paix de vingt-neuf ou de trente ans, et conclut un traité honteux avec Sapor : il céda aux Perses cinq provinces transtigritaines [1], la colonie romaine de Singare et la ville de Nisibe, malgré ses larmes, malgré son dernier siège, retracé éloquemment par Julien dans l'un de ses deux panégyriques de Constance. Obligés de livrer à Sapor les murs qu'ils avoient si vaillamment défendus contre lui avec Jacques leur évêque, les Nisibiens, chassés de leurs foyers dépouillés de leurs biens, offrirent encore à l'auteur de leur exil la couronne d'or que chaque ville étoit dans l'usage de présenter aux nouveaux empereurs: exemple touchant d'une fidélité qui ne se croyoit pas affranchie de ses devoirs par l'ingratitude [2].

Jovien rendit la paix à l'Église, et rappela saint Athanase.

Ainsi s'évanouirent tous les projets de Julien : il entreprit d'abattre la croix, et il fut le dernier empereur païen.

L'hellénisme retomba de tout le poids des âges dans la poudre d'où l'avoit soulevé à peine une main mal guidée. Les philosophes se rasèrent, jetèrent leur robe, et se contentèrent d'enseigner en silence ou de gémir sur les générations qui leur échappoient : on craignoit tellement d'être pris pour l'un d'eux, que les citoyens qui portoient des manteaux à franges les quittèrent.

Julien s'étoit porté à la conquête des Perses,

---

sumptum, sed a terra quæ ipsius causa turbata fuerat excussum, æstuque vehementi projectum. (S. GREG. *Theolog.*, orat. XXI, pag. 408.)

[1] Atque eum quidem Tarsi in Cilicia recepit suburbanum : at potiori jure in Academia, proximo Platonis sepulchro, fuisset tumulatus. (LIBAN., *Orat. Parental.*, cap. CLVI, pag. 377.)

[2] Cujus suprema et cineres, si quis tunc juste consuleret, non Cydnus videre deberet, quamvis gratissimus amnis et liquidus : sed ad perpetuandam gloriam recte factorum præterlambere Tiberis, intersecans urbem æternam, divorumque veterum monumenta præstringens. (AMM., lib. XXV, cap. x.)

[3] AMM., lib. XXV, cap. x, pag. 240, n. z. Voyez aussi *Vie de Julien*, par La Bletterie, *ad fin*.

[1] Jovien, emp. Damas 1er, pape. An de J.-C. 363.
[1] Par rapport aux Perses.
[2] AMM., lib. XXV.

afin de revenir dompter les chrétiens : cette guerre, qui devoit renverser le trône du grand roi, amena le premier démembrement de l'empire des Césars.

Il a fallu vous rappeler en détail cette dernière épreuve de l'Église, parce qu'elle fait époque et qu'elle se distingue des autres : elle tient d'une civilisation plus avancée : elle a un air de famille avec l'impiété littéraire et moqueuse qu'un esprit rare répandit au dix-huitième siècle. Mais l'impiété de l'empereur, qui pouvoit ordonner des supplices, ne laissa aux chrétiens que des couronnes, et l'impiété du poëte, qui n'avoit pas la puissance du glaive, leur légua des échafauds.

La persécution de Julien ne sortit point du paganisme populaire ; elle vint du paganisme philosophique demeuré seul sur le champ de bataille, ayant pour chef un cynique à manteau de pourpre, qui portoit le vieux monde dans sa tête et l'empire dans sa besace. Mais, dans la lice où les deux partis cherchoient à s'enlever des champions, les hommes de talent passèrent successivement avec leur génie et leur vertu au christianisme, comme les soldats qui désertent avec armes et bagages à l'ennemi : l'autre camp ne voyoit arriver personne.

Constantin étoit un prince inférieur à Julien, et pourtant il a attaché son nom à l'une des plus mémorables révolutions de l'ordre social : c'est qu'abstraction faite de ce qu'il peut y avoir de surnaturel dans l'établissement de la religion chrétienne, il se mit à la tête des idées de son temps, marcha dans le sens où l'espèce humaine marchoit, et grandit avec les mœurs croissantes qui le poussoient.

Julien au contraire se fit écraser par les générations qu'il prétendoit retenir ; elles le jetèrent par terre malgré sa force, et lui passèrent sur la poitrine. Eût-il vécu, il auroit ralenti le mouvement ; il ne l'eût pas arrêté : le calvaire nu, par où l'esprit de l'homme alloit maintenant chercher la vérité de Dieu, devoit dominer tous les temples. Les soins inutiles que se donna une vaste intelligence, un monarque absolu, un guerrier redoutable, pour rétablir l'ancien culte, prouvent qu'il n'est pas plus possible de ressusciter les siècles que les morts. Cent cinquante ans auparavant, Pline le jeune avoit aussi pensé qu'on pouvoit extirper le christianisme. La tentative rétrograde de Julien, événement unique dans l'histoire ancienne [1], n'est pas sans exemple dans l'histoire moderne : toutes les fois qu'ils ont voulu rebrousser le cours du temps, ces navigateurs en amont, bientôt submergés, n'ont fait que hâter leur naufrage.

Jovien ramena du désert des soldats sans vêtements, mendiant leur pain : le légionnaire qui avoit conservé un morceau de sa pique ou de son bouclier, ou qui rapportoit un de ses brodequins sur son épaule, magnifioit son courage : ainsi auroient été les Perses si Julien avoit vécu, dit Libanius. La fin de la retraite de l'armée fut le terme de la vie de Jovien : sa femme venoit au-devant de lui pour partager sa pourpre ; elle rencontra son convoi. Les officiers civils et militaires, les eunuques et l'armée voulurent décerner le diadème à Salluste, qui le refusa une seconde fois. L'élection, après la proposition de divers candidats, s'arrêta sur Valentinien, confesseur de la foi sous Julien : il étoit sans lettres, mais il avoit une naturelle éloquence. Trente jours après son élévation, il associa son frère Valens à l'empire ; nom fatal qui rappelle la dernière et définitive invasion des Barbares.

Alors eut lieu, et pour toujours, la division de l'empire d'Orient et de l'empire d'Occident. Valentinien établit sa cour à Milan, Valens à Constantinople. Les deux frères quittèrent le château de Médiana, à trois milles de Naïsse, où s'étoit accompli le partage du monde romain ; ils allèrent ensemble à Sirmium : là, ils s'embrassèrent, se séparèrent, et ne se revirent plus [2].

---

[1] Léonidas à Sparte, sur un plus petit théâtre, se trompa et se perdit comme Julien.
[2] Amm., lib. XXVI ; Philostorg., pag. 144. Théodose Ier ne fut un moment maître de tout l'Empire que pour le partager entre ses deux fils.

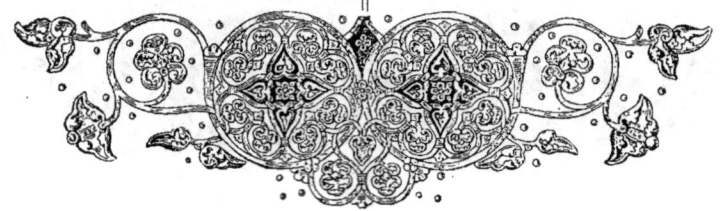

TROISIÈME DISCOURS.

PREMIÈRE PARTIE.

DE VALENTINIEN Ier ET VALENS, A GRATIEN ET A THÉODOSE Ier.*

Pour éviter la confusion des sujets, vous aimerez mieux voir séparément ce qui se passoit aux empires d'Orient et d'Occident, sans toutefois perdre de vue leur connexité et ce qu'il y avoit de commun dans les événements, les mœurs et les lois des deux grandes divisions du monde romain.

L'Occident, dévolu à Valentinien, comprenoit l'Illyrie, l'Italie, les Gaules, la Grande-Bretagne, l'Espagne et l'Afrique; l'Orient laissé à Valens, embrassoit l'Asie, l'Égypte, la Thrace et la Grèce.

La résidence particulière de Valentinien étoit à Milan; celle de Valens à Constantinople; mais les deux empereurs se transportoient là où leur présence étoit nécessaire.

Dans l'Occident, Valentinien eut à combattre les Allamans qui se jetèrent sur la Gaule, et il fortifia de nouveau la ligne du Rhin. On voit paroître les Bourguignons issus des Vandales qui habitoient les bords de l'Elbe. Leur roi étoit connu sous le nom générique d'Hendinos, et leur grand-prêtre sous celui de Sinistus[1]. Ennemis des Allamans, les Bourguignons s'allièrent avec Valentinien, et s'engagèrent à lui fournir une armée de quatre-vingt mille hommes.

Les Saxons et les Franks reparurent sur les côtes de la Gaule et de la Grande-Bretagne; les Pictes et les Scots désolèrent cette dernière province. Théodose, général de Valentinien, les refoula au fond de la Calédonie.

Les peuples de la Gétulie, de la Numidie et de la Mauritanie ravagèrent l'Afrique : Théodose fut envoyé pour les repousser, et punir l'avidité de Romanus, commandant militaire de cette province : il réussit dans la première partie de sa mission.

Valens et Valentinien poursuivirent avec toute la rigueur des lois romaines leurs sujets accusés de magie. Les victimes furent nombreuses à Rome et à Antioche. Maxime, si fameux sous Julien, et d'autres philosophes succombèrent; Jamblique s'empoisonna; Libanius échappa avec peine à l'accusation[2].

Valens étoit tyran par foiblesse, Valentinien par colère. Deux ourses, l'histoire en dit le nom, *Inoffensive* et *Paillette dorée*, avoient leurs loges auprès de la chambre à coucher de Valentinien; il les nourrissoit de chair humaine. *Innoffensive*, bien méritante, fut rendue à ses forêts[3].

L'empereur d'Occident gâtoit de grandes

---

* Valentinien, Valens, emp. Félix, Damas, papes. A l'an de J.-C. 534-376.

[1] Apud hos generali nomine rex appellatur Hendinos... Sacerdos omnium maximus vocatur Sinistus. (AMM. MARCELL., lib. XXVIII, cap. v, pag. 539; 1671.)

[2] Primus ex nobilibus philosophis interfectus est Maximus ; et post illum oriundus ex Phrygia Hilarius qui ambiguum quoddam oraculum clarius fuisse interpretatus. Secundum hunc Simonides, et patricius Lydus et Andronicus e Caria. (ZOSIM., Histor., lib. IV, pag 65. Basileæ.)

[3] Micam auream et Innocentiam : cultu ita curabat enixo, ut earum caveas prope cubiculum suum locaret... Innocentiam denique, post multas quas ejus lanatu cadaverum viderat sepulturas, ut bene meritam in sylvas abire dimisit. (AMM. MARCELL., lib. XXIX, cap. III.)

qualités par un tempérament cruel : il ordonnoit le feu pour les moindres fautes. Milan eut des victimes qui prirent de leur injuste condamnation le nom d'*Innocents*. Tout débiteur insolvable étoit mis à mort. Le prévenu récusoit-il un juge, c'étoit à ce juge qu'on le renvoyoit [1].

Vous êtes frappés de cet arbitraire de supplices, qui souille les annales de Rome ; le genre de peines à appliquer semble abandonné au caprice des magistrats et des particuliers : la loi criminelle, chez les Romains, étoit fort inférieure à la loi civile. Nous ne faisons pas assez d'attention aux améliorations évidemment apportées dans les lois par la mansuétude du Christ. Accoutumés que nous sommes à lire des faits atroces, quand nous voyons des hommes déchirés avec des ongles de fer, exposés nus et frottés de miel à la piqûre des mouches, torturés comme les prisonniers de guerre des Iroquois par l'ordre d'un juge ou la vengeance d'un simple créancier, nous ne nous demandons pas comment cela arrivoit chez les nations civilisées de l'ancien monde, et comment cela n'arrive plus chez les nations civilisées du monde moderne. Le progrès si lent de la société ne suffit pas pour rendre compte de ces changements ; il y faut reconnoître une cause plus prompte, plus efficace, plus générale : cette cause est l'esprit du christianisme.

Le sang des empereurs païens se retrouve dans les cruautés de Valentinien ; le caractère des empereurs chrétiens dans les lois qui ordonnent des médecins pour les pauvres, et qui défendent l'exposition des enfants [2] : honneur à la bénignité évangélique à qui l'on doit l'abolition d'une coutume qu'autorisoient les législations les plus fameuses de l'antiquité !

Parmi les lois de Valens et de Valentinien, je dois vous signaler encore l'institution des écoles, modèles de nos universités : l'éducation publique expira avec la liberté publique ; les collèges modernes eurent leur origine lointaine dans les siècles de décadence et d'esclavage de l'empire romain.

Valentinien donna aux villes des défenseurs officieux [1], sorte de magistrats élus par le peuple [2] ; d'où il arriva que les Églises, devenues des espèces de municipes, eurent à leur tour des défenseurs qui se transformèrent en champions dans le moyen âge. La liberté politique s'étoit changée en priviléges de bourgeoisie : on voit partout les empereurs adresser des lettres et des rescrits aux *communes* des diverses provinces de l'Europe, de l'Afrique et de l'Asie.

En suivant la série des institutions, le Code à la main, on remarque, avec une admiration reconnoissante, que le travail des princes chrétiens tend surtout à l'adoucissement des inflictions criminelles et à la réforme des mœurs : les enfants des suppliciés retrouvent les biens paternels ; des règlements améliorent le sort des pauvres et des esclaves, multiplient les cas de libertés ; les vices abominables chantés par les poëtes, et protégés des magistrats, sont punis. En un mot, c'est dans le recueil des lois romaines qu'il faut chercher la véritable histoire du christianisme, bien plus que dans les fastes de l'Empire.

Valentinien accorda le libre exercice du culte à ses sujets, et ne prit aucun parti dans les querelles religieuses [3] : il se crut d'autant plus autorisé à cette tolérance, qu'il s'étoit montré chrétien indépendant sous Julien. Cependant il défendit aux païens les sacrifices et les assemblées aux manichéens et aux donatistes. Il mit aussi des bornes à l'accroissement des richesses de l'Église et à la multiplication des ordres monastiques : il fut défendu au clergé d'admettre à la cléricature les propriétaires hommes du peuple, et les décurions des villes, à moins que ceux-ci n'abandonnassent leurs biens ou à la municipalité dont ils étoient membres, ou à quelques-uns de leurs parents [4]. Il fut également défendu au même clergé d'accepter des legs testamentaires. Déjà le pouvoir et la fortune avoient amené la corruption : Damas disputa le siége de Rome à Ursin ; on en vint aux mains [5] ; cent trente-sept morts

---

[1] Amm. Marcell., l. XXVII, c. VII ; l. XXIX, c. III ; lib. XXX, c. VIII.
[2] *Cod. Theod.*, tom. III, lib. VIII, pag. 54.

[1] *Cod. Theod.*, tom. IX, lib. I, pag. 197.
[2] *Cod. Just.*, tom. LV, lib. I et II, pag. 166.
[3] Bav., ann. 374 ; Symm., lib. X, epist. 54.
[4] *Cod. Theod.*, tom. I, lib. LII, pag. 403.
[5] Damasius et Ursinus, supra humanum modum ad

furent trouvés le matin dans la basilique de Sicinius, aujourd'hui Sainte-Marie-Majeure.

Valentinien avoit eu de sa première femme, Sévéra, un fils nommé Gratien, qu'il éleva à Amiens, le 24 août 367, au rang d'auguste, sans le créer d'abord césar, selon l'usage. On a cherché la raison de cette innovation; elle est évidente. Il y avoit maintenant deux empires: Gratien, âgé de huit ans, n'étoit plus un césar ou un général nommé pour défendre une partie de l'état : c'étoit un héritier qui devoit succéder à la souveraineté de son père.

Valentinien répudia Sévéra, et épousa Justine, Sicilienne d'origine; elle auroit, selon Zosime, été mariée d'abord au tyran Magnence. Justine étoit arienne, mais elle ne déclara son hérésie qu'après la mort de Valentinien. Elle donna à l'empereur un fils, qui fut Valentinien II, et trois filles, Justa, Grata et Galla : celle-ci devint la seconde femme de Théodose-le-Grand.

Les Quades et les Sarmates, justement irrités de la trahison des Romains qui, après avoir attiré leur roi Gabinus à une entrevue, l'avoient massacré, ravageoient l'Illyrie; Valentinien accourt avec les forces de la Gaule; il meurt subitement à Bergetion [1], d'un accès de colère, dans une audience qu'il donnoit aux députés des Quades suppliants.

Mallobaud ou Mellobaud, chef d'une tribu de Franks, avoit obtenu un commandement sous Valentinien, et s'étoit distingué par ses gestes militaires : à la mort de l'empereur il entreprit avec Équitius, comte d'Illyrie, de faire prévaloir les droits de Valentinien, fils de Justine, sur ceux de Gratien, fils de Sévéra. Valentinien II[*] fut en effet proclamé empereur; mais son frère Gratien, déjà auguste, au lieu de s'en offenser, reconnut l'élection.

Valentinien eut dans son partage l'Italie, l'Illyrie et l'Afrique; Gratien garda les Gaules, l'Espagne et l'Angleterre, peut-être même n'y eut-il pas de véritable partage. Ce qu'il y a de certain, c'est que Gratien gouverna seul l'Occident jusqu'à sa mort, Valentinien n'étant encore qu'un enfant sous la tutelle de sa mère.

Valens n'approuvoit pas ces arrangements paisibles entre ses jeunes neveux; mais les mouvements des Goths arretèrent son intervention dans des affaires d'une moindre importance.

Mis en possession de l'empire d'Orient par Valentinien I, Valens avoit eu, dès les premiers jours de son règne, des épreuves à subir. Procope, commandant de l'armée de Mésopotamie, prit la pourpre dans Constantinople même, par l'autorité de deux cohortes gauloises. Voulant légitimer son usurpation, il épousa Faustine, veuve de l'empereur Constance; elle avoit une fille âgée de cinq ans, dans laquelle les légions voyoient le dernier rejeton de la race de Constantin. La révolte de Procope dura peu; ses soldats l'abandonnèrent à la voix de leurs capitaines, qui gardèrent leur foi. Procope, trahi, fut traîné au camp de l'empereur d'Orient et décapité.

Valens soutint foiblement contre Sapor les rois d'Arménie et d'Ibérie. On remarque dans cette guerre les aventures de Para, roi d'Arménie, monarque fugitif comme tant d'autres, protégé d'abord des Romains, ensuite égorgé par eux dans un repas.

Les Goths, restés fidèles à la famille de Constantin, s'étoient déclarés contre Valens en faveur de Procope, mari de la veuve de Constance. Valens remporta quelques avantages, sur ces barbares. Une paix fut le résultat de ces avantages, et six ans après les Huns précipitèrent les Goths sur l'Empire.

L'arianisme étoit la religion de Valens : il persécuta les catholiques qu'il appeloit les athanasiens : saint Basile étoit devenu leur chef après la mort de saint Athanase. A ce grand homme de solitude et de charité est due la fondation du premier de ces monuments élevés aux misères humaines; monuments qui font la gloire éternelle du christianisme. Les moines, presque tous catholiques, s'étoient accrus par l'esprit et le malheur de leur temps.

---

rapiendam episcopatus sedem ardentes, scissis studiis asperrime conflictabantur, adusque mortis vulnerumque discrimina adjumentis utriusque processit... Uno die centum triginta septem reperta cadavera peremptorum. (AMM. MARCELL., lib XXVI, cap. III, pag. 481. Parisiis, 1677.)

[1] 17 novembre 575.
[*] Valens, Gratien, cmp. Damas pape. An de J.-C. 376-378.

Valens les fit enlever à main armée, on les força de s'enrôler dans les légions, et quand ils résistèrent on les massacra.

Nous arrivons au fameux événement qui hâta la chute de l'ancien monde.

Depuis leurs expéditions maritimes, les Goths, en paix avec les Romains, s'étoient multipliés dans les forêts : ils avoient assujetti autour d'eux les autres peuplades barbares. Hermanric, roi des Ostrogoths et de la noble race des Amali, devint conquérant à l'âge de quatre-vingts ans ; à cent dix ans il alloit encore au combat[1], et restoit le seul contemporain de sa gloire[1]. Il conquit les Hérules et les Venèdes. Sa puissance s'étendoit dans les bois et sur les hordes des bois, du Pont-Euxin à la Baltique, derrière les tribus saxonnes, allamanes, frankes, bourguignonnes et lombardes, plus rapprochées des rives du Rhin : le Danube séparoit l'empire sauvage des Goths de l'empire civilisé des Romains. Les Visigoths, réunis aux Ostrogoths, leur avoient cédé la prééminence ; leurs chefs, parmi lesquels se distinguoient Athanaric, Fritigern et Alavius, avoient quitté le nom de rois pour descendre ou pour monter à celui de juges [2].

Telles étoient devenues les nations gothiques aux frontières de l'empire d'Orient, lorsque tout à coup un bruit se répand : on raconte qu'une race inconnue a traversé les Palus-Méotides. La présence des Huns fut annoncée par un tremblement de terre qui secoua presque tout le sol du monde romain, et fit pencher sur la tête d'Hermanric sa couronne séculaire. Les Huns étoient la dernière grande nation mandée à la destruction de Rome ; les autres nations avoient fait une halte pour les attendre ; ils venoient de loin. A peine avoient-ils paru, qu'on entendit parler des Lombards, dernier flot de cet océan.

Un nouveau système historique fait descendre les Huns des peuples ouralo-finnois. Dans ce système fondé sur une meilleure critique, une connoissance plus avancée des peuples et des langues de l'Asie et de l'Europe septentrionale, on suit cependant avec moins de facilité la marche et les progrès des soldats futurs d'Attila.

Dans l'ancien système que Gibbon a adopté, il est plus aisé de se reconnoître. En rejetant de la primitive monarchie des Huns la partie confuse et romanesque, laissant de côté ce qu'ont pu faire ou ne pas faire les Huns au nord de la muraille de la Chine, 1210 ans avant l'ère vulgaire, négligeant leur invasion de la Chine, leur défaite par l'empereur Voulé de la dynastie des Huns, on trouve qu'au temps de la mission du Christ deux divisions des Huns s'avancèrent dans l'Occident, l'une vers l'Oxus, l'autre vers le Volga : celle-ci se fixa au bord oriental de la mer Caspienne, et fut connue sous le nom des Huns blancs ; ils eurent de fréquents démêlés avec les Perses.

L'autre division des Huns pénétra avec difficulté au Volga, conserva ses mœurs en augmentant sa force par des alliances volontaires, des adjonctions de peuples conquis, et par l'habitude des combats : cette division subjugua les Alains : la plus grande partie des vaincus entra dans les rangs des vainqueurs, tandis qu'une colonie indépendante des premiers alla se mêler aux races germaniques et s'associer à leur guerre contre l'Empire [1].

Les Huns parurent effroyables aux Barbares eux-mêmes : quand ils eurent franchi les Palus-Méotides, ils se trouvèrent en présence des tributaires de la puissance d'Hermanric. Les deux monarchies des Huns et des Goths, l'une composée de sauvages à cheval, l'autre de sauvages à pied, c'est-à-dire les deux races scythe et tartare, se heurtèrent. Les Goths étoient divisés ; Hermanric, abusant du pouvoir, avoit fait écarteler la femme d'un chef roxolan qui s'étoit retiré de lui [2]. Les frères de cette femme la vengèrent en poignardant Hermanric, vainement cuirassé d'un siècle, et à qui cent dix

---

[1] Jorn., cap. XXII.
[2] Id., Ibid.

[1] DEGUIGNES, GIBBON, JORNANDÈS, AMMIEN MARCELLIN, etc.
[2] Dum enim quamdam mulierem Sauielh nomine pro mariti fraudulento discessu, rex furore commotus, equis ferocibus illigatam, incitatisque cursibus per diversa divelli præcepisset : fratres ejus Sarus et Ammius, germanæ obitum vindicantes, Ermanarici latus ferro petierunt. (JORNAND., de Reb. Geticis, cap. XXIV, pag. 70-71. Lugduni Batavorum.)

années avoient encore laissé du sang dans le cœur : il ne resta pas sous le coup. Balamir, roi des Huns, profita de cet événement : il attaqua les Ostrogoths qui furent abandonnés des Visigoths ; Hermanric, impatient de la douleur que lui causoit sa blessure, et encore plus tourmenté de la ruine de son empire, mit fin à des jours que la mort avoit oubliés[1]. Withimer, chargé après lui du gouvernement, en vint avec les Huns et les Alains à une bataille dans laquelle il fut tué[2]. Saphrax et Alathæus sauvèrent le jeune roi des Ostrogoths, Witheric, et conduisirent les débris indépendants de leurs compatriotes sur les bords du Niester.

Cependant les Visigoths, séparés des Ostrogoths, s'étoient retirés chez les Gépides leurs alliés ; ils y furent poursuivis par les Huns. Un corps de cavalerie tartare passa le Niester à gué pendant la nuit, au clair de la lune : Athanaric, juge des Visigoths, qui défendoit les bords de la rivière, parvint à gagner des hauteurs avec son armée ; il s'y vouloit fortifier, mais les Visigoths se précipitent vers le Danube, envoient des ambassadeurs à Valens, et le conjurent de leur accorder la Mœsie inférieure pour asile : ils offroient d'embrasser la religion chrétienne. « Valens, « dit Jornandès, dépêcha des évêques héré- « siarques aux Visigoths, et fit de ses sup- « pliants des sectateurs d'Arius au lieu de « disciples de Jésus-Christ. Les Visigoths « communiquèrent le venin aux Gépides leurs « hôtes, aux Ostrogoths leurs frères ; ils se « répandirent dans la Dacie, la Thrace, la Mœ- « sie supérieure, et tous les Goths se trou- « vèrent ariens[3]. »

L'historien se trompe : tous les Goths sans doute n'étoient pas encore chrétiens en 376, mais ils avoient déjà reçu les semences de la foi. Théophile, au concile de Nicée, est appelé l'évêque des Goths[1] ; ceux-ci avoient un petit sanctuaire catholique à Constantinople. Vers l'an 325, Audius, chef d'un schisme, fut banni par Constantin en Scythie ; il pénétra chez les Goths, y prêcha l'Évangile, et établit dans leur pays des vierges, des ascètes et des monastères[2]. Les Goths mêmes avoient exercé de grandes cruautés dans la persécution arienne de 372, et ce fut le célèbre évêque Ulphilas que ce peuple fugitif députa, en 376, à Constantinople[3].

Fritigern et Alavivus commandoient les Visigoths qui tendoient les mains à Valens : Athanaric, suivi de quelques compagnons, ne voulut point paroître sur les terres de l'Empire en qualité de parjure ou de suppliant, et se retira dans les forêts de la Transylvanie.

Valens, bigot sectaire, se croyoit un profond politique ; il acquiesça à la demande des Visigoths ; il se félicitoit de cantonner sur les frontières de ses états des guerriers qui promettoient de le défendre et de se faire ariens. Il les voulut tous, même ceux qui pouvoient être attaqués d'une maladie mortelle[4] ; mais il attacha deux conditions à son bienfait : les Visigoths eurent ordre de livrer leurs enfants et leurs armes ; leurs enfants comme otages, et leurs armes comme vaincus. Et Valens prétendoit que ces bras désarmés se lèveroient pour protéger sa tête ! Les Visigoths se soumirent.

Le Danube étoit enflé par des pluies. On assembla une multitude de barques, de radeaux, de troncs d'arbres creusés, et l'on vit, par la permission de Dieu, les Romains occu-

---

[1] Inter hæc Ermanarcus tam vulneris dolorem, quam etiam incursiones Hunnorum non ferens, grandævus et plenus dierum, centesimo decimo anno vitæ suæ defunctus est. (JORN., cap. XXIV.)
[2] AMM. MARCELL., lib. XXXI, cap. III.
[3] Et ut fides uberior illis haberetur promittunt se, si doctores linguæ suæ donaverit, fieri christianos. . . . . Sic quoque Vesegothæ a Valente imperatore ariani potius quam christiani effecti. De cætero, tam Ostrogothis quam Gepidis parentibus suis, per affectionis gratiam evangelizantes, hujus perfidiæ culturam edocentes, omnem ubique linguam hujus nationem ad culturam hujus sectæ invitavere. Ipsi quoque (ut dic-

tum est) Danubium transmeantes Daciam, ripensem Mœsiam, Thraciasque pern issu principis insedere. (JORN., cap. XXV.)
[1] SOCR., lib. II, cap. XLI.
[2] SULP. SEV., lib. XVI, n. 42 ; EP.PH., *Hær.*, LXX, n. 9, 14.
[3] SOZOM., lib. VI, cap. XXXVI.
[4] Et navabatur opera diligens, ne qui romanam rem eversurus derelinqueretur vel quassatus morbo lethali (AMM. MARCELL., lib. XXXI, cap. IV.)

pés nuit et jour à transporter dans l'Empire les destructeurs de l'Empire. Des commissaires désignés à cet effet essayèrent de compter les Barbares à leur passage d'une rive du Danube à l'autre; mais ils furent obligés de renoncer au dénombrement[1]. Ammien Marcellin, citant deux vers de Virgile, prétend qu'on auroit plutôt compté les sables que le vent du midi soulève sur les rivages de la Libye. Une évaluation moins poétique porte l'émigration des Visigoths à un million d'individus.

Les enfants mâles des familles les plus distinguées furent séparés de leurs pères; on les distribua dans différentes provinces : les habitants de ces provinces étoient étonnés des brillantes parures et de la beauté martiale des jeunes exilés.

Quant aux armes, elles ne furent point livrées; les Visigoths arrivoient avec les tributs qu'ils avoient jadis reçus, et les anciennes richesses qu'ils avoient enlevées aux Romains ; on les crut opulents parce qu'ils étoient chargés de dépouilles; pour garder du fer, ils soûlèrent la cupidité des officiers de Valens avec des tapis, des tissus précieux, des esclaves et des troupeaux. A ceux qui préférèrent un autre lucre, ils prostituèrent leurs filles[2]; ils vendirent leur honneur pour acheter un empire, sûrs qu'avec leurs épées ils feroient bientôt passer les filles des Césars dans le lit des Goths.

Les Ostrogoths, conduits par Saphrax et Alathæus qui avoient sauvé Witheric, se présentèrent à leur tour sur la rive septentrionale du Danube, et sollicitèrent inutilement la faveur obtenue par leurs compatriotes : la peur commençoit chez les Romains.

Les Visigoths s'avancèrent dans les Thraces. On s'étoit chargé de les nourrir; on ne les nourrit point : on leur fournit de la chair infecte de chien, et d'autres animaux morts de maladie ; un pain coûtoit un esclave, un agneau six livres d'argent. Après leurs esclaves ils n'eurent plus à livrer que le reste de leurs enfants[1]. On fit (parce qu'enfin Rome devoit périr) d'un million d'alliés un million d'opprimés : la reconnoissance finit où l'injustice commence.

Les Ostrogoths, cessant de prier, passèrent le Danube, et se trouvèrent ennemis et indépendants sur le territoire romain. Fritigern, chef des Visigoths, forma des liaisons secrètes avec les nouveaux émigrants, et s'efforça de réunir les Goths dans le même intérêt.

Maxime et Lupicinus, généraux de Valens, avoient alors le commandement dans les Thraces : ils étoient, par leur avarice et leur foiblesse, la première cause de tous ces malheurs. La discorde éclata à Marcianopolis, capitale de la Basse-Mœsie, à soixante-dix milles du Danube : Lupicinus avoit invité les chefs des Goths à un repas, dans le dessein de les faire assassiner ; les gardes de ces chefs, restés aux portes de la ville, se prirent de querelle avec les soldats romains; leurs clameurs pénétrèrent jusqu'à la salle du festin. Fritigern et ses amis tirent leurs épées, s'ouvrent un passage à travers la foule, sortent de la ville, et ont le bonheur[2] d'échapper. « Ce jour-là, dit « Jornandès, ôta la faim aux Goths et la sû- « reté aux Romains : les premiers ne se regar- « dèrent plus comme des vagabonds et des « étrangers, mais comme des citoyens et « comme les seigneurs de l'Empire[3]. »

Lupicinus, se fiant à la discipline des légions et là a supériorité de leurs armes, attaqua les Goths : ceux-ci, déployant leur bannière, firent entendre le lamentable son de cette corne cé-

---

[1] Proinde permissu imperatoris transeundi Danubium copiam colendique adepti Thraciæ partes, transfretabantur in dies et noctes, navibus ratibusque et cavatis arborum alveis agminatim impositi... Ita turbido instantium studio orbis romani pernicies ducebatur. Illud sane neque obscurum est neque incertum, infaustos transvehendi barbaram plebem ministros numerum ejus comprehendere calculo sæpe tentantes, conquievisse frustratos. (AMM. MARCELL... lib. XXXI, cap. IV.)

[2] ZOSIM.

[1] Cœperunt duces (avaritia compellente) non solum ovium, boumque carnes, verum etiam canum, et immundorum animalium, morticina eis pro magno contradere : adeo ut quodlibet mancipium in unum panem aut decem libras in unam carnem mercarentur. (JORN., cap. XXVI.)

[2] AMM. MARCELL., lib. XXXI; JORN., cap. XXVI.

[3] Illa namque dies Gothorum famem, Romanorumque securitatem ademit : cœperuntque Gothi jam non ut advenæ et peregrini, sed ut cives et domini possessoribus imperare. (JORN., cap. XXVI.)

lèbre dans le récit de leurs combats, et à la ronflée de laquelle devoit s'écrouler le Capitole[1]; les Romains furent vaincus.

Une troupe de Goths, avant la migration générale de ces peuples, étoit entrée au service de Valens, sous la conduite de Suérid et de Colias; attaquée par les habitants mutinés d'Andrinople, elle les repoussa, et alla rejoindre le grand corps de ses compatriotes. Fritigern franchit l'Hémus, et mit le siége devant Andrinople, qu'il ne put prendre. Les ouvriers employés aux mines du Rhodope se révoltent, se réfugient chez les Barbares, et leur servent ensuite de guides aux réduits les plus secrets des Romains. Les Goths délivrent leurs enfants captifs[2], qui leur racontent ce qu'ils ont eu à souffrir de la lubricité et de la cruauté de leurs maîtres. Une partie des Huns et des Alains font alliance avec les Goths.

Alors Valens songe à porter remède au mal qu'il avoit fait; il retire les légions d'Arménie, et demande des secours au jeune empereur Gratien qui venoit de succéder à Valentinien, son père: Richomer, comte des domestiques, est dépêché à Valens avec les légions gauloises. Une première armée romaine, sous les ordres de Trajan et Profuturus, s'approcha des Visigoths campés vers l'embouchure méridionale du Danube, à soixante milles au nord de Tôme, exil d'un poëte: Fritigern fait elever des feux pour rappeler ses bandes répandues dans le plat pays. Les Visigoths se lient d'un serment terrible, et entonnent les chants à la gloire de leurs aïeux; les Romains y répondirent par le *barritus*, cri militaire commencé presque à voix basse, allant toujours grossissant, et finissant par une explosion effroyable[3]. La bataille de Salices, qui a pris son nom des arbres paisibles sous lesquels elle fut longnée, dura la journée entière, et la victoire resta indécise. Les Visigoths rentrèrent dans leur camp. Les Romains n'osèrent renouveler le combat, et résolurent d'enfermer les Barbares dans ce coin de terre entre le Danube, la mer Noire et le mont Hémus. Les Ostrogoths et le parti des Huns et des Alains, avec lequel Fritigern s'étoit ménagé une alliance, les dégagèrent.

Valens, suspendant sa guerre contre les moines, partit enfin d'Antioche avec une seconde armée. Arrivé à Constantinople, il maltraita le général Trajan, ami de saint Basile. Au bout de quelques jours, il sortit de la capitale de l'Orient, chassé par le mépris populaire et les clameurs de la foule qui le pressoit de marcher à d'autres ennemis[4].

Le moine Isaac sort de sa cellule, voisine des chemins où passoit l'empereur; il s'avance au-devant de lui et lui crie: « Où vas-tu? Tu « as fait la guerre à Dieu il n'est plus pour « toi. Cesse ton impiété, ou ni toi ni ton ar- « mée ne reviendront. » L'empereur dit: « Qu'on le mette en prison. Faux prophète, « je reviendrai et je te ferai mourir. » Isaac répondit: « Fais-moi mourir si tu me trouves en « mensonge. » Le moine[2] chrétien remplaçoit le philosophe cynique: il n'en différoit que par les mœurs.

Les Goths, après avoir encore une fois saccagé la Thrace et franchi l'Hémus, inondoient les environs d'Andrinople. Frigerid, général de Gratien, avoit défait quelques alliés des Goths, entre autres les Taïfales, barbares débauchés dont les prisonniers furent transportés

---

[1] Rauca cornua. (CLAUDIAN., *in Ruf.*) Auditisque triste sonantibus. (AMM. MARCELL., lib. XXXI.

[2] Eo maxime adjumento præter genuinam erecti fiduciam, quod confluebat ad eos in dies ex eadem gente multitudo, dudum a mercatoribus venumdati, adjectis plurimis quos primo transgressu necati inedia, vino exili vel panis frustis mutavere vilissimis. (AMM. MARCELL., lib. XXXI, cap. VI.)

[3] Et Romani quidem voci undique martia concinentes, a minore solita ad majorem protelli, quam gentilitate appellant barritum, vires validas erigebant. (AMM. MARCELL., lib. XXXI, cap. VII.)

[4] Venit Constantinopolim, ubi moratus paucissimos dies, seditione popularium pulsatus, etc. (AMM., lib. XXXI, pag. 689. Parisiis, 1677.)

[2] Quo pergis, imperator, qui Deo bellum intulisti, nec eum habes adjutorem? Desine ergo bellum inferre ei. . . . . Nam neque reverteris, et exercitum præterea amittes. . . . .

Ad hæc imperator ira percitus:

Revertar, inquit, teque interficiam, et falsi vaticinii pœnas a te exigam.

Tum ille minas neutiquam reformidans: Interfice, inquit, si in verbis meis mendacium fuerit deprehensum. (THEODOR., *Episcop*.; CYR., *Eccles. hist.*, lib. IV, pag. 193. Parisiis, 1675.)

sur les terres abandonnées de Parme et de Modène [1]. Sébastien, maître général de l'infanterie de Valens, s'étoit occupé à rétablir la discipline dans un corps particulier; ce corps avoit eu l'avantage sur un nombreux parti d'ennemis. Enivré de ces succès, Valens s'apprête à triompher des peuples gothiques, et s'établit dans un camp fortifié sous les murs d'Andrinople.

Richomer, accouru de l'Occident, vient annoncer à Valens que son neveu, vainqueur des Allamans, s'avance pour le soutenir.

En même temps un évêque envoyé par Fritigern, politique aussi rusé que général habile, se présente chargé d'humbles paroles et de soumissions. Il proteste publiquement de la fidélité des Goths, qui, selon lui, ne demandent qu'à paître leurs troupeaux dans la Thrace déserte; mais, par des lettres secrètes, Fritigern presse l'empereur de marcher [2], l'assurant que la seule terreur de son nom obligera les Goths à se soumettre. Valens, jaloux de la renommée de Gratien, ne veut point attendre un jeune prince qui pourroit ravir ou partager l'honneur de la victoire : il lève son camp le 9e d'août, l'an 378. Le trésor militaire et les ornements impériaux furent laissés dans Andrinople.

A huit milles de cette ville on découvrit rangés en cercle les chariots des Barbares. Les Romains firent tristement leurs dispositions militaires, aux lugubres clameurs des Goths [3]: les Goths, pareillement étonnés du bruit des armes et du retentissement des boucliers que frappoient les légionnaires, envoyèrent proposer la paix; leur cavalerie, sous la conduite d'Alathæus et de Saphrax, n'étoit point encore arrivée. Valens s'obstine à ne vouloir s'entendre que des négociateurs d'un rang élevé : le soldat romain s'épuise sous la chaleur du jour qu'augmentoit un vaste embrasement : le feu avoit été mis aux herbes et aux bois desséchés des campagnes [4]. Fritigern demande à son tour

pour traiter un homme de distinction ; Richomer s'offre, et part du consentement de Valens à qui le cœur commençoit à faillir. A peine approchoit-il des retranchements ennemis, que les sagittaires et les scutaires engagent le combat. La cavalerie des Goths revenoit alors renforcée d'un corps d'Alains : sans laisser le temps à Richomer de remplir sa mission, elle se précipite sur les troupes impériales.

Les deux armées se choquèrent ainsi que des proues de vaisseaux, dit Ammien [1]. L'aile gauche des légions poussa jusqu'aux chariots; mais, abandonnée de sa cavalerie, elle fut accablée sous le nombre des Barbares qui tombèrent sur elle comme un énorme éboulement de terre [2]. Les soldats romains s'arrêtent; serrés les uns contre les autres, ils manquent d'espace pour tirer l'épée; jamais plus grand danger ne menaça leur tête sous un ciel où la splendeur du jour étoit éteinte [3].

Dans ce chaos, Valens, saisi de frayeur, saute par-dessus des monceaux de morts, et se réfugie dans les rangs des lanciers et des matiaires qui se défendoient encore. Les généraux Trajan et Victor cherchent vainement la réserve formée des soldats bataves : les chemins étoient obstrués des cadavres des chevaux et des hommes. L'empereur, à l'approche de la nuit, fut tué d'une flèche; d'autres disent qu'il fut porté blessé avec quelques eunuques dans la maison d'un paysan. Les Goths survinrent; trouvant cette maison barricadée, et ignorant qui elle renfermoit, ils l'incendièrent [4]. Valens périt au milieu des flammes. « Il fut brûlé avec une pompe royale, dit Jornandès, par ceux qui lui

---

[1] Cum... trucidasset omnes ad unum... vivos omnes circa Mutinam, Regiumque et Parmam, italica oppida, rura culturos exterminuavit. (AMM. MARCELL., lib. XXXI, cap. IX.)

[2] AMM. MARCELL., lib. XXXI, cap. XII.

[3] Atque ut mos est, ululante barbara plebe, ferum et triste, romani duces aciem struxere (Id, ibid.)

[4] Miles fervore calefactus æstivo, siccis faucibus com-

marceret, relucente amplitudine camporum incendiis, quos lignis nutrimentisque aridis subditis, ut hoc fieret, iidem hostes urebant. (AMM. MARCELL., lib. XXXI, cap. XII.)

[1] Deinde collisæ in modum rostrorum navium acies. (Id., c. XIII.)

[2] Sicut ruina aggeris magni oppressum atque dejectum est. (Id., ib.)

[3] Diremit hæc nunquam pensabilia damna (quæ magno rebus stetere romanis) nullo splendore lunari nox fulgens. (Id., ibid.)

[4] Unde quidam de candidatis per fenestram lapsus, captusque a Barbaris, prodidit factum, et eos mœrore afflixit, magna gloria defraudatos quod romanæ rei rectorem non cepere superstitem. (Id., ib.)

avoient demandé la vraie foi, et qu'il avoit trompés, leur donnant le feu de la géhenne au lieu du feu de la charité[1]. »

Les deux généraux Trajan et Sébastien; Valérien, grand-écuyer; Equitius, maire du palais; Potentius, tribun des Promus; trente-cinq autres tribuns et les deux tiers de l'armée romaine restèrent sur la place. Selon l'auteur déjà cité, l'histoire n'offre point de bataille où le carnage ait été aussi grand, excepté celle de Cannes[2].

Les Goths livrèrent l'assaut à Andrinople, qu'ils manquèrent : descendus jusqu'à Constantinople, ils admirèrent les édifices pyramidant au-dessus des murailles qui mettoient la ville à l'abri : leur destin fut de voir Constantinople et de prendre Rome ; entre ces deux bornes, le monde civilisé étoit la lice ouverte à leurs courses. Épouvantés de l'action d'un Sarrasin[3], ils rebroussèrent vers l'Hémus, forcèrent le pas de Suques, et se répandirent sur un pays fertile jusqu'au pied des Alpes Juliennes. Les lieux d'où s'étoit écoulée cette multitude n'offrirent plus que l'aspect d'une grève déserte et ravagée, quand le flux, qui avoit apporté des tempêtes et des vaisseaux, s'est retiré.

Libanius composa l'oraison funèbre de Valens et de son armée : « Les pluies du ciel ont effacé « le sang de nos soldats, mais leurs ossements « blanchis sont restés, témoins plus durables « de leur courage. L'empereur lui-même tomba à la tête des Romains. N'imputons pas la « victoire aux Barbares; la colère des dieux est « la seule cause de nos malheurs. » Libanius se souvenoit de Julien.

Ammien, qui termine son ouvrage à la mort de Valens, cherche à rassurer les Romains sur les succès des Goths : il rappelle les différentes invasions des Barbares depuis celle des Cimbres, afin de prouver qu'elles n'ont jamais réussi : cette digression de l'historien montre mieux que tout ce que je pourrois dire la frayeur des peuples, et les pressentiments de l'avenir.

Ce même Ammien raconte (et ce sont presque les dernières lignes de ce soldat grec de la ville d'Antioche, qui écrivoit en latin ses souvenirs dans la ville de Rome), ce même Ammien raconte que le duc Julien, commandant au-delà du Taurus, ordonna, par lettres secrètes, de massacrer à jour fixe et heure marquée les Goths dispersés dans les provinces de l'Asie. « Par ce prudent artifice, l'Orient fut « délivré sans bruit et sans combat d'un grand « danger[1]. » La leçon venoit de Mithridate : elle ne profita ni au royaume de Pont ni à l'empire romain. Gratien vengea mieux Valens, en élevant à la pourpre Théodose.

SECONDE PARTIE.

La famille de Théodose étoit espagnole comme celle de Trajan et d'Adrien.[2] Théodose ne sollicita point la puissance : il n'eut pour intrigue que sa renommée, pour protecteurs que la nécessité. Il étoit exilé, et fils d'un père, grand général, injustement décapité à Carthage[1] ; il désiroit paix et peu, et il eut guerre et richesse : un empereur qui n'avoit pas dix-neuf ans le fit son collègue.

Sous Théodose, successeur de Valens en Orient, les Goths se divisèrent et se soumirent. Les Visigoths furent établis dans la Thrace,

---

[1] Cum regali pompa crematus est, haud secus quam Dei prorsus judicio, ut ab ipsis igne comburerentur, quos ipse veram fidem petentes in perfidiam declinasset, et ignem charitatis, ad gehennæ ignem detorsisset. (JOAN., cap. XXVI.)
[2] AMM. MARCELL., lib. XXXI, cap. XIII.
[3] J'en parlerai ailleurs.

[1] Quo consilio prudenti sine strepitu vel mora completo, orientales provinciæ discriminibus ereptæ sunt magnis. (AMM. MARCELL., lib. XXXI, cap. XVI.)
[2] Gratien, Valentinien II, Théodose Ier, empereurs. Damas Ier, Siricius, papes. An de J.-C. 579-395.
[2] OROSE, p. 219.

les Ostrogoths dans la Phrygie et dans la Lydie : introduits dans l'Empire, ils n'en sortirent plus. Un parti, celui de Fravitta, païen de religion, vouloit rester fidèle aux Romains ; un autre parti, celui de Priulphe ou d'Ériulphe, soutenoit qu'on n'étoit pas obligé de garder la foi à des maîtres lâches et perfides. L'inimitié des deux chefs éclata dans un festin où Théodose les avoit invités : Fravitta suivit Priulphe qui quittoit la table, et lui plongea son épée dans le ventre [1].

Gratien gouvernoit l'Occident, tandis que son frère, Valentinien II, encore enfant, résidoit en Italie. Le poëte Ausone, qui professoit l'hellénisme, avoit eu part à l'éducation de Gratien [2], et saint Ambroise avoit composé pour ce prince, qu'il appelle *Très-Chrétien* [3], une instruction sur la Trinité. Gratien refusa de prendre la robe pontificale des idoles [4], publia, ensuite rappela un édit de tolérance [5] ; et exempta les femmes chrétiennes de monter sur le théâtre [6]. Le christianisme étoit un droit futur à la liberté et un privilège actuel de vertu.

Gratien, préférant la chasse à tout autre plaisir, donnoit sa confiance aux Alains de sa garde, particulièrement distingués comme chasseurs : les autres Barbares à son service en conçurent une profonde jalousie. Mellobaudes, roi d'une tribu des Franks (ce Mellobaudes qui avoit voulu faire reconnoître Valentinien II pour régner sous le nom d'un enfant), étoit devenu, à force de souplesse, le favori de Gratien. Alors Maxime, soldat ambitieux, se laissa proclamer auguste dans la Grande-Bretagne. Il fondit sur les Gaules, accompagné de trente mille soldats et suivi d'une population nombreuse qui se fixa en partie dans l'Armorique. Gratien, qui séjournoit à Paris, prend la fuite, est arrêté par le gouverneur du Lyonnois, livré à Andragathius, général de la cavalerie de Maxime, et tué. Mellobaudes partagea le sort du maître qu'il avoit peut-être trahi [1]. L'empereur d'Orient toléra l'usurpation de Maxime.

Théodose rendit en faveur de la religion catholique un édit fameux : cet édit ordonne de suivre la religion enseignée par saint Pierre aux Romains, de croire à la divinité du Père, du Fils et du Saint-Esprit, autorisant ceux qui professoient cette doctrine à se nommer catholiques [2].

Cependant l'arianisme triomphoit aux rives mêmes du Bosphore : Rome et Alexandrie repoussoient depuis quarante ans la communion des évêques et des princes de Constantinople ; la controverse occupoit cette ville entière. « Priez un homme de vous changer une pièce d'argent : il vous apprendra en quoi le fils diffère du père ; demandez à un autre le prix d'un pain, il vous répondra que le fils est inférieur au père : informez-vous si le bain est prêt, on vous dira que le fils a été créé de rien [3]. »

Saint Grégoire de Nazianze essaya de fonder à Constantinople une église catholique : il y fut attaqué et la discorde divisa son troupeau.

Théodose, après avoir reçu le baptême et publié son édit, enjoignit à Démophile, évêque arien, de reconnoître le symbole de Nicée, ou de céder Sainte-Sophie et les autres églises des prêtres de la foi orthodoxe. Grégoire fut installé dans la chaire épiscopale par Théodose en personne, au milieu de ses gardes. Mais les sanctuaires étoient vides, et la population arienne poussoit des cris [4]. Cette résistance amena la proscription de l'arianisme dans tout l'Orient, et un synode convoqué à Constantinople, l'an 382, confirma le dogme de la consubstantialité. L'intervention du pouvoir politique n'empêcha point saint Grégoire, fatigué, d'abdiquer son siège, et d'aller mourir dans la retraite [5].

Maxime, usurpateur des Gaules, aussi orthodoxe que Théodose, fut le premier prince

---

[1] Eunape, p. 24, c. d. ; Zos., p. 735 et 777.
[2] Ausone, p. 403.
[3] Christianissime. (Ambr., *de fide*, t. IV, pag. 110.)
[4] Zos., lib. IV, p. 774, d.
[5] Loi du 17 octobre 378, datée de Constantinople ; loi du 3 d'août 379, datée de Milan. (*Cod. Theod.*)
[6] *Cod. Theod.*, XV, tit. VII, lib. IV, p. 565.

[1] Socr., lib. V ; Zos., lib. VII ; Pacat., *Panegyr. ad Theod.*
[2] Loi du 28 février, 580, datée de Thessalonique. (*Cod. Theod:*, XVI, tit. 1, lib. II, p. 4 et 5.)
[3] Jortin, *remarques sur l'histoire ecclésiastique*, t. IV. p. 74 (3 vol. in-8°, 1673) ; et Gibbon.
[4] Greg. Naz., *de Vita sua*, pag. 24.
[5] Id., ibid.

catholique qui répandit le sang de ses sujets pour des opinions religieuses. Priscillien, évêque d'Avila en Espagne, fondateur de la secte de son nom, fut exécuté à Trèves avec deux prêtres et deux diacres [1]. Le poëte Latronien, et Euchrocia, veuve de l'orateur Delphidius, subirent le même sort. Les priscilliens étoient accusés de magie, de débauche et d'impiété. Saint Ambroise et saint Martin de Tours condamnèrent ses cruautés.

Je vous ai dit que l'impératrice Justine, seconde femme de Valentinien Ier, et mère de Valentinien II, étoit arienne. Elle entreprit d'ouvrir à Milan une église de sa confession; Ambroise s'y opposa; des troubles s'ensuivirent. Le saint qui les avoit excités par son zèle, les calma par son autorité. Néanmoins, condamné à l'exil, il refusa d'obéir, et le peuple prit sa défense. La liberté individuelle commençoit à renaître sous la protection de la liberté religieuse. Saint Augustin se trouvoit parmi les disciples de saint Ambroise.

Maxime, qui avoit enlevé à Gratien les Gaules, la Grande-Bretagne et les Espagnes, entreprend de dépouiller Valentinien des provinces de l'Italie; il trompe la cour de Milan, malgré la clairvoyance de saint Ambroise, et franchit les Alpes avant que Justine se doutât de ses projets; elle n'eut que le temps de se sauver avec son fils. La population de Milan étoit catholique; elle renonça facilement à la fidélité jurée à une princesse et à un enfant ariens. Saint Ambroise refusa toute communication avec Maxime [2].

Justine, arrivée à Thessalonique, implore le secours de Théodose, il le lui promet, en lui faisant observer que le ciel lui infligeoit le châtiment dû à son hérésie [3]. Valentinien avoit une sœur appelée Galla; cette sœur confirma dans le cœur de Théodose la résolution que lui inspiroit la reconnoissance envers la famille de Gratien Ier. Théodose épouse Galla, et marche à la tête d'une armée de Romains, de Huns, d'Alains et de Goths, contre une armée de Romains, de Germains, de Maures et de Gaulois. Maxime, vaincu sur les bords de la Save, ne montra ni courage ni talent. Il se réfugia dans Aquilée, y fut pris, dépouillé des ornements impériaux, conduit au camp de Théodose où sa tête tomba peu d'instants après sa couronne [1].

Un an avant la victoire de Théodose sur Maxime, la sédition d'Antioche avoit eu lieu; Libanius et saint Chrysostôme nous en ont conservé le double récit. Théodose, bien qu'il eût prononcé une sentence terrible, se laissa toucher, et pardonna: trois ans plus tard il ne montra pas la même indulgence pour Thessalonique. A Antioche on avoit renversé les statues de l'empereur, de son père Théodose, de sa première femme Flacilla, de ses deux fils Arcadius et Honorius; à Thessalonique le peuple avoit égorgé Botheric, commandant de la garnison, en vindicte de l'emprisonnement d'un infâme cocher du cirque, épris de la beauté d'un jeune esclave de Botheric. Théodose donna l'ordre d'exterminer ce peuple; ordre qu'il révoqua quand il étoit exécuté. La foule, appelée aux jeux du cirque, fut assaillie par des troupes cachées dans les édifices environnants. Un marchand avoit conduit ses deux fils au spectacle; entouré de meurtriers, il leur offre sa vie et sa fortune pour la rançon de ses fils: les soldats répondent qu'ils sont obligés de fournir un certain nombre de têtes, mais ils consentent à épargner une des deux victimes, et pressent le marchand de désigner celle qu'il veut sauver. Tandis que le père regarde en pleurant ses deux fils, et qu'il hésite, les impatients barbares épargnent à sa tendresse l'horreur du choix: ils égorgent les deux enfants [2].

---

[1] SULP. SEV., lib. II; OROS., lib. VII, cap. XXXIV.

[2] ZOS., lib. IV, pag. 767; THEODOR., lib. V, cap. XIV, pag. 724.

[3] THEODOR., lib. V, cap. XV, pag. 724.

[1] PACAT., *Panegyr. ad Theod*, pag. 280, *Inter veteres Panegyricos duodecimus*.

[2] Mercator quidam, pro duobus filiis qui comprehensi fuerant semetipsum offerens, rogabat ut ipse quidem necaretur, filii vero abirent incolumes: et pro hujus beneficii mercede quidquid habebat auri militibus policebatur. Illi calamitosi hominis miserati, pro altero ex filiis quem vellet, supplicationem ejus admiserunt Utrumque vero dimittere hauquaquam sibi tutum fore dixerunt, eo quod numerus deficeret. Verum pater cum ambos aspiceret flens et gemens, neutrum ex duobus eximere valuit. Sed dubius ancepsque animi quoad interficerentur permansit, utriusque amore ex

Saint Ambroise apprend à Milan le massacre de Thessalonique; il se retire à la campagne, et refuse de venir à la cour. Il écrit à l'empereur : « Je n'oserois offrir le sacrifice, si vous » prétendez y assister. Ce qui me seroit inter» dit pour le sang répandu d'un seul homme, » me seroit-il permis par le meurtre d'une » foule d'innocents [1] ? »

Théodose n'est point retenu par cette lettre; il veut entrer dans l'église; il trouve sous le portique un homme qui l'arrête : c'est Ambroise : « Tu as imité David dans son crime, » s'écrie le saint, imite-le dans son repen» tir [2]. »

Huit mois s'écoulèrent; l'empereur n'obtenoit point la permission de pénétrer dans le saint lieu. « Le temple de Dieu, répétoit-il, » est ouvert aux esclaves et aux mendiants, » et il m'est fermé ! » Ambroise demeuroit inexorable; il répondoit à Rufin, qui le pressoit : « Si Théodose veut changer sa puissance » en tyrannie, je lui livrerai ma vie avec joie [3]. »

Enfin, touché du repentir de l'empereur, l'évêque lui accorda l'expiation publique; mais, en échange de cette faveur, il obtint une loi suspensive des exécutions à mort pendant trente jours, depuis le prononcé de l'arrêt : belle et admirable loi qui donnoit le temps à la colère de mourir et à la pitié de naître! sublime leçon qui tournoit au profit de l'humanité et de la justice! Si trente jours s'étoient écoulés entre la sentence de Théodose et l'accomplissement de cette sentence, le peuple de Thessalonique eût été sauvé [4].

Dépouillé des marques du pouvoir suprême, l'empereur fit pénitence au milieu de la cathédrale de Milan. Prosterné sur le pavé, il implora la merci du Ciel avec sanglots et prières [1]. Saint Ambroise, lui prêtant le secours de ses larmes, sembloit être pécheur et tombé avec lui [2]. Cet exemple, à jamais fameux, apprenoit au peuple que les crimes font descendre au dernier rang ce qu'il y a de plus élevé; que la cité de Dieu ne connoit ni grand ni petit; que la religion nivelle tout et rétablit l'égalité parmi les hommes. C'est un de ces faits complets, rares dans l'histoire, où les trois vérités, religieuse, philosophique et politique, ont agi de concert. A quelle immense distance le paganisme est ici laissé ! L'action de saint Ambroise est une action féconde qui renferme déjà les actions analogues d'un monde à venir : c'est la révélation d'une puissance engendrée dans la décomposition de toutes les autres.

Théodose rétablit Valentinien III dans la possession de l'empire d'Occident, et retourna à Constantinople. Justine mourut.

Arbogaste, élevé aux grandes charges militaires, s'empara de la maison du jeune prince : on a pu voir, à propos de Mellobaudes, que les Franks s'introduisirent dans toutes les affaires du palais et de l'état. Retenu quasi prisonnier à Vienne dans les Gaules, par son hautain sujet, Valentinien fit connoître sa position à saint Ambroise et à Théodose; mais il n'eut pas la patience d'attendre. Il mande Arbogaste, le reçoit assis sur son trône, et lui remet l'ordre qui le destitue de ses emplois. « Tu » m'as pas donné le pouvoir, tu ne me le peux » ôter, » dit le Frank en jetant le papier à terre [3]. Valentinien saisit l'épée d'un de ses gardes pour s'en frapper, ou pour en percer

---

æquo flagrans. (Sozomeni., *Hist. eccles.*, lib. VII, p. 747. Parisiis, 1678.)

[1] Offerre non audeo sacrificium, si volueris assistere; an quod in unius innocentis sanguine non licet, in multorum licet? (Ambr., epist. LI, n. 11.)

[2] Secutus es errantem, sequere corrigentem. (Paul., *in Vita Ambrosii*, in t. I operum, pag. 62.)

[3] Quod si imperium mutavit in tyrannidem, cædem quidem lubens excipiam. (Theod. lib. V, cap. XVIII.)

[4] Ambr., *de ob. Theod.*, cap. XXXIV; Aug., *de Civit. Dei*, lib. V, cap. XXVI. Il y a dans le code théodosien (lib. XIII, *de pœn.*) une loi semblable qui porte le nom de Gratien, datée du consulat d'Antoine et de Syagrius, 18 août 382. Ce ne peut être celle rendue en 390 par Théodose, sur la demande de saint Ambroise. Apparemment que la loi de Gratien n'étoit point exécutée.

[1] In templum ingressus, non stans, Dominum precatus est, nec genibus flexis, sed pronus humique abjectus, versum illum Davidis recitavit : « Adhæsit pavimento anima mea, vivifica me secundum verbum tuum. » (Theod., lib. V, *Hist.*, cap. XIV.)

[2] Si quidem quotiescunque illi aliquis ad percipiendam pœnitentiam lapsus suos confessus esset, ita flebat ut illum flere compelleret; videbatur enim sibi cum jacente jacere. (Paul., *in Vita Ambrosii*, pag. 65.)

[3] Nec imperium mihi dedisti, ait, nec auferre poteris; disceptoque libello, et in terram abjecto, discedebat. (Zos., pag. 85. Basileæ.)

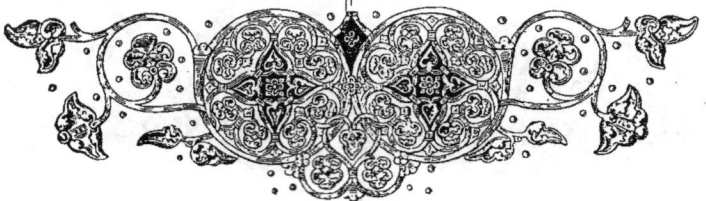

Arbogaste[1]. On le désarma : quelques jours après il fut trouvé étouffé dans son lit[2].

Arbogaste dédaigna de revêtir la pourpre ; il en emmaillota un Romain, jadis son secrétaire, Eugène, professeur de rhétorique latine, et devenu garde-sac, place du Palais[3]. Théodose se prépare deux années entières à venger Valentinien ; il envoie consulter Jean, solitaire de la Thébaïde, qui lui promet la victoire[4]. Stilicon rassemble les légions avec Timasius ; les Barbares auxiliaires joignent l'armée ; Alaric, le destructeur de Rome, se trouvoit parmi les recrues de Théodose : la plupart des personnages qui devoient voir tomber la ville éternelle étoient maintenant sur la scène.

Le soldat frank Arbogaste attendit sur les confins de l'Italie, avec son empereur Eugène, le soldat goth Alaric qui venoit avec son empereur Théodose. Premier choc sous les murs d'Aquilée ; dix mille Goths périssent avec Bacurius, général des Ibères. Théodose passa la nuit retranché sur les montagnes ; au lever du jour, il s'aperçut que sa retraite étoit coupée : il eut recours à un expédient souvent employé auprès des Barbares, peu soucieux et de la cause et des maîtres pour lesquels ils versoient leur sang ; il entama des négociations avec Arbitrion, chef des troupes qui lui barroient le chemin. Un traité fut conclu et écrit à la hâte (le papier et l'encre manquant) sur les tablettes[5] impériales.

Théodose mène aussitôt ses récents alliés à l'attaque du camp d'Eugène. Il marche en avant des bataillons, fait le signe de la croix, et s'écrie : « Où est le dieu de Théodose[1] ? » Une tempête s'élève et jette la terreur parmi les Gaulois : Eugène trahi est saisi, lié, garrotté, conduit à Théodose, tué prosterné à ses pieds.

Arbogaste erra deux jours parmi les rochers, se donna de son coutelas dans le cœur : la vie et la mort d'un Frank n'appartenoient qu'à lui. Saint Ambroise n'avoit point voulu reconnoître Eugène ; il eut le plaisir d'embrasser vainqueur son illustre pénitent. L'évêque de Milan[2], Rufin[3], Orose[4], et saint Augustin, qui semblent autorisés par Claudien même[5], disent que les *apôtres Jean et Philippe combattirent à la tête des chrétiens dans un tourbillon*. Théodose avoit tant pleuré la veille de la bataille, afin d'obtenir l'assistance du ciel, que l'on suspendit à un arbre, pour les sécher, ses habits trempés de larmes[6] ; trophée de l'humilité, qui devint celui de la victoire. Jean, le solitaire de la Thébaïde, fut instruit de cette victoire à l'heure même où elle s'accomplit[7]. Un possédé, à Constantinople, ravi en l'air au moment du combat, s'écria, en apostrophant le tronc décollé de saint Jean-Baptiste : « C'est » donc par toi que je suis vaincu ; c'est donc » toi qui ruines mon armée[8] ! » Voilà les temps comme ils sont.

Théodose fit abattre les statues de Jupiter placées sur la pente des Alpes ; les foudres en étoient d'or : les soldats disoient qu'ils vou-

---

[1] Gladio ducem confodere volui, et sibi ipsi manus inferre Valentinianus finxit. (Philost., lib. XI, cap. 1, pag. 144 et 145.)
[2] Imperatori dormienti gulam fregerunt. (Socr., lib. V, cap. xxv ; pag. 294 ; Zos., lib. VII, cap. xxii, pag. 739.)
[3] Grammaticus quidam, qui, cum litteras latinas docuisset, tandem in palatio militavit, et magister scriniorum imperatoris factus est. — Ce n'est pas le *scrinii magister* de la chancellerie. (Socr., lib. V, pag. 240.)
[4] Ruf., pag. 191 ; Theodor., pag. 758.
[5] Tum vero imperator, cum chartam et atramentum quæsitum non reperisset, acceptis tabulis quas quidam ex astantibus forte gerebat, honoratæ et convenientis ipsis militiæ proscripsit gradum. (Soz., pag. 742, a, b, c.)

[1] Ubi est Theodosii Deus? (Ambr., *In obitu Theodosii imp. Serm.*, tom. IV, pag. 117.)
[2] Ambr., *de Spiritu Sancto*, 36, pag. 692.
[3] Fracto adversariorum animo, seu potius divinitus expulso. (Ruf., lib. II, cap. xxxiii, pag. 192.)
[4] Oros., pag. 220, b.
[5] A Theodosii partibus in adversarios vehemens ventus ibat. Unde poeta (Claudianus) :

O nimium dilecte Deo, cui fundit ab antris
Eolus armatas hyemes, cui militat æther,
Et conjurati veniunt ad classica venti.
(Aug., *de Civ. Dei*, lib. IV, cap. xxvi.)

[6] Oros., lib. VII, cap. xxxv, pag. 220.
[7] Ruf., *de Vitis patrum*, cap. I, pag. 457.
[8] A dæmone in sublime raptum Joanni Baptistæ conviciatum esse cumque quasi capite truncatum probris appetiisse, ita vociferando : « Tu me vincis, et exercitui meo insidiaris ! » (Soz, pag. 743.)

droient être frappés de ces foudres ; l'empereur leur livra le dieu tonnant [1].

Les nombreuses réminiscences d'un autre ordre de choses, qui fourmillent dans ces récits, ne vous auront point échappé. Les fictions de l'hellénisme vivoient au fond des esprits convertis à l'Évangile ; ils s'en accusoient ; ils s'en défendoient comme du crime de magie, mais ils en étoient obsédés. Les poëmes d'Homère et de Virgile étoient comme des temples défendus par un démon puissant : les évêques, les prêtres, les solitaires ne les osoient brûler ; mais ils déroboient à ces édifices merveilleux tout ce qu'ils pouvoient convertir à un saint usage. Reine détrônée, régnant encore par ses charmes, la mythologie s'empara nonseulement de la littérature chrétienne, mais de l'histoire : il fallut que les nations scandinaves et germaniques descendissent des Grecs et des Troyens, que l'*Iliade* et l'*Énéide* devinssent les premières chroniques des Franks. Les Barbares du Nord se reconnurent enfants d'Homère, comme les Arabes veulent être fils d'Abraham ; miraculeux pouvoir du génie, qui donnoit pour père à la vérité le père des fables !

Nous voyons sous Théodose les destructeurs de l'empire établis dans l'empire ; des Huns et des Goths au service des princes qu'ils alloient exterminer ; des Franks, officiers du palais, faisant des empereurs ; des Calédoniens, des Maures, des Sarrasins, des Perses, des Ibériens cantonnés dans les provinces : l'occupation militaire du monde romain précéda de cinquante années le partage de ce monde. Les hommes même qui défendoient encore le trône des Césars, craquant sous les pas de tant d'ennemis, ne procédoient pas de la lignée des Sylla et des Marius : Stilicon étoit du sang des Vandales, Ætius du sang des Goths. L'empire latin-romain n'étoit plus que l'empire romain-barbare : il ressembloit à un camp immense que des armées étrangères avoient pris en passant pour une espèce de patrie commune et transitoire. Il ne manquoit à l'achèvement de la conquête que quelques destructions, le mélange momentané des races, et ensuite leur séparation.

L'invasion morale s'étoit tenue à la hauteur de l'invasion physique ou matérielle ; les chrétiens avoient créé des empereurs comme les Barbares, et ils avoient soumis les Barbares eux-mêmes : « Nous voyons, dit saint Jérôme, « affluer sans cesse à Jérusalem des troupes de « religieux qui nous arrivent des Indes, de la « Perse et de l'Éthiopie. Les Arméniens dé- « posent leurs carquois, les Huns commencent « à chanter les psaumes. La chaleur de la foi « pénètre jusque dans les froides régions de la « Scythie ; l'armée des Goths, où flottent des « chevelures blondes et dorées, porte des « tentes qu'elle transforme en églises [1]. »

Des règnes de Théodose et de Gratien date la grande ruine du paganisme : ces princes frappèrent à la fois l'idolâtrie et l'hérésie.

Gratien s'empara des biens appartenant au collége des prêtres et à la congrégation des Vestales : il fit aussi enlever à Rome l'autel de la Victoire, du lieu où les sénateurs avoient coutume de s'assembler ; Constance l'avoit déjà abattu et Julien restauré. Le sénat chargea Symmaque de solliciter le rétablissement de cet autel et la restitution des biens saisis. Le préfet de Rome plaida la cause du monde païen, l'évêque de Milan celle du monde chrétien. On est toujours obligé de rappeler le passage si connu du discours de Symmaque.

Rome, chargée d'années, s'adresse aux empereurs Théodose, Valentinien II et Arcadius : « Très-excellents princes, pères de la patrie, « respectez les ans où ma piété m'a conduite ; « laissez-moi garder la religion de mes ancê- « tres ; je ne me repens pas de l'avoir suivie. « Que je vive selon mes mœurs, puisque je suis « libre. Mon culte a rangé le monde sous mes « lois : mes sacrifices ont éloigné Annibal de « mes murailles et les Gaulois du Capitole. « N'ai-je donc tant vécu que pour être insultée « au bout de ma longue carrière? J'examine- « rai ce que l'on prétend régler ; mais la ré- « forme qui arrive dans la vieillesse est tardive « et outrageuse [2]. »

---

[1] Eorumque fulmina quod aurea fuissent... se ab illis fulminari velle dicentibus, hilariter benigniterque donavit. (Aug., *de Civit. Dei*, lib. V, cap. xxvi, pag. 110.)

[1] Hieron., epist. VII, pag. 54.
[2] Romam huc putemus assistere, atque his vobiscum

Symmaque demande où seront jurées les lois des princes, si l'on détruit l'autel de la Victoire [1]. Il soutient que la confiscation du revenu des temples, inique en fait, ajoute peu au trésor de l'état. Les adversités des empereurs, la famine dont Rome a été affligée, proviennent du délaissement de l'ancienne religion : le sacrilége a séché l'année [2].
Saint Ambroise répond à Symmaque. Rome, s'exprimant par la voix d'un prêtre chrétien, déclare « que ces faux dieux ne sont « point la cause de sa victoire, puisque ses en- « nemis vaincus adoroient les mêmes dieux : « la valeur des légions a tout fait. Les empe- « reurs qui se livrèrent à l'idolâtrie ne furent « point exempts des calamités inséparables de « la nature humaine : si Gratien, qui profes- « soit l'Évangile, a éprouvé des malheurs, « Julien l'Apostat a-t-il été plus heureux? La « religion du Christ est l'unique source de sa- « lut et de vérité. Les païens se plaignent « de leurs prêtres, eux qui n'ont jamais été « avares de notre sang ! Ils veulent la liberté « de leur culte, eux qui, sous Julien, nous « ont interdit jusqu'à l'enseignement et la pa- « role! Vous vous regardez comme anéantis « par la privation de vos biens et de vos privi- « léges? C'est dans la misère, les mauvais « traitements, les supplices, que nous autres « chrétiens nous trouvons notre accroissement, « notre richesse et notre puissance. Sept ves- « tales dont la chasteté à terme est payée par « de beaux voiles, des couronnes, des robes « de pourpre, par la pompe des litières, par « la multitude des esclaves, et par d'immenses « revenus [3], voilà tout ce que Rome païenne

« peut donner à la vertu chaste! D'innombra- « bles vierges évangéliques d'une vie cachée, « humble, austère, consument leurs jours « dans les veilles, les jeûnes et la pauvreté. « Nos églises ont des revenus? s'écrie-t-on. « Pourquoi vos temples n'ont-ils pas fait de « leur opulence l'usage que nos églises font de « leurs richesses? Où sont les captifs que ces « temples ont rachetés, les pauvres qu'ils ont « nourris, les exilés qu'ils ont secourus? Sacri- « ficateurs! on a consacré à l'utilité publique « des trésors qui ne servoient qu'à votre luxe, « et voilà ce que vous appelez des calamités ! ! »

Dix-huit ou vingt ans après saint Ambroise, Prudence se crut obligé de réfuter de nouveau Symmaque : il redit à peu près, dans les deux chants de son poëme, ce qu'avoit dit l'évêque de Milan ; mais il emploie un argument qui semble emprunté à notre siecle, et qu'on oppose aujourd'hui aux hommes amateurs exclusifs du passé. Symmaque regrettoit les institutions des ancêtres ; Prudence répond que si la manière de vivre des anciens jours doit être préférée, il faut renoncer à toutes les choses successivement inventées pour le bien-être de la vie, il faut rejeter les progrès des arts et des sciences, et retourner à la barbarie [2]. Quant aux vestales, Prudence nie leur chasteté et leur bonheur ; selon le poëte : « La pudeur « captive est conduite à l'autel stérile. La vo- « lupté ne périt pas dans les infortunées parce « qu'elles la méprisent, mais parce qu'elle est « retranchée de force à leur corps demeuré « intact ; leur âme n'est pas également restée « entière. La vestale ne trouve point de repos

---

agere sermonibus : Optimi principes, patres patriæ, reveremini annos meos, in quos me pius ritus adduxit. Utar cerimoniis avitis, neque enim me pœnitet. Vivam more meo, quia libera sum. Hic cultus in leges meas orbem redegit. Hæc sacra Annibalem a mœnibus a Capitolio Senonas repulerunt. Ad hæc ergo servata sum, ut longæva reprehendar? Videro quale sit quod instituendum putatur. Sera tamen et contumeliosa est emendatio senectutis. (Symm., lib. X, epist. LIV, pag. 287, etc.; et Ambr., tom. II, pag. 828.)

[2] Uti tu leges vestras et verba jurabimus? (Ambr., lib. I, 826.)

[3] Sacrilegio annus exaruit (Id., ibid.)
* Quæ tamen illis virgines præmia promissa fecerunt,

vix septem vestales capiuntur puellæ. In totus numerus, quem infulæ vittati capitis, purpuratarum vestium murices, pompa lecticæ ministrorum circumfusa comitatu, privilegia maxima, lucra ingentia, præscripta denique pudicitiæ tempora coegerunt. Non est virginitas, quæ pretio emitur non virtutis studio possidetur. (Ambr., libel. II, contr. relat. Symm.)

[1] Je n'ai pu traduire littéralement le texte diffus et prolixe des deux lettres de saint Ambroise. Je me suis contenté d'en donner la substance et d'en resserrer les arguments.

[2] . . . . Placet damnare gradatim Quicquid posterius successor repperit usus.
(Prud. cont. Symm., l b. II, v. 280 et seq.]

« dans sa couche; une invisible blessure fait
« soupirer cette femme sans noces pour les
« torches nuptiales [1]. »

Prudence se livre ensuite à des moqueries sur la permission accordée aux vestales de se marier après quarante ans de virginité : « La « vieille en vétérance, désertant le feu et le « travail divin auxquels sa jeunesse fut consa-« crée, se marie : elle transporte ses rides « émérites à la couche nuptiale, et enseigne à « attiédir dans un lit glacé un nouvel hymen [2]. »

Si les plaidoyers de Symmaque et de saint Ambroise n'étoient que les amplifications de deux avocats jouant au barreau, l'histoire dédaigneroit de s'y arrêter; mais c'étoit un procès réel, et le plus grand qui ait jamais été porté au tribunal des hommes: il ne s'agissoit de rien moins que de la chute d'une religion et d'une société et de l'établissement, d'une société et d'une religion. La cause païenne fut perdue aux yeux des empereurs ; elle l'étoit devant les peuples.

Théodose, dans une assemblée du sénat, posa cette question : « Quel dieu les Romains « adoreront-ils, le Christ, ou Jupiter [3] ? » La majorité du sénat condamna Jupiter. Les pères le regrettoient peut-être, mais les enfants préféroient le Dieu d'Ambroise au dieu de Symmaque. La prospérité de l'empire n'émanoit point de ces simulacres auxquels des mœurs pures ne communiquoient plus une divinité innocente : l'autel de la Victoire n'avoit eu de puissance que lorsqu'il étoit placé auprès de celui de la vertu.

Prudence nous a laissé le récit de la conversion de Rome :

« Vous eussiez vu les pères conscrits, ces « brillantes lumières du monde, se livrer à des « transports, ce conseil de vieux Catons tres-« saillir en revêtant le manteau de la piété plus « éclatant que la toge romaine, et en déposant « les enseignes du pontificat païen. Le sénat en-« tier, à l'exception de quelques-uns de ses « membres restés sur la roche Tarpéienne, se « précipite dans les temples purs des naza-« réens; la tribu d'Évandre, les descendants « d'Énée accourent aux fontaines sacrées des « apôtres. Le premier qui présenta sa tête « fut le noble Anitius..... Ainsi le raconte « l'auguste cité de Rome. L'héritier du nom « et de la race divine des Olybres saisit, dans « son palais orné de trophées, les fastes de sa « maison, les faisceaux de Brutus, pour les « déposer aux portes du temple du glorieux « martyr, pour abaisser devant Jésus la hache « d'Ausonie. La foi vive et prompte des Paulus « et des Bassus les a livrés subitement au « Christ. Nommerai-je les Gracques si popu-« laires? Dirai-je les consulaires qui, brisant « les images des dieux, se sont voués avec « leurs licteurs à l'obéissance et au service du « crucifié tout-puissant? Je pourrois compter « plus de six cents maisons de race antique ran-« gées sous ses étendards. Jetez les yeux sur « cette enceinte : à peine y trouverez-vous quel-« ques esprits perdus dans les rêveries païen-« nes, attachés à leur culte absurde, se plai-« sant à demeurer dans les ténèbres, à fermer « les yeux à la splendeur du jour [4]. »

---

[1] Captivus pudor ingratis addicitur aris.
Nec contempta perit miseris, sed adempta voluptas
Corporis intacti; non mens intacta tenetur.
Nec requies datur ulla toris quibus inuba cœcum
Vulnus et amissas suspirat femina tædas.
(PRUD., cont. Symm., lib. II. v. 280 et seq.)

[2] Nubit anus veterana, sacro perfuncta labore,
Desertisque focis, quibus est famulata juventus,
Transfert emeritos ad fulcra jugalia rugas,
Discit et in gelido nova nupta tepescere lecto.
(PRUD. cont. Symm., lib. II, v. 1018-1084.)

[3] Orationem habuit qua eos hortabatur ut missum facerent errorem (sic enim appellabat), quem hactenus secuti fuissent et christianorum fidem amplecterentur. (ZOSIM., Histor., lib. IV, Basileæ.)

[4] Exultare patres videas, pulcherrima mundi
Lumina, conciliumque senum gestire Catonum;
Candidiore toga niveum pietatis amictum
Sumere et exuvias deponere pontificales.
Janique ruit, paucis Tarpeia in rupe relictis,
Ad sincera virum penetralia nazarorum
Atque ad apostolicos Evandria curia fontes,
Æneadum soboles...
Fertur enim ante alios generosus Anicius urbis
Illustrasse caput : sic se Roma inclyta jactat.
Quin et Olybriaci generisque et numinis hæres,
Adjectis fastis, palmata insignis ab aula,
Martyris ante fores, Bruti submittere fasces
Ambit, et Ausonium Christo inclinare securim.
Non Paulinorum, non Bassorum dubitavit,
Prompta fides dare se Christo...
Jam quid plebicolas percurram carmine Gracchos;
Jure potestatis fultos, et in arce senatus
Præcipuos simulacra Deum jussisse revelli?
Cumque suis pariter lictoribus omnipotenti
Suppliciter Christo se consecrasse regendos?
Sexcentas numerare domos de sanguine prisco
Nobilium licet, ad Christi lignacula versas.

Ne croiroit-on pas, à ces vers de Prudence, que Rome existoit au commencement du cinquième siècle, avec ses grandes familles et ses grands souvenirs? Il écrivoit l'an 405! Sept ans après, Alaric remuoit et balayoit cette vieille poussière des Gracques et des Brutus, dont se couvroit l'orgueil de quelques nobles dégénérés.

Théodose étendit la proscription du paganisme aux diverses provinces de l'Empire. Une commission fut nommée pour abolir les priviléges des prêtres, interdire les sacrifices, détruire les instruments de l'idolâtrie, et fermer les temples. Le domaine de ces temples fut confisqué au profit de l'empereur, de l'Église catholique et de l'armée. « Nous défen« dons, dit le dernier édit de Théodose, à nos « sujets, magistrats ou citoyens, depuis la « première classe jusqu'à la dernière, d'immo« ler aucune victime innocente en l'honneur « d'aucune idole inanimée. Nous défendons les « sacrifices de la divination par les entrailles « des victimes. »

Les fils de Théodose, Arcade et Honorius, et leurs successeurs, multiplièrent ses édits : on peut voir toutes ces lois dans le Code[1]; mais, plus comminatoires qu'expresses, elles étoient rarement exécutées; quelquefois même elles étoient suspendues ou rappelées selon les besoins et les fluctuations de la politique. Le pape Innocent, à l'occasion du premier siége de Rome par Alaric (408), permit les sacrifices, *pourvu qu'ils se fissent en secret*. Les princes, agissant contradictoirement à leurs édits, conservoient des païens dans les hautes charges de l'état, et donnoient des titres aux pontifes des idoles. Aucune loi ne défendoit aux Gentils d'écrire contre les chrétiens et leur religion; aucune loi n'obligeoit un païen à embrasser le christianisme sous peine d'être recherché dans sa personne ou dans ses biens.

Il y a plus, nombre d'édits de cette époque (j'en ai déjà cité quelques-uns) s'opposant aux envahissements du clergé par voie de testament ou de donation, retirent des immunités accordées, règlent ce nouveau genre de propriétés de main-morte introduit avec l'Église, interdisent l'entrée des villes aux moines, et fixent le sort des religieuses. Bien que le pouvoir politique fût chrétien, il étoit déjà inquiet de la lutte; il craignoit d'être entraîné : n'ayant plus rien à craindre du paganisme, il commençoit à se mettre en garde contre les entreprises de l'autre culte. Les mœurs brisèrent ces foibles barrières, et le zèle alla plus loin que la loi.

De toutes parts on démolit les temples; perte à jamais déplorable pour les arts; mais le monument matériel succomba, comme toujours, sous la force intellectuelle de l'idée entrée dans la conviction du genre humain.

Saint Martin, évêque de Tours, suivi d'une troupe de moines, abattit dans les Gaules les sanctuaires, les idoles et les arbres consacrés. L'évêque Marcel entreprit la destruction des édifices païens dans le diocèse d'Apamée, capitale de la seconde Syrie. Le temple quadrangulaire de Jupiter présentoit sur ses quatre faces quinze colonnes de seize pieds de circonférence; il résista : il fallut en produire l'écroulement à l'aide du feu. Plus tard, à Carthage, des chrétiens moins fanatiques sauvèrent le temple devenu céleste, en le convertissant en église, comme, depuis, Boniface III sauva le Panthéon à Rome.

Le renversement du temple de Sérapis à Alexandrie est demeuré célèbre. Ce temple, où l'on déposoit le Nilomètre, étoit bâti sur un tertre artificiel; on y montoit par cent degrés; une multitude de voûtes éclairées de lampes le soutenoient : il y avoit plusieurs cours carrées environnées de bâtiments destinés à la bibliothèque, au collége des élèves, au logement des desservants et des gardiens. Quatre rangs de galeries, avec des portiques et des statues, offroient de longs promenoirs. De riches colonnes ornoient le temple proprement dit : il étoit tout de marbre; trois lames de cuivre, d'argent et d'or, en revêtoient les murs. La statue colossale de Sérapis, la tête

---

Respice ad illustrem, lux est ubi publica, cellam
Vix pauca inventes gentilibus obsita nugis
Ingenua, obstrictos ægre retinentia cultus,
Et quibus exactis placeat servare tenebras
Splendenteṃque die medio non cernere solem.
(AUREL. PRUDENTIUS, vir consularis, contra Symmachum, præfectum urbis, *Corpus poetarum*, t. IV, p. 785, v. 128-161.)

[1] Au titre *de paganis sacrificiis et templis*.

couverte du mystérieux boisseau, touchoit de ses deux bras aux parois de la Celle, et à un certain jour le rayon du soleil venoit reposer sur les lèvres du dieu [1].

Les païens ne consentirent pas facilement à abandonner un pareil édifice : ils y soutinrent un véritable siége, animés à la défense par le philosophe Olympius [2], homme d'une beauté admirable et d'une éloquence divine. Il étoit plein de Dieu, et avoit quelque chose du prophète [3]. Deux grammairiens, Hellade et Ammone, combattoient sous ses ordres : le premier avoit été pontife de Jupiter, et le second d'un singe [4]. Théophile, archevêque d'Alexandrie, armé des édits de Théodose et appuyé du préfet d'Égypte, remporta la victoire. Hellade se vantoit d'avoir tué neuf chrétiens de sa main [5]. Olympius s'évada après avoir entendu une voix qui chantoit *alleluia* au milieu de la nuit dans le silence du temple [6]. L'édifice fut pillé et démoli. « Nous vîmes, dit Orose, « malgré son zèle apostolique, les armoires « vides des livres ; dévastations qui portent « mémoire des hommes et du temps [7]. » La statue de Sérapis, frappée d'abord à la joue par la hache d'un soldat, ensuite jetée à bas et rompue vive, fut brûlée pièce à pièce, dans les rues et dans l'amphithéâtre. Une nichée de souris [1] s'étoit échappée de la tête du dieu, à la grande moquerie des spectateurs.

Les autres monuments païens d'Alexandrie furent également renversés, les statues de bronze fondues [2]. Théodose avoit ordonné d'en distribuer la valeur en aumônes ; Théophile s'en enrichit lui et les siens [3].

On mit rez-pied, rez-terre, le temple de Canope, fameuse école des lettres sacerdotales où se voyoit une idole symbolique dont la tête reposoit sur les jambes : peu auparavant, Antonin le philosophe y avoit enseigné avec éclat la théurgie, et prédit la chute du paganisme : Sosipatre, sa mère, passoit pour une grande magicienne. Des religieuses et des moines prirent à Canope la place des dieux et des prêtres égyptiens [4].

Ainsi périt encore, sur les confins de la Perse, un temple immense qui servoit de forteresse à une ville. « Sérapis s'étant fait chré- « tien, dit saint Jérôme, le dieu Marnas « pleura enfermé dans son temple à Gaza : il « trembloit, attendant qu'on le vînt abat- « tre [5]. »

Le sang chrétien que répandirent les mains philosophiques d'Hellade fut trop expié plusieurs années après par celui d'Hypathia [6]. Fille de Théon le géomètre, d'un génie supérieur à son père, elle étoit née, avoit été nourrie et élevée à Alexandrie. Savante en astronomie, au-dessus des convenances de son sexe, elle fréquentoit les écoles et enseignoit elle-même la doctrine d'Aristote et de Platon : on l'appeloit le *Philosophe*. Les magistrats lui rendoient

---

[1] Ruf., lib. XXII, pag. 192; Socr., lib. VII, pag. 276, cap. xx; *Expositio totius mundi*; Geogr. minor., tom. III, pag. 8.

[2] Ad postremum grassantes in sanguine civium ducem sceleris et audaciæ suæ deligunt Olympium quemdam, nomine et habitu philosophum, quo antesignano arcem defenderent, et tyrannidem tenerent. (Ruf., lib. XX-XXII.)

[3] Οὕτω δὲ ἦν Ὀλυμπος πλήρης τοῦ θεοῦ ὥστε. Olympus autem adeo plenus erat Deo ut, etc. (Suidas, in voce Ὀλυμπος.)

[4] Ἑλλάδιος μὲν οὖν ἱερεὺς τοῦ Διός εἶναι ἐλέγετο Ἀμμώνιος δὲ Πιθήκου. Helladius quidem Jovis, Ammonius vero simiæ sacerdos esse dicebatur. (Socr., lib. V, cap. xvi, p. 275.)

[5] Helladius vero apud quosdam gloriatus est quod novem homines sua manu in conflictu interemisset. (Socr., lib. V, cap. xvi.)

[6] Olympius vero, sicut a quibusdam accepi, nocte intempesta quæ illum diem præcesserat, quemdam in Serapio *alleluia* canentem audivit. (Zos., p. 588, c. d.)

[7] Nos vidimus armaria librorum, quibus direptis, exinanita ea a nostris hominibus, nostris temporibus memorant (Oros., lib. VI, cap. xv, pag. 421.).

[1] Ubi caput truncatum est, murium agmen ex internis erupit. (Theodor., *Hist. eccl.*, lib. V, pag. 229. Parisiis, 1673.)

[2] Ac templa quidem disturbata sunt. Statuæ vero in lebetes et alios alexandrinæ ecclesiæ usus conflatæ (Socr., p. 275.)

[3] Cultus numinis et Serapidis delubrum Alexandriæ disturbata dissipataque fuere... Imperante tunc Theodosio prætorii præfecto, piaculari homine, et Eurymedonte quopiam... templi qui dona vix manus hostiliter injecerunt. (Eunap., p. 83. Antuerpiæ, 1568.) Monacos Canopi quoque collocarunt. (Eunap., pag. 55.)

[5] Hier., epist. VII, pag. 54, d.

[6] La ruine du temple de Sérapis est de l'année 591, et la mort d'Hypatia est de l'année 415.

des honneurs; on voyoit tous les jours à sa porte une foule de gens à pied et à cheval qui s'empressoient de la voir et de l'entendre[1]. Elle étoit mariée, et cependant elle étoit vierge : il arrivoit assez souvent alors que deux époux vivoient libres dans le lien conjugal[2], unis de sentiments, de goûts, de destinée, de fortune, séparés de corps. L'admiration qu'inspiroit Hypathia n'excluoit point un sentiment plus tendre : un de ses disciples se mouroit d'amour pour elle; la jeune platonicienne employa la musique à la guérison du malade, et fit rentrer la paix par l'harmonie dans l'âme qu'elle avoit troublée[3]. L'évêque d'Alexandrie, Cyrille, devint jaloux de la gloire d'Hypathia[4]. La populace chrétienne, ayant à sa tête un *lecteur*, nommé Pierre[5], se jeta sur la fille de Théon; lorsqu'elle entroit un jour dans la maison de son père : ces forcenés la traînèrent à l'église Césarium, la mirent toute nue, et la déchiquetèrent avec des coquilles tranchantes; ils brûlèrent ensuite sur la place Cinaron[6] les membres de la créature céleste qui vivoit dans la société des astres qu'elle égaloit en beauté, et dont elle avoit ressenti les influences les plus sublimes.

Le combat des idées anciennes contre les idées nouvelles à cette époque offre un spectacle que rend plus instructif celui auquel nous assistons[7]. Ce n'étoit plus, comme au temps de Julien, un mouvement rétrograde; c'étoit, au contraire, une course sur la pente du siècle; mais de vieilles mœurs, de vieux souvenirs, de vieilles habitudes, de vieux préjugés, disputoient pied à pied le terrain : en abandonnant le culte des aïeux, on croyoit trahir les foyers, les tombeaux, l'honneur, la patrie. La violence, exercée en opposition avec l'esprit de la loi, rendoit le conflit plus opiniâtre : on reprochoit aux chrétiens d'oublier dans la fortune les préceptes de charité qu'ils recommandoient dans le malheur.

Hommes de guerre et hommes d'état, sénateurs et ministres, prêtres chrétiens et prêtres païens, historiens, orateurs, panégyristes, philosophes, poètes, accouroient à l'attaque ou à la défense des anciens et des modernes autels.

Théodose est un empereur violent et foible, livré au plaisir de la table, selon Zosime[1] : c'est un saint qui règne dans le ciel avec Jésus-Christ aux yeux de saint Ambroise[2].

Les temples s'écroulent à la voix et sous les mains des moines et des évêques; ils tombent aux chants de victoire de Prudence : le vieux Libanius ranime sa piété philosophique pour attendrir Théodose en faveur de ces mêmes temples.

« Celui, dit-il à l'empereur, celui qui, lors-
« que j'étois encore enfant (Constantin), abat-
« tit à ses pieds le prince qui l'avoit traité avec
« outrage (Maxence), croyant qu'il lui conve-
« noit d'adopter un autre Dieu, se servit des
« trésors et des revenus des temples pour bâtir
« Constantinople; mais il ne changea rien au
« culte solennel : si les maisons des dieux fu-
« rent pauvres, les cérémonies demeurèrent
« riches. Son fils (Constance) s'abandonna aux
« mauvais conseils de faire cesser les sacrifices.
« Le cousin de ce fils (Julien), prince orné de
« toutes les vertus, les rétablit. Après sa mort,
« l'usage des sacrifices subsista quelque temps :
« il fut aboli, il est vrai, par deux frères (Va-
« lentinien et Valens), à cause de quelques no-
« vateurs; mais on conserva la coutume de
« brûler des parfums. Vous avez vous-même
« toléré cette coutume, en sorte que nous avons
« autant à vous remercier de ce que vous nous

---

[1] Suidas, voce Ὑπαθία.
[2] Isidori philosophi conjux, sed ita ut conjugii usu abstineret. Fabric., *Bibl. gr.*, lib. V, cap. XXII.
[3] Hypatiam ope musicæ illum a morbo isto liberasse.
[4] Suidas, v. Ὑπαθία, p. 585.
[5] Quorum dux erat Petrus quidam lector. Socr., *Hist. eccl.*, lib. VII, cap. XV. Parisiis, 1678.
[6] Eamque e sella detractam ad ecclesiam quæ Cæsareum cognominatur, rapiunt : et vestibus exutam testis interemerunt. Cumque membratim eam discerpissent, membra in locum quem Cinaronem vocant comportata incendio consumpserunt. (Socr., *Hist. eccl.*, lib. VII, cap. XV, pag. 352.)
[7] Nous n'y assistons plus; il est fini Je corrige, le 13 août 1830, ces épreuves tirées avant le 27 juillet. Insensés qui êtes placés à la tête des états, profiterez-vous de cette rapide et terrible leçon?

[1] Zos., lib. IV.
[2] Ambr., tom. V, *Sermo de diversis*, p. 122. f.

« avez accordé qu'à nous plaindre de ce dont
« on nous prive. Vous avez permis que le feu
« sacré demeurât sur les autels, qu'on y brûlât
« de l'encens et d'autres aromates.

« Et voilà pourtant qu'on renverse nos tem-
« ples ! Les uns travaillent à cette œuvre avec
« le bois, la pierre, le fer; les autres emploient
« leurs mains et leurs pieds : proie de Misyène
« (proverbe grec qui signifie *conquête facile*).
« On enfonce les toits; on sape les murailles ;
« on enlève les statues; on renverse les autels.
« Pour les prêtres, il n'y a que deux partis à
« prendre : se taire ou mourir. D'une pre-
« mière expédition on court à une seconde, à
« une troisième ; on ne se lasse pas d'ériger
« des trophées injurieux à vos lois.

« Voilà pour les villes : dans les campagnes
« c'est bien pis encore ! Là se rendent les en-
« nemis des temples ; ils se dispersent, se réu-
« nissent ensuite, et se racontent leurs ex-
« ploits : celui-là rougit qui n'est pas le plus
« criminel. Ils vont comme des torrents sil-
« lonnant la contrée et bondissant contre la
« maison des dieux. La campagne privée de
« temples est sans dieux ; elle est ruinée, dé-
« truite, morte ; les temples, ô empereur !
« sont la vie des champs ; ce sont les premiers
« édifices qu'on y ait vus, les premiers monu-
« ments qui soient parvenus jusqu'à nous à
« travers les âges ; c'est aux temples que le la-
« boureur confie sa femme, ses enfants, ses
« bœufs, ses moissons......

« Voilà la conduite des chrétiens : ils pro-
« testent qu'ils ne *font la guerre qu'aux tem-*
« *ples*; mais cette guerre est le profit de ces
« oppresseurs ; ils ravissent aux malheureux
« les fruits de la terre, et s'en vont avec les
« dépouilles, comme s'ils les avoient conquises
« et non volées.

« Cela ne leur suffit pas : ils attaquent en-
« core les possessions particulières, parce que,
« au dire de ces brigands, *elles sont consacrées*
« *aux dieux*. Sous ce prétexte, un grand nom-
« bre de propriétaires sont privés des biens
« qu'ils tenoient de leurs ancêtres, tandis que
« leurs spoliateurs, qui, à les entendre, *hono-*
« *rent la Divinité par leurs jeûnes*, s'engrais-
« sent aux dépens des victimes. Va-t-on se
« plaindre au *pasteur* (nom qu'on affecte de
« donner à un homme qui n'a certainement

« pas la douceur en partage), il chasse les ré-
« clamants de sa présence, comme s'ils de-
« voient s'estimer heureux de n'avoir pas souf-
« fert davantage.......

« On prétend que nous avons violé la loi
« qui défend les sacrifices. Nous le nions. On
« répond que, si aucun sacrifice n'a eu lieu,
« on a égorgé des bœufs au milieu des festins
« et des réjouissances : cela est vrai ; mais il
« n'y avoit pas d'autels pour recevoir le sang ;
« on n'a brûlé aucune partie de la victime ;
« on n'a point offert de gâteaux ; on n'a point
« fait de libation. Or, si un certain nombre de
« personnes, pour manger un veau ou un mou-
« ton, se sont rencontrées dans quelque mai-
« son de campagne ; si, couchées sur le gazon,
« elles se sont nourries de la chair de ce veau
« ou de ce mouton, après l'avoir fait bouillir
« ou rôtir, je ne vois pas quelles lois ont été
« transgressées ; car, ô divin empereur ! vous
« n'avez pas prohibé les réunions domestiques.
« Ainsi, bien qu'on ait chanté un hymne en
« l'honneur des dieux, et qu'on les ait invo-
« qués, on n'a point violé votre édit, à moins
« que vous ne vouliez transformer en crime
« l'innocence de ces festins.

« Nos persécuteurs se figurent que, par leur
« violence, ils nous amènent à la pratique de
« leur religion ; ils se trompent : ceux qui pa-
« roissent avoir varié dans leur culte sont res-
« tés tels qu'ils étoient. Ils vont avec les chré-
« tiens aux assemblées ; mais lorsqu'ils font
« semblant de prier, ils ne prient point, ou ce
« sont leurs anciens dieux qu'ils adjurent.

. . . .

« En matière de religion, laissez tout à la
« persuasion, rien à la force. Les chrétiens
« n'ont-ils pas une loi conçue en ces termes :
« *Pratiquez la douceur ; tâchez d'obtenir tout*
« *par elle ; ayez horreur de la nécessité ou de*
« *la contrainte*. Pourquoi donc vous précipi-
« tez-vous sur nos temples avec tant de fureur?
« vous transgressez donc aussi vos lois ? . . .

« . . . . . Mais puisque les chrétiens allè-
« guent l'exemple de celui qui le premier a
« dépouillé les temples (Constantin), j'en vais
« parler à mon tour. Je ne dirai rien des sa-
« crifices ; il n'y toucha pas : mais qui fut jamais
« plus rigoureusement puni que le ravisseur
« des trésors sacrés ? De son vivant, il vengea

« les dieux sur lui-même, sur sa propre famille;
« après sa mort, ses enfants se sont égorgés.

« Les chrétiens s'autorisent encore de l'exem-
« ple du fils de ce prince (Constance); il dé-
« molit les temples avec d'aussi grands tra-
« vaux qu'il en eût fallu pour les construire
« (tant il étoit difficile de séparer ces pierres
« liées ensemble par un fort ciment); il distri-
« buoit les édifices aux favoris dont il étoit
« entouré de la même manière qu'il leur eût
« donné un cheval, un esclave, un chien, un
« bijou. Eh bien! ces présents devinrent fu-
« nestes à celui qui les accordoit comme à ceux
« qui les acceptoient. . . . .

« De ces favoris, les uns moururent dans
« l'infortune, sans postérité, sans testament;
« les autres laissèrent des héritiers; mais
« qu'il eût mieux valu pour eux n'en laisse
« point! Nous les voyons aujourd'hui, ces
« enfants qui habitent au milieu des colonnes
« arrachées aux temples, nous les voyons cou-
« verts d'infamie et se faisant une guerre
« cruelle [1]. »

Cette citation, trop instructive pour être
abrégée, offre un tableau presque complet du
quatrième siècle : usage et influence des temples dans les campagnes; fin de ces temples;
commencement de la propriété du clergé chrétien par la confiscation de la propriété du clergé
païen; cupidité et fanatisme des nouveaux convertis, qui s'autorisent des lois en les dénaturant, pour commettre des rapines et troubler
l'intérieur des familles; et, de même que Lactance a raconté la mort funeste des persécuteurs du christianisme, Libanius raconte les
désastres arrivés aux persécuteurs de l'idolâtrie. Mais quoi qu'il en soit, Dieu, qui punit
l'injustice particulière de l'individu, n'en laisse
pas moins s'accomplir les révolutions générales
calculées sur les besoins de l'espèce.

Les moines furent les principaux ouvriers
de la démolition des temples; aussi les outrages et les éloges leur sont-ils également
prodigués.

Sozomène assure que les pères du désert
pratiquent une philosophie divine.

« Les religieux, dit saint Augustin, ne ces-
« sent d'aimer les hommes, quoiqu'ils aient
« cessé de les voir, s'entretenant avec Dieu et
« contemplant sa beauté [1]. »

Saint Chrysostome, au sujet de la sédition
d'Antioche, compare la conduite des philosophes et des moines. « Où sont maintenant,
« s'écrie-t-il, ces porteurs de bâtons, de man-
« teaux, de longues barbes, ces infâmes cyni-
« ques, au-dessous des chiens leurs modèles?
« Ils ont abandonné le malheur; ils se sont
« allés cacher dans les cavernes. Les vrais phi-
« losophes (les moines des environs d'Antio-
« che) sont accourus sur la place publique;
« les habitants de la ville ont fui au désert,
« les habitants du désert sont venus à la ville.
« L'anachorète a reçu la religion des apôtres;
« il imite leur vertu et leur courage. Vanité
« des païens! foiblesse de la philosophie! on
« voit à ses œuvres qu'elle n'est que fable,
« comédie, parade et fiction [2]. »

« Quels sont les destructeurs de nos tem-
« ples? dit à son tour Libanius. Ce sont des
« hommes vêtus de robes noires, qui mangent
« plus que des éléphants, qui demandent au
« peuple du vin pour des chants, et cachent
« leur débauche sous la pâleur artificielle de
« leur visage [3]. »

« Il y a une race appelée *moines*, dit pareil-
« lement Eunape; ces moines, hommes par
« la forme, pourceaux par la vie, font et se
« permettent d'abominables choses. . . . . .
« . . . . . Quiconque porte une robe noire et
« présente au public une sale figure, a le droit
« d'exercer une autorité tyrannique [4]. »

« Sur la haute mer (c'est le poëte Rutilius
« qui parle) s'élève l'île de Capraria, souillée
« par des hommes qui fuient la lumière. Eux-
« mêmes se sont appelés moines, parce qu'ils
« aspirent à vivre sans témoins. Ils redoutent
« les faveurs de la fortune, parce qu'ils n'au-

---

[1] LIBAN., *Pro templis*.

[1] AUG., *Lib. retractatio*, cap. XXI.
[2] CHRYSOST., *Hom.* XVII, p 196, c.
[3] LIBAN. *Pro templis*.
[4] Monacos sic dictos, homines quidem specie, sed vitam turpem porcorum more exigentes, qui in propa-
tulo infinita atque infanda scelera committebant!... Nam
ea tempestate quivis atram vestem indutus, quique in
publico sordido habitu spectari non abnuebat, is tyran-
nicam obtinebat auctoritatem. (EUNAP., *in Vita Ædi-
sii*, p. 84. Antuerpiæ. 1568.)

« roient pas la force de braver ses dédains ;
« ils se font malheureux de peur de l'être.
« Rage stupide d'une cervelle dérangée ! s'é-
« pouvanter du mal et ne pouvoir souffrir le
« bien ! Leur sort est de renfermer leurs cha-
« grins dans une étroite cellule, et d'enfler
« leur triste cœur d'une humeur atrabilaire[1]. »

Après avoir passé Capraria, petite île entre la côte de l'Étrurie et celle de la Corse, Rutilius aperçoit une autre île, la Gorgone : « Là
« s'est enseveli vivant, au sein des rochers,
« un citoyen romain. Poussé des furies, ce
« jeune homme, noble d'aïeux, riche de patri-
« moine, et non moins heureux par son ma-
« riage, fuit la société des hommes et des
« dieux. Le crédule exilé se cache au fond
« d'une hideuse caverne ; il se figure que le
« ciel se plaît aux dégoûtantes misères ; il se
« traite avec plus de rigueur que ne le traite-
« roient les dieux irrités. Dites-moi, je vous prie,
« cette secte n'a-t-elle pas des poisons pires
« que les breuvages de Circé? Alors se trans-
« formoient les corps ; à présent se métamor-
« phosent les âmes[2]. »

Les foiblesses et les jongleries des prêtres du paganisme étoient exposées par le clergé chrétien à la risée de la multitude. Ils se servoient de l'aimant pour opérer des prodiges, pour suspendre un char de bronze attelé de quatre chevaux[1], ou faire monter un soleil de fer à la voûte d'un temple[2]. Ils s'enfermoient dans des statues creuses adossées contre des murailles, et ils rendoient des oracles.

Fleury a osé rappeler, dans l'*Histoire ecclésiastique*[3], une anecdote racontée avec moins de pudeur par Ruffin[4]. Un prêtre de Saturne,
« nommé Tyran, abusa ainsi de plusieurs
« femmes des principaux de la ville : il disoit
« au mari que Saturne avoit ordonné que sa
« femme vînt passer la nuit dans le temple.
« Le mari, ravi de l'honneur que ce dieu lui
« faisoit, envoyoit sa femme parée de ses plus
« beaux ornements et chargée d'offrandes. On
« l'enfermoit dans le temple devant tout le
« monde ; Tyran donnoit les clefs des portes
« et se retiroit ; mais, pendant la nuit, il venoit

---

[1] Processu pelagi jam se Capraria tollit.
Squalet lucifugis insula plena viris.
Ipsi se monachos grajo cognomine dicunt,
Quod soli nullo vivere teste volunt.
Munera fortunæ metuunt dum damna verentur :
Quisquam sponte miser ne miser esse queat.
Quænam perversi rabies tam stulta celebri,
Dum mala formides, nec bona posse pati !
Sive suas repetunt fato ergastula pœnas,
Tristia seu nigro viscera felle tument ;
Sic nimiæ bilis morbum adsignavit Homerus
Bellerophonteis sollicitudinibus ;
Nam juveni offenso, sævi post tela doloris,
Dicitur humanum displicuisse genus.
(RUTILII *Itinerarium*, lib. I, p. 165.)

[2] Adversus scopulos damni monumenta recentis,
Perditus hic vivo funere civis erat.
Noster enim nuper juvenis majoribus amplis,
Nec censu inferior, conjugiove minor,
Impulsus furiis homines-divosque reliquit,
Et turpem latebram credulus exul agit.
Infelix putat, illuvie cœlestia pasci,
Seque premit læsis sævior ipse deis.
Non, rogo, deterior circeis secta venenis?
Tunc mutabantur corpora, nunc animi.
(*Id., ib.*, lib. I, v. 517-526.)

Saint Augustin parle avec estime de ces moines de l'île de Capraria si décriés par Rutilius. Il raconte que Mascezel descendit dans cette île, qu'il en emmena avec lui deux religieux, Eustathe et André, aux prières desquels il dut en Afrique sa victoire sur Gildon, son frère. (*Epist.* LXXXI, p. 142.)

[1] PROSPER., lib. III, cap. XXXVIII, p. 150.
[2] RUFF., p. 158.
[3] Tome IV, liv. XIX, p. 628.
[4] Sacerdos erat apud eos Saturni, Tyrannus nomine. Hic, quasi ex responso numinis, adorantibus in templo nobilibus quibusque et primariis viris, quorum sibi matronæ ad libidinem placuissent, dicebat Saturnum præcepisse ut uxor sua pernoctaret in templo. Tum is qui audierat, gaudens quod uxor sua dignatione numinis vocaretur, exornatam comptius insuper et donariis onustam, ne vacua scilicet repudiaretur, conjugem mittebat ad templum. In conspectu omnium conclusa intrinsecus matrona Tyrannus, clausis januis et traditis clavibus discedebat. Deinde, facto silentio, per occultos et subterraneos aditus, intra ipsum Saturni simulacrum patulis erepebat cavernis. Erat autem simulacrum illud a tergo excisum, et parieti diligenter annexum. Ardentibusque intra ædem luminibus intenta, supplicantique mulieri vocem subito per simulacrum oris concavi proferebat, ita ut pavore et gaudio infelix mulier trepidaret, quod dignam se tanti numinis putaret alloquio. Posteaquam vero quæ libitum fuerat vel ad consternationem majorem, vel ad libidinis incitamentum descruisset numen impurum, arte quadam linteolis obductis, repente lumina exstinguebantur universa. Tum descendens obstupefactæ et consternatæ mulierculæ adulterii fucum profanis commentationibus inferebat. Hoc cum per omnes miserorum matronas multo jam tempore gereretur, accidit quamdam pudicæ mentis feminam horruisse facinus, et attentius designantem cognovisse vocem Tyranni, ac domum regressam viro de fraude sceleris indicasse. (RUFF., *Hist. eccl.*, lib. II, pag. 245.)

« par sous terre, et entroit dans l'idole. Le
« temple étoit éclairé, et la femme, attentive
« à sa prière, ne voyant personne, et enten-
« dant tout d'un coup une voix sortir de
« l'idole, étoit remplie d'une crainte mêlée de
« joie. Après que Tyran, sous le nom de Sa-
« turne, lui avoit dit ce qu'il jugeoit à propos
« pour l'étonner davantage ou la disposer à le
« satisfaire, il éteignoit subitement toutes les
« lumières, en tirant des linges disposés pour
« cet effet. Il descendoit alors et faisoit ce qui
« lui plaisoit à la faveur des ténèbres. Après
« qu'il eut ainsi trompé des femmes pendant
« longtemps, une, plus sage que les autres,
« eut horreur de cette action; écoutant plus
« attentivement, elle reconnut la voix de Ty-
« ran, retourna chez elle, et découvrit la
« fraude à son mari. Celui-ci se rendit accu-
« sateur. Tyran fut mis à la question, et con-
« vaincu par sa propre confession qui couvrit
« d'infamie plusieurs familles d'Alexandrie,
« en découvrant tant d'adultères et rendant
« incertaine la naissance de tant d'enfants.
« Ces crimes publiés contribuèrent beaucoup
« au renversement des idoles et des temples. »

Une aventure à peu près pareille avoit eu lieu à Rome sous le règne de Tibère[1]; elle rappeloit encore celle de ce jeune homme qui, jouant le rôle du fleuve Scamandre, abusa de la simplicité d'une jeune fille[2]. On étaloit, à la honte de l'idolâtrie, les poupées empaillées, les simulacres ridicules, obscènes ou monstrueux, les instruments de magie, et jusqu'aux têtes coupées de quelques enfants dont on avoit doré les lèvres[3]; toutes divinités trouvées dans les sanctuaires les plus secrets des temples abattus.

Les païens tenoient ferme et rendoient mépris pour mépris : ils insultoient le culte des martyrs : « Au lieu des dieux de la pensée, les moines obligent les hommes à adorer des esclaves de la pire espèce; ils ramassent et salent les os et les têtes des malfaiteurs condamnés à mort pour leurs crimes; ils les translatent çà et là, les montrent comme des divinités, s'a-genouillent devant ces reliques, se prosternent à des tombeaux couverts d'ordures et de poussière. Sont appelés martyrs, ministres, intercesseurs auprès du ciel, ceux-là qui, jadis esclaves infidèles, ont été battus de verges et portent sur leurs corps la juste marque de leur infamie : voilà les nouveaux dieux de la terre[1]. »

Au milieu de ces combattants animés, des hommes plus justes et plus modérés, dans l'un et l'autre parti, reconnoissoient ce qui pouvoit y avoir à louer ou à blâmer parmi les disciples des deux religions. Ammien Marcellin, parlant du pape Damase, remarque que les chrétiens avoient de bonnes raisons pour se disputer, même à main armée, le siége épiscopal de Rome : « Les candidats préférés sont
« enrichis par les présents des femmes; ils sont
« traînés sur des chars, et vêtus d'habits ma-
« gnifiques; la somptuosité de leurs festins
« surpasse celle des tables impériales. Ces
« évêques de Rome, qui étalent ainsi leurs vi-
« ces, seroient plus révérés s'ils ressembloient
« aux évêques de province, sobres, simples,
« modestes, les regards baissés vers la terre,
« s'attirant l'estime et le respect des vrais ado-
« rateurs du Dieu éternel[2]. »

« Faites-moi évêque de Rome, disoit le pré-
« fet Pretextus à Damase, et je me fais chré-
« tien[3]. »

Saint Jérôme, souvent raisonnable à force d'être passionné, écrit : « Voici une grande
« honte pour nous : les prêtres des faux dieux,
« les bateleurs, les personnes les plus infâmes
« peuvent être légataires; les prêtres et les

---

[1] JOSEPH., *Ant.*, lib. VIII, cap. IV.
[2] LUCIAN.
[3] RUFF., p. 188.

[1] EUNAP., in *Vita Ædes.*
[2] Neque ego abnuo ostentationem rerum considerans urbanarum, hujus rei cupidos ob impetrandum quod appetunt omni contentione acerum jurgari debere : cum id adepti, futuri sint ita securi, ut ditentur oblationibus matronarum procedantque vehiculis insidentes, circumspecte vestiti, epulas curantes profusas, adeo ut eorum convivia regales superent mensas. Qui esse poterant beati revera, si magnitudine urbis despecta cum vitiis, ad imitationem antistitum quorumdam provincialium viverent : quos tenuitas edendi potandique parcissimæ, vilitas etiam indumentorum, et supercilia humum spectantia, perpetuo numini verisque ejus cultoribus ut puros commendant et verecundos. (AMM., MARCELL., lib. XXVII, cap. IV.)

[3] Facite me Romanæ urbis episcopum, et ero protinus christianus. (HIERON., t. II, p. 165.)

« moines seuls ne peuvent l'être, une loi le
« leur interdit, et une loi qui n'est pas faite
« par des empereurs ennemis de notre religion,
« mais par des princes chrétiens. Cette loi
« même, je ne me plains pas qu'on l'ait faite,
« mais je me plains que nous l'ayons méritée :
« elle fut inspirée par une sage prévoyance ;
« mais elle n'est pas assez forte contre l'ava-
« rice : on se joue de ses défenses par de frau-
« duleux fidéicommis [1]. »

Le même Père dit ailleurs : « Il y en a qui
« briguent la prêtrise ou le diaconat, pour
« voir les femmes plus librement. Tout leur
« soin est de leurs habits, d'être chaussés pro-
« prement, d'être parfumés. Ils frisent leurs
« cheveux avec le fer; les anneaux brillent à
« leurs doigts ; ils marchent du bout du pied ;
« vous les prendriez pour de jeunes fiancés
« plutôt que pour des clercs. Il y en a dont
« toute l'occupation est de savoir les noms et
« les demeures des femmes de qualité, et de
« connoître leurs inclinations : j'en décrirai un
« qui est maître en ce métier. Il se lève avec le
« soleil ; l'ordre de ses visites est préparé ; il
« cherche les chemins les plus courts ; et ce
« vieillard importun entre presque dans les
« chambres où elles dorment. S'il voit un
« oreiller, une serviette, ou quelque autre pe-
« tit meuble à son gré, il le loue, il en admire
« la propreté, il le tâte, il se plaint de n'en
« avoir point de semblable, et l'arrache plutôt
« qu'il ne l'obtient [2]. »

Grégoire de Nazianze parle des chars dorés, des beaux chevaux, de la suite nombreuse
des prélats ; il représente la foule s'écartant devant eux comme devant des bêtes féroces [3].

Ces controverses avoient lieu partout ; elles
passoient les mers ; elles se continuoient par
lettres de la grotte de Bethléem à Hippone, du
désert de la Thébaïde à Alexandrie, d'Antioche à Constantinople, de Constantinople à
Rome. Tous les esprits étoient émus dans tous
les rangs, à mesure que la catastrophe appro-

choit ; mais, par un effet naturel, ceux qui s'attachoient à la cause perdue afin de parvenir à
la puissance, n'y trouvoient que leur ruine.

Photius nous a conservé un fragment de
Damascius, dans lequel ce philosophe fait l'é-
numération des personnages qui entreprirent
inutilement de ressusciter le culte des Hellènes. Julien est nommé le premier. Lucius, capitaine des gardes à Constantinople, voulut
tuer Théodose pour ramener l'idolâtrie ; mais il
ne put tirer son épée, effrayé qu'il fut d'une
femme au regard terrible, qui se tenoit derrière l'empereur, et l'entouroit de ses bras.
Marsus et Illus perdirent la vie dans une entreprise de la même nature ; Ammonius, après
avoir conspiré, déserta à un évêque ; Severia-
nus ourdit une nouvelle trame ; mais il fut
trahi par Americhus, qui découvrit le complot
à Zénon, empereur d'Orient [1].

Eugène, empereur d'Arbogaste, met l'i-
mage d'Hercule dans ses bannières, rend aux
temples leurs revenus, et ordonne de rétablir
à Rome l'autel de la Victoire. Dans cette même
Rome qui avoit tant de peine à renoncer au
dieu Mars, un oracle s'étoit répandu : des vers
grecs annonçoient que le christianisme subsis-
teroit pendant trois cent soixante-cinq ans :
Jésus étoit innocent de son culte ; mais Pierre,
versé dans les arts magiques, avoit conservé
pour ce nombre fixe d'années la religion du
Christ [2]. Or, à compter de la résurrection,
cette période expiroit sous le consulat d'Honorius et d'Eutychianus, l'an 398 de l'ère chrétienne. Les païens pleins de joie attendoient
l'abolition complète et immédiate de la loi
évangélique, et ce même an les temples de l'A-
frique furent renversés ou fermés par les ordres d'Honorius [3].

---

[1] J'emprunte l'élégante imitation de M. Villemain. (*Mél. hist. et littér.*)
[2] FLEURY, *Hist. eccl.*, tome IV, liv. XVIII, p. 435. Molière a imité quelque chose de ce tableau dans le *Tar-
tufe*.
[3] GREG. NAZ., *Orat.* XXXII, p. 526.

[1] *Vid.* et Voss. *de Histor. gr.*, lib. II, cap. XXI.
[2] Cum enim viderent, nec tot tantisque persecutioni-
bus eam potuisse consumi, sed his potius mira incre-
menta sumpsisse, excogitaverunt nescio quos versus
græcos, tanquam consulenti cuidam divino oraculo ef-
fusos, ubi Christum quidem ab hujus tanquam sacrilegii
crimine faciunt innocentem. Petrum autem maleficiis
fecisse subjungunt, ut coleretur Christi nomen per tre-
centos sexaginta quinque annos ; deinde completo me-
morato numero annorum sine mora sumeret finem. (*De
Civit. Dei*, lib. XVIII, cap. LIII.)
[3] *Id., ibid.*

Une autre espérance survint : Radagaise, païen et Barbare, ravageoit l'Italie et menaçoit Rome. « Comment, disoient les pieux idolâtres, pourrons-nous résister à un homme qui offre soir et matin d'agréables victimes à ces dieux que nous abandonnons[1] ? » Et Radagaise fut vaincu, tandis qu'Alaric, Barbare aussi, mais chrétien, entra dans Rome. Eucher, fils de Stilicon, étoit l'objet de vœux secrets ; il professoit le paganisme.

Attale même, ce jouet des Goths, eut des partisans ; il avoit distribué les principaux offices de l'état à des polythéistes, et Zosime remarque que la famille chrétienne des Anices s'affligeoit seule *du bonheur public*[2]. La passion ne pouvoit aller plus loin.

Enfin un des derniers fantômes d'empereur créés par Ricimer, Anthémius, donna une dernière palpitation au cœur des vieux hellénistes : il inclinoit aux idoles ; il avoit promis à Sévère, tout livré à l'ancien culte, de rétablir la ville éternelle dans sa première splendeur, et de lui rendre les dieux auteurs de sa gloire. Le pape Hilaire traversa ce dessein en faisant promettre à Anthémius d'écarter de lui un certain Philothée[3], de la secte des Macédoniens, qui plaçoit Anthémius entre le paganisme et l'hérésie : Alaric et Genséric avoient déjà pillé Rome, et Odoacre, roi d'Italie, étoit au moment de remplacer l'empereur d'Occident.

Le paganisme alla s'ensevelir dans les catacombes d'où le christianisme étoit sorti : on trouve encore aujourd'hui, parmi les chapelles et les tombeaux des premiers chrétiens, les sanctuaires et les simulacres des derniers idolâtres[4]. Non-seulement les restes de la religion grecque se conservèrent en secret, mais elle domina publiquement quelque partie du nouveau culte : Saint Boniface, dans le huitième siècle, s'en plaint à la cour de Rome[5].

---

[1] *De Civit. Dei*, lib. V, cap. XXIII, pag. 63.
[2] ZOSIM., lib. V, p. 827.
[3] PHOT., c. CCXLII, p. 1040.
[4] D'AGINCOURT, *Monuments du moyen âge à Rome*.
[5] BONIF., *Epist. ad Serran.*, et D. MART., *Thes. Anecd.*

TROISIÈME PARTIE.

Le combat moral et intellectuel se termina de la même manière que le combat politique. Après le sac de Rome, l'idolâtrie accusa les fidèles d'être la cause de toutes les calamités publiques, accusation qu'elle avoit souvent reproduite et qu'elle renouveloit à sa dernière heure. Des chrétiens foibles joignoient leur voix à celles des païens, et disoient : « Pierre, Paul, Lau« rent, sont enterrés à Rome, et cependant « Rome est saccagée[1]. » Pour réfuter cet argument rebattu, saint Augustin composa le grand ouvrage de *la Cité de Dieu*. Son but, en relevant la beauté, la vérité et la sainteté du christianisme, est de prouver que les Romains n'ont dû leur perte qu'à la corruption de leurs mœurs et à la fausseté de leur religion. Il les poursuit leur histoire à la main.

« Vous dites proverbialement : Il ne pleut « pas, les chrétiens en sont la cause. » Vous oubliez donc les fléaux qui ont désolé l'Empire avant qu'il se soumît à la foi ? Vous vous confiez en vos dieux : quand vous ont-ils protégés ? Les Barbares, respectant le nom de Jésus-Christ, ont épargné tout ce qui s'étoit réfugié dans les églises de Rome ; les guerres des païens n'offrent pas un seul exemple de cette nature ; les temples n'ont jamais sauvé personne. Au temps de Marius le pontife Mutius Scévola fut tué au pied de l'autel de Vesta, asile réputé inviolable, et son sang éteignit presque le feu sacré. Rome idolâtre a plus souffert de ses discordes civiles, que Rome chrétienne du fer des Goths ; Sylla a fait mourir plus de sénateurs qu'Alaric n'en a dépouillé

« La Providence établit les royaumes de la terre ; la grandeur passée de l'Empire ne peut pas plus être attribuée à l'influence chimérique

---

[1] AUG. *Serm.*, p. 1200.

des astres, qu'à la puissance de dieux impuissants. La théologie naturelle des philosophes ne sauroit être opposée à son tour à la théologie divine des chrétiens, car elle s'est souvent trompée. L'école italique que fonda Pythagore, l'école ionique que Thalès institua, sont tombées dans des erreurs capitales. Thalès, appliqué à l'étude de la physique, eut pour disciple Anaximandre; celui-ci instruisit Anaximène, qui fut maître d'Anaxagore, et Anaxagore de Socrate, lequel rapporta toute la philosophie aux mœurs. Platon vint après Socrate et s'approcha beaucoup des vérités de la foi.

« Mais comment est-il que les chrétiens, tout en prétendant n'adorer qu'un seul Dieu, élèvent des temples aux martyrs? Le fait n'est point exact. Notre respect pour les sépulcres des confesseurs est un hommage rendu à des hommes témoins de la vérité jusqu'à mourir : mais jamais entendit un prêtre, officiant à l'autel de Dieu sur les cendres d'un martyr, prononcer ces mots : « Pierre, Paul « ou Cyprien, je vous offre ce sacrifice? »

« Les païens se glorifient des prodiges opérés par leur religion : Tarquin coupe une pierre avec un rasoir ; un serpent d'Épidaure suit Esculape jusqu'à Rome ; une vestale tire une galère avec sa ceinture ; une autre puise de l'eau dans un crible : sont-ce là des merveilles à comparer aux miracles de l'Écriture ? Le Jourdain, suspendant son cours, laisse passer les Hébreux ; les murs de Jéricho tombent devant l'arche sainte. Ah ! ne nous attachons point à la cité de la terre; tournons nos pas vers la cité du ciel qui prit naissance avant la création du monde visible.

« Les anges sont les premiers habitants de cette cité divine ; ils tiennent du ciel et de la lumière; car au commencement Dieu fit le ciel, et il dit : que la lumière soit faite. Dieu ne créa qu'un seul homme ; nous étions tous dans cet homme. Il répandit en lui une âme douée d'intelligence et de raison, soit qu'il eût déjà créé cette âme auparavant, soit qu'il la communiquât en soufflant contre la face de l'homme dont le corps n'étoit que limon. Il donna à l'homme une femme pour se reproduire ; mais, comme toute la race humaine devoit venir de l'homme, Ève fut formée de l'os, de la chair et du sang d'Adam.

« L'homme à qui le Seigneur avoit dit : « Le jour que vous mangerez du fruit défendu, vous mourrez, » mangea du fruit défendu, et mourut. La mort est la peine attachée au péché. Mais si le péché est effacé par le baptême, pourquoi l'homme meurt-il à présent? Il meurt afin que la foi, l'espérance et la vertu ne soient pas détruites.

« Deux amours ont bâti les deux cités : l'amour de soi-même jusqu'au mépris de Dieu a élevé la cité terrestre; l'amour de Dieu jusqu'au mépris de soi-même a édifié la cité céleste. Caïn, citoyen de la cité terrestre, bâtit une ville; Abel n'en bâtit point : il étoit citoyen de la cité du ciel, et étranger ici-bas. Les deux cités peuvent s'unir par le mariage des enfants des saints avec les filles des hommes à cause de leur beauté : la beauté est un bien qui nous vient de Dieu.

« Les deux cités se meuvent ensemble : la cité terrestre, depuis les jours d'Abraham, a produit les deux grands empires des Assyriens et des Romains; la cité céleste arrive, par le même Abraham, de David à Jésus-Christ. Il est venu des lettres de cette cité sainte dont nous sommes maintenant exilés : ces lettres sont les Écritures. Le roi de la cité céleste est descendu en personne sur la terre pour être notre chemin et notre guide.

« Le souverain bien est la vie éternelle; il n'est pas de ce monde : le souverain mal est la mort éternelle, ou la séparation d'avec Dieu. La possession des félicités temporelles est une fausse béatitude, une grande infirmité. Le juste vit de la foi.

« Lorsque les deux cités seront parvenues à leurs fins au moyen du Christ, il y aura pour les pécheurs des supplices éternels. La peine de mort sous la loi humaine ne consiste pas seulement dans la minute employée à l'exécution du criminel, mais dans l'acte qui l'enlève à l'existence : le juge éternel retranche le coupable de la vivante éternité, comme le juge temporel retranche le coupable du temps vivant. L'Éternel peut-il prononcer autre chose que des arrêts éternels?

« Par la même raison, le bonheur des justes sera sans terme. L'âme toutefois ne perdra pas la mémoire de ses maux passés : si elle ne se souvenoit plus de son ancienne misère, si

même elle ne connoissoit pas la misère impérissable de ceux qui auront péri, comment chanteroit-elle sans fin les miséricordes de Dieu, ainsi que nous l'apprend le Psalmiste ? Dans la cité divine cette parole sera accomplie : « *Demeurez en repos; reconnoissez que je suis Dieu,* » c'est-à-dire qu'on y jouira de ce sabbat, de ce long jour qui n'aura point de soir, et où nous reposerons en Dieu. »

Cet ouvrage du Platon chrétien est empreint de la mélancolie la plus profonde : on y sent une âme tendre, inquiète, regrettant peut-être des illusions, et dont les vagues sentiments passent à travers un esprit abstrait et une imagination mystique. Celui qui, jeune encore s'étoit confessé avec tant de charme d'avoir demandé la pureté, *mais pas trop tôt*[1], *d'avoir désiré d'aimer*[2] ; celui qui avoit dit : « Lorsque vous m'aurez connu tel que je suis, « priez pour moi[3], » le père d'Adéodat répand sur les pages échappées à sa vieillesse ce dégoût de la terre, bonheur des saints, et partage des infortunés. Le spectacle des calamités publiques contribuoit sans doute à attrister le génie d'Augustin : quel temps pour écrire que les années qui séparent Alaric de Genseric, second destructeur de Rome et de Carthage ; que les années qui s'écoulèrent entre le sac de la ville éternelle par les Goths et le sac d'Hippone par les Vandales !

Volusien, homme d'une famille puissante à Carthage, avoit mandé à saint Augustin qu'un de ses amis manifestoit le désir de trouver un chrétien capable de résoudre certaines difficultés relatives au nouveau culte. Saint Augustin, dans une réponse affable et polie, lui envoie une sorte d'abrégé de *la Cité de Dieu.*

Le même Père entretient une correspondance avec la population païenne de Madaure : « Réveillez-vous, peuples de Madaure, mes « parents ! mes frères[4] !... Puisse le vrai Dieu « vous convertir à la foi, vous délivrer des va- « nités de ce monde ! » Un évêque, un controversiste ardent, saint Augustin, appelle des idolâtres ses *parents*, ses *frères*.

Quelques années auparavant il avoit eu un commerce de lettres avec Maxime, grammairien dans cette même ville de Madaure : Maxime l'avoit prié de laisser de côté son éloquence et les subtiles arguments de Chrysippe, pour lui dire quel étoit le Dieu des chrétiens. « Et à « présent, homme excellent[1] qui as abandonné « ma communion, cette lettre sera jetée au feu « ou détruite d'une autre manière. S'il en est « ainsi, un peu de papier périra, mais non ma « doctrine... Puissent les dieux te conserver ! « les dieux par qui les peuples de la terre ado- « rent en mille manières différentes, dans un « harmonieux discord, le père commun de ces « dieux et des hommes[2]. » Voici le païen qui appelle à son tour les bénédictions du Ciel sur la tête d'un chrétien.

Longinien écrit ces mots à saint Augustin : « Seigneur et honoré Père, quant au Christ, « en qui tu crois, et l'esprit de Dieu par qui tu « espères aller dans le sein du vrai, du souve- « rain, du bienheureux auteur de toutes cho- « ses, je n'ose ni ne puis exprimer ce que je « pense ; il est difficile à un homme de définir « ce qu'il ne comprend pas ; mais tu es digne « du respect que je porte à tes vertus[3]. »

Saint Augustin répond : « J'aime ta circon- « spection à ne rien nier, à ne rien affirmer « touchant le Christ ; c'est une louable réserve « dans un païen[4]. »

L'illustre évêque d'Hippone expira à soixante-seize ans dans sa ville épiscopale assiégée, en plein exercice des devoirs d'un pasteur courageux et charitable. « Il mourut, » dit l'élégant auteur que vous aimerez encore à retrouver, « il mourut les yeux attachés sur cette cité cé-

---

[1] *Confes.*, lib. VIII, c. VII, num. 17.
[2] *Id., ibid.*, lib. III et IV.
[3] *Id.*, epist. CCXXXI, num. 6.
[4] Expergiscimini aliquando, fratres mei et parentes mei madaurenses. (Epist. CCXXXII.)

[1] Vir eximie.
[2] Dii te servent, per quos et eorum atque cunctorum mortalium communem patrem, universi mortales, quos terra sustinet, mille modis concordi discordia veneramur et colimus! (*Ap.* AUGUSTIN. epist. XVI, al. XLIII, tit. II.)
[3] Ut autem me cultorem tuarum virtutum dignatus est. (AUGUSTIN., epist. CCXXXIII, n. 3.)
[4] Proinde quod de Christo nihil tibi negandum affirmandumque putasti, hoc in pagani animo temperamentum non invitus acceperim. (Epist. CCXXXV.)

« leste dont il avoit écrit la merveilleuse his-
« toire[1]. »

Mais, avant ces lettres d'Augustin, on trouve peut-être un monument encore plus extraordinaire de la tolérance religieuse entre des esprits supérieurs : ce sont les lettres de saint Basile à Libanius, et de Libanius à saint Basile. Le sophiste païen avoit été le maître du docteur chrétien à Constantinople. « Quand vous fûtes
« retourné dans votre pays, écrit Libanius à
« Basile, je me disois : Que fait maintenant
« Basile? Plaide-t-il au barreau? enseigne-t-il
« l'éloquence ? J'ai appris que vous aviez suivi
« une meilleure voie : que vous ne vous étiez
« occupé qu'à plaire à Dieu, et j'ai envié votre
« bonheur [2]. »

Basile envoie de jeunes Cappadociens à l'école de Libanius sans crainte de les infecter du venin de l'idolâtrie. « Il suffira, lui mande-
« t-il, qu'avant l'âge de l'expérience ces jeunes
« gens soient comptés parmi vos disciples [3]. »
— « Basile est mon ami, s'écrie Libanius dans
« une autre lettre, Basile est mon vainqueur,
« et j'en suis ravi de joie [4]. » — « Je tiens votre
« harangue, dit Basile; je l'ai admirée : ô mu-
« ses ! ô Athènes ! que de choses vous ensei-
« gnez à vos élèves [5] ! »

Est-ce bien l'ennemi de Julien, l'ami de Grégoire de Nazianze, le fondateur de la vie cénobitique ; est-ce bien l'ardent sectateur de Julien, le violent adversaire des moines, l'orateur qui défendoit les temples ; sont-ce bien ces deux hommes qui ont ensemble un pareil commerce de lettres ?

Synésius, de la colonie lacédémonienne fondée en Afrique dans la Cyrénaïque, descendoit d'Eurysthène, premier roi de Sparte de la race dorique : il étoit philosophe; comme saint Augustin dans sa jeunesse, il partageoit ses jours entre la lecture et la chasse. Le peuple de Ptolémaïde, en Libye, le demande pour évêque. Synésius déclare qu'il ne se reconnoit point la pureté de mœurs nécessaire à un si saint état;
que Dieu lui a donné une femme, qu'il ne veut ni la quitter ni s'approcher d'elle furtivement comme un adultère; qu'il sonhaite avoir un grand nombre d'enfants beaux et vertueux. Il ajoutoit : « Je ne croirai jamais que l'âme soit
« créée après le corps; je ne croirai jamais que
« le monde doit périr en tout ou en partie : la
« résurrection me paroît une chose fort mysté-
« rieuse, et je ne me rends point aux opinions
« du vulgaire [1]. » On lui laissa sa femme et ses opinions, et on le fit évêque. Quand il fut ordonné, il ne put pendant sept mois se résoudre à vivre au milieu de son troupeau ; il pensoit que sa charge étoit incompatible avec sa philosophie ; il vouloit s'expatrier et passer en Grèce [2]. On lui laissa sa philosophie, et il resta à Ptolémaïde.

Synésius avoit été disciple d'Hypathia, à Alexandrie. Les lettres qu'il lui écrit sont ainsi suscrites : Au philosophe. Au philosophe Hypathia [3]. Dans une de ces lettres (et il étoit alors évêque), il l'appelle sa mère, sa sœur, sa maîtresse [4]. Il lui trouve une âme très-divine [5]. Il félicite Herculien de lui avoir fait connoître cette femme extraordinaire qui révèle les mystères de la vraie philosophie [6]. Ces relations paisibles s'entretenoient dans un coin du monde, l'an 410 de J.-C., l'année même qui vit entrer Alaric dans la ville éternelle. Cinq ans auparavant, les Macètes et d'autres peuples barbares avoient assiégé Cyrène [7]. La main de Dieu se montroit dans la nue ; sous cette main, les siècles, les empires, les monuments s'abîmoient, et les hommes poursuivoient le cours ordinaire de leur destinée : en ce temps-là il y avoit beaucoup de vie, parce qu'il y avoit beaucoup de mort.

Il n'est pas jusqu'aux poëtes dans les deux cultes qui ne gémissent de ne pouvoir chanter aux mêmes fontaines et sur la même montagne. Ausone, de la religion d'Homère, écrit à Pau-

---

[1] Traduct. de M. Villemain, Mél. hist. et litt.
[2] Epist. CCCXXXVI. — Edit. Bened.
[3] Epist. CCCXXXVII.
[4] Epist. CCCXXXVIII.
[5] Epist. CCCLIII.

[1] Syn., epist. LVII.—CV.
[2] Epist. XCV. — ad Olymp.
[3] Τῷ φιλοσόφῳ. Τῇ φιλοσόφῳ Ὑπατίᾳ. Ep. XV, p. 172 ; cp. X, p. 170.
[4] Μήτηρ, καὶ ἀδελφή, καὶ διδάσκαλε. Ep. XVI, pag. 175.
[5] Τῆς θειοτάτης σοῦ ψυχῆς. Ep. X, pag. 170.
[6] Ep. CXXXVI, p. 272.
[7] Ep. CCXLV.—CCXLIX.

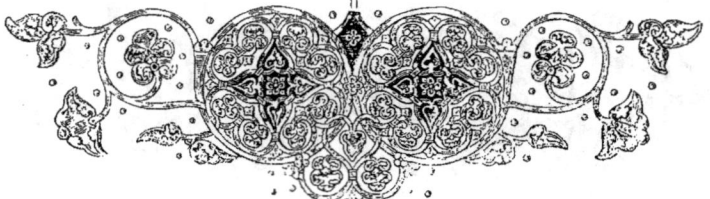

lin, de la religion du Christ : « Muses, divinités de la Grèce, entendez cette prière, rendez un poëte aux muses du Latium ! » Le poëte de la croix répond : « Pourquoi rappelles-tu en ma faveur les muses que j'ai répudiées ? Un plus grand Dieu subjugue mon âme... Rien ne t'arrachera de ma mémoire... Cette âme ne peut t'oublier, puisqu'elle ne peut mourir[1]. » Le temps, comme vous le voyez, avoit usé la violence des partis : les hommes supérieurs, le moment de l'action passé, ne tardent pas à s'entendre; il est entre ces hommes une paix naturelle qu'on pourroit appeler la paix des talents, semblable à cette paix de Dieu qu'une religion commune établissoit entre les vaillants et les forts. Aussi, vers la fin du quatrième siècle et dans les deux siècles suivants, la tendance que les philosophes des deux religions ont à se rapprocher est visible : la haine a disparu : il ne reste que les regrets. Les contentions n'existent plus que parmi les chrétiens des différentes sectes.

Néanmoins quelques caractères rigides, instruits aux rudes enseignements apostoliques, désapprouvoient ces ménagements : ils condamnoient orateurs et poëtes, et méprisoient la délicatesse du langage. Saint Jérôme confesse avec larmes son penchant pour les auteurs profanes; il expie d'avance par le jeûne, les veilles et les prières, la lecture qu'il se prépare à faire de Cicéron et de Platon. Rufin accuse Jérôme d'un crime énorme : d'avoir occupé certains religieux du mont des Olives à copier les dialogues de Cicéron, et d'avoir, dans sa grotte de Bethléem, expliqué Virgile à des enfants chrétiens.

Les philosophes, après le règne de Julien, avoient cessé de se distinguer de la foule par les habits et les mœurs; mais la suite des doctrines et la succession des maîtres se prolongent bien au-delà du règne de l'Apostat. Dans le cinquième et dans le sixième siècle, les chaires publiques à Athènes étoient encore occupées par des païens[2] : Syrannius fut le prédécesseur de Proclus, qui transmit le doctorat à Marinus,

converti du judaïsme samaritain à l'hellénisme. Proclus étoit auteur d'un double commentaire sur Homère et sur Hésiode, de deux livres de théurgie, de quatres livres sur la *République* de Platon, de dix livres sur les Oracles, de plusieurs autres traités, et de dix-huit Arguments contre les chrétiens, réfutés par Philoponus[1]. Marinus nous a laissé la biographie de son maître : alors un saint écrivoit la vie d'un saint, un philosophe la vie d'un philosophe; ils se partageoient la gloire du ciel et de la terre.

Marinus attribue à Proclus une vertu surnaturelle de bienfaisance : il en apporte en preuve la guérison miraculeuse de la jeune Asclépigénie, fille d'Archiades et de Plutarcha. Il remarque que la maison de Proclus touchoit au temple d'Esculape; car, dit-il, Athènes étoit encore assez heureuse pour conserver dans son enceinte le temple du *Sauveur*. Platon étoit pauvre (c'est toujours Marinus qui parle), il n'avoit qu'un jardin dans l'enceinte de l'Académie, et un revenu de la valeur de trois pièces d'or; mais du temps de Proclus, le revenu de l'Académie s'élevoit à plus de mille[2].

Marinus nous donne encore l'époque certaine de la perte de la fameuse statue de Phidias, la Minerve du Parthénon : échappée aux ravages des Goths, elle n'échappa point à ceux des Chrétiens. « Minerve, dit-il, manifesta le grand attachement qu'elle avoit pour Proclus, quand la statue de cette déesse, qui jusqu'alors étoit restée au Parthénon, fut enlevée par ceux *qui touchent aux choses qui ne devroient pas être touchées*. Quand donc Minerve eut été chassée de son temple, une femme d'une beauté exquise apparut en songe à Proclus; elle lui commanda de parer ses foyers, en lui disant : «Minerve veut habiter et dormir avec toi[3]. »

---

[1] VILLEMAIN. *Mél. hist. et litt.*, pag. 449.
[2] Iontius donne le catalogue de la succession des philosophes athéniens. Pag. 501 et 502 : *De Scriptoribus hist. philosophicæ*.

[1] SUIDAS. *Lex.* voce Procl.; FABRIC., *de Procli scrip. edit.*, pag. 80.
[2] PHOT., cod. CCXLII, pag. 1054; DAMASC., *in Vit. Isidor.*
[3] MARIN., *in Vit. Procli*, cap. XXX, pag. 62. Nous devons à M. Boissonnade une excellente édition de la Vie de Proclus par Marinus, et du commentaire inédit de Proclus sur le Cratyle.
Je ne sais si, par rapport à l'histoire de l'art, ce passage a jamais été remarqué. Il m'avoit échappé

Marinus date la mort de Proclus de l'an 124 à partir de celle de Julien[1] : c'étoit une ère à l'usage des regrets et de la reconnoissance philosophique. Les chrétiens comptoient ainsi de l'époque des martyrs.

Plus tard encore, vers l'an 550, nous trouvons Damascius le stoïcien, lié d'amitié avec Simplicius et Eulanius. L'aventure de ces derniers philosophes du monde romain mérite d'être racontée.

Damascius de Syrie, Simplicius de Cilicie, Eulanius de Phrygie, Ermias et Diogène de Phœnicie, Isidore de Gaza, accablés du triomphe de la croix, résolurent de s'expatrier et d'aller vivre chez les Perses. Arrivés dans la contrée des mages, ils trouvèrent que le roi n'étoit pas un philosophe, que les nobles étoient pleins d'orgueil, que le peuple, rusé et voleur, ne valoit pas mieux que le peuple romain. Ils furent surtout révoltés du spectacle de la polygamie, impuissante même à prévenir l'adultère : ils se repentirent et désirèrent rentrer dans leur pays. Chosroës, qui négocioit alors un traité avec la cour de Constantinople, y fit généreusement insérer une clause en faveur de ses hôtes : on ne les inquiéta point à leur retour, et ils jouirent en paix à leurs foyers de la liberté de conscience[2].

Dans cette agonie d'une société prête à passer, l'assimilation de langage, d'idées et de mœurs étoit presque complète entre les hommes supérieurs des deux religions ; mêmes principes de morale, mêmes expressions de *salut*, de *grâce* divine, mêmes invocations au Dieu unique, éternel, au Dieu *Sauveur*. Quand on lit Synésius et Marinus, Fulgence et Damascius, et les autres écrivains religieux et moraux de cette époque, on auroit peine à déterminer la croyance à laquelle ils appartiennent, si les uns ne s'appuyoient de l'autorité homérique, les autres de l'autorité biblique.

Boëce dans l'Occident, Simplicius dans l'Orient, terminèrent cette série des beaux génies qui s'étoient placés entre le ciel et la terre : ils virent entrer la solitude dans les écoles où le christianisme avoit été nourri, et dont il chassa l'auditoire ; ils fermèrent avec honneur les portes du Lycée et de l'Académie des sages. Justinien supprima les écoles d'Athènes quarante-quatre ans après la mort de Proclus[1]. Boëce, chrétien et persécuté, étoit un philosophe ; Simplicius, philosophe et heureux, avoit le caractère d'un chrétien. « O Seigneur, » dit-il (dans la prière qui termine son commentaire de l'*Enchiridion* d'Épictète) : « O Seigneur, père, auteur et guide de notre « raison, permets que nous n'oublions jamais « la dignité dont tu décoras notre nature ! « Fais que nous agissions comme des êtres « libres ; que, purifiés de toutes passions déréglées, nous sachions, si elles s'élèvent, les « combattre et les gouverner ! Guidé par la « lumière de la vérité, que notre jugement « nous attache aux choses véritablement bonnes ! Je te supplie, ô mon Sauveur ! de dissiper les ténèbres qui couvrent les yeux de « nos âmes, afin que nous puissions, comme le « dit Homère, distinguer et l'homme et Dieu. »

Boëce, enfermé dans un cachot à Ticinum (Pavie), se plaint du changement de sa fortune et des malheurs de sa vieillesse : les muses l'environnent dans des vêtements de deuil. Tout à coup une femme majestueuse se montre à lui ; ses regards sont perçants, ses couleurs brillantes. Elle est jeune, et pourtant on voit que sa naissance a précédé celle des hommes du siècle : tantôt elle ne paroit pas s'élever au-dessus de la taille commune ; tantôt son front touche aux nues, et se cache aux regards des mortels. Un tissu d'une matière incorruptible forme sa robe ; l'éclat de cette robe est légèrement adouci par une espèce de teinte semblable à celle que le temps répand sur les vieux

---

dans mon mémoire sur l'histoire de Sparte et d'Athènes, dans l'introduction à l'*Itinéraire de Paris à Jérusalem*. M. Quatremère de Quincy ne le cite point dans son *Jupiter Olympien*. Il y avoit deux statues de Minerve à Athènes de la main de Phidias : celle de la *citadelle* ; elle étoit de bronze, et l'on apercevoit l'aigrette de son casque du cap Sunium : celle du *Parthénon* ; elle étoit d'or et d'ivoire. Marinus parle évidemment de la dernière.

[1] Marin., in *Vit. Procli*, cap. XXXVI, pag. 75.
[2] Agathias, lib. II, pag. 67 et seq.; Suidas, voce πρέσβεις. Brucker, *Hist. crit. de la philosoph.*, tom. II, pag. 451.

[1] Joan. Matt., tom. II, pag. 187 ; Aleman., pag. 106.

tableaux. Cette femme tient un livre dans sa main droite, un sceptre dans sa main gauche. Dès qu'elle aperçoit les muses dictant des vers à la douleur de Boëce, elle chasse ses courtisanes, qui, loin de fermer les blessures, les tiennent ouvertes avec un poison subtil. Ensuite elle s'assied sur le lit du prisonnier et lui adresse ces paroles : « Est-ce donc ici que j'ai nourri « de mon lait, que j'ai élevé avec un si tendre « soin ? Toi dont j'avois fortifié l'esprit et le « cœur, tu te serois laissé vaincre à l'adversité ! « Me reconnois-tu ? Tu gardes le silence ! » La divinité essuie avec un pan de sa robe les larmes qui roulent dans les yeux de Boëce : aussitôt il reconnoît la mère féconde des vertus, son amie céleste, la Philosophie. Elle donne ses dernières leçons à son élève ; elle lui répète que le souverain bien ne se trouve qu'en Dieu, et, comme Simplicius, la Philosophie, ou plutôt Boëce, s'écrie : « Être infini ! source de « tous les biens ! Dieu Sauveur ! élevez nos « âmes jusqu'au séjour que vous habitez ! ré- « pandez sur nous cette lumière qui seule peut « donner à nos yeux la force de vous contem- « pler ! »

Y a-t-il rien de plus beau et en même temps de plus semblable que ces derniers accents de Simplicius et de Boëce ? A cette époque le christianisme étoit philosophique ; il rétrograda ; il devint monacal par l'ignorance et les malheurs répandus sur la terre : c'est précisément ce qui fit sa force. Le temps de la barbarie couva les germes de la société moderne, et son incubation fut d'une énergie prodigieuse. Le christianisme, philosophique trop tôt à la suite d'une vieille civilisation qui n'étoit pas née de lui, se seroit épuisé ; il falloit qu'il traversât des siècles de ténèbres, qu'il fût lui-même l'auteur de la civilisation nouvelle, pour arriver à son âge philosophique naturel, âge qu'il atteint aujourd'hui.

Entre Platon et saint Augustin, entre Socrate et Boëce, s'accomplit une des grandes périodes de l'histoire de l'esprit humain. Les maîtres de la sapience païenne remirent, en se retirant, le style et les tablettes aux maîtres de la sapience évangélique. Le principe de la philosophie ne périt point, parce qu'aucun principe ne se détruit, parce que la philosophie est à la fois la langue de l'esprit, et la haute région où l'âme habite à part de son enveloppe. La théologie s'assit sur les bancs que la philosophie abandonnoit, et la continua. Les systèmes d'Aristote et de Platon, la forme et l'idée, divisèrent toujours les intelligences, jusqu'au temps où les ouvrages du Stagyrite, rapportés à l'Europe par les Arabes, renouvelèrent la doctrine des péripatéticiens et enfantèrent la scolastique. La branche gourmande du christianisme, l'hérésie, qui ne cessa de pousser avec vigueur, reproduisit de son côté le fruit philosophique dont le germe l'avoit fait naître.

En lisant le récit de la spoliation des temples sous le règne de Théodose, vous aurez cru assister à la destruction des églises, perpétrée de nos jours. Mais l'écroulement de nos églises n'a point amené la chute de la religion du Christ, tandis que la religion de Jupiter, ruinée d'ailleurs, disparut avec ses temples. La vérité ne tient point à une pierre, elle subsiste indépendamment d'un autel ; l'erreur ne peut vivre si elle n'est enfoncée dans les ténèbres d'un sanctuaire. Le christianisme, au temps de Théodose et de ses fils, se trouvoit prêt à remplacer le paganisme : le christianisme n'a point d'héritier dans notre siècle. La philosophie humaine qui se présenteroit pour succéder à la foi, ainsi qu'elle s'offrit pour tenir lieu de l'idolâtrie, qu'auroit-elle à nous donner ? Une théurgie ? Qui l'admettroit ? Et cette théurgie que cacheroit-elle sous ses voiles, sinon ces mêmes vérités de l'essence divine, que les enseignements publics de l'Église ont mises à la portée du vulgaire ? Les mystères des initiations sont révélés à la foule dans le symbole que répète aujourd'hui l'enfant du peuple.

Si l'on imaginoit d'établir autre chose que les vérités reçues de la foi, le panthéisme, par exemple, le pourroit-on ? Le christianisme est la synthèse de l'idée religieuse ; il en a réuni les rayons : le panthéisme est l'analyse de la même idée, il en disperse les éléments. Chacun aura-t-il à ses foyers une petite fraction de la vérité divine, dont il se fera un dieu pour sa consommation particulière ? Les pénates, les fétiches, les manitous, les énones, les génies ressusciteroient-ils ? L'idolâtrie reviendroit-elle encore une fois par cette route fausser la so-

ciété? Y auroit-il autant d'autels que de familles? autant de prêtres, de cérémonies, de rites que d'imaginations pour les inventer? La pluralité des religions privées remplaceroit-elle l'unité de la religion publique? Auroit-elle le même effet sur l'homme? Quel chaos que le mouvement et l'exercice de ces cultes infinis et divers! toutes les bizarreries, tous les désordres d'esprits et de mœurs qui ont décrédité les sectes philosophiques et les hérésies, revivroient; toutes les aberrations sur la nature de Dieu renaîtroient. Qu'est-il, ce Dieu? est-il éternel? a-t-il créé la matière? existe-t-il à part auprès d'elle? est-il une source d'où sortent et où rentrent les intelligences? La matière même existe-t-elle? L'univers est-il en nous? hors de nous? Qu'est-ce que l'esprit, effet ou cause? Ira-t-on jusqu'à supposer, dans un nouveau système, que Dieu n'est pas encore complet, qu'il se forme chaque jour par la réunion des âmes dégagées des corps; de sorte que ce ne seroit plus Dieu qui auroit formé l'homme, mais les hommes qui seroient les créateurs de Dieu? Et comment revêtirez-vous d'une forme sacrée pour remplacer la forme chrétienne, ces allégories, ces mythes, ces rêveries, ces vapeurs des esprits défectueux, nébuleux et vagues, qui cherchent la religion et qui n'en veulent pas? Le mysticisme, l'éclectisme ou le choix des vérités dans chaque système, peuvent-ils devenir un culte? ces vérités sont-elles évidentes, et tous les esprits consentent-ils aux mêmes abstractions métaphysiques?

Enfin tout système philosophique, en s'implantant dans les ruines du christianisme, ne trouveroit plus pour véhicule populaire le moyen qui se rencontra autrefois : la prédication de la morale universelle. L'Évangile eut à développer ces grands principes de liberté et d'égalité qui, connus de quelques génies privilégiés, étoient ignorés des nations et combattus par les lois. Aujourd'hui l'ouvrage est accompli : la philosophie peut recommander une réforme, mais elle n'a aucun enseignement nouveau à propager. Comment alors, sans la ressource d'une morale à établir, déterminerez-vous les hommes à changer les mystères chrétiens contre d'autres mystères, aussi difficiles à comprendre?

Ces choses étant impossibles, on n'aperçoit réellement derrière le christianisme que la société matérielle; société bien ordonnée, bien réglée, jusqu'à un certain point exempte de crimes, mais aussi, bien bornée, bien enfantine, bien circonscrite aux sens polis et hébétés. Lorsque dans la société matérielle on pousseroit les découvertes physiques et les inventions des machines jusqu'aux miracles, cela ne produiroit que le genre de perfectionnement dont la machine même est susceptible. L'homme, privé de ses facultés divines, est indigent et triste; il perd la plus riche moitié de son être : borné à son corps, qu'il ne peut ni rajeunir ni faire vivre, il se dégrade dans l'échelle de l'intelligence. Nous deviendrions, par l'absence de religion, des espèces d'Indiens ou de Chinois. La Chine et l'Inde, l'une par le matérialisme, l'autre par une philosophie pétrifiée, sont de véritables nations-momies : assises depuis des milliers de siècles, elles ont perdu l'usage du mouvement et la faculté de progression, semblables à ces idoles muettes et accroupies, à ces sphinx couchés et silencieux qui gardent encore le désert dans la Thébaïde.

Religieusement parlant, on est obligé de conclure de ces investigations impartiales, qu'il n'y a rien après le christianisme.

Mais si le christianisme tombe comme toute institution que l'homme a touchée, et à laquelle il a communiqué la défaillance de sa nature, si le temps de cette religion est accompli, qu'y faire? Le mal est sans remède? Je ne le pense pas. Le christianisme intellectuel, philosophique et moral, a ses racines dans le ciel, et ne peut périr; quant à ses relations avec la terre, il n'attend pour se renouveler qu'un grand génie. On aperçoit très-bien aujourd'hui la possibilité de la fusion des diverses sectes dans l'unité catholique : mais la première condition pour arriver à la recomposition de l'unité, c'est l'affranchissement complet des cultes. Tant que la religion catholique sera une religion soldée, dépendante de l'autorité politique et de la forme variable des gouvernements, tant qu'elle continuera d'être gênée dans ses mouvements, entravée dans ses assemblées particulières et générales, contaminée dans ses chaires et ses écoles par l'argent

du fisc; en un mot, tant qu'elle ne retournera pas au pied et à la liberté de la croix, elle languira dégénérée.

Le tableau de la chute du polythéisme et de la destruction des écoles philosophiques auroit été mal aperçu, s'il s'étoit déroulé lentement dans l'ordre chronologique du récit : le triomphe complet de la religion chrétienne, sous le règne de Théodose, indiquoit la place où ce tableau devoit être exposé. Reprenons la suite des faits politiques et militaires.

QUATRIÈME DISCOURS.

PREMIÈRE PARTIE.

D'ARCADE ET HONORIUS A THÉODOSE II ET VALENTINIEN III.

THÉODOSE ne survécut que trois mois à sa victoire sur Eugène : il mourut à Milan ; son corps fut transporté à Constantinople. Il laissa deux fils, Arcade et Honorius *. Arcade avoit été déclaré auguste par son père, la cinquième année du règne de ce dernier. Honorius fut revêtu de la même dignité après la mort de Valentinien II, et lorsque Théodose se préparoit à marcher contre Eugène. Arcade hérita de l'empire d'Orient, Honorius de celui d'Occident ; Arcade s'ensevelit dans le palais de Constantinople, Honorius dans les murs de Ravenne. Arcade étoit petit, mal fait, laid, noir et bête ; il avoit les yeux à demi endormis, comme un serpent [1] ; Honorius étoit fainéant et léger [2]. Rufin se chargea de tromper et d'avilir les deux empereurs ; Stilicon de les trahir et de les défendre. Arcade subissoit le joug des eunuques et de sa femme ; Honorius élevoit une poule appelée Rome, et Alaric prenoit la cité de Romulus.

Rufin fut le ministre d'Arcade, comme Stilicon le ministre d'Honorius. Originaire d'Éause, dans les Gaules, Rufin avoit obtenu sous Théodose, qui le favorisa trop, les charges de grand-maître du palais, de consul et de préfet du prétoire. Il est accusé d'ambition, de perfidie, de cruauté et surtout d'avarice par Claudien, Suidas, Zosime, Orose, saint Jérôme et Symmaque [3], lequel louant tout le monde ne louoit personne ainsi qu'on l'a remarqué.

Déclaré préfet d'Orient, aspirant secrètement à l'empire, Rufin avoit une fille qu'il prétendoit donner en mariage à Arcade. Eutrope l'eunuque déjoua ce projet, et Arcade mit dans le lit impérial Eudoxie, fameuse par ses démêlés avec saint Jean Chrysostome ; elle étoit fille de Bauton, vaillant chef frank, devenu comte et général romain.

Stilicon gouvernoit l'Occident sous Honorius : c'étoit un grand capitaine de race vandale [4]. Il avoit épousé Serène, nièce de Théodose. Cette alliance enfloit le cœur du demi-barbare [5] ; il prétendoit que son oncle

---

* Arcade, Honorius, empereurs. Siricius, Anastase Ier, Innocent Ier, papes. An de J.-C. 395-408.

[1] PHILOST., *Hist. eccl.*, lib. XI, cap. III ; PROCOP., *de Bell. Persic.*, lib. I, cap. II.

[2] PROCOP., *de Bell. vandal.*, lib. I, cap. II ; PHOT., cap. LXXX.

[3] *In Ruf.* SUID., pag. 690 ; ZOSIM., lib. V ; OROS., pag. 224 ; HIER., epist. III ; SYMM., lib. VI, epist. IV.

[4] OROS., lib. VIII, cap. XXXVI.

[5] HIER., ep. XXI.

Théodose lui avoit laissé la tutelle de ses deux fils, et ne supportoit qu'avec impatience l'autorité dont Rufin jouissoit en Orient.

Celui-ci, trompé dans ses projets par le mariage d'Eudoxie, craignant les entreprises de Stilicon qui levoit des soldats, déchaîna les Barbares sur l'Empire; il invita les Huns à se précipiter sur l'Asie, et il livra l'Europe aux Goths [1]. Ces derniers étoient commandés par Alaric.

Alaric étoit né dans l'île de Peucé, à l'embouchure du Danube, au sein même de la Barbarie. Claudien appelle poétiquement le Danube le dieu paternel d'Alaric. Cet homme, un des cinq ou six hommes millenaires ou fastiques, n'étoit pas de la famille des *Amales*, la première de la nation des Goths, mais de la seconde, la famille des *Balthes*. Son courage lui avoit fait donner parmi ses compatriotes le surnom de Balt, qui signifie le hardi ou le vaillant.

Tout jeune encore, Alaric avoit passé le Danube en 376 avec les Visigoths, lorsqu'ils fuyoient devant les Huns. Il s'étoit trouvé aux combats qui précédèrent et amenèrent la défaite et la mort de Valens [2]. Il fit la paix avec Théodose, et le suivit en qualité d'allié dans l'expédition contre Eugène.

Rufin alla déterrer, pour venger sa querelle domestique, l'homme que Dieu avoit destiné pour venger la querelle du monde. Afin que le Goth ne rencontrât aucun obstacle, le favori d'Arcade plaça deux traîtres, Antioque et Géronce, l'un à la garde des Thermopyles, l'autre à celle de l'isthme de Corinthe [3]: ces deux portiers de la Grèce la devoient ouvrir aux Barbares.

Alaric, feignant donc quelque mécontentement de la cour d'Arcade, marauda tout le pays entre la mer Adriatique et le Pont-Euxin. Les Goths promenoient avec eux quelques troupes des Huns qui, l'hiver d'antan, avoient passé le Danube sur la glace. Les Barbares butinèrent jusque sous les murs de Constantinople, d'où Rufin sortit en habit goth pour parlementer avec eux [1].

Stilicon, sous prétexte de secourir l'Orient, se mit en marche avec l'armée que Théodose avoit employée contre Eugène.

Alors arrive un ordre d'Arcade, qui redemande à Stilicon l'armée de Théodose, et lui défend de passer outre de sa personne : Stilicon obéit : il remet le commandement de l'armée à Gaïnas, capitaine goth qui servoit sous lui, et le charge secrètement de tuer Rufin; entreprise dans laquelle il ne manqua pas d'être assisté par l'eunuque Eutrope [2].

Rufin se flattoit d'être proclamé empereur par les soldats qui lui apportoient une autre pourpre, il alla avec Arcade au-devant d'eux: Gaïnas le fit envelopper, et tout aussitôt massacrer aux pieds d'Arcade. Sa tête, détachée de son corps, fut portée à Constantinople au bout d'une pique, et promenée par les rues; sa main droite coupée accompagnoit sa tête; on présentoit cette main de porte en porte [3]. Un caillou introduit dans la bouche du mort la tenoit ouverte, et les lèvres entre-bâillées étoient censées demander l'aumône que la main [4] attendoit; satire populaire d'une effrayante énergie contre l'exaction et le pouvoir. On ne gagna rien au changement du ministre : Eutrope prit la place de Rufin.

---

[1] Hier., ep. III, XXX, XX, pag. 783.

[2] Claud., *de sext. Hon. consul.*, pag. 117; *id. de Bell. get.*, pag. 170; Symm., lib. II; Jornand., cap. XIV, pag. 29.

[3] Zos., pag. 782.

---

[1] Claud., *in Ruf.*, pag. 22.

[2] Zos., pag. 783; Philost., lib. II, cap. III.

[3] Data a Gaine tessera simul universi Rufinum circumdatum gladiis feriunt. Et me quidem ei dexteram adimebat, ille manum alteram procidebat. Alius a cervice revulso capite recedebat consuetos victoriæ Pœanas accinens... et manum ejus ubique per urbem circumgestarent et ab occurrentibus peterent insatiabili pecuniam darent. (Zos., *Hist.*, lib. V, pag. 89.)

Rufinus quidem etiam imperatorium nomen ad se ipsum trahere omni arte studebat..... Milites, in loco qui Tribunal dicitur, ad ipsos imperatoris pedes gladiis contrucidarunt.... Eo ipso die quo ii qui militum delectum agebant, purpuram ipsi imperaturi erant. (Philostorg., *Hist. eccl.*, lib. IX, pag. 528.)

[4] Porro milites cum Rufino caput amputassent, lapidem ori ejus immiserunt : hastæque infixum circumferentes quaqua versum discurrere cœperunt. Dextram quoque ejusdem præcisam gestantes, per singulas officinas urbis circumtulerunt, hæc addentes : Date stipem insatiabili Magnamque auri vim hujusmodi postulatione collegerunt. (*Id.*, *ibid.*)

Alaric et ses Goths, n'ayant plus rien à piller ni à combattre, passèrent le défilé des Thermopyles, qui n'étoit défendu que par le tombeau de Léonidas. Des pâtres avoient enseigné aux Perses le sentier de la montagne; des *Robes noires* (ce qui, dans le langage d'Eunape, signifie des moines) le découvrirent aux Goths [1] Quel prodigieux changement dans les temps! Quelle révolution parmi les hommes!

Les murailles de Thèbes la protégèrent [2]: les souvenirs de cette ville venoient d'OEdipe, passoient par Épaminondas et Alexandre. Alaric épargna Athènes, qui n'étoit plus qu'une université, moins fameuse par sa philosophie que par son miel [3]. Il accepta un repas et se baigna dans la cité de Périclès et d'Aspasie pour montrer qu'il n'étoit pas étranger à la civilisation [4]. Mais l'Attique fut livrée aux flammes. On voit encore aujourd'hui cette Athènes qui ressemble, comme elle ressembloit au temps des Goths, à la peau vide et sanglante d'une victime dont la chair avoit été offerte en sacrifice [5]. On affirmoit que Minerve avoit remué sa lance; que l'ombre d'Achille avoit effrayé Alaric [6]. Des esprits débilités par des fables sont bien petits dans les réalités des empires : la Grèce, conservée et comme embaumée dans ses fictions, opposoit puérilement les mensonges du passé aux terribles vérités du présent.

Alaric continua sa marche vers le Péloponèse, Cérès périt à Éleusis avec ses mystères; plusieurs philosophes moururent de douleur, ou par l'épée des Barbares, entre autres Protaire, Hilaire et Priscus si chéri de Julien [1]. Corinthe, Argos et Sparte virent leur gloire foulée aux pieds. Alors périt aussi peut-être ce Jupiter Olympien qui n'avoit d'immortel que sa statue. Malheureusement il étoit d'or et d'ivoire; s'il eût été de marbre, quelque espoir resteroit de le retrouver sous les buissons de l'Élide, à moins que la pensée broyée de Phidias ne fût devenue la chaux d'une cahutte ou d'un minaret.

Stilicon débarque avec une armée sur les côtes de la Grèce; il enferme Alaric dans le mont Pholoë, et le laisse ensuite échapper [2]. Sorti du Péloponèse, Alaric, par un soudain changement de fortune, est déclaré maître général de l'Illyrie orientale, au nom de l'empereur Arcade. Ce prince prétendoit qu'Honorius n'avoit pas eu le droit de le secourir, parce que la Grèce étoit du ressort de l'empire d'Orient [3] : Arcade ne vouloit rien perdre de la légitimité de sa couardise. Il crut gagner Alaric en l'investissant du commandement d'une province, et ne fit que le rendre plus redoutable. Une éternelle justice punit la lâcheté : Alaric venoit d'égorger les fils; on lui donna la puissance sur les pères : on ne règne point par de pareils moyens.

Les Goths déclarent Alaric roi, sous le nom de roi des Visigoths : ils envahissent l'Italie, la première année même de ce cinquième siècle, fameux par la destruction de l'empire d'Occident et la fondation des royaumes barbares. Stilicon rassemble une armée; Alaric se retire; Honorius va triompher à Rome. Je ne vous parle de ce ridicule triomphe qu'afin de rappeler le véritable triomphateur : c'étoit un moine qui portoit un nom voué à l'immortalité : Télémaque, sorti tout exprès de sa solitude de l'Orient, étoit venu à Rome sans autorité que celle de son froc, pour accomplir ce que les lois de Constantin n'avoient pu faire. Il se jette dans l'amphithéâtre au milieu des gladiateurs, et s'efforce de les séparer avec ses mains pacifiques. Les spectateurs, enivrés de l'esprit du meurtre, le massacrèrent [4]; vrai

---

[1] EUNAP., cap. VI, pag. 93, *in Vita philosoph.*

[2] ZOS., pag. 785.

[3] Athenæ vero quondam civitas fuit, sapientum domicilium, nunc eam mellatores celebrant: quibus pars illud sapientum plutarcheorum adjice, qui non orationum suarum fama juvenes in theatris congregant, sed mellis ex Hymeto amphoris. (SYNES., epist. CXXXV, *ad fratrem*, pag. 272.)

[4] ZOS., pag. 784.

[5] Nihil enim jam Athenæ splendidum habent, præter celeberrima locorum nomina. Ac velut ex hostia consumpta sola pellis superest animalis, quod olim aliquando fuerat indicium. (SYNES., *ad fratrem*, epist. CXXXV, pag. 272.)

[6] ZOS., pag. 784.

[1] EUNAP., cap. VI, pag. 93-94.

[2] ZOS., pag. 784.

[3] CLAUD., *de Bell. get.*

[4] Telemachus monasticæ vitæ deditus. Hic ab Orien-

martyr de l'humanité, il racheta de son sang le sang répandu au spectacle de la mort. De ce jour, les combats des gladiateurs furent définitivement abolis.

Stilicon, dont Honorius épousa successivement les deux filles, avoit traité avec les Francks aux bords du Rhin. Marcomir et Sunnon, frères, régnoient sur ces peuples. L'un fut banni en Toscane, l'autre tué par ses compatriotes. On veut que Marcomir ait été père de Pharamond [1].

Saint Ambroise étoit mort dès l'année 397. Stilicon regarda sa mort comme la ruine de l'Italie [2].

Guidon se révolta en Afrique, et fut défait par son frère Marcezel. « L'incertitude des choses de ce siècle est si grande, écrivoit alors saint Augustin; on voit si souvent tomber les princes de la terre, que ceux qui mettent en eux leurs espérances y trouvent leur ruine [3]. » Marcezel fut jeté dans une rivière près de Milan, par ordre de Stilicon jaloux.

Les Scots et les Pictes ravagèrent l'Angleterre. Alaric, sorti d'Italie, y rentra vers la fin de l'an 402. L'histoire confuse de cette époque ne laisse pas voir les causes de ces mouvements divers. Les partis s'accusent mutuellement : tantôt c'est Alaric représenté comme un chef sans foi, se jouant des serments qu'il prête tour à tour aux deux empereurs Arcade et Honorius; tantôt c'est Stilicon soupçonné de vouloir faire tomber la couronne sur la tête d'Eucher son fils, et suscitant à dessein les Barbares : mais cette fièvre à redoublements n'étoit que l'effet de la décomposition du corps social dans sa maladie de mort. L'Italie fut consternée à la seconde irruption d'Alaric. Rome répara les murailles d'Aurélien; Honorius, prêt à fuir, trembloit dans les marais de Ravenne. Stilicon attaque les Goths à Pollence, sur les confins de la Ligurie, et remporte une victoire chèrement achetée [1]. Les Goths avoient d'abord refusé le combat, à cause de la célébration des fêtes de Pâques (403). La femme et les enfants d'Alaric demeurèrent prisonniers entre les mains de Stilicon, et, pour les délivrer, Alaric consentit à évacuer ses conquêtes. Dieu avoit, au milieu de l'Empire romain, deux armées de Goths investies de ses justices : l'une conduite par un Goth chrétien, Alaric, l'autre par un Goth païen, Radagaise, ou Rhodogaise, selon la forme grecque. L'armée de celui-ci étoit composée de toute la race gothe trans-danubienne et trans-rhénane. Il menoit aux batailles deux cent mille soldats.

Radagaise monta à son tour en Italie (405), comme une haute marée remplace celle qui est descendue. Stilicon rassemble des Alains, des Huns, et d'autres Goths commandés par Sarus. Les ennemis pénètrent jusqu'à Florence. Saint Ambroise apparoît à un chrétien dont jadis il avoit été l'hôte dans cette ville, et lui promet une délivrance subite. Le lendemain Stilicon, par force ou par famine, contraint la multitude barbare à fuir ou à se rendre. Radagaise est pris, chargé de chaînes, et enfin exécuté; ses compagnons, parqués en troupeaux, sont vendus un écu pièce. Ils moururent presque tous à la fois : ce qu'on avoit épargné en les achetant fut dépensé pour creuser leurs fosses.

Un an après la défaite de Radagaise (406), les Alains, les Vandales et les Suèves envahirent les Gaules, toujours, supposoit-on, excités par Stilicon, qui renversoit les Barbares par ses batailles, et les relevoit par ses intrigues.

Les Bourguignons et les Francks suivirent

---

tis partibus profectus, ejusque rei causa Romam ingressus... Ipse quoque in amphitheatrum venit, et in arenam descendens, gladiatores qui inter se pugnabant compescere conabatur. Sed cruentæ cædis spectatores cum ægre ferentes, et dæmonis qui eo sanguine oblectabatur furorem animis suis concipientes, pacis auctorem lapidibus obruerunt. Theod., episcop.; Cyri eccl. Hist., lib. V, cap. XXVI, pag. 254. Parisiis, 1673.)

[1] Adrian.; Val. rer. Fr., lib. III.
[2] Ambr., Vit. P., cap. XLV.
[3] Deus noster refugium et virtus; sunt quædam refugia quo quisque cum fugerit magis infirmatur quam confirmatur. Confugis, verbi gratia, ad aliquem in seculo magnum... Tanta hujus seculi incerta sunt et ita potentum ruinæ quotidianæ crebrescunt ut cum ad tale refugium perveneris, plus tibi timere incipias. (Aug., Enarrationes in Psalmos XLV, V, II, p. 293, cap. IV.)

[1] Claud., de Bell. get., pag. 175; Prud.; in Sym., lib. II; Oros., lib. VII, cap. XXXVII; John., pag. 653. Pollence est encore un petit village dans le Piémont, sur le Tanaro.

les Alains, les Vandales et les Suèves dans les Gaules, en 407, et n'en sortirent plus.

Les légions de la Grande-Bretagne élurent cette même année, pour empereur, Marcus, qu'ils massacrèrent, et ensuite un soldat, nommé Constantin. Celui-ci passa dans le continent, battit ce qu'il rencontra, et s'établit à Arles. Il fut reconnu ou toléré par Honorius, qui faisoit paisiblement des lois assez bonnes pour des sujets qu'il n'avoit plus. Il proscrivit les priscillianistes et les donatistes.

Constant, fils de ce Constantin, empereur d'Arles, d'abord moine, ensuite césar et auguste, se rendit maître de l'Espagne. Il en ouvrit la porte aux Barbares, en retirant la garde des Pyrénées aux fidèles et braves paysans chargés de les défendre [1].

Honorius épouse, en 408, Thermencie, seconde fille de Stilicon. Alaric traite avec Stilicon par députés : il obtient la qualité de général des armées d'Honorius, dans l'Illyrie occidentale. Ætius, donné en otage à Alaric, passa trois ans auprès de lui.

Alaric, non encore satisfait, s'avança vers l'Italie, et demanda quatre mille livres pesant d'or, que Stilicon lui fit accorder.

Honorius commençoit à se défier de Stilicon, à la fois son oncle et son beau-père, et accusé de songer à la pourpre pour Eucher, son fils, ouvertement attaché au paganisme.

Un camp réuni à Pavie, secrètement travaillé par Olympe, favori d'Honorius, donna le signal de la révolte. Stilicon apprend cette révolte à Bologne, en devine la cause ; et se retire à Ravenne. Deux ordres d'Honorius arrivent, l'un pour arrêter, l'autre pour tuer le sauveur de l'Empire, déclaré ennemi public : il eut la tête tranchée le 23 d'août 408 ; c'étoit Rome qui portoit sa tête sur l'échafaud. Héraclien exécuta Stilicon de sa propre main, et fut fait comte d'Afrique : par une vertu d'extraction, le sang d'un grand homme anoblissoit son bourreau. Eucher, qui violoit les temples, et qui chercha à Rome un abri dans les églises, fut tué ; Thermancie, femme d'Honorius, eut le même sort. Olympe hérita de la faveur dont avoit joui Stilicon.

Durant ces troubles de l'Occident, l'Orient avoit été gouverné par Arcade, successivement gouverné lui-même par Rufin et par Eutrope ; l'un mauvais favori, qui se croyoit haï à cause de sa fortune, et ne l'étoit que pour sa personne ; l'autre, hideux eunuque, devenu consul, d'esclave d'un palefrenier qu'il avoit été, avide publicain qui prenoit tout, même des femmes, qui vendoit tout par habitude, se souvenant d'avoir été vendu [1]. Vous avez vu la mort de Rufin.

Eutrope, pour défendre sa bassesse, inventa des lois qui restent dans le Code comme un monument de la honte humaine [2]. Ces lois appliquent le crime de lèse-majesté à ceux qui conspirent contre les personnes dévouées à l'empereur ; elles punissent la pensée, et s'appesantissent jusque sur les enfants des coupables de lèse-favoris. Ces lois, qui ne mirent pas même leur auteur à l'abri, firent trembler des esclaves, et n'arrêtèrent pas des Goths. Tribigilde, chef d'une colonie d'Ostrogoths établie par Théodose dans la Phrygie, se révolta à l'instigation de Gaïnas, cet autre Goth, meurtrier de Rufin. Tribigilde, opprimé tant qu'il fut ami, fut respecté quand il devint ennemi ; on reconnut qu'il avoit été fidèle lorsqu'il cessa de l'être. L'eunuque régnant, accusé de ces désordres, les paya de sa chute. Il avoit osé insulter l'impératrice Eudoxie. Saint Chrysostome, qui devoit le siége épiscopal de Constantinople à Eutrope, eut le courage de défendre son bienfaiteur ; s'il ne put le sauver du glaive de la loi, il l'arracha du moins aux fureurs populaires ; il le peignit trop vil pour être égorgé, et réclama en sa faveur l'inviolabilité du mépris. Eutrope, tout tremblant, la tête couverte de poussière, s'étoit réfugié dans l'église à laquelle il avoit retiré le droit d'asile. « Elle lui ouvrit son sein, dit Chrysostome, « elle l'admit au pied de l'autel ; elle le cacha « des mêmes voiles qui couvroient le lieu sa« cré : elle ne permit pas qu'on l'arrachât du « sanctuaire dont il embrassoit les colonnes [3]. »

Eutrope fut banni dans l'île de Chypre, ramené à Pantique et décapité. Cet homme, qui avoit possédé plus de terre qu'on n'en pouvoit

---

[1] Oros., pag. 225.

[1] Claud., in Eutrop. eun., lib. I, pag. 94 et seq.
[2] Cod. Th., loi du 4 septembre 397.
[3] Homelia IV, pag. 40.

mesurer, obtint à peine le peu qu'il en falloit pour couvrir son cadavre [1].

Saint Chrysostome sauva la vie à Aurélien et à Saturnin, que Gaïnas accusoit d'être les auteurs des troubles de l'Orient. Gaïnas, trompé dans ses projets de vengeance, conspira ouvertement. Les Goths qu'il commandoit, et à l'aide desquels il vouloit surprendre Constantinople, furent massacrés, et lui-même, après avoir été défait par Fravitas, trouva la mort chez les Huns, de l'autre côté du Danube, dans l'ancienne patrie des Goths.

Eudoxie, proclamée augusta, ordonna d'honorer ses images. Une statue d'argent élevée à cette femme ambitieuse, assez près de l'église de Sainte-Sophie, excita le zèle de saint Chrysostome, et devint la principale cause de l'exil de ce grand prélat. Il sortit de Constantinople le 20 juin 404. Eudoxie succomba le sixième jour d'octobre : *une fausse couche termina sa vie, son règne, sa fierté, son animosité et tous ses crimes* [2].

Arcade [*] mourut le 1er mai de l'année 408, quelques mois avant la fin tragique de Stilicon ; il laissa un fils unique, Théodose II. Anthemius, préfet d'Orient, fut son tuteur. Les Huns et les Squières envahirent la Thrace.

Pulchérie, sœur aînée de Théodose, devint, dès l'âge de quinze ans, l'institutrice de son frère. Le palais se changea en monastère. Théodose se levoit de grand matin avec ses sœurs, pour chanter à deux chœurs les louanges de Dieu. Jamais ce prince ne vengea une injure ; il laissa rarement exécuter un criminel à mort. Il disoit : « Il est aisé de faire mourir « un homme, mais Dieu seul lui peut rendre la « vie. » Un jour le peuple demandoit un athlète pour combattre les bêtes féroces ; Théodose, qui étoit présent, répondit : « Ne savez-vous « pas qu'il n'y a rien de cruel et d'inhumain « dans les combats où nous avons accoutumé « d'assister [3] ? »

---

[1] Ac tantum telluris possedit quantum nec facile nominare qui nunc exigua conditur humo, et quantulam ei non nemo miseratione motus imperties. (Chrys., tom. IV, pag. 481, a, d.)
[2] Tillemont, *Hist. des Emp.*, tom. V, pag. 472.
[*] Honorius, Théodose II, emp. Innocent Ier, Zosime, Boniface Ier, Célestin Ier, papes. An de J.-C. 409-425.
[3] Populus vociferari cœpit : Cum fera bestia audax quid in bestiarius pugnet !

Ce prince doux avoit inventé une lampe perpétuelle, afin que ses domestiques ne fussent pas obligés de se lever la nuit pour la rallumer [1]. Instruit [2], aimant les arts jusqu'à peindre et à modeler de sa propre main, il écrivoit si bien, qu'on lui avoit donné le surnom de *Calligraphe*. Du reste, il manquoit de grandeur d'âme, avoit peu de cœur, n'aimoit point la guerre, achetoit la paix des Barbares, et particulièrement d'Attila. Il mettoit son seing au bas de tous les papiers qu'on lui présentoit sans les lire, tant il avoit aversion des affaires [3]. Il signa de la sorte l'acte de l'esclavage de l'impératrice [4]. Ce fut Pulchérie qui essaya de le corriger par cette innocente leçon. Saint Augustin remarque que cet empereur auroit été un saint dans la solitude [5].

Théodose étoit livré aux eunuques, qui débauchoient la virilité du prince : Antioque, grand chambellan du palais, conduisoit tout. Théodose se mêla trop des affaires ecclésiastiques ; il favorisa l'hérésie d'Eutichès et appuya les violences de Dioscore.

Je dois vous faire remarquer sous Théodose quelques lois caractéristiques du temps : lois contre les hérésiarques de toutes les sortes : manichéens, pépuzéniens, phrygiens, priscillianistes, ariens, macédoniens, tunoniens, novatiens, sabastiens ; lois pour les professeurs des lettres à Constantinople ; dix professeurs latins pour les humanités, dix grecs, trois latins pour la rhétorique, cinq grecs appelés so-

---

Quibus ille ita respondit :
Nescitis nos cum humanitate et clementia spectaculis interesse solitos ! Socr., pag. 362.
[1] Soz., *Prolegom*, pag. 596.
[2] Semper lectitandis libris occupatus. (*Constantini Manassis Compendium*, pag. 53.)
[3] Si quis ei chartam offerret, rubris et in ea litteris nomen imperatorium subscribebat, non inspectis prius eis quæ essent in ea præscriptis. (*Id., ibid.*)
[4] Quamobrem divinis exornata dotibus Pulcheria fratrem ab hoc vitio revocare studens, singulari diligentia imperatorem monebat... Litteras fingit, in quibus perscriptum foret, imperatorem Pulcheriæ sorori conjugem suam veluti mancipium donasse. Hanc chartam fratri offert, rogat hanc scripturam litteris imperatoriis munire ac subsignare velit. Imperator precibus sororis annuit, mox calamum prehendit manu, et exaratis purpurei coloris litteris, chartam confirmat. (*Id., ibid.*)
[5] *Epist.*

phistes; un pour les secrets de la philosophie; deux pour le droit. C'étoit le sénat qui choisissoit les professeurs publics; ils subissoient un examen : lois pour défendre d'enseigner (419) aux Barbares la construction des vaisseaux, et qui prononcent la peine de mort contre les délinquants : lois qui accordent à chacun le droit de fortifier ses terres et ses propriétés [1]. Ce droit est tout le moyen âge.

En 421, Théodose épousa Eudocie, fille d'Héraclide, philosophe d'Athènes, ou de Léonce, sophiste; elle s'appeloit Athénaïde avant d'être baptisée. Athènes, qui n'avoit pas fourni un tyran à l'empire romain, lui donnoit pour reine une muse : Eudocie étoit poëte : elle mit en vers cinq livres de Moïse, Josué, les Juges, et la touchante églogue de Ruth.

Il ne faut pas confondre Eudocie avec Eudoxie, nom de sa belle mère et nom aussi de la fille qu'elle eut de Théodose, et qui fut mariée à Valentinien III, l'an 437.

Revenons aux affaires de l'Italie.

Honorius s'étant privé du secours de Stilicon auroit pu donner le commandement des troupes romaines à Sarus le Goth, homme de guerre; mais il le rejeta parce que Sarus étoit païen. Alaric proposoit la paix à des conditions acceptables; on le refusa : il vint mettre le siége devant Rome [2]. Sérène, veuve de Stilicon, étoit dans cette ville; le sénat la crut d'intelligence avec Alaric, et la fit étouffer, par le conseil de Placidie, sœur d'Honorius.

Alaric ferma le Tibre : la famine et la peste désolèrent les assiégés [3]. Alaric consentit à s'éloigner moyennant une somme immense [4]. On dépouilla les statues des richesses dont elles étoient ornées, entre autres celles du Courage et de la Vertu [5].

Honorius, renfermé dans Ravenne, ne ratifioit point le traité conclu. Le sénat lui députa Attale, intendant des largesses, Cécilien et Maximien : ils n'obtinrent rien de l'empereur, dominé par Olympe.

Alaric se rapprocha de Rome, et battit Valens qui la venoit secourir.

Olympe disgracié, puis rétabli, puis disgracié encore, eut les oreilles coupées, et on l'assomma. Jove succéda à Olympe; il avoit connu Alaric en Épire; il étoit païen et versé dans les lettres grecques et latines. La nécessité des temps avoit amené une tolérance momentanée; une loi d'Honorius, de 409, accorde la liberté de religion aux païens et aux hérétiques.

Alaric assiége de nouveau la ville éternelle; l'habile et dédaigneux Barbare, voulant trancher les difficultés qu'il avoit avec l'empereur, change le chef de l'Empire; il oblige les Romains à recevoir pour auguste Attale, devenu préfet de Rome. Attale plaisoit aux Goths parce qu'il avoit été baptisé par leur évêque.

Attale nomme Alaric général de ses armées. Il va coucher une nuit au palais, et prononce un discours pompeux devant le sénat.

Il marche ensuite contre Honorius, son digne rival. Honorius envoie des députés à Attale, et lui offre la moitié de l'empire d'Occident. Attale propose la vie à Honorius et une île pour lieu d'exil. Jove trahit à la fois Honorius et Attale. Alaric, qui tient Ravenne bloquée, et qui commence à se dégoûter d'Attale, lui soumet néanmoins toutes les villes de l'Italie, Bologne exceptée [1]. Ces scènes étranges se passent en 409.

En Espagne, Géronce se soulève contre Constantin, l'usurpateur qui régnoit à Arles, et communique la pourpre à Maxime.

L'Angleterre, que Rome ne défend plus, se met en liberté. Dans les Gaules, les provinces armoricaines se forment en républiques fédératives [2]. Les Alains, les Vandales et les Suèves entrent en Espagne 409, 28 septembre).

---

[1] *Cod. Th.*
[2] An. 408.
[3] Portas undique concluserat, et occupato Tiberi flumine, subministrationem commeatus e porta impediebat... Famem pestis comitabatur. (Zosim., *Hist.*, lib. V, pag. 403. Basileæ.)
[4] Omne aurum quod in urbe foret et argentum. (*Id.*, pag. 106.)
[5] Non ornamenta duntaxat sua simulacris ademerunt, verum etiam nonnulla ex auro et argento facta conflarunt : quorum erat in numero Fortitudinis quoque simulacrum, quam Romani Virtutem vocant. Quod sane corrupto quidquid fortitudinis atque virtutis apud Romanos superabat extinctum fuit. (Zosim., *Hist.*, lib. V, pag. 107. Basileæ.)

[1] Zos., pag. 829 et seq.
[2] *Id., ibid.*

Les Vandales avoient pour roi Gonderic, et les Suèves, Ermeric. Les provinces ibériennes sont tirées au sort : la Galice échoit aux Suèves et aux Vandales de Gonderic, la Lusitanie et la province de Carthagène sont adjugées aux Alains, la Bœtique tombe en partage à d'autres Vandales, dont elle prit le nom de *Vandalousie*. Quelques peuples de la Galice se maintinrent libres dans les montagnes [1].

En 410, sur des négociations entamées avec Honorius, Alaric dégrade Attale; il le dépouille publiquement des ornements impériaux à la porte de Rimini [2]. Attale et son fils Ampèle restent sur les chariots de leur maître. Alaric gardoit aussi dans ses bagages Placidie, sœur d'Honorius, demi-reine, demi-esclave. Il essaie de conclure la paix avec le frère de cette princesse, auquel il envoie le manteau d'Attale. Honorius hésite; Alaric reprend son empereur parmi ses valets, remet la pourpre sur le dos d'Attale, et marche à Rome. L'heure fatale sonna le vingt-quatrième jour d'août, l'an 410 de Jésus-Christ.

Rome est forcée ou trahie : les Goths, élevant leurs enseignes au haut du Capitole, annoncent à la terre les changements des races [3].

Après six jours de pillage, les Goths sortent de Rome comme effrayés; ils s'enfoncent dans l'Italie méridionale; Alaric meurt : Ataulphe, son beau-frère, lui succède.

Dans les années 411 et 412, il n'y eut plus de consul, comme il n'y avoit plus de monde romain : du moins on ne trouve pas leurs fastes dans ces deux années. Il s'éleva pourtant alors un général de race latine. Constance étoit de Naïsse, patrie de Constantin; il s'étoit fait connoître du temps de Théodose; il avoit le titre de comte lorsque Honorius songea à l'employer. Si l'on ne connoissoit l'orgueil humain, on ne comprendroit pas qu'Honorius pardonnât moins à un chétif compétiteur qui lui disputoit le diadème, qu'aux Barbares qui le lui arrachoient : Constance eut ordre d'aller attaquer Constantin, tyran des Gaules.

Géronce, qui avoit proclamé Maxime auguste en Espagne, tenoit Constantin assiégé dans Arles : il fut abandonné de son armée aussitôt que Constance parut. Maxime tomba avec Géronce, et vécut parmi les Barbares dans la misère.

Constantin, délivré de Géronce, se remit lui et son fils Julien entre les mains du général d'Honorius : il s'étoit fait ordonner prêtre avant de se rendre [1], par Héros, évêque d'Arles; précaution qui ne le sauva pas : il fut envoyé avec son fils en Italie; on les décapita à douze lieues de Ravenne.

Édobinc ou Édobinc, chef frank et général de Constantin, avoit essayé de le secourir. Constance et Ulphilas, capitaine goth qui commandoit sa cavalerie, défirent Édobic sur les bords du Rhône. Édobic se réfugia chez Ecdice, seigneur gaulois auquel il avoit jadis rendu des services [2]. Ecdice coupa la tête à son hôte, et la porta à Constance [3]. « L'empire, dit « Constance, en recevant le présent, remercie « Ulphilas de l'action d'Ecdice [4]; » et Constance chasse de son camp, comme y pouvant attirer la colère du ciel, ce traître à l'amitié et au malheur [5].

Jovin prit la pourpre à Mayence dans l'année 412.

Les Goths, après avoir évacué l'Italie, étaient descendus dans la Provence. Ataulphe s'allie avec Jovin, lequel avoit nommé auguste Sébastien son frère : il se brouille bientôt avec eux, et les extermine [6]. Les généraux d'Honorius s'étoient joints aux Goths dans cette expédition.

---

[1] Post hanc victoriam..... Constantinus cognita Edobici cæde, purpuram et reliqua imperii insignia deposuit.

Cumque ad ecclesiam venisset, illic presbyter ordinatus est. (Soz., cap. XV, lib. IX, pag. 816, d.)

[2] Profugit ad Ecdicium, qui multis olim beneficiis ab Edobico affectus amicus illi esse putabatur. (*Id.*, *ibid.*)

[3] Verum Ecdicius caput Edobici amputatum ad Honorii duces detulit. (*Id.*, *ibid.*)

[4] Constantinus vero caput quidem accipi jussit, dicens rempublicam gratias agere Ulfilæ ob facinus Edicii. (*Id.*, *ibid.*)

[5] Sed cum Ecdicius apud eum manere vellet, abscedere cum jussit, nec sibi, nec exercitui commodam fore ratus consuetudinem hujus viri, qui tam male hospites suos exciperet. (*Id.*, *ibid.*)

[6] Oros., pag. 224; Idat., *Chr.*

---

[1] Aug., ep. 122; Pros.; Chr.; Zos., pag. 814; Idat., *Chr.*, pag. 10.
[2] Zos., pag. 830.
[3] Les détails se trouveront à l'article des *Mœurs des Barbares*.

L'an 413, Héraclien se révolte en Afrique. Il aborde en Italie, et, repoussé, s'enfuit à Carthage, et va mourir inconnu dans le temple de Mnémosyne.

Honorius avoit une qualité singulière : c'étoit de n'entendre à aucun arrangement ; il opposoit son ignominieuse lâcheté à tout, comme une vertu. Lui offroit-on la paix lorsqu'il n'avoit aucun moyen de se défendre, il chicanoit sur les conditions, les éludoit, et finissoit par s'y refuser. Sa patience usoit l'impatience des Barbares ; ils se fatiguoient de le frapper, sans pouvoir l'amener à se reconnoître vaincu. Mais admirez l'illusion de cette grandeur romaine qui imposoit encore, même après la prise de Rome !

Ataulphe désiroit ardemment épouser Placidie, toujours captive ; il la demandoit toujours en mariage à son frère qui la refusoit toujours. Pendant ces négociations, cent fois interrompues et renouées, le successeur d'Alaric s'empara de Narbonne et peut-être de Toulouse ; il échoua devant Marseille ; il y fut repoussé et blessé par le comte Boniface : Bordeaux lui ouvrit ses portes.

Les Franks, dans l'année 413, brûlèrent Trèves. Les Burgondes ou Bourguignons [1] s'établirent définitivement dans la partie des Gaules à laquelle ils donnèrent leur nom.

Las du refus d'Honorius Ataulphe résolut de prendre à femme celle dont il eût pu faire sa concubine par le droit de victoire. Le mariage avoit peut-être eu lieu à Forli [2], en Italie ; il fut solennisé à Narbonne, au mois de janvier, l'an 414. Ataulphe étoit vêtu de l'habit romain, et cédoit la première place à la grande épousée : on la voyoit assise sur un lit orné de toute la pompe d'une impératrice. Cinquante beaux jeunes hommes, vêtus de robes de soie, eux-mêmes partie de l'offrande, déposèrent aux pieds de Placidie cinquante bassins remplis d'or et cinquante remplis de pierreries [3]. Attale, qui d'empereur étoit devenu on ne sait quelle chose à la suite des Goths, entonna le premier épithalame [1]. Ainsi un roi goth, venu de la Scythie, épousoit à Narbonne Placidie son esclave, fille de Théodose et sœur d'Honorius, et lui donnoit en présent de noces les dépouilles de Rome : à ces noces dansoit et chantoit un autre Romain que les Barbares faisoient histrion, comme ils l'avoient fait empereur, comme ils le firent ambassadeur auprès d'un aspirant à l'empire, comme il leur plut de lui jeter de nouveau la pourpre.

Finissons-en avec Attale. Après le mariage de Placidie, ce maître du monde qui n'avoit ni terre, ni argent, ni soldats, nomme intendant de son domaine le poète Paulin, petit-fils du poète Ausone [2]. Abandonné par les Barbares, Attale, qui avoit suivi les Goths en Espagne, s'embarque pour aller on ne sait où : il est pris sur mer, et conduit enchaîné à Ravenne. A la nouvelle de cette capture, Constantinople se répandit en actions de grâces [3], et s'épuisa en réjouissances publiques. Honorius, dans une espèce de triomphe à Rome, en 417, fit marcher devant son char le formidable vaincu, le contraignit ensuite de monter sur le second degré de son trône afin que Rome, déshonorée par Alaric, pût contempler et admirer l'illustre victoire du grand César de Ravenne. Le prisonnier eut la main droite coupée, ou tous les doigts, ou seulement un doigt de cette main [4] : on ne craignoit pas qu'elle portât l'épée, mais qu'elle signât des ordres ; apparemment qu'il y avoit encore quelque chose au-dessous d'Attale pour lui obéir. Il acheva ses jours dans l'île de Lipari, qu'il avoit jadis proposée à Honorius ; et, comme il étoit possédé de la fureur de vivre, il est probable qu'il fut heureux. On avoit vu un autre Attale, chef d'un autre empire : c'étoit ce martyr de Lyon à qui on fit faire le tour

---

[1] Il y a aussi les Burugondes, qu'il ne faut pas confondre avec les Burgondes ou Bourguigons.
[2] JORNAND., cap. XXXI.
[3] Inter alia nuptiarum dona, conatur Adulphus etiam quinquaginta formosis pueris, serica veste indutis, ferentibus singulis utraque manu ingentes discos binos, quorum alter auri plenus, alter lapillis pretiosis, vel pretii inæstimabilis, quæ ex romanæ urbis direptione Gothi deprædati fuerant. (IDAT., Chron., an. 414. Voyez aussi OLYMP. apud Photium.)
[1] IDAT., Chron., an. 414 ; OLYMP. ap. Phot.
[2] PAULIN., Pœnit. Euchar., poem., pag. 287.
[3] Chron. Alex., pag. 708.
[4] OROS., pag. 224 ; PHILOST., lib. XII, cap. V ; ZOS., lib. VI.

de l'amphithéâtre, précédé d'un écriteau portant ces mots : *Le chrétien Attale*.

Honorius avoit conclu la paix avec Ataulphe, son beau-frère; celui-ci s'engageoit à évacuer les Gaules et à passer en Espagne. Placidie accoucha d'un fils qu'on nomma Théodose, et qui vécut peu. Retiré au-delà des Pyrénées, Ataulphe est tué d'un coup de poignard par un de ses domestiques, à Barcelone (415). Les six enfants qu'il avoit eus d'une première femme sont tués après lui.

Les Visigoths mettent sur le trône Sigéric, frère de Sarus; Sigéric est massacré le septième jour de son élection. Son successeur fut Vallia : Vallia traite avec Honorius, et lui renvoie Placidie, redevenue esclave, pour une rançon de six cent mille mesures de blé [1].

Constance, général des armées d'Occident, épousa la veuve d'Ataulphe malgré elle : elle lui donna une fille, Justa Grata Honoria, et un fils, Valentinien III.

L'année qui précéda l'éclipse de 418 marque le commencement du règne de Pharamond [2].

En 418, Vallia extermina les Silinges et les Alains en Espagne. Les Goths revinrent dans les Gaules, où Honorius leur céda la seconde Aquitaine, tout le pays depuis Toulouse jusqu'à l'Océan [3].

Le royaume des Visigoths prenoit la forme chrétienne sous les évêques ariens [4]. Théodoric porta la couronne après Vallia. Vallia laissa une fille mariée à un Suève, dont elle eut ce Ricimer [5], qui devoit achever la ruine de l'empire d'Occident. Une constitution d'Honorius et de Théodose, adressée l'an 418 à Agricola, préfet des Gaules, lui enjoint d'assembler les états généraux des trois provinces d'Aquitaine, et de quatre provinces de la Narbonnoise. Les empereurs décident que, selon un usage déjà ancien, les états se tiendront tous les ans dans la ville d'Arles, des ides d'août aux ides de septembre (du 15 août au 15 septembre). Cette constitution est un très-grand fait historique qui annonce le passage à une nouvelle espèce de liberté. Constance, père d'Honoria et de Valentinien III, est fait auguste et meurt.

Honorius oblige sa sœur Placidie, qu'il aimoit trop peut-être [1], à se retirer à Constantinople avec sa fille Honoria et son fils Valentinien. Au bout d'un règne de vingt-huit ans, qui n'a d'exemple pour le fracas de la terre que les trente dernières années où j'écris, Honorius expire à Ravenne, douze ans et demi après le sac de Rome, attachant son petit nom à la traîne du grand nom d'Alaric.

Cette époque compte quelques historiens; elle eut aussi des poëtes. Ceux-ci se montrent particulièrement au commencement et à la fin des sociétés : ils viennent avec les images; il leur faut des tableaux d'innocence ou de malheurs; ils chantent autour du berceau ou de la tombe, et les villes s'élèvent ou s'écroulent au son de la lyre. Une partie des ouvrages d'Olympiodore, de Frigerid, de Claudien, de Rutilius, de Macrobe, sont restés.

Honorius publia (414) une loi par laquelle il étoit permis à tout individu de tuer des lions en Afrique, chose anciennement prohibée. « Il faut, dit le rescrit d'Honorius, que l'inté-
« rêt de nos peuples soit préféré à notre plai-
« sir. »

---

[1] Phot., cap. LXXX, pag. 197, voce *Olymp*.

---

[1] Pros., *Chron.*; Phot.; Zos., lib. IX, cap. IX ; Pei-Lost., lib. XII, cap. IV, pag. 354; Oros., pag. 224.
[2] Valerii, *Re. Franc.*, lib. III, pag. 118.
[3] *Id., ib.*, pag. 115.
[4] Sid., Ap., carm. II, pag. 300.
Dom. Bouq., *Re. Gal. et Franc. script.*; Sid. Ap.

SECONDE PARTIE.

DE THÉODOSE II ET VALENTINIEN III A MARCIEN, AVITUS, LÉON Ier, MAJORIEN, ANTHÈME, OLYBRE, GLYCÉRIUS, NÉPOS, ZÉNON ET AUGUSTULE.

EMPEREUR d'Occident, Valentinien III*, étoit à Constantinople avec sa mère Placidie lorsque Honorius décéda. Jean, premier secrétaire, profita de la vacance du trône, et se fit déclarer auguste à Rome. Pour soutenir son usurpation il sollicita l'alliance des Huns. Théodose défendit les droits de son cousin. Ardaburius passa en Italie avec une armée. Jean, abandonné des siens, fut pris : on le promena sur un âne au milieu de la populace d'Aquilée ; on lui avoit déjà coupé une main [1], on lui trancha bientôt la tête. Ce prince d'un moment décréta la liberté perpétuelle des esclaves [2] : les grandes idées sociales traversent rapidement la tête de quelques hommes, longtemps avant qu'elles puissent devenir des faits : c'est le soleil qui essaie de se lever dans la nuit.

Valentinien avoit six ans lorsqu'on le proclama auguste sous la tutelle de sa mère. L'Illyrie occidentale fut abandonnée à l'empire d'Orient. Un édit déclara qu'à l'avenir les lois des deux empires cesseroient d'être communes.

Deux hommes jouissoient à cette époque d'une réputation méritée : Ætius et Boniface ont été surnommés les derniers Romains de l'Empire, comme Brutus est appelé le dernier Romain de la République : malheureusement ils n'étoient point, ainsi que Brutus, enflammés de l'amour de la liberté et de la patrie : cette noble passion n'existoit plus. Brutus aspiroit au rétablissement de l'ancienne liberté affranchie de la tyrannie domestique : qu'auroient pu rêver Ætius et Boniface? le rétablissement du vieux despotisme délivré du joug étranger. Ce résultat ne pouvoit avoir pour eux la force d'une vertu publique : aussi combattoient-ils avec des talents personnels pour des intérêts privés nés d'un autre ordre de choses. Il se mêloit à leurs actions un sentiment d'honneur militaire ; mais l'indépendance de leur pays, s'ils l'avoient conquise, n'eût été qu'un accident de leur gloire.

La défaite d'Attila a immortalisé Ætius ; la défense de Marseille contre Ataulphe et la reprise de l'Afrique sur les partisans de l'usurpateur Jean, ont fait la renommée de Boniface : il est devenu plus célèbre pour avoir livré l'Afrique aux Barbares que pour l'avoir délivrée des Romains. Dans les titres d'illustrations de Boniface, on trouve l'amitié de saint Augustin. Placidie devoit tout à ce grand capitaine : il lui avoit été fidèle au temps de ses malheurs ; Ætius, au contraire, avoit favorisé la révolte de Jean, et négocié le traité qui faisoit passer soixante mille Huns des bords du Danube aux frontières de l'Italie.

Ætius étoit fils de Gaudence, maître de la cavalerie romaine et comte d'Afrique : élevé dans la garde de l'empereur, on le donna en otage à Alaric vers l'an 405, et ensuite aux Huns, dont il acquit l'amitié. Ætius avoit les qualités d'un homme de tête et de cœur : un trait particulier le distinguoit des gens de sa sorte : l'ambition lui manquoit, et pourtant il ne pouvoit souffrir de rival d'influence et de gloire. Cette jalouse foiblesse le rendit faux envers Boniface, quoiqu'il eût de la droiture : il invita Placidie à retirer à Boniface son gouvernement d'Afrique, et il mandoit à Boniface que Placidie le rappeloit dans le dessein de le faire mourir [1]. Boniface s'arme pour défendre

---

* Théodose II, Valentinien III, Marcien, Avitus, Léon Ier, Majorien, Anthème, Olybre, Glycérius, Népos, Zénon et Augustule, empereurs. Célestin Ier, Sixte III, Léon Ier, Hilaire et Simplicius, papes. An de J.-C. 423-476.

[1] PHILOST., pag. 538 ; PROCOP., de Bell. vand., lib. I, cap. III.

[2] Cod. Theod., tom. III, pag. 938.

[1] PROCOP., de Bell. vand., lib. I, cap. III, pag. 185.

sa vie qu'il croit injustement menacée; Ætius représente cet armement comme une révolte qu'il avoit prévue. Poussé à bout, Boniface a recours aux Vandales répandus dans les provinces méridionales de l'Espagne.

Gonderic, roi de ces Barbares, venoit de mourir; son frère bâtard Genseric, ou plus correctement Gizerich, avoit pris sa place. Sollicité par Boniface, il fait voile avec son armée et aborde en Afrique, au mois de mai 420 : trois siècles après, le ressentiment et la trahison d'un autre capitaine devoient appeler d'Afrique en Espagne des vengeurs d'une autre querelle domestique : les Maures s'embarquèrent où les Vandales avoient débarqué; ils traversèrent en sens contraire ce détroit dont les tempêtes ne purent défendre le double rivage contre les passions des hommes.

Les troubles que produisoit en Afrique le schisme des donatistes facilitèrent la conquête de Genseric : ce prince étoit arien; tous ceux qu'opprimoit l'Église orthodoxe regardoient l'étranger comme un libérateur [1]. Les Vandales, assistés des Maures, furent bientôt devant Hippone, où mourut saint Augustin.

Boniface et Placidie s'étoient expliqués : la fourberie d'Ætius avoit été reconnue. Boniface repentant essaya de repousser l'ennemi : on répare le mal qu'un autre a fait, rarement le mal qu'on fait soi-même. Boniface, vaincu dans deux combats, est obligé d'abandonner l'Afrique, quoiqu'il eût été secouru par Aspar, général de Théodose [2] : Placidie le reçut généreusement, l'éleva au rang de patrice et de maître général des armées d'Occident. Ætius, qui triomphoit dans les Gaules, accourt en Italie avec une multitude de Barbares. Les deux généraux, comme deux empereurs, vident leur différend dans une bataille : Boniface remporta la victoire (452), mais Ætius le blessa avec une longue pique qu'il s'étoit fait tailler exprès [3]. Boniface survécut trois mois à sa blessure : par une magnanimité que réveilloient en lui les malheurs de la patrie, il conjura sa femme, riche Espagnole, veuve bientôt, de donner sa main à Ætius [1]. Placidie déclare Ætius rebelle, l'assiége dans les forteresses où il essaie de se défendre, et le force de se réfugier auprès de ces Huns qu'il devoit battre aux champs catalauniques.

Après avoir négocié un traité de paix avec Valentinien III, pour se donner le temps d'exterminer ses ennemis domestiques, Genseric s'approcha de Carthage, surnommée la Rome africaine; il y entra le 9 octobre 439. Cinq cent quatre-vingt-cinq ans s'étoient écoulés depuis que Scipion le jeune avoit renversé la Carthage d'Annibal.

L'année de la prise de la Carthage romaine par un Vandale, fut celle du voyage d'Eudocie, l'Athénienne, femme de Théodose II, à Jérusalem. Assise sur un trône d'or, elle prononça, en présence du peuple et du sénat, un panégyrique des Antiochiens [2], dans la ville dont Julien avoit fait la satire. De Jérusalem, elle envoya à Pulchérie, sa belle-sœur, le portrait de la Vierge, fait, disoit-on, de la main de saint Luc [3]. La tradition de cette image arriva, par la succession des peintres, jusqu'au pinceau de Raphaël : la religion, la paix et les arts marchent inaperçus à travers les siècles, les révolutions, la guerre et la barbarie. Eudocie, soupçonnée d'un attachement trop vif pour Paulin, retourna à Jérusalem où elle mourut. Une pomme que Théodose avoit envoyée à Eudocie, et qu'Eudocie donna à Paulin, découvrit un mystère dont l'ambition de Pulchérie profita [4].

Maintenant que je vous ai retracé l'invasion des Goths et des divers peuples du Nord, il me reste à vous parler de celle des Huns, qui engloutit un moment toutes les autres.

Lorsque les Huns passèrent les Palus-Méotides, ils avoient pour chef Balamir ou Balamber; on trouve ensuite Uldin et Caraton [5]. Les ancêtres d'Attila avoient régné sur les

---

[1] Gibb., *Fall of the Rom. Emp.*

[2] Procop., *de Bell. vand.*, lib. I, cap. III.

[3] Idat., *Chron.*; Marcel., *Chron.*; *Excerp. ex Hist. Goth.*; Prisc.

[1] Marcel., *Chron.*

[2] *Chron. Alex.*, pag. 752; Le Sag., *de Hist. eccl.*, pag. 227.

[3] Nicephor., lib. XIV, cap. II, pag. 44, b, c.

[4] *Chron. Pascal. seu Alexand.*, pag. 315-16.

[5] Jornand., cap. XXIV-XLVIII; Vales., *Re. Franc.*, lib. III; Phot., cap. LXXX.

Huns, ou, si l'on veut, ils les avoient commandés. Munduique ou Mundzucque, son père, avoit pour frères Octar et Rouas, ou Roas, ou Rugula, ou Rugilas, et il étoit puissant. Les Huns multiplièrent leurs camps entre le Tanaïs et le Danube[1] : ils possédoient la Pannonie et une partie de la Dacie, lorsque Rouas mourut[2] ; il eut pour successeurs ses deux neveux, Attila et Bléda, qui pénétrèrent dans l'Illyrie. Attila tua Bléda, et resta maître de la monarchie des Huns[3]. Il attaqua les Perses en Asie, et rendit tributaire le nord de l'Europe : la Scythie et la Germanie reconnoissoient son autorité ; son empire touchoit au territoire des Franks et s'approchoit de celui des Scandinaves ; les Ostrogoths et les Gépides étoient ses sujets ; une foule de rois et sept cent mille guerriers marchoient sous ses ordres[4].

On veut aujourd'hui, sur l'autorité des Nibelungen, poëme allemand de la fin du douzième siècle ou du commencement du treizième, que le nom original d'Attila ait été Etzel : je n'en crois rien du tout. Dans tous les cas il n'est guère probable que le nom d'Etzel fasse oublier celui d'Attila[5].

Vainqueur du monde barbare, Attila tourna ses regards vers le monde civilisé. Genséric, craignant que Théodose II n'aidât Valentinien III à recouvrer l'Afrique, excita les Huns à envahir de préférence l'empire d'Orient[6]. Vous remarquerez combien les Barbares étoient rusés, astucieux, amateurs des traités, combien les intérêts des diverses cours leur étoient connus, avec quel art ils négocioient en Europe, en Afrique, en Asie, au milieu des événements les plus divers et les plus compliqués. Une querelle pour une foire au bord du Danube fut le prétexte de la guerre entre Attila[7] et Théodose (407 ou 408).

Le débordement des Huns couvrit l'Europe dans toute sa largeur, depuis le pont-Euxin jusqu'au golfe Adriatique. Trois batailles perdues par les Romains amenèrent Attila aux portes de Constantinople. Une paix ignominieuse termina ces premiers ravages. Attila en se retirant emporta un lambeau de l'empire d'Orient : Théodose lui donna six mille livres d'or, et s'engagea à lui payer un tribut annuel du sixième ou des deux sixièmes de cette somme[1].

A la suite de ces événements le roi des Huns avoit envoyé à Constantinople (449) une députation dont faisoit partie Oreste, son secrétaire, qui fut père d'Augustule, dernier empereur romain. Ces guerres prodigieuses, ces changements étranges de destinée, nous étonnoient plus il y a un demi-siècle qu'ils ne nous frappent aujourd'hui : accoutumés au spectacle de petits combats renfermés dans l'espace de quelques lieues et qui ne changeoient point les empires, nous étions encore habitués à la stabilité héréditaire des familles royales. Maintenant que nous avons vu de grandes et subites invasions ; que le Tartare, voisin de la muraille de la Chine, a campé dans la cour du Louvre, et est retourné à sa muraille ; que le soldat françois a bivouaqué sur les remparts du Kremlin ou à l'ombre des Pyramides ; maintenant que nous avons vu des rois de vieille ou nouvelle race mettre le soir dans leurs portemanteaux leurs sceptres vermoulus ou coupés le matin sur l'arbre, ces jeux de la fortune nous sont devenus familiers : il n'est monarque si bien apparenté qui ne puisse perdre dans quelques heures le bandeau royal du trésor de Saint-Denis ; il n'est si mince clerc ou gardeur de cavales qui ne puisse trouver une couronne dans la poussière de son étude ou dans la paille de sa grange.

L'eunuque Chrysaphe, favori de Théodose, essaya de séduire Edécon, un des négociateurs d'Attila, et crut l'avoir engagé à poignarder son maître. Edécon de retour au camp des Huns révéla le complot. Attila renvoya Oreste à Constantinople avec des preuves et des repro-

---

[1] AMM. MARCEL., lib. XXXI.
[2] PRISC., pag. 47 ; PROSP. TIS., Chron.
[3] PROSP. ; MARCEL.
[4] PRISC., pag. 64 ; PROSP., Chron. ; JORNAND.
[5] Voyez les Éclaircissements à la fin de l'ouvrage.
[6] PRISC, pag. 40.
[7] Id., pag. 35.

[1] EVAG., de Hist. eccl., pag. 62 ; MARCEL., Chron. ; JORN., Rer. Goth, cap XLIV ; PRISC., pag. 44 ; THEOPH., Chron., pag. 88.

ches, demandant pour satisfaction la tête du coupable. Les patrices Anatole et Nomus furent chargés d'apaiser Attila avec des présents [1]; Priscus les accompagnoit; il nous a laissé le récit de sa mission et de son voyage. Ce même Priscus avoit vu Mérovée, roi des Francks, à Rome [2].

Sur ces entrefaites Théodose mourut à Constantinople, l'an 450, d'une chute de cheval [3]; il étoit âgé de cinquante ans. Le code qui porte son nom a fait la seule renommée de ce prince; monument composé des débris de la législation antique, semblable à ces colonnes qu'on élève avec l'airain abandonné sur un champ de bataille; monument de vie pour les Barbares, de mort pour les Romains, et placé sur la limite de deux mondes.

Les historiens ecclésiastiques sont de cette époque; les rappeler, c'est reconnoître la position de l'esprit humain : Sozomène, Socrate, Théodoret, Philostorge, Théodore, auteur de l'*Histoire Tripartite*, Philippe de Side, Priscus et Jean l'orateur.

Pulchérie, depuis longtemps proclamée *augusta*, plaça la couronne de son frère Théodose sur la tête de Marcien : pour mieux assurer les droits de ce citoyen obscur, moitié homme d'épée, moitié homme de plume, elle l'épousa et demeura vierge (461) [4]. Cette élection ne fut contestée ni du sénat, ni de la cour, ni de l'armée; prodigieux changement dans les mœurs. Ici commence un esprit inconnu à l'antiquité, et qui fait pressentir ce moyen âge où tout étoit aventures : des femmes disposoient des empires; Placidie, sœur d'Honorius et captive d'un Goth, passe dans le lit de ce Goth qui aspire à la pourpre; Pulchérie, sœur de Théodose II, porte l'Orient à Marcien; Honoria, sœur de Valentinien III, veut donner l'Occident à Attila; Eudoxie, fille de Théodose II et veuve de Valentinien III, appelle Genseric à Rome; Eudoxie, fille de Valentinien III, épouse de Hunneric, fils de Genseric. C'est par les femmes que le monde ancien s'unit au monde nouveau : dans ce mariage, dont nous sommes nés, les deux sociétés se partagèrent les sexes : la vieille prit la quenouille, et la jeune l'épée.

Marcien étoit digne du choix de Pulchérie; il possédoit ce mérite qu'on ne retrouve que dans les classes inférieures au temps de la décadence des nations. Il a été loué par saint Léon-le-Grand [1] : on a dit qu'il avoit le cœur au-dessus de l'argent et de la crainte. Il apaisa les troubles de l'Église par le concile de Calcédoine; il répondit à Attila qui lui demandoit le tribut : « J'ai de l'or pour mes amis, du fer « pour mes ennemis [2]. » Lorsque Aspar, général de Théodose, attaqua l'Afrique, Marcien l'accompagnoit en qualité de secrétaire; Aspar fut défait par les Vandales, et Marcien se trouva au nombre des prisonniers de Genseric : attendant son sort, il se coucha à terre, et s'endormit dans la cour du roi. La chaleur étoit brûlante; un aigle survint, se plaça entre le visage de Marcien et le soleil, et lui fit ombre de ses ailes. Genseric l'aperçut, s'émerveilla, et, s'il en faut croire cette ingénieuse fable, il rendit la liberté au prisonnier dont il préjugea la grandeur [2].

La fière réponse de Marcien à Attila blessa l'orgueil de ce conquérant : le Tartare hésitoit entre deux proies; du fond de sa ville de bois, dans les herbages de la Pannonie, il ne savoit lequel de ses deux bras il devoit étendre pour saisir l'empire d'Orient ou l'empire d'Occident, et s'il arracheroit Rome ou Constantinople de la terre.

Il se décida pour l'Occident, et prit son chemin par les Gaules. Ætius étoit rentré en grâce auprès de Placidie : on a vu qu'il avoit été l'hôte et le suppliant des Huns.

---

[1] *Id., ibid.*, pag. 40.
[2] Théodor., pag. 55.
[3] Evag., lib. I, cap I.
[4] Prisc., *de Leg.*, pag. 34 et seq.

[1] Leo. ep. LXXXIX, p. 616; *Id.*, ep. XCIV, pag. 628.
[2] Prisc., pag. 39.
[3] Illi sub dium coacti circiter meridiem, cum a sole quippe æstivo languescerent, sederant : inter quos Marcianus negligenter stratus ducebat somnium; quadam interim, ut perhibent, aquila supervolante, quæ passis alis ita se librabat, eumdemque in aere locum insistebatur, umbra blandiretur uni Marciano. Rem Gizericus e superiori contemplatus ædium parte, atque ut erat sagacissimus vir ingenio, divinum ostentum interpretatus... Deus illi destinasset imperium. (Procop., *de Bell. vand.*, lib. I, pag. 185 et 186.)

Le royaume des Visigoths, dans les provinces méridionales des Gaules, s'étoit fixé sous le sceptre de Théodoric, que quelques-uns ont cru fils d'Alaric. Clodion, le premier de nos rois, avoit étendu ses conquêtes jusqu'à la Somme; Ætius le surprit et le repoussa [1]; mais Clodion finit par garder ses avantages. Clodion mort, ses deux fils se disputèrent son patrimoine; l'un d'eux, peut-être Mérovée, qui tout jeune encore étoit allé en ambassade à Rome [2], implora le secours de Valentinien, et son frère aîné rechercha la protection d'Attila [3].

Honoria, sœur de Valentinien, rigoureusement traitée à la cour de son frère, avoit été aimée d'Eugène, jeune Romain attaché à son service [4]. Des signes de grossesse se manifestèrent; l'impératrice Placidie fit partir Honoria pour Constantinople. Au milieu des sœurs de Théodose et de leurs pieuses compagnes, Honoria, qui avoit senti les passions, ne put goûter les vertus : de même que Placidie, sa mère, étoit devenue l'épouse d'un compagnon d'Alaric, elle résolut de se jeter dans les bras d'un Barbare : elle envoya secrètement un de ses eunuques porter son anneau au roi des Huns : Attila étoit horrible, mais il étoit le maître du monde et le fléau de Dieu [5].

Armé de l'anneau d'Honoria, le chef des Huns réclamoit la dot de sa haute fiancée, c'est-à-dire une portion des états romains : on lui répondit que les filles n'héritoient pas de l'Empire. Attila se prétendoit encore attiré par des intérêts que mettoit en mouvement une autre femme. Théodoric avoit marié sa fille unique à Hunneric, fils de Genseric : sur un soupçon d'empoisonnement, Genseric la renvoya à son père, après lui avoir fait couper le nez et les oreilles. Les Visigoths menaçoient les Vandales de leur vengeance, et Genseric appeloit Attila son allié pour retenir Théodoric son ennemi [6].

Trois causes ou trois prétextes amenoient donc Attila en Gaule : la réclamation de la dot d'Honoria, l'intervention réclamée dans les affaires du royaume des Franks, la guerre contre les Visigoths, en vertu d'une alliance existante entre les Huns et les Vandales. Arbitre des nations, défenseur d'une princesse opprimée, le ravageur du monde, devancier de la chevalerie, se prépara à passer le Rhin au nom de l'amour, de la justice et de l'humanité.

Des forêts entières furent abattues; le fleuve qui sépare les Gaules de la Germanie se couvrit de barques [1] chargées d'innombrables soldats, comme ces autres barques qui transportent aujourd'hui, le long du Pénée, les abeilles nomades des bergers de la Thessalie [2]. Saint Agnan, évêque d'Orléans; saint Loup, évêque de Troyes; sainte Geneviève, gardeuse de moutons à Nanterre, s'efforcèrent de conjurer la tempête : vous verrez l'effet et le caractère de leur intervention quand je vous parlerai des mœurs des chrétiens.

Ætius n'avoit rien négligé pour combattre ses anciens amis : les Visigoths s'étoient, non sans hésitation, joints à ses troupes; beaucoup de négociations avoient eu lieu entre Théodoric, Attila et Valentinien [3]. Ætius marcha au-devant des Huns, et les rencontra occupés et retardés devant Orléans, dont la destinée étoit de sauver la France; Attila se retira dans les plaines catalauniques, appelées aussi mauritiennes, longues de cent lieues, dit Jornan-

---

comperiens Gizericus, rex Vandalorum, quem paulo ante memoravimus, multis muneribus ad Vesegotharum bella præcipitat, metuens ne Theodoricus, Vesegotharum rex, filiæ ulcisceretur injuriam, quæ Hunnericho, Gizerici filio, juncta, prius quidem tanto conjugio lætaretur : sed postea, ut erat ille et in sua pignora truculentus, ob suspicionem tantummodo veneni ab ea parati, eam, amputatis naribus, spoliansque decore naturali, patri suo ad Gallias remiserat, ut turpe funus miseranda semper offerret, et crudelitas, qua etiam moverentur externi, vindictam patris efficacius impetraret. (JORNAND., *de Reb. get.*, cap. XXXVI.)

[1] . . . . . . Cccidit alto secta bipenni
Hercynia in lintres, et Rhenum texuit alno.
(SID. AP., carm. VII, pag. 97.)

[2] POUQUEVILLE, *Voyage en Grèce*.
[3] JORNAND., cap. XXXVI.

---

[1] IDAT., *Chron.*, pag. 19; VALES. *Re. Franc.*, lib. III.
[2] PRISC., *Leg.*, pag. 40.
[3] SID., *Car.* VII; GREG. TUR., lib. II.
[4] MARCEL., *Chron.*
[5] Jornandès place plus tôt l'envoi de cet anneau; mais il confond les temps.

Mulusergo mentem ad vastationem orbis paratam

dès, et larges de soixante-dix [1] : il y fut suivi par Ætius et Théodoric.

Les deux armées se mirent en bataille. Une colline qui s'élevoit insensiblement bordoit la plaine; les Huns et leurs alliés en occupoient la droite; les Romains et leurs alliés la gauche. Là se trouvoit rassemblée une partie considérable du genre humain [2], comme si Dieu avoit voulu faire la revue des ministres de ses vengeances au moment où ils achevoient de remplir leur mission : il leur alloit partager la conquête, et désigner les fondateurs des nouveaux royaumes. Ces peuples, mandés de tous les coins de la terre, s'étoient rangés sous les deux bannières du monde à venir et du monde passé, d'Attila et d'Ætius. Avec les Romains marchoient les Visigoths, les Lœti, les Armoricains, les Gaulois, les Bréonnes, les Saxons, les Bourguignons, les Sarmates, les Alains, les Allamans, les Ripuaires et les Franks soumis à Mérovée; avec les Huns se trouvoient d'autres Franks et d'autres Bourguignons, les Rugiens, les Érules, les Thuringiens, les Ostrogoths et les Gépides. Attila harangua ses soldats :

« Méprisez ce ramas d'ennemis désunis de
« mœurs et de langage, associés par la peur.
« Précipitez-vous sur les Alains et les Goths
« qui font toute la force des Romains : le
« corps ne peut tenir debout quand les os en
« sont arrachés. Courage! que la fureur ac-
« coutumée s'allume! Le glaive ne peut rien
« contre les braves avant l'ordre du destin.
« Cette foule épouvantée ne pourra regarder
« les Huns en face. Si l'événement ne me
« trompe, voici le champ qui nous fut promis
« par tant de victoires. Je lance le premier
« trait à l'ennemi : quiconque oseroit devancer
« Attila au combat est mort [3]. »

Cette bataille (453) fut effroyable, sans miséricorde, sans quartier. Celui qui pendant sa vie, dit l'historien des Goths, fut assez heureux pour contempler de pareilles choses et qui manqua de les voir, se priva d'un spectacle miraculeux [1]. Les vieillards du temps de l'enfance de Jornandès se souvenoient encore qu'un petit ruisseau, coulant à travers ces champs héroïques, grossit tout à coup non par les pluies, mais par le sang, et devint un torrent. Les blessés se traînoient à ce ruisseau pour y étancher leur soif, et buvoient le sang dont ils l'avoient formé [2]. Cent soixante-deux mille morts couvrirent la plaine; Théodoric fut tué, mais Attila vaincu. Retranché derrière ses chariots pendant la nuit, il chantoit en choquant ses armes; lion rugissant et menaçant à l'entrée de la caverne où l'avoient acculé les chasseurs [3].

L'armée triomphante se divisa, soit par l'impatience ordinaire des Barbares, soit par la politique d'Ætius, qui craignit qu'Attila passé ne laissât les Visigoths trop puissants. Comme je marque à présent tout ce qui finit, la victoire catalaunienne est la dernière grande victoire obtenue au nom des anciens maîtres du monde. Rome, qui s'étoit étendue peu à peu jusqu'aux extrémités de la terre, rentroit peu à peu dans ses premières limites; elle alloit bientôt perdre l'empire et la vie dans ces mêmes vallées des Sabins où sa vie et son empire avoient commencé; il ne devoit rester de ce

---

[1] C leugas, ut Galli vocant, in longum tenentes, et LXX in latum. (JORNAND., cap. XXXVI.)

[2] Fit ergo area innumerabilium populorum pars illa terrarum. (*Id., ibid.*)

[3] Adunatas despicite dissonas gentes. Indicium pavoris est, societate defendi. . . . . Alanos invadite, in Vesegothas incumbite. . . . . Nec potest stare corpus, cui ossa substraxerit. Consurgant animi, furor solitus intumescat. . . . . Victuros nulla tela convenient, morituros et in otio fata præcipitant.

. . . . Non fallor eventu, hic campus est quem nobis tot prospera promiserant. Primus in hostes tela conjiciam. Si quis potuerit Attila pugnante ocium ferre, sepultus est. (JORNAND., cap. XXXVI.)

[1] Ubi talia gesta referuntur, ut nihil esset, quod in vita sua conspicere potuisset egregius, qui hujus miraculi privaretur aspectu. (*Id.*, cap. XL.)

[2] Nam si senioribus credere fas est, rivulus memorati campi humili ripa prolabens peremptorum vulneribus sanguine multo provectus, non auctus imbribus, ut solebat, sed liquore concitatus insolito, torrens factus est cruoris augmento. Et quos illic coegit in aridam sitim vulnus inflictum, fluenta mixta clade traxerunt : ita constricti sorte miserabili sordebant, potantes sanguinem quem fudere sauciati. (*Id., ibid.*)

[3] Strepens armis tubis canebat, incussionemque minabatur : velut leo venabulis pressus, speluncæ aditus obambulans. (*Id., ib.*)

géant qu'une tête énorme, séparée d'un corps immense.

Attila s'attendoit à être attaqué; il ne s'aperçut de la retraite des vainqueurs qu'au long silence des campagnes[1] abandonnées aux cent soixante-deux mille muets de la mort. Échappé contre toute attente à la destruction, et rendu à sa destinée, il repasse le Rhin. Plus puissant que jamais, il entre l'année suivante en Italie, saccage Aquilée, et s'empare de Milan. Valentinien quitte sa cache de Ravenne pour se recacher dans Rome, avec l'intention d'en sortir à l'approche du péril : la peur le faisoit fuir, la lâcheté le retint; également indigne de l'empire en l'abandonnant ou en le vendant. Deux consuls, Avienus et Trigesius, et le pape saint Léon, viennent traiter avec Attila. Le Tartare consent à se retirer, sur la promesse de ce qu'il appeloit toujours la dot d'Honoria : une raison plus intérieure le toucha; il fut arrêté par une main qui se montroit partout alors, au défaut de celles des hommes : cela sera ici en son lieu.

Attila se jette une seconde fois sur les Gaules, d'où Thorismond, successeur de Théodoric, le repousse. Le Hun rentre encore dans sa ville de bois, méditait de nouveaux ravages : il y disparoît. Le héros de la barbarie meurt, comme le héros de la civilisation, dans l'enivrement de la gloire et les débauches d'un festin ; il s'endormit une nuit sur le sein d'une femme, et ne revit plus le soleil ; une hémorragie l'emporta : le conquérant creva du trop de sang qu'il avoit bu et des voluptés dont il se gorgeoit. Le monde romain se crut délivré; il ne l'étoit pas de ses vices; châtié, il n'étoit pas averti.

L'invasion d'Attila en Italie donna naissance à Venise. Les habitants de la Vénétie se renfermèrent dans des îlots voisins du continent. Leurs murailles étoient des claies d'osier : ils vivoient de poisson; ils n'avoient pour richesse que leurs gondoles et du sel qu'ils vendoient le long des côtes. Cassiodore les compare à des oiseaux aquatiques qui font leur nid au milieu des eaux[1]. Voilà cette opulente, cette mystérieuse, cette voluptueuse Venise, de qui les palais rentrent aujourd'hui dans le limon dont ils sont sortis.

La Grande-Bretagne, malgré ses larmes et ses prières, avoit été abandonnée des Romains.

Quand l'épée d'Attila fut brisée, Valentinien, tirant pour la première fois la sienne, l'enfonça dans le cœur du dernier Romain : jaloux d'Ætius, il tua celui qui avoit retardé si longtemps la chute de l'Empire[2]. Valentinien viole la femme de Maxime, riche sénateur de la famille Anicienne[3]; Maxime conspire; Valentinien, dernier prince de la famille de Théodose, est assassiné en plein jour par deux Barbares, Transtila et Optila, attachés à la mémoire d'Ætius[4]. Maxime est élu à la place de Valentinien; son règne fut de peu de jours, et il le trouva trop long. « Fortuné Damoclès ! s'écrioit-« il, regrettant l'obscurité de sa vie, ton règne « commença et finit dans un même repas[5]. »

Maxime, devenu veuf, avoit épousé de force Eudoxie, veuve de Valentinien et fille de Théodose II. Eudoxie cherche un vengeur, et n'en voit point de plus terrible que Genseric. Les Vandales étoient devenus des pirates habiles et audacieux; ils avoient dévasté la Sicile, pillé Palerme, ravagé les côtes de la Lucanie et de la Grèce. Genseric, appelé par Eudoxie[6], ne refuse point la proie ; ses vaisseaux jettent l'ancre à Ostie. Maxime se veut échapper ; il

---

[1] Sed ubi hostium absentia sunt longa silentia consecuta, erigitur mens ad victoriam, gaudia præsumuntur, atque potentis regis animus in antiqua fata revertitur. JORNAND., cap. XLI.)

[1] Aquatilium avium more domus est. (VARIAR., l. XII, cp. XXIV.
Voyez aussi *Verona illustrata* de MAFFEI, et l'*Histoire de Venise*, par M. DARU.

[2] PROSP., IDAT., an 454.

[3] Maximus quidam erat senator romanus... Uxorem habebat singulari continentia et forma, commendatissimæ famæ præditam... Huic nactus concubitu obscœni libidinis ardens Valentinianus..... vim attulit obluctanti. (PROCOP., *de Bell. Vand.*, lib. II, cap. IV, pag. 187.)

[4] Id.. ibid. ; EVAG., lib. II, cap. VII.

[5] Dicere solebat vir litteratus atque ob ingenii merita quæstorius Fulgentius, se ex ore ejus frequenter audisse, cum perosus pondus imperii veterem desideraret securitatem : « Felicem te, Damocles, qui non uno longius prandio regni necessitatem toleravisti! (SID. AP., ep. XII, lib. II, pag. 166.)

[6] PROCOP., *de Bell. Vand.*. pag. 188.

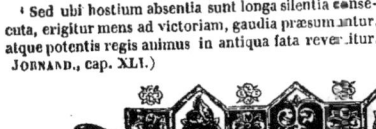

est arrêté par le peuple, qui le déchire. Saint Léon essaie de sauver une seconde fois son troupeau, et n'obtient point de Genseric ce qu'il avoit obtenu d'Attila : la ville éternelle est livrée au pillage pendant quatorze jours et quatorze nuits. Les Barbares se rembarquent ; la flotte de Genseric apporte à Carthage les richesses de Rome, comme la flotte de Scipion avoit apporté à Rome les richesses de Carthage. Le chantre de Didon sembloit avoir prédit Genseric dans Annibal. Parmi le butin se trouvèrent les ornements enlevés au temple de Jérusalem : quel mélange de ruines et de souvenirs ! Tous les vaisseaux arrivèrent heureusement, excepté celui qui étoit chargé des statues des dieux [1]. Ces nouvelles calamités n'étonnèrent pas : Alaric avoit tué Rome ; Genseric ne fit que dépouiller le cadavre.

Avitus, d'une famille puissante de l'Auvergne, beau-père de Sidoine Apollinaire, et maître général des forces romaines dans les Gaules, remplaça Maxime. Il reçut la pourpre des mains de Théodoric II, roi des Visigoths, régnant à Toulouse. Ce Théodoric étoit frère de Thorismond, fils de Théodoric Ier, tué aux champs catalauniques. Il soumit le reste des Suèves en Espagne; mais, tandis qu'il avoit l'air de combattre pour la gloire de l'empereur, son ouvrage, Avitus étoit déjà tombé : il fut dégradé par le sénat de Rome, qui sembloit puiser ce pouvoir d'avilir dans sa propre dégradation. Ricimer ou Richimer, fils d'un Suève et de la fille du roi goth Vallia, comme je vous l'ai déjà dit, fut le principal auteur de cette chute. Ce chef des troupes barbares, à la solde des Romains en Italie, donna une double marque de sa puissance en nommant l'empereur déposé (16 octobre 456), évêque de Plaisance [2] : la tonsure alloit devenir la couronne des rois sans couronne. On ne sait trop comment finit Avitus : privé de l'empire, il le fut aussi de la vie, dit pourtant un historien [3].

Ricimer passa la pourpre à Majorien, ancien compagnon d'Ætius. Majorien étoit un de ces hommes que le ciel montre un moment à la terre dans l'abâtardissement des races : étrangers au monde où ils viennent, ils ne s'y arrêtent que le temps nécessaire pour empêcher la prescription contre la vertu [1]. Majorien ranima la gloire romaine en attaquant les Franks et les Vandales avec les vieilles bandes sans chef d'Attila et d'Alaric. On a de lui plusieurs belles lois. Ricimer ne l'avoit placé sur le trône que parce qu'il le croyoit sans génie ; quand il s'aperçut de sa méprise, il fit naître une sédition, et Majorien abdiqua. On croit qu'il fut empoisonné [2] (7 août 461). Le faiseur et le défaiseur de rois (à cette époque de révolutions, cela ne supposoit ni talents supérieurs ni grands périls) remit le diadème à Libius Sévère : il prit garde cette fois que le prince ne fût pas un homme, et il y réussit. On ne connoît guère que le titre impérial de ce Libius Sévère : l'excès de l'obscurité pour les rois a le même résultat que l'excès de la gloire ; il ne laisse vivre qu'un nom.

Deux hommes, fidèles à la mémoire de Majorien, refusèrent de reconnoître la créature de Ricimer : Marcellin, sous le titre de patrice de l'Occident, resta libre dans la Dalmatie ; Ægidius, maître général de la Gaule, conserva une puissance indépendante : ce fut lui que les Bretons implorèrent, et que les Franks nommèrent un moment leur chef, quand ils chassèrent Childéric.

L'Italie continua d'être livrée aux courses des Vandales ; chaque année, au printemps, le vieux Genseric y rapportoit la flamme. Par un renversement de l'ordre du destin, dit Sidoine, la brûlante Afrique versoit sur Rome les fureurs du Caucase [3].

Léon Ier, surnommé le Grand, ou le Boucher, ou plus souvent Léon de Thrace, avoit été élu empereur d'Orient après la mort de Marcien, arrivée vers la fin de janvier, l'an

---

[1] Navibus Giserici unam qua simulacra vehebantur periisse ferunt. (PROCOP., de Bell. Vand., lib. II, pag. 189.)
[2] VICT. TUN.
[3] IDAT. Chron.

[1] SID AP., carm. V, pag. 312; PROCOP., de Bell. Vand., lib. I, cap. VII.
[2] Selon une autre version, Majorien fut déposé par Ricimer, qui le fit tuer cinq jours après sa déposition.

[3] . . . . conversosque ordine fati
Torrida caucaseos infert mihi Byrsa furores.
(SIDON. APOLL.)

457. Constantinople, échappée aux Barbares, obtenoit sur Rome la prééminence, non la supériorité, que donne le bonheur sur l'infortune. L'empire d'Occident, sur son lit de mort, ressembloit à un guerrier ou à un roi dont on pille la tente ou le palais tandis qu'il expire, ne lui laissant pas un linceul pour l'ensevelir. Léon, qui voyoit donner des maîtres à Rome, lui accorda Anthême (468) en qualité d'empereur, sur la demande du sénat. Ricimer empoisonna Libius Sévère, et épousa la fille d'Anthême. Il y eut de grandes réjouissances ; tout parut consolidé dans une ruine.

Vous avez vu qu'Anthême pensoit à rétablir le culte des idoles [1]. Les deux empires, et surtout celui d'Orient, préparèrent un puissant armement contre les Vandales. Le commandement en fut donné à Basilien, qui laissa brûler sa flotte devant Carthage, réduit à la nécessité de passer pour un traître, afin de conserver la réputation d'un grand général. Sauvé de ce danger, Genseric reprit ses courses et s'empara de la Sicile.

Théodoric II avoit rompu ses traités avec Rome à la mort de l'empereur Majorien ; il réunit Narbonne à son royaume. Euric, son frère, qui l'assassina, acheva la conquête des Espagnes sur les Romains et sur les Suèves : ceux-ci reconnurent son autorité, en restant en possession de la Galice. Dans les Gaules, Euric ne fut pas moins heureux : il étendit sa domination, d'un côté, depuis les Pyrénées jusqu'au Rhône ; de l'autre jusqu'à la Loire. En ce temps, les Bourguignons étoient alliés de Rome et se déchiroient entre eux ; il en étoit ainsi des Franks et des Saxons.

Cependant Ricimer se brouille avec Anthême, son beau-père, et se détermine à changer encore le maître titulaire de l'Occident. Il appelle à la pourpre Olybre qui avoit épousé Placidie, fille de Valentinien III. Il en résulte une guerre civile. Rome est saccagée une troisième fois, dit le pape Gélase, et les misérables restes de l'Empire sont foulés aux pieds. Anthême est tué (11 juillet 472), Olybre meurt, et Ricimer le précède dans la tombe où il avoit précipité cinq empereurs, tous faits de sa main [1].

Gondivar ou Gondibalde, neveu de Ricimer, et élevé à la dignité de patrice par Olybre, pousse Glycérius à s'emparer du pouvoir. Gondibalde est peut-être le célèbre roi des Bourguignons. A Constantinople, on proclama Julius-Népos empereur d'Occident. Il surprit son compétiteur Glycérius, le fit raser et ordonner évêque de Salone [2]. Julius-Népos céda l'Auvergne à Euric, roi des Visigoths, croyant qu'on pouvoit sacrifier ses amis à ses ennemis. Les troupes que Népos tenoit a sa solde se révoltent ; il fuit, trainant dans sa retraite en Dalmatie un titre que lui seul reconnoissoit : il retrouva à Salone son rival impérial qu'il avoit fait évêque [3]. Népos ne valoit pas la peine d'un coup de poignard, et fut assassiné pourtant [4]. Les Ostrogoths, pendant l'apparition de Glycérius, s'étoient montrés en Italie.

Les autres Barbares, qui opprimoient plus qu'ils ne défendoient ce malheureux pays, avoient alors pour chef Oreste, ce secrétaire d'Attila dont je vous ai déjà parlé. A la mort du roi des Huns, il passa au service des empereurs d'Occident, sous lesquels il devint patrice et maître général des armées ; il avoit eu un fils d'une mère inconnue, ou peut-être de la fille de ce comte Romulus que Valentinien envoya en ambassade auprès d'Attila. Ce fils est Romulus-Auguste, surnommé Augustule : humiliez-vous, et reconnoissez le néant des empires !

Oreste refusa la pourpre que lui offroient ses soldats, et en laissa couvrir son fils [5]. Les Scy-

---

[1] Ci-dessus, pag. 427.

[1] Valois s'appuie de l'auteur anonyme, conforme, pour ces temps obscurs, à ce que l'on trouve dans les Fastes consulaires d'Onuphre, dans les Actes des Conciles, dans Cassiodore, dans Victor de Tunne, dans la Chronique d'Alexandrie, etc., etc. (VALES., Re. Franc.)
[2] PHOT., cap. LXXVIII, pag. 572 ; ONUPH. ; JORN., de Reg. ac temp. suc., pag. 634.
[3] Quo comperto, Nepos fugit in Dalmatias, ibique defecit privatus regno, ubi jam Glycerius, dudum imperator, episcopatum salonitanum habebat. (VALES., Re. Franc., pag. 227 ; Id. in not. ANM. MARCEL.)
[4] ONUPH., pag. 477 ; MARC., Chron. XVI.
[5] Augustulo a patre Oreste in Ravenna imperatore ordinato. (JORNAND., cap. XLV.)

res, les Alains, les Rugiens, les Hérules, les Turcilinges, qui composoient ces défenseurs redoutables des misérables Romains, enflammés par l'exemple de leurs compatriotes établis en Afrique, dans les Espagnes et dans les Gaules, sommèrent Oreste de leur abandonner le tiers des propriétés de l'Italie : il leur crut pouvoir résister. Odoacre (peut-être fils d'Édécon, ancien collègue d'Oreste dans sa mission à Constantinople), Odoacre, après diverses aventures, se trouvoit investi d'une charge éminente dans les gardes de l'Italie; il se met à la tête des séditieux, assiége Oreste dans Pavie, emporte la place, le prend et le tue [1]. Le 25 août de l'an 476, Odoacre, arien de religion, est proclamé *roi d'Italie*. L'empire romain avoit duré cinq cent sept ans moins quelques jours, depuis la bataille d'Actium; on comptoit douze cent vingt-neuf ans de la fondation de Rome.

Quand Augustule, dernier successeur d'Auguste, quitta les marques de la puissance, Simplicius, quarante-septième pontife depuis saint Pierre, occupoit la chaire de l'apôtre dont l'empire avoit commencé sous l'héritier immédiat d'Auguste; les successeurs de Simplicius, après treize cent cinquante-quatre ans, règnent encore dans les palais des Césars.

Odoacre établit son siége à Ravenne. Le sénat romain renonça au droit d'élire son maître; satisfait d'être esclave à merci, il déclara que le capitole abdiquoit la domination du monde, et renvoya, par une ambassade solennelle, les enseignes à Zénon, qui gouvernoit l'Orient. Zénon [2] reçut à Constantinople les ambassadeurs avec un front sévère; il reprocha au sénat le meurtre d'Anthême et le bannissement de Népos : « Népos vit encore, dit-il « aux ambassadeurs; il sera, jusqu'à sa mort, « votre vrai maître. » Ce brevet de tyran honoraire, délivré par Zénon à Népos, est le dernier titre de la légitimité des Césars.

Augustule, trouvé à Ravenne par Odoacre, fut dégradé de la pourpre [3]. L'histoire ne dit rien de lui, sinon qu'il étoit beau [1]. Le premier roi d'Italie accorda au dernier empereur de Rome une pension de 6000 pièces d'or : il le fit conduire à l'ancienne *villa* de Lucullus [2], située sur le promontoire de Misène, et convertie en forteresse depuis les guerres des Vandales : elle avoit d'abord appartenu à Marius; Lucullus l'acheta [3].

Ainsi la Providence assignoit pour prison au fils du secrétaire d'Attila, à un prince de race gothique, revêtu de la pourpre romaine par les derniers Barbares qui renversoient l'empire d'Occident, la Providence assignoit, dis-je, pour prison à ce prince une maison où fut portée la dépouille des Cimbres, premiers Barbares du septentrion qui menacèrent le Capitole. C'est là qu'Augustule passa sa jeunesse et sa vie inconnues, sans se douter de tout ce qui s'attachoit à son nom, indifférent aux leçons que donnoit sa présence, étranger aux souvenirs que rappeloient les lieux de son exil.

Ajoutons ici, attentifs que nous sommes à l'immutabilité des conseils éternels et à la vicissitude des choses humaines : les reliques de saint Severin succédèrent à la personne d'Augustule dans la demeure que Marius décora de ses proscriptions et de ses trophées, Lucullus de ses fêtes et de ses banquets : elle se changea en une église [4]. Odoacre, n'étant encore qu'un obscur soldat, avoit visité saint Severin dans la Norique. Le solitaire, à l'aspect de ce Barbare d'une haute taille, qui se courboit pour passer sous la porte de la cellule, lui dit : « Va en Italie; tu es maintenant couvert « de viles peaux de bêtes; un temps viendra « que tu distribueras des largesses [5]. »

---

[1] ENNODII TICIN., *Vit. Epiph.*, pag. 587.
[2] MALCHIN., *Excerp. de Leg.*, pag. 93.
[3] Non multum post, Odovacer, Turcilingorum rex, habens secum Scyros, Herulos, diversarumque gentium auxiliarios, Italiam occupavit, et, Oreste interfecto, Augustulum filium ejus de regno pulsum. (JORNAND., cap. XLVI.)
[1] Pulcher erat ANON. VALES.
[2] Deposuit (Odovacer) Augustulum de regno... Tamen donavit ei reditum sex millia solidos. (ANON. VAL., pag. 705.) In lucullano Campaniæ castello exsilii pœna damnavit. (JORNAND., cap. XLVI.)
[3] PLUT., *in Mario et in Lucul.*
[4] EUGIP., *in Vit. S. Severin.*
[5] Vade ad Italiam, vade vilissimis nunc pellibus coopertus : sed multis cito plurima largiturus. (ANON. VAL., pag. 717.)

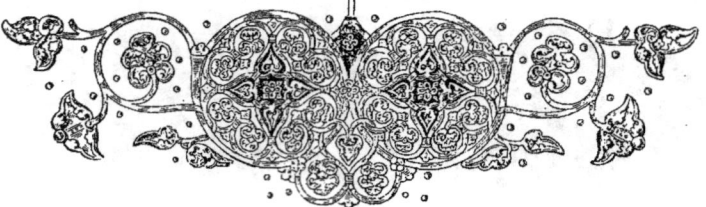

Enfin, le Dieu qui d'une main abaissoit l'empire romain, élevoit de l'autre l'empire françois. Augustule déposoit le diadème l'an 476 de Jésus-Christ, et l'an 481, Clovis, couronné de sa longue chevelure, régnoit sur ses compagnons.

CINQUIÈME DISCOURS.

PREMIÈRE PARTIE.

MŒURS DES CHRÉTIENS. AGE HÉROÏQUE.

RRÊTONS - NOUS pour contempler les vastes ruines que nous venons de traverser. Ce n'est rien que de connoître les dates de leur écroulement, rien que d'avoir appris les noms des hommes employés à cette destruction: il faut entrer plus profondément, plus intimement dans les mœurs, dans la vie des trois peuples chrétien, païen et barbare, qui se confondirent pour donner naissance à la société moderne. Elle va paroître, cette société, puisque l'empire d'Occident est détruit; voyons ce que fut le monde ancien dans les quatre siècles qui précédèrent sa mort, et ce qu'il étoit devenu lorsqu'il expira. Commençons par les chrétiens.

Le christianisme naquit à Jérusalem, dans une tombe que j'ai visitée au pied de la montagne de Sion : son histoire se lie à celle de la religion des Hébreux.

Pendant la durée du premier Temple, tout fut renfermé dans la lettre de la loi de Moïse; quand le roi, le peuple, ou quelque partie du peuple, se livroient à l'idolâtrie, le glaive les châtioit.

Sous le second Temple, la pureté de la loi s'altéra par le mélange des dogmes exotiques : la synagogue se forma.

La conquête d'Alexandre introduisit à son tour la philosophie grecque dans le système hébraïque. Des écoles juives se constituèrent : ces écoles, répandues dans la Médie, l'Élymaïde, l'Asie-Mineure, l'Égypte, la Cyrénaïque, l'île de Crète, et jusque dans Rome, subirent l'influence des religions, des lois, des mœurs, et de la langue même de ces divers pays. Les livres des Machabées se scandalisent de ces nouveautés.

« En ce temps-là il sortit d'Israël ces en-
« fants d'iniquité qui donnèrent ce conseil à
« plusieurs : Allons, et faisons alliance avec
« les nations qui nous environnent........
« Et ils bâtirent à Jérusalem un collége à la
« manière des nations [1].
« Les prêtres même...... ne faisoient aucun
« état de ce qui étoit en honneur dans leur
« pays, et ne croyoient rien de plus grand que
« d'exceller en tout ce qui étoit en estime
« parmi les Grecs [2]. »

Il se forma bientôt quatre sectes principales : celle des pharisiens, celle des sadducéens, celle des samaritains, celle des esséniens.

Les pharisiens altéroient le dogme et la loi en reconnoissant une sorte de destin impuissant qui n'ôtoit point la liberté à l'homme; ils se divisoient en sept ordres. Livrés à des imaginations bizarres, ils jeûnoient et se flagelloient; ils prenoient soin, en marchant, de ne pas toucher les pieds de Dieu, qui ne s'élèvent que de quarante-huit pouces au-dessus de terre. Ils mettoient surtout un grand zèle à propager leur doctrine.

[1] MACHAB., lib. I, cap. I.
[2] Id., lib. II, cap. IV.

Ce qui distingue les sectes juives des sectes grecques, c'est précisément cet esprit de propagation. La sagesse hellénique se réduisoit, en général, à la Théorie; la sagesse juive avoit pour fin la pratique; l'une formoit des *écoles*, l'autre des *sociétés*. Moïse avoit imprimé une vertu législative au génie des Hébreux, et le christianisme, juif d'origine, retint et posséda au plus haut degré cette vertu.

Les sadducéens s'attachoient à la lettre écrite, ils rejetoient la tradition, et conséquemment la science cabalistique : ne trouvant rien sur l'âme dans les livres de Moïse, ils étoient matérialistes, et préféroient Épicure à Zénon.

Les Samaritains n'adoptoient que le Pentateuque, et remontoient à la religion patriarcale.

Les esséniens de la Judée (qui produisirent les thérapeutes de l'Égypte, secte plus contemplative encore) repoussoient la tradition comme les sadducéens, et croyoient à l'immortalité de l'âme comme les pharisiens. Ils fuyoient les villes, vivoient dans les campagnes, renonçoient au commerce, et s'occupoient du labourage. Ils n'avoient point d'esclaves et n'amassoient point de richesses : ils mangeoient ensemble, portoient des habits blancs qui n'appartenoient en propre à personne, et que chacun prenoit à son tour. Les uns demeuroient dans une maison commune, les autres dans des maisons particulières, mais ouvertes à tous. Ils s'abstenoient du mariage, et élevoient les enfants qu'on leur confioit. Ils respectoient les vieillards, ne mentoient point, ne juroient jamais. Ils promettoient le silence sur les *mystères* : ces mystères n'étoient autres que la morale écrite dans la loi.

Les premiers fidèles prirent des esséniens cette simplicité de vie, tandis que les thérapeutes donnèrent naissance à la vie monastique chrétienne.

Mais, d'une autre part, l'essénianisme étoit la seule secte juive qui n'attendît point le Messie et qui condamnât le sacrifice, en quoi les chrétiens ne la suivirent pas. Une opinion commune reposoit au fond de la société israélite : le sauveur de la race de David, de tous temps promis, étoit espéré de siècle en siècle, d'année en année, de jour en jour, d'heure en heure; homme et Dieu, roi conquérant pour les sadducéens, les caraïtes ou scripturaires; sage ou docteur pour les samaritains.

Il y avoit encore chez ce peuple un fait qui n'appartenoit qu'à ce peuple, je veux dire la grande école poétique des prophètes : commençant auprès du berceau du monde, elle erra quarante ans avec l'arche dans le désert; école que n'interrompirent point la captivité d'Égypte et celle de Babylone, la conquête d'Alexandre, l'oppression des rois de Syrie, la domination romaine, la monarchie des Hérodes qui implantèrent de force et improvisèrent en Judée une civilisation étrangère. Cette école de l'avenir évoquant le passé, et dédaignant le présent, ne manqua de maîtres ni dans la prospérité, ni dans le malheur, ni sur les rivages du Nil, ni sur les bords du Jourdain, ni sur les fleuves de Babylone, ni sur les ruines de Tyr et de Jérusalem. Et quels maîtres ! Moïse, Josué, David, Salomon, Isaïe, Jérémie, Ézéchiel, Daniel et le Christ, en qui s'accomplirent toutes les prophéties, et qui fut lui-même le dernier prophète.

Lorsqu'il eut paru, les Juifs le méconnurent : ils le regardèrent comme un séducteur. Les deux commentaires de la Mishna, le Talmud babylonien et le Talmud de Jérusalem donnent de singulières notions du Christ[1].

« Un certain jour, lorsque plusieurs doc« teurs étoient assis à la porte de la ville, deux
« jeunes garçons passèrent devant eux : l'un
« couvrit sa tête, l'autre passa la tête décou« verte. Éliézer, voyant l'effronterie de celui« ci, le soupçonna d'être un enfant illégitime;
« il alla trouver la mère qui vendoit des herbes
« au marché, et il apprit que non-seulement
« l'enfant étoit illégitime, mais qu'il étoit né
« d'une femme impure[2]. »

---

[1] La Mishna est un recueil des traditions juives, fait vers le milieu du second siècle de l'ère chrétienne, par le rabbin Juda, fils de Simon, appelé *le Saint* à cause de la pureté de sa vie, et chef de l'école hébraïque à Tibériade, en Galilée.

« Ea omnia secundum certa doctrinæ capita dispo« suit, et in unum volumen redegit, cui nomen hoc
« *Mishna*, hoc est δευτέρωσις imposuit. » Tela ignea Satanæ (WAGENSEIL, pr., pag. 55.)

[2] Cum aliquando seniores sederent in porta (urbis.) præterierunt ante ipsos duo pueri, quorum alter caput texerat, alter detexerat. Et de eo quidem, qui caput

Marie est appelée plusieurs fois dans le Talmud une coiffeuse de femmes.

Des juifs composèrent deux histoires du Christ sous le titre *Sepher toldos Jeschu*, livre des générations de Jésus. Joseph Pandera, de Bethléem, se prend d'amour pour une jeune coiffeuse nommée Mirjan (Marie), fiancée à Jochanan. Pandera abuse de Mirjan; elle accouche d'un fils, appelé Jehoscua (Jésus). Jehoscua, élevé par Elchanan, devient habile dans les lettres. Les sénateurs, que Jehoscua ne voulut pas saluer à la porte de la ville, firent publier, au son de trois cents trompettes, que sa naissance étoit impure. Il s'enfuit en Galilée, revient à Jérusalem, se glisse dans le peuple, apprend et dérobe le nom de Dieu, l'écrit sur une peau[1], s'ouvre la cuisse sans douleur, et cache son larcin dans cette incision. Avec l'ineffable nom Schemhamephoras, il accomplit une foule de prodiges. Jehoscua, condamné à mort par le sanhédrin, est couronné d'épines, fouetté et lapidé; on le vouloit pendre à du bois; mais tous les bois se rompirent parce qu'il les avoit enchantés. Les sages allèrent chercher un grand chou[2]; et l'on y attacha Jehoscua.

Telle est une des misérables histoires que les juifs opposoient à la majesté du récit évangélique.

La première Église juive se composa des trois mille convertis. Ces convertis écoutoient les instructions des apôtres, prioient ensemble, et faisoient dans les maisons particulières la fraction du pain. Ils mettoient leurs biens en commun, et vendoient leurs héritages pour en distribuer le prix à leurs frères. Leur vie, comme je l'ai dit plus haut, étoit à peu près celle des esséniens.

Cette simplicité se conserva longtemps. Domitien, ayant appris que certains chrétiens juifs se prétendoient issus de la race royale de David, les fit venir à Rome. Questionnés sur leurs richesses, ils répondirent qu'ils possédoient trente-neuf plèthres de terre, environ sept arpents et demi, qu'ils payoient l'impôt et vivoient de leurs champs; ils montrèrent leurs mains endurcies par le travail. L'empereur leur demanda ce que c'étoit que le royaume du Christ; ils répliquèrent qu'il n'étoit pas de ce monde : on les renvoya. Ces deux laboureurs étoient deux évêques. Ils vivoient encore sous Trajan[1].

En faisant l'histoire de l'Église, on a confondu les temps; il est essentiel de distinguer deux âges dans le premier christianisme : l'âge héroïque ou des martyrs, l'âge intellectuel ou l'âge philosophique : l'un commence à Jésus-Christ et finit à Constantin, l'autre s'étend de cet empereur à la fondation des royaumes barbares. C'est de l'âge héroïque que je vais d'abord parler. Je vous le vais montrer tel qu'il s'est peint lui-même et tel que l'ont représenté les païens.

« Chez nous, dit un apologiste, vous trou-
« verez des ignorants, des ouvriers, des vieil-
« les femmes, qui ne pourroient peut-être
« montrer par des raisonnements la vérité de
« notre doctrine; ils ne font pas des discours,
« mais ils font de bonnes œuvres. Aimant notre
« prochain comme nous-mêmes, nous avons
« appris à ne point frapper ceux qui nous
« frappent, à ne point faire de procès à ceux
« qui nous dépouillent : si l'on nous donne un
« soufflet, nous tendons l'autre joue; si l'on
« nous demande notre tunique, nous offrons
« encore notre manteau. Selon la différence

---

proterve, et contra bonos mores, texerat, pronuntiavit R. Elieser, quod esset spurius......... Abiit ergo ad matrem pueri istius, quam cum videret sedertem in foro, et vendentem leguminia....... Unde apparuit puerum istum esse non modo spurium, sed et menstruatæ filium.

[1] Venit itaque Jesus Nazarenus et ingressus templum didicit litteras illas, et scripsit in pergameno : deinde scidit carnem cruris sui, et in incisione illa inclusit dictam chartulam, et dicendo nomen, nullum sensit dolorem, et rediit cutis continuo sicut ante erat.

[2] Ipse quippe per Schemhamephoras adjuraverat omnia ligna ne susciperent eum. Abierunt itaque, et adduxerunt stipitem unius caulis qui non est de lignis, sed de herbis, et suspenderunt eum super eum.

[1] Nec sibi in pecunia subsistere, sed in æstimatione terræ, quod eis esset in quadraginta minus uno jugeribus constituta, quam suis maribus excolentes, vel ipsi alerentur vel tributa dependerent. Simul et testes ruralis et diurni operis, manus labore rigidas et callis obduratas præferebant. Interrogati vero de Christo, quale sit regnum ejus..... responcerunt, quod non hujus mundi regnum (HEGESIP., *ap. Euseb.*, lib. III, cap. xx.)

« des années, nous regardons les uns comme
« nos enfants, les autres comme nos frères et
« nos sœurs : nous honorons les personnes plus
« âgées comme nos pères et nos mères. L'es-
« pérance d'une autre vie nous fait mépriser
« la vie présente, et jusqu'aux plaisirs de l'es-
« prit. Chacun de nous, lorsqu'il prend une
« femme, ne se propose que d'avoir des en-
« fants, et imite le laboureur qui attend la
« moisson en patience. Nous avons renoncé
« à vos spectacles ensanglantés, croyant qu'il
« n'y a guère de différence entre regarder le
« meurtre et le commettre. Nous tenons pour
« homicides les femmes qui se font avorter,
« et nous pensons que c'est tuer un enfant que
« de l'exposer. Nous sommes égaux en tout,
« obéissant à la raison sans la prétendre gou-
« verner[1]. »

Remarquez que ce n'est pas là une *école*, une *secte*, mais une *société*, fondée sur la morale universelle, inconnue des anciens.

Les repas se mesuroient sur la nécessité, non sur la sensualité : les frères vivoient plutôt de poisson que de viande, d'aliments crus, de préférence aux aliments cuits; ils ne faisoient qu'un seul repas, au coucher du soleil, et s'ils mangeoient quelquefois le matin, c'étoit un peu de pain sec. Le vin, défendu aux jeunes gens, étoit permis aux autres personnes, mais en petite quantité. La règle prohiboit les riches ameublements, la vaisselle, les couronnes, les parfums, les instruments de musique. Pendant le repas on chantoit des cantiques pieux : le rire bruyant, interdit, laissoit régner une gravité modeste.

Après le repas du soir on louoit Dieu du jour accordé, puis on se retiroit pour dormir sur un lit dur : on abrégeoit le sommeil afin d'allonger la vie. Les fidèles prioient plusieurs fois la nuit, et se levoient avant l'aube.

Leurs habits blancs, sans mélange de couleurs, ne devoient point traîner à terre, et se composoient d'une étoffe commune : c'étoit une maxime reçue que l'homme doit valoir mieux que ce qui le couvre. Les femmes portoient des chaussures par bienséance; les hommes alloient pieds nus, excepté à la guerre; l'or et les pierreries n'entroient jamais dans leurs parures : déguiser sa tête sous une fausse chevelure, se farder, se teindre les cheveux ou la barbe, sembloit chose indigne d'un chrétien. L'usage du bain n'étoit permis que pour santé et propreté.

Cependant quelques ornements étoient laissés aux femmes comme un moyen de plaire à leurs maris. Point d'esclaves, ou le moins possible; point d'eunuques, de nains, de monstres, aucune de ces bêtes que les femmes romaines nourrissoient aux dépens des pauvres.

Pour entretenir la vigueur du corps dans la jeunesse, les hommes s'exerçoient à la lutte, à la paume, à la promenade, et se livroient surtout au travail manuel : le ménage et le service domestique occupoient les femmes. Les dés et les autres jeux de hasard, les spectacles du cirque, du théâtre et de l'amphithéâtre, étoient défendus, comme une source de corruption. On alloit à l'église d'un pas mesuré, en silence, avec une charité sincère. Le baiser de paix étoit le signe de reconnoissance entre les chrétiens; ils évitoient pourtant de se saluer dans les rues, de peur de se découvrir aux infidèles. Toutes ces règles étoient visiblement faites en opposition avec la société romaine, et établies comme une censure de cette société.

La virginité passoit pour l'état le plus parfait, et le mariage pour être dans l'intention du Créateur. Les vieillards disoient à ce sujet : « Il n'y a point, dans les maladies et dans le « long âge, de soins pareils à ceux que l'on « reçoit de sa femme et de ses enfants. Atta- « chez-vous à l'âme; ne regardez le corps que « comme une statue dont la beauté fait songer « à l'ouvrier et ramène à la beauté véritable. » On reconnoissoit que la femme est susceptible de la même éducation que l'homme, et que l'on pouvoit philosopher sans lettres le Grec, le Barbare, l'esclave, le vieillard, la femme et l'enfant : c'étoit l'espèce humaine rendue à sa nature.

Le chrétien honoroit Dieu en tout lieu, parce que Dieu est partout. « La vie du chrétien est « une fête perpétuelle; il loue Dieu en labou- « rant, en naviguant, dans les divers états de « la société. » Néanmoins il avoit des heures plus particulièrement consacrées à la prière,

---

[1] ATHENAGOR., *Apolog.*, trad. de FLEURY. (*Hist. eccl.*, lib. III, tom. I, pag. 589.)

comme tierce, sexte et none. On prioit debout, le visage tourné vers l'orient, la tête et les mains levées au ciel. En répondant à l'oraison finale, on levoit aussi symboliquement un pied, comme un voyageur prêt à quitter la terre [1].

Dieu, pour les disciples du Sauveur, étoit sans figure et sans nom : quand ils l'appeloient Un, Bon, Esprit, Père, Créateur, c'étoit par indigence de la langue humaine. L'âme seule, qui est chrétienne d'extraction, trouve intuitivement le vrai nom de Dieu, lorsqu'elle est laissée à son libre témoignage : toutes les fois qu'elle se réveille, elle s'exprime de cette façon dans son for intérieur : « *Ce qui plaira à Dieu*. « *Dieu me voit. Je le recommande à Dieu*. « *Dieu me le rendra*. » Et l'homme dont l'âme parle ainsi ne regarde pas le Capitole, mais le ciel [2].

Le pasteur avoit la simplicité du troupeau; l'évêque, le diacre et le prêtre, dont les noms signifioient président, serviteur et vieillard, ne se distinguoient point par leurs habits du reste de la foule. Médiateurs à l'autel, arbitres aux foyers, il leur étoit recommandé d'être tendres, compatissants, pas trop crédules au mal, pas trop sévères, parce que nous sommes tous pécheurs [3]. S'ils étoient mariés, ils devoient n'avoir eu qu'une femme; ils devoient être en réputation de bonnes mœurs, de pères de famille exemplaires, et jouir d'une renommée sans tache, même parmi les païens. « Sous « les épreuves, disoit saint Ignace, qu'ils de- « meurent fermes comme l'enclume frappée [4]. » Ce même saint, dans les fers, écrivoit à l'Église de Rome : « Je ne serai vrai disciple de Jésus- « Christ que quand le monde ne verra plus « mon corps. Priez, afin que je me change en « victime. Je ne vous donne pas des ordres « comme Pierre et Paul : c'étoient des apô- « tres, je ne suis rien; ils étoient libres, je « suis esclave [1]. »

Les évêques étoient choisis dans toutes les conditions de la vie ; on voit des évêques laboureurs, bergers, charbonniers. Les diocèses, sorte de républiques fédératives, élisoient leurs présidents selon leurs besoins ; éloquents et instruits pour les grandes cités, simples et rustiques pour les campagnes, guerriers même, quand il le falloit, pour défendre la communauté. Aussi fuyoit-on ces honneurs à grandes charges : c'étoit dans les cavernes, au fond des bois, sur les montagnes, que le peuple chrétien alloit chercher et enlever ces princes de la foi. Ils se cachoient, ils se déclaroient indignes, ils répandoient des larmes ; quelques-uns même mouroient de frayeur.

Gérès, petite ville d'Égypte, à cinquante stades de Péluse, avoit élu pour évêque un solitaire nommé Nilammon : il demeuroit dans une cellule dont il avoit muré la porte, et s'obstinoit à refuser l'épiscopat. Théophile, évêque d'Alexandrie, s'efforça de le persuader : « Demain, mon père, dit l'ermite, vous ferez « ce qu'il vous plaira. » Théophile revint le lendemain, et dit à Nilammon d'ouvrir. « Prions auparavant, » répondit le solitaire du fond de son rocher. La journée se passe en oraison. Le soir on appelle Nilammon à haute voix : il garde le silence; on enlève les pierres qui bouchoient l'entrée de l'ermitage : le solitaire gisoit mort au pied d'un crucifix [2].

Les premières églises étoient des lieux cachés, des forêts, des catacombes, des cimetières, et les autels, une pierre ou le tombeau d'un martyr : pour ornements, on avoit des fleurs, des vases de bois, quelques cierges, quelques lampes, à l'aide desquels le prêtre lisoit l'Évangile dans l'obscurité des souterrains; on avoit encore des boîtes à secret, pour

---

[1] CLEM. ALEX., *Pedag.*, lib. I, II, III ; Id. *in Strom*.

[2] Quod Deus dederit, Deus videt et Deo commendo, et Deus mihi reddet... Denique pronuntians hoc non ad Capitolium, sed ad cœlum respicit. (TERTULL., *Apologeticus*, cap. XVII, pag. 64. Parisiis, 1657.)

[3] S. POLYC., Epist.

[4] Sta firmus velut incus quæ verberatur (IGNAT. *ad Polyc.*, pag. 206. Genevæ, 1623.)

[1] Tunc ero verus Jesu Christi discipulus, cum mundus nec corpus meum viderit. Deprecemini Dominum pro me ut per hæc instrumenta Deo efficiar hostia. Non ut Petrus et Paulus hæc præcipio vobis : illi apostoli Jesu Christi, ego vero minimus; illi liberi utpote servi Dei, ego vero etiamnum servus. (IGNATII *Epistola ad Romanos*, pag. 247. Genevæ, 1623.)

[2] In oratione spiritum Deo reddidit. (*Martyr.*, 6 janvier.)

y cacher le pain du voyageur, que l'on portoit au fidèle dans les mines, dans les cachots, au milieu des lions de l'amphithéâtre.

Tels étoient les chrétiens de l'âge héroïque. Les païens les considéroient autrement.

Selon eux, ces sectaires grossiers, ignorants, fanatiques, populace demi-nue, prenoient plaisir à s'entourer de jeunes niais et de vieilles folles pour leur conter des puérilités [1]. Ils prétendoient que les Galiléens ne vouloient ni donner ni discuter les raisons de leur culte, ayant coutume de dire : « Ne vous enquérez pas [2]; la sagesse de cette vie est un mal, et la folie un bien. » — « Votre partage, » écrivoit Julien [3], apostrophant les disciples de l'Évangile, « est la grossièreté. Toute votre sagesse « consiste à répéter stupidement : Je crois. » La religion du Christ étoit appelée par les latins *insania* [4], *amentia* [5], *dementia* [6], *stultitia*, *furiosa opinio* [7], *furoris insipientia* [8]. Les fidèles eux-mêmes étoient surnommés des *demi-morts*, à cause de leurs longs jeûnes et de leurs veilles [9].

Lucien, ou plutôt un auteur inconnu antérieur à Lucien, a peint, dans le dialogue satirique *Philopatris*, une assemblée de ces premiers chrétiens.

Critias. « J'étois allé dans une des rues de « la ville : j'aperçus une troupe de gens qui « chuchotoient, et qui, pour mieux entendre, « colloient leur oreille sur la bouche de celui « qui parloit. Je regardois ces hommes, afin « d'y découvrir quelqu'un de connoissance ; « j'aperçus le politique Craton, avec qui je « suis lié dès l'enfance. »

Tricphon. « Je ne sais qui tu veux dire :

---

[1] Qui de ultima fæce collectis inferioribus et mulieribus credulis... plebem profanæ conjurationis instituunt... miseri... ipsi semi nudi... maxime indoctis. (Theop., *Antioch.*, lib. II ; Minut. Felix, *Apol.*)
[2] Nihil perquiras, sed duntaxat credito... humanam hanc sapientiam pro noxia esse habendam ; et pro bona frugique stultitiam..... Malam esse in vita sapientiam. (Orig., *cont. Cels.*, lib. I.)
[3] *Apud* Greg. Naz.
[4] S. Cyp., lib. *ad Demet.*
[5] Plin., *epist. ad Traj.*
[6] Tert., *Ap.*, cap. I.
[7] Minut. Fel.
[8] *Act. Proc. Mart. Scill.*
[9] Greg. Naz. *cont. Julian.*

« est-ce celui qui est préposé à la répartition « des tributs ? Qu'arriva-t-il ? »

Critias. « Je m'approchai de lui après avoir « fendu la presse ; et, l'ayant salué, j'entr'ouïs « un petit vieillard tout cassé, nommé Cari-« cène, qui commença à dire d'une voix grêle « et en parlant du nez, après avoir bien toussé « et craché : *Celui dont je viens de parler « paiera le reste des tributs, acquittera toutes « les dettes, tant publiques que particulières, « et recevra tout le monde sans s'informer de « la profession.*

« Caricène ajouta plusieurs autres futilités, « également applaudies par ceux qui étoient « présents, et que la nouveauté des choses « rendoit attentifs. Un autre frère, nommé « Clévocarme, sans chapeau ni souliers, et « couvert d'un manteau en loques, marmot-« toit entre ses dents : un homme mal vêtu, « venant des montagnes, et qui avoit la tête « rase, me le montra. . . . . Alors « un des assistants, à l'œil farouche, me tira « par le manteau, croyant que j'étois des siens, « et me persuada à la malheure, de me trouver « au rendez-vous de ces magiciens. . . . . .

« Nous avions déjà passé le *seuil d'airain* et « les *portes de fer*, comme dit le poëte, lors-« que, après avoir grimpé au haut d'un logis « par un escalier tortu, nous nous trouvâmes, « non dans la salle de Ménélas, toute brillante « d'or et d'ivoire, aussi n'y vîmes-nous pas « Hélène, mais dans un méchant galetas : j'a-« perçus des gens pâles, défaits, courbés contre « terre. Ils n'eurent pas plus tôt jeté les regards « sur moi, qu'ils m'abordèrent joyeux, me de-« mandant si je n'apportois pas quelques mau-« vaises nouvelles ; ils paroissoient désirer des « événements fâcheux, et, semblables aux fu-« ries, ils se gaudissoient des malheurs.

« Après s'être parlé à l'oreille, ils me de-« mandèrent qui j'étois, quelle ma patrie, « quels mes parents.

« Ces hommes, qui marchent dans les airs, « m'interrogèrent ensuite sur la ville et sur « le monde. Je leur dis : « Le peuple entier « est dans la jubilation, et y sera de même à « l'avenir. » Eux, fronçant le sourcil, me ré-« pondirent qu'il n'en iroit pas ainsi, et qu'il « se couvoit un mal que l'on verroit bientôt « éclore. . . . .

« Là-dessus, comme s'ils eussent eu cause
« gagnée, ils commencèrent à débiter les choses
« où ils se plaisent : que les affaires alloient
« changer de face; que Rome seroit troublée
« par des divisions; que nos armées seroient
« défaites. Ne pouvant plus me contenir, et
« tout enflammé de colère, je m'écriai : O mi-
« sérables !.... que les maux par vous annoncés
« retombent sur vos têtes, puisque vous aimez
« si peu votre patrie ! ».............

Triephon. « Que répliquèrent ces hommes
« à tête rase, et qui ont l'esprit de même? »

Critias. « Ils passèrent cela doucement, et
« eurent recours à leurs échappatoires ordi-
« naires; ils prétendirent qu'ils voyoient ces
« choses en songe, après avoir jeûné six so-
« leils et dépensé les nuits à chanter leurs
« hymnes. . . . . Alors, avec un faux
« sourire, ils se penchèrent hors des lits ché-
« tifs sur lesquels ils se reposoient [1]. »

Cette assemblée, peinte par un ennemi, diffère étrangement du concile de Nicée. Les chrétiens étoient si méprisés à l'époque où fut écrite
cette satire, qu'on les mettoit au-dessous des
Juifs. C'étoient pourtant ces hommes cachés
dans un galetas, ces gueux que l'on traînoit
au supplice aussitôt qu'ils étoient reconnus,
ces coupables, non de crime, mais de naissance, ces créatures dégradées à qui l'on ne
reconnoissoit pas même le droit des plus vils
serfs; c'étoient ces esclaves mis hors la loi
qui devoient rendre au genre humain ses lois
et ses libertés.

L'embarras des chrétiens devant leurs pères
païens offre une ressemblance singulière avec
ce qui se passe de nos jours entre les anciennes
générations et les générations nouvelles : les
premières ne comprennent point et ne com-
prendront pas ce qui est clair et accompli pour
les secondes [1]. Le christianisme, véritable liberté sous tous les rapports, paroissoit, aux
vieux idolâtres nourris au despotisme politique
et religieux, une nouveauté détestable : ce
progrès de l'espèce humaine étoit dénoncé
comme une subversion de tous les principes
sociaux. « Dans les maisons particulières on
« voit, dit Celse, des hommes grossiers et
« ignorants, des ouvriers en laine qui se tai-
« sent devant les vieillards et les pères de fa-
« mille. Mais rencontrent-ils à l'écart quelques
« enfants, quelques femmes, ils les endoctri-
« nent; ils leur disent qu'il ne faut écou-
« ter ni leurs pères ni leurs pédagogues; que
« ceux-ci sont des radoteurs, incapables de
« connoître et de goûter la vérité. Ils excitent
« ainsi les enfants à secouer le joug; ils les
« engagent à se rendre au gynécée, ou dans
« la boutique d'un foulon, ou dans celle d'un
« cordonnier, pour apprendre ce qui est par-
« fait [2]. »

Les vertus, conséquence nécessaire du premier christianisme, faisoient haïr ceux qui les
pratiquoient, parce qu'elles étoient un reproche
aux vices opposés. Un mari chassoit sa
femme devenue sage depuis qu'elle étoit devenue chrétienne; un père désavouoit un fils
autrefois prodigue et volontaire, transformé
par le changement de religion en enfant soumis et ordonné [3]. Les accusations portées contre les chrétiens étoient l'histoire même de
leur innocence : « J'en prends à témoin vos
registres, disoit Tertullien, vous qui jugez les
criminels : y en a-t-il un seul qui soit chrétien? L'innocence est pour nous une nécessité, l'ayant apprise de Dieu qui est un maître
accompli. On nous reproche d'être inutiles à
la vie, et pourtant nous allons à vos marchés,
à vos foires, à vos bains, à vos boutiques, à
vos hôtelleries. Nous faisons le commerce,
nous portons les armes, nous labourons [4]. Il

---

[1] *Philopat..* et, dans BULL., *Hist. de l'Établiss. du Christ.*, tirée des seuls auteurs juifs et païens, pag. 261.

LARDNER. *Jewis and heathen testimonies*, etc., t. II, pag. 356. J'ai conservé la version de Bullet, en faisant disparoître des contre-sens, des négligences et des obscurités de style; le texte est lui-même fort embarrassé, et n'a aucun rapport avec l'élégance de Lucien. Le *Philopatris* a été aussi traduit par d'Ablancourt et par Blin de Saint-More.

[1] Tout ceci étoit écrit longtemps avant les journées des 27, 28 et 29 juillet.

[2] ORIG. *cont. Cels.*

[3] Uxorem jam pudicam, maritus non jam zelotypus ejecit. Filium subjectum pater retro patiens abdicavit. (TERTULL. *Apologet.*, tom. I., cap. III, pag. 45. Parisiis, 1648.)

[4] Itaque non sine foro, non sine macello, non sine

est vrai que les trafiquants des femmes perdues, que les assassins, les empoisonneurs, les magiciens, les aruspices, les devins, les astrologues, n'ont rien à gagner avec nous [1]. »

On accusoit les chrétiens d'être une faction, et ils répondoient. « La faction des chrétiens « est d'être réunis dans la même religion, dans « la même morale, la même espérance. Nous « formons une conjuration pour prier Dieu en « commun, et lire les divines Écritures. Si « quelqu'un de nous a péché, il est privé de la « communion, des prières et de nos assemblées « jusqu'à ce qu'il ait fait pénitence. Ces assem« blées sont présidées par des vieillards dont la « sagesse a mérité cet honneur. Chacun apporte « quelque argent tous les mois, s'il le veut ou « le peut. Ce trésor sert à nourrir et à enterrer « les pauvres, à soutenir les orphelins, les « naufragés, les exilés, les condamnés aux « mines ou à la prison, pour la cause de Dieu. « Nous nous donnons le nom de frères ; nous « sommes prêts à mourir les uns pour les au« tres. Tout est en commun entre nous, hors « les femmes. Notre souper commun s'expli« que par son nom d'Agape, qui signifie cha« rité [2]. »

La congrégation apostolique embrassoit alors le monde civilisé comme une immense société secrète qui s'avançoit vers son but, en dépit des proscriptions et de la folle inimitié de la terre. Dès l'âge héroïque du christianisme, on entrevoit les changements radicaux que cette religion alloit apporter dans les lois : c'étoit la philosophie mise en pratique. En attendant l'abolition de l'esclavage par des transformations graduelles, l'émancipation du sexe féminin commençoit.

Les femmes parurent seules au pied de la croix, Jésus-Christ pendant sa vie pardonna à leur foiblesse, et ne dédaigna pas leur hommage : il les affranchit dans la personne de Marie, sa divine mère.

Des femmes suivoient les apôtres pour les servir, comme Madeleine et les autres Marie avoient suivi le Christ [1]. Saint Paul salue à Rome les femmes de la maison de Narcisse.

Les femmes eurent une relation immédiate avec l'Église, en vertu de l'institution des diaconesses. La diaconesse devoit être chaste, sobre et fidèle. Les veuves choisies pour cette fonction ne pouvoient compter moins de soixante ans ; elles devoient avoir nourri leurs enfants, exercé l'hospitalité, lavé les pieds des voyageurs, consolé les affligés [2].

Les instructions des apôtres et des premiers Pères montrent de quelle importance étoient les femmes à la naissance même de la société chrétienne. Tertullien écrivit deux livres sur leurs ornements et l'usage de leur beauté. « Rejetez le fard, les faux cheveux, les autres « parures ; vous n'allez point aux temples, aux « spectacles, aux fêtes des gentils. Vos raisons « pour sortir sont sérieuses : visiter les frères « malades, assister au saint sacrifice, écouter « la parole de Dieu [3]. Secouez les délices pour « ne pas être accablées des persécutions. Des « mains accoutumées aux bracelets supporte« roient mal le poids des chaînes ; des pieds « ornés de bandelettes s'accommoderoient peu « des entraves ; une tête chargée de perles et « d'émeraudes ne laisseroit pas de place à « l'épée [4]. »

---

[1] 55. Erant autem ibi mulieres multæ a longe, quæ secutæ erant Jesum a Galilæa, ministrantes ei.
55. Inter quas erat Maria Magdalene, et Maria Jacobi, et Joseph mater... (*Evang. secundum Matthæum*, cap. XXVII, v. 55-56.)

[2] 9. Vidua eligatur non minus sexaginta annorum, quæ fuerit unius viri, uxor.
10. In operibus bonis testimonium habens, si filios educavit, si hospitio recepit, si sanctorum pedes lavit, si tribulationem patientibus subministravit. (*Epist. prim. B. Pauli ad Timoth.*, cap. V, v. 9-10.)

[3] Nam nec templa circuitis, nec spectacula postulatis, nec festos dies gentilium nostis. Nulla est strictius prodeundi causa, nisi imbecillis aliquis ex fratribus, visitandus, aut sacrificium affertur, aut Dei verbum administratur. (TERTULL., *de Cultu fœminar.*, lib. II p. 315. Parisiis. 1568.)

[4] Discutiendæ enim sunt deliciæ quarum mollitia et

---

balneis, tabernis, officinis, stabulis, nundinis vestris, cæterisque commerciis cohabitamus hoc seculum. Navigamus et nos vobiscum, et rusticamur et mercamur. (TERTULL., *Apologetic.*, pag. 543, tom. II, cap. XLII.)

[1] Plane confitebor si forte vere de sterilitate christianorum conqueri possunt. Primi eruut lenones, perductores, aquarioli. Tum sicarii, venenarii, magi. Item aruspices, arioli, mathematici. His infructuosos esse magnus fructus est. (TERTULL., *Apologetic.*, cap. XLIII. pag. 553.)

[2] TERTULL., *Apologetic.*

Les vierges ne devoient paroître à l'église que voilées jusqu'à la ceinture : une pension leur étoit accordée ainsi qu'aux veuves.

Dans le traité *ad Uxorem*, on voit paroître la femme toute différente de la femme de l'antiquité, et telle qu'elle est aujourd'hui. C'est en même temps un tableau véritable de ce qui se passoit alors dans la communauté générale et dans la famille privée des chrétiens.

Tertullien invite sa femme à ne pas se remarier s'il venoit à mourir, surtout à ne pas épouser un infidèle. Le christianisme, conforme à la nature et à l'ordre, condamnoit la polygamie des nations orientales, et le divorce admis par les Grecs et les Romains.

« La femme chrétienne, dit Tertullien, rendra à son mari païen les devoirs de païenne : « elle aura pour lui beauté, parure, propreté « mondaine, caresses honteuses. Il n'en est « pas ainsi chez les saints : tout s'y passe avec « retenue sous les yeux de Dieu [1].

« Comment pourra-t-elle (l'épouse chré- « tienne) servir le ciel ayant à ses côtés un es- « clave du démon chargé de la retenir? S'il « faut aller à l'église, il lui donnera rendez- « vous aux bains plus tôt qu'à l'ordinaire ; s'il « faut jeûner, il commandera un festin pour « le même jour ; s'il faut sortir, jamais les « serviteurs n'auront été plus occupés [2]. Ce « mari souffrira-t-il que sa femme visite de rue « en rue les frères dans les réduits les plus « pauvres? souffrira-t-il qu'elle se lève d'au- « près de lui, afin d'assister aux assemblées « de nuit? souffrira-t-il qu'elle découche à la « solennité de Pâques? la laissera-t-il se rendre « à la table du Seigneur, si décriée parmi les « païens? Trouvera-t-il bon qu'elle se glisse « dans les prisons, pour baiser la chaîne des « martyrs, pour laver les pieds des saints, pour « offrir avec empressement aux confesseurs la « nourriture [1]? S'il vient un frère étranger, « comment sera-t-il logé? dans une maison « étrangère? S'il faut donner quelque chose, « le grenier, la cave, tout sera fermé.

« Quand le mari païen consentiroit à tout, « c'est un mal d'être obligé de lui faire confi- « dence des pratiques de la vie chrétienne. « Vous cacherez-vous de lui en faisant le signe « de la croix sur votre lit, sur votre corps, en « soufflant pour chasser quelque chose d'im- « monde? Ne croira-t-il pas que c'est une opé- « ration magique? ne saura-t-il point ce que « vous prenez en secret, avant toute nour- « riture? et, s'il sait que c'est du pain, ne « supposera-t-il pas qu'il est tel qu'on le dit [2]?

« Que chantera dans un festin la femme « chrétienne avec son mari païen? Elle en- « tendra des hymnes de théâtre : il n'y aura ni « mention de Dieu [3], ni invocation de Jésus- « Christ, ni lecture des Écritures, ni saluta- « tion divine.

« L'Église dresse le contrat du mariage chré- « tien, l'oblation le confirme, la bénédiction « en devient le sceau, les anges le rapportent au « Père céleste qui le ratifie. Deux fidèles por- « tent le même joug : ils ne sont qu'une chair, « qu'un esprit ; ils prient ensemble ; ils jeûnent « ensemble ; ils sont ensemble à l'église et à la « table de Dieu, dans la persécution et dans la « paix [4]. »

---

[1] Quis denique in solemnibus Paschæ abnoctantem securus sustinebit? Quis ad convivium dominicum illud quod infamat sine sua suspicione dimittet? Quis in carcerem ad osculanda vincula martyris reptare patietur? aquam sanctorum pedibus offerre? (TERTULL., *ad Uxor*., lib. II.)

[2] Il s'agit de l'Eucharistie, et toujours de l'histoire de l'enfant que devoient manger les chrétiens.

Cum aliquid immundum flatu exspuis, non magiæ aliquid videberis operari? Non sciet maritus quid secreto ante omnem cibum gustes? et si sciverit panem, non illum credet esse qui dicitur? (*Id.*, *ad Uxor*., pag. 333.)

[3] Quid maritus suus illi, vel marito quid illa cantabit? quæ Dei mentio? quæ Christi invocatio? (*Id.*, *ibid.*)

[4] Ecclesia conciliat, et confirmat oblatio. Obsignatum angeli renuntiant, pater rato habet. . . . . duo in carne una, ubi et una caro, unus et

---

fluxu fidei virtus effeminari potest. Cæterum nescio an manus spathalio circumdari solita in duritia catenæ stupescere sustineat. Nescio an crus de periscelio in nervum se patiatur arctari. Timeo cervicem, ne margaritarum et smaragdorum laqueis occupata, locum spathæ non det. (TERTULL., *de Cultu fœminar*., lib. II, p. 313. Parisiis. 1568.)

[1] Tanquam sub oculis Dei modeste et moderate transiguntur. (TERTULL., *ad Uxor*., lib. II. cap. IV, p. 332.)

[2] Ut statio facienda est, maritus de die conciet ad balneas. Si jejunia observanda sunt, maritus eadem die convivium exerceat. Si procedendum erit, nunquam magis familiæ occupatio adveniat. (*Id. ibid.*)

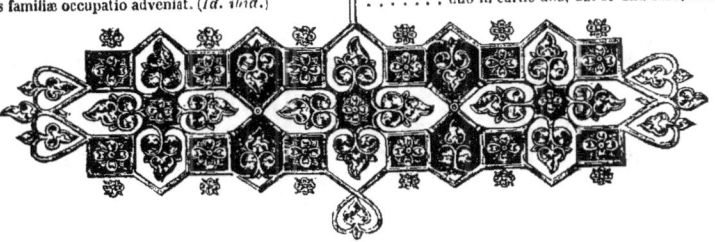

Les femmes chrétiennes devinrent des missionnaires à leurs foyers, des intelligences du ciel au sein des familles païennes. Vous venez de voir qu'elles étoient chargées de soigner les malades et les pauvres : c'étoit surtout dans les temps de persécution qu'elles prodiguoient les trésors du zèle. Elles se glissoient dans les prisons, portoient les messages, distribuoient l'argent, pansoient les plaies des torturés, et mouroient elles-mêmes avec un héroïsme au-dessus de ce qu'on raconte des femmes de Sparte et de Rome. Dans leurs vertus, et jusque dans leurs foiblesses, étoit un charme pour adoucir les persécuteurs : la nourrice de Caracalla et la maîtresse de Commode étoient chrétiennes.

Plus tard, dans l'âge philosophique du christianisme, les femmes, mères, épouses, et filles d'empereurs, étendirent la puissance évangélique, tandis que d'autres femmes, emmenées en esclavage par les Barbares, convertissoient des nations entières ; ainsi vous l'ai-je dit à propos des Ibériens. Vous avez également appris comment les Hélène et les Eudoxie renversèrent des temples et élevèrent des églises.

Plus tard encore, les vierges unies à Dieu dans les monastères se signalèrent par tous les genres de sacrifices et de dévouement. Saint Jérôme nous a fait connoître Marcelle, Aselle sa sœur, et leur mère Albine; Principia, fille de Marcelle; Paule, amie de Marcelle; Pauline, Eustochie, Léa, Fabiole, qui vendit son patrimoine pour fonder le premier hôpital que Rome ait opposé aux monuments de sang et de prostitution : dans cette maison de miséricorde les descendantes des consuls servoient les pauvres et les étrangers, avant de venir mourir pauvres et étrangères dans la grotte de Bethléem. Accomplissement des choses ! les femmes, qui adorèrent les premières au fond des catacombes, remplissent les dernières ces églises où elles amenèrent les pères, où elles ne peuvent retenir les fils. Elles pleurèrent au pied du Calvaire qui vit expirer la grande victime; elles pleurent encore au pied de ce Calvaire,

mais celui qu'elles mirent au tombeau est remonté au ciel : il n'y a plus rien sur la croix, rien au saint sépulcre.

L'émancipation de la femme n'est pas encore totalement achevée, surtout en ce qui regarde l'oppression des lois : elle le sera dans la rénovation chrétienne qui commence.

L'ère des martyrs offre un spectacle extraordinaire : chez un même peuple des hommes et des femmes couroient aux jeux publics dans l'éclat du luxe et de l'enivrement des plaisirs ; et d'autres hommes et d'autres femmes, consacrés à tous les devoirs, faisoient, en répandant leur sang, partie essentielle de ces jeux. L'âge héroïque du paganisme eut ses Hercules guerriers ; l'âge héroïque du christianisme enfanta ses Hercules pacifiques qui domptèrent une autre espèce de monstres, les vices, les passions, les erreurs : héros dont la victoire étoit non de tuer, mais de mourir.

De tous les grands fondateurs de religion, Jésus est le seul qui n'ait point été puissant par la naissance, les armes, la politique, la poésie ou la philosophie ; il n'avoit ni sceptre, ni épée, ni plume, ni lyre ; il fut pauvre, ignoré, calomnié, et le premier martyr de son culte. Ses apôtres souffrirent après lui; leur supplice forma la chaîne qui unit la passion aux passions particulières renouvelées pendant quatre siècles. L'hostie spirituelle étoit venue remplacer l'hostie matérielle; mais l'effusion du sang chrétien (qui étoit le sang même du Christ) ne se dut arrêter que quand l'holocauste païen disparut. Cela explique, d'après les fondements de la foi, la longueur des persécutions : il y eut des victimes chrétiennes à l'amphithéâtre, tant qu'il y eut des victimes païennes dans les temples ; l'immolation des premières continua en proportion de celle des secondes : Constantin et ses fils abolirent le sacrifice, et le martyre cessa ; Julien rétablit le sacrifice, et le martyre recommença.

Rendus habiles par le malheur, les chrétiens avoient perfectionné l'art de secourir : point de ruses que la charité n'inventât pour pénétrer dans les cachots, pour corrompre les geôliers, c'est-à-dire pour les faire chrétiens et les conduire avec leurs prisonniers à la mort. L'histoire du philosophe Pérégrin, qui se brûla à son de trompe et à jour marqué, nous a

spiritus. Simul orant, simul jejunia transigunt. In ecclesia Dei pariter, in connubio Dei pariter, in angustiis, in refrigeriis. (TERTULL., *ibid*.)

transmis une preuve inattendue de l'activité évangélique.

Pérégrin, en voyageant, s'étoit donné comme néophyte; arrêté en Palestine, les chrétiens se hâtèrent de l'environner. Dès le matin, des femmes, des veuves, des enfants, assiégeoient la prison; la nuit, quelque prêtre s'introduisoit à prix d'argent auprès du philosophe. De toutes les cités de l'Asie affluient des frères qui, par ordre de la communauté, venoient encourager le prisonnier. « C'est une « chose inouïe, dit Lucien, que l'empresse-« ment de ces hommes : quand quelques-uns « d'entre eux sont tombés dans le malheur, ils « n'épargnent rien. Ces misérables se figurent « qu'ils vivront après leur vie. Ils méprisent « la mort, et plusieurs s'abandonnent volon-« tairement aux supplices [1]. »

Dix batailles générales, les dix grandes persécutions, furent livrées, sans compter une multitude d'actions particulières : les femmes brillèrent dans ces combats. Symphorien étoit conduit au martyre à Autun, dans les Gaules; sa mère lui crioit du haut des murailles de la ville : « Mon fils, mon fils, Symphorien, élève « ton cœur en haut; on ne te ravit pas la vie; « on te la change pour une vie meilleure [2]. »

Blandine, esclave, fut la dernière couronnée parmi les confesseurs de Lyon : elle subit les fouets, les bêtes, la chaise de fer embrasée : elle alloit à la mort comme au lit nuptial, comme au festin des noces [3].

Il y avoit en Égypte une autre esclave d'une rare beauté, nommée Potamienne; son maître, devenu amoureux d'elle, voulut d'abord la séduire, et ensuite la ravir de force : repoussé par la vertueuse fille, il la livra au préfet Aquila, comme chrétienne. Le préfet invita Potamienne à céder aux désirs de son maître; sur son refus, il la condamna à être plongée dans une chaudière de poix bouillante, et la menaça de la faire violer par les gladiateurs. Potamienne dit : « Par la vie de l'empe-« reur, je vous supplie de ne pas me dépouiller « et de ne pas m'exposer nue. Que l'on me « descende peu à peu dans la chaudière avec « mes habits. » Cette grâce lui fut accordée, et Marcelle sa mère subit le supplice du feu [1].

La derision qui se mêloit à la cruauté débauchée n'ôtoit rien à la gravité du malheur. Les sept vierges d'Ancyre, abandonnées à l'insolence de quelques jeunes hommes avant d'être noyées, ont effacé par un seul mot ce qui se pouvoit attacher d'étrange à l'infortune de leur vieillesse. La plus âgée ôta son voile, et, montrant sa tête chenue au jeune homme : « Tu as « peut-être une mère blanchie comme moi. « Laisse-nous nos larmes, et prends pour toi « l'espérance [2]. »

Félicité, matrone romaine d'un rang illustre, fut jugée à mort avec ses sept fils qu'elle encouragea à confesser hardiment.

Symphorose, de Tibur, avoit également sept fils; Adrien l'appela devant lui, et l'exhorta à sacrifier; elle répondit : « Gétulius, mon mari, « et son frère Amantius, étoient vos tribuns, « et ils ont préféré la mort à vos idoles. » Symphorose, pendue par les cheveux, fut précipitée dans ces cascades qui avoient baigné les courtisanes et rafraîchi le vin d'Horace. Les sept fils suivirent leur mère [3].

Un des quarante martyrs de Sébaste avoit résisté à la double épreuve de la glace et du feu: les bourreaux, l'oubliant à dessein et le laissant sur la place, espéroient qu'il abjureroit : sa mère le mit de ses propres mains dans le tombereau : « Va, dit-elle, mon fils ! achève « ton heureux voyage avec tes compagnons, « afin que tu ne te présentes pas à Dieu le « dernier [4]. »

---

[1] Lucian., in Pereg.

[2] Nate, nate, Symphoriane................ sursum cor suspende, fili; hodie tibi vita non tollitur, sed mutatur in melius. (*Act. Martyr. in Symphor*., pag. 72. Parisiis, 1689.)

[3] Beata vero Blandina ultima omnium... festinat, exsultans, ovans, velut ad thalamum sponsi invitata, et ad nuptiale convivium. (Euseb., lib. IV, cap. III, p. 459.)

[1] Cum venerabili matre Marcella ignis suppliciis consummata est. (Euseb., lib. VI, cap. v.)

[2] Velum raptim discerpens ostendebat ei capitis sui canitiem : et hæc inquit : Reverere, fili, nam et tu forsitan matrem jam canam habes. Et nobis quidem miseris relinque lacrymas : tibi vero spem habe. (*Act. Mart. sincera*, pag. 360. Parisiis, 1689.)

[3] Alia vero die jussit Adrianus imperator simul omnes septem filios ejus sibi præsentari et ad trochleas extendi. (*Act. Mart. sincera*, pag. 29.)

[4] O nate, inquit, perfice cum tuis contubernalibus

Il n'est rien de plus célèbre dans les *Actes sincères* que le martyre de Perpétue et de Félicité à Carthage. Perpétue, femme noble, étoit âgée de vingt-deux ans; son père et sa mère vivoient; elle avoit deux frères; elle étoit mariée et nourrissoit un enfant : Félicité étoit esclave et enceinte.

Le père de Perpétue, païen zélé, engageoit sa fille à sacrifier. « Après avoir été quelques « jours sans voir mon père (c'est Perpétue qui « écrit elle-même la relation du commencement « de son martyre), j'en rendis grâces au Sei- « gneur, et son absence me soulagea. Ce fut « dans ce peu de jours que nous fûmes bapti- « sés : je ne demandai, au sortir de l'eau, que « la patience dans les peines corporelles. Peu « de jours après, on nous mit en prison ; j'en « fus effrayée, car je n'avois jamais vu de tel- « les ténèbres. La rude journée [1] ! Un grand « chaud à cause de la foule. Les soldats nous « poussoient. Enfin je mourois d'inquiétude « pour mon enfant. Alors les bienheureux dia- « cres, Tertius et Pompone, qui nous assis- « toient, obtinrent, pour de l'argent, que nous « pussions sortir et passer quelques heures en « un lieu plus commode dans la prison. Nous « sortîmes ; chacun pensoit à soi : je donnois à « téter à mon enfant [2] je le recommandois à « ma mère ; je fortifiois mon frère ; je séchois « de douleur de voir celle que je leur causois : « je passai plusieurs jours dans ces angoisses.

« . . . .

« Le bruit se répandit que nous devions être « interrogés. Mon père vint de la ville à la pri- « son, accablé de tristesse ; il me disoit : « Ma fille, prends pitié de mes cheveux blancs ! « aie pitié de moi [3] ! Si je suis digne que tu « m'appelles ton père, si je t'ai moi-même « élevée jusqu'à cet âge, si je t'ai préférée à « tes frères, ne me rends pas l'opprobre des « hommes ! Regarde ta mère, regarde ton « fils qui ne pourra vivre après toi : quitte cette « fierté, de peur de nous perdre tous ; car au- « cun de nous n'osera plus parler s'il t'arrive « quelque malheur.

« Mon père s'exprimoit ainsi par tendresse, « me baisant les mains, se jetant à mes pieds, « pleurant ; ne me nommant plus sa fille, mais « *sa dame* [1]. Je le plaignois, voyant que de « toute ma famille il seroit le seul à ne se pas « réjouir de notre martyre. Je lui dis pour le « consoler : Sur l'échafaud, il arrivera ce qu'il « plaira à Dieu : car sachez que nous ne som- « mes point en notre puissance, mais en la « sienne [2]. Il se retira contristé.

« Le lendemain, comme nous dînions, on « vint nous chercher pour être interrogés. Le « bruit s'en répandit aussitôt dans les quartiers « voisins, il s'amassa un peuple infini. Nous « montâmes au tribunal. . . . .

« Le procureur Hilarien me dit : Épargne la « vieillesse de ton père : épargne l'enfance « de ton fils ; sacrifie pour la prospérité des « empereurs. — Je n'en ferai rien, répondis- « je. — Es-tu chrétienne ? me dit-il. Et je ré- « pliquai : Je suis chrétienne [3]. Comme mon « père s'efforçoit de me tirer du tribunal, Hi- « larien commanda qu'on l'en chassât, et il re- « çut un coup de baguette ; je le sentis comme « si j'eusse été frappée moi-même, tant je « souffris de voir mon père maltraité dans sa « vieillesse [4] ! Alors Hilarien prononça notre « sentence, et nous condamna tous à être ex- « posés aux bêtes. Nous retournâmes joyeux à « la prison. Comme mon enfant avoit été ac- « coutumé de me téter et de demeurer avec « moi, j'envoyai aussitôt le diacre Pompone « pour le demander à mon père : mais il ne le « voulut pas donner [5], et Dieu permit que « l'enfant ne demandât plus la mamelle, et « que mon lait ne m'incommodât plus. »

La relation de Perpétue finit à la troisième des visions qu'elle eut dans son cachot.

---

iter beatum, ne unus desis illorum choro, ne reliquis serius Domino præsenteris. (*Act. sinc.*, pag. 469. Veron., 1751.)

[1] O diem asperum !

[2] Ego infantem lactabam. (*Act. sinc.*, pag. 81.)

[3] Miserere, filia, canis meis : miserere patri ! (*Act. sinc.*, pag. 82.)

[1] Et lacrymis non filiam sed dominam vocabat.

[2] Scito enim nos non in nostra potestate esse constitutos sed Dei.

[3] Christiana sum. (*Act. sinc.*, pag. 82 et 85.

[4] Sic dolui pro senecta ejus misera !

[5] Sed dare pater noluit.

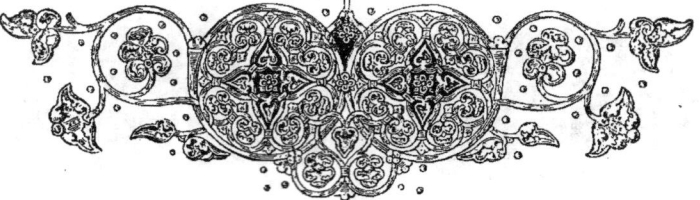

« Félicité étoit grosse de huit mois, et
« voyant le jour du spectacle si proche, elle
« étoit fort affligée, craignant que son mar-
« tyre ne fût différé, parce qu'il n'étoit pas
« permis d'exécuter les femmes grosses avant
« leur terme. Les compagnons de son sacrifice
« étoient sensiblement tristes de leur côté, de
« la laisser seule dans le chemin de leur com-
« mune espérance [1]. Ils se joignirent donc
« tous ensemble à prier et à gémir pour elle,
« trois jours avant le spectacle. Aussitôt après
« leur prière, les douleurs la prirent : et comme
« l'accouchement est naturellement plus dif-
« ficile dans le huitième mois, son travail fut
« rude, et elle se plaignoit. Un des guichetiers
« lui dit : Tu te plains, que feras-tu quand tu
« seras exposée aux bêtes [2]? Elle accoucha
« d'une fille qu'une femme chrétienne éleva
« comme son enfant. . . . . . Les frères et
« les autres eurent la permission d'entrer dans
« la prison et de se rafraîchir avec eux. Le
« concierge de la prison étoit déjà converti. Le
« jour de devant le combat on leur donna,
« suivant la coutume, le dernier repas que l'on
« appeloit le *souper libre* [3], et qui se faisoit en
« public : mais les martyrs le convertirent en
« une agape. Ils parloient au peuple avec leur
« fermeté ordinaire. . . . .
« Remarquez bien nos visages, disoient-ils,
« afin de nous reconnoître au jour du juge-
« ment [4].

« Celui du combat étant venu, les martyrs
« sortirent de la prison pour l'amphithéâtre
« comme pour le ciel, gais, plutôt émus de
« joie que de crainte. Perpétue suivoit d'un vi-
« sage serein et d'un pas tranquille, comme
« une personne chérie de Jésus-Christ, bais-
« sant les yeux pour en dérober aux specta-
« teurs la vivacité [5]. Félicité étoit ravie de se
« bien porter de sa couche, pour combattre
« les bêtes. Étant arrivés à la porte, on les
« voulut obliger, suivant la coutume, à pren-
« dre les ornements de ceux qui paroissoient à
« ce spectacle. C'étoit pour les hommes un
« manteau rouge, habit des prêtres de Sa-
« turne [1]; pour les femmes une bandelette au-
« tour de la tête, symbole des prêtresses de
« Cérès. Les martyrs refusèrent ces livrées de
« l'idolâtrie. . . . .

« Perpétue et Félicité furent dépouillées et
« mises dans des filets pour être exposées à
« une vache furieuse. Le peuple en eut hor-
« reur [2] voyant l'une si délicate, et l'autre qui
« venoit d'accoucher : on les retira, et on les
« couvrit d'habits flottants. Perpétue fut se-
« couée la première, et tomba sur le dos : elle
« se mit en son séant, et voyant son habit dé-
« chiré par le côté, elle le retira pour se cou-
« vrir la cuisse, plus attentive à la pudeur
« qu'à la souffrance [3]. Elle renoua ses cheveux
« épars, pour ne pas paroître en deuil, et
« et voyant Félicité toute froissée, elle lui
« donna la main afin de l'aider à se relever [4].
« Elles allèrent ainsi vers la porte Sana-Viva-
« ria, où Perpétue fut reçue par un catéchu-
« mène nommé Rustique. Alors elle s'éveilla
« comme d'un profond sommeil, et commença
« à regarder autour d'elle, en disant : Je ne
« sais quand on nous exposera à cette vache.
« On lui dit ce qui s'étoit passé : elle ne le
« crut que lorsqu'elle vit sur son corps et sur
« son habit des marques de ce qu'elle avoit
« souffert [5]. Elle fit appeler son frère, et s'a-
« dressant à lui et à Rustique, elle leur dit :
« Demeurez fermes dans la foi; aimez-vous les
« uns les autres, et ne soyez point scandalisés
« de nos souffrances. . . . .
« Le peuple demanda qu'on les ramenât au mi-
« lieu de l'amphithéâtre. Les martyrs y allè-
« rent d'eux-mêmes, après s'être donné le

---

[1] Ne tam bonam sociam quasi comitem solam in via ejusdem spei relinquerent.
[2] Quid facies objecta bestiis? (*Act. sinc.*, pag. 86.)
[3] Illa cœna ultima quam liberam vocant.
[4] Ut cognoscatis nos in die illo judicii.
[5] Vigorem oculorum dejicens. (*Act. sinc.*, pag. 87.)

[1] Viri quidem sacerdotum Saturni.
[2] Horruit populus.
[3] Ad velamentum femorum adduxit, pudoris potius memor quam doloris.
[4] Sed manum ei tradidit, et sublevavit illam.
[5] Quando, inquit, producimur ad vaccam, nescio... Non prius credidit nisi quasdam notas vexationis in corpore et habitu suo recognovisset. (*Act. sinc.*, pag. 520.)

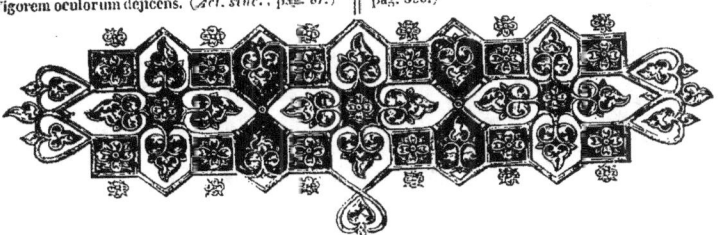

« baiser de paix [1]. Félicité tomba en partage à « un gladiateur maladroit qui la piqua entre « les os et la fit crier ; car ces exécutions des « bestiaires demi-morts étoient l'apprentissage « des nouveaux gladiateurs. Perpétue condui- « sit elle-même à sa gorge la main errante du « confecteur [2]. »

Dans cette même Carthage qui rappeloit tant d'autres souvenirs, Cyprien remporta la palme due à son éloquence et à sa foi ; ce premier Fénelon eut la tête tranchée : il se banda lui-même les yeux ; Julien, prêtre, et Julien, diacre, lui lièrent les mains ; ses néophytes étendirent des linges pour recevoir son sang.

Longtemps avant lui, Polycarpe, qui gouvernoit l'église de Smyrne depuis soixante-dix ans, et qui avoit été placé par l'apôtre Jean, fit, d'après l'ordre du consul, son entrée sur un âne dans sa ville épiscopale, comme le Christ dans Jérusalem. Le peuple crioit : « C'est « le docteur de l'Asie, le père des chrétiens, « le destructeur de nos dieux ; qu'on lâche un « lion contre Polycarpe ! » Cela ne se put, parce que les combats des bêtes étoient achevés. Alors le peuple cria tout d'une voix : « Que Polycarpe soit brûlé vif ! »

Le bûcher préparé, Polycarpe ôta sa ceinture et se dépouilla de ses habits. On le vouloit clouer au bûcher comme son maître à la croix ; il déclara que cette précaution étoit inutile, et qu'il demeureroit ferme ; il fut donc simplement attaché : il ressembloit à un bélier choisi dans le troupeau comme un holocauste agréable et accepté de Dieu [3]. Le vieillard regarda le ciel, et dit :

« Dieu de toutes les créatures, je te rends « grâces ! Je prends part au calice de la pas- « sion de ton Christ pour ressusciter à la vie « éternelle. Je te bénis, je te glorifie par le « pontife Jésus-Christ, ton fils bien-aimé, à « qui gloire soit rendue, à toi et à l'Esprit « saint, dans les siècles à venir ! Amen [4]. »

Quand il eut dit, le feu fut mis au bûcher ; les flammes se déployèrent autour de la tête du martyr comme une voile de vaisseau enflée par le vent [1]. Ses actes portent qu'il ressembloit à de l'or ou de l'argent éprouvé au creuset [2], et qu'il exhaloit une odeur d'encens ou d'un parfum vital [3]. Le confecteur chargé d'achever les bêtes blessées perça Polycarpe ; il sortit tant de sang des veines du vieillard qu'il éteignit le feu [4].

Pothin, évêque de Lyon, âgé de plus de quatre-vingt-dix ans, foible et infirme, fut battu, foulé aux pieds, traîné dans l'arène et rejeté dans la prison, où il rendit l'esprit. Ses compagnons de souffrances sembloient, au milieu des supplices, se guérir d'une plaie par une plaie nouvelle ; les exécuteurs, en les tourmentant, avoient moins l'air de bourreaux qui font des blessures que des médecins qui les pansent, tant ces confesseurs étoient joyeux. Plusieurs d'entre eux, du fond des cachots où on les replongea avant de leur donner le coup de la mort, écrivirent en grec le récit de leur martyre. La lettre portoit cette suscription : *Les serviteurs de Jésus-Christ, qui demeurent à Vienne et à Lyon, en Gaule, aux frères d'Asie et de Phrygie qui ont la même foi et la même espérance dans la rédemption : paix, grâce et gloire de la part de Dieu le Père, et de Jésus-Christ notre Seigneur* [5].

Je ne vous parlerai point du martyre de séduction employé après l'inutilité des menaces et des douleurs : dignités, honneurs, fortune,

---

[1] Osculati invicem ut martyrium per solemnia pacis consummarent.

[2] Inter costas puncta exululavit. . . . . . . et errantem dexteram tirunculi gladiatoris ipsa in jugulum suum posuit. (*Act. sinc.*, pag. 88.)

[3] Tanquam aries insignis ex immenso grege delectus, ut holocaustum gratum et acceptum Deo.

[4] Deus totius creaturæ, tibi gratias ago. In calice passionis Christi tui particeps fiam in resurrectionem vitæ æternæ ! Te laudo, te benedico, te glorifico per Jesum Christum dilectum tuum filium pontificem : gloria nunc et in secula seculorum ! Amen. (EUSEB., *Hist. eccl.*, lib. IV, pag. 75.)

[1] Tanquam velum navigii ventorum flatibus turgescens, caput martyris undique obvallat. (*Ibid.*)

[2] Tanquam aurum et argentum in camino ignis ardore probatum. (*Ibid.*)

[3] Fragrantem odorem inde hauriebamus, velut ex thure odorifero, aut quovis alio aromate. (*Ibid.*)

[4] Tanta cruoris copia effluxit ut ignem prorsus extingueret. (EUSEB., *Hist.*, lib. IV, cap. XIV, pag. 72.)

[5] Servi J. C. qui Viennam et Lugdunum Galliæ incolunt, fratribus in Asia et Phrygia qui eamdem nobiscum redemptionis fidem et spem habent, pax, gratia et gloria, a Deo Patre et Christo Jesu Domino nostro sit vobis. (EUSEB., *Hist.*, lib. V, cap. I, pag. 84.)

voluptés même essayées par de belles femmes, furent sans succès comme les lions et le feu.

Il y a de la puissance dans le sang : ces générations de l'âge héroïque chrétien, qui subjuguèrent les classes industrielles, enfantèrent les générations de l'âge philosophique chrétien, qui conquirent à leur tour les hommes de l'intelligence. Cet âge philosophique n'est pas séparé brusquement de l'âge héroïque; il prend naissance dans celui-ci; ses premiers génies enseignent et meurent sur l'échafaud, mais leur doctrine règne et triomphe dans leurs successeurs, quand l'heure des confesseurs est passée. Le christianisme philosophique ne détruit pas non plus le christianisme héroïque, mais les sacrifices s'accomplirent d'une autre façon dans les combats contre les hérésiarques, ou sous le fer des Barbares.

SECONDE PARTIE.

SUITE DES MŒURS DES CHRÉTIENS. AGE PHILOSOPHIQUE. HÉRÉSIES.

DANS ce second âge du christianisme, la grandeur des mœurs publiques et la sublimité intellectuelle remplacent la vertu des mœurs privées et la beauté morale évangélique. Ce n'est plus l'Église militante, esclave, démocratique dans les cachots et dans le sang; c'est l'Église triomphante, libre, royale, à la tribune et sur la pourpre. Les docteurs succèdent aux martyrs : ceux-ci n'avoient eu que leur foi; ceux-là ont leur foi et leur génie. La partie choisie du monde païen, qui n'avoit cédé ni à la simplicité apostolique ni à l'autorité des bûchers, écoute, s'étonne, et bientôt se rend, en retrouvant dans la bouche des Pères les systèmes des sages plus clairement et plus éloquemment expliqués.

Les hautes écoles chrétiennes ressembloient aux écoles philosophiques; les chaires comptoient une suite non interrompue de professeurs comme à Athènes. Rodon hérite de Tatien, et Maxime, successeur de Rodon, examine la question de l'origine du mal et de l'éternité de la matière[1]. Clément d'Alexandrie, qui remplace Pathénus, s'étoit nourri des ouvrages de Platon; il cite, dans ses *Stromates*, les maîtres sous lesquels il avoit étudié un en Grèce, un en Italie, deux en Orient : « Mon maître en « Palestine, dit-il, étoit une abeille qui, suçant « les fleurs de la prairie apostolique et prophé- « tique, déposoit dans l'esprit de ses auditeurs « un doux et immortel trésor. »

Dans son Traité du vrai *Gnostique* (celui qui connoît), Clément fait le portrait du sage même des philosophes : « Le gnostique n'est plus su- « jet aux passions; rien dans cette vie n'est « fâcheux pour lui : il a reçu la lumière inac- « cessible; il ne fait pas sortir son corps volon- « tairement de la vie parce que Dieu le lui dé- « fend, mais il retire son âme des passions[2]. « Le gnostique use de toutes les connoissances « humaines[3]. C'est foiblesse de craindre la phi- « losophie des païens; la foi qu'elle ébranleroit « seroit bien fragile[4]. Le gnostique se sert de « la musique pour régler les mœurs; il vit li- « bre, ou, s'il est marié et s'il a des enfants, il « regarde sa femme comme sa sœur, puisque « sa femme ne sera plus pour lui qu'une sœur « quand elle sera dans le ciel. Les sacrifices « agréables à Dieu sont les vertus et l'humilité « avec la science. »

La renommée d'Origène étoit répandue dans

---

[1] Rodon... eruditus a Tatiano, libros quamplurimos et contra Marcionis hæresim scripsit. (EUSEB., *Hist.*, lib. V, cap. XIII.)

[2] Seipsum quidem a vita non educit, non est enim ei permissum, sed animum abducit a motibus et affectionibus. (CLEMENT. ALEXAND., *Stromatum*, lib. VI, p. 632. Lutetiæ Parisiorum, 1641.)

[3] Sive judaicas, sive philosophorum discit scripturas... communem facit veritatem. (*Id.*, *ibid.*, pag. 944.)

[4] Multi autem, non secus ac picti larvas, timent græcam philosophiam, dum verentur ne eos abducat. Veri-

tout le monde romain, et les polythéistes mêmes admiroient le docteur chrétien. Étant un jour entré dans l'école de Plotin, au moment où celui-ci faisoit sa leçon, Plotin rougit, interrompit son discours, et ne le continua qu'à la sollicitation de son illustre auditeur, dont il fit un pompeux éloge en reprenant la parole [1].

Plotin, fondateur du néoplatonisme, n'en étoit pas l'inventeur : c'étoit Ammonius Saccas qui avoit enseigné mystérieusement sa doctrine à Plotin et à Origène. Origène trahit le secret.

Ces Pères de l'Église, la plupart sortis des écoles philosophiques et nés de familles païennes, furent non seulement des professeurs éloquents, mais encore des hommes politiques : alors brillèrent ces évêques qui bravoient la puissance des empereurs et la brutalité des rois barbares. Athanase livre ses combats contre les ariens : cité au concile de Tyr, déposé à celui de Jérusalem, il est exilé à Trèves par Constantin. Il revient ; les peuples accourent sur son passage ; il rentre en triomphe dans sa ville épiscopale. Quatre-vingt-dix évêques ariens, ayant à leur tête Eusèbe de Nicomédie, le condamnent de nouveau à Antioche : cent évêques orthodoxes le déclarent innocent dans Alexandrie : le pape Jules confirme cette sentence à Rome. Le prélat remonte sur son siège ; il en est chassé par ordre de Constance, qui met à exécution les décrets ariens des conciles d'Arles et de Milan. Athanase célébroit une fête solennelle dans l'église de Saint-Théon à Alexandrie ; comme il chantoit le psaume du triomphe d'Israël sur Pharaon, le peuple répétant à la fin de chaque verset : « La miséri« corde du Seigneur est éternelle, » des soldats enfoncent les portes : le peuple fuit, Athanase reste à l'autel entouré des prêtres et des moines qui le dérobent à la perquisition des soldats. Il se réfugie dans les lieux écartés de l'Égypte ; les religieux qui lui donnent asile sont inquiétés : ce génie enthousiaste s'enfonce plus avant dans la solitude, comme un glaive ardent dans le fourreau. Un serviteur qui lui reste va chaque jour, au péril de sa vie, chercher la nourriture de son maître. Que fait Athanase parmi les sables ? Il écrit. Les sépulcres des princes de Tanis, les puits où dorment les momies des persécuteurs de Moïse, sont les bibliothèques de ce seul vivant ; c'est là qu'il trace les pages qui du fond du désert remuent les passions du monde. A la mort de Constance, Athanase reparoît au milieu de son peuple. Julien le force à rentrer dans la Thébaïde ; il revient quand Julien est passé. Valens le proscrit, et il se cache au tombeau de son père. Enfin il émerge une dernière fois de l'ombre, et, torrent calmé, achève paisiblement sa course. Sur les quarante-six années de l'épiscopat d'Athanase, vingt s'étoient écoulées dans l'exil.

Grégoire de Nazianze, nommé évêque orthodoxe de Constantinople, dont il ne fut d'abord que le missionnaire, eut à soutenir les outrages des ariens : Théodose, qui l'avoit intronisé à main armée, l'abandonna. Grégoire, obligé de s'arracher à l'église de sa création et de son amour, lui fit ces adieux pathétiques qui ont retenti jusqu'à nous. Il passa la fin de ses jours dans sa retraite de Cappadoce, chantant, car il étoit poète, l'inconstance des amitiés humaines, la fidélité du commerce de Dieu, et la beauté qui fait oublier toutes les autres, celle de la vertu.

Basile, archevêque de Césarée, mérita le surnom de Grand. Il donna des règles en Orient à la vie cénobitique. On a de lui plus de trois cent cinquante lettres, des homélies et un panégyrique des quarante martyrs. Ces ouvrages nous apprennent une infinité de choses ; ils sont écrits d'un grand style : saint Basile est peut-être, avec saint Éphrem, un des Pères qui s'éloignent le plus du génie antique et se rapprochent le plus du génie moderne. Il excelle dans les descriptions de la nature. Je ne citerai point, parce qu'elle est trop connue, sa lettre à Grégoire de Nazianze sur la solitude que lui, Basile, avoit choisie dans le Pont [1] : ses neuf

---

tas enim est insuperabilis, dissolvitur autem falsa opinio. (CLEMENT. ALEXAND., *Stromatum*, lib. VI, pag. 655.)
[1] EUSEB., *Hist. eccl.*, lib. VI, cap. XIX.

[1] Voyez encore les nouveaux *Mélanges historiques et littéraires* de M. Villemain, pag. 322 et suivantes. Il en existe aussi deux autres traductions.

homélies sur l'*Hexaméron*, ou l'œuvre de six jours, sont une espèce de cours d'histoire naturelle ; il les prêchoit pendant le jeûne du carême, le matin et le soir, et, lorsqu'il reprenoit la parole, il renvoyoit ses auditeurs à ce qu'il avoit dit la veille. La physique de l'*Hexaméron* n'est pas bonne, mais les détails en sont charmants. L'orateur s'applique à faire sortir de l'histoire des plantes et des animaux les instructions de la morale. Un jour, parlant des reptiles et des quadrupèdes, il passoit sous silence les oiseaux [1] ; aussitôt la rustique assemblée de lui indiquer son oubli par des signes. Le naturaliste chrétien, naïvement interrompu, reconnoît son tort ; il change de sujet, et décrit l'instinct des oiseaux avec un bonheur extraordinaire : il tire même un enseignement religieux d'une erreur : selon lui, il est des oiseaux chastes qui se reproduisent sans s'unir : de là la virginité de Marie [2].

Valens voulut contraindre Basile à embrasser l'arianisme : il lui envoya Modeste, préfet d'Orient, avec l'ordre de l'effrayer par des menaces. Modeste s'étonna de la fermeté de Basile. « Apparemment, lui dit le saint, que vous n'a« vez jamais rencontré d'évêque. » Après sa mort, Basile fut en si grande renommée, qu'on cherchoit à l'imiter jusque dans ses défauts : on affectoit sa pâleur, sa barbe, sa démarche, sa lenteur à parler, car il étoit pensif et recueilli. On s'habilloit comme lui, on se couchoit comme lui ; on se nourrissoit de choses dont il aimoit à se nourrir. Cet évêque universel a fondé les premiers hôpitaux de l'Asie.

Flavien et Jean Chrysostome furent encore plus mêlés que Basile à la politique. Dans la sédition d'Antioche, Chrysostome, alors simple prêtre, sema des consolations par ses discours, et Flavien, malgré son grand âge, se rendit à Constantinople. Arrivé au palais de l'empereur, introduit dans ses appartements, il se tint debout sans parler, baissant la tête, se cachant le visage comme s'il eût été seul coupable du crime de son peuple. Théodose s'approcha de lui, et lui reprocha l'ingratitude des Antiochiens. Alors l'évêque fondant en larmes : « Vous pouvez en cette occasion or« ner votre tête d'un diadème plus brillant « que celui que vous portez. On a renversé « vos statues, élevez-en de plus précieuses dans « le cœur de vos sujets.

« Quelle gloire pour vous quand un jour on « dira : Une grande ville étoit coupable ; gou« verneurs et juges épouvantés n'osoient ou« vrir la bouche ; un vieillard s'est montré, il « a touché le prince ! Je ne viens pas seule« ment de la part du peuple, je viens de la « part de Dieu vous déclarer que si vous re« mettez aux hommes leurs fautes, votre père « céleste vous remettra vos péchés. D'autres « vous apportent de l'or, de l'argent, des pré« sents ; moi je ne vous offre que les saintes « lois, vous exhortant à imiter notre maître ; « ce maître nous comble de ses biens quoique « nous l'offensions tous les jours. Ne trompez « pas mes espérances ; si vous pardonnez à « notre ville, j'y retournerai plein de joie ; si « vous la condamnez, je n'y rentrerai jamais. »

En entendant ce discours, Théodose s'écria : « Serions-nous implacables envers les hommes, « nous qui ne sommes que des hommes, lors« que le maître des hommes a prié sur la croix « pour ses bourreaux [1] ? » Le christianisme étoit à la fois un principe et un modèle : on ne sauroit croire combien cet exemple du pardon du Christ, incessamment rappelé pendant les siècles de barbarie et de despotisme, a été salutaire à l'humanité.

Saint Chrysostome avoit pratiqué quatre ans la vie ascétique sur les montagnes ; il passa deux années entières dans une caverne sans se coucher et presque sans dormir : il avoit fui, parce qu'on avoit songé à le faire évêque. Si dans l'âge héroïque chrétien, quand il s'agissoit d'être le premier martyr, ce n'étoit pas un léger fardeau que l'épiscopat, ce fardeau n'étoit pas moins pesant dans l'âge phi-

---

[1] Et sermo hujusmodi nobis cum avibus evolaverat. (S. AMBR., *Hexameron*, lib. V, pag. 90, tom. I. Parisiis, 1586.)

[2] Impossibile putatur in Dei matre quod in vulturibus possibile non negatur. Avis sine masculo parit, et nullus refellit ; et quia virgo Maria peperit, pudori ejus quæstionem faciunt. (*Id., Ibid.*, lib. V, cap. XX, pag. 97.)

[1] CHRYSOST. *Homel*.

losophique du christianisme : il falloit avoir le talent de la parole, la science de l'homme de lettres, l'habileté de l'homme d'état, la fermeté de l'homme de bien. Plus tard, lors de l'invasion des Barbares, toutes les tribulations des temps tomboient à la charge des prélats. Jean Bouche-d'Or, devenu évêque de Constantinople, corrigea le clergé, gouverna par ses conseils les églises de la Thrace et de l'Asie, et résista aux entreprises du Goth Gaïnas. Quelquefois il étoit obligé de quitter l'autel, ayant l'esprit trop agité pour offrir le sacrifice. On conspira contre lui ; on l'accusa d'orgueil, d'injustice, de violence, d'amour des femmes : afin de se justifier de cette dernière foiblesse, il offrit d'exposer l'état où l'avoient réduit les austérités de sa jeunesse. Condamné au concile du Chêne, chassé de Constantinople, et bientôt rappelé, il osa braver Eudoxie, qui jura sa mort. Ce fut alors qu'il prononça le fameux discours où il disoit : « Hérodiade est « encore furieuse, elle danse encore, elle de- « mande encore la tête de Jean. » Précipité, comme Démosthènes, de la tribune dont il étoit la gloire, enlevé de l'autel où il avoit donné un asile à Eutrope, Chrysostome reçoit l'ordre de quitter Constantinople. Il dit aux évêques, ses amis : « Venez, prions ; prenons « congé de l'ange de cette église. » Il dit aux diaconesses : « Ma fin approche ; vous ne re- » verrez plus mon visage. » Il descendit par une route secrète aux rives du Bosphore pour éviter la foule, s'embarqua, et passa en Bithynie. Exilé à Cueuse, les peuples, les moines, les vierges, accouroient à lui ; tous s'écrioient : « Mieux vaudroit que le soleil perdît ses rayons « que Bouche-d'Or ses paroles. »

Tout banni qu'il étoit, les ennemis de Chrysostome le redoutoient encore, et sollicitèrent pour lui un exil plus lointain. Il fut enjoint au confesseur de se transporter à Pytionte, sur le bord du Pont-Euxin. Le voyage dura trois mois : les deux soldats qui conduisoient Chrysostome le contraignoient de marcher sous la pluie ou à l'ardeur du soleil, parce qu'il étoit chauve. Quand ils eurent passé Comane, ils s'arrêtèrent dans une église dédiée à saint Basilisque, martyr. Le saint se trouva mal, il changea d'habits, se vêtit de blanc, communia (il étoit à jeun), distribua aux assistants ce qui lui restoit, prononça ces mots qu'il avoit ordinairement à la bouche : « Dieu soit loué de tout ; » puis, allongeant les pieds, il dit le dernier *amen* [1].

Rien de plus complet et de plus rempli que la vie des prélats du quatrième et du cinquième siècle. Un évêque baptisoit, confessoit, prêchoit, ordonnoit des pénitences privées ou publiques, lançoit des anathèmes ou levoit des excommunications, visitoit les malades, assistoit les mourants, enterroit les morts, rachetoit les captifs, nourrissoit les pauvres, les veuves, les orphelins, fondoit des hospices et des maladreries, administroit les biens de son clergé, prononçoit comme juge de paix dans des causes particulières, ou arbitroit des différends entre des villes : il publioit en même temps des traités de morale, de discipline et de théologie, écrivoit contre les hérésiarques et contre les philosophes, s'occupoit de science et d'histoire, dictoit des lettres pour les personnes qui le consultoient dans l'une et l'autre religion, correspondoit avec les églises et les évêques, les moines et les ermites, siégeoit à des conciles et à des synodes, étoit appelé aux conseils des empereurs, chargé de négociations, envoyé à des usurpateurs ou à des princes barbares pour les désarmer ou les contenir ; les trois pouvoirs, religieux, politique et philosophique, s'étoient concentrés dans l'évêque. Saint Ambroise va en ambassade auprès de Maxime, fait sortir Théodose du sanctuaire, réclame les cendres de Gratien, ne peut sauver Valentinien II, et refuse de communiquer avec Eugène : au milieu de ces grandes occupations, il compose tous les ouvrages qui nous restent, introduit la musique dans les églises d'Occident, et laisse des chants si renommés que, dans les siècles suivants, le mot *hymne* et le mot *Ambrosianum* devinrent synonymes.

Les travaux de saint Augustin ne sont point surpassés par ceux de saint Ambroise. Quatre-vingt-treize ouvrages en deux cent trente-deux

---

[1] *Candidas vestes requirit, exutisque prioribus eas sibi jejunus induit, omnibus ad calceamenta usque mutatis, atque reliquas præsentibus distribuit ; et cum dixisset more suo: Gloria Dei propter omnia, et ultimum Amen obsignasset, extendit pedes.* (PALLAD., *Dialog. de vit. S. Chrysost.*, pag. 101.)

livres, sans compter ses lettres, attestent la fécondité et la variété du génie du fils de Monique. « Si je pouvois, dit-il dans une lettre à « Marcelin, vous rendre compte de mon temps « et des ouvrages auxquels j'ai été obligé « de mettre la main, vous seriez surpris et « affligé de la quantité d'affaires qui m'acca- « blent. . . . . Quand j'ai un peu « de relâche de la part de ceux qui ont recours « à moi, je ne manque pas d'autre travail ; « j'ai toujours quelque chose à dicter qui me « détourne de suivre ce qui seroit plus de mon « goût dans les courts intervalles de repos que « m'accordent les besoins et les passions des « autres [1]. » Augustin écrit contre les donatistes ; ceux-ci veulent le tuer ; il intercède pour eux : il a un démêlé avec saint Jérôme ; il s'occupe d'arbitrage : il reçoit les fugitifs après le sac de Rome. Son amitié et ses liaisons avec le comte Boniface sont célèbres : la lettre qu'il écrivit à cet homme offensé, pour le rappeler à l'amour de la patrie, lui fait grand honneur. « Jugez vous-même : si l'empire ro- « main vous a fait du bien, ne lui rendez pas « le mal pour le bien ; si l'on vous a fait du « mal, ne rendez pas le mal pour le mal. » Augustin étoit propre, mais simple dans ses vêtements. « Il faut, disoit-il, que mes habits « soient tels que je les puisse donner à mes « frères s'ils n'en ont point ; il faut qu'ils con- « viennent par leur modestie à ma profession, « à un corps cassé de vieillesse et à mes che- « veux blancs [2]. » Il étoit chaussé, et disoit à ceux qui alloient pieds nus : « J'aime votre « courage ; souffrez ma foiblesse. » Aucune femme n'entroit dans sa maison, pas même sa sœur ; s'il étoit absolument obligé de communiquer avec des femmes, il ne leur parloit qu'en présence d'un prêtre : il se souvenoit de sa chute. Il mourut, dans Hippone assiégée, sans faire de testament, car dans son extrême pauvreté il n'avoit rien à laisser à personne.

Saint Jérôme est une autre grande figure de ces temps, mais d'une tout autre nature : orageux, passionné, solitaire, regrettant le monde dans le désert, le désert dans le monde ; voyageur qui cherche partout un abri et qui se surcharge de travaux comme il se couvre de sable, pour étouffer ce qu'il ne sauroit étouffer : matelot naufragé, pèlerin sauvage et nu qui apporte ses douleurs aux lieux des douleurs du Fils de l'Homme, et qui, courbé sous le poids des jours, peut à peine rester au pied de la croix.

Augustin et Jérôme appartiennent aux temps modernes ; on reconnoît en eux un ordre d'idées, une manière de sentir, ignorés de l'antiquité. Le christianisme a fait vibrer dans ces cœurs une corde jusqu'alors muette ; il a créé des hommes de rêverie, de tristesse, de dégoût, d'inquiétude, de passion, qui n'ont de refuge que dans l'éternité.

Le clergé régulier formoit une partie considérable de l'organisation chrétienne : dans le monde civilisé romain, les moines étoient des hommes de la nature, comme ils furent des hommes de la civilisation dans le monde barbare. On distinguoit trois sortes de religieux : les reclus enfermés dans leurs cellules, les anachorètes dispersés dans les déserts, les cénobites qui vivoient en communauté. Les règles de quelques ordres monastiques étoient des chefs-d'œuvre de législation. Trois causes générales peuplèrent les cloîtres : la religion, la philosophie et le malheur ; on se mit à part de la société, quand elle eut perdu le pouvoir de protéger. Les couvents devinrent par cela même une pépinière d'hommes de talent et d'indépendance.

L'occupation manuelle des cénobites étoit de faire des cordes, des paniers, des nattes, du papier ; ils transcrivoient aussi des livres [1] ;

---

[1] Si autem rationem omnium dierum et luculentationum aliis necessitatibus impensarum tibi possem reddere, graviter contristatus mirareris quanta me distendant... Cum enim ab eorum hominum necessitatibus aliquantulum vaco, qui me sic angariant, non desunt quæ dictanda propono... Tales ergo mihi necessitates dictandi aliquid, quod me ab eis dictationibus impediat quibus magis inardesco, decesse non possunt ; cum paululum spatii vix datur inter acervos occupationum, quibus nos alienæ vel cupiditates vel necessitates angariatæ trahunt. (Aug., epist., pag. 153.)

[2] Vestes ejus vel lectualia ex moderato et competenti habitu erant, nec nitida nimium nec abjecta plurimum. (Posid., in vit. Aug., cap. XXII.)

[1] Funiculos efficis...? In mente habeto illos qui per

travaux dont saint Éphrem se plaît à tirer des leçons.

Paul ermite, Antoine, Pacôme, Hilarion, Macaire, Siméon Stylite, sont des personnages inconnus à l'hellénisme : leurs vêtements, leurs palmiers, leurs fontaines, leurs corbeaux, leurs lions, leurs montagnes, leurs grottes, leurs vieux tombeaux, les ruines où les démons les tentoient, les colonnes qui leur élevoient dans les airs une autre solitude, appartiennent à la puissance de l'imagination orientale chrétienne.

Les ascètes erroient en silence sur le Sinaï comme les ombres du peuple de Dieu. Ces aspirants du ciel exerçoient un grand pouvoir sur la terre : les empereurs les envoyoient consulter. Constantin adresse une lettre à saint Antoine et l'appelle son Père ; saint Antoine assemble ses moines et leur dit : « Ne soyez « pas surpris qu'un empereur nous écrive, ce « n'est qu'un homme : étonnez-vous plutôt de « ce que Dieu ait écrit une loi pour les hom- « mes [1]. » Antoine se refuse à toute réponse ; ses disciples le pressent ; alors il mande à Constantin et à ses deux fils : « Méprisez le monde ; « songez au jugement dernier, souvenez-vous « que Jésus-Christ est le seul roi véritable et « éternel ; pratiquez l'humanité et la justice [2]. »

Dans la sédition d'Antioche, les moines descendirent de leurs montagnes et s'établirent à la porte du palais, implorant la grâce des coupables. Un d'entre eux, Macédonius, surnommé le Critophage, rencontre dans la ville deux commissaires de l'empereur ; il en saisit un par le manteau, et leur ordonne à tous deux de descendre de cheval : la hardiesse de ce petit vieillard couvert de haillons indigne les commissaires ; mais ayant appris qui il étoit, ils lui embrassent les genoux. « Amis, s'écrie l'er- « mite, intercédez pour le sang des coupables ; « dites à l'empereur que ses sujets sont aussi « des hommes faits à l'image de Dieu ; que s'il « s'irrite pour des statues de bronze, une « image vivante et raisonnable est bien pré- « férable à ces statues. Quand celles-ci sont « détruites, d'autres peuvent être faites : mais « qui donnera un cheveu à l'homme qu'on a « fait mourir [1] ? » Ainsi renaissoient la liberté et la dignité de l'homme par le christianisme : ces ermites, exténués de jeûnes, retrouvoient dans l'indépendance et le mépris de la vie les droits que la société avoit perdus dans le luxe et l'esclavage.

Les leçons n'étoient pas épargnées aux empereurs : Lucifer, de Cagliari, apostrophe Constance au sujet d'Athanase : « Si tu étois « tombé entre les mains de Mathathias et de « Phinées, ils t'auroient frappé du glaive ; et « moi, parce que je blesse de ma parole ton « esprit trempé du sang chrétien, je te fais in- « jure ! Que ne te venges-tu d'un mendiant ? « Devons-nous respecter ton diadème, tes « pendants d'oreilles, tes bracelets, tes riches « habits, au mépris du Créateur ? Tu m'ac- « cuses d'outrages à qui t'en plaindras-tu ? « A Dieu, que tu ne connois pas ? A toi-même, « homme mortel, qui ne peux rien contre les « serviteurs de Dieu ! Si tu nous fais mourir, « nous arriverons à une meilleure vie. Nous te « devons obéissance, mais seulement pour les « bonnes œuvres, non pour les mauvaises et « pour condamner un innocent [2]. »

Lucifer étoit légat du pape Libère : on voit

---

mare navigant. Sportulas exiguas operaris? Quæ nuncupatur mallaccia cogita..... Pulchre et eleganter scribis? Odiorum fabricatores cogita. (*S. patris Ephræm, Syri Parænesis quadragesima septima*, pag. 337. Antuerpiæ, 1619.)

[1] Ne miremini si ad nos scribat imperator, homo cum sit ; sed miremini potius quod legem hominibus scripserit Deus. (*S. Anastasii archiepiscop., S. Antonii vita*, tom. II, pag. 856. Parisiis, 1698.)

[2] Sed potius dici judicii recordarentur, scirentque Christum solum et æternum esse imperatorem. Rogabat ut humanitati studerent ac curam justitiæ pauperumque gererent. (*Id., ibid.*)

[1] Ad principes ipsos accedentes cum fiducia loquebantur pro reis, et omnes sanguinem effundere parati erant, et capita deponere, ut captos ab expectatis tribulationibus eriperent. . . . . Statuæ quidem defectæ rursum erectæ fuerunt ; si autem vos Dei imaginem occideretis, quomodo rursum poteritis peremptum revocare, etc. ? (*S. J. Chrysost., Hom.* XVII, tom. II, pag. 173. Parisiis, 1718.)

[2] Subditos nos debere esse in bonis operibus, non in malis. An bonum est opus si eum quem innocentem scimus... interimamus?... (*De non parcendo in Deum delinquentibus. — Luciferi episcopi Calaritani, ad Constantium. Constantini magni Imp. Aug. Opuscula*, pag. 299. Parisiis, 1568.)

déjà poindre l'esprit véhément et dominateur des futurs Grégoire VII.

Des vices s'étoient glissés à travers les vertus : les passions privées se nourrissent dans le silence de la retraite ; les passions publiques naissent au bruit du monde. Saint Grégoire de Nazianze, saint Chrysostome, saint Jérôme, saint Augustin, Salvien, plusieurs autres Pères, se plaignent de l'ambition des prélats, de la cupidité des prêtres et des mœurs des moines. Vous avez déjà vu des exemples à l'appui de ces reproches, et j'ai rappelé les lois qui s'opposoient aux empiétements du clergé : que l'homme triomphe par les vertus ou par les armes, la victoire le corrompt. Ce fut surtout dans les sectes séparées de l'unité de l'Église qu'eurent lieu les plus grands désordres : les hérésies furent au christianisme ce que les systèmes philosophiques furent au paganisme, avec cette différence que les systèmes philosophiques étoient les vérités du culte païen, et les hérésies les erreurs de la religion chrétienne.

Les hérésies sortoient presque toutes des écoles de la sagesse humaine. Les philosophies des Hébreux, des Perses, des Indiens, des Égyptiens, des Grecs, s'étoient concentrées dans l'Asie sous la domination romaine : de ce foyer allumé par l'étincelle évangélique, jaillit cette multitude d'hérésies aussi diverses que les mœurs des hérésiarques étoient dissemblables. On pourroit dresser un catalogue des systèmes philosophiques, et placer à côté de chaque système l'hérésie qui lui correspond. Tertullien l'avoit reconnu : « La philosophie, « dit-il, qui entreprend témérairement de son- « der la nature de la divinité et de ses décrets, « a inspiré toutes les hérésies. De là viennent « les Éones et je ne sais quelles formes bi- « zarres, et la trinité humaine de Valentin, « qui avoit été platonicien ; de là le Dieu bon « et indolent de Marcion, sorti des stoïciens ; « les épicuriens enseignent que l'âme est mor- « telle. Toutes les écoles de philosophie s'ac- « cordent à nier la résurrection des corps. La « doctrine qui confond la matière avec Dieu « est la doctrine de Zénon. Parle-t-on d'un « Dieu de feu, on suit Héraclite. Les philoso- « phes et les hérétiques traitent les mêmes su- « jets, s'embarrassent dans les mêmes ques- « tions : *D'où vient le mal, et pourquoi est-il ?* « *D'où vient l'homme, et comment ?* Et ce que « Valentin a proposé depuis peu : *Quel est le* « *principe de Dieu ?* A l'entendre, c'est la « pensée et un avorton [1]. »

Saint Augustin comptoit de son temps quatre-vingt-huit hérésies, en commençant aux simoniens et finissant aux pélagiens, et il avoue qu'il ne les connoissoit pas toutes. Comme l'esprit ne fait souvent que se répéter, il n'est pas inutile de remarquer que le mot *hérésie* signifie *choix*, et c'est aussi ce que veut dire le mot *éclectisme* si fort en vogue aujourd'hui : l'éclectisme est l'hérésie des hérésies ou le choix des choix philosophiques.

Ainsi au moment de la destruction de l'empire romain en Occident, le christianisme marchoit avec douze persécutions générales [2], les persécutions de Néron, de Domitien, de Trajan, de Marc-Aurèle, de Sévère, de Maximin, de Décius, de Valérien, d'Aurélien, de Dioclétien, de Constance (persécution arienne), de Julien ; avec trois schismes de l'Église romaine, les schismes des antipapes Novatien, Ursien et Eulalius : avec plus de cent hérésies. Par schisme il faut entendre, ce qu'on entendoit alors, le dissentiment sur les personnes ; par hérésie, les différences dans les doctrines.

Les hérésies du premier siècle furent de trois sortes : les premières appartenoient à des fourbes qui prétendoient être le véritable Messie, ou tout au moins une intelligence divine ayant la vertu des miracles ; les secondes sortirent de ces esprits creux qui recouroient au système des émanations pour expliquer les prodiges des apôtres ; les troisièmes furent les imaginations de certains rêveurs qui voyoient en Jésus-Christ un génie sous la forme d'un homme, ou un homme dirigé par un génie : ils disoient encore que Jésus-Christ avoit enseigné deux doctrines, l'une publique, l'autre secrète ; ils mutiloient les livres du Nouveau-Testament, composoient de faux évangiles et fabriquoient des lettres des apôtres. Dans ces

---

[1] *Præscript. cont. hæret.* FLEURY.
[2] Les *Actes des apôtres* démontrent qu'il y avoit eu des persécutions particulières, même avant la persécution de Néron. S. Luc en fait foi ; et les *Actes des apôtres*, quoi qu'on en ait dit, sont authentiques.

trois classes d'hérésiarques on trouve Simon, Dosithée, Ménandre, Théodote, Gorthée, Cléobule, Hyménée, Philète, Alexandre, Hermogènes, Cérinthe, les Ébionistes et les Nazaréens. Presque toutes les hérésies du premier siècle furent juives d'extraction.

Au second siècle les hérésies devinrent grecques et orientales. Plusieurs philosophes de l'Asie avoient embrassé le christianisme; ils y apportèrent les idées spéculatives dont ils étoient nourris : la doctrine des deux principes, la croyance des génies, les émanations chaldéennes, en un mot tout l'abstrait de l'Orient modifié par la philosophie grecque, pétrie et repétrie dans l'école d'Alexandrie. Il y eut aussi des réformateurs du christianisme qu'ils trouvoient déjà altéré : Montan, Praxéas, Marcion, Saturnin, Hermias, Artemon, Basilide, Hermogènes, Apelle, Talien, Héracléon, Cerdon, Sévère, Bardesanes, Valentin, furent les plus célèbres hérétiques de cette époque.

Praxéas, de l'hérésie de Montan, soutenoit que Dieu le Père étoit le même que Jésus-Christ, et qu'en conséquence il avoit souffert. Les disciples de Praxéas furent appelés *patropassiens*, parce qu'ils attribuoient au Père comme au Fils la passion et la croix [1].

Valentin, suivant le génie grec qui personnifioit tout, transformoit les *noms* en *personnes* : les siècles qui dans l'Écriture portent le nom d'Éones ou d'Aiones, devenoient des êtres ayant chacun leur nom. Le premier Éone se nommoit *Proon*, préexistant, ou *Bythos*, profondeur : il avoit vécu longtemps inconnu avec *Ennoia*, la pensée, ou *Charis*, la grâce, ou *Sigé*, le silence. *Bythos* engendra avec *Sigé*, *Nous* ou l'intelligence, son fils unique. *Nous* devint le père de toutes choses. *Nous* enfanta deux autres Éones, *Logos* et *Zoé*, le verbe et la vie; de *Logos* et de *Zoé* naquirent *Anthropos* et *Ecclesia*, l'homme et l'église. Enfin après trente Éones qui formoient le *Pleroma* ou la plénitude, se trouvoit la vertu du *Pleroma*, *Horos* ou *Stauros*, le terme ou la croix [2]. Cette théologie s'étendoit beaucoup plus loin ; mais l'esprit humain a des folies trop nombreuses pour les suivre dans toutes leurs modifications.

Au troisième siècle la philosophie grecque continua ses ravages dans le christianisme : les hommes qui passoient incessamment des écoles d'Athènes et d'Alexandrie à la religion évangélique cherchoient à rendre celle-ci *naturelle*, c'est-à-dire qu'ils s'efforçoient d'expliquer les mystères, afin de répondre aux objections des païens. Cette fausse honte de l'esprit produisit les erreurs de Sabellius, de Noët, d'Hiérax, de Bérylle, de Paul de Samosate : on compte aussi celles des ophites, des caïnites, des sethiens et des melchisédéciens.

Manès, dont l'hérésie éclata vers l'an 277, étoit un esclave appelé Coubric, surnommé Manès, ce qui signifioit en persan l'art de la parole ; Manès y prétendoit exceller. Il eut pour disciple Thomas, et rapporta de la Perse l'ancienne doctrine des deux Principes : le bon Principe est la lumière, le mauvais Principe, les ténèbres. Le monde étoit l'invasion du mauvais Principe ou du principe ténébreux dans le bon Principe ou le principe lumineux. Manès infiltroit sa doctrine dans le christianisme par l'histoire de la tentation de l'homme, produite de Satan, et par la mission de Jésus-Christ envoyé du bon Principe, pour détruire l'action de Satan ou du mauvais Principe [1].

Les hérétiques cherchoient assez souvent à rentrer dans le sein de l'Église; on ne s'y refusoit pas, mais on différoit sur les conditions de leur réintégration : autre source de schisme au troisième siècle ; celui des novatiens est un des plus connus.

Le quatrième siècle se distingue par la grande hérésie d'Arius. Le monde philosophique à cette époque étoit devenu néoplatonicien; le néoplatonisme ne trouvoit plus de contradicteurs, et se rapprochoit de la théologie chrétienne à laquelle il s'étoit assimilé. La puissance politique ayant passé du côté des chrétiens, les hérésies affectèrent le caractère de la domination et les mœurs du palais ; elles voulurent régner, et montèrent en effet sur le trône avec Constance : elles servirent de marche-

---

[1] *Append. ad Tertul. Præscrip., in fin.*
[2] TERTUL., *Adv. Valen.*

[1] BEAUSOBRE, *Histoire de Manech.* ; HERBELOT, THEODOR. *Hæret.*; *Acta disput. Arch.*; *Monum. eccl.*, grec et lat., *ap. Vales. et D. Cel.*

pied au paganisme pour reprendre un moment la pourpre avec Julien. Constance ayant divisé la doctrine orthodoxe par l'arianisme, il parut tout simple que la religion changeât dans Julien, comme elle avoit changé dans Constance, et que l'un forçât ses sujets d'adopter sa communion, ainsi que l'autre les y avoit obligés.

Sabellius avoit établi la distinction des personnes trinitaires; Marcion et Cerdon reconnoissoient trois substances incréées; Arius voulut concilier ces opinions en faisant de la Trinité trois substances, mais posant en principe que le Père seul étant incréé, le Verbe devenoit une créature : Macédonius nia depuis la divinité du Saint-Esprit. Le mot *consubstantiel* fut inventé pour écarter les subtilités des ariens; mot latin qui ne traduisoit pas exactement le fameux mot grec *homoousios* employé par les Pères de Nicée. Eusèbe et Théognis usèrent de supercherie en souscrivant le symbole [1]; ils introduisirent un iota dans le mot *homoousios* et écrivirent *homoiousios*, semblable en substance au lieu de *même substance*. On chicana sur cet iota, qui causa bien des persécutions et fit couler beaucoup de sang. Saint Hilaire, avec la droiture et la raison des peuples occidentaux, admit les deux expressions, disant que rien ne pouvoit être semblable selon la nature, qui ne fût de même nature [2]. L'arianisme, divisé en plusieurs branches, eusébien, demi-arien, etc., passa des Romains aux Goths; son caractère se mélangeoit de faste, de violence et de cruauté. Arius, son fondateur, étoit pourtant un homme doux quoique obstiné : l'antagoniste d'Arius fut, vous le savez, le fameux Athanase.

Avec Arius, dans le quatrième siècle, vinrent aussi les réformateurs qui attaquèrent la discipline de l'Église et le culte de la Vierge : par l'austérité des mœurs, ils arrivoient à la dépravation. On compte Helvidius, Bonose, Audée, Collathe, Jovinien, Priscillius et plusieurs autres.

Le cinquième siècle vit les hérésies placées dans les prélats : celle du violent Nestorius, évêque de Constantinople, éclata. Il nia l'union hypostatique, admettant toutefois l'incarnation du Christ, mais disant qu'il n'étoit pas sorti du sein de la Vierge. L'Orient se divisa; il y eut conciles contre conciles, anathèmes contre anathèmes, persécutions, dépositions, exils. Après le concile d'Éphèse, le nestorianisme triompha; bientôt Eutychès vint combattre Nestorius et remplacer une erreur par une erreur. Le nestorianisme supposoit deux personnes dans Jésus-Christ; Eutychès, par un autre excès, prétendoit que les deux natures de l'Homme-Dieu, la nature humaine et la nature divine, étoient tellement unies qu'elles n'en faisoient qu'une. Les moines avoient soutenu contre les nestoriens la maternité de la Vierge; ils s'enrôlèrent presque tous sous les bannières d'Eutychès. L'empire d'Orient, berceau de toutes les hérésies, continua de s'engloutir dans ces subtilités déplorables. Les patriarches de Constantinople acquirent une puissance qui leur permettoit de disposer de la pourpre. Après Eutychès, des moines scythes, dans le sixième siècle, posèrent en principe qu'une des personnes de la Trinité avoit souffert. Dans le septième siècle, autres chimères; dans le huitième, Léon Isaurien donna naissance à la secte des iconoclastes; et enfin, vers le milieu du neuvième siècle, s'établit le grand schisme des Grecs.

L'Occident, ravagé par les Barbares au cinquième siècle, enfanta des hérésies qui sentoient le malheur; des chrétiens opprimés cherchèrent une cause aveugle à des souffrances en apparence non méritées : Pélage, moine breton qui avoit beaucoup voyagé, fut l'auteur d'un nouveau système; il disoit l'homme capable d'atteindre le plus haut degré de perfection par ses propres forces. De cette hauteur stoïque, il étoit aisé de glisser à cette rigueur de destin qui écrase le juste sans l'abattre. Entraîné de conséquences en conséquences, tout en ayant l'air d'admettre la nécessité de la grâce, Pélage se voyoit obligé de nier cette nécessité, de rejeter la contrainte du péché originel, laquelle auroit détruit la possibilité de la perfection sans la grâce. Julien, évêque d'Éclane, succéda à Pélage. Des semi-pélagiens engendrèrent la prédestination : ils soutenoient que la chute d'Adam a suspendu le libre arbitre, et que Jésus-Christ n'est pas mort pour

---

[1] PHILOST., lib. I, cap. IX.
[2] SULP. SEV., lib. XIII.

tous : le résultat étoit la damnation éternelle et la salvation éternelle forcées par la prescience de Dieu. Cette hérésie dura[1]; elle parvint jusqu'à Gohescale, et même jusqu'à Jean Scot Érigène.

Dans les sixième, septième, huitième et neuvième siècles, l'unité croissante de l'Église catholique et l'autorité de Charlemagne diminuèrent les hérésies dogmatiques, mais il se forma des hérésies d'imagination : elles eurent leur source dans une nouvelle espèce de merveilleux né des faux miracles, des vies des saints, de la puissance des reliques, et du caractère crédule et guerrier prêt à procréer le moyen âge. La lumière classique jeta un rayon perdu à travers les ténèbres du neuvième siècle, et fit éclore une superstition, du moins excusable : un prêtre de Mayence prouva que Cicéron et Virgile étoient sauvés. L'étude de l'Écriture amena des discussions subtiles sur le nom de Jésus, sur le mot Chérubin, sur l'Apocalypse, sur les nombres arithmétiques, sur les couches de la Vierge. Tel fut ce long enchaînement de mensonges, de folies ou de puérilités.

Des doctrines passons aux hommes, du tableau des croyances à la peinture des mœurs, de l'hérésie à l'hérésiarque : il est rare que la fausseté de l'esprit ne fasse pas gauchir la droiture du cœur, et qu'une erreur n'engendre pas un vice.

Marc, disciple de Valentin, séduisoit les femmes en prétendant leur donner le don de prophétie : il s'en faisoit aimer passionnément; elles le suivoient partout. Ses disciples[2] possédoient le même talisman, et des troupes de femmes s'attachoient à leurs pas dans les Gaules. Ils se nommoient *Parfaits*; ils se prétendoient arrivés à la vertu inénarrable. Selon eux le dieu Sabaoth avoit pour fils le diable, lequel avoit eu d'Ève Caïn et Abel.

Les docites maudissoient l'union des sexes, disant que le *fruit défendu* étoit le mariage, et les *habits de peau* la chair dont l'homme est vêtu[1].

Les carpocratiens, disciples de Carpocras, tenoient que l'âme étoit tout, que le corps n'étoit rien, et qu'on pouvoit faire de ce corps ce qu'on vouloit. Épiphane prêchoit la même doctrine : de là pour ces hérésiarques le rétablissement de l'égalité et de la communauté naturelles. Ils prioient nus comme une marque de liberté; ils avoient le jeûne en horreur; ils festinoient, se baignoient, se parfumoient. Les propriétés et les femmes appartenoient à tous : quand ils recevoient des hôtes, le mari offroit sa compagne à l'étranger. Après le repas ils éteignoient les lumières et se plongeoient aux débauches dont on calomnioit les premiers chrétiens ; mais ils arrêtoient autant que possible la génération, parce que le corps étant infâme il n'étoit pas bon de le reproduire[2].

Montan couroit le monde avec deux prophétesses, Prisca et Maximilla. Il se disoit le Saint-Esprit et le continuateur des prophètes. Les pratiques des montanites étoient d'une rigueur excessive.

Paul de Samosate se créa une immense fortune par le débit de ses erreurs. Dans les assemblées ecclésiastiques, il s'asseyoit sur un trône; en parlant au peuple il se frappoit la cuisse de sa main, et l'on entonnoit des cantiques à sa louange.

Au milieu des donatistes, en Afrique, se formèrent les circoncellions, furieux qui pilloient les cabanes des paysans, apparoissoient au milieu des bourgades et des marchés, mettoient en liberté les esclaves et délivroient les prisonniers pour dettes. Ils assommoient les

---

[1] Noris., *Hist. Pelag.*, lib. II ; Duchesne, *Prædest.: Ann. Benedict.*, tom. II, an. 829.

[2] Iren., lib. I, cap. VIII et IX ; Theodor., *Her.*, lib. I, cap. X et XI.

[1] Clem. III, *Strom.*

[2] Nudi toto corpore precantur, tanquam per hujusmodi operationem inveniant dicendi apud Deum libertatem : corpora autem sua tum muliebria, tum virilia noctu ac diu curant unguentis, balneis, epulationibus, concubitibusque et ebrietatibus vacantes, et detestantur jejunantem. Atque humanæ carnis esu peracto... Non ad generandam sobolem corruptio apud ipsos instituta est, sed voluptatis gratia, diabolo illudente talibus, et seductam errore Dei creaturam subsannante. (Epiph., *episcop. Constantiæ contra hæreses*, pag. 71. Lutetiæ Parisiorum, 1612.)

catholiques avec des bâtons qu'ils appelaient des *israélites*, et commençoient les massacres en chantant : *Louange à Dieu!* Comme certains disciples de Platon, saisis de la frénésie du suicide, ils se donnoient la mort ou se la faisoient donner à prix d'argent. Hommes, femmes, enfants s'élançoient dans des précipices ou dans des bûchers [1].

Plusieurs conciles, et entre autres celui de Nicée, prononcent des peines contre les eunuques volontaires. A l'imitation d'Origène, il s'étoit formé une secte entière de ces hommes dégradés ; on les nommoit Valésiens : ils mutiloient non-seulement leurs disciples, mais leurs hôtes [2]; ils guettoient les étrangers sur les chemins pour les délivrer des périls de la volupté. Ils habitoient au-delà du Jourdain, à l'entrée de l'Arabie [3].

Les gnostiques partageoient l'espèce humaine en trois classes : les hommes matériels ou hyliques, les hommes animaux ou psychiques, les hommes spirituels ou pneumatiques. Les gnostiques se subdivisoient eux-mêmes en une multitude de sectes : celle des ophites révéroit le serpent comme ayant rendu le plus grand service à notre premier père, en lui apprenant à connoître l'arbre de la science du bien et du mal. Ils tenoient un serpent enfermé dans une cage; au jour présumé de la séduction d'Ève et d'Adam, on ouvroit la porte au reptile qui glissoit sur une table et s'entortilloit au gâteau qu'on lui présentoit : ce gâteau devenoit l'eucharistie des ophites [4].

Des gnostiques d'une autre sorte croyoient que tout étoit êtres sensibles, et ils se laissoient presque mourir de faim dans la crainte de blesser une créature de Dieu. Quand enfin ils étoient obligés de prendre un peu de nourriture, ils disoient au froment : « Ce n'est pas « moi qui t'ai broyé; ce n'est pas moi qui t'ai « pétri; ce n'est pas moi qui t'ai mis au four, « qui t'ai fait cuire. » Ils prioient le pain de leur pardonner, et ils le mangeoient avec pitié et remords.

Les priscilliens, dont la doctrine étoit un mélange de celle des manichéens et des gnostiques, cassoient les mariages en haine de la génération, parce que la chair n'étoit pas l'ouvrage de Dieu, mais des mauvais anges; ils s'assembloient la nuit ; hommes et femmes prioient nus comme les carpocratiens, et se livroient à mille désordres toujours justifiés par la vileté du corps [1]. L'Espagne infestée de cette secte devint une école d'impudicité.

L'Église faisoit tête à toutes ces hérésies; sa lutte perpétuelle donne la raison de ces conciles, de ces synodes, de ces assemblées de tous noms et de toutes sortes que l'on remarque dès la naissance du christianisme. C'est une chose prodigieuse que l'infatigable activité de la communauté chrétienne : occupée à se défendre contre les édits des empereurs et contre les supplices, elle étoit encore obligée de combattre ses enfants et ses ennemis domestiques. Il y alloit, il est vrai, de l'existence même de la foi : si les hérésies n'avoient été continuellement retranchées du sein de l'Église par les canons, dénoncées et stigmatisées dans les écrits, les peuples n'auroient plus su de quelle religion ils étoient. Au milieu des sectes se propageant sans obstacles, se ramifiant à l'infini, le principe chrétien se fût épuisé dans ses dérivations nombreuses, comme un fleuve se perd dans la multitude de ses canaux.

Il résulte de cet aperçu que les hérésies s'imprégnèrent de l'esprit des siècles où elles se succédèrent. Leurs conséquences politiques furent énormes; elles affoiblirent et divisèrent le monde romain : les moines ariens ouvrirent la Grèce aux Goths, les donatistes l'Afrique aux Vandales; et pour se dérober à l'oppression des ariens, les évêques catholiques livrèrent la Gaule aux Franks. Dans l'Orient, le

---

[1] Altorum montium cacuminibus viles animas projicientes, se præcipites dabant. (OPTATI AFRI, *milevitani episcopi, de schismate Donatistarum*, lib. III, pag. 59. Lutetiæ Parisiorum, 1700.)

[2] Non solum propriis hoc modo perficiunt, sed sæpe etiam peregrinos accidentes, et adhuc apud ipsos hospitio exceptos : abripiunt enim tales intus et vinculis illigatos per vim castrant, ut non amplius sint in voluptatis periculo impulsi.

[3] In Bacathis, regione Philadelphina ultra Jordanem. (EPIPH., *episcop. Const., adversus hæres.*, LVIII, pag. 407.)

[4] ORIG. *cont. Cels.*

[1] SULP. SEV., lib. III; AUG., *Hæres.*, LXX.

nestorianisme, refoulé sur la Perse, gagna les Indes, alla s'unir au culte du lama, et constituer sous un dieu étranger la hiérarchie et les ordres monastiques de l'Église chrétienne : il fit naître aussi l'espèce de puissance problématique et fantastique du prêtre Jean. D'un autre côté une foule de sectes variées, que proscrivoit le fanatisme grec, se réfugièrent pêle-mêle en Arabie : de la confusion de leurs doctrines, professées ensemble dans l'exil et travaillées par la verve orientale, sortit le mahométisme, hérésie judaïque-chrétienne, de qui la haine aveugle contre les adorateurs de la croix se compose des haines diverses de toutes les infidélités dont la religion du Coran s'est formée.

A voir les choses de plus haut dans leurs rapports avec la grande famille des nations, les hérésies ne furent que la vérité philosophique, ou l'indépendance de l'esprit de l'homme, refusant son adhésion à la chose adoptée. Prises dans ce sens, les hérésies produisirent des effets salutaires : elles exercèrent la pensée, elles prévinrent la complète barbarie, en tenant l'intelligence éveillée dans les siècles les plus rudes et les plus ignorants; elles conservèrent un droit naturel et sacré, le droit de *choisir*. Toujours il y aura des hérésies, parce que l'homme né libre fera toujours des choix. Alors même que l'hérésie choque la raison, elle constate une de nos plus nobles facultés, celle de nous enquérir sans contrôle et d'agir sans entraves.

TROISIÈME PARTIE.

MŒURS DES PAÏENS.

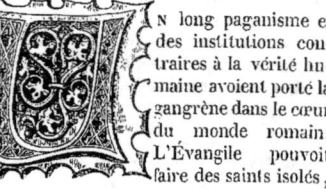

N long paganisme et des institutions contraires à la vérité humaine avoient porté la gangrène dans le cœur du monde romain. L'Évangile pouvoit faire des saints isolés, des familles pieuses, charitables, héroïques; mais il ne pouvoit extirper subitement un mal enraciné par une civilisation anti-naturelle. Le christianisme réforma les mœurs publiques avant d'épurer les mœurs privées; il corrigea les lois, posa les dogmes de la morale universelle, avant d'agir efficacement sur la généralité des individus. Ainsi vous avez vu l'esclavage, la prostitution, l'exposition des enfants, les combats des gladiateurs, attaqués légalement par Constantin et ses successeurs (glorieux effet du christianisme au pouvoir); mais vous avez retrouvé aussi le même fond de corruption sur le trône. Les empereurs, il est vrai, ne se rendoient pas coupables de ces infamies effrontées dont s'étoient souillés, à la face du soleil, Tibère, Caligula, Néron, Domitien, Commode, Élagabale; mais les crimes intérieurs du palais, une dépravation secrète, une vie d'intrigues, quelque chose qui ressembloit davantage aux cours modernes, commença : tout ce que le christianisme put faire d'abord, fut de contraindre les vices à se cacher.

La pourriture de l'empire romain vint de trois causes principales : du culte, des lois et des mœurs. Et comme cet empire renfermoit dans son sein une foule de nations placées dans divers climats, à différents degrés de civilisation, toutes ces nations mêloient leurs corruptions particulières à la corruption du peuple dominateur : ainsi l'Égypte donna à Rome ses superstitions, l'Asie sa mollesse, l'Occident et le nord de l'Europe son mépris de l'humanité.

La société romaine parloit deux langues, étoit composée de deux génies : la langue latine et la langue grecque, le génie grec et le génie latin. La langue latine se renfermoit dans une partie de l'Italie, dans quelques colonies africaines, illyriennes, daciques, gauloises, germaniques, bretonnes, tandis qu'Alexandre avoit porté sa langue maternelle jusqu'aux confins de l'Éthiopie et des Indes : elle servoit d'idiome intermédiaire entre les peuples qui ne s'entendoient pas; elle étoit parlée à Rome, même par les esclaves et les marchandes d'herbes. Le génie grec communiqua aux Romains la corruption intellectuelle, les

subtilités, le mensonge, la vaine philosophie, tout ce qui détériore la simplicité naturelle le génie latin voua ces mêmes Romains à la corruption matérielle, aux excès des sens, à la débauche, à la cruauté.

De ces généralités, si nous passons à l'examen particulier de la religion, des lois et des mœurs, nous trouvons l'idolâtrie merveilleusement calculée pour autoriser les vices : l'homme ne faisoit qu'imiter les actions du dieu [1]. Jupiter a séduit une femme en se changeant en pluie d'or, pourquoi moi, chétif mortel, n'en ferois-je pas autant [2] ? Ovide (et l'autorité est singulière) ne veut pas que les jeunes filles aillent dans les temples, parce qu'elles y verroient combien Jupiter a fait de mères [3]. Les femmes se prostituoient publiquement dans le temple de Vénus à Babylone [4]. Dans l'Arménie les familles les plus illustres consacroient leurs filles vierges encore à cette déesse [5]. Les femmes de Biblis qui ne consentoient pas à couper leurs cheveux au deuil d'Adonis étoient contraintes, pour se laver de cette impiété, de se livrer un jour entier aux étrangers. L'argent qui provenoit de cette sainte souillure étoit consacré à la déesse [6] Les filles, dans l'île de Chypre, se rendoient au bord de la mer avant de se marier, et gagnoient avec le premier venu l'argent de leur dot [7].

Rien de plus célèbre que le temple de Corinthe ; il renfermoit mille ou douze cents prostituées offertes à la mère des amours. Ces courtisanes étoient consultées et employées dans les affaires de la république comme des vestales [8].

Lucien, dans les *Dialogues des dieux*, flagelle en riant les turpitudes de la mythologie.

Junon se plaint à Jupiter qu'il ne la caresse plus depuis qu'il a enlevé Ganimède ; Mercure se moque avec Apollon de l'aventure de Mars enchaîné par Vulcain dans les bras de Vénus ; Vénus invite Pâris à l'adultère : « Hélène n'est « pas noire, puisqu'elle est née d'un cygne ; « elle n'est pas grossière puisqu'elle est éclose « dans la coquille d'un œuf. J'ai deux fils : « l'un rend aimable, l'autre amoureux ; je « mettrai le premier dans tes yeux, le se- « cond dans le cœur d'Hélène, et je t'amène- « rai les Grâces pour compagnes, avec le Dé- « sir. » Mercure dit à Pan : « Tu caresses « donc les chèvres ? »

Les voleurs, les homicides, et le reste, avoient leurs protecteurs dans le ciel : « Belle « Laverne, donne-moi l'art de tromper, et qu'on « me croie juste et saint [1]. »

Les mystères d'Adonis de Cybèle, de Priape, de Flore, étoient représentés dans les temples et dans les jeux consacrés à ces divinités. On voyoit à la lumière du soleil ce que l'on cache dans les ténèbres, et la sueur de la honte glaçoit quelquefois l'infâme courage des acteurs [2].

L'ordre légal, conforme à l'ordre religieux, faisoit de ces dérèglements des mœurs approuvées. La loi Scantinie pensoit sans doute être rigoureuse, en n'exceptant de la prostitution publique que *les garçons de condition*. On versoit au trésor le tribut que payoient les prostituées. Alexandre Sévère appliqua cet argent à la réparation du cirque et des théâtres.

Dans une société où moins de dix millions d'hommes disposoient de la liberté de plus de cent vingt millions de leurs semblables, on

---

[1] EURIP., ap. Just.

[2] Ego homuncio, hoc non faciam
(TER., *Eun.*, act. III.)

[3] Quam multas matres fecerat ille deus.
(*Trist.*, lib. II.)

[4] HERODOT., lib. I.
[5] STRAB., lib. XVI.
[6] LUCIAN., *de Assyria init.*
[7] Dotalem pecuniam quæsituras... pro reliqua pudicitia libamenta Veneri solituras. (JUST., lib. XVIII.)
[8] ATHEN., lib. XIII.

[1] . . . . pulcra Laverna,
Da mihi fallere, da justum sanctumque videri.
(HORAT., ep. XVI, lib. 1.)

[2] Exuuntur etiam vestibus populo flagitante meretrices, quæ tunc mimorum funguntur officio, et in conspectu populi usque ad satietatem impudicorum luminum cum pudendis motibus detinentur. (LACTANT., *de falsa Religione*, lib. I, pag. 64 Basileæ.

[3] Lenonum vectigal et meretricum et exoletorum in sacrum ærarium inferri vetuit, sed sumptibus publicis ad instaurationem theatri, circi, amphitheatri et ærarii deputavit. (LAMPRID., *in Alex. Sev.*)

conçoit la facilité que les diverses cupidités avoient à se satisfaire. L'esclavage étoit une source inépuisable de corruption ; la seule définition légale de l'esclave disoit tout : *Non tam vilis quam nullus*; moins vil que nul. Le maître avoit le droit de vie et de mort sur l'esclave, et l'esclave ne pouvoit acquérir qu'au profit du maître. Vous lisez au livre vingt et unième du titre premier de l'édit *Ediles*, au sujet de la vente des esclaves : « Ceux qui vendent des esclaves doivent déclarer aux acheteurs leurs maladies et défauts ; s'ils sont sujets à la fuite ou au vagabondage ; s'ils n'ont point commis quelques délits ou dommages. . . . .

« Si, depuis la vente, l'esclave a perdu de sa valeur ; si, au contraire, il a acquis quelque chose, comme une femme qui auroit eu un enfant ; . . . . si l'esclave s'est rendu coupable d'un délit qui mérite la peine capitale ; s'il a voulu se donner la mort ; s'il a été employé à combattre contre les bêtes dans l'arène, etc. »

Immédiatement après ce titre vient un article sur la vente des chevaux et autre bétail, commençant de la même manière que celui sur la vente des esclaves : « Ceux qui vendent des chevaux doivent déclarer leurs défauts, leurs vices ou leurs maladies, etc. »

Toutes les misères humaines sont renfermées dans ces textes que les légistes romains énonçoient, sans se douter de l'abomination d'un tel ordre social.

Les cruautés exercées sur les esclaves font frémir : un vase étoit-il brisé, ordre aussitôt de jeter dans les viviers le serviteur maladroit, dont le corps alloit engraisser les murènes favorites ornées d'anneaux et de colliers. Un maître fait tuer un esclave pour avoir percé un sanglier avec un épieu, sorte d'armes défendues à la servitude [1]. Les esclaves malades étoient abandonnés ou assommés ; les esclaves laboureurs passoient la nuit enchaînés dans des souterrains, on leur distribuoit un peu de sel, et ils ne recevoient l'air que par une étroite lucarne. Le possesseur d'un serf le pouvoit condamner aux bêtes, le vendre aux gladiateurs, le forcer à des actions infâmes. Les Romains livroient aux traitements les plus cruels, pour la faute la plus légère, les femmes attachées à leur personne. Si un esclave tuoit son maître, on faisoit périr avec le coupable tous ses compagnons innocents. La loi *Petronia*, l'édit de l'empereur Claude, les efforts d'Antonin-le-Pieux, d'Adrien et de Constantin, furent sans succès pour remédier à ces abus que le christianisme extirpa.

L'instinct de la cruauté romaine se retrouvoit dans les peines applicables aux crimes et aux délits. La loi prescrivoit la croix (à laquelle fut substituée la potence [1]), le feu, la décollation, la précipitation, l'étranglement dans la prison, la fustigation jusqu'à la mort, la livraison aux bêtes, la condamnation aux mines, la déportation dans une île et la perte de la liberté.

Dans les premiers temps on pendoit le coupable, la tête enveloppée d'un voile, à des arbres appelés *malheureux*, et maudits par la religion, tels que le peuplier [2], l'aune et l'orme réputés stériles. On ne pouvoit faire mourir qu'avec le glaive, non avec la hache, l'épée, le poignard et le bâton. La mort par le poison ou par la privation d'aliments, d'abord permise, fut ensuite prohibée.

Étoient exemptés de la question, les militaires, les personnes illustres ou distinguées par leur vertu : celles-ci transmettoient ce privilége à leur postérité jusqu'à la troisième génération. Étoient encore soustraits à la question les hommes libres de race non plébéienne, excepté le cas d'accusation de crime de lèse-majesté au premier chef ; or, la frayeur des tyrans et la bassesse des juges faisoient survenir cette accusation dans toutes les causes.

Les supplices de la question étoient : le chevalet, lequel étendoit les membres et détachoit les os du corps ; les lames de fer rouges, les crocs

---

[1] Cicer. *in Verr.*, V, cap. III.

[1] Callistratus scripserat crucem ; Tribonianus furcam substituit, quia Constantinus supplicium crucis abrogaverat. (Pandect., lib. XLVIII, tit. IX, *de pœn.*)

[2] Erant autem *infelices arbores*. damnatæque religione, quæ nec seruntur nec fructum ferunt : quales populus, alnus, ulmus. (Plin., *Hist. nat.*, lib. XXVI ; Pandect. *loc. cit.*)

à traîner[1], les griffes à déchirer. Le même homme pouvoit être mis plusieurs fois à la torture. Si nombre de gens étoient prévenus du même crime, on commençoit la question par le plus timide ou le plus jeune[2].

Ces épouvantables inventions de l'inhumanité ne suffisoient pas, et les bornes des tourments étoient laissées à la discrétion du juge[3]. De là cet arbitraire des supplices dont je vous ai parlé.

Avant de mettre les esclaves à la question, l'accusateur en déposoit le prix : le gouvernement confisquoit les esclaves qui survivoient, lorsqu'ils avoient déposé contre leurs maîtres[4].

De ce récit succinct de la corruption de Rome païenne par la religion et les lois, passons à la peinture de la corruption dans les mœurs.

Le seul peuple qui ait jamais fait un spectacle de l'homicide est le peuple romain : tantôt c'étoient des gladiateurs, et même des *gladiatrices* de famille noble[5], qui s'entre-tuoient pour le divertissement de la populace la plus abjecte, comme pour le plaisir de la société la plus raffinée ; tantôt c'étoient des prisonniers de guerre que l'on armoit les uns contre les autres, et qui se massacroient au milieu des fêtes, la nuit, aux flambeaux, en présence de courtisanes toutes nues : on forçoit des pères, des fils, des frères, de s'égorger mutuellement afin de désennuyer un Néron et mieux encore un Vespasien et un Titus.

Les panthères, les tigres, les ours, étoient appelés à ces jeux des hommes par une juste égalité et fraternité. La mort se voulut montrer un jour au milieu de l'arène dans toute son opulence ; elle y fit paroître à la fois une multitude de lions : tant de bouches affamées auroient manqué de pâture, si les martyrs ne s'étoient heureusement trouvés pour fournir du sang et de la chair à ces armées du désert. Onze mille animaux de différentes sortes furent immolés après le triomphe de Trajan sur les Daces, et dix mille gladiateurs succombèrent dans les jeux qui durèrent cent vingt-trois jours.

La loi romaine étendoit ses soins maternels sur les bêtes de meurtre ; elle défendoit de les tuer en Afrique, comme on défend de tuer les brebis, mères des troupeaux. Le retentissement des glaives, les rugissements des animaux, les gémissements des victimes dont les entrailles étoient traînées sur un sable parfumé d'essence de safran ou d'eaux de senteur[1], ravissoient la foule : au sortir de l'amphithéâtre elle couroit se plonger dans les bains, ou dans les lieux dont les enseignes brilloient sous les voûtes qui ont donné leur nom à la transgression de la chasteté. Ces impitoyables spectateurs de la mort, qui la regardoient sans pouvoir apprendre à mourir, accordoient rarement la vie : le gladiateur avoit merci, les Délie, les Lesbie, les Cynthie, les Lydie, toutes ces femmes des Tibulle, des Catulle, des Properce, des Horace, donnoient le signe du trépas de la même main dont les muses avoient chanté les molles caresses[2].

Les festins particuliers étoient rehaussés par ce plaisir du sang : quand on s'étoit bien repu et qu'on approchoit de l'ivresse, on appeloit des gladiateurs ; la salle retentissoit d'applaudissements lorsqu'un des deux assaillants étoit tué. Un Romain avoit ordonné, par testament, de faire combattre ainsi de belles femmes qu'il avoit achetées ; et un autre, de jeunes esclaves qu'il avoit aimées[3].

---

[1] Unco trahebantur. (PLIN.; SENEC.)
[2] Ut ab eo primum incipiatur qui timidior est, vel teneræ ætatis videtur. (*Pandect.*, l. XLVIII, tit. XVIII.)
[3] Quæstionis modum magis et judices arbitrarii reportere. (*Id., ibid.*)
[4] Voyez tout l'effroyable titre de *Quæstionibus*. L'esprit de cette dernière loi est logique dans sa cruauté.
[5] Per id tempus factum est mulierum certamen... Cum crudele pugnavissent, essentque ob eam causam cæteras nobilissimas feminas conviciis consectatæ : cautum est ne quæ mulier usquam in reliquum tempus muneribus gladiatoris fungeretur. (DION., *Hist. Rom.*, lib. LXXVI, pag. 858. Hanoviæ, 1606.)

[1] Croco diluto aut aliis fragrantibus liquoribus. (MARTIAL., v. 26, et *de Spect.*, III.)
[2] Pollicem vertebant. (JUVENAL, *Sat.* III, v. 36.)

> Quis nescit vel quis non vidit vulnera pali
> Quem cavat assiduis sudibus, semtoque lacessit,
> Atque omnes implet numeros, dignissima prorsus
> Florali matrona tuba; nisi si quid in illo,
> Pectore plus agitat veræque paratur arenæ,
> Quem præstare potest muller galeata pudorem,
> Quæ fugit a sexu?
> (JUV., *sat.* VI, p. 151; ugd. Batav., 1695.)

[3] Quidam testamento formosissimas mulieres quas

Le luxe des édifices à Rome passe ce qu'on en sauroit dire : la maison d'un riche étoit une ville entière ; on y trouvoit des forum, des cirques, des portiques, des bains publics, des bibliothèques. Les maîtres y vivoient, pendant le jour, dans des salles ornées de peintures que la lumière du soleil n'éclairoit point : on ne les peut encore voir qu'à la lueur des torches, aujourd'hui que la nuit des siècles et les ténèbres des ruines ont ajouté leur obscurité à celle de ces voûtes. Un ouvrage, faussement attribué à Lucien, fait l'éloge d'un *appartement;* cette demeure est représentée comme une femme modeste dont la parure est à ses charmes *ce que la pourpre est à un vêtement.* Et cependant l'habitation qui paroissoit si simple à l'auteur de cette pièce de rhétorique a des murs peints à fresque, des plafonds encadrés d'or, et tout ce qui en feroit pour nous un palais de la plus grande magnificence.

Descendant de la cruauté à la débauche, qui ne sait les *spinthriæ* de Tibère et les incestes de Caligula? Qui n'a entendu parler de Messaline et du lit où elle rapportoit l'odeur de ses souillures? Néron se marioit publiquement à des hommes [1]. Par la blessure qu'il fit à Sporus, il inventa une femme nouvelle. Je ne redirai plus rien des Vitellius et des Domitien.

Le luxe des repas et des fêtes épuisoit les trésors de l'état et la fortune des familles ; il falloit aller chercher les oiseaux et les poissons les plus rares, dans les pays et sur les côtes les plus éloignés. On engraissoit toutes sortes de bêtes pour la table, jusqu'à des rats. Des truies on ne mangeoit que les mamelles ; le reste étoit livré aux esclaves.

Athénée consacre onze livres de son *Banquet* à décrire tous les poissons, tous les coquillages, tous les quadrupèdes, tous les oiseaux, tous les insectes, tous les fruits, tous les végétaux, tous les vins dont les anciens usoient dans leurs repas. Il se donne la peine d'instruire la postérité que les cuisiniers étoient des personnages importants, familiarisés avec la langue d'Homère, et à qui l'on faisoit apprendre par cœur les dialogues de Platon. Ils mettoient les plats sur la table, comptant : *Un, deux, trois* [1], et répétant ainsi le commencement du *Timée.* Ils avoient trouvé le moyen de servir un cochon entier, rôti d'un côté, et bouilli de l'autre [2]. Ils piloient ensemble des cervelles de volailles et de porcs, des jaunes d'œufs, des feuilles de rose, et formoient du tout une pâte odoriférante, cuite à un feu doux, avec de l'huile, du garum, du poivre et du vin [3]. Avant le repas on mangeoit des cigales pour se donner de l'appétit [4].

Je vous ai parlé de cet Élagabale à qui ses compagnons avoient donné le surnom de *Varius,* parce qu'ils le disoient fils d'une femme publique et de plusieurs pères. Il nourrissoit les officiers de son palais d'entrailles de barbot, de cervelles de faisans et de grives, d'œufs de perdrix et de têtes de perroquets [5]. Il donnoit à ses chiens des foies de canards, à ses chevaux des raisins d'Apamène, à ses lions des perroquets et des faisans [6]. Il avoit, lui, pour sa part, des talons de chameau, des crêtes arrachées à des coqs vivants, des tétines et des vulves de laies, des langues de paons et de rossignols, des pois brouillés avec des grains d'or, des lentilles avec des pierres de foudre, des fèves fricassées avec des morceaux d'ambre, et du riz mêlé avec des perles [7] : c'étoit

---

emerat, eo pugnæ genere confligere inter se; alius, impuberes pueros quos vivus in deliciis habebat. (ATHEN., lib. IV, pag. 154, edit. 1598.)

[1] Nero tanto Sabinæ desiderio teneri cœpit, ut puerum libertum (Sporus nominabatur) exsecari jusserit quod Sabinæ simillimus erat, eoque in cæteris rebus pro uxore usus sit. quin etiam progrediente tempore eum in uxorem duxit, quanquam ipse nuptus Pythagoræ liberto. (DION., lib. LXII, pag. 745.)

[1] ATHEN., lib. IX, cap. VII.

[2] *Id.*, lib. IX, cap. VI, ad fin.

[3] Fragrantissimis rosis in mortario tritis, addo gallinarum et porcorum elixa cerebra, deinde oleum, garum, piper, vinum, omnia curiose trita in ollam novam effundens, subjecto igni blando et continuo. (ATHEN., *Deipnosoph.*, lib. IX, pag. 406.)

[4] Lib. IV, cap. VI.

[5] Exhibuit palatinis ingentes dapes extis mullorum refertas, et cerebellis phœnicopterum, et perdicum ovis, et cerebellis turdorum, et capitibus psittacorum et phasianorum et pavonum. (ÆLII LAMPRID. *Hist. Aug., vit. Heliogab.,* pag. 108. Parisiis, 1620.)

[6] Canes jecinoribus anserum pavit. Misit et uvas apamenas in præsepia equis suis. Et psittacis atque phasianis leones pavit. (*Id., ibid.*)

[7] Comedit calcanea camelorum et cristas vivis galli-

encore avec des perles au lieu de poivre blanc, qu'il saupoudroit les truffes et les poissons. Fabricateur de mets et de breuvages, il mêloit le mastic au vin de rose. Un jour il avoit promis à ses parasites un phénix, ou, à son défaut, mille livres d'or[1].

En été il donnoit des repas dont les ornements changeoient chaque jour de couleur : sur les réchauds, les marmites, les vases d'argent du poids de cent livres, étoient ciselées des figures du dessin le plus impudique[2]. De vieux sycophantes, assis auprès du maître du banquet, le caressoient en mangeant.

Les lits de table, d'argent massif, étoient parsemés de roses, de violettes, d'hyacinthes et de narcisses. Des lambris tournants lançoient des fleurs avec une telle profusion, que les convives en étoient presque étouffés[3]. Le nard et des parfums précieux alimentoient les lampes de ces festins qui comptoient quelquefois vingt-deux services. Entre chaque service on se lavoit, et l'on passoit dans les bras d'une nouvelle femme[4].

Jamais Élagabale ne mangeoit de poisson auprès de la mer; mais, lorsqu'il en étoit très-éloigné, il faisoit distribuer à ses gens des laitances de lamproies et de loups marins. On jetoit au peuple des pierres fines avec des fruits et des fleurs; on l'envoyoit boire aux piscines et aux bains remplis de vin de rose et d'absinthe[5].

J'ai déjà touché quelque chose des impuretés et des noces d'Élagabale. Il aimoit particulièrement à représenter l'histoire de Pâris : ses vêtements tomboient tout à coup; il paroissoit nu, tenant d'une main une de ses mamelles, de l'autre, se voilant comme la Vénus de Praxitèle; il s'agenouilloit et se présentoit aux ministres de ses voluptés[1]. Il avoit quitté Zoticus le cocher, et s'étoit donné en mariage à Hiéroclès; il porta la passion pour celui-ci à un tel degré d'obscénité, qu'on ne le sauroit dire; il prétendoit célébrer ainsi les jeux sacrés de Flore[2]. En bon Romain, il mêloit l'immolation des victimes humaines à la débauche; il les choisissoit parmi les enfants des meilleures familles, prenant soin qu'ils eussent père et mère vivants, afin qu'il y eût plus de douleur[3].

Élagabale étoit vêtu de robes de soie brodées de perles. Il ne portoit jamais deux fois la même chaussure, la même bague, la même tunique[4]; il ne connut jamais deux fois la même femme[5]. Les coussins sur lesquels il se couchoit étoient enflés d'un duvet cueilli sous les ailes des perdrix[6]. A des chars d'or incrustés de pierres précieuses (Élagabale dédaignoit les chars d'argent et d'ivoire) il enchaînoit deux, trois et quatre belles femmes le sein découvert, et se faisoit traîner sur le quadrige. Quelquefois il étoit nu ainsi que son élégant attelage, et il rouloit sous des portiques semés de paillettes d'or[7], comme le Soleil conduit par les Heures.

---

naccis demptas; linguas pavonum et lusciniarum, pisum cum aureis, lentem cum ceraunis, fabam cum electris et orizam cum albis. (ÆLII LAMPRID. *Hist. Aug. vit. Heliogab.* Pag. 108. Parisiis, 1620.)

[1] Fertur et promisisse phoenicem conviviis, vel pro ea libras auri mille (*Id.*, pag. 109.)

[2] Deinde æstiva convivia coloribus exhibuit.. Semper varie per dies omnes æstivos... Vasa centenaria argentea sculpta, et nonnulla schematibus libidinosis inquinata. (*Id.*, pag. 107.)

[3] Oppressit in tricliniis versatilibus parasitos suos violis et floribus, sic ut animam aliqui efflaverint, quum crepere ad summum non possent. (*Id.*, pag. 108.)

[4] Idem in lucernis balsamum exhibuit. Exhibuit et aliquando tale convivium ut haberet vigenti et duo fercula ingentium epularum, sed per singula lavaret, et mulieribus uterentur ipse et amici cum jurejurando quod voluptatem efficerent. (*Id.*, pag. 111.)

[5] Ad mare piscem nunquam comedit, in longissimis a mari locis omnia marina semper exhibuit : murænarum lactibus et luporum in locis mediterraneis pavit,

et rosis piscinas exhibuit, et bibit cum omnibus suis caldaria, miscuit gemmas pomis ac floribus; jecit et per fenestram cibos. (LAMPRID., *Vit. Heliogabal.*, p. 108. Parisiis, 1620.)

[1] Posterioribus eminentibus in subactorem rejectis et oppositis. (*Id.* pag. 109.)

[2] Ut eidem inguina oscularetur. (*Id., ibid.*)

[3] Credo ut major esset utrique parenti dolor. (*Id., ibid.*)

[4] Calceamentum nunquam iteravit; annulos etiam negatur iterasse, pretiosas vestes sæpe conscidit. (*Id.*, pag. 112.)

[5] Idem, mulierem nunquam iteravit præter uxorem. (*Id.*, pag. 109.)

[6] Nec cubuit in accubitis facile, nisi qui pilum leporinum haberent, aut plumas perdicum, sub alares culcitras, sæpe permutans. (*Id.*, pag. 108.)

[7] Habuit et gemmata vehicula et aurata, contempsit argenteis et eboratis et æratis. Junxit et quaternas mulieres pulcherrimas et binas ad papillam, vel ternas et

Si ces iniquités et ces folies n'appartenoient qu'à un seul homme, il n'en faudroit rien conclure des mœurs d'un peuple ; mais Élagabale n'avoit fait que réunir dans sa personne ce qu'on avoit vu avant lui, depuis Auguste jusqu'à Commode. Se faut-il étonner qu'il y eût alors dans les catacombes de Rome, dans les sables de la Thébaïde, un autre peuple qui, par des austérités et des larmes, appelât la création d'un autre univers ? Ces cochers du Cirque, ces prostituées des temples de Cybèle, qui faisoient rougir la lune [1] de leurs affreux débordements, ces poursuivants de testaments, ces empoisonneurs, ces Trimalcions, toute cette engeance de l'amphithéâtre, toute cette race jugée et condamnée devoit disparoître de la terre.

L'impureté n'étoit pas le fruit particulier de l'éducation des tyrans, un privilége de palais, une bonne grâce de cour ; elle étoit le vice dominant de la terre païenne, grecque et latine. La pudeur comme vertu, non comme instinct, est née du christianisme : si quelque chose pouvoit excuser les anciens, c'est que, ne remontant pas plus haut que le penchant animal, ils n'avoient pas de la chasteté l'idée que nous en avons.

Des savants, dans Athénée, examinent doctement quand l'amour pour les jeunes garçons commença. Les uns le font remonter à Jupiter, et les autres à Minos qui devint amoureux de Thésée ; les autres à Laïus qui enleva Chrysippe, fils de Pélops son hôte. Hiéronyme, le péripatéticien, loue cet amour, et fait l'éloge de la légion de Thèbes ; Agnon, l'académicien, rapporte que chez les Spartiates il étoit licite à la jeunesse des deux sexes de se prostituer légalement avant le mariage.

Dans le dialogue *des Amours*, qui n'est vraisemblablement pas de Lucien, l'auteur introduit sur la scène deux personnages, Chariclès et Callicratidas ; ils plaident dans un bois du temple de Cnide, l'un l'amour des femmes, l'autre l'amour des garçons : Lycinus et Théomneste sont juges du débat. Chariclès, attaquant son adversaire après avoir fait l'éloge des femmes, lui dit : « Ta victime souffre, et « pleure dans tes odieuses caresses [1] ; si l'on « permet de tels désordres parmi les hommes, « il faut laisser aux Lesbiennes leur stérile vo- « lupté [2]. »

Callicratidas prend la parole ; il repousse quelques-uns des arguments de Chariclès : « Les lions n'épousent pas les lions, dis-tu ? « c'est que les lions ne philosophent pas [3]. » Callicratidas fait ensuite une peinture satirique de la femme : le matin, au sortir du lit, la femme ressemble à un singe ; des vieilles et des servantes, rangées à la file comme dans une procession, lui apportent les instruments et les drogues de sa toilette, un bassin d'argent, une aiguière, un miroir, des fers à friser, des fards, des pots remplis d'opiats et d'onguents pour nettoyer les dents, noircir les sourcils, teindre et parfumer les cheveux ; on croiroit voir le laboratoire d'un pharmacien. Elle couvre à moitié son front sous les anneaux de sa chevelure, tandis qu'une autre partie de cette chevelure flotte sur ses épaules. Les bandelettes de sa chaussure sont si serrées qu'elles entrent dans sa chair ; elle est moins vêtue qu'enfermée sous un tissu transparent qui laisse voir ce qu'il est censé cacher. Elle attache des perles précieuses à ses oreilles, des bracelets en forme de serpents d'or à ses poignets et à ses bras ; une couronne de diamants et de pierreries des Indes repose sur sa tête ; de longs colliers pendent à son cou ; des talons d'or ornent sa chaussure de pourpre ; elle rougit ses joues impudentes afin de dissimuler sa pâleur. Ainsi parée, elle sort pour adorer des déesses

---

amplius, et sic vectatus est : sed plerumque nudas, cum nudum illæ traherent. (LAMPRID. pag. 111.) Scobe auri porticum stravit............... ut fit de aurosa arena. (*Id*. pag. 112.)

[1] Inque vices equitant, ac, luna teste, moventur. (Juv., sat. VI.)

[1] Principio quidem dolores ac lacrymæ oriuntur, ubi per tempus dolor aliquid remisit, nihil quicquam, ut aiunt, moleste feceris, voluptas autem ne ulla quidem. (LUCIANI *Amores*, pag. 572. Lutetiæ Parisiorum, an. 1615.)
[2] Congrediantur et illæ inter se mutuo Tribadum obscœnitatis istius passim ac libere vagetur. (*Id*., *ibid*.)
[3] Non amant sese leones, nec enim philosophantur.

Ουκ ερωσι λεοντες, ουδε γαρ φιλοσοφουσιν. (*Id*., *ibid*. pag. 576.)

inconnues et fatales à son mari. Ces adorations sont suivies d'initiations mal famées et de mystères suspects [1]. Elle rentre et passe d'un bain prolongé à une table somptueuse; elle se gorge d'aliments, elle goûte à tous les mets du bout du doigt. Un lit voluptueux l'attend; elle s'y livre à un sommeil inexplicable, si c'est un sommeil; et quand on sort de cette couche moelleuse, il faut vite courir aux thermes voisins [2]. »

De cette satire, Callicratidas passe à l'éloge du jeune homme: « Il se lève avant l'aurore, se plonge dans une eau pure, étudie les maximes de la sagesse, joue de la lyre, dompte sa vigueur sur des coursiers de Thessalie, et lance le javelot: c'est Mercure, Apollon, Castor. Qui ne seroit l'ami d'un pareil jeune homme [3]? L'amour étoit le médiateur de l'amitié entre Oreste et Pylade; ils voguoient ensemble sur le même vaisseau de la vie [4]: il est beau de s'exciter aux actions héroïques par une triple communauté de plaisirs, de périls et de gloire. L'âme de ceux qui aiment de cet amour céleste habite les régions divines, et *deux amans de cette sorte reçoivent, après la vie, le prix immortel de la vertu* [5]. » Callicratidas exprime ici l'opinion de Platon, et de Socrate, déclaré le plus sage des hommes!

Licinius juge le procès: il laisse les femmes aux hommes vulgaires, et les petits garçons aux philosophes. Théomneste rit de la prétendue pureté de l'amour philosophique, et finit par la peinture d'une séduction dont les nudités sont à peine supportables sous le voile de la langue grecque ou latine.

Les plus grands personnages de la Grèce et les plus hautes renommées passèrent sous le joug de ces dégradantes passions. Alexandre fit rougir ses soldats de sa familiarité avec l'eunuque Bagoas. Périclès vivoit publiquement avec la femme de son fils [1]; il défendit devant les tribunaux Cimon accusé d'inceste avec sa sœur Elpinice, et Elpinice devint le prix de l'éloquence tarée du triomphant orateur [2]. Sophocle sort d'Athènes avec un jeune garçon qui lui dérobe son manteau; Euripide se raille de Sophocle, et lui déclare qu'il a possédé pour rien la même créature [3]. Sophocle lui répond en vers: « Euripide, ce fut le « soleil et non un jeune garçon qui me dé- « pouilla en me faisant éprouver sa chaleur; « pour toi, c'est Borée qui t'a glacé dans les « bras d'une femme adultère [4]. » Le sale Diogène dansoit avec l'élégante Laïs qui se livroit à lui; et le voluptueux Aristippe, amant de Laïs, approuvoit le partage. Sur le tombeau de Dioclès, de jeunes garçons célébroient chaque année la fête des baisers: le plus lascif obtenoit la couronne [5]: Dioclès avoit été un

---

[1] Etiam corona caput circumcirca ambit, lapillis indicis stellata, pretiosa autem de cervicibus monilia dependent. Impudentes etiam genas rubefaciunt illitis fucis. . . . . Nempe statim e domo egressæ, sacrificia faciunt arcana et absque viris suspecta mysteria. (LUCIANI *Amores*, pag. 579.)

[2] Domi statim prolixa balnea ac sumptuosa cuidem ac lauta mensa. Postea quam enim nimis quam repletæ fuerint usque ad ipsarum gulositate, summis digitis velut inscribentes appositorum unumquodque degustant. Et diversorum corporum somnos et muliebritate lectum refertum, ex quo surgens statim lavacro opus habet. (*Id., ibid.*) Ce latin ne rend pas le texte grec.

[3] Mane surgens ex lecto, postquam residentem in oculis somnum reliquum aqua simplici absterit. Illi apta atque sonora lyra. Thessali equi illi curæ sunt, ac breviter juventutem domant ac subjugunt, in pace meditatur res bellicas, evibrando jacula........ Quomodo vero, non amaret illum in palæstris quidem Mercurium, inter lyras autem Apollinem, equitatorem vero Castorem?

[4] Amor Orestem et Pyladem conjunxit: atque in uno cædemque vitæ navigio simul navigarunt.

[5] Etiam æther post terram excipit eos qui hæc sectantur: illi autem meliori fato morientes, virtutis præmium hoc incorruptibile consequuntur. (LUCIANI *Amores*, pag. 585.)

[1] ATHEN.. lib XIII, cap. v.

[2] *Id., ibid.*

[3] Sophoclem venustum puerum extra mœnia civitatis duxisse ut cum eo coiret, eumque Sophoclis penu a direpta discessisse. Euripides cachinnans per ludibrium dixit illo se aliquando puero usum fuisse, verum sibi furto nihil amissum. (ATHEN., pag. 604.)

[4] Hoc ubi Sophocles audiit, in Euripidem epigramma scripsit hujusmodi:

Sol quidem, o Euripides, non puer, cum me tepefecerit
Veste nudavit: tibi vero alienam uxorem osculanti
Incessit Boreas, etc.

Ἥλιος ἦν οὗπαις, Εὐριπίδη, ὅς με χλιαίνων, etc.
(ATHEN. *Deipnosoph.*, pag. 604.)

[5] Quique labra labris dulcius applicaverit,
Is coronis oneratus ad suam matrem revertitur.
(ΤΗΕΟC., *Idyll.*, XII.

infâme. Athénée nous apprend encore le rôle que jouoient les courtisanes, et Lucien, les leçons qu'elles se donnoient entre elles : Aspasie, Phryné, Laïs, Glycère, Flora, Gnathène, Gnathénion, Manie et tant d'autres, sont devenues des personnages mêlés aux plus graves comme aux plus beaux souvenirs de l'histoire, des arts, et du génie.

Un trait particulier distingue le dialogue des *Courtisanes* dans Lucien. L'auteur met souvent en scène une mère et une fille : c'est la mère qui corrompt la fille, qui cherche à lui enlever tout remords, toute pudeur, qui l'instruit au libertinage, au mensonge, au vol, qui lui conseille de se prostituer au plus rustre, au plus laid, au plus infâme, pourvu qu'il paie bien et qu'on le puisse dépouiller. Quant aux jeunes courtisanes, elles éprouvent presque toujours une passion sincère et naïve; elles ont recours à des enchantements, comme la magicienne de Théocrite, pour rappeler des amants volages; on les voit occupées à les arracher non-seulement à leurs rivales, mais encore à leurs *rivaux*, les philosophes. Chélidonion propose à Drosé d'écrire avec du charbon sur la muraille du Céramique : *Aristenet corrompt Clinias.* Cet Aristenet étoit un philosophe qui avoit enlevé Clinias à Drosé. Enfin l'on trouve parmi les Dialogues de Lucien celui de Clonarion et de Léæna, consacré à la peinture des désordres entre les femmes; ils y sont peints comme les désordres entre les hommes. Léæna est aimée d'une riche femme de Lesbos, Mégille, déjà liée avec Démonasse, femme de Corinthe. Ces deux Saphiennes invitent Léæna à partager leur commune couche. Mégille jette au loin sa fausse chevelure, paroît nue, et la tête rase comme un athlète[1]. Léæna entre dans des détails assez étendus avec Clonarion, et refuse de lui donner les derniers[2].

Vous auriez une fausse idée de ces ouvrages, si vous vous les représentiez comme ces mauvais livres destinés parmi nous à la dépravation de la jeunesse, mais qui ne peignent point l'état général de la société. Les Pères de l'Église s'expriment comme Lucien, et comme Athénée : Clément d'Alexandrie indique des choses de la même nature que celles rappelées aux dialogues des *Amours*, et il cite ailleurs des faits racontés par Lucien lui-même[1]; il parle de la Vénus de Cnide souillée dans son temple, et de Philœnis, « à qui, dit Fleury, on attri« buoit un écrit touchant les impudicités les « plus criminelles dont les femmes soient capa« bles. » Saint Justin, dans son *Apologie*, assure que l'ouvrage de Philœnis étoit dans les mains de tout le monde[2].

Chez plusieurs nations, un prix étoit décerné au plus impudique[3]. Il y avoit des villes entières consacrées à la prostitution : des inscriptions écrites à la porte des lieux de libertinage, et la multitude des simulacres obscènes trouvés à Pompéi ont fait penser que cette ville jouissoit de ce privilège. Des philosophes méditoient pourtant sur la nature de Dieu et de l'homme dans cette Sodome; leurs livres déterrés ont moins résisté aux cendres du Vésuve que les images d'airain du musée secret de Portici. Caton-le-Censeur louoit les jeunes gens abandonnés au vice que chantoient les poëtes[4]. Après les repas, on voyoit sur les lits du festin de malheureux enfants qui attendoient les outrages[5].

Ammien Marcellin a peint les descendants des Cincinnatus et des Publicola au quatrième siècle[6]. « Ils se distinguent par de hauts chars;

---

[1] Megilla comam ut illam fictitiam habebat a capite rejecit, ipsa autem jacebat omnino similis atque æquiparanda gladiatori. alicui vehementer virili atque robusto ad vivum usque cute detonsa.

[2] Ne quære accuratius omnia, turpia enim sunt.

(LUCIANI *dialogi meretricii Clonarium et Leæna*, ad finem, pag. 970.)

[1] *In Pædagog.*, lib. II, cap. x; *In Protreptico*, pag. 24 et 58.

[2] Un auteur italien trop célèbre a reproduit l'ouvrage de Philœnis. Avant lui, un grave et religieux savant du onzième siècle avoit écrit un livre de même nature; Brantôme a renouvelé les mêmes histoires; mais le véritable auteur de l'ouvrage grec n'étoit point la courtisane Philœnis, c'étoit un sophiste nommé Polycrate, comme nous l'apprend Athénée.

[3] Impiis infamia turpissima . . . . (PHILO. *de præmiis et pœnis*, p. g. 586, in-fol. Parisiis, 1552.)

[4] HORAT., *satir.*, lib. I.

[5] Transeo puerorum infelicium greges quos post transacta convivia aliæ cubiculi contumeliæ exspectant. (SENEC., *epist.* 95.)

[6] Les Romains, sous le règne de Trajan, d'Antonin-

« ils suent sous le poids de leur manteau, si léger pourtant que le moindre vent le soulève. Ils le secouent fréquemment du côté gauche pour en étaler les franges et laisser voir leur tunique où sont brodées diverses figures d'animaux. Étrangers, allez les voir, ils vous accableront de caresses et de questions. Retournez-y, il semble qu'ils ne vous aient jamais vus. Ils parcourent les rues avec leurs esclaves et leurs bouffons... Devant ces familles oisives, marchent d'abord des cuisiniers enfumés, ensuite des esclaves avec les parasites. Le cortége est fermé par des eunuques, vieux et jeunes, pâles, livides, affreux.

« Envoie-t-on savoir des nouvelles d'un malade, le serviteur n'oseroit rentrer au logis avant de s'être lavé de la tête aux pieds. La populace n'a d'autre abri pendant la nuit que les tavernes ou les toiles tendues sur les théâtres : elle joue aux dés avec fureur, ou s'amuse à faire un bruit ignoble avec les narines [1].

« Ceux qui s'enorgueillissent de porter les noms des Reburri, des Faburri, des Pagoni, des Geri, des Dali, des Tarraci, des Perrasi, vont aux bains, couverts de soie et accompagnés de cinquante esclaves. A peine entrés dans la piscine, ils s'écrient : Où sont mes serviteurs? » S'il se trouve quelque créature jadis usée au service du public, quelque vieille qui a trafiqué de son corps, ils courent à elle et lui prodiguent de sales caresses. Et voilà des hommes dont les ancêtres admonestoient un sénateur pour avoir donné un baiser à sa femme devant sa fille ! Les prétendez-vous saluer, tels que des taureaux qui vont frapper de la corne, ils baissent la tête de côté, et ne laissent que leur genou ou leur main au baiser de l'humble client.

« Au milieu des festins, on fait apporter des balances pour peser les poissons, les loirs et les oiseaux. Trente secrétaires, les tablettes à la main, font l'énumération des services. Si un esclave apporte trop tard de l'eau tiède, on lui administre trois cents coups de fouet. Mais si un vil favori a commis un meurtre : « Que voulez-vous? dit le maître; c'est un misérable ! Je punirai le premier de mes gens qui se conduira ainsi.

« Ces illustres patrices vont-ils voir une maison de campagne ou une chasse que d'autres exécutent devant eux ; se font-ils transporter dans des barques peintes par un temps un peu chaud, de Putéoles à Cajète, ils comparent leurs voyages à ceux de César et d'Alexandre. Une mouche qui se pose sur les franges de leur éventail doré, un rayon du soleil qui passe à travers quelque trou de leur parasol, les désolent ; ils voudroient être nés parmi les Cimmériens [1].

« Cincinnatus eût perdu la gloire de la pauvreté si, après sa dictature, il eût cultivé des champs aussi vastes que l'espace occupé par un seul des palais de ses descendants [2]. Le peuple ne vaut pas mieux que les sénateurs ; il n'a pas de sandales aux pieds, et il se fait donner des noms retentissants ; il boit, joue et se plonge dans la débauche ; le grand cirque est son temple, sa demeure, son forum. Les plus vieux jurent par leurs rides et leurs cheveux gris, que la république est perdue, si tel cocher ne part le premier et ne rase habilement la borne. Attirés par l'odeur des viandes, ces maîtres du monde suivent des femmes qui crient comme des paons affamés, et se glissent dans la salle à manger des patrons [3]. »

La mollesse du peuple passa à l'armée : le soldat préféroit la chanson obscène au cri de guerre ; une pierre, comme autrefois, ne lui servoit plus d'oreiller sur un lit armé, et il bu-

le-Pieux et de Marc-Aurèle, ressembloient déjà beaucoup aux Romains dont parle Ammien Marcellin. Lucien, qui vivoit sous ces empereurs, nous a laissé dans le *Nigrinus* un tableau des mœurs romaines dont l'historien semble avoir emprunté plusieurs traits : le premier s'étend seulement davantage sur le goût pour les chevaux, sur le luxe, les funérailles, les testaments, etc.

[1] Amm. Marcell., lib. XIV.

[1] Ubi si inter aurata flabella laciniis sericis insederint muscæ, vel per foramen umbraculi pensilis radiolus irruperit solis, queruntur quod non sunt apud Cimmerios nati. (Amm. Marcell.. lib. XXVIII. cap. IV, pag. 411. Lugduni Batavorum, 1693.)

[2] Quorum mensuram si in agris consul Quintius possedisset, amiserat etiam post dictaturam gloriam paupertatis. (*Idem.* lib. XXII, cap. IV.)

[3] *Id.*, lib. XXVIII, cap. IV.

voit dans des coupes plus pesantes que son épée [1]; il connoissoit le prix de l'or et des pierreries; le temps n'étoit plus où un légionnaire ayant trouvé dans le camp d'un roi de Perse un petit sac de peau rempli de perles, les jeta, sans savoir ce que c'étoit, et n'emporta que le sac [2].

Le soldat romain quitta la cuirasse, abandonna le pilum et la courte épée : alors, nu comme le Barbare et inférieur en force, il fut aisément vaincu. Végèce attribue les défaites successives des légions à l'abandon des anciennes armes [3].

Les désordres de la police de Rome étoient extrêmes : on en jugera par un événement arrivé sous le règne de Théodose Ier.

Les empereurs avoient bâti de grands édifices où se trouvoient les moulins et les fours qui servoient à moudre la farine et à cuire le pain distribué au peuple. Plusieurs cabarets étoient élevés auprès de ces maisons ; des femmes publiques attiroient les passants dans ces cabarets; ils n'y étoient pas plus tôt entrés qu'ils tomboient par des trappes dans des souterrains. Là ils demeuroient prisonniers le reste de leur vie, contraints à tourner la meule, sans que jamais leurs parents pussent savoir ce qu'ils étoient devenus. Un soldat de Théodose, pris à ce piège, s'arma de son poignard, tua ses détenteurs, et s'échappa. Théodose fit raser les édifices qui couvroient ces repaires ; il fit également disparoître les maisons de prostitution où étoient reléguées les femmes adultères [4].

L'anarchie dans les provinces égaloit celle qui régnoit dans la capitale : Salvien déclare qu'il n'y a point de châtiment que ne méritassent les Romains; il les compare aux Barbares, et les trouve inférieurs à ceux-ci en charité, sincérité, chasteté, générosité, courage. Il fait la description de la Septimanie ; « Vignes, prai-
« ries émaillées de fleurs, vergers, campagnes
« cultivées, forêts, arbres fruitiers, fleuves et
« ruisseaux, tout s'y trouve. Les habitants de
« cette province ne devroient-ils pas remplir
« leurs devoirs envers un Dieu si libéral pour
« eux? Eh bien ! le peuple le plus heureux des
« Gaules en est aussi le plus déréglé [1]. La gour-
« mandise et l'impureté dominent partout. Les
« riches méprisent la religion et la bienséance ;
« la foi du mariage n'est plus un frein, la femme
« légitime se trouve confondue avec les concu-
« bines. Les maîtres se servent de leur autorité
« pour contraindre leurs esclaves à se rendre à
« leurs désirs. L'abomination règne dans les
« lieux où des filles n'ont plus la liberté d'être
« chastes. On trouve des Romains qui se livrent
« à tous les désordres, non dans leurs maisons,
« mais au milieu des ennemis et dans les fers
« des Barbares.

« Les villes sont remplies de lieux infâmes,
« et ces lieux ne sont pas moins fréquentés par
« les femmes de qualité que par celles d'une
« basse condition : elles regardent ce liberti-
« nage comme un des privilèges de leur nais-
« sance, et ne se piquent pas moins de sur-
« passer les autres femmes en impureté qu'en
« noblesse [2].

« Il n'y a plus personne, continue le nou-
« veau Jérémie, pour qui la prospérité d'au-
« trui ne soit un supplice. Les citoyens se
« proscrivent les uns les autres : les villes
« et les bourgs sont en proie à une foule de pe-
« tits tyrans, juges et publicains. Les pau-
« vres sont dépouillés, les veuves et les orphe-
« lins opprimés. Des Romains vont chercher
« chez les Barbares une humanité et un abri
« qu'ils ne trouvent pas chez les Romains;
« d'autres, réduits au désespoir, se soulèvent
« et vivent de vols et de brigandages ; on leur
« donne le nom de Bagaudes [3] ; on leur fait un

---

[1] Cum miles cantilenas meditaretur pro jubilo molliores : et non saxum erat ut antehac armato cubile. . . . et graviora gladiis pocula, testa enim bibere jam pudebat. (Amm., lib. XXII, cap. IV.)
[2] Id., ibid.
[3] De re milit., cap. X.
[4] Socrat., lib. V, cap. XVIII.

[1] In omnibus quippe Gallis sicut divitiis primi fuere, sic vitiis. (Salv., de Gubern. Dei, lib. XII, pag. 250.)
[2] Apud Aquitanicas vero quæ civitas in locupletissima ac nobilissima sui parte non quasi lupanar fuit? quis potentum ac divitum non in luto libidinis vixit? Quis non se barathro sordidissimæ colluvionis immersit? Haud multum matrona abest a vilitate ancillarum. (Salv., de Gubern. Dei, lib. VII, pag. 252.)
[3] Quos compulimus esse criminosos imputatur his infelicitas sua : quibus enim aliis rebus Bagaudæ facti sunt nisi iniquitatibus nostris, nisi eorum proscriptionibus et rapinis qui exactionis publicæ in quæstus proprii

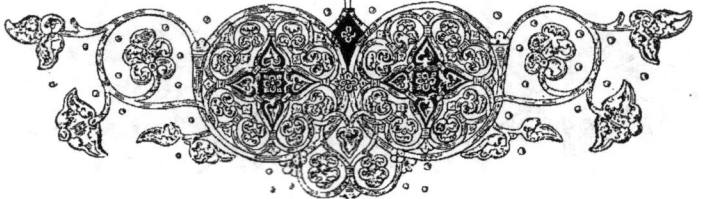

« crime de leur malheur ; et pourtant ne sont-
« ce pas les proscriptions, les rapines, les con-
« cussions des magistrats, qui ont plongé ces
« infortunés dans un pareil désordre ? Les pe-
« tits propriétaires, qui n'ont pas fui, se jet-
« tent entre les bras des riches pour en être
« secourus, et leur livrent leurs héritages.
« Heureux ceux qui peuvent reprendre à ferme
« les biens qu'ils ont donnés ! Mais ils n'y
« tiennent pas longtemps : de malheur en mal-
« heur, de l'état de colon où ils se sont réduits
« volontairement, ils deviennent bientôt es-
« claves [1]. »

Ce passage de Salvien est un des documents les plus importants de l'histoire ; il nous apprend comment l'état des propriétés et des personnes changea au sixième siècle, comment le petit propriétaire livra son bien et ensuite sa personne au grand propriétaire pour en recevoir protection. Cet effet violent de la nécessité se convertit en usage, et bientôt en loi : on donna son *aleu* au Barbare, qui le rendit en *fief*, moyennant service ; et ainsi s'établit la mouvance et la propriété féodale.

Il faut joindre aux causes de la destruction des lois et des mœurs païennes une dernière cause, puissante dans les hauts rangs de la société : la philosophie.

Je vous ai déjà fait observer que les sectes philosophiques étaient au paganisme ce que les hérésies étoient au christianisme, dans le rapport inverse de la vérité à l'erreur. La vérité philosophique ne fut dans son origine que la vérité religieuse, ou, pour parler plus correctement, la philosophie, qui prit naissance dans les temples, fut d'abord cultivée en secret par les prêtres. La vérité philosophique (indépendante de l'esprit de l'homme dans la triple science des choses intellectuelles, morales et naturelles) se dut trouver altérée, selon le temps et les lieux. Les hommes placés au berceau du monde, cherchèrent et crurent découvrir les lois mystérieuses de la nature dans la cause la plus agissante sous leurs yeux.

Ainsi les prêtres de la Chaldée regardèrent la lumière dont ils étoient inondés dans leur beau climat, comme une émanation de l'âme universelle ; bientôt ils attribuèrent aux astres qu'ils observoient une influence particulière sur l'homme et sur la nature. La lumière, diminuant de force en s'éloignant de son foyer, créoit, sur son chemin du ciel à la terre, des êtres dont l'intelligence varioit selon le degré de fécondité qui restoit au rayon créateur. Le système des prêtres chaldéens donna naissance à la théorie des génies : les usages et les mœurs s'enchaînèrent à la marche des saisons.

Les mages ne considérant dans la lumière que la chaleur, firent du feu le principe de tout. Et comme il y avoit, selon les mages, une matière brute qui résistoit à l'action du feu, de là les deux principes : l'esprit et la matière, le bien et le mal. Par le feu ou la chaleur se reproduisoient l'âme humaine et les génies de la religion secrète des Chaldéens.

Les prêtres d'Égypte se persuadèrent, au bord du Nil, que l'eau étoit l'agent d'une âme universelle pour la reproduction des corps. Ayant remarqué qu'il y a dans l'homme un esprit et dans l'animal un instinct, ils en conclurent une intelligence qui tend à s'unir à la matière, cette intelligence voulant toujours produire des choses parfaites, et la matière s'opposant toujours à la perfection. Mais il paroît qu'ils regardoient le bon et le mauvais principe comme également matériels, ce qui faisoit une doctrine d'athéisme et de matérialisme chez le peuple le plus superstitieux de la terre.

Aujourd'hui que les Indes nous sont mieux connues, que leurs langues sacrées sont dévoilées aux savants de l'Europe, nous trouvons dans ces immenses régions des systèmes métaphysiques de toutes les sortes, des cultes de toutes les formes, même de la forme chrétienne ; nous trouvons trois principes excellents, bien que mêlés de choses extravagantes : l'existence d'un Dieu suprême, l'immortalité de l'âme, et la nécessité morale de faire le bien.

Mais cette nécessité morale de la philosophie indienne eut une conséquence aussi inattendue que désastreuse : d'après la nécessité du bien, l'âme de l'homme devoit retourner au sein de Dieu, si elle pratiquoit la vertu, ou s'em-

---

emolumenta vertant ? (SALV., *de Gubern. Dei*, lib. V, pag. 159.)

[1] Coloni divitum fiunt... in hanc necessitatem redacti ut et jus libertatis amittant. (*De Gubern. Dei* l. X, cap. v, pag. 169.)

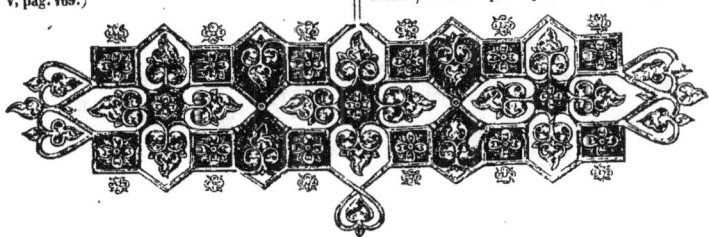

prisonner dans d'autres corps sur la terre, si elle s'étoit abandonnée aux vices. Ce cercle inévitable de la société religieuse rendit la société politique stationnaire; tout s'incrusta dans des castes qui ne remuoient pas plus que ces bonzes fixés des jours entiers dans la même attitude, par esprit de sacrifice et de perfection. Ce que le matérialisme opéra en Chine et la superstition en Égypte, la philosophie l'accomplit aux Indes : elle ligatura l'homme dans son berceau et dans sa tombe:

La haute science fut donc captive dans les colléges sacerdotaux de la Chaldée, de la Perse, des Indes et de l'Égypte. Rendons justice aux Grecs; ils tirèrent la philosophie du fond des temples, comme le christianisme la fit sortir des écoles philosophiques. Ainsi la philosophie fut pratiquée secrètement par les prêtres : c'est son premier pas ; elle fut étudiée par quelques hommes supérieurs de la Grèce hors des sanctuaires : c'est son second pas; elle fut livrée à la foule par les chrétiens : c'est son troisième et dernier pas.

Les Grecs qui dérobèrent les premiers la philosophie aux initiations, furent des poëtes et des législateurs, tels que Linus, Orphée, Musée, Eumolpe, Mélampe. Ensuite vinrent, dans une société plus avancée, Thalès, Pythagore, Phérécide ; voyageurs aux Indes, en Perse, en Chaldée, en Égypte, ils pénétrèrent leurs systèmes des doctrines qu'ils avoient étudiées chez les prêtres de ces contrées. Thalès, comme les Égyptiens, admit l'eau pour élément général, et devint le chef de la philosophie expérimentale ; une des branches de son école donna naissance à la philosophie morale personnifiée dans Socrate. Pythagore engendra la philosophie intellectuelle que divinisa Platon. Aristote, esprit positif et universel, supposa une matière éternelle et des formes mathématiques invariables renfermées dans cette matière. Le monde finit par se partager entre les deux écoles de Platon et d'Aristote, entre le système des formes et celui des idées.

Les conquêtes d'Alexandre répandirent la philosophie grecque sur le globe, où elle s'enrichit de nouvelles connoissances.

« Alexandre commanda à tous les hommes
« vivants d'estimer la terre habitable être leur
« pays, et son camp en être le château et le
« donjon ; tous les gens de bien, parents les
« uns des autres, et les méchants seuls étran-
« gers : au demeurant, que le Grec et le Bar-
« bare ne seroient point distingués par le man-
« teau, ni à la façon de la targe, ou au cime-
« terre, ou par le haut chapeau ; mais remar-
« qués et discernés, le Grec à la vertu et le
« Barbare au vice, en réputant tous les ver-
« tueux Grecs, et tous les vicieux Barbares.
« . . . . . Quel plaisir de voir ces belles
« et saintes épousailles, quand il comprit
« dans une même tente cent épousées per-
« siennes, mariées à cent époux macédoniens
« et grecs, lui-même étant couronné de cha-
« peaux de fleurs, et entonnant le premier le
« chant nuptial d'Hyménéus, comme un can-
« tique d'amitié générale [1] ! »

Amyot, qui introduit ici, sans le savoir, la langue et le reflet des mœurs de son siècle dans la peinture de l'âge philosophique et poli de la Grèce, n'ôte rien à la vérité des faits, et leur ajoute un charme étranger. Il n'est point de mon sujet d'entrer dans le détail des sectes philosophiques [2]; mais je dois rappeler que la philosophie de Platon, mêlée aux dogmes chaldéens et aux traditions juives, s'établit à Alexandrie sous les Ptolémée : tous les systèmes, toutes les opinions convergèrent à ce centre des lumières et de ténèbres dont le christianisme débrouilla le chaos.

La philosophie des Grecs introduite à Rome, ébranla le culte national dans la ville la plus religieuse de la terre. Le poëte satirique Lucile, l'ami de Scipion, s'étoit moqué des dieux de Numa, et Lucrèce essaya de les remplacer par le voluptueux néant d'Épicure. César avoit déclaré en plein sénat qu'après la mort rien n'étoit, et Cicéron, qui, cherchant la cause de la supériorité de Rome, ne la trouvoit que dans sa piété, disoit, contradictoirement, qu'à la tombe finit tout l'homme. L'épicu-

---

[1] Plutarq., de la fortune d'Alexandre, trad. d'Amyot.
[2] L'Essai historique sur les Révolutions contient un aperçu rapide de ces sectes; on peut consulter, dans cet ouvrage, le tableau synoptique que j'en ai dressé (Page 183.). On le pourra corriger à l'aide du Manuel de l'histoire de la philosophie de Tenneman, traduit excellemment par M. Cousin.

risme régna chez les Romains durant la majeure partie du premier siècle de l'ère chrétienne; Pline, Sénèque, les poëtes et les historiens l'attestent par leurs écrits, leurs maximes et leurs vers. Le stoïcisme prit le dessus quand la vertu fut élevée à la pourpre.

Ces diverses philosophies, qui ne descendoient point dans le peuple, décomposoient la société; elles ne guérissoient point la superstition des esclaves, et ôtoient la crainte des dieux aux maîtres. Les arts magiques plus ou moins mêlés aux dogmes scolastiques, la théurgie et la goétie ramenoient des erreurs tout aussi déplorables que les mensonges de la mythologie.

Les philosophes, tantôt chassés de Rome, tantôt rappelés, devenoient des personnages importants ou ridicules qui se prêtoient complaisamment aux idolâtries, aux mœurs et aux crimes de leurs siècles. On en remarque auprès de tous les tyrans; on en trouve au milieu des débauches d'Élagabale : il est vrai que, pour l'honneur de la vertu, ceux-ci se voiloient la tête comme Agamemnon se couvroit le visage au sacrifice de sa fille[1] : Plotin même assistoit aux désordres de Gratien.

Ces sages s'attribuoient des dons surnaturels : depuis Apollonius, qui se transportoit par l'air où il vouloit, jusqu'à Proclus, qui conversoit avec Pan, Esculape et Minerve, il n'y a pas de miracles dont ils ne fussent capables. L'affectation des allures de leur vie rendoit suspect le naturel de leurs principes. Ménédus de Lampsaque paroissoit en public vêtu d'une robe noire, coiffé d'un chapeau d'écorce où se voyoient gravés les douze signes du zodiaque; une longue barbe lui descendoit à la ceinture, et, monté sur le cothurne, il tenoit un bâton de frêne à la main; il se prétendoit un esprit revenu des enfers pour prêcher la sagesse aux hommes[2].

Anaxarque, maître de Pyrrhon, étant tombé dans une ravine, Pyrrhon refusa de l'en retirer, parce que toute chose est indifférente de soi, et qu'autant valoit demeurer dans un trou que sur la terre[1].

Lorsque Zénon marchoit dans les villes, ses amis l'accompagnoient de peur qu'il ne fût écrasé par les chars : il ne se donnoit pas la peine d'échapper à la fatalité[2]. Diogène faisoit le chien dans un tonneau; Démocrite s'enfermoit dans un sépulcre[3]; Héraclite broutoit l'herbe de la montagne[4]; Empédocle, voulant passer pour une divinité, se précipita dans l'Etna; le volcan rejeta les sandales d'airain de l'impie, et la fourbe fut découverte[5].

Ces sophistes, de même que les hérésiarques, se livroient à toutes sortes de folies; des platoniciens se tuoient comme les circoncellions, et des cyniques bravoient la pudeur comme les priscilliens. Dans les écoles d'Athènes et d'Alexandrie, les maîtres mêloient le peuple à leurs factions; leurs disciples couroient au-devant des nouveaux venus pour les attirer à leur doctrine, criant, sautant, frappant, à l'instar des furieux.

Lucien représente Ménippe affublé d'une massue, d'une lyre et d'une peau de lion, et s'écriant : « Je te salue, portique superbe, en- « trée de mon palais ! » Ensuite Ménippe raconte à Philonide que, fatigué de l'incertitude des doctrines, il s'adressa à un disciple de Zoroastre. Ce magicien par excellence, appelé Mithrobarzanes, avoit de longs cheveux et une longue barbe. Il prit Ménippe, le lava trois mois entiers dans l'Euphrate, en suivant le cours de la lune et marmottant une longue prière; il lui cracha trois fois au nez, le plongea de l'Euphrate dans le Tigre, le purifia avec de l'ognon marin, le ramena chez lui à reculons, l'arma de la massue, de la lyre, de la peau du lion, et lui recommanda de se nommer à tout venant, Ulysse, Hercule ou Orphée. L'initiation achevée, Ménippe descendit aux enfers conduit par Mithrobarzanes. Là, Tirésias lui conseilla de quitter les chimères philosophiques, en lui disant : « La meilleure vie est la « plus commune. »

---

[1] Erant amici improbi, et senes quidam et specie philosophi, qui caput reticulo componerent. (LAMPRID., in vit. Heliogab., pag. 105.)
[2] SUID.; ATHEN,, lib. IV, pag. 162.

[1] LAERT., lib. in Pyrrhon.
[2] Id., lib. VII.
[3] Id., lib. IX, in Dem.
[4] Id., in Heracl.
[5] Id., lib. VIII ; LUCIAN.: STRAB., lib. VI.

Les Sectes à l'encan offrent le tableau complet des diverses sectes. Jupiter fait préparer des siéges; Mercure, investi de la charge d'huissier, appelle les marchands pour acheter toutes sortes de vies philosophiques ; on fera crédit pendant une année, moyennant caution. Jupiter ordonne de commencer par la secte italique.

MERCURE.

Holà, Pythagore! descends et fais le tour de la place. Voici une vie céleste : qui l'achètera? qui veut être plus grand que l'homme ? qui veut connaître l'harmonie des sphères et revivre après sa mort?

UN MARCHAND.

D'où es-tu ?

PYTHAGORE.

De Samos.

LE MARCHAND.

Où as-tu étudié?

PYTHAGORE.

En Égypte, chez les sages.

LE MARCHAND.

Si je t'achète, que m'apprendras-tu ?

PYTHAGORE.

Je te ferai souvenir de ce que tu sus autrefois.

LE MARCHAND.

Comment cela ?

PYTHAGORE.

En purifiant ton âme.

LE MARCHAND.

Comment l'instruiras-tu ?

PYTHAGORE.

Par le silence. Tu seras cinq ans sans parler.

LE MARCHAND.

Après ?

PYTHAGORE.

Je t'enseignerai la géométrie, la musique et l'arithmétique.

LE MARCHAND.

Je sais celle-ci.

PYTHAGORE.

Comment comptes-tu ?

LE MARCHAND.

Un, deux, trois, quatre.

PYTHAGORE.

Tu te trompes : quatre est dix, le triangle parfait et le serment, etc.

(On déshabille Pythagore et l'on trouve qu'il a une cuisse d'or. Trois cents marchands l'achètent dix mines.)

(On appelle Diogène.)

UN MARCHAND.

Que pourrai-je faire de cet animal, sinon un fossoyeur ou un porteur d'eau ?

MERCURE.

Non pas, mais un portier : il aboie et il se nomme lui-même un chien.

LE MARCHAND.

Je crains qu'il ne me morde; il grince des dents et me regarde de travers.

MERCURE.

Ne crains rien, il est apprivoisé.

LE MARCHAND.

Ami, de quel pays es-tu ?

DIOGÈNE.

De tous pays.

LE MARCHAND.

Quelle est ta profession ?

DIOGÈNE.

Médecin de l'âme, héraut de la liberté et de la vérité.

LE MARCHAND.

Maître, si je t'achète, que m'apprendras-tu ?

DIOGÈNE.

Je t'enfermerai avec la misère, tu ne te soucieras ni de parents ni de patrie; tu quitteras la maison de ton père ; tu habiteras quelque masure, quelque sépulcre, ou, comme moi, un tonneau. Ton revenu sera dans ta besace pleine de rogatons et de vieux bouquins : tu disputeras de félicité avec Jupiter; si l'on te fouette, tu n'en feras que rire.

LE MARCHAND.

Il faudroit que ma peau fût une écaille d'huître ou de tortue.

DIOGÈNE.

Voici ma doctrine : trouver à redire à tout, avoir la voix rude comme un chien, la mine barbare, l'allure farouche et sauvage, vivre au milieu de la foule comme s'il n'y avoit personne, être seul au milieu de tous, préférer la Vénus ridicule, et se livrer en public à ce que les autres rougissent de faire en secret. Si tu t'ennuies, tu prendras un peu de ciguë et tu t'en iras de ce monde : voilà le bonheur; en veux-tu ?

Après Diogène, pour lequel on donne deux oboles, Mercure fait venir Aristippe ; il est ivre et ne peut répondre. Mercure explique sa doctrine : ne se soucier de rien, se servir de tout, chercher la volupté n'importe où.

Héraclite et Démocrite, abrégé de la sagesse et de la folie, succèdent à Aristippe : l'un rit, l'autre pleure. Démocrite rit parce que tout est vanité, et que l'homme n'est qu'un concours d'atomes produits du hasard. Héraclite pleure parce que le plaisir est douleur, le savoir ignorance, la grandeur bassesse, la santé infirmité, le monde un enfant qui joue aux osselets, et se tourmente pour un songe. Héraclite regrette le passé, s'ennuie du présent et s'épouvante de l'avenir.

Jupiter fait semondre Socrate.

UN MARCHAND.

Qu'es-tu ?

SOCRATE.

Amateur de petits garçons et maître ès arts d'aimer [1].

LE MARCHAND.

Dans ce cas, mon fils est trop beau pour que je te confie son éducation.

SOCRATE.

Je ne suis pas amoureux du corps, mais de l'esprit : quand je dormirois avec ton fils, il ne se passeroit rien de déshonnête.

LE MARCHAND.

Cela m'est fort suspect...

SOCRATE.

Je le jure par le chien et le platane.

LE MARCHAND.

Quelle est ta doctrine ?

SOCRATE.

J'ai inventé une république, et je me gouverne d'après ses lois.

LE MARCHAND.

Que fait-on dans ta république ?

SOCRATE.

Les femmes n'y appartiennent pas à un seul mari ; chaque homme peut avoir commerce avec elles toutes.

LE MARCHAND.

Les lois contre l'adultère sont-elles donc abrogées ?

SOCRATE.

Niaiseries.

LE MARCHAND.

Et qu'as-tu statué pour les beaux et jeunes garçons ?

SOCRATE.

Ils deviendront le prix de la vertu, et leur amour sera la récompense du courage.

Socrate est vendu deux talents.

Épicure vient après Socrate : C'est, dit Mercure, le disciple du grand rieur Démocrite, et du grand débauché Aristippe ; il aime les choses douces et emmiellées.

Chrysippe le stoïcien, à la barbe longue et aux cheveux courts, est présenté aux criées comme la vertu même, et le censeur du genre humain. Chrysippe est le seul sage, le seul riche, le seul éloquent, le seul beau, le seul juste ; il explique au marchand ébahi qu'il y a des choses principales et des choses moins principales, des accidents et des accidents d'accidents ; il lui prétend enseigner les syllogismes. *Le moissonneur, le dominant, l'électra, le masqué ;* il lui prouve que lui marchand ne connoît pas son père, qu'il est une pierre ou un animal, un animal ou une pierre [1].

Le péripatéticien succède au stoïcien : il sait combien de temps vit un moucheron ; à quelle profondeur les rayons du soleil pénètrent dans la mer, et quelle est l'âme des huitres [2]. Le dialogue se termine à Pyrrhias (pour Pyrrhon).

LE MARCHAND.

Que sais-tu, Pyrrhias ?

LE PHILOSOPHE.

Rien [3].

LE MARCHAND.

Comment rien ?

---

[1] Le texte est plus net :
Παιδεραστής εἰμι, καὶ σοφὸς τὰ ἐρωτικά.
(LUC., *Vita. Auct.*, pag. 195.)

[1] Lapis est corpus : nonne et animal corpus est? Tu vero lapis et animal. (LUCIAN., *Vitar. Auct.*, pag. 197.)

[2] Quam profunde sol radios emittat in mare :
denique qualem animam habeant ostrea.
Id., pag. 198.)

[3] Οὐδέν. (*Id., ibid.*)

LE PHILOSOPHE.
Parce que je ne sais pas s'il y a quelque chose.
LE MARCHAND.
Est-ce que nous n'existons pas?
LE PHILOSOPHE.
Je ne sais [1].
LE MARCHAND.
Et toi, n'existes-tu pas?
LE PHILOSOPHE.
Je le sais encore moins [2].
LE MARCHAND.
Je viens de t'acheter : n'es-tu pas à moi?
LE PHILOSOPHE.
Je m'abstiens et je considère [3].
LE MARCHAND.
Suis-moi, tu es mon esclave.
LE PHILOSOPHE.
Qui le sait?
LE MARCHAND.
Ceux qui sont ici.
LE PHILOSOPHE.
Est-ce qu'il y a quelqu'un ici?
LE MARCHAND.
Je te prouve que je suis ton maître. (*Il le bat.*)
LE PHILOSOPHE.
Je m'abstiens et je considère.

Lucien, dans l'*Hermotine* ou les *Sectes*, achève de ruiner l'échafaudage de l'orgueil de l'homme.

Ainsi se montroient, flétris et vaincus du temps, ces philosophes jadis l'honneur de l'humanité, ces sages qui, au milieu des nations souillées et matérialisées, avoient conservé les vérités de la science, de la morale et de la religion naturelle, jusqu'à ce qu'ils se corrompissent avec la foule, et par l'infirmité même de la sagesse.

Voilà la société romaine : ses générations étoient mûres; les Barbares se présentoient comme les faucheurs qui nous viennent des provinces éloignées pour abattre nos foins et nos blés; les chrétiens et les païens alloient tomber sur les sillons, selon le poids de leur valeur respective. L'homme attaché aux joies de la vie ne voyoit approcher le Frank, le Goth, le Vandale, qu'avec les terreurs de la mort; tandis que l'anachorète, le prêtre, l'évêque, cherchoient comment ils adouciroient les vainqueurs et comment ils feroient des calamités publiques un moyen d'enrôler de nouveaux soldats sous l'étendard du Christ.

SIXIÈME DISCOURS.

PREMIÈRE PARTIE.

MŒURS DES BARBARES.

Tout ce qui se peut rencontrer de plus varié, de plus extraordinaire, de plus féroce dans les mœurs des Sauvages, s'offrit aux yeux de Rome : elle vit, d'abord successivement, et ensuite tout à la fois, dans le cœur et dans les provinces de son empire, de petits hommes maigres et basanés, ou des espèces de géants aux yeux verts [1], à la chevelure blonde lavée dans l'eau de chaux, frottée de beurre aigre ou

---

[1] Οὐδὲ τοῦτο οἶδα. (LUCIAN., *Vitar. Auct.*, pag. 108.)
[2] Πολὺ μᾶλλον ἔτι τοῦτ᾽, ἀγνοῶ. (*Id.*, pag. 109.)
[3] (*Id., ibid.*)

[1] . . . . . . Tum lumine glauco
Alba aquos acies. . . . . . .
(APOLLIN., *in Paneg. Major.*)

de cendres de frêne [1]; les uns nus, ornés de colliers, d'anneaux de fer, de bracelets d'or ; les autres couverts de peaux, de sayons, de larges braies, de tuniques étroites et bigarrées [2]; d'autres encore la tête chargée de casques faits en guise de mufles de bêtes féroces [3] ; d'autres encore le menton et l'occiput rasés [4], ou portant longues barbes et moustaches. Ceux-ci s'escrimoient à pied avec des massues, des maillets, des marteaux, des framées, des angons à deux crochets, des haches à deux tranchants [5], des frondes, des flèches armées d'os pointus [6], des filets et des lanières de cuir [7], de courtes et de longues épées ; ceux-là enfourchoient de hauts destriers bardés de fer [8],

[1] Calcis enim lixivia frequenter capillos lavant. (Diod., lib. V.)

Infundens acido comam butyro...
(Apollin., carm. XII.)

[2] Strictius assuetæ vestes procera coercent.
(Franc.)
Membra virum, patet his altato tegmine poples.
(Ibid.)

Coloratis sagulis pube tenus amictu. (Amm., lib. XIV. cap. IV.)

[3] Tous ces cavaliers cimbres avoient des casques en forme de gueules ouvertes et de mufles de toutes sortes de bêtes étranges et épouvantables, et les rehaussant par des panaches faits comme des ailes et d'une hauteur prodigieuse, ils paroissoient encore plus grands. Ils étoient armés de cuirasses de fer très-brillantes, et couverts de boucliers tout blancs. (Plut., in Mar.)

[4] Ad frontem coma tracta jacet, nudata cervix
Setarum per summa nitet.
(Apollin., in Paneg. Major.)

[5] Ancipitibus, securibus et angonibus præcipue rem gerunt (Franci) ; sunt vero angones hastæ quædam neque admodum parvæ, neque admodum magnæ ad jactu feriendum, sicubi opus fuerit, et ubi cominus collato pede confligendum est, impetusque faciendus, accommodatæ. Hæ pleraque sui parte ferro sunt obductæ, ita ut perparum ligni a laminis ferreis nudum conspiciatur, atque adeo vix totæ imæ hastæ cuspis. (Agath., Hist., lib. II.)

[6] Sola in sagittis spes, quas inopia ferri ossibus asperant. (Tac., de Mor. Germ.) Missilibus telis acutis ossibus arte mira coagmentatis. (Amm., lib. XXXI, cap. II.)

[7] Contortis laciniis illigant, ut laqueatis resistentium membris equitandi vel gravandi adimant facultatem. (Amm., lib. XXXI, cap. II.) Laqueis interceperunt hostes, trahendo conficere. (Pomp. Mel., lib., I, cap. ult.)

[8] Ceux-là enfourchent de hauts destriers bardés de

ou de laides et chétives cavales, mais rapides comme des aigles [1]. En plaine, ces hommes hostoyoient éparpillés [2], ou formés en coin [3], ou roulés en masse ; parmi les bois, ils montoient sur les arbres, objets de leur culte, et combattoient [4] portés sur les épaules et dans les bras de leurs dieux.

Des volumes suffiroient à peine au tableau des mœurs et des usages de tant de peuples.

Les Agathyrses, comme les Pictes, se tachetoient le corps et les cheveux d'une couleur bleue ; les gens d'une moindre espèce portoient leurs mouchetures rares et petites ; les nobles les avoient larges et rapprochées [5].

Les Alains ne cultivoient point la terre ; ils se nourrissoient de lait et de la chair des troupeaux ; ils erroient avec leurs chariots d'écorces, de déserts en déserts. Quand leurs bêtes avoient consommé tous les herbages, ils remettoient leurs villes sur leurs chariots, et les alloient planter ailleurs [6]. Le lieu où ils s'arrétoient devenoit leur patrie [7]. Les Alains étoient grands et beaux ; ils avoient la chevelure presque blonde, et quelque chose de terrible et de doux dans le regard [8]. L'esclavage

fer. (Panegyr. veter., VI-VII, pag. 158, 166, 167.) On voit ici que l'armure complète de fer, empruntée des Perses par les Romains, étoit connue bien avant la chevalerie. Il en est ainsi d'une foule d'autres usages qu'on a placés trop bas dans les siècles.

[1] Equis. . . . . . . duris. . . . . . sed deformibus. (Amm., lib. XXXI, cap. II.)

[2] Et his artibus Hunni Gothis superiores evasere: partim enim circumequitando, partim excurrendo et opportune retrocedendo, jaculantes, ex equis maximam Gothorum cædem fecere. (Teste Zosimo, pag. 747; Vales. Annot. in Amm., lib. XXXI, cap. II, pag. 475.)

[3] Acies per cuneos componitur. (Tac., de Mor. Germ., cap. VI.)

[4] Molientibus hostium rari apparuere, qui conjunctis arborum truncis. . . . . velut a fastigiis turrium, sagittas tormentorum ritu effudere.. (Greg. Tur., lib. II, cap. IX ; Herodian, lib. VII, cap. V.)

[5] Agathyrsi interstincti colore cæruleo corpora simul et crines, et humiles quidem minutis atque raris, nobiles vero latis, fucatis et densioribus notis. (Amm. Marc., lib. XXXI, cap. II.)

[6] Velut carpentis civitates impositas vehunt. (Amm. Marcell., lib. XIII, cap. II.)

[7] Quocumque ierint illic genuinum existimant larem. (Id., ibid.)

[8] Crinibus mediocriter flavis, oculorum temperata torvitate, terribiles. (Id., ibid.)

étoit inconnu chez eux ; ils sortoient tous d'une source libre [1].

Les Goths, comme les Alains, de race scandinave, leur ressembloient ; mais ils avoient moins contracté les habitudes slaves, et ils inclinoient plus à la civilisation. Apollinaire a peint un conseil de vieillards goths. « Selon « leur ancien usage, leurs vieillards se réunis- « sent au lever du soleil ; sous les glaces de « l'âge, ils ont le feu de la jeunesse. On ne « peut voir sans dégoût la toile qui couvre leur « corps décharné ; les peaux dont ils sont vêtus « leur descendent à peine au-dessous du ge- « nou. Ils portent des bottines de cuir de che- « val, qu'ils attachent par un simple nœud au « milieu de la jambe, dont la partie supérieure « reste découverte [2]. » Et pourquoi ces Goths étoient-ils assemblés ? pour s'indigner de la prise de Rome par un Vandale, et pour élire un empereur romain !

Le Sarrasin, ainsi que l'Alain, étoit nomade ; monté sur son dromadaire, vaguant dans des solitudes sans bornes, changeant à chaque instant de terre et de ciel, sa vie n'étoit qu'une fuite [3].

Les Huns parurent effroyables aux Barbares eux-mêmes ; ils considéroient avec horreur ces cavaliers au cou épais, aux joues déchiquetées, au visage noir, aplati et sans barbe, à la tête en forme de boule d'os et de chair, ayant dans cette tête des trous plutôt que des yeux [4], ces cavaliers dont la voix étoit grêle et le geste sauvage. La renommée les représentoit aux Romains comme des bêtes marchant sur deux pieds, ou comme ces effigies difformes que l'antiquité plaçoit sur les ponts [5]. On leur donnoit une origine digne de la terreur qu'ils inspiroient : on les faisoit descendre de certaines sorcières appelées *Aliorumna*, qui, bannies de la société par le roi des Goths, Félimer, s'étoient accouplées dans les déserts avec les démons [1].

Différents en tout des autres hommes, les Huns n'usoient ni de feu, ni de mêts apprêtés ; ils se nourrissoient d'herbes sauvages et de viandes demi-crues, couvées un moment entre leurs cuisses ou échauffées entre leur siége et le dos de leur chevaux [2]. Leurs tuniques, de toile colorée et de peaux de rats des champs, étoient nouées autour de leur cou ; ils ne les abandonnoient que lorsqu'elles tomboient en lambeaux [3]. Ils enfonçoient leur tête dans des bonnets de peau arrondis, et leurs jambes velues dans des tuyaux de cuir de chèvre [4]. On eût dit qu'ils étoient cloués sur leurs chevaux, petits et mal formés, mais infatigables. Souvent ils s'y tenoient assis comme des femmes ; ils y traitoient d'affaires, délibérant, vendant, achetant, buvant, mangeant, dormant sur le cou étroit de leur bête, s'y livrant dans un profond sommeil à toutes sortes de songes [5].

---

[1] Le latin dit plus : *Omnes generoso semine procreati*. (Id., ibid.)

[2] APOLL., *in Avit.*

[3] Errant semper per spatia longe, lateque distenta... Nec idem perferunt diutius cœlum, aut tractus unius soli illis unquam placet. Vita est illis semper in fuga (AMM. MARC., lib. XIV, cap. v.)

[4] Eo quod erat eis species pavenda nigredine, sed velut quædam (si dici fas est) deformis offa, non facies, habensque magis puncta quam lumina.... nam maribus ferro genas secant.... hinc imberbes senescunt. (JORNAND., *de reb. Got.*, cap. XXIV.) Ubi quoniam ab ipsis nascendi primitiis infantum ferro sulcantur altius genæ. (AMM. MARCELL.)

[5] Prodigiosæ formæ et pauci, ut bipedes existimes bestias, vel quales in commarginandis pontibus effigiati stipites dolantur incomptæ. (AMM., lib. XXXI, cap. II.)

[1] Sicut a nobis dictum est, reperit in populo suo (Filimer, rex Gothorum) quasdam magas mulieres quas patrio sermone *Aliorumnas* is ipse cognominat, easque habens suspectas de medio sui proturbat, longeque ab exercitu suo fugatas in solitudinem coegit terræ. Quas spiritus immundi per eremum vagantes dum vidissent, et earum se complexibus in coitu miscuissent, genus hoc ferocissimum edidere. (JORNAND,, c. XXIV.)

[2] In hominum autem figura licet insuavi ita viri sunt asperi, ut neque igni, neque saporatis indigeant cibis, sed radicibus herbarum agrestium et semicruda cujusvis pecoris carne vescantur, quam inter femora sua et equorum terga subsertam, fotu calefaciunt brevi. (AMM., lib. XXXI, cap. II.)

[3] Indumentis operiuntur linteis, vel ex pellibus silvestrium murium consarcinatis. . . . . . Sed semel obsoleti coloris tunica collo inserta non ante deponitur aut mutatur, quam diuturna carie in pannulos defluxerit defrustata. (AMM., lib. XXXI, cap. II.)

[4] Galeris incurvis capita tegunt, hirsuta crura coriis munientes hædiuis. (*Id., ibid.*) S. Jérôme appelle ces bonnets des tiares, *tiaras galeis*. (*In epitaph., Nepot*.)

[5] Verum equis propre affixi duris quidem, sed deformibus, et muliebriter iisdem nonnunquam insidentes funguntur muneribus consuetis. Ex ipsis quivis in hac natione pernox et per dies emit et vendit, cibumque sumit et potum ; et inclinatus cervici angustæ jumenti, in

Sans demeure fixe, sans foyer, sans lois, sans habitudes domestiques, les Huns erroient avec les chariots qu'ils habitoient. Dans ces huttes mobiles, les femmes façonnoient leurs vêtements, s'abandonnoient à leurs maris, accouchoient, allaitoient leurs nourrissons jusqu'à l'âge de puberté. Nul, chez ces générations, ne pouvoit dire d'où il venoit, car il avoit été conçu loin du lieu où il étoit né, et élevé plus loin encore [1]. Cette manière de vivre dans des voitures roulantes étoit en usage chez beaucoup de peuples, et notamment parmi les Franks. Majorien surprit un parti de cette nation : « Le coteau voisin retentissoit du bruit « d'une noce ; les ennemis célébroient en dan-« sant, à la manière des Scythes, l'hymen « d'un époux à la blonde chevelure. Après la « défaite on trouva les préparatifs de la fête er-« rante, les marmites, les mets des convives, « tout le régal prisonnier et les odorantes cou-« ronnes de fleurs. . . . . . . Le vainqueur « enleva le chariot de la mariée [2]. »

Sidoine est un témoin considérable des mœurs des Barbares dont il voyoit l'invasion. « Je suis, dit-il, au milieu des peuples cheve-« lus, obligé d'entendre le langage du Ger-« main, d'applaudir, avec un visage contraint, « au chant du Bourguignon ivre, les cheveux « graissés avec du beurre acide... Heureux vos « yeux, heureuses vos oreilles, qui ne les « voient et ne les entendent point ! heureux « votre nez, qui ne respire pas dix fois le ma-« tin l'odeur empestée de l'ail et de l'oignon [1] ! »

Tous les Barbares n'étoient pas auss brutaux. Les Franks, mêlés depuis longtemps aux Romains, avoient pris quelque chose de leur propreté et de leur élégance. « Le jeune « chef marchoit à pied au milieu des siens ; « son vêtement d'écarlate et de soie blanche « étoit enrichi d'or ; sa chevelure et son teint « avoient l'éclat de sa parure. Ses compagnons « portoient pour chaussure des peaux de bêtes « garnies de tous leurs poils ; leurs jambes et « leurs genoux étoient nus ; les casaques bigar-« rées de ces guerriers montoient très-haut, « serroient les hanches et descendoient à peine « au jarret ; les manches de ces casaques ne « dépassoient pas le coude. Par-dessous ce « premier vêtement se voyoit une saie de cou-« leur verte bordée d'écarlate, puis une rhé-« none fourrée, retenue par une agrafe [2]. Les « épées de ces guerriers se suspendoient à un « étroit ceinturon, et leurs armes leur ser-« voient autant d'ornement que de défense : ils te-« noient dans la main droite des piques à deux « crochets ou des haches à lancer ; leur bras « gauche étoit caché par un bouclier aux lim-« bes d'argent et à la bosse dorée [3]. » Tels étoient nos pères.

Sidoine arrive à Bordeaux, et trouve auprès d'Euric, roi des Visigoths, divers Barbares qui subissoient le joug de la conquête. « Ici se présente le Saxon aux yeux d'azur ; ferme sur les flots, il chancelle sur la terre. Ici l'ancien Sicambre, à l'occiput tondu, tire en arrière, depuis qu'il est vaincu, ses cheveux renais-

---

altum soporem adusque varietatem effunditur somniorum. (AMM. MARCELL., lib. XXXI, cap. II.)

Nec plus nubigenas duplex natura biformes
Cognatis aptavit equis. . . . .
CLAUDIAN., in Ruf., de Hunn., lib. I)

[1] Omnes enim sine sedibus fixis, absque lare vel lege aut ritu stabili dispalantur, semper fugientium similes cum carpentis in quibus habitant : ubi conjuges tetra illis vestimenta contexunt, et coeunt cum maritis, et pariunt et adusque pubertatem nutriunt pueros. Nullusque apud eos interrogatus respondere unde oritur potest alibi conceptus, natusque procul, et longius educatus. (Id., ibid.)

[2] . . . . . fors ripæ colle propinquo.
Barbaricus resonabat hymen, scythicisque choreis
Erudebat flavo similis nova nupta marito.
. . . .
Barbarici vaga festa tori convivaque passim
Fercula captivasque dapes, circoque madente
Ferre coronatos redolentia certa lebetes,
. . . . . . rapit esseda victor
Nubentemque nurum. . . . .
(APOLLIN., in Paneg. Major.)

[1] Inter crinigenas situm catervas,
Et germanica verbas ustlnentem,
Laudantem tetro subinde vultu,
Quos Burgundio cantat esculentus,
Infundens acido comam butyro?
Felices oculos tuos et aures,
Felicemque libet vocare nasum,
Cui non ailia sordidæque cepæ
Ructant mane novo decem apparatus.
APOLLIN., carm. XII.)

[2] Sorte de manteau en usage chez les peuples des bords du Rhin.

[3] APOLLIN., lib. IV. Epist. ad Domnit.

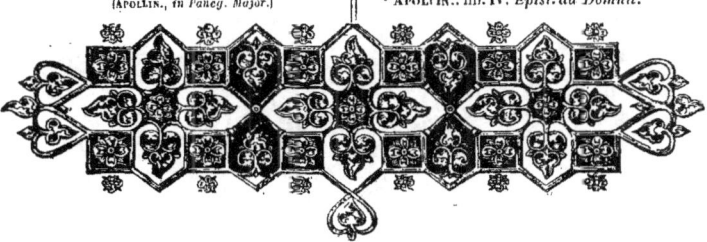

sants sur son cou vieilli ; ici vagabonde l'Hérule aux joues verdâtres, qui laboure le fond de l'Océan, et dispute de couleur avec les algues ; ici le Bourguignon, haut de sept pieds, mendie la paix en fléchissant le genou [1]. »

Une coutume assez générale chez tous les Barbares étoit de boire la cervoise (la bière), l'eau, le lait et le vin dans le crâne des ennemis. Étoient-ils vainqueurs, ils se livroient à mille actes de férocité ; les têtes des Romains entourèrent le camp de Varus, et les centurions furent égorgés sur les autels de la divinité de la guerre [2]. Étoient-ils vaincus, ils tournoient leur fureur contre eux-mêmes. Les compagnons de la première ligue des Cimbres que défit Marius furent trouvés sur le champ de bataille attachés les uns aux autres ; ils avoient voulu impossibilité de reculer et nécessité de mourir. Leurs femmes s'armèrent d'épées et de haches ; hurlant, grinçant des dents de rage et de douleur, elles frappoient et Cimbres et Romains, les premiers comme des lâches, les seconds comme des ennemis ; au fort de la mêlée, elles saisissoient avec leurs mains nues les épées tranchantes des légionnaires, leur arrachoient leurs boucliers, et se faisoient massacrer. Sanglantes, échevelées, vêtues de noir, on les vit, montées sur les chariots, tuer leurs maris, leurs frères, leurs pères, leurs fils, étouffer leurs nouveaux nés, les jeter sous les pieds des chevaux et se poignarder. Une d'entre elles se pendit au bout du timon de son chariot, après avoir attaché par la gorge deux de ses enfants à chacun de ses pieds. Faute d'arbres pour se procurer le même supplice, le Cimbre vaincu se passoit au cou un lacs coulant, nouoit le bout de la corde de ce lacs aux jambes ou aux cornes de ses bœufs : ce laboureur d'une espèce nouvelle, pressant l'attelage avec l'aiguillon, ouvroit sa tombe [1].

On retrouvoit ces mœurs terribles parmi les Barbares du cinquième siècle. Leur cri de guerre faisoit palpiter le cœur du plus intrépide Romain : les Germains poussoient ce cri sur le bord de leurs boucliers appliqués contre leurs bouches [2]. Le bruit de la corne des Goths étoit célèbre : j'en ai parlé.

Avec des ressemblances et des différences de coutumes, ces peuples se distinguoient les uns des autres par des nuances de caractères : « Les Goths sont fourbes, mais chastes, dit « Salvien ; les Allamans, impudiques, mais « sincères ; les Franks, menteurs, mais hos- « pitaliers ; les Saxons, cruels, mais ennemis « des voluptés [3]. » Le même auteur fait aussi l'éloge de la pudicité des Goths, et surtout de celle des Vandales. Les Taïfales, peuplade de la Dacie, péchoient par le vice contraire. Chez eux, les jeunes garçons étoient forcés de se marier par contrat avec des hommes : la fleur de leur jeunesse se consumoit dans ces exécrables unions ; ils ne pouvoient être délivrés de ces incestes qu'après avoir tué un sanglier ou un ours [4].

Les Huns, perfides dans les trèves, étoient dévorés de la soif de l'or. Abandonnés à l'instinct des brutes, ils ignoroient l'honnête et le déshonnête. Obscurs dans leur langage,

---

[1] Istic Saxona cærulum videmus,
Assuetum ante salo, solum timere.
Hic tonso occipiti, senex Sicamber,
Postquam victus est, elicit retrorsum
Cervicem ad veterem novos capillos :
Hic glaucis flerulus genis vagatur,
Imos Oceani colens recessus,
Algoso prope concolor profundo.
Hic Burgundio septipes frequenter
Flexo poplite supplicat quietem.
(APOLLIN., lib. VIII, epist. II.)

[2] Medio campi albentia ossa, ut fugerant, ut restiterant disjecta vel aggerata. Abjacebant fragmina telorum, equorumque artus, simul truncis arborum antefixa ora ; lucis propinquis barbaræ aræ, apud quas tribunos, ac primorum ordinum centuriones mactaverant et cladis ejus superstites, pugnam aut vincula elapsi, referebant, hic cecidisse legatos illic, raptas aquilas. (TACIT., Ann. I, 61.)

[1] PLUT., in Vit. Marii.

[2] Nec tam voces illæ quam virtutis concentus videntur. Adfectatur præcipue asperitas soni, et fractum murmur objectis ad os scutis, quo plenior et gravior vox repercussu intumescat. (TACIT., de Mor. Germ., III.)

[3] Gothorum gens perfida, sed pudica est : Alamanorum impudica, sed minus perfida : Franci mendaces, sed hospitales ; Saxones crudelitate efferi, sed castitate mirandi. (SALVIAN., de Gubern. Dei, lib. VII, pag 256. Parisiis, 1608.)

[4] Ut apud eos nefandi concubitus fœdere copulentur maribus puberes ; ætatis viriditatem in eorum pollutis usibus consumpturi. Porro si quis jam adultus aprum exceperit solus, vel immanem ursum, colluvione liberatur incesti. (AMM., lib. XXXI, cap. IX.)

L'Espagne eut sa part de ces calamités. Du temps d'Orose, Taragone et Lérida étoient dans l'état de désolation où les avoient laissées les Suèves et les Franks; on apercevoit quelques huttes plantées dans l'enceinte des métropoles renversées. Les Vandales et les Goths glanèrent ces ruines; la famine et la peste achevèrent la destruction. Dans les campagnes, les bêtes, alléchées par les cadavres gisants, se ruoient sur les hommes qui respiroient encore : dans les villes, les populations entassées, après s'être nourries d'excréments, se dévoroient entre elles ; une femme avoit quatre enfants ; elle les tua et les mangea tous [1].

Les Pictes, les Calédoniens, ensuite les Anglo-Saxons exterminèrent les Bretons, sauf es familles qui se réfugièrent dans le pays de Galles ou dans l'Armorique. Les insulaires adressèrent à Ætius une lettre ainsi suscrite : « *Le gémissement de la Bretagne à Ætius, trois fois consul.* » Ils disoient : « Les Barbares nous « chassent vers la mer et la mer nous repousse « vers les Barbares ; il ne nous reste que le « genre de mort à choisir, le glaive ou les « flots [2]. »

Gildas achève le tableau : « D'une mer à « l'autre, la main sacrilége des Barbares venus « de l'Orient promena l'incendie : ce ne fut « qu'après avoir brûlé les villes et les champs « sur presque toute la surface de l'île, et l'a- « voir balayée comme d'une langue rouge, « jusqu'à l'Océan occidental, que la flamme « s'arrêta. Toutes les colonnes croulèrent au « choc du bélier; tous les habitants des cam-

« pagnes avec les gardiens des temples, les « prêtres et le peuple périrent par le fer ou par « le feu. Une tour vénérable à voir s'élève au « milieu des places publiques ; elle tombe : les « fragments de murs, les pierres, les sacrés « autels, les tronçons de cadavres pétris et « mêlés avec du sang, ressembloient à du marc « écrasé sous un horrible pressoir.

« Quelques malheureux échappés à ces « désastres étoient atteints et égorgés dans les « montagnes ; d'autres, poussés par la faim, « revenoient et se livroient à l'ennemi pour « subir une éternelle servitude, ce qui passoit « pour une grâce signalée ; d'autres gagnoient « les contrées d'outre-mer, et, pendant la tra- « versée, chantoient avec de grands gémis- « sements, sous les voiles : *Tu nous as, ô Dieu! « livrés comme des brebis pour un festin ; tu « nous as dispersés parmi les nations* [1]. »

La misère de la Grande-Bretagne est peinte tout entière dans une des lois galliques : cette loi déclare qu'aucune compensation ne sera reçue pour le larcin du lait d'une jument, d'une chienne ou d'une chatte [2].

L'Afrique dans ses terres fécondes fut écorchée par les Vandales, comme elle l'est dans ses sables stériles par le soleil [3]. « Cette dévas-

---

[1] ...dium piscium.... *crescentes vepres et condensa sylvarum cuncta perierunt.* (HIER. ad Sophon.)
[1] *Fames dira grassatur, adeo ut humanae carnes ab humano genere vi famis fuerint devoratae, matres quoque necatis vel coctis per se natorum suorum sint pastae corporibus.*
Bestiæ occisorum gladio, fame, pestilentia, cadaveribus adsuetæ, quousque hominum fortiores interimunt. (IDATII episcop. Chronicon., pag. 14. Lutetiæ Parisiorum, 1619.)
[2] « *Ætio ter consuli gemitus Britannorum.* » — Et in processu epistolæ ita calamitates suas explicant : Repellunt Barbari ad mare, mare ad Barbaros. Inter haec oriuntur duo genera funerum, aut jugulamur aut mergimur. (BEDÆ presbyt., Hist. eccl. gentis Anglorum, cap. XIII. Coloniæ, anno 1612.)

[1] De mari usque ad mare, ignis orientali sacrilegorum manu exageratus, et finitimas quasque civitates agrosque populans, qui non quievit accensus donec cunctam pene exurens insulæ superficiem rubra occidentalem trucique Oceanum lingua delamberet. Ita ut cunctæ columnæ crebro impetu, crebris arietibus, omnesque coloni cum præpositis ecclesiæ, cum sacerdotibus ac populo, mucronibus undique micantibus, ac flammis crepitantibus, simul solo sternerentur ; venerabili visu, in medio platearum una turrium, edito cardine evulsarum, murorumque celsorum, saxa, sacra altaria, cadaverum frusta, crustis ac gelantibus purpurei cruoris tecta velut in quodam horrendo torculari mixta viderentur.
Itaque nonnulli miserarum reliquiarum in montibus deprehensi acervatim jugulabantur; alii, fame confecti accedentes, manus hostibus dabant in ævum servituri,................ quod altissimæ gratiæ stabat in loco. Alii transmarinas petebant regiones cum ululatu magno, hoc modo sub velarum sinibus cantantes: *Dedisti nos tanquam oves escarum, et in gentibus dispersisti nos, Deus.* (Histor. Gildæ, liber querulus de excidio Britanniæ, pag. 8, in Hist. Brit. et Angl script., tom. II.)
[2] *Leges Wallicæ*, lib. III, cap. III, pag. 207-260.
[3] BUFFON, Hist. natur.

« tation, dit Posidonius, témoin oculaire, « rendit très-amer à saint Augustin le dernier « temps de sa vie ; il voyoit les villes ruinées, « et à la campagne les bâtiments abattus, les « habitants tués ou mis en fuite, les églises dé- « nuées de prêtres, les vierges et les religieux « dispersés. Les uns avoient succombé aux « tourments, les autres péri par le glaive ; les « autres, encore réduits en captivité, ayant « perdu l'intégrité du corps, de l'esprit et de la « foi, servoient des ennemis durs et bru- « taux..... Ceux qui s'enfuyoient dans « les bois, dans les cavernes et les rochers, ou « dans les forteresses, étoient pris et tués, ou « mouroient de faim. De ce grand nombre d'é- « glises d'Afrique, à peine en restoit-il trois, « Carthage, Hippone et Cirthe, qui ne fus- « sent pas ruinées, et dont les villes subsis- « tassent [1]. »

Les Vandales arrachèrent les vignes, les arbres à fruit, et particulièrement les oliviers, pour que l'habitant retiré dans les montagnes ne pût trouver de nourriture [2]. Ils rasèrent les édifices publics échappés aux flammes : dans quelques cités, il ne resta pas un seul homme vivant. Inventeurs d'un nouveau moyen de prendre les villes fortifiées, ils égorgeoient les prisonniers autour des remparts ; l'infection de ces voiries sous un soleil brûlant se répandoit dans l'air, et les Barbares laissoient au vent le soin de porter la mort dans les murs qu'ils n'avoient pu franchir [3].

Enfin l'Italie vit tour à tour rouler sur elle les torrents des Allamans, des Goths, des Huns et des Lombards : c'étoit comme si les fleuves qui descendent des Alpes, et se dirigent vers les mers opposées, avoient soudain, détournant leur cours, fondu à flots communs sur l'Italie. Rome, quatre fois assiégée et prise deux fois, subit les maux qu'elle avoit infligés à la terre. « Les femmes, selon saint Jérôme, « ne pardonnèrent pas même aux enfants qui « pendoient à leurs mamelles, et firent rentrer « dans leur sein le fruit qui ne venoit que d'en « sortir [1]. Rome devint le tombeau des peuples « dont elle avoit été la mère..... La lumière « des nations fut éteinte ; en coupant la tête « de l'empire romain, on abattit celle du « monde [2]. » — « D'horribles nouvelles se sont « répandues, s'écrioit saint Augustin du haut « de la chaire en parlant du sac de Rome : car- « nage, incendie, rapine, extermination ! Nous « gémissons, nous pleurons, et nous ne som- « mes point consolés [3]. »

On fit des règlements pour soulager du tribut les provinces de la Péninsule, notamment la Campanie, la Toscane, le Picenum, le Samnium, l'Apulie, la Calabre, le Brutium et la Lucanie ; on donna aux étrangers qui consentoient à les cultiver, les terres restées en friche [4]. Majorien [5] et Théodoric s'occupèrent de réparer les édifices de Rome, dont pas un seul n'étoit resté entier, si nous en croyons Procope [6]. La ruine alla toujours croissant avec les nouveaux temps, les nouveaux sièges, le fanatisme des chrétiens et les guerres intes-

---

[1] Traduct. de Fleury, *Hist. eccles.*
[2] Sed nec arbustis fructiferis parcebant ne forte quos antra montium occultaverant, post eorum transitum, illis pabulis nutrirentur ; ab eorum contagione nullus remansit locus immunis. (VICTOR, *Vitensis episc.*, lib. I, *de Persecutione africana*, p. 2. Divione, 1664.)
[3] Ubi vero munitiones aliquæ videbantur, quas hostilitas barbarici furoris oppugnare nequiret, congregatis in circuitu castrorum innumerabilibus turbis, gladiis feralibus cruciabant, ut putrefactis cadaveribus, quos adire non poterant arcente murorum defensione, corporum liquescentium enecarent fœtore (*Id.*, pag. 3.)

[1] Ad . . . . ; dum mater non parcit lactenti infantiæ, et suo recipit utero quem paulo ante effuderat. (HIERON., epist XVI. pag. 121. *Epistolæ tribus prioribus contentæ in eodem volumine*, tom. II, pag. 486. Parisiis, 1579.)
[2] Quis credat ut totius orbis exstructa victoriis Roma corrueret, ut ipsa suis populis et mater fieret et sepulcrum . . . . Postquam vero clarissimum terrarum omnium lumen extinctum est, imo romani imperii truncatum caput, et, ut verius dicam, in una urbe totus orbis interiret . . . . . . obmutui. (HIERON., *in Ezech.*)
[3] Horrenda nobis nuntiata sunt : strages facta, incendia, rapinæ, interfectiones, excruciationes hominum... Omnia gemimus, sæpe flevimus, vix consolati sumus. (AUG., *de Urb. excidio* tom. VI. pag. 624.)
[4] Cod. Theodos., lib. XI, XIII, XV.
[5] Antiquarum ædium dissipatur speciosa constructio, et, ut aliquid reparetur, magna diruuntur, etc. (NOV. MAJORIAN., tit. VI, pag. 53.)
[6] . . . . Omnique direpta, magna Romanorum cæde edita, pergunt alio. (PROCOP., *Hist. Vand.*) La Chronique de Marcellin ajoute : *Partem urbis Romæ cremavit*; et Philostorge va bien au-delà.

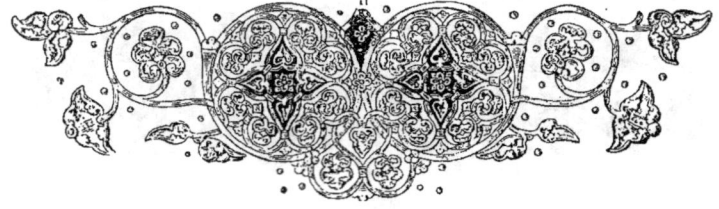

tines : Rome vit renaître ses conflits avec Albe et Tibur ; elle se battoit à ses portes ; les espaces vides que renfermoit son enceinte devinrent le champ de ces batailles qu'elle livroit autrefois aux extrémités de la terre. Sa population tomba de trois millions d'habitants au-dessous de quatre-vingt mille [1]. Vers le commencement du huitième siècle, des forêts et des marais couvroient l'Italie ; les loups et d'autres animaux sauvages hantoient ces amphithéâtres qui furent bâtis pour eux ; mais il n'y avoit plus d'hommes à dévorer.

Les dépouilles de l'empire passèrent aux Barbares ; les chariots des Goths et des Huns, les barques des Saxons et des Vandales, étoient chargés de tout ce que les arts de la Grèce et le luxe de Rome avoient accumulé pendant tant de siècles ; on déménageoit le monde comme une maison que l'on quitte. Genseric ordonna aux citoyens de Carthage de lui livrer, sous peine de mort, les richesses dont ils étoient en possession : il partagea les terres de la province proconsulaire entre ses compagnons ; il garda pour lui-même le territoire de Byzance, et des terres fertiles en Numidie et en Gétulie [2]. Ce même prince dépouilla Rome et le Capitole, dans la guerre que Sidoine appelle la quatrième guerre Punique [3] : il composa d'une masse de cuivre, d'airain, d'or, et d'argent, une somme qui s'élevoit à plusieurs millions de talents [4].

Le trésor des Goths étoit célèbre : il consistoit dans les cent bassins remplis d'or, de perles et de diamants offerts par Ataulphe à Placidie ; dans soixante calices, quinze patènes et vingt coffres précieux pour renfermer l'Évangile [5].

Le *Missorium*, partie de ces richesses, étoit un plat d'or de cinq cents livres de poids, élégamment ciselé. Un roi goth, Sisenand, l'engagea à Dagobert pour un secours de troupes ; le Goth le fit voler sur la route ; puis il apaisa le Frank par une somme de deux cent mille sous d'or, prix jugé fort inférieur à la valeur du plat [1]. Mais la plus grande merveille de ce trésor étoit une table formée d'une seule émeraude : trois rangs de perles l'entouroient ; elle se soutenoit sur soixante-cinq pieds d'or massif incrusté de pierreries ; on l'estimoi cinq cents mille pièces d'or ; elle passa des Visigoths aux Arabes [2] : conquête digne de leur imagination.

L'histoire, en nous faisant la peinture générale des désastres de l'espèce humaine à cette époque, a laissé dans l'oubli les calamités particulières, insuffisante qu'elle étoit à redire tant de malheurs. Nous apprenons seulement par les apôtres chrétiens quelque chose des larmes qu'ils essuyoient en secret. La société, bouleversée dans ses fondements, ôta même à la chaumière l'inviolabilité de son indigence ; elle ne fut pas plus à l'abri que le palais : à cette époque, chaque tombeau renferma un misérable.

Le concile de Brague, en Lusitanie, souscrit par dix évêques, donne une idée naïve de ce que l'on faisoit et de ce que l'on souffroit pendant les invasions. L'évêque Pancratien prit la parole : « Vous voyez, mes frères, dit-il, comme « l'Espagne est ravagée par les Barbares. Ils « ruinent les églises, tuent les serviteurs de

---

[1] Brottier et Gibbon ne portent cette population qu'à douze cent mille, évaluation visiblement trop foible, comme celle de Juste-Lipse et de Vossius est trop forte ; il s'agiroit, d'après ces derniers auteurs, de quatre, de huit et de quatorze millions. Un critique moderne italien a rassemblé avec beaucoup de sagacité les divers recensements de l'ancienne Rome.

[2] PROCOP., *de Bell. Vand.*, lib. I, cap. v ; VICTOR. VITENS., *de Persecut. Vand.*, lib. I, cap. IV.

[3] SID. APOLL., *Paneg. Avit.*

[4] Ne æs quidem, aut quicquam aliud unde pretium fieri posset in palatio reliquerat. Diripuerat et Capitolium, Jovis templum, tegularumque partem abstulerat alteram, quæ ex are purissimo factæ, auroque legiter obliæ, magnificam plane mirandamque speciem præbebant. (PROCOP., *Hist. Vand.*, lib. I.)

[5] Nam sexaginta calices, quindecim patenas, viginti Evangeliorum capsas detulit, omnia ex auro puro, ac gemmis protiosis ornata. Sed non est passus ea confringi. (GREG. TURON., lib. III, cap. x.)
Les Gestes des Franks, pag. 537, répètent le même fait.

[1] In hujus beneficii repensionem missorium aureum nobilissimum ex thesauris Gothorum. . . . . Dagoberto dare promisit, pensantem auri pondus quingentos . . . . . . Cumque a Sisenando rege missorius ille legatariis fuisset traditus, a Gothis non tollitur, nec eum exinde exhibere permiserunt. Postea discurrentibus legatis ducenta millia solidorum missorii hujus pretii Dagobertus a Sisenando accipiens, ipsumque pensavit. (FREDEG., *Chron.*, cap. LXXIII.)
Le troisième fragment de Frédégaire et les *Gestes de Dagobert*, chapitre XXIX, redisent cette anecdote.

[2] *Histoire de l'Afrique et de l'Espagne sous la domination des Arabes*, par M. Cardonne.

« Dieu, profanent la mémoire des saints, leurs
« os, leurs sépulcres, les cimetières. . . . . .
« . . . . Mettez devant les yeux de
« notre troupeau l'exemple de notre constance,
« en souffrant pour Jésus-Christ quelque par-
« tie des tourments qu'il a soufferts pour
« nous [1]. . . . .
« . . . . . . » Alors Pancratien fit la profession de foi de l'Église catholique, et à chaque
article, les évêques répondoient : *Nous le
croyons* [2]. « Ainsi, que ferons-nous maintenant
« des reliques des saints? » dit Pancratien. Cli-
pand de Coimbre dit : « Que chacun fasse se-
« lon l'occasion; les Barbares sont chez nous
« et pressent Lisbonne; ils tiennent Mérida et
« Astracan; au premier jour ils viendront sur
« nous; que chacun s'en aille chez soi, qu'il
« console les fidèles, qu'il cache doucement les
« corps des saints, et nous envoie la relation
« des lieux ou des cavernes où on les aura mis,
« de peur qu'il ne les oublie avec le temps. »
Pancratien dit : « Allez en paix. Notre frère
« Pontamius demeurera seulement à cause de
« la destruction de son église d'Éminie, que
« les Barbares ravagent. » Pontamius dit :
« Que j'aille aussi consoler mon troupeau et
« souffrir avec lui pour Jésus-Christ. Je n'ai
« pas reçu la charge d'évêque pour être dans
« la prospérité, mais dans le travail. » Pancratien dit : « C'est très-bien dit. Dieu vous
« conserve. » Tous les évêques dirent : « Dieu
« vous conserve. » Tous ensemble : « Allons
« en paix à Jésus-Christ [3]. »

Lorsque Attila parut dans les Gaules, la
terreur se répandit devant lui : Geneviève de
Nanterre rassura les habitants de Paris; elle
exhortoit les femmes à prier réunies dans le
Baptistère, et leur promettoit le salut de la ville :
les hommes qui ne croyoient point aux prophéties de la bergère s'excitoient à la lapider ou à
la noyer [1]. L'archidiacre d'Auxerre les détourna
de ce mauvais dessein, en les assurant que
saint Germain publioit les vertus de Geneviève :
les Huns ne passèrent point sur les terres des
Parisii [2]. Troyes fut épargné, à la recommandation de saint Loup. Dans sa retraite, le Fléau
de Dieu se fit escorter par le saint [3] : saint
Loup, esclave et prisonnier protégeant Attila,
est un grand trait de l'histoire de ces temps.

Saint Agnan, évêque d'Orléans, étoit renfermé dans sa ville que les Huns assiégeoient;
il envoie sur les murailles attendre et découvrir des libérateurs : rien ne paroissoit.
« Priez, dit le saint, priez avec foi; » et il envoie de nouveau sur les murailles. Rien ne paroît encore. « Priez, dit le saint, priez avec
» foi; » et il en envoie une troisième fois regarder
du haut des tours. On apercevoit comme un
petit nuage qui s'élevoit de terre. « C'est le se-
« cours du Seigneur ! » s'écrie l'évêque [4].

---

[1] Notum vobis est, fratres et socii mei, quomodo barbaræ gentes devastant universam Hispaniam : templa
evertunt, servos Christi occidunt in ore gladii, et me-
morias sanctorum, ossa, sepulcra, cœmeteria profa-
nant. (*Lab. Concil.*, pag. 1508.)

[2] Similiter et nos credimus. (*Id., ibid.*)

[3] *Pancratianus dixit* : Abite in pace omnes, solus re-
maneat frater noster propter destructionem ecclesiæ
suæ quam Barbari vexant.
Pontamius dixit : Abeam et ego ut confortem oves
meas, et simul cum eis pro nomine Christi patiar labores et anxietates; non enim suscepi munus episcopi in
prosperitate, sed in labore.
Pancrat. : Optimum verbum, justum consilium : pro-
fertum approbo. Deus te conservet.
Omnes episcopi : Servet te Deus.
Omnes simul : Abeamus in pace Jesu Christi. (*Conc.*,
tom. II, pag. 1508.)

[1] Dies aliquot in Baptisterio vigilias exercentes jeju-
niis et orationibus ac vigiliis insisterent ut suaserat Genovefa, Deo vacarunt. Viris quoque suadebat ne bona
sua a Parisio auferrent. Urbem parisium fore inconta-
minatam ab inimicis. Insurrexerunt in eam cives, di-
centes pseudoprophetissam : tractaverunt ut Genove-
fam aut lapidibus obrutam, aut vasto gurgite submer-
sam punirent. (BOLL. III, pag. 139.)

[2] Interea adveniente Antissiodorensi urbe archidia-
cono, qui olim audierat sanctum Germanum magnifi-
cum testimonium de Genovefa dedisse. . . . . dixit :
Nolite tantum admittere facinus. . . . . Prædictum
exercitum ne Parisium circumdaret procul abegit. (VITA
S. GENOV. *ap. Boll.*, 3 janv.)

[3] Redux in Gallias, Lupus urbem suam ab Attilæ
Hunnorum regis furore servavi, an. 451, qui post vastas
romani imperii plurimas provincias, Thraciam, Illy-
riam, etc., Galliam quoque invaserat, ubi Remos Ca-
meracum, Lingonas Autissiodorum aliasque urbes ferro
flammisque vastarat Attilam Rhenum usque comitatus
Lupus, inde reversus tum ut se arctius vocationibus divinis implicaret. (*Gal. christ.*, t. XII, pag. 485; *Vita S.
Lupi ap. Suri.* pag. 348.)

[4] Adspicite de muro civitatis, si Dei miseratio jam

Genseric emmena de Rome en captivité Eudoxie et ses deux filles, seuls restes de la famille de Théodose[1]. Des milliers de Romains furent entassés sur les vaisseaux du vainqueur : par un raffinement de barbarie, on sépara les femmes de leurs maris, les pères de leurs enfants[2]. Deogratias, évêque de Carthage, consacra les vases saints au rachat des prisonniers. Il convertit deux églises en hôpitaux, et, quoiqu'il fût d'un grand âge, il soignoit les malades qu'il visitoit jour et nuit. Il mourut, et ceux qu'il avoit délivrés crurent retomber en esclavage[3].

Lorsque Alaric entra dans Rome, Proba, veuve du préfet Pétronius, chef de la puissante famille Ancienne, se sauva dans un bateau sur le Tibre[4]; sa fille Læta, et sa petite-fille Démétriade, l'accompagnèrent : ces trois femmes virent de leur barque fugitive les flammes qui consumoient la Ville éternelle. Proba possédoit de grands biens en Afrique; elle les vendit pour soulager ses compagnons d'exil et de malheur[5].

Fuyant les Barbares de l'Europe, les Romains se réfugioient en Afrique et en Asie; mais, dans ces provinces éloignées, ils rencontroient d'autres Barbares : chassés du cœur de l'empire aux extrémités, rejetés des frontières au centre, la terre étoit devenue un parc où ils étoient traqués dans un cercle de chasseurs.

Saint Jérôme reçut quelques débris de tant de grandeurs dans cette grotte où le Roi des rois étoit né pauvre et nu. Quel spectacle et quelle leçon que ces descendants des Scipion et des Gracque réfugiés au pied du Calvaire ! Saint Jérôme commentoit alors Ézéchiel; il appliquoit à Rome les paroles du prophète sur la ruine de Tyr et de Jérusalem : « Je ferai « monter contre vous plusieurs peuples, comme « la mer fait monter les flots. Ils détruiront les « murs jusqu'à la poussière... Je mettrai sur « les enfants de Juda le poids de leurs crimes.. « Ils verront venir épouvante sur épouvante[1]. » Mais lorsque lisant ces mots, *ils passeront d'un pays à un autre et seront emmenés captifs*, le solitaire jetoit les yeux sur ses hôtes, il fondoit en larmes.

Et pourtant la grotte de Bethléem n'étoit pas un asile assuré; d'autres ravageurs dépouilloient la Phénicie, la Syrie et l'Égypte[2]. Le désert, comme entraîné par les Barbares et changeant de place avec eux, s'étendoit sur la face des provinces jadis les plus fertiles; dans les contrées qu'avoient animées des peuples innombrables, il ne restoit que la terre et le ciel[3]. Les sables mêmes de l'Arabie, qui faisoient suite à ces champs dévastés, étoient frappés de la plaie commune; saint Jérôme avoit à peine échappé aux mains des tribus errantes, et les religieux du Sina venoient d'être égorgés : Rome manquoit au monde, et la Thébaïde aux solitaires.

Quand la poussière qui s'élevoit sous les pieds de tant d'armées, qui sortoit de l'écroulement de tant de monuments, fut tombée; quand les tourbillons de fumée qui s'échappoient de tant de villes en flammes furent dissipés; quand la mort eut fait taire les gémissements de tant de victimes; quand le bruit de la chute du colosse romain eut cessé, alors on

---

succurrat...... Adspicientes autem de muro, neminem viderunt. Et ille, Orate, inquit, fideliter..... Orantibus autem illis, ait : Adspicite iterum. Et cum adspexissent, neminem viderunt qui ferret auxilium. Ait eis tertio : si fideliter petiti, Dominus velociter adest. Exacta quoque oratione, tertio juxta senis imperium adspicientes de muro, viderunt a longe quasi nebulam de terra consurgere. Quod renuntiantibus ait sacerdos: Domini auxilium est. (GREG. TUB., Hist. lib. II, cap. 161.)

Du récit des guerriers *combattant après leur mort*, et de l'histoire de saint Agnan à Orléans, on peut conclure que des poëmes et des contes, devenus populaires dans le dernier siècle, ont leur origine, pour le fond ou pour la forme, dans les chroniques du cinquième au quinzième siècle.

[4] At Eudoxiam Gizerichus filiasque ejus ex Valentiniano duas, Eudociam et Placidiam, captivas abduxit. (PROCOP., *Hist. Vand.*, lib. I.)

[2] VICTOR. VITENS, lib. I, cap. VIII.

[3] *Id., ibid.*; FLEURY, *Hist. eccl.* tom. VI, pag. 491.

[4] Probam fuisse matronam inter senatorias fama ac divitiis in signem...... Jam et portum et amnem, potito hoste, familiæ suæ præcepisse, ut nocte portam panderent. (PROCOP., *Hist. Vand.*, lib. I.)

[5] HIER., *epist.* VIII. *ad Demet.*, t. 1, pag. 62-75; SULP. XXIX, N. ult.; TILL., *Vie de saint Augustin*.

[1] Cap. VII, v. 26 ; cap. XII, v. 11.

[2] Invasis excisisque civitatibus atque castellis...... (AMM. MARCELL.)

[3] ...... Ubi præter cœlum et terram. cuncta perierunt. (HIERON. *ad Sophron.*)

aperçut une croix, et au pied de cette croix un monde nouveau. Quelques prêtres, l'Évangile à la main, assis sur des ruines, ressuscitoient la société au milieu des tombeaux, comme Jésus-Christ rendit la vie aux enfants de ceux qui avoient cru en lui.

libres de toute religion et de toute superstition, aucun respect divin ne les enchaînait. Colères et capricieux, dans un même jour ils se séparoient de leurs amis sans qu'on eût rien dit pour les irriter, et leur revenoient sans qu'on eût rien fait pour les adoucir [1].

Quelques-unes de ces races étoient anthropophages. Un Sarrasin tout velu et nu jusqu'à la ceinture, poussant un cri rauque et lugubre, se précipite, le glaive au poing, parmi les Goths arrivés sous les murs de Constantinople après la défaite de Valens; il colle ses lèvres au gosier de l'ennemi qu'il avoit blessé, et en suce le sang aux regards épouvantés des spectateurs [2]. Les Scythes de l'Europe montroient ce même instinct du furet et de la hyène [3] : saint Jérôme avoit vu dans les Gaules les Atticotes, horde bretonne, qui se nourrissoient de chair humaine : quand ils rencontroient dans les bois des troupeaux de porcs et d'autre bétail, ils coupoient les mamelles des bergères et les parties les plus succulentes des pâtres, délicieux festin pour eux [4]. Les Alains arrachoient la tête de l'ennemi abattu, et de la peau de son cadavre ils caparaçonnoient leurs chevaux [5]. Les Budins et les Gelons se faisoient aussi des vêtements et des couvertures de cheval avec la peau des vaincus [6], dont ils se réservoient la tête [7]. Ces mêmes Gelons se découpoient les joues; un visage taillade, des blessures qui présentoient des écailles livides surmontées d'une crête rouge, étoient le suprême honneur [1].

L'indépendance étoit tout le fond d'un Barbare, comme la patrie étoit tout le fond d'un Romain, selon l'expression de Bossuet. Être vaincu ou enchaîné paroissoit à ces hommes de batailles et de solitudes chose plus insupportable que la mort : rire en expirant étoit la marque distinctive du héros. Saxon le grammairien dit d'un guerrier : « Il tomba, rit et mourut [2]. » Il y avoit un nom particulier dans les langues germaniques pour désigner ces enthousiastes de la mort : le monde devoit être la conquête de tels hommes.

Les nations entières, dans leur âge héroïque, sont poètes : les Barbares avoient la passion de la musique et des vers; leur muse s'éveilloit aux combats, aux festins et aux funérailles. Les Germains exaltoient leur dieu Tuiston [3] dans de vieux cantiques : lorsqu'ils s'ébranloient pour la charge, ils entonnoient en chœur le Bardit, et de la manière plus ou moins vigoureuse dont cet hymne retentissoit, ils présageoient le destin futur du combat [4].

Chez les Gaulois, les Bardes étoient chargés de transmettre le souvenir des choses dignes de louanges [5].

Jornandès raconte qu'à l'époque où il écrivoit on entendoit encore les Goths répéter les vers consacrés à leur législateur [6]. Au banquet royal d'Attila, deux Gépides célébrèrent les exploits des anciens guerriers : ces chansons de la gloire attablée animoient d'un attendrissement martial le visage des convives.

---

[1] AMM. MARCELL., lib. XXXI. cap. II.

[2] Ex ea enim crinitus quidam, nudus omnia præter pubem subraucum et lugubre strepens, educto pugione agmini se medio Gothorum inseruit, et interfecti hostis jugulo labra admovit, effusumque cruorem exsuxit. (Id., lib. XXXI, cap. XVI.)

[3] Ipsis ex vulneribus ebibere. (POMP. MELA, de Scyth., Europ., lib. II. cap. I.)

[4] Quid loquar de cæteris nationibus, quum ipse adolescentulus in Gallia viderim Atticotos, gentem britannicam, humanis vesci carnibus; et quum per silvas porcorum greges et armentorum pecudumque reperiant, pastorum nates et feminarum, et papillas solere abscindere, et has solas ciborum delicias arbitrari? (S. HIERON, tom. IV, pag. 201; adv. Jovin. lib. II.)

[5] Interfectorum avulsis capitibus detractas pelles pro phaleris jumentis accommodant bellatoriis (AMM. MARC., lib. XXI, cap. II.)

[6] Budini sunt et Geloni perquam feri, qui detractis cutibus hostium, indumenta sibi equisque tegmina conficiunt. (Id., ibid.)

[7] Illos, reliqui corporis; se, capitum.... (POMP. MELA, lib. II, cap. I.)

---

[1] Illustri jam tum donatur celsus honore,
Squameus et rudis etiamnum livida crestis
Ora gerens. . . . .
(APOLLIN., in Paneg. Avit., v. 244.)

[2] MALLET, Introd. à l'Hist. du Danem., chap. XIX; SAX. GRAMM.

[3] Celebrant carminibus antiquis Tuistonem Deum.

[4] Sunt illis hæc quoque carmina quorum relatu, quem Barditum vocant, accendunt animos, futuræque pugnæ fortunam ipso cantu augurantur. (TAC., de Mor. Germ., III.)

[5] Bardi, qui de laudationibus rebusque poeticis student. (STRAB., lib. VI.)

[6] JORNAND., lib. VIII.

Les cavaliers qui exécutoient autour du cercueil du héros tartare une espèce de tournoi funèbre chantoient : « C'est ici Attila, roi « des Huns, engendré par son père Mundzuch. « Vainqueur des plus fières nations, il réunit « sous sa puissance la Scythie et la Germanie, « ce que nul n'avoit fait avant lui. L'une et « l'autre capitale de l'empire romain chance- « loient à son nom : apaisé par leur soumis- « sion, il se contenta de les rendre tributaires. « Attila, aimé jusqu'au bout du destin, a fini « ses jours, non par le fer de l'ennemi, non « par la trahison domestique, mais sans dou- « leur, au milieu de la joie. Est-il une plus « douce mort que celle qui n'appelle aucune « vengeance[1] ? »

Un manuscrit originaire de l'abbaye de Fulde, maintenant à Cassel[2], a par hasard sauvé de la destruction le fragment d'un poëme teutonique qui réunit les noms d'Hildebrand, de Théodoric, d'Hermanric, d'Odoacre et d'Attila. Hildebrand, que son fils ne veut pas reconnoître, s'écrie : « Quelle destinée est la « mienne ! J'ai erré hors de mon pays soixante « hivers et soixante étés, et maintenant il faut « que mon propre enfant m'étende mort avec « sa hache, ou que je sois son meurtrier. »

L'Edda (l'aïeule), recueil de la mythologie scandinave, les Sagga ou les traditions historiques des mêmes pays, les chants des Scaldes rappelés par Saxon le grammairien, ou conservés par Olaüs Wormius, dans sa *Littérature runique*, offrent une multitude d'exemples de ces poésies. J'ai donné ailleurs une imitation du poëme lyrique de Lodbrog, guerrier scalde et pirate. « Nous avons combattu avec l'épée. « . . . . Les aigles et les oiseaux « aux pieds jaunes poussoient des cris de joie.

« . . . . Les vierges ont pleuré « longtemps. . . . . Les heures de « la vie s'écoulent : nous sourirons quand il « faudra mourir[1]. » Un autre chant tiré de l'Edda reproduit la même énergie et la même férocité.

Hogni et Gunar, deux héros de la race des Nifflungs, sont prisonniers d'Attila. On demande à Gunar de révéler où est le trésor des Nifflungs, et d'acheter sa vie pour de l'or.

Le héros répond :

« Je veux tenir dans ma main le cœur d'Ho- « gni, tiré sanglant de la poitrine du vaillant « héros, arraché avec un poignard émoussé « du sein de ce fils de roi.

« Ils arrachèrent le cœur d'un lâche qui s'ap- « peloit Hialli ; ils le posèrent tout sanglant « sur un plat et l'apportèrent à Gunar.

« Alors Gunar, ce chef du peuple, chanta : « Ici je vois le cœur sanglant d'Hialli ; il n'est « pas comme le cœur d'Hogni le brave ; il « tremble sur le plat où il est placé ; il trem- « bloit la moitié davantage quand il étoit dans « le sein du lâche. »

« Quand on arracha le cœur d'Hogni de son « sein il rit ; le guerrier vaillant ne songea pas « à gémir. On posa son cœur sanglant sur un « plat, et on le porta à Gunar.

« Alors ce noble héros, de la race des Nif- « flungs, chanta : « Ici je vois le cœur d'Hogni « le brave ; il ne ressemble pas au cœur d'Hialli « le lâche ; il tremble peu sur le plat où on « l'a placé ; il trembloit la moitié moins quand « il étoit dans la poitrine du brave.

« Que n'es-tu, ô Atli (Attila), aussi loin « de mes yeux que tu le seras toujours de nos « trésors ! En ma puissance est désormais le « trésor caché des Nifflungs ; car Hogni ne « vit plus.

---

[1] Præcipuus Hunnorum rex Attila, patre genitus Mundzucco, fortissimarum gentium dominus, qui inaudita ante se potentia solus scythica et germanica regna possedit, nec non utraque romanæ urbis imperia captis civitatibus terruit, et ne præda reliqua subderetur, placatus precibus, annuum vectigal accepit. Quumque hæc omnia proventu felicitatis egerit, non vulnere hostium, non fraude suorum, sed gente incolumi inter gaudia lætus, sine sensu doloris occubuit. Quis ergo hunc dicat exitum, quem nullus æstimat vindicandum? (JORNAND., cap. XLIX.)

[2] Voyez ci-après la note 1, page 503.

[1] *Martyrs*, liv. VI.

Pugnavimus ensibus. . . . .
Vitæ elapsæ sunt horæ;
Ridens moriar.

Le texte scandinave de cette ode a été publié en lettres runiques par Wormius, *Litt. run.*, pag. 197, et transporté dans le recueil de Biorner : elle a vingt-neuf strophes.

« J'étois toujours inquiet quand nous vivions
« tous les deux ; maintenant je ne crains rien ;
« je suis seul [1]. »

« Je dois ce chant, tiré de l'Edda, et le fragment du poëme épique du manuscrit de Fulde, à M. Ampère, dont j'ai parlé dans la préface de ces *Études*. On sera bien aise d'entendre ce jeune littérateur, plein de savoir et de talent, sur un genre d'étude qu'il a approfondi, et qui manquoit à la France. Mon travail auroit paru moins aride aux lecteurs, si j'avois toujours pu l'enrichir de morceaux pareils à celui qui va terminer cette note.

« La grande famille des nations germaniques (c'est M. Ampère qui parle) peut se diviser en trois branches, la branche gothique, la branche teutonique et la branche scandinave.

« Il ne reste d'autre monument des langues gothiques que la traduction de la Bible par Ulphilas.

« Un plus ancien monument des langues teutoniques est un fragment épique conservé dans un manuscrit contenant le livre de la Sagesse et quelques autres traités religieux. Ce manuscrit, originaire de l'abbaye de Fulde, est maintenant à Cassel, où je l'ai vu. Dans l'intérieur de la couverture, une main inconnue avoit tracé le fragment dont je parle, le tout du huitième siècle ou de la première moitié du neuvième [1]. Les personnages qui paroissent dans ce court morceau, ceux dont on parle, leur situation respective, et les événements auxquels il est fait allusion, tout cela appartient à ce grand cycle épique de l'ancienne poésie allemande, dont les *Niebelungen* et le *Livre des Héros* sont des refontes plus modernes. Cette page du manuscrit de Cassel est donc le plus ancien et le plus curieux débris de ce cycle. Il nous intéresse à double titre, car ce monument germanique est pour nous un monument national. La langue dans laquelle il est écrit est le haut allemand, qui, à l'origine, étoit un dialecte. Ce morceau faisoit probablement partie de ces poëmes barbares et déjà très-anciens au commencement du neuvième siècle, que Charlemagne avoit fait recueillir, et transcrits de sa propre main [**].

« Ce fragment contient le récit d'une rencontre entre deux guerriers du cycle dont j'ai parlé ; le vieil Hildebrand et son fils Hadebrand. Hildebrand est l'ami, le mentor du héros par excellence, de Théodoric. Selon la légende, et non pas selon l'histoire, Théodoric avoit été forcé de laisser son royaume aux mains d'Hermanric, qui, à l'instigation d'Odoacre, s'en étoit emparé. Le héros fugitif avoit trouvé un asile chez le roi des Huns, Attila. Ainsi s'étoit groupé, d'une manière fabuleuse, le souvenir de ces quatre noms historiques restés

[*] Grimm *die Beyden ältesten deutschen gedichte.* Cassel, 1812, pag. 35.

[**] L'opinion si souvent énoncée que Charlemagne ne savoit pas écrire pourroit bien être une fable. Voici ce que dit de lui un contemporain : *Item barbara et antiquissima carmina quibus veterum actus et bella cantabantur scripsit memoriæque mandavit.* (Eginh., *Vita Car. Magni*, cap. XXIX.)

Ce dernier trait est d'une tendresse sublime. Ce caractère de la poésie héroïque primitive est le même parmi tous les peuples barbares ;

confusément dans la mémoire des peuples. L'usurpateur étant mort, Théodoric revenoit dans ses états avec le vieil Hildebrand, quand celui-ci rencontre son fils Hadebrand, qui étoit resté à *Bern* (Vérone). Ils ne se connoissoient ni l'un ni l'autre. Ici commence le fragment dont le grand style rappelle l'école homérique. »

« J'ai ouï dire que se provoquèrent dans une rencon-
« tre Hildebrand et Hadebrand, le père et le fils. Alors
« les héros arrangèrent leur sarrau [*] de guerre, se cou-
« vrirent de leur vêtement de bataille, et par dessus cei-
« gnirent leurs glaives. Comme ils lançoient les chevaux
« pour le combat, Hildebrand, fils d'Herebrand, parla :
« c'étoit un homme noble, d'un esprit prudent. Il de-
« manda brièvement qui étoit son père parmi la race des
« hommes, ou : De quelle famille es-tu ? Si tu ne me
« l'apprends je te donnerai un vêtement de guerre à
« triple fil ; car je connois, ô guerrier ! toute la race des
« hommes.

« Hadebrand, fils d'Hildebrand, répondit : Des hom-
« mes vieux et sages dans mon pays, qui maintenant
« sont morts, m'ont dit que mon père s'appeloit Hilde-
« brand : je m'appelle Hadebrand. Un jour il alla
« vers l'est ; il fuyoit la haine d'Odoacre (Othachr) ; il
« étoit avec Théodoric (Theothrich) et un grand nom-
« bre de ses héros. Il laissa seuls, dans son pays, sa jeune
« épouse, son fils encore petit, ses armes qui n'avoient
« plus de maître ; il s'en alla du côté de l'est. Depuis,
« quand commencèrent les malheurs de mon cousin
« Théodoric, quand il fut un homme sans amis, mon
« père ne voulut plus rester avec Odoacre. Mon père
« étoit connu des guerriers vaillants : ce héros intrépide
« combattoit toujours à la tête de l'armée ; il aimoit
« trop à combattre ; je ne pense pas qu'il soit encore en
« vie. — Seigneur des hommes, dit Hildebrand, jamais
« du haut du ciel tu ne permettras un combat sembla-
« ble entre hommes du même sang. Alors il ôta un pré-
« cieux bracelet d'or, qui entouroit son bras, et que le
« roi des Huns lui avoit donné. Prends-le, dit à son fils,
« je te le donne en présent. Hadebrand, fils d'Hildebrand,
« répondit : C'est la lance à la main, pointe contre
« pointe, qu'on doit recevoir de semblables présents.
« Vieux Hun ! tu es un mauvais compagnon ; espion
« rusé, tu veux me tromper par tes paroles, et moi je
« veux te jeter bas avec ma lance. Si vieux, peux-tu for-
« ger de tels mensonges ? Des hommes de mer, qui
« avoient navigué sur la mer des Vendes, m'ont parlé
« d'un combat dans lequel a été tué Hildebrand, fils
« d'Herebrand. Hildebrand, fils d'Herebrand, dit : Je
« vois bien à ton armure que tu ne sers aucun chef il-
« lustre, et que dans ce royaume tu n'as rien fait de
« vaillant. Hélas ! hélas ! Dieu puissant ! quelle destinée
« est la mienne ! J'ai erré hors de mon pays soixante hi-

[*] Ce mot est d'origine germanique : il est ici employé dans le texte (*saro*). Je l'ai conservé, ne sachant comment le remplacer.

il se retrouve chez l'Iroquois qui précéda la société dans les forêts du Canada, comme chez le Grec redevenu sauvage, qui survit à la société sur ces montagnes du Pinde où il n'est resté que la muse armée. « Je ne crains pas « la mort, disoit l'Iroquois ; je me ris des tour-« ments. Que ne puis-je dévorer le cœur de « mes ennemis ! »

« vers et soixante étés. On me plaçoit toujours à la tête « des combattants ; dans aucun fort on ne m'a mis les « chaînes aux pieds, et maintenant il faut que mon pro-« pre enfant me pourfende avec son glaive, m'étende « mort avec sa hache, ou que je sois son meurtrier. Il « peut t'arriver facilement, si ton bras te sert bien, que « tu ravisses à un homme de cœur son armure, que tu « pilles sur cadavre ; fais-le, si tu crois en avoir le droit, « et que celui-là soit le plus infâme des hommes de « l'Est qui te détourneroit de ce combat, dont tu as un « si grand désir. Bons compagnons qui nous regardez, « jugez dans votre courage qui de nous deux aujour-« d'hui peut se vanter de mieux lancer un trait, qui « saura se rendre maître de deux armures. Alors ils « firent voler leurs javelots à pointes tranchantes, qui « s'arrêtèrent dans leurs boucliers ; puis ils s'élancèrent « l'un sur l'autre. Les haches de pierre résonnoient..... « Ils frappoient pesamment sur leurs blancs boucliers ; « leurs armures étoient ébranlées, mais leurs corps de-« meuroient immobiles..... »

« Ici s'arrête le fragment. Je cite les premiers vers du texte pour donner idée de l'allemand d'alors ; on verra qu'il étoit beaucoup plus sonore que l'allemand d'aujourd'hui :

Ik giboria that seggen, that sih urbettun ouon muotin
Hiltibrant enti Hathybrant untar heriuntuem.
Sunu fatar ungo, iro saro rihtun,
Garutun se iro guthamun, gurtun sih iro suert ana,
Helidos, uber ringa do si to dero hiltu ritum.

« Comme exemple de l'ancienne poésie scandinave, je citerai le trait suivant, tiré de l'Edda. Ici nous trouverons autant de grandeur, mais moins de calme ; plus de violence et de férocité, mais une férocité sublime. » (Ici M. Ampère donne le chant de Gunar tel que je l'ai transporté dans mon récit, page 17.)

« Voici, continue le savant traducteur, un échantillon de la langue scandinave ancienne, dans laquelle existe ce morceau remarquable, comme en général tous ceux de l'Edda, par un caractère sombre et grand :

Hiarta skal mér Hœgna
I hendi liggja
Blothugt ór briosti
Scorit bald-ritha
Saxi slithr-beito
Syni thiothans.
Skaro their hiarta
Hjalla ór briosti
Blothuct that a bjoth langtho
Ok baro for gunar.

« Mange, oiseau (c'est une tête qui parle « à un aigle dans l'énergique traduction de « M. Fauriel) ; mange, oiseau, mange ma jeu-« nesse ; repais-toi de ma bravoure ; ton aile « en deviendra grande d'une aune, et ta serre « d'un empan[1]. »

Les lois mêmes étoient du domaine de la poésie. Un homme d'un rare talent dans l'histoire, M. Thierry, a fort ingénieusement remarqué que les *premières lignes du prologue* de la loi salique semblent être le texte littéral d'une ancienne chanson ; il les rend ainsi d'un style ferme et noble :

« La nation des Franks, illustre, ayant Dieu « pour fondateur, forte sous les armes, ferme « dans les traités de paix, profonde en conseil, « noble et saine de corps, d'une blancheur et « d'une beauté singulière, hardie, agile et rude « au combat, depuis peu convertie à la foi ca-« tholique, libre d'hérésie ; lorsqu'elle étoit en-« core sous une croyance barbare, avec l'in-« spiration de Dieu, recherchant la clef de la « science, selon la nature de ses qualités, dé-« sirant la justice, gardant sa pitié ; la *loi sa-« lique* fut dictée par les chefs de cette nation, « qui en ce temps commandoient chez elle...

« Vive le Christ qui aime les Francks ! Qu'il « regarde leur royaume.... Cette nation est « celle qui, petite en nombre, mais brave et « forte, secoua de sa tête le dur joug des Ro-« mains. »

La métaphore abondoit dans les chants des scaldes : les fleuves sont la *sueur de la terre et le sang des vallées* ; les flèches sont les *filles de l'infortune* ; la hache est la *main de l'homicide* ; l'herbe est la *chevelure de la terre* ; la terre est le *vaisseau qui flotte sur les âges* ; la mer est le *champ des pirates*, un vaisseau est leur *patin* ou le *coursier des flots*.

Les Scandinaves avoient de plus quelques poésies mythologiques. « Les déesses qui prési-« dent aux combats, les belles Walkyries, « étoient à cheval, couvertes de leur casque et « de leur bouclier. Allons, disent-elles, pous-« sons nos chevaux au travers de ces mondes « tapissés de verdure qui sont la demeure des « dieux. »

[1] Chants populaires de la Grèce.

Les premiers préceptes moraux étoient aussi confiés en vers à la mémoire : « L'hôte qui « vient chez vous a les genoux froids, don « nez-lui du feu. Il n'y a rien de plus inutile que de « trop boire de bière : l'oiseau de l'oubli chante « devant ceux qui s'enivrent, et leur dérobe « leur âme. Le gourmand mange sa mort. « Quand un homme allume du feu, la mort « entre chez lui avant que ce feu soit éteint. « Louez la beauté du jour quand il sera fini. « Ne vous fiez ni à la glace d'une nuit, ni au « serpent qui dort, ni au tronçon de l'épée, ni « au champ nouvellement semé. »

Enfin les Barbares connoissoient aussi les chants d'amour : « Je me battis dans ma jeu « nesse avec les peuples de Devonstheim, je « tuai leur jeune roi ; cependant une fille de « Russie me méprise. »

« Je sais faire huit exercices : je me tiens « ferme à cheval, je nage, je glisse sur des pa « tins, je lance le javelot, je manie la rame ; « cependant une fille de Russie me méprise[1]. »

Plusieurs siècles après la conquête de l'empire romain, l'usage des hymnes guerriers continua : les défaites amenoient des complaintes latines dont l'air est quelquefois noté dans les vieux manuscrits : Angelbert gémit sur la bataille de Fontenay et sur la mort de Hugues, bâtard de Charlemagne. La fureur de la poésie étoit telle, qu'on trouve des vers de toutes mesures jusque dans les diplômes du huitième, du neuvième et dixième siècle[2]. Un chant teutonique conserve le souvenir d'une victoire remportée sur les Normands, l'an 884, par Louis, fils de Louis-le-Bègue. « J'ai connu un « roi appelé le seigneur Louis, qui servoit « Dieu de bon cœur, parce que Dieu le récom « pensoit... Il saisit la lance et le bouclier, « monta promptement à cheval, et vola pour « tirer vengeance de ses ennemis[3]. » Personne n'ignore que Charlemagne avoit fait recueillir les anciennes chansons des Germains.

La chronique saxonne donne en vers le récit d'une victoire remportée par les Anglois sur les Danois, et l'Histoire de Norvége, l'apothéose d'un pirate du Danemark, tué avec cinq autres chefs de corsaires sur les côtes d'Albion[1].

Les nautoniers normands célébroient eux-mêmes leurs courses ; un d'entre eux disoit : « Je suis né dans le haut pays de Norvége, « chez des peuples habiles à manier l'arc ; mais « j'ai préféré hisser ma voile, l'effroi des la « boureurs du rivage. J'ai aussi lancé ma « barque parmi les écueils, *loin du séjour des* « *hommes.* » Et ce scalde des mers avoit raison, puisque les *Danes* ont découvert le Vineland ou l'Amérique.

Ces rhythmes militaires se viennent terminer à la chanson de Roland, qui fut comme le dernier chant de l'Europe barbare. « A la ba « taille d'Hastings, » dit admirablement le grand peintre d'histoire que je viens de citer, « un Normand appelé Taillefer poussa son che « val en avant du front de la bataille, et en « tonna le chant des exploits, fameux dans « toute la Gaule, de Charlemagne et de Ro « land. En chantant il jouoit de son épée, la « lançoit en l'air avec force, et la recevoit dans « sa main droite ; les Normands répétoient ces « refrains ou crioient : Dieu aide ! Dieu aide[2] ! »

Wace nous a conservé le même fait dans une autre langue :

> Taillefer, qui moult bien chantoit,
> Sur un cheval qui tost alloit,
> Devant eus alloit chantant
> De Karlemagne et de Rollant,
> Et d'Olivier et des vassaux
> Qui moururent à Rainschevaux.

Cette ballade héroïque, qui se devroit retrouver dans le roman de Rollant et d'Olivier, de la bibliothèque des rois Charles V, VI et VII[3], fut encore chantée à la bataille de Poitiers.

Les poésies nationales des Barbares étoient ac-

---

[1] *Les deux Edda*, *les Sagha*; WORM., *Litt. runic.*; MALLET, *Hist. de Danem.*
[2] Voyez entre autres une charte de l'an 853.
[3] *Rerum Gall. et Franc. script.*, tom. IX, pag. 99.

[1] Voyez ces chants dans l'*Histoire de la conquête de l'Angleterre par les Normands*, de M. A. Thierry, tom. I, pag. 131 de la 3ᵉ édit.
[2] THIERRY, *Histoire de la conquête de l'Angleterre par les Normands*, tom. I, pag. 245.
[3] DU CANGE, voce *Cantilena Rollandi* ; *Mém. de l'Ac. des Inscript.*, tom. I, part. 1, pag. 347 : *Hist. litt. de la France*., tom. VII, Avertiss., pag. 75.

compagnées du son du fifre, du tambour et de la musette. Les Scythes, dans la joie des festins, faisoient résonner la corde de leur arc [1]. La cithare ou la guitare étoit en usage dans les Gaules [2], et la harpe dans l'île des Bretons : il y avoit trois choses qu'on ne pouvoit saisir pour dettes chez un homme libre du pays de Galle : son cheval, son épée et sa harpe.

Dans quelles langues tous ces poëmes étoient-ils écrits ou chantés ? Les principales étoient la langue celtique, la langue slave, les langues teutonique et scandinave : il est difficile de savoir à quelle racine appartenoit l'idiome des Huns. L'oreille dédaigneuse des Grecs et des Romains n'entendoit dans les entretiens des Franks et des Tartares que des croassements de corbeaux [3] ou des sons non articulés, sans aucun rapport avec la voix humaine [4]; mais quand les Barbares triomphèrent, force fut de comprendre les ordres que le maître donnoit à l'esclave. Sidoine Apollinaire félicite Syagrius de s'exprimer avec pureté dans la langue des Germains : Je ris, dit le littérateur puéril, en « voyant un *Barbare* craindre devant vous de « faire un *barbarisme* dans sa langue [5]. » Le quatrième canon du concile de Tours ordonne que chaque évêque traduira ses sermons latins en langue romane et tudesque [6]. Louis-le-Débonnaire fit mettre la *Bible* en vers teutons. Nous savons par Loup de Ferrières que sous Charles-le-Chauve on envoyoit les moines de Ferrières Pruym pour se familiariser avec la langue germanique [7]. On fit connoître à la même époque les caractères dont les Normands se servoient pour garder la mémoire de leurs chansons : ces caractères s'appeloient *runstabath*; ce sont les lettres runiques : on y joignit celles qu'Éthicus avoit inventées auparavant, et dont saint Jérôme avoit donné les signes.

La parole usitée dans les forêts est dès sa naissance une parole complète pour la poésie : sous le rapport des passions et des images, elle dégénère en se perfectionnant. L'homme perd en imagination ce qu'il gagne en intelligence ; enchaîné dans la sociabilité, l'esprit s'effraie d'une expression indépendante, et dépouille sa libre et fière allure. Il n'y a rien d'aussi vivant que le grec d'Homère, depuis longtemps passé avec Ulysse et Achille ; ce ne sont pas les langues primitives qui sont mortes, c'est le génie qui n'est plus là pour les parler et les entendre.

Quelques monuments des langues de nos ancêtres nous restent ; on est obligé d'avouer qu'elles étoient plus douces et plus harmonieuses dans leur âge héroïque qu'elles ne le sont aujourd'hui dans leur âge humain. L'évêque des Goths, Ulphilas, traduisit dans son idiome paternel, au quatrième siècle, les Évangiles : conservés jusqu'à nos jours, ils ont été imprimés avec des glossaires et de savantes recherches [1]. Si vous comparez le teutonique d'Ulphilas avec le teutonique du serment de Charles et de Louis, tel que Nithard [2] nous l'a transmis, et avec le teutonique du chant de victoire de Louis, fils de Louis-le-Bègue [3], vous reconnoîtrez qu'à mesure que l'on descend vers l'allemand moderne, la prononciation devient plus rude et plus difficile. Les mots de l'idiome d'Ulphilas se terminent très-souvent par des voyelles, et surtout par la voyelle *a* ; *visandona* (existence), *Gotha* (Dieu), *waldufuja* (puissance), *godamma* (bon), etc. Ce gothique a beaucoup de rapport avec le scandinave du fragment manuscrit de Fulde et du chant de Gunar, tiré de l'*Edda* [4]. On ne voit pas même, dans le *fac-simile* du texte d'Ulphilas, les lettres qu'il fut, dit-on, obligé d'inventer pour rendre la prononciation

---

[1] Diod. Sic.
[2] Plut. *in Demetr.*
[3] Julian. *Op.*
[4] Nec alia voce notum, nisi quæ humani sermonis imaginem assignabat. (Jornand., cap. XXIV, *de Reb. Get.*)
[5] Æstimari minime potest, quanto mihi cæterisque sit risui, quoties audio quod te præsenti formidet facere inguæ suæ Barbarus barbarismum. (*Rer. Gall. et Franc. script.*, tom. I, pag. 794.)
[6] Concil. Gall.
[7] Lup. Ferr., ep. LXX et XCI.

[1] Ulphilas. *Gothische Bibel ubersgizung.* (Édit. de Jean Christ. Zahn., Weissenfels, 1805.)
[2] Nithardi *Hist.*, lib. III, pag. 2-7, *in Rer. Gall. script.*, tom. VII.
[3] *Rer. Gall script.*, tom. IX, pag. 89.
[4] Voyez plus haut, page 503 et 504, note 1, ce chant et ce fragment.

ÉCLAIRCISSEMENTS.

SUR ATTILA.

E nom d'Etzel n'est évidemment que la forme teutonique du nom caucasien Attila. Les imprimés et les manuscrits ne varient point sur ce nom, trop connu des Romains pour qu'ils pussent l'altérer, et dont la composition et l'euphonie n'avoient rien d'étranger à leur oreille. Vous les voyez au contraire varier sans cesse dans les noms que leur ouïe saisissoit mal, et pour lesquels leur alphabet n'offroit pas de lettres composées. Ainsi ils écrivoient Gaiseric, Geiseric, Gizeric, Genzeric, etc. Le nom même de *Hun*'s'altère; ou le trouve souvent écrit *Chun* : les partisans de l'origine chinoise des Huns pourront en tirer une de ces inductions empruntées des langues, dont on fait aujourd'hui trop de cas. La science étymologique peut sans doute jeter quelque jour sur l'histoire, mais elle a aussi ses systèmes, souvent plus propres à brouiller les origines qu'à les démêler. Le philologue Brigant démontroit doctement que tous les idiomes de la terre dérivoient du bas-breton; il lui paroissoit très-probable qu'Adam et Ève parloient dans le paradis terrestre la langue qu'on parle à Quimper-Corentin; seulement il ne savoit pas au juste si c'étoit avant ou après leur péché.

Pour revenir au nom d'Attila, la syllabe *la* n'est pas dans ce nom une adjonction latine : je ferai voir que les anciennes langues barbares avoient une foule de mots terminés par la voyelle *a*. Etzel est si peu le nom primitif d'Attila, que même, dans un chant de l'*Edda*, il est écrit *Attil*, en omettant la voyelle finale; je citerai ce chant quand je parlerai de la poésie des peuples septentrionaux.

Quoi qu'il en soit, on lira avec un extrême plaisir les notes suivantes sur le poëme des *Nibelüngen*, je les dois à la politesse et à l'obligeance de S. E. M. Bunsen, digne et savant ami de M. Niebuhr, ministre de S. M. le roi de Prusse à Rome, et dont une triste prévoyance de l'avenir m'a fait cesser trop tôt d'être le collègue.

NOTES

COMMUNIQUÉES PAR S. EXC. M. BUNSEN.

E poëme épique germanique connu sous le titre *Der Nibelünge Not*, c'est-à-dire « la fin tragique (ou les malheurs) des Nibelongs, » doit sa forme actuelle à un des premiers poëtes de la fin du douzième ou du commencement du treizième siècle : il n'est pas sûr que

ce poëte fût *Wolfram von Eschenbach*, selon l'opinion générale, ou *Heinrich von Ofterdingen*, comme le croit M. Auguste Guillaume de Schlegel.

Le nom de *Nibelûngen* est absolument ignoré. Le pays des *Nibelûngen* (ce qui paroît signifier pays des brouillards) pourroit bien être la Norvége; mais, dans le poëme, les héros de la Bourgogne sont eux-mêmes appelés les *Nibelûngen*.

Les personnages historiques qui se trouvent dans le poëme sont les suivants :

I. Cinquième et sixième siècles.

1. *Etzel*: c'étoit le nom original d'Attila (+ 455), comme l'a déjà remarqué Jean Müler dans son *Histoire de la Suisse* (I, 7, note 50). Ce nom signifie peut-être le prince de la Wolga, car ce fleuve est appelé *Etzel* par les Tartares. Entre les vassaux d'Etzel paroit le grand roi des Ostrogoths, Théodoric (+ 527), appelé dans le poëme *Dictrich* de Bern (Vérone). D'après l'histoire, il ne naquit que quatre ans avant la mort d'Attila. Le poëme connoît encore *Irnfrid*, probablement *Hermenfrid*, roi de Thuringe, qui avoit pour épouse la nièce de Théodoric ; et le roi des Ostrogoths, Vitiges, appelé *Wittich* (+ 542).

2. A côté de ces personnages des cinquième et sixième siècles se trouve le margrave Rudiger de Pechlarn, personnage historique vivant vers la moitié du dixième siècle. Il étoit margrave du pays au-dessous de l'Ens (en Autriche.)

Le poëme nomme *Blodel*, frère du roi des Huns, que l'histoire appelle *Bleda*.

3. *Gunther*, roi des Bourguignons, résidant à Worms, frère de Chriemhild, épouse de Sigfrid : Prosper Aquitanus a écrit ce qui suit en 451 :

« Gundicarium Burgundionum regem, intra
« Gallias habitantem, Actius bello obtinuit, pacem-
« que ei supplicanti dedit ; qua non diu potitus est,
« siquidem illum Huni *cum populo suo ac stirpe*
« *deleverunt*. »

Le nom du frère *Giselher* se trouve dans un document du roi Gundobald, de l'an 517, parmi les rois de Bourgogne. Parmi les chevaliers de sa cour, *Volcher* rappelle le nom de *Talco*, qui assassina (en 577) Chilperich par ordre de Bunhild, sa belle-sœur.

4. *Sigfrid*, l'Achille du poëme, invulnérable comme le héros grec, à l'exception d'un seul endroit : Sigfrid, vainqueur des Nibelongs, d'un dragon et de la reine d'Ijenland, l'amazone Brunhild, qui devint épouse du roi Gunther et reine de Bourgogne. Son père, nommé *Sigmunt*, est le roi des Pays-Bas (*Niderlant*) et réside à Santen, sur le Bas-Rhin.

Il est remarquable que le monument sépulcral du roi Siegbert (qui n'est qu'une autre manière d'écrire le même nom), élevé à Soissons, dans l'église de Saint-Médard, que ce prince avoit bâtie, montre le dragon sous les pieds du roi. La vie de ce malheureux prince offre encore une ressemblance avec celle du héros du poëme, en ce qu'il vainquit, comme Sigfrid, les Saxons et les Danois, et qu'il fut assassiné (en 575) à l'instigation de sa belle-sœur Frédégonde, comme Sigfrid, par les suggestions de Brunhild. Siegbert étoit roi d'Austrasie, dans laquelle se trouve *Santen*. *Guntran*, qui paroit être le même nom que Gunther ou *Gundar*, étoit son frère. Enfin la femme de Siegbert s'appelle *Brunehild*, fille du roi des Visigoths, Atanahild d'Espagne, qui fut assassinée en 613. La version de l'histoire du poëme, dans l'*Edda*, nomme Sigurd (Sigfrid) le premier époux de Brunehild.

Voilà tous les personnages du poëme : quelques-uns rappellent des noms, d'autres la vie et les faits d'hommes illustres chez les Bourguignons, les Franks et les Goths des cinquième et sixième siècles, à l'exception du margrave Rudiger, qui appartient à un cercle postérieur du neuvième et du dixième siècle : je citerai maintenant les principaux noms historiques de ces deux derniers siècles.

II. Neuvième et dixième siècles.

Le poëme nomme les *Russes* qui paroissent sur la scène en 862, les Hongrois et les Huns qui s'y montrent, d'après l'opinion ancienne, en 900. Entre les personnages qui accueillent les Bourguignons lorsqu'ils se rendent par la Bavière et l'Autriche chez Attila, en Hongrie, se trouve l'évêque *Piligrin* ou *Pilgerin* de Passau (en Bavière). C'est le grand apôtre des Hongrois. Il fut évêque d'une partie de Hongrie et d'Autriche, depuis 971 jusqu'à 991. Les Bourguignons le trouvent à Passau ; il y reçoit *Chriemhild* comme sa nièce.

III. Onzième et douzième siècles.

Au onzième siècle seulement peut appartenir la mention des Polonais, et au *douzième* celle de la ville de *Vienne*, bâtie en 1162.

Le grand génie de ce douzième siècle, qui sut réunir ces éléments épiques, tels qu'ils s'étoient formés dans le cours de l'histoire des peuples germaniques, en attachant les héros de plusieurs époques au

ÉCLAIRCISSEMENTS.

principal événement de l'histoire des Bourguignons, la défaite du roi Gunther par les Huns ; ce grand génie, dis-je, a donné à son récit la couleur du moyen âge féodal et chevaleresque. Le poëme n'est donc historique, à proprement parler, que pour ce temps même, et ne présente des époques antérieures que l'image transmise par la tradition populaire. Ainsi la cour de Gunther est celle d'un prince du douzième siècle : l'armure des héros, et toute la vie sociale, est celle du même temps ; les Huns du cinquième siècle vivent comme les Hongrois du onzième.

Les notices détaillées sur l'origine et l'histoire de ce poëme épique (auquel on peut, avec beaucoup de probabilité, rapporter le passage célèbre de la vie de Charlemagne, « Item barbara et antiquissima carmina, quibus veterum regum actæ et bella canebantur, scripsit memoriæque mandavit ») ont été recueillies par les savants frères Grimm, dans leur journal, le *Deutsche Wälder*. La meilleure dissertation sur son importance nationale et sa beauté épique est de M. Aug.-G. Schlegel, dans le musée germanique (*Deutsches Museum*), publié par M. Frédéric Schlegel.

La première édition, faite en 1757 par Bodmer, fut dédiée à Frédéric-le-Grand, au génie duquel n'échappa point la grandeur de la conception de ce poëme, qui ne fut cependant apprécié par la nation qu'au commencement de notre siècle. Publié successivement par Hagen et Zeune, il a été dernièrement imprimé, d'après le manuscrit le plus ancien, avec un talent de critique éminent, par le célèbre philologue de Berlin, M. Lachmann.

Une traduction françoise de ce poëme, que les Goëthe et les Schlegel ont trouvé digne du nom de l'Iliade germanique, une traduction faite dans le style simple et naïf des chroniques, et précédée d'une notice historique et d'une analyse qui feroit ressortir la sublimité de la conception et les beautés de détail de cette épopée, obtiendroit un succès général. Elle demanderoit cependant un homme très-versé dans la littérature allemande ancienne, pour bien comprendre la langue dans laquelle le poëme original est écrit.

EXTRAIT

DU POËME DES NIBELUNGEN,

Écrit en 4316 strophes de quatre vers rimés (espèce d'alexandrins), divisé en quarante *aventures*.

untherr, fils de Danckart et d'Ute, roi de Bourgogne, résidant à Worms, avoit deux frères, *Gernot* et *Giselher*, et une sœur, objet de leurs soins, nommée *Chriemhild* ; leur cour étoit la première de ce temps, et les plus célèbres chevaliers y servoient : la jeune princesse étoit également célèbre dans tout le monde par sa beauté et la noblesse de son cœur. Elle eut un songe : elle rêva que, tenant dans ses mains un faucon, deux aigles se précipitoient sur lui et le tuoient. Sa mère lui expliqua ce songe : le faucon signifioit un noble chevalier qu'elle auroit pour époux, et qu'elle perdroit par une mort violente.

En ce temps-là, il y avoit à Santen un héros qui, par sa beauté et sa bravoure, surpassoit tous les chevaliers : *Sigfrid*, fils de *Sigmunt* et de *Sigelint*. Après avoir tué un dragon, dont le sang le rendoit invulnérable, à l'exception d'un endroit entre les deux épaules, après avoir vaincu les frères Nibelong et Schilbong, propriétaires d'un trésor, il alla à la cour de Worms pour demander la main de Chriemhild. *Hagen*, le premier des chevaliers du roi, s'y opposoit ; mais Sigfrid ayant rendu deux grands services au roi, le roi lui promit de lui donner sa fille en mariage.

Le premier service fut de combattre les puissants ennemis de Gunther, les Saxons et les Danois ; le second fut de l'aider à vaincre la célèbre amazone *Brunehild*, reine d'Isenlant ; elle obligeoit tous ceux qui venoient demander sa main de combattre trois fois avec elle, ils perdoient la tête s'ils étoient vaincus ; ils obtenoient la reine pour épouse, s'ils réussissoient à la vaincre. Jusqu'ici tous avoient péri : Gunther auroit eu le même sort, si Sigfrid ne l'avoit assisté invisiblement : un habit magique, qu'il avoit enlevé à un nain, *Albrich*, gardien du trésor des Nibelungs, lui procura cet avantage.

Brunehild, vaincue, fut emmenée à Worms, où l'on célébra les noces de Gunther et de Sigfrid. La

fière Brunehild ne permit pas à Gunther d'user de ses droits : lorsqu'il s'approcha d'elle, elle le lia, et lui fit promettre de n'attenter jamais à sa virginité. Mais Sigfrid aida encore son beau-frère à vaincre la belle amazone ; ils attachèrent une nuit Brunehild sans qu'elle s'en aperçût ; elle cria merci, et devint dès lors l'épouse obéissante de Gunther.

Dans la lutte avec Brunehild, Sigfrid lui enleva sa ceinture et l'emporta : cette ceinture fut la première cause de son malheur et de la chute de toute la maison de Bourgogne.

Chriemhild, ayant découvert cette ceinture, tourmenta son mari par sa jalousie, jusqu'à ce que celui-ci, dans un moment de foiblesse, et contre la parole donnée à Gunther, trahit le mystère : il donna la ceinture de Brunehild à sa femme, qui, de son côté, lui promit de la garder secrètement.

Quelque temps après, les deux princesses se rendirent à l'église ; Brunehild ne voulut pas permettre à l'épouse de Sigfrid, qui avoit été présentée comme vassale de Gunther, d'entrer à côté d'elle. Chriemhild, offensée, lui montra la ceinture, et l'appela concubine de son mari. Brunehild jura de tirer vengeance de cet affront ; elle accusa Sigfrid de s'être vanté d'avoir joui des faveurs de la reine : celui-ci prouva son innocence par un serment public. Le roi étoit satisfait, mais la reine appela Hagen, qui lui promit de la venger par la mort de Sigfrid. Il communiqua son dessein aux princes et au roi, qui céda aux insinuations du traître et aux larmes de sa femme. Hagen feignit la plus grande amitié pour Sigfrid, et, voyant Chriemhild, qui n'oublioit point ce rêve, inquiète sur le sort de son mari, il lui promit de ne s'éloigner jamais de lui, en ajoutant toutefois que cela paroissoit assez inutile, puisque le héros étoit invulnérable. Alors Chriemhild révéla à Hagen le point vulnérable, et marqua, par une croix rouge, l'endroit entre les épaules où le sang du dragon n'avoit pas pénétré.

Le succès de la trahison étant assuré, on arrangea une chasse sur une île du Rhin ; et lorsque le héros alla se désaltérer à une fontaine dans la forêt, Hagen le perça : il fit placer le corps inanimé de Sigfrid devant la porte de Chriemhild, qui, le lendemain, fut épouvantée de ce spectacle lorsqu'elle sortit de ses appartemens.

La première partie du poëme se termine ici. Chriemhild vécut dans le deuil le plus profond pendant treize années, pleurant la perte de son mari et le trésor des Nibelongs, qu'on lui avoit enlevé.

Etzel, roi des Huns, ayant entendu parler de la gloire de Sigfrid et de la beauté de sa veuve, résolut, après la mort de sa première femme, Helche, de demander la main de Chriemhild. L'idée de se remarier, et surtout à un païen, effraya Chriemhild : elle ne céda que lorsqu'un des vassaux allemands d'Etzel, le margrave Rudiger, lui promit de ne l'abandonner jamais, de l'aider à venger l'assassinat de son premier mari et l'enlèvement du trésor des Nibelongs.

Chriemhild épousa le roi des Huns, qui la reçut à Vienne.

Sa douleur continua, et sa soif de vengeance contre Hagen s'accrut. Elle feignit de mourir du désir de revoir ses parens. Etzel, pour la consoler, lui promit d'inviter toute la cour des Bourguignons à venir la voir. Gunther fut ainsi invité : Hagen lui conseilla de ne pas y aller, mais le roi partit avec mille soixante chevaliers et neuf mille de ses gens.

Arrivés au Danube, Hagen se fit prédire l'issue du voyage par les nymphes du fleuve, auxquelles il enleva leurs habits : elles lui déclarèrent que tous devoient périr dans cette expédition, hors le chapelain du roi. Hagen, pour faire mentir la destinée, précipita le prêtre dans le fleuve : mais celui-ci fut sauvé miraculeusement. Alors Hagen brisa le seul vaisseau sur lequel ils avoient traversé le Danube, et annonça à ses compagnons qu'ils ne retourneroient plus chez eux.

Etzel reçut ses hôtes avec cordialité ; mais la reine ne cacha pas sa fureur contre Hagen. Elle tenta de le faire tuer lui seul ; n'ayant pu y réussir, elle résolut de les faire périr tous. Tandis que les héros de Bourgogne étoient assis à un banquet, le maréchal du roi arriva, tout ensanglanté, avec la nouvelle que ses neuf mille soldats avoient été massacrés par Blodel, frère d'Etzel, qu'il venoit de tuer. Hagen se lève, abat la tête du jeune prince, fils d'Etzel et de Chriemhild, assis à table, et se retire avec les autres Bourguignons au château qui leur avoit été assigné pour demeure. Les Huns envoyés par la reine, ne pouvant y pénétrer, mirent le feu aux quatre coins de la forteresse : les chevaliers de Bourgogne étouffèrent l'incendie sous les cadavres des ennemis, et ranimèrent leurs forces épuisées en buvant du sang, d'après le conseil de Hagen, ce qui leur donna une rage et un courage invincibles.

Le lendemain, Rudiger et Théodoric cherchèrent en vain à obtenir le libre retour des Bourguignons : Chriemhild voulut la tête de Hagen, mais le roi refusa fortement de le livrer à sa vengeance. Rudiger, dont la fille devoit épouser le prince Giselher de Bourgogne, fut forcé, comme vassal d'Etzel, de renouveler l'attaque ; après une scène attendrissante entre ce prince et Hagen, auquel il donna son

bouclier (touché de l'héroïsme de son ennemi, qui lui demanda ce dernier signe de son estime), il attaqua le héros de Bourgogne : le prince Gernot tomba entre ses mains : enfin, lui et Giselher périrent au même moment en combattant corps à corps l'un contre l'autre.

Les gens de Rudiger furent tous tués. Lorsque les vassaux de Dietrich, roi des Amelongs (Ostrogoths), apprirent cette nouvelle, ils demandèrent la permission d'enlever le corps du margrave. Le roi Gunther étoit disposé à le leur donner, mais Wolkner et Hagen exigèrent d'eux de venir le reconnoître parmi les autres morts. Ainsi commença une querelle qui eut pour suite un nouveau combat, où tous les hommes de Dietrich, envoyés vers les Bourguignons, restèrent sur la place.

Le grand prince des Amelongs s'avança alors vers Hildebrandt, le plus brave de ses compagnons. Il pria le roi de se livrer à lui avec le peu de héros qui vivoient encore : sous cette condition il promit de sauver leur vie.

Les fiers Bourguignons refusèrent de se rendre ; le héros des Ostrogoths vainquit le roi et Hagen, l'un après l'autre, et les emmena liés devant Chriemhild, en l'exhortant à respecter leur vie. Chriemhild parla d'abord à Hagen seul, en lui promettant la vie sauve s'il vouloit lui dire ce qu'étoit devenu le trésor des Nibelongs. Hagen refusa de trahir le secret tant que son roi vivroit. Chriemhild lui fit montrer aussitôt la tête de Gunther. En la voyant, Hagen lui dit qu'il avoit prévu sa cruauté, et qu'il avoit voulu la pousser jusqu'au meurtre de son propre frère : il lui déclara qu'elle ne sauroit jamais le secret, que maintenant lui seul possédoit, après la mort de tous les princes de Bourgogne.

A ces mots, Chriemhild saisit un glaive, et fit voler la tête du héros. Hildebrandt, compagnon de Dietrich, à qui la garde de Hagen étoit confiée, saisi d'horreur, assomma la reine. Ainsi périrent les Bourguignons, et Etzel resta seul avec Dietrich pour pleurer les morts.

J'ajouterai à ces notes, communiquées par S. Exc. M. Bunsen, que les Allemands ont une tragédie d'Attila, de Warner. Il existe une Vie d'Attila, écrite dans le douzième siècle par Juvencus Cæcilius Calanus Delmaticus, et une autre Vie écrite dans le seizième par Olaüs, archevêque d'Upsal. Il a paru dernièrement en Allemagne une Histoire des Huns.

TABLEAU
DES
LANGUES TEUTONIQUE, CELTIQUE, ETC.

Teutonique Ulphilas[1].

MARK. CAP. I.
MARC. CAP. I.

AIWAGGELIO THAIRH MARKU ANASTODEITH.
EVANGELIUM PER MARCUM INCIPIT.

1. Anastodeins aiwaggeljons Jesuis Christaus
   Initium evangelii Jesu Christi
   sunaus Goths.
   filii Dei.

2. Swe gamelith ist in Esaïn praufetau. Sai
   Sicut scriptum est in Esaia propheta. Ecce
   ik insandja aggilu meinana faura thus. Saei
   ego mitto angelum meum præ tibi. Qui
   gamanweith wig theinana faura thus.
   parat viam tuam præ tibi.

Teutonique du serment des peuples de Charles et Louis.
An 842.

Oba Karl theu eid then er sine no bruodher Ludhuwige gesuor gele istic, ind Ludhuwig min herro then er imo gesuor for orih chi : obi hina nes iou ven denuc mag, noh ih, noh thero, noh hein thenihes, irrwenden mag vuidhar Karle imo cefolus tine vuirdhit.

Si Charles garde le serment que son frère Louis a juré, et si monseigneur Louis, de son côté, ne le tient, si je ne puis l'en détourner (Louis), et que moi et nul autre ne le puisse, je ne lui donnerai aucune aide contre Charles.

Teutonique de la chanson en l'honneur de Louis, fils de Louis-le-Bègue. An 881.

Einen kuning weiz ich,	*Regem novi,*
Heisset herr Ludwig,	*Vocatur dominus Ludoricus,*
Der gerne Gott dienet.	*Qui lubens Deo servit,*
Weil er ihms lohnet.	*Quippe qui eum præmiis efficit.*

[1] Voyez dans ce volume, page 306.

Teutonique saxon du commencement du huitième siècle.

ORAISON DOMINICALE.

Urin fader thic arth in heofnas;
Sic gehalgud thin noma;
To cymeth thin ryc;
Sie thin willa sue is in heofnas and in eortho;
Urin hlaf offirwistlio sel us to daig;
And forgese us scylda urna, sue we forgefan scyld-
   gum urum,
And no inlead usig in custnung,
Ah gefrig usig from ifle.

Teutonique saxon du dixième siècle.

ORAISON DOMINICALE.

Thu vre Fader the eart on heofinum,
Cum thin ric;
Si thin willa on eorthan swa swa on heofinum;
Syle us to daeg urn daegthanlican hlaf;
And forgif us ure giltat, swa swa we forgifath tham
   the with us agyltath.

Suève ou scandinave de la plus ancienne Edda.

ODINN.	ODINUS.
Rap pv men nv Frigg.	Da mihi consilium, Frigga!
Allz mic fara tipir	Si quidem cupio
At vitia Vafprupnis.	Invisere Vasthrudnem :
Forvitni micla	Aviditatem magnam
Qvep ec mer a for-nom sta form	Profiteor esse mihi conten-dendi de antiquis litteris (mysteriis)
Vip pann inn alsvinna iotunn.	Cum omniscio isto gi-gante.

Celtique.

ORAISON DOMINICALE.

Eyen taad rhvrn wytyn y neofoedodd
Santeiddier yr hemvu tan :
De vedy drynas daw :
Guueler dy wollys arryddayar megis agyn y nefi
Eyn-bara beunydda vul dyro inibeddivu :
Ammaddew ynny eyn deledion; megis agi maddevu
   in deledwir ninaw;
Agua thowys ni in brofedigaeth :
Namyn gvvaredni rahg drug. Amen.

Langue erse.

ORAISON DOMINICALE.

Ar nathairne ata ar neamh.
Goma beannuigte hainmsa.
Gu deig do Rioghachdsa.
Dentar do Tholsi air dtalmhuin mar ata air neamh.
Tabhair dhuinn air bhfcacha, amhuil mhathmuid
   dar bhfeicheambnuibh.
Agas na leig ambuadhread sinn.
Achd saor sinn o olc.
Oir is leatta an Rioghachd an cumhachd agas an
   gloir gu scorraidh. Amen.

de ses compatriotes ; on y remarque seulement quelques ligatures grecques mêlées aux caractères latins, mais ne présentant pas dans leur agrégation le même pouvoir labial, lingual et guttural qu'elles expriment dans le grec.

D'après un passage d'Hérodote, un système assez plausible assigne aux peuples de la Finlande et de la Gothie une origine asiatique ; on les fait descendre d'une colonie des Mèdes, et l'on a trouvé des analogies entre la langue des Perses et celle des Suédois et des Danois. Des noms propres surtout ont paru les mêmes dans les deux idiomes : le *Gustaff* ou *Gustaw* des Suédois répond au *Gustapse* ou *Hystaspe* des Perses ; *Oten*, *Olstanus*, *Ostanus*, roi de Suède, portent les noms persans d'*Otanus*, *Olstanes* et *Ostanes*. Gibert [1], à l'appui de son système (aujourd'hui étendu et reproduit), auroit pu remarquer que l'*Edda* mentionne un peuple conquérant venu de l'Asie dans les régions septentrionales de la Baltique. Le savant Robert Henri, ministre de la communion calviniste à Édimbourg, a enrichi son *Histoire d'Angleterre* de différents *specimen* des dialectes bretons et anglo-saxons à différentes époques : le tableau placé à la fin de ce volume vous donnera une idée des langues que parloient les destructeurs du monde romain.

Passons à la religion des Barbares. Les historiens nous disent que les Huns n'en avoient aucune [2] ; nous voyons seulement qu'ils croyoient, comme les Turcs, à une certaine fatalité. Les Alains, comme les peuples d'origine celtique, révéroient une épée nue fichée en terre [3]. Les Gaulois avoient leur terrible *Dis*, père de la Nuit, auquel ils immoloient des vieillards sur le *dolmin*, ou la pierre druidique [4] ; les Germains adoroient la secrète horreur des forêts [5]. Autant la religion de ceux-ci étoit simple, autant celle des Scandinaves étoit compliquée.

Le géant Ymer fut tué par les trois fils de Bore : Odin, Vil et Ve. La chair de Ymer forma la terre, son sang la mer, son crâne le ciel [1]. Le soleil ne savoit pas alors où étoit son palais ; la lune ignoroit ses forces, et les étoiles ne connoissoient point la place qu'elles devoient occuper.

Un autre géant appelé Norv fut le père de la Nuit. La Nuit, mariée à un enfant de la famille des dieux, enfanta le Jour. Le Jour et la Nuit furent placés dans le ciel, sur deux chars conduits par deux chevaux ; Hrim-Fax (crinière gelée) conduit la Nuit ; les gouttes de ses sueurs font la rosée : Skin-Fax (crinière lumineuse) mène le Jour [2]. Sous chaque cheval se trouve une outre pleine d'air : c'est ce qui produit la fraîcheur du matin.

Un chemin ou un pont conduit de la terre au firmament : il est de trois couleurs et s'appelle l'arc-en-ciel. Il sera rompu quand les mauvais génies, après avoir traversé les fleuves des enfers, passeront à cheval sur ce pont.

La cité des dieux est placée sous le chêne Ygg-Drasill [3] qui ombrage le monde. Plusieurs villes existent dans le ciel.

Le dieu Thor est fils aîné d'Odin ; Tyr est la

---

[1] *Mémoires pour servir à l'Histoire des Gaules*, pag. 241.
[2] Sine lare, vel lege aut ritu stabili. (AMM. MARC.)
[3] Gladius barbarico ritu humi figitur nudus. (*Id.*, lib. XXXI. cap. IX.)
[4] TERTULL. et AUGUST.
[5] TACIT. *de Mor. Germ.*

[1] Texte scandinave :

   Or ymis holdi
   Var iörp vm skavprd,
   Enn or sveita sær.
   . . . .
   En or bausi biwin

   Traduction latine :

   Ex Ymeris carne
   Terra creata est ;
   Ex sanguine autem mare ;
   . . . .
   Ex cranio autem cœlum.
   (*Edda sæmundar hinns froda*, 58. Hafniæ, 1787.)

[2] Sk n-Faxi (juba splendens vocatur
   Qui serenum trahit
   Diem super humanum genus.
   . . . .
   Hrim-Faxi (juba pruinosus) vocatur
   Qui singulos trahit
   Noctes super benefica numina.
   De lupatis stillare facit guttas
   Quovis mane.
   Inde venit ros in convalles.
   (*Edda*, pag. 8 et 9.)

[3] Subtus ab arbore Ygg-Drasilli.
   . . . .
   Qui currit
   Per æsculum Ygg-Drasilli.

divinité des victoires. Heindall aux dents d'or a été engendré par neuf vierges. Loke est l'artisan des tromperies. Le loup Fenris est fils de Loke[1]; enchaîné avec difficulté par les dieux, il sort de sa bouche une écume qui devient la source du fleuve Vam (les vices).

Frigga est la principale des déesses guerrières, qui sont au nombre de douze; elles se nomment Walkyries : Gadur, Rosta et Skulda (l'avenir), la plus jeune des douze fées, vont tous les jours à cheval choisir les morts[2].

Il y a dans le ciel une grande salle, le Valhalla, où les braves sont reçus après leur vie. Cette salle a cinq cent quarante portes; par chacune de ces portes sortent huit cents guerriers morts pour se battre contre le loup[3]. Ces vaillants squelettes s'amusent à se briser les os, et viennent ensuite dîner ensemble : ils boivent le lait de la chèvre Heidruna qui broute les feuilles de l'arbre Lœrada[4]. Ce lait est de l'hydromel : on en remplit tous les jours une cruche assez large pour enivrer les héros décédés. Le monde finira par un embrasement.

Des magiciens ou des fées, des prophétesses, des dieux défigurés empruntés de la mythologie grecque, se retrouvoient dans le culte de certains Barbares. Le surnaturel est le naturel même de l'esprit de l'homme : est-il rien de plus étonnant que de voir des Esquimaux assemblés autour d'un *sorcier* sur leur mer solide, à l'entrée même de ce passage si longtemps cherché, qu'une éternelle barrière de glace fermoit au vaisseau de l'intrépide capitaine Parry[1]?

De la religion des Barbares descendons à leurs gouvernements.

Ces gouvernements paroissent avoir été en général des espèces de républiques militaires dont les chefs étoient électifs, ou passagèrement héréditaires par l'effet de la tendresse, de la gloire, ou de la tyrannie paternelle. Toute l'antiquité européenne du paganisme et de la barbarie n'a connu que la souveraineté élective : la souveraineté héréditaire fut l'ouvrage du christianisme; souveraineté même qui ne s'établit qu'au moyen d'une sorte de surprise, laissant dormir le droit à côté du fait.

La société naturelle présente les variétés de gouvernement de la société civilisée : le despotisme, la monarchie absolue, la monarchie tempérée, la république aristocratique ou démocratique[2]. Souvent même les nations sauvages ont imaginé des formes politiques d'une complication et d'une finesse prodigieuses, comme le prouvoit le gouvernement des Hurons. Quelques tribus germaniques, par l'élection du roi et du chef de guerre, créoient deux autorités souveraines indépendantes l'une de l'autre; combinaison extraordinaire.

Les peuples sortis de l'orient de l'Asie différoient en constitutions des peuples venus du nord de l'Europe : la cour d'Attila offroit le spectacle du sérail de Stamboul ou des palais de Pékin, mais avec une différence notable; les femmes paroissoient publiquement chez les Huns; Maximin fut présenté à Cerca, principale reine ou sultane favorite d'Attila; elle étoit couchée sur un divan; ses suivantes brodoient assises en rond sur les tapis qui couvroient le plancher. La veuve de Bléda avoit envoyé en présents aux ambassadeurs de belles esclaves.

Les Barbares, qui en raison de quelques usages particuliers ressembloient aux sauvages que j'ai vus au Nouveau-Monde, différoient d'eux essentiellement sous d'autres rapports. Une centaine de Hurons, dont le chef tout nu portoit un chapeau bordé à trois cornes, ser-

---

[1] SNOR. EDDA, fab. XXIX.
[2] *Id., ibid.*

[3]   Quingenta ostiorum
    Et ultra quadraginta,
    Ita puto in *Valhalla* esse :
    Octingenti *Einheriorum*
    Exeunt simul per unum ostium,
    Cum contra lupum pugnatum eunt.
    (*Edda sæmundar hinns frôda*, pag. 53.)

[4]   *Heidruna* vocatur capra
    Quæ stat supra aulam Odini
    Et pabulum sibi carpit ex *Lœradi* ramis :
    Craterem illa (quotidie) implebit
    Liquidi illius melotis.
    Non potis est iste potus deficere. (*Id., ibid.*)

Voyez aussi Mallet, *Introd. à l'Histoire de Danemark*, et les *Monuments de la mythologie des anciens Scandinaves*, pour servir de preuve à cette introduction, par le même auteur, in 4°. Copenhague. 1766.

[1] Second voyage du capitaine Parry pour découvrir le passage au nord-ouest de l'Amérique.
[2] Voyez le *Voyage en Amérique*.

voient autrefois le gouverneur françois du Canada : les pourroit-on comparer à ces troupes de race slave ou germanique, auxiliaires des troupes romaines? Les Iroquois, au temps de leur plus grande prospérité, n'armoient pas plus de dix mille guerriers : les seuls Goths mettoient, comme un excédant de leur conscription militaire, un corps de cinquante mille hommes à la solde des empereurs; dans le quatrième et le cinquième siècle les légions entières étoient composées de Barbares. Attila réunissoit sous ses drapeaux sept cent mille combattants, ce qu'à peine seroit en état de fournir aujourd'hui la nation la plus populeuse de l'Europe. On voit aussi dans les charges du palais et de l'Empire, des Franks, des Goths, des Suèves, des Vandales : nourrir, vêtir, équiper tant d'hommes, est le fait d'une société déjà poussée loin dans les arts industriels; prendre part aux affaires de la civilisation grecque et romaine suppose un développement considérable de l'intelligence. La bizarrerie des coutumes et des mœurs n'infirme pas cette assertion : l'état politique peut être très-avancé chez un peuple, et les individus de ce peuple conserver les habitudes de l'état de nature.

L'esclavage étoit connu de toutes ces hordes ameutées contre le Capitole. Cet affreux droit, émané de la conquête, est pourtant le premier pas de la civilisation : l'homme entièrement sauvage tue et mange ses prisonniers; ce n'est qu'en prenant une idée de l'ordre social, qu'il leur laisse la vie afin de les employer à ses travaux.

La noblesse étoit connue des Barbares comme l'esclavage : c'est pour avoir confondu l'espèce d'égalité militaire, qui naît de la fraternité d'armes, avec l'égalité des rangs, que l'on n'a jamais pu douter d'un fait avéré. L'histoire prouve invinciblement que différentes classes sociales existoient dans les deux grandes divisions du sang scandinave et caucasien. Les Goths avoient leurs *Ases* ou demi-dieux : deux familles dominoient toutes les autres, les Amali et les Baltes.

Le droit d'aînesse étoit ignoré de la plupart des Barbares; ce fut avec beaucoup de peine que la loi canonique parvint à le leur faire adopter. Non-seulement le partage égal subsistoit chez eux, mais quelquefois le dernier né d'entre les enfants, étant réputé le plus foible, obtenoit un avantage dans la succession. « Lorsque les frères ont partagé le bien de leur père, dit la loi gallique, le plus jeune a la meilleure maison, les instruments de labourage, la chaudière de son père, son couteau et sa cognée [1]. » Loin que l'esprit de ce qu'on appelle la *loi salique* fût en vigueur dans la véritable loi salique, la ligne maternelle étoit appelée avant la paternelle dans les héritages et les affaires résultant d'iceux. On va bientôt en voir un exemple à propos de la peine d'homicide [2].

Le gouvernement suivoit la règle de la famille; un roi, en mourant, partageoit sa succession entre ses enfants, sauf le consentement ou la ratification populaire : la loi politique n'étoit dans sa simplicité que la loi domestique.

Chez plusieurs tribus germaniques la possession étoit annale; propriétaire de ce qu'on avoit cultivé, le fonds, après la moisson, retournoit à la communauté [3]. Les Gaulois étendoient le pouvoir paternel jusque sur la vie de l'enfant; les Germains ne disposoient que de sa liberté [4]. Au pays de Galles, le Pencénedlt ou chef du clan gouvernoit toutes les familles [5].

Les lois des Barbares, en les séparant de ce que le christianisme et le code romain y ont introduit, se réduisent à des lois pénales pour la défense des personnes et des choses. La loi salique s'occupe du vol des porcs, des bestiaux, des brebis, des chèvres et des chiens, depuis le cochon de lait jusqu'à la truie qui marche à la tête d'un troupeau, depuis le veau de lait jusqu'au taureau, depuis l'agneau de lait jusqu'au mouton, depuis le chevreau jusqu'au bouc, depuis le chien conducteur de meutes

---

[1] *Leg. Wal.*, lib. II, cap. xvi.

[2] On trouve une très-bonne note sur la succession de la *Terre salique*, art. V du titre LXII, dans la nouvelle traduction des lois des Franks par M. J.-F.-A. Peyré. J'aime à rendre d'autant plus de justice à cet estimable auteur, qu'on a peu ou point parlé de son travail, auquel M. Isambert a joint une préface. On ne sauroit trop encourager ces études sérieuses, qui coûtent tant de peine et rapportent si peu de gloire.

[3] Arva per annos mutant. (TACIT., *de Mor. Germ.*, cap. XXVI.)

[4] CÆSAR, *de Bell. Gall.*, lib. VI, cap. XIX.

[5] *Leg. Wall.*, pag. 164.

jusqu'au chien de berger. La loi gallique défend de jeter une pierre au bœuf attaché à la charrue, et de lui trop serrer le joug [1].

Le cheval est particulièrement protégé : celui qui a monté un cheval ou une jument sans la permission du maître est mis à l'amende de quinze ou de trente sous d'or. Le vol du cheval de guerre d'un Frank, d'un cheval hongre, d'un cheval entier et de ses cavales, entraine une forte composition [2]. La chasse et la pêche ont leurs garants : il y a rétribution pour une tourterelle ou un petit oiseau dérobés aux lacs où ils s'étoient pris, pour un faucon happé sur un arbre, pour le meurtre d'un cerf privé qui servoit à embaucher les cerfs sauvages, pour l'enlèvement d'un sanglier forcé par un autre chasseur, pour le déterrement du gibier ou du poisson cachés, pour le larcin d'une barque ou d'un filet à anguilles. Toutes les espèces d'arbres sont mises à l'abri par des dispositions spéciales ; veiller à la vie des forêts [3], c'étoit faire des lois pour la patrie.

L'association militaire, ou la responsabilité de la tribu, et la solidarité de la famille, se retrouvent dans l'institution des co-jurants ou compurgateurs : qu'un homme soit accusé d'un délit ou d'un crime, il peut, selon la loi allemande et plusieurs autres, échapper à la pénalité, s'il trouve un certain nombre de ses pairs pour jurer avec lui qu'il est innocent. Si l'accusé étoit une femme, les compurgateurs devoient être femmes [4].

Le courage étant la première qualité du Barbare, toute injure qui en suppose le défaut est punie ; ainsi, appeler un homme LEPUS, lièvre, ou CONCACATUS, embrené, amène une composition de trois ou de six sous d'or [5]; même tarif pour le reproche fait à un guerrier d'avoir jeté son bouclier en présence de l'ennemi.

La barbarie se montre tout entière dans la législation des blessures ; la loi saxonne est la plus détaillée à cet égard : quatre dents cassées au devant de la bouche ne valent que six schillings ; mais une seule dent cassée auprès de ces quatre dents doit être payée quatre schillings ; l'ongle du pouce est estimée trois schillings, et une des membranes du nez le même prix [1].

La loi ripuaire s'exprime plus noblement : elle demande trente-six sous d'or pour la mutilation du doigt qui sert à décocher les flèches [2] : elle veut qu'un ingénu paie dix-huit sous d'or pour la blessure d'un autre ingénu dont le sang aura coulé jusqu'à terre [3]. Une blessure à la tête, ou ailleurs, sera compensée par trente-six sous d'or s'il est sorti de cette blessure un os d'une grosseur telle, qu'il rende un son en étant jeté sur un bouclier placé à douze pieds de distance [4]. L'animal domestique qui tue un homme est donné aux parents du mort avec une composition ; il en est ainsi de la pièce de bois tombée sur un passant. Les Hébreux avoient des règlements semblables.

Et néanmoins ces lois, si violentes dans les choses qu'elles peignent, sont beaucoup plus douces en réalité que nos lois : la peine de mort n'est prononcée que cinq fois dans la loi salique et six fois dans la loi ripuaire ; et, chose infiniment remarquable ! ce n'est jamais, un seul cas excepté, pour châtiment du meurtre : l'homicide n'entraine point la peine capitale, tandis que le rapt, la prévarication, le renversement d'une charte, sont punis du dernier supplice ; encore pour tous ces crimes ou délits y a-t-il la ressource des co-jurants.

La procédure relative au seul cas de mort en réparation d'homicide est un tableau de mœurs. Quiconque a tué un homme et n'a pas de quoi payer la composition, doit présenter douze co-jurants, lesquels déclarent que le délinquant n'a rien ni dans la terre, ni hors la

---

[1] *Leg. Wall.*, lib. III, cap. IX.
[2] *Lex Salic.*, tit. XXV. — *Lex Rip.*, tit. XLII.
[3] *Lex Salic.*, tit. VIII. — *Lex Rip.*, tit. LXVIII.
[4] *Leg. Wall.*
[5] *Lex Salic.*, tit. XXXII.

Renard se pense qu'il fera,
Et comment le chuchiera.
(*Roman du Renart*, apud Cang. gloss., voce *Concac.*)

[1] *Lex anglo-saxonic.*, pag. 7.
[2] Si secundus digitus, unde sagittatur. (*Lex Ripuar.*, tit. V, art. XII.)
[3] Ut sanguis exeat, terram tangat. (*Id.*, tit. II, art. XII.)
[4] Os exinde exierit, quod, super viam duodecim pedum in scuto jactum, sonaverit. (*Lex Ripuar.*, tit. LXX art. I.)

terre, au-delà de ce qu'il offre pour la composition. Ensuite l'accusé entre chez lui, et prend de la terre aux quatre coins de sa maison ; il revient à la porte, se tient debout sur le seuil, le visage tourné vers l'intérieur du logis ; de la main gauche il jette la terre par-dessus ses épaules sur son plus proche parent. Si son père, sa mère et ses frères ont fait l'abandon de tout ce qu'ils avoient, il lance la terre sur la sœur de sa mère ou sur les fils de cette sœur, ou sur les trois plus proches parents de la ligne maternelle [1]. Cela fait, déchaussé et en chemise, il saute à l'aide d'une perche par-dessus la haie dont sa maison est entourée ; alors les trois parents de la ligne maternelle se trouvent chargés d'acquitter ce qui manque à la composition. Au défaut de parents maternels, les parents paternels sont appelés. Le parent pauvre qui ne peut payer jette à son tour la terre recueillie aux quatre coins de la maison, sur un parent plus riche. Si ce parent ne peut achever le montant de la composition, le demandeur oblige le défendeur meurtrier à comparoître à quatre audiences successives ; et enfin, si aucun des parents de ce dernier ne le veut rédimer, il est mis à mort : *de vita componat*.

De ces précautions multipliées pour sauver les jours d'un coupable, il résulte que les Barbares traitoient la loi en tyrans et se prémunissoient contre elle ; ne faisant aucun cas de leur vie ni de celle des autres, ils regardoient comme un droit naturel de tuer ou d'être tués. Un roi même, dans la loi des Saxons, pouvoit être occis ; on en étoit quitte pour payer sept cent vingt livres pesant d'argent. Le Germain ne concevoit pas qu'un être abstrait, qu'une loi pût verser son sang. Ainsi, dans la société commençante, l'instinct de l'homme repoussoit la peine de mort, comme dans la société achevée la raison de l'homme l'abolira : cette peine n'aura donc été établie qu'entre l'état purement sauvage et l'état complet de civilisation, alors que la société n'avoit plus l'indépendance du premier état, et n'avoit pas encore la perfection du second.

[1] Voilà l'exemple de la préférence dans la ligne maternelle.

SECONDE PARTIE.

SUITE DES MŒURS DES BARBARES.

Les conducteurs des nations barbares avoient quelque chose d'extraordinaire comme elles. Au milieu de l'ébranlement social, Attila sembloit né pour l'effroi du monde ; il s'attachoit à sa destinée je ne sais quelle terreur, et le vulgaire se faisoit de lui une opinion formidable. Sa démarche étoit superbe, sa puissance apparoissoit dans les mouvements de son corps, et dans le roulement de ses regards. Amateur de la guerre, mais sachant contenir son ardeur, il étoit sage au conseil, exorable aux suppliants, propice à ceux dont il avoit reçu la foi. Sa courte stature, sa large poitrine, sa tête plus large encore, ses petits yeux, sa barbe rare, ses cheveux grisonnants, son nez camus, son teint basané, annonçoient son origine [1].

Sa capitale étoit un camp ou grande bergerie de bois, dans les pacages du Danube : les rois qu'il avoit soumis veilloient tour à tour à la porte de sa baraque ; ses femmes habitoient d'autres loges autour de lui. Couvrant sa table de plats de bois et de mets grossiers, il laissoit les vases d'or et d'argent, trophée de la vic-

[1] Vir in concussionem gentis natus in mundo, terrarum omnium metus : qui nescio qua sorte terrebat cuncta, formidabili de se opinione vulgata. Erat namque superbus incessu, huc atque illuc circumferens oculos, ut elati potentia ipso quoque motu corporis apparet. Bellorum quidem amator, sed ipse manu temperans, consilio validissimus, supplicantibus exorabilis, propitius in fide semel receptis. Forma brevis, lato pectore, capite grandiori, minutis oculis, rarus barba, canis aspersus, simo naso, teter colore, originis suæ signa restituens. (JORNAND., cap. XXXV, *de reb. Get.*)

toire et chefs-d'œuvre des arts de la Grèce, aux mains de ses compagnons [1]. C'est là qu'assis sur une escabelle, le Tartare recevoit les ambassadeurs de Rome et de Constantinople. A ses côtés siégeoient, non les ambassadeurs, mais des Barbares inconnus, ses généraux et capitaines : il buvoit à leur santé, finissant, dans la munificence du vin, par accorder grâce aux maîtres du monde [2]. Lorsque Attila s'acheminia vers la Gaule, il menoit une meute de princes tributaires qui attendoient, avec crainte et tremblement, un signe du commandeur des monarques pour exécuter ce qui leur seroit ordonné [3].

Peuples et chefs remplissoient une mission qu'ils ne se pouvoient eux-mêmes expliquer : ils abordoient de tous côtés aux rivages de la désolation, les uns à pied, les autres à cheval ou en chariots, les autres traînés par des cerfs [4] ou des rennes, ceux-ci portés sur des chameaux, ceux-là flottant sur des boucliers [5] ou sur des barques de cuir et d'écorce [6]. Navigateurs intrépides parmi les glaces du nord et les tempêtes du midi, ils sembloient avoir vu le fond de l'Océan à découvert [7]. Les Vandales qui passèrent en Afrique avouoient céder moins à leur volonté qu'à une impulsion irrésistible [1].

Ces conscrits du Dieu des armées n'étoient que les aveugles exécuteurs d'un dessein éternel : de là cette fureur de détruire, cette soif de sang qu'ils ne pouvoient éteindre ; de là cette combinaison de toutes choses pour leurs succès, bassesse des hommes, absence de courage, de vertu, de talent, de génie. Genseric étoit un prince sombre, sujet aux accès d'une noire mélancolie ; au milieu du bouleversement du monde, il paroissoit grand, parce qu'il étoit monté sur des débris. Dans une de ses expéditions maritimes, tout étoit prêt, lui-même embarqué : où alloit-il ? il ne le savoit pas. « Maître, lui dit le pilote, à quels peuples veux-tu « porter la guerre ? — A ceux-là, répond le « vieux Vandale, contre qui Dieu est irrité [2]. »

Alaric marchoit vers Rome : un ermite barre le chemin au conquérant ; il l'avertit [3] que le ciel venge les malheurs de la terre : « Je ne puis « m'arrêter, dit Alaric, quelqu'un me presse, « et me pousse à saccager Rome. » Trois fois il assiége la ville éternelle avant de s'en emparer : Jean et Brazilius, qu'on lui députe lors du premier siége pour l'engager à se retirer, lui représentent que s'il persiste dans son entreprise, il lui faudra combattre une multitude au désespoir. « L'herbe serrée, repart l'abat- « teur d'hommes, se fauche mieux [4]. » Néan-

---

[1] Attilæ in quadra lignea, et nihil præter carnes. Conviviis aurea et argentea pocula quibus bibebant suppeditabantur. Attilæ poculum erat ligneum. (*Ex Prisc. rhetore gothicæ Historiæ excerpta, Carolo Cantoclaro interprete*, pag. 60. Parisiis, 1606.)

[2] Tum convivarum primum ordinem, ad Attilæ dextram sedere constituerunt, secundum ad lævam : in quo nos et Berichus, vir apud Scythas nobilis, sed Berichus superiore loco. (*Ex Prisc. rhet., goth. Hist. excerpt.*, pag. 48.)
Sedentes ordines salutavit. Reliquis deinceps ad hunc modum honore affectis, Attila nos, ex Thracum instituto, ad parium poculorum certamen provocavit. (*Id.*, pag. 49.)

[3] Turba regum, diversarumque nationum principes, ac si satellites, absque aliqua murmuratione cum timore et tremore unusquisque adstabat, aut certe quod jussus fuerat exsequebatur. (JORNAND., cap. XXXVIII, *de reb. Get.*)

[4] Fuit alius currus quatuor cervis junctus, qui fuisse dicitur regis Gothorum (VOPISC., *in vit. Aurelian.*)

[5] Enatantes super parma positi amnem, in ulteriorem egressi sunt ripam. (GREG. TUR., lib. III, pag. 15.)

[6] Quin et Aremoricus piratam Saxona tractus
Superabat, cui pelle salum sulcare Britannum
Ludus, et aperto glaucum mare findere lembo.
(APOLL., *in Panegyr. Avit.*)

[7] Imos Oceani colens recessus. (*Id.*, lib. VIII, ep. IX.)

---

[1] Cœlestis manus ad punienda Hispanorum flagitia, etiam ad vastandam Africam transire cogebat. Ipsi denique fatebantur non suum esse quod facerent, agi enim se divino jussu ac perurgeri. (SALVIAN., *de Gubernat. Dei*, lib. VII. pag. 230.)

[2] Cum e Carthaginis portu velis passis soluturus esset, interrogatus a nauclero, quo tendere populabundus vellet respondisse : Quo Deus impulerit. (ZOSIM., *de Bello vandalico*, lib. I, pag. 188.)
Narrant cum e Carthaginis portu solvens a nauta interrogaretur quo bellum inferre vellet respondisse : In eos quibus iratus est Deus. (PROCOP., *Hist. vand.*, lib. I.)

[3] Probus, aliquis monachus ex his qui in Italia erant, Romam festinanti Alarico consuluisse ut urbi parceret, nec se tantorum malorum auctorem constitueret. Alaricus respondisse dicitur, se non volentem hoc tentare, sed esse quemdam qui ad obtundendo urgeat, ac præcipiat ut Romam evertat. (SOZOM., lib. IX, cap. VI, p. 481.)

[4] Ipsius, inquit, fœnum rariore facilius resecatur. (ZOSIM., lib. V, pag. 106.)

moins il se laisse fléchir, et se contente d'exiger des suppliants tout l'or, tout l'argent, tous les ameublements de prix, tous les esclaves d'origine barbare : « Roi, s'écrient les envoyés du « sénat, que restera-t-il donc aux Romains ? » « — La vie [1]. »

Je vous ai déjà dit ailleurs qu'on dépouilla les images des dieux, et que l'on fondit les statues d'or du Courage et de la Vertu. Alaric reçut cinq mille livres pesant d'or, trente mille pesant d'argent, quatre mille tuniques de soie, trois mille peaux teintes en écarlate, et trois mille livres de poivre [2]. C'étoit avec du fer que Camille avoit racheté des Gaulois les anciens Romains.

Ataulphe, successeur d'Alaric, disoit : « J'ai eu la passion d'effacer le nom romain de la terre, et de substituer à l'empire des Césars l'empire des Goths, sous le nom de Gothie. L'expérience m'ayant démontré l'impossibilité où sont mes compatriotes de supporter le joug des lois, j'ai changé de résolution ; alors, j'ai voulu devenir le restaurateur de l'empire romain, au lieu d'en être le destructeur. » C'est un prêtre nommé Jérôme, qui raconte en 416, dans sa grotte de Bethléem, à un prêtre nommé Orose, cette nouvelle du monde [3] : autre merveille.

Une biche ouvre le chemin aux Huns à travers les Palus-Méotides, et disparoît [1]. La génisse d'un pâtre se blesse au pied dans un pâturage ; ce pâtre découvre une épée cachée sous l'herbe ; il la porte au prince tartare : Attila saisit le glaive, et sur cette épée, qu'il appelle l'épée de Mars [2], il jure ses droits à la domination du monde. Il disoit : « L'étoile tombe, la « terre tremble ; je suis le marteau de l'uni-« vers. » Il mit lui-même parmi ses titres le nom de *Fléau de Dieu*, que lui donnoit la terre [3].

C'étoit cet homme que la vanité des Romains traitoit de *général au service de l'Empire* ; le tribut qu'ils lui payoient étoit à leurs yeux ses *appointements* : ils en usoient de même avec les chefs des Goths et des Burgondes. Le Hun disoit à ce propos : « Les généraux des « empereurs sont des valets, les généraux « d'Attila des empereurs [4]. »

Il vit à Milan un tableau où des Goths et des Huns étoient représentés prosternés devant des empereurs ; il commanda de le peindre, lui Attila, assis sur un trône, et les empereurs portant sur leurs épaules des sacs d'or qu'ils répandoient à ses pieds [5].

---

[1] Aiebat enim non aliter se finem obsidionis facturum nisi aurum omne, quod in urbe foret, et argentum accepisset, præterea quidquid supellectilis in urbe reperiret : itemque mancipia barbara. Huic cum dixisset legatorum si quidem hæc abstulisset quid eæ tandem relinqueret in urbe qui essent ? Animas, respondit. (ZOZIM., lib. v. p. 106.)

[2] Quinquies mille libras auri, et præter has tricies mille libras argenti, quater mille tunicas sericas et ter mille pelles coccineas, et piperis pondus quod ter mille libras æquaret. (*Id.*, pag. 107.)

[3] Nam ego quoque ipse virum quemdam narbonensem, illustris sub Theodosio militiæ, prudentissimum prudentemque et gravem apud Bethleem oppidum Palestinæ, beatissimo Hieronymo presbytero referente, audivi se familiarissimum Ataulpho apud Narbonam fuisse : ac de eo sæpe sub testificatione didicisse quod ille, quum esset animo, viribus ingenioque nimius referre solitus esset se in primis ardenter inhiasse, ut obliterato romano nomine romanum omne solum Gothorum imperium et faceret et vocaret : essetque, ut vulgariter loquar, Gothia quod Romania fuisset.

. . . . . . At ubi multa experientia probavisset, neque Gothos ullo modo parere legibus posse propter effrenatam barbariem, neque reipublicæ interdici leges oportere, elegisse saltem, ut gloriam sibi et rest tuendo

in integrum augendoque romano nomine, Gothorum viribus quæreret, haberetorque apud posteros Romanæ restitutionis auctor, postquam esse non poterat immutator. (OROS., lib. VII.)

[1] Mox quoque ut Scythica terra ignotis apparuit, cerva disparuit. (JORNAND. *de Reb. Get.*; cap. XXIV.)

[2] Quum pastor quidam gregis unam buculam conspiceret claudicantem, nec causam tanti vulneris inveniret, sollicitus vestigia cruoris insequitur : tandemque venit ad gladium, quem depascens herbas bucula incaute calcaverat, effossumque protinus ad Attilam defert. Quo ille munere gratulatus, ut erat magnanimus, arbitratur se totius mundi principem constitutum, et per Martis gladium potestatem sibi concessam esse bellorum. (PRISC. *ap. Jornand.*, cap. XXXV.)

[3] *Stella cadit ; tellus tremit ; en ego malleus orbis.* Seque, juxta eremitæ dictum, *Flagellum Dei* jussit appellari. (*Rerum hungararum scriptores varii*. Francofurti, 1600.)

[4] Jam tum enim cum irascebatur dicebat exercituum duces, suos esse servos : qui quidem Attilæ, non tamen imperatoribus romanis, erant honore et dignitate pares. (*Ex Prisc. rhet. Gothic. hist. excerpt.*, pag. 46.)

[5] Cum autem in pictura vidisset Romanorum quidem reges, in aureis thronis sedentes, Scythas vero cæsos et ante pedes ipsorum jacentes, victorem acersitu jussit se pingere sedentem in solio : Romanorum vero reges ferentes saccos in humeris, et ante ipsius pedes aurum effundentes. (SUID., in voc. μεδιολανον, pag. 517.)

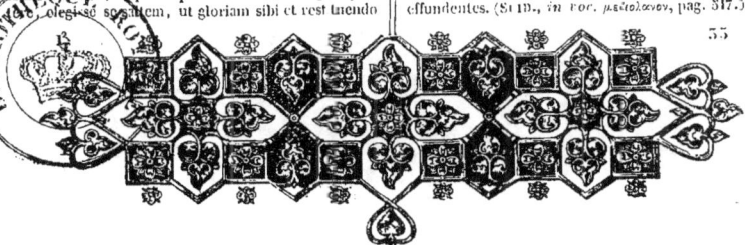

« Croyèz-vous, demandoit-il aux ambassa-« deurs de Théodose II, qu'il puisse exister « une forteresse ou une ville, s'il me plaît de « la faire disparoître du sol[1] ? »

Après avoir tué son frère Bléda, il envoya deux Goths, l'un à Théodose, l'autre à Valentinien porter ce message : « Attila, mon maître « et le vôtre, vous ordonne de lui préparer un « palais[2]. »

« L'herbe ne croît plus, disoit encore cet « exterminateur, partout où le cheval d'Attila « a passé. »

L'instinct d'une vie mystérieuse poursuivoit jusque dans la mort ces mandataires de la Providence. Alaric ne survécut que peu de temps à son triomphe : les Goths détournèrent les eaux du Busentum, près Cozence; ils creusèrent une fosse au milieu de son lit desséché; ils y déposèrent le corps de leur chef avec une grande quantité d'argent et d'étoffes précieuses; puis ils remirent le Busentum dans son lit, et un courant rapide passa sur le tombeau d'un conquérant[3]. Les esclaves employés à cet ouvrage furent égorgés, afin qu'aucun témoin ne pût dire où reposoit celui qui avoit pris Rome, comme si l'on eût craint que ses cendres ne fussent recherchées pour cette gloire ou pour ce crime.

Attila, expiré sur le sein d'une femme, est d'abord exposé dans son camp entre deux longs rangs de tentes de soie. Les Huns s'arrachent les cheveux et se découpent les joues pour pleurer Attila, non avec des larmes de femme, mais avec du sang d'homme[4]. Des cavaliers tournent autour du catafalque en chantant les louanges du héros. Cette cérémonie achevée, on dresse une table sur le tombeau préparé, et les assistants s'asseyent à un festin mêlé de joie et de douleur. Après le festin, le cadavre est confié à la terre dans le secret de la nuit; il étoit enfermé en un triple cercueil d'or, d'argent et de fer. On met avec le cercueil des armes enlevées aux ennemis, des carquois enrichis de pierreries, des ornements militaires et des drapeaux. Pour dérober à jamais aux hommes la connoissance de ces richesses, les ensevelisseurs sont jetés avec l'enseveli[1].

Au rapport de Priscus, la nuit même où le Tartare mourut, l'empereur Marcien vit en songe, à Constantinople, l'arc rompu d'Attila[2]. Ce même Attila, après sa défaite par Ætius, avoit formé le projet de se brûler vivant sur un bûcher composé des selles et des harnois de ses chevaux, pour que personne ne pût se vanter d'avoir pris ou tué le maître de tant de victoires[3]; il eût disparu dans les flammes comme Alaric dans un torrent : images de la grandeur et des ruines dont ils avoient rempli leur vie et couvert la terre.

Les fils d'Attila, qui formoient à eux seuls un peuple[4], se divisèrent. Les nations que cet

---

[1] Quæ enim urbs, quæ arx qua late patet Romanorum imperium, salva et incolumis evadere potuit quam evertere apud se constitutum habuerit. (*Excerpta ex historia gothica Prisci rhetoris de legationibus, in corpore historiæ byzant.*, pag. 35.)

[2] Imperat tibi per me dominus meus et dominus tuus Attila, uti sibi palatium seu regiam Romæ egregie adornes. (*Chronicon alexandrinum*, pag. 734.)

[3] Hujus ergo in medio alveo, collecto captivorum agmine, sepulturæ locum effodiunt. In cujus fodiæ gremio Alaricum multis opibus obruunt : rursusque aquas in suum alveum reducentes, ne a quoquam quandoque locus cognosceretur, fossores omnes interemerunt. (JORNAND., *de reb. Get.*, cap. XXX.)

[4] Ut præliator eximius non femineis lamentationibus et lacrymis, sed sanguine lugeretur virili. (JORNAND. cap. XLIX.)

[1] Nam de tota gente Hunnorum electissimi equites in eo loco quo erat positus, in modum circensicum cursibus ambientes, facta ejus cantu funereo tali ordine referebant. . . . . Postquam talibus lamentis est defletus, stravam super tumulum ejus, quam appellant ipsi, ingenti commessatione concelebrant, et contraria invicem sibi copulantes, luctum funereum mixto gaudio explicabant. noctuque secreto cadaver est terra reconditum. Cujus fercula primum auro, secundo argento, tertio ferri rigore communiunt. . . . . Addunt arma hostium cædibus acquisita, phaleras vario gemmarum fulgore pretiosas, et diversi generis insignia, quibus colitur aulicum decus. Et ut tot et tantis divitiis humana curiositas arceretur, operi deputatos detestabili mercede trucidarunt, emersitque momentanea mors sepeliendis cum sepulto. (JORNAND., *de reb. Get.*, cap. XLIX.)

[2] Arcum Attilæ in eadem nocte fractum ostenderet. (PRISC. *in Jornand.*, cap. XL.)

[3] Equinis sellis construxisse pyram, seseque, si adversarii irrumperent, flammis injicere voluisse; ne aut aliquis ejus vulnere lætaretur, aut in potestatem hostium tantorum hostium gentium dominus perveniret. . . . . Multarum victoriarum dominus. (JORNAND., *de reb. Get.*, cap. XL-XLIII.)

[4] Filii Attilæ, quorum per licentiam libidinis pene populus fuit. (JORNAND., cap. L.)

homme avoit réunies sous son glaive se donnèrent rendez-vous dans la Pannonie, au bord du fleuve Netad, pour s'affranchir et se déchirer. Une multitude de soldats sans chef [1], le Goth frappant de l'épée, le Gépide balançant le javelot, le Hun jetant la flèche, le Suève à pied, l'Alain et l'Hérule, l'un pesamment, l'autre légèrement armés [2], se massacrèrent à l'envi : trente mille Huns restèrent sur la place, sans compter leurs alliés et leurs ennemis. Ellac, fils chéri d'Attila, fut tué de la main d'Aric, chef des Gépides. L'héritage du monde qu'avoit laissé le roi des Huns n'avoit rien de réel ; ce n'étoit qu'une sorte de fiction ou d'enchantement produit par son épée : le talisman de la gloire brisé, tout s'évanouit. Les peuples passerent avec le tourbillon qui les avoit apportés. Le règne d'Attila ne fut qu'une invasion.

L'imagination populaire, fortement ébranlée par des scènes répétées de carnage, avoit inventé une histoire qui semble être l'allégorie de toutes ces fureurs et de toutes ces exterminations. Dans un fragment de Damascius on lit qu'Attila livra une bataille aux Romains, aux portes de Rome : tout périt des deux côtés, excepté les généraux et quelques soldats. Quand les corps furent tombés, les âmes restèrent debout, et continuèrent l'action pendant trois jours et trois nuits : ces guerriers ne combattirent pas avec moins d'ardeur morts que vivants [3].

Mais, si d'un côté les Barbares étoient poussés à détruire, d'un autre ils étoient retenus : le monde ancien, qui touchoit à sa perte, ne devoit pas entièrement disparoître dans la partie où commençoit la société nouvelle. Quand Alaric eut pris la ville éternelle, il assigna l'église de Saint-Paul et celle de Saint-Pierre pour retraite à ceux qui s'y voudroient renfermer. Sur quoi saint Augustin fait cette belle remarque : Que si le fondateur de Rome avoit ouvert dans sa ville naissante un asile, le Christ y en établit un autre plus glorieux que celui de Romulus [1].

Dans les horreurs d'une cité mise à sac, dans une capitale tombée pour la première fois et pour jamais du rang de dominatrice et de maîtresse de la terre, on vit des soldats (et quels soldats!) protéger la translation des trésors de l'autel. Les vases sacrés étoient portés un à un et à découvert ; des deux côtés marchoient des Goths l'épée à la main ; les Romains et les Barbares chantoient ensemble des hymnes à la louange du Christ [2].

Ce qui fut épargné par Alaric n'auroit point échappé à la main d'Attila : il marchoit à Rome ; saint Léon vient au-devant de lui ; le fléau de Dieu est arrêté par le prêtre de Dieu [3], et le prodige des arts a fait vivre le miracle de l'histoire dans le nouveau Capitole, qui tombe à son tour.

Devenus chrétiens, les Barbares mêloient à leur rudesse les austérités de l'anachorète : Théodoric, avant d'attaquer le camp de Litorius, passa la nuit vêtu d'une haire [4], et ne la

---

[1] Committitur in Pannonia juxta flumen cui nomen est *Netad*. Illic concursus factus est gentium variarum, quas in sua Attila tenuerat ditione. Dividuntur regna cum populis, fiuntque ex uno corpore membra diversa, nec quæ unius passioni compaterentur, sed quæ exciso capite invicem insanirent ; quæ nunquam contra se partes invenerant, nisi ipsi mutuis se vulneribus sauciantes, se ipsos discerperent fortissimæ nationes. (JORNAND., cap. L.)

[2] Pugnantem Gothum ense furentem, Gepidam in vulnere suorum cuncta tela frangentem, Suevum pede, Hunnum sagitta præsumere, Alanum gravi, Herulum levi armatura aciem instruere. (*Id. ibid.*)

[3] Commissa pugna contra Scythas ante conspectum urbis Romæ, tanta utrinque facta est cædes, ut nemo pugnantium ab utraque parte servaretur, præter quam duces paucique satellites eorum : cum cecidissent pugnantes, corpore defatigati, animo adhuc erecti, pugnabant tres integras noctes et dies, nihil viventibus pugnando inferiores, neque manibus neque animo. (PHOT., *Bibl.*, pag. 1059.)

[1] Romulus et Remus asilum constituisse perhibentur quærentes creandæ multitudinem civitatis : mirandum in honorem Christi præcessit exemplum. Hoc constituerunt eversores urbis quod instituerant antea conditores. (AUG., *de Civ. Dei*, lib. I, cap. XXXIV, p. 22. Basileæ.)

[2] Super capita elata palam, aurea atque argentea vasa portantur, exsertis undique ad defensionem gladiis pia pompa munitur. Hymnis Deo, Romanis Barbarisque concinentibus, canitur. — Personat late in excidio urbis salutis tuba..... (OROS., *Historiar.*, lib. VII, cap. XXXIX, pag. 574. Lugduni Batavorum, 1767.)

[3] Occurrente sibi (Attila) extra portas sancto Leone episcopo, cujus supplicatio ita cum Deo agente lenivit... nt cum omnia in potestate ipsius essent, tradita sibi civitate, ab igne tamen et cæde atque suppliciis abstineret. (PROSP. *Chronic.*)

[4] Indutus cilicio pernoctavit. SALVIAN., *de Gubern. Dei*, pag. 165.)

quitta que pour reprendre le sayon de peau.

Si les Romains l'emportoient sur leurs vainqueurs par la civilisation, ceux-ci leur étoient supérieurs en vertus. « Lorsque nous voulons « insulter un ennemi, dit Luitprand, nous « l'appelons *Romain*, ce nom signifie bassesse, « lâcheté, avarice, débauche, mensonge; il « renferme seul tous les vices[1]. » Les Barbares rejetoient l'étude des lettres, disant : « L'enfant qui tremble sous la verge ne pourra « regarder une épée sans trembler. » Dans la loi salique le meurtre d'un Frank est estimé deux cents sous d'or; celui d'un Romain propriétaire, cent sous, la moitié d'un homme [3].

Dignités, âge, profession, religion, n'arrêtèrent point les fureurs de la débauche; au milieu des provinces en flamme, on ne se pouvoit arracher aux jeux du cirque et du théâtre : Rome est saccagée, et les Romains fugitifs viennent étaler leur dépravation aux yeux de Carthage encore romaine pour quelques jours[4] Quatre fois Trèves est envahie, et le reste de ses citoyens s'assied, au milieu du sang et des ruines, sur les gradins déserts de son amphithéâtre.

« Fugitifs de la ville de Trèves, s'écrie Sal« vien, vous vous adressez aux empereurs afin « d'obtenir la permission de rouvrir le théâtre « et le cirque : mais où est la ville, où est le « peuple pour qui vous présentez cette re« quête[5]? »

Cologne succombe au moment d'une orgie générale ; les principaux citoyens n'étoient pas en état de sortir de table, lorsque l'ennemi, maître des remparts, se précipitoit dans la ville [1].

Presque toutes les maisons de Carthage étoient des maisons de prostitution : des hommes erroient dans les rues, couronnés de fleurs, répandant au loin l'odeur des parfums, habillés comme des femmes, la tête voilée comme elles, et vendant aux passants leurs abominables faveurs [2]. Genseric arrive : au dehors le fracas des armes, au dedans le bruit des jeux ; la voix du mourant, la voix d'une populace ivre, se confondent ; à peine le cri des victimes de la guerre se peut-il distinguer des acclamations de la foule au cirque [3].

Souvenez-vous, pour ne pas perdre de vue le train du monde, qu'à cette époque Rutilius mettoit en vers son voyage de Rome en Étrurie, comme Horace, aux beaux jours d'Auguste, son voyage de Rome à Brindes ; que Sidoine Apollinaire chantoit ses délicieux jardins, dans l'Auvergne envahie par les Visigoths; que les disciples d'Hypatia ne respiroient que pour elle, dans les douces relations de la science et de l'amour ; que Damascius, à Athènes, attachoit plus d'importance à quelque rêverie philosophique qu'au bouleversement de la terre; qu'Orose et saint Augustin étoient plus occupés du schisme de Pélage que de la

---

[1] Vocamus Romanum, hoc solo, id est quidquid luxuriæ, quidquid mendacii, imo quidquid vitiorum est comprehendentes. (LUITPRAND, *legat. apud. Murat. Scriptor. Ital.*, vol. II, part. I, pag. 481.)

[2] Eos nunquam hastam aut gladium despecturos mente intrepida, si scuticam tremuissent. (PROCOP., *de Bell. gothico.* lib. I, pag 512.)

[3] Si quis ingenuus Francum, aut hominem barbarum, occiderit, qui lege salica vivit, VIII denariis qui faciunt solidos CC, culpabilis judicetur. (Tit. XLIII, art. I.) Si romanus homo possessor occisus fuerit, IV denariis qui faciunt solidos C, culpabilis judicetur. (Tit. XLIII, art. VII.)

[4] Quæ (pestilentia dæmonum) animos miserorum adeo obcæcavit tenebris, tanta deformitate fœdavit ut etiam modo romana urbe vastata fugientes, Carthaginem venire, potuerunt, in theatris quotidie certatim pro histrionibus delirarent..... Vos nec contriti ab hoste luxuriam repressistis : perdidistis utilitatem calamitatis et miserrimi facti estis, et pessimi permansistis. (AUG., *de Civ. Dei.* lib. I, cap. XXXII.)

[5] Theatra igitur quæritis, circum a principibus postulatis : quæso cui statui, cui populo, cui civitati? (SALVIAN., *de Gubern. Dei*, lib. VI, pag. 217.)

[1] Ad gressum nutabundi (pag. 245). Barbaris pene in conspectu omnium sitis, nullus metus erat hominum, non custodia civitatum. (*id., ibid.*, pag. 214.)

[2] Adeo omnia pene compita, omnes vias, quasi foveæ libidinum.... Fœtebant, ut ita dixerim, cuncti urbis illius cives cœno libidinis spurcam sibimetipsis mutuo impudicitiæ nidorem inhalantes (pag. 260.)
Indicia sibi quædam monstruosæ impuritatis innectebant ut femineis tegminum illigamentis capita velarent atque publice in civitate (pag. 266)...... Latrono quodam modo excubias videret (pag. 269). (SALV., *de Gubern. Dei*, lib. VII.)

[3] Fragor, ut ita dixerim, extra muros et intra muros, præliorum et ludicrorum confundebantur : vox morientium voxque bacchantium : ac vix discerni forsitan poterat plebis ejulatio quæ cadebat in bello, et sonus populi qui clamabat in circo. (*Id. ibid.*, lib. VI, pag. 210.)

désolation de l'Afrique et des Gaules; que les eunuques du palais se disputoient des places qu'ils ne devoient posséder qu'une heure; qu'enfin il y avoit des historiens qui fouilloient comme moi les archives du passé au milieu des ruines du présent, qui écrivoient les annales des anciennes révolutions au bruit des révolutions nouvelles; eux et moi prenant pour table, dans l'édifice croulant, la pierre tombée à nos pieds, en attendant celle qui devoit écraser nos têtes.

On ne se peut faire aujourd'hui qu'une foible idée du spectacle que présentoit le monde romain, après les incursions des Barbares : le tiers (peut-être la moitié) de la population de l'Europe et d'une partie de l'Afrique et de l'Asie fut moissonné par la guerre, la peste et la famine.

La réunion de tribus germaniques, pendant le règne de Marc-Aurèle, laissa sur les bords du Danube des traces bientôt effacées; mais lorsque les Goths parurent au temps de Philippe et de Dèce, la désolation s'étendit et dura. Valérien et Gallien occupoient la pourpre quand les Franks et les Allamans ravagèrent les Gaules et passèrent jusqu'en Espagne.

Dans leur première expédition navale, les Goths saccagèrent le Pont; dans la seconde ils retombèrent sur l'Asie-Mineure; dans la troisième la Grèce fut mise en cendres. Ces invasions amenèrent une famine et une peste qui dura quinze ans; cette peste parcourut toutes les provinces et toutes les villes : cinq mille personnes mouroient dans un seul jour[1]. On reconnut par le registre des citoyens qui recevoient une rétribution de blé à Alexandrie, que cette cité avoit perdu la moitié de ses habitants[2].

Une invasion de trois cent vingt mille Goths, sous le règne de Claude, couvrit la Grèce; en Italie, du temps de Probus, d'autres Barbares multiplièrent les mêmes malheurs. Quand Julien passa en Gaule, quarante-cinq cités venoient d'être détruites par les Allamans : les habitants avoient abandonné les villes ouvertes, et ne cultivoient plus que les terres encloses dans les murs des villes fortifiées. L'an 412, les Barbares parcoururent les dix-sept provinces des Gaules, chassant devant eux, comme un troupeau, sénateurs et matrones, maîtres et esclaves, hommes et femmes, filles et garçons. Un captif qui cheminoit à pied au milieu des chariots et des armes n'avoit d'autre consolation que d'être auprès de son évêque, comme lui prisonnier : poëte et chrétien, ce captif prenoit pour sujet de ses chants les malheurs dont il étoit témoin et victime. « Quand « l'Océan auroit inondé les Gaules, il n'y au- « roit point fait de si horribles dégâts que cette « guerre. Si l'on nous a pris nos bestiaux, « nos fruits et nos grains, si l'on a détruit nos « vignes et nos oliviers, si nos maisons à la « campagne ont été ruinées par le feu ou par « l'eau, et si, ce qui est encore plus triste à « voir, le peu qui en reste demeure désert et « abandonné, tout cela n'est que la moindre « partie de nos maux. Mais, hélas! depuis dix « ans, les Goths et les Vandales font de nous « une horrible boucherie. Les châteaux bâtis « sur les rochers, les bourgades situées sur « les plus hautes montagnes, les villes envi- « ronnées de rivières, n'ont pu garantir les « habitants de la fureur de ces barbares, et « l'on a été partout exposé aux dernières ex- « trémités. Si je ne puis me plaindre du car- « nage que l'on a fait sans discernement, soit « de tant de peuples, soit de tant de personnes « considérables par leur rang, qui peuvent « n'avoir reçu que la juste punition des crimes « qu'ils avoient commis, ne puis-je au moins « demander ce qu'ont fait tant de jeunes en- « fants enveloppés dans le même carnage, eux « dont l'âge étoit incapable de pécher? Pour- « quoi Dieu a-t-il laissé consumer ses tem- « ples[1]? »

L'invasion d'Attila couronna ces destructions; il n'y eut que deux villes de sauvées au

---

[1] Nam et pestilentia tanta existebat vel Romæ, vel in Achaicis urbibus, et uno die quinque millia hominum pari morbo perirent. (*Hist. Aug.*, pag. 177.)

[2] Quærunt etiam quamobrem civitas ista maxima, non amplius tantam habitatorum multitudinem ferat, quantam senum.... quorum nomina in tabulas publicas pro divisione frumenti factitatas. (EUSEB., *Hist. eccl.*, lib. VII, cap. XXI.)

[1] Si totus Gallos sese effudisset in agros
Oceanus vastis plus superesset aquis, etc.
(*De Provid. div.*, trad. de TILLEMONT, *Hist. des Emp.*

nord de la Loire, Troyes et Paris. A Metz, les Huns égorgèrent tout, jusqu'aux enfants que l'évêque s'étoit hâté de baptiser; la ville fut livrée aux flammes : longtemps après on ne reconnoissoit la place où elle avoit été qu'à un oratoire échappé seul à l'incendie [1]. Salvien avoit vu des cités remplies de corps morts ; des chiens et des oiseaux de proie, gorgés de la viande infecte des cadavres, étoient les seuls êtres vivants dans ces charniers [2].

Les Thuringes qui servoient dans l'armée d'Attila exercèrent, en se retirant à travers le pays des Franks, des cruautés inouïes que Théodoric, fils de Khlovigh, rappeloit quatre-vingts ans après pour exciter les Franks à la vengeance. « Se ruant sur nos pères, ils leur « ravirent tout. Ils suspendirent leurs enfants « aux arbres par le nerf de la cuisse. Ils firent « mourir plus de deux cents jeunes filles d'une « mort cruelle : les unes furent attachées par « les bras au cou des chevaux qui, pressés « d'un aiguillon acéré, les mirent en pièces ; « les autres furent étendues sur les ornières « des chemins, et clouées en terre avec des « pieux : des charrettes chargées passèrent sur « elles ; leurs os furent brisés, et on les donna « en pâture aux corbeaux et aux chiens [3]. »

Les plus anciennes chartes de concessions de terrains à des monastères déclarent que ces terrains sont soustraits des forêts [4], qu'ils sont déserts, *eremi*, ou plus énergiquement, qu'ils sont pris du désert [5], *ab eremo*. Les canons du concile d'Angers (4 octobre 455) ordonnent aux clercs de se munir de lettres épiscopales pour voyager ; ils leur défendent de porter des armes ; ils leur interdisent les violences et les mutilations, et excommunient quiconque auroit livré des villes : ces prohibitions témoignent des désordres et des malheurs de la Gaule.

Le titre quarante-septième de la loi salique : *De celui qui s'est établi dans une propriété qui ne lui appartient point, et de celui qui la tient depuis douze mois*, montre l'incertitude de la propriété et le grand nombre de propriétés sans maîtres. « Quiconque aura été s'établir « dans une propriété étrangère, et y sera de- « meuré douze mois sans contestation légale, « y pourra demeurer en sûreté comme les au- « tres habitants [1]. »

Si, sortant des Gaules, vous vous portez dans l'est de l'Europe, un spectacle non moins triste frappera vos yeux. Après la défaite de Valens, rien ne resta dans les contrées qui s'étendent des murs de Constantinople au pied des Alpes Juliennes ; les deux Thraces offroient au loin une solitude verte, bigarrée d'ossements blanchis. L'an 448 des ambassadeurs romains furent envoyés à Attila : treize jours de marche les conduisirent à Sardique incendiée, et de Sardique à Naïsse : la ville natale de Constantin n'étoit plus qu'un monceau informe de pierres ; quelques malades languissoient dans les décombres des églises, et la campagne à l'entour étoit jonchée de squelettes [2]. « Les « cités furent dévastées, les hommes égorgés, « dit saint Jérôme ; les quadrupèdes, les oi- « seaux et poissons même disparurent ; le sol « se couvrit de ronces et d'épaisses forêts [3]. »

---

[1] Nec remansit in ea locus innustus, præter oratorium beati Stephani primi martyris ac levitæ. (Greg. Tur., lib. II, cap. VI.)

[2] Jacebant siquidem passim, quod ipse vidi atque sustinui, utriusque sexus cadavera nuda, lacerata, urbis oculos incestantia, avibus canibusque laniata. (Salv., *de Gubern. Dei*, lib. VI, pag. 246.)

[3] Inruentes super parentes nostros, omnem substantiam abstulerunt, pueros per nervum femoris ad arbores appendentes, puellas amplius ducentas crudeli nece interfecerunt : ita ut ligatis brachiis super equorum cervicibus ipsique acerrimo moti stimulo per diversa petentes, diversas in partes feminas diviserunt. Aliis vero super orbitas viarum extensis, sudibusque in terram confixis, plaustra desuper onerata transire fecerunt, confractisque ossibus, canibus, avibusque eas in cibaria dederunt. (Greg. Tur., lib. III, cap. VII.)

[4] *Act. S. Sever.*

[5] *S. Bernard. Vita.*

[1] Si autem quis migraverit in villam alienam, et ei aliquid infra duodecim menses secundum legem contestatum non fuerit, securus ibidem consistat sicut et alii vicini. (Art. IV.)

[2] Venimus Naissum quæ ab hostibus fuerat eversa et solo æquata : itaque eam desertam hominibus ostendimus, præter quam quod in ruinis sacrarum ædium erant quidam ægroti. Omnia enim circa ripam erant plena ossibus eorum qui bello ceciderant (*Excerpta c'legationibus ex Hist. Goth.* Prisci *rhetoris, in corp. Byz. Histor.*, pag. 59. Parisiis, e typographia regia, 1660.)

[3] Vastatis urbibus, hominibusque interfectis, solitudinem et raritatem bestiarum quoque fieri, et volati-

ANALYSE

RAISONNÉE

DE L'HISTOIRE DE FRANCE.

ANALYSE

RAISONNÉE

DE L'HISTOIRE DE FRANCE,

DEPUIS LE RÈGNE DE KHLOVIGI JUSQU'A CELUI DE PHILIPPE VI, DIT DE VALOIS.

PREMIÈRE RACE.

Qu'étoient devenues les trois vérités de l'ordre social quand l'empire d'Occident s'écroula ?

La vérité religieuse avoit fait un pas immense : le polythéisme étoit détruit, et avec le dogme d'un Dieu s'établissoient les vérités corollaires de ce dogme.

La vérité philosophique étoit rentrée dans la vérité religieuse comme au berceau de la civilisation.

La vérité politique avoit suivi les progrès de la vérité religieuse. Les destructeurs du monde romain étoient libres ; ils trouvèrent sur leur chemin une société organisée dans la servitude: la jeune liberté sauvage s'assit d'abord sur cette société, comme le vieux despotisme romain l'avoit fait : des républiques militaires, frankes, burgondes, visigothes, saxonnes, gouvernèrent des esclaves à l'instar des anciennes républiques civiles, grecques et latines.

Voilà le point où avoient abouti les faits nés du choc des générations païennes, chrétiennes et barbares, à partir du règne d'Auguste pour arriver à celui d'Augustule.

Maintenant les trois vérités fondamentales, combinées d'une autre façon, vont produire aussi les faits du moyen âge : la vérité religieuse, dominant tout, ordonnera la guerre et commandera la paix, favorisera la vérité poli-

tique (la liberté) dans les rangs inférieurs de la société, ou soutiendra partiellement le pouvoir dans des intérêts privés ; elle poursuivra avec le fer et le feu la vérité philosophique échappée de nouveau du sanctuaire sous l'habit de quelque moine savant ou hérétique. Ainsi continuera la lutte jusqu'au jour où les trois vérités, se pondérant, produiront la société perfectionnée des temps actuels.

J'ai dit que l'empire romain-latin étoit devenu l'empire romain-barbare un siècle et demi avant la chute d'Augustule. Cet empire mixte subsista plus de quatre siècles encore après la déposition de ce prince. Les Franks, les Bourguignons et les Visigoths en Gaule, les Ostrogoths et les Lombards en Italie, furent des possesseurs que les populations connoissoient, qu'elles avoient vus dans les légions, et qui, soumis à leurs lois nationales, laissoient au monde assujetti ses mœurs, ses habitudes, souvent même ses propriétés : une religion commune étoit le lien commun entre les vaincus et les vainqueurs. Ce n'est qu'après l'invasion des Normands, sous les derniers rois franks de la race karlovingienne, que la transformation sociale commence à frapper les yeux.

Il n'y eut jamais de complète barbarie, comme on se l'est persuadé. On ne peut pas dire qu'un peuple soit entièrement barbare, quand il a conservé la culture de l'intelligence et la connoissance de l'administration. Or, l'étude des lettres, de la philosophie et de la théologie continua parmi le clergé ; l'administration municipale, fiscale, publique et domestique demeura longtemps ce qu'elle avoit été sous l'empire. La science militaire périt dans la discipline, mais l'art de la fortification ne se détériora point, et même les machines de guerre se perfectionnèrent. Il n'y a donc rien de nouveau à remarquer sous les deux premières races ; si ce n'est les mœurs particulières des familles investies du pouvoir, l'achèvement de la monarchie de l'Église, et les hautes sources qui, comme des écluses, lâchèrent sur l'Europe le torrent des siècles féodaux.

Toutefois, deux observations doivent être faites. Le chef du gouvernement étoit électif sous la race mérovingienne et sous la race karlovingienne, de même qu'il l'avoit été au temps des Césars ; mais auprès du gouvernement des Franks se trouvoit une institution qui le faisoit différer de l'antiquité romaine : des conseils, composés d'évêques et de chefs militaires, décidoient les affaires avec le roi ; des assemblées générales, ou plutôt les grandes revues des mois de mars et de mai, recevoient une communication assez légère de la besogne traitée dans ces assemblées particulières : celles-ci étoient nées de la tradition des États des Gaules rétablis un moment par Arcade et Honorius ; mais elles s'étoient surtout modelées sur l'organisation des conciles. Si l'on veut avoir une idée juste de ces temps, sans y chercher des nouveautés qui n'y sont pas, il faut reconnoître que la société entière prit la forme ecclésiastique : tout se gouverna pour l'Église et par l'Église, depuis les nations jusqu'aux rois, dont le sacre étoit purement le sacre d'un évêque. Que les laïques fussent admis à siéger avec le clergé, ce n'étoit pas coutume insolite : dans plusieurs conventions religieuses, les empereurs romains présidoient, et les grands officiers de la couronne délibéroient. Nous avons vu des philosophes et des païens même assister au concile de Nicée.

La seconde observation sur cette époque historique est relative aux maires du palais. Le premier maire dont il soit fait mention est Goggon, qui fut envoyé à Athanaghilde de la part de Sighebert, pour lui demander la main de Brunehilde.

Deux origines doivent être assignées à la mairie, l'une romaine, l'autre franke ou germanique. Le *maire* représentoit le *magister officiorum* ; celui-ci acquit dans la palais des empereurs la puissance que le *maire* obtint dans la maison du roi frank. Considérée dans son origine romaine, la charge de maire du palais fut temporaire sous Sighebert et ses devanciers, viagère sous Khlother, héréditaire sous Khlovigh II : elle étoit incompatible avec la qualité de prêtre et d'évêque. Elle porte dans les auteurs le nom de *magister palatii*, *præfectus aulæ*, *rector aulæ*, *gubernator palatii*, *major domus*, *rector palatii*, *moderator palatii*, *præpositus palatii*, *provisor aulæ regiæ*, *provisor palatii*.

Pris dans son origine, franke ou germanique, le maire du palais étoit ce *duc* ou chef de guerre, dont l'élection appartenoit à la nation tout aussi bien que l'élection du roi : *Reges ex*

nobilitate, duces ex virtute sumunt. J'ai déjà indiqué ce qu'il y avoit d'extraordinaire dans cette institution, qui créoit chez un même peuple deux pouvoirs suprêmes indépendants. Il devoit arriver, et il arriva que l'un de ces deux pouvoirs prévalut. Les maires, s'étant trouvés de plus grands hommes que les souverains, les supplantèrent. Après avoir commencé par abolir les assemblées générales, ils confisquèrent la royauté à leur profit, s'emparant à la fois du pouvoir et de la liberté. Les maires n'étoient point des rebelles: ils avoient le droit de conquérir, parce que leur autorité émanoit du peuple ou de ce qui étoit censé le représenter, et non du monarque: leur élection nationale, comme chefs de l'armée, leur donnoit une puissance légitime. Il faut donc réformer ces vieilles idées de sujets oppresseurs de leurs maîtres et détenteurs de leur couronne. Un roi et un général d'armée, également souverains par une élection séparée (*reges et duces sumunt*), s'attaquent; l'un triomphe de l'autre, voilà tout. Une des dignités périt, et la mairie se confondit avec la royauté par une seule et même élection. On n'auroit pas perdu tant de lecture et de recherches à blâmer ou à justifier l'usurpation des maires du palais, on se seroit épargné de profondes considérations sur les dangers d'une charge trop prépondérante, si l'on eût fait attention à la double origine de cette charge, si l'on n'eût pas toujours voulu voir un *grand-maître de la maison du roi*, là où il falloit aussi reconnoître un chef militaire librement choisi par ses compagnons: « *Omnes Austrasii, cum eligerent* « *Chrodinum majorem domus.* »

J'ai déjà fait observer qu'il ne seroit pas rigoureusement exact de comparer les nations germaniques et slaves aux hordes sauvages de l'Amérique. Dans le tableau général que j'ai tracé des mœurs des Barbares, celles des Franks occupent une place considérable; j'ai donc peu de chose à ajouter ici. Cependant je dois remarquer que les Franks passoient encore pour le peuple le moins grossier de tous ces peuples; le témoignage d'Agathias est formel « Les « Franks, dit-il, ne ressemblent point aux au- « tres Barbares qui ne veulent vivre qu'aux « champs et ont horreur du séjour des villes... « Ils sont très-soumis aux lois, très-polis; ils « ne diffèrent guère de nous que par le lan- « gage et le vêtement: *nihiloque a nobis differ-* « *re quam solum modo barbarico vestitu et* « *linguæ proprietate.* » Longtemps avant le sixième siècle, leurs relations avec les Romains avoient urbanisé leurs coutumes, sinon humanisé leur caractère. Salvien dit qu'ils étoient *hospitaliers*: ce qui signifie ici *sociables*. Dans le tombeau de Khildéric Ier, découvert en 1653 à Tournay, se trouva une pierre gravée: l'empreinte représentoit un homme fort beau, portant les cheveux longs, séparés sur le front et rejetés en arrière, tenant un javelot de la main droite; autour de la figure étoit écrit le nom de Khildéric en lettres romaines; un globe de cristal, signe de la puissance, un stylet avec des tablettes, des anneaux, des médailles de plusieurs empereurs, des lambeaux d'une étoffe de pourpre, étoient mêlés à des ossements: il n'y a rien dans tout cela de trop barbare. On lit aux histoires que les Germains adoucissoient leur rudesse au-delà du Rhin par le voisinage des Franks. Selon Constantin Porphyrogénète, Constantin-le-Grand fut l'auteur d'une loi qui permettoit aux empereurs de s'allier au sang des Franks, tant ce sang paroissoit noble.

Mais, quel que fût le degré de sociabilité des Franks, il me semble qu'il n'en faut faire ni un peuple civilisé ni un peuple sauvage, et qu'il faut lui laisser surtout sa perfidie, sa légèreté, sa cruauté, sa fureur militaire, attestées par les auteurs contemporains. Vopiscus, et après lui Procope, accusent les Franks de se faire un jeu de violer leur foi, et Salvien leur reproche le peu d'importance qu'ils attachent au parjure. « Les Franks, dit Nazaire, sur- « passent toutes les nations barbares en féro- « cité. » Un panégyriste anonyme prétend qu'ils se nourrissoient de la chair des bêtes féroces, et Libanius assure que la paix étoit pour eux une horrible calamité.

L'opinion dominante fait des Franks une ligue de quelques tribus germaniques associées pour la défense de leur liberté: c'est encore une de ces opinions sans preuve, qu'aucun document historique n'appuie. Les Franks étoient tout simplement des Germains, comme le témoignent saint Jérôme, Procope et Agathias. Que nos ancêtres aient reçu leur nom de la li

berté, ou qu'ils le lui aient communiqué, notre orgueil national n'a rien à souffrir de l'une ou de l'autre hypothèse. Libanius, altérant le nom de *Frank* pour lui trouver une étymologie grecque, le fait dériver de ρράσσω *habiles à se fortifier;* d'autres veulent qu'il signifie *indomptable* dans une langue nommée *lingua attica* ou *hattica*, sans nous dire ce que c'est que cette langue. Le savant et judicieux greffier du Tillet, frère du savant évêque de Meaux, avance que le nom de *Frank* vient de deux mots teutons *Freien ansen*, libres jeunes hommes, ou libres compagnies, prononcés par synérèse *Fransen;* il remarque qu'un privilége de marchands octroyé par Louis-le-Gros a retenu le mot *anse, société*. Une grande autorité (M. Thierry) suppose au mot tudesque *Frank* ou *Frak*, la puissance du mot latin *ferox:* nous en restons toujours à la chanson des soldats de Probus pour autorité première. *Francus* étoit-il un sobriquet militaire donné par les soldats de Probus à cette poignée de Germains qu'ils vainquirent dans les environs de Mayence? Que vouloit dire ce sobriquet? Un savant [1] l'explique du mot *Fram* ou *Framée*, comme si les soldats de Probus avoient entendu les Barbares crier : A la lance! à la lance! aux armes! aux armes! Mais alors les Germains se seroient tous appelés Franks, puisqu'ils portoient tous la framée : *Frameas gerunt angusto et brevi ferro*, dit Tacite.

Quoi qu'il en soit, les Franks habitoient de l'autre côté du Rhin, à peu près au lieu où les place la carte de Peutinger, dans ce pays qui comprend aujourd'hui la Franconie, la Thuringe, la Hesse et la Westphalie. Ils ravagèrent les Gaules sous Gallien; et pénétrèrent jusqu'en Espagne; ils reparurent sous Probus, sous Constance et sous Constantin. Constance transplanta une de leurs colonies dans le pays d'Amiens, de Beauvais, de Langres, de Troyes, et conclut un traité avec le reste. Après cette époque, des Franks entrèrent au service des empereurs. On voit successivement Sylvanus, Mellobald, Mérobald, Balton, Rikhomer, Carietton, Arbogaste, revêtus des grandes charges militaires de l'empire. Mais d'autres Franks indépendants, Genobalde, Markhomer et Sunnon, restèrent ennemis, et firent, du temps de Maxime, une irruption dans les Gaules; ils paroissoient s'y être fixés pendant le règne d'Honorius, vers l'an 420, et on leur donne pour conducteur le roi Pharamond. Comprenons toujours bien que ce nom de roi ne signifie que *chef* militaire (*coning*) de différents degrés : sur-roi, sous-roi, demi-roi : *ober, under, halfkoning* (THIERRY).

Il n'est pas du tout sûr qu'il ait existé un Pharamond, et que ce Pharamond fût le père de Khlodion; mais il est certain que Khlodion, ou plutôt Khlodion-le-Chevelu, étoit roi des Franks occidentaux en 427, et qu'il s'empara de Tournay et de Cambrai en 445. Aëtius le chassa de ses conquêtes en deçà du Rhin. Khlodion mourut en 447 ou 448.

Les uns lui donnent deux fils, les autres trois, parmi lesquels se trouveroit Auberon, dont on feroit descendre Ansbert, tige de la famille de la seconde race.

On ignore quel fut le père de Mérovée ou Mérovigh, successeur de Khlodion : étoit-il son fils? avoit-il un frère aîné, lequel implora le secours d'Attila, tandis que Mérovigh se jeta sous la protection des Romains? Il est prouvé que Mérovigh n'étoit pas ce beau jeune Frank qui portoit une longue chevelure blonde qu'Aëtius adopta pour fils, et que Priscus avoit vu à Rome. Les savants ont fort disserté sur tout cela, sans réfléchir que la royauté, ou plutôt la *cheftainerie* étant élective chez les Franks, il n'y avoit rien de plus naturel que de trouver des chefs successifs qui n'étoient pas fils les uns des autres. Ricoron dit qu'après la mort de Khlodion, Mérovigh fut élu roi des Franks. Frédégher raconte que la femme de Khlodion, se baignant un jour dans la mer, fut surprise par un monstre dont elle eut Mérovigh : fable mêlée de mythologie grecque et scandinave.

« Selon un certain poëte, appelé *Virgile*, « dit le même auteur, Priam fut le premier « roi des Franks, et Friga fut le successeur « de Priam. Troie étant prise, les Franks se « séparèrent en deux bandes; l'une comman- « dée par le roi Francio, s'avança en Europe, « et s'établit sur les bords du Rhin. » L'auteur des *Gestes des Rois franks*, Paul Diacre, Roricon, Aimoin, Sighebert de Ghemblours,

[1] GIBERT.

font le même récit. Annius de Viterbe, enchérissant sur ces chroniques, compose une généalogie des rois gaulois et des rois franks. Il donne vingt-deux rois aux Gaulois avant la guerre de Troie. Sous Rémus, le dernier de ces rois, arriva la prise de Troie; et Francus, fils d'Hector, vint épouser dans les Gaules la fille de Rémus. On veut que les Franks qui combattirent dans l'armée romaine, aux champs catalauniques, fussent commandés par Mérovigh.

Mérovigh eut pour successeur, l'an 456, Khildérik Ier, son fils. Khildérik, enlevé encore enfant par un parti de l'armée des Huns, fut délivré par un Frank nommé Viomade. Khildérik étoit un chef dissolu que les Franks chassèrent. Il se retira en Thuringe, auprès d'un roi nommé Bising. Les Franks se donnèrent pour chef Égidius, commandant les armées romaines. Au bout de huit ans, Khildérik fut rappelé; Viomade lui renvoya la moitié d'une pièce d'or qu'ils avoient rompue, et qui devoit être le signe d'une réconciliation avec son pays. Le vrai de tout cela, c'est que Khildérik étoit allé à Constantinople, d'où l'empereur le dépêcha en Gaule pour contre-balancer l'autorité suspecte d'Égidius.

Bazine, femme du roi de Thuringe, accourut auprès de son hôte Khildérik, et lui dit : « Je « viens habiter avec toi; si je savois qu'il y « eût outre-mer quelqu'un qui me fût plus « utile que toi, je l'eusse été chercher pour « dormir avec lui. » Khildérik se réjouit et la prit à femme. La première nuit de leur mariage, Bazine dit à Khildérik : « Abstenons-« nous; lève-toi, et ce que tu verras dans la « cour du logis, tu le viendras dire à ta ser-« vante. » Khildérik se leva, et vit passer des bêtes qui ressembloient à des lions, à des licornes et à des léopards. Il revint vers sa femme, et lui dit ce qu'il avoit vu, et sa femme lui dit : « Maître, va derechef, et ce que tu « verras, tu le raconteras à ta servante. » Khildérik sortit de nouveau, et vit passer des bêtes semblables à des ours et à des loups. Ayant raconté cela à sa femme, elle le fit sortir une troisième fois, et il vit des bêtes d'une race inférieure. Là-dessus Bazine explique à Khildérik toute sa postérité, et elle engendra un fils nommé Khlovigh : celui-ci fut grand, guerrier illustre, et semblable à un lion parmi les rois. Voici déjà poindre l'imagination du moyen âge; elle se retrouve dans l'histoire du mariage de Khlothilde, ou Khrotechilde, fille de Khilpérik et nièce de Gondebald, roi de Bourgogne.

Le Gaulois Aurélien, déguisé en mendiant, portant sur son dos une besace au bout d'un bâton, est chargé du message : il devoit remettre à Khlothilde un anneau que lui envoyoit Khlovigh, afin qu'elle eût foi dans les paroles du messager. Aurélien, arrivé à la porte de la ville (Genève), y trouva Khlothilde assise avec sa sœur Sœdehleuba : les deux sœurs exerçoient l'hospitalité envers les voyageurs, car elles étoient chrétiennes. Khlothilde s'empresse de laver les pieds d'Aurélien. Celui-ci se penche vers elle, et lui dit tout bas : « Maî-« tresse, j'ai une grande nouvelle à t'annoncer, « si tu me veux conduire dans un lieu où je te « puisse parler en secret. » — « Parle, » lui répond Khlothilde. Aurélien dit : « Khlovigh, « roi des Franks, m'envoie vers toi; si c'est la « volonté de Dieu, il désire vivement t'épouser, « et, pour que tu me croies, voilà son anneau. » Khlothilde l'accepte, et une grande joie reluit sur son visage; elle dit au voyageur : « Prends « ces cent sous d'or en récompense de ta « peine, avec mon anneau. Retourne vers ton « maître; dis-lui que s'il me veut épouser, il « envoie promptement des ambassadeurs à « mon oncle Gondebald. » C'est une scène de l'Odyssée.

Aurélien part; il s'endort sur le chemin; un mendiant lui vole sa besace, dans laquelle étoit l'anneau de Khlothilde; le mendiant est pris, battu de verges, et l'anneau retrouvé. Khlovigh dépêche des ambassadeurs à Gondebald qui n'ose refuser Khlothilde. Les ambassadeurs présentent un sou et un denier, selon l'usage, fiancent Khlothilde au nom de Khlovigh et l'emmènent dans une basterne. Khlothilde trouve qu'on ne va pas assez vite; elle craint d'être poursuivie par Aricius, son ennemi, qui peut faire changer Gondebald de résolution. Elle saute sur un cheval, et la troupe franchit les collines et les vallées.

Aridius, sur ces entrefaites, étant revenu de Marseille à Genève, remontre à Gondebald qu'il a égorgé son frère Khilpérik, père de

Khlothilde; qu'il a fait attacher une pierre au cou de la mère de sa nièce, et l'a précipitée dans un puits; qu'il a fait jeter dans le même puits les têtes des deux frères de Khlothilde ; que Khlothilde ne manquera pas d'accourir se venger, secondée de toute la puissance des Franks. Gondebald, effrayé, envoie à la poursuite de Khlothilde; mais celle-ci, prévoyant ce qui devoit arriver, avoit ordonné d'incendier et de ravager douze lieues de pays derrière elle. Khlothilde sauvée s'écrie : « Je te « rends grâces, Dieu tout-puissant, de voir le « commencement de la vengeance que je de- « vois à mes parents et à mes frères[1] ! » Véritables mœurs barbares, qui n'excluent pas la mansuétude des mœurs chrétiennes mêlées dans Khlothilde aux passions de sa nature sauvage.

Avant son mariage, Khlovigh, âgé de vingt ans, avoit attaqué la Gaule. Les monuments historiques prouvent que son invasion fut favorisée, surtout dans le midi de la France, par les évêques catholiques, en haine des Visigoths ariens. Khlovigh battit les Romains à Soissons, et les Allemands à Tolbiak. Il se fit ensuite chrétien : saint Remi lui conféra le baptême le jour de Noël, l'an 496.

Les Bourguignons et les Visigoths subirent tour à tour les armes de Khlovigh. Les Armoriques (la Bretagne), depuis longtemps soustraites à l'autorité des Romains, consentirent à reconnoître celle du fils de Mérovigh. Anastase, empereur d'Orient, envoya à Khlovigh le titre et les insignes de patrice, de consul et d'auguste.

Ce fut à peu près à cette époque que Khlovigh vint à Paris : Khildérik, son père, avoit occupé cette ville quand il pénétra dans les Gaules.

Khlovigh tua ou fit tuer tous ses parents, petits rois de Cologne, de Saint-Omer, de Cambrai et du Mans.

Le premier concile de l'Église gallicane se tint sous Khlovigh à Orléans, l'an 511. On y trouve les principes du droit de régale, droit qui faisoit rentrer au fisc les revenus d'un bénéfice laissé sans maître pendant la vacance du bénéfice. Khlovigh ne comprit sans doute ce droit que comme un impôt que les prêtres lui accordoient sur leurs biens : quelques legs testamentaires du chef des Franks me font présumer qu'il ne parloit pas latin. Il suffit de mentionner ce droit de régale pour entrevoir les abîmes qui nous séparent du passé : étrangers à notre propre histoire, ne nous semble-t-il pas qu'il s'agisse de quelque coutume de la Perse ou des Indes ? On fixe à cette même année 511 la rédaction de la loi salique, la mort de sainte Genovefe (Geneviève) et celle de Khlovigh. La bergère gauloise et le roi frank furent inhumés dans l'église de Saint-Pierre et de Saint-Paul, qui prit dans la suite le nom de la patronne de Paris; on célébroit encore au commencement de la révolution une messe pour le repos de l'âme du Sicambre, dans l'église même où il avoit été enterré. La vérité religieuse a une vie que la vérité philosophique et la vérité politique n'ont pas : combien de fois les générations s'étoient-elles renouvelées, combien de fois la société avoit-elle changé de mœurs, d'opinions et de lois, dans l'espace de 1280 ans ! Qui s'étoit souvenu de Khlovigh à travers tant de ruines et de siècles ? un prêtre sur un tombeau.

Khlovigh laissa quatre fils : Thierry, fils d'une concubine ; Khlodomir, Khildebert, Khlother, fils de Khlothilde. Le royaume fut partagé selon la loi salique comme un bien de famille; on en fit quatre lots qui furent tirés au sort : il n'y avoit point de droit d'aînesse ; nous avons vu que les lois des Barbares favorisoient le cadet. La France s'étendoit alors du Rhin aux Pyrénées et de l'Océan aux Alpes; elle possédoit de plus la terre natale des Franks, au-delà du Rhin, jusqu'à la Westphalie ; mais ces limites changeoient à tout moment. Une section géographique plus fixe avoit lieu: le royaume de ce côté-ci de la Loire se divisoit en oriental et occidental, Oster-Rike et Neoster-Rike; l'Austrasie comprenoit le pays entre le Rhin, la Meuse et la Moselle ; la Neustrie embrassoit le territoire entre la Meuse, la Loire et l'Océan. Au-delà de la Saône et de la Loire étoit la Gaule conquise sur les Burgondes ou Bourguignons et les Visigoths. Les chroniqueurs et les hagiographes disent souvent la *France* et la *Gaule*, distinguant l'une de l'autre.

[1] *Hist. Franc.*, epit.

Les quatre rois, pour succéder à la couronne, obtinrent le consentement des Franks. Les quatre royaumes étoient fédératifs sous une même loi politique, il y avoit une assemblée commune qui délibéroit sur les affaires communes aux quatre états.

Les fils de Khlovigh eurent à soutenir la guerre contre Théodoric, roi d'Italie, contre Amalaric, roi des Visigoths d'Espagne, contre Balric, roi de Thuringe, contre Sighismond et Gondemar, rois de Bourgogne. La Bourgogne fut subjuguée et réunie à la France : ce royaume des Burgondes avoit subsisté cent vingt ans. Klodomir, roi d'Orléans, fut tué à la bataille de Véseronce près de Vienne.

Il laissa trois fils : Théodebert, Gonther et Khlodoald, élevés par Khlothilde, veuve de Khlovigh. Khildebert et Khlother, pour s'emparer de ces jeunes enfants, députent Arcade à Khlothilde : c'étoit un sénateur de la ville de Clermont, homme choisi parmi ces vaincus qui ne refusent aucune condition de l'esclave, et qu'on attache au crime comme à la glèbe. Il portoit à Khlothilde des ciseaux et une épée nue, et il lui dit : « O glorieuse reine, tes fils, « nos seigneurs, désirent connoître ta volonté « concernant tes petits-enfants : ordonnes-tu « qu'on leur coupe les cheveux, ou qu'on les « égorge? » A ce message, Khlothilde, saisie de terreur, regardant tour à tour l'épée nue et les ciseaux, répondit : « Si mes petits-enfants « ne doivent pas régner, je les aime mieux voir « morts que tondus. » Arcade ne laissant pas à l'aïeule le temps de s'expliquer plus clairement, revient trouver les deux rois, et leur dit : « Accomplissez votre dessein ; la reine étant « favorable se veut bien rendre à votre con- « seil. » Paroles ambiguës qu'on pouvoit expliquer dans un sens divers, selon l'événement. Khlother saisit le plus âgé des enfants, le jette contre terre, et lui enfonce son couteau sous l'aisselle. A ses cris son frère se prosterne aux pieds de Khildebert, embrasse ses genoux, et lui dit tout en larmes : « Secours-moi, mon « très-cher père, afin qu'il ne soit pas fait à « moi comme à mon frère. » Alors Khildebert se prit à pleurer, et dit : « Je t'en prie, mon « très-doux frère, que ta générosité m'accorde « la vie de celui-ci. Ce que tu me demanderas, « je te l'accorderai, pourvu qu'il ne meure « point. » Khlother obstiné au meurtre dit : « Rejette l'enfant loin de toi, ou meurs pour « lui : tu as été l'instigateur de la chose, et « maintenant tu me veux fausser la foi ! » Khildebert entendant ceci repoussa l'enfant, et Khlother lui perça le côté avec son couteau, comme il avoit fait à son frère ; ensuite Khlother et Khildebert tuèrent les nourriciers et les enfants compagnons de leurs neveux : l'un étoit âgé de dix ans, l'autre de sept. Khlodoald, le troisième fils de Khlodomir, fut sauvé par le secours d'hommes puissants[1]. Khlodoald, devenu grand, abandonna le royaume de la terre, passa à Dieu, coupa ses cheveux, et, persistant dans les bonnes œuvres, sortit prêtre de cette vie (7 septembre 560). Il bâtit un monastère au bourg de Noventium, qui changea son nom pour prendre celui du petit-fils de Khlovigh. Et Saint-Cloud vient de voir partir pour un dernier exil le dernier successeur du premier de nos rois !

Dans ces crimes de Khlother et de Khildebert, distinguez ce qui appartient à la civilisation de la barbarie. Le massacre par les propres mains de Khlother est du sauvage ; le désir d'envahir un trône et d'accroître un état est de l'homme civilisé. Tous les frères de Khlother étant morts, il hérite d'eux : il livre bataille à son fils Khramn qui s'étoit déjà révolté ; il le défait, et le brûle avec toute sa famille dans une chaumière. Khlother meurt à Compiègne (562).

Ses quatre fils partagèrent de nouveau ses états, toujours avec l'assentiment des Franks ; mais les quatre royaumes n'eurent pas les mêmes limites.

Sighebert épousa Brunehilde, fille puînée d'Athanaghilde, roi des Visigoths : elle étoit arienne, et se fit catholique. Khilpérik Ier eut pour maîtresse Frédégonde, qu'il épousa lorsque Galswinte, sa femme, sœur aînée de Brunehilde, fut morte.

Les démêlés et les fureurs de ces deux belles femmes amènent des guerres civiles, des empoisonnements, des meurtres, et occupent les règnes confus de Karibert, de Gontran, de

---

[1] Viros fortes......... qui postea vulgo barones appellati sunt.

Sighebert Ier, de Khilpérik Ier, de Khildebert II, de Khlother II, de Thierry Ier, de Théodebert II. Khlother II se trouve enfin seul maître du royaume des Franks en 613.

Les Lombards s'étoient établis en Italie (565) seize ans après l'extinction du royaume des Ostrogoths. L'exarchat de Ravenne avoit commencé sous le patrice Longin, envoyé de l'empereur Justin. Les maires du palais firent sentir leur autorité croissante dans l'Austrasie et la Bourgogne.

Les Gascons ou Wascons, vers l'an 595, descendirent des Pyrénées et s'établirent dans la Novempopulanie, à laquelle ils donnèrent leur nom; ils s'étendirent peu à peu jusqu'à la Garonne. Il y eut guerre avec ces peuples: Théodebert II, après les avoir défaits, leur donna pour chef Genialis, qui fut le premier duc de Gascogne.

Il ne faut croire ni tout le bien que Fortunat, Grégoire de Tours et saint Grégoire, pape, ont dit de Brunehilde, ni tout le mal qu'en ont raconté Frédégher, Aimoin et Adon qui d'ailleurs n'étoient pas contemporains de cette princesse: c'étoit à tout prendre une femme de génie, et dont les monuments sont restés. Si elle fut mise à la torture pendant trois jours, promenée sur un chameau au milieu d'un camp, attachée à la queue d'un cheval, déchirée et mise en pièces par la course de cet animal fougueux, ce ne fut pas pour la punir de ses adultères, puisqu'elle avoit près de quatre-vingts ans. Si elle avoit fait mourir dix rois (ce qui est prouvé faux), il eût été plus juste de lui faire un crime des princes qu'elle avoit mis au monde, que de ceux dont elle avoit délivré la France.

Khlother décéda l'an 628. Il eut deux fils: Dagobert et Karibert. Karibert mourut vite, et Dagobert donna du poison à Khildérik, fils aîné de Karibert. Un autre fils de ce prince, Bogghis, se contenta de l'Aquitaine à titre de duché héréditaire.

Le roi Dagobert menoit toujours avec lui grande tourbe de concubines, c'est-à-dire des meschines qui pas n'étoient ses épouses, sans autres qu'il avoit autre part, qui avoient et nom et aornement de roynes. (Mer des Hist. et chron.) Grégoire de Tours cite trois reines: Nanthilde, Vulfgunde et Berthilde; il se dispense de nommer les concubines, parce qu'elles sont, dit-il, en trop grand nombre. Les trésors de Dagobert et de saint Eloi sont demeurés fameux. *En chasses le roi se déportoit acoustumément.* (Mer des Hist.) Il y a une belle et poétique histoire d'un cerf qui se réfugia dans une petite chapelle bâtie à *Catulliac* par sainte Genovefe, sur les corps de saint Denis et de ses compagnons. Ce fut là que Dagobert jeta les fondements de ce Capitole des François où se conservoient leurs chroniques avec les cendres royales, comme les pièces à l'appui des faits. Buonaparte fit reconstruire les souterrains dévastés, et leur promit sa poussière en indemnité des vieilles gloires spoliées: il a déçu sa tombe. Louis XVIII occupe à peine un coin obscur des caveaux vides, avec les restes plus ou moins retrouvés de Marie-Antoinette, de Louis XVI, et quelques ossements rapportés de l'exil. Puis s'est venu cacher auprès de son père le dernier des Condé, devant le cercueil duquel Bossuet fût demeuré muet. Et enfin le duc de Berry attend inutilement son père, son frère et son fils dans ces sépulcres d'espérance. Que sert-il de préparer d'avance un asile au néant, quand l'homme est chose si vaine qu'il n'est pas même sûr de naître?

Les deux fils de Dagobert, Sighebert II ou III, roi d'Austrasie, Khlovigh II, roi de Bourgogne et de Neustrie, gouvernèrent l'empire des Franks. Peppin-le-Vieux avoit été maire du palais sous Dagobert; il continua de l'être sous Sighebert.

Suit l'histoire confuse de Dagobert II et III, de Khlother III, de Khildérik II, de Thierry III. La puissance royale avoit passé aux maires du palais après les sanglants démêlés de Grimoald, d'Arkembald, de l'évêque Léger, et d'Ébroïn.

Ébroïn est assassiné; plusieurs maires du palais sont élus: Berther est le dernier. Peppin de Héristal, duc d'Austrasie, petit-fils de Peppin-le-Vieux, père de Karle-le-Martel, aïeul de Peppin-le-Bref, et trisaïeul de Charlemagne, fait la guerre à Thierry, auquel il donnoit toujours le nom de roi. Thierry est battu, et Peppin, au lieu de le détrôner, règne à côté de lui sous le nom de maire du palais. Peppin fait rentrer dans l'obéissance les peuples qui s'étoient soustraits à l'autorité des Franks.

A Thierry III commence la série des rois surnommés *fainéants*. L'âpre sève de la première race s'affadit promptement, et les fils de Khlovigh tombèrent vite du pavois dans un fourgon traîné par des bœufs.

Peppin continua de régner sous Khlovigh III, Khildebert III, fils de Thierry, et sous une partie du règne de Dagobert III, fils de Khildebert III (de 692 à 714). Peppin meurt et paroît, avant de mourir, ou méconnoître les grandes qualités de son fils Karle (Martel), ou n'oser le faire élire à sa place, parce que Karle n'étoit que le fils d'une concubine, Alpaïde : il lui substitua son petit-fils Theudoalde. Un enfant devint maire du palais sous la tutelle de Plectrude, son aïeule, comme s'il eût été un roi héréditaire. Karle, qui ne portoit pas encore son surnom, est emprisonné au désir de Plectrude. Les Franks se soulèvent : Theudoalde fuit; Karle se sauve de sa prison; les Austrasiens le reconnoissent pour leur duc.

Les Sarrasins appelés par le comte Julien chassoient alors les Visigoths et envahissoient l'Espagne. Les peuples du Nord se ruoient sur la France.

Dagobert meurt et laisse un fils nommé Thierry; mais les Franks choisirent Daniel, fils de Khildérik II, qui régna sous le nom de Khilpérik II.

Il combattit Karle, duc d'Austrasie, qui le vainquit. Celui-ci fit nommer roi Khlother IV. Ce Khlother mourut tôt, et Khilpérik II, retiré en Aquitaine, fut rappelé par Karle, qui se contenta d'être son maire du palais.

Thierry IV, dit de Chelles, fils de Dagobert III, succède à Khilpérik II (720). C'est sous ce règne que Karle-le-Martel déploya ces talents de victoire qui lui valurent ce surnom. Les Sarrasins avoient déjà traversé l'Espagne, passé les Pyrénées, et inondé la France jusqu'à la Loire. Karle-le-Martel les écrasa entre Tours et Poitiers, et leur tua plus de trois cent mille hommes (752). C'est un des plus grands événements de l'histoire : les Sarrasins victorieux, le monde étoit mahométan. Karle abattit encore les Frisons, les fit catholiques, bon gré malgré, et réunit leur pays à la France.

Karle vainquit Eudes, duc d'Aquitaine, et força Hérald, fils d'Eudes, à lui faire hommage des domaines de son père.

Thierry étant décédé, Karle régna seul sur toute la France comme duc des Franks, depuis 737 jusqu'à 741. Il contint les Saxons soulevés de nouveau, chassa les Sarrasins de la Provence. Grégoire III lui proposa de se soustraire, lui pape, à la domination de l'empereur Léon, et de le proclamer, lui Karle, consul de Rome : commencement de l'autorité temporelle des papes.

Karle meurt (741). Karloman et Peppin, ses fils, se partagent l'autorité royale. Peppin, élu chef de la Neustrie, de la Bourgogne et de la Provence, proclame roi Khildérik III, fils de Khildérik II, dans cette partie du royaume; Karloman reste gouverneur de l'Autrasie, puis se retire à Rome et embrasse la vie monastique.

Quand le voyageur françois regarde le Soracte à l'horizon de la campagne romaine, se souvient-il qu'un Frank, fils de Karle-le-Martel, frère de Peppin-le-Bref, et oncle de Charlemagne, habitoit une cellule au haut de cette montagne?

Khildérik III est détrôné, tondu et enfermé dans le monastère de Sithiu (Saint-Bertin). Il mourut en 754. Son fils Thierry passa sa vie à l'ombre des cloîtres dans le couvent de Fontenelle, en Normandie. Les Mérovingiens avoient régné deux cent soixante-dix ans.

Si les *Études* qui précèdent sont fondées sur des faits incontestables, le lecteur ne s'est point trouvé en un pays nouveau dans le royaume des Franks; c'est toujours l'*empire barbare-romain*, tel qu'il existoit plus d'un siècle avant l'invasion de Khlovigh. Seulement le peuple vainqueur, qui s'est substitué à la souveraineté des Césars, parle sa langue maternelle, et se distingue par quelques coutumes de ses forêts; le fond de la société est demeuré le même. Au lieu de généraux romains, on voit des chefs germaniques qui se font gloire de jeter sur leur casaque étroite et bigarrée la pourpre consulaire qu'on leur envoie de Constantinople, mais à laquelle ils n'étoient pas étrangers. Tout étoit romain, religion, lois, administration : les Gaules, et surtout le Lyonrois, l'Auvergne, la Provence, le Languedoc, la Guienne, étoient couverts de temples, d'amphithéâtres, d'aqueducs, d'arcs de triomphe, et de villes ornées de Capitoles ; les voies militaires existoient par-

tout; Brunehilde les fit réparer. Il est vrai que les rois de la première race et les maires du palais les plus fameux, entre autres Karle-le-Martel, saccagèrent des cités qu'avoient épargnées les précédents barbares. Avignon fut détruit de fond en comble; Agde et Béziers éprouvèrent le même sort. C'est encore Karle-le-Martel qui renversa Nîmes (738); il y ensevelit ces ruines que nous essayons d'exhumer.

La nature des propriétés ne changea pas davantage sous la domination des Franks; l'esclavage étoit de droit commun chez les Barbares comme chez les Romains, bien qu'il fût plus doux chez les premiers. Ainsi la servitude que l'on remarque en Gaule devenue franke n'étoit point le résultat de la conquête; c'étoit tout simplement ce qui existoit parmi le peuple vainqueur et parmi le peuple vaincu, l'effet de ces lois grossières nées de la rude liberté germanique, et de ces lois élaborées, écloses du despotisme raffiné de la civilisation romaine. Les Gaulois, que la conquête franke trouva libres, restèrent libres; ceux qui ne l'étoient pas portèrent le joug auquel les condamnoit le Code romain, les lois salique, ripuaire, saxonne, gombette et visigothe. La propriété moyenne continuoit à se perdre dans la grande propriété, par les raisons qu'en donne Salvien : *De Gub.* (Voyez l'*Étude cinquième, troisième partie.*)

Quant à l'état des personnes, le tarif des *compositions* annonce bien la dégradation morale de ces personnes, mais ne prouve pas le changement de leur état. Les noms seuls suffisent pour indiquer la position des hommes : presque tous les noms des évêques et des chefs des emplois civils sont latins de ce côté-ci de la Loire, dans les premiers siècles de la monarchie, et presque tous les noms de l'armée sont franks; mais en Provence, en Auvergne, et de l'autre côté de la Loire, jusqu'aux Pyrénées, presque tous les noms sont d'origine latine ou gothique dans l'armée, l'Église et l'administration. Lorsque les chefs franks commencèrent à entrer eux-mêmes dans le clergé, et que le soldat devint moine, l'évêque et le moine se firent à leur tour soldats. On voit, dès la première race, l'évêque d'Auxerre, Haincmar, combattre avec Karle-le-Martel contre les Sarrasins, et contribuer puissamment à la victoire (*Hist. epis. Autis.*)

Les sciences et les lettres furent, à cette époque, dans les Gaules, ce qu'elles étoient dans le monde romain, selon le degré d'instruction et le plus ou moins de tranquillité des diverses provinces de l'empire. Fortunat, Frédégher, Grégoire de Tours, Marculfe, saint Remi, une foule d'ecclésiastiques et quelques laïques lettrés écrivoient alors.

Sous le rapport politique, nous voyons le dernier des Mérovingiens tondu et renfermé dans un cloître : ce n'est point encore là une nouveauté; l'usage remontoit plus haut; on rasoit les derniers empereurs d'Occident pour en faire des prêtres et des évêques.

Mais il ne me semble pas certain que Khilpérik devînt moine, bien qu'on lui coupât les cheveux et qu'on le confinât dans un monastère. Couper les cheveux à un Mérovingien, c'étoit tout simplement le déposer et le reléguer dans la classe populaire. On dépouilloit un roi frank de sa chevelure comme un empereur de son diadème. Les Germains, dans leur simplicité, avoient attaché le signe de la puissance à la couronne naturelle de l'homme.

Il arriva que l'inégalité des rangs se glissa, par cette coutume, dans la nation. Pour que les chefs fussent distingués des soldats, il fallut bien que ceux-ci se coupassent les cheveux : le simple Frank portoit les cheveux courts par derrière et longs par devant (SIDOINE). Khlovigh et ses premiers compagnons, en revenant de la conquête du royaume des Visigoths, offrirent quelques cheveux de leur tête à des évêques. Ces Samsons leur laissoient ce gage comme un signe de force et de protection. Un pêcheur trouva le corps d'un jeune homme dans la Marne; il le reconnut pour être le corps de Khlovigh II, à la longue chevelure dont la tête étoit ornée, et dont l'eau n'avoit pas encore déroulé les tresses (GREG. TUR., lib. VIII). Les Bourguignons, à la bataille de Véserence, reconnurent au même signe qu'un chef frank, Khlodomir, avoit été tué. « Ces « chefs, dit Agathias, portent une chevelure « longue; ils la partagent sur le front et la laissent tomber sur leurs épaules; ils la font friser; ils l'entretiennent avec de l'huile; elle « n'est point sale, comme celle de quelques « peuples, ni tressée en petites nattes, comme « celle des Goths. Les simples Franks ont les

« cheveux coupés en rond, et il ne leur est pas
« permis de les laisser croître. »

On prêtoit serment sur ses cheveux.

A douze ans on coupoit pour la première fois la chevelure aux enfants de la classe commune : cela donnoit lieu à une fête de famille appelée *capitolatoria*.

Les clercs étoient tondus comme serfs de Dieu : la tonsure a la même origine.

On condamnoit les conspirateurs à s'inciser mutuellement les cheveux.

Les Visigoths paroissent avoir attaché aux cheveux la même puissance que les Franks : un canon du concile de Tolède, de l'an 628, déclare qu'on ne pourra prendre à roi celui qui se sera fait couper les cheveux.

Quand les cheveux repoussoient, le pouvoir revenoit. Thierry III recouvra la dignité royale, qu'il avoit perdue en perdant ses cheveux (*Quam nuper tonsoratus amiserat, recepit dignitatem*). Khlovigh avoit fait couper les cheveux au roi Khararik et à son fils. Khararik pleuroit de sa honte ; son fils lui dit : « Les « feuilles tondues sur le bois vert ne se sont « pas séchées ; elles renaissent promptement » (*In viridi ligno hæ frondes succisæ sunt, nec omnino aresciunt; sed velociter emergunt.*)

La couronne même de Charlemagne n'a surpa point sur la chevelure du Frank l'autorité souveraine. Lother se vouloit saisir de Karle, son frère, pour le tondre et le rendre incapable de la royauté ; la nature avoit devancé l'inimitié fraternelle, et la tête de Karle-le-Chauve offroit l'image de son impuissance à porter le sceptre.

Mais, vers la fin du sixième siècle, il y avoit déjà des Gaulois-Romains qui laissoient croître leur barbe et leurs cheveux : les Franks toléroient cette imitation, pour cacher peut-être leur petit nombre. « Grégoire de Tours remar« que que le bienheureux Léobard n'étoit pas « de ceux qui cherchent à plaire aux Barbares « en laissant flotter épars les anneaux de leurs « cheveux. » (*Dimissis capillorum flagellis Barbarum plaudebat. De Vit. Patrum.*) Le précepteur de Dagobert, Saudreghesil, avoit une longue barbe, puisque Dagobert la lui coupa. Enfin, dans le douzième siècle, les rois abrogèrent la loi qui défendoit aux serfs de porter les cheveux longs. Cette abrogation fut obtenue à la sollicitation de Pierre Lombard, évêque de Paris, et de plusieurs autres prélats. Les ecclésiastiques, en envoyant leurs serfs à la guerre, et les donnant pour champions, exigèrent qu'ils eussent l'extérieur des ingénus contre lesquels ils combattoient. Voilà comment la longue chevelure a marqué parmi nous une grande époque historique, comment elle a servi à signaler le passage de l'esclavage à la liberté, et la transformation du Frank en François. Il faut toutefois remarquer qu'il y avoit des Gaulois appelés *Capillati*, *Crinosi*, une Gaule chevelue, *Gallia comata*; que les Bretons portoient les cheveux longs comme les Franks (Frédégher); que dans les vies de plusieurs saints gaulois, on voit ces saints arranger leur chevelure. Est-il probable que les Franks, en se fixant au milieu de leurs conquêtes, aient forcé tous les peuples qui reconnoissoient leur domination à quitter leurs usages ? C'est donc particulièrement de la nation victorieuse qu'il faut entendre tout ce qui est dit concernant les cheveux dans notre histoire.

Je ne m'arrêterai point à l'examen de cette seconde invasion des Franks, qu'on place à l'avénement des maires de la race karlovingienne, laquelle invasion auroit donné la couronne à cette race : qu'il y eut des guerres civiles continuelles entre les Franks de l'Austrasie et les Franks de la Neustrie, rien n'est plus vrai; que ces guerres conférèrent la puissance à ceux qui avoient le génie, et qu'elles mirent les Karlovingiens à la place des Mérovingiens, rien n'est encore plus exact; mais, après tout cela, il le faut dire, il n'y a pas trace d'invasion nouvelle. En attendant des preuves qui jusqu'ici ne se trouvent point, je ne puis penser comme des hommes habiles, dont je me plais, d'ailleurs, à reconnoître tout le mérite[1].

Il y eut sous la première race, et jusque sous la seconde, dans les familles souveraines barbares un désordre qui n'exista point dans les familles souveraines romaines. Les princes franks avoient plusieurs femmes et plusieurs concubines, et les partages avoient lieu entre les enfants de ces femmes, sans distinction de droit d'aînesse, sans égard à la bâtardise et à la légitimité.

[1] Voyez la Préface des *Études historiques*.

En résumé, la société, dans sa décomposition et sa recomposition lente et graduelle, fut presque immobile sous les Mérovingiens : une transformation sensible ne se manifesta que vers la fin de la seconde race. Il n'y a donc rien d'important à examiner dans les cinq cents premières années de la monarchie, si ce n'est la marche ascendante de l'Église vers le plus haut point de sa domination. Les bas siècles furent tout entiers le règne et l'ouvrage de l'Église : je montrerai bientôt sa position, quand nous serons arrivés à l'entrée même de cette autre espèce de barbarie qu'on appelle le moyen âge ; barbarie d'où sont sorties, par la fusion complète des peuples païen, chrétien et barbare, les nations modernes.

DEUXIÈME RACE.

TRAITER d'usurpation l'avénement de Peppin à la couronne, c'est un de ces vieux mensonges historiques qui deviennent des vérités à force d'être redits. Il n'y a point d'usurpation là où la monarchie est élective, on l'a déjà remarqué ; c'est l'hérédité qui dans ce cas est une usurpation. « Peppin fut élu de l'avis et du consentement de tous les Franks, » ce sont les paroles du premier continuateur de Frédegher. (*Cap.* XII.) Le pape Zacharie, consulté par Peppin, eut raison de lui répondre : « Il « me paroît bon et utile que celui-là soit roi « qui, sans en avoir le nom, en a la puissance, de « préférence à celui qui, portant le nom de roi, « n'en garde pas l'autorité. »

Les papes, d'ailleurs, pères communs des fidèles, ne peuvent entrer dans ces questions de droit : ils ne doivent reconnoître que le fait : sinon la cour de Rome se trouveroit enveloppée dans toutes les révolutions des cours chrétiennes ; la chute du plus petit trône au bout de la terre ébranleroit le Vatican. « Le « prince, dit Éghinard, se contentoit d'avoir « les cheveux flottants et la barbe longue ; il « étoit réduit à une pension alimentaire, ré- « glée par le maire du palais ; il ne possédoit « qu'une maison de campagne d'un revenu « modique, et quand il voyageoit, c'étoit sur « un chariot traîné par des bœufs, et qu'un « bouvier conduisoit à la manière des paysans. »

Les intérêts, sans doute, vinrent à l'appui des réalités politiques. Il avoit existé de grandes liaisons entre les papes Grégoire II, Grégoire III, et le maire du palais Karle-le-Martel. Peppin désiroit être roi des Franks, comme Zacharie désiroit se soustraire au joug des empereurs de Constantinople, protecteurs des Iconoclastes, et à l'oppression des Lombards. Saint Boniface, évêque de Mayence, ayant besoin de l'entremise des Franks pour étendre ses missions en Germanie, fut le négociateur qui mena toute cette affaire entre Zacharie et Peppin. Et pourtant Peppin crut devoir demander l'absolution de son infidélité envers Khildérik III, au pape Étienne, bien aise qu'étoit celui-ci qu'on lui reconnût le droit de condamner ou d'absoudre.

D'un autre côté, les ducs d'Aquitaine refusèrent assez longtemps de se soumettre à Peppin ; nous les voyons, jusque sous la troisième race, renier Hugues Capet et dater les actes publics : *Rege terreno deficiente, Christo regnante.* Guillaume-le-Grand, duc d'Aquitaine à cette époque, ne reconnut d'une manière authentique que Robert, fils de Hugues : *Regnante Roberto, rege theosopho.* On eût ignoré les causes secrètes des rudes guerres que Peppin d'Héristal, Karle-le-Martel, Peppin-le-Bref et Charlemagne firent aux Aquitains, si la charte d'Alaon, imprimée dans les conciles d'Espagne, commentée et éclaircie par dom Vaissette, n'avoit prouvé que les ducs d'Aquitaine descendoient d'Haribert par Bogghis, famille illustre qui s'est perpétuée jusqu'à Louis d'Armagnac, duc de Nemours, tué à la bataille de Cérignoles, en 1503. Ainsi les ducs d'Aquitaine venoient en directe ligne de Khlovigh ; la force seule les put réduire à n'être que les vassaux d'une couronne dont leurs pères avoient été les maîtres. Il est curieux de remarquer aujourd'hui l'ignorance ou la mauvaise foi d'Éghinard ; après avoir dit que Karle et Karloman succédèrent à Peppin leur

père, il ajoute : « L'Aquitaine ne put demeu-
« rer longtemps tranquille, par suite des guer-
« res dont elle avoit été le théâtre. Un certain
« Hunold, aspirant au pouvoir, excita les ha-
« bitants, etc. » Or, ce certain Hunold étoit
fils d'Eudes, duc d'Aquitaine et père de Waif-
fer, également duc d'Aquitaine et héritier de
la maison des Mérovingiens. Je me suis arrêté à ces guerres d'Aquitaine, dont aucun
historien, Gaillard et La Bruère exceptés n'a
touché la vraie cause : c'étoit tout simplement
une lutte entre un ancien fait et un fait nouveau, entre la première et la seconde race.

Peppin, élu roi à Soissons (751), défait les
Saxons; il passe en Italie à la prière du pape
Étienne III, pour combattre Astolphe, roi des
Lombards, qui menaçoit Rome après s'être
emparé de l'exarchat de Ravenne. Peppin reprend l'exarchat, le donne au pape, et jette
les fondements de la royauté temporelle des
pontifes.

Après Peppin vient son fils, qui ressuscite
l'empire d'Occident. Charlemagne continue
contre les Saxons cette guerre qui dura trente-
trois années ; il détruit en Italie la monarchie
des Lombards, et refoule les Sarrasins en Espagne. La défaite de son arrière-garde à Ronce-
vaux engendre pour lui une gloire romanesque
qui marche de pair avec sa gloire historique.

On compte cinquante-trois expéditions militaires de Charlemagne ; un historien moderne en a donné le tableau. M. Guizot remarque judicieusement que la plupart de ces
expéditions eurent pour motifs d'arrêter et de
déterminer les deux grandes invasions des
Barbares du Nord et du Midi.

Charlemagne est couronné empereur d'Occident à Rome par le pape Léon III (800).
Après un intervalle de trois cent vingt-quatre
années, fut rétabli cet empire dont l'ombre et
le nom restent encore après la disparition du
corps et de la puissance.

Une sensibilité naturelle pour l'honneur
d'un grand homme a porté presque tous les
écrivains à se taire sur la destinée des cousins
de Charlemagne : Peppin-le-Bref avoit laissé
deux fils, Karloman et Karle; Karloman eut
à son tour deux fils, Peppin et Siaghre. Le
premier a disparu dans l'histoire; pendant
près de neuf siècles on a ignoré le sort du second. Un manuscrit de l'abbaye de Saint-
Pons de Nice, envoyé à l'évêque de Meaux, a
fait retrouver Siaghre dans un moine de cette
abbaye. Siaghre, devenu évêque de Nice, a
été mis au rang des saints, et il étoit réservé à
Bossuet de laver d'un crime la mémoire de
Charlemagne.

Ce prince, qui étoit allé chercher les Barbares jusque chez eux pour en épuiser la
source, vit les premières voiles des Normands :
ils s'éloignèrent en toute hâte de la côte que
l'empereur protégeoit de sa présence. Charlemagne se leva de table, se mit à une fenêtre
qui regardoit l'Orient, et y demeura longtemps immobile : des larmes couloient le long
de ses joues ; personne n'osoit l'interroger.
« Mes fidèles, dit-il aux grands qui l'environ-
« noient, savez-vous pourquoi je pleure ? Je
« ne crains pas pour moi ces pirates, mais je
« m'afflige que, moi vivant, ils aient osé insul-
« ter ce rivage. Je prévois les maux qu'ils fe-
« ront souffrir à mes descendants et à leurs
« peuples. » (Moine de Saint-Gall.)

Ce même prince, associant son fils, Hlowigh-
le-Débonnaire, à l'empire, lui dit : « Fils cher
« à Dieu, à ton père, et à ce peuple, toi que
« Dieu m'a laissé pour ma consolation ; tu le
« vois, mon âge se hâte ; ma vieillesse même
« m'échappe : le temps de ma mort approche...
« Le pays des Franks m'a vu naître, Christ
« m'a accordé cet honneur ; Christ me permit
« de posséder les royaumes paternels : je les
« ai gardés non moins florissants que je les
« ai reçus. Le premier d'entre les Franks j'ai
« obtenu le nom de César, et transporté à la
« race des Franks l'empire de la race de Ro-
« mulus. Reçois ma couronne, ô mon fils,
« Christ consentant, et avec elle les marques
« de la puissance..... »

« Karle embrasse tendrement son fils, et lui
« dit le dernier adieu. » (Ermold. Nigel.)

Le vieux chrétien Charlemagne pleurant à la
vue de la mer, par le pressentiment des maux
qu'éprouveroit sa patrie quand il ne seroit plus ;
puis associant à l'empire, avec un cœur tout
paternel, ce fils qui devoit être si malheureux
père ; racontant à ce fils sa propre histoire, lui
disant qu'il étoit né dans le pays des Franks,
qu'il avoit transporté à la race des Franks l'empire de la race de Romulus ; Charlemagne an-

nonçant que son temps est fini, que la vieillesse même lui échappe : ce sont de belles scènes qui attendent le peintre futur de notre histoire. Les dernières paroles d'un père de famille au milieu de ses enfants ont quelque chose de triste et de solennel : le genre humain est la famille d'un grand homme, et c'est elle qui l'entoure à son lit de mort.

Le poëte de Hlovigh fait venir son nom *Hludovicus* du mot latin *ludus*, ou, ce qui est beaucoup plus vrai, des deux mots teutons, *hlut*, fameux, et *Wigh*, dieu à la guerre. Hlovigh-le-Débonnaire étoit malheureusement trop bon écolier ; il savoit le grec et le latin : l'éducation littéraire donnée aux enfants de Charlemagne fut une des causes de la prompte dégénération de sa race. Hlovigh hérita du titre d'empereur et de roi des Franks ; Peppin, autre fils de Charlemagne, avoit eu en partage le royaume d'Italie.

Hlovigh-le-Débonnaire associa son fils Lother à l'empire (817), créa son autre fils Peppin duc d'Aquitaine, et son autre fils Hlovigh roi de France. Son quatrième fils, Karle II, dit le Chauve, qu'il avoit eu de Judith, sa seconde femme, n'eut d'abord aucun partage.

Les démêlés de Hlovig-le-Débonnaire et de ses fils eurent pour résultat deux dépositions et deux restaurations de ce prince qui expira en 840 d'inanition et de chagrin.

Karle-le-Chauve n'avoit que dix-sept ans lorsque son père décéda : il étoit roi de France, de Bourgogne et d'Aquitaine. Il s'unit à Hlovigh, roi de Bavière, son frère de père, contre Lother, empereur et roi d'Italie et de Rome. La bataille de Fontenay, en Bourgogne, fut livrée le 25 juin 841. Karle-le-Chauve et Hlovigh de Bavière demeurèrent vainqueurs de Lother et du jeune Peppin, fils de Peppin, roi d'Aquitaine, dont la dépouille avoit été donnée par Hlovigh-le-Débonnaire à Karle-le-Chauve.

On a porté jusqu'à cent mille le nombre des morts restés sur la place : exagération manifeste. (Voir *la savante Dissertation de l'abbé Lebœuf*.) Mais ces affaires entre les Franks étoient extrêmement cruelles, et l'ordre profond qu'ils affectoient dans leur infanterie amenoit des résultats extraordinaires. Thierry remporta, en 612, une victoire sur son frère Théodebert à Tolbiac, lieu déjà célèbre. « Le « meurtre fut tel des deux côtés, dit la Chro« nique de Frédégher, que les corps des tués, « n'ayant pas assez de place pour tomber, res« tèrent debout serrés les uns contre les autres, « comme s'ils eussent été vivants. » *Stabant mortui inter cæterorum cadavera stricti, quasi viventes.* (Cap. XXXVIII.)

Un des premiers historiens des temps modernes, M. Thierry, a fixé avec une rare perspicacité à la bataille de Fontenay le commencement de la transformation du peuple frank en nation françoise. La plus grande perte étant tombée sur les tribus qui se servoient encore de la langue germanique, les vainqueurs firent graduellement prévaloir les mœurs et la langue romanes. Cette bataille prépara encore une révolution par un autre effet : la plupart des anciens chefs franks y périrent, comme les anciens nobles françois restèrent au champ de Crécy ; ce qui amena au rang supérieur de la société les chefs d'un rang secondaire, de même encore que la seconde noblesse françoise surgit après les déroutes de Crécy et de Poitiers. Ces seconds Franks, fixés dans leurs fiefs, devinrent, sous la troisième race, la tige de la haute noblesse françoise.

L'empereur Lother, retiré à Aix-la-Chapelle, leva une nouvelle armée de Saxons et de Neustriens. Advint alors le traité et le serment entre Karle et Hlovigh, écrits et prononcés dans les deux langues de l'empire, la langue romane et la langue tudesque. Je ferai néanmoins observer qu'il y avoit une troisième langue, le celtique pur, que l'on distinguoit de la langue *gauloise* ou *romane*, comme le prouve ce passage de Sulpice Sévère : Parlez celtique, ou gaulois, si vous aimez mieux : *Tu vero celtice, vel si mavis, gallice loquere.* Au milieu de ces troubles parurent les Normands, qui devoient achever de composer, avec les Gaulois-Romains, les Burgondes ou Bourguignons, les Visigoths, les Bretons, les Wascons ou Gascons, et les Franks, la nation françoise : Robert-le-Fort, bisaïeul de Hugues Capet, et qui possédoit le duché de Paris, fut tué d'un coup de flèche, en combattant contre les Normands des environs du Mans.

L'empereur Lother meurt en habit de moine (855) : prince turbulent, persécuteur de son père et de ses frères.

Karle-le-Chauve est empoisonné par le Juif Sédécias, dans un village au pied du Mont-Cénis, en revenant en France (3 octobre 877).

Hlovigh-le-Bègue succède au royaume des Franks, et est couronné empereur par le pape Jean VIII. Karloman, fils de Hlovigh-le-Germanique, lui disputa l'empire, et fut peut-être empereur ; mais, après la mort de Karloman, Karle-le-Gros, son frère, obtint l'empire.

Karle-le-Gros, empereur, devint encore roi de France à l'exclusion de Karle, fils de Hlovigh-le-Bègue. Il posséda presque tous les états de Charlemagne. Siége de Paris par les Normands, qui dure deux ans et que Karle-le-Gros fait lever à l'aide d'un traité honteux. Il avoit recueilli autant de mépris que de grandeurs ; on l'avoit dépouillé de la dignité impériale avant sa mort, arrivée en 888.

Karle, fils de Hlovigh-le-Bègue, fut proposé pour empereur ; on n'en voulut pas plus qu'on n'en avoit voulu pour roi de France. Arnoul, bâtard de l'empereur Karloman, succède à l'empire de Karle-le-Gros ; Eudes, comte de Paris et fils de Robert-le-Fort, est proclamé roi des Franks dans l'assemblée de Compiègne : Eudes avoit défendu Paris contre les Normands. En 892, Karle III est enfin proclamé roi dans la ville de Laon. Il y eut partage entre Eudes et Karle : Eudes eut le pays entre la Seine et les Pyrénées, et Karle les provinces depuis la Seine jusqu'à la Meuse.

Après la mort d'Eudes (898), Karle III, dit le Simple, recueillit la monarchie entière. Alors commençoient les guerres particulières entre les chefs devenus souverains des provinces dont ils avoient été les commandants. A Saint-Clair-sur-Epte fut conclu (912) le traité en vertu duquel Karle-le-Simple donne sa fille Ghisèle en mariage à Rollon, et cède à son gendre cette partie de la Neustrie que les conquérants appeloient déjà de leur nom. Rollon la posséda à titre de duché, sous la réserve d'en faire hommage à Karle et d'embrasser la religion chrétienne : il demanda et obtint encore la seigneurie directe et immédiate de la Bretagne : grand homme de justice et d'épée, il fut le chef de ce peuple qui renfermoit en lui quelque chose de vital et de créateur propre à former d'autres peuples.

L'empereur Hlovigh IV étant mort, Karle, resserré dans un étroit domaine par les seigneuries usurpées, ne put intervenir, et l'empire sortit de la France. Conrad, duc de Franconie, et ensuite Henric Ier tige de la maison impériale de Saxe, furent élus empereurs. Le fils d'Henric, Othon, dit le Grand, couronné à Rome (962), réunit le royaume d'Italie au royaume de Germanie.

Robert, frère du roi Eudes, est proclamé roi et sacré à Reims (922). Karle-le-Simple lui livre bataille, le défait et le tue. Tout épouvanté de sa victoire, il s'enfuit auprès de Henric, roi de Germanie, et lui cède une partie de la Lothingarie. De là il s'enfuit chez Herbert, comte de Vermandois, d'où il s'enfuit enfin dans sa tombe (929). Oghine, fille d'Édouard Ier, roi des Anglois, se retire à Londres auprès d'Adelstan, son frère ; elle emmène avec elle son fils Hlovigh, qui prit le surnom d'*Outre-mer*.

En 923 on veut décerner la couronne à Hugues, qui la fait donner à son beau-frère Raoul, duc et comte de Bourgogne : Raoul ne fut jamais reconnu roi dans les provinces méridionales de la France. Il meurt à Autun, en 936. Hugues, dit le Grand, dit l'Abbé, dit le Blanc, ne veut point encore de la couronne, et fait revenir Hlovigh-d'Outre-mer, fils de Karle-le-Simple. Celui-ci, âgé de seize ans, monte au trône.

En 954, il meurt d'une chute de cheval, et laisse deux fils, Lother et Karle, duc de Lothingarie.

Lother est élu roi, sous le patronage de Hugues-le-Grand ; le royaume, devenu trop petit, ne se partage point entre les deux frères. Hugues décède (956). Lother voit ses états presque réduits, par l'envahissement des grands vassaux, à la ville de Laon ; ainsi s'étoit rétréci le large héritage de Charlemagne. Charles VII fut aussi *roi de Bourges*, mais il sortit de cette ville pour reconquérir son royaume, et Lother ne reprit pas le sien. Il mourut à Reims, en 986, du poison que lui donna sa femme, fille de Lother, roi d'Italie. Son fils, Louis V, surnommé mal à propos le Fainéant, fut le dernier roi de la race karlovingienne. Il ne régna qu'un an, et partagea le destin de son père : sa femme, Blanche d'Aquitaine, l'empoisonna ; il ne laissa point de postérité. Karle, son

oncle, avoit des prétentions à la couronne; mais l'élection se fit en faveur de Hugues Capet, duc des François. Hugues commença la race de ces rois dont le dernier vient de descendre du trône : force est de reconnoître cette grandeur du passé par le vide et le mouvement qu'elle creuse et qu'elle cause dans le monde en se retirant.

Les soixante premières années de la seconde race n'offrent aucun changement remarquable dans les mœurs et dans le gouvernement; c'est toujours la société romaine dominée par quelques conquérants. Le rétablissement de l'empire d'Occident donne même à cette époque un plus grand air de ressemblance avec les temps antérieurs. Sous le rapport militaire, Charlemagne ne fait que ce que beaucoup d'empereurs avoient fait avant lui; il se transporte en diverses provinces de l'Europe pour repousser des Barbares, comme Probus, Aurélien, Dioclétien, Constantin, Julien, avoient couru d'un bout du monde à l'autre dans la même nécessité. Sous le rapport de la législation et des études, Charlemagne avoit encore eu des modèles; les empereurs, même les plus ignorés et les plus foibles, s'étoient distingués par la promulgation des lois et l'établissement des écoles; mais il faut convenir que ces nobles entreprises de Charlemagne amenèrent d'autres résultats; elles étoient aussi plus méritoires dans le soldat teuton qui fit recueillir les chansons des anciens Germains; « Qui mist noms aux douze « mois selonc la langue toyse, et noms propres « aux douze vents; car avant ce n'estoient no-« mé que li quatre vent cardinal, dans un sol-« dat qui se vestoit à la maniere de France, « vestoit en yver un garnement forré de piaus « de loutre ou de martre, dans un soldat qui « levoit un chevalier armé sur sa paume, et de « Joyeuse, son épée, coupoit un chevalier tout « armé. » (Chron. Saint-Denis.)

On retrouve à la cour des rois des deux premières races les charges et les dignités de la cour des Césars, ducs, comtes, chanceliers, référendaires, camériers, domestiques, connétables, grands-maîtres du palais : Charlemagne seul garda la première simplicité des Franks; ses devanciers et ses successeurs affectèrent la magnificence romaine. On voit auprès de Hlovigh-le-Débonnaire, Hérold-le-Danois portant une chlamyde de pourpre, ornée de pierres précieuses et d'une broderie d'or; sa femme, par les soins de la reine Judith, revêt une tunique également brodée d'or et de pierreries; un diadème couvre son front, et un long collier descend sur son sein. La reine danoise, il est vrai, a aussi des cuissards de mailles d'or et de perles, et un capuchon d'or retombe sur ses épaules : ce sont des sauvages se parant à leur fantaisie dans le vestiaire d'un palais. Dans une chasse brillante, l'enfant Karle (Karle-le-Chauve) *frappe de ses petites armes une biche que lui ont ramenée ses jeunes compagnons* : Virgile ne disoit pas mieux d'Ascagne.

Les Capitulaires de Charlemagne, relatifs à la législation civile et religieuse, reproduisent à peu près ce que l'on trouve dans les lois romaines et dans les canons des conciles; mais ceux qui concernent la législation domestique sont curieux par le détail des mœurs.

Le Capitulaire *de Villis fisci* se compose de soixante-dix articles, vraisemblablement recueillis de plusieurs autres Capitulaires.

Les intendants du domaine sont tenus d'amener au palais où Charlemagne se trouvera le jour de la Saint-Martin d'hiver tous les poulains, de quelque âge qu'ils soient, afin que l'empereur, après avoir entendu la messe, les passe en revue.

On doit au moins élever dans les basses-cours des principales métairies cent poules et trente oies.

Il y aura toujours dans ces métairies des moutons et des cochons gras, et au moins deux bœufs gras, pour être conduits, si besoin est, au palais.

Les intendants feront saler le lard; ils veilleront à la confection des cervelas, des andouilles, du vin, du vinaigre, du sirop de mûres, de la moutarde, du fromage, du beurre, de la bière, de l'hydromel, du miel et de la cire.

Il faut, pour la dignité des maisons royales, que les intendants y élèvent des laies, des paons, des faisans, des sarcelles, des pigeons, des perdrix et des tourterelles.

Les colons des métairies fourniront aux manufactures de l'empereur du lin et de la laine, du pastel et de la garance, du vermillon, des instruments à carder, de l'huile et du savon.

Les intendants défendront de fouler la vendange avec les pieds : Charlemagne et la reine, qui commandent également dans tous ces détails, veulent que la vendange soit très-propre.

Il est ordonné, par les articles 59 et 65, de vendre au marché, au profit de l'empereur, les œufs surabondants des métairies et les poissons des viviers.

Les chariots destinés à l'armée doivent être tenus en bon état, les litières doivent être couvertes de bon cuir, et si bien cousues qu'on puisse s'en servir au besoin comme de bateaux pour passer une rivière.

On cultivera dans les jardins de l'empereur et de l'impératrice toutes sortes de plantes, de légumes et de fleurs : des roses, du baume, de la sauge, des concombres, des haricots, de la laitue, du cresson alénois, de la menthe romaine, ordinaire et sauvage, de l'herbe aux chats, des choux, des oignons, de l'ail et du cerfeuil.

C'étoit le restaurateur de l'empire d'Occident, le fondateur des nouvelles études, l'homme qui, du milieu de la France, en étendant ses deux bras, arrêtoit au nord et au midi les dernières armées d'une invasion de six siècles, c'étoit Charlemagne enfin qui faisoit vendre au marché les œufs de ses métairies, et régloit ainsi avec sa femme ses affaires de ménage.

Quand je parlerai de la chevalerie, je montrerai qu'on en doit rattacher l'origine à la seconde race, et que les romanciers du onzième siècle, en transformant Charlemagne en chevalier, ont été plus fidèles qu'on ne l'a cru à la vérité historique.

Les Capitulaires des rois franks jouirent de la plus grande autorité : les papes les observoient comme des lois ; les Germains s'y soumirent jusqu'au règne des Othon, époque à laquelle les peuples au-delà du Rhin rejetèrent le nom de Franks qu'ils s'étoient glorifiés de porter. Karle-le-Chauve, dans l'édit de Pitres (Chap. VI), nous apprend comment se dressoit le Capitulaire. « La loi, dit ce prince, devient « irréfragable par le consentement de la na-« tion et la constitution du roi. » La publication des Capitulaires, rédigés du consentement des assemblées nationales, étoit faite dans les provinces par les évêques et par les envoyés royaux, *missi dominici*.

Les Capitulaires furent obligatoires jusqu'au temps de Philippe-le-Bel : alors les Ordonnances les remplacèrent. Rhenanus les tira de l'oubli en 1531 : ils avoient été recueillis incomplètement en deux livres par Angesise, abbé de Fontenelle (et non pas de Lobes), vers l'an 827. Benoît, de l'Église de Mayence, augmenta cette collection en 845. La première édition imprimée des Capitulaires est de Vitus ; elle parut en 1545.

Les assemblées générales où se traitoient les affaires de la nation avoient lieu deux fois l'an, partout où le roi ou l'empereur les convoquoit. Le roi proposoit l'objet du Capitulaire : lorsque le temps étoit beau, la délibération avoit lieu en plein air ; sinon on se retiroit dans des salles préparées exprès. Les évêques, les abbés et les clercs d'un rang élevé se réunissoient à part ; les comtes et les principaux chefs militaires de même. Quand les évêques et les comtes le jugeoient à propos, ils siégeoient ensemble, et le roi se rendoit au milieu d'eux ; le peuple étoit forclos ; mais, après la loi faite, on l'appeloit à la sanction (HINCMAR, *Hunold*). La liberté individuelle du Frank se changeoit peu à peu en liberté politique, de ce genre représentatif inconnu des anciens. Les assemblées du huitième et du neuvième siècle étoient de véritables états tels qu'ils reparurent sous saint Louis et Philippe-le-Bel ; mais les états des Karlovingiens avoient une base plus large, parce qu'on étoit plus près de l'indépendance primitive des Barbares : le *peuple* existoit encore sous les deux premières races ; il avoit disparu sous la troisième, pour renaître par les *serfs* et les *bourgeois*.

Cette liberté politique karlovingienne perdit bientôt ce qui lui restoit de populaire : elle devint purement aristocratique, quand la division croissante du royaume priva de toute force la royauté.

La justice, dans la monarchie franke, étoit administrée de la manière établie par les Romains ; mais les rois chevelus, afin d'arrêter la corruption de cette justice, instituèrent les *missi dominici*, sorte de commissaires ambulants qui tenoient des assises, rendoient des arrêts au nom du souverain, et sévissoient contre les magistrats prévaricateurs. Quand il s'agira de la féodalité et des parlements, je

montrerai comment la source de la justice, chez les peuples modernes, fut autre que la source de la justice chez les Grecs et les Latins.

Sous les successeurs de Charlemagne se déclare la grande révolution sociale qui changea le monde antique dans le monde féodal : second pas de la liberté générale des hommes, ou passage de l'*esclavage* au *servage*. J'expliquerai en son lieu cette mémorable transformation.

Charlemagne, comme tous les grands hommes, par l'attraction naturelle du génie, concentra l'administration et le gouvernement social en sa personne ; à sa mort l'unité disparut : ses contemporains, qui avoient vu se former son empire, en déplorèrent la division.

Alexandre, n'ayant point de famille, livra à ses capitaines, comme à ses enfants, les débris de sa conquête : en quittant la Macédoine il ne s'étoit réservé que l'espérance ; en quittant la vie il ne garda que la gloire. Charlemagne n'étoit point dans la même position : il commençoit un monde ; Alexandre en finissoit un. Charlemagne partagea son empire entre ses trois fils ; ses fils le morcelèrent entre les leurs. En 888, à la mort de Karle-le-Gros, il y avoit déjà sept royaumes dans la monarchie du fils de Karle-le-Martel : le royaume de France, le royaume de Navarre, le royaume de Bourgogne cis-jurane, le royaume de Bourgogne transjurane, le royaume de Lorraine, le royaume d'Allemagne, le royaume d'Italie. Karle-le-Chauve établit l'hérédité des bénéfices. « Si, « après notre mort, dit-il, quelqu'un de nos « fidèles a un fils ou tel autre parent..... « qu'il soit libre de lui transmettre ses bénéfices « et honneurs comme il lui plaira. » Ce n'étoit que changer le fait en droit ; car les ducs, comtes et vicomtes, retenoient déjà les châteaux, villes et provinces dont ils avoient reçu le commandement. A la fin du neuvième siècle, vingt-neuf fiefs ou souverainetés aristocratiques se trouvoient établis. Un siècle après, à la chute de la race karlovingienne, le nombre s'en étoit accru jusqu'à cinquante-cinq. A mesure que ces petits états féodaux se multiplioient, les grands états monarchiques diminuoient : les sept royaumes existants du temps de Karle-le-Gros étoient réduits à quatre lorsque Hugues Capet reçut la couronne.

Les fiefs usurpés donnèrent naissance aux maisons aristocratiques que l'on voit s'élever à cette époque : alors les Barbares substituèrent à leurs noms germaniques, et ajoutèrent à leurs prénoms chrétiens les noms des domaines dans lesquels ils s'étoient impatronisés. Les noms propres de lieux ont précédé les noms propres d'individus. Le Sauvage donne à sa terre une dénomination tirée de ses accidents, de ses qualités, de ses produits, avant de prendre lui-même une appellation particulière dans la famille commune des hommes. Un globe pourroit avoir une géographie et n'avoir pas un seul habitant.

Le gentilhomme proprement dit, dans le sens où nous entendons ce mot aujourd'hui, commença de paroître vers la fin de la seconde race. La noblesse titrée, que Constantin mit à la place du patriciat, s'infiltra chez les Franks par leur mélange avec les générations romaines, par les emplois qu'ils occupèrent dans l'empire, par l'influence que les vaincus civilisés exercèrent dans l'intimité du foyer sur leurs vainqueurs agrestes.

Dans les autres parties de l'Europe, la même cause agit, les mêmes faits s'accomplissent : le monarque n'est plus que le chef de nom d'une aristocratie religieuse et politique dont les cercles concentriques se vont resserrant autour de la couronne. Dans chacun de ces cercles s'inscrivent d'autres cercles qui ont des centres propres à leur mouvement : la royauté est l'axe autour duquel tourne cette sphère compliquée, république de tyrannies diverses.

L'Église eut la principale part à la création de ce système ; elle avoit atteint le complément de ses institutions dans la période que les deux premières races mirent à s'écouler ; elle avoit saisi l'homme dans toutes ses facultés : aujourd'hui même on ne peut jeter les regards autour de soi sans s'apercevoir que le monde extraordinaire d'où nous sommes sortis étoit presque entièrement l'ouvrage de la religion et de ses ministres.

Les précédentes *Études* nous ont montré le Christianisme avançant à travers les siècles, changeant non de principe, mais de moyen d'âge en âge ; se modifiant pour s'adapter aux modifications successives de la société, s'ac-

croissant par les persécutions et s'élevant quand tout s'abaissoit. L'Église (qu'il faut toujours bien distinguer de la communauté chrétienne, mais qui étoit la forme visible de la foi et la constitution politique du Christianisme) , l'Église s'organisoit de plus en plus : ses milices s'étoient portées d'Orient en Occident ; Benoît avoit fondé au mont Cassin son ordre célèbre.

Le long usage des conciles avoit rendu ceux-ci plus réguliers; on les savoit mieux tenir, on connoissoit mieux leur puissance. Sur les conciles se modelèrent les corps délibérants des deux premières races, et les prélats, qui, dans la société religieuse, représentoient les grands, furent admis au même rang dans la société politique. Les évêques se trouvèrent tout naturellement le premier ordre de l'État, par la raison qu'ils étoient à la tête de la civilisation par l'intelligence. Les preuves de la considération et de l'autorité des évêques sous les races mérovingienne et karlovigienne sont partout.

La composition pour le meurtre d'un évêque dans la loi salique est de neuf cents sous d'or, tandis que celle du meurtre d'un Frank n'est que de deux cents sous; on peut tuer un Romain convive du roi pour trois cents sous, et un antrustion pour six cents.

Un des premiers actes de Khlovigh est adressé aux *évêques et abbés*, aux hommes illustres les magnifiques ducs, etc., *omnibus episcopis, abbatibus, etc*. Khlother fait la même chose en 516.

Guntran et Khilpérik s'en remettent de leurs différends au jugement des *évêques et des anciens du peuple* : *ut quidquid sacerdotes vel seniores populi judicarent*. Guntran et Khildebert se soumettent à la médiation des prêtres: *mediantibus sacerdotibus* (588). Khlother II assemble les évêques de Bourgogne pour délibérer sur les affaires de l'état et le salut de la patrie : *Cum pontifices et universi proceres regni sui. ... pro utilitate regia et salute patriæ conjunxissent* (627).

Les évêques sont toujours nommés les premiers dans les diplômes; aucune assemblée où l'on ne les voie paroître : ils jugent avec les rois dans les plaids, et leur nom est placé au bas de l'arrêt immédiatement après celui du roi ; ils sont souverains de leurs villes épiscopales ; ils ont la justice; ils battent monnoie ; ils lèvent des impôts et des soldats : Savarik, évêque d'Auxerre, s'empara de l'Orléanois, du Nivernois, des territoires de Tonnerre, d'Avalon et de Troyes, et les unit à ses domaines. Le prêtre, dans le camp, s'appeloit l'*Abbé des armées*.

L'unité de l'Église, qui s'étoit établie par la doctrine, prit une nouvelle force par la création du temporel de la cour de Rome. Une fois la papauté portant couronne, son influence politique augmenta ; elle traita d'égal à égal avec les maîtres des peuples. Aussi voit-on les pontifes signer au testament des rois, approuver ou désapprouver le partage des royaumes, parvenir enfin à cet excès d'autorité, qu'ils disposoient des sceptres et forçoient les empereurs à leur venir baiser les pieds. Et cependant cette puissance sans exemple sur la terre n'étoit qu'une puissance d'opinion , puisque les papes qui imposoient leur tiare au monde étoient à peine obéis dans la ville de Rome.

Les successeurs de saint Pierre étant montés au rang de souverains, il en fut de même des évêques; la plupart des prélats en Allemagne étoient des princes : par une rencontre naturelle mais singulière, lorsque l'empire devint électif, les dignités devinrent héréditaires; l'élu fut amovible, l'électeur inamovible

Le grand nom de Rome, de Rome tombée aux mains des papes, ajouta l'autorité à leur suprématie en environnant de l'illusion des souvenirs : Rome, reconnue des Barbares eux-mêmes pour l'ancienne source de la domination, parut recommencer son existence, ou continuer la ville éternelle

La cour théocratique donnoit le mouvement à la société universelle : de même que les fidèles étoient partout, l'Église étoit en tous lieux. Sa hiérarchie, qui commençoit à l'évêque, et remontoit au souverain pontife, descendoit au dernier clerc de paroisse, à travers le prêtre, le diacre, le sous-diacre, le curé et le vicaire. En dehors du clergé séculier étoit le clergé régulier; milice immense qui, par ses constitutions, embrassoit tous les accidents et tous les besoins de la société laïque : il y avoit des ecclésiastiques et des moines pour toutes les espèces d'enseignements ou de souffrances. Le

prêtre célibataire de l'unité catholique ne se refusa point, comme le ministre marié séparé de cette communion, aux calamités populaires; il devoit mourir dans un temps de peste en secourant les pestiférés; il devoit mourir dans un temps de guerre en défendant les villes et en montant à cheval, malgré l'interdiction canonique; il devoit mourir en se portant aux incendies; il devoit mourir pour le rachat des captifs : à lui étoient confiés le berceau et la tombe; l'enfant qu'il élevoit ne pouvoit, lorsqu'il étoit devenu homme, prendre une épouse que de sa main. Des communautés de femmes remplissoient envers les femmes les mêmes devoirs; puis venoit la solitude des cloîtres pour les grandes études et les grandes passions. On conçoit qu'un système religieux ainsi lié à l'humanité devoit être l'ordre social même.

Les richesses du clergé, déjà si considérables sous les empereurs romains qu'on avoit été obligé d'y mettre des bornes, continuèrent de s'accroître jusqu'au douzième siècle, bien qu'elles fussent souvent attaquées, saisies et vendues dans les besoins urgents de l'état. Le monastère de Saint-Martin d'Autun possédoit, sous les Mérovingiens, cent mille manses. La manse étoit un fonds de terre dont un colon se pouvoit nourrir avec sa famille, et payer le cens au propriétaire. L'abbaye de Saint-Riquier, plus riche encore, nous montre ce que c'étoit qu'une ville de France au neuvième siècle.

Hérik, en 831, présenta à Hlovigh-le-Débonnaire l'état des biens de la susdite abbaye. Dans la ville de Saint-Riquier, propriété des moines, il y avoit deux mille cinq cents manses de séculiers; chaque manse payoit douze deniers, trois setiers de froment, d'avoine et de fèves, quatre poulets et trente œufs. Quatre moulins devoient six cents muids de grain mêlé, huit porcs et douze vaches. Le marché, chaque semaine, fournissoit quarante sous d'or, et le péage vingt sous d'or. Treize fours produisoient chacun, par an, dix sous d'or, trois cents pains et trente gâteaux dans le temps des Litanies. La cure de Saint-Michel donnoit un revenu de cinq cents sous d'or, distribués en aumônes par les frères de l'abbaye. Le casuel des enterrements des pauvres et des étrangers étoit évalué, année courante, à cent sous d'or,

également distribués en aumônes. L'abbé partageoit chaque jour aux mendiants cinq sous d'or; il nourrissoit trois cents pauvres, cent cinquante veuves et soixante clercs. Les mariages rapportoient annuellement vingt livres d'argent pesant, et le jugement des procès soixante-huit livres.

La rue des Marchands (dans la ville de Saint-Riquier) devoit à l'abbaye, chaque année, une pièce de tapisserie de la valeur de cent sous d'or, et la rue des Ouvriers en fer, tout le ferrement nécessaire à l'abbaye; la rue des Fabricants de boucliers étoit chargée de fournir les couvertures de livres; elle relioit ces livres et les cousoit, ce qu'on estimoit trente sous d'or. La rue des Selliers procuroit des selles à l'abbé et aux frères; la rue des Boulangers délivroit cent pains hebdomadaires; la rue des Écuyers étoit exempte de toute charge (*vicus Servientium per omnia liber est*); la rue des Cordonniers munissoit de souliers les valets et les cuisiniers de l'abbaye; la rue des Bouchers étoit taxée, chaque année, à quinze setiers de graisse; la rue des Foulons confectionnoit les sommiers de laine pour les moines, et la rue des Pelletiers les peaux qui leur étoient nécessaires; la rue des Vignerons donnoit par semaine seize setiers de vin et un d'huile; la rue des Cabaretiers, trente setiers de cervoise (bière) par jour; la rue des Cent dix *Milites* (chevaliers) devoit entretenir pour chacun d'eux un cheval, un bouclier, une épée, une lance, et les autres armes.

La chapelle des nobles octroyoit chaque année douze livres d'encens et de parfum; les quatre chapelles du commun peuple (*populi vulgaris*) payoient cent livres de cire et trois d'encens. Les oblations présentées au sépulcre de Saint-Riquier valoient par semaine deux cents marcs ou trois cents livres d'argent.

Suit le bordereau des vases d'or et d'argent des trois églises de Saint-Riquier, et le catalogue des livres de la bibliothèque. Vient la liste des villages de Saint-Riquier, au nombre de vingt : Buniac, Vallès, Drusiac, Neuville, Gaspanne, Guibrantium, Bagarde, Cruticelle, Croix, Civinocurtis, Haidulficurtis, Maris, Nialla, Langradus, Alteica, Rochonismons, Sidrunis, Concilio, Buxudis, Ingoaldicurtis. Dans ces villages se trouvoient quel-

ques vassaux de Saint-Riquier, qui possédoient des terres à titre de bénéfices militaires. On voit de plus treize autres villages sans mélange de fief; et ces villages, dit la notice, sont moins des villages que des villes et des cités.

Le dénombrement des églises, des villes, villages et terres dépendants de Saint-Riquier, présente les noms de cent chevaliers attachés au monastère, lesquels chevaliers composent à l'abbé, aux fêtes de Noël, de Pâques et de la Pentecôte, une cour presque royale. En résumé, le monastère possédoit la ville de Saint-Riquier, treize autres villes, trente villages, un nombre infini de métairies, ce qui produisoit un revenu immense. Les offrandes en argent, faites au tombeau de Saint-Riquier, s'élevoient seules par an à quinze mille six cents livres de poids, près de deux millions numériques de la monnoie d'aujourd'hui.

Khlovigh gratifia l'église de Reims de terres dans la Belgique, la Thuringe, l'Australie, la Septimanie et l'Aquitaine; il donna de plus à l'évêque qui l'avoit baptisé tout l'espace de terre qu'il pourroit parcourir pendant que lui, Khlovigh, dormiroit après son dîner. L'église de Besançon étoit une souveraineté : l'archevêque de cette église avoit pour hommes-liges le vicomte de Besançon, les seigneurs de Salins, de Montfaucon, de Montferrand, de Dernes, de Montbéliard, de Saint-Seine; le comte de Bourgogne relevoit même, pour la seigneurie de Gray, de Vesoul et de Choye, de l'archevêché de Besançon.

Charlemagne ordonna, en 805, le renouvellement du testament d'Abbon en faveur du monastère de la Novalaise; cette charte contient la nomenclature des lieux donnés : M. Lancelot en a recherché la situation; on peut voir ce document curieux.

Il seroit impossible de calculer la quantité d'or et d'argent, soit monnoyés, soit employés en objets d'arts, qui existoit dans les bas siècles; elle devoit être considérable, à en juger par l'opulence des églises, par l'abondance incroyable des aumônes et des offrandes, et par la multitude infinie des impôts. Les Barbares avoient dépouillé le monde, et leurs rapines étoient restées dans les lieux où ils s'étoient établis; on sait aujourd'hui qu'une armée féconde les champs qu'elle ravage.

La seule chose à remarquer maintenant sur les richesses du clergé, c'est comment elles servirent à la société, et de quelle autre propriété elles se composèrent.

Sous les races mérovingienne et karlovingienne le droit de conquêtes dominoit; les terres ne furent point enlevées au propriétaire par la loi positive, mais le fait se dut mettre et se mit souvent en contradiction avec le droit. Quand un Frank se vouloit emparer du champ d'un Gaulois-Romain, qu. l'en pouvoit empêcher? Lorsque Khlovigh donne à saint Remi l'espace que le saint pourra parcourir tandis que le roi dormira[1], il est clair que le saint dut passer sur des terres déjà possédées, qui n'appartenoient plus à leur ancien propriétaire lorsque le roi se réveilla. Mais ces terres qui changèrent de possesseurs ne changèrent point de régime, et c'est sur ce point que toutes les notions historiques ont été faussées.

L'imagination s'est représenté les possessions d'un monastère comme une chose sans aucun rapport avec ce qui existoit auparavant : erreur capitale.

Une abbaye n'étoit autre chose que la demeure d'un riche patricien romain, avec les diverses classes d'esclaves et d'ouvriers attachés au service de la propriété et du propriétaire, avec les villes et les villages de leur dépendance. Le père abbé étoit le maître; les moines, comme les affranchis de ce maître, cultivoient les sciences, les lettres et les arts. Les yeux même n'étoient frappés d'aucune différence dans l'extérieur de l'abbaye et de ses habitants; un monastère étoit une maison romaine pour l'architecture : le portique ou le cloître au milieu, avec les petites chambres au pourtour du cloître. Et, comme sous les derniers Césars il avoit été permis, et même ordonné aux particuliers de fortifier leurs demeures, un couvent enceint de murailles crénelées ressembloit à toutes les habitations un peu considérables. L'habillement des moines étoit celui de tout le monde : les Romains, depuis longtemps, avoient quitté le manteau et la

---

[1] Karle-le-Martel fit une concession de la même nature : il dédommageoit le clergé, aux dépens des voisins, des biens qu'il lui avoit pris.

toge ; on avoit été obligé de porter une loi pour leur défendre de se vêtir à la *gothique;* les braies des Gaulois et la robe longue des Perses étoient devenues d'un usage commun. Les religieux ne nous paroissent aujourd'hui si extraordinaires dans leur accoutrement, que parce qu'il date de l'époque de leur institution.

L'abbaye, pour le répéter, n'étoit donc qu'une maison romaine; mais cette maison devint bien de mainmorte par la loi ecclésiastique, et acquit par la loi féodale une sorte de souveraineté : elle eut sa justice, ses chevaliers et ses soldats; petit état complet dans toutes ses parties, et en même temps ferme expérimentale, manufacture (on y faisoit de la toile et des draps) et école.

On ne peut rien imaginer de plus favorable aux travaux de l'esprit et à l'indépendance individuelle, que la vie cénobitique. Une communauté religieuse représentoit une famille artificielle toujours dans sa virilité, et qui n'avoit pas, comme la famille naturelle, à traverser l'imbécillité de l'enfance et de la vieillesse : elle ignoroit les temps de tutelle et de minorité, et tous les inconvéniens attachés à l'infirmité de la femme. Cette famille, qui ne mouroit point, accroissoit ses biens sans les pouvoir perdre, et, dégagée des soins du monde, exerçoit sur lui un prodigieux empire. Aujourd'hui que la société n'a plus à souffrir de l'accaparement d'une propriété immobile, du célibat, nuisible à la population, et de l'abus de la puissance monacale, elle juge avec impartialité des institutions qui furent, sous plusieurs rapports, utiles à l'espèce humaine, à l'époque de leur formation.

Les couvents devinrent des espèces de forteresses où la civilisation se mit à l'abri sous la bannière de quelque saint : la culture de la haute intelligence s'y conserva avec la vérité philosophique qui renaquit de la vérité religieuse. La vérité politique, ou la liberté, trouva un interprète et un complice dans l'indépendance du moine qui recherchoit tout, disoit tout et ne craignoit rien. Ces grandes découvertes dont l'Europe se vante n'auroient pu avoir lieu dans la société barbare; sans l'inviolabilité et le loisir du cloître, les livres et les langues de l'antiquité ne nous auroient point été transmis, et la chaîne qui lie le passé au présent eût été brisée. L'astronomie, l'arithmétique, la géométrie, le droit civil, la physique et la médecine, l'étude des auteurs profanes, la grammaire et les humanités, tous les arts eurent une suite de maîtres non interrompue, depuis les premiers temps de Khlovigh jusqu'au siècle où les universités, elles-mêmes religieuses, firent sortir la science des monastères. Il suffira, pour constater ce fait, de nommer Alcuin, Anghilbert, Éghinard, Téghan, Loup de Ferrières, Éric d'Auxerre, Hincmar, Odon de Cluny, Gherbert, Abbon, Fulbert, ce qui nous conduit au règne de Robert, second roi de la troisième race. Alors naissent de nouveaux ordres religieux, et celui de Cluny n'eut plus le beau privilège d'être à peu près l'unique dépôt de l'instruction.

On sait tout ce qui avoit lieu relativement aux livres : tantôt les moines en multiplioient les exemplaires par zèle ou par ordre, tantôt ils en faisoient des copies par pénitence : on transcrivoit Tite-Live pendant le carême par esprit de mortification. Il est malheureusement vrai qu'on gratta des manuscrits pour substituer à un texte précieux l'acte d'une donation ou quelque élucubration scolastique. On voit dans le Catalogue de la bibliothèque de l'abbaye de Saint-Riquier, an 851, des exemplaires de Cicéron, d'Homère et de Virgile. On trouve au dixième siècle, dans la bibliothèque de Reims, les œuvres de Jules-César, de Tite-Live, de Virgile et de Lucain. Saint-Bénigne de Dijon possédoit un Horace. A Saint-Benoît-sur-Loire, chaque écolier (ils étoient cinq mille) donnoit à ses maîtres deux volumes pour honoraires; à Montierender, on montroit, en 990, la *Rhétorique* de Cicéron et deux Térence. Loup de Ferrières fit corriger un Pline mal transcrit ; il envoya à Rome des Suétone et des Quinte-Curce. Dans l'abbaye de Fleury, on avoit le traité de Cicéron *de la République,* qui n'a été retrouvé que de nos jours, encore non entier. Je ne me souviens pas d'avoir vu mentionné dans les catalogues de ces anciennes bibliothèques de France un seul Tacite.

La musique, la peinture, la gravure, et surtout l'architecture, ont des obligations infinies aux gens d'église. Charlemagne montroit pour la musique le goût naturel que conserve encore aujourd'hui la race germanique : il avoit

fait venir des chantres de Rome; il indiquoit lui-même dans sa chapelle, avec le doigt ou avec une baguette, le tour du clerc qui devoit chanter; il marquoit la fin du motet par un son guttural qui devenoit le diapason de la phrase recommençante. Le moine de Saint-Gall raconte qu'un clerc ignorant les règles établies, et obligé de figurer dans un chœur, agitoit la tête circulairement, et ouvroit une énorme bouche pour imiter les chantres qui l'environnoient. Charlemagne garda son grand sang-froid, et fit donner à ce clerc de bonne volonté une livre d'argent pour sa peine.

Il y avoit des écoles de musique : les moines connoissoient l'orgue et les instruments à cordes et à vent. Les séquences de la messe étoient fameuses au dixième siècle; on y poussoit le son à toute l'étendue de la voix; elles produisoient des effets si extraordinaires qu'une femme en mourut de ravissement et de surprise. Les séquences, d'origine barbare, portoient le nom de *Frigdora*.

L'art de graver sur pierres précieuses n'étoit pas perdu au huitième et au neuvième siècle : deux chanoines de Sens, Bernelin et Bernuin, construisirent une table d'or ornée de pierreries et d'inscriptions; Heldric, abbé de Saint-Germain d'Auxerre, peignoit; Tutilon, moine de Saint-Gall, exerçoit à Metz l'art de graveur et de sculpteur. L'architecture dite *lombarde* se rattache à l'époque religieuse de Charlemagne : le moine de Gozze étoit un habile architecte du dixième siècle. Plus tard, l'architecture que nous appelons mal à propos *gothique* dut en majeure partie sa gloire, dans le douzième et le treizième siècle, à des clercs, des abbés, des moines et des hommes affiliés aux établissements ecclésiastiques. Hugues Libergier et Robert de Coucy, maître de *Notre-Dame et de Saint-Nicaise de Reims*, avoient fourni les plans et dirigé la construction de l'église métropole de cette ville, ainsi que de l'église de Saint-Nicaise, admirable édifice détruit par les Barbares du dix-huitième siècle. Aroun al Rascheld, ami et contemporain de Charlemagne, aimoit et protégeoit, comme lui, les sciences et les arts; mais les lettres ont péri dans le moyen âge du mahométisme, et elles se sont rajeunies et renouvelées dans le moyen âge du christianisme.

Le corps du clergé étoit constitué de manière à favoriser le mouvement progresseur : la loi romaine, qu'il opposoit aux coutumes absurdes et arbitraires, les affranchissements qu'il ne cessoit de commander, les immunités dont ses vassaux jouissoient, les excommunications locales dont il frappoit certains usages et certains tyrans, étoient en harmonie avec les besoins de la foule. Il est vrai qu'en ce faisant, les prêtres avoient pour objet principal l'augmentation de leur puissance; mais cette puissance étoit elle-même plébéienne : ces libertés, réclamées au nom des peuples, ne leur étoient pas incessamment données, mais elles répandoient dans la société des idées qui s'y devoient développer, et tourner au profit de l'espèce humaine.

Le clergé régulier étoit encore plus démocratique que le clergé séculier. Les ordres mendiants avoient des relations de sympathie et de familles avec les classes inférieures; vous les trouvez partout à la tête des insurrections populaires : la croix à la main, ils menoient des bandes de *pastoureaux* dans les champs, comme les *processions* de la Ligue dans les murs de Paris. En chaire ils exaltoient les petits devant les grands, et rabaissoient les grands devant les petits; plus les siècles étoient superstitieux, plus il y avoit de cérémonies, plus le moine avoit d'occasions d'expliquer ces vérités de la nature déposées dans l'Évangile : il étoit impossible qu'à la longue elles ne descendissent pas de l'ordre religieux dans l'ordre politique. La milice de saint François se multiplia, parce que le peuple s'y enrôla en foule; il troqua sa chaîne contre une corde, et reçut de celle-ci l'indépendance que celle-là lui ôtoit; il put braver les puissants de la terre, aller avec un bâton, une barbe sale, des pieds crottés et nus, faire à ces terribles châtelains d'outrageantes leçons. Le maître intérieurement indigné, étoit obligé de subir la réprimande de son *homme de poeste* transformé en *ingénu* par cela seul qu'il avoit changé de robe. Le capuchon affranchissoit plus vite encore que le heaume, et la liberté rentroit dans la société par des voies inattendues. A cette époque le peuple se fit prêtre, et c'est sous ce déguisement qu'il le faut chercher.

Enfin, on s'est élevé avec raison contre les

richesses de l'Église qui possédoient la moitié des propriétés de la France; mais, pour rester dans la vérité historique, il eût été juste de remarquer que les deux tiers au moins de ces immenses richesses étoient entre les mains de la partie *plébéienne* du clergé. J'insiste sur ce mot *plébéien*, parce qu'en développant tout ce qu'il renferme, on arrive à une nouvelle vue, et une vue très-exacte, d'un sujet jusqu'ici mal compris et mal représenté.

L'esprit d'égalité et de liberté de la *république* chrétienne avoit passé dans la *monarchie* de l'Église. Cette monarchie étoit élective et représentative; tous les chrétiens, même laïques, quel que fût leur rang, pouvoient arriver, en vertu de l'élection, à la première dignité. La papauté n'étoit qu'une souveraineté viagère; en certains cas même les conciles généraux pouvoient déposer le souverain et en choisir un autre; il en étoit ainsi des évêques élus primitivement par la communauté diocésaine.

Il arriva donc que le suprême pontife étoit très-souvent un homme sorti de la dernière classe sociale; tribun-dictateur que le peuple envoyoit pour mettre le pied sur le cou de ces rois et de ces nobles, oppresseurs de la liberté. Grégoire VII, qui réduisit en pratique la théorie de cette souveraineté, et qui exerça dans toute sa rigueur son mandat populaire, étoit un moine de néant; Boniface VIII, qui déclaroit les papes compétents à ravir et à donner les couronnes, étoit un obscur légiste; Sixte V, qui approuvoit le régicide, avoit gardé les pourceaux. Aujourd'hui même, après tant de siècles, cet esprit d'égalité n'est point altéré : il est rare que le souverain pontife soit tiré des grandes familles italiennes : un prêtre parvient au cardinalat, son frère, petit marchand, illumine sa boutique, à Rome, en réjouissance de l'élévation de son frère. Le pape futur, né dans le sein de l'égalité, entroit dans le cloître, où il retrouvoit une autre sorte d'égalité mêlée à la théorie et à la pratique de l'obéissance passive : il sortoit de cette école avec l'amour du nivellement et la soif de la domination.

Pour expliquer la puissance temporelle du saint-siége, on est allé chercher des raisons d'ignorance et de religion, qui, sans doute, contribuèrent à l'augmenter, mais qui n'en étoient pas l'unique source. Les papes la tenoient, cette puissance, de la liberté républicaine; ils représentoient, en Europe, la vérité politique détruite presque partout : ils furent, dans le monde gothique, les défenseurs des franchises populaires. La querelle du sacerdoce et de l'empire est la lutte des deux principes sociaux au moyen âge, le pouvoir et la liberté : les Guelfes étoient les démocrates du temps, les Gibelins les aristocrates. Ces trônes, déclarés vacants et livrés au premier occupant ; ces empereurs qui venoient, à genoux, implorer le pardon d'un pontife ; ces royaumes mis en interdit ; ces églises fermées, et une nation entière privée de culte par un mot magique; ces souverains frappés d'anathème, abandonnés non-seulement de leurs sujets, mais encore de leurs serviteurs et de leurs proches ; ces princes, évités comme des lépreux, séparés de la race mortelle en attendant leur retranchement de l'éternelle race; les aliments dont ils avoient goûté, les objets qu'ils avoient touchés, passés à travers les flammes, ainsi que choses souillées; tout cela n'étoit que les effets énergiques de la souveraineté populaire déléguée à la religion, et par elle exercée.

La papauté marchoit alors à la tête de la civilisation, et s'avançoit vers le but de la société générale. Et comment ces monarques sans sujets, sans armées, fugitifs même, et persécutés lorsqu'ils lançoient leurs foudres; comment ces souverains, trop souvent sans mœurs, quelques-uns couverts de crimes, quelques-autres ne croyant pas au Dieu qu'ils servoient; comment auroient-ils pu détrôner les rois avec un moine, une parole, une idée, s'ils n'eussent été les chefs de l'opinion? Comment, dans toutes les régions du globe, les hommes chrétiens auroient-ils obéi à un prêtre dont le nom leur étoit à peine connu, si ce prêtre n'eût été la personnification de quelque vérité fondamentale? Aussi les papes ont-ils été maîtres de tout, tant qu'ils sont restés Guelfes ou démocrates; leur puissance s'est affoiblie lorsqu'ils sont devenus Gibelins ou aristocrates. L'ambition des Médicis fut la cause de cette révolution : pour obtenir la tiare, ils favorisèrent, en Italie, les armes impériales, et trahirent le parti populaire; dès ce moment l'autorité papale déclina, parce qu'elle avoit menti à sa propre nature, abandonné

son principe de vie. Le génie des arts masqua d'abord aux yeux de la foule cette défaillance intérieure; mais les chefs-d'œuvre de Raphaël et de Michel-Ange, qui s'effacent sur les murs du Vatican, n'ont point remplacé le pouvoir dont les papes se dépouillèrent en déchirant leur contrat primitif. C'est la même tendance à un faux pouvoir qui perdit la royauté sous Louis XIV : cette royauté, qui, jusqu'au règne de Louis XIII, s'étoit mélangée des libertés publiques, crut augmenter sa puissance en les étouffant, et elle se frappa au cœur. Les arts vinrent aussi embellir l'envahissement de nos franchises nationales : le Louvre du grand roi est encore debout comme le Vatican ; mais par quels soldats a-t-il été pris et est-il gardé?

TROISIÈME RACE.

Avec la troisième race finit l'histoire des Franks et commence l'histoire des François.

La monarchie de Hugues Capet subit quatre transformations principales :

Elle fut purement féodale jusqu'au règne de Philippe-le-Bel.

A Philippe-le-Bel s'élève la monarchie des trois états [1] et du parlement, qui dure jusqu'à Louis XIII.

Louis XIV impose la monarchie absolue, que détruit la monarchie constitutionnelle ou représentative de Louis XVI.

Les faits de la monarchie purement féodale sont : la formation même et le caractère de ce gouvernement, le mouvement insurrectionnel et l'affranchissement des communes, la conquête de l'Angleterre par les Normands, les croisades extérieures et intérieures, et la querelle du sacerdoce et de l'empire.

La monarchie des trois états et du parlement voit naître les lois générales, civiles et politiques, l'administration et la petite propriété ; elle voit les démêlés de Philippe-le-Bel avec le pape, la destruction de l'ordre des Templiers, l'avénement au trône de la double lignée des Valois, la longue rivalité de la France et de l'Angleterre avec tous ses événements et tous ses malheurs, la destruction de la première haute noblesse, le soulèvement des paysans et des bourgeois, les troubles des trois états, l'établissement de l'impôt régulier et des troupes soldées, la séparation du parlement des conseils du roi par la création du conseil d'état, l'extinction des deux maisons de Bourgogne, la réunion successive des grands fiefs à la couronne, les guerres d'Italie, les changements dans les lois, les mœurs, la langue, les usages et les armes. Les lettres renaissent; les grandes découvertes s'accomplissent ; Luther paroît ; les guerres de religion éclatent ; les Bourbons arrivent à la couronne : la monarchie des états et la constitution aristocratique expirent sous Louis XIII. Le parlement en garde les traditions à travers la monarchie absolue.

La courte monarchie absolue de Louis XIV se compose de la gloire de ce prince, de la honte de Louis XV et de l'intrusion des idées dans l'ordre social comme faits.

La monarchie constitutionnelle ou représentative a pour accidents le jugement de Louis XVI, le passage de la république à l'empire, de l'empire à la restauration, et de la restauration à la monarchie républicaine, si ces deux mots se peuvent allier.

Je ne prétends pas établir ici des divisions tranchées, commençant tout juste à telle date, finissant tout juste à telle autre ; les choses sont plus mêlées dans la société : les siècles s'élèvent lentement à l'abri des siècles ; les mœurs nouvelles, au milieu des anciennes mœurs, sont comme les jeunes générations qui grandissent sous la protection des vieilles générations dont elles sont sorties. Ainsi, Louis-le-Gros n'a point affranchi les communes dans le sens absolu du mot, il y avoit des communes libres et des communes insurgées avant qu'il leur octroyât des chartes ; mais c'est à partir de son

---

[1] Appelés depuis des états-généraux.

règne que les affranchissements se multiplient tant par la couronne que par les seigneurs : ainsi, Philippe-le-Bel n'a pas appelé le premier le tiers-état aux délibérations publiques; avant lui plusieurs rois avoient convoqué des assemblées de notables, et particulièrement le roi saint Louis; mais depuis Philippe-le-Bel, en 1303, jusqu'à Louis XIII, en 1614, on trouve une série de convocations d'états, qui n'est guère interrompue que vers la fin du quatorzième siècle.

J'en dis autant des autres divisions que je n'adopte que comme une formule historique, propre à servir de *layette* ou de case aux faits et d'aide à la mémoire. Je sais tout aussi bien que personne que la monarchie féodale ne tombe pas quand la monarchie des états et du parlement s'élève; loin de là, elle est à son apogée; elle descend ensuite pendant tout le quatorzième siècle, et se vient abîmer sous Charles VII.

HUGUES CAPET.

De 987 à 996.

Il faut dire de la royauté de Hugues Capet ce que j'ai dit de celle de Peppin : il n'y eut point usurpation parce qu'il y avoit élection; la légitimité étoit un dogme inconnu. Charles, duc de la Basse-Lorraine, fils de Louis d'Outre-mer et oncle de Louis V, le dernier des Karlovingiens, fut un prétendant que repoussa la majorité des suffrages : voilà tout. Il prit les armes, s'empara de la ville de Laon; mais l'évêque de cette ville la livra à Hugues Capet (2 avril 991). Charles, mort en prison, laissa deux fils qui ne régnèrent point, et auxquels on ne pensa plus.

Mais dans la personne de Hugues Capet s'opère une révolution importante; la monarchie élective devient héréditaire; en voici la cause immédiate qu'aucun historien, du moins que je sache, n'a encore remarquée : le sacre usurpa le droit d'élection.

Les six premiers rois de la troisième race firent sacrer leurs fils aînés de leur vivant. Cette élection religieuse remplaça l'élection politique, affermit le droit de primogéniture, et fixa la couronne dans la maison de Hugues Capet. Philippe-Auguste se crut assez puissant pour n'avoir pas besoin durant sa vie de présenter au sacre son fils Louis VIII; mais Louis VIII, près de mourir, s'alarma, parce qu'il laissoit en bas âge son fils Louis IX qui n'étoit pas sacré : il lui fit prêter serment par les seigneurs et les évêques; non content de cela, il écrivit une lettre à ses sujets, les invitant à reconnoître pour roi son fils aîné. Tant de précautions font voir que 259 ans n'avoient pas suffi à la confirmation de l'hérédité absolue, et de l'ordre de primogéniture dans la monarchie capétienne. Le souvenir même du droit d'élection se perpétuoit dans une formule du sacre : on demandoit au peuple présent s'il consentoit à recevoir le nouveau souverain.

Lorsque la couronne échut en ligne collatérale aux descendants de Hugues Capet, rien ne parut moins certain que l'existence de la loi salique, laquelle loi contestée mettoit pareillement en doute l'hérédité. Ces questions s'agitèrent vivement sous Philippe-le-Long, Charles-le-Bel et Philippe de Valois. Sous Charles VI, une fille hérita de la couronne. En 1376, une ordonnance décida que les princes du sang précéderoient tous les pairs, et qu'ils se placeroient selon leur proximité au trône. A ce propos, Chistophe de Thou dit à Henri III que, depuis le règne de Philippe de Valois, il ne s'étoit fait chose aussi utile à la conservation de la loi salique : certes, il falloit que le doute fût bien enraciné dans les esprits, pour qu'un magistrat, à la fin du seizième siècle, vît une loi politique dans un règlement de préséance. Catherine de Médicis songea à faire passer le sceptre à sa fille. Les états de la Ligue parlèrent de mettre l'infante d'Espagne sur le trône de France. Enfin, sous la régence du duc d'Orléans, pendant la minorité de Louis XV, il fut déclaré que, la famille royale venant à s'éteindre, les François seroient li-

bres de se choisir un chef : n'étoit-ce pas reconnoître leur droit primitif?

L'hérédité mâle, constituée dans la famille royale, devint à la fois le germe destructeur de la féodalité et le principe régénérateur de la monarchie absolue. L'aristocratie subsista dans l'empire d'Allemagne et se détruisit dans le royaume de France, parce que la dignité impériale demeura élective, et que la couronne françoise devint héréditaire.

Les assemblées nationales cessèrent sous les premiers rois de la troisième race, de même qu'elles avoient été interrompues sous les derniers rois de la seconde. Hugues Capet étoit un très-petit seigneur. « Le royaume, dit Montesquieu, se trouva sans domaine, comme est aujourd'hui l'empire : on donna la couronne à un des plus puissants vassaux. » Hugues, quand il en auroit eu l'envie, n'auroit pu réunir des états ; les autres grands vassaux ne s'y seroient pas rendus ; souverains comme le duc de France, ils ne lui auroient pas obéi. La liberté politique qui se montroit dans ces assemblées ne se trouva plus ; elle se plaça ailleurs sous une autre forme.

La France alors étoit une république aristocratique fédérative, reconnoissant un chef impuissant. Cette aristocratie étoit sans peuple : tout étoit esclave ou serf. Le servage n'avoit point encore englouti la servitude ; le bourgeois n'étoit point encore né ; l'ouvrier et le marchand appartenoient encore à des maîtres dans les ateliers des abbayes et des seigneuries ; la moyenne propriété n'avoit point encore reparu ; de sorte que cette monarchie (aristocratie de droit et de nom) étoit de fait une véritable démocratie ; car tous les membres de cette société étoient égaux ou le croyoient être. On ne rencontroit point au-dessous de l'aristocratie cette classe distincte et plébéienne qui, par l'infériorité relative du sang, fixe la nature du pouvoir qui la domine. Voilà pourquoi les chroniques de ces temps ne parlent jamais du *peuple* : on s'enquiert de ce peuple ; on est tenté de croire que les historiens l'ont caché, qu'en fouillant des chartes on le déterrera, qu'on découvrira une nation françoise inconnue, laquelle agissoit, administroit, gagnoit les batailles, et dont on a enseveli jusqu'à la mémoire. Après bien des recherches on ne trouve rien, parce qu'il n'y a rien, et que cette aristocratie sans peuple est, à cette époque, la véritable nation françoise.

Marquons le commencement de l'institution de la pairie : les pairs avoient existé avant la pairie ; dans l'origine, les pairs étoient des jurés qui prononçoient sur les différends advenus entre leurs égaux. La pairie prit un caractère politique quand les fiefs se convertirent en biens patrimoniaux et héréditaires. Les pairs du roi furent des seigneurs plus puissants que les pairs d'un comte ou d'un duc. Tous les systèmes qui placent l'origine de la pairie plus haut ou plus bas que le règne de Hugues Capet ne se peuvent soutenir.

L'introduction de la dignité de la pairie favorisa l'élection des Capétiens. Il y avoit sept pairs laïques ; Hugues en étoit un : les six autres pairs, dont les seigneuries relevoient immédiatement de la couronne, s'entendirent, comme aujourd'hui des électeurs s'entendent dans un collège électoral, pour porter leurs voix sur leur compagnon. La pairie se trouva ainsi réunie à la royauté, et il ne resta que six pairs de France. L'égalité étoit si complète entre les pairs, que Hugues Capet ayant demandé à Adalbert *qui l'avoit fait comte*, Adalbert lui répondit : *Ceux qui t'ont fait roi*.

Outre les pairs laïques, il y avoit des pairs ecclésiastiques du ressort du trône, à la différence des autres seigneuries qui n'avoient point de pairs ecclésiastiques. On peut dire de la pairie, avant ses différentes dégénérations, qu'elle étoit une espèce de sénat de rois, ou, plus exactement, un conseil aristocratique supérieur à la royauté même.

Élisez douze pairs qui soyent compagnons,
Qui mènent vos batailles par grand' dévotion.

Quand les pairs furent au nombre de douze, on les appela *les douze compagnons*, et Froissard les nomme *frères du royaume de France*. Les grands effets politiques de la pairie se virent dans le jugement de Jean-sans-Terre et du prince de Galles.

Hugues Capet mourut en 996. Je dirai, pour ne plus parler des successions royales, que, sous la troisième race, l'apanage rem-

plaça le partage des biens patrimoniaux entre les enfants.

ROBERT.

De 996 à 1031.

ROBERT, héritier du trône de Hugues, étoit un prince pieux et savant pour son siècle ; il étoit poëte : l'Église chante encore des répons et des séquences composés par ce fils aîné de l'Église : *O constantia martyrum! Veni, Sancte Spiritus!* Il craignoit beaucoup sa femme, et se laissoit voler par les pauvres. Son règne fut long ; c'est ce qu'il falloit alors pour un monde au berceau.

HENRI Ier.

De 1031 à 1060.

LE règne de Henri, qui vint après celui de Robert, fut encore un règne nourricier et tout rempli de petites guerres féodales.

Robert Guiscard paroissoit en Italie, lorsque Guillaume-le-Bâtard occupoit la seigneurie de son père, Robert-le-Diable. Ces deux Normands devoient jouer un rôle important à l'occident et à l'orient de l'Europe, et lorsque Henri mourut, Grégoire VII n'étoit plus qu'à quelques années de distance.

Le petit-fils de Hugues Capet fut un homme d'une valeur héroïque : il porta le premier un nom peu répété sur le trône de France, et funeste à tous les rois marqués de ce nom.

PHILIPPE Ier.

De 1060 à 1108.

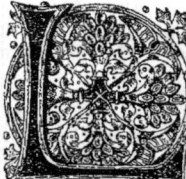
LES quatre-vingt-une années qui s'écoulèrent de Hugues Capet à Philippe Ier furent des années de conception, de travail, d'éducation première ; mais au règne de Philippe Ier, la nuit qui couvroit une enfance sociale laborieuse, se dissipe : le moyen âge paroît dans l'énergie de sa jeunesse, l'âme toute religieuse, le corps tout barbare, et l'esprit aussi vigoureux que le bras.

Guillaume-le-Bâtard convoque les aventuriers de l'Europe pour aller subjuguer l'Angleterre ; il triomphe à la bataille d'Hastings, et le roi de France se trouve avoir un vassal-roi plus puissant que lui.

Cet événement, qui fut bientôt suivi des croisades, donne un nouveau mouvement aux populations. On avoit vu des invasions fortuites, des peuples marchant en avant et au hasard, sans savoir où ils s'arrêteroient, allant plutôt à des découvertes qu'à des conquêtes, comme ces navigateurs qui cherchent des terres inconnues ; il en est tout autrement de Guillaume et de ses bandes. Pour la première fois un peuple est méthodiquement subjugué : le sol envahi reçoit de nouvelles forêts ; les anciennes propriétés sont cadastrées afin d'être imposées ou prises ; la langue et les lois des vaincus sont changées par système ; des espèces de moines armés bâtissent de toutes parts des châteaux moitié forteresses, moitié églises, et chaque soir le peuple conquis se couche au son d'une cloche, comme dans un couvent : grand tableau qui n'est plus à faire depuis qu'il a été peint de la main de M. Thierry. Gildas avoit dit que les Angles (Anglois) n'étoient ni puissants dans la guerre, ni fidèles dans la paix : *Angli nec in bello fortes, nec in pace fideles* ; les historiens des Siciliens et des Normands font observer que la Grande-Bretagne et la Sicile changèrent de face et devinrent des pays renommés aussitôt qu'ils eurent reçu la race normande : *Jam inde Anglia non minus belli gloria quam humanitatis cultu inter florentissimas orbis christiani gentes in primis floruit.* (MALMESB.) *Siculi quod in patrio solo sunt, quod liberi sunt, quod omnes hodie christiani sunt ingenio Normannis acceptum ferunt.* (PROSP. FASEL., *de Reb. sic.*).

En Italie, un mauvais petit garçon de chétive mine devient d'abord moine de Cluny, ensuite cardinal, et enfin pape, sous le nom de Grégoire VII. Hildibrand dépose Boleslas, roi de Pologne, enlève le titre de royaume à la Pologne même, ordonne à l'empereur victorieux de Constantinople d'abdiquer, rend les aventuriers normands de la Pouille feudataires du saint-siège, écrit à l'archevêque de Reims que le roi de France est un tyran indigne du sceptre, mande aux princes chrétiens de l'Espagne que saint Pierre est seigneur suzerain de leurs petits états, et que la Hongrie est un domaine de l'Église de Rome. Dans une lettre au roi Démétrius, Grégoire VII lui dit : « Votre fils nous a déclaré qu'il vouloit recevoir la couronne de nos mains; cette demande nous a paru juste, et nous lui avons donné votre royaume de la part de saint Pierre. »

On sait comment l'empereur Henri IV fut déposé par Hildibrand, comment il fut obligé, pour obtenir son pardon, de se présenter au bas des murailles de la forteresse de Canosse, sans gardes, dépouillé des habits impériaux, nu-pieds et couvert d'un cilice. Après trois jours de jeûne et de larmes, il fut admis à baiser humblement la mule du pontife : un retour de fortune rendit l'empire à Henri IV. Après diverses entreprises guerrières où l'on voit paroître Godefroi de Bouillon et un saccagement de Rome, Hildibrand va mourir fugitif, non vaincu, à Salerne, laissant après lui un grand nom mêlé à ceux de la comtesse Mathilde et de l'aventurier Guiscard. Une plume habile [1] nous prépare l'histoire de ce fameux pontificat. La querelle des Investitures ne finit pas avec Henri IV et Grégoire VII; l'esprit de domination populaire et religieuse se perpétua dans les successeurs d'Hildibrand. Mathilde légua ses états au saint-siége.

Philippe Ier, peu de chose par lui-même, étoit un de ces hommes qui vivent seulement afin que tout s'arrange autour d'eux : il aimoit les femmes, et répudia la reine Berthe sous prétexte de parenté. Il enleva Bertrade de Montfort, femme de Foulque le Rechein, comte d'Anjou. De là des excommunications et des guerres dont Philippe triompha par sa fermeté dans le mal. Destiné aux grands spectacles sans y prendre part, Philippe vit la première croisade délibérée et résolue sous son royaume, au concile de Clermont, que présida Urbain II (1008). En ce même concile le nom de pape fut attribué exclusivement au souverain pontife.

Les flots des Barbares s'étoient calmés dans le bassin de la France où Dieu les avoit versés, et où la main de Karle-le-Martel et celle de son fils les avoient contenus; mais après deux siècles de stagnation, gonflés par des générations nouvelles, ils se débordèrent. Les croisades furent comme un souvenir ou comme une prolongation de cette invasion générale qui avoit ravagé le monde; elles furent en outre des guerres de représailles. Les Sarrasins avoient menacé l'Europe de leur joug trois siècles avant que l'Europe eût pris les armes contre eux : leur migration, sortant de l'Arabie, conquit la Syrie et l'Égypte, s'avança le long de l'Afrique d'Orient en Occident jusqu'au détroit de Gade, passa ce détroit, inonda l'Espagne, surmonta les Pyrénées, et ne s'arrêta qu'au milieu des Gaules contre l'épée de Karle-le-Martel.

Trop occupées alors, les populations chrétiennes remirent à un autre temps la vengeance; mais, quand ce temps fut venu, elles s'ébranlèrent à leur tour, se portèrent d'Occident en Orient par l'Europe, traversèrent le Bosphore, allèrent attaquer les enfants du prophète aux lieux mêmes d'où ils étoient partis. Je ne sache pas de plus grand spectacle que ces invasions des peuples de l'Asie et des peuples de l'Europe marchant en sens opposé, les uns sous l'étendard de Mahomet, les autres sous l'étendard du Christ, autour de cette mer qu'avoit bordée la civilisation grecque et romaine. Les

---

[1] M. Villemain.

Portugais et les Espagnols ont seuls reproduit ces merveilles, lorsque les premiers à travers les mers de l'Orient, les seconds à travers les mers de l'Occident, retrouvoient un monde perdu et découvroient un monde nouveau.

Des mœurs pleines de splendeur et de naïveté, des crimes et des vertus, des croyances ardentes, des faits héroïques, des souvenirs merveilleux, d'immenses résultats matériels et moraux, scientifiques et politiques, voilà ce que présentent les croisades. Les rudes et simples expressions des chroniqueurs relèvent l'éclat des actions; les ermites sont les historiens des chevaliers; des moines racontent, avec l'humilité de la religion et la simplicité du langage, l'orgueil de la conquête et la grandeur des exploits guerriers, ces pèlerinages commencés avec le bourdon et continués avec l'épée. On doit aux croisades la recomposition des armées nationales, décomposées par les petits cantonnements militaires de la féodalité : tant de cheftains éparpillés sur le sol, et étrangers les uns aux autres, apprirent à se connoître à la tête de leurs vassaux ; les serfs recommencèrent le peuple françois dans les camps, comme les bourgeois dans les villes. La chrétienté parut aussi pour la première fois sous la forme d'une immense nation, agissant par l'impulsion d'un seul chef. Et qu'alloit-elle conquérir ? un tombeau.

Les derniers croisés, embarqués dans le dessein de reprendre Jérusalem sur un soudan ismaélite, prirent Constantinople sur un empereur chrétien ; fin extraordinaire d'une aventure de quatre siècles, d'une chevalerie romanesque ranimée à Rhodes devant Mahomet, évanouie à Malte devant l'homme historique qui devoit lui-même aller toucher la cité sainte, pour y puiser une autre sorte de merveilleux.

LOUIS VI.

De 1108 à 1137.

Louis VI, dit le Gros, successeur de son père Philippe, avoit pour tout royaume le duché de France et une trentaine de seigneuries. Il se battoit contre ses vassaux à Corbeil, à Mantes, à Montlhéry, à Montfort, au Puysaye dont le château lui coûta trois années de siége : c'étoit plus qu'il n'en avoit fallu aux François pour ravager l'Asie et prendre Jérusalem.

C'est ici l'occasion de remarquer que les noms les plus répétés dans notre histoire n'ont pas pour cela une origine plus ancienne que les autres noms. Les nobles dont les terres se trouvoient dans le duché de Paris étoient par cette raison même mentionnés aux chroniques du petit domaine royal; ces chroniques racontèrent les guerres que ces vassaux avoient eues avec la couronne, ou les honneurs qu'ils avoient obtenus du monarque. Les autres nobles, cantonnés au loin dans leurs châteaux, restèrent ignorés; on ne parla d'eux qu'à l'occasion de quelques batailles où ils avoient été appelés en vertu des services du fief. Il est arrivé de là qu'une centaine de noms ont rempli les fastes nationaux dans la monarchie féodale; au lieu des annales de France, vous ne lisez réellement que celles du duché de France, et pour ainsi dire des voisins du roi.

Sous la monarchie absolue, Versailles et la cour envahirent à leur tour notre histoire, comme le duché de France l'avoit jadis usurpée : c'est toujours une centaine d'hommes de la banlieue de Paris qui, tantôt chevaliers, tantôt valets décorés, deviennent les personnages de la nation; héros domestiques dont la gloire avoit le vol du chapon autour des antichambres de leur seigneur. Si l'on veut con-

noître enfin notre ancienne patrie, il en faut recomposer le tableau général avec les tableaux particuliers des provinces : seul moyen de rétablir le caractère aristocratique que notre histoire doit avoir, au lieu du caractère monarchique qu'on lui a mensongèrement donné.

Au temps de Louis-le-Gros, les quatre frères Guerlande et l'abbé Suger firent faire un pas à la puissance royale, en diminuant l'autorité des justices particulières, en affranchissant les serfs, en établissant les communes : cet établissement, dont on a fait tant de bruit, doit être entendu avec restriction.

La France, au commencement du onzième siècle, loin d'être homogène, étoit composée de trois ou quatre peuples différents de mœurs, de lois, de langage; il ne faut pas prendre ce qui se passoit dans le duché de Paris, en Picardie, en Champagne, le long du cours de la Marne et de l'Oise, de la Seine et de l'Yonne, pour ce qui se passoit au-delà de la Loire et du Rhône, au-delà de l'Orne, de la Sarthe et de la Vilaine. Nos rois n'ont pas pu affranchir ce qui n'étoit pas de leur dépendance.

Mais l'histoire, qui n'admet que les faits prouvés, en refusant à Louis-le-Gros l'honneur d'avoir fait naître la classe intermédiaire et libre de la bourgeoisie, ne peut pas non plus recevoir comme une vérité incontestable cet esprit général de liberté dont on pense que les villes furent simultanément saisies au douzième siècle : cette coïncidence n'existe pas. Presque toutes les communes du midi de la France étoient libres et demeurées libres depuis l'administration romaine et visigothe; quelques privilèges, ajoutés à leur liberté primitive, ne constituent pas des chartes communales de la date du douzième siècle.

D'une autre part, on ne peut dire que Louis-le-Gros, en donnant des chartes à sept ou huit communes, n'ait fait que suivre l'impulsion d'un mouvement qu'il n'auroit pu arrêter. Nous voyons les rois étouffer avec la plus grande facilité les libertés municipales renaissantes, tirer tour à tour de l'argent de la commune qui avoit secoué le joug de son seigneur, et du seigneur qui, à l'aide de la force royale, avoit remis sa commune sous le joug.

Je ne puis me refuser au plaisir de citer un passage de la dix-neuvième lettre sur l'*Histoire de France*. L'auteur (M. A. Thierry), après avoir cité les noms des treize bourgeois bannis de la commune de Laon, termine son récit par ces paroles d'une gravité pathétique : « Je ne sais si vous partagerez l'impres-
« sion que j'éprouve en transcrivant ici les
« noms obscurs de ces proscrits du douzième
« siècle. Je ne puis m'empêcher de les relire et
« de les prononcer plusieurs fois, comme s'ils
« devoient me révéler le secret de ce qu'ont
« senti et voulu les hommes qui les portoient
« il y a sept cents ans. Une passion ardente
« pour la justice, et la conviction qu'ils valoient
« mieux que leur fortune, avoient arraché
« ces hommes à leurs métiers, à leur com-
« merce, à la vie paisible, mais sans dignité,
« que des serfs dociles pouvoient mener sous
« la protection de leurs seigneurs. Jetés, sans
« lumières et sans expérience, au milieu des
« troubles politiques, ils y portèrent cet in-
« stinct d'énergie qui est le même dans tous
« les temps, généreux dans son principe, mais
« irritable à l'excès, et sujet à pousser les
« hommes hors des voies de l'humanité. Peut-
« être ces treize bannis, exclus à jamais de
« leur ville natale, au moment où elle deve-
« noit libre, s'étoient-ils signalés, entre tous
« les bourgeois de Laon, par leur opposition
« contre le pouvoir seigneurial : peut-être
« avoient-ils souillé par des violences cette op-
« position patriotique; peut-être enfin furent-
« ils pris au hasard pour être seuls chargés du
« crime de leurs concitoyens. Quoi qu'il en soit,
« je ne puis regarder avec indifférence ce
« de noms et cette courte histoire, seul monu-
« ment d'une révolution qui est loin de nous,
« il est vrai, mais qui fit battre de nobles cœurs
« et excita de grandes émotions que nous
« avons tous, depuis quarante ans, ressenties
« ou partagées. »

Le bourgeois du moyen âge, qui reconstruisit la moyenne propriété dans les cités, n'étoit pas du tout le bourgeois de la monarchie absolue : c'étoit un personnage important, souvent appelé à délibérer sur les plus graves affaires de la patrie. Il y avoit de grands, de petits et de francs bourgeois : le bourgeois pouvoit posséder certains fiefs. Le nom de bourgeois signifioit quelquefois *homme de guerre*; il ne dérogeoit point à la noblesse. *Noble homme, da-*

moiseau et bourgeois, sont des qualités données à une même personne dans des titres du quinzième siècle. Les nobles qui étoient *bourgeois* de certaines villes se trouvoient dispensés de l'arrière-ban. Les bourgeois de Paris s'appeloient les *Bourgeois du Roi*. « Au regard « des non-nobles, ils sont en deux manières : « dont les aucuns sont franches personnes, « bourgeois du roi ou des seigneuries sur les-« quelles ils demeurent, et les autres sont « serfs et de serve condition. » (*Coutum. gén.*)

Cette classe intermédiaire entre le noble et le serf a donné naissance à une portion du *peuple*. Charles V accorda des lettres de noblesse à tous les bourgeois de Paris ; Charles VI, Louis XI, François Ier et Henri II confirmèrent ces lettres de noblesse. Paris ne fut jamais une commune, parce qu'il étoit franc par la seule présence du roi.

LOUIS VII.

De 1137 à 1180.

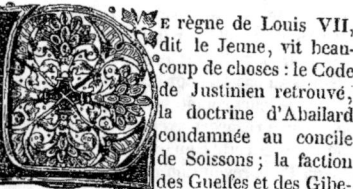

E règne de Louis VII, dit le Jeune, vit beaucoup de choses : le Code de Justinien retrouvé, la doctrine d'Abailard condamnée au concile de Soissons ; la faction des Guelfes et des Gibelins répandue en Italie ; la seconde croisade prêchée par saint Bernard. Suger et Bernard étoient deux hommes supérieurs, de nature antipathique l'un à l'autre ; mais Bernard, sans être ministre, gouvernoit le monde en sa double qualité de saint et de moine réformateur.

Louis-le-Jeune, revenu de la croisade, répudie Éléonore d'Aquitaine pour cause présumée d'adultère avec un jeune Sarrasin : il lui restitue la Guienne et le Poitou. Éléonore se remarie à Henri, comte d'Anjou et de Normandie, qui, devenu roi d'Angleterre sous le nom de Henri II, se trouva roi d'Angleterre, duc de Normandie et d'Aquitaine, comte d'Anjou, de Poitou, de Touraine et du Maine. Cette restitution probe, mais impolitique, à laquelle Suger s'étoit opposé, parce qu'il en prévoyoit les résultats, démembra la monarchie, introduisit l'ennemi dans le cœur du pays, et favorisa les grandes guerres que l'Angleterre fit à la France avec des François.

Le douzième siècle est mémorable par de rapides progrès vers d'autres idées. Alexandre III, dans le troisième concile de Latran, déclara que tous les chrétiens devoient être exempts de la servitude : la croix portoit son fruit.

Les écoles se multiplièrent dans les cathédrales et dans les monastères ; les colléges s'établirent en dehors de ces monastères ; l'Université prenoit de nouvelles forces ; les étudiants étrangers égaloient dans Paris le nombre des habitants.

En Angleterre survint le différend fameux entre Henri II et Thomas Beket, relativement aux immunités ecclésiastiques.

PHILIPPE II.

De 1180 à 1223.

HILIPPE-AUGUSTE, parvenu au trône, réunit à la couronne, par la confiscation féodale appuyée des armes, la Normandie, le Maine, l'Anjou, la Touraine et le Poitou ; il fit l'acquisition des comtés d'Auvergne et d'Artois ; il recouvra la Picardie, grand nombre de places dans le Berry, et divers autres comtés, châtellenies et seigneuries. Il rétablit la subordination parmi les grands vassaux et fit sentir la monarchie ; il cita Jean-sans-Terre devant la cour des pairs pour y être jugé sur le meurtre d'Arthur commis dans le ressort du royaume : c'est le premier important arrêt politique de cette haute cour.

Philippe fit couronner son fils roi d'Angleterre à Londres. Les Anglois conquirent à cette

époque la grande Charte : entre plusieurs articles favorables aux communes et à l'indépendance des tribunaux, le trente-troisième porte que nul homme ne sera arrêté, emprisonné, dépouillé, banni, mis à mort arbitrairement; que le roi n'agira ou ne fera agir contre qui que ce soit autrement que d'après le jugement légal des pairs de l'accusé, ou d'après la loi du pays. C'est le fondement de toutes les libertés chez tous les peuples.

La bataille de Bouvines est la première où l'on reconnoisse un esprit de nationalité ; la transformation est accomplie ; les Franks sont devenus François. Philippe n'offrit point avant le combat sa couronne au plus digne, mais en remportant la victoire sur l'empereur Othon il courut risque de la vie. Jeté à bas de son cheval, « s'il n'eût été protégé, dit Guillaume-le-« Breton, de la main de Dieu, et d'une excel-« lente armure, il eût été tué. »

Au règne de Philippe-Auguste se rattachent deux incidents remarquables : la croisade contre Saladin et la croisade contre les Albigeois ; on avoit appris en marchant contre les infidèles à marcher contre les chrétiens.

Saladin avoit repris Jérusalem l'an 1187 de Jésus-Christ. Il laissa sortir tous les chrétiens au prix d'une rançon modique. Un historien arabe leur applique ce passage de l'Alcoran : « Oh! combien ils quittèrent alors de jardins « et de fontaines, de champs ensemencés et de « nobles demeures qui faisoient leurs délices, « et que nous donnâmes en héritage à un au-« tre peuple ! » (*Bibl. des Crois.*, par M. MICHAUD, *chron. Arab.*)

Les princes d'Occident se croisèrent pour aller une seconde fois délivrer la ville sainte. Philippe passa en Orient; mais il y fut éclipsé par ce Richard Cœur-de-Lion dont l'ombre faisoit tressaillir les chevaux sarrasins, et qui revenoit du combat *la cuirasse hérissée de flèches comme une pelotte couverte d'aiguilles* (VINISANF); de ce Richard que Blondel ne délivra pas de sa prison par une chanson, mais qui chantoit lui-même dans la tour en langue romane :

Ja nus hom pris non dira sa raison ;
Adreitament se com hom dolent non :

Ma per conort pot il faire chanson ;
Pro a d'amis, mas pouve son li don ;
Onta i auron se por ma reezon.
Sois fait dos yver prison.

La troisième croisade, commencée en 1187, fut suivie de la quatrième, en 1204, et se termina à la prise de Constantinople par les croisés. Baudouin, comte de Flandres, fut élu empereur, et établit cet empire des Latins qui ne dura que 58 ans.

L'an 1206 ouvrit la croisade contre les Albigeois : Innocent III, saint Dominique, Raymond, comte de Toulouse, Simon, comte de Montfort, sont les personnages de cet abominable épisode de notre histoire.

Le progrès de l'esprit philosophique renaissant par l'hérésie est remarquable dans les opinions diverses des Albigeois. Les principaux chefs ligués contre Raymond VI, leur protecteur, furent Eudes, duc de Bourgogne ; Henri, comte de Nevers, et Simon, comte de Montfort. Simon étoit un homme dissimulé et ambitieux, vaillant, du reste, réglé dans ses mœurs, ayant, comme tous les hommes à part, commandement sur la fortune.

Cette guerre vit naître l'inquisition, et se distingua par ses auto-da-fé. On jetoit les femmes dans des puits ; on égorgeoit sans merci, et, pendant les massacres, les prêtres du comté de Montfort chantoient le *Veni, Creator*. Béziers fut emporté d'assaut : « Là se fit le plus « grand massacre qui se fût jamais fait dans « le monde entier ; car on n'épargna ni vieux, « ni jeunes, pas même les enfants qui tetoient ; « on les tuoit et faisoit mourir. Voyant cela, « ceux de la ville se retirèrent, ceux qui le « purent, tant hommes que femmes, dans la « grande église de Saint-Nazaire. Les prêtres « de cette église devoient faire tinter les clo-« ches quand tout le monde seroit mort ; mais « il n'y eut son de cloche ; car ni prêtre, vêtu « de ses habits, ni clerc ne resta en vie. »

Toulouse, dont toutes les maisons étoient fortifiées, et dont les bourgeois se défendirent de rue en rue, est prise, reprise, inondée de sang, à moitié brûlée.

Longtemps après, les ossements du vieux Raymond, qui ne furent jamais enterrés, se montroient, dans un coffre, tout *profanés et à*

moitié *mangés des rats*, chez des frères hospitaliers de Saint-Jean de Toulouse. Une simple commune de France, la petite république de Toulouse, brava, pendant vingt ans, les anathèmes des papes, les fureurs de l'inquisition, les assauts de trois rois de France, parmi lesquels on compta Philippe-Auguste et saint Louis. Simon de Montfort introduisit, avec ses *François*, la langue picarde, ou le *françois wallon*, dans les villes de Languedoc. La belle langue romane se perdit, et ne subsista plus qu'altérée dans le patois des campagnes.

L'inquisition, née des troubles vaudois, ne se put établir en France, parce qu'elle rencontra une rivale puissante dans la justice parlementaire. « L'inquisition a été quelque temps en France en quelques endroits ; mais elle n'y a proprement fait que des apparitions. Il n'y en reste plus qu'un vestige dans un village nommé Quingey, entre Besançon et Dôle, où un dominicain, qui y vit d'un petit hospice, porte le nom de *Pape de Quingey*. Tout son pouvoir est, Dieu merci, restreint à donner permission de lire les livres prohibés. Avant la conquête de la Franche-Comté, ce petit pape de Quingey fit briller plus d'une fois, par feu clair et merveil, le pouvoir de l'inquisiteur. » (*Note sur Boulainvilliers.*)

Philippe-Auguste fit enclore et paver Paris. « Le bon roi........ se mit à une des fenêtres, « de laquelle il s'appuyoit aucunes fois pour « regarder la Seine couler....... si advint que « charrette vint à mouvoir si bien **la boue et** « **l'ordure**....... que le roi sentit cette pueur si « corrompue, et s'entourna de cette fenêtre « en grande abomination de cœur. Lors fit « mander li prévôt et borgeois de Paris, et li « commanda que toutes les rues fussent pa- « vées bien et soigneusement de grès gros et « forts. »

Les deux cent trente-six rues de Paris étoient pleines de gens qui crioient :

> Seigneurs, voulez-vous baigner,
> Entrez donc sans délaïer ;
> Les bains sont chauds, c'est sans mentir.
> . . . .
> Le bon vin fort à trente-deux,
> A seize, à donze, à dix, à huit.

LOUIS VIII.

De 1225 à 1226.

ouis VIII, dit du Haillant, fut bon et vertueux prince, et si peu de temps roi, qu'il n'a autre surnom, sinon de père du roi saint Louis. » Du Haillant se trompe : fils d'un grand roi, et père d'un roi plus grand encore, Louis fut surnommé Cœur-de-Lion ou Lion-Pacifique, tout à la fois à cause de son courage et de sa douceur. Il *choisit* son fils aîné pour lui succéder, laissant à ses autres enfants des apanages ; l'accession du premier-né à la couronne n'étoit pas encore un droit indépendant de la *volonté* paternelle.

Sous le règne de Louis VIII, on remarque l'établissement du premier ordre des moines mendiants. On signale aussi une multitude de lépreux. Il fut *défendu aux femmes amoureuses, filles de joie et paillardes*, de porter robes à *collets renversés, queue, ni ceinture dorée*.

LOUIS IX.

De 1226 à 1270.

HAQUE époque historique a un homme qui la représente : saint Louis est l'homme-modèle du moyen âge ; c'est un législateur, un héros et un saint. Le temps où il a vécu rehausse encore sa gloire par le contraste de la naïveté et de la simplicité de ce temps. Soit que Louis combatte sur le pont de Taillebourg

ou à la Massoure; soit que, dans une bibliothèque, il rende compte de la matière d'un livre à ceux qui le viennent demander; soit qu'il donne des audiences publiques ou juge des différends aux *Plaids* de la Porte, ou sous le chêne de Vincennes, *sans huissiers ou gardes*; soit qu'il résiste aux entreprises des papes; soit que des princes étrangers le choisissent pour arbitre; soit qu'il meure sur les ruines de Carthage, on ne sait lequel plus admirer du chevalier, du clerc, du patriarche, du roi et de l'homme. Marc-Aurèle a montré la puissance unie à la philosophie, Louis IX la puissance unie à la sainteté : l'avantage reste au chrétien.

Les amours et les chansons de Thibaut, comte de Champagne, ont répandu quelque chose de romanesque sur le temps orageux de la tutelle de saint Louis.

Saint Louis résista aux usurpations de la cour de Rome, et réclama en faveur des libertés de l'Église gallicane : toutes les libertés sont sœurs.

Les *Établissements de saint Louis* sont une espèce de Code où les diverses coutumes de la monarchie, les ordonnances des rois, les canons des conciles, les décisions des Décrétales, se trouvent mêlés au droit romain.

Louis avoit devancé son siècle : ses *Établissements* ne furent point admis; s'il les eût publiés au commencement de son règne, peut-être leur auroit-il pu donner quelque chose de l'autorité de sa vie; mais les *Établissements* furent le dernier présent et comme les derniers adieux qu'un saint faisoit à la terre. L'ignorance, les intérêts, les passions qui ne purent rien contre la mémoire de ce grand homme, furent tout-puissants contre ses lois.

Il s'embarqua le 1er juillet 1270 à Aigues-Mortes, ville à laquelle il donna une charte que nous avons encore. Le temps, qui change tout, a reculé la mer qui baignoit la ville d'où saint Louis quitta pour jamais la France. Les remparts qu'il avoit élevés, et qui devroient être sacrés, sont au moment d'être détruits par des générations nouvelles qui se retireront à leur tour comme les flots.

J'ai vu le lieu de la mort de saint Louis : les historiens futurs trouveront peut-être dans le récit que j'ai fait de cette mort, quelques détails que mes devanciers ont ignorés, et dont je n'ai dû la connoissance qu'aux vicissitudes de ma vie, *Vita est in fuga*.

Des pièces de monnoie qui nous restent de saint Louis sont percées; on croyoit qu'elles guérissoient de tous maux, et on les portoit suspendues au cou comme des reliques : ce roi passoit pour avoir conservé la puissance de soulager ses peuples, même après sa mort.

PHILIPPE III.

De 1270 à 1285.

PHILIPPE-LE-HARDI se trouve placé entre saint Louis son père et Philippe-le-Bel son fils, de même que Louis VIII l'avoit été entre Philippe-Auguste et saint Louis : comme le laboureur laisse une terre en friche entre deux moissons, la Providence laissoit reposer la France entre deux grands règnes. Philippe quitta Tunis, débarqua en Sicile, passa dans les Calabres, entra dans Rome, ville des tombeaux, portant avec lui les os du roi son père, du comte de Nevers, son frère, et d'Isabelle d'Aragon sa femme. Arrivé en France, il déposa les restes de sa famille à Saint-Denis, et seize années après il mourut à Perpignan, non loin du port où son père s'étoit embarqué pour l'Afrique.

Philippe-le-Hardi donna les premières lettres d'anoblissement; attaque à la constitution aristocratique.

Au dehors de la France, la nature des événements faisoit entrer dans le royaume des idées nouvelles. Le grand corps de la féodalité françoise étoit flanqué en Allemagne par un empire dont le chef étoit électif, ce qui

¹ *Itinéraire de Paris à Jérusalem.*

produisoit des troubles et élevoit des doutes sur le droit divin des rois; en Angleterre, une monarchie représentative avoit des parlements votant des subsides, et allant jusqu'à juger le souverain; en Espagne les cortès et les lois de l'état n'octroyoient les trônes qu'avec des réserves; en Italie où les guerres des Guelfes et des Gibelins continuoient, la plupart des villes s'étoient affranchies. Charles d'Anjou, qui ne mourut que sous le règne de son neveu Philippe-le-Hardi, roi de France, portoit la couronne de Sicile, en vertu de la donation d'un pape qui n'avoit pas eu le droit de la donner: le premier en Europe, il fit décapiter un prince souverain injustement condamné. Prêt à poser la tête sur le billot, Conradin jeta son gant dans la foule: qui l'a relevé? Louis XVI, descendant de saint Louis, dont Charles d'Anjou étoit frère.

PHILIPPE IV.

De 1285 à 1314.

Au règne de Philippe-le-Bel commence la monarchie des trois états et la monarchie du parlement.

Sous les rois des deux premières races, le peuple entier (c'est-à-dire les soldats ou les conquérants) paroissoit aux assemblées de mars et de mai, donnoit son suffrage pour la formation des lois et sa voix pour l'élection des souverains. Il ne faut pas confondre le *tiers-état*, appelé par Philippe, et avant lui par saint Louis, avec ces masses militaires. Le tiers-état se composoit des *bourgeois* nés dans les villes du moyen âge, des gens de métiers affranchis, et des anciens magistrats municipaux romains. Ce furent ces bourgeois qui se soulevèrent dans le douzième siècle, qui devinrent *propriétaires collectifs*, et par conséquent *seigneurs*, obtinrent de Louis-le-Gros quelques chartes, et

prirent le nom de *communes*, nom *nouveau et exécrable*, dit un auteur contemporain; ce furent ces bourgeois qui, arrivés aux *états*, commencèrent le *peuple françois* dans les villes, après la disparition de la *peuplade franke* et la métamorphose de la *servitude* en *servage*.

Ce n'est pas, je l'ai déjà dit, qu'avant le règne de Philippe-le-Bel on ne trouve des *assemblées de notables*, des bourgeois des bonnes villes semondrés par nos rois; mais ce n'est qu'à l'occasion des démêlés de Philippe IV avec le pape Boniface, et surtout à l'occasion d'une taxe générale de six deniers sur les denrées vendues, « qu'Enguerrand de Marigny, « surintendant de ses finances, ministre plus « célèbre encore par ses malheurs que par son « grand talent dans les affaires, pour obvier à « ces émeutes, pourpensa d'obtenir cela du « peuple avec plus de douceur. Dans cette vue « il engagea le monarque à convoquer à Paris « les états-généraux du royaume. On fit dresser un échafaud; là, en présence du roi, le « surintendant, après avoir loué hautement « la capitale, l'appelant la chambre royale, où « les souverains anciennement prenoient leurs « premières nourritures, exposa avec beaucoup de force les motifs qu'avoit ce prince « d'aller punir la désobéissance des Flamands, « exhortant vivement les trois états à le secourir dans cette nécessité publique, où il s'agissoit du fait de tous. » (PASQUIER.)

Au moment où les trois états prennent siège, le parlement de Paris, qui devoit hériter de la puissance politique de ces états, devient sédentaire; le même roi qui constitue ces deux pouvoirs établit en même temps une nouvelle sorte de pairie: trois coups mortels portés à la monarchie féodale.

Les trois états, nommés depuis *états-généraux*, qui offrirent souvent de grands talents et un haut instinct politique, n'entrèrent cependant jamais bien avant dans les mœurs du pays. D'abord ils n'agissoient pas sur une monarchie homogène: il y avoit des états de la langue d'Oc et de la langue d'Oyle, et des états particuliers de provinces. Les grands vassaux et les petites seigneuries indépendantes ne se soumettoient que selon leur bon plaisir aux décisions des états.

Quant aux trois ordres, la noblesse, minée

graduellement par la couronne, ne sentit ni n'aima jamais cet autre pouvoir collectif qu'on lui donnoit dans ces assemblées mêlées du tiers-état et du clergé, en dédommagement de sa puissance aristocratique; elle s'y montra très-indépendante quant aux opinions, mais elle ne songea point à reprendre sur la couronne, en entrant dans les intérêts communs de la patrie, l'autorité qu'elle avoit perdue : cette idée abstraitement politique ne pouvoit venir d'ailleurs aux gentilshommes du moyen âge.

Le clergé, qui avoit ses synodes particuliers et généraux, se soucioit peu de ces réunions mixtes où sa voix ne comptoit que pour un tiers des suffrages. Ses intérêts, défendus dans les conciles, ne l'incitoient point à jouer un rôle important dans les états : il y porta de l'humeur, une opposition factieuse et des talents administratifs que lui seul possédoit alors.

Le tiers-état faisoit entendre quelques doléances, mais il n'étoit guère occupé qu'à se tenir attaché au trône, son abri naturel contre les deux autres ordres; il y étoit encore enclin par le penchant naturel qu'a la démocratie au pouvoir absolu.

Les guerres civiles et étrangères, les invasions, le soulèvement des peuples, la défiance des rois, les résistances des seigneurs, la confusion qui régnoit dans les attributions politiques, mirent des obstacles à la tenue régulière des états : il y a des temps où ces états, enchevêtrés aux assemblées de notables, aux chambres du parlement de Paris et au conseil du monarque, se peuvent à peine distinguer des pouvoirs auxquels ils étoient réunis.

Un mot à présent sur le parlement.

Lorsque le roi cessa de juger, son conseil jugea pour lui. Ce conseil, sous le nom de parlement, *parlamentum* (vers l'an 1000), succéda aux *placita* de Grégoire de Tours et de Frédégher et au *mallum*[1] *imperatoris* des Capitulaires. Le parlement, d'abord ambulant avec le monarque, fut ensuite rendu sédentaire ; il eut des sessions fixes et devint enfin perpétuel : des conseillers *jugeurs* tirés de la classe de la noblesse et de l'église, des conseillers *rapporteurs* choisis parmi la classe des clercs et des bourgeois, le composoient. La noblesse d'épée se retira peu à peu du parlement ; la noblesse de robe y demeura seule : d'où il arriva que les juges inamovibles (les nobles) laissèrent le dépôt de la justice aux juges amovibles (les bourgeois). Charles VII, en créant le conseil d'état, acheva de séparer le parlement de la couronne, et chercha à le livrer aux pures fonctions judiciaires. Louis XI donna en 1467 un édit pour la perpétuité des offices de judicature; à la vérité il ne tint compte de son édit, parce qu'il n'étoit fidèle qu'à son despotisme de bas aloi. La vénalité des charges, si fâcheuse dans son principe, ramena l'inamovibilité et enfin l'hérédité de la magistrature.

Lorsque le roi, grand justicier de son royaume, venoit à mourir, toute justice cessoit[2], parce que toute justice émanoit du roi. Le parlement paroissoit aux obsèques du prince et entouroit le cercueil ; quand le cri de la perpétuité de l'empire s'étoit fait entendre : *Le Roi est mort, vive le Roi!* les tribunaux se rouvroient, et la justice renaissoit avec la monarchie.

D'autres parlements furent successivement érigés à l'instar du parlement de Paris dans les différentes provinces. Celui-ci usurpa des droits politiques que n'exerçoient point les trois états dans les longs et irréguliers intervalles de leurs sessions; les peuples s'accoutumèrent à le regarder comme le défenseur de leurs droits : « Par l'usage d'enregistrer l'im- « pôt, il acquit, selon l'expression énergique « de Pasquier, le droit de vérifier les volontés « de nos princes. » La monarchie parlementaire survécut à celle des états, joua un rôle indépendant au temps de la Fronde, disparut dans la monarchie absolue de Louis XIV, fut brisée sous Louis XV, rétablie sous Louis XVI, et servit au rappel des états généraux de 1789.

Pour la justice civile, le parlement de Paris jugeoit d'après les coutumes des pays qui ressortissoient à son tribunal : pour la justice cri-

---

[1] C'est du mot *mallum* qu'est venu notre mot *mail*, lieu planté d'arbres.

[2] Nous verrons ci-après l'origine de la justice chez les Franks.

minelle, il employoit le droit royal (les ordonnances) mêlé au droit romain, et au droit canon lorsque la religion étoit incidente au délit ou au crime. Ce furent des personnages comparables à ce qu'il y a de plus grave et de plus illustre dans l'histoire que les Flotte, les L'Hôpital, les de Thou, les Harlay, les Nicolaï, les Lamoignon, les d'Aguesseau, les Brisson, les Molé, les Séguier; avec les gens d'église, les clercs, les lettrés, les savants, les artistes et une centaine d'hommes de guerre, de terre et de mer, ils forment les grands hommes de la partie plébéienne de l'ancienne monarchie. Néanmoins plusieurs magistrats étoient de familles nobles, quelques parlements étoient nobles, et la haute magistrature s'appela la noblesse de robe.

Une multitude de rois s'en étoient allés à la fois, quand Philippe monta sur le trône; il commença son règne au milieu des générations renouvelées. Ses querelles avec Boniface VIII sont célèbres : il s'agissoit d'abord de quelques levées de deniers faites ou à faire sur le clergé. Boniface s'emporta; Philippe repartit qu'il ne se soumettroit jamais au pape pour les choses temporelles.

L'évêque de Pamiers, légat de Boniface, insulte le roi en pleine audience; le roi le chasse de son conseil et le fait accuser de crime de haute trahison : une bulle de Boniface ordonne de livrer l'évêque au tribunal ecclésiastique. Autre bulle qui déclare le roi de France soumis au pape, tant au temporel qu'au spirituel. Le garde des sceaux, Pierre Flotte, adresse au pape de la part du roi une lettre commençant ainsi : « Philippe, par la grâce de « Dieu, roi des François, à Boniface prétendu « pape, peu ou point de salut. Que votre très-« grande fatuité sache que nous ne sommes « soumis à personne pour le temporel, etc. »

Survint alors une bulle où sont retracés les principaux torts de Philippe : « Il accable ses « sujets d'impôts; il altère les monnoies; il « perçoit les revenus des bénéfices vacants. « En vain il rejetteroit tous ses torts sur de « mauvais ministres, il doit changer ces minis-« tres à l'admonition du saint-siège. » Si ces reproches étoient déplacés, ils étoient justes, et ces violences mêmes étoient utiles. La papauté avoit seule alors le droit de parler, et remplaçoit l'opinion publique pour les nations; les répliques que les rois étoient obligés de faire dévoiloient les abus de la cour de Rome : par les doubles passions de la couronne et de la tiare, les peuples obtenoient une partie des lumières qui sont aujourd'hui le résultat de la liberté de la presse.

Les trois ordres écrivirent à Rome, le clergé en latin, la noblesse, et vraisemblablement le tiers-état, en françois. La lettre du clergé étoit respectueuse, mais ferme; celle de la noblesse violente, et celle du tiers-état, qu'on n'a plus, vraisemblablement aussi vigoureuse que celle de la noblesse, à en juger par la réponse des cardinaux. Le pape traita l'Église gallicane de fille folle, et se plaignit de ce que la noblesse et les communes n'avoient pas même daigné lui accorder le titre de souverain pontife.

Après la tenue d'un consistoire, l'assemblée d'un concile à Rome, et la promulgation de nouvelles bulles, Guillaume de Nogaret, chevalier du roi, dans une assemblée des prélats et des barons (1303), déclara que Boniface n'étoit point un pape; qu'il étoit, aux termes de l'Évangile, un voleur et un brigand; qu'il étoit temps d'arrêter ce misérable, de le mettre au cachot, d'assembler un concile pour le juger, ce qu'étant fait, les cardinaux éliroient un vrai pape. Boniface lança une bulle d'excommunication contre Philippe, et mit le royaume en interdit : il se trompoit d'époque; le siècle de Grégoire VII étoit déjà loin.

Les deux nonces chargés de porter au roi la sentence papale furent jetés en prison, les bulles saisies, le temporel des ecclésiastiques françois qui s'étoient rendus à Rome confisqué, les ordres du royaume convoqués au Louvre afin d'aviser au moyen de se venger du pontife. Dans cette assemblée, un procès public fut intenté à Boniface par Guillaume de Plasian; les principaux articles portoient que le pape nioit l'immortalité de l'âme, qu'il doutoit de la réalité du corps de Jésus-Christ dans l'Eucharistie, qu'il étoit souillé du péché infâme, et qu'il appeloit les François *Patarins*. Le roi, sur les conclusions de Nogaret et de Plasian, en appelle des bulles de Boniface aux conciles futurs et aux papes futurs. Les trois états adhèrent à cette déclaration.

Nogaret se trouvoit alors en Italie; il fut

chargé de signifier au pape la résolution de l'assemblée générale de France. Le violent pontife, retiré à Agnanie, sa ville natale préparoit de nouveaux foudres. Nogaret avoit reçu l'ordre de l'enlever, de le conduire à Lyon où il seroit privé des clefs dans un concile général : c'étoit à leur tour les rois qui déposoient les papes.

Nogaret s'entendit avec Colonne, de cette puissante famille romaine que Boniface avoit persécutée. L'entreprise fut conduite avec secret et succès : Nogaret et Colonne, à l'aide de quelques seigneurs gagnés et d'aventuriers enrôlés, s'introduisent dans Agnanie le 7 septembre 1303, au lever du jour. Le peuple se joint aux assaillants, et force le palais du pape. Les portes de son appartement sont brisées ; on entre : le pontife étoit assis sur un trône, portant sur les épaules le manteau de saint Pierre, sur sa tête une tiare ornée de deux couronnes, symbole des deux puissances, et tenant à la main la croix et les clefs.

Nogaret, étonné, s'approche avec respect de Boniface, accomplit sa mission, et l'invite à convoquer à Lyon le concile général. « Je « me consolerai, répondit Boniface, d'être « condamné par des Patarins. » Le grand-père de Nogaret étoit Patarin, c'est-à-dire Albigeois, et avoit été brûlé vif comme hérétique. « Veux-tu déposer la tiare? » s'écria Colonne. — « Voilà ma tête, répliqua Boniface ; je « mourrai dans la chaire où Dieu m'a assis. » Pie VI, prisonnier, à moitié expirant, dépouillé des marques de sa puissance, étoit arrivé à Valence ; le peuple, entourant la maison où il étoit déposé, l'appeloit à grands cris; le vicaire de Jésus-Christ se traîne à une fenêtre, et, se montrant à la foule, dit : Ecce homo! C'étoit là tout une autre grandeur et tout une autre manière de mourir.

Boniface, après sa haute réponse à Colonne, se répandit en outrages contre Philippe. Colonne donne un soufflet au pape, et lui auroit plongé son épée dans la poitrine, si Nogaret ne l'eût retenu. « Chétif pape, s'écrie Colonne, « regarde de monseigneur le roi de France la « bonté, qui te garde par moi et te défend de « tes ennemis. » Boniface craignant le poison, refusa tout aliment ; une pauvre femme le nourrit pendant trois jours avec un peu de pain et quatre œufs. Le peuple, par une de ses inconstances accoutumées, délivra le souverain pontife, qui partit pour Rome ; il mourut d'une fièvre frénétique (11 octobre 1303). Quelques auteurs ont écrit qu'il se brisa la tête contre les murs, après s'être dévoré les doigts.

Les troubles de la Flandre, à peine conquise par Philippe-le-Bel, recommencèrent. Il y eut de grands massacres, principalement à Bruges. Pour reconnoître les François qu'on vouloit égorger, on les forçoit de répéter ces mots en bas allemand : *Scilt ende wriendt*, bouclier et ami; le mot *ciceri* avoit ainsi servi d'arrêt de mort aux Vêpres siciliennes. Il y a des mots auxquels les Gaulois et les François ont encore mieux dénoncé leur double race : pour s'épargner l'ennui d'apprendre les langues étrangères, ils ont enseigné la leur, les armes à la main, à toute la terre ; il est probable que ce ne fut pas en latin que Brennus prononça au Capitole le *væ victis!*

Le massacre de Bruges fut suivi de la bataille de Courtray ; des paysans et des bourgeois, commandés par le tisserand Pierre le Roy, qui se fit armer chevalier à la tête du camp, remportèrent une victoire signalée sur les plus grands capitaines et la plus haute noblesse de France. Il demeura prouvé que la valeur n'étoit pas exclusivement du côté de la chevalerie ; lumière de plus montrée aux peuples. Quatre mille paires d'éperons dorés furent enlevées à quatre mille *chevaliers* par les *bons hommes* de Flandre (1303).

Cette victoire donna lieu à une singulière aventure : quelques Flamands déguisés en mendiants se firent passer pour des seigneurs françois échappés à la journée de Courtray, ayant juré de demeurer pendant sept ans sous l'habit de pauvres, sans révéler leur naissance ; les veuves les prétendirent reconnoître, et les admirent à jouir de leurs droits.

Philippe prit sa revanche à la bataille de Mons en Puèle : la consécration de la statue grossière que l'on voyoit encore avant la révolution dans la cathédrale de Paris attestoit cette victoire.

La découverte de la boussole est du règne de Philippe-le-Bel, et coïncide avec celle de la poudre ; inventions qui ont changé, l'une le globe, l'autre la société matérielle, en atten-

dant la découverte de l'imprimerie, qui devoit transformer le monde de l'intelligence. Il n'est pas clair néanmoins que Jean Gira, ou Goya, ou Flavio Jivia d'Amalfi, soit l'inventeur de la boussole ; Marc Paul pouvoit l'avoir apportée de la Chine vers l'an 1260, et un vieux poëte, François Guyot, de Provins, décrit exactement la boussole, sous le nom de *marinetta* ou *pierre marinière*, vers la fin du douzième siècle, cinquante ans et plus avant le voyage du Vénitien en Chine. La fleur de lis, qui chez tous les peuples signale le nord sur la rose des vents, semble assurer à la France l'invention ou le perfectionnement de la boussole : cette fleur a de même indiqué bien d'autres gloires, avant l'époque où elle n'a plus marqué que des malheurs.

Le mouvement général des esprits, qui fait du quatorzième siècle un siècle à jamais mémorable, amena, en 1308, l'insurrection des trois cantons de Schwitz, d'Uri et d'Undervalden ; la liberté se réveilla au milieu des lacs et des rochers des Alpes : tandis que les communes de Flandre préparoient dans leurs plaines les républiques industrielles des Artavelle, la république agricole et guerrière de Guillaume Tell se formoit dans les montagnes de la Suisse.

Lyon, en 1310, fut réuni à la couronne. Cette même année vit la conquête de l'île de Rhodes par les chevaliers de Saint-Jean de Jérusalem.

Le concile de Vienne, 1311, termina le démêlé de la couronne de France et de la tiare ; car Philippe avoit poursuivi la mémoire même de Boniface. Ce concile traita aussi de l'abolition de l'ordre des Templiers : elle remplit la fin du règne de Philippe.

Neuf gentilshommes françois établirent, en 1118, l'ordre des Templiers à Jérusalem. Cet ordre acquit d'immenses richesses, et devint suspect aux peuples et aux rois. Les Templiers étoient accusés de se vouer entre eux à d'infâmes voluptés, de renier le Christ, de cracher sur le crucifix, d'adorer une idole à longue barbe, aux moustaches pendantes, aux yeux d'escarboucle et recouverte d'une peau humaine ; de tuer les enfants qui naissoient d'un Templier, de les faire rôtir, de frotter de leur graisse la barbe et les moustaches de l'idole ; de brûler les corps des Templiers décédés, et de boire leurs cendres détrempées dans un philtre. On peut toujours deviner les siècles au genre des calomnies historiques : brutales et absurdes dans les temps de grossièreté et de foi, raffinées et presque vraisemblables dans les temps de civilisation et de doute.

L'abolition de l'ordre des Templiers ne fut pas cependant une pure affaire de finances : il paroit assez prouvé que les chevaliers appartenoient à la secte des Manichéens, et que Philippe se montra plus jaloux de leur autorité qu'avide de leurs trésors. Quoi qu'il en soit, l'humanité et la justice furent également violées dans ce procès : la nature des accusations fut si bien calculée pour frapper l'esprit de la foule, que l'opinion vulgaire a transformé en monstres ces moines-chevaliers qui n'étoient vraisemblablement coupables que de passions et d'erreurs. Ce n'est qu'au commencement du dix-neuvième siècle qu'un savant et un poëte a vengé leur mémoire (M. Raynouard). Il faut descendre presque jusqu'à nos jours pour trouver dans l'abolition de l'ordre des Jésuites (la différence des époques admise) quelque chose de l'appareil et du fracas qu'excita dans le monde catholique l'abolition de l'ordre des Templiers.

Le ministre de Philippe-le-Bel, Enguerrand de Marigny, fut, dans le règne suivant, victime de cette même iniquité des hommes qu'il avoit soulevée contre les Templiers ; il expia par une injuste mort le supplice injuste de Jacques de Molay : Dieu patient et vengeur suspend quelquefois son bras, mais ne détourne jamais les yeux.

Si l'on en croit une vieille chronique, les chevaliers du Temple, sur le bûcher, citèrent Philippe-le-Bel et Clément V à comparoître dans l'an et jour au tribunal suprême ; et le prince et le pontife se présentèrent dans le délai légal à la barre de l'éternité. Ferdinand IV, roi de Castille, mandé de même à l'audience de Dieu par deux gentilshommes qu'il avoit fait mourir, expira juste au terme de l'assignation ; d'où lui resta le terrible surnom de *Ferdinand l'ajourné*. Ces récits ne sont point sans dignité morale ; l'histoire se plaît aux choses graves et tragiques : on ne doit point écarter les faits qui peignent les croyances, les mœurs, la disposi-

tion des esprits, et qui donnent de salutaires leçons. Dans tous les cas, il sera toujours vrai que le ciel entend la voix de l'innocence et du malheur, et que l'oppresseur et l'opprimé paroîtront tôt ou tard aux pieds du même juge.

Philippe-le-Bel ouvrit un des siècles les plus féconds en transformations sociales, et ce prince lui-même fut une nouveauté : il connut la raison d'état, et commença la conversion du vassal en sujet. Mais si d'un côté la liberté religieuse, politique et civile, fit un pas considérable sous son règne par le choc de la puissance temporelle et de la puissance spirituelle, par la convocation des trois états, par l'établissement du parlement sédentaire, d'un autre côté, Philippe donna naissance à l'esprit de la monarchie absolue, et montra dans l'avenir les rois tels que la France ne les devoit pas longtemps supporter.

LOUIS X.

De 1314 à 1316.

PHILIPPE-LE-BEL laissa trois fils : Louis X, surnommé le Hutin, Philippe V, dit le Long, et Charles IV, dit le Bel. Tous trois moururent vite, tous trois furent déshonorés par leurs femmes. Cette succession de trois frères se présente deux autres fois dans notre histoire, et toujours à la male heure : François II, Charles IX, Henri III; Louis XVI, Louis XVIII et Charles X. Marguerite, reine de Navarre, femme de Louis-le-Hutin, Blanche, fille cadette d'Othon IV, comte palatin de Bourgogne, femme de Charles-le-Bel, furent enfermées au château Gaillard, bâti par Richard Cœur-de-Lion, et où l'on racontoit qu'il avoit plu du sang; on les tondit et rasa, punition de l'adultère : Marguerite fut étranglée avec le linceul de sa bière; Blanche, répudiée, prit le voile dans l'abbaye de Maubuisson. Jeanne, comtesse de Bourgogne, sœur aînée de Blanche et femme de Philippe-le-Long, emprisonnée d'abord au château de Dourdan, acquittée ensuite par arrêt du parlement, rentra dans le lit de Philippe. Les séducteurs de Marguerite et de Blanche étoient deux frères bossus, Philippe et Gauthier d'Aulnay : ils furent écorchés vifs, traînés dans la prairie de Maubuisson nouvellement fauchée, mutilés, et pendus à un gibet pardessous les bras :

> Que il furent vif escorchiez,
> Puis fu lor nature copée
> Aux chiens et aux bestes jetée.

Ils ne croyoient pas avoir acheté trop cher leur supplice.

Enguerrand de Marigny fut alors poursuivi pour anciennes concussions sous le règne de Philippe-le-Bel. L'avocat qui plaida contre lui *allegua les exemples des serpents qui desgatoient la terre de Poitou au temps de monseigneur de saint Hilaire, et appliqua et comparagea les serpents à Enguerrand et à ses parents et affins.* On ne permit pas même à l'accusé de parler : *Si ne lui fut en aucune maniere audience donnée de soi defendre.* Le comte de Valois persécutoit Marigny à cause de quelques paroles hautaines proférées au jour de la fortune. On ne put cependant faire condamner cet homme illustre qu'en produisant l'accusation de sorcellerie, dernière ressource de l'injustice et de la délation dans ces temps, comme on employoit l'accusation de trahison dans la république romaine, et de lèse-majesté dans l'empire romain : toutes les consciences se fermoient et se taisoient au seul mot de sorcellerie, et l'innocent devenoit coupable. Le roi déclara qu'il *ôtoit sa main de* Marigny : Charles Ier ôta sa main de Strafford. Le parlement ne jugea point Marigny, qui fut pendu (30 avril 1315) au gibet de Montfaucon avant le lever du jour, par arrêt d'une commission de barons et de chevaliers convoquée au bois de Vincennes; c'est la première commission assemblée dans ce bois : on sait quelle a été la dernière. « Montfaucon a apporté tel malheur, « dit Pasquier (dans le chapitre intitulé : *Plus « malheureux que le bois dont on fait le gibet*, « l. VIII, chap. XL, pag. 742), à ceux qui s'en

« sont meslez, que le premier qui le fit bastir (qui fut Enguerrand de Marigny) y fut pendu ; et depuis, ayant esté refaict par le commandement d'un nommé Pierre Remy (général des finances sous Charles-le-Bel), luy-mesme y fut semblablement pendu (sous Philippe de Valois); et, de nostre temps, maistre Jean Moulnier, lieutenant civil de Paris, y ayant fait mettre la main pour le refaire, la fortune courut sur luy, sinon de la penderie, comme aux deux autres, pour le moins d'amende honorable, à laquelle il fut depuis condamné. »

Ici la civilisation rétrograde; la justice recule et est moins avancée que dans les *Établissements de saint Louis*, et dans les *Règlements de Philippe-le-Bel;* mais l'exécution de nuit et la corde pour le gentilhomme ne sont point, comme on l'a pu croire, des infractions à la loi des temps. Les *Établissements de saint Louis* stipulent qu'un gentilhomme coupable du déshonneur d'une fille de famille sera pendu. Il y avoit, ce cas échéant, égalité de supplice pour le noble et le roturier ; on supposoit que le crime faisoit déroger. Depuis, les gentilshommes ont prétendu qu'il y avoit des crimes de race, comme il y avoit une noblesse d'extraction, et ils ont réclamé le privilége de l'échafaud.

Les regrets du roi et du peuple vengèrent Marigny. En ce temps-là l'imagination des hommes, plus sensible parce qu'il y avoit plus de foi en toute chose, expioit les fautes des passions : une calamité générale qui survenoit (comme il arriva alors) après une injustice individuelle, étoit prise pour un châtiment du ciel : Dieu, juge en dernier ressort, établissoit, pensoit-on, la peine auprès de la prévarication ; grave système qui lioit par la morale les destinées de tout un peuple à l'iniquité accomplie sur un seul homme; système sans danger qui n'affoiblissoit point le pouvoir en lui commandant le repentir, parce que l'ordre émanoit de la puissance éternelle.

Mais si la civilisation recula dans l'ordre civil, à propos du supplice d'Enguerrand, la voici qui avance dans l'ordre politique. Louis-le-Hutin publia, le 5 juillet 1315, des *lettres* qui méritent d'être rapportées pour l'honneur des rois *francs* et du peuple *franc.*

« Louis, par la grâce de Dieu, roi de France et de Navarre, etc. : Comme selon le droit de nature chascun doit naistre *franc;* et par aucuns usages ou coustumes, qui de grant ancienneté ont esté introduites et gardées jusques cy en nostre royaume, et par adventure *pour le meffet de leurs predecesseurs*, moult de personnes de nostre commun peuple, soient encheües *en lien de servitudes et de diverses conditions*, qui moult nous desplaist. *Nous* considerants que nostre royaume est dit et nommé *le royaume des Francs*, et voulants que la chose en vérité soit accordante au nom, et que la condition des gents *amende de nous en la venuë de nostre nouvel gouvernement.* Par deliberation de nostre grant conseil, avons ordené et ordenons, que generaument, par tout nostre royaume, de tant comme il peut appartenir à nous et à nos successeurs, *telles servitudes soient ramenées à franchises;* et à touls ceux qui de ourine, ou ancienneté, ou de nouvel *par mariage*, ou par *residence de lieus de serve condition*, sont encheües ou pourroient escheoir en liens de servitudes, *franchise soit donnée o bonnes et convenables conditions.* »

L'esprit philosophique de cette loi, ses considérations générales *sur la liberté qui est un droit de nature*, contrastent avec l'enfance du dialecte : les idées sont plus vieilles que la langue.

Des historiens ont pensé que ces lettres ne furent qu'un moyen de finances imaginé dans le but d'obtenir, par le rachat du servage, un argent dont on avoit grand besoin. La remarque de ces historiens fût-elle vraie, je dirois encore : peu importe comment la liberté arrive aux hommes, pourvu qu'elle leur arrive ; toutes les interprétations possibles ne détruisent pas un fait indicateur d'une importante révolution commencée dans l'état social. Mais la remarque tombe à faux : le roi, en affranchissant ses serfs, gens de corps, gens de pouesté, gens de morte-main, diminuoit ses revenus, car les serfs étoient soumis à certaines taxes; il étoit donc équitable que la couronne, en accordant la liberté, ne le fît pas aux dépens de sa force ; c'est ce que l'ordonnance exprime très-bien : « Vous *commettons* (collecteurs, sergents, etc.) *et mandons* pour traitez et

« accordez avec eus (serfs) de certaines compositions, par lesquelles soffisant *recompensation* nous soit faicte des émoluments qui *desdites servitudes* povent venir à nous et à « nos successeurs. »

Si les idées étoient plus vieilles que le langage, il se trouve encore que le roi devançoit le peuple : très-peu de serfs consentirent à se racheter ; on voit d'autres lettres par lesquelles Louis X déclare que *plusieurs n'ont pas connu la grandeur du bienfait qui leur étoit accordé*, et ordonne qu'on les contraigne à payer de grosses sommes, c'est-à-dire qu'on les oblige à devenir libres. Toute révolution qui n'est pas accomplie dans les mœurs et dans les idées échoue : la dégradation qu'amène la dépendance est pour l'être accoutumé à obéir une sorte de tempérament, une nature qui accomplit ses lois dans le dernier ordre de l'intelligence ; or il y a dans les lois accomplies un certain bien-aise. Délivrés des soucis de la pensée et des soins de l'avenir, l'esclave s'habitue à son ignominie ; sans liens sociaux sur la terre, la servitude devient son indépendance ; si vous l'émancipez tout à coup, épouvanté de sa liberté il redemande ses chaînes. Le génie de l'homme est comme l'aigle ; lorsqu'il est nourri dans la domesticité, et qu'on le veut rendre aux champs de l'air, il refuse de s'envoler, et ne sait user ni de ses serres, ni de ses ailes.

Louis rappela les Juifs chassés par Philippe-le-Bel (28 juillet 1315). Il leur fut défendu de prêter *sus vessel ou aournements d'église, ne sus gages sanglants*[1], *ne sus gages mouillés fraischement* ; il leur étoit ordonné de porter le *signel*, là où ils l'avoient accoustumé, et sera large d'un blanc tournois d'argent au plus, et sera d'autre couleur que la robe, pour estre veus et plus clerement apparent*[2]. Les Juifs étoient gens de poueste à perpétuité ; si leurs enfants avoient une nourrice chrétienne, les clercs la pouvoient excommunier : *Sed benevolunt quod nutrices Judœorum excommunicentur*, dit un *Établissement* de Philippe-Auguste. Un commentateur croit qu'on peut lire *meretrices* pour *nutrices*[1] (prostituées au lieu de nourrices). Que veulent dire tant de dédains pour ce peuple vivant à part dans tous les temps ; isolé au milieu de tous les autres peuples ; ne changeant jamais ; n'ayant passé, comme les races renouvelées, ni par la barbarie, ni par la civilisation ; toujours au même degré de sociabilité ; jamais conquis parce qu'il l'a été une fois et pour toujours ; jamais libre, parce que toutes les nations le regardent comme un esclave qui leur est dévolu de droit, comme s'il y avoit pour lui une origine mystérieuse, fatale, incontestée de servitude ! Est-ce Dieu qui avoit mis sur la poitrine des Juifs, dans le moyen âge, le signel de sa main ? Il leur étoit défendu de prêter sur *gages sanglants* ou sur *vêtements mouillés* : on soupçonnoit donc de profiter de la dépouille de l'assassiné et du noyé ? Ne sembloient-ils pas poursuivis par le souvenir de cette robe tirée au sort, et vendue au prix de trente deniers ? Enfin, leurs enfants ne paroissoient pas dignes d'être abreuvés d'un lait légitime ; la nourrice chrétienne qui prenoit à son sein l'enfant d'un Juif tomboit dans la réprobation éternelle dont étoit frappée l'innocente créature que la pitié avoit mise dans ses bras.

Après dix-neuf mois de règne, Louis X mourut âgé de vingt-quatre ou vingt-six ans. Il avoit continué la guerre malheureuse de Flandre. Ce jeune prince eut des qualités : il confirma d'utiles ordonnances pour la protection des laboureurs ; personne, sous peine de quadruple et d'infamie, ne pouvant s'emparer de leurs biens. Il vouloit ôter aux seigneurs le droit de battre monnoie, il ne le put ; la royauté n'avoit point encore détrôné l'aristocratie. Louis X aima les sciences, les lettres et les arts, et se laissa bien conseiller par la *clergie laïque*.

---

[1] Cet article se trouve dans une charte latine de Philippe-Auguste (février 1218).

[2] Ce signe étoit une rouelle jaune ou moitié blanche et rouge, que le Juif devoit porter en vertu du chapitre LXVIII du concile de Latran, de l'an 1215 : *ut omni tempore in medio pectoris rotam portent*, ajoute un statut de l'église de Rhodez.

[1] BRUSSEL, *tract. de Usu feud.*, tom. I, pag. 585.

PHILIPPE V.

De 1316 à 1322.

Louis X avoit eu, de sa première femme adultère, une fille nommée Jeanne, laquelle, héritant du royaume de Navarre, le porta dans la maison d'Évreux dont elle épousa le chef. La seconde femme de Louis, Clémence de Hongrie, étoit enceinte lorsqu'il mourut; il y eut une sorte d'interrègne pendant lequel Philippe, second frère de Louis, eut la régence. Les douze pairs décidèrent que, si l'enfant à naître étoit femelle, la couronne passeroit à Philippe : c'est la première fois qu'il est parlé dans notre histoire de la loi salique, et de l'application de cette loi. Clémence accoucha d'un fils, Jean Ier; il ne vécut que cinq jours [1] (an 1316) : plusieurs historiens l'ont omis dans le catalogue des rois, tant il passa vite; on ne retrouve que dans des chartes oubliées les dates rapprochées de sa naissance et de sa mort : heureux si un autre orphelin royal eût de même caché sa courte vie dans le trésor poudreux de nos chartes, s'il n'eût jamais senti le poids de la couronne, qu'il n'a cependant pas portée !

Philippe V, dit le Long, fut proclamé roi; il y eut contestation; plusieurs princes, et entre autres le frère du roi, qui fut depuis Charles-le-Bel, vouloient qu'on examinât les droits que Jeanne, fille de Louis X, pouvoit avoir aux couronnes de France et de Navarre. Le sacre se fit à huis clos. Une assemblée d'évêques, de seigneurs et de bourgeois de Paris, déclara qu'au royaume de France la femme ne succède pas [2], et cela contre la maxime du droit féodal, par qui presque tous les grands fiefs tomboient de *lance en quenouille*. Un traité conclu, en 1316, entre Philippe V, alors régent, et le duc de Bourgogne, avoit stipulé que, si la veuve de Louis X accouchoit d'une fille, cette princesse, et Jeanne sa sœur, du premier lit, ou l'une des deux, en cas que l'autre mourût, auroient le royaume de Navarre avec les comtés de Champagne et de Brie, et *qu'elles donneroient quittance du reste du royaume de France* [1]. Ne croiroit-on pas voir d'obscurs héritiers se partageant une ferme en famille? Ces anciennes monarchies chrétiennes étoient singulières, tant pour le droit que pour les mœurs; elles avoient à la fois quelque chose de rustique et de violent, d'équitable et d'injuste, comme la vieille république romaine : deux femmes *donnoient quittance* de cette mâle patrie, qui, portant sa gloire en tous lieux, donnoit souvent elle-même, en se retirant, quittance de ses conquêtes.

Jeanne épousa Philippe, fils aîné du comte d'Évreux, auquel elle porta en dot le royaume de Navarre. Elle fut mère de Charles-le-Mauvais. Philippe-le-Bel avoit marié sa fille Isabelle à Édouard II, roi d'Angleterre; elle fut mère d'Édouard III, autre fléau de la France. Le royaume de Navarre, entré, par le mariage de Philippe-le-Bel, dans la maison de France, en sortit sous le règne de ses fils, pour y rentrer quatre siècles après par une autre princesse du nom de Jeanne, mère d'Henri IV; époque à laquelle nos monarques reprirent ce titre et ne le quittèrent plus qu'en perdant les deux couronnes. Disons donc aussi tout d'un coup que Charles-le-Bel, érigeant la baronnie de Bourbon en duché-pairie en faveur de Louis Ier, fils aîné de Robert, sixième fils de saint Louis, obligea celui-ci à renoncer au nom de Clermont, et à prendre celui de la mère de sa femme, Agnès de Bourbon : de là vint ce nom de Bourbon, auquel il n'a manqué, pendant tant de siècles, que cette gloire de l'ad-

---

[1] *Spicil.*, tom III. pag. 72, *Trésor des Chartes.*
[2] *Contin. Chron. Guill. de Nangis.*; *Spicil.*, t. III, pag. 72.

[1] *Trés. des Cha. Nav.* layette III. pièce VII; DUPUIS, *Traité de la Maison des rois*; LEIBNITZ, *in eod. diplom.*, pag. 70; *Mém. de l'Ac. des Bel.-Let.*, t. XVII, pag. 293.

versité, qu'il a enfin magnifiquement obtenue. Ainsi se montrent, à peu près à la même époque, dans notre histoire, ces Bourbons et ces Navarrois, lesquels, accablés sous la même couronne, devoient voir leur premier roi tomber sous le poignard du fanatique, et le dernier sous la hache de l'athée.

Philippe V, de même que ses prédécesseurs, étoit toujours en querelle avec les princes flamands; il finit néanmoins par mettre un terme à une guerre qui avoit duré vingt-cinq années, en donnant sa fille Marguerite en mariage au comte de Nevers, à condition qu'il succéderoit au comté de Flandre. L'Allemagne étoit divisée entre les deux prétendants à l'empire, Frédéric d'Autriche et Louis de Bavière. L'Italie prenoit part à cette division dans les deux partis guelfes et gibelins : les Visconti s'élevèrent dans ces troubles. Le pape publia contre eux une croisade, comme autrefois contre les comtes de Toulouse.

Reparurent sous Philippe-le-Long ces bandes de paysans armés qui, sous le nom de *pastoureaux*, avoient déjà désolé la France pendant la captivité de saint Louis, et qui, sous prétexte d'aller délivrer la Terre-Sainte, ravagèrent leur propre pays et massacrèrent les Juifs. Le mouvement qui, pendant plusieurs siècles, avoit poussé les Germains vers le midi, et les Arabes vers le nord, conserva son principe dans les races qui l'avoient opéré. L'humeur vagabonde et inquiète des barbares continua de s'agiter, tant que la société demeura privée de ses droits : c'étoit l'indépendance naturelle de l'individu qui se montroit à défaut de la liberté politique de l'espèce.

Quelques ordonnances sur la justice font honneur à Philippe V. Il est défendu aux juges de débiter *nouvelles ou esbattements* pendant les audiences, de recevoir *paroles privées* [1]. Il est défendu de *passer ou conseiller* au roi aucune lettre contraire aux anciens règlements [2]. *Messire Dieu, qui tient sous sa main tous les rois, ne les a établis en terre qu'afin qu'ils gouvernent ensuite firmement* [3]. On fixe au règne de Phi-

lippe V l'époque du droit qui rend le domaine de la couronne inaliénable [1] (1521). Les lois générales prenoient la place des lois privées. Le roi ne pouvoit plus acquérir ni vendre, comme les autres possesseurs de grands fiefs ; il sortoit du pérage : mis à part de l'aristocratie et de la démocratie, il commençoit ce pouvoir inviolable que la liberté lui reconnoît aujourd'hui pour sa propre garantie et pour le maintien de l'ordre. Mais la nation renaissante, en même temps qu'elle élevoit la royauté à une hauteur inaccessible, régularisoit le mouvement de cette royauté, et il y avoit une loi supérieure à la volonté de la couronne, l'inaliénabilité.

Philippe-le-Long s'occupa de l'administration; il régla la dépense de sa maison. Il faut prendre garde de confondre les idées par la ressemblance des mots. Les anciens rois n'avoient point de liste civile ; ils vivoient des revenus de leurs domaines; quand ils administroient leur maison, ils administroient de fait les revenus de la couronne ; l'impôt, qui avoit toujours une destination spéciale, étoit applicable aux lieux où il étoit levé, et ne tomboit dans les coffres du roi que par abus. Toutes ces grandes charges, aujourd'hui antiquailles de la royauté, qui n'ont plus de places dans la constitution de l'état, qui coûtent beaucoup et ne sont bonnes à rien, étoient, dans l'origine, des places administratives. Le maître de l'écurie du roi devint, sous Philippe V, premier écuyer du corps ; il se changea en grand-écuyer sous Louis XI. Philippe établit des capitaines généraux dans les grandes villes; le système d'élection prévaloit toujours, et ces capitaines étoient élus par le conseil des prud'hommes. Enfin, Philippe avoit songé à établir l'égalité des poids et mesures, et une seule monnoie pour la France. Les siècles marchoient.

Philippe aimoit les lettres ; il s'entoura de poètes et de savants, ce qui n'est remarquable que par ses ordonnances, dans lesquelles l'on sent un esprit quelque peu philosophique, étranger à cet âge. Toulouse devint métropole; seize évêchés nouveaux furent établis.

---

[1] *Ordonn. des Rois*, tome I, pages 673, 702, 725.
[2] *Ordonn. des Rois*, tome I, pages 672, 675.
[3] *Ordonn. des Rois*, tome I, page 669.

[1] *Ordonn. des Rois*, tome I, page 665.

A peu près à cette époque, le Dante mourut en Italie, et le sire de Joinville en France; celui-ci étoit plus que centenaire: représentant des temps de saint Louis parmi des hommes qui déjà ne lui ressembloient plus, il devoit nous transmettre cette chronique pleine de charmes dont la langue n'est plus la nôtre; nous lui devons le premier monument de notre littérature, comme le Dante a glorifié sa patrie de cet ouvrage, à la fois portrait vivant et statue colossale du moyen âge.

CHARLES IV.

De 1322 à 1328.

PHILIPPE V mourut à Longchamp, le 5 janvier, âgé de vingt-huit ans, après en avoir régné six. Il laissa quatre filles: un fils qu'il avoit eu de Jeanne, héritière du comté de Bourgogne, mourut en bas âge. Charles IV, dit le Bel, succéda à Philippe. L'archevêque de Reims, Robert de Courtenai, sacra les trois frères; Louis Hutin, Philippe-le-Long et Charles-le-Bel[1]: honneurs répétés dont il offre en sa personne le seul exemple, et qui prouvoient en même temps la vanité et la rapidité des honneurs de la terre.

Charles IV s'occupa vivement, dans les premiers moments de son règne, d'une croisade pour secourir les chrétiens de Chypre et d'Arménie[2]. Ce ne fut qu'un projet coûteux. On fit la recherche des financiers, presque tous Lombards. Gérard Laguette, receveur général des revenus de la couronne[3], mourut dans les tortures de la question.

Des commissions royales allèrent dans les provinces châtier les juges prévaricateurs et les nobles qui s'emparoient du bien d'autrui. Jourdain de Lille, seigneur de Cazaubon, étoit accusé de rapt, de vol et d'assassinat: cité à la cour du roi, il assomma l'huissier qui vint lui signifier l'ordre, et osa comparoître devant ses juges, accompagné de la principale noblesse de sa province. Il n'en fut pas moins condamné à mort, traîné à la queue d'un cheval, et pendu[1]. Ce fait prouve l'usurpation de la couronne et la décadence du pouvoir féodal. Jourdain de Lille étoit un brigand, mais il étoit souverain dans son château; s'il eût manqué de foi au roi, comme son homme-lige, il eût été punissable; il n'avoit commis que des *crimes privés*, et dans la loi du temps, ne tenant sa puissance que de Dieu, il n'étoit punissable que de Dieu. Mais la monarchie n'étoit plus la monarchie d'Hugues Capet, et les masses roturières avoient gagné, par l'intervention du trône, ce que leurs oppresseurs aristocratiques avoient perdu.

Des contestations, en Flandre, pour la succession du comté, entre Louis II, petit-fils du vieux comte de Nevers, et Robert de Cassel, fils de ce même comte (1323 à 1325); une défaite des Navarrois par les Basques; une guerre, en Guienne, occasionnée pour la construction d'un château, entre le roi de France et le roi d'Angleterre, comme duc d'Aquitaine, remplissent les années 1323, 1324 et 1325. A Toulouse, s'établirent des débats plus pacifiques: l'académie de la *gaie société des sept torbadors* donna naissance à celle des jeux floraux. Ce règne de six ans, de Charles-le-Bel, n'est remarquable que par la révolution qu'il amena en finissant, et par les idées qui se développèrent en Angleterre.

Édouard II avoit épousé Isabelle de France, sœur de Charles-le-Bel, et dont il eut Édouard III; je l'ai dit. Édouard II étoit livré aux favoris. Gaveston, gentilhomme de Gascogne, lui avoit déjà été arraché par les seigneurs; il prit un autre favori, Hugues Spencer, lequel, avec son père, aussi nommé Hugues, devint le maître de l'état.

---

[1] Baluze, tome II, page 440.
[2] Ruin., an 1322, n° 36 et suiv.
[3] Abb., *Chron.*, tome II, page 839.

[1] *Spicil.* tome III, pages 80, 81; *Hist. des Lang.* tome IV, page 191.

Les barons s'assemblèrent ; les Spencer en firent décapiter vingt-deux, parmi lesquels se trouvoit Thomas de Lancastre, oncle du roi. Après beaucoup d'événements et d'aventures, Édouard II, accusé au parlement d'avoir violé les lois du pays, et de s'être livré à d'indignes ministres, fut, par arrêt de ce même parlement, déposé, condamné à garder une prison perpétuelle, la couronne passant immédiatement à Édouard III[1]. L'arrêt lui fut lu en prison, en ces termes. *Moi Guillaume Trussel, procureur du parlement et de toute la nation angloise, je vous déclare, en leur nom et de leur autorité, que je révoque et rétracte l'hommage que je vous ai fait ; et dès ce moment je vous prive de la puissance royale, et proteste que je ne vous obéirai plus comme à mon roi.*

Voilà, dès l'an 1527 (14 janvier), un roi jugé et déposé par ses sujets.

L'Angleterre devoit multiplier ces exemples. Le roi Jean avoit déjà concédé la grande charte ; les communes étoient entrées au parlement comme dans nos états ; en 1265, le parlement appelé Leicester avoit offert le premier modèle de la division du parlement en deux chambres ; événement qu'on ne remarqua point, mais dont les conséquences devoient être senties si loin et si fort. On lit dire au jeune Édouard III, dans sa proclamation, que son père *s'en est ousté des governement du roïame de* SA BONE VOLUNTÉ[2] ; mais ces principes de souveraineté absolue, de succession, de non élection, étoient encore si peu reconnus, quoi qu'on en ait dit, que nous allons voir Édouard III disputer la couronne de France à Philippe de Valois, nonobstant la loi salique. Édouard II, renfermé au château de Barclai, fut assassiné au moyen d'un fer rouge qu'on lui enfonça dans le fondement à travers un tuyau de corne.

Un vieux poëte anglois représente Édouard regardant des bergers dans la campagne à travers les fenêtres grillées de sa tour, et disant à peu près comme Lucrèce : « Heureux, ô vous « qui regardez du rivage, et qui n'êtes point « engagés dans le naufrage que vous voyez ! »

Oh ! happy you who look as from the shore,
And had no venture in the wreck you see!

L'évêque de Herford, consulté pour savoir s'il étoit loisible de tuer un roi détrôné, avoit répondu par une phrase qui, selon la ponctuation, pouvoit signifier que cela étoit permis, ou que cela n'étoit pas permis : le crime étoit chargé de la vraie lecture[1].

La mère d'Édouard fut reléguée au château de Rising[2] ; Mortimer, son favori, subit le supplice que Spencer avoit lui-même subi ; et ce fut en raison des droits de cette reine captive, infidèle, déshonorée, qui avoit privé son mari de la couronne et de la vie, qu'Édouard III réclama la couronne de France.

Charles IV, qui passa dans son temps pour un philosophe, décéda au bois de Vincennes, le 1er de février 1528. Il avoit eu à soutenir la cruelle et ridicule guerre des *Bâtards*, vagabonds sortis de la Gascogne, qui se disoient fils naturels des gentilshommes gascons : c'étoient les *Pastoureaux* sous une autre forme. Charles avoit épousé trois femmes : Blanche de Bourgogne, Marie de Luxembourg et Jeanne d'Évreux. Les enfants des deux premières moururent à la mamelle ; Jeanne lui donna deux filles. Il la laissa grosse de sept mois en mourant ; il dit aux seigneurs assemblés autour de son lit, que si la reine accouchoit d'une fille, *ce seroit aux grands barons de France à adjuger la couronne à qui de droit appartiendroit.* Il nomma Philippe de Valois régent du royaume pour l'interrègne[3] : cela confirme tout ce que j'ai dit sur le peu de fixité du principe héréditaire.

Avec le règne de Philippe VI, dit de Valois, commence une ère nouvelle pour la France : nous avons atteint le point culminant des temps féodaux qui vont maintenant décliner. Si les révolutions n'alloient pas si vite dans ma patrie ; si les heures qui suffisent aujourd'hui

---

[1] THOYR., *Hist. d'Angl.*, tome III, page 152 ; HUM.
[2] RYM., tome II, page 471.

[1] RYM., tome X, page 65, dans la note.
[2] FROISSARD.
[3] *Id.*

à la besogne des siècles ne m'emportoient avec elles, j'aurois placé ici les quatre grands tableaux de la monarchie féodale : la féodalité, la chevalerie, l'éducation, les mœurs générales des douzième, treizième et quatorzième siècles. Mais à peine puis-je consacrer une centaine de pages à ce qui demanderoit des volumes. Je vais présenter une ébauche qu'achèveront des mains plus habiles et plus heureuses.

FÉODALITÉ, CHEVALERIE, ÉDUCATION, MŒURS GÉNÉRALES DES DOUZIÈME, TREIZIÈME ET QUATORZIÈME SIÈCLES.

Lorsque les Franks s'établirent en Gaule, ce pays pouvoit contenir de dix-sept à dix-huit millions d'hommes, sur lesquels cinq cent mille chefs de famille tout au plus étoient de condition à payer la capitation ; cela veut dire que plus des deux tiers des habitants étoient de condition servile. L'esclavage portoit sa peine en soi : les invasions étoient faciles chez des peuples dont les deux tiers, désarmés et opprimés, n'avoient aucun intérêt à défendre la patrie. Le même terrain qui fourniroit maintenant plus de quinze mille hommes en état de résister, n'avoit pas deux mille citoyens à opposer à la conquête.

Les esclaves, chez les Romains et chez les Grecs, étoient de deux sortes principales, les uns attachés à la maison et à la personne du maître, les autres plantés sur le sol qu'ils cultivoient. Les Germains ne connoissoient que ce dernier genre d'esclaves ; ils les traitoient avec douceur, et en faisoient des colons plutôt que des serfs.

Les Franks multiplièrent ces esclaves de la terre dans les Gaules ; peu à peu l'*esclavage* se changea en *servage*, lequel servage se convertit en *salaire*, lequel salaire se modifiera à son tour : nouveau perfectionnement qui signalera la troisième ère et le troisième grand combat du christianisme.

Si la moyenne propriété industrielle recommença par la bourgeoisie, la petite propriété agricole recommença par les serfs affranchis devenus fermiers-propriétaires moyennant une redevance, quand la servitude germanique eût prévalu sur la servitude romaine. Celle-ci paroit même avoir été complétement abolie sous les rois de la seconde race. On ne voit plus, en effet, sous cette race, de *serfs de corps* ou d'*esclaves domestiques* dans les maisons [1]. Il en résulta ce bel axiome de jurisprudence nationale : Tout esclave qui met le pied sur terre de France est libre.

C'est donc un fait étrange, mais certain, que la féodalité a puissamment contribué à l'abolition de l'esclavage par l'établissement du servage. Elle y contribua encore d'une autre manière, en mettant les armes à la main du vassal : elle fit du serf attaché à la glèbe un soldat sous la bannière de sa paroisse ; si on le vendoit encore quand et quand la terre, on ne le vendoit plus comme individu avec les autres

[1] L'esclavage de corps ne cessa pas partout à la fois ; il se prolongea surtout en Angleterre par trois causes : le dur esprit des habitants, l'invasion normande qui ranima le droit de conquête, l'usage du pays qui n'admet l'abolition formelle d'aucune loi. En 1283, les Annales du prieuré de Dunstale fournissent cette note : « Au » mois de juillet de la présente année, nous avons vendu » Guillaume Pyke, notre esclave, et reçu un marc du » marchand. » C'était moins que le prix d'un cheval. Jusqu'au milieu du dix-septième siècle, dans ces guerres que les Anglois faisoient à Charles Ier pour la *liberté des hommes*, on voit ces fameux niveleurs vendre comme esclaves des royalistes faits prisonniers sur le champ de bataille.

bestiaux. Le serf sur les murs de Jérusalem escaladée, ou vainqueur des Anglois avec Du Guesclin, ne portoit plus le fer qui enchaîne, mais le fer qui délivre. Le paysan serf, demi-soldat, demi-laboureur, demi-berger du moyen âge, étoit peut-être moins opprimé, moins ignorant, moins grossier que le paysan libre des derniers temps de la monarchie absolue.

On doit néanmoins faire une remarque qui expliquera la lenteur de l'affranchissement complet dans le régime féodal. L'affranchissement, chez les Romains, ne causoit presque aucun préjudice au maître de l'affranchi; il n'étoit privé que d'un *individu*. Le serf constituoit une partie du *fief*; en l'affranchissant on *abrégeoit* le fief, c'est-à-dire qu'on le diminuoit, qu'on amoindrissoit à la fois la *qualité*, le *droit* et la *fortune* du possesseur. Or, il étoit difficile à un homme d'avoir le courage de se dépouiller de s'abaisser, de se réduire soi-même à une espèce de servitude, pour donner la liberté à un autre homme.

Voyons maintenant quelle étoit la classe d'hommes qui dominoit les serfs, les gens de *poueste*, les vilains, *taillables à merci de la tête jusqu'aux pieds*.

L'égalité régnoit dans l'origine parmi les Franks. Leurs dignités militaires étoient électives. Le chef ou le roi se donnoit des *fidèles* ou compagnons, des *leudes*, des *antrustions*. Ce titre de leude étoit personnel, l'hérédité en tout étoit inconnue. Le leude se trouvoit de droit membre du grand conseil national et de l'espèce de cour d'appel de justice que le roi présidoit : je me sers des locutions modernes pour me faire comprendre.

J'ai dit que cette première noblesse des Franks, si c'étoit une noblesse, périt en grande partie à la bataille de Fontenay. D'autres chefs franks prirent la place de ces premiers chefs, usurpèrent ou reçurent en don les provinces et les châteaux confiés à leur garde : de cette seconde noblesse franke personnelle sortit la première noblesse françoise héréditaire.

Celle-ci, selon la qualité et l'importance des fiefs, se divisa en quatre branches : 1º les grands vassaux de la couronne, et les autres seigneurs qui, sans être au nombre des grands vassaux, possédoient des fiefs à grande mouvance 2º les possesseurs de fiefs de bannières; 3º les possesseurs de fiefs de haubert; 4º les possesseurs de fiefs de simple écuyer.

De là quatre degrés de noblesse : noblesse du sang royal, haute noblesse, noblesse ordinaire, noblesse par anoblissement.

Le service militaire introduisit chez la noblesse la distinction du chevalier, *miles*, et de l'écuyer, *servitium scuti*. Les nobles abandonnèrent dans la suite une de leurs plus belles prérogatives, celle de juger. On comptoit en France quatre mille familles d'ancienne noblesse, et quatre-vingt-dix mille familles nobles pouvant fournir cent mille combattants. C'étoit, à proprement parler, la population militaire libre.

Les noms des nobles, dans les premiers temps, n'étoient point héréditaires, quoique le sang, le privilège et la propriété le fussent déjà. On voit dans la loi salique que les parents s'assembloient la neuvième nuit pour donner un nom à l'enfant nouveau-né. Bernard-le-Danois fut père de Torfe, père de Turchtil, père d'Anchtil, père de Robert d'*Harcourt*. Le nom héréditaire ne paroît ici qu'à la cinquième génération.

Les armes conféroient la noblesse; la noblesse se perdoit par la lâcheté; elle dormoit seulement quand le noble exerçoit une profession roturière non dégradante; quelques charges la communiquoient; mais la haute charge même de chancelier resta longtemps en roture. Dans certaines provinces *le ventre anoblissoit*, c'est-à-dire que la noblesse étoit transmise par la mère.

Les échevins de plusieurs villes recevoient la noblesse; on l'appeloit *noblesse de la cloche*, parce que les échevins s'assembloient au son d'une cloche. L'étranger noble, naturalisé en France, demeuroit noble.

Les nobles prirent des titres selon la qualité de leurs fiefs (ces titres, à l'exception de ceux de baron et de marquis, étoient d'origine romaine); ils furent ducs, barons, marquis, comtes, vicomtes, vidames, chevaliers, quand ils possédèrent des duchés, des marquisats, des comtés, des vicomtés, des baronnies. Quelques titres appartenoient à des noms sans être inhérents à des fiefs; cas extrêmement rare.

Le gentilhomme ne payoit point la taille personnelle, tant qu'il ne faisoit valoir de ses pro-

pres mains qu'une seule métairie ; il ne logeoit point les gens de guerre : les coutumes particulières lui accordoient une foule d'autres priviléges.

Les nobles se distinguoient par leurs armoiries qui commencèrent à se multiplier au temps des croisades. Ils portoient ordinairement un oiseau sur le poing, même en voyage et au combat : lorsque les Normands assaillirent Paris sous le roi Eudes, les Franks qui défendoient le Petit-Pont, ne l'espérant pas pouvoir garder, donnèrent la liberté à leurs faucons. Les tournois dans les villes, les chasses dans les châteaux, étoient les principaux amusements de la noblesse.

On ne se peut faire une idée de la fierté qu'imprima au caractère le régime féodal; le plus mince aleutier s'estimoit à l'égal d'un roi. L'empereur Frédéric 1er traversoit la ville de Thongue ; le baron de Krenkingen, seigneur du lieu, ne se leva pas devant lui, et remua seulement son chaperon, en signe de courtoisie. Le corps aristocratique étoit à la fois oppresseur de la liberté commune et ennemi du pouvoir royal ; fidèle à la personne du monarque alors même que ce monarque étoit criminel, et rebelle à sa puissance alors même que cette puissance étoit juste. De cette fidélité naquit l'honneur des temps modernes : vertu qui consiste souvent à sacrifier les autres vertus ; vertu qui peut trahir la prospérité, jamais le malheur ; vertu implacable quand elle se croit offensée ; vertu égoïste et la plus noble des personnalités : vertu enfin qui se prête à elle-même serment et qui est sa propre fatalité, son propre destin. Un chevalier du Nord tombe sous son ennemi ; le vainqueur, manquant d'arme pour achever sa victoire, convient avec le vaincu qu'il ira chercher son épée ; le vaincu demeure religieusement dans la même attitude jusqu'à ce que le vainqueur revienne l'égorger : voilà l'honneur, premier-né de la société barbare. (MALLET, *Introduct. à l'Hist. du Danem.*)

De l'état des hommes passons à l'état des propriétés.

Le fief, qui naquit à l'époque où le servage germanique débouta la servitude romaine, constitua la féodalité. Dans les temps de révolutions et d'invasions successives, les petits possesseurs n'étant plus protégés par la loi, donnèrent leur champ à ceux qui le pouvoient défendre : c'est ce que nous avons appris de Salvien. De cet état de choses à la création du fief il n'y avoit qu'un pas, et ce pas fut fait par les Barbares : ils avoient déjà l'exemple du bénéfice militaire, c'est-à-dire de la concession d'un terrain à charge d'un service, bien que les *fe-ods* ne soient pas exactement les *prædia militaria*. Il arriva que le roi et les autres chefs ne voulurent plus accepter des immeubles, en installant le propriétaire donateur comme fermier de son ancienne propriété ; mais ils la lui rendirent à condition de prendre les armes pour ses protecteurs : ils s'engageoient de leur côté à secourir cette espèce de sujet volontaire. Voilà le vasselage et la seigneurie.

Toutes les propriétés, dans la féodalité, se divisent en deux grandes classes : l'aleu ou le franc-aleu ; le fief et l'arrière-fief. « Tenir en « aleu, dit la *Somme rurale*, si est tenir terre « de Dieu tant seulement et ne doivent cens, « rente, ne relief, ne autre redevance à vie ne « à mort. »

Cujas fait venir le mot *aleu* (*alodium*) d'un possesseur des terres *sine lode*. Il est plus naturel de le tirer de la terre du *leude*, fidèle, ou du *drude*, ami : *drudi et vasalli* sont souvent réunis dans les actes. Leude est le *compagnon* de Tacite, *l'homme de la foi* du roi dans la loi salique, et *l'antrustion du roi* des formules de Marculfe.

L'aleu fut dans l'origine inaliénable sans le consentement de l'héritier. Il y eut deux sortes de franc-aleu : le noble et le roturier. Le noble étoit celui qui entraînoit justice, censive ou mouvance ; le roturier celui auquel toutes ces conditions manquoient : ce dernier, le plus ancien des deux, représentoit le foible reste de la propriété romaine.

Les parlements différoient de principes sur le maintien du franc-aleu. Les pays coutumiers et de droit écrit, dans le ressort des parlements de Paris et de Normandie, ne reconnoissoient le franc-aleu que par *titres*; titres qu'il étoit presque toujours impossible de produire. La coutume de Bretagne, sous le parlement de la même province, rejetoit absolument le franc-aleu. Les quatre parlements de droit écrit, Bordeaux, Toulouse, Aix et Grenoble, va-

rioient dans leurs us, et rendoient des arrêts en sens divers : le parlement de Provence ne recevoit pas le franc-aleu, et le parlement de Dauphiné l'admettoit dans quelques dépendances sur titres. Le Languedoc prétendoit jouir du franc-aleu avant les *Établissements* de Simon de Montfort qui transporta dans le comté de Toulouse la coutume de Paris. « Après ce « grand progrès d'armes, Simon, comte de « Montfort, se voyant seigneur de tant de « terres, de mesnagement ennuyeux et pe- « nible, il les départit entre les gentilshommes, « tant françois qu'autres : .... Pour « contenir l'esprit de ses vassaux et assurer ses « droits, il establit des loix generales en ses « terres, par advis de huict archevesques ou « evesques et autres grands personnages. » *Tam inter barones, ac milites, quam inter burgenses et rurales, seu succedant hæredes, in hæreditatibus suis, secundum morem et usum Franciæ, circa Parisiis.*

Les coutumes de Troyes, de Vitry et de Chaumont, réputoient toute terre franche ou alodiale. Le fief et l'aleu étoient la lutte et la coexistence de la propriété selon l'ancienne société, et de la propriété selon la société nouvelle.

Quelquefois le fief se changea en aleu, mais l'aleu finit presque généralement par se perdre dans le fief. *Nulle terre sans seigneur* devint l'adage des légistes. L'esprit du fief s'empara à un tel point de la communauté, qu'une pension accordée, une charge conférée, un titre reçu, la concession d'une chasse ou d'une pêche, le don d'une ruche d'abeilles, l'air même qu'on respiroit, s'inféoda ; d'où cette locution : *fief en l'air, fief volant, sans terre, sans domaine.*

Fief, *feudum, feodum, fœdum fochus dum. fedum, fedium, fenum,* vient d'*a fide,* latin, ou plutôt de *fehod,* saxon, prix. La formule de la vassalité remonte au temps de Charlemagne : *Juro ad hæc sancta Dei Evangelia, ... ut vassalum domino.*

Le fief étoit la confusion de la propriété et de la souveraineté : on retournoit de la sorte au berceau de la société, au temps patriarcal, à cette époque où le père de famille étoit roi dans l'espace que paissoient ses troupeaux, mais avec une notable différence : la propriété féodale avoit conservé le caractère de son possesseur ; elle étoit conquérante ; elle asservissoit les propriétés voisines. Les champs autour desquels le seigneur avoit pu tracer un cercle avec son épée, relevoient de son propre champ. C'est le premier âge de la féodalité.

Le mot *vassal*, qui a prévalu pour signifier homme de fief, ne paroit cependant dans les actes que depuis le treizième siècle. *Vassus* ou *vassallus*, vient de l'ancien mot franc *gessel*, compagnon ; conversion de lettres fréquente dans les auteurs latins : *wacta*, guet ; *wadium*, gage ; *wanti*, gants, etc.

Il y avoit des fiefs de trois espèces générales : fief de bannière, fief de haubert, fief de simple écuyer.

Le fief banneret fournissoit dix ou vingt-cinq vassaux sous bannière.

Le fief de haubert devoit un cavalier armé de toutes pièces, bien monté et accompagné de deux ou trois valets.

Le fief de simple écuyer ne devoit qu'un vassal armé à la légère.

Tous les fiefs et arrière-fiefs ressortissoient au manoir des seigneurs, comme à la tente du capitaine : la grosse tour du Louvre étoit le *fief dominant* ou le pavillon du général. Le terrain sur lequel Philippe-Auguste l'avoit bâtie, il l'avoit acheté du prieuré de Saint-Denis-de-la-Chartre, pour une rente de trente sous parisis : ainsi, ce donjon majeur, d'où relevoient tous les fiefs, grands et petits, de la couronne, relevoit lui même du prieuré de Saint-Denis.

Quand le roi possédoit des terres dans la mouvance d'une seigneurie, il devenoit vassal du possesseur de cette seigneurie ; mais alors il se faisoit *représenter* pour prêter, comme vassal, foi et hommage à son propre vassal ; on vouloit bien user de cette indulgence envers lui, sans qu'il se pût néanmoins soustraire à la loi générale de la féodalité. Philippe III rend, en 1284, hommage à l'abbaye de Moissac. En 1350 le grand-chambellan rend hommage, au nom du roi Jean, à l'évêque de Paris, pour les chastellenies de Tournant et de Torcy : *Joannes, Dei gratia, Francorum rex. . . Robertus de Loriaco, de præcepto nostro, homagium fecit.* On citera encore un exemple, parce qu'il est rare dans son espèce et qu'il affectera les

lecteurs françois comme l'historien qui le rappelle. Henri VI, *roi d'Angleterre*, rend hommage à des bourgeois de Paris.

« Henry, par la grâce de Dieu, roi de
« *France et d'Angleterre*, à tous ceux qui ces
« présentes lettres verront, salut. Savoir fai-
« sons, que, comme autresfois a fait notre
« très-cher seigneur et ayeul, feu le roi Char-
« les (Charles VI), dernier trépassé, à qui Dieu
« pardoint, par ces lettres sur ce faictes, don-
« nées le 24e jour de mai, dernier passé, nous
« avons député et députons Me Jean Le Roy,
« nostre procureur au Chastelet de Paris, pour,
« et en lieu de nous, à homme et vassal, de
« ceux de qui sont mouvants et tenus en fiefs les
« terres, possessions et seigneuries, à nous ad-
« venues, en la ville et vicomté de Paris, de-
« puis quatre ans en çà; et en faict les deb-
« voirs, tels qu'il appartient. . . . .
« Donné à Paris, le 15e jour de mai 1425, et
« de notre règne le premier. Ainsi signé par
« le roi, à la relation du conseil tenu par l'or-
« donnance de monseigneur le regent de Fran-
« ce, duc de Betfort. »

Paris étoit un composé de fiefs; neuf d'entre eux relevoient de l'évêché: le Roule, la Grange-Batelière, l'outre Petit-Pont, etc. Les autres fiefs de la ville de Paris appartenoient aux abbayes de Sainte-Geneviève, de Saint-Germain-des-Prés, de Saint-Victor, du grand prieuré de France, et du prieuré de Saint-Martin-des-Champs. On comptoit en France soixante-dix mille fiefs ou arrière-fiefs, dont trois mille étoient titrés. Le vassal prêtoit hommage tête nue, sans épée, sans éperons, à genoux, les mains dans celles du seigneur, qui étoit assis et la tête couverte; on disoit: « *Je deviens vostre*
« *homme de ce jour en avant, de vie, de mem-*
« *bre, de terrestre honneur, et à vous serai feal*
« *et loyal, et foi à vous porterai des tenements*
« *que je recognois tenir de vous, sauf la foi que*
« *je dois à nostre seigneur le roi.* » Quand cette formule étoit prononcée par un tiers, le vassal répondoit voire: Oui, je le jure. Alors le vassal étoit reçu par le seigneur *audit hommage à la foi et à la bouche*, c'est-à-dire au baiser, pourvu que ce vassal ne fût pas un *vilain*:
« Quelquefois un gentilhomme de bon lieu est
« contrainct de se mettre à genoux devant un
« moindre que lui: de mettre ses mains fortes
« et généreuses dans celles d'un lasche et effe-
« miné. » (*Traité des fiefs.*)

Quand l'hommage étoit rendu par une femme, elle ne pouvoit pas dire: « *Jeo deveigne vostre*
« *feme, pur ceo que n'est convenient que feme*
« *dira que el deviendra feme à aucun home,*
« *fors que à sa baron, quand ele est espouse;* » mais elle disoit, etc.

Main, fils de Gualon, du consentement de son fils Eudon, et de Viete sa bru, donne à Dieu et à Saint-Albin en Anjou la terre de Brilchiot; en foi de quoi le père et le fils baisèrent le moine Gaultier; mais comme c'étoit chose inusitée qu'une femme baisât un moine, Lambert, avoué de Saint-Albin, est délégué pour recevoir le baiser de la donatrice, avec la permission du moine Gaultier: *Jubente Walerio monacho.*

Robert d'Artois, comte de Beaumont, ayant à recevoir deux hommages de son *amée cousine madame Marie de Brebant*, dame *d'Arschot et de Vierzon*, ordonna: « Que nous et la
« dame de Vierzon devons estre à cheval, et
« nostre cheval les deux pieds devant en l'eau
« du gué de Noies, et les deux pieds der-
« riere à terre seche, par devant notre terre
« de Meun, et le cheval à ladite dame de Vier-
« zon les deux pieds derriere en l'eau dudit
« gué, et les deux devant à terre seche par de-
« vers nostre terre de Meun. »

L'hommage étoit *lige* ou *simple*; l'hommage *ordinaire* ne se doit pas compter. L'homme-lige (il y avoit six espèces d'hommes dans l'antiquité franke) s'engageoit à servir en *personne* son seigneur *envers et contre toute créature qui peut vivre et mourir*. Le vassal simple pouvoit fournir un remplaçant. On fait venir lige ou du latin *ligare, liga, ligamen*, etc., ou du frank *leude*; Vous êtes de *Tournay*, laquelle est toute lige au roi de France.

Tantôt le vassal étoit obligé à *plége* ou *plejure*, tantôt à service *de son propre corps*, à devenir caution ou champion pour son seigneur: c'étoit la continuation de la clientèle franke et de l'inscription au rôle *Vassaticum*.

Quand les rois *semonoient* pour le service du fief militaire leurs vassaux *directs*, les ducs, comtes, barons, chevaliers, châtelains, cela s'appeloit le *ban*; quand ils *semonoient* leurs vassaux directs et leurs vassaux *indirects*, c'est-à-dire

les seigneurs et les vassaux des seigneurs, les possesseurs d'arrière-fiefs, cela s'appeloit l'arrière-ban. Ce mot est composé de deux mots de la vieille langue : *har*, camp, et *ban*, appel d'où le mot de basse latinité *heribannum*. Il n'est pas vrai que l'arrière-ban soit le réitératif du ban.

« Les vassaux, hommes et cavaliers, estoient « comme des digues, des remparts, des murs « d'airain, opposez aux ennemis ; victimes dé- « vouez à la fortune de l'estat, possedants une « vie flottante, incertaine, le plus souvent en- « sevelie dans les ruines communes. » (*Du Franc-aleu*.)

Les vassaux devoient aide en monnoie à leur seigneur en trois cas : lorsqu'il partoit pour la Terre-Sainte, lorsqu'il marioit sa sœur ou son fils aîné, lorsque ce fils recevoit les éperons de la chevalerie.

Il y avoit des fiefs *rendables* et *receptables* : le fief étoit rendable quand le vassal, en certain cas, remettoit les châteaux du fief au seigneur, en sortoit avec toute sa famille, et n'y rentroit que quarante jours après la guerre finie ; le fief étoit *receptable* quand le feudataire, sans sortir des châteaux qu'il tenoit, étoit obligé d'y donner asile à son seigneur. L'un et l'autre de ces fiefs étoient *jurables* à cause du serment réciproque.

L'investiture, qui remonte à l'origine de la monarchie, se faisoit pour le royaume, sous la première race, par la franciske, le hang ou angon ; sous la seconde race, par la couronne et le manteau ; sous la troisième, par le glaive, le sceptre et la main de justice.

L'investiture ou saisine du fief avoit lieu au moyen de quelque marque extérieure et symbolique, suivant la nature du fief ecclésiastique ou militaire, titré ou simple : on juroit sur une crosse, sur un calice, sur un anneau, sur un missel, sur des clefs, sur quelques grains d'encens, sur une lance, sur un heaume, sur un étendard, sur une épée, sur une cape, sur un marteau, sur un arc, sur une flèche, sur un gant, sur une étrille, sur une courroie, sur des éperons, sur des cheveux, sur une branche de laurier, sur un bâton, sur une bourse, sur un denier, sur un couteau, sur une broche, sur une coupe, sur une cruche remplie d'eau de mer, sur une paille, sur un fétu noué, sur un peu d'herbe, sur un morceau de bois, sur une poignée de terre. On trouve encore de vieux actes dans les plis desquels ces fragiles symboles sont conservés ; le gage n'étoit rien, parce que la foi étoit tout. « *Le seigneur est tenu à* « *son homme comme l'homme à son seigneur,* « *fors que seulement en reverence.* » Une société à la fois libre et opprimée, innocente et corrompue, raisonnable et absurde, naïve, capricieuse, attachée au passé comme la vieillesse, forte, féconde, avide d'avenir comme la jeunesse, une société entière reposa sur de simples engagements, et n'eut d'autre loi d'existence qu'une parole.

La création des terres nobles dans le régime féodal étoit une idée politique la plus extraordinaire et en même temps la plus profonde : la terre ne meurt point comme l'homme ; elle n'a point de passions ; elle n'est point sujette aux changements, aux révolutions ; en lui attribuant des droits, c'étoit communiquer aux institutions la fixité du sol ; aussi la féodalité a-t-elle duré huit cents ans, et dure encore dans une partie de l'Europe. Supposez que certaines terres eussent conféré la liberté au lieu de donner la noblesse, vous auriez eu une république de huit siècles. Encore faut-il remarquer que la noblesse féodale étoit, pour celui qui la possédoit, une véritable liberté.

Le roturier ne put d'abord acquérir un fief, parce qu'il ne pouvoit porter la *lance* et l'*éperon*, marques du service militaire ; ensuite on se relâcha de cette coutume : le roi dont les trésors s'épuisoient, le seigneur accablé de dettes, furent aises de laisser vendre et de vendre des terres nobles à de riches bourgeois ; la terre transmit le privilége, et le roturier, investi du fief, fut à la troisième génération *demené* comme gentilhomme.

Tout feudataire pouvoit prendre les armes contre son seigneur pour déni de justice et pour vengeance de famille : traditions de l'indépendance et des mœurs des Franks. La querelle se pouvoit terminer par le duel, par l'*assurement* (caution), ou par une sentence enregistrée à la justice seigneuriale du suzerain. « C'est la paix de Raolin d'Argées, de « ses enfants et de leur lignage, d'une part ; « et de l'ermite de Stenay, de ses enfants, de « leur lignage et de tous leurs consorts, d'au-

« tre part. L'ermite a juré sur les saints, lui
« huitième de ses amis, que bien ne lui fut
« de la mort de Raolin, mais beaucoup d'an-
« goisse; a donné cent livres pour fonder une
« chapelle où l'on chantera pour le repos de
« l'ame du défunct; s'est engagé d'envoyer in-
« cessamment un de ses fils en Palestine. »

On peut remarquer dans ce traité de la fin du treizième siècle, les co-jurants des lois ripuaire et saxonne.

Si une veuve noble marioit sa fille orpheline sans le consentement du seigneur suzerain, ses meubles étoient confisqués : on lui laissoit deux robes, une pour les jours ouvrables, l'autre pour le dimanche, un lit, un palefroi, une charrette et deux roussins.

Une héritière de haut lignage étoit obligée de se marier pour desservir le fief, comme on voit aujourd'hui les marchandes, qui perdent leur mari, épouser leur premier commis pour faire aller l'établissement. Si cette héritière avoit plus de soixante ans, elle étoit dispensée du mariage.

Les droits seigneuriaux ont été puisés dans les entrailles mêmes du fief. Dans l'origine ils étoient appelés *honneurs*, *faveurs*, comme reconnoissances faites au seigneur par le vassal, des aliénations et transmissions des fiefs d'une personne à l'autre. C'est ce que veut dire *lods* et *ventes* : *laudimia*, *laudæ*, *laudationes*, *lausus*, de louer, complaire, agréer. Ces droits étoient ou militaires, ou fiscaux, ou honorifiques.

Non-seulement le roi, grand chef féodal qui se sustentoit du revenu de ses domaines, levoit encore des taxes; mais tous les seigneurs suzerains et non suzerains, ecclésiastiques ou laïques, en levoient aussi de leur côté. Les droits de quint et requint, de lods et ventes, de my-lods, de ventrolles, de reventes, de reventons, de sixièmes, huitièmes, treizièmes, de resixièmes, de rachats et reliefs, de plait, de morte-main, de reltiers, de pellage, de coutelage, d'affouage, de cambage, de cottage, de péage, de vilainage, de chevage, d'aubain, d'ostize, de champart, de mouture, de fours banaux, s'étoient venus joindre aux droits de justice, au casuel ecclésiastique, aux cotisations des jurandes, maîtrises et confréries, et aux anciennes taxes romaines : en inventions financières nous sommes fort inférieurs à nos pères. Il est probable que la masse entière du numéraire passoit chaque année dans les mains du fisc royal et particulier; car les marchands et les ouvriers, serfs encore, appartenoient à des corporations de villes ou à des maîtres; ils ne formoient pas une classe généralement indépendante; ils touchoient à peine un bas salaire; le prix de leurs denrées et le travail de leurs journées souvent n'étoient pas à eux.

Quant aux droits *honorifiques*, ils servoient de marques à une souveraineté locale : tels fiefs, par exemple, allouoient la faculté de prendre le cheval du roi, lorsque le roi passoit sur les terres du possesseur de ces fiefs. D'autres droits n'étoient que des divertissements rustiques que la philosophie a pris assez ridiculement pour des abus de la force : lorsqu'on apportoit un œuf garrotté dans une charrette traînée par quatre bœufs; lorsque les poissonniers, en l'honneur de la dame du lieu, sautoient dans un vivier à la Saint-Jean; lorsqu'on couroit la *quintaine* avec une lance de bois; lorsque, pour l'investiture d'un fief, il falloit venir baiser la serrure, le cliquet ou le verrou d'un manoir, marcher comme un ivrogne, faire trois cabrioles accompagnées d'un bruit ignoble et impur, c'étoient là des plaisirs grossiers, des fêtes dignes du seigneur et du vassal, des jeux inventés dans l'ennui des châteaux et des camps de paroisse, mais qui n'avoient aucune origine oppressive. Nous voyons tous les jours sur nos petits théâtres, dans ce siècle poli, des joies qui ne sont pas plus élégantes.

Si, ailleurs, les serfs étoient obligés de battre l'eau des étangs quand la châtelaine étoit en couches; si le châtelain se réservoit le droit de markette (*cullagium*, *marcheta*); si des curés même réclamoient ce droit, et si des évêques le convertissoient en argent, c'est à la *servitude grecque et romaine* qu'il faut restituer ces abus : les rescrits des empereurs défendent aux maîtres de forcer leurs esclaves à des *choses infâmes*; soit ignorance, soit défaut de réflexion, on n'a pas vu ou l'on n'a pas voulu voir ce que l'*esclavage* avoit laissé dans le *servage*. Quant à la multitude et à la diversité des coutumes, elles s'expliquent naturellement

par les règlements des différents chefs de cette nation armée, cantonnée sur le sol de la France.

Au milieu de la propriété mobile du fief, s'élevoit une propriété immobile, comme un rocher au milieu des vagues, et qui grossissoit par de quotidiennes adhérences : l'amortissement étoit la faculté d'acquérir accordée à des gens de main-morte. Une fois l'acquêt consommé au moyen d'un dédommagement ou d'un rachat pour la seigneurie dont l'acquêt relevoit, la propriété *mouroit*, c'est-à-dire qu'elle étoit retirée de la circulation, et que tous les droits de mutation se perdoient. Une terre ainsi tombée à des églises, à des abbayes, à des hôpitaux, à des ordres de chevalerie, représentoit, pour le fisc et pour le maître du fief, un capital enfoui et sans intérêts. De sorte qu'avec la main-mortable, le domaine inaliénable de la couronne, les substitutions, le retrait lignager féodal (c'est-à-dire le droit de retirer un bien de famille ou une terre mouvante d'un fief), il seroit résulté à la longue un fait incroyable dans la nature déjà si extraordinaire de la possession territoriale du moyen âge : toutes les propriétés se seroient fixées sous la main de propriétaires héréditaires ; et, comme ces propriétés étoient privilégiées, l'impôt direct et foncier eût péri ; l'État se seroit trouvé réduit aux dons gratuits, la plus casuelle des taxes.

Le droit de justice tenoit une haute place dans la féodalité.

Chez les Grecs et les Romains, la justice émanoit du peuple : ce peuple étant tombé sous le joug, la justice resta foible dans les tribunaux où, souveraine détrônée, elle put à peine cacher la liberté qui se réfugia auprès d'elle. Il ne s'éleva point au sein de ces tribunaux un grand corps de magistrature indépendante, appelé à prendre part aux affaires du gouvernement.

La justice, au contraire, parmi les nations de race germanique, découla de trois sources : la royauté, la propriété et la religion. Les rois, chez les Franks, comme chez les Germains leurs pères, étoient les premiers magistrats : *Principes qui jura per pagos reddunt.* Quand donc saint Louis et Louis XII rendoient la justice au pied d'un chêne, ils ne faisoient que siéger au tribunal de leurs aïeux. La justice prit dans son air quelque chose d'auguste, comme les générations royales qui la portoient dans leur sein et la faisoient régner.

Par la raison que les Franks lièrent la souveraineté et la noblesse au sol, ils y attachèrent la justice : fille de la terre, elle devint immuable comme elle. Tout seigneur qui possédoit des *propres* avoit droit de justice. L'axiome de l'ancien droit françois étoit : « La justice est patrimoniale. » Pourquoi cela ? parce que le patrimoine étoit la souveraineté.

Le religion ajouta une nouvelle grandeur à notre magistrature : la loi ecclésiastique mit la justice sur l'autel. Au défaut du public, un crucifix assistoit dans la salle d'audience à la défense de l'accusé et à l'arrêt du juge : ce témoin étoit à la fois le dieu, le souverain arbitre et l'innocent condamné.

Née du sol, appuyée sur le sceptre, l'épée et la croix, la justice régla tout. Chez les nations antiques le droit civil dériva du droit politique ; chez les François le droit politique découla du droit civil : la justice étoit pour nous la liberté.

La justice seigneuriale se divisoit en deux degrés, haute et basse justice ; toutes deux étoient du ressort du seigneur de trois châtellenies et d'une ville close, ayant droit de marchés, de péage, de lige-estage, c'est-à-dire du seigneur qui pouvoit obliger ses vassaux à faire la garde de son chastel.

Sénéchal et *bailli*, noms attribués aux juges : on appeloit *sénéchal-au-duc*, un grand-officier des ducs de Normandie, chargé de l'expédition des affaires litigieuses dans l'intervalle des sessions de l'échiquier.

Le baron ne pouvoit être jugé que par ses pairs : il y avoit des pairs bourgeois pour les bourgeois. Saint Louis voulut que les hommes du baron ne fussent responsables ni des dettes qu'il avoit contractées, ni des crimes qu'il avoit commis. Même alors il y avoit des suicides, car les meubles revenoient par confiscation au seigneur sur les terres duquel l'homme s'étoit donné la mort. Un trésor trouvé appartient au seigneur de la terre, s'il est en argent ; en or, il va au roi : « Nul n'a la fortune d'or s'il n'est roi. »

La veuve noble avoit le *bail* et la garde de ses enfants : le bail étoit la jouissance des biens

du mineur jusqu'à sa majorité : « *En vilenage il n'y a point de bail de droit.* »

Le douaire se régloit à la porte du *moustier* où se contractoit le mariage : c'étoit le mariage *solennel*, un de ces actes que les Romains appeloient *légitimes*.

L'abominable législation sur les épaves, et les deux espèces d'aubains, *les mescrus et les méconnus*, consistoit à s'emparer des choses égarées, de la dépouille et de la succession des étrangers.

Par le droit de *bâtardise*, quand les bâtards mouroient sans héritier, les biens échéoient au seigneur, sous la condition d'acquitter les legs et de payer le douaire à la femme.

Mais ceci doit être entendu des bâtards roturiers, serfs ou main-mortables de corps, incapables de succéder, ne pouvant ni se marier, ni acquérir, ni aliéner sans le congé du seigneur. Quant aux bâtards de nobles, il n'y avoit aucune différence entre eux et les enfants légitimes, lorsque le père les avoit reconnus : ils en étoient quittes pour croiser les armes paternelles d'une barre diagonale qui perpétuoit le souvenir du malheur ou de la honte de leur mère. Les bâtards étoient presque toujours des hommes remarquables, parce qu'ils avoient eu à lutter contre l'obstacle de leur berceau.

Dans quelques lieux le nouveau marié ne pouvoit avoir de commerce avec sa femme pendant les trois premières nuits de ses noces, à moins qu'il n'en eût obtenu la permission de son évêque. On tiroit la raison de cette coutume de l'histoire du jeune Tobie : on en auroit pu retrouver quelque chose dans les institutions de Lycurgue, si ce nom-là eût été connu des barons.

Les *déconfès* ou *intestats*, ceux qui mouroient sans confession ou sans faire de testament, avoient leurs biens envahis par le seigneur. La mort subite amenoit la même confiscation : l'homme mort soudainement ne s'étoit point confessé; donc Dieu l'avoit jugé à lui seul, l'avoit atteint tout vivant de sa réprobation éternelle. Les *Établissements* de saint Louis remédioient à cette absurde iniquité : ils ordonnoient que les biens d'un *déconfès*, frappé assez vite pour n'avoir pu appeler un prêtre, passeroient à ses enfants. On sait à quel point le clergé poussa les abus et la captation à l'égard des testaments : il falloit en mourant laisser quelque chose à l'Église, même un dixième de sa fortune, sous peine de damnation et non-inhumation : une pauvre femme offrit un petit chat pour racheter son âme.

La procédure civile et criminelle se régloit sur l'état des personnes. L'assignation avoit un terme de quinze jours. Les preuves étoient au nombre de huit, parmi lesquelles figuroit le combat judiciaire.

La déposition des témoins devoit être secrète; mais saint Louis avoit voulu que cette déposition fût à l'instant communiquée aux parties.

L'appel aux justices royales étoit permis, non de droit, mais de *doléance*. Cet appel alloit directement au roi, qui étoit supplié de *depiecer* le jugement. La pénalité étoit placée auprès du faux jugement, ou de la non-exécution de la loi.

La multiplication des cas de mort montre qu'on étoit déjà loin de l'esprit des temps barbares.

La cause de ce changement fut l'introduction de l'ordre moral dans l'ordre légal : la morale va au-devant de l'action : la loi l'attend : dans l'ordre moral la mort saisit le crime; dans l'ordre légal, c'est le crime qui saisit la mort.

La sentence se prononçoit par la bouche de certains jurés nommés *jugeurs*. Ces jugeurs ne pouvoient être tirés de la classe des *vilains* et *coutumiers*. Toutefois on voit des bourgeois-jugeurs dans quelques procès des gentilshommes; l'accusé puisoit dans cet incident un moyen d'appel, pour incapacité de juges.

L'accusation de meurtre, de trahison, ou de rapt, amenoit un cas extraordinaire : il étoit loisible à l'accusé de récriminer contre l'accusateur; tous les deux alloient en prison, deux procès commençoient pour un même fait, les deux parties étant à la fois plaignantes et demanderesses.

La caution étoit admise, excepté pour crime méritant peine capitale.

Le vol équipolloit l'assassinat; la maison du coupable étoit rasée, ses blés étoient ravagés, ses foins incendiés, ses vignes arrachées; on ne coupoit pas ses arbres; on les dépouilloit de leur écorce. Tuer un homme, ravir une femme, trahir son seigneur et son pays, ne constituoit pas un grand crime aux yeux de

la loi que d'embler (voler) un cheval ou une jument. On arrachoit les yeux aux voleurs d'église et aux faux monnoyeurs. Le vice qui fit la honte de l'antiquité requéroit la mutilation en première offense, la perte d'un membre en récidive, le feu au troisième délit. La femme convaincue du même vice en même progression perdoit successivement les deux lèvres, et arrivoit au bûcher. En *menues choses* le vol postuloit le retranchement d'une oreille ou d'un pied ; le caractère des lois salique et ripuaire se retrouve dans ces dispositions. Le premier infanticide d'une mère impétroit au renvoi de cette malheureuse devant le tribunal de pénitence ; si elle le commettoit une seconde fois, on la brûloit morte. La volonté n'étoit point punie, lorsqu'il n'y avoit point eu commencement d'exécution : c'est aujourd'hui le principe universel.

Le prisonnier, même innocent, étoit pendu quand il forçoit la porte de sa prison, parce que la société entière reposoit sur la parole baillée ou reçue. Le clerc, le croisé et le moine, compétoient des cours ecclésiastiques, qui ne condamnoient jamais à mort ; on sent combien ce titre de *croisé* favorisoit alors la classe du servage et de la bourgeoisie. L'hérétique, le sorcier, le *maléficier*, étoient jetés aux fagots ; la saisie des meubles punissoit l'usurier. Si une bête rétive ou méchante tuoit une femme ou un homme, et que le propriétaire de cette bête avouât l'avoir connue vicieuse, on le pendoit : la bête étoit quelquefois attachée auprès de son maître. Un cochon, atteint et convaincu d'avoir mangé un enfant, eut son procès fait, après quoi il fut exécuté par la main du bourreau : la loi s'efforçoit de montrer son horreur pour le meurtre, dans ces temps de meurtre. L'enfant coupable subissoit la peine capitale comme l'homme en âge de raison : on lui accordoit dispense d'âge pour mourir.

A la porte de chaque chef-lieu des seigneuries s'élevoit un gibet composé de quatre piliers de pierre d'où pendoient des squelettes cliquetants.

Tout ce qui concerne la famille, dot, tutelle, partage, donation, douaire, s'enchevêtroit, dans l'ancienne jurisprudence du moyen-âge, de l'état des hommes et des choses. A cette complication, que l'on retrouve en partie dans les lois romaines en raison de la clientelle et de l'esclavage, se joignoit la confusion introduite par la féodalité, à savoir, le franc-aleu, le fief et l'arrière-fief, les terres nobles et non nobles, les biens de main-morte, les diverses mouvances, les droits seigneuriaux et ecclésiastiques, les coutumes non-seulement des provinces, mais encore des cantons. Les mariages dans les familles royales et princières produisoient des compositions et des décompositions de fiefs ; le sol, changeant sans cesse de limites, avoit la mobilité de la vie et de la fortune des hommes.

Indépendamment des raisons d'ambition, de jalousie, d'intérêts commerciaux et politiques, il suffisoit du service d'un fief pour mettre à deux nations le fer à la main. Un homme-lige du roi refusoit de rendre hommage ; cet homme-lige étoit ou Allemand, ou Flamand, ou Savoyard, ou Catalan, ou Navarrois, ou Anglois : on saisissoit ses biens, et l'Europe étoit en feu. Un procès civil ou criminel engendroit un procès politique qui se plaidoit et se jugeoit entre deux armées sur un champ de bataille. Jean, roi d'Angleterre, voit ses états confisqués par un arrêt de la cour des pairs de France ; le Prince Noir est sommé de comparaître devant Charles V, afin de répondre aux accusations des barons de Gascogne : un huissier à verge est chargé d'appréhender au corps le vainqueur de Poitiers, et de signifier un exploit à la gloire.

Il me resteroit beaucoup à dire sur la féodalité, mais peut-être en ai-je déjà parlé trop longtemps ; je viens à la chevalerie.

CHEVALERIE.

A chevalerie, dont on place ordinairement l'institution à l'époque de la première croisade, remonte à une date fort antérieure. Elle est née du mélange des nations arabes et des peuples septentrionaux, lorsque les deux grandes invasions du Nord et du Midi se heurtèrent sur les rivages de la Sicile, de l'Ita-

lie, de l'Espagne, de la Provence, et dans le centre de la Gaule : cela nous donne une époque à peu près certaine, comprise entre l'année 700 et l'année 755.

Le caractère de la chevalerie se forma parmi nous de la nature sentimentale et fidèle du Teuton, et de la nature galante et merveilleuse du Maure, l'une et l'autre nature pénétrées de l'esprit et enveloppées de la forme du christianisme. L'opinion exaltée qui a tant contribué à l'émancipation du sexe féminin chez les nations modernes, nous vient des Barbares du nord ; les Germains reconnoissoient dans les femmes quelque chose de divin (*inesse quin etiam sanctum aliquid et providum putant*). La mythologie de l'*Edda* et les poésies des scaldes décèlent le même enthousiasme chez les Scandinaves ; jusqu'au soleil, dans ses poésies, est une femme, la brillante *Sunna*. Les lois gardent ces impressions délicates ; quiconque a coupé la chevelure d'une jeune fille, est condamné à payer soixante-deux sous d'or et demi ; l'ingénu qui a pressé la main ou le doigt d'une femme de condition libre est frappé d'une amende de quinze sous d'or, de trente s'il lui a pressé l'avant-bras, de trente-cinq, s'il lui a pressé le bras au-dessus du coude, de quarante-cinq s'il lui a pressé le sein (*si mamillan strinxerit*).

De leur côté, les premiers Arabes professoient un grand respect pour les femmes, à en juger par le roman ou le poëme d'*Antar*, écrit ou recueilli par Asmaï le grammairien, sous le règne du kalife Aroun-al-Rached. Antar, comme les chevaliers, est soumis à des épreuves ; il aime constamment et timidement la belle Ibla ; il court mainte aventure et fait des prouesses dignes de Roland ; il a un cheval nommé Abjir, une épée appelée Dhamy, mais les mœurs arabes sont conservées : les femmes boivent du lait de chamelle, et Antar, qui souffre qu'on le *frappe*, paît souvent les troupeaux[1]. Saladin étoit un chevalier tout aussi brave et moins cruel que Richard. On connoît les tournois les combats et les amours des Maures de Cordoue et de Grenade.

Mais si Asmaï écrivoit l'histoire d'Antar pour le kalife Aroun-al-Rached, contemporain de Charlemagne, Charlemagne n'a point attendu, comme on l'a cru, le faux Turpin pour être transformé en chevalier lui et ses pairs.

Le roman publié sous le nom de Turpin, archevêque de Reims, fut composé par un certain moine Robert, sur la fin du onzième siècle, au moment de la première croisade. Ce moine se proposoit d'animer les chrétiens à la guerre contre les Infidèles, par l'exemple de Charlemagne et de ses douze pairs. C'est sur cette chronique que les Anglois ont calqué l'histoire de leur roi Artus et des chevaliers de la Table Ronde.

Le prétendu Turpin n'étoit lui-même qu'un imitateur, fait qui me semble avoir échappé jusqu'ici à tous les historiens. Soixante-dix ans après la mort de Charlemagne, le moine de Saint-Gall écrivit la vie de Karle-le-Grand, véritable roman du genre de celui d'*Antar*. N'est-ce pas une chose curieuse de trouver la chevalerie tout juste à la même époque chez les Francks et les Arabes ? Le moine de Saint-Gall tenoit ses autorités, pour la législation ecclésiastique, de Wernbert, célèbre abbé de Saint-Gall ; et pour les actions militaires, du père de ce même Wernbert. Le père de l'abbé Wernbert se nommoit Adalbert, et avoit suivi son seigneur Gherold à la guerre contre les Huns (Avares), les Saxons et les Esclavons. Le romancier dit naïvement : « Adalbert « étoit déjà vieux, il m'éleva quand j'étois en- « core très-petit ; et souvent, malgré mes ef- « forts pour lui échapper, il me ramenoit et me « contraignoit d'écouter ses récits. »

Le vieux soldat raconte donc au futur jeune moine que les Huns habitoient un pays entouré de neuf cercles. Le premier renfermoit un espace aussi grand que la distance de Constance à Tours : ce cercle étoit étroit construit en troncs de chênes, de hêtres, de sapins, et de pierres très-dures ; il avoit vingt pieds de largeur et autant de hauteur : il en étoit ainsi des autres cercles. Le terrible Charlemagne renverse tout cela ; ensuite il marche contre des Barbares qui ravageoient la France orien-

---

[1] Voyez, dans la *Revue française* de juillet 1830, un article très-ingénieux de M. Delécluse, sur *Antar*. Il paroit que le savant orientaliste, M. Hammer de Vienne, a fait une traduction françoise de ce roman-poëme, dont l'impression à Paris seroit confiée aux soins de M. Trébutien, à qui nous devons les *Contes inédits des Mille et Une Nuits*.

tale; il les extermine et fait couper la tête à tous les enfants qui dépassoient la hauteur d'une épée. Charlemagne est trahi par un de ses bâtards, petit nain bossu, confiné au monastère de Saint-Gall. Karle avoit dans ses armées des héros à la manière de Roland : Cisher valoit à lui seule une armée; on l'eût pu croire de la race Enachim, tant il étoit grand; il montoit un énorme cheval, et quand le cheval refusoit de passer la Doire enflée par les torrents des Alpes, il le traînoit après lui dans les flots, en lui disant : « Par monseigneur « Gall, de gré ou de force, tu me suivras. » Cisher fauchoit les Bohémiens comme l'herbe d'une prairie. « Que m'importent, s'écrioit-il, « les Wenèdes, ces grenouillettes? j'en porte « sept, huit et même neuf enfilés au bout de « ma lance, en murmurant je ne sais quoi. »

Karle attaqua Didier en Italie. Didier demande à Ogger si Karle est dans l'armée qu'il aperçoit : « Non, dit Ogger : quand vous ver-« rez les moissons s'agiter d'horreur dans les « champs, le sombre Pô et le Tésin inonder « les murs de la ville de leurs flots noircis par « le fer, vous pourrez croire à l'arrivée de « Karle. » Alors s'élève au couchant un nuage qui change le jour en ténèbres : Karle, cet homme de fer, avoit la tête couverte d'un casque de fer, et les mains garnies de gantelets de fer; sa poitrine de fer et ses épaules étoient couvertes d'une armure de fer; sa main gauche élevoit en l'air une lance de fer, sa main droite étoit posée sur son invincible épée; ses cuissards étoient de fer, ses bottines de fer, son bouclier de fer; son cheval avoit la couleur et la force du fer; le fer couvroit les champs et les chemins, et ce fer, si dur, étoit porté par un peuple dont le cœur étoit plus dur que le fer. Et tout le peuple de la cité de Didier de s'écrier : « O fer! Ah! que de fer! » *O ferrum! Heu ferrum!*

Une autre fois, Karle, accoutré d'une casaque de peau de brebis, va à la chasse avec les grands de Pavie, vêtus de robes faites de peaux d'oiseaux de Phénicie, de plumes de coucous, de queues de paons mêlées à la pourpre de Tyr, et ornées de franges d'écorce de cèdre. On voit Charlemagne, dans l'histoire, armer son second fils Louis chevalier en lui ceignant l'épée.

Le moine de Saint-Gall, qui se dit bégayant et édenté, mentionne aussi le lion tué par Peppin-le-Bref. Le vétéran Adalbert, redisant les exploits de Charlemagne à un enfant qui devoit les écrire lorsqu'à son tour il seroit devenu vieux, ne ressemble pas mal à quelque grenadier de Napoléon, racontant la campagne d'Égypte à un conscrit : tant la fable et l'histoire sont mêlées dans la vie des hommes extraordinaires!

Ernold Nigel ou le Noir, dans son poème sur Hlovigh-le-Débonnaire, décrit le siège de Barcelone; et c'est encore un ouvrage de chevalerie. Hlovigh ceint l'épée que Karle-le-Grand portoit à son côté. Les Maures, rangés sur les remparts, défendent la ville; Zadun, leur chef, se dévoue pour les sauver; il se glisse le long des murailles pour aller hâter le secours des Sarrasins de Cordoue; il est pris. Mené à Louis, il crie aux siens : « Ouvrez vos « portes! » et leur fait en même temps un signe convenu pour les engager à se défendre. La ville est forcée : dans le butin envoyé à Karle se trouvent des cuirasses, de riches habits, des casques ornés de crinières, un cheval parthe avec son harnois et son frein d'or. L'armure de fer des chevaliers n'est point (comme on l'a cru encore mal à propos) du onzième siècle; elle ne vient ni des Franks, ni des Arabes; elle vient des Perses, de qui les Romains l'empruntèrent : on a vu la description qu'en fait Ammien Marcellin en parlant du triomphe de Constance à Rome; on retrouve pareillement cette armure dans l'escadron de grosse cavalerie que Constantin culbuta lorsqu'il descendit des Alpes pour aller attaquer Maxence.

Les combats singuliers et les fêtes chevaleresques, la construction de ces monuments appelés *gothiques*, qui virent prier les chevaliers des croisades, coïncident aussi avec l'avénement des rois de la seconde race. Hlovigh-le-Débonnaire envoie l'évêque Ebbon prêcher la foi chez les Danois. Ebbon amène à Hlovigh, Hérold, roi de ces peuples. Hlovigh se rend à Ingelheim aux bords du Rhin : « Là s'élève sur cent colonnes un palais su-« perbe. . . . . Non loin du palais est une « île que le Rhin environne de ses eaux pro-« fondes, retraite tapissée d'une herbe tou-

« jours verte, et que couvre une sombre fo-
« rêt; » chasse superbe où Judith, femme de
Hlovigh, magnifiquement parée, monte un
noble palefroi.

Béro et Samilon, deux guerriers de nation
gothique, combattent en champ clos devant
Hlovigh, auprès du château d'Aix, dans un
lieu entouré de murailles de marbre, orné de
terrasses gazonnées et plantées d'arbres. « Les
« champions, d'une haute taille, sont montés
« sur des coursiers rapides, tous deux atten-
« dent le signal qui doit être donné par le roi.
« Dans l'arène paroît Gundold, qui se fait ac-
« compagner d'un cercueil, selon son usage
« dans ces occasions. » Béro est vaincu; les
jeunes Franks l'arrachent à la mort, et Gundold renvoie son cercueil sous l'appentis d'où il
l'avoit tiré.

Miratur Gundoldus enim, feretrumque remittit
Absque onere tectis, venerat unde, suum [1].

L'architecture dite lombarde, de l'époque
des Karlovingiens, en Italie, n'étoit que l'invasion de l'architecture orientale ou néogrecque dans l'architecture romaine. Hakem, au
huitième siècle, bâtit la mosquée de Cordoue, type primitif de l'architecture sarrasine
occidentale. Au commencement du neuvième
siècle, le palais d'Ingelheim avoit des centaines
de colonnes, des toitures de formes variées,
des milliers de réduits, d'ouvertures et de
portes : *centum perfixa columnis.... tectaque
multimoda: mille aditus, reditus, millenaque
clausira domorum*. L'église présentoit de
grandes portes d'airain, et de plus petites en-
richies d'or : *Templa Dei. . . . ærati postes,
aurea ostiola*. Hérold, sa femme, ses enfants
et ses compagnons contemploient avec étonnement le dôme immense de l'église : *miratur
Herold, conjunx miratur, et omnes proles et
socii culmina tanta Dei*. Voilà donc clairement aux huitième et neuvième siècles les
mœurs, les aventures, les chants, les récits,
les champions, les nains, les fêtes, les armes,

[1] Les savants Bénédictins ne peuvent s'empêcher de
s'écrier, dans une note, avec toute la joie naïve de l'é-
rudition : « Gratiæ sint Nigello qui veterum ritus nobis
ediscerit! »

l'architecture de l'époque vulgaire de la chevalerie; les voilà en même temps et à la fois
d'une manière spontanée, chez les Maures et
chez les chrétiens : voilà Charlemagne et le
kalife Aroun, Cisher et Antar, et leurs historiens contemporains, Asmaï et le moine de
Saint-Gall.

Les romanciers du douzième siècle qui ont
pris Charlemagne, Roland et Ogier pour leurs
héros, ne se sont donc point trompés historiquement; mais on a eu tort de vouloir faire
des chevaliers un *corps* de chevalerie. Les cérémonies de la réception du chevalier, l'éperon,
l'épée, l'accolade, la veille des armes, les gra-
des de page, de damoiseau, de poursuivant,
d'écuyer, sont des usages et des institutions
militaires qui remplaçoient d'autres usages et
d'autres institutions tombés en désuétude;
mais il ne constituoient pas un corps de troupes homogène, discipliné, agissant sous un
même chef dans une même subordination.

Les ordres religieux chevaleresques ont été
la cause de cette confusion d'idées, ils ont fait
supposer une chevalerie historique *collective*,
lorsqu'il n'existoit qu'une chevalerie historique
individuelle. Au surplus cette chevalerie individuelle fut délicate, vaillante, généreuse, et
garda l'empreinte des deux climats qui la virent éclore; elle eut le vague et la rêverie du
ciel noyé des Scandinaves, l'éclat et l'ardeur du
ciel pur de l'Arabie. La chevalerie historique
produisit en outre une chevalerie romanesque
qui se mêla aux réalités, retentit par un extrême écho jusque dans le règne de François Ier, où elle donna naissance à Bayard,
comme elle avoit enfanté Du Guesclin auprès
du trône de Charles V. Le héros de Cervantes
fut le dernier des chevaliers : tel est l'attrait
de ces mœurs du moyen âge et le prestige du
talent, que la satire de la chevalerie en est devenue le panégyrique immortel.

Pour être reçu chevalier, dans l'origine, il
falloit être noble de père et de mère, et âgé de
vingt et un ans. Si un gentilhomme qui n'étoit
pas de *parage* se faisoit armer chevalier, *on
lui tranchoit les éperons dorés sur le fumier*.
Les fils des rois de France étoient chevaliers
sur les fonts de baptême : saint Louis arma ses
frères chevaliers; Du Guesclin, second par-
rain du second fils de Charles V, le duc d'Or-

léans, tira son épée et la mit nue dans la main de l'enfant nu : *Nudo tradidit ensem nudum*. Bayard, *sans paour et sans reproche*, conféra la chevalerie à François Ier. Le roi lui dit : « Bayard, mon ami, je veux qu'aujourd'hui « sois fait chevalier par vos mains. . . . Avez « vertueusement, en plusieurs royaumes et « provinces, combattu contre plusieurs na- « tions. . . . Je délaisse la France, en la- « quelle on vous connoist assez. . . . Dépes- « chez-vous. » — Alors prit son espée Bayard, et dit : « Sire, autant vaille que si estois Ro- « land, ou Olivier, Gaudefroy ou Baudouyn « son frere. » — Et puis après si cria haultement, l'espée en la main dextre : « Tu es « bien heureuse d'avoir aujourd'hui un si « beau et puissant roy donné l'ordre de la che- « valerie. Certes, ma bonne espée, vous serez « moult bien comme relique gardée, et sur « toutes aultres honorée; et ne vous porteray « jamais, si ce n'est contre Turcs, Sarrasins « ou Mores. » — Et puis fait deux saults, et après remit au fourreau son espée. »

Les chevaliers prenoient les titres de *don*, de *sire*, de *messire* et de *monseigneur*. Ils pouvoient manger à la table du roi; eux seuls avoient le droit de porter la lance, le haubert, la double cotte de mailles, la cotte d'armes, l'or, le vair, l'hermine, le petit-gris, le velours, l'écarlate : ils mettoient une girouette sur le donjon; cette girouette étoit en pointe comme les pennons pour les simples chevaliers, carrée comme les bannières pour les chevaliers bannerets. On reconnoissoit de loin le chevalier à son armure : les barrières des lices, les ponts des châteaux s'abaissoient devant lui; les hôtes qui le recevoient poussoient quelquefois le dévouement et le respect jusqu'à lui abandonner leurs femmes.

La dégradation du chevalier félon étoit affreuse : on le faisoit monter sur un échafaud; on y brisoit à ses yeux les pièces de son armure; son écu, le blason effacé, étoit attaché et traîné à la queue d'une cavale, monture dérogeante : le héraut d'armes accabloit d'injures l'ignoble chevalier. Après avoir récité les vigiles funèbres, le clergé prononçoit les malédictions du psaume 108. Trois fois on demandoit le nom du dégradé, trois fois le héraut d'armes répondoit qu'il ignoroit ce nom, et n'avoit devant lui qu'une foi mentie. On répandoit alors sur la tête du patient un bassin d'eau chaude; on le tiroit en bas de l'échafaud par une corde; il étoit mis sur une civière, transporté à l'église, couvert d'un drap mortuaire, et les prêtres psalmodioient sur lui les prières des morts.

La chevalerie se conféroit sur la brèche, dans la mine et la tranchée d'une ville assiégée, sur un champ de bataille au moment d'en venir aux mains. Le besoin de soldats s'accroissant à mesure que les nobles périssoient, le serf fut admis à la chevalerie; des lettres de Philippe de Valois déclarent gentilhomme le fils d'un serf qui avoit été armé chevalier : les François ont toujours attribué la noblesse à la charrue et à l'épée, et placé au même rang le laboureur et le soldat. Dans la suite, au milieu des grandes guerres contre les Anglois, on créa tant de chevaliers que ce titre s'avilit. François Ier ajouta aux deux classes de chevaliers *bannerets* et *bacheliers*, une troisième classe composée de magistrats et de gens de lettres; ils furent appelés *chevaliers ès lois*. Enfin, il ne resta de la chevalerie qu'un nom honorifique écrit dans les actes, ou porté par des cadets de familles.

L'éducation militaire m'amène maintenant à parler de l'éducation civile dans les siècles dont nous nous occupons.

ÉDUCATION.

L'ÉDUCATION chez les Perses, les Grecs et les Romains, étoit persane, grecque et romaine; je veux dire qu'on enseignoit aux enfants ce qui regarde la patrie : on ne les instruisoit que des lois, des mœurs, de l'histoire et de la langue de leurs aïeux. Lorsqu'à l'époque d'une civilisation avancée des Romains se prirent d'admiration pour la Grèce et vinrent aux écoles d'Athènes, ce n'étoit que la louable curiosité de quelques patriciens oisifs.

Le monde moderne a présenté un phéno-

mène dont il n'y a aucun exemple dans le monde ancien : les enfants des Barbares se séparèrent de leur race par l'éducation ; confinés dans des colléges, ils apprirent des langues que leurs pères ne parloient point, et qui cessoient d'être parlées sur terre ; ils étudièrent des lois qui n'étoient pas celles de leur nation ; ils ne s'occupèrent que d'une société morte, sans rapport avec la société vivante de leur temps. Les vaincus, sortis d'un autre sang et perpétuant le souvenir de ce qu'ils avoient été, renfermèrent avec eux les fils de leurs vainqueurs comme des otages.

Il se forma au milieu des générations brutes un peuple d'intelligence hors de la sphère où se mouvoit la communauté matérielle, guerrière et politique. Plus l'esprit autour des écoles étoit simple, grossier, naturel, illettré, plus dans l'intérieur de ces écoles il étoit raffiné, subtil, métaphysique et savant. Les Barbares avoient commencé par égorger les prêtres et les moines ; devenus chrétiens, ils tombèrent à leurs pieds. Ils s'empressèrent de contribuer à la fondation des colléges et des universités : admirant ce qu'ils ne comprenoient pas, ils crurent ne pouvoir accorder aux étudiants trop de priviléges. Une véritable république, ayant ses tribunaux, ses coutumes et ses libertés, s'établit pour les enfants au centre même de la monarchie des pères.

L'Université de Paris, fille aînée de nos rois, bien qu'elle ne descendît pas de Charlemagne, n'étoit pas la seule en France ; vingt autres existoient sur son modèle ; celle de Montpellier devint célèbre ; on y professa le droit romain aussitôt que les exemplaires des *Pandectes* furent devenus moins rares par la découverte et les copies du manuscrit d'Amalfi. L'Angleterre, l'Écosse, l'Irlande, l'Allemagne, l'Italie, l'Espagne, le Portugal, possédoient les mêmes corps enseignants. On voit dans les hagiographes et les chroniqueurs que le même écolier, afin d'embrasser les diverses branches des sciences, étudioit successivement à Paris, à Oxford, à Mayence, à Padoue, à Salamanque, à Coïmbre. L'Université de Paris avoit une poste à son usage, longtemps avant que Louis XI eût fait un pareil établissement.

On sent quelle activité les institutions universitaires, dégagées des lois nationales, de-voient donner aux esprits, combien elles devoient accroître le trésor commun des idées : or, tout arrive par les idées ; elles produisent les faits, qui ne leur servent que d'enveloppe.

Une multitude de colléges s'élevèrent auprès des universités. Sous Philippe-le-Bel, qui fonda l'université d'Orléans, on vit s'établir le collége de la reine de Navarre, celui du cardinal Le Moyne, et celui de Montaigu, archevêque de Narbonne. Depuis le règne de Philippe de Valois jusqu'à la fin du règne de Charles V, on compte l'érection du collége des Lombards pour les écoliers italiens, des colléges de Tours, de Lisieux, d'Autun, de l'*Ave Maria*, de Mignon ou Grandmont, de Saint-Michel, de Cambrai, d'Aubusson, de Bonnecour, de Tournay, de Bayeux, des Allemands, de Boissy, de Dainville, de Maître-Gervais, de Beauvais. (*Hist. de l'Univ.*, t. III, liv. 5, *Antiq. de Paris Trés. des Ch.*) A François Ier est dû l'établissement du Collége royal, avec les trois chaires de langues hébraïque, grecque et latine : on avoit commencé à enseigner le grec dans l'Université de Paris sous Charles VIII ; on y expliquoit alors les dialogues de Platon. Henri II, Charles IX, Henri III, augmentèrent les chaires savantes d'une chaire de philosophie grecque et latine, d'une chaire de langue arabe et d'une chaire de chirurgie. Louis XIII, Louis XIV et Louis XV ajoutèrent au Collége royal des chaires pour l'étude du droit canon, pour celle des langues syriaque, turque et persane, pour l'enseignement de la littérature françoise, de l'astronomie, de la mécanique, de la chimie, de l'anatomie, de l'histoire naturelle, du droit de la nature et des gens. Le collége des Quatre-Nations rappelle le nom de Mazarin. Tout se formoit par grandes masses ou grands corps dans l'ancienne monarchie : clergé, noblesse, tiers-état, magistrature, éducation.

Ces universités et ces colléges furent autant de foyers où s'allumèrent comme des flambeaux les génies dont la lumière pénétra les ténèbres du moyen âge : nuit féconde, puissant chaos dont les flancs portoient un nouvel univers. Lorsque la barbarie envahit la civilisation, elle la fertilise par sa vigueur et sa jeunesse ; quand, au contraire, la civilisation envahit la barbarie, elle la laisse stérile ; c'est un vieillard auprès

d'une jeune épouse : les peuples civilisés de l'ancienne Europe se sont renouvelés dans le lit des sauvages de la Germanie ; les peuples sauvages de l'Amérique se sont éteints dans les bras des peuples civilisés de l'Europe.

Saint Bernard, Abailard, Scott, Thomas d'Aquin, Bonaventure, Albert, Roger Bacon, Henry de Gand, Hugues de Saint-Cher, Alexandre de Hallays, Alain de l'Ille, Yves de Triguer, Jacques de Voragines, Guillaume de Nangis, Jean de Mun, Guillaume Duranty, Jean Adam, Guillaume Pelletier, Barthelemi Glanwil et Pierre Berchenr, Albert de Saxe, Froissard, Nicolas Oresme, Jacques de Dondis, Nicolas Flamel, Accurse, Barthole. Gracien, Pierre d'Ailly, Nicolas Clémengis, Jerson, Thomas Connecte, Benoît Gentian, Jean de Courtecuisse, Vincent Ferier, Juvénal des Ursins, Pic de la Mirandole, Chartier, Martuel d'Auvergne, François Villon et Robert Gaguin, forment la chaîne de ces hommes qui nous amènent des premiers jours du moyen âge au temps de la renaissance des lettres. Leur célébrité fut grande, et les surnoms par lesquels on les distingua prouvent l'admiration naïve de leurs siècles. Albert fut surnommé le Grand ; Thomas d'Aquin, l'Ange de l'école ; Roger Bacon, le Docteur admirable ; Henry de Gand, le Docteur solennel ; Henry de Suze, la Splendeur du droit ; Alexandre de Hallays, le Docteur irréfragable ; Alain de l'Ille, le Docteur universel ; Bonaventure, le Docteur séraphique ; Scott, le Docteur subtil ; Gilles de Rome, le Docteur très-fondé.

Ces hommes, avec des talents divers, formoient des écoles, avoient des disciples comme les anciens philosophes de la Grèce. Albert inventa une machine parlante ; Roger Bacon découvrit peut-être la poudre [1], le télescope et le microscope ; Jacques de Dondis composa une horloge céleste ou une sphère mouvante. Saint Thomas d'Aquin est un génie tout à fait comparable aux plus rares génies philosophiques des temps anciens et modernes ; il tient de Platon et de Malebranche pour la spiritualité, d'Aristote et de Descartes pour la clarté et la logique. Les Scottistes et les Thomistes, les Réalistes et les Nominaux ressuscitèrent les deux sectes de la forme et de l'idée. Vers l'an 1050, les écrits d'Aristote avoient été apportés par les Arabes en Espagne, et de l'Espagne ils passèrent en France. Bérenger, Abailard, Gilbert de la Porée, firent revivre la doctrine du Stagyriste ; mais les Pères grecs et latins ayant depuis longtemps frappé d'anathème cette doctrine, un concile, tenu à Paris en 1209, condamna au feu les écrits dans lesquels elle étoit renfermée. L'interdiction dura plus de quatre-vingts ans : on se relâcha ensuite, et en 1447 le triomphe d'Aristote fut tel, qu'on n'enseigna plus d'autre philosophie que la sienne. Un siècle après, Ramus, qui osa s'élever contre sa logique, fut la victime du fanatisme scolastique. Il fallut attendre Gassendi et Descartes pour triompher du précepteur d'Alexandre.

Duranti, Barthole, Alciat, et plus tard Cujas, furent les lumières du droit. On se fera une idée de l'influence que ces hommes exerçoient sur leur temps, en rappelant les effets de leurs leçons : la classe où Albert-le-Grand enseignoit ne suffisant plus à la multitude des auditeurs, il se vit obligé de professer en plein air, sur la place qui prit le nom de Maître-Albert. Foulques écrit à Abailard : « Rome t'envoyoit ses enfants à instruire ; et celle qu'on « avoit entendue enseigner toutes les sciences « montroit, en te passant ses disciples, que « ton savoir étoit encore supérieur au sien. Ni « la distance, ni la hauteur des montagnes, « ni la profondeur des vallées, ni la difficulté « des chemins parsemés de dangers et de bri« gands, ne pouvoient retenir ceux qui s'em« pressoient vers toi. La jeunesse angloise ne « se laissoit effrayer ni par la mer placée entre « elle et toi, ni par la terreur des tempêtes, « et à ton nom seul, méprisant les périls, elle « se précipitoit en foule. La Bretagne reculée « t'envoyoit ses habitants pour les instruire ; « ceux de l'Anjou venoient se soumettre leur « férocité adoucie. Le Poitou, la Gascogne, « l'Ibérie, la Normandie, la Flandre, les Teu« tons, les Suédois, ardents à te célébrer, « vantoient et proclamoient sans relâche ton « génie. Et je ne dis rien des habitants de la

---

[1] Connue d'ailleurs de la Chine, ainsi que la boussole, l'imprimerie, le gaz, etc. ; ces découvertes matérielles doivent naturellement avoir lieu chez une société à longue vie, comme celle des Chinois.

« ville de Paris et des parties de la France les
« plus éloignées comme les plus rapprochées,
« tous avides de recevoir tes leçons, comme
« si, près de toi seul, ils eussent pu trouver
« l'enseignement [1]. »

La foule des maîtres et des écoliers de l'Université étoit telle, quand ils alloient en procession à Saint-Denis, que les premiers rangs du cortége entroient dans la basilique de l'abbaye, lorsque les derniers sortoient de l'église des Mathurins de Paris. Appelée à donner son vote sur la question de l'extinction du schisme, l'Université fournit dix mille suffrages ; elle proposa d'envoyer à un enterrement vingt-cinq mille écoliers pour en augmenter la pompe. On voit ce grand corps figurer dans toutes les crises politiques de la monarchie, et particulièrement sous les règnes de Charles V, de Charles VI et de Charles VII. Factieux ou fidèle, il lâchoit ou retenoit des flots populaires, tandis que des esprits novateurs, élevés à ses leçons, agitoient les questions religieuses, poussoient, par la hardiesse de leurs doctrines, par leurs déclamations contre les vices du clergé et des grands, à ces réformes dont Arnaud de Brescia avoit donné l'exemple en Italie, et Wickleff en Angleterre.

Cette vie des universités et des colléges occupe une place considérable dans le tableau des mœurs générales, qui me reste à peindre.

MŒURS GÉNÉRALES DES XIIᵉ, XIIIᵉ ET XIVᵉ SIÈCLES.

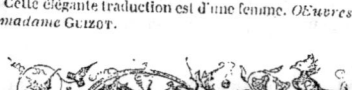

L'HISTOIRE moderne doit prendre soin de détruire un mensonge, non des chroniqueurs qui sont unanimes sur la corruption des bas siècles, mais de l'ignorance et de l'esprit de parti des temps où nous vivons : on s'est figuré que si le moyen âge étoit barbare, du moins la morale et la religion faisoient le contre-poids de sa barbarie ; on se représente les anciennes familles, grossières sans doute, mais assises dans une sainte union à l'âtre domestique avec toute la simplicité de l'âge d'or. Rien de plus contraire à la vérité.

Les Barbares s'établirent au milieu de la société romaine dépravée par le luxe, dégradée par l'esclavage, pervertie par l'idolâtrie. Les Franks, très-peu nombreux, relativement à la population gallo-romaine, ne purent assainir les mœurs ; ils étoient eux-mêmes fort corrompus quand ils entrèrent en Gaule.

C'est une grande erreur que d'attribuer l'innocence à l'état sauvage ; tous les appétits de la nature se développent sans contrôle dans cet état : la civilisation seule enseigne les qualités morales. La profession des armes, qui inspire certaines vertus, ne produit point la tempérance : Sainte-Palaye est obligé de convenir que les chevaliers ne se recommandoient guère par la rigidité des mœurs.

De la société romaine et de la société barbare résulta une double corruption ; on reconnoît très-bien les vices de l'une ou de l'autre société, comme on distingue à leur confluent les eaux de deux fleuves qui s'unissent : la rapine, la cruauté, la brutalité, la luxure animale, étoient frankes ; la bassesse, la lâcheté, la ruse, la turpitude de l'esprit, la débauche raffinée, étoient romaines.

Et ces remarques ne se doivent pas entendre de quelques années, de quelques règnes : elles s'appliquent aux siècles qui précèdent le moyen âge, depuis le règne de Khlovigh jusqu'à celui de Hugues Capet ; et aux siècles du moyen âge, depuis le règne de Hugues Capet jusqu'à celui de François Iᵉʳ.

Le christianisme chercha, autant qu'il le put, à guérir la gangrène des temps barbares ; mais l'esprit de la religion étoit moins suivi que la lettre ; on croyoit plus à la croix qu'à la parole du Christ ; on adoroit au Calvaire ; on n'assistoit point au sermon de la Montagne. Le clergé se déprava comme la foule. Si l'on veut pénétrer à fond l'état intérieur de cette époque, il faut lire les conciles et les chartes d'abolition (lettres de grâce accordées par les rois) ; là se montrent à nu les plaies de la société. Les conciles reproduisent sans cesse

---

[1] Cette élégante traduction est d'une femme. OEuvres de madame GUIZOT.

les plaintes contre la licence des mœurs, et la recherche des remèdes à y apporter; les chartes d'abolition gardent les détails des jugements et des crimes qui motivoient les lettres-royaux. Les capitulaires de Charlemagne et de ses successeurs sont remplis de dispositions pour la réformation du clergé.

On connoît l'épouvantable histoire du prêtre Anastase enfermé vivant avec un cadavre, par la vengeance de l'évêque Caulin (Grégoire de Tours). Dans les canons ajoutés au premier concile de Tours, sous l'épiscopat de saint Perpert, on lit: « Il nous a été rapporté que « des prêtres, ce qui est horrible (*quod nefas*), « établissoient des auberges dans les églises, « et que le lieu où l'on ne doit entendre que « des prières et des louanges de Dieu retentit « du bruit des festins, de paroles obscènes, de « débats et de querelles. »

Baronius, si favorable à la cour de Rome, nomme le dixième siècle le siècle de fer, tant il voit de désordres dans l'Église. L'illustre et savant Gherbert, avant d'être pape sous le nom de Sylvestre II, et n'étant encore qu'archevêque de Reims, disoit: « Déplorable « Rome! tu donnas à nos ancêtres les lumières « les plus éclatantes, et maintenant tu n'as « plus que d'horribles ténèbres..... Nous avons « vu Jean Octavien conspirer, au milieu de « mille prostituées, contre le même Othon « qu'il avoit proclamé empereur. Il est renversé, et Léon le Néophyte lui succède. « Othon s'éloigne de Rome, et Octavien y « rentre; il chasse Léon, coupe les doigts, les « mains et le nez au diacre Jean, et après avoir « ôté la vie à beaucoup de personnages distingués, il périt bientôt lui-même...... Sera-t-il « possible de soutenir encore qu'une si grande « quantité de prêtres de Dieu, dignes par leur « vie et leur mérite d'éclairer l'univers, se doivent soumettre à de tels monstres, dénués « de toute connoissance des sciences divines « et humaines? »

Il nous reste une satire d'Adalbéron, évêque de Laon: c'est un dialogue entre le poëte et le roi Robert. « Adalbéron représente les juges « obligés de porter le capuchon; les évêques « dépouillés réduits à suivre la charrue; et les « siéges épiscopaux, quand ils viennent à vaquer, occupés par des mariniers et des pâtres.

« Un moine est transformé en soldat; il porte un « bonnet de peau d'ours; sa robe, naguère « longue, est écourtée, fendue par devant et « par derrière; à sa ceinture étroite est suspendu un arc, un carquois, des tenailles, « une épée. Il n'y avoit autrefois, parmi les « ministres du Seigneur, ni bourreaux, ni aubergistes, ni gardeurs de cochons et de boucs; « ils n'alloient point au marché public; ils ne « faisoient point blanchir les étoffes. »

Adalbéron, étendant son sujet, remarque que le noble et le serf ne sont pas soumis à la même loi, que le noble est entièrement libre. Le roi prend la défense de la condition servile: « Cette classe, dit-il, ne possède rien sans l'acheter par un dur travail. Qui pourroit compter les peines, les courses et les fatigues « qu'ont à supporter les serfs? Il n'y a aucune « fin à leurs larmes. » Adalbéron répond « que « la famille du Seigneur est divisée en trois « classes: l'une prie, l'autre combat, la troisième travaille. »

Adalbéron avoit vu finir la seconde race et commencer la troisième; il avoit joué un rôle dans les trahisons qui se pratiquent à la chute et au renouvellement des empires. Peut-être avoit-il été lié intimement avec Emma, femme de Lother, quoiqu'il fût évêque; il étoit d'une grande famille de Lorraine; il avoit étudié sous Gherbert; il n'aimoit pas les moines, et il entroit dans la querelle des évêques nobles contre les religieux plébéiens. On retrouve en lui cette partie de la société intelligente qui ne fut jamais barbare.

Saint Bernard ne montre pas plus d'indulgence aux vices de son siècle; saint Louis fut obligé de fermer les yeux sur les prostitutions et les désordres qui régnoient dans son armée. Pendant le règne de Philippe-le-Bel, un concile est convoqué exprès pour remédier au débordement des mœurs. L'an 1551 les prélats et les ordres mendiants exposent leurs mutuels griefs à Avignon, devant Clément VII. Ce pape, favorable aux moines, apostrophe les prélats: « Parlerez-vous d'humilité, vous, si « vains et si pompeux dans vos montures et « vos équipages? Parlerez-vous de pauvreté, « vous si avides que tous les bénéfices du monde « ne vous suffiroient pas? Que dirai-je de votre « chasteté?.... Vous haïssez les mendiants,

« vous leur fermez vos portes, et vos maisons
« sont ouvertes à des cycophantes et à des in-
« fâmes (*lenonibus et truffatoribus*). »

La simonie étoit générale; les prêtres violoient presque partout la règle du célibat; ils vivoient avec des femmes perdues, des concubines et des chambrières; un abbé de Noreïs avoit dix-huit enfants. En Biscaye on ne vouloit que des prêtres qui eussent des *commères*, c'est-à-dire des femmes supposées légitimes.

Pétrarque écrit à l'un de ses amis : « Avignon est devenu un enfer, la sentine de toutes « les abominations. Les maisons, les palais, les « églises, les chaires du pontife et des cardi- « naux, l'air et la terre, tout est imprégné de « mensonge; on traite le monde futur, le juge- « ment dernier, les peines de l'enfer, les joies « du paradis, de fables absurdes et puériles. » Pétrarque cite à l'appui de ses assertions des anecdotes scandaleuses sur les débauches des cardinaux. Et lui-même, abbé, chaste et fidèle amant de Laure, étoit entouré de bâtards : *Ebbe allora un figliuolo naturale, e, dopo alcuni anni, una figliuola ; ma protestò che, non ostante queste licenze, egli non amò mai altra che Laura* (SAGGI.)

Dans un sermon prononcé devant le pape, en 1364, le docteur Nicolas Oresme prouva que l'Antechrist ne tarderoit pas à paroître, par six raisons, tirées de la perte de la doctrine, de l'orgueil des prélats, de la tyrannie des chefs de l'Église, et de leur aversion pour la vérité.

Les sirventes, qui n'épargnoient ni les papes, ni les rois, ni les nobles, ne ménageoient pas plus le clergé que les sermons. « Dis donc, « seigneur évêque, tu ne seras jamais sage « qu'on ne t'ait rendu eunuque. — Ah! faux « clergé, traître, menteur, parjure, débauché! « Saint Pierre n'eut jamais rentes, ni châteaux, « ni domaines; jamais il ne prononça excom- « munication. Il y a des gens d'église qui ne « brillent que par leur magnificence, et qui « marient à leurs neveux les filles qu'ils ont « eues de leur mie. » (RAYNOUARD, *Troubadours*.)

« Une vile multitude, qui ne combattit ja- « mais, enlève aux nobles leur tour et leur « achastel : le bouc attque le loup. » — « Notre « évêque vend une bière mille sous à ses amis « décédés. » — « C'est le pape qui règne; il
« rampe aux pieds du monarque puissant, il
« accable le roi malheureux. »

Toute la terre féodale se ressembloit; mêmes censures en Angleterre :

An other abbaï is ther bi,
For soth a gret nunnerie, etc.

« Auprès d'une abbaye se trouve un cou- « vent de nonnes, au bord d'une rivière douce « comme du lait. Aux jours d'été les jeunes « nonnes remontent cette rivière en bateau, et « quand elles sont loin de l'abbaye, le diable « se met tout nu, se couche sur le rivage, et se « prépare à nager. Agile, il enlève les jeunes « moines, et revient chercher les nonnes. Il « enseigne à celles-ci une oraison : le moine, « bien disposé, aura douze femmes à l'année, « et il deviendra bientôt le père abbé. » Je supprime de grossières obscénités en vieux anglois.

Le *credo* de Pierre, laboureur (Piter Plowman), est une satire amère contre les moines mendiants :

I fond in a freture a Frere on a benche, etc.

« J'ai rencontré, assis sur un banc, un Frère « affreux ; il étoit gros comme un tonneau ; « son visage étoit si plein qu'il avoit l'air d'une « vessie remplie de vent, ou d'un sac suspendu « du à ses deux joues et à son menton. C'étoit « une véritable oie grasse qui faisoit remuer « sa chair comme une boue tremblante. »

Les châtelains et les châtelaines chantoient, aimoient, se gaudissoient, et par moments ne croyoient pas trop en Dieu. Le vicomte de Beaucaire menace son fils Aucassin de l'enfer, s'il ne se sépare de Nicolette, sa mie. Le damoiseau répond qu'il se soucie fort peu du paradis, rempli de moines fainéants demi-nus, de vieux prêtres crasseux et d'ermites en haillons. Il veut aller en enfer, où les grands rois, les paladins, les barons, tiennent leur cour plénière ; il y trouvera de belles femmes qui ont aimé des ménestriers et des jongleurs, amis du vin et de la joie. (LE GRAND D'AUSSI, RAYNOUARD, *Hist. de Phil.-Aug.*, CAPEFI-

GUE, etc.) Un troubadour demande un *pater*, pour que Dieu accorde à tous ceux qui aimèrent, comme le fils du châtelain d'Aupais, le plaisir qu'il eut une nuit avec Ogine. La dame, comtesse de Die, écrit au troubadour Rambaud, comte d'Orange : « Mon bel ami, viens ce soir « occuper dans ma couche la place de mon « mari. » La comtesse de Die étoit présidente de la cour d'amour. Guillaume, comte de Poitiers, fonda à Niort une maison de débauche, sur le modèle d'une abbaye : chaque *religieuse* avoit une cellule et formoit des vœux de plaisirs ; une prieure et une abbesse gouvernoient la communauté, et les vassaux de Guillaume furent invités à doter richement le monastère. Il y avoit des *maréchaux* de prostituées.

On voit un comte d'Armagnac, Jean V, épouser publiquement sa sœur, et vivre avec elle dans son château, en tout honneur de baronnage. Les fureurs lubriques du maréchal de Rais ne sont ignorées de personne.

Ces nobles de la gaie science n'étoient pas toujours si courtois et si damoiseaux qu'ils ne se transformassent en brigands sur les grands chemins et dans les forêts. Les bourgeois de Laon appelèrent à leur secours Thomas de Coucy, seigneur du château de Marne. Thomas, tout jeune encore, pilloit les pauvres et les pèlerins qui se rendoient à Jérusalem, et qui revenoient de la Terre-Sainte. Afin d'obtenir de l'argent de ses captifs, il les accrochoit de sa propre main, *testiculis appendebat propria aliquotiens manu* (GUIBERTI, *de vita sua*); une rupture s'opérant par le poids du corps, les intestins sortoient à travers l'ouverture. Thomas pendoit encore d'autres malheureux par les pouces, et leur mettoit de grosses pierres sur les épaules pour ajouter à leur pesanteur naturelle ; il se promenoit en dessous de ces gibets vivants, et achevoit, à coups de bâton, les victimes qui ne possédoient rien, ou qui refusoient de payer. Ayant un jour jeté un lépreux au fond d'un cachot, le nouveau Cacus fut assiégé dans son antre par tous les lépreux de la contrée.

Un seigneur de Tournemine, assigné dans son manoir d'Auvergne par un huissier appelé *Loup*, lui fit couper le poing, disant que jamais loup ne s'étoit présenté à son château sans qu'il n'eut laissé sa patte clouée à la porte.

Regnault de Pressigny, seigneur de Marans près de La Rochelle, rançonneur de bourgeois, voleur de grands chemins, détrousseur de passants, se plaisoit à crever un œil, et à arracher la barbe à tout moine traversant les terres de sa seigneurie. Quand il envoyoit au supplice les malheureux qui refusoient de se racheter, et que ceux-ci en appeloient à la justice du roi, Pressigny, qui apparemment savoit le latin, leur répondoit en équivoquant sur les mots, qu'ils se plaignoient à tort de ne pas mourir dans les règles, qu'ils mouroient *jure aut injuria*.

Le moyen âge offre un tableau bizarre qui semble être le produit d'une imagination puissante mais déréglée. Dans l'antiquité, chaque nation sort pour ainsi dire de sa propre source ; un esprit primitif, qui pénètre tout et se fait sentir partout, rend homogènes les institutions et les mœurs. La société du moyen âge étoit composée des débris de mille autres sociétés : la civilisation romaine, le paganisme même, y avoient laissé des traces ; la religion chrétienne y apportoit ses croyances et ses solennités ; les Barbares franks, goths, bourguignons, anglo-saxons, danois, normands, retenoient les usages et le caractère propres à leurs races. Tous les genres de propriété se mêloient, toutes les espèces de lois se confondoient : l'aleu, le fief, la main-mortable, le Code, le Digeste, les lois salique, gombette, wisigothe, le droit coutumier. Toutes les formes de liberté et de servitude se rencontroient : la liberté monarchique du roi, la liberté aristocratique du noble, la liberté individuelle du prêtre, la liberté collective des communes, la liberté privilégiée des villes, de la magistrature, des corps de métiers et des marchands ; la liberté représentative de la nation ; l'esclavage romain, le servage barbare, la servitude de l'aubain. De là ces spectacles incohérents, ces usages qui se paroissent contredire, qui ne se tiennent que par le lien de la religion. On diroit des peuples divers n'ayant aucun rapport les uns avec les autres, étant seulement convenus de vivre sous un commun maître autour d'un même autel.

Jusque dans son apparence extérieure, la France offroit alors un tableau plus pittoresque

et plus national qu'elle ne le présente aujourd'hui. Aux monuments nés de notre religion et de nos mœurs, nous avons substitué, par une déplorable affectation de l'architecture bâtarde romaine, des monuments qui ne sont ni en harmonie avec notre ciel, ni appropriés à nos besoins; froide et servile copie, laquelle a porté le mensonge dans nos arts, comme le calque de la littérature latine a détruit dans notre littérature l'originalité du génie frank. Ce n'étoit pas ainsi qu'imitoit le moyen âge; les esprits de ce temps-là admiroient aussi les Grecs et les Romains; ils recherchoient et étudioient leurs ouvrages; mais, au lieu de s'en laisser dominer, ils les maîtrisoient, les façonnoient à leur guise, les rendoient françois, et ajoutoient à leur beauté par cette métamorphose pleine de création et d'indépendance.

Les premières églises chrétiennes dans l'Occident ne furent que des temples retournés : le culte païen étoit extérieur, la décoration du temple fut extérieure; le culte chrétien étoit intérieur, la décoration de l'église fut intérieure. Les colonnes passèrent du dehors au dedans de l'édifice, comme dans les basiliques où se tinrent les assemblées des fidèles quand ils sortirent des cryptes et des catacombes. Les proportions de l'église surpassèrent en étendue celles du temple, parce que la foule chrétienne s'entassoit sous la voûte de l'église, et que la foule païenne étoit répandue sous le péristyle du temple. Mais lorsque les chrétiens devinrent les maîtres, ils changèrent cette économie, et ornèrent aussi du côté du paysage et du ciel leurs édifices.

L'architecture néogrecque, par une même émancipation de l'esprit humain, se montra en Orient avec le néoplatonisme; il étoit naturel que les arts suivissent les idées, et surtout les idées religieuses auxquelles ils sont appliqués de préférence chez les peuples. Les premiers essais, ou plutôt les premiers jeux de cette architecture, se firent remarquer dans les temples de Daphné, de Balbek et de Palmyre : elle se développa en Syrie dans les monuments de sainte Hélène; elle devenoit chrétienne à Jérusalem, à l'époque où le néoplatonisme devenoit chrétien au concile de Nicée. Justinien la fit régner en bâtissant, sur les fondements de la Sainte-Sophie romaine de Constance, la Sainte-Sophie néogrecque d'Isidore de Milet. De là elle passa en Italie, et déploya son art dans l'église octogone de Saint-Vital à Ravenne : Charlemagne, au huitième siècle, reproduisit ce monument agrandi à Aix-la-Chapelle. « Il « edifia eglises et abbayes en divers lieux, en « l'honneur de Dieu, et au proufit de son ame. « Aucunes en commença et aucunes en parfit. « Entre les autres fonda l'eglise de Aix-la-Cha- « pelle, d'œuvre merveilleuse, en l'honneur de « Nostre-Dame Sainte-Marie........ Divers « palais commença en divers lieux, d'œuvre coû- « teuse : un en fit auprès de la cité de Mayence, « de lez une ville qui a nom Ingelheim; un « autre en la cité, sur le fleuve de Vahalam. Si « commanda dans tout son royaume, à tous « les evesques et à tous ceux à qui les cures « appartenoient, que toutes les eglises et toutes « les abbayes qui estoient dechues par vieillesse « fussent refaictes et restaurées : et pour ce que « cette chose ne fust mise en non chaloir, il leur « mandoit expressement par ses messages qu'ils « accomplissent ses commandements. »

Trois siècles plus tard, l'architectonique nouvelle aborda une seconde fois aux rivages latins, et annonça son retour par l'édification de la cathédrale de Pise. Il y a des erreurs que la voix populaire consacre, et auxquelles la science est obligée de se soumettre : le néogrec, en Italie, fut appelé l'*architecture lombarde*, et en France, l'*architecture gothique*; et, ni les Lombards, ni les Goths, n'y avoient mis la main; Théodoric même se contenta d'imiter ou de réparer les masses du Forum et du Champ-de-Mars.

Tandis que l'architecture néogrecque, infidèle au Panthéon abandonné, s'emparoit des édifices chrétiens, elle envahissoit aussi les édifices mahométans. Les Arabes l'*orientalisèrent* pour le calife Aroun et les *Mille et une Nuits*; ils l'emmenèrent avec eux dans leurs conquêtes; elle arriva de la mosquée du Kaire en Égypte à celle de Cordoue en Espagne, à peu près au moment où les exarques de Ravenne l'introduisoient en Italie. Ainsi la puînée de l'Ionie parut dans l'Europe occidentale, portant d'une main l'étendard du prophète, et de l'autre celui du Christ : l'Alhambra à Grenade, et Saint-Marc à Venise, témoignent de son inconstance et des merveilles de ses caprices. Plus d'ordres dis-

tincts, plus d'architraves ou architraves brisées : au lieu de portique un portail ; au lieu de fronton une façade ; au lieu de frise, de corniche et d'entablement, une balustrade.

Enfin, avec le treizième siècle rayonne cette architecture à ogives, qui se plut surtout dans les pays de la domination franke, saxonne et germanique ; au-delà des Pyrénées et des Alpes, elle rencontra les préjugés et les chefs-d'œuvre de l'architecture mozarabique, du style bâtard romain, et du primitif dorique de la Grande-Grèce. L'architecture à ogives fut une conquête des croisades de Philippe-Auguste et de saint Louis.

A la colonnette écourtée, aux grosses colonnes à chapiteaux historiés, succédèrent les minces et longues colonnes en faisceaux, ramifiées à leurs sommets, s'épanouissant en fusées, projetant dans les airs leurs délicates nervures qui devenoient comme la fragile charpente des combles. Au plein cintre des arches, aux voussures en anse de panier, se substituèrent les ogives, arceaux en forme d'arête dont l'origine est peut-être persane, et le patron la feuille du mûrier indien, si toutefois l'ogive n'est pas le simple tracé d'un crayon facile. L'ogive ne se sépare pas tellement du néogrec qu'on ne l'y retrouve comme cent autres traits.

Le cercle, figure géométrique rigoureuse, ne laisse rien à l'arbitraire ; l'ellipse, courbe flexible, se renfle ou se redresse au gré de celui qui l'emploie : l'ogive, dont le foyer n'est que la rencontre des deux ellipses d'un triangle curviligne, se pouvoit donc élargir et rétrécir depuis le plus court diamètre jusqu'au diamètre le plus long ; propriété qui laissoit un jeu immense au goût de l'artiste, et qui explique la variété du gothique. Pas un seul monument dans cet ordre ne ressemble à l'autre, et dans chaque monument aucun détail n'est invinciblement symétrique ; l'ornement même est quelquefois calculé pour ne pas produire son effet naturel : de petites figures logées dans des niches, ou dans les moulures concentriques des portes, y sont arrangées de manière qu'on les prendroit pour des arabesques, des volutes, des enroulements, des astragales, et non pour des dispositions de la statuaire.

En imitant les constructions sarrasines, les architectes chrétiens les exhaussèrent et les dilatèrent, ils plantèrent mosquées sur mosquées, colonnes sur colonnes, galeries sur galeries ; ils attachèrent des ailes aux deux côtés du chœur et des chapelles aux ailes. Partout la ligne spirale remplaça la ligne droite ; au lieu du toit plat ou bombé, se creusa une voûte étroite fermée en cercueil ou en carène de vaisseau ; les tours ouvragées dépassèrent en hauteur les minarets.

La chrétienté élevoit à frais communs, au moyen des quêtes et des aumônes, ces cathédrales dont chaque état en particulier n'étoit pas assez riche pour payer la main-d'œuvre, et dont aucune n'est achevée. Dans ces vastes et mystérieux édifices se gravoient en relief ou en creux, comme avec un emporte-pièce, les parures de l'autel, les monogrammes sacrés, les vêtements et les choses à l'usage des ministres : les bannières, les croix de divers agencements, les calices, les ostensoirs, les dais, les chapes, les capuchons, les crosses, les mitres, dont les formes se retrouvent dans le gothique, conservoient les symboles du culte en produisant des effets d'art inattendus ; assez souvent les gouttières étoient taillées en figures de démons obscènes ou de moines vomissants. Cette architecture du moyen âge offroit un mélange du tragique et du bouffon, du gigantesque et du gracieux, comme les poëmes et les romans de la même époque.

Les plantes de notre sol, les arbres de nos bois, le trèfle et le chêne, décoroient aussi les églises, de même que l'acanthe et le palmier avoient embelli les temples du pays et du siècle de Périclès. Au-dedans une cathédrale étoit une forêt, un labyrinthe dont les mille arcades, à chaque mouvement du spectateur, s'intersectoient, se séparoient, s'enlaçoient de nouveau en chiffres, en cerceaux, en méandres ; cette forêt étoit éclairée par des rosaces à jour incrustées de vitraux peints, qui ressembloient à des soleils brillants de mille couleurs sous la feuillée : en dehors cette même cathédrale avoit l'air d'un monument auquel on auroit laissé sa cage, ses arcs-boutants et ses échafauds ; et, afin que les appuis de la nef aérienne n'en déparassent pas la structure, le ciseau les avoit taillés ; on n'y voyoit plus que des arches de ponts, des pyramides, des aiguilles et des statues.

Les ornements qui n'adhéroient pas à l'édifice se marioient à son style : les tombeaux étoient de forme gothique, et la basilique, qui s'élevoit comme un grand catafalque au-dessus d'eux, sembloit s'être moulée sur leur forme. On admire encore à Auch un de ces chœurs en bois de chêne si communs dans les abbayes, et qui répétoient les ornements de l'architecture. Tous les arts du dessin participoient de ce goût fleuri et composite : sur les murs et sur les vitraux étoient peints des paysages, des scènes de la religion et de l'histoire nationale.

Dans les châteaux, les armoiries coloriées, encadrées dans des losanges d'or, formoient des plafonds semblables à ceux des beaux palais du *cinque cento* de l'Italie. L'écriture même étoit dessinée ; l'hiéroglyphe germanique, substitué au jambage rectiligne romain, s'harmonioit avec les écussons et les pierres sépulcrales. Les tours isolées qui servoient de vedettes sur les hauteurs ; les donjons enserrés dans les bois, ou suspendus sur la cime des rochers comme l'aire des vautours ; les ponts pointus et étroits jetés hardiment sur les torrents ; les villes fortifiées que l'on rencontroit à chaque pas, et dont les créneaux étoient à la fois des remparts et des ornements ; les chapelles, les oratoires, les ermitages placés dans les lieux les plus pittoresques au bord des chemins et des eaux ; les beffrois, les flèches des paroisses de campagne, les abbayes, les monastères, les cathédrales ; tous ces édifices que nous ne voyons plus qu'en petit nombre et dont le temps a noirci, obstrué, brisé les dentelles ; tous ces édifices avoient alors l'éclat de la jeunesse ; ils sortoient des mains de l'ouvrier : l'œil, dans la blancheur de leurs pierres, ne perdoit rien de la légèreté de leurs détails, de l'élégance de leurs réseaux, de la variété de leurs guillochis, de leurs gravures, de leurs ciselures, de leurs découpures, et de toutes les fantaisies d'une imagination libre et inépuisable.

Veut-on savoir à quel point la France étoit couverte de ces monuments? les treize volumes de la *Gallia Christiana*, qui n'est pas achevée, donnent mille cinq cents abbayes ou fondations monastiques. Le pouillé général fournit un total de trente mille quatre cent dix-neuf cures, dix-huit mille cinq cent trente-sept chapelles, quatre cent vingt chapitres ayant églises, deux mille huit cent soixante-douze prieurés, neuf cent trente et une maladreries ; et le pouillé est fort incomplet. Jacques Cœur comptoit dix-sept cent mille clochers en France, et la *Satire Ménippée* reproduit le même calcul.

Ce n'est pas trop de donner un château, chastel, ou chastillon, par douze clochers. Tout seigneur qui possédoit trois châtellenies et une *ville clause* avoit droit de justice : or on comptoit en France soixante-dix mille fiefs ou arrière-fiefs, dont trois mille étoient titrés (voy. plus haut, page 584). Une moyenne proportionnelle fournit, sur ces soixante-dix mille fiefs, sept mille justices hautes ou basses, et suppose par conséquent sept mille *villes clauses* ou fortifiées ; somme totale approximative des monuments (tant églises que chapelles, villes, châteaux, etc.), un million huit cent soixante-douze mille neuf cent vingt-six, sans parler des basiliques, des monastères renfermés dans les cités, des palais royaux et épiscopaux, des hôtels de ville, des halles publiques, des ponts, des fontaines, des amphithéâtres, aqueducs et temples romains encore existants dans le midi de la France. Voilà, certes, un sol bien autrement orné qu'il ne l'est aujourd'hui. L'architecture religieuse, civile et militaire gothique, pyramidoit et attiroit de loin les yeux ; la moderne architecture civile, et la nouvelle architecture militaire appropriée aux nouvelles armes, ont tout rasé : nos monuments se sont abaissés et nivelés comme nos rangs.

Notre temps laissera-t-il des témoins aussi multipliés de son passage que le temps de nos pères? Qui bâtiroit maintenant des églises et des palais dans tous les coins de la France? nous n'avons plus la royauté de race, l'aristocratie héréditaire, les grands corps civils et marchands, la grande propriété territoriale, et la foi qui a remué tant de pierres. Une liberté d'industrie et de raison ne peut élever que des bourses, des magasins, des manufactures, des bazars, des cafés, des guinguettes; dans les villes des maisons économiques, dans les campagnes des chaumières, et partout de petits tombeaux. Dans cinq ou six siècles, lorsque la religion et la philosophie solderont

leurs comptes, lorsqu'elles supputeront les jours qui leur auront appartenu, que l'une et l'autre dresseront le pouillé de leurs ruines, de quel côté sera la plus large part de vie écoulée, la plus grosse somme de souvenirs?

La population en mouvement autour des édifices du moyen âge est décrite dans les chroniques et peinte dans les vignettes; elle égaloit presque la population d'aujourd'hui. J'estime, d'après des calculs dont je ne puis insérer les preuves dans une analyse, que la surface du sol françois, tel qu'il existe maintenant, étoit couverte par vingt-cinq millions d'hommes : ce chiffre se déduit des rôles de l'impôt, de la levée des hommes d'armes, du recensement des habitants des villes, et du dénombrement des masses communales quand elles étoient appelées sous leurs bannières.

Le pays étoit riche et bien cultivé; c'est ce que démontrent l'immensité et la variété des taxes royales et seigneuriales que j'ai sommairement indiquées.

Lorsque Édouard III, après avoir rendu hommage à Philippe de Valois, retourna en Angleterre, « la reine Philippe de Hainaut le « reçut, disent les chroniques, moult joyeuse- « ment, et lui demanda des nouvelles du roi « Philippe son oncle, et de son grand lignage de « France : le roi son mari lui en recorda assez, « et du grand etat qu'il avoit estruvé, et des « honneurs qui estoient en France, auxquelles « de faire, ni de l'entreprendre à faire, nul « autre pays ne s'accomparaige. » Il est certain que la guerre, quand elle n'extermine pas totalement les peuples, les multiplie : elle influe sur les institutions plus que sur les hommes : la féodalité, qui dut sa naissance et son pouvoir à la guerre, fut renversée par elle sous le règne de Philippe de Valois, du roi Jean, de Charles V, de Charles VI et de Charles VII.

Les diverses classes de la société et les différentes provinces, dans le moyen âge, se distinguoient les unes par la forme des habits, les autres par des modes locales : les populations n'avoient pas cet aspect uniforme qu'une même manière de se vêtir donne à cette heure aux habitants de nos villes et de nos campagnes. La noblesse, les chevaliers, les magistrats, les évêques, le clergé séculier, les religieux de tous les ordres, les pèlerins, les pénitents gris,

noirs et blancs, les ermites, les confréries, les corps de métiers, les bourgeois, les paysans, offroient une variété infinie de costume ; nous voyons encore quelque chose de cela en Italie. Sur ce point il s'en faut rapporter aux arts : que peut faire le peintre de notre vêtement étriqué, de notre petit chapeau rond et de notre chapeau à trois cornes?

Du douzième au quatorzième siècle, le paysan et l'homme du peuple portèrent la jaquette ou la casaque grise liée aux flancs par un ceinturon. Le sayon de peau ou le peliçon, dont est venu le surplis, étoit commun à tous les états. La pelisse fourrée et la robe longue orientale enveloppoient le chevalier quand il quittoit son armure; les manches de cette robe couvroient les mains; elle ressembloit au cafetan turc d'aujourd'hui : la toque ornée de plumes, le capuchon ou chaperon, tenoient lieu du turban. De la robe ample on passa à l'habit étroit, puis on revint à la robe qui fut blasonnée sous Charles V. Les hauts-de-chausses, si courts et si serrés qu'ils en étoient indécents, s'arrêtoient au milieu de la cuisse, les deux bas-de-chausses étoient dissemblables; on avoit une jambe d'une couleur et une jambe de l'autre. Il en étoit de même du hoqueton mi-partie noir et blanc, et du chaperon mi-partie bleu et rouge. « Et si estoient leurs robes si estroites à vestir « et à despouiller, qu'il sembloit qu'on les ecor- « chast. Les autres avoient leurs robes relevées « sur les reins comme femmes : si avoient « leurs chaperons decoupés menuement tout en « tour. Et si avoient leurs chausses d'un drap « et l'autre de l'autre. Et leur venoient leurs « cornettes et leurs manches près de terre, et « sembloient mieux estre jongleurs qu'autres « gens. Et pour ce ne fut pas merveilles si Dieu « voulut corriger les mesfaits des François par « son fleau. » L'étalage du luxe est odieux sans doute au milieu de la misère publique; mais le goût de la parure distingua notre nation alors même qu'elle étoit encore sauvage dans les bois de la Germanie. Un François met ses plus beaux habits pour marcher à l'échafaud ou à l'ennemi comme pour aller à un festin ; ce qui l'excuse, c'est qu'il ne tient pas plus à sa vie qu'à son vêtement.

Par-dessus la robe, dans les jours de cérémonie, on attachoit un manteau tantôt court,

tantôt long. Le manteau de Richard Ier étoit fait d'une étoffe à raies, semé de globes et de demi-lunes d'argent, à l'imitation du système céleste (WINISAUF). Des colliers pendants servoient également de parure aux hommes et aux femmes.

Les souliers pointus et rembourrés à la *poulaine* furent longtemps en vogue. L'ouvrier en découpoit le dessus comme des fenêtres d'église; ils étoient longs de deux pieds pour le noble, ornés à l'extrémité de cornes, de griffes. ou de figures grotesques; ils s'allongèrent encore, de sorte qu'il devint impossible de marcher sans en relever la pointe et l'attacher au genou avec une chaîne d'or ou d'argent. Les évêques excommunièrent les souliers à la poulaine, et les traitèrent de *péché contre nature*; Charles V déclara qu'ils étoient *contre les bonnes mœurs*, et *inventés en dérision du Créateur*. En Angleterre, un acte du parlement défendit aux cordonniers de fabriquer des souliers ou des bottines dont la pointe excédât deux pouces. Les larges babouches carrées par le bout remplacèrent la chaussure à bec. Les modes varioient autant que de nos jours; on connoissoit le chevalier ou la dame qui le premier ou la première avoit imaginé une *haligote* (mode) nouvelle : l'inventeur des souliers à la poulaine étoit le chevalier Robert-le-Cornu (W. MAMLSBURY).

Les gentilfames usoient sur la peau d'un linge très-fin; elles étoient vêtues de tuniques montantes enveloppant la gorge, armoiriées à droite de l'écu de leur mari, à gauche de celui de leur famille. Tantôt elles portoient leurs cheveux ras, lissés sur le front et recouverts d'un petit bonnet entrelacé de rubans; tantôt elles bâtissoient en pyramide haute de trois pieds; elles y suspendoient ou des barbettes, ou de longs voiles, ou des banderoles de soie tombant jusqu'à terre et voltigeant au gré du vent : au temps de la reine Isabeau, on fut obligé d'élever et d'élargir les portes pour donner passage aux coiffures des châtelaines (MONSTRELET. Ces coiffures étoient soutenues par deux cornes recourbées, charpente de l'édifice : du haut de la corne, du côté droit, descendoit un tissu léger que la jeune femme laissoit flotter, ou qu'elle ramenoit sur son sein comme une guimpe, en l'entortillant à son bras gauche. Une femme en plein *esbatement* étaloit des colliers, des bracelets et des bagues; à sa ceinture enrichie d'or, de perles et de pierres précieuses, s'attachoit une escarcelle brodée : elle galopoit sur un palefroi, portoit un oiseau sur le poing, ou une canne à la main. « Quoi de plus ridicule, » dit Pétrarque dans une lettre adressée au pape en 1366, « que de « voir les hommes le ventre sanglé ! en bas, de « longs souliers pointus; en haut, des toques « chargées de plumes; cheveux tressés allant « de ci, de là, par derrière, comme la queue « d'un animal, retapés sur le front avec des « épingles à tête d'ivoire ! » Pierre de Blois ajoute qu'il étoit du bel usage de parler avec affectation. Et quelle langue parloit-on ainsi? la langue du Wallace et du roman de Rou, de Ville-Hardouin, de Joinville et de Froissard.

Le luxe des habits et des fêtes passoit toute croyance; nous sommes de mesquins personnages auprès de ces Barbares des treizième et quatorzième siècles. On vit dans un tournoi mille chevaliers vêtus d'une robe uniforme de soie nommé *cointise*, et le lendemain ils parurent avec un accoutrement nouveau aussi magnifique (MATTHIEU PARIS). Un des habits de Richard II, roi d'Angleterre, lui coûta trente mille marcs d'argent (KNYGHTON). Jean Arundel avoit cinquante-deux habits complets d'étoffe d'or (HOLLINGSHED CHRON.).

Une autre fois, dans un autre tournoi, défilèrent d'abord un à un soixante superbes chevaux richement caparaçonnés, conduits chacun par un écuyer d'honneur et précédés de trompettes et de ménestriers; vinrent ensuite soixante jeunes dames montées sur des palefrois, superbement vêtues, chacune menant en lesse, avec une chaîne d'argent, un chevalier armé de toutes pièces. La danse et la musique faisoient partie de ces *baudors* (réjouissances). Le roi, les prélats, les barons, les chevaliers, sautoient au son des vielles, des musettes et des *chiffonies*.

Aux fêtes de Noël arrivoient de grandes mascarades : l'infortuné Charles VI, déguisé en sauvage et enveloppé dans un linceul imprégné de poix, pensa devenir victime d'une de ces folies : quatre chevaliers masqués comme lui furent brûlés.

Les représentations théâtrales commençoient

partout : en Angleterre, des marchands drapiers représentèrent la Création ; Adam et Ève étoient tout nus. Des teinturiers jouèrent le Déluge : la femme de Noé, qui refusoit d'entrer dans l'arche, donnoit un soufflet à son mari. (*Histoire de la poésie angloise*, WHARTON.)

La balle, le mail, le palet, les quilles, les dés, affoloient tous les esprits : il reste un compte d'Édouard II pour payer à son barbier une somme de cinq schellings, laquelle somme il avoit emprunté de lui pour jouer à croix ou pile.

La chasse étoit le grand déduit de la noblesse: on citoit des meutes de seize cents chiens. On sait que les Gaulois dressoient les chiens à la guerre et qu'ils les couronnoient de fleurs. On abandonnoit aux roturiers l'usage des filets. Les chasses royales coûtoient autant que les tournois : une de ces chasses se lie tristement à notre histoire.

Le Prince Noir étoit descendu en Angleterre, menant avec lui le roi Jean son prisonnier. Édouard avoit fait préparer à Londres une réception magnifique, telle qu'il l'eût ordonnée pour un potentat puissant qui le fût venu visiter. Lui-même, au milieu des princes de son sang, de ses grands barons, de ses chevaliers, de ses veneurs, de ses fauconniers, de ses pages, des officiers de sa couronne, des hérauts d'armes, des meneurs de destriers, se mit à la tête d'une chasse brillante dans une forêt qui se trouvoit sur le chemin du roi captif.

Aussitôt que les piqueurs envoyés à la découverte lui annoncèrent l'approche de Jean, il s'avança vers lui à cheval, baissa son chaperon, et saluant son hôte malheureux : « Cher cousin, » lui dit-il, soyez le bienvenu dans l'île d'Angleterre. » Jean baissa son chaperon à son tour, et rendit à Édouard son salut. « Le roi d'Angleterre, disent les chroniques, fit au roi de France moult grand honneur et révérence, l'invita au vol d'épervier à chasser, à déduire et à prendre tous ses ébattements. » Jean refusa ces plaisirs avec gravité, mais avec courtoisie; sur quoi Édouard, le saluant de nouveau, lui dit : Adieu, beau cousin ! et, faisant sonner du cor, il s'enfonça avec la chasse dans la forêt. Cette générosité un peu fastueuse ne consoloit pas plus le roi Jean que l'humble petit cheval du prince de Galles ; en faisant trop voir la prospérité d'un monarque, elle montroit trop la misère de l'autre.

Quant au repas, on l'annonçoit au son du cor chez les nobles; cela s'appeloit *corner l'eau*, parce qu'on se lavoit les mains avant de se mettre à sa table. On dînoit à neuf heures du matin, et l'on soupoit à cinq heures du soir. On étoit assis sur des *banques* ou bancs, tantôt élevés, tantôt assez bas, et la table montoit ou descendoit en proportion. Du banc est venu le mot *banquet*. Il y avoit des tables d'or et d'argent ciselées; les tables de bois étoient couvertes de nappes doubles appelées *doubliers*; on les plissoit comme *rivière ondoyante qu'un petit vent frais fait doucement soulever*. Les serviettes sont plus modernes. Les fourchettes, que ne connoissoient point les Romains, furent aussi inconnues des François jusque vers la fin du quatorzième siècle; on ne les trouve que sous Charles V.

On mangeoit à peu près tout ce que nous mangeons, et même avec des raffinements que nous ignorons aujourd'hui; la civilisation romaine n'avoit point péri dans la cuisine. Parmi les mets recherchés je trouve le *dellegrout*, le *maupigyrnum*, le *karumpie*. Qu'étoit-ce ? On servoit des pâtisseries de formes obscènes, qu'on appeloit de leurs propres noms. Les ecclésiastiques, les femmes et les jeunes filles rendoient ces grossièretés innocentes par une pudique ingénuité [1]. La langue étoit alors toute nue ; les traductions de la Bible de ces temps sont aussi crues et plus indécentes que le texte. *L'instruction du chevalier Geoffroy Latour-Landry, gentilhomme angevin, à ses filles*, donne la mesure de la liberté des enseignements et des mots.

On usoit en abondance de bière, de cidre et de vins de toutes les sortes. Il est fait mention

---

[1] Alias fingunt oblonga figura, alias sphærica et orbiculari, alias triangula quadrangulaque ; quædam ventricolæ sunt : quædam pudenda muliebria, aliæ virilia (si d is placet) repræsentant : adeo degeneravere boni mores ut etiam christianis obscæna et pudenda in cibis placeant. Sunt etenim quos. . . . . . saccharatos appellitent. (De Re cibaria ; Io. Bruyerino Campegio Lugdunensi auctore , lib. VI, cap. VII, pag. 402, prima editio. Lugduni, 1560.)

du cidre sous la seconde race. Le clairet étoit du vin clarifié mêlé à des épiceries ; l'hypocras du vin adouci avec du miel. Un festin donné par un abbé, en 1310, réunit six mille convives devant trois mille plats.

Les repas royaux étoient mêlés d'intermèdes. Au banquet que Charles V offrit à l'empereur Charles IV, s'avança un vaisseau mu par des ressorts cachés : Godefroy de Bouillon se tenoit sur le pont, entouré de ses chevaliers. Au vaisseau succéda la cité de Jérusalem avec ses tours chargées de Sarrasins ; les chrétiens débarquèrent, plantèrent les échelles aux murailles, et la ville sainte fut emportée d'assaut.

Froissard va nous faire encore mieux assister au repas d'un haut baron de son siècle.

« En cet état que je vous dis le comte de
« Foix vivoit. Et quand dans sa chambre à
« mi-nuit venoit pour souper en la salle,
« devant lui avoit douze torches allumées que
« douze varlets portoient, et icelles douze tor-
« ches étoient tenues devant sa table, qui don-
« noient grand'clarté en la salle, laquelle salle
« étoit pleine de chevaliers et d'écuyers ; et
« toujours étoient à foison tables dressées pour
« souper qui souper vouloit. Nul ne parloit à
« lui à sa table si il ne l'appeloit. Il mangeoit
« par coutume foison de volaille, et en spécial
« les ailes et les cuisses tant seulement, et
« guère aussi ne buvoit. Il prenoit en toute
« menestrandie (musique) grand ébattement,
« car bien s'y connoissoit. Il faisoit devant lui
« ses clercs volontiers chanter chansons, ron-
« deaux et virelais. Il séoit à table environ
« deux heures, et aussi il véoit volontiers étran-
« ges entremets, et iceux vus, tantôt les faisoit
« envoyer par les tables des chevaliers et des
« écuyers.

« Brièvement et ce tout considéré et avisé,
« avant que je vinsse en sa cour, je avois été en
« moult de cours de rois, de ducs, de princes,
« de comtes et de hautes dames ; mais je n'en
« fus oncques en nulle qui mieux me plût, ni
« qui fût sur le fait d'armes plus réjouie comme
« celle du comte de Foix étoit. On véoit en la
« salle et ès chambres et en la cour chevaliers
« et écuyers d'honneur aller et marcher, et
« d'armes et d'amour les oyoit-on parler. Toute
« honneur étoit là-dedans trouvée. Nouvelles
« dequel royaume ni dequel pays que ce fût là-
« dedans on y apprenoit ; car de tous pays, pour
« la vaillance du seigneur, elles y appleuvoient
« et venoient. »

Ce comte, si célèbre par sa courtoisie, n'en avoit pas moins tué de sa propre main son fils unique : « Le comte s'enfelonna (s'irrita), et,
« sans mot dire, il se partit de sa chambre et
« s'en vint vers la prison où son fils étoit ; et
« tenoit à la male heure un petit long coutel, et
« dont il appareilloit ses ongles et nettoyoit. Il
« fit ouvrir l'huis de la prison et vint à son fils,
« et tenoit l'alemelle (lame) de son coutel par
« la pointe, qu'il n'y en avoit pas hors de ses
« doigts la longueur de l'épaisseur d'un gros
« tournois. Par mautalent (malheur), en bou-
« tant ce tant de pointe dans la gorge de son
« fils, il l'assena ne sçais en quelle veine, et lui
« dit : « Ha traitour (traître)! pourquoi ne
« manges-tu point ? » Et tantôt s'en partit le
« comte sans plus rien dire ni faire, et rentra
« en sa chambre. L'enfès (enfant) fut sang mué
« et effrayé de la venue de son père, avecques
« ce que il étoit foible de jeûner, et qu'il vit ou
« sentit la pointe du coutel qui le toucha à la
« gorge, comme petit fut en une veine, il se
« d'autre part, et là mourut. »

Froissard est à la peine pour excuser le crime de son hôte, et ne réussit qu'à faire un tableau pathétique.

On avoit été obligé de frapper la table de lois somptuaires : ces lois n'accordoient aux riches que deux services et deux sortes de viande, à l'exception des prélats et des barons, qui mangeoient de tout en toute liberté ; elles ne permettoient la viande aux négociants et aux artisans qu'à un seul repas ; pour les autres repas, ils se devoient sustenter de lait, de beurre et de légumes.

Le carême, d'une rigueur excessive, n'empêchoit pas les réfections clandestines. Une femme avoit assisté nu-pieds à une procession, et *faisoit la marmiteuse plus que dix. Au sortir de là, l'hypocrite alla dîner avec son amant, d'un quartier d'agneau et d'un jambon. La senteur en vint jusqu'à la rue. On monta en haut. Elle fut prise, et condamnée à se promener par la ville avec son quartier à la broche, sur l'épaule, et le jambon pendu au col.* (Brantôme.)

Les voyageurs trouvoient partout des hôtel-

leries. Chevauchant avec messire Espaing de Lyon, maître Jehan Froissard va d'auberge en auberge, s'enquérant de l'histoire des châteaux qu'il aperçoit le long de la route, et que lui raconte le bon chevalier son compagnon. « Et « nous vinmes à Tarbes, et nous fûmes tout « aises à l'hostel de l'Étoile, et y séjournâmes « tout séjour; car c'est une ville trop bien aisée « pour séjourner chevaux : de bons foins , de « bonnes avoines et de belle rivière... puis vin- « mes à Orthez. Le chevalier descendit à son « hostel, et je descendis à l'hostel de la Lune. »

On rencontroit sur les chemins des basternes ou litières, des mules, des palefrois et des voitures à bœufs : les roues des charrettes étoient à l'antique. Les chemins se distinguoient en chemins *péageaux* et en *sentiers*; des lois en régloient la largeur ; le chemin péageau devoit avoir quatorze pieds. (Mss. SAINTE-PALAYE); les sentiers pouvoient être ombragés , mais il falloit élaguer les arbres le long des voies royales, excepté les *arbres d'abris* (*Capitulaires*). Le service des fiefs creusa cette multitude infinie de chemins de traverse dont nos campagnes sont sillonnées.

Les bains chauds étoient d'un usage commun, et portoient le nom d'étuves : les Romains nous avoient laissé cet usage, qui ne se perdit guère que sous la monarchie absolue, époque où la France devint sale. On crioit dans les rues de Paris sous Philippe-Auguste :

> Seigneur, voulez-vous vous baigner?
> Entrez donc sans delaïer ;
> Les bains sont chauds , c'est sans mentir.

C'étoit le temps du merveilleux en toute chose : l'aumônier, le moine, le pèlerin, le chevalier, le troubadour, avoient toujours à dire ou à chanter des aventures. Le soir, autour du foyer à bancs, on écoutoit ou le roman de Lancelot du Lac, ou l'histoire lamentable du châtelain de Coucy, ou l'histoire moins triste de la reine Pédauque, « largement pattée, comme « sont les oies, et comme jadis à Toulouse les « portoit (les pates) la reine Pédauque » (RABELAIS) ; ou l'histoire du *gobelin* Orton, grand nouvelliste qui venoit dans le vent, et qui fut tué dans une grosse truie noire (FROISSARD).

La belle Mélusine étoit condamnée à être moitié serpent tous les samedis, et fée les autres jours, à moins qu'un chevalier ne consentît à l'épouser en renonçant à la voir le samedi. Raymondin, comte de Forez, ayant trouvé Mélusine dans un bois, en fit sa femme ; elle eut plusieurs enfants, entre autres un fils qui avoit un œil rouge et un œil bleu : Mélusine bâtit le château de Lusignan. Mais enfin Raymondin s'étant mis en tête de voir sa femme un samedi, lorsqu'elle étoit demi-serpent, elle s'envola par une fenêtre, et elle demeurera fée jusqu'au jour du jugement dernier. Lorsque le manoir de Lusignan change de maître, ou qu'il doit mourir quelqu'un de la famille seigneuriale, Mélusine paroît trois jours sur les tours du château, et pousse de grands cris. Tels étoient la Psyché du moyen âge et ce château de Lusignan que Charles-Quint admira, et dont Brantôme déplore la ruine.

Avec ces contes on écoutoit encore ou le sirvente que trouvère contre un chevalier félon, ou la vie d'un pieux personnage. Ces vies de saints, recueillies par les Bollandistes, n'étoient pas d'une imagination moins brillante que les relations profanes : incantations de sorciers, tours de lutins et de farfadets, courses de loups-garous, esclaves rachetés, attaques de brigands; voyageurs sauvés, et qui, à cause de leur beauté, épousent les filles de leurs hôtes (*saint Maxime*) ; lumières qui pendant la nuit révèlent au milieu des buissons le tombeau de quelque vierge ; châteaux qui paroissent soudainement illuminés (SAINT VIVENTIUS, MAUR et BRISTA).

Saint Déicole s'étoit égaré; il rencontre un berger, et le prie de lui enseigner un gîte : « Je n'en connois pas, dit le berger, si ce n'est « dans un lieu arrosé de fontaines, au domaine « du puissant vassal Weissart. » — « Peux-tu « m'y conduire ? » répondit le saint. « Je ne « puis quitter mon troupeau, » répliqua le pâtre. Déicole fiche son bâton par terre, et quand le pâtre revint, après avoir conduit le saint, il trouva son troupeau couché paisiblement autour du bâton miraculeux. Weissart, terrible châtelain, menace de faire mutiler Déicole ; mais Berthilde, femme de Weissart, a une grande vénération pour le prêtre de Dieu. Déicole entre dans la forteresse ; les serfs empressés le veulent débarrasser de son manteau ;

il les remercie, et suspend ce manteau à un rayon de soleil qui passoit à travers la lucarne d'une tour (BOLL., t. II, p. 202).

Chercher à dérouler avec méthode le tableau des mœurs de ce temps, seroit à la fois tenter l'impossible, et mentir à la confusion de ces mœurs. Il faut jeter pêle-mêle toutes ces scènes telles qu'elles se succédoient sans ordre ou s'enchevêtroient dans une commune action, dans un même moment : il n'y avoit d'unité que dans le mouvement général qui entraînoit la société vers un perfectionnement éloigné, par la loi naturelle de l'existence humaine.

D'un côté la chevalerie, de l'autre le soulèvement des masses rustiques ; tous les dérèglements de la vie dans le clergé, et toute l'ardeur de la foi. Les *Gallois* et *Galloises*, sorte de pénitents d'amour, se chauffoient l'été à de grands feux, et se couvroient de fourrures ; l'hiver ils ne portoient qu'une *cette simple*, et ne mettoient dans leurs cheminées que des verdures. *Plusieurs transissoient de pur froid et mouroient tout roydes de lez leurs amyes, et aussi leurs amyes de lez eulx en parlant de leurs amourettes*[1]. Lors de la *Vaudoisie d'Arras*, les hommes et les femmes, retirés dans les bois, après avoir trouvé un certain démon, se livroient à une prostitution générale. Les Turlupins pratiquoient les mêmes désordres.

Des moines libertins se veulent venger d'un évêque réformateur qui venoit de mourir ; pendant la nuit ils tirent du cerçueil le cadavre du prélat, le dépouillent de son linceul, le fouettent, et en sont quittes pour payer chaque année quarante sous d'amende. Les Cordeliers avoient renoncé à *toute espèce de propriétés* ; le pain quotidien qu'ils mangeoient étoit-il une propriété? Oui, disoient les religieux d'une autre robe ; donc le Cordelier qui mange viole la constitution de son ordre; donc il est en état de péché mortel, par la seule raison qu'il vit, et qu'il faut manger pour vivre. L'empereur et les Gibelins se déclarèrent pour les Cordeliers, le pape et les Guelfes contre les Cordeliers. De là une guerre de cent ans ; et le comte du Mans, qui fut depuis Philippe de Valois, passe les Alpes pour défendre l'Église contre les Visconti et les Cordeliers[1].

On couroit au bout du monde, et l'on osoit à peine, dans le nord de la France, hasarder un voyage d'un monastère à un autre, tant la route de quelques lieues paroissoit longue et périlleuse! Des Gyrovagues ou moines errants (pendants des chevaliers errants), cheminant à pied ou chevauchant sur une petite mule, prêchoient contre tous les scandales; ils se faisoient brûler vifs par les papes auxquels ils reprochoient leurs désordres, et noyer par les princes dont ils attaquoient la tyrannie. Des gentilshommes s'embusquoient sur les chemins et dévalisoient les passants, tandis que d'autres gentilshommes devenoient en Espagne, en Grèce, en Dalmatie, seigneurs des immortelles cités dont ils ignoroient l'histoire. Cours d'amour où l'on raisonnoit d'après toutes les règles du scottisme, et dont des chanoines étoient membres; troubadours et ménestrels vaguant de châteaux en châteaux, déchirant les hommes dans les satires, louant les dames dans les ballades; bourgeois divisés en corps de métiers, célébrant des solennités patronales où les saints du paradis étoient mêlés aux divinités de la fable ; représentations théâtrales ; fêtes des fous ou des cornards ; messes sacriléges ; soupes grasses mangées sur l'autel; l'*Ite missa* répondu par trois braiements d'âne ; barons et chevaliers s'engageant dans des repas mystérieux à porter la guerre dans un pays, faisant vœu sur un paon ou sur un héron d'accomplir des faits d'armes pour leurs mies ; Juifs massacrés et se massacrant entre eux, conspirant avec les lépreux pour empoisonner les puits et les fontaines; tribunaux de toutes les sortes, condamnant, en vertu de toutes les espèces de lois, à toutes les sortes de supplices, des accusés de toutes les catégories, depuis l'hérésiarque écorché et brûlé vif, jusqu'aux adultères attachés nus l'un à l'autre et promenés au milieu du peuple ; le juge prévaricateur substituant à l'homicide riche condamné un prisonnier innocent ; des hommes de loi commençant cette magistrature qui rappela, au mi-

---

[1] LATOUR, *Hist. du Poitou* ; SAINTE-PALAYE, *Mém. sur l'anc. chev.*, V^e partie, dans les notes pag. 587.

[1] *Spicil.*, tom. I, pag. 75; *Hist. des ouvr. des sav.* en 1700, pag. 72; *Lettre sur le péché imaginaire*, pag. 22 et suiv.

lieu d'un peuple léger et frivole, la gravité du sénat romain : pour dernière confusion, pour dernier contraste, la vieille société civilisée à la manière des anciens, se perpétuant dans les abbayes ; les étudiants des universités faisant renaître les disputes philosophiques de la Grèce ; le tumulte des écoles d'Athènes et d'Alexandrie se mêlant au bruit des tournois, des carrousels et des pas d'armes. Placez enfin, au-dessus et en dehors de cette société si agitée, un autre principe de mouvement, un tombeau objet de toutes les tendresses, de tous les regrets, de toutes les espérances, qui attiroit sans cesse au-delà des mers les rois et les sujets, les vaillants et les coupables ; les premiers pour chercher des ennemis, des royaumes, des aventures ; les seconds pour accomplir des vœux, expier des crimes, apaiser des remords.

L'Orient, malgré le mauvais succès des croisades, resta longtemps pour les François le pays de la religion et de la gloire ; ils tournoient sans cesse les yeux vers ce beau soleil, vers ces palmes de l'Idumée, vers ces plaines de Rama où les infidèles se reposoient à l'ombre des oliviers plantés par Baudouin, vers ces champs d'Ascalon qui gardoient encore les traces de Godefroi de Bouillon et de Tancrède, de Philippe-Auguste et de Couci, de saint Louis et de Sargine ; vers cette Jérusalem un moment délivrée, puis retombée dans ses fers, et qui se montroit à eux comme à Jérémie, insultée des passants, noyée dans ses pleurs, privée de son peuple, assise dans la solitude.

Tels furent ces siècles d'imagination et de force qui marchoient avec tout cet attirail au milieu des événements historiques les plus variés, au milieu des hérésies, des schismes, des guerres féodales, civiles et étrangères, ces siècles doublement favorables au génie ou par la solitude des cloîtres quand on la recherchoit, ou par le monde le plus étrange et le plus divers quand on le préféroit à la solitude. Pas un seul point de la France où il ne se passât quelque fait nouveau ; car chaque seigneurie laïque ou ecclésiastique étoit un petit état qui gravitoit dans son orbite et avoit ses phases : à dix lieues de distance les coutumes ne se ressembloient plus. Cet ordre de choses, extrêmement nuisible à la civilisation générale, imprimoit à l'esprit particulier un mouvement extraordinaire : aussi toutes les grandes découvertes appartiennent-elles à ces siècles. Jamais l'individu n'a tant vécu : le roi rêvoit l'agrandissement de son empire ; le seigneur, la conquête du fief de son voisin ; le bourgeois, l'augmentation de ses priviléges ; le marchand, de nouvelles routes à son commerce. On ne connoissoit le fond de rien ; on n'avoit rien épuisé ; on avoit foi à tout ; on étoit à l'entrée et comme au bord de toutes les espérances, de même qu'un voyageur sur une montagne attend le lever du jour dont il aperçoit l'aurore. On fouilloit le passé ainsi que l'avenir ; on découvroit avec la même joie un vieux manuscrit et un nouveau monde ; on marchoit à grands pas vers des destinées ignorées, mais dont on avoit l'instinct, comme on a toute sa vie devant soi dans la jeunesse. L'enfance de ces siècles fut barbare, leur virilité pleine de passion et d'énergie ; et ils ont laissé leur riche héritage aux âges civilisés qu'ils portèrent dans leur sein fécond.

HISTOIRE DE FRANCE.

PHILIPPE VI, DIT DE VALOIS.

De 1328 à 1350.

JUSQU'AU règne de Philippe de Valois, les contentions entre la France et l'Angleterre n'avoient annoncé rien d'antipathique et de violent ; mais sous ce règne elles devinrent

une rivalité nationale, et cette rivalité divisa le monde : commencée sur la terre, elle s'y perpétua pendant deux siècles pour se prolonger ensuite sur la mer : la terre manqua aux Anglois, et non la haine ; ils continuèrent à gronder avec l'Océan contre ces rivages dont nous les avions rejetés.

Les deux peuples se séparèrent sans retour ; les liens de parenté et de famille se brisèrent ; l'Angleterre cessa d'être normande. Édouard III bannit des tribunaux la langue françoise ; l'idiome dédaigné du Saxon vaincu fut adopté par les vainqueurs, en inimitié de leur ancienne patrie. Le caractère commerçant des insulaires se développa : leurs laines se convertissoient en trésors aux marchés de la Flandre : elles s'améliorèrent encore par les troupeaux que le duc de Lancaster tira de l'Espagne et du Portugal : elles devinrent l'aliment des subsides dont Édouard III avoit besoin dans la guerre qu'il entretint contre nous. Heureusement la France n'est pas marchandise que l'on troque pour des sacs de laine : à tous les traités de partage du royaume de saint Louis, que le prince anglois fit avec son compère Artevelle, le brasseur de bière, il ne manqua que la signature de Du Guesclin.

Le mal que fait un injuste ennemi profite à la nation opprimée, et c'est une belle loi de la Providence ; les premiers symptômes de l'émancipation nationale éclatèrent dans les états réunis à Paris pendant la captivité du roi Jean ; les *Grandes Compagnies* et la *Jacquerie* furent des fléaux qui ajoutèrent néanmoins force au droit. Partout où les hommes ressaisissent leur indépendance naturelle, cette indépendance, en reprenant ensuite le frein des lois, fait faire un pas à la liberté politique. Quand la pensée a été élargie de prison, ne fût-ce que pour un moment, elle en garde le souvenir ; les idées une fois nées ne s'anéantissent plus ; elles peuvent être accablées sous les chaînes, mais, prisonnières immortelles, elles usent les liens de leur captivité.

A mesure que la liberté commune croissoit, le pouvoir régulier croissoit. La justice royale pénétroit dans les injustices particulières ; les empiétements de la loi ecclésiastique s'arrêtèrent, et il lui fallut subir l'appel comme d'abus. La guerre nationale détruisit, par la composition des grandes armées, les guerres particulières : on pourroit presque dire que la poudre, en changeant la nature des armes, fit sauter en l'air le vieil édifice de la féodalité.

Mais tous ces progrès de la civilisation, toutes ces révolutions dans les esprits, dans les mœurs dans les lois, ne s'opérèrent que graduellement au milieu de tous les désastres. Il fallut que les François reçussent les trois leçons de Crécy, de Poitiers et d'Azincourt, pour apprendre à délivrer leur patrie. Le règne de Philippe VI, dit de Valois, ouvre cette scène de notre histoire.

SOMMAIRE.

La veuve de Charles-le-Bel accouche d'une fille. — Une assemblée de prélats et de seigneurs adjuge la couronne à Philippe de Valois. — Examen des prétentions d'Édouard III à la couronne de France. — Premiers actes de l'administration de Philippe. — Recherches des financiers. — Jeanne de France, qui avoit épousé Philippe, comte d'Évreux, est proclamée reine de Navarre. — La Champagne et la Brie sont abandonnées à Philippe en échange des comtés d'Angoulême et de Mortain, avec deux rentes assignées sur le trésor du roi et sur les domaines de la couronne. — Sacre du roi. — Philippe est surnommé *le Fortuné*. — Louis, comte de Flandre, vient rendre foi et hommage à Philippe, et implorer son secours contre les communes de Flandre — Guerre de Flandre. — Philippe va prendre l'oriflamme à Saint-Denis. — Couleurs nationales : qu'elles n'ont pas toujours été les mêmes ; leur histoire ; que le blanc étoit la couleur des Anglois, et le rouge celle des François jusqu'au règne de Philippe de Valois : à cette époque Édouard III, prétendant à la couronne de France, prit les couleurs françoises, et les François abandonnèrent ces couleurs lorsqu'ils les virent portées par les Anglois — L'oriflamme n'étoit dans l'origine que la bannière de saint Denis : elle disparut sous Charles VII, et fut remplacée par la cornette blanche. — Victoire de Cassel. — Édouard est sommé de rendre hommage à Philippe comme duc de Guienne et comte de Ponthieu. — Il vient à Amiens, et prête solennellement cet hommage. — Conflit entre les juridictions seigneuriales et ecclésiastiques. — Discours de Pierre de Cugnières. — Édouard confirme l'hommage qu'il avoit rendu au roi à Amiens. — Projet de croisades. — Le pape songe à passer en Italie : le saint-siège à Avignon étoit un bien pour la France, un mal pour la chrétienté. — Le duc de Normandie, fils du roi, âgé de quatorze ans, épouse Bonne de Luxembourg, fille de Jean, roi de Bohême. — Le projet de croisade échoue. — Histoire du procès de Robert d'Artois, troisième du nom, et de Mahaud, comtesse d'Artois, sa tante. — Robert, convaincu d'avoir fait forger de faux titres et de s'en être servi, se retire auprès du duc de Brabant. —

Il refuse de comparoitre en cour de justice. — Le parlement le condamne à mort; le roi commue la peine en un bannissement perpétuel. — Robert, déguisé en marchand, se réfugie en Angleterre.— David Bruce, roi d'Écosse, cherche un asile auprès de Philippe. — Communes de Flandre. — Jacques d'Artevelle. — Édouard, qui cherchoit des torts à Philippe et qui méditoit la guerre, intrigue avec Artevelle. — Les deux monarques cherchent des alliés de part et d'autre. — Vœu du héron.

FRAGMENTS.

VŒU DU HÉRON.

QUOIQUE Édouard nourrît depuis longtemps le dessein d'attaquer la France, la grandeur de l'entreprise, les embarras intérieurs de son gouvernement l'effrayoient et l'arrêtoient. Peut-être même ne se fût-il jamais déterminé à prendre les armes, sans les sollicitations de Robert d'Artois, qui, retiré depuis deux ans en Angleterre, souffloit au cœur de l'ambitieux Édouard la haine dont lui, Robert, étoit dévoré : le banni se servit, pour déterminer son hôte, d'un moyen extraordinaire.

A cette époque de nos annales le roman est tellement mêlé à l'histoire, et l'histoire au roman, qu'on les peut à peine séparer : de jeunes bacheliers anglois paroissent à la cour du comte Hainaut, un œil couvert de crap, ayant voué entre dames de leur pays que jamais ne verroient que d'un œil, jusqu'à ce que ils auroient fait aucunes prouesses de leur corps au royaume de France. Messire Gauthier de Mauny avoit dit à aucuns de ses plus privés, qu'il avoit promis en Angleterre, devant dames et seigneurs, qu'il seroit le premier qui entreroit en France, et qu'il y prendroit chastel ou forte ville, et y feroit aucunes apertises d'armes. Souvent les barons et les chevaliers juroient par un saint ou par une dame, au pied d'un rempart ennemi, d'emporter ce rempart dans un certain nombre de jours, dût leur serment leur être funeste ou à leur patrie. Ces faits, attestés par toutes les chroniques, ne different point de ceux qu'on lit dans les romans; ils rappellent aussi les serments que faisoient les Barbares du Nord, lorsqu'ils se condamnoient à porter une longue barbe ou un anneau de fer, jusqu'à ce qu'ils eussent tué un Romain. La querelle de l'Angleterre et de la France dans le quatorzième siècle ranima l'esprit chevaleresque; les deux nations descendirent au champ clos dont elles ne sont plus sorties. Comme les imaginations étoient remplies des chansons des troubadours et des aventures des croisades, les mœurs se teignirent de ces couleurs, et les reflétèrent. On sent partout, avec la chevalerie historique, l'imitation de la chevalerie romanesque à laquelle la vie de château, les chasses, les tournois, les croyances religieuses et les entreprises d'amour étoient d'ailleurs extrêmement favorables. Il y a tout à la fois quelque chose de vrai et de faux, de naturel et d'artificiel dans les mœurs de ces temps, que l'on doit, si l'on peut, saisir et peindre.

Sainte-Palaye regarde donc le vœu du héron comme un fait réel rimé; alors on chantoit encore l'histoire, comme jadis dans la Grèce : nous avons en vers le *Combat des Trente* et la première *Histoire de Du Guesclin*. Au commencement de l'automne de l'année 1338, et, comme le dit le poëte historien, *lorsque l'été va à desclin, que l'oiseau gai a perdu la voix, que les vignes sechent, que meurent les roses, que les arbres se despouillent, que les chemins se jonchent de feuilles,* Édouard étoit à Londres en son palais, *environné de ducs, de comtes, de pages, de dames, de jeunes filles et de jeunes hommes; il tenoit la teste inclinée en pensers d'amours.* Robert d'Artois, retiré en Angleterre, étoit allé à la chasse, *parce qu'il se souvenoit du très-gentil pays de France dont il estoit banni.* Il portoit un petit faucon qu'il avoit nourri, *et tant vola le faucon par rivieres, qu'il prit un heron.* Robert retourne à Londres, fait rôtir le héron, le met entre deux plats d'argent, s'introduit dans la salle du festin du roi, suivi *de deux maîtres de vielle,* d'un *quistreneus* (joueur de guitare), *et de deux pucelles, filles de deux marquis;* elles chantoient accompagnées au son des vielles et de la guitare. Robert s'écrie : *Ouvrez les rangs; laisser passer les preux que l'amour a surpris : Voici viande à preux, à ceux qui sont soumis à*

dames amoureuses qui tant ont un beau visage... Le héron est le plus couard des oiseaux; il a peur de son ombre. Je donnerai le héron à celui d'entre vous qui est le plus poltron; à mon avis c'est Esdouard, desherité du noble pays de la France, dont il estoit l'heritier legitime; mais le cœur lui a failli, et pour sa lascheté il mourra privé de son royaume. Édouard rougit de colère et de *mal talent*, le cœur lui frémit; il jure par le Dieu du paradis et par sa douce mère, qu'avant que six mois soient passés il défiera le roi de *Saint-Denys* (Philippe).

Robert jetta un rire, et dit tout en basset: A present j'ai mon avis (desir), *et par mon heron commencera grant guerre.*

Robert reprend le héron toujours entre les deux plats d'argent; il traverse la salle du banquet, suivi des deux ménestriers qui *viel loient doucement*, du joueur de guitare et des deux damoiselles qui chantoient ces paroles : « Je vais à la verdure, car Amour me « l'apprend. » Robert présente le héron au comte de Salysbury, qui étoit assis *de le zamye* qui fut gentille et courtoise et de beau maintien; elle étoit fille du comte Derby, et Salisbury l'aimoit loyalement. Robert prie le comte de Salisbury de jurer sur le héron. Salisbury répondit : « Pourrai-je tenir un vœu parfaite-
« ment? Je sers la dame la plus belle qui soit
« au firmament; et si la vierge Marie estoit ici,
« mettant à part sa divinité, je ne saurois la
« distinguer de celle que j'aime. Je l'ai requise
« d'amour; mais elle se defend : elle me donne
« pourtant un gracieux espoir que j'aurai
« merci. Je la prie qu'elle me preste un doigt de
« sa main, et qu'elle le mette sur mon œil
« droit. « Par ma foi, s'écria la dame, j'en
« presterai deux. » Et lui ferma l'œil droit
« avec deux doigts. « Est-il bien clos, belle ? »
« dit le chevalier très-gracieusement.— « Oui, »
« respond-elle.— « A donc, » s'escria de bouche
« et de cœur Salisbury, « je veux et promets à
« Dieu tout-puissant, et à sa douce mère qui
« resplendit de beauté, que jamais cet œil ne
« sera ouvert ou par longueur de temps, ou par
« vent, douleur ou martyre, avant que je ne
« sois entré en France, que je n'y aie porté la
« flamme et combattu les gens de Philippe en
« aidant Edouard. A présent advienne qu'ad-
« vienne ! » . . . . Et quand li quens
« Salebrin (le comte de Salisbury) eut fait
« son vœu, il demoura l'œil clos en la guerre. »

SOMMAIRE.

Édouard déclare qu'il va prendre les armes pour se faire rendre les terres saisies autrefois en Guienne.— Philippe emploie les forces destinées pour la croisade à la défense de son royaume. — Premières hostilités d'une guerre qui devoit durer cent vingt-six ans.— Trève. — Édouard, pressé par Artevelle, s'embarque à Douvres, arrive à Anvers, où les princes de sa confédération étoient assemblés. — Il achète de Louis de Bavière le titre de vicaire de l'empire. — Déclaration solennelle de guerre. — Exploits de Gauthier de Manny. — Invasion de la Picardie.— Les deux armées se rencontrent à Vironfosse et se séparent sans combattre. — Chevaliers du Lièvre. — Artevelle presse le roi d'Angleterre de prendre le titre de roi de France pour dégager la foi des Flamands.—Seconde campagne dans la Guienne et dans le Hainaut. — Combat naval de l'Écluse. — La flotte françoise est détruite.

FRAGMENTS.

PERTE DES FRANÇOIS AU COMBAT NAVAL DE L'ÉCLUSE. GODEMAR DU FAY. CAUSES DES MÉPRISES DANS CES GUERRES DU QUATORZIÈME SIÈCLE.

OTRE perte en hommes fut évaluée à trente mille matelots et soldats : les Génois seuls au nombre de dix mille, demandèrent et obtinrent la vie. Des trois amiraux qui commandoient la flotte, deux moururent glorieusement.

Cette action navale sembla nous prédire l'avenir. Que de sang françois a coulé sur les flots depuis cette bataille à l'embouchure de la Meuse jusqu'au combat livré dans les parages du Nil ! L'Arabe, du milieu de ses sables, le Flamand du bord de ses marais, ont contemplé nos derniers et nos premiers désastres, nos

marins emportés dans des tourbillons de feu ou abîmés dans les eaux. Le caractère des peuples est quelquefois indépendant de leur sol et de leur position géographique; la France, flanquée de deux mers, n'a jamais su régner longtemps sur ces mers. Rome aussi, fille de la mer, ne dut point l'empire à Neptune. Nous n'avons eu de flottes redoutables qu'à de longs intervalles et pour un moment, sous Charlemagne, Louis XIV et Louis XVI. Vainqueurs dans les actions particulières où nos capitaines se battent comme dans une affaire d'honneur, nous succombons dans les actions générales où il faut obéissance et discipline : cet esprit d'insubordination et de jalousie qui semble attaché à notre pavillon, éclate dès notre premier combat naval entre les amiraux chargés de s'opposer au passage d'Édouard. Nous n'avons point ou presque point participé à ces grandes découvertes qui ont changé la face du globe et les rapports des nations. Dans nos colonies, nous sommes devenus chasseurs, aventuriers, planteurs, jamais marins. Nous n'avons guère paru sur les flots qu'en chevaliers pour conquérir l'Angleterre et la Palestine, pour donner un monarque à Londres, un roi à Jérusalem, un empereur à Constantinople, un duc à Athènes, et un prince à cette Lacédémone que notre dernier triomphe maritime devoit délivrer à Navarin. Si la Méditerranée paroît nous être plus soumise que l'Océan, c'est que cette mer qui baigne des rivages immortels semble nous être dévolue par le droit de notre gloire.

Personne, dans le premier moment, n'avoit osé apprendre à Philippe la destruction de sa flotte; il n'en fut instruit que par un de ces misérables qui représentoient alors au pied du trône la liberté sous le travestissement de l'esclave; hommes qui se sauvoient du mépris par l'insolence, et à qui l'on permettoit de tout dire, parce qu'ils pouvoient tout souffrir : le fou du roi apprit donc par une bouffonnerie la mort de trente mille François. Philippe ne s'emporta point contre la mémoire de sujets aussi fidèles, et, remettant sa vie entre les mains de Dieu, il songea à la défense du royaume.

Il prévit qu'Édouard attaqueroit Tournay. Cette place avoit pour commandant Godemar Du Fay, écuyer de Tournaisis ou gentilhomme de Bourgogne, que Philippe avoit nommé *souverain capitaine* et *régent* de tout le pays dépendant de Douay, de Lille et de Tournay. C'étoit un officier brave et expérimenté, qui sauva alors la France pour la perdre au passage de Blanche-Taque; soit qu'il y ait un terme à la fidélité et à l'honneur, soit que les talents s'épuisent, soit que le héros devienne semblable au vulgaire des hommes quand il ne meurt pas au jour de sa renommée. Philippe augmenta la garnison de Tournay; il y *envoya droite fleur de chevalerie*; lui-même rassembla sous les murs d'Arras une brillante armée; il y eut beaucoup de petits faits d'armes et d'aventures. Des méprises déplorables advenoient souvent dans ces rencontres, entre des combattants dont les familles avoient des branches établies en France, dans la Grande-Bretagne et dans les Pays-Bas : tous ces ennemis étoient des François. Les Anglois du quatorzième siècle parloient notre langue, avoient les mêmes mœurs et la même religion que nous; ils n'étoient pas encore assez éloignés du temps de la conquête pour avoir oublié leur origine; ils se faisoient gloire d'être Normands, de retrouver sur notre sol leurs aînés. Les provinces que la couronne d'Édouard (lui-même fils d'une princesse de France) possédoit en Guienne et en Picardie, multiplioient ces liens des deux peuples; la haine que nos voisins insulaires ont conçue contre nous n'a commencé qu'avec ces guerres, véritables guerres civiles.

SOMMAIRE.

Cartel envoyé par Édouard à *Philippe de Valois*, et daté de l'*an premier de notre règne de France.*— Philippe le refuse comme roi, par écrit, et l'accepte verbalement comme chevalier. — Jeanne de Valois, sœur du roi de France, négocie une trêve; elle est prolongée pendant deux ans. — Affaire de Bretagne. — Histoire de cette province. — Le comte de Montfort fait hommage du duché de Bretagne à Édouard. — La cour des pairs adjuge ce duché à Charles de Blois.

FRAGMENTS.

GUERRE DE BRETAGNE. LES BRETONS.

'EXÉCUTION de cet arrêt enveloppa le royaume dans les destinée d'une de ses provinces, ouvrit la France aux Anglois, et lui donna dans la personne de Du Guesclin un libérateur.

La Bretagne, jusqu'alors peu connue dans notre histoire, formoit, à l'extrémité occidentale de la France, un état différent du reste du royaume par le génie, les mœurs et la langue d'une partie de ses habitants. Cette longue presqu'île, d'un aspect sauvage, a quelque chose de singulier : dans ses étroites vallées, des rivières non navigables baignent des donjons en ruines, de vieilles abbayes, des huttes couvertes de chaume où les troupeaux vivent pêle-mêle avec les pâtres. Ces vallées sont séparées entre elles, ou par des forêts remplies de houx grands comme des chênes, ou par des bruyères semées de pierres druidiques autour desquelles plane l'oiseau marin, et paissent des vaches maigres avec de petites brebis. Un voyageur à pied peut cheminer plusieurs jours sans apercevoir autre chose que des landes, des grèves, et une mer qui blanchit contre une multitude d'écueils : région solitaire, triste, orageuse, enveloppée de brouillards, couverte de nuages, où le bruit des vents et des flots est éternel.

Il faut que ce pays et ses habitants aient frappé de tous temps l'imagination des hommes. Les Grecs et les Romains y placèrent les restes du culte des Druides, l'île de Sayne et ses vierges, la barque qui passoit en Albion les âmes des morts au milieu des tempêtes et des tourbillons de feu ; les Franks y trouvèrent Murman, et mirent Roland à la garde de ses *marches* ; enfin, les romanciers du moyen âge en firent le pays des aventures, la patrie d'Artus, d'Yseult aux mains blanches, et de Tristan le Léonais. Sur les bruyères et dans les vallées de la Bretagne, vous rencontrez quelques laboureurs couverts de peaux de chèvre, les cheveux longs, épars et hérissés ; ou vous voyez danser au pied d'une croix, au son d'une cornemuse, d'autres paysans portant l'habit gaulois, le sayon, la casaque bigarrée, les larges braies, et parlant la langue celtique.

D'une imagination vive, et néanmoins mélancolique, d'une humeur aussi mobile que leur caractère est obstiné, les Bretons se distinguent par leur bravoure, leur franchise, leur fidélité, leur esprit d'indépendance, leur attachement pour la religion, leur amour pour leur pays. Fiers et susceptibles, sans ambition, et peu faits pour les cours, ils ne sont avides ni d'honneurs ni de places. Ils aiment la gloire, pourvu qu'elle ne gêne en rien la simplicité de leurs habitudes ; ils ne la recherchent qu'autant qu'elle consent à vivre à leur foyer comme un hôte obscur et complaisant qui partage les goûts de la famille. Dans les lettres, les Bretons ont montré de l'instruction, de l'esprit, de l'originalité, de la grâce, de la finesse, témoin Hardouin, Sévigné, Sainte-Foix, Duclos. Ils ont donné à la France le plus grand peintre de mœurs après Molière, Le Sage ; ils ont aujourd'hui l'abbé de La Mennais ; dans les sciences, ils revendiquent Descartes ; dans les armes, leurs guerriers ont quelque chose d'à part qui les distingue au premier coup d'œil des autres guerriers : sous Charles V, Du Guesclin et ses compagnons, Clisson, Beaumanoir, Tinteniac ; sous Charles VII, Tanneguy-Duchastel ; sous Henri III, Lanoue, également respecté des ligueurs et des huguenots ; sous Louis XIV, Duguay-Trouin ; sous Louis XVI, Lamotte-Piquet et Du Coëdic ; pendant la révolution, Charette, d'Elbée, La Rochejacquelein et Moreau. Tous ces soldats eurent des traits de ressemblance ; et, par un genre d'illustration peu commun, ils furent peut-être encore plus estimés de l'ennemi qu'admirés de leur patrie.

SOMMAIRE.

Prise de Rennes par Charles de Blois.

FRAGMENTS.

SIÉGE DE HENNEBON. JEANNE, COMTESSE DE MONTFORT. AVENTURE DE GAUTHIER DE MAUNY ET DE LA CERDA.

HARLES de Blois, dans l'espoir de terminer promptement la guerre, après la reddition de Rennes, se hâta d'investir Hennebon, la plus forte place de la Bretagne, et où Jeanne, comme on l'a dit, s'étoit renfermée. Les assiégeants poussèrent vivement les attaques. La comtesse de Montfort, armée de pied en cap, chevauchoit de rue en rue, animoit, prioit, gourmandoit les soudoyers, ordonnoit aux femmes de dépaver les cours et les passages, de porter les pierres aux créneaux, avec des pots de chaux vive, pour les jeter sur l'ennemi. Cependant le beffroi sonne. Guillaume Caloudal, qui s'étoit retiré à Hennebon après la prise de Rennes, Yves de Tréziguidy, le sire de Landremans, le châtelain de Guingamp, les deux frères de Guerich, Henri et Olivier de Spinefort, soutiennent les efforts des assaillants. La comtesse monte au haut d'un donjon pour surveiller le combat : elle s'aperçoit que le camp de Charles est désert ; que seigneurs, chevaliers, communiers, étoient tous à l'assaut. Elle descend de la tour, s'élance sur son palefroi, sort par une poterne éloignée avec trois cents lances, et vient mettre le feu aux tentes des ennemis. Ceux-ci, apercevant derrière eux les tourbillons de flammes et de fumée, abandonnent l'escalade et accourent pour éteindre les flammes. La nouvelle Clorinde veut regagner la forteresse ; mais la voie, au retour, lui est fermée : elle pousse son cheval sur le chemin d'Aurai, tenant à la main l'épée et le flambeau, instruments de sa victoire; Louis d'Espagne la poursuit sans pouvoir l'atteindre. Recueillie dans les murs d'Aurai, Jeanne rassemble cinq ou six cents aventuriers : on la croyoit perdue à Hennebon, quand le cinquième jour, au soleil levant, elle reparoît sous les remparts. Elle heurte avec son escadron à la porte d'une des tours, qu'on lui ouvre; elle rentre dans la ville assiégée, bannières au vent, trompettes sonnantes, à la confusion des soldats émerveillés.

Charles de Blois divise alors son armée : avec le duc de Bourbon et Robert Bertrand, maréchal de France, il court assiéger Aurai, laissant Louis d'Espagne avec le vicomte de Rohan devant Hennebon.

Louis, de la maison de La Cerda, brave Espagnol qui combattit pour la France sur terre et sur mer, fit venir douze machines de guerre, et commença à battre les murailles du château. Les habitants et les soudoyers s'épouvantèrent et demandèrent à capituler. L'évêque de Léon, renfermé dans la ville, appela son neveu, Henri de Léon, qui, après avoir trahi Montfort, servoit dans l'armée du comte de Blois ; ils convinrent de la reddition de la place. En vain la comtesse de Montfort conjuroit les assiégés d'attendre, leur promettant qu'avant trois jours ils recevroient le secours d'Angleterre, espérance qu'elle-même n'avoit pas. Elle passa la nuit dans l'inquiétude et les larmes : elle voyoit perdu le fruit de son courage et de ses sacrifices, son mari prisonnier, son fils dépouillé, errant, fugitif; elle se voyoit elle-même livrée à son ennemi, et recevant des fers des mains de celui à qui elle avoit disputé la souveraineté de la Bretagne. Le lendemain l'évêque de Léon fit dire à Henri, son neveu, de s'approcher des portes. Déjà celui-ci s'avançoit pour recevoir la ville au nom de Charles de Blois, lorsque Jeanne, qui regardoit la mer par une fenêtre grillée du château, s'écria dans un transport de joie : « Voilà le secours! » Deux fois elle jette le même cri. On monte aux créneaux, aux donjons, au beffroi; tous les yeux se tournent vers la mer : elle étoit couverte d'une multitude de grands et de petits vaisseaux qui entroient dans le port à pleines voiles. Le miraculeux secours plonge

d'abord la foule dans le silence de l'étonnement puis elle le salue des plus vives clameurs. L'accommodement est rompu; l'évêque de Léon seul se retire auprès de Charles de Blois; Mauny débarque avec son armée.

La comtesse fait tapisser des chambres et des salles, et préparer un festin à ses hôtes. Elle descend du château, *s'avance au devant d'eux à joyeuse chère, et vient baiser messire Gauthier de Mauny et ses compagnons les uns après les autres, deux fois ou trois, comme vaillante dame.* Cependant Louis d'Espagne ordonne de redoubler l'attaque : durant toute la nuit qui suivit l'arrivée des Anglois, il frappa les murs avec les plus fortes machines, tandis qu'au dedans on n'entendoit que le bruit de la fête. Le surlendemain Mauny fit une sortie, brisa les engins, et incendia une partie du camp françois. L'armée s'ébranla pour le repousser. Quand Mauny vit venir la chevauchée, *que jamais*, s'écria-t-il, *je ne sois baisé de dame, ni de douce amie, si jamais je rentre en chastel ou forteresse, jusque tant que j'aie renversé un de ces venants!* Embrassant sa targe, il se précipite l'épée au poing sur les hommes d'armes de La Cerda, les charge, les met en fuite, *en fait verser plusieurs les jambes contre monts*, et rentre dans la forteresse après avoir accompli son vœu de chevalier.

Louis d'Espagne, n'espérant plus pouvoir emporter Hennebon, leva le siége, rejoignit Charles de Blois devant Aurai, et s'empara ensuite de Dinan et de Guérande. Après avoir saccagé cette dernière ville, il monte sur quelques vaisseaux marchands qu'il trouve dans le port, et ravage les côtes de la Basse-Bretagne. Descendu auprès de Quimperlé, il s'avance dans les terres. Mauny accourt, forme trois corps de ses troupes, et marche sur les pas de Louis. Inférieur en forces, Louis veut retourner au rivage, et rencontre le premier corps des Anglois qu'il défait; mais, environné par les deux autres corps et par des paysans bretons qui l'assaillent à coups de fronde, il est blessé. Il se débarrasse de la foule, laissant sur la place un neveu qu'il aimoit tendrement, et la plupart de ses soldats. Arrivé presque seul au bord de la mer, il trouve sa flotte entre les mains des archers de Mauny. Il se jette dans une barque avec quelques compagnons. Mauny le suit sur la mer, toujours près de le saisir, ne le pouvant jamais atteindre. Louis s'échoue au port de Rhedon, saute à terre, emprunte de petits chevaux, et fuit de nouveau. A peine est-il débarqué que Mauny survient et se met à sa poursuite. La Cerda se sauve enfin dans les murs de Rennes avec la réputation d'un des meilleurs généraux et un des plus aventureux chevaliers de ce siècle.

Mauny regagna ses vaisseaux pour retourner à Hennebon; les vents contraires le forcèrent à faire côte aux environs de la Roche-Prion : *Seigneurs*, dit-il à ses amis, *tout travaillé que je suis, j'irois volontiers assaillir ce fort chastel, si j'avois compagnie.* Les chevaliers répondirent : *Sire, allez-y hardiment, et nous vous suivrons jusqu'à la mort.* Gérard de Maulain, qui défendoit la place, soutient l'assaut; il blesse grièvement Jean de Bouteiller et Mathieu Dufresnoy qui avoient eu le plus de part à l'affaire de Quimperlé.

Or Gérard de Maulain avoit un frère, René de Maulain, capitaine d'un autre petit fort, appelé *Favet*, à une lieue de là : René ayant appris ce qui se passoit à la Roche-Prion, se met en campagne avec quarante hommes pour secourir son frère, rencontre les chevaliers blessés, les enlève, et court les renfermer dans son donjon. Mauny quitte l'assaut pour aller à la *recousse*; brûlant de délivrer Bouteiller et Dufresnoy, il essaie d'emporter le fort de Favet : nouveau siége, nouveau combat. Gérard de Maulain sort à son tour de la Roche-Prion, et vient rendre à son frère le service qu'il en avoit reçu. Mauny craint d'être enveloppé, abandonne Favet, et commence sa retraite. Chemin faisant, il aperçoit un autre castel au milieu d'une forêt. L'infatigable chevalier l'attaque, l'emporte, et va retrouver dans Hennebon la comtesse de Montfort, qui le *festoya*, baisa et *accola* de grand courage.

Cependant Charles de Blois avoit pris Aurai, Vannes et Carhaix : il assiége de nouveau dans Hennebon sa rivale. La place avoit été fortifiée. Les habitants se moquoient des machines qui d'abord leur avoient fait tant de peur : à chaque pierre qui partoit des balistes, ils essuyoient en *gabant* sur les créneaux l'endroit où le coup avoit porté. Ils crioient du haut des murs aux assaillants : Allez chercher vos

« compagnons qui reposent aux champs de
« Quimperlé. »

Ces railleries rendoient furieux La Cerda, qui, non encore guéri de ses blessures, avoit rejoint Charles de Blois. Louis étoit Espagnol; ses ressentiments étoient terribles; il regrettoit amèrement le neveu qu'il avoit perdu à Quimperlé : résolu de se venger, il prie Charles de Blois, pour seule récompense de ses services, de lui accorder ce qu'il lui demanderoit. Du caractère le plus humain, d'une vertu si éminente qu'il fut honoré comme un saint après sa mort, Charles n'aimant pas la guerre, quoique né intrépide, poussé seulement aux combats par l'ambition de sa femme, Charles ne pouvoit deviner le *guerdon* que Louis alloit requérir : il lui donne imprudemment sa parole devant une foule de seigneurs.

Alors Louis d'Espagne lui dit : *Je vous prie que vous fassiez ici tantost venir les deux chevaliers qui sont en vostre prison du chastel de Favet; c'est à savoir messire Jean le Bouteiller et messire Hubert Dufresnoy, et me les donniez pour en faire ma volonté. C'est de dont que je vous demande. Ils m'ont chassé, déconfit et blessé. Ils ont occis monseigneur Alphonse, mon neveu. Si ne m'en sais autrement venger, fors que je leur ferai les têtes couper devant leurs compagnons qui céans sont renfermés.*

Messire Charles, qui de ce fut moult esbahy, lui dit : « *Certes, les prisonniers vous donnerai volontiers, puisque demandez les avez, mais ce seroit grand'cruauté et blasme à vous si vous faisiez deux si vaillants hommes mourir, et auroient nos ennemis cause de faire ainsi aux nostres, quand tenir les pourroient; car nous ne savons ce qui peut nous advenir de jour en jour. Pourquoi, cher sire et beau cousin, je vous prie que vous veuilliez estre mieux advisé.* »

Louis déclara que si Charles ne tenoit pas sa parole il quitteroit à l'instant son service. La parole d'un chevalier étoit inviolable, et Charles désespéré, fut obligé d'envoyer chercher les deux prisonniers. Il se les fit amener dans sa tente, et chercha encore, mais vainement, à détourner Louis de son dessein.

La nouvelle de ce qui se préparoit dans le camp françois parvint aux assiégés : Mauny fut saisi de douleur. Il assemble aussitôt un conseil; les chevaliers délibèrent; ils proposent une chose et puis une autre; ils ne savent quel parti prendre pour sauver Bouteiller et Dufresnoy. Gauthier parle le dernier : *Compagnons*, dit-il, *ce seroit grand honneur à nous si nous pouvions delivrer nos freres d'armes. Si nous tentons l'aventure et que nous y succombions, le roi Edouard nous en louera, et ainsi feront tous prudz hommes qui pourront à l'avenir entendre parler de nous. Faisons donc nostre devoir, chers seigneurs. On peut bien exposer sa vie pour sauver celle de si vaillants chevaliers.* » Alors Mauny explique le projet qu'il a conçu. Tous jurent de l'exécuter.

Il fut résolu qu'une partie de la garnison, commandée par Amaury de Clisson, attaqueroit de front le camp des François, tandis que Mauny, avec une troupe d'hommes choisis, pénétrant par derrière jusqu'aux tentes du duc de Bretagne, enlèveroit Bouteiller et Dufresnoy. On prend les armes. Clisson fait ouvrir la principale porte de la ville avec grands cris et bruits de trompettes, et fond sur les assiégeants : ceux-ci appellent au secours; les François se portent au lieu du combat. Cependant Mauny, sorti par une issue secrète, fait le tour du camp et parvient aux pavillons de Charles de Blois; quelques valets, qui les gardoient, prennent la fuite. Mauny fouille les tentes, et trouve les prisonniers : il les fait monter sur de vigoureux destriers, amenés exprès, s'éloigne à toute bride, rentre dans Hennebon après avoir mis à fin une des plus nobles et des plus touchantes aventures dont l'amitié, l'honneur et la chevalerie aient conservé la mémoire. On crut que Charles de Blois avoit prêté les mains à l'enlèvement de Bouteiller et de Dufresnoy; car on soupçonne la vertu d'avoir commis une bonne action, aussi facilement qu'on accuse le vice de s'être rendu coupable d'un crime.

SOMMAIRE.

La comtesse de Montfort envoie des ambassadeurs solliciter de nouveaux secours en Angleterre. — Ils trouvent Édouard occupé de la guerre d'Écosse. — Caractère et mœurs des Écossois. — Robert d'Artois descend en Bretagne avec la comtesse de Montfort. — Il

est blessé dans la ville de Vannes qu'il avoit prise, et vient mourir à Londres. — Descente d'Édouard sur les côtes du Morbihan.—Suspension d'armes convertie en trêve.—Trêve prolongée pour trois ans, et rompue presque aussitôt. — Tournoi à l'occasion du mariage du second fils de Philippe de Valois. — Clisson et dix autres chevaliers bretons sont arrêtés sur soupçon de trahison, et mis à mort.

FRAGMENTS.

AMOURS D'ÉDOUARD III ET DE LA COMTESSE DE SALISBURY.

N n'avoit point encore vu le sang de la noblesse couler sur l'échafaud, sang que Louis XI et le cardinal de Richelieu répandirent depuis largement. Les gentilshommes qui composoient alors comme cavaliers la force de l'armée, ressentirent pour Philippe un éloignement que son adversité seule put vaincre : à Crécy ils oublièrent l'affront fait à leur corps, ne virent que l'honneur et leur roi malheureux : s'ils ne vainquirent pas, ils moururent. Philippe, appliquant la loi comme grand-juge sans expliquer ses motifs, parut un tyran, tandis qu'il n'étoit, dans la législation du temps, qu'un prince sévère. Aujourd'hui les tribunaux peuvent seuls ôter la vie aux coupables, et dans les causes criminelles un roi de France ne s'est réservé que le droit de pardonner.

Un mari outragé fut, comme autrefois dans Rome, l'occasion d'un événement tragique. Le roi d'Angleterre avoit marié Guillaume de Montagu, qui fut depuis comte de Salisbury, à Catherine, ou Alix, fille de lord Granfton, une des plus belles femmes de son siècle. Il paroît qu'Édouard fut dès lors frappé de la beauté d'Alix, si l'on en juge par le début du poëme du *Vœu du héron*. Édouard *ne pensoit point aux combats, mais en pensers d'amour il tenoit le chef enclin.* Les soins de la guerre occupèrent bientôt Édouard : sa passion naissante s'étoit presque éteinte, lorsqu'un événement la réveilla.

Les Écossois avoient envahi le nord de l'Angleterre Des chevaliers de Suède et de Norwége, les petits princes des Hébrides et des Orcades, les Highlanders conduits par le roi David Bruce, avoient ravagé le pays plat, insulté Newcastle, et emporté Durham d'assaut.

Édouard, averti de ces dévastations par Jean de Neville, qui s'étoit échappé de Newcastle, ordonne à tous ses vassaux, depuis l'âge de quinze ans jusqu'à celui de soixante, de prendre les armes, et de venir le trouver sur les frontières du Yorkshire. Après le sac de Durham, David avoit marché le long de la rivière de Thyn, vers le pays de Galles, et s'étoit avoisiné du château de Salisbury. Ce château avoit été donné à Montagu, alors prisonnier en France, en récompense de ses services. La châtelaine sa femme se trouvoit enfermée dans le manoir, où commandoit Guillaume de Montagu, son neveu.

Les Écossois, ayant passé une nuit au pied du donjon, décampèrent le lendemain sans l'attaquer, mais le jeune Montagu sortit avec quarante cavaliers, tomba sur l'arrière-garde des ennemis, tua et blessa plus de deux cents hommes, se saisit de six-vingts chevaux, chargés du butin fait à Durham, et les conduisit dans ses tours dont il referma les portes. L'armée d'Écosse revient sur ses pas; le château est escaladé, les assiégés repoussent les assiégeants. La nuit approchant, David ordonne de suspendre l'assaut jusqu'au retour du soleil, et de se loger aux environs. *Lors pouvoit on voir appareiller et fremir et querir pièce de terre pour loger, les assaillants retraire, les navrés rapporter et rappareiller, et les morts rassembler.* » Le lendemain, nouvelle attaque plus furieuse que celle de la veille. « *Là estoit la comtesse de Salisbury, qu'on tenoit pour la plus belle dame et la plus sage du royaume d'Angleterre. Icelle comtesse reconfortoit moult ceux du dedans, et, par le regard d'une telle dame et de son doux admonestement, un homme doit bien valoir deux au besoin.* » Le second assaut n'eut pas plus de succès que le premier. Les Écossois se retirèrent au tomber du jour, résolus de faire un nouvel effort au lever de l'aube.

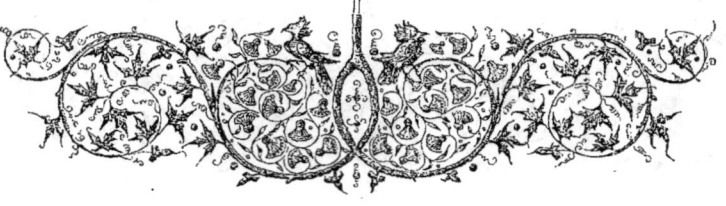

Cependant les assiégés, dans les plus vives alarmes, accablés de fatigues et de blessures, craignoient d'être emportés au dernier assaut. Montagu assemble ses chevaliers pour prendre conseil; il savoit, par la déclaration de quelques prisonniers, qu'Édouard étoit à Warwick; il auroit désiré l'instruire de l'extrémité où il étoit réduit; mais comment sortir du château? Les passages étoient soigneusement gardés. D'ailleurs tous les chevaliers vouloient rester pour défendre Alix, et, quand ils la regardoient baignée de larmes, aucun d'eux ne se pouvoit résoudre à l'abandonner.

Le jeune châtelain dit à ses compagnons: « Seigneurs, je vois bien votre loyauté et bonne volonté. Je veux, pour l'amour de madame et de vous, mettre mon corps en aventure, et faire moi-même le message. De cette parole furent madame la comtesse et les compagnons moult joyeux. »

Montagu, ayant fait ses préparatifs, sortit seul au milieu de la nuit dans le plus grand silence; une pluie abondante qui survint le favorisa, il passa au travers des gardes ennemies sans être aperçu. Il étoit déjà assez loin, lorsqu'au jour naissant il rencontra deux Écossois qui conduisoient deux bœufs et une vache; il tua les bœufs et blessa les deux soldats: « Allez, dit-il, apprendre à votre roi que Guillaume de Montagu a traversé son camp, et qu'il va chercher à Warwick le roi d'Angleterre. » Bruce, ne jugeant pas à propos d'attendre Édouard, leva le siége et se retira.

Édouard arriva à midi à l'endroit même d'où les Écossois étoient partis quelques heures auparavant: pressé peut-être par une passion mal éteinte, il avoit fait une extrême diligence, afin de secourir la noble dame, qu'il n'avoit pas vue depuis qu'elle s'étoit mariée au comte de Salisbury.

Sitôt qu'Alix ouït la venue du roi, elle fit ouvrir toutes les portes du château, et s'avança hors tant richement vestue, que chacun s'en esmerveilloit. Et ne se pouvoit-on lasser de la regarder, et remirer sa grande noblesse, avec la grande beauté et le gracieux parler et maintien qu'elle avoit. Quand elle fut venue au roi, elle s'inclina jusqu'à terre en le regraciant de son secours, et l'emmena au chastel pour le festoyer et l'honorer. Le roi ne se pouvoit tenir de la regarder, et bien lui estoit avis qu'oncques n'avoit vu si noble, si frisque, ni si belle dame. Si le blessa tantost une etincelle de fine amour au cœur, qui lui dura par longtemps. Rentrerent au château main à main, et le mena la dame premierement en la salle, et puis en sa chambre, qui estoit si noblement parée qu'il appartenoit à telle dame. Et toujours regardoit le roi la gentille dame si fort qu'elle en devenoit toute honteuse. Quand il l'eut grande pièce regardée, il s'en alla à une fenestre pour s'appuyer et commença fort à penser.

La comtesse, ayant tout ordonné pour une fête revint auprès du roi, qu'elle trouva plongé dans la même rêverie; elle attribua cette tristesse au déplaisir qu'il sentoit d'avoir manqué l'ennemi, et chercha à le consoler. « Ah! chère dame, dit Édouard, autre chose me touche et me gist au cœur. Le doux maintien, le parfait sens, la grace, la grande noblesse, et la beauté que j'ai trouvées en vous, m'ont si fort surpris, qu'il convient que je sois de vous aimé. » Lors dit la dame: « Haa! cher sire, ne me veuillez mie moquer, ni tenter. Je ne pourrois croire que si noble et gentil prince comme vous estes eust pensé à deshonorer moi et mon mari, qui est si vaillant chevalier, qui tant vous a servi, et gist pour vous en prison. »

Le banquet servi, le roi, après avoir lavé, s'assit à table entre ses chevaliers, dîna peu, et demeura toujours pensif. Après le repas il se retira à l'appartement qu'on lui avoit préparé. Il demeura toute la nuit en grand trouble: tantôt il lui sembloit odieux de chercher à tromper un gentilhomme qui l'avoit servi avec tant de fidélité; tantôt amour le contraignoit si fort, qu'il surmontoit honneur et loyauté. Le lendemain il dit adieu à la comtesse, la conjurant de ne pas prendre de résolution contre lui; elle, le suppliant d'abandonner ses desseins.

Peu de temps après, le comte de Salisbury, échangé contre le comte de Moray, Écossois, revint en Angleterre. Il étoit tranquille, car il ignoroit la passion du roi qui n'avoit pas encore éclaté. De retour à Londres, Édouard fit publier un tournoi dans l'espoir d'y attirer la comtesse. Il commanda au comte d'amener sa femme à la cour, et le comte promit d'obéir. « Si avez bien entendu, dit l'historien qui nous

raconte si agréablement cette aventure, comment le roi d'Angleterre avoit si ardemment aimé et par amour la belle et noble dame, madame Alix, comtesse de Salisbury. Amour l'admonestoit nuit et jour, et tellement lui representoit la beauté et le frisque arroi d'elle, qu'il ne s'en savoit conseiller et n'y faisoit que penser tousjours. » La châtelaine, invitée à se rendre au tournoi, n'osa refuser, dans la crainte de donner à son mari quelque soupçons des desseins du roi. Les fêtes durèrent quinze jours : on y vit briller le roi d'Angleterre lui même, Guillaume II, comte de Hainaut, Jean de Hainaut son oncle, Robert d'Artois, les comtes Derby, de Salisbury, de Glocester, de Warwick, de Cornouailles et de Suffolck, et un grand nombre de chevaliers. Joutes, castilles, pas d'armes, danses de toute espèce, surpassèrent ce qu'on avoit vu jusqu'alors. Malheureusement Jean, fils aîné du comte de Beaumont, fut tué dans un dernier combat à la barrière. Alix parut vêtue d'une simple robe au milieu des dames chargées d'atours ; elle n'en étoit que plus belle ; et, en voulant éteindre, par cette modestie, l'amour du monarque, elle l'enflamma.

On croit que ce fut à l'une des danses de ces fêtes qu'Alix laissa tomber le ruban bleu qui rattachoit une espèce d'élégant bas-de-chausse qu'on portoit alors. Édouard le releva avec vivacité ; les courtisans sourirent ; le roi se retourna vers eux en disant : *Honni soit qui mal y pense*. Quelques années après le roi fit réparer le château de Windsor, *que le roi Arthus fit jadis faire et fonder, là où premierement fut commencée la noble table ronde dont tant de vaillants hommes et chevaliers sortirent, et travaillerent en armes et en prouesses par tout le monde*. L'esprit romanesque et l'ignorance des temps donnant crédit à ces fables, Windsor sembla propre à devenir le chef lieu de l'établissement de l'ordre qu'Édouard vouloit créer en témoignage de sa passion ; il fit bâtir une chapelle dédiée à saint Georges, et institua *l'ordre de la Jarretière*, qui parut aux chevaliers *une chose moult honorable, et où tout amour se nourriroit* : il est resté un des cinq grands ordres de l'Europe. Le monument fragile de la galanterie d'un roi d'Angleterre a résisté à toutes les tempêtes qui ont ébranlé le trône britannique :

Cromwell fut un moment tenté de vendre ce qu'il est aujourd'hui pour l'honneur de porter un cordon emprunté au genou d'une femme. Qu'est-ce donc que les choses les plus graves de l'histoire, foi des autels, sainteté des mœurs, dignité de l'homme, indépendance, civilisation même, si elles doivent passer plus promptement que les statuts de la vanité et les chartres d'un caprice ? L'antiquité ignora les femmes dans les fastes des nations, si ce n'est comme épouses, mères et filles ; elle mêla peu la société à des foiblesses que le christianisme s'efforçoit d'avertir de ses leçons ; l'antiquité ignora de même ces domesticités décorées de l'aristocratie du moyen âge, et nous les voyons expirer par le retour des peuples à la liberté.

Édouard a été accusé de n'avoir vaincu Alix que par la violence : quoi qu'il en soit, le comte de Salisbury crut Alix coupable. Clisson et les seigneurs bretons décapités avoient pris des engagements secrets avec la comtesse de Montfort et le roi d'Angleterre. En témoignage de leur foi, ils avoient envoyés leurs sceaux à Édouard, qui les donna en garde au comte de Salisbury. Le comte, profitant de l'occasion pour se venger du séducteur ou du ravisseur de sa femme, montra les sceaux à Philippe, et Philippe fit trancher la tête aux traitres.

La preuve la plus frappante de l'infidélité des seigneur bretons, c'est le ressentiment qu'Édouard témoigna de leur supplice. Si Clisson avoit toujours été ferme dans le parti du comte de Blois et de la France, pourquoi Édouard auroit-il été tant ému de sa mort ? Il écrivit au pape pour s'en plaindre, qualifiant les condamnés de *Nobles attachés* à sa personne. Il prétendoit punir par une guerre inique une sentence arbitraire ; il se déclara le vengeur de ceux dont il n'étoit pas le roi, le réparateur d'un tort dont il n'étoit pas le juge.

SOMMAIRE.

Geoffroy d'Harcourt, après une querelle avec le maréchal de Briquebec, passe en Angleterre et fait hommage à Édouard, comme roi de France, des terres que

lui, Geoffroy possédoit en Normandie. — Portrait de Geoffroy d'Harcourt, homme médiocre dans une haute fortune. — Philippe trahi de toutes parts devient sombre et cruel. — Il fait alliance avec le roi de Castille. — Jean de Hainaut, comte de Beaumont, lui revient. — Nouveaux impôts ; gabelle. — Finances sous la troisième race, depuis Hugues Capet jusqu'à Philippe de Valois. — Noms des chefs de la maltôte conservés par l'histoire avec les noms les plus illustres de la chevalerie, pour montrer les larmes des peuples derrière la gloire des armes. — Édouard demande des secours pécuniaires à son parlement, qui les lui accorde, moyennant quelques concessions; subsides propices à l'Angleterre, et funestes à la France, qui contribuoient à la liberté d'un peuple et à l'asservissement de l'autre. — Hostilités en Guienne. — Prise d'Aiguillon par les Anglois. — Gauthier de Mauny retrouve le tombeau de son père à La Réole. — Prouesses d'Agos dans le château de cette ville. — Reprise des hostilités en Bretagne. — Quimper est emporté d'assaut. — Le carnage ne cesse que lorsqu'on eut trouvé un enfant à la mamelle *qui tetoit encore sa pauvre mere morte*. — Mort du comte de Montfort. — Portrait de ce seigneur. — Montfort ne manqua point à la fortune, mais la fortune lui manqua et sa femme lui ravit la gloire. — Événements de la Flandre.

FRAGMENTS.

CHUTE D'ARTEVELLE.

ARTEVELLE, usé dans les troubles populaires, las peut-être de ses orgies démocratiques, qui n'avoient plus pour lui l'attrait de la nouveauté, n'ayant point agi par la conviction d'une opinion forte, mais par l'entraînement d'une petite jalousie plébéienne contre l'inégalité des rangs, Artevelle ne pensoit plus qu'à mettre à l'abri ses trésors ; il auroit pu dire à ses fils : « Cet or sent-il le sang ? » comme Vespasien demandoit à Titus si la pièce de monnoie qu'il lui présentoit sentoit l'impôt dont elle étoit provenue. Mais, pour rire en paix des victimes qu'il avoit faites et du peuple qu'il avoit trompé, il falloit qu'Artevelle changeât de position. Il lui restoit deux partis à prendre : s'emparer du pouvoir suprême, ou descendre de sa puissance tribunitienne et se perdre dans la foule.

S'emparer du suprême pouvoir demandoit un génie qu'Artevelle n'avoit pas; se démettre de la puissance tribunitienne, Artevelle ne l'osoit. Il n'y a pas sûreté à abdiquer le crime ; cette couronne-là laisse des marques sur le front qui l'a portée ; il en faut subir la terrible légitimité.

Artevelle, ne s'arrêtant ni à l'un ni à l'autre parti, eut recours à un expédient qui montroit ce qu'il y avoit de vulgaire dans la nature de cet homme : après avoir déchaîné la foule, il songea à lui donner un maître, mais non l'ancien prince du pays, qu'il haïssoit et qu'il croyoit avoir trop outragé. Il arrive souvent qu'un despote populaire, après s'être livré aux débauches de la liberté, se retire à l'abri sous le joug d'un autre tyran, pourvu que ce tyran soit de son choix, et qu'il ait participé à ses excès : Artevelle jeta les yeux sur Édouard qui avoit trempé dans tous ses complots, servi et approuvé toutes ses fureurs. Plus il étoit ignoble pour un monarque, selon les idées du temps, d'avoir été l'allié et le courtisan d'un marchand de bière, plus le monarque devoit entrer dans les projets de ce marchand. Artevelle machina de faire le jeune prince de Galles duc des Flamands, comme il avoit fait Édouard roi des François.

Pour négocier cette affaire, Édouard débarqua au port de l'Écluse vers le milieu du mois de juin de l'année 1345 ; il menoit avec lui son fils et *grande foison de barons et de chevaliers*. Les députés de Flandres se rendirent de leur côté à l'Écluse avec Artevelle ; ils ignoroient ce qu'on devoit traiter dans cette entrevue. On tint conseil à bord du grand vaisseau que montoit le roi d'Angleterre, et qui s'appeloit *Catherine*. Là Artevelle proposa de déshériter le comte Louis de Flandre et son jeune fils Louis, et de donner le comté de Flandre sous le nom de duché au prince de Galles, fils d'Édouard.

Il y a dans le cœur de l'homme un fonds de justice qui reparoît toutes les fois que les passions ne sont pas émues. Dans ce moment les députés de Flandre étoient de sang-froid ; ils s'indignèrent à cette proposition qui blessoit l'esprit de bonté des uns et le caractère de loyauté des autres. Ils répondirent qu'ils ne pouvoient prendre sur eux *une chose aussi pe-*

sante qui, au temps à venir, pourroit toucher à leur pays, et qu'il falloit prendre l'avis des Communes de Flandres; et ils se retirèrent.

Artevelle, se laissant devancer à Gand par les députés, commit une de ces fautes qui décident du sort d'un homme : s'il eût parlé le premier, peut-être eût-il entraîné les bourgeois; mais son crédit commençoit à s'affoiblir. Un rival dangereux, Gérard Denis, chef des tisserands, s'élevoit sur les débris de sa fortune. Soit que ce nouveau tribun fût gagné par l'argent de la France, soit qu'il embrassât un parti généreux par son propre penchant, soit qu'il agît par esprit d'opposition à Artevelle, il ne ne manquoit jamais de repousser les propositions de ce dernier. Artevelle sentoit si bien ce que Gérard Denis avoit pour lui de fatal, qu'il étoit résolu de s'en défaire.

Les députés, arrivés à Gand, convoquent le peuple à la place du marché; ils rendent compte des conférences de l'Écluse. Le peuple, aussi ardent dans le bien que dans le mal, manifeste son mécontentement par ses murmures, alors Gérard Denis prend la parole :

« Bonnes gens, nous avons jusqu'ici com-
« battu pour nos franchises : Artevelle, qui
« s'en disoit le défenseur, vous propose au-
« jourd'hui de les trahir. Mais, si nous ne ces-
« sons d'estre libres, à l'instant tout nous ac-
« cuse. Comment nous justifierons-nous? Que
« nous reste-t-il de nos sanglantes rebellions?
« des crimes et des chaisnes! Cet homme qui
« vous a entraisnés veut vous livrer à l'Angle-
« terre. Prince pour prince, n'en avons-nous
« pas un né de nostre sang, élevé parmi nous,
« que nous connoissons, qui nous connoist, qui
« parle nostre langue, pour lequel nous avons
« prié, dont nos enfants savent le nom comme
« celui de leurs voisins, dont les peres vecu-
« rent et moururent avec les nostres? Parce
« que nous avons resduit nos anciens comtes à
« estre voyageurs, nostre pays sera-t-il une pro-
« prieté forfaite, et doit-il demeurer à l'An-
« glois par droit d'aubaine? Ah! pour Dieu,
« si nous voulons un maistre, ne soyons pas
« trouvés en telle deloyauté de desheriter nos-
« tre naturel seigneur, pour donner son lit au
« premier compagnon qui le demande. »

A de semblables discours, Denis et ses partisans ajoutent ce qui devoit agir plus immédiatement sur la foule : depuis neuf ans passés qu'Artevelle gouvernoit la Flandre, il avoit amassé un trésor, tant des forfaitures et des amendes, que des revenus du domaine; cet amour de l'argent, passion des âmes communes, le perdit.

Artevelle, en quittant Édouard à l'Écluse, s'étoit rendu à Bruges, et ensuite à Ypres, qu'il fit entrer dans ses desseins. De là il revint à Gand. En chevauchant par les rues, accompagné de ses amis et de la garde étrangère qu'Édouard lui avoit donnée, il s'aperçut qu'il se tramoit contre lui quelque chose; car ceux qui avoient coutume de le saluer lui tournoient le dos et rentroient dans leurs maisons. Le peuple murmuroit et disoit : « Voyez celui « qui est trop grand maistre, et qui veut or- « donner de la comté de Flandre. » Arrivé à son hôtel, il en fit barricader les portes et les fenêtres; car l'habitude qu'il avoit du peuple lui fit, aux premiers signes, prévoir la tempête. A peine s'étoit-il renfermé, que tout le quartier se souleva; la maison du brasseur est entourée et assaillie. Les serviteurs d'Artevelle lui demeurèrent fidèles, ce qui arrive rarement aux malheureux; ils se défendirent bien, tuèrent et blessèrent plusieurs hommes; mais enfin les portes sont brisées, et la foule se répand dans l'intérieur de l'hôtel, en poussant des hurlements. Alors Artevelle paroît à une fenêtre, la tête nue, et en posture de suppliant : « Bonnes gens, que vous faut-il? Qui « vous meut? Pourquoi estes-vous si troublés « sur moi? En quoi puis-je vous avoir cour- « roucés? » — « Où est le trésor de Flandre? » s'écrient les attroupés. — « Je n'en ai rien pris, « dit Artevelle. Revenez demain, je vous satis- « ferai. » — « Non, non, vous ne nous echap- « perez pas ainsi : vous avez envoyé le tresor « en Angleterre, et pour cela il vous faut mou- « rir. »

A cette menace, Artevelle joignit les mains et commença à pleurer. « Seigneurs, dit-il, « je suis ce que vous m'avez fait. Vous me ju- « rastes jadis que vous me defendriez contre « tout homme, et maintenant vous pretendez « me tuer sans raison. Rappelez-vous le temps « passé; considerez mes courtoisies. Je vous « ai gouvernés en si grande paix que vous avez « eu toutes choses à souhait, bled, avoine, et

« toutes autres marchandises. Vous voulez me
« rendre petit guerdon des grands biens que
« je vous ai faits. »

Il ne toucha point le peuple par des larmes; c'étoit le cerf pleurant aux veneurs. La foule cria tout d'une voix : « Descendez, et ne nous « sermonnez pas de si haut. » Dans ces paroles, Artevelle ouït son arrêt. Il ferme la fenêtre et se veut sauver par une porte de derrière pour se réfugier dans une église voisine; il espéroit trouver un asile aux pieds de celui dont la miséricorde ne se lasse pas comme la pitié des hommes. Mais déjà plus de quatre cents forcenés remplissoient la maison : Artevelle, tombé au milieu d'eux, est déchiré. Il reçut la mort de la main de Gérard Denis, qui paroissoit agir pour une cause meilleure, et qui ne valoit peut-être pas mieux que lui. Dans une république, le peuple étant législateur, juge et souverain, peut faire la loi, prononcer l'arrêt, et l'exécuter; le massacre par la démocratie est inique, mais légal : Artevelle avoit consenti à un pareil gouvernement.

Édouard apprit à l'Écluse la fin de celui qui étoit, selon Froissard, *son grand ami et son cher compere*. Il fit voile pour l'Angleterre, menaçant la Flandre, et se déclarant toujours le vengeur de la mort des traîtres. Il n'avoit pas plus d'envie de se brouiller avec les Flamands que les Flamands avec lui. Ils allèrent en députation le trouver à Londres. « *Chier sire*, lui dirent-ils, *vous avez de beaux enfants, fils et filles. Le prince de Galles ne peut manquer d'estre encore un grand seigneur, sans l'heritage de Flandre. Et vous avez une damoiselle à fille moins aisnée, et nous un jeune damoisel que nous nourrissons et gardons, et qui est heritier de Flandre; si se pourroit encore bien faire un mariage d'eux deux.* » Ces paroles adoucirent la feinte douleur d'Édouard, et Artevelle fut oublié, comme tous ceux dont la renommée n'est fondée ni sur le génie ni sur la vertu.

SOMMAIRE

Jean, duc de Normandie, fils aîné du roi, marche en Guienne, et, après avoir pris Angoulême, vient mettre le siége devant Aiguillon avec plus de cent mille hommes. — Résistance des assiégés commandés par le comte Derby.

FRAGMENTS.

INVASION DE LA FRANCE PAR ÉDOUARD.

Le siége fut fatal; il détermina Édouard à passer en France, et priva Philippe de cent mille hommes qui auroient pu se trouver à la bataille de Crécy. Tout se préparoit alors dans les conseils de Dieu. « Mais, dit le grave histo« rien qui a le mieux connu nos antiquités, « les adversités advenues à la France et les « grandes victoires du roi Édouard ne doivent « persuader la justice de sa querelle, mais estre « estimées chastiment des vices des François. « La restitution des pertes et conservation de « l'estat jusqu'à present manifestent que ce n'a « esté ruine. »

Le duc de Normandie avoit fait serment de ne point abandonner le siége d'Aiguillon que la ville ne fût prise, à moins que son père ne le rappelât. Il fit partir le connétable d'Eu et Tancarville, pour rendre compte à Philippe de la résistance qu'il éprouvoit. Philippe retint auprès de lui ces deux seigneurs, et fit dire à son fils de continuer le siége jusqu'à ce qu'il obligeât la ville à se rendre par la famine, puisqu'il ne la pouvoit emporter de force.

Cependant le roi d'Angleterre, instruit de ce qui se passoit en Guienne, se préparoit à secourir en personne le comte Derby. Il assembla, dans le port de Southampton, mille vaisseaux, quatre mille hommes d'armes, dix mille archers, seize mille hommes d'infanterie

légère, dont dix mille étoient Gallois et six mille Irlandois. Il laissa le gouvernement de l'Angleterre aux archevêques de Cantorbéry et d'York, aux évêques de Lincoln et de Durham, et aux seigneurs de Percy et de Neville; il donna la garde particulière de la reine au comte de Kent, son cousin. Le vent étant devenu favorable, Édouard, vers la fin du mois de juin de l'an 1346, fit voile, avec toute son escadre, pour les côtes de Gascogne.

Il avoit auprès de lui, sur son vaisseau, Geoffroy d'Harcourt et le jeune prince de Galles, qui entroit dans sa quinzième année. Les autres seigneurs embarqués étoient les comtes d'Hereford, de Northampton, d'Arundel, de Cornouailles, de Warwick, de Huntingdon, de Suffolk et d'Oxford. Parmi les barons et chevaliers, on comptoit Jean Louis et Roger de Beauchamp, Renauld et Cobham, les sires de Mortimer, de Mowbray, de Roos, de Lucy, de Felton, de Bradestan, de Moulton, de Man, de Basset, de Berkley et de Willoughby. D'autres combattants, qui devinrent dans la suite célèbres, Jean Chandos, Fitz-Warren, Pierre et James d'Audelay, Roger de Wettevalle, Barthelemy de Burgherst, Richard de Pembridge, étoient aussi à bord de *la Navée*, au simple rang de bacheliers. Il faut encore compter quelques étrangers, Oulphart de Ghistelle du pays de Hainaut, et cinq ou six chevaliers d'Allemagne.

Pendant deux jours, les vaisseaux firent bonne route vers le port qu'ils cherchoient : s'ils eussent entré dans la Gironde, la France étoit sauvée, et la France devoit être perdue. Celui qui commande à la mer fit cesser le vent, par qui la flotte sembloit être favorisée; il en envoya un autre qui la refoula violemment sur la Cornouailles; on jeta l'ancre. Édouard attendit, implora le retour de la première brise, ne se doutant pas que la tempête qui souleviot alors son pavillon le menoit à la victoire.

Nous avons dit que Geoffroy d'Harcourt étoit embarqué sur *la nef royale*; il n'avoit jamais été d'avis d'attaquer la France du côté de la Guienne, trop éloignée du centre de notre empire, et défendue, comme province frontière, par une multitude de châteaux; quelque chose sembloit avoir fait à ce traître la révélation de la colère du Ciel : rien de plus intelligent que la vengeance et la haine. Quand Harcourt vit la flotte repoussée aux côtes d'Angleterre, il profita de cet accident pour ébranler la résolution d'Édouard. « Sire, lui dit-il, je « vous ai toujours conseillé et je vous conseille « encore de prendre terre en Normandie. Per« sonne ne s'opposera à vostre descente. Depuis « longtemps les peuples de ce canton sont sans « armes, et ils n'ont jamais vu la guerre. Toute « la noblesse de la province est au siege devant « Aiguillon. Vous trouverez un pays ouvert, « rempli de grosses villes non fermées, où vos « soldats s'enrichiront pour vingt ans. Je vous « supplie de m'escouter, et je réponds du succès « sur ma teste. »

L'oreille du roi s'inclina à ce conseil. Édouard ordonne de lever l'ancre; lui-même veut servir de pilote; il passe avec son vaisseau à la tête de la flotte, et fait tourner la proue vers les côtes de la Normandie. Des calamités de cent années furent le fruit de l'inspiration d'un moment et du changement des vents dans le ciel.

Les François, qui tant de fois portèrent le ravage dans les contrées étrangères, alloient à leur tour sentir l'abomination de la conquête. Depuis l'invasion des Normands, ils n'avoient point vu les ennemis dans le cœur de leur pays; et voilà qu'après quatre siècles un Normand leur ramenoit la désolation. Les mille vaisseaux anglois parurent devant La Hogue-Saint-Wast en Cotentin. Couvert de ses armes, entouré de ses chevaliers, Édouard, monté sur son grand vaisseau, qui précédoit tous les autres, déployoit au vent les couleurs de l'Angleterre; elles étoient blanches alors, et nous portions le rouge. Il aborde sans obstacle, comme Geoffroy d'Harcourt le lui avoit prédit, au port de La Hogue, le 12 juillet 1346. Près du cap de ce nom, les François, sous le règne de Louis XIV, versèrent leur sang pour remettre un monarque anglois sur le trône de ses pères.

La terre de Saint-Sauveur, qui appartenoit à Geoffroy d'Harcourt, s'étendoit jusqu'à La Hogue. Du bord des vaisseaux anglois, Harcourt découvroit le lieu même de sa naissance, et les rivages remplis des souvenirs de sa jeunesse. En montrant à Édouard le pays qu'il alloit ravager, il pouvoit lui dire : « Voilà la « tour de l'église où j'ai été baptisé; voilà le

« donjon du château où j'ai été nourri : là vos
« soldats pourront déshonorer le lit de ma
« mère; ici, déterrer les os de mes aïeux. »

Quand Geoffroy mit le pied sur la grève comment put-il voir sans être ému les paysans fuir devant lui dans ces mêmes champs où il avoit passé son enfance, par ces mêmes chemins qui le conduisoient au toit paternel? Un historien représente Rome disant à Manlius Capitolinus : « Manlius, je t'ai regardé comme le plus cher « de mes fils quand tu renversas les ennemis « du haut du Capitole; mais puisque tu dé- « chires mon sein, va, malheureux, et sois pré- « cipité comme ces Gaulois que tu as vain- « cus ! »

La France, percée de coups, les yeux en pleurs, enveloppée dans son manteau déchiré, auroit pu crier à Geoffroy d'Harcourt: « Faux « et traître chevalier, je t'attends à Crécy sur le « corps sanglant de ton frère, fidèle à sa patrie ! « En vain tu te repentiras; ton repentir ne « durera pas plus que ton innocence. Traître « de nouveau, tu mourras foi-mentie, dou- « blement flétri par ton crime et par le pardon « de ton roi. »

La flotte ayant jeté l'ancre, le débarquement se fit sur un rivage désert, image de ce qu'alloit devenir le sol de notre patrie sous les pas des Anglois. Édouard tomba, dit-on, en mettant le pied sur la grève, comme César en Afrique, comme Guillaume-le-Bâtard en Angleterre. Le sang lui sortit du nez. Les chevaliers, effrayés du présage, dirent au roi : « Chier « sire, retrayez-vous en vostre nef, et ne venez « mès huy à terre, car voicy un petit signe pour « vous. » Édouard répondit joyeusement : « C'est un très-bon signe; ceste terre me dé- « sire. » Il y a des paroles et des aventures qui sont de tous les conquérants : le même instinct et les mêmes mœurs distinguent les animaux de proie.

A l'endroit du débarquement, le roi d'Angleterre arma chevalier son jeune fils le prince de Galles : cette terre de France a la propriété de faire des héros, même parmi ses ennemis. Édouard nomma connétable le comte d'Arundel, et maréchaux Geoffroy d'Harcourt et le comte de Warwick.

Le Cotentin forme une presqu'île : Édouard rangea ses soldats selon la nature du terrain qu'il avoit à parcourir : divisés en trois corps, deux de ces corps, c'est-à-dire les deux ailes de l'armée commandées par les deux maréchaux, marchoient l'un à droite, l'autre à gauche, au bord de la mer, en balayant les deux rivages de la presqu'île, tandis que le corps de bataille où se trouvoient Édouard, le prince de Galles et le connétable, s'avançoit au centre par le milieu des terres. Chaque soir les deux ailes se reploioient et venoient camper sur les flancs de la *chevauchée* du roi. Le comte d'Huntingdon, demeuré sur la flotte avec six vingts hommes d'armes et quatre cents archers, avoit ordre de suivre rez des côtes le mouvement des troupes. Par cette belle disposition militaire, l'armée d'Édouard, se mouvant sur une seule et longue ligne, et embrasant tout devant elle, se dérouloit lentement sur la France comme une mer de feu.

Rien n'échappa, par mer et par terre, aux ravages de ce monarque, qui se disoit roi des François, et qui venoit pour régner sur des François ; par mer, tous les vaisseaux, depuis le plus grand navire jusqu'à la plus petite barque, furent pris et réunis à la flotte angloise ; par terre, toutes les villes et les villages furent saccagés et brûlés. Barfleur succomba la première ; et, quoiqu'elle se fût rendue sans coup férir, elle n'en fut pas moins pillée ; elle perdit *or, argent et chers joyaux. Il se trouva si grande foison de richesses, que compagnons n'avoient cure de draps fourrés de vair.* Les habitants, enlevés de la ville, furent entassés sur la flotte angloise. Cherbourg fut incendié ; le château se défendit ; Montebourg, Valogne, Carentan, furent renversés de fond en comble.

Le corps de bataille ne faisoit pas moins de mal au milieu du pays. *Geoffroy d'Harcourt alloit en avant de la bataille du roi avec cinq cents armures de fer et deux mille archers :* et comme il connoissoit bien sa patrie, c'étoit lui qui traçoit le chemin. Il trouva *le pays gras et plantureux de toutes choses, les granges pleines de bleds et d'avoines, les maisons pleines de toutes richesses, riches bourgeois, chars, charrettes, chevaux, pourceaux, moutons, bœufs, qu'on nourrissoit dans ce pays-là, et les plus beaux biens du monde. Ceux du pays fuyoient devant les Anglois de tant loin qu'ils en oyoient parler, et laissoient leurs maisons*

et leurs *granges toutes pleines. Ainsi par les Anglois estoit arse* (brûlé), *robé, gasté et pillé le bon pays de Normandie.* Saint-Lô, où il y avoit alors des manufactures de drap considérables, périt ; et les trois corps de l'armée angloise s'étant réunis, s'avancèrent dans la plaine de Caen. C'est par le récit des malheurs de la France que nous apprenons le curieux détail de sa culture et de son industrie intérieure à cette époque.

On n'avoit point ignoré à Paris l'armement des Anglois, mais on n'avoit pu deviner sur quel point tomberoit l'orage ; on n'eut pas plus tôt appris qu'il éclatoit au cœur du royaume, que Philippe se hâta d'envoyer à Caen le comte d'Eu, connétable de France, et le comte de Tancarville, nouvellement arrivés du siége d'Aiguillon. Ils se jetèrent dans la ville accompagnés de quelques hommes d'armes ; ils y trouvèrent Guillaume Bertrand, évêque de Bayeux, qui s'y étoit renfermé avec la noblesse restée au pays. Caen étoit une ville marchande et peuplée, *pleine de riches bourgeois, de nobles dames et de belles eglises;* mais ses murailles étoient ouvertes en plusieurs endroits, et son château, assez fort, ne défendoit la ville que d'un côté. Trois cents Génois, commandés par le seigneur de Wargny, en formoient toute la garnison. C'étoit déjà un grand progrès en administration que de pouvoir entretenir, comme Philippe le faisoit alors, cent mille hommes en Gascogne ; mais le système des troupes soldées n'étant pas encore établi, le demeurant du royaume se trouvoit sans défense régulière. Le moyen âge, qui n'eut point d'armée permanente, étoit dans l'état le plus favorable à la liberté, et, par le défaut de lumières, ce fut un temps de servitude : quand les lumières s'étendirent, les soldats arrivèrent.

La flotte angloise étoit parvenue à l'embouchure de l'Orne, petite rivière qui passe à Caen. Édouard, logé à deux lieues de la ville, s'attendoit à trouver quelque résistance. Le comte de Tancarville vouloit, avec raison, qu'on se contentât de défendre le pont sur l'Orne, le château, le corps de la ville, et qu'on abandonnât les faubourgs ; les bourgeois dirent qu'ils se sentoient assez forts pour combattre le roi d'Angleterre en rase campagne. Le connétable appuya cette bravade ; et, par tout ce qui suivit, il se fit accuser d'incapacité, de lâcheté ou de trahison. Il avoit jadis reçu des grâces et des présents d'Édouard ; pendant sa captivité en Angleterre, les caresses de ce prince achevèrent de le rendre suspect. Il faut des succès sur le trône, et Philippe ne connoissoit que des revers : le malheur délie les hommes du serment de fidélité.

Édouard, au soleil levant, prêt à exterminer une cité, entendit la messe ; peu de temps après, en violant les tombeaux et en massacrant les peuples, il fit faire un magnifique service aux gentilshommes normands décapités pour la félonie de Geoffroy d'Harcourt.

Cependant les bourgeois de Caen, rangés en bataille, ne tinrent pas ce qu'ils avoient promis. Aussitôt qu'ils virent approcher les bannières des Anglois, et qu'ils entendirent siffler les flèches, ils fuirent. Les ennemis entrèrent pêle-mêle avec eux dans la ville ; car la rivière étoit si basse, qu'on la passoit partout à gué. Le connétable se retira à *sauveté* avec le comte de Tancarville, sous une porte à l'entrée du pont, devant l'église Saint-Pierre. Quelques chevaliers et écuyers se réfugièrent dans le château. Le connétable, monté aux créneaux, aperçut, en regardant le long de la grande rue, les archers anglois tuant les habitants et n'en recevant aucun à merci. Parmi ces soldats il reconnut un chevalier borgne, Thomas Holland, avec lequel il avoit autrefois contracté amitié dans les guerres de Prusse et de Grenade. Il l'appela, et se rendit à lui avec le comte de Tancarville et une vingtaine de chevaliers.

Les habitants, voyant qu'on ne leur faisoit aucun quartier, se barricadèrent et commencèrent à se défendre ; ils jetoient par les fenêtres et du haut des toits, sur les Anglois, des meubles, des briques et des pierres. Les Anglois enfonçoient les portes, se frayoient un chemin avec le fer et le feu, violoient les femmes au milieu des flammes, et massacroient tout, sans distinction d'âge, de sexe et de condition. Chaque maison étoit l'occasion d'un siége où se répétoient les horreurs accomplies dans une ville prise d'assaut. Plus de cinq cents Anglois avoient péri dans ce tumulte. Édouard, devenu furieux, ordonne qu'on passe tous les François

au fil de l'épée, et qu'un vaste incendie couronne l'œuvre. Geoffroy d'Harcourt se trouvoit présent lorsque cet ordre fut donné; pour la première fois, il sentit quelque remords : il représenta au monarque étranger qu'il lui restoit encore un grand pays à traverser, et Philippe à combattre; qu'il lui importoit de ménager ses soldats; que les bourgeois de Caen, poussés au désespoir, vendroient chèrement leur vie; que si, au contraire, on usoit de miséricorde, il se chargeoit, lui, d'Harcourt, de réduire la ville en peu d'heures.

Ce conseil, auquel Édouard obtempéra, en épargnant quelques maux particuliers, fit un mal général à la France. Au commencement d'une invasion, un exemple de dévouement enflamme les cœurs, les fait palpiter de vertu et de gloire, inspire cet enthousiasme qui rend une nation invincible : les trois cents Spartiates sauvèrent la Grèce aux Thermopyles. Harcourt chevaucha de rue en rue, commandant, de par le roi d'Angleterre, que nul, sous peine de la hart, ne fût assez hardi pour mettre le feu aux maisons, violer les femmes, tuer les hommes qui ne feroient pas de résistance. Les bourgeois cessèrent aussitôt le combat et ouvrirent leurs portes. Alors commença une espèce de pillage régulier qui dura trois jours. Édouard se réserva sur la part du butin les joyaux, la vaisselle d'argent, la soie, les toiles et les draps. Il acheta de Thomas de Holland, pour la somme de vingt mille nobles, le connétable et le comte de Tancarville. Ces deux seigneurs furent embarqués sur le grand vaisseau de la flotte angloise avec soixante chevaliers prisonniers et trois cents bourgeois, dont on espéroit tirer rançon quoiqu'ils eussent déjà tout perdu. Le vaisseau porta à Londres les captifs et les dépouilles les plus précieuses. C'étoit une amorce au reste des Anglois pour accourir au sac de la France.

Caen renfermoit le tombeau de Guillaume-le-Bâtard ; le sol où ce tombeau se trouvoit placé avoit été jadis disputé aux os de ce prince par un bourgeois nommé Ascelin, lequel disoit que ce sol, propriété de son père, lui avoit été ravi, contre toute justice, par Guillaume vivant. Les enfants des compagnons que Guillaume avoit menés à la conquête de l'Angleterre revenoient conquérir et profaner ses cendres.

Deux cardinaux légats, qu'Édouard ne voulut point écouter, furent témoins de la ruine de Caen. On a déjà remarqué, et l'on fera remarquer encore, les efforts du saint-siége pour arrêter l'effusion du sang dans ces guerres cruelles. Rien n'étoit plus touchant de voir des hommes de miséricorde suivant partout des hommes de sang, essayant de faire tomber les armes de leurs mains, suppliant avant le combat, pleurant après la victoire, toujours rebutés, jamais las, colombes de paix errant de champ de bataille en champ de bataille avec les vautours.

Philippe rassembloit à Saint-Denis une armée. Les princes ses vassaux, ses alliés ou ses amis, se hâtoient de se réunir à lui. Le comte de Beaumont, Jean de Hainaut, depuis peu réconcilié à la France, accourut avec un grand nombre de chevaliers ; le duc de Lorraine amena trois cents lances ; les comtes de Savoie, de Salbruges, de Flandre, de Namur, de Blois, toute la noblesse qui ne se trouvoit pas au siége d'Aiguillon, se rendirent à Saint-Denis. Jean, roi de Bohême, étoit alors dans ses états : son fils Charles venoit d'être élu empereur ; l'ancien empereur excommunié, Louis de Bavière, inquiétoit le nouvel empereur ; le roi de Bohême avoit perdu la vue ; tant de raisons paroissoient le devoir retenir en Allemagne ; mais quand il reçut les courriers de Philippe, ses ministres le voulurent en vain arrêter. Ce vieux monarque, qui est devenu le modèle de la loyauté, dit à ses barons : « Ah, ah ! quoi-« que aveugle, je n'ay mie oublié les chemins « de France. Je veux aller défendre mes chiers « amis et les enfants de ma fille, que les An-« gleches veuillent rober. » Jean partit en effet avec son fils Charles, et vint trouver Philippe.

Édouard avoit quitté Caen. Les seuls titres des chapitres de nos chroniques donnent une idée de sa marche, *des maux que les Anglois firent en Normandie, comment telle ville fut pillée, comment tout le pays fut erse, exilé et robé*. Il prit d'abord la route d'Évreux ; mais cette ville étant fermée, il ne l'attaqua pas. Il emporta et incendia Louviers, déjà connue par ses manufactures de draps ; de là il s'avança vers Rouen ; les comtes d'Évreux et d'Harcourt y commandoient : Geoffroy d'Harcourt

put voir flotter sur les murs de Rouen la bannière de son frère.

Philippe avoit fait rompre tous les ponts de la Seine depuis Paris jusqu'à Rouen ; lui-même, descendu de Paris avec son armée, se trouvoit à Rouen à l'instant où les Anglois se présentèrent de l'autre côté de la Seine. Édouard passa sans insulter la ville dont la rivière le séparoit ; il épioit l'occasion d'entrer en Picardie pour se retirer dans le Ponthieu, qui lui appartenoit. Il remonta la Seine, continuant ses ravages ; Philippe marchoit sur le bord opposé, réglant ses mouvements sur ceux des ennemis : on les suivoit à la trace du sang et à la clarté des embrasements. Ils brûlèrent Pont-de-l'Arche, Vernon, Mantes et le faubourg de Meulan ; des fourrageurs pénétrèrent dans le pays chartrain. L'armée angloise parvint ainsi jusqu'à Poissy, dont le pont avoit été détruit ; malheureusement il en restoit encore les piles et les attaches, ce qui facilita son rétablissement : Philippe arriva à Paris en même temps qu'Édouard à Poissy. La civilisation des temps modernes a fait cesser ces désastres à plaisir de l'ancienne guerre ; mais les Barbares eux-mêmes avoient rarement mené une invasion avec une aussi complète absence d'humanité que cette course sanglante d'Édouard.

Des partis anglois se répandirent dans les environs de Poissy. Le château de Saint-Germain-en-Laye, Nanterre, Ruel, Saint-Cloud, Neuilly, furent réduits en cendres. La nuit, à Paris, on apercevoit dans le ciel la réverbération des flammes ; et le jour, du haut des tours de Notre-Dame, on découvroit les villages aux grosses fumées qui s'en élevoient. Depuis la descente des premiers Normands, un tel péril n'avoit point approché des Parisiens ; comme les citoyens de Lacédémone avant le temps d'Épaminondas, leurs femmes n'avoient point vu les feux d'un camp ennemi. Aujourd'hui Paris a reçu l'étranger, et Sparte sort de ses ruines.

Philippe voulut s'aller mettre à la tête de son armée à Saint-Denis. La foule se jeta à ses pieds.
« Haa ! sire et noble roi, que voulez-vous faire?
« Vous voulez laisser la noble cité de Paris.
« Les ennemis sont à deux lieues près : tantost
« seront en cette ville. Quand vous en serez
« parti, nous n'aurons personne qui nous de-
« fende contre eux. » Le roi répondit : « Bonnes
« gens, ne craignez pas les Anglois : ils ne
« vous approcheront pas de plus près. Je vais
« à Saint-Denys devers mes gensdarmes, car
« je veux chevaucher contre les Anglois et les
« combattre. »

Ces paroles calmèrent peu les esprits : les frayeurs du peuple sont presque toujours mêlées de sédition et de folie ; d'un côté on ne vouloit pas que le roi s'éloignât, parce que Paris étoit sans défense ; de l'autre, on se refusoit aux mesures nécessaires pour mettre la ville à l'abri d'un coup de main. Paris n'étoit point encore entouré de remparts, ou ceux qu'avoit élevés Philippe-Auguste n'existoient plus : le roi ordonna de faire des retranchements. Il falloit abattre quelques maisons ; les propriétaires s'y opposèrent : remarquez cette force de la liberté civile, dans un temps où la liberté politique n'étoit rien. Le peuple prend le parti des propriétaires ; le roi de Bohême accourt avec cinq cents chevaux pour calmer la sédition : on n'y parvient qu'en abandonnant l'ouvrage.

A ces émeutes, aux mutineries des hommes qui, n'ayant rien à perdre, se réjouissent des calamités publiques, se mêloient d'autres troubles et d'autres confusions : tout étoit plein de traîtres payés du prix des rapines d'Édouard ; ces traîtres s'augmentoient du troupeau des foibles, de ces gens sans cœur et sans caractère, alliés naturels des méchants, sorte de traîtres que font la peur et l'adversité. Plusieurs commençoient à croire que le roi d'Angleterre avoit des droits au trône de France, puisqu'il étoit victorieux.

L'intérêt étoit puissant, et grand le spectacle : Édouard à Poissy, au berceau de saint Louis ; Philippe à Saint-Denis, au tombeau du même roi ; tous deux prêts à s'élancer de ces barrières pour se disputer le sceptre du monarque qui avoit emporté sa couronne dans le ciel.

A en juger par les apparences, le bon droit alloit triompher. Tant qu'Édouard n'avoit trouvé aucun obstacle, il s'étoit avancé en abîmant le pays ; mais il lui fallut songer à la retraite aussitôt que Philippe parut ; de même que le loup, dit Mézeray, après avoir fait un grand carnage dans une bergerie, entendant aboyer les mâtins, ne tâche qu'à se retirer dans

le bois. La retraite n'étoit pas facile. Édouard n'auroit osé se jeter sur une ville comme Paris, appuyée d'une armée de cent mille hommes. Retourner en arrière? il eût été aussitôt poursuivi sur un sol mis à nu. Tenir au premier projet de se cantonner dans le Ponthieu? la Seine, dont les ponts étoient rompus, barroit le chemin au prince anglois; et même, quand il l'auroit passée, il se trouveroit renfermé entre les eaux de cette rivière, celles de l'Oise, le cours de la Somme et l'armée françoise à Saint-Denis. C'étoit pourtant le seul plan qui présentât quelque chance de succès.

Il y avoit quatre jours qu'Édouard préparoit en secret les matériaux nécessaires au rétablissement du Pont de Poissy; il répandoit le bruit que, ne pouvant traverser la Seine dans l'endroit où il cantonnoit, il tenteroit le passage au-dessus de Paris. Le jour de l'Assomption, il chôma, à l'abbaye des Dames, la fête de la Vierge; il affecta de donner un grand repas; il y présida vêtu d'un habit sans manches, de drap d'écarlate fourré d'hermine, comme auroit pu faire saint Louis tranquille au sein de son royaume et au lieu de sa naissance: ses troupes avoient reçu l'ordre de se mettre en mouvement pour tourner Paris. Trompé par cette disposition et ces faux rapports, Philippe étoit venu camper au pont d'Antony, afin de couper le chemin aux ennemis. Il n'eut pas plus tôt quitté Saint-Denis, qu'Édouard, exécutant une contre-marche, revint passer la Seine à Poissy, sur le pont qui avoit été rétabli avec une diligence merveilleuse. L'avant-garde des Anglois, sous le commandement de Geoffroy d'Harcourt, étoit à peine de l'autre côté de la Seine qu'elle rencontra les milices d'Amiens, conduites par quatre chevaliers de Picardie: Harcourt attaqua ces communes qui se défendirent vaillamment; mais elles furent défaites, et leurs bagages pris; douze cents bonnes gens demeurèrent sur la place après avoir affronté les premiers les destructeurs de leur pays. Telles étoient ces communes qui formoient le fond de la véritable nation françoise, et dont notre ancienne histoire, à sa honte éternelle, ne parla jamais que pour les traiter de *ribaudailles* et de *pédailles*... Ces nobles si hautains étoient-ils plus braves sous leurs corsets et leurs casques de fer, à l'épreuve de la flèche et de la lance, que ces paysans armés d'un bâton ou d'un fauchar, exposés demi-nus à la charge de ces centaures de bronze? Le moment n'étoit pas loin où la poudre allumée à Crécy alloit égaliser les périls, niveler les rangs sur le champ de bataille, et permettre enfin à la gloire d'inscrire le peuple françois dans ses propres fastes.

Philippe n'apprit qu'au bout de deux jours la levée des tentes angloises: bien qu'il eût en tête un général plus habile que lui, il avoit un grand courage et ne manquoit point de capacité dans la guerre; on ne peut attribuer une partie de ses incroyables fautes et du succès de ses ennemis qu'à ce vertige d'infidélité qui avoit saisi une partie de ses sujets: tant il est vrai que la loi salique n'étoit pas encore évidente à tous les esprits. Il reconnut alors, dit un historien, qu'il étoit environné de traîtres, lesquels le trompoient par de faux rapports, et donnoient avis aux Anglois de toutes ses démarches. Désespéré d'avoir laissé échapper sa proie, il se mit à sa poursuite. Il envoya offrir la bataille à Édouard ou dans la plaine de Vaugirard, s'il y vouloit venir, ou entre Pontoise et Franconville, s'il se vouloit arrêter et l'attendre. Édouard fit répondre qu'il n'avoit point de conseil à prendre d'un ennemi: il continua sa route.

Arrivé aux champs de Beauvais, il les faucha comme le reste, passa sous les murs de Beauvais, dont il brûla et pilla les faubourgs; la ville fut courageusement défendue par l'évêque. L'abbaye de Saint-Lucien, fondée par Khildéric, étoit, après Saint-Germain-des-Prés, le plus ancien édifice religieux de la France; Édouard y prit ses quartiers: comme il s'en éloignoit le lendemain, il vit, en regardant derrière lui, les flammes s'élever des tourelles de ses hôtes; il fit pendre quelques-uns des incendiaires. Il s'étoit avisé par politique, et avoit commandé de respecter les églises; ordres dérisoires qui ne trompèrent point le ciel, et que n'écouta point le soldat.

Ainsi périssoient la patrie, ses cités, ses hameaux, les temples de sa religion, les monuments de ses rois. Crécy alloit couronner tant de désastres, et terminer la marche triomphale d'Édouard au travers des ruines.

De l'abbaye de Saint-Lucien il vint loger à

Milly, de Milly à Grand-Villiers; il défila devant Dargies, brûla le château et fourragea le pays d'alentour. La ville de Poix fut trouvée sans défense; il n'étoit demeuré dans ses deux châteaux que deux *belles damoiselles*, filles du seigneur de Poix : elles auroient été déshonorées sans le sire de Basset et Jean Chandos, qui les menèrent au roi d'Angleterre. Les bourgeois de Poix se rachetèrent du pillage pour une somme considérable; mais le lendemain il s'éleva des contestations qui furent suivies du massacre général des habitants. Enfin Édouard vint camper à Airaines, et il envoya ses maréchaux chercher un passage sur la Somme.

Là auroient dû finir ses succès et commencer ses expiations : Philippe, accouru à marches forcées, étoit prêt à paroître à la tête de cent mille hommes, animés, comme leur roi, de la plus juste vengeance.

Les Anglois n'avoient guère plus de trente mille combattants; ils étoient fatigués d'une longue route, et embarrassés de leur butin : traqués entre la mer, l'armée françoise et la rivière de Somme, dont les ponts étoient rompus ou gardés, ils croyoient toucher au moment de leur perte. Les maréchaux anglois avoient en vain tenté de forcer le pont de Remy, celui de Long en Ponthieu, et celui de Péquigny. N'ayant pu découvrir aucun passage sur la Somme, ils vinrent rendre compte à Édouard de leurs inutiles recherches. Philippe dans ce moment entroit à Amiens.

Le roi d'Angleterre, se repentant de ses triomphes, envoya proposer une suspension d'armes; il offroit de rendre ce qu'il avoit pris ; mais pouvoit-il rendre la vie aux laboureurs, aux bourgeois paisibles, aux familles innocentes immolées à son ambition? Tant de calamités devoient-elles être regardées comme jeux de rois, qui ne laissent plus de traces quand il plaît à ces rois de les interrompre? Chef et père de la patrie, le monarque, plein de douleur et de ressentiment, refusa tout. Un historien dit que Philippe, en n'acceptant pas les propositions d'Édouard, devint injuste, et se rendit coupable des malheurs de la France : c'est abuser de l'esprit philosophique, et juger de l'événement par le succès. Philippe devoit obtenir pour ses peuples une réparation solennelle; il devoit essayer de donner aux étrangers une leçon durable, en leur apprenant quel seroit leur sort s'il leur prenoit jamais envie de renouveler ces incursions de brigands. Un ennemi d'aussi mauvaise foi qu'Édouard n'auroit pas plus tôt échappé au péril, qu'il eût recommencé ses ravages. Mais la bataille de Crécy fut malheureuse. La fortune ne suit pas toujours la justice; les droits de la seconde ne sont pas moins réels, quoique abandonnée de la première.

Or, le roi d'Angleterre, dit Froissard, *estoit moult pensif à Airaines. Si ouist messe avant le soleil levant, lors fit sonner ses trompettes de delogement.* Il traversa le pays de Vimeu, et s'approcha d'Abbeville. Il brûla un gros village aux environs, et vint gîter à l'hôpital d'Oisemont. Philippe, parti d'Amiens, étoit à une heure de l'après-midi, à Airaines. Il y trouva des *pourveances de chair en hastées, pain et pastes en four, vin en tonneaux et en barils*, *et moult de tables mises que les Anglois avoient laissées*. Les deux maréchaux d'Édouard, descendus le long de la Somme jusqu'à Saint-Valery, toujours pour s'enquérir d'un passage, revinrent le soir dire à leur maître qu'ils n'avoient pas été plus heureux qu'auparavant. Si Philippe avoit eu seulement l'avance de quelques heures, ou si le gué de Blanque-Taque eût été mieux gardé, c'en étoit fait des Anglois.

Ce monarque et cette armée, qui avoient causé tant d'épouvante, ressentoient à leur tour la terreur qu'ils avoient inspirée. Perdu de réputation comme général, méprisé comme roi, abhorré comme homme, Édouard alloit finir de la fin d'un aventurier et d'un incendiaire. La défaite en faisoit un chef sans mérite, sans prévoyance, sans courage; le triomphe en fit un capitaine illustre : le succès semble être le génie ; un moment sépare la honte de la gloire.

Il étoit nuit ; personne, dans le camp anglois, ne dormoit : ceux-ci regrettoient le butin qu'ils alloient perdre; ceux-là pleuroient leurs femmes, leurs enfants, leur patrie. Les soldats qui avoient exploré la rivière en faisoient des récits effrayants; d'autres croyoient entendre déjà les clameurs de l'armée françoise, laquelle s'étoit promis de ne faire aucun

quartier à l'ennemi; serment que Philippe avoit prononcé dans la colère, et qu'il eût rétracté dans la victoire.

Les chefs n'étoient pas en de moindres alarmes: acculé à la mer, et retiré sous sa tente comme une bête noire dans sa bauge, Édouard rouloit en silence autour de lui des regards sombres qui s'attendrissoient en tombant sur son fils: ce prince adolescent, destiné à devenir le modèle de la chevalerie, étoit, sans le savoir, à la veille de sa renommée, et déjà comme tout brillant de l'aurore de cette gloire qui s'alloit lever pour lui. Son armure noire, donnant une bonne grâce particulière à sa haute taille et à sa jeunesse, relevoit encore la blancheur de son teint; car il étoit grand et pâle, tel qu'on a représenté depuis le capitaine Bayard; mais il fut plus beau.

Édouard, pour prendre une dernière résolution, assemble aux flambeaux son conseil: inspiré par la mauvaise fortune de la France, il fait amener devant lui les prisonniers du pays de Vimen et de Ponthieu; il s'informe s'ils ne connoîtroient point un gué au-dessous d'Abbeville, promettant à quiconque indiqueroit ce gué la liberté et celle des vingt autres captifs. Parmi ces malheureux se trouvoit un valet appelé Gobin-Agace; l'histoire a retenu son nom ignoble, comme celui d'un de ces hommes de perdition que la Providence emploie lorsqu'elle veut châtier les empires.

Ce valet déclara qu'il existoit un gué où douze soudoyers pouvoient passer de front à plusieurs endroits, deux fois par jour, à mer basse. Le fond de ce gué étoit composé d'un gravier blanc et dur, d'où lui étoit venu le nom de Blanque-Taque, ou de Blanche-Tache, ou de Blanche-Cayeux. Le valet ajouta qu'on le pouvoit traverser avec des chariots, et que les hommes n'y avoient de l'eau que jusqu'au genou. « Compains! s'écria Édouard transporté de joie, *si je trouve vrai ce que tu dis, « je te quitterai ta prison à toi et à tous tes « compaignons, et je te baillerai cent escus no- « bles.* » Et Gobin-Agace lui répondit: « Sire, « oyle en peril de ma teste. »

Aussitôt Édouard ordonne à ses capitaines de se tenir prêts. A minuit la trompette sonne; *sommiers sont troussés, chars chargés*; on prend les armes. Au point du jour les Anglois quittent Oisemont et commencent à défiler: Gobin-Agace servoit de guide; Harcourt étoit à l'avant-garde: deux François marchoient à la tête de la fuite de nos ennemis. Le soleil se levoit lorsqu'on atteignit le gué. Si la joie des Anglois avoit été grande quand ils s'étoient flattés de franchir la Somme, ils retombèrent dans le désespoir en arrivant sur ses bords: la mer étoit haute; le flux couloit à pleines rives. De l'autre côté du fleuve on apercevoit douze mille François rangés en bataille, et commandés par ce brave Godemar du Fay qui avoit si vaillamment défendu Tournay. Philippe, prévoyant que l'ennemi découvriroit le gué de Blanche-Taque, avoit détaché de son armée mille hommes d'armes et six mille archers génois. Ce corps, auquel se réunirent les communes d'Abbeville, passa la Somme à Saint-Seigneur, et descendit à Blanche-Tache.

Quatre longues heures s'écoulèrent avant que le gué devînt praticable. Le monarque anglois donne alors le signal, commande aux deux maréchaux Warwick et d'Harcourt de traverser la Somme, *bannière au vent, au nom de Dieu et de saint Georges, les plus bachelereux et les mieux montés devant*. Édouard, suivi du prince de Galles, se jette dans l'eau l'épée à la main. Les chevaliers françois, au bord opposé, baissent la lance, viennent à la rencontre et reçoivent chaudement l'ennemi. Un combat s'engage dans le lit même de la rivière. Le péril des Anglois étoit imminent: ils n'avoient plus que deux heures pour accomplir le passage de leurs troupes, chariots et bagages; le flux revenant les eût engloutis. Sur la rive qu'ils quittoient, on commençoit à apercevoir les coureurs de l'armée de Philippe. La nécessité double les forces et le courage des ennemis; leurs archers cassent à coups de flèches les archers génois qui longeoient la rive droite de la Somme. Harcourt et Warwick atteignent le bord avec quelques escadrons, chargent les François, les culbutent, gagnent un terrain où se forme derrière eux l'armée d'Édouard à mesure qu'elle sort de l'eau. Alors les milices commandées par du Fay prennent la fuite, et lui-même est obligé de se retirer.

A peine l'ennemi étoit-il passé, que l'avant-garde de notre armée entra au campement abandonné des Anglois; elle s'empara des

chariots, et prit trois ou quatre cents traînards. On auroit pu exercer des représailles sur ces brûleurs de chaumières, on leur accorda la vie. Philippe arrive, voit Édouard de l'autre côté de la Somme et le veut suivre; mais, déjà montante, la marée noyoit le gué; il fallut perdre un jour pour rétrograder et traverser la rivière à Abbeville. Édouard effectua le passage le 24 d'août 1546, jour de Saint-Barthélemy.

Tel est le récit que Froissard, et plusieurs auteurs après lui, font de la rencontre de Blanche-Tache; mais le continuateur de Nangis et l'auteur anonyme de la chronique de Flandre affirment que Godemar du Fay se retira sans combattre. Mézeray ajoute qu'il étoit parent de Geoffroy d'Harcourt, et qu'il se vendit à Édouard; il est certain que Philippe voulut dans la suite le faire pendre comme traître. Mais la colère du roi, excitée par le malheur, et le témoignage de deux historiens qui adoptent tous les bruits populaires, ne suffisent pas pour détruire le récit circonstancié de Froissard, pour déshonorer la mémoire d'un vieux capitaine qui avoit donné tant de preuves de courage et de fidélité. Philippe avoit cent mille combattants; si, au lieu de douze mille hommes, il en eût envoyé trente mille au gué de Blanche-Taque, nombre égal à celui de l'armée d'Édouard, il est probable que les Anglois étoient perdus.

Édouard, ayant passé le gué, rendit grâces à Dieu, fit appeler Gobin-Agace, le délivra avec tous ses compagnons, lui donna les cent nobles promis et un roussin.

L'ennemi alloit entrer dans des plaines ouvertes où les François ne manqueroient pas de l'atteindre; il ne pouvoit vivre que de pillage, et ce pillage retardoit sa marche. Si Édouard pressoit sa retraite avec une armée harassée, devant des troupes fraîches et supérieures en nombre, cette retraite ne tarderoit pas à devenir une fuite; il savoit que les communes de Flandre lui envoyoient un secours de trente mille hommes. Ces diverses considérations le déterminèrent à ne rien précipiter, à choisir seulement de fortes positions pour se mettre à l'abri de Philippe, ou le combattre avec avantage.

Dans cette résolution, qui annonçoit les vues et les talents d'un capitaine, il désigna à son premier campement une hauteur qui domine Crécy, village à jamais fameux, au bord de la petite rivière de Maye. Le comté de Ponthieu avoit été donné en dot à Isabelle, fille de Philippe-le-Bel et mère d'Édouard. Le roi d'Angleterre prit à bon augure de se défendre, s'il étoit attaqué, sur une terre maternelle qui sembloit devoir l'aimer. Les hommes se trouvent plus forts quand ils peuvent s'autoriser de quelque chose qui ressemble à la justice.

Philippe, qui craignoit de voir encore échapper l'ennemi, ne fit prendre aucun repos à ses troupes; elles défilèrent sur le pont d'Abbeville. Logé à l'abbaye de Saint-Pierre de cette ville, le roi donna à souper aux princes, dont la plupart firent alors ce que les martyres chrétiens appeloient le *repas libre*, le dernier repas avant d'aller mourir. Le 25 août 1546, au lever de l'aurore, l'armée françoise tout entière avoit passé la Somme. A sa tête étoient quatre rois, Philippe-le-Fortuné, roi de France; Jean-l'Aveugle, roi de Bohême; Charles, son fils, élu empereur, dit roi des Romains; et le roi détrôné de Majorque. On y voyoit encore le comte d'Alençon, frère du roi, qui fut cause de la perte de la bataille; le comte de Blois, son neveu; Louis, comte de Flandre, et son jeune fils; les comtes de Sancerre, d'Auxerre; Jean de Hainaut, comte de Beaumont; les ducs de Lorraine et de Savoie, toute la noblesse qui n'étoit pas au siége d'Aiguillon, et parmi les écuyers et chevaliers, Harcourt, frère aîné de Geoffroy d'Harcourt.

Trompé par un faux rapport en sortant d'Abbeville, Philippe crut que les Anglois avoient abandonné Crécy : il avoit déjà fait deux lieues sur une route opposée, lorsqu'il apprit qu'Édouard gardoit ses premières positions. Il fallut faire halte, changer de chemin, et renvoyer reconnoître l'ennemi. Miles Desnoyers, porte oriflamme, les seigneurs de Beaujeu, d'Aubigny et de Basèle, dit le Moine, furent chargés de cette mission.

L'armée angloise, divisée en trois corps, couvroit la colline de Crécy; au sommet de cette colline étoit un bois qu'Édouard avoit fait environner d'un fossé, et dans lequel on avoit enfermé les bagages et les chevaux; Édouard avoit mis à pied les hommes d'armes, excepté

quelque douze cents chevaliers jetés sur les deux ailes de l'infanterie. Le bois formoit un dernier retranchement, lequel n'eût pourtant servi que d'abattoir, et non d'abri, aux soudoyers qui s'y seroient retirés, en cas de défaite. La gauche des Anglois étoit couverte par la forêt de Crécy, la droite par le village de ce nom : des ouvrages de terre et des arbres gisants : leur front demeuroit libre, mais étroit, de sorte que l'armée assaillante y devoit perdre l'avantage du nombre.

Les trois corps échelonnés dessinoient trois croissants parallèles sur la colline ; chacun de ces corps étoit subdivisé en trois lignes : la première, d'archers ; la seconde, d'infanterie galloise et irlandoise ; la troisième, d'hommes d'armes ou de cavalerie à pied.

Le premier corps, servant d'avant-garde presque au bas de la colline, comptoit huit cents hommes d'armes, un tiers d'infanterie et deux mille archers ; il étoit commandé par le prince de Galles, ayant auprès de lui Geoffroy d'Harcourt, les comtes de Warwick et de Kenfort, Chandos, le sire de Man, et toute la fleur de la chevalerie.

Le deuxième corps, placé au-dessus du premier, étoit fort de huit cents hommes d'armes et de douze cents archers : il avoit pour chefs les comtes de Northampton et d'Arundel.

Le troisième corps couronnoit la colline, sous le commandement immédiat d'Édouard ; il se composoit de sept cents hommes d'armes et deux mille archers. C'étoit peut-être au centre de ce corps qu'étoient cachées des machines inconnues.

Ainsi, pour remporter la victoire, Philippe se voyoit forcé de percer, en gravissant une pente, neuf lignes formidables.

Le soir, veille de la bataille, Édouard donna un grand souper à ses comtes et barons : lorsque ceux-ci se furent retirés, il entra dans son oratoire dressé sous une tente, et resta seul à genoux devant l'autel jusqu'à minuit. Sa prière faite, il se jeta sur une peau de brebis, et se releva le 26 à la pointe du jour : il entendit la messe et communia avec le prince de Galles. La plupart de ses gens se confessèrent et se mirent en état de paroître devant Dieu : Philippe en avoit fait autant à l'abbaye de Saint-Pierre, à Abbeville. En ce temps-là, la prière prononcée sous le casque n'étoit point réputée foiblesse, car le chevalier qui élevoit son épée vers le ciel demandoit la victoire et non la vie.

Oraison faite et messe ouïe, les trois corps reprirent leurs places les uns au-dessus des autres, ainsi qu'il a été dit, chaque chevalier sous sa bannière, formant sur la colline un spectacle magnifique. Édouard, monté sur un petit palefroi, un bâton blanc à la main, *adextré* de ses maréchaux, alla *tout le pas* de rang en rang, *admonestant comtes, barons, chevaliers, escuyers, soudoyers, à garder leur honneur et à bien faire la besogne, et disoit ces langages en riant si doucement de si liée* (joyeuse) *chère*, que les plus timides étoient rassurés en le regardant. Quand il eut ainsi visité les trois batailles, il se retira à l'heure *de haute tierce* (environ midi) à celle qu'il commandoit en personne, et d'où il pourroit voir tous les événements du combat. L'armée but et mangea par ordre des maréchaux, après quoi les soldats s'assirent à terre sans quitter leurs rangs, bacinets et arcs devant eux, attendant l'ennemi.

Le porte-oriflamme, Miles Desnoyers, les seigneurs de Beaujeu, d'Auligny et de Basèle, envoyés par Philippe à la découverte, trouvèrent les ennemis assis de la sorte, comme des moissonneurs prêts à couper un champ de blé sur sa colline ; les Anglois aperçurent les chevaliers françois, et les laissèrent tout examiner à loisir : cette supériorité de sang-froid et de confiance annonçoit déjà de quel côté passeroit la fortune. Édouard avoit surtout défendu, sous quelque prétexte que ce fût, de rompre les files. Il comptoit avec raison sur la bouillante ardeur de nos soldats ; on avoit déjà appris à nous vaincre par l'excès de notre courage.

Le tumulte et la confusion de notre armée formoient un triste contraste avec le calme et la régularité de l'armée ennemie ; nous avions mille intrépides capitaines, pas un général. Dès les premiers mouvements on n'avoit point été d'accord sur l'ordre à tenir. Les arbalétriers génois étoient derrière la cavalerie, à la queue de la colonne : le roi de Bohême représenta qu'on faisoit trop peu de cas de ces étrangers ; qu'il connoissoit leur valeur, et qu'eux

seuls devoient être opposés aux archers anglois. La majesté de ce vieux roi et son expérience dans la guerre persuadèrent Philippe; il fit passer les Génois à la tête des troupes : mais l'impétueux comte d'Alençon murmura de cette disposition qui l'empêchoit de se trouver le premier sur l'ennemi.

L'armée françoise, lorsqu'elle avança vers Crécy, se trouvoit divisée de la sorte : quinze mille arbalétriers, presque tous Génois, commandés par Charles Grimaldi et Antoine Doria, formoient l'avant-garde; Charles, comte d'Alençon et frère du roi, suivoit avec quatre mille hommes d'armes; le roi venoit ensuite conduisant le corps de bataille, également composé de cavalerie, où se trouvoient les rois étrangers et la haute noblesse. Le duc de Savoie, nouvellement arrivé avec mille chevaux, menoit l'arrière-garde conjointement avec le roi de Bohême. Une infanterie innombrable erroit au hasard dans la campagne, obstruant les chemins et gênant les troupes régulières. Chaque homme à cheval étoit accompagné de trois ou quatre fantassins pour le servir, comme de nos jours dans les corps de Mameloucks : nous devions aux guerres des croisades cette organisation de la cavalerie, l'usage de l'arbalète et de l'habit long.

On vit revenir les quatre chevaliers envoyés à la découverte. Philippe leur cria : « Quelles « nouvelles ? » Ils se regardèrent les uns les autres sans répondre; aucun n'osoit prendre la parole. Philippe ordonna au moine de Basèle de s'expliquer. Ce chevalier, suisse ou champenois, étoit au service du roi de Bohême, et passoit pour un des capitaines les plus expérimentés de l'armée. *Sire*, dit-il, *nous avons chevauché; si nous avons vu et considéré le convenant des Anglois. Si conseille ma partie, et sauf toujours le meilleur conseil, que vous laissiez toutes vos gens ici arrester sur les champs et loger pour cette journée. Car ainçois (avant) que les derniers puissent venir, et vos batailles soyent ordonnées, il sera tard; si seront vos gens lassés et travaillés et sans arroy, et trouveriez vos ennemis frais et nouveaux. Si pouvez le matin vos batailles ordonner plus meurrement et mieux, et par plus grand loisir adviser vos ennemis, et par quel costé on les pourra combattre: car soyez seur qu'ils vous attendront.*

Jamais avis plus salutaire n'avoit été donné : depuis plusieurs jours l'armée faisoit des marches forcées; elle avoit passé la nuit à défiler dans Abbeville, elle venoit de faire six lieues au trot de la cavalerie; elle étoit hors d'haleine, accablée de fatigue et de chaleur (on étoit dans les jours les plus chauds de l'été); elle n'avoit pris aucune nourriture; enfin un orage qui grondoit encore avoit trempé hommes et chevaux, mouillé les armes, et rendu les arcs des Génois presque inutiles.

Philippe sentit la sagesse de ce conseil : il ordonna de suspendre la marche de l'armée; les deux maréchaux de Montmorency et Saint-Venant coururent de toute part, criant : *Bannieres, arrestez! au nom de Dieu et de saint Denys*. Mœurs, usages et langage qui montrent que *Dieu* étoit dans ce temps le seul souverain maître, et que les maréchaux de France remplissoient des fonctions aujourd'hui laissées aux officiers inférieurs.

Les Génois s'arrêtèrent, déposèrent leurs arbalètes, et commencèrent à préparer leurs étapes; mais le comte d'Alençon, qui les suivoit avec sa cavalerie, ou n'entendit point l'ordre, ou n'y voulut point obéir. La jeunesse qui l'entouroit se regardoit comme insultée, parce que les Génois devoient découvrir l'ennemi avant elle : elle jura qu'elle ne feroit halte que quand les pieds de derrière de ses chevaux tomberoient dans les pas des étrangers qui faisoient la tête de la colonne. Le comte d'Alençon trouve les Génois occupé de leur nourriture, les traite de lâches, et les force de continuer leur chemin. Les derniers corps de l'armée ne veulent point rester en demeure; un mouvement général entraîne le roi et les maréchaux, malgré leurs efforts. Les communiers, dont tous les champs étoient couverts entre Abbeville et Crécy, entendant la voix des chefs, et voyant se hâter la cavalerie, croient que l'on en est venu aux mains : ils brandissent leurs diverses armes et crient tous à la fois : *A la mort! à la mort!* Chaque seigneur se précipite avec ses vassaux pour arriver le premier. Cent vingt mille hommes se heurtent, se poussent, se pressent dans un étroit espace; une éclipse frappe l'imagination; un orage augmente le désordre, et l'on arrive, au milieu des torrents de pluie,

au bruit du tonnerre, au cri répété *à la mort! à la mort!* en face de l'ennemi.

Les Anglois se lèvent en silence : les archers placés à la première ligne font seuls un pas en avant ; l'infanterie irlandoise et galloise au second rang tire sa large et courte épée, et les hommes d'armes au troisième rang dressent tous leurs lances *si droites, qu'elles sembloient un petit bois*.

Si Philippe n'avoit pu arrêter son armée lorsqu'elle n'étoit pas encore sur le champ de bataille, cela lui fut bien moins possible devant les Anglois : la vue de l'ennemi produisit sur lui ce qu'elle produit sur tous les François, l'ardeur du combat et la fureur guerrière. *Les voilà*, s'écria-t-il, *ces brigands qui ont occis mes pauvres peuples, gasté, ardé et exillé la France. Allons, messeigneurs, barons, chevaliers, escuyers et bons hommes des communes, vengeons nos injures, oublions haines et rancunes passées, s'il y en a entre nous; et, courtois sans orgueil, portons-nous en ceste bataille comme freres et parents*.

Quoiqu'il fût déjà trois heures de l'après-midi (26 août 1346), le signal est donné aux arbalétriers génois de commencer l'attaque : secrètement offensés des paroles outrageantes du frère du roi, ils demandent un moment de repos; ils représentent qu'ils sont accablés de fatigue et de faim, que la pluie a détendu les cordes de leurs arbalètes, et qu'ils ne sont *mie ordonnés pour faire grant exploit de bataille*. Ces paroles étant rapportées au comte d'Alençon, il s'écrie : *On se doit bien charger de celle ribaudaille qui faille au besoin!* et il marche sur eux. Obligés d'aller au combat, les Génois commencèrent à *juper moult épouvantablement pour les Anglois esbahir*. Trois fois ils recommencèrent à crier, s'arrêtant entre chaque cri, puis courant vers l'ennemi. Au troisième cri, ils lancent leurs flèches, qui tombent sans effet.

Les archers anglois découvrent leurs arcs, qu'ils avoient tenus dans leur étui pendant la pluie, courbent ces arcs jusqu'aux empennons des flèches, et en décochent à la fois un si grand nombre, qu'elles ressembloient, disent les historiens, à de la neige ou à une grande ondée descendant sur les Génois. Ces Italiens se renversent sur les hommes d'armes du comte d'Alençon; Grimaldi et Doria se font tuer en essayant de rallier leurs gens.

Philippe aperçut l'échauffourée, et, toujours poursuivi de l'idée de trahison, il s'écrie : « *Tuez, tuez ceste ribaudaille qui nous empesche le chemin!* » Le comte d'Alençon fait sonner la charge, et passe, avec sa cavalerie, sur le ventre des Génois : percés de flèches angloises, foulés aux pieds par nos hommes d'armes, ils coupent les cordes de leurs arbalètes, et se dispersent dans toutes les directions; les archers ennemis tirent dans le plus épais de cette mêlée, et les cavaliers tombent abattus de loin avec leurs chevaux.

Le comte d'Alençon s'ouvre un passage à travers les archers génois en fuite et les archers anglois avançant, heurte la seconde ligne des troupes commandées par le jeune fils d'Édouard, perce encore cette infanterie, et se trouve en face des chevaliers du prince de Galles, qui le chargent à leur tour. Le comte de Flandre, avec son fils le dauphin Viennois et le duc de Lorraine, se détachant du corps de bataille françois, accourent au partage de la gloire et des périls du comte d'Alençon. Les lances se croisent, les épées remplacent les lances brisées. Tous ces rois, comtes, ducs, barons et chevaliers, au lieu de donner ensemble, combattent les uns après les autres. L'indépendance barbare dominoit encore tous les esprits avec les idées romanesques; on ne cherchoit qu'à se faire une renommée particulière de vaillance, sans s'inquiéter du succès général; jamais on ne vit plus de courage et moins d'habileté. La sérénité étoit revenue dans le ciel, mais au désavantage des François, car ils avoient le vent et le soleil au visage. A mesure qu'ils trébuchoient, ils étoient égorgés à terre par les Gallois et les Irlandois.

Philippe, apercevant le comte d'Alençon au plus épais de la seconde division des Anglois, est saisi de crainte pour son frère. Il se tourne vers ses gens et leur dit : Allons! et s'ébranle avec le corps de bataille. Aussitôt la seconde division ennemie descend de la colline, afin de soutenir le prince de Galles et d'arrêter le roi de France. La bataille se ranime.

Le prince de Galles, assailli par le comte d'Alençon, est au moment de succomber; Warwick et Geoffroy d'Harcourt, qui avoient

la garde du fils d'Édouard, envoient demander du secours à son père. « *Si*, dit Édouard au messager, *mon fils est-il mort ou à terre, ou blessé qu'il ne puisse s'aider?* Le chevalier répondit : *Nenny, sire, si Dieu plaist.* Le roi dit : *Or, retournez devers lui et devers ceux qui vous ont envoyé, et leur dites de par moi qu'ils ne m'envoyent meshuy querir pour adventure qui leur adviendra tant que mon fils soit en vie, et leur dites que je leur mande qu'ils laissent à l'enfant gagner ses esperons. Je veux, si Dieu l'a ordonné, que la journée soit sienne.*

Cette réponse, où la naïveté chevaleresque se mêle à la fermeté d'un vieux Romain, ranima le courage des deux maréchaux anglois. Harcourt devoit être puni de la victoire qu'il remportoit sur sa patrie, ainsi qu'il arrive à ceux qui s'obstinent à ces longues vengeances qui n'appartiennent qu'à Dieu. On avoit dit à Geoffroy que la bannière du comte son frère avoit été vue; il le cherchoit pour le sauver; mais le comte n'avoit point voulu survivre à la honte du triomphe de Geoffroy; il s'étoit fait tuer par les ennemis de la France.

Le roi de Bohême étoit à l'arrière-garde avec le duc de Savoie. On lui rendit compte des événements : *Et où est monseigneur Charles, mon fils?* dit-il. On lui répondit qu'il combattoit vaillamment, en criant : *Je suis roi de Bohesme!* qu'il avoit déjà reçu trois blessures.

Le vieux roi, transporté de paternité et de courage, presse le duc de Savoie de marcher au secours de leurs amis; le duc part avec l'arrière-garde. On n'alloit pas assez vite au gré du monarque aveugle, qui disoit à ses chevaliers : « *Compagnons, nous sommes nés en une « mesme terre, sous un mesme soleil, eslevés et « nourris à mesme destinée; aussi vous proteste « de ne vous laisser aujourd'hui tant que la vie « me durera.* » Quand on fut prêt à joindre l'ennemi, il dit à sa suite : « *Seigneurs, vous « estes mes amis; je vous requiers que vous me « meniez si avant que je puisse ferir un coup « d'épée.* » Les chevaliers répondirent que volontiers ils le feroient. Et adonc, *afin qu'ils ne le perdissent dans la presse, ils lièrent son cheval aux freins de leurs chevaux et mirent le roi tout devant, pour mieux accomplir son désir, et ainsi s'en allèrent ensemble sur leurs ennemis.*

Le roi de Bohême, conduit par ses chevaliers, pénétra jusqu'au prince de Galles. Ces deux héros, dont l'un commençoit et dont l'autre finissoit sa carrière essayèrent plusieurs passades de lance, pour illustrer à jamais leurs premiers et leurs derniers coups. La foule sépara ces deux champions, si différents d'âge et d'avenir, si ressemblants de noblesse, de générosité et de vaillance. *Le roi de Bohême alla si avant qu'il ferit un coup de son espée, voire plus de quatre, et recombattit moult vigoureusement, et aussi firent ceux de sa compagnie; et si avant s'y bouterent sur les Anglois, que tous y demeurèrent, et furent le lendemain trouvés sur la place autour de leur seigneur, et tous leurs chevaux liés ensemble :* vrai miracle de fidélité et d'honneur. Les Muses, qui sortoient alors du long sommeil de la barbarie, s'empressèrent, à leur réveil, d'immortaliser le vieux roi aveugle; Pétrarque le chanta, et le jeune Édouard prit sa devise, qui devint celle des princes de Galles; c'étoient trois plumes d'autruche avec ces mots tudesques écrits à l'entour : *In riech*, JE SERS. Il n'appartenoit qu'à la France d'avoir de pareils serviteurs.

Cependant le combat continuoit; mais le comte d'Alençon et le comte de Flandre ayant été tués, les hommes d'armes de ces princes commencèrent à plier : le frère de Philippe expioit par une fin digne de sa race les malheurs dont il étoit la cause première.

Tout à coup nos soldats croient entendre éclater la foudre, et se sentent frappés d'une mort invisible : Dieu lui-même paroît se déclarer en faveur de leurs ennemis, et lancer le tonnerre au milieu de la bataille. Pour la première fois le bruit du canon frappoit l'oreille des François; ils frémirent. Ils eurent l'instinct des victoires nouvelles qu'ils devoient obtenir un jour par cette arme; un nuage de fumée, déchiré par des feux rapides, couvroit leur gloire et leur malheur. Cette obscurité guerrière devoit envelopper désormais ces hauts faits, ces grands combats, ce spectacle de sang, qui plaisoient tant au soleil et aux chevaliers.

Édouard avoit placé six pièces de canon sur la colline : la poudre étoit déjà connue, mais on ne l'avoit point encore employée dans une bataille. La guerre antique et la guerre moderne, le génie de Du Guesclin et celui de Tu-

renne, se rencontrèrent aux champs de Crécy. La lance, la flèche et le boulet atteignent à la fois le cheval et le cavalier ; l'oriflamme, l'étendard royal, les bannières diverses, hachés par le sabre, sont aussi traversés par ces blocs de fer qui percent ajourd'hui les drapeaux. De si grands monceaux d'armes, de cadavres et de chevaux s'élèvent, que ce qui est encore vivant reste assiégé, bloqué et immobile dans ces barricades mortes.

Tout expire, rois, princes, chevaliers, hommes d'armes, communiers. Au milieu de ce massacre, Philippe ne cherchoit lui-même que le coup qui devoit mettre fin à sa vie. Dès la première charge son cheval avoit été tué sous lui : on vit tomber le monarque ; un cri s'éleva : « Sauvez le roi ! » Dernière ressource des François, dernier sentiment qui les animoit quand ils avoient tout perdu, ce cri d'honneur, de dévouement, de tendresse et de douleur fut entendu des ennemis : il augmenta chez eux l'espoir de la victoire. Jean de Hainaut, qui étoit auprès de Philippe, parvint à grand'peine à le faire monter sur un autre cheval. Il l'engagea vainement à se retirer. Philippe, voulant toujours secourir son frère, déjà abattu, s'enfonce, sans rien écouter, dans les bataillons ennemis ; il reçoit deux blessures, l'une à la gorge, l'autre à la cuisse. Déjà le soleil étoit couché : le roi s'obstinoit à mourir pour les François morts pour lui ; Jean de Hainaut fut obligé de lui faire violence. Il saisit le cheval du monarque par le frein, et entraînant Philippe : « Sire, « s'écria-t-il, *retrayez-vous, il est temps; ne « vous perdez mie si simplement. Si vous avez « perdu à ceste fois, vous recouvrerez à une « autre.* »

La nuit, pluvieuse et obscure, favorisa la retraite de Philippe. Ce prince, entré sur le champ de bataille avec cent vingt mille hommes, en sortoit avec cinq chevaliers : Jean de Hainaut, Charles de Montmorency, les sires de Beaujeu, d'Aubigny et de Montsault. Il arriva au château de Broye ; les portes en étoient fermées. On appela le commandant ; celui-ci vint sur les créneaux, et dit : « Qui est-ce là " qui appelle à ceste heure ? » Le roi répondit : « Ouvrez : c'est la fortune de la France. » Parole plus belle que celle de César dans la tempête, confiance magnanime, honorable au sujet comme au monarque, et qui peint la grandeur de l'un et de l'autre dans cette monarchie de saint Louis. Du château de Broye, Philippe se rendit à Amiens.

Il y avoit déjà deux heures qu'il faisoit nuit ; les Anglois ne se tenoient pas encore assurés du triomphe ; ils n'apprirent toute leur victoire que par le silence qu'elle répandit sur le champ de bataille. Inquiets de ne plus rien entendre, ils allumèrent des falots, et entrevirent à cette pâle lueur les immenses funérailles dont ils étoient entourés. Quelques mouvements muets indiquoient des restes d'une vie sans intelligence ; quelques blessés, sans parole et sans cri, élevoient la tête et les bras au-dessus des régions de la mort : scène indéfinie et formidable entre la résurrection et le néant.

Édouard, qui pendant toute cette journée n'avoit pas même mis son casque, descendit alors de la colline vers le prince de Galles, et lui dit en le serrant dans ses bras : « Dieu vous « doins (donne) persévérance ! vous estes mon « fils. » Le prince s'inclina et s'humilia en honorant son père. Les luminaires élevés par les soldats éclairoient ces embrassements au milieu de tant de jeunes hommes privés pour jamais des caresses paternelles. Le fils et le petit-fils de la fille de Philippe-le-Bel avoient dans leurs veines de ce sang françois qui souilloit leurs pieds ; ils pouvoient aller raconter à leur mère, qui vivoit encore, ce qu'ils avoient vu dans la vaste chambre ardente où gisoient les corps de ses parents et de ses amis.

Quand vint le jour, il faisoit un brouillard si épais qu'on voyoit à peine à quelques pas devant soi. Les communes de Rouen et de Beauvais, une autre troupe commandée par les délégués de l'archevêque de Rouen et du grand-prieur de France, mille lances conduites par le duc de Lorraine, ignorant ce qui s'étoit passé, s'avançoient au secours de Philippe. Les Anglois plantèrent sur un lieu élevé les bannières tombées entre leurs mains : attirés par ces enseignes de la patrie, les François venoient se ranger autour d'elles, et ils étoient égorgés ; le duc de Lorraine, l'archevêque de Rouen et le grand-prieur de France périrent avec leurs gens.

Édouard voulut connoître l'étendue de son succès : Regnault de Cobham et Richard de

Stanford furent dépêchés pour compter les morts, avec trois hérauts pour reconnoître les armoiries, et deux clercs pour écrire les noms : ils revinrent le soir apportant le rôle funèbre.

Dans ces fastes de l'honneur, on trouvoit inscrits, selon Froissard, onze cents chefs de princes, quatre-vingts bannerets, douze cents chevaliers d'un écu (servant de leur seule personne), et trente mille hommes d'autres gens. Quelques historiens disent qu'il périt trente mille hommes le jour de la bataille, et soixante mille le lendemain ; exagération visible : on oublie toujours, dans ces calculs des anciennes batailles, le temps matériel qu'il falloit pour tuer quand on n'employoit pas les machines de guerre, et alors surtout qu'on ignoroit cette artillerie des temps modernes qui emporte des files de soldats à la fois. Trente mille Anglois (car il faut compter presque pour rien l'effet de six pièces de canon tirant un moment vers le soir, et vraisemblablement mal servies), trente mille Anglois auroient tué quatre-vingt mille François dans cinq ou six heures à coups de flèches, de lances et d'épées ; et c'est ne pas assez dire, car la division de l'armée ennemie commandée par Édouard en personne ne fut pas même engagée. Une lettre de Michel Northburgh, témoin oculaire, nous a été conservée par Robert d'Avesbury, dans son histoire d'Édouard III[1]. Cette lettre réduit le nombre des hommes d'armes tués le jour de la bataille, à quinze cent quarante-deux, sans y comprendre *communes et pédailles* (gens de pied), et le lendemain à deux mille et plus. Northburgh nomme, ainsi qu'il suit, les principaux chefs tués dans les diverses actions : « Furent
« morts : le roi de Bohesme, le duc de Lorraine,
« le comte d'Alençon, le comte de Flandre,
« le comte d'Harcourt et ses deux fils (*particu-*
« *larité remarquable*), le comte d'Aumale, le
« comte de Nevers et son frere le seigneur de
« Thouars, l'archevesque de Sens, l'arche-
« vesque de Nismes, le haut-prieur de l'hospital
« de France, le comte de Savoie, le seigneur de
« Morles, le seigneur de Guyes, le sire de Saint-

« Venant (*maréchal*), le sire de Rosingburgh,
« six comtes d'Allemagne, et tout plein d'au-
« tres comtes et barons, et autres gens et sei-
« gneurs dont on ne peut encore savoir les
« noms. Et Philippe de Valois et le marquis
« qui est appelé l'élu des Romains (*Charles de*
« *Luxembourg, élu roi des Romains*), eschap-
« perent navrés (*blessés*). » Cette lettre est datée devant Calais, le quatrième jour de septembre, neuf jours seulement après la bataille.

A ces illustres morts il faut ajouter le roi de Majorque, le comte de Blois, neveu du roi de France, les comtes de Sancerre et d'Auxerre, le duc de Bourbon et les deux chefs des Génois, Grimaldi et Doria.

Les corps de ces seigneurs ayant été relevés par ordre d'Édouard, il les fit inhumer en terre sainte, au monastère de Mainteney près Crécy. Knighton et Walsingham assurent que les Anglois ne perdirent qu'un écuyer, trois chevaliers et très-peu de soldats : la victoire ne compte pas ses morts ; qui triomphe n'a rien perdu.

La grande aristocratie françoise a éprouvé trois grandes défaites par les Anglois, Crécy, Poitiers, Azincourt, comme la grande aristocratie romaine perdit contre les Carthaginois les batailles de la Trébie, de Trasimène et de Cannes Ces désastres, qui nous ôtèrent du sang, non de la gloire, tournèrent en dernier résultat au profit de notre civilisation et de nos libertés. Il fut ouvert au champ de Crécy une blessure dans le sein de la haute noblesse de France ; blessure qui, élargie à Poitiers, à Azincourt et à Nicopolis, épuisa le corps aristocratique. Bientôt parut, après les déroutes de Philippe de Valois et de Jean son fils, une noblesse dont on n'avoit presque point entendu parler, et qui succéda à la première, de même que la seconde noblesse franke s'étoit montrée après l'échec de Lother à la bataille de Fontenay. On avoit méprisé la pauvreté des gentilshommes de province ; on fut heureux de trouver leur épée : les Charny, les Ribaumont, les Du Guesclin, les La Trémoille, les Boucicault, les Saintré, furent suivis des Pothon et des La Hire, et perpétuèrent cette race héroïque jusqu'à Bayard et au capitaine La Noue. Cette chevalerie seconde, non moins illustre, substituée aux grands barons, forma la transition

---

[1] Voyez cette lettre dans l'excellente édition de FROISSARD, par M. Buchon.

entre l'armée aristocratique et l'armée plébéienne. Du Guesclin commença l'art militaire moderne et la discipline ; la Jacquerie et les grandes compagnies apprirent aux paysans qu'ils se pouvoient battre aussi bien que leurs seigneurs. Le ban et l'arrière-ban remplacèrent peu à peu la levée en masse des vassaux : ce ban et cet arrière-ban devinrent inutiles quand les troupes régulières s'établirent sous le règne de Charles VII. La royauté, ainsi que l'armée nationale, accrut sa force de l'affoiblissement même du corps aristocratique militaire : l'ancienne constitution de l'état s'altéra dans sa partie virtuelle, et la société marcha, par ce qui sembloit un malheur, vers ce degré de civilisation où nous la voyons aujourd'hui. On peut dire que la couronne de France et la nation françoise furent trouvées sous les morts du champ de bataille de Crécy.

La dernière apparition des nobles comme soldats eut lieu à la bataille d'Ivry, dans ce corps de deux mille gentilshommes armés à cru depuis la tête jusqu'aux pieds. Vers la fin du règne de Henri IV, la fureur des duels affoiblit ce qui restoit de la seconde aristocratie. Enfin sous Louis XIII et sous Louis XIV les gentilshommes ou servirent dans des corps privilégiés réputés nobles, ou devinrent les officiers de l'armée nationale. Dans cette nouvelle position ils ne manquèrent point à leur renom : les batailles livrées par Condé ou par Turenne attestent que si le gentilhomme avoit changé de fortune, il n'avoit pas dégénéré de valeur. Aux champs de Clostercamp et à ceux de Fontenoy, sous Louis XV, dans la guerre d'Amérique sous Louis XVI, la France n'eut point à rougir des d'Assas et des La Fayette. Quand, au commencement de la révolution, il ne resta plus au pauvre gentilhomme, redevenu Frank, que son épée, il l'alla porter aux pieds de ceux qui, selon ses idées, avoient le droit d'en requérir le service ; il laissa la victoire pour le malheur. Si ce fut une faute, ce fut celle de l'honneur ; et puisque la noblesse devoit périr, mieux valoit qu'elle trouvât sa fin dans le principe même qui lui avoit donné la vie. Peu après éclatèrent les merveilles de l'armée plébéienne. Aujourd'hui si la France parvient à généraliser le système des gardes nationales, elle détruira celui des armées permanentes ; elle rétablira les anciennes levées en masse des communes ; les convocations du ban et de l'arrière-ban plébéiens remplaceront les convocations du ban et de l'arrière-ban nobles ; la démocratie fera ce qu'avoit fait l'aristocratie. Les hommes tournent dans un cercle, et reproduisent incessamment les mêmes institutions dans un autre esprit, et sous des noms divers.

SOMMAIRE.

Philippe, arrivé à Amiens, essaie inutilement de rassembler de nouveaux soldats pour donner une seconde bataille. — Il veut faire pendre Godemar du Fay, et il est détourné de ce dessein par Jean de Hainaut. — Geoffroy d'Harcourt vient, la touaille au cou, se jeter aux pieds de Philippe, qui lui pardonne. — Édouard met le siége devant Calais ; le duc de Normandie lève celui d'Aiguillon. — Les Anglois de la Guienne envahissent tout le pays jusqu'à la Loire. — Continuation de la guerre en Bretagne. — Héroïsme de Geoffroy de Pontblanc dans Lannion. — Charles de Blois est fait prisonnier au siége de la Roche-de-Rieu. — Mort du vicomte de Rohan, des seigneurs de Chateaubriand et de Roye, des sires de Laval, de Tournemine, de Rieu, de Boisboissel, de Machecou, de Kosterner, de Loheac et de la Jaille. — Bataille de Neville, où David Bruce, roi d'Écosse, est fait prisonnier par la reine d'Angleterre. — Accroissement des taxes. — Augmentation et altération des monnoies. — Multitude de pensions assignées sur le trésor en qualité de fiefs. — Aventure de Louis de Male, comte de Flandre, fils de Louis, tué à la bataille de Crécy. — Gauthier de Mauny obtient un sauf-conduit pour traverser la France et se rendre de la Guienne au camp d'Édouard qui assiégeoit Calais. — Caractère du temps : la foi religieuse se fait sentir dans la foi politique ; ce n'est pas la civilisation intellectuelle de l'espèce, mais la civilisation de l'individu. La politesse du haut rang fait disparoître la barbarie, et le fanatisme de l'honneur chevaleresque tient lieu de la vertu du citoyen. — Philippe marche au secours de Calais, qui ressentoit les horreurs de la famine. — Joie des Calaisiens lorsque, du haut de leurs remparts, ils aperçoivent l'armée de Philippe marchant la nuit en ordre de bataille au clair de la lune. — Leur douleur, quand elle s'éloigne sans les avoir pu secourir.

FRAGMENTS.

REDDITION DE CALAIS.

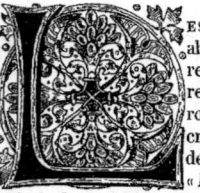

Les habitants de la ville abandonnée aperçurent du haut de leurs remparts la retraite du roi; ils poussèrent un cri comme des enfants délaissés par leur père: « *Ils estoient en si grande douleur et detresse que le plus fort d'entre eux se pouvoit à peine soutenir.* » Convaincus qu'il n'y avoit plus de secours à attendre, ils allèrent trouver Jean de Vienne, et le prièrent d'ouvrir des négociations avec Édouard.

Le gouverneur monte aux créneaux des murs de la ville, et fait signe aux ennemis qu'il désiroit pourparler; de quoi le roi d'Angleterre étant instruit, il envoya Gauthier de Mauny et sire Basset ouïr les propositions de Jean de Vienne. Quand ils furent à portée de la voix: « *Chiers seigneurs*, s'écria le vieux capitaine, « *vous estes moult vaillants chevaliers en faict* « *d'armes. Vous savez que le roy de France, que* « *nous tenons à seigneur, nous a ici envoyés* « *pour garder ceste ville et chastel : nous avons* « *fait ce que nous avons pu. Or, tout secours* « *nous a manqué. Nous n'avons plus de quoi* « *vivre, il faudra que nous mourions tous de* « *faim si le gentil roi, vostre seigneur, n'a mercy* « *de nous. Laquelle chose lui veuillez prier en* « *pitié, et qu'il nous laisse aller tout ainsi que* « *nous sommes.* »

— « *Jean*, répondit Gauthier de Mauny, *ce* « *n'est mie l'entente de monseigneur le roy que* « *vous vous en puissiez aller ainsi. Son inten-* « *tion est que vous vous mettiez tous à sa pure* « *volonté, pour rançonner ceux qu'il lui plaira,* « *ou pour vous faire mourir.* »

Le gouverneur repartit : « *Gauthier, ce se-* « *roit trop dure chose pour nous. Nous sommes* « *ceans un petit nombre de chevaliers et escuyers* « *qui loyalement avons servi le roy de France,* « *nostre souverain sire, comme vous feriez le* « *vostre en pareil cas. Nous avons enduré maint* « *mal et mesaise, mais nous sommes resolus à* « *souffrir ce qu'oncques gens d'armes ne souffri-* « *rent, plustost que de consentir que le plus petit* « *garçon de la ville eust autre mal que le plus* « *grand de nous. Nous vous prions donc par* « *votre humilité d'aller devers le roy d'Angle-* « *terre. Nous esperons en lui tant de gentillesse,* « *qu'à la grace de Dieu son propos changera.* »

Les deux chevaliers anglois retournèrent vers leur maître, et lui rapportèrent les paroles du gouverneur. Édouard, irrité de la longue résistance de la place, et remémorant les avantages que les habitants de Calais avoient obtenus sur les Anglois dans les combats de mer, vouloit tous les mettre à mort. Mauny, aussi généreux qu'il étoit brave, osa représenter au roi que pour avoir été loyaux serviteurs envers leur prince, ces François ne méritoient pas d'être ainsi traités; que Philippe, quand il prendroit quelque ville, pourroit user de représailles. « *Enfin*, ajouta-t-il, vous pourriez bien, mon- « seigneur, avoir tort; car vous nous donnez « un très-mauvais exemple. » Les barons et les chevaliers anglois qui étoient présents furent de l'opinion de Gauthier. « *Eh bien! seigneurs,* « s'écria Édouard, *je ne veux mie estre seul con-* « *tre vous tous. Sire Gauthier, allez dire au ca-* « *pitaine de Calais qu'il me livre six des plus* « *notables bourgeois de la ville; qu'ils viennent* « *la teste nue, les pieds deschaussés, la hart au* « *cou, les clefs de la ville et du chasteau dans* « *leurs mains : je ferai d'eux à ma volonté, je* « *prendrai le reste à mercy.* »

Mauny porta cette réponse à Jean de Vienne, qui étoit resté appuyé aux créneaux. Jean pria Mauny de l'attendre pendant qu'il alloit instruire les bourgeois de la proposition d'Édouard. Il fait sonner le beffroi; hommes, femmes, enfants, vieillards, se rassemblent aux halles. Le gouverneur leur raconte ce qu'il a fait, et quelle est la dernière volonté du roi d'Angleterre.

Un silence profond règne d'abord dans l'assemblée : tous les yeux cherchent les six victimes qui doivent racheter de leur sang la vie du reste des citoyens. Bientôt les sanglots éclatent dans cette foule à moitié consumée par la faim : « *lors commencerent à plourer toute ma-* « *niere de gens, et à mener tel deuil qu'il n'est* « *si dur cœur qui n'en eust pitié, et mesmement*

« messire Jehan (le vieux gouverneur) en lar-
« moyoit tendrement. » Il falloit une prompte réponse, le temps accordé s'écouloit; un homme se lève; le lecteur l'a déjà nommé : Eustache de Saint-Pierre. Sa grande fortune, la considération dont il jouissoit, le rendoient notable, et lui donnoient les conditions requises pour mourir. L'histoire nous a transmis son discours, paroles saintes auxquelles on ne doit rien changer : « Seigneurs, grands et petits, « grand'pitié et grand meschef seroit de laisser « mourir un tel peuple qui cy est, par famine ou « autrement, quand on y peut trouver aucun « moyen, et seroit grand'aumosne et grand'grace « envers Nostre Seigneur qui de tel meschef les « pourroit garder. J'ai si grande esperance d'a- « voir pardon de Nostre Seigneur, si je meurs « pour ce peuple sauver, que veux estre le pre- « mier; et mettrai volontiers en chemise, e nu « chef et la hart au cou, en la mercy du roi d'An- « gleterre. »

« Quand sire Eustache eut dit ces paroles, « chacun alla l'adorer de pitié, et plusieurs « hommes et femmes se jettoient à ses pieds en « plorant tendrement. »

La vertu est contagieuse comme le vice : à peine Eustache eut-il cessé de parler, que Jean d'Aire, qui avoit deux belles demoiselles à filles, déclara qu'il feroit compagnie à son compère. Jacques et Pierre de Wissant, frères, dirent à leur tour qu'ils feroient compagnie à leurs cousins, Eustache de Saint-Pierre et Jean d'Aire; aussi magnanimes qu'Eustache dans leur sacrifice, car s'ils n'en eurent pas la première pensée, ils se dévouoient à une mort dont lui seul devoit recueillir l'honneur. En effet, les noms de Jean d'Aire, de Pierre et Jacques de Wissant sont presque ignorés, et tout le monde sait celui d'Eustache de Saint-Pierre. Et c'est pour cela que parmi les six victimes, les deux seules qui n'ont pas de désignation dans nos chroniques doivent être réputées les plus illustres; tout François doit tenir compte de l'oubli de l'histoire; tout François doit rendre un tribut d'hommages à ces immortels sans noms, comme les anciens élevoient des autels aux dieux inconnus.

Les annales de Calais assurent que les deux derniers candidats pour la mort furent tirés au sort parmi plus de cent qui se proposèrent après les quatre premiers; et un écrivain conjecture que ce grand nombre de concurrents est peut-être ce qui a empêché les noms des deux derniers bourgeois de parvenir jusqu'à nous; ils se seront perdus dans la gloire commune de ces Décius. Une autre version, sans autorité, veut qu'Édouard eût demandé huit personnes, quatre chevaliers et quatre bourgeois.

Récemment blessé, accablé par les ans, les infirmités, la douleur et la fatigue, Jean de Vienne, se pouvant à peine soutenir, monte sur une petite haquenée, et escorte les six bourgeois jusqu'aux portes de la ville. Ceux-ci marchoient en chemise, la tête et les pieds nus, la hart au cou, ainsi que l'avoit exigé Édouard, et tels que les prêtres, à cette époque, s'avançoient suivis du peuple dans les calamités publiques, pour offrir un sacrifice expiatoire. Eustache et ses compagnons portoient les clefs de la ville; « chacun en tenoit une poignée. Les femmes et « les enfants d'iceux tordoient leurs mains et « crioient à haute voix très-amèrement. Ainsi « vinrent eux jusqu'à la porte, convoyés en « plaintes, en cris et pleurs : » spectacle que n'avoit point vu le monde depuis le jour où Régulus sortit de Rome pour retourner à Carthage. Le gouverneur remit Eustache de Saint-Pierre, Jean d'Aire, Pierre et Jacques de Wissant et les deux inconnus entre les mains du sire de Mauny, les recommandant à sa courtoisie : « Messire Gauthier, je vous délivre comme « capitaine de Calais, par le consentement du « povre peuple de ceste ville, ces six bour- « geois....... Si vous prie, gentil sire, que vous « veuilliez prier pour eux au roy d'Angleterre, « que ces bonnes gens ne soient mis à mort. »

Adonc fut la barrière ouverte, et les six bourgeois furent conduits à Édouard à travers le camp ennemi. Selon Thomas de la Moore et Knighton, le gouverneur de Calais accompagna, avec une partie de la garnison, les prisonniers, et remit lui-même les clefs de la ville au roi d'Angleterre. Les comtes, les barons et les chevaliers qui environnoient le roi d'Angleterre, saisis d'admiration au récit de Gauthier de Mauny, invitoient par un murmure Édouard à égaler la générosité de ces citoyens. Le monarque demeure inflexible : « Il se tint tout coi, « et regarda moult fellement (cruellement) les

« bourgeois, car moult hayssoit les habitants
« de Calais pour les grands dommages et con-
« traires qu'au temps passé sur mer lui avoient
« faits. »

Il ordonna de couper la tête aux prisonniers.
« Ah! gentil sire, s'écria Gauthier de Mauny,
« veuillez refrener vostre courage!..... Si vous
« n'avez pitié de ces gens, toutes autres gens
« diront que ce sera grande cruauté que vous
« fassiez mourir ces honnestes bourgeois qui se
« sont mis en vostre mercy pour les autres sau-
« ver. »

« A ce point grigna (grinça) le roy les dents, et
« dit : Messire Gauthier, souffrez-vous (taisez-
« vous), et il ordonna de faire venir le coupe-
« teste. »

La reine d'Angleterre se trouvoit alors dans
le camp; elle étoit enceinte, et elle ploroit si
tendrement de pitié qu'elle ne se pouvoit soustenir. Si se jetta à genoux par-devant le roy son
seigneur, et dit : « Ah! gentil sire, depuis que je
« repassai la mer en grand peril, je ne vous ai
« rien requis ni demandé. Or vous prié-je hum-
« blement que, pour le fils de sainte Marie et
« pour l'amour de moi, vous veuilliez avoir de
« ces six hommes mercy. »

Le roy attendit un petit à parler, et regarda
la bonne dame sa femme qui ploroit à genoux
moult tendrement. Si lui amollia le cœur et si
dit : « Ah! dame, j'aimerois trop mieux que
« vous fussiez autre part que cy... Tenez, je
« vous les donne: si en faites vostre plaisir. »
La bonne dame dit : « Monseigneur, très-grands
« mercis. »

Lors se leva la reine et fit lever les six bourgeois et leur ostoit les chevestres (cordes) d'entour leur cou, et les emmena avec elle dans sa
chambre, et les fit revestir et donner à disner
toute aise, et puis donna à chacun six nobles,
et les fit conduire hors de l'ost à sauveté.

Édouard prit possession de Calais. Il y chevaucha à grand'gloire avec les barons et les chevaliers avec si grand foison de menestriers, de
trompes, de tambours, de chalumeaux et de
musettes, que ce seroit merveille à recorder
On ne retint dans la ville que trois François,
un prebstre et deux autres anciens hommes bons
coutumiers des lois et ordonnances de Calais;
et fut pour enseigner les heritages, voulant le
roi repeupler la ville de purs Anglois. Ce fut
grand'pitié quand les grands bourgeois et les
nobles bourgeoises et leurs beaux enfants furent
contraints de guerpir (quitter) leurs beaux hostels, leurs heritages, leurs meubles et leurs
avoirs, car riens n'emporterent.

On croit lire une page de l'histoire des plus
beaux temps de la république romaine, placée
par aventure et comme par méprise au milieu
de l'histoire de la chevalerie. Les vertus civiles d'Eustache de Saint-Pierre, de Jean
d'Aire et des deux Wissant contrastent avec
les vertus militaires des Ribaumont, des Charny et des Mauny : deux sociétés opposées se
présentent ensemble, et toutes les deux font
honneur à l'espèce humaine.

Calais fut repeuplée d'Anglois. Édouard y
établit trente-six familles bourgeoises des plus
riches, et trois cents autres personnes de moindre état. Les franchises accordées à cette ville
y attirèrent une foule d'habitants. Édouard
donna les meilleurs maisons de la cité à quelques-uns de ses chevaliers, tels que Mauny,
Cobham, Stanfort et Barthélemy de Burg-
hersh; la reine Philippe eut, pour sa part,
l'héritage de Jean d'Aire. Quelques François
obtinrent aussi des propriétés à Calais. Eustache de Saint-Pierre rentra dans la possession
d'une partie de ses biens, et obtint de plus une
pension considérable.

Un esprit de dénigrement se répandit parmi
nous vers la fin du dernier siècle; on se plaisoit à rabaisser les actions héroïques; de même
qu'on ne vouloit plus de la religion de nos
aïeux, on étoit incrédule à leur gloire. On
n'eut pas plus tôt découvert qu'Eustache de
Saint-Pierre avoit reçu une pension d'Édouard,
qu'on triompha de cette découverte; on remarqua que les historiens anglois gardoient
le silence sur les faits racontés par Froissard
au sujet de la reddition de Calais, et l'on voulut douter de ces faits. Mais n'avoit-on pas vu
tout le siècle d'Auguste se taire sur Cicéron?
Les largesses d'Édouard pour Eustache de
Saint-Pierre ne sont-elles pas un nouvel hommage rendu au dévouement de ce grand citoyen? L'estime qu'il inspira aux ennemis de
la France doit-elle diminuer celle que nous lui
devons? Malheur à qui va chercher dans la vie
privée d'un homme des raisons de moins admirer ses actions publiques ! A coup sûr, ce

ravaleur des vertus ne fera jamais lui-même des actions dignes d'être racontées.

Une injustice de la même nature avoit commencé plus tôt pour Philippe de Valois : Froissard et le continuateur de Nangis avoient assuré que les habitants de Calais errèrent dans la France sans récompense et sans asile, en mendiant le pain de la charité. Philippe ne fut point coupable de cette ingratitude; deux ordonnances de ce roi, et d'autres ordonnances de Jean et de Charles, ses successeurs immédiats, accordent aux Calaisiens des places, des priviléges et des propriétés. L'ordonnance du 8 septembre 1347 mentionne une concession remarquable ; Philippe livre aux Calaisiens chassés de leurs foyers tous les biens et héritages qui pourroient lui échoir par quelque raison que ce fût ; ainsi le monarque donnoit à ses sujets ses propres biens en échange des biens qu'ils avoient perdus : ce talion qu'il s'imposoit, non pour le crime, mais pour le malheur, est dans un esprit touchant d'égalité et de justice. Calais ne devoit être rendu à la France qu'en 1558, par François de Guise, homme destiné à faire disparoître la dernière trace des maux qu'Édouard avoit faits à la France, et à en commencer de nouveaux.

SOMMAIRE.

Trèves continuées à diverses reprises jusqu'à la mort de Philippe. — Famine et peste générale. — Massacre des Juifs. — Flagellants. — Tentative sur Calais. — Combat singulier d'Édouard et d'Eustache de Ribaumont. — Le Dauphin d'Auvergne abandonne ses états à Philippe ; le Roussillon, la Cerdagne et la seigneurie de Montpellier lui avoient déjà été cédés par Jacques, roi de Majorque. — Le pape achète Avignon de la reine Jeanne de Naples. — Philippe épouse en secondes noces Blanche, fille de Philippe, roi de Navarre, qu'il avoit d'abord destinée à son fils Jean, duc de Normandie, devenu veuf. — Philippe meurt comme Louis XII, victime de sa passion pour la jeune reine, qui, prolongeant sa vie jusqu'à un âge très-avancé, vit la désolation de la France sous le roi Jean, finir sous Charles V, et recommencer sous Charles VI.

FRAGMENTS.

MORT DU ROI.

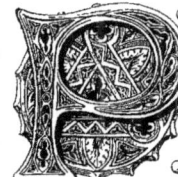

PHILIPPE, étant sur son lit de mort, fit appeler ses fils, le duc de Normandie et le duc d'Orléans. Dans ce moment où toutes les illusions s'évanouissent, où il ne reste que le souvenir du bien ou du mal qu'on a fait, le roi protesta de son bon droit dans la guerre qu'il avoit été obligé de soutenir, et de ses titres légitimes à la couronne. « Mon fils, » dit-il au duc de Normandie, qui fut son successeur, « défendez donc courageusement la « France après ma mort. Il arrive quelquefois, « comme j'en ai fait l'expérience, que ceux « qui combattent pour une chose juste éprou-« vent des revers ; mais ils doivent mettre leur « espoir en Dieu, qui ne permet pas que le « règne de l'iniquité soit durable. Aimez-« vous, mes fils ; maintenez la justice et sou-« lagez les peuples. »

Un roi qui craint que ses revers ne le fassent regarder comme coupable, qui se croit obligé de prouver à son successeur la justice de ses droits malgré le peu de succès de ses armes, eût également confessé l'injustice de ces mêmes droits et les châtiments mérités d'une ambition criminelle. Et cette confession, à qui étoit-elle faite, à qui rappeloit-elle les voies impénétrables de la Providence ? à ce roi Jean, que l'adversité marquoit déjà de son sceau, adversité qui néanmoins ne devoit pas perdre la France ; car Dieu *ne permet pas que le règne de l'iniquité soit durable.*

Le premier des Valois alla, le 22 août 1350, porter sa cause au pied de celui qui donne et retire les royaumes à sa volonté, laquelle n'est autre que le pouvoir éternel et l'infaillible justice.

JEAN II.

Depuis son avénement à la couronne jusqu'à la bataille de Poitiers.

De 1350 à 1356.

HILIPPE VI, dit de Valois, laissa le sceptre à son fils Jean, second du nom ; car on compte un fils de Louis X, Jean 1er, qui ne vécut que cinq jours. Louis XVII, enfant, a pareillement été placé au nombre de nos monarques. La loi salique étoit en ce point d'accord avec le caractère national : en France, l'innocence et le malheur n'excluent pas de la couronne.

Jean avoit reçu une éducation aussi bonne que celle de son père avoit été négligée; il aima et protégea les lettres autant que Philippe les méprisoit : c'est à ses ordres que nous devons les premières traductions de Tite-Live, de Salluste, de Lucain, et des *Commentaires de César*. Il chercha et récompensa le mérite ; il sentoit par le cœur ce qu'il ne voyoit pas par l'esprit. Il eut à la fois ces défauts et ces qualités propres à perdre les empires : l'impétuosité de caractère et l'irrésolution d'esprit ; le courage, qui ne consulte que l'honneur, et la magnanimité, qui sacrifie tout à l'accomplissement de sa parole. Dans un temps où la justice étoit en France la liberté, il protégea la justice. En amitié, il n'y eut point d'homme plus fidèle ; mais on pardonne rarement aux rois d'avoir des amis ou de n'en avoir pas.

A Reims, le 26 septembre 1350, Jean se para de la couronne qui devoit orner son cercueil à Londres. Le jour de son sacre il arma chevaliers des princes et des gentilshommes qui ne devoient plus remettre dans le fourreau l'épée qu'ils prirent de sa main. La pompe fut superbe, la dépense prodigieuse ; chaque nouveau chevalier reçut, selon l'usage, aux frais du roi, les habits de la cérémonie, fourrures précieuses, double tenture d'or et de soie. Paris s'émut à l'aspect de son monarque. Les rues furent tapissées ; les artisans divisés en corps de métiers, les uns à pied, les autres à cheval, étoient vêtus d'une manière uniforme, mais différente pour chaque confrérie. Les fêtes durèrent huit jours : une exécution sanglante met fin à ces joies funestes.

Jean fait décapiter le comte d'Eu, connétable de France, nouvellement revenu, sur parole, de sa prison d'Angleterre. Il fut dit, mais sans preuves, que le connétable trahissoit sa patrie, à l'exemple de tant de François.

SOMMAIRE.

La trêve conclue avec l'Angleterre sous le règne précédent est confirmée par les soins du pape ; elle est prorogée à diverses reprises pendant trois années. — Néanmoins les hostilités ne cessent jamais tout à fait dans la Guienne et dans la Bretagne. — Combat des trente. — Création de l'ordre de l'Étoile. — Surprise du château de Guines par Édouard, qui disoit que les trêves étoient marchandes. — Recherches inutiles, par la chambre des comptes, des malversations financières. — Jean, pris pour juge dans une querelle d'honneur entre le duc de Brunswick et le duc de Lancaster. — Mort du pape Clément VI. — Premier crime du roi de Navarre.

FRAGMENTS.

DU ROI DE NAVARRE.

E troisième fléau de sa patrie, Charles-le-Mauvais, monte sur la scène après Robert d'Artois, déjà disparu, et Geoffroy d'Harcourt, qui va disparoître. Il étoit, comme on l'a déjà dit, fils de Jeanne, fille de Louis-le-Hu-

tin, reine de Navarre, et de Philippe, comte d'Évreux, prince du sang : par l'héritage maternel, il possédoit un état important vers les Pyrénées ; par l'héritage paternel, des terres, des villes, des châteaux en Normandie. Sa puissance s'accrut encore : il devint gendre du roi, qui lui donna pour accordée, en attendant mariage, sa fille Jeanne, âgée de huit ans. Plus Charles s'approchoit du trône, plus il sembloit l'envier et le haïr. Si la loi salique avoit été rejetée, le roi de Navarre eût eu à ce trône des prétentions mieux fondées que celles d'Édouard, puisqu'il étoit fils d'une fille de Louis-le-Hutin, et qu'Édouard ne descendoit que d'une fille de Philippe-le-Bel. C'est ce qui fit qu'Édouard ne secourut Charles qu'autant qu'il le fallut pour désoler la France, pas assez pour le faire triompher.

Charles-le-Mauvais mérita son nom : esprit inquiet, âme noire, impuissant dans les forfaits comme dans les débauches, ses qualités étoient avortées comme ses vices. L'histoire parle de sa beauté, de sa libéralité, de son éloquence, de sa bravoure, et cela ne le conduisit à rien : les monstres adorés au bord du Nil portoient aussi une parure.

Son caractère est tout à part au milieu des caractères de son siècle : Charles étoit moins un chevalier qu'un de ces petits tyrans alors oppresseurs des républiques d'Italie. Il naquit, comme Marcel, pour ces troubles civils qui alloient annoncer l'apparition de la nation dans ses propres affaires, et une révolution dans les mœurs.

La charge de connétable de France avoit été donnée, après l'exécution du comte d'Eu, à Charles d'Espagne, frère de Louis d'Espagne. Ce jeune étranger, connu sous le nom de La Cerda, est le premier de cette race de favoris qui s'attacha aux Valois comme une branche bâtarde de leur famille. On accusa La Cerda d'avoir poussé Jean à un acte de rigueur, afin de s'emparer des dépouilles de la victime. Que cette accusation fût fondée ou non, Charles d'Espagne devint odieux aussitôt qu'il eut pris l'épée de connétable. On pardonne quelquefois à celui qui verse le sang, jamais à celui qui en reçoit le prix.

SOMMAIRE.

Charles-le-Mauvais, jaloux de la Cerda, le fait assassiner. — Il passe de l'assassinat à la trahison, se lie avec l'Angleterre, et entraîne dans ses projets le comte d'Harcourt et Louis son frère. — Traité honteux pour le roi Jean, conclu à Mantes, et pardon solennel accordé au roi de Navarre. — Celui-ci se brouille de nouveau. — Autre traité conclu à Valognes presque aussi honteux que celui de Mantes. — La trêve avec l'Angleterre expire. — Édouard aborde à Calais, et entre pour la première fois en France par la porte dont il tenoit les clefs. — Il retourne en Angleterre, rappelé par une invasion des Écossois. — Char es-le-Mauvais séduit Charles-le-Dauphin, âgé de dix-sept ans, et qui devint Charles-le-Sage. — Il l'engage à fuir de la cour sous prétexte que le roi Jean lui préféroit ses autres fils. — Le dauphin, saisi de remords, révèle le secret à son père. — Jean, bien qu'il eût accordé de nouvelles lettres de grâce au roi de Navarre, se détermine à se venger de lui. — Convocation des états.

FRAGMENTS.

LES TROIS ÉTATS.

En moins de cinquante ans, depuis la première convocation régulière des états jusqu'à la convocation de ces états sous le roi Jean, les principes politiques se développèrent avec une force et une clarté qu'il auroit été impossible de prévoir. Si le royaume eût été un corps compacte ; si des vassaux n'avoient pas exercé la souveraineté dans les provinces par eux possédées ; si une guerre d'invasion n'avoit pas détourné les esprits de la politique, il est probable que les trois états se fussent fondés comme le parlement d'Angleterre. Les états de 1355 et ceux qui les suivirent eurent des idées beaucoup plus nettes des droits d'une nation que le parlement britannique n'en avoit alors. On ne sait où des bourgeois à peine émancipés, où des prélats et des seigneurs

féodaux avoient pu puiser des notions si claires du gouvernement représentatif au milieu des préjugés du temps, de l'obscurité et du chaos des lois : la promptitude de l'esprit françois suppléa à l'expérience des siècles.

Il est vrai que des malheurs, ces puissants maîtres de la race humaine, hâtèrent le développement de la vérité politique sous le règne de Jean et pendant la régence de son fils. Un grand fait se présente partout dans l'histoire : jamais les peuples ne sont entrés en jouissance de leurs droits qu'en passant au travers des maux inhérents aux révolutions combattues. Ces révolutions sont en vain accomplies au fond des mœurs; en vain elles sont devenues inévitables comme les productions naturelles du temps; les chefs des empires refusent de reconnoître que le moment est venu. Les intérêts particuliers font résistance aux intérêts généraux; la lutte commence, et devient plus ou moins sanglante, selon le mouvement des passions, le caractère des individus, les hasards et les accidents de la fortune. Déplorons les calamités que tout changement amène, mais apprenons de l'histoire qu'elles sont des nécessités auxquelles les hommes ne se peuvent soustraire. Quand les révolutions s'accompliront-elles sans efforts et sans injustices? Quand les lumières seront-elles assez répandues, la civilisation assez complète pour que peuples et rois se cèdent mutuellement ce qu'ils ne doivent se dénier ni se ravir? C'est le secret de Dieu.

Les états de la langue d'Oïl, c'est-à-dire du pays coutumier, dans lequel on reconnoissoit pourtant le Lyonnois, quoique pays de droit écrit, s'assemblèrent dans la grand'chambre du parlement, à Paris, le 2 décembre de l'année 1355. L'archevêque de Rouen, Pierre de Laforest, chancelier de France, ouvrit l'assemblée par un discours qu'il prononça au nom du roi; il exposa les besoins du royaume; il déclara que le roi étoit prêt à abandonner l'altération des monnoies, si les états trouvoient le moyen de remplacer cette sorte de taxe par un subside équivalent. Fixez au règne des Valois la naissance de l'impôt.

Jean de Craon, archevêque de Reims, au nom du clergé; Gauthier de Brienne, duc d'Athènes, au nom de la noblesse; Étienne Marcel, prévôt des marchands de Paris, au nom du tiers-état, protestèrent de leur dévouement et de leur fidélité au roi. Ils demandèrent la permission de se retirer, afin de délibérer entre eux sur les subsides à accorder et sur la réforme des abus.

Leur première déclaration fut ainsi conçue : Aucun règlement n'aura force de loi qu'autant qu'il sera approuvé par les trois ordres; l'ordre qui aura refusé son consentement ne sera pas lié par le vote des deux autres. Cette déclaration rend tout à coup le tiers-état l'égal du clergé et de la noblesse. La liberté dépasse déjà la limite de la monarchie constitutionnelle; car la majorité absolue des suffrages est reconnue aujourd'hui bastante à l'achèvement de la loi : par le décret des états, il suffisoit d'un ordre corrompu ou factieux pour arrêter le mouvement du corps politique.

Il n'est pas dit que le roi fût appelé à donner sa sanction à ce décret constituant des états de 1355; ainsi le principe du pouvoir de la couronne, tel que nous l'admettons maintenant, étoit ignoré; mais cela est moins étonnant que la force acquise du tiers-état : il n'y avoit pas deux siècles qu'il étoit encore esclave, et il n'y avoit pas deux siècles que le roi n'étoit rien au milieu des grands vassaux. La liberté revient aux sociétés par tous les canaux, comme le sang remonte au cœur par toutes les veines.

Ce point obtenu, on le paya au roi Jean d'un vote qui mit à sa disposition trente mille hommes d'armes, ce qui devoit composer un corps de quatre-vingt-dix mille combattants : on ne comptoit point dans ce nombre les communes, infanterie de l'armée. Un impôt sur le sel, un autre de huit deniers sur toutes les choses vendues, excepté sur les ventes d'héritages, devoient, pendant l'espace d'une année, fournir une somme de 50,000 liv. par jour, somme jugée équipollente à l'entretien de trente mille hommes d'armes. Les états se réservoient le choix des personnes commises à la levée et à la régie de l'imposition, dont personne, pas même le roi et la famille royale, ne devoit être exempt.

Le roi rendit, le 28 décembre 1355, une ordonnance conforme à la délibération des états. Il promettoit de ne point toucher à l'ar-

gent levé pour la guerre, de le laisser distribuer aux hommes d'armes par une commission des députés des états, ce qui livroit le pouvoir exécutif au pouvoir législatif. Le roi s'engageoit en outre à fabriquer des monnoies fortes et stables, à renoncer dans les voyages, pour lui, sa maison et les grands-officiers de bouche et de guerre, aux réquisitions de blé, de vin, de vivres, de charrettes, de chevaux, que les paysans étoient obligés de fournir. Défense à tout créancier de transporter sa dette à une personne privilégiée ou plus puissante que lui. Ordre à toute juridiction de ressortir aux juges ordinaires. Nombre des sergents restreint comme abusif, et injonction auxdits sergents de rien exiger au-delà de leur salaire. Commerce interdit à tout juge et officier judiciaire dans quelque espèce de tribunal que ce fût. Toutes les ordonnances en faveur des laboureurs confirmées.

Quant aux choses militaires, le roi bailloit parole de ne plus convoquer l'arrière-ban sans une nécessité évidente, et d'après l'avis des états, si faire se pouvoit. Les fausses montres étoient défendues sous les peines rigoureuses: les chevaux devoient être marqués pour être reconnus dans les revues, et afin que la solde ne fût pas payée à un homme d'armes deux ou trois fois pour le même cheval. Les capitaines étoient rendus responsables des désordres commis par leurs soldats. Les troupes ne pouvoient s'arrêter plus d'un jour dans les villes sur leur passage; si elles y demeuroient plus longtemps, on seroit libre de leur refuser l'étape, et de les contraindre à passer outre. Le roi s'obligeoit enfin à ne conclure ni paix ni trève, que d'accord avec une commission des trois ordres des états.

Telle fut cette ordonnance que l'on a comparée, sous certains rapports, à la grande Charte de cet autre roi Jean d'Angleterre, première source de la liberté britannique par les choses que cette ordonnance défend, on apprend ce qui avoit été permis. Mais les états de 1355 devançoient en principes politiques et administratifs des lumières de leur siècle; ils changeoient la nature de la monarchie. Aussi ne resta-t-il rien, pour le moment, de ces essais salutaires; les temps et les malheurs firent avorter, dans un sol encore mal préparé, ces germes d'une civilisation trop hâtive.

SOMMAIRE.

Le roi va à Rouen arrêter de sa propre main le roi de Navarre dans un banquet. — Il fait exécuter devant lui le comte d'Harcourt, le seigneur de Graville, Maubué de Mainant et Olivier Doublet. — Le roi de Navarre, fait prisonnier, est conduit à la tour du Louvre ou au château Gaillard, et de à au Châtelet.

FRAGMENTS.

BATAILLE DE POITIERS.

Les fautes du roi sont frappantes : sa colère l'aveugle et passe plus vite que sa bonté, qui revint trop tôt pour épargner le seul coupable qu'il eût fallu punir; il se croit sûr de sa justice, et il est arrêté au milieu de l'exécution par sa miséricorde; il viole assez les lois pour faire haïr la couronne, pas assez pour la sauver; il prouva qu'un honnête homme ne peut devenir un mauvais roi, et qu'après tout il n'est pas si aisé d'être un tyran. Les erreurs qui, comme celles de Jean, sont sensibles, donnent aux esprits vulgaires l'occasion d'étaler des lieux communs de morale, et aux méchants un sujet de triomphe : les clameurs furent universelles; Philippe de Navarre, frère de Charles, et Geoffroy d'Harcourt, le fameux traître pardonné, oncle du comte décapité, soulèvent la Normandie; ils se livrent au roi d'Angleterre, le reconnoissent pour roi de France, jurent de le seconder dans la conquête de ce royaume, et lui font hommage de leurs domaines. Édouard, de son côté, agit comme il avoit fait autrefois à la mort des seigneurs bretons; il envoie à toutes les cours de la chrétienté un manifeste, déclarant : « Que les gentilshommes décapités ou emprisonnés par Jean, se disant roi de France, avoient été traîtreusement frappés; qu'ils n'avoient fait aucun traité avec lui, et qu'au contraire lui, Édouard, avoit toujours regardé le roi de Navarre et ses amis comme les ennemis de l'Angleterre. » Geoffroy d'Harcourt étoit-il l'ennemi d'Édouard?

Pour appuyer ce manifeste, le duc de Lancastre descendit en Normandie; les Anglois, réunis aux Navarrois, formèrent une armée de quarante mille hommes d'armes, sans compter les gens de pied. Jean s'avança contre les alliés, qui venoient de prendre et de raser Verneuil au Perche; les Anglois se retirèrent dans les forêts de l'Aigle, et Jean mit le siége devant Breteuil, qui n'ouvrit ses portes qu'après deux mois de résistance.

Jean, de retour à Paris, apprend que le prince de Galles, après avoir ravagé l'Auvergne, le Limousin et le Berry, s'approchoit de la Touraine : il fait aussitôt le serment de marcher à lui, et de le combattre partout où il le rencontrera. Il convoque barons, grands vassaux, seigneurs, gentilshommes et chevaliers de son royaume, ordonnant qu'aucun d'eux ne se dispense de se trouver au rendez-vous sur les marches de Blois et de Tours.

On s'assemble dans les plaines de Chartres: Craon, Boucicault et l'Ermite de Chaumont se portent en avant avec trois cents hommes d'armes pour reconnoître et harceler l'ennemi.

Le Prince Noir avoit eu d'abord le dessein de rejoindre dans le Perche l'armée du duc de Lancastre; mais trouvant les passages de la Loire gardés, et apprenant que Jean réunissoit des forces considérables, il reprit le chemin de Bordeaux par la Touraine et le Poitou : il perdit quelque temps au château de Romorantin, dans lequel Boucicault, Craon et l'Ermite de Chaumont s'étoient renfermés, à la suite d'une affaire d'avant-poste : c'est le premier siége, comme Crécy fut la première bataille, où l'on se soit servi de canon. Le prince de Galles avoit donc du canon dans son armée? Il ne l'employa pourtant pas à la bataille de Poitiers; nos grands barons dédaignèrent aussi d'en faire usage à la bataille d'Azincourt, quoiqu'ils eussent avec eux une artillerie formidable pour les temps. La valeur chevaleresque méprisoit les armes qui pouvoient être également celles du lâche et du brave.

Le prince de Galles, en s'arrêtant devant Romorantin, avoit commis une faute qui le devoit perdre : ce fut cette faute qui le couvrit de gloire et la France de deuil; elle laissa à Jean le temps d'atteindre l'armée angloise, qui (n'eût été ce siége imprudent) fût rentrée en Guienne sans coup férir.

Les François franchirent la Loire sur différents points.

Le prince Noir commençoit à manquer de vivres; il avoit fait un détour pour éviter Poitiers, resté fidèle à la France. Ce mouvement permit au roi, qui suivoit la ligne la plus courte, de se porter en avant des Anglois.

Or, ceux-ci envoyèrent à la découverte deux cents armures de fer « *tous montés sur fleur de coursiers*, » et commandés par le captal de Buch. Elles tombèrent dans les troupes du roi, et virent la campagne couverte d'hommes d'armes : elles fondirent sur les traîneurs. Le bruit de l'attaque parvint à Jean au moment même où il alloit entrer dans Poitiers : il retourna sur ses pas avec le gros de son armée.

Les coureurs anglois, ayant rejoint le prince de Galles, lui racontèrent ce qu'ils avoient appris, et combien l'armée françoise étoit nombreuse. Il répondit : « Or, il nous faut savoir « à présent comment nous la combattrons à « nostre avantage.» Il prit poste sur un terrain de difficile accès; Jean, de son côté, s'arrêta : la nuit vint, et couvrit les deux camps.

Le lendemain dimanche, 18 septembre, le roi fit chanter une messe dans sa tente, et communia avec ses quatre fils, Charles, Louis, Jean, Philippe, et les seigneurs des fleurs de lis, comme on appeloit alors les princes du sang.

Quand cela fut fait, Jean assembla son conseil : il proposa d'attaquer l'ennemi, et le conseil fut de l'avis du roi.

Les historiens ont blâmé cette résolution; mais ils n'ont considéré ni les circonstances ni les mœurs. Sans doute il eût été plus sûr d'affamer les Anglois et de les forcer à se rendre; mais il étoit aussi très-possible et plus héroïque de les vaincre. Si l'on n'eût pas perdu un jour; si le duc d'Orléans ne se fût pas retiré avec un tiers de l'armée à l'abord de l'engagement, il est probable que le prince de Galles eût succombé. Et quel juste sujet de ressentiment le roi n'avoit-il pas contre les

Anglois! Dans ces temps, d'ailleurs, les batailles n'étoient plus des calculs; elles étoient le fruit du hasard, ou d'une impulsion guerrière; elles n'avoient presque jamais de grands résultats; elles ne changeoient pas la face des empires: c'étoient des actions où l'on décidoit non de l'existence, mais de l'honneur des nations. Aussi les princes s'envoyoient-ils des cartels pour se rencontrer en tel lieu convenu, comme de simples chevaliers s'appeloient en champ clos. Des hérauts d'armes portoient ces défis. « Vous irez à Troyes, » dit le comte de Buckingham aux deux hérauts d'armes qu'il envoya au duc de Bourgogne, sous le règne de Charles V; « vous parlerez aux seigneurs, et « leur direz que nous sommes sortis d'Angle- « terre pour faire faicts d'armes, et là où nous « les croyons trouver nous les demandons; et « pour ce que nous savons qu'une partie de la « fleur de lys et de la chevalerie françoise re- « pose là dedans, nous sommes venus à ce che- « min, et s'ils veulent rien dire, ils nous trou- « veront sur les champs. »

On poussoit si loin quelquefois cette délicatesse du point d'honneur entre deux armées, qu'on se refusoit à prendre l'avantage du terrain. Souvent les généraux et les rois faisoient serment de combattre leur ennemi partout où ils le trouveroient, comme les dieux d'Homère juroient par eux-mêmes de faire des choses qui n'étoient pas toujours raisonnables, ou plutôt comme les vieux Germains s'engageoient à porter une longue barbe ou un anneau de fer jusqu'à ce qu'ils eussent abattu un Romain. Deux nations ainsi descendues dans la lice ne pouvoient pas plus refuser le combat, qu'un homme de cœur ne se peut dispenser de tirer l'épée quand il a reçu un affront.

Il fut donc résolu, dans le conseil du roi, de marcher droit à l'ennemi. Aussitôt les ordres sont donnés: les cors de chasse et les trompettes sonnent haut et clair; les ménestriers jouent de leurs instruments, les soldats s'apprêtent; les seigneurs déploient leurs bannières; les chevaliers montent à cheval et viennent se ranger à l'endroit où l'étendard des lis et l'oriflamme flottoient au vent. On voyoit courir les chevaucheurs, les poursuivants, les hérauts d'armes, les pages, les varlets, avec la casaque, le blason et la devise de leurs maîtres. Partout brilloient belles cuirasses, riches armoiries, lances, écus, heaumes et pennons; là se trouvoit toute la fleur de la France, car nul chevalier ni écuyer n'avoit osé demeurer au manoir. On entendoit, au milieu des fanfares, de la voix des chefs, du hennissement des chevaux, retentir les cris d'armes des différents seigneurs: *Montmorency au premier chretien, Chastillon au noble duc, Montjoye au blanc epervier, Montjoye Bourgogne, Bourbon Notre-Dame.* Tous ces cris étoient dominés par le cris de France, *Montjoye Saint-Denys*, par des complaintes en l'honneur de la Vierge, et par la chanson de Roland.

Des vassaux, tête nue, sous la bannière de leur paroisse, et portant des colobes et des tabards (espèce de chemise sans manches et de manteau court); des barons en chaperons, en robes longues et fourrées, marchant sous les couleurs de leurs dames; une infanterie en pelicon ou jaquette, armée d'arcs, d'arbalètes, de bâtons ferrés et de fauchards; une cavalerie couverte de fer, et portant le bassinet et la lance; des évêques en cottes de mailles et en mitre; des aumôniers, des confesseurs; des croix, des images de saints, de nouvelles et d'anciennes machines de guerre; toute cette armée, enfin, présentoit aux feux du soleil un spectacle aussi extraordinaire que brillant et varié.

Les troupes réunies formoient plus de soixante mille combattants: on y voyoit le frère et les quatre fils du roi, la plupart des seigneurs des fleurs de lis, d'illustres commandants étrangers, trois mille chevaliers portant bannières. Tous ces guerriers avoient à leur tête le roi, qui, s'il n'étoit pas le plus grand capitaine de son royaume, en étoit du moins le plus brave soldat et le premier chevalier.

L'armée fut divisée en trois corps ou trois *batailles*, comme on parloit alors, par l'avis du connétable Jean de Brienne et des deux maréchaux d'Audeneham et de Clermont. Le duc d'Orléans, frère du roi, ayant sous lui trente-six bannières et deux cents pennons, commandoit la première bataille; la seconde avoit pour chef le dauphin Charles, duc de Normandie, qui fut Charles-le-Sage; ses deux frères Louis et Jean marchoient avec lui: les trois princes étoient sous la garde des sires de Saint-Venant,

de Landas, de Voudenay et de Cervolles, dit l'Archiprêtre, depuis célèbre aventurier. Le roi menoit la troisième bataille avec Philippe, le plus jeune de ses fils, tige de la seconde maison de Bourgogne.

Ces trois corps, qui auroient pu envelopper l'ennemi en tournant la position du prince de Galles, furent disposés sur une ligne oblique, un peu en arrière les uns des autres. L'aile gauche, la plus avancée vers l'ennemi, et sous les ordres du duc d'Orléans, n'étoit séparée des Anglois que par un monticule, dont on négligea de s'emparer; le dauphin commandoit au centre, et le roi, à l'aile droite, la réserve. On jugera de la science militaire de ce temps, quand on saura que ces dispositions se faisoient avant d'avoir reconnu le terrain occupé par le prince de Galles.

Tandis que l'armée françoise se mettoit en bataille, le roi envoya Eustache de Ribaumont, Jean de Landas et Richard de Beaujeu examiner le camp du chevalier qui avoit gagné ses éperons à Crécy. Cependant Jean, monté sur un cheval blanc, parcouroit les lignes et disoit : « Quand vous estes dans vos « bonnes villes, vous menacez les Anglois, et « desirez avoir le bassinet en la teste devant eux. « Or, y estes-vous. Je vous les montre : si leur « veuillez remontrer leurs maltalents, et contre-« venger les dommages qu'ils vous ont faicts. » L'armée répondit d'une commune voix : « Sire, « Dieu y ait part ! »

Les trois chevaliers envoyés à la découverte revinrent, et rendirent compte au roi de ce qu'ils avoient observé.

L'ennemi s'étoit retranché au milieu d'une vigne, sur une petite hauteur, auprès d'un village appelé *Maupertuis*; pour aller à lui, il n'y avoit qu'un chemin creux bordé de deux haies épaisses, et si étroit, qu'à peine trois cavaliers y pouvoient passer de front. Le prince de Galles avoit embusqué des archers derrière ces haies. Parvenu au bout du défilé, on trouvoit l'armée angloise, composée en tout de deux mille hommes d'armes, de quatre mille archers et de quinze cents aventuriers. Il n'y avoit guère sur ces sept à huit mille hommes que trois mille Anglois : le reste étoit François et Gascons.

Le prince avoit fait mettre pied à terre à sa cavalerie, qui ne pouvoit agir dans le lieu où elle se trouvoit : le tout formoit, sur la pente de la colline, un corps d'infanterie pesamment armé, retranché parmi des buissons et des vignes, couvert sur son front par des archers rangés en forme de herse. Cette disposition étoit l'ouvrage de James d'Audelay, chevalier d'une grande expérience.

Si le roi Jean avoit avec lui la fleur de la chevalerie de France, le prince Noir avoit pour compagnons les plus vaillants guerriers de l'Angleterre et de la Guienne : entre les premiers, on remarquoit Jean lord Chandos, les comtes de Warwick et de Suffolck, Richard Stanford, James d'Audeley, et Pierre, son frère, sir Basset et plusieurs autres; entre les seconds on comptoit le captal de Buch, Jean de Chaumont, les sires de Lesparre, de Rozem, de Montferrand, de Landuras, de Prumes, de Bourguenze, d'Aubrecicourt et de Ghistelles : c'est toujours nommer des François.

Ribaumont ayant peint au roi la position des ennemis, Jean lui demanda comment on les devoit attaquer. « Tous à pied, répondit « Ribaumont, excepté trois cents armures « de fer choisies entre les plus habiles et les « plus chevalereuses; elles entreront dans le « chemin creux pour rompre les archers. El-« les seront suivies du reste des hommes d'ar- « mes à pied pour donner sur les hommes « d'armes anglois qui sont en bataille sur la « hauteur au bout du défilé, et pour les com- « battre de la main à la main. »

Jean suivit cet avis, qui lui plaisoit par sa hardiesse : mieux conseillé, il auroit fait attaquer les archers à dos, et les eût chassés des deux haies avant de s'engager dans le défilé. Les maréchaux, d'après le plan adopté, désignèrent les trois cents cavaliers qui devoient ouvrir le chemin. Le reste des hommes d'armes fut démonté; on leur ordonna d'ôter leurs éperons, de tailler leurs piques, et de les réduire à cinq pieds de long, pour s'en servir avec plus de facilité dans la mêlée. Un corps d'Allemands, commandé par les comtes de Nidau, de Nassau et de Saarbruck, demeura à cheval afin de soutenir, en cas de besoin, les trois cents hommes d'armes à l'attaque du défilé. Le roi, accompagné de vingt chevaliers, se mit au milieu de ces Allemands pour voir de

plus près le commencement de l'action. Tout étant ainsi disposé, on donne le signal du combat.

Déjà les trois cents hommes d'armes avoient embrassé leurs targes, quand voici venir un cavalier qui demande à parler au roi : on reconnut le cardinal de Périgord. Le pape ne cessoit de travailler à la réconciliation de la France et de l'Angleterre : les deux cardinaux d'Urgel et de Périgord avoient été envoyés vers les deux armées pour les engager à la paix, et traiter de la liberté du roi de Navarre. Le cardinal de Périgord ne s'étoit point rebuté du mauvais succès de ses premières tentatives, et, s'attachant aux pas des princes rivaux, il étoit arrivé à l'instant même où ils alloient vider leur querelle.

Il court vers le roi de France; aussitôt qu'il l'aperçoit, il descend de cheval, s'incline et s'écrie en joignant les mains : « Tres-chier sire, « vous avez ici toute la fleur de la chevalerie « de vostre royaume, reunie contre un petit « nombre d'ennemis. Si vous pouvez obtenir « ce que vous desirez sans combattre, vous « espargnerez le sang chrestien et la vie de vos « sujets. Vous savez que Dieu tient dans sa « main le sort des armes; je vous conjure, au « nom de ce Dieu et de la charité, de me per« mettre d'aller vers le prince de Galles lui « representer son peril et l'avantage de la « paix. »

Le roi répondit : « Il nous plaist que cela soit « ainsi; mais retournez viste. »

Le cardinal chevauche au camp anglois : au nom de la religion, les barrières des deux armées s'abaissent et laissent passer son ministre: il trouva le fils d'Édouard au milieu de ses chevaliers, couvert de son armure noire, et portant la devise des princes de Galles, prise de l'écusson du vieux roi de Bohême; présage qui promettoit à Poitiers le destin de Créçy. « Certes, beau fils, lui dit l'envoyé du pape, « si vous aviez examiné l'armée du roi de « France, vous me permettriez d'essayer de « conclure avec lui un traité. » Le prince répondit : « J'entendrai à tout, fors à la perte « de mon honneur et de celui de mes cheva« liers. » Le cardinal répliqua : « Beau fils, « vous dites bien. » Et il retourna en toute hâte au camp françois.

Il supplia le roi de suspendre l'attaque jusqu'au lendemain. « Vos ennemis, disoit-il, « ne peuvent eschapper; accordez-leur quel« ques instants pour appercevoir leur peril. » Jean s'y refusa d'abord, sur l'avis de la plus grande partie de son conseil; mais, par respect pour le saint-siége, il consentit enfin à ce délai; qui donna le temps aux Anglois de se retrancher, ralentit l'ardeur du soldat, et fut la principale cause de la perte de la bataille.

Le roi fit dresser une *belle tente de couleur vermeille* dans l'endroit même où il se trouvoit. Les troupes déposèrent leurs armes, à l'exception du corps commandé par le connétable et par les deux maréchaux.

Le cardinal, retourné au camp anglois, et revenu ensuite au camp françois, rapporta au roi les propositions du prince de Galles. Celui-ci offroit de rendre les prisonniers qu'il avoit faits, les villes et les châteaux qu'il avoit pris depuis trois années; il s'engageoit, pendant sept ans, à ne point porter les armes contre la France : Villani ajoute qu'il consentoit à payer deux cent mille nobles ou écus d'or pour les dégâts commis par son armée. Le prince demandoit en mariage une fille du roi, et, pour dot de cette princesse, le seul duché d'Angoulême; enfin, il réclamoit la liberté de Charles-le-Mauvais, et s'engageoit à faire consentir Édouard aux conditions du traité.

Jean, que les historiens représentent comme un téméraire, n'avoit été que trop modéré en accordant aux Anglois une suspension d'armes; il alloit donner une nouvelle preuve de son esprit conciliant en acceptant l'offre du prince Noir, lorsque Renaud de Chauveau, évêque de Châlons, se leva dans le conseil :

« Sire, dit-il, s'il m'en souvient bien, le roi « d'Angleterre, son fils, et son frère le duc de « Lancastre, vous ont, à plusieurs reprises, « insulté, et ont rempli votre royaume de « meurtres et de ruines. Sur terre, ils ont hu« milié votre père Philippe et massacré votre « noblesse; sur mer, ils ont assailli vos vais« seaux et brûlé vos ports comme des pirates. « Quelle vengeance en avez-vous tirée? Quoi ! « pour prix de ces brigandages, vous donne« riez votre fille à des mains teintes du sang « françois ! Dieu vous livre votre principal en« nemi, ces orgueilleux Anglois, ces Gascons

« infidèles, ces lâches qui viennent d'égorger
« les pâtres et les laboureurs, ces incendiaires
« qui ont porté la flamme dans les hameaux
« qui fument encore, et vous les laisseriez
« échapper ! Et croyez-vous qu'ils soient de
« bonne foi dans ce qu'ils vous proposent? Ne
« connoissez-vous pas leur perfidie? Sous le
« prétexte de faire ratifier les conditions par le
« monarque anglois, ils gagneront du temps;
« Édouard refusera de confirmer le traité con-
« clu. Cependant le duc de Lancastre, qui ra-
« vage le Perche avec son armée, aura rejoint
« le prince de Galles; alors la victoire passera
« peut-être à vos ennemis. Dieu vous préserve
« de plus grands malheurs ! Je demande qu'au-
« cun délai ne soit accordé, et que votre ven-
« geance cesse d'être suspendue par des pro-
« positions insidieuses, et par les lenteurs de
« votre conseil. »

Ce discours, dont le prélat soutint la vigueur la pique à la main, fit bouillonner dans
le sein du roi l'ardeur guerrière; les barons
crièrent : Aux armes ! « Allez, dit Jean au car-
« dinal, allez signifier au prince de Galles
« qu'il ait à se rendre prisonnier, lui et cent
« de ses principaux chevaliers : à cette con-
« dition je laisserai passer son armée. » Le
prince, au ouïr de ces paroles, qui lui furent
rapportées par le cardinal, répondit : « Mes
« chevaliers ne seront pris que les armes à la
« main ; quant à moi, quelque chose qu'il ar-
« rive, l'Angleterre n'aura pas à payer ma ran-
« çon. »

Ces pourparlers occupèrent toute la journée
du dimanche. Pendant la tenue du conseil,
divers chevaliers des deux armées chevauchè-
rent le long des batailles. Dans une de ces
courses, le maréchal de Clermont rencontra
Jean Chandos : ils portoient tous les deux dans
leurs armes le même emblème; c'étoit une
dame vêtue d'une robe bleue, au milieu des
rayons d'un soleil. « Chandos, dit le maréchal,
« depuis quand avez-vous pris ma devise? »
— « Et vous la mienne? » répliqua Chandos.
« —Si nos gens, reprit Clermont, n'estoient au
« moment de jouer des mains, je vous prou-
« verois tout à l'heure que vous ne devez pas
« porter cette devise. » — « Eh ! s'écria Chan-
« dos, demain nous nous retrouverons, et je
« vous prouverai que la dame bleue est plutost
« mienne que vostre. » Cette querelle de chevalerie coûta la vie au maréchal, qui fut tué par
Chandos.

La nuit étoit venue : les François, abondamment pourvus de vivres, se fiant dans leur
nombre et leur valeur, la passèrent à dormir;
les Anglois, manquant de tout, veillèrent et se
retranchèrent : autour de leur camp et devant
leurs archers, ils creusèrent des fossés profonds, qu'ils revêtirent de palissades ; dans la
partie la plus foible de leur poste, ils se couvrirent avec leurs bagages et leurs chariots. Le
prince de Galles commanda d'apporter le butin
enlevé; il en fit faire trois monceaux entre son
camp et celui des François, et l'on y mit le
feu. Ce sacrifice ne laissa plus rien à regretter
aux Anglois; tandis que les tourbillons de
flammes et de fumée qui s'élevoient, la veille
d'une bataille, dans les ténèbres, servirent à
masquer les travaux de l'ennemi et à étonner
nos soldats.

Le soleil qui devoit éclairer un jour si funeste
à notre patrie se leva, et trouva les cœurs ber-
cés de fausses espérances (19 septembre 1356).
Les François se rangèrent dans le même ordre
que le jour précédent; les Anglois changèrent
quelque chose à leurs dispositions : instruits,
on ne sait comment, de la manière dont ils
seroient attaqués, ils placèrent au front de leur
ligne un certain nombre de cavaliers pour soutenir le choc des maréchaux ; ils cachèrent, en
outre, trois cents hommes d'armes et trois cents
archers à cheval derrière une petite colline, au
revers de laquelle s'étendoit le corps commandé
par le dauphin et ses deux frères. Ces six
cents hommes avoient ordre, aussitôt qu'ils
verroient l'action engagée, de tourner le ma-
melon et de prendre en flanc les troupes du
dauphin. Le cardinal de Périgord reparut, mais
on lui fit dire de la part des François de se retirer. Il passa alors chez le prince de Galles,
dont il étoit sujet, comme natif de Guienne.
« Beau fils, lui dit-il, faites ce que vous pour-
« rez; il vous faut combattre. » Le prince répondit : « J'y compte, ainsi que mes cheva-
« liers; Dieu veuille aider au droit ! » Le cardinal alla rejoindre l'autre légat au haut d'une
colline, d'où ils élevèrent leurs mains vers le
Dieu de paix, tandis que dans la plaine on in-
voquoit celui des armées.

Au milieu de ses compagnons d'armes, le prince Noir leur tint ce discours :

« Seigneurs, si nous ne sommes qu'un petit nombre contre l'armée puissante de nos ennemis, il ne faut pas laisser s'affoiblir nostre courage. Ce n'est pas le soldat, c'est Dieu qui donne la victoire. Si nous sommes vainqueurs, nostre triomphe en sera plus éclatant; si nous devons mourir, j'ai un pere et deux freres; vous, vous avez des amis qui nous vengeront; ainsi ne songez qu'à bien combattre. S'il plaist à Dieu, vous me verrez aujourd'hui bon chevalier. »

Le prince de Galles garda auprès de lui Chandos, qui cependant courut au choc des maréchaux de France : il désiroit aussi retenir d'Audeley; mais celui-ci avoit fait vœu de combattre au premier rang dans toute affaire où le roi d'Angleterre, ou l'un de ses fils, se trouveroit en personne. Le prince de Galles lui permit donc d'accomplir son vœu, et il s'alla placer au front de la ligne, parmi les hommes d'armes qui soutenoient les archers.

Les François élèvent le cri d'armes : à ce signal, les deux maréchaux de France, les comtes d'Audeneham et de Clermont, entrent dans le défilé à la tête de trois cents cavaliers commandés pour frayer le chemin. A peine sont-ils engagés entre les deux haies qui bordent le chemin, que les archers retranchés derrière font pleuvoir sur eux une grêle de flèches. Ces flèches, longues, barbues, dentelées, lancées à bout portant par un ennemi invisible, frappent dans l'épais bataillon. Les chevaux, percés d'outre en outre, effrayés et rendus furieux par la douleur, hennissent, ronflent, se cabrent, refusent d'avancer, se tournent de côté, trébuchent et tombent sous leurs maîtres. Les derniers rangs essaient de passer sur les premiers rangs abattus, se renversent, et augmentent le péril et la confusion. Cependant les deux maréchaux, avec quelques chevaliers, surmontent les obstacles et parviennent au front de l'armée angloise : là ils trouvent une nouvelle ligne d'archers et sire James d'Audeley à la tête de ses hommes d'armes. Ces braves maréchaux, sortis presque seuls du défilé, ne peuvent soutenir un combat trop inégal : Clermont meurt de la main de Chandos; d'Audeneham, porté à terre par d'Audeley, est forcé de se rendre.

Bientôt le bruit de cette défaite se répand. Les cavaliers arrêtés au milieu du défilé, entre leurs premiers rangs abattus et les hommes d'armes à pied qui les suivent, ne pouvant ni avancer ni reculer, restent immobiles, exposés aux flèches qui les transpercent et les clouent à leurs chevaux; des cris et des rugissements sortent de l'horrible mêlée. Les hommes d'armes, qui déjà pénétroient dans le chemin, se replient sur le corps commandé par le dauphin Charles. Au même moment les six cents cavaliers anglois cachés au revers de la colline sortent de leur embuscade, et viennent prendre à dos ce même corps. La terreur s'empare des soudoyers; les hommes d'armes démontés se dispersent. Les seigneurs de Landas, de Vondenay, de Saint-Venant, qui avoient la garde des trois fils du roi, jugeant trop vite la bataille perdue, les forcent de s'éloigner. Landas et Vondenay, après avoir laissé les jeunes princes entre les mains de Saint-Venant, revinrent avec de l'Angle, Saintré et Cervolles, se ranger auprès du roi.

Les troupes du dauphin s'étant débandées, celles du duc d'Orléans prirent lâchement la fuite avec leur chef; il ne resta sur le champ de bataille que l'escadron de cavalerie allemande et la division conduite par le roi, à laquelle se joignirent plusieurs chevaliers qui n'avoient pu se résoudre à abandonner leur maître.

Instruit de la déroute ces deux premiers corps françois, le prince de Galles ordonne à ses hommes d'armes de remonter à cheval. Jean Chandos dit au prince : « Sire, chevauchons avant; la journée est vostre; Dieu sera aujourd'hui dans vostre main; marchons au roi de France. Je sçais bien que par vaillance il ne fuira point, ainsi il nous demeurera. » Le prince répondit : « Allons, Jehan ! vous ne me verrez d'aujourd'hui retourner en arrière. » Il crie aussitôt à sa bannière : « Bannière, chevauchez avant ! au nom de Dieu et de saint Georges ! » et il descend de la colline avec toute son armée.

Le roi, faisant serrer les rangs, marche aux Anglois, qui sortoient du défilé pour l'attaquer : il se faisoit remarquer au milieu des siens par sa haute taille, son air martial, et

par les fleurs de lis d'or semées sur sa cotte d'armes; il étoit à pied, comme le reste de ses chevaliers, et tenoit à la main une hache à deux tranchants, arme des vieux Franks. A ses côtés étoit son fils, le jeune Philippe, à peine âgé de quatorze ans, comme le lionceau auprès du lion. Tous les historiens conviennent que si la quatrième partie de notre armée avoit combattu comme son roi, elle auroit remporté la victoire. Le choc fut rude : d'un côté c'étoit le prince Noir environné de Chandos, du captal de Buch, fameux rival de Du Guesclin, de d'Audeley, d'Aubrecicourt, des comtes de Warwick et de Suffolk, maréchaux d'Angleterre; de l'autre, le roi Jean, accompagné de Jacques de Bourbon et de Pierre de Bourbon, père de ce Louis II de Bourbon, dont les vertus annoncèrent celles de Henri IV; des deux princes d'Artois, fils d'un traître, et tous deux fidèles; des comtes de Saarbruck, de Nidau et de Nassau, tous trois allemands, et dignes d'être françois; de Guichard de Beaujeu, de Guillaume de Nesle, de Guillaume de Montagu, de Richard de l'Angle, des sires de Chambly, de la Heuse, de Pons, de Tancarville, de Laval, de Damp-Marie, de La Tour, d'Humières, d'Urfé, de Duras, de Gaucher de Brienne, connétable de France et duc d'Athènes, double titre qui lui imposoit l'obligation de tomber avec gloire; de l'évêque de Châlons, qui mourut le casque en tête comme Adhémar sur les murs de Jérusalem, de Geoffroy de Charny, le vaillant porte-oriflamme; d'Eustache de Ribaumont, si célèbre par la couronne de perles qu'Édouard lui donna devant Calais; de La Fayette et de La Rochefoucauld, noms que les armes ont cédés aux lettres; enfin, de Jean de Saintré, réputé le plus brave chevalier de son temps, et dont les romans gaulois ont consacré le nom.

La cavalerie allemande soutint bien la première charge; mais elle lâcha pied après avoir perdu les comtes de Saarbruck, de Nidau et de Nassau, qui la commandoient. Les chevaliers françois des diverses provinces, rangés, avec leurs écuyers, autour des bannières de leurs suzerains, combattoient tantôt par pelotons séparés, tantôt mêlés et confondus. Le prince de Galles, avec Chandos, attaqua la division du connétable, et le captal de Buch, avec les maréchaux d'Angleterre, se trouva en face du roi.

Jean les vit approcher avec une joie intrépide : abandonné des deux tiers de ses soldats, il ne lui vint pas même un moment la pensée de reculer, résolu qu'il étoit de sauver l'honneur françois, s'il ne pouvoit sauver la France. Nos hommes d'armes ayant raccourci leurs piques, le roi ne put les faire remonter à cheval comme le prince de Galles avoit fait remonter les siens. Les Anglois étoient, en outre, accompagnés d'archers qui décidèrent de la victoire, en perçant de loin des fantassins pesants, qui ne pouvoient joindre leurs légers ennemis. L'armée angloise, toute à cheval, se ruoit avec de grands cris sur l'armée françoise toute à pied. Les flots des combattants étoient poussés vers Poitiers, et ce fut près de cette ville que se fit le plus grand carnage. Les habitants, craignant que les vainqueurs n'entrassent pêle-mêle avec les vaincus, refusèrent d'ouvrir leurs portes.

Déjà les plus braves avoient été tués; le bruit diminuoit sur le champ de bataille; les rangs s'éclaircissoient à vue d'œil; les chevaliers tomboient les uns après les autres, comme une forêt dont on coupe les grands arbres. Charny, haussant l'oriflamme, luttoit encore contre une foule d'ennemis qui la lui vouloient arracher. Jean, la tête nue (son casque étoit tombé dans le mouvement du combat), blessé deux fois au visage, présentoit son front sanglant à l'ennemi. Incapable de crainte pour lui-même, il s'attendrit sur son jeune fils, déjà blessé en parant les coups qu'on portoit à son père; il voulut éloigner l'enfant royal, et le confia à quelques seigneurs; mais Philippe échappa aux mains de ses gardes, et revint auprès de Jean, malgré ses ordres. N'ayant pas assez de force pour frapper, il veilloit aux jours du monarque en lui criant : « Mon père ! « prenez garde ! à droite, à gauche, derrière « vous, » à mesure qu'il voyoit approcher un ennemi.

Les cris avoient cessé. Charny, étendu aux pied du roi, serroit dans ses bras roidis par la mort l'oriflamme qu'il n'avoit pas abandonnée; il n'y avoit plus que les fleurs de lis debout sur le champ de bataille : la France tout entière n'étoit plus que dans son roi. Jean, tenant sa

hache des deux mains, défendant sa patrie, son fils, sa couronne et l'oriflamme, immoloit quiconque l'osoit approcher. Il n'avoit autour de lui que quelques chevaliers abattus et percés de coups, qui se ranimoient dans la poussière à la voix de leur souverain, faisoient un dernier effort, et retomboient pour ne plus se relever. Mille ennemis essayoient de saisir le roi vivant, et lui disoient : « Sire, rendez-« vous! » Jean, épuisé de fatigue, et perdant son sang, n'écoutoit rien et vouloit mourir.

Un chevalier fend la foule, écarte les soldats, s'approche respectueusement du roi, et lui parlant en françois : « Sire, au nom de « Dieu, rendez-vous! » Le roi, frappé de son de cette voix, baisse sa hache, et dit « A « qui me rendrai-je? à qui? Où est mon cou-« sin le prince de Galles? Si je le voyois, je « parlerois. » — « Il n'est pas ici, répondit le « chevalier; mais rendez-vous à moi, et je « vous mesnerai vers lui. » — « Qui êtes-« vous? » repart le roi. « Sire, je suis Denys « de Morbec, chevalier d'Artois; je sers le « roi d'Angleterre, parce que j'ai esté obligé de « quitter mon pays pour avoir tué un homme. »

Jean ôta son gant de la main droite et le jeta au chevalier en lui disant : « Je me rends « à vous. » Du moins le roi de France ne remit son épée qu'à un François.

On ne voyoit plus ni bannières, ni pennons de notre armée dans les champs de Poitiers. Le prince de Galles ignoroit encore toute sa gloire : Chandos lui conseilla de planter sa bannière sur un buisson, pour rallier ses troupes et se reposer. On dressa une petite tente royale : le prince y entra. Les officiers de sa chambre lui détachèrent son casque et lui présentèrent à boire; les trompettes sonnèrent le rappel. Les chevaliers anglois et gascons accourent, amenant avec eux un nombre prodigieux de prisonniers; il y avoit tel soldat qui à lui seul en avoit jusqu'à dix : on les traita avec une générosité extraordinaire : la plupart furent renvoyés sur parole, et sur la simple promesse d'une rançon qu'on eut soin de ne pas rendre assez forte pour les ruiner.

Les deux maréchaux d'Angleterre arrivèrent auprès du fils d'Édouard, qui leur demanda des nouvelles du roi de France. « Sire, ré-« pondirent-ils, nous ne savons ce qu'il est « devenu, mais il faut qu'il soit mort ou prins, « car il n'a pas quitté l'ost. » Chandos avoit déjà jugé que Jean, par vaillance, ne fuiroit point; Warwick déclare qu'il est mort ou pris, car il n'a pas cessé de combattre; nous allons voir le prince de Galles proclamer Jean le plus brave gentilhomme de son armée : un monarque françois dont la valeur est si hautement reconnue même de ses ennemis, peut être vaincu sans cesser de régner; les rois chevelus ne perdirent que sur la pourpre la couronne qu'ils avoient reçue sur un bouclier.

Le prince Noir dit à Warwick et à Cobham : « Allez, je vous prie, et chevauchez si loin, « que vous me puissiez apprendre nouvelle « du roy de France. » Warwick et Cobham partirent, et tout en chevauchant montèrent sur un tertre, afin de regarder autour d'eux. Ils découvrirent une troupe d'hommes qui marchoient lentement et s'arrêtoient à chaque pas. Les deux barons descendirent aussitôt de la colline et piquèrent de ce côté. Il s'écrièrent en approchant de la troupe : « Qu'est-ce cy! » On leur répondit : « C'est le roy de France qui « est prins : il y a plus de dix chevaliers et « escuyers qui se le disputent. »

Jean, au milieu de ces soldats, menant son fils par la main, étoit exposé au plus grand péril : les Anglois et les Gascons s'arrachoient tour à tour la proie; ils l'avoient enlevée à Denis de Morbec. Chacun crioit en parlant du roi : « Je l'ai prins, je l'ai prins. » Jean disoit : « Menez-moi courtoisement, et mon fils aussi, « devant le prince de Galles, mon cousin. Ne « vous querellez point pour ma prise; car je « suis assez grand seigneur pour vous faire « tous riches. » Ces paroles apaisoient un moment les hommes d'armes; mais ils n'avoient pas fait un pas qu'ils recommençoient leur contention. Warwick et Cobham se jettent dans la foule, écartent les soldats, leur défendent sous peine de vie d'approcher du roi, descendent de cheval, saluent le monarque et son fils, et les mènent à la tente du prince de Galles.

Déjà averti de l'approche du roi, le fils d'Édouard sortit pour recevoir le grand prisonnier, s'inclina devant lui jusqu'à terre, l'accueillit de paroles courtoises, le pria d'entrer dans sa tente, commanda d'apporter le vin et les épices,

« et les presenta lui-mesme à Jean et à son fils,
« disent les Chroniques, *en signe de fort grant
« amour.* » Ainsi sont écrites au ciel les défaites et les victoires; ainsi s'élèvent et tombent les empires! Huit siècles auparavant, le premier roi frank triompha des Visigoths presque au même instant où Jean devint prisonnier des Anglois; et Charny succomba en défendant l'oriflamme dans les champs où, quatre cents ans après lui, La Rochejaquelein devoit mourir pour le drapeau blanc.

La nuit venue, le prince Noir fit dresser dans sa tente une table abondamment servie, où s'assirent, avec le roi et son fils, les plus illustres prisonniers, Jacques de Bourbon, Jean d'Artois, les comtes de Tancarville, d'Estampes, de Damp-Marie, de Graville, et le seigneur de Parthenay. Les autres barons et chevaliers françois, compagnons des périls et des malheurs de leur maître, étoient placés à d'autres tables. Le prince de Galles servoit lui-même ses hôtes; il refusa constamment de partager le repas du roi, disant qu'il n'étoit pas assez présomptueux pour s'asseoir à la table d'un si grand prince et d'un si vaillant homme. « Chier sire, disoit-il à Jean, ne vous laissez
« abattre, si Dieu n'a pas voulu faire aujour-
« d'hui ce que vous desiriez. Monseigneur
« mon pere vous traitera avec tous les honneurs
« que vous meritez, et traitera avec vous à des
« conditions si raisonnables, que vous en de-
« meurerez pour tousiours amis. Vous devez
« certainement vous resjouir, quoique la jour-
« née n'ait pas esté vostre, car vous avez acquis
« le haut renom de prouesse; vous avez sur-
« passé tous ceux de vostre costé. Je ne dis mie
« cela, chier sire, pour vous consoler, car tous
« mes chevaliers qui ont veu le combat s'ac-
« cordent à vous en donner le prix et la cou-
« ronne. »

Jusque-là, Jean avoit supporté son malheur avec magnanimité; aucune plainte n'étoit sortie de sa bouche, aucune marque de foiblesse n'avoit trahi l'homme : mais quand il se vit traiter avec cette générosité; quand il vit ces mêmes ennemis qui lui refusoient sur le trône le titre de roi de France le reconnoître pour roi dans les fers, alors il se sentit réellement vaincu. Des larmes s'échappèrent de ses yeux, et lavèrent les traces de sang qui restoient sur son visage. Au banquet de la captivité, le roi très-chrétien put dire comme le saint roi : *Mes pleurs se sont mêlés au vin de ma coupe.*

Le reste des prisonniers se prit à pleurer en voyant pleurer le roi : le festin fut un moment suspendu. Les guerriers françois, si bons juges en nobles actions, regardoient avec un murmure d'admiration leur vainqueur, à peine âgé de vingt-six ans. « Quel monarque il pro-
« met à sa patrie, disoient-ils, s'il peut vivre
« et persévérer dans sa fortune! »

Les paroles des malheureux sont prophétiques : si le prince de Galles entendit celles de ses prisonniers, il put avoir, à la vue des inconstances du sort, un pressentiment de ses propres destinées. Ce prince vécut peu de jours. Son fils, qui monta sur le trône d'Angleterre, trahi par ces mêmes nobles qui avoient combattu à Poitiers, obligé de recourir à la protection de l'héritier du roi Jean, déposé par un parlement ingrat, enfermé dans une tour; son fils, dis-je, condamné à mourir de faim, lutta plusieurs jours contre la mort, désirant en vain à son dernier soupir les miettes de ce repas que son père, victorieux, servit à un monarque infortuné. La gloire même du vainqueur de Poitiers a péri dans les champs où elle jeta une si vive lumière.

Au-dessus de l'ancienne abbaye de Nouillé et du village de Beauvoir en Poitou, sur le haut d'une colline couverte de joncs marins, on croit trouver les vestiges d'un vieux camp. Vers le milieu de ce camp, on remarque l'ouverture d'un puits à demi comblé : c'est tout ce qui atteste le passage d'un héros. Le village de Maupertuis a disparu; personne dans le pays ne se souvient qu'il ait existé. Par une autre bizarrerie du sort, le lieu où l'on voit les traces du camp anglois s'appelle aujourd'hui *Carthage*; comme si la fortune, pour se jouer des hommes, s'étoit plu à effacer un nom fameux par un nom plus fameux encore, une ruine par une ruine, une vanité par une vanité[1].

---

[1] Voyez, sur ce mot de *Carthage*, l'*Essai de dissertation sur le* Campus Vocladensis, dans les *Dissertations* de Leboeuf. Voyez encore les *Vies des capitaines illustres au moyen âge*, par M. Mazas. On trouve dans ce consciencieux ouvrage des renseignements sur les

ANALYSE RAISONNÉE

DE

L'HISTOIRE DE FRANCE,

DEPUIS LA BATAILLE DE POITIERS, SOUS LE ROI JEAN, EN 1356, JUSQU'A LA RÉVOLUTION DE 1789.

JEAN II.

De 1356 à 1364.

La France paroît perdue ; ses finances sont épuisées ; ses armées de dispersent en troupes de brigands qui la déchirent ; ses peuples se soulèvent ; ses états attaquent le trône, laissé vide par la captivité du roi ; un prince du sang, échappé de prison, vient mêler aux violences de l'étranger les discordes domestiques ; il donne du poison à l'héritier de la couronne captive : des traîtres dans l'Église et dans la noblesse, des factieux dans le tiers-état ; au dedans les séditions et les crimes du tribunat, au dehors les horreurs de l'anarchie civile et militaire, et pour seul remède à tant de maux, un prince à peine âgé de dix-huit ans, que son projet de fuite avec le roi de Navarre et sa conduite à la bataille de Poitiers n'avoient fait estimer ni des François ni des ennemis. Qui auroit pu croire que cet enfant étoit Charles-le-Sage, sauveur de son peuple, et l'un des plus utiles rois qui aient gouverné les hommes ?

Mais Charles V n'étoit que la tête ; il lui falloit un bras, et Dieu avoit en même temps formé ce bras. Tandis que le dauphin se retiroit obscurément de Poitiers, méprisé des vainqueurs, un pauvre gentilhomme, aussi inconnu que lui, combattoit pour Charles de Blois dans les bruyères de la Bretagne. Sans beauté, sans grâces, sans fortune, d'un esprit si peu ouvert qu'on ne lui avoit jamais pu apprendre à lire, ce gentilhomme, demi-paysan, n'avoit rien en apparence de ce qui annonce les héros, hors la valeur. Nos chroniques, qui en parlent pour la première fois à cette époque, l'appellent un *certain jeune bachelier*. C'étoit pourtant là Du Guesclin, le premier grand capitaine que l'Europe eût vu depuis les jours de Rome, et que nos aïeux nommoient le *bon Connétable* : tant ce sol de France est fécond ! tant notre patrie a de ressources dans le malheur !

Charles et Du Guesclin viennent ensemble et l'un pour l'autre, et tous les deux pour la nation, d'autant plus illustres que tout est entraves à leurs victoires. Lorsque Dieu envoie les exécuteurs de sa vengeance, le monde est aplani devant eux ; ils ont des succès extraordinaires avec des talents médiocres ; aucun adversaire habile ne leur dispute le triomphe, tout s'arrange pour que leurs fautes mêmes servent à augmenter leur puissance. Le Ciel, afin de les seconder, assied sur tous les trônes la folie et la stupidité ; pas un général dans les camps, pas un ministre dans les conseils. Ces exterminateurs obtiennent la soumission du peuple, au nom des calamités dont ils sont sortis, et de la terreur que ces calamités ont inspirée. Traînant après eux un troupeau d'esclaves armés, déshonorés par cent victoires, la torche à la main, les pieds dans le sang, ils vont au bout de la terre comme des hommes

batailles de Crécy, de Poitiers et d'Azincourt. J'ai dans mon récit corrigé les noms propres misérablement estropiés par nos historiens qui ont suivi FROISSARD et les chroniques de Flandre. L'édition de FROISSARD par M. BUCHON, m'a beaucoup servi pour ces corrections, bien que je n'adopte pas entièrement toutes les leçons. J'ai reçu aussi de Poitiers, sur la bataille de ce nom, des plans et des documents.

I.

12

ivres, poussés par Dieu qui fait leur force, et qu'ils renient.

Mais lorsque la Providence, au contraire, veut relever un royaume et non l'abattre; lorsqu'elle emploie des serviteurs et non des ennemis; lorsqu'elle destine à ses serviteurs une vraie gloire et non une épouvantable renommée, loin de leur rendre la route facile, elle leur oppose des obstacles dignes de leurs vertus. C'est ainsi que l'on peut toujours distinguer le fléau du Sauveur, l'homme envoyé pour détruire et l'homme venu pour réparer. Le premier paroît dans l'absence des talents et du génie; le second rencontre à chaque pas d'habiles adversaires capables de balancer ses succès; l'un n'a rien contre lui, est maître de tout, se sert pour réussir de moyens immenses; l'autre a tout contre lui, n'est maître de rien, n'a entre les mains que les plus foibles ressources. Le dauphin se mesure avec Édouard, monarque puissant, heureux guerrier, souverain d'un royaume florissant et de la moitié de la France; il lutte contre Charles-le-Mauvais, prince qui donnoit par ses crimes de l'importance à ses artifices, contre Marcel, Le Coq et Pecquigny, triumvirat redoutable par la triple alliance du pouvoir populaire, aristocratique et religieux. Du Guesclin combat le prince de Galles, Chandos, le captal de Buch, rivaux qui le surpassoient en renommée et l'égaloient en mérite. Sans argent, sans crédit, c'est en vendant les joyaux de sa femme qu'il fait vivre ses compagnons d'armes. Tantôt il n'a pour soldats que des chevaliers braves, mais indociles, et des paysans indisciplinés; tantôt son armée est composée d'un ramas de brigands qui ne le suivent que par le miracle de sa gloire. Et cependant le prince et le sujet viennent à bout de leur œuvre; ils battent l'étranger, rétablissent l'ordre, font refleurir les lois, les lettres, le commerce et l'agriculture. Tous deux, après avoir brillé ensemble sur la scène du monde, en sortent tous deux presque en même temps : le bon Connétable va dormir à Saint-Denis, aux pieds de Charles-le-Sage. Réveillés de nos jours dans leurs tombeaux, toujours liés par la même destinée, ils se sont revus après une nuit de quatre siècles : les cendres du roi qui avoit arraché aux Anglois notre terre natale ont été jetées au vent, et des mains françoises ont brisé le cercueil de Du Guesclin : arche sainte devant qui tomboient les remparts ennemis.

Paris, après la bataille de Poitiers, reçut le jeune Charles avec des honneurs et des respects; soit que les hommes ne se puissent d'abord empêcher de saluer le malheur comme leur maître, soit qu'ils cherchent à s'acquitter vite envers lui, afin de s'en éloigner ensuite sans remords, et de mettre à l'aise leur ingratitude. Le dauphin avoit été nommé par son père lieutenant-général du royaume, quelque temps avant la bataille de Poitiers. Ce fut en cette qualité qu'il gouverna la France jusqu'à sa majorité, époque à laquelle il prit le titre de régent, que personne ne lui contesta. Le premier soin de Charles fut de convoquer les états, qui, dans leur dernière session, s'étoient ajournés au mois de novembre. Ils se réunirent dans la chambre du parlement.

Huit cents députés composoient toute l'assemblée de la langue d'Oyl : la noblesse étoit présidée par le duc d'Orléans, frère du roi; le clergé, par Jean de Craon, archevêque de Reims; et le tiers-état, par Étienne Marcel, prévôt des marchands. Le chancelier prononça le discours d'ouverture : il engagea les députés à s'occuper des besoins de la France et de la délivrance du roi. Les ordres s'assemblèrent séparément, nommèrent une commission composée de cinquante membres pris dans les trois ordres, et choisis parmi les députés les plus opposés au prince. Cette commission devoit travailler à un projet de réforme générale.

Les bases de ce plan arrêtées, on pria le dauphin de se rendre aux Cordeliers, où les états s'étoient transportés. Ils voulurent obliger le jeune prince de tenir secret ce qu'ils avoient à lui dire; il s'y refusa.

Alors l'évêque de Laon, Robert le Coq, se leva, et prit la parole : il rejeta les malheurs publics sur les flatteurs et les conseillers dont le roi Jean s'étoit entouré; il présenta une liste de proscription de vingt-deux personnes, requérant que leur procès leur fût fait; il proposa la formation d'une commission tirée du sein des états, pour surveiller les différentes branches de l'administration; enfin, il demanda que Charles ne pût prendre aucune mesure sans l'avis d'un conseil également choisi parmi les députés : l'évêque termina son discours en sol-

licitant la liberté du roi de Navarre. A ce prix, les états offroient la levée de trente mille hommes d'armes, une imposition d'un dixième et demi, ou de trois vingtièmes, sur les biens de la noblesse et du clergé. Le tiers-état s'engageoit à équiper et à payer par chaque dix feux un homme d'armes.

On est étonné de voir un corps qui n'avoit encore aucune expérience marcher si directement à son but, et suivre d'un pas ferme les routes que l'on a depuis suivies.

Ces états de 1356 (5 février), et ceux de 1357 (7 octobre), se trouvèrent à peu près dans la même position que l'assemblée législative en 1792. La France, à ces deux époques, avoit à résister à une guerre étrangère, tandis qu'elle s'occupoit intérieurement de la réforme de ses lois, et qu'une grande révolution politique s'opéroit. La même cause donnée amena quelques-uns des mêmes effets : les états de 1356, par cet instinct naturel qui pousse les agrégations d'hommes comme les individus à profiter des circonstances, se constituèrent : déjà ils avoient fait un grand pas depuis les précédentes sessions; ils en firent un bien plus considérable après la bataille de Poitiers.

Mais la pression des armes étrangères, les résistances locales, les divisions intérieures, corrompirent ces éléments, et produisirent quelque chose des crimes dont nous avons été témoins en 1793. Des tribuns s'élevèrent : Marcel, Robert le Coq et Pecquigny exaltèrent les passions de la multitude. Marcel, devenu le maître, disposoit à son gré de ces rois deminus, abrutis par la misère, vrais Sauvages au milieu de la civilisation, mais Sauvages dégradés de la noblesse des bois, et n'ayant que l'orgueil des haillons.

Le roi de Navarre, délivré de sa prison d'Arleux en Pailleul par Jean de Pecquigny, gouverneur d'Artois (1357), accourut à Paris et vint augmenter la discorde. Il harangua le peuple, convoqué dans le Pré aux Clercs. Il y eut des espèces d'assemblées du Forum aux Halles et à Saint-Jacques de l'Hôpital, où Marcel, Consac, échevin, Jean de Dormans, chancelier du duché de Normandie, et le dauphin lui-même, prononcèrent des discours devant le peuple, qui passoit d'une opinion à l'autre, en écoutant tour à tour les orateurs. On n'a pas même vu cela en 1793; le peuple, qui prit alors une part si active aux événements, ne délibéra jamais en masse, et ne contraignit point les principaux personnages de l'état à venir plaider leur cause devant lui : la Convention même rejeta l'appel au peuple.

Paris devint un moment, en 1357, une espèce de démocratie ancienne, au milieu de la féodalité. On inventa des couleurs nationales; on prit le chaperon mi-parti de drap rouge et pers (bleu verdâtre), avec des fermails d'argent émaillé, portant cette inscription : *A bonne fin.* On ouvrit les prisons sur la demande du roi de Navarre, qui donna lui-même la liste des criminels que l'on devoit relâcher, à savoir : « Larrons, meurtriers, voleurs de « grands chemins, faux-monnoyeurs, faus- « saires, coupables de viol, ravisseurs de fem- « mes, perturbateurs du repos public, assas- « sins, sorciers, sorcières et empoisonneurs. » Tout cela fut suivi de massacres. Le roi ne périt point dans ces troubles, car il étoit prisonnier des Anglois; mais l'héritier du trône fut exposé au danger le plus imminent.

Et qu'on ne dise pas que mettre un roi en jugement étoit une idée qui ne pouvoit venir alors; tout au contraire, c'étoit une idée naturelle aux anciens temps.

Le dix-huitième article du testament de Charlemagne contient cette disposition remarquable : « Si quelques-uns de nos petits- « fils nés ou à naître sont accusés, ordonnons « qu'on ne leur rase pas la tête, qu'on ne leur « crève pas les yeux, et qu'on ne leur coupe pas « un membre, ou qu'on ne les condamne pas « à mort, sans bonne discussion et sans exa- « men [1]. » C'est Charlemagne qui parle ainsi, et dont les petits-fils nés ou à naître devoient être des rois !

Sous son fils, Louis-le-Débonnaire, une assemblée nationale jugea et condamna Bernard, roi d'Italie; une autre assemblée força ce même

---

[1] De nepotibus vero nostris, scilicet filiis prædictorum filiorum nostrorum, qui ex eis vel jam nati sunt vel adhuc nascituri sunt, placuit nobis præcipere ut nullus eorum per quaslibet occasiones, quemlibet ex illis apud se accusatum sine justa discussione atque examinatione aut occidere, aut membris mancare, aut excæcare, aut invitum tondere faciat. (*Capitul.*, Baluz., tom. I, pag. 446.)

empereur, Louis, à descendre du trône, comme une autre assemblée l'y fit remonter. Peu de temps avant l'événement de la branche des Valois à la couronne, le parlement d'Angleterre avoit ôté la couronne à Édouard II, père d'Édouard III. L'esprit des deux premiers ordres des états du moyen âge tendoit à établir un droit de suprématie sur l'autorité royale : l'Église romaine délioit les sujets du serment de fidélité, et les conciles généraux privoient les papes de la tiare ; les grands vassaux regardoient les rois comme leurs pairs ; ce principe d'égalité n'avoit besoin que de la force et du malheur pour produire sa conséquence naturelle. Croit-on, par exemple, que Charles-le-Mauvais, qui avoit empoisonné le dauphin, qui avoit formé le dessein d'enlever le roi Jean, de l'enfermer dans une tour et de l'y tuer, se fût fait scrupule de juger ce même monarque ? Les diètes d'Allemagne conservoient le principe de l'élection à l'empire, et ces diètes déposoient les empereurs. Une assemblée de notables adjugea en France la régence d'abord, ensuite la couronne, à Philippe de Valois : on est bien près de retirer le sceptre lorsqu'on le donne.

Quant aux communes, celles de Flandre tenoient leurs princes en tutelle ; les communes d'Angleterre avoient eu voix dans l'arrêt qui condamna Édouard II ; elles eurent voix encore dans la déposition de Richard II. Les communes de France, en 1355, 1356 et 1357, constituèrent les états sans s'embarrasser des priviléges de la royauté, sans demander la sanction du prince pour rétablir l'indépendance.

Le droit divin n'étoit point encore passé en principe : les rois disoient bien qu'ils ne tenoient leur pouvoir que de Dieu et de leur épée ; mais c'étoit toujours en repoussant les prétentions de quelque puissance étrangère, non en combattant une autorité nationale. Jean Petit, sous Charles VI, soutint publiquement, à propos du meurtre du duc d'Orléans, la doctrine du régicide. A la fin du seizième siècle, le parlement de Paris commença le procès criminel de Henri III. Mariana ressuscita la doctrine de Jean Petit avant que Milton l'établît dans la cause de Charles 1ᵉʳ. Il faut donc reconnoître que le principe abstrait de l'inviolabilité de la personne du souverain, principe si sacré, si salutaire, appartient à cette monarchie constitutionnelle que l'ignorance passionnée se figure être contraire au pouvoir comme à la sûreté des rois ; il faut reconnoître que l'aristocratie et la théocratie avoient jugé, déposé, tué des souverains avant que la démocratie imitât cet exemple.

La trève qui suivit la bataille de Poitiers, au lieu d'être favorable à la France et aux travaux des états, augmenta la confusion.

Les troupes nationales et étrangères dont on n'avoit plus besoin, et que l'on ne pouvoit solder, se débandèrent ; elles élurent des chefs, et formèrent ces grandes compagnies qui désolèrent la France. Une de ces compagnies, qui se surnomma *società d'ell' acquisto*, ravagea la Provence, et fit trembler le pape dans Avignon. Après ces premières compagnies parurent les *routiers* et les *tards-venus* qui battirent Jacques de Bourbon à Brignais (1564), lequel mourut de ses blessures, ainsi que son fils Pierre : le jeune comte de Forez fut tué dans l'action. Arnaud de Cervolles, surnommé l'Archiprêtre, le chevalier Vert, le petit Meschin, Aymerigot Tête-Noire, et plusieurs autres rappeloient, par leurs faits d'armes dans les gorges des vallées qu'ils occupoient, dans les châteaux dont ils s'étoient emparés, tout ce que les romans nous racontent des mécréants et des enchanteurs.

Un autre fléau avoit éclaté, la Jacquerie. Les paysans se révoltèrent contre les gentilshommes auxquels ils avoient rendu le nom de *Jacques Bonhomme*, que les gentilshommes leur avoient d'abord donné : ils accusoient, ce qui étoit vrai, une partie de la noblesse d'avoir fui à Poitiers ; de sorte que leur insurrection venoit à la fois du sentiment de l'oppression qu'ils avoient subie, de la soif d'indépendance qu'ils ressentoient, du désir de venger le roi, et d'un mouvement patriotique contre l'invasion étrangère. Ils combattirent les bandes angloises avec un courage qui eût plus tôt délivré la France s'ils eussent été imités. Le soulèvement des paysans du Beauvoisis, du Soissonnois et de la Picardie, signale la naissance de la monarchie des états, comme le soulèvement des laboureurs de la Vendée marque la fin de cette monarchie. Au milieu des épouvantables cruautés de la Jacquerie, Guillaume Caillet,

Guillaume Lalouette et le valet de ferme de celui-ci, le Grand-Ferré, furent pourtant les héros.

Les paysans, tant ceux qui s'étoient soulevés que ceux qui étoient restés chez eux avoient fortifié leurs villages et placé des sentinelles dans les clochers de leurs paroisses : à l'approche de l'ennemi, ces sentinelles tintoient la campane ou donnoient l'alarme avec un cornet : aussitôt les laboureurs répandus sur les champs se réfugioient dans l'église. Les riverains de la Loire se retiroient la nuit dans des bateaux qu'ils arrêtoient au milieu du fleuve. A Paris, on défendit de sonner les cloches, excepté celle du *couvre-feu* (1358) *depuis les vespres chantées jusqu'au grand jour du lendemain*, afin que les bourgeois en faction ne fussent distraits par aucun bruit. Les chemins se couvrirent d'herbe, les monastères furent abandonnés, les sillons laissés en friche ne servirent plus que de camps aux différentes troupes de brigands, de Jacques, de soudoyers anglois, navarrois, françois, qui s'y succédoient comme des hordes d'Arabes passant dans le désert : on ne reconnoissoit l'existence des hommes dans ces solitudes qu'à la fumée des incendies qui s'élevoit des hameaux. Nous avons encore les complaintes latines que l'on chantoit sur les malheurs de ces temps, et ce couplet pour les Bonshommes :

> Jacques Bonshommes,
> Cessez, cessez, gens d'armes et piétons,
> De piller et manger le bonhomme,
> Qui de longtemps Jacques Bonhomme
> Se nomme.

Voilà ce que firent les *Jacques*, les *compagnons*, les *bourgeois* de Paris : la France leur fut redevable du commencement d'une infanterie nationale qui remplaça l'infanterie féodale des communes, joint à ce sentiment d'indépendance naturel à la force armée ; force tyrannique quand elle triomphe régulièrement, libératrice quand elle naît spontanément dans le sein d'un peuple opprimé.

La France ne fut point délivrée de la conquête, sous Charles V, par l'énergie des masses populaires comme dans la dernière révolution, mais par la sagesse de la couronne : aussi la délivrance fut-elle plus lente. Il ne resta de l'insurrection parisienne que les fossés creusés et les remparts élevés en moins de deux ans par les bourgeois, dans un moment de terreur panique excitée par Marcel.

La révolution politique produite par les états de 1356 et 1357 ne passa point les murs de Paris. Paris ne donnoit pas alors le mouvement au royaume ; Paris n'étoit point la capitale de la France ; c'étoit celle des domaines du roi : grande commune qui agissoit spontanément, que les autres communes n'imitoient pas, et dont elles savoient à peine le nom : Saint-Denis en France, en raison de sa célébrité religieuse, étoit beaucoup plus connu que Paris. Dans le pays de la langue d'Oc, et même de la langue d'Oyl, il y avoit des villes qui égaloient en richesses et surpassoient en beauté cette boueuse Lutèce dont Philippe-Auguste avoit à peine fait paver quelques rues.

Des germes de liberté politique se trouvèrent donc perdus au milieu de la monarchie féodale, qui, bien qu'ébranlée dans ses institutions, étoit encore toute-puissante par ses mœurs : aussi, après les états de 1356 et 1357, voit-on le pouvoir à peine né de ces états décroître. La couronne, qui les avoit convoqués pour se défendre, en eut peur : leur retour dans des temps de calamités ne parut plus qu'un signal de détresse, et leur souvenir se lia à celui des malheurs qu'ils n'avoient pas faits, et qu'on ne leur laissoit pas le temps de réparer. Le parlement, dans leur absence, usurpa le pouvoir politique qui leur échappoit, particulièrement le droit de doléance et de sanction de l'impôt. Quoi qu'il en soit, c'est cette monarchie des trois états, substituée à la monarchie féodale, qui nous a transmis la monarchie constitutionnelle, après la courte apparition de la monarchie absolue de Louis XIV et de Louis XV.

La paix fut conclue entre le régent et le roi de Navarre, en 1351. La même année, la trêve avec l'Angleterre expira. On se battit, on négocia pour la délivrance du roi Jean. Un projet honteux de traité fut proposé, et rejeté par les trois ordres des états. Guillaume de Dormans, avocat-général, lut haut du perron de marbre de la cour, lut le traité au peuple assemblé ; le peuple s'écria que *ledit traité n'estoit point passable ni faisable et que toute la nation estoit resolue de faire bonne guerre au roi anglois.*

Advint enfin le traité de paix de Brétigny, signé à Brétigny-lez-Chartres, le 8 mai 1560. Une observation qui me semble avoir échappé aux historiens doit être faite : Jean, en cédant tant de provinces à Édouard, ne cédoit pourtant presque rien des domaines de son royaume proprement dit. C'étoient des seigneurs indépendants, les La Marche, les Cominges, les Périgord, les Châtillon, les Foix, les Armagnac, les Albret, qui changeoient seulement de seigneur, qui ne reconnoissant jamais que la couronne de France eût eu le droit de leur donner un autre suzerain, en appelèrent sous Charles V à cette couronne, et secouèrent le joug étranger. Ainsi ce démembrement de la monarchie féodale ne se pourroit comparer en aucune manière au démembrement de la monarchie compacte et constitutionnelle d'aujourd'hui.

Le roi Jean revint en France, après quatre ans un mois et six jours de captivité, le 25 octobre 1560 ; il assista à un tournoi à Saint-Omer, vint prier à Saint-Denis, ce qui valoit mieux, et fit son entrée dans Paris le 13 décembre. Il marchoit sous un drap d'or soutenu par quatre lances ; des fontaines de vin couloient dans les rues tapissées. Le peuple françois admire le malheur comme la gloire.

A cette époque, Du Guesclin s'attacha au service de la France. Il commençoit à devenir fameux. « Vous verrez (lecteur) une ame forte « nourrie dans le fer, petrie sous des palmes, « dans laquelle Mars fit eschole long-temps. La « Bretagne en fut l'essai, l'Anglois son boute-« hors, la Castille son chef-d'œuvre ; dont les « actions n'étoient que herauts de sa gloire, « les defaveurs, theastres eslevés à sa constan-« ce, le cercueil, embasement d'un immortel « trophée. » (*Vie de Du Guesclin*.)

La France avoit perdu des provinces par le traité de Brétigny ; elle reçut, en compensation de cette perte, un présent qui lui devint funeste : Philippe de Rouvre, âgé de quinze ans, dernier duc de la première maison de Bourgogne qui avoit subsisté trois cent trente années depuis Robert de France, premier duc, fils du roi Robert, et petit-fils de Hugues Capet, mourut au château de Rouvre vers les fêtes de Pâques, en 1562. Le duché et une partie du comté de Bourgogne, et tout ce qui provenoit de l'héritage direct d'Eudes IV, échut au roi Jean, fils de Jeanne de Bourgogne, sœur d'Eudes. Jean avoit d'abord réuni cette riche succession à la couronne ; s'il eût maintenu cette réunion, il auroit évité bien des malheurs à sa race ; mais il donna l'investiture du duché de Bourgogne à son quatrième fils Philippe, premier duc de la seconde maison de Bourgogne. « Pour « reconnoistre, disent les lettres datées de Ger-« miny, le 6 septembre 1563, le zele que Phi-« lippe lui avoit tesmoigné à lui Jean, en s'ex-« posant à la mort et en combattant intrepide-« ment à ses costés à la bataille de Poitiers, où « ce fils si cher avoit esté blessé et fait prison-« nier avec lui. » Ces mêmes lettres instituent le duc de Bourgogne premier pair de France. Jean régularisa le guet ou la garde nationale à Paris, et retourna en Angleterre pour mourir.

Se voulut-il donner lui-même en otage au lieu de son fils, le duc d'Anjou, qui avoit faussé sa foi ? Cela est bien dans son caractère. Retourna-t-il à Londres afin de satisfaire une passion, *causa joci* ? dit le continuateur de Nangis. Auroit-il été le rival d'Édouard auprès de la comtesse de Salisbury ? Édouard avoit cinquante ans ; la comtesse n'étoit plus jeune ; Jean lui-même étoit âgé de quarante-quatre ans. Les personnages qui avoient figuré sous Philippe de Valois vieillissoient ; un grand nombre d'entre eux avoient déjà quitté la scène ; un monde nouveau s'élevoit ; le prince Noir, qui ne fut jamais populaire en Angleterre, étoit devenu prince souverain d'Aquitaine ; on entrevoyoit déjà dans Charles régent, Charles-le-Sage ; Du Guesclin faisoit oublier le héros de Poitiers. Jean termina-t-il sa tragique histoire par un roman ? On peut tout croire des hommes. Jean mourut le 8 avril de l'année 1564 : quatre mille torches et quatre mille cierges éclairèrent ses funérailles dans l'église de Saint-Paul à Londres : c'étoit moins de flambeaux que les Anglois n'en avoient allumé pour voir les morts sur le champ de bataille de Crécy. Le corps du roi Jean fut rapporté en France, et enterré auprès du grand autel de l'abbaye de Saint-Denis, le 6 mai de la même année 1564.

En dehors du règne de Jean remarquons la république de Nicolas Rienzi à Rome, et la condamnation de Marin Falieri, doge de Ve-

nise. De temps en temps les principes populaires se faisoient jour, comme les volcans à travers les masses qui pèsent sur eux.

CHARLES V.

De 1364 à 1380.

UNE seule qualité doit être relevée dans Charles V, parmi celles qu'il possédoit : la connoissance des hommes et l'intelligence nécessaire pour les apprécier. Il se servit de ce qu'il y avoit de supérieur autour de lui, sans être obligé d'atteindre lui-même à une grande supériorité. A n'en citer que deux exemples, il choisit pour ses armées Bertrand Du Guesclin et Bureau de Larivière pour ses conseils. Les défauts mêmes de Charles V lui furent utiles; la foiblesse de son corps, le condamnant à la retraite, favorisa le développement de son esprit. Du Guesclin délivra la France des grandes compagnies en les menant en Espagne. Les guerres du prince de Transtamare et de Pierre-le-Cruel se mêlèrent aux guerres de la France et amenèrent des révolutions où le prince Noir et Du Guesclin augmentèrent leur renommée. En Bretagne, Clisson avoit paru ; Charles de Blois avoit été tué à la bataille d'Aurai.

Les grands barons de la Gascogne se soulevèrent contre les Anglois, qui les avoient opprimés. Charles V fit sommer le prince Noir de se rendre à Paris pour *ouyr droict sur les dictes complaintes et griefs esmeus de par vous à faire sur vostre peuple, qui clame à avoir et à cuyr ressort en nostre cour ; et à cen'y estes point de faulte.* Un valet de l'hôtel du roi porta à Londres une lettre de Charles V, qui dénonçoit la guerre à Édouard : celui-ci ne pouvoit en croire ses yeux : lui et ses ministres examinèrent à diverses reprises les sceaux attachés à cette déclaration inattendue. Édouard, endormi sur les lauriers de la victoire, ne s'étoit aperçu ni de la fuite des ans, ni des changements survenus autour de lui, ni de ce renouvellement de la race humaine au milieu de laquelle restent quelques hommes du passé que l'on ne comprend plus, et qui ne comprennent rien. L'astre du vainqueur de Crécy pâlissoit : sa gloire d'un autre siècle ne touchoit plus une jeunesse qui, avec d'autres passions, découvroit un autre avenir. Le lecteur de l'histoire est comme l'homme qui avance dans la vie, et qui voit tomber un à un ses contemporains et ses amis ; à mesure qu'il tourne les pages, les personnages disparoissent ; un feuillet sépare les siècles, comme une pelletée de terre les générations.

Chandos n'étoit plus ; le prince de Galles étoit mourant. Édouard fit une tentative pour aborder en France, dans le dessein de secourir Thouars, la dernière place qui lui restât en Poitou : cette fois la mer méconnut sa tête blanchie, et le repoussa ; le vent de la fortune enfloit d'autres voiles. Le prince de Galles, transporté à Londres, expira, âgé de quarante-six ans, au palais de Westminster. Il laissoit un fils, le malheureux Richard II, à qui l'on disputa jusqu'à la légitimité de sa naissance. Édouard III ne tarda pas à suivre le prince Noir dans la tombe : ce n'étoit plus le brillant chevalier de la comtesse de Salisbury ; c'étoit l'esclave d'une courtisane qui le vola sur son lit de mort, et lui arracha l'anneau qu'il portoit au doigt (1577).

On peut remarquer, en 1374, la naissance de Jean de Bourgogne et de Louis, duc d'Orléans : ainsi se forme la chaîne des prospérités et des calamités des empires. Le grand schisme d'Occident éclata en 1379 par la mort de Grégoire XI, et la double élection d'Urbain VI et de Clément VII. Charles V adhéra à ce dernier pape, et l'Université suivit le même parti. Des troubles commencèrent en Flandre : le duc de Bretagne, tenant ferme à l'alliance angloise, vit la noblesse de son duché se soulever contre lui. Enfin Du Guesclin, après avoir éprouvé une disgrâce de cour, et remis peut-être l'épée de connétable à Charles V, ce qui n'est pas prouvé, alla mourir devant *Castel-Neuf* de Randan. On sait que les clefs de la ville furent remises à son cercueil ; il respiroit encore cependant lorsqu'elles furent apportées

Dans le testament de Du Guesclin, et dans le codicile de ce testament, daté du 9 et du 10 juillet 1380, il prend le titre de connétable de France. Bertrand dit à Olivier de Clisson, son compagnon : « Messire Olivier, je sens que la « mort m'approche de près, et ne vous puis « dire beaucoup de choses. Vous direz au roi « que je suis bien marry que je ne lui aye fait « plus long-temps service, de plus fidele n'eussé- « je pu : et, si Dieu m'en eust donné le temps, « j'avois bon espoir de lui vuider son royaume « de ses ennemis d'Angleterre. Il a de bons « serviteurs qui s'y employeront de mesmes ef- « fets que moi ; et vous, messire Olivier, pour « le premier. Je vous prie de reprendre l'espée « qu'il me commit, quand il me donna l'espée « de connestable, et la lui rendre ; il sçaura bien « en disposer et faire eslection de personne « digne. Je lui recommande ma femme et mon « frere ; et adieu, je n'en puis plus. » Du Guesclin n'écrivoit pas, mais il savoit signer. J'ai vu sa signature, *Bertrand*, au bas de quelques dispositions de famille.

Charles V ne survécut à Du Guesclin que de deux mois et quatre jours ; il mourut au château de Beauté-sur-Marne, le 16 septembre, à midi, de l'an 1380. Ce prince disoit des rois : « Je ne les trouve heureux que parce qu'ils peu- « vent faire du bien : » mot qui peint toute sa vie.

Le règne de Charles V fut un règne de réparation, et de recomposition de la monarchie. L'art militaire fit des progrès considérables sous le bon Connétable, Bayard dans sa jeunesse, Turenne dans son âge mûr. Une sagesse obstinée renferma Charles V dans son palais ; il se souvenoit de Crécy et de Poitiers ; il vouloit confier le sort de la France, non à l'impétuosité, mais à la patience du courage françois. Il laissa le royaume ouvert à toutes les courses d'Édouard, qui promena ses troupes de Bordeaux à Calais et de Calais à Bordeaux, tant qu'il voulut. Nos soldats voyoient avec dépit, du haut des remparts où on les tenoit confinés, ces courses ; mais les Anglois perdoient toujours quelques places ; les provinces cédées se fatiguoient du joug étranger ; les anciens grands vassaux de la couronne portoient leurs plaintes aux pieds de Charles V, qui, la main appuyée sur le cœur de la France, et sentant la vie revenir, paroît en maître.

CHARLES VI.

De 1380 à 1422.

A minorité de Charles VI fut en proie aux déprédations et aux rivalités des trois oncles paternels et tuteurs de ce prince, les ducs d'Anjou, de Berry et de Bourgogne : le duc de Bourbon, homme estimable, ne put presque rien pour contre-balancer les maux d'une administration sans talent et sans justice.

Soulèvement de Rouen et de Paris ; Juifs, fermiers et receveurs, pillés et massacrés ; états où l'on entend parler du *peuple* et de la nation ; guerre civile en Bretagne ; désordres occasionnés par le schisme : tel est le prologue de la tragédie dont le premier acte s'ouvre à la folie de Charles VI. Le vertueux avocat général Jean Desmarets fut traîné à l'échafaud comme complice des séditions auxquelles il avoit au contraire opposé l'autorité de sa vertu.

« Maistre Jehan, lui disoit-on en le menant au « supplice, criez mercy au roy afin qu'il vous « pardonne. » Desmarets répondit : « J'ai servi « au roy Philippe son grand aïeul, au roy Jean, « et au roy Charles son pere, bien et loyau- « ment ; ne oncques ces trois rois ne me sçurent « que demander, et aussi ne feroit cestuy s'il « avoit connoissance d'homme : à Dieu seul « veux crier mercy. » Paroles magnanimes s'il en fut jamais.

Les exécutions nocturnes, commencées sous ce règne, continuèrent ; on ne dérobe pas l'iniquité en la cachant.

Les corps étoient jetés dans la Seine avec cet écriteau : « Laissez passer la *justice du roi*. » Avertissement à la Loire en 1793, pour laisser passer la *justice du peuple*. Les assassinats juridiques datent du gouvernement des Valois : on marchoit vers la monarchie absolue.

Jean, fils du duc de Bourgogne, fut marié à

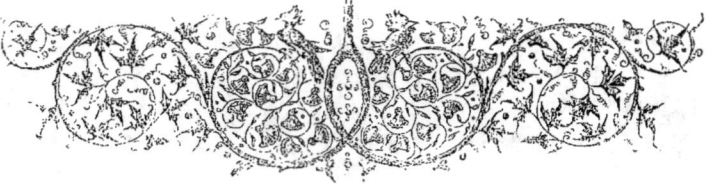

Marguerite de Hainaut, et Charles VI, âgé de dix-sept ans, épousa Isabeau, fille d'Étienne, duc de Bavière, âgée de quatorze ans. Il y a des noms qui sont à eux seuls l'arrêt des destinées (1385) : « Il est d'usage en France, dit Froissard, « que quelque dame, comme fille de haut « seigneur que ce soit, qu'il convient qu'elle « soit regardée et advisée toute nue par les da- « mes, pour sçavoir si elle est propre et formée « pour porter enfants. » Du moins les flancs de cette femme qui devoit être si souvent *regardée toute nue* devoient porter Charles VII.

Grand projet de descente en Angleterre (1386); quinze cents vaisseaux rassemblés au port de l'Écluse; cinquante mille chevaux destinés à être embarqués; des munitions de guerre et de bouche, parmi lesquelles on remarque des barils de jaunes d'œufs cuits et pilés comme de la farine. Une ville de bois de trois mille pas de diamètre, munie de tours et de retranchements, étoit composée de pièces de rapport qui se démontoient et remontoient à volonté; elle pouvoit contenir une armée : nous n'avons pas aujourd'hui, dans notre état perfectionné d'industrie, l'idée d'un ouvrage aussi gigantesque de menuiserie et de charpenterie ; il est évident, par les boiseries qui nous restent du moyen âge, que l'art du menuisier étoit poussé beaucoup plus loin que de nos jours. Les vaisseaux de la flotte étoient ornés de sculpture et de peinture; les mâts couverts d'or et d'argent : magnificence qui rappelle la flotte de Cléopâtre. La haute aristocratie étoit descendue du plus haut point de sa puissance au plus haut degré de sa richesse; elle avoit abouti au luxe, comme tout pouvoir, et par conséquent sa force déclinoit : les petits hommes qui faisoient ces grands préparatifs furent écrasés dessous. Les intrigues et les passions du duc de Berry, les vols de toutes les espèces d'agents, le retour de la mauvaise saison, empêchèrent la France de reporter en Angleterre les maux que celle-ci lui avoit faits, et ce fut en vain que les propriétaires furent taxés à la valeur du quart de leur revenu pour une inutile parade (1386).

Ces princes de la première maison de Valois étoient des esprits fastueux, bornés et ingouvernables : ils avoient rempli leur maison de cette foule de valets décorés, sangsues du peuple et plaies des cours. Cette noble tourbe jouissoit d'immunités abusives; il n'y avoit pas de surnuméraire de garde-robe qui, en attendant l'exercice de ses fonctions, ne fût exempt des charges publiques.

Le 1er janvier de cette année 1386 vit la fin du roi de Navarre, homme qui aimoit le crime de la même ardeur qu'il aimoit la débauche : s'il eût connu un moyen d'en ranimer le goût dans son cœur, il s'en seroit servi comme il se servoit du linceul imprégné d'esprit-de-vin où il se faisoit coudre pour rappeler ses forces épuisées avec les femmes, et dans lequel il fut brûlé.

Il faut placer à l'année 1386 le duel judiciaire de Jean de Carrouges et de Jacques Legris. La dame de Carrouges prétendoit avoir été violée dans le donjon de son château par Jacques Legris, gentilhomme du comte d'Alençon. « Jac- « quet, Jacquet, dit-elle à Legris, vous n'avez « pas bien fait de m'avoir vergondée ; mais le « blasme n'en demeurera pas sur moi, si Dieu « donne que monseigneur mon mari retourne. » Il étoit alors en Écosse. Legris fut tué. Carrouges passa en Afrique pour combattre les Maures, et ne revint plus.

En 1387 eut lieu l'aventure d'Olivier de Clisson et du duc de Bretagne, aventure racontée partout, et dernièrement encore par un historien qui ne me laisse plus rien à dire (M. de Barante). Bavalan sauva à son maître un crime et des remords. Clisson paya une amende de cent mille livres, et livra quatre places au duc : ainsi les nobles avoient encore des places fortifiées à eux. Les seigneurs de Laval et de Chateaubriand furent cautions de l'amende. En 1387, Charles VI, devenu majeur, prit les rênes du gouvernement.

En 1389 on célébra un service solennel à Saint-Denis, pour le repos de l'âme de Du Guesclin. L'évêque d'Auxerre fit l'éloge du bon Connétable : la première oraison funèbre fut prononcée pour Du Guesclin, la dernière pour le grand Condé; car, après Bossuet, il ne faut compter personne : nouveau genre d'éloquence inspirée par la gloire de nos armes, et noblement épuisée entre les cercueils de deux grands capitaines.

L'Europe trembla au nom de cette puissance ottomane qui bientôt, maîtresse de Constanti-

nople, alloit opprimer l'ancienne patrie de la civilisation, et qui expire aujourd'hui en rendant la liberté à la Grèce.

Bajazet annonçoit qu'il passeroit en Occident, et feroit manger l'avoine à son cheval sur l'autel de Saint-Pierre, à Rome; réaction des croisades, comme les croisades elles-mêmes étoient la réaction du premier débordement des nations islamistes sur les pays chrétiens. La guerre d'extermination n'a cessé entre les peuples du Christ et de Mahomet que quand le principe religieux s'est affoibli chez ces deux peuples.

Marchèrent au secours de Sigismond, roi de Hongrie, dix mille François, parmi lesquels on comptoit mille chevaliers et mille écuyers des plus grandes familles de France, commandés par les plus grands seigneurs, ayant à leur tête Jean de Nevers, prince qui fut le second duc de Bourgogne : pour faire tant de mal à la France, il alloit conquérir dans les prisons de Bajazet le surnom de Jean-sans-Peur. La bataille de Nicopolis perdue contribua, comme je l'ai déjà remarqué, avec les batailles de Crécy, de Poitiers et d'Azincourt, à la dislocation de l'armée aristocratique, et à l'établissement de l'armée nationale. Quand le duc de Bourgogne sortit des cachots de Bajazet, Bajazet entra dans la cage de Tamerlan. Les grandes invasions étoient maintenant en Asie.

Le duc de Touraine, devenu depuis duc d'Orléans, épousa Valentine de Milan, fille de Galeas Visconti. Pierre de Craon, favori du duc de Touraine, fut disgracié pour avoir révélé à Valentine de Milan une infidélité de son mari. Craon étoit l'ennemi du connétable de Clisson, et parent du duc de Bretagne.

Isabeau commençoit à manifester son penchant au luxe et à la galanterie : la cour d'amour fut instituée sur le modèle des cours de justice. Parmi les officiers de cette cour, on trouve, avec les princes du sang et les plus anciens gentilshommes de la France, des docteurs en théologie, des grands-vicaires, des chapelains, des curés et des chanoines. C'est à cette époque que les romanciers ont placé les aventures du petit Jehan de Saintré. Les plus terribles vérités n'interrompirent point ces fictions; on voit marcher, tantôt séparés, tantôt confondus dans ce siècle, les forfaits et les amours, les fêtes et les massacres, l'histoire et le roman, tous les désordres d'un monde réel et d'un monde fictif : l'imagination entroit dans les crimes, les crimes dans l'imagination. Les fureurs du schisme et l'invasion des Anglois compliquèrent les querelles des Bourguignons et des Armagnacs.

En 1392, le duc de Touraine obtint le duché d'Orléans, en échange de celui de Touraine.

Craon assassine le connétable de Clisson, le jour de la fête du Saint-Sacrement, 1392 : Clisson ne mourut pas de ses blessures. Charles VI voulut tirer vengeance de Craon réfugié auprès du duc de Bretagne. L'armée eut ordre de se mettre en marche. Dans la forêt du Mans, une espèce de fantôme enveloppé d'un linceul, la tête et les pieds nus, se précipite d'entre deux arbres sur la bride du cheval de Charles VI, disant : « Roi, ne chevauche plus avant : retourne, car tu es trahi. » Le spectre rentre dans la forêt sans être poursuivi. Charles frémissant, et les traits altérés, continue sa route. Un page qui portoit la lance du roi la laissa tomber sur le casque d'un autre page : à ce bruit le roi sort de sa stupéfaction, tire son épée, fond sur les pages en s'écriant : « Avant ! avant sur ces traistres ! » Le duc d'Orléans accourt; Charles se jette sur lui : « Fuyez, beau « neveu d'Orléans, lui crie le duc de Bour- « gogne, monseigneur veut vous occire ! haro ! « le grand meschef, monseigneur est tout des- « voyé ! Dieu ! qu'on le prenne ! » Le roi ne tua ni ne blessa personne, quoi qu'en ait dit Monstrelet. Il fut ramené au Mans *sur une charrette à bœufs*. Les oncles du roi, le duc de Berri et le duc de Bourgogne, prirent en main le gouvernement. La Rivière, Lemercier, Montaigu et Le Bègue de Vilaines, ministre de Charles, eurent ordre de se retirer; le connétable de Clisson fuit en Bretagne après que le duc de Berry l'eut menacé de lui crever le seul œil qui lui restât. Benoît, le pape de Rome, prétendit que Dieu avoit ôté le jugement au roi parce qu'il avoit soutenu l'anti-pape d'Avignon; Clément, le pape d'Avignon, soutenoit que le roi avoit perdu l'esprit parce qu'il n'avoit pas détruit l'antipape de Rome. Le peuple françois plaignit le jeune monarque et pria pour lui, tandis que les grands se réjouissoient de pouvoir conduire à leur gré les affaires de l'état.

Georges III, dans une monarchie constitutionnelle, a été privé plusieurs années d'intelligence, et c'est l'époque la plus glorieuse de la monarchie angloise; Charles VI, dans une monarchie absolue, resta à peu près le même nombre d'années dans un état d'insanité, et c'est l'époque la plus désastreuse de la monarchie françoise : dans la monarchie constitutionnelle, la raison nationale prend la place de la raison du roi; dans la monarchie absolue, la folie de la cour succède à la folie royale.

Le parlement, toutes les chambres assemblées (1392), confirma l'édit de Charles V, qui fixe à quatorze ans la majorité des rois. La tutelle des enfants de France fut mise entre les mains de la reine et de Louis de Bavière, frère de la reine; des lettres de régence furent accordées quelque temps après au duc d'Orléans, frère du roi. Il y avoit un conseil de tutelle de douze personnes; il n'y avoit point de conseil de régence assigné. Charles VI fit son testament, et il vécut, après avoir lui-même disposé de tout, comme s'il étoit mort.

Et c'est de ce roi mort que l'on entend parler ensuite comme père d'enfants qui naissent au hasard, comme ayant été sur le point d'être brûlé dans un bal masqué où cet insensé figuroit déguisé en Sauvage; comme niant qu'il eût été roi; comme effaçant avec fureur son nom et ses armes; priant qu'on éloignât de lui tout instrument avec lequel il eût pu blesser quelqu'un, disant qu'il aimoit mieux mourir que de faire du mal à personne; conjurant au nom de Jésus-Christ ceux qui pouvoient être coupables de ses souffrances de ne le plus tourmenter, et de hâter sa fin; s'écriant à l'aspect de la reine : « Quelle est ceste femme? Qu'on « m'en délivre! » et recevant dans son lit, trompé, la fille d'un marchand de chevaux que cette reine lui envoyoit pour le remplacer; ombre auguste, malheureuse et plaintive, autour de laquelle s'agitoit un monde réel de sang et de fêtes! spectre royal dont on empruntoit la main glacée pour signer des ordres de destruction, et qui, innocent des actes revêtus de son nom à la lumière du soleil, revenoit la nuit parmi les vivants pour gémir sur les maux de son peuple! Quel témoin nous reste-t-il de cette infirmité d'un monarque que ne purent guérir un *magicien* de Guienne avec son livre *Sima-*

gorad, et deux moines qui furent les premiers criminels assistés à la mort par des confesseurs. Quel monument durable atteste, au milieu de nous, les calamités d'un règne qui s'écoula entre l'apparition d'un fantôme et celle d'une bergère? Une amère dérision de la destinée des empires et de la fortune des hommes : un jeu de cartes.

Sous l'année 1395, on remarque l'ordonnance qui donne des confesseurs aux condamnés; mais le sacrement de l'eucharistie leur étoit encore refusé dans le dernier siècle. Plusieurs conciles avoient réprouvé cette rigueur, incompatible, en effet, avec la charité chrétienne et avec le principe moral d'une religion qui fait du repentir l'innocence.

Les prisonniers envoyés à l'échafaud s'arrêtoient deux fois en chemin; dans la cour des Filles-Dieu, ils baisoient le crucifix, recevoient l'eau bénite, buvoient un peu de vin, et mangeoient trois morceaux de pain : cela s'appeloit *le dernier morceau du patient*. Sauval remarque que cet usage ressemble au repas que les Juives faisoient aux personnes condamnées à mort, et au vin de myrrhe que les Juifs présentèrent à Jésus-Christ. Ne seroit-ce pas plutôt un souvenir du dernier repas des martyrs, *le repas libre?* Les exécutions avoient presque toujours lieu le dimanche et les jours de fête. Les cordeliers assistèrent d'abord les criminels, et eurent pour successeurs les docteurs en théologie de la maison de Sorbonne : sublime fonction du prêtre, qui commença en 1395 par l'édit d'un roi de France malheureux, et qui devoit donner, en 1793, un dernier consolateur à un roi de France encore plus infortuné.

L'usage étoit aussi d'offrir du vin aux juges qui assistoient à la mort du condamné : l'exécuteur des hautes œuvres faisoit les avances du prix de ce vin. Une somme de douze livres six deniers fut allouée au bourreau en 1477, par le prévôt de Paris, pour avoir fourni du pain, des poires et douze pintes de vin à messieurs du parlement et officiers du roi, étant au grenier de la salle, pendant que le duc de Nemours (Armagnac) se confessoit.

La dernière année du quatorzième siècle vit deux papes renoncés, deux rois jugés et déposés par deux assemblées nationales : le

roi d'Angleterre Richard II, et Venceslas, empereur d'Allemagne. Venceslas, ivrogne et débauché, se soucioit si peu de l'empire, qu'il vendit aux habitants de Nuremberg, après sa déposition, un droit de souveraineté qu'il avoit conservé sur eux, pour quelques pipes de vin. Louis d'Anjou manqua son expédition sur Naples. Le duc de Bourbon voulut surprendre Bordeaux et Bayonne pendant les troubles qu'amena la déposition de Richard II; il ne réussit pas, et la cour de France, ne pouvant dépouiller Henri de Lancastre, s'arrangea avec lui.

Les querelles des maisons d'Orléans et de Bourgogne éclatent. Il y a quelque chose de plus grand dans la maison de Bourgogne, quelque chose de plus attachant dans celle d'Orléans; où se range malgré soi de son parti; on lui pardonne la foiblesse de ses mœurs en faveur de son goût pour les arts, de sa fidélité au malheur, et de son héroïsme. Par sa branche illégitime, on passe de Dunois aux Longueville; par sa branche légitime, on arrive de Valentine de Milan à Louis XII et à François I*er*.

Le premier attentat vint de la maison de Bourgogne. Jean-sans-Peur, qui avoit succédé à son père Philippe-le-Hardi, fait assassiner le duc d'Orléans le 25 novembre 1407. Les deux princes s'étoient juré dans le conseil du roi une amitié inviolable : *ils avoient pris les epices et bu du vin*; ils s'étoient embrassés en se quittant; ils avoient communié ensemble; le duc de Bourgogne avoit promis de dîner chez le duc d'Orléans, qui l'avoit invité : il n'alla pourtant point chercher au repas des morts, où il l'envoya le lendemain, son convive de Dieu à la sainte table, et son hôte au festin des hommes.

Le duc de Bourgogne nia d'abord son crime, et s'en vanta ensuite : dernière ressource de ceux qui sont trop coupables pour n'être pas convaincus, et trop puissants pour être punis. Le peuple détestoit le duc d'Orléans, et chansonna sa mort : ses forfaits n'inspirent d'horreurs que dans les sociétés en repos ; dans les révolutions, ils font partie de ces révolutions mêmes, desquelles ils sont le drame et le spectacle.

Le bruit de l'assassinat s'étant répandu dans Paris, la reine, épouvantée, se fit porter en l'hôtel de Saint-Pol; la femme adultère se mit sous la protection de la royale folie. Bientôt elle est obligée de fuir devant le duc de Bourgogne, et emmène à Tours le roi malade. Valentine de Milan succombe à sa douleur, sans avoir pu obtenir justice. On l'accusa de sortiléges : les sortiléges de Valentine étoient ses grâces. Cette Italienne, apportant dans notre rude climat, dans la France barbare, des mœurs polies et le goût des arts, dut paroître une magicienne; on l'auroit brûlée pour sa beauté, comme on brûla Jeanne d'Arc pour sa gloire.

Le traité de Chartres donna tout pouvoir au duc de Bourgogne; on trancha la tête au sire de Montaigu, administrateur des finances, ce qui ne remédia à rien : on convoqua une assemblée pour réformer l'état, et l'état ne fut point réformé. Les princes, mécontents, prirent les armes contre le duc de Bourgogne. Le duc d'Orléans, fils du duc assassiné, avoit épousé en secondes noces Bonne d'Armagnac, fille du comte Bernard d'Armagnac, d'où le parti du duc d'Orléans, conduit par le comte Bernard, prit le nom d'*Armagnac*. On traite inutilement à Bicêtre; on se prépare de nouveau à la guerre. Les Armagnacs assiégent Paris; le duc de Bourgogne arrive avec une armée, et en fait lever le siège. A travers tous ces maux, la vieille guerre des Anglois se ranime.

Une sédition éclate dans Paris : les palais du roi et du dauphin sont forcés; la faction des bouchers prend le chaperon blanc; le duc de Bourgogne perd son pouvoir et se retire : on négocie à Arras.

Le roi d'Angleterre descend en France. La bataille d'Azincourt, perdue, renouvelle tous les malheurs de Crécy et de Poitiers. Paris est livré aux Bourguignons, après avoir été gouverné par les Armagnacs ; les prisons sont forcées, les prisonniers massacrés. Les Anglois s'emparent de Rouen, et Henri V prend le titre de roi de France.

Un traité de paix est conclu à Ponceau entre le duc de Bourgogne et le dauphin (1419). Vaine espérance! les inimitiés étoient trop vives : Jean-sans-Peur est assassiné sur le pont de Montereau.

Le nouveau duc de Bourgogne, Philippe-le-Bon, s'allie aux Anglois pour venger son père. Henri V épouse Catherine de France, et Charles VI le reconnoît pour son héritier, au préjudice du dauphin. Deux ans après la signature du traité de Troyes, Henri V meurt à Vincennes, et Charles VI à Paris.

Le duc de Bedford, revenant des funérailles de Henri V, roi d'Angleterre, ordonne celles de Charles VI, roi de France. Cette course entre deux cercueils, entre le cercueil du plus glorieux comme du plus heureux des monarques, et le cercueil du plus obscur comme du plus misérable des souverains, est une leçon aussi sérieuse que philosophique. Qui en profitera? personne.

CHARLES VII.

De 1422 à 1461.

Le dauphin se trouvoit à Espally, château situé en Velay (d'autres disent à Mehun-sur-Yèvres en Berry), lorsqu'il apprit la mort de son père. Proclamé roi par le petit nombre de fidèles qui l'environnoient, il s'habille de noir et entend la messe dans la chapelle du château; puis on déploie la bannière aux fleurs de lis d'or. Une douzaine de serviteurs crient Noel! et voilà un roi de France.

Richemont, Dunois, Xaintrailles, La Hire, soutiennent l'honneur françois sans pouvoir arracher la France aux étrangers : Jeanne paroît, et la patrie est sauvée [1].

Quelque chose de miraculeux dans le malheur comme dans la prospérité se mêle à l'histoire de ces temps. Une vision extraordinaire avoit ôté la raison à Charles VI ; des révélations mystérieuses arment le bras de la Pucelle; le royaume de France est enlevé à la race de saint Louis par une cause surnaturelle ; il lui est rendu par un prodige.

On trouve dans le caractère de Jeanne d'Arc la naïveté de la paysanne, la foiblesse de la femme, l'inspiration de la sainte, le courage de l'héroïne.

Lorsqu'elle eut conduit Charles VII à Reims et l'eut fait sacrer, elle voulut retourner garder les troupeaux de son père; on la retint. Elle tomba aux mains des Bourguignons dans une sortie vigoureuse qu'elle fit à la tête de la garnison de Compiègne. Le duc de Bedfort ordonna de chanter un *Te Deum*, et crut que la France entière étoit à lui. Les Bourguignons vendirent la Pucelle aux Anglois pour une somme de 10,000 francs. Elle fut transportée à Rouen dans une cage de fer, et emprisonnée dans la grosse tour du château. Son procès commença : l'évêque de Beauvais et un chanoine de Beauvais conduisirent la procédure. « *Ceste fille si simple*, disent les historiens, *que tout au plus savoit-elle son* PATER *et son* AVE, *ne se troubla pas un instant, et fit souvent des responses sublimes.* » Condamnée à être brûlée vive comme sorcière, la sentence fut exécutée le 30 mai 1431.

Un bûcher avoit été élevé sur la place du vieux Marché, à Rouen, en face de deux échafauds où se tenoient des juges séculiers et ecclésiastiques, ou plutôt les assassins dans les deux lois. Jeanne étoit vêtue d'un habit de femme, coiffée d'une mitre, où étoient écrits ces mots : *apostate, relapse, idolâtre, hérétique*. Jeanne n'avoit pourtant servi que les autels de son pays. Deux dominicains la soutenoient; elle étoit garrottée. Les Anglois avoient fait lier par leurs bourreaux ces mains que n'avoient pu enchaîner leurs soldats.

Jeanne prononça à genoux une courte prière, se recommanda à Dieu, à la pitié des assistants, et parla généreusement de son roi, qui l'oublioit. Les juges, le peuple, le bourreau, et jusqu'à l'évêque de Beauvais, pleuroient.

La condamnée demanda un crucifix; un Anglois rompit un bâton dont il fit une croix : Jeanne la prit comme elle put, la baisa, la pressa contre son sein, et monta sur le bûcher.

[1] Voir les détails sur Jeanne d'Arc et sa mission, aux *Mélanges littéraires*.

Bayard voulut expirer penché sur le pommeau de son épée, qui formoit une croix de fer.

Le second confesseur de la Pucelle rachetoit par ses vertus l'infamie du premier; il étoit auprès de sa pénitente. Comme on avoit voulu la donner en spectacle au peuple, le bûcher étoit très-élevé, ce qui rendit le supplice plus douloureux et plus long. Lorsque Jeanne sentit que la flamme l'alloit atteindre, elle invita le père Martin à se retirer, avec un autre religieux, son assistant. La douleur arracha quelques cris à cette pauvre, jeune et glorieuse fille. Les Anglois étoient rassurés; ils n'entendoient cette voix que sur le champ du martyre. Le dernier mot que Jeanne prononça au milieu des flammes fut *Jésus*, nom du consolateur des affligés et du Dieu de la patrie.

Quand on présuma que la Pucelle étoit expirée, on écarta les tisons ardents, afin que chacun la vît: tout étoit consumé, hors le cœur, qui se trouva entier.

Trois grands poëtes ont chanté Jeanne: Shakespeare, Voltaire et Schiller. La Pucelle, dans Shakespeare, est une sorcière qui a des démons à ses ordres; dans Schiller, c'est une femme divine inspirée du Ciel, qui doit sa force à son innocence, et qui perd cette force lorsqu'elle éprouve une passion. La Pucelle de Shakespeare renie son père, simple berger; elle se déclare grosse pour retarder son supplice: tantôt elle dit que c'est *Alençon qui a eu son amour*, tantôt que c'est *René, roi de Naples, qui a triomphé de sa vertu*; mais Shakespeare, malgré son sang anglois, prête à la Pucelle des sentiments héroïques. Il lui fait dire à Charles VII, qui hésite à attaquer l'ennemi: « Commandez la victoire, et la victoire « est à vous. » Quand elle est prise, elle s'écrie: « L'heure est donc venue où la France « doit couvrir d'un voile son superbe panache, « et laisser tomber sa tête dans le giron de « l'Angleterre ! » Lorsque l'héroïne est condamnée, elle prononce ces paroles : « Jeanne d'Arc « vécut chaste et sans reproche dans ses pen- « sées ; son sang pur, que vos mains barbares « versent injustement, criera vengeance contre « vous aux portes du ciel [1]. »

Schiller, dans son admirable tragédie, met ces mots dans la bouche de Jeanne inspirée : « Ce royaume doit-il tomber? Cette contrée « glorieuse, la plus belle que le soleil éclaire « dans sa course, pourroit-elle porter des « chaînes?....... Eh quoi! nous n'aurions plus « de roi à nous ! de souverain né sur notre « sol ! Le roi qui ne meurt jamais disparoîtroit « de notre pays !....... L'étranger qui veut ré- « gner sur nous pourroit-il aimer une terre où « ne reposent pas les dépouilles de ses ancê- « tres? Notre langage pourroit-il être entendu « de son cœur? A-t-il passé ses premières an- « nées au milieu d'une jeunesse françoise, et « peut-il être le père de nos enfants? »

Et Voltaire, le poëte françois entre le poëte anglois et le poëte allemand, que fait-il dire à la pucelle? Reconnoissons-le, à l'honneur du temps où nous vivons, ce crime du génie, cette débauche du talent ne seroit plus possible aujourd'hui; Voltaire seroit forcé d'être François par ses sentiments comme par sa gloire. Avant l'établissement de nos nouvelles institutions, nous n'avions que des mœurs privées; nous avons maintenant des mœurs publiques, et, partout où celles-ci existent, les grandes insultes à la patrie ne peuvent avoir lieu : la liberté est la sauvegarde de ces renommées nationales qui appartiennent à tous les citoyens. Au surplus, Voltaire, historien et philosophe, est juste, autant que Voltaire, poëte et impie, est inique [1].

Le traité d'Arras réconcilia le roi de France et le duc de Bourgogne; Paris ouvrit ses portes au maréchal de l'Isle-Adam (1436), et Charles VII, un an après, y fit son entrée solennelle. Une trêve avoit été conclue entre la France et l'Angleterre; elle expira en 1448.

Charles VII et ses généraux reprennent toute la Normandie, la Guienne et Bordeaux. Les Anglois sont chassés de France, où, après une si longue occupation et tant de malheurs, ils ne conservent que Calais, première conquête d'Édouard III (1449, 1450, 1451, 1452, 1453). Talbot, le dernier des héros de cet âge dans les rangs anglois, avoit été tué à la bataille de Castillon.

---

[1] *Œuvres de* Shakspeare, collect. Guizot.

[1] Théâtre allemand, collection Ladvocat; voir l'*Essai sur les mœurs*.

Alors vivoit Agnès Sorel, *dame de beauté*, qui régnoit sur le roi et le poussoit à la gloire. Charles VII eut trois filles d'Agnès Sorel, Charlotte, Marguerite et Jeanne. Monstrelet assure que ce monarque n'entretint jamais qu'un commerce d'âme et de pensées avec sa maîtresse (1445, 1446).

Le dauphin (Louis XI), cantonné dans le Dauphiné pendant quinze ans, tantôt en révolte ouverte, tantôt en conspiration secrète contre son père, se retire auprès du duc de Bourgogne, où il demeure six ans (1456).

Procès fait au duc d'Alençon, prince du sang. Il est condamné à mort; la peine est commuée en une prison, d'où Louis XI le délivra pour l'y remettre encore, parce qu'il conspira de nouveau.

Rivalité des maisons d'York et de Lancastre, en Angleterre. Révolutions et guerres de *la rose blanche* et de *la rose rouge* (1457, 1458, 1459, 1460, 1461).

Charles VII se laisse mourir de faim dans la crainte d'être empoisonné par son fils. Il expire à Meun, en Berry, le 22 juillet 1461. On a dit ingénieusement qu'il n'avoit été que le témoin des merveilles de son règne.

Charles VII étoit ingrat, insouciant et léger; défauts qui lui furent utiles dans la mauvaise fortune, parce qu'en la sentant moins il eut l'air de la dominer.

Vingt années de malheurs mûrirent les esprits et leur communiquèrent une activité prodigieuse. Les lois, l'administration, l'art militaire, les sciences, les lettres, s'éclairèrent des besoins d'une société tourmentée par tous les fléaux de la guerre civile et de la guerre étrangère. La puissance populaire s'accrut de tout ce que perdit la puissance aristocratique, en même temps que la royauté contestée, que la couronne attaquée dans son hérédité, consacrèrent leurs droits légitimes, en étant obligées de recourir à ceux mêmes de la nation.

Les grandes scènes et les grandes causes ne se jugent ni ne se plaident devant les peuples, sans que de nouvelles idées ne s'introduisent dans les masses, et que le cercle de l'esprit humain ne s'élargisse. Aussi voyons-nous sous Charles VI et Charles VII les mouvements populaires succéder aux mouvements aristocratiques, et des excès d'une autre nature se commettre : des massacres de prêtres et de nobles dans les prisons annoncent la renaissance des passions plébéiennes. L'augmentation de la moyenne propriété, l'accroissement des cités et de leur population; le progrès du droit civil; la destruction matérielle du corps des nobles; la multiplication des cadets de famille qui, presque tous privés d'héritage, n'avoient plus la ressource de vivre commensaux de leurs aînés, et se perdoient par misère dans la roture : voilà les principales causes qui amenèrent, pendant les règnes de Charles VI et de Charles VII, une des grandes transformations de la monarchie.

Sous Charles VII expirèrent les lois de la féodalité, dont il ne demeura que les habitudes. La conquête étrangère ayant obligé à la défense commune, on se donna naturellement au chef militaire autour duquel on s'étoit rassemblé; or, cela n'arrive jamais sans que des libertés périssent. L'impôt levé pour la solde des compagnies régulières ne fut point et ne put être consenti par la nation pendant les troubles de l'état; il resta de ces troubles, à la couronne, un impôt non voté et une armée permanente, les deux pivots de la monarchie absolue. Les mœurs devinrent demi-chevaleresques, demi-soldatesques; le *chevalier* se métamorphosa en *cavalier*, et le *pédaille* en *fantassin*. Les frères Bureau fondèrent l'artillerie: tout le monde à cette époque, bourgeois et gens de plume, avoit porté les armes.

Charles VII institua un conseil d'état, qui devint le conseil exécutif. Le parlement, ne faisant plus partie du conseil du roi, vit mieux les limites de ses fonctions judiciaires, en même temps qu'il garda les fonctions politiques dont il s'étoit emparé; car, vers la fin du quatorzième siècle, les états avoient presque cessé d'être convoqués.

L'histoire des idées commence à se mêler à l'histoire des faits. Les spectacles modernes prennent naissance, ou du moins, étant déjà nés, ils se développent. Aux combats d'animaux, aux mimes de la première et de la seconde race, succédèrent, sous la troisième, les troubadours et trouvères, les jongleurs, les ménestriers, l'association de la *Mère folle*, les *Confrères de la Passion*, les *Enfants sans-souci*, les *Coqueluchiers*, les *Cornards*, les

Moralités jouées par les clercs de la Basoche, la *Royauté des fous* par les écoliers, et enfin les *Mystères*, plaisirs grossiers sans doute, enfance de l'art où tout se trouvoit confondu, musique, danse, allégorie, comédie, tragédie, mais scènes pleines de mouvement et de vie, et dont nous aurions tiré une littérature bien plus originale et bien plus féconde, si notre génie, sous Louis XIV, ne s'étoit fait grec et latin. Les *Enfants sans-souci* jouoient particulièrement la comédie; leur chef s'appeloit le *prince des Sots*, et portoit un capuchon surmonté de deux oreilles d'âne. Les *Cornards* avoient pour chef l'*abbé des Cornards*. Je ne sais si l'on a jamais remarqué que les premières éditions de la *Mer des histoires et chroniques de France* sont ornées de très-belles majuscules et de vignettes qui représentent le *prince des Sots*, et des scènes peu chastes. Le mariage, chez les anciens, n'a jamais été, comme chez les modernes, et surtout comme chez les François, un sujet de raillerie; cela tient à ce que les femmes n'étoient pas mêlées à la société antique ainsi qu'elles le sont à la société nouvelle. La comédie naissante n'épargna ni les choses ni les personnes; elle fut licencieuse, à l'exemple des mœurs qu'elle avoit sous les yeux, hardie de même que les guerres civiles au milieu desquelles elle surgit. La tragédie prit son plus grand essor pendant les troubles de la Fronde.

La fureur de ces spectacles devint si grande que tout le monde voulut être acteur; des princes, des militaires, des magistrats, des évêques, se faisoient agréger à ces troupes comiques dont la profession étoit libre. L'esprit passoit par degrés des plaisirs matériels à ceux de l'intelligence. Le christianisme, ayant porté la morale dans les passions, avoit combiné et modifié ces passions d'une manière toute nouvelle: le génie pouvoit fouiller cette mine, non encore exploitée, dont les filons étoient inépuisables.

Du point où la société étoit parvenue sous Charles VII, il étoit loisible d'arriver également à la monarchie libre ou à la monarchie absolue: on voit très-bien le point d'intersection et d'embranchement des deux routes; mais la liberté s'arrêta et laissa marcher le pouvoir. La cause est qu'après la confusion des guerres civiles et étrangères, qu'après les désordres de la féodalité, le penchant des choses étoit vers l'unité du principe gouvernemental. La monarchie en ascension devoit monter au plus haut point de sa puissance; il falloit qu'en écrasant totalement la tyrannie de l'aristocratie elle eût commencé à faire sentir la sienne, avant que la liberté pût régner à son tour. Ainsi se sont succédé en France, dans un ordre régulier, l'aristocratie, la monarchie et la république; le noble, le roi et le peuple: tous les trois, ayant abusé de la puissance, ont enfin consenti à vivre en paix dans un gouvernement composé de leurs trois éléments.

LOUIS XI.

De 1461 à 1483.

Louis XI vint faire l'essai de la monarchie absolue sur le cadavre palpitant de la féodalité. Ce prince tout à part, placé entre le moyen âge qui mouroit et les temps modernes qui naissoient, tenoit d'une main la vieille liberté noble sur l'échafaud, de l'autre jetoit à l'eau dans un sac la jeune liberté bourgeoise: et pourtant celle-ci l'aimoit, parce qu'en immolant l'aristocratie il flattoit la passion démocratique, l'égalité.

Ce personnage, unique dans nos annales, ne semble point appartenir à la série des rois françois: tyran justicier aux mœurs basses, chéri et méprisé de la populace; faisant décapiter le connétable, et emprisonner les pies et les geais instruits à dire par les Parisiens: « *Larron, va dehors; va, Perrette;* » esprit matois opérant de grandes choses avec de petites gens; transformant ses valets en hérauts d'armes, ses barbiers en ministres, le grand-prévôt en *compère*, et deux bourreaux, dont l'un étoit gai et l'autre triste, en *compagnons*; regagnant par sa dextérité ce qu'il perdoit par

son caractère, réparant comme roi les fautes qui lui échappoient comme homme ; brave chevalier à vingt ans, et pusillanime vieillard ; expirant entouré de gibets, de cages de fer, de chausse-trappes, de broches, de chaînes appelées les *fillettes du roi*, d'ermites, d'empiriques, d'astrologues ; mourant après avoir créé l'administration, les manufactures, les chemins, les postes ; après avoir rendu permanents les offices de judicature, fortifié le royaume par sa politique et ses armes, et vu descendre au tombeau ses rivaux et ses ennemis, Édouard d'Angleterre, Galeas de Milan, Jean d'Aragon, Charles de Bourgogne, et jusqu'à l'héritière de ce duc ; tant il y avoit quelque chose de fatal attaché à la personne d'un prince qui, par *gentille industrie*, empoisonna son frère, le duc de Guienne, *lorsqu'il y pensoit le moins*, priant la Vierge, *sa bonne dame, sa petite maîtresse, sa grande amie*, de lui obtenir son pardon. (BRANTOME.)

Louis XI fit bien autre chose par *gentille industrie* : « Le barbare, après le traité (de « Conflans), fit jeter dans la rivière plusieurs « bourgeois de Paris, soupçonnés d'être par-« tisans de son ennemi. On les liait deux à « deux dans un sac. . . . .
« . . . .
« Les grandes âmes choisissent hardiment « des favorites illustres et des ministres ap-« prouvés. Louis XI n'eut guère pour ses con-« fidents et pour ses ministres que des hommes « nés dans la fange, et dont le cœur était au-« dessous de leur état. Il y a peu de tyrans « qui aient fait mourir plus de citoyens par « les mains des bourreaux, et par des sup-« plices plus recherchés. Les chroniques du « temps comptent quatre mille sujets exécutés « sous son règne, en public ou en secret. . . .

« Le roi voulut que le duc de Nemours fût « interrogé dans sa cage de fer, qu'il y subît « la question, et qu'il y reçût son arrêt. On « le confessa ensuite dans une salle tendue de « noir.

« On mit sous l'échafaud dans les halles de « Paris les jeunes enfants du duc, pour rece-« voir sur eux le sang de leur père. Ils en sor-« tirent tout couverts ; en cet état on les con-« duisit à la Bastille dans des cachots faits en « forme de hottes, où la gêne que leur corps « éprouvait était un continuel supplice. On « leur arrachait les dents à plusieurs inter-« valles. . . . . Sous « Louis XI pas un grand homme. Il avilit la « nation. Il n'y eut nulle vertu : l'obéissance « tint lieu de tout, et le peuple fut enfin tran-« quille, comme les forçats le sont dans une « galère. » (VOLTAIRE.)

L'hésitation étoit dans les manières de Louis XI, non dans sa tête, où, comme il le disoit, *il portoit tout son conseil*. Ses lettres font foi de cette vérité ; il écrivoit à Saint-Pierre, grand sénéchal : « Monsieur le grand-« sénéchal, je vous prie que remontriez à « M. de Saint-André que je veux estre servi à « mon proufit et non pas à l'avarice, tant que « la guerre dure ; et s'il ne veut faire par beau, « faites-lui faire par force, et empoignez ses « prisonniers et les mettez au butin comme « les autres. . . . . Monsieur « le grand-sénéchal, je suis bien esbahi que les « capitaines et M. de Saint-André, ni autres, « ne trouvent bon l'ordonnance que je fais « que tout soit au butin ; car, par ce moyen, « ils auront tous ces prisonniers les plus gros « pour un rien qui vaille ; c'est ce que je de-« mande, afin qu'ils tuent une autre fois tout, « et qu'ils ne prennent plus prisonniers, ni « chevaux, ni bagage, et jamais nous ne per-« drons bataille. . . . . Je « vous prie, dites à M. de Saint-André qu'il « ne vous fasse point du floquet, ni du rétif ; « car c'est la première désobéissance que j'aie « jamais eue de capitaine. S'il fait semblant « de désobéir, mettez-lui vous-mesme la main « sur la teste et lui ostez par force les prison-« niers, et je vous jure que lui osterai bientost « la teste de dessus les épaules ; mais je crois « que le traître ne désobéira pas, car il n'a le « pouvoir. »

Il mandoit au chef de la justice : « Chan-« celier, vous avez refusé de sceller les lettres « de mon maître d'hostel Boutilas ; je sais bien « à l'appétit de qui vous le faites. . . . . . . Vous « souvienne, beau sire, de la journée que « vous pristes avec les Bretons, et les dépes-« chez, sur votre vie. »

Ne diroit-on pas un homme de la Conven-

tion? C'est qu'en effet Louis XI étoit l'homme de la terreur pour la féodalité.

L'idée des chaînes et des tortures étoit si fortement empreinte dans l'esprit de Louis, que, fatigué des disputes des *nominaux* et des *réalistes*, il fit enchaîner et enclouer dans les bibliothèques les gros ouvrages des premiers, afin qu'on ne les pût lire. Et ce même homme protégea contre l'université et le parlement les premiers imprimeurs venus d'Allemagne, que l'on prenoit pour des sorciers; l'imprimerie, ce puissant agent de la liberté, fut élevée en France par un tyran.

Les caprices mêmes de Louis XI avoient le caractère de la domination; il tenoit prisonnier Wolfang Poulhain, homme de confiance de Marie de Bourgogne; il consentoit à le mettre à rançon, pourvu qu'on ajoutât au prix convenu les meutes renommées du seigneur de Bossu. Le Bossu ne vouloit point du tout céder ses chiens; après maints courriers expédiés des deux côtés, les chiens furent envoyés au roi qui les garda, sans relâcher Poulhain; il ne lui rendit la liberté que quand on ne la demanda plus.

Ce prince avoit quelque chose des Juifs de son temps : il prêtoit sur bons nantissements de provinces et de places, à des souverains de famille qui avoient besoin d'argent. Jean d'Aragon lui engagea les comtés de Cerdagne et de Roussillon pour trois cent mille écus d'or; et Marguerite d'Anjou lui avoit hypothéqué la ville de Calais pour une somme de vingt mille écus. Marguerite étoit femme de Henri VI, roi d'Angleterre, prisonnier dans la Tour de Londres, après avoir été roi de France dans son berceau; elle étoit fille du bon roi René, qui ne régna guère, mais qui faisoit des vers et des tableaux, qui rédigeoit des lois pour les tournois, qui avoit pour emblème une chaufferette, et qui diminuoit les impôts toutes les fois que la tramontane souffloit sur la Provence. René ne ressembloit pas beaucoup à Louis.

La politique de Louis XI a été l'objet du blâme général des historiens : tous ont dit qu'il avoit manqué pour le dauphin le mariage de Marie de Bourgogne, héritière de Charles-le-Téméraire, et celui de Jeanne, fille de Ferdinand et d'Isabelle; que s'il eût consenti au premier mariage, les Pays-Bas, réunis à la France, n'auroient point produit ces longues guerres qui firent couler tant de sang; que s'il avoit donné les mains au second mariage, c'est-à-dire à celui du dauphin et de Jeanne, fille de Ferdinand et d'Isabelle, Jeanne n'eût point épousé Philippe, fils de Maximilien et de Marie de Bourgogne, et ne seroit point devenue la mère de Charles-Quint. Par le premier mariage, le dauphin (Charles VIII) auroit annexé les Pays-Bas, l'Artois, la Bourgogne, la Franche-Comté, à la monarchie de saint Louis; par le second, ses enfants seroient devenus maîtres des royaumes des Espagnes, et bientôt des Amériques.

Ce n'est point ainsi qu'il faut juger la politique de Louis XI : le but de ce prince ne fut jamais d'agrandir son royaume au dehors, mais d'abattre la monarchie féodale pour constituer la monarchie absolue. Loin de désirer des conquêtes, il refusa l'investiture du royaume de Naples et repoussa les avances de Gênes. « Les Génois se donnent à moi, disoit-il, « moi je les donne au diable. » Mais il acheta les droits éventuels de la maison de Penthièvre sur la Bretagne; et toutes les fois qu'il trouvoit à se nantir pour un peu d'argent de quelque bonne ville dans l'intérieur de ses états, il n'y faisoit faute.

Les seigneurs appauvris brocantoient alors leurs plus célèbres manoirs, et Louis XI, comme un regrattier de vieilles gloires, maquignonnoit à bas prix la marchandise qu'il ne revendoit plus.

Le constant travail de la vie de Louis XI et l'idée fixe qui le domina furent l'abaissement de la haute aristocratie et la centralisation du pouvoir dans sa personne : ce qu'il fit en bien et en mal vient de cette préoccupation. S'il déclara qu'*il ne seroit donné aucun office s'il n'étoit vacant par mort, résignation ou forfaiture*, principe de l'inamovibilité des juges, ce ne fut pas pour ajouter de l'indépendance à la loi, mais pour lui communiquer de la force : il savoit très-bien violer les règlements, changer les juges pour son compte, et nommer des commissions exécutives. S'il abolit la pragmatique sanction, ce ne fut pas pour favoriser la cour de Rome, mais en haine de tout ce qui portoit un caractère de liberté. S'il créa

les parlements de Bordeaux et de Dijon, et s'il fit de nouvelles divisions de territoire, ce ne fut point par un esprit d'équité et d'ordre général ; mais c'est qu'il vouloit détruire l'esprit de province, et avoir partout des *gens du roi*. S'il songea à établir l'uniformité des coutumes et l'égalité des poids et mesures, ce ne fut point pour faire disparoître ces inconvénients de la barbarie, mais pour attaquer les autorités seigneuriales. S'il établit les cent gentilshommes au bec de corbin, origine des gardes du corps ; s'il prit des Suisses à sa solde et y joignit un corps de dix mille hommes d'infanterie françoise, ce n'est pas qu'il eût en vue de créer une armée nationale, c'est qu'il formoit une garde pour sa personne. Quand il s'humilioit devant Édouard IV et le duc de Bourgogne, ce n'étoit point par une méconnoissance de sa grandeur, mais pour obtenir le loisir de poursuivre dans l'intérieur de la France les seigneurs puissants. Il harcela sans relâche le duc de Bretagne ; il attachoit bien plus d'importance à la conquête des états de ce duc qu'à celle du duc de Bourgogne, parce qu'il ne vouloit pas avoir derrière lui une principauté indépendante, porte toujours ouverte sur son royaume par où l'ennemi pouvoit toujours entrer. Il fit ou laissa empoisonner son frère le duc de Guienne, parce qu'il ne vouloit pas plus d'apanagistes que de grands vassaux : l'apanage étoit en effet une sorte de démembrement.

Cette suite d'idées le mena à négliger le mariage du dauphin et de Marie de Bourgogne. Le dauphin étoit un enfant de huit ans, laid et mal conformé ; Marie étoit une belle princesse de vingt ans ; elle eût été obligée d'attendre, dans une espèce de veuvage de dix ans, la croissance d'un avorton dont les dix-huit ans auroient peut-être dédaigné ses trente années. Louis XI avoit trop de jugement pour ne pas calculer ce qui pouvoit arriver pendant la durée de ces longues fiançailles sans noces, dont le moindre accident pouvoit rompre les foibles liens. Il détestoit en outre les Flamands, et les Flamands le détestoient ; l'esprit de liberté qui régnoit depuis trois siècles dans ces communes manufacturières étoit antipathique à son génie. Les comtes de Flandre étoient plutôt les sujets des Flamands, que les Flamands n'étoient leurs sujets. C'est dans ce pays resserré, ancien berceau des Franks, que s'est maintenu jusqu'à nos jours ce feu d'indépendance et de courage qui animoit les compagnons de Khlovigh.

Qu'auroit fait Louis XI, tuteur de son fils, de ces bourgeois qui firent exécuter sous les yeux de Marie de Bourgogne ses deux ministres, Hymbercourt et Hugonet ? Élever des échafauds, c'étoit attenter aux droits de Louis XI. Il trouva plus sûr et plus court de s'emparer du duché de Bourgogne, qui revenoit naturellement à la couronne à la mort de Charles-le-Téméraire, les apanages ne passant point aux filles. Il s'empara des villes sur la Somme, et de plusieurs villes dans l'Artois, sur lesquelles il avoit des prétentions assez fondées ; mais, pour éteindre le droit de suzeraineté que l'Artois avoit sur la ville de Boulogne, il transporta et conféra cette suzeraineté à la sainte Vierge, *sa petite maîtresse, sa grande amie.*

Par le mariage du dauphin et de Marie de Bourgogne, il se seroit commis avec le corps germanique : la Franche-Comté, le Luxembourg, le Hainaut et la Hollande, relevoient de l'Empire ; or Louis XI ne vouloit de querelles que quand il se croyoit sûr du succès. Toutes ces considérations le portèrent à préférer le certain à l'incertain, à prendre ce qu'il pouvoit garder, à laisser ce qui présentoit des chances périlleuses. Il ne favorisa pas davantage l'union de Charles d'Angoulême, de la maison d'Orléans, avec l'héritière de Charles-le-Téméraire, parce que c'eût été rétablir sous un autre nom la puissance des ducs de Bourgogne. Mais s'il rejeta le mariage du dauphin avec Marie, il rechercha le mariage de ce même dauphin avec Marguerite, fille de Marie et de Maximilien, parce que d'un côté il y avoit proportion d'âge, et que de l'autre on gratifioit Marguerite des comtés d'Artois et de Bourgogne ; or cette dot n'offroit aucune matière à contestation avec la Flandre et l'Empire. Ce mariage n'eut pas lieu, parce que la dame de Beaujeu, qui suivit la politique de son père, préféra pour son frère Charles VIII l'héritière de Bretagne.

En tout, Louis XI étoit ce qu'il falloit qu'il fût pour accomplir son œuvre. Né à une époque

sociale où rien n'étoit achevé et où tout étoit commencé, il eut une forme monstrueuse, indéfinie, toute particulière à lui, et qui tenoit des deux tyrannies entre lesquelles il paroissoit. Une preuve de son énergie sous cette enveloppe, c'est qu'il craignoit la mort et l'enfer, et que pourtant il surmontoit cette frayeur quand il s'agissoit de commettre un crime. Il est vrai qu'il espéroit tromper Dieu comme les hommes, il avoit des amulettes et des reliques pour toutes les sortes de forfaits. Louis XI vint en son lieu et en son temps : il y a une si grande force dans cet à-propos, que le plus vaste génie hors de sa place peut être frappé d'impuissance, et que l'esprit le plus rétréci, dans telle position donnée, peut bouleverser le monde.

Louis XI, vers la fin de sa vie, s'enferma au Plessis-lez-Tours, dévoré de peur et d'ennui. Il se traînoit d'un bout à l'autre d'une longue galerie, ayant sous les yeux pour toute récréation, quand il regardoit par les fenêtres, le paysage, des grilles de fer, des chaînes, et des avenues de gibets qui menoient à son château : pour seul promeneur dans ces avenues, paroissoit Tristan le grand-prévôt, compère de Louis. Des combats de chats et de rats, des danses de jeunes paysans et de jeunes paysannes qui venoient figurer dans les donjons du Plessis le bonheur et l'innocence champêtres, servoient à dérider le front du tyran. Puis il buvoit du sang de petits enfants pour se redonner de la jeunesse; remède qui sembloit tout à fait approprié au tempérament du malade. On faisoit sur lui, disent les chroniques, *de terribles et de merveilleuses médecines*. Enfin il fallut mourir. Louis XI porta le premier le titre de roi Très-Chrétien, et les protestants jetèrent au vent ses cendres : les excès de la liberté religieuse et politique profanèrent la tombe de celui qui avoit abusé du pouvoir et de la religion.

Les principaux conseillers de ce roi furent Philippe de Commines, homme complaisant, qui a laissé des Mémoires hardis; et Jean de Lude, homme encore plus souple, que son maître appeloit *Jean des habiletés*.

Louis XI laissa deux filles et un fils légitimes, la dame Anne de Beaujeu, Jeanne, duchesse d'Orléans, et Charles VIII. Ce vilain homme fit aussi subir à des femmes le despotisme de ses caresses. Il eut de Marguerite de Sassenage une fille qui, mariée à Aymar de Poitiers, fut l'aïeule de la belle Diane de Poitiers.

Quand Louis XI disparoît, l'Europe féodale tombe; Constantinople est prise; les lettres renaissent; l'imprimerie est inventée, l'Amérique au moment d'être découverte; la grandeur de la maison d'Autriche se fait pressentir par le mariage de l'héritière de Bourgogne avec Maximilien. Henri VIII, Léon X, François Ier, Charles-Quint, Luther avec la Réformation, ne sont pas loin : vous êtes au bord d'un nouvel univers.

CHARLES VIII.

De 1483 à 1498.

u Haillant ne veut pas que Charles VIII soit fils de Louis XI, ou du moins qu'il soit fils de la reine Charlotte de Savoie : il avoit ouï dire cela. A ce compte, une foule de rois n'auroient pas été fils de leur prétendu père, car ces histoires d'enfants supposés sont renouvelées de règne en règne dans tous les pays. Au surplus l'adultère est toujours un crime, et dans la famille particulière des princes, l'infidélité des femmes est affligeante; mais dans la famille générale des peuples, peu importeroit (n'étoit la violation du droit et le désordre moral) d'où viendroit le royal enfant : s'il devoit à une fiction légale les avantages de l'hérédité et les qualités d'un grand homme, alors, souverain de droit et de fait, il emprunteroit à la naissance et au génie une double légitimité. Mais Charles VIII étoit bien fils de Louis XI.

Ce dernier, par un trait remarquable de sa politique, avoit réglé qu'Anne de France, dame de Beaujeu, sa fille, seroit chargée du gouvernement de la personne du roi. Louis XI s'étoit souvenu des abus de la régence sous

Charles VI. Les états de Tours de 1484 confirmèrent Anne dans ce gouvernement, malgré l'opposition du duc d'Orléans, qui s'étoit adressé au parlement de Paris, lequel déclina sa compétence et renvoya l'affaire aux états. Ils nommèrent un conseil de dix personnes où devoient assister les princes du sang. Le point le plus élevé de la monarchie des états se trouve sous le règne de Charles VIII et de Louis XII.

Charles VIII fait mettre en liberté Charles d'Armagnac, frère de Jean, tué à Lectoure. Tous les Armagnac sont rendus à la liberté ou rétablis dans leurs biens. Landois, favori de François II, duc de Bretagne, est pendu.

Henri VII d'Angleterre défait et tue Richard III. Henri VII, de la branche de Lancastre, épousa Élisabeth d'York, et confondit les droits des deux maisons qui s'étoient si longtemps disputé la couronne.

Le duc d'Orléans, mécontent de la cour, s'étoit retiré en Bretagne: il commence, aidé des Bretons et d'une troupe d'Anglois, une courte guerre civile. Il est défait et pris à la bataille de Saint-Aubin, que gagna Louis II, sire de la Trémoille (1488).

Charles VIII épouse, en 1491, Anne, héritière du duché de Bretagne; Marguerite, fille de Maximilien, qu'il avoit fiancée et ensuite renvoyée à son père, est mariée à l'infant d'Espagne, Jean d'Aragon dont elle eut Charles-Quint.

L'an 1492, chute de Grenade, fin de la domination des Maures en Espagne, et découverte de l'Amérique par Christophe Colomb.

Expédition de Charles VIII en Italie. Jusqu'alors l'Italie n'avoit vu les François que comme des espèces d'aventuriers: aussitôt que les rois de France eurent brisé le dernier anneau de la chaîne féodale, ils purent marcher hors de leur pays à la tête de leur nation. Les droits de Charles VIII sur la souveraineté de Naples étoient la cession qui lui en avoit été faite par Charles d'Anjou, héritier de son oncle René. Charles VIII, arrivé à Rome (1494), y trouva un empire aussi chimérique que le royaume qu'il prétendoit conquérir: André Paléologue, héritier de l'empire de Constantinople qu'il n'avoit pas, céda ses prétentions au Roi de France, et le pape Alexandre VI livra à Charles, Zizim, frère de Bajazet, exilé dans les états du saint-siége. Charles VIII entra dans Naples le 21 février 1495 avec les ornements impériaux, soit qu'il les portât comme empereur d'Occident ou comme empereur d'Orient. Une ligue conclue à Venise entre le pape, l'empereur, le roi d'Aragon, Henri VII, roi d'Angleterre, Ludovic Sforce et les Vénitiens, oblige Charles VIII à évacuer l'Italie. Les François repassent les Alpes après avoir vaincu à Fornoue. On admira le service de l'artillerie françoise; pour la première fois une armée régulière de notre nation se montra dans la belle contrée où elle devoit un jour acquérir tant de gloire.

Charles VIII expire au château d'Amboise le 7 avril 1498: son fils le dauphin étoit mort âgé de trois ans. Une branche collatérale monte sur le trône.

« Charles VIII, petit homme de corps et « peu entendu, dit Commines, estoit si bon « qu'il n'est point possible de voir meilleure « creature. »

LOUIS XII.

De 1498 à 1515.

Louis XII a obtenu le plus beau surnom des rois de France: il fut tout d'une voix appelé le Père du peuple. Et ici le mot *peuple* a une grande valeur, et annonce une révolution: ce n'est point un mot banal appliqué à une foule depuis longtemps gouvernée par un maître: c'est un mot nouvellement introduit dans la langue pour désigner une jeune nation affranchie, formée des débris des serfs et des corvéables de la féodalité. Elle ouvroit les temps modernes, cette nation; elle avoit la force et l'éclat qu'elle eut dans sa première métamorphose, lorsque les Franks, transformés en François, entrèrent dans les siècles du moyen âge.

Louis XII étoit arrière-petit-fils de ce Louis, duc d'Orléans, par qui le sang italien commença à couler dans les veines de nos monarques, et à leur communiquer le goût des arts : race légère et romanesque, mais élégante, brave, intelligente, et qui mêla la civilisation à la chevalerie. On ne sauroit trop rappeler le mot de Louis XII en parvenant au trône : « Le « roi de France ne venge pas les querelles du « duc d'Orléans (1498). »

Louis XII épousa la veuve de Charles VIII. La Bretagne fut le dernier grand fief revenu à la couronne. Ainsi périt la monarchie féodale : commencée par le démembrement successif des provinces du royaume, elle finit par la réunion successive de ces provinces au royaume, comme les fleuves sortis de la mer retournent à la mer. Il restoit encore une soumission pour les comtés de Flandre et d'Artois, possédés par l'archiduc d'Autriche ; mais ce n'étoit plus qu'un vain hommage auquel ni celui qui le rendoit, ni celui qui le recevoit, n'attachoit aucune idée d'obéissance ou de supériorité. Les lambeaux de la monarchie féodale traînèrent assez longtemps dans la monarchie absolue, de même que l'on voit aujourd'hui des débris du despotisme impérial flotter parmi les libertés constitutionnelles. Le passé se prolonge dans l'avenir, et une nation ne peut ni ne doit se séparer de ses tombeaux.

La cour de l'Échiquier en Normandie fut érigée en parlement : ainsi tomboient tour à tour les pièces de la vieille armure gothique.

Louis XII porta la guerre en Italie : aussitôt que nos querelles cessèrent au-dedans, elles commencèrent au-dehors ; il falloit une nouvelle issue à l'humeur guerrière de la France. Louis XII prétendoit au duché de Milan par les droits de Valentine de Milan, son aïeule, et au royaume de Naples par les droits de la maison d'Anjou. Dominoient alors à Rome les abominables Borgia : César Borgia, le héros de Machiavel ; Alexandre VI avec sa fille triplement incestueuse, nommée Lucrèce, comme pour offrir à Rome un contraste fameux avec l'antique pudeur romaine Le Milanois fut conquis dans l'espace de vingt jours, le royaume de Naples en moins de quatre mois : ce royaume fut occupé de concert avec Ferdinand-le-Catholique. Bientôt les François et les Espagnols se brouillent pour le partage de cet état (1500, 1501, 1502). D'Aubigny perd la bataille de Seminare, le vendredi 21 avril ; et le vendredi 28 du même mois, le duc de Nemours est vaincu et tué à Cérignole par Gonzalve de Cordoue, dit le grand capitaine. La maison d'Armagnac finit en la personne du duc de Nemours, et ce duc de Nemours n'étoit rien moins que le dernier descendant de Klovigh : reste étrange au commencement du seizième siècle ! Le parlement d'Aix avoit été créé en 1501.

Cependant Charles-Quint étoit né (1500). Alexandre meurt (18 août 1503). Après Pie III, qui n'occupa le siége pontifical que vingt-cinq jours, vient Jules II, dont le nom annonce et le règne des arts, et une révolution dans le genre d'influence que la cour de Rome exerça sur le monde chrétien. Cette cour cessa d'être plébéienne, et, par une double erreur, elle s'attacha au pouvoir aristocratique lorsqu'il expiroit. L'ère politique du christianisme déclinoit.

Les états de Tours de 1506 vous montrent ces assemblées parvenues à leur dernier point de perfection, séparées de la magistrature parlementaire et du pouvoir exécutif. Louis XII les ouvre dans une séance royale, environné des princes du sang et de toute sa cour, ayant à sa droite le chancelier de France : c'est la forme même dans laquelle commencent aujourd'hui les sessions législatives, et ce qui montre que les grands de la cour ne faisoient point ou ne faisoient plus partie des états.

La ligue de Cambrai formée contre les Vénitiens se dissipe, comme toutes ces coalitions où des princes ennemis se réunissent dans un intérêt momentané.

Henri VII d'Angleterre meurt et est remplacé sur le trône par Henri VIII (1509 et 1510).

Jules II se ligue contre les François en Italie avec Ferdinand, Henri VIII et les Suisses. Le dernier des chevaliers françois, Bayard, digne de clore l'époque de la chevalerie, se signale à Saint-Félix et à la journée de la Bastide (1511). Concile général de Pise où Jules II est cité par Louis XII. Concile de Latran en opposition au concile de Pise.

Bataille de Ravenne gagnée le jour de Pâques, 11 avril 1512, sur les confédérés, par le

duc de Nemours, le chevalier Bayard, Louis d'Arce et Lautrec. Le duc de Nemours achète la victoire de sa vie; il est tué âgé seulement de vingt-trois ans. Ce jeune prince étoit Gaston de Foix, fils de Marie, sœur de Louis XII, pour lequel le comté de Nemours avoit été érigé en duché-pairie (1507). Il ne le faut pas confondre avec Armagnac, duc de Nemours, le dernier des Mérovingiens dont on a parlé.

Le Milanois est perdu pour Louis XII, qui ne conserve en Italie que quelques places, avec le château de Milan. Le concile de Pise est transféré à Milan, ensuite à Lyon. Jules II frappe d'interdit le royaume de France et la ville de Lyon en particulier : méprise de temps; ces foudres, comme la féodalité, étoient épuisés; les vieilles mœurs n'étoient plus que des usages.

Ferdinand s'empare du royaume de Navarre; Maximilien Sforce reprend la souveraineté du Milanois, les Médicis celle de Florence. L'empereur Maximilien Ier veut se faire pape. La reine, Anne de Bretagne, meurt. Jules II la suit dans la tombe. Léon X lui succède. Louis XII reprend le Milanois, et le perd enfin à la bataille de Novare. La France est attaquée par Maximilien, Henri VIII et les Suisses. Tout s'arrange au moyen de plusieurs mariages, les uns projetés, les autres accomplis. Louis XII épouse Marie, sœur de Henri VIII, dans les bras de laquelle il trouva la mort. Le comte d'Angoulême, qui devint François Ier, aima Marie, et s'en éloigna de peur de perdre une couronne. Ce calcul n'étoit guère de son âge et de son caractère : aussi ne céda-t-il qu'au conseil de Grignaux, ou de Gouffier, ou de Duprat (1512, 1513, 1514, 1515.)

Louis XII décède le 1er janvier 1515 à l'hôtel des Tournelles à Paris. Il réduisit les impôts de plus de moitié; il avoit une affection tendre pour ses sujets, qui la lui rendirent, malgré ses fautes dans la politique extérieure; il voulut toutes les franchises dont on pouvoit jouir sous la monarchie d'alors. Il est convenable de remarquer qu'à cette époque, et jusqu'à celle où nous vivons, les peuples régloient leur haine ou leur amour sur le plus ou le moins de taxes dont ils se trouvoient chargés. Aujourd'hui que l'espèce humaine a gagné en intelligence et en civilisation, les nations attachent moins leurs affections à ces intérêts tout matériels : elles accorderoient plus volontiers le nom de père au souverain qui accroîtroit leurs libertés qu'à celui qui épargneroit leur argent.

FRANÇOIS Ier.

De 1515 à 1547.

FRANÇOIS Ier étoit arrière-petit-fils de Louis d'Orléans et de Valentine de Milan. Trois générations avoient déjà changé le monde; soixante ans de la découverte de la presse, quoique non libre, avoient produit un mouvement considérable dans les esprits. Les controverses de Luther prêt à paroitre, ou ne se fussent pas propagées avec la même rapidité, ou auroient été étouffées, si la presse ne s'étoit trouvée là tout juste à point pour les répandre.

François Ier rentre en Italie (1515). Le 14 de septembre il livre aux Suisses, à Marignan, ce combat que Trivulce appela *le combat des géants* : ce fut la première grande victoire remportée par les François depuis leurs défaites à Crécy, Poitiers et Azincourt. Cette bataille n'avoit plus aucun des caractères de ces premières batailles; elle étoit à celles-ci ce que les batailles de la révolution ont été à celle de Marignan. Le sénat de Venise déclara, par un décret, que François Ier et tous les princes de sa race seroient nobles vénitiens; décret que Louis XVIII demanda à effacer de sa main, lorsqu'il reçut l'ordre de quitter Vérone. Commencement de la vénalité des charges, qui amène l'inamovibilité des juges.

Ferdinand, roi d'Aragon par lui-même, roi de Castille par sa femme Isabelle, roi de Grenade par conquête, roi de Navarre par usur-

pation, héritier de trois bâtards couronnés, meurt, et Charles-Quint monte sur le trône.

Le traité de Fribourg produit entre la France et les Suisses cette paix nommée perpétuelle, qui ne laissa plus à ceux-ci que l'honneur de verser leur sang pour les François (1516).

Concordat entre Léon X et François Ier, auquel s'opposèrent le clergé, l'université et le parlement, comme attentatoire aux libertés de l'Église nationale. Luther, cette même année (1517), s'éleva contre les indulgences prêchées en Allemagne. Henri VIII étoit sur le trône ; il alloit porter un autre coup à la foi catholique dont il se constitua d'abord le *défenseur*. En 1521, Ignace de Loyola fut blessé dans le château de Pampelune que les François tenoient assiégé : Loyola fut pour les réformés ce que saint Dominique avoit été pour les Albigeois ; mais la Saint-Barthélemy ne détruisit point le protestantisme, et les Croisés exterminèrent les Albigeois.

Charles-Quint est élu empereur après la mort de Maximilien : son concurrent étoit François Ier (1519). Alors la France se trouva enveloppée par les possessions de la maison d'Autriche : l'Espagne, conquérante en Amérique et dans les Indes, disoit que le soleil ne se couchoit pas sur ses états. La découverte de l'Amérique produisit une révolution dans le commerce, la propriété et les finances de l'ancien monde. L'introduction de l'or du Mexique et du Pérou baissa le prix des métaux, éleva celui des denrées et de la main-d'œuvre, fit changer de main la propriété foncière, créa une propriété inconnue jusqu'alors, celle des capitalistes, dont les Lombards et les Juifs avoient donné la première idée. Avec les capitalistes naquit la population industrielle et la constitution artificielle des fonds publics. Une fois entrée dans cette route, la société se renouvela sous le rapport des finances, comme elle s'étoit renouvelée sous les rapports moraux et politiques.

Aux aventures des croisades succédèrent des aventures d'outre-mer d'une tout autre importance ; le globe s'agrandit, le système des colonies modernes commença, la marine militaire et marchande s'accrut de toute l'étendue d'un océan sans rivages. La petite mer intérieure de l'ancien monde ne resta plus qu'un bassin de peu d'importance, depuis que les richesses des Indes arrivoient en Europe par le cap des Tempêtes. A trois années de distance l'heureux Charles-Quint triomphoit de Montezume à Mexico, et de François Ier à Pavie.

Mais ce qui fit avancer les autres peuples vers l'indépendance et la civilisation enchaîna les nations soumises au sceptre de Philippe II ; les Amériques, l'Espagne et les Pays-Bas perdirent leurs libertés pour des siècles. Ces champs de la Flandre, où les communes avoient si longtemps combattu pour leur émancipation, ne furent plus ensanglantés que par des échafauds ou par les batailles que s'y livrèrent les maisons de France et d'Autriche.

L'entrevue de François Ier et de Henri VIII, près de Guines, appelée le *camp du drap d'or*, fut une dernière parade des temps féodaux, un simulacre des tournois, des cours plénières, de ces anciennes mœurs déjà assez passées pour n'être plus que des spectacles (1520).

Le duc de Bouillon déclara la guerre à l'empereur : celui-ci crut que le duc étoit secrètement appuyé de la France : commencement des guerres entre Charles-Quint et François Ier. Le Milanois est perdu de nouveau ; Léon X, qui a donné son nom à son siècle, meurt. Il écrivoit à Raphaël : « Vous rendrez mon pontificat à « jamais célèbre. » Il prophétisoit. Malheureusement la renaissance des arts tomba presque au moment de la réformation dont la rigidité proscrivoit les arts. Si l'ardeur religieuse des siècles qui élevèrent les monuments gothiques avoit encore existé au temps des Michel-Ange et des Raphaël, de combien d'autres chefs-d'œuvre Rome, déjà si riche, seroit ornée !

A Léon X succéda Adrien VII, qui laissa la tiare à Clément VII, autre Médicis (1521).

Prise de Rhodes par Soliman II (1522).

Le connétable de Bourbon, que persécutoit la duchesse d'Angoulême, passe au service de Charles-Quint. Le marquis de Villane, sollicité par l'empereur de prêter son palais au connétable, répondit : « Je ne puis rien re-« fuser à vostre majesté, mais si le duc de « Bourbon loge dans ma maison, j'y mettrai « le feu aussitost qu'il en sera sorti, comme lieu « infecté par la trahison, et ne pouvant plus « estre habité d'un homme d'honneur. » Seul

traître que les Bourbons aient jamais compté dans leur race.

Le capitaine Bayard est tué dans la retraite de Rebecque (1524). « Il fut tiré ung coup de « hacquebouze, dont la pierre le vint frapper « au travers des reins, et lui rompit tout le « gros os de l'eschine. Quand il sentit le coup, se « print à crier Jésus! Et puis dist: Hélas! mon « Dieu, je suis mort! Si print son espée par la « poignée et baisa la croisée, en signe de la « croix, et en disant tout hault: Miserere mei, « Deus, secundum misericordiam tuam; devint « incontinent tout blesme, comme failly des « esperitz, et cuyda tomber : mais il eut en- « core le cueur de prendre l'arson de la selle ; « et demoura en cest estat jusques à ce que ung « jeune gentilhomme, son maistre d'hostel, lui « ayda à descendre, et le mit soubz ung arbre. « . . . . Ses povres serviteurs domes- « tiques estoient tout transsiz, entre lesquelz « estoit son povre maistre d'hostel, qui ne l'a- « bandonna jamais, et se confessa le bon che- « valier à luy, par faulte de prestre. Le povre « gentilhomme fondoit en larmes, voyant son « bon maistre si mortellement navré, que nul « remède en sa vie n'y avoit; mais tant doulce- « ment le reconfortoit icelluy bon chevalier en « luy disant : Jacques, mon amy, laisse ton « deuil ; c'est le vouloir de Dieu de m'oster de « ce monde; je y ay la sienne grace longuement « demouré, et y ay receu des biens et des hon- « neurs plus que à moi n'appartient : tout le « regret que j'ay à mourir, c'est que je n'ay « pas si bien fait mon debvoir que je debvois. »

Le connétable de Bourbon, du parti des ennemis, se présenta pour consoler Bayard : « Monseigneur, lui dit le capitaine, ne faut « avoir pitié de moi, mais de vous, qui estes « armé contre vostre roi, vostre pays et vostre « foi. » Bourbon insista, et parla de bons chirurgiens ; Bayard répliqua : « Je cognois que « je suis blessé à mort. Je prends la mort en « gré et n'y ay aucune desplaisance. » Le connétable s'en alla les larmes aux yeux et s'écriant : « Bienheureux le prince qui a ung « tel serviteur, et ne sçait la France qu'elle a « perdu au jourd'huy ! »

Le marquis de Pescaire (Fernand-François d'Avaloz) dit : « Plust à Dieu, gentil seigneur « de Bayard, qu'il m'eust cousté une quarte de « mon sang, sans mort recevoir, je ne deusse « manger chair de deux ans, et je vous tien- « sisse en santé mon prisonnier ! »

Bataille de Pavie, 14 février 1525. On ne retrouve plus l'original du fameux billet : *Tout est perdu fors l'honneur*; mais la France, qui l'auroit écrit, le tient pour authentique. Jean, pris à Poitiers, fut servi à table par son vainqueur, et traité à Londres comme un monarque triomphant; François Ier fut transféré rudement dans les prisons de Madrid : les chevaliers, que le monarque françois vouloit faire revivre, n'étoient plus. Au reste, les états de Bourgogne, en 1526, ne se crurent pas liés par le traité de Madrid, qui détachoit, sans leur consentement, la Bourgogne de la France; les états de Paris, en 1359, refusèrent de ratifier le traité négocié pour la délivrance du roi Jean : il n'y a de permanent que l'indépendance des peuples, toutes les fois qu'elle est appelée à parler seule.

L'année de la captivité de François Ier, prisonnier, vit Albert, margrave de Brandebourg, grand-maître de l'ordre Teutonique, embrasser le luthéranisme et s'emparer des provinces de l'ordre. Les descendants d'Albert sont devenus rois de Prusse.

Le traité de Cambrai, en 1529, termina les guerres d'Italie entre François Ier et Charles-Quint. La Bretagne est réunie à la France par une ordonnance expresse. Avant l'édit du domaine de 1566, nos rois pouvoient librement disposer de leurs biens patrimoniaux; ces biens ne devenoient inaliénables que par leur réunion au domaine; d'où il faut distinguer deux choses dans l'ancien droit commun de la troisième race : la propriété particulière du prince, la propriété générale de la couronne.

François Ier fonde l'infanterie françoise : elle remplaça les fantassins allemands à notre solde. Cette infanterie fut d'abord formée sur le modèle des légions romaines, et divisée en corps de six mille hommes. On en revint à la division par bandes de cinq ou six cents hommes, origine de nos régiments. Henri, frère puîné de François dauphin, épouse à Marseille Catherine de Médicis (1552, 1533).

Le schisme d'Angleterre éclate en 1554, à propos du divorce de Henri VIII, pour épouser Anne de Boulen. Cette année même, 1554,

les doctrines de Calvin se glissoient en France sous la protection de Marguerite, reine de Navarre, sœur de François Ier; et cette année encore Ignace de Loyola fonda la société de Jésus : quand les idées des peuples sont mûres pour un changement, il arrive que les princes se trouvent faits pour les développer. Nouvelle guerre entre la France et l'Espagne, à propos de la décapitation, par François Sforce, de l'envoyé de France à Milan. Charles-Quint, revenu triomphant de son expédition d'Afrique, est battu en Provence et en Picardie.

Henri devient dauphin par la mort de François, son frère aîné, empoisonné. Les anabaptistes sont dispersés par le supplice de Jean de Leyde, à Munster (1536). Charles-Quint est ajournée à la cour des pairs de France, comme vassal rebelle, ainsi que l'avoit été le prince Noir : ridicule résurrection des droits périmés de la monarchie féodale (1537).

Charles-Quint traverse la France (1539) pour aller apaiser des troubles survenus dans cette ville de Gand, berceau des tribuns et asile des rois.

L'ordonnance de Villers-Cotterets (1539) commande l'abréviation des procès, le non-empiètement des tribunaux ecclésiastiques sur les justices ordinaires, et la rédaction en françois des actes publics. On s'est étonné que cette ordonnance n'ait pas été rendue plus tôt : il falloit bien attendre la langue; elle ne commença à être assez débrouillée pour être convenablement intelligible que sous le règne de François Ier. Si, dès l'an 1281, l'empereur Rodolphe obligea d'écrire les actes impériaux en langue vulgaire, c'est que l'allemand étoit une langue mère parlée de tout temps par un peuple qui l'entendoit. La langue françoise n'étoit qu'un patois né principalement des langues romane et latine; des siècles s'écoulèrent avant qu'elle devînt une langue générale dans toute l'étendue de la monarchie. Édouard III put défendre l'usage du jargon normand dans les tribunaux d'Angleterre, parce qu'il trouva derrière ce jargon l'anglois, ou le bas allemand, conservé par les Saxons conquis.

La procédure criminelle, devenue presque publique, cesse de l'être sous le chancelier Poyet.

On commence à voir paroître les noms fameux dans les règnes suivants : le cardinal de Lorraine et son frère, le premier duc de Guise, le connétable Anne de Montmorency et Catherine de Médicis (1540).

François Ier établit de nouvelles relations extérieures; il envoie des ambassadeurs à Soliman II, à Constantinople, et en reçoit de Gustave-Wasa, roi de Suède. Ce prince, célèbre par son courage et ses aventures, rendit la Suède luthérienne, et devint le chef militaire des protestants (1540).

En 1544, bataille de Cérisoles, gagnée par les François.

En 1545, premières exterminations des guerres de religion en France; exécution des villes huguenotes de Cabrières et de Mérindol.

Les deux chefs du schisme, Luther et Henri VIII, meurent, le premier en 1546, et le second en 1547. François Ier, qui commença la persécution contre les huguenots, suivit deux mois après dans la tombe le tyran des libertés politiques et le fondateur des libertés religieuses de l'Angleterre (1er mars 1547).

Charles-Quint se traîna neuf ans sur la terre après son rival : il abdiqua en 1556, se retira au monastère de Saint-Just, dans l'Estramadure, et célébra vivant ses propres funérailles. Enveloppé d'un linceul, couché dans une bière, il chanta, du fond de son cercueil, l'office des morts, que les religieux célébroient autour de lui. « C'étoit l'homme pour lequel, dit Montes- « quieu, le monde s'étendit, et l'on vit paroître « un monde nouveau. » Ce monde nouveau donna la mort à François Ier. Toute la destinée de Charles-Quint pesa sur celle du monarque françois. Importuné jusque dans ses derniers jours des rivalités de ses maîtresses et de celles des maîtresses de son fils, François Ier mourut en chrétien qui reconnoît sa fragilité; Charles-Quint s'en alla comme un ambitieux qui se revêt du froc et du cercueil, dépité de n'avoir pu se parer de la dépouille du monde. Les foiblesses du monarque espagnol ne furent pas apparentes comme celles du monarque françois, dont la galanterie étoit aussi éclatante que la valeur. Un inceste mystérieux qui, dans les ombres d'un cloître, donna naissance à un héros, a été reproché à Charles-Quint : ses désordres avoient quelque chose de sérieux, de secret et de profond comme lui.

Il y a des époques où la société se renouvelle, où des catastrophes imprévues, des ha-

sards heureux ou malheureux, des découvertes inattendues, déterminent un changement préparé de longue main dans le gouvernement, les lois, les mœurs et les idées. Cette révolution, qui paroît subite, n'est que le travail continu de la civilisation croissante, que le résultat de la marche de cette civilisation vers le perfectionnement nécessaire, efficient, attaché à la nature humaine. Dans les révolutions, même en apparence rétrogrades, il y a un pas de fait, une lumière acquise pour aveindre quelque vérité. Les conséquences ne se font pas immédiatement remarquer en jaillissant du principe qui les produit; ce n'est guère qu'après une cinquantaine d'années qu'on aperçoit les transformations opérées chez les peuples par des événements déjà vieux d'un demi-siècle.

Ainsi, lorsque François Ier monta sur le trône, la découverte de l'Amérique, la prise de Constantinople par les Turcs, l'invention de l'imprimerie, toutes ces choses, qui avoient précédé le règne de ce roi, commençoient à agir en étendant le domaine de l'homme physique et moral. Des mers inconnues à braver, de nouveaux mondes à explorer, offroient des objets dignes de leurs efforts à l'esprit chevaleresque et religieux qui régnoit encore, aux lettres, aux sciences et aux arts, qui renaissoient, aux gouvernements et au commerce, qui cherchoient de nouvelles sources de puissance et de richesses. L'imprimerie sembloit en même temps avoir été trouvée tout exprès pour multiplier et répandre les trésors que les Grecs, chassés de leur patrie, avoient apportés dans l'Occident. Les courses transalpines de Charles VIII et de Louis XII avoient fait passer dans les Gaules ce goût des élégances de la vie, perdu depuis longtemps. Milan, Florence, Sienne, virent reparoître ces noms, qu'ils avoient bien connus au temps de la conquête des Normands et de Charles d'Anjou : les La Palice, les Nemours, les Lautrec, les Vieilleville, ne trouvèrent plus, comme leurs pères, une terre demi-barbare, mais une terre classique, où le génie d'Auguste s'étoit réveillé, où, comme les vieux Romains, ils adoucirent leurs rudes vertus à la voix des arts accourus une seconde fois de la Grèce. Quand Bayard acquéroit le haut renom de prouesse, c'étoit au milieu de l'Italie moderne, de l'Italie dans toute la fraîcheur de la civilisation renouvelée; c'étoit au milieu de ces palais bâtis par Bramante, Michel-Ange et Palladio, de ces palais dont les murs étoient couverts de tableaux récemment sortis des mains des plus grands maîtres; c'étoit à l'époque où l'on déterroit les statues et les monuments de l'antiquité; tandis que les Gonzalve de Cordoue, les Trivulce, les Pescaire, les Strozzi combattoient, que les artistes se faisoient justice de leurs rivaux à coups de poignard, que les aventures de Roméo et de Juliette se répétoient dans toutes les familles, que l'Arioste et le Tasse alloient chanter cette chevalerie dont Bayard étoit le dernier modèle.

Les guerres de François Ier, de Charles-Quint et de Henri VIII mêlèrent les peuples, et les idées se multiplièrent. Des armées régulières, connues en Europe depuis la fin du règne de Charles VII, firent disparoître le reste des milices féodales. Les braves de tous les pays se rencontrèrent dans ces troupes disciplinées : Bayard put combattre tels fils de Pizarre et de Fernand Cortès, qui avoient vu tomber les empires du Pérou et du Mexique. Ces infidèles, que les chevaliers alloient, avec saint Louis, chercher au fond de la Palestine, maîtres de Constantinople, et devenus nos alliés, intervenoient dans notre politique; leur prince envoyoit le renégat grec Barberousse combattre pour le papeet le roi très-chrétien sur les côtes de la Provence.

Tout changea donc dans la France; les vêtements même s'altérèrent; il se fit des anciennes et des nouvelles mœurs un mélange unique. La langue naissante fut écrite avec esprit, finesse et naïveté par la sœur de François Ier, la reine de Navarre; par François Ier lui-même, qui faisoit des vers aussi bien que Marot; par Rabelais, Amyot, les deux Marots et les auteurs de Mémoires. L'étude des classiques, celle des lois romaines, l'érudition générale, furent poussées avec ardeur; les arts acquirent une perfection qu'ils n'ont jamais surpassée depuis en France. La peinture, éclatante en Italie, fut transplantée dans nos forêts et nos châteaux gothiques; ceux-ci virent leurs tourelles et leurs créneaux se couronner des ordres de la Grèce. Anne de Montmorency, qui disoit ses patenôtres, ornoit Écouen de chefs-d'œuvre; le Primatice embellissoit Fontaine-

bleau; François Ier, qui se faisoit armer chevalier comme au temps de Richard Cœur-de-Lion, assistoit à la mort de Léonard de Vinci, et recevoit le dernier soupir de ce grand peintre; et, auprès de tout cela, le connétable de Bourbon, dont les soldats, comme ceux d'Alaric, se préparoient à saccager Rome; ce connétable, qui devoit mourir d'un coup de canon tiré peut-être par le graveur Benvenuto Cellini, représentoit dans ses terres de France la puissance, la vie et les mœurs d'un ancien grand vassal de la couronne.

François Ier, qui ne fut pas un grand homme, mais auquel le surnom de *grand roi* est néanmoins resté, ce père des lettres, qui voulut rompre toutes les presses dans son royaume, attira les femmes à la cour. Cette cour, lettrée, galante et militaire, mêloit les faits d'armes aux amours. Alors commença le règne de ces favorites qui furent une des calamités de l'ancienne monarchie. De toutes ces maîtresses, une seule, Agnès Sorel, a été utile au prince et à la patrie.

Une aventure, choisie entre mille, suffira pour faire connoître la haute société sous François Ier. Brantôme, qui, avec un autre genre de talent, imite souvent Froissard, est en cette matière le conteur parfait : « J'en « ay ouy conter d'une autre du temps du roy « François Ier, de ce beau escuyer Gruffy, « qui estoit un escuyer de l'escurye dudit roy, « et mourut à Naples au voyage de M. de Lau- « trec, et d'une très-grande dame de la cour, « qui en devint très amoureuse; aussi estoit-il « très beau, et ne l'appeloit-on ordinairement « que le beau Gruffy, dont j'en ay veu le pour- « trait qui le monstre tel.

« Elle attira un jour un sien valet de cham- « bre en qui elle se fioit, pourtant inconnu, « et non veu dans sa chambre, qui luy vint « dire un jour, luy bien habillé, qui sentoit « son gentilhomme, qu'une très belle et ho- « neste dame se recommandoit à luy, et qu'elle « en estoit si amoureuse, qu'elle en desiroit « fort l'accointance plus que d'homme de la « cour; mais par tel si, qu'elle ne vouloit « pour toute le bien du monde qu'il la vist et « la connust; mais qu'à l'heure du coucher, « et qu'un chacun de la cour seroit retiré, il le « viendroit querir et prendre en un certain « lieu qu'il luy diroit, et de là il le mèneroit « chez cette dame; mais par tel pact aussi, « qu'il luy vouloit boucher les yeux avec un « beau mouchoir blanc, comme un trom- « pette qu'on mène en ville ennemie, afin « qu'il ne pust voir ny reconnoistre le lieu, ny « la chambre, là où il le mèneroit, et le tien- « droit toujours par les mains, afin de ne def- « faire ledit mouchoir; car ainsi luy avoit « commandé sa maîtresse pour ne vouloir es- « tre connue de luy jusques à quelque temps « certain et préfix qu'il luy dit et promit...

« . . . . Partant le messager se dé- « partit d'avec Gruffy, qui fut en peine et en « songe, luy ayant grand sujet de penser que « ce fust quelque partie jouée de quelque en- « nemy de cour, pour luy donner quelque ve- « nue, ou de mort, ou de charité envers le roy. « Songeoit aussi quelle dame ce pouvoit estre, « ou grande, ou moyenne, ou petite, ou belle, « ou laide, qui plus lui faschoit (encore que « tous chats sont gris la nuit). Par quoy après « en avoir conféré à un de ses compagnons « des plus privez, il résolut de tenter la risque, « et que, pour l'amour d'une grande, qu'il « présumoit bien estre, il ne falloit rien crain- « dre et appréhender : par quoy le lendemain « que le roy, les reynes, les dames et tous et « toutes celles de la cour se furent retirez « pour se coucher, ne faillit de se trouver au « lieu que le messager l'avoit assigné, qui ne « faillit aussitost à l'y venir trouver avec un « second, pour luy aider à faire le guet, si « l'autre n'estoit point suivi de page, ny la- « quais, ny valet, ny gentilhomme. Aussitost « qu'il le vid, luy dit seulement : *Allons,* « *monsieur; madame vous attend.* Soudain il « le banda et le mena par lieux estroits, ob- « scurs, travers et inconnus; de sorte que « l'autre luy dit franchement qu'il ne sçavoit « là où il le menoit : puis, il entra dans la « chambre de la dame, qui estoit si sombre et « si obscure, qu'il ne pouvoit rien voir ni con- « noistre, non plus que dans un four.

« Bien la trouva-t-il très bien parfumée, « qui luy fit espérer quelque chose de bon; . « . . . . et après le mena « par la main, luy ayant osté le mouchoir « au lit de la dame, qui l'attendoit; et se mit « auprès d'elle. . . . . où il

« n'y trouva rien que très-exquis, tant à sa
« peau qu'à son lit et son linge, qu'il taston-
« noit avec les mains : et ainsi passa la nuict
« joyeusement avec cette belle dame, que j'ay
« bien ouy nommer. . . . . Mais
« rien ne lui faschoit, disoit-il, sinon que ja-
« mais n'en sceut tirer aucune parole.

« Il n'avoit garde : car il paroit assez sou-
« vent à elle le jour, comme aux autres dames,
« et pour ce, l'eust connue aussitost. De fo-
« lastreries, de mignardises, de caresses, elle
« n'y espargnoit aucune : tant il y a qu'il se
« trouva bien.

« Le lendemain matin, à la pointe du jour,
« le messager ne faillit de le venir esveiller, et
« le lever et habiller, le bander et le retourner
« au lieu où il l'avoit pris, et de luy dire adieu
« jusqu'au retour, qui seroit bien tost.

« Le beau Gruffy, après l'avoir remercié
« cent fois, luy dit adieu, et qu'il seroit tou-
« jours prest de retourner ; ce qu'il fit : et la
« feste en dura un bon mois, au bout duquel
« fallut à Gruffy partir pour son voyage de
« Naples, qui prit congé de sa dame, et luy
« dit adieu à grand regret, sans en tirer d'elle
« aucun parler seulement de bouche, sinon
« soupirs et larmes, qu'il luy sentoit couler
« des yeux. Tant il y a qu'il partit d'avec sans
« la connoistre nullement, n'y s'en aperce-
« voir. »

Il faut maintenant trouver place pour la réformation au milieu de ses mœurs licencieu-
ses et légères : elle avoit la prétention de reproduire le premier christianisme chez les
chrétiens vieillis, comme François Ier vouloit
ressusciter la chevalerie parmi les porteurs de
mousquets et d'arquebuses.

La réformation est l'événement le plus important de cette époque ; elle ouvre les siècles
modernes, et les sépare du siècle indéterminé
qui suivit la disparition du moyen âge.

Jusqu'alors on avoit souvent vu des hérésies
dans l'Église latine, mais peu durables, et
elles n'avoient jamais altéré l'ordre politique.
Le protestantisme devint, dès son origine,
une affaire d'état, et divisa sans retour la cité.
Les métamorphoses opérées dans les lois et
dans les mœurs doivent nécessairement amener des changements dans la religion ; il étoit
impossible que l'extérieur de l'édifice changeât
sans que les bases mêmes de cet édifice ne
fussent ébranlées.

La réformation réveilla les idées de l'antique égalité, porta l'homme à s'enquérir, à
chercher, à apprendre. Ce fut, à proprement
parler, la vérité philosophique qui, revêtue
d'une forme chrétienne, attaqua la vérité religieuse. La réformation servit puissamment à
transformer une société toute militaire en une
société civile et industrielle ; ce bien est immense, mais ce bien a été mêlé de beaucoup
de mal, et l'impartialité historique ne permet
pas de le taire.

Le christianisme commença chez les hommes par les classes plébéiennes, pauvres et
ignorantes. Jésus-Christ appela les petits, et ils
allèrent à leur maître. La foi monta peu à peu
dans les hauts rangs, et s'assit enfin sur le
trône impérial. Le christianisme étoit alors catholique ou universel ; la religion dite catholique partit d'en bas pour arriver aux sommités
sociales : nous avons vu que la papauté n'étoit
que le tribunal des peuples, lorsque l'âge politique du christianisme fut arrivé.

Le protestantisme suivit une route opposée :
il s'introduisit par la tête du corps politique,
par les princes et les nobles, par les prêtres et
les magistrats, par les savants et les gens de
lettres, et il descendit lentement dans les conditions inférieures ; les deux empreintes de ces
deux origines sont restées distinctes dans les
deux communions.

La communion réformée n'a jamais été aussi
populaire que le culte catholique ; de race
princière et patricienne, elle ne sympathise
pas avec la foule. Équitable et moral, le protestantisme est exact dans ses devoirs, mais
sa bonté tient plus de la raison que de la tendresse ; il vêtit celui qui est nu, mais il ne le
réchauffe pas dans son sein ; il ouvre des asiles
à la misère, mais il ne vit pas et ne pleure pas
avec elle dans ses réduits les plus abjects ; il
soulage l'infortune, mais il n'y compatit pas.
Le moine et le curé sont les compagnons du
pauvre : pauvres comme lui, ils ont pour leurs
compagnons les entrailles de Jésus-Christ ; les
haillons, la paille, les plaies, les cachots, ne leur
inspirent ni dégoûts, ni répugnance ; la charité en a parfumé l'indigence et le malheur.

Le prêtre catholique est le successeur des

douze hommes du peuple qui prêchèrent Jésus-Christ ressuscité ; il bénit le corps du mendiant expiré, comme la dépouille sacrée d'un être aimé de Dieu et ressuscité à l'éternelle vie. Le pasteur protestant abandonne le nécessiteux sur son lit de mort; pour lui les tombeaux ne sont point une religion, car il ne croit pas à ces lieux expiatoires où les prières d'un ami vont délivrer une âme souffrante : dans ce monde, il ne se précipite point au milieu du feu, de la peste; il garde, pour sa famille particulière, ces soins affectueux que le prêtre de Rome prodigue à la grande famille humaine.

Sous le rapport religieux, la réformation conduit insensiblement à l'indifférence ou à l'absence complète de foi : la raison en est que l'indépendance de l'esprit aboutit à deux abimes : le doute ou l'incrédulité.

Et par une réaction naturelle la réformation, en se montrant au monde, ressuscita le fanatisme catholique qui s'éteignoit : elle pourroit donc être accusée d'avoir été la cause indirecte des horreurs de la Saint-Barthélemy, des fureurs de la Ligue, de l'assassinat de Henri IV, des massacres d'Irlande, de la révocation de l'édit de Nantes et des dragonnades. Le protestantisme croit à l'intolérance de Rome, tout en égorgeant les catholiques en France, en jetant au vent les cendres des morts, en allumant les bûchers de Sirven à Genève, en se souillant des violences de Munster, en dictant les lois atroces qui ont accablé les Irlandais à peine aujourd'hui délivrés après deux siècles d'oppression. Que prétendoit la réformation relativement au dogme et à la discipline ? Elle pensoit bien raisonner en niant quelques mystères de la foi catholique, en même temps qu'elle en retenoit d'autres tout aussi difficiles à comprendre. Elle attaquoit les abus de la cour de Rome ? Mais ces abus ne se seroient-ils pas détruits par le progrès de la civilisation ? Ne s'élevoit-on pas de toutes parts, et depuis longtemps, contre ces abus? Érasme, Rabelais, et tant d'autres, ne commençoient-ils pas à remarquer et à faire sentir, sans le secours de Luther, les vices que le pouvoir non contrôlé et la grossièreté du moyen âge avoient introduits dans l'Église? Les rois n'avoient-ils pas secoué le joug des papes? Le long schisme du quatorzième siècle n'avoit-il pas attiré les yeux mêmes de la foule sur l'ambition du gouvernement pontifical? Les magistrats ne faisoient-ils pas lacérer et brûler les bulles?

La réformation, pénétrée de l'esprit de son fondateur, moine envieux et barbare, se déclara ennemie des arts. En retranchant l'imagination des facultés de l'homme, elle coupa les ailes au génie et le mit à pied. Elle éclata au sujet de quelques aumônes destinées à élever au monde chrétien la basilique de Saint-Pierre : les Grecs auroient-ils refusé les secours demandés à leur piété pour bâtir un temple à Minerve?

Si la réformation, à son origine, eût obtenu un plein succès, elle auroit établi, du moins pendant quelque temps, une autre espèce de barbarie : traitant de superstition la pompe des autels, d'idolâtrie les chefs-d'œuvre de la sculpture, de l'architecture et de la peinture, elle tendoit à faire disparoître la haute éloquence et la grande poésie, à détériorer le goût par la répudiation des modèles, à introduire quelque chose de sec, de froid, de pointilleux, dans l'esprit, à substituer une société guindée et toute matérielle à une société aisée et tout intellectuelle, à mettre les machines et le mouvement d'une roue en place des mains et d'une opération mentale. Ces vérités se confirment par l'observation d'un fait.

Dans les diverses branches de la religion réformée, cette communion s'est plus ou moins rapprochée du beau, selon qu'elle s'est plus ou moins éloignée de la religion catholique. En Angleterre, où la hiérarchie ecclésiastique s'est maintenue, les lettres ont eu leur siècle classique. Le luthéranisme conserve des étincelles d'imagination que cherche à éteindre le calvinisme, et ainsi de suite en descendant jusqu'au quaker, qui voudroit réduire la vie sociale à la grossièreté des manières et à la pratique des métiers.

Shakespeare, selon toutes les probabilités, étoit catholique; Milton a visiblement imité quelques parties des poëmes de Sainte-Avite et de Masenius ; Klopstock a emprunté la plupart des croyances romaines. De nos jours en Allemagne, la haute imagination ne s'est manifestée que quand l'esprit du protestantisme s'est affoibli et dénaturé : les Goëthe et les

Schiller ont retrouvé leur génie en traitant des sujets catholiques; Rousseau et madame de Staël font une illustre exception à la règle; mais étoient-ils protestants à la manière des premiers disciples de Calvin? C'est à Rome que les peintres, les architectes et les sculpteurs des cultes dissidents viennent aujourd'hui chercher des inspirations que la tolérance universelle leur permet de recueillir. L'Europe, que dis-je? le monde est couvert de monuments de la religion catholique. On lui doit cette architecture gothique qui rivalise par les détails et qui efface par la grandeur les monuments de la Grèce. Il y a trois siècles que le protestantisme est né; il est puissant en Angleterre, en Allemagne, en Amérique; il est pratiqué par des millions d'hommes : qu'a-t-il élevé? Il vous montrera les ruines qu'il a faites, parmi lesquelles il a planté quelques jardins, ou établi quelques manufactures. Rebelle à l'autorité des traditions, à l'expérience des âges, à l'antique sagesse des vieillards, le protestantisme se détacha du passé pour planter une société sans racines. Avouant pour père un moine allemand du seizième siècle, le réformé renonça à la magnifique généalogie qui fait remonter le catholique, par une suite de saints et de grands hommes, jusqu'à Jésus-Christ, de là jusqu'aux patriarches et au berceau de l'univers. Le siècle protestant dénia à sa première heure toute parenté avec le siècle de ce Léon, protecteur du monde civilisé contre Attila, et avec le siècle de cet autre Léon qui, mettant fin au monde barbare, embellit la société lorsqu'il n'étoit plus nécessaire de la défendre.

Si la réformation rétrécissoit le génie dans l'éloquence, la poésie et les arts, elle comprimoit les grands cœurs à la guerre : l'héroïsme est l'imagination dans l'ordre militaire. Le catholicisme avoit produit les chevaliers; le protestantisme fit des capitaines, braves et vertueux comme La Noue, mais sans élan; souvent cruels à froid, et austères moins de mœurs que d'esprit : les Châtillon furent toujours effacés par les Guise. Le seul guerrier de mouvement et de vie que les protestants comptassent parmi eux, Henri IV, leur échappa. La réformation ébaucha Gustave Adolphe, Charles XII et Frédéric; elle n'auroit pas fait Buonaparte, de même qu'elle avorta de Tillotson et du ministre Claude, et n'enfanta point Fénelon et Bossuet, de même qu'elle éleva Inigo Jones et Webb, et ne créa point Raphaël et Michel-Ange.

On a dit que le protestantisme avoit été favorable à la liberté politique, et avoit émancipé les nations. Les faits parlent-ils comme les personnes?

Il est certain qu'à sa naissance la réformation fut républicaine, mais dans le sens aristocratique, parce que ses premiers disciples furent des gentilshommes. Les calvinistes rêvèrent pour la France une espèce de gouvernement à principautés fédérales, qui l'auroient fait ressembler à l'empire germanique : chose étrange! on auroit vu renaître la féodalité par le protestantisme. Les nobles se précipitèrent par instinct dans ce culte nouveau, et à travers lequel s'exhaloit jusqu'à eux une sorte de réminiscence de leur pouvoir évanoui. Mais, cette première ferveur passée, les peuples ne recueillirent du protestantisme aucune liberté politique.

Jetez les yeux sur le nord de l'Europe, dans les pays où la réformation est née, où elle s'est maintenue; vous verrez partout l'unique volonté d'un maître : la Suède, la Prusse, la Saxe, sont restées sous la monarchie absolue; le Danemarck est devenu un despotisme légal. Le protestantisme échoua dans les pays républicains; il ne put envahir Gênes, et à peine obtint-il à Venise et à Ferrare une petite église secrète qui mourut : les arts et le beau soleil du Midi lui étoient mortels. En Suisse, il ne réussit que dans les cantons aristocratiques, analogues à sa nature, et encore avec une grande effusion de sang. Les cantons populaires ou démocratiques, Schwitz, Ury et Underwald, berceau de la liberté helvétique, le repoussèrent. En Angleterre il n'a point été le véhicule de la constitution, formée bien avant le seizième siècle dans le giron de la foi catholique. Quand la Grande-Bretagne se sépara de la cour de Rome, le parlement avoit déjà jugé et déposé des rois, les trois pouvoirs étoient distincts; l'impôt et l'armée ne se levoient que du consentement des lords et des communes; la monarchie représentative étoit trouvée et marchoit; le temps, la civilisation, les lumières croissantes, y auroient ajouté les ressorts qui

lui manquoient encore, tout aussi bien sous l'influence du culte catholique que sous l'empire du culte protestant. Le peuple anglois fut si loin d'obtenir une extension de ses libertés par le renversement de la religion de ses pères, que jamais le sénat de Tibère ne fut plus vil que le parlement de Henri VIII : ce parlement alla jusqu'à décréter que la seule volonté du tyran fondateur de l'Église anglicane avoit force de loi. L'Angleterre fut-elle plus libre sous le sceptre d'Élisabeth que sous celui de Marie ? La vérité est que le protestantisme n'a rien changé aux institutions : là où il a trouvé une monarchie représentative ou des républiques aristocratiques, comme en Angleterre et en Suisse, il les a adoptées ; là où il a rencontré des gouvernements militaires, comme dans le nord de l'Europe, il s'en est accommodé, et les a même rendus plus absolus.

Si les colonies angloises ont formé la république plébéienne des États-Unis, elles n'ont point dû leur émancipation au protestantisme ; ce ne sont point des guerres religieuses qui les ont délivrées ; elles se sont révoltées contre l'oppression de la mère-patrie, protestante comme elles. Le Maryland, état catholique et très-peuplé, fit cause commune avec les autres états, et aujourd'hui la plupart des états de l'Ouest sont catholiques ; les progrès de cette communion dans ce pays de liberté passent toute croyance, parce qu'elle s'y est rejeunie dans son élément naturel populaire, tandis que les autres communions y meurent dans une indifférence profonde. Enfin, auprès de cette grande république des colonies angloises protestantes, viennent de s'élever les grandes républiques des colonies espagnoles catholiques : certes celles-ci, pour arriver à l'indépendance, ont eu bien d'autres obstacles à surmonter que les colonies anglo-américaines, nourries au gouvernement représentatif, avant d'avoir rompu le foible lien qui les attachoit au sein maternel.

Une seule république s'est formée en Europe à l'aide du protestantisme, la république de la Hollande ; mais il faut remarquer que la Hollande appartenoit à ces communes industrielles des Pays-Bas qui, pendant plus de quatre siècles, luttèrent pour secouer le joug de leurs princes, et s'administrèrent en forme de républiques municipales, toutes zélées catholiques qu'elles étoient. Philippe II et les princes de la maison d'Autriche ne purent étouffer dans la Belgique cet esprit d'indépendance ; et ce sont des prêtres catholiques qui viennent aujourd'hui même de la rendre à l'état républicain.

Il faut conclure de l'étroite investigation des faits que le protestantisme n'a point affranchi les peuples : il a apporté aux hommes la liberté philosophique, non la liberté politique ; or la première liberté n'a conquis nulle part la seconde, si ce n'est en France, vraie patrie de la catholicité. Comment arrive-t-il que l'Allemagne, très philosophique de sa nature et déjà armée du protestantisme, n'ait pas fait un pas vers la liberté politique dans le dix-huitième siècle, tandis que la France, très peu philosophique de tempérament et sous le joug du catholicisme, a gagné dans le même siècle toutes ses libertés ?

Descartes, fondateur du doute raisonné, auteur de la *méthode* et des *méditations*, destructeur du dogmatisme scolastique, Descartes qui soutenoit que pour atteindre à la vérité il falloit se défaire de toutes les opinions reçues, Descartes fut toléré à Rome, pensionné du cardinal de Mazarin, et persécuté par les théologiens de la Hollande.

L'homme de théorie méprise souverainement la pratique : de la hauteur de sa doctrine jugeant les choses et les peuples, méditant sur les lois générales de la société, portant la hardiesse de ses recherches jusque dans les mystères de la nature divine, il se sent et se croit indépendant, parce qu'il n'a que le corps d'enchaîné. Penser tout et ne faire rien, c'est à la fois le caractère et la vertu du génie philosophique : ce génie désire le bonheur du genre humain ; le spectacle de la liberté le charme, mais peu lui importe de le voir par les fenêtres d'une prison. Comme Socrate, le protestantisme a été un accoucheur d'esprits ; malheureusement les intelligences qu'il a mises au jour n'ont été jusqu'ici que de belles esclaves.

Au surplus, la plupart de ces réflexions sur la religion réformée ne se doivent appliquer qu'au passé : aujourd'hui les protestants, pas plus que les catholiques, ne sont ce qu'ils ont été ; les premiers ont gagné en imagination,

en poésie, en éloquence, en raison, en liberté, en vraie piété, ce que les seconds ont perdu. Les antipathies entre les diverses communions n'existent plus ; les enfants du Christ, de quelque lignée qu'ils proviennent, se sont resserrés au pied du Calvaire, souche commune de la famille. Les désordres et l'ambition de la cour romaine ont cessé ; il n'est plus resté au Vatican que la vertu des premiers évêques, la protection des arts et la majesté des souvenirs. Tout tend à recomposer l'unité catholique ; avec quelques concessions de part et d'autre, l'accord seroit bientôt fait. Je répéterai ce que j'ai déjà dit dans cet ouvrage : pour jeter un nouvel éclat, le christianisme n'attend qu'un génie supérieur venu à son heure et dans sa place. La religion chrétienne entre dans une ère nouvelle ; comme les institutions et les mœurs, elle subit la troisième transformation ; elle cesse d'être politique ; elle devient philosophique sans cesser d'être divine ; son cercle flexible s'étend avec les lumières et les libertés, tandis que la croix marque à jamais son centre immobile.

HENRI II.

De 1547 à 1559.

Les douze années du règne d'Henri II ne furent que l'avant-scène de cette nouvelle société qui se forma sous les derniers Valois, et qui ne ressemble plus à la société commencée sous Louis XI et achevée sous François Ier. Comme événements, vous remarquerez la bataille de Saint-Quentin perdue par le maréchal de Saint-André ; la levée du siége de Metz défendu par le duc de Guise ; la prise de Thionville et de Calais par ce même prince, ce qui mit fin aux conquêtes d'Édouard III, et constitua nos frontières militaires ; la ligue pour la défense de la liberté germanique entre Henri II, l'électeur de Saxe et le marquis de Brandebourg. La paix de Cateau-Cambrésis, ouvrage du connétable de Montmorency, fit perdre à Henri II les avantages qu'il commençoit à reprendre sur les armes espagnoles.

Les autres événements sont : le mariage de Jeanne d'Albret, héritière de Navarre, avec Antoine de Bourbon, père de Henri IV ; le mariage de Marie Stuart avec François, dauphin ; l'avénement de Marie au trône d'Angleterre, laquelle rétablit un moment la religion catholique et laissa sa couronne à une autre femme, la fameuse Élisabeth ; l'abdication et la mort de Charles Quint.

Dans l'intérieur de la France, la persécution contre les réformés s'étendit et se régularisa par l'intervention de la loi : l'édit d'Écouen les punit de mort, avec défense d'amoindrir la peine. Henri II fit arrêter (1559) cinq conseillers du parlement de Paris, accusés d'être fauteurs d'hérésie : parmi ces conseillers se trouvoient Louis Faure et Anne Dubourg, qui osèrent reprocher à Henri ses adultères, attaquer les vices de la cour de Rome, et annoncer que la puissance des clefs penchoit vers sa ruine. L'estrapade, ou les baptêmes de feu, consistoit à suspendre un protestant au-dessus d'un bûcher, à le plonger à différentes reprises dans la flamme en abaissant et en relevant la corde : Henri II et Diane de Poitiers assistèrent au spectacle de ce supplice, comme passe-temps. L'amiral de Coligny paroissoit ; les trois factions des Montmorency, des Châtillon et des Guise s'organisoient. Alors que l'esprit humain avoit un instrument pour multiplier la parole et répandre la pensée dans les masses ; quand tout se pénétroit de lumières et d'intelligence, la monarchie, prête à vaincre les dernières libertés aristocratiques, se donnoit, par tous les abus et par tous les vices, l'avant-goût du pouvoir absolu.

Henri II mourut d'une blessure à l'œil qu'il reçut de Montgomery dans une joute, et le règne de ce prince s'ouvrit par le duel de Jarnac et de la Châtaigneraie.

FRANÇOIS II.

De 1559 à 1560.

Le règne de François II, de Charles IX, d'Henri III, et une partie du règne d'Henri IV, jusqu'à la reddition de Paris, ne forment qu'un seul drame dont les principales figures sont, pour les femmes : Catherine de Médicis, Marguerite de Valois, Marie Stuart, Jeanne d'Albret, la duchesse de Nemours, madame de Montpensier, madame d'Aumale, madame de Noirmoutiers, Gabrielle d'Estrées et quelques autres ; pour les hommes, parmi les princes, les prélats et les guerriers : les deux premiers Guise, François de Guise et le cardinal de Lorraine ; la seconde génération des Guise, Henri dit le Balafré, le cardinal de Guise et le duc de Mayenne ; le duc de Nemours, le connétable Anne de Montmorency, l'amiral de Coligny et les Châtillon ; les princes du sang, Antoine, roi de Navarre, son fils Henri de Béarn, et les deux princes de Condé ; pour les magistrats : l'Hospital, le premier Molé, Harlay, Brisson, de Thou.

Dans le second plan du tableau, les personnages sont : les filles d'honneur de Catherine de Médicis, les mignons de Henri III et de son frère le duc d'Alençon, les satellites des Guise ; Maugiron, Saint-Mesgrin, Joyeuse, d'Espernon, Bussy ; les grands massacreurs de la Saint-Barthélemy, Maurevers, Besme, Coconnas, Thomas, le parfumeur de Catherine de Médicis, sans oublier Poltrot, Jacques Clément, et enfin Ravaillac qui ferma plus tard la liste de ces assassins.

Les gens de lettres et les savants ne doivent point être oubliés dans cette scène, parce que chacun d'eux y joue un rôle selon la religion qu'il professoit : Jean de Bellai, cardinal ; Melanchthon ; Beauvais, gouverneur de Henri IV ; Jean Calvin, Charles Étienne, Étienne Jodelle, Charles Dumoulin, Henri d'Oysel, Pierre Ramus, du Tillet, Belleforest, Jean de Montluc, évêque de Valence ; Pibrac, Ronsard, Saint-Gelais, Amyot, Bodin, Charron, Cujas, Fauchet, Garnier, du Haillan, Lipse, de Mesme, Miron, Montaigne, Nicot, d'Ossat, Passerat, Pitou, Scaliger, de Serres. Alors le Tasse racontoit à l'Italie la gloire des anciens chevaliers, à laquelle Cervantes alloit donner une autre espèce d'immortalité en Espagne ; le Camoëns chantoit l'Orient retrouvé ; le génie du moyen âge, apparu sur la terre avec le Dante, descendoit glorieux dans la tombe avec Shakespeare ; Tycho-Brahé, tout en abandonnant le vrai système du monde dévoilé par Copernic, acquéroit le titre de restaurateur de l'astronomie dans ces régions dont les Romains n'avoient entendu parler que comme la patrie inconnue des barbares destructeurs de leur empire.

Sur les trônes étrangers, les personnages à remarquer sont, Sixte V, Élisabeth et Philippe II. Des quatre rois qui gouvernèrent la France dans ces troubles, François II, Charles IX, Henri III et Henri IV, le premier n'est célèbre que par la beauté et les malheurs de sa veuve, cette Marie Stuart qui transmit à son fils un nom funeste et un sang d'échafaud.

Le gouvernement, sous François II, tomba aux mains des oncles maternels de ce jeune monarque, François de Guise et le cardinal de Lorraine. Le cardinal avoit des liaisons intimes avec Catherine de Médicis : « Un de mes « amis non huguenot, dit l'Estoile, m'a conté « qu'estant couché avec un valet de chambre du « cardinal, dans une chambre qui entroit en « celle de la reine-mere, il vit sur le minuit « ledit cardinal avec une robe de nuit seule- « ment sur ses épaules, qui passoit pour aller « veoir la reine, et que son ami lui dit, que « s'il advenoit jamais de parler de ce qu'il avoit « veu, il en perdroit la vie. »

Le connétable de Montmorency et la duchesse de Valentinois voient tomber leur crédit. Antoine de Bourbon et le cardinal son frère sont envoyés en Espagne sous le prétexte d'y conduire Élisabeth de France à Philippe II. La conspiration d'Amboise contre les Guise

éclate; elle étoit dirigée secrètement par le prince de Condé.

Édit de Romorantin par lequel les évêques sont investis de la connoissance du crime d'hérésie. L'Hospital fut malheureusement l'auteur de cet édit; il ne le rédigea que pour empêcher l'établissement de l'inquisition.

Convocation des états à Orléans, où sont mandés le roi de Navarre et le prince de Condé; le prince de Condé est arrêté comme chef d'une conspiration nouvelle; il est jugé, condamné à perdre la tête, et délivré par la mort de François II (1559, 1560).

CHARLES IX.

De 1560 à 1574.

ES états d'Orléans de 1560 se voulurent séparer à la mort du roi, disant que leurs pouvoirs étoient expirés; ils furent retenus d'après le principe que le mort saisit le vif, et que l'autorité royale ne meurt point. Ils rendirent l'ordonnance sur les matières ecclésiastiques, le règlement de la justice, et les substitutions réduites à deux degrés. Les ordonnances ou décrets des états lioient si peu l'autorité royale, que Charles IX révoqua par sa déclaration de Chartres, 1562, l'article 1er de l'ordonnance d'Orléans qui rétablissoit la pragmatique.

Catherine de Médicis, sans être régente du royaume sous la minorité de Charles IX, jouit d'une autorité qui se prolongea pendant tout le règne de ce prince et celui de Henri III. On a tant de fois peint le caractère de cette femme, qu'il ne présente plus qu'un lieu commun usé; une seule remarque reste à faire : Catherine étoit Italienne; fille d'une famille marchande élevée à la principauté dans une république, elle étoit accoutumée aux orages populaires, aux factions, aux intrigues, aux empoisonnements, aux coups de poignard; elle n'avoit et ne pouvoit avoir aucun des préjugés de l'aristocratie et de la monarchie françoise, cette morgue des grands, ce mépris des petits, ces prétentions de droit divin, cet amour du pouvoir absolu en tant qu'il étoit le monopole d'une race; elle ne connoissoit pas nos lois et s'en soucioit peu : elle vouloit faire passer la couronne à sa fille. Elle étoit incrédule et superstitieuse ainsi que les Italiens de son temps; elle n'avoit en sa qualité d'incrédule aucune aversion contre les protestants; elle les fit massacrer par politique. Enfin, si on la suit dans toutes ses démarches, on s'aperçoit qu'elle ne vit jamais dans le vaste royaume dont elle étoit souveraine qu'une Florence agrandie, que les émeutes de sa petite république, que les soulèvements d'un quartier de sa ville natale contre un autre quartier, la querelle des Pazzi et des Médicis dans la lutte des Guise et des Châtillon.

Triumvirat du duc de Guise, du connétable de Montmorency et du maréchal Saint-André. Le roi de Navarre fortifie ce triumvirat. Colloque de Poissy, où le cardinal de Lorraine plaida pour les catholiques, et Théodose de Bèze pour les huguenots. Le prince de Condé est absous, par arrêt du parlement, de la conjuration d'Amboise, au fond de laquelle il étoit pourtant. Marie Stuart retourne en Écosse. Elle eut un secret pressentiment de ses adversités.

« Icelle n'estant quasi, par maniere de dire,
« que née, et estant aux mamelles tettant, le fallut
« Anglois vindrent assaillir l'Écosse, et fallut
« que sa mere l'allast cacher par crainte de cette
« furie de terre en terre d'Écosse...... Et
« ce nonobstant la fallut mettre sur les vaisseaux
« et l'exposer aux vagues, orages et vents de
« la mer; alla passer en France pour sa plus
« grande seureté...... La male fortune la
« laissa, et la bonne la prit par la main. »
(Brantôme).

Ce ne fut pas pour long temps. Veuve de François II, il lui fallut retourner dans une contrée demi-sauvage, le cœur plein de l'image du jeune époux qu'elle avoit perdu; elle portoit le deuil en blanc, chantoit les élégies qu'elle composoit elle-même, en s'accompagnant du luth :

> Si je suis en repos,
> Sommeillant sur ma couche,
> J'oy qu'il me tient propos,
> Je le sens qui me touche :
> En labeur, en reçoy,
> Toujours est près de moy.

Elle s'embarqua à Calais dans les premiers jours de septembre 1561, au commencement du printemps ; elle vit périr un vaisseau en sortant du port. Appuyée sur la poupe de sa galère, et les yeux attachés au rivage, elle fondit en larmes quand la terre s'éloigna ; elle demeura cinq heures entières dans cette attitude, répétant sans cesse : *Adieu, France! adieu, France!* Lorsque la nuit fut venue, « *Adieu donc, ma chère France, que je perds de vue, redisoit-elle, je ne vous verrai jamais plus.* » Elle refusa de descendre dans la chambre de la galère ; on étendit un tapis sur le château de poupe ; elle s'y coucha sans prendre aucune nourriture. Elle commanda au timonier de l'éveiller au point du jour, si l'on apercevoit encore les côtes de France. En effet, la terre restoit visible au lever de l'aurore, et Marie Stuart la salua de ces derniers mots : *Adieu la France! cela est fait; adieu la France! je pense ne vous voir jamais plus.* (Brantôme). Une autre exilée, plus malheureuse encore, a pu prononcer les mêmes paroles en allant demander un abri au palais solitaire de Marie Stuart.

Premier édit en faveur des huguenots ; le parlement refuse d'abord de l'enregistrer. Première guerre civile à la suite du massacre de Vassy. Le prince de Condé, déclaré chef des protestants, s'empare de la ville d'Orléans. Rouen tombe au pouvoir des huguenots : Antoine, roi de Navarre, père de Henri IV, blessé devant cette place, le 16 octobre 1562, meurt, par intempérance, des suites de cette blessure ; il avoit été protestant, et s'étoit fait catholique. Jeanne d'Albret, sa femme, de catholique qu'elle avoit été, s'étoit changée en *huguenote très-forte*, dit Brantôme.

Bataille de Dreux que perdent les huguenots. Les deux généraux des deux armées furent faits prisonniers, le prince de Condé, chef de l'armée protestante, et le connétable de Montmorency, chef de l'armée catholique. Le maréchal de Saint-André fut tué. Le duc de Guise décida la victoire, et le soir partagea son lit avec le prince de Condé son prisonnier : le prince de Condé ne put dormir ; le duc de Guise ne fit qu'un somme (1562).

Le duc de Guise est assassiné devant Orléans par Poltrot. Il est probable que l'amiral de Coligny connut les projets du meurtrier. Les dernières paroles de Guise à Poltrot, bien que connues de tous, ne doivent jamais être omises ; il les faut redire en vers pour rappeler à la fois la mémoire de deux grands hommes :

> Des dieux que nous servons connois la différence :
> Le tien t'a commandé le meurtre et la vengeance ;
> Le mien, lorsque ton bras vient de m'assassiner,
> M'ordonne de te plaindre et de te pardonner.

François de Guise fut supérieur à son fils Henri, quoique non appelé à jouer un aussi grand rôle. Il faut remonter jusqu'aux Romains pour retrouver cette hérédité de gloire et de génie dans une même famille. C'est ici le point le plus élevé de la seconde aristocratie ; elle jeta en expirant autant d'éclat que la première ; elle étoit moins morale, mais plus civilisée et plus intelligente.

Le 19 mars 1563, première paix entre les catholiques et les huguenots. Ceux-ci donnent les premiers l'exemple d'appeler les étrangers à leur secours ; ils livrent aux Anglois le Havre-de-Grâce, qui est repris par Charles IX. Clôture du concile de Trente : ses décrets de police et de réformation ne furent point reçus dans le royaume.

En 1564, l'ordonnance du château de Roussillon, en Dauphiné, fixa le commencement de l'année au 1er janvier. L'année s'ouvroit auparavant le samedi-saint, après vêpres, ce qui, par la mobilité de ce jour, produisoit des aberrations chronologiques. La société moderne étant née du christianisme, l'année en avoit pris l'ère ; elle renaissoit avec le Christ.

L'histoire des monuments et des arts veut que l'on parle des premiers travaux de 1564, pour la construction du palais des Tuileries ; élégante architecture que gâtent les ouvrages lourds dont elle a été élargie et écrasée.

C'est en 1565 qu'eut lieu à Bayonne l'entrevue du roi et de Catherine de Médicis avec Isabelle de France, femme de Philippe II, et le

duc d'Albe. On a dit que le massacre des chefs huguenots fut confirmé dans cette entrevue, après avoir été conçu au concile de Trente en 1563, par le cardinal Charles de Lorraine. La reine, en levant des troupes après le voyage de Bayonne, alarma les protestants regnicoles et étrangers, fit naître la deuxième guerre civile en France, et commencer les troubles des Pays-Bas.

On remarque à peine dans ces temps l'abandon du siége de Malte par les Turcs; de même que, sous Louis XIV, on ne fait guère attention au siége de Candie que par la mort du héros de la Fronde. Pourtant les infidèles étoient plus formidables que jamais; mais l'esprit des croisades n'existoit plus. D'Aubusson, l'Isle-Adam et La Valette, représentants de la chevalerie, étoient comme ces rois sans états, non sans gloire, qui survivent à leur puissance.

Une première ordonnance de Moulins réunit et assimile les domaines possédés par le roi aux domaines de la couronne. Autre ordonnance de Moulins, pour la réformation de la justice : elle fait encore aujourd'hui le fond du droit commun dans le nouveau Code (1566).

L'association des *gueux*, pour s'opposer à l'établissement de l'inquisition, soulève les Pays-Bas. Le prince d'Orange fuit ; l'année d'après, le duc d'Albe fait trancher la tête au comte de Horn et au comte d'Aiguemont.

La bataille de Saint-Denis signala la seconde guerre civile. Le connétable Anne de Montmorency commandait l'armée royale; l'armée protestante marchoit sous la conduite du prince de Condé et de l'amiral de Coligny. Le connétable reçut huit blessures, et cassa du pommeau de son épée les dents de Jacques Stuart, qui lui tira le dernier coup de pistolet. Il avoit vécu sous quatre rois, et étoit âgé de soixante-quatorze ans. C'est ce connétable, homme borné, grossier et rigide, qui fait en partie la gloire nationale des Montmorency. Cette maison étoit un débris de la première aristocratie, resté au milieu de la seconde (1567).

Voici une anecdote qui peint l'homme et les temps : le connétable, *grand rabroueur de personnes*, étoit à Bordeaux; Strozzi lui demanda la permission de dépecer un vaisseau de trois cents tonneaux, appelé *le Mont-Réal*, qu'il disoit vieux, pour en chauffer les gardes du roi. Le connétable y consentit : les jurats de la ville et les conseillers de la cour réclamèrent, disant que le vaisseau étoit bon et pouvoit encore servir.

« Et qui estes-vous, messieurs les sots, s'écria « le connestable, qui me voulez controller et me « remonstrer ? Vous estes d'habiles veaux d'estre « si hardis d'en parler. Si je faisois bien, j'en-« voyerois tout à ceste heure depecer vos mai-« sons, au lieu du navire. »

Brantôme, dans un transport d'admiration, s'écrie : « Qui furent estonnez, ce furent ces « galands qui tous rougirent de honte. Et le « navire fut desfait dans une après-disnée, qu'on « ne vit jamais si grande diligence de soldats et « de goujats. »

A qui appartenoit le vaisseau ? A l'état ou à des particuliers ? Voilà les idées qu'on avoit alors de la propriété publique ou privée, de l'autorité des lois et des magistrats. On sent, dans les paroles du connétable, le mélange des deux époques, l'insolence aristocratique et le despotisme monarchique.

Seconde paix de 1568, appelée *la petite paix*, suivie immédiatement de la troisième guerre civile. Aventures et mort tragique de don Carlos, et d'Élisabeth de France. La reine Élisabeth fait arrêter Marie Stuart, réfugiée en Angleterre. Le chancelier de l'Hospital se retire de la cour.

Bataille de Jarnac, gagnée le 13 mars 1569, par le duc d'Anjou, depuis Henri III, sur Louis Ier, prince de Condé, tué après le combat par Montesquiou. L'amiral de Coligny et le prince de Béarn (Henri IV), déclaré chef du parti, rassurent les huguenots.

Bataille de Moncontour, du 3 octobre de la même année, perdue par l'amiral de Coligny.

Troisième paix conclue à Saint-Germain, au mois d'août 1570. En 1571, le mariage de Henri de Bourbon, prince de Béarn, est proposé avec Marguerite, sœur de Charles IX et de Henri III.

Ces batailles de nos guerres civiles religieuses, qui firent tant de bruit, disparoissent aujourd'hui entre les grandes batailles de l'aristocratie sous la féodalité, presque toutes perdues contre les étrangers, et les grandes batailles de la démocratie pendant la révolution, presque toutes gagnées sur les étrangers.

De l'époque des Valois, il ne reste qu'une seule bataille dont le souvenir soit européen ;

c'est celui de la bataille de Lépante : là se retrouvèrent en présence les deux religions qui, depuis neuf siècles, n'avoient pu terminer leur querelle. La Grèce esclave vit du moins humilier ses tyrans ; elle put avoir un pressentiment du dernier combat naval qui lui devoit rendre à Navarin la liberté qu'elle avoit jadis conquise à Salamine.

L'année 1572, sortie des entrailles du temps toute sanglante, garda et n'essuya point le sang de l'enfantement maternel. Jeanne d'Albret, reine de Navarre, vient à Paris marier son fils Henri avec Marguerite de Valois. L'amiral de Coligny et les seigneurs protestants s'y rendent pour assister à ces noces et pour conférer de la guerre des Pays-Bas. La reine de Navarre meurt, peut-être empoisonnée : « Reine, n'ayant de femme que le sexe, l'âme « entière aux choses viriles, l'esprit puissant « aux affaires, le cœur invincible aux adversi- « tés. » (D'AUBIGNÉ.)

« Le roi l'appeloit sa grand'tante, son tout, « sa mieux aimée...... Le soir, en se retirant, « il dit à la reine sa mere, en riant : Et puis, « madame, que vous en semble ? joué-je pas « bien mon rollet ? » (L'ESTOILE.)

Henri, roi de Navarre, épouse Marguerite de Valois. « Après que le roi eut fait la Saint- « Barthélemy, il disoit en riant et en jurant « Dieu à sa manière accoustumée, et avec des « paroles que la pudeur oblige de taire, que sa « grosse *Margot*, en se mariant, avoit pris tous « ses rebelles huguenots à la pipée. » (L'ESTOILE.)

Maurevert blesse l'amiral d'un coup d'arquebuse ; les huguenots sont massacrés le jour de la Saint-Barthélemy.

Coligny est tué le premier : « Besme, Haus- « tefort, Hattain, trouvent l'admiral sur pied en « l'apprehension de la mort ; les admoneste « d'avoir pitié de sa vieillesse ; se sentant leurs « épées glacées dans son corps, il prolonge sa « vie, embrasse la fenestre pour n'estre pas jeté « en bas, où tombé il assouvit les yeux du fils « dont il avoit fait tuer le père. » (TAVANNES.)

Le même historien ajoute : « Le roi de Na- « varre et le prince de Condé sont menés au « roi. Il leur propose la messe ou la mort, me- « nace le prince de Condé, qui ne se pouvoit « feindre. La résolution de tuer seulement les

« chefs est enfreinte : plusieurs femmes et en- « fants tués à la furie populaire ; il demeure « deux mille massacrés. »

Tavannes avoit voulu que le massacre ne tombât que sur les chefs des huguenots, et que *l'on gagnât la bataille dans Paris*, soutenant que « ceste execution devoit estre nette de toute « reprehension, ayant esté faite par contrainte, « enfilée d'un accident à l'autre ; que les en- « fants, ces princes et mareschaux de France (le « roi de Navarre, le prince de Condé, les ma- « réchaux de Montmorency et de Danville), « pauvres personnes, et ne devoient pas pastir « pour les coupables les jeunes princes inno- « cents. . . . . »

Le maréchal de Retz maintenoit le contraire : il disoit : « Qu'il falloit tout tuer, que ces « jeunes princes, nourris en la religion, cruel- « lement offensés de la mort de leur oncle et de « leurs amis, s'en ressentiroient ; qu'il ne fal- « loit point offenser à demi ; qu'en ces desseins « extraordinaires il falloit considerer premie- « rement s'il estoit nécessaire, contraint ou « juste ; les ayant jugez tels, il ne falloit « rien laisser qui peust causer la ruine du but « de paix où l'on tendoit ; que, s'il estoit juste « en un chef, il l'estoit en tous ; puisque des « parties joinctes dependoit l'effet principal de « l'action, il les falloit couper, à ce que les ra- « cines ne restassent ; aussi, s'il n'estoit juste, « il falloit s'en distraire du tout, et n'entre- « prendre rien ; au contraire que si on rompoit « les lois, il falloit les violer entierement pour « sa seureté, le pesché étant aussi grand pour « peu que pour beaucoup. L'opinion du sieur « de Tavannes subsista pour estre plus juste, et « que l'on croyoit celle du maréchal de Retz « ambitieuse des estats qu'il vouloit faire à son « profit. »

Voilà la doctrine des assassinats nettement exposée ; elle ne date pas de nos jours.

Depuis le massacre de la Saint-Barthélemy [1]

---

[1] Je ne donne presque aucun détail sur la Saint-Barthélemy : en voici la raison : Buonaparte avoit fait transporter à Paris les archives du Vatican ; immense et précieux trésor qui, bien fouillé, pourroit changer en grande partie l'histoire moderne. Quoi qu'il en soit, quelques recherches dans ce dépôt sur l'époque de la Saint-Barthélemy m'ont mis en possession des dépêches

Charles IX *parut tout changé, et disoit-on qu'on ne lui voyoit plus au visage cette douceur qu'on avoit accoutumé de lui voir.* (BRANTÔME.)

Cette exécrable journée ne fit que des martyrs ; elle donna aux idées philosophiques un avantage qu'elles ne perdirent plus sur les idées religieuses, et en rendant les catholiques odieux elle augmenta la force des protestants. En 1575, une quatrième guerre civile éclata par le soulèvement de la ville de Montauban. Le sénéchal de Périgord, André de Bourdeille, écrivoit au duc d'Alençon, le 13 mars 1574 : « Si le roi, la reine et vous, ne pourvoyez aux « troubles de l'estat autrement que par le passé, « je crains de vous veoir aussi petits compai- « gnons que moi. »

Le siège fut mis devant La Rochelle par le duc d'Anjou. Quatrième paix, avantageuse aux huguenots. Le duc d'Anjou (depuis Henri III) alla prendre la couronne de Pologne, et raconter dans les forêts de la Lithuanie, à son médecin Miron, les meurtres dont la pensée l'empêchoit de dormir : « Je vous ai fait venir « ici pour vous faire part de mes inquiétudes et « agitations de ceste nuit, qui ont troublé mon « repos, en repensant à l'exécution de la Saint- « Barthélemy. » En quittant la France, le duc d'Anjou avoit été moins poursuivi du souvenir de ses crimes que de celui de ses amours ; il écrivoit avec son sang à Marie de Clèves, première femme de Henri Ier, prince de Condé.

Dans l'année 1574 se forma le parti des *politiques* ou des *centres*, qui l'emportèrent à la fin, comme dans toutes les révolutions, parce que c'est celui des hommes raisonnables, et que la raison est une des conditions de l'existence sociale. Les *politiques* avoient pour chefs le duc d'Alençon et les Montmorency : la faction la plus foible, celle des huguenots, s'attacha naturellement aux *politiques*. La Mole et Coconnas furent décapités pour intrigues ; le premier étoit aimé de la reine Marguerite, le second

de Salviati, alors chargé d'affaires de la cour de Rome à Paris. Ces dépêches, tantôt en clair, tantôt *chiffrées* avec la traduction interlinéaire, sont d'un grand intérêt. Je les publierai peut-être un jour, en y joignant, par forme d'introduction, l'histoire complète de la Saint-Barthélemy.

d'Henriette de Clèves, duchesse de Nevers.

Charles IX languissoit depuis deux années ; il se félicitoit de n'avoir point de fils, de crainte que ce fils n'eût été aussi malheureux que lui. Ayant appris un soulèvement des princes : « Au « moins, dit-il, s'ils eussent attendu ma mort ; « c'est trop m'en vouloir. » Il mourut au château de Vincennes le 30 mai 1574. Deux jours avant qu'il expirât, les médecins avoient fait retirer toutes les personnes de sa chambre, « hormis trois, savoir : La Tour, Saint-Pris « et sa nourrice, que sa majesté aimoit beau- « coup, encore qu'elle fust huguenote. Comme « elle se fut mise sur un coffre, elle commen- « çoit à sommeiller ; ayant entendu le roi se « plaindre, pleurer et soupirer, s'approche « tout doucement du lit, et, tirant sa custode, « le roi commença à lui dire, jetant un grand « soupir, et larmoyant si fort que les sanglots « lui coupoient la parole : Ah, ma nourrice ! « ma mie, ma nourrice, que de sang et que de « meurtres ! Ah ! que j'ai suivi un méchant « conseil ! O mon Dieu ! pardonne-les moi, s'il « te plaît....... Que ferai-je ? je suis perdu, je « le vois bien. Alors la nourrice lui dit : Sire, « les meurtres soyent sur ceux qui vous les ont « fait faire ! mais de vous, sire, vous n'en pou- « vez mais ; et puisque vous n'y prestez pas « consentement et en avez regret, croyez que « Dieu ne vous les imputera jamais, et les cou- « vrira du manteau de la justice de son fils, au- « quel seul faut qu'ayez vostre recours ; mais « pour l'honneur de Dieu, que vostre majesté « cesse de larmoyer. Et sur cela lui ayant esté « quérir un mouchoir pour ce que le sien estoit « tout mouillé de larmes, après que sa ma- « jesté l'eut pris de sa main, lui fit signe qu'elle « s'en allast et le laissast reposer. »

Ce roi, qui tiroit par les fenêtres de son palais sur ses sujets huguenots, ce monarque catholique, se reprochant ses meurtres, rendant l'âme au milieu des remords en vomissant son sang, en poussant des sanglots, en versant des torrents de larmes, abandonné de tout le monde, seulement secouru et consolé par une nourrice huguenote ! N'y aura-t-il pas quelque pitié pour ce monarque de vingt-trois ans, né avec des talents heureux, le goût des lettres et des arts, un caractère naturellement généreux, qu'une exécrable mère s'étoit plu à dépraver

par tous les abus de la débauche et de la puissance? Charles IX avoit dit à Ronsard, dans des vers dont Ronsard auroit dû imiter le naturel et l'élégance :

> Tous deux également nous portons des couronnes ;
> Mais, roi, je la reçois ; poëte, tu la donnes.

Heureux si ce prince n'avoit jamais reçu une couronne doublement souillée de son propre sang et de celui des François, ornement de tête incommode pour s'endormir sur l'oreiller de la mort !

Le corps de Charles IX fut porté sans pompe à Saint-Denis, accompagné par quelques archers de la garde, par quatre gentilshommes de la chambre et par Brantôme, raconteur cynique qui mouloit les vices des grands comme on prend l'empreinte du visage des morts.

HENRI III.

De 1374 à 1589.

USSITOT que Henri III apprend le décès de son frère, il s'évade de la Pologne comme d'une prison, se dérobe à la couronne des Jagellon, qu'il trouvoit trop légère, et vient se faire écraser sous celle de saint Louis. « Quand on « lui mit la couronne sur la tête (à son sacre à « Reims, le 15 février 1574), il dit assez haut « qu'elle le blessoit, et lui coula pour deux fois, « comme si elle eust voulu tomber. » (L'Estoile.)

On avoit conseillé à Henri III, à Vienne et à Venise, de conclure la paix avec les huguenots ; il n'écouta point ce conseil ; il détestoit, à l'égal les uns des autres, les protestants et les Guise ; le règne des mignons commença (1574).

La première génération des Guise finit cette année même avec le cardinal de Lorraine (26 décembre 1574). « Le jour de sa mort, et la « nuit suivante, s'éleva en Avignon, à Paris, « et quasi par toute la France, un vent si impétueux, que de memoire d'homme il n'en « avoit esté ouy un tel. Les catholiques lorrains « disoient que la vehemence de cest orage portoit indice du courroux de Dieu sur la « France, d'un si bon, d'un si grand et si sage « prelat ; et les huguenots, au contraire, que « c'estoit le sabbat des diables qui s'assembloient pour le venir querir ; qu'il faisoit bon « mourir ce jour-là pour ce qu'ils estoient bien « empeschés. Ils disoient encore que, pendant « sa maladie, quand on pensoit lui parler de « Dieu, il n'avoit en la bouche que des vilainies . . . . « dont l'archevêque de Reims, son neveu, le « voyant tenir tel langage, avoit dit, en se « riant : Je ne vois rien en mon oncle pour « en desesperer, et qu'il avoit encore toutes ses « paroles et actions naturelles. » (L'Estoile.) Catherine le crut voir après sa mort.

Le duc d'Alençon se met à la tête des mécontents, et Élisabeth lui envoie des secours. Lesdiguières conduit les protestants du Dauphiné, en place de Montbrun, pris et décapité. Ce partisan avoit coutume de dire que le jeu et les armes rendent les hommes égaux (1575).

Henri, roi de Navarre, s'échappe de la cour, et devient le chef des huguenots ; il abjure la religion catholique qu'il avoit embrassée de force. Cinquième paix ou cinquième édit de pacification, qui accorde aux protestants l'exercice public de leur religion. Il leur donnoit, dans les huit parlements du royaume, des chambres mi-parties ; il légitimoit les enfants des prêtres et des moines mariés, et réhabilitoit, par une confusion injurieuse, la mémoire de l'amiral, de La Mole et de Coconnas. C'étoit une grande conquête des opinions nouvelles sur les anciennes opinions, et un étrange, mais naturel résultat de la Saint-Barthélemy ; ce résultat ne fut pas durable, parce que la révolution n'étoit pas descendue dans les classes populaires. Le cinquième édit de pacification amena une réaction qui fut la *Ligue*.

L'idée de la Ligue avoit été conçue par le génie des Guise ; elle étoit venue au cardinal de Lorraine au concile de Trente ; la mort de François de Guise l'avoit fait abandonner ; elle fut reprise par le Balafré. Les gentilshommes

de Picardie et les magistrats de Péronne signèrent, en 1576, une confédération ; c'est la première pièce officielle de la Ligue.

Les gentilshommes du Béarn, de la Guienne, du Poitou, du Dauphiné, de la Bourgogne, étant devenus les capitaines et l'armée des protestants, les gentilshommes de la Picardie et des autres provinces devinrent les capitaines et l'armée des catholiques. Henri III, inspiré par sa mère, qui prenoit des révolutions pour des intrigues, crut déjouer les projets des Guise, en se déclarant le chef de la Ligue ; il s'associoit à une faction qui le détestoit, et dont son nom légalisa les fureurs.

Sous la Ligue, le peuple ne marchoit point à la tête de ses affaires ; il étoit à la suite des grands ; il n'avoit point formé un gouvernement à part, il avoit pris ce qui étoit ; seulement il se faisoit servir par le parlement, et avoit transformé ses curés en tribuns. Quand Mayenne le jugeoit à propos, il ordonnoit de pendre qui de droit, parmi la peuple et les Seize, Comité de Salut public de ce temps.

Au surplus, la Ligue, quels que furent ses crimes, sauva la religion catholique en France, dans ce sens qu'elle donna des soldats et un chef à de vieux principes et de vieilles idées, qu'attaquoient des principes nouveaux et des idées nouvelles. La royauté se trouvoit combattue et par la Ligue, qui vouloit changer la dynastie, et par les protestants, qui tendoient à dénaturer la constitution de l'état. Ce double assaut, qui devoit emporter la couronne, la sauva, lorsque Henri IV, abandonnant les protestants, dont il protégea le culte, se réunit aux catholiques, auxquels il donna un roi.

Sixième édit de pacification moins favorable que le cinquième (1577).

A cette année se rapporte l'expédition de dom Sébastien en Afrique. Ce prince, que quelques montagnards du Portugal attendent peut-être encore, périt dans un combat contre le roi de Maroc. Camoëns, étendu sur son lit de mort, à peine nourri des aumônes qu'un fidèle esclave javanois alloit mendier pour lui dans les rues de Lisbonne, s'écria en apprenant le sort de son roi : « La patrie est perdue ; « mais du moins je meurs avec elle ! » Et le Tasse, presque aussi infortuné que le Camoëns, félicitoit dans de beaux vers Vasco de Gama d'avoir été chanté *par le noble génie dont le vol glorieux avoit dépassé celui des vaisseaux qui retrouvèrent les régions de l'aurore.*

Combien auprès du grand navigateur, du grand roi portugais et des deux grands poètes, semblent ignobles et petits ces mignons de la fortune, et ces princes si peu dignes de leur haut rang ! C'étoit alors que les duellistes Caylus, Maugiron et Livarot, se battoient contre d'Entragues, Riberac et Schomberg ; qu'Henri III faisoit élever à Caylus, Maugiron et Saint-Mégrin, des statues et des tombeaux que n'avoient pas dom Sébastien dans les déserts de l'Afrique, Gama sur les rives de l'Inde, les chantres de la Jérusalem et des Lusiades au bord du Tage et du Tibre.

« Or, pour celebrer la memoire de Caylus,
« et Maugiron, à cause des rares et detestables
« paillardises et blasphesmes estant en eux, Hen-
« ry de Valois les feit superbement eslever en
« marbre blanc, posez sur une base, à l'entour
« de laquelle estoient plusieurs descriptions
« comme de personnages genereux, dont ceux
« du siecle sçavoient bien le contraire, et les
« catholiques estoient fort faschez qu'il souil-
« last un lieu sainct (qui estoit l'église de
« Sainct-Paul à Paris) des effigies de tels liber-
« tins et renieurs de Dieu » (*Vie et mort de Henri de Valois*.)

Le duc d'Alençon, devenu duc d'Anjou, appelé par les catholiques des Pays-Bas, s'y montre indigne de la souveraineté qu'on lui vouloit déférer. « *Prince*, disoit le roi de Na-
« varre, depuis Henri IV, *qui a si peu de
« courage, le cœur si double et si malin, le
« corps si mal basti.* » Marguerite de Valois, qui l'avoit beaucoup aimé, déclaroit que *si l'infidélité étoit bannie de la terre, il la pourroit repeupler* (1578).

L'ordre du Saint-Esprit, créé en 1579, ou plutôt renouvelé de l'ordre *du Saint-Esprit* ou *du Droit-Désir* de Louis d'Anjou, fut d'abord assez mal accueilli. Henri III, élu roi de Pologne le jour de la Pentecôte, et parvenu à la couronne de France l'anniversaire du même jour, institua son ordre en mémoire de ce double avénement. On a dit que cet ordre avoit une origine plus mystérieuse, indiquée dans l'entrelacement des chiffres. Ces chiffres, pré-

tendoit-on, désignoient les mignons du roi et sa maîtresse, Marguerite sa sœur. Selon Brantôme, l'ordre ne se devoit pas soutenir, parce qu'*il étoit allé en cuisine*, ayant été donné à Combaut, premier maître d'hôtel du roi. Les réflexions que nous avons faites à propos de la chevalerie de la Jarretière s'appliquent également à la chevalerie du Saint-Esprit. Les traces du sang de Louis XVI sont effacées sur le pavé de Paris, les cendres de Napoléon sont cachées sous le roc d'une île déserte, et le ruban de Henri III a reparu dans ce palais de Catherine de Médicis, devant lequel tomba la tête du roi-martyr et où reposa celle du vainqueur de l'Europe; enfin, il couvre encore dans le château des Stuart le sein de l'exilé, qui, en abdiquant la couronne (comme je l'ai déjà dit dans l'avant-propos de ces *Études*), a vraisemblablement fait abdiquer avec lui tous ces rois, grands vassaux du passé sous la suzeraineté des Capets.

Une ordonnance rétrograde, rendue en conséquence des cahiers présentés par les états de Blois de 1576, porte que les « roturiers et non « nobles achetant fiefs nobles, ne seront pour « ce anoblis ni mis au degré des nobles. » La noblesse s'apercevoit que ses rangs étoient envahis. Comme il arrive toujours à la veille des grandes révolutions, on vouloit ressaisir par les actes du pouvoir ce que le temps avoit enlevé.

Le Portugal tombe aux mains de Philippe II, après la mort du cardinal Henri qui avoit succédé à dom Sébastien. Élisabeth, reine d'Angleterre, flatte le duc d'Anjou de l'espoir de l'épouser. Les États de Hollande ôtent la souveraineté des Pays-Bas à Philippe II, et la confèrent au duc d'Anjou. La comté de Joyeuse et la baronnie d'Espernon sont érigées en duchés-pairies pour les deux favoris de Henri III, qui dépensa 1200 mille écus aux noces du duc de Joyeuse, en lui en promettant 400 mille autres. Les tailles, élevées à 52 millions, dépassoient de 25 millions celles du dernier règne (1580, 1582).

Le calendrier grégorien est réformé (1582).

Le duc d'Anjou, jaloux du prince d'Orange, se veut emparer d'Anvers : les François sont repoussés par les bourgeois; quatre cents gentilshommes et douze cents soldats périrent dans cette échauffourée. Méprisé et abandonné, le prince françois se retira à Termonde. « Deux « jours après ce désastre, comme on discouroit « de la mort du comte de Saint-Aignan, brave « officier et fort fidèle à son service, lequel s'es- « toit noyé en ceste occasion : Je crois, dit-il, « que qui auroit pu prendre le loisir de con- « templer à ceste heure Saint-Aignan, on lui « auroit vu faire une plaisante grimace. Ce di- « soit-il, parce que le comte avoit coutume d'en « faire. » Ainsi étoient payés le sang et les services. Le duc d'Anjou mourut l'année suivante, à l'âge de trente ans. Par cette mort, le roi de Navarre devenoit héritier de la couronne, Henri III n'ayant point d'enfants.

Le duc de Guise saisit cette occasion pour mettre en mouvement la Ligue, dont il est déclaré le chef; il s'agissoit, selon lui, d'éloigner du trône un prince hérétique : Guise convoitoit cette couronne, et ne l'osa prendre. Le prince d'Orange est assassiné à Delft, par Balthasar Gérard; les Pays-Bas se veulent donner à Henri III qui les refuse; la France, par une destinée constante, manque encore l'occasion de porter ses frontières aux rives du Rhin (1584).

Le cardinal de Bourbon, dans un manifeste, prend le titre de premier prince du sang, et demande que la couronne soit maintenue dans la branche catholique : le pape et presque tous les princes de l'Europe appuient cette déclaration, qui venoit à la suite d'un traité fait avec le roi d'Espagne pour le soutien de la Ligue. Le roi reste passif au milieu de ces désordres; la Ligue commence la guerre pour son propre compte contre les huguenots.

Sixte-Quint, qui rappeloit les grands pontifes des temps passés, avoit succédé à Grégoire XIII : il désapprouve la Ligue, et excommunie néanmoins le roi de Navarre, qu'il déclare indigne de succéder à la couronne. Henri IV en appelle au parlement et au concile général, et fait afficher cet appel jusqu'aux portes du Vatican. Les Seize commencent à gouverner Paris. Guerre des trois Henri, Henri III, Henri roi de Navarre, Henri duc de Guise (1585, 1586).

Marie Stuart, après dix-neuf ans de captivité, a la tête tranchée au château de Fotheringuay, le 18 février 1587. Les couronnes

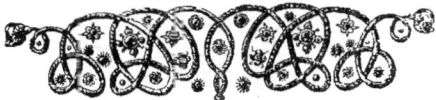

n'étoient pas inviolables. « La veille de sa mort, « elle beut sur la fin du souper à tous ses gens, « leur commandant de la pléger. A quoy obéis- « sants, ils se mirent à genouil, et meslant « leurs larmes avecques leur vin, beuvent à « leur maîtresse. Le jour de la mort, elle com- « manda à l'une de ses filles de lui bander les « yeux du mouchoir qu'elle avoit expressement « dedié pour cest effect. Bandée, elle s'age- « nouille, s'acoudoyant sur un billot, estimant « devoir estre executée avecques une espée à la « françoise ; mais le bourreau, assisté de ses « satellites, lui fit mettre la teste sur ce billot, « et la lui coupa avec une doloire. » (Fasquier.) Quelles que fussent les années d'Élisabeth et de Marie, il est probable qu'une rivalité de femme et une superiorité de talent et de beauté coûtèrent la vie à la dernière.

Les Seize songent à s'emparer de la personne du roi et à le faire descendre du trône. La Sorbonne rend un arrêt dans lequel il étoit dit que l'on pouvoit ôter le gouvernement au prince que l'on ne trouvoit pas tel qu'il falloit, comme on ôte l'*administration au tuteur qu'on avoit pour suspect*. Les doctrines des temps de l'ancienne monarchie respectoient-elles davantage la majesté des rois et le *droit divin* que les doctrines de la monarchie constitutionnelle ? Henri III se consoloit en recevant l'ordre de la Jarretière et en établissant les Feuillants à Paris.

Henri de Navarre gagne la bataille de Coutras, où le duc de Joyeuse est tué de sangfroid, comme François de Guise devant Orléans, le prince de Condé à Jarnac, le maréchal de Saint-André à Dreux, le connétable de Montmorency à Saint-Denis. Le Béarnois, au lieu de profiter de sa victoire, retourne auprès de Corisandre. Maintes fois ce prince joua sa couronne contre ses amours, et ce sont peut-être ses foiblesses, unies à sa vaillance et à ses malheurs, qui l'ont rendu si populaire.

Henri Ier, prince de Condé, meurt empoisonné à Saint-Jean-d'Angely ; Charlotte de la Trémoille, sa femme, accusée de l'empoisonnement, fut déclarée innocente huit ans après, par arrêt du parlement, sur l'ordre exprès de Henri IV. La veuve de Condé, demeurée grosse, accoucha d'un fils qui fut Henri II du nom, et aïeul du grand Condé. Cette race héroïque étoit comme une flamme toujours prête à s'éteindre : elle s'est enfin évanouie.

An 1588 : Journée des barricades.

Les Seize s'étant concertés avec le duc de Mayenne, en l'absence du duc de Guise qui se tenoit éloigné de Paris dans la crainte d'être surpris par le roi, avoient résolu de s'emparer de la Bastille après avoir tué, s'ils le pouvoient, le chevalier du guet, le premier président, le chancelier, le procureur général, MM. de Guesle et d'Espesses, et quelques autres. Ils comptoient se saisir de l'Arsenal, au moyen d'un fondeur gagné à leur parti, et qui leur en ouvriroit les portes. Des commissaires et des sergents, feignant de mener de nuit des prisonniers, étoient chargés d'occuper le grand et le petit Châtelet. Une autre bande de conjurés se tenoit prête à se jeter dans le Temple, l'Hôtel-de-Ville et le Palais-de-Justice à l'heure où l'on avoit coutume d'en permettre l'entrée au public. Quant au Louvre, il devoit être assiégé et bloqué à la fois par les rues y aboutissant : les gardes égorgés, on arrêteroit le roi.

Dans le conseil secret où l'on dressoit le plan de cette insurrection des ligueurs, un des conjurés représenta qu'il y avoit à Paris beaucoup de voleurs, et six à sept mille ouvriers à qui l'on ne pouvoit faire part de l'entreprise, que ceux-ci s'étant mis une fois à piller, et grossissant comme une boule de neige, feroient avorter le dessein. D'après cette observation, qui parut juste, on s'arrêta à l'idée d'élever des barricades : elles consistoient à tendre des chaînes à l'entrée des rues, et à placer contre ces chaînes des tonneaux remplis de terre. Les barricades formées, on ne permettroit à personne de les franchir sans prononcer les mots d'ordre, et sans montrer une marque convenue. Quatre mille hommes seulement auroient l'entrée des retranchements, pour aller au Louvre attaquer les gardes du roi, et aux postes où se trouvoient les forces militaires. La noblesse logée en divers quartiers de la ville, étant égorgée avec les *politiques* et les *suspects*, on crieroit : *Vive la messe !* tous les bons catholiques prendroient les armes, et le même jour les villes de la Ligue imiteroient Paris. Aussitôt qu'on se seroit rendu maître de Henri, on tueroit les membres du conseil ; on donneroit d'autres ministres au roi, en épargnant sa personne, à charge à lui

de ne se mêler dorénavant d'aucune affaire.

Henri III averti de ces menées n'en voulut rien croire, trompé par Villequier qui lui répétoit que le peuple l'aimoit trop pour rien entreprendre contre sa couronne. La Bruyère, La Chapelle, Rolland, Le Clerc, Crucé, Compan, principaux chefs des Seize, se réunirent de nouveau dans la maison de Santeul, auprès de Saint-Gervais. Nicolas Poulain, qui redisoit tout au roi, s'y trouvoit aussi; on lut une lettre du duc de Guise qui promettoit merveille. La Chapelle déploya une grande carte de gros papier, où Paris et ses faubourgs étoient figurés : les seize quartiers de la capitale furent réunis en cinq quartiers qui eurent chacun pour chefs un colonel et un capitaine. Le dénombrement fait, on trouva que l'on pouvoit promettre au duc de Guise trente mille hommes bien armés.

Le Balafré envoya de son côté des capitaines expérimentés qui se cachèrent dans Paris; la porte Saint-Denis, dont il avoit les clefs, devoit être livrée à d'Aumale qui s'introduiroit dans la capitale la nuit du dimanche de Quasimodo, avec cinquante cavaliers; le duc d'Espernon faisoit pour le roi la ronde militaire, depuis dix heures du soir jusqu'à quatre heures du matin : deux de ses gens, vendus aux ligueurs, s'étoient chargés de le dépêcher.

Incrédule comme la foiblesse qui redoute d'agir, Henri auroit pu vingt fois faire arrêter Le Clerc et ses complices, dans les conciliabules que lui indiquoit Nicolas Poulain; mais il avoit fini par soupçonner ce fidèle serviteur d'être attaché au parti des huguenots et intéressé à grossir le mal : la pusillanimité prend en haine celui qui lui montre le danger.

Le roi ne trouva rien de mieux à faire, au milieu de ces périls, que d'aller paisiblement à Saint-Germain conduire le duc d'Espernon, et de revenir huit jours après. Madame de Montpensier avertit les Seize que la mine étoit éventée, et qu'elle avoit prié Henri III de recevoir le duc de Guise, son frère, qui viendroit seul se justifier auprès de sa majesté des projets dont on l'accusoit *à tort*. Henri interdit au duc de Guise l'entrée de Paris; l'ordre fut mal donné ou mal exécuté, et l'on ne trouva pas quelques écus au trésor pour faire partir un courrier. A travers ces mille complots, madame de Montpensier avoit remarqué que le roi s'alloit promener presque sans escorte au bois de Vincennes; vite elle conçoit le projet de l'enlever, de mettre cet enlèvement sur le compte des huguenots, et de procéder au massacre des *politiques*. Le coup manqua, toujours par les révélations de Poulain. Le duc de Guise vint à Paris malgré la défense du roi, rassuré qu'il étoit par Catherine de Médicis qui lui promettoit d'arranger tout à son avantage. La reine-mère, négligée de son fils, vouloit reprendre son empire en brouillant les affaires et les intérêts.

L'entrée du Balafré à Paris fut un triomphe; la foule se précipita sur ses pas, criant : *Vive Guise! vive le pilier de l'Église!* baisant ses habits, et lui faisant toucher des chapelets comme à un saint. De toutes les fenêtres les femmes lui jetoient des feuillages et des fleurs. Louise de l'Hospital-Vitry, montée sur une boutique de la rue Saint-Honoré, baissa son masque et s'écria : « Bon prince, puisque tu es ici, nous sommes tous sauvés! » Le chef de la Ligue alla descendre à l'hôtel de Soissons, chez la reine-mère. Catherine fut troublée; mais, bientôt raffermie, elle conduisit son hôte chez le roi. Elle étoit portée dans sa chaise, et le duc marchoit à pied auprès d'elle : arrivés au Louvre, ils trouvèrent la garde doublée, les Suisses rangés en haie, les archers dans les salles, les gentilshommes dans les chambres. Dans ce moment même Henri III délibéroit s'il ne feroit pas tuer son ennemi à ses pieds : Alphonse, Corse, dit Ornano, avoit été mandé, et se proposoit pour exécuteur des hautes œuvres du roi. Le duc de Guise entre avec Catherine dans le cabinet du monarque, qui lui reproche d'avoir violé ses ordres. Le duc balbutie quelques excuses, profite d'un moment d'hésitation de Henri, et se retire sans être arrêté. Une seconde entrevue eut lieu à l'hôtel de Soissons, mais alors Guise étoit gardé par le peuple.

Cependant le roi fait entrer, le jeudi 4 mai, quatre mille Suisses dans Paris. Le peuple les vit défiler en silence, et paroissoit assez tranquille, lorsqu'un *rodomont de cour*, c'est l'expression de Pasquier, se croyant assuré de la victoire, dit tout haut *qu'il n'y avoit femme de bien qui ne passât par la discrétion d'un Suisse*. Ce mot prononcé sur le pont Saint-Michel produisit l'explosion, comme l'étincelle

qui tombe sur la poudre : dans un moment les rues sont dépavées, les pierres portées aux fenêtres, les chaînes tendues, renforcées de meubles, de planches, de solives, de tonneaux pleins de terre, le tocsin sonne, les troupes royales, laissées sans ordre, sont renfermées dans les retranchements, et les dernières barricades poussées jusqu'aux guichets du Louvre.

Le duc de Guise ne parut point dans les premières heures : retiré dans son hôtel, il se ménageoit des moyens de retraite. Lorsqu'il apprit le plein succès de l'insurrection, il se montra; on cria : Vive Guise! et lui, baissant son grand chapeau, disoit : *Mes amis, c'est assez; messieurs, c'est trop; criez vive le roi!* Le poste des Suisses au marché-Neuf, attaqué à coups de pierre et d'arquebuse, eut une trentaine d'hommes tués et blessés. Ces étrangers, dont le sort étoit de jouer un si triste rôle dans nos troubles domestiques, ne se défendirent point ; ils tendoient les mains à la foule, montroient leurs chapelets, et crioient : *Bons catholiques,* comme ils auroient crié aux dernières barricades : *Bons libéraux.* Le duc de Guise les délivra; il permit aux soldats du roi de se retirer, faisant ouvrir les barrières qui se refermoient derrière eux. Des négociations entamées par Catherine n'aboutirent à rien. Les prédicateurs déclarèrent qu'il *falloit aller prendre frère Henri de Valois dans son Louvre.* Sept ou huit cents écoliers et trois ou quatre cents moines se proposoient d'assaillir le palais du côté de Paris, tandis qu'une quinzaine de mille hommes menaçoient de l'investir du côté de la campagne. Le roi, n'ayant pas un moment à perdre, sortit à pied tenant une baguette à la main. Arrivé aux Tuileries où étoient les écuries, *il monta à cheval avec ceux de sa suite qui eurent moyen d'y monter; Duhalde le botta, et lui mettant son éperon à l'envers :* « *C'est tout un,* dit le roi, *je ne vais pas voir ma maîtresse.* » . . . . *Étant à cheval, il se retourna vers la ville, et jura de n'y rentrer que par la brèche. Il ne vit plus Paris que des hauteurs de Saint-Cloud,* et n'y rentra jamais.

Un gardeur de troupeau, devenu pape, faisoit alors réparer Saint-Jean-de-Latran, et relevoit le grand obélisque des pharaons : ses courriers lui annoncent que le duc de Guise est entré presque seul dans Paris ; il s'écrie : *O l'imprudent!* Bientôt il apprend que Henri a laissé échapper sa proie, et il s'écrie : *O le pauvre homme!* Henri séjourna à Chartres : il y reçut en députation une procession de pénitents. « A la teste paroissoit un homme à « grande barbe sale et crasseuse, couvert d'un « cilice, et par-dessus un large baudrier, d'où « pendoit un sabre recourbé. D'une vieille « trompette rouillée il tiroit par intervalles des « sons aigres et discordants. . . . . « Après eux venoit frère Ange de Joyeuse. . . « Il représentoit le Sauveur montant au Cal- « vaire. . . . . « Il s'estoit laissé lier et peindre sur la figure « des gouttes de sang qui sembloient découler « de sa teste couronnée d'épines. Il paroissoit « ne traisner qu'avec peine une longue croix de « carton peinte, et se laissoit tomber par in- « tervalles, poussant des gémissements lamen- « tables. »

L'histoire vivante a rapetissé ces faits de l'histoire morte, si fameux autrefois. Qu'est-ce en effet que la journée des barricades, que la Saint-Barthélemy même, auprès de ces grandes insurrections du 7 octobre 1789, du 10 août 1792, des massacres du 2, du 3 et du 4 septembre de la même année, de l'assassinat de Louis XVI, de sa sœur et de sa femme, et, enfin, de tout le règne de la terreur? Et, comme je m'occupois de ces barricades qui chassèrent un roi de Paris, d'autres barricades faisoient disparoitre en quelques heures trois générations de rois. L'histoire n'attend plus l'historien ; il trace une ligne, elle emporte un monde.

La journée des barricades ne produisit rien, parce qu'elle ne fut point le mouvement d'un peuple cherchant à conquérir sa liberté; l'indépendance politique n'étoit point encore un besoin commun. Le duc de Guise n'essayoit point une subversion pour le bien de tous, il convoitoit seulement une couronne ; il méprisoit les Parisiens tout en les caressant, et n'osoit trop s'y fier. Il agissoit si peu dans un cercle d'idées nouvelles, que sa famille avoit répandu des pamphlets qui la faisoient descendre de Lother, duc de Lorraine; il en résultoit que la race des Capets n'avoit d'autre droit que l'usurpation ; que les Lorrains étoient les légitimes héritiers du trône, comme derniers

rejetons de la lignée carlovingienne. Cette fable venoit un peu tard. Les Guise représentoient le passé; ils luttoient dans un intérêt personnel contre les huguenots révolutionnaires de l'époque, qui représentoient l'avenir; or, on ne fait point de révolution avec le passé.

Les peuples, de leur côté, ne regardoient le duc de Guise que comme le chef d'une sainte ligue, accouru pour les débarrasser des édits bursaux, des mignons et des réformés: ils n'étendoient pas leur vue plus loin : le duc de Guise leur paroissoit d'une nature supérieure à la leur, un homme fait pour être leur maître en place et lieu de leur tyran. Si la Sorbonne, si les curés, si les moines prêchoient la désobéissance à Henri III et les principes du tyrannicide, c'est que l'Église romaine n'avoit jamais admis le pouvoir absolu des rois; elle avoit toujours soutenu qu'on les pouvoit déposer en certain cas et pour certaine prévarication. Ainsi tout s'opéroit sans une de ces grandes convictions de doctrine politique, sans cette foi à l'indépendance, qui renversent tout; il y avoit matière à trouble; il n'y avoit pas matière à transformation, parce que rien n'étoit assez édifié, rien assez détruit. L'instinct de liberté ne s'étoit pas encore changé en raison; les éléments d'un ordre social fermentoient encore dans les ténèbres du chaos; la création commençoit, mais la lumière n'étoit pas faite.

Même insuffisance dans les hommes; ils n'étoient assez complets ni en défauts, ni en qualités, ni en vices, ni en vertus, pour produire un changement radical dans l'état. A la journée des barricades, Henri de Valois et Henri de Guise restèrent au-dessous de leur position; l'un faillit de cœur, l'autre de crime. La partie fut remise aux états de Blois.

Profondément dissimulé comme les esprits de peu d'étendue, le Balafré se servoit, avec le pape, avec le roi d'Espagne, avec le duc de Lorraine, avec le cardinal de Bourbon, d'un langage différent approprié à chacun; il cachoit bien ses desseins, et, quand tout étoit mûr pour agir, il temporisoit, et ne se pouvoit résoudre à faire le dernier pas. Plus d'orgueil que d'audace, plus de présomption que de génie, plus de mépris pour le roi que d'ardeur pour la royauté, voilà ce qui apparoit dans la conduite du duc de Guise. Il intriguoit à cheval comme Catherine dans son lit. Libertin sans amour, ainsi que la plupart des hommes de son temps, il ne rapportoit du commerce des femmes qu'un corps affoibli et des passions rapetissées; il avoit toute une religion et toute une nation derrière lui, et des coups de poignard firent le dénoûment d'une tragédie qui sembloit devoir finir par des batailles, la chute d'un trône et le changement d'une race.

La journée des barricades, si infructueuse, lui resta cependant à grand honneur dans son parti. « Mais quels miracles avons-nous veu « depuis dix-huit mois qu'il a faits à l'aide de « Dieu ! Qui est-ce qui peut parler de la jour- « née des barricades sans grande admiration, « voyant un grand peuple, qui jamais n'a sorty « des portes de sa ville pour porter armes, « ayant veu à l'ouverture de sa boutique les « escadrons royaux, tous armez, dressez par « toutes les grandes et fortes places de la ville, « se barricader en si grande diligence, qu'il « rembarra tous ces escadrons jusque dans le « Louvre sans grande effusion de sang? » (*Oraison funèbre des duc et cardinal de Guise.*)

La ressemblance des éloges et des mots avec ce que nous lisons tous les jours donne seule quelque prix à ce passage oublié dans un pamphlet de la Ligue.

Catherine qui, sans égard à la loi salique, vouloit faire tomber la couronne à sa fille, mariée au duc de Lorraine, hâta à Rouen (14 juillet 1588) l'édit d'union. Cet édit rétablissoit la paix, en accordant d'immenses avantages à la Ligue, en entassant les honneurs et les charges sur le duc de Guise, en excluant tout prince non catholique de la couronne : le roi le signa en pleurant. Alors Philippe II d'Espagne perdoit son invincible *armada*, comme Henri III de France perdoit son honneur. Mais ce qui advint fit voir que, de la part de Henri, il entroit dans cet abandon de toute dignité moins de lâcheté que de vengeance. Les états se devoient assembler à Blois au mois d'octobre, pour sanctionner l'édit d'union. Guise et Henri méditoient, chacun dans leur cœur, d'y terminer leur querelle.

Le roi se mit d'abord en mesure d'agir, en congédiant ses ministres Bellièvre, Cheverny, Villeroi, Pinart et Brulard; il nomma à leur

place Montholon, Ruzé et Revol. On fit peu d'attention à ce changement qui ne laissoit pourtant dans le conseil aucun homme capable, par sa position ou son expérience, de s'opposer au dessein du maître. La reine-mère arriva malade au château de Blois, avec son fils. Les états s'ouvrirent le 16 d'octobre (1588). « *Les députés étant entrés et la porte fermée, le duc de Guise, assis en sa chaire, habillé d'un habit de satin blanc, la cape retroussée à la bigearre, perçant de ses yeux toute l'épaisseur de l'assemblée, pour reconnoître et distinguer ses serviteurs, et d'un seul élancement de sa veue les fortifier en l'esperance de l'avancement de ses desseins, de sa fortune et de sa grandeur, et leur dire sans parler, JE VOUS VOIS, se leva, et après avoir fait une révérence, suivi de deux cents gentilshommes et capitaines des gardes, alla querir le roi, lequel entra plein de majesté, portant son grand ordre au col.* » (MATHIEU).

« *La harangue du roi, prononcée avec une grande éloquence et majesté, ne fut guère agréable à ceux de la Ligue; le duc de Guise en changea de couleur et perdit contenance, et le cardinal encore plus, qui suscita le clergé à en aller faire grande plainte à sa majesté.* » (L'ESTOILE.) Le roi fut obligé de faire des changements à son discours, avant de le livrer au public. Lorsqu'il le corrigeoit, survint un orage noir qui obligea de recourir à des flambeaux : sur quoi « on dit que Henri venoit de faire son « testament et celui de la France, et qu'on « avoit allumé des torches funèbres pour voir « rendre au roi son dernier soupir. »

Les députés des trois ordres étoient presque tous du parti Guise. Henri, dans les lettres qu'il adressa aux souverains étrangers, pour se justifier du meurtre des deux frères, assure : « Qu'en l'assemblée des trois estats, « ils n'ont espargné aucuns moyens par le mi« nistere de plusieurs députés auxquels ils auroient « pratiqué par les provinces de faire tomber les « eslections, pour oster toute autorité et obeis« sance à sa majesté, et la rendre odieuse à ses « sujets. »

Voici quel étoit le plan du duc de Guise : offrir au roi sa démission de lieutenant général du royaume, demander à se retirer afin d'obtenir des états l'épée de connétable ; alors, devenu maître de toutes les forces du royaume,

déposer Valois et l'enfermer dans un couvent. Le cardinal de Guise juroit qu'il ne vouloit pas mourir *avant d'avoir mis et tenu la teste de ce tyran entre ses jambes pour lui faire la couronne avec la pointe d'un poignard.* C'étoit un propos de famille : madame de Montpensier portoit, suspendus à son côté, des ciseaux d'or pour faire, disoit-elle, *la couronne monacale à Henri, quand il seroit confiné dans un cloistre.* Cette femme ne pardonna jamais à Henri III ou des faveurs offertes et dédaignées, ou quelques paroles échappées à ce monarque sur des infirmités secrètes. Ces petits détails seroient peu dignes de la gravité des fastes de l'espèce humaine, si en France l'histoire de l'amour-propre n'étoit trop souvent liée à celle des crimes[1].

Toutes les batteries étoient dressées pour briser le sceptre dans les mains de Henri de Navarre, héritier légitime, mais protestant. Le duc de Guise faisoit très-peu de cas du Béarnois, par un souvenir de jeunesse et de l'humble condition où il l'avoit vu. « La veille de la « Toussaint (1572), dit l'Estoile, le roi de Na« varre jouoit avec le duc de Guise à la paume, « où le peu de compte qu'on faisoit de ce petit « prisonnier de roitelet, qu'on galopoit à tous « propos de paroles et brocards, comme on eust « fait un simple page ou laquais de cour, fai« soit bien mal au cœur à beaucoup d'honnêtes « hommes, qui les regardoient jouer. »

Reste à savoir si les états auroient adjugé la couronne au duc de Guise ; la reine-mère la vouloit faire passer à la branche aînée de Lorraine ; le vieux cardinal de Bourbon revendiquoit de prétendus droits, et Philippe II mêloit ses intrigues et ses armes à toutes ces prétentions et à toutes ces discordes.

Quoi qu'il en soit, Henri III, poussé à bout, se réveille pour la vengeance : il se conduisit

---

[1] Les moqueries de Henri III pouvoient avoir aussi pour objet quelque imperfection visible. Lorsque madame de Montpensier apprit l'assassinat de ce prince, elle dit à ses femmes : « *Hé bien, que vous en semble ? ma teste ne tient-elle pas bien à cette heure ? Il m'est avis qu'elle ne branle plus comme elle branloit auparavant.* » Ne pourroit-on pas conclure de ces paroles de madame de Montpensier qu'elle avoit un hochement de tête, qu'elle faisoit allusion à quelques railleries de Henri III ?

avec une profondeur de dissimulation qui ne sembloit plus possible dans une âme aussi énervée et un homme aussi avili.

Il commença par habituer le cardinal de Guise à venir fréquemment au château, sous le prétexte de lui parler du maréchal de Matignon. Le roi vouloit maintenir ce maréchal en sa charge de lieutenant-général en Guienne; le cardinal de Guise, qui désiroit obtenir cette charge pour lui-même, poussoit les états à demander le rappel de Matignon. Le roi flattoit doublement les passions du cardinal, en s'adressant à lui pour modérer les états, et en lui laissant l'espérance d'obtenir la place qu'il ambitionnoit.

Henri feignit ensuite un redoublement de ferveur; il fit construire au-dessus de sa chambre de petites cellules, afin d'y loger des capucins, résolu qu'il étoit, disoit-il, de quitter le monde et de se livrer à la solitude. *En un temps où il s'agissoit de sa vie et de sa couronne, il paroissoit à vue presque privé de mouvement et de sentiment.* Il écrivit de sa propre main un mémoire *pour faire dépêcher des parements d'autel et autres ornements d'église aux capucins*. Le duc de Guise fut tellement trompé à ces marques d'une imbécile foiblesse, qu'il ne vouloit croire à aucun projet du roi: *Il est trop poltron*, disoit-il à la princesse de Lorraine; *il n'oseroit*, disoit-il à la reine-mère, qui sembloit l'avertir, en conseillant peut-être sa mort.

Henri régla d'avance tout ce qu'il feroit dans la semaine de Noël, semaine qu'il avoit fixée pour la catastrophe, y compris le vendredi, jour auquel il annonçoit un pèlerinage à Notre-Dame de Cléry. Les plus zélés serviteurs de ce prince, le voyant se livrer à ces soins et le croyant sincère, désespéroient de sa sûreté. De même que le duc de Guise recevoit de continuels renseignements des desseins du roi, Henri ne cessoit d'être averti des machinations du duc de Guise: le duc d'Espernon lui en mandoit les détails dans ses lettres, et, ce qu'il y a de plus étrange, le duc de Mayenne et le duc d'Aumale étoient au nombre des dénonciateurs: l'un dépêcha à Blois un gentilhomme, et le second sa femme, pour instruire le roi de tout. On ne sauroit douter de ce fait, puisque Henri III le relate dans sa déclaration publique du mois de février 1589 contre le duc de Mayenne: il affirme que ce duc lui avoit fait dire que, s'il ne venoit pas lui-même révéler le crime projeté de son frère, c'est qu'étant à Lyon il craignoit de ne pouvoir arriver assez tôt; ce fait est encore confirmé par le duc de Nevers dans son *Traité de la prise des armes*. Et pourtant, malgré la déclaration d'Henri III, la Ligue, faute de mieux, mit Mayenne à sa tête. Ce même Mayenne avoit refusé d'entrer dans les complots contre la vie du roi, notamment dans celui qui devoit être exécuté le jour du service funèbre de la reine d'Écosse, et il avoit voulu une fois se battre contre son frère, duc de Guise.

Quant à la duchesse d'Aumale, elle s'étoit engagée, dès la naissance de la Ligue, à avertir le roi de tout ce qui se trameroit contre lui; malheureusement Villequier, qui trahissoit Henri III, avoit souvent reçu les confidences de cette femme. Le 10 de novembre 1588, elle écrivit à la reine-mère; Catherine envoya chercher son fils, qui lui dépêcha Miron son médecin pour prendre ses ordres. « Dites au roi, répondit-elle, que je le prie de descendre dans « mon cabinet, pour ce que j'ai chose à lui dire « qui importe à sa vie, à son honneur et à son « estat. » Le roi descendit accompagné d'un de ses familiers et de Miron. Catherine et son fils se retirèrent dans l'embrasure d'une fenêtre. Quand le roi sortit, les deux témoins, qui se tenoient à l'écart à l'autre bout du cabinet, entendirent la reine-mère prononcer distinctement ces paroles: « Monsieur mon fils, il s'en « faut despescher; c'est trop long-temps atten- « dre; mais donnez si bon ordre que vous ne « soyez plus trompé comme vous le fustes aux « barricades de Paris. » D'autres ont cru que Catherine ignora le projet de Henri, et qu'elle s'y seroit opposée par ce système de contrepoids qu'elle employoit pour conserver son autorité, au milieu des factions; mais il faut préférer à cette version le récit d'un témoin auriculaire (Miron).

On remarqua que le duc, qui avoit eu connoissance de la conférence, se promena plus de deux heures à pas agités, en donnant des marques d'impatience au milieu des *pages* et des *laquais*, sur la terrasse du donjon du château, appelée la *Perche-au-Breton*.

Ce château de Blois étoit joint à la ville par un chemin pratiqué dans le roc, vaste édifice où étoit empreinte la main de divers siècles, depuis les bâtisses féodales des Châtillons et la tour du Château-Renaud, jusqu'aux ouvrages demi-grecs et demi-gothiques de Louis XII, de François Ier et de ses successeurs : c'est là qu'eut lieu une des catastrophes les plus tragiques de l'histoire.

Trois jours avant, le Balafré avoit invité à souper le cardinal son frère, l'archevêque de Lyon, le président de Neuilly, La Chapelle-Marteau, prévôt des marchands de Paris, et Mendreville, tous de sa faction. Le duc, par un de ces pressentiments vagues qui avertissent du péril, avoit quelque intention de faire un voyage à Orléans ; il dit à ses convives qu'on l'avertissoit d'une entreprise du roi sur sa personne, et il leur demanda conseil.

L'archevêque de Lyon s'éleva avec force contre tout projet de retraite ; c'étoit, selon lui, manquer une occasion qui ne se retrouveroit jamais, après avoir eu le bonheur d'avoir fait convoquer les états, et d'y avoir réuni tant de membres de la sainte-union ; il soutint que le duc de Guise disposoit du tiers-état, du clergé et de plus du tiers des membres de la noblesse. Le président de Neuilly étoit tout alarmé ; La Chapelle-Marteau prétendoit qu'il n'y avoit rien à craindre ; mais Mendreville déclara, en jurant, que l'archevêque de Lyon parloit du roi comme d'un prince sensé et bien conseillé, mais que le roi étoit un fou, qu'il agiroit en fou ; qu'il n'auroit ni appréhension ni prévoyance ; que s'il avoit conçu un dessein, il l'exécuteroit mal ou bien. Qu'ainsi il se falloit lever en force devant lui, ou qu'autrement il n'y avoit nulle sûreté.

Le duc de Guise trouva que Mendreville avoit plus raison qu'eux tous ; mais il ajouta : « Mes affaires sont réduites en tels termes que, « quand je verrois entrer la mort par la fe- « nêtre, je ne voudrois pas sortir par la porte « pour la fuir. »

Le roi, de son côté, avoit assemblé son conseil, composé des seigneurs de Rieux, d'Alphonse Ornano et des secrétaires d'état. « Il y a longtemps, leur dit-il, que je suis sous « la tutelle de messieurs de Guise. J'ai eu dix « mille arguments de me mesfier d'eux, mais « je n'en ai jamais eu tant que depuis l'ouver- « ture des estats. Je suis resolu d'en tirer raison, « non par la voie ordinaire de justice ; car « M. de Guise a tant de pouvoir dans ce lieu « que si je lui faisois faire son procès, lui- « même le feroit à ses juges. Je suis résolu de « le faire tuer presentement dans ma chambre ; « il est temps que je sois seul roi : qui a com- « pagnon a maître. » (PASQUIER.)

Le roi ayant cessé de parler, un ou deux membres du conseil proposèrent l'emprisonnement légal et le procès en forme ; tous les autres furent d'une opinion contraire, soutenant qu'en matière de crime de lèse-majesté la punition devoit précéder le jugement.

Le roi confirma cette opinion : « Mettre le « *Guisard* en prison, dit-il, ce seroit mettre « dans les filets le sanglier qui seroit plus puis- « sant que nos cordes. » (L'ESTOILE.)

On délibéra sur le jour où le coup seroit frappé ; le roi déclara qu'il feroit tuer le duc de Guise au souper que l'archevêque de Lyon lui devoit donner, le dimanche avant la Saint-Thomas. Ensuite l'exécution fut retardée jusqu'au mercredi suivant, jour même de la Saint-Thomas, et enfin renvoyée au 23, avant-veille de Noël.

Le 22, le duc de Guise, se mettant à table pour dîner, trouva sous sa serviette un billet ainsi conçu : « *Donnez-vous de garde, on est « sur le point de vous jouer un mauvais tour.* » Il écrivit au bas au crayon : *On n'oseroit* ; et il jeta le billet sous la table. Le même jour, le duc d'Elbœuf lui dit qu'on attenteroit le lendemain à sa vie. « *Je vois bien, mon cousin*, répondit « le Balafré, *que vous avez regardé vostre alma- « nach, car tous les almanachs de ceste année « sont farcis de telles menaces.* » (L'ESTOILE.)

Le roi avoit annoncé qu'il iroit, le lendemain 23, à la Noue, maison de campagne au bout d'une longue allée sur le bord de la forêt de Blois, afin de passer la veille de Noël en prières. Rassuré par le projet de ce prétendu voyage, le cardinal de Guise pressa son frère de partir pour Orléans, disant qu'il étoit assez fort, lui cardinal, pour enlever Henri et le conduire à Paris. Une fois remis aux mains des Parisiens, les états l'auroient déposé comme incapable de régner, puis confiné dans un château avec une pension de 200,000 écus ; le duc de

Guise eût été proclamé roi à sa place : c'étoit le dernier plan, car les plans varioient. Catherine avoit elle-même songé à priver son fils de la couronne, mais en lui donnant dans sa retraite des femmes au lieu d'or, comme chaînes plus sûres; elle eût alors demandé le trône pour le duc de Lorraine, son petit-fils par sa fille. Deux grands conspirateurs cherchoient donc à se devancer pour s'arracher mutuellement le pouvoir et la vie; leurs complots respectifs étoient connus de l'un et de l'autre : le plus dissimulé l'emporta sur le plus vain.

Le 22, le roi, après avoir soupé, se retira dans sa chambre vers les sept heures; il donna l'ordre à Liancourt, premier écuyer, de faire avancer un carrosse à la porte de la galerie des Cerfs, le lendemain matin, 23 décembre, à quatre heures, toujours sous prétexte d'aller à la Noue. En même temps il envoya le sieur de Marle inviter le cardinal de Guise à se rendre au château à six heures, parce qu'il désiroit lui parler avant de partir. Le maréchal d'Aumont, les sieurs de Rambouillet, de Maintenon, d'O, le colonel Alphonse Ornano, quelques autres seigneurs et gens du conseil, les quarante-cinq gentilshommes ordinaires, furent requis de se trouver à la même heure dans la chambre du roi.

A neuf heures du soir le roi mande Larchant, capitaine des gardes-du-corps; il lui enjoint de se tenir le lendemain, à sept heures du matin, avec quelques-uns des gardes, sur le passage du duc de Guise, quand celui-ci viendroit au conseil; Larchant et les siens présenteroient à ce prince une supplique tendant à les faire payer de leurs appointements. Aussitôt que le duc seroit entré dans la chambre du conseil qui formoit l'antichambre de la chambre du roi, Larchant se saisiroit de l'escalier et de la porte, ne laisseroit ni entrer, ni sortir, ni passer personne. Vingt autres gardes seroient placés par lui Larchant à l'escalier du vieux cabinet, d'où l'on descendoit à la galerie des Cerfs.

Tout étant disposé de la sorte, Henri rentra dans son cabinet avec de Termes; c'étoit Roger de Saint-Lary de Belgarde, si connu depuis. A minuit Valois lui dit : « Mon fils, allez « vous coucher, et dites à Duhalde qu'il ne « faille de m'esveiller à quatre heures, et vous « trouvez ici à pareille heure. Le roi prend « son bougeoir et s'en va dormir avec la reine. » (Miron.)

Le duc de Guise veilloit alors auprès de Charlotte de Beaune, petite-fille de Semblançai, mariée d'abord au seigneur de Sauve, et en secondes noces à François de la Trémoille, marquis de Noirmoutiers. Aussi belle que volage, elle alloit, selon l'expression libre du Laboureur, coucher d'un parti chez l'autre. Liée jadis avec le duc d'Alençon et le roi de Navarre, les secrets qu'elle déroboit au plaisir, elle les redisoit à Catherine de Médicis et au duc de Guise. Cette fois elle essaya de l'éclairer sur les dangers qu'il couroit; elle le conjura de fuir; mais il crut moins à ses conseils qu'à ses caresses, et il resta : il ne rentra chez lui qu'à quatre heures du matin : on lui remit cinq billets qui tous l'admonestoient de se précautionner contre le roi. Le duc mit ces billets sous son chevet. Le Jeune, son chirurgien, et beaucoup d'autres clients qui l'environnoient, le supplioient de tenir compte de cet avis : « Ce ne seroit jamais « fini, répondit-il; dormons, et vous, allez cou- « cher. » (Miron.)

Le 23, à quatre heures du matin, Duhalde vint heurter à la porte de la chambre de la reine; la dame de Piolant, première femme de chambre, accourt au bruit : « Qui est là? » dit-elle. « C'est Duhalde, répond celui-ci; « dites au roi qu'il est quatre heures. » — « Il « dort, et la reine aussi, » répliqua la dame de Piolant. « Éveillez-le, dit Duhalde, ou je heur- « terai si fort que je les réveillerai tous deux. »

Le roi ne dormoit point, ses inquiétudes étoient trop vives. Ayant appris la venue de Duhalde, il demande ses bottines, sa robe de chambre et son bougeoir; il se lève, et, laissant la reine tout émue, se rend dans son cabinet où l'attendoient déjà de Termes et Duhalde. Il prend les clefs des cellules destinées aux capucins; il monte éclairé par de Termes qui portoit le bougeoir devant lui; il ouvre une cellule, et y enferme Duhalde effrayé; il redescend, et à mesure que les quarante-cinq gentilshommes de sa garde se présentent il les conduit aux cellules, dans lesquelles il les incarcère un à un, comme Duhalde. Les personnages convoqués au conseil commençoient d'arriver au cabinet du roi; on y pénétroit à

travers un passage étroit et oblique qu'Henri avoit fait pratiquer exprès dans un coin de sa chambre à coucher, laquelle précédoit ce cabinet. La porte ordinaire de la chambre avoit été bouchée. Lorsque les ministres et les seigneurs sont entrés, le roi va mettre en liberté ses prisonniers, les ramène en silence dans sa chambre, leur recommandant de ne faire aucun bruit, à cause de la reine-mère qui étoit malade et logée au-dessous.

Ces précautions prises, le roi revient au conseil, et redit aux assistants ce qu'il leur avoit déjà dit sur la nécessité où il se trouvoit réduit de prévenir les complots du duc de Guise. Le maréchal d'Aumont hésitoit, parce que le roi avoit promis et juré le 4 décembre, sur le saint sacrement de l'autel, parfaite réconciliation et amitié avec le duc de Guise : « Mon « cousin, lui avoit-il dit, croyez-vous que j'aye « l'ame si meschante que de vous vouloir mal? « au contraire, je déclare qu'il n'y a personne « en mon royaume que j'ayme mieux que « vous, et à qui je sois plus tenu, comme je « le feray paroistre par bons effects d'icy à « peu de temps........ Cet « athéiste Henri de Valois cacheta sa trahison « avec une cire du corps de nostre seigneur Jé- « sus-Christ. » (Vie et mort de Henri de Valois.)

On calma les scrupules du maréchal d'Aumont en s'efforçant de lui prouver que le duc de Guise avoit manqué le premier à sa parole.

Le roi passa du cabinet du conseil dans la chambre où étoient assemblés les gentilshommes, et il leur parla de la sorte :

« Il n'y a aucun de vous qui ne soit obligé « de reconnoistre combien est grand l'honneur « qu'il a receu de moi, ayant fait choix de vos « personnes sur toute la noblesse de mon « royaume, pour confier la mienne à leur va- « leur, vigilance et fidélité. Vous avez esté « mes obligés, maintenant je veux estre le « vostre en une urgente occasion, où il y va de « mon honneur, de mon estat et de ma vie. « Vous savez tous les insultes que j'ai receues « du duc de Guise, lesquelles j'ai souffertes, « jusqu'à faire doubter de ma puissance et de « mon courage, pensant par ma douceur al- « lentir ou arrester le cours de cette violente et « furieuse ambition. Il est résolu de faire son « dernier effort sur ma personne, pour dispo- « ser après de ma couronne et de ma vie. « J'en suis réduit à telle extremité, qu'il faut « que je meure ou qu'il meure, et que ce soit « ce matin. Ne voulez-vous pas me servir et « me venger ? »

Tous ensemble s'écrièrent qu'ils étoient prêts à tuer le rebelle; et Sariac, gentilhomme gascon, frappant de sa main la poitrine du roi, lui dit : *Cap de Diou, sire, iou lou bous rendis mort!*

Henri les pria de modérer les témoignages de leur zèle, de peur d'éveiller la reine-mère. « Voyons, dit-il ensuite, qui de vous a des poignards ? » Huit d'entre eux en avoient : le poignard de Sariac étoit d'Écosse. Ces huit gentilshommes, pourvus de l'arme des assassins, furent particulièrement choisis pour demeurer dans la chambre et porter les premiers coups; le roi leur adjoignit un autre garde nommé Loignac, qui n'avoit qu'une épée. Douze autres des quarante-cinq furent placés dans le vieux cabinet où le roi devoit demander le duc; ils reçurent l'ordre de le tuer ou de l'achever de tuer à coups d'épée lorsqu'il lèveroit la portière de velours pour entrer dans le cabinet. Le reste des gardes prit poste à la montée qui communiquoit du cabinet à la galerie des Cerfs. Nambu, huissier de la chambre, ne devoit laisser entrer ni sortir personne que par le commandement exprès du roi. Le maréchal d'Aumont s'assit au conseil pour s'assurer du cardinal de Guise et de l'archevêque de Lyon, après la mort du duc.

Le roi se retira dans un appartement qui avoit vue sur les jardins, ayant tout ordonné avec le sang-froid d'un général qui va donner une bataille décisive : il ne s'agissoit que d'un assassinat et de la mort d'un homme; mais cet homme étoit le duc de Guise. Henri, demeuré seul, ne garda pas cette tranquillité; il alloit, venoit, ne pouvoit demeurer en place, se présentoit à la porte de son cabinet. Plein d'intérêt et de pitié pour les meurtriers, il les invitoit à bien se prémunir contre le courage et la force de cet autre Henri qu'ils étoient chargés d'immoler. « Il est grand et puissant, leur disoit-il; s'il vous endommageoit j'en serois marry. » On lui vint apprendre que le cardinal de Guise étoit entré au conseil,

mais son frère n'arrivoit pas, et le roi étoit cruellement travaillé de ce retard.

Le duc dormoit ; il cherchoit dans le sommeil le renouvellement de ses forces épuisées aux voluptés de cette même nuit qui vit préparer sa mort : il alloit entrer dans une nuit plus longue où il auroit le temps de se reposer, prêt à tomber qu'il étoit des bras d'une femme entre les mains de Dieu. Ses valets de chambre ne l'éveillèrent qu'à huit heures, en lui disant que le roi étoit près de partir. Il se lève à la hâte, revêt un pourpoint de satin gris, et sort pour se rendre au conseil.

Arrivé sur la terrasse du château, il est accosté par un gentilhomme d'Auvergne nommé La Salle, qui le supplie de ne passer outre : « Mon bon ami, lui répond-il, il y a longtemps que je suis guéri d'appréhensions. » Quatre ou cinq pas plus loin, il rencontre un Picard appelé d'Aubencourt qui cherche à le retenir ; il le traite de sot. Ce matin même il avoit reçu neuf billets qui lui annonçoient son sort ; et il avoit dit, en mettant le dernier dans sa poche : « Voilà le neuvième. » Au pied de l'escalier du château, le capitaine Larchant lui présenta, comme il en étoit convenu avec le roi, une requête, afin d'obtenir le paiement des gardes ; et c'étoient ces mêmes gardes qui alloient assassiner celui dont ils imploroient la bonté : on profitoit du généreux caractère du duc pour lui ôter les soupçons qu'il eût pu concevoir à la vue des soldats.

Arrivé dans la chambre du conseil, il parut cependant étonné de la présence du maréchal d'Aumont ; car on ne devoit traiter que de matières de finances. Il s'assit, et dit un moment après : « J'ai froid, le cœur me fait mal, qu'on fasse du feu. » Quelques gouttes de sang lui churent du nez, et quelques larmes des yeux, affoiblissement qu'on attribua plutôt à une débauche qu'à un pressentiment. S'étant établi devant le feu, il laissa tomber son mouchoir, et mit le pied dessus comme par mégarde. Fontenai ou Mortefontaine, trésorier de l'épargne, le releva ; sur quoi le duc de Guise pria Fontenai de le porter à Péricart, son secrétaire, pour en avoir un autre, et de dire en même temps à ce secrétaire de le venir promptement trouver. « C'étoit, comme plusieurs ont cru, « dit Pasquier, afin d'avertir ses amis du danger où il pensoit être. » Saint-Prix, premier valet de chambre du roi, présenta au duc quelques fruits secs qu'il avoit demandés au moment de sa défaillance.

Henri, ayant appris l'arrivée du duc de Guise, envoya Révol l'inviter à lui venir parler dans le vieux cabinet. L'huissier de la chambre, Nambu, refusa, d'après sa consigne, le passage à Révol. Celui-ci revint vers son maître avec un visage effaré : « Mon Dieu ! « qu'avez-vous, dit le roi ; qu'y a-t-il ? Que « vous estes pasle ! Vous me gasterez tout. « Frottez vos joues ; frottez vos joues, Révol. » La cause du retour de Révol expliquée, Henri ouvre la porte du cabinet, et ordonne à Nambu de laisser passer Révol.

Marillac, maître des requêtes, rapportoit une affaire des gabelles, quand Révol parut dans la salle du conseil. « Monsieur, dit-il au « duc de Guise, le roi vous demande ; il est en « son vieux cabinet ; » et Révol se retire. Le duc de Guise se lève, enferme quelques fruits secs dans son drageoire, répand le reste sur le tapis en disant : « Qui en veut ? » il jette sur ses épaules son manteau, qu'il tourne, comme en belle humeur, tantôt d'un côté, tantôt de l'autre : il le retrousse sous son bras gauche, met ses gants, tenant son drageoir de la main du bras qui relevoit son manteau. « Adieu, « messieurs, » dit-il aux membres du conseil, et il heurte aux huis de la chambre du roi. Nambu les lui ouvre, sort incontinent, tire et ferme la porte après lui.

Guise salue les gardes qui étoient dans la chambre ; les gardes se lèvent, s'inclinent, et accompagnent le duc comme par respect. Un d'eux lui marcha sur le pied : étoit-ce le dernier avertissement d'un ami ?

Guise traverse la chambre : comme il entroit dans le corridor étroit et oblique qui menoit à la porte du vieux cabinet, il prend sa barbe de la main droite, se retourne à demi pour regarder les gentilshommes qui le suivoient. Montléry l'aîné, qui étoit près de la cheminée, crut que le duc vouloit reculer pour se mettre sur la défensive : il s'élance, le saisit par le bras, et lui enfonçant le poignard dans le sein, s'écrie : « Traistre, tu en mourras ! » Effrenats se jette à ses jambes, Sainte-Malines lui porte un autre grand coup de poignard de la gorge dans la poi-

trine; Loignac lui enfonce l'épée dans les reins.

Le duc, à tous ces coups disoit : « Eh! mes amis! Eh! mes amis! » Frappé du stylet de Sariac par derrière, il s'écrie à haute voix : « Miséricorde! » « Et bien qu'il eust son épée « engagée dans son manteau et les jambes sai- « sies, il ne laisse pourtant de les entraîner, « tant il estoit puissant, d'un bout de la cham- « bre à l'autre. » Il marchoit les bras tendus, les yeux éteints, la bouche ouverte, comme déjà mort. Un des assassins ne fit que le toucher, et il tomba sur le lit du roi : jamais lit plus honteux ne vit mourir tant de gloire. Le cardinal de Guise, assis au conseil avec l'archevêque de Lyon, entendit la voix de son frère qui crioit merci à Dieu : « Ah, dit-il, on « tue mon frère! » Il recule sa chaise pour se lever; mais le maréchal d'Aumont, la main sur son épée : « Ne bougez pas, morbleu, mon- « sieur! le roi a affaire de vous. » L'archevêque de Lyon, joignant les mains, s'écria : « Notre vie est entre les mains de Dieu et du roi. » Le cardinal et l'archevêque furent d'abord enfermés dans les cellules des capucins, et de là transférés à la tour de Moulins.

Henri, informé que la chose étoit faite, sortit de son cabinet pour voir la victime : il lui donna un coup de pied au visage, comme le duc de Guise en avoit donné un à l'amiral de Coligny, lors du massacre de la Saint-Barthélemy. Il contempla un moment le Lorrain, et dit : « Mon Dieu, qu'il est grand! il paroist encore « plus grand mort que vivant. » (L'ESTOILE.) De rechef, il le poussa du pied, et parlant à Loignac : « Te semble-t-il qu'il soit mort, Loignac? » Alors Loignac le prenant par la teste, répondit à Henri de Valois : « Je croy qu'ouy, car il a la couleur de mort, sire. » Ainsi, Henri de Valois, traistre, couard et poltron, fait mourir ce magnanime prince.

Et croy que si M. de Guise eut seulement respiré, lorsqu'il le poussa du pied, il fust tombé de frayeur auprès de lui. » (*Vie et mort de Henri III.*)

Les courtisans abondoient en moqueries, insultant à l'homme qu'ils avoient flatté; ils l'appeloient *le beau roi de Paris*, nom que lui avoit donné Henri.

L'un des secrétaires d'état, Beaulieu, eut ordre de fouiller le duc : il lui trouva autour du bras une petite clef attachée à des chaînons d'or, dans les poches de son haut-de-chausses une bourse qui contenoit douze écus d'or, et un billet sur lequel étoient écrits ces mots de la main du duc : « *Pour entretenir la guerre en France, il faut 700 mille livres tous les mois.* » Un cœur de diamants fut pris par d'Entragues à son doigt (MIRON.) « Les quarante-cinq lui « ostèrent son épée, ses pendants d'oreilles et « anneaux fort precieux qu'il avoit aux doigts. » (*Vie et mort d'Henri III.*) Beaulieu ayant achevé sa recherche, et s'apercevant que l'illustre massacré respiroit encore : « Monsieur, lui dit-il, « cependant qu'il vous reste un peu de vie, de- « mandez pardon à Dieu et au roi. » C'étoit le roi qui auroit dû demander pardon à Dieu et au duc de Guise; l'homme le lui eût accordé. « Alors le prince de Lorraine, sans pouvoir « parler, jetant un grand et profond soupir « comme d'une voix enrouée, il rendit l'ame, « fut couvert d'un manteau gris, et au-dessus « mis une croix de paille. » (MIRON.)

On trouve dans un pamphlet du temps une anecdote peu connue. Il est dit que le roi ayant fait arrêter les principaux seigneurs catholiques, commanda de les amener en sa présence, leur montra le corps du duc de Guise, et leur dit : « Messieurs, voilà votre roi de Paris habillé comme il le mérite. » « Cela faict, l'on amène le jeune prince de Gin- « ville (Joinville), auquel semblablement le roi « monstre le corps mort estendu sur la place, « dudict sieur de Guise : laquelle veüe saisit tel- « lement le cœur du jeune prince, qu'il cuida « tomber pasmé sur le corps de son père, quand « le roy le retint; et à l'instant le jeune prince « ne pouvant baiser son père pour lui dire le « dernier adieu, commence à vomir une infi- « nité de paroles injurieuses contre les massa- « creurs de son père : occasion que le roy com- « manda que l'on le mist à mort, ce qui eust été « executé si Charles Monsieur, présent, qui « ayme naturellement ledict prince de Ginville, « ne se fût jeté à genoux devant le roy, le priant « de lui vouloir donner en garde ledict prince, « à la charge de le représenter quand il en se- « roit requis. » (*Les cruautés sanguinaires exercées envers feu monseigneur le cardinal de Guise, etc.*)

Deux heures après, le corps du duc de Guise fut livré à Richelieu, prévôt de France, aïeul de ce cardinal qui n'épargna pas les grands, mais qui les fit mourir par la main du bourreau.

Le lendemain, le cardinal de Guise fut tué dans la tour de Moulins à coups de hallebarde. Il se mit à genoux, se couvrit la tête, et dit aux meurtriers : « Faites votre commission. » Ils étoient quatre, au salaire de cent écus chaque. Les bons des Septembriseurs étoient de cinq francs : le prix de main-d'œuvre avoit baissé. Le cardinal de Guise étoit plus méchant, avoit plus de résolution et autant de courage et d'ambition que le duc; mais il l'avoit mise au service de son aîné. Quinze jours auparavant, la duchesse de Guise étoit allée à Paris pour y faire ses couches; elle y avoit été suivie de madame de Montpensier.

Richelieu, accompagné de ses archers, se transporta dans la salle du tiers-état, se saisit du président de Neuilly, de Marteau, prévôt des marchands, de Compans et Cotteblanche échevins de Paris; mais il n'avoit point reçu l'ordre de faire sauter l'assemblée par les fenêtres.

Henri avoit épuisé ce qui lui restoit de vigueur dans l'assassinat des deux frères : il n'appela point son armée de Poitou pour marcher immédiatement sur Paris, et ne se saisit point d'Orléans. Quand il alla voir sa mère après le meurtre, et qu'il lui dit : « Madame, je suis « maintenant seul roi, je n'ai plus de compa-« gnon, » elle lui répondit : « Que pensez-vous « avoir fait ! Avez-vous donné ordre à l'assu-« rance des villes? C'est bien coupé, mon fils, « mais il faut coudre. » Catherine étoit mourante; elle expira le 5 janvier 1589, « à Blois, « où elle estoit adorée et reverée comme la « Junon de la cour. Elle n'eut pas plutost rendu « le dernier soupir, qu'on n'en fit pas plus de « compte que d'une chèvre merte. » (L'Estoile.)

Le jour et le lendemain de la mort des Guise, Henri III fit arrêter le cardinal de Bourbon, la duchesse de Nemours, le duc de Nemours son fils, le prince de Joinville, le duc d'Elbeuf et l'archevêque de Lyon; les autres seigneurs de la Ligue qui se trouvoient à Blois se sauvèrent de vitesse. Toutes les boutiques furent fermées; il tomba des torrents de pluie. Les corps du duc et du cardinal de Guise, transportés dans une des salles basses du château, furent découpés par le maître des hautes-œuvres, puis brûlés en lambeaux pendant la nuit, et leurs cendres enfin jetées dans le fleuve. Un roi de France couchoit au-dessus de cette boucherie; il pouvoit entendre les coups de hache qui dépeçoient les corps de ses grands sujets, et sentir l'odeur de la chair des victimes. Selon une autre version beaucoup moins authentique que celle de Miron et de l'Estoile, les corps des deux frères auroient été mis dans de la chaux vive. Madame de Montpensier attendoit à Paris le moine qui devoit sortir de ses bras pour aller planter son couteau dans le ventre de Henri III, comme le duc de Guise étoit sorti des bras de madame de Noirmoutiers pour tomber sous le poignard des gardes de ce monarque.

En 1807, revenant de la Terre-Sainte, je passai à Blois, et visitai le château; il étoit rempli de prisonniers de guerre. Ce fut un soldat polonois qui me montra les salles des états, la chambre où le duc de Guise avoit été assassiné, et sur le pavé de laquelle on avoit cru voir longtemps des traces de sang. Qu'étoit devenu Henri III, roi de Pologne? Où étoit alors la race des monarques françois! Où est aujourd'hui celui qui avoit poussé ses soldats au-delà de la Vistule, celui qui, changeant la face de l'Europe, avoit fait oublier les plus grandes époques de notre histoire? La Loire a roulé les cendres du duc de Guise à cet Océan qui emprisonne celles de Napoléon de l'autre côté de la terre. Ainsi les siècles se vont effaçant les uns les autres. Il ne reste que Dieu pour rendre compte de toutes ces vanités des sociétés humaines.

Lorsque la nouvelle de la mort des deux frères parvint dans la capitale, le premier moment fut de la stupeur et de l'effroi; mais bientôt les ligueurs se soulèvent; le duc d'Aumale, créé gouverneur de Paris, fait fouiller les maisons des *royaux* et des *politiques*, et emprisonner les suspects. Le prédicateur Lincestre déclare que le *vilain Hérode* (anagramme du nom Henri de Valois) n'étoit plus roi des François. Il oblige ses auditeurs à jurer de répandre jusqu'à la dernière goutte de leur sang, d'employer jusqu'à la dernière obole de leur

bourse pour venger la mort des princes. Le premier président de Harlay étoit assis devant la chaire; Lincestre l'apostrophant, lui crie : « Levez la main, monsieur le président, levez-« la bien haut; encore plus haut, afin que le « peuple la voye. »

Le peuple arracha partout les armoiries du roi, les brisa, les foula aux pieds, les jeta dans le ruisseau, et détruisit les beaux monuments élevés dans l'église de Saint-Paul, à Saint-Mesgrin, Caylus et Maugiron. Le parlement presque tout entier fut mis à la Bastille et à la Conciergerie par Bussy Le Clerc. On obligea le président Brisson à tenir audience; Édouard Molé, conseiller en la cour, à remplir les fonctions de procureur général ; Jean Lemaître et Louis d'Orléans à accepter la place d'avocats du roi. Brisson déposa, le 21 janvier, devant deux notaires, une protestation secrète contre tout ce qu'il pourroit être obligé de faire ou de dire contre les intérêts du roi, précaution et pressentiment d'un homme foible qui ne se sentoit pas capable de remplir tous ses devoirs, et qui cependant se sentoit le courage de mourir.

Un héraut, dépêché par Henri aux Parisiens, fut renvoyé sans réponse et avec ignominie. La faculté de théologie (c'est-à-dire, selon le sieur de l'Estoile, huit ou dix sorpiers et marmitons) déclara les sujets déliés du serment de fidélité et d'obéissance à Henri de Valois, naguère roi.

Primum quod populus hujus regni solutus est et liberatus a sacramento fidelitatis et obedientiæ præfato Henrico regi præstito. Deinde, etc.

Sur la requête de la duchesse douairière de Guise, le parlement rendit un arrêt dans la forme suivante :

Arrests de la court souveraine des peirs de France, donnez contre les meurtriers et assassinateurs de messieurs les cardinal et duc de Guyse.

« Veu par la court, toutes les chambres « assemblees, la requeste à elle presentee par « dame Catherine de Clèves, duchesse douai-« riere de Guyse, tant en son nom que comme « tutrice naturelle de ses enfants mineurs : « contenant que le feu seigneur, duc de Guise, « pair et grand maistre de France, son mary, « estoit fils d'un prince qui a remply toute la « terre du renom de ses vertus, si utiles à la « France, que l'ayant estendue du costé d'Alle-« maigne, par la conservation de Metz, il l'a « rejointe, du costé de l'Angleterre, à la grande « mer, son ancienne borne, par la prise de « Calais, et d'un autre endroit, il l'a delivrée « de la terreur d'une place par avant reputée « inexpugnable, par la ruine de Thionville. « Puis ayant heureusement travaillé à purger « ce royaume du venin contagieux de l'heresie, « qui l'avoit quasi tout infecté, et se voyant « prest d'en venir à bout, il fut proditoirement « meurtry et assassiné par les ennemys de « Dieu et de son eglise, delaissant trois enfants « qui se sont toujours monstrés vrais heritiers « des vertus de leur pere, mesme de son zele « ardent en la religion catholique, apostolique « et romaine. . . . .

« . . . . Ceux qui veulent « tousiours continuer la dissolution de leur pre-« miere vie et preparer le chemin à la domina-« tion des heretiques, n'en peuvent imaginer « un plus propre moyen que le massacre des « princes qui s'estoient toujours montrez les plus « affectionez au soulagement du peuple et à la « conservation de la pure religion catholique. « Pour l'execution duquel desseing ayant re-« juré l'edit d'union, et renouvelé les autres « promesses d'assurance tant par sermens so-« lennels que par toutes autres simulations de « bienveillance, voires jusques à se devouer « par imprecations pleines d'horreur, après « avoir prins la sainte Eucharistie. Enfin, le « vingt-troisiesme decembre, le duc de Guyse, « qui estoit assis au conseil, ayant esté mandé « de la part du roy, et s'estant levé et acheminé « pour y aller seul, nud, et sans autres armes « que l'espee nec avec sa qualité, comme celui « qui ne se fust jamais défié d'une si indigne « perfidie, est cruellement massacré par plu-« sieurs meurtriers expressement disposés à cet « effect. . . . .

« . . . . . La suppliante desireroit en refor-« mer de l'ordonnance d'icelle, requeroit à cette « cause commission de la dicte court luy estre « octroyée pour informer des faicts susdits, cir-« constances et dependances, et ce, par tels des « conseillers de la dicte court qu'il lui plairoit « commettre pour l'information veue et rap-

« portee estre decretée contre ceux qui se trou-
« veroient chargez et coupables, et autrement
« proceder comme de raison. Oy sur ce le pro-
« cureur general, qui l'auroit requis. Et tout
« considéré la dicte court, toutes les chambres
« assemblees, a ordonné et ordonne commis-
« sion d'icelle estre delivrée à la dicte sup-
« pliante. »

Cet arrêt fait revivre le pouvoir souverain de la *cour des pairs* même sur un roi, et ce roi est le roi *légitime*, le roi de France; l'information doit être faite *contre ceux qui se trouveront chargés et coupables* : ces coupables sont les assassins, et *leur chef Henri de Valois* : enfin le parlement se prétend la cour des pairs : voilà l'aristocratie entière ressuscitée, appuyée de la fougue populaire et recommençant sa vie d'un moment par le JUGEMENT d'un roi : qu'a fait de plus la démocratie de 1793 ?

D'un autre côté, Henri III, en faisant mourir les deux Guise, avoit agi selon les principes de la monarchie d'alors ; toute justice émanoit du roi ; le roi étoit le souverain juge ; il étoit aussi le pouvoir constituant ; il étoit aussi le pouvoir exécutif ; il faisoit la loi et l'appliquoit ; il portoit le glaive et la main de justice ; il avoit droit de prononcer l'arrêt et de frapper ; un meurtre de sa part pouvoit être inique, mais il étoit légal. Le despotisme est fondé sur les mêmes principes que la démocratie : les spoliations et les massacres sont légaux par le peuple souverain ; les confiscations et les assassinats sont également légaux par le monarque absolu.

Vous voyez ici face à face l'ancienne aristocratie et l'ancienne monarchie avec tous leurs principes et tous leurs inconvénients.

Un service solennel fut fait à Notre-Dame pour le duc et le cardinal de Guise. On exposoit partout leurs portraits ou leurs images en cire, percés de grands poignards. Passoient et repassoient des processions où hommes et femmes, garçons et filles, marchoient pêle-mêle et demi-nus d'église en église. « Ce bon religieux de chevalier d'Aumale s'y trouvoit
« ordinairement, jetant au travers d'une sar-
« bacane des dragées musquées aux demoiselles
« auxquelles il donnoit des collations, aux-
« quelles la sainte Beuve n'estoit oubliée, qui,
« seulement couverte d'une fine toile et d'un
« point coupé à la gorge, se laissa une fois me-
« ner par-dessous le bras au travers de l'eglise
« de Saint-Jean, et muguetter au scandale de
« plusieurs. » (L'ESTOILE.)

Mais rien ne fut plus remarquable qu'une procession générale de petits enfants des deux sexes, au nombre de cent mille, portant des cierges ardents qu'ils éteignoient sous leurs pieds, en disant : « Dieu permette qu'en bref « la race des Valois soit entièrement éteinte ! »

Les prédicateurs redoubloient d'invectives contre le roi. « Ce teigneux, disoit le docteur
« Boucher, est toujours coiffé à la turque,
« d'un turban, lequel on ne lui a jamais vu
« oster, mesme en communiant, pour faire
« honneur à Jesus-Christ ; et quand ce mal-
« heureux hypocrite sembloit d'aller contre les
« reîtres, il avoit un habit d'Allemand fourré
« et des crochets d'argent qui signifioient la
« bonne intelligence et accord qui estoient entre
« lui et ces diables noirs enpistoletés ; bref,
« c'est un Turc par la teste, un Allemand par
« le corps, une harpie par les mains, un An-
« glois par la jarretière, un Polonois par les
« pieds, et un vrai diable en l'ame. »

Lincestre, curé de Saint-Gervais, déclara, le mercredi des Cendres, qu'il ne prêcheroit point l'Évangile, mais qu'il prêcheroit « la vie,
« gestes et faits abominables de ce perfide ty-
« ran Henri de Valois. . . . . . Il tira de sa
« poche un des chandeliers du roi que les Seize
« avoient derobé aux capucins, et auquel il y
« avoit des satyres engravés, lesquels il affir-
« moit estre les démons du roi, et que ce tyran
« adoroit pour ses dieux. » (L'ESTOILE.)

Henri III avoit été un des massacreurs de la Saint-Barthélemy ; il étoit religieux jusqu'à la superstition : il aimoit les moines ; il en avoit établi d'une nouvelle sorte à Paris, les Feuillants ; il passoit une partie de sa vie à visiter les églises, à faire des processions et des pèlerinages pieds nus, en habits de pénitent. Il étoit grand ennemi des réformés ; il avoit gagné contre eux, avec beaucoup de vaillance, les deux batailles de Jarnac et de Moncontour enfin il s'étoit déclaré le chef de la Ligue : rien de tout cela ne lui valut, parce qu'il avoit contre lui la haine des prêtres, qui lui préféroient les Guise. La manière dont ils parvinrent à lui enlever l'opinion populaire est un chef-d'œuvre d'industrie et de calomnie : prédications, li-

belles, gravures, tout fut employé. Dans une oraison funèbre du duc de Guise, Muldrac de Senlis compare Henri de Valois au mauvais riche, « lequel Henri, dit-il, nous avons vu
« non-seulement estre habillé de pourpre et
« d'escarlate, mais avec ses mignons, habillés
« de mesme, et encore plus richement que lui,
« mener une vie dissolue, danser tout nud
« avec une *femme* [1] publique qu'il a fait ex-
« près venir de loing pays. »

« Il n'étoit plus question, dit un autre écrit,
« parlant du roi et du duc d'Espernon, il n'é-
« toit plus question que de vivre selon la sen-
« sualité; chassant la vertu bien arrière d'eux,
« aujourd'hui (en secret néanmoins) ils usoient
« d'une sorte de libertinage [2], et demain d'une
« autre : ores se faisant servir à table dans le
« cabinet par des femmes toutes nues, et par
« après faisant un nouveau mesnage. »

De méchantes gravures représentoient la Loire roulant des noyés, avec cette explication : *Figure des cruautés que Henry de Valois avoit exécutées contre les gens de bien qui ne trouvoient bons ses mauvais deportements.* Dans une autre gravure, on voyoit une grande main marquée de trois fleurs de lis, saisissant par les cheveux, avec des doigts crochus, une religieuse à genoux devant un crucifix. L'inscription portoit : *Figure de la Vierge religieuse, violée à Poissy par Henry de Valois.*

Une autre main, se glissant à travers les barreaux, s'étendoit sur une croix enrichie de diamants et couchée sur un coussin de velours; on lisoit au-dessous de l'image : *Pourtraict du sacrilège fait par Henry de Valois en la Sainte-Chapelle, à Paris.* Ce prince étoit accusé d'avoir dit, en regardant la couronne d'épines de la Sainte-Chapelle : « Jésus-Christ
« avoit la teste bien grosse. »

Le duc de Mayenne, pressé par sa sœur, la duchesse de Montpensier, étoit arrivé à Paris : le conseil de l'union le déclara lieutenant général de l'état royal et couronne de France. Paris, bien différent alors de ce qu'il étoit sous le roi Jean, aux temps féodaux, commençoit à prendre sur la France compacte et nationalisée

[1] Je change le mot du texte.
[2] Je change encore le mot du texte.

et ascendant qu'il a conservé : le reste du royaume catholique l'imita, et se révolta contre l'autorité de Henri III.

Ce prince avoit fait à Blois la clôture des états le 16 janvier 1589; de là, après avoir manqué Orléans, il s'étoit retiré à Tours presque sans troupes. Il appela auprès de lui les membres fugitifs du parlement de Paris, de la chambre des comptes et de la cour des aides, et il entama des négociations avec le roi de Navarre.

Le Béarnois, pendant la tenue des états de Blois, avoit présidé l'assemblée des églises réformées à La Rochelle; il faisoit la guerre en Poitou et dans la Saintonge, ayant en tête le duc de Nevers, qui commandoit les troupes royales : par le conseil de Mornay, il publia un manifeste qui tendoit à le rapprocher de Henri III et de la nation; on y trouve ses sentiments, son caractère et son style : « Plust à
« Dieu que je n'eusse jamais esté capitaine,
« puisque mon apprentissage devoit se faire
« aux despens de la France! Je suis prêt à de-
« mander au roi, mon seigneur, la paix, le re-
« pos de son royaume et le mien.
« On m'a souvent sommé de changer de reli-
« gion; mais comment? la dague à la gorge...
« ..... Si vous desirez simplement mon
« salut, je vous remercie; si vous ne desirez
« ma conversion que par la crainte que vous
« avez qu'un jour je vous contraigne, vous
« avez tort. »

Le roi de France craignoit de se joindre au roi de Navarre : sa répugnance auroit été fondée en politique, s'il eût été le chef de l'opinion catholique; mais c'étoit le duc de Mayenne qui étoit alors à la tête de cette opinion, comme frère et successeur du duc de Guise. Néanmoins l'accord fut fait entre les deux rois par l'entremise de Diane, légitimée de France, sœur naturelle de Henri III. On stipula une trêve d'un an, avec clause de déclarer conjointement la guerre au duc de Mayenne. Le duc se présenta avec une armée, et fut sur le point d'enlever Henri dans la ville qui lui servoit d'asile. L'entrevue de Henri III et du Béarnois eut lieu au Plessis-les-Tours, le dernier jour du mois d'avril 1589. Le roi de France attendoit le roi de Navarre dans les jardins du château de Louis XI. Il n'y avoit

alors ni chausse-trappes, ni broches, ni grilles de fer, ni gibets, mais une grande foule de capitaines et de soldats curieux de ce spectacle d'union au milieu des haines si vives qui divisoient la France.

Le Béarnois arriva : « De toute sa troupe, « nul n'avoit de manteau et de panache que « lui; tous avoient l'écharpe, et lui vestu en sol-« dat, le pourpoint usé sur les épaules et aux « costés de porter la cuirasse. Le haut-de-« chausses de velours feuille morte, le manteau « d'écarlate, le chapeau gris, avec un grand « panache blanc. »

Les deux Henri se virent longtemps sans se pouvoir approcher, à cause de la foule. Enfin, le premier Bourbon se jeta aux pieds du dernier Valois, qui le releva et l'embrassa en l'appelant son frère.

Henri de Navarre écrivit à Mornay : « La « glace a esté rompue, non sans nombre d'a-« vertissements que, si j'y allois, j'estois mort : « j'ai passé l'eau en me recommandant à Dieu. » C'étoit à peu près la position du duc de Guise à Blois; mais la confiance du Balafré vint du mépris et du désespoir, et celle du Béarnois d'une conscience sans reproche.

Les rois s'avancèrent vers Paris. La réunion de l'armée protestante et de l'armée catholique sous le même étendard changea la nature des événements. Jusque-là il avoit été possible que ces guerres civiles religieuses devinssent une véritable révolution. Tant que les réformés eurent un drapeau à part, leur marche vers l'avenir, et l'indépendance de leurs principes, pouvoient amener un changement dans la constitution de l'état; mais aussitôt que les catholiques et les huguenots se rangèrent sous un commun chef, l'esprit aristocratique républicain se perdit; la monarchie triompha; les troubles de la France ne furent plus qu'une vulgaire question de personnes et de malheurs stériles.

Divers petits combats eurent lieu. Les soldats de l'armée de Mayenne forçoient les prêtres de baptiser les veaux, les moutons, les cochons, et de leur donner les noms de carpes, de brochets et de barbots.

Henri, excommunié par le pape, reçut la nouvelle de cette excommunication à Étampes. « Le remède à cela, lui dit le Béarnois, c'est « de vaincre, et vous serez absous. » Un gentilhomme, envoyé de la part du roi à madame de Montpensier, lui déclara, de la part de son maître, qu'elle entretenoit le feu de la sédition, et que, si elle tomboit jamais entre les mains du roi, il la feroit brûler vive. Elle répondit : « Le feu est pour les sodomites comme lui. » Les rois vinrent asseoir leurs camps devant Paris; leurs armées réunies, en y comprenant les dix mille Suisses amenés par Sancy, s'élevoient à plus de quarante mille hommes. Henri III prit son logement à Saint-Cloud, dans la maison de Gondy. Contemplant la capitale de la France du haut des collines, il disoit : « Paris, « teste trop grosse pour le corps, tu as besoin « d'une saignée pour te guerir. » (DAVILA.) Jacques Clément mit fin à ses menaces et à ses espérances ; il tua le roi d'un coup de couteau à Saint-Cloud, le 1er août 1589. « Vous pouvez « juger, monsieur, écrit un témoin oculaire, « quel estoit ce piteux et miserable spectacle de « voir d'un costé le roi ensanglanté, tenant ses « boyaux entre ses mains, de l'autre ses bons « serviteurs qui arrivoient à la file, pleurant, « criant, se desconfortant. » (Lettre de LA GUESLE.)

Charles de Valois, fils naturel de Charles IX et de Marie Touchet, comte d'Auvergne et duc d'Angoulême, avoit rencontré Jacques Clément en allant chez le roi. « Je trouvai ce « monstre de moine, dit-il dans ses trop courts « Mémoires, que la nature avoit fait de si mau-« vaise mine, que c'estoit un visage de démon « plutost que forme humaine. »

La sœur du duc de Guise, la fière Montpensier, n'avoit pas craint de se livrer à ce démon pour lui mettre le poignard à la main.

Henri fit dresser un autel vis-à-vis de son lit; son chapelain y dit la messe; au moment des élévations, Henri prononça ces paroles : « Seigneur Dieu, si tu connois que ma vie soit « utile et profitable à mon peuple et à mon « état, conserve-moi et me prolonge mes jours, « sinon prends mon corps et sauve mon ame; « ta volonté soit faite ! » (Certificats de plusieurs seigneurs.)

Le roi de Navarre arriva; Henri III lui tendit la main : « Mon frere, lui dit-il, vous « voyez comme vos ennemis et les miens m'ont « traité; *il faut que vous preniez garde qu'ils*

« *ne vous en fassent autant.* » Henri déclara que le roi de Navarre étoit son légitime successeur; il invita les seigneurs présents à le reconnoître.

« Je ne regrette point d'avoir peu vescu, « puisque je meurs en Dieu; je sais que la « derniere heure de ma vie sera la premiere « de mes felicités; mais je plains ceux qui me « survivent, mes bons et fideles serviteurs. .

« . . . . Je vous conjure tous, « par l'inviolable fidelité que vous devez à « votre patrie, et par les cendres de vos peres, « que vous demeuriez fermes et constants des- « fenseurs de la liberté commune, et que vous « ne posiez les armes que vous n'ayez entiere- « ment nettoyé le royaume des perturbateurs « du repos public; et d'autant que la division « seule sape les fondements de cette monar- « chie, avisez d'estre unis et conjoints en une « mesme volonté. Je sais, et j'en puis repondre, « que le roi de Navarre, mon beau-frere, le- « gitime successeur de cette couronne, est « assez instruit es-lois de bien regner, pour « bien savoir commander choses raisonnables; « et je me promets que vous n'ignorez pas la « juste obeissance que vous lui devez. Remet- « tez les differends de la religion à la convo- « cation des estats du royaume, et apprenez de « moi que la pieté est un devoir de l'homme « envers Dieu, sur lequel le bras de la chair « n'a point de puissance. Adieu, mes amis; « convertissez vos pleurs en oraisons, et priez « pour moi. » (*Histoire des derniers troubles*, livre V.) Henri III expira le mercredi 2 août, deux heures après minuit, ayant pardonné à ceux qui *avoient pourchassé sa blessure*. (Certificat des seigneurs.)

S'il y avoit douleur à Saint-Cloud, il y avoit joie à Paris : maudit ici, bénit là; admiré dans un parti, ravalé dans l'autre; grand ou petit personnage en-deçà ou au-delà d'une limite et d'un jour, traîné du mausolée à l'égout, ou transporté de l'égout au mausolée : tel est le sort de tout homme qui s'est fait un nom dans les temps de factions. Les véritables paroles de Henri III, sur son lit de mort, furent graves et courageuses; les ligueurs lui prêtèrent d'autres discours; ainsi les révolutionnaires falsifièrent les *Mémoires* de Cléry, et mirent dans la bouche de Louis XVI à l'échafaud des expressions ignobles. On vendoit dans les rues de Paris, en 1589, *les propos lamentables de Henri de Valois*: « O Satan ! tu « m'as versé au commencement de bon vin. . « . . . . Dejà ma sentence « est prononcée, mon sepulchre et tombeau jà « prest et appareillé aux tenebres, pour me « recevoir à cause de mes pechés. Où est « maintenant la grandeur de mes richesses? la « multitude de mes barons et gentilshommes ? « Où sont mes gendarmes et l'ordre de mes « armees ? Où est l'appareil de mes delices ? « Où sont mes chiens de chasse? Où sont mes « chevau-legers ? Où sont mes oiseaux si bien « chantants? Où sont mes grandes salles, si « richement peintes et tapissees ? . . . . . . « . . . . C mes pechés et de- « lices, me rendez-vous ce que vous m'aviez « promis ? . . . . Oh ! qui sera mon « loyal ami, mon feable secours à ce mien « dernier besoin, à cette estroite heure de ma « departie ! . . . . Je suis tourmenté « très asprement par la vehemente chaleur du « feu, par la très furieuse rigueur du froid, « par les tenebres, fumee, grand'faim, grand'- « soif, puantise, par horrible vision des dia- « bles, et leurs cris perpetuels et epouvanta- « bles, et par le ver de ma meschante et mal- « heureuse conscience. . . . . . . Mes mains « mollettes, qui, pour chasser le froid et l'ar- « deur du soleil, estoient jadis couvertes de « gants, et mes bras, beaux et jolis, ornés de « bracelets, mes pieds semblablement, en « somme tout mon corps endure tourment. « Je suis laid, vilain, passible, pesant, obscur; « choses tristes, desconfortees, me sont ex- « hibees et representees. . . . . « En tourments demeurerai et en privation « eternelle de la vision de Dieu. »

Les ligueurs faisoient de Henri III un ennemi de Dieu ; et les révolutionnaires faisoient de Louis XVI un ennemi de la liberté.

L'effet de la mort de Henri, dans le camp des deux rois, étoit représenté aux Parisiens avec un mélange d'exaltation, de raillerie et de vérité propre à agir sur la foule. « Les « nouvelles de cette prompte mort furent in- « continent semées par tout le camp; et d'Es- « pernon de se contrister et pleurer comme un

« veau, et messieurs de la garde de se regar-
« der l'un et l'autre les bras croisés, et les poli-
« tiques qui avoient fait saler leurs estats pour
« les mieux conserver, de demeurer estonnés,
« et les Suisses de boire, et ceux qui pensent
« de succeder à la couronne, de rire en cœur,
« et faire bonne mine et mauvais jeu; mau-
« dissant les ligueurs et encore plus le pauvre
« jacobin, qui, tout mort, est tiré à quatre
« chevaux et bruslé par après. Je vous laisse à
« penser le mal qu'il enduroit, estant traité
« ainsi après sa mort. Son âme cependant ne
« laisse de monter au ciel avec les bienheu-
« reux; de celle de Henri de Valois, je m'en
« rapporte à ce qui en est. » (*Discours veri-
table de l'estrange et subite mort de Henri de
Valois.*)

Lorsque madame de Montpensier reçut la première nouvelle de l'assassinat, elle sauta au cou du messager : « Ah! mon ami, soyez le « bienvenu! Mais est-il vrai au moins? ce « meschant, ce perfide, ce tyran est-il mort? « Dieu, que vous me faites aise! Je ne suis « marrie que d'une chose, c'est qu'il n'ait pas « su avant de mourir que c'est moi qui l'ai « fait faire. » Elle courut chez madame de Nemours, sa mère, monta avec elle en carrosse, et s'en alla de rue en rue, distribuant des écharpes vertes, couleur d'une espèce de deuil dérisoire consacré aux fous : « Bonne nouvelle! mes amis! s'écrioit-elle, « bonne nouvelle! le tyran est mort! il n'y « a plus de Henri de Valois en France! » (L'ESTOILE.)

Madame de Nemours, du haut des degrés du grand hôtel des Cordeliers, harangua le peuple. On fit des feux de joie; les prédicateurs canonisèrent Jacques Clément; on publia les actes du *Martyre de frère Jacques Clément, de l'ordre de saint Dominique.* On vendoit à la foule le portrait du moine, avec des vers digne du héros :

Un jeune jacobin, nommé Jacques Clément,
Dans le bourg de Saint-Cloud une lettre présente
A Henri de Valois, et vertueusement
Un couteau fort pointu dans l'estomac lui plante.

Sixte-Quint, en plein consistoire, déclara que le régicide Jacques Clément étoit comparable, pour le salut du monde, à l'Incarnation et à la Résurrection, et que le courage du religieux jacobin surpassoit celui d'Éléazar et de Judith. Ce pape avoit trop peu de conviction politique et trop de génie pour être sincère dans ces comparaisons sacriléges; mais il lui importoit d'encourager des fanatiques prêts à tuer des rois au nom du pouvoir papal. Le parlement de Toulouse ordonna qu'une procession solennelle auroit lieu tous les ans, le jour de l'assassinat du roi. (DUPLEIX.)

Au reste, jamais coup de poignard n'a produit plus grand effet et révolution plus subite; il dispersa une armée formidable qui assiégeoit Paris; il coupa une branche sur l'arbre de saint Louis, et fit pousser un autre rameau royal : une couronne catholique tomba sur la tête d'un prince huguenot, lequel prince, abandonnant le protestantisme, priva les religionnaires de leur chef, et anéantit cette espèce d'avenir qui pouvoit naître de la Réformation.

Coligny, le connétable de Montmorency, le maréchal de Saint-André, François de Guise, et le premier cardinal de Guise, les deux Condé, Henri de Guise, et le cardinal son frère, Catherine de Médicis, n'étoient plus; ainsi les personnages les plus remarquables sous les règnes de Henri II, de François II, de Charles IX, de Henri III, disparoissent avant et avec le dernier prince de cette race. Le règne des Valois finit à Saint-Cloud, le 2 août 1589; celui des Bourbons y commença le même jour, pour y finir le 31 juillet 1830.

Maintenant il est essentiel de dérouler de suite le tableau des mœurs depuis Henri II jusqu'à Henri IV, parce qu'il offre des choses qu'on n'avoit point encore vues en France, et qu'on ne reverra jamais. Les orgies sanglantes de la république révolutionnaire ne reparoîtront pas davantage : les mœurs, aux deux époques, étoient symptomatiques de faits épuisés.

La débauche et la cruauté sont les deux caractères distinctifs de l'ère des Valois.

A la Saint-Barthélemy, sans parler du meurtre général, un nommé Thomas se vantoit d'avoir massacré quatre-vingts huguenots dans un seul jour. Coconnas épouvanta

Charles IX lui-même par son récit : il avoit racheté trente huguenots des mains du peuple, et les avoit tués à petits coups de stylet, après leur avoir fait abjurer leur foi sous promesse de la vie. Le parfumeur de Catherine de Médicis « homme confit en toutes sortes de « cruautés et de méchancetés, alloit aux pri- « sons poignarder les huguenots, et ne vivoit « que de meurtres, brigandages et empoison- « nements. »

On entretenoit des assassins à gages comme des domestiques : les Guise en avoient, les Châtillon en avoient, les rois en avoient ; tous ceux qui les pouvoient payer en avoient, et ces assassins connus n'étoient point, ou étoient rarement punis. Charles IX, son frère, roi de Pologne (et depuis Henri III), Henri, roi de Navarre, et le bâtard d'Angoulême, étant allés dîner chez Nantouillet, prévôt de Paris lui volèrent sa vaisselle d'argent. Ce jour-là même Nantouillet avoit caché chez lui quatre coupe-jarrets pour commettre un meurtre qu'ils exécutèrent. Ces quatre hommes entendant le fracas que faisoient les rois, et se croyant découverts, furent au moment de sortir de leur repaire le pistolet à la main.

Marguerite de Valois fit poignarder dans son lit Du Gouast, favori de Henri III.

Outre les assassins à gages, on s'attachoit des braves qui se provoquoient entre eux, et qui ressuscitoient les gladiateurs gaulois. Ces jeunes gentilshommes, qui s'attachoient à des maîtres, passoient les jours, dans les salles basses du Louvre, à tirer des armes, ou dans la campagne, à franchir des fossés, à manier le pistolet et la dague. Les amis se lioient par des serments terribles : quand un ami faisoit une absence, l'ami restant prenoit le deuil, laissoit croître sa barbe, se refusoit à tous plaisirs, et paroissoit plongé dans une mélancolie profonde. Les femmes entroient dans ces associations romanesques : au signal de sa maîtresse, il se falloit précipiter dans une rivière sans savoir nager, se livrer aux bêtes féroces, ou se déchiqueter avec un poignard.

On jouoit avec la mort : Henri III portoit un long chapelet, dont les grains étoient des têtes de mort, et qu'il appeloit *le fouet de ses grandes haquenées.* Il avoit encore de petites têtes de mort peintes sur les rubans de ses souliers. Si on l'eût cru, on auroit transformé le bois de Boulogne en un cimetière, qui seroit devenu ce qu'est aujourd'hui le cimetière de l'Est. Marguerite de Valois et la duchesse de Nevers se firent apporter les têtes de Coconnas et de La Mole, leurs amants décapités ; elles les baisèrent, les embaumèrent et les baignèrent de leurs larmes. Villequier tue sa femme parce qu'elle ne se vouloit pas prostituer à Henri III. Simier tue son frère, chevalier de Malte, que sa femme aimoit. Baleins condamne à mort dans son château un jeune homme qui avoit séduit sa sœur ; la sentence est rédigée par un prétendu greffier, dans une moquerie de cour de justice ; Baleins prononce l'arrêt et l'exécute. Le soldat corse San-Pietro étrangle Vanina sa femme ; menacé d'un jugement, il vient à la cour, et dit : *Qu'importe au roi, qu'importe à la France, la bonne ou la mauvaise intelligence de Pierre avec sa femme?* Pierre reste estimé et impuni.

Tous les jours il y avoit des rencontres de cent contre cent, de deux cents contre deux cents, comme au moyen âge de l'Italie ; à tous propos des duels d'un contre un, de deux contre deux, de quatre contre quatre : ceux de Caylus, de Maugiron, d'Antragues, de Ribérac, de Schomberg et de Livarot sont entre les plus connus.

Bussy d'Amboise avoit aimé Marguerite de Valois, qui ne s'en cache pas dans ses Mémoires. Attaché au duc d'Anjou, Bussy insultoit incessamment les mignons du roi. « Entrant « dans la chambre du roi avec cette belle fa- « çon qui lui estoit naturelle, le roi lui dit « qu'il vouloit qu'il s'accordast avec Caylus. « . . . . » Bussy lui répond : « Sire, « s'il vous plaist que je le baise, j'y suis tout di- « posé. » Et accommodant les gestes avec la pa- « role, lui fit une embrassade à la pantalone. » (MARGUERITE DE VALOIS.)

Bussy avoit une intrigue avec la femme de Charles de Chambres, comte de Montsoreau, grand-veneur du duc d'Anjou ; il en parloit dans une lettre qu'il écrivoit à ce prince, lui disant qu'il tenoit dans *ses filets la biche du grand-veneur.* Le duc d'Anjou montra cette lettre à Henri III, qui, haïssant Bussy, la communiqua au mari offensé. Montsoreau contraignit sa femme de donner un rendez-vous à

Bussy au château de Constancières, et l'y fit assassiner. Bussy, gouverneur d'Anjou, étoit abbé de Bourgueil, et son *messager d'amour* étoit le lieutenant criminel de Saumur. « Telle « fut la fin du capitaine Bussy, d'un courage « invincible, haut à la main, fier, audacieux; et « aussi vaillant que son espée. . . . . ; « mais vicieux et peu craignant Dieu; ce qui « causa sonm alheur, n'estant parvenu à la moi- « tié de ses jours, comme il advient aux hom- « mes de sang tels que lui. » Bussy, grand massacreur à la Saint-Barthélemy, égorgea ce jour-là Antoine de Clermont, son parent, avec lequel il avoit un procès. « Tous ces spadas- « sins, dit l'Estoile, ne croyoient en Dieu que « sous bénéfice d'inventaire. »

Le vicomte de Turenne, qui fut depuis le maréchal de Bouillon, ayant pour second Jean de Gontaut, baron de Salignac, se battit, sur la grève d'Agen, contre Jean de Durfort de Duras-Rauzan, et Jacques de Duras, son frère. Le vicomte de Turenne reçut traîtreusement dix-sept blessures. Rauzan fut accusé d'avoir porté une cotte de mailles sous ses vêtements, ou d'avoir aposté dix ou douze hommes qui assaillirent, pendant le combat, le vicomte de Turenne.

Comme dans les proscriptions romaines, on tuoit pour confisquer les biens, sans jugement, et sans qu'il y eût des vaincus et des vainqueurs. « En ce temps, la bonne dame Cathe- « rine, en faveur de son mignon de Retz, qui « vouloit avoir la terre de Versailles, fit estran- « gler aux prisons Loménie, secrétaire du roi, « auquel cette terre appartenoit, et fit mourir « encore quelques autres pour récompenser ses « serviteurs de confiscations. » (L'ESTOILE.)

Cette cruauté des mœurs privées se retrouvoit à la guerre : Alphonse Ornano, fils du corse San-Pietro, exécutoit lui-même les sentences de mort qu'il prononçoit contre ses soldats. Un de ses neveux, ayant manqué à quelque devoir militaire, vint pour dîner avec son oncle : Alphonse se lève, le poignarde, demande à laver ses mains, et se remet à table.

Montluc, du parti catholique, dit dans ses Mémoires : « Je recouvrai deux bourreaux, « lesquels on appela depuis mes laquais, parce « qu'ils estoient souvent avec moi. On pouvoit « connoistre par où j'avois passé, car, par les « arbres sur les chemins, on trouvoit les en- « seignes. » — « Il apprenoit à ses enfants à « estre tels que lui, et à se baigner dans le sang, « dont l'aisné ne s'espargna pas à la Saint-Bar- « thélemy. » Cet homme farouche fut blessé à l'assaut de Rabasteins d'une arquebusade qui lui perça les deux joues et lui enleva une partie du nez; il cacha sous un masque, le reste de sa vie, ces traits déchirés à la guise de ses victimes. Il eut l'intention de finir ses jours dans un ermitage au haut des Pyrénées, comme les ours.

Son rival de férocité chez les calvinistes étoit le baron des Adrets : « Au regard farou- « che, au nez aquilin, au visage maigre et dé- « charné, et marqué de taches de sang noir. » (DE THOU.) A Montbrison, il s'amusoit à faire sauter du haut d'une tour les prisonniers qu'il avoit faits. Un d'entre eux hésite; il prend deux fois son élan ; des Adrets s'écrie : « *C'est* « *trop de deux fois.* » — « Je vous le donne en « dix, » répond le prisonnier. On reconnoît le soldat françois.

La ville de Niort est surprise par les Réformés. « Passant toute barbarie et cruauté, après « avoir prins tous les prestres de la ville, et « voyant que l'un d'iceux, pour quelque tour- « ment qu'ils lui fissent, ne vouloit se divertir « de sa religion, le preindrent, et, après l'a- « voir lié comme bourreaux, l'ouvrirent tout « vif par le ventre, en la présence des autres « prestres, et lui firent tirer par leurs goujats « les parties nobles, desquelles ils en battoient « la face des autres, afin de les intimider et « leur faire renier Dieu. . . . . « . . . . Ils exercerent la plus « grande cruauté qu'on sçauroit excogiter en la « personne d'une femme qui méprisoit leurs « cruautez, laquelle ayant veu tuer son mary, « qui combattoit pour la foy catholique, et les « voulant reprendre des cruautez qu'ils com- « mettoient, ils la prindrent et lierent, et l'ayant « menacée de la faire mourir, si elle ne vouloit « renier la messe.

« Ces bourreaux, voyant sa constance, exco- « giterent une mort de laquelle les diables mes- « mes ne sçauroient adviser, qui est qu'ils luy « emplirent par la nature le ventre de poudre « à canon et y mirent le feu, la faisant, par

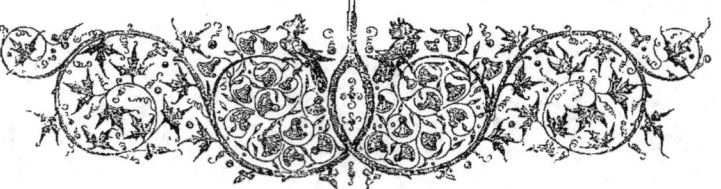

« ce moyen, crever et jaillir les boyaux, la
« laissant mourir en un tel martyre. »

Le connétable de Montmorency rendoit le mal pour le mal : On disoit aux armées qu'il « se falloit garder des patenostres de monsieur « le connetable, car en les disant ou murmu- « rant, il disoit : Allez-moy prendre un tel ; « attachez celui-là à un arbre ; faites passer « celui-là par les picques tout à cette heure, « ou les harquebuzez tous devant moy ; taillez- « moy en pieces tous ces marauts qui ont voulu « tenir ce clocher contre le roy ; bruslez-moy « ce village ; boutez-moy le feu partout à un « quart de lieue à la ronde. »

Les mœurs de Henri III et de sa cour ne ressemblent en rien à ce que nous avons vu jusqu'ici dans l'histoire de France ; on retrouve avec étonnement, au milieu de la société moderne, une espèce d'Élagabale chrétien. Les petits chiens, les perroquets, les habillements de femmes, les mignons, les processions de pénitents, remplissent, avec les duels, les assassinats et les faits d'armes, les pages de ce règne d'un monarque, si loin des rois féodaux.

« Henri III *faisoit joutes, ballets et tournois, et force mascarades, où il se trouvoit ordinairement habillé en femme, ouvroit son pourpoint et découvroit sa gorge, y portoit un collier de perles et trois collets de toile, deux à fraise et un renversé, ainsi que lors le portoient les dames de la cour.* »

Dans un festin somptueux les femmes, vêtues en habits d'hommes, firent le service, et dans un autre festin les *plus belles et honnêtes de la cour, estant à moitié nues, et ayant leurs cheveux epars comme espousées, furent employées à faire le service.*

« Nonobstant toutes les affaires de la guerre « et de la rebellion que le roi avoit sur les bras, « il alloit ordinairement en coche avec la reine, « son espouse, par les rues et les maisons de « Paris, prendre les petits chiens qui leur plai- « soient ; alloient aussi par tous les monasteres « des femmes, aux environs de Paris, faire « pareilles questes de petits chiens, au grand « regret des dames qui les avoient, se faisoient « lire la grammaire et apprendre à décliner. »

« Le nom de Mignon, dit L'Estoile, com- « mença alors à trotter sur la bouche du peuple « (1576), à qui ils estoient fort odieux, tant pour « leurs façons de faire badines et hautaines, que « par leurs accoustrements effeminés et les « dons immenses qu'ils recevoient du roy : « ces beaux mignons portoient les cheveux lon- « guets, frisés et refrisés, remontants par des- « sus leurs petits bonnets de velours, comme « font les femmes, et leurs fraises de chemises « de toile d'atour empesées et longues de demi- « pied, de façon que voir leurs testes dessus « leurs fraises, il sembloit que ce fust le chef « de saint Jean en un plat. »

Thomas Arthus nous représente Henri III couché dans un lit large et spacieux, se plaignant qu'on le réveille trop tôt à midi, ayant un linge et un masque sur le visage, des gants dans les mains, prenant un bouillon et se replongeant dans son lit. Dans une chambre voisine, Caylus, Saint-Mesgrin et Maugiron se font friser, et achèvent la toilette la plus correcte : on leur arrache le poil des sourcils, on leur met des dents, on leur peint le visage, on passe un temps énorme à les habiller et à les parfumer. Ils partent pour se rendre dans la chambre de Henri III, « branlant tellement « le corps, la teste et les jambes, que je croyois « à tout propos qu'ils dussent tomber de leur « long..... Ils trouvoient cette façon-là de mar- « cher plus belle que pas une autre. »

Henri embrassoit ses favoris devant tout le monde ; il leur mettoit des colliers et des pendants d'oreilles : il passoit les jours avec eux dans des appartements secrets ; la nuit il couchoit avec eux dans une vaste salle, autour de laquelle étoient des lits séparés par une petite cloison, comme dans un dortoir ; le favori du jour partageoit la couche de son roi. Ce fut dans cette chambre commune que Saint-Luc essaya de réveiller les remords dans l'âme de son maître, en lui parlant dans le tuyau d'une sarbacane.

Les femmes jouoient un rôle principal dans toutes ces intrigues : Catherine de Médicis avoit entretenu un commerce intime avec le premier cardinal de Guise, *comme nièce de deux papes* (Léon X et Clément VII), disoient les huguenots. Elle fut accusée d'avoir corrompu à dessein son fils Charles IX : « Au lieu de teindre « cette royale jeunesse en toute vertu..... elle « laisse approcher de sa personne des maistres

« de juremenls et de blasphemes, des moqueurs
« de toute religion ; elle le fait solliciter par des
« pourvoyeurs, qu'elle pose comme en senti-
« nelle à l'entour de lui-mesme ; perd tellement
« toute honte, qu'elle lui sert de pourvoyeuse[1]. »
(*Discours merveilleux.*) On prétendit qu'elle
avoit essayé d'empoisonner l'armée du prince
de Condé tout entière.

Madame de la Bourdaisière, aïeule de Gabrielle, remplissoit la cour de ses aventures :
« Aussi belle en ses vieux jours, dit Brantôme,
« que l'on eût dit qu'elle eût été en ses jeunes
« ans, si bien que ses cinq filles, qui ont été
« des belles, ne l'effaçoient en rien. »

La jeune duchesse de Nevers ne conserva pas longtemps le souvenir de la fin tragique de Coconnas ; elle fut surprise dans d'autres rendez-vous, ce qui donna lieu au titre d'un des prétendus ouvrages de l'ingénieuse satire intitulée : *Bibliothèque de madame de Montpensier.* Ce titre étoit : *La manière d'arpenter les prés brièvement, par madame de Nevers.*

J'ai déjà parlé de la belle de Sauve, femme en secondes noces de François de la Trémoille, marquis de Noirmoutiers.

Anne d'Estrées, marquise de Cœuvres, fille de madame la Bourdaisière et mère de Gabrielle, avoit quitté son mari pour s'attacher au marquis d'Allègre. Elle fut massacrée dans Issoire, lorsque cette ville fut prise d'assaut par les catholiques, le 28 mai 1577 ; son corps dépouillé apprit une singulière parure de ces temps de libertinage.

De plus hautes dames, telles que la duchesse de Guise, entretenoient des liaisons qui se terminoient presque toujours par des meurtres. Saint-Mesgrin fut assassiné à onze heures du soir, en sortant du Louvre, par une trentaine d'hommes, à la tête desquels on crut reconnoître le duc de Mayenne. La nouvelle en étant parvenue en Gascogne au roi de Navarre, il dit : « Je sais bon gré au duc de Guise, mon
« cousin, de n'avoir pu souffrir qu'un mignon
« de couchette le déshonorât ; c'est ainsi qu'il
« faudroit accoutrer tous ces petits galants de
« la cour, qui se meslent d'approcher les prin-
« cesses pour les muguetter. » (L'ESTOILE.)

Marguerite de Valois se consoloit à Usson de la perte de ses grandeurs et des malheurs du royaume *par la seule vue de l'ivoire de son bras;* selon le père La Coste, elle avoit triomphé du marquis de Canillac qui la gardoit dans ce château. Elle faisoit semblant d'aimer la femme de Canillac. « Le bon du jeu, dit d'Au-
« bigné, fut qu'aussitôt que son mari (Canil-
« lac) eut le dos tourné pour aller à Paris,
« Marguerite la dépouilla de ses beaux joyaux,
« la renvoya comme une péteuse avec tous
« ses gardes, et se rendit dame et maîtresse de
« la place. Le marquis se trouva bête, et servit
« de risée au roi de Navarre. »

Marguerite pleuroit les objets de son attachement lorsqu'elle les avoit perdus, faisoit des vers à leur mémoire, et déclaroit qu'elle leur seroit toujours fidèle :

Atys, de qui la perte attriste mes années ;
Atys, digne des vœux de tant d'âmes bien nées,
Que j'avois élevé pour montrer aux humains
  Une œuvre de mes mains !
. . . .
Si je cesse d'aimer, qu'on cesse de prétendre :
Je ne veux désormais être prise, ni prendre.

Et dès le soir même Marguerite étoit prise, et mentoit à son amour et à sa muse. La Mole ayant été décapité, elle soupira ses regrets *au beau Hyacinthe.* « Le pauvre diable d'Aubiac,
« en allant à la potence, au lieu de se souvenir
« de son âme et de son salut, baisoit un man-
« chon de velours raz bleu qui lui restoit des
« bienfaits de sa dame. » Aubiac, en voyant Marguerite pour la première fois, avoit dit :
« Je voudrois *avoir été aimé d'elle* [1], à peine
« d'être pendu quelque temps après. » Martigues portoit aux combats et aux assauts un petit chien que lui avoit donné Marguerite. D'Aubigné prétend que Marguerite avoit fait faire à Usson les lits de ses dames extrêmement hauts, « afin de ne plus s'écorcher,
« comme souloit, les épaules en s'y fourrant
« à quatre pieds pour y chercher Pominy, »
fils d'un chaudronnier d'Auvergne, et qui, d'enfant de chœur qu'il étoit, devint secré-

---

[1] Je change le mot du texte

[1] Le texte est plus franc.

taire de Marguerite. Le même historien la prostitue dès l'âge de onze ans à d'Antragues et à Charin ; il la livre à ses deux frères, François, duc d'Alençon, et Henri III. Mais il ne faut pas croire entièrement d'Aubigné, huguenot, hargneux, ambitieux, mécontent, d'un esprit caustique : Pibrac et Brantôme ne parlent pas comme lui.

Marguerite n'aimoit point Henri IV, qu'elle trouvoit sale. « Elle recevoit Champvallon dans « un lit éclairé avec des flambeaux, entre deux « linceuls de taffetas noir. » « Elle avoit écouté « M. de Mayenne, bon compagnon, gros et « gras, et voluptueux comme elle, et ce grand « degousté de vicomte de Turenne, et ce vieux « rufian de Pibrac, dont elle montroit les let« tres pour rire à Henri IV ; et ce petit mignon « de valet de Provence, Date, qu'avec six aul« nes d'étoffe elle avoit anobli dans Usson ; « et ce bec-jaune de Bajaumont, » dernier amant de la longue liste qu'avoit commencée d'Antragues, et qu'avoient continuée, avec les favoris déjà cités, le duc de Guise, Saint-Luc et Bussy.

Au milieu de ces débordements, il faut donner place à la rigide façon d'être des Réformés et à la vie austère de ces magistrats catholiques qui ressembloient à des Romains du temps de Cincinnatus, transportés à la cour d'Élagabale. Duplessis-Mornay étoit l'exemple du parti protestant. Sa vertu lui conféroit le droit d'avertir Henri IV de ses foiblesses : sur le champ de bataille de Coutras, au moment où l'action alloit commencer, il représente au jeune roi de Navarre qu'il a porté le trouble dans une honnête famille par une liaison criminelle ; qu'il doit à son armée la réparation publique de ce scandale, et à Dieu, devant lequel il va peut-être paroître, l'humble aveu de sa faute. Henri se confesse au ministre Chandieu, et dit aux seigneurs de sa cour qui l'en veulent détourner : « On ne peut trop s'humilier devant Dieu, ni « trop braver les hommes. » Il tombe ensuite à genoux avec ses soldats protestants ; le pasteur prononce la prière. Joyeuse, à la tête de l'armée catholique, les voit, et s'écrie : « Le « roi de Navarre a peur ! — Ne le prenez pas « là, répond Lavardin ; ils ne prient jamais « sans qu'ils soient résolus de vaincre ou de « mourir. » Joyeuse perdit la bataille et la vie.

Mornay, comme Sully, resta fidèle à sa religion lorsque Henri IV l'abjura : outragé par un jeune gentilhomme, il en demanda justice à Henri IV, qui lui répondit : « Monsieur Du« plessis, j'ai un extreme desplaisir de l'injure « que vous avez receue, à laquelle je participe « comme roi et comme votre ami. Pour le pre« mier, je vous en ferai justice et à moi aussi ; « si je ne portois que le second titre, vous « n'en avez nul de qui l'espee fust plus preste à « desgainer, ni qui y portast sa vie plus gaie« ment que moi. » Sous Louis XIII, Mornay toujours considéré, mais tombé dans la disgrâce et obligé de renoncer à son gouvernement de Saumur, vouloit quitter la France : « On gravera sur mon tombeau, disoit-il, en « terre estrangere : *Ci-gist qui, agé de soixante-* « *treize ans, après en avoir employé sans re-* « *proche quarante-six au service de deux* « *grands rois, fut contraint de chercher son* « *sépulcre hors de sa patrie.* »

Les magistrats catholiques offroient encore des mœurs plus graves et plus saintes. Pendant plusieurs siècles ils ne recevoient ni présents, ni visites, ni lettres, ni messages relativement aux procès. Il leur étoit défendu de boire et de manger avec les plaideurs ; on ne leur pouvoit parler qu'à l'audience ; le commerce leur étoit interdit ; ils ne paroissoient jamais à la cour que par ordre du roi. La justice fut d'abord gratuite ; les conseillers au parlement recevoient cinq sous *parisis* par jour, le premier président mille livres par an, les trois autres présidents cinq cents livres ; on y ajoutoit un manteau d'hiver et un manteau d'été. Il falloit trente ans d'exercice pour obtenir, à titre de pension, la continuation d'un si médique traitement. Lorsque ces magistrats n'étoient point de service, ils n'étoient point payés, et retournoient enseigner le droit dans leurs écoles. Sous Charles VI, le parlement étoit si pauvre, que le greffier ne put dresser le procès-verbal de quelques fêtes données à Paris, parce qu'il n'avoit pas de parchemin, et que sa cour n'avoit pas d'argent pour en acheter. Toutes les dépenses du parlement de Paris, vers le quatorzième siècle, s'élevoient à la somme de onze mille livres, monnoie de ce temps.

Quant à la science, ces anciens magistrats la considéroient comme une partie de leurs

1.

46

devoirs, et depuis l'enfance jusqu'à la vieillesse, leur vie n'étoit qu'une longue étude. « L'an 1545, dit Henri de Mesmes, fils du premier président de Mesmes, je fus envoyé à Toulouse pour estudier en lois avec mon precepteur et mon frere, sous la conduite d'un vieux gentilhomme tout blanc, qui avoit voyagé long temps par le monde. Nous estions debout à quatre heures, et, ayant prié Dieu, allions à cinq heures aux estudes, nos gros livres sous le bras, nos escritoires et nos chandeliers à la main. »

De Thou rencontra Charles de Lamoignon à Valence, où Cujas expliquoit Papinien; il accompagna en Italie Paul de Foix et Arnauld d'Ossat. De Foix se faisoit lire en soupant à l'auberge, et pour se délasser, quelques pages d'Aristote et de Cicéron dans leurs langue originale, ou les sommaires de Cujas sur le Digeste : De Thou étoit l'auditoire, et de Chœsne, qui devint président à Chartres, le lecteur. Le chancelier d'Aguesseau raconte à peu près la même chose de l'éducation que lui donna son père : « Mon père nous menoit presque toujours avec lui dans ses fréquents voyages; son carrosse devenoit une espèce de classe où nous avions le bonheur de travailler sous un aussi grand maître. Après la prière des voyageurs, par laquelle ma mère commençoit toujours sa marche, nous expliquions les auteurs grecs et latins......

« ..... La règle ordinaire de mon père et de ma mère étoit de réserver, pour l'exercice continuel de leur charité, la dîme de tout ce qu'ils recevoient. Ils regardoient les pauvres comme leurs enfants; de sorte que, s'ils avoient 10,000 francs à placer, ils n'en plaçoient que huit, et en donnoient deux aux pauvres qu'ils regardoient comme leur propre sang, par une adoption sainte et glorieuse pour eux qui mettoit Jésus-Christ même au nombre de leurs enfants. Mais les calamités publiques et particulières augmentoient presque toujours la part des pauvres bien au-delà de cette proportion. »

A la mort d'un des ancêtres de De Thou, le parlement déclara que non-seulement il assisteroit aux obsèques de son président, mais qu'il en pleureroit la perte aussi long temps que la justice régneroit dans les tribunaux; déclaration qui fut inscrite sur les registres. En 1588, les litières et les carrosses commencèrent à être en usage à la cour; la présidente De Thou n'alloit jamais par la ville qu'en croupe derrière un domestique, pour servir de règle et d'exemple aux autres femmes.

On remarque, sous le règne des Valois, un Chrestien de Lamoignon : il en est de certaines familles comme de certains hommes; elles sont long-temps à chercher leur génie, et restent inconnues jusqu'à ce qu'elles l'aient trouvé. Les Lamoignon, de braves et obscurs chevaliers qu'ils étoient, devinrent des magistrats illustres; mais ils semblèrent retenir quelque chose de leur première destinée; la robe ne fut que leur cotte d'armes : la Providence réserva à Malesherbes un champ de bataille, un combat glorieux, et la mort par le glaive. Le Chrestien de Lamoignon du seizième siècle avoit étudié sous Cujas, comme son père Charles sous Alciat; il vécut au milieu des guerres civiles. Entre autres aventures, il revint de Bourges à Paris, déguisé en mendiant; il entra dans sa maison comme Ulysse, en demandant l'aumône; il y fut reçu avec des larmes de joie par ses frères et ses sœurs. Bâville n'étoit d'abord qu'une petite gentilhommière contenant à peine deux ou trois chambres à donner aux étrangers; dans la plus grande, on mettoit quatre lits. Dans la suite Bâville devint un château où se rassembloit la meilleure et la plus illustre société : madame de Sévigné y rencontroit, dans une bibliothèque célèbre, « le père « Rapin, et Bourdaloue dont l'esprit étoit « charmant et d'une facilité fort aimable. »

Une anecdote fait connoître la simplicité des mœurs de ces anciens magistrats : « Claude de « Bullion, dit le président de Lamoignon « dans ses Mémoires, avoit été nourri avec « feu mon père. Il aimoit à me conter comment on les portoit tous deux sur un même « âne, dans des paniers, l'un d'un côté, l'autre « de l'autre, et qu'on mettoit un pain du côté « de mon père, parce qu'il étoit plus léger que « lui, pour faire le contre-poids. »

Le premier président Le Maître stipuloit dans les baux de ses fermiers : « Qu'aux « veilles des quatre bonnes fêtes de l'année et « au temps des vendanges, ils seroient tenus « de lui amener une charrette couverte, avec

« de bonne paille fraîche dedans, pour y as-
« seoir Marie Sapi, sa femme, et sa fille Gene-
« viève, comme aussi de lui amener un ânon
« et une ânesse pour monture de leur cham-
« brière, pendant que lui, premier président,
« marcheroit devant, ne sera nule, accompa-
« gné de son clerc, qui iroit à ses côtés. »

Ces hommes si simples, si doctes, si intègres, qui s'avançoient au milieu des générations nouvelles comme les oracles du passé,
étoient encore des juges intrépides; non-seulement ils étoient les gardiens des lois, mais
ils en étoient les soldats, et savoient mourir
pour elles.

Brantôme, parlant du chancelier de l'Hospital : « C'estoit un autre censeur Caton, celui-là,
« et qui savoit tres bien censurer et corriger
« le monde corrompu. Il en avoit du moins
« toute l'apparence avec sa grande barbe blan-
« che, son visage pasle, sa façon grave, qu'on
« eust dit à le voir que c'estoit un vrai portrait
« de saint Jérôme. »

« Il ne falloit pas se jouer avec ce grand
« juge et rude magistrat; si estoit-il pourtant
« doux quelquefois, là où il voyoit de la rai-
« son. . . . . . Ces belles-lettres humaines
« lui rabattoient beaucoup de sa rigueur de
« justice. Il estoit grand orateur et fort disert,
« grand historien, et surtout tres divin poète
« latin, comme plusieurs de ses œuvres l'ont
« manifesté tel. »

L'Hospital, peu aimé de la cour et disgracié,
se retira pauvre dans une petite maison de
campagne auprès d'Étampes. On l'accusoit de
modération en religion et en politique : des assassins lui furent dépêchés lors du massacre de
la Saint-Barthélemi. Ses domestiques s'empressoient de fermer les portes de sa maison :
« Non, non, dit-il, si la petite porte n'est bas-
« tante pour les faire entrer, ouvrez la grande. »

La veuve du duc de Guise sauva la fille du
chancelier, en la cachant dans sa maison; il
dut lui-même son salut aux prières de la duchesse de Savoie. Nous avons son testament
en latin; Brantôme le donne en françois.

« Ceux, dit l'Hospital, qui m'avoient chassé,
« prenoient une couverture de religion, et
« eux-mêmes estoient sans pitié et sans religion;
« mais je vous puis assurer qu'il n'y avoit rien
« qui les emust davantage que ce qu'ils pen-
« soient, que tant que je serois en charge, il
« ne leur seroit permis de rompre les edits du
« roi, ni de piller ses finances et celles de ses
« sujets.

« Au reste, il y a pres de cinq ans que je
« mene ici la vie de Laërte. . . . .
« et ne veux point raffraichir la memoire des
« choses que j'ai souffertes en ce departement
« de la cour. »

Les murs de sa maison tomboient; il avoit
de la peine à nourrir ses vieux serviteurs et sa
nombreuse famille; il se consoloit, comme
Cicéron, avec les muses. Mais il avoit désiré
voir les peuples rétablis dans leur liberté, et il
mourut lorsque les cadavres des victimes du fanatisme n'avoient pas encore été mangés des
vers, ou dévorés par les poissons et les corbeaux.

Après la journée des barricades, le duc de
Guise alla avec sa suite visiter le premier président Achille de Harlay : « Il se pourmenoit dans
« son jardin, lequel s'estonna si peu de leur
« venue, qu'il ne daigna pas seulement tour-
« ner la teste, ni discontinuer sa pourmenade
« commencee, laquelle achevee qu'elle fut et
« estant au bout de son allée, il retourna, et en
« tournant il vit le duc de Guise qui venoit à
« lui; alors ce grave magistrat levant la voix,
« lui dit : C'est grand pitié quand le valet
« chasse le maistre. Au reste, mon ame est à
« Dieu, mon cœur est à mon roi, et mon corps
« est entre les mains des meschants : qu'on en
« fasse ce que l'on voudra. » Le mépris de la
vertu écrasoit l'orgueil de l'ambition.

Matthieu Molé, pendant les troubles de la
Fronde, répondoit à des menaces : « Six pieds
« de terre feront toujours raison du plus grand
« homme du monde. »

Ici se termine la peinture des mœurs du seizième siècle; avec celle des siècles féodaux,
elle compose toute la galerie des tableaux de
notre ancien édifice monarchique.

Au surplus l'histoire, qui dit le bien comme
le mal, doit reconnoître aujourd'hui que les
Valois n'ont point été traités avec impartialité.
C'est de leur règne qu'il faut dater le perfectionnement des lois administratives, civiles et
criminelles; on en compte quarante-six sous
le règne si court de François II, cent quatre-
vingt-huit sous le règne de Charles IX, et trois

cent trente sous celui de Henri III : les plus remarquables furent l'ouvrage du chancelier de l'Hospital.

Le siècle des arts en France est celui de François Ier en descendant jusqu'à Louis XIII, nullement le siècle de Louis XIV : le *petit palais* des Tuileries, le vieux Louvre, une partie de Fontainebleau et d'Anet, la chapelle des Valois à Saint-Denis, le palais du Luxembourg, sont ou étoient pour le goût fort au-dessus des ouvrages du grand roi.

La race des Valois fut une race lettrée, spirituelle, protectrice des arts, qu'elle sentoit bien. Nous lui devons nos plus beaux monuments : jamais, dans aucun pays et à aucune époque, l'application de la statuaire à l'architectonique n'a été poussée plus loin qu'en France au seizième siècle : Athènes n'offre rien de supérieur aux cariatides du Louvre. Louis XIV regardoit les artistes comme des ouvriers, François Ier comme des amis. Louis XIV, plus véritable souverain que les Valois, leur fut inférieur en intelligence et en courage. Autour de François II, de Charles IX, de Henri III, on aperçoit encore les restes indépendants de l'aristocratie ; autour de Louis-le-Grand, les descendants des fiers seigneurs de la Ligue ne sont plus que des courtisans, troquant l'orgueil de leur indépendance contre la vanité de leurs noms, mettant leur honneur à servir, ne tirant plus l'épée que dans la cause d'un maître. Henri IV lui-même a quelque chose de moins royal et de moins noble que les princes dont il reçut la couronne : tous ensemble sont effacés par les Guise, véritables rois de ces temps.

La vérité religieuse, sous le règne des derniers Valois, lutta corps à corps avec la vérité philosophique et la terrassa ; il y eut choc entre le passé et l'avenir : le passé triompha, parce qu'il mit les Guise à sa tête.

HENRI IV.

De 1589 à 1610.

ENRI III étant mort, l'armée se divisa. Une partie des catholiques resta attachée à Henri IV ; une autre, sous la conduite de Vitry et d'Espernon, l'abandonna. Henri IV, obligé de lever le siége de Paris, se retira à Dieppe pour recevoir des secours qu'il attendoit d'Elisabeth. Il étoit alors dans cet état de dénument qu'il peint à Sully : « Mes chemises sont toutes déchirées, mon pourpoint troué au coude, « et depuis deux jours je soupe et dîne chez « les uns et chez les autres. »

Les membres de son conseil étoient d'avis qu'il s'embarquât pour l'Angleterre ; Biron s'y opposa : « Sortir de France, s'écria-t-il en colère, seulement pour vingt-quatre heures, « c'est s'en bannir pour jamais ! » Mézeray lui prête un rude et éloquent discours.

Combat d'Arques et du faubourg de Dieppe. Henri IV y reçut maint coup d'épée, et en rendit autant ; il disoit en frappant ce que disoient les rois très-chrétiens en touchant les écrouelles : « Le roi te touche, Dieu te guérisse. » Le champ de bataille inspiroit le Béarnois ; sa vaillance étoit son génie. A la terrible prise de Cahors, où il se battit cinq jours entiers dans les rues, blessé en divers endroits, conjuré par ses soldats de se retirer : « Ma retraite hors de « cette ville, leur répondit-il, sans l'avoir assurée à mon parti, sera la retraite de ma vie « hors de mon corps. »

A Coutras, il dit aux officiers qui se trouvoient devant lui au moment de la charge : « A « quartier, ne m'offusquez pas, je veux paroître. » Il dit encore au prince de Condé et au comte de Soissons : « Vous êtes du sang de « Bourbon ; vive Dieu ! je vous ferai voir que « je suis votre aîné. »

Attaqué à la fois par le baron de Frinet et par Château-Renaud, Frontenac abattit le premier d'un coup de sabre, et Henri, saisissant le second au corps, lui crie : « Rends-toi, Philis-« tin ! »

Dans une chaude affaire qu'il eut près d'Yvetot avec les ducs de Parme et de Mayenne, il leur tua trois mille hommes. Tout couvert de sang et de sueur, après le combat, il disoit aux capitaines qui l'environnoient : « Vive Dieu ! si « je perds le royaume de France, je suis en « possession de celui d'Yvetot. »

A Ivry, le grand fait d'armes de sa vie, ses mots prirent le caractère élevé de sa gloire. On lui parloit de se ménager une retraite : « Point « d'autre retraite, répondit-il brusquement, « que le champ de bataille. »

Schomberg lui demanda le paiement de ses troupes : « Jamais homme de cœur, s'écrie « Henri, n'a demandé de l'argent la veille d'une « bataille. » Le lendemain, se repentant de ce mot dur : « Monsieur de Schomberg, cette « journée sera peut-être la dernière de ma vie ; « je ne veux emporter l'honneur d'un brave ; « je déclare donc que je vous reconnois pour « homme de bien, et incapable de faire aucune « lâcheté : embrassez-moi. » — « Sire, repartit « Schomberg, Votre Majesté me blessa l'autre « jour, aujourd'hui elle me tue. » Schomberg se fit tuer auprès du roi.

Au moment d'aller à la charge, le Béarnois se tournant vers les siens : « Gardez bien vos « rangs ; si vous perdez vos enseignes, cornet-« tes ou guidons, ce panache blanc que vous « voyez en mon armet vous en servira tant que « j'aurai goutte de sang ; suivez-le ; vous le « trouverez toujours au chemin de l'honneur « et de la gloire. »

L'officier qui portoit l'étendard royal ayant reçu un coup de feu dans l'œil, se retire de la mêlée ; les troupes royales commencent à fuir. Henri les arrête et leur crie : « Tournez visage, « sinon pour combattre, du moins pour me « voir mourir. »

Quand il fut paisible maître de la couronne, il montra un jour au maréchal d'Estrées un des gardes qui marchoit à la portière de son carrosse : « Voilà, lui dit-il, le soldat qui m'a « blessé à la journée d'Aumale. »

Le vieux cardinal de Bourbon, que l'on appeloit Charles X, mourut dans sa prison de Fontenay en Poiton ; il n'aimoit pas les ligueurs, dont il étoit alors le prétendu roi ; il disoit : « Le roi de Navarre, mon neveu, fera sa « fortune, et tandis que je suis avec eux, c'est « toujours un Bourbon qu'ils reconnoissent. »

Henri IV, vainqueur de tous ses ennemis, s'approcha de Paris dont il ferma les avenues. Ce siége est fameux par les dernières folies de la Sainte-Union, par une effroyable famine, et par la générosité du Béarnois. La *Satire Ménippée* a décrit la grande procession, qu'elle place à l'ouverture de la Ligue, mais qui est de l'année 1590. Les ingénieux auteurs ont seulement ajouté aux moines et au clergé les principaux personnages de ce drame tragi-comique.

« La procession fut telle. Ledit docteur Roze, « quittant sa capeluche rectorale, prit sa robe « de maistre ès-arts avec le camail et le rochet, « et un hausse-col dessus, la barbe et la teste « rasee tout de frais, l'espee au costé et une per-« tuisane sur l'espaule. Les curés Hamilton, Bou-« cher et Lincestre, un petit plus bizarrement « armés, faisoient le premier rang ; et devant « eux marchoient trois moynetons et novices, « leurs robes troussees, ayant chacun le casque « en teste dessous leur capuchon, une rondache « pendue au col, où estoient peintes les armoi-« ries et devises desdits seigneurs. Maistre Ju-« lian Pelletier, curé de Saint-Jacques, mar-« choit à costé, tantost devant, tantost derriere, « habillé de violet, en gendarme scholastique, « la couronne et la barbe faites de frais, une « brigandine sur le dos, avec l'espee et le poi-« gnard, et une hallebarde sur l'espaule gauche, « en forme de sergent de bande, qui suoit, « poussoit et haletoit pour mettre chacun en « rang et ordonnance. Puis suivoient de trois « en trois cinquante ou soixante religieux, tant « cordeliers que jacobins, carmes, capucins, « minimes, bons-hommes, feuillants et autres, « tous couverts avec leurs capuchons et habits « agrafés, armés à l'antique catholique, sur le-« modele des Epistres de saint Paul ; entre au-« tres il y avoit six capucins, ayant chacun un « morion en teste, et au-dessus une plume de « coq, revetus de cottes de mailles, l'espee ceinte « au costé par dessus leurs habits ; l'un portant « une lance, l'autre une croix, l'un un epieu, « l'autre une harquebuse et l'autre une arba-

I.   46.

« leste, le tout rouillé par humilité catholique ;
« les autres, presque tous, avoient des piques
« qu'ils branloient souvent, par faute de meil-
« leur passe-temps, hormis un feuillant boi-
« teux, qui, armé tout à crud, se faisoit faire
« place avec une espée à deux mains et une ha-
« che d'armes à sa ceinture, son breviaire pen-
« du par derriere ; et le faisoit bon voir sur un
« pied faisant le moulinet devant les dames. A
« la queue il y avoit trois minimes, tous d'une
« parure, sçavoir est, ayant sur leurs habits
« chacun un plastron à corroyes et le derriere
« decouvert, la salade en teste, l'espee et pisto-
« let à la ceinture, et chacun une harquebuse à
« croc sans fourchette ; derriere estoit le prieur
« des jacobins, en fort bon point, traisnant une
« hallebarde gauchere, et armé à la legere en
« morte-paye. Je n'y vis ni Chartreux, ni Cé-
« lestins qui s'estoient excusés sur le commerce.
« Mais tout cela marchoit en moult belle ordon-
« nance catholique, apostolique et romaine, et
« sembloient les anciens cranequiniers de
« France. Ils voulurent, en passant, faire une
« salve ou escoupeterie ; mais le legat leur de-
« fendit, de peur qu'il ne lui mesadvint, ou à
« quelqu'un des siens, comme au cardinal Ca-
« jetan. Après ces beaux peres marchoient les
« quatre mendiants, qui avoient multiplié en
« plusieurs ordres, tant ecclesiastiques que se-
« culiers ; puis les Seize quatre à quatre, ré-
« duits au nombre des apostres et habillés de
« mesme comme on les joue à la Feste-Dieu.
« Apres eux marchoient les prevosts des mar-
« chands et echevins, bigarrés de diverses cou-
« leurs ; puis la cour de parlement, telle quelle ;
« les gardes italiennes, espagnoles et wallon-
« nes de M. le lieutenant ; puis les cent gen-
« tilshommes de frais gradués par la Sainte-
« Union, et après eux quelques veterinaires de
« la confrerie de saint Éloy. Suivoient après
« M. de Lyon, tout doucement ; le cardinal de
« Pellevé, tout bassement ; et après eux M. le
« legat, vrai miroir de parfaite beauté ; et de-
« vant lui marchoit le doyen de Sorbonne,
« avec la croix, où pendoient les bulles du pou-
« voir. Item venoit madame de Nemours, re-
« presentant la reine mere, ou grande-mere
« (in dubio) du roi futur ; et lui portoit la
« queue mademoiselle de La Rue, fille de no-
« ble et discrete personne M. de La Rue, ci-de-
« vant tailleur d'habits sur le pont Saint-Michel,
« et maintenant un des cent gentilshommes et
« conseillers d'estat de l'Union ; et la suivoient
« madame la douairiere de Montpensier, avec
« son escharpe verte, fort sale d'usage, et ma-
« dame la lieutenante de l'estat et couronne de
« France, suivie de mesdames de Blin et de
« Bussy Le Clerc. Alors s'avançoit et faisoit
« voir M. le lieutenant, et devant lui deux mas-
« siers fourrés d'hermines, et à ses flancs deux
« Wallons portant hoquetons noirs, tout par-
« semés de croix de Lorraine rouges. »

Ces burlesques misères aidèrent quelque temps le peuple à supporter la faim, qui bientôt se fit sentir dans toute son horreur. Après s'être nourri de tous les animaux, chats, chiens et autres, et des peaux de ces animaux ; après avoir dévoré des enfants, on en vint à moudre des os de morts dont on fit de la poussière et non de la farine : ce pain conservoit sa vertu ; quiconque en mangeoit mouroit. Madame de Montpensier refusa d'échanger avec des joyaux de la valeur de plus de deux mille écus, un petit chien qu'elle se réservoit comme sa dernière ressource. Trente mille personnes succombèrent ; les rues étoient jonchées de cadavres ; les demi-vivants se traînoient parmi. Des prostitutions impuissantes, payées de quelques aliments vils à des mains décharnées, avoient lieu dans ces cimetières sans fosses. La vie de l'homme rampoit à peine ainsi, avec des couleuvres, sur les corps gisants.

« M. de Nemours, sortant de sa maison pour
« aller visiter quelques postes vers les murail-
« les de la ville, rencontra un homme qui, d'un
« air effaré, lui dit : Où allez-vous, monsieur
« le gouverneur ? n'allez plus outre dans cette
« rue ; j'en viens, et j'ai trouvé une femme de-
« mi-morte, ayant à son cou un serpent entor-
« tillé, et autour d'elle plusieurs bestes enveni-
« mées. » (L'Estoile.)

Pendant ce temps, Henri IV laissoit ses soldats monter au bout de leurs piques des vivres aux Parisiens ; il faisoit relâcher des villageois qui avoient amené des charrettes de pain à une poterne ; il leur distribuoit quelque argent, et leur disoit : « Allez en paix ; le Béarnois est « pauvre, s'il avoit davantage, il vous le don-« neroit. » Et le Béarnois négocioit, attendoit le duc de Parme, oublioit ses soucis avec l'ab-

besse de Montmartre, commençoit une passion nouvelle avec Gabrielle d'Estrées, se déguisoit en paysan pour l'aller voir à Cœuvres, au milieu de tous les périls.

Le duc de Parme oblige Henri IV d'abandonner le blocus de Paris. Sixte-Quint meurt fatigué de la Ligue. Grégoire XIV, qui le remplace, publie des lettres monitoriales contre Henri. Le chevalier d'Aumale est tué dans Saint-Denis, qu'il avoit voulu surprendre. La Noue est tué pareillement devant le château de Lamballe, en combattant pour le roi : « Grand « homme de guerre, disoit Henri, et plus grand « homme de bien. » Le duc de Mercœur faisoit la guerre en Bretagne pour son propre compte, et d'accord avec Philippe II. Le jeune duc de Guise, fils du Balafré, s'échappe de sa prison : les Seize lui veulent faire épouser l'infante d'Espagne, et lui livrer la couronne. Brisson, Larcher et Tardif sont pendus par les ligueurs. Le duc de Mayenne revient à Paris, et fait pendre à son tour quatre des Seize. Là finit l'autorité de ce comité de sûreté de la Ligue : il n'avoit été ni sans audace ni sans génie; mais la multitude des puissances supérieures à la sienne l'empêcha d'agir. Les membres de ce comité, au lieu d'accomplir leurs projets ouvertement, tel qu'un pouvoir reconnu, furent obligés d'agir en secret comme des conspirateurs, ce qui les rapetissa. Ils ne tendoient point à la liberté; ils visoient au changement de dynastie; ils ne firent plus rien après les supplices de leurs compagnons : la potence les déshonora.

Le duc de Parme rentre en France pour faire lever le siège de Rouen, et il réussit. Le vieux maréchal de Biron est tué à la bataille d'Épernay. Le duc de Parme meurt dans les Pays-Bas : grand capitaine, qui fixa l'art moderne de la guerre. Le duc d'Espernon, sentant que les affaires du Béarnois s'amélioroient, revient à la cour ou plutôt au camp; car alors le Louvre de Henri IV étoit une tente. (1590, 1591, 1592.)

États de la Ligue convoqués à Paris, ruinés par le ridicule et par les prétentions de divers candidats à la couronne. Les Espagnols demandoient l'abolition de la loi salique, afin de faire tomber le sceptre à leur infante. Le parlement rend un arrêt en faveur de la loi salique, et remporte la victoire sur les états. Le duc de Mayenne, mécontent des Espagnols, ouvre des conférences à Surène avec les catholiques. Henri abjure dans l'église de Saint-Denis, le 25 juillet 1593 et se fait ensuite sacrer à Chartres; on y rapiéceta son pourpoint pour une somme de quelques deniers, dont le reçu existe encore : ces lambeaux-là n'alloient pas mal au manteau royal tout neuf du Béarnois.

Henri IV se trouva, dès sa naissance, et par les hasards de sa vie, à la tête de la réformation et des idées nouvelles; mais la réformation étoit en minorité contre l'ancien culte et les vieilles idées. Les François catholiques rejetoient un roi protestant, malgré son titre héréditaire; ils en avoient le droit, comme les Anglois protestants eurent le droit de repousser un roi catholique. La Ligue, coupable envers le dernier des Valois, étoit innocente envers le premier des Bourbons, à moins de soutenir que les nations ne sont aptes à maintenir le culte qu'elles ont choisi et les institutions qui leur conviennent. Le péril étoit imminent : les états, illégalement convoqués sans doute, mais redoutables, car tout corps politique, dans un moment de crise, a une force prodigieuse, l'Espagne, appuyée de la cour de Rome, et des préjugés populaires, étoient prêts, en s'alliant au prince lorrain, à disposer du trône. L'héritier légitime ne se pouvoit défendre qu'avec des soldats étrangers, triste ressource pour un roi national; les protestants qui l'appuyoient étoient en petit nombre, et plutôt inclinés à l'aristocratie qu'à la monarchie; les catholiques attachés à sa personne ne le suivoient que parce qu'il avoit promis de se faire instruire dans leur religion. Il ne restoit donc évidemment à Henri IV qu'un seul parti à prendre, celui d'abjurer : ce fut une affaire entre lui et sa conscience; s'il vit la vérité du côté où il voyoit la couronne, il eut raison de changer d'autel. Il est fâcheux seulement qu'il écrive à Gabrielle à propos de son abjuration : « C'est dimanche que je ferai « le saut perilleux. »

Une fois réuni au clergé et aux grandes masses populaires, il n'eut plus qu'à marchander un à un les capitaines qui commandoient dans les villes. Les gentilshommes s'étoient emparés des forteresses et des cités, ainsi qu'au commencement de la race capétienne; on au-

roit vu renaître les seigneuries, si les mœurs avoient été les mêmes, et si le temps n'eût marché. Henri IV reprit plusieurs châteaux, comme Louis-le-Gros, et acheta les autres. L'esprit aristocratique expiroit. Paris ouvrit ses portes à Bourbon le 22 mars 1594. Le pouvoir absolu qui commençoit supprima tous les écrits du temps, et en défendit, sous peine de la vie, l'impression et la vente. François Ier avoit senti le premier instinct contre la liberté de la presse; Henri IV en conçut la première raison.

En 1594, Jean Châtel blesse Henri IV d'un coup de couteau à la lèvre, et les jésuites sont bannis de France. En 1595, rencontre de Fontaine-Françoise, une des plus furieuses qui fut jamais. Henri combattit tête nue, avec toute la verve d'un jeune soldat. Il écrivit à sa sœur : «Peu s'en faut que vous n'ayez été mon héri- « tière. »

Le roi est absous par le pape. Le duc de Mayenne se soumet (1596). Lorsque Henri entra dans Paris, la seule vengeance qu'il exerça contre madame de Montpensier fut de jouer aux cartes avec elle; la seule vengeance qu'il tira de son frère le duc de Mayenne, replet et lourd, fut de le faire marcher vite dans un jardin.

Édit de Nantes. Traité de Vervins (1598). Mariage de Henri avec Marie de Médicis, la première année du dix-septième siècle. Comment n'étoit-on pas las des Médicis?

Conspiration du maréchal de Biron. Mort d'Élisabeth, reine d'Angleterre. Le premier Stuart, Jacques Ier, arrive à la couronne de la Grande-Bretagne à l'époque où le premier Bourbon venoit de s'asseoir sur le trône de France. Établissement des manufactures de soie, de tapisserie, de faïence, de verrerie. Colonisation du Canada. On ne croyoit faire que du commerce, et l'on faisoit de la politique; la propriété industrielle vit de liberté, et, en accroissant l'aisance, elle accroît les lumières. Henri IV, qui tentoit partout des passions, qui ne fut écouté ni de madame de Guercheville, ni de Catherine de Rohan, ni de la duchesse de Mantoue, ni de Marguerite de Montmorency, vit le prince de Condé, mari de la dernière, se retirer avec elle à Bruxelles. Ce prince de Condé étoit-il fils de Henri IV, par Charlotte de la Trémoille, accusée d'avoir empoisonné son mari pour cacher une grossesse? On prétend que Marguerite de Montmorency, pressée par Henri IV, lui avoit dit : «Méchant, « vous voulez séduire[1] la femme de votre fils, « car vous savez bien que vous m'avez dit qu'il « l'étoit. » (*Mémoires pour servir à l'histoire de France*.)

Henri IV, ou dans le dessein de poursuivre l'objet de sa nouvelle passion, ou pour réaliser un projet de république chrétienne, alloit porter la guerre dans les Pays-Bas, sous le prétexte de la succession de Clèves et de Juliers, lorsqu'il fut arrêté par un de ces envoyés secrets de la mort qui mettent la main sur les rois (14 mai (1610). Ces hommes surgissent soudainement et s'abîment aussitôt dans les supplices, rien ne les précède, rien ne les suit : isolés de tout, ils ne sont suspendus dans ce monde que par leur poignard; ils ont l'existence même et la propriété d'un glaive; on ne les entrevoit un moment qu'à la lueur du coup qu'ils frappent. Ravaillac étoit bien près de Jacques Clément : c'est un fait unique dans l'histoire, que le dernier roi d'une race et le premier d'une autre aient été assassinés de la même façon, chacun d'eux par un seul homme, au milieu de leurs gardes et de leur cour, dans l'espace de moins de vingt et un ans. Le même fanatisme anima les deux assassins; mais l'un immola un prince catholique, l'autre un prince qu'il croyoit protestant. Clément fut l'instrument d'une ambition personnelle; Ravaillac, comme Louvel, l'aveugle mandataire d'une opinion.

J'ai fait observer plusieurs fois que la seconde aristocratie vint finir à Arques, à Ivry, à Fontaine-Françoise, comme la première à Crécy, à Poitiers et à Azincourt. Elle disparut de fait et de droit, car Henri IV publia un édit, en vertu duquel la profession militaire n'anoblissoit plus. Tout homme d'armes, sous Louis XII, étoit gentilhomme, ainsi que tout bourgeois qui avoit acquis un fief noble et le desservoit militairement. Le 258° article de l'ordonnance de Blois, de 1579, avoit détruit la noblesse résultant du fief. Louis XV, en 1750, rétablit la noblesse acquise au prix du sang; mais le coup étoit porté. Henri IV, ce soldat, avoit voulu que les armes restassent en roture :

[1] Ce n'est pas la franchise du texte.

l'armée, devenue plébéienne, laissa à la gloire le soin de l'anoblir.

On s'est fait une fausse idée de la manière dont les Bourbons parvinrent au trône. D'un côté, on n'a vu que les massacres de la Saint-Barthélemy, que les fureurs de la Ligue, que les intrigues de Catherine de Médicis, que les débauches de Henri III, que l'ambition des princes de Lorraine ; de l'autre côté, on n'a aperçu que la bravoure, l'esprit et la loyauté de Henri IV; on a cru que tous les partis avoient été fidèles à leurs doctrines, qu'ils avoient constamment suivi leurs drapeaux respectifs, que les services avoient été récompensés, les injures punies, qu'enfin chacun avoit été rétribué selon ses œuvres : telle n'est point la vérité historique. Tout se passa comme de nos jours; on céda à des nécessités, à des intérêts créés par le temps; le vainqueur d'Ivry ne monta point sur le trône, botté et éperonné, en sortant de la bataille : il capitula avec ses ennemis, et ses amis n'eurent souvent pour toute récompense que l'honneur d'avoir partagé sa mauvaise fortune.

Brissac, La Châtre et Bois-Dauphin, maréchaux de la Ligue, furent confirmés dans leur dignité ; ils avoient tous vendu quelque chose. Laverdin, Villars, Balagni, Villeroi, jouirent de la faveur de Henri IV. Par l'article 40 de l'édit de Folembrai, les dettes mêmes du duc de Mayenne sont payées et déclarées dettes de la couronne. Le Béarnois étoit ingrat et gascon, oubliant beaucoup et tenant peu. « Montez, dit « la duchesse de Rohan, dans son ingénieuse « satire apologétique, montez les degrés, entrez « jusque dans son antichambre : vous oyrez les « gentilshommes qui diront : J'ai mis ma vie tant « de fois pour son service, je l'ai tant de temps « suivi, j'ai esté blessé, j'ai esté prisonnier ; « j'y ai perdu mon fils, mon frère ou mon pa- « rent : au partir de là il ne me connoist plus ; « il me rabroue si je lui demande la moindre « recompense......... Ses effets parlent et disent « en bon langage : Mes amis, offensez-moi, je « vous aimerai; servez-moi, je vous haïrai. »

Henri laissa mourir de faim le fidèle bourgeois qui avoit favorisé sa fuite, lorsque lui Henri étoit à Paris prisonnier de Charles IX. A la mort de Henri III, Henri IV avoit dit à Armand de Gontaud, baron de Biron : *C'est à cette heure qu'il faut que vous mettiez la main droite à ma couronne ; venez-moi servir de père et d'ami contre ces gens qui n'aiment ni vous ni moi.* Henri auroit dû garder la mémoire de ces paroles, il auroit dû se souvenir que Charles de Gontaud, fils d'Armand, avoit été son compagnon d'armes; que la tête de celui qui avoit mis *la main droite à sa couronne* avoit été emportée d'un boulet de canon : ce n'étoit pas au Béarnois à joindre la tête du fils à la tête du père. Le grand-maître des échafauds, Richelieu, désapprouvoit celui de Biron comme inutile.

Mais la bravoure de Henri IV, son esprit, ses mots heureux, et quelquefois magnanimes, son talent oratoire, ses lettres pleines d'originalité, de vivacité et de feu, ses malheurs, ses aventures, ses amours, le feront éternellement vivre. Sa fin tragique n'a pas peu contribué à sa renommée; disparoître à propos de la vie est une condition de la gloire. Henri IV étoit encore un fort bon administrateur ; il montra son habileté à faire à vivre en paix des hommes qui se détestoient, particulièrement ses ministres, hommes de capacité, mais antipathiques les uns aux autres, et sortis de partis divers. Les Bourbons n'ont compté que cinq rois dans leur courte monarchie absolue; sur ces cinq rois, ils ont deux grands princes et un martyr. Ce sang n'étoit pas stérile.

Au surplus, tout le siècle de Louis XIV se tut sur l'aïeul des Bourbons. Le grand roi ne permettoit d'autre bruit que le sien. A peine retrouve-t-on le nom de Henri IV dans un pamphlet de la Fronde qui établit un dialogue entre *le Roi de Bronze et la Samaritaine*; l'ouvrage de Péréfixe étoit oublié. Un poëte qui a tant fait de renommées avec la sienne, Voltaire, a ressuscité le vainqueur d'Ivry : le génie a le beau privilége de distribuer la gloire.

Depuis le commencement de la troisième race jusqu'aux Valois, il n'y avoit point eu en France de guerre civile proprement dite. Les guerres féodales étoient des guerres de souverain à souverain, car les seigneurs étoient de véritables princes indépendants. Si la moitié de la France prit les armes contre l'autre sous Charles V, Charles VI et Charles VII, c'est que la France étoit partagée entre deux souverains, le roi de France et le roi d'Angleterre. Une guerre civile s'alluma

sous Louis XI et sous Charles VIII, mais ne dura qu'un moment. Malheureusement ce fut la religion qui donna naissance aux longues guerres civiles de la Ligue. Toutefois ces espèces de guerres qui causent de grands maux à l'espèce sont favorables à l'individu ; elles mettent en valeur les qualités personnelles ; jamais il n'apparoît à la fois autant d'hommes remarquables que pendant les discordes intestines des peuples. Presque toujours les temps qui suivent ces discordes sont des temps d'éclat, de prospérité, de progrès, comme de riches moissons s'élèvent sur des champs engraissés.

Quelques faits principaux constituent la révolution de l'époque que nous venons de parcourir.

La seconde aristocratie perd le reste de sa puissance; les gentilshommes ne vont plus être que les officiers de l'armée démocratique prête à se former sous Louis XIII et Louis XIV.

La monarchie des états finit avec les Valois : elle ne se montre un moment sous Louis XIII que pour rendre le dernier soupir.

La monarchie parlementaire atteint le plus haut degré de son pouvoir, et vient expirer, par abus de sa force, dans les démêlés de la Fronde.

La monarchie absolue monte donc en effet sur le trône avec le premier Bourbon; il ne restoit plus à cette monarchie qu'à renverser quelques obstacles que balaya Richelieu.

Les états, pendant les guerres civiles, ne répondirent point à ce qu'on devoit attendre d'un aussi grand corps, soit qu'il repoussât, soit qu'il adoptât les nouvelles opinions ; ce qui prouve qu'ils n'étoient point entrés dans les mœurs ou dans les libertés du pays. Ces états firent des actes remarquables de législation civile et administrative, mais ils ne montrèrent aucun génie politique; ils furent maîtrisés par les caractères individuels. Quand l'ordre reparut sous Henri IV, l'esprit humain, après avoir remué tant d'idées, après avoir passé à travers tant de crimes, s'étoit agrandi, mais le gouvernement s'étoit resserré. Le parlement, rival victorieux de la représentation nationale, rendoit des arrêts politiques, disposoit de la régence, refusoit ou ordonnoit l'impôt; il y avoit deux pouvoirs législatifs. Les savants, les gens de lettres, les écrivains attachés de préférence à la robe, faisoient opposition à l'autorité des trois ordres. Les états de la Ligue achevèrent de déconsidérer des assemblées qui, luttant sans cesse contre les abus de la féodalité, de la couronne, du parlement et du peuple, n'avoient jamais pu contenir le despotisme royal, réfréner les injustices aristocratiques, arrêter les empiétements de la magistrature, enchaîner les violences populaires.

L'édit de Nantes constitua l'état civil et religieux des protestants; ils obtinrent un culte public, des consistoires, des écoles, des revenus, et jusqu'à des forces militaires pour protéger leurs établissements. Les quatre-vingt-douze articles généraux de l'édit, et les cinquante-six articles particuliers, reproduisoient à peu près les dispositions de l'édit de Poitiers, et des conventions de Flex et de Bergerac. Un codicille secret permettoit aux calvinistes de garder quelques places de sûreté pendant huit ans.

Les concessions n'étoient malheureusement qu'*octroyées*; Henri IV les respecta, mais Richelieu et Louis XIV pensèrent que ce qui étoit accordé se pouvoit reprendre. Les protestants soutinrent trois guerres contre Louis XIII. Le duc de Rohan, leur chef, appela les Anglois à leur secours; ils furent battus; La Rochelle tomba, et Louis XIV, après une longue série de séductions et de persécutions, révoqua l'édit de Nantes en 1668.

A compter depuis la conjuration d'Amboise, 1560, jusqu'à la publication de l'édit de Nantes, en 1599, s'écoulèrent trente-neuf années de massacres, de guerres civiles et étrangères, entremêlées de quelques moments de paix; c'est à peu près la période qu'a parcourue notre dernière révolution. Ce temps de la Saint-Barthélemy et de la Ligue est le temps de la terreur religieuse, d'où sortit la monarchie absolue, comme le despotisme militaire sortit de la terreur politique de 1795. Il ne coula guère moins de sang françois dans les guerres et les massacres du seizième siècle que dans les massacres et les guerres de la révolution. « Durant ces guerres (de la Ligue) sont « morts prématurement, et avant le temps, « plus de deux millions de personnes, tant de « mort violente que de necessité et pauvreté,

« par famine et autrement. » (*La vie et déportements de Henri le Bearnois.*)

Un capital immense fut dissipé ; les dettes de l'état se trouvèrent monter, sous Henri IV, à trois cent trente millions de la monnoie de ce temps, sans parler de toutes les autres sommes absorbées et non constituées en dettes publiques, comme on le va voir par les autorités suivantes : « Le pauvre peuple avoit été tellement « pillé, vexé, saccagé, rançonné et subsidié, « sans aucune relâche ni moyen de respirer, « qu'il ne lui restoit plus aucune facilité de « vivre, étant comme désespéré et résolu de « quitter le pays de sa naissance pour aller « vivre en terre étrangère; car, depuis ledit « temps, la ville de Paris et pays circonvoisins « avoient fourni trente-six millions de livres, « outre autre somme de soixante millions de « livres ou environ, qui avoient été fournis « par le clergé de France, sans les dons, em-« prunts et subsides levés extraordinairement, « tant sur ladite vil'e que sur les autres pays et « provinces du royaume : somme suffisante « non-seulement pour conserver l'état de la « France, mais aussi, avec la terreur de l'an-« cien nom des François, en rendre le nom « formidable à tous les autres princes, poten-« tats et nations. » (*Vie et mort de Henri de Valois.*)

Dans les pays qu'ils occupoient, les huguenots détruisirent les monuments catholiques et s'emparèrent des biens du clergé. Beaucoup de prêtres se marièrent, et restèrent néanmoins catholiques ; leurs mariages furent sanctionnés par la cour de Rome, et leurs enfants légitimés. La cour, de son côté, ne se fit faute des biens ecclésiastiques.

« Son regne (de Charles IX) a aussi esté « taché d'avoir esté soubs lui les ecclésiasti-« ques fort vexez, tant de lui que des hugue-« nots : les huguenots les avoient persecutez « de meurtres, massacres, et expolié leurs « eglises de leurs sainctes reliques ; et lui « avoit exigé de grandes decimes, et aliené et « vendu le fonds et temporel de l'Eglise, de la-« quelle vendition il tira grand argent. » (BRANTOME.)

Les députés du clergé de France, assemblés à Melun, représentèrent à Henri III, « qu'en « plusieurs archevêchés et évêchés il n'y avoit « aucun pasteur ; quant aux autres abbayes « et aux autres grands bénéfices étant aussi « sans pasteurs, le nombre en estoit quasi infini, « mesmement que de cent trente-cinq diocèses « qu'il y a en Languedoc et en Guienne, par « non-résidence d'evesques et par maladie des « autres, et principalement par faute d'evesques « pourvus en titre, on avoit été quelques an-« nées sans y faire le Saint-Chresme, tellement « qu'il estoit tous les jours besoin de l'aller men-« dier de là les monts en Espagne. Au sur-« plus, nul roi par avant lui (Henri III) n'a-« voit esté cause de tant d'œconomats, consti-« tutions de pensions pour les femmes (voire « la plus grande partie *courtisanes*), et autres « personnes laïques, sur les biens de l'Église ; « et, qui pis est, il souffroit trafiquer des bene-« fices, vendre, engager et hypothequer le do-« maine de Dieu. Faisant autoriser et justifier « ces choses par jugement et lois publiques en « son grand conseil, où de l'argent provenu de « la vente d'un evesché ont esté acquittées les « dettes du vendeur, et en son conseil mesme « une abbaye y auroit esté adjugée à une dame, « comme lui ayant esté baillée en don, avec de-« claration qu'après son décès ses heritiers en « jouiroient par egale portion. » (*Vie et mort de Henri de Valois.*)

Ces choses, que les catholiques reprochoient amèrement à Henri III, ils les approuvoient dans Charles IX.

La vente, saisie et jouissance des biens de l'Église par les laïques étoient accompagnées de la saisie, jouissance et vente des biens des particuliers, comme dans la révolution. Plusieurs édits et déclarations ordonnent la confiscation des biens des huguenots. Le parlement, en 1589, rendit un arrêt *pour faire procéder à la vente des biens de ceux de la nouvelle opinion............ afin qu'on ne soit pas privé du fruit et secours espéré des saisies et ventes des biens et héritages de ceux de la nouvelle opinion.*

Un règlement du duc de Mayenne, de la même année, exige le serment à l'union catholique par le clergé, la noblesse, le tiers-état, les habitants des villes et des campagnes, etc. Ce serment doit être prêté dans la quinzaine du jour de la publication du règlement. L'article IX porte : « Après ladite quinzaine pas-

« see, sera *procedé à la saisie des biens meu-*
« *bles et immeubles de tous ceux qui se trouve-*
« *ront refusant ou delaiant faire ledit serment,*
« soit ecclesiastique, noble, ou du tiers-estat ;
« et si, dans un mois après ladite saisie, ils ne
« le voudroient faire, ou n'auroient proposé
« excuse valable de leur absence et legitime
« empeschement, seront tenus et reputez pour
« ennemis de Dieu et de l'estat, et *passé outre à*
« *la vente desdits meubles, etc.* »

On voit que les massacres, les injustices, les spoliations, ne sont pas, comme on l'a cru, particuliers à nos temps révolutionnaires. Les terroristes de la Saint-Barthélemy et de la Ligue étoient des aristocrates nobles, des rois, des princes, des gentilshommes, Charles IX, Henri III, le duc de Guise, Tavannes, Clermont, Coconnas, La Mole, Bussy d'Amboise, Saint-Mesgrin, et tant d'autres : non-seulement ils lâchèrent les bourgeois de Paris sur les huguenots, mais ils trempèrent eux-mêmes leurs mains dans le sang. Les septembriseurs et les terroristes de 1792 et de 1793 étoient des démocrates plébéiens : au-delà des meurtres individuels qu'ils commirent, ils inventèrent le meurtre légal, effroyable crime qui fit désespérer de Dieu ; car si la justice de la terre peut jamais être armée du fer de l'assassin, où est la justice du ciel ? Que reste-t-il aux hommes ?

La terreur de la Saint-Barthélemy et de la Ligue fut approuvée par la grande majorité de la nation. On regarda aussi cette terreur comme *nécessaire*. On ne trouve pas contre Charles IX, qui nous fait tant d'horreur aujourd'hui, un seul écrit de ses contemporains catholiques ; il est loué au contraire de presque tous les hommes de mérite de cette époque, Du Tillet, Brantôme, Ronsard, tandis que Henri III est accablé d'outrages.

J'ai souvent cité les pamphlets de la Ligue, parce qu'on y suit mieux le mouvement des opinions. C'est la première fois que la presse a joué un rôle important dans les troubles politiques ; par son moyen la pensée est devenue, ainsi que de nos jours, un élément social, un fait qui se mêloit aux autres faits, et leur donnoit une nouvelle vie. La plume étoit aussi active que l'épée. Comme chacun avoit la liberté entière dans son parti, et n'étoit proscrit que dans l'autre, il y avoit réellement liberté de la presse. Les imaginations audacieuses de Rabelais, le *Traité de la servitude volontaire* de La Boétie, les *Essais* de Montaigne, la *Sagesse* de Charron, la *République* de Bodin, les écrits polémiques, le *Traité* où Mariana va jusqu'à défendre le régicide, prouvent qu'on osa tout examiner. Comme la succession à la couronne étoit contestée, les catholiques, en se divisant à ce sujet, examinèrent hardiment les principes de la monarchie, et les protestants révèrent la république aristocratique. La liberté politique et la liberté religieuse eurent un moment pleine licence, en s'appuyant à la liberté de la presse, leur compagne, ou plutôt leur mère. Mais cet horizon, qui s'ouvrit un moment dans l'esprit humain, se referma tout à coup. La réaction qui suit l'action, quand l'action n'est pas consommée, précipita la France sous le joug.

En résumé, les guerres civiles religieuses du seizième siècle, qui ont duré trente-neuf ans, ont engendré les massacres de la Saint-Barthélemy, ont versé le sang de plus de dix millions de François, ont dévoré près de trois milliards de notre monnoie actuelle, ont produit la saisie et la vente des biens de l'Église et des particuliers, ont fait périr deux rois de mort violente, Henri III et Henri IV, et commencé le procès criminel du premier de ces rois. La vérité religieuse, quand elle est faussée, ne se livre pas à moins d'excès que la vérité politique, lorsqu'elle a dépassé le but.

Maintenant je vais cesser de raconter les faits et les mœurs qui n'ont plus rien de caractéristique et de pittoresque. Les mœurs du dix-septième siècle, non les opinions, étoient à peu près celles qui précédèrent immédiatement l'époque révolutionnaire. Les François qui parlèrent la langue de Louis XIII, de Louis XIV et de Louis XV, sont si près de nous, qu'il semble que nous les ayons vus vivants. Il n'y a pas longtemps que sont morts des vieillards qui avoient connu Fontenelle. Fontenelle étoit né en 1657, et d'Espernon étoit mort en 1642. La veuve du duc d'Angoulême, fils naturel de Charles IX, ne trépassa que le 10 août 1715. Quelques réflexions générales sur les quatre règnes de la monarchie absolue termineront cette *analyse raisonnée* de notre histoire.

LOUIS XIII, LOUIS XIV, LOUIS XV ET LOUIS XVI.

De 1610 à 1793.

Le parlement conféra la régence et la tutelle de Louis XIII à Marie de Médicis. Sully (1610) se retire de la cour : il avoit payé deux cents millions de dettes sur trente-cinq millions de revenu, et il laissa trente millions dans la Bastille. On ne sait pas que ce rigide et fastueux protestant, ministre habile d'ailleurs, qui vivoit dans sa retraite comme un dernier grand baron de l'aristocratie, déridoit ses graves loisirs en écrivant sur l'ancienne cour des Mémoires aussi orduriers que ceux de Brantôme.

Le duc de Mayenne meurt : il n'entra jamais bien dans la Ligue et dans les complots de son frère ; mais il avoit plus de bon sens que le Balafré, et cet esprit commun qui convient aux affaires.

Concini, marquis d'Ancre, et sa femme, gouvernent Marie de Médicis. Brouilleries de cour ; retraite des princes ; petites guerres civiles mêlées de protestantisme (1614). Derniers états-généraux du 17 octobre 1614. Le premier vote des communes de France, lorsqu'elles furent appelées aux états par Philippe-le-Bel, pour s'opposer aux empiétements de Boniface VII, fut ainsi conçu : « Qu'il plaise au sei-
« gneur roi de garder la souveraine franchise
« de son royaume, qui est telle que, dans le
« temporel, le roi ne reconnoist souverain en
« terre, fors que Dieu. » Le dernier vote des communes aux états de 1614 fut celui-ci :

« Le roi est supplié d'ordonner que les sei-
« gneurs soient tenus d'affranchir dans leurs
« fiefs tous les serfs. »

Le premier vote du tiers-état sortant de la longue servitude de la monarchie féodale est une réclamation pour la liberté du roi ; son dernier vote, au moment où il rentre dans l'esclavage de la monarchie absolue, est une réclamation en faveur de la liberté du peuple : c'est bien naitre et bien mourir. J'ai dit pourquoi la monarchie des états ne se put établir en France.

Richelieu, dont le génie (heureusement pour lui) n'étoit deviné de personne, est fait secrétaire d'état par la protection du maréchal d'Ancre.

Ce maréchal (1617) est arrêté par Vitry, et massacré par le peuple. Sa femme, qui eut la tête tranchée, dit le mot fameux que Voltaire a un peu arrangé. Les biens du maréchal d'Ancre sont donnés à Luynes, favori de Louis XIII. Luynes avoit fait son chemin auprès du roi en élevant des pies-grièches. Mésintelligence entre Louis XIII et sa mère.

(1621.) Guerre religieuse renouvelée par Rohan et Soubise. Les idées politiques s'étoient débrouillées dans la tête des protestants ; ils vouloient faire de la France une république divisée en huit cercles.

Richelieu, devenu cardinal, entre au conseil (1624.) Le maréchal de Luynes l'avoit protégé après le maréchal d'Ancre. Sa souplesse fit sa fortune, son orgueil sa gloire. Henriette de France, sœur de Louis XIII, épouse Charles Ier, roi d'Angleterre (1625).

L'an 1626 voit commencer les cabales contre le cardinal de Richelieu, encouragées par Gaston, frère du roi, qui perdoit ses amis, et fuyoit toujours. Richelieu abaisse à la fois les grands, les huguenots et la maison d'Autriche. Tragique histoire du duc de Montmorency et de Cinq-Mars.

Toutes les libertés meurent à la fois, la liberté politique dans les états congédiés, la liberté religieuse par la prise de La Rochelle ; car la force huguenote demeura anéantie, et l'édit de Nantes ne fut que la conséquence de la disparition du pouvoir matériel des protestants. La liberté littéraire périt à son tour : on avoit passé de l'école naïve, simple, originale d'Amyot, de Rabelais, de Marot, de Montaigne, à l'école artificielle et boursouflée de Ronsard. Malherbe rentra dans la première route : les sujets étrangers à nos mœurs et à nos croyances furent choisis de préférence. Alors s'éleva

l'Académie françoise, haute cour du classique, qui fit comparoître devant elle, comme premier accusé, le génie de Corneille. Racine vint ensuite imposer aux lettres le despotisme de ses chefs-d'œuvre, comme Louis XIV le joug de sa grandeur à la politique. Sous l'oppression de l'admiration, Chapelain, Coras, Leclerc, Saint-Amand, maintenoient en vain, dans leurs ouvrages persécutés, l'indépendance de la langue et de la pensée : ils expiroient pour la liberté de mal dire sous les vers de Boileau, en appelant de la servitude de leur siècle à la postérité délivrée. Ils eurent raison de réclamer contre la règle étroite et la proscription des sujets nationaux; ils eurent tort d'être de méchants poëtes.

Le premier ministre mourut détesté et admiré, la même année que la veuve de Henri IV mourut à Cologne dans la dernière misère. Pendant le règne du cardinal de Richelieu, on voit se traîner quelques hommes du passé et s'avancer quelques hommes de l'avenir : Guise et d'Espernon, Turenne, le jeune Villars et le jeune Condé. D'Espernon est le seul favori qui soit jamais devenu un personnage par une imperturbable morgue de médiocrité. A force de vivre et d'insulter, ce bourgeois avoit fini par faire croire qu'il étoit un grand seigneur. Il ne paroît pas tout à fait innocent de l'assassinat de Henri IV. Les sujets, comme le chef suprême, inclinoient au despotisme; on arrivoit peu à peu à l'admiration du pouvoir.

Louis XIII, mort en 1643, fut placé entre Henri IV et Louis XIV, comme Louis-le-Jeune entre Philippe-Auguste et saint Louis. Il fut aussi intrépide que son père et n'eut rien de la grandeur de son fils. Il n'y a qu'une seule chose et qu'un seul homme dans le règne de Louis XIII, Richelieu. Il apparoît comme la monarchie absolue personnifiée, venant mettre à mort la vieille monarchie aristocratique. Ce génie du despotisme s'évanouit, et laisse en sa place Louis XIV, chargé de ses pleins-pouvoirs.

Le parlement de Paris donna la régence et la tutelle à Anne d'Autriche, comme il l'avoit donnée à Marie de Médicis en 1610 : il achevoit son usurpation législative.

La monarchie parlementaire, survivant à la monarchie des états, atteignit, sous la minorité de Louis XIV, le faîte de sa puissance : elle déména ses guerres; on se battit en son honneur; ses arrêts servoient de bourre à ses canons. Dans son règne d'un moment, elle eut pour magistrat Matthieu Molé; pour prélat, le cardinal de Retz; pour héroïne, la duchesse de Longueville; pour héros populaire, le fils d'un bâtard de Henri IV; et pour généraux, Condé et Turenne. Mais cette monarchie neutre, qui n'étoit ni la monarchie absolue ni la monarchie tempérée des états, cette monarchie qui paroissoit entre l'une et l'autre, qui ne vouloit ni la servitude ni la liberté, qui n'aspiroit qu'au renversement d'un ministre fin et habile, cette monarchie à la suite de quelques princes brouillons et factieux, passa vite. Louis XIV, devenu majeur, entra au parlement avec un fouet, sceptre et symbole de la monarchie absolue, et les François furent mis à l'attache pour cent cinquante ans.

Auprès de la comédie de Mazarin se jouoit la tragédie de Charles Ier, et Mazarin reconnut humblement le protecteur. La monarchie des états avoit commencé en France et en Angleterre presque au même moment dans les siècles barbares; elle aboutit presque au même moment dans le dix-septième siècle, en Angleterre, à la monarchie représentative, en France, à la monarchie absolue. La réforme religieuse que tenta Henri VIII réussit, et la réforme religieuse qu'essayèrent les huguenots avorta : de cette différence de fortune dans la vérité religieuse naquit peut-être la différence de position dans la vérité politique. Les guerres parlementaires de la Grande-Bretagne furent les dernières convulsions de l'arbitraire anglois expirant; les guerres de la Fronde, les derniers efforts de l'indépendance françoise mourante : l'Angleterre passa à la liberté avec un front sévère, la France, au despotisme en riant.

Le traité des Pyrénées met fin à la guerre entre la France et l'Espagne, et stipule le mariage de Louis XIV et de l'infante Marie-Thérèse (1659). Restauration de Charles II, en 1660. Mariage de Louis XIV dans la même année. Mort de Mazarin, en 1661 : homme habile, patient, insensible à l'injure, et qui regretta la vie. Arrestation de Fouquet. Commencement de l'élévation de Colbert. Louis XIV sort de l'ombre à la mort de Mazarin. Conquête

de la Flandre. Louvois étoit ministre de la guerre ; Turenne, Condé, Créqui, Grammont, Luxembourg, étoient généraux et capitaines (1667).

Conquête de la Franche-Comté. Triple alliance entre l'Angleterre, la Suède et la Hollande. Paix entre la France et l'Espagne. La France garde les conquêtes de la Flandre et rend la Franche-Comté. Conversion de Turenne, qui cède à l'*Exposition de la foi* de Bossuet ; grands noms (1668).

Suppression des chambres mi-parties dans les parlements établies par l'édit de Nantes. Troubles au sujet de l'affaire de Jansénius. Prise de Candie par les Turcs. Le duc de Beaufort, roi des halles ou de la Fronde, est tué dans une sortie. Édit qui permet le commerce à la noblesse (1669).

Mort de madame Henriette, immortalisée par Bossuet. La France s'allie secrètement à l'Angleterre. Louis XIV se vouloit venger des Hollandois, qui avoient interrompu ses succès contre les Espagnols. Il étoit, en outre, choqué de la liberté des gazetiers républicains, acharnés contre son gouvernement et sa personne. Il entre en Hollande et en fait la conquête. Guillaume III devient stathouder, et commence à balancer la fortune du grand roi.

Les guerres continuèrent pendant tout le règne de Louis XIV ; et la dernière, celle de 1701, la plus juste dans son principe et la plus malheureuse dans ses résultats, laissa pourtant à la maison de France la succession de la maison d'Espagne : le royaume y gagna de n'avoir plus besoin de se défendre du côté des Pyrénées, et de pouvoir porter toutes ses forces sur les frontières de l'est et du nord.

Louis XIV a rendu fameux le premier règne de la monarchie absolue, par sa protection des lettres et des arts, par ses conquêtes, son administration, ses fêtes, ses galanteries ; car dans l'histoire du despotisme, la magnificence et les foiblesses du prince deviennent des affaires d'état. Voltaire n'a rien laissé à dire à la gloire du siècle de Louis XIV. Un auteur moderne, sévère sur tout le reste, a rendu justice à l'administration de Louis-le-Grand : seulement il reproche à ce roi ce qu'il falloit reprocher à tous les rois ses prédécesseurs, et ce qui découloit de la législation romaine. Nous n'entendons plus aujourd'hui l'esclavage, nous ne concevons plus comment un homme pouvoit être la propriété d'un autre homme ; et néanmoins les sages, les philosophes, les hommes les plus libres et les plus éclairés de l'antiquité, le concevoient et le trouvoient juste. Nous ne comprenons plus comment un juge pouvoit accepter les biens de l'accusé qu'il avoit jugé et condamné ; et pourtant, sous Louis XIV, les magistrats les plus intègres le comprenoient et le trouvoient naturel. Aujourd'hui même en Angleterre, où la confiscation existe, les biens confisqués pour crime de haute trahison seroient encore distribués entre les délateurs et les favoris de la cour. Nous nous demandons comment un prince pouvoit avoir une maîtresse en titre que venoient idolâtrer l'honneur, le génie et la vertu : on entroit dans cette idée au dix-septième siècle ; Bossuet se chargeoit de réconcilier Louis XIV et madame de Montespan. Le grand roi, dans la démence de son orgueil, osa imposer en pensée à la France, comme monarques légitimes, ses bâtards adultérins légitimés. Sous certains rapports généraux nous valons mieux, hommes de notre siècle, ou plutôt notre temps vaut mieux que les hommes et le temps qui nous ont précédés, et cela tout naturellement par le progrès de la raison et de la civilisation ; mais nous sommes injustes quand nous jugeons nos devanciers par des lumières qu'ils ne pouvoient avoir, et par des idées qui n'étoient pas encore nées.

Tout devint individuel sous Louis XIV. Le peuple disparut comme aux temps féodaux : on eût dit d'une nouvelle conquête, d'une nouvelle irruption des Barbares, et ce n'étoit que l'invasion d'un seul homme. Observons néanmoins une différence : le nom du peuple ne se rencontre nulle part dans la monarchie de Hugues Capet, parce que le peuple n'existoit pas ; il n'y avoit que des serfs ; la nation, militaire et religieuse, consistoit dans la noblesse et le clergé. Sous Louis XIV le peuple étoit créé ; il se perdoit seulement dans l'arbitraire, ce qui fait qu'il se retrouva au moment où ses chaînes se rompirent.

Quand la lutte de l'aristocratie avec la couronne finit, la lutte de la démocratie avec cette même couronne commença. La royauté, qui

avoit favorisé le peuple afin de se débarrasser des grands, s'aperçut qu'elle avoit élevé un autre rival moins tracassier, mais plus formidable. Le combat s'établit sur le terrain de l'égalité. Il y eut monarchie absolue sous Louis XIV, parce que la liberté aristocratique étoit morte, et que l'égalité démocratique vivoit à peine : dans l'absence de la liberté et de l'égalité, l'une moissonnée, l'autre encore en germe, il y eut despotisme, et il ne pouvoit y avoir que cela.

La monarchie absolue naquit le jour où l'hérédité royale dans la famille capétienne s'établit; cette monarchie mit sept siècles à croître au travers des transformations sociales : comme toute institution qui ne tombe pas fortuitement dans sa marche, elle monta degré à degré, à son apogée. Le despotisme de Louis XIV fut un fait progressif naturel, venu à point, dans son temps, dans son lieu ; un résultat inévitable des opinions et des mœurs à cette époque, un anneau de la chaîne qui servoit à joindre le principe répudié de la liberté au principe non encore adopté de l'égalité. Il falloit enfin que la royauté s'usât comme l'aristocratie ; que l'on sentît les abus du gouvernement d'un seul comme on avoit senti l'oppression du gouvernement de plusieurs. Du moins ce fut une chance heureuse pour la France d'avoir produit, dans ce moment même, un roi capable de remplir avec éclat cette période obligée d'asservissement : l'héritier de Richelieu et l'élève de Mazarin fut en rapport de caractère avec l'autorité absolue qui lui échéoit ; l'homme et le temps se corroborèrent. Le siècle de Louis XIV fut le superbe catafalque de nos libertés, éclairé par mille flambeaux de la gloire, que tenoit à l'entour un cortége de grands hommes.

Les troubles de la minorité de Louis XIV, mêlés à des victoires sur l'étranger, achevèrent de former des généraux et de créer une armée régulière, élément indispensable du despotisme civilisé : ainsi les troubles, les victoires et les habiles capitaines de la république préparèrent tout pour la domination de Buonaparte. Aux deux époques on étoit las de révolution, et l'on avoit des moyens de conquêtes. Louis XIV, comme Napoléon, chacun avec la différence de son temps et de son génie, substituèrent l'ordre à la liberté.

L'homme d'une époque ou d'un siècle eut pourtant un avantage sur l'homme fastique ou de tous les siècles.

La féodalité ou la monarchie militaire noble perdit ses principales batailles ; mais les étrangers ne purent garder les provinces qu'ils avoient occupées dans notre patrie, et ils en furent successivement chassés : l'empire ou la monarchie militaire plébéienne fit des conquêtes immenses, mais elle fut forcée de les abandonner, et nos soldats, en se retirant, entraînèrent deux fois avec eux les étrangers à Paris : la monarchie royale absolue n'alla pas loin chercher ses combats, mais le fruit de ses victoires nous est resté ; notre indépendance vit encore à l'abri dans le cercle de remparts qu'elle a tracé autour de nous. A quoi cela a-t-il tenu? à l'esprit positif du grand roi et à la longueur du règne de ce prince. Louis chercha à donner à notre territoire ses bornes naturelles ; on a trouvé dans les papiers de son administration des projets pour reculer la frontière de la France jusqu'au Rhin, et pour s'emparer de l'Égypte ; on a même un mémoire de Leibnitz à ce sujet. Si Louis XIV eût complétement réussi, il ne nous resteroit plus aujourd'hui aucune cause de guerre étrangère.

Mais si les conquêtes de la monarchie militaire plébéienne n'ont point été annexées à notre sol comme les conquêtes de la monarchie royale absolue, elles ont eu un effet moral que n'ont pas eu les profits tout matériels des envahissements de Louis XIV. Nos armées, comme celles d'Alexandre, ont semé les lumières chez les peuples où notre drapeau s'est promené : l'Europe est devenue françoise sous les pas de Napoléon, comme l'Asie devint grecque dans la course d'Alexandre.

Louis XIV eut quelque chose de Dioclétien, sans en avoir les mœurs et la philosophie ; il établit comme lui le faste de l'Orient à sa cour, éleva comme lui des monuments, et fut comme lui grand administrateur. L'attention qu'il donnoit à l'agriculture s'étendoit sur les autres parties de l'état : il chercha jusque dans les pays étrangers les hommes qui pouvoient faire fleurir le commerce et les manufactures. Magnifiquement occupé de ses plaisirs, il travailloit néanmoins avec ses ministres ; laborieux, il entroit jusque dans les moindres détails. Le plus petit bourgeois lui pouvoit soumettre des

plans et obtenir audience de lui : de la même main dont il protégeoit les arts et faisoit céder l'Europe à nos armes, il corrigeoit les lois, et introduisoit l'unité dans les coutumes.

La monarchie absolue n'étoit pas un état de privilége pour les individus : on se figure que la classe mitoyenne étoit éloignée de tout, que les emplois n'appartenoient qu'aux nobles ; rien de plus faux que cette idée. Toutes les carrières étoient ouvertes aux François : l'église, la magistrature et le commerce étoient presque exclusivement le partage des plébéiens. La plus haute dignité civile, celle du chancelier, étoit roturière. Les bourgeois parvenoient aux premières places militaires et administratives. Louis XIV surtout ne fit aucune distinction dans ses choix : Fabert, Gassion, Vauban même et Catinat, furent maréchaux de France; Colbert et Louvois étoient ce que plus tard on appela impertinemment *des hommes de peu*. En général, dans toute l'ancienne monarchie, les familles nobles ne fournissoient pas les ministres. « Le chancelier Voisin, dit Saint-« Simon, avoit essentiellement la plus par-« faite qualité sans laquelle nul ne pouvoit « entrer et n'est jamais entré dans le conseil « de *Louis XIV*, en tout son règne, *qui est* « *la pleine et parfaite roture*, si l'on en excepte « le seul duc de Beauvilliers. » Les ambassadeurs du grand roi n'étoient pas tous choisis parmi les grands seigneurs. La plupart des évêques (et quels évêques, Bossuet et Massillon !) sortoient des rangs médiocres ou tout à fait populaires.

Mais cette jalousie de la bourgeoisie contre la noblesse, qui a éclaté avec tant de violence au moment de la révolution, ne venoit pas de l'inégalité des emplois ; elle venoit de l'inégalité de la considération. Il n'y avoit si mince hobereau qui n'eût le privilége d'insulte ou de mépris envers le bourgeois, jusqu'à ce point de lui refuser de croiser l'épée : ce nom de gentilhomme dominoit tout. Il étoit impossible qu'à mesure que les lumières descendoient dans les classes mitoyennes, on ne se révoltât pas contre des prétentions d'une supériorité devenue sans droits. Ce ne sont point les nobles que l'on a persécutés dans la révolution ; ce ne sont point leurs immunités d'eux-mêmes abandonnées, que l'on a voulu détruire en

eux : c'est une opinion que l'on a immolée dans leur personne; opinion contre laquelle la France entière se soulèveroit encore, si l'on essayoit de la faire renaître.

Louis XIV révéla à la France le secret de sa force ; il prouva qu'elle se pouvoit rire des ligues de l'Europe jalouse. Ce prince eut une fois huit cent mille hommes sous les armes, onze mille soldats de marine, cent soixante mille matelots, mille élèves de marine, cent quatre-vingt-dix-huit vaisseaux de soixante canons et trente galères armées. Les étrangers, qui cherchoient à rabaisser notre gloire, devoient ce qu'ils étoient à notre génie. En Angleterre, en Allemagne, en Italie, en Espagne, partout on reconnoît qu'on a suivi les édits de Louis XIV pour la justice, ses règlements pour la marine et le commerce, ses ordonnances pour l'armée, ses institutions pour la police des chemins et des villes ; tout, jusqu'à nos mœurs et à nos habits, fut servilement copié. Tel qui se vantoit de ses établissements publics, en avoit emprunté l'idée à notre nation ; on ne pouvoit faire un pas chez les étrangers sans retrouver la France mutilée.

A ce beau côté de Louis XIV, il y a un vilain revers. Ce prince, qui fit notre patrie pour l'administration, la force extérieure, les lettres et les arts, à peu près ce qu'elle est demeurée, écrasa le reste des libertés publiques, viola les priviléges des provinces et des cités, posa sa volonté pour règle, enrichit ses courtisans de confiscations odieuses. Il ne lui vint pas même en pensée que la liberté, la propriété, la vie d'un de ses sujets, ne fussent pas à lui.

Dans les idées du temps, ou plutôt dans les idées formées par Louis XIV, cela ne choquoit point. Les esprits les plus frondeurs, comme Saint-Simon qui n'aimoit pas son maître et qui met à nu ses foiblesses, ne songeoient guère plus au peuple que le souverain.

Mais ce que l'on ne sentoit point alors, les générations suivantes le sentirent ; l'impression du despotisme resta, et quand Louis XIV eut cessé de vivre, on en voulut à ce roi d'avoir usurpé à son profit la dignité de la nation.

Ce prince fit encore un mal irréparable à sa

47

famille : l'éducation orientale qu'il établit pour ses enfants, cette séparation complète de l'enfant du trône des enfants de la patrie, rendirent étranger à l'esprit du siècle, aux peuples sur lesquels il devoit régner, l'héritier de la couronne. Henri IV couroit pieds nus et tête nue avec les petits paysans sur les montagnes du Béarn. Le gouverneur qui montroit au jeune Louis XV la foule assemblée sous les fenêtres de son palais, lui disoit : « Sire, tout ce peuple est à vous. » Cela explique les temps, les hommes et les destinées.

Cependant comme la pensée sociale ne rétrograde point, bien que les faits rebroussent souvent vers le passé, un contre-poids s'étoit formé par les lumières de l'intelligence, aux principes de l'absolu de Louis XIV. Au moment où l'ancien droit politique intérieur de la France s'anéantit, le droit public extérieur des nations se fonda : les publicistes parurent, Grotius à leur tête. Le cardinal de Richelieu, en abaissant la maison d'Autriche, donna naissance au système de la balance européenne, système maintenu par Mazarin. Les relations diplomatiques se régularisèrent, et des traités confirmèrent l'existence des gouvernements populaires qui s'étoient affranchis les armes à la main. Locke et Descartes avoient appris à raisonner; Corneille avoit exhumé les vertus républicaines.

Pascal osa écrire :

« Ce chien *est à moi*, disoient ces pauvres
« enfants; c'est ma place au soleil : voilà le
« commencement et l'image et l'usurpation de
« toute la terre. »

Pascal avoit dit encore :

« Trois degrés d'élévation du pôle ren-
« versent toute la jurisprudence. Un méri-
« dien décide de la vérité, ou de peu d'an-
« nées de possession. Les lois fondamentales
« changent, le droit a ses époques; plaisante
« justice qu'une rivière ou une montagne
« borne; vérité au-deçà des Pyrénées, erreur
« au-delà ! »

Ajoutez à ces incursions de la pensée dans des régions incore inconnues, les effets de la révolution de l'Angleterre et de l'émancipation de la Hollande, qui avoient mis en circulation des idées directement opposées aux principes du gouvernement de Louis XIV.

Enfin l'esprit même de l'administration et l'instinct de grandeur de ce prince favorisoient la marche progressive de l'esprit humain. Il fut question d'établir l'uniformité des poids et mesures, d'abolir les coutumes provinciales, de réformer le Code civil et criminel, d'arriver à l'égale répartition de l'impôt. Tous les projets pour les embellissements de Paris avoient été discutés; on vouloit achever le Louvre, faire venir les eaux, découvrir les quais de la Cité, etc. La liberté de la chaire, alors la seule inviolable, avoit donné un asile à la liberté politique, et même, sous un certain rapport, à l'indépendance religieuse. Massillon dit tout sur la souveraineté du peuple; dans le *Télémaque* les leçons ne manquent pas; Bossuet s'étoit occupé sérieusement de la réunion de l'Église protestante à l'Église romaine : il n'étoit pas éloigné de consentir au mariage des prêtres, ce qui eût amené un changement obligé dans la confession auriculaire et la communion fréquente; tant la société s'avance vers son but, la liberté, à l'insu même et contre les desseins des hommes qui composent cette société !

Les souvenirs des fureurs de la Ligue et les brouilleries de la Fronde avoient favorisé l'établissement de la monarchie absolue; les souvenirs du despotisme de Louis XIV, quand ce grand prince s'alla reposer à Saint-Denis, rendirent plus amers les regrets de l'indépendance nationale. La vieille monarchie avoit traversé six siècles et demi avec ses libertés féodales et aristocratiques, pour venir tomber aux pieds du trentième fils de Hugues Capet. Combien l'état formé par Louis XIV a-t-il duré? cent quarante années. Après le tombeau de ce monarque, on n'aperçoit plus que deux monuments de la monarchie absolue : l'oreiller des débauches de Louis XV et le billot de Louis XVI.

Le siècle de Louis XV, précédé des grandeurs et des désastres du siècle de Louis XIV, et suivi des destructions et de la gloire du siècle de la révolution, disparoît écrasé entre ses pères et ses fils. Le peuple n'eut pas plus tôt chanté un *Te Deum* pour la mort de Louis, et insulté le cercueil de ce prince immortel, que

le régent, Philippe d'Orléans, prit les rênes de l'empire. Le cardinal Dubois fut son digne ministre: la corruption du règne d'Henri III reparut.

A cette vieille corruption de mœurs se mêla cette corruption nouvelle qui s'opère par les révolutions subites des fortunes, et que nous devons au moderne système de finances. La dette de l'état étoit de deux milliards soixante-deux millions, quatre milliards et plus de notre monnoie actuelle. Le duc de Saint-Simon proposa la banqueroute sanctionnée par les états-généraux, lesquels seroient appelés à la sanction de ce vol: le Régent ne voulut ni de la banqueroute, ni du retour des états. On refondit les monnoies; on raya trois cent trente-sept millions de créances vicieuses: Law se chargea d'éteindre le reste de la dette au moyen de sa banque, qui ne fut composée d'abord que de douze cents actions de trois mille francs chacune. Law est parmi nous le fondateur du crédit public et de la ruine publique. Son système ingénieux et savant n'offroit, en dernier résultat, comme tout capital fictif, qu'un jeu où l'on venoit perdre son or et sa terre contre du papier[1].

Voltaire et Montesquieu étoient nés et publioient leurs premiers ouvrages; ainsi tout étoit préparé pour le changement des mœurs, de la religion et des lois. La bigoterie des dernières années de Louis XIV, la fatigue des querelles théologiques, l'ennui de la vieille cour de Saint-Cyr, enfin cette lassitude du passé et cette avidité de l'avenir, naturelles aux nations légères, précipitèrent les François dans un ordre de choses tout différent de celui qui finissoit.

Louis XV respira dans son berceau l'air infecté de la régence; il se trouva chargé, avec un caractère indécis, et la plus insurmontable des passions, de l'énorme poids d'une monarchie absolue; son esprit ne lui servoit qu'à voir ses fautes et ses vices, comme un flambeau dans un abime.

Le parlement avoit cassé le testament de Louis XIV, et l'édit de 1717 ôta aux princes légitimés la qualité de princes du sang.

Après la mort du Régent, le duc de Bourbon, premier ministre, marie Louis XV à la fille de Stanislas Leckzinski, roi détrôné de Pologne, espèce d'augure pour la postérité de cette reine. L'abbé Fleury, précepteur du roi, devient premier ministre après le duc de Bourbon, et reçoit le chapeau de cardinal: ce vieux prêtre rendit des forces à la France épuisée, en la laissant se rétablir d'elle-même à l'aide de son tempérament robuste: chose que tout le monde a dite.

Deux guerres avec l'Autriche; le vainqueur de Denain reparut sur les champs de bataille à l'âge de quatre-vingt-trois ans. En apprenant la mort du maréchal de Berwick tué d'un coup de canon, il s'écria avec humeur: «Cet homme a toujours été heureux!» Frédéric et Marie-Thérèse paroissent sur la scène.

Le cardinal de Fleury meurt, et le roi gouverne par lui-même. Il tombe malade à Metz; s'il fût mort, il eût été pleuré: la France le surnommoit le Bien-Aimé. Bataille de Fontenoy. Le prétendant descend en Écosse, remporte deux victoires, et ne marche pas sur Londres: le temps des Stuart étoit accompli. Tandis que la France couroit à sa ruine, l'Angleterre parvenoit au plus haut point de sa puissance. Paix d'Aix-la-Chapelle. Querelles parlementaires et jansénistes. Billets de confession. Conflit de l'archevêque de Paris, Beaumont, et des administrateurs de l'Hôtel-Dieu. Damiens attente à la vie du roi.

La guerre recommence entre la France et l'Angleterre au sujet des limites du Canada. Pour la première fois on lit le nom de Washington dans le récit d'un obscur combat donné dans les forêts, vers le fort Duquesne, entre quelques Sauvages, quelques François et quelques Anglois (1754). Quel est le commis à Versailles, et le pourvoyeur du Parc aux cerfs, quel est surtout l'homme de cour ou d'académie, qui auroit voulu changer à cette époque son nom contre celui de ce planteur américain? A cette même époque, l'enfant qui devoit un jour tendre sa main secourable à Washington, venoit de naître. Que d'espérances attachées à ce berceau! C'étoit celui de Louis XVI.

---

[1] Voyez, sur le système de Law, une excellente brochure de M. Thiers.

Le duc de Choiseul fut chargé du département des affaires étrangères, en remplacement de l'abbé de Bernis, né de ses chansons et fils de ses vers si profondément oubliés. Homme habile, courtisan adroit, quoique hautain et léger, le duc de Choiseul obtint son avancement politique de madame de Pompadour, qui nommoit les ministres, les évêques et les généraux. Cette femme que Marie-Thérèse affola, en l'appelant *son amie*, précipita la France dans la guerre honteuse et fatale de 1757.

Le duc de Choiseul est l'auteur du *Pacte de famille*; on lui doit la création des corps de l'artillerie et du génie : l'expulsion des Jésuites de toute la chrétienté catholique fut en partie son ouvrage. Quand on chassa les Jésuites, leur existence n'étoit plus dangereuse à l'état; on punit le passé dans le présent; cela arrive souvent parmi les hommes; les *Lettres provinciales* avoient ôté à la compagnie de Jésus sa force morale. Et pourtant Pascal n'est qu'un calomniateur de génie : il nous a laissé un mensonge immortel.

Après la mort de madame de Pompadour, le duc de Choiseul ne voulut point accepter la protection de madame Dubarry; il étoit entretenu dans ce scrupule par la duchesse de Grammont, sa sœur, et par madame de Beauveau. Les grandes dames de la cour, qui avoient accepté un tabouret chez madame de Pompadour, se scandalisoient de la même faveur offerte chez madame Dubarry. Louis XV leur sembloit manquer à ce qu'il devoit à leur naissance, en leur faisant l'injure de ne pas choisir dans leurs rangs ses courtisanes; la nouvelle maîtresse du prince parut un outrage aux droits d'un noble sang, précisément parce qu'elle étoit à sa place. Le chancelier de France Maupeou, le duc d'Aiguillon et l'abbé Terray se servirent de madame Dubarry pour faire renvoyer le duc de Choiseul. Cette femme dégradée n'étoit pas méchante; elle avoit la bonté du vice banal; sans ambition et sans intrigue, elle eût volontiers servi le premier ministre, si celui-ci n'avoit guindé son orgueil. Maupeou venoit d'attaquer la monarchie parlementaire qui s'avisoit de vouloir revivre; le duc de Choiseul fut enveloppé dans la disgrâce des magistrats; relégué à Chanteloup (1770), il y languit dans un exil insolent qui accusoit la foiblesse et la rapide décadence de la monarchie absolue. La duchesse de Choiseul, la duchesse de Grammont et la comtesse Dubarry ont vécu assez, la première pour réclamer son illustre ami, l'abbé Barthélemy, dans les temps révolutionnaires; la seconde pour monter intrépidement à l'échafaud; la troisième pour porter au même échafaud la foiblesse de sa vie, et lutter avec le bourreau en face des *Tricoteuses*; Parques ivres et basses que pouvoit allécher le sang de Marie-Antoinette, mais qui auroient dû respecter celui de mademoiselle Lange.

Le règne de Louis XV finit par l'exil des parlements, le procès de La Chalotais, la mort du grand dauphin, le mariage de son fils aîné et de l'archiduchesse d'Autriche, et le partage de la Pologne; différentes espèces de calamités. Louis XV trépassa le 10 mai 1774, dans la soixante-cinquième année de son âge.

Le règne de ce prince est l'époque la plus déplorable de notre histoire : quand on en cherche les personnages, on est réduit à fouiller les antichambres du duc de Choiseul, les garde-robes des Pompadour et des Dubarry, noms qu'on ne sait comment élever à la dignité de l'histoire. La société entière se décomposa : les hommes d'état devinrent des hommes de lettres; les gens de lettres, des hommes d'état; les grand seigneurs, des banquiers; les fermiers généraux, de grands seigneurs. Les modes étoient aussi ridicules que les arts étoient de mauvais goût; on peignoit des bergères en paniers dans les salons où les colonels brodoient. Tout étoit dérangé dans les esprits et dans les mœurs, signe certain d'une révolution prochaine. Les magistrats rougissoient de porter la robe, et tournoient en moquerie la gravité de leurs pères; les prêtres en chaire évitoient le nom de Jésus-Christ, et ne parloient plus que du *législateur des chrétiens*; les ministres tomboient les uns sur les autres; le pouvoir glissoit de toutes les mains; le suprême *bon ton* étoit d'être Anglois à la cour, Prussien à l'armée, tout enfin, excepté François. Ce que l'on disoit, ce que l'on faisoit, n'étoit qu'une suite d'inconséquences : on prétendoit garder des abbés commandataires, et l'on ne vouloit plus de religion; nul ne pouvoit être officier s'il

n'étoit gentilhomme, et l'on déblatéroit contre la noblesse; on introduisoit l'égalité dans les salons et les coups de bâton dans les camps.

La société avoit quelque chose de puéril comme la société romaine au moment de l'invasion des Barbares : au lieu de faire des vers dans un cloître, on en faisoit dans les *boudoirs*; avec un quatrain on étoit illustre. L'intrigue élevoit et renversoit chaque jour les ministres : ces créatures éphémères, qui apportoient dans le gouvernement leur ineptie, y apportoient encore un esprit antipathique à celles qui les avoient précédées; de là ce changement continuel de systèmes, de projets, de vues. Ces nains politiques étoient suivis d'une nuée de commis, de laquais, de flatteurs, de comédiens, de maîtresses. Tous ces êtres d'un moment se hâtoient de sucer le sang du misérable, et s'abîmoient bientôt devant une autre génération d'insectes, aussi fugitive et dévorante que la première.

Tandis que le peuple perdoit à la fois ses mœurs et son ignorance, sourde au bruit d'une vaste monarchie qui rouloit en bas, la cour se plongeoit plus que jamais dans un despotisme qu'elle n'avoit plus la force d'exercer. Au lieu d'élargir ses plans, d'élever ses pensées en progression relative à l'accroissement des lumières, elle rétrécissoit ses préjugés, ne savoit ni se soumettre au mouvement des choses, ni s'y opposer avec vigueur. Cette misérable politique, qui fait qu'un gouvernement se resserre quand l'esprit public s'étend, est remarquable en toutes révolutions : c'est vouloir inscrire un grand cercle dans une petite circonférence; le résultat est certain. La tolérance s'accroît, et les prêtres font juger et exécuter un jeune homme qui, dans une orgie, avoit insulté un crucifix; le peuple se montre incliné à la résistance, et tantôt on lui cède mal à propos, tantôt on le contraint imprudemment; l'esprit de liberté paroît, et on multiplie les lettre de cachet. A voir le monarque endormi dans la volupté, des courtisans corrompus, des ministres méchants ou imbéciles, des philosophes, les uns sapant la religion, les autres l'état; des nobles, ou ignorants, ou atteints des vices du jour; des ecclésiastiques, à Paris, la honte de leur ordre, dans les provinces,

pleins de préjugés; on eût dit une foule de manœuvres empressés à démolir un grand édifice.

Comme pourtant ce peuple françois ne peut jamais être tout à fait obscur, il gagnoit encore la bataille de Fontenoy. Pour empêcher la prescription contre la gloire, d'Assas, aux champs de Clostercamp, s'écrioit : « A moi, Auvergne, c'est l'ennemi ! » Pour maintenir nos droits au génie, Montesquieu, Voltaire, Buffon et les deux Rousseau écrivoient. Et c'est d'ici qu'il faut prendre la grande vue du dix-huitième siècle, tout pitoyable qu'il paroît au premier coup d'œil. Les diverses classes de la société étoient également corrompues; la cour et la ville, les gens de lettres, les économistes et les encyclopédistes, les grands seigneurs et les gentilshommes, les financiers et les bourgeois se ressembloient, témoin les Mémoires qu'ils nous ont laissés. Mais ce seroit assigner de trop petites causes à la révolution, que de les chercher dans cette vie d'hommes à bonnes fortunes, dans cette vie de théâtres, d'intrigues galantes et littéraires, unie aux coups d'état sur le parlement et aux colères d'un despotisme en décrépitude. Cet abâtardissement de la nation contribua sans doute à diminuer les obstacles que devoit rencontrer la révolution; mais il n'étoit point la cause efficiente de cette révolution, et il n'en étoit que la cause auxiliaire.

La civilisation avoit marché depuis six siècles; une foule de préjugés étoient détruits, mille institutions oppressives battues en ruine. La France avoit successivement recueilli quelque chose des libertés aristocratiques féodales, du mouvement communal, de l'impulsion des croisades, de l'établissement des états, de la lutte des juridictions ecclésiastiques et seigneuriales, du long schisme, des découvertes du seizième siècle, de la réformation, de l'indépendance de la pensée pendant les troubles de la Ligue et les brouilleries de la Fronde, des écrits de quelques génies hardis, de l'émancipation des Pays-Bas et de la révolution d'Angleterre. La presse, bien qu'enchaînée, conserva le dépôt de ces souvenirs sous la monarchie absolue de Louis XIV; la liberté dormit, mais elle ne dérogea pas, et cette antique li-

berté, comme l'antique noblesse, a repris ses droits en reprenant son épée. Les générations du corps et celles de l'esprit conservent le caractère de leurs origines respectives. Tout ce que produit le corps meurt comme lui ; tout ce que produit l'esprit est impérissable comme l'esprit même. Toutes les idées ne sont pas encore engendrées ; mais quand elles naissent, c'est pour vivre sans fin, et elles deviennent le trésor commun de la race humaine.

On touchoit à l'époque où l'on alloit voir paroître cette liberté nouvelle, fille de la raison, qui devoit remplacer l'ancienne liberté, fille des mœurs. Il arriva que la corruption même de la régence et du siècle de Louis XV ne détruisit point les principes de la liberté que nous avons recueillie, parce que cette liberté n'a point sa source dans l'innocence du cœur, mais dans les lumières de l'esprit.

Au dix-huitième siècle, les affaires firent silence pour laisser le champ de bataille aux idées. Soixante ans d'un ignoble repos donnèrent à la pensée le loisir de se développer, de monter et de descendre dans les diverses classes de la société, depuis l'homme du palais jusqu'à l'habitant de la chaumière. Les mœurs affoiblies se trouvèrent ainsi calculées (comme je viens de le remarquer) pour ne plus offrir de résistance à l'esprit, ce qu'elles font souvent quand elles sont jeunes et vigoureuses.

Montesquieu, Rousseau, Raynal même et Diderot, à travers leurs déclamations, fixoient l'attention de la foule sur les droits de la liberté politique. On commençoit à mieux connoître l'Angleterre, et l'on comparoit les deux gouvernements. Voltaire accomplissoit une révolution dans les idées religieuses. Si l'irréligion étoit poussée jusqu'à l'outrage, si elle prenoit un caractère sophistique et étroit, elle menoit néanmoins à ce dégagement des préjugés qui devoit faire revenir au véritable christianisme. La grande existence de ce siècle est celle de Voltaire. Tous les souverains écrivoient à cet homme illustre, et étoient flattés de recevoir un mot de sa main : Ferney étoit la cour européenne. Cet hommage universel, rendu au génie qui sapoit à coups redoublés les fondements de la société alors existante, étoit caractéristique de la transformation prochaine de cette société. Et pourtant il est vrai que si Louis XV eût fait la moindre caresse au flatteur de madame de Pompadour, que s'il l'eût traité comme Louis XIV traitoit Racine, Voltaire eût abdiqué le sceptre ; il eût troqué sa puissance contre une distinction d'antichambre, de même que Cromwell fut au moment d'échanger ce qu'il est aujourd'hui dans l'histoire, pour la jarretière d'Alix de Salisbury : ce sont là les mystères des vanités humaines.

Tel fut l'œuvre inaperçu de soixante années, tel fut un résultat en apparence si dissemblable à sa cause, qu'au moment où la révolution éclata, on fut étonné que tant de foiblesse, d'asservissement, de folie, eût déposé tant de force, de liberté et de raison dans les cahiers des trois états ; c'est qu'on voyoit là le travail des lumières de l'esprit, et non celui de la corruption des mœurs. Catilina, et les jeunes patriciens ses complices, méditèrent au milieu de leurs débauches le renversement de la liberté romaine ; les jeunes nobles de France sortirent des bras des courtisanes de haute ou basse compagnie, pour parler à notre tribune à peine ouverte le langage des hommes libres.

Louis XVI avoit commencé l'application des théories inventées, sous le règne de son aïeul, par les économistes et les encyclopédistes. Ce prince honnête homme rétablit les parlements, supprima les corvées, améliora le sort des protestants ; enfin le secours qu'il prêta à la révolution d'Amérique (secours injuste selon le droit privé des nations, mais utile à l'espèce humaine en général) acheva de développer en France les principes de la liberté. La monarchie parlementaire, réveillée à la fin de la monarchie absolue, rappelle la monarchie des états ; et la monarchie des états remet à son tour à la monarchie constitutionnelle les pouvoirs qu'elle avoit reçus héréditairement des états de 1555 et 1556. Alors le roi-martyr quitte le monde.

C'est entre les fonts baptismaux de Clovis et l'échafaud de Louis XVI qu'il faut placer le grand empire chrétien des François. La même religion étoit debout aux deux barrières qui marquent les deux extrémités de cette longue arène. « Doux Sicambre, incline le col, adore « ce que tu as brûlé, brûle ce que tu as « adoré, » dit le prêtre qui administroit à Clovis le baptême d'eau. « Fils de saint Louis,

« montez au ciel, » dit le prêtre qui assistoit Louis XVI au baptême de sang.

Le vieux monde fut submergé. Quand les flots de l'anarchie se retirèrent, Napoléon parut à l'entrée d'un nouvel univers, comme ces géants que l'histoire profane et sacrée nous peints au berceau de la société, et qui se montrèrent à la terre après le déluge.

IMPRIMERIE D'A. ÉVERAT ET Ce,
RUE DU CADRAN, 14 et 16.

TABLE

DES

MATIÈRES CONTENUES DANS LE PREMIER VOLUME.

	Pages.
Préface générale. (Édition de 1826.)	1
ESSAI HISTORIQUE SUR LES RÉVOLUTIONS.	
Avertissement de l'auteur pour l'édition de 1826.	7
Préface.	8

LIVRE PREMIER.

PREMIÈRE PARTIE.

	Pages.
Notice.	18
Introduction.	21
Exposition.	23
Vue de mon ouvrage.	24
Chapitre premier. Première question ; Ancienneté des hommes.	26
Chap. II. Première révolution. Les républiques grecques. Si le contrat social des publicistes est la convention primitive des gouvernements.	50
Chap. III. L'Age de la monarchie en Grèce.	51
Chap. IV. Causes de la subversion du gouvernement royal chez les Grecs. Elles diffèrent totalement de celles de la Révolution françoise.	52
Chap. V. Effet de la révolution républicaine sur la Grèce. Athènes depuis Codrus jusqu'à Solon, comparée au nouvel état de la France.	54
Chap. VI. Quelques réflexions sur la législation de Solon. Comparaisons. Différences.	55
Chap. VII. Origine des noms des factions : la Montagne et la Plaine.	57
Chap. VIII. Portraits des chefs.	ibid.
Chap. IX. Pisistrate.	38
Chap. X. Règne et mort de Pisistrate.	59
Chap. XI. Hipparque et Hippias. Assassinat du premier. Rapports.	40
Chap. XII. Guerre des émigrés. Fin de la révolution républicaine en Grèce.	41
Chap. XIII. Sparte. Les Jacobins.	42
Chap. XIV. Suite.	45
Chap. XV. Suite.	45
Chap. XVI. Suite.	46
Chap. XVII. Fin du sujet.	47
Chap. XVIII. Caractère des Athéniens et des François.	48
Chap. XIX. De l'état des lumières en Grèce au moment de la révolution républicaine. Siècle de Lycurgue.	51
Chap. XX. Siècles moyens.	52
Chap. XXI. Siècle de Solon.	53
Chap. XXII. Poésie à Athènes. Anacréon, Voltaire, Simonide, Fontanes, Sapho Parny, Alcée, Ésope, Nivernois, Solon, les deux Rousseau.	ibid.
Chap. XXIII. Poésie à Sparte. Premier chant de Tyrtée; Le Brun. Second chant	

	Pages.		Pages.
de Tyrtée; Hymne des Marseillois. Chœur spartiate; strophe des Enfants. Chanson en l'honneur d'Harmodius; épitaphe de Marat.	59	heureuse et sauvage.	96
		Chap. XLVII. Suite du premier âge. La Suisse pauvre et vertueuse.	98
Chap. XXIV. Philosophie et politique. Les sages, les encyclopédistes. Opinion sur le meilleur gouvernement : Thalès, Solon, Périandre, etc.; J.-J. Rousseau, Montesquieu. Morale : Solon, Thalès; La Rochefoucauld, Chamfort. Parallèle de J.-J. Rousseau et d'Héraclite. Lettre à Darius; lettre au roi de Prusse.	62	Chap. XLVIII. Second âge : la Scythie et la Suisse philosophiques.	99
		Chap. XLIX. Suite. — Troisième âge : la Scythie et la Suisse corrompues. Influence de la révolution grecque sur la première, de la Révolution françoise sur la seconde.	100
		Chap. L. La Thrace. Fragment d'Orphée.	101
		Chap. LI. La Macédoine. La Prusse.	102
Chap. XXV. Influence de la révolution républicaine sur les Grecs. Les Biens.	67	Chap. LII. Iles de la Grèce. L'Ionie.	103
Chap. XXVI. Suite. — Les Maux.	68	Chap. LIII. Tyr. La Hollande.	104
Chap. XXVII. État politique et moral des nations contemporaines au moment de la révolution républicaine en Grèce. Cette révolution considérée dans ses rapports avec les autres peuples. Causes qui en ralentirent ou en accélérèrent l'influence.	69	Chap. LIV. Suite.	105
		Chap. LV. La Perse.	106
		Chap. LVI. Tableau de la Perse au moment de l'abolition de la monarchie en Grèce. Gouvernement. Finances. Armées. Religion.	107
		Chap. LVII. Tableau de l'Allemagne au moment de la Révolution françoise.	108
Chap. XXVIII. L'Égypte.	ibid.	Chap. LVIII. Suite. — Les arts en Perse et en Allemagne. Poésie. Kreeshna. Klopstock. Fragment du poëme Mahabarat, tiré du sanscrit. Fragment du Messie. Sacontala. Évandre.	109
Chap. XXIX. Obstacles qui s'opposèrent à l'effet de la révolution grecque sur l'Égypte. Ressemblance de ce dernier pays avec l'Italie moderne.	71		
Chap. XXX. Carthage.	72	Chap. LIX. Philosophie. Les deux Zoroastre. Politique.	114
Chap. XXXI. Parallèle de Carthage et de l'Angleterre. Leurs constitutions.	75	Chap. LX. Situation politique de la Perse à l'instant de la guerre Médique; — de l'Allemagne à l'instant de la guerre républicaine. Darius, Joseph, Léopold.	116
Chap. XXXII. Les deux partis dans le sénat de Carthage. Hannon, Barca.	75		
Chap. XXXIII. Suite. — Minorité et Majorité dans le parlement d'Angleterre.	76		
Chap. XXXIV. M. Fox. M. Pitt.	79	Chap. LXI. Influence de la révolution républicaine de la Grèce sur la Perse — et de la Révolution républicaine de la France sur l'Allemagne. Causes immédiates de la guerre Médique, — de la guerre républicaine. L'Ionie, le Brabant.	118
Chap. XXXV. Suite du parallèle entre Carthage et l'Angleterre. La guerre et le commerce. Annibal, Marlborough, Hannon, Cook; traduction du Voyage du premier, extrait de celui du second.	81		
		Chap. LXII. Déclaration de la guerre Médique, l'an premier de la 69e olympiade (505 avant J.-C.). — Déclaration de la guerre présente, 1792. Premières hostilités.	119
Chap. XXXVI. Influence de la révolution grecque sur Carthage.	86		
Chap. XXXVII. L'Ibérie.	88		
Chap. XXXVIII. Les Celtes.	89	Chap. LXIII. Premières campagnes. An trois de la 72e olympiade. — 1792. Portrait de Miltiade, — Portrait de Dumouriez. Bataille de Marathon, — Bataille de Jemmapes. Accusation de Miltiade; — de Dumouriez.	120
Chap. XXXIX. L'Italie.	90		
Chap. XL. Influence de la révolution grecque sur Rome.	91		
Chap. XLI. La Grande-Grèce.	92		
Chap. XLII. Suite. — Zaleucus, Charondas.	94		
		Chap. LXIV. Xerxès. — François. Ligue générale contre la Grèce, — contre la France. Révolte des provinces.	122
Chap. XLIII. Influence de la révolution d'Athènes sur la Grande-Grèce.	95		
Chap. XLIV. La Sicile.	ibid.		
Chap. XLV. Suite.	96		
Chap. XLVI. Les trois âges de la Scythie et de la Suisse. Premier âge : la Scythie		Chap. LXV. Campagne de la quatrième année de la 74e olympiade (480 av. J.-C.). — Campagne de 1793. Consternation à	

DES MATIÈRES.

	Pages.
Athènes et à Paris. Bataille de Salamine. — Bataille de Maubeuge.	126
Chap. LXVI. Préparation à une nouvelle campagne. Portraits des chefs. — Mardonius, Cobourg. — Pausanias. Pichegru. Alexandre, roi de Macédoine.	29
Chap. LXVII. Campagne de l'an 479 avant notre ère, première année de la 75e olympiade. Campagne de 1794. Bataille de Platée; — Bataille de Fleurus. Succès et vices des Grecs, — des François. Différentes paix. Paix générale.	151
Chap. LXVIII. Différence générale entre notre siècle et celui où s'opéra la révolution républicaine de la Grèce.	154
Chap. LXIX. Récapitulation.	157
Chap. LXX. Sujets et réflexions détachées.	158

SECONDE PARTIE.

	Pages.
Chapitre premier. Seconde révolution. Philippe et Alexandre.	145
Chap. II. Athènes. Les Quatre-Cents.	144
Chap. III. Examen d'un grand principe en politique.	146
Chap. IV. Les Trente Tyrans. Critias, Marat. Théramènes, Syeyes.	148
Chap. V. Accusation de Théramènes; son discours et celui de Critias. Accusation de Robespierre.	149
Chap. VI. Guerre des émigrés. Exécution à Éleusine. Massacre du 2 septembre.	151
Chap. VII. Abolition de la tyrannie. Rétablissement de l'ancienne constitution.	152
Chap. VIII. Un mot sur les émigrés.	155
Chap. IX. Denys le Jeune.	155
Chap. X. Expédition de Dion. Fuite de Denys. Troubles à Syracuse.	157
Chap. XI. Nouveaux troubles à Syracuse. Timoléon. Retraite de Denys.	159
Chap. XII. Denys à Corinthe. Les Bourbons.	160
Chap. XIII. Aux infortunés.	164
Chap. XIV. Agis à Sparte.	169
Chap. XV. Condamnation et exécution d'Agis et de sa famille.	170
Chap. XVI. Jugement et condamnation de Charles Ier, roi d'Angleterre.	172
Chap. XVII. M. de Malesherbes. Exécution de Louis XVI.	174
Chap. XVIII. Triple parallèle : Agis, Charles et Louis.	176
Chap. XIX. Quelques pensées.	179
Chap. XX. Philippe et Alexandre.	181
Chap. XXI. Siècle d'Alexandre.	ibid.
Chap. XXII. Philosophes grecs.	182

	Pages.
Chap. XXIII. Philosophes modernes. Depuis l'invasion des Barbares jusqu'à la renaissance des lettres.	186
Chap. XXIV. Suite. — Depuis Bacon jusqu'aux encyclopédistes.	189
Chap. XXV. Les encyclopédistes.	191
Chap. XXVI. Platon, Fénelon, J.-J. Rousseau. La République de Platon, le Télémaque, l'Émile.	192
Chap. XXVII. Mœurs comparées des philosophes anciens et des philosophes modernes.	197
Chap. XXVIII. De l'influence des philosophes grecs de l'âge d'Alexandre sur leur siècle, et de l'influence des philosophes modernes sur le nôtre.	199
Chap. XXIX. Influence politique.	ibid.
Chap. XXX. Influence religieuse.	201
Chap. XXXI. Histoire du polythéisme, depuis son origine jusqu'à son plus haut point de grandeur.	ibid.
Chap. XXXII. Décadence du polythéisme chez les Grecs, occasionnée par les sectes philosophiques et plusieurs autres causes.	203
Chap. XXXIII. Le polythéisme à Rome jusqu'au christianisme.	204
Chap. XXXIV. Histoire du christianisme, depuis la naissance du Christ jusqu'à sa résurrection.	205
Chap. XXXV. Accroissement du christianisme jusqu'à Constantin.	ibid.
Chap. XXXVI. Suite. — Depuis Constantin jusqu'aux Barbares.	206
Chap. XXXVII. Suite. — Conversion des Barbares.	207
Chap. XXXVIII. Depuis la conversion des Barbares jusqu'à la renaissance des lettres. Le christianisme atteint à son plus haut point de grandeur.	208
Chap. XXXIX. Décadence du christianisme occasionnée par trois causes les vices de la cour de Rome, la renaissance des lettres, et la réformation.	209
Chap. XL. La réformation.	ibid.
Chap. XLI. Depuis la réformation jusqu'au Régent.	211
Chap. XLII. Le Régent. La chute du christianisme s'accélère.	212
Chap. XLIII. La secte philosophique sous Louis XV.	213
Chap. XLIV. Objections des philosophes contre le christianisme. Objections philosophiques.	215
Chap. XLV. Objections historiques et critiques.	216

	Pages.
Chap. XLVI. Objections contre le dogme.	217
Chap. XLVII. Objections contre la discipline.	218
Chap. XLVIII. De l'esprit des prêtres chez les anciens et chez les modernes, considéré dans un gouvernement populaire.	220
Chap. XLIX. De l'esprit des prêtres chez les anciens et chez les modernes, considéré dans un gouvernement monarchique.	221
Chap. L. Du Clergé actuel en Europe. — Du Clergé en France.	223
Chap. LI. Du Clergé en Italie.	224
Chap. LII. Du Clergé en Allemagne.	ibid.
Chap. LIII. Du Clergé en Angleterre.	ibid.
Chap. LIV. Du Clergé en Espagne et en Portugal. Voyage aux Açores. Anecdote.	225
Chap. LV. Quelle sera la religion qui remplacera le christianisme.	229
Chap. LVI. Résumé.	231
Chap. LVII et dernier. Nuit chez les Sauvages de l'Amérique.	237
Note.	241

ÉTUDES HISTORIQUES.

Avant-propos (mars 1831).	249
Préface.	250
Origine commune des peuples de l'Europe. Documents et historiens étrangers à consulter pour l'histoire de France.	ibid.
Archives françoises.	255
Écrivains de l'Histoire générale et de l'Histoire critique de France avant la Révolution.	260
École historique moderne de France.	263
École historique de l'Allemagne. Philosophie de l'histoire. L'histoire en Angleterre et en Italie.	264
Auteurs françois qui ont écrit l'histoire depuis la Révolution. Mémoires, traductions et publications. Théâtre. Roman historique. Poésies. Écrivains fondateurs de notre nouvelle école historique.	269
De ces Études historiques.	285

PREMIER DISCOURS.

Exposition.	299
Première partie. — De Jules César à Dèce ou Decius.	308
Seconde partie. — De Dèce ou Decius à Constantin.	341

	Pages.
DEUXIÈME DISCOURS.	
Première partie. — De Constantin à Valentinien et Valens.	362
Seconde partie. — De Julien à Théodose Ier.	378
TROISIÈME DISCOURS.	
Première partie. — De Valentinien Ier et Valens à Gratien et à Théodose Ier.	403
Seconde partie.	411
Troisième partie.	427
QUATRIÈME DISCOURS.	
Première partie. — D'Arcade et Honorius à Théodose II et Valentinien III.	433
Seconde partie. — De Théodose II et Valentinien III à Marcien, Avitus, Léon Ier, Majorien, Anthème, Olybre, Glycérius, Népos, Zénon, et Augustule.	445
CINQUIÈME DISCOURS.	
Première partie. — Mœurs des chrétiens. Âge héroïque.	455
Seconde partie. — Suite des mœurs des chrétiens. Âge philosophique. Hérésies.	469
Troisième partie. — Mœurs des païens.	480
SIXIÈME DISCOURS.	
Première partie. — Mœurs des Barbares.	496
Seconde partie. — Suite des mœurs des Barbares.	511
ÉCLAIRCISSEMENT.	
Sur Attila.	525
Notes communiquées par S. Exc. M. Bunsen.	ibid.
Extrait du poëme des Nibelungen.	527
Tableau des langues teutonique, celtique, etc.	529

ANALYSE RAISONNÉE
DE L'HISTOIRE DE FRANCE.

Première race.	535
Seconde race.	544
Troisième race.	557
Hugues Capet.	558
Robert.	560

DES MATIÈRES.

	Pages.
Henri Ier.	560
Philippe Ier.	ibid.
Louis VI.	562
Louis VII.	564
Philippe II.	ibid.
Louis VIII.	566
Louis IX.	ibid.
Philippe III.	567
Philippe IV.	568
Louis X.	575
Philippe V.	576
Charles IV.	578

FÉODALITÉ, CHEVALERIE, ÉDUCATION ; MŒURS GÉNÉRALES DES DOUZIÈME, TREIZIÈME ET QUATORZIÈME SIÈCLES.

Féodalité.	580
Chevalerie.	589
Éducation.	593
Mœurs générales des douzième, treizième et quatorzième siècles.	596

HISTOIRE DE FRANCE.

Philippe VI, dit de Valois.	609
Fragments. — Vœu du Héron.	611
Fragments. — Perte des François au combat naval de l'Écluse. Godemar du Fay. Causes des méprises dans ces guerres du quatorzième siècle.	612
Fragments. — Guerre de Bretagne. Les Bretons.	614
Fragments. — Siége de Henrebon. Jeanne, comtesse de Montfort. Aventure de Gauthier de Mauny et de La Cerda.	615
Fragments. — Amours d'Edouard III et de la comtesse de Salisbury.	618
Fragments. — Chute d'Artevelle.	621
Fragments. — Invasion de la France par Édouard.	625
Fragments. — Reddition de Calais.	640
Fragments. — Mort du roi.	643
Jean II, depuis son avénement à la couronne jusqu'à la bataille de Poitiers.	644
Fragments. — Du roi de Navarre.	ibid.
Fragments. — Les trois états.	645
Fragments. — Bataille de Poitiers.	647

ANALYSE RAISONNÉE DE L'HISTOIRE DE FRANCE.

Jean II.	657
Charles V.	663
Charles VI.	664
Charles VII.	669
Louis XI.	672
Charles VIII.	676
Louis XII.	677
François Ier.	679
Henri II.	689
François II.	690
Charles IX.	691
Henri III.	696
Henri IV.	724
Louis XIII, Louis XIV, Louis XV et Louis XVI.	735

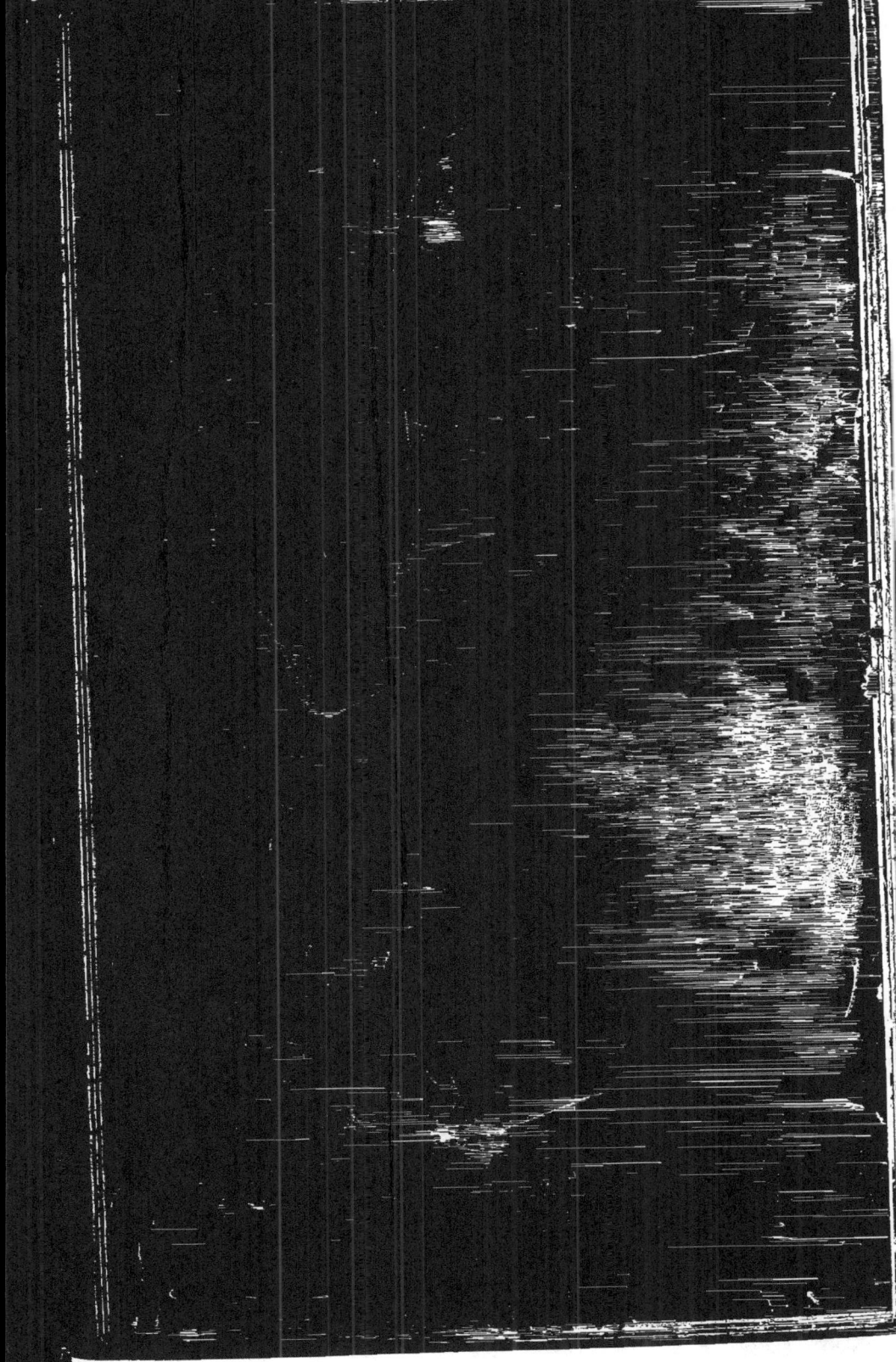

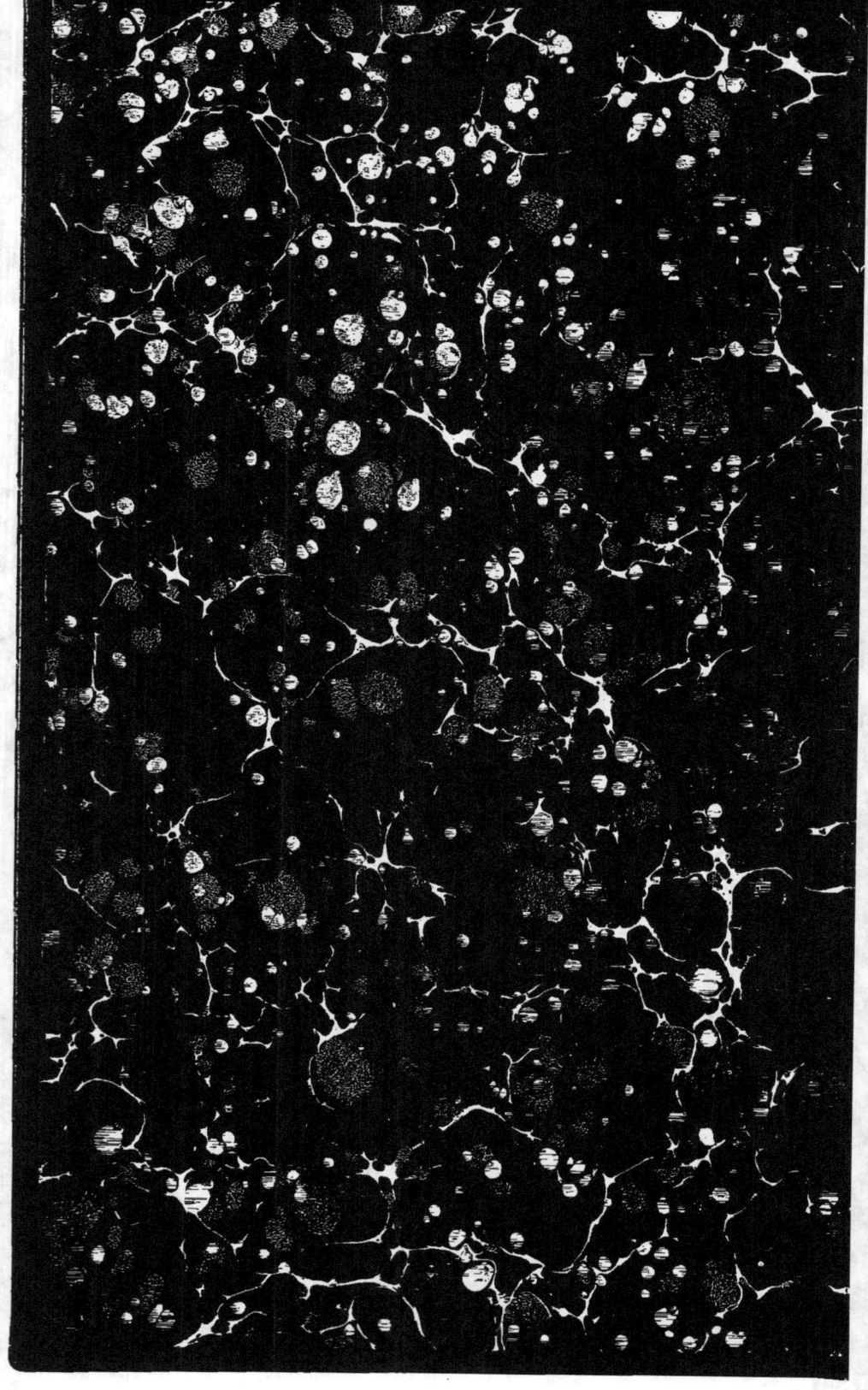

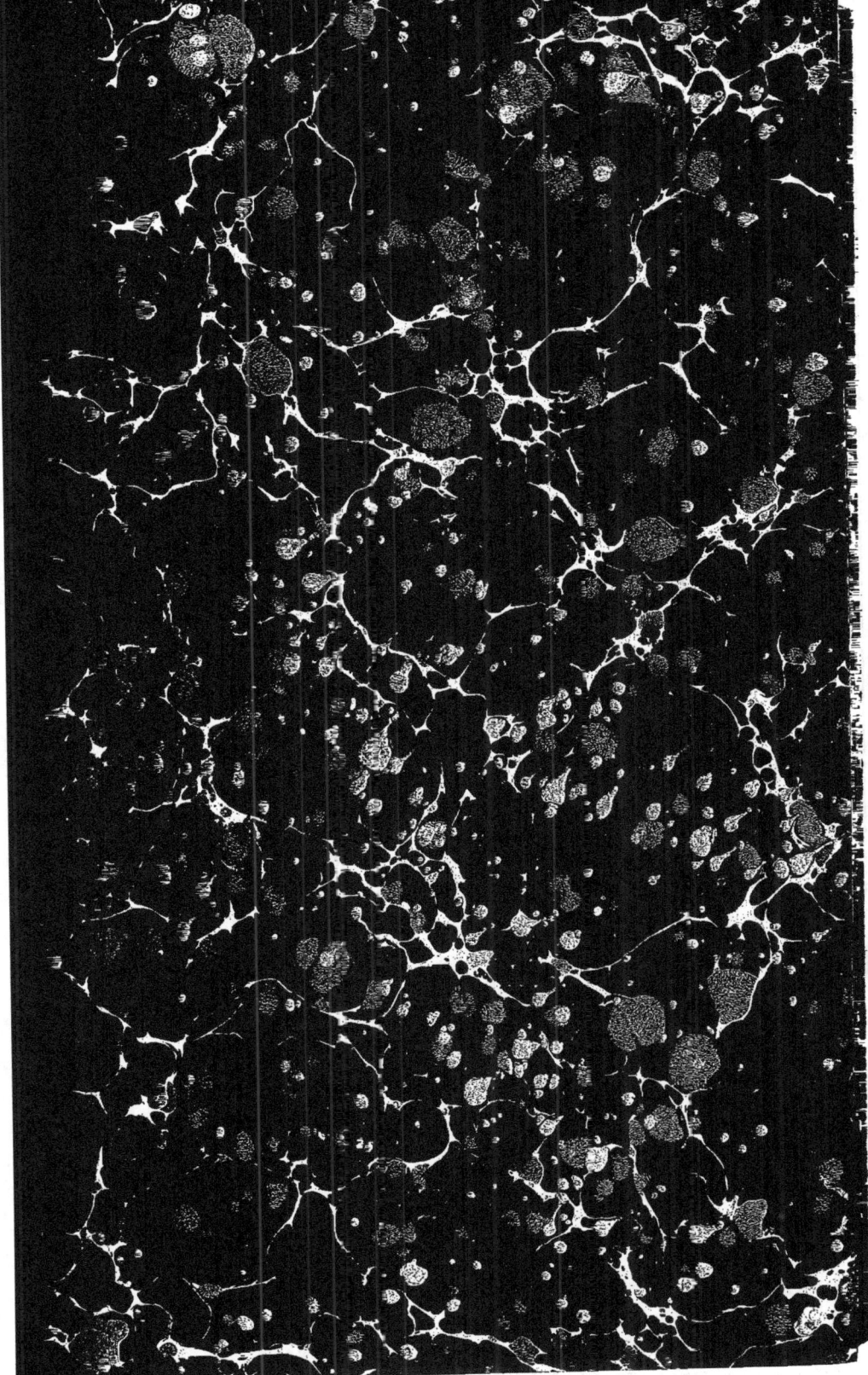

www.ingramcontent.com/pod-product-compliance
Lightning Source LLC
Chambersburg PA
CBHW060900300426
44112CB00011B/1277